Hölters (Hrsg.)
Handbuch des Unternehmens- und Beteiligungskaufs

Handbuch des Unternehmens- und Beteiligungskaufs

Grundfragen · Bewertung · Finanzierung · Steuerrecht
Arbeitsrecht · Vertragsrecht · Kartellrecht · Börsenrecht
Insolvenzrecht · Internationales Recht · Vertragsbeispiele

herausgegeben von

Dr. Wolfgang Hölters

bearbeitet von

Dr. Jobst-Hubertus Bauer
Rechtsanwalt, Stuttgart

Dr. Martin Bouchon,
LL.M. (London)
Rechtsanwalt, Frankfurt a.M.

Dr. Jens Buchta
Rechtsanwalt, Düsseldorf

Dr. Ralf Ek, LL.M.
Rechtsanwalt, Advokat (Schweden),
Berlin

Dr. Wolfgang Hölters,
Rechtsanwalt, Düsseldorf

Dr.-Ing. Kai Lucks
München

Dr. Olaf Müller-Michaels
Rechtsanwalt, Düsseldorf

Gerrit Raupach
Vorstand der Sachsen LB, Leipzig

Prof. Dr. Friedhelm Sahner
Wirtschaftsprüfer/Steuerberater,
Düsseldorf

Jochim Sedemund
Rechtsanwalt, Berlin

Dr. Franz-Jörg Semler
Rechtsanwalt, Stuttgart

Dr. Robert
von Steinau-Steinrück
Rechtsanwalt, Berlin

Dr. Michael Weiss
Leipzig

Dr. Christoph F. Wetzler
Rechtsanwalt, Frankfurt a.M.

Dipl.-Kfm. Bernd Widmann
Wirtschaftsprüfer/Steuerberater, Stuttgart

Dr. Wolfgang Zieren
Steuerberater, Düsseldorf

6. neu bearbeitete und erweiterte Auflage

2005

Verlag
Dr. Otto Schmidt
Köln

Zitiervorschlag:
Verfasser in Hölters (Hrsg.), Handbuch des Unternehmens- und Beteiligungskaufs, Teil ... Rz. ...

Bibliografische Information Der Deutschen Bibliothek
Die Deutsche Bibliothek verzeichnet diese Publikation in der Deutschen Nationalbibliografie; detaillierte bibliografische Daten sind im Internet über <http://dnb.ddb.de> abrufbar.

Verlag Dr. Otto Schmidt KG
Gustav-Heinemann-Ufer 58, 50968 Köln
Tel.: 02 21/9 37 38-01, Fax: 02 21/9 37 38-943
e-mail: info@otto-schmidt.de
www.otto-schmidt.de

ISBN 3-504-45555-1

© 2005 by Verlag Dr. Otto Schmidt KG

Das Werk einschließlich aller seiner Teile ist urheberrechtlich geschützt. Jede Verwertung, die nicht ausdrücklich vom Urheberrechtsgesetz zugelassen ist, bedarf der vorherigen Zustimmung des Verlages. Das gilt insbesondere für Vervielfältigungen, Bearbeitungen, Übersetzungen, Mikroverfilmungen und die Einspeicherung und Verarbeitung in elektronischen Systemen.

Das verwendete Papier ist aus chlorfrei gebleichten Rohstoffen hergestellt, holz- und säurefrei, alterungsbeständig und umweltfreundlich.

Umschlaggestaltung: Jan P. Lichtenford, Mettmann
Satz: WMTP Wendt-Media, Birkenau
Druck und Verarbeitung: Clausen & Bosse, Leck
Printed in Germany

Vorwort zur sechsten Auflage

Käufe und Verkäufe von Unternehmen, Übertragungen von Anteils- oder Aktienpaketen an bekannten Großunternehmen standen von jeher im Mittelpunkt des Interesses der Wirtschaftspresse. Die öffentliche Diskussion über die geplante Übernahme der HypoVereinsbank AG durch die italienische UniCredito Italiano SpA und die in diesem Zusammenhang diskutierte Übernahme- und Zusammenschlussaktivität im Bereich des gesamten Bankensektors ist uns allen noch in lebhafter Erinnerung. Übernahmevorgänge – insbesondere solche mit internationalem Bezug – in diesem Kernbereich des Wirtschaftslebens unterstreichen die außerordentliche volkswirtschaftliche Bedeutung dieses Themenkomplexes. Makroökonomisch gibt die Zahl der Unternehmenskäufe Auskunft über die Flexibilität einer Volkswirtschaft, über das Ausmaß unternehmerischer Risikobereitschaft, bei Unternehmenskäufen durch Ausländer über die Attraktivität des heimischen Marktes, über das Ausmaß der Konzentration und über viele andere volkswirtschaftliche Eckdaten mehr. Mikroökonomisch bedeutet der Verkauf eines Unternehmens oder die Veräußerung einer größeren Beteiligung an diesem Unternehmen meist einen entscheidenden Einschnitt in dessen Positionierung in der Produktpalette, in Marketing, Organisation sowie Personalwesen, oft eine Kehrtwendung der gesamten Unternehmensphilosophie. Nicht zuletzt kann eine Unternehmensübernahme zum Glück oder Unglück für die beschäftigten Arbeitnehmer werden, indem ihre Arbeitsplätze entweder vor einer unter dem alten Inhaber drohenden Insolvenz gerettet werden, oder infolge von Rationalisierungsmaßnahmen des neuen Inhabers verloren gehen.

Bei Erscheinen der ersten Auflage dieses Handbuches (1985) führten die mit einem Unternehmenskauf einhergehenden betriebswirtschaftlichen, rechtlichen und steuerrechtlichen Probleme in der Literatur ein Schattendasein. Es gab Stellungnahmen zu einzelnen Spezialfragen, wie zum Beispiel der Gewährleistung beim Unternehmenskauf, jedoch keine zusammenhängende Darstellung der Problematik, die sich auf den verschiedensten Gebieten ergibt. Durch den Mangel an zusammenfassender Darstellung einerseits und die tägliche Beschäftigung mit dem Problem des Unternehmens- und Beteiligungskaufs andererseits entstand bei mir der Gedanke, ein Handbuch zu erstellen, in dem kompetente Fachleute sämtlicher Gebiete, die beim Unternehmenskauf von Bedeutung sind, zu Wort kommen. Es handelt sich ausnahmslos um erfahrene Praktiker.

Das Handbuch enthält neben dem allgemeinen Teil, einem Überblick über Unternehmenskäufe in Deutschland, wie die Vorauflage die Abschnitte Bewertung, Finanzierung, Vertragsrecht, Steuerrecht, Arbeitsrecht und Kartellrecht. Neu hinzugekommen sind die Abschnitte Unternehmensbewertung und Post-Merger/Acquisition-Bilanzierung von Beteiligungen, Wertorientiertes Integrationsmanagement, Erwerb börsennotierter Unternehmen, Aktiengesellschaften und Unternehmensakquisitionen, Unternehmenskauf in Krise und Insolvenz sowie Internationaler Unternehmenskauf. Wie in den Vorauflagen ist ein Themenkreis ausgespart worden, nämlich die Vorfrage, ob verkauft werden soll und ob und um was sich ein Bewerber bemühen soll. Das

Thema Akquisitionsstrategie wird in dem allgemeinen Abschnitt kurz gestreift, erscheint mir aber einer Darstellung zu schwer zugänglich, um es in dieses Handbuch mit aufzunehmen. Das Handbuch beginnt also mit der Verkaufsbereitschaft der Verkäuferseite und der grundsätzlichen Entscheidung des Erwerbers für ein bestimmtes Objekt.

Die wachsende Bedeutung internationaler Verflechtungen für den Themenkomplex des Unternehmenskaufs zeigt sich neben der zunehmenden Verwendung von Anglizismen auch an der Einführung angloamerikanischer und internationaler Standards, wie zum Beispiel US-GAAP und IAS, in die deutsche Wirtschaftspraxis. Die jüngst aufkeimende (unsägliche) Diskussion über die Methoden bestimmter Hedge-Fonds hat einmal mehr die Notwendigkeit verdeutlicht, das deutsche Wirtschaftsleben – und mithin auch den Markt für Unternehmensakquisitionen – für neue Entwicklungen der internationalen Wirtschaftsgepflogenheiten zu öffnen und diesen gewiss auch ein Stück weit anzupassen. Dieser rasant fortschreitenden Internationalisierung der Wirtschaftstätigkeit trägt die nunmehr sechste Auflage dieses Handbuches auch durch die Aufnahme der neuen Abschnitte Rechnung.

Trotz oder gerade wegen der Baisse an den deutschen Kapitalmärkten in der jüngeren Vergangenheit hat das Thema Unternehmenskauf in der Öffentlichkeit insbesondere auch durch Übernahmen über die Börse Aufsehen erregt. Neben den aus den Vorauflagen bekannten Kernbereichen des Themenkomplexes wird in der Neuauflage deshalb zusätzlich ein verstärktes Augenmerk auf die aktien- und börsenrechtlichen Implikationen von Unternehmensakquisitionen gelegt.

Nach Erscheinen der fünften Auflage sind das Schuldrechtsmodernisierungsgesetz, das Transparenz- und Publizitätsgesetz, das Wertpapiererwerbs- und Übernahmegesetz und der deutsche Corporate Governance Kodex in Kraft getreten. Die dadurch bedingten Neuerungen, eine Vielzahl von neuen Entscheidungen der Gerichte sowie Literaturbeiträgen, die Weiterentwicklung von beim Unternehmenskauf angewandten Techniken sowie nicht zuletzt die Erschöpfung der alten Bestände bedingte diese Neuauflage. Erstmals mit dieser Neuauflage sind die Herren Dr. Martin Bouchon, Dr. Jens Buchta, Dr. Ralf Ek, Dr.-Ing. Kai Lucks, Dr. Olaf Müller-Michaels, Gerrit Raupach, Prof. Dr. Friedhelm Sahner und Dr. Christoph F. Wetzler in den Autorenkreis eingetreten. Auch bei den neuen Autoren handelt es sich ausnahmslos um erfahrene Praktiker.

Für Anregung und Kritik aus der Leserschaft sind wir dankbar. Dafür steht am Ende des Buches eine Antwortkarte zur Verfügung.

Düsseldorf, im Juli 2005   Wolfgang Hölters

Inhaltsübersicht*

	Seite
Vorwort	V
Abkürzungsverzeichnis	XXI

Teil I
Mergers & Acquisitions
(Hölters)

A.	Bedeutung und Grundfragen	2
	I. Erwerbsobjekte und Erwerbsziele	2
	II. Erwerbswege und Durchführungsformen	9
	III. Der Markt für Unternehmen und Beteiligungen	13
	IV. Unternehmenskauf als konzernstrategisches Konzept	21
	V. Unternehmenskauf und Konzentration	25
	VI. Einfluss des Unternehmenskaufs auf die Führungsstruktur	28
	VII. Management Buy-Out und Leveraged Buy-Out	30
	VIII. Private Equity und Mezzanine Finanzierungen	35
	IX. Unfriendly Takeovers (Feindliche Übernahmen)	38
B.	Projektmanagement beim Unternehmenskauf	41
	I. Einleitung	41
	II. Organisation des Unternehmenskaufs	42
	III. Die Rolle des Anwalts	47
	IV. Verhandlungsstrategien	50
	V. Besonderheiten beim „internationalen" Unternehmenskauf	53
C.	Abwicklung	54
	I. Reihenfolge der Abwicklungsschritte	54
	II. Due Diligence	61
	III. Kaufpreis und Bewertung	62
	IV. Spezifische Käufer- und Verkäuferinteressen	66
	V. Unternehmenskauf vor den Gerichten	68
	VI. Prüfungsliste zur Vorbereitung des Unternehmenskaufvertrages	71

---

* Ausführliche Inhaltsverzeichnisse jeweils zu Beginn der einzelnen Teile.

Teil II
Bewertung
(Widmann)

		Seite
A.	Einleitung	82
B.	Wertbegriffe, Funktion der Unternehmensbewertung sowie Bewertungsanlässe	83
	I. Begriff des Unternehmenswertes	83
	II. Anlässe der Unternehmensbewertung	85
	III. Bewertungszweck	88
	IV. Funktion des Bewerters	92
	V. Prozess der Unternehmensbewertung	93
C.	Methodische Grundlagen	94
	I. Überblick	94
	II. Gesamtbewertungsverfahren	96
	III. Einzelbewertungsverfahren	133
D.	Prognose der finanziellen Überschüsse	138
	I. Informationsbeschaffung	139
	II. Vergangenheitsanalyse	141
	III. Prognose bei objektivierter Bewertung	146
	IV. Prognose bei subjektivierter Bewertung	165
E.	Bestimmung des Kapitalisierungszinssatzes	172
	I. Überblick	172
	II. Der Kapitalisierungszinssatz nach der Zinszuschlagsmethode	175
	III. Der Kapitalisierungszinssatz nach der Gesamtzinsmethode	180
	IV. Sonderfragen der Ermittlung des Kapitalisierungszinssatzes	181
F.	Parameter des Kapitalisierungszinssatzes in der objektivierten Unternehmensbewertung	188
	I. Bewertungen im Rahmen des IDW S1	188
	II. Bewertungen unter Gläubigerschutzgesichtspunkten	210
G.	Verhandlungsspielraum des Investors beim Unternehmenskauf	213
H.	Ausblick	214

Seite

Teil III
Unternehmensbewertung und Post-Merger-/ Acquisition-Bilanzierung von Beteiligungen
(Sahner)

A.	Vorbemerkung.	220
B.	Unternehmensbewertung nach IDW RS HFA 10 zur Wertansatzprüfung von Beteiligungen in handelsrechtlichen Abschlüssen	221
	I. Vorschriften zur Bewertung von Beteiligungen in handelsrechtlichen Abschlüssen	221
	II. Bewertungskonzeption des IDW RS HFA 10	223
	III. Ergebnis.	232
C.	Unternehmensbewertung im Rahmen einer Purchase Price Allocation nach SFAS 141 bzw. IFRS 3 und SFAS 142 bzw. IAS 36/38 (2004) zur Wertansatzprüfung von Beteiligungen in US-GAAP- und IAS-Abschlüssen	234
	I. Vorbemerkung	234
	II. Neuregelung der Bilanzierung von Business Combinations nach SFAS 141 bzw. IFRS 3 im Konzern- und Einzelabschluss	239
	III. Bewertungsvorgehen für ausgewählte immaterielle Vermögenswerte.	262
	IV. Unternehmensbewertung im Rahmen des Impairmenttests nach SFAS 142 und IAS 36 (2004).	281

Teil IV
Finanzierungsfragen
(Raupach/Weiss)

A.	Einleitung.	306
B.	Auswahl der Finanzierungsinstrumente	308
	I. Vorbemerkungen	308
	II. Finanzierungsanlass	308
	III. Volumen des Finanzbedarfs	309
	IV. Kosten.	310
	V. Zeitliche Verfügbarkeit der Finanzierung	312
	VI. Rechtsform	312
	VII. Verschuldungsgrad	312
	VIII. Rentabilität	312

			Seite
	IX.	Verfügbare Sicherheiten	313
	X.	Größe der Unternehmen	313
	XI.	Staatliche Förderung	314
	XII.	Tragfähigkeit von Finanzierungs-Kennzahlen	315
C.	Liquiditätswirksame Finanzierungen		318
	I.	Instrumente der Innenfinanzierung	318
	II.	Instrumente der Außenfinanzierung: Eigenkapital	320
	III.	Instrumente der Außenfinanzierung: Klassisches Fremdkapital	350
	IV.	Instrumente der Außenfinanzierung: Mezzanine Kapital	381
D.	Nicht liquiditätswirksame Finanzierungen		387
	I.	Kaufpreisstundung	387
	II.	Tausch von Vermögenswerten	388
	III.	Verschmelzung durch Aufnahme	389

Teil V
Steuerrechtliche Fragen
(Zieren)

A.	Kauf im steuerrechtlichen Sinn		395
B.	Kauf eines inländischen Unternehmens als einer Gesamtheit von aktiven und passiven Wirtschaftsgütern		397
	I.	Verkehrsteuern	397
	II.	Ertragsteuern	398
C.	Erwerb von Anteilen an einer Personenhandelsgesellschaft		410
	I.	Verkehrsteuern	410
	II.	Ertragsteuern	412
D.	Erwerb einer Beteiligung an einer inländischen Kapitalgesellschaft		418
	I.	Verkehrsteuern	418
	II.	Ertragsteuern	419
E.	Unternehmensübertragungen im Zuge einer Erbauseinandersetzung		431
	I.	Erwerb im Wege der Realteilung des Nachlasses	431
	II.	Leistung von Ausgleichszahlungen an Miterben	432

		Seite
III.	Erfüllung von Vermächtnissen	432
IV.	Verkauf des Erbanteils	432
V.	Stufenweise Erbauseinandersetzungen	433
VI.	Besonderheiten bei Personenhandelsgesellschaften	433
F.	Unternehmensübertragungen im Wege der vorweggenommenen Erbfolge	433
G.	Unternehmenserwerb gegen Gewährung oder Aufgabe von Gesellschaftsrechten	435
I.	Gesellschaftsrechtliche Gestaltungsmöglichkeiten der Gesamtrechtsnachfolge	435
II.	Steuerrechtliche Konsequenzen bei Gesamtrechtsnachfolge	436
III.	Steuerrechtliche Aspekte bei Einzelrechtsnachfolge	442
IV.	Umsetzung der EG-Fusionsrichtlinie	443
H.	Erwerb einer Beteiligung an einer ausländischen Kapitalgesellschaft	444
I.	Verkehrsteuern	444
II.	Ertragsteuern	444
I.	Leveraged Buy-Out (LBO)	448
I.	Bedeutung des Leverage-Effekts	448
II.	Steuerrechtliche Beurteilung	448
J.	Haftung für Steuern des Veräußerers	449
I.	Haftung nach §§ 71, 75 AO	449
II.	Haftung nach zivilrechtlichen Vorschriften	450
III.	Indirekte Übernahme von Steuerverbindlichkeiten bei Erwerb von Gesellschaftsbeteiligungen	450

Teil VI
Personalpolitische und arbeitsrechtliche Fragen
(Bauer/von Steinau-Steinrück)

A.	Arbeitsrecht beim Unternehmens- und Beteiligungskauf	461
I.	Einführung	461
II.	Änderungen auf Unternehmensebene	462
III.	Änderungen auf Betriebsebene	464
IV.	Einzel- oder Gesamtrechtsnachfolge	464
V.	Überblick: Arbeitsrecht bei Umwandlungen	465

		Seite
B.	Betriebsübergang nach § 613a BGB	467
	I. Allgemeines	467
	II. Voraussetzungen des Übergangs von Arbeitsverhältnissen	471
	III. Der Übergang der Arbeitsverhältnisse	499
	IV. Unterrichtungspflicht des Arbeitgebers	511
	V. Widerspruchsrecht der Arbeitnehmer	516
	VI. Rechtsstellung übergegangener und ausgeschiedener Arbeitnehmer	533
	VII. Rechtsstellung Dritter	559
	VIII. Kündigungsrechtliche Fragen	559
	IX. Haftungssystem des § 613a BGB und Verhältnis zum Umwandlungsrecht	570
	X. § 613a BGB in der Insolvenz	577
	XI. Betriebsverfassungs- und mitbestimmungsrechtliche Auswirkungen	589
	XII. Fortgeltung von Kollektivnormen	603
	XIII. Prozessuale Fragen	623
C.	Arbeitsrechtliche „Due Diligence"	629
	I. Einführung	629
	II. Gegenstand der Prüfung	630
Textanhang		631
	1. § 613a BGB (Rechte und Pflichten bei Betriebsübergang)	631
	2. Richtlinie 98/50/EG	633
	3. Richtlinie 2001/23/EG	640

Teil VII
Der Unternehmens- und Beteiligungskaufvertrag
(*Semler*)

A.	Unternehmens- und Beteiligungskauf	652
	I. Unternehmen und Unternehmensträger	652
	II. Kauf des Unternehmens oder der Beteiligungsrechte am Unternehmensträger	653
	III. Zielsetzungen beim Unternehmens- und Beteiligungskauf	655
B.	Das vorvertragliche Stadium	656

		Seite
	I. Pflichten während der Vertragsverhandlungen............	656
	II. Vorbereitende Festlegungen ohne vertragliche Bindung......	662
	III. Vorbereitende Vereinbarungen.......................	664
C.	Due Diligence..	667
	I. Begriff und Gegenstand der Due Diligence	668
	II. Due Diligence, Gewährleistung, Garantie................	669
	III. Verpflichtungen des Kaufinteressenten aufgrund der Due Diligence.......................................	674
	IV. Rechtliche Schranken der Due Diligence	676
D.	Gegenstand des Unternehmenskaufes.......................	678
	I. Einzelrechtsnachfolge	679
	II. Beteiligungserwerb	685
E.	Kaufpreis..	689
	I. Modalitäten	689
	II. Sicherung des Verkäufers............................	695
	III. Sicherung des Käufers	698
F.	Ausgewählte Form-, Zustimmungs- und Genehmigungserfordernisse..	699
	I. Form	699
	II. Zustimmungs- und Genehmigungserfordernisse	707
G.	Gewährleistungsansprüche und verwandte Rechte.............	713
	I. Gesetzliche Regelung der Gewährleistung................	713
	II. Verschulden bei Vertragsanbahnung	724
	III. Vertragliche Regelungen	732
	IV. Sonstige Rechtsbehelfe	738
H.	Haftung	739
	I. Haftung des Übernehmers bei Einzelrechtsnachfolge........	739
	II. Haftung des Übernehmers bei Beteiligungserwerb	740
	III. Haftung des Veräußerers	742
I.	Leveraged Buy-Out und Management Buy-Out................	742
	I. Begriff	742
	II. Nutzung des Vermögens der Zielgesellschaft..............	743

Seite

Teil VIII
Kartellrecht
(Sedemund)

A.	Vorbemerkung.	751
B.	Deutsche Fusionskontrolle.	751
	I. Überblick.	751
	II. Verhältnis zur Fusionskontrolle des EG-Rechtes	755
	III. Anwendbarkeit der deutschen Fusionskontrolle aufgrund der Umsatzschwellenwerte	756
	IV. Der Zusammenschlussbegriff	762
	V. Materielle Untersagungsvoraussetzungen (§ 36 Abs. 1 GWB) .	776
	VI. Fusionskontrollverfahren	797
	VII. Die Ministererlaubnis nach § 42 GWB	809
	VIII. Auslandszusammenschlüsse	810
C.	Anwendung des Kartellverbots nach § 1 GWB	815
	I. Gemeinschaftsunternehmen	815
	II. Wettbewerbsverbote	818
D.	Europäische Fusionskontrolle.	818
	I. Allgemeines	818
	II. Verhältnis zur nationalen Fusionskontrolle.	819
	III. Anwendungsbereich	821
	IV. Zusammenschlussbegriff.	825
	V. Materielle Untersagungsvoraussetzungen (Art. 2 Abs. 1–3 FKVO)	832
	VI. Fusionskontrollverfahren	848
E.	Anwendbarkeit des Art. 81 EG (früher Art. 85) auf Gemeinschaftsunternehmen	857
	I. Allgemeines	857
	II. Abgrenzung von kooperativen und konzentrativen Gemeinschaftsunternehmen	858
	III. Die Anwendung von Art. 81 Abs. 1 EG	859
	IV. Freistellung nach Art. 81 Abs. 3 EG	863
	V. Verfahrensrechtliche Besonderheiten	867

		Seite
VI.	Kollision zwischen Entscheidungen der Kommission und des BKartA	869

Teil IX
Wertorientiertes Integrationsmanagement
(Lucks)

A.	Einführung		872
	I.	Ziele und Formen der Integration	872
	II.	Grundlegende Ansätze zum M&A-Projektmanagement	876
B.	Integrationsmanagement in den Projektphasen		879
	I.	Das Integrationskonzept im explorativen Vorfeld	881
	II.	Bestimmung der Hebel in der Transaktionsphase	890
	III.	Die Integrationsmaßnahmen nach dem Closing	897
C.	Die Führung von Integrationsprojekten		916
	I.	Projektführung in der unternehmerischen Praxis	916
	II.	Kapazitäts- und Kompetenzmanagement	918
	III.	Vorfeld-Management	919
	IV.	Management in der Transaktionsphase	920
	V.	Post Closing Management	922
	VI.	Formalisierung und Detaillierungsgrad von Planung und Controlling	925
	VII.	Zeitmanagement	925
	VIII.	Einschaltung von Beratern	930
D.	Verfahren und Instrumente		932
	I.	Benchmarking zur wettbewerbsorientierten Zielfindung	932
	II.	Baselining zur dynamischen Zielbestimmung	933
	III.	Ableitung der Verbesserungshebel	935
	IV.	Maßnahmenplanung und -verfolgung	936
	V.	Zielvereinbarungen mit dem Management	938
	VI.	Meilensteinkontrolle nach dem Härtegrad-Konzept	939
	VII.	Das „Cockpit" zur integralen Projektsteuerung	940
	VIII.	Scorecard-Einsatz zur Definition und Verfolgung von Aktionen	941

		Seite
IX.	Feedbackschleifen und Wissensmanagement.............	942
E. Abbildungen.......................................		944

Teil X
Erwerb börsennotierter Unternehmen
(Bouchon/Müller-Michaels)

A.	Einleitung..	970
	I. Das Wertpapiererwerbs- und Übernahmegesetz (WpÜG)	970
	II. Entwicklungen auf europäischer Ebene.................	976
B.	Vorbereitung und Durchführung eines Übernahmeangebots	977
	I. Vorbereitungsphase...............................	978
	II. Angebotsphase..................................	996
C.	Pflichtangebote....................................	1005
	I. Allgemeines.....................................	1005
	II. Kontrollerwerb als Auslöser des Pflichtangebots	1006
	III. Angebotsunterlage, Mindestpreis......................	1010
	IV. Ausnahmen vom Pflichtangebot	1011
D.	Verhaltenspflichten der Organe der Zielgesellschaft	1017
	I. Einleitung	1017
	II. Pflichten im Vorfeld von Übernahmeangeboten............	1018
	III. Stellungnahme des Vorstands und des Aufsichtsrats nach § 27 WpÜG..................................	1020
	IV. Sondervorteile und Anerkennungsprämien für Verwaltungs- mitglieder der Zielgesellschaft........................	1023
	V. Abwehrmaßnahmen...............................	1024
E.	Der Ausschluss von Minderheitsaktionären.................	1045
	I. Einleitung	1045
	II. Voraussetzungen..................................	1047
	III. Verfahren......................................	1048
	IV. Rechte der Minderheitsaktionäre.....................	1053
	V. Squeeze-Out nach der EU-Übernahmerichtlinie	1054

Seite

Teil XI
Aktiengesellschaften und Unternehmensakquisition
(Ek)

A.	Einleitung: Aktienrecht beim Unternehmenskauf	1063
	I. Einführung	1063
	II. Vorstand und Unternehmenskauf	1065
B.	Vorstand und Due Diligence	1065
	I. Relevanz der Thematik für Target-, Veräußerer- und Erwerber-AG	1065
	II. Erwerber-AG und Due Diligence	1067
	III. Target-AG und Due Diligence	1070
	IV. Übernahme von Transaktionskosten durch das Target	1075
C.	Die Befassung der Hauptversammlung	1079
	I. Relevanz der Thematik für Target-, Veräußerer- und Erwerber-AG	1079
	II. Zuständigkeit der Hauptversammlung einer Veräußerer- bzw. Erwerber-AG	1081
	III. Die Holzmüller-Hauptversammlung	1106
D.	Mitteilungspflichten bei M&A-Transaktionen	1125
	I. Relevanz der Thematik für Target-, Veräußerer- und Erwerber-AG	1125
	II. Mitteilungspflichten gegenüber dem Target	1125
	III. Ad-hoc-Mitteilungspflichten	1126

Teil XII
Unternehmenskauf in Krise und Insolvenz
(Buchta)

A.	Einleitung	1131
B.	Abgrenzung von Krise und Insolvenz	1133
	I. Überblick über das Insolvenzverfahren	1133
	II. Stadien der Krise und Insolvenz	1137
C.	Vorbereitungsphase des Unternehmenskaufs	1139
	I. Vorüberlegungen	1139
	II. Kaufobjekt: Anteile oder Assets	1140

	Seite
III. Besonderheiten der Due Diligence	1143
IV. Übernahme- und Sanierungskonzept	1144
V. Sanierungsbeteiligung Dritter	1145
D. Unternehmenskauf in der Krise	1146
I. Risiken beim Kauf vor Eröffnung des Insolvenzverfahrens	1146
II. Haftungsrisiken	1146
III. Insolvenzrechtliche Risiken	1149
IV. Vertragsgestaltung	1155
E. Unternehmenskauf im Insolvenzeröffnungsverfahren	1160
I. Unternehmenskauf vom vorläufigen Insolvenzverwalter	1160
II. Zustimmungserfordernisse	1163
III. Risiken für den Käufer	1164
IV. Vertragsgestaltung	1165
V. Handlungsempfehlung	1166
F. Unternehmenskauf im eröffneten Verfahren	1166
I. Stellung des Insolvenzverwalters (Verwaltungs- und Verfügungsbefugnisse)	1166
II. Zustimmungserfordernisse	1166
III. Veräußerung vor dem Berichtstermin	1167
IV. Haftungs- und Anfechtungsrisiko	1168
V. Vertragsgestaltung	1168
VI. Übertragende Sanierung auf eine Betriebsübernahmegesellschaft	1169
G. Unternehmenskauf auf Grundlage eines Insolvenzplans	1170

Teil XIII
Internationaler Unternehmenskauf
(Wetzler)

A. Einführung	1177
B. Internationales Privatrecht	1181
I. Begriff des Internationalen Privatrechts	1181
II. Rechtsquellen des deutschen Internationalen Privatrechts	1182
III. Struktur von Kollisionsnormen	1183

	Seite
IV. Das Vertragsstatut	1184
V. Das Gesellschaftsstatut	1194
VI. Weitere für Erfüllungsgeschäfte relevante Statuten	1205
VII. Vollmacht und organschaftliche Vertretung	1207
C. Internationales Zivilprozessrecht	1209
I. Internationale Zuständigkeit deutscher Gerichte	1210
II. Schiedsverfahren	1226
D. Formfragen	1229
I. Materiellrechtliche Wirksamkeitserfordernisse	1229
II. Öffentliche Urkunden und Vertretungsnachweis	1237
E. Sprache	1241

Anhang A
Vertragsbeispiele

I. Kauf sämtlicher Geschäftsanteile einer GmbH
   (*Semler*) 1247

II. Aktienkaufvertrag
    (*Müller-Michaels*) 1258

III. Kauf von Beteiligungen an einer Kommanditgesellschaft
     (*Hölters*) 1261

IV. Kauf durch Übertragung von Wirtschaftsgütern und
    Verbindlichkeiten („Asset Deal")
    (*Ek/von Steinau-Steinrück*) 1270

V. Share Sale und Purchase Agreement
   (*Wetzler*) 1284

VI. Asset Purchase Agreement
    (*Wetzler*) 1299

VII. Einberufung einer „Holzmüller-Hauptversammlung"
     (*Ek*) 1304

VIII. Vertraulichkeitsvereinbarung
      (*Müller-Michaels*) 1306

IX. Übernahmeangebot [Pflichtangebot]
    (*Bouchon/Müller-Michaels*) 1309

Seite

Anhang B
Checklisten

I. Checkliste Due Diligence im Zusammenhang mit dem beabsichtigen Erwerb der Anteile der Zielgesellschaft
(*Müller-Michaels*) 1327

II. Checklist Due Diligence Review in Connection with the Acquisition of Shares in (*Target Company*)
(*Müller-Michaels*) 1333

III. M&A Tax – Steuern: Anforderungsliste Deutschland
(*Zieren*) 1339

IV. M&A – Taxation: Information request Germany
(*Zieren*) 1342

V. Checkliste Arbeitsrechtliche Due Diligence
(*Bauer/von Steinau-Steinrück*) 1345

VI. Checklist Labour Law Due Diligence
(*Bauer/von Steinau-Steinrück*) 1348

Sachverzeichnis 1351

Abkürzungsverzeichnis

ABl. EG	Amtsblatt der Europäischen Gemeinschaften
AbzG	Abzahlungsgesetz
AcP	Archiv für die civilistische Praxis
ÄndG	Änderungsgesetz
AfA	Absetzung für Abnutzung
AFG	Arbeitsförderungsgesetz
AG	Aktiengesellschaft, auch Zeitschrift
AGB	Gesetz zur Regelung des Rechts der Allgemeinen Geschäftsbedingungen; DDR: Arbeitsgesetzbuch
AiB	Arbeitsrecht im Betrieb
AktG	Aktiengesetz
AnfG	Anfechtungsgesetz
AngKSchG	Angestelltenkündigungsschutzgesetz
AnSVG	Anlegerschutzverbesserungsgesetz
AO	Abgabenordnung
AP	Arbeitsrechtliche Praxis
ApoG	Gesetz über das Apothekenwesen
ArbG	Arbeitsgericht
ArbGG	Arbeitsgerichtsgesetz
AR-Blattei	Arbeitsrecht-Blattei
ArbNErfG	Arbeitnehmererfindungsgesetz
ArbplSchG	Arbeitsplatzschutzgesetz
ArbRGW	Das Arbeitsrecht der Gegenwart
ARSt.	Arbeitsrecht in Stichworten
AStG	Außensteuergesetz
AuA	Arbeit und Arbeitsrecht
AÜG	Arbeitnehmerüberlassungsgesetz
AuR	Arbeit und Recht
AVG	Angestelltenversicherungsgesetz
AWD	Außenwirtschaftsdienst des Betriebs-Beraters
BaFin	Bundesanstalt für Finanzdienstleistungsaufsicht
BAG	Bundesarbeitsgericht
BAGE	Sammlung der Entscheidungen des Bundesarbeitsgerichts
BAnz.	Bundesanzeiger
BauGB	Baugesetzbuch
BayObLG	Bayerisches Oberstes Landesgericht
BB	Betriebs-Berater
BBiG	Berufsbildungsgesetz
BdF	Bundesminister der Finanzen
BeschFG	Beschäftigungsförderungsgesetz
bestr.	bestritten
BetrAVG	Gesetz zur Regelung der betrieblichen Altersversorgung
BetrVG	Betriebsverfassungsgesetz
BewG	Bewertungsgesetz

BFH	Bundesfinanzhof
BFH/NV	Sammlung amtlich nicht veröffentlichter Entscheidungen des Bundesfinanzhofs
BFuP	Betriebswirtschaftliche Forschung und Praxis
BGB	Bürgerliches Gesetzbuch
BGBl.	Bundesgesetzblatt
BGH	Bundesgerichtshof
BGHZ	Bundesgerichtshof, Entscheidungen in Zivilsachen
Bil.-Komm.	Bilanzkommentar
BImSchG	Bundesimmissionsschutzgesetz
BiRiLiG	Bilanzrichtlinien-Gesetz
BKartA	Bundeskartellamt
BlStSozArbR	Blätter für Steuerrecht, Sozialversicherung und Arbeitsrecht
BMF	Bundesfinanzministerium
BörsZulV	Börsenzulassungs-Verordnung
BQG	Beschäftigungs- und Qualifizierungsgesellschaft
BR-Drucks.	Bundesratsdrucksache
BSG	Bundessozialgericht
BSK	Börsensachverständigenkommission
BStBl.	Bundessteuerblatt
BT-Drucks.	Bundestagsdrucksache
BUrlG	Bundesurlaubsgesetz
BUW	Betrieb und Wirtschaft
BVerfG	Bundesverfassungsgericht
BVerfGE	Entscheidungen des Bundesverfassungsgerichts
BVerwG	Bundesverwaltungsgericht
BVG	Bundesversorgungsgesetz
BVS	Bundesanstalt für vereinigungsbedingte Sonderaufgaben
DB	Der Betrieb
DBA	Doppelbesteuerungsabkommen
DBW	Die Betriebswirtschaft
DJ	Deutsche Justiz
DJT	Deutscher Juristentag
DMEB	DM-Eröffnungsbilanz
DNotZ	Deutsche Notar-Zeitschrift
DStR	Deutsches Steuerrecht
DtZ	Deutsch-deutsche Rechts-Zeitschrift
DV, DVO	Durchführungsverordnung
d. Verf.	der Verfasser
EFG	Entscheidungen der Finanzgerichte
EG	Einführungsgesetz, Europäische Gemeinschaften
EGBGB	Einführungsgesetz zum Bürgerlichen Gesetzbuch
EGHGB	Einführungsgesetz zum Handelsgesetzbuch
EGKS	Europäische Gemeinschaft für Kohle und Stahl
EGKSV	Vertrag zur Europäischen Gemeinschaft für Kohle und Stahl
ErbbRVO	Verordnung über das Erbbaurecht
ErbStG	Erbschaftsteuer- und Schenkungsteuergesetz

ERP	European Recovery Program
EStDV	Einkommensteuer-Durchführungsverordnung
EStG	Einkommensteuergesetz
EStR	Einkommensteuer-Richtlinien
EuGH	Gerichtshof der Europäischen Gemeinschaften
EuZW	Europäische Zeitschrift für Wirtschaftsrecht
EVertr.	Einigungsvertrag
e. V.	einstweilige Verfügung
EWGV	Vertrag zur Gründung der Europäischen Wirtschaftsgemeinschaft
EWiR	Entscheidungen zum Wirtschaftsrecht
EzA	Entscheidungssammlung zum Arbeitsrecht
FAKH	Fitting/Auffarth/Kaiser/Heither, BetrVG, Kommentar
FamRZ	Zeitschrift für das gesamte Familienrecht
FAZ	Frankfurter Allgemeine Zeitung
FG	Finanzgericht; Fachgutachten
FIW	Schriftenreihe des Forschungsinstituts für Wirtschaftsverfassung und Wettbewerb e. V. Köln
FR	Finanz-Rundschau
FS	Festschrift
FuE	Forschung und Entwicklung
G + V	Gewinn- und Verlustrechnung
GAL	Gesetz über eine Altershilfe für Landwirte
GBl.	Gesetzblatt (DDR)
GbR	Gesellschaft bürgerlichen Rechtes
GBV	Gesamtbetriebsvereinbarungen
GEBERA	Ges. für betriebswirtschaftliche Beratung mbH Köln
GewO	Gewerbeordnung
GewStG	Gewerbesteuergesetz
GG	Grundgesetz
GK	Gemeinschaftskommentar
GmbH	Gesellschaft mit beschränkter Haftung
GmbHG	Gesetz betreffend die Gesellschaften mit beschränkter Haftung
GmbHR	GmbH-Rundschau
GOB	Grundsätze ordnungsgemäßer Buchführung
GrEStG	Grunderwerbsteuergesetz
Großkomm.	Großkommentar zum
GrS	Großer Senat
Grundz.	Grundziffer
GRUR	Gewerblicher Rechtsschutz und Urheberrecht
GrZS	Großer Zivilsenat
GU	Gemeinschaftsunternehmen
GWB	Gesetz gegen Wettbewerbsbeschränkungen
HandwO	Handwerksordnung
HBG	Hypothekenbankgesetz

HdbPersG	Handbuch der Personengesellschaft
HFA	Hauptfachausschuß (des Instituts der Wirtschaftsprüfer)
HGB	Handelsgesetzbuch
HWB	Handwörterbuch der Betriebswirtschaft
HWF	Handwörterbuch der Finanzwirtschaft
HwStR	Handwörterbuch des Steuerrechts
HypBG	Hypothekenbankgesetz
IBA	International Bar Association
IdW	Institut der Wirtschaftsprüfer
IdW RS HFA	IdW Stellungnahme zur Rechnungslegung des Hauptfachausschusses
IFRS	International Financial Reporting Standards
Inf	Die Information über Steuer und Wirtschaft
InsO	Insolvenzordnung
IntGesR	Internationales Gesellschaftsrecht
IPR	Internationales Privatrecht
IPRax	Praxis des Internationalen Privat- und Verfahrensrechts
IWB	Internationale Wirtschafts-Briefe
JZ	Juristenzeitung
KAGG	Gesetz über Kapitalanlagegesellschaften
Kap.	Kapitel
KapErhG	Kapitalerhöhungsgesetz
KBV	Konzernbetriebsvereinbarungen
KG	Kommanditgesellschaft; Kammergericht
KGaA	Kommanditgesellschaft auf Aktien
KO	Konkursordnung
KÖSDI	Kölner Steuerdialog
KonTraG	Gesetz zur Kontrolle und Transparenz im Unternehmensbereich
KoR	Zeitschrift für Kapitalmarktorientierte Rechnungslegung
KostO	Kostenordnung
KR	Gemeinschaftskommentar zum KSchG und zu sonstigen kündigungsschutzrechtlichen Vorschriften
KSchG	Kündigungsschutzgesetz
KStG	Körperschaftsteuergesetz
KTS	Konkurs-, Treuhand- und Schiedsgerichtswesen
KVStDV	Kapitalverkehrsteuer-Durchführungsverordnung
KVStG	Kapitalverkehrsteuergesetz
KWG	Kreditwesengesetz
LAG	Landesarbeitsgericht
LBO	Leveraged Buy-Out
LFG	Lohnfortzahlungsgesetz
LG	Landgericht
LM	Lindenmaier/Möhring, Nachschlagewerk des Bundesgerichtshofes

LMBO	Leveraged Management Buy-Out
LoI	Letter of Intent
LZB	Landeszentralbank
M & A	Mergers and Acquisitions
MAR	M & A Review
MBO	Management Buy-Out
MDR	Monatsschrift für Deutsches Recht
MitbestG	Mitbestimmungsgesetz
MoU	Memorandum of Understanding
MünchKomm.	Münchner Kommentar
MuSchG	Mutterschutzgesetz
m.w.N.	mit weiteren Nachweisen
Nds. FinMin	Niedersächsisches Finanzministerium
NJW	Neue Juristische Wochenschrift
NJW-RR	Neue Juristische Wochenschrift – Rechtsprechungs-Report
nv	nicht veröffentlicht
NWB	Neue Wirtschafts-Briefe für Steuer- und Wirtschaftsrecht
NZA	Neue Zeitschrift für Arbeits- und Sozialrecht
OFD	Oberfinanzdirektion
OHG	Offene Handelsgesellschaft
OLG	Oberlandesgericht
OLGZ	Entscheidungen der Oberlandesgerichte in Zivilsachen
PatG	Patentgesetz
ProdhaftG	Produkthaftungsgesetz
PSV	Pensions-Sicherungs-Verein
RdA	Recht der Arbeit
RdErl.	Runderlass
RegE	Regierungsentwurf
RFH	Reichsfinanzhof
RG	Reichsgericht
RGRK	Reichsgerichtsräte-Kommentar
RGZ	Entscheidungen des Reichsgerichts in Zivilsachen
RIW	Recht der internationalen Wirtschaft
RKG, RKnG	Reichsknappschaftsgesetz
Rpfleger	Der Deutsche Rechtspfleger
Rs.	Rechtssache
Rspr.	Rechtsprechung
RVO	Reichsversicherungsordnung
Rz.	Randziffer
SAE	Sammlung arbeitsrechtlicher Entscheidungen
ScheckG	Scheckgesetz
SchwbG	Schwerbehindertengesetz
SGB	Sozialgesetzbuch

Abkürzungsverzeichnis

Slg.	Sammlung
SMG	Schuldrechtsmodernisierungsgesetz
Sp.	Spalte
SprAuG	Sprecherausschussgesetz
SpTrUG	Gesetz über die Spaltung der von der Treuhandanstalt verwalteten Unternehmen
SPV	Special Purpose Vehicles
StEK	Steuererlasse in Karteiform
StGB	Strafgesetzbuch
str.	strittig
StW	Steuer-Warte
TB	Tätigkeitsbericht
TVG	Tarifvertragsgesetz
Tz.	Textziffer
UBG	Unternehmensbeteiligungsgesellschaft
UBGG	Gesetz über Unternehmensbeteiligungsgesellschaften
UEC	Union Européenne des Experts Comptables, Economiques et Financiers
UMAG	Gesetz zur Unternehmensintigrität und Modernisierung des Anfechtungsrechts
UmwG	Umwandlungsgesetz
UmwStG	Umwandlungssteuergesetz
VAG	Versicherungsaufsichtsgesetz
VDI	Verein Deutscher Ingenieure
VEB	Volkseigener Betrieb
VerbrKrG	Verbraucherkreditgesetz
VO	Verordnung
VRG	Vorruhestandsgesetz
VStR	Vermögensteuer-Richtlinien
VVG	Versicherungsvertragsgesetz
VwVfG	Verwaltungsverfahrensgesetz
WährG	Währungsgesetz
WG	Wechselgesetz
WM	Wertpapier-Mitteilungen
WP	Wirtschaftsprüfer
WPg.	Die Wirtschaftsprüfung
WPrax	Wirtschaftsrecht und Praxis
WpÜG	Wertpapiererwerbs- und Übernahmegesetz
WRP	Wettbewerb in Recht und Praxis
WuW	Wirtschaft und Wettbewerb
WuW/E	Entscheidungssammlung zum Kartellrecht
WZG	Warenzeichengesetz
ZfA	Zeitschrift für Arbeitsrecht
ZfB	Zeitschrift für Betriebswirtschaft

Zfbf	Schmalenbachs Zeitschrift für betriebswirtschaftliche Forschung
ZfK	Zeitung für kommunale Wirtschaft
ZfO	Zeitschrift für Organisation
ZfSH/SGB	Zeitschrift für Sozialhilfe und Sozialgesetzbuch
ZGR	Zeitschrift für Unternehmens- und Gesellschaftsrecht
ZHR	Zeitschrift für das gesamte Handels- und Wirtschaftsrecht
ZIP	Zeitschrift für Wirtschaftsrecht
ZPO	Zivilprozessordnung
ZRP	Zeitschrift für Rechtspolitik
ZTR	Zeitschrift für Tarifrecht

Teil I
Mergers & Acquisitions

Inhaltsverzeichnis

	Rz.
A. Bedeutung und Grundfragen	1
I. Erwerbsobjekte und Erwerbsziele	1
1. Erwerbsobjekte	1
2. Erwerbsziele	8
II. Erwerbswege und Durchführungsformen	21
1. Unternehmenserwerb durch Kauf	21
2. Übernahme über die Börse	25
3. Gesellschaftsrechtliche Auseinandersetzung	30
4. Umwandlung	31
III. Der Markt für Unternehmen und Beteiligungen	32
1. Informationsquellen	32
2. Die Akteure im M&A-Markt	35
3. Besonderheiten des deutschen Marktes	43
IV. Unternehmenskauf als konzernstrategisches Konzept	52
V. Unternehmenskauf und Konzentration	59
VI. Einfluss des Unternehmenskaufs auf die Führungsstruktur	65
VII. Management Buy-Out und Leveraged Buy-Out	72
1. Entwicklung in Deutschland und Begriffsdefinition	72
2. Rechtliche und steuerrechtliche Probleme	76
VIII. Private Equity und Mezzanine Finanzierungen	85
IX. Unfriendly Takeovers (Feindliche Übernahmen)	95
B. Projektmanagement beim Unternehmenskauf	99
I. Einleitung	99
II. Organisation des Unternehmenskaufs	102
1. Gesamtverantwortung eines Steering Committees	102
2. Die Bedeutung externer Berater	105
3. Die beteiligten Personen in den einzelnen Phasen der Transaktion	108
III. Die Rolle des Anwalts	122
1. Projektmanager statt Vertragstechniker	122
2. Erstellung und Aktualisierung eines Akquisitionsplanes	128
IV. Verhandlungsstrategien	129
V. Besonderheiten beim „internationalen" Unternehmenskauf	135
C. Abwicklung	137
I. Reihenfolge der Abwicklungsschritte	137
1. Überblick über typische Abläufe	137
2. Zwei Verhandlungspartner	138
3. Controlled Auction	155
4. Öffentliche Kaufangebote	166
II. Due Diligence	172
III. Kaufpreis und Bewertung	176
1. Bewertung als subjektiver Vorgang	176
2. Interne Bewertung im Vorfeld des Unternehmenskaufs	180
3. Gemeinsame Bewertungen im Verhandlungsstadium	183
4. Kaufpreisfeststellungen oder -korrekturen nach Vertragsabschluss	185
5. Negativer Kaufpreis	189
IV. Spezifische Käufer- und Verkäuferinteressen	190
V. Unternehmenskauf vor den Gerichten	199
VI. Prüfungsliste zur Vorbereitung des Unternehmenskaufvertrages	209

Literatur: *Brodie & Ingram* (Hrsg.), Mergers and Acquisitions in Europe, 1990; *Dürig*, Der Grenzüberschreitende Unternehmenskauf, 1998; *Goetzke/Sieben* (Hrsg.), Unternehmensakquisitionen, Betriebswirtschaftliche und juristische Gestaltungsfragen, 1981; *Hopt/Wymeersch*, European Takeovers, 1992; *Hüffer*, AktG, 6. Aufl. 2004; *Jansen*, Mergers & Acquisitions, 1999; *Jung*, Praxis des Unternehmenskaufs, 2. Aufl. 1993; *Lucks/Meckl*, Internationale Mergers & Acquisitions, Berlin/Heidelberg/New York 2002; *Morgan/Grenfell* (Hrsg.), Handbuch für den internationalen Unternehmenskauf, 2. Aufl. 1989; *Müller/Stewens/Spickers/Deiss*, Mergers & Acquisitions, 1999; *Nemec/Reichender* (Hrsg.), Der Unternehmenskauf und seine Abwicklung in der Praxis, 1994; *Picot/Menz/Seydel*, Die Aktiengesellschaft bei Unternehmenskauf und Restrukturierung, 2003; *Rädler/Pöllath* (Hrsg.), Handbuch der Unternehmensakquisition, 2000; *Triebel*, Mergers & Acquisitions, 2004; *Wietek/Langer/Mohr/Petoin*, Unternehmenskauf, Beteiligungsaufkauf und -verkauf in Frankreich, 1983; *Wollny*, Unternehmens- und Praxisübertragungen, 6. Aufl. 2005. Spezielle Literatur zur Beteiligungspolitik unter Teil I vor Rz. 52.

A. Bedeutung und Grundfragen

I. Erwerbsobjekte und Erwerbsziele

1. Erwerbsobjekte

1 **Gegenstand** dieses Handbuchs sind Erwerb bzw. Veräußerung von Unternehmen und Beteiligungen an Unternehmen (Unternehmensakquisitionen). Untersuchungsobjekt sind also zum einen – bei gegenständlicher Betrachtung – Unternehmen und Beteiligungen an solchen, zum anderen – aus handlungsmäßiger Sicht – Vorgänge des Inhaberwechsels bei Unternehmen und Beteiligungen.

2 Eine einheitliche und anerkannte **Definition des Unternehmensbegriffs** besteht wegen der schillernden Vielfalt dieses wirtschaftlichen und sozialen Komplexes nicht. Nach vielfältigen Definitionsversuchen ist man vielmehr zu der Einsicht gelangt, dass eine Definition nur zielgerichtet für den Zweck der Untersuchung erfolgen kann.[1] Das führt für unterschiedliche Sachbereiche zu unterschiedlichen Unternehmensbegriffen. Für die Betrachtung des Unternehmenskaufs kann das Unternehmen als Gesamtheit von materiellen und immateriellen Rechtsgütern und Werten verstanden werden, die in einer Organisation zusammengefasst und einem einheitlichen wirtschaftlichen Zweck dienstbar gemacht sind (zu den in Nuancen unterschiedlichen Definitionen in den einzelnen Rechtsgebieten Teil VII Rz. 1 und Teil VIII Rz. 40 ff.). Unternehmensträger ist der Inhaber sämtlicher positiver oder negativer Vermögenswerte. Es handelt sich dabei um eine natürliche Person, juristische Person oder im Falle von Personengesellschaften um quasirechtsfähige Personenvereinigungen.

---

1 Vgl. BGH v. 8. 5. 1979 – KVR 1/78, BGHZ 74, 359 (364); BGH v. 13. 10. 1977 – II ZR 123/76, BGHZ 69, 334 (335); *Hüffer*, § 15 AktG Rz. 7; *Bayer* in MünchKomm. AktG, § 15 AktG Rz. 10; *K. Schmidt*, ZGR 1980, 277 (280); *Th. Raiser*, Das Unternehmen als Organisation, 1969, S. 15 ff.; stärker im Sinne einer einheitlichen Definition noch RG v. 16.1.1943 – VII (VIII) 139/42, RGZ 170, 292 (298).

Der Übergang eines Unternehmens kann sich vollziehen durch Übertragung materieller oder immaterieller Vermögensbestandteile in Form der **Singularzession**. Das kann die Gesamtheit aller Vermögensbestandteile sein, es können aber auch aus der Gesamtheit der Organisation einige Vermögensbestandteile herausgenommen und andere zurückgelassen werden. In letzterem Falle liegt ein Unternehmenserwerb nur vor, wenn die übernommenen Vermögensbestandteile den für das soziale und wirtschaftliche Gebilde prägenden Charakter haben (vgl. zu den steuerlichen Konsequenzen Teil V Rz. 4 ff.). 3

Ist **Unternehmensträger** eine natürliche Person, kann der Erwerb stets nur durch Übertragung von Vermögensbestandteilen stattfinden. Bei juristischen Personen und Personengesellschaften mit Quasirechtsfähigkeit kommt *daneben* eine Übertragung von Beteiligungen in Betracht. Bei einem völligen Wechsel des Unternehmensträgers, d.h. bei Übertragung sämtlicher Anteile, ist dabei in jedem Falle von einem Unternehmenskauf zu sprechen. Dasselbe wird bei der Übertragung eines Prozentsatzes sämtlicher Anteile in einer Höhe gelten, die dem Übernehmer den absoluten unternehmerischen Einfluss gewährt, in der Regel je nach Gesellschaftsform und gesellschaftsrechtlicher Ausgestaltung also bei mehr als 50 %. Bei einer geringeren Beteiligungshöhe sollte man eher von der Veräußerung einer Beteiligung sprechen. Diese nicht nur theoretische Unterscheidung hat sowohl Bedeutung bei der rechtlichen Betrachtung als auch bei der Bewertung (vgl. dazu Teil II und Teil VII Rz. 3 ff.). 4

Keine Veräußerungsvorgänge sind Überleitungen der Unternehmensträgerschaft durch Erbfolge (**Universalsukzession**) oder staatliche Eingriffe. 5

Behandelt werden in diesem Handbuch lediglich Erwerb und Veräußerung von inländischen Unternehmen und Beteiligungen, d.h. von solchen Unternehmen, die in der Bundesrepublik Deutschland ihren Sitz haben. Unternehmensakquisitionen im **Ausland** sind aufgrund der Unterschiedlichkeit der tatsächlichen und rechtlichen Verhältnisse in den einzelnen Ländern einer einheitlichen Betrachtung nicht zugänglich. Die Problemerörterung müsste also entweder für jeden ausländischen Staat gesondert erfolgen, was den umfangmäßigen Rahmen dieses Handbuchs sprengen würde, oder sich in nichts sagenden Allgemeinplätzen erschöpfen. Fälle, in denen ein inländisches Unternehmen bzw. eine inländische Beteiligung von einer ausländischen Rechtspersönlichkeit aufgrund eines nicht der deutschen Rechtsordnung unterstellten Vertrages erworben werden, bleiben für die zivilrechtliche Betrachtung in Teil VII ausgespart (vgl. aber die Vertragsmuster zu Kaufverträgen nach anglo-amerikanischem Muster im Formularteil, S. 1284 ff.). Eine Beschäftigung mit ausländischen Rechtssystemen würde zu der oben genannten Ausuferung führen. 6

Infolge der Globalisierung der Wirtschaft gibt es zur Zeit kaum ein mittelständisches Unternehmen, das nicht mehrere Tochtergesellschaften oder Beteiligungen im Ausland hält. Für deutsche Großunternehmen ist dies erst recht eine Selbstverständlichkeit. Bei nahezu jedem Unternehmenskauf, bei dem das Objekt eine volkswirtschaftlich wahrnehmbare Größe aufweist, sind also unterschiedliche Rechts- und Wirtschaftsordnungen betroffen. Die mit einem solchen „internationalen" Unternehmenskauf verbundenen Besonderheiten werden in Teil XIII erörtert. 7

2. Erwerbsziele

8   Wendet man sich von dem Veräußerungsobjekt dem **Erwerbsvorgang** und den an diesem beteiligten Personen zu, so können auf Erwerber- und Veräußererseite jeweils unterschiedliche Motive festgestellt werden. Für den Erwerber werden als klassische Ziele genannt die unternehmerische Beteiligung (strategischer Investor) sowie die reine Finanzbeteiligung (Finanzinvestor)

9   Bei einer **Finanzanlage** schließt sich als Form der Durchführung des Erwerbs der Erwerb aller oder der Mehrzahl von einzelnen Vermögensgegenständen aus. Hier werden Beteiligungen regelmäßig unter 50 % oder sogar 25 % des Gesamtkapitals erworben. Finanzbeteiligungen sind häufig bei Kapitalanlagegesellschaften (Private Equity), Versicherungen und Banken, seltener bei privaten Anlegern. Im privaten Anlegerbereich wird unter dem Schlagwort „Venture Capital" versucht, durch Konstruktion neuer Anlagemodelle einem breiteren Kreis privater Anleger den Gedanken einer unternehmerischen Beteiligung insbesondere in neuen Wirtschaftszweigen, die technologieintensiv sind, nahe zu bringen. Der exakte Prozentsatz der nach dem Erwerb bestehenden Beteiligung ist oft gleichgültig für den Erwerber. Entscheidend ist der Preis und die aus diesem zu erwartende Rendite.

10 Finanzanlagen in Unternehmensbeteiligungen wurden traditionell stets als langfristige Anlageformen angesehen. Dieser Grundsatz hat seit einigen Jahren, insbesondere durch die Entwicklung der Private Equity Branche (vgl. Teil I Rz. 85 ff.), Modifizierungen erfahren. Vorwiegend Kapitalanlagegesellschaften, aber auch Investmentbanken, traditionelle Geschäftsbanken und andere institutionelle Anleger gehen Mehrheits- oder Minderheitsbeteiligungen häufiger als **mittelfristiges Engagement** mit dem Ziel ein, sich nach einem Zeitraum von drei bis maximal zehn Jahren wieder von der Beteiligung zu trennen. Bei dem „**Desinvestment**" erhofft sich der Anleger neben den zwischenzeitlich angefallenen und ausgeschütteten laufenden Gewinnen, die aber oft bei der Investitionsentscheidung nur zweitrangig sind, die Realisation einer erheblichen Wertsteigerung. Die Festlegung des Zeitpunkts und der Art und Weise des Desinvestments ist typischerweise einer der zwischen Investor und verbleibenden Gesellschaftern – sei es den verbleibenden Familiengesellschaftern oder einer Managementgruppe – zu regelnden Interessenkonflikte. Das Desinvestment erfolgt zumeist durch

- Gang an die Börse (wenn es sich um eine Aktiengesellschaft handelt und zum Zeitpunkt des geplanten „exit" ein entsprechendes Börsenumfeld gegeben ist);[1]
- Veräußerung an industrielle Beteiligungspartner;
- Rückübertragung an Familiengesellschafter oder an die Managementgruppe.

Beispiel:
Ein auf einem hochspezialisierten und technologieintensiven Maschinenbausektor tätiges Familienunternehmen hat eine Akquisition größeren Umfangs

---

[1] Vgl. *Freiburg/Ising/Timmreck*, MAR 2004, 212.

getätigt. Die Akquisition kann oder soll nicht durch Aufnahme von Fremdmitteln finanziert werden, um zum einen das Risiko in einem erträglichen Rahmen zu halten und zum anderen die Bilanzrelationen nicht zu verschlechtern. Ein Börsengang und die damit verbundene Umwandlung in eine Aktiengesellschaft kommen wegen einer augenblicklich schlechten Börsenverfassung und weil das Unternehmen noch nicht die optimale Größe für die Börseneinführung hat, zurzeit nicht in Betracht. Eine Kapitalanlagegesellschaft ist bereit, eine Minderheitsbeteiligung an dem Familienunternehmen zu übernehmen. Sie erwirbt die Beteiligung zum Teil auf eigenes Risiko, zum Teil sammelt und bündelt sie Kapital von institutionellen Anlegern. Es ist der Wunsch beider Seiten, dass die Beteiligung in vier bis acht Jahren wieder abgegeben werden soll („**exit**"). Geregelt werden müssen in dem Vertragswerk zwischen Kapitalanlagegesellschaft und Familiengesellschaftern die Abgrenzung der gesellschaftsrechtlichen Einflussmöglichkeiten während des Investments und Art und Weise des Desinvestments.

Bei einem Erwerb, der eine **unternehmerische Einflussnahme** bezweckt (strategisches Investment), ist die Größe der nach dem Erwerb bestehenden Beteiligung bedeutsam. Der Erwerber wird deshalb ausgehend von seiner unternehmerischen Zielsetzung seinen Verhandlungsansatzpunkt bestimmen. Wenn er das Erwerbsobjekt nicht seinem Ziel entsprechend gegenüber dem Veräußerer festzuschreiben vermag, wird er an dem Erwerb kein Interesse mehr haben. 11

Absoluten unternehmerischen Einfluss sichert der Erwerb von **100 % der Anteile** oder sämtlicher oder nahezu sämtlicher Vermögensgegenstände (Aktiva und Passiva sowie sonstige nicht bilanzierbare Vermögensgegenstände). Es kommt also nicht auf die Form der Durchführung des Erwerbsvorganges an. Niedrigere unternehmerische Einflussstufen lassen sich lediglich beim Erwerb von Beteiligungen, nicht jedoch beim Erwerb einzelner Vermögensbestandteile aufzeigen. Hier gibt es nur das „alles oder nichts", d.h. wenn nicht die wesentlichen Vermögensbestandteile eines Unternehmens erworben werden, z.B. nur eine Lagerhalle oder einzelne Maschinen, kann damit kein unternehmerischer Einfluss auf das bisher vorhandene wirtschaftliche und soziale Gebilde ausgeübt werden. 12

Beim Erwerb einer geringeren als einer hundertprozentigen Beteiligung (Alleinbesitz) werden gemeinhin als Daten für die **Einflussstufen** 75 % (qualifizierte Mehrheit), mehr als 50 % (einfache Mehrheit), mehr als 25 % (Sperrminorität) und weniger als 25 % (einfache Minderheit) genannt. Bei dieser pauschalen Klassifizierung ist jedoch Vorsicht geboten. Sie gilt ohne größere Einschränkungen nur für Aktiengesellschaften, bei denen nach dem gesetzlichen Bild die Einflussmöglichkeit zur Beteiligungshöhe proportional ist. Ausnahmen gibt es auch bei dieser Gesellschaftsform. 13

Beispiel 1:

Einem Aktionär oder einer Aktionärsgruppe ist satzungsmäßig das Recht zugestanden, mehrere Aufsichtsratsmitglieder zu entsenden und damit über den Aufsichtsrat einen überproportionalen unternehmerischen oder zumindest Kontrolleinfluss auszuüben.

Beispiel 2:

In der Satzung ist ein Höchststimmrecht festgelegt, wonach Stimmrechte nur bis zu einer Beteiligung von 5 % ausgeübt werden dürfen.

Die Möglichkeit der Einführung von Höchststimmrechten wurde Mitte der siebziger Jahre vereinzelt eingeführt – etwa von der damaligen (zwischenzeitlich übernommenen) Mannesmann AG –, um eine Überfremdung der deutschen Großindustrie durch spektakuläre Aktienpaketeinkäufe einiger Ölstaaten zu verhindern.[1] Nunmehr ist nach § 134 Abs. 1 Satz 2 AktG die Einführung eines Höchststimmrechts nur bei nichtbörsennotierten Gesellschaften möglich.[2]

Beispiel 3:

Erfahrungsgemäß beträgt die Präsenz der Aktionäre bei Hauptversammlungen börsennotierter deutscher Aktiengesellschaften nicht mehr als 70 % – mit deutlich absteigender Tendenz. In der Hauptversammlungssaison 2004 war auf den Hauptversammlungen der dreißig Dax-Unternehmen im Schnitt sogar nur 46,4 % des Grundkapitals vertreten, was einen neuen Tiefstand bedeutet.[3]

Kapitalpräsenz auf Hauptversammlungen
Entwicklung bei deutschen Aktiengesellschaften (Durchschnitt Dax)

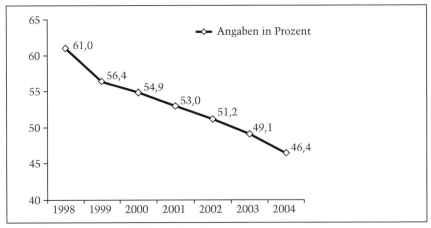

Quelle: Register Services/FAZ vom 10.7.2004

Wer bei einer solchen börsennotierten Aktiengesellschaft also mehr als 40 % des Grundkapitals in Händen hat, repräsentiert aller Wahrscheinlichkeit nach die Mehrheit in den Hauptversammlungen. Bereits eine geringere nominelle Beteiligung am Grundkapital kann faktisch eine Mehrheitsherrschaft in der

---

1 S. dazu *Hölters*, DB 1975, 917.
2 § 134 Abs. 1 Satz 2 AktG wurde durch das KonTraG in der Fassung der Bekanntmachung v. 27. 4. 1998 (BGBl. I, S. 786) geändert.
3 Vgl. Frankfurter Allgemeine Zeitung v. 10.7.2004.

Hauptversammlung bedeuten, wenn ein grundsätzliches Einvernehmen zwischen dem unternehmerisch Beteiligten und den Banken, welche das Depotstimmrecht für einen Teil des Aktienbesitzes ausüben, besteht. So gibt es einige Beispiele in der deutschen Konzernlandschaft, in denen faktisch Konzerne über mehrere Beteiligungsstufen hinweg jeweils mit einer circa dreißigprozentigen Beteiligung am Grundkapital geführt werden.

Beim Erwerb einer Beteiligung an einer börsennotierten Gesellschaft sind zudem die Regelungen des Wertpapiererwerbs- und Übernahmegesetzes (WpÜG)[1] (vgl. dazu Teil X) zu beachten. Hiernach folgt aus dem Erwerb einer direkten oder indirekten Beteiligung in Höhe von mindestens 30 % der Stimmrechtsanteile einer Gesellschaft die gesetzliche Verpflichtung, den übrigen Aktionären ein öffentliches Angebot zur Übernahme ihrer Aktien zu machen. Bei Überschreiten der 30 %-Grenze ist es daher nicht möglich, den Erwerb von vornherein auf eine bestimmte Beteiligungshöhe zu beschränken. 14

Bei allen anderen Gesellschaftsformen, insbesondere bei **Personengesellschaften**, ist der Grad des späteren unternehmerischen Einflusses des Erwerbers nur mit Vorbehalt an der Höhe der kapitalmäßigen Beteiligung zu messen. Die Vertragsfreiheit lässt bei diesen Gesellschaftsformen durch Mehrstimmrechte oder Sonderrechte zur Übernahme der Geschäftsführung mannigfaltige Differenzierungen zu. 15

Beispiel:

Eine Kommanditgesellschaft, die nicht kapitalistisch gestaltet ist, sondern dem gesetzlichen Leitbild entspricht, gewährt dem oder den persönlich haftenden Gesellschaftern den fast unbeschränkten Einfluss, den Kommanditisten nur Kontrollbefugnisse. Die Geschäftsführung und Vertretung wird von dem oder den persönlich haftenden Gesellschafter(n) ausgeübt. Die Kommanditisten haben ein Widerspruchsrecht nur bei außergewöhnlichen Geschäften. Auch dieses Widerspruchsrecht kann gesellschaftsvertraglich noch ausgeschlossen werden. Dabei mögen die persönlich haftenden Gesellschafter an Vermögen sowie Gewinn und Verlust der Gesellschaft nur sehr gering, die Kommanditisten weit überwiegend beteiligt sein.

Neben den klassischen Erwerbszielen der unternehmerischen und der Finanzbeteiligung steht als weitere, nicht so häufige Zielsetzung die **Marktbereinigung** durch Stilllegung des erworbenen Unternehmens. 16

Beispiel:

Ein mittelständisches Familienunternehmen ist durch Misswirtschaft (Management- und Nachfolgeprobleme, veraltete Maschinen, Fehlen eines straffen Vertriebskonzepts, überhöhte Entnahmen) Not leidend geworden. Das Unternehmen ist jedoch in einer Branche tätig, die grundsätzlich als zukunftsträch-

---

[1] Gesetz zur Regelung von öffentlichen Angeboten zum Erwerb von Wertpapieren und von Unternehmensübernahmen v. 20.12.2001 (BGBl. I, S. 3822), zuletzt geändert durch Artikel 71 der Achten Zuständigkeitsanpassungsverordnung vom 25.11.2003 (BGBl. I, S. 2304).

tig angesehen wird. Der kapitalkräftige Mitbewerber, ein Konzernunternehmen, ist bei dieser Situation an einem Erwerb, für den nicht sehr große Summen aufgewandt werden müssen, interessiert. Die Wiederherstellung der Ertragskraft des Unternehmens nach Erwerb wäre aber mit höheren Aufwendungen verbunden als die Aufstockung der eigenen Kapazitäten. Der Erwerber wird das übernommene Unternehmen deshalb liquidieren.

17 Wenn in diesem Beispielsfall die Marktbereinigung der Zweck der **Stilllegung** und die Einzelveräußerungen der noch vorhandenen Vermögensgegenstände das notwendige Mittel zur Verfolgung dieses Ziels ist, so kann dieses notwendige Mittel in anderen Fällen der Hauptzweck des Unternehmenskaufs sein.

Beispiel:

Ende der sechziger bis Anfang der siebziger Jahre des vergangenen Jahrhunderts hatte die Krise in der deutschen Textilindustrie ihren Höhepunkt erreicht. Die alten, größtenteils schon im vorigen Jahrhundert gegründeten Unternehmen am Niederrhein waren zu einem geringen Kaufpreis, teilweise unter Hinzuzahlung der bisherigen Inhaber, um von den Schulden des Unternehmens befreit zu werden, zu erstehen. Der Substanzwert dieser Unternehmen, der sich weit gehend in ihrem Grundbesitz ausdrückte, war noch beachtlich. Professionelle Unternehmenserwerber, die sich ein spezielles Know-how in der Stilllegung von Unternehmen erworben haben, erwarben deshalb einige Textilunternehmen. Beim Erwerb zwecks Stilllegung kommt stets nur der Erwerb sämtlicher Anteile oder Vermögensgegenstände in Betracht.

18 Wie auf Erwerberseite durch die **Zielvorstellung** das Objekt der Übertragung definiert wird, so hat auch der **Veräußerer** vor Eintritt in Vertragsverhandlungen ein Interesse, die abzugebende Beteiligung größenordnungsmäßig festzulegen. Bei Kapitalbedarf, aber Wunsch an der Beibehaltung unternehmerischen Einflusses wird er nur eine Minderheitsbeteiligung zulassen. Eine 50:50-Beteiligung wird bei bestehenden Unternehmen selten sein, da ein in diesem Falle notwendiger Pattauflösungsmechanismus der einen oder anderen Seite einen Vorteil geben wird. Paritätische Beteiligungen kommen häufiger bei Neugründungen vor, wenn sich zwei unternehmerische Partner zur Entwicklung und Vermarktung eines neuen technologischen Konzepts zusammenschließen. Daneben entstehen „joint ventures" öfter durch Ausgliederung eines Teilbetriebes auf eine neugegründete Gesellschaft mit beschränkter Haftung oder Aktiengesellschaft, an der alsdann ein anderer unternehmerischer Partner oder Geldgeber beteiligt wird.

19 Selten sind weiter die Fälle, in denen ein Veräußerer eine **Minderheitsbeteiligung** behalten will. Sie gibt ihm keinen nennenswerten unternehmerischen Einfluss mehr. Ein Renditeinteresse kann er meist nur bei einer vertragsmäßig garantierten Rendite wahren, da er subjektiv Sorge vor konzernmäßigen Gewinnverschiebungen haben wird[1] und er objektiv die Investitionspolitik und

---

1 Klassisches Beispiel aus der Rechtsprechung ist das sog. ITT-Urteil des BGH v. 5. 6. 1975 – II ZR 23/74, BGHZ 65, 15 = NJW 1976, 191 = BB 1975, 1450 = AG 1976, 16 = WM 1975, 1152 = JZ 1976, 408.

damit zumindest die kurz- und mittelfristig zu erwartende Rendite nicht mitsteuern kann.

Eine Minderheitsbeteiligung zu behalten sollte für Gesellschafter eines ehemaligen Familienunternehmens also nur in Betracht kommen bei sorgfältiger Festlegung der **Minderheitenrechte** und möglichst einer garantierten Dividende. Dabei wird sich allerdings der Erwerber fragen müssen, ob er das Unternehmen ohne „Störversuche" noch so steuern kann, dass der Erwerb für ihn interessant ist. 20

II. Erwerbswege und Durchführungsformen

1. Unternehmenserwerb durch Kauf

Gegenstand der Untersuchungen und Beiträge in diesem Handbuch sind vorrangig Erwerbsvorgänge durch **Verhandlungen** und anschließende **vertragliche** Vereinbarung mit dem bisherigen Unternehmensträger. Dabei ist es gleichgültig, ob dabei die Gesamtheit oder nahezu die Gesamtheit aller Vermögenswerte oder Beteiligungen übertragen werden. 21

Der Abschluss eines **Kaufvertrages** mit der Verpflichtung zur Übertragung von Beteiligungen oder Vermögensgegenständen und der korrespondierenden Verpflichtung zur Zahlung eines Kaufpreises ist die einfachste Form der Übertragung von Unternehmen und Beteiligungen. Diese Grundkonstellation des Unternehmenskaufes wird daher auch Ausgangspunkt für die Untersuchungen in den übrigen Teilen dieses Handbuches sein. Wirtschaftliche, zivilrechtliche oder steuerrechtliche Überlegungen machen jedoch häufig andere Durchführungsformen erforderlich, die wirtschaftlich nichts anderes als die Übertragung eines Unternehmens oder eines Unternehmensteils darstellen. Die vertragliche Verpackung kann sehr unterschiedlich sein, die rechtlichen Probleme sind jedoch nahezu identisch mit dem Ausgangsfall des Unternehmenskaufvertrages. 22

Von außerordentlicher Komplexität ist die **Übernahme internationaler Unternehmensgruppen**, d.h. von Konzernen oder Teilen von Konzernen. In diesen Fällen müssen oft eine Vielzahl von Gesellschaften und Betriebsstätten in verschiedenen Ländern übertragen werden. Vor der Übertragung müssen häufig noch Aus- und Eingliederungen von Betriebsteilen erfolgen. Die mit diesen komplexen grenzüberschreitenden Transaktionen verbundenen Problemstellungen werden im Teil XIII „Besonderheiten beim internationalen Unternehmenskauf" geschildert. 23

Ein Unternehmenskauf kann durch **Einbringung** eines Betriebes oder eines Teilbetriebes in eine bereits bestehende oder zu diesem Zweck neugegründete Gesellschaft erfolgen. 24

Beispiel 1:

Die A-AG ist mit 100 % aller Aktien alleinige Aktionärin der B-AG mit einem Grundkapital von 120 Mio. Euro. C-GmbH ist Inhaberin einer rechtlich unselbstständigen Produktionsstätte, in der Zubehörteile für den Produktionsbetrieb der B-AG hergestellt werden. Die A-AG ist an dem Erwerb der Produktionsstätte interessiert. Man einigt sich: Das Grundkapital der B-AG wird um 60 Mio. Euro auf 180 Mio. Euro erhöht. Zur Übernahme der für die Kapitalerhöhung auszugebenden Aktien wird die C-GmbH zugelassen. Die Kapitalerhöhung erfolgt durch Sacheinlage, nämlich durch Einbringung der rechtlich unselbstständigen Produktionsstätte, genauer gesagt durch alle Vermögensgegenstände, die dieser Produktionsstätte zugeordnet werden. Bei rechtlicher Betrachtung handelt es sich um eine Kapitalerhöhung, wirtschaftlich ist hier ein Unternehmen veräußert worden.

Beispiel 2:

Die A-AG, ein Stahlunternehmen, hat eine große moderne Verzinkungsanlage errichtet, die unmittelbar an das bisherige Werksgelände angrenzt. Von der Verzinkungsanlage wird künftig eine positive Entwicklung erwartet. Die A-AG macht, da zur Zeit des Baus der Anlage die Stahlkrise einsetzte, existenzbedrohende Verluste. Sie muss sich deshalb entschließen, sich von der Verzinkungsanlage teilweise zu trennen. Das Maschinenbauunternehmen B-AG interessiert sich für die Verzinkungsanlage. Die Anlage wird deshalb als Teilbetrieb auf eine neugegründete C-GmbH ausgegliedert. Die B-AG erwirbt 50 % der Anteile an der C-GmbH. Zur Durchführung dieses klassischen Gemeinschaftsunternehmens (joint venture) werden ein Rahmenvertrag, der sämtliche zu treffenden Regelungen zusammenfasst, sowie als ausfüllende Einzelverträge der Gesellschaftsvertrag, Kauf- und Übertragungsvertrag für die GmbH-Geschäftsanteile, Pachtvertrag über das im Eigentum der A-AG verbleibende Betriebsgrundstück, Anstellungsverträge für die Geschäftsführer sowie Lieferungs- und Leistungsverträge mit beiden Muttergesellschaften abgeschlossen. Der Kauf- und Übertragungsvertrag für die Geschäftsanteile ist bei dieser wirtschaftlichen Situation nur Teil eines Gesamtvertragspaketes. Die wichtigsten Regelungen sind sämtlich im Rahmenvertrag enthalten, der eine Klausel enthält, wonach Rahmenvertragsbestimmungen etwa widersprechenden Bestimmungen der Einzelverträge vorgehen.

2. Übernahme über die Börse

25 Übernahmen von Beteiligungen über die **Börse** kommen nur bei Aktiengesellschaften in Betracht.[1] Bei börsennotierten Aktiengesellschaften können Beteiligungen in verschiedenen Formen erworben werden:

---

1 Zu Übernahmeangeboten vgl. an älterer Literatur *Assmann/Basaldua/Bozenhardt/ Peltzer*, Übernahmeangebote, ZGR, Sonderheft 9, 1990; *Frank*, Rahmenbedingungen bei Unternehmensübernahmen in Deutschland, 1993; *Hauschka/Roth*, AG 1988, 181 (187); *Herrmann*, Zivilrechtliche Abwehrmaßnahmen gegen unfreundliche Übernahmeversuche in Deutschland und Großbritannien, 1993, S. 19 ff.; *Krause*, WM 1996, 895; *Rosen/Seifert* (Hrsg.), Die Übernahme börsenorientierter Unternehmen, 1999; *Witt*, Übernahmen von Aktiengesellschaften und Transparenz der Beteiligtenverhältnisse, 1998; *Zinser*, Übernahmeangebote im englischen und deutschen Recht, 2000. Zur aktuellen Literatur nach In-Kraft-Treten des Wertpapierwerbs- und Übernahmegesetzes vgl. Teil X.

- im Wege eines öffentlichen Übernahmeangebotes über die Börse;
- durch Paketverkauf vom bisherigen Paketinhaber;
- durch gezielte Zukäufe über die Börse.

In der Mehrzahl aller Fälle werden unternehmerische Beteiligungen auch bei börsennotierten Aktiengesellschaften nicht über die Börse, sondern in Form von Paketkäufen durch Verhandlungen und abschließende Kaufverträge mit dem bisherigen Paketinhaber erworben. Der Übernahmeinteressent kann den verbleibenden Aktionären nach einem Paketkauf ein öffentliches Übernahmeangebot unterbreiten (vgl. dazu im Einzelnen Teil X). In Deutschland existiert mit dem Wertpapiererwerbs- und Übernahmegesetz (WpÜG) seit dem 1.1.2002 ein gesetzliches Regelwerk für die Durchführung von Übernahmen von an einem organisierten Markt zum Handel zugelassenen inländischen Unternehmen.[1] Zuvor bestand mit dem Übernahmekodex der Börsensachverständigenkommission beim Bundesministerium der Finanzen seit 1995 lediglich ein System freiwilliger Selbstkontrolle. Der Übernahmekodex enthielt keine rechtlich verbindlichen Bestimmungen und galt nur für diejenigen Unternehmen, die sich auf freiwilliger Basis den Leitsätzen des Kodex unterworfen hatten. Wirkungsvolle Sanktionen im Falle der Nichtanerkennung oder eines Verstoßes fehlten. Nach den Regelungen des WpÜG ist ein Bieter, der auf Grundlage eines öffentlichen Übernahmeangebots die Kontrolle, das heißt mindestens 30 % der Stimmrechte der Zielgesellschaft erwerben will, zur Abgabe eines öffentlichen Übernahmeangebotes verpflichtet, das auf den Erwerb sämtlicher Aktien der Zielgesellschaft gerichtet ist.

26

Für größere Aufmerksamkeit in der jüngeren Vergangenheit haben Übernahmeversuche durch öffentliche Übernahmeangebote gesorgt. Hier ist in erster Linie die Übernahmeschlacht Mannesmann/Vodafone zu nennen.[2] Darüber hinaus sind zu nennen das öffentliche Übernahmeangebot der Deutsche Postbank AG an die Aktionäre der DSL Holding AG, das öffentliche Übernahmeangebot der Allianz AG an die Aktionäre der Dresdner Bank AG aus Mai 2001,[3] das öffentliche Übernahmeangebot der Münchener Rück Versicherungs-AG an die Aktionäre der ERGO Versicherungsgruppe AG[4] sowie aus jüngster Vergangenheit das öffentliche Übernahmeangebot der Procter & Gamble Germany Management GmbH an die Aktionäre der Wella AG aus März 2003,[5] das Kaufangebot der Finanzierungsgesellschaft Blackstone an die Aktionäre der Celanese AG im Wert von rund 3,1 Mrd. Euro aus Dezember 2003[6] sowie das Angebot der Carlsberg Deutschland GmbH an die Aktionäre der Holsten Brauerei AG aus Januar 2004.[7] Aus dem angloamerikanischen Rechtssystem haben sich bei Übernahmen – insbesondere bei Übernahmen aufgrund öffentlicher Übernahmeangebote – die Begriffe des „Friendly Takeover" oder

27

---

1 BGBl. I 2001, S. 3822.
2 Vgl. Frankfurter Allgemeine Zeitung v. 4.2.2000.
3 Vgl. Frankfurter Allgemeine Zeitung v. 12.5.2001.
4 Vgl. Frankfurter Allgemeine Zeitung v. 18.5.2001.
5 Vgl. Frankfurter Allgemeine Zeitung v. 18.3.2003.
6 Vgl. Financial Times Deutschland v. 16.12.2003.
7 Vgl. Frankfurter Allgemeine Zeitung v. 20.1.2004.

„Unfriendly Takeover" eingebürgert. Die Begriffsunterscheidung knüpft daran an, in welcher Haltung das Management des Zielunternehmens dem Übernahmeangebot des Erwerbsinteressenten gegenübersteht (vgl. dazu im Einzelnen Teil I Rz. 95 ff. sowie Teil X Rz. 24 ff.).

28   Es ist schwierig, mit unternehmerischem Einfluss verbundene Beteiligungen, die eine bestimmte Höhe voraussetzen, durch sukzessive Käufe über die Börse (Creeping Takeover) zu erwerben. Vermehrte Aufkäufe bei einer Publikumsaktiengesellschaft innerhalb eines kurzen Zeitraumes werden gemeinhin die Kurse derart nach oben schnellen lassen, dass der Erwerber seine Preisvorstellung für die von ihm gewünschte Beteiligungshöhe nicht verwirklichen kann. Fälle dieser Art hat es dennoch gegeben. So hat das Scheichtum Kuweit seine Schachtelbeteiligung an der ehemaligen Hoechst AG über die Börse erworben, ohne dass es zu nennenswerten Kursschwankungen gekommen ist. Gerade wegen der Unüberschaubarkeit und fehlenden Kontrolle bei Erwerbsvorgängen über die Börse wurde in der Zeit des Einstiegs der neuen Ölmächte in die Aktionärsstellung von Unternehmen der westlichen Industrienationen in Deutschland das Problem des Schutzes vor Überfremdung diskutiert.[1] Wie spektakulär sich Erwerbsvorgänge über die Börse gestalten können, hat sich zum Beispiel im Falle der Pelikan AG gezeigt, als ein einzelner Aktionär, der seinen Erwerb zu einem geschickten Zeitpunkt getätigt hatte, fast das Sanierungskonzept zum Scheitern brachte. Zu Beginn der neunziger Jahre hat unter anderem der Erwerb der Mehrheit der Hoesch AG durch die Fried. Krupp GmbH für Schlagzeilen gesorgt.

29   Nach dem In-Kraft-Treten des WpÜG ist nunmehr zu beachten, dass beim Überschreiten einer Erwerbsschwelle von 30 % der Stimmrechte der Zielgesellschaft ein auf den Erwerb aller Aktien gerichtetes öffentliches Pflichtangebot (vgl. dazu im Einzelnen Teil X Rz. 108 ff.) gegenüber den restlichen Aktionären der Zielgesellschaft abzugeben ist. Ein Creeping Takeover ist daher nur noch bis zum Erreichen einer Beteiligungsschwelle von 30 % der Stimmrechte möglich.

3. Gesellschaftsrechtliche Auseinandersetzung

30   Ein weiterer Weg des Erwerbs eines Unternehmens oder einer Beteiligung ist der über eine gesellschaftsrechtliche Auseinandersetzung oder durch Erbgang. Insbesondere bei Familiengesellschaften wird auf diese Weise häufig im Interesse des Fortbestandes von Unternehmen die Gesellschafterstruktur bereinigt. Leider werden die Probleme des Generationenwechsels in vielen Familienunternehmen von der Seniorengeneration nicht rechtzeitig bedacht. Aus der Vielzahl der auftretenden Probleme ist insbesondere ein Problempaar herauszugreifen: Treten sämtliche erbrechtlichen Nachfolger als Gesellschafter in das Unternehmen ein, tauchen infolge sachlicher Inkompetenz oder Meinungsvielfalt oft Führungsprobleme auf. Kommen aufgrund gesellschaftsrechtlicher oder erbrechtlicher Gestaltung verschiedene Erben als Gesellschafter nicht in Betracht, gibt es Abfindungsprobleme, die das Unternehmen in Liqui-

---

[1] Vgl. dazu *Hölters*, DB 1975, 917.

ditätsschwierigkeiten bringen können. Kennzeichnend für den Erwerb einer Beteiligung über eine gesellschaftsrechtliche Auseinandersetzung ist die Tatsache, dass die Beteiligung nicht auf einen völlig neuen Gesellschafter, sondern auf einen oder mehrere der bereits beteiligten Altgesellschafter übergeht. Ein Ausscheiden im Wege einer gesellschaftsrechtlichen Auseinandersetzung ist meist ein zwangsweises Ausscheiden. Das kann bei einer Personenhandelsgesellschaft durch Ausschließung eines Gesellschafters aus wichtigem Grund geschehen, bei einer Gesellschaft mit beschränkter Haftung zum Beispiel durch Einziehung des Geschäftsanteils. Bei einer Personengesellschaft kann man sich auch einvernehmlich auf das Ausscheiden eines Gesellschafters zu einem bestimmten Stichtag einigen. In sämtlichen Fällen erfolgt das Ausscheiden nicht auf der Basis eines Unternehmenskaufvertrages. Gesellschafterwechsel aufgrund von gesellschaftsrechtlichen Vorgängen sind deshalb grundsätzlich nicht Gegenstand dieses Handbuchs. Allerdings können auch zu diesen Vorgängen steuerrechtliche Überlegungen (Teil V) und Bewertungsgrundsätze (Teile II und III) herangezogen werden.

4. Umwandlung

Elemente eines Unternehmenskaufes kann auch die seit dem 1.1.1995 nach dem Umwandlungsgesetz v. 28.10.1994[1] mögliche Umwandlung haben. Nach dem Umwandlungsgesetz sind Arten der Umwandlung die Verschmelzung, die Spaltung – Aufspaltung, Abspaltung, Ausgliederung –, die Vermögensübertragung und der Formwechsel. 31

III. Der Markt für Unternehmen und Beteiligungen

1. Informationsquellen

Amtliche statistische Aufzeichnungen über Unternehmens- und Beteiligungstransaktionen in der Bundesrepublik Deutschland gibt es nicht. Offizielle Informationen[2] über Erwerbsvorgänge gibt es lediglich bei Aktiengesellschaften aufgrund der Mitteilungen über Beteiligungen nach §§ 20, 21 AktG[3] und nach §§ 21 ff. Wertpapierhandelsgesetz (WpHG)[4] sowie nach §§ 10 ff. WpÜG. Bei Personengesellschaften ergeben sich Wechsel im Gesellschafterkreis aus dem Handelsregister, bei Gesellschaften mit beschränkter Haftung nicht einmal aus diesem. Keinerlei offizielle Informationen gibt es über Erwerbsvorgänge, die sich über die Übertragung sämtlicher oder nahezu aller Vermögensgegen- 32

---

1 BGBl. I 1994, S. 3210; zuletzt geändert durch Gesetz zur Anpassung von Verjährungsvorschriften an das Gesetz zur Modernisierung des Schuldrechts v. 9.12.2004 (BGBl. I, S. 3214).
2 Vgl. hierzu die elektronische Datenbank der Bundesanstalt für Finanzdienstleistungsaufsicht (BaFin) unter der Internet-Adresse www.bafin.de.
3 Eine weiter gehende Information lässt sich über die Ausübung des Fragerechts in der Hauptversammlung nach § 131 AktG gewinnen; s. KG Berlin v. 26.8.1993 – 2 W 6111/92, BB 1993, 2036 = NJW-RR 1994, 162 = ZIP 1993, 1618 m. Anm. *Wenger*.
4 Gesetz über den Wertpapierhandel (Wertpapierhandelsgesetz-WpHG) in der Fassung der Bekanntmachung v. 9.9.1998 (BGBl. I, S. 2708), zuletzt geändert durch Art. 3 des Gesetzes v. 15.12.2004 (BGBl. I, S. 3408).

stände vollziehen. Auch die Angaben des Bundeskartellamtes[1] (dazu Teil VIII Rz. 3 ff.) sowie die Verlautbarungen der EU-Kommission[2] sind nur begrenzt aussagekräftig, da sie nur die kartellrechtlich relevanten Vorgänge enthalten. Allerdings kann man sich bei systematischem Verfolgen der Verlautbarungen zumindest einen Überblick über die bedeutenderen Transaktionen verschaffen. Ein Überblick über die gesamten Unternehmenstransaktionen lässt sich nur durch empirische Untersuchungen in Form von Fragebogenaktionen nach erfolgtem Erwerb[3] oder durch die Auswertung von Presseinformationen gewinnen. Der Zugang zu Presseinformationen ist seit einigen Jahren durch Online-Datenbanken erleichtert.[4]

33 Der Mangel an statistischem Material war in der Vergangenheit zum Teil darin begründet, dass es in Deutschland im Unterschied zum Beispiel zu den USA keinen organisierten **Markt** für Unternehmen und Beteiligungen gab. Jede größere Auskunftei in den USA verfügt sowohl über eine Fülle statistischer Daten über Unternehmen als auch über durchgeführte Unternehmens- und Beteiligungstransaktionen. Das erleichtert zum einen die Kontaktaufnahme bei geplanten Erwerben, zum anderen den Überblick über Verschiebungen im Inhaberkreis.

34 Seit der zweiten Hälfte der achtziger Jahre hat sich ein Markt für Unternehmen und Beteiligungen, dessen Entstehen zuvor in Ansätzen zu beobachten war, nahezu stürmisch entwickelt. Diese Entwicklung begann in Deutschland trotz des Rückgangs der Unternehmenskäufe weltweit und insbesondere in den Vereinigten Staaten. In den USA wurde der Rückgang der „Mergers and Acquisitions" (M&A) in der ersten Hälfte der neunziger Jahre durch den Konkurs oder wirtschaftliche Schwierigkeiten namhafter Investmentbanken begleitet. Der Rückgang der Transaktionen ist dann in eine starke Zunahme, insbesondere seit Mitte der neunziger Jahre, mit einem vorläufigen Höhepunkt im Jahr 2000 und einem alsdann wiederum starken Absinken in Deutschland umgeschlagen. Das hat die Profilierung eines Marktes für Unternehmen und Beteiligungen in Deutschland weiter beschleunigt. Es entstand in den letzten zwanzig Jahren mit der Bildung von Marktstrukturen eine professionelle M&A-Branche,[5] deren Bedeutung bei heutigen Unternehmenstransaktionen nicht mehr wegzudenken ist. Auch die Marktbeobachtung und die Auswertung der Vorgänge im M&A-Bereich wurden professioneller. So gibt es z.B. mehrere Zeitschriften, in denen Unternehmenstransaktionen statistisch festgehalten werden und über Marktbewegungen (vollzogene oder geplante) be-

---

1 Die Tätigkeitsberichte des Bundeskartellamtes, die alle zwei Jahre erscheinen, enthalten einen umfangreichen Statistikteil; vgl. auch die Entscheidungsübersicht unter der Internet-Adresse „http://www.bundeskartellamt.de".
2 Die jährlich erscheinenden Berichte der EU-Kommission über die Wettbewerbspolitik enthalten Übersichten und Statistiken über die getroffenen Entscheidungen; vgl. auch die Übersichten unter der Internet-Adresse http://europa.eu.int/comm/index_de.htm.
3 S. die ausführlichen Untersuchungen von *Küting*, BB 1979, 1120; sowie die Darstellung von *Zimmerer* in Goetzke/Sieben, S. 31 ff.
4 S. den Überblick bei *Spickers*, MAR 1994, 477 (481).
5 Vgl. etwa die Übersicht „M&A – Dienstleister 2004", Finance 6/2004, 18 ff.

richtet wird, sowie elektronische Datenbanken zum M&A-Geschehen im deutschsprachigen Raum.[1]

2. Die Akteure im M&A-Markt[2]

Der bei Unternehmenskäufen angewendete **Kontaktmechanismus** hat sich im Laufe der Jahre geändert. Die alten Anbahnungsformen bestehen immer noch, sind aber durch neue Kontaktwege unter Einschaltung professioneller Mittler ergänzt worden. 35

Die Kontakte bei deutschen Unternehmens- und Beteiligungserwerben werden immer noch häufig unmittelbar durch Absprachen auf der höchsten **Geschäftsführungs- und Vorstandsebene** geknüpft. Die wirtschaftliche Führungsschicht ist relativ klein. Man kennt sich und nimmt direkten Kontakt auf. Dies dürfte bei Großunternehmen immer noch der häufigste Fall der ersten Initialzündung einer Unternehmensakquisition sein. 36

Deutsche **Unternehmensmakler** von Bedeutung lassen sich an den Fingern einer Hand abzählen. Sie werden häufig bei einem – im ersten Stadium – „anonymen" Beteiligungserwerb eingeschaltet. Dabei ist der Schwerpunkt der Tätigkeit von Unternehmensmaklern wohl eher im Bereich der kleineren und mittelständischen Unternehmen zu finden. Die Frage der Geheimhaltung wesentlicher Daten des Veräußerungsobjektes sowie der Veräußerungsabsicht als solcher ist nämlich im ersten Stadium des Gespräches eines der wesentlichen Anliegen des Veräußerers. Bei Bekanntwerden der Veräußerungsabsicht und späterer Nichtverwirklichung kann das Unternehmen bei Lieferanten und Kunden in Misskredit geraten. Zu früh preisgegebene Daten können etwa dem Mitkonkurrenten als Kaufinteressent, der ohne ernsthafte Absicht mit dem Gespräch begann, gefährliche Einblicke in das Unternehmen geben. Vor diesen Gefahren kann der seriöse Unternehmensmakler schützen. Der Unerfahrene verdirbt mehr, als er nützt. 37

Beispiel:

Der verkaufswillige unvorsichtige Unternehmer, der sich nicht erkundigt hatte, welche die wenigen erfahrenen Maklerfirmen in Deutschland sind, gibt ein Informationspaket an einen Unternehmensmakler. Selbstverständlich geschieht dies mit der Bitte, nur gezielt und nur nach vorheriger Rücksprache Beteiligungsinteresse anzusprechen. Der Makler sendet Kopien des Informationspakets wiederum an drei andere Makler; ob unter dem Gebot der Verschwiegenheit, ist später nicht mehr feststellbar. Einer dieser weiteren Makler sendet Kopien der Informationen an mehr als 30 verschiedene Personen, darunter an Lieferanten und Kunden des Unternehmens. Der Schaden ist unvorstellbar groß, jedoch kaum mess- und damit auch nicht realisierbar.

Nicht zu unterschätzen war und ist die Rolle der **Geschäftsbanken** bei Veräußerungsvorgängen. Sie haben oft, insbesondere bei Not leidenden Familien- 38

---

1 Vgl. *Frankenberger*, MAR 2004, 46; *Herden/Mueller*, MAR 2004, 63.
2 Vgl. die Übersicht „M&A – Dienstleister 2004", Finance 6/2004, 18 ff.

unternehmen, den Anstoß zu Veräußerungen gegeben und anschließend den Erwerbspartner akquiriert. Bis vor kurzem ergab sich diese Tätigkeit bei den deutschen Banken quasi als Nebenprodukt aus ihrer Rolle als finanzwirtschaftlicher Berater von Unternehmenskunden.

39 Vermittler und Berater bei Unternehmenskäufen sind seit jeher auch **Wirtschaftsanwälte**. Dabei handelt es sich um den kleinen Kreis von Angehörigen dieses Berufsstandes, die aufgrund ihrer Persönlichkeit und ihrer allgemeinen wirtschaftlichen Erfahrung in ihrer Bedeutung weit über die des Fachberaters hinausgewachsen sind. Dieser kleine Kreis von Wirtschaftsanwälten, die sich schwerpunktmäßig mit Unternehmenskäufen beschäftigen, hat mit dem Entstehen eines M&A-Marktes eine über die herkömmliche Anwaltstätigkeit hinausgehende Akquisitionsberatung in seine Dienstleistungspalette aufgenommen.

40 Das Entstehen eines M&A-Marktes wurde maßgeblich mitgeprägt und sogar mitverursacht durch eine breite Palette von Mittlern und Beratern, wie man sie in dieser Form in Deutschland bis vor circa zwanzig Jahren noch nicht kannte. Bei allen Unterschieden in ihrer Strukturierung und in ihren Tätigkeitsschwerpunkten ist den typischen **M&A-Beratern und Mittlern** gemeinsam, dass sie zum einen im Unterschied zum Makler nur für eine Seite, also entweder für den Verkäufer oder den Käufer, tätig werden: Die klassischen **internationalen** (vorwiegend amerikanischen) **Investmentbanken** haben ihre Tätigkeit auf den deutschen Markt ausgedehnt, indem sie eigene Niederlassungen gegründet oder Tochtergesellschaften errichtet haben. Fast sämtliche **deutsche Banken** haben bei ihrer Suche nach neuen Betätigungsfeldern außerhalb des klassischen Kreditgeschäftes zunächst eigene Abteilungen für das Corporate-Finance-Geschäft unterhalb des Daches des Stammhauses gebildet, in der weiteren Entwicklung aber rechtlich selbstständige Beratungsgesellschaften erworben oder neu gegründet. In der deutschen Banklandschaft sind damit dem amerikanischen Vorbild folgend Investmentbanken entstanden. Daneben sind unabhängige **M&A-Beratungsfirmen** von Unternehmensberatern gegründet worden. M&A-Beratungsabteilungen hat mittlerweile auch jede größere **Wirtschaftsprüfungsgesellschaft**. Teilweise sind auch eigene Tochtergesellschaften gegründet worden.

41 Den bei weitem größten Anteil an der Revolutionierung des deutschen Unternehmenskaufmarktes haben die **Investmentbanken**. Sie haben zum Teil neue Veräußerungstechniken und Abwicklungsmethoden eingeführt, zum Beispiel das Verfahren einer „Controlled Auction". Dieses wird unten unter Teil I Rz. 155 ff. im Einzelnen geschildert. Das hat zu einer Angloamerikanisierung der gesamten Rechts- und Wirtschaftssprache im M&A-Markt geführt. Dahingestellt, ob man dies gutheißt oder nicht, verwenden die im Unternehmenskaufsektor schwerpunktmäßig tätigen Akteure größtenteils englische Fachausdrücke. Infolge der Globalisierung der Wirtschaft wird häufig auch in Englisch verhandelt und es werden Verträge in Englisch fixiert. Darauf wird sogleich noch zurückzukommen sein (vgl. Teil I Rz. 155 ff. und Teil XIII Rz. 27 ff.).

Sämtliche Beratergruppen haben ihre eigenen Tätigkeitsschwerpunkte. Einige sind besonders stark in der **Käufersuche**, da sie über ein weltweites ständig gepflegtes Netz von Kontaktadressen verfügen. Andere wiederum haben sich auf die Erstellung von **Diversifikationskonzepten** und **Integrationsstrategien** spezialisiert. Wiederum andere haben Vorteile in der **Finanzplanung** oder in der steuerrechtlichen oder organisationsrechtlichen Gestaltung. Die einzelnen Beratergruppen werden teils als Mittler tätig, zum Teil erst herangezogen, wenn Verkäufer und Käufer bereits feststehen und es in die Gestaltungs- und Verhandlungsphase geht. Oft werden verschiedene der oben genannten Beratergruppen, die unterschiedliche Schwerpunkte haben, nebeneinander tätig. Die Zusammenarbeit der einzelnen Beratergruppen untereinander und mit den im Unternehmen Verantwortlichen wird unter Teil I Rz. 108 ff. dargestellt. 42

3. Besonderheiten des deutschen Marktes

Bei generalisierender Betrachtung lässt sich mit Sicherheit vermuten, dass der Schwerpunkt der Erwerbsvorgänge gemessen an ihrer Anzahl bei den **Familienunternehmen** mit Jahresumsätzen von 10 bis 250 Mio. Euro liegt. 43

Unternehmen dieser Größenordnung werden häufig durch Nachfolge- und Managementprobleme zur Veräußerung gezwungen. Nach Schätzungen des Instituts für Mittelstandsforschung, Bonn,[1] werden im Rahmen einer Unternehmensnachfolge jährlich ca. 15 000 Familienunternehmen verkauft sowie zusätzlich ca. 7 300 Unternehmen von bisherigen Mitarbeitern und ca. 11 700 Unternehmen von externen Führungskräften übernommen. Darüber hinaus werden jährlich ca. 31 000 Unternehmen an Familienmitglieder übertragen sowie circa 5 900 Unternehmen mangels Nachfolger stillgelegt. 44

Gerade im mittelständischen Bereich gibt es zudem noch eine Reihe von Marktnischen, in denen Unternehmen mit monopolartigem Charakter außerordentlich gute Erträge erzielen und damit die Begehrlichkeit Größerer wecken. 45

Unternehmens- und Beteiligungsveräußerungen bei größeren Unternehmen sind zwar spektakulärer.[2] Bei einer globalen volkswirtschaftlichen Betrachtung erreichen jedoch die Fluktuationen von Unternehmenseinheiten im mittelständischen Bereich die gleiche Bedeutung, insbesondere wenn man ihre Auswirkungen auf die deutsche Unternehmensstruktur betrachtet. Ein Veräußerungsdruck auf die mittelständischen Unternehmer war z.B. Ende der 80er Jahre des vergangenen Jahrhunderts entstanden, nachdem der ursprüngliche Entwurf für das Steuerreformgesetz 1990 vorsah, dass die Privilegierung der Veräußerungsgewinne (halber) Steuersatz oberhalb eines Veräußerungsgewinns von zwei Mio. DM entfallen sollte. Nachdem sich abzeichnete, dass der durch den Gesetzentwurf entstandene Veräußerungsdruck zu gesell- 46

---

1 (Stand: 2005)
2 Vgl. die jüngeren Übernahmen bzw. Übernahmeversuche: Mannesmann/Vodafone, Deutsche Bank AG/Dresdner Bank AG, Deutsche Postbank AG/DSL Bank AG, Allianz AG/Dresdner Bank AG, Blackstone/Celanese, Procter & Gamble/Wella, Carlsberg Deutschland GmbH/Holsten Brauerei AG, vgl. auch Teil I Rz. 27 und 95 ff.

schafts- und wirtschaftspolitisch unerwünschten Konzentrationen führen könnte, setzte der Gesetzgeber zwar in der dann Gesetz gewordenen Fassung die obere Grenze für die Anwendung des privilegierten Steuersatzes auf 30 Mio. DM hoch. Viele mittelständische Unternehmer hatten zu diesem Zeitpunkt jedoch bereits veräußert.

47 Der weltweite Markt für Unternehmen und Unternehmensbeteiligungen ist seit Mitte der 90er Jahre stetig gewachsen und erzielte im Jahr 2000 mit einem Transaktionsvolumen in Höhe von 3,5 Billionen US-Dollar bei 37 000 Transaktionen nochmals einen Höchststand.[1] Seit dem zweiten Quartal 2000 ist jedoch eine weltweite Abschwächung der Marktaktivitäten zu beobachten. In 2002 betrug das Transaktionsvolumen nur noch 1,4 Billionen US-Dollar und erreichte damit den niedrigsten Stand seit 1997 (1,8 Billionen US-Dollar). Auch in 2003 bewegte sich das weltweite M&A-Volumen bei einem Transaktionsvolumen von knapp 1,5 Billionen US-Dollar weiterhin auf niedrigem Niveau.[2] Die wesentlichen Ursachen für den massiven Rückgang der Unternehmensveräußerungen seit 2000 sind die bereits seit dem Frühjahr 2000 andauernde Schwäche der Aktienbörsen, insbesondere im Bereich der **New Economy**, die zwischenzeitliche deutliche Abkühlung der Konjunktur in den Vereinigten Staaten seit Ende des Jahres 2000 sowie insbesondere auch die weltpolitische Situation nach den Terroranschlägen vom 11.9.2001 und dem Irak-Krieg 2003 und die damit verbundene generelle Unsicherheit. Darüber hinaus haben auch eine Reihe von Rechnungslegungsskandalen bei großen Unternehmen wie Enron, Arthur Andersen und WorldCom das allgemeine Anlegervertrauen beeinträchtigt.[3]

48 Seit dem zweiten Halbjahr 2003 waren zwar ein deutliches Anziehen der Konjunktur in den USA sowie ein weltweiter Aufwärtstrend an den Aktienbörsen zu verzeichnen. Auch auf dem M&A-Markt zeichnete sich in 2004 ein Aufwärtstrend ab. Das Transaktionsvolumen stieg gegenüber dem Vorjahr um 53 % auf insgesamt 2,3 Billionen US-Dollar.[4] Den größten Anteil hatte hierbei der Sektor Finanzdienstleistungen.[5] Bemerkenswert ist die zunehmende Bedeutung von Private Equity-Transaktionen. Ihr wertmäßiger Anteil an den weltweiten Transaktionen stieg 2003 gegenüber 2002 von knapp 7 % auf 10 %. Damit investierten Private Equity-Gesellschaften weltweit mehr als 100 Milliarden US Dollar, was einen Anstieg von fast 23 % gegenüber dem Jahr 2002 (von 82 Milliarden US Dollar auf 101 Milliarden US Dollar) bedeutet.[6] In den ersten elf Monaten 2004 wurden weltweit 7 % aller M&A-Transaktionen von Private Equity-Häusern durchgeführt, die dabei rund 11 % des globalen Transaktionsvolumens generierten.[7]

---

1 *Mezger*, MAR 2001, 1.
2 *Herden/Meier-Sieden*, MAR 2004, 222 (224).
3 *Herden/Kind*, MAR 2003, 72.
4 *Herden/Pfirrmann*, MAR 2005, 126.
5 *Herden/Schillo*, MAR 2004, 531.
6 Vgl. Frankfurter Allgemeine Zeitung v. 15.12.2003.
7 Pressemitteilung KPMG v. 12.12.2004.

Der Markt für Unternehmen und Beteiligungen   Teil I

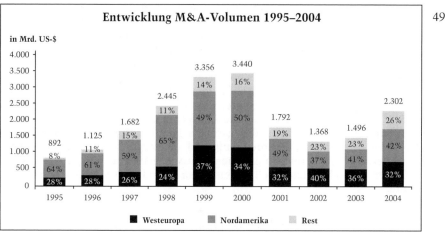

Quelle: Dealogic (inkl. Rekapitalisierungen)

Die Entwicklung des deutschen Marktes für Unternehmen und Unternehmensbeteiligungen ist aufgrund einiger Sonderfaktoren nicht parallel zur weltweiten Entwicklung verlaufen. Zu Beginn der 90er Jahre erfolgten zahlreiche Unternehmensübernahmen im Hinblick auf das Entstehen eines freien EG-Binnenmarktes und in Folge der Verwirklichung der deutschen Einheit. Nach einer zwischenzeitlichen Abschwächung des Marktes erreichten die vorgenommenen Transaktionen im Jahr 1997 mit einer Zahl von mehr als 3 000 ihren Höchststand. Diese Zahl ist auf schätzungsweise 1 200 Transaktionen im Jahr 2003 gefallen.[1] Während in den ersten elf Monaten 2003 in Deutschland 1 115 Transaktionen mit einem Gesamtvolumen von rund 85 Mrd. US-Dollar durchgeführt wurden, sank das Transaktionsvolumen im Vergleichszeitraum 2004 auf 77 Mrd. US-Dollar bei 1 117 Transaktionen (minus 9 %).[2] Neben den Ursachen, die auch auf dem weltweiten M&A-Markt zu einem Rückgang der Unternehmensveräußerungen geführt haben, beruht diese Entwicklung auf dem deutschen Markt noch auf zusätzlichen Faktoren. Die Konjunkturentwicklung in Deutschland ist in den vergangenen Jahren hinter der weltweiten Entwicklung zurückgeblieben. Darüber hinaus wirken sich auch die zurzeit fehlende unternehmerische Planungssicherheit vor dem Hintergrund stockender Reformbemühungen, insbesondere aufgrund ständig wechselnder steuerlicher Rahmenbedingungen, sowie angesichts anstehender tief greifender Reformen der sozialen Sicherungssysteme sowie der anhaltend schwache Dollarkurs negativ auf die Kaufbereitschaft vor allem ausländischer Investoren aus. Die positiven Auswirkungen auf die Transaktionsentwicklung, die man sich von der Unternehmenssteuerreform 2000, insbesondere im Hinblick auf die Steuerbefreiung von Gewinnen einer Körperschaft aus der Veräußerung von in- und ausländischen Kapitalbeteiligungen, versprochen

---

1 Quelle: M&A International, Frankfurter Allgemeine Zeitung v. 15.12.2003.
2 Quelle: Dealogic 2004.

hatte, sind zumindest nicht im erwarteten Umfang eingetreten.[1] Schließlich führt der aktuell hohe Dollarkurs zu zusätzlichen Belastungen für die stark exportabhängigen deutschen Unternehmen. Entsprechend der weltweiten Entwicklung zeigte sich auch in Deutschland in 2003 bei allgemeinem Rückgang der Transaktionen eine deutliche Zunahme von Private Equity-Transaktionen. So wurden mehr als ⅓ der 25 größten Transaktionen von Finanzinvestoren abgewickelt.[2] Insgesamt waren 2003 in Deutschland Private Equity Gesellschaften an knapp 25 % der angekündigten Transaktionen beteiligt, gegenüber 10 % in 2002. Die Gründe für das starke Engagement von Private Equity Gesellschaften liegen vor allem in den geringen Fremdkapitalzinsen sowie in den niedrigen Entry-Mulitplikatoren aufgrund des angespannten Kapitalmarktumfeldes, was Finanzinvestoren einen relativ günstigen Einstieg mit Aussicht auf einen profitablen Exit in einem bis dahin veränderten Marktumfeld ermöglichte.[3]

51

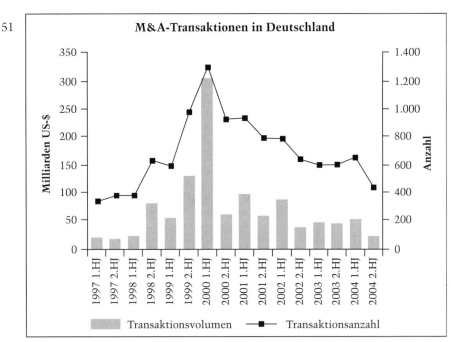

Quelle: Dealogic 2004 (Privatisierungen sind nicht enthalten)

---

1 Vgl. Frankfurter Allgemeine Zeitung v. 27.8.2003. Im Rahmen einer Studie der Zeitschrift „Finance", bei der 28 Heads of M&A großer Unternehmen (darunter 17 aus DAX-30-Konzernen) befragt wurden, gaben alle Befragten an, die Steuerbefreiung von Veräußerungsgewinnen von Beteiligungen an Kapitalgesellschaften habe ihre M&A-Strategie überhaupt nicht beeinflusst, vgl. *Gessner*, Finance 9/2003, 28 (29).
2 Pressemitteilung M&A International GmbH, Kronberg/Taunus unter der Internet-Adresse www.m-a-international.de.
3 Vgl. *Herden/Meier-Sierden*, MAR 2004, 222 (224).

Zu erwähnen ist noch, um den Vergleich des deutschen Marktes für Unternehmen und Beteiligungen mit dem amerikanischen wiederaufzugreifen, ein unternehmenspsychologisches Spezifikum des deutschen Marktes. Unternehmen in USA werden von ihren Inhabern mit weit weniger **emotionaler Verbundenheit** betrachtet als dies in Deutschland über Jahrzehnte hinweg üblich war. Das Unternehmen war und ist bei uns nicht ausschließlich ein Mittel zur Erzielung von Renditen, sondern wird bewusst als Lebenswerk eines Unternehmers oder einer ganzen Unternehmerfamilie betrachtet.[1] Ebenso wie von Grund und Boden, zu dem die Deutschen eine fast verklärte Beziehung haben, trennten sich Familienunternehmer von Unternehmen oft nicht im günstigsten Zeitpunkt, um „Kasse zu machen", sondern erst in einem Stadium, in dem – z.B. unter Druck der Banken oder des oben erwähnten Wegfalls von steuerlichen Vergünstigungen – keine andere Entscheidung mehr übrig bleibt. Der amerikanische Unternehmer hat dagegen keine Bedenken, das selbst aufgebaute Unternehmen auf dem Gipfel seines Erfolges zu veräußern, um sich möglicherweise wieder einer neuen interessanten unternehmerischen Aufgabe zu widmen. Wenn sich auch in dieser Einstellung in den letzten Jahren ein Wandel angebahnt hat, erschwert dieser psychologische Gesichtspunkt in Deutschland – immer noch – das Entstehen eines offenen und überschaubaren Marktes für Unternehmen und Beteiligungen.

IV. Unternehmenskauf als konzernstrategisches Konzept

Literatur: Aus der Fülle der Literatur zur Beteiligungspolitik sei genannt: *Bea/Hass*, Strategisches Management, 3. Aufl. 2001; *Beitel*, Akquisitionen und Zusammenschlüsse europäischer Banken. Wertsteigerung durch M&A Transaktionen, 2002; *Bieshaar/Knight/van Waasenear*, Deals that create value, The McKinsey Quarterly 2001, Nr. 1, 65–73; *Brühl*, Finanzwirtschaftliche Synergieeffekte durch Mergers & Acquisitions, Die Bank 2000, 521–527; *Bühner*, Erfolg von Unternehmenszusammenschlüssen in der Bundesrepublik Deutschland, 1990; *Bühner/Spindler*, Synergieerwartungen bei Unternehmenszusammenschlüssen, DB 1986, 601; *Dyer/Jansen*, Opportunities for Action in Financial Services: The new importance of scale, The Boston Consulting Group 2001; *Ernst/Halevy*, When to think alliance, The McKinsey Quarterly 2000, Nr. 4, 47–55; *Fey*, Diversifikation und Unternehmensstrategie, Zur Insuffizienz der Analyse des Diversifikationserfolges in der empirischen Diversifikationsforschung, 2000; *Häuskel*, Wettbewerb jenseits von Industriegrenzen, Aufbruch zu neuen Wachstumsstrategien, 1999; *Herzog*, Die Beteiligungspolitik als Bestandteil einer entscheidungsorientierten Konzernpolitik, 1983; *Hinterhuber*, Die Zukunft der diversifizierten Unternehmung, 2000; *Herden/Meier-Sieden*, M&A Markt – Warten auf den Aufschwung 2004, M&A 2004, 222–227; *Herden/B. Mueller*, M&A Markt – Licht am Ende des Tunnels?, M&A 2004, 63–67; *Hinterhuber/Stahl*, Die Schwerpunkte moderner Unternehmensführung, Rennigen-Malmsheim, Wien 2000; *Hubbard*, Acquisition – Strategy and Implantationen, Basingstoke 2. Aufl. 2001; *Jansen*, Unternehmensakquisitionen und -kooperationen, eine strategische, organisatorische und kapitalmarkttheoretische Einführung, 2001; *Jansen/Picot/Schiereck*, Internationales Fusionsmanagement: Erfolgsfaktoren grenzüberschreitender Unternehmenszusammenschlüsse, 2001; *Leichtfuß/De Ploey/Kestens*, Bankenfusionen: Die goldenen Regeln des Erfolgs, Die Bank 2000, 370–375; *Leker*, Die Neuausrichtung der Unternehmensstrategie, 2000; *Metzenthin*, Kompetenzorientierte Unternehmensakquisitionen, 2002; *Morris*, Mergers & Acquisitions: Business Strategies für Accountants, New York 2. Aufl. 2000; *H.-E. Müller*, Übernahme und Restrukturierung: Neuaus-

---

[1] Vgl. hierzu etwa *Gottschalk*, Finance 7/8 2003, 80.

richtung der Unternehmensstrategie, 2003; *Oehlrich*, Strategische Analyse von Unternehmensakquisitionen, 1999; *Rappaport*, Strategic Analysis for More Profitable Acquisitions, Harvard Business Review, July–Aug. 1979, 99 ff.; *Reißner*, Synergiemanagement und Akquisitionserfolg, 1992; *Reißner*, Strategien der Unternehmensakquisition, MAR 1994, 153, 261; *Rockholtz*, Marktwertorientiertes Akquisitionsmanagement: Due-Diligence Konzeption zur Identifikation, Beurteilung und Realisation akquisitionsbedingter Synergiepotenziale, 2000; *Schaper-Rinkel*, Akquisitionen und strategische Allianzen, 1998; *Schreyögg*, Unternehmensstrategie, Grundfragen einer Theorie strategischer Unternehmensführung, 1994; *Schulz*, Diversifikation von Unternehmungen – Überlegungen zur Vorteilhaftigkeit für die Kapitalgeber, 1997; *Sirower*, Der Synergieeffekt, Chancen und Risiken von Fusionen für Unternehmen und Anleger, 2001; *Steinöcker*, Mergers and Acquisitions, Strategische Planung von Firmenübernahmen, 1998; *Welge/Al-Laham/Kajüter*, Praxis des strategischen Managements: Konzepte – Erfahrungen – Perspektiven, 2000.

52   In der Nachkriegswirtschaft der deutschen Industrie wurde die **Diversifikation** durch Erwerb von Unternehmen und Beteiligungen oft als Patentrezept für das weitere Wohlergehen des eigenen Unternehmens verstanden. Als notwendig angesehenes Wachstum wurde damit als äußeres im Gegensatz zu innerem Wachstum durch Ausweitung der vorhandenen Produktionskapazitäten verwirklicht. Die Diversifikation war neben dem Wunsch nach Vergrößerung der Marktanteile wichtigstes Kaufmotiv. Es entstanden auf diese Weise Konglomerate wie die frühere AEG, die in den verschiedensten Wirtschaftsbereichen und -stufen tätig sind.

53   Die im internationalen Vergleich geringe **Eigenkapitaldecke**[1] der deutschen Wirtschaft machte eine weitestgehende Fremdfinanzierung der Aufkäufe notwendig. In folgenden Zeiten des durch Zinserhöhungen knappen Geldes entstanden dadurch enorme Belastungen für die Unternehmen, die vielfach neben anderen Ursachen Grund für Insolvenzen waren. Andererseits wurde die durch Diversifikation gewachsene Unternehmensgröße oft durch die gestiegene Bereitschaft der öffentlichen Hand honoriert, das Not leidende Unternehmen zu stützen. Mag auch diese Art der Verringerung des unternehmerischen Risikos bei Beginn der Diversifikation durch Akquisition nicht das Motiv gewesen sein, so war sie dennoch ein sich später ergebender willkommener Nebeneffekt.

54   Unternehmens- und Beteiligungskäufe unter dem Gesichtspunkt der Diversifikation sind jedoch spätestens mit Beginn der 80er Jahre in ihrer Zahl geringer geworden. Das hatte seinen Grund zum einen in der **mangelnden Liquidität** der Unternehmen in der Konsolidierungsphase. Vielen Unternehmen fehlte einfach das Geld für Beteiligungskäufe. Zum anderen hat sich herausgestellt, dass die vermeintliche Reduzierung des unternehmerischen Risikos durch Diversifikation wiederum neue Risiken gebiert.[2] So hat der Erwerb von

---

1 Vgl. hierzu etwa *Frien*, Finance 6/2003, 52 ff.
2 S. dazu *Sieben/Lutz*, Akquisition und strategische Planung in Unternehmensakquisitionen, Betriebswirtschaftliche und juristische Gestaltungsfragen, Gebera-Schriften, Band 8, 1981, S. 17; auch aus statistischen Untersuchungen ergibt sich, dass Unternehmenszusammenschlüsse vom Kapitalmarkt eher negativ bewertet werden; s. *Bühner*, Erfolg von Unternehmenszusammenschlüssen in der Bundesrepublik Deutschland, 1990, S. 41 ff., 205.

Unternehmen und Beteiligungen oft dann nicht zum Erfolg geführt, wenn das erwerbende Unternehmen sich bei der Diversifikation in einen völlig fremden Bereich begeben hat. Das vielfach zu vernehmende Postulat, ein guter Manager müsse auf allen Gebieten und in jeder Branche etwas leisten können, trifft nämlich in dieser Allgemeinheit nicht zu. Es gilt allenfalls für einen kleinen Kreis von absoluten Spitzenmanagern, wie sie in der obersten Führungsebene der deutschen Großunternehmen angesiedelt sind. Leute von dieser Qualifikation hat aber nicht jeder Erwerber in den eigenen Reihen. Selbst wenn der Erwerber, der ein Unternehmen einer gänzlich anderen Branche erworben hat, für die Führung dieses Unternehmens einen sich in allen Branchen bewährenden Spitzenmanager zur Verfügung hat, kann dieser die neue Aufgabe nicht ohne einen qualifizierten Unterbau bewältigen. Bei der Bewältigung dieses Führungsproblems – sei es auf oberster Führungsebene, sei es auf der Ebene des oberen Mittelmanagements – kann sich der Erwerber nicht auf das beim Erwerbsobjekt vorhandene Führungspersonal verlassen. Entweder handelt es sich dabei um Mitglieder der ehemaligen Inhaberfamilie, die sich für Führungsaufgaben nicht mehr zur Verfügung stellen, oder das bisherige Führungspersonal ist nicht geeignet. Oft treffen beide Konstellationen bei Familienunternehmen in der dritten und späteren Generation zusammen.

Neben der Gefahr der bei einer Diversifikation durch Aufkäufe von Unternehmen auftauchenden neuen Risiken hat sich die Erkenntnis durchgesetzt, dass mit der Streuung der Aktivität die in jedem Aktivitätsspektrum zu erringenden **Marktanteile** und damit tendenziell die Gewinne sinken. Wie in Bereichen der privaten Kapitalanlage sind auch im Bereich der strategischen Unternehmensplanung optimale Sicherheit und optimaler Ertrag nicht miteinander zu vereinbarende Grundsätze. Dieser Grundsatz ist nicht zwingend, jedoch hat die vermehrte Erfahrung zu sorgfältigster Überprüfung der Erreichbarkeit und der negativen Folgewirkungen des mit der Diversifikation angestrebten Zwecks geführt. Der Gesichtspunkt der Diversifikation durch Risikostreuung ist deshalb beim Unternehmens- und Beteiligungserwerb durch andere strategische Unternehmensziele in den Hintergrund gedrängt worden. Im Bereich der Risikoverminderung versucht man stattdessen, sich durch vertikale Integration in die Beschaffungs- und/oder Absatzmärkte einzukaufen. Horizontale Absicherung soll durch Aufkäufe von oder Beteiligungen an Wettbewerbern erreicht werden. Hierbei werden aber in weiterem Maße Schranken durch die kartellrechtlichen Vorschriften gesetzt (vgl. dazu Teil I Rz. 59 ff. und Teil VIII). 55

Neue Zwänge zum Unternehmens- und Beteiligungserwerb entstehen durch **Umweltveränderungen**. Bei einer Verschlechterung des eigenen Standortes – beispielsweise durch steigende Produktionskosten oder wachsende Unzulänglichkeit der Verkehrsverhältnisse – kann es sinnvoll sein, ein bereits bestehendes Unternehmen in günstiger Lage aufzukaufen, statt „auf der grünen Wiese" neu zu beginnen. Anstöße zur Konzentration durch Unternehmenskauf bewirken auch **Marktveränderungen**. Haben die Betriebe des eigenen Unternehmens nicht mehr die optimale Betriebsgröße und können sie auch nicht auf die wettbewerbsfähige Größe erweitert werden, liegt es nahe, sich zur wettbewerbsfähigen Größe durch Kaufvorgänge zusammenzuschließen. Eine sehr deutliche Entwicklung in dieser Hinsicht war in den vergangenen dreißig Jah- 56 ren zum Beispiel im Lebensmittelhandel (Einzel- und Großhandel) zu sehen. Mit einer zeitlichen Verzögerung sind andere Handelsbereiche (z.B. Textil- und Möbelhandel) nachgefolgt. Aktuell wird die Notwendigkeit einer Konzentration im deutschen Banksektor diskutiert. Im internationalen Vergleich befinden sich die deutschen Banken nach Marktkapitalisierung und Rentabilität nur auf den hinteren Rängen. Auf der Suche nach Möglichkeiten zur Erlangung einer international wettbewerbsfähigen Größe stellt sich daher zwangsläufig die Frage nach möglichen Unternehmensakquisitionen, da allein durch organisches Wachstum eine im internationalen Kontext konkurrenzfähige Betriebsgröße nicht zu erreichen ist. Konkrete, großvolumige Transaktionen stehen aber noch aus. Bislang bestimmen noch gescheiterte Vorhaben, wie die letztlich abgesagte Fusion zwischen der Deutschen und der Dresdner Bank, oder bloße Gedankenspiele, wie die im Vorfeld des Börsengangs der Postbank im Juni 2004 diskutierte Übernahme der Postbank durch die Deutsche Bank, die Nachrichten.

57 Schließlich werden Käufe getätigt, um damit in neue Wachstumsmärkte einzudringen, um Absatzorganisationen oder neue Produktionskapazitäten zu erwerben. Sämtliche dieser beispielhaft aufgeführten Motive basieren auf der Überlegung, der Erwerb einer bereits bestehenden funktionsfähigen Einheit sei entweder preisgünstiger als der Aufbau einer eigenen Alternative oder sogar der einzige Weg, das angestrebte Ziel zu erreichen.

58 Für den Bereich der Großunternehmen (insbesondere Industrieunternehmen und Banken) gab es in der zweiten Hälfte der 90er Jahre eine publizistische Richtung, die glauben machen wollte, Unternehmenskäufe gehörten der Vergangenheit an. Statt ihrer würden die Unternehmen auf strategische Allianzen („**Strategic Alliances**") setzen. Bei solchen strategischen Bündnissen zur gemeinsamen Markteroberung oder zur Ergänzung in einzelnen Tätigkeitsbereichen seien die Risiken überschaubarer. Ähnliche Ziele wie durch einen Unternehmenskauf ließen sich auch durch solche schuldrechtlichen Absprachen erreichen. Diese Aussage hat sich als falsche Prophezeiung entpuppt. Strategische Allianzen zwischen Unternehmen hat es neben Unternehmenskäufen stets gegeben. Sie konnten und können nicht als Ersatz für Akquisitionen dienen. Es war und wird stets unter unternehmerischen Gesichtspunkten abzuwägen sein, in welchen Fällen eine Akquisition oder eine strategische Allianz das beste Mittel zum Erreichen des jeweiligen konkreten Unternehmensziels ist. Unternehmens- und Beteiligungserwerbe werden daher auch in Zukunft einen elementaren Bestandteil der Konzernpolitik bilden. Ausschlaggebende Motivation wird dabei wieder verstärkt das Ziel der Erhöhung von Marktanteilen und der Erschließung neuer Märkte sein. Dagegen standen die meisten der in den letzten Jahren getätigten Unternehmens- und Beteiligungserwerbe noch unter dem Vorzeichen der Erzielung von Kostensynergien.[1]

---

1 Vgl. die Ergebnisse einer Studie des Institute for Mergers & Acquisitions der Universität Witten/Herdecke, Finance 7/8 2004, 8.

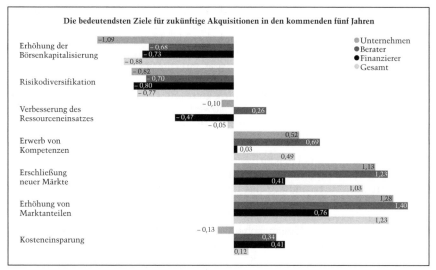

Zukünftige Transaktionsziele; Quelle: IMA

V. Unternehmenskauf und Konzentration

Der **Markt** für Unternehmen und Beteiligungen ist ein ordnungspolitisch geregelter und kein gänzlich freier Markt. Das gilt nicht nur für Deutschland, sondern beispielsweise auch für die USA und die übrigen westlichen Industriestaaten. Die Marktbegrenzungen sind wettbewerbspolitischer Art. Nach dem wettbewerbspolitischen Konzept des deutschen Gesetzgebers soll auf dem Markt für Dienstleistungen und Waren Freiheit, auf dem Markt für die Erzeuger dieser Güter dagegen staatliche Kontrolle herrschen. Begründet wird der scheinbare Widerspruch mit dem Argument, dass nur die Kontrolle auf dem Erzeugermarkt die Freiheit auf dem Markt für Waren und Dienstleistungen wieder ermögliche. Eine Besonderheit ist diese relative Unfreiheit auf einem Teilmarkt in unserem Wirtschaftssystem jedoch nicht: Auch der Markt für Arbeitskräfte ist durch gesetzliche Rahmenbedingungen geregelt, wenngleich seit 1994 auch private Arbeitsvermittler tätig sind.

59

Innerhalb des Gebiets der Europäischen Union ist die wettbewerbspolitische und die rechtliche Zuständigkeit bei Transaktionen größeren und bedeutenderen Umfangs von Bonn nach Brüssel gewechselt. Gem. Art. 1 Abs. 1 der **Fusionskontrollverordnung**[1] ist die EU-Kommission statt der nationalen Kartellbehörden für die Prüfung eines Zusammenschlussvorhabens von gemeinschaftsweiter Bedeutung zuständig. Ein Zusammenschluss von gemeinschaftsweiter Bedeutung liegt vor, wenn die beteiligten Unternehmen bestimmte Umsatzschwellen erreichen und ihre Umsätze nicht jeweils zu

60

---

1 In der Fassung der Neufassung v. 20.1.2004, Verordnung (EWG) Nr. 139/2004 des Rates über die Kontrolle von Unternehmenszusammenschlüssen v. 20.1.2004, ABl. EG Nr. L 24/1.

mindestens zwei Dritteln in ein und demselben Mitgliedstaat der Europäischen Union erzielen (vgl. die Ausführungen in Teil VIII Rz. 214 ff. zu den Einzelheiten der Abgrenzung der Zuständigkeit der EU-Kommission und den nationalen Kartellbehörden für die Prüfung von Zusammenschlussvorhaben). Der Zuständigkeit der EU-Kommission für die Prüfung von Zusammenschlussvorhaben von gemeinschaftsweiter Bedeutung hat der deutsche Gesetzgeber durch § 35 Abs. 3 GWB Rechnung getragen. Danach finden die Vorschriften des GWB keine Anwendung, soweit die EU-Kommission nach der Fusionskontrollverordnung für die Prüfung des Zusammenschlussvorhabens ausschließlich zuständig ist.

61 In dem der deutschen Legislative verbliebenen Segment erfolgt die Regulierung auf dem Markt für Unternehmen und Beteiligungen durch das **Bundeskartellamt** auf der Grundlage des GWB.[1] Die ordnungspolitische Konzeption des GWB ist die der hochgradigen Dezentralisation, der Entmachtung von Großunternehmen durch Wettbewerb auf den Märkten für Waren und Dienstleistungen, der freien Zugangschancen zu Märkten für Waren und Dienstleistungen sowie die Inkaufnahme des Untergangs von Unternehmen. Dass sämtliche Prinzipien nicht lückenlos durchgeführt sind, zeigt sich an dem Letztgenannten angesichts der vielfältigen staatlichen Subventionen für Not leidende Großunternehmen mit besonderer Deutlichkeit. Ebenso wenig wird das Entstehen von Marktmacht durch das Gesetz gegen Wettbewerbsbeschränkungen gänzlich untersagt. Inneres Wachstum kennt keine Schranken. Wenn vermutet wird, der Grund für die ungleiche Behandlung von Wachstum liege darin, bei innerem Wachstum würden neue wirtschaftliche Kapazitäten geschaffen, bei Wachstum durch Erwerb von Beteiligungen oder Unternehmen solche lediglich neu verteilt, verbleibt Skepsis. Auch Größe durch inneres Wachstum kann zu einem Grad der Monopolisierung führen, der die übrig gebliebenen Kapazitäten zerstört, da die nicht mehr konkurrenzfähigen Wettbewerber aufgeben müssen.

62 Seit dem In-Kraft-Treten der Fusionskontrollbestimmungen in der Bundesrepublik Deutschland im Jahr 1974 bis zum 31.12.2002 sind beim Bundeskartellamt 30 893 vollzogene Zusammenschlüsse angezeigt worden. Lediglich in 139 Fällen untersagte das Amt den angemeldeten Zusammenschluss im Hinblick auf eine vermutete marktbeherrschende Stellung der beteiligten Unternehmen auf den relevanten Märkten.[2] In 18 Verfahren stellten die fusionswilligen Unternehmen nach einer Untersagung durch das Amt einen Antrag auf Erlass einer **„Ministererlaubnis"**,[3] zuletzt – schließlich auch mit Erfolg – die E.ON AG im Zusammenhang mit dem vom Bundeskartellamt zunächst un-

---

[1] Gesetz gegen Wettbewerbsbeschränkungen in der Fassung der Bekanntmachung v. 26.8.1998 (BGBl. I, S. 2546), zuletzt geändert durch Gesetz zur Modernisierung des Kostenrechts v. 5.5.2004, BGBl. I, S. 718.
[2] Bericht des Bundeskartellamtes über seine Tätigkeit in den Jahren 2001/2002 sowie über die Lage und Entwicklung auf seinem Aufgabengebiet, BT-Drucks. 15/1226, S. 11, 257.
[3] Bundesministerium für Wirtschaft und Arbeit unter der Internet-Adresse www.bmwa.bund.de (Stand: 31.1.2005).

tersagten Erwerb der Mehrheit an der Ruhrgas AG[1] sowie – ohne Erfolg[2] – die Verlagsgruppe Holtzbrinck zur Übernahme des Berliner Verlag. Viele wettbewerbsrechtlich problematische Vorhaben werden von den Unternehmen allerdings schon im Vorfeld aufgegeben, wenn das Bundeskartellamt in Vorgesprächen signalisiert, dass mit einer Untersagung gerechnet werden muss. Erwerbsvorgänge im mittelständischen Bereich wurden bis zum In-Kraft-Treten der vierten Kartellnovelle gefördert durch die sog. Bagatellklausel des § 24 Abs. 8 Nr. 2 GWB a.F. Danach unterlag der Übergang von Unternehmen mit einem Umsatz von weniger als 50 Mio. DM pro Jahr nicht der Kontrolle durch die Kartellbehörden. Der Bagatellklausel lag die Überlegung zugrunde, der volkswirtschaftlich und gesellschaftspolitisch gewünschte Marktzutritt vieler kleiner und neuer Unternehmen werde erleichtert durch das Bewusstsein des Jungunternehmers von der unbeschränkten Verwertbarkeit der Frucht seiner Aufbauarbeit und des gezeigten Risikos.[3] Durch diese Tür brachen in sehr großer Zahl Großunternehmen in bislang mittelständisch strukturierte Märkte ein. Durch die 4. Kartellnovelle vom 26.4.1980[4] wurde die „Anschlussklausel" des § 24 Abs. 8 Nr. 2 GWB eingeschränkt. Danach war der Anschluss eines Unternehmens mit weniger als 50 Mio. DM Umsatz nicht kontrollfrei, wenn das veräußerte Unternehmen mehr als 4 Mio. DM Umsatz hat und das erwerbende Unternehmen Umsatzmilliardär ist.

Durch die 6. Kartellnovelle,[5] die am 1.1.1999 in Kraft getreten ist, haben die Vorschriften über die Fusionskontrolle eine umfassende Überarbeitung erfahren. Nach der bis zu diesem Zeitpunkt geltenden Regelung bestanden gemäß § 23 Abs. 1 Satz 1 a.F. eine allgemeine (nachträgliche) Anzeigepflicht für alle kontrollpflichtigen Zusammenschlüsse kombiniert mit einer fakultativen präventiven Kontrolle gleichen Anwendungsbereichs (§ 24a Abs. 1 Satz 1 a.F.) und einer (vorherigen) Anmeldepflicht mit Vollzugsverbot für besonders schwer wiegende Zusammenschlüsse (§ 24a Abs. 1 Satz 2, Abs. 4 a.F.).[6] Stattdessen gilt nunmehr gemäß § 39 Abs. 1 GWB eine generelle **präventive Kontrolle** der anzumeldenden Zusammenschlussvorhaben. Der Gesetzgeber der 6. GWB-Novelle wollte sich damit der Technik der Europäischen Fusionskontrolle anschließen.[7] An die Stelle der Anschlussklausel des § 24 Abs. 8 Nr. 2 GWB a.F. ist § 35 Abs. 2 GWB getreten. Danach gelten die Vorschriften der Fusionskontrolle nicht, soweit sich ein Unternehmen, das nicht abhängig ist und im letzten Geschäftsjahr weltweit Umsatzerlöse von weniger als 10 Mio. Euro erzielt hat, mit einem anderen Unternehmen zusammenschließt (s. dazu im Einzelnen Teil VIII Rz. 18 ff.). 63

---

1 Vgl. hierzu Die Welt v. 1.2.2003.
2 Der Antrag wurde zurückgenommen, vgl. hierzu Die Welt v. 30.9.2003.
3 Begründung zur 2. Kartellnovelle 1971, 32.
4 BGBl. I 1980, S. 458.
5 6. Gesetz zur Änderung des GWB in der Fassung der Bekanntmachung v. 26.8.1998, BGBl. I, S. 2521.
6 *Mestmäcker/Veelken* in Immenga/Mestmäcker, Gesetz gegen Wettbewerbsbeschränkungen, 3. Aufl. 2001, § 39 GWB Rz. 1.
7 Vgl. RegBegr zu dem Entwurf eines 6. Gesetzes zur Änderung des GWB, BT-Drucks. 13/9720; *Ruppelt* in Langen/Bunte, Gesetz gegen Wettbewerbsbeschränkungen, 9. Aufl. 2001, § 35 GWB Rz. 3.

64 Wird damit eine wettbewerbspolitisch unerwünschte **Unternehmenskonzentration** erschwert, so schafft dies auf der anderen Seite weitere bei Beteiligungstransaktionen zu überwindende Klippen. Kartellrechtliche Fragen sind nicht nur beim „großen" Unternehmenskauf, sondern auch in Bereichen zu bedenken, in denen die Beteiligungen kein kartellrechtliches Problembewusstsein haben und oft von der Mitteilung überrascht werden, eine Transaktion sei kartellrechtlich nicht unproblematisch. Das gilt zum einen für den Kaufvorgang als solchen, aber auch für begleitende Absprachen, die anlässlich von Unternehmenskaufverträgen getroffen werden sollen, z.B. Lieferverträge, Gebietsabgrenzungen usw.

VI. Einfluss des Unternehmenskaufs auf die Führungsstruktur

65 Ein Unternehmens- oder Beteiligungskauf ist oft der Anlass für **personalpolitische Veränderungen**. Dabei soll hier nicht der Blick gelenkt werden auf die Sozialpläne auslösenden Änderungen auf der Ebene der gewerblichen Arbeitnehmer sowie der Angestellten auf unterer und mittlerer Ebene. Diese Auswirkungen werden von *Bauer/von Steinau-Steinrück* im arbeitsrechtlichen Teil (Teil VI) untersucht. Betrachtet werden vielmehr die Auswirkungen des Inhaberwechsels auf die Führungskräfte des Unternehmens, d.h. auf die Geschäftsführungs- bzw. Vorstandsebene sowie auf die leitenden Angestellten. Nach Unternehmenskäufen scheiden deutlich mehr Führungskräfte aus als bei normaler Geschäftstätigkeit. In Deutschland ist die Ausscheidensquote allerdings noch erheblich geringer als in den USA.[1] Über die personellen Änderungen hinaus ändern sich oft auch die Managementtechniken. Ein klassisches Beispiel ist der Übergang von einer rechtsformorientierten Leitung zum Prinzip der Divisionalisierung.[2] Beide Komponenten möglicher Änderungen habe ich in der Überschrift zu diesem Abschnitt als Führungsstruktur bezeichnet.

66 **Auswirkungen auf die Führungsstruktur** zeigen sich in erster Linie bei dem Unternehmen, das erworben wird, also dem Erwerbsgegenstand. Dabei wird die Auswirkung bei Erwerb einer Minderheitsbeteiligung (weniger als 50%) nicht sehr groß sein, da das typische rechtliche Kriterium der Minderheitsbeteiligung in der Möglichkeit des Abblockens von Entscheidungen besteht. Sie ermöglicht es nicht, eigene unternehmerische Leitlinien durchzusetzen. Kontrollfunktionen werden jedoch nicht in der Geschäftsleitungsebene, sondern im speziellen Kontrollorgan (Aufsichtsrat, Beirat) oder in der Gesellschafterversammlung verwirklicht. Minderheitsbeteiligungen bewirken also zumeist lediglich ein Revirement der Aufsichtsorgane, nicht des unternehmensleitenden Organs. Es gibt Ausnahmefälle. Bei Familiengesellschaften einer späteren Generation und deshalb großem Mitgliederkreis oder bei Aktiengesellschaften mit im Publikum breit gestreuten Aktien kann der Einstieg eines Großunternehmens als Minderheitsgesellschafter von den Altgesell-

---

1 *Gerpott*, Zfbf 1994, 46.
2 Zu den rechtlichen Problemen bei der Aktiengesellschaft *Wagner*, Divisionalisierung in der unverbundenen Aktiengesellschaft und im Aktienkonzern, 1992; *Schiessl*, ZGR 1992, 64.

schaftern gewollt oder ungewollt zu einem über die numerische Quote der Beteiligung hinausgehenden überproportionalen Einfluss auf die Führungsspitze führen.

Typischer Fall für die **Auswechslung des Managements** ist die Übernahme eines Familienunternehmens oder die Mehrheitsbeteiligung an einem Familienunternehmen durch einen Konzern. Die bisherigen zumeist familienangehörigen Manager werden durch Fremdmanager ersetzt. Der Austausch erfolgt ohne Übergangszeitraum. Leider veräußern Familienunternehmer oft erst zu einem sehr späten Zeitpunkt, in dem sich das Unternehmen nach Überschreiten des Gipfels eines langjährigen Aufschwungs wieder auf rasanter Talfahrt befindet. An der Beibehaltung des familieneigenen Managements, das diese Talfahrt verursacht hat, besteht dann kein Interesse. Zudem besteht auch bei den familienangehörigen Managern, die sich aufgrund generationenlanger Tradition mit den Unternehmen besonders verbunden fühlen, infolge des emotionalen Trennungsschmerzes wenig Neigung, nunmehr dem neuen Herrn zu dienen. 67

Wenn das Familienunternehmen bereits bei der Übernahme ganz oder zum Teil von Fremdmanagern geführt wurde, wird die Frage der Übernahme in erster Linie von der Einschätzung der Qualifikation durch den Erwerber abhängen. Auch wenn diese positiv ist, bleibt jedoch zweifelhaft, ob das Geschäftsführungs- oder Vorstandsmitglied eines Familienunternehmens mit dem gänzlich anderen **Führungsklima** eines Konzerns, in welchen das von ihm geführte Unternehmen integriert wurde, zurechtkommt. Konnte es vorher Entscheidungen allein oder nach Abstimmung mit einem kleinen Personenkreis treffen, so ist es nach Übernahme dem vielbeziehungsreichen Abstimmungsmechanismus innerhalb des Konzerns ausgesetzt. Auch an seine soziale Integrationsfähigkeit innerhalb der Unternehmenshierarchie werden neue, bislang unbekannte Anforderungen gestellt. Wer innerhalb eines kleinen einfachen Führungsstabes eine Autorität war und dem aufgrund dessen soziale Achtung im Übermaß entgegengebracht wurde, wird in einem breit gefächerten Führungsmechanismus mit einem ausgeklügelten System sozialer Interdependenzen oft zum Störfaktor. Häufig sind deshalb Führungskräfte eines Familienunternehmens, die zunächst von einem Konzern übernommen wurden, nach sehr kurzer Zeit wieder ausgeschieden. Diese Zusammenhänge sollten vom Erwerber bei der personalpolitischen Planung, von der Führungskraft bei der Gestaltung seiner Zukunft beachtet werden. 68

Ist das übernommene Unternehmen kein Familienunternehmen, sondern wechselt es von einem Konzernverbund zum anderen, verringert sich zwar die Wechselproblematik, ist jedoch nicht außer Acht zu lassen. In fachlicher Sicht wird das Unternehmen nunmehr in die Konzernpolitik des Erwerbers eingebunden. Es findet eine gemeinsame Marketingplanung, eine gemeinsame Finanzplanung usw. statt, die teilweise von den beim übernommenen Unternehmen gewohnten Methoden abweicht. Das erfordert ein Umdenken. Weiterhin bildet sich des Öfteren ein **Rivalitätsverhältnis** („Stallrivalität") zwischen den **Führungspersonen** des übernommenen Unternehmens und denen des Übernehmers. Die Führungsschicht des übernommenen Unternehmens neigt trotz 69 zwar vielleicht vorhandener Rivalitäten dazu, zusammenzuhalten und sich gegenüber dem Erwerber abzukapseln. Diese Machtkämpfe können dazu führen, dass innerhalb einiger Jahre nach Übernahme entweder der gesamte Führungsstab des übernommenen Unternehmens ausgeschieden ist oder – seltener – den Einbruch in einen Managementbereich des Übernehmers in der Weise geschafft hat, dass ein Führungsbereich des Übernehmers komplett ausgewechselt wurde.

70 Der gerade genannte Fall ist zugleich einer der seltenen, in denen die Übernahme eines Unternehmens Auswirkungen auf die **Führungsspitze des Erwerbers** hat. Das erwerbende Unternehmen wird meist das in der jüngeren Zeit erfolgreichere sein und deshalb kraft gesellschaftsrechtlichen Einflusses und faktischer Überzeugungskraft seine Führungsebene und seine Managementmethoden auf das erworbene Unternehmen übertragen, nicht umgekehrt. Ausnahmen bestätigen auch hier die Regel.

71 Friktionen zwischen den Hierarchien des übernehmenden Konzerns und des erworbenen Unternehmens ergeben sich oft auch durch den Erlass von **Konzernrichtlinien**. Diese sind aus der Sicht des Managements der Konzernholding oft notwendig, um eine effektive Konzernleitung zu ermöglichen und das Abstimmungsprozedere sowie rechtsformübergreifende Zuständigkeiten innerhalb des Konzerns festzulegen. Unabhängig von der Frage, dass die rechtlichen Auswirkungen dieser Konzernrichtlinien einer aktienrechtlichen und bei bestimmten Unternehmensformen einer aufsichtsrechtlichen Überprüfung bedürfen (Kreditwesengesetz bzw. Versicherungsaufsichtsgesetz bei Banken und Versicherungsgesellschaften als abhängigen Unternehmen), erweckt die Formalisierung des Konzerneinflusses oft zusätzlichen Widerstandswillen bei der „eroberten" Managementgarde.

VII. Management Buy-Out und Leveraged Buy-Out

Literatur: *Böhme*, Kapitalschutz und die Bestellung von Sicherheiten beim Leveraged Buy-Out in der englischen und deutschen Rechtspraxis, 2004; *Ecker/Heckemüller*, Der deutsche Leveraged Finance-Markt und die Beziehung zwischen Private Equity-Häusern und Anbietern von Akquisitionsfinanzierung, MAR 2005, 16; *Fleischer*, Informationspflichten der Geschäftsleiter beim Management Buy-Out im Schnittfeld von Vertrags-, Gesellschafts- und Kapitalmarktrecht, AG 2000, 309; *Haak*, Management- und Employee-Buy-Out: ein Mittel zur Arbeitsplatzsicherung?, 2002; *Hohaus/Inhester*, Rahmenbedingungen von Management-Beteiligungen, DStR 2003, 1765; *Hug/Ernst*, Finanzierungsmodelle von Leveraged Buy-outs, MAR 2003, 441, 1765; *Koblenzer*, Management Buy-Out (MBO) und Management Buy-In (MBI) als Instrumente der Unternehmensnachfolge, ZEV 2002, 350; *Krebs/Studer*, Management Buyout, 1999; *Kreft*, Ausgewählte Problembereiche des § 8a KStG n.F. bei fremdfinanzierten Buy-Out-Transaktionen, BB 2004, 1191; *Labbé*, Unternehmensnachfolge durch Management-Buy-Out, DB 2001, 2362; *Oechsler* in MünchKomm. AktG, 2. Aufl. 2003, § 71a AktG Rz. 1f.; *Schiereck/Lange*, Unternehmensnachfolge und Private Equity, 2002; *Uwe H. Schneider*, „Kapitalmindernde Darlehen" der GmbH an ihre Gesellschafter – Zugleich ein Beitrag zu den rechtlichen Grenzen der Finanzierung des Leveraged/Management Buy out –, Handelsrecht und Steuerrecht, Festschrift für Döllerer, 1988, S. 537 ff. mit zahlreichen Angaben zu Veröffentlichungen aus USA, Großbritannien und Frankreich; *Then Bergh*, Leveraged Management Buyout, 1998; *Thies*, Steuerliche Optimierung bei Buy-Outs durch Private Equity-Gesellschaften, MAR 2003, 479; *Timmreck*, Beteiligungsgeschäft in Deutschland, MAR 2003, 225; *Tirpitz,* Die Pflichten der GmbH-Manager gegenüber den Altgesellschaftern beim Management Buy-Out, 2001; *K.-R. Wagner,* Zur Haftung der Treuhandanstalt bei MBO in den neuen Bundesländern, WM 1994, 661; *Weitnauer,* Management Buy-Out, 2003; *Wittkowski,* Haftung und Haftungsvermeidung beim Management Buy-Out einer GmbH, GmbHR 1990, 544; *Wright/Robbie,* Management Buy-outs and Venture Capital, 1999.

1. Entwicklung in Deutschland und Begriffsdefinition

Seit Beginn der 80er Jahre des vorangegangenen Jahrhunderts sind in Deutschland zunehmend Unternehmenskäufe mit den angeblich neuen Übernahmetechniken des **Management Buy-Out** und des **Leveraged Buy-Out** durchgeführt worden. Tatsächlich handelt es sich dabei um Übernahmen, die grundsätzlich keine anderen Probleme aufwerfen als andere Unternehmenskäufe – lediglich in einer speziellen Konzentration und Gewichtung. Beide Begriffe wurden in den USA geprägt. Dabei versteht man unter einem Management Buy-Out (MBO) den Kauf des Unternehmens durch die bisherigen Manager. Von einem **Management Buy-In (MBI)** spricht man, wenn bisher dem Unternehmen fremde Manager dieses oder die Anteile an dem Unternehmen erwerben. Der Begriff **Leveraged Buy-Out (LBO)** nimmt nicht auf die Person des Erwerbers, sondern auf die Form der Finanzierung und die damit verbundenen rechtlichen und steuerlichen Probleme Bezug: Die Kredite, welche zur Finanzierung des Kaufpreises aufgenommen wurden, werden aus dem Cashflow des Unternehmens bedient und über Vermögensgegenstände des Unternehmens abgesichert.[1]

MBO werden, da das Management nicht über genügende eigene Kreditressourcen verfügt, in der Form des LBO abgewickelt. Dagegen kann ein LBO auch bei Unternehmenskäufen Anwendung finden, bei denen nicht das bisherige Management zum Erwerberkreis gehört, z.B. wenn Erwerber eine Kapitalanlagegesellschaft ist. Diese „**Venture-Capital**"-Gesellschaften sind in den 80er Jahren in Deutschland ebenfalls nach amerikanischem Vorbild gegründet worden. Als Sammelstellen von Risikokapital sollen sie zum einen einem breiteren Anlegerkreis die Möglichkeit zur Beteiligung an mittelständischen Unternehmen eröffnen. Zum anderen werden sie von Großkonzernen und Banken gegründet, um die Beteiligung an kleineren technologieintensiven Unternehmen zu ermöglichen.

MBO und LBO haben bei uns bei weitem nicht die Bedeutung und die Häufigkeit erlangt, wie in ihrem Ursprungsland USA, aber z.B. auch in Großbritannien. Es ist abzuwarten, ob eine annähernde Bedeutung auch hier erreicht werden wird. Das mag zum einen, wie oft behauptet wird, mit der im Vergleich zu den genannten Ländern geringeren Risikofreudigkeit des deutschen Managements zusammenhängen. Der Hauptgrund dürfte jedoch in den in Deutschland schwierigeren rechtlichen und steuerrechtlichen Rahmenbedingungen liegen. Allerdings sind auch hier die Probleme bei entsprechender rechtlicher und steuerrechtlicher Gestaltung lösbar. So könnte sich ein verbreitetes An-

---

1 Vgl. *Hug/Ernst,* MAR 2003, 441.

wendungsgebiet des MBO/LBO in den klassischen Problemsituationen ergeben: Zum einen kann der Aufkauf durch die bisherigen Manager eine Lösung zur Nachfolgeregelung bei klassischen Familiengesellschaften bieten, die nicht in der Lage sind, das Nachfolgeproblem intern, z.B. durch Einsatz von Fremdmanagement, Gang an die Börse etc., sondern nur noch durch Verkauf zu lösen.[1] Zum anderen wird das MBO/LBO oft bei der Verselbstständigung von Konzernteilen angewandt.[2] Oft führen bestimmte Konzernabteilungen ein Schattendasein und sind in ihrer Entwicklung gehemmt. Nach der Herauslösung aus dem Konzern unter Führung ihrer Manager („**Spin-Off**") gelangen sie aufgrund ihrer neu gewonnenen Freiheit und Flexibilität oft zu erstaunlichen Ergebnissen.

75 Wegen der **hohen Fremdfinanzierung** der Akquisition (teilweise zu 100 %) und dem daraus resultierenden besonderen **Sicherungsinteresse** der kreditgebenden Banken kommt ein MBO nur bei solchen Unternehmen in Betracht, die eine stetige hohe Rendite aufweisen und bei denen das Vertrauen der Kreditgeber gegenüber dem Management vorhanden ist, dass sich diese hohen Renditeerwartungen auch in Zukunft erfüllen werden. Es werden gemeinhin folgende **Anforderungen** an das Unternehmen gestellt, dessen Anteile im Wege eines **MBO/LBO** erworben werden sollen:

– Hoher Reifegrad mit etabliertem Geschäftsgegenstand und vergleichsweise geringem Investitionsbedarf;
– starker kontinuierlicher, von saisonalen Schwankungen unabhängiger Cashflow;
– stille Reserven in nicht betriebsnotwendigen veräußerbaren Aktiva;
– qualifiziertes Management;
– geringe Ausfallquoten und kurze Zahlungsziele bei Forderungen;
– hohe Beleihungsgrenzen für das Anlagevermögen.

2. Rechtliche und steuerrechtliche Probleme

76 Die rechtlichen Probleme des MBO ergeben sich in drei verschiedenen Phasen: In der Vorbereitungsphase des Kaufs geraten die Manager des Unternehmens in einen Loyalitätskonflikt.[3] Sie kennen die Stärken und Schwächen des Unternehmens. Mit dieser Kenntnis müssen sie Vorbereitungshandlungen treffen. Sie müssen Gespräche mit kreditgebenden Banken oder Venture-Capital-Gesellschaften sowie mit Lieferanten und Kunden führen. Dies ist zunächst ein Zeitproblem. Als Organmitglied oder leitende Angestellte werden die Manager gehalten sein, ihre gesamte Arbeitskraft in den Dienst des Unternehmens zu stellen. Selbst wenn die entscheidenden Gespräche aber, was praktisch kaum durchführbar ist, in Nachtstunden und an Wochenenden geführt

---

1 Vgl. *Labbé*, DB 2001, 2362 f.
2 *Timmreck*, MAR 2003, 225 (229).
3 Vgl. hierzu *Krafft*, Verlagsbeilage Nr. 227, Unternehmensbeteiligungen, zur Frankfurter Allgemeinen Zeitung v. 20.9.2003.

würden, werden die Manager damit zwangsläufig gegen ihre **Geheimhaltungspflicht** verstoßen. Potenzielle Kreditgeber werden einiges über das Unternehmen wissen wollen, wenn ihre Kredite ausschließlich aus den Erträgen des Unternehmens bedient werden sollen. Dasselbe gilt für Lieferanten und Abnehmer, die günstigere Konditionen gewähren sollen. Ohne Verstoß gegen seine Geheimhaltungspflichten kann das Management diese Vorgespräche nur führen, wenn bereits in diesem Stadium den Gesellschaftern eine entsprechende Mitteilung gemacht wird.

Im Verhandlungsstadium geht es im Wesentlichen um den Kaufpreis. Das erwerbswillige Management hat zumeist einen Informationsvorsprung gegenüber den Gesellschaftern als Veräußerern. Wenn ihm nicht bestimmte Ansatzpunkte bekannt wären, bei deren Umsetzung und richtiger und besserer Leitung die Ertragskraft des Unternehmens zu verbessern wäre, würde man nicht an einen Erwerb denken. Es stellt sich die Frage, ob das Management als Erwerber **Offenbarungs- und Aufklärungspflichten** gegenüber den Veräußerern hat.[1]

77

Beispiel:

Ein Unternehmen der Metall verarbeitenden Industrie ist Eigentümer eines Grundstücks, auf dem eine ältere Lagerhalle errichtet ist. Dieses Grundstück findet bei den Kaufvertragsverhandlungen wenig Beachtung. Das Management weiß jedoch, dass eine Baumarktgruppe an dieser Lagerhalle dringend interessiert ist und das Grundstück zu einem hohen Preis zu erwerben bereit ist. Die in der Lagerhalle befindlichen Teile könnten dagegen anderweitig untergebracht werden.

Während beim typischen Unternehmenskauf die Frage der Offenbarungspflicht auf der Veräußererseite liegt, stellt sich beim MBO die Frage der Aufklärungspflicht durch den Erwerber über stille Reserven und den Gesellschaftern nicht bekannte Gewinnpotenziale des Unternehmens. Eine Offenbarungspflicht des Käufers, dem Verkäufer **werterhöhende Umstände** mitzuteilen, erkennt die Rechtsprechung nur in Ausnahmefällen an.[2]

78

Bei derart gravierenden Fällen wie dem oben genannten Beispielsfall liegt es jedoch nahe, einen zur Anfechtbarkeit des Kaufvertrages (§ 123 BGB) und gegebenenfalls zum Schadensersatz aus **positiver Vertragsverletzung** (§ 280 Abs. 1 BGB) führenden Tatbestand anzunehmen. Von der Rechtsprechung entschiedene Fälle gibt es noch nicht. Dieses Haftungsrisiko legt es nahe, dass bisherige Inhaber und das Management offen über Probleme und auch künftige Chancen des Unternehmens sprechen. Häufig wird das Management Gestaltungsmöglichkeiten zur Verbesserung der Unternehmenssituation bereits vorgetragen haben, die gerade aus internen Hinderungsgründen nicht zur Ausführung kamen. Die Verkaufssituation entstand also gerade dadurch, dass die bisherigen Inhaber den Vorschlägen des Managements nicht folgen wollten.

79

---

1 Vgl. *Fleischer*, AG 2000, 309 ff.
2 Vgl. *Huber* in Soergel, BGB, 12. Aufl. 1991 Anh. I § 433 BGB Rz. 130 m.w.N.

80 Die größte rechtliche Gefahrensituation für das Management ergibt sich bei der Besicherung der Finanzierung des erworbenen Unternehmens, die in Anbetracht des fehlenden Eigenkapitals bei den Erwerbern nur über die Vermögenswerte der Gesellschaft erfolgen kann (vgl. dazu im Einzelnen Teil IV Rz. 78 ff.). Die Hingabe von Sicherheiten für die Kaufpreisverbindlichkeiten der neuen Gesellschaft kann eine verbotene **Rückzahlung von Eigenkapital** darstellen. Die Rechtslage ist im Einzelnen unterschiedlich, je nachdem, ob es sich bei dem Erwerbsobjekt um ein Unternehmen in der Rechtsform der GmbH (§§ 33 ff. GmbHG) oder um eine Aktiengesellschaft handelt (§ 57 AktG). Unter strafrechtlichen Gesichtspunkten ist für die Geschäftsführer des Erwerbsobjektes der Untreuetatbestand (§ 266 StGB) zu beachten.

81 Auch die steuerliche Behandlung des MBO/LBO wirft grundsätzlich keine anderen Probleme auf als jeder andere Unternehmenskauf. Wegen der schwachen Kapitaldecke der Erwerber und der daraus resultierenden Notwendigkeit der Verzinsung und Tilgung der Kaufpreisdarlehen aus dem **Cashflow** des Unternehmens erhält die steuerliche Planung und Gestaltung jedoch einen noch höheren Stellenwert als bei anderen Unternehmenskäufen. Auch der kleinste Vorteil bei der steuerlichen Gestaltung kann für das Gelingen des MBO entscheidend sein. In dem wohl häufigsten Fall des MBO, dem Erwerb von Anteilen einer Kapitalgesellschaft, stellt sich folgendes Problem: Die Veräußerer werden regelmäßig nur an der Veräußerung von Anteilen und nicht einzelner Vermögensgegenstände interessiert sein, da nach der am 1.1.2001 in Kraft getretenen Unternehmenssteuerreform die Veräußerung von Anteilen an Kapitalgesellschaften steuerlich begünstigt ist. Veräußert eine natürliche Person, kommt das Halbeinkünfteverfahren (§ 3 Nr. 40 lit. b EStG) zur Anwendung, d.h. der Veräußerungsgewinn ist zur Hälfte steuerfrei. Ist Veräußerer eine Kapitalgesellschaft, ist der Veräußerungsgewinn gemäß § 8b Abs. 2 KStG vollständig von der Besteuerung ausgenommen, wenngleich seit dem 1.1.2004 5 % des Veräußerungsgewinns fiktiv als nicht abzugsfähige Betriebsausgaben gelten (§ 8b Abs. 3 Satz 1 KStG).

82 Der Erwerber wiederum wird an dem Erwerb von einzelnen Wirtschaftsgütern interessiert sein, da nur diese für ihn Abschreibungsvolumen darstellen, durch welches er den Cashflow des Unternehmens erhöhen kann. Die in der Vergangenheit häufig gewählte Konstruktion durch Zwischenschaltung einer Holdinggesellschaft, welche zunächst die Anteile an der Veräußerungsgesellschaft und in einem späteren Schritt deren Vermögensgegenstände erwirbt und den dadurch bei dieser Gesellschaft entstehenden Veräußerungsgewinn ausschüttet und gleichzeitig durch eine Teilwertabschreibung neutralisiert, ist seit dem 1.1.2001 nicht mehr möglich. Teilwertabschreibungen werden seit diesem Zeitpunkt steuerlich nicht mehr anerkannt (§ 8b Abs. 3 Satz 3 KStG). Auch das in der Vergangenheit häufig angewandte Umwandlungsmodell, bei dem der Erwerber von Anteilen an einer Kapitalgesellschaft diese in eine Personengesellschaft umwandelte und dadurch die Anschaffungskosten in Abschreibungspotenzial transformierte (sog. **Step-Up-Modell**) ist seit dem 1.1.2001 nicht mehr möglich.

In der Fachliteratur werden derzeit **Alternativmodelle** entwickelt, wie beispielsweise die Gründung einer GmbH & Co. KG, die die Anteile an der Kapitalgesellschaft erwirbt und gleichzeitig einen Ergebnisabführungsvertrag abschließt. Dadurch soll die danach erfolgte Veräußerung der Wirtschaftsgüter zu einem Veräußerungsgewinn bei der Kapitalgesellschaft führen, welcher der GmbH & Co. KG aufgrund des Ergebnisabführungsvertrages zufließt. Die GmbH & Co. KG soll dann ihrerseits eine Teilwertabschreibung vornehmen können, da § 8b Abs. 3 KStG nicht für Personengesellschaften gelte und zudem die Abschreibung nicht aufgrund einer Ausschüttung, sondern aufgrund einer Abführung erfolgt. Derartige Modelle sind jedoch derzeit sehr risikobehaftet, da die Finanzverwaltung zu den Neuregelungen nur begrenzt Stellung genommen hat. Dieses steuerlich brisante Problemfeld sollte daher nur mit fachkundiger Hilfe beschritten werden.

83

Von besonderer Bedeutung beim MBO/LBO ist auch die Neuregelung der **Gesellschafterfremdfinanzierung** in § 8a KStG. Diese Regelung legt eine Obergrenze für die Abzugsfähigkeit der Vergütungen fest, die eine Kapitalgesellschaft an einen zu mehr als 25 % beteiligten Anteilseigner zahlt. Wird diese Obergrenze überschritten, gelten die an den Anteilseigner gezahlten Vergütungen als verdeckte Gewinnausschüttung und bedeuten bei der Gesellschaft keinen steuermindernden Aufwand. Nachdem der Europäische Gerichtshof die frühere Regelung des § 8a KStG, nach der die Rechtsfolgen der Gesellschafterfremdfinanzierung nur auf ausländische Anteilseigner Anwendung fanden, wegen Verstoßes gegen die Niederlassungsfreiheit für europarechtswidrig erklärt hat,[1] hat der Gesetzgeber reagiert und die Regelungen des § 8a KStG durch das Steuervergünstigungsabbaugesetz[2] zum 1.1.2004 erheblich verschärft.[3] Die Finanzierung von Kapitalgesellschaften mit Fremdkapital durch in- und ausländische Anteilseigner wird nunmehr identisch behandelt. Zudem wurden Sonderregelungen gestrichen sowie verschärfte Missbrauchsregelungen geschaffen. Schließlich führt eine Hinzurechnung nach § 8a KStG nach der Neuregelung des Gewerbesteuergesetzes durch das Gewerbesteuerreformgesetz[4] jetzt auch zu einer Erhöhung des Gewerbeertrages. Hinsichtlich der Einzelheiten wird auf die Ausführungen in Teil V Rz. 26 ff. verwiesen.

84

VIII. Private Equity und Mezzanine Finanzierungen

Nach allgemeiner Markteinschätzung wird der M&A-Markt in Deutschland in den kommenden Jahren von Finanzinvestoren geprägt werden. Es treffen sich hier auf der einen Seite der Eigenkapitalbedarf der deutschen Unternehmen, auf der anderen Seite die Anlagebereitschaft und Anlagenotwendigkeit des national und international zurzeit in erheblichem Umfange vorhandenen Kapitals.

85

---

1 EuGH v. 12.12.2002 – Rs. C-324/00 – Lankhorst-Hohorst GmbH, DStR 2003, 25.
2 Gesetz zur Umsetzung der Protokollerklärung der Bundesregierung zur Vermittlungsempfehlung zum Steuervergünstigungsabbaugesetz v. 22.12.2003, BStBl. I, S. 2840
3 Vgl. *von Braunschweig*, MAR 2004, 253.
4 Gesetz zur Änderung des Gewerbesteuergesetzes und anderer Gesetze v. 23.12.2003, BStBl. I, S. 2922.

Wenn ein Unternehmen eine bestimmte Investition oder allgemein seine Geschäftsentwicklung nicht innen finanzieren kann, das heißt die zur Finanzierung erforderlichen liquiden Mittel nicht im Unternehmen vorhanden sind, stellt sich die Frage nach der Möglichkeit und Art und Weise einer **Außenfinanzierung** (hierzu ausführlich Teil IV Rz. 120 ff.). Neben klassischem Fremdkapital sind hier in den letzten Jahren insbesondere die Möglichkeiten einer Finanzierung über Private Equity (Beteiligungskapital) sowie mezzanine Finanzierungsinstrumente in den Blickpunkt gerückt.

86 Der Begriff **Private Equity** bezeichnet eine Finanzierungsart, bei welcher nicht börsennotierten Unternehmen in einer entscheidenden Phase ihrer Entwicklung, mittel- bis langfristig Kapital und, bei Bedarf, Managementunterstützung zur Verfügung gestellt wird. Im Gegenzug erhält der Kapitalgeber eine gesellschaftsrechtliche Beteiligung an dem finanzierten Unternehmen. Zur Realisierung eines dem Risiko entsprechenden Gewinns besteht auf Seiten des Kapitalgebers von vornherein die Absicht, die Beteiligung wieder zu veräußern („Exit"). Die Haltedauer von Private Equity Beteiligungen beträgt in der Regel nicht mehr als drei bis sieben Jahre.

87 Mit der im M&A-Markt üblichen Zeitverschiebung gegenüber den angelsächsischen Ländern hat sich in **Deutschland** eine Private Equity Branche gebildet. Eine Vielzahl von nationalen Gesellschaften haben den Erwerb, das Halten und die Veräußerung von Beteiligungen zum Geschäftsgegenstand. Allerdings besteht immer noch ein gewaltiger Unterschied im Vergleich zu den Private Equity Aktivitäten im angloamerikanischen Bereich, was die Zahl der Beteiligungen anbetrifft. In jüngster Zeit lässt sich jedoch eine verstärkte Hinwendung der großen amerikanischen und englischen Private Equity Gesellschaften zum deutschen Markt beobachten, da einerseits der dortige Markt fast gesättigt erscheint, andererseits in Deutschland insbesondere bei den mittelständischen Familienunternehmen angesichts der bekannten geringen Eigenkapitalbasis ein erheblicher Finanzierungsbedarf besteht. Private Equity Gesellschaften haben sich zumeist auf definierte Zielunternehmen fokussiert, die entweder durch eine Bandbreite von Jahresumsätzen oder die Höhe des Kaufpreises definiert werden. Während die Mehrzahl der Private Equity Gesellschaften auf die Übernahme der Mehrheitsbeteiligung Wert legt, begnügen sich andere wiederum mit einer Minderheitsbeteiligung.

88 Der **Mehrheitsgesellschafter** nimmt in der Regel aktiven Einfluss auf Entscheidungen im Unternehmen. Bei einer **Minderheitsbeteiligung** wird der Investor hingegen im Vorfeld zusammen mit dem Unternehmen wichtige strategische Eckpunkte definieren und sich für Entscheidungen von erheblicher Bedeutung bestimmte Zustimmungsrechte vorbehalten. Er greift damit nicht in das operative Geschäft des Beteiligungsunternehmens ein. Der Beteiligungsgeber erhält üblicherweise einen Sitz im Beirat oder Aufsichtsrat des Unternehmens.

89 Gegenüber einer (reinen) Fremdkapitalfinanzierung lassen sich bei Private Equity Finanzierungen als **Vorteile** anführen:

- **Beseitigung von Finanzierungsengpässen:** Fehlt es an unternehmensinternen Sicherheiten, scheidet die Aufnahme von Fremdkapital faktisch aus. Eine Finanzierung ist hier nur unter Aufnahme neuen Eigenkapitals möglich.

- **Geringere Liquiditätsbelastung:** Da Eigenkapital anders als idealtypisches Fremdkapital nur residual zu bedienen ist und Private Equity Investoren ihren Ertrag überwiegend aus einem erfolgreichen Exit realisieren, wird eine hohe Liquiditätsbelastung der Gesellschaft vermieden.

- **Kapitalkosten:** Eine hohe Fremdfinanzierung führt zu hohen, für das Unternehmen schwer erfüllbaren Zins- und Tilgungszahlungen, was von den Fremdkapitalgebern durch einen zusätzlichen Risikoaufschlag berücksichtigt wird.

- **Verbesserte Haftungsbasis:** Mit Eigenkapitalmitteln erworbene Vermögensgegenstände führen zu einer Verbreiterung der Kapitalbasis des Unternehmens. Hierdurch wird die Möglichkeit zu einer späteren Aufnahme von Fremdkapital gelegt.

Als Alternative zu einer Minderheitsbeteiligung eines Investors kommen **Mezzanine Finanzierungen** (hierzu ausführlich Teil IV Rz. 193 ff.) in Betracht. Das Wort Mezzanine ist ursprünglich ein Begriff aus der Architektur und bedeutet Zwischengeschoss. Wie der Name bereits besagt, versteht man unter Mezzanine-Kapital eine Zwischenform der Unternehmensfinanzierung, die – trotz rechtlich eindeutiger Zuordenbarkeit zu Eigen- oder Fremdkapital – stets auch Merkmale der jeweils anderen Art aufweist.[1] Durch entsprechende vertragliche Gestaltung wird rechtlich Eigenkapital geschaffen, das ökonomisch fremdkapitaltypische Elemente (feste Zinsen, fester Rückzahlungsbetrag, Laufzeitbegrenzung) enthält beziehungsweise – je nach Anforderung – Fremdkapital, das ökonomisch wesentliche Elemente von Eigenkapital (mitgliedschaftliche Kontroll- und Entscheidungsbefugnisse, Kapitalstamm plus Dividende) aufweist.[2] Einerseits wird das wirtschaftliche Eigenkapital des Unternehmens gestärkt, andererseits der Unternehmer jedoch in seiner Entscheidungsgewalt nicht beschnitten.

Der Begriff deckt im Wesentlichen folgende **Finanzierungsarten** ab:

- Nachrangdarlehen
- Genussscheine
- Stille Beteiligungen (typisch und atypisch)
- Wandel-Optionsanleihen

Besonders attraktiv für den Kapitalnehmer ist die **Möglichkeit der äußerst flexiblen Strukturierung** von Mezzanine Kapital. In der Praxis ist eine Vielzahl

---

1 *Then Berg*, Leveraged Management Buyout, 1998, S. 69.
2 *Häger/Elkemann-Reusch*, Mezzanine Finanzierungsinstrumente, 2004, S. 22.

von Gestaltungsformen anzutreffen, die sich grundsätzlich durch die folgenden Merkmale auszeichnen:[1]

- Nachrangigkeit gegenüber anderen Gläubigern in der Insolvenz
- Vorrangigkeit gegenüber „echtem" Eigenkapital
- zeitliche Befristung der Kapitalüberlassung (in der Regel fünf bis zehn Jahre)
- keine Veränderung der Anteilsstruktur
- Flexibilität und Vielseitigkeit hinsichtlich der Ausgestaltung der Vertragskonditionen
- häufig eine variable, gewinnabhängige Komponente, die zur fixen Verzinsung hinzukommt

93 Während sich bei einer Private Equity Finanzierung nach einigen Jahren die Frage der Ablösung (Exit) des Finanzinvestors durch einen Gang an die Börse, einen Erwerb der Anteile durch Mitgesellschafter oder einen Unternehmensverkauf stellt, kann die **Rückführung** von Mezzanine **flexibel gestaltet** und den Besonderheiten des jeweiligen Finanzierungsanlasses angepasst werden. Die Rückzahlung kann am Ende der vereinbarten Laufzeit oder auch in Tranchen erfolgen. Aufgrund der Flexibilität des Instruments besteht auch die Möglichkeit, den Kapitaldienst dem erwarteten Cashflow des Unternehmens anzupassen. So kann zum Beispiel zu Beginn der Laufzeit, wenn etwa nach einem finanzierenden Unternehmenskauf der Cashflow noch gering ist, der Kapitaldienst gering gehalten und über die Laufzeit erhöht werden. In der Regel werden mehrere Vergütungskomponenten vereinbart:

- eine laufende Verzinsung,
- eine auflaufende, endfällige Verzinsung,
- ein (Equity) Kicker am Laufzeitende.

94 Über die dritte Vergütungskomponente, den so genannten Equity Kicker, erfolgt – meist in Form von Options- oder Wandlungsrechten – eine Abbildung des unternehmerischen Erfolges und damit eine deutliche Annäherung an das Eigenkapital (vgl. Teil IV Rz. 201).

IX. Unfriendly Takeovers (Feindliche Übernahmen)

95 Eines der in den vergangenen Jahren auf dem Gebiet des Unternehmenskaufs meist diskutierten Probleme ist das der feindlichen Übernahmen (Unfriendly Takeovers). Dabei handelt es sich um Akquisitionsversuche, die vom Erwerbsinteressenten **gegen den Willen der Unternehmensleitung des Zielobjekts** vorgenommen werden. Wie fast alle Begriffe auf dem Gebiet der „Mergers & Acquisitions" stammt er aus dem angloamerikanischen Rechtsbereich. Sowohl in den USA als auch in Großbritannien haben „Unfriendly Takeovers"

---

1 *Häger/Elkemann-Reusch*, Mezzanine Finanzierungsinstrumente, 2004, S. 22.

und „Hostile Takeovers" eine lange Tradition.¹ Da die gesellschaftsrechtlichen Gegebenheiten in den USA und Großbritannien gegenüber dem deutschen Recht gänzlich anders gelagert sind, ließ sich die breite Diskussionspalette, die mit diesem Themenkreis verbunden war, lange nicht auf den deutschen Unternehmensmarkt übertragen. Die Frage, wie sich eine Geschäftsführung oder ein Vorstand gegenüber Übernahmeversuchen nach deutschem Recht zu verhalten habe oder wie er sich verhalten könne, stellte sich früher nicht. Im deutschen Recht wurde als selbstverständlich vorausgesetzt, dass die Geschäftsleitung eines Unternehmens keine eigenen Interessen in der Richtung auszuüben habe, wer Anteilseigner des Unternehmens sei. Dies entspricht auch nach wie vor der herrschenden Meinung in der juristischen Literatur. Danach ist der Vorstand verpflichtet, sich neutral zu verhalten.² Interesse erlangte das Thema erst – zumindest in einem breiteren Bewusstsein –, als die Assurances Générales de France (AGF) den Versuch unternahm, eine Mehrheitsbeteiligung an der Aachener Münchener Beteiligungs-AG (AMB) zu erwerben. Es erregte Aufsehen in der Wirtschaftspresse, als der Vorstand der AMB den Versuch unternahm, sich dieser Übernahme zu widersetzen. In rechtlicher Hinsicht wurde seinerzeit diskutiert, ob und unter welchen Voraussetzungen er zur Umschreibung von Namensaktien verpflichtet sei.³

In jüngerer Zeit gab es einen noch spektakuläreren Fall einer feindlichen Übernahme der Mannesmann AG durch Vodafone,⁴ der auch aktuell noch für Schlagzeilen sorgt: Wegen der Zahlung hoher „Anerkennungsprämien" und „Alternativpensionen" an Mannesmann-Manager, Betriebspensionäre und deren Angehörige im Zusammenhang mit der Übernahme mussten sich seit Januar 2004 der ehemalige Vorstandsvorsitzende der Mannesmann AG sowie mehrere ehemalige Aufsichtsratsmitglieder in einem öffentlichkeitswirksamen Verfahren wegen des Vorwurfs der schweren Untreue vor dem Landgericht Düsseldorf strafrechtlich verantworten⁵ Letztlich wurden zwar sämtliche Angeklagten vom strafrechtlichen Vorwurf der Untreue freigesprochen. Das Gericht sah jedoch einen Verstoß gegen aktienrechtliche Vorschriften als gegeben an, da die beanstandeten Prämien nicht im Unternehmensinteresse der ehemaligen Mannesmann AG gelegen hätten. Die Staatsanwaltschaft hat Revision beim Bundesgerichtshof eingelegt, der sich zwischenzeitlich auch die Bundesstaatsanwaltschaft angeschlossen hat.⁶

---

1 *Michalski*, AG 1997, 152.
2 *Krieger* in MünchHdb.GesR, Bd. 4: AG, 2. Aufl. 1999, § 69 Rz. 15; *Mertens* in KölnKomm. AktG, 2. Aufl. 1988, § 76 AktG Rz. 26; *Ebenroth/Daum*, DB 1991, 1157 (1158); *Hopt*, ZGR 1993, 534 (548); *Krause*, AG 2000, 217 (218).
3 Vgl. BGH v. 1.12.1986 – II ZR 287/85, NJW 1987, 1019; LG Aachen v. 19.5.1992 – 41 O 30/92, DB 1992, 1565 (1566); *Hüffer*, 4. Aufl. 1999, § 68 AktG Rz. 15; *Geßler*, Aktiengesetz, Bd. 1, Stand: Dezember 2000, § 68 AktG Rz. 8; *Lutter* in KölnKomm. AktG, 2. Aufl. 1988, § 68 AktG Rz. 30; *Lutter*, AG 1992, 369 (370 f.); *Wirth*, DB 1992, 617 (618 ff.).
4 Vgl. Frankfurter Allgemeine Zeitung v. 4.2.2000; LG Düsseldorf v. 14.12.1999 – 10 O 495/99 Q, AG 2000, 233 zu den Pflichten des Vorstands bei der Abwehr von Übernahmeangeboten.
5 Vgl. Frankfurter Allgemeine Zeitung v. 17. und 21.1.2004.
6 Vgl. Die Welt v. 6.4.2005

97 Durch das Wertpapiererwerbs- und Übernahmegesetz (WpÜG) wurden mit Wirkung zum 1.1.2002 erstmals Verhaltensregeln für den Vorstand einer von einem öffentlichen Übernahmeangebot betroffenen Gesellschaft (Zielgesellschaft) ausdrücklich gesetzlich normiert. Gemäß § 33 Abs. 1 WpÜG darf der Vorstand der Zielgesellschaft grundsätzlich keine Handlungen vornehmen, durch die der Erfolg des Übernahmeangebots verhindert werden könnte. Ausgenommen sind Handlungen der laufenden Geschäftsführung, die ein ordentlicher und gewissenhafter Geschäftsleiter auch ohne das Vorliegen eines Übernahmeangebotes vorgenommen hätte, die Suche nach einem konkurrierenden Übernahmeangebot sowie Handlungen, denen der Aufsichtsrat der Zielgesellschaft zugestimmt hat. Darüber hinaus kann sich der Vorstand gemäß § 33 Abs. 2 WpÜG von der Hauptversammlung zu Abwehrmaßnahmen ermächtigen lassen. Die Ermächtigung kann sowohl erst während eines konkreten Übernahmeangebotes als auch bereits im Vorfeld eines eventuellen Übernahmeangebots durch einen so genannten Vorratsbeschluss erteilt werden. Zu den Einzelheiten vgl. Teil X Rz. 164 ff.

98 Überlagert wird das Thema durch die Diskussion um eine EU-Übernahmerichtlinie. Nachdem das Zustandekommen einer solchen Richtlinie in den letzten fünfzehn Jahren mehrfach, zuletzt 2001 am Widerstand Deutschlands, gescheitert war, hat der Ministerrat (Justiz und Inneres) am 30.3.2004 schließlich eine Europäische Übernahmerichtlinie[1] verabschiedet. Die Richtlinie ist am 20.5.2004 in Kraft getreten und ist in den Mitgliedstaaten bis spätestens zum 20.6.2006 umzusetzen.[2] Bis dahin gelten die Vorschriften des nach dem Scheitern des Richtlinienentwurfs von 2001 zum 1.1.2002 in Form des WpÜG in Kraft getretenen deutschen Übernahmerechts zunächst unverändert weiter fort. Eine Einigung auf EU-Ebene war erst möglich geworden, nachdem ursprüngliche Vorschläge der EU-Kommission zur weitgehenden Abschaffung nationaler Übernahmehürden entschärft wurden. Die nunmehr verabschiedete Richtlinie erlaubt den Mitgliedstaaten weiterhin, an bestimmten nationalen Instrumenten zur Abwehr unerwünschter Firmenübernahmen festzuhalten. Dazu zählen in Deutschland so genannte Vorratsbeschlüsse, mit denen die Aktionäre bereits ohne konkretes Übernahmeangebot Abwehrmaßnahmen autorisieren können. Unternehmen in skandinavischen Ländern verbleibt weiterhin die Möglichkeit, sich mit Mehrfachstimmrechten vor feindlichen Übernahmen zu schützen. In der Richtlinie ist allerdings vorgesehen, dass sich Gesellschaften mit Sitz in einem Mitgliedstaat, der an bestimmten Abwehrinstrumenten festhält, individuell durch Hauptversammlungsbeschluss mit satzungsändernder Mehrheit auch einer umfassenden Neutralitätspflicht unterwerfen können.[3] Zu den Einzelheiten vgl. Teil X Rz. 155 ff.

---

1 Richtlinie 2004/25/EG des Europäischen Parlaments und des Rates v. 21.4.2004 betreffend Übernahmeangebote.
2 Vgl. *Wiesner*, ZIP 2004, 343; *Picot*, MAR 2004, 45; *Zschocke*, Finance 7/8 2004, 39; *Kindler/Horstmann*, DStR 2004, 866.
3 Vgl. *Krause* in Frankfurter Allgemeine Zeitung v. 7.1.2004; *Kindler/Horstmann*, DStR 2004, 866 (868).

B. Projektmanagement beim Unternehmenskauf

Literatur: *Frank/Stein*, Management von Unternehmensakquisitionen, 1993; *Jansen/Körner*, Fusionsmanagement in Deutschland, 2000; *Lucks/Meckl*, Internationale Mergers & Acquisitions: Der prozessorientierte Ansatz, 2002; *Lucks*, Management komplexer M&A-Projekte, MAR 2005, 159; *Müller-Stewens/Spickers/Deiss*, Mergers & Acquisitions, Markttendenzen und Beraterprofile, 1999; *Steinöcker*, Mergers and Acquisitions: Strategische Planung von Firmenübernahmen – Konzeption – Transaktion – Controlling, 1998.

I. Einleitung

Unternehmenstransaktionen sind – nicht nur bei Mega-Deals, aber insbesondere bei diesen – äußerst komplexe Vorgänge, bei denen verschiedene betriebswirtschaftliche und rechtliche Aspekte stark ineinander greifen. Die erfolgreiche Abwicklung einer Unternehmenstransaktion erfordert daher die **koordinierte Zusammenarbeit** von unternehmensinternen und -externen Fachleuten unterschiedlicher Disziplinen. Unternehmensintern sind dies die Vertreter verschiedener Fachbereiche (Produktion, Technik, Vertrieb, Finanzen), die für das Transaktionsobjekt verantwortlich sind oder sein werden. Als externe Berater sind insbesondere Rechtsanwälte, Steuerexperten, Wirtschaftsprüfer, Unternehmensberater und Investmentbanker beteiligt. Es handelt sich um eine Managementaufgabe, die aufgrund ihrer Komplexität und wirtschaftlichen Bedeutung besondere Anforderungen an die verantwortlichen Personen, und zwar sowohl an die betroffenen unternehmensinternen Kräfte als auch an die hinzugezogenen außenstehenden Berater stellt. Eine Unternehmenstransaktion ist ein „Projekt", das heißt ein zeitlich, räumlich und sachlich begrenztes Arbeitsvorhaben, das sich durch seine Komplexität, relative Neuartigkeit, seinen einmaligen Ablauf sowie definierte Anfangs- und Endzeitpunkte auszeichnet.[1] Grundlage und Voraussetzung einer erfolgreichen Unternehmenstransaktion ist daher ein professionelles, effizientes und zielgerichtetes Projektmanagement. 99

In vergangenen Zeiten wurde ein Unternehmenskauf zumeist als ad-hoc-Aufgabe angesehen. Auch im Leben eines Großunternehmens war ein Unternehmenskauf etwas nicht Alltägliches. Die Verantwortlichkeiten und Teams wurden eher zufällig aufgrund einer Entscheidung des Vorstands oder des Vorstandsvorsitzenden, je nach Verfügbarkeit von Personen und vorhandener oder vermeintlicher Eignung, zusammengestellt. Dies geschah oft ohne die notwendige Professionalität wie sie in sämtlichen anderen Unternehmensbereichen zur notwendigen Selbstverständlichkeit gehörte. Diese Zeiten sind bei Großunternehmen vorbei. Insbesondere bei Großunternehmen, bei denen Akquisitionen zur Tagesordnung gehören, sind dafür spezielle **M&A-Abteilungen** oder M&A-Ausschüsse gebildet worden, in denen Unternehmenskäufe (oder auch Unternehmensverkäufe) strategisch vorbereitet werden. Hier erfolgt die 100

---

[1] Vgl. *Berens* in Berens/Brauner/Strauch, Due Diligence bei Unternehmensakquisitionen, 3. Aufl. 2002, S.136.

strategische Planung, in welchen Geschäftsfeldern akquiriert werden soll und welche Qualitäten das Zielobjekt aufzuweisen hat. Auch bei der Suche nach entsprechenden Zielobjekten ist oft in diesen Abteilungen beziehungsweise Ausschüssen unternehmensinternes Know-how vorhanden. Ansonsten wird in diesem Vorfeld bereits mit Investmentbanken zusammengearbeitet.

101 Von der professionellen Planung und Abwicklung eines Unternehmenskaufs bei Großunternehmen, die einen Unternehmenskauf als eine der wichtigsten Managementaufgaben begriffen haben, sind **mittelständische Unternehmen** zumeist noch weit entfernt. Erst recht gilt dies für Privatpersonen (Familien) als Veräußerer, die sich vom Unternehmen lösen wollen. Sie sind deshalb bei der Planung und Abwicklung eines Unternehmenskaufs häufig im Nachteil. Dies gilt erst recht, wenn die Veräußerung unter besonderem Druck aufgrund schwindender Liquidität des Unternehmens oder im Zusammenhang mit einer erbrechtlichen Auseinandersetzung erfolgt. Es sind insoweit aber Ansätze zu einer Änderung zu erkennen. Mittelständische Unternehmen und Privatpersonen als (zumeist) Veräußerer sind gut beraten, die Organisation von Unternehmenskäufen und -verkäufen von außenstehenden Beratern vornehmen zu lassen.

II. Organisation des Unternehmenskaufs

1. Gesamtverantwortung eines Steering Committees

102 In der modernen Organisationsform zur Bewältigung einer Unternehmenstransaktion wird typischerweise ein Steering Committee sowohl auf der Erwerber- als auch auf der Veräußererseite gebildet. Das Steering Committee wird geleitet durch den Hauptverantwortlichen für die Transaktion, bei größeren Transaktionen durch ein Vorstandsmitglied. Neben weiteren Unternehmensangehörigen aus einzelnen Fachabteilungen und dem Finanzressort gehören dem Steering Committee typischerweise ein oder mehrere Vertreter der Investmentbank, ein akquisitionserfahrener Anwalt sowie möglicherweise noch, sofern sich dies anbietet, ein allgemeiner Unternehmensberater und der für die steuerliche Seite Hauptverantwortliche an. Die diesem Steering Committee gestellte Aufgabe lautet: Gesamtverantwortung statt Erledigung von Einzelaufgaben. Das Steering Committee begleitet die Transaktion **von der Planung bis zur Umsetzung**. Die letzte und entscheidende Verantwortung hat dabei immer der im Unternehmen Verantwortliche als Leiter des Steering Committees, also zum Beispiel bei einer größeren Transaktion ein Vorstandsmitglied. Der entscheidende Vorteil eines Steering Committees liegt darin, dass sämtliche Sachfragen in einem Kreis, in dem das Fachwissen sämtlicher beim Unternehmenskauf relevanten Aspekte gebündelt wird, diskutiert werden und der Entscheidungsfindung zugrunde liegen.

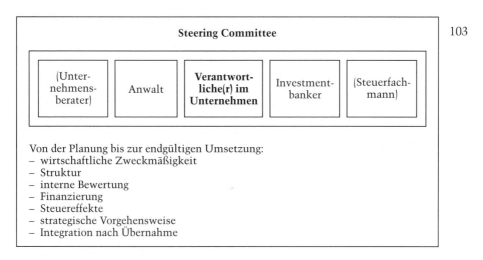

In einem ersten Stadium wird im Steering Committee die wirtschaftliche Zweckmäßigkeit der Akquisition erörtert. Alsdann muss die Struktur der **Transaktion** festgelegt werden. Diese kann insbesondere bei größeren Transaktionen unter Beteiligung mehrerer Unternehmen äußerst komplex sein. Weiterhin muss eine interne Bewertung zum Zwecke der Festsetzung des Preiszieles vorgenommen werden. Finanzierungsfragen und Steuereffekte werden diskutiert und entschieden. Schließlich wird die strategische Vorgehensweise konzipiert und bei Bedarf überarbeitet. Letzte Aufgabe ist schließlich die Integration des übernommenen Unternehmens. Nicht bei all diesen Fragen nehmen die einzelnen Mitglieder des Steering Committees eine gleichbedeutende Rolle ein. Wichtig ist jedoch, dass bei einem bestimmten Aspekt kein sich zunächst nicht aufdrängender Gesichtspunkt aus einem Fachbereich übersehen wird.

2. Die Bedeutung externer Berater

Die Komplexität einer Unternehmenstransaktion erfordert regelmäßig neben der Beteiligung einer Vielzahl unternehmensinterner Fachleute auch die Konsultation externer Berater. In Großunternehmen mit eigenen M&A-Abteilungen beziehungsweise mit auf das Transaktionsgeschäft spezialisierten Rechtsabteilungen war in letzter Zeit zwar vereinzelt ein Trend erkennbar, Transaktionen möglichst eigenständig, das heißt ohne die Einschaltung externer Berater zu bewältigen. Hierbei handelt es sich allerdings um absolute Ausnahmeerscheinungen. Auch Großunternehmen mit eigenen M&A-Spezialisten werden jedenfalls bei größeren Transaktionen in aller Regel nicht auf die Unterstützung durch externe Berater verzichten können. Selbst wenn sämtliche erforderliche Expertise im Unternehmen vorhanden sein sollte, werden in aller Regel zumindest Haftungsgesichtspunkte für die Hinzuziehung außenstehender Experten sprechen.

106 **Haftungsrisiken** ergeben sich zum einen für die beteiligten Unternehmen als solche, zum anderen aber insbesondere auch für die verantwortlichen Entscheidungsträger in den Unternehmen. Letztere sind dazu verpflichtet, im Rahmen ihrer Entscheidungsfindung sämtliche ihnen zur Verfügung stehenden Erkenntnisquellen über alle entscheidungsrelevanten Umstände auszuschöpfen und sich, sofern diese nicht ausreichen, zusätzliche Informationen zu beschaffen. Hierzu gehört auch die Einholung sachverständiger Beratung.[1] Darüber hinaus hat die Rechtsprechung klargestellt, dass es zu den Pflichten eines Vorstands gehört, die wirtschaftlichen Verhältnisse der Zielgesellschaft einer „umfangreichen und mit äußerster Sorgfalt zu führenden Prüfung" zu unterziehen.[2] Selbst Unternehmen mit eigenen M&A-Abteilungen werden in aller Regel – jedenfalls bei größeren Transaktionen – nicht über die erforderliche „Manpower" verfügen, um die von der Rechtsprechung vorgegebene Prüfungsintensität zu gewährleisten. Die Hinzuziehung qualifizierter Berater ist daher im Normalfall unumgänglich.[3]

107 Auch die Einschaltung von Beratern befreit die Entscheidungsträger im Unternehmen jedoch nicht von ihrer unternehmerischen Verantwortung. Aufgabe des Beraters ist es, die unternehmensintern Verantwortlichen, das heißt die Geschäftsführung oder den Vorstand, in seinem jeweiligen Fachgebiet zu unterstützen. Dabei ist zwar eine weitgehende Übertragung von Aufgaben, nicht jedoch die Delegation von Entscheidungen auf den Berater zulässig.[4]

3. Die beteiligten Personen in den einzelnen Phasen der Transaktion

108 Auch wenn das oben behandelte Steering Committee für die Durchführung einer Transaktion nicht gebildet wird, was zumindest für die Organisation eines komplexen Unternehmenskaufs ein Nachteil ist, sind die handelnden Personen sowohl bei der Organisation durch ein Steering Committee als auch bei anderen Organisationsformen in den verschiedenen Phasen einer Transaktion nahezu identisch.

109 Auf der Veräußererseite sind bei Familienunternehmen die Gesellschafter selbst erste Ansprechpersonen. Mit ihnen werden auch die ersten Gespräche geführt. Dabei entstehen oft Probleme, den geeigneten **Sprachführer** für die veräußerungswilligen Gesellschafter zu finden. Der Veräußerungswunsch ist zumeist aufgetaucht nach Zwistigkeiten zwischen den einzelnen Familienmitgliedern, Nachfolgeproblemen und einer dadurch bedingten Führungslosigkeit. Der subjektiv empfundene Zwang zur Veräußerung ist unterschiedlich groß. Diese Ausgangssituation erleichtert es nicht gerade, sich auf eine oder mehrere Personen zu einigen, welche die Verhandlungen für die Gesellschafter führen. Durch mangelndes gemeinsames Vorgehen ist der letztendlich für die

---

[1] *Hopt* in Großkomm. AktG, 4. Aufl. 1999, § 93 AktG Rz. 84; *Semler*, Leitung und Überwachung der Aktiengesellschaft, 2. Aufl 1998, Rz. 77.
[2] LG Hannover v. 23.2.1977 – 1 O.123/75, AG 1977, 198 (200); vgl. auch BGH v. 4.7.1977 – II ZR 150/75, BGHZ 69, 207 (213 f).
[3] Vgl. auch *Gasteyer* in Semler/Volhard, § 4 Rz. 9.
[4] Ebenso *Gasteyer* in Semler/Volhard, § 4 Rz. 9.

Veräußerung erzielte Preis durch die geschickte Verhandlungstaktik des strategisch vorgehenden Erwerbers oft wesentlich gedrückt worden.

Bei der Veräußerung von **Tochtergesellschaften großer Konzerne** ist auf Veräußererseite zumeist im allerersten Stadium ein Vorstandsmitglied bzw. ein Mitglied der Geschäftsführung Verhandlungspartner. Lediglich wenn das Tochterunternehmen gegenüber der Gesamtgröße des Konzerns eine allzu untergeordnete Bedeutung hat, werden auch erste Kontaktgespräche auf eine untergeordnete Führungsebene delegiert. Tochtergesellschaften großer Konzerne werden meist verkauft, wenn sie entweder schlechte Erträgnisse bringen oder nicht in die Konzernstruktur hineinpassen. Oft fallen beide Gründe zusammen. Ein Tochterunternehmen, das im Konzern A nicht sehr ertragreich war, kann im Konzern B, der anders strukturiert ist, durchaus sehr erfolgreich sein. 110

Die Zahl der Veräußerungen, die unter Einschaltung einer **Investmentbank** abgewickelt werden, wird immer größer. Transaktionen, bei denen ein Großunternehmen beteiligt ist, gehen kaum noch ohne die Einschaltung einer Investmentbank vonstatten. Im mittelständischen Bereich haben sie sich noch nicht in gleichem Maße durchsetzen können. In welchem Umfang ein Unternehmenskauf von Investmentbankern betreut wird, ist äußerst unterschiedlich. 111

Die interne Bewertung des Veräußerungsobjektes, bei der beide Seiten ihre Zielvorstellungen abstecken und den Verhandlungsspielraum festlegen, macht es notwendig, einen größeren Personenkreis einzuschalten. Auf beiden Seiten werden nunmehr neben dem von Vorstand bzw. Geschäftsführung eingesetzten Verhandlungsführer **Finanzabteilung** und **Planungsabteilung** tätig. Die Finanzabteilung ist notwendig, um die Grenze des finanziell Machbaren auszuloten. Die Planungsabteilung erarbeitet die Zielvorstellungen. Das ist auf der Erwerberseite die Frage, in welcher Weise das erworbene Unternehmen nach dem Übergang agieren soll. Auf Veräußererseite wird, sofern noch eine Unternehmenseinheit übrig bleibt, diese auf die neuen unternehmerischen Eckdaten zurechtgeschnitten. Diese Ausführungen bedingen, dass die auf beiden Seiten Beteiligten Unternehmen sind (nicht auf der Erwerberseite eine Privatperson) und die entsprechenden Abteilungen aufweisen. 112

Zu den Verhandlungen werden auf beiden Seiten **Verhandlungskommissionen** gebildet. Für die Zusammensetzung können keine absoluten Regeln aufgestellt werden. Zumeist sind die Verhandlungskommissionen auf Veräußerer- und Erwerberseite deckungsgleich besetzt. Das setzt wiederum voraus, dass entsprechende Fachleute auf beiden Seiten vorhanden sind. Verhandlungsführer sind oft ein oder mehrere Personen auf Vorstands- oder Geschäftsführungsebene, abhängig von der Bedeutung des Veräußerungsobjektes. Hinzu kommen die jeweiligen Fachleute aus der Finanzabteilung, Planungsabteilung sowie für Marketing und Vertrieb. Im Einzelnen hängt dies von der internen Organisation ab. Es sollte sichergestellt werden, dass zumindest ein Mitglied aus der Verhandlungskommission – am besten der Verhandlungsführer – an jedem Gespräch teilnimmt. Es kann empfehlenswert sein, Verhandlungsprotokolle oder Synopsen über den bisherigen Verhandlungsstand anzufertigen. 113

114 Beginnend mit der ersten Verhandlungsrunde in diesem größeren Gremium werden die Juristen beider Seiten zugegen sein. Entweder handelt es sich dabei um den Juristen aus der **Rechtsabteilung** des Unternehmens, sofern eine solche vorhanden ist, oder um einen **Rechtsanwalt** als außenstehenden Juristen. Die anwaltliche Beraterfunktion geht oft über die des Vertragstechnikers weit hinaus und kommt der eines allgemeinen wirtschaftlichen Beraters oder eines speziellen **M&A-Beraters** (vgl. dazu Teil I Rz. 40 f.) nahe. Insbesondere bei mittelständischen Unternehmen ohne größere Erfahrung im Unternehmenskauf und -verkauf bietet es sich an, einen bei Unternehmensveräußerungen erfahrenen Anwalt schon in einem sehr frühen Stadium heranzuziehen. Der Hausanwalt, der das Unternehmen in den täglichen Rechtsfragen begleitet hat, ist nicht in jedem Fall der Richtige, wenn er nicht eine Praxis mit einer Vielzahl von Beteilungsveräußerungen aufzuweisen hat. Zudem soll es bei mittelständischen Familienunternehmen bereits vorgekommen sein, dass seitens des ständigen Beraters – sei es der Anwalt oder der Wirtschaftsprüfer/Steuerberater – die Veräußerung aus eigennützigen Motiven verhindert wurde. Das ist mit dem Berufsethos sicherlich nicht zu vereinbaren, auch wenn das zu veräußernde Unternehmen einen beträchtlichen Teil des eigenen Umsatzes bringt und bei einem Übergang in fremde Hände abzusehen ist, dass Mandate verloren gehen.

115 Die Detailuntersuchungen des Kaufobjekts führen die dafür bestimmten Fachleute des Käufers durch. Zumeist wird die Planungsabteilung und/oder die Finanzabteilung eingeschaltet. Wenn entsprechende Fachleute im eigenen Unternehmen nicht vorhanden sind, kann es sich anbieten, eine Wirtschaftsprüfungsgesellschaft einzuschalten. Für die Detailuntersuchung hat sich eine bestimmte als **Due Diligence** bezeichnete Organisationsform herausgebildet (vgl. dazu Teil I Rz. 172 ff.).

116 Wird ein **Letter of Intent** vereinbart, so wird dieser von den Juristen formuliert und von der Geschäftsführung oder dem Vorstand bzw. dem dafür bestimmten Verhandlungsführer abgesegnet. Jedenfalls sollte es so sein. Der Letter of Intent ist juristisch nicht unproblematisch. Ein nicht juristisch abgesicherter Letter of Intent hat später oft zu Überraschungen geführt, wenn man sich über die Tragweite und die sich daraus möglicherweise ergebenden Ansprüche oder die sich daraus nicht ergebenden Ansprüche nicht im Klaren war (vgl. Teil VII Rz. 20).

117 Die Finanzierungsfragen werden von den Fachleuten der **Finanzabteilung** im Zusammenhang mit Bankern abgeklärt. Die Rolle der Bankfachleute wird umso bedeutender, je größer der Anteil der Außenfinanzierung ist.

118 Für die steuerrechtlich günstigste Gestaltung sorgen die internen und externen **Steuerexperten**. Bei größeren Unternehmen hat zumeist die eigene Steuerabteilung die notwendige Erfahrung und das Know-how, den günstigsten Weg zu finden. Oft bietet es sich aber gerade bei Veräußerungsvorgängen im internationalen Bereich an, eine international tätige Beratergruppe heranzuziehen. Bei mittelständischen Familienunternehmen wiederum ist, wie bei der Frage des heranzuziehenden Juristen, der Bedarf nach externen Steuerberatern größer.

Bei der Aushandlung und Ausformulierung der einzelnen Vertragsbestimmungen ist im Wesentlichen die **gesamte Verhandlungskommission** beteiligt. Der Teilnehmerkreis wird in dieser letzten Phase der Verhandlungen eher noch größer sein, da auf beiden Seiten die Experten für Detailfragen hinzugezogen werden müssen. Oft bietet es sich an, Unterkommissionen zu bilden, deren Aufgabe es ist, Detailfragen einvernehmlich zu klären. Wenn man sich in dieser Unterkommission einigt, hat das Gesamtverhandlungsforum viel Zeit gespart. Einigt man sich nicht, ist die Frage doch bereits so weit vorbereitet worden, dass die Gesamtverhandlungskommission nur noch die kaufmännische Entscheidung zu treffen braucht. Diese sollte bei fähigen Unternehmern rasch getroffen werden können. Wer im Einzelnen der Verhandlungskommission bzw. den Unterkommissionen angehören sollte, hängt von der Größe des Unternehmens und dem Vorhandensein entsprechender Fachabteilungen ab. Allgemeingültige Ausführungen können nicht gemacht werden. 119

Die Gespräche mit den Kartellbehörden und die diesen vorangehende Prüfung der kartellrechtlichen Relevanz des Vorgangs sollte durch erfahrene **Kartelljuristen** vorgenommen werden. Bei der Ausweitung des Kartellrechts in den letzten Jahren ist kaum noch ein Veräußerungsvorgang kartellrechtlich unproblematisch. Die Kartelljuristen gehören oft bei größeren Unternehmen dem Unternehmen selbst an. Das wird allerdings nur der Fall sein, wenn die Rechtsabteilung aufgrund häufiger Akquisitionen kartellrechtliche Erfahrungen hat. So gibt es in Großkonzernen oft Unterabteilungen innerhalb der Rechtsabteilung, denen Juristen angehören, die sich ausschließlich mit kartellrechtlichen Fragen beschäftigen. Sofern erfahrene Kartelljuristen nicht im Unternehmen vorhanden sind, sollte unbedingt ein außenstehender erfahrener Berater hinzugezogen werden. Das kann der Jurist sein, der die Kaufvertragsverhandlungen als solche führt, oder ein weiterer Spezialist. Mittelständischen Unternehmen ohne Rechtsabteilung oder mit einer Rechtsabteilung ohne kartellrechtliche Erfahrung ist in jedem Falle anzuraten, einen erfahrenen außenstehenden Kartelljuristen heranzuziehen. Wenn auch das Kartellrecht keine Geheimwissenschaft ist, so ist doch die Bedeutung des Know-hows im Umgang mit den Kartellbehörden nicht zu unterschätzen. 120

Bei einer **späteren Wertfeststellung** nach Abschluss des Kaufvertrages werden wiederum die Experten der Finanzabteilung oder außenstehende Wirtschaftsprüfer herangezogen. Das Gleiche gilt für erforderliche Korrekturen der Stichtagsbilanz. Abstimmungsgespräche werden gegebenenfalls wiederum unter Beteiligung der Anwälte geführt. 121

III. Die Rolle des Anwalts

1. Projektmanager statt Vertragstechniker

Die Rolle des anwaltlichen Beraters im Rahmen von Unternehmenskäufen hat sich grundsätzlich geändert. In früheren Zeiten wurde der **anwaltliche Berater** oft nur als Vertragstechniker in der letzten Phase eines Unternehmenskaufs herangezogen, um ein ausverhandeltes Gesamtpaket in die entsprechende vertragliche Form zu gießen. Im Extremfalle ergab sich die Konstellation, 122 dass der Notartermin schon auf den übermorgigen Tag fixiert war und der Anwalt gebeten wurde, den gesamten Inhalt dessen, über das man sich vermeintlich geeinigt hatte, doch „schnell" einmal in einen Entwurf zu gießen. Die Nachteile einer solchen Verfahrensweise liegen auf der Hand. Oft ergab sich, dass sich die von den Parteien vorgestellte Struktur der Transaktion in der Weise nicht darstellen ließ oder gravierende Punkte übersehen bzw. nicht zu Ende gedacht worden waren. Als Folge mussten die Verhandlungen neu aufgenommen werden. Es traten erhebliche Zeitverzögerungen bei der gesamten Transaktion ein, die man bei einer rechtzeitigen Einschaltung des anwaltlichen Beraters hätte vermeiden können.

123 Der moderne und erfahrene auf dem M&A-Sektor tätige Anwalt ist **Berater mit Schwerpunkt Recht**. Die Kenntnis des Rechts und der Vertragstechnik ist Grundvoraussetzung. Wesentlich entscheidender ist aber das Know-how des beratenden Anwalts, einen Unternehmenskauf mitzugestalten und zu organisieren. Er arbeitet eng mit der Unternehmensleitung und sonstigen Beratern zusammen. In dieser Funktion ist er bei einer zweckentsprechenden Gestaltung eines Unternehmenskaufs Mitglied des **Steering Committee** (vgl. dazu Teil I Rz. 102 ff.).

124 Bei einer überschaubaren Transaktion im mittelständischen Bereich mag es ausreichend sein, wenn der Unternehmenskauf von einem Anwalt betreut wird. Mittlerweile ist dies aber auch beim Übergang kleinerer Objekte der Sonderfall. Bei großen Transaktionen, insbesondere im internationalen Bereich, werden **anwaltliche Projektteams** gebildet. Diese umfassen typischerweise drei bis sieben Anwälte. Hinzu kommen bei Mega-Deals oft noch weitere Anwälte, die für Teilaufgaben benötigt werden.

125 Das anwaltliche Projektteam wird von dem **Projektleiter** gesteuert, der Mitglied des Steering Committee ist. Dieser kristallisiert die anwaltlichen Aufgaben heraus, verteilt diese innerhalb des Anwaltsteams, übernimmt die laufende Koordination und Überwachung und ist häufig als Verhandlungsführer in den Verhandlungen mit der anderen Seite beschäftigt. Typischerweise gehören dem anwaltlichen Projektteam noch ein Steuerrechtler, ein Kartellrechtler sowie ein oder mehrere Projektmanager an.

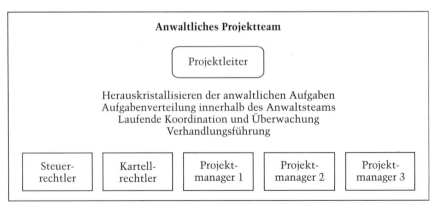

Die Aufgabenverteilung und Koordination innerhalb des anwaltlichen Projektteams ist im Folgenden dargestellt.

126

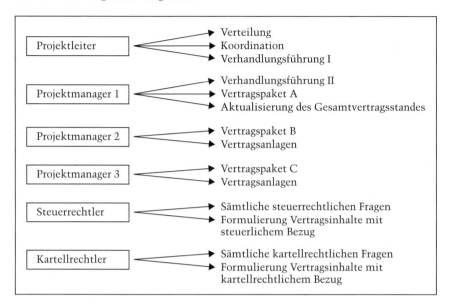

Handelt es sich um eine weniger komplexe Transaktion, müssen die oben beschriebenen Funktionen dennoch ausgefüllt werden. Allerdings können sie auf eine wesentlich kleinere Zahl von Anwälten verteilt werden, indem diese jeweils mehrere Funktionen übernehmen. Bei der Vertretung von mittelständischen Unternehmen – zumeist auf der Veräußererseite – besteht oft unter dem Kostengesichtspunkt in Relation zu dem Transaktionsvolumen die Notwendigkeit, das Anwaltsteam ungeachtet einer möglicherweise bestehenden Komplexität klein zu halten.

127

2. Erstellung und Aktualisierung eines Akquisitionsplanes

Durchführung, Planung und Ablauf der gesamten Transaktion werden in einem **Akquisitionsplan** niedergelegt, der ständig überarbeitet und aktualisiert wird. In diesem Akquisitionsplan werden die Daten einzelner Maßnahmen, die Maßnahmen selbst sowie die Verantwortlichkeit für diese Maßnahmen festgehalten. Die Erstellung des Akquisitionsplanes erfolgt häufig durch das anwaltliche Projektteam. Dieses ist dann auch für die ständige Überarbeitung und Aktualisierung des Akquisitionsplanes verantwortlich.

128

Datum	Operative Maßnahmen	Finanzierung	Due Diligence	Struktur	Steuern	Verträge	Kartellrecht	Sonstige Genehmigungen	Verantwortlichkeiten
							Closing		

IV. Verhandlungsstrategien

129 Ob eine geschickte Verhandlungstaktik eine Veräußerung für die eine oder andere Seite günstiger gestalten kann, lässt sich nicht empirisch nachweisen, erscheint jedoch plausibel. Wenn aus diesem Grunde auch jede Seite ihre eigene Marschroute für die Verhandlungsführung absteckt, fällt es dennoch schwer, generell gültige Regeln für jede Art von Partei und für jede Art von Übertragungsobjekt festzulegen. Allgemein anerkannte Grundsätze für Verhandlungstaktik gibt es nicht. Das Verhalten wird oft aus dem Augenblick geboren, auch wenn eine vorherige Festlegung der Verhandlungsziele, der Verhandlungsmittel und der Rollenverteilung erforderlich ist. Eine unerwartete Reaktion des Verhandlungspartners kann zu einem absoluten Umdenken zwingen. Die Kunst der Verhandlung ist damit eine Mischung aus Talent und Erfahrung.

130 Oft wird die Verhandlung durch den im Steering Committee vertretenen Anwalt als Sprecher geführt. Der Vorstand bzw. die Geschäftsführung kann sich im Hintergrund halten. Ob dies der Fall ist, hängt bei dem hausinternen Juristen von Stellung und Gewicht der Rechtsabteilung innerhalb des Hauses ab. Bei hinzugezogenen Beratern ist dies abhängig von Format und Können des Beraters.

131 Im Folgenden sollen deshalb einige **Erfahrungssätze** stichwortartig aufgezeigt werden. Für beide Parteien, also sowohl für die Käufer- als auch für die Erwerberseite, gilt:

(1) Die Verhandlung sollte nicht mit der Einnahme von **Extrempositionen** begonnen werden, die unrealistisch sind. Entweder verlängert das die Verhandlungen oder beendet sie vorzeitig. Das bedeutet nicht, dass jede Seite zum Beispiel bei dem Gespräch über den Preis mit dem für sie äußersten Preislimit beginnen muss. Ein Verhandlungsspielraum muss bleiben.

(2) Als Verhandlungstaktik wird oft empfohlen, sich in Detailfragen festzubeißen. Dabei hofft man, den Verhandlungspartner bei der späteren Diskussion über die entscheidenden Eckdaten des Unternehmenskaufes zermürbt zu haben. Diese Rechnung kann aufgehen oder auch nicht. Voraussetzung für ihren Erfolg ist zumindest, dass die **Kondition des Verhandlungspartners** schwächer ist als die eigene. Die physische und psychische Durchsetzungskraft ist sicher-

lich nicht außer Acht zu lassen. Wer beides als seine eigene Stärke ansieht, sollte diese Taktik versuchen. Sie birgt jedoch die Gefahr in sich, dass der Verhandlungspartner die Lust verliert. Man muss sich also schon des unbedingten Interesses der Gegenseite am Zustandekommen des Ergebnisses sicher sein. Ansonsten wird man bei unendlich schwieriger und langwieriger Diskussion über jeden Detailpunkt als „schwierig" eingeschätzt. Das ist insbesondere dann gefährlich, wenn nach Abschluss des Vertrages nicht sämtliche Brücken abgebrochen sein sollen. Beim **Erwerb einer bloßen Beteiligung**, bei der nach erfolgter Veräußerung Veräußerer und Erwerber als Gesellschafter in einem Boote sitzen, ist also besondere **Vorsicht** geboten. Die Zermürbungstaktik kann zu bleibenden Aggressionen führen, die entweder die Verhandlungen bereits scheitern lassen oder zumindest für das spätere Zusammenleben nicht gedeihlich sind.

Mit Erfolg wurde die Zermürbungstaktik insbesondere praktiziert, wenn die Verhandlungen unter **Zeitdruck** standen, d.h. bis zu einem bestimmten Termin abgeschlossen sein mussten. Die Gesprächsrunden dauern in diesen Fällen oft bis zum frühen Morgen. Demjenigen, der sich als besonders standfest erweist, fallen nach achtzehnstündiger oder längerer Gesprächsrunde in den wichtigen Fragen des Vertrages oft die Früchte in den Schoß, um die er lange hätte kämpfen müssen, wenn er die Verhandlungen nicht durch die Diskussion über Detailfragen hinausgezögert hätte.

(3) Oft wird versucht, den Verhandlungspartner mit der Macht der eigenen Armada zu erdrücken. Eine große **personelle Besetzung** ist aber nicht immer eine Garantie für ein günstiges Verhandlungsergebnis. Eine übergroße Zahl von Verhandlungsteilnehmern kann im Gegenteil die Verhandlungen hemmen. Selbstverständlich sollte dafür Sorge getragen werden, dass man das Fachwissen der anderen Seite kontern kann. Fachleute zu den einzelnen zu verhandelnden Fragen gehören also an den Verhandlungstisch. Andere Personen, die nur Präsenz demonstrieren sollen, sind überflüssig. Sie werden zum Störfaktor, wenn die zweite Reihe im Unternehmen sich durch langatmige Diskussionsbeiträge zu profilieren sucht.

(4) Vielfach wird es als bewusstes Verhandlungsmittel eingesetzt, die Verhandlungen nicht durch eigentlich entscheidende Personen im Unternehmen führen zu lassen. Dies eröffnet die taktische Möglichkeit einer **Überlegungsfrist**. Selbst wenn am Verhandlungstisch ein Ergebnis erzielt worden ist, kann man mit dem Hinweis auf die fehlende Zustimmung von Entscheidungsträgern oft noch zurück. Letzter Entscheidungsträger ist bei Aktiengesellschaften oft der Aufsichtsrat, dessen Zustimmung zu Veräußerung oder Erwerb noch eingeholt werden muss.

(5) **Verhandlungspausen** werden oft zum Überdenken der eigenen Position eingesetzt. Von der Möglichkeit, eine Verhandlungsrunde auf diese Weise zu unterbrechen, sollte man Gebrauch zu machen keine Scheu haben. Die dadurch eintretende Verzögerung ist meist besser als die durch die ungenaue Abstimmung eintretende Unsicherheit in den eigenen Reihen. Andererseits vermittelt es dem Verhandlungspartner den Eindruck von Unsicherheit, wenn man

eine Verhandlungspause zu oft erbittet. Man sollte sich die Möglichkeit für die Erörterung von Fundamentalpositionen vorbehalten.

(6) Ein regelrechter Streit entbrennt oft darüber, wer den **ersten Vertragsentwurf** vorzulegen hat. Bei vorliegendem Vertragsentwurf gerät die andere Seite in einen Begründungszwang. Sie muss mitteilen, weshalb ihr die eine oder andere Formulierung nicht passt.

(7) Zu der oben bereits erwähnten Zermürbungstaktik gehörte in den vergangenen Zeiten auch der Genuss von gutem Essen, Nikotin und Alkohol. Der vermeintlich Standfestere versuchte bereits beim vorabendlichen gemeinsamen **Begrüßungsessen**, sich eine gute Ausgangsposition zu verschaffen. Jedenfalls in den westlichen Industrieländern haben sich zwischenzeitlich jedoch die Verhandlungsusancen versachlicht. Kulinarische Exzesse kommen nur noch in Einzelfällen vor. Bei internationalen Unternehmenskäufen ist es ein beliebtes Spiel, die Erschöpfung des Verhandlungspartners auszunutzen. Von der gastgebenden Verhandlungsseite wird der Verhandlungsbeginn dann nur wenige Stunden nach Beendigung eines ermüdenden Langstreckenfluges angesetzt.

(8) Auch die **Verhandlungsatmosphäre** wird als taktisches Mittel der Verhandlungsführung benutzt. Man versucht zuweilen, durch eine bewusst freundschaftliche Verhandlungsatmosphäre die Diskussion und Stimmung aufzulockern. Das mag begrüßenswert sein. Es ist jedoch aufzupassen, dass daraus keine verkrampfte Freundlichkeit wird. Sie kann eher schaden. Andererseits sollte man die andere Verhandlungsseite stets als Partner und nicht unbedingt als Gegner betrachten. Andere Länder haben hier durchaus andere Gewohnheiten. Bei Verhandlungen zum Beispiel mit amerikanischen Unternehmen reden sich die Verhandlungskontrahenten oft schon nach wenigen Stunden mit dem Vornamen an. Das Klima mag dadurch aufgelockert werden. In der Sache bleiben die Verhandlungen hart. Bei Verhandlungen mit fernöstlichen, insbesondere japanischen Unternehmen, ist dem Europäer zu raten, sich mit grundlegenden gesellschaftlichen Formen dieser Länder vorher vertraut zu machen. Ein gesellschaftlicher Fauxpas kann einen vorher nicht geahnten Misserfolg bewirken.

132 Dem Käufer wird, wenn er ein **Not leidendes Unternehmen** erwerben will, oft geraten, abzuwarten. Die Notlage soll verstärkt werden, bis der Verkäufer jede Bedingung akzeptiert. Mit dieser Verhandlungstaktik beschreitet der Käufer jedoch einen schmalen Grat. Wenn er glaubt, den Verkäufer zu dem von ihm gewünschten Ergebnis bewogen zu haben, kann es zu spät sein. Oft ist das Schiff, das man billig, aber leck erhält, nicht mehr flott zu machen.

133 Die Verkäufer sollten, insbesondere bei Familiengesellschaften, den Käufer die **Verkaufsbereitschaft** nicht allzu deutlich spüren lassen. Am gefährlichsten ist es, wenn bei mehreren Gesellschaftern eines Familienunternehmens Einzelne Sonderverhandlungen mit dem potenziellen Erwerber in der Hoffnung führen, dabei ein für sie besonders günstiges Ergebnis zu erzielen. Dem Erwerber wird ein solcher Versuch getreu dem Grundsatz „divide et impera" durchaus recht sein.

Es bringt nichts, mit negativen Tatsachen, die für das Objekt von Bedeutung sind, hinter dem Berg zu halten. Das erleichtert zwar die Verhandlungen im ersten Stadium, die negativen Kriterien treten jedoch sehr bald während der Vertragsverhandlungen zutage. Das bringt eine **unnötige Missstimmung**. Die Fakten sollten von Anfang an auf den Tisch gelegt werden. Selbst wenn es gelingt, sie bis zum Abschluss des Vertrages zu verschleiern, sind sie der spätere Keim von Rechtsstreitigkeiten, die meist größeren Schaden bewirken, als er bei rechtzeitiger Offenbarung eingetreten wäre.

134

V. Besonderheiten beim „internationalen" Unternehmenskauf

Der „**internationale**" **Unternehmenskauf** (vgl. dazu ausführlich Teil XIII) ist kein feststehender Begriff. Unter diesem Obertitel wird zumeist ein Unternehmenskauf verstanden, an dem Unternehmen oder Personen beteiligt sind, die in unterschiedlichen Rechtsordnungen beheimatet sind.

135

Beispiel:

Ein Unternehmen mit Hauptsitz in den USA mit verschiedenen Tochtergesellschaften („Alpha Inc.") erwirbt eine auf dem Markt für Fashion- und Luxusartikel tätige Unternehmensgruppe, deren Obergesellschaft ihren Verwaltungssitz auf Bermuda hat („Beta B.V."). Die Tochter- und Enkelgesellschaften beider Unternehmensgruppen haben ihren Sitz in den verschiedensten Ländern. Bereits vor Durchführung der Transaktion bestehen zwischen einzelnen Tochter- bzw. Enkelgesellschaften beider Konzerne diverse schuldrechtliche Beziehungen. Die keinem tatsächlichen Vorbild entlehnte Struktur beider Unternehmensgruppen ist in dem nachstehenden Schaubild dargestellt.

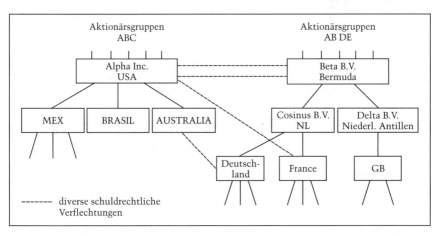

Der „internationale" Unternehmenskauf weist keine grundsätzlichen Besonderheiten gegenüber einem Unternehmenskauf auf, dessen Schwerpunkt innerhalb einer einzelstaatlichen Rechtsordnung stattfindet. Mittlerweile muss man davon ausgehen, dass auch Unternehmenskäufe im mittelständischen

136

Bereich international sind. So hat nahezu jedes mittelständische deutsche Unternehmen Tochtergesellschaften im Ausland. In jedem zweiten Falle des Erwerbs eines deutschen Unternehmens ist der Erwerber ein ausländisches Unternehmen. Besonderheiten können nur in einer **speziellen Schwerpunktbildung** gesehen werden.

(1) So ist zunächst die Entscheidung zu treffen, welcher **Rechtsordnung** der Unternehmenskauf unterliegen soll. Wenn sich Erwerber und Veräußerer nicht einigen können, wählt man oft das Recht eines „neutralen", d.h. durch die Transaktion nicht betroffenen Staates.

(2) Zumeist sind die „internationalen" Transaktionen komplexer als diejenigen, deren Schwerpunkt sich innerhalb einer nationalen Rechtsordnung abspielt. Dies ergibt sich daraus, dass die tatsächlichen und rechtlichen **Besonderheiten mehrerer Staaten** zu beachten sind.

(3) Aus der Sicht der anwaltlichen Betreuung gibt es Besonderheiten beim anwaltlichen Projektmanagement (vgl. dazu Teil I Rz. 122 ff.). So wird man als **„Leading Law Firm"** eine Anwaltsfirma wählen, die die entsprechenden Erfahrungen bei grenzüberschreitenden Transaktionen hat. Diese Anwaltsfirma schaltet, sofern notwendig, verschiedene unterbeauftragte Kanzleien in anderen Ländern ein, um entstehende Rechtsprobleme bei Tochter- oder Enkelgesellschaften zu lösen. Häufig werden auch internationale Projektteams gebildet, d.h. anwaltliche Teams, denen Anwälte aus verschiedenen Praxen angehören.

C. Abwicklung

I. Reihenfolge der Abwicklungsschritte

1. Überblick über typische Abläufe

137 Der **Ablauf eines Unternehmens- oder Beteiligungsverkaufs** ist nicht bei allen Veräußerungsvorgängen identisch. Dazu ist die Lebensvielfalt zu groß. Bei generalisierender Betrachtungsweise kann man differenzieren zwischen einer Abwicklung, bei der sich von vornherein **zwei Verhandlungspartner** gegenüberstehen und so genannten **„Controlled Auctions"**, die sich oft bei Einschaltung von Investmentbanken ergeben. Ein wiederum unterschiedlicher Ablauf ergibt sich bei dem Erwerb über die Börse im Wege eines **Öffentlichen Übernahmeangebots** nach den Vorschriften des WpÜG.

2. Zwei Verhandlungspartner

138 Stehen potenzieller Verkäufer und Käufer von vornherein fest, lassen sich bestimmte typischerweise zu durchlaufende Stufen generalisieren. Ihre Reihenfolge ist bei einigen Schritten denknotwendig, bei anderen wiederum nicht. Die Unterschiedlichkeit des Kaufobjektes (Übernahme von Aktiva und Passiva, Kauf einer Mehrheitsbeteiligung an einer Kapitalgesellschaft, Eintritt in eine Personalgesellschaft durch Gesellschafterwechsel, Gründung eines Ge-

meinschaftsunternehmens, in der ein Partner Kapital, der andere einen Teilbetrieb einbringt usw.) bedingt in Details unterschiedliche Abläufe. Das gilt ebenfalls für die Größe des Objektes, obwohl keine Aussage dahin gehend getroffen werden kann, je größer das Objekt sei, desto komplizierter gestalte sich der Unternehmenskauf. Unternehmen mit Milliardenumsätzen sind schon in wenigen Wochen veräußert worden, während sich Kaufvertragsverhandlungen über kleinere mittelständische Unternehmen jahrelang hinzogen.

Ausgangspunkt für die hier dargestellte Abwicklung ist die grundsätzliche unternehmerische Entscheidung des Erwerbswilligen, ein bestimmtes Objekt erwerben zu wollen, sowie die Entschlossenheit des Unternehmensinhabers zum Verkauf.   139

(1) Vor Eintritt in die Vertragsverhandlungen wird jede Seite zunächst eine **interne Bewertung** vornehmen. Die Käuferseite wird sich ein Urteil darüber bilden, welchen Preis sie zu zahlen bereit ist. Der oder die Verkäufer werden – jedenfalls größenordnungsmäßig – festlegen, zu welchen Bedingungen sie zur Aufgabe bereit sind (dazu auch Teil II Rz. 20 ff.). Daneben legen Verkäufer und Käufer jeweils intern weitere Verkaufsbedingungen fest, zum Beispiel weitere Mitarbeit des bisherigen Unternehmensinhabers zumindest für eine Übergangszeit.   140

(2) Jede Seite bestimmt ihre **Verhandlungskommissionen** für die ersten Gespräche. Die Verhandlungen beginnen.   141

(3) Parallel mit Verhandlungsbeginn setzen die **Untersuchungen der Käuferseite** ein (Due Diligence). Der Käufer ist daran interessiert, Detailuntersuchungen des Kaufobjekts vorzunehmen, die ihm ohne Mithilfe des Verkäufers vor Beginn der Verhandlungen nicht möglich waren. Problematisch in dieser Phase ist die **Geheimhaltungsfrage.** Stellt der Veräußerer Mitarbeitern des Käufers Unterlagen für die Detailuntersuchung zur Verfügung, muss er die Gefahr sehen, im Falle eines späteren Scheiterns der Verhandlungen Geschäftsgeheimnisse und Know-how preisgegeben zu haben. Es ist schon vorgekommen, dass Kaufvertragsverhandlungen von aktuellen Wettbewerbern, potenziellen Wettbewerbern oder von durch diese vorgeschobenen Personen mit dem Ziel begonnen wurden, möglichst viele Daten des zur Veräußerung anstehenden Unternehmens zu erfahren und die Verhandlungen alsdann scheitern zu lassen. Regelmäßig werden vor der Preisgabe von Informationen Geheimhaltungsvereinbarungen getroffen. Allerdings sind diese oft nur eine stumpfe Waffe zur Verhinderung des Ausnutzens der erlangten Informationen, da sich ihre Einhaltung nur sehr schwer überprüfen lässt. Zu den rechtlichen Problemen der Geheimhaltungsvereinbarungen nimmt *Semler* (Teil VII Rz. 12) Stellung. Zuweilen werden für die Detailuntersuchungen deshalb auch zur Berufsverschwiegenheit verpflichtete Personen herangezogen. Durch angloamerikanische Investmentbanken wurde die Praxis eingeführt, dem potenziellen Erwerber in geeigneten Fällen zur Detailuntersuchung Datenräume (**Data-Room**) zur Verfügung zu stellen. In einen solchen Datenraum werden vom Verkäufer sämtliche relevanten Daten (Jahresabschlüsse, Verträge usw.) des Kaufobjkts verbracht. Unter Aufsicht können dann ausgewählte Erwerbsinteressenten In-   142

formationen über das Unternehmen einsehen. Typischerweise werden solche Datenräume bei Vorhandensein mehrerer Erwerbsinteressenten eingerichtet.

143 (4) Nach dem ersten Stadium der Verhandlungen wird häufig ein **Letter of Intent** (Absichtserklärung) ausgetauscht, mit dem die beiderseitige Absicht bekräftigt werden soll, die Transaktion durchzuführen. Der Letter of Intent entfaltet in seiner üblichen Ausgestaltungsform noch keine rechtliche Bindungswirkung, doch können sich aus ihm Sorgfaltspflichten mit rechtlichen Konsequenzen ergeben. Ist eine Bindungswirkung beabsichtigt, muss ein Vorvertrag abgeschlossen werden. Er muss bereits alle wesentlichen Kriterien des späteren Vertrags enthalten, so dass aus ihm bei Weigerung einer Vertragspartei auf Abschluss des Hauptvertrages geklagt werden kann. Werden die rechtlichen Probleme des Vorvertrages beim Unternehmenskauf auch häufiger diskutiert, so ist nach meiner Erfahrung sein Abschluss in der Praxis selten. Wenn die essentialia negotii bereits soweit feststehen, dass man sich gegenseitig binden will, wird man sogleich zum Abschluss des Hauptvertrages schreiten. Die vorvertraglichen und vorvertragsähnlichen Vereinbarungen kommentiert *Semler* (Teil VII Rz. 21 ff.).

144 (5) Der Erwerber wird in einem frühen Verhandlungsstadium, spätestens zu dem Zeitpunkt, in dem beispielsweise durch einen Letter of Intent die beiderseitige Vertragsbereitschaft bekräftigt wurde, die **Finanzierungsmöglichkeiten** abzuklären haben. Die einzelnen Komponenten der Eigen- und Fremdfinanzierung werden von *Weiss/Raupach* dargestellt (Teil IV).

145 (6) Mit den Finanzierungsfragen sehr eng zusammen hängen die Überlegungen für die **steuerliche Gestaltung**. Je günstiger die steuerliche Gestaltung ist, desto geringer ist der Finanzierungsbedarf. Bei einer optimalen steuerlichen Gestaltung ist die eine oder andere Seite oft zu Zugeständnissen beim Kaufpreis bereit. Die steuerlichen Möglichkeiten werden von *Zieren* behandelt (Teil V).

146 (7) Nach Abklärung der vorgenannten Fragen beginnt meist die Formulierung des Unternehmenskaufvertrages. Das ist jedoch nicht immer der Fall. Oft wird in großen **Expertenkommissionen** und daraus wiederum zu bildenden Unterkommissionen bis in das Detail über Nebenpunkte des Vertragsabschlusses verhandelt, ohne dass grundlegende Eckpunkte des Vertragsabschlusses geklärt sind.

147 Den rechtlichen Problemen des Unternehmenskaufvertrages ist Teil VII von *Semler* gewidmet. Eine Prüfungsliste zur Vorbereitung des Kaufvertrages ist in Teil I Rz. 209 ff. aufgeführt. Bei **komplizierten Übernahmevorgängen** wird dieses möglicherweise nicht in einem einzigen Vertragswerk erfasst, das als der typische Unternehmens- oder Beteiligungsverkaufvertrag angesehen wird. Es kann sein, dass mehrere Beteiligungen aus verschiedenen Unternehmen ihren Inhaber – u.U. in zeitlich abgestufter Folge wechseln – oder verschiedene Beteiligungen in eine neu zu gründende Gesellschaft eingebracht werden, an der sich ein oder mehrere andere Partner finanziell oder ebenfalls durch Einbringung unternehmerischer Aktivitäten beteiligen. Möglicherweise wurden daneben noch verschiedene Kooperationsvereinbarungen getroffen. Der wirtschaftliche Sachverhalt ist also oft komplizierter, als es die Darstellung in einem

einzelnen Unternehmenskaufvertrag ermöglicht. In diesen Fällen werden regelmäßig verschiedene abzuschließende Verträge in **Rahmenverträgen** oder **Grundverträgen** zusammengebündelt. Im Rahmenvertrag werden die durchzuführenden Schritte aufgezählt, die Verträge, die zur Durchführung der Schritte erforderlich sind, aufgeführt und die wesentlichen Vertragspunkte der Einzelverträge niedergelegt. Rahmenvertrag und Einzelverträge werden zeitgleich abgeschlossen, da bereits mit dem Rahmenvertrag eine vertragliche Bindung bezweckt ist. Deshalb muss eine Formvorschrift, die für einen der Einzelverträge gesetzlich zu wahren ist, auch für den Rahmenvertrag eingehalten werden.

(8) In welchem Stadium mit **Gesprächen mit dem Bundeskartellamt** oder der **EU-Kommission** begonnen werden sollte, kann nicht allgemeingültig festgelegt werden. Ist der Übernahmefall kartellrechtlich unproblematisch, wird man sich mit einer Anzeige nach Abschluss des Vertrages begnügen können. Bei kartellrechtlichen Bedenken kann es sich empfehlen, vor Abschluss des Vertrages ein klärendes Gespräch mit dem Bundeskartellamt oder der EU-Kommission zu führen und gegebenenfalls nach § 39 GWB anzumelden, um eine verbindliche Klärung herbeizuführen. Im Anwendungsbereich der Fusionskontrolle gilt eine präventive Anmeldepflicht. Vor Erlass einer Freigabeentscheidung besteht ein bußgeldbewehrtes Vollzugsverbot. Rechtsgeschäfte, die gegen dieses Vollzugsverbot verstoßen, sind zivilrechtlich schwebend unwirksam. Die Probleme der Fusionskontrolle beim Unternehmenserwerb werden eingehend von *Sedemund* in Teil VIII dieses Handbuches erörtert. 148

(9) Die Übergabe der einzelnen Vermögensgegenstände beim Erwerb von Aktiva und Passiva oder die Übertragung von Beteiligungen – also die **dingliche Übergabe** – erfolgt am Stichtag. 149

(10) Mit der Übergabe der einzelnen Vermögensgegenstände erfolgt ein **Betriebsübergang** nach § 613a BGB. Zu sich daraus ergebenden und anderen arbeitsrechtlichen Problemen nehmen *Bauer/von Steinau-Steinrück* Stellung (Teil VI). 150

(11) Wenn der Kaufpreis noch nicht in allen Einzelheiten festliegt, vielmehr einige oder alle Vermögenspositionen der Aktiv- und Passivseite noch zum Stichtag ermittelt werden müssen, erfolgt nach der dinglichen Übertragung noch eine Feststellung dieser Werte, die entweder gemeinsam, durch einen neutralen **Wirtschaftsprüfer**, durch den Wirtschaftsprüfer des Verkäufers mit einer entsprechenden Garantie der Werthaltigkeit durch den Verkäufer oder durch die Wirtschaftprüfer beider Parteien mit einem vertraglich niedergelegten Einigungsmechanismus bei Nichteinigung erfolgen kann. 151

(12) Nach Feststellung des Stichtagsabschlusses muss je nach Vertragsinhalt der Kaufpreis noch um **Ausgleichspositionen** korrigiert werden. 152

(13) Ein weiterer Ausgleich ist erforderlich, wenn ein so genannter **Besserungsschein** oder eine entsprechende Zuzahlung des Verkäufers bei schlechtem Gang der Geschäfte vereinbart war. 153

154 (14) Schließlich hoffen die Parteien nach Durchführung der genannten Schritte, dass kein **Schiedsgerichtsverfahren** oder ein Rechtsstreit vor ordentlichen Gerichten durchzuführen ist.

Ablauf eines Unternehmenskaufs bei einem Erwerbsinteressenten

Ausgangspunkt: Grundsätzlich unternehmerische Entscheidung

- Interne Bewertung
- Zusammensetzung der Verhandlungskommission
- Letter of Intent
- Due Diligence
- Festlegung der Struktur
    - Konzernpolitische Aspekte
    - Steuerliche Aspekte
- Vertragsverhandlungen
- Kartellbehörden
- Arbeitsrechtliche Fragen
- Rechtsübergang
- Korrektur von Ausgleichspositionen

---

3. Controlled Auction

155 Wird eine Investmentbank auf Seiten des Veräußerers eingeschaltet, läuft der Veräußerungsprozess oft nach speziellen von der Investmentbank vorgegebenen Regeln ab. Der Vorgang wird in der anglizistisch gefärbten Fachsprache als „**Controlled Auction**" bezeichnet. Ausgangspunkt für eine Controlled Auction ist das Bestreben des Veräußerers, ohne Ansehen der Person des etwaigen Erwerbers an denjenigen zu veräußern, der den höchsten Preis bietet. Voraussetzung für einen erfolgreichen Verlauf ist das Vorhandensein eines Veräußerungsobjekts, für das sich wegen seiner Attraktivität eine Reihe von Erwerbsinteressenten findet. Die Controlled Auction läuft alsdann in folgenden Stufen ab:

156 (1) Die Investmentbank stellt zunächst einen Verkaufsprospekt zusammen („**Offering Memorandum**"). Im Offering Memorandum werden die wesentlichen Daten des zu veräußernden Unternehmens dargestellt. Das Offering Memorandum wird nach vorheriger Kontaktaufnahme einem Kreis von Unternehmen übersandt, welche die Investmentbank als mögliche Erwerbsinteressenten in Betracht gezogen hat. Meist wird vorher eine sog. „**Vendors Due Diligence**" durchgeführt. Der Erwerbsinteressent soll nicht mehr über das Unternehmen wissen als der Verkäufer.

157 (2) Die Erwerbsinteressenten, denen das Offering Memorandum übersandt wurde, werden gebeten, in einem ersten nicht bindenden Angebot den von ihnen gebotenen Preis zu nennen („**Indicating Offer**"). Dazu wird ihnen eine Frist gesetzt.

158 (3) Nach Vorliegen der Indicating Offers trifft der Veräußerer eine Vorauswahl. Nach Abschluss der Vorauswahl stellen sich fünf oder sechs Erwerbsinteres-

senten heraus, mit denen der Veräußerer den Veräußerungsprozess fortsetzen will. Dies sind oft, aber nicht immer, die Erwerbsinteressenten, die in ihrer **Indicating Offer** den höchsten Preis genannt haben. Eine Ausnahme kann sich ergeben, wenn man bei einem Erwerbsinteressenten, der einen hohen Preis genannt hat, Schwierigkeiten beim Veräußerungsvorgang voraussahnt, an dessen ernsthaften Absichten oder an seiner Finanzierungsbeschaffung Zweifel hat.

(4) Hat der Veräußerer Zweifel, ob der Erwerbsinteressent zur Finanzierung des Kaufpreises in der Lage ist, wird er sich eine Finanzierungszusage vorlegen lassen. 159

(5) Der Veräußerer gestattet den Erwerbsinteressenten, die er in die Vorauswahl genommen hat, die Durchführung einer **Due Diligence** (vgl. dazu Teil I Rz. 172 ff.). Zur Durchführung dieser Due Diligence wird ein **Data-Room**, das heißt ein oder mehrere Räume, in denen sich sämtliches Informationsmaterial über das zu veräußernde Unternehmen befindet, eingerichtet. Aus Geheimhaltungsgründen wird der Data-Room zumeist nicht in den Räumen des Veräußerers selbst eingerichtet, sondern entweder bei der Investmentbank oder bei der den Veräußerer beratenden Anwaltsfirma. 160

(6) Nach Durchführung der Due Diligence geben die Erwerbsinteressenten ihre „Binding Offers" innerhalb einer dafür gesetzten Zeitspanne ab. Die Bezeichnung als „**Binding Offer**" ist dabei oft irreführend. Eine rechtliche Verbindlichkeit tritt durch eine solche „Binding Offer" nicht ein. Das liegt entweder daran, dass sie noch nicht sämtliche wesentlichen Vertragsbestandteile enthält, oder daran, dass der Veräußerungsvertrag zu seiner rechtlichen Verbindlichkeit einer bestimmten Form (z.B. der notariellen Beurkundung) bedarf. Oft liegen beide Hindernisse für das Eintreten einer rechtlichen Bindung vor. 161

(7) Der Veräußerer verhandelt alsdann mit maximal zwei bis drei der Erwerbsinteressenten, die eine „**Binding Offer**" abgegeben haben. 162

(8) Mit einem der Erwerbsinteressenten kommt ein Unternehmenskaufvertrag zustande. Dieser ist zumeist nach angloamerikanischem Muster gestaltet. Der Unternehmenskaufvertrag enthält danach nur eine schuldrechtliche Bindung. Die Übertragung der einzelnen Vermögensgegenstände erfolgt zu einem späteren Zeitpunkt, dem Tag, an dem das **Closing** stattfindet (vgl. dazu *Semler* in Teil VII Rz. 76 ff.). In dem schuldrechtlichen Vertrag werden die Voraussetzungen definiert, bei deren Vorliegen beide Vertragsparteien zur Durchführung des Closing verpflichtet sind. Die Palette dieser Voraussetzungen ist sehr breit. Die Verpflichtung zur Durchführung des Closing kann sehr strikt sein, kann aber von sehr weit gefassten Voraussetzungen, welche die eine oder andere Partei maßgeblich mitbeeinflussen kann, abhängen. Zuweilen wird dem Erwerber ein zweiter, wesentlich ausführlicherer Due Diligence-Prozess gestattet, der zu seiner Zufriedenheit ausfallen muss, damit er zur Durchführung des Closing verpflichtet ist. Ob diese weitere Due Diligence nach der sog. „Binding Offer" oder nach Abschluss des Kaufvertrages durchgeführt wird, ist Verhandlungssache. 163

(9) Nach Abschluss des Unternehmenskaufvertrages werden etwa erforderliche **Genehmigungen** eingeholt. Insbesondere ist dabei die Zustimmung der zuständigen Kartellbehörden von Bedeutung. 164

165 (10) Der Abschluss der Transaktion ist das **Closing**. Zum einen finden an dem Closing sämtliche rechtlichen und tatsächlichen Handlungen statt, die für den Rechtsübergang notwendig sind. Seitens des Erwerbers ist beim Closing der Kaufpreis zu zahlen. Zumeist findet das Closing an einem bestimmten Ort statt, an dem sich die beteiligten Personen auf Veräußerer- und Erwerberseite physisch treffen. Möglich ist aber auch die Durchführung eines Closing ohne ein physisches Treffen, zum Beispiel durch Übersenden von Schriftstücken und Telefaxen.

Controlled Auction

- Vendors Due Diligence
- Offering Memorandum
- Indicating Offer
- Due Diligence („Data Room")
- Binding Offer
- Negotiations
- Agreement
[– Due Diligence („Data Room")]
- Approvals etc.
- Closing

---

4. Öffentliche Kaufangebote

166 Ist Ziel des Kaufinteressenten der Erwerb von Anteilsrechten an einer börsennotierten Gesellschaft, deren Aktien sich in der Hand einer Vielzahl von dem Kaufinteressenten namentlich nicht bekannten Aktionären befinden (so genannten „Publikums-Aktiengesellschaft"), kann er den Aktionären dieser Gesellschaft ein öffentliches Kaufangebot unterbreiten. Die rechtlichen Voraussetzungen öffentlicher Kaufangebote sind seit dem 1.1.2002 im Wertpapiererwerbs- und Übernahmegesetz (WpÜG)[1] geregelt.

167 Beabsichtigt der Kaufinteressent auf der Grundlage eines solchen öffentlichen Kaufangebotes die Kontrolle über eine börsennotierte Gesellschaft, d.h. mindestens 30% der Stimmrechte an der Zielgesellschaft zu erlangen, ist er gemäß § 29 Abs. 1, 2 WpÜG zur Abgabe eines so genannten **Übernahmeangebotes** verpflichtet. Das Angebot muss sich auf sämtliche Aktien der Zielgesellschaft erstrecken. Ein Übernahmeangebot, das nur auf den Erwerb eines Teils der Aktien gerichtet ist, ist unzulässig (§ 32 WpÜG). Das öffentliche Übernahmeangebot läuft sodann in folgenden Schritten ab:

168 (1) Der Kaufinteressent (Bieter) hat seine Entscheidung zur Abgabe eines Übernahmeangebotes unverzüglich zunächst den Geschäftsführungen der Börsen und der Bundesanstalt für Finanzdienstleistungsaufsicht (BaFin) mitzuteilen und dann zu **veröffentlichen** (§ 34 i.V.m. § 10 Abs. 1 bis 3 WpÜG). Unverzüg-

---

1 Dazu schon oben Teil I Rz. 14 Fn. 1

lich danach hat er den Vorstand der Zielgesellschaft zu informieren (§ 34 i.V.m. § 10 Abs. 5 WpÜG).

(2) Der Bieter hat sodann eine **Angebotsunterlage**, die alle Informationen enthält, die die Aktionäre benötigen, um in Kenntnis der Sachlage über das Übernahmeangebot zu entscheiden, zu erstellen und zu veröffentlichen (§ 34 i.V.m. § 11 WpÜG). 169

In dieser Angebotsunterlage hat der Bieter den Aktionären der Zielgesellschaft unter anderem auch eine **angemessene Gegenleistung** für die Aktien der Zielgesellschaft anzubieten. Bei der Bestimmung der angemessenen Gegenleistung sind grundsätzlich der durchschnittliche Börsenkurs der Aktien der Zielgesellschaft sowie Erwerbe von Aktien der Zielgesellschaft durch den Bieter zu berücksichtigen (§ 31 Abs. 1 WpÜG). Die Gegenleistung hat entweder in einer Geldleistung in Euro (Barzahlung) oder in liquiden Aktien zu bestehen, die zum Handel an einem organisierten Markt zugelassen sind (§ 31 Abs. 2 WpÜG). Sie muss mindestens dem Wert der höchsten vom Bieter oder den mit ihm gemeinsam handelnden Personen gewährten oder vereinbarten Gegenleistung für den Erwerb von Aktien der Zielgesellschaft innerhalb der letzten drei Monate vor Veröffentlichung der Angebotsunterlage entsprechen (§ 31 Abs. 7 WpÜG i.V.m. § 4 Satz 1 WpÜG-AngebotsVO). Sind die Aktien der Zielgesellschaft zum Handel an einer inländischen Börse zugelassen, muss die Gegenleistung mindestens dem gewichteten durchschnittlichen inländischen Börsenkurs dieser Aktien während der letzten drei Monate vor Veröffentlichung der Entscheidung zur Abgabe eines Übernahmeangebots entsprechen (§§ 31 Abs. 1, 7 WpÜG i.V.m. § 5 Abs. 1 WpÜG – AngebotsVO). 170

(3) Soweit die Aktionäre der Zielgesellschaft das Angebot annehmen, kommt ein Erwerb in Form eines standardisierten Share-Deals, das heißt insbesondere ohne vorherige Durchführung einer Due Diligence und ohne Vereinbarung vertraglicher Haftungsregelungen, zustande. 171

Zu den Einzelheiten eines öffentlichen Kaufangebots nach dem WpÜG vgl. Teil X Rz. 24 ff.

II. Due Diligence

Fast bei allen größeren Unternehmenskäufen nimmt der Erwerber eine **Due Diligence** vor, d.h. eine Detailuntersuchung des Kaufobjektes. Oft werden eine rechtliche Due Diligence und eine wirtschaftliche Due Diligence getrennt vorgenommen. Aus der Durchführung oder der fehlenden Durchführung einer Due Diligence ergibt sich eine Reihe von Problemkomplexen. 172

(1) Die Durchführung einer Due Diligence hat zunächst Einfluss auf die **Haftung des Veräußerers**. Hier stellt sich die Frage, in welchem Umfange der Verkäufer trotz positiver Kenntnis des Käufers oder grob fahrlässiger Unkenntnis des Käufers haftet (vgl. näher Teil VII Rz. 32). Darüber hinaus wird weiter sogar die Frage gestellt, ob der Erwerbsinteressent nicht die Verpflichtung zur Durchführung einer Due Diligence hat (vgl. näher dazu Teil VII Rz. 51 ff.). 173

174 (2) Erörtert werden weiter Fragen der **Geheimhaltung**, die sich aus der Durchführung einer Due Diligence ergeben (vgl. dazu Teil VII Rz. 51).

175 (3) Schließlich bleibt stets zu beachten, ob es rechtliche Schranken für die Durchführung einer Due Diligence gibt. Dies hängt teilweise mit der **Rechtsform des Erwerbsobjekts** zusammen (unterschiedlich z.B. bei GmbH und AG). Zu beachten ist weiterhin § 14 Abs. 1 Nr. 2 WpHG (vgl. dazu Teil VII Rz. 61 ff.).

III. Kaufpreis und Bewertung

1. Bewertung als subjektiver Vorgang

176 Die Festlegung des Kaufpreises ist eine der wichtigsten – wenn nicht die wichtigste – Maßnahme beim Kauf eines Unternehmens oder einer Beteiligung. Das ist nicht verwunderlich, denn ist auf der einen Seite des gegenseitigen Vertrages das Kaufobjekt durch die Begehrlichkeit des Erwerbswilligen und die Veräußerungswilligkeit des bisherigen Inhabers eindeutig bestimmt, wenden sich Aufmerksamkeit und Mühe der anderen, in Geld zu bemessenden Seite des Vertragsverhältnisses zu.

177 Die Methode zur Findung des Kaufpreises ist die **Bewertung** (ausführlich zu den Problemen der Bewertung Teil II und III). Wenn verschiedentlich von professionellen Beobachtern vieler Unternehmens- und Beteiligungskäufe geäußert wird, es sei ihnen unerklärlich, auf welche Weise die Angebote von Erwerbswilligen oder die Kaufpreisvorstellungen von Veräußerungswilligen zustande gekommen seien, so ändert das an dieser Feststellung nichts. Beim Zustandekommen der Kaufpreisvorstellung mögen nicht immer die herkömmlichen Bewertungsmethoden angewandt werden, doch ist der genannte Kaufpreis stets Ergebnis einer subjektiven „Bewertung" eines am Unternehmenskauf Beteiligten.[1]

178 Wenn man allerdings bei einer Vielzahl von Veräußerungsvorgängen die zunächst geäußerten **Kaufpreisvorstellungen** einer kritischen Betrachtung im Hinblick auf ihre Plausibilität unterzieht, kann man die Zweifel, ob überhaupt eine Bewertung vorgenommen sei, verstehen. Zu weit liegen oft Wunsch und Wirklichkeit auseinander. Bei Familienunternehmen zum Beispiel, deren Inhaber sich nach der Zeit der kraftraubenden und dem Wohl des Unternehmens wenig zuträglichen Familienfehden zur Veräußerung entschlossen haben, richtet sich die Kaufpreisvorstellung oft als Wunschdenken nach den Erträgen vorausgegangener fetter Jahre. Deren Aussagekraft ist jedoch durch das eigene Missmanagement verspielt worden. Bei konzernangehörigen Erwerbern auf der anderen Seite lässt man sich zuweilen bei Objekten mit wohlklingenden Namen durch die beharrliche Weigerung des Gegenübers zu veräußern und durch den Glauben an die eigene Tüchtigkeit und Fähigkeit, das Objekt wieder auf goldene Füße zu stellen, zu Kaufpreisen verleiten, die sich nachträglich als

---

1 Bemerkenswert war in dieser Hinsicht die Übernahme des amerikanischen Mobilfunkunternehmens Voicestream Wireless durch die Deutsche Telekom AG. Der Kaufpreis entsprach etwa 23 000 Euro pro Mobilfunkkunde der Voicestream; vgl. Frankfurter Allgemeine Zeitung v. 25.7.2000.

überhöht erweisen und dem tatsächlichen Wert nicht angemessen erscheinen. Bei Unternehmen aus dem Bereich der so genannten „New Economy", die im Börsensegment „Neuer Markt" gelistet waren, orientierten sich zu Zeiten des Börsenbooms Ende der neunziger Jahre die von Käufern gebotenen Preise oft ausschließlich an spekulativen Vorstellungen über die weitere Marktentwicklung. Wie der dramatische Absturz des Neuen Marktes ab März 2000 gezeigt hat, führte dies teilweise zu einer massiven Überbewertung der dort gelisteten Unternehmen. Der Neue Markt als Börsensegment ist letztlich gescheitert. Im Zuge einer Neusegmentierung wurde der Neue Markt zum 5.6.2003 geschlossen.

Trotz aller praktischer und wissenschaftlicher Verfeinerungen der herkömmlichen Methode der Unternehmensbewertung zeigt sich anhand solcher Fälle deutlich, dass der Kauf eines Unternehmens oder einer Beteiligung letztlich den gleichen Gesetzen unterliegt wie in unserer marktwirtschaftlichen Ordnung der Kauf jeder anderen Ware, nämlich dem Gesetz von **Angebot und Nachfrage**. 179

2. Interne Bewertung im Vorfeld des Unternehmenskaufs

In der ersten Reihe verschiedener Stufen von Bewertungen beim Unternehmenskauf steht die getrennte **subjektive Bewertung** durch Veräußerer und Erwerber. Die Bewertung wird aus Erwerber- und Veräußerersicht eine unterschiedliche sein. Sie wird von einer Vielzahl von Faktoren innerhalb und außerhalb des Unternehmens beeinflusst. Diese Faktoren lassen sich nicht immer mit den herkömmlichen Bewertungsmethoden greifen. Einigen wird man sich am ehesten beim Substanzwert, wobei dieser gegenüber dem Ertragswertverfahren und der Discounted Cashflow-Methode kaum noch in Erscheinung tritt (vgl. dazu Teil II Rz. 152 ff.). Auch bei den Ertragswertverfahren gehen die Blickrichtungen auseinander. Der Veräußerer wird stärker die vorangegangenen Erträge sehen, der Erwerber wird die künftigen Gewinnaussichten mit seinen eigenen Ressourcen zu beurteilen versuchen. Die Beurteilung hängt nicht allein von dem viel diskutierten Synergieeffekt ab. Von Bedeutung ist zum Beispiel auch, wenn der Erwerber ein spezifisches branchennahes Know-how hat, mit dem er dem Kaufobjekt zum Durchbruch verhelfen kann, oder wenn einfach unter der Herrschaft der alten Inhaber Friktionen im Management vorhanden waren, die der Erwerber glaubt beseitigen zu können. 180

Tendenziell ist die Bewertung auf der Erwerber- schwieriger als auf der Veräußererseite. Die schwierigsten Probleme sind diejenigen, die sich durch Zahlen nicht greifen und durch juristische Formulierungen nicht absichern lassen. So erkennt der Erwerber zuweilen nicht die Unfähigkeit der zweiten Managementebene oder die „Verderbnis" der gesamten Belegschaft, zum Beispiel durch die mangelnde **Kooperationswilligkeit** von Betriebsrat und Gewerkschaft. Auf den ersten Blick macht alles einen sehr netten Eindruck. Insbesondere bei ausländischen Erwerbern kann auch die – begründete oder nicht begründete – Furcht vor der qualifizierten Mitbestimmung und ihren Auswirkungen auf die unternehmerische Dispositionsfreiheit der Anteilsigner zu Imponderabilien bei der Bewertung führen. 181

182 Beginnen Veräußerer und Erwerber somit bei unterschiedlichen Denkansätzen, hütet man sich meist, die eigene Überlegung dem anderen Part ungeschminkt mitzuteilen. Vielmehr wird der Veräußerer versuchen, die Vorstellungen, die er von seinem Unternehmen gewonnen hat, in den Vordergrund zu rücken, der Erwerber wird versuchen, sämtliche kaufpreismindernden Faktoren herauszustreichen (vgl. hierzu die Ausführungen zu den verschiedenen **Verhandlungsstrategien**, Teil I Rz. 129 ff.).

3. Gemeinsame Bewertungen im Verhandlungsstadium

183 Nach der internen Bewertung können Bewertungen in einem zweiten Stadium des Unternehmenskaufes, dem Verhandlungsstadium, erfolgen. Beide Parteien haben sich auf eine ungefähre Größenordnung einigen können. Es geht nur noch um die **Feinabstimmung des Kaufpreises**. In dieser Phase kann eine Festlegung erreicht werden, indem ein Wirtschaftsprüfer, eine Wirtschaftsprüfungsgesellschaft oder eine Investmentbank, auf die man sich geeinigt hat, bestimmte Werte des Unternehmens, die in der Bilanz ihren Niederschlag finden, ermittelt, zum Beispiel Wert der Vorräte, des Betriebsgrundstückes, Werthaltigkeit der offenen Forderungen. Da noch keine vertragliche Bindung besteht, kann der auf diese Weise für das bestimmte Wirtschaftsgut gefundene Wert stets nur als Ansatzpunkt für die weitere Verhandlung dienen. Selbst wenn man sich durch eine vertragliche Teileinigung gebunden hat, die durch den Wirtschaftsprüfer ermittelten Werte als für die Wirtschaftsgüter verbindlich anzusehen, besteht noch die Möglichkeit, die Kaufvertragsverhandlung scheitern zu lassen, indem man eine Änderung des Basispreises begehrt.

184 Zuweilen wird auch im ersten Verhandlungsstadium ein gemeinsames Bewertungsgutachten zum **Wert des gesamten Unternehmens** oder der Beteiligung eingeholt. Dabei ist dann allerdings darauf zu achten, dass die Bewertungskriterien möglichst genau definiert werden. Ansonsten kann das Ergebnis des Gutachtens für beide Verhandlungspartner überraschend sein. Auch beim Einholen eines Bewertungsgutachtens zum Wert des Unternehmens ist der von dem Investmentbanker oder Wirtschaftsprüfer genannte Wert nur ein Verhandlungsansatzpunkt, da noch keine vertragliche Bindung besteht. Die Partei, die bei ihren Kaufpreisvorstellungen von dem Gutachten abweichen will, unterliegt jedoch einem verschärften Begründungszwang. Dennoch ist ein Abrücken in allerletzter Minute – u.U. aus verhandlungstaktischen Gründen – nicht selten.

4. Kaufpreisfeststellungen oder -korrekturen nach Vertragsabschluss

185 Bei der internen Bewertung, der Einholung von Bewertungsgutachten zur Bestimmung von Verhandlungsansatzpunkten sowie der Festlegung von Kaufpreisteilen findet die Bewertung vor Vertragsabschluss statt. Daneben gibt es die **vertraglichen Möglichkeiten der Kaufpreisfindung** aufgrund einer Bewertung, die ohne Anspruch auf Vollständigkeit dargestellt werden: Die Parteien können sich auf einen Basiskaufpreis vertraglich einigen, die Feststellung des Gesamtkaufpreises jedoch einer Bewertung näher zu definierender Vermögensbestandteile nach Abschluss des Kaufvertrages vorbehalten. Bei der derzeitig

gültigen Maßgeblichkeit des Ertragswertverfahrens bzw. der Discounted Cashflow-Methode wird es hierbei allerdings lediglich Kaufpreiskorrekturen geben. Es kann sich wieder um das Betriebsgrundstück, den Wert einer Beteiligung des Unternehmens an einem anderen Unternehmen, den Wert des Anlagevermögens usw. handeln. Im Extremfall wird der auf sämtliche Unternehmenswerte, die in der Bilanz ihren Niederschlag finden, entfallende Kaufpreis erst nach Abschluss des Kaufvertrages gefunden. Ob in diesem Fall der bereits bei Abschluss des Vertrages feststehende Basispreis stets als Vergütung für die immateriellen Vermögenswerte, also den Geschäftswert, anzusehen ist, mag dahingestellt bleiben.

Die Feststellung der nach Vertragsabschluss noch zu ermittelnden Kaufpreisbestandteile kann durch einen **Wirtschaftsprüfer** oder eine Wirtschaftsprüfungsgesellschaft erfolgen, auf die man sich vertraglich bereits geeinigt hat. Es kann aber auch jeder Vertragspartei vorbehalten bleiben, jeweils einen Wirtschaftsprüfer zu benennen, wobei diesen vorgegeben wird, sich möglichst zu einigen. Kommt keine Einigung zustande, ist die Einschaltung eines „neutralen" Wirtschaftsprüfers vorgesehen, der entweder von den beiden bereits vorhandenen Wirtschaftsprüfern ernannt wird oder von einem neutralen Gremium (Präsident der örtlich zuständigen Industrie- und Handelskammer, Institut der Wirtschaftsprüfer, bei internationalen Unternehmenskäufen einer überstaatlichen Organisation usw.) bestellt wird. Die letztlich entscheidende Stelle handelt dann meist als Schiedsgutachter im Sinne des § 317 BGB. 186

In ähnlicher Funktion können Bewertungen zur Kaufpreisfindung für Veränderungen von Vermögenswerten zwischen dem Datum des Vertragsabschlusses und dem Übergabestichtag („**Closing**") in der Praxis der angloamerikanischen Kaufverträge stattfinden. Hier handelt es sich um eine **Kaufpreiskorrektur**, die in nahezu allen Unternehmenskaufverträgen vorgesehen wird, bei denen das Objekt über die Größe des Kleinbetriebs hinausgeht.[1] Grundsätzlich stehen die Werte bei einer solchen Abfassung des Kaufvertrages bei dessen Abschluss schon fest. Es wurde ein auf einen vorangegangenen Stichtag aufgestellter Jahresabschluss zugrunde gelegt. Nachträglich – nämlich bis zum Übergabestichtag – werden sich die Vermögenswerte jedoch regelmäßig ändern. Die Quantität der Abweichung kann durch einen gemeinsam benannten Wirtschaftsprüfer oder auch durch von beiden Seiten benannte unterschiedliche Wirtschaftsprüfer mit festzulegendem Einigungsmechanismus bestimmt werden. 187

Schließlich können im Ablauf eines Kauf- und Übertragungsvorgangs mehrere **Bewertungen zu verschiedenen Stichtagen** erfolgen: Im Kaufvertrag ist ein Kaufpreis betragsmäßig genannt, der anhand eines geprüften und testierten Jahresabschlusses zum letzten Bilanzstichtag ermittelt wurde. Dieser Kaufpreis wird korrigiert durch die Daten, die sich aufgrund einer zu einem zeitnahen Übergabestichtag aufzustellenden Bilanz ergeben. Eine weitere Korrektur erfolgt zu einem weiter entfernt liegenden Stichtag (z.B. zwei Jahre). Im Rahmen einer erneuten Bewertung werden bestimmte Ausgleichsdaten ermit- 188

---

1 Vgl. *Rödder/Hötzel/Mueller-Thuns*, § 8 Rz. 34 ff.

telt, anhand deren sich die wirtschaftliche Entwicklung des Unternehmens nach Vertragsabschluss ablesen lässt.[1] Bei sämtlichen Bewertungen sind wiederum die unterschiedlichsten Einigungsmechanismen denkbar (vgl. zu den Methoden der Bestimmung des Kaufpreises auch Teil VII Rz. 87 ff.).

5. Negativer Kaufpreis

189   Ergebnis des von den verschiedenen Faktoren bestimmten Kompromisses bei der Kaufpreisermittlung kann auch ein **negativer Kaufpreis** sein, d.h. der Verkäufer muss zuzahlen, damit der Käufer sämtliche Vermögensbestandteile des Unternehmens oder die Beteiligung übernimmt. Meist wird in diesen Fällen das Unternehmen überschuldet sein. Damit der Verkäufer bereit ist, etwas hinzuzugeben, muss aber ein subjektives Moment hinzukommen, die Furcht vor Ansehensverlust in der Öffentlichkeit. Ansonsten könnte er auch ohne weiteres in Kauf nehmen, einen Vergleich vorzuschlagen oder Insolvenz anzumelden.

IV. Spezifische Käufer- und Verkäuferinteressen

190   Bei einem Überblick über die Vielzahl von Unternehmenskaufverträgen, die in der Vergangenheit abgeschlossen wurden, lässt sich feststellen, dass es typische **„Käufer-" und „Verkäuferverträge"** gibt. Die Bezeichnung knüpft daran an, welche Seite ihre Interessen bei der Aushandlung der einzelnen Vertragsbestimmungen besser durchgesetzt hat. Wie bei sämtlichen gegenseitigen Verträgen besteht die Schwierigkeit der Übereinkunft darin, die natürlichen gegensätzlichen Interessen in Einklang zu bringen. Das beginnt beim Kaufpreis, ohne dass dabei bereits die juristische Seite betroffen ist. Darüber hinaus gibt es folgende ständig vorprogrammierte Konflikte, die gelöst werden müssen:

191   Der Verkäufer will überhaupt nicht haften. Der Käufer will sich das Vorhandensein bestimmter Tatbestände möglichst umfangreich garantieren lassen und darüber hinaus sogar die künftige **Gewinnerwartung des Unternehmens** in die Vertragsgestaltung miteinbezogen wissen.

192   Der Käufer verlangt ein **Wettbewerbsverbot** des Verkäufers nach Übergabe des Unternehmens. Interesse des Verkäufers ist es, frei zu bleiben.

193   Bei sanierungsreifen Unternehmen stellt sich die Frage, wer den **Sozialplan** aufzustellen, also die Altlasten der missratenen Vergangenheit zu tragen hat. Dies gilt auch, wenn das Unternehmen zwar nicht sanierungsreif ist, es aber bereits feststeht, dass gewisse Umstrukturierungsmaßnahmen und damit eine Freisetzung der Belegschaft notwendig sind.

194   Ein ausgeprägter Interessengegensatz besteht bei sämtlichen **Bewertungsfragen**, die entweder bei der Bemessung des Kaufpreises in diesem ihren Niederschlag finden oder für spätere Gewährleistungsansprüche bedeutsam sind.

---

1 Vgl. *Modlich*, MAR 2003, 438.

Spezifische Käufer- und Verkäuferinteressen | **Teil I**

Der Verkäufer sieht es gerne, wenn mögliche Ansprüche des Käufers innerhalb einer sehr kurzen **Frist** geltend gemacht werden müssen, der Käufer will den Verkäufer möglichst lange in Anspruch nehmen können. 195

Der **Interessenwiderstreit** zwischen Käufer und Verkäufer tritt am ausgeprägtesten zutage bei der Übernahme sämtlicher Aktiva und Passiva oder beim Kauf sämtlicher oder nahezu sämtlicher Anteile. Der Gegensatz in den juristisch zu regelnden Fragen des Unternehmenskaufs wird abgeschwächt, je geringer die angestrebte Beteiligung ist und damit die Einflussmöglichkeiten des Erwerbers werden. Grundsätzlich müssen aber auch hier sämtliche Interessenpolaritäten aufgelöst werden. 196

Die Frage, wer sich bei diesem Interessenwiderstreit durchsetzt, ist sehr einfach zu beantworten. Es ist der **wirtschaftlich** in der Verkaufssituation **Stärkere**, also derjenige, der weniger auf das Zustandekommen der Vereinbarung angewiesen ist als der andere. Dieses Ergebnis kann nur in Randbereichen korrigiert oder abgeschwächt werden. In einzelnen Fällen kann es mitentscheidend sein – nicht für den wirtschaftlichen Grundkonsens, wohl jedoch für das Ergebnis der Verhandlung zu Einzelpositionen –, wer nach der ersten Verhandlungsrunde als Erster den Vertragsentwurf vorlegt. Der andere Verhandlungspartner steht dann unter einem Begründungszwang. Er muss angeben, aus welchen Gründen er mit einer Regelung nicht einverstanden ist. Das wird ihm zwar oft möglich sein, in einigen Fällen jedoch nicht ohne Preisgabe einer taktischen Position. Mitentscheidend für die Durchsetzung bei der Ausgestaltung des Vertragswerks ist daneben die Qualifikation der Verhandelnden. Der fachlich Überlegene und der psychologisch Geschicktere sind im Vorteil. Auch dies unterstützt den Rat, sich bei Unternehmensveräußerungen Fachleuten, externen oder internen, zu bedienen. Die Kosten können nicht so hoch sein, als dass sie durch das dadurch erzielte bessere Verhandlungsergebnis oder durch die dadurch vermiedenen Klippen wieder wettgemacht werden. 197

Führt die Entscheidung eines Interessenwiderstreits in Verhandlungen oft zu einer Härte, sollte man dennoch die **Auseinandersetzung bis zur Entscheidung** im einen oder anderen Sinne nicht scheuen. Auch in Verhandlungen über Unternehmensveräußerungen lässt sich zum Teil die parlamentarische Unsitte beobachten, dass erkannte Probleme nicht gelöst, sondern in den Hintergrund geschoben werden. Man wählt eine Formulierung, die Auslegungsmöglichkeiten nach beiden Seiten offen lässt und glaubt, das Problem in der Zukunft und nach erfolgtem Abschluss schon regeln zu können. Da dies jedoch jede Seite glaubt, kommt es nach Abschluss des Vertrages unweigerlich zu streitigen Auseinandersetzungen. Die Probleme sind größer, als sie es wären, hätte man sie vorher hart ausdiskutiert und gelöst. Dieser Rat bedeutet nicht, dass bei einer sorgfältigen Verhandlung und entsprechenden Ausformulierungen des Vertrages später Streitigkeiten ausgeschlossen sind. Es gibt keine „wasserdichten" Verträge. Bei den Verhandlungen und der Ausformulierung des Unternehmenskaufvertrages können nur die Punkte bedacht und geregelt werden, die zu diesem Zeitpunkt bereits gesehen werden. Da auf beiden Seiten Menschen beteiligt sind, die nicht mit der Gabe der Allwissenheit ausgestattet sind, kommt es immer wieder vor, dass aus dem weiten Spektrum der potenziellen 198 späteren Lebenssachverhalte gerade der nicht bedacht worden ist, welcher den künftigen Streit beschert.

V. Unternehmenskauf vor den Gerichten

199 Im Verhältnis zu der mutmaßlichen Zahl der durchgeführten Transaktionen gibt es bei Unternehmenskäufen nur eine relativ geringe Anzahl von veröffentlichten Gerichtsentscheidungen. Das hat zwei Gründe:

200 Das Recht der Unternehmenskäufe wird weitgehend durch eine qualitätsmäßig auf hohem Niveau stehende **Kautelarpraxis** bestimmt. So sind Probleme, wie die in der Literatur und in der Rechtsprechung ausgiebigst erörterte Fragen der Sachmängelhaftung in der Praxis nicht so häufig, wie man annehmen sollte. Die Fragen werden in guten Kaufverträgen eingehend geregelt, indem bestimmte Garantietatbestände festgelegt werden und gleichfalls die Rechtsfolge bei Nichteinhaltung der Garantietatbestände. Auch bei sorgfältigst ausformulierten Verträgen können rechtliche Streitigkeiten entstehen, zum Beispiel über die Erfüllung eines Garantietatbestandes oder die Einhaltung einer Wettbewerbsabrede. In der Mehrzahl liegt den Gerichtsentscheidungen ein Sachverhalt zugrunde, bei dem ein kleineres Objekt veräußert wurde. Bei Veräußerung solch kleiner Objekte sind die Vertragskonzepte häufig nicht hinreichend durchdacht.

201 Der zweite Grund, weshalb veröffentlichte Gerichtsentscheidungen zu Problemen des Unternehmenskaufs recht selten sind, ist die weit verbreitete Praxis der **Schiedsgerichtsverträge**. Eine Statistik über die bei Unternehmensveräußerungen durchgeführten Schiedsgerichtsstreitigkeiten besteht nicht. Aus Erfahrung lässt sich jedoch sagen, dass ihre Anzahl unbedenklich größer eingeschätzt werden kann als die Zahl der veröffentlichten Gerichtsentscheidungen.

202 Bei Unternehmensveräußerungen, bei denen auf beiden Seiten deutsche Vertragspartner beteiligt sind, wird zumeist das nach deutschem Recht **gebräuchlichste Schiedsgerichtsverfahren** gewählt. Es wird ein Dreierschiedsgericht gebildet. Jeweils ein Schiedsrichter wird von einer Partei benannt. Die beiden benannten Schiedsrichter wählen den Obmann. Bei Nichteinigung wird dieser durch ein neutrales Gremium, häufig den Präsidenten der örtlich zuständigen Industrie- und Handelskammer oder den Präsidenten des Oberlandesgerichts, bestellt. Bei der Besetzung der Schiedsgerichte sind Anwälte in der Mehrzahl. Zumindest die beiden Beisitzer sind oft Rechtsanwälte. Vorsitzender kann dann ein profilierter Richter oder Professor einer Hochschule sein. Jedenfalls sind in der weit überwiegenden Zahl aller Fälle die Schiedsrichter Juristen. Das gilt auch dann, wenn als Vorfrage zur Entscheidung des Rechtsstreits Bewertungsfragen zu lösen sind. Der Wirtschaftsprüfer wird im Schiedsgerichtsverfahren dann nur als Sachverständiger hinzugezogen. Davon zu unterscheiden ist die Tätigkeit des Wirtschaftsprüfers, wenn er, wie dies häufig der Fall ist, als Schiedsgutachter im Sinne des § 317 BGB herangezogen wird.

Schiedsgerichtsverfahren bei Unternehmenskäufen, an denen auf einer Seite 203
ein Ausländer beteiligt ist, werden erleichtert durch die auf diesem Gebiet abgeschlossenen **multilateralen** und **bilateralen Verträge**. Diese ermöglichen die Anerkennung und Vollstreckung von Schiedssprüchen. Das wohl wichtigste dieser Abkommen ist das UN-Übereinkommen über die Anerkennung und die Vollstreckung ausländischer Schiedssprüche vom 10.6.1958 („New Yorker UN-Übereinkommen").[1] Das UN-Übereinkommen ist für die Bundesrepublik Deutschland mit Wirkung v. 28.9.1971 in Kraft getreten.[2] Ziel dieses Abkommens, das mittlerweile fast universale Gültigkeit hat, ist die Förderung der weltweiten Freizügigkeit schiedsgerichtlicher Entscheidungen.[3] Weitere wichtige Abkommen sind:

- das **Genfer Protokoll** vom 24.9.1923 sowie das **Genfer Abkommen** vom 26.9.1927

und

- das **europäische Übereinkommen** über die Handelsschiedsgerichtsbarkeit vom 21.4.1961.

Neben diesen zwischenstaatlichen Abkommen, die eine internationale 204
Schiedsgerichtsbarkeit erst ermöglicht haben, nehmen zwei Organisationen der **institutionellen Schiedsgerichtsbarkeit** eine große Bedeutung bei internationalen Unternehmensveräußerungen ein. Es ist dies zum einen die **Internationale Handelskammer in Paris (ICC)**. Dort ist ein Schiedsgerichtshof gebildet, dessen Aufgabe es ist, Vorsorge für die schiedsgerichtliche Beilegung wirtschaftlicher Streitigkeiten internationalen Charakters zu treffen. Sein Verfahren richtet sich nach einer Schiedsordnung, deren **gültige Fassung** aus dem Jahr **1998** datiert.[4] In der Schiedsgerichtsbarkeit der internationalen Handelskammer fallen **jährlich über dreihundert Verfahren** an.[5] Die angegebene Zahl betrifft sämtliche Rechtsstreitigkeiten, nicht nur Streitigkeiten, die sich aus Unternehmensveräußerungen ergaben. Auch deren Zahl alleine dürfte jedoch nicht unbeträchtlich sein.[6]

---

1 Abgedruckt und kommentiert bei *Bülow/Böckstiegel/Geimer/Schütze*, Der internationale Rechtsverkehr in Zivil- und Handelssachen, Loseblatt, Band II, C I 3 a–e; *Schwab/Walter*, Schiedsgerichtsbarkeit, 7. Aufl. 2005, Kap. 42 I.
2 Vgl. BGBl. II 1965, S. 102.
3 *Dörig*, Anerkennung und Vollstreckung US-Amerikanischer Entscheidungen, 1998, S. 25.
4 Abgedruckt bei *Bülow/Böckstiegel/Geimer/Schütze*, Der internationale Rechtsverkehr in Zivil- und Handelssachen, Loseblatt, Band II, C III 3; *Schwab/Walter*, Schiedsgerichtsbarkeit, 7. Auflage 2005, Anh. B I.
5 *Bülow/Böckstiegel/Geimer/Schütze*, Der internationale Rechtsverkehr in Zivil- und Handelssachen, Loseblatt, Band II, C III 3.
6 Vgl. zur Schiedsgerichtsordnung der internationalen Handelskammer in Paris: *Berger*, RIW 1998, 426 ff.; *Böckstiegel* (Hrsg.), Beweiserhebung im internationalen Schiedsverfahren, 2001; *Bredow/Bühler*, Zur Änderung der Schiedsgerichtsordnung der Internationalen Handelskammer, IPRax 1988, 69; *Bucher/Tschanz*, Private International Law and Arbitration, 1996; *Craig/Park/Paulsson*, International Chamber of Commerce Arbitration, 3. Aufl. 2000; *Gottwald*, Internationale Schiedsgerichtsbarkeit, Arbitrage international, international Arbitration, 1997; *Kreindler*, RIW 1992, 609 ff.; *Labes/Lör-*

205 Die zweite größere internationale Organisation ist die **American Arbitration Association** in New York (AAA). Es handelt sich dabei um eine unabhängige, gemeinnützige Organisation mit dem Hauptsitz in New York und Abteilungen in einundzwanzig großen Städten der USA. Von AAA wurden die Commercial Arbitration Rules entwickelt, aufgrund derer internationale Handelsschiedsstreitigkeiten entschieden werden.[1]

206 Bei der Vereinbarung der Schiedsgerichtsordnung verhält es sich wie bei der oben dargestellten Frage des „Käufer-" oder „Verkäufervertrages". Der **stärkere Vertragspartner** wird meist die von ihm gewünschte Schiedsgerichtsordnung durchsetzen.

207 Das Verfahren vor den Schiedsgerichten endet in der Mehrzahl der Fälle mit einem **Vergleich**. Der Grund liegt nur zum Teil darin, dass Schiedsgerichte stärker noch als ordentliche Gerichte dazu angehalten sind, möglichst auf eine friedliche Lösung des Rechtsstreits hinzuwirken. Schiedsgerichte bewirken durch die Andeutung oder Kundgabe ihrer vorläufigen Rechtsmeinung oft Wunder. Während bei den ordentlichen Gerichten noch auf die zweite und auch dritte Instanz gehofft werden kann, wenn einem die in der Rechtsdiskussion geäußerte Meinung des Gerichts nicht so recht gefällt, ist das Schiedsgericht erste und letzte Instanz. Ordentliche Gerichte können Entscheidungen der Schiedsgerichte nur im Hinblick auf formelle Mängel und die Einhaltung bestimmter rechtsstaatlicher Grundsätze überprüfen. Das erhöht die Bereitschaft der Parteien zur Einigung. Wird das Schiedsgericht dennoch zu einer Entscheidung gezwungen, ist der Wille zur Rechtsgestaltung oft größer als bei den ordentlichen Gerichten. Durch die Entscheidung des Schiedsgerichts kann aus einem schlechten Kaufvertrag ein guter Kaufvertrag werden.

208 Das **Klagepetitum** bei Klagen vor dem Schiedsgericht beinhaltet selten eine Rückgängigmachung des Kaufvertrages. Wenn ein solches Ergebnis auch theoretisch möglich ist, so ist es praktisch kaum durchführbar (vgl. dazu Teil VII Rz. 154 ff.). In der Vielzahl der Fälle wird eine Minderung aufgrund der Nichteinhaltung von Zusicherungen begehrt. Die Möglichkeit einer solchen Minderung ist meist in vertraglich niedergelegten Formeln ausgefüllt worden. Weiterhin kommen Klagen auf Schadensersatz wegen Nichterfüllung oder Einhaltung einer bestimmten Garantiezusage in Betracht.

---

cher, Nationales und internationales Schiedsverfahrensrecht, 1998; *Lionnet*, Handbuch der internationalen und nationalen Schiedsgerichtsbarkeit, 2. Auflage 2001; *Nerz*, RIW 1990, 350 ff.; *Reiner*, Handbuch der ICC-Schiedsgerichtsbarkeit, 1989; *Sandrock*, RIW 1987, 649 ff.; *Schäfer/Verbist/Imhoos*, Die ICC-Schiedsgerichtsordnung in der Praxis, 2000; *Schiffer*, Wirtschaftsschiedsgerichtsbarkeit, 1999; *Schütze*, WM 1986, 395; *Schwab/Walter*, Schiedsgerichtsbarkeit, 7. Auflage 2005; *Weigand*, Practitioner's Handbook on International Arbitration, 2001.
1 Vgl. *Holtzmann*, Handbook of institutional Arbitration in international Trade, 1977, S. 249.

VI. Prüfungsliste zur Vorbereitung des Unternehmenskaufvertrages

In der folgenden Checkliste zur Vorbereitung des Kaufvertrages sollen die Fragen aufgezeigt werden, die üblicherweise in einem Unternehmenskaufvertrag zu regeln oder zumindest zu bedenken sind. Dabei wird ein typischer Fall aus der Vielzahl von in Betracht kommenden wirtschaftlichen Sachverhalten herausgegriffen. 209

1. Festlegung der Vertragspartner 210

Bei Veräußerungen von Beteiligungen unter Konzernen erwirbt oft eine Tochter- oder Enkelgesellschaft. Die Verhandlungen selbst werden von der Konzernspitze geführt. Es muss in diesen Fällen eindeutig definiert werden, wer Vertragspartner ist und ob gegebenenfalls die Konzernmutter eine Garantie für die eingegangenen Verpflichtungen aus dem Kaufvertrag abgibt. Ob ein solches Verlangen gestellt wird, wird von Größe und Bonität der Tochter- oder Enkelgesellschaft abhängen.

2. Kaufgegenstand 211

Beim Kauf von einzelnen Vermögensgegenständen müssen diese exakt definiert werden. Wegen des Prinzips der Singularzession ist der Bestimmtheitsgrundsatz zu beachten. Anteile an Kapitalgesellschaften und Personengesellschaften als Kaufgegenstand sind konkret zu bezeichnen. Bei Personengesellschaften tritt daneben die Möglichkeit, eine Veräußerung durch Gesellschafterwechsel herbeizuführen. Weiterhin müssen die mit der Beteiligung übergehenden Nebenrechte (Gewinnbezugsrechte etc.) definiert werden. Bei Beteiligungen an Personengesellschaften ist wichtig: Gehen die Darlehenskonten (auch Privatkonten oder ähnlich genannt) mit über?

3. Übergangsstichtag 212

Der Zeitpunkt der Übertragung des oder der Kaufgegenstände ist festzulegen (üblicherweise Übergangsstichtag oder in angloamerikanischen Verträgen Closing genannt).

4. Erforderliche Zustimmungserklärungen 213

Vgl. auch Teil VII Rz. 124 ff. Die wichtigsten in Betracht kommenden Zustimmungserklärungen sind die

- der Gesellschaft bei Veräußerung von Anteilen;
- des Ehegatten bei Veräußerung des Vermögens im Ganzen (§ 1365 BGB) oder bei Grundstücksveräußerungen;
- öffentlich-rechtlicher Körperschaften bei Veräußerung von Vermögensbestandteilen, sofern zu diesem Grundbesitz gehört;
- des Aufsichtsrates oder der Gesellschafterversammlung;
- von Kartellbehörden.

5. Kaufpreis

214 Zur Kaufpreisfindung sei zunächst auf die obigen Ausführungen (Teil I Rz. 176 ff.) sowie auf die Vertragsbeispiele im Anhang nebst Anmerkungen verwiesen: Es ist eine Regelung über die Fälligkeit des Kaufpreises zu treffen, gegebenenfalls der Fälligkeit von Ratenzahlungen. Einbehalte für die Nichterfüllung von Garantien kommen in Betracht. Ein so genannter Besserungsschein kann vorgesehen werden, wenn in den kommenden Jahren ein festzulegender Mindestgewinn erzielt wird. Bei Personengesellschaften ist die Fälligkeit der nicht mitübertragenen Forderungen aus Darlehens- beziehungsweise Privatkonten zu klären. Bei allen Streckungen des Kaufpreises über einen längeren Zeitraum erhebt sich die Zinsfrage.

6. Zusicherungen und Garantien

215 Üblicherweise hat der Veräußerer das Bestehen oder Nichtbestehen der verschiedensten tatsächlichen und rechtlichen Umstände und Verhältnisse zuzusichern. Die Vollständigkeit der bilanzierten Vermögensgegenstände und deren Werthaltigkeit ist nur einer, wenn auch ein äußerst wichtiger Garantietatbestand. Als weiterer Garantietatbestand hat in den letzten Jahren die Einhaltung von Umweltschutzvorschriften und die Freiheit von Umweltaltlasten erheblich an Bedeutung gewonnen. Dem Interesse des Käufers entspricht es, den Katalog der Zusicherungen möglichst umfangreich zu gestalten. Der Verkäufer wird nach dem Prinzip „gekauft wie besichtigt" verkaufen wollen. Bei der Veräußerung größerer Einheiten wird der Katalog sehr umfangreich, bei kleineren Einheiten vielleicht weniger ausführlich ausfallen müssen. Das ist jedoch nur eine Faustregel. Unternehmenskaufverträge sind oft mit Klauseln überfrachtet, weil man alles und jedes absichern will.

7. Rechtsfolge bei Nichterfüllung der vertraglichen Garantien und Zusicherungen

216 Es empfiehlt sich, die Rechtsfolge der Nichterfüllung von Zusicherungen oder des Nichteintritts bestimmter Umstände vertraglich festzulegen. Die sich nach dem bürgerlichen Gesetzbuch ergebenden Rechtsfolgen sind oft praktisch nicht durchführbar. Wenn der Rücktritt vom gesamten Kaufvertrag zugelassen wird, was praktisch sehr schwierig ist, empfiehlt es sich zumindest, eine Regelung zu treffen, wie der Rücktritt im Einzelnen durchgeführt wird.

8. Verjährungs- bzw. Ausschlussfristen

217

9. Wettbewerbsverbote

218 Wettbewerbsverbote für die bisherigen Unternehmensinhaber kommen für eine Tätigkeit als selbstständiger Unternehmer und/oder als Angestellter innerhalb der Branche in Betracht. Die Rechtsfolgen der Nichteinhaltung des Wettbewerbsverbots sind zu regeln (zur kartellrechtlichen Problematik von Wettbewerbsverboten Teil VIII Rz. 213 ff.; zur steuerrechtlichen Problematik Teil V Rz. 13).

10. Leitung und Fortführung des Unternehmens in der Zeit zwischen Vertragsabschluss und Übergabestichtag 219

Es ist meist nicht ausreichend, Regeln über die zeitliche Zwischenstufe auf die buchführungsmäßige und bilanzielle Weiterführung zu begrenzen. Zwischen Vertragsabschluss und Übergabestichtag müssen die verschiedensten Handlungen tatsächlicher und rechtlicher Art vorgenommen werden. Zu klären ist, inwieweit hierbei bereits der Erwerber mitwirken soll.

11. Bekanntgabe der Veräußerung 220

Über den Zeitpunkt der Bekanntgabe der erfolgten Veräußerung beziehungsweise der geplanten Veräußerung gegenüber der Öffentlichkeit und den Mitarbeitern des Unternehmens sollte zumindest gesprochen werden.

12. Mitwirkung an Prozessen und außergerichtlichen Auseinandersetzungen 221

Je nachdem, wer das wirtschaftliche Risiko des Prozessausgangs trägt, hat die Käufer- oder Verkäuferseite ein Interesse, an dem von der anderen Seite geführten Prozess mitzuwirken.

13. Teilnahme an Steuerprüfungen 222

Der Verkäufer will an Steuerprüfungen mitwirken, wenn sich das Ergebnis der Steuerprüfung auf den Kaufpreis auswirkt.

14. Vornahme der kartellrechtlich erforderlichen Maßnahmen 223

Häufig verpflichten sich die Vertragspartner, sich in ihrem Vorgehen gegenüber dem Bundeskartellamt abzustimmen.

15. Schiedsgutachter- und Schiedsklausel 224

16. Steuern 225

Geregelt werden muss die Kostentragungslast für die durch den Kaufvertrag anfallenden Verkehrssteuern, also Umsatzsteuer und eventuell Grunderwerbsteuer.

17. Kosten des Vertrages 226

18. Gerichtsstand 227

19. Salvatorische Klausel 228

Teil II
Bewertung[1]

Inhaltsverzeichnis

	Rz.
A. Einleitung	1
B. Wertbegriffe, Funktion der Unternehmensbewertung sowie Bewertungsanlässe	8
I. Begriff des Unternehmenswertes	8
II. Anlässe der Unternehmensbewertung	13
III. Bewertungszweck	20
IV. Funktion des Bewerters	32
V. Prozess der Unternehmensbewertung	34
C. Methodische Grundlagen	37
I. Überblick	37
II. Gesamtbewertungsverfahren	42
1. Ertragswertverfahren	44
a) Grundsätzliche Überlegungen zum Ertragswertverfahren	44
b) Das Ertragswertverfahren in der Neukonzeption des IDW ES 1 n.F.	59
2. Discounted Cash-Flow-Verfahren	72
a) Bruttoansatz (Entity-Approach)	79
aa) Konzept der gewogenen Kapitalkosten (WACC-Ansatz)	80
(1) Überblick	80
(2) Ermittlung der gewogenen Kapitalkosten	84
bb) Adjusted Present Value (APV)	95
b) Nettoansatz (Equity-Approach)	110
c) Vergleich der verschiedenen Ansätze des Discounted Cash-Flow-Verfahrens	117
3. Gesondert bewertbares Vermögen	124

	Rz.
a) Gewerbesteuerliche und körperschaftsteuerliche Verlustvorträge	125
b) Nicht betriebsnotwendiges Vermögen	131
4. Market-Approach	137
a) Überblick	137
b) Comparative Company Approach	140
c) Market Multiples	148
5. Vergleich der Gesamtbewertungsverfahren	152
a) Discounted Cash-Flow-Verfahren versus Ertragswertmethode	152
b) Market Approach versus Ertragswert respektive Discounted Cash-Flow-Verfahren	156
III. Einzelbewertungsverfahren	162
1. Substanzwertverfahren	163
a) Vollrekonstruktionswert	167
b) Teilrekonstruktionswert	169
c) Beurteilung des Substanzwerts	171
2. Liquidationswert	176
D. Prognose der finanziellen Überschüsse	182
I. Informationsbeschaffung	184
II. Vergangenheitsanalyse	188
1. Einleitung	188
2. Stellenwert der Planung und Prognose	192
3. Phasenmethode	193
4. Plausibilitätskontrollen	201
III. Prognose bei objektivierter Bewertung	204
1. Prognose im Rahmen des Ertragswertverfahrens	204
a) Bereinigung der Vergangenheitsrechnung	205

---

[1] Unter Mitarbeit von Dipl.-Kfm. *Axel Jeromin,* Dr. *Sven Schieszl* und Dr. *Tim Laas.*

	Rz.
aa) Eliminierung der Erträge und Aufwendungen des nicht betriebsnotwendigen Vermögens	206
bb) Bereinigung des nicht periodengerechten Erfolgsausweises	207
cc) Bereinigung aufgrund der Ausübung von Bilanzierungswahlrechten	208
dd) Bereinigung um personenbezogene und außerordentliche Erfolgsfaktoren	209
ee) Erfassung von Folgeänderungen vorgenommener Bereinigungsvorgänge	210
b) Ermittlung der Ertragsüberschüsse aus dem betriebsnotwendigen Vermögen	211
c) Aufwandsprognose	212
d) Finanzplanung	220
e) Berücksichtigung der Ertragsteuern	228
aa) Steuerwirkung auf die Überschüsse	228
bb) Steuerwirkungen in der Alternativanlage	236
f) Besonderheiten bei der Veranschlagung der ewigen Rente im Ertragswertverfahren	245
g) Ausschüttungsannahme	246
2. Prognose im Rahmen des Discounted Cash-Flow-Verfahrens	250
b) Besonderheiten bei der Ableitung der ewigen Rente im Rahmen der DCF-Verfahren	263
IV. Prognose bei subjektiver Bewertung	265
1. Restrukturierungsmaßnahmen	269
2. Synergiepotenziale	270
3. Prognose unter Gesichtspunkten des Gläubigerschutzes	281

	Rz.
E. Bestimmung des Kapitalisierungszinssatzes	289
I. Überblick	289
II. Der Kapitalisierungszinssatz nach der Zinszuschlagsmethode	298
1. Überblick	298
2. Risikozuschläge anhand kapitalmarktbasierter (objektiver) Kriterien	301
3. Risikozuschläge anhand subjektiver Kriterien	311
III. Der Kapitalisierungszinssatz nach der Gesamtzinsmethode	315
IV. Sonderfragen der Ermittlung des Kapitalisierungszinssatzes	319
1. Bestimmung des Beta-Faktors	319
2. Geldentwertungs- bzw. Wachstumsabschlag	323
3. Fungibilitätszuschlag (Immobilitätszuschlag)	330
4. Mehrheits- bzw. Paketzuschläge	335
F. Parameter des Kapitalisierungszinssatzes in der objektivierten Unternehmensbewertung	337
I. Bewertungen im Rahmen des IDW S1	337
1. Überblick	337
2. Basiszinssatz	339
a) Grundlagen	339
b) Zinssatz Periode 1	340
c) Wiederanlagezinssatz Periode 2	348
d) Ermittlung eines einheitlichen Basiszinssatzes	356
3. Portfoliorendite und Marktrisikoprämie	361
a) Empirische Untersuchungen zur Vor-Steuer Marktrisikoprämie	361
b) Empirische Untersuchungen zur Nach-Steuer Marktrisikoprämie	369
c) Logische Untergrenzen von Risikoprämien vor Abzug persönlicher Einkommensteuern	373

	Rz.		Rz.
4. Wachstumsabschlag	383	aa) Ableitung des Kapitalisierungszinssatzes	394
a) Theoretische Grundlagen	384	bb) Angemessenheitsbeurteilung	395
b) Empirische Fundierung	387	5. Zusammenfassung	399
c) Fazit	393	II. Bewertungen unter Gläubigerschutzgesichtspunkten	400
d) Ableitung des Kapitalisierungszinssatzes nach der Zinszuschlagsmethode und dessen Angemessenheitsbeurteilung	394	G. Verhandlungsspielraum des Investors beim Unternehmenskauf	409
		H. Ausblick	414

Literatur: *Adam/Hering/Johannville*, Analyse der Prognosequalität impliziter Terminsätze, ZfB 1995, 1405; *Aders/Galli/Wiedemann*, Unternehmenswerte auf Basis der Multiplikatormethode, FB 2000, 197; *Aha*, Aktuelle Aspekte der Unternehmensbewertung im Spruchstellenverfahren, AG 1997, 26; *Albrecht*, Zur Eignung professioneller Zinsprognosen als Entscheidungsgrundlage, Sofia-Diskussionsbeiträge zur Institutionenanalyse 2000, abrufbar im April 2004 im Internet unter der Adresse: http://www.sofia-darmstadt.de/Downloads/Diskussionsbeitr%E4ge/2000/00-7%20Zinsprognoseg%FCte.pdf.; *Angermayer/Oser*, Die Berücksichtigung von Synergieeffekten bei der Unternehmensbewertung, in Peemöller (Hrsg.), Praxishandbuch der Unternehmensbewertung, 2. Aufl. 2002; *Arbenz/Möckli*, Unternehmensbewertung durch Market Multiples, Praxis 1999, Heft 2, ATAG Ernst & Young, 1; *Auge-Dickhut/Moser/Widmann*, Steuerreform und Unternehmenswert, FB 2000, 362; *Auge-Dickhut/Moser/Widmann* (Hrsg.), Praxis der Unternehmensbewertung, mi–Verlag Moderne Industie, Stand 12. Journal Dezember 2003; *Auge-Dickhut/Spörk*, WISU-Lexikon Bankbetriebslehre, Das Wirtschaftsstudium 1999, Heft 6, I; *Baetge* (Hrsg.), Akquisition und Unternehmensbewertung, 1991; *Baetge/Krause*, Die Berücksichtigung des Risikos bei der Unternehmensbewertung, BFuP 1994, 433; *Ballwieser*, Die Wahl des Kalkulationszinsfußes bei der Unternehmensbewertung unter Berücksichtigung von Risiko und Geldentwertung, BFuP 1981, 97; *Ballwieser*, Unternehmensbewertung und Komplexitätsreduktion, 1990 (zit. Unternehmensbewertung); *Ballwieser*, Aktuelle Aspekte der Unternehmensbewertung, WPg. 1995, 119; *Ballwieser*, Eine neue Lehre der Unternehmensbewertung?, DB 1997, 185; *Ballwieser*, Kalkulationszinsfuß und Steuern, DB 1997, 2393; *Ballwieser*, Unternehmensbewertung mit Discounted Cash-Flow-Verfahren, WPg. 1998, 81; *Ballwieser* (Hrsg.), Stand und Entwicklung der Unternehmensbewertung in Deutschland, Symposion Wirtschaftsuniversität Wien 18. Februar 1999 (zit. Entwicklung der Unternehmensbewertung); *Ballwieser*, Der Kalkulationszinsfuß in der Unternehmensbewertung: Komponenten und Ermittlungsprobleme, WPg. 2002, 736; *Ballwieser*, Unternehmensbewertung durch Rückgriff auf Marktdaten, in Kruschwitz/Heintzen (Hrsg.), Unternehmen bewerten, 2003, S. 13; *Bamberger*, Unternehmensbewertung in Deutschland: Die zehn häufigsten Bewertungsfehler, BFuP 1999, 653; *Barthel*, Unternehmenswert: Die vergleichsorientierten Bewertungsverfahren, DB 1996, 149; *Barthel*, Unternehmenswert: Die zuschlagsorientierten Bewertungsverfahren, DB 1996, 1349; *Barthel*, Unternehmenswert: Berücksichtigungsfähigkeit und Ableitung von Fungibilitätszuschlägen, DB 2003, 1181; *Baßeler/Heinrich/Koch*, Grundlagen und Probleme der Volkswirtschaft, 14. Aufl. 1995; *Behnen/Neuhaus*, Grundkurs Stochastik, 4. Aufl. 2003; *Behringer*, Unternehmensbewertung der Mittel- und Kleinbetriebe: Betriebswirtschaftliche Verfahrensweisen, 2. Aufl. 2002; *Betsch/Groh/Lohmann*, Corporate Finance, 2. Aufl. 2000, S. 29; *Bellinger/Vahl*, Unternehmensbewertung in Theorie und Praxis, 2. Aufl. 1992; *Bierle/Steinberg*, Ertragswert, in Strickrodt et. al. (Hrsg.), Handwörterbuch des Steuerrechts, 2. Aufl. 1981, S. 440; *Bimberg*, Langfristige Renditeberechnung zur Ermittlung von Risikoprämien: Empirische Untersuchung der Renditen von Aktien, festverzinslichen Wertpapieren und Tagesgeld in der Bundesrepublik Deutschland für den Zeitraum 1954–1988, 2. Aufl. 1993; *Black/Karasinski*, Bond and Option Pricing when Short Rates Are Lognormal, Financial Analyst Journal 1991, 52; *Blumberg/Hellig*, Ertragswert- und Cash-Flow-Methode dominieren, Management 1996, Heft 89, 9; *Böcking/Nowak*, Marktorientierte Unternehmensbewertung, FB 1999, 169; *Böcking/Nowak*, Der Beitrag der Discounted Cash-Flow-Verfahren zur Lösung der Typisierungsproblematik bei Unternehmensbewertungen, DB 1998, 685; *Börsig*, Unternehmenswert und Unternehmensbewertung, Zfbf 1993, 79; *Born*, Arbeitsmappe Unternehmensanalyse und Unternehmensbewertung, 1991 (zit. Arbeitsmappe); *Born*, Unternehmensanalyse und Unternehmensbewertung, 1995 (zit. Unternehmensanalyse); *Botosan*, Disclosure Level and the Cost of Equity Capital, The Accounting Review 1997, Vol. 72, 323; *Botosan/Plumlee*, A Re-examination of Disclosure Level and the Expected Cost of Equity Capital, Journal of Accounting Research 2002, Vol. 40, 21; *Brealy/Myers*, Principles of Corporate Finance, 6th ed., 2000, S. 689; *Brigham/Houston*, Fundamentals of Financial Management", 8th ed., 1998; *Bruns*, Unternehmensbewertung auf der Basis von HGB- und IAS-Abschlüssen, 1998; *Buchner/Englert*, Die Bewertung von Unternehmen auf der Basis des Unternehmensvergleichs, BB 1994, 1573; *Bühler/Göppel/Möller et. al.*, Zfbf 1993, Sonderheft 31: Empirische Kapitalmarktforschung, 287; *Bühner*, Shareholder Value, Die Betriebswirtschaft 1993, 749; *Campbell*, Forecasting U.S. Equity Returns in the 21st Century, Harvard University July 2001, Auszug aus: Presentation to the Social Security Advisory Board August 2001, S. 1; *Chan/Karolyi/Longstaff/Sanders*, An empirical comparison of alternative models of the short-term interest rate, Journal of Finance 1992, 1209; *Conen*, Risikoprämien am deutschen Kapitalmarkt, Ein Überblick der Renditen für Aktien und Anleihen seit 1875, Deutsches Aktieninstitut, 1995; *Conen/Väth*, Risikoprämien am deutschen Kapitalmarkt, Die Bank 1993, 642; *Copeland/Koller/Murrin*, Unternehmenswert, 2. Aufl. 1998; *Copeland/Weston*, Financial Theory and Corporate Policy, 3rd ed. 1992; *Damodaran*, Investment Valuation, Tools and Technologies for Determining the Value of Any Asset, 2nd ed. 2002, S. 78; *DeFusco/McLeavey/Pinto/Runkle*, Quantitative Methods for Investment Analysis, Baltimore 2001; *Deutsche Bundesbank*, Jahresabschlüsse westdeutscher Unternehmen 1971 bis 1996, Statistische Sonderveröffentlichung 5.3.1999 (zit. Sonderveröffentlichung); *Deutsche Bundesbank* (Hrsg.), Monatsbericht Juli 2001, Realzinsen: Entwicklung und Determinanten (zit. Realzinsen); *Deutsche Bundesbank* (Hrsg.), Preisindex für die Lebenshaltung aller privaten Haushalte, Deutschland gesamt, Zeitreihen-Statistik (Zeitreihe Nr. uufa01), abrufbar im Internet unter: http://www.bundesbank.de/stat/zeitreihen/html/uufa01.htm (zit. Zeitreihen-Statistik); *Deutscher Investment Trust Gesellschaft für Wertpapieranlagen mbH*, Dynamic Investment Trends Februar 2003, S. 5; *Diamond*, What Stock Market Returns to Expect for the Future?, Social Security Bulletin 2000, Vol. 63, No. 2, Auszug aus Presentation to the Social Security Advisory Board August 2001, S. 17; *Dichev*, Is the Risk of Bankruptcy a Systematic Risk, Journal of Finance 1993, 1131; *Dörner*, Überlegungen zu Theorie und Praxis der subjektiven Unternehmensbewertung – die Funktion des Wirtschaftsprüfers als Gutachter, WPg. 1981, 202; *Driessen*, Is Default Event Risk Priced in Corporate Bonds?, Working Paper 2002, University of Amsterdam; *Drukarczyk*, DCF-Methoden und Ertragswertmethode – einige klärende Anmerkungen, WPg. 1995, 329; *Drukarczyk*, Unternehmensbewertung, 4. Aufl. 2003, 1. Aufl. 1996 (zit. Unternehmensbewertung); *Drukarczyk/Richter*, Unternehmensgesamtwert, anteilseignerorientierte Finanzentscheidungen und APV-Ansatz, Die Betriebswirtschaft 1995, 559; *Drukarczyk/Schüler*, Kapitalkosten deutscher Aktiengesellschaften – eine empirische Untersuchung, FB 2003, 337; *Dudley*, Real Analysis and Probability, 1989; *Easton*, Does the PEG ratio rank stocks according to the expected rate of return on equity capital?, Working Paper 2002, The Ohio State University; *Ebert* (Hrsg.), Controlling, 5. Aufl. 1999; *Elton/Gruber/Agrawal/Mann*, Explaining the Rate Spread on Corporate Bonds, Journal of Finance 2001, 247; *Ernst & Young/BDI*, Die Unternehmenssteuerreform: Informationen, Analysen und Gestaltungsempfehlungen zum Steuersenkungsgesetz (StSenkG), 2. Aufl. 2000; *Fama/French*, The Equity Premium, Working Paper April 2001, University of Chicago; *Feri Research GmbH*, Feri Country Rating Germany May 2003, 17; *Fleischer*, Die Untauglichkeit des KGV zur Prognose von Aktienkursveränderungen, ZfB 1999, 71; *Franke/Hax*, Finanzwirtschaft des Unternehmens und Kapitalmarkt, 1999; *Gebhardt/Lee/Swaminat-

han, Toward an Implied Cost of Capital, Journal of Accounting Research 2001, Vol. 39 No. 1; *Gelman/Milton*, An Economist-Financial Analyst's Approach to Valuing Stock of Closely-Held Company, Journal of Taxation 1972, 353; *Gielen*, Können Aktienkurse noch steigen? Langfristige Trendanalyse des deutschen Aktienmarktes, 1994; *Gode/ Mohanram*, What affects the implied cost of equity capital?, Working Paper 2001, New York University; *Goetzke/Sieben* (Hrsg.), Moderne Unternehmungsbewertung und Grundsätze ihrer ordnungsmäßigen Durchführung, Gebera-Schriften Bd. 1, 1977; *Göllert/Ringling*, Die Eignung des Stuttgarter Verfahrens für die Unternehmens- bzw. Anteilsbewertung im Abfindungsfall, DB 1999, 516; *Göppl/Hermann/Kirchner/Neumann*, Risk Book – German Stocks 1976–1995, 1996; *Gordon*, The Investment, Financing and Valuation of the Corporation, 1962; *Gordon/Gordon*, The Finite Horizon Expected Return Model, Financial Analysts Journal 1997, 52; *Greene*, Econometric Analysis, 3rd. Ed., New Jersey 2003; *Großfeld*, Unternehmens- und Anteilsbewertung im Gesellschaftsrecht, 4. Aufl. 2002, 2. Aufl. 1987; *Großfeld*, Globale Unternehmen bewerten, in Kruschwitz/Heintzen (Hrsg.), Unternehmen bewerten, 2003; *Hafner*, Unternehmensbewertung als Instrument zur Durchsetzung von Verhandlungspositionen, BFuP 1995, 79; *Hartmann*, Der ausscheidende Gesellschafter in der Wirtschaftspraxis, 4. Aufl. 1983; *Hartmann-Wendels/von Hinten*, Marktwert von Vorzugsaktien, Zfbf 1989, 263; *Heesen/ Karl/Moser*, Shareholder Value, in Ebert (Hrsg.), Controlling: Managementfunktion und Führungskonzeption, Loseblatt, 29. Nachlieferung 1998, Nr. 3, S. 1; *Helbling*, Unternehmensbewertung und Steuern, 9. Aufl. 1998; *Henselmann*, Unternehmensbewertung, in Lange (Hrsg.), Mergers & Acquisitions in der Praxis, 2001; *Hetzel*, Stichtagszins oder zukünftiger Zins zur Ertragswertermittlung im Rahmen der modernen Unternehmensbewertung?, BB 1988, 725; *Heurung*, Zur Anwendung und Angemessenheit verschiedener Unternehmenswertverfahren im Rahmen von Umwandlungsfällen, DB 1997, 837 ff., 888 ff.; *Hölscher*, Käuferbezogene Unternehmensbewertung, 1998; *Hommel/Müller*, Realoptionsbasierte Investitionsbewertung, FB 1999, 177; *Huang/Huang*, How Much of the Corporate-Treasury Yield Spread is Due to Credit Risk?: A New Calibration Approach, Working Paper 2003, Penn State University, Stern School of Business (New York University), Stanford University; *Hüttemann*, Rechtsfragen der Unternehmensbewertung, in Kruschwitz/Heintzen (Hrsg.), Unternehmen bewerten, 2003; *IdW* (Hrsg.), Erhebungsbogen zur Unternehmensbewertung, 2. Aufl. 2003 (zit. Erhebungsbogen); *IdW* (Hrsg.), Wirtschaftsprüfer-Handbuch 1985/86, Band I (zit. Wirtschaftsprüfer-Handbuch), Abschnitt IX Die Unternehmensbewertung, S. 1053; *IDW* (Hrsg.), IDW Standard: Grundsätze zur Durchführung von Unternehmensbewertungen (IDW S 1), 28.6.2000, WPg. 2000, 825; *IdW* (Hrsg.), Stellungnahme HFA 2/1983: Grundsätze zur Durchführung von Unternehmensbewertungen, WPg. 1983, 468; *IdW* (Hrsg.), Stellungnahme RS HFA 10, Stellungnahme zur Rechnungslegung: Anwendung der Grundsätze des IDW S 1 bei der Bewertung von Beteiligungen und sonstigen Unternehmensanteilen für die Zwecke eines handelsrechtlichen Jahresabschlusses, WPg. 2003, 1257; *Jarrow/Lando/Fu*, Default Risk and Diversification: Theory and Applications, Working Paper 2001, Cornell University, University of Copenhagen, University of California; *Jonas*, Unternehmensbewertung: Zur Anwendung der Discounted-Cash-Flow-Methode in Deutschland, BFuP 1995, 83; *Jung/Wachtler*, Die Kursdifferenz zwischen Stamm- und Vorzugsaktien. Empirische Daten, Erklärungsansätze und Konsequenzen für die Bewertung im Steuer- und Gesellschaftsrecht, AG 2001, 513; *Kirsch/Krause*, Kritische Überlegungen zur Discounted Cash-Flow-Methode, ZfB 1996, 793; *Kleeberg*, Der Einsatz von fundamentalen Betas im modernen Portfoliomanagement, Die Bank 1992, 474; *Koch/Wegmann*, Praktiker-Handbuch Due Diligence, 1998; *König/Zeidler*, Die Behandlung von Steuern bei der Unternehmensbewertung, DStR 1996, 1098; *Kohl/Schulte*, Ertragswertverfahren und DCF-Verfahren – Ein Überblick vor dem Hintergrund der Anforderungen des IDW S 1, WPg. 2000, 1147; *Kraus-Grünewald*, Gibt es einen objektiven Unternehmenswert?, BB 1995, 1839; *Kruschwitz*, Finanzierung und Investition, 2. Aufl. 1999 (zit. Finanzierung); *Kruschwitz*, Investitionsrechnung, 9. Aufl. 2003 (zit. Investitionsrechnung); *Kruschwitz/ Heintzen* (Hrsg.), Unternehmen bewerten, 2003; *Kruschwitz/Milde*, Geschäftsrisiko, Finanzierungsrisiko und Kapitalkosten, Zfbf 1996, 1115; *Kruschwitz/Schäfer/Jeromin*, Abschreibungsregime und Steuern. Anmerkungen zur geplanten Unternehmensteuerreform, ZfB 1995, 1005; *Küting*, Zur Bedeutung und Analyse von Verbundeffekten im Rahmen der Unternehmensbewertung, BFuP 1981, 175; *Lanfermann* (Hrsg.), Internationale Wirtschaftsprüfung, Festschrift für Havermann, 1995; *Lausterer*, Unternehmensbewertung zwischen Betriebswirtschaftslehre und Rechtsprechung, 1997; *Leven*, Analyseerfolg mit Buy & Hold-Strategien, in Frei/Schliekamp (Hrsg.), Aktie im Fokus, 1999, S. 189; *Lorson*, Shareholder Value-Ansätze – Zweck, Konzepte und Entwicklungstendenzen, DB 1999, 1329; *Löhnert/Böckmann*, Bewertungsverfahren Teil E: Multiplikatorverfahren in der Unternehmensbewertung, in Peemöller (Hrsg.), Praxishandbuch der Unternehmensbewertung, 2. Aufl. 2002, S. 412; *Luehrman*, What's it worth? A General Manager's guide to Valuation, Harvard Business Review 1997, May-June, 132; *Maher*, Discounts for Lack of Marketability for Closely-Held Business Interests, Taxes 1976, September, 561; *Mandl/Rabel*, Unternehmensbewertung, 1997; *Meyersiek*, Unternehmenswert und Branchendynamik, BFuB 1991, 233; *Matschke*, Funktionale Unternehmensbewertung, 1979; *McNulty/Yeh/Schulze/Lubatkin*, What's your real Cost of Capital?, Harvard Business Review 2002, 114; *Menz*, Der Euro-Swapspread als komplexe Risikoprämie, FB 2003, 167; *Moody's Investors Service*, Default & Recovery Rates of European Corporate Bond Issuers, July 2002; *Moody's Investors Service Global Credit Research*, Corporate Bond Defaults and Default Rates 1938–1995, January 1996; *Moody's Investors Service Global Credit Research*, Moody's Rating Migration and Credit Quality Correlation 1920–1996, July 1997; *Morawietz*, Rentabilität und Risiko deutscher Aktien und Rentenanlagen seit 1870: unter Berücksichtigung von Geldentwertung und steuerlichen Einflüssen, 1994; *Moroney*, Most Courts Overvalue Closely-Held Stocks, Taxes 1993, March, 144; *Moser*, Discounted Cash-Flow-Methode auf Basis von Free Cash-Flows: Berücksichtigung der Besteuerung, FB 1999, 117; *Moxter*, Grundsätze ordnungsmäßiger Unternehmensbewertung, 2. Aufl. 1983; *Moxter*, Buchbesprechungen, NJW 1994, 1852; *Mundorf*, Aktionäre mit niedrigem Einkommen benachteiligt, Doppelbesteuerung kommt wieder, Handelsblatt v. 30.6.1999, S. 7; *Niehues*, Unternehmensbewertung bei Unternehmenstransaktionen, BB 1993, 2241; *Ohlson/Juettner-Nauroth*, Expected EPS and EPS Growth as Determinants of Value, Working Paper 2000, New York University; *Ossadnik*, Die Aufteilung von Synergieeffekten bei Fusionen, 1995; *Pätzold*, Stabilisierungspolitik, 3. Aufl. 1989; *Parodi-Neef*, Unternehmensbewertung in der steuerlichen Betriebsprüfung, Die steuerliche Betriebsprüfung. Die steuerliche Außenprüfung 2002, Heft 4, 89; *Peemöller* (Hrsg.), Praxishandbuch der Unternehmensbewertung, 2. Aufl. 2002; *Peemöller/Kunowski*, Ertragswertverfahren nach IDW, in Peemöller (Hrsg.), Praxishandbuch der Unternehmensbewertung,, 2. Aufl. 2002, S. 199; *Peemöller/Kunowski/Hillers*, Ermittlung des Kapitalisierungszinssatzes für internationale Mergers & Acquisitions bei Anwendung des Discounted Cash-Flow-Verfahrens (Entity-Ansatz) – eine empirische Erhebung, WPg. 1999, 621; *Piltz*, Die Unternehmensbewertung in der Rechtsprechung, 3. Aufl. 1994; *Popp*, Prozess der Unternehmensbewertung Teil B: Vergangenheits- und Gegenwartsanalyse, in Peemöller (Hrsg.), Praxishandbuch der Unternehmensbewertung, 2. Aufl. 2002; *Prietze/Walker*, Der Kapitalisierungszinsfuß im Rahmen der Unternehmensbewertung, Die Betriebswirtschaft 1995, 199; *Rappaport*, Shareholder Value, 2. Aufl. 1999; *Raupach* (Hrsg.), Werte und Wertermittlung im Steuerrecht, 1984; *Rhiel*, Pensionsverpflichtungen, Steuern, Cash-Flow und Unternehmenswert, WPg. 1999, 62; *Richter*, Logische Wertgrenzen und subjektive Punktschätzungen – Zur Anwendung der risikoneutralen (Unternehmens-) Bewertung, in Kruschwitz/Heintzen (Hrsg.), Betriebswirtschaftliche Studien 155, 2003; *Richter/Simon-Keuenhof*, Bestimmung durchschnittlicher Kapitalkostensätze deutscher Industrieunternehmen, eine empirische Untersuchung, BFuP 1996, 698; *Ring/Castedello/Schlumberger*, Auswirkungen des Steuersenkungsgesetzes auf die Unternehmensbewertung, FB 2000, 356; *Rosen*, Aktie versus Rente: Aktuelle Renditevergleiche zwischen Aktien und festverzinslichen Wertpapieren, Studien des Deutschen Aktieninstituts, Heft 26, Juli 2004, S. 29; *Ruhnke*, Bezugsrahmen für die Evaluation von Unternehmen (I), Mergers and Acquisitions 2000, Heft 10, 381; *Ruhnke*, Die Bedeutung des Börsenkurses bei Unternehmensevaluationen, in Kruschwitz/Heintzen (Hrsg.), Betriebswirtschaftliche Schriften 155, 2002, S. 75; *Rull*, Wegweiser im Steuerdschungel, Finanzen 1999, Heft 9, 132; *Sanfleber-Decher*, Unternehmensbewertung in den USA, WPg. 1992, 597; *Schildbach*, Kölner versus phasenorientierte Funktionenlehre der Unternehmensbewertung, BFuP 1993, 25; *J. Schmidt*, Die Discounted Cash-Flow-Methode – nur eine kleine Abwandlung der Ertragswertmethode?, Zfbf 1995, 1088; *Schmitz*, Due Diligence beim Unternehmenskauf: Eine Betrachtung ihrer sekundärrechtlichen Auswirkungen nach deutschem Recht sowie ihrer bürgerlichrechtlichen Bezugspunkte, 2002; *Schmitz/Pesch*, Abweichungsanalyse für Zinsstrukturkurven, Die Bank 1994, 553; *D. Schneider*, Investition, Finanzierung und Besteuerung, 7. Aufl. 1992; *Schwetzler/Darijtschuk*, Unternehmensbewertung mit Hilfe DCF-Methode – eine Anmerkung zum Zirkularitätsproblem, ZfB 1999, 295; *Schwetzler*, Zinsänderungsrisiko und Unternehmensbewertung: Das Basiszinsfuß-Problem bei der Ertragswertermittlung, ZfB 1996, 1081; *Securities and Exchange Comission (SEC)*, Discounts Involved in Purchases of Common Stock (1966–1969), Institutional Investor Study Report of the Securities and Exchange Comission, H.R. Doc. No. 64, Part 5, 92d Cong., 1st Sess. 1971, 2444; *Seppelfricke*, Handbuch Aktien- und Unternehmensbewertung, 2003; *Sieben*, Unternehmensbewertung, in Wittmann/Kern/Köhler et al. (Hrsg.), Handwörterbuch der Betriebswirtschaft, 5. Aufl. 1993, S. 4315; *Sieben*, Unternehmensbewertung: Discounted Cash-Flow-Verfahren und Ertragswertverfahren – Zwei völlig unterschiedliche Ansätze?, in Lanfermann (Hrsg.), Internationale Wirtschaftsprüfung, 1995, S. 715; *Sieben/Zapf* (Hrsg.), Unternehmensbewertung als Grundlage unternehmerischer Entscheidung, 1981; *Siegel*, Steuern in der Unternehmensbewertung bei Wachstum und Risiko, DB 1997, 2389; *Siegel*, The Shrinking Equity Premium, Historical Facts and Future Forecasts, Journal of Portfolio Management 1999, 10; *Siegel/Bernstein*, Stocks for the Long Run, 2nd ed. 1998; *Siepe*, Die Berücksichtigung von Ertragsteuern bei der Unternehmensbewertung (Teil I), WPg. 1997, 1; *Siepe*, Die Berücksichtigung von Ertragsteuern bei der Unternehmensbewertung (Teil II), WPg. 1997, 37; *Siepe/Dörschel/Schulte*, Der neue IDW Standard: Grundsätze zur Durchführung von Unternehmensbewertungen (IDW S1), WPg. 2000, 946; *Stehle*, Renditevergleich von Aktien und festverzinslichen Wertpapieren auf Basis des DAX und des REXP, Humboldt-Universität zu Berlin, April 1999 bzw. unter Verwendung aktualisierter Renditenberechnungen Stand Januar 2003, im Internet unter: http://www.wiwi.hu-berlin.de/finance/Material/Forschung/daten; *Stehle*, Die Festlegung der Risikoprämie von Aktien im Rahmen der Schätzung des Wertes von börsennotierten Kapitalgesellschaften, WPg. 2004, 906; *Stehle/Hartmond*, Durchschnittsrenditen deutscher Aktien 1954–1988, Kredit und Kapital 1991, 371; *Steiner/Bauer*, Die fundamentale Analyse und Prognose des Marktrisikos deutscher Aktien, Zfbf 1992, 347; *Steiner/Bruns*, Wertpapiermanagement, 8. Aufl. 2002; *Steiner/Uhlir*, Wertpapieranalyse, 1994; *Steiner/Wallmeier*, Unternehmensbewertung mit Discounted Cash-Flow-Methoden und dem Economic Value Added-Konzept, FB 1999, 1; *Storm*, Wahrscheinlichkeitsrechnung, mathematische Statistik und statistische Qualitätskontrolle, 10. Aufl. 1995, S. 149; *Stryker/Pittock*, Revenue Ruling 77–387 Revisited, SRC Quarterly Reports 1983, Spring, 1; Wirtschaftsprüfer-Handbuch 1998, Handbuch für Rechnungslegung, Prüfung und Beratung Band II, 1998 (zit. WPHdb. II/1998); Wirtschaftsprüfer-Handbuch 2002, Handbuch für Rechnungslegung, Prüfung und Beratung Band II, 2002 (zit. WPHdb. II/2002); *Uzik/Weiser*, Kapitalkostenbestimmung mittels CAPM oder MCPM™? Eine empirische Untersuchung für den deutschen Kapitalmarkt, FB 2003, 705; *Weber*, Berücksichtigung von Synergieeffekten bei der Unternehmensbewertung, in Baetge (Hrsg.), Akquisition und Unternehmensbewertung, 1991, S. 97; *Welch*, Views of Financial Economists on the Equity Premium and on Professional Controversies, Journal of Business 2000, Vol. 73, No. 4; *Welch* in Wittmann/Kern/Köhler et al. (Hrsg.), Handwörterbuch der Betriebswirtschaft, Teilband 3, 5. Aufl. 1993; *Widmann/Schieszl/Jeromin*, Der Kapitalisierungszinssatz in der praktischen Unternehmensbewertung, FB 2003, 800; *Yu*, Modeling Expected Return on Defaultable Bonds, Working Paper 2002, University of California.

A. Einleitung

1 Der **Stellenwert der Unternehmensbewertung** ergibt sich daraus, dass in der Wirtschaft wiederholt Vorgänge zu beobachten sind, die ohne begleitende Unternehmens- und Beteiligungsbewertungen im Prinzip nicht oder nur eingeschränkt durchführbar wären. So setzen beispielsweise der Kauf und Verkauf von Unternehmen bzw. Unternehmensteilen, der Abschluss von Unternehmensverträgen, Gründungsvorgänge und Restrukturierungsvorhaben, zivil- und steuerrechtliche Auseinandersetzungen sowie die Bewertung von Beteiligungen im Rahmen einer Sacheinlagen- oder Abschlussprüfung oft Unternehmensbewertungen voraus.

2 Vor diesem Hintergrund erscheint die detaillierte Beschäftigung mit dem Thema der Unternehmens- und Anteilsbewertung erforderlich. Hierbei ist anzumerken, dass die **Bewertung** von Unternehmen und Beteiligungen eine **anspruchsvolle multidisziplinäre Tätigkeit** darstellt. Im Verlauf einer Unternehmens- und Anteilsbewertung sind komplexe Fragestellungen, insbesondere rechtlicher, steuerlicher wie auch betriebswirtschaftlicher Natur, zu lösen. Schon aufgrund dieser Komplexität erscheint es praktisch kaum möglich, im Rahmen eines einzelnen geschlossenen Werkes übersichtlich und in kurzer Form sämtliche im Rahmen einer Unternehmensbewertung auftretenden Fragestellungen erschöpfend zu diskutieren.

3 Die nachfolgenden Ausführungen fokussieren sich auf die Darstellung wesentlicher betriebswirtschaftlicher Methoden und Techniken, die derzeit bei Unternehmens- und Anteilsbewertungen Anwendung finden.

4 Grundsätzlich ist festzustellen, dass die **wesentlichen methodischen Vorgehensweisen von** den am Bewertungsprozess beteiligten **Wirtschaftssubjekten (Investoren) abhängig** sind. **Einerseits** gibt es Investoren, die ihrerseits eine Unternehmensbeteiligung als eine reine Kapitalanlage ansehen. Sie sind **reine Finanzinvestoren**, welche grundsätzlich keine aktive Teilnahme an der Geschäftspolitik ihrer Beteiligung anstreben. Für sie ist die Rendite ihrer Investition von vordergründigem Interesse. Diese Investoren bemessen den Wert ihrer Investition anhand von Opportunitätsüberlegungen. Nur wenn sich eine alternative Verwendung der eingesetzten Mittel in eine andere Kapitalanlage als ungünstiger erweist, wird der Investition ein positiver Wertbeitrag zugemessen. Anderenfalls vernichtet die Investition aus Sicht der Finanzinvestoren Wert.

5 Die **zweite Gruppe** von Unternehmenskäufern will **aktiv Einfluss auf die Geschäftsführung** ihrer Beteiligungen nehmen. Insbesondere wenn es sich bei den Käufern selbst um Unternehmen handelt, versuchen sie, die nachhaltig erzielbaren Überschüsse aus den erworbenen Beteiligungen durch eine Veränderung der Geschäftsführung und/oder eine Auswechslung der Unternehmensleitung zu erhöhen. Häufig sollen zusätzliche Ertragspotenziale dadurch generiert werden, dass durch Zusammenlegung von Geschäftsaktivitäten oder über wechselseitige Spezialisierungen konzerninterne Synergiepotenziale erschlossen werden. Diese sollen einen zusätzlichen Wertbeitrag erbringen. Je-

doch müssen auch diese Unternehmenskäufer den Wert ihrer Beteiligungen in letzter Konsequenz über Opportunitätsüberlegungen bestimmen. Das heißt, sie messen ebenfalls den Wert ihrer Beteiligung daran, welchen Ertrag das vorgenommene Investment im Vergleich zu einer alternativen Mittelverwendung erbringt.

Eine mit der o.g. Einteilung verwandte Differenzierung der Investoren sieht eine **Einteilung in Privatinvestoren und Unternehmen/institutionelle Investoren** vor. Der grundsätzliche Unterschied in dieser Sichtweise liegt darin, dass ein Privatinvestor bei den Überlegungen zum Unternehmenswert seine persönliche Einkommensteuerbelastung berücksichtigt. Hingegen wird bei Unternehmen die Einkommensteuerbelastung von Privatpersonen für die Wertfindung grundsätzlich als nicht relevant betrachtet. 6

Die folgenden Kapitel zeigen, dass die vorstehend vorgenommene Typisierung von Unternehmenskäufern sowohl für das bewertungstechnische Vorgehen an sich als auch für den aus der Unternehmensbewertung resultierenden Wert von Relevanz ist. Im Zuge der nachfolgenden Ausführungen werden die gebräuchlichsten Bewertungsverfahren insbesondere im Hinblick auf die Komplexität der Wertermittlung, die zugrunde liegenden Annahmen und die intersubjektive Nachvollziehbarkeit dargestellt. 7

B. Wertbegriffe, Funktion der Unternehmensbewertung sowie Bewertungsanlässe

I. Begriff des Unternehmenswertes

Der Wertbegriff und die Methodik zur Bestimmung des Unternehmenswertes weisen enge Zusammenhänge auf.[1] Die Ansatz- und Untersuchungsmethoden sowie die Vorgehensweise der Unternehmensbewertung richten sich daran aus, welches Ziel mit der jeweiligen Wertermittlung verfolgt wird. Je nachdem, ob der Unternehmenswert als ein Substanz- (vgl. Teil II Rz. 152 ff.), Zukunftserfolgs- (vgl. Teil II Rz. 42 ff.) oder Vergangenheitswert angesehen wird, finden bei der Unternehmensbewertung alternative Vorgehensweisen Anwendung. Infolge dessen stellt eine Begriffsabgrenzung den Ausgangspunkt der nachfolgenden Ausführungen dar. 8

Der Begriff des „Unternehmenswertes" unterlag in der Vergangenheit einem Wandel.[2] Bis in die sechziger Jahre dominierte der Begriff des **objektiven Unternehmenswertes** die Literatur. Danach stellt der Unternehmenswert eine dem Wirtschaftsgut innewohnende selbstständige Eigenschaft dar. Eine Abhängigkeit des Wertbegriffes von Personen, Bewertungsanlässen und Bewertungszielen wurde hierbei grundsätzlich abgelehnt. Nach damaliger Auffassung hatte die Bewertung primär vergangene und gegenwärtige Verhältnisse zu berücksichtigen. Deswegen wurde dem **Substanzwert** (s. Teil II Rz. 163 ff.) 9

---

1 Vgl. *Drukarczyk*, Unternehmensbewertung, S. 128–135.
2 Vgl. *Seppelfricke*, S. 4–5.

eines Unternehmens die wesentliche Bedeutung zugesprochen.[1] Der Substanzwert entspricht dem Betrag, der für eine identische Reproduktion des zu bewertenden Unternehmens aufzuwenden ist. Im Laufe der Zeit geriet diese Wertkonzeption in die Kritik. Sie war nicht zur Lösung wesentlicher Probleme in der Lage, die mit der Konzeption des objektiven Unternehmenswertes verbunden war. Als wesentlicher Mangel galt insbesondere, dass der Substanzwert keinen hinreichend genauen Rückschluss auf die Fähigkeit eines Unternehmens zur Erzielung nachhaltiger zukünftiger Überschüsse zuließ. Dieses ist insbesondere damit zu begründen, dass die zukünftige Rendite des eingesetzten Kapitals i.d.R. nicht nur von der Substanz eines Unternehmens abhängig ist. Eine weitere Kritik an der dem Substanzwert zugrunde liegenden Konzeption des objektiven Unternehmenswertes beruht auf dem Argument, dass ein objektiver Unternehmenswert den Verhandlungspartnern nicht als Entscheidungsgrundlage dienen kann, da er gerade nicht die besonderen Verhältnisse der Verhandlungsparteien berücksichtigt. Da letztlich jedoch jede individuelle Wertvorstellung von subjektiven Einflüssen geprägt ist, kann insofern ein objektiver Unternehmenswert nicht existieren.

10 Anknüpfend an diese Kritikpunkte wurde in den 60er Jahren die Lehre vom **subjektiven Unternehmenswert** entwickelt. Diese Wertkonzeption geht davon aus, dass sich der Wert eines Gutes letztlich aus dessen Gebrauchswert (d.h. aus dessen Nutzen für ein einzelnes Individuum) ableitet. Alle für einen Investor relevanten subjektiven Ziele, Möglichkeiten und Erwartungen werden in der Unternehmensbewertung berücksichtigt. Der subjektive Unternehmenswert kann als ein Grenzpreis (Teil II Rz. 22) interpretiert werden, den ein Käufer maximal zu zahlen bereit ist (bzw. der mindestens bei einer Veräußerung von einem Verkäufer realisiert werden soll). Das Konzept des subjektiven Unternehmenswertes gilt heute als eine der Grundlagen der Lehre von der Unternehmensbewertung.[2] Unternehmen werden anderen Investitionsobjekten gleichgestellt. Ihre Werte spiegeln demzufolge die Vorteilhaftigkeit der Unternehmenserträge gegenüber den Erträgen aus anderen Investitionsprojekten für deren Eigentümer wider.

11 Mit Hilfe einer subjektiven Wertermittlung können aber nicht alle Aufgaben der Bewertung erfüllt werden. Die Konzeption vom subjektiven Unternehmenswert gelangt insbesondere bei denjenigen Bewertungsanlässen an ihre Grenzen, die einen Konfliktausgleich zwischen verschiedenen divergierenden Parteien erfordern (vgl. Teil II Rz. 383 ff.). Die derzeit vorherrschende Auffassung stellt sich somit in Bezug auf die Bewertungsverfahren als ein Kompromiss zwischen objektiver und subjektiver Wertermittlung dar. Eine bestimmte Konventionalisierung der Wertermittlung für bestimmte Bewertungszwecke wird akzeptiert, gleichzeitig wird jedoch der prinzipiell subjektive Charakter der Unternehmensbewertung betont.[3]

12 Aus der Notwendigkeit zur Erstellung neutraler Gutachten, die einen Konfliktausgleich zwischen verschiedenen Interessengruppen schaffen sollen, hat

---

[1] Vgl. *Mandl/Rabel*, S. 7.
[2] Vgl. WPHdb. II/2002, S. 1–2.
[3] Vgl. *Sieben* in Wittmann/Kern/Köhler, S. 4315.

sich der Begriff des **objektivierten Unternehmenswertes** entwickelt. Der Bewerter soll hiernach mit nachvollziehbaren Methoden einen objektivierten, von den individuellen Wertvorstellungen betroffener Parteien unabhängigen Wert des Unternehmens ermitteln. Der objektivierte Unternehmenswert ist aber nicht mit einem objektiven Unternehmenswert gleichzusetzen, da er sich i.d.R. nicht an Substanzwerten orientiert. Er wird stattdessen als ein Zukunftserfolgswert definiert, der sich bei einer Fortführung des Unternehmens „so, wie es steht und liegt" ergibt.[1] Ausgehend von einem unveränderten Unternehmenskonzept unter Leitung des vorhandenen Managements wird folglich ein Ertragswert berechnet.[2] Dabei bleiben Wertvorstellungen potenzieller Käufer oder wertverändernde Argumente der Verkäufer unberücksichtigt.[3] Vom objektivierten Unternehmenswert abzugrenzen ist der so genannte **subjektivierte Unternehmenswert**. Weiterführende Ausführungen zur Abgrenzung objektivierter und subjektivierter Unternehmensbewertungen können den Abschnitten D., E. und F. Teil II Rz. 171 ff. entnommen werden.

II. Anlässe der Unternehmensbewertung

Den Anstoß zur Durchführung einer Unternehmensbewertung können die verschiedensten Anlässe liefern.[4] Bewertungen können beispielsweise beim Kauf und Verkauf einer Gesellschaft oder zur Bestimmung eines Abschichtungsguthabens ausscheidender Gesellschafter notwendig sein. Große Bedeutung kommen jenen Unternehmensbewertungen zu, die als Basis für steuerliche Gestaltungen genutzt oder für die Erstellung von Jahresabschlüssen benötigt werden.[5] 13

Für einen verbesserten Überblick werden nachfolgend die Bewertungsanlässe systematisiert.[6] Dies soll die Grundlage für das Verständnis der Zusammenhänge zwischen dem Bewertungszweck, den unterschiedlichen Anforderungen an den zu ermittelnden Unternehmenswert und die hierfür erforderlichen Wertermittlungsmethoden verschaffen. 14

Zunächst können die **Bewertungsanlässe** in **transaktionsbezogene** und **nicht transaktionsbezogene Anlässe** unterteilt werden. Bei den transaktionsbezogenen Bewertungen dient die Unternehmensbewertung als Entscheidungsgrundlage für eine tatsächliche oder geplante Änderung der Eigentumsverhältnisse 15

---

1 Vgl. zur Kritik am objektivierten Unternehmenswert: *Ballwieser*, BFuP 2/81, 126 ff.; *Moxter*, S. 28 ff.; *Seppelfricke*, S. 12.
2 Vgl. *Piltz*, S. 13.
3 Vgl. IDW ES 1 i.d.F. v. 9.12.2004, Abschnitt 4.4.2., und WPHdb. II/2002, S. 10–11.
4 Für einen detaillierten Überblick vgl. auch WPHdb. II/2002, S. 9–18, Rz. A 30 bis A 59.
5 Vgl. *Seppelfricke*, S. 5–7.
6 Der Berufsstand der Wirtschaftsprüfer differenziert in seinem IDW Standard: „Grundsätze zur Durchführung von Unternehmensbewertungen" vom 9.12.2004 (IDW ES 1) die Bewertungsanlässe danach, ob eine Bewertung aufgrund gesetzlicher Regelungen oder auf Basis vertraglicher Grundlagen erfolgt. Als weitere Kategorie werden Unternehmensbewertungen vor dem Hintergrund unternehmerischer Initiativen oder handels- und steuerrechtlicher Bewertungsfragen genannt. Vgl. IDW ES 1 i.d.F. v. 9.12.2004, Abschnitt 2.2, Rz. 8 bis 11; *Auge-Dickhut/Moser/Widmann*, Kapitel 3.1.2.; IDW RS HFA 10, Rz. 1.

am Bewertungsobjekt. Daneben existieren Bewertungen, die nicht zum Zweck der Änderung von Eigentumsverhältnissen durchgeführt werden. Für diese Bewertungen liegen demzufolge nicht transaktionsbezogene Anlässe vor. Hierzu gehören steuerliche Bewertungen oder Ermittlungen von Beleihungsgrenzen im Rahmen von Kreditwürdigkeitsprüfungen und Unternehmenssanierungen. Auch Bewertungen, die durch das Management einer Gesellschaft im Rahmen von Wertsteigerungsstrategien (z.B. Analyse einzelner Geschäftsstrategien auf den Wert des Eigenkapitals/Shareholder Values[1]) oder zum Zweck der Erstellung von Jahresabschlüssen oder zur Ermittlung von Steuerbilanzwerten bzw. steuerlichen Teilwerten durchgeführt werden, führen nicht zu einer Änderung der Eigentumsverhältnisse.

16 Als **nicht dominierte Verhandlungssituation** wird eine Änderung der Eigentumsverhältnisse bezeichnet, die nicht ohne Mitwirkung und nicht gegen den erklärten Willen einer anderen Partei durchgeführt werden kann.[2] So stimmen einem Kauf oder Verkauf von Unternehmensanteilen potenzielle Käufer und potenzielle Verkäufer grundsätzlich nur zu, wenn sie jeweils eine Verbesserung ihrer ökonomischen Situation erwarten. In nicht dominierten Verhandlungssituationen findet nicht immer ein vollständiger Eigentümerwechsel statt. Daneben existieren Bewertungsanlässe, die nur zu einer Verbreiterung oder Reduktion der bestehenden Eigentümerbasis führen. Unternehmensbewertungen sind teilweise auch beim Eintritt eines neuen Gesellschafters in die Unternehmung erforderlich. Dann ist der Preis für diejenigen Rechte zu bestimmen, die der neue Gesellschafter mit der Anteilsübernahme erwirbt.[3]

17

Eigentums-verhältnisse	transaktionsbezogen		nicht transaktionsbezogen
Verhandlungs-situation	nicht dominiert	dominiert	
Kauf oder Verkauf	– Kauf oder Verkauf des Unternehmens oder von Unternehmensanteilen – Festsetzung des Emissionskurses beim „Going Public"	– Ausscheiden eines Gesellschafters aus einer Personengesellschaft – Barabfindung von Minderheitsgesellschaftern – Enteignung – Erbauseinandersetzungen – Zugewinnausgleich	– steuerliche Bewertungsanlässe – Kreditwürdigkeitsprüfungen – Unternehmenssanierung – Wertsteigerungsanalysen (Shareholder Value-Analysen)

---

1 Vgl. *Rappaport*, S. 53 f. und zu einem Überblick über die verschiedenen Ausprägungen des Shareholder Value Ansatzes: *Heesen/Karl/Moser*, S. 6 ff.
2 Vgl. *Drukarczyk*, Unternehmensbewertung, S. 123–124.
3 Vgl. *Mandl/Rabel*, S. 14.

Eigentums-verhältnisse	transaktionsbezogen		nicht transaktionsbezogen
Verhandlungs-situation	nicht dominiert	dominiert	
Eintritt, Austritt, Verschmelzung	– Eintritt eines Gesellschafters in ein bestehendes Unternehmen ohne Ausscheiden eines bisherigen Gesellschafters – Gesellschaftsgründung durch Einbringung eines Unternehmens – Verschmelzung – Spaltung	– Abfindung von Minderheitsgesellschaftern in Aktien der Obergesellschaft	

Abb. 1: Anlässe der Unternehmensbewertung

Verschmelzungen bilden im Rahmen nicht dominierter Verhandlungssituationen einen Sonderfall. Anstatt eines Wertes für eine bestehende Gesellschaft sind Unternehmenswerte zu ermitteln, um eine angemessene Verschmelzungsrelation bestimmen zu können.[1] Die Aktionäre der betroffenen Gesellschaften erhalten z.B. bei Verschmelzungen durch Neugründung für ihre Altaktien Anteile an der neu entstandenen Gesellschaft.[2] Die Umtauschrelation von Alt- zu Neuaktien bemisst sich nach dem Verhältnis der Werte der in der neuen Gesellschaft aufgegangenen Unternehmen. Probleme bereitet in diesem Zusammenhang häufig die Verteilung von Synergieeffekten auf die Eigentümer beider untergegangener Unternehmen.[3] Eine Unternehmensbewertung ist für andere Rechtsformen notwendig, wenn mehrere Altgesellschaften in einer neuen Gesellschaft aufgehen.

18

In **dominierten Verhandlungssituationen**[4] kann eine Partei eine Änderung der Eigentumsrechte gegen den erklärten Willen einer anderen Partei durchsetzen. Die Voraussetzungen für das Entstehen einer dominierten Verhandlungsposition sind, dass der dominanten Partei das Recht zur Änderung der Eigentumsverhältnisse entweder vertraglich eingeräumt wird oder dass ihr das Recht von Gesetzes wegen zusteht. Die dominierte Partei kann die Bedingungen für eine Eigentumsänderung allerdings i.d.R. gerichtlich überprüfen lassen. Darunter fallen beispielsweise die Ermittlung des Guthabens von ausscheidenden Gesellschaftern bei Kündigung oder bei Ausschluss, die Regelungen hinsichtlich der Bemessung von Barabfindungen[5] bzw. von Abfindungen in Aktien[6] für

19

---

1 Vgl. §§ 9, 125 UmwG; WPHdb. II/2002, S. 7, Rz. A 20.
2 Vgl. *Heurung*, S. 837–839.
3 Vgl. *Sieben* in Wittmann/Kern/Köhler, S. 4322.
4 Vgl. *Drukarczyk*, Unternehmensbewertung, S. 125–127.
5 Vgl. die §§ 305, 320b, 327a AktG, § 31 WpÜG, §§ 29, 36, 125, 174, 176–180, 184, 188, 189, 207 UmwG.
6 Vgl. die §§ 305, 320b AktG.

Minderheitsgesellschafter, die Vorschriften zur Ermittlung angemessener Ausgleichszahlungen[1] beim Abschluss von Unternehmensverträgen oder der Zugewinnausgleich bei familienrechtlichen Abfindungen.

III. Bewertungszweck

20 Die Voraussetzung für eine sachgerechte Unternehmensbewertung ist die Kenntnis des Bewertungszieles,[2] da hiervon häufig die anzuwendende Bewertungsmethode und damit auch der Preis abhängt.[3] Während die Ermittlung von Grenzpreisen beispielsweise der Entscheidung über den Kauf eines Unternehmens dient, können im Rahmen der Steuerbemessungsfunktion Steuerbilanzwerte oder steuerliche Teilwerte ermittelt werden. Im Grundsatz gilt, dass unterschiedliche Bewertungszwecke zu divergierenden Unternehmenswerten führen. Im Rahmen der funktionalen Unternehmensbewertung wird daher den wichtigsten **Bewertungszwecken** eine **Funktion der Bewertung** zugeordnet.[4] Hierbei werden häufig die Beratungs-, Vermittlungs- und Argumentationsfunktion als Hauptfunktionen der Unternehmensbewertung bezeichnet, während die übrigen Funktionen unter dem Begriff Nebenfunktionen subsumiert werden.[5]

21

Funktion der Bewertung	Bewertungszweck: Ermittlung von
Beratungsfunktion	Entscheidungswerten (Grenzpreisen, Marktwert)
Argumentationsfunktion	Argumentationswerten
Vermittlungsfunktion	Schiedswerten
Bilanzfunktion	Buch- bzw. Bilanzwerten
Steuerbemessungsfunktion	Steuerbilanzwerten, steuerlichen Teilwerten

Abb. 2: Gegenüberstellung von Bewertungsfunktion und Bewertungszweck

22 Eine Unternehmensbewertung mit dem Zweck der Ermittlung von **Entscheidungswerten** gibt Informationen darüber, welcher **Grenzpreis** für einen potenziellen Käufer bzw. Verkäufer existiert. Bis zu diesem Grenzpreis ist es für die jeweilige Partei vorteilhaft, den Gesellschaftskauf bzw. -verkauf durchzufüh-

---

1 Vgl. § 304 AktG.
2 Beispielsweise wurden bis Ende 2004 Bewertungen im Rahmen der §§ 304, 305, 320b, 327a AktG als eine Nachsteuerrechnung i.S. des IDW S 1 i.d.F. v. 20.6.2000 durchgeführt. Beteiligungsbewertungen folgen dagegen beispielsweise als Vorsteuerrechnung dem IDW RS HFA 10, Rz. 10. Ab 2005 hat der IDW ES 1 die bisherige Vorgehensweise bei der Nachsteuerrechnung geändert; vgl. IDW ES 1 i.d.F. v. 9.12.2004, Rz. 38–41, 54–55, 102–103 und 125–134.
3 Es gibt nicht den schlechthin richtigen Unternehmenswert: Da Unternehmenswertermittlungen sehr unterschiedlichen Zwecken dienen können, ist der richtige Unternehmenswert jeweils zweckadäquat. Vgl. *Moxter*, S. 6; WPHdb. II/2002, Rz. 76, S. 23; *Drukarczyk*, Unternehmensbewertung, S. 128 f.
4 Vgl. *Piltz*, S. 12–15; *Matschke*, S. 1 ff.; *Schildbach*, S. 25.
5 Zu einem Überblick über die verschiedenen Funktionen der Unternehmensbewertung vgl. *Goetzke/Sieben* und *Mandl/Rabel*, S. 15.

ren. Der Grenzpreis repräsentiert für einen potenziellen Käufer eine **Preisobergrenze**, welche er gerade noch bereit ist für das Unternehmen zu bezahlen. Für einen Verkäufer bildet sein Grenzpreis die **Preisuntergrenze**, welche er mindestens erreichen muss.[1] Die Ermittlung von Entscheidungswerten erfolgt anhand von subjektiven Faktoren, d.h. in Abhängigkeit von Einflussgrößen, die nur für jeweils eine der beiden am Verhandlungsprozess beteiligten Parteien wertbestimmend sind. Neben Synergieeffekten und Steuerbelastungen gehören dazu die Wirkung der Akquisition auf das bereits vorhandene Vermögen des Investors. Weiterhin beeinflussen finanzielle und nicht-finanzielle Nutzenerwartungen des Käufers bzw. des Verkäufers den Unternehmenswert. Durch die Integration der unterschiedlichen Zielsetzungen und Risikoneigungen der Verhandlungsparteien sowie ihrer unterschiedlichen Möglichkeiten zur Beeinflussung des Unternehmenserfolges sind Entscheidungswerte grundsätzlich subjektive Unternehmenswerte.

Der **Marktwert** eines (Gesamt-)Unternehmens bzw. der Gesamtunternehmenswert entspricht nach herrschender Meinung dem *Barwert aller zukünftigen Zahlungen*, welche die Gesamtheit aller Kapitalgeber aus dem Unternehmen erwarten. Vom Begriff des Marktwertes eines (Gesamt-)Unternehmens abzugrenzen ist der Begriff des Unternehmenswertes. Hierbei wird in der Regel nur noch derjenige Wert verstanden, den das Unternehmen für dessen Anteilseigner besitzt. Das heißt, der Unternehmenswert unterscheidet sich vom Gesamtunternehmenswert um denjenigen Teil, welcher den Fremdkapitalgebern oder Dritten zuzurechnen ist. Häufig wird für den Begriff Unternehmenswert deshalb synonym der Begriff des „Marktwertes des Eigenkapitals" verwendet. Nach derzeitiger Auffassung entspricht der Unternehmenswert dem Barwert sämtlicher zukünftiger Zahlungen, welche die Eigenkapitalgeber aus dem Unternehmen erhalten. Für die Höhe des Unternehmenswertes erweisen sich neben den zukünftigen Zahlungsströmen auch die Renditeforderungen der Kapitalgeber als relevant. In jüngerer Zeit wird im Rahmen des Value-Based-Managements die Ermittlung von Unternehmenswerten auch als Instrument zur Beurteilung unternehmerischer Aktivitäten genutzt. Weiterhin dienen Marktwerte der Ermittlung von Emissionspreisen bei der Neuemission von Aktien. Obwohl in der Praxis die Unternehmenswerte börsennotierter Aktiengesellschaften nicht zwangsläufig mit deren Börsenkapitalisierungen übereinstimmen,[2] scheint sich langfristig der Börsenkurs am Unternehmenswert zu orientieren.[3] 23

Bei einem **Unternehmenskauf** durch einen Investor muss der Marktwert des zu erwerbenden Unternehmens nicht zwangsläufig dem Entscheidungswert der akquirierenden Partei entsprechen. Angenommen, der Marktwert wurde aus Sicht des bisherigen Eigentümers ermittelt, der von einer unveränderten 24

---

1 Vgl. *Moxter*, S. 5; *Piltz*, S. 9 und S. 13.
2 In Abfindungsfällen ist nach dem Urteil des Bundesverfassungsgerichts neben dem Ertragswert auch der Börsenkurs einer Aktie zu berücksichtigen. Ein Aktionär soll i.d.R. keine geringere Abfindung erhalten, als er bei einer freiwilligen Desinvestitionsentscheidung erhalten hätte. Vgl. v. 27.4.1999 – 1 BvR 1613/94, DB 1999, 1693 (1695).
3 Vgl. *Mandl/Rabel*, S. 19; *Ruhnke* in Kruschwitz/Heintzen, S. 76–99.; aber: *Ballwieser* in Kruschwitz/Heintzen, S. 19–20.

Fortführung der Gesellschaft ausgeht. Dieser Marktwert entspricht nur dann dem Entscheidungswert des Investors, wenn er tatsächlich eine unveränderte Fortführung der Unternehmung beabsichtigt und sonst keine weiteren Vorteile aus dem Anteilserwerb ziehen kann, die nicht auch durch den Verkäufer realisierbar sind. Exemplarisch für solche Investoren sind natürliche Personen, die ein diversifiziertes Kapitalmarktportefeuille halten. Ihr Stimmrechtsanteil ist derart gering, dass sie keine Möglichkeit der weiteren Einflussnahme auf die Unternehmensführung ausüben können.[1] Wenn ein Unternehmenskauf aber mit einer geplanten Veränderung der Unternehmenspolitik verbunden ist oder durch einen Kauf Synergieeffekte zwischen dem erworbenen und dem akquirierenden Unternehmen entstehen und genutzt werden können, kann der Entscheidungswert des Investors über dem Marktwert des erworbenen Unternehmens liegen. Zur Ermittlung des Entscheidungswertes aus Sicht des Investors müssen die Erfolge der Restrukturierung (Teil II Rz. 269), mögliche Synergieeffekte (Teil II Rz. 270 ff.) und eventuell veränderte Risikostrukturen, die sich auf die Renditeforderung der Eigenkapitalgeber auswirken, bei der Berechnung des Barwerts der zukünftigen Zahlungsüberschüsse berücksichtigt werden.[2]

25 Die Abbildung 3 (Rz. 26) stellt die **Abhängigkeit des Unternehmenswertes von verschiedenen objektiven wie subjektiven Komponenten** (Vergangenheitsdaten, Zukunftserfolge, Synergieeffekte und strategische Optionen) dar. Den Ausgangspunkt bildet der Unternehmenswert, welcher sich aus Diskontierung einer unendlichen Rente ergibt, deren Höhe sich aus den um außergewöhnliche Vorkommnisse bereinigten Vergangenheitswerten ermittelt (vergangenheitsorientierter Wert). Daneben findet sich in der Grafik derjenige Wert, den das Unternehmen aufweist, sobald dessen Wertableitung in Abhängigkeit von geplanten Zukunftserfolgen erfolgen würde (zukunftsorientierter Wert unter „Going concern"-Prämissen). Dieser Wert wird in der Praxis häufig dem objektivierten Unternehmenswert entsprechen. Das Wertkonzept wird eher bei Bewertungen nach dem IDW Standard 1 anzutreffen sein. Werden bei der Wertableitung neben Zukunftserfolgen zusätzlich Synergieeffekte berücksichtigt, fällt der Unternehmenswert i.d.R. noch höher aus (synergetischer Wert). Den subjektiv höchsten Wert (strategischer Wert)[3] weist ein Unternehmen für dessen Eigentümer dann auf, wenn zusätzlich noch wertsteigernde strategische Optionen (Strategiezuschläge) realisierbar sind. Der synergetische und der strategische Wert stellen subjektivierte Unternehmenswerte dar. Derartige Unternehmenswerte sind in der Praxis eher bei Bewertungen nach dem IDW Standard RS HFA 10 anzutreffen.

---

[1] Vgl. *Copeland/Weston*, S. 203.
[2] Vgl. *Mandl/Rabel*, S. 18 ff.
[3] Durch Strategiezuschläge wird dem strategisch motivierten Charakter vieler Akquisitionen Rechnung getragen, indem die mit dem Unternehmenserwerb zusätzliche unternehmerische Flexibilität wertsteigernd berücksichtigt werden soll. Für die Bemessung der Zuschläge wird vorgeschlagen, auf Optionspreismodelle zurückzugreifen. Allerdings ist aufgrund der begrenzten Übertragbarkeit dieser Modelle auf die Bewertung von Realinvestitionen das Problem der Quantifizierung eines Zuschlags noch nicht befriedigend gelöst. Vgl. WPHdb. II/2002, S. 46–48.

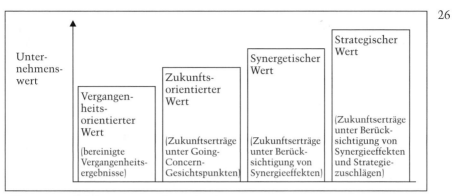

Abb. 3: Werteskala beim Unternehmenskauf

Bei einem Unternehmenskauf suchen Käufer und Verkäufer nach Argumenten zur Stärkung ihrer eigenen Verhandlungsposition (Teil II Rz. 16 ff.). Hierbei sind Bewertungsgutachten als Argumentationshilfe hilfreich. Durch einen Bewerter wird ein parteiischer Wert ermittelt, um den Investor argumentativ zu unterstützen und dadurch seine Verhandlungsposition zu stärken. Damit soll ein Preis realisiert werden, der je nach Betrachtungsweise und Ziel des Auftraggebers möglichst nahe am Grenzpreis der Gegenseite liegt. Für die Bestimmung eines solchen **Argumentationswertes** lassen sich kaum allgemeine Regeln ableiten.[1] Der Argumentationswert erfüllt in der Kaufverhandlung allerdings nur seinen Zweck, wenn die relevanten Entscheidungswerte beider Parteien bekannt sind bzw. zumindest eine ungefähre Vorstellung über ihre Höhe existiert. Der Entscheidungswert stellt somit für die verhandelnden Parteien die Rückzugslinie ihrer Argumentation dar.[2]

Ein weiterer Zweck der Unternehmensbewertung kann im Rahmen dominierter Verhandlungspositionen in der Bestimmung eines Preises liegen, der sich zur Herstellung eines Interessenausgleichs zwischen zwei Parteien eignet. Dieser Wert wird als **Schiedswert** (Arbitriumwert) bezeichnet.[3] Weiterhin erfüllt die Unternehmensbewertung noch den Zweck, Informationen über die Ertragskraft der Unternehmung zu ermitteln, beispielsweise zur Ermittlung von **Steuerbilanzwerten bzw. steuerlichen Teilwerten.**

Für den Käufer eines Unternehmens oder einer Beteiligung kann eine Bewertung verschiedenen Zwecken dienen: Die Ermittlung von Entscheidungswerten dient z.B. zur Feststellung, inwiefern ein Unternehmenskauf für ihn individuell lohnend ist. In diesem Kontext wird häufig eine **Due Diligence** durchgeführt.[4] Eine Due Diligence zielt auf die detaillierte und systematische Analyse von Daten einer Unternehmung mit dem Ziel, ein Gesamtbild des

---

1 Vgl. *Born*, Unternehmensanalyse, S. 44.
2 Vgl. *Sieben* in Wittmann/Kern/Köhler, S. 4319.
3 Vgl. *Drukarczyk*, Unternehmensbewertung, S. 128–129.
4 Je nachdem, ob die Due Diligence von der Verkäufer- oder der Käuferseite in Auftrag gegeben und durchgeführt wird, unterscheidet man die so genannte Vendor-(Verkäufer-)Due Diligence und die Buy Side-(Käufer-)Due Diligence.

Unternehmens zu erlangen und verdeckte Risiken offen zu legen.[1] Der zwischen dem Käufer und dem Verkäufer bestehende Verhandlungsspielraum wird durch deren Grenzpreise bestimmt. Zusätzlich können die Verkäufer bzw. Käufer mit Hilfe eines Gutachters durch die Wahl und die geschickte Begründung eines Argumentationswertes versuchen, den Verkaufspreis möglichst hoch bzw. niedrig zu halten.[2]

30 Nachdem der Einfluss des Bewertungszweckes auf den Unternehmenswert dargestellt wurde, ist eine **Definition des Unternehmenswertes** möglich: Der Unternehmenswert entspricht dem **Wert des Eigenkapitals** (Teil II Rz. 23) eines Unternehmens, der an einem bestimmten Stichtag im Hinblick auf die Zwecke des Bewertungsanlasses als zutreffend erscheint.[3] Je nach Zweck des Bewertungsanlasses und der für den Bewertungsfall vorliegenden gesetzlichen und vertraglichen Bestimmungen können jeweils andere Werte angesetzt werden.

31 Der im Rahmen der Unternehmensbewertung ermittelte **Wert** ist nicht zwangsläufig identisch mit dem **Preis**, der im Rahmen einer Kaufverhandlung realisiert wurde.[4] Der Wert einer Unternehmung resultiert aus einer methodischen Vorgehensweise, der Bewertung. Der Preis eines Unternehmens repräsentiert hingegen das Ergebnis einer taktischen Vorgehensweise, der Preisverhandlung. Beide Größen sind oft miteinander korreliert, denn der Wert eines Unternehmens ist häufig die Ausgangsbasis für Preisverhandlungen. Anders herum können Börsenpreise oder außerbörslich gezahlte Kaufpreise als Orientierungsgrößen bei der Unternehmensbewertung genutzt werden.[5]

IV. Funktion des Bewerters

32 Mit einem einzelnen Bewertungsanlass können eine **Vielzahl von Bewertungszwecken** verbunden sein. So kann bei der Abfindung eines Gesellschafters der Bewertungszweck in der Ermittlung einer subjektiven Entscheidungsgrundlage liegen, während die Ermittlung von Argumentationswerten der Vorbereitung eines Verhandlungsergebnisses dient. Auch die Ermittlung eines Schiedswertes zur Herbeiführung eines Interessenausgleichs kommt als Bewertungszweck in diesem Kontext zum Tragen. Für die Auswahl des geeigneten Bewertungsverfahrens ist, unabhängig vom Bewertungsanlass, der alleinige Zweck der jeweiligen Bewertung maßgeblich.[6]

---

1 Vgl. *Koch/Wegmann*, S. 3. Eine detaillierte Checkliste für eine Financial Due Diligence ist dem WPHdb. II/2002, Rz. O 370, S. 1092–1098 zu entnehmen.
2 Zum Begriff und Inhalt einer Due Diligence vgl. *Schmitz*, 2002, S. 2–19.
3 Vgl. *Bellinger/Vahl*, S. 29.
4 Vgl. *Ballwieser* in Kruschwitz/Heintzen, S. 15 f.
5 Vgl. *Ballwieser* in Kruschwitz/Heintzen, S. 17–21.
6 Vgl. *Drukarczyk*, Unternehmensbewertung, S. 126–127. Allerdings ist zu beachten, dass die Rechtsprechung in gewissen Fallkonstellationen unabhängig vom Bewertungszweck das Bewertungsverfahren vorgeben kann. Vgl. hierzu insbesondere die Diskussion um die Behandlung der Vorgaben des BVerfG hinsichtlich der Berücksichtigung von Börsenkursen. Nachzulesen in *Hüttemann*, S. 153–154, 156–160, 165–172.

Ein Bewerter kann in der Funktion eines **Beraters, Schieds-** oder **Gerichtsgutachters**[1] und **neutralen Gutachters** tätig werden. Bei der Ermittlung von Markt-, Entscheidungs- und Argumentationswerten fungiert der Bewerter als Berater eines bestimmten Investors und ist demzufolge parteiisch. In seiner Funktion als Schiedsgutachter kommt ihm die Aufgabe zu, einen Interessenausgleich zwischen divergierenden Parteien herbeizuführen. Im Rahmen seiner Aufgabe als neutraler Bewerter soll er mit nachvollziehbaren Methoden einen objektivierten, von den individuellen Wertvorstellungen der betroffenen Parteien unabhängigen Wert des Unternehmens ermitteln. Dieser objektivierte Unternehmenswert kann bei einem Unternehmenskauf als Ausgangsbasis der Preisverhandlungen dienen. Zugleich bildet dieser Wert auch die Basis für eine ggf. nachfolgende Bestimmung eines subjektiven Unternehmenswertes. Zum subjektiven Unternehmenswert gelangt man, indem ausgehend vom objektivierten Unternehmenswert bei der Wertermittlung individuelle Vorstellungen des Investors einbezogen werden. Bei der Ermittlung des subjektiven Unternehmenswertes fließen somit individuelle Daten und Wertkomponenten des Entscheiders und beabsichtigte Fortführungskonzepte ein, wie beispielsweise die Schaffung von Zusatzwerten durch Restrukturierungsmaßnahmen oder Synergien.[2]

33

V. Prozess der Unternehmensbewertung

Der Prozess der Unternehmensbewertung erfordert unabhängig vom angewendeten Bewertungsverfahren ein **mehrstufiges Vorgehen**.[3] Hierbei sind im Wesentlichen zwei Aufgabenkomplexe zu differenzieren. Zunächst ist eine detaillierte Analyse des Unternehmens im Ist-Zustand und eine Prognose der künftig erwarteten Überschüsse (Soll-Zustand) erforderlich.[4] Ist der Käufer des zu bewertenden Unternehmens selber ein Unternehmen, erweist sich hierbei insbesondere die sorgfältige Analyse von Werteffekten aus möglichen Synergien und Umstrukturierungen als erforderlich.[5] Die Unternehmensanalyse und die Unternehmensplanung stellen das Fundament der Unternehmensbewertung dar. Wird diese Aufgabe nicht sorgfältig erledigt, ist die gesamte Bewertung zum Scheitern verurteilt, da dann möglicherweise wesentliche Bewertungsparameter und Annahmen nicht korrekt ermittelt wurden.[6]

34

---

1 Z.B. in der Eigenschaft als gerichtlich bestellter Übertragungsgutachter im Squeeze-Out Verfahren.
2 Vgl. *Siepe*, WPg. 1997 Teil I, S. 2.; WPHdb. II/2002, Rz. 31–49, S. 9–14.
3 *Popp*, S. 101.
4 Vgl. WPHdb. II/2002, Rz. 162–166.
5 Vgl. IDW RS HFA 10, Rz. 5–7.
6 Vgl. *Henselmann*, S. 70–75.

35

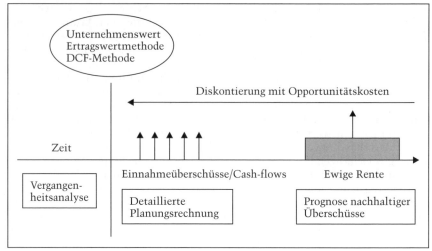

Abb. 4: Kapitalwertorientierte Unternehmensbewertung

36 Nachdem die Vergangenheitsanalyse abgeschlossen ist und die zukünftig erwarteten Überschüsse sorgfältig prognostiziert sind, werden die **prognostizierten Überschüsse kapitalisiert**. Dazu ist eine Ermittlung eines Kalkulationszinsfußes notwendig. Dieser soll die Risiken des Investments im Vergleich zu einer alternativ möglichen Anlage widerspiegeln (Opportunitätsprinzip). Entspricht das Zielobjekt den Vorstellungen des Investors, schließen sich der Unternehmensbewertung Kaufverhandlungen an. Hierbei kann der Investor die aus der Bewertung gewonnenen Informationen zur Beurteilung des Verhandlungsspielraums des Verkäufers nutzen.

C. Methodische Grundlagen

I. Überblick

37 In der Praxis werden im Wesentlichen **drei verschiedene Bewertungskonzepte** verwendet: die Gesamtbewertungsverfahren, die Einzelbewertungsverfahren und die Mischverfahren. Die Eignung eines bestimmten Bewertungsverfahrens für einen konkreten Bewertungsfall kann nur bei Kenntnis des Einzelfalls beurteilt werden. Ein Überblick über die gebräuchlichsten Bewertungsverfahren ist der nachfolgenden Abbildung zu entnehmen.

Prozess der Unternehmensbewertung   Teil II

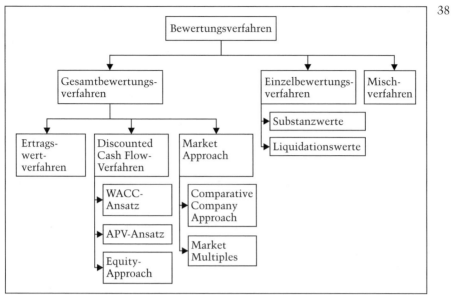

Abb. 5: Überblick über die Bewertungsverfahren

Grundsätzlich gilt, dass die **Gesamtbewertungsverfahren** die gebräuchlichsten Bewertungsverfahren sind. Nach jenen Bewertungsmethoden wird das Unternehmen als eine Bewertungseinheit angesehen, deren Wert sich aus ihren zukünftig erzielbaren Erträgen ableitet. Zu den Gesamtbewertungsverfahren zählen die Ertragswertmethode, das Discounted Cash-Flow-Verfahren und der so genannte Market Approach.

Die **Einzelbewertungsverfahren** leiten den Unternehmenswert aus der Summe der Werte einzelner Unternehmensbestandteile ab. Hierbei ist danach zu differenzieren, ob die einzelnen Unternehmensbestandteile unter der Prämisse der Unternehmensfortführung (Substanzwert) oder unter der Prämisse der Liquidation (Liquidationswert) zu bewerten sind. Da die Einzelbewertungsverfahren nicht auf die erwarteten Zahlungsüberschüsse der Eigen- und Fremdkapitalgeber abstellen, können Wertermittlungen auf Basis von Einzel- und Gesamtbewertungsverfahren zu unterschiedlichen Ergebnissen führen.

Eine Kombination von Methoden der Gesamtbewertungs- und Einzelbewertungsverfahren findet man bei den **Mischverfahren**. Diese Bewertungsmethodik wurden aufgrund der stark abweichenden Ergebnisse bei isolierter Anwendung des Gesamt- bzw. Einzelbewertungsverfahrens entwickelt. Die Existenz von Mischverfahren spiegelt das Misstrauen der Entscheider vor der Anwendung einer einzelnen Methode (Gesamtbewertungsverfahren oder Einzelbewertungsverfahren) wider.[1] Mischverfahren gelten heutzutage als nicht mehr zeitgemäß. Sie werden jedoch in Deutschland teilweise noch von der Finanzverwaltung angewandt.[2] Aber auch dort setzt sich zunehmend die Erkenntnis durch, dass Mischverfahren für die Wertermittlung von Unternehmen nicht geeignet sind.[3] Eine Nutzung dieser Verfahren zur Ermittlung von Entscheidungswerten ist daher abzulehnen.[4] Im Folgenden wird deswegen auf eine detailliertere Darstellung von Mischverfahren verzichtet.

II. Gesamtbewertungsverfahren

42 Zu den Gesamtbewertungsverfahren zählen das **Ertragswertverfahren**, das **Discounted Cash-Flow-Verfahren** sowie diverse Bewertungsverfahren, die unter dem Begriff des **Market Approaches** zusammengefasst werden. Insbesondere die Ertragswert- als auch die Discounted Cash-Flow-Verfahren nutzen zur Wertermittlung moderne statistisch-mathematische Methoden und Erkenntnisse der Finanz- und Kapitalmarkttheorie. Aufgrund ihres zukunftsorientierten Ansatzes haben diese Bewertungsverfahren einen hohen Stellenwert[5] in der Bewertungspraxis.[6] Während sich in Deutschland bisher eher das **Ertragswertverfahren** hoher Beliebtheit erfreut, werden international die **Discounted Cash-Flow-Verfahren**[7] präferiert. In Deutschland ansässige Unternehmensberatungsgesellschaften und Investmentgesellschaften bedienen sich deswegen bei der Bewertung im Rahmen internationaler Mergers & Acquisitions mehrheitlich des Discounted Cash-Flow-Verfahrens.[8] Vom Berufsstand der Wirtschaftsprüfer sind Discounted Cash-Flow-Verfahren als gleichwertige Alternative zum Ertragswertverfahren anerkannt.[9]

43 Zu den Gesamtbewertungsverfahren zählt auch der insbesondere im internationalen Umfeld verbreitete **Market Approach**. Nach dieser Bewertungsmethode bilden die beobachteten Markt- oder Börsenpreise vergleichbarer Unternehmen die Grundlage für die Wertableitung des zu betrachtenden Un-

---

1 Allerdings führen auch die Mischverfahren, wie beispielsweise das Stuttgarter Verfahren, zu teilweise erheblichen Abweichungen von den Unternehmenswerten, die nach Ertragswert- oder DCF-Verfahren ermittelt wurden. Vgl. *Göllert/Ringling*, S. 516. Ähnlich kritisch: *Born*, Unternehmensanalyse, S. 52.
2 Vgl. *Großfeld*, S. 52 f.; *Piltz*, 1992, S. 39, S. 221, S. 291 und S. 320.
3 Vgl. *Lausterer*, S. 116–120.
4 Vgl. *Mandl/Rabel*, S. 380; WPHdb. II/1998, S. 133; *Großfeld*, S. 53 und S. 260 ff.
5 Diese Aussage wird durch eine in Dezember 2003 abgeschlossene Analyse der Saubach, Blühm & Co. Unternehmensplanung GmbH untermauert. Demnach besitzen Ertragswert- und Discounted Cash-Flow-Verfahren in der derzeitigen Unternehmenspraxis im Vergleich zu anderen Bewertungsmethoden einen überragenden Stellenwert.
6 Vgl. *Löhnert/Böckmann*, S. 403.
7 Hierzu zählen insbesondere das WACC Verfahren, der APV Ansatz sowie der so genannte Equity Approach. Vgl. *Moser*, S. 117.
8 So ist die Anwendungshäufigkeit des DCF-Verfahrens bei der Bewertung von internationalen Mergers & Acquisitions von deutschen Unternehmen von 25 % im Jahr 1990 auf 95 % im Jahr 1998 gestiegen. Universalbanken, Investmentbanken und Unternehmensberatungen verwenden zu 100 % das DCF-Verfahren. Andere Verfahren werden ergänzend eingesetzt. Vgl. *Peemöller/Kunowski/Hillers*, S. 623.
9 Vgl. IDW S 1 i.d.F. v. 20.6.2000, Abschnitt 7, insbesondere Rz. 106.

ternehmens. In Deutschland hat dieses Verfahren eine untergeordnete Stellung.[1] Dies ist wohl auf die im Vergleich zu den USA verhältnismäßig geringere Anzahl börsennotierter Unternehmen und der daraus resultierenden geringeren Zahl von Unternehmenstransaktionen zurückzuführen. Außerdem dürften Datenbeschaffungsprobleme eine Rolle spielen, welche insbesondere aus der für den deutschen Kapitalmarkt typischen geringeren Transparenz (z.B. durch das Fehlen wesentlicher Angaben zu einzelnen Transaktionen) resultieren dürften. Auch wenn infolge der zunehmenden Kapitalmarktorientierung in Deutschland der Verbreitungsgrad des Market Approaches zugenommen hat, wird er in der deutschen Bewertungspraxis in aller Regel nur ergänzend zu einer Unternehmensbewertung nach dem Ertragswert- bzw. Discounted Cash-Flow-Verfahren herangezogen.[2]

1. Ertragswertverfahren

a) Grundsätzliche Überlegungen zum Ertragswertverfahren

Investoren können grundsätzlich in Privatinvestoren und Unternehmen eingeteilt werden. Sofern sie ein Unternehmen erwerben bzw. sich daran beteiligen wollen, streben sie primär die Maximierung ihrer monetären Erträge an. Der Erfolg einer Kapitalanlage wird durch die **Höhe der in der Zukunft erwirtschafteten Überschüsse** bestimmt. Es existieren verschiedene monetäre Stromgrößen, mit denen die aus dem Unternehmen erzielten Überschüsse gemessen werden können: Netto-Einnahmen des Investors, Netto-Ausschüttungen aus dem Unternehmen, Cash-Flows des Unternehmens und der Periodenerfolg des Unternehmens.[3] 44

Die **Netto-Einnahmen** des Investors umfassen alle Geldbeträge, die ihm aus dem Investitionsobjekt zufließen. Dabei sind auch Kostensteuern zu berücksichtigen. Grundsätzlich gilt, dass für eine Unternehmensbewertung die Sicht des Investors und nicht die des Unternehmens für die Wertfindung entscheidend ist. Diese Aussage ist jedoch zu relativieren, wenn die Unternehmensbewertung bzw. eine Beteiligungsbewertung zum Zwecke der Erstellung eines handelsrechtlichen Jahresabschlusses erfolgt.[4] Die hier auftretenden Sonderprobleme werden detailliert unter Teil II Rz. 281 ff. besprochen. Ausgehend von der Investitionsrechnung werden diejenigen Anlagealternativen ausgewählt, die den höchsten Barwert erwirtschaften. Unter theoretischen Ge- 45

---

1 In Deutschland waren 1998 ca. 800 Unternehmen börsennotiert, in den USA mehr als 13 000, vgl. *Ballwieser*, DB 1997, 83 und *Sanfleber-Decher*, WPg. 1992, 597. Diese Aussage ändert sich auch nicht, wenn aktuellere Zahlen verwendet werden. So geht *Ballwieser* in seiner neueren Veröffentlichung von über 1000 in Deutschland notierten Unternehmen aus. Vgl. *Ballwieser* in Kruschwitz/Heintzen, S. 18.
2 Die Anwendungshäufigkeit des Market Approaches bei internationalen Mergers & Acquisitions ist von 8 % im Jahr 1990 auf 73 % im Jahr 1998 gestiegen. Insbesondere Unternehmensberatungen, Investmentbanken und Wirtschaftsprüfungsgesellschaften verwenden dieses Verfahren mit einer Häufigkeit von 80 % und mehr. Vgl. *Peemöller/Kunowski/Hillers*, S. 623.
3 Eine grafische Darstellung der Zahlungsströme findet sich bei *Helbling*, S. 100.
4 In diesem Falle handelt es sich um eine Bewertung auf Grundlage des IDW RS HFA 10.

sichtspunkten ist die Erfolgsgröße Netto-Einnahme des Investors aus der Gruppe der möglichen Messgrößen die richtige Erfolgsgröße.[1] Da die Prognose der Einnahmen eines Investors jedoch relativ komplex ist, wird i.d.R. auf andere monetäre Stromgrößen als Erfolgsindikator zurückgegriffen.

46 Anstelle der Netto-Einnahmen des Investors können auch die **Netto-Ausschüttungen** des Unternehmens als Erfolgsgröße genutzt werden. Hierbei wird i.d.R. vereinfachend unterstellt, dass die vom Unternehmen erwirtschafteten Einzahlungsüberschüsse, nach erfolgter Bedienung der Fremdkapitalgeber, an die Eigenkapitalgeber vollständig ausgeschüttet werden.[2] Die Annahme einer vollständigen Ausschüttung der Einzahlungsüberschüsse wird als **Vollausschüttungsfiktion** bezeichnet.[3] Im Unterschied zur Orientierung an den Netto-Einnahmen bleiben bei der Orientierung an den Netto-Ausschüttungen die persönlichen steuerlichen Belastungen der Investoren und externe Synergien unberücksichtigt. Zur Schätzung der Erfolgsgröße Ausschüttung (insbesondere hinsichtlich der Höhe zukünftiger Gewinne sowie der Ausschüttungsquoten), kann eine mittelbare Prognose der monetären Stromgrößen zwischen Investor und Unternehmen erfolgen. Hierzu sind die Zahlungen zwischen dem Unternehmen und seiner Umwelt (Kunden, Lieferanten, Mitarbeiter etc.) zu analysieren.

47 Da die meisten Unternehmen nicht über ein zahlungsstromorientiertes Rechnungswesen verfügen, ist die Prognose der Einzahlungsüberschüsse über einen langen Planungszeitraum nur eingeschränkt möglich. Deshalb wird bei der Ertragswertberechnung häufig auf **prognostizierte Aufwendungen und Erträge** in Form von Plan-Gewinn- und Verlustrechnungen zurückgegriffen. Bei der Ermittlung des zukünftigen **Periodenerfolgs** ist zu bedenken, dass zwischen Erträgen und Einnahmen und Aufwendungen und Ausgaben teilweise erhebliche zeitliche Differenzen bestehen. Infolge dessen lässt sich auch der zukünftige Finanzbedarf nur unvollständig aus der Aufwands- und Ertragsrechnung abschätzen. Dieses macht die Erstellung einer Nebenrechnung in Form einer langfristigen Finanzbedarfsrechnung notwendig.[4]

48 Im Hinblick auf die in der Praxis als Basis der Unternehmensbewertungen gewählten Erfolgsgrößen lässt sich zusammenfassend festhalten, dass die Ertragswertmethode aus theoretischer Sicht nicht die Nutzung einer Gewinngröße als Bewertungsbasis befürwortet. Aufgrund der auftretenden praktischen Probleme wird aber i.d.R. eine prognostizierte Aufwands- und Ertragsrechnung

---

[1] Die Netto-Einnahmen des Investors werden auch als Netto-Cash-Flows bezeichnet. Vgl. *Mandl/Rabel*, S. 33.
[2] In Deutschland wird seit Verabschiedung des IDW ES 1 i.d.F. v. 9.12.2004 von der Vollausschüttungshypothese bei Ertragswertbewertungen insbesondere deshalb abgewichen, um zu einer äquivalenten Erfassung der Ertragsteuerbelastung im zu kapitalisierenden Ergebnis und im Kapitalisierungszinssatz zu gelangen. Nunmehr gilt, dass die zukünftige Ausschüttung sich am existierenden Unternehmenskonzept orientiert. Sofern eine teilweise oder vollständige Ergebnisthesaurierung unterstellt wird, sind geeignete Annahmen über die ertragbringende Verwendung der thesaurierten Beträge zu treffen (vgl. IDW ES 1 i.d.F. v. 9.12.2004, Rz. 46–48).
[3] Vgl. *Mandl/Rabel*, S. 34.
[4] Vgl. HFA 2/1983, S. 103.

als Grundlage der Unternehmensbewertung gewählt, bei der Finanzierungseffekte mit berücksichtigt werden.[1]

Steuerzahlungen mindern die erwarteten Überschüsse des Investors, weshalb bei der Ertragswertberechnung grundsätzlich sämtliche aus Sicht des Investors anfallenden Steuern bei der Ableitung der Erträge und damit bei der Ertragswertermittlung zu berücksichtigen sind. Welche Steuern im Einzelfall konkret zu berücksichtigen sind, hängt maßgeblich vom Bewertungszweck und vom Investor ab. Für Privatinvestoren, die eine Unternehmensbewertung auf Basis des IDW S 1 durchführen, sind für die Wertermittlung sowohl Unternehmen- als auch persönliche Einkommensteuern relevant. Ein Unternehmenswert, der nach dem IDW S 1 im Sinne einer Nachsteuerrechnung ermittelt wurde, wird i.d.R. als **objektivierter Unternehmenswert** bezeichnet (sofern bei der Ermittlung der zukünftigen Überschüsse die in Teil II Rz. 205 ff. benannten Kriterien beachtet werden). 49

Wird eine Unternehmensbewertung nicht aus Sicht eines Privatinvestors, sondern aus der Sicht eines Unternehmens (Kapitalgesellschaften) durchgeführt und/oder erfolgt eine Unternehmensbewertung auf Basis des IDW RS HFA 10 (vgl. hierzu ausführlicher Teil II Rz. 281 ff.), fällt i.d.R. die Notwendigkeit einer Berücksichtigung von persönlicher Einkommensteuer weg.[2] Es wird dann i.d.R. ein subjektivierter Unternehmenswert ermittelt. 50

Werden bei der Unternehmensbewertung zwar die Unternehmenssteuern, jedoch nicht die persönlichen Einkommensteuern privater Investoren berücksichtigt, bezeichnet man die Bewertungsmethode als eine **Vorsteuerrechnung**. Fließt zusätzlich die persönliche Einkommensteuerlast der Privatinvestoren in die Wertermittlung ein (objektivierter Unternehmenswert), wird die Bewertungsmethode als eine **Nachsteuerrechnung**[3] bezeichnet. 51

Die folgende Grafik skizziert die Bewertungsmethodik für die Ableitung eines objektivierten Unternehmenswertes gemäß IDW S 1. Sofern eine Wertableitung nach dem Standard IDW RS HFA 10 als Vorsteuerrechnung erfolgt, ändert sich die Grafik dahingehend, dass die zu kapitalisierenden Überschüsse nicht um persönliche Einkommensteuer gemindert sind. Außerdem entfällt dann der nachstehend skizzierte Abzug für die individuelle Ertragsteuerbelastung im Kapitalisierungszinssatz. 52

---

1 Vgl. *Jonas*, S. 86.
2 Selbiges kann für Privatinvestoren gelten, sofern diese im Inland keiner persönlichen Einkommensteuerbelastung unterliegen (z.B. ausländische Investoren).
3 In der Stellungnahme IDW S 1 i.d.F. v. 28.6.2000 fordert das Institut der Wirtschaftsprüfer, dass bei der Unternehmensbewertung grundsätzlich die persönlichen Ertragsteuern des Investors zu berücksichtigen sind. Auch die Neufassung des IDW ES 1 i.d.F. v. 9.12.2004 geht von der Notwendigkeit einer Nachsteuerrechnung aus.

53

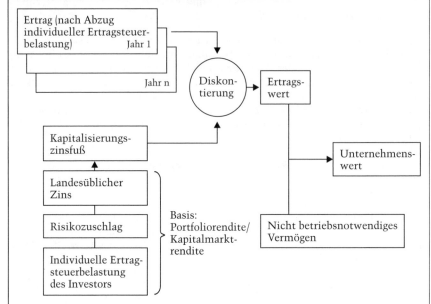

Abb. 6: Ertragswertverfahren (objektivierte Bewertung, Basis Nachsteuerrechnung); Quelle: in Anlehnung an *Hafner*, BFuP 1995, 82.

54 Bei wachsenden Erträgen führt eine Nachsteuerrechnung grundsätzlich zu einem höheren Unternehmenswert als eine Vorsteuerrechnung. Dieses paradoxe Resultat (steigender Unternehmenswert bei zunehmendem Steuersatz) ist die Folge des **Steuerparadoxons**.[1] Lediglich im Sonderfall zukünftig konstanter finanzieller Überschüsse (konstante ewige Renten) führen die Vor- und Nachsteuerrechnung zum gleichen Ergebnis. Da dieser Fall in der Praxis üblicherweise nicht anzutreffen ist, hat sich zumindest in der deutschen Bewertungspraxis die Nachsteuerrechnung als Bewertungsstandard[2] etabliert.[3] Seit Verabschiedung des IDW Standard RS HFA 10 am 29.9.2003, der sich mit der Wertermittlung aus der Sicht eines Unternehmens als Gesellschafter befasst,

---

1 Zu detaillierten Ausführungen zum Steuerparadoxon und den daraus folgenden wirtschaftlichen Implikationen vgl. *D. Schneider*, S. 246 f.
2 Vgl. WP II/2002, S. 75–79.
3 Die bewertungstechnische Behandlung der persönlichen Einkommensbesteuerung hat in der Entwicklung vom IDW S 1 i.d.F. v. 28.6.2000 zum IDW ES 1 i.d.F. v. 9.12.2004 bei der Abbildung des Kapitalisierungszinssatzes eine wesentliche Neuerung erfahren. Während bis zur Verabschiedung des IDW ES 1 i.d.F. v. 9.12.2004 unterstellt wurde, dass die Alternativanlage in einer Bundesanleihe zu erfolgen hat, gilt seit 2005 das Primat einer Alternativinvestition in die vergleichbare Aktien- bzw. Portfolio-Rendite. Dieser Schwenk in der Behandlung der Alternativanlage basierte auf der aktuellen wissenschaftlichen Erkenntnis, wonach in einer Nach-Steuerrechnung die Verwendung einer Staats- bzw. Bundesanleihe als Alternativanlage zu einer Unterschätzung der Nach-Steuer-Risikoprämie führt (vgl. *Stehle*, WPg. 2004, 906 ff.; IDW ES 1 i.d.F. v. 9.12.2004, S. 23, Abschn. 6, insb. Rz. 102). Demnach gilt ab sofort der Grundsatz, dass

dürfte die Nachsteuerrechnung grundsätzlich nur noch für eingeschränkte Bewertungszwecke (z.B. in den Fällen der §§ 304, 305 AktG, §§ 327a–f AktG, d.h. in Fällen, in denen Privatpersonen als Gesellschafter/Aktionär abgefunden werden) erforderlich sein.

Der Ertragswert eines Unternehmens entspricht dem Barwert sämtlicher zukünftiger Erträge (E_t). Für dessen Berechnung muss neben den Zukunftserfolgen der Kapitalisierungszinssatz (r) bekannt sein. Um den Unternehmenswert zu berechnen, benötigt der Bewerter zusätzlich noch Informationen über den Barwert des nicht betriebsnotwendigen Vermögens (N_0). Das nicht betriebsnotwendige Vermögen wird nach den Kriterien der bestmöglichen Verwendung einer separaten Bewertung unterzogen. Dabei wird der Liquidations- bzw. Veräußerungserlös angesetzt.

55

Wird von einer unendlichen Fortführung des Unternehmens ausgegangen, berechnet sich der Unternehmenswert (UW_0) nach der folgenden Gleichung anhand der Kapitalisierung zukünftiger Erträge mit einem Kapitalisierungszinssatz (r):[1]

56

$$UW_0 = \sum_{t=1}^{\infty} E_t \cdot (1+r)^{-t} + N_0.$$

Die **Höhe des Kapitalisierungszinssatzes** leitet sich aus der Rendite der besten, dem Investor zur Verfügung stehenden alternativen Kapitalanlage (Alternativanlage) ab. Eine Vergleichbarkeit beider Investitionsmöglichkeiten ist allerdings nur gegeben, wenn beide Anlageformen hinsichtlich Laufzeitstruktur, Verfügbarkeit, Unsicherheit und Besteuerung übereinstimmen. Wie der anzuwendende Kapitalisierungszinssatz im Detail zu bestimmen ist, wird detaillierter unter Teil II Rz. 289 ff. erläutert. Wird vereinfachend unterstellt, dass kein nicht betriebsnotwendiges Vermögen vorhanden ist und die Unternehmenserträge in den zukünftigen Perioden konstant sind, dann entspricht der Unternehmenswert dem Barwert einer ewigen Rente:

57

$$UW_0 = \frac{E_1}{r}$$

Für die Vorteilhaftigkeit eines Unternehmenserwerbes sind demnach die Höhe der Erträge aus dem Unternehmen und der anzuwendende Kapitalisierungszinssatz entscheidend. Unter der Annahme eines kontinuierlichen Wachstums (g) der Erträge in der ewigen Rente erhöht sich der Unternehmenswert. Er errechnet sich dann anhand der nachfolgenden Gleichung:

58

$$UW_0 = \frac{E_1}{r-g} = \frac{(1+g) \cdot E_0}{r-g}.$$

---

für einen Aktionär die angemessene Alternativinvestition nicht – wie noch unter IDW S 1 i.d.F. v. 28.6.2000 üblich – eine festverzinsliche Anleihe ist, sondern eine Aktieninvestition, da anderenfalls miteinander unvergleichbare Sachverhalte gegenübergestellt werden und damit keine äquivalente Betrachtungsweise besteht.

1 Vgl. *Mandl/Rabel*, S. 31 f.

Bei der Bestimmung des Unternehmenswerts mit Hilfe des Ertragswertverfahren sind jedoch noch zwei Punkte anzumerken: Zunächst sollte der Unternehmenswert bei Fortführung mit dem entsprechenden Liquidationswert abgeglichen werden, da der Liquidationswert die Untergrenze des Unternehmenswerts repräsentiert. Weiterhin kann der Unternehmenswert auf Plausibilität kontrolliert werden. Hierzu kann beispielsweise der Unternehmenswert mit Marktpreisen vergleichbarer Unternehmen verglichen werden.

b) Das Ertragswertverfahren in der Neukonzeption des IDW ES 1 n.F.

59 Die allgemeinen bewertungstechnischen und methodischen Grundsätze des Ertragswertverfahrens, das insbesondere in Deutschland gegenüber anderen Bewertungsverfahren vorgezogen wird, sind international anerkannt. Um innerhalb des Berufsstandes der Wirtschaftsprüfer eine einheitliche Vorgehensweise zu gewährleisten, veröffentlicht das Institut der Wirtschaftsprüfer in Deutschland Standards, die unter Einbeziehung aktueller wissenschaftlicher Erkenntnisse, eine inhaltliche Orientierung und einen einheitlichen Rahmen für die Ableitung objektivierter Unternehmenswerte vorgeben.

Seit diese im Laufe der Zeit ständig weiterentwickelten IDW Bewertungsstandards existieren, wird dem Thema der Ableitung des Kapitalisierungszinssatzes eine große Aufmerksamkeit gewidmet. Die Gründe hierfür sind insbesondere darin zu suchen, dass der Kapitalisierungszins aufgrund seiner spezifischen Inhalte, Annahmen und seiner empirischen Grundlagen häufig Gegenstand gerichtlicher Auseinandersetzungen ist, sobald Fragestellungen der Bemessung von Abfindungszahlungen ausscheidender Aktionäre oder des Tausches von Anteilen tangiert werden.

60 Der bis Ende 2004 gültige Bewertungsstandard „Grundsätze zur Durchführung von Unternehmensbewertungen" IDW S 1 wurde am 28.6.2000 verabschiedet. Er stellte eine Weiterentwicklung des Standards IDW HFA 2/1983 dar, der erstmalig im Jahr 1983 in Kraft trat.

Die älteren Bewertungsstandards vertraten hinsichtlich der Bewertungstechnik die Vollausschüttungshypothese. Demnach wurde für Unternehmensbewertungszwecke von der „Vollausschüttung" bestehender Gewinne an den Aktionär ausgegangen. Das langjährige Festhalten an der Vollausschüttungshypothese war auf die spezifischen Ausgestaltungen der Regelungen im deutschen Einkommen- und Körperschaftsteuergesetz zurückzuführen. Die einkommen- und körperschaftsteuerlichen Regelungen benachteiligten die Ergebnisthesaurierung im Unternehmen gegenüber der Gewinnausschüttung an die Aktionäre. Folglich resultierte aus Sicht eines Anteilseigners einer Kapitalgesellschaft bei Vollausschüttung gegenüber der Ergebnisthesaurierung eine Steuerersparnis und damit ein Wertzuwachs bei den Aktionären. Dieses hatte zur Folge, dass bei der Unternehmensbewertung über die Vollausschüttungshypothese die bestmögliche Ergebnisverwendung abgebildet wurde.

61 Hinsichtlich der Ableitung des Kapitalisierungszinssatzes wurde auf das Standard Capital Asset Pricing Modell zurückgegriffen, wobei standardmäßig bei der Ableitung des Kapitalisierungszinssatzes davon ausgegangen wurde, dass

der Aktionär seine risikoadäquate Wiederanlage in festverzinslichen Anleihen tätigte. Das Standard CAPM negierte jedoch die Existenz persönlicher Einkommensteuern.

Mit Übergang zur Nachsteuerrechnung wurde in Weiterentwicklung der Regelungen des HFA 2/1983 der Grundsatz vertreten, dass sich der Unternehmenswert aus Sicht eines Aktionärs maßgeblich von den ihm zufließenden Netto-Gewinnen bestimmt. Nach IDW S 1 i.d.F. v. 28.6.2000 wurden bei der Ertragswertermittlung explizit auch die einkommensteuerlichen Wirkungen auf die zu kapitalisierenden Ergebnisse sowie auf den Kapitalisierungszinssatz berücksichtigt. Da bei der Ableitung des Kapitalisierungszinssatzes nach IDW S 1 i.d.F. v. 28.6.2000 jedoch die Annahme vertreten wurde, dass die Alternativanlage in einem festverzinslichen Wertpapier getätigt wurde, wurden Erträge und Kapitalisierungszinssätze steuerlich ungleich behandelt. 62

Am 9.12.2004 hat der Hauptfachausschuss des Instituts der Wirtschaftsprüfer den Entwurf einer Neufassung des IDW Standards (IDW ES 1 n.F.) verabschiedet. Die wesentlichen Neuerungen im IDW ES 1 n.F. betreffen Änderungen in der Ermittlung des Kapitalisierungszinssatzes sowie eine Abkehr von der Vollausschüttungsprämisse. 63

Diesen Änderungen lagen aktuelle wissenschaftlichen Erkenntnisse zu Grunde, wonach als Alternativanlage eines Aktionärs nicht mehr auf ein risikoloses Umlaufpapier abgestellt werden soll. Vielmehr wird nun unterstellt, dass die alternative Kapitalmarktinvestition die Rendite eines risikoadäquaten Aktienportfolios abbildet. Dies führt dazu, dass die zu bewertende Aktieninvestition sowie die Alternativanlage einkommensteuerlich gleich behandelt werden. 64

Zu dieser Neukonzeption des IDW ES 1 n.F. haben insbesondere aktuelle Kapitalmarktuntersuchungen zur Höhe der Aktienportfoliorendite und der darin enthaltenen Einkommensteuerbelastungen beigetragen. Die Wissenschaft gelangte in Untersuchungen zur (messbaren) Erkenntnis, dass die empirisch beobachtbare Aktienportfoliorendite einerseits einkommensteuerpflichtige Dividendenanteile und andererseits einkommensteuerfreie Wertsteigerungen (Aktienkurssteigerungen) enthält. Ausgehend von diesen neuen wissenschaftlichen Erkenntnissen wurde das Capital Asset Pricing Modells zum sogenannten TAX CAPM weiter entwickelt. Im Ergebnis dieses Entwicklungsprozesses wurde es möglich, die empirisch abgeleiteten Portfoliorendite um die darauf lastende Einkommensteuerbelastung der Anteilseigner zu bereinigen und durch Subtraktion, einer ebenfalls um Einkommensteuern zu bereinigenden Umlaufrendite, eine Marktrisikoprämie nach Einkommensteuern zu ermitteln. 65

Im Rahmen dieser vielfältigen statistischen Analysen wurde die Erkenntnis gewonnen, dass sich die messbare Portfoliorendite aus einer Dividendenrendite und aus Kursgewinnen zusammensetzt.

66 Da Kursgewinne in Deutschland grundsätzlich steuerfrei waren, musste die Differenz zwischen einer Portfoliorendite vor Einkommensteuer und einer Portfoliorendite nach Einkommensteuer der durchschnittlichen, typisierten Einkommensteuerbelastung der Dividende entsprechen.

Im Zuge der neueren Untersuchungen zur Marktrisikoprämie verfestigte sich auch die Erkenntnis, dass die Ableitung der Marktrisikoprämie nach Einkommensteuern aus historischen Zeitreihen eher anhand arithmetischer Mittelwerte und nicht geometrischer Durchschnittswerte erfolgen sollte.

Hinsichtlich der Anwendung des Beta Faktors auf die Risikoprämie wurden mit der Veröffentlichung des IDW ES 1 n.F. keine Veränderungen der bisherigen Vorgehensweise vorgenommen.

67 Das IDW bemühte sich bislang aus methodischen und bewertungstechnischen Überlegungen heraus immer darum, dass die bei der Ertragswertermittlung verwendeten Annahmen und Grundsätze zueinander konsistent und äquivalent angewandt wurden. In der Vergangenheit wurde der Grundsatz der Sicherheitsäquivalenz (im zu kapitalisierenden Ergebnis und im Kapitalisierungszinssatz) sowie der Grundsatz der Laufzeitäquivalenz (ebenfalls im zu kapitalisierenden Ergebnis und im Kapitalisierungszinssatz) eingeführt. Mit den neuen Erkenntnissen zur Ableitung des Kapitalisierungszinssatzes wurde das Thema Steueräquivalenz durch Überleitung von Standard CAPM auf das TAX CAPM auf eine verbesserte Ebene geführt.

Die Verbesserung beruhte auf der Beobachtung, dass ein Aktionär seine Kapitalmarktrendite nur zum Teil aus ausgeschütteten Dividenden realisiert und ein weiterer, seiner Höhe nach wesentlicher Teil, dagegen aus Kursgewinnen stammt. Auf der Basis dieser Erkenntnisse musste man konsequenterweise zu dem Schluss kommen, dass von der bisher angewandten Vollausschüttungsthese abzuweichen war, um inhaltliche Vergleichbarkeit von Kapitalsisierungszinssatz und zu kapitalisierendem Ergebnis zu erreichen. Damit war auch das Thema Ausschüttungsäquivalenz aufgegriffen.

68 Das IDW kam aufgrund dieser Erkenntnisse und auf Basis zahlreicher maßgeblicher Literaturbeiträge zu dem Schluss, dass unter Geltung des so genannten Halbeinkünfteverfahrens dem Anteilseigner dann ein Vorteil entsteht, wenn nicht die ganzen Gewinne bewertungstechnisch ausgeschüttet werden, weil dadurch zunächst beim Aktionär Einkommensteuer erspart wird.

Konsequenterweise wurde daher empfohlen, bei der Ertragswertberechnung auch die Ausschüttungsäquivalenz von zu kapitalisierenden Ergebnissen und Kapitalisierungszinssatz zu beachten.

69 In der praktischen Umsetzung führte dieses zu der Empfehlung, in der Phase I die vom Unternehmen geplante Ergebnisplanung und Ertragswertermittlung zugrunde zu legen. Für die Phase II (d.h. für die Bewertung der so genannten „ewigen Rente") wird empfohlen, dass ein Ausschüttungsverhalten des Unternehmens unterstellt wird, welches sich an der Alternativanlage ausrichtet. Dieses impliziert in der betriebswirtschaftlichen Praxis eine unterstellte

durchschnittliche Ausschüttungsquote von 40 bis 70 % der erzielbaren Jahresergebnisse.

Für die Wiederanlage der „fikitiv" thesaurierten Beträge wird vom IDW typisierend und im Sinne von Komplexitätsreduktionen angenommen, dass sich eine Rendite in Höhe des Kapitalsierungszinssatzes (vor Berücksichtigung der auf Unternehmensebene anfallenden Steuern) ergibt. Alternativ wird (mit gleicher Wertauswirkung) die Annahme zugelassen, dass die thesaurierten Beträge in Form von Aktienrückkäufen einkommensteuerlich zufließen. 70

Für die finanzmathematische Umsetzung dieser Prämissen im Bewertungsmodell bedeutet die beschriebene Vorgehensweise, dass die Thesaurierung und deren Ergebniswirkung im Bewertungsbericht grundsätzlich separat darzustellen sind. Dazu wurden in der Literatur mehrere Varianten vorgeschlagen[1]. 71

Die (da einfacher und besser nachvollziehbar) zu bevorzugende Variante geht im Rentenfall (in der „ewigen Rente") davon aus, dass die (fiktiven) Thesaurierungsbeträge den Gesellschaftern in „anderer Form" (d.h. steuerfrei mit Ende des einzelnen Geschäftsjahres) zufließen. Aus der fiktiven Thesaurierungsvariante wird folglich rechnerisch wieder eine Vollausschüttungsvariante, bei der der Dividendenanteil mit Einkommensteuer voll (d.h. mit 17,5 %) und der fiktive Thesaurierungsteil mit 0 % Einkommensteuer belastet wird.

Bei einfachen Bewertungsfällen, d.h. bei Verwendung von typisierten Thesaurierungsquoten und entsprechender typisierter Wiederanlageprämisse, kann diese Verfahrensweise auch im Phasenmodell, d.h. in Phase I angewandt werden. Die Umsetzung dieser Vorgehensweise führt zum Beispiel bei einer 40 %igen Dividendenquote dazu, dass in der ewigen Rente der Einkommensteuersatz anzupassen wäre. In diesem Beispiel wäre beispielsweise mit einem Einkommensteuersatz von 7,0 % (17,5 × 40/100) zu rechnen.

2. Discounted Cash-Flow-Verfahren

Das Discounted Cash-Flow-Verfahren (DCF-Verfahren) beruht wie das Ertragswertverfahren auf einem investitionstheoretischen Barwertmodell.[2] Während beim Ertragswertverfahren jedoch Aufwendungen und Erträge Ausgangspunkt der Ermittlung der zu kapitalisierenden Größe sind, wird bei den Discounted Cash-Flow-Verfahren direkt auf die Kapitalisierung von Zahlungsmittelüberschüssen (Cash-Flows) abgestellt. 72

---

1 Vgl. *Wagner/Jonas* et al., WPg. 2004, 889 (898).
2 Vgl. *Sieben* in Lanfermann, S. 716.

73

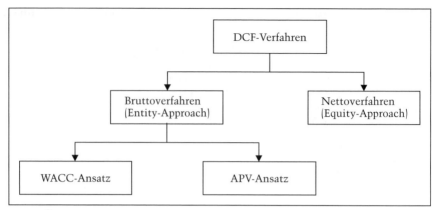

Abb. 7: Überblick über DCF-Verfahren

74 In Abhängigkeit von der Struktur der zu berücksichtigenden Cash-Flows und den Diskontierungsfaktoren können zwei Ansätze unterschieden werden: der **Netto-Ansatz** (Equity-Approach) und der **Brutto-Ansatz** (Entity-Approach). Innerhalb des Bruttoansatzes wird noch einmal eine Differenzierung vorgenommen in das **Konzept der gewogenen Kapitalkosten** (WACC-Ansatz) und das **Adjusted Present Value-Verfahren** (APV-Verfahren).[1]

75 Bei Anwendung der Bruttoverfahren wird der Marktwert des Eigenkapitals *indirekt* ermittelt. Es wird zunächst der Marktwert des Gesamtkapitals berechnet, indem die so genannten Free Cash Flows kapitalisiert werden (**Bruttokapitalisierung**). Die Free Cash Flows entsprechen genau denjenigen Finanzmitteln (Zahlungsmittelüberschüsse), welche für eine Ausschüttung an die Eigen- und Fremdkapitalgeber des Unternehmens zur Verfügung stehen. Nach der Berechnung des Gesamtkapitals wird durch Subtraktion des Marktwerts des Fremdkapitals vom Unternehmensgesamtwert der Marktwert des Eigenkapitals ermittelt.

76 Die in Abb. 7 dargestellten Bruttoverfahren – der WACC-Ansatz und der APV-Ansatz – unterscheiden sich voneinander hinsichtlich der Art, wie die im Unternehmen anfallenden Fremdkapitalkosten und wie der Einfluss der Fremdkapitalfinanzierung auf die Unternehmenssteuern berücksichtigt werden. Bei dem **WACC-Ansatz** (WACC = weighted average cost of capital) wird der Free Cash Flow mit dem gewogenen Kapitalkostensatz aus Eigen- und um das Tax Shield gekürzten Fremdkapitalkosten abgezinst (= Wert des Gesamtkapitals).[2] Demnach wird der Einfluss der Fremdkapitalfinanzierung auf die Unternehmenssteuern in den gewogenen Kapitalkosten durch das Tax Shield berücksichtigt. Beim APV-Ansatz wird hingegen zunächst der Marktwert eines unverschuldeten Unternehmens ermittelt. Anschließend wird dieser Betrag um

---

1 Vgl. *Ballwieser*, WPg. 1998, 81. In der Literatur wird teilweise auch nur der WACC-Ansatz als Bruttomethode bzw. Entity-Methode bezeichnet. Vgl. *Mandl/Rabel*, S. 38.
2 Das Tax Shield entspricht dem Steuervorteil der Fremdfinanzierung gegenüber der Eigenkapitalfinanzierung.

den Einfluss der Fremdkapitalfinanzierung auf die steuerliche Belastung des Unternehmens (Tax Shield) korrigiert, um so den Marktwert des Gesamtkapitals zu bestimmen.[1] Bei beiden Verfahren wird nun durch Abzug des Marktwerts des Fremdkapitals vom Marktwert des berechneten Gesamtkapitals der Marktwert des Eigenkapitals berechnet.

Bei Verwendung des Netto-Ansatzes wird der Marktwert des Eigenkapitals *direkt* aus den erwarteten Cash-Flows berechnet, die an die Eigenkapitalgeber ausgeschüttet werden können. Diese Vorgehensweise entspricht grundsätzlich dem Berechnungsansatz der Ertragswertmethode. Die Vorgehensweise der direkten Wertermittlung des Marktwerts des Eigenkapitals, die beim Netto-Ansatz und dem Ertragswertverfahren verfolgt wird, bezeichnet man auch als **Nettokapitalisierung**.[2]

77

Eine Besonderheit der Discounted Cash-Flow-Verfahren ergibt sich im Hinblick auf die methodische Berücksichtigung der Ertragsteuern des Unternehmens (Unternehmenssteuern). Die Finanzierung des Unternehmens mit Fremdkapital hat den positiven Effekt, dass in Deutschland der Gewerbeertrag um die Hälfte der Zinsen (auf Dauerschulden) vermindert wird. Dementsprechend reduziert sich in Deutschland die durch das Unternehmen zu zahlende Gewerbeertragsteuer. Neben der Gewerbesteuer werden die Unternehmen seit Umsetzung der Reform der Unternehmensbesteuerung (StSenkG 2000) mit 25 % Körperschaftsteuer definitiv belastet. Der aus der Fremdkapitalaufnahme resultierende Zinsaufwand wirkt somit vollumfänglich körperschaftsteuermindernd. Die aus der Fremdkapitalfinanzierung resultierenden Ersparnisse bei der Gewerbe- und Körperschaftsteuer werden in der „klassischen" Discounted Cash Flow-Methodik als „**Tax Shield**" bezeichnet.[3] Dieses Tax Shield bleibt bei der Berechnung der Free Cash Flows (zunächst) unberücksichtigt, da die Gewerbeertrag- und Körperschaftsteuerbelastung eines fiktiv eigenfinanzierten Unternehmens unterstellt wird. Das Tax Shield und die zu zahlenden Fremdkapitalzinsen werden beim WACC-Ansatz und beim APV-Ansatz erst in einem späteren Bewertungsschritt berücksichtigt.[4]

78

a) Bruttoansatz (Entity-Approach)

Im Rahmen des Bruttoansatzes wird zunächst der Unternehmensgesamtwert ermittelt, bevor der Marktwert des Eigenkapitals berechnet wird. Als Ausgangsgröße dient der Free Cash Flow. Bei Diskontierung der Free Cash Flows wird der Wert des Unternehmens für die Eigen- und Fremdkapitalgeber ermittelt. Die aus der Fremdfinanzierung resultierende **Unternehmenssteuerersparnis (Tax Shield) wird** beim Bruttoverfahren **erst in einem zweiten Bewertungsschritt berücksichtigt**. Dabei sind zwei Vorgehensweisen denkbar. Entweder

79

---

1 Vgl. WPHdb. II/2002, S 109–117.
2 Vgl. IDW ES 1 i.d.F. v. 9.12.2004.
3 Zu einer detaillierten Darstellung des Einflusses der Steuerreform auf die Unternehmensbewertung vgl. *Auge-Dickhut/Moser/Widmann*, FB 2000, 362 ff.; *Kohl/Schulte*, S. 1147 ff. und *Drukarczyk*, Unternehmensbewertung.
4 Vgl. *Moser*, S. 119. Bei der Berücksichtigung sind unterschiedliche Vorgehensweisen vorstellbar. Vgl. *Kohl/Schulte*, WPg. 2000, 1156 ff.

wird das Tax Shield im Kapitalisierungszinssatz berücksichtigt (dieses entspricht dem Konzept der gewogenen Kapitalkosten, im Folgenden „WACC-Ansatz" genannt) oder es wird als Erfolgsgröße zum Unternehmenswert addiert (Adjusted Present Value).[1] Beide Vorgehensweisen werden im Folgenden kurz erläutert.

aa) Konzept der gewogenen Kapitalkosten (WACC-Ansatz)
(1) Überblick

80 Das Konzept der gewogenen Kapitalkosten erhielt seinen Namen nach der Art und Weise der Bestimmung des Kapitalisierungszinssatzes. Die methodische Vorgehensweise zur Berechnung des Unternehmenswertes (d.h. des Marktwertes des Eigenkapitals) nach dem WACC-Ansatz kann der Abbildung 8 entnommen werden.

81

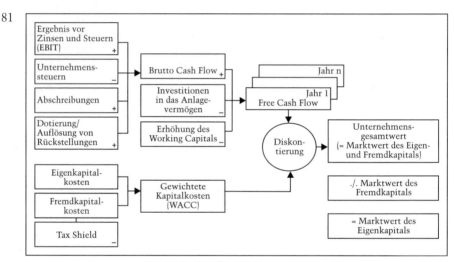

Abb. 8: WACC-Ansatz – Methodischer Überblick; Quelle: in Anlehnung an *Copeland/Koller/Murrin*, S. 19.

82 Da in den Free Cash Flows weder das Tax Shield noch die Zahlungen an die Fremdkapitalgeber berücksichtigt werden, erfolgt dieses im Rahmen des WACC Ansatzes über eine entsprechende **Anpassung im Kapitalisierungszinssatz**. Hierzu wird aus dem Eigenkapitalkostensatz und dem Zinssatz für Fremdkapital ein Mischzinssatz (die so genannten gewichteten Kapitalkosten bzw. WACC) ermittelt, der sowohl den Umfang der Fremdfinanzierung als auch das daraus resultierende Tax Shield berücksichtigt. Bei der Berechnung des WACC wird hierzu i.d.R. von einer in Zukunft konstanten Verschuldung auf Marktwertbasis ausgegangen.

---

[1] Zu einer detaillierten Darstellung des Tax Shields mit Berücksichtigung persönlicher Einkommensteuer s. *Auge-Dickhut/Moser/Widmann*, FB 2000, 368 und *Auge-Dickhut/Moser/Widmann*, S. 1 ff.

Nach der Diskontierung der Überschüsse aus dem Leistungsbereich mit dem Mischzinssatz (WACC) erhält man den Marktwert des gesamten Unternehmens. Dieser setzt sich zusammen aus dem Marktwert des Eigen- und Fremdkapitals. Von diesem Wert werden die noch unberücksichtigten Verbindlichkeiten gegenüber den Fremdkapitalgebern (Marktwert des Fremdkapitals) in Abzug gebracht. Die verbleibende Saldogröße entspricht dem Marktwert des Eigenkapitals.[1]

(2) Ermittlung der gewogenen Kapitalkosten

Das grundsätzliche methodische Vorgehen zur Berechnung der gewogenen Kapitalkosten ist im nachfolgenden Schema (Abbildung 9) dargestellt.[2]

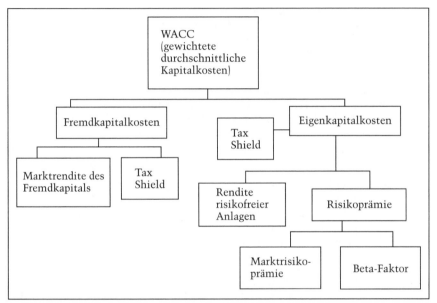

Abb. 9: Zusammensetzung der durchschnittlichen Kapitalkosten (WACC); Quelle: in Anlehnung an *Börsig*, S. 87.

Bei der Ermittlung des WACC sind folgende Anforderungen einzuhalten:[3]

– Ableitung der Eigenkapitalkostensätze aus kapitalmarkttheoretischen Modellen (CAPM),

---

1 Vgl. *Steiner/Wallmeier*, S. 5.
2 Empirische Untersuchungen ergeben, dass die durchschnittlichen Kapitalkosten deutscher Unternehmen bei 10% liegen. Vgl. *Richter/Simon-Keuenhof*, S. 704; *Drukarczyk*, Unternehmensbewertung, S. 299.
3 Vgl. *Copeland/Koller/Murrin*, S. 260.

- Berücksichtigung von Unternehmenssteuern bei der Ermittlung des Fremdkapitalkostensatzes (inklusive Tax Shield),
- Berechnung des Mischzinssatzes als gewichteter Mittelwert der Kosten sämtlicher Kapitalquellen,
- Ansatz von Marktwerten für jede Finanzierungsart,
- ggf. Berücksichtigung persönlicher Einkommensteuern.[1]

86   Die **Eigenkapitalkosten** entsprechen dem risikoadäquaten Kapitalisierungszinssatz. Sie enthalten eine risikofreie Zinskomponente (Basiszinssatz) und einen Risikozuschlag. Der Risikozuschlag entspricht der Vergütung, die ein rationaler Anleger als Gegenleistung für das aus seiner Investition resultierende erhöhte Risiko beansprucht. Der Risikozuschlag wird üblicherweise aus einem kapitalmarkttheoretischen Modell berechnet. In der Praxis hat sich hierzu das CAPM bewährt. Nach dem CAPM ergibt sich der Risikozuschlag aus dem Produkt eines unternehmensspezifischen Beta-Faktors sowie der Marktrisikoprämie (Teil II Rz. 315 ff.).

87   In jüngerer Zeit wird der Kapitalisierungszinssatz zunehmend aus der Rendite eines Marktportfolios (Portfolio- bzw. Marktrendite) abgeleitet. Hierzu werden je nach dem Risiko des Investitionsobjekts **Risikozu- oder Risikoabschläge** bestimmt, welche auf die (von der) Portfoliorendite zu addieren (in Abzug zu bringen) sind. Weiterführende Ausführungen hierzu finden sich unter Teil II Rz. 315 ff.

88   Die **Fremdkapitalkosten** ergeben sich als gewogener durchschnittlicher Kostensatz einzelner Fremdkapitalfinanzierungen des zu bewertenden Unternehmens. Die Betrachtung ist dabei auf das verzinsliche Fremdkapital zu beschränken.[2] Die Marktrendite der zu verzinsenden Verbindlichkeiten wird grundsätzlich aus der Rendite vergleichbarer, börsengehandelter Anleihen bestimmt. Zur Schätzung der Fremdkapitalverzinsung ist die Kenntnis der Bonität des Bewertungsobjektes erforderlich. Anhand von Veröffentlichungen international anerkannter Ratingagenturen (Moody's, Standard & Poors, Fitch) oder über Informationsdienstleister (z.B. Bloomberg, Reuters) lassen sich Marktrenditen von Fremdkapital für vergleichbare Risiken beziehen. Bei variabel verzinslichen Anleihen dient der langfristig erwartete Zins als Näherung an die Marktrendite. In der Praxis werden häufig die im Durchschnitt durch das Unternehmen für alle Formen des Fremdkapitals zu zahlenden Zinsen als Marktrendite des Fremdkapitals angesetzt.

---

1 Vgl. *Moser*, FB 1999, 121; *Auge-Dickhut/Moser/Widmann*, FB 2000, 369; *Weber*, FB 2000, 469; *Kohl/Schulte*, WPg. 2000, 1156.
2 Unverzinsliche Fremdkapitalpositionen (z.B. Lieferantenverbindlichkeiten) werden aufgrund ihrer Anrechnung im Netto-Umlaufvermögen dem Leistungsbereich zugeordnet. Vgl. *Mandl/Rabel*, S. 313.

Die **Berücksichtigung des Tax Shields** erfolgt im WACC-Ansatz über eine Anpassung im Fremdkapitalzins- bzw. Fremdkapitalkostensatz. Der Fremdkapitalzinssatz wird hierbei um ein Tax Shield für Gewerbeertragsteuer und Körperschaftsteuer korrigiert.

Für eine Vorsteuerrechnung ermitteln sich demnach die gewogenen durchschnittlichen Kapitalkosen (WACC) folgendermaßen:

– **Vorsteuerrechnung**

$$r^{WACC} = r_{EK} \cdot \frac{EK}{GK} + r_{FK} \cdot \left(1 - \frac{1}{2} \cdot s^g\right) \cdot \left(1 - s^k\right) \cdot \frac{FK}{GK}$$

Die Anpassung der Fremdkapitalzinsen berücksichtigt, dass in Deutschland diese auf Dauerschulden zur Hälfte der Bemessungsgrundlage der Gewerbeertragsteuer hinzuzurechnen sind. D.h., Fremdkapitalzinsen reduzieren im Endergebnis die Gewerbesteuerbemessungsgrundlage nur zur Hälfte. Der Steuersatz der Gewerbeertragsteuer ergibt sich durch die Multiplikation einer Messzahl (5 %) mit dem durch die jeweilige Gemeinde festgesetzten Hebesatz. Außerdem ist zu berücksichtigen, dass die Gewerbeertragsteuer als Betriebsausgabe abzugsfähig ist und somit ihre eigene Bemessungsgrundlage reduziert: Die Zinsen sind darüber hinaus voll umfänglich körperschaftsteuermindernd. Diese Körperschaftsteuerminderung wird teilweise reduziert um die vorab erzielte Gewerbeertragsteuerersparnis.

– **Nachsteuerrechnung**

Erfolgt die Bewertung anhand einer „Nachsteuerrechung" sind zusätzlich individuelle Einkommensteuern des Anteilseigners einzubeziehen. Im Rahmen des WACC-Ansatzes finden die persönlichen Einkommensteuern hierbei mittels eines zusätzlichen Tax Shields im Fremdkapitalzinssatz Berücksichtigung.[1] Der Eigenkapitalzinssatz kann in Analogie zur Ertragswertmethode durch eine typisierte Einkommensteuer korrigiert werden. Zu berücksichtigen ist, dass infolge der Neuerungen des IDW ES 1 i.d.F. v. 9.12.2004 der bei der WACC-Berechnung anzusetzende persönliche Steuersatz (s^p) nicht notwendigerweise identisch ist mit dem typisierten Einkommensteuersatz. Vielmehr entspricht er dem Durchschnittssteuersatz, den eine Kapitalmarktinvestition unter Berücksichtigung der teilweisen Steuerfreiheit auf Kursgewinne erbringt.

$$r^{WACC} = r_{EK} \cdot \frac{EK}{GK} \cdot \left(1 - S^p\right) + r_{FK} \cdot \left(1 - \frac{1}{2} \cdot s^g\right) \cdot \left(1 - s^k\right) \cdot \left(1 - \frac{1}{2} \cdot s^p\right) \cdot \frac{FK}{GG}$$

mit:

r^{WACC} = gewogener Kapitalkostensatz (WACC),

r_{EK} = Renditeforderung der Eigenkapitalgeber
(Opportunitätskosten der Eigenkapitalgeber),

---

[1] Vgl. *Auge-Dickhut/Moser/Widmann*, FB 2000, 367; *Kohl/Schulte*, WPg. 2000, 1157.

EK = Marktwert des Eigenkapitals,

GK = Marktwert des Gesamtkapitals (EK + FK),

r_{FK} = Renditeforderung der Fremdkapitalgeber (Opportunitätskosten der Fremdkapitalgeber),

s^g = Steuersatz für Ertragsteuern (Gewerbeertrag) auf Unternehmensebene,

s^k = Körperschaftsteuerbelastung auf Unternehmensebene (KSt 25 %),

s^p = Effektiver Einkommensteuersatz; s^p ist variabel, da direkt abhängig vom typisierten Einkommensteuersatz sowie vom Verhältnis steuerpflichtiger Dividendenzahlungen und steuerfreier Kursgewinne;

FK = Marktwert des verzinslichen Fremdkapitals.

91 Die vorstehend beschriebenen Vorgehensweisen hinsichtlich der Ermittlung der steuerlichen Wirkung der Fremdkapitalfinanzierung sind insgesamt jedoch stark vereinfacht dargestellt worden.[1] So werden beispielsweise Abweichungen der Cash-Flows vom Gewerbeertrag vernachlässigt.[2] Zudem wird unterstellt, dass der WACC aufgrund des Steuereffekts mit steigender Verschuldungsquote sinkt. Damit wächst der Unternehmensgesamtwert. Dies gilt allerdings nur, wenn die Kapitalgeber nicht aufgrund des gewachsenen Verschuldungsgrades eine überproportional höhere Risikoprämie fordern.[3]

92 Eine weitere Besonderheit bei der Berechnung des WACC liegt darin, dass die **Kosten jeder Finanzierungsform mit einem Gewichtungsfaktor angesetzt** werden. Dieser spiegelt den Anteil der jeweiligen Finanzierungsquelle am gesamten Unternehmenswert wider. Hierbei ergibt sich das Problem, dass die Anteilsquoten nicht auf Basis von Buchwerten, sondern auf Basis von Marktwerten ermittelt werden sollten.

93 Bei der Berechnung des WACC muss auch die zukünftige Entwicklung des zu bewertenden Unternehmens berücksichtigt werden. Sofern absehbar ist, dass sich das Verhältnis der Marktwerte des Eigen- und Fremdkapitals im Zeitablauf verändert, sind die gewogenen Kapitalkosten anzupassen. Modifikationen sind ebenfalls vorzunehmen, wenn sich die Eigen- und Fremdkapitalkosten ändern. Im Extremfall wird für jede künftige Periode ein eigener Wert für den WACC berechnet. Zwar stellen bei Verwendung moderner Hard- und Software diese Berechnung mittlerweile kein Problem mehr dar, aber die Modellierung derartiger Modelle erweist sich in der Praxis aufgrund der vielfältigen Interaktionen der einzelnen Bewertungsparameter als ausgesprochen aufwändig. Aus diesem Grunde wird in der Praxis die Wertableitung oft unter Rückgriff auf eine vorgegebene **Zielkapitalstruktur** durchgeführt. Dabei wird zusätzlich

---

1 Vgl. zur Möglichkeit der Berücksichtigung erteilter Pensionszusagen im WACC *Ballwieser*, Unternehmensbewertung, S. 153.
2 Vgl. *Ballwieser*, WPg. 1998, 87.
3 Vgl. zur weiteren Kritik an den Prämissen zur Berechnung des WACC *Drukarczyk*, Unternehmensbewertung, S. 149.

die Annahme getroffen, dass die gewogenen Kapitalkosten im Zeitablauf unveränderlich sind. Die geplante Kapitalstruktur kann dabei grundsätzlich unabhängig von der gegebenen Kapitalstruktur festgelegt werden. Als Basis der künftigen Kapitalstruktur werden Schätzungen über die aktuelle Kapitalstruktur, die sich an den Marktwerten oder den Buchwerten des Eigen- und Fremdkapitals orientieren, genutzt.[1]

Wählt der Investor eine im erheblichen Maß von der bestehenden Kapitalstruktur abweichende Zielkapitalstruktur aus, impliziert dieses, dass nach dem Erwerb des Unternehmens eine Anpassung der effektiven Finanzierungsstrategie an die vorgegebene Zielkapitalstruktur erfolgt. 94

bb) Adjusted Present Value (APV)

Das **APV-Verfahren** beruht auf dem Prinzip, dass der Wert eines Unternehmens über eine gedankliche Zerlegung des Unternehmens in mehrere (Teil-)Projekte bestimmbar ist. Für die einzelnen (Teil-)Projekte werden isolierte Kapitalwerte bestimmt. Diese ergeben in der Summe den Kapitalwert des zu bewertenden Unternehmens. Anhand dieser Vorgehensweise ist es möglich, die wertbeeinflussenden Merkmale einer Unternehmung getrennt darzustellen und zu bewerten. Damit soll bei der Wertbestimmung eine Genauigkeit erreicht werden, die bei den anderen Discounted Cash-Flow-Verfahren üblicherweise nicht zu erwarten ist.[2] 95

Die Strukturierung der einzelnen Erfolgsbeiträge wird durch den APV-Ansatz insbesondere im Hinblick auf den Einfluss der Fremdkapitalfinanzierung auf den Gesamtwert des Unternehmens verfolgt. Während der WACC-Ansatz zwar ansatzweise die Effekte des Finanzierungsbereichs isoliert, indem diese sich nur bei der Bestimmung des Mischzinssatzes auswirken, wird beim APV-Ansatz diese Auftrennung in Leistungs- und Finanzierungsbereich vollständig durchgeführt. Der Einfluss der Fremdkapitalfinanzierung auf die Unternehmenssteuer (in Deutschland sind das die Gewerbeertragsteuer und die Körperschaftsteuer) wird als ein einzelnes Teilprojekt behandelt und gesondert ausgewiesen. 96

Einen Überblick über die grundsätzliche Struktur des Vorgehens im Rahmen einer Bewertung nach dem APV-Ansatz ist der Abbildung 10 zu entnehmen. 97

---

1 Vgl. *Mandl/Rabel*, S. 322.
2 Vgl. *Drukarczyk*, Unternehmensbewertung, S. 209–258.

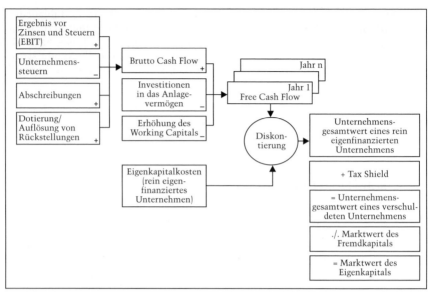

Abb. 10: Überblick über den APV-Ansatz

98 Das theoretische Konzept des Adjusted Present Value-Ansatzes geht insofern notwendigerweise zunächst vom **Wert eines unverschuldeten Unternehmens** aus und modifiziert diese Größe sukzessive um Finanzierungs- und Steuereffekte.

99 Dazu werden die **Free Cash Flows** berechnet. Die hierzu erforderliche Vorgehensweise gleicht dem Verfahrensablauf bei Anwendung des WACC-Ansatzes. Da der Free Cash Flow unabhängig von der Kapitalstruktur des Unternehmens ist, wird er im Rahmen des APV-Ansatzes als der erwartete Überschuss eines rein eigenfinanzierten Unternehmens interpretiert.

100 Anschließend werden die **Free Cash Flows diskontiert**. Dabei wird im Gegensatz zum WACC-Ansatz kein Mischzinssatz verwendet, sondern die Renditeforderung der Eigenkapitalgeber eines **unverschuldeten Unternehmens**.[1] Da die Free Cash Flows nach dem WACC Ansatz und dem APV-Ansatz mit unterschiedlichen Zinssätzen kapitalisiert werden, weichen die nach dem WACC-Ansatz und dem APV-Ansatz bestimmten Barwerte der Free Cash Flows voneinander ab. Nicht betriebsnotwendiges Vermögen wird gesondert bewertet und zum Barwert der Free Cash Flows addiert. Am Ende dieses ersten Schrittes erhält man damit im APV-Verfahren als Zwischenergebnis den Marktwert eines unverschuldeten Unternehmens.

---

1 Diese Vorgehensweise entspricht der Vorgehensweise bei Nutzung des WACC-Ansatzes. Bei reiner Eigenfinanzierung entspricht der Mischzinssatz den Kosten des Eigenkapitals eines unverschuldeten Unternehmens.

Im folgenden Schritt werden die **steuerlichen Auswirkungen der Unternehmensfinanzierung**, die man neben den Überschüssen aus dem Leistungsbereich als das zweite Projekt der Geschäftstätigkeit interpretieren kann, **separat berücksichtigt**. Der Marktwert des Unternehmens wird um die Steuerersparnis infolge der teilweisen Fremdkapitalfinanzierung (Tax Shield) korrigiert. Diese Marktwerterhöhung (Barwert des Tax Shield) entspricht dem Barwert der Steuervorteile, die mit dem risikoadäquaten Kapitalkostensatz abgezinst wurden.[1] Die Einbeziehung des Tax Shields bewirkt eine Erhöhung des Marktwerts des Gesamtkapitals, sodass man statt des Marktwerts des eigenfinanzierten Unternehmens den gesamten Wert eines verschuldeten Unternehmens erhält. 101

Nach Abzug des Marktwerts des verzinslichen Fremdkapitals erhält man den Marktwert des Eigenkapitals.[2] Die Summe des Marktwerts des unverschuldeten Unternehmens und der Barwert des Tax Shield entspricht dem **Marktwert des Gesamtkapitals des verschuldeten Unternehmens**. Wird davon der Marktwert des Fremdkapitals subtrahiert, gelangt man an den Marktwert des Eigenkapitals.[3] 102

Bei der praktischen Anwendung des APV wird ebenso wie beim WACC-Ansatz häufig von konstanter Kapitalstruktur und von konstanten Kapitalkosten ausgegangen. Zusätzlich wird die Annahme getroffen, dass das Tax Shield mit dem Basiszins abzuzinsen ist.[4] Bei der Diskontierung der Free Cash Flows mit den Kapitalkosten eines *rein eigenfinanzierten Unternehmens* steht der Bewerter hierbei insofern vor einem Problem, als in der Realität kaum ein Unternehmen vollständig eigenfinanziert ist. Insofern muss der Bewerter die Kapitalkosten aus Marktdaten für verschuldete Unternehmen ableiten. Dieses erhöht die Unsicherheit, da die so gewonnenen Kapitalkosten an die Situation eines fiktiv unverschuldeten Unternehmens anzupassen sind. Die Eigenkapitalkosten eines unverschuldeten Unternehmens können aber unter der Annahme, dass ein linearer Zusammenhang zwischen dem Verschuldungsgrad eines Unternehmens und den Eigenkapitalkosten besteht, zumindest näherungsweise aus den Eigenkapitalkosten eines verschuldeten Unternehmens abgeleitet werden.[5] 103

Erfolgt die Berechnung der Eigenkapitalkosten anhand des CAPM, können die **Auswirkungen der Fremdfinanzierung auf den Eigenkapitalkostensatz** durch Anpassungen des Beta-Faktors dargestellt werden. Zwischen dem Beta-Faktor 104

---

1 In der Praxis wird das Tax Shield häufig mit dem risikolosen Zins diskontiert. Diese Verwendung des sicheren Zinssatzes bei der Diskontierung des Tax Shield ist allerdings nur unter sehr eingeschränkten Prämissen theoretisch korrekt. Vgl. *Drukarczyk*, Unternehmensbewertung, S. 216.
2 Vgl. *Mandl/Rabel*, S. 41 f.
3 Vgl. *Mandl/Rabel*, S. 373.
4 Vgl. *Mandl/Rabel*, S. 373.
5 Allerdings wird dieser lineare Zusammenhang (Modigliani-Miller-Theorem) in der Literatur differenziert diskutiert. Die Hauptkritikpunkte liegen in den zahlreichen praxisfernen Annahmen, die vorausgesetzt werden, um die Linearität zu erreichen, vgl. *Ballwieser*, WPg. 1998, 91.

eines verschuldeten Unternehmens (β_v) und dem Beta-Faktor eines unverschuldeten Unternehmens (β_u) kann der folgende lineare Zusammenhang hergestellt werden.[1]

$$\beta_v = \beta_u \cdot \left(1 + (1-s) \cdot \frac{FK}{EK}\right)$$

mit:

β_v = Beta-Faktor des verschuldeten Unternehmens in Abhängigkeit vom Verschuldungsgrad,

β_u = Beta-Faktor eines unverschuldeten Unternehmens,

s = Unternehmenssteuersatz,[2]

FK = Marktwert des Fremdkapitals,

EK = Marktwert des Eigenkapitals.

105 Die Berechnungsformel (Teil II Rz. 104) spiegelt die zwei Risiken wider, welchen Unternehmen durch ihre Geschäftstätigkeit ausgesetzt sind, das **Geschäfts- und das Kapitalstrukturrisiko**. Wird eine Unternehmung nur mit Eigenkapital finanziert, dann entfällt das Kapitalstrukturrisiko. Es verbleibt lediglich das Geschäftsrisiko (β_u).

106 Durch Umformen der Gleichung (Teil II Rz. 104) kann der Beta-Faktor eines unverschuldeten Unternehmens aus dem Beta-Faktor eines verschuldeten Unternehmens hergeleitet werden:

$$\beta_u = \frac{\beta_v}{1 + (1-s) \cdot \frac{FK}{EK}}$$

Je nach der Ausgestaltung des jeweiligen Steuersystems, sind für eine korrekte Berechnung des um Finanzierungseffekte bereinigten Beta-Faktors ggf. noch weitere Modifikationen dieser Gleichung erforderlich.[3]

107 Der **Verschuldungsgrad des zu bewertenden Unternehmens** ist für die o.g. Berechnungen allerdings nicht aus Buchwertrelationen zu ermitteln, sondern anhand des Marktwerts von Fremd- und Eigenkapital. Dies setzt aber die Kenntnis jener Marktwerte voraus. Das ist in der Praxis jedoch nicht immer gegeben, weshalb sie oft zu schätzen sind. Beispielsweise eignet sich für den Marktwert des Eigenkapitals die aktuelle Börsenkapitalisierung eines Unternehmens. Der Marktwert des Fremdkapitals kann u.U. durch den Ansatz entsprechender Buchwerte angenähert werden.[4]

---

1 Vgl. *Kruschwitz/Milde*, Zfbf 1996, 1119 ff.
2 Rein theoretisch stellt die Variable *s* das Tax Shield dar. Dieses entspricht dem durchschnittlichen Steuervorteil der Fremdfinanzierung gegenüber der Eigenkapitalfinanzierung. In der Praxis wird jedoch meist auf die Unternehmenssteuerbelastung der Eigenkapitalfinanzierung abgestellt.
3 Weiterführende Ausführungen sind u.a. zu finden bei *Drukarczyk*, Unternehmensbewertung, S. 381–388.
4 Vgl. *Mandl/Rabel*, S. 300 ff.

In der Praxis ist das o.g. Verfahren der Anpassung des Beta-Faktors an die Kapitalstruktur eines Unternehmens unter dem Begriff des „**Beta-Re-Leverings**" bekannt. Insbesondere aufgrund des Schätzproblems hinsichtlich wesentlicher Ausgangsdaten erweist sich allerdings der Re-Levering Prozess des Beta-Faktors in der Praxis als ein fehleranfälliges Verfahren. Deshalb ist das Ergebnis eines Beta-Re-Levering Prozesses in der Praxis grundsätzlich anhand weiterführender Plausibilitätsüberlegungen zu verifizieren. 108

Im Vergleich zum WACC-Ansatz zeichnet sich der **APV-Ansatz** dadurch aus, dass der Free Cash Flow nicht mit einem Mischzinssatz abgezinst wird, sondern mit der Rendite eines vollständig eigenfinanzierten Unternehmens. Fremdkapitalkosten und die steuerlichen Effekte der Fremdkapitalfinanzierung werden erst nach der Ermittlung des Barwerts eines rein eigenfinanzierten Unternehmens angerechnet. Der Steuereffekt wird in Form eines Tax Shields berücksichtigt, während er im WACC-Ansatz bei der Ableitung der Kapitalkosten Berücksichtigung findet. 109

b) Nettoansatz (Equity-Approach)

Im Nettoansatz fokussiert sich die Wertermittlung auf die den Eigentümern einer Unternehmung zufließenden Zahlungsströme. Das grundsätzliche Bewertungsschema kann nachfolgender Darstellung in Abbildung 11 entnommen werden. 110

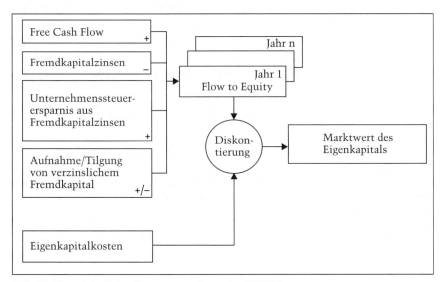

Abb. 11: Grundsätzliches Bewertungsschema im DCF-Nettoansatz

111 Zwischen dem Equity-Approach und dem Ertragswertverfahren besteht grundsätzlich Übereinstimmung. Analog zum Ertragswertverfahren werden im Equity-Approach die Zahlungsströme an die Eigenkapitalgeber diskontiert.[1]

112 Die Bewertung nach der Equity Methode erfolgt ebenfalls in einem mehrstufigen Verfahren. In einem ersten Schritt wird der Free Cash Flow modifiziert und ein so genannter Flow to Equity bestimmt. Als **Flow to Equity** (FTE) werden diejenigen Erträge eines Unternehmens bezeichnet, die alleine den Eigenkapitalgebern zur Verfügung stehen. Der Flow to Equity stellt rechnerisch eine verbleibende Restgröße dar. Sie ergibt sich, nachdem der Free Cash Flow um die Zahlungen an die Fremdkapitalgeber und um Steuereffekte der Fremdfinanzierung angepasst wurde.[2]

Free Cash Flow[3]
− Fremdkapitalzinsen
+ Unternehmenssteuerersparnis aus Fremdkapitalzinsen
+ Aufnahme von verzinslichem Fremdkapital
− Tilgung von verzinslichem Fremdkapital
Flow to Equity

113 Da der Flow to Equity ausschließlich die erwarteten Ausschüttungen an die Eigenkapitalgeber verkörpert, wird sein Barwert durch Diskontierung mit den **Eigenkapitalkosten des Unternehmens** berechnet. Sofern nicht betriebsnotwendiges Vermögen vorhanden ist, muss der Barwert des Flow to Equity anschließend um dessen Marktwert erhöht werden.[4]

114 Die Bestimmung des Flow to Equity setzt voraus, dass sämtliche aus der Fremdfinanzierung resultierenden Zahlungen vor der Kapitalisierung der zukünftigen Ergebnisse adäquat berücksichtigt werden. Daher werden die Free Cash Flows so bereinigt, dass – identisch zum Vorgehen bei der Ertragswertmethode – die mit der Fremdkapitalfinanzierung verbundenen Zahlungsströme direkt in die Cash-Flow-Ermittlung mit eingehen (vgl. Teil II Rz. 110 ff.).

115 Da bei der Anwendung des Nettoverfahrens sämtliche Änderungen der Kapitalstruktur des zu bewertenden Unternehmens direkt in die Ermittlung des Flow to Equity einfließen, kann die **Entwicklung des Fremdkapitalbestands frei geplant** werden. Allerdings ist zu berücksichtigen, dass eine Schwankung der Fremdkapitalquote einen Einfluss auf die Eigenkapitalkosten besitzt. Rein theoretisch steigen die Eigenkapitalkosten mit wachsendem Verschuldungsgrad. Da mit der Prognose der Flow to Equities auch explizit der Verschul-

---

1 Vgl. *Ballwieser*, WPg. 1998, 81.
2 Veränderungen bei unverzinslichen Fremdkapitalkomponenten werden in der Free Cash Flow-Position Working Capital berücksichtigt.
3 Nach Abzug der Unternehmenssteuer vom Free Cash Flow unter der Prämisse eines rein eigenfinanzierten Unternehmens.
4 Vgl. *Mandl/Rabel*, S. 41.

dungsgrad des Unternehmens prognostiziert wird, könnte es hier zu Inkonsistenzen zwischen geplantem Verschuldungsgrad und Eigenkapitalkosten kommen. Wenn jedoch keine großen Kapitalstrukturveränderungen geplant sind, wird in der Praxis von einer Anpassung der Eigenkapitalkosten an die evtl. in den Planperioden schwankenden Verschuldungsgrade abstrahiert. Demnach wird von einem konstanten Eigenkapitalkostensatz ausgegangen.[1] Die Ermittlung des Risikozuschlags im Rahmen des DCF-Verfahrens wird ausführlicher in Teil II Rz. 301 ff. diskutiert.

Im Rahmen der Anwendung der **Nachsteuerrechnung** ist auch das Nettoverfahren unter Berücksichtigung der Auswirkungen der persönlichen Steuern der Anteilseigner zu rechnen. Insoweit bestehen grundsätzlich keine Unterschiede zum Ertragswertverfahren. Dementsprechend müssen sich bei gleichen Annahmen die gleichen Unternehmenswerte ergeben. 116

c) Vergleich der verschiedenen Ansätze des Discounted Cash-Flow-Verfahrens

Die im letzten Kapital vorgestellten Discounted Cash-Flow-Ansätze unterscheiden sich hinsichtlich der **verwendeten Parameter** und des **Ablaufs der Bewertung** (s. Abb. 12, Teil II Rz. 119). Bei den Bruttoverfahren werden Free Cash Flows kapitalisiert. Beim Nettoverfahren ist der an die Eigenkapitalgeber verbleibende ausschüttbare Überschuss zu kapitalisieren. Hierbei handelt es sich um denjenigen Zahlungsmittelüberschuss, der sich nach Abzug von Zins- und Unternehmenssteuerzahlungen ergibt. Aufgrund ihrer konzeptionellen Unterschiede muss die Diskontierung der Cash-Flows bei allen drei Ansätzen jeweils mit einem anderen Zinssatz erfolgen. Beim WACC-Ansatz wird der Free Cash Flow mit dem aus der Eigen- und Fremdkapitalrendite resultierenden Mischzinssatz diskontiert. Als Ergebnis erhält man den Marktwert des gesamten Unternehmens. Beim APV-Ansatz werden die Free Cash Flows mit der Renditeforderung der Eigenkapitalgeber eines unverschuldeten Unternehmens diskontiert. Dieses ergibt den Wert eines rein eigenfinanzierten Unternehmens. Die Nettomethode kapitalisiert die zukünftigen Überschüsse mit der Eigenkapitalrendite des verschuldeten Unternehmens. Bei diesem Ansatz erhält man direkt den Marktwert des Eigenkapitals, ohne den Umweg über den Marktwert des gesamten Unternehmens einschlagen zu müssen. 117

Weitere Unterschiede sind im Hinblick auf die Behandlung der steuerlichen Effekte der Fremdkapitalfinanzierung zu beobachten. Der WACC-Ansatz berücksichtigt die steuerlichen Effekte der Fremdkapitalfinanzierung mittels eines Abschlags beim Fremdkapitalzins. Beim APV-Ansatz wird das Tax Shield separat für jede Periode berechnet. Das Nettoverfahren korrigiert hingegen direkt die an die Eigenkapitalgeber ausschüttbaren Überschüsse um die steuerlichen Effekte der Fremdkapitalfinanzierung. 118

---

[1] Vgl. *Mandl/Rabel*, S. 369.

119

Merkmale	Methode der gewogenen Kapitalkosten	Adjusted Present Value	Equity-Methode (Nettoverfahren)
1. Schritt			
Berechneter Wert	Unternehmensgesamtwert	Marktwert eines unverschuldeten Unternehmens	Marktwert des Eigenkapitals
Cash-Flow	Ermittlung des entziehbaren Cash-Flows des Unternehmens bei unterstellter Eigenfinanzierung (Free Cash-Flow)	Ermittlung des entziehbaren Cash-Flows des Unternehmens bei unterstellter Eigenfinanzierung (Free Cash-Flow)	Ermittlung des, den Eigentümern zustehenden Cash-Flows unter Beachtung der vom Unternehmen realisierten Kapitalstruktur (Flow to Equity)
Kapitalisierungszinssatz	Diskontierung mit den durchschnittlichen gewogenen Kapitalkosten (WACC)	Diskontierung mit den Kosten des Eigenkapitals bei vollständiger Eigenfinanzierung	Diskontierung mit den Kosten des Eigenkapitals des verschuldeten Unternehmens
2. Schritt	Ermittlung des Wertes des Eigenkapitals, indem der Unternehmensgesamtwert um den Marktwert des Fremdkapitals reduziert wird	Ermittlung der Vor- bzw. Nachteile aus der realisierten Kapitalstruktur (Tax Shield) Ergebnis aus 1.+2. führt zu Unternehmensgesamtwert	
3. Schritt		Ermittlung des Wertes des Eigenkapitals, indem der Unternehmensgesamtwert um den Wert des Fremdkapitals reduziert wird	

Abb. 12: Vergleich der verschiedenen Discounted Cash-Flow-Ansätze; Quelle: in Anlehnung an *Drukarczyk*, Unternehmensbewertung, S. 200.

120 Die Beurteilung der drei Ansätze kann im Hinblick auf die **Transparenz der Bewertungsverfahren** erfolgen, da die vorgestellten DCF-Verfahren unterschiedliche Möglichkeiten bieten, die durch das Unternehmen erwirtschafteten Überschüsse separat den Leistungs- oder Finanzierungsbereichen zuzuordnen. Dieses Wissen ist z.B. erforderlich, um bei stark diversifizierten Konzernen die Cash-Flows der verschiedenen Geschäftsbereiche unabhängig von der Art der Finanzierung und den damit verbundenen Steuerzahlungen zu prognostizieren.

121 Im Gegensatz zu den Brutto-Ansätzen isoliert das Nettoverfahren wegen der direkten Verrechnung der Ertragsüberschüsse aus dem Leistungs- und Finanzbereich nicht die Steuereffekte der Fremdkapitalfinanzierung.[1] Beim WACC- und APV-Ansatz hingegen ist eine separate Analyse der Wirkung der Finanzierungspolitik auf den Unternehmenswert möglich. Beim WACC-Ansatz wird

---

[1] Vgl. *Steiner/Wallmeier*, S. 7.

allerdings das Tax Shield nicht als separate Erfolgsgröße ausgewiesen. Stattdessen wird es indirekt bei der Ermittlung des Mischzinssatzes berücksichtigt. Darüber hinaus muss der WACC bei einer im Zeitablauf schwankenden Kapitalstruktur laufend neu kalkuliert werden, weil ansonsten die Gewichte der einzelnen Finanzierungsformen nicht konsistent zu der geplanten Kapitalstruktur sind.

Der **Einfluss der Fremdkapitalfinanzierung** wird am deutlichsten bei der Wahl des APV-Ansatzes isoliert. Im APV-Ansatz entfällt im Vergleich zur WACC-Methode jedoch die Notwendigkeit einer permanenten Anpassung des Kapitalisierungszinssatzes im Falle schwankender Kapitalstrukturen. Dieses ist darauf zurückzuführen, dass im APV-Ansatz nur die Eigenkapitalrendite eines unverschuldeten Unternehmens für die Kapitalisierung bewertungsrelevant ist. 122

Die aufgezeigten Unterschiede zwischen den verschiedenen Discounted Cash-Flow-Ansätzen beziehen sich zusammengefasst im Wesentlichen darauf, wie und an welcher Stelle der Berechnungsmethodik der Einfluss der Fremdkapitalfinanzierung auf den Unternehmenswert berücksichtigt wird. Im Hinblick auf die Höhe des berechneten Unternehmenswerts gilt aber, dass alle drei Verfahren rechentechnisch ineinander überführt werden können. Somit **führen alle drei Verfahren zu identischen Unternehmenswerten**, sofern die Finanzierungsprämissen identisch sind.[1] 123

3. Gesondert bewertbares Vermögen

In der Bewertungspraxis sind **verschiedene Sondertatbestände** bei der Bewertung zu berücksichtigen. Hierbei handelt es sich im Wesentlichen um Verlustvorträge und um so genannte nicht betriebsnotwendige Vermögensbestandteile. Im Hinblick auf die gesondert bewerteten Vermögensbestandteile kann die persönliche Ertragsteuer des Investors einen erheblichen Einfluss auf die Höhe der Unternehmenswerte haben. 124

a) Gewerbesteuerliche und körperschaftsteuerliche Verlustvorträge

Grundsätzlich ist bei der Bewertung von Verlustvorträgen zwischen handelsrechtlichen und steuerrechtlichen Verlustvorträgen zu unterscheiden. **Handelsrechtliche Verlustvorträge** haben für die Bewertung insofern Bedeutung, als deren Existenz zu Ausschüttungssperren führen kann. Dieses hat zur Konsequenz, dass im Rahmen der Bewertung bis zum Verbrauch der handelsrechtlichen Verlustvorträge von der Vollausschüttungsprämisse Abstand zu nehmen ist. **Steuerliche Verlustvorträge** mindern die Steuerbemessungsgrundlage und reduzieren damit das zu versteuernde Einkommen. Folglich resultiert daraus eine geringere Steuerschuld, wodurch sich für den Investor ein absoluter 125

---

[1] Allerdings kann die konsistente Handhabung der drei Discounted Cash-Flow Verfahren zum Teil erhebliche Anstrengungen des Bewerters voraussetzen. Vgl. *Ballwieser*, WPg. 1995, 123 f. und *Drukarczyk*, Unternehmensbewertung, 1996, S. 142.

Vermögensvorteil ergibt. Die Bewertung von steuerlichen Verlustvorträgen kann auf integriertem oder separatem Wege erfolgen.

126 Bei der **integrierten Methode** werden die Verlustvorträge direkt bei der Bestimmung der zu kapitalisierenden Ergebnisse berücksichtigt. Dieses erfolgt dadurch, dass bei der Ermittlung der Steuerbemessungsgrundlage und damit der zukünftigen Unternehmensteuerlast in den zukünftigen Planungsperioden der vorhandene Verlustvortrag bis zu dessen Verbrauch bereits explizit berücksichtigt wird. Werden nun die so ermittelten zukünftigen Ergebnisse (nach Unternehmenssteuern) kapitalisiert, ist der Wertvorteil der zukünftigen Steuervorteile bereits vollumfänglich im Ertragswert der Unternehmung abgebildet. Alternativ besteht die Möglichkeit, den Wert des Steuervorteils separat zu ermitteln. Bei der **separaten Methode** bleibt der existierende Steuervorteil bei der Ertragswertberechnung zunächst unberücksichtigt, d.h., die vorhandenen Verlustvorträge spielen bei der Ermittlung der Steuerbemessungsgrundlagen und der Bestimmung der Unternehmensteuer keine Rolle. Werden die so ermittelten zukünftigen Erträge kapitalisiert, ergibt sich der Ertragswert für ein Unternehmen, dessen zukünftige Erträge voll zu versteuern sind. Der aus dem bestehenden Verlustvortrag resultierende Wertbeitrag wird nun als Sonderwert zu dem nach der indirekten Methode ermittelten Ertragswert addiert. Der gesondert auszuweisende Wert der Verlustvorträge ergibt sich hierbei aus den hieraus resultierenden kapitalisierten zukünftigen Steuerersparnissen.[1]

127 In Deutschland ergibt sich der Vorteil der **gewerbesteuerlichen Verlustvorträge** aus der mit der Nutzung dieser Verlustvorträge erzielten Gewerbesteuerersparnis. Die mit einer Nutzung **körperschaftsteuerlicher Verlustvorträge** verbundenen Vorteile ergeben sich nach dem StSenkG ebenfalls aus der Steuerersparnis der ansonsten mit 25 % Körperschaftsteuer belasteten Einkünfte.[2]

128 Soweit beim Vorliegen von steuerlichen Verlustvorträgen **Ausschüttungen** vorgenommen werden, unterliegen diese grundsätzlich der persönlichen Einkommensteuer der Anteilseigner. Ein körperschaftsteuerlicher Verlustvortrag führt insoweit beim Gesellschafter zu keiner weiteren Steuerersparnis.[3]

129 Steuerfreie Einkünfte (z.B. Auslandseinkünfte) bleiben auf der Ebene der Gesellschaft steuerfrei, d.h. sie führen nicht zur Ausnutzung von steuerlichen Verlustvorträgen. Bei Ausschüttung steuerfreier Ergebnisbestandteile einer Kapitalgesellschaft unterliegen auch diese der individuellen (typisierten) Einkommensteuer (Halbeinkünfteverfahren).

130 Bei **Personengesellschaften und Einzelunternehmen** können körperschaftsteuerpflichtige Verlustvorträge nicht bestehen. Soweit steuerliche Verlustvorträge im individuellen Einkommensteuerbereich der Gesellschafter existieren, entziehen sich diese einer objektivierten Unternehmensbewertung wegen der hierbei empfohlenen Typisierung.

---

1 Vgl. *D. Schneider*, S. 235, 246, 267, 271, 282 und auch *Kruschwitz/Schäfer/Jeromin*, ZfB 1995, 1005.
2 Vgl. *Kohl/Schulte*, WPg. 2000, 1161.
3 Vgl. *Siepe*, WPg. 1997 Teil II, S. 37 ff.

b) Nicht betriebsnotwendiges Vermögen

Ein Unternehmen verfügt neben dem betriebsnotwendigen Vermögen oft über **nicht betriebsnotwendiges Vermögen**. Dies sind Vermögensgegenstände, deren Vorhandensein grundsätzlich nicht zur Fortführung des operativen Geschäfts erforderlich ist. Hierbei kann es sich beispielsweise um Kunstgegenstände, Immobilien, Beteiligungen und sonstige Finanzanlagen handeln.

131

Im Rahmen einer Unternehmensbewertung wird dieses Vermögen grundsätzlich gesondert unter der **Prämisse einer sofortigen Auskehrung an die Anteilseigner** bewertet. Das nicht betriebsnotwendige Vermögen ist grundsätzlich mit seinem Liquidationswert anzusetzen. Dieser Wert entspricht dem Einzelveräußerungspreis abzüglich noch anfallender Veräußerungskosten.[1]

132

Hinsichtlich der Bewertung nicht betriebsnotwendiger Vermögensbestandteile ist grundsätzlich vorstellbar, diese Vermögensbestandteile unter der Fiktion einer Sofortausschüttung an die Aktionäre unter Vorwegnahme des vollen typisierten Einkommensteuerabzugs zu bewerten. Schließlich dokumentiert die Zuordnung dieser Vermögensbestandteile zum nichtbetriebsnotwendigen Vermögen gerade, dass diese Gegenstände nicht produktiv im Sinne des Unternehmenszweckes verwertbar sind.[2] Soweit im Einzelfall trotzdem nicht davon ausgegangen werden kann, dass eine Sofortausschüttung an die Aktionäre zu erfolgen hat (weil Thesaurierungserfordernisse dem entgegenstehen), sind die geplanten Veräußerungserlöse entsprechend IDW ES i. d. F. v. 9.12.2004 unter Verwendung einer angemessenen Rendite als Kapitalzuführung in die Bewertung einzubeziehen.

133

Bei der Wertermittlung ist darüber hinaus zu prüfen, ob mit der Auszahlung der zugeflossenen Mittel steuerliche Wirkungen (im Sinne einer Nachsteuerrechnung) für den Unternehmenseigner verbunden sind und welche einkommensteuerlichen Folgen die Ausschüttungsannahme hervorruft.

Übersteigt bspw. der Verkaufserlös des nicht betriebsnotwendigen Vermögens dessen Buchwert, entsteht ein Veräußerungsgewinn. Dieser erhöht das zu versteuernde Unternehmensergebnis.[3]

134

Bei **Einzelunternehmen** kann eine steuerfreie Entnahme des Veräußerungserlöses in Höhe des Buchwerts des nicht betriebsnotwendigen Vermögens vorgenommen werden.[4] Bei dieser Entnahme reduziert sich lediglich das bilan-

---

1 Das Vorhandensein nicht betriebsnotwendiger Schulden ist für sich alleine sachlogisch kaum vorstellbar. In Ausnahmefällen bestehen jedoch eindeutig, unmittelbare Verknüpfungen zwischen nicht betriebsnotwendigen Vermögensteilen und Schulden. In diesem Falle sind Vermögens- und Schuldenposition zu saldieren.
2 Folglich kann die Zuordnung jener Vermögensgegenstände als „nicht" betriebsnotwendig nicht gleichzeitig widerspruchsfrei mit der hierzu diametral entgegenstehenden Fiktion einer dauerhaften Weiterverwendung jener Vermögensgegenstände im Unternehmen gekoppelt werden.
3 Eine Versteuerung kann ggf. unter den Voraussetzungen des § 6b EStG vermieden werden. Vgl. WPHdb. II/1998, S. 94.
4 Vgl. WPHdb. II/2002, S. 99.

zielle Eigenkapital des zu bewertenden Unternehmens.[1] Soweit der Veräußerungspreis den Buchwert übersteigt, unterliegt er insoweit der persönlichen Ertragsteuerbelastung der Eigentümer.[2]

Bei **Kapitalgesellschaften** erhöht sich infolge einer Veräußerung der nicht betriebsnotwendigen Vermögensgegenstände über Buchwert ebenfalls der Gewinn der Gesellschaft.[3] Dieser unterliegt der Gewerbeertrag- und Körperschaftsteuer. Bei Kapitalgesellschaften unterliegen nach dem StSenkG die unterstellten Ausschüttungen der Veräußerungserlöse des nicht betriebsnotwendigen Vermögens grundsätzlich der individuellen Einkommensteuer (Teil II Rz. 46).[4] Soweit eine Rückzahlung aus dem Nennkapital oder dem steuerlichen Einlagenkonto nach § 27 KStG unterstellt werden kann, entsteht hingegen keine Einkommensteuerpflicht.

135 Bei der Unternehmensbewertung i.V.m. nicht betriebsnotwendigem Vermögen ist grundsätzlich darauf zu achten, dass die als nicht betriebsnotwendig deklarierten Vermögensgegenstände häufig **Finanzierungsfunktionen** im Unternehmen erfüllen. Sie dienen entweder Fremdkapitalgebern als Sicherheiten für die Vergabe von Krediten oder der Kapitalmarkt betrachtet das Vorhandensein der nicht betriebsnotwendigen Vermögensgegenstände als eine Verbesserung der Kapitalstruktur. Das Vorhandensein der nicht betriebsnotwendigen Vermögensgegenstände im Betriebsvermögen führt zu einer Reduktion der geforderten Eigen- und Fremdkapitalkosten eines Unternehmens. Wird für Bewertungszwecke nun eine fiktive Ausschüttung jener Vermögenswerte unterstellt, steht c.p. dieser Vermögensbestandteil den Fremd- und Eigenkapitalgebern nicht mehr als zusätzliche Sicherheit zur Verfügung. Im Einzelfall kann dieses die Kapitalkosten erheblich verändern. Ggf. sind dann im Zuge der Ermittlung des Ertragswerts bzw. DCF-Wertes des operativen Geschäftes sowohl höhere Fremdfinanzierungskosten als auch höhere Eigenkapitalkosten anzusetzen, da anderenfalls das nicht betriebsnotwendige Vermögen doppelt berücksichtigt würde und zwar einmal direkt über den gesondert ausgewiesenen Wertansatz der Vermögensgegenstände und ein weiteres Mal indirekt durch die unterlassene Erhöhung der Kapitalkosten.

136 Nach Ermittlung des Marktwerts des betriebsnotwendigen Vermögens (nach der Ertragswert- bzw. der DCF-Methode) und des Werts des nicht betriebsnotwendigen Vermögens sowie den Auswirkungen von ggf. bestehenden steuerlichen Verlustvorträgen und dem zeitlich befristeten Verbrauch bestehender Körperschaftsteuer-Anrechnungsguthaben gemäß § 37 Abs.2 Körperschaftsteuergesetz wird der Wert der Unternehmung wie folgt bestimmt:

---

[1] Vgl. WPHdb. II/2002, S. 99.
[2] Unter Berücksichtigung der Anrechenbarkeit der Gewerbesteuer auf die Einkommensteuer gemäß § 35 Einkommensteuergesetz.
[3] Vgl. *Siepe*, WPg. 1997 Teil I, S. 7.
[4] Eine steuerfreie Ausschüttung der Veräußerungserlöse ist nur in Ausnahmefällen möglich. Die Voraussetzung dafür ist, dass alle Bedingungen für die Vornahme einer ausschüttungsbedingten Teilwertabschreibung vorhanden sind. Vgl. *Siepe*, WPg. 1997 Teil I, S. 7 f.

Wert des betriebsnotwendigen Vermögens (nach Ertragswert-/
DCF Methode)
+ Gesondert bewertbare Wertbestandteile (Verlustvorträge/
nicht betriebsnotwendiges Vermögen)
Unternehmenswert

4. Market-Approach

a) Überblick

Bei **marktorientierten Bewertungsverfahren** liegt der Fokus weniger auf der kapitalwertorientierten Betrachtung zukünftiger Überschüsse von Unternehmen bzw. Unternehmensteilen als auf deren tatsächlich realisierbaren Markt- bzw. Veräußerungspreisen.[1] Der Marktpreis des Unternehmens für die Eigenkapitalgeber wird hierbei aus tatsächlich in der Vergangenheit an den Kapitalmärkten beobachtbaren Unternehmenspreisen abgeleitet. Die Voraussetzungen für die Anwendung dieses Verfahrens sind die Existenz liquider Kapitalmärkte für Unternehmen bzw. Unternehmensanteile und die Verfügbarkeit über Informationen zu Markt- bzw. Transaktionspreisen zu Unternehmen bzw. zu Unternehmenskäufen/-verkäufen.

137

Der **Wert börsennotierter Unternehmen** wird als Produkt des Aktienpreises und der Anzahl emittierter Aktien ermittelt. In der deutschen Bewertungspraxis und Rechtsprechung[2] wird die Ansicht vertreten, dass der Börsenkurs für die Unternehmensbewertung nicht außer Acht gelassen werden darf. Der Bundesgerichtshof hat in seiner Entscheidung vom 12.3.2001[3] die vom Bundesverfassungsgericht aufgestellten Grundsätze dahin gehend ausgelegt, als er aus Gründen der Rechtssicherheit auf einen auf den Stichtag bezogenen durchschnittlichen Referenzkurs abstellt, der nach Meinung des BGH aus Kursdaten ermittelt wird, die in größtmöglicher Nähe zu diesem Stichtag liegen. Hierfür erscheint dem BGH ein Zeitraum von drei Monaten vor dem Bewertungsstichtag als angemessen. Bei nicht börsennotierten Unternehmen probiert man, den gesuchten Wert aus realisierten Markt- oder Börsenpreisen vergleichbarer Unternehmen abzuleiten. Aufgrund der Ermittlung des Unternehmenswertes aus den Preisen vergleichbarer Gesellschaften wird der Market Approach als Vergleichsverfahren bezeichnet.[4]

138

Die Vergleichsverfahren nutzen auch Daten aus einem direkten Vergleich mit einem oder einer kleinen Gruppe von Unternehmen. Zwei gebräuchliche Ver-

139

---

1 Vgl. Hierzu folgendes Zitat: „...define fair market value, in effect, as the price at which the property would change hand between a willing buyer and a willing seller when the former is not under any compulsion to buy and the latter is not under any compulsion to sell, both parties having reasonable knowledge of relevant facts." Revenue Ruling 59–60, 1959-1 C. B. 237, Sec. 2.02.
2 Vgl. BVerfG v. 27.4.1999 – 1 BvR 1613/94, DB 1999, 1693.
3 Vgl. BGH v. 12.1.2001 – II ZB 15/00, DB 2001, 969 ff.
4 Neben dem Market Approach existiert noch der *Income Approach* (Das entspricht dem DCF-Verfahren bzw. in Deutschland der Ertragswertmethode.) und der Cost Approach (entspricht dem Substanzwertverfahren). Vgl. *Sanfleber-Decher*, WPg. 1992, 597.

gleichsverfahren sind der **Comparative Company Approach** und die **Market Multiples (Multiplikatorenmodelle)**.

b) Comparative Company Approach

140 Zur Bestimmung des Unternehmenswertes orientiert sich der Comparative Company Approach an den unmittelbar realisierten Preisen ausgewählter Referenzunternehmen. Anhand der gezahlten Marktpreise für die Vergleichsunternehmen (**Comparative Company**) wird der Preis für das Bewertungsobjekt geschätzt. Bei der Anwendung dieser Bewertungsmethode sind zwei Aspekte zu berücksichtigen. Zunächst ist die Auswahl der Referenzgesellschaften eine anspruchsvolle Aufgabe. Als Kriterien für den Auswahlprozess dienen u.a. die Branchenzugehörigkeit, die Produktpalette oder die Höhe des Umsatzes.[1] Die Selektion der Referenzunternehmen wird zusätzlich erschwert, sobald es sich bei der zu bewertenden Gesellschaft um einen Mischkonzern handelt, da dieser nicht einer einzelnen Branche zugeordnet werden kann. Insbesondere bei mittleren und großen Unternehmen wird in der Praxis daher eine Aufteilung in Bewertungseinheiten durchgeführt.[2] Ein weiterer wesentlicher Punkt ist die Beschaffung von Informationen über zeitnah realisierte Marktpreise.[3]

141 Für die Wertfindung werden die **Vergangenheitsergebnisse** des zu bewertenden Unternehmens anhand historisch verfügbarer Informationen (z.B. Jahresabschlussdaten) analysiert. Die bereinigten Vergangenheitsergebnisse werden dann in Relation zu den Ergebnissen der Vergleichsunternehmen gesetzt. Wenn die Wertbestimmung nur mit Hilfe eines einzigen Referenzunternehmens vorgenommen wird, kann nach folgendem Schema vorgegangen werden:[4]

$$MP_B = V_B \cdot \frac{MP_V}{V_V}$$

mit:

MP_B = Potenzieller Marktpreis des zu bewertenden Unternehmens,

V_B = Vergleichsgröße des zu bewertenden Unternehmens,

MP_V = Marktpreis des Vergleichsunternehmens,

V_V = Vergleichsgröße des Vergleichsunternehmens.

---

1 Zu einem Katalog der Vergleichskriterien vgl. *Arbenz/Möckli*, Praxis 1999, 7 und *Barthel*, DB 1996, 150. *Börsig* gibt einen Überblick über die Höhe relevanter Kennziffern bei ausgewählten Transaktionen in der Kraftfahrzeug-Zulieferindustrie und in der Telekommunikationsbranche. Vgl. *Börsig*, Zfbf 1993, 83.
2 Vgl. *Barthel*, DB 1996, 150.
3 Zumindest allgemeine Unternehmensinformationen können bei folgenden Quellen beschafft werden: Informations- und Recherchedienst des Handelsblatts, GENIOS, Datastar von FTMA Mergers and Acquisition (London), M & A Review (Düsseldorf), WIND (Informationsbroker Köln). Vgl. *Barthel*, DB 1996, 155.
4 Vgl. *Mandl/Rabel*, S. 44.

Der Quotient aus Marktpreis und Vergleichsgröße des Referenzunternehmens repräsentiert den **Multiplikator**. Dieser wird jedoch in seiner absoluten Höhe meist nicht ohne weitere Korrekturen angewandt. Hierauf werden teilweise Zu- oder Abschläge in Abhängigkeit von der Größe des zu bewertenden Unternehmens erhoben. Dieses ist darin begründet, dass an der Börse wiederholt Preisabschläge für Gesellschaften mit geringer Marktkapitalisierung zu beobachten sind (Small-cap Abschläge). Weitere Faktoren, die zu einer Modifikation des Multiplikators führen, können die Börsennotierung des Unternehmens (Fungibilitäts- bzw. Liquiditätsprämie), die Berücksichtigung der Zahlung von Kontrollprämien, die Volatilität der Erträge und die Diversifikation des Unternehmens sein.[1]

142

In Abhängigkeit von der Art der benutzten Vergleichspreise werden innerhalb des Comparative Company Approach **drei Methoden** unterschieden:

143

- Similar-public-company-Ansatz,
- Recent-acquisitions-Ansatz,
- Initial-public-offering-Ansatz.[2]

Den Ansätzen ist gemein, dass jeder auf einer gründlichen Analyse der Vergleichsunternehmen aufbaut. Unterschiede zwischen den drei Ansätzen bestehen lediglich in den genutzten Preisen, die als Abgrenzungssystematik dienen. Je nach Ansatz dienen als Basis der Unternehmensbewertung Börsenkurse bereits längerfristig notierter Gesellschaften, Kaufpreise nicht öffentlich notierter Unternehmen sowie die Preise erstmals notierter Unternehmen.

144

- **Similar-public-company-Ansatz**

145

Bei Verwendung des Similar-public-company-Ansatzes dienen die Marktpreise *öffentlich notierter* Unternehmen als Referenzgröße. Der Gesellschaftsvergleich erfolgt mit Hilfe von Schlüsselgrößen aus dem Jahresabschluss wie EBIT, Cash-Flow, Eigenkapital, Umsatz etc. Diese Kenngrößen werden zunächst für die Vergleichsunternehmen berechnet und dann auf das zu bewertende Unternehmen bezogen. Im Einzelnen werden bei der Analyse vier Schritte durchlaufen: Zunächst wird im Rahmen einer Due Diligence[3] die allgemeine ökonomische Lage, die spezielle Branche und das zu bewertende Unternehmen, beispielsweise im Hinblick auf seine finanzielle Situation, analysiert. Daran schließt sich das Kernstück der Bewertung an, die Auswahl der geeigneten Vergleichsunternehmen. Nach der Bestimmung von Auswahlkriterien werden entsprechende Referenzunternehmen ermittelt. Mit Hilfe von

---

1 Weitere zu berücksichtigende Aspekte für die Ermittlung des Multiplikators finden sich bei *Arbenz/Möckli*, Praxis 1999, 7.
2 Vgl. *Sanfleber-Decher*, WPg. 1992, 598 ff.
3 Eine Due Diligence wird häufig im Zusammenhang mit Unternehmenskäufen durchgeführt. Darunter wird die sorgfältige Analyse, Prüfung und Bewertung eines Objektes im Rahmen einer beabsichtigten geschäftlichen Transaktion verstanden. Mit Hilfe der Due Diligence sollen Informationen beschafft und ausgewertet werden, mit dem Zweck, beim Zielunternehmen Chancen und Risiken aufzudecken. Dadurch soll die Due Diligence zur Qualitätsverbesserung bei der Entscheidungsfindung beitragen.

Jahres- und Quartalsabschlüssen der Vergleichsunternehmen werden dann Verhältniszahlen gebildet. Bei der anschließenden Wertermittlung steht dann nicht die Ermittlung des Wertes des gesamten Unternehmens im Vordergrund, sondern der Wert einzelner Anteile (Aktien). Börsentransaktionen sind i.d.R. auf Minderheitsanteile beschränkt. Daher wird davon ausgegangen, dass die zu bewertenden Anteile keine Kontrollmehrheit begründen und frei handelbar sind. Die Preise für nicht marktgängige Mehrheitsbeteiligungen können durch Einräumung von Zu- und Abschlägen (Fungibilitätszuschläge bzw. Discount for Lack of Marketability, vgl. Teil II Rz. 330 ff. sowie Paketzuschläge bzw. Control Premium, vgl. Teil II Rz. 335 ff. ermittelt werden.[1]

146 – **Recent-acquisitions-Ansatz**

Dieser Bewertungsansatz greift bei der Wertfindung auf Preise zurück, die bei Unternehmenstransaktionen von öffentlich notierten, aber auch bei nicht öffentlich notierten Unternehmen, im Rahmen von Akquisitionen tatsächlich realisiert wurden. Hierbei besteht die Schwierigkeit in der Beschaffung von Informationen zu Marktpreisen, die in möglichst *kurzem zeitlichem* Abstand vor dem Termin der Unternehmensbewertung beobachtet wurden. Da die der Bewertung zugrunde liegenden Kaufpreise sich nicht auf den Erwerb von Minderheitenanteilen beziehen und daher den Wert der gesamten Gesellschaft repräsentieren, wird bei diesem Ansatz auch der *control value* des Unternehmens berücksichtigt.

147 – **Initial-public-offering-Ansatz**

Im Rahmen von Börseneinführungen erfolgt die Bestimmung eines Unternehmenswerts durch den Initial-public-offering-Ansatz. Der gesuchte Wert wird auf Basis von Emissionspreisen der erstmaligen Börsenplatzierung von Vergleichsunternehmen bestimmt. Aufgrund der geringen Zahl von Börseneinführungen vergleichbarer Unternehmen und der zyklischen Schwankungen auf dem IPO-Markt wird dieser Ansatz nur bei Börseneinführungen und nicht bei anderen Bewertungsanlässen verwendet.[2] Hierbei ist darauf zu achten, dass Börseneinführungskurse spekulativ verzerrt sind. Ein daraus abgeleiteter Wert kann somit unter Umständen deutlich von Unternehmenswerten abweichen, die auf Kapitalwertbasis ermittelt wurden.

c) Market Multiples

148 Der Unternehmenswert berechnet sich bei der Anwendung von Market Multiples aus **branchentypischen Multiplikatoren**.[3] In den USA werden Market Multiples, die sich aus Erfahrungssätzen (rules-of-thumb) gebildet haben, vor allem zur Bewertung mittlerer und kleiner Unternehmen herangezogen. Der Wert einer Gesellschaft ergibt sich dabei als Produkt einer geeigneten Bezugs-

---

1 Vgl. *Buchner/Englert*, BB 1994, 1579.
2 Vgl. *Sanfleber-Decher*, WPg. 1992, 600 f.
3 Diese Vorgehensweise wird auch als Faustformel- oder Praktikerverfahren bezeichnet.

größe mit einem Multiplikator. Dieser stellt einen Erfahrungssatz einer gesamten Branche bzw. eines Geschäftszweigs dar.[1] Eine Analyse möglicher Vergleichsunternehmen ist nicht erforderlich.[2]

Es gibt eine Vielzahl so genannter Market Multiples, die sich im Wesentlichen in umsatz- und ergebnisbezogene Multiples einteilen lassen. Während Umsatzmultiplikatoren sich nicht für Unternehmensbewertungen eignen[3] finden für Vergleichszwecke Ergebnismultiples, die auf Gewinn-, EBIT- bzw. EBITDA-Kennzahlen beruhen, wiederholt Anwendung. Hierbei erfreut sich insbesondere das **Kurs-Gewinn-Verhältnis** (KGV) größerer Beliebtheit. Das KGV ergibt sich aus dem Quotient von Kurswert zu erzieltem bzw. geschätztem Jahresgewinn.[4] Das Kurs-Gewinn-Verhältnis wird häufig zur Bewertung von Großunternehmen und im Rahmen von Börseneinführungen genutzt. Ein weiterer wichtiger Multiplikator ist das **Kurs-Cash-Flow-Verhältnis**.[5] Diese Kennzahl erlaubt es, die unterschiedliche Ausnutzung von Bewertungsspielräumen bei der Ermittlung realisierter bzw. prognostizierter Gewinne aus der Bewertung zu eliminieren. Bei nicht börsennotierten Unternehmen werden häufig **Gewinnmultiplikatoren** verwendet, die zum Unternehmenswert führen sollen. Werden Vergleiche unter Verwendung von Ergebnismultiplikatoren durchgeführt, ist darauf zu achten, dass die Bezugsbasis weitgehend identisch und für den Bewertungszweck angemessen ist.[6]

Die Multiplikatoren werden häufig in **Bandbreiten** angegeben.[7] Ein Gewinnmultiplikator kann als Kehrwert des Kalkulationszinsfußes interpretiert werden. Je niedriger der Multiplikator ist, desto höher ist der Kalkulationszinsfuß und damit das Risiko einer Investition einzuschätzen.[8]

---

1 In Deutschland wird z.B. bei Wirtschaftsprüfungsgesellschaften und Steuerberatungsgesellschaften der Preis in Höhe von 100%–150% des Umsatzes geschätzt. Arztpraxen wird ein Wert in Höhe von ⅓ des durchschnittlichen Umsatzes der letzten drei Jahre abzüglich des Gehalts für einen vergleichbaren angestellten Arzt zugestanden. Vgl. *Niehues*, BB 1993, 2249.
2 Teilweise werden auch bei diesem Bewertungsansatz Gewinnbereinigungen durchgeführt, um die Vergleichbarkeit der zu bewertenden Gesellschaften mit dem Referenzunternehmen sicherzustellen. Vgl. *Barthel*, DB 1996, 157.
3 Vgl. zu den verschiedenen Multiplikatoren *Barthel*, DB 1996, 161. Zur Kritik an der Verwendung von Multiplikatoren *Ballwieser*, DB 1997, 188.
4 Vgl. *Born*, Unternehmensanalyse, S. 174 ff.
5 Neben den Kennziffern zur Ermittlung des Unternehmenswerts (equity-value) können andere Kennziffern genutzt werden, um den Unternehmensgesamtwert (enterprise value) zu berechnen. Vgl. *Arbenz/Möckli*, Praxis 1999, 3 ff.
6 Z.B. gleiche steuerliche Basis, vergleichbare Ergebnisbasis, Zeiträume etc.
7 In Deutschland reicht die Bandbreite der Multiplikatoren auf Basis nachhaltig erzielbarer Gewinne (nach Gewerbeertragsteuer vor Körperschaftsteuer) von 2,5 (Mindestsatz bei Metallverarbeitung) bis zu 14,25 (Höchstsatz Pharmaindustrie). Zu einem Überblick über die Gewinnmultiplikatoren verschiedener Branchen vgl. *Barthel*, DB 1996, 158 f.; vgl. *Aders/Galli/Wiedemann*, FB 2000, 201 ff. und *Böcking/Nowak*, FB, 1999. In einer neueren Untersuchung gelangt *Ballwieser* zu ähnlichen Multiples. Vgl. *Ballwieser* in Kruschwitz/Heintzen, S. 21–25.
8 Während beispielsweise die Verwendung von Multiplikatoren in Höhe von fünf üblich ist, sind entsprechende Kapitalisierungszinssätze in Höhe von 20% eher unüblich. Als Begründung wird bei Unternehmensakquisitionen angeführt, dass die Kapitalisierung mittels des Zinsfußes vorwiegend bei Investoren mit Kapitalanlageabsicht ange-

151 Ein Vorteil der Verwendung von Market Multiples im Vergleich zum Comparative Company Approach liegt darin, dass der Bewerter nicht von der Kenntnis tatsächlich realisierter Kaufpreise oder Börsenwerte für konkrete Unternehmen abhängig ist. Er muss keine gezielte Auswahl von Vergleichsunternehmen sowie die damit verbundene Ableitung von Multiplikatoren durchführen. Entscheidend ist lediglich die Zuordnung des gesamten oder der Teile des Unternehmens zu einem bestimmten Geschäftszweig und die Kenntnis der entsprechenden Branchenmultiplikatoren.[1] Andererseits sind die Multiplikatoren nicht theoretisch ableitbar. Neuere empirische Untersuchungen zeigen, dass auch mit Hilfe von Multiplikatoren u.U. die Preise von Unternehmen nicht vollständig erklärbar sind.[2] Dieses ist darauf zurückzuführen, dass Multiplikatoren nur grobe Wertschätzungen repräsentieren, welche nicht die individuellen Besonderheiten der zu bewertenden Unternehmung berücksichtigen. Zudem wird nicht explizit das Risiko der Kapitalanlage quantifiziert.

5. Vergleich der Gesamtbewertungsverfahren

a) Discounted Cash-Flow-Verfahren versus Ertragswertmethode

152 Die Discounted Cash-Flow-Verfahren und das Ertragswertverfahren basieren auf einer **einheitlichen Bewertungsmethodik**. Demnach wird der Unternehmenswert durch Kapitalisierung der erwarteten Einnahmeüberschüsse berechnet.[3]

153 Unterschiede zwischen Discounted Cash-Flow- und Ertragswertverfahren bestehen z.B. in den beiden Methoden zugrunde liegenden **Finanzierungsprämissen**.

Ertragswertverfahren unterstellen i.d.R., dass Investitionen durch die Aufnahme von Fremdkapital finanziert werden. Bei den Discounted Cash-Flow-Verfahren wird dagegen eine anteilige Finanzierung der künftigen Investitionen mit Eigen- und Fremdkapital entsprechend der geplanten Kapitalstruktur unterstellt.

154 Neben den Finanzierungsprämissen unterscheiden sich beide Ansätze darin, an welcher Stelle der Berechnungssystematik die **Überschüsse aus dem Leistungs- und Finanzbereich** miteinander verrechnet werden. Beim Ertragswertverfahren und den (Discounted Cash-Flow-)Nettoverfahren werden beide Größen bereits im ersten Bewertungsschritt miteinander verrechnet. Bei den (Discounted Cash-Flow-)Bruttoverfahren erfolgt dieses erst zu einem späteren Zeitpunkt.

---

wendet wird. Bei Verwendung eines Multiplikators ist hingegen das persönliche Engagement des Käufers erforderlich, so dass der persönliche Arbeitseinsatz eine höhere Rendite erfordert. Vgl. *Niehues*, BB 1993, 2248 f.
1 Vgl. *Mandl/Rabel*, S. 45.
2 Vgl. *Ruhnke* in Kruschwitz/Heintzen, S. 84–89.
3 Vgl. *Jonas*, BFuB 1995, 85.

Die aufgezeigten Unterschiede zwischen Ertragswert- und Discounted Cash-Flow-Verfahren sind allerdings nicht grundsätzlicher Natur. Werden bei beiden Verfahren dieselben Annahmen getroffen, sind beide Modelle grundsätzlich miteinander kompatibel.[1] Dies bedeutet, dass beide Verfahren unter denselben Prämissen gleichwertige Bewertungsmodelle darstellen.

155

b) Market Approach versus Ertragswert respektive Discounted Cash-Flow-Verfahren

Eine Unternehmensbewertung mit Hilfe des Market Approach ist mit Vor- und Nachteilen verbunden. Zu den **Vorteilen** zählt, dass die verschiedenen Ansätze aufgrund ihrer starken Marktorientierung und ihrer Einfachheit leicht durch Dritte nachvollziehbar sind. Damit ist eine hohe Akzeptanz des Bewertungsverfahrens bei Nicht-Fachleuten gegeben.[2] Als weiterer Vorteil wird die Vermeidung der Prognose der zukünftigen Überschüsse genannt, die ihrerseits bei Anwendung zukunftsorientierter Erfolgswerte erforderlich ist.[3] Kritik am Market Approach erhebt sich bezüglich dreier Aspekte: die möglicherweise unzureichende Datenqualität, die fehlende Berücksichtigung spezifischer Gegebenheiten des zu bewertenden Unternehmens und die mangelnde Eignung von Marktpreisen zur Unternehmensbewertung.

156

Bei Anwendung des Market Approach sind **zeitlich und örtlich relevante Marktdaten** zu beschaffen. Dieser Punkt ist insbesondere für Deutschland, aufgrund seiner im internationalen Vergleich geringen Kapitalmarktorientierung, relevant. Zudem ist die Selektion der Referenzunternehmen aufwändig. Sie wird mit wachsender Größe und Diversifikation der zu bewertenden Gesellschaft komplizierter. Weiterhin ist zu beachten, dass die **Ermittlung der Kennziffern vergangenheitsorientiert** ist. Die Ermittlung von Gewinn- und Umsatzgrößen aus dem Jahresabschluss der zu bewertenden Gesellschaft kann von zufälligen Besonderheiten beeinflusst sein und bedingt daher ggf. eine Modifikation. Eine Anpassung der Werte verlangt dann wieder nach einer eigenständigen Ertragswertberechnung, so dass ein scheinbarer Vorteil dieses Verfahrens hinfällig ist.[4]

157

Ein **gewichtigerer Kritikpunkt** zielt auf das Grundkonzept des Market Approaches, die Nutzung von Marktpreisen. Die betrachtete Unternehmung wird nicht absolut für sich bewertet, sondern als Element in einer Gruppe von vergleichbaren Unternehmen. Der so ermittelte Unternehmenswert spiegelt dann den zurzeit am Markt erzielbaren Verkaufserlös wider. Bei Existenz eines effizienten Kapitalmarkts reflektieren die Börsenkurse zu jeder Zeit alle verfügbaren Informationen über ein Unternehmen, d.h. die Aktienkurse symboli-

158

---

[1] Vgl. *Drukarczyk*, WPg. 1995, 329. Ein entsprechendes Zahlenbeispiel findet sich bei *Jonas*, BFuB 1995, 92 ff. Vgl. auch *Kohl/Schulte* und *Auge-Dickhut/Moser/Widmann*.
[2] „Die Multiplikatormethode ist folglich zumindest dann zu rechtfertigen, wenn der Bewerter mit der Begründung von Wahrscheinlichkeitsverteilungen überfordert sein könnte, ...", *Niehues*, BB 1993, 2249.
[3] Vgl. *Barthel*, DB 1996, 162.
[4] Marktorientierte Bewertungsverfahren verstoßen gegen die in Deutschland üblichen Bewertungsprinzipien der Subjekt- und Zukunftsbezogenheit.

sieren vor allem die jeweiligen Gewinnerwartungen der Gesellschaft.[1] Es besteht bei Erfüllung dieser Prämisse keine Diskrepanz, wenn die Bewertung anhand von Marktpreisen oder auf Basis zukünftig erwarteter Überschüsse beruht. Einige Autoren bezweifeln allerdings, dass die Börsenkurse den Wert einer Unternehmung korrekt widerspiegeln.[2] Die ablehnende Haltung wird im Wesentlichen damit begründet, dass die Aktienkurse durch nicht bewertungsrelevante, spekulative Faktoren beeinflusst werden. Bei ineffizienten Kapitalmärkten sind dann Divergenzen zwischen dem Börsenpreis und dem Gegenwartswert der zukünftigen Erträge eines Unternehmens unausweichlich. Der Bewerter, der den Unternehmenswert nach dem Ertragswertverfahren ermittelt, besitzt unter dieser Prämisse Informationsvorsprünge gegenüber dem Kapitalmarkt, denn er kann auf interne Informationen und Planungsüberlegungen zurückgreifen, die selber nicht am Markt verfügbar sind.[3] Marktorientierte Bewertungsverfahren können daher nicht kapitalwerttheoretische Bewertungsverfahren ersetzen, die sich an zukünftigen Überschüssen orientieren.[4]

159 Die Anwendung des Market Approaches als eine Teilmaßnahme der Unternehmensbewertung ist jedoch nicht zu verwerfen. Marktpreise bieten sich als **Kontrollgrößen** an, um die ermittelten Unternehmenswerte auf ihre Plausibilität zu prüfen. Dies setzt jedoch die Analyse und Eliminierung der besonderen Einflüsse voraus, die sich möglicherweise auf die Preisbildung ausgewirkt haben. Verbleibende Differenzen zwischen den beobachteten Preisen und dem ermittelten Unternehmenswert sollten dann als Anlass genommen werden, die einzelnen Prämissen des Bewertungsverfahrens zu hinterfragen.[5] Diese Vorgehensweise bedingt jedoch, dass die Einflüsse von Marktpreisverzerrungen und eventuell fehlerhafter Prämissenwahl bei der Bewertung voneinander separiert werden können.

160 Ein anderer Aspekt, der für die Berücksichtigung von Marktpreisen spricht, ist die **mangelnde Akzeptanz von Unternehmenswerten beim Entscheider**, sofern Informationen über relevante Marktpreise vorhanden sind. Ein Investor wird nur schwerlich einen mit Hilfe der Ertragswertmethode bzw. des Discounted Cash-Flow-Verfahrens ermittelten Unternehmenswert akzeptieren, wenn für ihn alternativ die Möglichkeit zur Realisation eines günstigeren Marktpreises besteht.[6] Dieser Marktpreis wird daher im Verhandlungsprozess immer die Untergrenze (Verkäufer) bzw. die Obergrenze (Käufer) des Verhandlungsspielraumes markieren.[7]

---

1 Zu Abstufung der Informationseffizienz des Kapitalmarkts in Abhängigkeit von der Art der verfügbaren Informationen vgl. *Steiner/Bruns*, S. 40.
2 Vgl. *Buchner/Englert*, BB 1994, 1579; *Meyersiek*, BFuB 1991, 233; *Ballwieser* in Kruschwitz/Heintzen, S. 13 ff.
3 Vgl. IDW ES 1 i.d.F. v. 9.12.2004, S. 35, Rz. 154 f. sowie S. 39, Rz. 175–180.
4 Zur Kritik an den marktorientierten Bewertungsverfahren vgl. *Ballwieser*, Unternehmensbewertung, S. 199; *Großfeld*, S. 151 und *Meyersiek*, S. 233.
5 Vgl. IDW ES 1 i.d.F. v. 9.12.2004, S. 35, Rz. 154 f. sowie S. 39. Rz. 175–180, und WPHdb. II/1998, S. 19.
6 Vgl. BVerfG v. 27.4.1999 – 1 BvR 1613/94, DB 1999, 1693.
7 Vgl. *Kraus-Grünewald*, BB 1995, 1843.

Infolge der oben dargestellten **konzeptionellen Schwächen des Market Approaches** sollten die damit abgeleiteten Unternehmenswerte nicht die Basis für eine eigenständige Unternehmensbewertung darstellen. Die anhand des Market Approaches ermittelten Unternehmenswerte eignen sich jedoch gut für **Plausibilitätskontrollen**.

161

III. Einzelbewertungsverfahren

Einzelbewertungsverfahren ermitteln den Unternehmenswert durch eine **isolierte Betrachtung der Vermögensgegenstände zu einem bestimmten Stichtag**. Die Bewertung der Vermögensgegenstände kann anhand einer Vielzahl von Wertmaßstäben erfolgen. In diesem Zusammenhang wird im Folgenden insbesondere der Ansatz von Substanz- und Liquidationswerten erläutert.

162

1. Substanzwertverfahren

Substanzwertverfahren unterstellen ebenso wie die Gesamtbewertungsverfahren eine Fortführung des zu bewertenden Unternehmens (Going-concern-Prämisse). Im Rahmen einer Substanzwertbewertung spielen allerdings zukünftig erwartete Überschüsse des zu bewertenden Unternehmens grundsätzlich keine Rolle. Stattdessen erfolgt die Wertermittlung auf Basis einer Einzelbewertung der Vermögensgegenstände des Unternehmens. Der Unternehmenswert leitet sich damit aus der Summe der Werte der Einzelgüter ab. Die entscheidende Frage besteht in der Ermittlung derjenigen Aufwendungen, die für den Nachbau eines identischen Unternehmens erforderlich sind. Der **Substanzwert** wird daher oft **als Reproduktionswert** bezeichnet. Er ist zu interpretieren als die Summe derjenigen Ausgaben, die ein Investor für den Aufbau eines vollkommen identischen Unternehmens aufzuwenden hätte.[1] Die ermittelten Rekonstruktionswerte können den Wiederbeschaffungs- oder Zeitwerten entsprechen.

163

Die **Substanzwertermittlung** kann nach dem folgenden Schema durchgeführt werden:[2]

164

	Rekonstruktion des betriebsnotwendigen Vermögens
+	Liquidationswert des nicht betriebsnotwendigen Vermögens
	Bruttosubstanzwert
–	Schulden (auf Going-concern-Basis)
	Nettosubstanzwert

Der Rekonstruktionswert aller Vermögensgegenstände vor Abzug aller Verbindlichkeiten der zu bewertenden Gesellschaft wird als *Bruttosubstanzwert* bezeichnet. Der *Nettosubstanzwert* ist der Rekonstruktionswert nach Abzug aller Schulden.

165

---

1 Vgl. *Moxter*, S. 42.
2 Vgl. *Mandl/Rabel*, S. 47.

166 Die Wertermittlung nach dem Substanzwert geht grundsätzlich von der Prämisse eines vollständigen Unternehmensnachbaus aus. Daher sind bei einer korrekten Substanzwertermittlung *sämtliche Vermögensgegenstände* zu berücksichtigen, unabhängig von deren Ausweis in der Handelsbilanz. Als anspruchsvoll erweisen sich in diesem Zusammenhang Bewertungen nicht bilanzierungsfähiger, immaterieller Vermögensgegenstände. Eine ebenfalls eigenständige Bewertungsproblematik stellt die Frage der Bewertung latenter Ertragsteuern dar.[1] In Abhängigkeit davon, ob diese Positionen im Rahmen der Ermittlung der Unternehmenswerte berücksichtigt werden oder nicht, haben sich zwei unterschiedliche Konzepte entwickelt: der Vollrekonstruktions- und der Teilrekonstruktionswert.[2]

a) Vollrekonstruktionswert

167 Der **Vollrekonstruktionswert** entspricht dem Betrag des erforderlichen Kapitals, das zum *vollständigen* Nachbau des Unternehmens bereitgestellt werden muss. Damit werden neben den bilanziellen Vermögensgegenständen nicht bilanzierungsfähige Vermögensgegenstände in die Wertermittlung integriert. Der Wertansatz der einzelnen Vermögensgegenstände erfolgt zu Wiederbeschaffungskosten.[3]

168 Die Bewertung nicht bilanzierungsfähiger Vermögenspositionen, die i.d.R. in Form immaterieller Vermögensgegenstände vorliegen, ist jedoch sehr komplex. So sind im Vollrekonstruktionswert auch die Aufwendungen für den Aufbau der Innen- oder Außenorganisation enthalten. Der Wert derartiger Erfolgsfaktoren ist in der Praxis kaum nachvollziehbar und entzieht sich in der Regel einer seriösen Bewertung. Aufgrund der vorstehend angerissenen Bewertungsprobleme insbesondere bei der Wertermittlung nicht bilanzierungsfähiger Vermögensgegenstände spielt der Vollrekonstruktionswert bei Anwendung des Substanzwertverfahrens i.d.R. keine oder nur eine sehr untergeordnete Rolle.[4]

b) Teilrekonstruktionswert

169 Der **Teilrekonstruktionswert** entspricht dem Wert der selbstständig verkehrsfähigen Gegenstände des Unternehmens. Bei der Bestimmung des Teilrekonstruktionswertes werden grundsätzlich keine originären immateriellen Vermögensgegenstände berücksichtigt.[5] Da bei der Ermittlung des Teilrekons-

---

1 Vgl. *Großfeld*, Unternehmensbewertung, 2002, S. 207, 226.
2 Zu einer umfassenden Darstellung der verschiedenen Ansätze des Substanzwertverfahrens vgl. *Helbling*, S. 201 ff.
3 Vgl. WPHdb. II /2002, S. 140–141 und IDW S 1 i.d.F. v. 20.6.2000, S. 45.
4 Vgl. *Lausterer*, S. 65.
5 Der Teilrekonstruktionswert spielt im Zusammenhang mit der Abbildung von Unternehmenserwerben in der Handels- und Steuerbilanz eine Rolle. Aufgrund des Einzelbewertungsprinzpis ist der Kaufpreis für den Unternehmenserwerb auf die einzelnen Vermögensgegenstände und Schulden aufzuteilen. Die Differenz zwischen den so ermittelten Einzelansätzen und dem gesamten Kaufpreis wird in der Regel als Firmenwert bilanziert. Vgl. *Mandl/Rabel*, S. 279.

truktionswertes wesentliche Erfolgsgrößen und Werttreiber des Unternehmens unberücksichtigt bleiben, kann im Gegensatz zum Vollrekonstruktionswert der Teilrekonstruktionswert nicht mehr als der notwendige Kapitalbedarf (bzw. als die erforderlichen Kosten) für den Nachbau eines identischen Unternehmens interpretiert werden.

Es können zwei Arten von Teilrekonstruktionswerten differenziert werden. Die Summe der Wiederbeschaffungskosten der bilanzierungsfähigen Vermögenswerte ergibt den **Teilrekonstruktionsneuwert**. Werden von diesem Betrag die bisher eingetretenen Wertminderungen abgesetzt, ergibt sich der **Rekonstruktionsaltwert** (Zeitwert).[1]

170

c) Beurteilung des Substanzwerts

Substanzwertverfahren sind vordergründig relativ einfach anzuwenden, da sie keine Prognose der zukünftigen Unternehmensentwicklung erfordern. Es ist aber zu beachten, dass im Rahmen einer Substanzwertermittlung jeder Vermögensgegenstand und jede Verbindlichkeit separat bewertet werden muss. Zudem gibt der Substanzwert keine Anhaltspunkte über die zukünftige Ertragslage einer Gesellschaft.[2] Diesem Verfahren kommt deshalb **in der Praxis keine eigenständige Bedeutung** zu.[3] Der Wert einer Unternehmung entspricht nicht dem Substanzwert oder einer Kombination von Substanzwert und Zukunftserfolgswert.[4]

171

Nicht stichhaltig und darum abzulehnen ist das Argument, wonach der Substanzwert als Kontrollgröße zu nutzen sei.[5] Mit Hilfe des Substanzwerts können keine Aussagen über die Höhe der ersparten Aufwendungen bei Nachbildung des Unternehmens gemacht werden. Der in der Praxis aus Praktikabilitätsgründen verwendete Teilrekonstruktionswert wird ohne die nicht bilanzierungsfähigen Werte ermittelt, welche einen entscheidenden Teil des Rekonstruktionsaufwandes ausmachen können.

172

Die Analyse der Substanz eines zu bewertenden Unternehmens ist im Rahmen einer Unternehmensbewertung jedoch dann notwendig, sobald der Umfang, die Struktur und die Beschaffenheit der Unternehmenssubstanz das Potenzial der zu erwartenden Unternehmenserträge mitbestimmen. In diesem Kontext können aus der Substanz der Unternehmung folgende Informationen gewonnen werden:

173

---

1 Vgl. WPHdb. II/2002, S. 140–141.
2 Zwei Drittel der von *Prietze/Walker* befragten 500 deutschen Unternehmen verwenden noch die Substanzwertmethode. Allerdings verwenden alle Unternehmen die Substanzwertmethode zusätzlich zu einem zukunftsorientierten Bewertungsverfahren. Vgl. *Prietze/Walker*, Betriebswirtschaft 1995, 205.
3 Substanzwertverfahren verstoßen gegen das Prinzip der Zukunftsbezogenheit, Bewertungseinheit und Subjektivität. Vgl. *Sieben* in Wittmann/Kern/Köhler, S. 4328.
4 Wirtschaftsprüfer sollen nur dann den Substanzwert als Unternehmenswert ermitteln, wenn dies ausdrücklich im Auftrag für das Bewertungsgutachten festgelegt wurde, vgl. IDW S 1 i.d.F. v. 20.6.2000, S. 45.
5 Vgl. *Großfeld* in Kruschwitz/Heintzen, S. 221.

- die Re-Investitionsraten,
- der Finanzbedarf und die zukünftige Zinsbelastung,
- ein Anhaltspunkt für den Unternehmenswert bei fehlendem Ertragswert,
- ein Anhaltspunkt für Unterlegung des Ertragswerts mit der Substanz,
- die Ermittlung derivativer Geschäfts- und Firmenwerte.

174 Zusammenfassend gilt, dass zwar die **Kenntnis der Unternehmenssubstanz** für den Bewerter wichtig ist, nicht jedoch die Zusammenfassung der Vermögenspositionen zu einem Substanzwert.

175 Die in der Praxis vereinzelt vorzufindenden vertraglichen Vereinbarungen, nach denen sich Abfindungen oder Kaufpreise an Substanzwerten orientieren, haben vor allem **psychologische Gründe**. Der Unsicherheit der Prognose zukünftiger Erträge wird eine vermeintlich präzisere Substanzbewertung vorgezogen.[1] Wenn eine Substanzbewertung vertraglich vereinbart wurde, dann ist sie für alle Unternehmensbestandteile durchzuführen, d.h. auch für die Töchter eines zu bewertenden Unternehmens. Es ist allerdings zu bedenken, dass eine Substanzbewertung vor Gericht nicht anerkannt wird, wenn der Ertragswert des zu bewertenden Unternehmens und der Substanzwert erheblich voneinander abweichen.[2]

2. Liquidationswert

176 Während für Substanzwertverfahren die Prämisse der Unternehmensfortführung gilt, wird bei der Ermittlung des Liquidationswertes von einer Zerschlagung der Gesellschaft ausgegangen. Der **Liquidationswert** einer Unternehmung entspricht dem erzielbaren Preis aus einer vollständigen Veräußerung der Vermögensgegenstände des Unternehmens. Insofern ergibt er sich aus der Summe der mit seinen Veräußerungspreisen angesetzten Vermögensgegenstände inkl. immaterieller Vermögensgegenstände abzüglich der Schulden der Gesellschaft und Veräußerungskosten.[3] Die Kosten der Veräußerung können mit den aufgrund der Liquidation entfallenden jedoch unter going concern-Bedingungen passivierbaren Verpflichtungen verrechnet werden. Dazu zählen beispielsweise nicht mehr benötigte Aufwands- und Kulanzrückstellungen.[4] Die Höhe des Liquidationswertes ist dabei auch abhängig von dem Zeitdruck, unter dem das Unternehmen liquidiert wird (**Zerschlagungsgeschwindigkeit**) und von der Intensität der Auflösung des Unternehmens in einzelne Bestandteile (**Zerschlagungsintensität**). In Abhängigkeit von der Zerschlagungs-

---

[1] Vgl. *Großfeld*, S. 92.
[2] Vgl. u.a. *Piltz*, S. 203 und *Lausterer*, S. 112–116.
[3] Veräußerungskosten sind Ausbau-, Rückbau-, Rekultivierungs-, Abbruchkosten, Kosten der Altlastensanierung, Kosten der Altersversorgung für die Mitarbeiter und für die Einrichtung von Sozialplänen. Dazu zählen auch Kosten für die vorzeitige Ablösung von Darlehen. Der Liquidationswert nach Abzug der Schulden und Veräußerungskosten wird als Liquidationsnettowert bezeichnet. Vgl. *Großfeld*, S. 99.
[4] Zur Berücksichtigung der Steuerbelastung stiller Reserven bei Liquidation vgl. *Helbling*, S. 324 ff.

geschwindigkeit und dem Grad der Auflösung kann der Liquidationswert von einem reinen Zerschlagungswert bis zu einem Kaufpreis reichen, der bei Gesamtveräußerung des Unternehmens ohne Zeitdruck realisierbar ist. Wenn sich lebensfähige Teile eines Unternehmens in ihrer Gesamtheit veräußern lassen, ist regelmäßig ein höherer Liquidationserlös erzielbar als bei einer vollständigen Zerschlagung aller Unternehmensteile.

Unternehmenssteuern auf Veräußerungsgewinne sind bei der Berechnung des Liquidationswertes grundsätzlich immer zu berücksichtigen. Vorhandene steuerliche Verlustvorträge sind somit steuermindernd einzubeziehen. Persönliche Ertragsteuern der Unternehmenseigner sind ebenfalls in Betracht zu ziehen.[1] Bei der Liquidation einer Kapitalgesellschaft ist zusätzlich zu berücksichtigen, dass bis zu diesem Zeitpunkt gebildete, mit Körperschaftsteuer belastete Eigenkapitalbestandteile (verwendbares Eigenkapital) nach altem Körperschaftsteueranrechnungssystem zur Realisierung eines werterhöhenden latenten Anspruchs auf eine Steuererstattung führen können.[2]

177

Bei der Berechnung eines Liquidationswertes im Sinne einer subjektiven Wertfindung im Rahmen einer Transaktion müssen keine individuellen Steuern berücksichtigt werden. Diese fallen nur beim Veräußerer im Hinblick auf den Liquidationsgewinn an.

Wird der Liquidationswert in Anlehnung an die in der Handelsbilanz erfassten Positionen ermittelt, sind ggf. **immaterielle Vermögensgegenstände** werterhöhend anzusetzen. Dies gilt allerdings nur, wenn diese selbstständig veräußerbar sind. Hierzu zählen beispielsweise Kundenkarteien und Markennamen. Weitere derivative Firmenwertanteile (soweit sie nicht selbstständig übertragbar sind) dürfen nicht in den Unternehmenswert einfließen, da hierbei die going-concern-Prämisse ihre Gültigkeit verliert. Werden Liquidationswerte erst in der Zukunft realisiert, sind sie als Barwert anzusetzen und auf den Bewertungsstichtag abzuzinsen.

178

Liquidationswerte konkurrieren in einem gewissen Sinne mit Fortführungswerten im Rahmen der Unternehmensbewertung. Im Rahmen einer Unternehmensbewertung sind insofern zwei sich ergänzende Betrachtungen durchzuführen: die Ermittlung des Unternehmenswertes unter der Prämisse der Liquidation und unter der Prämisse der Fortführung. Übersteigt der Liquidationswert den Ertragswert, ist eine Schließung der Gesellschaft aus ökonomischer Sicht effizient. Eine Weiterführung ist bei einem rationalen Investor nur mit außerökonomischen Zwängen und Wertvorstellungen zu erklären. Der gegenüber dem Ertragswert höhere Liquidationswert bildet die **Wertuntergrenze**

179

---

1 Vgl. WPHdb. II/2002, S. 218. Auch in Erbrechtsfällen oder bei Streitfragen hinsichtlich der Bemessung des Zugewinnausgleichs bei Scheidungsfällen ist die Höhe der persönlichen Steuerbelastung bewertungsrelevant. Dahingegen erscheint die Berücksichtigung persönlicher Einkommensteuern überflüssig, sofern als Veräußerer eines Unternehmens ein nicht einkommensteuerpflichtiges Wirtschaftssubjekt auftritt. Vgl. *IDW*, HFA 2/1995, WPg. 1995, 522 ff.
2 Vgl. WPHdb. II/2002, S. 127–128.

des Unternehmenswerts.¹ Er muss daher zusätzlich bei der Ermittlung eines Fortführungswertes berechnet werden. Dieses dient der Kontrolle, ob eine Liquidation für die Anleger nicht vorteilhafter ist. Hierbei ist eine überschlägige Ermittlung des Liquidationswertes ausreichend, sofern dieser Wert offensichtlich unter dem Fortführungswert liegt.²

180 Auch wenn eine Fortführung der Gesellschaft ökonomisch sinnvoll ist, spielen Einzelliquidationswerte bei der Ertragswertmethode eine Rolle. Im Rahmen der Ermittlung von Fortführungswerten ist eine Aufteilung der Gegenstände des Unternehmens in **betriebsnotwendige** und **nicht betriebsnotwendige Vermögensgegenstände** vorzunehmen. Letztere sind Vermögensteile, die frei veräußert werden können, ohne den eigentlichen Unternehmenszweck und damit den erwarteten Überschuss aus dem zu bewertenden Unternehmen zu berühren.³ Sofern der Liquidationswert der nicht betriebsnotwendigen Vermögensgegenstände den Barwert ihrer finanziellen Überschüsse übersteigt, stellt eine Liquidation die vorteilhaftere Verwertung dar. Der Gesamtwert des Unternehmens ermittelt sich dann aus der Addition des Liquidationswertes des nicht betriebsnotwendigen Vermögens (unter Abzug typisierter persönlicher Einkommensteuer entsprechend der angewendeten Ausschüttungsprämisse) zum Fortführungswert des betriebsnotwendigen Vermögens. Selbiges gilt für komplette Unternehmensteile, wenn das Management der Unternehmung diese Subeinheiten unter betriebswirtschaftlichen Gesichtspunkten nicht fortführen sollte.

181 Liquidationswerte sind im Gegensatz zu Substanzwerten eine für die Unternehmensbewertung wichtige Größe. Sie sind bei Aufhebung der going-concern-Prämisse für das gesamte Unternehmen oder für einzelne Unternehmensteile als Wert anzusetzen, da sie die Untergrenze des Unternehmenswertes bilden.

D. Prognose der finanziellen Überschüsse

182 Das *Kernproblem* jeder ertragswertorientierten Unternehmensbewertung ist nicht primär die technisch korrekte Berechnung des entsprechenden Unternehmenswerts. Vielmehr erweist sich die Prognose der künftigen finanziellen Überschüsse als der schwierigere Teil.⁴ Die Voraussetzung für eine zuverlässige Prognose der zukünftigen finanziellen Überschüsse ist ein möglichst genauer Einblick in das Unternehmen. Der Bewerter sollte sich insbesondere im

---

1 Nur bei Vorliegen eines tatsächlichen oder rechtlichen Zwangs (z.B. infolge testamentarischer Auflagen, öffentlich-rechtlicher Bindungen etc.) darf ein Wirtschaftsprüfer im Rahmen einer Unternehmensbewertung den niedrigeren Fortführungswert ansetzen. Vgl. WPHdb. II/2002, S. 126 f. und *Großfeld*, S. 100.
2 Vgl. WPHdb. II/2002, S. 127 f.
3 Vgl. *Siepe*, WPg. 1997 Teil I, 6.
4 „Valuation is 95 % research and analysis. The actual calculations take about 30 seconds on calculator. It is rigorous." *Born*, Unternehmensanalyse, S. 65; zur selben Thematik: WPHdb. II/2002, S. 53 f.

Hinblick auf die Stärken und Schwächen der Gesellschaft ein möglichst zutreffendes Bild über das Bewertungsobjekt verschaffen. Diese Analysen dienen zur Verifikation der prognostizierten finanziellen Überschüsse und helfen z.B. bei Klärung der Frage, inwiefern das Unternehmen den strategischen Vorstellungen des Erwerbers entspricht. Insofern bildet die Unternehmensanalyse letztlich die Basis zur Ermittlung des Preises, welchen der Käufer maximal zu zahlen bereit ist.

Der **Ablauf des Prognoseprozesses** ist vom spezifischen Einzelfall abhängig. Vier typische Schritte werden aber bei der Erarbeitung einer Unternehmensplanung immer durchlaufen:[1]

183

1. Analyse der strategischen Position des Unternehmens im Hinblick auf seine Wettbewerbsfähigkeit am Markt und die Besonderheiten seiner Branche
2. Entwicklung von Zukunftsszenarien für das Unternehmen und seine Branche
3. Prognose einer Plan-Gewinn- und Verlustrechnung und einer Planbilanz sowie die anschließende Ermittlung der erwarteten Überschüsse
4. Überprüfung der Gesamtprognose

Die Planung der künftigen wirtschaftlichen Situation des zu bewertenden Unternehmens beginnt mit der Beschaffung von prognoserelevanten Daten.

I. Informationsbeschaffung

Für die Qualität einer Unternehmensbewertung sind die Güte und der Umfang der zur Verfügung stehenden Informationen entscheidend. Aus Sicht eines Unternehmenskäufers ist die Beschaffung von Daten nicht unproblematisch. Der Verkäufer besitzt einen Informationsvorsprung. Diesen wird er nur reduzieren, wenn dies für ihn ökonomisch vorteilhaft ist. Es besteht für ihn in aller Regel nur ein Anreiz, positive Informationen über sein Unternehmen aufzudecken. Negative Aspekte werden häufig verschwiegen, wenn sie nicht im Rahmen des externen Rechnungswesens oder aufgrund anderer Erfordernisse offen gelegt werden müssen. Der Käufer bzw. die bewertende Instanz muss daher unabhängig von dem Verhalten des Verkäufers unternehmens- und marktorientierte, zukunftsbezogene Informationen beschaffen. Neben den internen Daten, die Aussagen über die Stärken und Schwächen des Unternehmens ermöglichen, sind Informationen aus externen Quellen (beispielsweise im Kontext mit der zukünftigen Entwicklung der jeweiligen Branche und den Absatzmärkten) von Bedeutung. Hierbei kann ein Überblick über die notwendigen Informationen mit Hilfe von Checklisten gewonnen werden.[2]

184

---

[1] Vgl. *Copeland/Koller/Murrin*, S. 224.
[2] In der Praxis existieren zahlreiche Checklisten zur Unternehmensbewertung. Vgl. Arbeitskreis Unternehmensbewertung des Instituts der Wirtschaftsprüfer in Deutschland e.V. (AKU); *Born*, Arbeitsmappe; *Hebling*, S. 739 ff.

185 Der folgende **Auszug aus dem IDW-Erhebungsbogen**, welchen Wirtschaftsprüfer für Unternehmensbewertungen nach dem Ertragswertverfahren nutzen, gibt einen Überblick über die zu beschaffenden Daten:[1]

Erhebungen zur Wertermittlung

a. Vergangenheitsanalyse
b. Planungsanalyse
c. Darstellung der den Planungen zugrunde liegenden Prämissen und Daten sowie Angabe ihrer Quellen
d. Ermittlung der Ergebniserwartungen
   i. Gesamtleistung
      1. Produktanalyse
      2. Absatzmarktanalyse
   ii. Materialeinsatz (Beschaffungsmarkt)
   iii. Personalaufwendungen (einschließlich Aufwendungen für Altersversorgung)
   iv. Investitionen und Instandhaltungsaufwendungen
   v. Sonstige Aufwendungen
      1. Vertriebsaufwendungen
      2. Forschungs- und Entwicklungsaufwendungen
      3. Verwaltungsaufwendungen
      4. übrige betriebliche Aufwendungen
   vi. Steuern des Unternehmens
e. Finanzplanung und Zinsprognose
f. Ertragsteuern der Unternehmenseigner (persönliche Ertragsteuern)
g. Nicht betriebsnotwendiges Vermögen
h. Ermittlung des Kapitalisierungszinssatzes
   i. Kapitalisierungszinssatz bei der Ermittlung eines objektivierten Unternehmenswertes
   ii. Kapitalisierungszinssatz bei der Ermittlung eines subjektivierten Unternehmenswertes
i. Ermittlung der künftigen Ertragsüberschüsse
j. Ermittlung der künftigen Cash-Flows
   i. Entity-Ansatz
   ii. Equity-Ansätze
k. Liquidationswert
l. Anhaltspunkte für Plausibilitätsbeurteilungen

186 Der IDW-Erhebungsbogen verdeutlicht, dass eine wesentliche Aufgabe der Unternehmensbewertung die **Beschaffung und das Auswerten relevanter Unternehmensdaten** ist. Diese reichen von Angaben zum Materialeinsatz über den Verwaltungsaufwand bis hin zur Höhe der Ertragsteuern. Häufig basiert die Informationsbeschaffung auf Jahresabschlüssen, insbesondere auf Gewinn- und Verlustrechnungen. Bei der Analyse des vorhandenen Datenmaterials ist immer zu berücksichtigen, dass vergangenheitsbezogene Informationen nur dann eine Relevanz besitzen, wenn sie als Orientierungsgrundlage für die Schätzung der zukünftigen Entwicklung und für Plausibilitätskontrollen genutzt werden können. Zugleich ist zu berücksichtigen, dass bei jeder Informationsbeschaf-

---

[1] Vgl. *IdW*, Erhebungsbogen, S. 1.

fung eine Wechselbeziehung zwischen dem Nutzenzuwachs aufgrund zusätzlicher Information und den damit verbundenen Kosten existiert.

Neben den ertragswertbezogenen Checklisten sind weiter gehende **Due Diligence-Checklisten** zu berücksichtigen. Diese sprechen weitere Risikopotenziale aus den Bereichen Markt, Umwelt, Recht und Steuern an.[1]

II. Vergangenheitsanalyse

1. Einleitung

Die Vergangenheitsanalyse umfasst die Untersuchung der Entwicklung des Unternehmens und seiner Umwelt in der Vergangenheit. Den Ausgangspunkt dieser Analyse bilden die erhältlichen Jahresabschlüsse einschließlich der vorliegenden Erläuterungen. In der Regel werden drei bis fünf vorangegangene Jahresabschlüsse des zu bewertenden Unternehmens zu Grunde gelegt.[2] Die Ist-Analyse dient der Ermittlung der Lebensphase einer Gesellschaft. Damit wird untersucht, ob das Unternehmen eine stabile Entwicklung durchlaufen hat oder ob in der Unternehmensentwicklung außergewöhnliche Ausschläge zu beobachten sind.[3] Die Vergangenheitsanalyse dient der **Identifikation wesentlicher Einflussfaktoren**, welche künftig einen entscheidenden Einfluss auf den Unternehmenserfolg haben können. Mit zunehmender Genauigkeit der aus der Vergangenheitsanalyse gewonnenen Informationen, verbessert sich somit die Grundlage der Prognose. Die notwendigen Untersuchungen lassen sich in drei Teilbereiche differenzieren:[4]

- politische, gesellschaftliche, gesamtwirtschaftliche und technische Entwicklungen,
- Branchenentwicklung,
- Marktstellung des Unternehmens und Wettbewerber.

Ein zweites Ziel der Vergangenheitsanalyse besteht darin, einen **Maßstab für die Abschätzung der künftigen Überschüsse** zu generieren. Die prognostizierten Erträge können mit historischen Daten verglichen werden und erlauben somit die Durchführung von Plausibilitätskontrollen. Eine typische unplausible Unternehmensplanung äußert sich z.B. im so genannten **Hockeyschlägereffekt** (engl. „Hockey Stick"). In Analogie zum Aussehen eines leicht angekippten Hockeyschlägers wird einer Planung dann ein „Hockey Stick" nachgesagt, wenn das grafische Abbild der Ergebnisentwicklung ein ähnliches Aussehen aufweist: Im Vergleich von einer in der Vergangenheit konstanten

---

1 Vgl. WPHdb. II/2002, Rz. O 23, S.1006 sowie Rz. O 369–372, S. 1090–1113.
2 In der Praxis werden zu 90 % die Vergangenheitsanalysen für einen Zeitraum von drei bis fünf Jahren durchgeführt. Vgl. *Bruns*, S. 76.
3 Von großer Bedeutung ist, ob sich das Bewertungsobjekt in einer Investitions- oder Desinvestitionsphase befindet. Gerade in Desinvestitionsphasen weisen die zu bewertenden Gesellschaften Überschüsse auf, die in Zukunft nicht mehr aufrechterhalten werden können. Vgl. *Niehues*, BB 1993, 2249.
4 Eine ausführliche Darstellung der verschiedenen Analysen findet sich bei *Born*, Unternehmensanalyse, S. 68 ff.

oder gar fallenden Erfolgsgröße wird in Verkennung der Erfahrungen aus der Vergangenheit für diese Erfolgsgröße in der Zukunft ein starker, unter Umständen sogar permanenter Anstieg prognostiziert.[1]

190 Einen besonderen Aspekt der Vergangenheitsanalyse stellen **nicht-monetäre Faktoren** dar. Dazu zählen beispielsweise das Know-how und die Erfahrung des Managements. Ein weiterer nicht-monetärer Faktor ist die innere Organisation des zu bewertenden Unternehmens. Sie besitzt in der Regel einen entscheidenden Einfluss auf die Ertragskraft des Unternehmens. Die Angleichung von Organisationsstrukturen zweier verschiedener Unternehmen, beispielsweise im Rahmen von Fusionen, kann ein erhebliches Konfliktpotenzial beherbergen. Bei der Bewertung kleinerer Unternehmen wird manchmal das **Verkäufermotiv** als wichtiger Aspekt bei der Unternehmensbewertung genannt. Die vom Verkäufer aufgezählten Motive, wie beispielsweise eine ungelöste Nachfolgeproblematik, geben jedoch nicht immer verlässliche Hinweise auf die Lage des Unternehmens. Als tatsächliche Beweggründe können auch Entwicklungsrückstände des Unternehmens oder Finanzierungsschwierigkeiten in Frage kommen. Die Aufdeckung der wahren Motive des Verkäufers im Hinblick auf die Veräußerung liefert wesentliche Informationen über die zukünftigen Ertragsaussichten des Unternehmens. Die Vergangenheitsanalyse muss daher neben der Analyse der monetären Kerngrößen „weiche" Erfolgsfaktoren beinhalten.

191 Den gewonnenen **Vergangenheitsdaten** kommt die **Funktion einer Orientierungs- und Kontrollgröße** zu. Unmittelbar bewertungsrelevant sind sie jedoch nicht. Allerdings ersetzt die Ableitung künftiger Unternehmenserträge direkt aus den Vergangenheitsdaten nicht die fachgerechte Planprognose. Aus diesem Grunde kann die Ertragsprognose nicht durch schematisierende Handlungen ersetzt werden, nach denen beispielsweise etwa die Erträge bei der Planung in Höhe eines bereinigten Durchschnittswertes angesetzt werden. Diese Vorgehensweise ist erst nach einer zusätzlichen Planprognose empfehlenswert. Erst dann kann der Bewerter mit nachvollziehbaren Argumenten beispielsweise zum Resultat gelangen, dass sich eine Durchschnittsbildung von Erfolgsgrößen als hinreichende Hilfslösung für in der Praxis schwer planbare Positionen eignet.

2. Stellenwert der Planung und Prognose

192 Die Planung der zukünftigen Unternehmensentwicklung baut auf der Analyse zukunftsbezogener Markt- und Umweltinformationen auf. Dabei ist die **Gewinnung von Plandaten mit Unsicherheit verbunden**. Diese Unsicherheit resultiert aus verschiedenen Faktoren: Es besteht Ungewissheit darüber, ob die geplanten Maßnahmen in der Zukunft umgesetzt werden können. Zusätzlich hängt der Erfolg geplanter und umgesetzter Maßnahmen von den Aktionen dritter Parteien ab, die i.d.R. nicht beeinflusst werden können. Erschwerend kommt hinzu, dass die künftigen Zusammenhänge zwischen eigenen und

---

1 Vgl. *Bruns*, S. 48.

fremden Maßnahmen nicht vollständig bekannt sind.[1] Zur Beurteilung der Unsicherheit der künftigen Überschüsse kann auf verschiedene Verfahren der Risikoanalyse zurückgegriffen werden, die beim strategischen Controlling und bei Sanierungsprüfungen Anwendung finden. Beispiele hierfür sind die Stärken-Schwächen-Analyse (SWOT-Analyse), die Szenario-Technik oder die Portfolio-Analyse.[2] Nachdem die Zukunftsszenarien für das Unternehmen und seine Branche entwickelt wurden, erfolgt darauf aufbauend eine Prognose von Einzelposten der GuV und der Bilanz. Diese Einzelposten werden zur Berechnung der künftig erwarteten Überschüsse genutzt.

Bei der Prognose der künftigen Überschüsse wird auf die vom zu bewertenden Unternehmen erstellten Planungsunterlagen zurückgegriffen.[3] Allerdings können die zur Verfügung gestellten Unterlagen nicht ungeprüft übernommen werden, sondern müssen auf Plausibilität kontrolliert werden. Eine komplette eigenständige Planung des Bewerters ist grundsätzlich nur bei einer subjektivierten Bewertung zulässig.

3. Phasenmethode

Die mit der Prognose der künftigen Überschüsse verbundenen Unsicherheiten spiegeln sich in der **Zerlegung des Prognosezeitraums in verschiedene Phasen** wider. Die Anzahl der Phasen in einem Phasenmodell und die Länge der einzelnen Phasen soll der unterschiedlichen Genauigkeit und Verlässlichkeit der Schätzung Rechnung tragen. Die Sicherheit der Prognose nimmt mit zunehmendem zeitlichen Abstand der Phase vom Bewertungsstichtag ab. Die Länge der letzten Phase variiert in Abhängigkeit davon, welche Annahmen über die Dauer der Unternehmensfortführung getroffen wurden. Zunächst wird im Folgenden von der **Prämisse unendlicher Unternehmensdauer** ausgegangen.

193

In der Praxis ist die Planung auf Basis zweier Phasen üblich (**Zweiphasenmodelle**).[4] Hierbei wird eine erste Phase, die in der Regel einen Detailplanungszeitraum von bis zu fünf Jahren abdeckt, und eine sich daran anschließende fernere Phase, die so genannte „ewige Rente", unterschieden.[5] In der ersten Phase erfolgt eine detaillierte, periodenspezifische Prognose der Einflussgrößen, welche die Höhe der finanziellen Überschüsse beeinflussen. Die Planungskomponenten der zweiten Phase basieren in der Regel auf mehr oder weniger pauschalen Fortschreibungen der Detailplanungen der ersten Phase. Im Folgenden wird der Unternehmenswert der ersten Phase als **Present Value**, der

194

---

1 Vgl. *Ballwieser*, BFuP 1981, 99.
2 Zu einer Übersicht über die Planungstechniken bei Unsicherheit vgl. *Franke/Hax*, S. 238 ff.
3 Bei klein- und mittelständischen Unternehmen dürften solche Informationen i.d.R. nicht vorliegen. Vgl. *Niehues*, BB 1993, 2242.
4 Vgl. WPHdb. II/2002, S. 62.
5 Während *Großfeld* seriöse Schätzungen höchstens für drei bis fünf Jahre für möglich hält, benutzen *Copeland/Koller/Murrin* selten einen Prognosehorizont, der kürzer als sieben Jahre ist. Vgl. *Copeland/Koller/Murrin*, S. 309 und *Großfeld*, S. 49. In der Praxis sind Planprognosen über einen Horizont von drei Jahren am häufigsten.

Unternehmenswert der zweiten Phase unter der Prämisse der unbegrenzten Unternehmensfortführung als **Continuing Value** bezeichnet.[1]

195 Fundierte Schätzungen der zukünftigen Zahlungsüberschüsse werden für die zweite Phase kaum für möglich gehalten. Aus diesem Grunde stellt die **Berechnung der ewigen Rente** eine Behelfslösung dar. Erschwerend kommt hinzu, dass die ewige Rente ein über sämtliche Boom- und Rezessionsphasen zu beobachtendes, durchschnittliches Ergebnis liefern muss. Vor diesem Hintergrund ist im Einzelfall zu prüfen, ob in der ewigen Rente das Ergebnis des letzten Planjahres im Detailplanungsjahr pauschal fortgeschrieben werden darf. Ggf. ist unter Berücksichtigung der nachgewiesenen Entwicklung und Ertragskraft des Bewertungsobjektes in einem möglichst langen Vergangenheitszeitraum und der erwarteten zukünftigen Ergebnisentwicklung in der Zukunft auf Durchschnittswerte, gewogene Durchschnittswerte oder Trendinterpolationen zurückzugreifen.[2]

196 Bei der Abbildung der ewigen Rente ist zu berücksichtigen, dass durch die **Annahme einer unbegrenzten Lebensdauer** des zu bewertenden Unternehmens der Continuing Value und somit der Unternehmenswert grundsätzlich systematisch überschätzt wird. Dieses ist darauf zurückzuführen, dass in der Praxis kein Unternehmen in alle Ewigkeit fortbestehen wird. Der Schätzfehler reduziert sich jedoch mit zunehmender tatsächlicher Lebensdauer des zu bewertenden Unternehmens.[3]

197 Im Phasenmodell weist die ewige Rente einen sehr hohen Beitrag zum Gesamtunternehmenswert auf. Deshalb ist bei der Ableitung der ewigen Rente eine **sorgfältige Überprüfung der zugrunde liegenden Annahmen** notwendig.[4] Dazu zählen die Annahmen hinsichtlich der Veränderungen auf dem Absatz- und Beschaffungsmarkt, die Analyse des Produkt- und Marktpotenzials auf Ausgewogenheit im Produktlebenszyklus, die Analyse der Markt- und Wettbewerbsposition der Produkte und Leistungen sowie Annahmen hinsichtlich der realistischerweise nachhaltig zu erwartenden Gewinnthesaurierungsquote (um daraus den der Ausschüttung entsprechenden typisierenden Einkommensteuerabzug abzuleiten). Daher sollte der Prognosezeitraum der ersten Phase möglichst so lang gewählt werden, dass alle erforderlichen Investitionsschübe, Markterschließungen und andere bedeutsame unternehmerische Maßnahmen erfasst werden. Eine längere Detailplanungsphase bietet somit einen tieferen

---

1 Der Unternehmenswert der zweiten Phase wird auch als unendlicher Fortführungswert, Restwert, Terminal Value oder Perpetuity bezeichnet. Vgl. *Mandl/Rabel*, S. 154.
2 WPHdb. II/2002, Rz. A 201, S. 67.
3 Bei einem Unternehmen mit einer Lebensdauer von 32 Jahren beträgt die Überschätzung des Unternehmenswerts durch die ewige Rente (bei einem Kapitalisierungszins von 10 %) nicht mehr als 5 %. Vgl. *Bruns*, S. 27 f. Eine allgemeine Übersicht mit verschiedenen Kapitalisierungszinssätzen findet sich im WPHdb. II/1998, S. 53 bzw. WPHdb. II/2002, S. 63.
4 Berechnungen für amerikanische Unternehmen verschiedener Branchen ergeben, dass der Continuing Value der zweiten Phase zwischen 56 % (Tabak) und 125 % (Hochtechnologie) liegt. Vgl. *Copeland/Koller/Murrin*, S. 293; WPHdb. II/2002, Rz. A 185, S. 61f.

Einblick in das Unternehmen und dessen geplante Ergebnisentwicklung. Überdies bewirkt ein längerer Detailprognosezeitraum, dass der Continuing Value aufgrund des Diskontierungseffekts an Gewicht verliert.[1]

198 In der Unternehmensbewertung muss von der Berücksichtigung „der ewigen Rente" in Phase zwei abstrahiert werden, wenn die Lebensdauer des zu bewertenden Unternehmens begrenzt ist. Dieses ist der Fall, wenn aufgrund rechtlicher oder wirtschaftlicher Gegebenheiten (z.B. bei zeitlich befristeten Konzessionen oder Abhängigkeit von einer bestimmten Person) die Lebensdauer des Bewertungsobjekts limitiert ist oder oder wenn aufgrund hoher Insolvenzrisiken in der jeweiligen Branche die Wahrscheinlichkeit hoch ist, dass das Unternehmen in absehbarer Zeit liquidiert wird. In diesem Fall ist für Zwecke der Unternehmensbewertung die absehbare Restlebensdauer des Unternehmens zu schätzen,[2] der Detailplanungszeitraum bis zum prognostizierten Ende des Unternehmens auszuweiten und die erwarteten Erfolgsgrößen entsprechend abzuzinsen.[3] Alternativ kann auch ein Barwert zum Beginn der Phase zwei berechnet und in eine ewige Rente transformiert werden.

Am Ende der operativen Planung ist der Verkauf oder die Liquidation des Unternehmens in die Bewertung mit einzubeziehen. Für Zwecke der Ermittlung dieses zeitlich weit entfernten Verkaufs- oder Liquidationswertes wird vereinzelt vorgeschlagen, diese Werte auch anhand erwarteter Veräußerungserlöse, Börsenwerte, Liquidationswerte oder unter Rückgriff auf Multiplikatoren zu ermitteln.[4]

199 Hinweise auf die künftige Lebensdauer einer Unternehmung lassen sich aus deren **Eingruppierung in bestimmte Güte- oder Risikoklassen** gewinnen.[5] Hierbei finden Ratings Verwendung. Aus der durchschnittlichen Insolvenzwahrscheinlichkeit von Unternehmen der jeweiligen Risikoklasse in der Vergangenheit wird die erwartete Insolvenzwahrscheinlichkeit des zu bewertenden Unternehmens abgeleitet.[6] Im Hinblick auf die Prognostizierbarkeit eines zeitlich weit entfernten Liquidationswertes ist diese Methodik aber mit mindestens den gleichen Problemen und Unsicherheiten behaftet wie die Prognose einer ewigen Rente.

200 Fehler bei der Planung der künftigen Unternehmenssituation, insbesondere im Hinblick auf inkonsistente Annahmen, können bei den sich der Prognose anschließenden Plausibilitätskontrollen aufgedeckt werden.

---

1 Vgl. *Copeland/Koller/Murrin*, S. 323.
2 Vgl. *Bruns*, S. 29 f.
3 Vgl. WPHdb. II/2002, Rz. A 204, S. 69.
4 Vgl. *Mandl/Rabel*, S. 154.
5 Vgl. Analysen von Moody's, Fitch, S&P, die direkt bei den Unternehmen oder über Datenbanken wie Thomson Financial DataStream, I/B/E/S oder Bloomberg bezogen werden können.
6 Vgl. *Großfeld* in Kruschwitz/Heintzen, S. 114.

4. Plausibilitätskontrollen

201 Eine präzise Planung der Zahlungsüberschüsse baut auf Einzelplänen auf, welche untereinander abgestimmt und miteinander verknüpft sein müssen. Das Ergebnis der Überlegungen sollte eine integrierte Gewinn- und Verlustrechnung, Finanz- und Bilanzplanung sein. Die Planungsrechnungen müssen nicht die gleiche Gliederungstiefe wie vergleichbare Jahresabschlussunterlagen aufweisen. Allerdings sollte ein vergleichbarer Aufbau der Planungsunterlagen gewählt werden, um Plausibilitätskontrollen zu erleichtern. Die Plausibilitätskontrollen sollen grundsätzlich **für jede Stufe des Bewertungsprozesses** vorgenommen werden. Sofern für Unternehmensanteile Börsenpreise zur Verfügung stehen, können diese zur Kontrolle des berechneten Unternehmenswerts benutzt werden. Ebenso können die mit Hilfe von Multiplikatoren berechneten Werte zur Ergebnisüberprüfung genutzt werden. Bei einem unplausiblen Ergebnis sind die bei der Planung relevanten Annahmen zu hinterfragen.

202 Der **Umfang und die Intensität** der Plausibilitätsüberlegungen werden letztlich von den Umständen des Einzelfalls bestimmt. Folgende Aspekte sind aber grundsätzlich zu prüfen:[1]

- Korrespondiert die Leistung des Unternehmens im Bereich der wertbestimmenden Faktoren mit seiner wirtschaftlichen Lage und der Wettbewerbsdynamik in der Branche?
- Stimmt das Umsatzwachstum des Unternehmens mit dem Branchenwachstum in Zukunft und Vergangenheit überein?
- Stimmen die Umsatz- und Kapitalrenditen mit der Wettbewerbsstruktur der Branche überein?
- Welchen Einfluss haben technologische Innovationen auf die Überschüsse des Unternehmens?

203 Schließlich sollte untersucht werden, ob die explizit getroffenen **Finanzierungsprämissen** korrekt umgesetzt wurden. Wenn kein eigenständiger Finanzplan aufgestellt wird, ist zu prüfen, ob die implizit getroffenen Prämissen sachgerecht sind.

III. Prognose bei objektivierter Bewertung

1. Prognose im Rahmen des Ertragswertverfahrens

204 Im Ertragswertverfahren wird der Unternehmenswert durch Abzinsung der den Eigentümern künftig zufließenden finanziellen Überschüsse ermittelt. In der Praxis werden die Zahlungsströme häufig auf Basis künftiger handelsrechtlicher Erträge und Aufwendungen berechnet (**traditionelles Ertragswertverfah-**

---

1 Vgl. *Copeland/Koller/Murrin*, S. 236 f.

ren).[1] Der Barwert der erwarteten Überschüsse ist aber nicht identisch mit dem Barwert der künftigen Nettoeinnahmen der Unternehmenseigentümer, obwohl die Nettoeinnahmen die theoretisch korrekte Erfolgsgröße repräsentieren. Zur Angleichung der beiden Erfolgsgrößen sind Korrekturrechnungen erforderlich. Zunächst sind die Vergangenheitsergebnisse des zu bewertenden Unternehmens anhand der vorliegenden Jahresabschlüsse zu analysieren und zu bereinigen. Auf Basis dieser bereinigten historischen Erfolgsgrößen erfolgt anschließend die Planung der künftigen finanziellen Überschüsse.

a) Bereinigung der Vergangenheitsrechnung

Die **Analyse der Vergangenheitsrechnung** stützt sich primär auf Controllingunterlagen des Unternehmens sowie auf Informationen aus dessen Jahresabschlüssen in den letzten drei bis fünf Jahren. Die dort buchmäßig ausgewiesenen Gewinne können Positionen enthalten, welche das Betriebsergebnis derart beeinflussen, dass diese Erfolgsgröße nicht mehr unverändert als Prognosebasis für die Ertragswertberechnung zugrunde gelegt werden kann. Dazu zählen die willkürlichen, betriebsfremden, periodenfremden und außerordentlichen Positionen. So sind beispielsweise Aufwendungen außerordentlicher Art wie Schadensfälle oder einmalige Gewinne aus Sonderverkäufen aus dem Betriebsergebnis zu eliminieren.[2] Generell kann die **Bereinigung der Erträge und Aufwendungen** in fünf Themenkomplexe gegliedert werden:[3]

205

aa) Eliminierung der Erträge und Aufwendungen des nicht betriebsnotwendigen Vermögens

Diese Posten fließen gesondert in den Unternehmenswert mit ein, denn das nicht betriebsnotwendige Vermögen wird mit seinem Verkehrswert außerhalb der Ertragsbewertung angesetzt. Hierbei handelt es sich beispielsweise um Aufwendungen und Erträge für Grundsteuern der nicht betriebsnotwendigen Grundstücke oder um Erträge bzw. Verluste aus nicht betriebsnotwendigen Beteiligungen.

206

bb) Bereinigung des nicht periodengerechten Erfolgsausweises

Hierzu zählt die periodengerechte Zuordnung wesentlicher aperiodischer Erträge und Aufwendungen, die z.B. aus der Bildung und Auflösung von Rückstellungen resultieren. Neben dem zeitlichen Auseinanderfallen von Ausgaben und Aufwand ist eine Umbewertung dann erforderlich, wenn Aufwendungen noch keine entsprechenden Erträge gegenüberstehen (wie bei langfristigen Vorleistungen im Rahmen von Werbekampagnen).

207

---

1 Wenn in der Praxis mit Gewinnen und nicht mit Ausschüttungen kalkuliert wird, dann kann das so interpretiert werden, als ob der einbehaltene Gewinn im Interesse der Investoren angelegt wird. Vgl. *Helbling*, S. 356. Zur Berechnung der Unternehmensüberschüsse auf Basis von Cash-Flows: *Mandl/Rabel*, S. 148 f.
2 Vgl. *Helbling*, S. 357 ff.
3 Vgl. IDW ES 1 i.d.F. v. 9.12.2004, S. 26, Rz. 131, und WPHdb. II/1998, S. 81 ff.

cc) Bereinigung aufgrund der Ausübung von Bilanzierungswahlrechten

208 Hierunter fällt die Neutralisierung von Ergebnisauswirkungen, die aus Änderungen in den Bewertungsmethoden resultieren.

dd) Bereinigung um personenbezogene und außerordentliche Erfolgsfaktoren

209 Die Vergangenheitsergebnisse werden um spezifische Faktoren korrigiert, die nicht in die Zukunft übertragbar sind. So wird bei Personenhandelsgesellschaften ein angemessener kalkulatorischer Unternehmerlohn für tätige Gesellschafter angesetzt. Die der privaten Sphäre des Unternehmers zuzurechnenden Aufwendungen sind ebenso wie die Erfolgswirkungen aus besonderen Einkaufs- und Absatzbeziehungen im Rahmen eines Konzernverbundes zu bereinigen. Außerordentliche Erfolgsfaktoren sind unabhängig von handelsrechtlichen Vorgaben nach operativen Gesichtspunkten zu bewerten. Bereinigt werden daher z.B. außerordentliche Forderungsausfälle und nicht regelmäßig eintretende Schadensfälle, welche nicht durch eine Versicherung gedeckt sind.

ee) Erfassung von Folgeänderungen vorgenommener Bereinigungsvorgänge

210 Durch die Veränderung der Ergebnisse kann eine Neuberechnung der ergebnisabhängigen Aufwendungen, wie z.B. der Steuern und Tantiemen, erforderlich werden.

Nachdem die bewertende Instanz ein mehrperiodiges Bild über die bisherige Ertragslage der Gesellschaft gewonnen hat, kann eine Plausibilisierung der Prognose zukünftiger Ertragsüberschüsse erfolgen.

b) Ermittlung der Ertragsüberschüsse aus dem betriebsnotwendigen Vermögen

211 Die künftigen Erträge eines Unternehmens sind maßgeblich von dessen **Umsatzerlösen** abhängig. Die Analyse dieser GuV-Position zählt im Rahmen der Unternehmensbewertung zu den wichtigsten Aufgaben, denn neben den Erlösen wird über das im Umsatz enthaltene Preis-Mengengerüst der Aufwand entscheidend mitbestimmt. Die dort getroffenen Planungsprämissen sollten insbesondere im Hinblick auf die konjunkturelle Branchenentwicklung und auf die Existenz saisonaler Einflüsse überprüft werden.[1] Die Beurteilung der Qualität der Prognose hängt davon ab, ob alle Anhaltspunkte berücksichtigt wurden, die auf eine vom Branchentrend abweichende Unternehmensentwicklung hindeuten.[2] Schwierig gestaltet sich die Plausibilisierung der Umsatzprognose, wenn keine oder nur wenige Vergangenheitsdaten vorliegen. Dies ist typisch für junge Unternehmen. Hier können die Prognosen anhand der Entwicklung vergleichbarer Gesellschaften verprobt werden. Zusätzlich ist zu berücksichtigen, dass in Abhängigkeit von der Branche des zu bewerten-

---

1 Diese Vorgehensweise ist ein wesentlicher Bestandteil einer Market Due Diligence.
2 Bei der Umsatzprognose sollte die Marktform auf dem Absatzmarkt und die Stellung des Unternehmens im jeweiligen Markt berücksichtigt werden. Vgl. WPHdb. II/2002, S. 89 f.

den Unternehmens im Zeitablauf stark schwankende Umsatzerlöse vorliegen können.[1]

c) **Aufwandsprognose**

Nach der Planung der Umsatzerlöse wird anschließend untersucht, ob das zu bewertende Unternehmen in Zukunft von einer konstanten Kosten-Erlös-Relation ausgeht oder ob eine Veränderung der Kosten-Erlös-Relation erwartet wird. 212

Die Plausibilisierung der Prognose des **Materialaufwands** erfolgt auf Basis der künftigen Produktionsmengen und der Einkaufspreise für Roh-, Hilfs-, und Betriebsstoffe. Durch Abzug des Materialaufwands von den Gesamterlösen erhält man Rückschlüsse auf die Entwicklung des Rohertrags. 213

Die Entwicklung des **Personalaufwands** wird am zweckmäßigsten anhand der Struktur des Personalbestands in der Vergangenheit analysiert. Bereits beschlossene und künftig bevorstehende Personalanpassungen sind ebenso wie Lohn- und Gehaltssteigerungen in die Prognose einzubeziehen. Relativ komplex ist die Analyse der erwarteten Pensionsaufwendungen. Wenn Pensionsaufwendungen und Pensionsauszahlungen wesentlich auseinander fallen, also z.B. bei relativ jungen Unternehmen mit einer noch geringen Anzahl an pensionierten, ehemaligen Mitarbeitern, sind gesonderte Prognoserechnungen erforderlich. Dabei wird die Auswirkung der Pensionszusagen auf die Finanzierung und Besteuerung überprüft.[2] Unterschiede zwischen Pensionsaufwendungen und -zahlungen führen zu einer Veränderung der Pensionsrückstellung und schlagen sich in der Finanzbedarfsrechnung nieder. Sind die geplanten Pensionsaufwendungen für einen bestimmten Zeitraum höher als die Pensionsauszahlungen, dann steht dem Unternehmen befristet Kapital zur Verfügung.[3] Teilweise werden in der Praxis Pensionszusagen gesondert bewertet, indem sie aus der Planungsrechnung herausgelöst werden. Ihr Barwert wird in einer Nebenrechnung mit Hilfe versicherungsmathematischer Verfahren bestimmt. Anschließend wird der Barwert als Verbindlichkeit vom Unternehmenswert (Nachsteuerrechnung) abgezogen. 214

Die Grundlage der Planung von **Abschreibungen** für die erste Phase bzw. von Reinvestitionsraten für die zweite Phase der Unternehmensplanung ist die Investitionsplanung. Dabei können folgende Investitionsarten unterschieden werden:[4] 215

---

1 Vgl. *Bruns*, S. 110.
2 Bestimmungsgrößen des Pensionsaufwands sind die Personalstruktur, die Pensionsordnung, das Betriebsrentengesetz, das von der Unternehmung angewandte versicherungsmathematische Verfahren und der Kapitalisierungszinssatz; vgl. WPHdb. II/2002, S. 91.
3 Zur Einbeziehung von Pensionsverpflichtungen in die Unternehmensbewertung vgl. *Rhiel*, WPg. 1999, 62 ff.
4 Vgl. IDW ES 1 i.d.F. v. 9.12.2004, S. 27, Rz. 118.

- Ersatzinvestitionen (gleiche neue Anlagen),
- Rationalisierungsinvestitionen (technisch neue Anlagen),
- Erweiterungsinvestitionen (zusätzliche gleiche oder technisch neue Anlagen),
- sonstige Investitionen (Umweltschutz, Sozialbereich, Verwaltung etc.).

216 Im Hinblick auf mögliche, noch nicht eingeleitete Investitionsmaßnahmen gilt, dass diese zur Ermittlung eines objektivierten Unternehmenswertes unbeachtet bleiben (**Wurzeltheorie**). Es werden nur die Überschüsse aus Maßnahmen angerechnet, die bereits am Stichtag eingeleitetet sind.[1] Allerdings gilt diese Aussage nur im Hinblick auf Erweiterungs- und Desinvestitionen. Investitionen, die zur Weiterführung des Unternehmens in der jetzigen Form nötig sind, werden zur Analyse des geplanten Investitionsaufwandes berücksichtigt. Dies gilt z.B. für Investitionen zum Zwecke der Kapazitäts- bzw. Substanzerhaltung.

217 Im Rahmen der Planung der zweiten Phase – der ewigen Rente – werden die Abschreibungen in der Regel nicht mit einem fortgeführten Wert der Vorperiode angesetzt. Vielmehr wird die Höhe der Abschreibungen mit dem Wert der **Reinvestitionsrate** gleichgesetzt. Reinvestitionsraten geben den Betrag an, der durchschnittlich in einer Periode aufgewendet werden muss, um die abnutzbaren Vermögensgegenstände des Unternehmens am Ende ihrer Nutzungsdauer wieder zu erwerben und um das zu erwartende Unternehmenswachstum zu ermöglichen. Der Ansatz von Reinvestitionsraten verhindert einen Substanzverzehr und gewährleistet einen mit den zukünftigen Wachstumserwartungen vereinbar kontinuierlichen Austausch des verbrauchten Vermögens.

218 Grundsätzlich gilt, dass die Abschreibungen bzw. Reinvestitionsraten entweder auf die Wiederbeschaffungskosten am Bewertungsstichtag (**Prognose auf Basis von Realwerten**) oder auf die zukünftigen, geschätzten Wiederbeschaffungskosten (**Prognose auf Basis von Nominalwerten**) vorgenommen werden.[2] Die bei Durchführung der Investition anfallenden Auszahlungen und die sich anschließenden Abschreibungen sind in die Finanzplanung zu integrieren. Nur so besteht die Möglichkeit, das zeitliche Auseinanderfallen von Investitionsausgaben und zufließenden Abschreibungsgegenwerten zu berücksichtigen.

219 Neben den Personalaufwendungen und den Abschreibungen sind noch die Betriebssteuern und die sonstigen betrieblichen Aufwendungen vom Umsatz abzuziehen. Zu den **Betriebssteuern** zählen alle Steuern und Abgaben, soweit sie keine Ertragsteuern (vgl. Teil II Rz. 228 ff.) repräsentieren. Darunter fallen

---

[1] Eine Maßnahme ist eingeleitet, wenn ein Umsetzungsbeschluss der Geschäftsführung oder eines Aufsichtsorgans und dokumentierte Planungen vorliegen. Vgl. IDW ES 1 i.d.F. v. 9.12.2004, S. 15, Rz. 58.
[2] Für die Prognose der zukünftigen Preise der Investitionsgüter kann der Bewerter veröffentlichte Prognosen von Wirtschaftsinstituten nutzen oder eigene statistische Prognosen durchführen. Vgl. *Bruns*, S. 137 ff.

in Deutschland Grundsteuern, Verbrauchsteuern und Kraftfahrzeugsteuern.[1] Unter den **sonstigen betrieblichen Aufwendungen** subsumiert man die verbleibenden Positionen.

d) Finanzplanung

Die Berücksichtigung des zukünftigen, häufig schwankenden Finanzierungsbedarfs des Bewertungsobjektes wird im Rahmen der Ertragswertberechnung durch eine separate **Finanzplanung** sichergestellt. Die Finanzplanung ist daher ein Beispiel für eine typische Nebenrechnung bei Anwendung der Ertragswertmethode. In der Finanzplanung werden alle wesentlichen künftigen Ein- und Auszahlungen berücksichtigt.[2] Dies ermöglicht die Ermittlung des Finanzbedarfs und damit die Berechnung der anfallenden Zinskosten. Die Zinskosten reduzieren den Ertragsüberschuss, der den Eigenkapitalgebern zur Verfügung steht. 220

Für die Planung des Finanzbedarfs ist entscheidend, ob die **Durchführung künftiger Investitionen** nur durch eine Erhöhung des Fremdkapitals finanziert wird oder auch durch eine Veränderung des Eigenkapitals (z.B. im Fall einer Gewinnthesaurierung). Die Vorgabe, ob ein vorhandener Kapitalbedarf mit Eigen- oder Fremdkapital gedeckt werden soll, ist vom Zweck der Unternehmensbewertung abhängig. Bei der Ermittlung eines objektivierten Unternehmenswertes wird unterstellt, dass alle Überschüsse voll an die Eigenkapitalgeber ausgeschüttet werden. Ein zusätzlicher Kapitalbedarf wird immer über eine Fremdkapitalfinanzierung sichergestellt (Vollausschüttungshypothese, Teil II Rz. 46). 221

Diese Annahme kann bei der Bestimmung eines subjektiven Unternehmenswertes modifiziert werden. Der **Investor gibt eine bestimmte Kapitalstruktur vor**, mit der die künftige Geschäftstätigkeit finanziert werden soll. Statt einer Ausschüttung der Überschüsse an die Eigenkapitalgeber kann auch eine teilweise bzw. vollständige Thesaurierung geplant werden. Das thesaurierte Kapital kann zur Tilgung von Fremdkapital verwendet oder für Erweiterungsinvestitionen eingesetzt werden. Im letzteren Fall ist ggf. unter Umständen auch die Aufnahme zusätzlichen Fremdkapitals geplant. Hierbei ist darauf zu achten, dass die mit der Gewinnthesaurierung verbundenen steuerlichen und sonstigen Effekte in der Planung adäquat berücksichtigt werden. Zudem führt die Gewinnthesaurierung zu einer Verschiebung der Ertragsüberschüsse in den verschiedenen Planungsperioden. In der Phase der Thesaurierung reduziert sich das zu kapitalisierende Ergebnis. Dieser negative Effekt wird in den Folgeperioden kompensiert, wenn mit den thesaurierten Gewinnen ein zusätzlicher ausschüttbarer Ergebnisbeitrag erwirtschaftet wird. 222

---

1 Vgl. WPHdb. II/2002, S. 94–95.
2 Die Prognosequalität des künftigen Finanzbedarfs kann durch Nutzung von Einnahmen- und Ausgabenschätzungen des zu bewertenden Unternehmens verbessert werden. Genutzt werden Erläuterungsberichte, steuerliche Prüfberichte und gutachterliche Stellungnahmen. Vgl. *Bellinger/Vahl*, S. 299.

223 Jeder zusätzliche Kapitalbedarf oder -überschuss wirkt sich unter Gültigkeit der Vollausschüttungshypothese unmittelbar auf den Fremdkapitalbestand aus. Daraus ergeben sich Rückwirkungen sowohl für die zukünftige Ertragssituation als auch für die Kapitalstruktur des Unternehmens. Ein Anstieg der Fremdkapitalquote führt in der Zukunft zunächst zu einem höheren Zinsaufwand. Darüber hinaus **erhöht eine Fremdkapitalaufnahme das Finanzierungsrisiko** eines Unternehmens. Dieses ist darauf zurückzuführen, dass mit zunehmender Verschuldung das (Kredit-)Ausfallrisiko für die Kapitalgeber ansteigt. Zur Kompensation dieses höheren Risikos ist deswegen in der Regel für die Überlassung von Fremdkapital (aber auch für das verbleibende Eigenkapital) ein höherer Kapitalkostensatz zu veranschlagen. Mit einer Veränderung der Kapitalstruktur kann daher eine Veränderung der Konditionen der Eigen- und Fremdkapitalfinanzierung verbunden sein. Diese Effekte sollten sowohl bei der Planung des Finanzbedarfs als auch bei der Ableitung der Kapitalisierungszinssätze berücksichtigt werden.

224 Eine detaillierte **Finanzbedarfsrechnung** wird in der Regel nur für die erste Prognosephase aufgestellt. In der zweiten Phase entfällt dafür die Notwendigkeit, sofern sich das zu bewertende Unternehmen bereits in einem **finanziellen Gleichgewicht** (dem sog. „eingeschwungenen Zustand") befindet. Das Gleichgewicht liegt vor, wenn die Auszahlungen durch Einzahlungen aus der laufenden Geschäftstätigkeit des Unternehmens gedeckt sind. Es ist dann keine Veränderung der Kapitalstruktur, in Form von Eigen- bzw. Fremdkapitalaufnahme erforderlich. Die Pensionsaufwendungen entsprechen den Pensionszahlungen und die Anlagenwerte sind gleichmäßig auf die Anschaffungsjahre im Rahmen der Nutzungsdauer der Anlagegüter zu verteilen. Die Abschreibung der Anlagen gestattet vollumfänglich die Finanzierung von Ersatzbeschaffungen und die Erhaltung von Kapazitäten, ohne noch Rückwirkungen auf das Finanzierungsvolumen und den Zinsaufwand aufzuweisen.[1]

225 Hat ein Unternehmen im Detailprognosezeitraum den Gleichgewichtszustand noch nicht erreicht, kommt es zu einer **Überlappung der Prognosezeiträume**. Für die entsprechenden Positionen ist eine gesonderte Nebenrechnung durchzuführen bis zu dem Zeitpunkt, an dem der Gleichgewichtszustand erreicht wird.

---

[1] Bei Vorliegen einer regelmäßigen Investitionstätigkeit können die Abschreibungen in Höhe der Reinvestitionsraten angesetzt werden. Zinseffekte brauchen dann nicht berücksichtigt werden. Wird jedoch eine unregelmäßige Investitionstätigkeit unterstellt oder treten Investitionsschübe bei kostenträchtigen Anlagen auf, sind Zinseffekte zu berücksichtigen. Vgl. *Bruns*, S. 140.

Finanzbedarf	Jahr 1	Jahr 2	Jahr 3	Jahr 4	Jahr 5
Laufender Finanzbedarf 1. Ersatzinvestitionen 2. Erweiterungsinvestitionen 3. Pensionszahlungen 4. Sonstige nicht aufwandswirksame Ausgaben					
Laufende Finanzdeckung 1. Abschreibung 2. Erhöhung der Pensionsrückstellungen 3. Sonstige nicht ausgabewirksame Aufwendungen					
Unter- bzw. Überdeckung p.a.					
Vortrag Kredite Kredittilgung – planmäßige – außerplanmäßige Kreditaufnahme					
Kreditbedarf					
Kreditzinsen (% auf den Bestand am Anfang des Jahres)					

Abb. 13: Muster einer Finanzbedarfsrechnung[1]

Zur **Berechnung des Kreditbedarfs in künftigen Perioden** sind zunächst Prüfungen erforderlich. Insbesondere interessiert, inwiefern die geplanten Auszahlungen für Investitionen, Pensionen und sonstige Verpflichtungen durch Aufwendungen gedeckt sind, die nicht mit Auszahlungen in der jeweiligen Periode verbunden sind. Zu den zahlungsunwirksamen Aufwendungen zählen Abschreibungen sowie die Erhöhung der Pensionsrückstellungen. Die Differenz zwischen dem Finanzbedarf und der Finanzdeckung zeigt den aufgrund einer unzureichenden Innenfinanzierung ungedeckten Kapitalbedarf an. Folglich besteht ein Finanzierungserfordernis durch Fremdkapital. Der geschätzte Kreditbedarf wird mit dem prognostizierten Fremdkapitalzins verzinst. Der daraus resultierende Zinsaufwand wird von den erwarteten Ertragsüberschüssen des jeweiligen Jahres abgezogen.[2]

e) Berücksichtigung der Ertragsteuern

aa) Steuerwirkung auf die Überschüsse

Die der Ertragswertermittlung zugrunde liegenden Überschüsse sind um die **Ertragsteuern des Unternehmens** und anschließend um die persönlichen Ertragsteuern der Unternehmenseigner zu vermindern.

---

[1] Vgl. WPHdb. II/2002, S. 97.
[2] Vgl. WPHdb. II/2002, S. 97.

2.29 Die **Gewerbeertragsteuer** belastet als Kostensteuer das Unternehmen und fällt grundsätzlich nicht bei einer alternativen Anlage am Kapitalmarkt an. Die Gewerbeertragsteuer ist daher stets vom Zukunftsertragswert abzuziehen.

2.30 Bei **Auslandsbeteiligungen** sind alle Steuern, auch Ertragsteuern, als Kostensteuern anzusetzen. Dieses gilt auch für Einkommen- und Quellensteuer, soweit sie definitiv werden (vgl. aber Teil II Rz. 234. zur Anrechenbarkeit der Gewerbesteuer auf die persönliche Einkommensteuer).[1]

2.31 Im Hinblick auf die **Körperschaftsteuer** ist zunächst zu differenzieren, ob das zu bewertende Unternehmen überhaupt der Körperschaftsteuer unterliegt. Unternehmen, die keine Körperschaften sind, repräsentieren keine selbstständigen Steuersubjekte. Körperschaftsteuer fällt nicht an. Lediglich der Einzelunternehmer bzw. im Falle der Personengesellschaft der Gesellschafter unterliegt mit seinem Einkommen der Einkommensteuer. Das Unternehmen wird daher weder durch Körperschaftsteuer noch durch die Einkommensteuer belastet. Eine Einkommensteuerbelastung erfolgt insoweit nur auf der Eigentümerebene. Bei Unternehmen in der Rechtsform der Kapitalgesellschaft wird seit der Umsetzung der Reform der Unternehmensbesteuerung (StSenkG)[2] nicht mehr zwischen einbehaltenen und thesaurierten Gewinnen unterschieden. Das Ergebnis nach Gewerbeertragsteuer wird definitiv mit 25 % Körperschaftsteuer belastet. Darüber hinaus ist zu beachten, dass Ausschüttungen zwischen Kapitalgesellschaften in Deutschland insoweit steuerpflichtig sind, als nach § 8b Abs. 3 KStG 5 % der Ausschüttung als fiktiv nicht abzugsfähige Beteiligungsausgaben gelten.[3]

2.32 Nachdem die Ertragsteuern des Unternehmens vom Zukunftserfolgswert abgesetzt worden sind, erfolgt in einem letzten Schritt die Subtraktion der **persönlichen Ertragsteuer des Unternehmenseigentümers**.[4] Es wird im Rahmen des objektivierten Unternehmenswerts nach dem IDW ES 1 n.F. eine typisierende Ertragsteuerbelastung unterstellt. Für Kapitalgesellschaften gilt, dass das StSenkG seit 2001 das Anrechnungsverfahren durch das Halbeinkünfteverfahren ersetzt. Somit unterliegen Dividendenerträge nur noch der Hälfte der persönlichen Einkommensteuer des Anteilseigners. Bei einem **typisierten Steuersatz** von 35 % sind nur 17,5 % Einkommensteuer auf die Dividendenerträge anzurechnen.[5]

---

[1] Aus aktueller Sicht ist bei Auslandsbeteiligungen auch der § 8b KStG zu berücksichtigen.

[2] Vgl. dazu *Ernst & Young/BDI*, Die Unternehmensteuerreform.

[3] Vgl. Gesetz zur Umsetzung der Protokollerklärung der Bundesregierung zur Vermittlungsempfehlung zum Steuervergünstigungsabbaugesetz, BGBl. I 2003, Nr. 65, ausgegeben zu Bonn am 27.12.2003, S. 1–4.

[4] Die Reduktion der Körperschaftsteuer gem. StSenkG für Unternehmensgewinne auf 25 % geht einher mit dem Wegfall der Anrechnungsmöglichkeit von Körperschaftsteuerzahlungen auf die persönliche Einkommensteuer der Aktionäre. Stattdessen müssen sie die Hälfte ihrer Dividenden mit ihrem individuellen Einkommensteuersatz versteuern (Halbeinkünfteverfahren). Vgl. *Rull*, Finanzen 1999, 132.

[5] Vgl. *Siepe/Dörschell/Schulte*, WPg. 2002, 958.

233 Bei **Gesellschaftern von Personenunternehmen** mindern sich die persönlichen Ertragsteuern um die Anrechnung der Gewerbeertragsteuer, die pauschaliert in Höhe von rund 9 %-Punkten angesetzt werden kann.[1]

234

	Jahr 1	Jahr 2	Jahr 3	Ewige Rente ab Jahr 4
Ergebnis vor Ertragsteuern				
– Ertragsteuer (Inland, Ausland)				
= Ergebnis nach betrieblichen Ertragsteuern				
+ Körperschaft- und Gewerbesteuerminderung aus Verlustvorträgen				
= Ergebnis vor Steuern der Anteilseigner				

Ergebnis vor Steuern der Anteilseigner				
davon:				
+ Wertbeitrag aus Thesaurierung				
+ Wertbeitrag aus Ausschüttung				
– Typisierte hälftige Einkommensteuer auf Ausschüttung (17,5 %)				
= Nettoeinnahmen (zu kapitalisierendes Ergebnis)				
Barwertfaktor nach Abzug typisierter Einkommensteuer entsprechend TAX-CAPM				
Barwert zum Stichtag				
Ertragswert				

Abb. 14: Schema der Steuerberücksichtigung beim Ertragswert einer Kapitalgesellschaft nach dem TAX-CAPM

235 Bei der Ermittlung objektivierter Unternehmenswerte ist von der Ausschüttung derjenigen finanziellen Überschüsse auszugehen, die nach Berücksichtigung des dokumentierten Unternehmenskonzepts und gegebenenfalls bestehender rechtlicher Restriktionen zur Ausschüttung gelangen. Für die Wiederanlage der thesaurierten Beträge ist typisierend die Anlage zum Kapitalisierungszinssatz (vor Berücksichtigung der auf Unternehmensebene anfallenden Steuern) kapitalwertneutral oder ein Zufluss bei den Aktionären zum Beispiel in Form eines Aktienrückkaufs anzunehmen. Diese Wiederanlage bzw. der Zufluss durch Aktienrückkauf kann im Rahmen einer (objektivierten) Bewertung auch wertgleich durch eine fiktive unmittelbare Zurechnung der thesaurierten Beträge an die Aktionäre abgebildet werden, die diese letztlich über Kurssteigerungen realisieren können. Aus diesem Grund umfassen die zu ka-

---

[1] In diesem Fall beträgt die typisierte Einkommensteuer 26 %. Vgl. *Kohl/Schulte*, WPg. 2000, 1147.

pitalisierenden Ergebnisse der Anteilseigner sowohl die ihnen zufließenden Dividenden als auch die unmittelbare Zurechnung der thesaurierten Beträge.

bb) Steuerwirkungen in der Alternativanlage

236 Eine wesentliche Voraussetzung für eine sachgerechte Unternehmensbewertung ist, dass Erträge und Kapitalisierungszinssätze in steuerlicher Hinsicht zueinander äquivalent sind. Ein im Inland ansässiger steuerpflichtiger Investor kann nur über diejenigen Rückflüsse aus seinen Investitionen verfügen, welche ihm nach Abzug seiner Ertragsteuerbelastung verbleiben.[1] Insofern reduziert aus Sicht des Investors die Besteuerung sowohl die mit dem Unternehmen erzielbaren Überschüsse (zu kapitalisierende Ergebnisse) als auch die mit der Alternativanlage erzielbare Nettoverzinsung. Als geeigneter **Vergleichsmaßstab für die Alternativanlage** ist daher die **Rendite nach Steuern** zu verwenden.[2] In der deutschen Bewertungspraxis wird die steuerliche Äquivalenz zwischen den Anlageformen dadurch hergestellt,[3] dass der Kapitalisierungszinssatz um einen typisierten Steueranteil[4] gekürzt wird.[5] Der Umfang der Kürzung des Kapitalisierungszinssatzes bemisst sich nach der anzuwendenden Alternativanlage. Während bei einer Anleihe grundsätzlich eine volle Steuerpflicht der Erträge aus der Alternativanlage zu unterstellen ist, unterliegt die Rendite einer alternativen Aktieninvestition wegen des in der Aktienrendite enthaltenen Anteils steuerfreier Kursgewinne nur in Höhe des Dividendenanteils der persönlichen Einkommensbesteuerung. Zu unterscheiden ist hierbei, ob der Investor als Privatperson auftritt oder ob es sich bei ihm um ein Unternehmen handelt.

237 Handelt es sich bei dem **Investor** um eine **Kapitalgesellschaft**, sind für diesen persönliche Einkommensteuern von Privatinvestoren nicht entscheidungs-

---

1 Vgl. *D. Schneider*, S. 193, 218–220.
2 Vgl. IDW ES 1 i.d.F. v. 9.12.2004, S. 23, Rz. 102 f.
3 Die Steuerbelastung der Erträge aus dem zu bewertenden Unternehmen und der alternativen Kapitalanlage am Finanz- und Kapitalmarkt kann grundsätzlich nicht gegeneinander aufgerechnet werden, weil die Steuerbelastungen der beiden Investitionsalternativen hinsichtlich Zeitpunkt und Höhe unterschiedliche Strukturen aufweisen. Nur bei sicheren Erwartungen, unendlicher Unternehmensfortführung und uniformen Periodenerträgen aus dem Unternehmen, die demselben Steuerfaktor unterliegen wie die Alternativanlage, ist eine separate Berücksichtigung der Steuerbelastung entbehrlich. Diese restriktiven Bedingungen sind in der Praxis so gut wie nie erfüllt. Vgl. *Ballwieser*, WPg. 1995, 119 ff.
4 Die Verwendung typisierter Einkommensteuersätze bei der Berechnung der Überschüsse und des Kapitalisierungszinssatzes ist nicht zwingend. So ist bei Berechnung eines subjektiven Unternehmenswerts auch der individuelle Steuersatz des Investors verwendbar. Eine Besonderheit des subjektiven Unternehmenswertes liegt darin, dass der individuelle Einkommensteuersatz des Investors nicht als gegeben betrachtet werden muss. Es besteht die Möglichkeit, den Erwerb einer Kapitalgesellschaft bzw. einer Beteiligung steueroptimierend zu gestalten. Hierbei hängt die konkrete Steuerwirkung für den Investor davon ab, wie er die Akquisition gestaltet. In Frage kommen beispielsweise der Erwerb der Anteile an einem Unternehmen (share deal) oder des Betriebs einer Kapitalgesellschaft (asset deal) oder eine Mischform aus beiden. Vgl. dazu eine Übersicht von *Mandl/Rabel*, S. 185.
5 Vgl. *Kruschwitz*, Investitionsrechnung, S. 129–147.

relevant. Eine Kapitalgesellschaft muss daher in ihrer Entscheidungsfindung ausschließlich die Folgen der Erhebung von Unternehmenssteuern berücksichtigen. Insofern wird bei dieser Art von Investor die vorstehend geforderte steuerliche Äquivalenz dadurch hergestellt, dass für Bewertungszwecke die aus der Alternativanlage resultierende Nettorendite der Kapitalgesellschaft nach Abzug von Unternehmenssteuern Anwendung findet. Als Steuerabzug von der Rendite der Alternativanlage ist ein Abzug für erwartete Unternehmenssteuerbelastungen vorzunehmen Detaillierter wird die Vorgehensweise im Teil II Rz. 188 ff. diskutiert.

Ist der **Investor** eine **einkommensteuerpflichtige Privatperson oder eine Personengesellschaft**, sind für die Entscheidungsfindung die persönlichen Einkommensteuern relevant. Die Kapitalisierungszinssätze werden zur Herstellung der o.g. steuerlichen Äquivalenz um persönliche Einkommensteuern reduziert. Nach IDW S 1 i.d.F. v. 28.6.2000 wurde grundsätzlich ein typisierter Einkommensteuersatz in Höhe von 35 % verwendet.[1] Hierbei wurde davon ausgegangen, dass die Erträge aus Anleihen und Aktieninvestitionen derselben Einkommensteuerbelastung unterliegen. Neuere wissenschaftliche Erkenntnisse zeigen jedoch, dass diese Voraussetzung in der Praxis nicht gegeben ist. 238

Vielmehr belegen empirische Studien,[2] dass in Deutschland **Anleihen und Aktien systematische Unterschiede hinsichtlich ihrer steuerlichen Behandlung** aufweisen. *Prof. Dr. Rosen* vom Deutschen Aktieninstitut gelangte deshalb 2003 zur Erkenntnis, dass die Nach-Steuer Marktrisikoprämie wesentlich höher als die Vor-Steuer Marktrisikoprämie anzusetzen ist.[3] Nach Untersuchungen von Union Investment (2002 und 2003), der Fondsgesellschaft der deutschen Volks- und Raiffeisenbanken, wiesen über einen 20-Jahreszeitraum von 1983 bis 2003 Aktienmarktinvestitionen eine jährliche Rendite vor persönlichen Einkommensteuern von 10,3 % auf. Nach Berücksichtigung persönlicher Einkommensteuern reduzierte sich die Rendite auf einen Nach-Steuer Wert von 9,2 %. *Stehle* gelangt zu vergleichbaren Aussagen.[4] Daraus lässt sich für Aktienmarktinvestitionen eine durchschnittliche persönliche Einkommensteuerbelastung von rund 11 % ermitteln, während im selben Zeitraum die Zinserträge deutscher Bundesanleihen eine Einkommensteuerbelastung von rund 47 % aufwiesen.[5] 239

Zurückzuführen ist diese steuerliche Ungleichbehandlung von Investitionen in Aktien und Anleihen auf mehrere Effekte. So können in Deutschland beispielsweise Kursgewinne von Aktien nach Ablauf von Spekulationsfristen vollkommen steuerfrei vereinnahmt werden. Darüber hinaus werden nach 240

---

[1] Vgl. IDW S 1 i.d.F. v. 20.6.2000, Rz. 51.
[2] Vgl. *Morawietz; Conen; Widmann/Schieszl/Jeromin*, FB 2003, 800; *Investment Asset Management Holding AG*, Presseerklärung v. 15.10.2003 zur Studie der Investment Union.
[3] Vgl. *Rosen*, S. 29.
[4] Vgl. *Stehle*, WPg. 2004, 906 ff.
[5] Vgl. Presseerklärungen der *Union Asset Management Holding AG* v. 5.11.2002 und v. 9.10.2003, abrufbar im Internet unter der Adresse: http://www.wiwi.hu-berlin.de/finance/presse/UnionInvestmentVortrag.htm.

derzeitigem Steuerrecht Zinserträge von Anleihen und Dividendeneinkünfte aus Aktien unterschiedlich besteuert. Im Gegensatz zu Zinseinkünften (die der vollen Steuerbelastung unterliegen) ist in Deutschland nach dem StSenkG auf Dividendeneinkünfte das Halbeinkünfteverfahren anzuwenden. Danach werden auf Ebene der privaten Anteilseigner Dividendenzahlungen von Kapitalgesellschaften nur zur Hälfte der persönlichen Einkommensteuerbelastung des Anteilseigners unterworfen.

241 Da die Erträge von Aktienmarktinvestitionen daher tendenziell niedriger besteuert wurden als Zinserträge aus Anleihen, wurden am deutschen Aktienmarkt für die Vergangenheit wiederholt höhere Marktrisikoprämien nach Berücksichtigung von persönlichen Einkommensteuern als vor Berücksichtigung von persönlichen Einkommensteuern beobachtet. Nach den Ergebnissen von Morawietz als auch den Ergebnissen von Union Investment lag historisch die Nach-Steuer Marktrisikoprämie zwischen 4 % und 5,3 %.

242 Insofern war die Empfehlung des IDW im IDW S 1 i.d.F. v. 28.6.2000 zur Berücksichtigung typisierter Einkommensteuern im Kapitalisierungszinssatz kritisch zu hinterfragen. Nach IDW ES 1 i.d.F. v. 9.12.2004 wird der unterschiedlichen Behandlung von Aktien und Anleihen nun auf neue Art Rechnung getragen. Die empirisch beobachtete Aktienmarktrendite wird in einen Dividendenanteil und einen Kursgewinnanteil gesplittet und die beiden Renditebestandteile sind entsprechend den empirischen Erkenntnissen oder nach den aktuellen Vorgaben des Einkommensteuergesetzes zu besteuern. Bewertungstechnisch wird dem Kapitalisierungszinsfuß dadurch Rechnung getragen, dass zwischen einem steuerbaren (Basis-)Zinsteil (auf den 35 % typisierte Einkommensteuer abzuziehen ist) und einer steuerfreien Kursgewinnkomponente unterschieden wird (vgl. Teil II Rz. 59 ff.).

243 Aus **statistischen Wirtschaftsdaten** für die Bundesrepublik Deutschland lässt sich feststellen, dass historisch deutsche Unternehmen im Durchschnitt zwischen 30 % bis 60 % ihrer jährlichen Ergebnisse thesaurierten.[1] Davon ausgehend beziffern verschiedenste Autoren den in der deutschen Kapitalmarktrendite von jährlich 10 % bis 12 % enthaltenen Dividendenanteil auf geschätzte 3,5 Prozentpunkt bis 4,0 Prozentpunkte.[2] Bei Zugrundelegung dieser Daten bietet demzufolge eine Aktienmarktinvestition, die nach Unternehmenssteuern eine Durchschnittsrendite von jährlich 10,5 % erzielt, dem Privatinvestor eine steuerpflichtige Dividendenkomponente von 3,5 bis 4,0 Prozentpunkten und eine steuerfreie Kursgewinnkomponente von 6,5 bis 7,0 Prozentpunkten. Unter Gültigkeit des Halbeinkünfteverfahrens beläuft sich der Einkommensteueranteil für den Dividendenbestandteil dann auf höchstens 0,6 bis 1,0 Prozentpunkte.[3] Von daher würde sich die Kapitalmarktrendite nach Abzug persönlicher Einkommensteuerzahlungen von 10,5 % (vor Steuer) auf 9,5 % bis

---

[1] Vgl. Deutsche Bundesbank, Sonderveröffentlichung Nr. 5.
[2] Vgl. *Drukarczyk/Schüler*, FB 2003, 339; *Bimberg*, S. 131; *Stehle*, S. 7.
[3] Dieser Wert errechnet sich aus der persönlichen Einkommensteuer (das IDW empfiehlt hier einen typisierten Satz von 35 %) bezogen auf den halben Dividendenanteil von 3,5 bis 4,0 Prozentpunkten (d.h. auf 1,75 bis 2,0 Prozentpunkte steuerpflichtige Dividendenrendite).

9,9 % (nach persönlicher Einkommensteuer) reduzieren. Dieses impliziert eine typisierte Einkommensteuerbelastung der Aktienmarktrendite von 6 % bis 9 %.[1] Diese Überlegungen korrespondieren zu den Ergebnissen der Studie von Union Investment, der Fondsgesellschaft der deutschen Volks- und Raiffeisenbanken.[2] Im Resultat weiterführender Analysen gelangte *Stehle* 2004 zu der Auffassung, dass für die Bundesrepublik Deutschland nachhaltig von Marktrisikoprämien auszugehen ist, die nach Abzug persönlicher Einkommensteuern bei 5 %–6 % liegen. Das IDW empfiehlt demzufolge für Unternehmensbewertungen eine Nach-Steuer Risikoprämie in dieser Bandbreite.

Unabhängig von der Höhe des anzusetzenden typisierten Steuersatzes wird nach IDW ES 1 i.d.F. v. 9.12.2004 der Kapitalisierungszinssatz nach Steuern anhand des nachfolgenden Schemas berechnet: 244

	Detailplanungs-phase	Ewige Rente
Basiszins – Typisierte Steuern der Anteilseigner (35 %)		
Basiszinssatz nach typisierten Steuern der Anteilseigner + Risikozuschlag (Marktrisikoprämie nach typisierten Steuern der Anteilseigner × Beta-Faktor)		
Kapitalisierungszinssatz nach typisierten Steuern der Anteilseigner – Wachstumsabschlag		
Kapitalisierungszinssatz nach typisierten Steuern der Anteilseigner und nach Wachstumsabschlag		

Abb. 15: Ermittlung des Kapitalisierungszinssatzes nach der Zinszuschlagsmethode[3]

f) Besonderheiten bei der Veranschlagung der ewigen Rente im Ertragswertverfahren

Die Veranschlagung des nachhaltigen Ergebnisses in der ewigen Rente erweist sich in der Praxis als eine anspruchsvolle Aufgabe. Dieses resultiert daraus, dass in der ewigen Rente die zu kapitalisierenden Ergebnisse in der Regel nicht durch bloße Fortschreibung von Ergebnissen aus dem Detailplanungszeitraum ermittelt werden können. Die Jahresüberschüsse der ewigen Rente stellen im 245

---

1 Berechnet aus dem Quotienten von Einkommensteueranteil der Portfoliorendite in Höhe von 0,6 bis 1,0 Prozentpunkten und der angenommenen Portfoliorendite von 10,5 Prozentpunkten.
2 Demnach wurden über den Zeitraum von 1983 bis 2003 am deutschen Aktienmarkt Vor-Steuer Renditen von 10,3 % und Nach-Steuer Renditen von 9,2 % beobachtet. Vgl. Presseerklärungen der *Union Asset Management Holding AG*, 5.11.2002 und v. 9.10.2003, abrufbar im Internet unter der Adresse: http://www.wiwi.hu-berlin.de/finance/presse/UnionInvestmentVortrag.htm.
3 Der Wachstumsabschlag ist nicht um die persönliche Ertragsteuer des Investors zu kürzen; vgl. *Ballwieser*, DB 1997, 2396 und *Siegel*, DB 1997, 2392.

Gegensatz zu den einzelnen Jahresüberschüssen des Detailplanungszeitraumes einen für sämtliche zukünftige Boom- und Rezessionsphasen repräsentativen Erwartungswert dar. Infolge dieses besonderen Charakters der ewigen Rente ist der Bewerter deswegen darauf angewiesen, zuzüglich zur geplanten Entwicklung des Unternehmens **langfristige Branchentrends, Investitions- und Konjunkturzyklen, aber auch Zins- und Börsenzyklen** zu untersuchen. Je nach den Besonderheiten des Einzelfalles werden die zu kapitalisierenden Ergebnisse der ewigen Rente beispielsweise unter Zuhilfenahme von Daten des letzten Detailplanungszeitraums fortgeschrieben. Die zu kapitalisierenden Ergebnisse in der ewigen Rente lassen sich anhand langfristiger Durchschnittswerte branchenüblicher EBIT-Margen, Refinanzierungszinssätze und Re-Investitionsraten plausibilisieren.

g) Ausschüttungsannahme

246 Mit der Neufassung des IDW S 1 am 9.12.2004 erfolgte eine Abkehr von der bislang im IDW S 1 i.d.F. v. 28.6.2000 verankerten Vollausschüttungsprämisse. Bei zukünftigen Bewertungen ist nunmehr bei der Ermittlung des objektivierten Unternehmenswertes von der einkommensteuerpflichtigen Ausschüttung derjenigen finanziellen Überschüsse auszugehen, die nach Berücksichtigung des zum Bewertungsstichtag dokumentierten Unternehmenskonzeptes und rechtlicher Restriktionen (z.B. Bilanzgewinn, ausschüttbarer handelsrechtlicher Jahresüberschuss) und nach Abzug typisierter persönlicher Einkommensteuern zur Ausschüttung an die Anteilseigner zur Verfügung stehen. Soweit die Planung zwei Phasen unterscheidet, sind die Ausschüttungen der finanziellen Überschüsse sowie die Verwendung thesaurierter Beträge und deren Renditefür die erste Planphase auf Basis der Unternehmensplanung zu veranschlagen. Sofern die Gewinnverwendung nicht explizit geplant ist, sollen vereinfachend kapitalwertneutrale Anlagen (sowohl in der Detailplanungsphase als auch in der ewigen Rente) unterstellt werden, sofern dem nicht faktische Restriktionen entgegenstehen.[1]

247 In der ewigen Rente wird typisierend unterstellt, dass das Ausschüttungsverhalten des zu bewertenden Unternehmens äquivalent zum Ausschüttungsverhalten der Alternativanlage sei, vorausgesetzt es sind nicht dem entgegenstehende Besonderheiten der Branche zu berücksichtigen.

248 Faktisch führt diese Bestimmung des IDW ES 1 (vgl. Teil II Rz. 59 ff.) bewertungstechnisch dazu, dass Teile der zu kapitalisierenden Ergebnisse aus Sicht des Investors steuerfrei gestellt werden (im Sinne einer Befreiung der thesaurierten Ergebnisteile von der persönlichen Einkommensteuer). Die bewertungstechnisch bevorzugte Vorgehensweise zur Umsetzung dieser Vorschrift ist diejenige, dass sich das zu kapitalisierende Ergebnis additiv zusammensetzt aus:

1. dem um persönliche Einkommensteuern gekürzten Anteil des nach Abzug der Thesaurierung verbleibenden ausschüttbaren Ergebnis und

---
[1] Vgl. IDW ES 1 i.d.F. v. 9.12.2004, Rz. 46–48.

2. dem vollen, d.h. nicht um persönliche Einkommensteuer gekürzten Anteil, der Ergebnisthesaurierung, da hierfür eine kapitalwertneutrale Reinvestition unterstellt wird (was einer steuerfreien Ausschüttung entspricht).

Rechnerisch ist diese Vorgehensweise im folgenden **Beispiel** dargestellt: 249

Schritt 1: Ermittlung des Kapitalisierungszinssatzes

			Detailplanungsphase	Ewige Rente
Basiszins			5,0 %	5,0 %
Typisierte Steuern der Anteilseigner (35 %)			–1,8 %	–1,8 %
Basiszinssatz nach typisierten Steuern der Anteilseigner			3,3 %	3,3 %
Marktrisikoprämie nach typisierten Steuern der Anteilseigner	5,5 %			
Beta-Faktor		1,0		
Risikozuschlag			5,5 %	5,5 %
Kapitalisierungszinssatz nach typisierten Steuern der Anteilseigner			8,8 %	8,8 %
Wachstumsabschlag				–1,0 %
Kapitalisierungszinssatz nach typisierten Steuern der Anteilseigner und nach Wachstumsabschlag			8,8 %	7,8 %

Schritt 2: Bestimmung des Ertragswertes

	Jahr 1	Jahr 2	Jahr 3	Ewige Rente ab Jahr 4
Ergebnis vor Steuern der Anteilseigner	100	100	100	101
davon:				
+ Wertbeitrag aus Thesaurierung	50	50	50	50,5
+ Wertbeitrag aus Ausschüttung	50	50	50	50,5
– Typisierte hälftige Einkommensteuer auf Ausschüttung (17,5 %)	–9	–9	–9	–9
= Nettoeinnahmen (zu kapitalisierendes Ergebnis)	91	91	91	92
Barwertfaktor nach Abzug typisierter Einkommensteuer entsprechend TAX-CAPM	0,9195	0,8456	0,7775	10,0325
Barwert zum Stichtag	84	77	71	925
Ertragswert	**1 157**			

2. Prognose im Rahmen des Discounted Cash-Flow-Verfahrens

Die Prognose der Überschüsse ist, ebenso wie beim Ertragswertverfahren, 250 beim Discounted Cash-Flow-Verfahren der entscheidende Schritt der Unternehmensbewertung. Nach der Analyse der Vergangenheitsinformationen wird eine **Zukunftsprognose** durchgeführt. Sie **basiert auf Planbilanzen und Plan-Gewinn- und Verlustrechnungen**. Dabei werden ergänzend alternative Szenarien für die wichtigsten Value Driver entworfen. Zu den Value Drivern zählen u.a. die Wachstumsrate des Umsatzes, die betrieblichen Gewinnmargen, die Investitionspolitik und die Kapitalkosten.[1] Die Prognose der Cash-Flows erfolgt im Allgemeinen ebenfalls mit Hilfe eines Zwei-Phasen-Modells. Neben einer detaillierten Planung in der ersten Phase werden die Cash-Flows der zweiten Phase, ähnlich wie beim Ertragswertverfahren (ewige Rente), als konstant (ggf. als konstant wachsend) unterstellt.[2] Als künftiger gleich bleibender Cash-Flow kann der Cash-Flow des letzten Jahres des Detailprognose-Zeitraums verwendet werden. In Analogie zur Vorgehensweise bei der Ertragswertmethode sollten diese Überschüsse noch bereinigt werden, sofern das Unternehmen noch keinen Gleichgewichtszustand erreicht hat.

251 Bei Verwendung der Discounted Cash-Flow-Verfahren ist zu berücksichtigen, dass insbesondere in der US-amerikanischen Praxis bisher persönliche Ertragsteuern der Investoren unberücksichtigt bleiben. Allerdings wurden in jüngster Zeit Modifikationen der Discounted Cash-Flow-Ansätze entwickelt. Diese gestatten auch für das Nettoverfahren, den WACC-Ansatz und den APV-Ansatz eine Berücksichtigung der persönlichen Ertragsteuern der Aktionäre.[3]

252 Den Ansätzen des Discounted Cash-Flow-Verfahrens ist gemein, dass zunächst der **prognostizierte Free Cash Flow** der Unternehmung für den Planungshorizont bestimmt werden muss. Für die Bestimmung des zukünftig erwarteten Free Cash Flows werden in der Literatur verschiedene Darstellungsformen gewählt und unterschiedliche Positionen angeführt.[4] Letztlich entscheidend für die Berechnung des Free Cash Flows ist, dass alle Überschüsse aus dem Leistungsbereich in voller Höhe erfasst werden. Dies bedeutet, dass der geplante Free Cash Flow bereits um den Kapitalbedarf des Unternehmens für künftige operative und strategische Maßnahmen (beispielsweise in Form von Investitionen) reduziert wurde. Eine Schuldentilgung stellt keine Investition in das Unternehmen dar und ist deshalb nicht vom Free Cash Flow abzusetzen.[5]

253 Der Free Cash Flow kann in Anlehnung an die im Rahmen der Prognose erstellten Plan-Gewinn- und Verlustrechnungen ermittelt werden:[6]

---

1 Vgl. *Rappaport*, S. 53.
2 Vgl. *Copeland/Koller/Murrin*, S. 269.
3 Dies zeigt *Moser* für den WACC-Ansatz und *Drukarczyk* für den APV-Ansatz. Vgl. *Moser*, FB 1999, 117 ff. und *Drukarczyk*, Unternehmensbewertung, 1996, S. 156 ff; *Kohl/Schulte*, WPg. 2000, 1147 ff; *Auge-Dickhut/Moser/Widmann*, FB 2000, 365.
4 Einen Überblick über die verschiedenen Vorgehensweisen von *Rappaport, Stern, Stewart* und anderen bietet *Lorson*, S. 1332 ff.
5 Vgl. *Kohl/Schulte*, WPg. 2000, 1159.
6 Vgl. *Copeland/Koller/Murrin*, S. 161 und *Richter/Simon-Keuenhof*, BFuB 1996, 700.

	Operatives Ergebnis vor Zinsen und Steuern (EBIT)
–	Unternehmenssteuern auf das operative Ergebnis
	Operatives Ergebnis vor Zinsen, nach adaptierten Steuern (NOPLAT)
+/–	Erhöhung/Minderung der Rückstellungen
+/–	Abschreibungen/Zuschreibungen
	Operativer Brutto Cash Flow
+/–	Veränderung des Working Capital
–/+	Mittelabflüsse aus Investitionen/-zuflüsse aus Desinvestitionen bei Sachanlagen und immateriellen Vermögensgegenständen
	Operativer Free Cash Flow
+/–	Nicht operativer Free Cash Flow
	Free Cash Flow

Das **operative Ergebnis vor Zinsen und Unternehmenssteuern** (EBIT = earnings before interest and tax) als Basis der Cash-Flows wird um die vom Unternehmen fiktiv zu zahlende Ertragsteuer reduziert.[1] Diese Steuer entspricht in Deutschland seit Umsetzung des StSenkG der Gewerbeertrag- und Körperschaftsteuer. Steuerliche Effekte, welche im Zusammenhang mit der Kapitalstruktur der Unternehmung stehen, werden an dieser Stelle der Berechnung nicht berücksichtigt. Es werden nur die Überschüsse aus dem Leistungsbereich berücksichtigt. 254

Das o.g. **operative Ergebnis vor Zinsen und nach Unternehmenssteuern** (NOPLAT = net operating profit less adjusted taxes) wird anschließend um nicht zahlungswirksame Aufwendungen korrigiert, die z.B. bei der Bildung von Abschreibungen und Rückstellungen anfallen.[2] Der so berechnete Brutto Cash-Flow entspricht dem gesamten, von einem Unternehmen erwirtschafteten leistungswirtschaftlichen Cash-Flow. Es ist der Betrag, der ohne zusätzliche Kapitalaufnahme für Investitionen und Ausschüttungen zur Verfügung steht. 255

Daneben wird die Position **Veränderung des Working Capitals** berücksichtigt. Diese Position entspricht dem Umlaufvermögen abzüglich der unverzinslichen kurzfristigen Verbindlichkeiten:[3] 256

	Vorräte
+	Forderungen aus Lieferungen und Leistungen
–	Lieferantenverbindlichkeiten
	Working Capital/Nettoumlaufvermögen

---

[1] Der EBIT entspricht den Umsatzerlösen, abzüglich den Betriebsaufwendungen und den Abschreibungen auf Sachanlagen, zuzüglich des Aufwands aus Leasingverträgen. Vgl. *Hölscher*, S. 94.

[2] Alternativ können Rückstellungen unter dem Unterpunkt Investitionen berücksichtigt werden. Hier wird in der angelsächsischen Literatur eine Position „Veränderung sonstiger Vermögensgegenstände" gebildet, welche Veränderung bei den Rückstellungen und den immateriellen Vermögensgegenständen umfasst. Vgl. *Copeland/Koller/Murrin*, S. 197.

[3] Vgl. *Born*, Unternehmensanalyse, S. 113.

257 Um den operativen Free Cash Flow zu erhalten, muss der operative Brutto Cash-Flow noch um die geplanten **Investitionsauszahlungen** korrigiert werden. Zu den Investitionen in Sachanlagen zählen alle Aufwendungen für die Ersatz- und Neubeschaffung von Sachanlagen.

258 Im ursprünglichen Sinne stammt die Position **Working Capital** aus der Bilanzanalyse. Sie liefert Informationen über die Liquiditätssituation des betrachteten Unternehmens. Mit dieser Kennzahl kann analysiert werden, in welchem Umfang die kurzfristigen Verbindlichkeiten durch geldnahes Vermögen abgesichert sind. Eine Veränderung des Working Capitals zeigt an, welchen Kapitalbetrag ein Unternehmen in einer bestimmten Periode in die Vermögensgegenstände des Nettoumlaufvermögens investiert oder desinvestiert hat.

259 Für Zwecke der wertorientierten Unternehmensführung wird häufig der **operative Free Cash Flow** als Ausgangsbasis der Analyse gewählt.[1] Die Trennung in einen operativen und nicht operativen Free Cash Flow wird aus prognosetechnischen Gründen vorgenommen. Die Prognose des operativen Free Cash Flows kann auf Basis von Werttreibern (Value drivers) erfolgen. Dazu zählen das Umsatzwachstum, die Investitionstätigkeit und die Kapitalkosten.[2] Wenn die Cash-Flow Berechnung aber für Bewertungszwecke durchgeführt wird, ist der gesamte an die Eigen- und Fremdkapitalgeber auszuzahlende Cash-Flow in die Analyse zu integrieren.

260 Neben dem operativen freien Cash-Flow sind die Erträge aus den **nicht operativen Aktivitäten** zu berücksichtigen. Kennzeichnend für den Free Cash Flow aus dem nicht operativen Bereich ist, dass die Überschüsse nicht regelmäßig erwirtschaftet werden. Da es sich hier im Wesentlichen um periodenfremde und außerordentliche Positionen handelt, dürfte die Höhe der Cash-Flows aus den nicht operativen Aktivitäten bei einer Prognose der zukünftigen Überschüsse relativ gering sein. Diese Positionen sind aber in der Regel nicht Teil einer längerfristigen Unternehmensplanung.

261 Wie bei der Ertragswertmethode sind Einflüsse aus **nicht betriebsnotwendigem Vermögen** und Verlustvorträgen gesondert zu berücksichtigen.

262 Nach der Ermittlung des Free Cash Flows hängt die weitere Vorgehensweise davon ab, welcher der drei verschiedenen Ansätze des Discounted Cash-Flow-Verfahrens zur Ermittlung des Unternehmenswerts ausgewählt wurde.

b) Besonderheiten bei der Ableitung der ewigen Rente im Rahmen der DCF-Verfahren

263 In der ewigen Rente soll die nachhaltige Ertragskraft des Unternehmens im eingeschwungenen Zustand dargestellt werden. Wie beim Ertragswertverfahren ist in den Discounted Cash-Flow-Verfahren zu berücksichtigen, dass die langfristige ökonomische Entwicklung eine Abfolge von Boom- und Rezessionsphasen darstellt. Das in der ewigen Rente anzusetzende Ergebnis muss

---

[1] Vgl. *Ballwieser*, WPg. 1998, 84 und *Copeland/Koller/Murrin*, S. 161.
[2] Vgl. dazu *Rappaport*, S. 79.

dem Rechnung tragen. In Analogie zur Vorgehensweise des Ertragswertverfahrens bilden daher **langfristige Analysen und Durchschnittsbildungen** wesentlicher Erfolgsgrößen die Voraussetzung für die sachgerechte Bemessung der ewigen Rente.

Im Rahmen der Discounted Cash-Flow-Verfahren ist insbesondere darauf zu achten, dass im eingeschwungenen Zustand die Annahme eines Working Capital Aufbaus nicht mehr sachgerecht ist. Korrekturen sind ggf. erforderlich, sofern in der Detailplanungsphase ein Forderungsaufbau geplant wurde. Dieser ist bei der Bemessung der ewigen Rente dahin gehend bewertungsrelevant, als dort ggf. in geeigneter Weise ein Mittelzufluss aus dem in der Detailplanungsphase realisierten Working Capital Aufbau einzukalkulieren ist. 264

IV. Prognose bei subjektiver Bewertung

Von der Ergebnisprognose im Zusammenhang mit der objektivierten Unternehmensbewertung ist die Prognose unter Berücksichtigung subjektiver Aspekte zu unterscheiden. Dieses Bewertungskonzept stellt gegenüber dem objektivierten Wertkonzept eine Erweiterung dar. Eine subjektivierte Unternehmensbewertung **baut auf den methodischen Grundsätzen einer objektivierten Bewertung auf**, wobei jedoch zusätzlich subjektive Wertfaktoren berücksichtigt werden. Hierbei handelt es sich z.B. um mögliche Synergievorteile (Teil II Rz. 270 ff.), Managementfaktoren und Vorteile aus Restrukturierungsmaßnahmen (Teil II Rz. 269) oder sonstige individuelle Merkmale der Investoren oder Bewertungsobjekte. 265

Hinweise auf Komponenten einer subjektiven Unternehmensbewertung können sowohl aus IDW S 1 als auch aus RS HFA 10 entnommen werden.

Der **IDW S 1** gibt Hinweise zur subjektiven Unternehmensbewertung aus der Sicht eines individuellen Investors, der sowohl hinsichtlich der prognostizierten Ergebnisse, der Art von Synergieeffekten, der Kapital- und Finanzierungsstruktur, der Ausschüttungspolitik, der Einkommensteuerbelastung als auch der Ableitung des Kapitalisierungszinssatzes auf seine individuelle Einschätzung zurückgreifen kann. Insoweit bestehen nach IDW S 1 sehr umfangreiche Bewertungsspielräume, die einer intersubjektiven Nachprüfung entzogen sind. 266

Bewertungen unter Zuhilfenahme des **IDW RS HFA 10** werden dagegen z.B. im Rahmen der Ermittlung von Beteiligungsansätzen für handelsrechtliche oder steuerliche Zwecke durchgeführt. Die IDW-Stellungnahme zur Rechnungslegung (IDW RS HFA 10) bestimmt, wie die Grundsätze des IDW Standard 1 auf die Ermittlung/Prüfung von Beteiligungsansätzen usw. anzuwenden sind. Dabei werden die oben genannten nach IDW S 1 dargestellten subjektiven Komponenten eingeschränkt. 267

Da die Prüfung des Wertansatzes aus Sicht der bilanzierenden Gesellschaft erfolgt, sind subjektive Komponenten insbesondere im Hinblick auf die spezifische Unternehmensteuerbelastung zu berücksichtigen.

268 Darüber hinaus sind bei der Ermittlung eines subjektiven Unternehmenswertes nach IDW RS HFA 10 neben den bereits eingeleiteten Maßnahmen solche Maßnahmen zu berücksichtigen, die noch nicht Bestandteil des bestehenden Unternehmenskonzepts sind. Dazu zählen Synergieeffekte und solche geplanten Veränderungen des Anlagebestands, die Teil der vom Käufer beabsichtigten Restrukturierungsmaßnahmen sind. Die Ableitung des Kapitalisierungszinssatzes erfolgt nach IDW RS HFA 10 unter Berücksichtigung einer alternativen Anlagenrendite in Unternehmensbeteiligungen.

1. Restrukturierungsmaßnahmen

269 Werterhöhungen bei Unternehmensakquisitionen ergeben sich vor allem aus Restrukturierungsmaßnahmen und der Erschließung von Synergiepotenzialen (bei Übernahmen und Fusionen). Zu den **Restrukturierungsmaßnahmen** zählen alle Versuche des Erwerbers, das Wertpotenzial des akquirierten Unternehmens zu steigern. Restrukturierungsmaßnahmen können in zwei Gruppen unterteilt werden. Ein Komplex von Maßnahmen zielt auf das effiziente Management der vorhandenen Vermögensgegenstände und Finanzierungsmittel ab, z.B. durch Kostensenkungen oder Umsatzerhöhungen. Auf die Überprüfung der Notwendigkeit der vorhandenen Aktiva und Passiva zielt ein zweites Bündel von Maßnahmen. Es werden Reallokationen der Vermögensgegenstände vorgenommen und stille Reserven realisiert.

2. Synergiepotenziale

270 Hohe Kaufpreise für Unternehmen werden häufig mit der Erschließung von Synergiepotenzialen begründet. Ein **positiver Synergieeffekt** tritt auf, wenn die Überschüsse des aus einem Unternehmenskauf resultierenden neuen Unternehmensverbunds höher sind als die Summe der Überschüsse der einzelnen Unternehmen.[1] Alternativ können Synergienachteile, d.h. **negative Synergieeffekte** auftreten. Dies ist dann der Fall, wenn das Umfeld für einen Unternehmenszusammenschluss im Hinblick auf die Synergieeffekte nicht sorgfältig geprüft wurde, die Synergiepotenziale nicht systematisch geplant wurden und nicht alle theoretisch notwendigen Maßnahmen zur Ausschöpfung der Synergien in der Praxis umgesetzt werden können.[2]

271 Synergieeffekte werden nach verschiedenen Kriterien systematisiert. Hierzu zählen beispielsweise die Aufteilung in betriebliche Funktionsbereiche, in quantitative und qualitative Synergien oder die Einteilung nach dem Zeitpunkt ihres zeitlichen Wirksamwerdens. Neben **echten Synergieeffekten**, die sich aus der Kooperation bestimmter Unternehmen aufgrund spezifischer Eigenschaften wie beispielsweise Know-how-Transfer oder Ergänzung des jeweiligen Produktportfolios ergeben, existieren unechte Synergieeffekte. **Unechte Synergieeffekte** können durch eine beliebige Anzahl von Partnern realisiert werden. In diesem Kontext spielen steuerliche Verlustvorträge eine Rolle. Für einen großen Kreis potenzieller Erwerber stellen diese wegen der daraus erziel-

---

1 Vgl. *Franke/Hax*, S. 326.
2 Vgl. *Ossadnik*, S. 6 f.

baren Steuervorteile ein wesentliches Motiv für einen Unternehmenserwerb dar. Bei einer Unternehmensbewertung ist der Wert der steuerlichen Verlustvorträge mit dem Barwert der finanziellen Vorteile anzusetzen, die sich durch die Verrechnung der Verlustvorträge mit steuerlichen Gewinnen für die Zukunft ergeben.[1] Bei der Ermittlung des subjektiven Unternehmenswerts ist von der geplanten Gewinnverwendung des Unternehmenskäufers auszugehen.

Synergien können verschiedene Erscheinungsformen aufweisen und sind auf unterschiedliche Einflussfaktoren zurückzuführen. **Positive Effekte können durch folgende Aktivitäten realisiert werden:**[2] 272

– Unterlassung sich einander neutralisierender Aktivitäten,

– Vermeidung bzw. Beendigung von Doppelaktivitäten,

– Verbesserung der Faktorallokation durch bessere Nutzung von vorhandenen Faktoren,

– Erhöhung der Marktmacht und

– Übernahme des akquisitorischen Potenzials anderer Konkurrenzunternehmen.

Negative Synergien können durch folgende Effekte ausgelöst werden: 273

– Reibungsverluste infolge der Zusammenführung unterschiedlicher Unternehmenskulturen, Betriebsorganisationen und Vergütungssysteme,

– Ausrichtung der Personalkosten an dem Partner mit besseren Sozialleistungen,

– Überbesetzung von Stellen und

– Abschmelzungsverluste als Reaktion der Kunden auf den Wegfall der bisherigen Produktdifferenzierung.

Synergieeffekte können beim Ertragswertverfahren durch eine **Modifikation der Ertragsüberschüsse** berücksichtigt werden.[3] Alternativ kann zunächst der objektivierte Unternehmenswert berechnet („Stand-alone-Prinzip") und anschließend in einer gesonderten Nebenrechnung der Wert der Synergien bestimmt werden. Diese Vorgehensweise entspricht auch dem Verfahren bei einer Unternehmensbewertung nach der Discounted Cash-Flow-Methode.[4] 274

Die erwarteten Synergieeffekte können nach folgendem **Schema** bestimmt und bewertet werden:[5] 275

---

1 Vgl. *Angermayer/Oser* in Peemöller und WPHdb. II/2002, S. 36–38.
2 Vgl. *Küting*, BFuB 1991, 182; *Weber* in Baetge, S. 111 f., *Ossadnik*, S. 7 f.
3 Vgl. *Angermayer/Oser* in Peemöller.
4 Vgl. *Copeland/Koller/Murrin*, S. 441 f.
5 Vgl. *Weber* in Baetge, S. 106 ff.

- **Erfassung von Synergiepotenzialen**

Soweit es die erforderlichen Informationen erlauben, erfasst der Bewertende in einem ersten Schritt alle wesentlichen Synergiepotenziale. So liegen beispielsweise positive (qualitative) Synergien vor, wenn von einer bedeutenden Verbesserung der Stärken oder von einer erheblichen Verminderung der Schwächen der betroffenen Unternehmen auszugehen ist.

276 – **Untersuchung der Voraussetzung für die Ausschöpfung des Synergiepotenzials**

Ein Vergleich von den zur Realisierung notwendigen Soll-Voraussetzungen mit den tatsächlichen Gegebenheiten erlaubt die Beurteilung, inwieweit die vorhandenen Synergiepotenziale realisierbar sind.

277 – **Prognose der quantitativen Auswirkungen auf die Ertragsüberschüsse**

Bei der Quantifizierung der Synergieeffekte sind folgende Einflussgrößen zu berücksichtigen: die Auswirkung positiver und negativer Synergieeffekte, die Kosten für die Ausschöpfung von Synergiepotenzialen und die Zeitspanne bis zur vollen Wirksamkeit der Synergieeffekte. Bei der Abschätzung der Auswirkungen von positiven Synergieeffekten kann grundsätzlich zwischen kostenorientierten und marktorientierten Bewertungssystemen differenziert werden. **Kostenorientierte Synergiepotenziale** beruhen insbesondere auf Gründungssynergien. Dem Investor entsteht ein Vorteil, da er ein bestehendes Unternehmen erwirbt und sich die Kosten für den Aufbau einer eigenen Organisation erspart. Um diese Synergien zu quantifizieren, sind zunächst ein Mengengerüst zu erstellen und darauf aufbauend die erforderlichen monetären Größen abzuschätzen. Unter **marktorientierten Synergiepotenzialen** versteht man die Verbreiterung der Geschäftsbasis und die Erschließung zusätzlicher Marktanteile. Hierzu zählt beispielsweise der Erwerb neuer Produktlinien zur Erweiterung des Produktangebots. Neben positiven sind negative Synergieeffekte beispielsweise aus den Reibungsverlusten von Unternehmen mit unterschiedlichen Unternehmenskulturen zu beachten. Des Weiteren ist zu beachten, dass für Realisierung von Synergien Kosten anfallen können, beispielsweise in Form von Informationskosten oder Personalkosten für das mittlere und obere Management.[1] Zusätzlich ist im Rahmen der subjektiven Unternehmensbewertung der zeitliche Horizont bis zum Wirksamwerden der erwarteten Synergien relevant. Je später die Synergieeffekte realisiert werden, desto geringer fällt der Barwert für deren Überschüsse aus.

278 – **Bestimmung der Eintrittswahrscheinlichkeiten für die Realisierung von Synergien**

Anschließend muss der Bewerter die Eintrittswahrscheinlichkeiten der identifizierten und bewerteten (positiven wie negativen) Synergieeffekte beurteilen. Dabei erhöhen sich die Wahrscheinlichkeiten für das erfolgreiche Ausschöpfen von Synergiepotenzialen oftmals, wenn beide Unternehmen in der glei-

---

1 Vgl. *Niehues*, BB 1993, 326.

chen Branche tätig sind. Die vorhandenen Branchen- und Marktkenntnisse erlauben es dem Management in aller Regel, die vorhandenen Synergiepotenziale realistisch zu erkennen und zu beurteilen.[1]

Die erwarteten **Synergieeffekte** müssen bei einem Unternehmenskauf zur Bestimmung des subjektiven Unternehmenswerts **zwischen Käufer und Verkäufer nicht gleichmäßig aufgeteilt** werden. Die Preisobergrenze des Käufers wird durch seinen Grenzpreis repräsentiert. Dieser Grenzpreis entspricht dem Barwert der künftigen finanziellen Überschüsse. Dabei fließen die erwarteten Synergieeffekte in die Berechnung des subjektiven Unternehmenswerts mit ein. Bei der Berechnung des subjektiven Unternehmenswerts (Grenzpreis) des Verkäufers können Synergieeffekte ebenfalls unter bestimmten Bedingungen eine Rolle spielen. Für den Verkäufer kann ein Nachteil des Unternehmensverkaufs darin liegen, dass das Unternehmen aus einem Unternehmensverbund herausgelöst wird und damit vorher realisierte, positive Synergien entfallen. Die erwarteten Synergieverluste führen zu einer Erhöhung des Grenzpreises des Verkäufers.[2] Darüber hinaus wird der Verkäufer in der Praxis, wenn er erkennt, dass der Erwerber hohe Synergiepotenziale erzielen kann, daran partizipieren wollen und seinen Grenzpreis entsprechend anpassen.

Nachdem die Unternehmensplanung unter Berücksichtigung möglicher positiver und negativer Synergieeffekte abgeschlossen wurde, kann der Unternehmenswert mittels der Kapitalisierung der erwarteten Überschüsse berechnet werden.

3. Prognose unter Gesichtspunkten des Gläubigerschutzes

Der **Wert eines Unternehmens** aus Sicht eines (potenziellen) Erwerbers wird maßgeblich durch dessen **subjektive Nutzenerwartungen mit Bezug auf das Akquisitionsobjekt** bestimmt. Neben einer erwerberspezfischen Einschätzung der Zukunftschancen des Akquisitionsobjektes werden u.a. sowohl unternehmensspezifische Synergieerwartungen als auch strategische Überlegungen (vgl. Teil II Rz. 25) den Kaufpreis beeinflussen. Ist das erwerbende Unternehmen in einen Konzernverbund eingeschlossen, erstreckt sich die Synergieberücksichtigung im Allgemeinen nicht ausschließlich auf das erwerbende Unternehmen selbst, sondern schließt den gesamten Unternehmensverbund ein. Nach erfolgter Transaktion hat das erwerbende Unternehmen die neue Beteiligung in Deutschland (zumindest im Rahmen des Einzelabschlusses) nach handelsrechtlichen Grundsätzen zu bilanzieren.

Im Rahmen der Prüfung des handelsrechtlichen Einzelabschlusses ist die **Einschätzung der Werthaltigkeit von Beteiligungen** ein wesentlicher Vorgang. Gemäß § 253 Abs. 1 HGB gilt bei der Bewertung von Beteiligungen das Anschaffungskostenprinzip. Ist der beizulegende Wert am Abschlussstichtag unter die Anschaffungskosten gesunken, so ist bei einer dauernden Wertminderung auf diesen abzuschreiben (vgl. § 253 Abs. 2 Satz 3 i.V.m. § 279 Abs. 1 HGB). Da bei

---
1 Vgl. *Angermayer/Oser* in Peemöller.
2 Vgl. WPHdb. II/2002, S. 45–48.

handelsrechtlich orientierten Bewertungen Gläubigerschutzgrundsätze zu beachten sind, muss die Beteiligungsbewertung Rückschlüsse auf das Schuldendeckungspotenzial des Bewertungsobjekts bei der bilanzierenden Gesellschaft zulassen. Erfolgt eine Bewertung zum Zweck der Erstellung des handelsrechtlichen Jahresabschlusses, ist als Bewertungsstandard grundsätzlich der IDW Standard RS HFA 10 anzuwenden. Im Gegensatz zum IDW S 1 ist eine nach RS HFA 10 durchgeführte Unternehmensbewertung nach Auffassung des IDW somit aus der Sicht der die Beteiligung bilanzierenden Gesellschaft vorzunehmen und nicht aus der Sicht des dahinter stehenden Gesellschafters.

283 Wird die **Bewertung unter dem Aspekt der Ermittlung von Schuldendeckungspotenzialen** durchgeführt, können der Wertermittlung somit nur noch eigentümerunabhängige Bewertungskriterien zugrunde gelegt werden. Das heißt, der ausgewiesene Anteilswert darf keine Wertbestandteile enthalten, die nur von einzelnen Anteilseignern der Beteiligung realisierbar sind. Im Rahmen handelsrechtlich orientierter Beteiligungsbewertungen erweist sich daher die sorgfältige Abgrenzung des Bewertungsobjektes als besonders wichtig. Praktische Konsequenzen hat der Gläubigerschutzgedanke beispielsweise im Hinblick auf die **Abgrenzung des Synergiekreises** bei den für Jahresabschlüsse erstellten Unternehmens- und Anteilsbewertungen. Zum Bewertungskreis zählen in diesem Falle nur jene Synergien, welche das zu bewertende Unternehmen bzw. der zu bewertende Anteil selber generieren kann.[1] Nicht zum Synergiekreis gehörig sind demzufolge Synergien, die außerhalb des Bewertungsobjektes generiert werden.

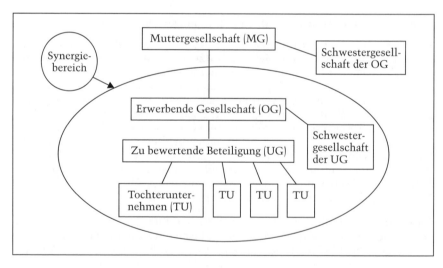

---

1 D.h. hierzu zählen Synergien, die das zu bewertende Unternehmen bzw. die Beteiligung selber erzielen kann, oder Synergien, die von Tochterunternehmen des zu bewertenden Unternehmens bzw. der zu bewertenden Beteiligung generiert werden.

Danach kommt die Berücksichtigung von Synergieeffekten, die voraussichtlich bei einer Muttergesellschaft (kurz: MG) oder bei Schwestergesellschaften der die Beteiligung bilanzierenden Gesellschaft (OG) anfallen werden, nicht in Betracht. Bei der Bewertung der Beteiligung für handelsrechtliche Zwecke dürfen folglich Synergiepotenziale nur berücksichtigt werden, wenn sie zwischen der zu erwerbenden Gesellschaft (Obergesellschaft (OG)), der zu bewertenden Beteiligungsgesellschaft (UG) oder deren Tochtergesellschaften (TU), das heißt innerhalb des (Teil-) Konzerns der Obergesellschaft, realisierbar sind.[1]

284

Insbesondere sind Synergieeffekte, die bei einer Schwestergesellschaft der zu bewertenden Beteiligung anfallen, die jedoch nur durch die Existenz der UG realisierbar sind, ebenfalls berücksichtigungsfähig. Durch genaue Dokumentation dieser Synergieeffekte müssen in derartigen Fällen Doppelbewertungen vermieden werden.

Zu den **berücksichtigungsfähigen Synergieeffekten** zählen solche Vorteile, die im Sinne einer subjektiven Einflussmöglichkeit (vgl. IDW ES 1, v. 9.12.2004 i.d.F.) des bilanzierenden Unternehmens realisierbar erscheinen z.B. bei der Umgestaltung des Managementfaktors, der steuerlichen Optimierung, der steuerlich optimierten Thesaurierung von Erträgen ausländischer Tochtergesellschaften, der Berücksichtigung geplanter, noch nicht eingeleiteter Maßnahmen, der Veränderung der Finanzierungsstruktur und der Realisierung steuerlicher Verlustvorträge.

285

Eine Beteiligungsbewertung nach dem Standard IDW RS HFA 10 erfordert darüber hinaus eine Differenzierung, ob das Beteiligungsunternehmen unter Going concern- oder Veräußerungsgesichtspunkten zu bewerten ist. Erfolgt eine **Unternehmens- oder Beteiligungsbewertung unter der Going concern-Prämisse**, ist bei der Wertableitung die Sichtweise der die Beteiligung bilanzierenden Gesellschaft anzunehmen. Wegen des Gläubigerschutzgrundsatzes erweisen sich für die Wertableitung nur solche Faktoren (z.B. Verlustvorträge, Synergien- und sonstige subjektive Einflüsse) als werthaltig, welche ausschließlich von der bilanzierenden Gesellschaft bzw. der zu bewertenden Beteiligungsgesellschaft oder deren Tochtergesellschaften realisierbar sind. Dahinter steht die Vermutung, dass im Bedarfsfalle ein möglicher Gläubiger nur auf jene Vermögenswerte Zugriffsmöglichkeiten besitzt. Von daher bleiben bei der Wertermittlung jene Synergieeffekte unberücksichtigt, die voraussichtlich nur bei Mutter- oder Schwestergesellschaften anfallen. Betreffend des Werteinflusses von Verlustvorträgen und sonstigen Steuervorteilen gelten dieselben Maßstäbe wie bei der Berücksichtigung von Synergieeffekten. D.h. nur den von der bilanzierenden Gesellschaft oder ihrer Töchter bzw. Beteiligungen selbst realisierbaren Steuervorteilen wird im Rahmen der RS 10 Bewertung ein positiver Wertbeitrag zugewiesen. Hinsichtlich der Einbeziehung von Ertragsteuern ist ebenso nur die Perspektive des die Beteiligung haltenden Bewertungsobjekts interessant. Die Unternehmenswerte werden durch Kapitalisierung der aus der Beteiligung resultierenden Nettozuflüsse an die bilanzierende Gesellschaft ermittelt. Daher finden nur die von der Beteiligungsgesellschaft

286

---

1 Zu den Details der Erst- und Folgebewertung vgl. Teil II Rz. 152 ff.

zu tragenden Unternehmenssteuern (Gewerbeertragsteuer und Körperschaftsteuer) Berücksichtigung. Die Ertragsteuerbelastung der Anteilseigner bleibt ebenso wie diejenige des bilanzierenden Unternehmens für die Wertermittlung unberücksichtigt.

287 Bei **Aufhebung der Going concern-Prämisse** erfolgt die Beteiligungsbewertung unter Veräußerungsgesichtspunkten. Dieses erfordert eine Wertbestimmung aus Sicht eines potenziellen Erwerbers der Beteiligung. Dafür ist eine Stand-Alone-Bewertung unter Anwendung der Grundsätze zur Ermittlung eines objektivierten Unternehmenswertes Voraussetzung. Hinsichtlich der Synergien sind nur jene berücksichtigungsfähig, die sich unabhängig vom Bewertungsanlass oder mit nahezu beliebigen Partnern erzielen lassen. Bei bereits eingeleiteten Maßnahmen ist die Wurzeltheorie (Teil II Rz. 216) zu beachten. Darüber hinaus sind für die Wertermittlung nur typisierte Managementfaktoren zugrunde zu legen. Da bei dieser Bewertung die Sichtweise eines potenziellen Erwerbers eingenommen wird, bemisst sich der Wert der Beteiligung nach ihrem Nutzen für den potenziellen Käufer. Infolgedessen sind bei der Wertermittlung diejenigen Nettoeinkünfte zu kapitalisieren, welche der Erwerber aus der Beteiligung erzielen kann. Insofern sind grundsätzlich dessen persönliche Ertragsteuern relevant. Daher sind für die Bewertung die Grundsätze zur Ermittlung objektivierter Unternehmenswerte und typisierter persönlicher Ertragsteuern zu berücksichtigen.

288 Bei der Ermittlung des Kapitalisierungszinssatzes kommt eine Berücksichtigung vom Investor individuell und rein subjektiv bestimmter Renditeerwartungen nicht in Betracht. Hingegen können am relevanten Kapitalmarkt gemessene Renditen vergleichbarer Investitionen berücksichtigt werden (vgl. dazu unten Teil II Rz. 400 ff.).

E. Bestimmung des Kapitalisierungszinssatzes

I. Überblick

289 An die Planung der nachhaltig erzielbaren Überschüsse schließt sich die Berechnung des Unternehmenswertes an. Dabei ist zu berücksichtigen, dass die Ertragswertmethode und das Discounted Cash-Flow-Verfahren auf dem gleichen investitionstheoretischen Fundament basieren. Der Wert der Unternehmung wird nach beiden Verfahren durch **Abdiskontierung der künftigen Zahlungsüberschüsse** bestimmt. Hierbei bestimmt sich der Wert des Unternehmens nicht nur nach den zukünftigen Zahlungsüberschüssen, sondern auch nach dem Investitionsrisiko.

290 Die generelle **Berücksichtigung des Unternehmensrisikos** bei der objektivierten Wertermittlung ist die Folge der plausiblen Annahme, dass Investoren grundsätzlich als risikoscheu angesehen werden. Unter dem Begriff Unternehmerrisiko wird jede mögliche positive oder negative Abweichung vom Erwartungswert der künftigen finanziellen Überschüsse eines Unternehmens verstanden. Das Risiko eines Investments in ein Unternehmen fällt umso höher

aus, je größer die Streuung (Volatilität) der möglichen Ergebnisse einer Investition ist.[1] Ein Investor gilt in diesem Rahmen als risikoscheu, wenn er den persönlichen Nutzennachteil eines finanziellen Verlustes als größer als seinen persönlichen Nutzenzuwachs aus einem gleich großen Gewinn empfindet.

Zur Berücksichtigung von Risiken bei der Bewertung von Unternehmen kann auf die **Sicherheitsäquivalentsmethode** oder auf die **Risikozuschlagsmethode** zurückgegriffen werden. 291

Erfolgt die Unternehmensbewertung nach der **Sicherheitsäquivalenzmethode**, wird das Risiko einer Investition durch einen Sicherheitsabschlag von den zu kapitalisierenden Ergebnissen berücksichtigt. Im Ergebnis dieses Prozesses werden die nun um den Sicherheitsabschlag reduzierten Ergebnisse (sie werden als Sicherheitsäquivalente bezeichnet) mit dem risikofreien Zinssatz (im Folgenden Basiszinssatz) diskontiert.[2] Der Sicherheitsabschlag bemisst sich nach der Wahrscheinlichkeitsverteilung der zukünftig prognostizierten Ergebnisse. Für eine korrekte Anwendung dieser Methode sind allerdings Kenntnisse der Risiko-Nutzen-Funktion des potenziellen Eigentümers erforderlich. Diese sind in der Praxis im Normalfall nicht beschaffbar. Daher treten Anwendungsprobleme auf, sobald in der Bewertung die individuellen Risikoeinstellungen mehrerer Personen zu berücksichtigen sind. Aufgrund der praktischen Anwendungsschwierigkeiten hat sich dieses Bewertungsverfahren in der Praxis nicht durchgesetzt. Deshalb wird auf dessen weiterführende Diskussion in dieser Schrift verzichtet. 292

Größerer Verbreitung in der Praxis erfreut sich die **Risikozuschlagsmethode**. Im Gegensatz zur Sicherheitsäquivalenzmethode werden bei der Risikozuschlagsmethode die zu kapitalisierenden Ergebnisse nicht um Risikozu- bzw. -abschläge korrigiert. Stattdessen findet die Berücksichtigung der Risikokomponenten alleinig über Risikozu- oder Risikoabschläge auf den bzw. vom Kapitalisierungszinssatz statt. Die Grundidee der Risikozuschlagsmethode liegt darin, dass ein rationaler Investor eine Kapitalanlage immer unter Opportunitätsgesichtspunkten bewerten wird. Er ist ständig auf der Suche nach der vorteilhaftesten Anlagealternative (z.B. Finanzanlagen, Kredittilgung, Konsum). Daher bietet er für eine Investition nur denjenigen Preis (Grenzpreis), welchen er am Markt für eine alternative äquivalente Investition zahlen müsste (**Äquivalenzprinzip**).[3] Im Detail zielt das Äquivalenzprinzip auf die Faktoren Risiko, Verfügbarkeit, Kaufkraft und Besteuerung ab.[4] Wie diese Faktoren im Detail zu berücksichtigen sind, wird insbesondere in Teil II Rz. 270–336 erläutert. In diesem Zusammenhang werden mit der Zinszuschlagsmethode und der Gesamtzinsmethode zwei grundsätzliche Techniken unterschieden. 293

Neben den unterschiedlichen Möglichkeiten, Risiken zu quantifizieren, bestehen verschiedene Alternativen, Risiken zu systematisieren. Insbesondere im Hinblick auf die möglichen Risiken, die mit der Unternehmenstätigkeit des 294

---

1 Zur Berechnung der Volatilität vgl. *Steiner/Bruns*, S. 57 ff.
2 Vgl. *Ballwieser*, DB 1997, 2393 ff.
3 Vgl. zu Äquivalenzgrundsätzen *Moxter*, S. 155 ff.
4 Vgl. *Sieben* in Wittmann/Kern/Köhler, S. 4325.

potenziellen Übernahmekandidaten verbunden sind, ist die **subjektive** Risikoeinschätzung des Käufers zur Bestimmung eines individuellen Entscheidungswertes relevant. Während bei der Verwendung der Ertragswertmethode ein potenzieller Investor explizit seine subjektive Risikoeinstellung in die Bewertung einbringt, wird im Rahmen der Discounted Cash-Flow-Methode der Risikozuschlag aus kapitalmarkttheoretischen Modellen abgeleitet. Dabei sind jedoch ebenfalls Entscheidungsspielräume für den Bewerter vorhanden, insbesondere bei der Auswahl der relevanten Kapitalmarktdaten und der betrachteten Zeiträume.

295 Hinsichtlich der **Anwendung der Risikozuschlagsmethode** lassen sich zwei grundsätzliche Konzeptionen unterscheiden. Die erste Konzeption (die so genannte **Zinszuschlagsmethode**) errechnet den Kapitalisierungszinssatz auf Basis eines risikofreien Zinssatzes (Basiszins) und erhöht diesen Zinssatz additiv um Zuschläge für ein gegenüber dem risikofreien Investment erhöhtes Risiko. Die zweite Konzeption wird als **Gesamtzinsmethode** bezeichnet. Hierbei bildet nicht das risikofreie Basisinvestment den Ausgangspunkt der Zinsermittlung. Vielmehr wird der Kapitalisierungszinssatz ausgehend von einer für die gesamte Volkswirtschaft repräsentativen Portfoliorendite ermittelt. Für Investitionen, die gegenüber diesem Portfolio eine größere oder niedrigere Rendite aufweisen, werden weitere Risikozu- oder Risikoabschläge auf die bzw. von der Portfoliorendite vorgenommen.

296

	Zinszuschlagsmethode		**Gesamtzinsmethode**
	Basiszinssatz		Portfoliorendite
−/+	Ertragsteuersatz	−/+	Ertragsteuersatz
+	ggf. Risikozuschlag	−/+	ggf. Risikozu-/abschlag
−/+	ggf. Mehrheitsabschlag (Paketzuschlag)	−/+	ggf. Mehrheitsabschlag (Paketzuschlag)
−	ggf. Wachstumsabschlag	−	ggf. Wachstumsabschlag
	Kapitalisierungszinssatz		**Kapitalisierungszinssatz**

297 Zusätzlich sind ggf. noch Ertragsteuern des Investors zu berücksichtigen, um die steuerliche Äquivalenz zwischen Ertragsteuerbelastung des zu bewertenden Unternehmens und der Alternativanlage herzustellen. Je nachdem, ob eine Bewertung aus Sicht eines Privatinvestors nach dem IDW S 1 oder aus Sicht eines Unternehmens nach dem IDW HFA RS 10 durchgeführt wird, sind die Art der zu berücksichtigenden Steuern und auch der Steuersatz dementsprechend anzupassen (vgl. hierzu Teil II Rz. 228 ff. und Rz. 281 ff.). Allerdings spielt die Berücksichtigung von Ertragsteuern in der Regel nur in der deutschen Bewertungspraxis eine eigenständige Rolle.[1] Der Einfluss von Ertragsteuern auf den Ertragswert wurde bei Teil II Rz. 233 ff. detaillierter untersucht.

---

[1] Zur Berücksichtigung der Besteuerung im Ertragswert und Kapitalisierungszins und zur Berücksichtigung persönlicher Ertragsteuern beim DCF-Verfahren vgl. auch *Auge-Dickhut/Moser/Widmann*, FB 2000, 366 ff.

II. Der Kapitalisierungszinssatz nach der Zinszuschlagsmethode

1. Überblick

Nach der Zinszuschlagsmethode bildet die **Verzinsung eines risikofreien Wertpapiers** den Ausgangspunkt der Ermittlung des Kapitalisierungszinssatzes. Er wird additiv aus den Komponenten Basiszinssatz (vgl. Teil II Rz. 339) und Risikozuschlag (vgl. Teil II Rz. 301 ff. [anhand kapitalmarktbasierter, objektiver Kriterien] und Rz. 311 ff. [anhand subjektiver Kriterien]) ermittelt.[1]

298

Empirisch lässt sich feststellen (vgl. unten Teil II Rz. 361 ff.), dass Kapitalanlagen in Aktien durchschnittlich eine höhere Verzinsung erzielten als Kapitalanlagen in risikofreie Anleihen.[2] Die **Risikounterschiede zwischen beiden Anlageformen** liegen darin begründet, dass (risikofreie) Anleihen geringere Renditeschwankungen als riskantere Aktien aufweisen. Anleihegläubiger erhalten eine feste Zins- und Tilgungszahlung, während die Aktionäre eine schwankende, in ihrer Höhe nicht begrenzte, Rendite erhalten. Darüber weisen Anleihen im Vergleich zu Aktien generell ein geringeres Zinsausfall und Tilgungsrisiko auf, da im Insolvenzfall Anleihegläubiger gegenüber den Aktienbesitzern bei der Verteilung der Vermögensmasse bevorrechtigt sind. Die Mehrverzinsung riskanterer Anlageformen gegenüber einer risikofreien Anlage wird als Risikoprämie bezeichnet. Die Höhe des Basiszinssatzes und der Marktrisikoprämie können aus den historischen Daten innerhalb gewisser Grenzen verhältnismäßig verlässlich geschätzt werden. Damit lassen sich aus den empirisch beobachtbaren Kapitalmarktdaten die Bewertungsparameter für die Risikozuschlagsmethode veranschlagen.

299

Für die Ermittlung des **Basiszinssatzes** wird der Zinssatz einer verzinslichen Anlagemöglichkeit gesucht, die mit keinerlei Risiken hinsichtlich Zins- und Tilgungszahlungen verbunden ist. Es wird vereinfachend die Annahme getroffen, dass langfristige, festverzinsliche Anleihen der öffentlichen Hand mit keinem Ausfallrisiko verbunden sind. Der Zinssatz dieser Anleihen spiegelt somit den Zinssatz einer **risikofreien Anlagemöglichkeit** wider. Bei Gerichtsentscheiden wird häufig auch die **Umlaufrendite der öffentlichen Hand**, der gewogene Durchschnitt der Renditen von Pfandbriefen, Kommunalobligationen und Anleihen des Bundes oder der Länder, verwendet.[3] Die Bewertungspraxis geht nahezu ausschließlich von der, aus der Sicht des Bewertungsstichtages,

300

---

1 Beide Methoden führen unter bestimmten Prämissen zum selben Barwert. Vgl. *Sieben* in Lanfermann, S. 326.
2 Die jährliche geometrische Durchschnittsrendite deutscher Aktien beläuft sich seit Bestehen der Bundesrepublik auf 10 bis 12 %. Der Zinssatz der risikolosen (Staats-)Anleihen betrachtet über Zeiträume von 20 bis 50 Jahren beträgt etwa 6,0 bis 7,2 %. Vgl. hierzu die Angaben der Deutschen Bundesbank, Zeitreihen-Statistik auf den Internetseiten http://www.bundesbank.de (Stand Februar 2004) und die Auswertung empirischer Kapitalmarktstudien in Teil II Rz. 361.
3 Bei der Ermittlung eines objektivierten Unternehmenswertes bilden die Renditen von Anleihen der öffentlichen Hand den Ausgangspunkt für die Ableitung des Basiszinssatzes. Zur technischen Vorgehensweise diesbezüglich vgl. *Widmann/Schieszl/Jeromin*, FB 2003, 800–803; vgl. auch unten Teil II Rz. 339 ff.

langfristig zu erwartenden, durchschnittlichen Umlaufrendite aus. Die Abschätzung des Basiszinssatzes wird ausführlicher unter Teil II Rz. 339 ff. behandelt.

Praktische Probleme bei der Bemessung des Kapitalisierungszinsfußes liegen in der Bestimmung der Risikozuschläge.[1] Die Alternativen werden im Folgenden detaillierter untersucht.

2. Risikozuschläge anhand kapitalmarktbasierter (objektiver) Kriterien

301 In Reaktion auf die konzeptionellen Schwächen subjektiver Methoden bei Bestimmung von Risikozuschlägen setzt sich in der Bewertungstheorie und in der Bewertungspraxis zunehmend die Ansicht durch, dass Risikozuschläge am ehesten anhand objektiver Kriterien zu ermitteln sind. Dabei finden kapitalmarkttheoretische Modelle Anwendung. Diese verwenden objektiv an den Kapitalmärkten beobachtbare Sachverhalte (z.B. Risikozuschläge, Zinssätze etc.).[2]

302 Hierbei werden die Risikozuschläge aus den Renditen von am Kapitalmarkt gehandelten Wertpapieren abgeleitet.[3] Die Berechnung der geforderten Eigenkapitalrendite kann beispielsweise mit Hilfe des **CAPM** (Capital Asset Pricing Model) erfolgen.[4] Die erwartete Rendite eines Wertpapiers wird dabei aus dem Zinssatz für sichere Anlagen und einer Risikoprämie berechnet. Die Höhe der Risikoprämie wird mit Hilfe der erwarteten Rendite eines **Marktportefeuilles** bestimmt. Ein Marktportefeuille umfasst alle am Markt gehandelten Finanztitel, d.h. quasi-sichere und riskante Wertpapiere.[5]

303 Nach dem CAPM ist für den Risikozuschlag nicht das Risiko der Einzelanlage entscheidend. Vielmehr kommt es auf die **Korrelation zwischen der Renditeschwankung des Einzeltitels und der Veränderung der Marktrendite** an. Der Zusammenhang zwischen der erwarteten Rendite eines Wertpapiers und seinem Risiko stellt sich rechnerisch wie folgt dar:[6]

$$E(R_i) = R_f + [E(R_m) - R_f] \cdot \beta_i$$

---

1 In der Praxis wird die geforderte Mindestverzinsung durch die Eigenkapitalgeber teilweise in Form einer Hurdle Rate (Cut-off-Rate) vorgegeben. Diese Vorgehensweise wird insbesondere für Tochterunternehmen innerhalb eines Konzerns gewählt. Der Zinssatz enthält eine pauschale Risikoprämie, die Renditeforderungen liegen zwischen 12 % (Daimler) und 20 % (Bayer). Vgl. *Mandl/Rabel*, S. 138.
2 Vgl. *Mandl/Rabel*, S. 37.
3 Zu den besonderen Aspekten der Ermittlung von Risikoprämien, wenn der Kapitalmarkt des erwerbenden Unternehmens nicht mit dem Kapitalmarkt des zu bewertenden Unternehmens übereinstimmt vgl. *Peemöller/Kunowski/Hillers*, WPg. 1999, 621 ff.
4 Vgl. zur alternativ anwendbaren Arbitrage Pricing Theory *Copeland/Weston* und *Steiner/Bruns*.
5 Vgl. *Steiner/Uhlir*, S. 188.
6 Vgl. *Steiner/Bruns*, S. 26.

mit:

$E(R_i)$ = Erwartete Rendite des Wertpapiers i,
R_f = Rendite der risikolosen Anlagemöglichkeit,
$E(R_m)$ = Erwartete Rendite des Marktportefeuilles,
β_i = Maß für das systematische Risiko des Wertpapiers i.

Der Risikozuschlag eines bestimmten Wertpapiers wird demnach durch zwei Faktoren beeinflusst: Marktrisikoprämie $(E(R_m) - R_f)$ und den Beta-Faktor (β_i). Die **Marktrisikoprämie** stellt die Differenz zwischen der erwarteten Marktrendite $E(R_m)$ und dem Zinssatz für sichere Anlagen (R_f) dar. Sie ist somit als Marktüberrendite eines marktüblich finanzierten durchschnittlichen Marktportfolios gegenüber dem risikolosen Wertpapier zu interpretieren. Diese Prämie wird dem Anleger vergütet, wenn er sein Kapital, anstatt in die sichere Anlage, in das aus riskanten Wertpapieren bestehende Marktportefeuille investiert.[1] Die Marktrisikoprämie wird als vom Kapitalmarkt gegeben und langfristig konstant angenommen. Deshalb wird die Renditeerwartung des Anlegers alleine vom Beta-Faktor des jeweiligen Wertpapiers bestimmt. Ausführliche empirische Analysen zur Ableitung und Höhe der in Deutschland üblichen Marktrisikoprämie können Teil II Rz. 361 ff. entnommen werden.

304

Der **Beta-Faktor** gilt als das Maß für das systematische Risiko eines bestimmten Wertpapiers. Das systematische Risiko ist im Gegensatz zum unsystematischen Risiko nicht diversifizierbar, da es das Risiko einer Investition für einen perfekt diversifizierten Investor darstellt. Demnach fließen unsystematische Risiken in die Bestimmung der Risikoprämie nicht mit ein, da jeder Anleger unsystematische Risiken durch eine Diversifikation seines Wertpapierbestands eliminieren kann. Eine Vergütung für diesen Risikobestandteil ist deshalb im Kontext eines vollkommenen Kapitalmarktes nicht marktgerecht. Ein Ergebnis dieser Betrachtung ist, dass die Streuung der Rendite einer Aktie für sich alleine betrachtet nicht bewertungsrelevant ist. Vielmehr zahlt der Markt lediglich für von der Gesamtmarktentwicklung abhängende, also *unvermeidbare* Risiken (systematische Risiken) eine Prämie. Der Beta-Faktor als Risikomaß verknüpft demzufolge die Rendite des betrachteten Wertpapiers mit der Renditeentwicklung des Gesamtmarkts:[2]

305

$$\beta_i = \frac{Cov_{i,m}}{\sigma^2 m}$$

---

[1] Empirische Untersuchungen unterlegen, dass die Marktrisikoprämie überwiegend zwischen 4 % und 6 % liegt. Vgl. *Widmann/Schieszl/Jeromin*, FB 2003, 804–806; *Ballwieser*, WPg. 1998, 82; *Copeland/Koller/Murrin*, S. 279 und zu einem Überblick über verschiedene empirische Untersuchungen zur Bestimmung der Marktrisikoprämie *Mandl/Rabel*, S. 294.
[2] Vgl. *Steiner/Bruns*, S. 64.

mit:

$Cov_{i,m}$ = Kovarianz der Rendite des Wertpapiers $_i$ mit der Rendite des Marktportefeuilles,

$\sigma^2 m$ = Varianz der Rendite des Marktportefeuilles.

306 Der Beta-Faktor spiegelt die **Sensitivität der Rendite eines Einzelwerts** in Bezug auf die Renditeänderung des Marktportefeuilles wider. Das Marktportefeuille besitzt einen Beta-Faktor von 1,0. Ist der Beta-Faktor eines speziellen Wertpapiers größer als 1,0, so bedeutet dies, dass die erwartete Rendite des Wertpapiers überproportional auf Marktrenditeänderungen reagiert. Ein Beta-Faktor von beispielsweise 1,2 besagt, dass bei einer Zu-/Abnahme der Marktrendite um 20 % die erwartete Rendite des jeweiligen Wertpapiers um 24 % steigt bzw. fällt. Liegt der Beta-Faktor zwischen null und eins, dann schwankt die erwartete Rendite des Wertpapiers schwächer als die Rendite des Marktportefeuilles. Besitzt ein Wertpapier einen Beta-Faktor von eins, dann entwickelt sich seine erwartete Rendite genau proportional zur Marktrendite.[1] Wertpapiere können auch negative Beta-Faktoren besitzen. Dies deutet darauf hin, dass sich die Rendite des Wertpapiers antizyklisch zur Gesamtmarktentwicklung verhält.[2] Grundsätzlich geht man davon aus, dass negative Beta-Faktoren eher unwahrscheinlich sind und vielmehr statistische Ausreißer darstellen.

307 Grundsätzlich gilt, dass mit **steigendem Beta-Faktor** das von einem Anleger übernommene systematische Risiko zunimmt. Er wird deshalb eine höhere Risikoprämie fordern. Diese Risikoprämie (z) besteht daher aus den zwei Komponenten Beta-Faktor und Marktrisikoprämie und ermittelt sich rechnerisch nach der folgenden Gleichung:[3]

$$z = \beta_i \cdot [E(R_m) - R_f]$$

308 Zur abschließenden Beurteilung der Verwendbarkeit von Beta-Faktoren zur Ermittlung einer Risikoprämie sind die **restriktiven Modellprämissen des CAPM** zu beachten. Folgende Annahmen werden getroffen:

- Es existiert ein vollkommener Kapitalmarkt.[4]
- Alle Anleger sind risikoscheu.
- Alle Anleger haben homogene Erwartungen bezüglich der Wertpapierrenditen.

---

[1] Die Beta-Faktoren liegen in der Regel zwischen 2,0 und 0,1; Vgl. *Copeland/Koller/Murrin*, S. 277.
[2] Vgl. *Steiner/Bruns*, S. 64 ff.
[3] Vgl. WPHdb. II/2002, S. 72–73.
[4] Als Annahmen des vollkommenen Kapitalmarkts werden genannt: Es existieren keine Transaktionskosten und Steuern. Alle Wertpapiere sind beliebig teilbar, und es herrscht ein vollständiger Wettbewerb. Alle Marktteilnehmer erhalten sämtliche Informationen gleichzeitig und kostenlos. Alle Anleger verhalten sich rational. Vgl. *Steiner/Bruns*, S. 2.

- Der Planungshorizont beträgt eine Periode.
- Es besteht die Möglichkeit, unbegrenzt Geld zum sicheren Zinssatz aufzunehmen bzw. anzulegen.

Diese **Modellannahmen** sind nicht sonderlich realitätsnah. Zugleich sind empirische Tests hinsichtlich der Gültigkeit des CAPM problematisch, da sich die Frage stellt, ob das Modell aufgrund seiner Konstruktion überhaupt testbar ist.[1] Entsprechende Tests, auch im Hinblick auf den deutschen Aktienmarkt, kommen zu unterschiedlichen Ergebnissen. Es kann weder von einer Unterstützung noch von einer Falsifizierung des Modells gesprochen werden.[2]

Neben den Problemen, die mit der Anwendung des CAPM verbunden sind, ist zu beachten, dass über den Beta-Faktor nicht das gesamte Risiko einer Investition gemessen wird. Es werden nur die **systematischen Risiken quantifiziert**. Trotz dieser Einschränkungen können die mit Hilfe des CAPM aus den Kapitalmarktdaten ermittelten Risikoprämien als ein erster Anhaltspunkt bzw. als Grundlage für die Ermittlung des Risikozuschlags interpretiert werden.[3] Es bleibt jedoch der subjektiven Einschätzung des Bewerters überlassen, einen weiteren Zuschlag für unsystematische Risiken individuell zu erheben.

3. Risikozuschläge anhand subjektiver Kriterien

Bei der Ermittlung von Risikozuschlägen anhand subjektiver Kriterien wird explizit das **Entscheidungsumfeld des Unternehmenskäufers** berücksichtigt. Der Entscheider wählt einen Kapitalisierungszinssatz, der seine individuelle Risikoneigung zum Ausdruck bringt. Mit zunehmender Risikoaversion steigt bei unveränderter Wahrscheinlichkeitsverteilung der Erträge der Risikozuschlag. Ceteris paribus führt eine zunehmende Risikoaversion zu einem geringeren Unternehmenswert. Die Differenz zwischen dem so ermittelten subjektiven Unternehmenswert und dem ohne Berücksichtigung von Risikozuschlägen ermittelten Unternehmenswert kann als Marktpreis für die Übernahme des subjektiv eingeschätzten Risikos interpretiert werden. Dieser höhere Preis entspricht der Entschädigung dafür, dass der Investor statt sicherer Erträge aus der risikofreien Anlage in der Zukunft unsichere Zahlungen erhält.

---

1 Einer der Hauptkritikpunkte an diesem Modell ist, dass i.d.R. nicht das Marktportefeuille, sondern ein Index als Approximation des Marktportefeuilles verwendet wird. Dem ist entgegenzuhalten, dass die mittels des CAPM prognostizierten Eigenkapitalkosten eines Wertpapiers nicht so sensitiv auf die Wahl eines bestimmten Marktsegments zu reagieren scheinen. Demnach ist die Wahl eines bestimmten Indexes nicht entscheidend für die Risikoquantifizierung. Zu Weiterentwicklungen hinsichtlich der restriktiven Modellprämissen vgl. *Steiner/Bruns*, S. 28 f.
2 Einen Überblick über empirische Tests bieten *Copeland/Weston*, S. 212 ff. und *Steiner/Bruns*, S. 28 f.
3 Allerdings führt *Ballwieser* aus, dass für die Ermittlung zukunftsorienter Beta-Faktoren noch keine befriedigende Lösung ermittelt wurde und historische Beta-Faktoren im Zeitablauf instabil sind. Vgl. *Ballwieser*, WPg. 1998, 83.

312 Die Höhe des Risikozuschlags ist nicht nur von der Risikoeinstellung des Investors abhängig. Auch die Wahrscheinlichkeitsverteilung der künftigen Überschüsse beeinflusst seine Höhe. Es gilt die Regel, wonach gleiche Erwartungswerte von Investitionserträgen unterschiedliche Risikozuschläge bewirken, sobald sich die Streuungen der zugrunde liegenden Überschüsse voneinander unterscheiden.[1]

313 In der Praxis ist die **Ermittlung eines Risikozuschlags anhand subjektiver Kriterien** (Risikopräferenzen und Nutzenfunktionen) mit erheblichen Bewertungsspielräumen und somit **mit hohen Schätzunsicherheiten verbunden**. Ein in diesem Kontext durch einen Bewerter ermittelter Unternehmenswert sieht sich mit diesem Problem konfrontiert, da stets eine Bandbreite an gut begründbaren Risikozuschlägen verbleibt. Die Risikozuschlagsmethode auf Basis subjektiver Risikozuschläge wird daher in der betriebswirtschaftlichen Literatur im Hinblick auf die Nachprüfbarkeit und Begründbarkeit der Zuschläge kritisiert.[2]

314 Aus der Kritik an der Bemessung des Risikozuschlags anhand subjektiver Kriterien hat sich in der Praxis zunehmend die Ermittlung von Risikozuschlägen anhand von kapitalmarkttheoretischen Modellen durchgesetzt.

III. Der Kapitalisierungszinssatz nach der Gesamtzinsmethode

315 Nach der Gesamtzinsmethode bildet eine **Markt- bzw. Portfoliorendite** den Ausgangspunkt für die Ableitung des Kapitalisierungszinssatzes. Das Gebot der Willkürfreiheit verlangt dabei, dass die Renditen der Alternativinvestitionen am relevanten Kapitalmarkt erhoben werden. Soweit es sich bei dem die Beteiligung haltenden Unternehmen um ein Unternehmen mit Sitz in der Bundesrepublik Deutschland handelt, ist es z.B. zulässig, auf am deutschen Kapitalmarkt gemessene Renditen zurückzugreifen. Für die Vergangenheit liegen zahlreiche Untersuchungen vor, die unterschiedliche Betrachtungszeiträume sowie unterschiedliche methodische Details aufweisen. Nähere Angaben hierzu finden sich unter Teil II Rz. 361 ff. Die dort dargestellten Aktienrenditen liegen für den Deutschen Aktienindex zwischen 10,4 % und 12,1 %. Soweit eine zu bewertende Gesellschaft hinsichtlich Größe, Branche, Kapitalstruktur, Sitzland etc. von der in der zugrunde gelegten Alternativanlage berücksichtigten Risikostruktur abweicht, ist diese Alternativrendite entsprechend anzupassen.

---

[1] Schwanken die prognostizierten, gleichwahrscheinlichen Unternehmenserträge einer Periode zwischen 1000 Euro bis 2000 Euro und diejenigen einer anderen Periode zwischen 1000 Euro bis 4000 Euro, so beträgt der Erwartungswert beider Zahlungsreihen 1500 Euro. Ein risikoaverser Entscheider wird aber im zweiten Fall eine höhere Risikoprämie fordern.
[2] Vgl. *Mandl/Rabel*, S. 234 und *Sieben* in Wittmann/Kern/Köhler, S. 4326. Mittlerweile existieren interessante Vorschläge, wie logische Untergrenzen für Risikozuschläge ohne die Kenntnis von Risikonutzenfunktionen eines Investors geschätzt werden können. Vgl. dazu *Widmann/Schieszl/Jeromin*, FB 2003, 806–808. Ebenfalls *Drukarczyk*, Unternehmensbewertung, 1996, S. 238 ff.

Grundsätzlich führen die nach der Zinszuschlagsmethode und der Gesamtzinsmethode ermittelten Kapitalisierungszinssätze vor Steuern zum gleichen Kapitalisierungszinssatz vor Steuern. 316

Hinsichtlich der Bemessung des Kapitalisierungszinssatzes vor Steuern bietet die Gesamtzinsmethode ggü. der Zinszuschlagsmethode den Vorteil, dass zur Zinsermittlung weniger Einzelkomponenten herangezogen werden müssen. Da grundsätzlich mit der Ermittlung jeder einzelnen Komponte ein Ermessensspielraum verbunden ist, weist die Gesamtzinsmethode daher einen geringeren Interpretationsspielraum auf. 317

In der Praxis findet die **Zinszuschlagsmethode** vorwiegend bei Bewertungen nach dem IDW ES 1 n.F. Anwendung. D.h. die Bewertungen, in welchen die Zinszuschlagsmethode verwendet wird, erfolgen in der Regel aus Sicht eines Privatinvestors. Die **Gesamtzinsmethode** wird dagegen bei Unternehmens- und Anteilsbewertungen angewendet, welche dem Standard IDW RS HFA 10 folgen. Dieses hat Konsequenzen hinsichtlich der Behandlung von Ertragsteuern. Die Bewertungen nach RS HFA 10 erfolgen aus Sicht eines Unternehmens. Die genannten unterschiedlichen Sichtweisen sind insofern relevant, als der zur Herstellung der steuerlichen Äquivalenz zwischen Bewertungsobjekt und Alternativanlage vorgenomme Steuerabzug vom Kapitalisierungszinssatz nach jeweils verschiedenen Methoden und unter Verwendung unterschiedlicher Steuersätze vorgenommen werden muss. Im Rahmen der Zinszuschlagsmethode wird ein typisierter Steuerabzug für die erwartete persönliche Einkommensteuer vorgenommen. Dieser wird nach den Bestimmungen des IDW ES 1 n.F. vom Basiszinssatz in Abzug gebracht. Da die Marktrisikoprämie direkt als eine Größe nach Abzug typisierter persönlicher Einkommensteuer angesetzt wird, erübrigt sich bei ihr ein Steuerabzug. Bei der Gesamtzinsmethode repräsentiert der vorgenommene Steuerabzug lediglich die aus der Alternativanlage erwartete durchschnittliche Unternehmensteuerbelastung; persönliche Einkommensteuern bleiben hingegen unberücksichtigt. 318

IV. Sonderfragen der Ermittlung des Kapitalisierungszinssatzes

1. Bestimmung des Beta-Faktors

In der Praxis wird bei der Ermittlung der Beta-Faktoren und der Marktrisikoprämie häufig auf Vergangenheitswerte zurückgegriffen.[1] Als **Informationsquellen** hinsichtlich der Höhe der Beta-Faktoren werden beispielsweise folgen- 319

---

[1] Die Bewertungspraxis behilft sich teilweise auch mit Renditen aus Wertpapierfonds, die ein relativ breites Spektrum an Wertpapieren abdecken. Dabei zeigen sich (abhängig vom Beobachtungszeitpunkt und dem Portfolio) Marktrenditen, die weit über den üblich angenommenen Durchschnittswerten liegen. Beispielsweise lag nach Angaben des FCS Finanz Computer-Service, Hürth, die durchschnittliche jährliche Rendite von 95 Investmentfonds bei 19,5 % (Zeitraum: 31.1.1996 bis 31.1.2001). Bei Verwendung vergleichbarer Basiszinssätze ergeben sich daraus entsprechend höhere Marktrisikoprämien.

de Möglichkeiten in der Praxis genutzt: der Handelsblatt Informationsdienst, die Börsenzeitung, Reuters, Thomson Financial DataStream, Bloomberg und Internet-Informationsangebote. Die Ermittlung der Marktrisikoprämie wird auf Basis einzelner Aktienindizes (z.B. C-DAX) durchgeführt. Hierbei besteht die Rendite eines solchen Indexes aus den Dividendenausschüttungen, Bezugsrechten und Kursveränderungen der jeweiligen Aktien.[1] Der unternehmensindividuell festzulegende Beta-Faktor kann bei den börsennotierten Aktien aus einer Regression zwischen der Aktienrendite des zu bewertenden Unternehmens und dem ausgewählten Aktienindex berechnet werden. In Abhängigkeit von der Anzahl der verwendeten Daten bei der Messung werden dann verschiedene Betas differenziert.[2]

320 Beta-Faktoren lassen sich nur für börsennotierte Unternehmen direkt aus den Kapitalmarktdaten ableiten. Für nicht börsennotierte Unternehmen fehlt mangels Preisfeststellungen an organisierten Kapitalmärkten ein direkt beobachtbarer Beta-Faktor.[3] Hier müssen die Beta-Faktoren über andere Verfahren ermittelt werden. Als Hilfslösungen kommen so genannte Branchenanalysen in Betracht. Danach wird der Beta-Faktor eines Unternehmens anhand einer so genannten Peer Group ermittelt.[4] Eine Peer Group stellt hierbei eine Gruppe von Unternehmen dar, die zum Bewertungsobjekt in wesentlichen Geschäftsparametern vergleichbar sind. Alternativ besteht die Möglichkeit, Beta-Faktoren über Analogieansätze (Pure Play-Beta, Industry-Beta) oder über Analyseansätze (Statistische Verfahren, Managementbefragung) zu ermitteln.[5] Wird der Beta-Faktor der zu bewertenden Gesellschaft aus dem Beta-Faktor eines vergleichbaren Unternehmens abgeleitet, dann müssen Anpassungen vorgenommen werden. Dieses liegt darin begründet, dass der Beta-Faktor zwei Arten von Risiken misst: das **Geschäftsrisiko** (Operating Beta) und das **Kapitalstrukturrisiko** (Financial Beta). Während das Geschäftsrisiko wesentlich durch die Branche des zu bewertenden Unternehmens beeinflusst wird, bestimmt der Verschuldungsgrad das Kapitalstrukturrisiko. Mit zunehmendem Verschuldungsgrad fordern die Eigenkapitalgeber eine höhere Rendite. Dies führt zu steigenden Eigenkapitalkosten. Gleichzeitig mindert die steuerliche Abzugsfähigkeit der Fremdkapitalzinsen die Fremdkapitalkosten.[6]

321 Zudem besteht ein Problem bei der Berechnung von Beta-Faktoren aus Vergangenheitsdaten (**historische Beta-Faktoren**) in der Wahl des Betrachtungszeitraumes. Die Beta-Faktoren schwanken in Abhängigkeit von der Länge des

---

1 Vgl. *Leven* in Frei/Schliekamp, S. 192.
2 So spiegeln die 250-Tage-Betas die Messung der Tagesrenditen von Aktien und Marktportefeuilles an 250 Handelstagen wider.
3 Aufgrund der geringen Marktkapitalisierung der überwiegenden Anzahl der börsennotierten Aktiengesellschaften können diese Preise nicht als „Marktpreise" aufgefasst werden. Vgl. *Böcking/Nowak*, DB 1998, 689.
4 Eine Übersicht über individuelle Beta-Faktoren und Branchen-Beta-Faktoren bieten *Göppl/Hermann/Kirchner/Neumann*.
5 Möglichkeiten zur Ermittlung von Beta-Faktoren nicht börsennotierter Unternehmen zeichnen *Copeland/Koller/Murrin*, S. 345 ff. auf.
6 Vgl. *Kruschwitz/Milde*, Zfbf 1996, 1122 f.

Zeitraums, für den sie berechnet werden.¹ Weiterhin gilt, dass die Verwendung historischer Beta-Faktoren gegen eine zukunftsbezogene Unternehmensbewertung verstößt.² Alternativ wird in der Literatur vorgeschlagen, fundamentale Beta-Faktoren zu verwenden. Deren Höhe wird beispielsweise durch folgende Faktoren beeinflusst: Unternehmensakquisitionen, Veränderungen der Kapitalstruktur oder die Höhe der Dividendenzahlungen.³ Insbesondere bei einem Unternehmenskauf und den damit verbundenen Umstrukturierungen ist eine Veränderung der fundamentalen Faktoren zu beobachten. Die Einbeziehung der fundamentalen Unternehmensdaten kann daher die Prognose der Beta-Faktoren deutlich verbessern.⁴ Allerdings entsteht durch die Prognose von Beta-Faktoren wiederum ein erheblicher Bewertungsspielraum für den Bewerter.

In der neueren betriebswirtschaftlichen Literatur⁵ wird sich zur Frage der Plausibilisierung von Beta-Faktoren dahin gehend geäußert, dass diese für nicht direkt am Markt gelistete Unternehmen über kapitalmarktnahe Verfahren abgeschätzt werden können. Hierzu wird aufgezeigt,⁶ dass Beta-Faktoren maßgeblich vom Verhältnis des erwarteten Ergebniswachstums zwischen dem Bewertungsobjekt und dem Gesamtmarkt abhängig sind. Grundsätzlich lässt sich dabei die Faustregel aufstellen, dass der Beta-Faktor oberhalb von eins anzusiedeln sei, wenn das erwartete Wachstum des Bewertungsobjekts dasjenige des Gesamtmarktes übertrifft. Beta-Faktoren unter eins reflektieren dagegen ein Unternehmen mit unterdurchschnittlichen Wachstumserwartungen. Fehlender Handel, Marktenge oder unkorrelierte Aktienkursentwicklungen sind ein Grund dafür, dass Beta-Faktoren ihre Aussagekraft zur Interpretation eines unternehmensspezifischen Risikos teilweise oder vollständig einbüßen. Vor der Verwendung von Beta-Faktoren sind selbige auf ihre Aussagekraft zu untersuchen. Hierbei können geeignete statistische Testverfahren⁷ (Dickey-Fuller-Test, T-Test, Durbin-Watson-Test) behilflich sein.

2. Geldentwertungs- bzw. Wachstumsabschlag

Üblicherweise wird bei der Berechnung des Unternehmenswerts für die ewige Rente ein so genannter Wachstumsabschlag angesetzt. Dieser Wachstumsabschlag trägt dem Umstand Rechnung, dass **nach dem Ende des Detailprognosezeitraums** das Unternehmen in der Regel **noch ein gewisses nominales Wachstum** aufweist und nicht auf dem Niveau des nachhaltigen Ergebnisses verweilt. Im Detailprognosezeitraum wird dagegen in der Praxis üblicherweise

---

1 Die Wahl des Berechnungszeitraumes hat einen Einfluss auf die Höhe der Marktrisikoprämie. Beispielsweise variieren die Eigenkapitalkosten der Daimler-Benz (welche von dem Beta-Faktor und der Marktrisikoprämie abhängen) zwischen 0,984 % (1987–1991) und 17,406 % (1982–1991), vgl. *Böcking/Nowak*, DB 1998, 688 f.
2 Ein weiterer Entscheidungsspielraum ergibt sich aus der Länge des Zeitraums, aus dem historische Beta-Faktoren gewonnen werden sollen, und bei deren Berechnung (arithmetisches vs. geometrisches Mittel).
3 Vgl. *Kleeberg*, Die Bank 1992, 475.
4 Vgl. zu einer Schätzung der fundamentalen Beta-Faktoren am Beispiel der Barra-Risikofaktoren *Kleeberg*, Die Bank 1992, 475.
5 Vgl. *Richter* in Kruschwitz/Heintzen.
6 Vgl. *Richter* in Kruschwitz/Heintzen, S. 59–73.
7 Vgl. *Greene*, S. 265, 268 f., 591–594, 825, 848–851.

kein Wachstumsabschlag vorgenommen, da für den Detailplanungszeitraum sämtliche wertbeeinflussenden Faktoren bereits in der Unternehmensplanung und Ergebnisprognose enthalten sein sollten.

324 In der älteren Literatur und Rechtsprechung wurde statt eines Wachstumsabschlages häufig ein so genannter **Inflationsabschlag** verwandt. Dahinter stand die Idee, dass Preissteigerungen die Kaufkraft nominal erwirtschafteter finanzieller Überschüsse beeinflussen und bei steigenden Preisen ein Teil des prognostizierten Nominalgewinns lediglich das Ergebnis allgemeiner Geldentwertung ist. Da das Management Preissteigerungen auf den Beschaffungsmärkten durch höhere Preise auf die Absatzmärkte überträgt, sollte bei der Wertermittlung die Inflation berücksichtigt werden.

325 Grundsätzlich existierten dafür zwei Vorgehensweisen: Entweder man führte eine so genannte **Nominalrechnung** aus oder man bewertete ein Unternehmen anhand einer **Realrechnung**. Da bei beiden Konzeptionen allerdings die Bewertungsbasis (nominale Jahresüberschüsse vs. reale Jahresüberschüsse) verschieden sind, müssen die Zinssätze entsprechend variiert werden. Im Rahmen einer Nominalrechnung werden zukünftige nominale Ergebnisse mit nominalen Zinssätzen diskontiert. Bei einer Realrechnung sind Realzinsen (d.h. um eine Inflationskomponente reduzierte Nominalzinsen) verwendet. Beide Vorgehensweisen führen zum selben Unternehmenswert.[1] Allerdings sind in der Praxis fast ausschließlich Nominalrechnungen anzutreffen. Für die Anwendung einer Nominal- statt einer Realrechnung spricht insbesondere, dass zum Zwecke der Ertragsteuerberechnung ohnehin die finanziellen Überschüsse auf nomineller Basis veranschlagt werden müssen.[2]

326 Inflationsabschläge werden in neueren Bewertungen nicht mehr angewendet. Stattdessen wird ein Wachstumsabschlag angesetzt.

327 Dieses ist auf mehrere konzeptionelle Probleme zurückzuführen. Für eine sachgerechte Schätzung des Inflationsabschlags sind sowohl Kenntnisse von der Höhe der im Basiszinssatz enthaltenen Inflationsrate als auch des zukünftigen Kostenüberwälzungspotenzials erforderlich. Die Bemessung des Wachstumsabschlags erfordert dagegen „nur" eine sachgerechte Schätzung des zukünftigen Gewinnwachstums. Dieses reduziert den Informationsbedarf und somit Bewertungsungenauigkeiten erheblich.

328 Empirisch nachweisbar ist, dass es deutschen Industrieunternehmen im langfristigen Durchschnitt nicht gelang, die Inflation vollständig auf die Verbraucherpreise umzulegen.[3] Vor diesem Hintergrund erscheint der Ansatz eines Inflationsabschlags riskant, da mit ihm ggf. das langfristige Ertragswachstum überhöht ausgewiesen würde.

---

1 Vgl. WPHdb. II/2002, S. 79–80.
2 Bei Unternehmensbewertungen auf Basis der Discounted Cash-Flow-Methode werden keine Geldentwertungsabschläge vorgenommen, da die Planung grundsätzlich auf Basis von Nominalwerten erfolgt, vgl. *Jonas*, BFuB 1995, 90 und WPHdb. II/2002, S. 113–115.
3 Vgl. *Widmann/Schieszl/Jeromin*, FB 2003, 808; *Großfeld*, S. 150.

Infolgedessen werden in der neueren Bewertungspraxis überwiegend Wachstumsabschläge angewandt. Deren Höhe lässt sich nachweislich anhand branchenüblicher Wachstumsraten einfacher ermitteln und plausibilisieren. Empirische Analysen zur Höhe angemessener Wachstumsabschläge finden sich unter Teil II Rz. 383 ff.

329

3. Fungibilitätszuschlag (Immobilitätszuschlag)

Grundsätzlich ist ein **leicht veräußerbares** (fungibles) **Wertpapier** für einen Investor interessanter als ein schwer verkäufliches (d.h. weniger fungibles) Wertpapier. Dieses liegt daran, dass weniger fungible Wertpapiere im Falle einer ggf. notwendigen zügigen Veräußerung oft nur unter Hinnahme von Preisabschlägen zu verwerten sind.[1] Die **Fungibilität von Kapitalanlagen** muss somit für den Investor grundsätzlich einen Wert[2] darstellen. Hinsichtlich der Fungibilität[3] gilt, dass diese von festverzinslichen Wertpapieren über Aktien von börsennotierten Aktiengesellschaften[4] und Aktien von nicht-börsennotierten Gesellschaften[5] bis hin zu GmbH-Anteilen oder gar Anteilen an Personengesellschaften[6] abnimmt. Selbst bei Anteilen an ein und demselben (börsennotierten) Unternehmen sind z.B. Fungibilitätsunterschiede erkennbar. So können stimmrechtslose Vorzugsaktien und Stammaktien eine unterschiedliche Fungibilität aufweisen, was sich in Kursunterschieden[7] zugunsten einzelner Aktiengattungen niederschlagen kann.[8] Der Wertnachteil mangelnder Fungibilität wird auch begründet[9] mit dem zusätzlichen Risiko, das sich für ein weniger fungibles Unternehmen aus einer schwierigeren Identifikation eines potenziellen Interessenten und Käufers und der daraus resultierenden

330

---

1 Vgl. *Großfeld* in Kruschwitz/Heintzen, S. 132 f.
2 Vgl. BGH v. 25.11.2002 – II ZR 133/01, BGHZ 153, 47.
3 Die Rechtsform der Kommanditgesellschaft auf Aktien wird nicht gesondert betrachtet.
4 Vgl. BayOblG v. 11.12.1995 – 3 Z BR 36/91, AG 1996, 176.
5 Vgl. LG Hanau v. 2.5.2002 – 5 O 63/01, AG 2003, 534; BGH v. 25.11.2002 – II ZR 133/01, BGHZ 153, 47.
6 Vgl. *Behringer*, S. 75 m.w.N.
7 Vgl. *Jung/Wachtler* AG 2001, 513–520. Vereinzelte Kursunterschiede zugunsten von Vorzugsaktien der selben Gesellschaft können damit erklärt werden, dass sie im Gegensatz zu den Stammaktien an einer Börse notiert sind. Damit sind sie einem größeren Investorenkreis zugänglich und deshalb fungibler.
8 Vgl. OLG Köln v. 20.9.2001 – 18 U 125/01, BB 2001, 2603, oder auch das Umwandlungsangebot an die Inhaber der Vorzugsaktien ihrer Stimmrecht in Stammaktien der Metro AG, WKN 725 753, bzw. 725 752, Einreichungsfrist 6.10.–27.10.2000. In beiden Fällen wird die geringere Fungibilität von Vorzugsaktien mit der Unbekanntheit dieser Aktienart bei ausländischen Investoren begründet.
9 Ein anderer Grund ist geringere Transparenz, da nicht-börsennotierte Unternehmen nicht den selben Transparenzanforderungen unterliegen wie börsennotierte. Soweit es sich bei nicht-börsennotierten Unternehmen um GmbHs oder um Personengesellschaften handelt, kommt unter Umständen noch das Problem der fehlenden Kontrolle der Unternehmensführung durch ein Kontrollorgan (z.B. Aufsichtsrat) zum Tragen. Diese beiden Komponenten können ursächlich für einen Preisabschlag sein.

Transaktionskosten ergibt.[1] Dies gilt umso mehr für GmbHs und Personenhandelsgesellschaften, da deren Anteile[2] keine handelbaren Wertpapiere darstellen und diese daher nicht so einfach wie Aktien[3] durch Einigung und Übergabe gemäß § 929 Satz 1 BGB übertragen werden können.

331 Zur Abschätzung der Frage nach der Berechtigung von **Fungibilitätszuschlägen** ist auch der Bewertungszweck zu klären. So ist der Ansatz eines Fungibilitätszuschlags grundsätzlich dann schwer zu rechtfertigen, wenn eine Veräußerung des zu bewertenden Unternehmens nicht beabsichtigt ist. Ggf. kann ein Investor mangelnder Fungibilität sogar einen positiven Wertbeitrag zumessen. Dieses könnte beispielsweise der Fall sein, wenn in Ermangelung fehlender Fungibilität die Chancen auf eine feindliche Übernahme sinken.[4]

332 Ebenso ist bei der Bemessung eines Fungibilitätszuschlages zu bedenken, dass ein Bewertungsobjekt die Ursachen mangelnder Fungibilität möglicherweise durch entsprechende unternehmerische oder gesellschaftsrechtliche Maßnahmen (Rechtsformwechsel, Going Public etc.) verhältnismäßig zeit- und kostengünstig beseitigen kann. Dieses dürfte den Spielraum für den Ansatz von Fungibilitätsabschlägen einengen. Preisabschläge für unvollständige Fungibilität dürften nämlich tendenziell kaum die maximal notwendigen Aufwendungen desselben Unternehmens für die Beseitigung der fehlenden Fungibilität übersteigen.

333 Zur Frage der **Quantifizierung von Fungibilitätszuschlägen** gibt es zumindest in der deutschen wirtschaftwissenschaftlichen Literatur kaum detailliertere Untersuchungen.[5] Die Quantifizierung erweist sich als schwierig und das Meinungsspektrum ist weit. Dieses äußert sich in teilweise unterschiedlichen Auffassungen bei der älteren[6] und neueren Literatur, der Praxis[7] und der Rechtsprechung.[8] Tendenziell ist allerdings festzustellen, dass in der deutschen Bewertungspraxis der Fungibilität tendenziell eher nur ein mäßiger Werteinfluss zugestanden wird. Vor diesem Hintergrund sind in der Praxis moderate Fungibilitätszuschläge von bis zu zwei Prozentpunkten auf den Kapitalisierungszinssatz zu beobachten. Dahingegen schätzt die amerikanische Be-

---

1 Vgl. *Böcking/Nowak*, DB 1998, 173 f.; *Bamberger*, BFuB 1999, 665; *Ruhnke*, Mergers & Acquisitions 2000, 381 (383); *Peemöller/Kunowski* in Peemöller, S. 237; *Parodi-Neef*, Die steuerliche Außenprüfung 2002, 93; *Barthel*, DB 2003, 1181 ff.; Niedersächs. FG v. 11.4.2000 – 6 K 611/93, EFG 2001, 157.
2 Auf die zusätzliche Problematik der unbeschränkten Haftung z.B. von Komplementär- oder OHG-Anteilen wird nicht eingegangen.
3 Vgl. *Barthel*, DB 2003, 1181. Von der Betrachtung von vinkulierten Namensaktien wird abgesehen.
4 Vgl. *Großfeld* in Kruschwitz/Heintzen, S. 133.
5 Eine Quantifizierung findet sich nur bei: Niedersächs. FG v. 11.4.2000 – 6 K 611/93, EFG 2001, 157, in dem zwei Prozentpunkte als Immobilitätszuschlag auf den Kapitalisierungszinssatz genannt werden, sowie bei *Barthel*, DB 2003, 1184 m.w.N.
6 Vgl. *Moxter*, S. 159 ff.; *Moxter*, NJW 1994, 1852; *Barthel*, DB 1996, 1349 ff.; *Mandl/Rabel*, S. 233 f.; *Helbling*, S. 423.
7 Verneint wird dies von *Ballwieser*, WPg. 2002, 742.
8 Vgl. z.B. LG Frankfurt v. 8.12.1982 – 3/3 AktE 104/79, AG 1983, 136; LG Hanau v. 2.5.2002 – 5 O 63/01, AG 2003, 534; OLG Düsseldorf v. 31.1.2003; BGH v. 25.11.2002– II ZR 133/01, BGHZ 153, 47.

wertungstheorie und -praxis den Wert der Fungibilität wesentlich höher ein. Amerikanische Autoren sind der Überzeugung, dass für nicht börsennotierte Unternehmen Fungibilitätszuschläge von bis zu 30 %[1] des gesamten Unternehmenswertes angemessen sind.[2] Einzelne Untersuchungen sehen den Fungibilitätsabschlag sogar bei 35 %–45 % des Gesamtunternehmenswertes.[3]

Zusammenfassend gilt, dass mit einer Ausnahme[4] in der neuesten wirtschaftswissenschaftlichen Literatur ein Mobilitäts-/Fungibilitätszuschlag anerkannt ist bzw. sich für einen solchen ausgesprochen wurde. Allerdings ist bei dessen Quantifizierung behutsam vorzugehen und die Besonderheiten des Einzelfalles zu würdigen. Wegen des Fehlens vergleichbarer empirischer Untersuchungen für deutsche Unternehmen und unter Hinweis auf die vorangegangenen Bedenken, können jedoch die in der amerikanischen Literatur genannten hohen Fungibilitätsabschläge von 30 % und mehr[5] nicht bestätigt werden.

334

4. Mehrheits- bzw. Paketzuschläge

Beim Kauf von Unternehmensteilen wird bei größeren Anteilspaketen häufig eine Prämie gezahlt. Bei Ermittlung des objektivierten Unternehmenswerts wird z.b. davon ausgegangen, dass die Geschäftspolitik des Unternehmens unverändert fortgeführt wird. Durch den Erwerb eines Pakets kann der Käufer die Unternehmensführung entsprechend seinen Interessen aktiv gestalten.[6] Die Möglichkeit der Einflussnahme vergütet der Käufer häufig durch einen Zuschlag auf den anteiligen Unternehmenswert. Alternativ wird der **Paketzuschlag** damit begründet, dass der Börsenhandel durch Aktien im Streubesitz dominiert wird.[7] Wird der Wert eines größeren Aktienpakets in Abhängigkeit vom Börsenpreis der Anteile bestimmt, so müssen in diesem Fall die effektiv realisierbaren Gestaltungsrechte bei der Bewertung berücksichtigt werden. Für diese Rechte wird im Allgemeinen eine Kontrollprämie (control premium) gezahlt.[8]

335

---

1 Der genaue Wert beträgt 29,4 %, vgl. *Böcking/Nowak*, 1999, S. 174 m.w.N.
2 Vgl. *Gelman/Milton*, Journal of Taxation 1972, 353–354; *Maher*, Taxes 1976, 562–571; *Moroney*, Taxes 1993, 144–154; *SEC*, S. 2444–2456; *Stryker/Pittock*, SRC Quarterly Reports 1983, S. 1–3.
3 Vgl. *Barthel*, DB 2003, 1184 m.w.N.
4 Vgl. *Ballwieser*, WPg. 2002, 742.
5 Vgl. *Born*, Unternehmensanalyse, 1995, S. 178 f.
6 Wenn ein subjektiver Unternehmenswert berechnet wird, dann ist kein Mehrheitszuschlag mehr anzusetzen, da der Unternehmenswert gerade unter der Prämisse kalkuliert wurde, dass der Erwerber die Leitungsmacht am Unternehmen besitzt. In diesem Fall kann ein Minderheitszuschlag erhoben werden, wenn das erworbene Aktienpaket so gering ist, dass keine Leitungsrechte ausgeübt werden können. Einfacher ist es allerdings, dann direkt den objektivierten Unternehmenswert zu ermitteln.
7 Vgl. *Hartmann-Wendels/von Hinten*, Zfbf 1989, 289 und *Sanfleber-Decher*, WPg. 1992, 598.
8 Vgl. *Helbling*, S. 543 f. und *Sanfleber-Decher*, WPg. 1992, 603.

336 Die Prämie kann auf zwei Arten bei der Bewertung eines Aktienpakets berücksichtigt werden: entweder durch einen Zuschlag beim einzelnen Anteil bzw. beim Aktienpaket oder durch einen Abschlag beim Kapitalisierungszinssatz.[1] In der Praxis wurde die Höhe des Mehrheitszuschlags auf den Wert eines Unternehmensanteils in der Vergangenheit mit durchschnittlich 10 % angegeben.[2] Die aktuelle Entwicklung im Bereich der Unternehmenstransaktionen zeigt durchschnittliche Zuschläge von 40 %,[3] in Einzelfällen (Übernahme von Mannesmann durch Vodafone) sind Zuschläge von 70 % und mehr zu erkennen.[4]

F. Parameter des Kapitalisierungszinssatzes in der objektivierten Unternehmensbewertung[5]

I. Bewertungen im Rahmen des IDW S1

1. Überblick

337 Bei Unternehmensbewertungen wird der Kapitalisierungszinssatz häufig aus unabhängig voneinander ermittelten Teilkomponenten (Basiszinssatz, Risikoprämie, Beta-Faktor, Wachstumsabschlag und ggf. persönliche Einkommensteuern) bestimmt, ohne die zwischen jenen ökonomischen Größen bestehenden vielfältigen Zusammenhänge hinreichend zu würdigen. Ein so festgelegter Kapitalisierungszinssatz repräsentiert deswegen kaum eine adäquate Rendite einer Alternativinvestition, weshalb er für eine sachgerechte Wertermittlung ungeeignet ist. Eine sachgerechte Ableitung des Kapitalisierungszinssatzes kann nach dem CAPM von einer **langfristig beobachtbaren Portfoliorendite** ausgehen, von der aus anschließend die Bestandteile des Kapitalisierungszinssatzes abzuleiten und aufeinander abzustimmen sind.

338 Vor diesem Hintergrund wird nachfolgend dargestellt, wie Basiszinssätze, Portfoliorenditen und Marktrisikoprämien sowie Wachstumsabschläge im Rahmen einer Unternehmensbewertung fachgerecht festzusetzen sind.[6] Kein Untersuchungsgegenstand ist die Frage nach dem Steuersatz, der im Falle einer Nachsteuerrechnung vom Kapitalisierungszinssatz in Abzug zu bringen ist.[7]

---

1 Vgl. *Bruns*, S. 38.
2 Die Höhe des Korrekturfaktors hängt von folgenden Faktoren ab: Größe des Unternehmens, Anzahl und Streuung der Aktien, Branche, Strenge der Vinkulierungsvorschriften und der Mitbestimmungsrechte der Minderheitsbeteiligten. Vgl. *Helbling*, S. 140 und 535.
3 Vgl. Mergerstad Review 2000.
4 Vgl. *Born*, Unternehmensanalyse, 1995, S. 179.
5 Vgl. *Widmann/Schieszl/Jeromin*, FB 2003, 800–810.
6 Vgl. OLG Düsseldorf v. 31.1.2003 – 19 W AktE 9/00, AG 2003, 329.
7 Der aktuell vom IDW empfohlene Steuerabschlag beträgt 35 % auf den Kapitalisierungszinssatz vor persönlicher Einkommensteuer. Vgl. IDW ES 1 i.d.F. v. 9.12.2004, Rz. 54. Dieser Steuerabschlag ist überhöht. Die Rendite einer Alternativanlage am Aktienmarkt wird bei optimalem Anlageverhalten geringer besteuert (Aktienkursgewinne sind für Privatinvestoren nach Ablauf der Spekulationsfrist steuerfrei und Dividenden unterliegen nur der Halbeinkünftebesteuerung). Zum Einfluss der Einkommensteuer auf den Kapitalisierungszins vgl. *Kruschwitz*, Finanzierung, S. 197 f.

2. Basiszinssatz

a) Grundlagen

Der **Basiszins** bildet die Verzinsung einer risikolosen, zum Bewertungsobjekt laufzeitäquivalenten Alternativanlage ab. Eine Investition ist risikolos, wenn sie keinerlei Ausfall-,[1] Zinsänderungs-[2] sowie Währungsrisiken aufweist. Da im Regelfall eine Unternehmensbewertung eine unendliche Lebensdauer des Bewertungsobjekts[3] unterstellt, muss der Basiszinssatz ebenfalls die Rendite einer risikolosen Alternativanlage für die Planjahre 1 bis unendlich abbilden. In der Praxis gibt es weder unendlich[4] laufende noch vollkommen risikolose Anleihen. Insofern kann der Basiszinssatz nicht direkt am Markt beobachtet werden. Er muss verlässlich geschätzt werden.[5] Hinsichtlich der Risikolosigkeit vertreten Literatur, Bewertungspraxis und Rechtsprechung den Standpunkt, dass Renditen langlaufender Staatsanleihen sich am ehesten zur Schätzung des Basiszinssatzes eignen.[6] Das Renditeniveau für eine **unendliche Laufzeit** ist nach derzeitiger Meinung durch ein zweistufiges Vorgehen abzuschätzen.[7] Hierzu werden gedanklich eine endliche Zeitperiode (Periode 1), für die Stichtagskonditionen öffentlicher Anleihen (Zinssatz Periode 1) vorliegen, sowie ein Wiederanlagezinssatz für eine Periode nach Ablauf dieses Zeitrahmens (Periode 2) unterschieden. Sind für den Wiederanlagezinssatz zum Bewertungszeitpunkt keine Zinskonditionen bekannt, ist dieser zu schätzen.[8] Der Basiszinssatz stellt sich damit als Mischzinssatz der Zinskonditionen für die Perioden 1 und 2 dar.

339

b) Zinssatz Periode 1

In Rechtsprechung und Praxis ist akzeptiert, dass beim Basiszinssatz der Periode 1 auf die **Umlaufrendite lang laufender Bundesanleihen** abzustellen ist.[9] Strittig bleibt, ob auf die Umlaufrendite 10-jähriger oder 30-jähriger Anleihen

340

---

1 Risiko des Investors, wegen Zahlungsunfähigkeit des Kreditschuldners nicht sämtliche versprochenen Zahlungen zu erhalten. Vgl. *Damodoran*, S. 78–82; *Brealy/Myers*, S. 689–701; *Betsch/Groh/Lohmann*, S. 29–35 oder *Drukarczyk*, Unternehmensbewertung, S. 23 ff.
2 Wertänderungs- oder Einkommensrisiken, infolge von Zinsschwankungen.
3 Dieses spiegelt das in der Bewertungslehre gängige Going-Concern-Prinzip wider. Vgl. WPHdb. II/2002, S. 11, Tz. A 35.
4 Ausnahmen sind britische Consols. Da diese kündbar sind, sind sie keine echten unendlich laufenden Anleihen.
5 Vgl. WPHdb. II/2002, S. 102–105.
6 Diese Auffassung ist auf entwickelte und stabile Volkswirtschaften zu begrenzen, wie die jüngsten Finanzkrisen in Schwellenländern wie Argentinien (2001), verschiedenen asiatischen Ländern (1997–1998) oder Russland (1998) belegen. Vgl. *Steiner/Uhlir*, S. 58 f.
7 Vgl. WPHdb. II/2002, S. 103–104, Tz. A 292; IDW ES 1 i.d.F. v. 9.12.2004, Rz. 125–128.
8 Vgl. WPHdb. II/2002, S. 103, Tz. A 292; *Schwetzler*, ZfB 1996, 1081–1101 f., aber *Baetge/Krause*, BFuP 1994, 433–449.
9 *Schwetzlers* Vorschlag, den Basiszinssatz aus einem Durchschnitt von Umlaufrenditen bis 10 Jahren abzuleiten, hat sich in Praxis und Rechtsprechung nicht durchgesetzt.

zurückzugreifen ist. Für die Verwendung 30-jähriger Anleihen[1] spricht die Zinsfestschreibung über eine lange Laufzeit. Gegen die Verwendung 30-jähriger Anleihen als Ausgangspunkt zur Bestimmung des einheitlichen Basiszinssatzes lassen sich jedoch beachtliche Einwände hervorbringen.

341 Zunächst ist auffällig, dass die Ausgabefrequenz 30-jähriger Bundesanleihen vergleichsweise gering ist. 30-jährige Bundesanleihen wurden erstmalig 1986 begeben. Regelmäßigere Emissionen erfolgten erst seit 1997 (Abbildung 16). Zum Jahresbeginn 2003 konnte ein Investor Bundesanleihen mit Restlaufzeiten von 1 bis 10 Jahren, 14 Jahren,[2] 21 bis 28 Jahren sowie unter Einschränkungen von 31 Jahren erwerben. Aufgrund der hohen Liquidität des Marktes für Anleihen bis zu 10 Jahren waren für diese Anlagehorizonte lückenlose Zinsinformationen vorhanden. Dagegen fehlten für Anlagezeiträume ab dem 11. bis zum 31. Jahr in rund 66 % aller Zeitpunkte aufgrund fehlenden Handels verlässliche Zinsinformationen. Die fehlenden Zinsinformationen schränken somit die Verwendungsfähigkeit 30-jähriger Bundesanleihen als Benchmark für den Zins der Periode 1 ein.

342

Name der Anleihe	Wertpapierkennnummer	Laufzeitende
6,000 Bund 86 II	113446	20.6.2016
5,625 Bund 86	113449	20.9.2016
6,250 Bund 94	113492	4.1.2024
6,500 Bund 97	113504	4.7.2027
5,625 Bund 98	113506	4.1.2028
4,750 Bund 98	113508	4.7.2028
6,250 Bund 00	113514	4.1.2030
5,500 Bund 00	113517	4.1.2031
4,750 Bund 03	113522	4.7.2034
4,000 Bund 05	113527	4.1.2037

Abb. 16: Übersicht 30-jährige Bundesanleihen, Stand April 2005; Quelle: Bundesrepublik Deutschland-Finanzagentur GmbH, Frankfurt/Main, abrufbar im April 2005 im Internet unter http://www.deutsche-finanzagentur.de/, sowie *Bloomberg*.

343 Im Vergleich zu 10-jährigen Anleihen erweist sich die Liquidität 30-jähriger Anleihen als wesentlich geringer. Dieses zeigt sich bei Gegenüberstellung des Erstabsatzes und des Umlaufvolumens von 10- und 30-jährigen Anleihen.[3]

---

1 Unter einer 30-jährigen Anleihe wird im Folgenden diejenige Anleihe mit der zum Bewertungsstichtag längsten Restlaufzeit verstanden. Diese betrug Anfang 2004 30,4 Jahre.
2 Das Ausgabevolumen der ersten im Jahr 1986 emittierten 30-jährigen Anleihen war mit 0,5 Mrd. Euro gering.
3 Die geringere Liquidität 30-jähriger Bundesanleihen äußert sich auch in den größeren Spannen von Einkaufs- und Verkaufspreisen (sog. Bid-Ask-Spreads) gegenüber 10-jährigen Anleihen. Vgl. *Betsch/Groh/Lohmann*, S. 14.

Nach Angaben der Deutschen Bundesbank und der Deutschen Börse beträgt der Umsatz 10-jähriger Bundesanleihen etwa das Fünffache desjenigen 30-jähriger Anleihen.[1] Die breite Mehrheit der Investoren wählt demzufolge für langfristige Engagements keine 30-jährigen, sondern 10-jährige Anleihen.[2] Da objektivierte Unternehmensbewertungen unter der Prämisse einer Abbildung des Anlageverhaltens eines durchschnittlichen bzw. typisierten Investors erfolgen, sind für die Ermittlung des Basiszinssatzes 10-jährige Anleihen vorzuziehen.

Letztlich sind auch **Risikoüberlegungen** erforderlich. Angesichts niedriger Anleiherenditen ist zu diskutieren, ob derzeit tatsächlich unterstellt werden kann, dass sich ein typisierter Investor für einen Zeitraum von 30 Jahren an ein niedriges Zinsniveau bindet. Diese Frage kann durch folgendes Beispiel illustriert werden: Am 29.3.2005 rentierte die 10-jährige Anleihe mit der WKN 113529, Restlaufzeit 9,75 Jahre mit 3,63 % (Quelle: Bundesrepublik Deutschland Finanzagentur GmbH). Die 31-jährige Anleihe mit der WKN 113527, Restlaufzeit 31,75 Jahre notierte mit 4,18 % (Quelle: *Bloomberg*). Investierte ein Marktteilnehmer sein Vermögen in die 30-jährige Anleihe, erhielte dieser über einen Zeitraum von näherungsweise 30 Jahren eine jährliche Rendite von näherungsweise 4,18 %. Alternativ bestand die Möglichkeit eines Engagements in die Anleihe mit der kürzeren Laufzeit zu 3,63 %. Sobald sich das niedrige Zinsniveau normalisiert, profitiert der Käufer einer 10-jährigen Anleihe von einer höheren Anschlussverzinsung. Darüber hinaus ist zu berücksichtigen, dass die Kurse 30-jähriger Anleihen im Vergleich zu 10-jährigen Anleihen bei einem Zinsanstieg stärker fallen. Bereits bei einem Anstieg des langfristigen Zinsniveaus zu einem einzigen Zeitpunkt innerhalb der nächsten 10 Jahre um nur 0,5 Prozentpunkte[3] auf rund 4,68 % ist das Engagement in 30-jährige Anleihen nachteilig. 344

Wie die nachfolgende Abbildung 17 zeigt, ist die Wahrscheinlichkeit eines Zinsanstiegs für 30-jährige Bundesanleihen um 0,5 Prozentpunkte innerhalb von 10 Jahren vor dem Hintergrund der historischen Zinsentwicklung in Deutschland äußerst hoch. In einer Niedrigzinsphase, wie sie im Jahr 2005 vorherrscht, ist daher über den Erwerb einer 10-jährigen Anleihe (mit anschließender Wiederanlage) mit großer Wahrscheinlichkeit eine höhere Gesamtverzinsung als bei einem reinen Engagement in 30-jährige Anleihen erzielbar. Daraus folgt, dass 30-jährige Bundesanleihen die erzielbare Gesamtrendite unterschätzen. Sie eignen sich lediglich zur Abschätzung der Untergrenze des Basiszinssatzes, weshalb der **Basiszinssatz unter Rückgriff auf Umlaufrenditen 10-jähriger Bundesanleihen bestimmt werden sollte**.[4] 345

---

1 Vgl. Deutsche Bundesbank, Kapitalmarktstatistik Mai 2002, II. 4e.
2 Vgl. *Ballwieser*, WPg. 2002, 737.
3 Das ist der notwendige Zinsanstieg, bei dem der Marktwert einer 30-jährigen Anleihe innerhalb der Restlaufzeit einer 10-jährigen Anleihe so weit unter den Marktwert der 10-jährigen Bundesanleihe fällt, dass auch der wegen des Zinsspreads mit der 30-jährigen Anleihe zeitweilig erzielte Zins- und Zinseszinsvorteil verloren geht. Die finanzmathematischen Grundlagen dieser Berechnungen finden sich bei *Steiner/Uhlir*, S. 70–103.
4 Vgl. IDW S 1 i.d.F. v. 20.6.2000, Rz. 121 sowie IDW ES 1 i.d.F. v. 9.12.2004, Rz. 127, 128.

346

Zinsniveau (in %)	kumulierte Häufigkeit 10-jährige Anleihe (in %)	kumulierte Häufigkeit 30-jährige Anleihe (in %)
4,0 und weniger	2,5 %	0,0 %
4,3 und weniger	4,7 %	0,0 %
4,5 und weniger	6,6 %	0,5 %
4,8 und weniger	9,1 %	2,6 %
5,0 und weniger	13,9 %	7,3 %
5,2 und weniger	18,0 %	12,0 %
5,5 und weniger	20,5 %	22,5 %
6,0 und weniger	31,5 %	35,1 %
6,5 und weniger	46,1 %	41,9 %
6,9 und weniger	57,7 %	51,3 %
7,0 und weniger	59,0 %	54,5 %

Abb. 17: Häufigkeit historischer Renditen von Bundesanleihen in der Bundesrepublik Deutschland (10-jährige Anleihen für die Jahre 1973 bis 2003, 30-jährige Anleihen für die Jahre 1987 bis 2003); Quelle: eigene Berechnungen auf Grundlage von Daten der Deutschen Bundesbank für 10-jährige Anleihen, abrufbar im Internet unter http://www.,bundesbank.de/stat/zeitreihen/html, und *Bloomberg* für 30-jährige Anleihen zu den WKN 113446, 113449, 113492, 113504, 113506, 113508, 113514, 113517, 113522.

347 Nachdem der Zinssatz für die Phase I (bis zum Jahr 10) bestimmt wurde, ist in einem zweiten Schritt der ab dem Jahr 11 erwartete nachhaltige Wiederanlagezinssatz zu ermitteln.

c) **Wiederanlagezinssatz Periode 2**

348 Der **Wiederanlagezinssatz** repräsentiert eine über alle zukünftigen Hoch- und Niedrigzinsphasen im Durchschnitt erwartete risikolose Verzinsung. Für den Zeitraum der Periode 2 liegen im Allgemeinen keine verlässlichen Marktdaten vor, weshalb auf Prognosen zurückgegriffen werden muss. In der Literatur[1] wird unter anderem versucht, das **Prognoseproblem** teils zu umgehen, indem das beobachtbare Zinsniveau der Periode 1 für die Periode 2 fortgeschrieben[2] wird. Dieser Auffassung wird nicht nur von der Bewertungslehre widersprochen.[3] Die einschlägige Rechtsprechung[4] sieht die ausschließliche Orientierung des Basiszinssatzes am Stichtagszinsniveau ebenfalls als unzulässig an. Es existieren verschiedene Methoden zur Prognose des künftigen Zinsniveaus.[5]

[1] Vgl. *Mandl/Rabel*, S. 139.
[2] Implizit wird für die Zukunft mit unveränderten Zinssätzen im langfristigen Bereich gerechnet.
[3] Vgl. *Hetzel*, BB 1988, 725 f.; *Schwetzler*, ZfB 1996, 1081 f.
[4] Vgl. OLG Düsseldorf v. 31.1.2003 – 19 W 9/00 AktE, DB 2003, 1941; OLG Düsseldorf v. 19.10.1999 – 19 W 1/96 AktE, AG 2000, 323; LG Dortmund v. 1.7.1996 – 20 AktE 2/94, AG 1996, 427; LG München v. 3.12.1998 – 5 HKO 14889/92, DB 99, 684.
[5] Vgl. *Aha*, AG 1997, 26 f. sowie WPHdb. II/2002, S. 104–105.

Anhaltspunkte bieten beispielsweise Zinsprognosen von Marktforschungsinstituten. Allerdings liegen nach Kenntnis der Autoren keine regelmäßig veröffentlichten Zinsprognosen für Zeiträume von mehr als 10 Jahren vor.[1]

Der Wiederanlagezinssatz kann außerdem aus zum Bewertungsstichtag bekannten **Terminzinssätzen** abgeleitet werden.[2] Die **Prognosequalität von Terminzinssätzen** wurde für den deutschen Markt empirisch untersucht. Die Studien gelangen mehrheitlich zum Ergebnis, dass sich das zukünftige Zinsniveau mit Hilfe von Terminzinssätzen nicht sinnvoll vorhersagen lässt,[3] weil Terminzinssätze die künftige Zinsentwicklung systematisch falsch einschätzen.[4] 349

Darüber hinaus kann die **historische Zinsentwicklung als Orientierungsgröße** für das zukünftige Zinsniveau dienen.[5] Empirische Untersuchungen gelangten zum Schluss, dass Zinsen einem so genannten Mean-Reversion-Prozess folgen.[6] Vereinfacht formuliert schwanken Zinsen langfristig um einen Mittelwert. Je weiter das Zinsniveau temporär vom Mittelwert entfernt ist, desto wahrscheinlicher ist eine Umkehr in Richtung des Mittelwerts. 350

Für die Prognose von (Wiederanlage-)Zinssätzen folgt, dass ein langfristiger Mittelwert den besten Schätzwert darstellt.[7] Zur Vermeidung systematischer Prognosefehler ist zu prüfen, ob zum Stichtag bestimmte erkennbare Zinstrends eine Anpassung des historischen Durchschnitts erfordern. Für das Auftreten langfristiger Zinstrends gibt es zwei wesentliche Ursachen. Erstens kann eine nachhaltige Veränderung von Inflationsraten die so genannte Inflationskomponente von Zinssätzen verändern.[8] Zweitens kann die **Realzinskomponente** im Zeitablauf schwanken, beispielsweise bei Veränderung von Liquiditätspräferenzen der Marktteilnehmer.[9] Wie die Abbildung 18 (Teil II Rz. 352) zeigt, ist im Gegensatz zur Nominalzinsentwicklung bei der Realzinsentwicklung empirisch kein rückläufiger Trend zu beobachten. In den Jahren 1977–2002 lag in der Bundesrepublik Deutschland der Realzins auf stabilem Niveau bei rund 4,0 % bis 4,5 %:[10] Aus diesem Grunde kann auch für die Zukunft ein Realzinsniveau von 4,0 % bis 4,5 % erwartet werden. 351

---

1 Maximal stehen mittelfristige Zinsprognosen zur Verfügung. Aus Prognosen geht hervor, dass Anfang 2003 mittelfristig mit einem Zinsanstieg gerechnet wurde. Vgl. Feri Research GmbH 2003, S. 17; FondsMagazin, April 2003, S. 11.
2 Terminzinssätze können aus den Zinsen für Zerobonds bestimmt werden. Vgl. *Steiner/Uhlir*, S. 19 ff.
3 Vgl. *Adam/Hering/Johannville*, ZfB 1995 sowie *Albrecht*, Sofia-Diskussionsbeiträge zur Institutionenanalyse 2000.
4 Vgl. *Adam/Hering/Johanville*, ZfB 1995, 1412–1413; *Schmitz/Pesch*, Die Bank 1994, 553.
5 Vgl. IDW S 1 i.d.F. v. 20.6.2000, Rz. 121.
6 Vgl. *Chan/Karolyi/Longstaff/Sanders*, Journal of Finance 1992, 1209–1227; *Black/Karasinski*, Financial Analyst Journal 1991, 52–59.
7 Vgl. *Storm*, S. 149; *Behnen/Neuhaus*, S. 324 Sätze 27.4 und 27.5; *DeFusco/McLeavey/Pinto/Runkle*, S. 279–313.
8 Vgl. *Brigham/Houston*, S. 129 f.
9 Vgl. *Damodoran*, S. 902–906.
10 Vgl. Deutsche Bundesbank, Realzinsen: Nach der Bundesbank belief sich der Realzins in den letzten 40 Jahren auf durchschnittlich 4 %.

352

Abb. 18: Entwicklung von Nominal- und Realzinsen zwischen 1977 und 2002; Quelle: eigene Berechnungen auf Grundlage von Daten der Deutschen Bundesbank, abrufbar im Internet unter: http://www.bundesbank.de.

353 Als zweite Komponente des nachhaltigen Wiederanlagezinssatzes wird die zum Bewertungsstichtag erwartete Inflationsrate herangezogen. Ausgehend von einer durchschnittlichen Preissteigerungsrate von 3,8 % im Zeitraum 1972 bis 1992 wurde die Inflationsrate auf rund 2 % zwischen 1992 und 2002 zurückgeführt. Dieses **Inflationsniveau** entspricht der durchschnittlichen Inflation der Jahre 2001 und 2002 (1,9 % bzw. 2,4 %)[1] und ist konform zu aktuellen Inflationsprognosen.[2]

354 Aus einem nachhaltigen Realzins von 4,0 % bis 4,5 % und einer erwarteten Inflation von rund 2,0 % ergibt sich somit eine Wiederanlagerendite für die Periode 2 zwischen 6,0 % und 6,5 %.[3]

355 Aus dem Zinssatz für die erste Periode und dem Wiederanlagezinssatz wird in einem letzten Schritt der einheitliche Basiszinssatz bestimmt.

d) Ermittlung eines einheitlichen Basiszinssatzes

356 Der **einheitliche Basiszinssatz** stellt einen mit den erwarteten Planerträgen gewichteten (geometrischen) Durchschnittszinssatz aus dem Anlagezins der ersten Periode und dem Wiederanlagezinssatz der zweiten Periode dar. Eine exakte Berechnung des Basiszinssatzes müsste demnach den gesamten Verlauf der ausschüttbaren Ergebnisse des Bewertungsobjekts betrachten. Aus praxisorientierter Sicht wäre der Berechnungsaufwand kaum angemessen, weshalb sich Vereinfachungen anbieten.

---

1 Vgl. Deutsche Bundesbank, Zeitreihen-Statistik.
2 Vgl. Feri Research GmbH, S. 15.
3 Diese Bandbreite ist anzuwenden, wenn der Basiszinssatz auf der Grundlage 10-jähriger Bundesanleihen bestimmt wird. Für 30-jährige Anleihen lag die Realverzinsung rund 0,5 Prozentpunkte höher. Sofern der Basiszinssatz unter Rückgriff auf 30-jährige Bundesanleihen bestimmt wird, erhöht sich die Bandbreite des Wiederanlagezinssatzes auf 6,5 %–7,0 %. Vgl. *Widmann/Schieszl/Jeromin*, FB 2003, 803.

Die einfachste Gewichtung könnte von einem Unternehmen ausgehen, das 357
nominal konstante Planerträge von 1 aufweist. Der Wert würde sich nach der
folgenden Gleichung ergeben:

$$\sum_{t=1}^{n}\frac{1}{(1+b_1)^t} + \frac{1}{(1+b_1)^n} \cdot \sum_{t=n+1}^{\infty}\frac{1}{(1+b_2)^{t-n}} = \sum_{t=1}^{\infty}\frac{1}{(1+b)^t}$$

Auf der linken Seite der Gleichung stehen die mit dem Zinssatz der Periode 1
(b_1) von n Jahren (bei 10-jährigen Bundesanleihen ist n = 10, bei 30-jährigen
Bundesanleihen gilt n = 30) diskontierten konstanten Planerträge der Jahre 1
bis n sowie die mit dem Wiederanlagezinssatz der Periode 2 (b_2) abgezinsten
Planerträge nach Ablauf der Periode 1. Aus der obigen Gleichung ergibt sich,
dass der Basiszinssatz einem gewichteten Durchschnittszinssatz entspricht.
Wird sie nach dem einheitlichen Basiszinssatz b aufgelöst, so erhält man folgende rechnerische Lösung:

$$b = \left(\frac{(1+b_1)^n - 1}{b_1 \cdot (1+b_1)^n} + \frac{1}{(1+b_1)^n} \cdot \frac{1}{b_2}\right)^{-1}$$

Allerdings sind nominal konstante ausschüttungsfähige Erträge in der Bewertungspraxis die Ausnahme. In der Unternehmensbewertung werden vielmehr 358
wachsende Unternehmenserträge unterstellt. Um dem Grundcharakter eines
typischen Bewertungsproblems gerechter zu werden, sollte die Ableitung des
Basiszinssatzes daher nicht auf konstanten Planerträgen basieren. Stattdessen
sollte von Unternehmenserträgen ausgegangen werden, die jährlich mit einem
Faktor w steigen. Die Gleichung in Rz. 357 kann somit wie folgt modifiziert
werden:

$$\sum_{t=1}^{n}\frac{1+w^t}{1+b_1^t} + \frac{1}{(1+b_1)^n} \cdot \sum_{t=n+1}^{\infty}\frac{(1+w)^t}{(1+b_2)^{t-n}} = \sum_{t=1}^{\infty}\frac{(1+w)^t}{(1+b)^t}$$

Daraus lässt sich für den Basiszinssatz einer wachsenden Zahlungsreihe die 359
folgende Lösung bestimmen:

$$b = \left(\frac{(1+b_1)^n - (1+w)^n}{(b_1 - w) \cdot (1+b_1)^n} + \left(\frac{1+w}{1+b_1}\right)^n \cdot \frac{1}{b_2 - w}\right)^{-1} + w$$

Unter Verwendung eines Wachstumsfaktors[1] von 1,0 % ergab sich im März 360
2005 bei Verwendung einer Wiederanlagerendite (b_2) von 6,0 % bis 6,5 % (vgl.
Teil II Rz. 354) für eine mit 3,63 % p.a. rentierende 10-jährige Bundesanleihe
(Restlaufzeit 9,75 Jahre, n=9,75) ein Basiszinssatz von 5,0 % bis 5,4 %.[2] Als

---

[1] Beim gegenwärtigen Zinsniveau führt ein höheres Wachstum zu einem höheren Basiszins.
[2] Für die im März 2005 notierte 30-jährige Bundesanleihe mit Restlaufzeit von rund
31,75 Jahren (n=31,75) liegt der rechnerisch bestimmte Basiszinssatz bei Verwendung
des für 30-jährige Anleihen anzusetzenden erhöhten Wiederanlagezinssatzes von
6,5 %–7,0 % mit rund 4,8 %–4,9 % nur unwesentlich unter dem auf Grundlage der
10-jährigen Bundesanleihe ermittelten Wert. Unter der im ersten Halbjahr 2005 vorherrschenden Zinssituation ist daher ein Basiszinssatz von 5,0 % anzusetzen.

Zwischenergebnis folgt, dass der Basiszinssatz für einen typisierten Investor im Rahmen einer objektivierten Bewertung auf Basis 10-jähriger Bundesanleihen und einer geeigneten Wiederanlagerendite zu bestimmen ist.

3. Portfoliorendite und Marktrisikoprämie

a) Empirische Untersuchungen zur Vor-Steuer Marktrisikoprämie

361 Erwartete Portfoliorenditen und **Marktrisikoprämien**[1] können anhand von **ex-post** und ex-ante Schätzungen bestimmt werden. Ex-post-basierte Schätzungen nutzen historische Aktienrenditen als Orientierungsgrundlage für die Zukunft. Aus der historischen Überschussrendite von Aktien gegenüber festverzinslichen Wertpapieren wird die zukünftig erwartete Marktrisikoprämie bestimmt.

362 Die Renditeberechnung erfolgt mittels **arithmetischer oder geometrischer Durchschnittsbildung**. Die Art der Berechnung bestimmt hierbei maßgeblich die Höhe der Marktrisikoprämie. Werden erwartete Aktien(über)renditen hingegen auf Grundlage aktueller Prognosen bestimmt, spricht man von ex-ante Schätzungen. Die Renditeerwartungen der Marktteilnehmer können mit Hilfe von Befragungen[2] oder anhand von Schätzmodellen prognostiziert werden.[3]

363 **Schätzungen zu Portfoliorenditen** und Risikoprämien des deutschen Kapitalmarkts basieren fast ausschließlich auf ex-post Analysen. Die Studien unterscheiden sich in ihrer Methodik sowie in den betrachteten Zeiträumen. *Gielen* (1994), *Morawietz* (1994) sowie *Conen* (1995)[4] analysieren Aktienrenditen und Risikoprämien ab der zweiten Hälfte des 19. Jahrhunderts. Diese langfristigen Betrachtungen minimieren Fehler aus zufälligen Schwankungen von Aktienkursen einzelner Dekaden. Allerdings nimmt mit zunehmender Länge des Auswertungszeitraums der Einfluss politischer und wirtschaftlicher Sonderfaktoren, wie Strukturbrüche infolge von Weltkriegen, Hyperinflation, Währungsreformen oder der Weltwirtschaftskrise, zu. Abbildung 19 stellt die Studien im Einzelnen dar. Auf der Grundlage arithmetischer Renditen leiten Conen, Väth (1993)[5] Marktrisikoprämien von rund 7% ab, während Morawietz (1994) auf Basis geometrischer Berechnungen Risikoprämien von 3% bis 4% ermittelt. Hierbei ist anzumerken, dass arithmetische Renditedurchschnitte niemals kleiner als aus derselben Datenreihe berechnete geometri-

---

[1] Die Marktrisikoprämie stellt die Differenz zwischen der Aktienrendite und der Rendite risikofreier Anlagen dar und wird in der Literatur daher als Aktien(über)rendite bezeichnet.
[2] Vgl. *Welch*, Journal of Business 2000. Kritisch ist, dass die Ergebnisse von Umfragen auf Einschätzungen relativ kleiner Personengruppen basieren und zumeist sehr kurze Prognosehorizonte aufweisen, vgl. *Fama/French*.
[3] *Botosan*, The Accounting Review 1997, 323–349; *Gordon/Gordon*, Financial Analysts Journal 1997, 52–61; *Ohlson/Juettner-Nauroth*, 2000; *Gebhardt/Lee/Swaminathan*, 2001; *Gode/Mohanram*, 2001; *Botosan/Plumlee*, Journal of Accounting Research 2002, 21–40; *Easton*, 2002.
[4] Vgl. *Gielen*; *Morawietz*; *Conen*.
[5] *Conen/Väth*, Die Bank 1993, 642–647.

sche Mittelwerte sind.[1] Im Schrifttum konnte man sich bislang nicht einigen, ob Marktrisikoprämien aus arithmetischen oder geometrischen Durchschnitten zu berechnen sind. Jüngere Veröffentlichungen vertreten die Auffassung, dass die Marktrisikoprämie aus einem Durchschnitt geometrischer und arithmetischer Mittelwerte zu bilden sei.[2]

Autor	Langfristige Marktrisikoprämie (arithmetisches Mittel)				
		Periode	Aktien-rendite	Bond-rendite	Risiko-prämie
		Jahre	%	%	%
Conen (1995)	nominal, vor Steuer	1876–1992	12,0	5,3	6,7
Conen (1995)	nominal, nach Steuer	1876–1992	–	–	–
Conen (1995)	real, vor Steuer	1876–1992	10,3	3,7	6,6
Conen (1995)	real, nach Steuer	1876–1992	8,2	1,0	7,2

Autor	Langfristige Marktrisikoprämie (geometrisches Mittel)				
		Periode	Aktien-rendite	Bond-rendite	Risiko-prämie
		Jahre	%	%	%
Morawietz (1994)	nominal, vor Steuer	1870–1992	8,9	5,8	3,1
Morawietz (1994)	nominal, nach Steuer	1870–1992	7,6	3,5	4,1
Morawietz (1994)	real, vor Steuer	1870–1992	7,2	4,2	3,0
Morawietz (1994)	real, nach Steuer	1870–1992	5,9	1,8	4,1

Abb. 19: Langfristige Marktrisikoprämien am deutschen Kapitalmarkt

Die meisten empirischen Ausarbeitungen zur Marktrisikoprämie am deutschen Kapitalmarkt beschränken sich auf Zeiträume nach 1948. Hervorzuheben sind Arbeiten von *Stehle* und *Hartmond* (1991), *Bimberg* (1991), *Morawietz* (1994), *Baetge* und *Krause* (1994), *Uhlir* und *Steiner* (1994), *Conen* (1995) sowie *Stehle* (1999 und 2003).[3] Wie Tabelle 4 zu entnehmen ist, lassen sich für die Bundesrepublik Deutschland relativ stabile Ergebnisse ableiten, unabhängig davon, ob die Marktrisikoprämie auf Basis nominaler oder realer Renditen bestimmt wird. Hierbei ergeben sich bei arithmetischer Berechnung Marktrisikoprämien von 6 % bis 8 % und bei geometrischer Ermittlung von rund 4 % bis rund 5,5 %. Ausnahmen bilden die Studien von *Conen* (1995) sowie *Baetge* und *Krause* (1994). Zur Analyse von *Baetge* und *Krause* ist anzumerken, dass dort die historisch realisierte Gesamtrendite inländischer Aktionäre wegen der Nichtberücksichtigung von Körperschaftsteuergutschriften[4] unterschätzt wird.

---

1 Diese Aussage gilt laut einem Satz von Cauchy. Vgl. *Dudley*, S. 119, Satz 5.1.6.
2 Vgl. *Drukarczyk*, Unternehmensbewertung, S. 389 f.
3 Vgl. *Stehle/Hartmond*, Kredit und Kapital 1991, 371–411; *Bimberg*; *Steiner/Uhlir*, S. 156–162 sowie *Stehle*, 1999/2003.
4 Während des Anrechnungsverfahrens (1977–2000) erhöhten Körperschaftsteuergutschriften die Gesamtrendite eines inländischen Investors.

Marktrisikoprämie (arithm. Mittel) auf Basis nominaler Bond- und Aktienrenditen (vor Steuer)				
Autor	Periode	Aktienrendite	Bondrendite	Risikoprämie
	Jahre	%	%	%
Bimberg (1991)	1954–1992	14,1	6,8	7,3
Bimberg (1991)	1954–1988	15,0	6,8	8,2
Morawietz (1994)	1950–1992	14,6	7,5	7,1
Uhlir/Steiner (1994)	1953–1988	14,4	7,9	6,5
Conen (1995)	1959–1992	16,6	6,2	10,4
Stehle (1999)	1967–1998	14,4	7,8	6,6
Stehle (2003)	1967–1998	14,8	7,8	7,0

Marktrisikoprämie (geom. Mittel) auf Basis nominaler Bond- und Aktienrenditen (vor Steuer)				
Autor	Periode	Aktienrendite	Bondrendite	Risikoprämie
	Jahre	%	%	%
Bimberg (1991)	1954–1991	11,2	6,7	4,5
Bimberg (1991)	1954–1988	11,9	6,6	5,3
Stehle/Hartmond (1991)	1954–1988	12,1	7,5	4,6
Stehle/Hartmond (1991)	1960–1988	7,8	–	–
Morawietz (1994)	1950–1992	11,8	7,5	4,3
Baetge/Krause (1994)	1967–1991	10,4	7,8	2,6
Stehle (1999)	1967–1998	11,8	7,7	4,1
Stehle (2003)	1967–1998	12,1	7,7	4,4

Marktrisikoprämie (arithm. Mittel) auf Basis realer Bond- und Aktienrenditen (vor Steuer)				
Autor	Periode	Aktienrendite	Bondrendite	Risikoprämie
	Jahre	%	%	%
Bimberg (1991)	1954–1992	10,8	3,6	7,2
Bimberg (1991)	1954–1988	11,7	3,6	8,1
Morawietz (1994)	1950–1992	–	–	–
Uhlir/Steiner (1994)	1953–1988	11,4	4,9	6,5
Conen (1995)	1959–1992	13,6	3,3	10,3
Stehle (1999)	1967–1998	10,8	4,3	6,5
Stehle (2003)	1967–1998	–	–	–

Marktrisikoprämie (geom. Mittel) auf Basis realer Bond- und Aktienrenditen (vor Steuer)				
Autor	Periode	Aktienrendite	Bondrendite	Risikoprämie
	Jahre	%	%	%
Bimberg (1991)	1954–1991	7,8	3,4	4,4
Bimberg (1991)	1954–1988	8,5	3,4	5,1
Stehle/Hartmond (1991)	1954–1988	8,7	3,9	4,8
Stehle/Hartmond (1991)	1960–1988	4,3	–	–
Morawietz (1994)	1950–1992	–	–	–
Baetge/Krause (1994)	1967–1991	–	–	–
Stehle (1999)	1967–1998	8,1	4,2	3,9
Stehle (2003)	1967–1998	–	–	–

Die Spalte „Bondrendite" weist die risikolose Verzinsung aus, welche je nach Autor aus Renditen des REXP (Stehle), Renditen für Monatsgeld (Conen) bzw. aus deutschen Umlaufrenditen bestimmt wurde.

Abb. 20: Marktrisikoprämien in Deutschland auf Basis von Nominal- und Realrenditen

Die Studien von *Stehle* (1999 und 2003) verwenden als Rendite der risikolosen Vergleichsanlage anstatt der Umlaufrendite deutscher Staatsanleihen die Rendite des REXP (Deutscher Renten-Performance Index – REXP). Der REXP ist ein so genannter Total-Return-Index, der die Rendite eines Portfolios von 30 synthetischen Anleihen mit Laufzeiten von 1 bis zu 10 Jahren nachbildet. Die Index-Rendite berücksichtigt sowohl Zinserträge als auch Kapital- bzw. Kursgewinne. Die Kursgewinne des Portfolios resultieren aus Schwankungen des allgemeinen Zinsniveaus. In *Stehles* Studien wird die REXP Rendite für den Zeitraum von 1967 bis 2002 mit durchschnittlich 7,8 % ausgewiesen. Die durchschnittliche Umlaufrendite deutscher öffentlicher Anleihen belief sich nach Angaben der Deutschen Bundesbank für den gleichen Zeitraum nur auf 7,1 %.[1] Die Abweichung zwischen beiden Renditen ist ein Hinweis darauf, dass die REXP Rendite durch Kursgewinne verzerrt ist, die maßgeblich auf den seit 1990 beobachteten Zinsverfall zurückzuführen sind. Insofern sind durchschnittliche Vergangenheitsrenditen des REXP für die Zukunft weniger repräsentativ als Mittelwerte von Umlaufrenditen. Aus diesem Grund rechnet Stehle im Vergleich zu den anderen Untersuchungen mit einem um 0,3 % bis 0,7 % Punkte erhöhten risikofreien Zinssatz mit entsprechenden Konsequenzen für die Marktrisikoprämie.

367

Empirische Untersuchungen zur Marktrisikoprämie werden **erheblich durch die Betrachtungsperiode geprägt**. Die Durchschnittsrenditen des Aktienmarktes sind tendenziell höher, wenn längerfristige Haussephasen mit eingeschlossen sind, wie beispielsweise die 50er oder 90er Jahre des letzten Jahrhunderts. Vergleichsweise niedrigere Aktienrenditen und Risikoprämien lassen sich für bestimmte Dekaden des 19. Jahrhunderts und den Zeitraum 1960 bis 1980 ableiten. Die Frage, welche historische Zeitperiode repräsentativ ist, wird kontrovers diskutiert.[2] Hierbei sind zwei Überlegungen maßgeblich. Einerseits sollte der Zeitraum möglichst lang sein, um stabile Aussagen über langfristige Entwicklungen zu treffen. Andererseits kann die Aussagekraft weit zurückreichender Untersuchungen durch Änderungen der Rahmenbedingungen der Kapital- und Gütermärkte eingeschränkt sein.[3] Unstrittig ist, dass die Ergebnisse sensitiv gegenüber ausgeprägten Börsencrashs bzw. -booms sind. Empfehlenswert erscheint der Rückgriff auf gesicherte langfristige Ergebnisbandbreiten. Für Deutschland sind Marktrisikoprämien von 4 % bis 5 % für geometrische Durchschnitte und 6 % bis 8 % für arithmetische Durchschnitte wiederholt belegt (Abb. 19 und 20, Teil II Rz. 364 und 366). Langfristige Trends, die diese Bandbreiten in Zweifel ziehen, lassen sich weder hinsichtlich der historischen

368

---

1 Vgl. Deutsche Bundesbank: „Umlaufrenditen inländischer Inhaberschuldverschreibungen", Zeitreihe WU0004, abrufbar im Mai 2005 im Internet unter: http://www.bundesbank.de/stat/zeitreihen/index.htm.
2 Vgl. *Ballwieser*, WPg. 2002, 736–743.
3 Kritisch ist Folgendes: In den Analysen, die Mitte des 19. Jahrhunderts starten, sind i.d.R. Strukturbrüche wie Weltkriege, Hyperinflation und Währungsreformen teilweise ausgeblendet. Damit sind die Ergebnisse nur begrenzt aussagekräftig. Außerdem wird die Verwertbarkeit jener Untersuchungen zusätzlich dadurch eingeschränkt, dass die Qualität des Datenmaterials zu hinterfragen ist.

Realrendite noch der Risikoprämienentwicklung erkennen.[1] Die Marktrisikoprämie kann unter den zum Jahresbeginn 2003 vorherrschenden volkswirtschaftlichen Rahmenbedingungen auch außerhalb des CAPM's anhand von Modellen zur Aktienrenditeprognose wie derjenigen von *Gordon* (1962), *Siegel* (1998, 1999),[2] *Diamond* (2000) und *Campbell* (2000)[3] bestätigt werden.

b) Empirische Untersuchungen zur Nach-Steuer Marktrisikoprämie

369 Im Rahmen einer Nachsteuerrechnung nach IDW ES 1 n.F. besitzen Vor-Steuer Marktrisikoprämien nur eine eingeschränkte Aussagekraft, da bei derartigen Bewertungsvorgängen ausschließlich Nach-Steuer Marktrisikoprämien bewertungsrelevant sind.

370 *Rosen* weist in alternativen empirischen Untersuchungen nach, dass die Nach-Steuer Marktrisikoprämie grundsätzlich höher ist, als der korrespondierende Vor-Steuer Wert. Dieser unumgängliche Anstieg der Risikoprämie in der Nach-Steuer Betrachtung begründet sich in der ungleichen steuerlichen Behandlung von Aktienerträgen und Erträgen aus Renteninvestitionen. Aktienerträge unterliegen in Deutschland einer geringeren Besteuerung als Erträge aus festverzinslichen Wertpapieren. Auf Zinszahlungen aus Staatsanleihen wird grundsätzlich die volle Einkommensteuer erhoben. Die Rendite von Aktien setzt sich dagegen aus Kursgewinnen und aus Dividendenzahlungen zusammen, wobei Dividendenzahlungen nach dem Halbeinkünfte-Verfahren besteuert werden und die meist deutlich überwiegenden Kursgewinne außerhalb der Spekulationsfrist nicht der Einkommensteuer unterliegen.

371 Da die Marktrisikoprämie die Differenz aus der Aktienrendite und der Verzinsung einer Bundesanleihe darstellt, weitet sich bei Existenz steuerfreier Kursgewinnkomponenten in der Aktienrendite infolge der ungleichen Besteuerung beider Anlageinstrumente in der Nach-Steuer Betrachtung der Renditeabstand von Aktien und festverzinslichen Anlagen aus. Die Marktrisikoprämie steigt.

Deswegen ist die Marktrisikoprämie nach Steuern grundsätzlich höher als bei einer Betrachtung ohne Einkommensteuern.[4]

---

[1] Vgl. *Siegel/Bernstein*. Die Autoren ermittelten Realrenditen von Aktien für jeweils rund 50 Jahre umfassende Zeiträume, beginnend mit dem 19. Jahrhundert. Die Ergebnisse sind stabil.

[2] Die Ergebnisse von *Siegel* (1998, 1999) sind aufgrund der Kursverluste an den Aktienmärkten in den letzten Jahren nicht mehr aktuell und führen zu falschen Schlussfolgerungen. *Siegels* Studien basieren somit auf veralteten Schätzungen zu den an den Kapitalmärkten beobachteten Kurs-Gewinn-Verhältnissen, weil diese aus heutiger Sicht überhöht sind. Auf Basis aktueller Kurs-Gewinn-Verhältnisse ergeben sich auch im Rahmen der *Siegel*-Studien Marktrisikoprämien von rund fünf Prozent.

[3] Vgl. *Siegel*, Journal of Portfolio Management 1999, 10–15; *Campbell*, S. 1–16; *Diamond*, Social Security Bulletin 2000, 17–46; *Gordon*.

[4] Vgl. *Rosen*, Aktie versus Rente: Aktuelle Renditevergleiche zwischen Aktien und festverzinslichen Wertpapieren, Studien des Deutschen Aktieninstituts, Heft 26, Juli 2004, S. 29.

Weil die als solche nicht wertrelevante deutsche Vor-Steuer Marktrisikoprämie grundsätzlich niedriger ist als die bei der Nach-Steuerrechnung anzusetzende Nach-Steuer Marktrisikoprämie, muss die Vor-Steuer Marktrisikoprämie i.d.R. die logische Wertuntergrenze für die jeweils anzuwendende Marktrisikoprämie nach Abzug persönlicher Steuern bilden. 372

Verschiedene Studien veranschlagen die Nach-Steuer Marktrisikoprämie für den deutschen Kapitalmarkt auf 4 % bis 6 %.[1]

c) Logische Untergrenzen von Risikoprämien vor Abzug persönlicher Einkommensteuern

Häufig erweist es sich im Rahmen der Unternehmensbewertungen als erforderlich, eine **minimale Marktrisikoprämie** (vgl. Teil II Rz. 361) zu bestimmen, deren Unterschreitung im Normalfall nicht zu akzeptieren ist. Hierzu erweist sich die Analyse von **Renditespreads** zwischen Unternehmens- und Staatsanleihen als hilfreich.[2] 373

Aktien weisen im Allgemeinen ein **höheres Risiko als Anleihen** auf. Dies begründet sich daraus, dass im Regelfall Zinszahlungen für Anleihen laufend bedient werden müssen und seitens der Schuldner kaum beeinflussbar sind. Gewinnausschüttungen sind dagegen, abhängig von der finanziellen Situation des Unternehmens, stark beeinflussbar und können insoweit auch ausfallen. Auch im Falle der Insolvenz des Anleihenschuldners hat der Gläubiger einen vorrangigen Anspruch auf Rückzahlung seines Darlehens.[3] Überlassenes Eigenkapital fällt dagegen im Falle einer Insolvenz eines Unternehmens überwiegend zu 100 % aus. 374

Vergleicht man in einem ersten Schritt Renditen von **Bundesanleihen und Industrieanleihen**, sind Renditedifferenzen zu beobachten. Diese lassen auf unterschiedliche Risikoeinschätzungen bei den beiden Anlageformen schließen. Ein risikoaverser Investor erwartet (und erhält auch) für sein Investment in Form eines Darlehens in ein Unternehmen eine höhere Risikoprämie als bei einer Anlage in eine Bundesanleihe. Bei einer Investition in das Eigenkapital eines Unternehmens muss er im Vergleich zu einem Investment in eine Bundesanleihe oder eine Unternehmensanleihe eine zusätzliche Risikoabgeltung erwarten, weil dort sowohl das Risiko im Hinblick auf die Dividendenkontinuität wie auch auf den Rückerhalt seines Eigenkapitalbeitrags als noch riskanter einzuordnen ist. Inwieweit vor dem dargestellten Hintergrund der Spread zwischen Bundesanleihe und Unternehmensanleihe ein Maßstab für 375

---

1 Vgl. *Stehle*, WPg. 2004, 906 ff.; *Rosen*, Aktien versus Rente: aktuelle Renditevergleiche zwischen Aktien und festverzinslichen Wertpapieren, Studien des Deutschen Aktieninstituts, Heft 26, S. 29; *Morawietz*, Rentabilität und Risiko deutscher Aktien und Rentenanlagen seit 1870 unter Berücksichtigung von Geldentwertung und steuerlichen Einflüssen, 1994; *Conen*, Risikoprämien am deutschen Kapitalmarkt, Ein Überblick der Renditen für Aktien und Anleihen seit 1875, Deutsches Aktieninstitut, 1995.

2 Zusammenhänge von Anleihenspreads und Marktrisikoprämie sind in der Literatur bisher nur oberflächlich betrachtet.

3 Vgl. *Drukarczyk*, Unternehmensbewertung, S. 403; *Betsch/Groh/Lohmann*, S. 270 f.

die Untergrenze für eine Risikoprämie eines Investments in eine Aktie darstellen kann, wird nachfolgend diskutiert.

376 Die für Unternehmensanleihen gezahlten Risikoprämien können aus ihrem Renditeaufschlag (im Folgenden kurz: Spread) gegenüber Staatsanleihen bestimmt werden. Allerdings erweist sich der Spread einer Anleihe zunächst nicht direkt mit der Marktrisikoprämie vergleichbar, die für Aktien gemessen wird. Der Spread stellt eine gemessene Soll(über-)rendite dar. Diese ist nur im besten Fall realisierbar, nämlich dann, wenn die Zinszahlungen regelmäßig und pünktlich erfolgen und das investierte Kapital am Ende der Laufzeit vollständig und pünktlich zurückgezahlt wird. Die am Markt gemessene Risikoprämie für Aktien stellt dagegen eine erwartete Überrendite (Erwartungswert) eines Aktienengagements dar, die neben Kursschwankungen erwartete künftige Dividendenzahlungen und **Insolvenzrisiken** mit beinhaltet.

377 Um aus Anleihenspreads eine Untergrenze für Marktrisikoprämien bestimmen zu können, müssen Anleihenspreads daher von ihrer Soll-Rendite auf ihren Erwartungswert korrigiert werden. Ihre tatsächliche erwartete Gesamtrendite (nach Abzug des Ausfallrisikos) ist zu bestimmen. Dies geschieht durch Aufteilung des Spreads in verschiedene Komponenten: einem Zuschlag für das Ausfallrisiko der Anleihe (Ausfallprämie/Insolvenzrisiko) sowie einem Zuschlag zur Kompensation für die Unsicherheit der erwarteten Zinserträge (Zinsausfallprämie/Risikoprämie).[1] Um einen **Risikozuschlag von Anleihen** zu ermitteln, der sich inhaltlich mit der Risikoprämie von Aktien vergleichen lässt, muss die erste Komponente (Ausfallprämie) eliminiert werden.

378 Eine Abschätzung der **Ausfallprämie** kann anhand von **Ausfallquoten** und so genannten **Recovery Rates** (Anteil des Nominalwerts der Anleihe, den der Investor bei Ausfall der Anleihe zurückbekommt) erfolgen. Europäische Unternehmensanleihen mit dem S&P Rating BBB[2] beispielsweise wiesen in den Jahren 1985 bis 2001 eine jährliche Ausfallquote von 0,00 % auf.[3] Die Ausfallquote amerikanischer Anleihen mit diesem Rating lag im selben Zeitraum bei 0,19 %. Die Ausfallquoten von Anleihen mit schlechterem oder ohne Rating liegen in der Regel darüber[4] und weisen höhere Spreads auf. Dies zeigt, dass der überwiegende Teil des Spreads für sog. Investment Grade Bonds nicht auf

---

1 Vgl. *Elton/Gruber/Agrawal/Mann*, Journal of Finance 2001. Die Autoren identifizieren speziell für amerikanische Anleihen eine weitere Komponente, die aus der unterschiedlichen Besteuerung von Unternehmens- und Staatsanleihen durch den amerikanischen Fiskus herrühren. Diese dritte Komponente ist auf deutsche Anleihen nicht anwendbar.
2 Unternehmen und Anleihen, die ein S&P Rating von BBB ausweisen, wird eine gute, aber nicht die beste Bonität zugeschrieben. Anleihen mit schlechterem Rating oder Unternehmen ohne Rating gelten als riskanter. Da die Mehrzahl der Unternehmensbewertungen für Unternehmen ohne Rating durchgeführt wird, wurde für die oben stehenden Analysen unterstellt, dass deren Bonitätsrisiko im Durchschnitt mindestens mit demjenigen eines nach S&P mit BBB gerateten Unternehmens vergleichbar ist.
3 Vgl. *Moody's Investors Service*, S. 14.
4 Vgl. *Moody's Investors Service Global Credit Research*, 1996; *Moody's Investors Service Global Credit Research*, 1997; S. 15.; *Brigham/Houston*, S. 130 f.

die Ausfallprämie, sondern auf die Risikoprämie entfällt.[1] Wissenschaftliche Studien[2] bestätigen dies und schätzen den Anteil der Ausfallprämie am Spread auf 20 %-35 %.[3] Deshalb kann die Höhe der Risikoprämie für Anleihen von Schuldnern guter Bonität überschlägig mit 70 % des Spreads abgeschätzt werden.[4]

Von Februar 2002 bis Januar 2003 wiesen Euro-Anleihen der S&P Ratingklasse BBB gegenüber europäischen Staatsanleihen einen durchschnittlichen Spread von 2,3 Prozentpunkten auf (vgl. Abbildung 21). Geht man nach *Elton* et. al. (2001) davon aus, dass 70 % des Anleihenspreads als Entschädigung für das übernommene Anleihenrisiko angesehen werden, ergibt sich somit eine (Anleihen-)Risikoprämie von gerundet 1,6 %. Dieser Erwartungswert ist dann inhaltlich mit der Risikoprämie von Aktien vergleichbar.

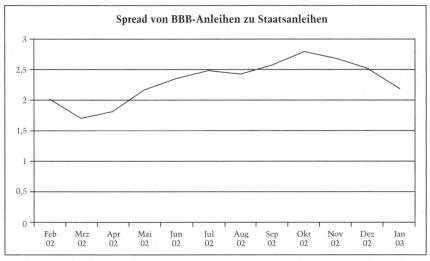

Abb. 21: Spreads von Staats-/Unternehmensanleihen (Feb. 2002 bis Jan. 2003); Quelle: Thomson DataStream.

Zu diskutieren verbleibt, wie viel höher die Risikoprämie für eine Aktie im Vergleich zu derjenigen einer Anleihe sein soll. Hierzu kann beispielsweise mit der Standardabweichung von Wertpapierrenditen ein übliches Risikomaß herangezogen werden. Der Vergleich von Aktien- und Bondindices zeigt, dass die Standardabweichung der Renditen von Bondportfolien nur rund ein Sechs-

---

1 Wie in dem vorangegangenen Beispiel erläutert, entspricht die Ausfallprämie approximativ der Ausfallquote. Bei Anleihen mit einem S&P Rating von BBB sind das rund 0,2 %. Der Spread liegt bei rund 2,0 %.
2 Vgl. *Elton/Gruber/Agrawal/Mann*, Journal of Finance 2001.
3 Vgl. *Huang/Huang*.
4 Nach eigenen empirischen Untersuchungen stellt für einen typischen Investor der Spread sogar zu 100 % eine Kompensation für das Zinsausfallrisiko dar, da er die rein akademische Unterscheidung in Insolvenzrisiko und Zinsausfallprämie nicht vornimmt.

tel der Standardabweichung von Aktienportfolien beträgt. Im Zeitraum von Januar 2000 bis März 2003 wies beispielsweise der MSCI Euro Credit 10+ Index, in dem europäische Unternehmensanleihen mit wenigstens 10 Jahren Restlaufzeit enthalten sind, eine tägliche Standardabweichung von 0,31 % auf. Dagegen betrug die Standardabweichung der täglichen EuroStoxx 50 Renditen im selben Zeitraum 1,88 %. Langfriststudien für den amerikanischen Markt zeigen, dass die (jährliche) Standardabweichung von Aktienrenditen mehr als doppelt so hoch wie die von Anleihenrenditen ist.[1] Zur Abschätzung logischer Wertuntergrenzen von Marktrisikoprämien kann daher davon ausgegangen werden, dass das Risiko einer Investition sich proportional zur Standardabweichung verhält[2] und mit steigender Standardabweichung der Renditen ansteigt.

381 Da der **Erwartungswert** der Risikoprämie für Anleihen mit einem S&P Rating von BBB bei rund 1,60 % liegt, ergibt sich vor diesem Hintergrund aus der konservativ geschätzten Relation der Standardabweichungen von mehr als 2 zu 1 eine logische Wertuntergrenze für die Marktrisikoprämie von mehr als 3,20 %.

382 Die Anregung, Eigenkapitalkosten oder Marktrisikoprämien unter **Rückgriff auf Anleihenrenditen** zu ermitteln, findet zunehmend in der neueren Fachliteratur Zuspruch. So setzt sich nach *Uzik* und *Weise* die Eigenkapitalrendite eines Unternehmens aus folgenden Hauptkomponenten zusammen: dem Risiko eines Wertverlustes infolge nationaler Politik, dem unternehmensspezifischen Insolvenzrisiko und dem reinen Eigenkapitalrisiko, welches sich aus der Nachrangigkeit des Eigenkapitals gegenüber Fremdkapital ergibt. Dementsprechend lassen sich die Eigenkapitalrenditen dann aus Anleiherenditen und Marktpreisen für Aktienoptionen ableiten.[3]

4. Wachstumsabschlag

383 Der Wachstumsabschlag im Kapitalisierungszinssatz erweist sich in einem Zwei-Phasenmodell als einer der wesentlichen Werttreiber für den Unternehmenswert und erfordert eine sorgfältige Analyse der wirtschaftlichen Rahmenbedingungen des Bewertungsobjekts. Die Praxis zeigt wiederholt, dass die Abschätzung des Wachstumsabschlags mit Schwierigkeiten verbunden ist. Vor diesem Hintergrund stellt das folgende Kapitel dar, anhand welcher Daten, Grundlagen und Methoden näherungsweise ein geeigneter Wachstumsabschlag ermittelt werden kann.

a) Theoretische Grundlagen

384 Der Wachstumsabschlag im Kapitalisierungszinssatz repräsentiert ein im langfristigen Durchschnitt erwartetes **Gewinnwachstum** eines Unternehmens. Vereinfacht formuliert handelt es sich um einen hinsichtlich Konjunkturzyklen geglätteten Wachstumstrend. Zur Untersuchung der entsprechenden Zusammenhänge wird zunächst auf ein einfaches Gewinnmodell

---

[1] Vgl. *Deutscher Investment Trust Gesellschaft für Wertpapieranlagen mbH*, S. 5.
[2] Vgl. *Damodaran*, S. 168.
[3] Vgl. *McNulty/Yeh/Schulze/Lubatkin*, Harvard Business Review 2002.

zurückgegriffen. Hierbei ergibt sich der Unternehmensgewinn (G) vor Zinszahlungen (EBIT) aus dem mit der Absatzmenge (M) multiplizierten Stückgewinn, der seinerseits vereinfacht als Differenz zwischen dem Umsatzerlös (U) je Stück und dem Aufwand (A) je Stück ermittelt wird. Auf die Berücksichtigung eines Gewinnwachstums als Folge von Kapazitätserweiterungen wird im Rahmen des folgenden Modells verzichtet.[1]

$$G = M \cdot (U - A).$$

Ändert sich der Gewinn eines Unternehmens, ist dieses im obigen Modell auf Veränderungen bei den Absatzmengen, den Absatzpreisen pro Stück oder den Aufwendungen pro Stück zurückzuführen. Die Gewinnveränderung (dG) stellt sich danach wie folgt dar:[2]

$$dG = \underbrace{(U - A) \cdot dM}_{Mengeneffekt} + \underbrace{M \cdot (dU - dA)}_{Preiseffekt}$$

Das nachhaltige Gewinnwachstum wird durch **langfristige Mengen- und Preisveränderungen** bestimmt. Eine exakte Bestimmung des Wachstumsabschlags erfordert daher umfangreiche Kenntnisse über zukünftige Veränderungen der Absatzmenge (dM), der Umsatzerlöse pro Stück (dU) sowie der Aufwendungen je Stück (dA). Darüber hinaus müssten detaillierte Annahmen hinsichtlich etwaiger Rückkoppelungsprozesse zwischen den Mengen- und Preiseffekten getroffen werden.[3] Die Überlegungen zeigen, dass die Schätzung des Gewinnwachstums eine komplexe Aufgabe ist, die in der Praxis kaum erschöpfend zu lösen ist.

b) Empirische Fundierung

Die historisch erzielten Wachstumsraten der Jahresgewinne deutscher Industrieunternehmen verschiedenster Größenklassen und Rechtsformen lassen sich aus Veröffentlichungen der Deutschen Bundesbank zur wirtschaftlichen Entwicklung in der westdeutschen Industrie in den Jahren von 1971 bis 1994 bestimmen.[4]

Die **Jahresüberschüsse deutscher Industrieunternehmen**[5] wuchsen dabei in den Jahren 1971 bis 1994 durchschnittlich mit 1,7 % p.a. Damit lag das durchschnittliche Gewinnwachstum rund 50 % unter der langjährigen Inflationsrate der Konsumentenpreise. Diese stiegen im Vergleichszeitraum durchschnitt-

---

1 In Übereinstimmung mit der Vorgehensweise des IDW ES 1 i.d.F. v. 9.12.2004, Rz. 104–108 bleiben Wachstumseffekte aus Kapazitätserweiterungen unberücksichtigt. Daraus ergeben sich Grenzen für das Mengenwachstum.
2 Die Gleichung in Rz. 385 ist die mathematische Lösung für das aus der Gleichung in Rz. 384 abgeleitete totale Differenzial $\left(dG = \frac{\delta G}{\delta M} \cdot dM + \frac{\delta G}{\delta U} \cdot dU + \frac{\delta G}{\delta A} \cdot dA \right)$.
3 Vgl. WPHdb. II/2002, S. 79–84.
4 Vgl. *Deutsche Bundesbank*, Sonderveröffentlichung, S. 19–23. Die in der Literaturquelle angeführten Daten für 1995 und 1996 sind lediglich Schätzwerte und schieden für die Analysen aus.
5 Nicht eingeschlossen sind Unternehmen aus der „New Economy" sowie dem Finanzdienstleistungsbereich.

lich mit 3,7 % jährlich. Teilweise in Literatur und Rechtsprechung geäußerte Ansichten, wonach Unternehmensgewinne mindestens in Höhe der Inflation ansteigen müssten, lassen sich empirisch nicht bestätigen. Das im Vergleich zur Inflation nur unterdurchschnittliche Gewinnwachstum ist darauf zurückzuführen, dass es deutschen Unternehmen im Betrachtungszeitraum im Mittel nicht gelang, Kostensteigerungen vollständig auf die Absatzpreise zu überwälzen. Dieses zeigt sich darin, dass im Betrachtungszeitraum die Umsatzerlöse nominal mit 5,3 % p.a. stiegen, während die Aufwendungen im gleichen Zeitraum um 0,1 Prozentpunkte p.a. stärker zunahmen und ein Wachstum von 5,4 % p.a. aufwiesen. Im Ergebnis verschlechterten sich die Umsatzrenditen von 3,3 % im Jahre 1971 auf 1,6 % im Jahre 1994. Der empirisch beobachtete Gewinnanstieg war demzufolge ausschließlich mengenbedingt und wurde zum Teil über (Eigen-)Kapitalzuführungen[1] finanziert. Diese Ergebnisse wurden auf ihre Stabilität hinsichtlich unterschiedlicher Konjunkturzyklen überprüft.

389 Die Auswahl geeigneter **Konjunkturzyklen** erfolgte durch die Analyse von Wachstumsraten des deutschen Brutto-Inlandsprodukts (BIP). Das BIP-Wachstum stieg im Zeitraum 1967 bis 1969 von real rund 0 % auf annähernd 8 % p.a. an, um in den zwei darauf folgenden Jahren 1970 und 1971 wieder auf rund 3 % zu fallen. Damit sind die Jahre 1970 und 1971 einer konjunkturellen Schwächephase zuzuordnen. Ein weiterer konjunktureller Abschwung wurde in den Jahren 1980 sowie 1991 bis 1993 beobachtet. Aufgrund dieser Überlegungen lassen sich für die Bundesrepublik Deutschland folgende Konjunkturzyklen erkennen:[2]

Zyklus	Gewinnwachstum (p.a.)	Inflation (p.a.)	Gewinnwachstum zur Inflation (p.a.)
1971 bis 1980	2,2 %	5,1 %	44,0 %
1980 bis 1994	1,4 %	2,9 %	48,0 %
1971 bis 1994	1,7 %	3,7 %	45,9 %
1971 bis 1992	1,7 %	3,8 %	45,1 %

Abb. 22: Gewinnwachstum und Inflation in den einzelnen Konjunkturzyklen; Quelle: Deutsche Bundesbank, abrufbar im Februar 2004 im Internet unter http://www.bundesbank.de.

390 Aus der obigen Abb. ist zu entnehmen, dass in keinem einzigen vollständigen Konjunkturzyklus das Gewinnwachstum nur annähernd das Niveau der Inflation erreichen konnte. Die Gewinne konnten im Durchschnitt lediglich mit Raten von 1,4 % bis 2,2 % p.a. gesteigert werden, während die Konsumentenpreise mit 2,9 % bis 5,1 % p.a. anstiegen. Daraus folgt, dass zwischen der Inflation und der Höhe des Gewinnwachstums ein zyklusübergreifender stabiler Zusammenhang besteht. Im Durchschnitt beträgt das in einem Konjunktur-

---

[1] Die durchschnittliche Thesaurierungsquote betrug in den Betrachtungszeiträumen rund 50 %.
[2] Vgl. Baßeler/Heinrich/Utecht, S. 705–725; Pätzold, S. 56–82.

zyklus realisierte Gewinnwachstum lediglich 45 % bis 50 % der Inflationsrate. Auch bei Kenntnis der deutschen Wirtschaftsentwicklung in den 90er Jahren erweist sich der Zusammenhang von Inflationsrate und Gewinnwachstum als stabil. Im Zeitraum von 1971 bis 2001[1] wuchsen die Jahresüberschüsse deutscher Unternehmen mit Raten von durchschnittlich 1,4 %,[2] während die jährliche Inflationsrate im Mittel 3,1 % p.a.[3] betrug. Die vorstehend aufgeführten **Gewinnwachstumsraten deutscher Industrieunternehmen** erweisen sich bei näherer Betrachtung allerdings als eine Obergrenze, da die aus der Bundesbank-Studie ablesbare Gewinnentwicklung durch nachfolgend erläuterte Sonderfaktoren verzerrt werden.

So weisen die Bundesbank-Daten zunächst einen „**Survivorship Bias**" auf, da in der Datenbasis negative Ergebnisbeiträge von aus dem Markt ausgeschiedenen Unternehmen fehlen. Damit wird die langfristige Ergebnisentwicklung zu positiv ausgewiesen. Zum Ausgleich der ergebnisverzerrenden Effekte ist deswegen vom Wachstumsabschlag eine „Konkursprämie" abzuziehen.

391

Kritisch ist weiter, dass die in der Bundesbank-Studie erfassten Unternehmen ihre Jahresüberschüsse im gesamten Untersuchungszeitraum zu nicht vernachlässigbaren Teilen thesaurierten. Dabei ist das langjährige Gewinnwachstum bei thesaurierenden Unternehmen im Vergleich zu voll ausschüttenden[4] Gesellschaften generell höher, weil thesaurierte Gewinne für Investitionen verwendet werden und eine zusätzliche Rendite in Form zeitlich nachgelagerter Gewinne generieren. Da in der Unternehmensbewertung die zu kapitalisierenden Erträge in der Regel auf Basis der Vollausschüttungsprämisse bestimmt werden, muss der Wachstumsabschlag im Kapitalisierungszinssatz um die aufgrund der vollen Gewinnausschüttung wegfallenden zukünftigen Ergebniszuwächse korrigiert werden.

392

c) Fazit

Die vorangegangene Diskussion zeigt, dass sich direkte Verbindungen zwischen der Höhe des Zinsniveaus und somit des Basiszinssatzes einerseits sowie dem geplanten Gewinnverlauf des zu bewertenden Unternehmens ande-

393

---

1 Sowohl die Gewinne des Jahres 1971 als auch des Jahres 2001 befinden sich unmittelbar nach einem relativen Konjunktur-Hochpunkt. Da über das Jahr 2001 mit einer weiteren Verschlechterung der Gewinne zu rechnen ist, konnte das Jahr 2001 nicht als relativer Konjunkturtiefpunkt definiert werden. Vgl. zur weiteren Entwicklung über das Jahr 2001 hinaus z.B. die Entwicklung der kumulierten Earnings per Share der Dax 30 Unternehmen, Quelle: Thomson DataStream.
2 Vgl. *Deutsche Bundesbank*, Sonderveröffentlichung, S. 18–20, *Deutsche Bundesbank*, Monatsbericht März 2000, S. 34; *Deutsche Bundesbank*, Monatsbericht März 2001, S. 23; *Deutsche Bundesbank*,Monatsbericht April 2002, S. 38; *Deutsche Bundesbank*, Monatsbericht April 2003, S. 54. Berücksichtigt wurde auch die Neuabgrenzung des Untersuchungsfeldes im Zeitablauf sowie die neue Grundgesamtheit Bundesrepublik Deutschland gesamt.
3 Vgl. *Statistisches Bundesamt* (Hrsg.), Preise. Verbraucherpreisindex und Einzelhandelspreise, Lange Reihe ab 1984–2002, S. 3 f. Fehlende Daten für 2000 und 2001 wurden beim Statistischen Bundesamt direkt erfragt.
4 Vgl. WPHdb. II/2002, S. 38.

rerseits erkennen lassen. Hierbei bestehen Zusammenhänge zwischen der Höhe des Zinsniveaus, der konjunkturellen Situation und den Planerträgen der Unternehmen. So geht das gegenwärtig niedrige Zinsniveau bereits mit äußerst moderaten Wachstumsaussichten für die Detailplanungsphase einher. Für die Abschätzung des Wachstumsabschlags sind zudem langfristig Interdependenzen zwischen Inflation und Gewinnwachstum zu berücksichtigen. Während in der Vergangenheit bei durchschnittlichen Inflationsraten von 3 % bis zu 4 % Wachstumsabschläge von bis zu 1,5 % empirisch belegbar waren, ist bei einem gegenwärtigen Basiszinssatz von 5,5 % und einer zukünftig erwarteten Inflation von 1 % bis 2 % von einem Wachstumsabschlag von durchschnittlich 0,5 % bis höchstens 1,0 % p.a. auszugehen.[1]

d) Ableitung des Kapitalisierungszinssatzes nach der Zinszuschlagsmethode und dessen Angemessenheitsbeurteilung

aa) Ableitung des Kapitalisierungszinssatzes

394 Ausgehend von dem zum Beginn des Jahres 2005 geltenden Zinsniveau leitet sich nach dem IDW 1 der Kapitalisierungszinssatz unter der exemplarischen Annahme aktueller (Stand: Anfang 2005) Basiszinssätze, Marktrisikoprämien und Wachstumsabschläge für die Detailplanungsphase und die Phase der ewigen Rente nach dem folgenden Schema ab:

			Detailplanungs-phase	Ewige Rente
Basiszins			5,0 %	5,0 %
Typisierte Steuern der Anteilseigner (35 %)			–1,8 %	–1,8 %
Basiszinssatz nach typisierten Steuern der Anteilseigner			3,3 %	3,3 %
Marktrisikoprämie nach typisierten Steuern der Anteilseigner	5,5 %			
Beta-Faktor		1,0		
Risikozuschlag			5,5 %	5,5 %
Kapitalisierungszinssatz nach typisierten Steuern der Anteilseigner			8,8 %	8,8 %
Wachstumsabschlag				–1,0 %
Kapitalisierungszinssatz nach typisierten Steuern der Anteilseigner und nach Wachstumsabschlag			8,8 %	7,8 %

bb) Angemessenheitsbeurteilung

395 Da sich die für eine Unternehmensbewertung benötigten Kapitalisierungszinssätze auf unterschiedlichsten Wegen ermitteln lassen, hat ein sorgfältiger Unternehmensbewerter nach der Ableitung des Kapitalisierungszinssatzes sich ein Urteil über die Plausibilität des insgesamt sich ergebenden Kapitalisierungszinssatzes zu verschaffen.

---

1 Diese Aussage bezieht sich auf den Gesamtmarkt, d.h. auf ein „durchschnittliches" deutsches Unternehmen. Für einzelne Unternehmen bzw. Branchen können sich abweichende Wachstumsabschläge ergeben.

Aufgrund der vielfältigen Rückwirkungen zwischen den Einzelkomponenten 396
des Kapitalisierungszinssatzes (Basiszinssatz, Marktrisikoprämie, Beta-Faktor, Wachstumsabschlag und typisierter Einkommensteuer) genügt es hierbei für die Plausibilitätskontrolle nicht, nur die methodische Vorgehensweise bei der Ableitung des Kapitalisierungszinssatzes wie auch die Parameter für die Einzelkomponenten des Kapitalisierungszinssatzes zu würdigen. Vielmehr ist der insgesamt angesetzte Kapitalisierungszinssatz einer Plausibilitätsbeurteilung zu unterziehen. Hierfür eignet sich insbesondere ein Vergleich des Kapitalisierungszinssatzes mit empirisch bestätigten Nach-Steuer Kapitalmarktrenditen.

Die historischen Nach-Steuer Renditen deutscher Aktieninvestitionen belie- 397
fen sich nach einer im September 2004 von Stehle veröffentlichten Studie für Unternehmen des DAX bzw. des CDAX im langfristigen Mittel zwischen 6,9 % p.a. und 11,5 % p.a. Der Mittelwert dieser Renditebandbreite errechnet sich zu 9,2 % p.a.[1] Vergleichbare Aussagen über die markttypische deutsche Nach-Steuer Aktienrendite treffen auch Feri-Trust. Für den Vergleichszeitraum von 1977–2002 weisen die Forscher für den deutschen Aktienmarkt eine Nach-Steuer Rendite von 6,2 % p.a. aus.[2] *Morawietz*[3] sieht für den Vergleichszeitraum von 1870 bis 1992 die Nach-Steuer-Kapitalmarktrendite bei 7,6 % p.a. Conen[4] weist auf Basis arithmetischer Mittelwerte eine inflationsbereinigte, reale Nach-Steuer Rendite von 8,2 % p.a. aus. 2003 wies Union Investment, die Fondsgesellschaft der Volks- und Raiffeisenbanken, für den Untersuchungszeitraum von 1983 bis 2003 eine jährliche Kapitalmarkt-(Nach-Steuer) Rendite von 9,1 % p.a. aus.[5]

Mithin wird ein Kapitalisierungszinssatz grundsätzlich dann als angemessen 398
zu beurteilen sein, wenn er seiner Höhe nach innerhalb der empirisch bestätigten Bandbreiten liegt. Ergibt sich dagegen bei der Ableitung des Kapitalisierungszinssatzes ein Wert außerhalb jener Bandbreiten, sollte ein Bewerter das Ergebnis und die Abweichungen zunächst genau prüfen und die Abweichungen erklären. Ggf. ist im Ergebnis dieser Prüfungshandlung, der Kapitalisierungszinssatz für die nachfolgende Bewertung noch einmal zu korrigieren, sofern die konkreten Umstände des Einzelfalles dem nicht entgegenstehen.

5. Zusammenfassung

Im vorangehenden Abschnitt wurden wesentliche Zusammenhänge zwischen 399
einzelnen Komponenten des Kapitalisierungszinssatzes dargestellt. Hierbei

---

1 Vgl. *Stehle*, Die Festlegung der Risikoprämie von Aktien im Rahmen der Schätzung des Wertes von börsennotierten Kapitalgesellschaften, WPg. 2004, 906 (923, 925). Der Mittelwert entspricht dem Durchschnitt der auf den vorbenannten Seiten abgebildeten Durchschnittsrenditen.
2 Vgl. „Aktie schlägt Rente", Manuskript der Feri Trust Research GmbH 2003, zitiert in Aktie versus Rente: Aktuelle Renditevergleiche zwischen Aktien und festverzinslichen Wertpapieren, Studien des Deutschen Aktieninstituts 26, 2004.
3 Vgl. Rentabilität und Risiko deutscher Aktien- und Rentenanlagen seit 1870 unter Berücksichtigung von Geldentwertung und steuerlichen Einflüssen, 1994.
4 Vgl. Risikoprämien am deutschen Kapitalmarkt, Deutsches Aktieninstitut 1995.
5 Vgl. unter anderem *Widmann/Schieszl/Jeromin*, FB 2003, 805 sowie WPHdb. II/2002, S. 73.

wurde anhand ausgewählter Schwerpunkte aufgezeigt, mittels welcher Daten, Methoden und Instrumente einzelne Komponenten des Kapitalisierungszinssatzes plausibilisiert werden können, um so den gesamten wirtschaftlichen Rahmenbedingungen des Bewertungsobjektes gerecht zu werden. Als grundsätzliche Erkenntnis lässt sich dabei festhalten, dass wiederholt in der Bewertungspraxis auftauchende Forderungen nach der Verwendung historisch niedriger Basiszinssätze in Kombination mit hohen Wachstumsabschlägen sowie niedrigen Marktrisikoprämien zu inkonsistenten Ergebnissen führen und somit einer sachgerechten Unternehmensbewertung widersprechen.

II. Bewertungen unter Gläubigerschutzgesichtspunkten

400 Erfolgt eine Unternehmensbewertung unter Gläubigerschutzgesichtspunkt nach dem Standard IDW RS HFA 10, ist der Kapitalisierungszinssatz entsprechend den in IDW ES 1 n.F. dargelegten Grundsätzen anhand der Rendite einer risikoadäquaten Alternativanlage zu ermitteln. Aufgrund der bei der Bewertung gebotenen Willkürfreiheit kommt eine Berücksichtigung vom Investor individuell und rein subjektiv bestimmter Renditeerwartungen nicht in Betracht. Hingegen können am relevanten Kapitalmarkt gemessene Renditen vergleichbarer Investitionen berücksichtigt werden. Als Ausgangsgrößen für die Bestimmung von Alternativrenditen kommen insbesondere Kapitalmarktrenditen für Unternehmensbeteiligungen (in Form eines Aktienportfolios) in Betracht. Entsprechend IDW ES 1 n.F., Rz. 126 sind diese Aktienrenditen grundsätzlich in einen Basiszinssatz und eine von den Anteilseignern auf Grund der Übernahme unternehmerischen Risikos geforderte Risikoprämie zu zerlegen. Bei dieser Aufteilung kann auf Kapitalmarktmodelle wie das CAPM (vgl. Anhang zu IDW ES 1 n.F.) zurückgegriffen werden. Obgleich der Wortlaut des RS 10 darauf schließen lässt, dass die risikoadäquate Alternativanlage direkt anhand von Kapitalmarktrenditen und nicht über eine stufenweise Ableitung aus Basiszinssatz und Risikozuschlag zu erfolgen hat, ist diese „Zinszuschlagsmethode" gemäß IDW ES 1 n.F. sowohl bei objektivierten Bewertungen aus Sicht privater Anteilseigner als auch bei Bewertungen gemäß RS 10 vorzunehmen. Beide Ansätze – die Zinszuschlagsmethode als auch die direkte Orientierung an Kapitalmarktrenditen bezogen auf die so genannte „Praktikermethode" – führen zu vergleichbaren Ergebnissen.

401 Die **Bewertung** erfolgt **aus Sicht eines bilanzierenden Unternehmens**, weshalb individuelle persönliche Ertragsteuern bei der Ableitung der zu kapitalisierenden Erträge und bei der Ermittlung des Kapitalisierungzinssatzes keine Rolle spielen. Bei der Bestimmung des Kapitalisierungszinssatzes ist aus Äquivalenzgründen (vgl. Teil II Rz. 59 ff.) der Ertragsteuerbelastung des bilanzierenden Unternehmens Rechnung zu tragen, die auf die zugrunde gelegte Alternativanlage entfällt. Dagegen ist sowohl bei der Bestimmung des Kapitalisierungszinssatzes wie auch bei der Ermittlung der Zukunftserfolge die Ertragsteuerbelastung der Anteilseigner des bilanzierenden Unternehmens nicht zu berücksichtigen.

402 Das **Gebot der Willkürfreiheit** verlangt, dass die Renditen der Alternativinvestitionen am relevanten Kapitalmarkt erhoben werden. Soweit es sich bei dem

die Beteiligung haltenden Unternehmen um ein Unternehmen mit Sitz in der Bundesrepublik Deutschland handelt, ist es zulässig, auf am deutschen Kapitalmarkt gemessene Renditen zurückzugreifen. Für die Vergangenheit liegen zahlreiche Untersuchungen vor, die unterschiedliche Betrachtungszeiträume sowie unterschiedliche methodische Details aufweisen. Die dort dargestellten Aktienrenditen liegen zwischen 10,4 % und 12,1 %. Da im Rahmen von Kapitalwertkalkülen zukünftig nachhaltig zu erwartende Größen zu berücksichtigen sind, sind diese aus Sicht des Bewertungsstichtags zu schätzen. Dazu können Daten, die für die Vergangenheit erhoben wurden, eine Orientierung liefern.

Soweit eine zu bewertende Beteiligungsgesellschaft hinsichtlich ihrer Größe, der Branche, der Kapitalstruktur, des Sitzlandes etc. von der in der zugrunde gelegten Alternativanlage berücksichtigten Risikostruktur abweicht, wird diese **Alternativrendite** angepasst. Dies erfolgt dadurch, dass unter Rückgriff auf das Capital Asset Pricing Model eine in der Kapitalmarktrendite enthaltene Marktrisikoprämie ermittelt und mit einem für Branche, Größe, Land, etc. angepassten Beta-Faktor gewichtet wird. Bei Bewertungen ausländischer Beteiligungen ist ggf. zu prüfen, inwiefern auch eine Anpassung der Marktrisikoprämie möglich ist. Dabei ist davon auszugehen, dass die Kapitalmarktrendite lediglich systematisches Risiko enthält und dieses einem Beta-Faktor vom 1,0 entspricht. Die wie oben dargestellt abgeleitete Kapitalmarktrendite ist insoweit durch Gewichtung der Marktrisikoprämie mit einem von 1,0 verschiedenen Beta-Faktor anzupassen. 403

Bei der Bestimmung des Kapitalisierungszinssatzes ist der **Ertragsteuerbelastung des bilanzierenden Unternehmens Rechnung zu tragen**, die auf die zugrunde gelegte Alternativanlage entfällt. Ertragsteuerbelastungen der Anteilseigner des bilanzierenden Unternehmens sind nicht zu berücksichtigen. Gemäß Textziffer 8 IDW RS HFA 10 sind die zu kapitalisierenden Ergebnisse nach Abzug der von der Beteiligungsgesellschaft zu tragenden Unternehmenssteuern sowie der diese Nettozuflüsse betreffenden Unternehmenssteuern der bilanzierenden Gesellschaft zu ermitteln. 404

Der Kapitalisierungszinssatz kann entweder, dem Wortlaut des IDW RS HFA 10 folgend, anhand der Gesamtzinsmethode oder mittels der Zinszuschlagsmethode abgeleitet werden. Bezüglich der Zinszuschlagsmethode (vgl. Teil II Rz. 298 ff.) kann von einem Basiszinssatz der Höhe 5 % ausgegangen werden. Die Marktrisikoprämie kann unter Zugrundelegung des CAPM mittels historischer Überrenditen des Aktienmarktes gegenüber festverzinslichen Wertpapieren geschätzt werden. Unter anderem in Abhängigkeit von dem gewählten Betrachtungszeitraum lassen sich Marktrisikoprämien von rund 4,0 % bis 6,0 % – jeweils vor Berücksichtigung persönlicher Einkommensteuern – ableiten.[1] Es sind keine Anhaltspunkte bekannt, dass Investoren in der Zukunft eine von der Vergangenheit wesentlich abweichende Risikoprämie fordern werden. Nach der Empfehlung des IDW können für Unternehmensbewertungen nach RS 10 Marktrisikoprämien der Bandbreite von 4,0 % 405

---

[1] Vgl. u.a. *Widmann/Schieszl/Jeromin*, FB 2003, 805 sowie WPHb. II/2002, S. 73.

bis 5,0 % zugrunde gelegt werden.[1] Somit kann unter der Annahme eines durchschnittlichen Marktrisikos (Beta-Faktor = 1,0) von einer Aktienrendite (vor Einkommensteuerberücksichtigung) von rund 9,5 % ausgegangen werden. Hierbei kann vereinfachend unterstellt werden, dass es sich um eine Aktienrendite nach Unternehmenssteuern handelt.

406 Alternativ kann die erwartete Aktienrendite anhand der Gesamtzinsmethode bestimmt werden. Hierbei ist die Kapitalmarktrendite in eine Dividendenrendite und in eine danach verbleibende Kurs- bzw. Wertsteigerungskomponente aufzuteilen. Unterstellt man eine Kapitalmarktrendite von 10,5 % (Betafaktor = 1,0), kann aus entsprechenden Untersuchungen eine durchschnittliche Dividendenrendite von rund 4,0 % unterstellt werden.[2] Hierbei halten wir es für sachgerecht davon auszugehen, dass diese Dividendenrendite einer durchschnittlichen Steuerquote von 35 % unterlegt hat. Insoweit ist dieser Teil der Kapitalmarktrendite nicht anzupassen. Wird vereinfachend im Schätzwege angenommen, dass die Hälfte der Kurssteigerungen, nämlich 3,25 % ([10,5 % − 4 %]/2), auf im Unternehmen thesaurierte Gewinne zurückzuführen ist, führt dies zur Schlussfolgerung, dass diese 3,25 % ebenfalls einen Renditewert nach Unternehmenssteuern darstellen. Es verbleibt danach ein restlicher Renditeanteil von 3,25 %, der auf andere durch steuerfreie gemessene Kurseffekte, wie z.B. spekulative Komponenten zurückzuführen ist. In diesem Falle ist lediglich auf den letztgenannten Renditeanteil von 3,25 Prozentpunkten eine Unternehmenssteuer von annahmegemäß 35 % abzuziehen. Daraus ergibt sich ein Steuerabzug von rund 1,1 % und bei einer Kapitalmarktrendite von 10,5 % (bei einem Betafaktor von 1,0) ein Kapitalisierungszinssatz von 9,4 %.

407 Hinsichtlich des verbleibenden Renditeteils können grundsätzlich unterschiedliche Auffassungen vertreten werden. Bei Annahme einer sich mit den Thesaurierungen deckenden Kurs- bzw. Wertsteigerung des Gesamtunternehmens hat die Kapitalmarktrendite vollständig den Unternehmenssteuern unterlegen. Eine weitere Kürzung zur Herstellung der Äquivalenz von Zahlungsstrom und Kalkulationszins ist somit nicht mehr notwendig. Bei im Vergleich zu den Thesaurierungen höheren Kurs- bzw. Wertsteigerungen hat die Kapitalmarktrendite hingegen nicht vollständig den Unternehmenssteuern unterlegen. Ursachen für nicht von Thesaurierungen gedeckte Kurs- bzw. Wertsteigerungskomponenten können einerseits Investitionen sein, deren Wertbeitrag höher als der korrespondierende Thesaurierungsbetrag ist. Andererseits können auch von der realwirtschaftlichen Sphäre der Unternehmen losgelöste Kursentwicklungen wie Spekulationsblasen vorliegen.

408 Von dem so ermittelten Kapitalisierungszinssatz ist ab dem Zeitpunkt der ewigen Rente ein **Wachstumsabschlag** zu berücksichtigen. Hierbei sind das Marktumfeld und die langfristigen Inflationserwartungen zu berücksichtigen.

---

1 Vgl. IDW-FN Nr. 1-2/2005, S. 71.
2 Vgl. z.B. *Drukarczyk/Schüler*, FB 2003, 337 (339) m.w.N.

G. Verhandlungsspielraum des Investors beim Unternehmenskauf

Wenn ein Unternehmenserwerb für einen Investor im Hinblick auf seine strategischen Ziele und Vorstellungen interessant ist, werden mit dem Eigentümer der Unternehmung **Verkaufsverhandlungen** geführt. Basis der Preisverhandlungen ist für den Investor der Grenzpreis, den er maximal zu zahlen bereit ist. Für die nachfolgenden Verkaufsverhandlungen kann es dabei vorteilhaft sein, diesen subjektiven Unternehmenswert in einem zweistufigen Bewertungsprozess zu ermitteln. In der ersten Stufe wird der objektivierte Unternehmenswert berechnet. In einem zweiten Bewertungsschritt kann der subjektive Unternehmenswert abgeleitet werden. Dieses erfordert die Integration der subjektiven Wertschätzungen des Investors in die Zukunftsprognose. Neben monetären Aspekten (Restrukturierung und Synergien) ist zu berücksichtigen, inwiefern der Käufer zusätzlich nicht-monetäre Erträge aus dem Unternehmen (z.B. Einfluss oder Geschäftskontakte) realisieren kann.[1]

409

Im Rahmen von Kaufverhandlungen bietet die **separate Ermittlung des objektivierten Unternehmenswerts** den Vorteil, dass er eine Anhaltsgröße für den vom Verkäufer geforderten Mindestpreis bietet.[2] Ist der objektivierte Unternehmenswert bekannt, lässt sich der Verhandlungsspielraum der Gegenpartei einschätzen. Kann der Verkäufer nicht die vom potenziellen Investor angestrebten Synergieeffekte realisieren, wird der objektivierte Unternehmenswert denjenigen Grenzpreis darstellen, den ein Verkäufer des Unternehmens bei unveränderter Fortführung erwirtschaften kann.[3] Umgekehrt besitzt der Verkäufer aber i.d.R. keine präzisen Informationen über den Grenzpreis des Verkäufers, da er dessen mögliche Synergieeffekte nicht oder nur ungenau einschätzen kann. Ein rationaler Käufer wird daher im Rahmen der Verkaufsgespräche einen Preis aushandeln, der zwischen dem subjektiven Grenzpreis des Verkäufers und seiner Preisobergrenze liegt.

410

---

1 Vgl. *Bruns*, S. 42 f.
2 Vgl. *Ballwieser*, DB 1997, 189; *Schildbach*, BFuB 1993, 30 f.
3 Der objektivierte Unternehmenswert wird üblicherweise als Schiedswert verwendet werden, wenn kein Wechsel in der Unternehmensführung und bei der Geschäftspolitik auftritt. Dies gilt z.B. bei Erb- und Scheidungsfällen und beim Ausscheiden eines Gesellschafters.

411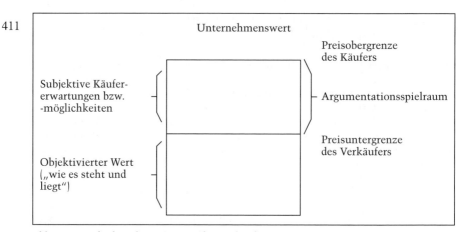

Abb. 23: Preisfindung beim Unternehmenskauf

412 Es sind auch Konstellationen denkbar, bei denen der Grenzpreis des Verkäufers oberhalb des Preises liegt, den der Investor maximal zu zahlen bereit ist. Dann schätzt der Käufer die zukünftige Entwicklung des Unternehmens schlechter ein als der Verkäufer. In dieser Situation werden sich die Parteien im Allgemeinen nicht auf einen Unternehmenspreis einigen können.

413 Sind die Grenzpreise so angeordnet, dass im Verhandlungsprozess ein für beide Seiten akzeptabler Preis gefunden werden kann, bestimmt sich die genaue Höhe des Verkaufspreises oft durch die **Verhandlungsmacht einer Seite**. Sie hängt u.a. davon ab, ob der Investor als alleiniger Nachfrager auftritt oder ob noch mehr potenzielle Interessenten für das zu bewertende Unternehmen am Verhandlungsprozess teilnehmen. Ohne weitere einschränkende Annahmen können allerdings keine präziseren Aussagen über die Höhe des Verkaufspreises gemacht werden.

H. Ausblick

414 Die Entwicklung der Unternehmensbewertung ist mit dem Geschehen an den Kapitalmärkten, insbesondere mit dem zurzeit auftretenden Globalisierungsdruck, verbunden. Institutionelle Anleger stellen in wachsendem Maß einheitliche Anforderungen an die externe Rechnungslegung und die Steuerung der Unternehmen, wenn sie grenzüberschreitende Transaktionen durchführen. Die Reaktion international agierender, deutscher Unternehmen liegt in einer zunehmenden Anpassung ihrer Rechnungslegung an die internationalen Standards (IAS, US-GAAP).[1] Die in den angelsächsischen Ländern nicht bekannten bzw. nicht akzeptierten deutschen Bilanzierungsgrundsätze wie Vorsichts- und Imparitätsprinzip entfallen. Damit ist bei den international ausgerichteten Unternehmen eine stärkere Orientierung der Rechnungslegung an

---

1 Vgl. *Jonas*, BFuB 1995, 83.

Cash-Flows zu beobachten. Dies fördert die Verbreitung des Discounted Cash-Flow-Verfahrens. Neben der Weiterentwicklung der Bewertungsverfahren auf Cash-Flow-Basis werden auch verstärkt optionspreistheoretische Modelle entwickelt, um die Investitions- und Finanzierungsstrategien der Unternehmen zu bewerten.[1]

Ein weiterer Trend in Deutschland, welcher ebenfalls einen Einfluss auf die Bewertungsmethoden haben wird, ist eine **verstärkte Desintermediation**. Unternehmen nutzen nicht mehr die klassischen Refinanzierungsmöglichkeiten der Kreditinstitute (Intermediär), sondern decken ihren Finanzbedarf direkt am Kapitalmarkt durch die Emission von Anleihen oder Aktien (Desintermediation). Die steigende Zahl börsennotierter Unternehmen und der Trend zur Publizierung von finanzmarktrelevanten Daten führt zu einer Verbesserung der bewertungsrelevanten Informationsbasis in Deutschland.[2] Dies erleichtert die Nutzung kapitalmarkttheoretischer Modelle zur Bestimmung von Opportunitätskosten. Zugleich führt dies auch zu einer wachsenden Bedeutung von Multiplikatoren und Vergleichsverfahren als Kontrollgrößen.

---

1 Vgl. *Luehrman*, Harvard Business Review 1997, 135. Zur Bewertung von Unternehmen anhand von Realoptionen *Ballwieser*, Unternehmensbewertung, S. 18 f.; *Hommel/Müller*, FB 1999, 177 ff.
2 Zum Aufbau der Deutschen Finanzdatenbank (DFDB) vgl. *Bühler/Göppel/Möller* et al., Zfbf 1993, 287 ff.

Teil III
Unternehmensbewertung und Post-Merger-/Acquisition-Bilanzierung von Beteiligungen[1]

Inhaltsverzeichnis

	Rz.
A. Vorbemerkung	1
B. Unternehmensbewertung nach IDW RS HFA 10 zur Wertansatzprüfung von Beteiligungen in handelsrechtlichen Abschlüssen	5
I. Vorschriften zur Bewertung von Beteiligungen in handelsrechtlichen Abschlüssen	5
II. Bewertungskonzeption des IDW RS HFA 10	9
1. Bewertungsanlass	9
2. Berücksichtigung von Unternehmens- und Ertragsteuern	12
3. Berücksichtigung von Synergieeffekten	18
4. Bestimmung der Alternativanlage für den Kapitalisierungszinssatz	24
5. Bewertung unter Veräußerungsgesichtspunkten	28
III. Ergebnis	32
C. Unternehmensbewertung im Rahmen einer Purchase Price Allocation nach SFAS 141 bzw. IFRS 3 und SFAS 142 bzw. IAS 36/38 (2004) zur Wertansatzprüfung von Beteiligungen in US-GAAP- und IAS-Abschlüssen	33
I. Vorbemerkung	33
II. Neuregelung der Bilanzierung von Business Combinations nach SFAS 141 bzw. IFRS 3 im Konzern- und Einzelabschluss	39
1. Anwendung der Purchasemethod	39
2. Basisbeispiel	45
3. Fair Value-Ermittlung der erworbenen Einheit	47
4. Immaterielle Vermögenswerte	51
a) Identifizierung und Klassifizierung	51
b) Bewertungsverfahren	65
5. Goodwill	78
6. Bilanzierung auf Ebene von Reporting Units/Cash-Generating Units	82
7. Latente Steuern	88
8. Auswirkungen auf den Einzelabschluss des erworbenen Unternehmens	90
III. Bewertungsvorgehen für ausgewählte immaterielle Vermögenswerte	92
1. Mitarbeiterstamm/„Assembled Workforce"	92
2. Kundenstamm/„Customer Relationship"	96
3. Markenname/„Trade Name"	100
4. Wettbewerbsverbot/„Noncompete Agreement"	104
5. Technologie, Forschung & Entwicklung/„Technology, In Process Research & Development"	107
6. Bewertungsergebnis/Berechnung des Goodwill	111
7. Behandlung eines negativen Goodwill	112
IV. Unternehmensbewertung im Rahmen des Impairmenttest nach SFAS 142 und IAS 36 (2004)	115
1. Impairment Only Approach (IOA)	115
2. Durchführung des Impairmenttests	119
3. Strategien zur Vermeidung von Wertminderungen des Goodwill	136
a) Akquisitionsrichtung	137
b) Zusammensetzung der Berichtseinheiten und Aufteilung des Goodwills	138
c) Wirkungsbeispiel	140

---

[1] Für die konstruktive Unterstützung bei der Anfertigung dieses Beitrages danke ich Herrn Diplom-Wirtschaftsjurist *Daniel Stehn*.

Teil III   Unternehmensbewertung und Bilanzierung von Beteiligungen

Literatur: Literatur IDW RS HFA 10: *Ballwieser,* Unternehmensbewertung und Komplexitätsreduktion, 3. Aufl. 1990; *Ballwieser,* Der Kalkulationszinsfuß in der Unternehmensbewertung: Komponenten und Ermittlungsprobleme, WPg. 2002, 736 ff.; *Ballwieser,* Bewertung von Beteiligungen uns sonstigen Unternehmensanteilen für die Zwecke eines handelsrechtlichen Jahresabschlusses, BBK Nr. 7 vom 2.4.2004, S. 299 ff. (zit. Beteiligungsbewertung); *Beck'scher Bilanz-Kommentar,* 5. Aufl. 2003; *Beck'sches IFRS-Handbuch,* 2004; *Dörschell/Schulte,* Bewertung von Beteiligungen für bilanzielle Zwecke, DB 2002, 1669 ff.; *Dötsch/Pung,* Die Neuerungen bei der Körperschaftsteuer und bei der Gewerbesteuer durch das Steuergesetzgebungspaket vom Dezember 2003, DB 2004, 151 ff.; *Franken/Schulte,* Auswirkungen des IDW RS HFA 10 auf andere Bewertungsanlässe, BB 2003, 2675 ff.; *Hayn/Ehsen,* Impairment Test im HGB, FB 2003, 205 ff.; *Hennrichs,* Unternehmensbewertung und persönliche Ertragsteuern aus (aktien)rechtlicher Sicht, ZHR 164 (2000), 453 ff.; IDW Standard: Grundsätze zur Durchführung von Unternehmensbewertungen (IDW S 1), WPg. 2000, 825 ff.; Entwurf einer Neufassung des IDW Standards: Grundsätze zur Durchführung von Unternehmensbewertungen (IDW ES 1 n.F.), IDW-FN 2005, 13 ff.; IDW-Stellungnahme zur Rechnungslegung: Anwendung der Grundsätze des IDW S 1 bei der Bewertung von Beteiligungen für die Zwecke eines handelsrechtlichen Jahresabschlusses (IDW ERS HFA 10), IDW-FN 2002, 502 ff.; IDW Stellungnahme zur Rechnungslegung: Anwendung der Grundsätze des IDW S 1 bei der Bewertung von Beteiligungen und sonstigen Unternehmensteilen für die Zwecke eines handelsrechtlichen Jahresabschlusses (IDW RS HFA 10), IDW-FN 2003, 557 ff.; *Künnemann,* Berücksichtigung der Steuern in der Unternehmensbewertung, in Börsig/Coenenberg (Hrsg.), Bewertung von Unternehmen, 2003, S. 153 ff.; *Kupke/Nestler,* Bewertung von Beteiligungen und sonstigen Unternehmensanteilen in der Handelsbilanz gemäß IDW RS HFA 10, BB 2003, 2671 ff.; *Reuter,* Unternehmensbewertung bei Sacheinlagen: Der neue IDW-Standard S1 auf dem Prüfstand des Kapitalaufbringungsrechts, BB 2000, 2298 ff.; *Rosenbaum/Gorny,* Bewertung von Beteiligungen im handelsrechtlichen Jahresabschluss, DB 2003, 837 ff.; *Thies/Ziegelmaier,* Einfluss von Steuern auf die Ermittlung subjektiver Unternehmenswerte, in Richter/Timmreck (Hrsg.), Unternehmensbewertung – Moderne Instrumente und Lösungsansätze, 2004, S. 303 ff.; *Wagner/Jonas/Ballwieser/Tschöpel,* Weiterentwicklung der Grundsätze zur Durchführung von Unternehmensbewertungen (IDW S1), WPg. 2004, 889 ff.; *Warth & Klein GmbH,* Mandanten Informationen 24. Oktober 2003 (zit. Warth & Klein Mandanteninformation); Wirtschaftsprüfer-Handbuch 2000, Band I, 12. Aufl. 2000; Wirtschaftsprüfer-Handbuch 2002, Band II, 12. Aufl. 2002.

Literatur SFAS 141, 142/IFRS 3, IAS 36, 38: *Aders/Wiedemann,* Brand Valuation: Errechnen die bekannten Ansätze der Markenbewertung entscheidungsrelevante Markenwerte?, FB 2001, 469 ff.; American Institute of Certified Public Accountants (AICPA), AICPA Practice Aid Series, Assets Aquired in a Business Combination to Be Used in Research and Development Activities: A Focus on Software, Electronic Devices, and Pharmaceutical Industries, 2001 (zit. AICPA Practice Aid); *Alvarez,* Segmentberichterstattung nach DRS 3 im Vergleich zu IAS 14 und SFAS 131, DB 2002, 2057 ff.; *Alvarez/Biberacher,* Goodwill-Bilanzierung nach US-GAAP – Anforderungen an Unternehmenssteuerung und -berichterstattung, BB 2002, 346 ff.; *App,* Latente Steuern nach IAS, US-GAAP und HGB, KoR 2003, 209 ff.; *Bieker/Esser,* Goodwill-Bilanzierung nach ED 3 „Business Combinations", KoR 2003, 75 ff.; *Brücks/Wiederhold,* Exposure Draft 3 „Business Combinations" des IASB, KoR 2003, 21 ff.; *Brücks/Wiederhold,* IFRS 3 Business Combinations, KoR 2004, 177 ff.; *Coenenberg,* Jahresabschluss und Jahresabschlussanalyse, 19. Aufl. 2003; *Davis,* US-GAAP: Rechnungslegung für immaterielle Vermögenswerte nach Verabschiedung der FASB Standards 141 und 142, DB 2002, 697 ff.; *Dawo,* Immaterielle Güter in der Rechnungslegung nach HGB, IAS/IFRS und US-GAAP, 2003; *Delaney/Epstein/Nach/Weiss Budak,* Wiley GAAP 2004 – Interpretation and Application of Generally Accepted Accounting Principles, 2003 (zit. Wiley GAAP 2004); *Eberle,* Neue Standards zur Bilanzierung von Goodwill, ST 2002, 184 ff.; *Erhardt,* Push down accounting – eine kritische Würdigung, BBK 2003, 2045 ff.; *Fladt/Feige,* Der Exposure Draft 3 „Business Combinations" des IASB – Konvergenz mit den US-GAAP?,

WPg. 2003, 249 ff.; *Focken*, Reporting Unit vs. Cash-Generating Unit – Auf dem Weg zu einer harmonisierten Goodwill-Bilanzierung, RIW 2003, 437 ff.; *Frowein/Lüdenbach*, Das Sum-of-the-parts-Problem beim Goodwill Impairment-Test, KoR 2003, 261 ff.; *Frowein/Lüdenbach*, Der Goodwill-Impairment-Test aus der Sicht der Bewertungspraxis, FB 2003, 65 ff.; *Ganske*, Meinungen zum Thema: Neue Vermögensdarstellung in der Bilanz, BFuP 2003, 480 ff.; *Geiger*, Ansatzpunkte zur Prüfung der Segmentberichterstattung nach SFAS 131, IAS 14 und DRS 3, BB 2002, 1903 ff.; *Haller*, Immaterielle Vermögenswerte – Wesentliche Herausforderung für die Zukunft der Unternehmensrechnung, in Möller/Schmidt (Hrsg.), Rechnungswesen als Instrument für Führungsentscheidungen, 1998, S. 561 ff.; Haufe IAS-Kommentar, 2003, (zit. IAS-Kommentar]; *Hitz/Kuhner*, Die Neuregelung zur Bilanzierung des derivativen Goodwill nach SFAS 141 und 142 auf dem Prüfstand, WPg. 2002, 273 ff.; *Hommel*, Bilanzierung von Goodwill und Badwill im internationalen Vergleich, RIW 2001, 801 ff.; *Hommel*, Neue Goodwillbilanzierung das FASB auf dem Weg zur entobjektivierten Bilanz?, BB 2001, 1943 ff.; *Hornung*, Immaterielle Vermögenswerte als Herausforderung der Zeit, in Küting/Weber (Hrsg.), Vom Financial Accounting zum Business Reporting, 2002, S. 13 ff.; *Hütten/Lorson*, Überlegungen zur neuen Goodwillbilanzierung nach SFAS 142 aus Controlling-Perspektive, KoR 2002, 25 ff.; *Jäger/Himmel*, Die Fair Value-Bewertung immaterieller Vermögenswerte vor dem Hintergrund der Umsetzung internationaler Rechnungslegungsstandards, BFuP 2003, 417 ff.; Kommission der EG: EU-Fair-Value-Richtlinie, 2000; *Kirsch*, Berichterstattung nach IAS 1 (revised 2003) über Ermessensspielräume beim Asset Impairment für operative Vermögenswerte und zahlungsmittelgenerierende Einheiten, KoR 2004, 136 ff. (zit. Berichterstattung nach IAS 1); *KPMG*, Guide to Accounting for Business Combinations, 2002 (zit. KPMG-Guide]; *Kümpel*, Die Bilanzierung des Goodwill nach SFAS No. 142, Der Betriebswirt 2002, 15 ff.; *Küting*, Vom Financial Accounting zum Business Reporting – Eröffnungsrede anlässlich der 6. Fachtagung am 22./23.11.2001 in Frankfurt am Main, in Küting/Weber (Hrsg.), Vom Financial Accounting zum Business Reporting, 2002, S. 1 ff.; *Küting*, Bilanzanalyse am Neuen Markt, in Küting/Weber (Hrsg.), Vom Financial Accounting zum Business Reporting, 2002, S. 101 ff.; *Küting*, Der Geschäfts- oder Firmenwert – ein Spielball der Bilanzpolitik in deutschen Konzernen, AG 2000, 97 ff.; *Küting/Elprana/Wirth*, Sukzessive Anteilserwerbe in der Konzernrechnungslegung nach IAS 22/ED 3 und dem Business Combinations Project (Phase II), KoR 2003, 477 ff.; *Küting/Weber/Wirth*, Die neue Goodwillbilanzierung nach SFAS 142, KoR 2001, 185 ff.; *Küting/Weber/Wirth*, Goodwill und immaterielle Vermögenswerte im Übergang auf die Anwendung des SFAS 142, KoR 2002, 57 ff.; *Küting/Wirth*, Bilanzierung von Unternehmenszusammenschlüssen nach IFRS 3, KoR 2004, 167 ff.; *Küting/Wirth*, Die Kapitalkonsolidierung im Spiegel der Bilanzwelten HGB – IAS/IFRS – US-GAAP, DStR 2003, 475 ff. und 522 ff.; *Lüdenbach/Frowein*, Der Goodwill-Impairment-Test aus Sicht der Rechnungslegungspraxis, DB 2003, 217 ff.; *Lüdenbach/Prusaczyk*, Bilanzierung von Kundenbeziehungen in der Abgrenzung zu Marken und Goodwill, KoR 2004, 204 ff.; *Lüdenbach/Schulz*, Unternehmensbewertung für Bilanzierungszwecke, WPg. 2002, 489 ff.; *Mard/Hitchner/Hyden/Zyla*, Valuation for Financial Reporting, 2002; *Michael*, Das Unternehmen als Marke – Das Ansehenskapital von Unternehmen wird wichtiger als ihr Stammkapital, Vortrag zur 16. Veranstaltung der Reihe „Top-Manager stehen Rede und Antwort" am 04.11.2003, IHK Aachen; *Moxter*, Immaterielle Anlagewerte im neuen Bilanzrecht, BB 1979, 1102 ff., *Nestler/Thuy*, Verfahren zur Bewertung von Reporting Units im Rahmen des Goodwill-Impairmenttests nach SFAS 142, KoR 2002, 169 ff.; o.V., Neue Zürcher Zeitung v. 29.1.2001, S. 6; *Pejic/Buschhüter*, Ende der planmäßigen Goodwill-Abschreibung?, KoR 2001, 107 ff.; *Pellens/Fülbier*, Ansätze zur Erfassung immaterieller Werte in der kapitalmarktorientierten Rechnungslegung, in Baetge (Hrsg.), Zur Rechnungslegung nach internationalen Accounting Standards (IAS), 2000, S. 35 ff.; *Pellens/Sellhorn*, Goodwill-Bilanzierung nach SFAS 141 und 142 für deutsche Unternehmen, DB 2001, 1681 ff.; *Pellens/Sellhorn*, Minderheitenproblematik beim Goodwill Impairment Test nach geplanten IFRS und geltenden US-GAAP, DB 2003, 401 ff.; *Pellens/Sellhorn*, Neue Goodwill-Bilanzierung nach US-GAAP, DB 2001, 713 ff.; *Pfeil/Vater*, „Die kleine Unternehmensbewertung" oder die neuen Vorschriften zur Goodwill- und Intangible-Bilanzierung nach SFAS No. 141 und

SFAS No. 142, KoR 2002, 66 ff.; *Pfeil/Vater*, SFAS No. 142: „Schlaraffenland" bilanzpolitischer Möglichkeiten? Eine Analyse aus der Sicht eines Finanzanalysten, MAR 2002, 261 ff.; *Pfeil/Vater*, Neues über Goodwill und immaterielle Werte, ST 2002, 585 ff. u. 665 ff.; *Pfitzer/Dutzi*, Fair Value, in Ballwieser u.a. (Hrsg.), Handwörterbuch der Rechnungslegung und Prüfung, 3. Aufl. 2002, Sp. 749 ff.; *PriceWaterhouseCoopers*, Shedding light on the New Business Combination Rules. A Guide for Dealmakers, 2002 (zit. PWC-Guide); *I. Schmidt*, Bilanzierung des Goodwills im internationalen Vergleich, 2002; *A. Schmidt*, Immaterielle Vermögenswerte als Werttreiber der Unternehmen, in Küting/Weber (Hrsg.), Vom Financial Accounting zum Business Reporting, 2002, S. 295 ff.; *Schneck*, Bewertung des Goodwill nach US-GAAP, DSWR 2003, 225 ff.; *Sellhorn*, Ansätze zur bilanziellen Behandlung des Goodwill im Rahmen einer kapitalmarktorientierten Rechnungslegung, DB 2000, 885 ff.; *Stauber/Ketterle*, Goodwill-Bilanzierung nach US GAAP, ST 2001, 955 ff.; *Teitler-Feinberg*, Neue Bewertung von Goodwill und anderen immateriellen Aktiven, ST 2001, 331 ff.; *Theile/Pawelzik*, Erfolgswirksamkeit des Anschaffungsvorgangs nach ED 3, WPg. 2003, 316 ff.; *Trömel*, Analysten warnen vor der Goodwill-Falle, Handelsblatt v. 19.7.2002, S. 31; *Tump/Gross*, M&A-Implikationen des neuen FASB Exposure Draft „Business Combinations and Intangible Assets", MAR 2001, 316 ff.; *Ulbricht*, Goodwill Impairment und Bewertung immaterieller Vermögensgegenstände nach IAS & US-GAAP, in Richter/Timmreck (Hrsg.), Unternehmensbewertung – Moderne Instrumente und Lösungsansätze, 2004, S. 323 ff.; *Weber*, Intangibles und Steuerung, in Küting/Weber (Hrsg.), Vom Financial Accounting zum Business Reporting, 2002, S. 319 ff.; *Weber/Wirth*, Immaterielle Vermögenswerte nach SFAS 141/142, in Küting/Weber (Hrsg.), Vom Financial Accounting zum Business Reporting, 2002, S. 43 ff.; *Wendlandt/Vogler*, Bilanzierung von immateriellen Vermögenswerten und Impairment-Test nach Überarbeitung von IAS 36 und IAS 38, KoR 2003, 66 ff.; *Wüstemann/Duhr*, Geschäftswertbilanzierung nach dem Exposure Draft ED 3 des IASB – Entobjektivierung auf dem Spuren des FASB?, BB 2003, 247 ff.; *Zeimes/Kühne*, Die neue Bilanzierung von Übernahmen, FAZ v. 5.4.2004, S. 20.

A. Vorbemerkung

1   Natürlich war schon immer die **Wertansatzprüfung von Beteiligungen**[1] unter Hinzuziehung von Unternehmensbewertungen notwendiger Bestandteil einer Abschlusserstellung.[2] Insoweit beschreitet der folgende Beitrag gewiss kein absolutes Neuland. Drei Vorgänge machen jedoch eine erneute Beschäftigung mit diesem Thema möglich.

2   In einer Bilanzierungswelt, die immer stärker dadurch geprägt ist, innovatives angelsächsisches Gedankengut quasi als Impulsgeber zur Überprüfung tradierten Wissens zu nutzen, ergibt sich zum einen aus der Neuregelung der Bilanzierung von „**business combinations**"[3] in der **US-amerikanischen Rechnungslegung** für die Bewertung von Beteiligungen konsequent eine neue Aufmerksamkeit.[4] Sichtlich um Anschluss an die US-amerikanischen Regelungen

---

1 Gemeint sind Beteiligungen i.S.d. § 271 Abs. 1 HGB.
2 Vgl. z.B. *Berger/Gutike* in BeckBilKomm., § 253 HGB Rz. 401 ff.
3 Financial Accounting Standards Board, Statement of Financial Accounting Standards No. 141: Business Combinations (SFAS 141); Financial Accounting Standards Board, Statement of Financial Accounting Standards No. 142: Goodwill and Other Intangible Assets (SFAS 142).
4 Vgl. *Hayn/Ehsen*, FB 2003, 205 (205); *Lüdenbach/Schulz*, WPg. 2002, 489.

bemüht, hat das International Accounting Standards Board (IASB) das Projekt „Business Combinations" im Sommer 2001 auf den Plan gerufen.[1]

Nahezu zeitgleich hat zum anderen in Deutschland durch die Veröffentlichung des **IDW RS HFA 10**[2] die Unternehmensbewertung für die Wertansatzprüfung von Beteiligungen eine neue Qualität erlangt.

3

Der folgende Beitrag zielt darauf ab, die innovativen Aspekte der obigen Regelungen herauszuarbeiten. Hierbei wird insbesondere durch die Etablierung des so genannten **Fair Value**[3] als Bewertungsmaßstab in SFAS 141 und 142/IFRS 3, IAS 36 (2004) und 38 (2004)[4] der Rückgriff auf die Grundelemente der **prospektiven Bewertungstheorie**, die insbesondere im Bereich der Unternehmensbewertung zur Anwendung kommen, erforderlich sein. Methoden der Unternehmensbewertung erlangen hierbei enorme Bedeutung für die Bilanzierung.[5] Jedoch ist im Folgenden eine Darstellung des breiten und außerordentlich interessanten Fragenspektrums im Hinblick auf die Methodik von Unternehmensbewertungen (vgl. hierzu ausführlich *Widmann*, Teil II) nicht gewollt. Kern ist vielmehr die Beantwortung der Frage nach den notwendigen Konsequenzen, die sich aus den angesprochenen Regelungen der SFAS 141 und 142 und dem IFRS 3, IAS 36 und 38 einerseits und der IDW-Stellungnahme andererseits auf die Bewertung von Beteiligungen ergeben, sei es für die Abschlusserstellung nach handelsrechtlichen Vorschriften oder sei es für die Abschlusserstellung nach internationalen Vorstellungen (US-GAAP/IFRS).

4

B. Unternehmensbewertung nach IDW RS HFA 10 zur Wertansatzprüfung von Beteiligungen in handelsrechtlichen Abschlüssen

I. Vorschriften zur Bewertung von Beteiligungen in handelsrechtlichen Abschlüssen

Der **Wertansatz von Beteiligungen** im Sinne des § 271 Abs. 1 HGB erfolgt im handelsrechtlichen Jahresabschluss gemäß § 253 Abs. 1 Satz 1 HGB **höchstens mit deren Anschaffungskosten**. Sollte zum Abschlussstichtag der beizulegende Wert einer Beteiligung niedriger sein, so kann eine außerplanmäßige Abschreibung gemäß § 253 Abs. 2 Satz 3 in Verbindung mit § 279 Abs. 1 HGB vorgenommen werden. Bei einer voraussichtlich dauernden Wertminderung muss auf den beizulegenden Wert abgeschrieben werden (§ 253 Abs. 2 Satz 3 HGB). Für Anteile im Umlaufvermögen gilt das strenge Niederstwertprinzip (§ 253 Abs. 3 HGB).

5

---

1 Vgl. *Brücks/Wiederhold*, KoR 2003, 21 (21 f.); *Wüstemann/Duhr*, BB 2003, 247 f.; *Focken*, RIW 2003, 437 (444).
2 Vgl. IDW-FN 2003, 557 ff.
3 Vgl. bspw. SFAS 141, Rz. 5; IFRS 3, Rz. 36; IAS 36, Rz. 6, 25 ff.
4 Die in diesem Beitrag zitierten Standards IAS 36 und IAS 38 beziehen sich jeweils auf den Gesetzesstand 31.3.2004.
5 Vgl. *Ganske*, BFuP 2003, 480 (485).

Der **beizulegende Wert** ist der nach Berücksichtigung des Einzelfalls und des Regelungszwecks sinnvollste Wert. Das Handelsrecht sieht bei der Ermittlung des beizulegenden Wertes kein bestimmtes Bewertungsverfahren vor.[1] Im Rahmen der Jahresabschlusserstellung ist bei Anzeichen einer Wertminderung der beizulegende Wert zu ermitteln. In Literatur und Praxis besteht indes darüber Einigkeit, dass der beizulegende Wert aus einer Ertragswertberechnung[2] abzuleiten ist.[3] Anzeichen für eine Wertminderung können sich aus der Vermögens-, Finanz- und Ertragslage des Beteiligungsunternehmens, dem Erfolgspotential sowie der Abnahme von Synergieeffekten ergeben.[4]

6 Im Rahmen der Abschlusserstellung hat sich die bilanzierende Gesellschaft ein Urteil über die **Angemessenheit des Wertansatzes** ihrer Beteiligungen zu bilden. Dies geschieht in der Regel durch Einsicht in die Jahresabschlüsse und Prüfungsberichte der Beteiligungsunternehmen sowie durch Auskünfte der zu bilanzierenden Gesellschaft.[5] Ferner sind weitere Umstände zu berücksichtigen, welche einen Einfluss auf die Vermögens-, Finanz- und Ertragslage des Beteiligungsunternehmen haben wie beispielsweise politische Situation, forcierter Wettbewerb oder die Einführung eines innovativen Produktes durch einen Konkurrenten. Resultiert aus diesen Informationen, dass die Werthaltigkeit eines bilanzierten Beteiligungswertes beeinträchtigt ist, kann bzw. muss die bilanzierende Gesellschaft nach Vergleich des beizulegenden Wertes mit den (fortgeführten) Anschaffungskosten eine **außerplanmäßige Abschreibung** vornehmen.

7 Das Institut der Wirtschaftsprüfer (IDW) hat in dem Standard *Grundsätze zur Durchführung von Unternehmensbewertungen* (**IDW S 1**)[6] festgelegt, nach welchen allgemeinen Grundsätzen Unternehmensbewertungen durch Wirtschaftsprüfer vorzunehmen sind. Neben verschiedenen gesetzlichen, insbesondere aktienrechtlichen Bewertungsanlässen nennt der IDW S 1 die Bewertung aus handelsrechtlichem Anlass.[7] Der IDW S 1 hält grundsätzlich ein **Spektrum von Bewertungsmethoden** bereit, welche für die Bewertung von Unternehmen in Frage kommen. Die Bewertungsmethoden unterscheiden sich im Einzelfall sehr deutlich voneinander und sind auf den jeweiligen Bewertungszweck anzupassen.[8]

---

1 Vgl. *Dörschell/Schulte*, DB 2002, 1669 (1669).
2 Der Berechnung nach Ertragswertverfahren steht die Ermittlung eines Unternehmenswertes nach Discounted Cash Flow-Verfahren gleich. Vgl. IDW S 1, Rz. 106; IDW ES 1 n.F., Rz. 111; zur Fortentwicklung IDW S 1 grundsätzlich *Wagner/Jonas/Ballwieser/Tschöpel*, WPg. 2004, 889 ff.
3 Vgl. *Berger/Gutike* in BeckBilKomm., § 253 HGB Rz. 401 ff.; *Rosenbaum/Gorny*, DB 2003, 837.
4 Vgl. WP-Handbuch 2000, S. 1788.
5 Vgl. WP-Handbuch 2000, S. 1787 f.
6 Vgl. WPg 2000, 825 (825 ff.); vgl. auch Neufassung IDW ES 1 n.F. in IDW-FN 2005, 13 ff.
7 Vgl. IDW S 1, Rz. 7; IDW ES 1 n.F., Rz. 11.
8 Vgl. IDW S 1, Rz. 17; IDW ES 1 n.F., Rz. 17.

Der Hauptfachausschuss des IDW hat am 29.9.2003[1] die Stellungnahme zur Rechnungslegung *Anwendung der Grundsätze des IDW S 1 bei der Bewertung von Beteiligungen und sonstigen Unternehmensanteilen für Zwecke eines handelsrechtlichen Jahresabschlusses* (**IDW RS HFA 10**)[2] verabschiedet. Aufgabe der Stellungnahme ist die Konkretisierung der im IDW S 1 vorgestellten betriebswirtschaftlichen Grundsätze im Hinblick auf die **Bewertung von Beteiligungen sowie Unternehmensanteilen**[3] **für die Zwecke des handelsrechtlichen Jahresabschlusses**.[4] Ein aus der Anwendung des IDW S 1 in Verbindung mit IDW RS HFA 10 ermittelter Unternehmenswert spiegelt die nachhaltig aus dieser Beteiligung resultierenden Nettozuflüsse wider. Übersteigen die fortgeführten Anschaffungskosten diesen Unternehmenswert, ist ein Abwertungsbedarf bei dauerhafter Wertminderung gegeben. Im Folgenden soll die hinter der IDW Stellungnahme RS HFA 10 stehende Bewertungskonzeption mit deren Konkretisierungen im Bezug auf IDW S 1 vorgestellt werden.

II. Bewertungskonzeption des IDW RS HFA 10

1. Bewertungsanlass

Der IDW S 1 macht in seinen Grundsätzen deutlich, dass die für die Unternehmensbewertung getroffenen Annahmen auf den konkreten Bewertungsanlass zugeschnitten sein müssen.[5] In der Bewertungspraxis dominiert die **Ermittlung von objektivierten Unternehmenswerten** für einen geplanten Wechsel der Eigentumsrechte.[6] Zu diesem Anlass wird ein typisierter Zukunftserfolgswert aus der Perspektive eines inländischen, unbeschränkt steuerpflichtigen Anteilseigners bei Fortführung des Unternehmens in unverändertem Konzept auf Stand-Alone-Basis ermittelt.[7] Da diese Bewertungskonzeption nicht jeden denkbaren Bewertungsfall zutreffend abbildet, verlangt IDW S 1 jeweils eine auf den Bewertungsanlass abgestimmte, fachgerechte Lösung.[8]

Der Standard hält aus diesem Grund in seinen betriebswirtschaftlichen Grundsätzen offen, ob bei der Unternehmensbewertung ein objektivierter Unternehmenswert, subjektiver Entscheidungswert oder ein Einigungswert zu ermitteln ist. Die **unterschiedlichen Bewertungsperspektiven** gehen mit unterschiedlichen Bewertungskonzeptionen einher.

Der IDW RS HFA 10 passt die Bewertungsperspektive und die Bewertungskonzeption für die Bewertung von Beteiligungen an den zu regelnden **Bewertungsanlass** an – die Ermittlung des beizulegenden Beteiligungswertes für das die

---

1 Redaktionelle Änderung durch den HFA am 4.3.2004; vgl. hierzu IDW-FN 2004, 296 f.
2 Vgl. IDW-FN 2003, 557 ff.
3 Die in der Stellungnahme dargestellten Grundsätze sind auf Unternehmensanteile, die keine Beteiligungen im Sinne des § 271 Abs. 1 HGB sind und für die der Ertragswert heranzuziehen ist, ebenfalls anzuwenden. Vgl. hierzu ebenfalls *Kupke/Nestler*, BB 2003, 2671.
4 Vgl. IDW RS HFA 10, Rz. 1.
5 Vgl. IDW S 1, Rz. 17; IDW ES 1 n.F., Rz. 17.
6 Vgl. *Rosenbaum/Gorny*, DB 2003, 837.
7 Vgl. *Dörschell/Schulte*, DB 2002, 1669 (1670); *Rosenbaum/Gorny*, DB 2003, 837.
8 Vgl. IDW S 1, Rz. 1; IDW ES 1 n.F., Rz. 1.

Beteiligung bilanzierende Unternehmen.[1] Dieser Bewertungsanlass fordert, die Bewertungskonzeption aus der Perspektive des bilanzierenden Unternehmens aufzubauen,[2] d.h. einen **subjektiven Unternehmenswert** zu ermitteln, der den Wert der Beteiligung für das bilanzierende Unternehmen zum Abschlussstichtag widerspiegelt[3] und nicht den Wert aus Sicht der Anteilseigner.[4] Dies ist nur dann der Fall, wenn die individuellen Renditeerwartungen des bilanzierenden Unternehmens durch die von der Beteiligung ausgehenden Nettozuflüsse befriedigt werden.[5] Die Wertermittlung erfolgt hierbei unter der Berücksichtigung der individuellen Pläne und Möglichkeiten des bilanzierenden Unternehmens.[6] Ferner ist bei der Berücksichtigung der Gesamtumstände nicht auf typisierte Faktoren abzustellen, sondern auf die speziellen Gegebenheiten des bilanzierenden Unternehmens einzugehen.

2. Berücksichtigung von Unternehmens- und Ertragsteuern

12   Bei der Bewertung von Beteiligungen im Abschluss ist auf die **individuellen Verhältnisse des bilanzierenden Unternehmens** abzustellen. Dies gilt ebenso für die Behandlung von Unternehmens- und Ertragsteuern, die bei der Wertfindung ihre Berücksichtigung finden müssen. Hierbei sind nach IDW RS HFA 10 drei Ebenen zu unterscheiden:[7]

– Die Ebene des Beteiligungsunternehmens,

– die Ebene des bilanzierenden Unternehmens,

– die Ebene der Anteilseigner des bilanzierenden Unternehmens.

13   Bei der Bewertung der Nettozuflüsse aus einer Investition in Form einer Beteiligung sind auf der **Ebene des Beteiligungsunternehmens die tatsächlich anfallenden Unternehmenssteuern** zu berücksichtigen, die aufgrund der Besteuerung des Einkommens und Ertrags bei dem Beteiligungsunternehmen anfallen. Hierbei ist speziell auf die persönlichen steuerlichen Verhältnisse des Unternehmens abzustellen,[8] d.h. Verlustvorträge, Organschaften etc. sind bei der Ermittlung der aus der Beteiligung resultierenden Nettozuflüsse heranzuziehen.

14   Auf der **Ebene des bilanzierenden Unternehmens sind die Unternehmenssteuern** sowie Steuereinsparungen bei der Bewertung der Nettozuflüsse zu berücksichtigen, die der Beteiligung wirtschaftlich zuzurechnen sind.[9] Durch die Neufassung des § 8b KStG gelten 5 % der Beteiligungserträge ab dem Veranlagungszeitraum 2004 als nicht abzugsfähige Betriebsausgaben.[10] Neben diesen

---

1   Vgl. *Rosenbaum/Gorny*, DB 2003, 837 (840); *Hayn/Ehsen*, FB 2003, 205 (206).
2   Vgl. IDW RS HFA 10, Rz. 8.
3   Vgl. *Dörschell/Schulte*, DB 2002, 1669 (1674).
4   Vgl. *Hayn/Ehsen*, FB 2003, 205 (206).
5   Vgl. *Rosenbaum/Gorny*, DB 2003, 837 (840).
6   Vgl. *Rosenbaum/Gorny*, DB 2003, 837.
7   Vgl. IDW RS HFA 10, Rz. 8.
8   Vgl. *Kupke/Nestler*, BB 2003, 2671 (2673).
9   Vgl. IDW RS HFA 10, Rz. 8; *Rosenbaum/Gorny*, DB 2003, 837 (838).
10 Vgl. *Dötsch/Pung*, DB 2004, 151 (154).

der Beteiligung wirtschaftlich zuzurechnenden Steuern können sich beispielsweise auch solche aus der Besteuerung von Beteiligungserträgen im Ausland ansässiger Unternehmen ergeben. Aufgrund der Heterogenität von Beteiligungsstrukturen vieler international tätiger Unternehmen wird es sich in der Praxis vereinfachend anbieten, die Steuern auf die vom Beteiligungsunternehmen prognostizierten Ergebnisse vor Steuern mittels Konzernsteuersatz, welcher üblicherweise auch Effekte wie steuerliche Verlustvorträge berücksichtigt, neu zu berechnen.[1]

Die bei der objektivierten Unternehmenswertermittlung nach IDW S 1 zu berücksichtigenden **typisierten Ertragsteuern der Anteilseigner** des bilanzierenden Unternehmens sind nach IDW RS HFA 10 für die bilanzielle Bewertung von Beteiligungen nicht zum Ansatz zu bringen. Die Berücksichtigung typisierter Ertragsteuern nach IDW S 1 ist auf die Tatsache zurückzuführen, dass bei der Ermittlung des objektivierten Unternehmenswertes auf eine unbekannte Vielzahl potenzieller Investoren und Anteilseigner abgestellt werden soll, die üblicherweise unbegrenzt steuerpflichtige, im Inland ansässige, natürliche Personen sind. Bei der Bilanzierung von Beteiligungen sind nur die Ertragsteuern aus der Perspektive des bilanzierenden Unternehmens zu veranschlagen,[2] die der Beteiligung wirtschaftlich zuzurechnen sind. Die Ertragsteuern der Anteilseigner der bilanzierenden Gesellschaft fallen jedoch außerhalb dieser Bewertungsebene an.[3] Für die bilanzielle Bewertung von Beteiligungen kommt es nicht auf die Beurteilung aus Sicht der Anteilseigner, sondern auf den Wert für die Gesellschaft an. Für den Gläubigerschutz kommt es nicht darauf an, ob und wie ein Dritter die Beteiligung verwerten kann, sondern auf die Verwertbarkeit bei der Gesellschaft und damit auf deren Haftungsmasse.[4] Ertragsteuern der Anteilseigner spielen somit keine Rolle. Es kommt auf die Stärkung der Fähigkeit der Gesellschaft an, ihre Gläubiger zu bedienen. Es sind daher die Ertragsteuern der Gesellschaft selbst, aber nicht die Ertragsteuern der Anteilseigner zu berücksichtigen.[5] Ferner wird eine Nicht-Berücksichtigung von typisierten Ertragsteuern auch damit begründet, dass bei der Bewertung der übrigen bilanzierten Vermögenswerte ebenfalls persönliche Ertragsteuern der Anteilseigner nicht zu berücksichtigen sind.[6]

---

1 Vgl. auch zu den steuerlichen Konsequenzen verschiedener Erwerbsmodelle *Thies/Ziegelmaier* in Richter/Timmreck (Hrsg.), S. 303 ff.
2 Vgl. WP-Handbuch 2002, S. 49.
3 Vgl. *Hayn/Ehsen*, FB 2003, 205 (211).
4 Vgl. *Reuter* für die Bewertung von Sacheinlagen, BB 2000, 2298 (2299, 2301).
5 Vgl. *Reuter*, BB 2000, 2298 (2301); Grundsätzlich gegen die Berücksichtigung persönlicher Ertragsteuern der Anteilseigner bei rechts- bzw. normgeprägter Unternehmensbewertung; vgl. *Hennrichs*, ZHR 164 (2000), 453 (466, 471); zwar werden dort vorrangig aktien- und umwandlungsrechtliche Ausgleichswerte diskutiert, jedoch erwähnt Hennrichs mit der gleichen Konsequenz hinsichtlich der persönlichen Ertragsteuern der Anteilseigner, dass die Unternehmensbewertung „in Gründungsfällen ... zur Feststellung der Wertdeckung der Stammkapitalziffer tauglich sein" soll. Vgl. *Hennrichs*, ZHR 2000, 453 (457). Zur Auswirkung des IDW RS HFA 10 auf andere Bewertungsanlässe vgl. Franken/Schulte, BB 2003, 2675 (2676 ff.).
6 Vgl. *Dörschell/Schulte*, DB 2002, 1669 (1674).

16 Die nachfolgende Tabelle gibt eine **Übersicht über die Berücksichtigung von Ertragsteuern** für den maßgeblichen Nettozufluss nach IDW RS HFA 10:

Ebene	Berechnung Nettozufluss gem. IDW RS HFA 10	Alternative Berechnung Nettozufluss
Beteiligungsebene	Ergebnis vor Steuern Steuern Ergebnis nach Steuern	Ergebnis vor Steuern
Ebene der bilanzierenden Gesellschaft	Zuordenbare Unternehmenssteuern der bilanzierenden Gesellschaft	*Vereinfachte Steuerberechnung mittels Konzernsteuersatz*
	Nettozufluss aus Beteiligung	Nettozufluss aus Beteiligung
Ebene der Anteilseigner	Keine Berücksichtigung von persönlichen Ertragsteuern	Keine Berücksichtigung von persönlichen Ertragsteuern

17 Spiegelbildlich zur Berücksichtigung von Ertragsteuern für den maßgeblichen Nettozufluss ergibt sich für den aus Sicht des bilanzierenden Unternehmens zu ermittelnden **Kapitalisierungszinssatz** das Folgende:

Nach IDW RS HFA 10 ist die **Unternehmensteuerbelastung** zu erfassen, die der zu bewertenden Beteiligung aus Sicht der bilanzierenden Gesellschaft wirtschaftlich zuzurechnen ist.[1] Konkret soll somit der Ertragsteuerbelastung des bilanzierenden Unternehmens Rechnung getragen werden, die auf die zugrunde gelegte Alternativanlage entfällt.[2]

Im Falle eines **Aktienportefeuilles** als Alternativanlage würde hier in der Regel – im Gegensatz zu einer Alternativanlage in ein festverzinsliches Wertpapier – kein Steuerabzug erfolgen.

Andererseits ist die Ertragsteuerbelastung der Anteilseigner des bilanzierenden Unternehmens nicht zu berücksichtigen.[3]

3. Berücksichtigung von Synergieeffekten

18 Die Berücksichtigung von Synergien hängt bei der Unternehmenswertermittlung nach IDW S 1 von der zugrunde liegenden **Bewertungskonzeption** ab. Der IDW S 1 unterscheidet hierbei in echte und unechte Synergieeffekte. Bei der Ermittlung eines objektivierten Unternehmenswertes sind lediglich unechte Synergien zu berücksichtigen. Diese werden dadurch charakterisiert, dass die aus diesen Synergien resultierenden Effekte mit einer Vielzahl von Partnern erzielbar sind, ohne hierbei die Auswirkungen aus dem Bewertungsanlass zu

---

[1] Vgl. IDW RS HFA 10, Rz. 8.
[2] Vgl. IDW RS HFA 10, Rz. 8.
[3] Vgl. IDW RS HFA 10, Rz. 8.

berücksichtigen.¹ Ferner ist die Einleitung der synergiestiftenden Maßnahmen zum Bewertungsstichtag maßgeblich.²

Im Gegensatz zu den unechten schließen die **echte Synergien** auch die Effekte mit ein, welche einerseits auf zum Bewertungsstichtag noch nicht eingeleitete Maßnahmen in Folgeperioden beruhen und andererseits auf den durch den Bewertungsanlass zugeschnittenen Partner entfallen. Sie werden nach IDW S 1 bei der Ermittlung eines objektivierten Unternehmenswertes nicht berücksichtigt, bei der Ermittlung eines subjektiven Entscheidungswertes fließen diese jedoch mit ein.³ 19

Bei der erstmaligen Bilanzierung einer Beteiligung fließen im Zeitpunkt der Anschaffung die bezahlten echten und unechten Synergien in den Beteiligungsansatz über die Aktivierung der Anschaffungskosten ein.⁴ Diese Synergien können auf unterschiedlichen Ebenen des Konzerns realisiert werden, beispielsweise über einen bei einer Konzerngesellschaft organisierten zentralen Einkauf von Rohstoffen. Im Rahmen der Beteiligungsbewertung in handelsrechtlichen Abschlüssen sind jedoch Einschränkungen zu berücksichtigen. Die handelsrechtliche Bewertung erfolgt nach IDW RS HFA 10 insbesondere zur **Ermittlung eines Schuldendeckungspotenzials**⁵ und somit zum Zwecke des **Gläubigerschutzes**. Aus diesem Grund dürfen bei der Bewertung keine Einflüsse berücksichtigt werden, welche nicht auf der Ebene des bilanzierenden Unternehmens realisierbar sind. Die Verbundeffekte, die zwischen dem bilanzierenden Unternehmen und dessen Tochtergesellschaften realisierbar sind, sind hierbei grundsätzlich für die Ermittlung des oben genannten Schuldendeckungspotenzials geeignet. Die Berücksichtigung von Synergievorteilen aus einem übergeordneten Konzernverbund ist hingegen ausgeschlossen.⁶ 20

Es sind nur solche Synergien zu berücksichtigen, welche bis zur **Ebene des bilanzierenden Unternehmens und seiner Tochterunternehmen** (TU, einschließlich der zu bewertenden Beteiligung [BU]) zu realisieren sind.⁷ Synergieeffekte bei der Muttergesellschaft (MU) sowie bei Schwestergesellschaften (SU) der bilanzierenden Unternehmen sind nicht zu berücksichtigen.⁸ 21

Die nachfolgende Abbildung veranschaulicht, aus welchen **Ebenen** Synergien in die Beteiligungsbewertung mit einfließen könnten (gekennzeichneter Bereich) (vgl. Teil II Rz. 270 ff.).

---

1 Vgl. IDW S 1, Rz. 43; IDW ES 1 n.F., Rz. 44 f.
2 Vgl. *Hayn/Ehsen*, FB 2003, 205 (210).
3 Vgl. IDW S 1, Rz. 56; IDW ES 1 n.F., Rz. 59 f.
4 Vgl. *Lüdenbach/Schulz*, WPg. 2002, 489.
5 Vgl. *Kupke/Nestler*, BB 2003, 2671 (2672).
6 Vgl. IDW RS HFA 10, Rz. 6.
7 Vgl. IDW RS HFA 10, Rz. 6; *Dörschell/Schulte*, DB 2002, 1669 (1674); *Kupke/Nestler*, BB 2003, 2671 (2672).
8 Vgl. IDW RS HFA 10, Rz. 6.

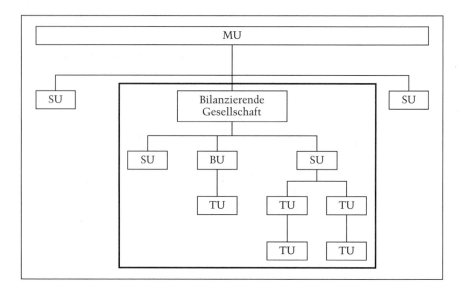

22 Wie in der vorangestellten Darstellung deutlich wird, kann es beispielsweise sein, dass der Unternehmenswert des Beteiligungsunternehmens (BU) nicht ausreicht, um den Beteiligungsbuchwert bei der bilanzierenden Gesellschaft zu decken. Dies kann immer dann der Fall sein, wenn z.B. auf Ebene der bilanzierenden Gesellschaft (gekennzeichneter Bereich) anfallende **Synergieeffekte unberücksichtigt** bleiben mussten. Bezieht man diese Synergien mit in die Bewertung ein, so übersteigt der Unternehmenswert des BU gegebenenfalls dessen Beteiligungsbuchwert.

Erkenntlich ist somit die Höhe des Beteiligungswertes davon abhängig, **auf welcher Konzernstufe die Beteiligung aktiviert wird**.[1]

23 Es stellt sich die Frage nach der Behandlung des Teils eines Kaufpreises, der **für von der bilanzierenden Gesellschaft nicht realisierbare Synergieeffekte gezahlt** worden ist. IDW RS HFA 10 zeigt hier drei alternative Wege auf.[2]

Die Anwendung der für den **faktischen Konzern** geltenden aktienrechtlichen Vorschriften kann im Zeitpunkt des Beteiligungserwerbs neben der Beteiligung einer Forderung auf Nachteilsausgleich gemäß § 311 Abs. 2 AktG zu aktivieren sein. Die Darstellung der Wertminderung der Beteiligung sowie die gleichzeitige Aktivierung einer Forderung auf Nachteilsausgleich kommt einem Aktivtausch gleich.

Bei Vorliegen eines Ergebnisabführungsvertrages (**Vertragskonzern**) führt die in diesem Fall notwendige außerplanmäßige Abschreibung der Beteiligung zu

---

1 Vgl. *Hayn/Ehsen*, FB 2003, 205 (211).
2 Vgl. IDW RS HFA 10, Rz. 7; *Kupke/Nestler*, BB 2003, 2671 (2672).

einer entsprechend geringeren Gewinnabführung bzw. zu einem Verlustausgleich durch die Muttergesellschaft.

Letztendlich kann in vorliegender Situation bei nicht durch faktische bzw. Vertragsverhältnisse geprägte Konzernverhältnisse auch eine **Entnahme der Gesellschafter** vorliegen.[1]

4. Bestimmung der Alternativanlage für den Kapitalisierungszinssatz

IDW S 1 unterstellt als im Kapitalisierungszinssatz repräsentierte Alternativanlage regelmäßig eine **risikofreie Anlage am Kapitalmarkt** (Basiszinssatz).[2] Nach IDW ES 1 n.F. kommen als Ausgangsgröße für die Bestimmung von Alternativrenditen insbesondere Kapitalmarktrenditen für Unternehmensbeteiligungen (in Form eines Aktienportfolios) in Betracht,[3] wobei sich diese grundsätzlich in einen Basiszinssatz und eine von den Beteiligungen aufgrund der Übernahme unternehmerischen Risikos geforderten Risikoprämie zerlegen lassen.[4] Beim Basiszinssatz wird grundsätzlich auf die langfristig erzielbare Rendite öffentlicher Anleihen abgestellt.[5] Der Basiszinssatz ist um einen Risikozuschlag zu erhöhen.[6] 24

Eine marktgestützte Ermittlung des Risikozuschlags kann insbesondere nach den Grundsätzen des **Kapitalmarktpreisbildungsmodells** (Capital Asset Pricing Model) vorgenommen werden.[7] 25

Wenn nun für die Bilanzansatzprüfung die Unternehmensbewertung einer Beteiligung grundsätzlich aus der Perspektive der die Beteiligung haltenden Gesellschaft zu erfolgen hat, so müsste sich dieser Grundgedanke nicht nur, wie ausgeführt, bei den Themen Abzug von Ertragsteuern (vgl. Teil III Rz. 12) und Synergien (vgl. Teil III Rz. 18) wieder finden, sondern auch bei der **Bestimmung des Kapitalisierungszinssatzes**, d.h. hier bei der Festlegung der Alternativanlage. IDW ERS HFA 10 ging auf das Thema der Alternativanlage jedoch nicht ein.[8] 26

IDW RS HFA 10 fordert die Ermittlung des Kapitalisierungssatzes anhand der Rendite einer **risikoadäquaten Alternativanlage**. Aus der Perspektive einer Beteiligungen haltenden Gesellschaft könnte ein Aktienportfolio eine sachgerechte Alternativanlage darstellen. 27

Diese Alternativanlage hätte im Übrigen den Nebeneffekt, die Widersprüchlichkeit der Ermittlung des Basiszinssatzes aus einer Anlage in risikofreien Ka-

---

1 Vgl. *Kupke/Nestler*, BB 2003, 2671 (2672).
2 Vgl. IDW S 1, Rz. 99, 120.
3 Vgl. IDW ES 1 n.F., Rz. 102, 126.
4 Vgl. IDW ES 1 n.F., Rz. 126.
5 Vgl. IDW S 1, Rz. 120; IDW ES 1 n.F., Rz. 127.
6 Vgl. IDW S 1, Rz. 94 ff.; IDW ES 1 n.F., Rz. 97 ff.
7 Vgl. IDW S 1, Rz. 98; IDW ES 1 n.F., Rz. 101.
8 Vgl. IDW ERS HFA 10, Rz. 8.

pitalmarktpapieren und des Risikozuschlags zum Basiszinssatz auf der Grundlage des CAPM aus Kapitalmarktdaten risikotragender Anlagen[1] aufzuheben.

Andererseits erlaubt die Formulierung „risikoadäquate Alternativanlage" auch eine andere Interpretation. Grundsätzlich ist durch die Formulierung „risikoadäquate Alternativanlage" die konkrete **Alternative nicht erkennbar**. Auch der in IDW S 1/IDW ES 1 n.F. geforderte Basiszins, ermittelt aus finanziellen Überschüssen risikofreier Anlagen am Kapitalmarkt,[2] soll nach Adjustierung um den Risikozuschlag[3] eine „risikoadäquate Alternativanlage" wiedergeben.[4]

Diese Interpretation dürfte grundsätzlich IDW RS HFA 10 zugrunde liegen. Sie hat sicherlich den Vorteil der **Objektivierbarkeit**[5] **und Nachprüfbarkeit**[6]: Die für den Zweck des handelsrechtlichen Jahresabschlusses gebotene Objektivierbarkeit des Wertansatzes erlaubt nicht die Berücksichtigung vom Investor individuell und rein subjektiv bestimmter Renditeerwartungen.[7] Ermittlungsprobleme, wie z.B. Zusammensetzung des Aktienportfolios, Referenzzeitraum, Marktvolatilität und sonstige subjektive Einschätzungen[8] werden vermieden.

Im **Ergebnis** wird man festhalten müssen, dass IDW S 1/IDW ES 1 n.F. und IDW RS HFA 10 in diesem Punkt letztendlich nicht voneinander abweichen. Welche Auswirkungen der in der IDW ERS HFA 10 noch nicht zu findende Hinweis,[9] wonach „am relevanten Kapitalmarkt gemessene Renditen vergleichbarer Investitionen berücksichtigt werden" können, haben wird, ist derzeit noch nicht zu erkennen (vgl. zu dem Thema auch Teil II Rz. 337 ff.).

5. Bewertung unter Veräußerungsgesichtspunkten

28 Ist eine im Abschluss bilanzierte Beteiligung zur Veräußerung vorgesehen, so ist nach IDW RS HFA 10 die Beteiligung unter speziellen Veräußerungsgesichtspunkten zu bewerten. Die Werthaltigkeit des Beteiligungsansatzes ist nunmehr nicht mehr abhängig von den Renditeerwartungen des bilanzierenden Unternehmens, sondern von der Beantwortung der Frage, ob der **Veräußerungserlös ausreicht, den bilanzierten Beteiligungsbuchwert zu decken**. Die Beteiligungsbewertung hat somit aus der Perspektive eines potenziellen Erwerbers zu erfolgen. Der Wert einer Beteiligung ist für diesen durch den Bar-

---

1 Vgl. *Künnemann* in Börsig/Coenenberg (Hrsg.), S. 165.
2 Vgl. IDW S 1, Rz. 99, 120; IDW ES 1 n.F., Rz. 127.
3 Vgl. IDW S 1, Rz. 94 ff.; IDW ES 1 n.F., Rz. 97 ff.
4 Vgl. auch die Eckdaten zur Bestimmung des Kapitalisierungszinssatzes im Rahmen der Unternehmensbewertung des AKU, IDW-FN 2005, 70.
5 Vgl. *Ballwieser*, Unternehmensbewertung und Komplexitätsreduktion, S. 171; *Künnemann* in Börsig/Coenenberg (Hrsg.), S. 164; *Wagner/Jonas/Ballwieser/Tschöpel*, WPg. 2004, 889 (891).
6 Vgl. *Ballwieser*, WPg. 2002, 736 (741); *Künnemann* in Börsig/Coenenberg (Hrsg.), S. 164.
7 Vgl. IDW RS HFA 10, Rz. 9.
8 Vgl. auch *Ballwieser*, WPg. 2002, 736 (739 ff.).
9 Vgl. IDW RS HFA 10, Rz. 9.

wert der ihm aus der Investition zukommenden Nettozuflüsse bestimmt. Hierbei sind die Grundsätze für die Ermittlung eines objektivierten Unternehmenswertes gemäß IDW S 1 maßgeblich. Somit ist der Abzug der persönlichen Ertragssteuern des potenziellen Erwerbers von den Nettozuflüssen vorzunehmen.[1] IDW RS HFA 10 verweist in diesem Zusammenhang auf die Berücksichtigung von typisierten Ertragsteuern in Höhe von 35 % nach IDW S 1.[2] Die Tatsache, dass eine Beteiligung zur Veräußerung vorgesehen ist, bewirkt somit wiederum eine Verschiebung der Bewertungsperspektive und damit zusammenhängend eine erneute Änderung der Bewertungskonzeption.

Des Weiteren ist die Berücksichtigung von **echten Synergien**, die auf der Ebene des bilanzierenden Unternehmens realisierbar sind, bei der Beteiligungsbewertung unter Veräußerungsgesichtspunkten nicht möglich, da diese für einen potenziellen Erwerber nicht nutzbar sind.[3] Für die oben angesprochenen Synergien (Verbesserung der Einkaufskonditionen) müssten daher bei der Bewertung Anpassungen vorgenommen werden. Diese Anpassung wird in der Korrektur des EBT um den nachhaltigen Synergieeffekt „Verbesserung der Einkaufskonditionen" münden. 29

Auch bei der Ermittlung des **Kapitalisierungszinssatzes** sind bei der Bewertung unter Veräußerungsgesichtspunkten die **Ertragsteuern** eines potenziellen unbeschränkt steuerpflichtigen Inländers anzusetzen.[4] Hierzu sind nach IDW S 1 typisierte Ertragsteuern der Anteilseigner mit 35 % im Kapitalisierungszins zu berücksichtigen. Diese sind von den Eigenkapitalkosten abzusetzen. 30

Der beizulegende Wert einer Beteiligung unter Veräußerungsgesichtspunkten kann sich zum Abschlussstichtag anstatt durch den Ertragswert auch durch ein **verbindliches Kaufpreisangebot** bestimmen.[5] Dies ist aus Bewertungssicht der einfachste Fall.[6] Liegt ein verbindliches Kaufpreisangebot vor, ist dieses als beizulegender Wert anstelle des objektivierten Unternehmenswertes bei der Beteiligungsbewertung zu berücksichtigen. Von einem verbindlichen Kaufpreisangebot ist aus handelsrechtlicher Sicht dann auszugehen, wenn mit an Sicherheit grenzender Wahrscheinlichkeit[7] feststeht, dass der Kauf auch zustande kommt. Ein zum Bewertungsstichtag unter Vorbehalt abgegebenes Kaufpreisangebot kann, sofern die Transaktion noch vor Fertigstellung des Jahresabschlusses vollzogen wird, in den beizulegenden Wert einer Beteiligung zum Abschlussstichtag eingehen.[8] 31

---

1 Vgl. IDW RS HFA 10, Rz. 11.
2 Vgl. IDW S 1, Rz. 51; so auch IDW ERS 1 n.F., Rz. 54.
3 Vgl. IDW RS HFA 10, Rz. 11.
4 Vgl. IDW RS HFA 10, Rz. 12.
5 Vgl. *Kupke/Nestler*, BB 2003, 2671 (2674).
6 Vgl. *Hayn/Ehsen*, FB 2003, 205 (207).
7 Vgl. *Hayn/Ehsen*, FB 2003, 205 (207).
8 Vgl. *Hayn/Ehsen*, FB 2003, 205 (207).

III. Ergebnis

32 Mit Verabschiedung des IDW RS HFA 10 hat das Institut der Wirtschaftsprüfer einen **Leitfaden** zur Anwendung des IDW S 1 bei der Bewertung von Beteiligungen zum Zwecke des handelsrechtlichen Jahresabschlusses gegeben. Die im handelsrechtlichen Abschluss gebotene Objektivierbarkeit und Nachprüfbarkeit des Wertansatzes der Beteiligungen war mit der Methodenvielfalt des IDW S 1 offensichtlich nicht vereinbar. Da der IDW S 1 den Bewertungszweck handelsrechtlicher Wertansatz als Anwendungsfall ausdrücklich nannte, wurde die Anwendung des IDW S 1 unter Vorgabe der Bewertungskonzeption durch den IDW RS HFA 10 geboren.

Bei der Ermittlung des beizulegenden Wertes der Beteiligung zum Abschlussstichtag sind im Rahmen der Unternehmenswertermittlung unter Berücksichtigung des IDW RS HFA 10 im Speziellen und des IDW S 1 im Allgemeinen bestimmte Vorgaben im Bereich der **Synergien und Steuern** zu beachten. Synergien dürfen nur bei der Bewertung Berücksichtigung finden, insoweit diese auf der Ebene des bilanzierenden Unternehmens und deren Tochtergesellschaften entstehen. Synergien, die aus Sicht des bilanzierenden Unternehmens mit einer Mutter- oder Schwestergesellschaft erzielbar sind, dürfen nicht berücksichtigt werden. Im Rahmen der Bewertung sind Unternehmenssteuern der zu bewertenden Beteiligung sowie die Steuern auf Ebene des bilanzierenden Unternehmens, die der Beteiligung wirtschaftlich zuzurechnen sind, zu berücksichtigen.

Unternehmenswertermittlungen nach IDW RS HFA 10 werden in der Regel zu einem niedrigeren Unternehmenswert im Gegensatz zu Ermittlungen nach IDW S 1 i.S. einer objektivierten Unternehmensbewertung führen. Hierbei bleibt jedoch noch zu erwähnen, dass zwar durch die Änderung der Bewertungsperspektive und damit der Steueransprüche eine Verminderung des Unternehmenswertes durch die Sicht des bilanzierenden Unternehmens eintritt, die Berücksichtigung von unechten Synergien auf Ebene des bilanzierenden Unternehmens wiederum eine gegenläufige Wirkung erzielt.

Diese Bewertungskonzeption ist nach IDW RS HFA 10 nicht anzuwenden, insofern die zu bewertende Beteiligung unter **Veräußerungsgesichtspunkten** zu bilanzieren ist. Ist dies der Fall, so sind die Grundsätze des IDW S 1 zur Ermittlung eines objektivierten Unternehmenswertes anzuwenden. Eine weitere Konkretisierung des IDW S 1 nimmt der IDW RS HFA 10 nicht vor. Für den Fall, dass der gezahlte Kaufpreis Synergien enthält, die auf der Ebene des bilanzierenden Unternehmens nicht realisierbar sind, hält der IDW RS HFA 10 drei Lösungsvorschläge bereit (vgl. Teil III Rz. 23).

Für die Bewertungspraxis im Rahmen einer **Unternehmensakquisition** bedeutet die Verabschiedung des IDW RS HFA 10, dass sich ein Käufer nicht auf einen objektivierten Unternehmenswert nach IDW S 1 einlassen wird, der Verkäufer jedoch diesen zur Ermittlung des beizulegenden Wertes seiner Beteiligung unter Veräußerungsgesichtspunkten zu ermitteln hat. Zukünftige Beteiligungserwerbe werden mit detaillierten Recherchen über die Kaufpreisermittlung einhergehen. Fraglich ist, ob es dem Bilanzersteller gelingen wird, den Kaufpreis derart aufzuteilen, dass Synergieeffekte auf verschiedene Unternehmensebenen zugeordnet werden können.[1] Die in der Folgebewertung mit dem neuen Rechnungslegungsstandard eingehenden Dokumentationspflichten für die im Rahmen des jährlich anzuwendenden Werthaltigkeitstests verwendeten Prämissen werden durch den Abschlussprüfer auf ihre Konsistenz hin überprüft werden müssen.[2] Unklar bleibt weiterhin die Folgebewertung einer Beteiligung bei dem (teilweisen) Wegfall von Synergieeffekten. Auch hier stellt sich die Frage nach der Nachweisbarkeit der Höhe nach.[3]

Die unterschiedlichen Sichtweisen von IDW S 1, Ermittlung eines objektivierten Unternehmenswertes aus Sicht eines inländischen, unbeschränkt steuerpflichtigen Anteilseigners, und IDW RS HFA 10, Ermittlung des beizulegenden Wertes einer Beteiligung zum Abschlussstichtag aus Sicht des bilanzierenden Unternehmens, wird in folgender Abbildung hinsichtlich des Thema **Steuern** noch einmal verdeutlicht[4]:

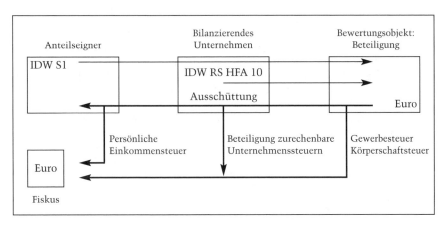

---

1 Vgl. Beteiligungsbewertung, BBK Nr. 7 v. 2.4.2004, 299 (302).
2 Vgl. *Kupke/Nestler*, BB 2003, 2671 (2674).
3 Vgl. Beteiligungsbewertung, BBK Nr. 7 v. 2.4.2004, 299 (302).
4 Vgl. hierzu Warth & Klein Mandanteninformation, S. 5.

C. Unternehmensbewertung im Rahmen einer Purchase Price Allocation nach SFAS 141 bzw. IFRS 3 und SFAS 142 bzw. IAS 36/38 (2004) zur Wertansatzprüfung von Beteiligungen in US-GAAP- und IAS-Abschlüssen

I. Vorbemerkung

33 Mit der Einführung von **SFAS 141** „Business Combinations" und **SFAS 142** „Goodwill and Other Intangible Assets" im Sommer 2001 hat das Financial Accounting Standards Board (FASB) neue Vorschriften zur Bilanzierung von bestimmten Beteiligungen, zur Behandlung des Firmenwertes und anderer immaterieller Vermögenswerte verabschiedet. Um Konvergenz mit den US-amerikanischen Regelungen bemüht wurde im März 2004 in Anlehnung an diese Vorschriften der International Financial Reporting Standard 3 „Business Combinations" (IFRS 3) des IASB veröffentlicht. Mit diesem einhergehend sind Änderungen in den bisher geltenden IAS 36 „Impairment of Assets" und IAS 38 „Intangible Assets" vorgesehen.[1] Die Neufassungen der bestehenden Regelungen in IAS 36 und 38 wurden ebenfalls im März 2004 verabschiedet. Die Literatur spricht von einem Paradigmenwechsel[2] oder einer neuen Ära der Rechnungslegung.[3] Die Rechnungslegung werde revolutioniert.[4] Es handele sich um bahnbrechende bzw. fundamentale Regelungen,[5] um eine 180-Grad-Wende.[6] Mit den Neuregelungen wurde einerseits die „pooling-of-interest-method"[7] abgeschafft und andererseits die bilanzielle Behandlung des Goodwills grundlegend geändert. Ein Surrogat für die abgeschaffte Interessenzusammenführungsmethode wurde bisher noch nicht geschaffen.[8] Bis dahin war es ein langer Weg. Vor Verabschiedung von SFAS 141 und SFAS 142 regelte APB Opinion No. 16 „Business Combinations" aus dem Jahre 1970 die Bilanzierung entsprechender Fragestellungen. APB Opinion No. 16 sah letztendlich zwei Bilanzierungsalternativen vor, die „pooling-of-interest"-Methode und die „purchase"-Methode. Beide Methoden waren nicht alternativ anwendbar bzw. austauschbar. Vielmehr war die Anwendung der „pooling-method" an bestimmte Voraussetzungen geknüpft.[9]

34 Wenn auch in den folgenden Jahren wiederholt ein Überdenken der APB Opinion No. 16 und No. 17 („Intangible Assets") im amerikanischen Berufsstand angekündigt war,[10] erfolgte ein erfolgversprechender Aufgriff des Themas erst

---

1 Vgl. *Fladt/Feige*, WPg. 2003, 249 (249).
2 Vgl. *Alvarez/Biberacher*, BB 2002, 346 (346); *Kümpel*, Der Betriebswirt 2002, 15 (20); *Küting/Wirth*, KoR 2004, 167 (177).
3 Vgl. *Eberle*, ST 2002, 184 (199).
4 Vgl. *Pfeil/Vater*, MAR 2002, 261 (261); *Pfeil/Vater*, ST 2002, 585 (586); *Coenenberg*, S. 613.
5 Vgl. *Stauber/Ketterle*, ST 2001, 955 (960); *Teitler-Feinberg*, ST 2001, 331 (331).
6 Vgl. *Teitler-Feinberg*, ST 2001, 331 (336).
7 Vgl. SFAS 141, Rz. B 2 ff.; IFRS 3, Rz. IN 9.
8 Vgl. *Brücks/Wiederhold*, KoR 2003, 21 (29).
9 Vgl. SFAS 141, Rz. B 2, B 4.
10 Vgl. SFAS 141, Rz. B 3.

wieder in 1996. Die nun in 2001 verabschiedeten Vorschriften finden dort ihre Wurzel. Ziel war es, die **Transparenz der Rechnungslegung und Berichterstattung über „business combinations" zu verbessern**, einschließlich der Rechnungslegung des Goodwill und wichtiger immaterieller Vermögenswerte.[1] 1997 wurde beim FASB eine Arbeitsgruppe gebildet, die zunächst Umfang, Ausrichtung und Handhabung der Neuausrichtung festlegen sollte. Ergebnisse hierzu sind im FASB Special Report „Issues Associated with the FASB Project on Business Combinations" wiedergegeben.[2] 1998 veröffentlichte das FASB mit den „Group of 4 plus 1 (G4+1) die Stellungnahme „Recommendations for Achieving Convergence on the Methods of Accounting for Business Combinations", welche bereits ausschließlich die „purchase-method" vorsah und mithin die „pooling-method" als Methode der Rechnungslegung für „business combinations" ablehnte.[3] Ende des gleichen Jahres veröffentlichte das FASB ein Positionspapier (als „invitation to comment") „Methods of Accounting for Business Combinations: Recommendations of the G4+1 For Achieving Convergence".[4] Unter Würdigung der Empfehlungen dieses Positionspapiers und der hierzu erfolgten Kommentare legte das FASB im September 1999 den Exposure Draft „Business Combinations and Intangible Assets" vor.[5] Die ausschließliche Akzeptanz der „purchase-method" und die Verkürzung der Abschreibungsdauer des Goodwills waren die Kernaussagen des Entwurfs. Die kritische Auseinandersetzung mit diesem Entwurf in Kommentaren und öffentlichen Anhörungen führte letztendlich erneut zu Änderungen in der Goodwillbilanzierung. Der im Februar 2001 veröffentlichte revidierte Entwurf „Business Combinations and Intangible Assets – Accounting for Goodwill" (2001 Exposure Draft) beinhaltet erstmals die Festlegung, dass ein Goodwill nicht mehr planmäßig abzuschreiben sei, vielmehr regelmäßig ein Werthaltigkeitstest durchzuführen sei.[6] Nach Umsetzung weiterer Kommentare entschied das FASB, die relevanten Rechnungslegungsgrundsätze in zwei endgültigen Dokumenten niederzulegen. Hieraus resultieren die verabschiedeten Fassungen SFAS 141 „Business Combinations" und SFAS 142 „Goodwill and Other Intangible Assets". SFAS 141 und SFAS 142 ersetzen nunmehr APB Opinion No. 16 und No. 17.[7] Mit der Verabschiedung hat das FASB das „Business Combinations Project" in wesentlichen Teilen abgeschlossen.[8]

---

1 Vgl. SFAS 141, Rz. B 4.
2 Vgl. SFAS 141, Rz. B 10, B 11.
3 Vgl. SFAS 141, Rz. B 12.
4 Vgl. SFAS 141, Rz. B 13.
5 Vgl. SFAS 141, Rz. B 14.
6 Vgl. SFAS 141, Rz. B 15.
7 Vgl. SFAS 141, Rz. B 16.
8 Vgl. *Hitz/Kuhner*, WPg. 2002, 273.

35 Folgende Übersicht¹ fasst die **Entwicklung** zusammen:

1970	APB Opinion No. 16 Business Combinations APB Opinion No. 17 Intangible Assets
1996	FASB Improving the transparency of accounting and reporting of business combinations including the accounting for goodwill and other intangible assets.
1997	Special Report „Issues associated with the FASB project on business combinations"
1998	G4+1-Diskussionspapier „Recommendations for Achieving Convergence on the Methods of Accounting for Business Combinations"
1999	Exposure Draft „Business Combinations and Intangible Assets"
2001	Revised Exposure Draft „Business Combinations and Intangible Assets – Accounting for Goodwill"
2001	SFAS 141 – „Business Combinations" SFAS 142 – „Goodwill and Other Intangible Assets"

Das FASB hat sich somit von der planmäßigen Abschreibung des Goodwill zu Gunsten eines **jährlich durchzuführenden Werthaltigkeitstests** abgekehrt. Die zunehmende Bedeutung von immateriellen Vermögenswerten,² insbesondere des Goodwills haben diese Neuregelungen unterstützt.³

36 Die gestiegene **Bedeutung des Goodwill** liegt ganz gewiss in der Schere zwischen ausgewiesenem handelsrechtlichen Eigenkapital und der Marktkapitalisierung der Unternehmen begründet.⁴ Die herkömmliche Bilanzierung vermag

---

1 Vgl. ähnliche Darstellung *Pellens/Sellhorn*, DB 2001, 713 (715).
2 Vgl. *Weber*, in Küting/Weber (Hrsg.), S. 324.; *Küting*, Vom Financial Accounting zum Business Reporting, in Küting/Weber (Hrsg.), S. 2.
3 Vgl. *Davis*, DB 2002, 697; *Küting*, Vom Financial Accounting zum Business Reporting, in Küting/Weber (Hrsg.), S. 3.
4 Vgl. *Hommel*, BB 2001, 1943; *Kümpel*, Der Betriebswirt 2002, 15 f.; *Nestler/Thuy*, KoR 2002, 169; *Pellens/Sellhorn*, DB 2001, 713; *Weber/Wirth* in Küting/Weber (Hrsg.), S. 45; *Haller* in Möller/Schmidt (Hrsg.), S. 563.

bestimmte Werttreiber nicht abzubilden.[1] Dies gilt insbesondere für immaterielle Vermögenswerte, die letztlich herkömmlich als Goodwill interpretiert werden. Die Folge ist, dass der Goodwill in vielen Bilanzen eine erhebliche Bedeutung annimmt, wie folgende **Zusammenstellung der DAX 30-Unternehmen** deutlich macht[2]:

Gesellschaft	Goodwill*	Buchwert Eigenkapital*	Verhältnis Goodwill zu Eigenkapital
Adidas-Salomon	639	1 137	56,2 %
Allianz	13 786	29 937	46,1 %
Altana	67	1 258	5,3 %
BASF	2 073	16 942	12,2 %
Bayer	2 864	15 455	18,5 %
BMW	k. A.	13 871	k. A.
Commerzbank	1 040	10 070	10,3 %
Continental	1 478	1 807	81,8 %
DaimlerChrysler	2 071	35 346	5,9 %
Deutsche Bank	8 372	29 991	27,9 %
Deutsche Börse	1 249	2 175	57,4 %
Deutsche Lufthansa	1 522	4 172	36,5 %
Deutsche Post	4 374	5 212	83,9 %
Deutsche Telekom	29 436	35 409	83,1 %
E.ON	14 512	32 164	45,1 %
Fresenius Medical Care	3 039	2 694	112,8 %
Henkel	1 609	3 363	47,8 %
Bayerische Hypo- und Vereinsbank	2 959	15 043	19,7 %
Infineon Technologies	356	6 170	5,8 %
Linde	3 021	4 119	73,3 %
MAN	328	2 891	11,3 %
Metro	4 070	4 246	95,9 %
Münchner Rück	4 441	14 480	30,7 %
RWE	14 454	8 924	162,0 %

1 Vgl. *Pellens/Fülbier* in Baetge (Hrsg.), S. 42 ff.
2 Vgl. ähnliche Ergebnisse bei *Trömel*, Handelsblatt v. 19.7.2002, S. 31; *Pellens/Sellhorn*, DB 2001, 1681 (1682); *Küting*, AG 2000, 97 (99 f.); *Pfeil/Vater*, KoR 2002, 66 (74–76); *Küting*, Bilanzanalyse am Neuen Markt, in Küting/Weber (Hrsg.), S. 112 ff.

Gesellschaft	Goodwill*	Buchwert Eigenkapital*	Verhältnis Goodwill zu Eigenkapital
SAP	331	2 928	11,3 %
Schering	440	2 949	14,9 %
Siemens	6 459	24 062	26,8 %
ThyssenKrupp	3 298	8 584	38,4 %
TUI	4 754	3 181	149,5 %
Volkswagen	292	24 691	1,2 %

* Alle Angaben in Mio. Euro; Quelle: Bloomberg-Abfrage 6.1.2004.

37 Unternehmenszusammenschlüsse („business combinations") im Sinne des SFAS 141 sind alle Arten von Beteiligungsakquisitionen, welche über einen **Asset- oder Share-Deal** realisiert werden. Wichtig hierbei ist, dass der Erwerber die Kontrolle über das akquirierte Unternehmen erlangt (**Control-Kriterium**).[1] Während vor der Einführung des SFAS 141 noch neben der „purchase-method" die „pooling-of-interest-method" zulässig war, sind mit der Neuregelung alle in SFAS 141 angesprochenen Zusammenschlüsse nach der „purchase-method" (Erwerbsmethode) zu bilanzieren.

38 Neben Themen wie der Bestimmung des erwerbenden Unternehmens („Identifying the Acquiring Entity")[2] und der Ermittlung des Kaufpreises („Determining the Cost of the Acquired Entity")[3] stellt bei der Anwendung der „purchase-method" die Bewertung des akquirierten Unternehmens die eigentliche zentrale Aufgabe dar. Mit der Anwendung der Standards SFAS 141 und 142 bzw. IFRS 3 gewinnt die **Unternehmensbewertung im Rahmen von Unternehmensakquisitionen** an neuer Bedeutung. War bisher die Ermittlung des Kaufpreises Hauptfragestellung der Wertansatzbestimmung für Beteiligungen, so gewinnt nunmehr die (zusätzliche) Ermittlung des Unternehmenswertes der Beteiligung zunehmend an Gewicht. Ferner wird die Folgebilanzierung bereits im Erwerbszeitpunkt ein Thema sein. Hierbei werden Antworten zu der Höhe der Abschreibungen auf immaterielle Vermögenswerte sowie zu gestiegenen Abschreibungen durch die Hebung von stillen Reserven bei den materiellen Vermögenswerten gesucht werden. Auch wird das Risiko einer außerplanmäßigen Abschreibung auf den Goodwill zu beachten sein.

Die folgenden Darstellungen sollen sich auf die durch das FASB initiierten **Neuregelungen im Rahmen von Unternehmenszusammenschlüssen** und deren Auswirkungen auf die Bewertung von Beteiligungen konzentrieren. Die in ihren Wirkungen nahezu gleichen Regelungen des IASB werden besprochen, insoweit diese von den Regelungen des FASB deutlich abweichen. Nicht gewollt ist eine detaillierte Darstellung der Unterschiede zwischen den beiden Standardsettern.

---

1 Vgl. SFAS 141, Rz. 9; IFRS 3, Rz. 4.
2 Vgl. SFAS 141, Rz. 15 ff.; IFRS 3, Rz. 17 ff.
3 Vgl. SFAS 141, Rz. 20 ff.; IFRS 3, Rz. 24 ff.

II. Neuregelung der Bilanzierung von Business Combinations nach SFAS 141 bzw. IFRS 3 im Konzern- und Einzelabschluss

1. Anwendung der Purchase-method

Im Rahmen von Business Combinations im Sinne von SFAS 141 bzw. IFRS 3 ist die **Erwerbsmethode** anzuwenden.[1] Diese beinhaltet im Wesentlichen die Durchführung einer Kaufpreisverteilung (**Purchase Price Allocation**). Im Rahmen der Purchase Price Allocation ist der gezahlte Kaufpreis auf die erworbenen Vermögenswerte (Assets)[2] und Schulden (Liabilities) sowie auf den Goodwill nach Fair Value-Gesichtspunkten im Zeitpunkt des Erwerbs zu verteilen.[3] Hierzu gehört zunächst die vollständige Aufnahme der erworbenen immateriellen sowie materiellen Vermögenswerte und Schulden. Die anschließende Bewertung der Vermögenswerte und Schulden ermöglicht die eigentliche Verteilung des Kaufpreises. Ein nicht auf Vermögenswerte und Schulden verteilter möglicher Restbetrag des Kaufpreises wird dem Goodwill zugeordnet.

39

Die **Vorgehensweise bei der Kaufpreisverteilung** wird durch SFAS 141 und IFRS 3 somit wie folgt bestimmt:

40

1. Identifizierung des erwerbenden Unternehmens[4]
2. Bestimmung des Kaufpreises[5]
3. Neubewertung der erworbenen Vermögenswerte und Schulden[6]
4. Bestimmung des Goodwill (oder negativer Goodwill)[7]
5. Zuordnung der Vermögenswerte und Schulden auf Reporting Units bzw. Cash-Generating Units[8]

Neben der durch SFAS 141 bzw. IFRS 3 vorgeschrieben Reihenfolge zur Durchführung einer Purchase Price Allocation ist bei der Bewertung der erworbenen immateriellen Vermögenswerte aus Praktikabilitätsgründen eine weitere Hierarchie der Bewertung dadurch bestimmt, dass zur Bewertung einiger Vermögenswerte die **Fair Values anderer Vermögenswerte** bereits bekannt sein müssen. Für die Bewertung von Kundenbeziehungen nach dem ertragsorientierten Ansatz kann es beispielsweise erforderlich sein, die Fair Values von Mitarbeiterstamm, anderen immateriellen Vermögenswerten wie Marken-

41

---

1 Zu den Besonderheiten im Rahmen von sukzessiven Anteilserwerben gem. IAS/IFRS vgl. *Küting/Elprana/Wirth*, KoR 2003, 477 ff.
2 Der Begriff „Asset" entspricht nicht deckungsgleich dem Begriff des handelsrechtlichen Vermögensgegenstandes. In diesem Abschnitt wird daher der Begriff des Vermögenswertes als Synonym verwendet; so auch *Nestler/Thuy*, KoR 2002, 169 (171) Fn. 17.
3 Vgl. SFAS 141, Rz. 35 ff.; IFRS 3, Rz. 36 ff.
4 Vgl. SFAS 141, Rz. 15–19; IFRS 3, Rz. 17–23.
5 Vgl. SFAS 141, Rz. 20–34; IFRS 3, Rz. 24–35.
6 Vgl. SFAS 141, Rz. 35–42; IFRS 3, Rz. 36–65.
7 Vgl. SFAS 141, Rz. 43–46; IFRS 3, Rz. 51–57.
8 Vgl. SFAS 141, Rz. 46; SFAS 142, Rz. 34 f.; IAS 36, Rz. 65 ff.

namen, Patenten und auch von materiellen Vermögenswerten zu kennen. Daher kann generell festgehalten werden, dass zunächst die Vermögenswerte bewertet werden sollten, deren Wertermittlung ohne Berücksichtigung von anderen Vermögenswerten auskommt.

42 Nach der Konzeption des SFAS 141 und IFRS 3 stellt der **gezahlte Kaufpreis** des erworbenen Unternehmens gleichzeitig dessen **Fair Value** dar. Sowohl das FASB als auch das IASB gehen davon aus, dass ein Erwerber eines Unternehmens nicht mehr als den „wahren Wert" des Unternehmens zahlen wird und dass der Veräußerer auf der anderen Seite nicht weniger verlangen wird, als es wirklich Wert ist. So ist bei der Purchase Price Allocation stets zu hinterfragen, wofür der Veräußerer den Kaufpreis verlangt und der Käufer bezahlt hat. Der SFAS 141 unterstellt sogar, dass bei einem Überschreiten des Gesamtwertes durch die Fair Values der Einzelvermögenswerte eventuell eine stille Last übersehen worden ist bzw. ein Bewertungsfehler der Vermögenswerte vorliegt.[1] Der IFRS 3 hält hingegen ebenfalls einen Verhandlungserfolg („bargain purchase" oder „lucky buy"[2]) als Ursache möglich.[3] Grundsätzlich ist aber zu bedenken, dass Kaufpreise das Ergebnis eines Prozesses darstellen, in denen die beteiligten Parteien vernünftigerweise in gleicher Höhe Geben und Nehmen. Es stellt sich deshalb die Frage, ob nicht nur in Ausnahmefällen bei einer ordnungsmäßig durchgeführten Purchase Price Allocation eine solche Differenz auftreten kann. Der SFAS 141 und der IFRS 3 legen es deshalb nahe, eine Differenz aus der ersten Purchase Price Allocation einer ausführlichen Überprüfung zu unterwerfen, ob tatsächlich die Vermögenswerte und Schulden angemessen bewertet worden sind.[4]

43 Für den Fall, dass die Summe der Fair Values der erworbenen Vermögenswerte und der eingegangenen Verbindlichkeiten den Kaufpreis des Unternehmens überschreitet, sind nach SFAS 141 die Fair Values der bewerteten Vermögenswerte und Schulden gleichmäßig zu reduzieren.[5] Die **Reduzierung** ist nicht vorzunehmen bei

1. Finanzanlagen, außer Equity-Beteiligungen,
2. zum Verkauf stehenden Vermögenswerten,
3. latenten Steuern,
4. bezahlten Vermögenswerten für Pensionen oder Pensionspläne,
5. anderem kurzfristigem Vermögen.[6]

Zusammenfassend kann festgestellt werden, dass **monetäre Vermögenswerte** und solche, die dem Umlaufvermögen zuzuordnen sind, **von der Abstockung**

---

1 Vgl. SFAS 141, Fn. 19 zu Rz. 44; *Küting/Wirth*, DStR 2003, 522.
2 Vgl. *Bieker/Esser*, KoR 2003, 75 (81).
3 Vgl. IFRS 3, Rz. 57c; *Theile/Pawelzik*, WPg. 2003, 316 (322).
4 Vgl. SFAS 141, Rz. B 187; IFRS 3, Rz. 56.
5 Vgl. SFAS 141, Rz. 44 f.
6 Vgl. SFAS 141, Rz. 44.

auszuschließen sind.[1] Zu beachten ist ferner, dass die auf die Aufdeckung stiller Reserven gebildeten passiven latenten Steuern auf die neuen Fair Values der abgestockten Vermögenswerte angepasst werden müssen; hieraus entsteht ein iterativer Prozess aus Abstockung der Vermögenswerte und Berechnung von Steuern.

Das IASB schlägt im IFRS 3 im Gegensatz zum FASB lediglich die Neubewertung der erworbenen Vermögenswerte und Schulden sowie eine Neuberechnung des Kaufpreises vor;[2] eine Abstockung ist hingegen nicht vorgesehen. Der verbleibende „excess of acquirer's interest in the net fair value of acquiree's identifiable assets, liabilities and contingent liabilities over cost"[3] ist nach der Neubewertung erfolgswirksam zu vereinnahmen.[4]

Goodwill sowie die klassifizierten immateriellen Vermögenswerte mit unbestimmter Nutzungsdauer sind im Rahmen eines jährlich durchzuführenden Impairmenttests nach SFAS 142 bzw. IAS 36 auf ihre Werthaltigkeit zu überprüfen (vgl. hierzu ausführlich Teil III Rz. 115 ff.). 44

2. Basisbeispiel

Die nachfolgende verbale **Darstellung der Vorgehensweise** im Rahmen einer Purchase Price Allocation nach SFAS 141 bzw. IFRS 3 soll durch ein vereinfachtes Beispiel verdeutlicht werden. Hierbei wird auf die spezifische Vorgehensweise nach US-amerikanischen Regelungen abgestellt. Abweichungen zu den angedachten Regelungen nach IAS/IFRS insbesondere im Bereich von Steuern (vgl. hierzu Teil III Rz. 73/74) werden nicht separat dargestellt. 45

Dem **Basisbeispiel** liegt folgende **Ausgangssituation** zugrunde: 46

Unternehmen A erwirbt zum 31.12. sämtliche Anteile an Unternehmen B zu einem Kaufpreis in Höhe von 95 Mio. Euro. Unternehmen A beliefert verschiedene Branchen mit speziell gefertigten Navigationsgeräten inklusive der hierfür eigens entwickelten Software. Unternehmen A gliedert seine Reporting Units (vgl. hierzu Teil III Rz. 82) anhand dieser Branchen. Diese sind im Einzelnen Automobiltechnik, Schienenfahrzeugtechnik und Luftfahrttechnik. Das akquirierte Unternehmen B ist dagegen wesentlich im Bereich der Raumfahrttechnik tätig; ein Segment ist dem Bereich Luftfahrttechnik zuzuordnen. Beide Unternehmen sind nicht börsennotiert und haben ebenfalls keine börsennotierten Beteiligungsunternehmen. Unternehmen B ist ein traditionsreiches ehemaliges Familienunternehmen und bilanziert keinen Goodwill aus vorangegangenen Akquisitionen. Daten zur Vermögens-, Finanz- und Ertragslage der Unternehmen bzw. der Reporting Units werden soweit notwendig an gegebener Stelle bereitgestellt.

---

1 Vgl. *Dawo*, S. 139.
2 Vgl. IFRS 3, Rz. 56a; *Theile/Pawelzik*, WPg. 2003, 316 (321).
3 Vgl. IFRS 3, Rz. 56; im Folgenden auch als Excess over cost bezeichnet.
4 Vgl. IFRS 3, Rz. 56b; *Küting/Wirth*, DStR 2003, 522; *Brücks/Wiederhold*, KoR 2003, 21 (27).

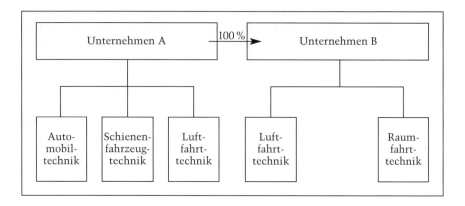

3. Fair Value-Ermittlung der erworbenen Einheit

47 Bewertungen im Rahmen einer Purchase Price Allocation erfolgen grundsätzlich unter Fair Value-Gesichtspunkten. Bei der Ermittlung des Fair Value geben die US-GAAP bzw. IFRS dem Bilanzierenden eine **Methodenvielfalt an Bewertungsmöglichkeiten** an die Hand.[1] Während die deutsche Rechnungslegung für Bewertungszwecke das Ertragswertverfahren bzw. das Discounted Cash Flow-Verfahren präferiert, stellen die internationalen Rechnungslegungsvorschriften im Rahmen der Purchase Price Allocation zunächst vorrangig auf eine marktorientierte Bewertung ab.

48 Der Fair Value ist bestimmt durch den Wert, den ein unabhängiger Dritter zu zahlen bereit ist. Ein gezahlter Veräußerungspreis ist nach US-GAAP das beste Anzeichen für einen Fair Value. Hierbei kommt es jedoch darauf an, dass weder Käufer noch Verkäufer unter einem Zwang stehen.[2] Die von IASB verwandte Definition des Fair Value[3] ist in inhaltlicher Hinsicht weitestgehend vergleichbar.[4] Beide Definitionen finden sich in der Fair Value-Richtlinie der Europäischen Union vom 27.9.2001 wieder.[5] Der Fair Value ist vorrangig ein transaktionsbezogener Preis, „zu dem zwischen sachverständigen, vertragswilligen und voneinander unabhängigen Geschäftspartnern (‚at arm's length') ein Vermögenswert getauscht bzw. eine Verbindlichkeit beglichen wird".[6]

49 Daher sind bei der Bewertung **folgende Schritte** zu berücksichtigen:

1. Sind notierte Marktpreise in aktiven Märkten vorhanden, so sind diese als bester Beweis für das Vorhandensein von Fair Values zu verstehen.[7] Markt-

---

1 Vgl. SFAS 142, Rz. 23 ff.
2 Vgl. *Nestler/Thuy*, KoR 2002, 169 (171); SFAS 141, Rz. 23.
3 Vgl. IAS 38, Rz. 8.
4 *Jäger/Himmel*, BFuP 2003, 417 (424).
5 Vgl. *Jäger/Himmel*, BFuP 2003, 417 (424).
6 Vgl. Kommission der EG, S. 11; IFRS 3, App. A, Defined Terms.
7 Vgl. SFAS 142, Rz. 23; IAS 38, Rz. 39; *Pfitzer/Dutzi* in Ballwieser u.a. (Hrsg.), Sp. 750; *Dawo*, S. 140 und S. 212 f.

preise sind jedoch nicht unreflektiert in die Bewertung zu übernehmen, da diese in der Regel keine Kontrollprämie für mit dem Mehrheitserwerb verbundene Synergievorteile enthalten.[1] Marktpreisbewegungen in der Vergangenheit, gehandelte Mengen, aber auch die Marktpreissituation vor und nach Bekanntwerden der Transaktion sind bei der Wertabschätzung zu berücksichtigen.[2]

2. Wenn Marktpreise nicht verfügbar sind, ist auf die beste vorhandene Informationsquelle abzustellen. Wichtig hierbei ist, dass Annahmen bei der Bewertung getroffen werden, die auch Marktteilnehmer in ihre Überlegungen einbeziehen würden. Sind diese Annahmen nicht aus dem Markt herauszufiltern oder bedarf dies unverhältnismäßig hoher Anstrengungen, so sind vom Management eigene Annahmen zu treffen. Hierbei ist die Marktperspektive maßgebend. Die anzusetzenden Schätzgrößen sind hierbei unabhängig von persönlichen Verhältnissen und der individuellen Nutzung vorzunehmen. Unternehmensspezifische Vorteile bzw. Nachteile dürfen nicht Berücksichtigung finden. Sie dürfen nur berücksichtigt werden insoweit sie mit dem Vermögenswert selbst verbunden sind und auch nach der Übertragung an einen Dritten diesem zur Verfügung stehen.[3] Als Methodik der Ermittlung dient im Regelfall eine „present value technique" wie das Discounted Cash Flow-Verfahren.[4]

3. Sind weder Marktpreise verfügbar noch Einschätzungen des Managements zu künftigen Cash Flows vorhanden, können Vergleichspreise herangezogen werden.[5] Diese können zum einen unter Heranziehung von vergleichbaren Transaktionen, und zum anderen unter Zuhilfenahme von Gewinn- oder Umsatzmultiplikatoren ermittelt werden.[6]

Generell ist zu sagen, dass der Fair Value bestimmt ist durch die **geplante Verwendung des erwerbenden Unternehmens**. Grundsätzlich ist der Fair Value bestimmt durch den Wert, den ein unabhängiger Dritter zu zahlen bereit ist. Weder Käufer noch Verkäufer stehen hierbei unter Zwang.[7]

Plant das erwerbende Unternehmen, den Vermögenswert nicht mehr zu nutzen, so entspricht der Fair Value dem **Schrottwert**. Plant das erwerbende Unternehmen den Vermögenswert zu veräußern, so entspricht der anzusetzende Betrag dem nach üblichen Gesichtspunkten ermittelten Fair Value abzüglich der Veräußerungskosten.[8]

---

[1] Vgl. *Lüdenbach/Schulz*, WPg. 2002, 489 (490).
[2] Vgl. SFAS 141, Rz. 22.
[3] Vgl. *Dawo*, S. 140; zur Vermeidung von Inkonsistenzen bei der Anwendung verschiedener Prämissen im Rahmen der Unternehmensbewertung s. *Ulbricht* in Richter/Timmreck (Hrsg.), S. 326 ff.
[4] Vgl. SFAS 142, Rz. 24; IAS 38, Rz. 41b.
[5] Vgl. SFAS 142, Rz. 25; IAS 38, Rz. 40.
[6] Vgl. *Lüdenbach/Schulz*, WPg. 2002, 489 (491); IAS 38, Rz. 41a; *Fladt/Feige*, WPg. 2003, 249 (255).
[7] Vgl. *Pfitzer/Dutzi* in Ballwieser u.a. (Hrsg.), Sp. 750.
[8] Vgl. AICPA Practice Aid 2001, 3.

4. Immaterielle Vermögenswerte
a) Identifizierung und Klassifizierung

51 Der Goodwill umfasste bis zur Neuregelung der Bilanzierung durch die SFAS 141 und 142 sowie IFRS 3 alle bei einer Akquisition miterworbenen, bisher nicht bilanzierten immateriellen Vermögenswerte. Mit der zunehmenden Bedeutung von immateriellen Werten[1] für das Zustandekommen von Unternehmenszusammenschlüssen und dem Trend zur Berichterstattung über (originäre) immaterielle Vermögenswerte wurde eine **neue sachgerechtere bilanzielle Darstellung des Goodwill** angestrebt.

52 In der Folgebewertung werden diese bewerteten sowohl materiellen als auch immateriellen Vermögenswerte abhängig von der ihnen zugrunde gelegten Klassifizierung und damit von deren erwarteter Lebensdauer abgeschrieben.[2] Hierbei sind die identifizierten Vermögenswerte in **Werte mit unbestimmter Nutzungsdauer** (indefinite[3] useful life) und **Werte mit begrenzter Nutzungsdauer** (finite useful life) zu unterscheiden. Vermögenswerte mit einer unbestimmbaren Nutzungsdauer sind nicht abzuschreiben, Werte mit begrenzter Nutzungsdauer sind planmäßig abzuschreiben.[4] Ihnen kommt „eine als endlich anzusehende, bezifferbare Nutzungsdauer" zu.[5] Die Abschreibungspflicht für diese immateriellen Vermögenswerte schwächt den Impairment Only Approach-Effekt, der nur noch die außerplanmäßige Abschreibung des Goodwill vorsieht, ab.[6] Ferner sind immaterielle Vermögenswerte mit unbestimmter Nutzungsdauer innerhalb des zumindest jährlich durchzuführenden Impairmenttests auf ihre Werthaltigkeit hin zu überprüfen.

53 Vom Goodwill sind nunmehr alle Komponenten zu trennen, die **objektivierbar bzw.** einzeln oder mit anderen Vermögenswerten zusammen **separierbar** sind. Hierbei stellen FASB und IASB auf folgende Kriterien ab:[7]

54 Contractual-legal Criterion

Die Identifizierung eines solchen immateriellen Vermögenswertes erfordert, dass der betroffene Vermögenswert auf vertraglicher Basis oder gesetzlichen Rechten beruht, unabhängig davon, ob die vertraglichen oder gesetzlichen

---

[1] Von Moxter als „ewige Sorgenkinder des Bilanzrechts" bezeichnet. Vgl. *Moxter*, BB 1979, 1102; *I. Schmidt*, S. 8 ff.; *Haller* in Möller/Schmidt (Hrsg.), S. 563; *Küting/Wirth*, KoR 2004, 167.
[2] Zur Folgebewertung des Goodwill vgl. Teil III Rz. 78 und 115.
[3] SFAS 142 weist ausdrücklich darauf hin, dass unter dem Begriff „indefinite" nicht Vermögenswerte mit „infinite useful life" (unendlicher Nutzungsdauer) zu verstehen sind; vgl. SFAS 142, Rz. 11; zu IAS vgl. IAS 38, Rz. 88 ff.
[4] Vgl. SFAS 142, Rz. 11; IAS 38, Rz. 97 ff.
[5] Vgl. *Pfeil/Vater*, KoR 2002, 66 (70).
[6] Vgl. *Pfeil/Vater*, KoR 2002, 66 (70).
[7] Vgl. SFAS 141, Rz. 39; IAS 38, Rz. 9 ff; IFRS 3, Rz. 45; z.B. auch *Alvarez/Biberacher*, BB 2002, 346 (347); *Hitz/Kuhner*, WPg. 2002, 273 (274 f.); *Küting/Weber/Wirth*, KoR 2002, 57 (59); *Pfeil/Vater*, ST 2002, 585 (586); *Frowein/Lüdenbach*, FB 2003, 65 (70); *Dawo*, S. 127 f. und S. 198 f.; *Focken*, RIW 2003, 437 (441); *Brücks/Wiederhold*, KoR 2004, 177 (179); *Brüne/Senger* in Beck'sches IFRS-Handbuch, § 15 Rz. 220a–220d.

Rechte von dem erworbenen Unternehmen separierbar oder an Dritte übertragbar sind. Es wird somit die Einzelerfassbarkeit im Sinne einer abstrakten Einzelverwertbarkeit unterstellt.[1]

Separability Criterion

Basiert der immaterielle Vermögenswert nicht auf vertraglichen oder gesetzlichen Rechten ist er nur dann einzeln in der Bilanz gesondert auszuweisen, insoweit er von dem erworbenen Unternehmen separierbar ist und er separat oder in Verbindung mit einem Vertrag, Vermögenswert oder einer Verbindlichkeit veräußert, lizenziert, vermietet oder übertragen werden kann.[2]

Die nachfolgende Abbildung verdeutlicht das vorgenannte **Prüfungsschema**.[3]

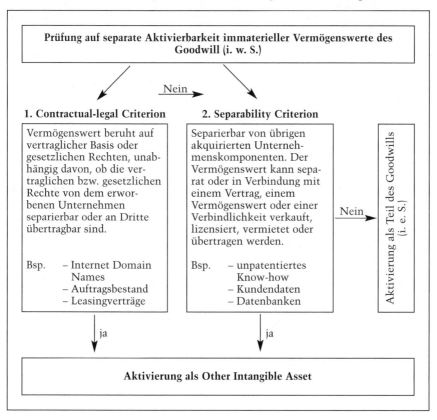

---

1 Vgl. *Dawo*, S. 127; IAS 38, Rz. 11, 12b.
2 Vgl. SFAS 141, Rz. 39; IAS 38, Rz. 12a.
3 Vgl. zur Abbildung *Alvarez/Biberacher*, BB 2002, 346 (347); ähnlich auch *Hornung* in Küting/Weber (Hrsg.), S. 26; *Coenenberg*, Jahresabschluss und Jahresabschlussanalyse, S. 614.

56 Die Kriterien **konkretisieren die Abgrenzbarkeit vom Goodwill**. Sie dienen somit der besseren Überprüfbarkeit, ob die Vorteile im Goodwill aufgehen oder von diesem abgrenzbar sind.[1] Appendix A zu SFAS 141 hält eine nicht abschließende Liste von immateriellen Vermögenswerten bereit, die eines der beiden Kriterien erfüllen.[2] Eine ähnliche Darstellung ist dem Abschnitt Illustrative Examples zu IFRS 3 zu entnehmen. Die Vermögenswerte assembled workforce sowie customer base sind nach SFAS 141 nicht vom Goodwill separierbar und sind aus diesem Grund nicht in der Liste enthalten. Das FASB geht davon aus, dass ein Unternehmen zwar einen Mitarbeiterstamm bewerten kann und muss, für eine Veräußerung dieses aber nicht in Frage kommt.[3] Das IASB stellt dagegen in IAS 38 klar, dass der Mitarbeiterstamm nur dann zu bewerten ist, wenn durch diesen ein zukünftiger finanzieller Nutzen zu erwarten ist. Das IASB unterstellt jedoch, dass einer Aktivierung des Mitarbeiterstamms die ungenügende Steuerbarkeit dieses finanziellen Nutzens entgegensteht.[4] Ferner schließt das FASB aus, dass bestimmte Unternehmen wie beispielsweise eine Fast Food-Kette seinen Kundenstamm (im Sinne eines „customer base") bewerten kann, da dieser nicht bekannt ist.[5]

Die Standardsetter unterscheiden bei **immateriellen Vermögenswerten** fünf Kategorien[6]:

57 **Marketing-related Intangible Assets**

Hierunter versteht das FASB/IASB diejenigen immateriellen Vermögenswerte, die aus der Vertriebs- und Werbetätigkeit des Unternehmens hervorgehen.[7] Hierzu gehören unter anderem Markenzeichen („trademarks") sowie Wettbewerbsvereinbarungen („noncompetition agreements"). Die Bewertung und anschließende Abschreibung von Markennamen kann für das akquirierende Unternehmen immer dann zu erheblichen Belastungen führen, wenn Pläne für das Auflösen und Ersetzen dieser erworbenen Marke durch eigene Markennamen bestehen. Die Konsequenz hieraus sind kurze Nutzungsdauern, die zu hohen Abschreibungsvolumina führen können.

58 **Customer-related Intangible Assets**

Diese werden im Wesentlichen durch detailliertes Wissen über Kunden und Kundenverhalten wertbestimmt. Zu den kundenbezogenen immateriellen Werten gehören im Wesentlichen Kundenverträge und die hieraus bestehende Kundenbeziehung. Dieses ist nicht zu verwechseln mit dem oben beschriebenen Kundenstamm („customer base"), welcher durch die Ermangelung der

---

1 Vgl. *Dawo*, S. 128.
2 Vgl. SFAS 141, Rz. 39, A 14; *Pfeil/Vater*, KoR 2002, 66 (69); *Mard/Hitchner/Hyden/Zyla*, S. 20.
3 Vgl. *Mard/Hitchner/Hyden/Zyla*, S. 19; SFAS 141, Rz. 39.
4 Vgl. IAS 38, Rz. 15; IFRS 3, Rz. BC 95 ff.
5 Vgl. SFAS 141, Rz. B 165.
6 Vgl. *Pfeil/Vater*, KoR 2002, 66 (68); eine ähnliche Aufteilung findet sich zu ED 3 „Illustrative Examples" im App. B. S. dazu auch die Übersicht Teil III Rz. 61 a.E.
7 Vgl. SFAS 141, Rz. A 15; IFRS 3, Illustrative Examples, S. 4 f.

Identifizierbarkeit der Kundenbeziehung nicht zu dieser Gruppe von Vermögenswerten zählt. Ferner gehören veräußerbare Kundenkarteien zu den einzeln aktivierbaren Vermögenswerten, sofern diese nicht durch Datenschutzbestimmungen oder gesetzliche Bestimmungen von einer Veräußerung an Dritte ausgenommen sind. Sie enthalten neben den allgemeinen Kontaktinformationen des Kunden ebenfalls Informationen zu Bestellverhalten und andere zusätzliche Informationen. Obwohl eine Kundenkartei weder dem „contractual-" oder „legal-criterion" unterliegt, sind diese durch ihre Bewertbarkeit und durch in der Praxis übliche Leasing- und Verkaufsvereinbarungen als eigenständiges Gut zu aktivieren.[1]

Artistic-related Intangible Assets 59

Hierzu zählen alle Arten von künstlerischen Aufführungen und Aufzeichnungen wie Opern, literarische Werke, Song-Texte, Bilder, Filme und Musikvideos. Der Wert dieser Vermögenswerte liegt im Wesentlichen in der Verwertung und Vermarktung von Rechten an künstlerischem geistigen Eigentum.[2]

Contract-based Intangible Assets 60

Sie definieren ihren Wert aus den Rechten, die aus einer vertraglichen Beziehung resultieren. Dieses sind beispielsweise Lizenzen, Leasing- und Franchise-Verträge oder Senderechte.[3] Sollten aus einem Vertrag im Vergleich zu Marktpreisen nachteilige Bedingungen hervorgehen, so sind diese unter den Liabilities auszuweisen.[4]

Technology-based Intangible Assets 61

Hierunter sind Innovationen und technologische Vorteile wie Patente, Software, Datenbanken und Geschäfts- und Betriebsgeheimnisse zu verstehen.[5] Sofern eine Basistechnologie vorliegt, die nicht durch Patente geschützt ist, das Unternehmen jedoch in die Lage versetzt, positive Free cash flows, die dieser Technologie zuzuordnen sind, zu erzielen, handelt es sich um einen selbstständig bewertbaren Vermögenswert nach SFAS 141. Dies setzt allerdings voraus, dass das Unternehmen in der Lage ist, die alleinige Kontrolle über diese Technologie auszuüben und andere von Nachahmungen auszuschließen. Die aus ihrem Besitz resultierenden Vorteile sind oftmals Alleinstellungsmerkmal wie z.B. ein einzigartiges Medikament auf dem Markt.

---

1 Vgl. SFAS 141, Rz. A 18; IFRS 3, Illustrative Examples, S. 5 f.
2 Vgl. SFAS 141, Rz. A 22; IFRS 3, Illustrative Examples, S. 6 f.
3 Vgl. *Mard/Hitchner/Hyden/Zyla*, S. 20.
4 Vgl. SFAS 141, Rz. A 24; IFRS 3, Illustrative Examples, S. 7.
5 Vgl. *Mard/Hitchner/Hyden/Zyla*, S. 20; IFRS 3, Illustrative Examples, S. 8.

Die nachfolgende Übersicht gibt **beispielhafte immaterielle Vermögenswerte** wieder.[1]

Immaterieller Vermögenswert	contractual-legal criterion	separability criterion
Marketing-related intangible assets		
– Trademarks, tradenames	x	
– Service marks, collective marks, certification marks	x	
– Trade dress (unique color, shape, or package design)	x	
– Newspaper mastheads	x	
– Internet domain names	x	
– Noncompetition Agreements	x	
Customer-related intangible assets		
– Customer lists		x
– Order or production backlog	x	
– Customer contracts and related customer relationships	x	
– Noncontractual customer relationships		x
Artistic-Related Intangible Assets		
– Plays, operas, ballets	x	
– Books, magazines, newspapers, other library works	x	
– Musical works such as compositions, song lyrics, Advertising jingles	x	
– Pictures, photographs	x	
– Video and audiovisual material, including motion pictures, music videos, television programs	x	
Contract-Based Intangible Assets		
– Licensing, royalty, standstill agreements	x	
– Advertising, construction, management, service or supply contracts	x	
– Lease agreements	x	
– Construction permits	x	
– Franchise agreements	x	
– Operating and broadcast rights	x	
– Use rights such as drilling, water, air, mineral, timber cutting, and route authorities	x	
– Servicing contracts such as mortgage servicing contracts	x	
– Employment contracts	x	
Technology-Based Intangible Assets		
– Patented technology	x	
– Computer software and mask works	x	
– Unpatented technology		x
– Databases, including title plants		x
– Trade secrets, such as secret formulas, processes, recipes	x	

---

[1] Vgl. SFAS 141, Rz. A 14; IFRS 3, Illustrative Examples; *Dawo*, S. 129; *Weber/Wirth* in Küting/Weber (Hrsg.), S. 51 ff.

Eine **alternative Klassifizierung** könnte im Rahmen einer Einteilung in branchenspezifische immaterielle Vermögenswerte erfolgen. Diese könnten beispielsweise Intangibles in der Mobilfunkbranche oder Automobilindustrie enthalten. Eine Zuordnung zu den fünf oben genannten Gruppen wird jedoch dennoch möglich bleiben, da z.B. Mobilfunklizenzen genauso auf einem vertraglich eingeräumten Recht beruhen wie Motorentechnologien auf Patenten oder Betriebs- und Geschäftsgeheimnissen. Branchenspezifische Unterschiede ergeben sich jedoch bei den zugrunde liegenden Nutzungsdauern. Sind Lebensdauern in einer Branche wie im Bereich der Medien eher lang, so sind diese im Bereich der Pharmazie deutlich kürzer.[1]

62

Festzuhalten bleibt, dass nunmehr im Jahresabschluss auch Vermögenswerte bilanziert werden, die bisher nicht erfasst werden konnten.[2] Hier liegt auch dann in der Ermittlung der Fair Values dieser Vermögenswerte das Kernproblem der neuen Rechnungslegungsvorschriften.[3]

Eine Sonderrolle bei der Bewertung von immateriellen Vermögenswerten spielen **Forschungs- und Entwicklungsprojekte**. Die Behandlung der Aufwendungen für Forschung & Entwicklung im Rahmen von Unternehmenszusammenschlüssen wird durch die FASB Interpretation No. 4 „Applicability of FASB Statement No. 2 to Business Combinations Accounted for by the Purchase Method" in Verbindung mit SFAS 2 „Accounting for Research and Development Costs" geregelt. Ähnliche Regelungen sieht das IASB vor.[4]

63

Die Standardsetter unterscheiden hierbei zwischen Forschung (Research) und Entwicklung (Development) (kurz F&E). Unter **Forschung** wird die geplante Suche oder die kritische Untersuchung mit dem Ziel, neue Kenntnisse zu erlangen, die zur Entwicklung neuer Produkte oder Dienstleistungen, neuer Prozesse oder technischer Anwendungen oder zu entscheidender Verbesserung bestehender Produkte oder Prozesse führen sollen, verstanden. Als **Entwicklung** wird die Übernahme der Forschungsergebnisse in die Planung neuer Produkte oder Prozesse oder die entscheidende Verbesserung bestehender Produkte oder Prozesse sei es für den Verkauf oder die interne Nutzung verstanden. Nicht hierunter fallen routinemäßige oder periodische Neuerungen bestehende Produkte oder Prozesse.[5]

Forschungs- und Entwicklungsaufwendungen sind grundsätzlich nicht aktivierungsfähig und werden direkt **als Aufwand verbucht**. Ausnahme hiervon sind Vermögenswerte, die eine Verwendungsalternative besitzen.[6] Wird beispielsweise speziell für ein Entwicklungsprojekt ein Technikum errichtet, welches zu einem späteren Zeitpunkt für andere Aktivitäten des Unternehmen zu nutzen ist, ist dieses aktivierungsfähig. Der Wertverzehr des

64

---

1 Vgl. PWC-Guide, S. 26 ff.
2 Vgl. *Jäger/Himmel*, BFuP 2003, 417 (418).
3 Vgl. *Jäger/Himmel*, BFuP 2003, 417 (418); *Brüne/Senger* in Beck'sches IFRS-Handbuch, § 15, Rz. 223.
4 Vgl. SFAS 141, Rz. 42; zu den Regelungen des IASB vgl. IFRS 3, Rz. 45 i.V.m. IAS 38, Rz. 34.
5 Vgl. SFAS 2, Rz. 8; IAS 38, Rz. 57.
6 Vgl. SFAS 2, Rz. 11a.

aktivierten Vermögenswertes ist dann als F&E-Aufwand zu erfassen. Die Aktivierungsfähigkeit dieser Vermögenswerte wird demzufolge von deren Verwendungsalternative bestimmt.[1] Bestehen zum Zeitpunkt des Unternehmenszusammenschlusses immaterielle Vermögenswerte, die nach FASB Interpretation No. 4 aktiviert wurden, so werden diese unabhängig von den Aktivierungskriterien in SFAS 141 Rz. 39 als Aufwand erfasst.[2]

Im Unterschied zu den US-amerikanischen Regelungen sehen die **Regelungen des IASB** vor, dass **Entwicklungskosten aktiviert** werden dürfen.[3] An die Aktivierung sind bestimmte Voraussetzungen geknüpft, die vollständig erfüllt sein müssen.[4] Dagegen sind originäre Forschungskosten nicht aktivierungsfähig, da das IASB davon ausgeht, dass ein zukünftiger Nutzenzufluss nicht mit hinreichender Sicherheit prognostizierbar ist.[5]

b) Bewertungsverfahren

65 Die Bewertung von immateriellen Vermögenswerten ist häufig mit Schwierigkeiten und Unwägbarkeiten verbunden. Dies liegt unter anderem auch an der Tatsache, dass direkte Anschaffungskosten beispielsweise durch eine Markttransaktion nicht nachgewiesen werden können. Vielmehr ist es in vielen Fällen lediglich möglich, sich dem Wert dieser immateriellen Vermögenswerte anzunähern. Für die Bestimmung der Fair Values der immateriellen Vermögenswerte kommen vorrangig zur Anwendung:[6]

- **Market Approach** (marktorientierter Ansatz),
- **Income Approach** (ertragsorientierter Ansatz),
- **Cost Approach** (Reproduktionskostenansatz).

66 Aus den grundsätzlichen **Verfahrensansätzen** ergeben sich verschiedene Varianten wie beispielsweise die „Multi-period Excess Earnings Method" als Unterform des Income approach zur Bewertung von wesentlichen Werttreibern in einem Unternehmen. Eine Hierarchie der Verfahren ergibt sich aus der marktorientierten Sichtweise des SFAS 142 bzw. IAS 38.[7] Hiernach ist der marktorientierte Ansatz vor dem ertragsorientierten Ansatz zu wählen. Sind diese beiden Verfahren nicht anwendbar, kommt der kostenorientierte Ansatz zum Tragen.[8]

Von den drei Ansätzen zur Bewertung von immateriellen Vermögenswerten sind der Income Approach und der Cost Approach die gebräuchlichen Varia-

---

1 Vgl. *Dawo*, S. 174.
2 Vgl. SFAS 141, Rz. B 170.
3 Vgl. *Brücks/Wiederhold*, KoR 2003, 21 (26).
4 Vgl. IAS 38, Rz. 57.
5 Vgl. IAS 38, Rz. 54 ff.
6 Vgl. z.B. *Frowein/Lüdenbach*, FB 2003, 65 (67); *Nestler/Thuy*, KoR 2002, 169 (172 ff.); AICPA Practice Aid, S. 11 ff.; *Schmidt* in Küting/Weber (Hrsg.), S. 312 ff.
7 Vgl. SFAS 142, Rz. 23 ff; IAS 38, Rz. 39 ff.
8 Vgl. *Jäger/Himmel*, BFuP 2003, 417 (426).

nten. Der Market Approach gelangt im Speziellen im Pharmazie-Sektor zur Anwendung.[1]

Für die Fair Value-Ermittlung der immateriellen Vermögenswerte sind neben anderen individuellen, unternehmensspezifischen Faktoren (wie z.B. branchenspezifische Limitierung der Patentierbarkeit von Prozessen oder Rezepten) grundsätzlich folgende **vier Gesichtspunkte** relevant[2]:

- die Bedeutung, der Charakter und der Nutzen des immateriellen Vermögenswertes,
- die ertragsgenerierenden oder kosteneinsparenden Attribute des immateriellen Vermögenswertes,
- die Beschaffenheit und die Zeitverteilung der technischen und wirtschaftlichen Alterung jedes einzelnen immateriellen Vermögenswertes und
- das relative Risiko und die Unsicherheit, die mit der Anlage in einen immateriellen Vermögenswert verbunden ist.

Market Approach 67

Marktorientierte Ansätze leiten den Fair Value eines Vermögenswertes unmittelbar aus **Marktpreisen** ab (direkte Wertermittlung) oder lehnen diesen an Marktpreise an (Analogieverfahren).[3] Aus einer vorangegangenen Veräußerung von Vermögenswerten werden Preise für die zu bewertenden Vermögenswerte unter Berücksichtigung dessen Eigenschaften abgeleitet.[4] Die Anwendung von Marktpreisen setzt voraus, dass die zu bewertenden immateriellen Vermögenswerte marktgängig sind und ein hinreichend liquider Markt mit einer repräsentativen Preisbildung für diese Vermögenswerte existiert. Bei der Bewertung selbsterschaffener immaterieller Vermögenswerte wird ein direkter Zugriff auf Marktpreise nur selten möglich sein.[5]

Income Approach 68

Für die Bewertung von immateriellen Vermögenswerten kommen häufig **ertragsorientierte Ansätze** zum Einsatz. Diese messen den Gegenwartswert der zukünftigen ökonomischen Vorteile, die aus Einnahmen und Kosteneinsparungen resultieren.[6] Die finanziellen Überschüsse können z.B. auch aus zusätzlichen Absatzmengen und/oder höheren Absatzpreisen resultieren, für die die Verwertung der immateriellen Vermögenswerte die Grundlage bildet. In einer zweistufigen Bewertung werden zunächst im ersten Schritt zukünftige Cash Flows aus dem Besitz des Vermögenswertes geschätzt. Im zweiten

---

1 Vgl. AICPA Practice Aid, S. 11.
2 Vgl. AICPA Practice Aid, S. 116.
3 Vgl. *Frowein/Lüdenbach*, FB 2003, 65 (67).
4 Vgl. AICPA Practice Aid, S. 12.
5 Vgl. *Jäger/Himmel*, BFuP 2003, 417 (428).
6 Vgl. *Frowein/Lüdenbach*, FB 2003, 65 (67).

Schritt werden diese Cash Flows auf den Barwert zum Bewertungsstichtag diskontiert.[1]

Beim **ertragsorientierten Ansatz** stehen verschiedene Verfahren zur Verfügung. Die gebräuchlichen Verfahren sind hierbei:

- Relief-from-royalty Approach,
- Multi-period Excess Earnings Method,
- Incremental Cash Flow Approach.

69 Bei der Anwendung des **Relief-from-royalty Approach** (auch Lizenzpreisanalogie) erfolgt die Ermittlung des Vermögenswertes durch Vergleich mit einem zu entrichtenden **marktüblichen Lizenzentgelt**. Der Wert des immateriellen Vermögenswertes liegt hierbei in den durch das Eigentum an diesem eingesparten marktüblichen Lizenzentgelt.[2] Diese Methode wird vornehmlich zur Bewertung von Markennamen und -zeichen und Patenten verwendet.[3] Von einer zu bestimmenden Ausgangsgröße – dies können im Wesentlichen prognostizierte Umsatzerlöse oder eine z.B. markenrelevante Rohmarge sein – werden fiktive Lizenzentgelte abgesetzt und auf den Bewertungsstichtag abgezinst. Die Hauptschwierigkeit liegt hierbei in der Ermittlung einer adäquaten Lizenzrate, die für eine vergleichbare Lizenz bei weltweit uneingeschränkten Rechten gilt.[4] Ein Anwendungsbeispiel des Relief-from-royalty approach wird in Teil III Rz. 100 gegeben.

70 Die **Multi-period Excess Earnings Method** wird zur Bewertung des eigentlichen Erfolgstreibers in einem Unternehmen angewendet. Bei diesem Ansatz werden die durch den immateriellen Vermögenswert **generierten Einzahlungsüberschüsse** ebenfalls isoliert, um den Stand-Alone-Wert des Vermögenswertes zu bestimmen.[5] Die Wertermittlung erfolgt indirekt aus der der Unternehmensbewertung zugrunde liegenden Unternehmensgesamtplanung. Aufgrund der indirekten Bewertungssystematik werden Wertbeiträge, die durch andere unterstützende Vermögenswerte generiert werden, aus der Bewertung durch Absetzung der Contributory asset charges (vgl. unten Teil III Rz. 75) eliminiert. Die Herausforderung liegt demnach in der Isolierung der Zahlungsströme. Jeder Abzug von zum Bewertungsstichtag bekannten Capital charges mindert somit das Bewertungsergebnis. Hauptkritikpunkt an dieser Methode ist demnach die enorme Bewertungsbandbreite, die bei Anwendung dieser Methode entstehen kann.[6]

71 Bei der **Incremental cash flow-Methode** wird der Wert nicht durch Isolierung von Einzahlungsüberschüssen ermittelt. Vielmehr ergibt sich der Wert des Vermögenswertes aus dem **Unterschiedsbetrag der Einzahlungsüberschüsse**

---

1 Vgl. AICPA Practice Aid, S. 12.
2 Vgl. *Jäger/Himmel*, BFuP 2003, 417 (432).
3 Vgl. AICPA Practice Aid, S. 13.
4 Vgl. AICPA Practice Aid, S. 14.
5 Vgl. *Jäger/Himmel*, BFuP 2003, 417 (434).
6 Vgl. *Jäger/Himmel*, BFuP 2003, 417 (434).

des Bewertungsobjektes mit und ohne dem speziellen Vermögenswert.[1] Die Hauptaufgabe liegt demnach darin, zwei Unternehmensbewertungen durchzuführen. Die Prämissen werden hierbei so angepasst werden müssen, dass man den Unterschiedsbetrag eindeutig auf den zu bewertenden Vermögenswert spezifizieren kann.[2] Eine Bewertung nach der Incremental Cash Flow-Methode wird am Beispiel eines Wettbewerbsverbots unter Teil III Rz. 104 erläutert.

Cost Approach 72

Hier wird davon ausgegangen, dass ein potenzieller Investor für einen Vermögenswert nicht mehr als dessen **Wiederbeschaffungskosten** ausgeben würde.[3] Nach der „Principle of Substitution" liegt die Wertobergrenze des zu bewertenden Gutes bei dem Wert, der für die Wiederherstellung dieses Gutes ausgegeben werden müsste.[4] Die Anwendung des kostenorientierten Ansatzes spiegelt sich in den entstehenden Kosten eines duplizierten Vermögenswertes (Reproduction Cost Method) oder in den Herstellungskosten eines anderen gleichwertigen Vermögenswertes (Replacement Cost Method) wider.[5]

Für die Wertermittlung nach dem Cost Approach müssen **alle relevanten Kosten** identifiziert werden. Die Kostenkomponenten werden unterteilt in auszahlungswirksame Kosten (Cash Costs) und Opportunitätskosten.[6] Die Bestimmung der Opportunitätskosten stellt hierbei „ein häufig unterschätztes Problem dar".[7] Ferner ist anschließend ein eingetretener Wertverzehr des Vermögenswertes zu berücksichtigen.

Nach dem kostenorientierten Ansatz bestimmte Vermögenswerte werden somit nicht nach der prospektiven Bewertungstheorie ermittelt. Der Reproduktionskostenansatz kommt häufig im Rahmen des materiellen Sachanlagevermögens zum Ansatz und ist somit im Rahmen der detaillierten Bewertung des erworbenen Unternehmens von Bedeutung.

Tax Amortization Benefit 73

Die Bewertung von immateriellen Vermögenswerten erfolgt gemäß US-GAAP nach **Steuern**.[8] Neben den Unternehmenssteuern, welche in der der Unternehmensbewertung zugrunde liegenden Unternehmensplanung Berücksichtigung finden, müssen ebenfalls Steuereffekte aus der Abschreibung des erworbenen Vermögenswertes berechnet werden. In Abhängigkeit von der gewählten Transaktionsform ergeben sich unterschiedliche Konsequenzen für die Steuerbilanz des erworbenen Unternehmens. Wird ein Unternehmenskauf im Zuge des Gesamtanteilserwerbs (Share Deal) vollzogen, werden die Buchwerte der

---

1 Vgl. *Jäger/Himmel*, BFuP 2003, 417 (435).
2 Vgl. *Mard/Hitchner/Hyden/Zyla*, S. 62 ff.
3 Vgl. *Frowein/Lüdenbach*, FB 2003, 65 (67).
4 Vgl. AICPA Practice Aid, S. 11.
5 Vgl. *Jäger/Himmel*, BFuP 2003, 417 (427).
6 Vgl. *Jäger/Himmel*, BFuP 2003, 417 (427).
7 *Jäger/Himmel*, BFuP 2003, 417 (427) Fn. 58.
8 Vgl. *Mard/Hitchner/Hyden/Zyla*, S. 24 f.

Vermögenswerte auf Ebene der Steuerbilanz fortgeführt. Wird der Unternehmenskauf jedoch durch den Erwerb der einzelnen Vermögenswerte (Asset Deal) vollzogen, so werden in der Steuerbilanz die jeweiligen Anschaffungskosten der Vermögenswerte und Schulden angesetzt.[1]

Die im Wege eines **Asset Deals** aus der Aufdeckung stiller Reserven bei den erworbenen Vermögenswerten resultierende **höhere steuerliche Abschreibung** und die hieraus resultierenden Steuereffekte („tax amortization benefit" kurz TAB) müssen auf den Barwert des Vermögenswertes aufgeschlagen werden. Der TAB stellt somit den Barwert der steuerlichen Vorteile aus der Abschreibung der Differenz zwischen steuerlichen Buchwert und Fair Value des Vermögenswertes dar. Nach US-amerikanischem Steuerrecht werden alle Arten von immateriellen Vermögenswerten über einen Zeitraum von 15 Jahren abgeschrieben. Bei der Bewertung von deutschen Unternehmen kommt es darauf an, ob der Vermögenswert einen Goodwill-bildenden Faktor darstellt. Ist dies der Fall, dann ist dieses Asset ebenfalls wie der Firmenwert nach deutschen Steuerrecht über 15 Jahre planmäßig abzuschreiben. Eine kürzere Nutzungsdauer ist nach deutschem Steuerrecht immer dann anzuwenden, wenn diese sachgerecht ist und der tatsächlichen Abnutzung des Wirtschaftsgutes entspricht. Die Bewertung des „tax amortization benefit" erfolgt auch, sofern eine steuerliche Auswirkung sich aufgrund der steuerlichen Gesetzgebung nicht ergibt.[2]

74 Die **gesonderte Berücksichtigung von Steuereffekten** kommt in der Regel nur bei einkommens- und kostenorientierten Bewertungsansätzen in Frage; bei marktorientierten Ansätzen sind Steuereffekte bereits in den Vergleichspreisen eingearbeitet.[3] Die Formel für den TAB lautet:[4]

$$TAB = BWCF \times [n/(n - \{[BW(DF, n, -1) \times (1 + DF)^{0,5}] \times T\}) - 1]$$

BWCF	= Barwert der Cash Flows
n	= steuerliche Abschreibungsdauer
DF	= Diskontierungsfaktor
$BW(DF, n, -1) \times (1 + DF)^{0,5}$	= Barwert einer Annuität von Euro 1 über einen Zeitraum von n Jahren
T	= Steuersatz/effektive Steuerquote

Der Aufschlag des TAB im Zuge der Asset-Bewertung kann unterschiedlich dargestellt werden. Nachfolgend sollen **zwei Darstellungsformen** kurz gezeigt werden.

---

1 Vgl. *Jäger/Himmel*, BFuP 2003, 417 (431).
2 Vgl. *Jäger/Himmel*, BFuP 2003, 417 (431 f.).
3 Vgl. *Mard/Hitchner/Hyden/Zyla*, S. 24 f.
4 Vgl. *Mard/Hitchner/Hyden/Zyla*, S. 54.

Berechnung 1		Berechnung 2	
Barwert der Cash Flows	100 000,00	Barwert der Cash Flows	100 000,00
Diskontierungsfaktor	10,0 %	Diskontierungsfaktor	10,0 %
Steuersatz	40,0 %	Steuersatz	40,0 %
steuerliche Abschreibungsdauer	15 Jahre	steuerliche Abschreibungsdauer	15 Jahre
Amortization benefit	27 021,00	Amortization benefit factor	1,270210
Fair Value	127 021,00	Fair Value	127 021,00

Im Rahmen der Bewertung von immateriellen Vermögenswerten nach den Regelungen des IASB ist die Berücksichtigung von Steuern nicht vorgesehen. IAS 36 stellt auf eine Vorsteuerbetrachtung ab.[1] Bei Anwendung des Weighted Average Cost of Capital-Ansatzes im Rahmen einer Discounted Cash Flow-Bewertung ist der Diskontierungszins als Vorsteuersatz zu ermitteln.[2]

Contributory Asset Charges 75

Bei der Bewertung von Cash Flows, die einem immateriellen Vermögenswert zuzuordnen sind, muss berücksichtigt werden, dass diese Cash Flows regelmäßig aufgrund eines Zusammenspiels mit anderen Vermögenswerten im Unternehmen generiert werden. Für diese unterstützenden Vermögenswerte sind nach US-GAAP „contributory asset charges" (auch „capital charges") von den zu bewertenden Cash Flows in Abzug zu bringen.[3] Die Berechnung erfolgt auf Grundlage der Fair Values der **„beisteuernden" Vermögenswerte**. Hierbei ist zu berücksichtigen, dass alle an der Generierung der Cash flows mitwirkenden Vermögenswerte (inklusive Teile des Goodwill) miteinbezogen werden. Entsprechend sind Vermögenswerte, die nicht zur Erbringung der Cash flows beteiligt sind, auch nicht zu berücksichtigen.[4]

Die Contributory Asset Charges auf die identifizierten abnutzbaren Vermögenswerte stellen in der Regel eine im Zeitablauf für die Bewertung fixe Größe wie beispielsweise eine **Leasingrate** dar. Es wird unterstellt, dass diese Vermögenswerte im Zeitablauf durch Ersatzinvestitionen im Wert erhalten bleiben. Lediglich dann, wenn tatsächlich keine Ersatzinvestitionen geplant sind, ist die Bemessungsgrundlage der Capital Charges um Abschreibungen im Zeitablauf zu mindern. Hat das Asset eine zeitlich begrenzte Nutzungsdauer – wie z.B. das vertragliche Wettbewerbsverbot („noncompete agreement") – ist bei der Bewertung zu berücksichtigen, dass dieses danach nicht mehr als beisteuernder Wert wirkt.[5] 76

Für die Contributory Asset Charges werden je nach Risikobehaftung des Vermögenswertes **Diskontierungssätze** festgelegt. Diese sind aus dem Kapitalisie- 77

---
1 Vgl. IAS 36, Rz. 50.
2 Vgl. IAS 36, Rz. 55; *Bieker/Esser*, KoR 2003, 75 (81).
3 Vgl. *Mard/Hitchner/Hyden/Zyla*, S. 25.
4 Vgl. AICPA Practice Aid, S. 85.
5 Vgl. *Mard/Hitchner/Hyden/Zyla*, S. 68; AICPA Practice Aid, S. 88.

rungszinssatz für die Unternehmensbewertung abzuleiten und berücksichtigen ebenfalls die Interdependenzen und unterschiedlichen Risikoklassen der bewerteten contributory Assets. Die nachfolgende Tabelle gibt eine Übersicht über die bei unserer Beispiels-„Purchase Price Allocation" verwendeten Diskontierungssätze:

Vermögenswert	Diskontierungssatz
Umlaufvermögen	6 %
Anlagevermögen	6 %
Markenname	15 %
Wettbewerbsverbot	15 %
Mitarbeiterstamm	15 %
Kundenbeziehungen	17 %
Technologie	25 %

Die zu verwendenden Kapitalisierungszinssätze sind von der jeweiligen Unternehmung und deren individuellen Renditeforderungen abhängig. Im Rahmen der Unternehmensbewertung im Zuge der Purchase Price Allocation werden die Diskontierungssätze grundsätzlich zur Diskussion stehen müssen. Die oben angegebenen Zinssätze sind demnach nicht als allgemein gültig anzusehen.

Ferner ist die Höhe der gewählten Contributory asset charges von den Aufwendungen, die durch diese entstehen, abhängig. Aufwandskomponenten wie z.B. Abschreibungen auf materielle Vermögenswerte sind jedoch nicht zu berücksichtigen, da diese bereits in der Planungsrechnung berücksichtigt sind.[1]

5. Goodwill

78 Mit der Klassifizierung des Goodwill als nicht-abnutzbarer Vermögenswert[2] wendet sich das FASB von der rein bilanzierungstechnischen Sicht des Goodwill als Unterschiedsbetrag zwischen Kaufpreis und Buchwerten des erworbenen Unternehmens ab. Das FASB geht davon aus, dass sich der dauerhafte Wertbeitrag, welcher durch diesen Vermögenswert repräsentiert wird, sich **nicht planmäßig abnutzen** wird. Es ist jedoch zu überprüfen, ob der Goodwill in den Folgeperioden außerplanmäßig in seinem Wert gemindert wird.

79 Der nicht durch die Purchase Price Allocation verteilte Restbetrag des Kaufpreises wird auch als **Kern-Goodwill** („core goodwill") bezeichnet. Der Kern-Goodwill umfasst neben nicht separierbaren immateriellen Vermögenswerten im Wesentlichen Synergievorteile aus der breiteren Nutzung von Know-how,

---

1 Vgl. AICPA Practice Aid, S. 85.
2 Vgl. *Focken*, RIW 2003, 437 (441).

den Mitarbeiterstamm („assembled workforce") und den Kundenstamm („customer base").[1]

Die sechs Komponenten eines Goodwills werden durch das FASB wie folgt bestimmt:[2]

80

1. als überschießender Betrag der Fair Values über die Buchwerte des Nettovermögens im Erwerbszeitpunkt;
2. als Fair Values von bisher nicht bilanziertem Nettovermögen;
3. als Fair Value aus bereits in dem erworbenen Unternehmen vorhandenen Synergieeffekten und z.b. aus der Fähigkeit des erworbenen Unternehmens, Marktunvollkommenheiten zu nutzen, beispielsweise zur Übergewinnerzielung oder auch zum Aufbau von Markteintrittsbarrieren für potenzielle Wettbewerber;
4. als erwartete Synergien sowie andere Nutzenzuflüsse aus der Zusammenlegung der Vermögenswerte und Geschäftsaktivitäten des erwerbenden und des erworbenen Unternehmens;
5. Überbewertung der im Rahmen des Erwerbs vom erwerbenden Unternehmen an die Veräußerer erfolgten Gegenleistung (z.B. Überbewertung Vermögenswerte, übertragene Anteile);
6. Über- oder Unterzahlung des erwerbenden Unternehmens z.B. aufgrund von getriebenen Kaufpreisen (z.B. Preiswettkampf im Bietverfahren) oder durch einen Notverkauf.

Von diesen sechs Komponenten zählen jedoch lediglich die Ziffern 3. und 4. zum Kern-Goodwill.[3] Der Unterschiedbetrag nach Ziffer 3. bezieht sich auf das erworbene Unternehmen als Ganzes und resultiert aus dem Überschussbetrag von Gesamtwert über das Nettovermögen der Gesellschaft. Der unter Ziffer 4. genannte Mehrwert resultiert aus dem Zusammenschluss aus erwerbenden und erworbenen Unternehmen und reflektiert den Überschussbetrag aus der Kombination (Synergievorteile) beider Unternehmen.[4]

Die Ziffern 1. und 2. stellen nicht bilanzierte Erträge aus stillen Reserven dar, die zum einen aus einem niedrigeren Buchwert der bilanzierten Vermögenswerte und zum anderen aus bisher nicht bilanzierten immateriellen Vermögenswerten resultieren.[5] Aus diesem Grund werden diese Komponenten den entsprechenden Vermögenswerten zugeordnet. Die Ziffern 5. und 6. sind ebenfalls nicht Bestandteile eines Kern-Goodwills. Sie stellen vielmehr Ge-

---

1 Vgl. *Pfeil/Vater*, KoR 2002, 66 (67).
2 Vgl. SFAS 141, Rz. B102; auch: *Hommel*, RIW 2001, 801 (803); *Küting/Weber/Wirth*, KoR 2002, 185 (186); *Tump/Gross*, MAR 2001, 316 (318); *Weber/Wirth* in Küting/Weber (Hrsg.), S. 54.
3 Vgl. *Küting/Weber/Wirth*, KoR 2001, 185 (186).
4 Vgl. SFAS 141, Rz. B 105.
5 Vgl. SFAS 141, Rz. B 103.

winne oder Verluste dar, die aufgrund von Bewertungsdifferenzen/-fehlern[1] entstanden sind.[2]

81 Der im Rahmen einer Unternehmensakquisition entstehende Goodwill ist im Zeitpunkt des Erwerbs, sofern mehrere bestehen, **auf die Reporting Units** (vgl. hierzu Teil III Rz. 82 ff.) **aufzuteilen**.[3] Zuordnungskriterium der Allocation sind die durch die Akquisition entstehenden Synergieeffekte.[4] Goodwill ist den Reporting Units zuzuordnen, die durch die Synergien begünstigt sind.[5] SFAS 142 gibt jedoch keine exakte Methode für die Zuordnung vor. Es finden sich lediglich allgemeine Vorgaben.[6] Hiernach ist die Zuordnung vernünftig, nachvollziehbar und logisch insbesondere im Hinblick auf die Zielsetzungen von SFAS 141 und SFAS 142 durchzuführen.[7] Dies erfordert letztendlich die Ermittlung des Fair Values, des „Unternehmens"wertes jeder Reporting Unit.[8] Übersteigt der „Unternehmens"wert der Reporting Unit die Fair Values der Vermögenswerte und Schulden dieser Reporting Unit, so liegt in der positiven Differenz der gesondert auszuweisende Goodwill vor.[9]

6. Bilanzierung auf Ebene von Reporting Units/Cash-Generating Units

82 Der gezahlte Kaufpreis ist nach SFAS 141 auf der Ebene von **Reporting Units** im Sinne von SFAS 131 „Disclosures about Segments of an Enterprise and Related Information" zu verteilen.[10] Unter einer Reporting Unit ist ein operatives Segment (Geschäftseinheit, operative Einheit, Division[11]) oder eine Organisationseinheit („component") eine Stufe unterhalb eines operativen Segments zu verstehen, wenn diese ein „business" darstellt.[12] Dies ist immer dann gegeben, wenn für die Organisationseinheit separate Finanzdaten vorliegen und diese regelmäßig überprüft werden.[13] Die Reporting Unit ist die Ebene, auf der das Management den Ertrag bzw. Misserfolg einer Unternehmenseinheit kontrolliert.[14] Sind mehrere Organisationseinheiten auf einem

---

1 Vgl. *Sellhorn*, DB 2000, 885 (889).
2 Vgl. SFAS 141, Rz. B 104.
3 Vgl. SFAS 142, Rz. 34; *Stauber/Ketterle*, ST 2001, 955 (959).
4 Vgl. SFAS 142, Rz. 34; *Stauber/Ketterle*, ST 2001, 955 (959); *Pellens/Sellhorn*, DB 2001, 1681 (1683); *Alvarez/Biberacher*, BB 2002, 346 (348).
5 Vgl. SFAS 142, Rz. 34.
6 Vgl. SFAS 142, Rz. 34; *Küting/Weber/Wirth*, KoR 2001, 185 (187); *Kümpel*, Der Betriebswirt 2002, 15 (18).
7 Vgl. SFAS 142, Rz. 34; *Küting/Weber/Wirth*, KoR 2001, 185 (187); *Hommel*, BB 2001, 1943 (1944); *Pellens/Sellhorn*, DB 2001, 1681 (1683); *Alvarez/Biberacher*, BB 2002, 346 (348); *Hitz/Kuhner*, WPg. 2002, 273 (276).
8 Vgl. SFAS 142, Rz. 35.
9 Vgl. SFAS 142, Rn 35; *Stauber/Ketterle*, ST 2001, 955 (959).
10 Zu SFAS 131 vgl. *Geiger*, BB 2002, 1903 ff.
11 Vgl. *Pejic/Buschhüter*, KoR 2001, 107 (108).
12 Vgl. SFAS 142, Rz. 30; auch *Pfeil/Vater*, KoR 2002, 66 (70); *Pellens/Sellhorn*, DB 2001, 1681 (1682 f.); *Davis*, DB 2002, 697 (699); *Küting/Weber/Wirth*, KoR 2001, 185 (186); *Kümpel*, Der Betriebswirt 2002, 15 (17 f.).
13 Vgl. SFAS 142, Rz. 30; auch *Küting/Weber/Wirth*, KoR 2001, 185 (186); *Hommel*, BB 2001, 1943 (1945); *Alvarez/Biberacher*, BB 2002, 346 (348); *Weber/Wirth* in Küting/Weber (Hrsg.), S. 55 f.
14 Vgl. *Tump/Gross*, MAR 2001, 316 (320).

ähnlichen Geschäftsfeld tätig, so sind diese als eine Reporting Unit anzusehen.[1] Eine Reporting Unit muss jedoch nicht zwingend durch rechtliche Einheiten abgrenzbar sein.[2] Die Integration des erworbenen Unternehmens in den Wertschöpfungsprozess des bilanzierenden Unternehmens steht bei der Folgebilanzierung im Vordergrund.[3]

Das IASB greift hinsichtlich der Aufteilung des Goodwills auf die bestehende Unterteilung des berichtenden Konzerns in **Cash-Generating Units** zurück.[4] Diese zahlungsmittelgenerierenden Einheiten sind als abgrenzbarer operativer Leistungserstellungsverband zu sehen.[5] Die Zuordnung des Goodwill hat hierbei auf der Ebene der kleinstmöglichen Cash-Generating Unit zu erfolgen.[6]

Die **Zahl der möglichen Reporting Units bzw. Cash-Generating Units** hängt somit einerseits vom Grad der Diversifikation und der Heterogenität der betrieblichen Aktivitäten und andererseits von der Unternehmensorganisation sowie den vorhandenen Berichts- und Steuerungsinstrumenten ab.[7] Der SFAS 131 gibt dem bilanzierenden Unternehmen einen Ermessensspielraum in der Bildung von Reporting Units,[8] so dass es nicht selten zur Ausübung dieses Ermessensspielraums kommen wird.[9] Die Zuordnung neu erworbener Einheiten zu bestehenden Reporting Units bzw. die Bildung neuer Reporting Units erfolgt nach SFAS 131 nach dem Management Approach, d.h. dieses werden analog zur Organisationsstruktur des erwerbenden Unternehmen, nach der die unternehmensinterne Berichterstattung erfolgt, gebildet.[10] Hierbei liegt es im Ermessen des Bilanzerstellers, seine interne Berichterstattung für die neu erworbenen Einheiten entsprechend seiner Vorstellungen auszurichten, insofern diese nicht eindeutig zu bestehenden Reporting Units zugeordnet werden können. 83

Nach der Bestimmung der entsprechenden Berichtseinheiten erfolgt die **Zuordnung der erworbenen Vermögenswerte und Schulden auf diese Reporting Units bzw. Cash-Generating Units**. Die Verteilung der Vermögenswerte und Schulden erfolgt zum Zeitpunkt des Erwerbs. Die Zuordnung folgt den beiden Kriterien, die kumulativ vorliegen müssen:[11] 84

– Der Vermögenswert wird in der Reporting Unit eingesetzt und die Schulden sind mit der Einheit verbunden und

– der Vermögenswert/die Schulden sind für die Fair Value-Bestimmung der Reporting Unit heranzuziehen.

---

1 Vgl. SFAS 142, Rz. 30; *Stauber/Ketterle*, ST 2001, 955 (959).
2 Vgl. *Nestler/Thuy*, KoR 2002, 169 (171).
3 Vgl. *Küting/Wirth*, DStR 2003, 475 (482).
4 Vgl. *Küting/Wirth*, DStR 2003, 475 (481).
5 Vgl. *Dawo*, S. 233; *Bieker/Esser*, KoR 2003, 75 (79).
6 Vgl. *Fladt/Feige*, WPg. 2003, 249 (254); *Küting/Wirth*, KoR 2004, 167 (175).
7 Vgl. *Alvarez*, DB 2002, 2057 (2061 f.); *Geiger*, BB 2002, 1903 (1905 f.); *Hitz/Kuhner*, WPg. 2002, 273 (276).
8 Vgl. *Focken*, RIW 2003, 437 (440).
9 Vgl. *Pfeil/Vater*, KoR 2002, 66 (78).
10 Vgl. *Nestler/Thuy*, KoR 2002, 169 (171).
11 Vgl. SFAS 142, Rz. 32; IAS 36, Rz. 66 ff.

85 Es ergeben sich Probleme, sofern z.B. Vermögenswerte Teile mehrerer Berichtseinheiten sind, sie also nicht einer spezifischen Reporting Unit zuzuordnen sind, wie z.B. ein Hauptverwaltungsgebäude[1]. SFAS 142 schlägt als möglichen Aufteilungsmaßstab die Fair Values, also die „Unternehmenswerte" der Reporting Units, vor.[2]

86 Darüber hinaus sind die **Fair Values** („Unternehmenswerte") der erworbenen **Reporting Units bzw. Cash-Generating Units** zu bestimmen.[3] Diese Werte sind sowohl bei der erstmaligen Aufteilung als auch beim Impairmenttest die zentrale Größe.[4] Entsprechend dem anteiligen Fair Value einer Berichtseinheit am Gesamt-Fair Value wird dieser ein anteiliger Kaufpreis zugewiesen.[5] Der Kaufpreis der Berichtseinheit bildet die Obergrenze für die Bewertung der Vermögenswerte und Schulden (vgl. hierzu Teil III Rz. 39 ff.).

87 Besteht eine **Reporting Unit aus mehreren Einzelunternehmen**, stellt sich die Frage, ob die Einzelunternehmenswerte ebenfalls als Höchstgrenze für die Aufdeckung stiller Reserven zu verstehen sind. Auf den ersten Blick scheint dies durch SFAS 141 bestätigt.[6] Indes stellen die entsprechenden Textstellen auf eine originäre „Purchase Price Allocation" der erworbenen Einheit („acquired entity") ab, geregelt ist somit das Vorgehen der Bewertung des Einzelunternehmens bei fehlender Einbindung in eine größere Reporting Unit. Zur Lösung der Fragestellung ist SFAS 142 heranzuziehen.[7] Dort wird der Werthaltigkeitstest für den Goodwill eines Einzelunternehmens innerhalb einer Reporting Unit beschrieben. Der Goodwill des Einzelunternehmens wird hierbei auf Basis der Reporting Unit auf seine Werthaltigkeit überprüft. Wird ein Werthaltigkeitsverlust des Goodwills des Einzelunternehmens festgestellt, so ist dieses Ergebnis in der Reporting Unit nicht zu berücksichtigen, es sei denn der Goodwill der Reporting Unit ist ebenfalls in seiner Werthaltigkeit derart gemindert, dass er den Werthaltigkeitsverlust des Einzelunternehmens nicht mehr kompensieren kann.[8] Eine gleiche Vorgehensweise dürfte auch für die übrigen Vermögenswerte gelten.[9]

7. Latente Steuern

88 Im Rahmen von Unternehmenszusammenschlüssen spielen latente Steuern eine wesentliche Rolle. Der Ansatz bzw. Nichtansatz von latenten Steuern hat **direkten Einfluss auf die Höhe des Goodwill**.[10] Eine Steuerlatenz resultiert aus

---

1 Vgl. *Lüdenbach/Frowein*, DB 2003, 217 (218).
2 Vgl. SFAS 142, Rz. 33 f.
3 Vgl. *Weber/Wirth* in Küting/Weber (Hrsg.), S. 55; IAS 36, Rz. 74 ff.
4 Vgl. *Nestler/Thuy*, KoR 2002, 169.
5 Vgl. *Pellens/Sellhorn*, DB 2001, 713 (717).
6 Vgl. SFAS 141, Rz. 44 f.
7 Vgl. SFAS 142, Rz. 37.
8 Vgl. SFAS 142, Rz. 37; KPMG-Guide, S. 205.
9 Vgl. PWC-Guide, S. 2: „This step entails determining the implied Fair Value of goodwill, calculated as the difference between the Fair Value of the Reporting Unit and the sum of the individual Fair Values of each identifiable intangible asset".
10 Vgl. *Lüdenbach*, Unternehmenszusammenschlüsse, in IAS-Kommentar, § 31 Rz. 223.

unterschiedlichen Wertansätzen in Steuerbilanz und „Handelsbilanz". Die unterschiedlichen Wertansätze können zeitlich begrenzt, jedoch auch permanenter Natur sein.[1]

Die **Aufdeckung stiller Reserven und Lasten** durch die Neubewertung von Vermögenswerten und Schulden im Rahmen der Purchase Price Allocation führt zu solchen unterschiedlichen Wertansätzen. Im Rahmen der Kaufpreisverteilung sind daher auf die ermittelten Werte latente Steuern zu bilden. Hierbei sind auf den verbleibenden Goodwill keine latenten Steuern zu berechnen.[2] Aus Vereinfachungsgründen wird in unserem Basisbeispiel auf den Ausweis und die Berechnung von latenten Steuern verzichtet.

89

8. Auswirkungen auf den Einzelabschluss des erworbenen Unternehmens

Abschließend bleibt zu erwähnen, dass die im Rahmen der Erstkonsolidierung des erworbenen Unternehmens in die Neubewertungsbilanz eingestellten Vermögenswerte und Schulden ebenfalls eine Rückwirkung auf den Einzelabschluss haben können.[3] Die Übertragung der Sichtweise des Mutterunternehmens auf die Rechnungslegung im Einzelabschluss des erworbenen Unternehmens wird als **Push-down Accounting**[4] oder auch **New Basis Accounting**[5] bezeichnet. Für die im Wege des Push-down Accounting aufgedeckten stillen Reserven sowie für den Goodwill wird ein Posten im Eigenkapital hinzugefügt: „Push-down-Kapital". Ferner beinhaltet dieser die bis zum Wechsel des Mehrheitsgesellschafters entstandenen Gewinnrücklagen des erworbenen Unternehmens.[6]

90

Diese Art des „Herunterdrückens" der Werte ist für Unternehmen verpflichtend, welche gegenüber der US-amerikanischen Börsenaufsicht SEC (Securities and Exchange Commission) berichtspflichtig sind und einen maßgeblichen Einfluss auf das erworbene Unternehmen haben.[7] Durch **Entstehen einer neuen Abrechnungs- und Berichtsbasis** im Einzelabschluss des erworbenen Unternehmens kommt es zu einer Unterbrechung der Bilanzstetigkeit.[8] Dieser Verstoß wird von der SEC damit begründet, dass der Erwerb des Unternehmens eine Zäsur darstelle und der von Käufer gezahlte Preis die aktuellste Grundlage zur Bewertung des Unternehmens darstellt.[9] Ähnliche Regelungen sind im Bereich der IAS/IFRS derzeit nicht vorgesehen.[10]

---

1 Vgl. *App*, KoR 2003, 209 (210).
2 Vgl. *App*, KoR 2003, 209 (211).
3 Vgl. *Coenenberg*, Jahresabschluss und Jahresabschlussanalyse, S. 618.
4 Vgl. *Erhardt*, BBK 2003, 757.
5 Vgl. Wiley GAAP 2004, S. 461.
6 Vgl. *Erhardt*, BBK 2003, 757 (761).
7 Vgl. *Coenenberg*, Jahresabschluss und Jahresabschlussanalyse, S. 619; *Erhardt*, BBK 2003, 757 (758); *Küting/Wirth*, DStR 2003, 475 (480); SEC Staff Accounting Bulletin No. 54 und No. 73.
8 Vgl. *Coenenberg*, Jahresabschluss und Jahresabschlussanalyse, S. 619.
9 Vgl. Wiley GAAP 2004, S. 481; *Erhardt*, BBK 2003, 757 (760).
10 Vgl. *Küting/Wirth*, DStR 2003, 475 (480).

91 Zurück zu dem **Beispiel** (Teil III Rz. 49):

Durch die Überschneidung der Berichtseinheiten Luftfahrttechnik bei Unternehmen A und B werden diese für Bilanzierungszwecke künftig zusammengefasst dargestellt werden. Ferner ist anzunehmen, dass das Unternehmen A die Reporting Unit Raumfahrttechnik zukünftig als vierte separate Reporting Unit darstellen wird. Die neue Reporting Unit-Struktur von Unternehmen A stellt sich wie folgt dar:

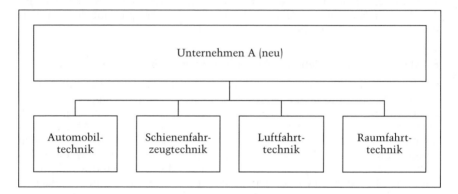

In den folgenden Abschnitten sollen anhand speziell ausgewählter immaterieller Vermögenswerte die unterschiedlichen Bewertungsmethoden vorgestellt werden.

III. Bewertungsvorgehen für ausgewählte immaterielle Vermögenswerte

1. Mitarbeiterstamm/„Assembled Workforce"

92 Die Bewertung des Mitarbeiterstamms erfolgt nicht aus Gründen einer separaten Aktivierung als immaterieller Vermögenswert. SFAS 141 verbietet ausdrücklich die gesonderte Aktivierung getrennt vom Goodwill, weil der Mitarbeiterstamm untrennbar mit dem Unternehmen verbunden ist und für Dritte keinen greifbaren Wert darstellt,[1] insbesondere weil es auch an der Erfüllung der Separierbar- und Transferierbarkeitskriterien mangelt.[2] Vielmehr ist der Mitarbeiterstamm ein **bewertbarer Teil des Goodwill**.[3] Jedoch wird immer dann, wenn Contributory Asset Charges bei der Kalkulation des Fair Values eines Vermögenswertes in Abzug zu bringen sind, der Wert der „Assembled Workforce" als Bestandteil der „contributory" Assets benötigt.

---

[1] Vgl. SFAS 141, Rz. 39; vgl. hierzu die differenzierte Betrachtungsweise in IFRS 3, BC 95 ff.
[2] Vgl. Mard/Hitchner/Hyden/Zyla, S. 19.
[3] Vgl. Mard/Hitchner/Hyden/Zyla, S. 19.

Der Erwerber eines Unternehmens erhält in der Regel einen **funktionierenden** 93
und eingearbeiteten Mitarbeiterstamm. Für diesen fallen weder Anwerbungs-,
Auswahl- oder Einarbeitungskosten an. Die nicht angefallenen Kosten stellen
die Basis für die Bewertung des Mitarbeiterstamms dar (Cost Approach).[1] Hierzu werden eine Reihe von Informationen aus dem Personalmanagement benötigt. Für das Fallbeispiel wird angenommen, dass die Lohnnebenkosten des Arbeitgebers 20 % des Bruttolohns betragen. Ferner wurden die verschiedenen ausgeübten Positionen bestimmten Einarbeitungsklassen zugeordnet. Für die Einarbeitungszeit von zwei, drei oder vier Monaten wurde unterstellt, dass ein Mitarbeiter nur 60 % seiner eigentlichen Leistungsfähigkeit erbringen kann. Ferner wurden als Aufwendungen für Rekrutierung beispielsweise durch eine Personalvermittlung 3 Bruttomonatsgehälter entsprechend 25 % des Bruttojahresgehalts unterstellt. Das Unternehmen B beschäftigt in dem zu bewertenden Bereich 100 Mitarbeiter.

Die **Bewertung einer „Assembled Workforce"** stellt sich für das Unternehmen 94
B in der Reporting Unit Raumfahrttechnik wie folgt dar:

Mitarbeitergruppe	Lohn/ Gehalt p.a. pro Person TEuro	Lohnnebenkosten (20%) TEuro	Personalaufwand pro Person TEuro	Rekrutierung/ Umzug (25%) TEuro	Anzahl Mitarbeiter pro Bereich	Rekrutierungsaufwand TEuro
Geschäftsführung/ leitende Angestellte	100,0	20,0	120,0	25,0	10	250,0
Außertarifliche Mitarbeiter	65,0	13,0	78,0	16,3	15	243,8
Tarifliche Angestellte	35,0	7,0	42,0	8,8	30	262,5
Tarifliche Gewerbliche	30,0	6,0	36,0	7,5	35	262,5
Auszubildende	10,0	2,0	12,0	2,5	5	12,5
Aushilfen	6,0	1,2	7,2	1,5	5	7,5
					100	1 039

	Personalaufwand pro Person TEuro	Einarbeitungszeit Monate	Effektivität in Einarbeitungszeit in %	Einarbeitungsaufwand (40%) TEuro	Anzahl Mitarbeiter pro Bereich	Einarbeitungsaufwand TEuro
Geschäftsführung/ leitende Angestellte	120,0	3	60,0 %	12,0	10	120,0
Außertarifliche Mitarbeiter	78,0	3	60,0 %	7,8	15	117,0
Tarifliche Angestellte	42,0	2	60,0 %	2,8	30	84,0
Tarifliche Gewerbliche	36,0	2	60,0 %	2,4	35	84,0
Auszubildende	12,0	3	60,0 %	1,2	5	6,0
Aushilfen	7,2	2	60,0 %	0,5	5	2,4
					100	413

---

1 Vgl. *Mard/Hitchner/Hyden/Zyla*, S. 57; *Schmidt* in Küting/Weber (Hrsg.), S. 315.

Gesamtaufwand für Mitarbeiterstamm vor Steuern	1 452
abzüglich Steuern (effektive Steuerquote 40 %)	–581
Gesamtaufwand für Mitarbeiterstamm nach Steuern	871
Berechnung des Tax Amotization Benefit	
Diskontierungsfaktor	15 %
Effektive Steuerquote	40 %
Abschreibungsdauer (Jahre)	15
Amortization Benefit Factor	1,2008
Fair Value Mitarbeiterstamm	1 046

Der Wert des Mitarbeiterstamms beträgt rd. 1,05 Mio. Euro. Dies entspricht dem Gegenwert der Aufwendungen, die ein Unternehmen für den Aufbau eines vergleichbaren Mitarbeiterstamms ausgeben müsste.

95 Zur Berechnung der **Capital charges** des Mitarbeiterstamms wird in der Literatur die Anwendung eines konstanten Kapitalkostensatzes auf den im Zeitablauf gleich bleibenden Wert des Mitarbeiterstamms präferiert.[1] Sind jedoch weitere Informationen zur Entwicklung des Mitarbeiterstamms bekannt, so kommt die Berechnung einer konkreten „Leasingrate" in Betracht. Hierbei wird unterstellt, dass bedingt durch Fluktuation der bestehende Mitarbeiterstamm zum Zeitpunkt der Unternehmensakquisition sich in der Zukunft umschlägt. Für diesen Umschlagszeitraum wird nun eine konkrete „Leasingrate" ermittelt, die konkret die Kapitalkosten des Mitarbeiterstamms widerspiegelt. Es wird unterstellt, dass bedingt durch eine gewisse Abwanderungsrate der im Akquisitionszeitpunkt bestehende Mitarbeiterstamm sich über einen abzuschätzenden Zeitraum verflüchtigt. Die Ermittlung dieser Rate wird in folgender Berechnung deutlich.

Mitarbeitergruppe	Anzahl Mitarbeiter pro Bereich	Fluktuation Jahr 1 pro Bereich	Fluktuation Jahr 2 pro Bereich	Fluktuation Jahr 3 pro Bereich	Fluktuation Jahr 1–3 pro Bereich	Anteil an Gesamtfluktuation
Geschäftsführung/ leitende Angestellte	10	1	1	0	0,7	4,4 %
Außertarifliche Mitarbeiter	15	2	1	3	2,0	13,3 %
Tarifliche Angestellte	30	4	5	4	4,3	28,9 %
Tarifliche Gewerbliche	35	4	3	3	3,3	22,2 %
Auszubildende	5	2	2	2	2,0	13,3 %
Aushilfen	5	3	4	1	2,7	17,8 %
	100	16	16	13	15	100,0 %
Umschlagshäufigkeit des Mitarbeiterstamms			15,0 %			
Umschlag Mitarbeiterstamm (Jahre)			7 (gerundet)			

---

1 Vgl. *Mard/Hitchner/Hyden/Zyla*, S. 70.

Die Fluktuation des Mitarbeiterstamms unseres Beispielunternehmens beträgt im Durchschnitt 15 Mitarbeiter pro Jahr. Somit ergibt sich ein Umschlag des Mitarbeiterstamms von gerundet sieben Jahren. Die sich aus der Umschlagshäufigkeit des Mitarbeiterstamms ergebende Rate wird retrograd aus dem Gesamtwert des Mitarbeiterstamms ermittelt.

	Jahr 1 TEuro	Jahr 2 TEuro	Jahr 3 TEuro	Jahr 4 TEuro	Jahr 5 TEuro	Jahr 6 TEuro	Jahr 7 TEuro
„Leasingrate" vor Steuern	349	349	349	349	349	349	349
Steuern	−140	−140	−140	−140	−140	−140	−140
Leasingrate nach Steuern	209	209	209	209	209	209	209
Barwertfaktor	0,8696	0,7561	0,6575	0,5718	0,4972	0,4323	0,3759
Barwert	182	158	138	120	104	91	79
Summen der Barwerte	871						

Berechnung des Tax Amortization Benefit	
Diskontierungsfaktor	15 %
Effektive Steuerquote	40 %
Abschreibungsdauer (Jahre)	15
Amortization Benefit Factor	1,2008
Fair Value Mitarbeiterstamm	1 046

Die auf diese Weise ermittelte „Leasingrate" nach Steuern für den Mitarbeiterstamm beträgt TEuro 209. Diese würde im Rahmen der Multi-period Excess Earnings Method als Contributory asset charge für den Mitarbeiterstamm angesetzt (vgl. Teil III Rz. 107).

2. Kundenstamm/„Customer Relationship"

Der Wert eines vorhandenen Kundenstamms liegt für potenzielle Erwerber im gesparten Zeit- und Marketingaufwand bei dem **alternativen Aufbau eines eigenen Kundenstamms** begründet. Bei der Bewertung eines Kundenstamms kommt es darauf an, dass die zu bewertenden Kunden bekannt sind. So genannte Laufkundschaft („Customer Base"), die aus einer Vielzahl nicht bekannter Kunden besteht, kann und darf nicht bewertet werden (vgl. hierzu Teil III Rz. 58). Sowohl FASB als auch IASB nennen in ihren Standards vier verschiedene Arten von Kundenbeziehungen: Kundenlisten, Stammkundenbeziehungen ohne aktuelles Vertragsverhältnis, Vertragskunden und Auftragsbestände.[1]

Für die Bewertung von Kundenbeziehungen wird häufig ein einkommensorientierter Bewertungsansatz verwendet: der Multi-period Excess Earnings Approach.[2] Dieser wird im Regelfall für die immateriellen Vermögenswerte ange-

---

1 Vgl. *Lüdenbach/Prusaczyk*, KoR 2004, 204.
2 Vgl. *Lüdenbach/Prusaczyk*, KoR 2004, 204 (210).

wendet, die den größten Bezug zu Umsatz- und Cash Flow-Größen haben.[1] Dieser Bewertungsansatz misst die Ertragsströme aus dem zum Bewertungsstichtag vorhandenen Kundestamm. Dabei reduzieren sich die Ertragsströme nach Maßgabe der Kundenabwanderungsrate oder **Churn rate** (auch Shrinking rate), welche die jährliche Reduktion der Altkunden abbilden soll.[2] Die Churn rate hängt sowohl von lokalen Bevölkerungsentwicklungen als auch von Wettbewerbseffekten ab. Es bietet sich in der Praxis an, zur Ermittlung der Churn rate auf Vergangenheitsanalysen und Prognosen (externe und interne) aufzubauen. Ferner werden bei der Bewertung neben operativen Kosten ebenfalls „Contributory Asset Charges" abgesetzt (vgl. hierzu Teil III Rz. 75).

98 Im Folgenden – unabhängig von unserem Fall gewählten – **Beispiel** soll eine detaillierte Kundenstammbewertung für ein Unternehmen beschrieben werden, das **sowohl Privatkunden als auch Geschäftskunden betreut**. Für beide Kundensegmente werden die zurechenbaren Ertragsströme separiert durch Aufteilung der Umsatzerlöse, kundenspezifischen Rohmarge sowie sonstigen Aufwendungen und der segmentspezifischen Churn rate.

Kundensegmente		Jahr 1 TEuro	Jahr 2 TEuro	Jahr 3 TEuro	Jahr 4 TEuro	Jahr 5 TEuro
Gesamtbereich	Umsatzerlöse	20 550	22 194	23 748	25 529	27 699
Privatkunden	Anteil in %	35 %	36 %	37 %	38 %	40 %
Geschäftskunden	Anteil in %	35 %	38 %	39 %	38 %	37 %
Sonstige	Anteil in %	30 %	26 %	24 %	24 %	23 %
Privatkunden (PK)	Umsatzerlöse	7 193	7 990	8 787	9 701	11 079
	Churn rate (5 %)	95 %	90 %	86 %	81 %	77 %
	Umsatzerlöse PK	6 833	7 211	7 533	7 901	8 573
	Rohmarge (45 %)	3 075	3 245	3 390	3 556	3 858
	Operative Kosten (30 %)	2 050	2 163	2 260	2 370	2 572
	NOI vor Steuern	1 025	1 082	1 130	1 185	1 286
	Steuern (40 %)	410	433	452	474	514
	NOI nach Steuern	615	649	678	711	772
	Capital charges	375	375	375	375	375
	Residual Cash flow	240	274	303	336	397

---

1 Vgl. *Mard/Hitchner/Hyden/Zyla*, S. 56; *I. Schmidt*, S. 315 f.; *Jäger/Himmel*, BFuP 2003, 417 (434).
2 Vgl. *Frowein/Lüdenbach*, FB 2003, 65 (71); *Lüdenbach/Prusaczyk*, KoR 2004, 204 (210).

Kundensegmente		Jahr 1 TEuro	Jahr 2 TEuro	Jahr 3 TEuro	Jahr 4 TEuro	Jahr 5 TEuro
Geschäftskunden (GK)	Umsatzerlöse	7 193	8 434	9 262	9 701	10 248
	Churn rate (10 %)	90 %	81 %	73 %	66 %	59 %
	Umsatzerlöse GK	6 473	6 831	6 752	6 365	6 052
	Rohmarge (46 %)	2 978	3 142	3 106	2 928	2 784
	Operative Kosten (25 %)	1 618	1 708	1 688	1 591	1 513
	NOI	1 359	1 435	1 418	1 337	1 271
	Steuern (40 %)	544	574	567	535	508
	NOI nach Steuern	816	861	851	802	763
	Capital charges	350	350	350	350	350
	Residual Cash flow	466	511	501	452	413
Summe	**Free Cash flows**	**706**	**785**	**804**	**788**	**809**
Barwertfaktor	17 %	0,8547	0,7305	0,6244	0,5337	3,1391
Barwerte		603	573	502	421	2 540
Summen der Barwerte		4 638				
Berechnung des Tax Amortization Benefit						
Diskontierungsfaktor		17 %				
Effektive Steuerquote		40 %				
Abschreibungsdauer (Jahre)		15				
Amortization Benefit Factor			1,1814			
Fair Value des Kundenstamms			**5 480**			

In unserem Fallbeispiel handelt es sich um ein innovatives Technologieunternehmen, welches durch Vertrieb und Produktion hochsensibler Navigationssysteme seine Cash Flows generiert. Die Umsätze und Cash Flows des Unternehmens begründen sich hauptsächlich durch die technologischen Vorteile der Produkte. Daher wird für die Bewertung des Kundenstamms unseres Beispielunternehmens auf einen kostenorientierten Bewertungsansatz zurückgegriffen.

Für den **kostenorientierten Ansatz** ist es notwendig, die genauen Kosten für die Gewinnung der Neukunden eines angemessenen Vergleichszeitraums zu ermitteln. Zum Beispiel könnte eine prozentuale Aufteilung der Vertriebsmitarbeiter auf Altkundenbetreuung und Neukundenakquisition erfolgen. Kosten für Abteilungen, die sich lediglich mit Bestandskunden beschäftigen sind außer Betracht zu lassen.[1] Im Fallbeispiel wird angenommen, dass die Kosten für die Neukundengewinnung im gleichen Verhältnis zu den gesamten Vertriebskosten stehen wie die Neukundenumsätze zu den Gesamtumsätzen.

---

1 Vgl. *Mard/Hitchner/Hyden/Zyla*, S. 56.

Die **Kundenstammbewertung** könnte im Beispiel wie folgt durchgeführt werden:[1]

Jahr	Marketing- und Vertriebskosten vor Steuern TEuro	Anteil Neukunden am Gesamtumsatz %	Anteilige Kosten Neukunden TEuro	Anzahl Neukunden
1	1.500	4,23 %	63	3
2	1.325	3,76 %	50	2
3	1.400	3,90 %	55	4
4	1.550	4,20 %	65	5
5	1.650	5,00 %	83	5
			315	19

Ermittlung Fair Value des Kundenstamms	in TEuro
Anteilige Marketing- und Vertriebskosten Neukunden vor Steuern	315
abzüglich Steuern (effektive Steuerquote 40 %)	–126
Anteilige Marketing- und Vertriebskosten Neukunden nach Steuern	189
Anteilige Marketing- und Vetriebskosten je Neukunden	9,96
Anzahl Kunden des zu bewertenden Kundenstamms	156
Wiederbeschaffungskosten des Kundenstamms	1 554
Berechnung des Tax Amortization Benefit	
Diskontierungsfaktor	15 %
Effektive Steuerquote	40 %
Abschreibungsdauer (Jahre)	15
Amortization Benefit Factor	1,2008
Fair Value des Kundenstamms	1 866

In dem vorangegangenen Bewertungsbeispiel wird deutlich, dass der Umsatz des Unternehmens zu 100 % mit den dem Unternehmen bekannten Kunden generiert wird. Der Kundenkreis von 156 Kunden vertraut seit Jahren auf die hoch technisierten Navigationssysteme von hoher Qualität. Auf dem engen Markt ist es schwierig, neue Kunden zu gewinnen. Dies ist vor allem daran zu erkennen, dass das Unternehmen Jahr für Jahr nur wenige Neukunden zu verzeichnen hat. Bei geschätzten Wiederbeschaffungskosten je Kunde in Höhe von 10 TEuro ergibt sich ein Wiederbeschaffungswert des Kundenstamms in Höhe von 1 554 TEuro. Nach Berücksichtigung des „tax amortization benefit" in Höhe von 312 TEuro beträgt der Fair Value des Kundenstamms rd. 1,9 Mio. Euro.

---

1 Vgl. *Mard/Hitchner/Hyden/Zyla*, S. 56 ff.

3. Markenname/„Trade Name"

Der Wert einer Marke oder eines Markennamens liegt im Wesentlichen darin begründet, dass **Kunden sich** aus der Marke **einen Vorteil versprechen** und somit dem Unternehmen einen finanziellen Beitrag leisten. Eine Differenzierung über die Marke verspricht dem Unternehmen einen Wettbewerbsvorteil aus einer vereinfachten Neukundengewinnung durch den Bekanntheitsgrad der Marke. Ferner bewirkt eine starke Marke eine hohe Kundenbindung bzw. geringere Wechselbereitschaft der bestehenden Kunden aus Liefer- und Leistungsverträgen.

100

„Menschen und Marken statt Maschinen", so titelt die Neue Zürcher Zeitung.[1] Ein Vortrag im Rahmen der Aachener Wirtschaftsgespräche stand unter dem Thema „Das Unternehmen als Marke – Das Ansehenskapital von Unternehmen wird wichtiger als ihr Stammkapital".[2] Bei einem Unternehmenskauf entfällt heute regelmäßig ein erheblicher Kaufpreisanteil auf die Marke. Dieser in der Regel vom Verkäufer selbst geschaffene Vermögenswert steht aufgrund des **Aktivierungsverbots** nicht in der Bilanz des Verkäufers[3] und führt nun im Rahmen von SFAS 141 zu identifizierbaren und somit bewertungsfähigen immateriellen Vermögenswerten.

101

Für die Bewertung eines Markennamens wird neben dem kostenorientierten Ansatz, welcher die Aufwendungen für die Etablierung einer vergleichbaren Marke im Marktumfeld z.B. durch Beauftragung einer Werbeagentur bewertet, häufig der ertragsorientierte Bewertungsansatz „Relief from Royalties Method" gewählt.[4] Die Ermittlung des Fair Values des Markennamens erfolgt hierbei auf Basis von nicht angefallenen, **fiktiven Lizenzgebühren** für die Verwendung des Markennamens für den Vertrieb eines Produktes. Als Datenbasis dienen Informationen über die bisherige Lebensdauer der Marke (Markenhistorie), die Anzahl der mit dieser Marke erreichbaren Kunden sowie die strategische Ausrichtung für die zukünftige Nutzung oder Entwicklung. Unter der Berücksichtigung der vorgenannten Faktoren werden Lizenzgebühren („royalty rates") prozentual vom prognostizierten, markenbezogenen Umsatz bzw. von einer markenrelevanten Rohmarge berechnet.[5] Die umsatzbezogene Quote wird in der Regel aus vergleichbaren Markentransaktionen abgeleitet. Branchenübliche Royalty-Sätze können durch Recherchen in kommerziellen Datenbanken für diese speziellen Transaktionen aus Plausibilisierungsgründen berücksichtigt werden.[6] Nach Abzug der Unternehmenssteuern wird die jährliche Ersparnis mit dem für die Marke festgelegten Diskontierungsfaktor auf den Barwert zum Bewertungsstichtag diskontiert.[7]

102

---

1 Vgl. *o.V.*, Neue Zürcher Zeitung v. 29.1.2001, S. 6.
2 Vgl. *Michael*, Das Unternehmen als Marke.
3 Vgl. *Aders/Wiedemann*, FB 201, 469.
4 Vgl. *Frowein/Lüdenbach*, FB 2003, 65 (71).
5 Vgl. *Mard/Hitchner/Hyden/Zyla*, S. 61.
6 Vgl. *Frowein/Lüdenbach*, FB 2003, 65 (71).
7 Vgl. *Aders/Wiedemann*, FB 2001, 469 (470).

In der Literatur werden neben den oben diskutierten Ansätzen ebenfalls der Incremental Cash flow-Approach sowie der Multi-period excess earnings-Ansatz besprochen.[1]

103 Die nachfolgende Bewertung zeigt die **Bewertung der erworbenen Marke** „NaviPro".[2] Die Datenbankrecherche ergab einen durchschnittlichen Royalty-Satz in Höhe von 3 % des markenbezogenen Umsatzes.

	Jahr 1 TEuro	Jahr 2 TEuro	Jahr 3 TEuro	Jahr 4 TEuro
Umsatz	20 550	22 194	23 748	25 529
Anteil markenrelevanter Umsatz	80 %	80 %	75 %	70 %
Markenrelevante Umsätze	16 440	17 755	17 811	17 870
Relief from royalty (3 %) vor Steuern	493	533	534	536
abzüglich Steuern (effektive Steuerquote 40 %)	–197	–213	–214	–214
Relief from royalty nach Steuern	296	320	321	322
Barwertfaktor	0,8696	0,7561	0,6575	0,5718
Barwert	257	242	211	184
Summe der Barwerte	894			
Berechnung des Tax Amortization Benefit				
Diskontierungsfaktor	15 %			
Effektive Steuerquote	40 %			
Abschreibungsdauer (Jahre)	15			
Amortization Benefit Factor	1,2008			
Fair Value Marke „NaviPro"	1 073			

Die Marke „NaviPro" wird vom Unternehmen B für eine spezielle Serie im Bereich der Luftfahrttechnik eingesetzt. Da Unternehmen A plant, die Marke Ende Jahr 4 durch eine eigene in diesem Bereich etablierte Marke zu ersetzen, werden nur die markenrelevanten Umsätze bis Jahr 4 berücksichtigt. An den Umsätzen ist bereits in Jahr 3 deutlich die Abnahme durch das geplante Auslaufen der Serie „NaviPro" zu erkennen. Nach Diskontierung der Cash Flows und Hinzufügen des „tax amortization benefit" ergibt sich ein Fair Value der Marke in Höhe von rd. 1,1 Mio. Euro.

4. Wettbewerbsverbot/„Noncompete Agreement"

104 Bei der vertraglichen Gestaltung eines Unternehmenserwerbs werden häufig Klauseln mit einem Wettbewerbsverbot verwendet. Diese sollen dem Käufer die Sicherheit geben, dass der Verkäufer nicht direkt nach dem Verkauf seines Unternehmens wieder in Wettbewerb mit dem verkauften Unternehmen tritt. Üblicherweise werden **Wettbewerbsverbotsklauseln** über drei bis fünf Jahre abgeschlossen.

---

1 Vgl. *Aders/Wiedemann*, FB 2001, 469 (476 f.).
2 Der Markenname „NaviPro" wurde für das Bewertungsbeispiel erfunden.

Die Bewertung des „Noncompete Agreement" kann auf verschiedene Weisen erfolgen. Teilweise werden bei dieser Art von Verträgen bzw. Vertragsbedingungen Extrazahlungen ausgelöst, die für eine Bewertung verwendet werden können. Eine gängige Lösung ist der **Vergleich der Unternehmenswerte mit und ohne Wettbewerbsverbot**.[1] Hierzu können in den der Bewertung zugrunde liegenden Planungsrechnungen verschiedene Prämissen gesetzt werden. Diese können beispielsweise eine schlechtere Wachstumsrate bei den Umsätzen, eine schwächere Rohmarge sowie höhere Marketing- und Vertriebsaufwendungen bedeuten.

105

Die **Ermittlung des Unternehmenswertes mit Wettbewerbsverbot** für unser **Beispiel** kann wie folgt berechnet werden:

106

		Jahr 1 TEuro	Jahr 2 TEuro	Jahr 3 TEuro	Jahr 4 TEuro	Jahr 5 TEuro	ab Jahr 6 TEuro
Umsatz		20 550	22 194	23 748	25 529	27 699	29 914
Wachstumsrate		–	*8,0 %*	*7,0 %*	*7,5 %*	*8,5 %*	*8,0 %*
Rohertrag		10 070	10 764	11 399	12 356	13 462	14 509
Rohertragsquote		*49,0 %*	*48,5 %*	*48,0 %*	*48,4 %*	*48,6 %*	*48,5 %*
Andere Kosten	15,0 %	1 510	1 615	1 710	1 853	2 019	2 176
NOI vor Steuern		8 559	9 149	9 689	10 502	11 442	12 332
Steuern	40,0 %	–3 424	–3 660	–3 876	–4 201	–4 577	–4 933
NOI nach Steuern		5 135	5 490	5 813	6 301	6 865	7 399
Barwertfaktor	7,3 %	0,9320	0,8686	0,8095	0,7544	0,7031	9,6312
Barwerte		4 786	4 768	4 706	4 754	4 827	71 264
Summe der Barwerte		95 105					

Durch den Wegfall des Wettbewerbsschutzes kann davon ausgegangen werden, dass das angestrebte Umsatzwachstum bei Eintritt eines neuen Wettbewerbers in den Markt nicht erreicht werden kann. Ferner sind Absatzpreise durch die sich ändernde Preissensitivität der Marktteilnehmer nach unten zu korrigieren. Einsetzende Preiskämpfe können diesen Effekt noch weiter verstärken. Durch die erhöhten Aktivitäten am Markt wird es außerdem notwendig sein, durch erhöhte Marketing- und Vertriebsaktivitäten die Präsenz des Unternehmens am Markt zu steigern. Die Prämissen für die Unternehmensbewertung könnten somit wie folgt angepasst werden:

---

1 Vgl. *Mard/Hitchner/Hyden/Zyla*, S. 62.

Unternehmensbewertung mit Wettbewerbsverbot						
	Jahr 1	Jahr 2	Jahr 3	Jahr 4	Jahr 5	ab Jahr 6
Wachstumsrate Umsatz	–	8,0 %	7,0 %	7,5 %	8,5 %	8,0 %
Rohertragsquote	49,0 %	48,5 %	48,0 %	48,4 %	48,6 %	48,5 %
Andere Kosten (inkl. Vertrieb, Marketing)	15,0 %	15,0 %	15,0 %	15,0 %	15,0 %	15,0 %
Unternehmensbewertung ohne Wettbewerbsverbot						
	Jahr 1	Jahr 2	Jahr 3	Jahr 4	Jahr 5	ab Jahr 6
Wachstumsrate Umsatz	–	7,5 %	6,5 %	7,0 %	8,0 %	7,5 %
Rohertragsquote	48,5 %	48,0 %	47,5 %	47,9 %	48,1 %	48,0 %
Andere Kosten (inkl. Vertrieb, Marketing)	15,5 %	15,5 %	15,5 %	15,5 %	15,5 %	15,5 %

Die **Unternehmensbewertung ohne installiertes Wettbewerbsverbot** unter den neuen Bewertungsprämissen führt demnach zu einem niedrigeren Unternehmenswert. Die Bewertung könnte hiernach wie folgt aussehen:

		Jahr 1 TEuro	Jahr 2 TEuro	Jahr 3 TEuro	Jahr 4 TEuro	Jahr 5 TEuro	ab Jahr 6 TEuro
Umsatz		20 550	22 091	23 527	25 174	27 188	29 227
Wachstumsrate		–	7,5 %	6,5 %	7,0 %	8,0 %	7,5 %
Rohertrag		9 967	10 604	11 175	12 058	13 077	14 029
Rohertragsquote		48,5 %	48,0 %	47,5 %	47,9 %	48,1 %	48,0 %
Andere Kosten		1 545	1 644	1 732	1 869	2 027	2 174
NOI vor Steuern		8 422	8 960	9 443	10 189	11 050	11 855
Steuern	40,0 %	–3 369	–3 584	–3 777	–4 076	–4 420	–4 742
NOI nach Steuern		5 053	5 376	5 666	6 114	6 630	7 113
Barwertfaktor	7,3 %	0,9320	0,8686	0,8095	0,7544	0,7031	9,6312
Barwerte		4 709	4 669	4 586	4 612	4 662	68 504
Summe der Barwerte		91 743					

Die Differenz aus den ermittelten Unternehmenswerten stellt den eigentlichen finanziellen Vorteil aus dem Wettbewerbsverbot dar. Aufgrund der Unsicherheit, zum einen ob der Verkäufer zukünftig in Wettbewerb mit der Gesellschaft gehen wird und zum anderen ob dieses Vorhaben erfolgreich für den Verkäufer verlaufen würde, wird in der Regel ein Sicherheitsabschlag vorgenommen.[1] Die Einschätzung des Wahrscheinlichkeitsfaktors kann sich nur aus Gesprächen mit dem Management bzw. dem Verkäufer ergeben. In unserem Bewertungsbeispiel wird davon ausgegangen, dass die Wahrscheinlichkeit,

---

1 Vgl. *Mard/Hitchner/Hyden/Zyla*, S. 66.

dass der Verkäufer wieder in Wettbewerb tritt, als sehr gering einzuschätzen ist. Die vergleichende Darstellung der Unternehmenswerte kann wie folgt aussehen:

	TEuro
Unternehmenswert	
– mit Wettbewerbsverbot	95 105
– ohne Wettbewerbsverbot	91 743
Finanzieller Vorteil aus „noncompete agreement"	3 362
Wahrscheinlichkeitsfaktor	30 %
Fair Value Wettbewerbsverbot	1 009

Nach der Gewichtung des finanziellen Vorteils aus dem Wettbewerbsverbot ergibt sich ein Fair Value für das „noncompete agreement" in Höhe von rund 1 Mio. Euro.

5. Technologie, Forschung & Entwicklung/„Technology, In Process Research & Development"

Unterhält das erworbene Unternehmen **Forschungs- und Entwicklungsaktivitäten** (kurz F&E) oder ist geplant, Vermögenswerte des Unternehmens für solche Zwecke zu nutzen, so können Teile des Kaufpreises auf Entwicklungsprojekte verteilt werden. Bei vielen Akquisitionen wird ein zum Teil beachtlicher Anteil des Kaufpreises für vorangegangene Forschungs- und Entwicklungsprojekte gezahlt.[1] Beispiele für Vermögenswerte sind Patente, Software-Rechte, Basis- und Kern-Technologien, spezielle in Arbeit befindliche F&E-Projekte sowie technische Anleitungen und Zeichnungen.[2] Kosten für Forschungs- und Entwicklungsprojekte, für die keine andere Verwendungsalternative besteht, sind nach FASB Statement No. 2 „Accounting for Research and Development Costs" direkt als Aufwand zu verbuchen.[3] Zu den Vermögenswerten, die einer alternativen zukünftigen Nutzung entgegensehen, gehören beispielsweise Gebäude, in denen F&E-Aktivitäten stattfinden, die auch zu anderen Zwecken genutzt werden können. Sollten jedoch spezielle Maschinen für ein Technikum angeschafft werden, sind diese nicht zu aktivieren, sondern sind als Aufwand zu verbuchen.

Voraussetzung für eine Bewertung der erworbenen Assets, die aus diesen F&E-Aktivitäten und -Projekte resultieren, ist, dass der **wirtschaftliche Nutzen** dieser Vermögenswerte **mit einer angemessenen Verlässlichkeit geschätzt oder bestimmt werden kann.** Das Forschungsprojekt muss über das Stadium der reinen Konzeptionalisierung hinaus so greifbar sein, dass es mit hinrei-

---

1 Vgl. Wiley GAAP 2004, S. 433.
2 Vgl. AICPA Practice Aid, S. 61.
3 Vgl. SFAS 2, Rz. 12; SFAS 141, Rz. 42; FASB Interpretation 4.

chender Verlässlichkeit bewertet werden kann (Substanz). Ferner müssen noch konstruktionstechnische oder technologische Risiken bestehen (Unvollständigkeit). Zur Bewertung sollten folgende Komponenten betrachtet werden[1]:

- der Markt für das Produkt,
- Zeit für die Kommerzialisierung und Vermarktung des Produktes,
- potenzielle Kunden/Käufer und Marktdurchdringung,
- Effekte aus bestehenden oder zukünftigen Produkten von Wettbewerbern,
- der kombinierte Marktanteil des Unternehmens,
- der Verkaufspreis sowie
- Produktionskosten und andere Kosten des Produktes.

109 Die Bewertung nach der **„Multi-period Excess Earnings Method"** bringt die erwarteten Kosten inklusive der Kapitalkosten der für den F&E-Prozess benötigten Vermögenswerte des Unternehmens in Abzug von den aus den F&E-Aktivitäten erwarteten Umsätzen. Sind die oben genannten Voraussetzungen für eine Bewertung von Technologie und F&E-Aktivitäten erfüllt, so sind folgende Schritte für die Bewertung durchzuführen[2]:

1. Auswahl der Unternehmensplanung, die am besten den endgültigen Kaufpreis widerspiegelt;
2. Entwicklung und Dokumentation der Schlüsselprämissen, die der Unternehmensplanung zugrunde liegen und Prüfung, ob diese den Management-Vorstellungen entsprechen;
3. Eliminierung der Synergien, die von Marktteilnehmern nicht bewertet werden würden, aus der Unternehmensplanung; hieraus ergibt sich die angepasste Unternehmensplanung;
4. Identifizierung der erworbenen Vermögenswerte inklusive der für F&E-Aktivitäten erworbenen Vermögenswerte;
5. Bestätigung der Existenz von Vermögenswerten, die für F&E-Projekte genutzt werden, inklusive spezifische in der Entwicklung befindliche F&E-Projekte;
6. Eliminierung der Effekte aus Aktivitäten, die nicht IPR&D-bezogen sind; hieraus ergibt sich die endgültig zugrunde zu legende Unternehmensplanung für die Bewertung der F&E-Projekte;
7. Anrechnung von „contributory asset charges" auf Vermögenswerte, die für den F&E-Prozess benötigt werden;

---

1 Vgl. Mard/Hitchner/Hyden/Zyla, S. 29; ähnlich die Regelungen des IASB vgl. Wendlandt/Vogler, KoR 2003, 66 (68).
2 Vgl. AICPA Practice Aid, S. 69.

8. Berechnung des Barwertes der Cash Flows aus der endgültigen Unternehmensplanung unter Berücksichtigung eines angemessenen Diskontierungszinssatzes;
9. Berechnung des steuerlichen Vorteils von Abschreibungen;
10. Prüfung der Angemessenheit der ermittelten Werte im Vergleich zu den Werten der anderen Vermögenswerte und dem Gesamtkaufpreis.

Für unsere beispielhafte Bewertung der immateriellen Vermögenswerte des Unternehmens B soll angenommen werden, dass das Unternehmen eine bestehende Technologie weitere vier Jahre nutzen möchte. Ferner ist der Einsatz neuer Technologien in der Zukunft geplant. Die folgenden Übersichten bilden ein **Bewertungsbeispiel für den Bereich Technologie und in-process research and development** ab.[1]

Im ersten Schritt werden die Bilanzpositionen der beizusteuernden Vermögenswerte abgebildet. Die Kapitalkosten der „contributory assets" werden anhand der erwarteten Verzinsung des eingesetzten Kapitals berechnet.

Beisteuernde Vermögenswerte					
	capital charges	Jahr 1 TEuro	Jahr 2 TEuro	Jahr 3 TEuro	Jahr 4 TEuro
Kundenbeziehungen	17 %	1 866	1 866	1 866	1 866
Markenname „NaviPro"	15 %	1 073	1 073	1 073	1 073
Mitarbeiterstamm	15 %	1 046	1 046	1 046	1 046
Wettbewerbsverbot	15 %	1 009	1 009	1 009	1 009
VWs des Umlaufvermögens	6 %	10 000	10 000	10 000	10 000
VWs des Anlagevermögens	6 %	5 000	5 000	5 000	5 000

Die Höhe der Kapitalkosten ist aus dem relativen Risiko des beisteuernden Vermögenswertes abzuleiten. Hierbei sollte darauf geachtet werden, dass die Verzinsung der immateriellen Vermögenswerte in der Regel deutlich höher liegen wird als die der materiellen Vermögenswerte. Ferner ist wichtig, dass nur eine Verzinsung der Vermögenswerte erfolgt, die unmittelbar der Nutzung der F&E-Aktivitäten zuzurechnen sind.

---

[1] In Anlehnung an *Mard/Hitchner/Hyden/Zyla*, S. 66 ff.

Kapitalkosten gesamt				
	Jahr 1 TEuro	Jahr 2 TEuro	Jahr 3 TEuro	Jahr 4 TEuro
Kundenbeziehungen	317	317	317	317
Markenname „NaviPro"	161	161	161	161
Mitarbeiterstamm	157	157	157	157
Wettbewerbsverbot	151	151	151	151
VWs des Umlaufvermögens	600	600	600	600
VWs des Anlagevermögens	300	300	300	300
	1 686	1 686	1 686	1 686

Die Aufteilung der Kapitalkosten auf die Bereiche Technologie und IPR&D erfolgt mittels relativer Zuteilung anhand der prognostizierten Umsätze auf die beiden Bereiche.

Umsatzverteilung				
	Jahr 1 TEuro	Jahr 2 TEuro	Jahr 3 TEuro	Jahr 4 TEuro
Technologie	89,0 %	83,3 %	76,7 %	71,5 %
IPR&D	11,0 %	16,7 %	23,3 %	28,5 %
Gesamtumsatz	100,0 %	100,0 %	100,0 %	100,0 %

Die Kapitalkosten für den Bereich Technologie ergeben sich somit wie folgt:

Kapitalkosten Technologie				
	Jahr 1 TEuro	Jahr 2 TEuro	Jahr 3 TEuro	Jahr 4 TEuro
Kundenbeziehungen	282	264	243	227
Markenname „NaviPro"	143	134	123	115
Mitarbeiterstamm	140	131	120	112
Wettbewerbsverbot	135	126	116	108
VWs des Umlaufvermögens	534	500	460	429
VWs des Anlagevermögens	267	250	230	215
	1 501	1 405	1 294	1 206

Die über die Umsatzverteilung zu berechnenden Kapitalkosten für Technologie und IPR&D werden bei der separaten Bewertung der beiden Bereiche in Abzug gebracht.

Fair value-Ermittlung Technologie		Jahr 1 TEuro	Jahr 2 TEuro	Jahr 3 TEuro	Jahr 4 TEuro
Umsatzerlöse		20 550	22 194	23 748	25 529
Umsatzanteil Technologie		89,0 %	83,3 %	76,7 %	71,5 %
Umsätze Technologie	100,0 %	18 290	18 488	18 214	18 253
Aufwendungen	48,0 %	–8 779	–8 874	–8 743	–8 761
Ergebnis vor Steuern		5 395	5 454	5 373	5 385
Steuern vom Einkommen und Ertrag	40,0 %	–2 158	–2 182	–2 149	–2 154
Nettoeinkommen		3 237	3 272	3 224	3 231
abzüglich Kapitalkosten		–1 501	–1 405	–1 294	–1 206
verbleibender Cash Flow nach Steuern		1 736	1 867	1 930	2 025
Überlebensrate der Technologie		100,0 %	80,0 %	60,0 %	50,0 %
Cash Flow Technologie		1 736	1 494	1 158	1 012
Barwertfaktor	25 %	0,8000	0,6400	0,5120	0,4096
Barwert		1 389	956	593	415
Summen der Barwerte		3 353			
Diskontierungsfaktor	25 %				
Effektive Steuerquote	40 %				
Steuerliche Abschreibungsdauer (Jahre)	15				
Amortization Benefit Factor		1,1300			
Fair Value der Technologie		3 789			

Für die Bewertung der erworbenen IPR&D-Projekte werden folgende Kapitalkosten in Abzug gebracht:

Kapitalkosten IPR&D	Jahr 1 TEuro	Jahr 2 TEuro	Jahr 3 TEuro	Jahr 4 TEuro
Kundenbeziehungen	35	53	74	90
Markenname „NaviPro"	18	27	38	46
Mitarbeiterstamm	17	26	37	45
Wettbewerbsverbot	17	25	35	43
VWs des Umlaufvermögens	66	100	140	171
VWs des Anlagevermögens	33	50	70	86
	186	282	393	481

Die Bewertung der IPR&D-Projekte erfolgt analog zu der Bewertung der existierenden Technologie.

Fair value-Ermittlung IPR&D		Jahr 1 TEuro	Jahr 2 TEuro	Jahr 3 TEuro	Jahr 4 TEuro
Umsatzerlöse		20 550	22 194	23 748	25 529
Umsatzanteil IPR&D		11,0 %	16,7 %	23,3 %	28,5 %
Umsätze IPR&D	100,0 %	2 261	3 706	5 533	7 276
Aufwendungen	55,0 %	–1 243	–2 039	–3 043	–4 002
Ergebnis vor Steuern		509	834	1 245	1 637
Steuern vom Einkommen und Ertrag	40,0 %	–203	–334	–498	–655
Nettoeinkommen		305	500	747	982
abzüglich Kapitalkosten		186	282	393	481
verbleibender Cash Flow nach Steuern		491	782	1 140	1 463
Überlebensrate IPR&D		100,0 %	90,0 %	80,0 %	60,0 %
Cash Flow IPR&D		491	704	912	878
Barwertfaktor	25 %	0,8000	0,6400	0,5120	0,4096
Barwert		393	450	467	360
Summen der Barwerte		1 669			
Diskontierungsfaktor	25 %				
Effektive Steuerquote	40 %				
Steuerliche Abschreibungsdauer (Jahre)	15				
Amortization Benefit Factor		1,1300			
Fair Value IPR&D		1 886			

Die bewerteten im Zuge des Unternehmenserwerbs erworbenen Vermögenswerte im Bereich der Technologie in Höhe von 3789 TEuro und im Bereich IPR&D-Projekte in Höhe von 1886 TEuro sind im Rahmen der Purchase Price Allocation zu aktivieren. Während der Technologie eine geschätzte Nutzungsdauer von vier Jahren zugerechnet werden kann, sind die aktivierten Anschaffungskosten für IPR&D direkt im Anschluss an den der Goodwillermittlung folgenden Arbeitsschritt in voller Höhe abzuschreiben.[1] Hierdurch wird im Zeitpunkt der Akquisition der Teil des Goodwills, der auf diesen Bereich entfällt, direkt abgeschrieben. Latente Steuern sind auf IPR&D-Projekte aufgrund der Sofortabschreibung nicht zu bilden.

6. Bewertungsergebnis/Berechnung des Goodwill

111 Die oben ermittelten Fair Values der immateriellen Vermögenswerte fließen in das Schema der Kaufpreisverteilung ein. Hierzu müssen ebenfalls die Fair Values der materiellen Vermögenswerte sowie der Schulden ermittelt worden sein. Neben den beisteuernden materiellen Vermögenswerten und den beisteuernden Vermögenswerten des Umlaufvermögens konnten noch weitere

---

[1] Vgl. SFAS 141, Rz. 42; Wiley GAAP 2004, S. 433; *Küting/Wirth*, DStR 2003, 475 (478).

Vermögenswerte identifiziert werden, die nicht direkt Beiträge zur Erzielung von Cash Flows bewirken. Die Fair Values der materiellen Vermögenswerte unseres erworbenen Unternehmens betragen 65 000 TEuro, das Umlaufvermögen wurde mit einem Fair Value in Höhe von 40 000 TEuro bewertet. Ferner wurden langfristige Verbindlichkeiten in Höhe von 50 000 TEuro und kurzfristige Verbindlichkeiten in Höhe von 22 000 TEuro eingegangen.

Nach Durchführung der Bewertungsarbeiten im Rahmen der Purchase Price Allocation in unserem Basisbeispiel kommen wir zu folgendem Ergebnis[1]:

Kaufpreisverteilung	TEuro
Kaufpreis inkl. Nebenkosten	95 000
Langfristige Verbindlichkeiten	50 000
Kurzfristige Verbindlichkeiten	22 000
Adjustierter Kaufpreis	167 000
Abzüglich Fair Value materielle Vermögenswerte	65 000
Abzüglich Fair Value Umlaufvermögen	40 000
Abzüglich Fair Value immaterielle Vermögenswerte	
– Kundenstamm	1 866
– Markenname	1 073
– Wettbewerbsverbot	1 009
– Technologie	3 789
– F&E-Projekte	1 886
Verbleibender Goodwill	52 377

Der verbleibende Goodwill ist in der Folge als nicht abnutzbarer Vermögenswert zu behandeln und im Rahmen jährlich durchzuführender Wertminderungstests auf seine Werthaltigkeit zu testen.

7. Behandlung eines negativen Goodwill

Übersteigen die Fair Values der erworbenen Vermögenswerte und Schulden den Kaufpreis, so entsteht ein Überschuss über die angefallenen Kosten („**excess over cost**"). Dieser führt im Rahmen der Kaufpreisallokation zu einem negativen Goodwill (auch Badwill). Der den Kaufpreis übersteigende Betrag wird nach US-amerikanischen Regelungen im Rahmen einer „pro rata reduction" von bestimmten Vermögenswerten gleichmäßig abgesetzt. Nach den Vorstellungen des IASB ist der überschießende Betrag nach einer Kontrolle der Bewertung direkt als außerordentlicher Ertrag zu verbuchen (vgl. hierzu Teil III Rz. 43).

---

1 Zu diesem Schema vgl. Mard/Hitchner/Hyden/Zyla, S. 74; IFRS 3 Appendix „Illustrative Examples".

An dem folgenden Beispiel verdeutlicht kann die **gleichmäßige Reduzierung eines entstandenen Excess** nach SFAS 141 wie folgt vorgenommen werden:

Kaufpreisverteilung nach Fair Value-Ermittlung				
Erworbene Vermögenswerte		Kaufpreis und eingegangene Verbindlichkeiten		
Immaterielle Werte	40	Kaufpreis/Fair Value Eigenkapital		120
Sachanlagevermögen	50	Verbindlichkeit		30
Finanzanlagen außer Equity-Werte	10			
Zum Verkauf stehende Werte	20			
Kurzfristiges Vermögen	50			
	170			150

Abstockungsvolumen	20			
Abzustockende Vermögenswerte				Verteilung
Immaterielle Werte	40	44,44 %		–9
Sachanlagevermögen	50	55,56 %		–11
	90	100,00 %		–20

Kaufpreisverteilung nach Pro rata Reduktion				
Erworbene Vermögenswerte		Kaufpreis und eingegangene Verbindlichkeiten		
Immaterielle Werte	31	Kaufpreis/Fair Value Eigenkapital		120
Sachanlagevermögen	39	Verbindlichkeit		30
Finanzanlagen außer Equity-Werte	10			
Zum Verkauf stehende Werte	20			
Kurzfristiges Vermögen	50			
	150			150

113 Sollte nach der Reduzierung der Vermögenswerte auf Null ein Betrag überbleiben, so ist dieser als außerordentlicher Ertrag zu vereinnahmen.[1] Dies wird immer dann der Fall sein, wenn der Excess over cost den Gesamtbetrag der Fair Values der abstockbaren Vermögenswerte übersteigt. Beträgt der Wert der abstockbaren Vermögenswerte 15 und der Excess over cost beläuft sich auf 25, so ist ein außerordentlicher Ertrag in Höhe von 10 zu verzeichnen.

---

1 Vgl. SFAS 141, Rz. 45.

Die nachfolgende Darstellung beschreibt die **technische Behandlung** dieses Falles.

Kaufpreisverteilung nach Fair Value-Ermittlung			
Erworbene Vermögenswerte		Kaufpreis und eingegangene Verbindlichkeiten	
Immaterielle Werte	5	Kaufpreis/Fair Value Eigenkapital	40
Sachanlagevermögen	10	Verbindlichkeit	30
Finanzanlagen außer Equity-Werte	10		
Zum Verkauf stehende Werte	20		
Kurzfristiges Vermögen	50		
	95		70

Abstockungsvolumen	25		
Abzustockende Vermögenswerte			Verteilung
Immaterielle Werte	5	33,33 %	–5
Sachanlagevermögen	10	66,67 %	–10
	15	100,00 %	–15
Verbleibender Excess over cost	**10**		

Kaufpreisverteilung nach Pro rata Reduktion			
Erworbene Vermögenswerte		Kaufpreis und eingegangene Verbindlichkeiten	
Immaterielle Werte	0	Kaufpreis/Fair Value Eigenkapital	40
Sachanlagevermögen	0	Verbindlichkeit	30
Finanzanlagen außer Equity-Werte	10	Außerordentlicher Ertrag	10
Zum Verkauf stehende Werte	20		
Kurzfristiges Vermögen	50		
	80		80

Festzuhalten bleibt, dass nach der vom FASB getroffenen Fair Value Definition zwischen fremden Dritten kein „Lucky Buy" entstehen kann, d.h. kein fremder Dritter ist bereit, mehr für Vermögenswerte zu zahlen als diese wirklich wert sind. Daher ist bei Entstehung eines negativen Goodwill genau zu prüfen, ob die erworbenen Vermögenswerte und Schulden richtig bewertet und alle stillen Lasten entdeckt worden sind.

IV. Unternehmensbewertung im Rahmen des Impairmenttests nach SFAS 142 und IAS 36 (2004)

1. Impairment Only Approach (IOA)

Mit der Einführung des IOA (auch nonamortization approach) durch die Verabschiedung der Statements of Financial Accounting Standards SFAS 141 und

SFAS 142 im Sommer 2001 hat sich das US-amerikanische Financial Accounting Standards Board (FASB) von der planmäßigen Abschreibung des Goodwill abgewendet. Auf den Fersen des FASB hat sich das IASB im März 2004 mit der Veröffentlichung des IFRS 3 und der revised IAS 36/38 an die Regelungen des SFAS 142 angelehnt.[1] Die nach US-GAAP jedoch teilweise sehr komplizierten und umfangreichen Arbeiten im Rahmen des Impairmenttests haben das IASB dazu bewegt, einen vereinfachten Weg im Rahmen des Werthaltigkeitstests für den Goodwill zu beschreiben. In den grundsätzlichen Überlegungen stimmen die Standardsetter jedoch überein: Goodwill sowie immaterielle Vermögenswerte mit unbestimmter Lebensdauer sind nicht mehr planmäßig abzuschreiben; stattdessen müssen diese beiden Arten von Vermögenswerten auf der Ebene der Berichtseinheiten („Reporting Units" bzw. „Cash-Generating Units") **mindestens einmal jährlich auf ihre Werthaltigkeit hin überprüft werden**.[2] Der Werthaltigkeitstest erfolgt jeweils für dieselbe Berichtseinheit wie sie am Erwerbstag definiert wurde. Nur auf diese Weise können Aussagen über einen möglichen Abschreibungsbedarf getroffen werden.[3]

116 Der **derivative Goodwill** ist als nicht abnutzbarer Vermögenswert (non-wasting asset) zu behandeln und nur bei Vorliegen einer Wertminderung außerplanmäßig abzuschreiben.[4] Auch ein immaterielles Vermögensgut mit unbestimmter Lebensdauer wird nur dann abgeschrieben, wenn diesem eine Wertminderung zugeschrieben werden kann.[5] Die Lebensdauer eines immateriellen Vermögenswertes gilt dann als unbestimmt (indefinite), insofern es nicht durch rechtliche, regulatorische, vertragliche, wettbewerbliche, wirtschaftliche oder sonstige Faktoren in dessen Lebensdauer begrenzt wird.[6] Ein Beispiel für einen Vermögenswert, welcher keiner planmäßigen Abschreibung unterliegen könnte, ist ein regelmäßig erneuerbares Fernsehrecht. Dagegen ist bei erworbenen Kundenlisten („customer lists") oder Marktinformationen regelmäßig nicht von einer unbeschränkten Lebensdauer auszugehen.[7]

117 Mit der Klassifizierung des Goodwill als Vermögenswert wird von diesem ein **zukünftiger Nutzenzufluss** erwartet. Dieser resultiert im Wesentlichen aus den wertbestimmenden Bestandteilen des Goodwill, dem so genannten Kerngoodwill, der sich aus Synergievorteilen aufgrund einer unternehmensweiten Nutzung von immateriellen Vermögenswerten ergibt (vgl. Teil III Rz. 79).[8] Diese Synergievorteile können beispielsweise auf der Nutzung von Einkaufsmacht („purchase power") eines Zentraleinkaufs oder der Übertragung von Know-how beruhen. Einzeln aktivierbare immaterielle Vermögenswerte im Sinne des SFAS 141 sind im Rahmen einer Purchase Price Allocation im

---

1 Vgl. *Küting/Wirth*, DStR 2003, 475 (481).
2 Vgl. SFAS 142, Rz. 19; IAS 36, Rz. 10a, 73, 93; *Mard/Hitchner/Hyden/Zyla*, S. 76; *Wendlandt/Vogler*, KoR 2003, 66 (68, 71); *Focken*, RIW 2003, 437 (442).
3 Vgl. *Lüdenbach/Frowein*, DB 2003, 217 (218).
4 Vgl. *Hitz/Kuhner*, WPg. 2002, 273; *Wendlandt/Vogler*, KoR 2003, 66 (68); *Küting/Wirth*, DStR 2003, 475 (480 f.).
5 Vgl. SFAS 142, Rz. 16; *Wendlandt/Vogler*, KoR 2003, 66 (71).
6 Vgl. *Mard/Hitchner/Hyden/Zyla*, S. 80.
7 Vgl. *Dawo*, S. 148.
8 Vgl. *Pfeil/Vater*, KoR 2002, 66 (67).

Zeitpunkt des Unternehmenserwerbs vom Goodwill zu trennen (vgl. Teil III Rz. 39).[1]

Die beiden Standardsetter tragen mit den neuen Regelungen zur Goodwill- und Intangible-Bilanzierung zur **Verbesserung der Berichterstattung** über immaterielle Vermögenswerte bei. In der Vergangenheit wurden alle originären Vermögenswerte des akquirierten Unternehmens unter dem planmäßig abzuschreibenden Goodwill zusammengefasst.[2] Mit der Aufteilung des Goodwill auf einzelne Gruppen von immateriellen Vermögenswerten werden die erworbenen immateriellen Vermögenswerte sichtbar. Ferner bewirkt die individuelle Zuteilung von Anschaffungskosten und Nutzungsdauern eine sachgerechtere Verteilung des Abschreibungsaufwands in den Folgeperioden.

118

Die folgenden Ausführungen sollen dazu dienen, die **Praktikabilität** des in der praktischen Anwendung komplexen Verfahrens[3] des Impairmenttests zu überprüfen. Hierbei werden zunächst die US-amerikanischen Regelungen quasi als Vorreiter besprochen. Abweichungen durch anders lautende Regelungen des IASB werden entsprechend im Kontext ergänzt.

2. Durchführung des Impairmenttests

Mit der Installation eines zweistufigen Impairmenttests versucht das FASB, **Kosten und Nutzen ins Gleichgewicht** zu bringen.[4] Auf der ersten Stufe ist ein möglicher Wertminderungsbedarf kosten- und aufwandsparend zu erkennen und, sofern erkannt, auf der zweiten Stufe die Wertminderung mittels einer detaillierten (Unternehmens-)Bewertung der Reporting Unit zu bestimmen.[5] Nach den Vorstellungen des IASB übersteigen die mit der Zweistufigkeit des Tests verbundenen Kosten den Nutzen dieser Vorgehensweise, so dass sich der Standardsetter abweichend von den US-amerikanischen Vorstellungen gegen die Vorschaltung der ersten Stufe – wie nachfolgend beschrieben – entschieden hat.[6]

119

Der Fair Value der Reporting Unit im Sinne eines **Gesamtunternehmenswertes** des Segments steht im Mittelpunkt des zweistufigen Impairmenttests.[7] „Sowohl bei der Aufteilung des Goodwill auf die Reporting Unit zum Zeitpunkt des Unternehmenserwerbs als auch bei der Durchführung des Impairmenttests in Folgeperioden ist dieser eine integrale Größe".[8]

---

1 Vgl. *Nestler/Thuy*, KoR 2002, 169.
2 Vgl. *Davis*, DB 2002, 697.
3 Vgl. *Nestler/Thuy*, KoR 2002, 169 (170).
4 Vgl. *Lüdenbach/Schulz*, WPg. 2002, 489 (492).
5 Vgl. SFAS 142, Rz. 18.
6 Vgl. *Zeimes/Kühne*, Die neue Bilanzierung von Übernahmen, FAZ v. 5.4.2004, S. 20.
7 Vgl. *Küting/Weber/Wirth*, KoR 2002, 185 (189); *Coenenberg*, Jahresabschluss und Jahresabschlussanalyse, S. 615.
8 Vgl. *Küting/Weber/Wirth*, KoR 2002, 185 (189).

120 **Stufe 1: Feststellung eines möglichen Abwertungsbedarfs**

Der SFAS 142 bzw. IAS 36 schreiben keinen konkreten Zeitpunkt für die mindestens jährlich durchzuführenden Impairmenttests vor. Die gewählten Zeitpunkte sollten jedoch auf Reporting Unit-Ebene und Cash-Generating Unit-Ebene in den Folgejahren konsistent erfolgen.[1] In Stufe 1, welche nur nach SFAS 142 erforderlich ist, soll lediglich ein möglicher Abwertungsbedarf erkannt werden. Wird dieser erkannt, löst dies die zweite Stufe des Impairmenttests aus: eine **detaillierte Unternehmensbewertung** der Reporting Unit bzw. im Rahmen des einstufigen Impairmenttests der Cash-Generating Unit und eine Bewertung der Assets zur Ermittlung des „implied Fair Value" (IAS 36: „Recoverable Amount of Goodwill") des Goodwill.[2] Die Vorschaltung der Stufe 1 des Impairmenttests nach SFAS 142 hat vornehmlich die Aufgabe, einerseits unnötige detaillierte jährliche Bewertungen von Berichtseinheiten zu vermeiden und zum anderen eine Sensibilisierung für auslösende Faktoren einer Wertminderung der bilanzierten Vermögenswerte beim bilanzierenden Unternehmen zu erreichen. Auf der ersten Stufe stellt sich daher nur die Frage nach der Wahrscheinlichkeit einer möglichen Wertminderung eines bilanzierten Wertes. Die Frage nach der konkreten Höhe des außerplanmäßigen Abwertungsbedarfs stellt sich ausschließlich auf Stufe 2.

121 Im ersten Schritt auf Stufe 1 (nur nach US-GAAP) ist grundsätzlich der **Gesamtwert der Reporting Unit** („overall Fair Value") zu ermitteln.[3] Dem Fair Value der Reporting Unit liegt der Grundgedanke der Ermittlung eines objektivierten Unternehmenswertes unter Stand-Alone-Gesichtspunkten zugrunde. Dieser Gesamtwert soll dem Wert entsprechen, zu dem die Berichtseinheit als Ganzes verkauft werden könnte.[4] Im zweiten Schritt ist der Fair Value der Reporting Unit mit deren fortgeführten Buchwerten („carrying amount") inklusive dem bilanzierten Goodwill (auch „net Assets")[5] zu **vergleichen**.[6] Liegt der Gesamtwert oberhalb des Buchwertes gilt der Goodwill der Reporting Unit als nicht wertgemindert („not impaired"). Die zweite Stufe des Impairmenttests ist somit zu unterlassen.

122 Die Standardsetter halten eine **Methodenvielfalt** für die Fair Value-Ermittlung ihrer Berichtseinheiten bereit. Notierte Preise in aktiven Märkten stellen hiernach die beste Basis für eine Fair Value Ermittlung dar.[7] Diese sind ebenfalls die Grundlage für den „fair value less costs to sell" der Cash-Generating Unit im Rahmen des einstufigen Tests zur Bestimmung des „recoverable amount" nach den Vorstellungen des IASB.[8] Das Vorhandensein von Marktpreisen für Berichtseinheiten wird jedoch nur dann gegeben sein, wenn die Reporting

---

1 Vgl. *Mard/Hitchner/Hyden/Zyla*, S. 77 f.; *Wendlandt/Vogler*, KoR 2003, 66 (73).
2 Vgl. SFAS 142, Rz. 18; IAS 36, Rz. 96 f.
3 Vgl. SFAS 142, Rz. 23 ff.; *Mard/Hitchner/Hyden/Zyla*, S. 91 f.; *Nestler/Thuy*, KoR 2002, 169.
4 Vgl. SFAS 142, Rz. 23; *Küting/Weber/Wirth*, KoR 2001, 185 (189).
5 Vgl. *Pfeil/Vater*, KoR 2002, 66 (71); *Küting/Weber/Wirth*, KoR 2001, 185 (195).
6 Vgl. SFAS 142, Rz. 19.
7 Vgl. SFAS 142, Rz. 23.
8 Vgl. IAS 36, Rz. 6.

Unit als solche börsennotiert ist, was in der Praxis eher eine Seltenheit sein wird.[1] Marktpreise dürfen nach Auffassung des FASB nicht unreflektiert für die Fair Value-Bestimmung übernommen werden, da diese beispielsweise keine Kontrollprämie für mit dem Mehrheitserwerb verbundene Synergievorteile enthalten.[2] Soweit aussagefähige Marktpreise nicht verfügbar sind, ist gemäß SFAS 142 auf die „best information available" abzustellen.[3] Hierbei wird in der Regel auf Techniken der Unternehmensbewertung wie das Discounted-Cash-Flow-Verfahren abgestellt werden. Bei der Durchführung sind Annahmen zu treffen, die Marktteilnehmer bei ihrer Fair Value-Ermittlung berücksichtigen würden. Diese Annahmen können beispielsweise aus Kapitalmarktdaten abgeleitete Diskontierungszinssätze sein.[4] Ferner kann auch die Anwendung von Multiples zur Ermittlung des Fair Value dienen.[5] Ein Vorzug der Vergleichsmethode („comparable company approach") ist jedoch aus der Systematik des SFAS 142 nicht ersichtlich. Es wird in der Praxis schwierig sein, bei Vorliegen von detaillierten Prognoserechnungen die Bewertung durch Wertvergleiche mit anderen Unternehmen vorzunehmen.[6]

Die detaillierte Ermittlung des Fair Value einer Berichtseinheit ist jedoch nicht zu jedem Bewertungsstichtag vorgesehen. Um den jährlichen Aufwand für den Impairmenttest einzugrenzen, halten FASB und IASB eine **detaillierte Ermittlung unter bestimmten Gesichtspunkten** für erlässlich.[7] Eine in einer vorangegangenen Periode vorgenommene detaillierte Bewertung einer Reporting Unit ist in Stufe 1 immer dann vorzutragen, wenn die folgenden drei Kriterien *gleichzeitig* erfüllt sind[8]:

123

– Seit der letzten Fair Value-Bewertung haben sich die Vermögenswerte und Schulden der Berichtseinheit nicht wesentlich, z.B. aufgrund von wesentlichen Akquisitionen, geändert,

– die letzte Bewertung der Berichtseinheit ergab eine substanzielle Sicherheitsmarge und

– die Analyse von Ereignissen (Events) und Umständen (Circumstances) des vorangegangenen Zeitraums hat gezeigt, dass der Fair Value der Berichtseinheit mit hoher Wahrscheinlichkeit über dessen Buchwert liegt.

Eine **erste Indikation eines Impairment** kann beispielsweise durch Vergleich der prognostizierten Ergebnisse mit den tatsächlichen Ergebnissen erfolgen. Eine Plan-Ist-Abweichung kann dann bereits ausreichen, einen Werthaltigkeitstest („recoverability test") nach SFAS 144 für Vermögenswerte mit langer

124

---

1 Vgl. *Frowein/Lüdenbach*, FB 2003, 65.
2 Vgl. *Lüdenbach/Schulz*, WPg. 2002, 489 (490); SFAS 142, Fn. 16.
3 Vgl. SFAS 142, Rz. 24.
4 Vgl. *Frowein/Lüdenbach*, KoR 2003, 261 (262).
5 Vgl. SFAS 142, Rz. 25.
6 Vgl. *Frowein/Lüdenbach*, KoR 2003, 261 (264).
7 Vgl. *Pfeil/Vater*, KoR 2002, 66 (71).
8 Vgl. SFAS 142, Rz. 27; auch *Davis*, DB 2002, 697 (700); *Hütten/Lorson*, KoR 2002, 25 (29); *Küting/Weber/Wirth*, KoR 2001, 185 (190); *Weber/Wirth* in Küting/Weber (Hrsg.), S. 59; *Coenenberg*, Jahresabschluss und Jahresabschlussanalyse, S. 615; zum Wertvortrag nach IAS/IFRS vgl. IAS 36, Rz. 99; *Wendlandt/Vogler*, KoR 2003, 66 (73).

Lebensdauer („long-lived Assets"), d.h. einschließlich immaterieller Vermögenswerte mit beschränkter Nutzungsdauer,[1] auszulösen. Da sich Fair Values von Vermögenswerten durch die Diskontierung zukünftiger Ergebniszuflüsse ergeben, ist eine Verfehlung dieser Ergebnisse ein mögliches Anzeichen für eine Wertminderung.[2] Die nachfolgende Abbildung fasst die Vorgehensweise auf der ersten Stufe des Impairmenttests zusammen.

Stufe 1: Identifikation einer potentiellen Wertminderung

Schritt 1:	Ermittlung des Gesamtwertes der Berichtseinheit (ggf. Reporting Unit/ Cash-Generating Unit) – Vortrag des Gesamtwertes aus vorangegangenen Wertermittlungen unter bestimmten Voraussetzungen – Bewertung der Berichtseinheit (Marktwerte, DCF-Ertragswerte, Vergleichswerte)

Schritt 2:	Vergleich des Gesamtwertes mit dem Buchwert der Berichtseinheit – Gesamtwert der Berichtseinheit ≥ Buchwert = Berichtseinheit gilt als nicht wertgemindert; Stufe 1 des Impairmenttests gilt somit als bestanden. Stufe 2 ist in diesem Fall nicht erforderlich. – Gesamtwert der Berichtseinheit < Buchwert = Berichtseinheit hat Anzeichen einer Wertminderung; Stufe 1 gilt somit als nicht bestanden und die Durchführung der Stufe 2 ist zwingend geboten.

125 **Beispiel:**

Infolge der Akquisition im Vorjahr hat unser Unternehmen A zusätzlich zu den vorhandenen Berichtseinheiten Automobiltechnik, Schienenfahrzeugtechnik und Luftfahrttechnik eine vierte Berichtseinheit Raumfahrttechnik gebildet. Die jeweiligen Gesamtwerte der Berichtseinheiten wurden anhand von Unternehmenswertberechnungen nach dem Discounted-Cash-Flow-Verfahren ermittelt. Nachfolgend wird eine beispielhafte Vermögensübersicht der Berichtseinheit Raumfahrttechnik zur Darstellung des „Carrying Amount" gesehen, der sich, wie weiter oben bereits beschrieben, aus den fortgeführten Buchwerten der erworbenen Vermögenswerte inklusive Goodwill abzüglich der eingegangenen Verbindlichkeiten ergibt. Der resultierende Buchwert der Berichtseinheit entspricht deren „net Assets" oder dem fortgeführten Buchwert des Eigenkapitals.

---

1 Vgl. *Dawo*, S. 152; *Coenenberg*, Jahresabschluss und Jahresabschlussanalyse, S. 123.
2 Vgl. *Mard/Hitchner/Hyden/Zyla*, S. 89.

Bilanz Berichtseinheit Raumfahrttechnik – Impairmenttest Stufe 1 (alle Angaben in Mio. Euro)			
Goodwill	35	Eigenkapital	50
Immaterielle Vermögenswerte	20	Pensionen	5
Materielle Vermögenswerte	15	Langfr. Fremdkapital	30
Umlaufvermögen	30	Kurzfr. Fremdkapital	15
	100		100

Die folgende Tabelle gibt die gesondert ermittelten „Overall Fair Values" der Reporting Units sowie die Buchwerte wieder.

(Angaben in Mio. Euro)	Berichtseinheit Raumfahrttechnik	Berichtseinheit Luftfahrttechnik
Indikativer Gesamtwert (Overall Fair Value)	47	140
Buchwert (Carrying Value)	50	150
Ergebnis Impairmenttest Stufe 1	nicht bestanden	nicht bestanden

Aufgrund des indizierten Impairments auf Stufe 1, müssen sowohl für die Berichtseinheit Raumfahrttechnik als auch für die Berichtseinheit Luftfahrttechnik der Impairmenttest Stufe 2 durchgeführt werden. Hierzu ist es notwendig, die Vermögenswerte der Reporting Unit neu zu bewerten.

Der Vergleich des „Overall Fair Value" bzw. „recoverable amount" der Berichtseinheit Raumfahrttechnik mit dessen „carrying value" (bilanzielles Eigenkapital zzgl. Goodwill) zeigt, dass **Anzeichen einer Wertminderung** vorhanden sind. Bei der Berichtseinheit Luftfahrttechnik hat eine Analyse der Ereignisse und Umstände, die seit der Purchase Price Allocation im Vorjahr angefallen sind, ergeben, dass das Unternehmen insbesondere die prognostizierten Planzahlen nicht erreichen konnte. Nach diesen Erkenntnissen kann eine Wertminderung des Goodwill sowie anderer immaterieller Vermögenswerte nicht ausgeschlossen werden. Für beide Berichtseinheiten ist somit der Impairmenttest auf Stufe 2 auszuweiten (vgl. Teil III Rz. 45).

Neben dem zumindest jährlich durchzuführenden Impairmenttest ist dieser **außerhalb der Routine** zusätzlich anzuwenden, wenn durch Eintritt eines Ereignisses der Fair Value der Reporting Unit bzw. Cash-Generating Unit unter dessen Buchwert gesunken sein könnte.[1] Ereignisse dieser Art sind beispielsweise

– eine wesentliche nachteilige Entwicklung von rechtlichen Faktoren oder Geschäftsklima,

---

[1] Vgl. *Mard/Hitchner/Hyden/Zyla*, S. 78; *Hütten/Lorson*, KoR 2002, 25 (29); *Küting/Weber/Wirth*, KoR 2001, 185 (190); *Coenenberg*, Jahresabschluss und Jahresabschlussanalyse, S. 615; *Wendlandt/Vogler*, KoR 2003, 66 (71); IAS 36, Rz. 90.

- eine nachteilige Regelung oder Auflage durch eine Regulationsbehörde,
- unerwarteter Wettbewerb,
- der Verlust von Schlüssel-Personal („key personal"),
- die wahrscheinliche gesamte oder teilweise Veräußerung einer Berichtseinheit,
- der Test einer Gruppe von Vermögenswerten auf Werthaltigkeit innerhalb einer Reporting Unit nach SFAS 144,
- die Ermittlung eines Abwertungsbedarfs des Goodwill (Goodwill Impairment Loss) im Jahresabschluss einer Tochtergesellschaft.[1]

127 Ein wesentlicher Bestandteil des routinemäßigen Impairmenttests der Stufe 1 wird die exakte Dokumentation eines nicht indizierten Impairment sein. Das FASB stellt sowohl an Stufe 1 als auch an Stufe 2 die Anforderung, dass deren Durchführung grundsätzlich in begründbarer und nachvollziehbarer Weise konsistent erfolgen soll.[2] Der Dokumentation der für den Impairmenttest zugrunde liegenden Prämissen wird eine besondere Rolle zukommen. Zum einen dient sie dem Bilanzaufsteller als Nachweis für den durch SFAS 142 geforderten Prozess der Bewertung der Reporting Units, zum anderen für den Abschlussprüfer zur Nachvollziehbarkeit der gewählten Bilanzierungsansätze. Eine breite Informationsbasis wird in Folgejahren helfen, Inkonsistenten bei der Bewertungsmethodik zu vermeiden.

128 **Stufe 2: Messung des Abwertungsbedarfs**

Stufe 2 löst umfangreiche Bewertungsarbeiten für die einer Reporting Unit zugeteilten Vermögenswerte aus. Das FASB fordert für die zweite Stufe ein Bewertungsvorgehen bei der zu betrachtenden Berichtseinheit wie dies im Rahmen der **Purchase Price Allocation** vorzunehmen ist.[3] Somit hat auf Stufe 2 des Impairmenttests eine Unternehmensbewertung, wie bereits oben beschrieben (vgl. Teil III Rz. 39), zu erfolgen. Das IASB hingegen hält diese Vorgehensweise für zu aufwendig. Der im Rahmen des einstufigen Impairmenttests ermittelte recoverable amount der Cash-Generating Unit verglichen mit dem carrying amount stellt bereits den Abwertungsbedarf des Goodwill dar. Eine erneute detaillierte Bewertung von Vermögenswerten und Schulden ist nicht vorgesehen.[4]

Die zweite Stufe des Impairmenttests hat die Aufgabe, einen eingetretenen **Wertverlust** (Impairment Loss) konkret zu **bestimmen**. Im Falle eines gleichzeitigen Impairmenttests von Vermögenswerten und Goodwill sind gemäß SFAS 142 vorrangig die Fair Values der wertgeminderten Vermögenswerte zu

---

1 Vgl. SFAS 142, Rz. 28; auch *Alvarez/Biberacher*, BB 2002, 346 (349); *Davis*, DB 2002, 697 (699); *Teitler-Feinberg*, ST 2001, 331 (332 f.); *Weber/Wirth* in Küting/Weber (Hrsg.), S. 59.
2 Vgl. SFAS 142, Rz. 24.
3 Vgl. SFAS 142, Rz. 21; *Hitz/Kuhner*, WPg. 2002, 273 (277).
4 Vgl. IAS 36, Rz. 88 ff.

bestimmen, da zur Bestimmung des Goodwill die Fair Values der Vermögenswerte bereits bekannt sein müssen.[1]

Die Vorgehensweise auf Stufe 2 soll im Folgenden erläutert werden:

| Stufe 2: Ermittlung des konkreten Abwertungsbedarfs |

| Schritt 1: | Bestimmung des Gesamtwertes als fiktiver Kaufpreis im Zeitpunkt des Impairmenttests |

Im ersten Schritt erfolgt die Bewertung der Berichtseinheit als Ganzes („overall Fair Value"). Der „Unternehmenswert" der Berichtseinheit stellt einen **fiktiven Kaufpreis**[2] zum Zeitpunkt des Impairmenttests dar.[3] Entsprechend ist bei den Cash-Generating Units der erzielbare Ertrag („recoverable amount") zu bestimmen. Dieser bestimmt sich aus dem höheren Wert zwischen Netto-Veräußerungspreis („Fair value less Costs to Sell"[4]) und dem Nutzenwert („value in use"[5]) der Cash-Generating Unit.[6] Die Überprüfung der Unternehmenswerte der wesentlichen Beteiligungen wird für Unternehmen, die eine wertorientierte Unternehmenssteuerung betreiben, ein Routinevorgang sein, der hierdurch eine weitere Funktion erhält. Da eine marktorientierte Bewertung von Berichtseinheiten sich als problematisch erweisen dürfte, wird im Regelfall auf die Methoden der Unternehmensbewertung zurückzugreifen sein.[7]

129

| Schritt 2: | Vorrang der Durchführung eines Werthaltigkeitstests nach SFAS 144 |

Im zweiten Schritt ist zu prüfen, ob ein **Werthaltigkeitstest** (Recoverability Test) für Vermögenswerte mit einer langen Lebensdauer (long-lived Assets), d.h. einschließlich immaterieller Vermögenswerte mit beschränkter Nutzungsdauer, nach SFAS 144 bei der zu betrachtenden Reporting Unit vorzunehmen ist.[8] Der Test wird immer dann ausgelöst, wenn Umstände und Anzeichen dafür bestehen, dass die Cash Flows, die dem Vermögenswert zuzurechnen sind, nicht ausreichen, den bilanzierten Wert dieses Vermögenswertes darzustellen. Der Recoverability Test ist nicht grundsätzlich an den Impairmenttest nach SFAS 142 gebunden. In der Praxis werden diese zwei Arten von Werthaltigkeitstests jedoch häufig parallel durchgeführt.

130

SFAS 144 gibt eine **beispielhafte Liste** von „Events and Circumstances" die einen solchen Test auslösen können. Hierzu gehören beispielsweise deutliche

---

1 Vgl. *Mard/Hitchner/Hyden/Zyla*, S. 82; IAS 36, Rz. 98.
2 Vgl. *Schneck*, DSWR 2003, 225 (227), *Focken*, RIW 2003, 437 (441).
3 Vgl. *Hitz/Kuhner*, WPg. 2002, 273 (277).
4 Vgl. IAS 36, Rz. 25–29.
5 Vgl. IAS 36, 30 ff.
6 Vgl. IAS 36, Rz. 74; *Fladt/Feige*, WPg. 2003, 249 (255).
7 Vgl. *Focken*, RIW 2003, 437 (440).
8 Zum Vorrang der Abwertung des Goodwills nach IAS/IFRS vgl. *Fladt/Feige*, WPg. 2003, 249 (259).

Marktpreisschwankungen sowie Änderungen der Nutzung des Vermögenswertes.[1] Wird ein „Recoverability Test" ausgelöst, so hat dieser Vorrang vor der weiteren Bewertung der restlichen Substanz der Reporting Unit.[2] Die Auswirkungen (Adjustments) aus dem Recoverability Test sind in die weitere Bewertungsprozedur einzubeziehen. Dies gilt ebenfalls für die Folgebilanzierung der wertgeminderten Assets.[3]

Schritt 3:	Bewertung der Vermögenswerte und Schulden in der gleichen Weise wie bei der vorangegangenen PPA – Bewertung der bilanzierten materiellen Vermögenswerte – Bewertung der bilanzierten immateriellen Vermögenswerte – Bewertung von im Zeitpunkt der PPA nicht identifizierten immateriellen Vermögenswerte – Bewertung der Verbindlichkeiten

131   Das FASB fordert in Stufe 2 explizit die Wertermittlung wie bei einer „Purchase Price Allocation" zum **Stichtag des Werthaltigkeitstests**.[4] In die erneuten Bewertungsarbeiten sind die Fair Values der sowohl bereits identifizierten als auch der bisher unberücksichtigten immateriellen Vermögenswerte, die zum Stichtag der ersten „Purchase Price Allocation" nicht bestimmbar waren, vollständig aufzunehmen.[5] Es sind demzufolge auch solche immateriellen Vermögenswerte zu berücksichtigen, die nach dem Erwerb selbst erstellt wurden oder aus dem Bereich Forschung und Entwicklung stammen, also nicht aktiviert wurden.[6]

Dies ist im Bereich der US-amerikanischen Regelungen auch insofern interessant, als bei einer Zusammenlegung von Reporting Units oder einer Eingliederung eines akquirierten Unternehmens in eine bestehende Reporting Unit sich die Purchase Price Allocation auf in der Reporting Unit vorhandene bisher nicht bewertete Vermögenswerte ausdehnt. Jeder hier neu aufgedeckte immaterielle Vermögenswert wird im Rahmen des Impairmenttests den Goodwill der bestehenden Reporting Unit mindern, sofern nicht aus den Vermögenswerten ein entsprechend höherer Cash Flow resultiert.[7] Diese „Purchase Price Allocation" wird lediglich für den Werthaltigkeitstest des Goodwills durchgeführt. Die für die Zwecke des Impairmenttests neu bewerteten sowie an dieser Stelle erstmalig bewerteten Vermögenswerte und Schulden werden nicht in die Bilanz der Reporting Unit übernommen.[8]

---

1 Vgl. SFAS 144, Rz. 8.
2 Vgl. *Küting/Weber/Wirth*, KoR 2001, 185 (193).
3 Vgl. SFAS 142, Rz. 29; *Mard/Hitchner/Hyden/Zyla*, S. 90.
4 *Coenenberg*, Jahresabschluss und Jahresabschlussanalyse, S. 616.
5 Vgl. SFAS 142, Rz. 21; *Mard/Hitchner/Hyden/Zyla*, S. 82.
6 Vgl. *Küting/Weber/Wirth*, KoR 2001, 185 (191).
7 Vgl. nachfolgendes Beispiel innerhalb dieses Abschnittes.
8 Vgl. SFAS 142, Rz. 21.

Schritt 4:	Vergleich der Fair Values der bilanzierten immateriellen Vermögenswerte mit „indefinite useful life" mit deren Buchwerten – Fair value ≥ Buchwert = keine außerplanmäßige Abschreibung des Asset notwendig. Zuschreibung auf Fair Value nicht erlaubt. – Fair value < Buchwert = außerplanmäßige Abschreibung auf fair value unter Berücksichtigung anzupassender Lebensdauer

Im vierten Schritt erfolgt der Impairmenttest für bilanzierte immaterielle Vermögenswerte mit unbeschränkter Lebensdauer ebenfalls nach dem „**Events and Circumstances approach**", d.h. es werden lediglich dann Neubewertungen vorgenommen, wenn eine Wertminderung durch ein Ereignis oder Umstand als wahrscheinlich anzunehmen ist. Die Bewertung von Assets hat grundsätzlich vor der Neubewertung des Goodwill zu erfolgen.[1] Ist der Fair Value des immateriellen Vermögenswertes höher als dessen Buchwert, so ist eine Wertminderung nicht gegeben. Ist der Fair Value im Zeitpunkt des Impairmenttests niedriger als dessen Buchwert, so ist der Vermögenswert außerplanmäßig abzuschreiben. Eine Anpassung der Nutzungsdauer kommt an dieser Stelle ebenfalls in Betracht. Die Wertaufholung eines vorher berücksichtigten Impairment Loss nach US-amerikanischen Regelungen darf nicht erfolgen („You can go down, but not up").[2] Dieser Regelung entsprechend ist eine Wertaufholung bei vorangegangenen Wertminderungen des Goodwill nach den Vorschriften des IASB ebenfalls nicht vorgesehen.[3] Dagegen ist nach den Vorstellungen des IASB eine Wertaufholung bei Wertminderungen von Vermögenswerten und Cash-Generating Units dringend geboten.[4]

132

Schritt 5:	Berechnung des Fair Value des Eigenkapitals der Berichtseinheit im Zeitpunkt des Impairmenttest

Schritt 6:	Berechnung des impliziten Wertes des Goodwill („Implied Fair Falue") der Berichtseinheit als Residualgröße aus Gesamtwert und Fair Value des Eigenkapitals

Die Berechnung des Fair Value des Eigenkapitals der Berichtseinheit erfolgt auf die gleiche Weise wie bei der oben beschriebenen Purchase Price Allocation. Von den bilanzierten Vermögenswerten werden die Schulden, beide zu ihren Fair Values, abgezogen. Das Residuum stellt den neuen Fair Value des Eigenkapitals („equity") der Berichtseinheit dar. Im direkt hieran anschließenden sechsten Schritt wird der implizite Fair Value des Goodwill der Reporting Unit bzw. Cash-Generating Unit bestimmt. Aus diesem leitet sich der mögliche Abschreibungsbedarf beim bilanzierten Goodwill ab.

133

---

1 Vgl. SFAS 142, Rz. 29.
2 Vgl. *Mard/Hitchner/Hyden/Zyla*, S. 91.
3 Vgl. *Wüstemann/Duhr*, BB 2003, 247 (249); IAS 36, Rz. 124.
4 Vgl. IAS 36, Rz. 119; *Fladt/Feige*, WPg. 2003, 249 (259).

Schritt 7:	Vergleich des impliziten Wertes des Goodwill mit dem Buchwert des Goodwill – Impliziter Wert ≥ Buchwert = Goodwill nicht wertgemindert, aber keine Wertaufholung bereits berücksichtigter Impairments – Impliziter Wert < Buchwert = außerplanmäßige Abschreibung auf implizierten Wert. Abschreibung maximal bis auf Null

134 Der letzte Schritt der Stufe 2 des Impairmenttests bestimmt den **tatsächlichen Abschreibungsbedarf** beim bilanzierten Goodwill der Berichtseinheit. In diesem Schritt wird der implizite Fair Value des Goodwill aus Schritt 6 mit dem Buchwert des Goodwill der Reporting Unit bzw. Cash-Generating Unit verglichen. Der Abwertungsbedarf ergibt sich aus dem Vergleich des implied Fair Value des Goodwill mit dessen Buchwert.[1] Übersteigt der implizite Wert den bilanzierten Goodwill, so ist keine Abschreibung auf einen niedrigeren Wert vorzunehmen. Eine Umkehr eines in einem vorhergegangenen Impairmenttest berücksichtigten Impairment Loss ist sowohl nach SFAS 142 als auch nach IAS 36 nicht vorgesehen.[2]

135 Die Berechnung des Impairment Loss auf Stufe 2 des Impairmenttests könnte für unser *Beispiel* wie folgt dargestellt werden. Der Vergleich der ermittelten Fair Values für materielle und immaterielle Werte hat ergeben, dass diese ihrem Buchwert entsprechen bzw. diesen sogar übertreffen. Ein Impairment der materiellen und immateriellen Vermögenswerte ist somit nicht gegeben.

Bilanz Berichtseinheit Raumfahrttechnik – Impairmenttest Stufe 2 Berechnung des „Implied Fair Value" des Goodwills (alle Angaben in Mio. Euro)		
Endgültiger Gesamtwert der Berichtseinheit		45
abzüglich		
immaterielle Vermögenswerte	–20	
materielle Vermögenswerte	–15	
Umlaufvermögen	–30	–65
		–20
zuzüglich		
Pensionen	5	
Langfr. Fremdkapital	30	
Kurzfr. Fremdkapital	15	50
impliziter Wert des Goodwill		30
Buchwert des Goodwill		35
Wertminderung (Impairment Loss)		–5

Die Durchführung der detaillierten Bewertung der zu betrachtenden Berichtseinheit hat ergeben, dass der Buchwert den impliziten Wert des Goodwill über-

---

[1] Vgl. *Nestler/Thuy*, KoR 2002, 169 (170).
[2] Vgl. SFAS 142, Rz. 20; IAS 36, Rz. 124.

trifft. Somit liegt ein Impairment Loss im Sinne von SFAS 142 vor, der durch eine außerplanmäßige Abschreibung in Höhe von 5 TEuro zu berücksichtigen ist.

Bilanz Berichtseinheit Raumfahrttechnik – Impairmenttest Stufe 2
(alle Angaben in Mio. Euro)

Goodwill	30	Eigenkapital	45
Immaterielle Vermögenswerte	20	Pensionen	5
Materielle Vermögenswerte	15	Langfr. Fremdkapital	30
Umlaufvermögen	30	Kurzfr. Fremdkapital	15
	95		95

Der Impairmenttest für die Berichtseinheit Luftfahrttechnik hat ergeben, dass auch bei dieser Berichtseinheit eine Wertminderung auf der ersten Stufe indiziert ist. Bei unserer zweiten Berichtseinheit, die den Impairmenttest Stufe 2 durchlaufen muss, ergibt sich folgendes Vermögensbild für die Berichtseinheit vor Durchführung des Impairmenttest Stufe 2:

Bilanz Berichtseinheit Luftfahrttechnik – Impairmenttest Stufe 1
(alle Angaben in Mio. Euro)

Goodwill	70	Eigenkapital	150
Immaterielle Vermögenswerte	60	Pensionen	25
Materielle Vermögenswerte	75	Langfr. Fremdkapital	60
Umlaufvermögen	45	Kurzfr. Fremdkapital	15
	250		250

Nach Neubewertung der Vermögenswerte und Schulden kann festgestellt werden, dass bisher nicht bilanzierte immaterielle Vermögenswerte mit 25 Mio. Euro angesetzt werden können. Ferner wurde festgestellt, dass den bisher bilanzierten immateriellen Werten eine Wertminderung auf 55 Mio. Euro zuzurechnen ist. Hierzu gegenläufig konnten im Bereich der materiellen Vermögenswerte stille Reserven in Höhe von 5 Mio. Euro aufgedeckt werden. Der Fair Value der bilanzierten langfristigen Verbindlichkeit konnte außerdem mit 55 Mio. Euro bestimmt werden. Die anschließende Berechnung der **Wertminderung des Goodwill** sieht wie folgt aus:

Bilanz Berichteinheit Luftfahrttechnik – Impairmenttest Stufe 2 Berechnung des „Implied Fair Value" des Goodwills (alle Angaben in Mio. Euro)		
Endgültiger Gesamtwert der Berichtseinheit		142
abzüglich		
immaterielle Vermögenswerte	−55	
bisher nicht identifizierte imm. VW	−25	
materielle Vermögenswerte	−80	
Umlaufvermögen	−45	−205
		−63
zuzüglich		
Pensionen	25	
Langfr. Fremdkapital	55	
Kurzfr. Fremdkapital	15	95
impliziter Wert des Goodwill		32
Buchwert des Goodwill		70
Wertminderung (Impairment Loss)		−38

Die Vermögensübersicht nach Neubewertung auf Stufe 2 des Impairmenttests ist wie folgt:

Bilanz Berichteinheit Luftfahrttechnik – Impairmenttest Stufe 2 (alle Angaben in Mio. Euro)			
Goodwill	32	Eigenkapital	142
„Neue" immaterielle Vermögenswerte	25	Pensionen	25
Immaterielle Vermögenswerte	55	Langfr. Fremdkapital	55
Materielle Vermögenswerte	80	Kurzfr. Fremdkapital	15
Umlaufvermögen	45		
	237		237

SFAS 142 schreibt vor, **bisher nicht bilanzierte immaterielle Vermögenswerte** bei der Ermittlung des implied Fair Value des Goodwill zu berücksichtigen, verbietet jedoch die anschließende Aktivierung dieser in der folgenden Vermögensübersicht.[1] Somit lässt sich festhalten, dass die immateriellen Vermögenswerte gemäß SFAS 144 im Wert um 5 Mio. Euro gemindert und der Goodwill nach SFAS 142 um 38 Mio. Euro gemindert ist. Vermögenswerte, welche nicht nach SFAS 142 oder 144 im Rahmen des Impairmenttests wertgemindert sind, werden mit ihren Buchwerten nach Durchführung des Tests weitergeführt. Dies gilt ebenfalls für die nach Fair Value bewerteten Schulden zu Zwecken des Impairmenttests.

---

[1] Vgl. SFAS 142, Rz. 21.

Die Vermögensübersicht der Berichtseinheit Luftfahrttechnik nach Durchführung des Impairmenttests lässt sich wie folgt darstellen:

Bilanz Berichtseinheit Luftfahrttechnik – Nach Durchführung Impairmenttest
(alle Angaben in Mio. Euro)

Goodwill	32	Eigenkapital	107
Immaterielle Vermögenswerte	55	Pensionen	25
Materielle Vermögenswerte	75	Langfr. Fremdkapital	60
Umlaufvermögen	45	Kurzfr. Fremdkapital	15
	207		207

Durch den Impairmenttest der Berichtseinheit Luftfahrttechnik, die bereits vor der Akquisition des Unternehmens B gebildet worden war, wird deutlich, in welcher Weise die Bewertung bestehender Vermögenswerte und Schulden in der Stufe 2 des Tests auf den impliziten Wert des Goodwill wirken. Im folgenden Abschnitt soll diese Wirkung weiterhin vertieft werden.

3. Strategien zur Vermeidung von Wertminderungen des Goodwill

Nachdem die planmäßige Abschreibung des Goodwill durch Wertminderungstests ersetzt worden ist, stellt sich für den Bilanzersteller die Frage nach der sinnvollsten Zuteilung von Goodwill und Vermögenswerten auf seine Reporting Units bzw. Cash-Generating Units, um zukünftige Wertminderungen möglichst vermeiden bzw. steuern zu können.[1] Zukünftige Abschreibungen sind auf diese Weise strategisch planbar.[2] Die Neuregelungen des FASB und des IASB lassen dem bilanzierendem Unternehmen **Bewertungsspielräume** auf verschiedenen Ebenen. Diese Ebenen sind im Einzelnen:

1. die Akquisitionsrichtung,
2. die Bildung/spezifische Zusammensetzung der Berichtseinheiten,
3. die Aufteilung des Goodwill auf die Berichtseinheiten sowie
4. die Bewertung von Berichtseinheiten, Vermögenswerten und Schulden.[3]

a) Akquisitionsrichtung

Im Vorfeld der Durchführung der Purchase Price Allocation sind verschiedene Überlegungen zu treffen. Eine hiervon ist die Bestimmung des erwerbenden Unternehmens.[4] Die Akquisitionsrichtung hat einen enormen Einfluss auf die Ergebnisse der Kaufpreisverteilung. Sie bestimmt, bei welchem Unternehmen die Unternehmensbewertung „Purchase Price Allocation" durchgeführt wer-

---

1 Vgl. *Pfeil/Vater*, KoR 2002, 66 (78).
2 Vgl. *Focken*, RIW 2003, 437 (440).
3 Auf die allgemeinen Bewertungsspielräume bei der Diskontierung zukünftiger finanzieller Überschüsse soll an dieser Stelle nicht näher eingegangen werden.
4 Vgl. SFAS 141, Rz. 15 ff.

den muss. Die **taktische Nutzung der Akquisitionsrichtung** ist somit im Vorfeld eine wesentliche „Stellschraube" in der Konzeption des SFAS 141 bzw. IFRS 3. Soll in Zukunft die Ergebnisrechnung möglichst gering belastet werden, so muss das Unternehmen das erworbene Unternehmen darstellen, welches im Vergleich zu dem anderen Unternehmen über größere bilanzierbare, bisher nicht aktivierte immaterielle Vermögenswerte verfügt, die in der Purchase Price Allocation jeweils einzeln aktiviert werden würden.[1] Eine Vielzahl abnutzbarer immaterieller Vermögenswerte würde eine hohe Ergebnisbelastung durch planmäßige Abschreibungen bedeuten.

b) Zusammensetzung der Berichtseinheiten und Aufteilung des Goodwills

138 Ferner ist die Zuteilung von Vermögenswerten und Schulden im Rahmen der Purchase Price Allocation für den Impairmenttest von Bedeutung. Die Zuteilung zu einer Reporting Unit bzw. Cash-Generating Unit hat zu erfolgen, wenn

1. der Vermögenswert in der Berichtseinheit zum Einsatz kommt oder die Verbindlichkeit aufgrund der Geschäftstätigkeit der Berichtseinheit eingegangen wurde oder

2. der Vermögenswert oder die Verbindlichkeit bei der Bestimmung des Fair Value der Berichtseinheit berücksichtigt wird.[2]

Diese Kriterien begründen **keinen großen Spielraum für die Zuteilung von Vermögenswerten und Schulden**, die eindeutig einer Reporting Unit bzw. Cash-Generating Unit zugeordnet werden können wie z.B. bestimmte maschinelle Anlagen, Handelswaren, Forderungen, Verbindlichkeiten etc.

Vielmehr ergibt sich ein Spielraum bei den Vermögenswerten, die nicht einer einzigen Berichtseinheit zugeteilt werden können. Hierunter fallen beispielsweise ein Verwaltungsgebäude, übergreifende Markennamen, Technologien, intern verwendete Software usw. Die Auswahl von Kriterien für die Zuteilung von Vermögenswerten und Schulden, die berichtseinheitübergreifend eingesetzt werden, kann entscheidenden Einfluss auf die „Goodwill-Struktur" der Reporting Units bzw. Cash-Generating Unit haben. SFAS 142 schreibt lediglich vor, dass diese Zuteilung in einer angemessenen, nachvollziehbaren und konsistenten Weise geschehen soll.[3] Beispielhaft schlägt SFAS 142 die Aufteilung auf Reporting Units nach deren relativen Fair Values vor. Pensionsverbindlichkeiten sollten nach dem Anteil der Gehaltskosten verteilt werden. Der Standard hält jedoch weitere Zuteilungsschlüssel für angemessen. Dagegen wurden vom IASB bereits bestehende Berichtseinheiten, die Cash-Generating Units, zur Folgebilanzierung des Goodwill vorgesehen.

139 Ferner wird die **Aufteilung des Goodwills auf die zu bildenden Berichtseinheit** eine entscheidende Rolle im Rahmen des Impairmenttests spielen. Das FASB

---

1 Vgl. *Pfeil/Vater*, KoR 2002, 66 (70).
2 Vgl. SFAS 142, Rz. 32.
3 Vgl. SFAS 142, Rz. 33.

fordert zwar in seinen Standards eine angemessene und nachvollziehbare Vorgehensweise bei der Aufteilung von Goodwill und anderen Vermögenswerten/Schulden auf die Reporting Units. Im Speziellen die Anforderung an das Management, sein Ermessen auszuüben, lässt dem Bilanzaufsteller jedoch Wege der bilanziellen Darstellung offen. Die Einteilung von Reporting Units wird nunmehr zu einem Rechenbeispiel (zur Bildung von Reporting Units vgl. Teil III Rz. 82). Durch eine geschickte Zuteilung von derivativem Goodwill auf bestehende Berichtseinheiten kann ein eventuell entstehender Abschreibungsaufwand durch die implizite Aktivierung von originären Goodwill vermieden werden.[1] Auch die taktische Nutzung stiller Reserven in sonstigen materiellen Vermögenswerten des erwerbenden Unternehmens kann die außerplanmäßige Abschreibung eines Goodwills verhindern.[2] Gleichermaßen birgt die Ebene, auf der die Cash-Generating Unit einen Goodwill zugeordnet bekommen kann, einen möglichen Einfluss auf die Wahrscheinlichkeit einer möglichen Wertminderung von Goodwill und immateriellen Vermögenswerten.[3]

Ein Unternehmen könnte auch im Rahmen der Goodwill-Zuteilung versuchen, verschiedene Ertragsquellen in eine Berichtseinheit zu integrieren, um auf diese Weise durch den Risikoausgleich einem zukünftigen Impairment zu begegnen.[4] Je höher die Ebene der gebildeten Cash-Generating Unit ist, desto geringer fällt somit eine mögliche ggf. erforderliche Abschreibung aus.[5] Fehlinvestitionen würden auf diese Weise sogar kaschierbar.[6] Eine Nichtzuteilung von Goodwill zu einer Berichtseinheit hat nach den Vorstellungen des IASB die Auswirkung, dass ein Asset Impairment Test bei einer Cash-Generating Unit ohne zugeteilten Goodwill nur dann durchgeführt werden soll, wenn bestimmte Indikatoren für eine Wertminderung vorliegen. Die in IAS 36 genannten Wertminderungsindikatoren sind teilweise von Ermessensentscheidungen des Managements abhängig, so dass sich auch auf dieser Ebene Spielräume ergeben.[7]

c) Wirkungsbeispiel

Die beschriebenen Strategien könnten zum Aufbau eines so genannten „Goodwill Shield"[8] genutzt werden und könnten daher eine zukünftige Steuerungsaufgabe des Managements sein. Zu beachten ist hierbei, dass ein „Goodwill Shield" nicht auf beiden Stufen des Impairmenttests Wirkung zeigen muss. An folgendem Beispiel soll die Wirkungsweise des Goodwill Shield verdeutlicht werden:

---

1 Vgl. *Pfeil/Vater*, KoR 2002, 66 (78).
2 Vgl. *Schneck*, DSWR 2003, 225 (226).
3 Vgl. *Kirsch*, KoR 2004, 136 (137).
4 Vgl. *Pfeil/Vater*, KoR 2002, 66 (71).
5 Vgl. *Kirsch*, KoR 2004, 136 (138).
6 Vgl. *Focken*, RIW 2003, 437 (440).
7 Vgl. *Kirsch*, KoR 2004, 136 (137); IAS 36, Rz. 12.
8 Vgl. PwC-Guide, S. 10.

	Bestehende Berichtseinheit		
Gesamtwert	100		
Goodwill Shield	30	Equity	70
Assets	70		
	70		70

	Erworbene Einheit		
Kaufpreis	70		
Goodwill	20	Equity	70
Assets	50		
	70		70

Die bereits *vor* der Akquisition bestehende Reporting Unit bzw. Cash-Generating Unit bilanziert in ihrer Vermögensübersicht keinen derivativen Goodwill. Durch den den Buchwert des bilanziellen Eigenkapitals übersteigenden Gesamtwert der Berichtseinheit in Höhe von 100 kann dieser ein **originärer Goodwill** von 30 zugerechnet werden. Dieser originäre Goodwill beinhaltet neben nicht separat bilanzierten selbst erschaffenen immateriellen Vermögenswerten und stillen Reserven bei den materiellen Vermögenswerten den eigentlichen Kern-Goodwill. Dieser überschießende Betrag bildet ein Goodwill Shield im Rahmen des Impairmenttests.[1] Die erworbene Einheit mit einem derivativen Goodwill von 20 wird der bestehenden Reporting Unit bzw. Cash-Generating Unit zugeordnet. Hiernach ergibt sich folgendes Bild:

	Neue Berichtseinheit		
Gesamtwert	170		
Goodwill	20	Equity	140
Assets	120		
	140		140

Die neue Berichtseinheit hat einen Gesamtwert von 170. Für die Betrachtung im Impairmenttest ergibt sich ein Puffer zwischen Gesamtwert und Carrying Value der Berichtseinheit in Höhe des Goodwill Shield. Der Impairmenttest der Stufe 1 kann für die neue Berichtseinheit wie folgt dargestellt werden:

Impairmenttest Neue Berichtseinheit	
Gesamtwert (Overall Fair Value)	170
Buchwert (Carrying Value)	140
Ergebnis Impairmenttest Stufe 1	*bestanden*

---

[1] Vgl. *Focken*, RIW 2003, 437 (441).

Festzuhalten bleibt, dass **Wertminderungen** der neuen Reporting Unit bzw. Cash-Generating Unit bis zum Buchwert der Berichtseinheit **geschützt** sind durch das Goodwill Shield der bestehenden Berichtseinheit. Reicht das Goodwill Shield nicht aus, um den Impairmenttest der Stufe 1 zu bestehen, so verliert das bisherige Goodwill Shield in Stufe 2 des Tests an Wirkung. Im Impairmenttest der Stufe 2 sind alle bisher nicht bilanzierten immateriellen Vermögenswerte sowie stille Reserven von materiellen Vermögenswerten aufzudecken. Diese Herauslösung aus dem originären Goodwill der Berichtseinheit verringert das Goodwill Shield in entsprechender Höhe. Lediglich der Kern-Goodwill dient auf Stufe 2 noch dem Goodwill Shield in voller Höhe. Vorher nicht identifizierte immaterielle Vermögenswerte, welche nicht den Separierbarkeitskriterien des SFAS 141 genügen, verstärken das Goodwill Shield auf Stufe 2 zusätzlich.

Nach den Vorstellungen des IASB sind jedoch im Rahmen des Impairmenttests aktivierbare immaterielle Vermögenswerte, welche im Zeitpunkt der Purchase Price Allocation nicht aktivierungsfähig waren, nicht getrennt vom Goodwill anzusetzen. Somit bleiben diese als Verstärkung des Goodwill Shield im Gegensatz zu den Vorschriften des FASB erhalten.

Die nachfolgende Abbildung verdeutlicht die **Wirkung des Goodwill Shield** der erwerbenden Gesellschaft auf beiden Stufen des Impairmenttests.

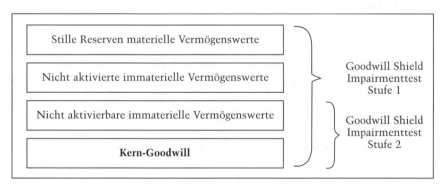

In Stufe 1 des Impairmenttests sind durch den Vergleich von Fair Value zu Buchwert der Reporting Unit bzw. Cash-Generating Unit in der Fair Value-Betrachtung alle originären Goodwill-Bestandteile noch enthalten, so dass sowohl stille Reserven als auch noch nicht bilanzierte stille Reserven neben dem Kern-Goodwill ein Goodwill Shield bilden.[1] Auf Stufe 2 des Impairmenttest wendet sich dieses Bild jedoch insofern, als bei der quasi Purchase Price Allocation die nicht bilanzierten immateriellen Vermögenswerte nach den Kriterien des SFAS 142 aufzudecken sind. Diese stellen einen großen Teil des originären Goodwill dar, der auf diese Weise bei der Berechnung des „implied Fair Value" des Goodwill wieder abgezogen wird. Ferner sind neben den imma-

---

1 Vgl. *Schneck*, DSWR 2003, 225 (226); *Pellens/Sellhorn*, DB 2003, 401 (402).

teriellen Vermögenswerten ebenfalls die materiellen Vermögenswerte einer Fair Value-Betrachtung zu unterziehen. Diese beiden Ansätze bewirken auf Stufe 2 des Impairmenttests, dass die Aufdeckung von stillen Reserven sowie die von nicht bilanzierten Vermögenswerten das Goodwill Shield mindern.[1] Nicht bilanzierte aber nicht nach den Kriterien des SFAS 141 separierbare immaterielle Vermögenswerte tragen hingegen zu einer Vergrößerung des Goodwill Shield bei (s. obige Abbildung).

Nachfolgende Abbildung zeigt die Wirkung des Goodwill Shield auf Stufe 2 des Impairmenttests:

Bilanz Berichtseinheit – Impairmenttest Stufe 2 Berechnung des „Implied Fair Value" des Goodwills		
Berechneter Gesamtwert der Berichtseinheit		138
abzüglich		
Neue immaterielle Vermögenswerte	–8	
Stille Reserven Assets	–5	
Assets	–120	–133
impliziter Wert des Goodwill		5
Buchwert des Goodwill		20
Wertminderung (Impairment Loss)		–15

Nach der Berechnung des impliziten Wertes des Goodwill der Berichtseinheit wird deutlich, dass durch den Wegfall der direkten Wirkung des Goodwill Shield (vgl. hierzu Wirkung der Stufe 1) lediglich der Kern-Goodwill der bestehenden Berichtseinheit gegen einen hohen Wertverlust wirken kann. Die überwiegend aus den Assets der „alten" Berichtseinheit stammenden Stillen Reserven und bisher nicht bilanzierten immateriellen Vermögenswerten mindern direkt den impliziten Wert des Goodwill.

Die **neue Vermögensstruktur** der Berichtseinheit sieht wie folgt aus:

	Berichtseinheit nach Impairment			
Gesamtwert	138			
Goodwill	5	Equity		140
Assets	120	Impairment Loss		–15
	125			125

---

1 Vgl. *Focken*, RIW 2003, 437 (441).

Teil IV
Finanzierungsfragen

Inhaltsverzeichnis

	Rz.
A. Einleitung	1
B. Auswahl der Finanzierungsinstrumente	5
I. Vorbemerkungen	5
II. Finanzierungsanlass	6
III. Volumen des Finanzbedarfs	8
IV. Kosten	11
V. Zeitliche Verfügbarkeit der Finanzierung	17
VI. Rechtsform	18
VII. Verschuldungsgrad	19
VIII. Rentabilität	20
IX. Verfügbare Sicherheiten	21
X. Größe der Unternehmen	22
XI. Staatliche Förderung	23
XII. Tragfähigkeit von Finanzierungs-Kennzahlen	27
C. Liquiditätswirksame Finanzierungen	33
I. Instrumente der Innenfinanzierung	33
1. Interne Kapitalbildung	33
2. Vermögensumschichtung	36
II. Instrumente der Außenfinanzierung: Eigenkapital	41
1. Eigenkapitalbeschaffung nicht emissionsfähiger Unternehmen	41
a) Aufstockung durch Altgesellschafter vs. Aufnahme neuer Gesellschafter	41
b) Kapitalbeteiligungsgesellschaften	55
aa) Rechtliche Rahmenbedingungen	56
bb) Beteiligungsformen	61
cc) Venture-Capital- vs. Private-Equity-Gesellschaften	73
dd) Investitionskriterien von Kapitalbeteiligungsgesellschaften	77
ee) Buy-Out-Finanzierungen	78
2. Eigenkapitalbeschaffung emissionsfähiger Unternehmen	85
a) Der Weg zur Börse	90
aa) Vorbemerkungen	90
bb) Vor- und Nachteile eines Börsengangs	96
cc) Emissionskonzept	100
dd) Emissionskurs und -zeitpunkt	102
ee) Emissions- und Folgekosten	105
ff) Euro-Aktien und Dual Listings	107
b) Kapitalerhöhung gegen Bareinlage	112
c) Aktientausch als Kaufpreissurrogat	118
III. Instrumente der Außenfinanzierung: Klassisches Fremdkapital	120
1. Vorbemerkungen	120
2. Einzelkredite	125
a) Finanzierungselemente	125
b) Kreditaufnahme	129
aa) Kreditwürdigkeitsprüfung	130
bb) Sondertilgungsstruktur	141
cc) Covenants	143
dd) Kreditsicherung	146
ee) Finanzierungsstrukturierung	162
3. Konsortialkredite	164
4. Schuldscheindarlehen	169
5. Anleihen	173
a) Klassische Festsatzanleihe	173
b) Innovative Anleiheformen	182
aa) Null-Kupon-Anleihe	183
bb) Floating Rate Notes	186
cc) Doppelwährungsanleihen	189
dd) Anleihen in Verbindung mit Währungsswaps	190

	Rz.
IV. Instrumente der Außenfinanzierung: Mezzanine Kapital	193
1. Einleitung	193
2. Einordnung von Mezzanine Kapital	194
3. Mezzanine Kapital als Asset Class	196
4. Anlässe einer Mezzanine Finanzierung	198
5. Die Strukturierung von Mezzanine Kapital	199
6. Instrumente	203
a) Stille Beteiligung	204
b) Genussscheine	205
c) Wandel- und Optionsanleihe	207
D. Nicht liquiditätswirksame Finanzierungen	209
I. Kaufpreisstundung	210
II. Tausch von Vermögenswerten	212
III. Verschmelzung durch Aufnahme	215

Verzeichnis der Abbildungen und Tabellen

Abbildungen Rz.

1 Renditen, Finanzierungskosten und Risiko ... 13
2 Vorgehensweise zur Aufnahme eines neuen Gesellschafters ... 43
3 Die Architektur des Risikokapitalgeschäftes ... 64
4 Finanzierungsphasen im Lebenszyklus ... 73
5 VC-Markt vs. IPO-Markt ... 75
6 Europäische Leveraged-Buy-Outs 1999–2004 ... 79
7 Typische Entwicklung der Finanzierungsbausteine ... 82
8 Phasenmodell des IPO ... 90
9 Entwicklung des IPO-Marktes (1990–2002) ... 93
10 W Europe BBB Pricing Trends ... 140
11 EBITDA und Cashflow ... 145
12 Exemplarische Struktur eines LBO ... 162
13 Titel und Rollen der an einer Konsortialfinanzierung beteiligten Parteien ... 164
14 Instrumente des Mezzanine Kapitals ... 194
15 Anlässe für Mezzanine Finanzierungen ... 198
16 Zusammensetzung der Mezzanine Rendite ... 199
17 Varianten des Equity-Kickers ... 201
18 Details der Mezzanine-Instrumente ... 203

Tabellen Rz.

1 Zentrale Finanzierungskennziffern ... 29
2 Cashflow-orientierte Kennzahlen ... 32
3 Beteiligung eines strategischen Investors ... 51
4 Charakteristika des Finanzinvestors ... 52
5 Erstzulassungskriterien und Folgepflichten für Emittenten von Aktien am Amtlichen und am Geregelten Markt ... 92
6 Zulassungsvoraussetzungen für den General und für den Prime Standard ... 94
7 Indizes der Deutschen Börse ... 95
8 Vor- und Nachteile eines Börsengangs ... 96
9 Kreditgrößen und Konditionen ... 122
10 Schichten der Kapitalstruktur ... 125
11 Kriterien zur Risikobewertung ... 138
12 Rating, Ausfallwahrscheinlichkeiten und Spreads (Margen, Zinsaufschläge); Quelle: Moodys Report Europäische Ausfallstudie 04/2004 ... 139
13 Nebenpflichten des Kreditnehmers ... 144
14 Phasenmodell syndizierter Finanzierungen ... 165
15 Zeitlicher Ablauf der Konsortialfinanzierung ... 166
16 Deutscher Vertrag vs. Eurokreditvertrag ... 167
17 Systematisierung der Finanzierungsbausteine ... 168

Literatur: *Achleitner*, Controlling von jungen Unternehmen, 2003; *Achleitner*, Venture Capital, in Breuer (Hrsg.), Handbuch Finanzierung, 3. Aufl. 2001, 513; *Achleitner/Bassen/Pietzsch*, Empirische Studien zu Investor Relations in Deutschland. Eine kritische Analyse und Auswertung des Forschungsstandes, in Achleitner/Bassen (Hrsg.), Investor Relations am Neuen Markt, 2001, 23; *Achleitner/Nathusius*, Unternehmensbewertung bei Venture-Capital-Finanzierungen, WiSt 2004, 134; *Adrian/Heidorn*, Der Bankbetrieb: Lehrbuch und Aufgabensammlung, 15. Aufl. 2000; *Baaken*, Bewertung technologieorientierter Unternehmensgründungen: Kriterien und Methoden zur Bewertung von Gründerpersönlichkeit, Technologie und Markt für Banken und Venture-Capital-Gesellschaften sowie für die staatliche Wirtschafts- und Technologieförderung, Berlin 1989; *Bagley/Dauchy*, Going Public, in Sahlman (Hrsg.), The entrepreneurial venture – readings selected, Cambridge 1999; *Barthel*, Unternehmenswert-Ermittlung vs. Due-Diligence-Untersuchung, Teil I, DStZ 1999, 73; *Barthel*, Unternehmenswert-Ermittlung vs. Due-Diligence-Untersuchung, Teil II, DStZ 1999, 136; *Bassen*, Institutionelle Investoren und Corporate Governance: Analyse der Einflussnahme unter besonderer Berücksichtigung börsennotierter Wachstumsunternehmen, 2002; *Bea/Scheurer/Gutwein*, Institutionalisierung der Kontrolle bei der GmbH durch einen Beirat, DB 1996, 1193; *Beck/Vera*, Make-or-Buy-Entscheidung beim Verkauf von Konzernunternehmen, FB 2002, 6; *Bell*, Venture Capitalist oder Angel – Welcher Kapitalgeber stiftet größeren Nutzen?, Die Bank 1999, 372; *Betsch/Groh/Lohmann*, Corporate finance: Unternehmensbewertung, M & A und innovative Kapitalmarktfinanzierung, 2. Aufl. 2000; *Bierich*, Innenfinanzierung der Unternehmen, in Christians (Hrsg.), Finanzierungshandbuch, 2. Aufl. 1988; *Blaurock*, Handbuch der Stillen Gesellschaft, Gesellschaftsrecht – Steuerrecht, 6. Aufl. 2003; *Brandkamp*, Neue Ansätze für Förderprogramme in der Net Economy, in Kollmann (Hrsg.), E-Venture-Management: neue Perspektiven der Unternehmensgründung in der Net Economy, 2003; *Brau/Brown/Osteryoung*, Do Venture Capitalists Add Value to Small Manufacturing Firms?, Journal of Small Business Management 2004, 78; *Brauner/Lescher*, Due Diligence aus finanzwirtschaftlicher Sicht, in Berens/Brauner/Strauch (Hrsg.), Due Diligence bei Unternehmensakquisitionen, 3. Aufl. 2002; *Brettel/Jaugey/Rost*, Business Angels: der informelle Beteiligungskapitalmarkt in Deutschland, 2000; *Brettel/Junker/Pinker*, Wertsteigerung durch Equity Carveouts, ZfB 2004, 273; *Brettel*, Entscheidungskriterien von Venture Capitalists: eine empirische Analyse im internationalen Vergleich, DBW 2002, 305; *Breuer/Schweizer*, Gabler Lexikon Corporate Finance, 2003; *Breuninger/Krüger*, Stille Gesellschaft als flexibles Finanzierungsinstrument, in Finance/ConVent (Hrsg.), Jahrbuch Unternehmensfinanzierung, 2004; *Broda/Krings*, Finanzierungsmodalitäten bei M&A-Transaktionen, Der Schweizer Treuhänder 2002, 878; *Busch*, Externe Eigenkapitalfinanzierung bei Kapitalgesellschaften, in Christians (Hrsg.), Finanzierungshandbuch, 2. Aufl. 1988; *Büschgen*, Ermittlung des Kapitalbedarfs der Unternehmung, in Breuer (Hrsg.), Handbuch Finanzierung, 3. Aufl. 2001; *Christians*, Erschließung des Kapitalmarktes als Quelle für Risikokapital, in Christians (Hrsg.), Finanzierungshandbuch, 2. Aufl. 1988; *Coenenberg/Schultze*, Unternehmensbewertung: Konzeptionen und Perspektiven, Die Betriebswirtschaft 2002, 597; *Constantin/Rau*, Buy-out-Strategien, in Hommel/Knecht (Hrsg.), Wertorientiertes Start-Up-Management: Grundlagen – Konzepte – Strategien, 2002; *Cullom/Stein*, MBO/MBI: Private Equity als Chance für den Start ins Unternehmerleben, in Stadler (Hrsg.), Venture Capital und Private Equity: erfolgreich wachsen mit Beteiligungskapital, 2001; *Daferner*, Eigenkapitalausstattung von Existenzgründungen, 2000; *Danz*, Venture Capital – 'Smart Money' für Entrepreneure, in Blum/Leibbrand (Hrsg.), Entrepreneurship und Unternehmertum, 2001; *Deutsche Bundesbank*, Monatsbericht Februar 2004; *Deutsche Börse AG*, Ihr Börsengang. Leitfaden für Unternehmen zum Going und Being Public, 2003; *Dhom*, Die langfristige Fremdfinanzierung durch Kreditinstitute und andere Finanzinstitutionen, in Christians (Hrsg.), Finanzierungshandbuch, 1980; *Diel*, Langfristige Fremdfinanzierung durch Emission von Industrieobligationen, in Christians (Hrsg.), Finanzierungshandbuch, 1980; *Drukarczyk*, Unternehmensbewertung, 4. Aufl. 2003; *Eilenberger*, Betriebliche Finanzwirtschaft, 7. Aufl. 2003; *Eisele/Habermann/Oesterle*, Die Beteiligungskriterien für eine Venture Capital Finanzierung – Eine empirische Analyse der phasenbezogenen Bedeutung, 2002; *Eisele*, Technik des betrieblichen Rechnungswesens:

Buchführung und Bilanzierung, Kosten- und Leistungsrechnung, Sonderbilanzen, 7. Aufl. 2002; *Elschen,* Eigen- und Fremdfinanzierung – Steuerliche Vorteilhaftigkeit und betriebliche Risikopolitik, in Gebhardt/Gerke/Steiner (Hrsg.), Handbuch des Finanzmanagements: Instrumente und Märkte der Unternehmensfinanzierung, 1993; *Engelmann,* Moderne Unternehmensfinanzierung: Risikokapital für Unternehmensgründung und -wachstum, 2000; *Everling,* Rating für den Mittelstand, in Kienbaum/Börner (Hrsg.), Neue Finanzierungswege für den Mittelstand, 2003; *Fendel,* Investitionsentscheidungsprozesse in Venture Capital-Unternehmungen: Darstellung und Möglichkeiten der instrumentellen Unterstützung, 1987; *Forst,* Management Buy-out und buy-in als Form der Übernahme mittelständischer Unternehmen, 1992; *Franke* et al., What you are is what you like – similarity biases in venture capitalists' evaluations of start-up teams, 2003; *Fried,* Toward a model of venture capital investment decision making, Financial Management 1994, 28; *Frommann,* Venture-Capital-Gesellschaften, in Achleitner/Bassen (Hrsg.), Investor Relations am Neuen Markt, 2001, 435; *Ganske,* Umwandlungsrecht: Textausgabe des Umwandlungsgesetzes (UmwG) vom 28. Oktober 1994 und des Umwandlungssteuergesetzes (UmwStG) vom 28. Oktober 1994, 2. Aufl. 1995; *Gebhardt,* Anleihen als Instrumente der langfristigen Finanzierung, in Gebhardt/Gerke/Steiner (Hrsg.), Handbuch des Finanzmanagements: Instrumente und Märkte der Unternehmensfinanzierung, 1993; *Geigenberger,* Risikokapital für Unternehmensgründer – Der Weg zum Venture Capital, 1999; *Gerke/Rapp,* Eigenkapitalbeschaffung durch Erstemission von Aktien, in Gebhardt/Gerke/Steiner (Hrsg.), Handbuch des Finanzmanagements: Instrumente und Märkte der Unternehmensfinanzierung, 1993; *Geschka/Reibnitz,* Die Szenario-Technik: Ein Instrument der Zukunftsanalyse und der strategischen Planung, in Töpfer/Afheldt (Hrsg.), Praxis der strategischen Unternehmensplanung, 1982; *Glogowski/Münch,* Neue Finanzdienstleistungen: Bankenmärkte im Wandel, 2. Aufl. 1990; *Golding Capital Partners,* Mezzanine Seminar für institutionelle Investoren, 2003; *Gonschorek,* Subventionsfinanzierung und Fristenkongruenz, FB 1999, 321; *Hahn,* Lieferantenkredit, in Gerke/Steiner (Hrsg.), Handwörterbuch des Bank- und Finanzwesens, 3. Aufl. 2001; *Hall/Hofer,* Venture Capitalists' Decision Criteria in New Venture Evaluation, Journal of Business Venturing 1993; *Hannemann/Schmeisser,* Möglichkeiten der Fördermittel-Kombination bei Existenzgründungen: Kombinationslogik, in Schmeisser/Krimphove (Hrsg.), Vom Gründungsmanagement zum Neuen Markt: Strategien für technologieorientierte kleine und mittlere Unternehmen, 2001; *Hauptfachausschuss des IdW,* Stellungnahme HFA 2/1976: Zur aktienrechtlichen Vermerk- und Berichterstattungspflicht bei Patronatserklärungen gegenüber dem Kreditgeber des Dritten, WPg. 1976, 528; *Hellman/Stiglitz,* Credit and Equity Rationing in Markets with Adverse Selection, European Economic Review 2000, 281; *Hielscher,* Investmentanalyse, 3. Aufl. 1999; *Hielscher/Laubscher,* Finanzierungskosten: Kostenbestandteile, Kostenvergleiche und Usancen der Industriefinanzierung, 2. Aufl. 1989; *Hirte,* Genusscheine, in Gerke/Steiner (Hrsg.), Handwörterbuch des Bank- und Finanzwesens, 3. Aufl. 2001; *Hochgesand,* Venture Capital, in Hommel/Knecht (Hrsg.), Wertorientiertes Start-Up Management. Grundlagen – Konzepte – Strategien, 2002; *Hornung/Wullenkord,* Equity carve-outs von Tochterunternehmen: Börsengang eines Tochterunternehmens, dargestellt am Beispiel des IPOs der Metallhandelsaktivitäten der Metallgesellschaft AG, Zfbf 2001, 57; *Höhn,* Die Geschäftsleitung der GmbH: Organisation, Führung und Verantwortung, 2. Aufl. 1995; *Hölters,* Aktienrecht, in Heidenhain/Meister (Hrsg.), Münchener Vertragshandbuch, Bd. 1: Gesellschaftsrecht, 5. Aufl. 2000; *Jakob,* Initial public offerings: aktuelle Entwicklungen des Aktienemissionsgeschäfts, 1998; *Jantz,* Venture Capital: Förderprogramme und Business Angels, in Dowling/Drumm (Hrsg.), Gründungsmanagement: Vom erfolgreichen Unternehmensstart zu dauerhaftem Wachstum, 2002; *Kasperzak,* Unternehmenskauf durch Management Buy Out/Management Buy In, in Koch/Zacharias (Hrsg.), Gründungsmanagement, 2001; *Klandt/Krafft,* Bedeutung von Business Angels in der Net Economy, in Kollmann (Hrsg.), E-Venture-Management: Neue Perspektiven der Unternehmensgründung in der Net Economy, 2003; *Klein/Jonas,* Due Diligence und Unternehmensbewertung, in Berens/Brauner/Strauch (Hrsg.), Due Diligence bei Unternehmensakquisitionen, 3. Aufl., Stuttgart 2003; *Kollmann/Kuckertz,* E-Venture-Capital. Unternehmensfinanzierung in der Net Economy. Grundlagen und

Fallstudien, 2003; *Kollmann/Kuckertz*, Möglichkeiten der Finanzierung junger Unternehmen im E-Business – zur Situation nach dem Zusammenbruch der Technologiemärkte, FB 2003, 770; *Kollmann/Kuckertz*, Shareholder-Value-Ansatz als Basis für das Controlling bei Start-up-Unternehmen, in Achleitner/Bassen (Hrsg.), Controlling von jungen Unternehmen, 2003; *Korfsmeyer*, Die Bedeutung von lock-up agreements bei Aktienemissionen, FB 1999, 205; *Kossmann*, Die Aktie als Akquisitionswährung, in Achleitner/Thoma (Hrsg.), Handbuch Corporate Finance. Konzepte, Strategien und Praxiswissen für das moderne Finanzmanagement, Loseblatt; *Kreiss*, New Economy – damals und heute, WiSt 2003, 485 *Krämer/Sievi*, Außerplanmäßige Ereignisse im Bankgeschäft: Disagioerstattung und Vorfälligkeitsentschädigung bei Ablösung, Sondertilgung und Ratenplanänderung im Aktiv- und Passivgeschäft, 1996; *Krüger*, Langfristige Fremdfinanzierung durch Kreditinstitute und andere Finanzinstitutionen, in Christians (Hrsg.), Finanzierungshandbuch, 2 Aufl. 1988; *Lechler/Gemünden*, Gründerteams: Chancen und Risiken für den Unternehmenserfolg, 2003; *Lerbinger*, Zins- und Währungsswaps: Neue Instrumente im Finanzmanagement von Unternehmen u. Banken, 1988; *Lerner/Hardymon*, Venture capital and private equity: a casebook, New York 2002; *MacMillan/Siegel/Narasimha*, Criteria used by venture capitalists to evaluate new venture proposals, Journal of Business Venturing 1985, 108; *MacMillan/Zemann/Narasimha*, Criteria Distinguishing successful from unsuccessful ventures in the venture screening process, Journal of Business Venturing 1987, 119; *Mason/Harrison*, Closing the Regional Equity Capital Gap: The Role of Informal Venture Capital, Small Business Economics 1995, 153; *McNally*, Corporate Venture Capital: Bridging the Equity Gap in the Small Business Sector, London 1997; *Mellewigt/Späth*, Entrepreneurial Teams – A Survey of German and US Empirical Studies, ZfB 2002, Ergänzungsheft 5; *Modigliani/Miller*, The cost of capital, corporation finance and the theory of investment, The American economic review 1958, Heft Juni; *Müller-Stewens/Roventa/Bohnenkamp*, Wachstumsfinanzierung für den Mittelstand: ein Leitfaden zur Zukunftssicherung durch Unternehmensbeteiligung, 2. Aufl. 1996; *Nathusius*, Grundlagen der Gründungsfinanzierung: Instrumente, Prozesse, Beispiele, 2001; *Nelles/Klusemann*, Die Bedeutung der Finanzierungsalternative Mezzanine-Capital im Kontext von Basel II für den Mittelstand, FB 2003, 1; *Papendick/Schmalholz*, Viel gewagt – und viel verloren, Manager Magazin 2002, 126; *Perridon/Steiner*, Finanzwirtschaft der Unternehmung, 13. Aufl. 2003; *Picot*, Die Aktien als Akquisitionswährung, MAR 2000, 265; *Pottschmidt*, Kreditsicherheiten, in Gerke/Steiner (Hrsg.), Handwörterbuch des Bank- und Finanzwesens, 3. Aufl. 2001; *Prester*, Exit-Strategien deutscher Venture-Capital-Gesellschaften, Münster 2002; *Ramb*, Verschuldungsstrukturen im Vergleich – eine Analyse europäischer Unternehmen, Kredit und Kapital, Heft 1, 2000; *Ratjen*, Die externe Eigenfinanzierung bei Kapitalgesellschaften, in Christians (Hrsg.), Finanzierungshandbuch, 1980; *Raupach/Jakob*, Mezzanine-Kapital hilft mittelständischen Unternehmen, in Finance/Convent (Hrsg.), Jahrbuch Unternehmensfinanzierung, 2004; *Reuter/Katschinski*, Vorzugsaktie und Genusschein, in Gebhardt/Gerke/Steiner (Hrsg.), Handbuch des Finanzmanagements: Instrumente und Märkte der Unternehmensfinanzierung, 1993; *Rockholtz*, Due Diligence-Konzeption zum synergiorientierten Akquisitionsmanagement, in Berens/Brauner/Strauch (Hrsg.), Due Diligence bei Unternehmensakquisitionen, 3. Aufl. 2002; *Rosen/Seifert* (Hrsg.), Die Namensaktie, 2000 (zit. Namensaktie); *Rosen/Seifert* (Hrsg.), Zugang zum US-Kapitalmarkt für deutsche Aktiengesellschaften, 1998 (zit. US-Kapitalmarkt); *Ross/Westerfield/Jaffe*, Corporate Finance, 6. Aufl. Boston 2002; *Röller*, Langfristige Fremdfinanzierung deutscher Unternehmen: von den Industrieobligationen zu Finanzinnovationen, in Christians (Hrsg.), Finanzierungshandbuch, 2. Aufl. 1988; *Rümker*, Probleme der Patronatserklärung in der Kreditsicherungspraxis, WM 1974, 990; *Schäcker/Brehm/Ho*, Hybride Finanzierungsformen, in Breuer/Schweizer, Gabler Lexikon Corporate Finance, 2003; *H. Schäfer*, Unternehmensfinanzen, 2. Aufl. 2002; *Schanz*, Börseneinführung: Recht und Praxis des Börsengangs, 2. Aufl. 2002; *Schefczyk*, Erfolgsstrategien deutscher Venture Capital-Gesellschaften: Analyse der Investitionsaktivitäten und des Beteiligungsmanagement von Venture Capital-Gesellschaften, 3. Aufl. 2004 (zit. Erfolgsstrategien); *Schefczyk*, Finanzieren mit Venture Capital, in Kollmann (Hrsg.), E-Venture-Managment – Neue Perspektiven der Unternehmensgründung in der Net Economy, 2003; *Schefczyk*,

Finanzieren mit Venture Capital: Grundlagen für Investoren, Finanzintermediäre, Unternehmer und Wissenschaftler, 2000 (zit. Finanzieren); *Schenck*, Gesellschaftsrechtliche Implikationen der Börseneinführung, in Volk (Hrsg.), Going public: der Gang an die Börse, 2000; *Schlecht*, Subventionen als Finanzierungsinstrument, in Christians (Hrsg.), Finanzierungshandbuch, 2 Aufl. 1988; *Schmeisser/Galler*, Öffentliche Maßnahmen der Innovations- und Beteiligungsförderung, in Schmeisser/Krimphove (Hrsg.), Vom Gründungsmanagement zum Neuen Markt: Strategien für technologieorientierte kleine und mittlere Unternehmen, 2001; *Schmeisser*, Venture Capital und Neuer Markt als strategische Erfolgsfaktoren der Innovationsförderung für Erfinder und technologieorientierte Unternehmensgründungen, in Schmeisser/Krimphove (Hrsg.), Vom Gründungsmanagement zum Neuen Markt: Strategien für technologieorientierte kleine und mittlere Unternehmen, 2001; *Schmidt/Kreutter*, Möglichkeiten des Börsengangs für Unternehmen der Net Economy, in Kollmann (Hrsg.), E-Venture-Management – Neue Perspektiven der Unternehmensgründung in der Net Economy, 2003; *Schork*, Gesetz über das Kreditwesen, 22. Aufl. 2003; *Schramm*, Finanzierung nicht emissionsfähiger mittelständischer Unternehmen, in Christians (Hrsg.), Finanzierungshandbuch, 2 Aufl. 1988; *Schrape/Trappel*, Das Geschäft mit der Prognose, Publizistik 2001, 37; *Shepherd/Zacharakis/Baron*, VCs' decision processes: Evidence suggesting more experience may not always be better, Journal of Business Venturing 2003, 381; *Simon/Ebel/Pohl*, Investor Marketing, ZfB 2002, 117; *Smart*, Management assessment methods in venture capital: an empirical analysis of human capital valuation, Venture Capital: An International Journal of Entrepreneurial Finance 1999, 59; *Stolz*, Nachfrageorientierte Emissionspolitik mit Bookbuilding, Wien 1998; *Süchting*, Finanzmanagement: Theorie und Politik der Unternehmensfinanzierung, 6. Aufl. 1995; *Talaulicar/Grundei/Werder*, Corporate Governance deutscher Start-ups: Ergebnisse einer empirischen Erhebung, FB 2001, 511; *Tebroke*, Finanzinnovationen, Überblick, in Gerke/Steiner (Hrsg.), Handwörterbuch des Bank- und Finanzwesens, 3. Aufl. 2001; Tyebjee/Bruno, A model of venture capitalist investment activity, Management Science 1984, 1051; *Tyebjee/Bruno*, Venture capital decision-making: Preliminary results from three empirical studies, Frontiers of Entrepreneurship Research, 1981; *Voigt/Christofor/Landwehr*, Erfolgsvoraussetzungen der Zusammenarbeit zwischen jungen Technologieunternehmen und Industrieunternehmen im Rahmen des Corporate Venture Capitals, 2004; *Volk*, Mezzanine Capital: neue Finanzierungsmöglichkeit für den Mittelstand?, BB 2003, 1224; *Wahrenburg/Niethen*, Vergleichende Analyse alternativer Kreditrisikomodelle, Kredit und Kapital 2000, 235; *Weber*, Financial Covenants in Credit Agreements, Treasury Management Association Journal 1999, 18; *Weitnauer*, Handbuch Venture Capital: Von der Innovation zum Börsengang, 2. Aufl. 2001; *Wells*, Venture Capital Decision-Making, Pittsburgh 1974; *Wilhelm*, Eigenkapital für kleine und mittlere Unternehmen – Beteiligungsfinanzierung und Börsengang, in Volk (Hrsg.), Going public: Der Gang an die Börse, 2 Aufl. 1998; *Wipfli*, Unternehmensbewertung im Venture Capital-Geschäft: Herleitung von Einflussfaktoren und deren empirische Überprüfung in der Praxis, Bern 2001; *Wirtz/Salzer*, Das Management von Initial Public Offerings, in Wirtz/Salzer (Hrsg.), IPO-Management – Strukturen und Erfolgsfaktoren, 2001; *Wirtz/Salzer*, IPO-Management, WiSt 2004, 102; *Zacharakis/Meyer*, A lack of insight: Do Venture Capitalists Really Understand their own Decision Process? Journal of Business Venturing 1998, 57.

A. Einleitung

1   Die in diesem Beitrag thematisierten Finanzierungsfragen reichen vom Kauf ganzer Unternehmen bis hin zu Minderheitsbeteiligungen. Unterstellt sei, dass diese Käufe in aller Regel mit der Absicht erfolgen, die gekauften Unternehmen und Beteiligungen auf Dauer zu halten und während des Engagements

entsprechenden Einfluss auf die Unternehmenspolitik bzw. -strategie auszuüben. Letztere Aspekte sind u.a. wichtig für Fragen der Integration nach jedem Kauf (vgl. hierzu Teil IX) – insbesondere im Finanzbereich. Neben der Darstellung des Kaufs durch einen strategischen Investor wird auch der Kauf durch eine Beteiligungsgesellschaft ausführlich behandelt. Gegenstand der Betrachtung werden in diesem Beitrag praktische Fragen und Erörterungen bei der Finanzierung von **Unternehmens- und Beteiligungskäufen** sein. Außer Acht gelassen werden im Folgenden Finanzierungsaspekte, die besonders auf den Erwerb von Anteilen an Unternehmen unter Anlagegesichtspunkten wie auch auf das Zwischenhalten von Aktienpaketen abzielen.

Als Regelfall sei ein Kauf unterstellt, der eine **sofortige Finanzierung** erfordert, um den Erwerb Zug um Zug zu erfüllen. Meist sind daher liquiditätswirksame Finanzierungen notwendig. Soweit auch Zahlungssurrogate in Frage kommen, werden diese in die Betrachtung mit einbezogen. Fragen der optimalen Verschuldungspolitik des Käufers – mit Ausnahme der Kosten von Finanzierungen – würden den Rahmen dieses Beitrages sprengen und können deswegen an dieser Stelle nicht behandelt werden. Gleichwohl werden Verschuldungskennziffern dargestellt, wie sie von Banken und dem Kapitalmarkt herangezogen werden.

2

Finanzierungsarten lassen sich u.a. nach ihrer Mittelherkunft einteilen, d.h. sie können nach Finanzierungsquellen systematisiert werden. Meist wird zwischen einer internen (Innenfinanzierung) und einer externen Mittelherkunft (Außenfinanzierung) unterschieden.[1] Der Bereich der **Innenfinanzierung** umfasst den Zufluss von Finanzierungsmitteln im Zuge des betrieblichen Leistungs- und Umsatzprozesses, in dem Güter oder Dienstleistungen marktmäßig veräußert werden, sowie den Zufluss von Finanzierungsmitteln aus einmaligen Transaktionen (z.B. Sale-lease-back). Laufende Umsatzerlöse, einmalige Erlöse wie auch sonstige Einzahlungen (Zinsen, Mieten, etc.) tragen also zur Innenfinanzierung eines Unternehmens bei. Nach Absetzung der laufenden Betriebsauszahlungen, Steuerzahlungen sowie Ausschüttungen bleibt dem Unternehmen ein verfügbarer Einzahlungsüberschuss, der ggf. auch für einen Unternehmens- oder Beteiligungskauf disponibel ist. Die **Außenfinanzierung** hingegen kann als primäre Beschaffung von Finanzmitteln vom Geld- und Kapitalmarkt verstanden werden. Unter dem Aspekt eines dauerhaften Unternehmens- und Beteiligungskaufes werden vorrangig langfristige Außenfinanzierungen erörtert. Dabei wird nach der Stellung des Kapitalgebers als Eigentümer (Beteiligungsfinanzierung) oder Gläubiger (Fremdfinanzierung) unterschieden. Die in den letzten Jahren aufgekommenen Mischformen zwischen Eigenkapital und Fremdkapital – d.h. Mezzanine-Kapital – finden ebenso Beachtung.

3

Der Schwerpunkt der folgenden Betrachtungen liegt nicht bei Fragen der Selbstfinanzierung eines Unternehmens im Sinne der Einsparung von Finan-

4

---

1 Vgl. zu Systematisierungen der Finanzierungsarten und entsprechenden Definitionen *Süchting*, S. 22–25; *Bierich* in Christians, S. 193.

zierungsmitteln durch die Verminderung bestimmter Auszahlungsarten. Vielmehr ist der Schwerpunkt auf langfristige externe Finanzierungsarten gelegt.

In der Regel sind Unternehmenskäufe keine Routineangelegenheiten des normalen betrieblichen Finanzierungsalltags und sollten deshalb losgelöst von der normalen Unternehmensfinanzierung betrachtet werden. Aus dem Bereich der Innenfinanzierung werden deshalb im Folgenden nur jene Fälle angesprochen, bei denen der Finanzmittelrückfluss auf bewussten Vermögensumschichtungen oder einem Aktivtausch in Finanzmittel beruht. D.h. die Innenfinanzierung aus laufenden Umsatzerlösen und sonstigen Einzahlungen soll an dieser Stelle nicht weiter thematisiert werden.

B. Auswahl der Finanzierungsinstrumente

I. Vorbemerkungen

5   Aufgrund der Komplexität und individuellen Besonderheiten eines Beteiligungskaufes geben die hier vorgestellten Instrumente einen Rahmen. Die folgenden Ausführungen zu wichtigen Kriterien bei der Auswahl der Finanzierungsinstrumente können also keineswegs das intensive Gespräch mit dem Kundenbetreuer der Hausbank, dem Rechtsanwalt, dem Wirtschaftsprüfer oder dem Steuerberater ersetzen. Sie sollen eine Strukturierungshilfe zur Lösung der anstehenden Probleme und auch für die zu diskutierenden Fragestellungen sein. Die Auswahl der Instrumente im konkreten Finanzierungsfall wird bestimmt durch den Finanzierungsanlass, den Finanzbedarf, die Kosten des Finanzierungsinstrumentes, die zeitliche Verfügbarkeit des Finanzierungsinstrumentes, die Rechtsform des kapitalsuchenden Unternehmens, den Verschuldungsgrad, die Rentabilität des Kapitalsuchenden, verfügbare Sicherheiten sowie die Größe der Unternehmung.

II. Finanzierungsanlass

6   Grundsätzlich besteht ein Anlass zur Finanzierung immer dann, wenn die anstehenden Zahlungsverpflichtungen aus der wirtschaftlichen Aktivität eines Unternehmens zu mehr Auszahlungen führen, als dies der Bestand an liquiden Mitteln erlaubt. Ist dies der Fall, so lassen sich derartige Finanzierungsanlässe nach der **Finanzierung des allgemeinen Geschäftsbetriebes** sowie nach besonderen Finanzierungsanlässen systematisieren. Im Zuge des allgemeinen Geschäftsbetriebes werden Finanzierungen primär benötigt, um den betrieblichen Leistungserstellungsprozess aufrechtzuerhalten und zu unterstützen. Damit kann – entlang der Wertschöpfungskette eines Unternehmens betrachtet – Finanzierungsbedarf anfallen in der

- Beschaffung,
- der Eingangslagerhaltung,
- der Produktion,

– der Lagerhaltung der Fertigprodukte sowie
– beim Absatz.¹

Im Folgenden soll jedoch auf **besondere Finanzierungsanlässe** eingegangen werden, die meist einmalig im Rahmen des Unternehmenslebenszyklus einer Unternehmung anfallen (zu den Entwicklungsstufen eines Unternehmens (ausführlich Teil IV Rz. 73). D.h. die Gründung eines Unternehmens, dessen Expansion (z.B. über einen Beteiligungskauf) oder bspw. der Ausstieg der Gründungsgesellschafter zu einem späteren Zeitpunkt (sog. Harvesting) erzeugen sämtlich einen Finanzierungsbedarf, der oftmals das normale Liquiditätspotenzial eines Unternehmens übersteigt. Die Finanzierung anlässlich eines Unternehmens- und Beteiligungskaufes ist ebenfalls zu den besonderen Finanzierungsanlässen zu rechnen und geht sowohl bezüglich der mit der Durchführung verbundenen Komplexität als auch hinsichtlich des Kapitalbedarfs weit über die Finanzierungsaufgaben des allgemeinen Geschäftsbetriebes hinaus.

III. Volumen des Finanzbedarfs

Die Größenordnung jedes Finanzierungsvorhabens sollte in einer angemessenen Relation zur eigenen wirtschaftlichen Stärke wie auch zur Vermögenssituation stehen. Zum einen spielen bei der Lösung von Finanzierungsfragen nach wie vor **Bilanzrelationen**² und dabei vorrangig auch die Eigenkapitalquoten eine Rolle (vgl. hierzu ausführlich Teil IV Rz. 29 ff.). Eine herrschende Meinung über die Rechtfertigung bestimmter Größenordnungen von Bilanzrelationen hat sich zwar nicht durchgesetzt. Auch sind die Eigenkapitalausstattungen von Unternehmen im Branchen- und Ländervergleich sehr unterschiedlich. Dennoch werden im Einzelfall immer wieder Wertungen über das Vorliegen einer zu niedrigen oder ausreichenden Eigenkapitalausstattung vollzogen.

Zum anderen existieren für einen Teil der Finanzierungsinstrumente formale **Restriktionen**. Die Möglichkeiten von Kapitalgesellschaften, z.B. im Zuge einer bedingten und genehmigten Kapitalerhöhung auf dem Kapitalmarkt Mittel aufzunehmen, sind je Kapitalerhöhung auf die Hälfte des Grundkapitals beschränkt. Hinzu kommen externe Einflussfaktoren wie die Kapitalmarktverfassung und die Einschätzung der Anleger zur Kapitalmarktfähigkeit eines Unternehmens.

Die Frage der Rentabilität berührt ebenfalls mögliche **Grenzen einer Mittelbeschaffung**. Im Sinne einer Investitionsbetrachtung ist bei Unternehmens- und Beteiligungskäufen die Bedienung und Rückführung des aufzunehmenden Kapitals zu beachten. Beides sollte in der Regel aus den Erträgen der Investitionen erfolgen können, so dass eine angemessene Investitionsrendite Voraussetzung der Finanzierung ist. Auch bei nichtliquiditätswirksamen Finanzierun-

---

1 Vgl. *Adrian/Heidorn*, S. 380.
2 Vgl. zu solchen Bilanzstrukturnormen sowie weiteren Determinanten des Kapitalbedarfs bspw. *Büschgen* in Breuer, S. 130 f.

gen sind Größenbeschränkungen relevant. So ist z.B. die aufnehmende Gesellschaft meist größer als die übertragende. Weitere Begrenzungen ergeben sich bei Finanzierungen, die auf bestimmte Vermögenswerte abstellen – sei es als Sicherheit, sei es als Verkaufsgegenstand. Der Preis bzw. der Wert dieser Aktiva bestimmt letztlich das Volumen der Finanzierungsmöglichkeit. Die Wahl der verschiedenen Finanzierungsinstrumente wird durch die Besonderheiten der Transaktionen bestimmt und von den involvierten Beratern zusammengestellt. Meist ist das notwendige Finanzierungsvolumen nicht mit nur einem Finanzierungsinstrument darstellbar.

IV. Kosten

11 Die durch ein bestimmtes Finanzierungsinstrument verursachten Kosten lassen sich unterscheiden in

- Fremdleistungskosten,
- Nutzungskosten und
- Steuern.[1]

Zu den einmaligen, mit der Beschaffung des Kapitals verbundenen Fremdleistungskosten zählen z.b. die Provision für Banken, Kosten für den Druck der Wertpapiere oder Kosten der Besicherung oder der Börseneinführung. Laufende Fremdleistungskosten umfassen beispielsweise Kosten für die treuhänderische Verwaltung der Sicherheiten und Kuponeinlösungsprovisionen.[2] Nutzungskosten des Kapitals sind zu zahlende Zinsen und Dividenden. Von großer Bedeutung für einen Kostenvergleich ist ebenfalls die Belastung durch ertragsabhängige Steuern (Einkommen- bzw. Körperschaftsteuer, Gewerbeertragsteuer).

12 **Nicht liquiditätswirksame Finanzierungen** können günstig sein, wenn vorteilhafte Stundungsverträge abgeschlossen und optimale Bewertungen für Tauschvorgänge und Kapitalerhöhungen gegen Sacheinlagen verhandelt wurden. Auch das Herbeiführen günstiger Umtauschverhältnisse bei Verschmelzungen durch Aufnahme kann eine günstige nicht liquiditätswirksame Finanzierungsform sein. Werden Eigenmittel geschaffen, führt dies jedoch zu den hohen Kosten des Eigenkapitals.

13 Im Folgenden werden die Kosten des Kapitalnehmers verschiedener Finanzierungsinstrumente sowie die Risiko/Renditekurve der Kapitalgeber dargestellt (Abb. 1):

---

[1] Vgl. *Perridon/Steiner*, S. 466.
[2] Eine detaillierte Auflistung der mit den Finanzierungsinstrumenten Industrieanleihe, Schuldscheindarlehen, Hypothekarkredit, Kapitalerhöhung gegen Bareinlage, Wandelschuldverschreibung und Optionsanleihe verbundenen einmaligen und laufenden Fremdleistungskosten findet sich bei *Hielscher/Laubscher*, S. 13–53.

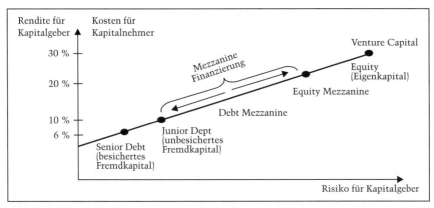

Abb. 1: Renditen, Finanzierungskosten und Risiko

Langfristige liquiditätswirksame Fremdfinanzierungen: Am kostengünstigsten sind Kreditteile mit staatlicher Hilfe. Einzelkredite und Schuldscheindarlehen sind in Abhängigkeit von der Besicherung bzw. Kapitalmarktverfassung relativ preisgünstig. Zum Teil konkurrieren diese Finanzierungen mit Leasing-Finanzierungen, die sich durch steuerliche Konstruktionen je nach Vertragsausgestaltung auszeichnen. Teurer sind in der Regel Anleihen und partiarische Darlehen. 14

Die teuerste Langfrist-Finanzierung ist i.d.R. das **Eigenkapital**, da die Renditeforderung eines Eigenkapitalgebers im Gegensatz zu der des Fremdkapitalgebers eine Prämie für die Übernahme unternehmerischer Risiken enthält. Die Konkurrenzfähigkeit, bspw. einer Aktienemission gegenüber einer Fremdfinanzierung, ist unter Kostenaspekten nur dann gegeben, wenn ein hohes Agio erzielbar ist, da dies nicht mit einer Dividende bedient wird. So errechnen *Hielscher/Laubscher*[1] einen Emissionskurs von 500 % (d.h. 250 Euro je 50 Euro Aktie), wenn bei einer geplanten Dividende von 19 % (9,50 Euro je 50 Euro Aktie) Kostengleichheit mit einer achtprozentigen Anleihe erreicht werden soll. 15

Eine Möglichkeit zur Kompensation der hohen Kosten einer Kapitalerhöhung gegen Bareinlage bieten die Sonderformen der Wandelschuldverschreibung und insbesondere der Optionsanleihe, da diese mit einem relativ geringen Nominalzins ausgestattet sind, aber später zu einer Erhöhung des Grundkapitals mit einem verhältnismäßig hohen Agio führen können (vgl. hierzu ausführlich Teil IV Rz. 207 f.). Die erwähnte Problematik einer unterschiedlichen **steuerlichen Belastung** durch Eigen- oder Fremdfinanzierung hat auch ihre Auswirkungen auf Grenzfälle zwischen Eigen- und Fremdkapital. So werden z.B. Genussscheine steuerlich wie Fremdkapital behandelt, wenn nicht eine Beteiligung sowohl am Gewinn als auch am Liquidationserlös vorgesehen ist. 16

---

[1] Vgl. *Hielscher/Laubscher*, S. 66–70.

V. Zeitliche Verfügbarkeit der Finanzierung

17 Die Aufnahme von Kapital ist zeitintensiv, wenn größere Beträge zu Unternehmensübernahmen finanziert werden sollen. Ideal ist, wenn die arrangierende Bank bereits während der Transaktion eingebunden ist. Das Gros der angesprochenen Finanzierungsinstrumente hat einen Zeitbedarf zur Umsetzung von mindestens vier bis sechs Wochen. Deutlich darüber hinaus geht die Zeiterfordernis bei der Umsetzung von Maßnahmen der Eigenkapitalbeschaffung, bei Verschmelzungen oder Kapitalerhöhungen gegen Sacheinlagen, die mehr als sechs Monate benötigen.

Nicht planbar ist das Kapitalmarktumfeld zum Zeitpunkt der geplanten Maßnahme. Steigende Zinsen und Kursrückgänge an Börsen führen zur Anpassung des Emissionskurses, einer Verschiebung oder zur Absage von Platzierungsvorhaben. Sind back-up-Linien nicht verfügbar, muss die Transaktion abgesagt werden. Auch wenn keine Kapitalmarkttransaktion geplant ist, können steigende Zinsen dazu führen, dass der Kapitaldienst der Finanzierung nicht erbracht werden kann oder der Unternehmergewinn (Return on Equity) derart sinkt, dass sich die Investition nicht mehr lohnt.

VI. Rechtsform

18 Kapitalgesellschaften haben in der Regel einen deutlichen Vorteil bei der Kapitalbeschaffung gegenüber Personengesellschaften. Gründe liegen in dem strikten gesetzlichen Regelwerk von Kapitalgesellschaften (Vertrauen schaffend) sowie den höheren gesetzlichen Transparenzanforderungen (Publizitätspflichten).

VII. Verschuldungsgrad

19 Der bestehende Verschuldungsgrad wird in der Praxis oft als ein Indikator für die Möglichkeit weiterer Fremdkapitalaufnahme herangezogen. In Verbindung mit Cashflow-Betrachtungen wird eine dynamische Betrachtung der Verschuldungsgrenze – auch unter Einbeziehung des Kaufobjektes – stattfinden. Bei einem hohen Verschuldungsgrad sind einer weiteren Fremdkapitalaufnahme enge Grenzen gesetzt.[1] Letztlich ist damit der Einsatz von Instrumenten der Außenfinanzierung (vgl. hierzu ausführlich Teil IV Rz. 41 ff.) begrenzt auf Fremdfinanzierung mit staatlicher Hilfe, Pensionsgeschäfte und Leasing-Finanzierungen. Übernahmen sind in solchen Situationen häufig nur in Verbindung mit einer Eigenkapitalerhöhung darstellbar.

VIII. Rentabilität

20 Gemessen wird die Rentabilität eines Unternehmens anhand relativer **Erfolgskennzahlen**, die bestimmte absolute Erfolgskennzahlen, wie z.B. den Jahresüberschuss oder den Cashflow, ins Verhältnis zu verschiedenen Kapitalgrößen

---

[1] Zur Problematik des optimalen Verschuldungsgrades vgl. *Süchting*, S. 474 ff.

setzen. So sind wichtige Kennziffern etwa der Return on Investment (RoI), die Verzinsung des eingesetzten Eigenkapitals (Eigenkapitalrentabilität) oder die Verzinsung des gesamten eingesetzten Kapitals (Gesamtkapitalrentabilität)[1] (vgl. hierzu ausführlich Teil IV Rz. 32 ff.). Die Auswirkung jeder Form einer Kapitalaufnahme auf die Rentabilität eines Unternehmens ist anhand von Simulationsrechnungen durchzuführen. Unternehmen mit guten Rentabilitätskennziffern haben einen deutlich höheren Spielraum, Eigen- oder Fremdkapital aufzunehmen.

IX. Verfügbare Sicherheiten

Die Frage der Sicherheiten spielt vorrangig bei Fremdfinanzierungen eine Rolle (so wird der Begriff der Sicherheit oftmals synonym mit dem Begriff der Kreditsicherheit verwandt). Sowohl die notwendigen Formen der Besicherung als auch die im Bankgeschäft üblichen Beleihungsgrenzen (vgl. hierzu ausführlich Teil IV Rz. 146 ff.) haben u.a. Einfluss auf das Volumen der Fremdfinanzierung. Keine Rolle spielt die Frage der Sicherheiten bei Eigenkapitalmaßnahmen, obwohl in jüngster Zeit auch die dingliche Sicherung von Wandelschuldverschreibungen vorgekommen ist. Generell lassen sich Sicherheiten in **Sach- und Personalsicherheiten** differenzieren. Erstere erlauben eine bevorrechtigte Befriedigung aus bestimmten Sachsicherheiten, während letztere Ansprüche des Kreditgebers gegenüber dritten Personen begründen. Bei Unternehmens- und Beteiligungskäufen spielen Personalsicherheiten eine untergeordnete Rolle. Sicherungsgüter sollten darauf geprüft werden, inwieweit sie für Vermögensumschichtungen, Sale-lease-back-Geschäfte, Tauschgeschäfte oder Kapitalerhöhungen gegen Sacheinlagen bei Dritten geeignet sind. So lassen sich ggf. Kreditzinsen sparen und bessere Bilanzrelationen erzielen.

21

X. Größe der Unternehmen

Die Unternehmensgröße, gemessen z.B. an **Bilanzsumme** und Umsatz, hat neben der Rechtsform ebenfalls Einfluss auf die Auswahl von Finanzierungsinstrumenten. In der Regel kommen Anleihen nur für große Unternehmen mit entsprechendem Kapitalmarktstanding in Frage, die Börseneinführung einer Aktiengesellschaft ist an bestimmte **Platzierungsvolumina** gebunden,[2] kleinere Gesellschaften haben keinen Zugang zum organisierten Kapitalmarkt. Des Weiteren haben kleine Unternehmen aufgrund ihrer höheren statistischen Ausfallwahrscheinlichkeit ein schlechteres Rating und damit Nachteile bei der Kreditaufnahme.

22

---

[1] Vgl. bspw. *Perridon/Steiner*, S. 547–552.
[2] Für den Amtlichen Handel beträgt gem. § 2 Abs. 1 BörsZulV das effektive Mindest-Platzierungsvolumen – d.h. der voraussichtliche Kurswert der zuzulassenden Aktien – 1,25 Mio. Euro.

XI. Staatliche Förderung

23 Bei der Erarbeitung von Finanzierungsvorschlägen für den Unternehmens- und Beteiligungskauf spielen staatliche Förderungen eine wichtige Rolle.[1] Diese Förderungen richten sich an den Grundzielen der Wirtschaftspolitik aus. Vorrangig geht es dabei um strukturpolitische Einflussnahmen, die sich nach dem Subventionsbericht der Bundesregierung in unterschiedlichen Erhaltungs-, Anpassungs- und Produktivitätshilfen konkretisieren. Zentrales Kriterium der staatlichen Einflussnahme ist dabei ein **marktkonformes Vorgehen**, d.h., ein staatliches Handeln, das möglichst wenige Verzerrungen im realen Marktgeschehen verursacht.[2] Die Förderpolitik soll daher prinzipiell dem Verhalten der Marktteilnehmer folgen und nur dann wirksam werden, wenn ein Versagen des Marktes droht (so bspw. bei der Frühphasenfinanzierung von Unternehmensgründungen).

24 Zum einen sollten Subventionen nicht dauerhaft erfolgen und zum anderen ändern sich auch die Voraussetzungen für Subventionsvergaben. Übersichten über aktuelle Fördermöglichkeiten und deren Voraussetzungen sind in aller Regel bei der Hausbank oder den jeweiligen Förderinstitutionen der Länder verfügbar. Ferner besitzen Wirtschaftsprüfer wie auch Steuerberater meist einen entsprechenden Überblick. Auskunft geben auch die potenziellen Subventionsgeber wie Bund, Länder und Gemeinden.

25 **Subventionen** werden in Form von Krediten, öffentlichen Bürgschaften, Investitionszulagen und Zuschüssen gewährt. Letztere werden u.a. als Zinszuschuss zur Verfügung gestellt. Verlorene Zuschüsse kommen vor allem für Projekte in Frage, deren Erfolgsaussichten schwer kalkulierbar sind wie z.B. Explorationen und Vorhaben in Forschung und Entwicklung. Auf Eventualsubventionen wie auch direkte Subventionen gibt es in der Regel keinen Rechtsanspruch.

26 **Indirekte Subventionen** stellen vor allem Steuerstundungen und Steuerverzichte dar. Beide Formen können die Rückführung von Finanzierungsmaßnahmen erheblich erleichtern (z.B. Sonderabschreibungen). Der damit erzielte Liquiditätsvorteil der ersten Nutzungsjahre gegenüber einem normalen Abschreibungsverlauf lässt sich ggf. zu Rückführungen von teureren Finanzierungen verwenden. Ferner ergeben Steuerstundungen Zinsvorteile. Unter Steuerverzichte fallen im weiten Sinne auch der Verzicht auf Gebühren von Kommunen und der Abzug des Subventionsbetrages von der Steuerschuld (z.B. Investitionsprämie).

---

1 Vgl. hierzu und zu den nachstehenden Ausführungen *Schlecht* in Christians, S. 829–843.
2 Vgl. *Brandkamp* in Kollmann/Kuckertz, S. 40.

XII. Tragfähigkeit von Finanzierungs-Kennzahlen

Finanzierungskennzahlen werden aus dem Jahresabschluss einer Unternehmung errechnet, um Aussagen über deren finanzielle Leistungsfähigkeit treffen zu können. Zu diesen **Aussagebereichen** zählen:[1]

- die kurzfristige Zahlungsfähigkeit, also die Fähigkeit einer Unternehmung, ihre in Kürze fälligen Verbindlichkeiten zu bedienen,

- die Vermögensstruktur, also die Fähigkeit einer Unternehmung, ihre Investitionen zu kontrollieren,

- das Ausmaß des finanziellen Hebels, d.h. die relative Höhe der Fremdkapitalfinanzierung des Unternehmens,

- die Profitabilität des Unternehmens.

Die Liquidität einer Unternehmung sollte dabei weniger statisch als vielmehr zeitraumbezogen, d.h. dynamisch gemessen werden.[2] Im Hinblick auf eine Finanzierung kommt der Liquidität besondere Bedeutung zu, da sie die Bonität eines Unternehmens aus Kapitalgeberperspektive direkt bestimmt. Die Vermögens- und Kapitalstruktur gibt im Zuge der Analyse Hinweise auf die Bonität, indem das strukturelle Gleichgewicht der Kapitalausstattung analysiert wird. Die Messung dieses Gleichgewichts erfolgt anhand von **Kapitalstrukturnormen**[3] (Finanzierungskennziffern).

Kapitalstrukturnormen gehen – wie z.B. die goldene Bankenregel – auf die Mitte des 19. Jahrhunderts zurück und haben in der Praxis entsprechende Bedeutung erlangt. Ursprünglich nur für Banken gedacht, besagt diese Regel, dass kurzfristig aufgenommene Gelder nur kurzfristig ausgeliehen werden sollten (Prinzip der Fristenkongruenz[4]). In der Folge wurde diese Norm auch auf andere Unternehmen als Banken übertragen und fordert die Übereinstimmung von einerseits der Dauer der Finanzmittelbindung in einzelnen Vermögensgegenständen und andererseits der Dauer der jeweiligen Finanzmittelverfügbarkeit für die betreffenden Investitionsobjekte.[5] D.h., die Dauer der Kapitalüberlassung (Passivseite der Bilanz) sollte mit der Dauer der Kapitalbindung (Aktivseite der Bilanz) übereinstimmen.[6] Tab. 1 gibt einen Überblick über verschiedene Finanzierungskennziffern und stellt vertikale und horizontale Kennziffern einander gegenüber.

---

1 Vgl. *Ross/Westerfield/Jaffe*, S. 33.
2 Vgl. *H. Schäfer*, S. 44.
3 Vgl. *Kahl*, ZfB 1988, 253, der auf entsprechende Schwellenwerte von Finanzierungsnormen hinweist.
4 Vgl. *Gonschorek*, FB 1999, 321 ff.
5 Vgl. *Eilenberger*, S. 16.
6 Vgl. *H. Schäfer*, S. 49.

Art	Bezeichnung	Formale Darstellung
Vertikale Finanzierungskennziffern	Verschuldungsgrad in Form der 1:1-Regel	$\dfrac{\text{Fremdkapital}}{\text{Eigenkapital}} \leq 1$
	Verschuldungsgrad in Form der 1:2-Regel	$\dfrac{\text{Fremdkapital}}{\text{Eigenkapital}} \leq 2$
	Eigenkapitalquote	$\dfrac{\text{Eigenkapital}}{\text{Gesamtkapital}}$
	Fremdkapitalquote	$\dfrac{\text{Fremdkapital}}{\text{Gesamtkapital}}$
Horizontale Finanzierungskennziffern	Goldene Bilanzregel i.e.S.	$\dfrac{\text{Eigenkapital} + \text{langfr. Fremdkapital}}{\text{Anlagevermögen}} \geq 1$
	Goldene Bilanzregel i.w.S.	$\dfrac{\text{Eigenkapital} + \text{langfr. Fremdkapital}}{\text{Anlageverm.} + \text{langfr. geb. Umlaufvermögen}} \geq 1$
	Goldene Finanzierungsregel kurzfristig	$\dfrac{\text{kurzfr. Vermögen}}{\text{kurzfr. Kapital}} \geq 1$
	Goldene Finanzierungsregel langfristig	$\dfrac{\text{langfr. Vermögen}}{\text{langfr. Kapital}} \geq 1$

Tab. 1: Zentrale Finanzierungskennziffern[1]

30 Diese Finanzierungsregeln sind nicht pauschal anwendbar; so produzieren Unternehmen je nach Branche mit unterschiedlichen Arbeits-, Anlagen- und Materialintensitäten. Vergleiche auf Zeit-, Betriebs- oder auch Branchenbasis sind erforderlich. Ebenso sollte der Unternehmenslebenszyklus bei der Interpretation von Finanzierungskennziffern beachtet werden. Junge Unternehmen benötigen deutlich mehr Eigenkapital[2] als etablierte Unternehmen.

31 Bestandsorientierten, d.h. auf Bilanzgrößen fokussierte Kennzahlen, mangelt es insbesondere an Aussagekraft hinsichtlich[3]

- der Liquidierbarkeit der Aktiva,
- der Fristigkeit der Passiva,
- der Häufigkeit des Anfalls von regelmäßigen Verbindlichkeiten,
- des aktuellen Standes zum Analysezeitpunkt und
- der Beschäftigungslage in Zukunft.

---

1 Vgl. *H. Schäfer*, S. 45.
2 Vgl. *Brettel/Jaugey/Rost*, S. 93 sowie *Mason/Harrison*, Small Business Economics 1995, 153.
3 Vgl. *Perridon/Steiner*, S. 555.

Neben den oben dargestellten traditionellen Kennzahlen zur Bonitätsanalyse, die auch heute noch Bedeutung haben, kommen seit einigen Jahren vermehrt Cashflow-orientierte Kennzahlen (Tab. 2) zum Einsatz:

32

1. Senior Leverage Ratio
Erstrangige (Netto-)Verschuldung [„Senior Leverage"]
EBITDA
Kennzahl:
Schwankt im 5-Jahresvergleich bei LBO's zwischen 2,3–2,5.
Aussage:
Kennzahl sagt aus, in wie vielen Jahren die erstrangige Verschuldung aus dem operativen Ergebnis zurückgeführt werden kann. Je kleiner die Kennzahl, desto besser ist das Verhältnis der erstrangigen Verschuldung zur operativen Ertragskraft. Welcher Wert als vertretbar eingestuft werden kann, ist von der Branche und der Stabilität des operativen Ergebnisses abhängig. Kritisch sind Werte über 3,5.

2. Total Leverage Ratio
(Netto-)Gesamtverschuldung (excl. Eventueller Gesellschafter- und Verkäuferdarlehen)
EBITDA
Kennzahl:
Schwankt im 5-Jahresvergleich bei LBO's zwischen 3,3–6,5.
Aussage:
Kennzahl gibt an, in wie vielen Jahren die Gesamtverschuldung aus dem operativen Ergebnis zurückgeführt werden kann. Je kleiner die Kennzahl, desto besser ist das Verhältnis der Gesamtverschuldung zur operativen Ertragskraft. Der Wert ist von der Branche und der Sensibilität des operativen Ergebnisses abhängig. Kritisch sind Werte über 5.

3. Interest Cover Ratio (Zinsdeckungsgrad)
EBITDA
(Netto-)Zinsaufwand
Kennzahl:
Schwankt im 5-Jahresvergleich bei LBO's zwischen 3,2–5,3.
Aussage:
Kennzahl gibt Deckungsrate des Zinsaufwandes durch das operative Ergebnis an.

4. Cashflow oder Debt Service Cover Ratio
Cashflow
Debt Service (Zins + Tilgung)
Kennzahl:
Sollte stets größer als 1 sein.
Aussage:
Kennzahl gibt die Deckungsrate des Schuldendienstes durch den Cashflow an.

5. Fixed Charge Cover Ratio
Definitionsabhängig, zumeist:
Zins+Tilgung+Steuern
Cashflow
Höchstgrenzen für Investitionen/Verschuldungsaufnahme/ABS-Transaktionen/ Akquisitionen/Dividendenausschüttungen.
Schutzfunktion:
Liquiditätssicherung

EBITDA = Gewinn vor Steuern, Abschreibungen und Zinsen, LBO-Leveraged Buy-Out

Tab. 2: Cashflow-orientierte Kennzahlen

C. Liquiditätswirksame Finanzierungen

I. Instrumente der Innenfinanzierung

1. Interne Kapitalbildung

33 Je nachdem, ob ein bestimmtes Instrument der Innenfinanzierung zu einer Erhöhung des ausgewiesenen Kapitalbestands und damit zu einer Erhöhung der Bilanzsumme führt oder ob das Gegenteil der Fall ist, lassen sich die Bereiche der internen Kapitalbildung und des Finanzmittelrückflusses unterscheiden.[1]

34 Der Einbehalt von Gewinnen zur **internen Kapitalbildung** kann in offener, d.h. aus der Bilanz ersichtlicher oder in verdeckter Weise stattfinden.[2] Bei der verdeckten Variante werden stille Reserven gebildet, so dass der Gewinnausweis des Unternehmens bewusst verringert wird. Ein über die Steuerersparnis hinausgehender liquiditätswirksamer Finanzierungseffekt ergibt sich nur insoweit, wie der einbehaltene Gewinn auch in liquider Form angefallen ist. Obwohl diese so genannte Selbstfinanzierung durchschnittlich einen nur geringen Anteil an der Gesamtfinanzierung der Unternehmen ausmacht,[3] ist ein Zusammenhang mit der Investitionsaktivität unverkennbar.[4] Vorteile der verdeckten Selbstfinanzierung sind u.a. die Flexibilität und die Vermeidung von Dividenden- bzw. Zinszahlungen. Allerdings ist z.B. bei Publikumsaktiengesellschaften zu bedenken, dass diese meist eine Politik relativer Dividendenkontinuität verfolgen und die Ausschüttung bzw. Einbehaltung von Gewinnen nicht beliebig den Investitionsvorhaben anpassen können, wie dies etwa bei einem geplanten größeren Beteiligungserwerb oder einer Übernahme erforderlich wäre. In der Praxis zeigt sich indessen, dass stille Reserven im Bedarfsfall häufig nicht zu heben sind, d.h. nicht in Liquidität umgewandelt werden können.

35 Eine Beschaffung zusätzlicher, langfristig zur Verfügung stehender finanzieller Mittel durch die Bildung von langfristigen Rückstellungen, wie etwa Pensionsrückstellungen, ist nur bei deren Neueinführung gegeben bzw. wenn die Zuführungen die Abgänge beträchtlich übersteigen.[5] Eine auszahlungsunwirksame Aufwandsverrechnung findet auch bei der Bildung des Sonderpostens mit Rücklageanteil statt, z.B. zwecks steuerfreier Übertragung stiller Reserven auf Ersatzwirtschaftsgüter nach § 6b EStG. Die Verwendung der hierdurch im Unternehmen verbleibenden Mittel ist jedoch zweckgebunden.

2. Vermögensumschichtung

36 Der Bereich des **Finanzmittelrückflusses** umfasst im Gegensatz zur internen Kapitalbildung die Finanzierungsvorgänge, die eine Umwandlung (Desinvesti-

---

1 Vgl. *Bierich* in Christians, S. 193.
2 Vgl. *Perridon/Steiner*, S. 452 ff.
3 Vgl. *Bierich* in Christians, S. 208.
4 Vgl. *Bierich* in Christians, S. 211.
5 Vgl. *Perridon/Steiner*, S. 463 ff.

tion) bereits investierten Kapitals in Geldvermögen beinhalten.[1] Durch den Verkauf von Anlagegütern und anderen Aktiva können zusätzliche Zahlungsmittel bereitgestellt werden.

Vorrangig kommen für eine Vermögensumschichtung in liquide Mittel jene Aktiva in Frage, die ein Unternehmen zur betrieblichen Leistungserstellung entbehren kann:

- stillgelegte oder stillzulegende Maschinen/Anlagen,
- nicht genutzte Grundstücke,
- nicht genutzte oder entbehrliche Gegenstände,
- Patente, Lizenzen, Verfahrensrechte o.Ä.,
- Markennamen und
- entbehrliche Lagerbestände.

Ein wesentlicher Faktor erfolgreicher Übernahmen ist das **Asset stripping**: die Umwandlung von nicht betriebsnotwendigem Anlage- und Umlaufvermögen in Liquidität. Diese wird zur Reduzierung des Fremdkapitals eingesetzt. Die ersparten Zinsen sowie die verringerte Verschuldung führen zur Wertsteigerung des Unternehmens und damit des Eigenkapitals (s. Abb. 7, Rz. 82). 37

Eine weitere Möglichkeit, den Bestand liquider Mittel zu erhöhen, ist das effiziente Debitorenmanagement (z.B. konsequentes Mahnwesen, Verkürzung der eingeräumten Zahlungsziele, ggf. Factoring) und damit die **Absenkung des Forderungsbestandes**. Diese Generierung von Liquidität durch Verkürzung der Zahlungsziele kann ergänzt werden durch die Inanspruchnahme von Zahlungszielen bei Lieferanten und die damit einhergehende Erhöhung der Verbindlichkeiten aus Lieferung und Leistung.

Bei Handels- und Produktionsunternehmen hat auch eine effiziente Lagerhaltung großen Einfluss auf die Liquidität. Nicht selten reduzieren Finanzinvestoren den Lagerbestand nach Übernahme um 50 %. Neben der freigesetzten Liquidität reduziert sich auch die Komplexität und daraus resultierende Kosten. 38

Denkbar ist auch ein Verkauf von Aktiva bei gleichzeitigem „Zurück-Mieten" im Wege des **Sale-lease-back-Verfahrens**. Ein typisches Beispiel hierfür ist der Verkauf eines Verwaltungsgebäudes eines Unternehmens an eine Leasinggesellschaft. Gleichzeitig mit dem Verkauf mietet das Unternehmen dasselbe Verwaltungsgebäude von der Leasinggesellschaft langfristig zurück. Die bisherigen Besitz- und Nutzungsverhältnisse bleiben von diesem Verfahren praktisch unberührt. Die Konstruktion umfasst den Verkauf (Sale) mit der Übertragung des Eigentums an dem Verwaltungsgebäude an die Leasinggesellschaft, die im Gegenzug Zahlungsmittel in Höhe des Verkaufspreises dem Unternehmen zur Verfügung stellt. Für das Unternehmen findet damit ein Aktivtausch zwischen einem Anlagegegenstand und der Kasse statt. Das gleichzeitig beginnende neue Mietverhältnis (Lease) belastet die Liquidität nur mit den 39

---

1 Vgl. *Bierich* in Christians, S. 204.

vereinbarten zukünftigen Mietraten, die im Wesentlichen von der Dauer des Mietverhältnisses, dem Kapitalmarktzins sowie der Vertragskonstruktion (Full-pay-out oder Non-full-pay-out Restbuchwertvertrag[1]) abhängig sind.

40 Auch Gegenstände des Umlaufvermögens können in einem Sale-lease-back-Verfahren verkauft und zurückgemietet werden (wie z.B. Fuhrpark, Büroausstattung, aber auch Bierfässer einer Brauerei). Unabhängig vom Objekt der Transaktion steht der Erlös einer erfolgreichen Sale-lease-back-Operation liquiditätswirksam für einen Unternehmens- und Beteiligungskauf bzw. zur Tilgung von Fremdkapital zur Verfügung.

II. Instrumente der Außenfinanzierung: Eigenkapital

1. Eigenkapitalbeschaffung nicht emissionsfähiger Unternehmen

a) Aufstockung durch Altgesellschafter vs. Aufnahme neuer Gesellschafter

41 Die Erhöhung der Eigenkapitalbasis nicht börsennotierter Unternehmen erfolgt in der Regel über die **Thesaurierung von Gewinnen**. Aus diesen können sowohl Investitionen wie auch Beteiligungen oder Übernahmen finanziert werden. Übersteigt der Finanzmittelbedarf diese interne Quelle, muss extern finanziert werden. Hierfür kommen grundsätzlich die gegenwärtigen Gesellschafter des Unternehmens, strategische Investoren aber auch Finanzinvestoren in Betracht.[2]

42 Bei Kapitalerhöhungen aus dem Altgesellschafterkreis ist bei Familiengesellschaften zu berücksichtigen, dass sich die Gewichtung zwischen den einzelnen Familienmitgliedern bzw. -stämmen verschieben kann, sofern nicht alle Gesellschafter in der Lage bzw. Willens sind, die Kapitalerhöhung zu zeichnen. Dies führt häufig zu einer **Wachstumsblockade durch Gesellschafter mit einer Sperrminorität**, denen es einerseits am notwendigen Kapital mangelt, die andererseits aber auch nicht verwässert werden wollen.[3] Ist der Kapitalbedarf nicht durch die Altgesellschafter zu decken, müssen neue Gesellschafter zur Erweiterung des bestehenden Gesellschaftskreises gesucht werden, die dann durch Kapitalerhöhung gegen Bareinlage Anteile übernehmen. Beide Wege der Eigenkapitalbeschaffung führen zur Bereitstellung von liquiden Mitteln, die für ein Unternehmen zum Beteiligungskauf genutzt werden können.

43 Während der Adressatenkreis der Altgesellschafter einfach zu identifizieren und deshalb meist relativ unkompliziert anzusprechen ist, stellt sich die **Suche nach neuen Gesellschaftern** komplexer dar. Als mögliche Ansprechpartner

---

1 Beim Full-pay-out wird das von der Leasinggesellschaft eingesetzte Kapital vollständig amortisiert, d.h. in Höhe der Differenz zwischen eingesetztem Kapital und den steuerlich zulässigen Abschreibungen (Differenz = Restbuchwert) entsteht ein Mietdarlehen. Dem gegenüber wird beim Non-full-pay-out das eingesetzte Kapital nur in Höhe der steuerlich zulässigen Abschreibungen amortisiert, d.h. ein Restbuchwert bleibt bestehen. Vgl. *Süchting*, S. 25 und 171.
2 Vgl. hierzu *Schramm* in Christians, S. 563–576.
3 Der Beschluss zur Kapitalerhöhung erfordert nach § 182, Abs. 1 Satz 1 AktG bzw. § 53 Abs. 2 GmbHG eine Mehrheit von 75 %.

kommen Finanzinvestoren, Wettbewerber, Unternehmerkontakte aus dem weiteren Gesellschafterkreis und auch Lieferanten- und Kundenbeziehungen in Frage. Zur Aufnahme externer Gesellschafter empfiehlt es sich, spezielle Berater zu beauftragen, die den Unternehmer bei der Kapitalsuche unterstützen. „M&A-Berater" bzw. „Corporate-Finance-Berater" bieten Banken, kleineren Unternehmen und Einzelpersonen ihre Dienste an (vgl. hierzu auch Teil I Rz. 105 ff.). Diese Berater verfügen über ein Netzwerk zu potenziellen Investoren und beherrschen den Finanzierungs- und Akquisitionsprozess. Für den Unternehmer, der eine solche Transaktion selten, wenn nicht gar nur einmalig durchführt,[1] ist es besonders wichtig, die Referenzen der Berater einzusehen. Diese sollten in der Branche und in der Größenordnung des suchenden Unternehmens Erfolge nachweisen können (sog. Track Record). Abb. 2 stellt die wesentlichen Schritte der Aufnahme eines neuen Gesellschafters idealtypisch dar.

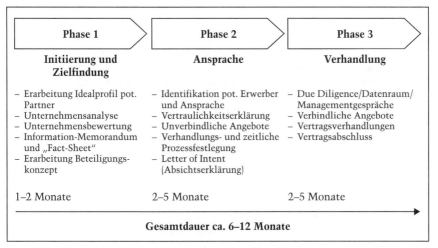

Abb. 2: Vorgehensweise zur Aufnahme eines neuen Gesellschafters

Grundlage eines M&A-Prozesses ist die eigene Stärken-/Schwächen-Analyse mit dem Ziel, das Idealprofil des potenziellen Kapitalgebers festlegen zu können. Folgende Fragen sind zu klären:

- In welchem Umfang besteht die Bereitschaft, Kontrollrechte abzugeben?
- Wird eine Beteiligung auf Zeit oder ein langfristiger Beteiligungspartner gesucht?
- Wird ein passiver Finanzinvestor oder ein Kapitalgeber mit Synergieeffekten bevorzugt?

---

[1] Vgl. *Beck/Vera*, FB 2002, 11.

45 Um die Anzahl anzusprechender Investoren einzugrenzen, wird die Kandidaten-long-list anhand folgender Kriterien in eine short-list überführt:[1]

- Erfolgt eine Beteiligung aus reinem Anlageinteresse oder ist sie z.B. strategisch motiviert?
- Bestehen Diversifikationsabsichten?
- An welchen Assets (Vermögenswerten) besteht Interesse (Know-how, Marktanteile, Produktionskapazität etc.)?
- Bestehen ausreichende Finanzierungskapazitäten?
- Welchen geografischen Fokus verfolgt der potenzielle Investor?
- Welche Branchen sind von Interesse?

46 Ist der Kontakt angebahnt, werden sich Unternehmer und Interessent ihre Ziele und Interessen gegenseitig vorstellen. Der Unternehmer sollte zu seiner Unterstützung einen Berater einschalten, der auf diesem Spezialgebiet nachweislich Erfahrungen vorweisen kann. Im Rahmen der stattfindenden Verhandlungen werden die Unternehmensbewertung auf Grundlage des Businessplans und der Erklärungen dazu als Basis für den Umfang der Beteiligung, die Art und Weise der künftigen Zusammenarbeit und Garantien des Unternehmers ausgetauscht. Ist ein Grundverständnis zwischen den Parteien erreicht, wird dieses in einer **Absichtserklärung** (sog. Letter of Intent [LoI]) oder Memorandum of Understanding [MoU]) festgehalten. Diese spiegeln das Ergebnis der bisherigen Verhandlungen wider und enthalten oftmals Verschwiegenheitsverpflichtungen und Exklusivitätsvereinbarungen. Erfahrungsgemäß gilt das in der Absichtserklärung Niedergelegte als vereinbart. Zu einem späteren Zeitpunkt kann nur durch außerordentliche Erkenntnisse aus der Due Diligence davon abgewichen werden.

47 Nach Unterzeichnung der Absichtserklärung findet bei dem Unternehmen eine gründliche Unternehmensprüfung (sog. **Due Diligence**[2]) statt. Diese wird sich auf die Themenkreise Recht, Financial[3] und Tax sowie das Geschäftsmodell des Unternehmens erstrecken. Vielfach sind auch Themen wie Strategie, Organisation, Management,[4] Marketing und Technik Gegenstand der Prüfung.[5] Im Rahmen der Legal Due Diligence werden z.B. die gesellschaftsrechtlichen Unterlagen des Unternehmens, arbeitsrechtliche Dokumente sowie sonstige weitere Verträge des Unternehmens geprüft. Die Financial und Tax Due Diligence richtet sich auf die früheren Jahresabschlüsse, Steuererklärungen und Steuerbescheide. Besonderes Augenmerk gilt dabei verdeckten Gewinnausschüttungen bzw. Vereinbarungen, die einem Drittvergleich nicht

---

1 Vgl. *Schefczyk* in Kollmann, S. 408.
2 Vgl. *Barthel*, DStZ 1999, 73 und 136; *Nathusius*, S. 87 sowie *Kollmann/Kuckertz*, S. 46 ff. für einen umfassenden Überblick.
3 Vgl. *Brauner/Lescher* in Berens/Brauner/Strauch, S. 325 ff.
4 Zur Abgrenzung der Evaluation des Managements durch Venture Capitalisten von der gewöhnlichen personalwirtschaftlichen Entscheidung vgl. *Smart*, Venture Capital 1999, 59.
5 Vgl. *Rockholtz* in Berens/Brauner/Strauch, S. 196.

standhalten. Die Due Diligence, die das Geschäftsmodell des Unternehmens betrifft, wird u.a. die Produktseite, den Vertrieb und die interne Organisation des Unternehmens analysieren.¹

Bei mittelständigen, familiengeführten Unternehmen werden häufig Themen, die sich aus der für die Familie optimierten Struktur ergeben, zum Thema der Verhandlungen. Beteiligungsgesellschaften wünschen eine Bereinigung dieser Strukturen. Dazu zählen z.b. teilzeitangestellte Familienangehörige, Firmenfahrzeuge oder auch Immobilien.

48

Ist das Ergebnis der Due Diligence für den Interessenten zufrieden stellend und besteht zwischen den Parteien Einigkeit über den Kaufpreis und die abzugebenden Garantien, wird ein **Beteiligungsvertrag** geschlossen. Zentrale Inhalte eines derartigen Vertrages sind die Arithmetik der Beteiligung, Vereinbarungen zum Vollzug der Beteiligung und wichtige Nebenabsprachen.² Im Beteiligungsvertrag sind der Umfang der durchzuführenden Kapitalerhöhung sowie die Zahlung in das gezeichnete Kapital und die freien Rücklagen zu bestimmen.

49

Im Gegenzug wird der Unternehmer Zusicherungen und Garantien (engl.: Representations und Warranties) abgeben müssen. In ihnen spiegeln sich im Wesentlichen die Ergebnisse der Due Diligence wider. Darüber hinaus wird sich der Beteiligungsgeber die erwähnten Mitsprache-, Informations- und Kontrollrechte einräumen lassen. Bei Aktiengesellschaften kann dies über das Recht zur Entsendung eines Mitglieds in den Aufsichtsrat erfolgen. Bei GmbHs wird regelmäßig durch Satzungsänderung ein Beirat eingerichtet.³ Weiterhin werden Absprachen über die Beschränkung der Übertragbarkeit von Anteilen an dem Unternehmen sowie Wettbewerbsverbote des Managements getroffen. Finanzinvestoren vereinbaren zweckmäßigerweise auch gleichzeitig den Exit. Dieser wird bevorzugt über den Verkauf an einen Dritten (Trade Sale) oder einen Börsengang (Initial Public Offering, IPO) erfolgen.⁴ Regelmäßig wird sich der Beteiligungsgeber auch eine Liquidationspräferenz⁵ einräumen lassen. Nach dieser wird er in der Veräußerung der Gesellschaft vorrangig vor den übrigen Gesellschaftern seine Einlage einschließlich aller geleisteten Zuzahlungen zurückerhalten. Der Beteiligungsvertrag wird notariell beurkundet, da mit ihm eine Satzungsänderung (bspw. im Rahmen der Kapitalerhöhung) verbunden ist.

50

---

1 Vgl. *Weitnauer*, S. 270. Am selben Ort findet sich auch eine exemplarische, umfangreiche Due Diligence Checkliste.
2 Vgl. *Weitnauer*, S. 271 ff.
3 Vgl. *Talaulicar/Grundei/Werder*, FB 2001, 511.
4 Vgl. *Schefczyk*, Finanzieren, S. 29 f., der darüber hinaus den Rückkauf der Anteile durch den Unternehmer selbst, den Verkauf der Anteile an einen Finanzinvestor (Secondary Purchase) und die negative Form des Exits in Form der Abschreibung erwähnt.
5 Neben Liquidationspräferenzen kommt auch Vesting-Regelungen, die verhindern sollen, dass erfolgskritische Personen vorzeitig das Unternehmen verlassen, im Rahmen der Vertragsverhandlungen eine entscheidende Bedeutung zu. Vgl. *Lerner/Hardymon*, S. 270 f.

51 Die Tab. 3 und 4 geben eine Übersicht über die Charakteristika von strategisch und finanziell motivierten Investoren, die als **Hauptinvestorengruppen** für einen Beteiligungserwerb in Frage kommen. Jede dieser Investorengruppen ist aus Sicht des Unternehmers durch Vor- und Nachteile im Hinblick auf eine Beteiligung gekennzeichnet.

Beteiligung eines industriellen Partners, der über ein strategisches Interesse wie bspw. die Nutzung von Synergien oder die Weiterentwicklung seiner aktuellen Geschäftstätigkeit verfügt	
Pro	– Zahlung einer strategischen Prämie möglich – Bieterwettbewerb möglich – Synergieeffekte – Schnelles Verständnis des Geschäfts – Schnelle Entscheidungen
Contra	– Limitierte Anzahl strategischer Investoren – Umfassende Due Diligence birgt Gefahr des Missbrauchs von Betriebsinterna – Unerwünschter Know-how-Transfer – z.T. harte Vertragskonditionen und Mitspracherechte – bei ausländischen Investoren unter Umständen Rechtsunsicherheiten – i.d.R. Mehrheitserwerb angestrebt – Reibungsverluste durch unternehmerische Kulturdifferenzen

Tab. 3: Beteiligung eines strategischen Investors

52 Etwa 70 % aller strategisch motivierten Unternehmenskäufe erfüllen die bei Erwerb geplanten Erwartungen nicht. Gründe sind unterschätzte „Kulturunterschiede" sowie „Synergiekosten", die in Cashflow-Modellen meist nicht abgebildet werden.

Beteiligung eines Investors (bspw. Private-Equity-Gesellschaft), der in erster Linie unter Renditegesichtspunkten investiert und die kurz- bis mittelfristige Maximierung des eingesetzten Kapitals anstrebt. Die Weiterveräußerung an strategische Investoren nach der Neuausrichtung des Unternehmens kann genauso wie ein IPO angestrebt werden.	
Pro	– Kein Know-how-Transfer an Wettbewerber – Großes Netzwerk – Erfahrung bei Firmenübernahmen; höhere Erfolgsrate – Konzentration auf Cashflow und Renditepotenzial
Contra	– Widerstände von Seiten der Belegschaft bzw. des Managements – Umfassende Due Diligence erforderlich – Durchschnittliche Haltedauer 3–7 Jahre – z.T. harte Verträge und Mitspracherechte, insbesondere bei Verfehlung vereinbarter Covenants (s. Tab. 13, Rz. 144) und Meilensteine (milestones) – Langer Prüfungszeitraum

Tab. 4: Charakteristika des Finanzinvestors

53 Der Anteil finanziell erfolgreicher Übernahmen durch Private-Equity-Investoren ist höher als bei strategischen Investoren. Ein Grund liegt in der reinen Fo-

kussierung auf Wertsteigerung, während Strategen sich auch von nicht monetären Aspekten (Marktanteil, Technik etc.) leiten lassen.

Aus Sicht des Kapitalnehmers ist die Mitbestimmung bei der Aufnahme neuer Gesellschafter häufig ein Problem. Der im Folgenden ausführlicher besprochene Weg der stillen Gesellschaft (vgl. hierzu Teil IV Rz. 66 ff.) ist ein möglicher Lösungsweg. Der Vorteil einer solchen stillen Gesellschaft liegt darin, dass das Gesellschaftsverhältnis weitgehend frei vereinbart werden kann.[1] Sollte der neue Gesellschafter keinen Einfluss auf die Geschäftsführung ausüben wollen, wird er allerdings eine Rendite auf seinen Kapitaleinsatz erwarten, die erheblich über der von langfristigen Anlagen am Kapitalmarkt liegt. 54

b) Kapitalbeteiligungsgesellschaften

In Deutschland sind über 200 Kapitalbeteiligungsgesellschaften tätig, die sich direkt oder indirekt an Unternehmen beteiligen. Als reine Finanzinvestoren sind sie Partner auf Zeit für i. d. R. 4 bis 7 Jahre. Die Verzinsungserwartung von über 20 % p.a. realisieren sie überwiegend durch Steigerung des Unternehmenswertes und anschließenden Anteilsverkauf. Dividenden spielen eine untergeordnete Rolle. Dem Nachteil keine operativen Synergien bieten zu können, steht für den Unternehmer der Vorteil gegenüber, einen auf Wertsteigerung fokussierten Sparringpartner als Mitgesellschafter zu haben. 55

aa) Rechtliche Rahmenbedingungen

Kapitalbeteiligungsgesellschaften[2] werden in Deutschland einerseits durch das Gesetz über Unternehmensbeteiligungsgesellschaften (UBGG)[3] und andererseits durch das Investmentgesetz (hat das KAGG seit 1.1.2004 ersetzt) geregelt. 56

Ziel des UBGG ist es, nicht börsennotierten, innovativen Unternehmen den Zugang zu Wagniskapital zu erleichtern. Geschäftsgegenstand einer **Unternehmensbeteiligungsgesellschaft** ist der Erwerb, das Halten, die Verwaltung und die Veräußerung von Wagniskapitalbeteiligungen. Dabei werden unter Wagniskapital Beteiligungen durch Übernahme von Aktien, Geschäftsanteilen an einer GmbH, Kommanditanteilen, Beteiligungen als stiller Gesellschafter sowie Genussrechten verstanden. Unternehmensbeteiligungsgesellschaften unterliegen sowohl bei ihrer Geschäftstätigkeit klar definierten Anlagegrenzen als auch bei ihrer Gesellschafterstruktur entsprechenden Restriktionen (vgl. §§ 4, 7 UBGG). Das Gesetz unterscheidet diesbezüglich zwischen offenen und integrierten Unternehmensbeteiligungsgesellschaften. Eine integrierte Unternehmensbeteiligungsgesellschaft kann als abhängige Tochtergesellschaft betrieben werden (bspw. als Konzerngesellschaft einer Bank). Die offene Unternehmensbeteiligungsgesellschaft hingegen darf spätestens fünf Jahre nach ihrer Anerkennung kein abhängiges Tochterunternehmen im Sinne des Gesetzes mehr sein. 57

---

1 Vgl. *Blaurock*, Rz. 4.24.
2 Vgl. *Müller-Stewens/Roventa/Bohnenkamp*, S. 20–49.
3 Vgl. *Schefczyk*, Erfolgsstrategien, S. 58 ff.

58 Seit In-Kraft-Treten des UBGG zum 1.1.1987 werden den Beteiligten an Unternehmen bei Erfüllung bestimmter Voraussetzungen Vergünstigungen eingeräumt. Neben der Befreiung von der Gewerbesteuer (vgl. hierzu § 3 Nr. 23, 24 GewStG) ist vor allem die Nichtanwendung der Regeln über den Eigenkapitalersatz (§ 32a GmbHG) für den Fall zu nennen, dass ein Gesellschafter der Unternehmensbeteiligungsgesellschaft einem Unternehmen, an dem diese beteiligt ist, ein Darlehen gewährt.[1] Allerdings hat sich der Vorteil der Gewerbesteuerfreiheit nach der Unternehmensstrukturreform 2000 (s. z.B. die Diskussion um die Steuerfreiheit von Veräußerungsgewinnen, § 8b Abs. 2 KStG, § 7 GewStG) wieder relativiert.

59 Um die Bezeichnung Unternehmensbeteiligungsgesellschaft führen zu dürfen, bedarf es einer Anerkennung durch die jeweils zuständige oberste Landesbehörde (i.d.R. Wirtschaftsministerium des Bundeslandes). Über die genannten Bedingungen hinausgehende **Anforderungen** sind u.a.:

– Führung der Unternehmensbeteiligungsgesellschaft in der Rechtsform der AG, GmbH, KG oder KGaA,

– mindestens 1,0 Mio. Euro Grund- oder Stammkapital sowie

– Sitz und Geschäftsleitung der Unternehmensbeteiligungsgesellschaft im Inland.

60 Nach InvG werden unter **Investmentfonds** Kapitalanlagegesellschaften verstanden, deren Geschäftsbereich darauf gerichtet ist, Sondervermögen zu verwalten. Vermögensgegenstände können Wertpapiere, Beteiligungen an Gesellschaften oder Ähnliches sein. Dabei gilt § 37 InvG, der eine jederzeitige Rücknahmepflicht für ausgegebene Anteilsscheine der Kapitalanlagegesellschaft festlegt. In der Praxis sind folgerichtig Beteiligungssondervermögen nur auf geringe Akzeptanz gestoßen.

bb) Beteiligungsformen

61 Entscheidet sich ein Unternehmer zur Zusammenarbeit mit einer Beteiligungsgesellschaft, wird die Kapitalzufuhr durch direkte Beteiligung, typische oder atypische stille Beteiligung gewährt.

62 Bei einer **direkten Beteiligung** erwirbt der Investor in den meisten Fällen durch eine Kapitalerhöhung Anteile an der Gesellschaft. Hierdurch fließen dem Unternehmen liquide Mittel für Investition, Expansion, Unternehmenskäufe oder die Optimierung der Passivseite der Bilanz zu. Dies geschieht in Kombination mit einem Anteilserwerb von den Altgesellschaftern, sofern die Gesellschafterstruktur bereinigt werden soll oder sich der Alteigentümer aus dem Geschäft zurückziehen möchte. Die Rendite auf das eingesetzte Kapital wird nicht über eine laufende Verzinsung erwirtschaftet, sondern durch die Veräußerung der Anteile (sog. Exit[2]) zu einem späteren Zeitpunkt, meist nach

---

1 Das UBGG wurde zuletzt durch das 3. Finanzmarktförderungsgesetz vom 24. 3. 1998 grundlegend novelliert.
2 Vgl. für eine detaillierte Analyse der Exit-Problematik *Prester*.

4 bis 7 Jahren. (vgl. Abb. 3, Beispiel der Architektur einer Venture-Capital-Gesellschaft, Teil IV Rz. 64).

Die Untergrenze der Zeitspanne wird i.d.R. benötigt, um die Wertsteigerungspotenziale realisieren zu können. Die 7 Jahre maximale Haltedauer ergibt sich aus der Fondslaufzeit von i.d.R. 10 Jahren, nach der die Fonds-Investoren die Rückzahlung ihres Kapitals erwarten. 63

Die Exitorientierung von Finanzinvestoren steht häufig den langfristigen Zielen des Unternehmens entgegen. Von daher sollte bereits in den ersten Gesprächen geklärt werden, wie dieser Exit des Finanzinvestors geplant ist. Es ist heute üblich, in den Beteiligungsverträgen entsprechende Klauseln zu diesen Themen aufzunehmen. Zu nennen sind dazu Mitverkaufsrechte und -pflichten, Andienungspflichten, Vorkaufsrechte und ähnliche Vereinbarungen. Dem Wunsch vieler Unternehmer, die Anteile später zurückkaufen zu können, wird häufig entsprochen; in der Realität lässt sich dieses Ziel jedoch nur selten umsetzen, da die Kaufpreisvorstellung der Beteiligungsgesellschaft meist weit über den finanziellen Möglichkeiten des Altgesellschafters liegt. Die angestrebte Rendite ist meist nur mittels eines Börsengangs (vgl. hierzu ausführlich Teil IV Rz. 90 ff.) oder durch einen Verkauf an einen strategischen Partner oder wiederum einen Finanzinvestor realisierbar. 64

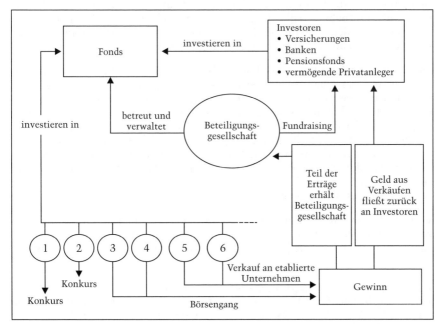

Abb. 3: Die Architektur des Risikokapitalgeschäftes[1]

---

[1] Vgl. *Papendick/Schmalholz*, Manager Magazin 2002, 128.

65 Ein weiteres Problem bei Verhandlungen über den Einstieg einer Kapitalbeteiligungsgesellschaft ist die **Unternehmensbewertung**. Unternehmenswerte[1] werden in der Praxis eher auf Basis praktischer Erfahrungen als mittels theoretisch fundierter Modelle ermittelt. So ist es üblich, den nachhaltigen operativen Gewinn vor Steuern und Zinsen (EBIT) bei einem mittelständischen Unternehmen mit einem Faktor derzeit branchenabhängig meist zwischen 4 und 7 zu multiplizieren.[2] Bei größeren Transaktionen werden zusätzlich aufwändige Discounted Cashflow – Modelle gerechnet. Die daraus abgeleiteten Multiplikatoren ermöglichen Praktikern eine schnelle Einschätzung, ob Transaktionen vergleichsweise „billig" oder „teuer" sind. Branchenspezifische Multiplikatoren werden in der Fachpresse veröffentlicht. Bei der Anwendung dieser Methode ist allerdings strikt auf die Vergleichbarkeit der Unternehmen zu achten: Werden Multiplikatoren börsennotierter Unternehmen oder von gerade verkauften großen Unternehmen herangezogen, so sind oftmals die Erwartungshaltung der Eigentümer eines kleineren Unternehmens und der tatsächlich erzielbare Kaufpreis der Anteile unvereinbar.

66 Die Beteiligung eines **atypisch stillen Gesellschafters**[3] führt ebenfalls zur Bildung von bilanziellem Eigenkapital. Wesentliche Kriterien einer atypisch stillen Beteiligung sind Mitunternehmerinitiative und -risiko. Mitunternehmerinitiative wird angenommen, wenn der Gesellschafter zumindest Informations- und Kontrollrechte hat, die der Stellung eines Kommanditisten entsprechen. Mitunternehmerrisiko liegt vor, wenn ein stiller Gesellschafter nicht nur am laufenden Gewinn und Verlust des Unternehmens, sondern auch schuldrechtlich an den stillen Reserven und am Geschäftswert beteiligt ist.

67 Die Rechte der Beteiligungsgesellschaft bei einer Finanzierung mit Eigenkapital oder in Form einer atypisch stillen Beteiligung werden in einem Katalog von Informationsrechten und zustimmungspflichtigen Geschäften festgelegt. Beispiele für Informationsrechte[4] sind die monatliche Geschäftsentwicklung (Reporting) oder die Einräumung von Aufsichts- bzw. Beiratsmandaten. Aufgrund der negativen Marktentwicklung der letzten Jahre, in denen viele Beteiligungsgeber signifikante Ausfälle bei ihren Beteiligungen haben verzeichnen müssen, hat der Umfang dieser Kataloge deutlich zugenommen. Insbesondere sind Einflussrechte für den Fall des Unterschreitens von Zielen und Plänen (sog. **Milestones**) vorgesehen.

68 Vorteilhaft für Unternehmer ist, dass mit den Vertretern der Beteiligungsgesellschaften dem Unternehmer qualifizierte und erfahrene Gesprächspartner zur Verfügung stehen, die hinsichtlich der Wertsteigerung des Unternehmens

---

1 Übersichten hinsichtlich gängiger Bewertungsmethoden finden sich bei *Klein/Jonas* in Berens/Brauner/Strauch, S. 158–167; *Achleitner/Nathusius*, WiSt 2004, 134; *Baaken*; *Drukarczyk*. Für VC-typische Methoden der Unternehmensbewertung s. insbesondere *Wipfli*.
2 Zum Multiplikatorkonzept vgl. insbesondere *Coenenberg/Schultze*, DBW 2002, 597.
3 Die stille Gesellschaft ist in den §§ 230–236 HGB geregelt. Vgl. auch *Breuninger/Krüger* in Finance/ConVent, S. 90–92.
4 Für eine umfassende Aufarbeitung der Corporate Governance Problematik vgl. *Bassen*.

die selben Ziele wie der Unternehmer verfolgen.[1] Gleichzeitig sind Beteiligungsgesellschaften auch sehr erfahren im Umgang mit Krisen und bieten auch auf diesem Gebiet i.d.R. ein hohes Maß an Expertise (z.B. bei Verhandlungen mit Banken zur Strukturierung des Fremdkapitals). Die Tatsache, dass sich eine Beteiligungsgesellschaft an einem Unternehmen beteiligt, steigert darüber hinaus dessen Reputation am Markt, da die Auswahlkriterien außerordentlich streng gefasst sind.

Die **typische stille Beteiligung** ist eine weitere Form, in der sich Beteiligungsgesellschaften bei Unternehmen engagieren. Die stille Beteiligung bleibt anonym und ist damit nach außen nur wenigen bekannt. Sie bietet beiden Seiten den Vorteil, dass das Gesellschaftsverhältnis weitgehend frei vereinbart werden kann. Die wesentlichen Merkmale der typischen stillen Beteiligung lassen sich wie folgt zusammenfassen: 69

- Beteiligung am Gewinn des Unternehmens (Mindestgewinn und/oder prozentualer Anteil),
- keine Beteiligung an der Substanz des Geschäftsvermögens und damit an den stillen Reserven (Ausnahme ist die atypisch stille Beteiligung),
- Verlustbeteiligung kann ausgeschlossen werden,
- Haftung auf Höhe der Einlage beschränkt,
- sehr eingeschränkte Kontroll- und Mitspracherechte sowie
- die Möglichkeit des stillen Gesellschafters, in der Insolvenz seine Einlage, soweit sie seinen Anteil am Verlust übersteigt, geltend zu machen (§ 236 HGB).

Die Beteiligungsdauer einer **stillen Beteiligung** an einem Unternehmen ist meist auf zehn Jahre begrenzt. Ein typischer Vertrag enthält häufig ein einseitiges, vorzeitiges Kündigungsrecht für den Unternehmer, sodass er die Beteiligung von der Beteiligungsgesellschaft zurückkaufen kann. 70

Eine zentrale Bedeutung im stillen **Beteiligungsvertrag** mit der Beteiligungsgesellschaft hat die Regelung über die Gewinnbeteiligung. Die wesentlichen regelungsbedürftigen Tatbestände sind:

- Gewinnbeteiligung der Beteiligungsgesellschaft mit einer Quote, die sich am Zinssatz für langfristige Darlehen als Untergrenze orientiert, zuzüglich eines angemessenen Risikozuschlags, der häufig am Ende der Laufzeit gezahlt wird,
- evtl. Ausschluss einer Art Dividendengarantie, sodass niedrigere als erwartete Gewinne hingenommen werden müssen,
- ggf. Verlustbeteiligung, die allerdings meist ausgeschlossen wird,
- Festsetzung eines Unternehmerlohnes – auch für mögliche Verlustzeiten,

---

1 Vgl. *Danz* in Blum/Leibbrand.

- Vorabverzinsung von Kapitalkonten und
- Vorabgewinne für bisherige Gesellschafter, z.B. zur Abgeltung des Ertragswertes der bereits vorhandenen stillen Reserven oder wenn der Unternehmenserfolg sehr stark von dem persönlichen Einsatz und der Qualifikation des Unternehmers (Gesellschafters) abhängig ist.

71 Insgesamt eröffnet die Möglichkeit der Einbeziehung einer Beteiligungsgesellschaft eine interessante Verbreiterung der Eigenkapitalbasis. In Deutschland ist die Nachfrage nach Beteiligungskapital im Vergleich zu vielen anderen europäischen Ländern unterentwickelt, denn der deutsche Mittelstand scheut noch immer externe Gesellschafter und deutsche Manager erwägen nur selten den Kauf einer Konzerntochtergesellschaft mit Unterstützung einer Beteiligungsgesellschaft.

72 Den **Kontakt zu Beteiligungsgesellschaften** stellen neben dem Bundesverband Deutscher Kapitalbeteiligungsgesellschaften e. V. auch die Hausbank, die Kreditanstalt für Wiederaufbau[1] sowie auf die Vermittlung von Beteiligungskapital spezialisierte Unternehmensberater her. In Deutschland sind mehr als 200 Beteiligungsgesellschaften im Markt aktiv.[2] Dabei haben die jeweiligen mittelständischen Beteiligungsgesellschaften der Länder (MBG) einen hohen Marktanteil.

cc) Venture-Capital- vs. Private-Equity-Gesellschaften

73 Der Lebenslauf eines Unternehmens (in Anlehnung an den Produktlebenszyklus oftmals auch **Unternehmenslebenszyklus** genannt) lässt sich in die nachstehenden Phasen[3] einteilen (Abb. 4). In der so genannten **Seed-Phase (Vorgründungsphase)** ist der Unternehmer damit beschäftigt, seine unternehmerische Idee/Innovation umzusetzen. In dieser Phase erstellt der Unternehmer einen Businessplan und definiert die Grundstrukturen von Management und Organisation seines Unternehmens. Parallel dazu wird die Finanzierungsstruktur des Unternehmens erarbeitet. Die Finanzierung wird meist aus Eigenkapital des Gründers, dessen Freundeskreis und von Business Angels dargestellt. Fremdkapital von Banken erhalten Unternehmen dieser Phase meist nicht, da das Risiko des Scheiterns bei über 50 % liegt.

---

1 Für nähere Informationen vgl. die Homepage des BVK (www.bvk-ev.de) oder auch der KfW (www.kfw.de).
2 Vgl. *Frommann* in Achleitner/Bassen, S. 435 ff.
3 Vgl. *Achleitner* in Breuer, S. 513 ff.

Instrumente der Außenfinanzierung: Eigenkapital Teil IV

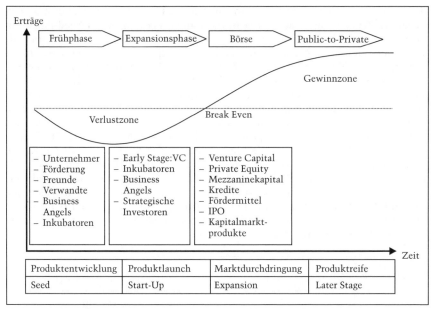

Abb. 4: Finanzierungsphasen im Lebenszyklus[1]

Daran schließt sich die **Start-up-Phase (Gründungsphase)** an. In der Start-up-Phase gründet der Unternehmer sein Unternehmen und es findet eine erste größere Finanzierungsrunde mit externen professionellen Partnern statt. Mit der Start-up-Finanzierung wird das Produkt zur Marktreife entwickelt und dessen Markteinführung vorbereitet. Parallel dazu wird ein geeignetes Managementteam[2] aufgebaut, das die wesentlichen Kompetenzen Vertrieb, Controlling[3] und Technik beherrschen muss. Meist findet eine zweite Finanzierungsrunde statt, in der die Strukturen des Unternehmens gefestigt werden. Ist die Start-up-Phase erfolgreich abgeschlossen, schließt sich daran eine Phase an, in der mit Wachstumskapital finanziert wird (Expansion Stage). In der Regel erwirtschaftet ein Unternehmen in dieser Phase bereits einen positiven Cashflow, so dass sich eine große Vielfalt von Finanzierungsinstrumenten anbietet. Das operative Geschäft wird ausgebaut, die Produkte werden diversifiziert und der Erwerb von Beteiligungen an anderen Unternehmen ist denkbar.

In der **Wachstumsphase** kann das Unternehmen einen Initial Public Offering (IPO) durchführen. Ist das nicht der Fall, stehen dem Unternehmen Bankenfremdfinanzierung, Private Equity und Anteilsverkauf an strategische Investoren offen, um den Kapitalbedarf zu decken.

74

---

1 In Anlehnung an *Schefczyk*, Erfolgsstrategien, S. 35.
2 Vielfach hat sich die Vorteilhaftigkeit der Gründung im Team in empirischen Untersuchungen erwiesen. Für Metastudien vgl. bspw. *Lechler/Gemünden* sowie *Mellewigt/Späth*, ZfB 2002, Ergänzungsheft 5.
3 Vgl. *Achleitner* sowie insbesondere *Kollmann/Kuckertz* in Achleitner/Bassen.

75 Ausgehend von diesem Entwicklungsweg eines Unternehmens kann man **Geschäftsfelder der Eigenkapitalinvestoren** kategorisieren. In der Seed-Phase investieren überwiegend Business Angels. Business Angels sind vermögende Privatpersonen, die über den rein materiellen Aspekt hinaus auch über unternehmerisches Know-how und ein Netzwerk an Kontakten, z.B. zu potenziellen Kunden, verfügen.[1] Da sich der Unternehmer in der Seed-Phase zunächst über den Finanzierungsbedarf klar werden muss,[2] treten Venture-Capital-Gesellschaften in dieser Phase noch nicht auf. Venture-Capital-Gesellschaften werden vor allem in der anschließenden Start-up-Phase aktiv. Sie stellen dem Unternehmer neben Eigenkapital auch Business- und Management-Know-how[3] zur Verfügung. Da sie als Gesellschafter das unternehmerische Risiko vollständig mittragen, kalkulieren sie eine durchschnittliche Rendite von größer 30 % pro Jahr. Bis 2001 konnte diese Rendite mittels Börsengang realisiert werden. Nach dem Zusammenbruch des neuen Marktes 2001 steht wieder der Verkauf an strategischen Investoren im Vordergrund. Die letzten Jahre haben jedoch gezeigt, dass auch das zur Verfügung stehende Venture-Capital stark abgenommen hat (vgl. Abb. 5).

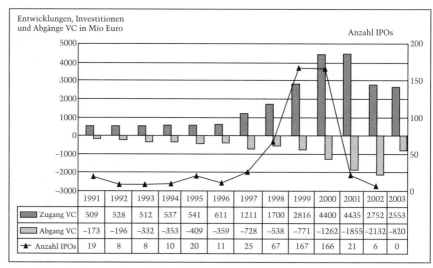

Abb. 5: VC-Markt vs. IPO-Markt

---

1 Vgl. *Jantz* in Dowling/Drumm, S. 98; *Bell*, Die Bank 1999, 372 ff.
2 Vgl. *Klandt/Krafft* in Kollmann, S. 311.
3 Das Know-how des Venture-Capitalisten ist wesentlich für den Unternehmenserfolg; es schafft allerdings primär in frühen Unternehmensphasen Werte und ist nach einem eventuellen IPO als weniger wertrelevant einzustufen. Dies ist im Wesentlichen auf den Umstand zurückzuführen, dass das Know-how von Venture-Capital-Gesellschaften besonderes in Situationen mit hoher Unsicherheit und starker Informationsasymmetrie zum Tragen kommt. Vgl. *Brau/Brown/Osteryoung*, Journal of Small Business Management 2004, 91.

Venture-Capital-Gesellschaften werden unterschieden in unabhängige Finanzinvestoren und diejenigen, die in einen Industriekonzern eingebunden sind (Corporate oder Captive Venture-Capital-Gesellschaften[1]). Primäres Interesse der **Corporate Venture-Capital-Gesellschaften** ist es, einen Zugang zu technologischen Innovationen zu erhalten.[2] Die industriekonzernunabhängigen Venture-Capital-Gesellschaften haben im Gegensatz dazu in erster Linie die Renditeerzielung als Hauptinteresse. In der Expansions- und der Later Stage Phase investieren typischerweise Private-Equity-Gesellschaften. Einerseits finanzieren sie die Expansion bereits etablierter Unternehmen. Darüber hinaus werden so genannte Buy-Outs finanziert, bei denen etablierte Unternehmen mit dem Ziel übernommen werden, Wertpotenziale der Unternehmung zu verbessern. Da Private-Equity-Gesellschaften in etablierte Unternehmen investieren, sind die Renditeerwartungen an ihre Investments deutlich geringer als diejenigen der Venture-Capital-Gesellschaften. Diese bewegen sich zwischen 20 % und 30 % pro Jahr.

76

Diese Kategorisierung ist zwangsläufig grob. In der Praxis finden sich etliche Kapitalbeteiligungsgesellschaften, die opportunistisch Beteiligungen eingehen. Seit dem Zusammenbruch der Börsen im Jahre 2000 dringen viele Venture-Capital-Gesellschaften und Private-Equity-Häuser in bislang von ihnen nicht bearbeitete Marktbereiche vor. So werden bspw. Venture-Capital-Unternehmen auch in der Seed-Phase aktiv oder finanzieren Unternehmen in der Expansionsphase. Andererseits stellen Private-Equity-Häuser in Ausnahmefällen auch Start-up-Unternehmen Kapital in einer ersten Finanzierungsrunde zur Verfügung.

dd) Investitionskriterien von Kapitalbeteiligungsgesellschaften

Nach folgenden Kriterien wählen Venture Capital- und Beteiligungsgesellschaften Unternehmen aus[3]:

77

– Unternehmensentwicklung, die eine 20 %–30 % Verzinsung des eingesetzten Kapitals ermöglicht,

---

1 Vgl. *McNally*.
2 Vgl. *Voigt/Christofor/Landwehr*, S. 4 ff.
3 Anschließend an die Arbeit von *Wells* aus dem Jahre 1974 finden sich zahlreiche Studien zur Entscheidungsfindung von Venture-Capital-Gesellschaften unter besonderer Berücksichtigung der maßgeblichen Kriterien für eine Investitionsentscheidung. Vgl. bspw. *Tyebjee/Bruno*; *Tyebjee/Bruno*, Management Science 1984; *MacMillan/Siegel/Narasimha*, Journal of Business Venturing 1985; *MacMillan/Zemann/Narasimha*, Journal of Business Venturing 1987; *Fried*, Financial Management 1994; *Hall/Hofer*, Journal of Business Venturing 1993 oder auch im deutschsprachigen Raum *Fendel*; *Eisele/Habermann/Oesterle*; sowie *Brettel*, Die Betriebswirtschaft 2002. In den letzten Jahren finden sich auch vermehrt kritische Studien, die den Entscheidungsprozess entsprechend hinterfragen, so z.B. bei *Zacharakis/Meyer*, Journal of Business Venturing 1998; *Franke* et al; *Shepherd/Zacharakis/Baron*, Journal of Business Venturing 2003.

- erfolgreiche Historie und Zukunftspotenzial,
- Alleinstellungsmerkmale (Technologie, Logistik, Brand-Name, Vertrieb etc.), die hohe Eintrittsbarrieren für Wettbewerber bilden,
- führende Marktstellung im relevanten Marktsegment,
- Erfolgreiches Managementteam mit hoher variabler Vergütung und Gesellschaftsanteilen,
- Exitfähigkeit nach 4–7 Jahren,
- stabiles Geschäftsmodell mit geringer Volatilität,
- aussagefähiges Rechnungswesen sowie
- Mitspracherechte der Beteiligungsgesellschaft bei Planverfehlungen; ggf. auch Austausch des Managements.

ee) Buy-Out-Finanzierungen

78 Buy-Out-Finanzierungen (vgl. hierzu auch Teil I Rz. 72 ff.) werden häufig bei etablierten Unternehmen durchgeführt.[1] Geläufiger Begriff für einen Buy-Out ist der sog. **Management-Buy-Out (MBO)**, bei dem leitende Angestellte oder die Geschäftsführung selbst das Unternehmen oder auszugliedernde Unternehmensteile übernehmen.[2] Gegenstand der Transaktion kann also entweder eine einzelne Geschäftseinheit innerhalb einer Gesellschaft oder eine Gesellschaft an sich sein. Die Übernahme kann direkt durch das Management erfolgen oder über ein meist steuerlich angelegtes Akquisitionsvehikel, an dem das Management beteiligt ist. Wird die Übernahme überwiegend fremdfinanziert, wird der MBO auch gleichzeitig als **Leveraged-Buy-Out** (LBO) bezeichnet. Sollte das Unternehmen von einem externen Management übernommen werden, so spricht man hingegen von einem Management-Buy-In (MBI).[3]

---

[1] Vgl. die Nachweise in den Statistiken für 2002 und das 3. Quartal 2003 des Bundesverbands Deutsche Kapitalbeteiligungsgesellschaft (online verfügbar unter www.bvk-ev.de).

[2] Vgl. *Weitnauer*, S. 234; *Kasperzak* in Koch/Zacharias, S. 151 ff. sowie *Nathusius*, S. 61 f.

[3] Vgl. *Cullom/Stein* in Stadler, S. 123, sowie *Forst*.

Abb. 6 zeigt die zunehmende Bedeutung dieser Transaktionsart in Europa.

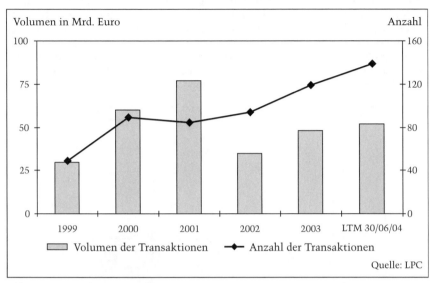

Abb. 6: Europäische Leveraged-Buy-Outs 1999–2004

Ein *Beispiel*: Im Jahr 1997 hat sich der japanische Elektrokonzern Matsushita von seinem Hochpreis-TV-Geschäft (Loewe AG) getrennt. Das Management übernahm die Firma mit Hilfe einer Beteiligungsgesellschaft und von Banken eingeräumten Kreditlinien. Die Loewe AG ging wenige Jahre später an die Börse.

Im Mittelstand werden Nachfolgeprobleme häufig durch Verkauf an das Management gelöst. Mit der Übertragung des Unternehmens auf das (familienfremde) Management kann die Fortführung des bislang erfolgreichen Unternehmens sichergestellt werden. Auf Seiten des Managements sind häufige **Motive**[1] die zukünftige eigenverantwortliche Leitung des Unternehmens sowie überdurchschnittliche Renditeerwartungen. Gemeinsamer Treiber eines MBOs bei Management und Private-Equity-Gebern ist das Ziel der überdurchschnittlichen Wertsteigerung des Unternehmens und der sich daran anschließende Gewinn bringende Verkauf.

Private-Equity-Häuser treten bei MBOs zum einen als Finanziers auf. Des Weiteren vermitteln sie zusätzlich erforderliche Bankdarlehen zur Finanzierung des MBOs, da eine alleinige Übernahme zusammen mit dem Management regelmäßig nicht stattfinden kann.[2] Schließlich führen die Beteiligungsgesellschaften als Käufer des Unternehmens die Vertragsverhandlungen mit dem Verkäufer, da das Management im Rahmen der Vertragsverhandlungen zwangsläufig in einem Interessenkonflikt steht. Dieser Interessenkonflikt re-

---
1 Vgl. *Constantin/Rau* in Hommel/Knecht, S. 744 ff.
2 Vgl. *Constantin/Rau* in Hommel/Knecht, S. 741.

sultiert daraus, dass die Manager als Angestellte des Verkäufers für diesen einen möglichst hohen Preis aushandeln sollten. Auf der anderen Seite ist ihnen als Käufer daran gelegen, das Unternehmen möglichst billig zu erwerben. Da MBOs auch vom Management initiiert werden, hat die Erfahrung gezeigt, dass es sinnvoll ist, diesen Prozess, insbesondere die Ansprache der Muttergesellschaft, nicht ohne qualifizierte Berater oder Zwischenhändler durchzuführen. Der potenzielle Vertrauensbruch muss insbesondere für den Fall des Scheiterns des MBOs unbedingt vermieden werden.

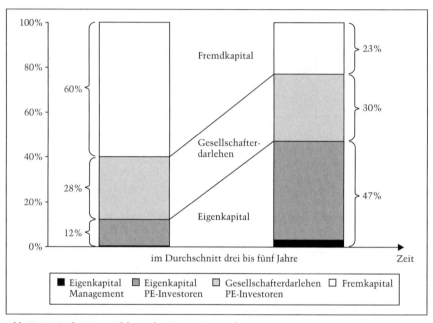

Abb. 7: Typische Entwicklung der Finanzierungsbausteine

83 Der Einstieg des Private-Equity-Gebers erfolgt durch Zahlung von Eigenkapital und zum größeren Teil von nachrangigen Gesellschafterdarlehen. Zusätzlich ist eine Finanzierung durch Banken sicherzustellen, da das Management nur in seltenen Fällen die Eigenmittel zur Unternehmensübernahme aufbringen kann. Mit der Aufnahme von Fremdkapital erhöhen Private-Equity-Gesellschaften ihr Renditepotenzial (**Leverage-Effekt**). Diese Darlehen machen erfahrungsgemäß bis zu 60 % des Übernahmepreises für das Unternehmen aus (Abb. 7). Ziel ist es, diese Darlehen durch einen hohen Cashflow und die Schaffung von hohem Abschreibungspotenzial zu tilgen.[1]

84 Im obigen Beispiel hätte sich der Wert des Eigenkapitals innerhalb von 5 Jahren vervierfacht, ohne dass sich der Unternehmenswert erhöht (**Deleverage-Effekt**). Weiteres Wertsteigerungspotenzial besteht in steigender Profitabilität des Unternehmens und/oder durch Steigerung des Gewinnmultiplikators.

---

[1] Zu den steuerrechtlichen Implikationen vgl. *Weitnauer*, S. 239 ff.

2. Eigenkapitalbeschaffung emissionsfähiger Unternehmen

Zur Finanzierung von Beteiligungskäufen können börsennotierte Gesellschaften ihren Zugang zum organisierten Kapitalmarkt nutzen.[1] Durch Platzierung von Aktien aus dem Eigenbestand oder im Rahmen einer Kapitalerhöhung wird Liquidität bereitgestellt. Zur Reduzierung des Verschuldungsgrades nach Übernahmen werden oftmals auch Aktien von Tochtergesellschaften, die nicht zum Kerngeschäft gehören, an die Börse gebracht oder Anteile bereits notierter Töchter platziert.

85

Aspekte der Zuführung von Eigenkapital sind sowohl rechtlicher als auch unternehmerischer Natur. Stellt der erste Aspekt vermehrt auf den Gläubigerschutz ab, so unterstreicht der zweite Aspekt die Eigentümerstellung und den Risikocharakter des zugeführten Eigenkapitals. Daher ist die rechtliche Stellung von Eigenkapital auch die des voll haftenden Kapitals,[2] das sich durch zinsfreie und unbefristete Überlassung auszeichnet und dementsprechend keine Tilgungszahlungen erfordert. Im Kontext von Basel II kommt der **Eigenkapitalquote** eine entscheidende Rolle bei der Rating-Klassifikation eines Unternehmens zu (vgl. s. zum Rating Teil IV Rz. 122 ff. und Abb. 10, Teil IV Rz. 140). Entsprechend determiniert die vorhandene Eigenkapitalbasis regelmäßig den Spielraum für die Fremdkapitalaufnahme; sie berührt in jedem Falle aber die der Finanzierung zugrunde gelegten Konditionen. Folglich besteht eine Kausalbeziehung zwischen Eigenkapitalhöhe und Fremdkapitalzinssatz.

86

Aus nachstehenden Gründen haben börsennotierte Aktiengesellschaften und Kommanditgesellschaften auf Aktien gute Möglichkeiten zur Akquisition großer Eigenkapitalbeträge[3]:

87

– Eine Beteiligung von Aktionären ist bereits mit geringem Kapitaleinsatz möglich,

– die Verkehrsfähigkeit der Anteile ist gegeben (Fungibilität),

– die Aufnahme einer großen Anzahl von Eigentümern mit primär monetären Interessen ist möglich sowie

– detaillierte gesetzliche Regelungen zum Anlegerschutz[4] sichern die rechtliche Stellung des Aktionärs.

Dies führt nachweislich zu einer deutlich positiveren Eigenkapitalausstattung von börsennotierten Aktiengesellschaften.[5] Die Aufnahme von Eigenkapital über den öffentlich organisierten Kapitalmarkt hat generell dann Aussicht auf Erfolg, wenn die Ertragsaussichten des emittierenden Unternehmens eine ausreichende Renditechance für den Investor erwarten lassen. Die „**Equity-Sto-**

88

---

1 Vgl. hierzu die ausführlichen Darstellungen von *Busch* in Christians, S. 499–523 und *Süchting*, S. 80–94.
2 Zur Garantie- bzw. Haftungsfunktion des Eigenkapitals vgl. *Süchting*, S. 80 f. sowie *Daferner*, S. 114 ff.
3 Vgl. *Perridon/Steiner*, S. 358.
4 Vgl. *Korfsmeyer*, FB 1999, 205 ff. für das Beispiel der Lock-up-Fristen.
5 Vgl. *Ramb*, Kredit und Kapital 2000, 3.

ry"[1] ist dann vermittelbar, wenn der Emittent beispielsweise Marktführer in seiner Branche oder über ein spezielles Produktionsverfahren Kostenführer ist. Erfahrungsgemäß spielen bei der Equity-Story primär Zukunftsaspekte eine Rolle. Deren Glaubwürdigkeit ist jedoch von der Darstellung einer erfolgreichen Historie abhängig. Ein weiterer erfolgskritischer Faktor für die Inanspruchnahme der Kapitalmärkte ist ein bewährtes Management.

89 Die Aktiengesellschaft besitzt verschiedene Möglichkeiten, sich Eigenmittel zu beschaffen. Im Folgenden werden die Maßnahmen dargestellt, die im Rahmen des Unternehmens- und Beteiligungskaufs von herausragender Bedeutung sind. Bezug genommen wird daher auf die Erhöhung des Grundkapitals (ordentliche Kapitalerhöhung und genehmigtes Kapital) sowie auf Zwischenformen der Finanzierung wie die Ausgabe von Wandelschuldverschreibungen und Optionsanleihen sowie von Genussrechtskapital. Zuerst werden Transaktionen am Primärmarkt (Börsengang, IPO) behandelt; daran anschließend folgen Transaktionen am Sekundärmarkt bspw. Umplatzierungen oder Kapitalerhöhungen, die als Secondary Transactions (kurz Secondaries) oder Sekundärmarkttransaktionen bezeichnet werden.[2]

a) Der Weg zur Börse

aa) Vorbemerkungen

90 Unter dem Begriff **Initial Public Offering** (IPO), der heute primär und synonym für den Börsengang oder die früher gebräuchliche Bezeichnung Going Public eingesetzt wird, ist die Erstinanspruchnahme des Kapitalmarktes für eine Aktienemission zu verstehen. Es handelt sich bei einem IPO regelmäßig um eine Cash Offer, die öffentlich ist.

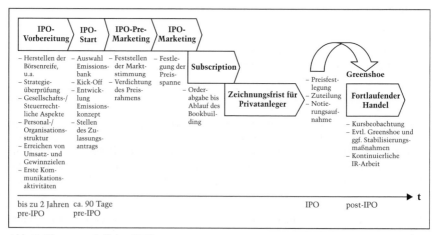

Abb. 8: Phasenmodell des IPO[3]

---

1 Vgl. *Simon/Ebel/Pohl*, ZfB 2002, 117 ff.
2 Vgl. *Jakob*, S. 7 f.
3 Vgl. *Wirtz/Salzer*, WiSt 2004, 106 sowie *Wirtz/Salzer*, S. 11.

Die Börsenfähigkeit eines Unternehmens ist grundsätzlich nur unternehmensindividuell zu beantworten.[1] Zwar bestehen bestimmte Mindeststandards in Form von zumeist quantitativen Kriterien, die im Börsengesetz oder den Börsenzulassungsverordnungen geregelt sind. Weitere Kriterien beruhen oftmals auf den Konventionen der Marktteilnehmer, die sich im Zeitablauf jedoch ändern.[2] Folgende Kriterien lassen sich zur Beurteilung der Börsenfähigkeit heranziehen:

- überzeugendes Unternehmenskonzept mit Wachstumspotenzial,
- nachhaltig gute Ertragskraft,
- transparente Unternehmensstruktur,
- klare Beteiligungsverhältnisse,
- kompetentes Management,
- leistungsfähiges und zeitnahes Berichtswesen,
- Bereitschaft zum kontinuierlichen Dialog mit Investoren und Analysten (Publizitätsbereitschaft, Investor Relations),
- Interesse des Marktes an der Branche.

Mindestumsatzgrößen sind beispielsweise eine Frage der Branche. Unternehmen aus dem Handel sollten tendenziell ein deutlich dreistelliges Umsatzvolumen vorweisen können. Ein Unternehmen aus dem Bereich der Biotechnologie oder Medizintechnik kann bereits mit einem Umsatz von weniger als 25 Mio. Euro ein viel versprechender Börsenaspirant sein. Wichtiger ist das ausmachende Emissionsvolumen, das sich aus der Unternehmensbewertung und der Anzahl der zu platzierenden Anteile ergibt. Das für ein IPO notwendige Mindestemissionsvolumen schwankt allerdings je nach Kapitalmarktumfeld stark.[3] Aktuell erwarteten die meisten Banken eine Volumenuntergrenze von mindestens 50 Mio. Euro (eher jedoch 75–100 Mio. Euro).[4] Neben den genannten Kriterien, die auf die Aufnahmebereitschaft des Marktes und die Konventionen der Emissionsbanken abzielen, existieren Auflagen des Börsengesetzes bzw. der Börsenzulassungsverordnungen. Tab. 5 gibt hierzu einen Überblick.

---

1 Vgl. *Wirtz/Salzer*, S. 6.
2 Vgl. *Schmidt/Kreutter* in Kollmann, S. 559 f.
3 Vgl. *Bagley/Dauchy*, S. 407 f.
4 Vgl. *Achleitner/Bassen/Pietzsch* in Achleitner/Bassen, S. 23 ff.

Amtlicher Markt	Geregelter Markt
Wesentliche Kriterien bei der Erstzulassung: – Bestehen des Emittenten als Unternehmen seit mindestens 3 Jahren – Der voraussichtliche Kurswert der zuzulassenden Aktien oder (falls eine Schätzung nicht möglich ist) das Eigenkapital des Unternehmens beträgt mindestens 1,25 Mio. Euro – Mindestanzahl der Aktien beträgt bei Stückaktien 10 000 – Streubesitzanteil (Free float) mindestens 25 % – Das Zulassungsdokument ist ein Börsenzulassungsprospekt mit den Angaben über die tatsächlichen und rechtlichen Verhältnisse, die für die Beurteilung des Emittenten und des Wertpapiers wesentlich sind – Der Börsenzulassungsprospekt muss richtig und vollständig sein; er muss die Bilanzen, Gewinn- und Verlustrechnungen sowie die Kapitalflussrechnungen der letzten drei Geschäftsjahre, einen Anhang sowie den Lagebericht enthalten – Publikationssprache Deutsch, für ausländische Emittenten auch Englisch – Entscheidungsgremium ist die Zulassungsstelle der Frankfurter Wertpapierbörse Wesentliche Folgepflichten für die Emittenten von Aktien unabhängig vom Börsensegment: – Veröffentlichung eines Jahresabschlusses – Veröffentlichung eines Zwischenberichts für die ersten sechs Monate des Geschäftsjahres – Ad-hoc-Publizität gemäß § 15 WpHG – Mitteilungspflicht gemäß § 21 WpHG	Wesentliche Kriterien bei der Erstzulassung: – Bestehen des Emittenten als Unternehmen seit mindestens 3 Jahren – Mindestanzahl der Aktien beträgt bei Stückaktien 10 000 – Das Zulassungsdokument ist ein Unternehmensbericht mit den Angaben über die tatsächlichen und rechtlichen Verhältnisse, die für die Beurteilung der Wertpapiere wesentlich sind – Der Unternehmensbericht muss richtig und vollständig sein und muss die Bilanzen, Gewinn- und Verlustrechnungen und Kapitalflussrechnungen der letzten drei Geschäftsjahre sowie Anhang und den Lagebericht für das letzte Geschäftsjahr enthalten – Entscheidungsgremium ist die Zulassungsstelle der Frankfurter Wertpapierbörse

Tab. 5: Erstzulassungskriterien und Folgepflichten für Emittenten von Aktien am Amtlichen und am Geregelten Markt[1]

93 Um insbesondere kleineren und mittleren Unternehmen aus innovativen Branchen die Zuführung von Wachstumskapital über den Kapitalmarkt zu ermöglichen, wurde Anfang 1997 der Neue Markt an der Frankfurter Wertpapierbörse als privatrechtliches Aktiensegment geschaffen.[2] Dieses Segment wurde im Jahre 2003 wieder geschlossen, nachdem sich institutionelle Investoren fast völlig von diesem Handelssegment zurückgezogen hatten. In Abb. 9 wird die Entwicklung der IPOs in Deutschland getrennt nach den bis dahin gängigen Handelssegmenten verdeutlicht. Der Rückgang des gesamten Emissionsvolumens um über 87 % seit 2001 spiegelt den massiven Vertrauensverlust der

---

1 Vgl. *Deutsche Börse AG*, S. 29.
2 Vgl. *Schmeisser* in Schmeisser/Krimphove, S. 228 ff.

Anleger wider, die nicht mehr bereit waren, weiteren jungen Unternehmen Kapital zur Verfügung zu stellen.

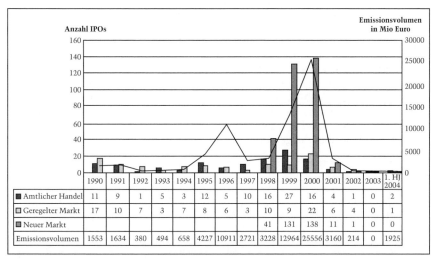

Abb. 9: Entwicklung des IPO-Marktes (1990–2002)

Seit Januar 2003 gibt es an der Deutschen Börse mit dem **General Standard** und dem **Prime Standard** zwei neue Handelssegmente. Für beide Segmente gelten die Bestimmungen des Börsengesetzes zum Amtlichen und Geregelten Markt, d.h. die dort festgehaltenen Mindestanforderungen müssen für alle Unternehmen dieser neuen Segmente erfüllt sein. Darüber hinaus werden an die Unternehmen des Prime Standards weiterführende, international gängige Transparenzanforderungen gestellt. Tab. 6 stellt die wesentlichen Zulassungsvoraussetzungen beider Segmente im Überblick dar.

General Standard	Prime Standard

– Aufnahme in den General Standard erfolgt automatisch mit der Zulassung der Wertpapiere zum Amtlichen Markt oder Geregelten Markt
– Unternehmen erfüllen die gesetzlichen Mindestanforderungen wie:
  – Jahresbericht/Halbjahresbericht
  – Ad-hoc-Mitteilungen in Deutsch
	– Zulassung zum Prime Standard erfolgt auf Antrag des Emittenten
	– Unternehmen erfüllen zusätzliche internationale Berichtspflichten:
	  – Quartalsbericht nach den Vorgaben der Börsenordnung
	  – Abschluss nach internationalen Rechnungslegungsstandards (IFRS/IAS oder US-GAAP)
	  – Unternehmenskalender
	  – mindestens eine Analystenkonferenz pro Jahr
	  – Ad-hoc-Mitteilungen in Englisch

Tab. 6: Zulassungsvoraussetzungen für den General und für den Prime Standard[1]

---

1 Vgl. *Deutsche Börse AG*, S. 12.

95 Um die Aufmerksamkeit der Investoren zu fokussieren, werden von der Börse **Indizes** angeboten. Sie stellen den Marktteilnehmern einen generellen Marktindikator zur Verfügung, sind Voraussetzung für Performancemessungen (Benchmark) und bieten die Möglichkeit der Chart Analyse. Des Weiteren werden Indizes als Basisinstrument für Derivate oder als Kassamarktprodukt (Indexfonds) genutzt. Im März 2003 wurden die deutschen Aktienindizes neu strukturiert. Die bedeutendste Veränderung ist dabei die Abschaffung des Neuen Markt Indexes (NEMAX) und die Einführung des TecDAX, in dem nunmehr die 30 größten Technologiewerte unterhalb des DAX abgebildet werden. Zudem wurde der MDAX um 20 Werte von 70 Unternehmen auf 50 verkleinert. DAX, MDAX und TecDAX sind die Auswahlindizes der Deutschen Börse und basieren ausschließlich auf Unternehmen des Prime Standard. Tab. 7 gibt einen Überblick über die geläufigsten Aktienindizes der Deutschen Börse.

DAX	MDAX	TecDAX
– 30 deutsche Unternehmen, die hinsichtlich Orderbuchumsatz und Marktkapitalisierung jeweils zu den 35 größten dt. Unternehmen zählen – jährliche Überprüfung der Zusammensetzung – Performanceindex nach Laspeyres, Kursfeststellung erfolgt alle 15 Sekunden	– 50 Unternehmen aus klassischen Sektoren (Pharma, Chemie, Maschinenbau und Finanzen), die den im Aktienindex DAX enthaltenen Unternehmen hinsichtlich Orderbuchumsatz und Marktkapitalisierung nachfolgen (Midcaps) – offen für ausländische Werte – Zusammensetzung wird halbjährlich überprüft – Performanceindex nach Laspeyres, Kursfeststellung erfolgt alle 60 Sekunden	– 30 Technologieunternehmen, die den im Aktienindex DAX enthaltenen Unternehmen hinsichtlich Orderbuchumsatz und Marktkapitalisierung nachfolgen – für ausländische Werte offen – Zusammensetzung wird halbjährlich überprüft – Performanceindex nach Laspeyres, Kursfeststellung erfolgt alle 15 Sekunden

Tab. 7: Indizes der Deutschen Börse[1]

bb) Vor- und Nachteile eines Börsengangs

96 In der Regel steht bei einem Unternehmen, das den Börsengang anstrebt, der Zufluss an Eigenkapital bspw. zur Expansionsfinanzierung im Fokus. Hierbei ist die Beschaffung von liquiden Mitteln, z.B. für den Kauf von Unternehmen oder Beteiligungen, nicht mit festen Zins- oder Tilgungsverpflichtungen verbunden, d.h., der Cashflow wird im Gegensatz zur Fremdfinanzierung nicht belastet. Gleichzeitig ergibt sich eine **erhöhte Kreditwürdigkeit** aufgrund verbesserter Bilanzrelationen, ein Argument und Vorteil, dem insbesondere im Kontext von Basel II besondere Bedeutung zukommt. Ein IPO kann darüber hinaus ein Weg sein, eine Nachfolgelösung zu strukturieren und gleichzeitig eine gewisse Vermögensdiversifikation für die Altgesellschafter zu realisieren. Für ein an einer Börse notiertes großes Unternehmen kann es zudem leichter sein, den Kapitalmarkt auch für andere Produkte wie z.B. Anleihemissionen zu nutzen, da es bereits ein Kapitalmarkt-Standing besitzt. Vorteile höherer

---

1 Vgl. *Deutsche Börse AG*, S. 16.

Attraktivität für die Gewinnung von Mitarbeitern und deren Incentivierung werden heute etwas moderater bewertet als dies noch zu den Hochzeiten des Neuen Marktes der Fall war, als Long Term Incentive-Programme (LTIP) oder auch Stock Options als Unterform eines solchen LTIP angeboten wurden.

Vorteile	Nachteile

– keine festen Zins- und Tilgungsverpflichtungen
– erhöhte Kreditwürdigkeit durch höhere Eigenkapitalquote
– Vermögensdiversifikation und Möglichkeit von Nachfolgelösungen
– Kapitalmarktstanding für weitere Emissionen
– Nutzung der Aktie als Kaufpreissurrogat
– positive Marketingeffekte[1]
– ggf. Stock Option Programme für Mitarbeiter
	– direkte Kosten des Börsengangs
	– direkte und indirekte Folgekosten:
	  – Verpflichtungen aus erhöhter Publizität
	  – Zeitaufwand des Vorstandsvorsitzenden und des Finanzvorstands
	  – Einschränkung der Entscheidungsfähigkeit durch Mitspracherechte
	  – steuerliche Nichtabzugsfähigkeit der Gewinnausschüttung
	  – Transparenz gegenüber Wettbewerbern/Kunden
	  – Zwang zur Wertsteigerung und Wachstum

Tab. 8: Vor- und Nachteile eines Börsengangs

Konzerne können durch die Herauslösung einer Unternehmenseinheit im Wege eines **Equity Carve-Outs**[2] Werte heben und somit in der Gesamtschau den Shareholder Value optimieren.[3] Es ist davon auszugehen, dass sich durch einen **Equity Carve-Out** die Attraktivität für das Management und die Mitarbeiter aufgrund der höheren Eigenständigkeit erhöht. Ein Sonderfall, der bislang primär in den USA anzutreffen ist und der eine gewisse inhaltliche Nähe zu Equity Carve-Outs oder Spin-Offs hat, sind so genannte Targeted Stocks oder Tracking Stocks, bei denen Unternehmensbereiche nicht als selbstständige Unternehmen ausgegliedert werden, sondern lediglich eine separate Rechnungslegung haben.[4]

Häufig wird die Aktie als Akquisitionswährung genutzt. Der Kauf des einen Unternehmens erfolgt durch Bezahlung mit Aktien des anderen Unternehmens, das z.B. an der Börse notiert ist. Dieser Umstand erleichtert Unternehmen das externe Wachstum und kann als ein zusätzlicher IPO-Vorteil angesehen werden. So werden Aktien als Währung bei Mergers & Acquisitions eingesetzt. Damit wird die Liquidität des kaufenden Unternehmens geschont.[5] Weitere Vorteile eines Börsengangs können positive Marketingeffekte und eine gestiegene Öffentlichkeitswirkung der Aktivitäten des Unternehmens sein.

---

1 Vgl. *Hochgesand* in Hommel/Knecht, S. 386.
2 Im Gegensatz zu einem Spin-Off bleibt die Muttergesellschaft im Zuge eines Carve-Outs Mehrheitsgesellschafter.
3 Vgl. *Hornung/Wullenkord*, Zfbf 2001, sowie *Brettel/Junker/Pinker*, ZfB 2004, 273 ff., die in ihrer Studie zeigen, dass die kurzfristigen Wertsteigerungen im Zuge eines Equity Carve-Outs auch langfristigen Bestand haben.
4 Vgl. *Jakob*, S. 36–37 und *Broda/Krings*, Der Schweizer Treuhänder 2002, 878.
5 Vgl. *Picot*, MAR 2000.

99 Zu den Nachteilen eines IPO zählen sowohl **direkte** als auch **indirekte Kosten**. Einerseits sind dies Kosten beim Börsengang, andererseits Folgekosten beispielsweise für Investor Relations und Analystenpräsentationen. Direkte Kosten fallen maßgeblich durch die Bankenprovision an, indirekte Kosten sind primär durch den notwendigen Zeitaufwand zu kalkulieren, der sich z.B. für den Finanzvorstand in den letzten Monaten vor dem IPO auf 60 % bis 70 % seiner Arbeitszeit summieren kann. Im Nachgang des IPO liegt dieser Prozentsatz bei 15 % bis 30 % der Arbeitszeit. Ein weiterer Nachteil ist die Verpflichtung zur Publizität und die damit einhergehende Transparenz. Nach US-Standards wird z.B. im Jahresabschluss die Berichterstattung nach einzelnen Unternehmenssegmenten gefordert. Für mittelständische Unternehmen ist dies oft ein sehr negativer Aspekt, da Wettbewerber und Kunden einen tiefen Einblick in die Profitabilität von Unternehmensbereichen erhalten. Weitere Nachteile sind die Mitspracherechte der Aktionäre sowie die Nichtabzugsfähigkeit der Gewinnausschüttungen.

cc) Emissionskonzept

100 Für eine Börseneinführung ist die Inanspruchnahme einer Bank unumgänglich. Zum einen sind viele formelle Schritte nur über eine Bank als Partner abzuwickeln, wie z.B. zahlreiche, bei der Börse zu stellende Anträge. Zum anderen ist ein erheblicher Beratungsaufwand zur Durchführung eines solchen Schrittes notwendig. Weitere Verfahrensbeteiligte neben der Bank, die als Konsortialführer (Lead Manager) dem Emissionskonsortium vorsteht, und den Konsortialbanken (Co-Manager) sind auf die Due Diligence, die Prospekterstellung und die Vertragsgestaltung spezialisierte Rechtsanwälte, Wirtschaftsprüfer und Steuerberater. Ein Corporate Finance-Berater wird häufig eingeschaltet, um die Interessen des Unternehmens auch gegenüber den Banken wahrzunehmen. Finanzkommunikationsberater unterstützen bei der Vermarktung sowohl bei privaten als auch institutionellen Investoren.

101 Neben der Zusammenstellung des Konsortiums und der in einem so genannten „Beauty Contest" stattfindenden **Auswahl des Konsortialführers** müssen im Rahmen des Emissionskonzeptes u.a. folgende Punkte festgelegt werden[1]:

- Emissionsvolumen
- Aktiengattung
- Börsenplatz
- Handelssegment
- Unternehmensbewertung und der Emissionspreis

dd) Emissionskurs und -zeitpunkt

102 Sowohl die in weiten Teilen vom Unternehmen selbst beeinflussbare Börsenreife als auch erfolgreiche Börsengänge sind von einer Reihe Kriterien abhän-

---

1 Vgl. zum Emissionskonzept im Einzelnen *Schanz*, S. 188–190.

gig, die sich der Beeinflussung der am Börsengang beteiligten Parteien entziehen. Dazu zählen[1]:

- die generelle Aufnahmefähigkeit der Kapitalmärkte für Börseneinführungen (vgl. Abb. 9, Teil IV Rz. 93),
- die Marktstimmung hinsichtlich der Branche des einzuführenden Unternehmens,
- die Anzahl der institutionellen Investoren, deren Branchen-, Länderlimit noch nicht ausgenutzt ist,
- Nachrichten und Verlautbarungen von bereits börsennotierten Konkurrenten, welche die Meinung der Finanzmärkte gegenüber der ganzen Branche beeinflussen.

Bis 1995 war in Deutschland das Festpreisverfahren das für Aktienemissionen übliche Emissionsverfahren. Seitdem hat sich das **Bookbuilding-Verfahren**[2] etabliert, bei dem sich der endgültige Emissionspreis im Rahmen einer Bandbreite bildet. Investoren können dabei neben der gewünschten Aktienanzahl auch den Preis nennen, zu dem sie bereit sind, Aktien zu erwerben. Die eigentliche Besonderheit liegt darin, dass im so genannten Pre-Marketing Vertreter des Konsortialführers einen originären Markttest durchführen, indem die Equity Story mit bestimmten Investoren diskutiert wird und insbesondere bezüglich des Emissionspreises ein Marktfeedback eingeholt wird. Grundlage der Emissionspreis-Bandbreiten sind Unternehmensbewertungen, die sowohl nach verschiedenen Multiplikator-Methoden als auch nach dem Discounted Cashflow-Verfahren durchgeführt werden.

Von entscheidender Bedeutung für den mittel- bis langfristigen Erfolg einer Emission ist das **Underpricing**. Dieser Begriff gibt die Differenz zwischen niedrigerem Emissionspreis und höherer erster Börsennotierung an – häufig auch als Initial Return bezeichnet.[3] Underpricing ist aus der Emittentenperspektive zwar mit Opportunitätskosten gleichzusetzen, da ex post betrachtet ein höherer Ausgabekurs erzielbar gewesen wäre, Investoren verlangen aber eine realistische Rendite aus der Aktienzeichnung und gehen demzufolge stets von einem gewissen Underpricing aus. Es ist daher ratsam, von vornherein ein Underpricing von ca. 10 % bis 15 % vorzusehen, da der Emittent nicht daran interessiert sein kann, dass der Aktienkurs im Sekundärmarkt unter den Emissionspreis sinkt.

ee) Emissions- und Folgekosten

Die Kosten für eine Börseneinführung bewegen sich zwischen 6 % und 10 % des Kurswertes, je nach Höhe des ausmachenden Emissionsvolumens. Bestimmte Kostenblöcke – wie das Schreiben des Verkaufsprospektes – stellen eher fixe Kosten dar, während die Bankenprovision weitgehend eine variable

---

1 Vgl. *Bagley/Dauchy* in Sahlman, S. 407 f.
2 Vgl. *Stolz* und *Jakob*, S. 8 und S. 146–239.
3 Vgl. *Jakob*, S. 9.

Größe in Abhängigkeit vom Volumen der Emission ist. Die Bankenprovision (3 %–6 %) teilt sich auf in die Management Fee, die Underwriting Fee sowie die Selling Fee. Weitere Kostenpositionen sind Honorare für Anwälte, Wirtschaftsprüfer und Steuerberater sowie spezialisierte Corporate Finance-Berater, die den gesamten Prozess steuern. Hinzu kommen Ausgaben für Investor Relations inklusive der Road Show, bei der im direkten Vorfeld des Börsengangs der Vorstand die Equity Story gegenüber institutionellen Investoren mit dem Ziel vermittelt, Zeichnungen zu erhalten, sowie Kosten für Public Relations (Anzeigen, Werbung etc.). Geringere Kosten kommen durch den Druck verschiedener Dokumente, primär des Verkaufsprospektes, sowie durch Gebühren der jeweiligen Börse hinzu. Dabei sind die Zulassungsgebühren als einmalige Gebühren von laufenden Listing-Gebühren zu unterscheiden.

106   Neben den Kosten der Börseneinführung sind die Folgekosten zu berücksichtigen, die aus dem regulatorischen Rahmen (Durchführung der Hauptversammlung, Erstellung der Quartalsberichte, Ad-Hoc-Publizität) sowie der laufenden Investorenpflege (Analystenmeetings, Finanzkommunikation) durch das Management resultieren.[1] Können börsennotierte Unternehmen den Kapitalmarkt für Kapitalerhöhung oder andere Secondaries nicht in Anspruch nehmen, streben sie häufig ein Delisting an, um die genannten Kosten zu sparen.

ff) Euro-Aktien und Dual Listings

107   Unter Euro-Aktien (Euro-Equities) sind Aktien zu verstehen, die an Börsen außerhalb des Heimatlandes des Unternehmens notiert und gehandelt bzw. grenzüberschreitend von international besetzten Konsortien platziert werden. Daher findet sich diese Variante im Vergleich zu nationalen Börsengängen relativ selten und wird lediglich von Konzernen genutzt. Folgende **Vorteile** werden von einer internationalen Platzierung erwartet:

– Verbreiterung der Kapitalbasis,

– Förderung des internationalen Bekanntheitsgrades des Unternehmens und

– Schutz vor Übernahmen durch weite Streuung.

108   Insbesondere für die Aufbringung größerer Kapitalbeträge, wie etwa bei der Durchführung einer größeren Unternehmensakquisition, kann es sinnvoll sein, von vornherein den Platzierungsschwerpunkt auf das Ausland zu legen. Möglicherweise können im Wege des internationalen (Accelerated[2]) Bookbuilding auch unterschiedliche Marktmomenti zur Kapitalkostenoptimierung genutzt werden. Bevorzugte Handelsplätze für Euro-Aktien sind neben Frankfurt und Paris vor allem London. Jedoch ist eine internationale Aktienemission als Sekundärmarkttransaktion nur bei Ausschluss bzw. freiwilligem Verzicht auf die Bezugsrechte der inländischen Altaktionäre möglich.

---

1 Vgl. *Schenck* in Volk, S. 156.
2 Das Accelerated Bookbuilding stellt darauf ab, die Platzierung einer Emission mit größtmöglicher Flexibilität im Hinblick auf den Zeitpunkt und das Volumen abzuwickeln. Primärziel ist die kurzfristige Ausnutzung eines günstigen Marktumfelds. Vgl. *Breuer/Schweizer*, S. 5.

Speziell bei größeren Börsengängen ist ein **Dual Listing** zu prüfen; d.h. die gleichzeitige Börsennotierung an zwei verschiedenen Börsenplätzen. Neben Frankfurt sind New York oder London attraktive Börsenplätze. Für Technologiewerte bietet sich die Kombination Frankfurt/NASDAQ an. 109

Die Erwartungen an Dual Listings, die Investorenbasis langfristig zu internationalisieren, haben sich in der Vergangenheit allerdings nicht erfüllt. Wesentliche Teile großer in den USA platzierter Volumina sind innerhalb kürzester Zeit wieder nach Deutschland zurückgeflossen und haben die Kursentwicklung belastet. Zusammenfassend gibt Abb. 8 (Teil IV Rz. 90) einen Überblick über den wesentlichen Ablauf eines IPO-Prozesses. 110

Als Alternative zu einer „bloßen" Börsennotierung in Deutschland und einem Dual Listing bietet sich eine Privatplatzierung nach Rule 144 A in den USA an, wobei nur institutionelle Investoren nach sehr restriktiven Regeln angesprochen werden dürfen. Die Kosten eines solchen Private Placements liegen deutlich unter denen eines Full Listing in den USA.[1] 111

b) Kapitalerhöhung gegen Bareinlage

Zwei Formen der Kapitalerhöhung gegen Bareinlage sind von Bedeutung: die ordentliche Kapitalerhöhung[2] und das genehmigte Kapital.[3] Unterschiede liegen im Zeitpunkt, zu dem der Betrag aus der Kapitalerhöhung dem Unternehmen zufließt. Bei der ordentlichen Kapitalerhöhung wird ein sofortiger **Finanzierungseffekt** erzielt, wohingegen das genehmigte Kapital einen auf einen späteren Zeitpunkt verlagerten Finanzierungseffekt hat. Die Entscheidung einer Gesellschaft für eine der beiden Formen ist primär abhängig von der Dringlichkeit des Finanzbedarfs. 112

Für eine Aufstockung des Grundkapitals stehen verschiedene **Aktienarten** zur Verfügung: Nach dem Grad der Übertragbarkeit kann zwischen Inhaber- und Namensaktien unterschieden werden. Ist das Unternehmen an der Zusammensetzung seiner Anteilseignerschaft interessiert, wird es die Namensaktie bevorzugen, da in diesem Fall eine namentliche Eintragung der Aktionäre im

---

1 S. auch *Rosen/Seifert*, US-Kapitalmarkt.
2 Der Ablauf der ordentlichen Kapitalerhöhung ist in den §§ 182 bis 191 AktG geregelt. Grundlage für die Kapitalerhöhung ist der Erhöhungsbeschluss der Hauptversammlung, wobei die Zustimmung von mindestens drei Vierteln des vertretenen Grundkapitals – getrennt nach Aktiengattungen – erforderlich ist (§ 182 AktG). Die Gesellschaft kann die Aktionäre zu zusätzlichen Zahlungen nicht zwingen, da es keine Nachschusspflicht gibt. Die bisherigen Aktionäre haben jedoch ein gesetzliches Bezugsrecht auf einen ihrer Beteiligung entsprechenden Teil der neuen Aktien. Eine umfassende Beschreibung des praktischen Ablaufs findet sich bei *Ratjen* in Christians, S. 72–75 sowie bei *Hölters* in MünchVertragshdb., S. 844–865.
3 Das genehmigte Kapital wird in den §§ 202–206 AktG geregelt. Das genehmigte Kapital gestattet es, eine beschlossene Kapitalerhöhung dann durchzuführen, wenn z.B. der Vorstand eine günstige Kapitalmarktverfassung wahrnehmen will oder kurzfristig Finanzierungen für einen Beteiligungs- oder Unternehmenskauf vornehmen möchte. Zur ausführlichen Darstellung des Ablaufs vgl. *Ratjen* in Christians, S. 79 f. und *Hölters* in MünchVertragshdb., S. 806–815.

Aktienbuch erfolgt.[1] Wird darüber hinaus die Kontrolle der Anteilseignerschaft angestrebt, kommt eine Emission vinkulierter Namensaktien in Betracht, denn deren Übertragung ist an die Zustimmung der Gesellschaft gebunden.

113 Der Emittent wird sich, je nach Umfang der Rechte, die den Aktionären eingeräumt werden sollen, für die Ausgabe entweder von Stamm- oder von Vorzugsaktien entscheiden. Vorzugsaktien sind stimmrechtslos, beinhalten dafür als Ausgleich den Anspruch auf eine höhere Vorzugsdividende und eine nachzahlbare Mindestdividende. Nach zwei dividendenlosen Jahren erhält die Vorzugsaktie Stimmrecht (vgl. § 140 Abs. 2 AktG). Stimmrechtslose Vorzugsaktien dürfen allerdings gemäß § 139 Abs. 2 AktG nur bis zur Höhe von 50 % des Grundkapitals ausgegeben werden.

114 Sollen Tranchen größerer Kapitalerhöhungen im Ausland platziert werden, werden meist ausländische Banken in das Konsortium aufgenommen. Insbesondere bei kleinen und mittelgroßen Emissionen wird dem Regionalmarketing Rechnung getragen, indem Sparkassen und Volksbanken Retailtranchen bei Privatanlegern platzieren. Privatanleger sind gerade deswegen als Aktionärsgruppe attraktiv, weil sie tendenziell eine wesentlich längere Haltedauer ihrer Beteiligung aufweisen. Institutionelle Anleger verkaufen oftmals sehr schnell (bspw. bei IPO zu geringes Volumen zugeteilt, Indexverkauf, Stop-Loss-Orders) und erhöhen damit die Volatilität des Kurses. Als **Vorteile** einer **Emission** mit Bankenkonsortium sind zu nennen:

- Inanspruchnahme der erwähnten Beratungskapazität der Bank,
- mögliche Kurspflege durch die Bank bzw. das Konsortium, um festgelegte Ausgabebedingungen der Kapitalerhöhung und ihre Durchführung nicht zu gefährden, sowie
- ein Vertrag zwischen der Gesellschaft und der Bank bzw. dem Konsortium, der u.a. meist eine Regelung hinsichtlich der Übernahme/Verwertung von innerhalb der Bezugsfrist nicht platzierten Aktien zu festgelegten Bedingungen enthält.

Insbesondere der letzte Punkt lässt die Bedeutung einer Beratung bei der Festsetzung folgender Punkte erkennen:

- Kapitalerhöhungsbetrag,
- Emissionskurs,
- Ausgabezeitpunkt und
- Bezugsverhältnis.

Bei der Kapitalerhöhung tragen die Konsortialbanken de facto das **Platzierungsrisiko**, wohingegen sich bei IPOs das Soft Underwriting gegenüber dem Hard Underwriting durchgesetzt hat. Das tatsächliche Platzierungsrisiko übernehmen die Banken dort i.d.R. erst nach Abschluss des Bookbuilding.

---

1 S. insbesondere *Rosen*, Die Namensaktie, Frankfurt am Main 2000.

Ausgabekurs[1] und **Bezugsverhältnis**[2] sind Indikatoren für die Attraktivität der Emissionsbedingungen. Bei der Festlegung dieser beiden Parameter muss in der Regel ein Interessenausgleich zwischen Gesellschaft und Aktionären gefunden werden. Wirtschaftliche Untergrenze für den Ausgabekurs ist dabei der **Nominalwert**[3] (als juristische Untergrenze) zuzüglich anteiliger Emissionskosten, während der Börsenkurs der Altaktien die wirtschaftliche Obergrenze bildet. Meist wird einer Gesellschaft, die einen langfristigen Kapitalbedarf zu für sie vorteilhaften Bedingungen decken möchte, unterstellt, dass sie einen hohen Ausgabekurs mit einem hohen Agio anstrebt. In der Folge würde die Gesellschaft eine deutliche Verbesserung ihres Bilanzkurses (Verhältnis von Eigenkapital zu Grundkapital) bei gleichzeitiger relativ geringer Dividendenverpflichtung erfahren, da Letztere sich nur auf das Grundkapital und nicht auf die Rücklagen bezieht. Bei einer gleich bleibenden Dividende, bezogen auf den Nennbetrag je Aktie, fällt jedoch die Dividendenrendite, bezogen auf den Ausgabe- bzw. aktuellen Börsenkurs umso schlechter aus, je größer die Differenz zwischen Nennbetrag und Ist-Kurswert je Aktie ist. Die Interessen der Aktionäre sind entgegengesetzt, wobei die Interessenlage zwischen Groß- und Kleinaktionären durchaus unterschiedlich sein kann. 115

Auf den **Platzierungserfolg** einer Kapitalerhöhung haben wirtschaftliches Klima, Kapitalmarktzins und die Kapitalmarktverfassung Einfluss. Die Erfahrung mit Kapitalerhöhungen hat gezeigt, dass sich der Anfang einer konjunkturellen Aufschwungphase besonders für die Platzierung von Aktien eignet. Die Durchsetzung hoher Ausgabekurse wird im Allgemeinen durch ein hohes Zinsniveau am Kapitalmarkt erschwert, da in diesen Zeiten eine Tendenz zu niedrigen Kursen besteht, die eine vergleichbare Effektivverzinsung dieser Papiere zum Kapitalmarktzins erleichtern. Zu berücksichtigen ist auch die Liquiditätslage möglicher Anleger. Ferner spielt die Einschätzung der Wachstumschancen der Branche eine entscheidende Rolle. 116

Entsprechend zum Procedere bei einem IPO wird auch im Vorfeld einer Kapitalerhöhung eine **Road Show** durchgeführt, um die Equity Story der bestehenden und potenziellen Investorenbasis zu vermitteln. Nicht zuletzt wird der optimale Zeitpunkt auch von den eigenen Unternehmensdaten her bestimmt, welche die Meinung der Aktionäre und Stakeholder über das Unternehmen prägen.

Kapitalerhöhungen können aber durchaus auch sehr nahe am aktuellen Aktienkurs durchgeführt werden. So hat die Commerzbank AG im November 2003 53 Mio. junge Aktien praktisch zum Kurs der alten Aktien platziert. Für

---

1 Den Zusammenhang zwischen Ausgabekurs und Betrag der Kapitalerhöhung enthält die folgende Relation:
$$\text{Ausgabekurs in \% (Nominalkapital)} = \frac{\text{effektiver Kapitalbedarf} \times 100}{\text{zusätzliches Aktienkapital}}$$
2 Das Bezugsverhältnis ist durch die nachstehende Beziehung definiert:
$$\text{Bezugsverhältnis} = \frac{\text{bestehendes Aktienkapital}}{\text{zusätzliches Aktienkapital}}$$
3 Gem. § 8 AktG können Nennbetrags- oder Stückaktien ausgegeben werden, wobei der Mindestnennbetrag bzw. der anteilige Wert am Grundkapital mindestens 1 Euro betragen muss.

diese Art einer Kapitalerhöhung hat sich die bereits angesprochene Methode des Accelerated Bookbuilding etabliert, bei der innerhalb weniger Stunden Aktien breit platziert werden können.

117 Die Kosten einer Kapitalerhöhung betragen zwischen 3 % und 5 % des Emissionsbetrages (ohne Berücksichtigung von entlastenden Steuereffekten – Emissionskosten sind als Betriebsausgaben absetzbar).

c) Aktientausch als Kaufpreissurrogat

118 Wenn auch nach wie vor die Mehrzahl der Unternehmenskäufe in Deutschland im Wege einer „Cash-Zahlung" abgewickelt wird, so nehmen dennoch so genannte **Stock-for-stock-Transaktionen** deutlich zu, bei denen Aktiengesellschaften eigene junge Aktien als Bezahlungsentgelt einsetzen. Entsprechend verfügt eine Vielzahl der großen börsennotierten Gesellschaften in Deutschland über einen Hauptversammlungsbeschluss zur Schaffung genehmigten Kapitals, durch den eine solche Transaktion ermöglicht wird.[1] Zivilrechtlich betrachtet ist eine Stock-for-stock-Transaktion ein Tauschvorgang, bei dem die Erbringung des Kaufpreises in Form von Aktien und somit durch Hingabe von Anteilen am erwerbenden Rechtsträger erfolgt.[2] In Deutschland ist diese Form der Bezahlung vor allem durch die Transaktion Vodafone und Mannesmann im Jahr 2000 bekannt geworden.

119 Durch das so genannte **Share Offer** verändert sich der Verschuldungsgrad des übernehmenden Unternehmens nicht; somit erfolgt auch keine Belastung des Periodenergebnisses. Zeitversetzt führt eine Share Offer allerdings i.d.R. zu erhöhten Dividendenzahlungen. Aus bilanzieller Sicht wird diese Form der Kaufpreisbezahlung in der Tendenz zunehmen, da durch die Abschaffung der Pooling-of-Interest-Methode nach US-GAAP und künftig wahrscheinlich auch nach IAS der Aufbau von Goodwill unattraktiv ist.[3]

III. Instrumente der Außenfinanzierung: Klassisches Fremdkapital

1. Vorbemerkungen

120 Im Falle eines Beteiligungserwerbs bzw. einer Übernahme strebt der Käufer in der Regel an, einen großen Teil des Kaufpreises mit Fremdkapital zu refinanzieren. Hierdurch beabsichtigt er, einen möglichst großen **Hebeleffekt (leverage)**, der sich aus der Differenz zwischen hoher Gesamtkapitalrendite und geringerer Zinsbelastung ergibt, zu realisieren.[4] Grundsätzlich sollten im Sinne des auf Dauer angelegten Beteiligungs- und Unternehmenskaufes diejenigen Teile der Fremdfinanzierungen langfristig sein, die nicht kurzfristig bspw. durch Verkäufe von Vermögenswerten getilgt werden können. In Anlehnung an die Statistik der Deutschen Bundesbank werden im Folgenden alle Fristen von vier Jahren und darüber als langfristig angesehen.

---

1 Vgl. *Kossmann* in Achleitner/Thoma, S. 3.
2 Vgl. *Holzapfel/Pöllath*, S. 256.
3 Vgl. *Broda/Krings*, Der Schweizer Treuhänder 2002, 881.
4 Zum Leverage-Effekt vgl. *Süchting*, S. 446–448.

Der **Zugang zu langfristigen Fremdfinanzierungen** ist allerdings nicht für alle Unternehmen gleichermaßen gegeben. Sowohl Größenunterschiede als auch die Rechtsformen spielen beim praktischen Einsatz dieser Finanzierungsinstrumente eine entscheidende Rolle. Erfahrungsgemäß erhalten große Firmen und „erste Adressen" leichteren Zugang und bessere Konditionen bei Bankkrediten als wenig bekannte, kleinere Unternehmen. Dies liegt zum einen darin begründet, dass Großunternehmen statistisch eine geringere Ausfallwahrscheinlichkeit aufweisen als kleine und mittlere Unternehmen und zum anderen daran, dass sie einen intensiveren Wettbewerb um Kapital initiieren können. Zudem steht Großunternehmen der internationale Banken-/ Kapitalmarkt zur Verfügung.

121

Zinsbindung	Bis 1 Jahr	1 Jahr bis 5 Jahre	Mehr als 5 Jahre
Kredite bis 1 Mio. Euro	4,03 %	4,85 %	4,81 %
Kredite über 1 Mio. Euro	3,12 %	3,42 %	4,33 %

122

Tab. 9: Kreditgrößen und Konditionen[1]

Tab. 9 verdeutlicht, wie sich die Kreditkonditionen mit wachsendem Finanzierungsvolumen für den Kreditnehmer verbessern. Geht man von der Prämisse aus, dass größere Unternehmen tendenziell auch höhere Kredite erhalten, so wird der Größenvorteil solcher Unternehmen eindeutig. Dieser Vorteil leitet sich aus den nachstehenden Gründen her:

– **Interne Ratingsysteme** der Banken und **externe Ratings** von Ratingagenturen stellen bei den finanzwirtschaftlichen Indikatoren neben anderen Kennzahlen häufig auf den Verschuldungsgrad (Verhältnis von Fremdkapital zu Eigenkapital) ab (vgl. hierzu Teil IV Rz. 27 ff. und 139 ff.). Hinsichtlich des Verschuldungsgrades gelingt es großen Aktiengesellschaften aufgrund eines direkten Zugangs zu den Aktienmärkten (Eigenkapitalstärkung) oftmals besser, attraktive Bilanzrelation bspw. Fremdkapital zu Eigenkapital trotz hoher Investitionen in Sach- und Finanzanlagen (z.B. bei Unternehmensübernahmen) beizubehalten. Ein mittelständisch geprägtes Unternehmen kann in der Regel seltener auf einen solventen Gesellschafterhintergrund zur Eigenkapitalbeschaffung zurückgreifen. Ein weiterer Beurteilungsmaßstab in der Ratingsystematik ist im Rahmen sog. „weicher Faktoren" die Marktstellung eines Unternehmens. Da der relative Marktanteil und die „Marktmacht" größerer Unternehmen oftmals besser beurteilt werden, ergeben sich auch bei diesem Kriterium Vorteile gegenüber mittelständischen Unternehmen. In summa stellt sich das die Kreditkonditionen wesentlich beeinflussende Ratingurteil für große Unternehmen besser dar. Die neuen Baseler Eigenkapitalrichtlinien (Basel II) verstärken diesen Effekt.

– Die Kreditinstitute versuchen, im Spannungsfeld von Wettbewerb, Technologie und Rentabilität neben den relativ engen Margen im Kreditgeschäft das gesamte **Ertragspotenzial der Kunden** systematischer auszuschöpfen.

---

[1] Vgl. *Deutsche Bundesbank*, Monatsbericht Februar 2004, S. 44 ff.

– Daraus resultiert die Konzentration auf ertragsstarke Kunden mit cross selling Potenzial sowie der Vertrieb von Produkten, die das knappe Eigenkapital der Banken nicht belasten, d.h. auf provisionsträchtige statt zinstragende Produkte. Mit steigender Unternehmensgröße wird eine wachsende Anzahl Bankprodukte nachgefragt, welche die Kundenbeziehung insgesamt rentabler gestalten. Der Kredit wird dort häufig nur noch als preiswertes Einstiegsprodukt gewährt.

– Einen letzten Aspekt stellt die zunehmende **Globalisierung** dar. Der deutsche Bankenmarkt ist fragmentiert und dadurch sehr wettbewerbsintensiv. Je größer, international bekannter (z.b. durch Marktposition und Börsennotierung) und transparenter (z.b. durch externes Rating) die Kredit nachfragenden deutschen Kunden sind, desto stärker werden Auslandsbanken aktiv. Dieser verschärfte Wettbewerb der Banken um große Unternehmen hat großzügige Kreditvergabe und sinkende Kreditkosten für diese Unternehmensgruppe zur Folge.

123 Die Größennachteile können kleine und mittlere Unternehmen kompensieren, sofern sie Sicherheiten (vgl. hierzu ausführlich Teil IV Rz. 146 ff.) anbieten können.

124 Eine weitere Hürde stellt für diese Unternehmen auch die Tatsache dar, dass die Banken Investitionen nach bestimmten Beleihungsgrundsätzen fremdfinanzieren. In der Regel sind diese Beleihungsgrundsätze so ausgelegt, dass das Investitionsvolumen nur zu 50 bis maximal 80 % fremdfinanziert wird. Der Rest muss durch Eigenkapital finanziert werden. Aufgrund der Eigenkapitalschwäche deutscher Unternehmen eine in der Praxis oftmals nicht erfüllbare Forderung. Trotz der schwierigen Beschaffung langfristiger Fremdfinanzierungsmittel für mittelständische Unternehmen haben insbesondere langfristige Bankkredite für diese eine große Bedeutung.[1]

2. Einzelkredite

a) Finanzierungselemente

125 Grundsätzlich strebt der Beteiligungskäufer an,[2] die bestehende Finanzverschuldung des Kaufobjektes abzulösen und im Rahmen der Übernahmefinanzierung ein Gesamtpaket aus Refinanzierung des Kaufpreises und Ablösung der Altverbindlichkeiten zu schnüren. Die neue Finanzierung enthält somit Elemente aller Laufzeitenbänder: kurzfristige Elemente zur Deckung des Betriebsmittelbedarfes und der Transaktionskosten, mittel- und überwiegend langfristige Tranchen für die Kaufsumme und bestehende Verschuldung. Typischerweise lässt sich die Mittelherkunft wie in Tab. 10 angegeben schematisieren.

---

[1] So hat eine Erhebung unter Kunden der IKB Deutsche Industriebank ergeben, dass der Anteil der langfristigen Bankverbindlichkeiten bei mittelständischen Unternehmen durchschnittlich 13 Prozent der Bilanzsumme ausmacht. Mit steigender Unternehmensgröße sinkt dieser Anteil. Vgl. *Krüger* in Christians, S. 262.

[2] Vgl. hierzu und zu den folgenden Ausführungen *Dhom* in Christians, 1. Aufl. 1980, S. 159–162.

Finanzierungsbaustein	Anteil	EBITDA-Multiple
Konventionelle Bankverbindlichkeiten (Senior Debt)	40–60 %	2,5×–3,5×
Nachrangige Finanzierungselemente (Subordinated Debt: Mezzanine, High Yield, Vendor Notes, Shareholder Loans)	10–20 %	1,5×–2,5×
Eigenkapital (Equity)	30–45 %	3×–6× (abzüglich zinstragende Verbindlichkeiten)
wenn notwendig: Betriebsmittelfinanzierung (Working Capital)		–

Tab. 10: Schichten der Kapitalstruktur

Eine typische langfristige Ausleihungsform ist das erstrangige **Investitionsdarlehen** zur Finanzierung von Anlagevermögen (Sach- und Finanzanlagevermögen). Diese Darlehensform ist objektbezogen, da die Verzinsung und Rückzahlung des Kredits aus dem Beleihungsobjekt gewährleistet sein sollte. Aufgrund der Besicherung ist diese Darlehensform der günstigste Finanzierungsbestandteil (zur Besicherung vgl. Teil IV Rz. 146 ff.).

In dem hier gegebenen Kontext wäre das **Beleihungsobjekt** das Unternehmen oder die Beteiligung, die gekauft wird. Als Sicherheit könnten Aktien verpfändet oder Immobilien dieser Gesellschaft zu Gunsten der Gläubigerbanken belastet werden. Die Verzinsung und Rückführung hingegen stellt auf die Ertragskraft bzw. den nachhaltigen freien Cashflow des gekauften Unternehmens ab. Weitere wesentliche Rückführungsquellen der Finanzierung sind vorhandene Barmittel des Kaufobjektes und Veräußerungserlöse aus der Liquidation einzelner Vermögensgegenstände oder ganzer Teilunternehmen (vgl. hierzu ausführlich Teil IV Rz. 36 ff.). Der Erwerber ist üblicherweise darauf bedacht, nicht benötigtes Anlagevermögen oder Randaktivitäten zu verkaufen. Die Erlöse der Verkäufe werden kreditvertraglich ganz oder teilweise den finanzierenden Banken zur vorzeitigen Tilgung zugestanden.

Oft sind auch die Verkäufer bereit, selbst Darlehen zur Verfügung zu stellen (Vendor Loans – meist nachrangig), um die Gesamtfinanzierung des Beteiligungskaufes sicherzustellen. Ein solcher Vendor Loan zeigt das Vertrauen des Verkäufers in die Stabilität des Unternehmens und ist damit ein Signal für die Glaubwürdigkeit z.B. der vorgelegten Planungsszenarien. Sollte die Tragfähigkeit der Verschuldung nicht auf das Kaufobjekt selbst abstellbar sein, so kommt auch die Besicherung aus Vermögensteilen des Beteiligungskäufers in Betracht.

b) Kreditaufnahme

Der typisierte **Ablauf der Einzelkreditaufnahme** lässt sich wie folgt darstellen[1]:

---

[1] Vgl. beispielsweise *Adrian/Heidorn*, S. 380–404.

1. Vordiskussion mit der Bank,
2. Stellung des Kreditantrages, inklusive der Besicherungsunterlagen sowie Unterlagen zu wirtschaftlichen Verhältnissen (Bilanz, GuV, Planung etc.),
3. Prüfung der Kreditfähigkeit, der Kreditwürdigkeit (vgl. hierzu ausführlich Rz. 139ff.) und der Sicherheiten,
4. Festlegung der Beleihungsgrenze und der nachhaltigen Verschuldungsfähigkeit des Kaufobjektes oder der neu entstehenden Einheit,
5. Darlehensangebot der Bank mit folgenden Angaben,
   - Verwendungszweck und Laufzeit,
   - Tilgungsmodalitäten wie z.B. Endfälligkeit oder Ratentilgung,
   - Nominalzins, Effektivverzinsung, Zinstermine, Zinsfestschreibungsdauer,
   - Auszahlungssatz des Darlehens,
   - Kündigungsbedingungen für beide Seiten,
   - laufende Informationspflichten des Darlehensnehmers, bereitzustellende Unterlagen zur Unterrichtung sowie (Financial) Covenants (vgl. hierzu ausführlich Rz. 153ff.),
   - mögliche Bereitstellungsprovision und Nebenkosten der Bearbeitung,
   - Besicherungen.
6. Unterzeichnung des Darlehensvertrages
7. Bereitstellung der Darlehenssumme zur Auszahlung.

aa) Kreditwürdigkeitsprüfung

130 Dem mündlich oder schriftlich gestellten Kreditantrag folgt grundsätzlich eine Kreditwürdigkeitsprüfung[1] (in die auch die Auflagen nach Basel II einfließen) und parallel dazu eingehende Verhandlungen über die Besicherung des beantragten Kredites. Die **Intensität der Kreditwürdigkeitsprüfung** hängt von der Höhe und Laufzeit des Kredites, den Besicherungsmöglichkeiten, eventuellen Schwierigkeiten bei der Beurteilung der wirtschaftlichen und rechtlichen Verhältnisse des Antragstellers und davon ab, ob der Antragsteller dem Kreditinstitut bereits bekannt ist.

131 **§ 18 KWG** legt die Pflicht der Banken fest, eine Kreditwürdigkeitsprüfung durchzuführen. Danach sind die Kreditinstitute gehalten, grundsätzlich die wirtschaftlichen Verhältnisse von Kreditnehmern zu prüfen, an die Kredite von insgesamt mehr als 250 000 Euro herausgelegt werden. Hierzu muss mindestens die Vorlage der Jahresabschlüsse, von aussagefähigen Zwischenzahlen sowie finanziellen Projektionen für die Zukunft erfolgen. Auf eine solche Offenlegung kann nur verzichtet werden, wenn sie aufgrund der gestellten

---

[1] Zum Begriff der Kreditwürdigkeitsprüfung vgl. *Adrian/Heidorn*, S. 382 f.

Sicherheiten (z.B. Barhinterlegung, grundpfandrechtliche Deckung im Realkreditbereich) oder der offen gelegten Bonität der Mitverpflichteten offensichtlich entbehrlich ist.[1]

Der erste Prüfungsschritt umfasst die **Kreditfähigkeit** des Antragstellers, d.h. die Prüfung, ob er rechtswirksam einen Kredit aufnehmen kann. Bei natürlichen Personen ist für eine eigene Kreditaufnahme Voraussetzung, dass sie unbeschränkt geschäftsfähig sind. Von Vertretern juristischer Personen, Personengesellschaften und sonstiger Personenmehrheiten werden grundsätzlich die Vollmachten daraufhin überprüft, ob sie überhaupt aufgrund gesetzlicher oder vertraglicher Vertretungsmacht Kredite aufnehmen dürfen. Des Weiteren werden die Vorschriften zur Identifizierung und Feststellung des wirtschaftlich Berechtigten nach dem Geldwäschegesetz beachtet.

132

Für die eigentliche **Prüfung der wirtschaftlichen Verhältnisse** des Antragstellers benötigt das Kreditinstitut verschiedene Informationen. Nachstehend findet sich eine Auflistung der erforderlichen Unterlagen, deren konkreter Umfang allerdings auch abhängig ist von der Höhe des beantragten Kredites, der Besicherung, der Intensität der angestrebten Geschäftsbeziehung und dem Bekanntheitsgrad des Kunden[2]:

133

– Jahresabschlüsse, Geschäftsberichte/WP-Berichte der letzten drei bis fünf Jahre (Bilanzen und Gewinn- und Verlustrechnungen mit ausführlichen Erläuterungen, ggf. Anhänge, Lagebericht und Kapitalflussrechnungen),

– eine aktuelle Zwischenbilanz oder ein aktueller Kreditstatus, möglichst zeitnah zum Kreditantrag,

– Auszug aus dem Handelsregister,

– Vermögensverzeichnis, das u.a. die vorhandenen Grundstücke und Gebäude mittels eines aktuellen Grundbuchauszugs belegt sowie wesentliche Maschinen und Ausrüstungen und die Vorräte; bestehende Eigentumsvorbehalte müssen ebenfalls genannt werden,

– externes Unternehmensrating,

– aktuelle Zahlen des laufenden Geschäftsjahres über Umsatz, Auftragseingang, Auftragsbestand und Investitionen,

– Angaben über bereits bestehende Darlehens- und Kreditverhältnisse und dafür bestellte Sicherheiten,

– Finanzplan (GuV, Bilanz, Cashflow-Projektion für die nächsten Jahre),

– Verzeichnis verfügbarer Sicherheiten sowie

– bei Unternehmenskauf Unterlagen zur rechtlichen und finanziellen Due Diligence hinsichtlich des Kaufobjektes.

---

1 Sicherheiten müssen dergestalt sein, „dass keinerlei vernünftige Zweifel daran aufkommen können, dass die Kreditrückzahlung einschließlich der Zinsen durch die eingeräumten Sicherheiten gewährleistet ist". Vgl. *Schork*, S. 259.
2 Vgl. *Adrian/Heidorn*, S. 383.

134 Sollen **Investitionsobjekte** erworben werden, sind Wirtschaftlichkeitsrechnungen über das Erwerbsobjekt, Unternehmensbewertungen, die über den Ertragswert des Objektes Auskunft geben und Planungsunterlagen zur Integration in das eigene Unternehmen erforderlich. Erwartete Synergien auf der Ertrags- und Kostenseite sind üblicherweise Gegenstand eingehender Analyse. Unternehmenskäufe, die sich nur auf Grund von Synergie- oder Steuereffekten rechtfertigen, werden heute nur zögerlich finanziert, da dem Synergienutzen i.d.R. Kosten in gleicher Höhe gegenüberstehen. Letztere werden bei Übernahmeszenarien regelmäßig zu gering kalkuliert und unterschätzt. Ursachen für das Scheitern von Übernahmen liegen einerseits begründet in sog. „stillen Kosten (Lasten)", die erst nach der Übernahme offenkundig werden, und andererseits in den unterschiedlichen Unternehmenskulturen. Aus diesen Gründen erfüllen nur knapp 30 % aller Übernahmen die „rechnerischen" Erwartungen.

135 Übernahmen durch Finanzinvestoren sind in der Bonitätsbeurteilung weniger komplex, da das bestehende Geschäftsmodell die Basis der Finanzierung bildet und die Prüfung der Synergiepotenziale entfällt. Zudem zeigen Statistiken, dass die bei Übernahme prognostizierten Potenziale konsequenter gehoben werden. Ein Erfolgsfaktor ist, dass die Unternehmenskultur erhalten bleibt. Hinzu kommt, dass Finanzinvestoren kennzahlorientiert mit dem Ziel der „Wertsteigerung" steuern. Veränderungen im Management werden deutlich konsequenter durchgesetzt, als strategische Käufer dies tun.

136 Die oben aufgeführten Unterlagen sind Grundlage für die eigentliche Kreditwürdigkeitsprüfung.[1] Zur Beurteilung der Risikolage eines Unternehmens haben sich allerdings bislang noch **keine festen Beurteilungskriterien** herausgebildet. Trendentwicklungen sind aber erkennbar, die von einer starren statischen Betrachtung „goldener" Bilanzierungs- und Finanzierungsregeln hin zu einer ertragsorientierten Betrachtungsweise führen (vgl. hierzu Teil IV Rz. 27 ff.). Dabei gilt beispielsweise, dass Investitionskredite aus den laufenden Erträgen eines Unternehmens zurückgeführt und bedient werden und nicht aus der betrieblichen Substanz.[2] Dementsprechend haben sich die Analyseschwerpunkte zu einer intensiven Betrachtung des zukünftigen ordentlichen Betriebsergebnisses und des Cashflows des Unternehmens verlagert.

Grundlage der Bonitätsanalyse sind zunehmend Zeitreihenvergleiche auf der Basis der letzten fünf Jahresabschlüsse („**historische Performance**"), die unter Zuhilfenahme von Kennzahlen für das jeweilige Analysefeld aufbereitet und auch in sog. „Bewegungsbilanzen" umgearbeitet werden. Diesen historischen Werten des betrachteten Unternehmens werden Kennzahlen anderer vergleichbarer Unternehmen derselben Branche gegenübergestellt, um die relative Position des zu prüfenden Unternehmens zu ermitteln („**Peer-Group-Analyse**").

137 Mit den verfügbaren Planungsrechnungen wird eine Prognose für die wichtigsten Erfolgsparameter des Unternehmens erarbeitet, wobei Marktkenntnisse

---

1 Vgl. *Adrian/Heidorn*, S. 385–397.
2 Vgl. *Perridon/Steiner*, S. 376.

und Kenntnisse hinsichtlich vergleichbarer Unternehmen sowie Branchenanalysen eine zentrale Rolle spielen. Letztere liefern meist Wachstumsprognosen[1] für das Marktsegment des Unternehmens und stellen somit eine Grundlage dar, auf der sich die Planungsprämissen des Unternehmens verifizieren lassen. Im Rahmen der dynamischen Betrachtung der nachhaltigen zukünftigen Ertragslage unter Nutzung umfangreicher Analyseprogramme und der Einbeziehung von Vergleichs- und Planungsrechnungen („**Szenarioanalyse**")[2] ist es üblich, mindestens zwei Extremszenarien (Best Case und Worst Case) zu rechnen und eine Trendfortschreibung, die zwischen diesen beiden Extremen verläuft, gilt als Normalfall (Base Case). Die Qualität der vom Unternehmen zur Verfügung gestellten Planungsrechnungen (u.a. Finanzplan, Plan-GuV und -Bilanz) kann dabei das Urteil einer Kreditwürdigkeitsprüfung maßgeblich beeinflussen.

Im Folgenden soll das **Unternehmensrating** näher betrachtet werden.[3] Mathematisch betrachtet ist jedes Risiko das Produkt von Eintrittswahrscheinlichkeit und quantifizierter Schadenshöhe bei Eintritt.[4] Übertragen auf die Kreditsituation stellt sich dieser Zusammenhang wie folgt dar:

138

Kreditausfallrisiko = Ausfallwahrscheinlichkeit × ausfallgefährdetes Volumen

Der letztere Faktor der Gleichung ist wesentlich durch die Sicherheiten bestimmt. Qualität (Wertbeständigkeit, Liquidierbarkeit, Unabhängigkeit, Wirtschaftlichkeit) und Umfang, d.h. vollständige oder teilweise Absicherung des Kredites bestimmen das ausfallgefährdete Volumen (vgl. hierzu ausführlich Teil IV Rz. 146 ff.) für die Formen der Kreditsicherung). Die Ausfallwahrscheinlichkeit eines Kredits hingegen wird durch die Bonität des Schuldners bestimmt (Kreditwürdigkeit). Tab. 11 führt die Kriterien zur Bewertung von Risiken näher aus.

Finanzielles Risiko	Geschäftsrisiko
a) historische Kennzahlen zur Ertragslage, Vermögenslage, Finanzlage und Kontoführung b) zukunftsbezogene Kennzahlen, wie z.B. operative Marge, operativer/freier Cashflow, dynamischer Verschuldungsgrad, Rückzahlungsdauer, Kapitaldienstfähigkeit c) finanzielle Flexibilität: Zugang zu Finanzmärkten, Reaktionsmöglichkeiten in Krisenzeiten	a) Marktposition und operative Rahmenbedingungen: Produktqualität, Produktbreite, Marktstärke, Marktakzeptanz, Wettbewerb/Eintrittsbarrieren, Abhängigkeiten bei Beschaffung/Absatz, Branchenaussichten, besondere Risiken (Umwelt, Haftung, Technologie) b) Management: Strategie, Erfahrungen, Kontinuität, Controlling, Planungsqualität

Tab. 11: Kriterien zur Risikobewertung

---

1 Vgl. *Schrape/Trappel*, Publizistik 2001, 37 zu den Schwierigkeiten der Prognose.
2 Vgl. *Geschka/Reibnitz* in Töpfer/Afheldt, S. 125 ff.
3 Ausführlich zum Rating vgl. bspw. *Everling* in Kienbaum/Börner, S. 165–187.
4 Vgl. für alternative Risikokonzeptionen *Wahrenburg/Niethen*, Kredit und Kapital 2000, 235 ff.

139 Als Ergebnis entsteht eine **Stärken-Schwächen-Matrix**, deren einzelne Ausprägungen mittels Gewichtungsfaktoren in Punktwerte überführt werden. Die Summe der Einzelmerkmale mündet in der Eingruppierung des Kreditnehmers in eine bestimmte Bonitätsklasse. Den einzelnen Klassen wiederum können empirisch begründete Ausfallwahrscheinlichkeiten zugeordnet werden. Moodys, eine der renommierten Ratingagenturen, veröffentlicht regelmäßig so genannte Spreads zu den entsprechenden Risikoklassen:

Ratingkategorie	Ausfallwahrscheinlichkeit (Laufzeit 5 Jahre)* in %	Durchschnittl. Marge in bps (Stand Juli 2004)
Aaa/AAA	0,0	8
Aa/AA	0,0	20
A/A	0,3	36
Baa/BBB	2,3	55
Ba/BB	7,3	220
B/B	48,4	485
Caa-C	69,0	900

* Nach europäischen Emittenten gewichtete durchschnittliche kumulierte Ausfallraten, 1985–2003/4

Tab. 12: Rating, Ausfallwahrscheinlichkeiten und Spreads (Margen, Zinsaufschläge); Quelle: Moodys Report Europäische Ausfallstudie 04/2004

Der Zinsaufschlag (Marge, Spread) variiert in Abhängigkeit vom Kapitalmarktumfeld stark. Der im Folgenden dargestellte Margenrückgang zwischen März 2003 und März 2004 ist Folge hoher Liquidität im Markt und hohen Vertrauens in die wirtschaftliche Entwicklung der finanzierten Unternehmen. Ereignisse wie der 11. September 2001 aber auch spektakuläre Unternehmenszusammenbrüche haben Vertrauenskrisen zur Folge, die zu sehr schnell und unkalkulierbar steigenden Margen führen.

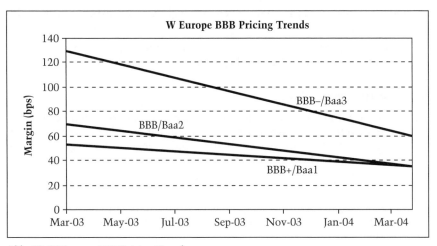

Abb. 10: W Europe BBB Pricing Trends

Abb. 10 zeigt die Reduzierung der Margenaufschläge innerhalb des letzten Jahres bei investmentgrade gerateten Unternehmen in West-Europa. Der Rückgang ist auf die hohe Marktliquidität zurückzuführen. Insbesondere die BBB-/Baa3 geratetetn Unternehmen konnten überproportional partizipieren.

Die Fremdkapitalfinanzierung eines Beteiligungskaufes ist in der Regel mit einer deutlichen Erhöhung des Verschuldungsgrades des Zielunternehmens verbunden (sog. Leverageeffekt – vgl. hierzu ausführlich Teil IV Rz. 78 ff.) bzw. der Konzernverschuldung bei strategischem Erwerb. Letztlich beruht eine **positive Kreditentscheidung** auf folgenden Merkmalsausprägungen:

- gutes internes/externes Unternehmensrating mit u.a.:
  - gefestigter und starker Marktstellung des Zielkunden,
  - flexibler Kostenstruktur,
  - guten Kapitaldienstdeckungsrelationen und zügiger Entschuldung im Basisszenario,
  - hohe Synergiepotenziale und/oder geringe Restrukturierungskosten,
- hoher Eigenkapitalanteil,
- weit reichende und werthaltige Besicherung,
- sorgfältige (rechtliche, finanzielle, steuerliche) Due Diligence und der avisierten Beteiligung,
- angemessene Kaufpreisrelation,
- angemessene Sondertilgungsstruktur,
- umfassende Informationspflichten

– und angemessene Financial Covenants (vgl. hierzu ausführlich Tab. 13) und

– Erfahrung des Managements im Geschäftssegment des übernommen Unternehmens (regionale Netzwerke, Produkte, Verfahren etc).

bb) Sondertilgungsstruktur

141 Die regulär vereinbarten Rückzahlungen sehen eine **Amortisation der Finanzverbindlichkeiten** für den Kreditgeber innerhalb der jeweils vereinbarten Kreditlaufzeit vor. Dabei wird der jährliche Kapitaldienst in der Regel den Base Case abzüglich eines Sicherheitspuffers (z.B. 20 %) widerspiegeln.

Sondertilgungsverpflichtungen[1] werden üblicherweise vereinbart bei:

– überschüssigem Cashflow (sog. „Cash Sweep", d.h., ein vorab vereinbarter Prozentsatz des „Excess Cashflow" ist zur zusätzlichen Sondertilgung einzusetzen),

– Verkäufen von Vermögenswerten,

– nachträglichen Kaufpreiserstattungen und

– Versicherungszahlungen/Schadensersatzleistungen.

142 Es ist jedoch zu bedenken, dass sich für das Kreditinstitut aus einer etwaigen Sondertilgung höhere Refinanzierungskosten ergeben. Diese verteuern den Kredit. Wurde vertraglich keine Sondertilgung vereinbart, zahlt der Kreditnehmer bei Sondertilgung eine Vorfälligkeitsschädigung.

cc) Covenants

143 Covenants (Kreditvertragsklauseln) stellen im Kreditvertrag enthaltene **Nebenpflichten** des Kreditnehmers dar, deren Nichteinhaltung bestimmte (bilaterale) Rechtsfolgen (z.B. Margenanpassung, vorzeitige Fälligstellung des Darlehens) bewirken. Die Finanzierungspartner wünschen diese Vertragsklauseln, weil sie die Möglichkeit eröffnen,

– das bei Unterzeichnung der Kreditdokumentation angenommene und bepreiste Risikoprofil (Kreditnehmerbonität, Transaktionsstruktur) vertraglich zu fixieren, um bei negativen Abweichungen davon rechtlich und wirtschaftlich handlungsfähig zu sein und

– Risikoänderungen relativ frühzeitig zu erkennen und aktiv Vermeidungsstrategien zu entwerfen sowie umzusetzen.

144 In der Praxis finden sich sowohl Covenants mit direkten finanziellen Auswirkungen als auch nicht monetär geprägte Covenants.[2] Tab. 13 gibt einen Überblick über diese Non-Financial und Financial Covenants.

---

1 Vgl. *Krämer/Sievi*.
2 Vgl. *Weber*, Treasury Management Association Journal 1999, 18 ff.

	Non-Financial Covenants	Financial Covenants
Covenant-Typ	Bestimmung von Aktivitäten, die für die Kreditgeber tendenziell höheren Comfort bringen	Einhaltung bestimmter Finanzkennzahlen zur Sicherung einer Mindest-Bonität.
Beispiele	– Informationspflichten (Quartalszahlen, testierte Jahresabschlüsse innerhalb einer vereinbarten Frist nach Stichtag) – Positiv-/Negativerklärung – Pari-Passu-Klausel[1] – Cross-Default-Klausel[2] – Ausschüttungsbeschränkungen – Ownership-Klausel[3] – Material Adverse Change-Klausel[4] – Veräußerungsbeschränkungen (Vermögenswerte)	– Mindest-Profitabilität (min. EBITDA) oder Mindest-Cashflow – Zinsdeckung (op. Cashflow/ Nettozinsaufwand) – Kapitaldienstdeckung (op. Cashflow/Kapitaldienst) – Investitionsbeschränkungen (maximale Sachanlageinvestitionen) – Verschuldungsbeschränkungen (Nettoverschuldung/ op. Cashflow) – Mindest-Eigenkapital – Excess Cashflow-Regelungen

Tab. 13: Nebenpflichten des Kreditnehmers

Die Definition der Financial Covenants orientiert sich am Base Case abzüglich Sicherheitspuffer (z.B. 20 %). Cashflow und EBITDA-Kennzahlen sind besonders wichtige Covenants. Weichen sie negativ ab, ist dies meist ein Zeichen für eine sich anbahnende Unternehmenskrise. Die Überführung der verschiedenen Größen (EBITDA und Cashflow) ergibt sich aus der folgenden Abb. 11.

Freier (verfügbarer) Cashflow			
Cashflow =	Ersatzinvestitionen		
	Steuern		
Gewinn vor Zinsen, Steuern, Abschreibungen **(EBITDA)**	Working Capital		
	Operating Cashflow	Erweiterungsinvestitionen	
		Free Cashflow	Thesaurierung Kapitaldienst Ausschüttung

Abb. 11: EBITDA und Cashflow

---

1 In der Zukunft begebene Anleihen dürfen nicht besser behandelt werden bzw. keinen Vorrang vor den existierenden Anleihen haben.
2 Eine derartige Vereinbarung verpflichtet den Kreditnehmer, nicht nur die vertraglichen Pflichten des neuen Vertrages einzuhalten, sondern sich auch bei zuvor mit Dritten abgeschlossenen Verträgen sowie zukünftigen Vereinbarungen vertragsgetreu zu verhalten.
3 Mitspracherecht bei einem Eigentümerwechsel.
4 Die Gewährung des Darlehens ist an den Nichteintritt wesentlicher nachteiliger Ereignisse geknüpft.

dd) Kreditsicherung

146 Eine wesentliche Voraussetzung für die Gewährung des beantragten Kredits sind die zu Grunde liegenden Sicherheiten. Die Verwertung der Kreditsicherheiten soll bei einer Zahlungsunfähigkeit des Kreditnehmers die Rückführung des Kredites ermöglichen. Kreditinstitute legen normalerweise bei der Bemessung des Wertes der Sicherheiten wie auch bei ihrer Bestellung und Überwachung strenge Maßstäbe an. Im Folgenden soll ein Überblick über die gebräuchlichsten Sicherheiten gegeben werden.[1] Zu den wesentlichen Sicherheitenarten zählen Pfandrecht, Sicherungsübereignung, Zession, Bürgschaft, Grundpfandrecht und Garantie und andere Haftungsverhältnisse sowie Patronats- und Negativerklärung. Diese sollen nun im Einzelnen beschrieben werden.

147 **Grundpfandrechte** spielen eine bedeutende Rolle bei der Besicherung von Krediten. Dabei handelt es sich um Pfandrechte direkt an Grundstücken, Gebäuden oder aber einem grundstücksgleichen Recht[2] (z.B. Erbbaurecht). Unter anderem kommt den Grundpfandrechten deshalb eine solche Bedeutung zu, weil sie für die Kreditinstitute gut einzuschätzende und zu überwachende Sicherheiten darstellen.

148 Eine **zentrale Bedeutung** kommt bei der Besicherung durch Grundpfandrechte **der Bewertungsfrage** zu. Dabei geht es vorrangig um die Festsetzung des Beleihungswertes, der in der Regel durch bankeigene Schätzungsbüros oder beauftragte Sachverständige ermittelt und vorgeschlagen wird. Unter dem Beleihungswert ist der Wert zu verstehen, der dem Beleihungsobjekt unter Berücksichtigung aller für die Bewertung maßgebenden Umstände für die Dauer der Belastung zuzuordnen ist.[3] Die Ermittlung des Beleihungswertes erfolgt in der Regel über den Ertragswert, den Sachwert (Bau- und Bodenwert) und den Verkehrswert des Objektes (als Vergleichsgröße). Andere Werte und Preise, wie z.B. Kaufpreis, Versicherungswert und Einheitswert, können ebenfalls in die Ermittlung einbezogen werden.

149 Sollen bei der Ermittlung des Beleihungswertes auch Grundstücksbestandteile, wie Maschinen und Betriebseinrichtungen, die mit dem Objekt fest verbunden sind, einbezogen werden, so wird deren Zeitwert geschätzt und darauf ein Abschlag von mind. 40 % vorgenommen. Für Grundstückszubehör wird ebenfalls bei der Einbeziehung in die Ermittlung des Beleihungswertes der Zeitwert geschätzt, allerdings mit einem Abschlag von mind. 50 %. Eine Erhöhung des

---

[1] Für eine ausführliche Darstellung der banküblichen Sicherheiten und ihrer praktischen Handhabung (inkl. Bestellungsformen) im Bankbetrieb vgl. *Adrian/Heidorn*, S. 405–468.
[2] Vgl. *Pottschmidt* in Gerke/Steiner, Sp. 1301 ff.
[3] Das zu Grunde liegende Bewertungsprinzip findet sich in § 12 Abs. 1 HypBG: „Der bei der Beleihung angenommene Wert des Grundstückes darf den durch sorgfältige Ermittlung festgestellten Verkaufswert nicht übersteigen. Bei der Feststellung dieses Wertes sind nur die dauernden Eigenschaften des Grundstücks und der Ertrag zu berücksichtigen, welchen das Grundstück bei ordnungsgemäßer Wirtschaft jedem Besitzer nachhaltig gewähren kann."

Abschlages ist abhängig von der technischen und wirtschaftlichen Nutzungsdauer.

Die **Beleihungsgrenze** eines Grundstückes **hängt von verschiedenen Faktoren ab**. Zum einen variieren die Vorschriften über die Festsetzung der Beleihungsgrenzen zwischen den Kreditinstituten, zum anderen ist die Nutzungsart (Wohn-, Gewerbe-, land- und forstwirtschaftliche Nutzung) ausschlaggebend. Der Realkreditanteil beträgt 60 % des Beleihungswertes und ist der zinsgünstigste Finanzierungsbaustein. Gewerblich genutzte Immobilien werden oft bis zu 70 % und Wohnstücke bis zu 80 % des Beleihungswertes als werthaltige Sicherheit angesehen. 150

Bei den Grundpfandrechten können Grundschulden im Unterschied zur Hypothek in der Regel nur dann zur Besicherung von Krediten herangezogen werden, wenn zwischen dem Kreditnehmer als Sicherheitengeber und dem Kreditinstitut eine Sicherungsabrede getroffen wird. Üblich ist die Vereinbarung einer so genannten Generalsicherungsklausel (weite Zweckerklärung); sie begründet die Möglichkeit, die Grundschuld auch zur Sicherheit für alle künftigen Forderungen aus der Geschäftsverbindung mit dem Kreditinstitut heranzuziehen. Alternativ kann durch die Vereinbarung einer Spezialsicherungsklausel die Grundschuld als Sicherheit für nur einen ganz bestimmten Kredit herangezogen werden.[1] Die Hypothek ist immer nur an einen bestimmten Kredit gekoppelt. Nach dessen Rückführung entsteht aus der Hypothek eine Eigentümergrundschuld. 151

Zu den Sicherheiten an beweglichen Sachen gehört das **Pfandrecht**, das im Allgemeinen als bankmäßige Sicherheit wegen der notwendigen Übergabe des Pfandgutes wenig geeignet ist und daher nur eine untergeordnete Bedeutung hat. Ausnahmen bilden bewegliche Sachen, wie Edelmetalle (u.a. Münzen), Kunstgegenstände, Schmuck, Bargeld und sonstige leicht auszuhändigende bewegliche Wertgegenstände. 152

Ein **Pfandrecht an Rechten** wird überwiegend nur dann bestellt, wenn es sich bei den angebotenen Sicherheiten um Guthaben handelt (Termingeld- und Festgeldguthaben, Spargutgaben), die bei dem kreditgewährenden Kreditinstitut selbst unterhalten werden. Eine große Rolle spielt auch das Pfandrecht an Wertpapieren (Inhaber- und Orderpapiere) und Traditionspapieren wie z.B. Konnossement und Lagerschein. In Fällen der Drittverwahrung, d.h. das Depot wird nicht im eigenen Hause, sondern bei anderen Banken geführt, wird die Verpfändung diesem Dritten angezeigt. Die Bewertung erfolgt zu Verkehrswerten, bei marktgängigen Wertpapieren z.B. zu Tageskursen. Die Beleihungsgrenze variiert zum einen zwischen den Kreditinstituten, zum anderen ist sie abhängig von der Art der verpfändeten Sache. 153

Die **Sicherungsübereignung** von beweglichen Sachen als Kreditsicherheit hat sich dort bewährt, wo der Sicherungsgeber auf die Nutzung dieser Sachen nicht verzichten oder die Bank die Sachen nicht lagern kann und damit die be-

---

[1] Diese Ausführungen gelten sinngemäß auch für die nachfolgend beschriebenen weiteren Sicherheiten.

schriebene Bestellung eines Pfandrechts nicht möglich ist. Der Kreditnehmer überträgt das Eigentum an dem Sicherungsgut auf das Kreditinstitut. Dieses überlässt dann gleichzeitig das Sicherungsgut dem Kreditnehmer zur Nutzung. Damit erlangt das Kreditinstitut nur mittelbaren Besitz an dem Sicherungsgut. Der unmittelbare Besitz verbleibt beim Kreditnehmer. Auch bewegliche Sachen, für die noch ein Eigentumsvorbehalt (z.B. eines Lieferanten) besteht, können Gegenstand einer Sicherungsübereignung werden.

Der Beleihungswert des Sicherungsgutes wird durch dessen Bewertung anhand von Rechnungen, Kaufverträgen etc. mit angemessenen Wertabschlägen für z.B. anteilige Abschreibungen ermittelt. Bei außergewöhnlichem Sicherungsgut ziehen Kreditinstitute u.U. auch Sachverständige hinzu.

154 **Zessionen** stellen eine Form der Bestellung von Sicherheiten an Rechten dar. Hierbei handelt es sich meist um die Abtretung von Forderungen oder die Übertragung von Rechten an das Kreditinstitut (Gläubigerwechsel). Das Kreditinstitut kann die abgetretenen Forderungen im Verwertungsfall sofort einziehen und hat somit im Verwertungsfall eine schnelle Realisierungsmöglichkeit. Eine Zession kann auch erst künftig entstehende Forderungen betreffen. Für den Kreditnehmer und bisherigen Gläubiger (Zedenten) ist von Vorteil, dass grundsätzlich keine Anzeige an den Drittschuldner erforderlich ist. In diesem Falle spricht man von einer stillen Zession. Eine offene Zession liegt dann vor, wenn dem Drittschuldner die Abtretung angezeigt wurde.

155 Über Personensicherheiten in Form der **Bürgschaften, Garantien** und **anderen Haftungsverhältnissen** kann ein Kreditnehmer seine Kredite über Vermögenswerte Dritter absichern. Die am häufigsten anzutreffende Verpflichtungsart ist die Bürgschaftsübernahme. Die Bürgschaftserklärung erfolgt in aller Regel schon aus Beweisgründen schriftlich, obwohl nach § 350 HGB dies bei Vollkaufleuten nicht notwendig ist. Eine Bürgschaft ist grundsätzlich akzessorischer Natur, d.h. vom Bestand der Hauptforderung des Kreditinstitutes abhängig. Der Haftungsumfang richtet sich für den Bürgen nach der jeweiligen Inanspruchnahme des Kredits. Zahlt der Bürge den Kredit zurück, so geht die Forderung des Kreditinstitutes auf ihn über. Bürgschaften können auch für zukünftige Verpflichtungen übernommen werden.

156 **Bürgschaften**[1] lassen sich nach der Art der Haftung des Bürgen unterscheiden. Der häufigste und von den Kreditinstituten meist angestrebte Fall ist die selbstschuldnerische Bürgschaft. Das Kreditinstitut kann den Bürgen sofort in Anspruch nehmen, sobald der Kreditnehmer nicht mehr ordnungsgemäß leistet. Im Gegensatz zur normalen Bürgschaft hat der Bürge in diesem Fall nicht die Möglichkeit der Einrede der Vorausklage. Er kann somit bei der selbstschuldnerischen Bürgschaft nicht verlangen, dass vor seiner Inanspruchnahme die Zwangsvollstreckung in das Vermögen des Kreditnehmers, für den er bürgt, versucht wird. Einem Vollkaufmann steht nach § 349 HGB die Einrede auf Vorausklage nicht zu.

---

1 Vgl. *Pottschmidt* in Gerke/Steiner, Sp. 1293 ff.

Die Ausfallbürgschaft verpflichtet den Bürgen gegenüber dem Kreditinstitut, für einen Verlust einzutreten, der sich aus der verbürgten Kreditgewährung ergibt. Der realisierte Verlust muss durch den Kreditgeber nachgewiesen werden.

157

Bevor der Bürge von dem Kreditinstitut in Anspruch genommen werden kann, muss das Kreditinstitut sowohl in das bewegliche als auch in das unbewegliche Vermögen des Kreditnehmers vollstreckt haben. Wesentlich schneller kann in der Regel der Bürge durch die sog. modifizierte Ausfallbürgschaft in Anspruch genommen werden. Hierzu formulieren das Kreditinstitut und der Bürge einen Zeitpunkt, zu dem der „Ausfall" der Kreditforderung festgestellt wird (z.b. bei Kreditkündigung, vierwöchigem Zahlungsrückstand, erfolgloser Vollstreckung in das bewegliche oder unbewegliche Vermögen, Vergleichseröffnung) und somit der Bürge in Anspruch genommen werden kann. Bundes-, Landesbürgschaften und Bürgschaften von Kreditgarantiegemeinschaften und Bürgschaftsbanken sind meist als modifizierte Ausfallbürgschaften ausgestaltet.

Bei einer **Garantie** steht der Garant einem Dritten für einen bestimmten Erfolg ein, der z.B. die Rückzahlung eines Kredites sein kann. Bürgschaftsrecht findet hier keine Anwendung. Die Garantie ist nicht akzessorisch, d.h. sie ist abstrakt. So kann es vorkommen, dass der Garant für die Rückzahlung eines Kredites auch dann einzustehen hat, wenn die Zahlungsverpflichtung des Kreditnehmers aus Rechtsgründen zweifelhaft ist. Ferner geht bei Inanspruchnahme des Garanten die Forderung, für die er Garantie leistet, nicht automatisch auf ihn über, sondern er hat nur einen Anspruch gegen das Kreditinstitut auf Abtretung der Forderung.

158

Patronatserklärungen können Haftungsverhältnisse für gewährte Kredite begründen. Patronatserklärungen werden meist von Muttergesellschaften oder sonstigen Hauptgesellschaftern des Kreditnehmers abgegeben. Grundsätzlich lassen sich harte und weiche Patronatserklärungen unterscheiden. Ein *Beispiel* für eine harte Fassung einer Patronatserklärung ist die folgende Formulierung: „Wir, die Muttergesellschaft, erklären Ihnen gegenüber, dass unsere Tochtergesellschaft in der Zeit, in der Sie den bei Ihnen aufgenommenen Kredit einschließlich Zinsen und Nebenkosten nicht vollständig zurückgezahlt hat, in der Weise geleitet und finanziell ausgestattet wird, dass sie stets in der Lage ist, sämtliche gegenwärtigen und künftigen Verbindlichkeiten fristgemäß zu erfüllen." Eine Patronatserklärung in dieser Form begründet garantieähnliche Verpflichtungen der Muttergesellschaft, mit einem entsprechenden bilanziellen Ausweis unter dem Strich. Hingegen ist die folgende Formulierung als eine weiche Fassung einer Patronatserklärung anzusehen: „Wunschgemäß erklären wir, dass wir unseren Einfluss als Kapitalanteilseigner unserer Tochtergesellschaft dahingehend geltend machen werden, dass diese Ihnen gegenüber ihren Verpflichtungen in der vereinbarten Weise nachkommt." Streitig ist, inwieweit im Insolvenzfall der Tochtergesellschaft eine weiche Patronats-

159

erklärung einen Schadensersatzanspruch gegen die Muttergesellschaft begründet.[1] Ein Bilanzausweis unter dem Strich ist nicht erforderlich.

160 Die **Negativerklärung** zählt zwar nicht zu den Sicherheiten im engeren Sinne, ist aber eine weitere Form, die andere Haftungsverhältnisse begründet. Hierbei gibt der Kreditnehmer selbst eine rechtsverbindliche Erklärung ab, bestimmte Handlungen vorzunehmen bzw. zu unterlassen. Zwei Grundformen der Negativerklärungen haben sich herausgebildet. Mit einer normalen Negativerklärung verpflichtet sich der Kreditnehmer, andere Gläubiger nicht besser als das Kreditinstitut zu besichern. Eine Negativerklärung kann ebenfalls die Verpflichtung des Kreditnehmers enthalten, sein Vermögen oder Teile davon (ausgenommen allerdings das Umlaufvermögen) nur mit Zustimmung des Kreditinstitutes zu veräußern. Eine erweiterte Negativerklärung (sog. Positiverklärung) liegt vor, wenn sich der Kreditnehmer über die normale Negativerklärung hinaus verpflichtet, dem Kreditinstitut unter bestimmten Bedingungen eine zusätzliche Sicherheit zu bestellen.

161 Im Hinblick auf die **Absicherung** eines größeren Kreditbetrages zwecks Finanzierung **eines Unternehmenskaufs** sind in der Praxis folgende Sicherheiten besonders geeignet:

– Grundpfandrechte,

– Sicherungsübereignung des Anlagevermögens,

– Verpfändung oder Abtretung von Lebensversicherungsansprüchen, Wertpapieren oder Gesellschaftsrechten (z.B. GmbH-Anteile),

– Bürgschaftserklärung durch Bund, Land oder Kreditgarantiegemeinschaft sowie

– „harte" Patronatserklärung der Muttergesellschaft.

ee) Finanzierungsstrukturierung

162 Die möglichen Ausprägungen des breiten Spektrums an Strukturierungsmöglichkeiten lassen sich wie folgt umreißen: Entweder der Käufer nimmt die Verschuldung in vollem Umfang selbst auf oder die Verschuldung wird in einer eigens für die Akquisition geschaffenen Gruppe von Gesellschaften platziert. Dabei ist die Haftung des Käufers in der Regel auf seine eingebrachten Gesellschaftermittel begrenzt; der Kapitaldienst wird maßgeblich auf die zu übernehmende Gesellschaft selbst abgestellt. Abb. 12 zeigt eine solche denkbare **Gruppenstruktur** für den Fall eines LBOs, bei dem Eigen- und Fremdkapitalinvestoren zusammen mit dem Management über den Umweg einer NewCo (New Company) in das Akquisitionsobjekt investieren.

---

1 Vgl. *Rümker*, WM 1974, 990 ff. sowie *Hauptfachausschuss des IdW*, Stellungnahme HFA 2/1976: Zur aktienrechtlichen Vermerk- und Berichterstattungspflicht bei Patronatserklärungen gegenüber dem Kreditgeber des Dritten, WPg. 1976, 528 ff.

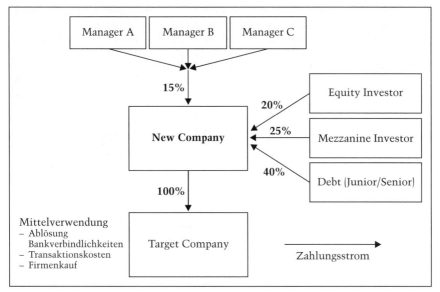

Abb. 12: Exemplarische Struktur eines LBO

Die Finanzierungsstruktur eines LBO wurde bereits in Abb. 7 (Teil IV Rz. 82) dargestellt. Wichtig ist jedoch, dass der Anteil der Finanzierungsbausteine im Zeitablauf variiert. So lag der Eigenkapitalanteil europäischer LBOs Anfang 1998 bei 27 %, Anfang 2002 jedoch bei über 40 %. Aufgrund hoher Liquidität der Fremdkapitalgeber lag der Eigenkapitalanteil im ersten Quartal 2004 bei nur 28 %. Im Durchschnitt der letzten Jahre lag er zwischen 35 % und knapp 40 %.

Ebenso variieren die Verschuldungskennzahlen. Während nach dem 11. September 2001 (bis Mitte 2001) Transaktionen nur finanziert wurden, wenn die Gesamtverschuldung geringer als der vierfache EbitDA war, wurde 1999 und 2003 ein Multiplikator von nahezu 5 akzeptiert. Der Multiplikator Senior Dept zu EbitDA variierte zwischen 3 und 4. Generell gilt, dass riskantere (da höher fremdfinanziert) Übernahmen vom Markt akzeptiert werden, wenn das zu Grunde liegende Geschäftsmodell stabil ist, Asset Manager hohen Anlagedruck haben und das Vertrauen des Marktes nicht durch Einzelereignisse (11. September 2001, große Insolvenzen) erschüttert ist. Zudem ist feststellbar, dass die Verschuldung (Total Debt zu EbitDA) von der Größe der Transaktion abhängt. Transaktionen unter 200 Mio. $ wiesen 2003 ein Verhältnis von 1:4 auf, oberhalb 1 Mrd. $ von nahezu 1:6.

3. Konsortialkredite

Bei Konsortialfinanzierungen handelt es sich um Kredite, die von mindestens zwei Banken bereitgestellt werden. Es existiert nur ein Kreditvertrag, der zwischen dem Arrangeur (zum Teil auch den Arrangeuren) und dem Kreditnehmer verhandelt wird. Der Arrangeur bildet ein **Konsortium** nationaler sowie ggf. internationaler Banken (Syndikat). In zunehmendem Maße treten ausländische Banken, Wertpapierfirmen und so genannte institutionelle Investoren (z.B. Versicherungen, Pensionskassen, Versorgungswerke, Fonds, Kapitalanlagegesellschaften) im deutschen Darlehensmarkt auf. Die Titel und Rollen der an einer Konsortialfinanzierung beteiligten Parteien ergeben sich aus Abb. 13.

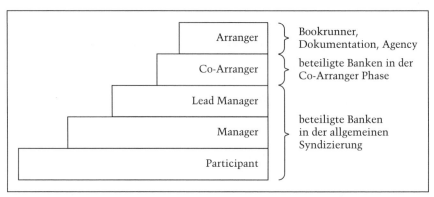

Abb. 13: Titel und Rollen der an einer Konsortialfinanzierung beteiligten Parteien

165 Jeder eingeladene Investor hat die Möglichkeit, an der Finanzierung zu den zwischen dem Arrangeur und dem Kreditnehmer vereinbarten Konditionen teilzunehmen. Aus der Summe der Beiträge ergibt sich der Gesamtkreditbetrag. Im Falle einer Überzeichnung kann der ursprüngliche Kreditbetrag erhöht werden, ansonsten erfolgt eine Zuteilung der Beteiligungsbeiträge. Ist die Summe der Beteiligungsbeiträge kleiner als der Gesamtkreditbetrag, hängen die Folgen von den konkreten Vereinbarungen zwischen Kreditnehmer und Arrangeur ab. Beim **Underwriting** garantiert der Arrangeur (oder die Gruppe der Underwriter) die gesamte Kreditlinie (Fazilität) und übernimmt somit das Risiko, diese auf die eigenen Bücher zu nehmen, sofern die Syndizierung nicht erfolgreich verlaufen sollte. Dem steht die **Best-Efforts-Vereinbarung** gegenüber. Dabei versucht der Arrangeur, mit den von ihm genannten Konditionen die Kreditlinie erfolgreich zu syndizieren. Die endgültige Höhe der Fazilität ergibt sich dann erst aus den Kreditzusagen der teilnehmenden Banken. Das Arrangieren einer syndizierten Finanzierung kann in die drei in Tab. 14 detailliert vorgestellten Phasen unterteilt werden:

Phase 1: Origination/Strukturierung	Phase 2: Syndizierung und Distribution	Phase 3: Lebenszyklus
– Identifizierung von Geschäftsmöglichkeiten – Kundengespräche (Bedürfnisse des Kunden erkennen, Informationsbeschaffung) und Präsentation der Bank	– Vorbereitung des Info Memos/Organisation einer Bankenpräsentation – Auswahl potenzieller Banken, Ansprache und Einladung	– Erfüllung aller Auszahlungsvoraussetzungen (z.B. Sicherheitenbestellung) – Valutierungsanzeigen und Valutierung; Zinsfixing

Phase 1: Origination/Strukturierung	Phase 2: Syndizierung und Distribution	Phase 3: Lebenszyklus
– Strukturierung der Transaktion (unter Berücksichtigung der Bedürfnisse des Kunden und des Marktes); Erstellung eines indikativen Angebotes („Term Sheet") – Marketing beim Kunden („Beauty Contest") mit verbindlichem Angebot – Mandatierung einer einzelnen Bank oder einer Bankengruppe – Verhandlungen mit Arrangeurgruppe im Falle mehrer Arrangeure	– Marketing der Transaktionen beim potenziellen Konsortium: Verteilung der Informationen, Unterstützung der Preisfindung; Klärung bzw. Weiterleitung von Fragen an den Kreditnehmer; Erstellung des Status-Reports für den Kunden bzw. Joint Arranger („Bookrunning") – Parallel Verhandlungen zur Erstellung der Kreditdokumentation (Einbindung Rechtsabteilung/externe Anwälte) – Unterschrift der Verträge („Signing Ceremony") durch zusagende Banken – Vorbereitung und Erstellung von Pressemitteilungen etc.	– Informationsverteilung an die Konsortialbanken – Vertragsveränderungen während der Laufzeit – Rückzahlung oder Workout – Sekundärmarkthandel: „kleine Wiederholung" der Phase 2; Platzierung, die mit dem Eintritt neuer Konsorten in die bestehenden Rechtsverhältnisse (über Novation Certificates, Accession Agreements, Global Transfer Certificates) endet

Tab. 14: Phasenmodell syndizierter Finanzierungen

Trotz der Komplexität einer Konsortialfinanzierung und der großen Anzahl involvierter Parteien kann diese schnell und flexibel – meist innerhalb von sechs Wochen – abgewickelt und im Markt platziert werden. Tab. 15 zeigt beispielhaft den Ablauf der zweiten Phase. Syndizierte Kredite zeichnen sich dabei durch eine Reihe von Vorteilen aus:

– Flexibilität (Generierung großer Volumina;[1] zugleich tragbare Größenordnungen für den einzelnen Konsorten),

– Konditionen und Effizienz (sehr kosteneffizientes Instrument; alle Banken des Konsortiums legen den Kredit unter den gleichen Bedingungen heraus; geringe Verwaltungskosten),

– Geschwindigkeit und Sicherheit (Darstellung in relativ kurzer Zeit; mögliches Underwriting sichert Verfügbarkeit über die gesamte Laufzeit),

– Erweiterung der Finanzierungsalternativen (Kontakte mit neuen, ggf. internationalen Banken; Kreditaufnahme bei begrenztem Zutritt zu internationalen Kapitalmärkten und bei ungünstiger Marktsituation),

– Publizität (Internationale Finanzpresse; erfolgreiche Transaktionen erhöhen das „Credit Standing", Einführung des Kreditnehmers in den Euromarkt unterstützt durch die Begleitung der führenden Bank) und

---

1 Vgl. *Ross/Westerfield/Jaffe*, S. 581 ff.

– Standardisierung der Dokumentation/Pricing (ohne die Einhaltung von Standards ist die Phase II nicht möglich).

Zeitpunkt	Ereignis
X + 0 Tage	– Bekanntmachung der Akquisition der Anteile am Akquisitionsziel von den wesentlichen Aktionären
X + 7 Tage	– Teilweise Auszahlung der Fazilität – Einladung weiterer Banken
X + 14 Tage	– Bankenpräsentation beim Erwerber
X + 28 Tage	– Zusage der Banken – Versand des Kreditvertrages
X + 35 Tage	– Unterzeichnung des Kreditvertrages
X + 38 Tage	– Auszahlung der Fazilität

Tab. 15: Zeitlicher Ablauf der Konsortialfinanzierung

167   Für einen Konsortialkredit sollte der Kreditnehmer allerdings eine Umsatzgröße von ca. 100 Mio. Euro erreichen und über einen gewissen Bekanntheitsgrad verfügen. Er muss auch bereit sein, international übliche Anforderungen an Informationspflichten und Dokumentation zu akzeptieren. Ein externes Rating ist zunehmend erforderlich. Ist dies nicht vorhanden, kann ein Rating bei einer Agentur z.B. Fitch, Moodys, S&P beauftragt werden.[1] Die Dokumentation wird in Abhängigkeit von Art und Größe der Transaktion sowie des Kreditnehmers englischem oder z.B. deutschem Recht unterliegen (für eine Abgrenzung von deutschem und Eurokreditvertrag s. folgende Tab. 16).

Deutscher Vertrag (auf AGBs abgestellt)	Weitreichender Gläubigerschutz mit allgemein gehaltenen Klauseln, z.B. Nachbesicherungsklausel, außerordentliches Kündigungsrecht
Eurokreditvertrag	Sehr umfangreiches Vertragswerk; jeder Eurokreditvertrag muss unter Berücksichtigung der individuellen Gegebenheiten des Kreditnehmers und der Finanzierungsstruktur nach den jeweiligen Erfordernissen erstellt werden

Tab. 16: Deutscher Vertrag vs. Eurokreditvertrag

168   Im Rahmen von Konsortialgeschäften lassen sich nicht nur „klassische Darlehen" – so genannte Leveraged Loans – darstellen. Vielmehr kann über verschiedene Vertriebskanäle eines Arrangeurs die ganze Palette möglicher Finanzierungsbausteine platziert werden. Eine Systematisierung der Charakteristika verschiedener Finanzierungsbausteine zeigt Tab. 17. Leveraged Loans zeichnen sich durch eine große Flexibilität bei der Inanspruchnahme und bei Anpassungen der Dokumentation aus. Für Mezzanine Debt (vgl. hierzu aus-

---

1 Derartige Ratings sind i. d .R. für ca. 35 000 bis 50 000 Euro erhältlich (z.B. Fitch, Moodys, S&P).

führlich Rz. 194 ff.) spricht insbesondere die Möglichkeit, das Tilgungsprofil und die Verzinsung an die Cashflow-Projektionen anzupassen. High Yield Bonds schließlich weisen aus Sicht des begebenden Unternehmens den Vorteil eingeschränkter Möglichkeiten der Einflussnahme seitens des Investors auf. Diese Investoren sind regelmäßig bereit, einen vergleichsweise höheren Leverage zu akzeptieren.

Konditionen	Leveraged Loans	Mezzanine Debt	High Yield Bonds
Volumen	50 Mio. Euro bis 5 Mrd. Euro	25 Mio. Euro bis 300 Mio. Euro	100 Mio. Euro bis 3 Mrd. Euro (durchschnittlich 200 Mio. Euro)
Fristigkeit	fünf bis neun Jahre	sieben bis zehn Jahre	sieben bis zwölf Jahre
Kündbarkeit	kündbar	kündbar	in den ersten vier bis fünf Jahren nicht kündbar
Rückzahlung	ratierlich/endfällig	endfällig	endfällig
Rangigkeit	senior	nachrangig	senior oder nachrangig
Besicherung	erstrangig	zweitrangig	unbesichert
Verzinsung	variabler Satz/Cash	variabler Satz/Cash, Kapitalisierung	Festsatz/Cash oder Kapitalisierung – Zero Coupon
Kosten	LIBOR + 225 – 400 BP	LIBOR + 1100 – 1500 BP	8–14 % p.a.

Tab. 17: Systematisierung der Finanzierungsbausteine

4. Schuldscheindarlehen

Das Schuldscheindarlehen[1] stellt einen langfristigen, meist endfälligen[2] jedoch nicht verbrieften **Großkredit** dar. Grundlage ist ein Darlehensvertrag nach deutschem Recht. Dem Schuldschein kommt lediglich die Funktion eines Beweismittels zu. Es handelt sich um eine Urkunde, in der das Bestehen einer Schuld sowie die Tilgungs- und Verzinsungsverpflichtungen dem Gläubiger gegenüber bestätigt werden. Schuldscheindarlehen werden bereits ab einem Volumen von 20 Mio. Euro emittiert; sie erreichen aber durchaus auch Größenordnungen von Anleihen. Im Unterschied zu diesen werden Schuldscheine über den öffentlichen Kapitalmarkt platziert.

Zielgruppe dieses Finanzierungsinstrumentes waren bisher Kreditinstitute selbst, wie auch öffentliche Stellen und größere Industrieunternehmen. Inzwischen hat sich das Schuldscheindarlehen auch für den gehobenen Mittelstand als interessante Finanzierungsalternative gegenüber dem herkömmlichen Kre-

---

1 Vgl. hierzu und zu den folgenden Ausführungen *Krüger* in Christians, S. 283 f.; *Süchting*, S. 166–170 und *Perridon/Steiner*, S. 403–407.
2 Überdies kommen in der Praxis Schuldscheindarlehen mit ratenweiser Tilgung vor, die nach einer drei- bis fünfjährigen tilgungsfreien Zeit einsetzt.

dit entwickelt. Es stellt gerade in Zeiten restriktiver Kreditvergabe[1] einen Schritt in Richtung Kapitalmarktfinanzierung dar, zumal Kredite im zweistelligen Millionenbereich schon aus risikopolitischen Erwägungen der Hausbank oftmals nicht möglich sind. Weitere **Vorteile** des Schuldscheindarlehens sind:

- Ausgestaltung ist gesetzlich nicht geregelt (individuelle Darlehensgestaltung, eine Ausstellung des Schuldscheins nicht nötig),

- geringere Emissionskosten im Vergleich zur Anleihe (Provisionen lediglich $1/8$–1 % des Nennbetrages),

- einfache Verwaltung und 0,25–0,5 % höhere Rendite über der vergleichbarer Anleihen (da eingeschränkte Fungibilität und kein externes Rating der Emission) und

- keine Veranlassung zur Wertberichtigung bei steigenden Kapitalmarktrenditen, da es sich nicht um ein Wertpapier handelt.

170 Schuldscheindarlehen werden nur in seltenen Fällen selbst vermittelt und direkt platziert. In der Praxis kommen die Verträge über eine arrangierende Bank als vorübergehender primärer Darlehensgeber zustande (indirektes Schuldscheindarlehen). Die Rolle der Bank als Vermittlerin ist dabei stark gestiegen; oft werden Schuldscheindarlehen als Konsortialkredite vergeben (vgl. hierzu Teil IV Rz. 164 ff.). Die Aufgabe der Bank besteht darin, die Anlagewünsche der Investoren und die Kreditbedürfnisse zeitlich und volumenmäßig abzustimmen. Auf dem Wege der Forderungsabtretung (Zession) platziert das Kreditinstitut das gesamte Darlehen oder Tranchen bei institutionellen Anlegern. Als endgültiger Kapitalgeber kommen dabei in erster Linie Versicherungen, Pensionskassen, Investmentfonds und Stiftungen in Frage. Natürlich kann die Bank das Schuldscheindarlehen teilweise oder auch insgesamt im eigenen Bestand halten. Die **Besicherung** des Darlehens erfolgt in der Praxis durch folgende Instrumente (vgl. hierzu ausführlich Teil IV Rz. 146 ff.):

- Negativerklärung,[2]

- seltener in Form von Grundpfandrechten oder öffentlichen Bürgschaften,

- Financial Covenants (Grundvoraussetzungen einer erfolgreichen Platzierung bei internationalen Investoren) (vgl. hierzu ausführlich Teil IV Rz.143 ff.)

- Bonitätsanforderungen an die Deckungsstockfähigkeit der Bundesanstalt für Finanzdienstleistungsaufsicht (BaFin),

171 Mit der Einhaltung bestimmter Bonitätsanforderungen (z.B. Deckungsstockfähigkeit) kann der Investorenkreis deutlich vergrößert werden. Beispielsweise sind Versicherungen verpflichtet, bestimmte Beträge in deckungsstockfähige

---

[1] Vgl. zu den Ursachen aus informationsökonomischer Perspektive *Hellman/Stiglitz*, European Economic Review 2000, 281.
[2] Sie beinhaltet die Verpflichtung des Darlehensnehmers, das Schuldscheindarlehen ranggleich zu allen anderen unbesicherten Krediten zu stellen und während der Laufzeit keinem anderen Gläubiger Sicherheiten zu geben.

Anlagen zu investieren. Aber auch ohne die Zielgruppe „Versicherungen" erweist sich die Deckungsstockfähigkeit als ein Qualitätssiegel, das sich in den Konditionen widerspiegelt und die Platzierung erleichtert.

Insgesamt stellt das Schuldscheindarlehen ein **sehr flexibles und schnelles Finanzierungsinstrument** dar und eignet sich somit zur Finanzierung langfristiger Investitionen wie dem Unternehmens- und Beteiligungskauf. Mit dem Schuldschein eröffnet sich für den gehobenen Mittelstand die Möglichkeit, Finanzierungspartner überregional zu akquirieren. Gleichzeitig erleichtert es einen möglichen Einstieg in strategisch interessante Auslandsmärkte. Auf der anderen Seite werden hiermit institutionellen Anlegern Möglichkeiten zur Portfoliodiversifizierung eröffnet, die am klassischen Anleihenmarkt nicht gegeben sind.

172

5. Anleihen

a) Klassische Festsatzanleihe

Über ein Bankenkonsortium[1] – also in Form einer Fremdemission – kann ein Emissionsschuldner die Ausgabe einer Industrieanleihe abwickeln, die *Süchting* wie folgt definiert: „Die Industrieobligation (auch Industrieanleihe, Industrieschuldverschreibung genannt) ist ein **langfristiges Darlehen** in verbriefter Form, das eine Großunternehmung (nicht nur der Industrie, sondern auch des Handels) über die Börse aufnimmt. Es erfolgt zu diesem Zweck eine Stückelung der Gesamtsumme in Teilschuldverschreibungen; deren Fungibilität als Effekten ermöglicht es dem Emittenten, Großbeträge bei einer Vielzahl von Kreditgebern auch der niederen Einkommensklassen (Anleihekäufern) zu mobilisieren."[2] *Süchting* beschreibt damit eine klassische Finanzierungsform für größere Gesellschaften. Vornehmlich kommen Kapitalgesellschaften in Frage, obwohl dies nicht zwingend ist. Unabhängig von der Rechtsform ist allerdings ein gewisses Kapitalmarktstanding Voraussetzung, d.h., die Unternehmen sollten über die notwendige Bonität und einen ausreichenden Bekanntheitsgrad verfügen. Vorwiegend erfüllen Aktiengesellschaften diese Voraussetzung, seltener ist dies bei GmbHs der Fall. Personengesellschaften sind meist nicht emissionsfähig für Industrieanleihen. Auch die Untergrenze für den Nennbetrag von Industrieanleihen (ca. 25 Mio. Euro) schränkt den Kreis der in Frage kommenden Unternehmen ein. Dabei spielt weiterhin die Relation der Kosten für eine Anleihebegebung zum Nennbetrag der Anleihe eine Rolle. Da die einmaligen Kosten vergleichsweise hoch sind, sollte auch der Anleihenennbetrag entsprechend groß sein.

173

Die **Teilschuldverschreibungen** stellen urkundenverbriefte Forderungsrechte dar. Der Forderungsinhaber hat dabei keine Gesellschafterrechte, sondern ist ausschließlich Gläubiger. Der Emittent verpflichtet sich mit der Teilschuldverschreibung u.a. zur Rückzahlung des Darlehensbetrages und zur Zahlung der vereinbarten Zinsen. Diese Forderungsrechte sind mit den Wertpapier-

---

1 Vgl. *Süchting*, S. 150–164; *Diel* in Christians, 1. Aufl. 1980, S. 177–199 und *Perridon/Steiner*, S. 384–387.
2 Vgl. *Süchting*, S. 150.

urkunden fest verbunden, so dass Ansprüche nur gegen Vorlage des Wertpapiers geltend gemacht werden können.[1]

174 Industrieobligationen sind in der Regel immer an Wertpapierbörsen zugelassen und eingeführt, so dass sie gehandelt und amtlich notiert werden können. Der Handel wird durch die Form der Teilschuldverschreibung als Inhaberpapier erleichtert, eine **Übertragung** erfolgt durch Einigung und Übergabe (§ 929 BGB).[2] Ferner fördert auch die Einteilung der Teilschuldverschreibung in Nennbeträge ab 50 Euro den Handel. Der Anleger ist, wie oben ausgeführt, Inhaber eines Wertpapiers und trägt damit auch ein Kursrisiko. Die oben beschriebene Stückelung der Gesamtsumme einer Industrieanleihe in Teilschuldverschreibungen zielt zwar auf eine breite Schicht privater Anleger ab, doch kommen in vielen Fällen Kapitalsammelstellen und da vor allem Versicherungsgesellschaften als Erwerber in Betracht. Deshalb ist es bei Industrieanleihen nahezu unumgänglich, diese so auszustatten, dass deren Deckungsstockfähigkeit gegeben ist. Nur dadurch wird es diesen Kapitalsammelstellen ermöglicht, eine Anlage ihrer Mittel aus ihrem Deckungsstock in Teilschuldverschreibungen vorzunehmen. Die **Emission** einer Industrieanleihe läuft grundsätzlich wie folgt ab:

(1) Prüfung der Bonität der Emittentin durch die eingeschalteten Kreditinstitute, die zudem in allen Fragen beratend zur Seite stehen.[3]

(2) Übernahme der Anleihe durch die Konsortialbanken, die diese auf eigenes Risiko am Markt platzieren.[4] Der Vorteil für das Unternehmen liegt in der kurzfristigen Disponierbarkeit des Anleiheerlöses (Nominalbetrag/Disagio/Kosten).

(3) Antrag auf Börsenzulassung durch die Konsorten unter Einreichung eines Börsenprospekts, der die Anforderungen gemäß BörsG/BörsZulV erfüllen muss. Danach erfolgt die Veröffentlichung des Börsenprospekts und die Einführung in den Börsenhandel.[5] Für den Fall einer drohenden deutlichen Abweichung des sich einstellenden ersten Börsenkurses vom Emissionskurs sollten aus Imagegründen Maßnahmen zur Kurspflege vereinbart werden.[6]

---

1 Im Verlustfall ist das Forderungsrecht nur durch gerichtliche Entscheidung im Aufgebotsverfahren von den Urkunden zu lösen, um alsdann neu verbrieft zu werden.
2 Im Gegensatz zu einem Orderpapier, wie z.B. der Orderschuldverschreibung, die nur durch Indossament übertragbar ist.
3 Seit dem 1. 1. 1991 ist keine staatliche Genehmigung gem. §§ 795, 808a BGB für die Begebung von Inhaber- und Orderschuldverschreibungen mehr erforderlich.
4 Kommissionsweise Übernahmen kommen praktisch nicht vor. Eine ausführliche Liste der Punkte für einen Übernahmevertrag mit dem Bankenkonsortium, für die Erstellung des Verkaufsangebots wie auch für die Börseneinführung (Zulassungsantrag, Börsenprospekt etc.) findet sich bei *Diel* in Christians, 1. Aufl. 1980, S. 185 ff.
5 An jedem Börsenplatz muss eine Zahlstelle vorhanden sein.
6 Zum ausführlichen Maßnahmekatalog vgl. *Diel* in Christians, 1. Aufl. 1980, S. 187 f.

Zu den wesentlichen **Ausstattungsmerkmalen** der Industrieanleihe gehören: 175

(1) Nennbetrag der Anleihe, dieser ist u.a. abhängig vom
- Mittelbedarf der Emittentin,
- der Kapitalmarktverfassung und
- der kostenbedingten Untergrenze.[1]

(2) Verzinsung der Anleihe, dabei Angabe der Effektivverzinsung, die sich aus dem Nominalzins der Anleihe, deren Verkaufskurs und der mittleren Laufzeit errechnet.[2] Die Zinsen werden meist jährlich nachträglich gezahlt; in seltenen Fällen sind auch halbjährliche Zahlungsweisen möglich.

(3) Laufzeit und Tilgungsmodalitäten sind theoretisch frei bestimmbar. Üblich sind jedoch
- Laufzeiten von 5 bis zu 10 Jahren sowie
- die endfällige Rückzahlung der Anleihe (Gesamttilgung am Ende der Laufzeit).

(4) In der Regel kein Kündigungsrecht für die Anleihegläubiger, lediglich ein außerordentliches, wenn die Emittentin den eingegangenen Verpflichtungen (Zinszahlungen, Tilgungen) nicht nachkommt.

(5) Einräumung des Rechts auf vorzeitige Rückzahlung durch die Emittentin ist möglich (frühester Kündigungstermin: erster Tilgungstermin). In der Praxis wird dies aber selten vorkommen, da Kapitalsammelstellen Anlagen mit langfristig festen Dispositionsmöglichkeiten bevorzugen.

(6) Unüblich ist heutzutage die dingliche Besicherung einer Industrieanleihe. Marktüblich sind hingegen Negativerklärungen in den Anleihebedingungen.

Die Kostenbetrachtung für eine Anleiheemission ist zweckmäßigerweise in 176 einmalige, laufende und sonstige Kosten zu unterteilen.[3] In der Regel erhält das Emissionskonsortium als einmalige Gesamtvergütung 2–3 % des Emissionswertes der Anleihe. Ebenfalls den einmaligen Kosten hinzuzurechnen ist die zusätzlich erhobene Börseneinführungsprovision und ein Disagio.[4] Die

---

1 Aus Kostengesichtspunkten sollte der Nennbetrag der Anleihe 25 Mio. Euro nicht unterschreiten. Häufiger sind Volumina von 50–75 Mio. Euro, aber auch Anleihen über 150 Mio. Euro wurden bereits platziert. Vgl. *Diel* in Christians, 1. Aufl. 1980, S. 180.
2 Beispiele zur Effektivzinsberechnung finden sich bei *Perridon/Steiner*, S. 181; ein Beispiel für die Ermittlung der Bruttobelastung der Gesellschaft, bei der auch die Begebungskosten der Anleihe eingerechnet werden müssen, gibt *Süchting*, S. 151 f.
3 Eine ausführliche Aufstellung aller mit einer Anleiheemission anfallenden Kostenarten findet sich bei *Hielscher/Laubscher*, S. 13 ff.
4 Das Disagio dient dazu, bei frühzeitig festgelegtem Nominalzins den Effektivzins der Anleihe entsprechend der Kapitalmarktsituation zu steuern.

einmaligen Kosten haben Fixcharakter. Die wichtigsten Positionen der **laufenden Kosten** sind[1]

- eine jährliche Treuhandgebühr von meist rd. 0,1 % des Nennwertes der zum Fälligkeitszeitpunkt im Umlauf befindlichen Anleihestücke,
- rd. ¼ % der Zinsbruttobeträge für den laufenden Zinsschein-Einlösungsdienst bzw. mindestens mit 0,03 Euro pro Zinsschein,
- rd. ⅛ % vom Nennwert der ausgezahlten Stücke für die Einlösung fälliger Anleihestücke zw. mind. 0,30 Euro pro Stück und mit 0,01 Euro je eingereichtem Zinsscheinbogen für den Bogenerneuerungsdienst sowie
- Kosten für wiederkehrende Pflichtveröffentlichungen.

177 Weitere sonstige Kosten fallen möglicherweise für vereinbarte **Maßnahmen zur Kurspflege** an. Im Falle ihrer Durchführung wird der Emittentin hierfür üblicherweise eine Provision belastet. Die Höhe der Provision hängt letztlich von den vereinbarten Maßnahmen ab und davon, ob diese von der Emittentin oder von den Banken finanziert werden. U.a. können auch weitere Kosten entstehen, wenn während der Laufzeit der Anleihe neue Zinsscheinbogen hergestellt und ausgegeben werden müssen. Hierzu sind wiederum Veröffentlichungen notwendig, die der Emittentin in Rechnung gestellt werden.

178 Insgesamt werden einmalige und laufende Nebenkosten bei einer Laufzeit von 10 Jahren auf ca. 5–7 % des Nominalbetrages der Anleihe geschätzt. Oftmals werden alle Kosten in einer Kostenpauschale zusammengefasst. Ergänzend sei darauf hingewiesen, dass bei Anleihen nur in Ausnahmefällen noch effektive Stücke begeben werden, um u.a. obige Kosten zu verringern. Die Summe aller aufgeführten Kosten ist für die bereits oben angesprochene Berechnung der Effektivzinsbelastung für die Emittentin ausschlaggebend.

179 Zum einen gewinnt die obige Aussage aus dem Grund an Gewicht, dass die **Kosten in einer sinnvollen Relation zum Anleihevolumen** stehen sollten. D.h. konkret, dass die Anleihe einen bestimmten Mindestbetrag nicht unterschreiten sollte. Zum anderen stellt die ermittelte Effektivzinsbelastung die Belastung für die Emittentin über die Dauer der Laufzeit dar, die sie aus der Anleihe zu tragen hat. Diese Größe ist nicht nur für die laufende Finanzplanung wichtig, sondern auch für eine Entscheidung zwischen Obligationen- und Aktienfinanzierung notwendig.

180 Die Emission von klassischen Inlandsanleihen durch Industrieunternehmen ist jedoch weitestgehend zum Erliegen gekommen, während die Finanzierung über **Auslandsanleihen** und **Optionsanleihen** an Bedeutung zugenommen hat.[2] Auslandsanleihen kommen dabei als Euro- oder als Fremdwährungsanleihen (z.B. in US-Dollar) vor. Sie haben i.d.R. eine größere Flexibilität und geringere Kosten, z.B. dadurch, dass auf Bonität und Bekanntheitsgrad des Emittenten abgestellt wird. Aufgelegt werden Auslandsanleihen von Finanzierungsgesell-

---

[1] Vgl. *Hielscher/Laubscher*, Finanzierungskosten: Kostenbestandteile, Kostenvergleiche und Usancen der Industriefinanzierung, 2. Aufl., 1989, S. 21 f.
[2] Vgl. hierzu *Röller* in Christians, S. 291–295.

schaften deutscher Konzerne mit Sitz vor allem in den Niederlanden und Luxemburg.[1] Die Emission wird dabei von einem internationalen Bankenkonsortium durchgeführt.

Eine Sonderform ist die **Gewinnschuldverschreibung**.[2] Das Aktiengesetz bezeichnet diese als „Schuldverschreibungen, bei denen die Rechte der Gläubiger mit Gewinnanteilen von Aktionären in Verbindung gebracht werden."[3] Im Markt werden sie üblicherweise als „Genussscheine" (vgl. hierzu Teil IV Rz. 205 f.) bezeichnet.[4] Der wesentliche Unterschied zur bisher erörterten Teilschuldverschreibung besteht darin, dass sie neben dem festen Anleihezins mit einer zusätzlichen variablen Verzinsung (Gewinnanspruch) ausgestattet ist. Rein variable Verzinsungsformen – also ohne festen Anleihezinsanteil – kommen praktisch nicht vor. Die variable Verzinsung wird oft an die ausgeschüttete Dividende gekoppelt. Z.B. kann die Verpflichtung lauten, für jedes Prozent Dividende über 6 % einen ¼ %igen Zusatzzins zu zahlen. Es kommt vor, dass diese Zusatzverzinsung nach oben begrenzt ist. Die Gewinnschuldverschreibung ist risikobehaftet, denn in Jahren ohne Dividende erhalten die Anleger nur eine Basisverzinsung Zusatzertrag. Der Investitionsanreiz besteht jedoch darin, dass in Jahren, in denen das Unternehmen hohe Dividenden ausschüttet, die Anleger erhebliche Zusatzzinsen erwarten können. Die Gewinnschuldverschreibung hat wie die Schuldverschreibung einen festen Rückzahlungstermin. Im Insolvenzfall nimmt der Anleger die Stellung eines Gläubigers ein. Vorteilhaft für das emittierende Unternehmen ist, dass die Zahlungen an die Kapitalgeber zum einen steuerlich abzugsfähig sind, zum anderen aber in Abhängigkeit vom tatsächlich angefallenen Gewinn variieren. Auch für die Begebung einer Gewinnschuldverschreibung ist ein Hauptversammlungsbeschluss mit Dreiviertelmehrheit erforderlich. Die Aktionäre haben ebenfalls ein Bezugsrecht gem. § 221 in Verbindung mit § 186 AktG.

181

b) Innovative Anleiheformen

Im Zuge der Kapitalmarktliberalisierung Anfang 1985 wurde ein Abkommen mit den deutschen Kreditinstituten aufgehoben, das u.a. eine „Negativliste" für Finanzinnovationen[5] enthielt. Der Begriff der „Innovation" kann dabei als zeitunabhängig verstanden werden; im Zuge eines sehr weit gefassten Begriffsverständnisses können alle diejenigen Finanzierungsformen unter diesem Begriff subsumiert werden, die sich durch mindestens ein Merkmal von einer klassischen Festzinsanleihe oder einer Stammaktie unterscheiden.[6] Die wichtigsten der möglichen Varianten von Anleihen werden im Folgenden dargestellt.

182

---

1 Vgl. *Gebhardt* in Gebhardt/Gerke/Steiner, S. 446 f.
2 Vgl. *Busch* in Christians, S. 517 f.
3 Vgl. § 221 Abs. 1 AktG.
4 Vgl. *Tebroke* in Gerke/Steiner, Sp. 719 sowie *Hirte* in Gerke/Steiner, Sp. 879 ff.
5 Vgl. hierzu *Perridon/Steiner*, S. 397–403 und speziell zu Finanzinnovationen auf dem Eurokapitalmarkt *Glogowski/Münch*, S. 338–373.
6 Vgl. *Breuer/Schweizer*, S. 181.

aa) Null-Kupon-Anleihe

183 Null-Kupon-Anleihen (**Zero-Bonds**) sind ohne laufende Zinszahlungen ausgestattet.[1] Ihre Rendite liegt in dem Unterschiedsbetrag zwischen Emissions- bzw. Erwerbskurs und dem Rückzahlungs- bzw. Verkaufskurs. Sie können als Auf- oder als Abzinsungspapiere (Regelfall) emittiert werden, indem entweder die Ausgabe zu Hundert und die Rückzahlung zu Hundert plus thesaurierten Zinsen und Zinseszinsen oder die Rückzahlung zu Hundert und die Ausgabe mit einem Diskontabschlag, der Zins und Zinseszins enthält, erfolgt. Die Laufzeit einer Null-Kupon-Anleihe ist in der Regel sehr lang (20–30 Jahre), sodass im Falle des Diskontpapiers der Emissionskurs – in Abhängigkeit vom Kapitalmarktzinsniveau – nur zwischen 20 % und 30 % des Nominalwertes liegt.

184 Für Erwerber und Emittenten eines Zero-Bonds ergeben sich eine Reihe von **Vorzügen**.[2] Der private Anleger sichert sich die Emissionsrendite für einen langen Zeitraum und entledigt sich des mit der Wiederanlage laufender Zinsgutschriften verbundenen Aufwands sowie des Zinsänderungsrisikos. Zudem ergeben sich ein Steuerstundungseffekt, da der Zinsertrag erst zum Zeitpunkt der Veräußerung bzw. Einlösung des Zero-Bonds der Besteuerung unterliegt, und ein Steuerspareffekt für den Fall, dass die Einkünfte des Anlegers zum Versteuerungszeitpunkt einer niedrigeren Progressionsstufe der Einkommensteuer unterliegen (etwa infolge des Eintritts in den Ruhestand). Außerdem wird bei einer Veräußerung während der Laufzeit nur die jeweilige Emissionsrendite versteuert,[3] angefallene Kursgewinne im Allgemeinen[4] jedoch nicht. Gerade die Aussicht auf Kursgewinne (jedoch auch Verluste) ist bei Null-Kupon-Anleihen aufgrund ihrer Hebelwirkung größer als bei „normalen" Anleihen. Bei einer Zinssenkung beispielsweise steigt ihr Kurs stärker, da zukünftige „Zinszahlungen" zu einem höheren Zins thesauriert werden, als sie bei einer Kuponanleihe am Markt wieder angelegt werden könnten.

185 Aus Sicht des Emittenten sind Null-Kupon-Anleihen vorteilhaft, weil zum einen aufgrund der Attraktivität für die Investoren oft Emissionsrenditen leicht unter dem Marktzinsniveau festverzinslicher Anleihen möglich sind. Zum anderen brauchen bis zur Fälligkeit der Anleihe keine Zinszahlungen geleistet, und die erwirtschafteten Zinsen können innerhalb oder außerhalb des Unternehmens zinsbringend angelegt werden. Allerdings stellt sich das Problem, ausreichend Vorsorge für die bei Fälligkeit anstehende große Liquiditätsbelastung zu treffen.

bb) Floating Rate Notes

186 Unter Floating Rate Notes (FRNs) werden mittel- bis langfristige Anleihen mit Laufzeiten von 5 bis 15 Jahren verstanden, die sich durch eine variable, pe-

---

1 Vgl. *Hielscher*, S. 12 ff.
2 Vgl. dazu auch *Glogowski/Münch*, S. 276 f.
3 Ein Beispiel hierzu findet sich bei *Perridon/Steiner*, S. 400.
4 Sofern kein Spekulationsgeschäft im Sinne des § 23 EStG vorliegt.

riodisch anzupassende Verzinsung auszeichnen.[1] Der Zinssatz setzt sich aus einem Referenzinssatz – einem ausgewählten Geldmarktzins – und einer festen Marge zusammen, wobei der Referenzinssatz Gültigkeit für drei oder sechs Monate besitzt. Für auf dem Euromarkt begebene FRNs (mögliche Währungen sind z.B. US-Dollar, Euro, Britisches Pfund, Yen) wird üblicherweise der **LIBOR**[2]-Satz verwendet, während sich Euro-Floater regelmäßig am **EURIBOR**[3] orientieren. Variationen in der Verzinsung sind dergestalt möglich, dass ein Mindestzins (Floor Notes), ein Höchstzins (Capped Notes) oder eine Kombination aus beiden Zinsarten (Collars) vereinbart wird. Die Bonität des Schuldners findet Berücksichtigung in der Höhe der festgelegten Marge oder auch in der Höhe einer garantierten Mindestverzinsung.

Vorteilhaft für den Anleger ist die Ausschaltung des Kursrisikos, da eine laufende Anpassung an die Marktkonditionen stattfindet und damit eine Notierung stets in der Nähe des Ausgabekurses von i.d.R. 100 % gewährleistet ist. Für den Emittenten bedeutet die Ausgabe von FRNs eine langfristige Kapitalmarktfinanzierung zu Geldmarktkonditionen. Allerdings besteht dabei das Risiko, dass der zu zahlende Zinssatz über die Verzinsung der beispielsweise in einen Unternehmenskauf investierten Mittel steigen kann.

187

Genau entgegengesetzt zu den FRNs steigt (sinkt) der Anleihezins von **Reverse Floating Rate Notes** bei sinkenden (steigenden) Referenzzinssätzen. Bei diesen wird ein relativ hoher Festzins vereinbart, von dem dann der jeweilige Referenzzins abzuziehen ist. Z.B. könnte Folgendes gelten[4]:

188

Anleihezins Reverse FRN = 17,125 % – LIBOR (drei Monate)

cc) Doppelwährungsanleihen

Bei Doppelwährungsanleihen (Dual Currency Bonds) erfolgen Emission und Zinszahlungen in einer Währung (z.B. in Euro), die Rückzahlung dagegen in einer anderen Währung (z.B. in US-Dollar). Durch diese Konstruktion kann das Zinsgefälle zwischen zwei Währungen ausgenutzt werden, indem der Emittent aus dem „Hochzinsland" sich in der „Niedrigzins-Währung" verschuldet, aber gleichzeitig das **Währungsrisiko** zumindest für den Rückzahlungsbetrag ausschaltet, da die Rückzahlung in der „Heimatland-Währung" des Emittenten erfolgt. Es wird sich dabei ein Mischzinssatz bilden, der zwischen den Marktzinssätzen der beiden Länder liegt. Dies liegt im Bedürfnis der Investoren, eine Kompensation dafür zu erhalten, dass sie gegenüber der Anlage in einer vergleichbaren, reinen Inlandsanleihe ein Währungsrisiko bezüglich des Rückzahlungsbetrages (z.B. in US-Dollar) eingehen.[5] Dieses Risiko ist allerdings durch den Abschluss von Termingeschäften oder die Einräumung einer Verkaufsoption, also der Möglichkeit der vorzeitigen Kündigung zu im Voraus vereinbarten Konditionen, begrenzbar. Das Wechselkursrisiko, das dem Emit-

189

---

1 Vgl. *Hielscher*, S. 192.
2 London Interbank Offered Rate.
3 Euro Interbank Offered Rate.
4 Vgl. *Gebhardt* in Gebhardt/Gerke/Steiner, S. 465.
5 Beispiele finden sich bei *Glogowski/Münch*, S. 357 f.

tenten aus den Zinszahlungen entsteht, wird ausgeschaltet, wenn die Anleihe aus dem Cashflow einer Tochtergesellschaft im Land der Emissions-Währung bedient wird. Ebenso sind Eindeckungen am Devisenterminmarkt möglich, oder die Anleihe kann mit einer Kaufoption, also dem Recht auf vorzeitige Rückzahlung zu im Voraus vereinbarten Konditionen, ausgestattet werden. Eine Variante der Doppelwährungsanleihe ist die Währungsoptionsanleihe, bei der der Investor die Tilgung aus verschiedenen vorgegebenen Währungen wählen kann.[1]

dd) Anleihen in Verbindung mit Währungsswaps

190   Swapgeschäfte[2] basieren auf dem **Austausch von Zahlungsströmen** zwischen zwei Parteien zwecks Ausnutzung komparativer Kostenvorteile. Ein Währungsswap ist dadurch gekennzeichnet, dass „eine Kapitalsumme und die darauf zu bedienende Zinsverpflichtung in ein entsprechendes Kapitalvolumen einschließlich der damit verbundenen Zinsverpflichtungen einer anderen Währung getauscht"[3] werden. Der Ablauf gestaltet sich folgendermaßen:

(1) Gegenseitiger Austausch der Finanzmittel zum vereinbarten (bzw. aktuellen) Wechselkurs.

(2) Jährlicher oder halbjährlicher Austausch der Zinszahlungen.

(3) Bei Fälligkeit der aufgenommenen Mittel Rücktausch der Kapitalbeträge zum ursprünglichen Wechselkurs.

191   Benötigt ein Unternehmen Fremdwährungsmittel (z.B. für den Erwerb eines ausländischen Unternehmens), kann es anstelle der Vereinbarung eines Währungsswaps auch die über eine Anleihe im Inland aufgenommenen Mittel auf dem Kassamarkt in die gewünschte Währung tauschen und per Zinszahlungs- bzw. Rückzahlungstermin die entsprechenden Devisenbeträge auf dem Terminmarkt verkaufen, um daraus die Inlandsanleihe zu bedienen. Die Vorteile des Währungsswaps liegen dagegen in der größeren Flexibilität (z.B. sind höhere Beträge und längere Laufzeiten möglich) und der in der Regel kostengünstigeren Absicherung gegen das Wechselkursrisiko im Vergleich zum Hedging mittels Terminkursen.[4]

192   Ein Zinstauschgeschäft zwischen zwei Unternehmen findet in der Regel durch die Einschaltung eines **Vermittlers**, z.B. einer Bank oder einer Versicherung, statt. Dieser sucht die zueinander passenden Partner aus und schließt mit diesen separate Verträge ab, sodass sie ihren jeweiligen Gegenpart nicht unbedingt kennen müssen. Eine Bank kann auf diese Art und Weise die „Vermarktung" ihres Emissionsstandings auf verschiedene Währungsmärkte ausdehnen. Das Unternehmen erhält Mittel zu Vorzugs-Festsatzkonditionen in der gewünschten Währung. Ein Swapgeschäft birgt jedoch das Risiko, dass der Swappartner ausfällt, somit der Kapitalrücktausch nicht stattfinden kann und

---

1 Vgl. *Perridon/Steiner*, S. 402.
2 Vgl. hierzu *Glogowski/Münch*, S. 398–403 und *Lerbinger*, S. 4–21.
3 Vgl. *Lerbinger*, S. 4.
4 Ein Beispiel hierzu findet sich bei *Lerbinger*, S. 8.

der Währungsbetrag zu unter Umständen schlechteren Konditionen am Kassamarkt verkauft werden muss.

IV. Instrumente der Außenfinanzierung: Mezzanine Kapital

1. Einleitung

Die vergangenen Jahre war Europa und hier vor allem Deutschland von einem starken Wachstum der Mezzanine Finanzierungen gekennzeichnet. Bestimmend war dabei zunächst der Einsatz von Mezzanine Kapital bei der Finanzierung von Buy-outs, indem die ehemals vorherrschenden High Yield Bonds stark zurückgedrängt wurden. Demgegenüber befindet sich der Markt der mittelständischen Unternehmensfinanzierung mittels Mezzanine Kapital in einer Wachstumsphase. Im Folgenden sollen die Grundstrukturen von Mezzanine Kapital erläutert und die verschiedenen Anwendungsgebiete aufgezeigt werden.

193

2. Einordnung von Mezzanine Kapital

Dem italienischen Wortsinn nach bezeichnet Mezzanine ein Zwischengeschoss zwischen zwei Etagen. Als hybrides Finanzierungsinstrument ist Mezzanine Kapital grundsätzlich zwischen Eigen- und Fremdkapital einzuordnen und weist Charakteristika beider Finanzierungsformen auf. Durch den Einsatz von Mezzanine Kapital kann die Finanzierung eines Unternehmens oder einer Transaktion enger an das Cashflow-Profil des Mezzanine-Nehmers angepasst und damit der Leverage optimiert werden. Mezzanine Kapital ermöglicht damit die Strukturierung des Übergangs vom hochbesicherten, preiswerten Senior Debt zum risikotragenden, teuren Equity.

194

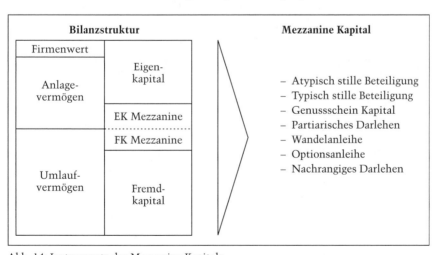

Abb. 14: Instrumente des Mezzanine Kapitals

195 Besonders attraktiv für den Kapitalnehmer ist die äußerst flexible Strukturierung des Mezzanine Kapitals. Entsprechend den Bedürfnissen und Anforderungen des Unternehmens kann ein eher eigenkapitalnahes (Equity Mezzanine) oder auch ein eher fremdkapitalnahes (Debt Mezzanine) Finanzinstrument gestaltet werden.

3. Mezzanine Kapital als Asset Class

196 Auch unter institutionellen Investoren ist Mezzanine Kapital in den vergangenen Jahren verstärkt in den Fokus gerückt und hat sich als eigenständige Asset Class etabliert. Dies liegt vor allem darin begründet, dass keine signifikante Korrelation zwischen Mezzanine Kapital und anderen Anlageformen wie Aktien und Anleihen nachgewiesen werden kann.

197 Im Vergleich zu anderen zinstragenden Produkten besitzt Mezzanine Kapital eine attraktive Rendite-Risiko-Struktur. So liegt die Recovery Rate für Mezzanine Tranchen nur um etwa 10 bis 20 % niedriger als im Fall der Senior Secured Loans, während die Renditeerwartung in der Regel mehr als doppelt so hoch ist. Gegenüber High Yield Bonds liegt die Recovery Rate von Mezzanine Kapital hingegen im Schnitt um über 50 % höher.

4. Anlässe einer Mezzanine Finanzierung

198 Mezzanine Kapital kann bei unterschiedlichen Anlässen verwendet und den Bedürfnissen der Kapitalnehmer in den unterschiedlichsten Situationen gerecht werden:

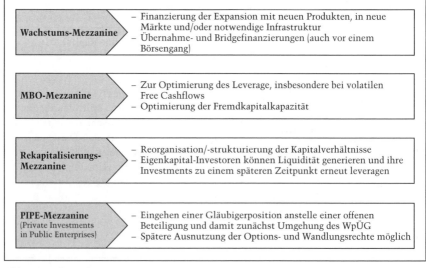

Abb. 15: Anlässe für Mezzanine Finanzierungen

Wachstums-Mezzanine
Hierbei wird Mezzanine Kapital zur Finanzierung der Expansion eines Unternehmens mit neuen Produkten, in neue Märkte und/oder notwendige Infrastruktur verwendet. Ebenso kann es sich hierbei um eine Übernahme- oder Bridgefinanzierung, wie etwa vor einem Börsengang oder Unternehmensverkauf, handeln.

Buy-out-Mezzanine
In Buy-outs kommt Mezzanine Kapital zum Einsatz, um den Leverage einer Transaktion zu optimieren. Hierdurch kann die Fremdkapitalkapazität einer Transaktion oftmals erhöht werden und die Finanzierung den erwarteten Cashflows besser angepasst werden.

Rekapitalisierungs-Mezzanine
Im Fall der Rekapitalisierung von Unternehmen spielt Mezzanine Kapital eine wichtige Rolle bei der Reorganisation und Restrukturierung der Kapitalverhältnisse. Häufig können Gesellschafter bzw. Eigenkapitalinvestoren hierdurch Liquidität generieren und ihren Ausstieg finanzieren bzw. ihre Investments erneut leveragen.

PIPE-Mezzanine
Bei PIPEs (Private Investments in Public Enterprises) geht es um die außerbörsliche Finanzierung börsennotierter Unternehmen. Mezzanine Kapital bietet in diesen Fällen durch flexible Strukturierung besonders interessante Möglichkeiten für Expansionsfinanzierungen, die außerhalb des regulativen Umfeldes der Börse stattfinden.

5. Die Strukturierung von Mezzanine Kapital

Die Strukturierung von Mezzanine Kapital erfolgt in der Regel mit drei verschiedenen Elementen der Vergütung, welche den hybriden Charakter dieser Finanzierungsform widerspiegeln (Abb. 16) und im Einzelfall den Besonderheiten der Transaktion angepasst werden:

– eine laufende Verzinsung (Basiszins und Marge),
– eine auflaufende, endfällige Verzinsung,
– einen (Equity) Kicker am Laufzeitende.

In Relation zum Finanzierungsrisiko ist die laufende Verzinsung, auf die in sehr stabilen und aggressiv strukturierten Transaktionen auch gelegentlich verzichtet wird, sehr preiswert. Hinzu kommt eine Steuerersparnis, die sich während der Laufzeit des Mezzanine Kapitals durch die steuerliche Abzugsfähigkeit der auflaufenden Verzinsung ergibt. Damit ist die Mezzanine Tranche in den ersten Jahren eine sehr preiswerte, aber risikotragende Komponente der Finanzierung.

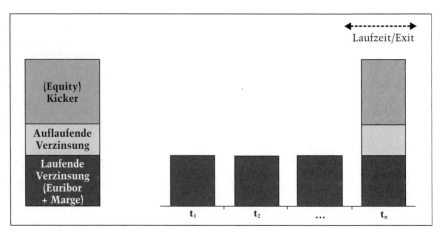

Abb. 16: Zusammensetzung der Mezzanine Rendite

200 Die auflaufende Verzinsung wird erst am Ende der Laufzeit zahlungswirksam, wenn genügend Cashflow zur Bedienung des Mezzanine Kapitals zur Verfügung steht.

201 Schließlich führt in den meisten Fällen die dritte Vergütungskomponente, der (Equity) Kicker, dazu, eine risikoadäquate Rendite zu erzielen. Hier erfolgt – meist in Form von Options- oder Wandlungsrechten – eine Abbildung des unternehmerischen Erfolges und hiermit eine deutliche Annäherung des Mezzanine Kapitals an das Eigenkapital.

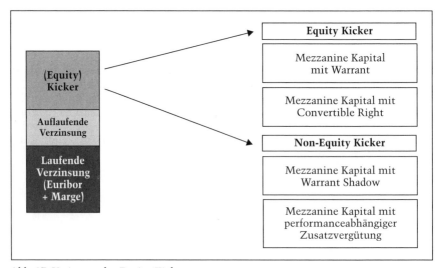

Abb. 17: Varianten des Equity-Kickers

Wenngleich Mezzanine Kapital in vielen Fällen zum Zeitpunkt eines Unternehmensverkaufs vollständig zurückgeführt und der beschriebene Equity Kicker ausgelöst wird, ist der Mezzanine Geber nicht zwingend auf einen Verkauf des Unternehmens angewiesen. Infolge des vorhandenen Rückzahlungsanspruchs kann das Mezzanine Kapital auch vollständig aus dem Cashflow oder durch eine Refinanzierung getilgt werden. Für diese Fälle können auch Non-Equity Kicker vereinbart werden, welche einen Teil des Unternehmenserfolges – ermittelt anhand einer zuvor festgelegten Formel – an den Mezzanine Geber auszahlen.

Gerade die Möglichkeit der Rückführung ohne Verkauf des Unternehmens differenziert Mezzanine von Private Equity und macht dieses Produkt attraktiv für Unternehmer, die die Gesellschafterstruktur langfristig nicht ändern wollen. 202

6. Instrumente

Die oben skizzierten Mezzanine Strukturen lassen sich auf unterschiedlichen rechtlichen Grundkonstruktionen aufbauen. Im Folgenden soll ein detaillierter Überblick über die am häufigsten verwendeten Instrumente gegeben werden (Abb. 18). 203

Kriterien \ Einordnung	Eigenkapital	Mezzanine Kapital						Fremdkapital
	Direkte Beteiligung	Atypisch stille Beteiligung	Typisch stille Beteiligung	Genussschein	Wandelanleihe	Nachrangdarlehen		Langfristige Darlehen
Vergütung des Kapitalgebers	Zuwachs am Unternehmenswert	Fix und variabel	Fix (und variabel)	Fix (und variabel)	Fix und Wandlungsrecht	Fix (und variabel)		Fix
Informations-/ Zustimmungsrechte des Kapitalgebers	Gesellschafterstellung	Mitunternehmer, vertragl. Zustimm-/ Kontrollrecht	Vertragl. Zustimm-/ Kontrollrechte	Gläubiger; Vertragl. Zustimmrechte	Gläubiger; nach Wandlung Gesellschafter	Gläubigerstellung		Gläubigerstellung
Verlustpartizipation	Ja	Ja	Möglich	Möglich	Nach Wandlung	Nein		Nein
Haftung im Insolvenzfall	Ja	Ja	Nein, aber Rangrücktritt	Nein, aber Rangrücktritt	Nein, aber ggf. Rangrücktritt	Nein, aber Rangrücktritt		Nein
Bilanzielles Eigenkapital	Ja	gestaltungsabhängig	Nein	gestaltungsabhängig	Erst ab Wandlung	Nein		Nein
Wirtschaftliches Eigenkapital	Ja	Ja	Ja	gestaltungsabhängig	Erst ab Wandlung	Nein		Nein

Abb. 18: Details der Mezzanine-Instrumente

a) Stille Beteiligung

Zu unterscheiden ist grundsätzlich zwischen der typisch stillen Beteiligung und der atypisch stillen Beteiligung[1] (vgl. hierzu ausführlich Teil IV Rz. 66 ff.). Bei der typisch stillen Beteiligung besteht neben der fixen Verzinsung eine gewinnabhängige Vergütungskomponente, die mindestens ein Drittel der Ge- 204

---

[1] S. §§ 230 ff. HGB.

samtvergütung ausmachen muss, da es sich sonst um ein partiarisches Darlehen handelt. Die typisch stille Beteiligung partizipiert am Gewinn und gegebenenfalls auch am Verlust der Gesellschaft und besitzt einen Rangrücktritt. Im Insolvenzfalle kann der typisch stille Gesellschafter seine Forderung gemäß § 236 Abs. 1 HGB geltend machen. Im Gegensatz zur typisch stillen Beteiligung besitzt der atypisch stille Gesellschafter eine Mitunternehmerstellung. Er ist sowohl am Gewinn und Verlust als auch an den stillen Reserven des Unternehmens beteiligt.

b) Genussscheine

205 Genussscheine[1] nehmen eine Mittelstellung zwischen Eigen- und Fremdfinanzierung ein, da sie einerseits Vermögensrechte beinhalten, wie i.d.R. eine Beteiligung am Reingewinn und/oder Liquidationserlös, und eine Verlustteilnahme vorsehen können, andererseits jedoch keine Mitgesellschafterrechte, wie insbesondere das Stimmrecht, verbriefen und zudem eine begrenzte Laufzeit haben. Die Ausgestaltung und Platzierung von Genussscheinen sollte stets mit einem externen Berater erfolgen. Dieser verfügt über die notwendige Erfahrung bei der Prüfung, Prospekterstellung, Platzierung etc. Da sich in diesem Segment eine große Anzahl Berater bewegt, empfiehlt es sich, Referenzen einzuholen. Die Ausgestaltung eines Genussscheines ist gesetzlich nicht geregelt, sodass ein Gestaltungsfreiraum besteht, der folgende Aspekte umfasst:

– Art und Höhe der Ausschüttung (z.B. Kopplung an die Dividende),

– Laufzeit,

– Verlustteilnahme,

– Behandlung bei Insolvenz oder Liquidation,

– Bezugsrecht auf bzw. Wandlungsrecht in Gesellschaftsanteile,

– Gewährung sonstiger Rechte (z.B. Benutzung von Betriebseinrichtungen).

206 Die Ausgabe von Genussscheinen ist nicht an die Rechtsform der Aktiengesellschaft gebunden, sondern kann durch sämtliche Gesellschaftsformen erfolgen.[2] Der besondere Vorteil einer Finanzierung über Genussrechtskapital liegt darin, dass es trotz eigenkapitalähnlicher Ausstattungsmerkmale unter bestimmten Voraussetzungen steuerlich als Fremdkapital qualifiziert werden kann.[3] Ausschüttungen auf das Genussrechtskapital sind in Umkehrung des § 8 Abs. 3 Satz 2 KStG dann als Betriebsausgaben abzugsfähig, wenn nicht sowohl eine Gewinnbeteiligung als auch eine Beteiligung am Liquidationserlös

---

[1] Vgl. hierzu und zu den folgenden Ausführungen *Süchting*, S. 124–128 sowie insbesondere zu rechtlichen Fragen *Reuter/Katschinski* in Gebhardt/Gerke/Steiner, S. 321–339.

[2] Bei der Aktiengesellschaft ist die Gewährung von Genussrechten gem. § 221 Abs. 3 AktG an einen Hauptversammlungsbeschluss mit ¾-Mehrheit gebunden. Den Aktionären ist ein Bezugsrecht einzuräumen.

[3] Vgl. hierzu auch *Perridon/Steiner*, S. 411 f.

gegeben sind. Gewerbesteuerlich können sich im Vergleich zur externen Eigenfinanzierung Vorteile von 50 % bis zu über 100 % ergeben.

c) Wandel- und Optionsanleihe

Gerade im Fall von kleineren börsennotierten Gesellschaften kann die Zeichnung einer privat platzierten Options- oder Wandelanleihe ein interessantes Instrument der außerbörslichen Wachstumsfinanzierung sein (**sog. PIPE: Private Investment in Public Enterprise**). So kann der Investor dem Unternehmen im Anschluss an den für die Ausgabe erforderlichen Beschluss der Hauptversammlung sofort das gewünschte Kapital zur Verfügung stellen, ohne die mit der Zeichnung von Aktien möglicherweise verbundenen Konsequenzen des Wertpapierübernahmegesetzes (WpÜG) beachten zu müssen.[1] In der Position des Gläubigers kann der Investor die Entwicklung der Gesellschaft in den Folgejahren beobachten und schließlich aus einer gefestigteren Position heraus die Entscheidung treffen, Gesellschafter zu werden. Der Moment des Einstiegs als Gesellschafter lässt sich bei dieser Variante sehr flexibel wählen. Ebenso können die Konsequenzen, die sich aus der Anwendung des WpÜG im Fall der Ausübung des Wandlungsrechts ergeben, durch vorherige Verhandlungen mit bestehenden Großaktionären besser abgeschätzt werden.

207

Im Ergebnis liegt hiermit eine Möglichkeit vor, bei dem das Unternehmen in der gewünschten Form mit Wachstumskapital versehen werden kann, während dem Investor über die Laufzeit des Fremdkapitalpapiers alle Varianten von einer ausschließlichen Gläubigerposition über das Eingehen einer Minderheitsbeteiligung bis zu einer Mehrheitsübernahme einschließlich Börsenrückzug (Public-to-Private) offen stehen.

208

D. Nicht liquiditätswirksame Finanzierungen

Wird beim Unternehmenskauf ein Finanzierungsvolumen erforderlich, das der Erwerber durch Innen- und Außenfinanzierung nicht beschaffen kann, werden nicht liquiditätswirksame Finanzierungsbestandteile in die Gesamtfinanzierung integriert. Diese werden im Folgenden dargestellt.

209

I. Kaufpreisstundung

Bei der Kaufpreisstundung des Verkäufers gegenüber dem Erwerber ist es üblich, dass nur ein Teil des Gesamtkaufpreises gestundet wird.[2] Die Ausgestal-

210

---

1 So verpflichtet das WpÜG den Gesellschafter einer börsennotierten Aktiengesellschaft bei Erreichen der Schwelle von 30 % Anteilsbesitz zur Abgabe eines öffentlichen Übernahmeangebotes an alle übrigen Aktionäre. Diese Schwelle kann gerade bei kleineren Nebenwerten im Rahmen einer Wachstumsfinanzierung durch Direktbeteiligung leicht erreicht werden.
2 D.h., der Anwendungsbereich des zur Absatzfinanzierung üblichen Lieferantenkredits (vgl. *Hahn* in Gerke/Steiner) lässt sich unter bestimmten Bedingungen auch auf den Unternehmens- und Beteiligungskauf ausdehnen.

tung der Fälligkeit und die Verzinsung sind frei verhandelbar. Ist die Zahlung fest vereinbart, handelt es sich um ein Verkäuferdarlehen mit Verzinsung. Bei hohen Kaufpreisforderungen des Veräußerers ist die Zahlung der gestundeten Kaufpreisspitze an den Unternehmenserfolg (Ebit, Cashflow etc.) der folgenden 1 bis 3 Jahre gebunden. Oftmals wird diese Form der Stundung auch als Besserungsschein bezeichnet. In der Praxis lösen jegliche Arten von Besserungsscheinen Konflikte aus, da der Erwerber versucht, die Zahlungen so gering wie möglich zu halten, während der Veräußerer bei Minderzahlung eine bewusste Manipulation der vereinbarten Erfolgskennzahlen zu seinen Lasten vermutet.

211 Verkäuferdarlehen wirken für die beteiligten Finanziers Vertrauen bildend, da der Veräußerer offensichtlich weiterhin an eine positive Entwicklung seines Unternehmens glaubt. Zudem sind Verkäuferdarlehen nachrangig zu anderem Fremdkapital, so dass das vorrangig in der Insolvenz ausfallende Kapital um diesen Betrag erhöht wird. Zudem verbessern sich die Finanzierungs-Relationen der Bilanz und der Transaktion.

II. Tausch von Vermögenswerten

212 In seltenen Fällen ist es möglich, dass der Veräußerer einer Beteiligung statt den Kaufpreis in bar Vermögensteile des Erwerbers übernimmt. Diese Tauschvorgänge werden beobachtet, wenn Konzerne geografische Standortbereinigungen durchführen und Produktionsstandorte, Handelsstandorte, Vertriebsgebiete inklusive Vertriebsorganisation oder Immobilien tauschen. Dieser Weg vermeidet oftmals die Auflösung von stillen Reserven und die Anschaffung liquider Mittel durch Verkauf an Dritte gegen bar.

213 Wenn Altgesellschafter nicht vorrangig eine Cash-Realisierung ihres Eigentums betreiben, und bereit sind, eine nennenswerte Beteiligung an ihrem bisherigen Unternehmen abzugeben, kommt die Kapitalerhöhung gegen Sacheinlage in Betracht. Im Mittelstand werden oftmals Patente, Lizenzen oder ein Kundenstamm eingebracht, deren Kauf die aufnehmende Gesellschaft ansonsten nicht hätte finanzieren können. Auch Projektgesellschaften ermöglichen sich den Erwerb von Maschinen und Anlagen häufig, indem sie dem Lieferanten des Wirtschaftsgutes Anteile an der Projektgesellschaft anbieten. Diese Form der unbaren Kapitalerhöhung wird auch bei Großübernahmen gewählt, indem die Aktionäre der Altgesellschaft Anteile der aufnehmenden Gesellschaft erhalten.[1]

214 Im Beschluss über die Kapitalerhöhung müssen der Gegenstand der Sacheinlage, die Person, die diesen einbringt, und der Nennbetrag der zu gewährenden Aktien genannt werden. Das Bezugsrecht der Altaktionäre kann hierzu aus-

---

[1] Grundlage für Kapitalerhöhungen gegen Sacheinlagen bei der Aktiengesellschaft sind § 183 AktG (ordentliche Kapitalerhöhung), § 194 AktG (bedingte Kapitalerhöhung) und § 205 AktG (genehmigte Kapitalerhöhung); bei der GmbH ist es § 56 GmbHG. Zur Darstellung des Ablaufs bei der AG im Einzelnen vgl. *Hölters* in MünchVertragshdb., S. 865–869.

geschlossen werden.[1] Um sicherzustellen, dass der Wert der emittierten Aktien auch tatsächlich dem Wert der Sacheinlage entspricht, ist eine umfangreiche Prüfung der Wertermittlung inklusive der Erstellung eines Prüfungsberichts etwa durch einen Wirtschaftsprüfer vorgeschrieben.

III. Verschmelzung durch Aufnahme

Die Fusion[2] zweier oder mehrerer Aktiengesellschaften, die deren Vermögen körperschaftsteuerrechtlich vereinigt, ermöglicht einer aufnehmenden Gesellschaft auch ohne Finanzierungsmittel die Übernahme einer anderen Gesellschaft. Dies kann durch eine Verschmelzung durch Aufnahme geschehen, indem die Aktionäre der übertragenden Gesellschaft mit der Verschmelzung Aktionäre der übernehmenden Gesellschaft werden.[3] Die Aktionäre der übertragenden Gesellschaft werden meist dann zu einer solchen Fusion bereit sein, wenn die wirtschaftliche Situation beider Unternehmen und deren Umfeld wirtschaftliche Vorteile aus der Verschmelzung versprechen. Meist übernimmt eine größere Gesellschaft eine kleinere und versucht dann im Zuge der Eingliederung entsprechende **Synergien** freizusetzen. U.a. durch diese Größenrelation bedingt, werden die Aktionäre der übertragenden Gesellschaft insgesamt nicht zu Mehrheitsaktionären bei der aufnehmenden Gesellschaft. Für die übernehmende Gesellschaft liegt der Finanzierungsvorteil der Fusion darin, dass das zu übertragende Unternehmen nicht bar bezahlt werden muss, sondern durch die in aller Regel einhergehende Erhöhung des Grundkapitals entsprechende Aktien der Gesellschaft entstehen, die dann an die alten Aktionäre der übertragenen Gesellschaft ausgegeben werden. 215

Es handelt sich im Prinzip um eine **Kapitalerhöhung gegen Sacheinlage**, allerdings ohne die Prüfung nach § 183 Abs. 3 AktG, ob der Wert der Sacheinlage den Nennwert der dafür zu gewährenden Aktien erreicht. Eine solche Prüfung 216

---

1 Ein Beispiel mit einem entsprechenden BGH-Urteil findet sich bei *Süchting*, S. 91 f.
2 Die Verschmelzung stellt eine Möglichkeit der Umwandlung von Rechtsträgern dar. Im Zuge der Reorganisation und Erweiterung des früheren Umwandlungsrechts sind auf verschiedene Sondergesetze verteilte Regelungen im Umwandlungsgesetz (UmwG) v. 28. 10. 1994 zusammengefasst worden. So sind beispielsweise die §§ 339–393 AktG aufgehoben; das Kapitalerhöhungsgesetz ist gänzlich beseitigt worden. In der Systematik des neuen Umwandlungsgesetzes werden bezüglich jeder Umwandlungsart jeweils zunächst die alle Rechtsformen betreffenden Vorschriften vorangestellt, um dann ergänzende bzw. abweichende Regelungen für einzelne Rechtsformen zu benennen. Betreffend der Verschmelzung sind dies die allgemein gültigen §§ 2–38 UmwG und die besonderen Bestimmungen der §§ 39–122 UmwG. Vgl. zu diesen gesellschaftsrechtlichen Änderungen sowie zum Umwandlungssteuergesetz (UmwStG) *Ganske*, Umwandlungsrecht: Textausgabe des Umwandlungsgesetzes (UmwG) vom 28. Oktober 1994 und des Umwandlungssteuergesetzes (UmwStG) vom 28. Oktober 1994.
3 Abzugrenzen von der Verschmelzung durch Aufnahme ist die Verschmelzung durch Neubildung, bei der meist gleich große und wirtschaftlich gleich starke Gesellschaften derart fusionieren, dass beide Gesellschaften rechtlich untergehen und eine neue Gesellschaft entsteht. Die Aktionäre der beiden untergehenden Gesellschaften erhalten Aktien der neu entstehenden und sind meist mit derselben Quote an der neuen Gesellschaft beteiligt.

wird allerdings u.a. veranlasst, wenn Vermögensgegenstände in der Schlussbilanz des übertragenden Rechtsträgers höher bewertet worden sind als in dessen letzter Jahresbilanz, wenn die in einer Schlussbilanz angesetzten Werte nicht als Anschaffungskosten in die Jahresbilanzen der übernehmenden Gesellschaft angesetzt werden oder wenn das Gericht Zweifel an der Werthaltigkeit hat (§ 69 UmwG).

217 Der **Verschmelzungsvertrag** wird von den Vorständen der beiden betroffenen Gesellschaften abgeschlossen. Wirksam wird er jedoch nur, wenn die Hauptversammlungen jeder Gesellschaft mit jeweils mindestens ¾-Mehrheit zustimmen (§ 65 UmwG i.V.m. § 13 Abs. 1 UmwG). Der Verschmelzungsvertrag bedarf gemäß § 6 UmwG der notariellen Beurkundung. Als wesentliche Punkte enthält er, dass die Leistung der übertragenden Gesellschaft als die Übertragung des gesamten Vermögens festgelegt und die Leistung der übernehmenden Gesellschaften mit der Gewährung der neuen Aktien bezeichnet wird. Hierzu muss das Umtauschverhältnis ermittelt und festgehalten werden, da im Vollzug der Fusion Aktien umgetauscht werden müssen. Das Gesetz legt nicht fest, wie das Umtauschverhältnis zu ermitteln ist. In der Regel werden mit Hilfe von Bewertungsgutachten die Wertrelation und damit die Umtauschverhältnisse ermittelt.

Verschmelzungsfähig als übertragende, übernehmende oder neue Rechtsträger sind neben Aktiengesellschaften u.a. Kommanditgesellschaften auf Aktien, GmbH, Personenhandelsgesellschaften und eingetragene Genossenschaften.[1] Somit sind also Fusionen zwischen verschiedensten Rechtsformen möglich. Infolge der hohen Transaktionsvolumina wird in jüngerer Zeit gerade bei Übernahmen von Großunternehmen vorrangig die Verschmelzung durch Aufnahme praktiziert.

---

1 Eine abschließende Aufzählung enthält § 3 UmwG.

Teil V
Steuerrechtliche Fragen

Inhaltsverzeichnis

Rz.

Vorbemerkung
A. **Kauf im steuerrechtlichen Sinn** 1
B. **Kauf eines inländischen Unternehmens als einer Gesamtheit von aktiven und passiven Wirtschaftsgütern** 4
   I. Verkehrsteuern 4
     1. Umsatzsteuer 4
     2. Grunderwerbsteuer 5
   II. Ertragsteuern 6
     1. Steuerrechtliche Folgen für den Erwerber 6
       a) Zuordnung des Kaufpreises 6
         aa) Verteilung des Gesamtkaufpreises auf die erworbenen Wirtschaftsgüter 6
         bb) Reihenfolge der zu bewertenden Wirtschaftsgüter 9
         cc) Einzelbewertung ... 10
         dd) Verhältnis der Summe der Einzelbewertungen zum Gesamtkaufpreis 17
         ee) Vereinbarung eines variablen Kaufpreises 18
       b) Abschreibung des Kaufpreises 19
       c) Unternehmenserwerb durch einen beschränkt Steuerpflichtigen 20
       d) Finanzierung des Unternehmenserwerbs 24
     2. Steuerrechtliche Folgen für den Veräußerer 33
       a) Veräußerungsgewinn/-verlust 33
       b) Realisierung des Veräußerungsgewinns/-verlusts 34
       c) Personenbezogene steuerrechtliche Folgen 35
         aa) Steuerbefreiungen, Steuerermäßigungen 35

Rz.

         bb) Hinausschieben der Besteuerung 37
C. **Erwerb von Anteilen an einer Personenhandelsgesellschaft** 39
   I. Verkehrsteuern 39
     1. Umsatzsteuer 39
     2. Grunderwerbsteuer 40
   II. Ertragsteuern 45
     1. Steuerrechtliche Folgen für den Erwerber 45
       a) Zuordnung und Abschreibung des Kaufpreises 45
         aa) Gesellschaftsanteil als transparentes Wirtschaftsgut. 45
         bb) Steuerrechtliche Ergänzungsbilanzen ... 46
         cc) Steuerrechtliche Sonderbilanzen 48
         dd) Kapitalerhöhungen.. 49
         ee) Erlöschen der Gesellschaft durch Anteilserwerb 50
         ff) Herauskauf eines lästigen Gesellschafters 51
       b) Finanzierung des Anteilserwerbs 52
     2. Steuerrechtliche Folgen für den Veräußerer 55
       a) Veräußerungsgewinn/-verlust 55
       b) Besonderheiten bei Kapitalerhöhungen 56
       c) Personenbezogene Steuerfolgen 60
D. **Erwerb einer Beteiligung an einer inländischen Kapitalgesellschaft** ... 64
   I. Verkehrsteuern 64
     1. Umsatzsteuer 64
     2. Grunderwerbsteuer 65
   II. Ertragsteuern 67
     1. Steuerrechtliche Folgen für den Erwerber 67

	Rz.
a) Abschreibung des Kaufpreises	67
b) Mobilisierung von Abschreibungspotential	68
c) Nutzung von Verlustvorträgen der erworbenen Gesellschaft	74
d) Finanzierung des Anteilserwerbs	76
aa) Erwerb durch Körperschaften	77
bb) Erwerb durch natürliche Personen	79
e) Eintritt der Kapitalgesellschaft in einen Organkreis des Erwerbers	80
2. Steuerrechtliche Folgen für den Veräußerer	83
a) Veräußerungsgewinn/-verlust	83
b) Personenbezogene Steuerfolgen	85
c) Ausscheiden der Kapitalgesellschaft aus einem Organkreis des Veräußerers	95
E. Unternehmensübertragungen im Zuge einer Erbauseinandersetzung	96
I. Erwerb im Wege der Realteilung des Nachlasses	96
II. Leistung von Ausgleichszahlungen an Miterben	98
III. Erfüllung von Vermächtnissen	99
IV. Verkauf des Erbanteils	100
V. Stufenweise Erbauseinandersetzungen	101
VI. Besonderheiten bei Personenhandelsgesellschaften	102
F. Unternehmensübertragungen im Wege der vorweggenommenen Erbfolge	103
G. Unternehmenserwerb gegen Gewährung oder Aufgabe von Gesellschaftsrechten	106
I. Gesellschaftsrechtliche Gestaltungsmöglichkeiten der Gesamtrechtsnachfolge	106
II. Steuerrechtliche Konsequenzen bei Gesamtrechtsnachfolge	109
1. Formwechsel	109

	Rz.
a) Kapitalgesellschaft in eine Kapitalgesellschaft	109
b) Kapitalgesellschaft in eine Personenhandelsgesellschaft	110
c) Personenhandelsgesellschaft in eine Kapitalgesellschaft	114
d) Personenhandelsgesellschaft in eine Personenhandelsgesellschaft	115
2. Verschmelzung	116
a) Kapitalgesellschaft mit einer Kapitalgesellschaft	116
b) Kapitalgesellschaft mit einer Personenhandelsgesellschaft	117
c) Personenhandelsgesellschaft mit einer Kapitalgesellschaft	118
d) Personenhandelsgesellschaft mit einer Personenhandelsgesellschaft	119
3. Auf- und Abspaltung	120
a) Kapitalgesellschaft auf Kapitalgesellschaft	120
b) Kapitalgesellschaft auf Personenhandelsgesellschaft	121
c) Personenhandelsgesellschaft auf Kapitalgesellschaft	122
d) Personenhandelsgesellschaft auf Personenhandelsgesellschaft	123
III. Steuerrechtliche Aspekte bei Einzelrechtsnachfolge	124
1. Übertragung auf Kapitalgesellschaft	124
2. Übertragung von Kapitalgesellschaft	125
IV. Umsetzung der EG-Fusionsrichtlinie	126
H. Erwerb einer Beteiligung an einer ausländischen Kapitalgesellschaft	130
I. Verkehrsteuern	130
II. Ertragsteuern	133
1. Beteiligungsstruktur	133
2. Steuereffiziente Finanzierung	136
a) Zinsabzug im Ausland	136
b) Zinsabzug im Inland	137

	Rz.
3. Außensteuergesetz	138
a) Anwendungsvoraussetzungen	138
b) Passive Einkünfte	139
c) Zwischeneinkünfte mit Kapitalanlagecharakter	140
d) Rechtsfolgen der Hinzurechnungsbesteuerung	141
I. Leveraged Buy-Out (LBO)	**142**
I. Bedeutung des Leverage-Effekts	142
II. Steuerrechtliche Beurteilung	143
J. Haftung für Steuern des Veräußerers	**147**
I. Haftung nach §§ 71, 75 AO	147
II. Haftung nach zivilrechtlichen Vorschriften	151
III. Indirekte Übernahme von Steuerverbindlichkeiten bei Erwerb von Gesellschaftsbeteiligungen	153
1. Erwerb von Anteilen einer Personenhandelsgesellschaft	153
2. Erwerb von Anteilen einer Kapitalgesellschaft	154
3. Vertragliche Absicherung des Erwerbers	155
a) Eigenkapitalgarantie	155
b) Garantie gegen Nachforderungen aus einer Betriebsprüfung	156

Literatur: *Bachem*, Zur Diskussion um den negativen Geschäftswert, BB 1995, 350; *Baetge*, Akquisition und Unternehmensbewertung, 1991; *Baumbach/Hueck*, GmbHG, 17. Aufl. 2000; *Bechler/Schröder*, Gewerbesteuer bei Veräußerung von Mitunternehmeranteilen – § 7 Satz 2 GewStG i.d.F. des UntStFG, DB 2002, 2238; *Becker*, Steuerplanung beim Erwerb von Auslandsbeteiligungen im Kapitalgesellschaftskonzern, GmbHR 2003, 84; *Behrens/Schmitt*, § 7 Satz 2 GewStG n.F. – Neue Gewerbesteuertatbestände für Mitunternehmerschaften und KGaA, BB 2002, 860; *Blumers/Beinert*, Unternehmenskauf und Mitunternehmermodelle, DB 1997, 1636; *Bogenschütz/Hierl*, Steueroptimierter Unternehmensverkauf: Veräußerung von Einzelunternehmen und Personengesellschaften, DStR 2003, 1097; *Boruttau/Klein*, GrErwStG, 15. Aufl. 2002; *Brune*, Die Haftung beim Erwerb eines Unternehmens nach § 75 AO, NWB Steuerrecht, Fach 2, 5805; *Böttner*, Tarifbegünstigung von Gewinnen aus der Veräußerung von freiberuflichen Mitunternehmeranteilen, DB 2002, 1798; *Braun*, Verluste aus dem Verkauf wesentlicher Beteiligungen § 17 EStG: die 5-Jahres-Frist eine tückische Falle, DStZ 2003, 500; *Brinkmann/Schmidtmann*, Gewerbesteuerliche Belastung bei der Veräußerung von Mitunternehmeranteilen durch Kapitalgesellschaften, DStR 2003, 94; *Bruski*, Step-Up-Modelle beim Unternehmenskauf, FR 2002, 181; *Busse von Colbe/Brüggerhoff/Rieder*, Unternehmensakquisition und Unternehmensbewertung, 1992; *Carlé/Bauschatz*, Erwerb mittelständischer Unternehmen im Zivil- und Steuerrecht, KÖSDI 2003, 13803; *Dautel*, Steuerneutraler Erwerb von Kapitalgesellschaftsanteilen durch Tausch, BB 2002, 1844; *Dieterlen/Schaden*, Sofort abzugsfähiger Verlust oder step up durch down-stream merger auch nach In-Kraft-Treten des Steuersenkungsgesetzes in Erwerberfällen?, BB 2000, 2552; *Dötsch/Patt/Pung/Jost*, Umwandlungssteuerrecht, 5. Aufl. 2003; *Dötsch/Pung*, Die Neuerungen bei der Körperschaftsteuer und der Gewerbesteuer durch das Steuergesetzgebungspaket vom Dezember 2003, DB 2004, 151; *Düll/Fuhrmann/Eberhard*, Übertragung eines Mitunternehmer(teil)anteils bei Vorhandensein von Sonderbetriebsvermögen, DStR 2001, 1773; *Ehlermann/Löhr*, Steuerfallen bei mittelbaren Anteilsübertragungen im Konzern, DStR 2003, 1509; *Eilers/Schmidt*, Die Steuerbefreiung von Dividenden und Veräußerungsgewinnen nach § 8b KStG – Kommentierung zum BMF-Schreiben, GmbHR 2003, 613; *Erle/Sauter* (Hrsg.), Reform der Unternehmensbesteuerung, 2003; *Erle/Sauter* (Hrsg.), Heidelberger Kommentar zum Körperschaftsteuergesetz, 2003; *Erle/Sauter* (Hrsg.), Heidelberger Kommentar zur Gesellschafter-Fremdfinanzierung, 2004; *Ettinger/Wolff*, Veräußerung von Anteilen an einer deutschen GmbH & Co. KG im Rahmen grenzüberschreitender Unternehmenskäufe. Formfragen und Gestaltungsmöglichkeiten, GmbHR 2002, 890; *Felix,* Übertragung der Nacherbenanwartschaft auf den Vorerben gegen Betriebsvermögen der Vorerbschaft als Realteilung, DB 1994, 1118; *Fichtelmann,* Besteuerung von Gewinnen aus Betriebsvermögen bei nachträglicher Änderung des Veräußerungspreises, Inf 1994, 103; *L. Fischer* (Hrsg.), Internationaler Unternehmenskauf und -zusammenschluss im Steuerrecht, 1992; *Förster,* Kauf und Verkauf von Unternehmen nach dem UntStFG, DB 2002, 1394; *ders.,* Übertragung von Mitunternehmeranteilen im Ertragsteuerrecht, FR 2002, 649; *Förster/Brinkmann,* Teilentgeltliche Nachfolge in betriebliche Einheiten, BB 2003, 657; *Frystatzki,* Entgeltliche Übertragung von Bruchteilen eines Mitunternehmeranteils: Verschärfung der Rechtslage durch das UntStFG, EStB 2002, 153; *Füger/Rieger,* Veräußerung von Mitunternehmeranteilen und Gewerbesteuer, DStR 2002, 933; *Füger/Rieger,* Gewerbesteuer bei Teilanteilsveräußerung und das Verbot der pauschalierten Gewerbesteueranrechnung in § 18 UmwStG, DStR 2002, 1021; *Funk,* Unternehmensakquisition und -restrukturierungen nach dem Gesetz zur Fortentwicklung des Unternehmenssteuerrechts, BB 2002, 1231; *Groh,* Die Vermögensübertragung auf Schwesterpersonengesellschaften als Lehrstück der Mitunternehmerbesteuerung, DB 2002, 1904; *Herzig,* Steuerorientierte Grundmodelle des Unternehmenskaufs, DB 1990, 133; *Herrmann/Heuer/Raupach,* Einkommen- und Körperschaftsteuergesetz, Loseblatt; *Hild/Schuch,* Mitunternehmerischer Unternehmenskauf, DB 1993, 181; *Hoffmann,* Zur ertragsteuerlichen Behandlung eines negativen Kaufpreises bzw. Geschäftswertes, DStR 1994, 1762; *Hötzel,* Steuerorientierte Gestaltung des Unternehmenskaufs, 1993; *Hötzel,* Unternehmenskauf und Steuern, 2. Aufl. 1997; *Hüffer,* AktG, 6. Aufl. 2004; *Jahndorf,* Überpreiskauf von Beteiligungen und Kaufpreisverzicht zwischen Schwestergesellschaften, DB 2003, 1759; *Jansen/Wrede,* Renten, Raten, Dauernde Lasten, 12. Aufl. 1998; *Jonas,* Keine Mitnahme von Organschaftsverlusten, DB 1990, 2394; *Jorde/Götz,* Finanzierung, Kauf und Umwandlung von Unternehmen im Lichte des StSenkG, BB 2001, 1655; *Jung,* Praxis des Unternehmenskaufs, 2. Aufl. 1993; *Junger,* Liquidation und Halbeinkünfteverfahren, BB 2001, 69; *Kanzler,* Grundfragen der Besteuerung betrieblicher Veräußerungsgewinne, FR 2003, 1; *Kempermann,* Vorweggenommene Unternehmensnachfolge bei Personengesellschaften im Steuerrecht, FR 2003, 321; *Kessler/Achilles/Huck,* Die Europäische Aktiengesellschaft im Spannungsfeld zwischen nationalem Gesetzgeber und EuGH, IStR 2003, 715; *Kessler/Kahl,* Gewerbesteuer auf Nicht-Schachteldividenden-Ausgabe i.S.d. § 3c EStG n.F., DB 2002, 1017; *Kraft,* Steuerliche Gestaltungsoptimierung beim internationalen Unternehmenskauf, RIW 2003, 641; *Kroschewski,* Die Reichweite der Veräußerungssperre in § 8b Abs. 4 Satz 1 Nr. 1 KStG bei Verkauf von GmbH-Anteilen, GmbHR 2002, 761; *Lieber,* Neuregelung der Hinzurechnungsbesteuerung durch das UntStFG, FR 2002, 139; *Koenen,* Asset-Deal, Share-Deal oder Kombinationsmodell – Anwendungsvoraussetzungen und ertragsteuerliche Effekte der Übernahme von Kapitalgesellschaften, DB 1993, 2541; *van Lishaut/Köster,* Steuersenkungsgesetz: Anteilveräußerung im neuen Recht, GmbHR 2000, 1121; *Littmann/Bitz/Pust,* Das Einkommensteuerrecht, Kommentar, Loseblatt; *Lutter,* Europäische Aktiengesellschaft – Rechtsfigur mit Zukunft?, BB 2002, 1; *Märkle,* Die teilentgeltliche Betriebsübertragung im Rahmen der vorweggenommenen Erbfolge, DStR 1993, 1005; *M. Müller,* Industrielle Holdinggesellschaften – Behandlung des Eigenhandels von Anteilen an Kapitalgesellschaften entsprechend § 8b Abs. 7 KStG, BB 2003, 1309; *Müller/Rebensburg,* Die Problematik der Fortentwicklung von Ergänzungsbilanzen bei Buchwerteinbringung eines Betriebes gem. § 24 UmwStG, DB 1987, 68; *Neu,* Übertragung von Mitunternehmeranteilen: Ertrag-, Erbschaft- und Umwandlungssteuerfolgen, GmbHStB 2001, 226; *Ossadnik,* Zur Diskussion um den „negativen Geschäftswert", BB 1994, 747; *Ossadnik,* Zur Diskussion um den „negativen Geschäftswert", BB 1995, 1527; *Ottersbach,* Gewerbesteuerklauseln unter Berücksichtigung des § 35 EStG, DStR 2002, 2023; *Paus,* Der rückwirkende Ansatz des gemeinen Werts im Rahmen der Realteilung, FR 2002, 866; *Paus,* Realteilung einer Personengesellschaft bei vermögensmäßiger Beteiligung einer GmbH, FR 2002, 1217; *Pluskat,* Der neue Entwurf für eine europäische Verschmelzungsrichtlinie, EWS 2004, 1; *Pluskat,* Amortisation von immateriellen Wirtschaftsgütern bei einem Unternehmenskauf, IStR 2001, 560; *Pyszka/Brauer,* Besteuerung des Eigenhandels nach § 8b Abs. 7 KStG: Umwidmung von Anteilen als Gestaltungschance für Finanzunternehmen?, DStR 2003, 277; *Rätting/Protzen,*

Die neue Hinzurechnungsbesteuerung der §§ 7–14 AStG in der Fassung des UntStFG, IStR 2002, 123; *Risthaus/Plenker*, Steuerentlastungsgesetz 1999/2000/2002 – Geänderte Verlustverrechnungsmöglichkeiten im Rahmen der Einkommensteuerfestsetzung, DB 1999, 605; *Rödder/Hötzel*, Das Umwandlungsmodell nach dem Regierungsentwurf eines neuen Umwandlungsteuergesetzes, FR 1994, 285; *Rödder/Schumacher*, Das Steuervergünstigungsabbaugesetz, DStR 2003, 805; *Rödder/Wochinger*, Veräußerungen von Kapitalgesellschaftsanteilen durch Kapitalgesellschaften – Gestaltungsüberlegungen im Hinblick auf § 8b KStG, FR 2001, 1253; *Romswinkel*, Systematische Rechtfertigung und Wirkungsweise des § 8b Abs. 4 KStG, DB 2002, 1679; *Sauter/Heurung/Oblau*, Probleme bei der Realteilung nach der Neuregelung durch die Unternehmenssteuerreform, FR 2002, 1101; *Schaumburg*, Unternehmenskauf im Steuerrecht, 3. Aufl., 2004; *Schaumburg/Rödder*, Unternehmenssteuerreform 2001, 2000; *Schlütter*, Steuerprobleme des Unternehmenskaufs, NJW 1993, 2023; *L. Schmidt*, EStG, 23. Aufl. 2004; *Schmidt/Hageböke*, Gewerbesteuer bei der Veräußerung eines Mitunternehmeranteils an einer Obergesellschaft einer doppelstöckigen Personengesellschaft nach § 7 Satz 2 Nr. 2 GewStG, DB 2003, 790; *Schmitt*, Die Auswirkungen einer Verschmelzung von Schwestergesellschaften auf gesperrte Anteile nach § 8b Abs. 4 KStG, BB 2002, 435; *Schmitt/Hörtnagl/Stratz*, Umwandlungsgesetz/Umwandlungssteuergesetz, 3. Aufl. 2001; *Schoor*, Übertragung von Betriebsvermögen im Wege vorweggenommener Erbfolge, DStZ 2002, 55; *Seibt*, Unternehmenskauf und -verkauf nach dem Steuersenkungsgesetz, DStR 2000, 2061; *Starke*, Finanzierung von Mitunternehmeranteilen, FR 2001, 790; *Stein/Becker*, Steuerplanung beim Erwerb von Auslandsbeteiligungen im Kapitalgesellschaftskonzern, GmbHR 2003, 84; *Streck*, Die Steuerinteressen und Steuermodelle beim Unternehmenskauf, BB 1992, 685; *Streck*, Probleme beim Kauf steuer-kontaminierter Unternehmen, BB 1992, 1539; *Streck/Mack*, Unternehmenskauf und Steuerklauseln, BB 1992, 1398; *Sullivan/Wallner*, Die deutsche Hinzurechnungsbesteuerung auf dem europäischen Prüfstand, IStR 2003, 6; *Töben*, Keine Gewerbesteuer auf Dividenden und auf Gewinne aus der Veräußerung von Anteilen an Kapitalgesellschaften bei Zwischenschaltung einer Personengesellschaft, FR 2002, 361; *Wassermeyer*, Besteuerung des ausländischen Unternehmenserwerb durch Anteilstausch (unechte Fusion) und Einbringung von Unternehmensteilen, DStR 1992, 57; *A. Weber*, Steuerliche Überlegungen zum Kauf ausländischer Unternehmen und Unternehmensteile durch inländische Unternehmen in L. Fischer (Hrsg.), Internationaler Unternehmenskauf und -zusammenschluss im Steuerrecht, 1992; *Weggenmann*, EG-rechtliche Aspekte steuerlicher Meistbegünstigung im Abkommensrecht, IStR 2003, 677; *Weindl*, Die Kombination von Veräußerungs- und Ausschüttungsvorgängen als Gestaltungsmissbrauch?, BB 1992, 1467; *Wendt*, Teilanteilsübertragung und Aufnahme eines Gesellschafters in ein Einzelunternehmen nach den Änderungen des EStG durch das UntStFG, FR 2002, 127; *Wirth*, Beendigung von Beherrschungs- und Gewinnabführungsverträgen bei der Veräußerung der abhängigen GmbH, DB 1990, 2105.

Vorbemerkung

Die nachfolgenden Ausführungen basieren auf dem Rechtstand Januar 2005 einschließlich der einschlägigen Änderungen durch das Gesetz zur Umsetzung von EU-Richtlinien in nationales Steuerrecht und zur Änderung weiterer Vorschriften (Richtlinien-Umsetzungsgesetz – EURLUmsG) v. 9.12.2004 (BGBl. I 2004, S. 3310).

A. Kauf im steuerrechtlichen Sinn

Das Steuerrecht befasst sich mit Erwerbsvorgängen; der Kauf ist dabei nur eine **Form des entgeltlichen Erwerbs** (vgl. Teil I Rz. 21 ff., Teil VII Rz. 3 f.). Ein Erwerb liegt grundsätzlich beim Übergang des juristischen Eigentums an Wirtschaftsgütern vor, letztlich entscheidend ist aber nicht der zivilrechtliche Vorgang, sondern der Tatbestand des Übergangs des wirtschaftlichen, regelmäßig auch juristischen Eigentums im Wege der Einzel- oder Gesamtrechtsnachfolge auf einen anderen Rechtsträger. Wirtschaftlicher Eigentümer ist derjenige, der – ohne das rechtliche Eigentum zu haben – die tatsächliche Sachherrschaft über einen Vermögensgegenstand in einer Weise ausübt, dass dadurch der nach bürgerlichem Recht Berechtigte wirtschaftlich auf Dauer von der Einwirkung ausgeschlossen ist (§ 39 Abs. 2 AO).[1]

2   Entgeltlicher Erwerb liegt vor bei **Gewährung einer Gegenleistung**, sei sie in Form der Barzahlung, einer Übernahme von Verbindlichkeiten oder gegen Übertragung von Sachwerten (Tausch). Ebenso stellt die Gewährung oder Aufgabe von Gesellschaftsrechten (wie bei der Gründung bzw. Liquidation von Personen- und Kapitalgesellschaften, der Kapitalerhöhung oder Kapitalherabsetzung, der Umwandlung sowie bei der Auseinandersetzung von Bruchteilsgemeinschaften oder von Gesamthandsgemeinschaften wie der Erbengemeinschaft) eine Gegenleistung dar.

3   Steuerrechtlich kann der Erwerbsvorgang zu **Verkehrsteuern** (Umsatzsteuer, Grunderwerbsteuer) und **Ertragsteuern** führen. Verkehrsteuern fallen regelmäßig beim Übergang des wirtschaftlichen Eigentums auf einen anderen Rechtsträger an, wobei nur in eingeschränktem Umfang etwaige sonstige Rechtsbeziehungen zwischen Erwerber und Veräußerer, wie insbesondere verwandtschaftliche oder gesellschaftsrechtliche, berücksichtigt werden. Bei den Ertragsteuern spielen solche Rechtsbeziehungen eine erheblich größere Rolle. So können unentgeltliche Rechtsvorgänge mangels eines Interessenkonflikts zwischen Erwerber und Veräußerer oder wegen Ausscheiden aus dem Betriebsvermögen zur **Gewinnrealisierung** führen, wie bei der Entnahme oder Einlage von Wirtschaftsgütern bei Einzelunternehmen und Personengesellschaften bzw. der verdeckten Gewinnausschüttung oder verdeckten Einlage bei Kapitalgesellschaften. Umgekehrt wird bei entgeltlichen Vorgängen auf eine Gewinnrealisierung durchaus auch verzichtet, wenn zwar der Rechtsträger wechselt, aber das wirtschaftliche Engagement erhalten bleibt, z.B. wenn aus einer mittelbaren Beteiligung am Unternehmen eine unmittelbare wird und umgekehrt. Hier sind in erster Linie die Sondervorschriften des Umwandlungssteuergesetzes zu nennen. Um Missbräuchen zu begegnen, werden die Möglichkeiten einer Beibehaltung der stillen Reserven seltener für die Übertragung einzelner Wirtschaftsgüter eröffnet (z.B. Übertragung von Wirtschaftsgütern von einem Betrieb des Steuerpflichtigen auf einen anderen Betrieb bzw. von und auf das Sonderbetriebsvermögen des Steuerpflichtigen gemäß § 6 Abs. 5 EStG, sondern meistens für die Übertragung einer Gesamtheit von Wirtschaftsgütern, nämlich des gesamten Unternehmens (**Betrieb**) oder eines mit einer gewissen Selbstständigkeit ausgestatteten, in sich geschlossenen Unternehmensteils (**Teilbetrieb**).

---

1 Vgl. Beck'scher Bilanzkommentar, § 246 HGB Rz. 5.

B. Kauf eines inländischen Unternehmens als einer Gesamtheit von aktiven und passiven Wirtschaftsgütern

I. Verkehrsteuern

1. Umsatzsteuer

Die entgeltliche Veräußerung von Wirtschaftsgütern unterliegt grundsätzlich der Umsatzsteuer. **Bemessungsgrundlage** ist der Wert der tatsächlich gewährten Gegenleistung. Steuerschuldner ist der Veräußerer, der die Steuer über den Kaufpreis auf den Erwerber abwälzt. Eine wirtschaftliche Belastung für den Erwerber wird sich daraus in aller Regel nicht ergeben, weil dieser zum Vorsteuerabzug berechtigt ist. Die Geschäftsveräußerung von Betrieben oder Teilbetrieben ist nicht steuerbar (§ 1 Abs. 1a UStG). Nicht umsatzsteuerpflichtig ist ferner die entgeltliche Veräußerung von

- Grundstücken (§ 4 Nr. 9a UStG),
- Beteiligungen an Personen- und Kapitalgesellschaften (§ 4 Nr. 8f UStG),
- Forderungen (§ 4 Nr. 8c UStG).

Die Vertragsparteien werden sich jedoch auf eine Umsatzsteuerpflicht im Wege der **Option des Veräußerers** (§ 9 UStG) verständigen, wenn der Erwerber uneingeschränkt zum Vorsteuerabzug berechtigt ist und dem Veräußerer anderenfalls der Verlust von Vorsteuerbeträgen droht, z.B. bei Grundstücken gemäß § 15a UStG oder bezüglich der mit der Veräußerung zusammenhängenden Kosten. Allerdings ist bei Grundstücksveräußerungen nach dem 16.1.2004[1] zu beachten, dass eine Option zur Umsatzsteuerpflicht nur noch in dem nach § 311b Abs. 1 Satz 1 BGB notariell zu beurkundenden Vertrag erklärt werden kann. Die Möglichkeit einer nachträglichen Optionsausübung besteht also nicht mehr.

2. Grunderwerbsteuer

Bei Veräußerung eines Grundstücks fällt Grunderwerbsteuer an, die zumeist vertraglich vom Erwerber getragen wird, für die aber nach § 13 Nr. 1 GrEStG beide Vertragspartner als Gesamtschuldner haften. **Bemessungsgrundlage** ist ebenfalls der Wert der tatsächlich gewährten Gegenleistung. Eine Umsatzsteueroption erhöht die Bemessungsgrundlage für die Grunderwerbsteuer.[2]

---

[1] Tag der Veröffentlichung der Berichtigung des Haushaltsbegleitgesetzes v. 13.1.2004, BGBl. I 2004, S. 69.
[2] Erlass FM Niedersachsen v. 6.6.1984 (koordinierter Ländererlass), DB 1984, 1859.

II. Ertragsteuern

1. Steuerrechtliche Folgen für den Erwerber

a) Zuordnung des Kaufpreises

aa) Verteilung des Gesamtkaufpreises auf die erworbenen Wirtschaftsgüter

6   Beim Kauf eines Unternehmens ist letztlich nur die insgesamt gewährte Gegenleistung (Gesamtkaufpreis) von wirtschaftlicher Bedeutung und damit die für die Aktivierung und Abschreibung des Kaufpreises maßgebliche Größe. Zwar kann eine **vertragliche Aufteilung** des Gesamtkaufpreises auf einzelne Wirtschaftsgüter vereinbart werden, jedoch ist diese letztlich unerheblich, weil diesbezüglich regelmäßig kein wirtschaftlicher Interessengegensatz besteht (Ausnahme: z.B. Möglichkeit der Bildung einer Rücklage gemäß § 6b EStG auf Ebene der Veräußerers). Eine vertragliche Regelung hält der Überprüfung durch die Finanzbehörde nur stand, wenn sie durch eine Teilwertermittlung für die erworbenen Wirtschaftsgüter unterlegt ist.[1] Die Aufteilung des Gesamtkaufpreises zur Erleichterung der Verhandlungen mit der Finanzbehörde vertraglich zu regeln, ist aus der Sicht des Erwerbers nicht uneingeschränkt empfehlenswert, weil dieser zum Zeitpunkt des Vertragsabschlusses noch nicht über die Detailkenntnisse verfügt, die ihm eine steuerlich optimale Aufteilung ermöglichen. Außerdem können **unterschiedliche steuerrechtliche Interessen** bei der Aufteilung des Kaufpreises bestehen, sofern erworbene Wirtschaftsgüter beim Veräußerer unterbewertet waren, die der Erwerber im Interesse einer kürzeren Abschreibung korrigieren möchte. Der Veräußerer will u.U. diese niedrigen Werte im Vertrag festschreiben, um eine Erhöhung der Bilanzansätze für zurückliegende Zeiträume und damit einhergehende etwaige Zinsen auf Steuernachzahlungen gem. § 233a AO zu vermeiden.

7   Liegt der Kaufpreis über dem steuerlichen Kapitalkonto des Veräußerers, ist der übersteigende Betrag nach den in Teil V Rz. 9 dargestellten Grundsätzen auf die einzelnen Wirtschaftsgüter zu verteilen. Als Aufteilungsmaßstab sollen dabei nach ständiger Rechtsprechung des BFH die Teilwerte der einzelnen Wirtschaftsgüter, nach Auffassung des BMF hingegen die in den Wirtschaftsgütern vorhandenen stillen Reserven dienen.[2] Unterschreitet das Entgelt das buchmäßige Kapital des Übertragenden, so sind die Anschaffungskosten der bilanzierten Wirtschaftsgüter abzustocken.[3] Unzulässig ist allerdings eine Abstockung für Bargeld und Guthaben bei Kreditinstituten sowie der Ansatz eines negativen Geschäftswertes (vgl. Ausführungen zu Teil V Rz. 17.).

8   Erfolgt der Erwerb des Unternehmens aus privaten Gründen teilentgeltlich, ist der gesamte Vorgang unter Anwendung der so genannten **Einheitstheorie** zu behandeln.[4] Soweit das Entgelt das buchmäßige Kapital des Übertragenden

---

1 BFH v. 5.8.1970 – I R 180/66, BStBl. II 1970, S. 804; BFH v. 12.6.1978 – GrS 1/77, BStBl. II 1978, S. 625; BFH v. 23.2.1984 – IV R 128/81, BStBl. II 1984, S. 516 (517); BFH v. 17.9.1987 – III R 272/83, BStBl. II 1988, S. 441.
2 *Förster/Brinkmann*, BB 2003, 660 m.w.N.
3 BFH v. 12.12.1996 – IV R 77/93, BStBl. II 1998, S. 180.
4 *Wacker* in Schmidt, § 16 EStG Rz. 58.

übersteigt, wird steuerlich eine voll entgeltliche Veräußerung angenommen; ist das Entgelt nicht höher als das buchmäßige Kapital, wird steuerlich insgesamt eine unentgeltliche Übertragung unterstellt. Bei unentgeltlicher Übertragung muss der Erwerber gem. § 6 Abs. 3 EStG die Buchwerte des Veräußerers nach der sog. Fußstapfentheorie fortführen. Die Kaufpreiszahlung ist als Zuwendung im Sinne von § 12 Nr. 2 EStG zu werten[1] und führt nicht zu Anschaffungskosten.

bb) Reihenfolge der zu bewertenden Wirtschaftsgüter

Der Gesamtkaufpreis ist nach herrschender Meinung auf die übernommenen **materiellen** und **immateriellen** Wirtschaftsgüter zu verteilen. Eine Mindermeinung vertritt die Auffassung, dass der Ansatz der materiellen Wirtschaftsgüter Priorität hat, d.h. eine Bewertung der immateriellen Wirtschaftsgüter nur dann in Betracht kommt, wenn der Gesamtkaufpreis die Summe der Teilwerte der materiellen Wirtschaftsgüter übersteigt.[2] Ein **Geschäftswert** ist nach allgemeiner Auffassung[3] nur anzusetzen, wenn die Summe der Teilwerte der erworbenen materiellen und immateriellen Wirtschaftsgüter den Gesamtkaufpreis nicht erreicht (Restwert).

9

cc) Einzelbewertung

Die Werte des Sachanlagevermögens werden häufig durch Sachverständigengutachten ermittelt. Bei Vorräten wird üblicherweise von dem erzielbaren Kaufpreis abzüglich der noch anfallenden Kosten ausgegangen, d.h., der Gewinn gilt schon als durch den Unternehmensverkauf realisiert (vgl. Teil II Rz. 162 ff.).

10

Im Bereich der immateriellen Wirtschaftsgüter sind als gesondert bewertungsfähig in erster Linie Auftragsbestand, Patente, Marken, sonstige Schutzrechte, Know-how und andere vorteilhafte Vertragsbeziehungen mit Dritten zu nennen (vgl. zur Bewertung immaterieller Vermögensgegenstände Teil II Rz. 168 ff.).[4] Die **Abgrenzung** zu Positionen, die im Geschäftswert aufgehen, ist fließend.[5] Keineswegs kommt es dabei entscheidend darauf an, ob sie im Rahmen des Unternehmenskaufs ausdrücklich hervorgehoben und mit einer Wertangabe versehen sind.[6] Nur wenn nach der Verkehrsanschauung eine Position nicht ohne weiteres als immaterielles Einzelwirtschaftsgut erkennbar ist, mag der Behandlung durch die Parteien eines Kaufvertrages indizielle Bedeutung zukommen. Die Bewertung von Schutzrechten und Know-how geschieht zumeist durch Kapitalisierung der über die geschätzte Nutzungsdauer

11

---

1 Vgl. *Märkle*, DStR 1993, 1005.
2 Vgl. *Hötzel*, Unternehmenskauf, S. 10, Hinweis auf sog. „Stufentheorie" unter Bezugnahme auf *Herzig* u.a.; *Blumers/Beinert*, DB 1995, 1043 (1046).
3 Vgl. Hinweise bei *Schmidt*, § 16 EStG Rz. 487 ff.
4 Vgl. Übersicht bei *Holzapfel/Pöllath*, Rz. 161; *Schlütter*, NJW 1993, 2023.
5 Vgl. *Holzapfel/Pöllath*, Rz. 168 (169); *Herrmann/Heuer/Raupach*, § 6 EStG Rz. 852.
6 BFH v. 25.11.1981 – I R 54/77, BStBl. II 1982, S. 189; BFH v. 28.5.1979 – I R 1/76, BStBl. II 1979, S. 734; BFH v. 5.8.1970 – I R 180/66, BStBl. II 1970, S. 804.

in der Branche üblicherweise zu zahlenden, umsatzabhängigen Lizenzgebühren[1]. Bei Projekten, die noch nicht zur Nutzungsreife gelangt sind, kann sich die Teilwertermittlung an den bisher angefallenen Projektkosten orientieren.

12 Einer gesonderten Bewertung sind grundsätzlich auch vorteilhafte längerfristige Vertragsbeziehungen zu Dritten zugänglich, jedoch wird de facto eine Übernahme allenfalls im Innenverhältnis möglich sein, da der Dritte eine Auflösung der für ihn etwaig nachteiligen Beziehungen anstrebt.

13 Die Möglichkeit einer **gesonderten Berücksichtigung eines Wettbewerbsverbots** erscheint zweifelhaft,[2] zumindest muss die Möglichkeit eines Wettbewerbs durch den Veräußerer nach den gegebenen Umständen wirtschaftlich relevant[3] und das Verbot befristet sein.

14 Die Abspaltung eines Teils des insgesamt zu zahlenden Entgelts ist auch für andere Rechtsbeziehungen möglich und kann steuerrechtlich wegen eines etwaigen sofortigen Betriebsausgabenabzugs interessant sein.

15 **Sofort abzugsfähige Aufwendungen** sind z.B. Abfindungen an sog. lästige Gesellschafter (vgl. Teil V Rz. 51). Abstandszahlungen des Erwerbers zur vorzeitigen Aufhebung von Verträgen des Veräußerers mit Dritten sind nicht sofort abzugsfähig, sondern regelmäßig als zusätzliche Anschaffungskosten für die erworbenen Wirtschaftsgüter zu sehen[4] und in die Aufteilung des Kaufpreises auf materielle und immaterielle Wirtschaftsgüter einzubeziehen.

16 Die durch den Erwerber übernommenen **Verbindlichkeiten und Rückstellungen** sind ebenfalls gesondert zu bewerten. In diesem Zusammenhang stellt sich hinsichtlich der beim Veräußerer steuerlich nicht abzugsfähigen Rückstellungen (z.B. etwaig steuerlich nicht abzugsfähiger Teil der Jubiläumsrückstellungen, Aufwandsrückstellungen) die Frage, ob das Passivierungsverbot ceteris paribus auch beim Erwerber greift. M.E. realisiert sich die Rückstellung als Schuldposten durch die Übernahme kaufpreismindernd und stellt auf Ebene des Erwerbers einen auch steuerlich relevanten Schuldposten dar.

dd) Verhältnis der Summe der Einzelbewertungen zum Gesamtkaufpreis

17 Übersteigt die Summe der Teilwerte aller gesondert bewerteten materiellen und immateriellen Wirtschaftsgüter den Gesamtkaufpreis, ist jeweils ein **Abschlag** von den Teilwerten der Einzelwirtschaftsgüter im Verhältnis der Summe der Teilwerte zum Gesamtkaufpreis vorzunehmen.[5] Ein Abschlag ist nicht möglich, wenn es dadurch zu einer unzulässigen Unterbewertung kommt, wie z.B. bei flüssigen Mitteln oder voll werthaltigen Forderungen.[6] Liegt der Gesamtkaufpreis unter der Summe dieser Werte, ist nach ständiger Rechtspre-

---

1 Vgl. *Herrmann/Heuer/Raupach*, § 6 EStG Rz. 1500 „Know-how".
2 *Holzapfel/Pöllath*, Rz. 216 (169).
3 BFH v. 21.9.1982 – VIII R 140/79, BStBl. II 1983, S. 289.
4 BFH v. 10.8.1978 – IV R 54/74, BStBl. II 1979, S. 74.
5 *Hötzel*, Steuerorientierte Gestaltung, S. 44 Fn. 96, mit Hinweisen auf BFH-Rechtsprechung.
6 BFH v. 12.12.1996 – IV R 77/93, BStBl II 1998, S. 180.

chung des BFH[1] in der Ergänzungsbilanz des Erwerbers eines Mitunternehmeranteils ein passiver Ausgleichsposten anzusetzen, der mit zukünftigen Verlustanteilen zu verrechnen ist. Diese Rechtsprechung ist m.E. auf Erwerbe von ganzen Betrieben analog anzuwenden.

Dazu folgendes Beispiel:

A veräußert sein Einzelunternehmen an B, der Kaufpreis ist nach kaufmännischen Gesichtspunkten ausgehandelt und beträgt 10. Die Bilanz des A zum Veräußerungsstichtag hat folgendes Aussehen:

EU A			
Sachanlagen	150	Kapital	300
Vorräte	100	Verbindlichkeiten	100
Kundenforderungen	100		
Bankguthaben	50		
Summe	400	Summe	400

Die Anschaffungskosten des B in Höhe von 10 liegen unterhalb des Buchwerts des übernommenen Vermögens von 300. Die bilanzierten Wirtschaftsgüter sind also abzustocken, wobei allerdings bei den vollwertigen Kundenforderungen und Bankguthaben eine Abstockung aufgrund des Nominalwertprinzips unzulässig ist. In Höhe der Differenz zwischen der Mindestbilanzsumme von 150 auf der einen Seite und dem Kapital und Verbindlichkeiten von 110 auf der anderen Seite ist ein Ausgleichsposten zu passivieren. Es ergibt sich für B die folgende Eröffnungsbilanz:

EU B			
Sachanlagen	0	Kapital	10
Vorräte	0	Verbindlichkeiten	100
Kundenforderungen	100	Passiver Ausgleichsposten	40
Bankguthaben	50		
Summe	150	Summe	150

Der passive Ausgleichsposten wird gewinnerhöhend aufgelöst, soweit in Zukunft steuerliche Verluste entstehen.

Der Lösungsvorschlag des Niedersächsischen Finanzgerichtes[2] hinsichtlich des Ansatzes eines **negativen Geschäftswerts** wurde vom BFH abgelehnt.[3] Ob diese BFH-Rechtsprechung allerdings sachgerecht ist, erscheint zweifelhaft.[4]

---

1 BFH v. 19.2.1981 – IV R 41/78, BStBl. II 1981, S. 730; BFH v. 21.4.1994 – IV R 70/92, BB 1994, 1602.
2 Urt. v. 24.10.1991 – XII 706/84, EFG 1993, 15.
3 BFH v. 21.4.1994 – IV R 70/92, BStBl. II 1994, S. 745.
4 *Hötzel*, Steuerorientierte Gestaltung des Unternehmenskaufs, 1993, S. 44; zum negativen Geschäftswert vgl. auch *Ossadnik*, BB 1994, 747; *Ossadnik*, BB 1995, 1527; *Bachem*, BB 1995, 350; *Hoffmann*, DStR 1994, 1762.

ee) Vereinbarung eines variablen Kaufpreises

18 **Entgelt** kann auch eine variable Größe sein, wie z.B. eine im Kaufvertrag geregelte Beteiligung des Veräußerers an künftigen Gewinnen oder die Zahlung von Leibrenten (dazu Teil VII Rz. 87 ff.). Soweit variable Größen nicht von vornherein (wie z.b. bei Leibrentenverpflichtungen nach versicherungsmathematischen Grundsätzen) im Schätzwege bewertet werden können, ist hinsichtlich der Behandlung dieser Entgelte eine uneinheitliche Rechtsprechung des Bundesfinanzhofes vorzufinden.[1] Grundsätzlich sind Verbindlichkeiten, die aus künftigen Gewinnanteilen zu tilgen sind, nicht passivierungsfähig,[2] sondern sukzessiv nach Maßgabe der tatsächlich erbrachten Aufwendungen als Anschaffungskosten zu berücksichtigen. Die Passivierung von gewinn- oder umsatzabhängigen Verbindlichkeiten soll jedoch im Jahr des Erwerbs zulässig sein, soweit dies zur Aktivierung der Buchwerte der erworbenen Wirtschaftsgüter erforderlich ist,[3] da der Erwerber andernfalls einen Gewinn ausweisen müsste.[4] Stellt der gewinn- oder umsatzabhängige Kaufpreis Entgelt für schwer bewertbare immaterielle Wirtschaftsgüter (Geschäftswert, Firmenname etc.) dar, so kann dem Erwerber u.U. ein Wahlrecht zwischen sukzessiver und sofortiger Aktivierung in Höhe der geschätzten Entgelte eingeräumt werden.[5] Nachträgliche Änderungen des Kaufpreises wirken sich auf die Anschaffungskosten des Erwerbers im Zeitpunkt der Änderung aus und nicht auf das Anschaffungsjahr zurück.[6]

b) Abschreibung des Kaufpreises

19 Die Aufteilung des Kaufpreises und die darauf beruhende steuerrechtliche Abschreibung der einzelnen Wirtschaftsgüter ist **unabhängig davon**, ob es sich beim Erwerber um eine natürliche oder juristische Person handelt und ob der Erwerber beschränkt oder unbeschränkt steuerpflichtig ist. Selbstverständlich sind die Rechtsfolgen der Abschreibung insoweit verschieden, als je nach der Situation des einzelnen Erwerbers unterschiedliche Ertragsteuersätze gelten.

c) Unternehmenserwerb durch einen beschränkt Steuerpflichtigen

20 Ein beschränkt steuerpflichtiger Erwerber führt das Unternehmen als **inländische Betriebsstätte** fort. Die Ermittlung der Betriebsstätteneinkünfte sollte beim Erwerb eines ganzen Unternehmens regelmäßig nach der direkten Methode möglich sein, d.h., Aktiva und Passiva, Aufwendungen und Erträge werden der Betriebsstätte zugeordnet, wie sie wirtschaftlich mit ihr verbunden sind. Das bedeutet auch, dass der Geschäftsverkehr mit der ausländischen Hauptniederlassung steuerrechtlich so abgewickelt wird, als ob es sich bei beiden Niederlassungen um rechtlich selbstständige, einander fremde Personen handelte. Bei der Aufteilung der Einkünfte der Betriebsstätte des beschränkt

---

1 *Wacker* in Schmidt, § 16 EStG Rz. 235.
2 *Weber-Grellet* in Schmidt, § 5 EStG Rz. 315.
3 *Wacker* in Schmidt, § 16 EStG Rz. 235.
4 BFH v. 14.5.2002 – VIII R 8/01, BStBl. II 2002, S. 532.
5 *Jansen/Wrede*, Rz. 367 mit Hinweis auf BFH v. 2.2.1967 – IV 246/64, BStBl. III 1967, S. 366.
6 *Glanegger* in Schmidt, § 6 EStG Rz. 92, 98.

steuerpflichtigen Erwerbers ist der Betriebsstättenerlass v. 24.12.1999[1] zu beachten. Die Überführung der Gewinne ins Ausland unterliegt nicht der Kapitalertragsteuer.

Wird das vom beschränkt Steuerpflichtigen erworbene Unternehmen als Zweigniederlassung im Handelsregister eingetragen, kann es auch **Organträger** sein, sofern ihm inländische Beteiligungen zugeordnet werden (§ 18 KStG). 21

Aus allgemeiner steuerrechtlicher Sicht ist aber dem Unternehmenserwerb durch eine **inländische Tochtergesellschaft** eines beschränkt Steuerpflichtigen der Vorzug gegenüber einer Betriebsstätte zu geben. Weber[2] weist insbesondere auf die bestehenden Unsicherheiten bei der Zuordnung von Eigen- und Fremdkapital sowie die Schwierigkeiten hin, wenn Betriebsstätte und Stammhaus wie fremde Dritte miteinander verkehren wollen, sowie auf die steuerrechtlich nicht mögliche gegenseitige Berechnung von Zinsen und Lizenzgebühren (stattdessen Zuordnung der insgesamt im In- und Ausland anfallenden Kosten). 22

Der Unternehmenserwerb durch beschränkt Steuerpflichtige kann ferner zur Doppelbesteuerung führen, wenn der ausländische Staat unterschiedliche Grundsätze für die Gewinnermittlung der inländischen Zweig- und der ausländischen Hauptniederlassung anwendet. Dies ist besonders problematisch, wenn sich mangels eines Doppelbesteuerungsabkommens (DBA) keine Möglichkeit zu einem **Verständigungsverfahren** bzw. **Schiedsverfahren** zwischen beiden Staaten bietet. 23

d) Finanzierung des Unternehmenserwerbs

Grundsätzlich sind alle mit dem Unternehmenserwerb zusammenhängenden Aufwendungen, vor allem Zinsaufwendungen auf für den Erwerb aufgenommene Kredite, **steuerrechtlich abzugsfähig**, da sie der Erzielung von Einkünften aus Gewerbebetrieb dienen. Eine Ausnahme bilden Aufwendungen, die mit nach § 3 Nr. 40 EStG zur Hälfte steuerfreien Einkünften im Zusammenhang stehen. Diese sind gemäß § 3c Abs. 2 EStG auch nur hälftig abzugsfähig. 24

Besonderheiten ergeben sich zum einen bei einem Erwerb durch beschränkt steuerpflichtige Erwerber. Der inländischen Betriebsstätte sind zum Unternehmenserwerb aufgenommene Kredite zuzuordnen, wenn der Zusammenhang mit dem Erwerb nachgewiesen werden kann. Dazu reicht jedoch die Tatsache, dass die Kreditmittel der Betriebsstätte zugeflossen sind, allein nicht aus. Vielmehr müssen nach Auffassung des BFH[3] die Kredite nachweislich mit der ausschließlichen Zweckbestimmung für die Belange der Betriebsstätte gewährt worden sein. Eine Aufteilung der Verbindlichkeiten nach dem Verhältnis des Fremd- zum Eigenkapital des Gesamtunternehmens ist nicht zulässig.[4] 25

---

1 IV 246/64, BStBl. I 1999, S. 1076.
2 In L. Fischer, S. 29.
3 BFH v. 27.8.1965 – I 110/63 S, BStBl. II 1966, S. 24.
4 BFH v. 12.1.1994 – II R 95/89, BFH/NV 1994, 690; bestätigt mit BFH v. 20.3.2002 – II R 84/99, BFH/NV 2002, 1017.

26 Die Abzugsfähigkeit von Finanzierungsaufwendungen kann zum anderen eingeschränkt werden, wenn der Erwerber die Rechtsform einer Kapitalgesellschaft hat. Dies gilt ebenso, wenn der Erwerb über eine zwischengeschaltete Personengesellschaft erfolgt. Vor Rechtsänderungen durch das Korb II Gesetz[1] unterlag die Finanzierung des Erwerbs inländischer Betriebe nur durch auslandsbeherrschte inländische Kapitalgesellschaften den **Einschränkungen des § 8a KStG**, sofern der Kapitalgesellschaft zur Aufbringung des Kaufpreises ein **Konzerndarlehen** gewährt worden ist. § 8a KStG in der bis zum 31.12.2003 geltenden Fassung regelte für Gesellschafterdarlehen, bei denen eine bestimmte Eigenkapital-Fremdkapitalrelation (sog. *safe haven*) überschritten wurde und der korrespondierende Zinsertrag in Deutschland nicht der Besteuerung unterlag, eine Umqualifizierung der Zinszahlungen in verdeckte Gewinnausschüttungen. Diese Vorschrift wurde vom Europäischen Gerichtshof für europarechtswidrig befunden,[2] da im Ergebnis im Wesentlichen nur ausländische Steuerpflichtige belastet wurden. Die deutsche Finanzverwaltung hat darauf mit einer Aussetzung der Anwendung des § 8a KStG in den Fällen reagiert, in denen die Anteilseigner der Kapitalgesellschaft in einem EU-Staat ansässig waren.[3]

27 Mit dem Korb II Gesetz soll eine **europarechtskonforme Ausgestaltung des § 8a KStG** erreicht werden. § 8a KStG ist seit dem 1.1.2004[4] auf alle Kapitalgesellschaften anzuwenden, die **von einem wesentlich** (unmittelbar oder mittelbar zu mehr als 25 %) **beteiligten Anteilseigner** Darlehen erhalten. Die Vorschrift erfasst auch Fälle, bei denen ein Darlehen von einer dem Anteilseigner nahe stehenden Person oder von einem Dritten gewährt wird, der auf den Anteilseigner zurückgreifen kann. Die Anwendung ist dabei unabhängig davon, ob der korrespondierende Zinsertrag in Deutschland besteuert wird oder nicht. Damit werden nunmehr neben grenzüberschreitenden auch rein innerdeutsche Sachverhalte erfasst. Bei Darlehen mit gewinnabhängiger Verzinsung werden die Vergütungen ungeachtet der Höhe des Darlehens und der Möglichkeit zum Nachweis der Fremdüblichkeit als verdeckte Gewinnausschüttungen behandelt. Für festverzinsliche Darlehen gilt eine generelle Eigenkapital-Fremdkapitalrelation von 1 : 1,5, bis zu der keine Anwendung des § 8a KStG erfolgt (safe haven). Der bisher für Holdings geltende safe haven von 1 : 3 wurde ebenfalls auf 1 : 1,5 reduziert. Die Umqualifizierung greift ein, sofern die Vergütungen für Fremdkapital die Freigrenze von 250 000 Euro überschreitet. Die Freigrenze von 250 000 Euro soll die Folgen des § 8a KStG für kleine und

---

1 BGBl. I 2003, S. 2840.
2 EuGH v. 12.12.2002 – Rs. C-324/00 – Lankhorst-Hohorst, DB 2002, 2690.
3 Die Auswirkungen der Europarechtswidrigkeit des § 8a KStG betreffen über sog. Meistbegünstigungsklauseln bzw. die unmittelbar auf Drittstaatenfälle anwendbare Kapitalverkehrsfreiheit des Art. 56 EG auch Staaten außerhalb der EU, mit denen Deutschland einen Freundschaftsvertrag abgeschlossen hat (vgl. z.B. Art. XI des Freundschaftsvertrages Deutschland-USA, BGBl. II 1956, S. 488 [493]) bzw. den Vorlagebeschluss des FG Baden-Württemberg an den EuGH zu § 8a KStG a.F. im Drittstaatenfall (Beschluss v. 14.10.2004 – 3 K 62/99, beim EuGH anhängig unter Rs. C-492/04 Lasertec/Finanzamt Emmendingen).
4 § 34 Abs. 6a KStG; bei vom Kalenderjahr abweichendem Wirtschaftsjahr ist die **Neufassung** erstmals für das Wirtschaftsjahr 2004/2005 anzuwenden.

mittlere Unternehmen abmildern. Die Möglichkeit der Vermeidung der Umqualifizierung durch einen Nachweis, dass die Gesellschaft von einem fremden Dritten zu gleichen Konditionen Fremdkapital erhalten hätte, ist für festverzinsliche Darlehen weiterhin gegeben. Die ursprünglich geplante Ausweitung der Vorschrift auf die Überlassung von Sachkapital wurde im Rahmen des Vermittlungsverfahrens nicht umgesetzt.

Eigenkapital ist das gezeichnete Kapital abzüglich ausstehender Einlagen, zuzüglich Rücklagen, Gewinnvortrag, Jahresüberschuss und der Hälfte der Sonderposten mit Rücklageanteil (ausgenommen solche nach § 281 HGB), abzüglich Verlustvortrag und Jahresfehlbetrag. Maßgeblich ist die Handelsbilanz zum Schluss des vorangegangenen Wirtschaftsjahres. Das Eigenkapital ist ferner um die Buchwerte der Beteiligungen an anderen inländischen Kapitalgesellschaften zu kürzen. Diese Kürzung entfällt bei Holdinggesellschaften.[1]

28

Im Zuge der gleichzeitigen Änderung der Gewerbesteuer schlägt die **Einkommenserhöhung** nach § 8a KStG nunmehr auch vollumfänglich auf die Gewerbesteuer durch.

29

Der Anwendungsbereichs des § 8a KStG wurde ferner seit dem 1.1.2004 auf **Personengesellschaften** ausgeweitet. Erfolgt der Erwerb eines inländischen Unternehmens durch eine einer Kapitalgesellschaft nachgeschalteten Personengesellschaft und wird ihr von einem wesentlich beteiligten Anteilseigner oder einer anderen in § 8a KStG genannten Person Fremdkapital überlassen, greift die Fiktion, dass das Fremdkapital der Kapitalgesellschaft überlassen wurde. Bei ihr erfolgt ggf. eine Umqualifizierung in verdeckte Gewinnausschüttungen im Rahmen des § 8a KStG.

30

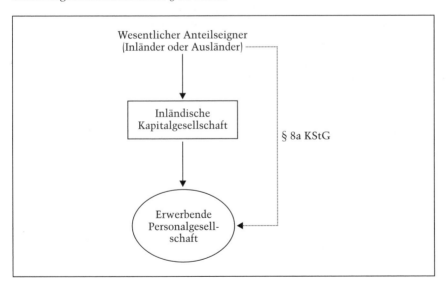

---

1 Vgl. im Einzelnen BMF-Schreiben v. 15.12.1994, BStBl. I 1995, S. 25, ber. S. 176 Rz. 20 ff.

31 Im Hinblick auf die Anwendbarkeit des § 8a KStG ergeben sich zahlreiche ungelöste Fragestellungen. Erwirbt beispielsweise eine ausländische Kapitalgesellschaft im Inland einen Betrieb oder einen Mitunternehmeranteil, so wird für Zwecke des § 8a KStG auf das Eigenkapital der begründeten Betriebstätte und nicht auf das gesamte Eigenkapital der Kapitalgesellschaft abgestellt. Dies impliziert eine Benachteiligung beschränkt steuerpflichtiger Kapitalgesellschaften gegenüber den inländischen Kapitalgesellschaften und ist europarechtswidrig, soweit die ausländische Gesellschaft in einem EU-Staat ansässig ist.[1] Bis zum 31.12.2004 hat sich die Finanzverwaltung lediglich zu einzelnen Fragestellungen, insbesondere der Holdingregelung und der Fremdfinanzierung von Personengesellschaften, geäußert.[2] Weitere BMF-Schreiben zu dieser Problematik sind angekündigt.

32 Über die Einschränkungen des § 3c Abs. 2 EStG und des § 8a KStG hinaus wirken sich einkommen- bzw. körperschaftsteuerlich abzugsfähige Zinsaufwendungen für Zwecke der Gewerbesteuer nur zur Hälfte ertragsmindernd aus. Dies liegt daran, dass die zugrunde liegende Darlehensverbindlichkeit als Dauerschuld i.S.v. § 8 Nr. 1 GewStG anzusehen ist.

2. Steuerrechtliche Folgen für den Veräußerer

a) Veräußerungsgewinn/-verlust

33 Das Steuerrecht unterscheidet bei der Frage, ob eine Veräußerung gegeben ist, nicht nach der Person des Veräußerers, sei er natürliche oder juristische Person, Einzelunternehmer oder Gesellschafter einer Personen- oder Kapitalgesellschaft, sei er unbeschränkt oder beschränkt steuerpflichtig. Veräußerungsgewinn bzw. -verlust ist der **Unterschied zwischen dem Veräußerungspreis und** dem auf den Stichtag nach den allgemeinen Gewinnermittlungsvorschriften ermittelten **Buchvermögen** (anteiligen Buchvermögen) **abzüglich Veräußerungskosten**. Veräußerungskosten sind Aufwendungen, die in unmittelbarer sachlicher Beziehung zum Veräußerungsvorgang stehen.[3] Sie sind nach dem BFH auch dann im Jahr der Veräußerung zu erfassen, wenn sie zeitlich vorher oder nachher angefallen sind. Veräußerungspreis ist dabei alles, was der Veräußerer für die Übertragung des Unternehmens vom Erwerber oder einem Dritten erhält.[4] Das Entgelt für ein anlässlich des Unternehmensverkaufs vereinbartes Wettbewerbsverbot kann je nach Vertragsgestaltung Teil des Ver-

---

1 Zu weiteren Zweifelsfragen vgl. *Rödder/Schumacher* DStR 2003, 1725; *Wassermeyer*, DStR 2003, 2056; *Rödder/Schuhmacher*, DStR 2003, 2057; *Holzaepfel/Köplin* in Erle/Sauter, Gesellschafterfremdfinanzierung, § 8a KStG; *Prinz zu Hohenlohe/Heurung/Rautenstrauch*, BB 2004, 2220; *Prinz zu Hohenlohe/Heurung/Rautenstrauch*, GmbHR 2004, 1361.
2 BMF-Schreiben v. 15.7.2004 – IV A 2 – S 2742a – 20/04, DStR 2004, S. 1290, s.a. *Prinz zu Hohenlohe/Heurung/Rautenstrauch*. Aktuelle Zweifelsfragen im BMF-Schreiben zur Gesellschafter-Fremdfinanzierung, BB 2004, 1931.
3 BFH v. 6.10.1993 – I R 97/92, DB 1994, 626.
4 BFH v. 17.12.1975 – I R 29/74, BStBl. II 1976, S. 224.

äußerungsgewinns sein (vor allem, wenn zeitlich unbefristet[1]), ist dann aber auch Teil des Geschäftswertes beim Erwerber.

b) Realisierung des Veräußerungsgewinns/-verlusts

Der Veräußerungsgewinn wird auf den **Stichtag** ermittelt, an dem die **Übertragung des wirtschaftlichen Eigentums** tatsächlich vollzogen wird, wobei die Wahl eines zurückliegenden Stichtages einer gesetzlichen Regelung bedarf (vgl. z.B. § 2 UmwStG), ausgenommen eine kurze Zeitspanne, die der technischen Vereinfachung der Besteuerung dient.[2] Bei Überschreiten dieser Frist werden die Ergebnisse unter entsprechender Kürzung des Veräußerungsgewinns bei Gewinnen, unter entsprechender Erhöhung des Veräußerungsgewinns bei Verlust zwischen vereinbartem Stichtag und tatsächlichem Übergang des wirtschaftlichen Eigentums noch dem Veräußerer zugerechnet. Der **Veräußerungsgewinn** ist für Zwecke der Besteuerung zum Übertragungsstichtag realisiert, wenn der Anspruch auf die Gegenleistung entstanden ist, gleichgültig ob er sofort fällig oder gestundet wird (Stundungszinsen sind nicht Teil des Veräußerungsgewinns). Eine nachträgliche Herabsetzung des Verkaufspreises aufgrund unklarer Vertragsregelung oder ein Fortfall eines gestundeten Kaufpreises wegen späterer Rücktrittsvereinbarung sind rückwirkende Ereignisse im Sinne von § 175 Abs. 1 Satz 1 Nr. 2 AO und reduzieren deshalb den Veräußerungsgewinn.[3] Entsprechendes gilt bei Herabsetzungen aufgrund von Vertragsgarantien sowie für den späteren Ausfall einer gestundeten Kaufpreisforderung,[4] auch wenn die Forderung nicht in einem Betriebsvermögen gehalten wird.[5] Ansprüche auf variable Kaufpreiszahlungen, die an die künftige Entwicklung des Unternehmens durch Gewinn- oder Umsatzbeteiligung beim Erwerber gekoppelt sind, entstehen sukzessive und sind dementsprechend auch erst dann zu versteuern, allerdings bei natürlichen Personen stets zum vollen Steuersatz.[6] **Veräußerungsverluste** sind im Veranlagungszeitraum der Veräußerung zu erfassen und können im Rahmen des horizontalen Verlustausgleichs gegen einen laufenden Gewinn des letzten Wirtschafts(rumpf)jahres verrechnet werden. Da die durch das Steuerentlastungsgesetz 1999/2000/2002 eingeführten Beschränkungen des vertikalen Verlustausgleichs des § 2 Abs. 3 EStG[7] als verfassungswidrig angesehen wurden, sind die Regelungen zur steuerlichen Behandlung von Verlusten durch das Korb II Gesetz grundlegend umgestaltet worden. Seit dem 1.1.2004 sind steuerliche Verluste horizontal und vertikal uneingeschränkt mit anderen positiven Einkünften ausgleichsfähig. Kann der Verlust im Entstehungsjahr nicht ausgeglichen werden, so wird nach

34

---

1 Vgl. *Herrmann/Heuer/Raupach*, § 5 KStG Rz. 1580–1599; BFH v. 30.3.1989 – I R 130/85, BFH/NV 1989, 780.
2 Vgl. BFH-Urteile bei *Schmidt*, § 16 EStG Rz. 215.
3 BFH v. 23.6.1988 – IV R 84/86, BStBl. II 1989, S. 41; BFH v. 21.12.1993 – VIII R 69/88, BStBl. II 1994, S. 648.
4 BFH v. 19.7.1993 – GrS 2/92, BStBl. II 1993, S. 897; Stundung des Kaufpreises ist keine schenkungsteuerpflichtige Zuwendung, s. BFH v. 30.3.1994 – II R 7/92, BStBl. II 1994, S. 580; vgl. auch BFH v. 14.12.1994 – X R 128/92, BStBl. II 1995, S. 465.
5 Zu § 17 EStG vgl. Erlass FM NRW v. 1.3.1994, DB 1994, 960.
6 BFH v. 14.5.2002 – VIII R 8/01, BStBl. II 2002, S. 532; *Holzapfel/Pöllath*, Rz. 777.
7 Vgl. im Einzelnen *Risthaus/Plenker*, DB 1999, 605.

Maßgabe des § 10d EStG wahlweise ein Verlustrücktrag in den unmittelbar vorangegangenen Veranlagungszeitraum oder ein Verlustvortrag durchgeführt. Dabei ist der Verlustrücktrag betragsmäßig auf 511 500 Euro beschränkt. Beim Verlustvortrag ist bis zu einer Höhe von 1 Mio. Euro eine unbegrenzte Verrechnung möglich, darüber hinaus nur noch bis zu 60 % des Gesamtbetrags der Einkünfte bzw. bis zu 60 % des zu versteuernden Einkommens bei Körperschaften. Eine zeitliche Beschränkung für den Verlustvortrag ist nach wie vor nicht vorgesehen. Dies gilt mit Ausnahme des Verlustrücktrags auch für Zwecke der Gewerbesteuer.

c) Personenbezogene steuerrechtliche Folgen

aa) Steuerbefreiungen, Steuerermäßigungen

35 Veräußerungen von inländischen Betrieben oder Teilbetrieben durch unbeschränkt oder beschränkt steuerpflichtige **Kapitalgesellschaften** sind gewerbesteuerpflichtig und unterliegen der Körperschaftsteuer. Gewinne aus der Veräußerung eines Betriebs oder Teilbetriebs eines **Einzelunternehmers** (natürliche Person) oder einer **Personengesellschaft** (mit natürlichen Personen als Mitunternehmern) unterliegen nicht der Gewerbesteuer und – nach Abzug eines etwaigen Freibetrags gemäß § 16 Abs. 4 EStG – ggf. einem ermäßigten Steuersatz nach § 34 EStG. Bis zum 31.12.1998 belief sich die Einkommensteuerermäßigung gemäß § 34 EStG auf die Hälfte des durchschnittlichen Steuersatzes auf den Veräußerungsgewinn („halber Steuersatz"), begrenzt auf außerordentliche Einkünfte bis zu 30 Mio. DM (ca. 15,338 Mio. Euro). Seit dem 1.1.1999 findet eine so genannte „Fünftelung" Anwendung, die eine erheblich geringere Progressionsmilderung zur Folge hat als die Altregelung. Zu einer partiellen Wiedereinführung des „halben Steuersatzes" ist es im Rahmen des Gesetzes zur Senkung der Steuersätze und zur Reform der Unternehmensbesteuerung (Steuersenkungsgesetz[1]) für den Fall von Betriebsveräußerungen gemäß § 16 EStG gekommen. Nach dem § 34 Abs. 3 EStG soll es einem Steuerpflichtigen, der das 55. Lebensjahr vollendet hat oder dauernd berufsunfähig ist, möglich sein, einmal im Leben bei Gewinnen infolge einer Betriebsveräußerung bis zu 5 Mio. Euro (vgl. § 52 Abs. 47 Satz 5 EStG) eine Besteuerung mit dem halben Durchschnittssteuersatz, mindestens aber dem Eingangssteuersatz (für den Veranlagungszeitraum 2004: 16 %, ab 2005: 15 %), in Anspruch zu nehmen. Dabei hat der Steuerpflichtige ein Wahlrecht, ob er die „Fünftelung" oder den „halben Steuersatz" beantragt. Der pauschalierter Steuersatz des § 34 Abs. 3 EStG von 50 % wurde als eine der Gegenfinanzierungsmaßnahmen des Haushaltsbegleitgesetzes 2004[2] für Veräußerungen ab dem 1.1.2004 auf 56 % angehoben.

Soweit allerdings eine Veräußerung an einen Erwerber erfolgt, an dem der Veräußerer als Mitunternehmer beteiligt ist, gilt in Höhe der Gewinnbeteiligungsquote des Veräußerers an der Mitunternehmerschaft der Veräußerungsgewinn als laufender Gewinn (§ 16 Abs. 2 Satz 3 EStG). Es ist zweifelhaft, ob

---

1 BGBl. I 2000, S. 1433.
2 BGBl. I 2003, S. 3076.

dies auch für die Gewerbesteuer gilt.[1] Vorstehende Grundsätze gelten **auch für beschränkt steuerpflichtige** natürliche Personen (§ 50 Abs. 1 EStG).

Ein nach § 34 EStG begünstigter Veräußerungsgewinn liegt nicht vor, wenn **wesentliche Betriebsgrundlagen zurückbehalten** werden. Anders bei gleichzeitigem Verkauf wesentlicher Betriebsgrundlagen an einen anderen Erwerber oder bei ihrer Überführung in das Privatvermögen, weil dann der gleichfalls nach §§ 16, 34 EStG begünstigte Tatbestand einer Betriebsaufgabe des Veräußerers gegeben ist. Der BFH[2] und ihm folgend die Einkommensteuerrichtlinien nehmen eine wesentliche Betriebsgrundlage in erster Linie an, wenn die zurückbehaltenen Wirtschaftsgüter erhebliche stille Reserven enthalten. Deshalb wirkt sich eine bloße Verpachtung von Teilen des Sachanlagevermögens, insbesondere von Grundbesitz, nachteilig aus.[3]

36

Unabhängig von Vorhandensein stiller Reserven gehören darüber hinaus auch solche Wirtschaftsgüter zu den wesentlichen Betriebsgrundlagen, die aus rein funktionaler Sicht für die Betriebsführung unerlässlich sind. Im Fall des Grundbesitzes ist es nicht Voraussetzung einer wesentlichen Betriebsgrundlage, dass der Grundbesitz auf die Belange des veräußerten Betriebs oder Teilbetriebs besonders zugeschnitten war. Es genügt, dass ohne ein Grundstück der genutzten Art der Betrieb nicht fortgeführt werden könnte.[4]

bb) Hinausschieben der Besteuerung

Außer den allen Veräußerern offen stehenden Möglichkeiten nach § 6b EStG (allerdings unter Preisgabe des ermäßigten Steuersatzes) bzw. nach den Vorschriften des Umwandlungssteuergesetzes besteht für natürliche Personen die Möglichkeit, die Besteuerung **durch Veräußerung gegen Rentenzahlungen** (Veräußerungsrenten[5]) hinauszuschieben, indem der Veräußerer ein Wahlrecht ausübt, wonach die Rentenzahlungen zunächst ergebnisneutral gegen den steuerlichen Buchwert des veräußerten Unternehmens verrechnet und erst die übersteigenden Beträge bei Fälligkeit sukzessive, allerdings dann zum normalen Steuersatz und ohne Berücksichtigung des Steuerfreibetrages nach § 16 Abs. 4 EStG, versteuert werden.[6] Wird der Betrieb gegen einen festen Kaufpreis und eine zusätzliche Leibrente veräußert, werden für den Gewinn, der durch den festen Kaufpreis erzielt wird, die Tarifvergünstigungen unter Umständen unter den Voraussetzungen des §§ 16, 34 EStG gewährt.[7] Dies gilt sowohl für

37

---

1 Verneinend *Wacker* in Schmidt, § 16 EStG Rz. 8; aA BR-Drucks. 612/93, 82 sowie Abschn. 39 Abs. 1 Nr. 1 Satz 3 GewStR 1998.
2 Urt. v. 26.4.1979 – IV R 119/76, BStBl. II 1979, S. 557.
3 BFH v. 1.10.1986 – I R 96/83, BStBl. II 1987, S. 113.
4 BFH v. 26.5.1993 – X R 78/91, BStBl. II 1993, S. 718.
5 Zur Abgrenzung zwischen sofort zum (abgezinsten) Wert zu versteuernden Kaufpreisraten und begünstigten Veräußerungsrenten vgl. BFH v. 19.5.1992 – VIII R 37/90, BFH/NV 1993, 87.
6 Zweifel bezüglich der Einräumung eines Wahlrechts äußert *Fichtelmann*, Inf 1994, 103 (105).
7 BFH v. 28.9.1967 – IV R 288/62, BStBl. II 1968, S. 76; BFH v. 20.12.1988 – VIII R 110/82, BFH/NV 1989, 630.

Veräußerungsleib- wie auch für -zeitrenten (Dauer der Rentenleistung aber mindestens zehn Jahre[1]).

38 **Umsatz- oder gewinnabhängige Kaufpreiszahlungen** sind nach der vorgenannten Buchwertmethode zu erfassen.[2] Ein Wahlrecht zur Sofortversteuerung des Veräußerungsgewinns besteht hierbei nicht.[3]

C. Erwerb von Anteilen an einer Personenhandelsgesellschaft

I. Verkehrsteuern

1. Umsatzsteuer

39 Der Erwerb von Gesellschaftsanteilen ist gemäß § 4 Nr. 8f UStG steuerfrei, jedoch kann für die Steuerpflicht optiert werden (§ 9 UStG), wenn der Veräußerer die Beteiligung in einem Unternehmen hielt. Dann kann der Veräußerer die mit den Veräußerungskosten zusammenhängenden Vorsteuern abziehen. Hält der Käufer die Beteiligung im Privatvermögen, entfällt der Vorsteuerabzug.

2. Grunderwerbsteuer

40 Obwohl ertragsteuerlich das Gesamthandsvermögen wie Bruchteilseigentum zu behandeln ist, gelten die Personenhandelsgesellschaften – wie allgemein Personen-(BGB-)Gesellschaften – bei der Grunderwerbsteuer als **selbstständige Rechtspersonen** mit der Folge, dass bei Fortsetzung der Personengesellschaft eine Steuerpflicht wegen des indirekten Eigentumsübergangs der der Personenhandelsgesellschaft gehörenden inländischen Grundstücke nur dann gegeben ist, wenn innerhalb von fünf Jahren **95 % der Anteile** der Personengesellschaft unmittelbar oder mittelbar **auf neue Gesellschafter übergehen** (§ 1 Abs. 2a GrEStG). Liegt kein Gesellschafterwechsel im Sinne des § 1 Abs. 2a GrEStG vor und werden mindestens 95 % der Anteile an der grundbesitzenden Personengesellschaft durch einen Erwerbsvorgang unmittelbar oder mittelbar bzw. durch mehrere konzernmäßig verbundene Unternehmen **in der Hand eines Erwerbers vereinigt**, so löst dieser Vorgang nach § 1 Abs. 3 Nr. 1 GrEStG Grunderwerbsteuer aus. Dabei ist jedoch zu beachten, dass im Gegensatz zum Gesellschafterwechsel nach § 1 Abs. 2a GrEStG die Anteilsvereinigung nach § 1 Abs. 3 GrEStG nicht auf die vermögensmäßige Beteiligung, sondern die gesamthänderische Mitberechtigung abstellt und somit beim Erwerb aller Anteile an einer GmbH & Co. KG keine Anteilsvereinigung vorliegt, wenn die Anteile der regelmäßig nicht am Kapital beteiligten Komplementär-GmbH zu-

---

1 BFH v. 12.6.1968 – IV R 254/62, BStBl. II 1968, S. 653.
2 *Beisel/Klumpp*, Rz. 844.
3 BFH v. 14.5.2002 – VIII R 8/01, BStBl. II 2002, S. 532.

rückbehalten oder zu weniger als 95 % erworben werden.¹ Kommt es durch einen Anteilserwerb zu einer rechtlichen Vereinigung aller Anteile in der Hand einer Person und erlischt die Personengesellschaft, so liegt in grunderwerbsteuerlicher Hinsicht weder ein Fall des Gesellschafterwechsels noch der Anteilsvereinigung vor, da die Anteile durch die Vereinigung untergehen. Auf Grund der erlöschensbedingten **Anwachsung des Vermögens** der grundbesitzenden Gesellschaft beim Erwerber kommt es zu einem Rechtsträgerwechsel hinsichtlich des Grundbesitzes, der nach § 1 Abs. 1 Nr. 3 GrEStG Grunderwerbsteuer auslöst.² Bleibt die Gesellschaft bestehen, wird in Fällen des § 1 Abs. 2a und § 1 Abs. 3 Nr. 1 GrEStG die Grunderwerbsteuer auf Basis des nach § 138 BewG zu ermittelnden Wertes (sog. Bedarfsbewertung) erhoben (§ 8 Abs. 2 Nr. 3 GrEStG). Erlischt die Gesellschaft wegen rechtlicher Vereinigung aller Anteile in einer Hand, wird ebenfalls der Wert gemäß § 138 BewG zugrunde gelegt (§ 8 Abs. 2 Nr. 2 GrEStG).

Zur **Minimierung der Grunderwerbsteuerbelastung** erscheint daher ein Anteilerwerb unter 95 % sinnvoll, mit der Möglichkeit, nach Ablauf von fünf Jahren weitere Anteile grunderwerbsteuerfrei zu erwerben. Ist dies nicht möglich, so sollte die Miete oder Pacht der Grundstücke anstelle des Erwerbes in Betracht gezogen werden. In jedem Falle ist jedoch der Direkterwerb der Grundstücke durch eine für diesen Zweck gegründete Grunderwerbsgesellschaft zu prüfen.³ 41

War der Erwerber bereits vorher an der Personenhandelsgesellschaft mindestens fünf Jahre beteiligt, wird beim Erlöschen der Gesellschaft die Grunderwerbsteuer nur anteilig in Höhe der neuerworbenen Beteiligungsquoten erhoben (§ 6 Abs. 2 i.V.m. Abs. 4 GrEStG). 42

Entsprechendes gilt bei der Veräußerung von Grundbesitz durch die Gesellschaft an einen Gesellschafter. Wird Grundbesitz von einem Gesellschafter an die Gesellschaft veräußert oder in eine solche eingebracht, entfällt ohne Rücksicht auf die Dauer seiner Beteiligung die Steuer, soweit sich der Anteil des Einbringenden bzw. des Veräußerers am Vermögen der Gesamthand nicht binnen fünf Jahren nach der Einbringung vermindert (§ 5 Abs. 2 i.V.m. Abs. 3 GrEStG). Dieses gilt jedoch nur für Erwerbsvorgänge, die nach dem 31.12.1999 verwirklicht wurden (§ 23 Abs. 6 Satz 2 GrEStG). 43

Die Möglichkeiten der §§ 5 und 6 GrEStG wurden in praxi genutzt, um bei Unternehmensveräußerungen Grunderwerbsteuer zu vermeiden oder zu minimieren. Die Rechtsprechung⁴ hat in einer Reihe von Fällen **Missbrauch i.S.v. § 42 AO** angenommen, wenn entsprechend einem vorgefassten Plan an Stelle der letztlich gewollten unmittelbaren Übertragung des Grundbesitzes die Übertragung der Gesellschafterstellung an einer grundbesitzenden Personen- 44

---

1 Diese Auffassung war seit langer Zeit herrschende Meinung in der Literatur (vgl. *Boruttau*, § 1 GrEStG Rz. 867) und der Rechtsprechung (BFH v. 8.8.2001 – II R 66/98, BStBl. II 2002, S. 156). Dieser Ansicht hat sich nunmehr auch die Finanzverwaltung mit gleich lautendem Ländererlass v. 26.2.2003 (BStBl. I 2003, S. 271) angeschlossen.
2 Vgl. *Boruttau*, § 1 GrEStG Rz. 869.
3 *Seibt*, DStR 2000, 2076.
4 Vgl. bei *Boruttau*, § 5 GrEStG Rz. 46 ff., § 6 GrEStG Rz. 27/4 ff.

gesellschaft vorgenommen wurde. Auf Grund der Neuregelungen der §§ 5 und 6 GrEStG durch das Steuerreformgesetz 1999/2000/2002 und das Steueränderungsgesetz 2001 ist eine solche Gestaltung nicht mehr möglich und der Gesamtplanrechtsprechung in dieser Hinsicht die Grundlage entzogen.

II. Ertragsteuern

1. Steuerrechtliche Folgen für den Erwerber

a) Zuordnung und Abschreibung des Kaufpreises

aa) Gesellschaftsanteil als transparentes Wirtschaftsgut

45 Der Anteil an einer Personenhandelsgesellschaft stellt zivilrechtlich einen selbstständigen Vermögensgegenstand dar, steuerrechtlich handelt es sich jedoch um den **Erwerb eines Anteils an den aktiven und passiven Wirtschaftsgütern der Gesellschaft.** Dementsprechend ist wie beim Erwerb eines Einzelunternehmens der Kaufpreis den verschiedenen Wirtschaftsgütern zuzuordnen. Da die Gesellschaft selbst nicht Vertragspartei, sondern lediglich Gegenstand des Erwerbs ist, kann grundsätzlich in der Handelsbilanz bzw. in der steuerrechtlichen Hauptbilanz der Gesellschaft aufgrund des Anteilsverkaufs keine Neubewertung stattfinden.[1]

bb) Steuerrechtliche Ergänzungsbilanzen

46 Übersteigt der Kaufpreis das erworbene, anteilige steuerrechtliche Buchvermögen der Hauptbilanz oder liegt es darunter, sind die Unterschiede in positiven oder negativen **Ergänzungsbilanzen** des erwerbenden Gesellschafters auszuweisen. Die positiven Ergänzungsbilanzen enthalten die Aufwertungen der in der steuerlichen Hauptbilanz ausgewiesenen materiellen und immateriellen Wirtschaftsgüter und den Ansatz bisher nicht bilanzierter immaterieller Wirtschaftsgüter. Die negative Ergänzungsbilanz enthält etwaige Abwertungen, wobei sich auch hier u.U. das Problem des Ausweises eines negativen Geschäftswertes ergibt (vgl. Teil V Rz. 17).

47 Auf- und Abstockungsbeträge sind nach den in der Hauptbilanz angewandten plan- und außerplanmäßigen Bewertungsgrundsätzen fortzuführen, da sich Haupt- und Ergänzungsbilanzen auf dieselben Wirtschaftsgüter beziehen. Es kommen also dieselben Abschreibungssätze[2] zur Anwendung, wobei nur in Ausnahmefällen die betriebsgewöhnliche Nutzungsdauer der bisher bilanzierten Wirtschaftsgüter aufgrund des Anteilserwerbs neu zu bestimmen ist.[3] Die **Zusatzabschreibungen** in der Ergänzungsbilanz **mindern** – auch zugunsten der nicht am Erwerb beteiligten Gesellschafter – **die Gewerbesteuer** der Gesellschaft, die nur über eine Modifizierung der Gewinnverteilungsabrede im Gesellschaftsvertrag zugunsten des Erwerbers ausgeglichen werden kann. Bei der

---

[1] Stellungnahme HFA 2/93 v. 1.1.1994, WPg. 1994, 22.
[2] Ausnahme: Personenbezogene Sonderabschreibungen, die der Erwerber in seiner Person nicht erfüllt.
[3] *Hötzel*, Unternehmenskauf, S. 44.

Bemessung des Ausgleichs ist allerdings zu berücksichtigen, dass für die anderen Gesellschafter aus der Minderung des Gewerbeertrags der Mitunternehmerschaft ein entsprechendes Anrechnungspotential i.S.d. § 35 EStG entfällt und sie insoweit einen Nachteil erleiden. Der Vorteil der Gewerbesteuerminderung wird somit gemindert und kann bei bestimmten Fallkonstellationen ganz entfallen.[1]

cc) Steuerrechtliche Sonderbilanzen

Wirtschaftgüter, die ein Mitunternehmer seiner Personengesellschaft entgeltlich oder unentgeltlich zur Nutzung überlässt, gehören ebenfalls zum steuerlichen Betriebsvermögen des Mitunternehmers und sind in einer **Sonderbilanz** auszuweisen. Das Gleiche gilt für etwaige Verbindlichkeiten, die der Mitunternehmer zwecks Beteiligung an der Personengesellschaft aufgenommen hat. Bei der Einbringung einzelner Wirtschaftgüter aus dem Privatvermögen in das Sonderbetriebsvermögen bestimmt sich der Einlagewert grundsätzlich nach dem Teilwert (§ 6 Abs. 1 Nr. 5 EStG). Hinsichtlich der steuerlich zulässigen Abschreibung bei Einlagen ist seit dem 1.1.1999 § 7 Abs. 1 Satz 5 EStG zu beachten. Die Ausführungen in Teil V Rz. 47 bezüglich der Gewerbesteuerauswirkung aus Zusatzabschreibungen gelten sinngemäß. Gleichwohl sind steuerrechtlich Ergänzungsbilanzen strikt von Sonderbilanzen zu trennen, insbesondere wegen ihrer unterschiedlichen Auswirkungen auf den maximalen Verlustausgleich im Rahmen des § 15a EStG. 48

dd) Kapitalerhöhungen

Der Erwerb kann sich nicht nur durch Übertragung bereits bestehender Anteile oder Teilanteile, sondern auch durch Kapitalerhöhungen vollziehen, wobei in diesen Fällen das **Entgelt als Einlage** (Einzahlungen auf das Festkapital bzw. bezüglich eines Aufgelds in die Rücklagen) in die Gesellschaft geleistet wird. Da bei diesem Vorgang der neu eintretende Gesellschafter steuerrechtlich Anteile des eingelegten Vermögens gegen Anteile am Vermögen der bereits vorhandenen Gesellschafter tauscht, sind alle Gesellschafter sowohl Erwerber als auch Veräußerer. Bezüglich der Besteuerung der Altgesellschafter wird auf Teil V Rz. 55 verwiesen. 49

ee) Erlöschen der Gesellschaft durch Anteilserwerb

Führt der Erwerb von Gesellschaftsanteilen wegen rechtlicher Vereinigung aller Anteile in einer Hand (**Anwachsung**) zur Auflösung der Gesellschaft, wird das Unternehmen vom Erwerber als Einzelunternehmen fortgeführt, so dass für den Erwerber bezüglich der erworbenen Beteiligungsquote hier die gleichen Steuerfolgen wie beim Erwerb der gesamten Aktiva und Passiva gelten. 50

---

1 Vgl. auch *Rödder/Hötzel/Mueller-Thuns*, § 27 Rz. 52 ff.

ff) Herauskauf eines lästigen Gesellschafters

51 Wenn Differenzen zwischen den Gesellschaftern bestehen und ein Gesellschafter zum Verlassen der Gesellschaft bewegt werden soll, sind die verbleibenden Gesellschafter oftmals bereit, einen über den betriebswirtschaftlich gerechtfertigten Wert hinausgehenden Kaufpreis zu entrichten. Dieser Vorgang wird allgemein als **Abfindung eines lästigen Gesellschafters** bezeichnet. Die entsprechende Zahlung ist als **sofortige Betriebsausgabe** abzugsfähig, weil sie nicht für den Erwerb eines Wirtschaftsgutes geleistet wird. Praktisch wird die Abzugsfähigkeit nur selten durchzusetzen sein, da der Steuerpflichtige die Lästigkeit des Gesellschafters und die Tatsache nachweisen muss, dass der Kaufpreis jedes betriebswirtschaftlich vernünftige Maß übersteigt.[1]

b) Finanzierung des Anteilserwerbs

52 **Alle** mit dem Anteilserwerb **zusammenhängenden Aufwendungen**, insbesondere Zinsen, **sind steuerrechtlich abzugsfähig**.[2] Dabei macht es keinen Unterschied, ob die zugrunde liegenden Verpflichtungen bei der Personengesellschaft oder beim erwerbenden Gesellschafter angesiedelt sind. Letzterenfalls handelt es sich um negatives Sonderbetriebsvermögen bzw. um Sonderbetriebsausgaben, die im Rahmen der einheitlichen und gesonderten Gewinnfeststellung der Personengesellschaft bei der Ermittlung des auf den Erwerber entfallenden Anteils an den Gesamtbemessungsgrundlagen zu berücksichtigen sind.

53 Ist der Erwerber des Gesellschaftsanteils **beschränkt steuerpflichtig**, ergeben sich bei den Finanzierungskosten ähnliche Zuordnungsprobleme wie beim Erwerb eines Einzelunternehmens. Nachweislich zwecks Anteilserwerb aufgenommene Kredite sind als Sonderbetriebsvermögen im Inland zu berücksichtigen. Kann dieser Zusammenhang nicht hergestellt werden, so dürfte eine anteilige Zuordnung der Verbindlichkeiten nach den Gesamtverhältnissen des ausländischen Gesellschafters fraglich sein, weil diese Verbindlichkeiten möglicherweise nicht die Voraussetzungen des Sonderbetriebsvermögens erfüllen. Es mag deshalb in diesen Fällen, soweit möglich, eine Umschuldung auf die Gesellschaft in Betracht kommen, indem die Gesellschaft einen Kredit aufnimmt und der Gesellschafter die Kreditmittel zur Tilgung von Auslandskrediten entnimmt; jedoch ist die steuerrechtliche Anerkennung dieser Gestaltung keineswegs ohne Risiko.[3]

54 Beim Erwerb des Anteils durch eine inländische Kapitalgesellschaft ist § 8a KStG zu beachten (vgl. Teil V Rz. 26 ff.).

---

1 BFH v. 12.6.1975 – IV R 129/71, BStBl. II 1975, S. 807.
2 Unter Beachtung von Teil V Rz. 62.
3 Ggf. Anwendung der Rechtsprechung zur Finanzierung von Gesellschafterentnahmen zur Tilgung privater Schulden, z.B. BFH v. 5.3.1991 – VIII R 93/84, BStBl. II 1991, S. 516; FG Bremen v. 18.8.1992 – 292033K4, EFG 1993, 139.

2. Steuerrechtliche Folgen für den Veräußerer

a) Veräußerungsgewinn/-verlust

Die zur Veräußerung eines Einzelunternehmens gemachten Ausführungen (Teil V Rz. 33–38) gelten grundsätzlich auch bei der Veräußerung von Anteilen an einer Personenhandelsgesellschaft, allerdings nur, sofern der **gesamte Mitunternehmeranteil** übertragen wird. Gewinne aus der Veräußerung von Teilanteilen sind als laufende Gewinne **nicht nach §§ 16, 34 EStG begünstigt**[1] und unterliegen nach Auffassung der Finanzverwaltung auch der Gewerbesteuer.[2] Die Behandlung als laufende Gewinne erfolgt dabei für alle Veräußerungsvorgänge seit dem 1.1.2002.[3]

55

Folgt man der Auffassung der Finanzverwaltung, so entsteht laufender gewerbesteuerpflichtiger Gewinn auch bei Veräußerung eines Teilanteils, wenn der betreffende Mitunternehmeranteil im Zuge einer Umwandlung einer Kapitalgesellschaft entstanden ist (vgl. hierzu ausführlich Teil V Rz. 106 ff.). Erfolgt die Veräußerung innerhalb von fünf Jahren seit der Umwandlung, so wird m.E. der sonst einschlägige § 18 Abs. 4 UmwStG durch die aus § 16 EStG abgeleiteten Besteuerungsgrundsätze verdrängt, da der § 18 Abs. 4 UmwStG den spezielleren Fall der Teilanteilsveräußerung nicht explizit enthält. Folglich ist der entsprechende Gewerbeertrag bei der pauschalierten Anrechnung nach § 35 EStG zu berücksichtigen.[4]

b) Besonderheiten bei Kapitalerhöhungen

Wie bereits ausgeführt, findet hier ein Tausch statt, indem der das neue Kapital übernehmende Gesellschafter das von ihm eingebrachte Vermögen an die anderen Gesellschafter in Höhe von deren Beteiligungsquoten abgibt, während er umgekehrt in Höhe seiner Beteiligungsquote am bisherigen Vermögen der Altgesellschafter beteiligt wird. Auf der Seite des einlegenden Gesellschafters ergibt sich grundsätzlich kein Gewinnrealisierungsproblem, weil die Einlage zum Verkehrswert erfolgt (es sei denn, eine Einlage, die stille Reserven enthält, wird aus einem anderen Betriebsvermögen erbracht). Auf der Seite der Altgesellschafter entsteht jedoch regelmäßig ein **Realisierungsproblem** wegen vorhandener stiller Reserven in dem an den eintretenden Gesellschafter anteilig abgegebenen Vermögen. Da jedoch der Tausch zu einem Vermögenszugang auf Gesellschafts- und nicht auf Altgesellschafterebene führt, somit ihr bisheriges mitunternehmerisches Engagement nur in einem erweiterten Rahmen fortgeführt wird, gestattet § 24 UmwStG den Altgesellschaftern in solchen Fällen eine Fortführung der steuerlichen Buchwerte. Die Fortführung der Buchwerte wird über negative Ergänzungsbilanzen der Altgesellschafter ermöglicht, die anteilige stille Reserven abgegeben haben. Allerdings findet eine Nachversteuerung in Höhe der Abschreibungen statt, die der eintretende Ge-

56

---

1 § 16 Abs. 1 Satz 2 EStG
2 *Wacker* in Schmidt, § 16 EStG Rz. 411 mit Hinweis auf OFD Düsseldorf v. 10.9.2002, FR 2002, 1151; aA *Rödder/Hötzel/Mueller-Thuns*, § 24 Rz. 221.
3 § 52 Abs. 34 Satz 1 EStG.
4 AA *Füger/Rieger*, DStR 2002, 1021.

sellschafter in seiner positiven Ergänzungsbilanz vornimmt.[1] Die hieraus resultierende Gewerbesteuer kann auch hier nur im Wege einer Modifizierung der Gewinnverteilungsabrede den Altgesellschaftern als Verursachern angelastet werden (vgl. hierzu Teil V Rz. 47).

57 Die aus dem Gesichtspunkt der Aufkommensneutralität entstandene **Koppelung der Gewinnrealisierung** der Altgesellschafter an die Abschreibungen des eintretenden Gesellschafters erscheint **nicht systemgerecht**.[2]

Dazu folgendes **Beispiel**:

A bringt sein Einzelunternehmen in eine OHG ein, steuerlicher Buchwert 100, Verkehrswert 1600, die stillen Reserven von 1500 sind ausschließlich dem Geschäftswert zuzuordnen. B bringt eine neue Großanlage im Wert von 1600 ein. Beide sind anschließend mit jeweils 50 % beteiligt.

Nach Auffassung der Finanzverwaltung[3] ergeben sich folgende Bilanzen:

Eröffnungsbilanz OHG

Einzelunternehmen	100	Kapital	A	850
Großanlage	1600		B	850
	1700			1700

Ergänzungsbilanz A

Minderkapital	750	Negativer Geschäftswert	750

Ergänzungsbilanz B

Geschäftswert	750	Mehrkapital	750

B schreibt den anteilig erworbenen Geschäftswert über die nächsten 15 Jahre linear ab, A löst den negativen Geschäftswert über den gleichen Zeitraum linear auf und versteuert diesen sukzessive zum normalen Steuersatz. Sollte sich der Geschäftswert eventuell wegen schlechter wirtschaftlicher Entwicklung verflüchtigen, hat dies eine sofort steuerrechtlich abzugsfähige Teilwertabschreibung in der Ergänzungsbilanz des B zur Folge und wohl auch eine entsprechende sofortige steuerpflichtige Auflösung des negativen Geschäftswerts bei A. Die Begründung hierfür liegt in der geforderten Aufkommensneutralität für den Fiskus.

58 Diese Steuerfolgen entsprechen nicht dem Sinn und Zweck des § 24 UmwStG, dem zufolge die Einlage des B nicht als ein steuerpflichtiger Realisationstatbestand (Tausch halber Geschäftswert gegen halben Wert Großanlage) für A angesehen werden soll. Vielmehr sollen die Rechtsfolgen für A keine anderen

---

1 BFH v. 28.9.1995 – IV R 57/94, BStBl. II 1996, S. 68.
2 Kritisch zur Verwaltungsauffassung und BFH-Rechtsprechung zur Fortentwicklung negativer Ergänzungsbilanzen: *Regniet*, Ergänzungsbilanzen bei der Personengesellschaft,1990, S. 178 ff.; *Müller/Rebensburg*, DB 1987, 68; *Hübl* in Herrmann/Heuer/Raupach, § 22 UmwStG Anm. 48; *Littmann/Bitz*, § 15 EStG Rz. 64 a.E.
3 BMF-Schreiben v. 25.3.1998, BStBl. I 1998, S. 268 Rz. 24.14.

sein, als wenn er sein bisheriges Einzelunternehmen ohne Geschäftswertrealisierung fortgeführt hätte.[1] Allerdings wurde diese Auffassung vom BFH ausdrücklich verworfen.[2]

Denkbar wäre der folgende Lösungsansatz, der dem Sinn und Zweck des § 24 UmwStG in dem vorliegenden Beispiel eher entspricht: A hat für den ihm über die OHG-Beteiligung indirekt zukommenden 50 %igen Anteil an der Großanlage keine Anschaffungskosten. Die Funktion der negativen Ergänzungsbilanz sollte also darin bestehen, den in der Handelsbilanz ausgewiesenen Wert der Großanlage für steuerliche Abschreibungszwecke des A wie folgt zu korrigieren: 59

Ergänzungsbilanz A

Minderkapital	750	Minderwert Großanlage	750

Geht man im Beispiel von einer betriebsgewöhnlichen Nutzungsdauer der Großanlage von zehn Jahren aus, entfallen jährlich auf A eine anteilige Abschreibung von 80 aus der OHG-Bilanz, der eine Auflösung von 75 aus seiner Ergänzungsbilanz gegenübersteht, so dass für ihn im Ergebnis nur ein abzugsfähiger Aufwand von 5 verbleibt. Das sind 10 % seines für den anteiligen Großanlagenerwerb an B abgegebenen Buchvermögens des Einzelunternehmens von 50.

c) Personenbezogene Steuerfolgen

Gewinne aus der Veräußerung von Anteilen an Personenhandelsgesellschaften unterliegen seit dem 1.1.2002[3] nur dann nicht der **Gewerbesteuer**, wenn sie auf natürliche Personen als unmittelbar beteiligte Mitunternehmer entfallen (§ 7 Satz 2 GewStG). Gewinne, die von Kapitalgesellschaften bei der Veräußerung eines Mitunternehmeranteils entstehen, sind damit gewerbesteuerpflichtig. Darüber hinaus fallen unter die Steuerpflicht auch Gewinne, die bei sog. doppelstöckigen Personengesellschaften von der Obergesellschaft aus der Veräußerung der Untergesellschaft erzielt werden, und zwar auch dann, wenn die Gesellschafter der Obergesellschaft ausschließlich natürliche Personen sind. Ungeklärt ist noch, ob im Falle der Veräußerung eines Mitunternehmeranteils an der Obergesellschaft durch eine natürliche Person der anteilig auf die in der Untergesellschaft enthaltenen stillen Reserven entfallende Gewinn der Gewerbesteuer zu unterwerfen ist. M.E. kommt eine Besteuerung nicht in Betracht, da in diesem Fall eine Veräußerung eines Anteils an der Untergesellschaft, an die das Gesetz die Steuerpflicht anknüpft, nicht vorliegt.[4] Grundsätzlich können Verluste aus der Veräußerung eines Mitunternehmeranteils, korrespondierend zur Steuerpflicht der Gewinne, steuerlich abgezogen wer- 60

---

[1] So auch Niedersächsisches Finanzgericht v. 3.3.1994 – XII 125/89, EFG 1994, 858.
[2] BFH v. 28.9.1995 – IV R 57/94, BStBl. II 1996, S. 68.
[3] Zu Zweifeln hinsichtlich der zeitlichen Anwendbarkeit vgl. *Rödder/Hötzel/Mueller-Thuns*, § 24 Rz. 193; *Füger/Rieger*, DStR 2002, 933 (934).
[4] So auch *Rödder/Hötzel/Mueller-Thuns*, § 24 Rz. 192; *Hörtnagl* in Beck'sches Mandats-Handbuch Unternehmenskauf, § 5 Rz. 133; aA *Behrens/Schmitt*, BB 2002, 860.

den.[1] Bei der faktischen Umsetzung der Abzugsfähigkeit ergibt sich allerdings das Problem, dass der gewerbesteuerliche Verlust auf der Ebene der Mitunternehmerschaft entsteht und wegen der Erfordernis der Unternehmensidentität[2] nicht mit etwaigen anderen gewerbesteuerpflichtigen Gewinnen des Steuerpflichtigen ausgeglichen werden kann. Auf der anderen Seite kann der Verlust auch nicht vom Erwerber des Anteils mit zukünftigen Gewinnanteilen verrechnet werden, da es insoweit an der Unternehmeridentität[3] fehlt. Im Ergebnis kann ein bei der Veräußerung eines Mitunternehmeranteils entstandener Gewerbeverlust nur mit einem laufenden gewerbesteuerpflichtigen Gewinn des Veräußerungsjahres ausgeglichen werden.

61 Ist der Veräußerer eine Körperschaft, so unterliegt der erzielte Veräußerungsgewinn der Körperschaftsteuer; es ergeben sich insoweit keine Besonderheiten.

62 Soweit es sich bei den Veräußerern um unbeschränkt bzw. beschränkt steuerpflichtige **natürliche Personen** handelt, gilt auch hier die Steuerermäßigung gemäß §§ 16, 34, 50 EStG (s. auch Teil V Rz. 35).

63 Bezüglich der Steuerstundungsmöglichkeiten durch Veräußerung gegen Rentenzahlung oder umsatz- bzw. gewinnabhängiges Entgelt wird auf Teil V Rz. 37 u. 38 verwiesen.

D. Erwerb einer Beteiligung an einer inländischen Kapitalgesellschaft

I. Verkehrsteuern

1. Umsatzsteuer

64 Die Veräußerung von Anteilen an Kapitalgesellschaften ist ebenfalls nach § 4 Nr. 8 f. UStG steuerbefreit, jedoch besteht auch hier die Möglichkeit, für die Umsatzsteuer zu optieren, wenn die Beteiligung in einem Unternehmen gehalten wurde (§ 9 UStG). Hält der Käufer die Beteiligung im Privatvermögen, entfällt der Vorsteuerabzug.

2. Grunderwerbsteuer

65 Der Erwerb von mindestens 95 % der Anteile an einer Kapitalgesellschaft mit inländischem Grundbesitz durch eine Person oder durch einen Konzern unterliegt nach § 1 Abs. 3 GrEStG der Grunderwerbsteuer, wobei die Bemessungsgrundlage im Rahmen einer Bedarfsermittlung nach Maßgabe des BewG (§§ 138 ff. BewG) ermittelt wird und zeitnahe Werte liefert (im Vergleich zur in diesem Bereich aufgegebenen Einheitsbewertung). Der Zurückbehalt eines Anteils von mehr als 5 % bzw. seine Veräußerung an einen mit dem Erwerber

---

1 *Behrens/Schmitt*, BB 2002, 860.
2 A 67 GewStR.
3 A 68 GewStR.

nicht konzernmäßig verbundenen Dritten vermeidet eine Besteuerung. Diese Regelung ist auf Erwerbsvorgänge anzuwenden, die nach dem 31.12.1999 verwirklicht werden. Zuvor galt statt der Grenze von 95 % der Erwerb aller Anteile als grunderwerbsteuerauslösender Tatbestand.

Folgt dem Anteilerwerb eine Grundstücksveräußerung an den Anteilserwerber 66 oder die Verschmelzung der Kapitalgesellschaft auf den Anteilserwerber, so ist die auf den Anteilserwerb zu leistende Steuer auf die durch den anschließenden Grundstückserwerb bzw. die Verschmelzung entstehende Steuer anrechenbar (§ 1 Abs. 6 GrEStG).

II. Ertragsteuern

1. Steuerrechtliche Folgen für den Erwerber

a) Abschreibung des Kaufpreises

Gleichgültig, ob sie im Betriebs- oder Privatvermögen gehalten werden, sind 67 die erworbenen Anteile einer planmäßigen Abschreibung **nicht zugänglich**.

Auch die gesonderte Aktivierung eines miterworbenen Gewinnbezugsrechts, gegen das der an den Anteilserwerber ausgeschüttete Gewinn verrechnet werden könnte, hat der BFH[1] abgelehnt.

b) Mobilisierung von Abschreibungspotential

Trotz des Umstandes, dass Anteile an einer Kapitalgesellschaft einer plan- 68 mäßigen Abschreibung nicht zugänglich sind, bot das körperschaftsteuerlichen Anrechnungssystem die Möglichkeit, durch geeignete Gestaltungsmaßnahmen eine Abschreibung des Kaufpreises für den Anteilserwerb zu ermöglichen. Unter der Geltung des körperschaftsteuerlichen Anrechnungsverfahrens stellten sich in der Praxis vornehmlich das so genannte „**Kombinationsmodell**",[2] das „**Mitunternehmermodell**"[3] sowie das „**Umwandlungs- bzw. step-up-Modell**" als geeignete postakquisitorische Maßnahmen zur Generierung von Abschreibungspotential dar.

Das Steuersenkungsgesetz machte diese Gestaltungsmöglichkeit bei kalenderjahrgleichem Wirtschaftsjahr jedoch seit dem 1.1.2001 obsolet.

Nur noch in Einzelfällen lassen sich gegenwärtig durch interne Unterneh- 69 mensverkäufe bzw. Umwandlungen auf Ebene des Anteilskäufers noch Step-up-Vorteile erzielen. So ist beispielsweise ein postaquisitorischer interner Unternehmensverkauf in Erwägung zu ziehen, wenn Anteile an einer Kapitalgesellschaft erworben werden, die über steuerliche Verlustvorträge verfügt. Ergibt sich wirtschaftlich die Notwendigkeit, diesem Geschäftsbetrieb überwiegend neues Betriebsvermögen zuzuführen, besteht das Risiko, dass der Ver-

---

1 BFH v. 21.5.1986 – I R 190/81, BStBl. II 1986, S. 815; BFH v. 21.5.1986 – I R 199/84, BStBl. II 1986, S. 794; BFH v. 21.5.1986 - I R 362/83, BFHE 147, 37.
2 Vgl. *Koenen*, DB 1993, 2541; *Rödder/Hötzel*, FR 1994, 285.
3 Vgl. *Blumers/Beinert*, DB 1997, 1636.

lustabzug gemäß § 8 Abs. 4 KStG versagt wird (vgl. Teil V Rz. 74 f.). Durch einen internen Unternehmenskauf lässt sich in dieser Konstellation ein gefährdeter Verlustvortrag in ein gesichertes Abschreibungspotential überführen. Allerdings ist in diesem Zusammenhang die durch das Gesetz zur Umsetzung der Protokollerklärung der Bundesregierung zur Vermittlungsempfehlung zum Steuervergünstigungsabbaugesetz (sog. Korb II Gesetz) geregelte **Mindestbesteuerung** zu berücksichtigen. Ab dem 1.1.2004 ist ein Verlustvortrag nur noch bis zu 60 % des Gesamtbetrags der Einkünfte bzw. bis zu 60 % des zu versteuernden Einkommens bei Körperschaften verrechenbar. Nur bis zu einer Höhe von 1 Mio. Euro (sog. Sockelbetrag) ist eine unbegrenzte Verrechnung möglich. Zuvor sollte jedoch die Werthaltigkeit der Verlustvorträge überprüft werden, insbesondere ob sie dem Grunde und/oder der Höhe nach sicher sind (z.B. wegen § 8 Abs. 4 KStG oder Betriebsprüfungsrisiken).

70 Eine weitere diskutierte Variante, die steuerliche Abschreibung des Kaufpreises beim Erwerb von Anteilen an Kapitalgesellschaften zu erreichen, stellt das „**Down-stream-merger-Modell**" dar.[1] Anknüpfungspunkt dieser Gestaltungsüberlegung ist die Tatsache, dass der sog. down-stream merger nicht in den Anwendungsbereich des § 4 Abs. 6 UmwStG fällt. Der Erwerber von Anteilen an einer Kapitalgesellschaft gründet zu diesem Zweck unter Einlage des Kaufpreises eine Erwerbskapitalgesellschaft, welche den Anteilserwerb durchführt. Im nächsten Schritt erfolgt nach einer formwechselnden Umwandlung der zu erwerbenden Kapitalgesellschaft in eine Personengesellschaft die Verschmelzung der Erwerbskapitalgesellschaft auf diese Personengesellschaft. Die Personengesellschaft kann die Wirtschaftsgüter der Erwerbskapitalgesellschaft gem. § 3 UmwStG zu Buchwerten fortführen. Auf Ebene des Erwerbers, der nach der Verschmelzung nur noch Anteile an einer Personengesellschaft hält, könnte ein **abzugsfähiger Verschmelzungsverlust** in Höhe der Differenz zwischen dem Beteiligungsbuchwert der Anteile an der Erwerbskapitalgesellschaft und dem Buchvermögen der neuen Personengesellschaft entstehen. Fraglich ist, ob dieser Verlust als Übernahmeverlust im Sinne des § 4 Abs. 6 UmwStG qualifiziert werden kann, da diese Norm voraussetzt, dass die aufnehmende Personengesellschaft Anteile an der übertragenden Kapitalgesellschaft in ihrem Betriebsvermögen hält (sog. up-stream merger). Nach wohl überwiegender Auffassung im Schrifttum führt das Down-stream-merger-Modell nicht zum gewünschten Ziel.[2] Die Finanzverwaltung hat sich noch nicht hinsichtlich der steuerlichen Anerkennung dieser Gestaltung geäußert.

71 Ausgangspunkt des so genannten „**KGaA-Modells**" zur Mobilisierung von Abschreibungspotenzial im Anschluss an einen Erwerb von Kapitalgesellschaftsanteilen ist die Zwitterstellung, die die Rechtsform der KGaA zwischen der Kapitalgesellschaft und einer Mitunternehmerschaft einnimmt. Die Grundstruktur des KGaA-Modells lässt sich wie folgt charakterisieren: Im Rahmen einer Umwandlung der erworbenen Ziel-Kapitalgesellschaft in eine KGaA wird das Kommanditaktienkapital in eine Komplementäreinlage überführt.

---

1 *Dieterlen/Schaden*, BB 2000, 2552.
2 *Rödder/Hötzel/Mueller-Thuns*, S. 816; *Blumers/Beinert/Witt*, DStR 2001, 234; *Bruski*, FR 2002, 185; *Beinert/van Lishaut*, FR 2001, 1150.

Dies könnte bspw. dadurch erreicht werden, dass die Kommanditaktien zugunsten einer Komplementärbeteiligung eingezogen werden und hierdurch erfolgsneutral eine positive Ergänzungsbilanz des Komplementärs produziert wird. Ob dies steuerneutral möglich ist, bleibt ebenso offen wie die Frage nach der Notwendigkeit der Erstellung einer etwaigen korrespondierenden negativen Ergänzungsbilanz.[1]

Das **"Organschaftsmodell"** basiert auf der Grundstruktur des Kombinationsmodells und hat folgende Struktur: Der Erwerb der Ziel-Kapitalgesellschaft erfolgt mittelbar durch die Zwischenschaltung einer Erwerbs-Objektgesellschaft. Zwischen diesen Gesellschaften wird ein Ergebnisabführungsvertrag geschlossen. Alsdann verkauft die Zielgesellschaft einzelne Wirtschaftsgüter[2] an die Objektgesellschaft, die letztere abschreiben kann. Der auf Ebene der Zielgesellschaft entstandene Veräußerungsgewinn ist an die Objektgesellschaft abzuführen und auf dieser Ebene körperschaft- und gewerbesteuerpflichtig. Als Konsequenz verbleibt die Zielgesellschaft wertlos, so dass die Objektgesellschaft eine Teilwertabschreibung auf die Zielgesellschaft vorzunehmen hat, die für gewerbesteuerliche Zwecke wieder hinzuzurechnen ist (§ 8 Nr. 10 GewStG). Aufgrund des § 8 Abs. 3 KStG, der die steuerliche Anerkennung einer Teilwertabschreibung für Kapitalgesellschaften gänzlich ausschließt, basiert das Organschaftsmodell auf der Annahme, dass eine Personengesellschaft mit natürlichen Personen als Gesellschaftern oder eine natürliche Person die Beteiligung an der Zielgesellschaft kauft.[3] Aber auch für diesen Personenkreis begrenzt § 3c Abs. 2 EStG die steuerliche Anerkennung der Teilwertabschreibung auf die Hälfte, so dass sich folgende Steuerwirkungen des Organschaftsmodells ergeben: Der auf Ebene der Zielgesellschaft entstehende Veräußerungsgewinn unterliegt beim Organträger bzw. dessen Gesellschaftern der Einkommen- und Gewerbesteuer. Letztere stellt jedoch durch die Anrechnung auf die Einkommensteuer der Gesellschafter (§ 35 EStG) häufig keine Zusatzbelastung dar. Die abführungsbedingte Teilwertabschreibung erfährt eine hälftige Anerkennung für Zwecke der Einkommensteuer. Somit steht in einer Gesamtbetrachtung einer hälftigen Einkommensteuerbelastung auf die aufgedeckten stillen Reserven die zukünftigen Mehrabschreibungen für Zwecke der Gewerbe- und Einkommensteuer gegenüber. Je schneller die zusätzlichen Abschreibungen wirksam werden, desto höher ist die Chance, dass das Organschaftsmodell steuerliche Barwertvorteile bietet.

72

Die vorstehenden Ausführungen belegen, dass **postakquisitorische Maßnahmen** zur Generierung von Abschreibungspotenzial **kaum mehr gegeben** sind. Daher stellt sich die Frage, ob nicht bereits beim Veräußerer die Voraussetzungen für die Generierung von Step-up-Volumen geschaffen werden können. In Betracht kommt bspw. eine **vorgeschaltete Umwandlung** der Zielgesellschaft von einer Kapitalgesellschaft in eine Personengesellschaft. Eine solche Strategie ist insbesondere empfehlenswert, wenn ein Gewinn aus der Veräußerung

73

---

1 *Rödder/Hötzel/Mueller-Thuns*, S. 819.
2 Wegen Abschn. 56 Abs. 2 KStR
3 *Blumers/Beinert/Witt*, DStR 2001, 234; *Brunski*, FR 2002, 185.

der Kapitalgesellschaftsanteile wegen zu beachtender Sperrfristen ohnehin voll steuerpflichtig wäre.[1] Im Idealfall kommt auf die stillen Reserven der halbe Steuersatz gem. § 34 Abs. 3 EStG zur Anwendung, der in seiner Wirkungsweise der Halbeinkünftebesteuerung entspricht. Allerdings unterliegt der Verkauf eines Mitunternehmeranteils, der aus einer Umwandlung aus einer Kapitalgesellschaft resultiert, innerhalb eines Zeitraums von fünf Jahren der Gewerbesteuer gem. § 18 Abs. 4 UmwStG, die auch nicht nach § 35 EStG auf die entstehende Einkommensteuer angerechnet werden kann. Ferner ist darauf zu achten, in welchem Umfang die Umwandlung Anschaffungskosten zerstört. Ob die Strategie der vorgeschalteten Umwandlung lohnenswert ist, muss einer Einzelfallprüfung vorbehalten bleiben.

c) Nutzung von Verlustvorträgen der erworbenen Gesellschaft

74 Steuerrechtliche Verlustvorträge der erworbenen Gesellschaft sind grundsätzlich nach gegenwärtigem Recht an diese gebunden und können vom Erwerber nur in der Weise genutzt werden, dass er im Rahmen der Möglichkeiten des Umwandlungssteuergesetzes unter Buchwertfortführung gewinnbringende Aktivitäten oder ertragreiche Beteiligungen auf die erworbene Gesellschaft überträgt. Nach § 8 Abs. 4 KStG in der Fassung des Gesetzes zur Fortsetzung der Unternehmenssteuerreform v. 29.10.1997[2] muss jedoch die Kapitalgesellschaft, die den Verlust erlitten hat, nicht nur rechtlich, sondern auch **wirtschaftlich** mit derjenigen **identisch** sein, die den Verlust nutzt. Das Gesetz enthält keine abschließende Definition der wirtschaftlichen Identität, sondern eine negative Abgrenzung. Es verneint die Identität insbesondere dann, wenn mehr als 50 % der Anteile an einer Kapitalgesellschaft erworben werden und danach die Gesellschaft ihren Geschäftsbetrieb mit überwiegend neuem Betriebsvermögen fortführt oder wieder aufnimmt. Zur Anwendung dieser Vorschrift hat das **BMF mit Schreiben v. 16.4.1999**[3] ausführlich Stellung genommen. Danach ist die Zuführung neuen Betriebsvermögens unschädlich (Sanierungsfälle), wenn sie allein der Sanierung des Geschäftsbetriebs dient, der den verbleibenden Verlustabzug verursacht hat, und die Kapitalgesellschaft den Geschäftsbetrieb in einem nach dem Gesamtbild der wirtschaftlichen Verhältnisse vergleichbaren Umfang in den folgenden fünf Jahren fortführt. Angesichts der Notwendigkeit, sich ständig auf veränderte wirtschaftliche Situationen einstellen zu müssen, ist die Erfüllung der Voraussetzungen für die Annahme eines Sanierungsfalls nahezu unmöglich, so dass bei der Übertragung von mehr als 50 % der Anteile in Verbindung mit der Zuführung von überwiegend neuem Betriebsvermögen innerhalb eines Zeitraums von fünf Jahren wirtschaftliche Identität regelmäßig nicht gegeben ist und damit der Verlustabzug versagt wird. Allerdings hat zwischenzeitlich der BFH[4] entschieden, dass § 8 Abs. 4 KStG auf die **Veräußerung mittelbarer Beteiligungen** keine Anwendung findet.

---

1 Rödder/Hötzel/Mueller-Thuns, S. 819.
2 BGBl. I 1997, S. 2590; BStBl. I 1997, S. 928.
3 BStBl. I 1999, S. 455.
4 BFH v. 20.8.2003 – I R 61/01, GmbHR 2003, 1441.

Im Rahmen des § 8 Abs. 4 KStG sind **entgeltliche und unentgeltliche Anteilsübertragungen**[1] zu berücksichtigen, und es ist auch gleichgültig, um wie viele Erwerber es sich handelt und ob die Erwerber schon beteiligt waren. Die Verwaltung setzt der schädlichen Anteilsübertragung wirtschaftlich auch eine **Kapitalerhöhung** oder **Verschmelzung** gleich, wenn insgesamt eine Quote von mehr als 50 % der Anteile übertragen wird. Die Zuführung von neuem Betriebsvermögen überwiegt, wenn das über Einlagen und Fremdmittel zugeführte bzw. finanzierte Aktivvermögen das im Zeitpunkt der Anteilsübertragung vorhandene Aktivvermögen übersteigt. Die darüber weit hinausgehende gegenständliche Betrachtungsweise des BFH,[2] wonach auch Ersatzinvestitionen als schädliche Vermögenszuführung einzustufen sind, ist m.E. abzulehnen, da dies vom Sinn und Zweck der Vorschrift nicht gedeckt ist. Die Finanzverwaltung wendet dieses Urteil insoweit nicht über den entschiedenen Fall hinaus an (BMF-Schreiben v. 17.6.2002, IV A 2 – S-2745 – 8/02, BStBl. I 2002, S. 629). Auch beim BFH wird diese Frage derzeit unter Hinzuziehung des BMF geprüft.[3] Das Aktivvermögen etwaiger Organgesellschaften oder Personengesellschaften ist in den Vergleich anteilig mit einzubeziehen. Zwischen der Anteilsübertragung und der Zuführung neuen Betriebsvermögens muss ein zeitlicher Zusammenhang bestehen, wobei die Finanzverwaltung einen Zeitraum von fünf Jahren zugrunde legt. M.E. wird dieser Zeitraum einer finanzgerichtlichen Überprüfung nicht standhalten. Gemäß § 54 Abs. 6 KStG[4] ist § 8 Abs. 4 KStG in der vorliegenden Fassung erstmals für den Veranlagungszeitraum 1997 anzuwenden. Allerdings entfällt bei Vorliegen der Voraussetzungen des § 8 Abs. 4 KStG der Verlustabzug nach § 10d EStG ab 1997 auch in den Fällen, in denen der Verlust der wirtschaftlichen Identität schon vor 1997 eingetreten ist. Bezüglich des Verlustübergangs in Fällen der Verschmelzung und Spaltung von Kapitalgesellschaften vgl. Teil V Rz. 116 u. 120.

d) Finanzierung des Anteilserwerbs

Das Gesetz zur Umsetzung der Protokollerklärung der Bundesregierung zur Vermittlungsempfehlung zum Steuervergünstigungsabbaugesetz hat mit Wirkung ab dem 1.1.2004[5] zu erheblichen Änderungen der **Abzugsfähigkeit von Finanzierungsaufwendungen** geführt, die im Zusammenhang mit der Anschaffung von Kapitalgesellschaftsanteilen stehen. Beim Erwerb von Anteilen an Kapitalgesellschaften durch Körperschaften wird die Anwendung des § 3c Abs. 1 EStG explizit ausgeschlossen und das 5 %ige pauschale Betriebsausgabenverbot für ausländische Dividenden auch auf inländische Dividenden aus-

---

1 Der Anteilsübergang durch Erbfall einschließlich der Erbauseinandersetzung wird von § 8 Abs. 4 KStG nicht erfasst, jedoch der Fall der vorweggenommenen Erbfolge; Tz. 4 des BMF-Schreibens v. 16.4.1999, BStBl. I 1999, S. 455.
2 BFH v. 8.8.2001 – I R 29/00, BStBl. II 2002, S. 392; relativiert durch BFH v. 26.5.2004, DB 2004, 2346.
3 BFH v. 19.12.2001 – I R 58/01, BStBl. II 2002, S. 395.
4 In der Fassung von Art. 3 des Gesetzes zur Finanzierung eines zusätzlichen Bundeszuschusses zur gesetzlichen Rentenversicherung v. 19.12.1997, BGBl. I 1997, S. 3121.
5 Bei kalendergleichem Wirtschaftsjahr, ansonsten für das erste nach dem 1.1.2004 beginnenden Wirtschaftsjahr.

gedehnt. Beim Erwerb durch natürliche Personen ergeben sich Einschränkungen weiterhin durch § 3c Abs. 2 EStG.

aa) Erwerb durch Körperschaften

77 Bei dem Erwerb von Kapitalgesellschaftsanteilen durch **Körperschaften** bleiben gemäß § 8b Abs. 1 KStG Bezüge im Sinne des § 20 Abs. 1 Nr. 1, 2, 9 und 10 Buchstabe a EStG (insbesondere Dividenden) bei der Ermittlung des Einkommens für Zwecke der Körperschaftsteuer außer Ansatz. Dies gilt gemäß § 8b Abs. 6 KStG ebenso für Bezüge, die mittelbar über eine Mitunternehmergemeinschaft bezogen werden. Umstritten war allerdings, ob sich die Steuerfreiheit auch auf die Gewerbesteuer der Personengesellschaft erstreckt. Während dies von der herrschenden Meinung stets bejaht wurde,[1] wendete die Finanzverwaltung die Befreiungen des § 8b Abs. 1–5 KStG nicht bei der Ermittlung des Gewerbeertrags der Mitunternehmerschaft an.[2] Relevant war diese Frage allerdings nur, wenn die Beteiligung der Personengesellschaft an der Kapitalgesellschaft zu Beginn des Erhebungszeitraums weniger als 10 % beträgt, da in den anderen Fällen der Gewerbeertrag ohnehin durch das Schachtelprivileg des § 9 Nr. 2a GewStG zu kürzen ist. Durch Art. 4 Nr. 2 des Gesetzes zur Umsetzung von EU-Richtlinien in nationales Steuerrecht und zur Änderung weiterer Vorschriften (Richtlinien-Umsetzungsgesetz – EURLUmsG) v. 9.12.2004[3] wurde § 7 GewStG dahin gehend modifiziert, dass ab dem Erhebungszeitraum 2004 § 8b KStG auch auf die Gewerbesteuer anzuwenden ist.

Unabhängig von den tatsächlich angefallenen Betriebsausgaben erfolgt die Ermittlung der nichtabzugsfähigen Betriebsausgaben nunmehr gem. § 8b Abs. 5 KStG pauschal in Höhe von 5 % der empfangenen Dividende. Damit sind nunmehr auch inländische Dividenden nur noch zu 95 % steuerfrei (ebenso wie Veräußerungsgewinne von Kapitalgesellschaftsanteilen gem. § 8b Abs. 2 und 3 KStG).

Für anteilerwerbende Körperschaften hat somit das so genannte „**Ballooning-Konzept**", wonach die Gewinne auf Ebene der erworbenen Tochtergesellschaft nicht kontinuierlich ausgeschüttet, sondern thesauriert wurden, an Bedeutung verloren. Es verbleibt lediglich ein Zinseffekt bei späterer Anwendung der Betriebsausgabenfiktion. Ebenso stellt die Etablierung eines Organschaftsverhältnisses (vgl. Teil V Rz. 80 ff.) eine geeignete Strategie dar, die Einschränkung des Abzuges von Finanzierungsaufwendungen zu vermeiden.

78 Bei **konzerninternen** oder gleichgestellten **Finanzierungen** ist § 8a KStG zu beachten (vgl. Teil V Rz. 26).

---

1 *Zimmermann* in Erle/Sauter, § 8b KStG Rz. 228 m.w.N.
2 BMF v. 28.4.2003, BStBl. I 2003, S. 292 Rz. 57.
3 BGBl. I 2004, S. 3310.

bb) Erwerb durch natürliche Personen

Bei dem Erwerb von Kapitalgesellschaftsanteilen durch **natürliche Personen** sieht § 3 Nr. 40 Satz 1 Buchstabe d) und e) EStG die hälftige Steuerfreistellung für Bezüge im Sinne des § 20 Abs. 1 Nr. 1, 2 und 9 EStG (Dividenden) vor. § 3c Abs. 2 EStG versagt den Abzug der hälftigen eventuellen Betriebsvermögensminderung, Betriebsausgaben, Veräußerungskosten oder Werbungskosten (mithin auch Finanzierungskosten), die mit den begünstigten Einnahmen wirtschaftlich zusammenhängen. Anders als in § 3c Abs. 1 EStG wird ein unmittelbarer wirtschaftlicher Zusammenhang nicht gefordert. Vielmehr hebt § 3c Abs. 2 EStG explizit hervor, dass die Einschränkung unabhängig davon gilt, in welchem Veranlagungszeitraum die Einnahmen anfallen. Daher stellt das Ballooning-Konzept hier keine geeignete Gestaltungsvariante selbst hinsichtlich des Zinseffektes dar.

79

e) Eintritt der Kapitalgesellschaft in einen Organkreis des Erwerbers

Mit Wirkung zum 1.1.2001 für Zwecke der Körperschaftsteuer bzw. ab dem Erhebungszeitraum 2002 für die Gewerbesteuer erfuhr das deutsche steuerliche Organschaftsrecht signifikante Änderungen. Die Voraussetzungen der wirtschaftlichen und organisatorischen Eingliederung sind für Zwecke der **gewerbesteuerlichen und körperschaftsteuerlichen Organschaft** entfallen. Mithin reicht es, dass die Organgesellschaft unmittelbar und/oder mittelbar finanziell in das Unternehmen des Organträgers eingegliedert ist und ein Ergebnisabführungsvertrag für eine Mindestlaufzeit von fünf Jahren geschlossen wurde. Zu beachten ist in diesem Zusammenhang, dass gem. § 14 Abs. 1 Nr. 5 Satz 2 KStG das Einkommen der Organgesellschaft dem Organträger erstmals für das Jahr zugerechnet wird, in dem das Wirtschaftsjahr der Organgesellschaft endet, in dem der Gewinnabführungsvertrag wirksam wird. Ferner fordert § 14 Abs. 1 Nr. 2 KStG bei Personengesellschaften als Organträger zusätzlich eine inländische Geschäftsleitung und eine originäre gewerbliche Tätigkeit im Sinne von § 15 Abs. 1 Nr. 1 EStG. Des Weiteren ist mit dem Steuervergünstigungsabbaugesetz ab dem Veranlagungszeitraum 2003 die Möglichkeit der **Mehrmütterorganschaft** entfallen. **Umsatzsteuerlich** sind die Voraussetzungen nach wie vor die wirtschaftliche, organisatorische und finanzielle Eingliederung der Organgesellschaft. In der Praxis wird man stets bemüht sein, bei einer organschaftlichen Einbindung einer erworbenen Kapitalgesellschaft auch die engeren Voraussetzungen der umsatzsteuerlichen Organschaft zu erfüllen.

80

Ein stufenloser Übergang der erworbenen Gesellschaft in einen Organkreis des Erwerbers scheitert oft daran, dass die Organschaftsbeziehung für das gesamte Geschäftsjahr (Rumpfgeschäftsjahr) der Organgesellschaft bestanden haben muss. Um von Anfang an ein Organschaftsverhältnis zu begründen, sollte daher das **Wirtschaftsjahr** der zu erwerbenden Gesellschaft **auf den geplanten Erwerbsstichtag umgestellt** werden, wobei zu beachten ist, dass es sich dabei um eine **Satzungsänderung** handelt, die am Erwerbsstichtag bereits im Handelsregister eingetragen sein muss.[1] Es bedarf also der Mitwirkung des Veräuße-

81

---

1 Rückwirkende Änderung des Geschäftsjahres ist unzulässig, vgl. *Hüffer*, § 179 AktG Rz. 28, *Baumbach/Hueck*, § 53 GmbHG Rz. 30.

rers, die rechtsverbindlich im Kaufvertrag oder einem Vorvertrag geregelt werden sollte. Die Umstellung des Wirtschaftsjahres auf einen vom Kalenderjahr abweichenden Zeitraum ist gem. § 4a Abs. 1 Nr. 2 EStG steuerlich nur wirksam, wenn sie im Einvernehmen mit dem Finanzamt vorgenommen wird. Die Finanzverwaltung erteilt zu dieser Umstellung regelmäßig die **Zustimmung** (Abschn. 53 Abs. 3 Satz 1 KStR), wie auch zur anschließenden Umstellung auf den Abschlussstichtag des Erwerbers, wenn sie nicht wegen Umstellung auf das Kalenderjahr überhaupt entbehrlich ist (Ergebnis: zwei Rumpfgeschäftsjahre).

82 Bei Eintritt der erworbenen Kapitalgesellschaft in den Organkreis können ihre **vororganschaftlichen Verluste** sowohl für Zwecke der Körperschaftsteuer als auch für Zwecke der Gewerbesteuer[1] nur vorgetragen und erst bei späterer Aufhebung des Gewinnabführungsvertrags genutzt werden.

2. Steuerrechtliche Folgen für den Veräußerer

a) Veräußerungsgewinn/-verlust

83 Bei Veräußerungen aus dem **Privatvermögen** ist nach den §§ 17, 23 EStG die steuerliche Bemessungsgrundlage der Veräußerungsgewinn bzw. -verlust, der sich aus der Differenz zwischen dem Veräußerungspreis nach Abzug der Veräußerungskosten und den Anschaffungskosten ergibt. Bei Veräußerungen aus dem **Betriebsvermögen** ist dies der Unterschied zwischen dem Veräußerungspreis nach Abzug der Veräußerungskosten und dem auf den Übertragungsstichtag nach den allgemeinen Gewinnermittlungsvorschriften ermittelten Buchwert der veräußerten Anteile. Ein Veräußerungsgewinn kann steuerrechtlich auch dann erzielt werden, wenn ein im Wege der Kapitalerhöhung neu hinzukommender Gesellschafter ein Agio in die Kapitalgesellschaft einzahlt, das kurz danach an die Altgesellschafter wieder ausgekehrt wird.[2]

84 Der Veräußerungsgewinn gilt auch hier als mit der Übertragung des wirtschaftlichen Eigentums an den Gesellschaftsanteilen verwirklicht, wobei die Wahl eines zurückliegenden Stichtags nur ausnahmsweise eingeräumt wird (so z.B. bei Einbringung einer 100 %igen Beteiligung gemäß § 20 Abs. 8 UmwStG).

b) Personenbezogene Steuerfolgen

85 Werden Anteile aus einem **Betriebsvermögen einer Körperschaft** veräußert, ist der **Veräußerungsgewinn** faktisch zu 95 % steuerfrei. Dies ist aus dem § 8b Abs. 3 KStG abzuleiten, in dem das bis Ende 2003 nur für Dividenden geltende pauschale 5 %ige Betriebsausgabenabzugsverbot nun auch auf Veräußerungsgewinne ausgedehnt wurde. Die 95 %ige Steuerfreiheit gilt unabhängig davon, ob es sich um eine Inlands- oder Auslandsbeteiligung handelt, und ebenso ungeachtet einer Mindestbeteiligungshöhe, Aktivitätsklausel oder Behaltefrist

---

1 Seit 1.1.2004, geändert durch das Gesetz zur Änderung des Gewerbesteuergesetzes und anderer Gesetze v. 23.12.2003 (BGBl. I, S. 2922).
2 BFH v. 13.10.1992 – VIII R 3/89, zitiert bei KÖSDI 2/93, 9241.

(§ 8b Abs. 2 KStG).Veräußerungsgewinne sind jedoch voll steuerpflichtig, soweit die Anteile in früheren Wirtschaftsjahren steuerwirksam auf den niedrigeren Teilwert abgeschrieben und die Gewinnminderung nicht durch den Ansatz eines höheren Wertes ausgeglichen worden ist. Ebenso führt grundsätzlich die Veräußerung von einbringungsgeborenen Anteilen zur vollen Steuerpflicht, außer in den Fällen, in denen eine Rückausnahme des § 8b Abs. 4 Satz 2 KStG greift, insbesondere wenn die Beteiligung nach Ablauf von sieben Jahren seit der Einbringung veräußert wird.

Besonderheiten gelten, wenn die veräußerten Anteile dem Betriebsvermögen von **Unternehmen bestimmter Branchen** zugeordnet waren. Nach § 8b Abs. 7 KStG finden die Regelungen der § 8b Abs. 1 bis 6 KStG für Anteile, die bei Kredit- und Finanzleistungsinstituten dem Handelsbuch zuzurechnen sind, sowie für Anteile, die von Finanzunternehmen mit dem Ziel der Erzielung eines Eigenhandelserfolges erworben werden, keine Anwendung. Eine Steuerfreistellung nach § 8b Abs. 2 KStG kommt somit für diese Anteile nicht in Betracht. Seit dem 1.1.2004 (bei abweichendem Wirtschaftsjahr ab dem Veranlagungszeitraum 2005) sind die Befreiungen des § 8b KStG auch nicht auf Anteile anzuwenden, die zu den Kapitalanlagen von Lebens- und Krankenversicherungsunternehmen gehören (§ 8b Abs. 8 KStG).

Hinsichtlich der Gewerbesteuer ergeben sich keine Besonderheiten. Die Besteuerung folgt in allen Punkten der körperschaftsteuerlichen Behandlung.

Spiegelbildlich zur Steuerfreistellung von Veräußerungsgewinnen bleiben auch **Veräußerungsverluste** und sonstige Gewinnminderungen (Teilwertabschreibungen) steuerlich unberücksichtigt (§ 8b Abs. 3 KStG). Dem entsprechend können Veräußerungsverluste und Teilwertabschreibungen der unter § 8b Abs. 7 und 8 KStG fallenden Anteile wiederum steuerlich geltend gemacht werden. 86

Die 95 %ige Steuerfreiheit von Gewinnen aus der Veräußerung von Anteilen an Kapitalgesellschaften gilt auch dann, wenn dieser Tatbestand durch eine **Mitunternehmerschaft realisiert wird, an der die Körperschaft beteiligt ist** (1. Variante) bzw. soweit bei der Veräußerung der Mitunternehmerschaft selbst Gewinne anfallen, die auf Anteile einer nachgeschalteten Kapitalgesellschaft entfallen (2. Variante). Solche mittelbare Veräußerungsgewinne sind auf Ebene der Körperschaft für Zwecke der Körperschaftsteuer stets nach § 8b Abs. 6 KStG steuerbefreit. 87

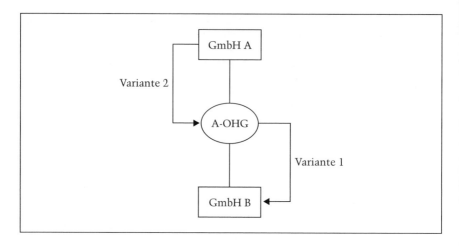

Umstritten war jedoch die gewerbesteuerliche Behandlung solcher mittelbar über eine Personengesellschaft zugerechneter Veräußerungsgewinne. Wie schon im Fall der Dividendenbesteuerung (vgl. hierzu Teil V Rz. 77) divergierte die Auffassung der Finanzverwaltung von der herrschenden Meinung in der Literatur. Die Finanzverwaltung erklärte solche Gewinne für gewerbesteuerpflichtig.[1] Von der herrschenden Meinung wurde die Einbeziehung der Veräußerungsgewinne in die Gewerbesteuerpflicht dagegen abgelehnt.[2] Folgte man der Auffassung der Finanzverwaltung, wirkten sich Veräußerungsverluste bzw. Teilwertabschreibungen auf die Anteile einer nachgeschalteten Kapitalgesellschaft jedoch gewerbesteuerlich aus. Die Auswirkungen auf etwaigen Gewinn im Falle der Bejahung der Gewerbesteuerpflicht sind hier allerdings weitreichender als beim Dividendenbezug. Da das Schachtelprivileg des § 9 Nr. 2a GewStG auf Veräußerungsgewinne keine Anwendung findet, wurde nach Auffassung der Finanzverwaltung alle Gewinne, ungeachtet der Beteiligungsverhältnisse, gewerbesteuerlich erfasst. Als Konsequenz fanden Veräußerungsverluste ebenso gewerbeertragsteuerliche Berücksichtigung. Ab dem Erhebungszeitraum 2004 findet § 8b KStG jedoch auch bei der Ermittlung des Gewerbeertrags zwischengeschalteter Mitunternehmerschaften Anwendung (s. Teil V Rz. 77).

88 Werden Anteile aus einem **Betriebsvermögen von Einzelunternehmen und Personengesellschaften** veräußert, unterliegt grundsätzlich der **Veräußerungsgewinn** dem **Halbeinkünfteverfahren** (§ 3 Nr. 40 Buchstabe a EStG). Soweit Körperschaften an der Personengesellschaft beteiligt sind, gilt Teil V Rz. 87. Im Falle der Steuerwirksamkeit früherer Teilwertabschreibungen sind Veräußerungsgewinne voll steuerpflichtig.

---

1 BMF v. 28.4.2003, BStBl. I 2003, S. 292 Rz. 57 und 58; s. auch Beschluss des FG Düsseldorf v. 12.1.2004, EFG 2004, 849.
2 *Zimmermann* in Erle/Sauter, § 8b KStG Rz. 230 m.w.N.

Gewinne, die aus nach dem 31.12.2001 vorgenommenen Veräußerungen erzielt werden und auf natürliche Personen als Einzel- oder Mitunternehmer entfallen, können nach Maßgabe des § 6b Abs. 10 EStG **auf Anschaffungskosten** von Anteilen an Kapitalgesellschaften, beweglichen Wirtschaftsgütern oder Gebäuden **übertragen** werden. Soweit eine Übertragung im Veräußerungsjahr nicht möglich ist, kann eine steuerfreie Rücklage gebildet werden, die in den folgenden zwei Jahren auf begünstigte Wirtschaftsgüter übertragen werden kann. Die Übertragungsfrist verlängert sich bei Gebäudeanschaffungen auf vier Jahre. Die Anschaffungskosten mindern sich bei Kapitalgesellschaftsanteilen um den vollen Betrag des Veräußerungsgewinns und sonst um den nach § 3 Nr. 40 EStG steuerpflichtigen Teil. Bestehen Wahlmöglichkeiten hinsichtlich der Übertragung des Gewinns, so sollte in erster Linie eine Minderung der Anschaffungskosten von Kapitalgesellschaftsanteilen angestrebt werden, da diese planmäßig nicht abgeschrieben werden können.

89

Die Begünstigung des § 6b Abs. 10 EStG wird allerdings nur für Veräußerungsgewinne (vor Anwendung des Halbeinkünfteverfahrens) bis zur Höhe von 500 000 Euro gewährt. Diese Grenze ist anzuwenden bezogen auf Veräußerungen innerhalb eines Jahres[1] und, im Falle einer Mitunternehmerschaft, bezogen auf den einzelnen Mitunternehmer. Bei Mitunternehmerschaften ist ferner zu beachten, dass seit dem 1.1.2002 die bis zum 31.12.1998 geltende gesellschafterbezogene Betrachtungsweise wiedereingeführt wurde. Veräußerungsgewinne, die einem Gesellschafter einer Personengesellschaft im Rahmen der Gewinnverteilung der Mitunternehmerschaft zugerechnet worden sind, können danach auf Anschaffungen im eigenen Betriebsvermögen übertragen werden und umgekehrt.

Bei Veräußerung einer **100 %igen Beteiligung** ist eine Besonderheit zu beachten. Gem. § 16 Abs. 1 Nr. 1 Satz 2 EStG gilt diese Beteiligung als Teilbetrieb mit der Folge, dass eine Veräußerung durch natürliche Personen nach §§ 16, 34 EStG begünstigt sein kann (Abschn. 139 Abs. 3 Satz 6 EStR). Allerdings schließt die Anwendung des Halbeinkünfteverfahrens, das grundsätzlich zum Tragen kommt, die Tarifbegünstigung aus. Nur soweit Gewinne aus der Veräußerung einbringungsgeborener Anteile i.S.v. § 21 UmwStG in voller Höhe der Einkommensteuer unterliegen (vgl. § 3 Nr. 40 Sätze 3 und 4 EStG), kann subsidiär die Tarifvergünstigung nach §§ 16, 34 EStG Anwendung finden.

90

Begünstigt ist eine solche Veräußerung auch dann, wenn die Beteiligung teilweise im Eigentum eines oder mehrerer Gesellschafter einer veräußernden Personengesellschaft stand und steuerlich zu deren Betriebsvermögen gehörte (Abschn. 139 Abs. 3 Satz 7 EStR), nicht dagegen die Veräußerung durch ein und dieselbe Person, wenn die Beteiligung teilweise auch zum Privatvermögen der Veräußerer gehörte (Abschn. 139 Abs. 3 Satz 8 EStR), was jedoch in praxi selten vorkommen sollte. Die Veräußerung auch einer 100 %igen Beteiligung ist grundsätzlich gewerbeertragsteuerpflichtig (Abschn. 39 Abs. 1 Nr. 1 Satz 13 GewStR), es sei denn, sie erfolgt in engem Zusammenhang mit der **Aufgabe des Gewerbebetriebs** des Veräußerers (bei Beteiligungen im Betriebsvermögen

---

1 *Glanegger* in Schmidt, § 6b EStG Rz. 110.

von Kapital- und Personengesellschaften vgl. Teil V Rz. 85 bzw. 60). Bei der Veräußerung einbringungsgeborener Anteile hängt die Gewerbesteuerpflicht für den Veräußerungsgewinn davon ab, ob bei der Veräußerung des eingebrachten Vermögens Gewerbesteuer angefallen wäre. So können Anteile, die für die Einbringung eines Betriebs, Teilbetriebs oder Mitunternehmeranteils gewährt wurden, gewerbesteuerfrei veräußert werden. Gewinne aus der Veräußerung von Anteilen, die im Zuge der Einbringung einer mehrheitsvermittelnden Beteiligung entstehen, sind dagegen der Gewerbesteuer zu unterwerfen (Abschn. 39 Abs. 1 Nr. 1 Satz 17 GewStR).

91 **Teilwertabschreibungen** auf Beteiligungen im Betriebsvermögen sind nach § 3c Abs. 2 EStG n.F. nur zur Hälfte abziehbar, sofern die Wertminderung mit Betriebsvermögensmehrungen im Sinne von § 3 Nr. 40 EStG im wirtschaftlichen Zusammenhang steht.

92 Werden Beteiligungen aus einem Privatvermögen veräußert, so sind nur Veräußerungen innerhalb der **Spekulationsfrist** von einem Jahr (§ 23 EStG), von Beteiligungen im Sinne von § 17 EStG sowie von einbringungsgeborenen Anteilen im Sinne des § 21 UmwStG steuerpflichtig. Eine Beteiligung gemäß § 17 Abs. 1 Satz 1 EStG liegt dabei bereits dann vor, wenn der Veräußerer innerhalb der letzten fünf Jahre am Kapital der Gesellschaft zu mindestens 1 % mittelbar oder unmittelbar beteiligt war. Sowohl für Gewinne aus privaten Veräußerungsgeschäften als auch für die Veräußerung wesentlicher Beteiligungen gilt das Halbeinkünfteverfahren. Gewinne aus der Veräußerung einbringungsgeborener Anteile sind grundsätzlich in voller Höhe steuerpflichtig, es sei denn, der Einbringungsvorgang liegt mehr als sieben Jahre zurück oder den Anteilen liegt eine Einbringung mehrheitsvermittelnder Beteiligungen an Kapitalgesellschaften zugrunde.

93 Ist der **Veräußerer beschränkt steuerpflichtig** und handelt es sich um eine nicht im inländischen Betriebsvermögen gehaltene wesentliche Beteiligung an einer inländischen Gesellschaft, so unterliegt der Veräußerungsgewinn bei natürlichen Personen dem Halbeinkünfteverfahren bzw. ist bei Kapitalgesellschaften zu 95 % steuerbefreit. Im Verhältnis zu den meisten Industriestaaten ist jedoch eine Besteuerung aufgrund bestehender Doppelbesteuerungsabkommen ausgeschlossen (Ausnahmen z.B. im Verhältnis zu USA oder Kanada, wenn das Vermögen der inländischen Gesellschaft überwiegend in Grundbesitz besteht).

94 Die indirekte Veräußerung nur eines **Teilbetriebs einer Kapitalgesellschaft** unterliegt der normalen Besteuerung. Der ertragsteuerneutrale Umweg über eine Spaltung der Gesellschaft ist gemäß § 15 Abs. 3 UmwStG nicht zur Vorbereitung eines Verkaufs möglich (Nachversteuerung bei der Gesellschaft, wenn der abgespaltene Teilbetrieb vor Ablauf von fünf Jahren nach der Abspaltung veräußert wird). Das Gleiche gilt für die Einbringung in eine Tochtergesellschaft, sofern die Anteile innerhalb von sieben Jahren nach Einbringung veräußert werden (§ 8b Abs. 4 KStG).

c) Ausscheiden der Kapitalgesellschaft aus einem Organkreis des Veräußerers

Wird die Kapitalgesellschaft im Laufe und nicht zum Ende eines Wirtschaftsjahres veräußert, scheidet diese schon zu **Beginn des Geschäftsjahres** aus dem Organkreis aus (§ 14 Abs. 1 Nr. 3 Satz 3 KStG). Die Veräußerung der Anteile stellt steuerlich einen wichtigen Grund für die Aufhebung eines Gewinnabführungsvertrages dar, ohne schädliche Auswirkungen auf die Vorjahre zu haben, auch wenn der Vertrag noch keine fünf Jahre (Mindestlaufzeit nach § 14 Abs. 1 Nr. 3 KStG) bestanden hat (§ 14 Nr. 3 Satz 2 KStG). **Handelsrechtlich** ist die Aufhebung eines Gewinnabführungsvertrages nur zum Ende eines laufenden Geschäftsjahres zulässig (§ 296 Abs. 1 AktG). Dies gilt wohl auch für den GmbH-Konzern.[1] Ein unterjähriger Verkauf hat somit ein Auseinanderklaffen zwischen handelsrechtlicher und steuerrechtlicher Ergebniszurechnung zur Folge. Dem kann jedoch dadurch begegnet werden, dass das Geschäftsjahr der zu veräußernden Gesellschaft auf den vorgesehenen Veräußerungsstichtag umgestellt und der Gewinabführungsvertrag auf diesen Stichtag aufgehoben wird, so dass das dadurch entstehende **Rumpfgeschäftsjahr** noch in die handels- und steuerrechtliche Einkommensermittlung des veräußernden Organträgers einbezogen wird (bezüglich der Zustimmung des Finanzamtes vgl. Teil V Rz. 81).

95

E. Unternehmensübertragungen im Zuge einer Erbauseinandersetzung

I. Erwerb im Wege der Realteilung des Nachlasses

Sind mehrere Erben vorhanden und wird durch die Erben (sei es mit oder ohne Teilungsanordnung des Erblassers) eine Realteilung des Nachlasses dergestalt vorgenommen, dass bestimmte Erben das Unternehmen oder Gesellschaftsanteile erhalten und die übrigen Erben das sonstige Vermögen, so liegt **steuerrechtlich kein entgeltlicher Vorgang** vor, obwohl zivilrechtlich Gesamthandsanteile an der Erbengemeinschaft gegen Alleineigentum an den zugeteilten Wirtschaftsgütern getauscht werden.[2] Ein Erbe, der auf diese Weise ein Einzelunternehmen oder Anteile an Personenhandelsgesellschaften (Mitunternehmeranteile) erhält, muss die steuerrechtlichen Buchwerte fortführen (§ 6 Abs. 3 EStG). Nach *Felix*[3] soll Entsprechendes gelten, wenn der Nacherbe sein Anwartschaftsrecht auf den Vorerben überträgt und dieser dafür dem Nacherben einen Betrieb, Teilbetrieb oder Mitunternehmeranteil überlässt.

96

Erhalten einzelne Erben aus dem Betriebsvermögen einer Personengesellschaft Wirtschaftsgüter, die keinen Betrieb oder Teilbetrieb darstellen, so ist dieser Vorgang nach den Regeln über die **Sachwertabfindung** zu behandeln. Beim abgefundenen Miterben entsteht ein begünstigter Gewinn aus der Veräußerung seines Mitunternehmeranteils; der oder die verbleibenden Miterben realisieren

97

---

1 *Wirth*, DB 1990, 2106 m.w.N.
2 BFH-Beschluss des Großen Senats v. 5.7.1990 – GrS 2/89, BStBl. II 1990, S. 837.
3 DB 1994, 1118.

einen laufenden Gewinn.[1] Erhält ein Miterbe ein einzelnes Wirtschaftgut aus dem Betriebsvermögen des Nachlasses unter rechnerischer Minderung seines Anteils am Restnachlass, entsteht ein allen Miterben anteilig zuzurechnender Entnahmegewinn.[2]

II. Leistung von Ausgleichszahlungen an Miterben

98 Erhält ein Erbe im Rahmen der Erbauseinandersetzung mit dem Unternehmens- oder Anteilserwerb wertmäßig mehr, als ihm nach seiner Erbquote zusteht, so handelt es sich bei den von ihm an die Miterben zu leistenden Ausgleichszahlungen um Entgeltszahlungen, die **beim Leistenden** als **Anschaffungskosten** zu aktivieren sind, und **bei den Empfängern** – mit Ausnahme nicht wesentlicher Beteiligungen an Kapitalgesellschaften – um einen **steuerpflichtigen Veräußerungsgewinn** (ggf. ermäßigter Steuersatz nach §§ 16, 34 EStG).[3] Dabei spielt es keine Rolle, ob die Empfänger der Ausgleichszahlung an einem Restnachlass beteiligt bleiben oder nicht.[4] Bezüglich der Aufteilung in den unentgeltlichen (in Höhe der Erbquote) und den entgeltlichen Teil wird auf Rz. 16 des BMF-Schreiben v. 11.1.1993 verwiesen. Gemäß Beschluss des BFH v. 5.7.1990[5] ist allerdings eine Ausgleichsleistung durch eine die Erbquote übersteigende Übernahme von Nachlassverbindlichkeiten kein entgeltlicher Vorgang.

III. Erfüllung von Vermächtnissen

99 Werden Unternehmen oder Beteiligungen bestimmten Erben im Wege der Erbeinsetzung hinterlassen, haben sie aber Leistungen aufgrund eines **Vermächtnisses oder Vorausvermächtnisses** aus dem Nachlass zu erbringen, liegt insgesamt ein **unentgeltlicher Erwerb der Erben** vor. Sie führen nach § 6 Abs. 3 EStG die Buchwerte fort. Betrifft das Vermächtnis einen ganzen Betrieb oder einen Mitunternehmeranteil, führt der Vermächtnisnehmer die steuerrechtlichen Buchwerte gemäß § 6 Abs. 3 EStG fort.[6]

IV. Verkauf des Erbanteils

100 Verkauft ein Erbe seinen Anteil am Nachlass oder scheidet er gegen Abfindungszahlung aus der Erbengemeinschaft aus, so hat der Käufer Anschaffungskosten, der Verkäufer einen Veräußerungsgewinn, der ggf. zum **ermäßigten Satz** nach §§ 16, 34 EStG besteuert wird, soweit es sich um Einzelunternehmen oder Personengesellschaften handelt. Eine Spekulationsgewinnbesteuerung bezüglich des von der Erbengemeinschaft gehaltenen Privatvermögens

---

1 Vgl. *Wacker* in Schmidt, § 16 EStG Rz. 646.
2 BMF-Schreiben v. 11.1.1993, BStBl. I 1993, S. 62 Rz. 60.
3 BFH v. 29.4.1992 – XI R 3/85, BStBl. II 1992, S. 727.
4 BMF-Schreiben v. 11.1.1993, BStBl. I 1993, S. 62, Rz. 59 sowie BMF-Schreiben v. 31.12.1988, BStBl. I 1988, S. 546 Rz. 10.
5 GrS 2/89, BStBl. II 1990, S. 837.
6 BFH v. 7.12.1990 – X R 72/89, BStBl. II 1991, S. 350.

scheidet regelmäßig aus, da dem veräußernden Erben die Besitzzeit des Erblassers an diesen Gegenständen zuzurechnen ist.

V. Stufenweise Erbauseinandersetzungen

Erbauseinandersetzungen in mehreren Schritten sind **steuerrechtlich einheitlich zu werten**, wenn die verschiedenen Schritte zeitlich **nicht mehr als fünf Jahre auseinander liegen**.[1] Werden also in diesem Zeitraum in den späteren Teilauseinandersetzungen von den Empfängern früherer Abfindungsleistungen in umgekehrter Richtung Abfindungsleistungen erbracht, so hat dies mit Rückwirkung für die Vergangenheit (§ 175 Abs. 1 Nr. 2 AO) Einfluss auf die Anschaffungskosten bzw. den Veräußerungsgewinn.

101

VI. Besonderheiten bei Personenhandelsgesellschaften

Geht aufgrund einer sog. **Fortsetzungsklausel** im Gesellschaftsvertrag der Gesellschaftsanteil des Erblassers erst gar nicht auf die Erben über, dann wird noch in der Person des Erblassers ein eventuell tarifbegünstigter Veräußerungsgewinn realisiert.[2] Entsprechendes gilt, wenn das Verbleiben in der Gesellschaft in die Entscheidung der Erben gestellt ist und diese den Nichteintritt gegen Abfindung erklären. Können nach dem Gesellschaftsvertrag nur bestimmte Erben Gesellschafter werden und erhalten die nicht qualifizierten Erben Abfindungsleistungen, ist nach Auffassung des BMF[3] kein Veräußerungsgewinn in der Person des Erblassers gegeben, andererseits sind die Abfindungen keine Anschaffungskosten für die qualifizierten Miterben. Erhalten die nicht qualifizierten Erben Sachleistungen aus dem Betriebsvermögen, sind daraus resultierende Entnahmegewinne noch dem Erblasser zuzurechnen.

102

F. Unternehmensübertragungen im Wege der vorweggenommenen Erbfolge

Unter vorweggenommener Erbfolge sind Vermögensübertragungen unter Lebenden mit Rücksicht auf die künftige Erbfolge zu verstehen. Im Gegensatz zu einem voll entgeltlichen Veräußerungsgeschäft, bei dem die Werte der Leistung und Gegenleistung wie unter Fremden nach kaufmännischen Gesichtspunkten gegeneinander abgewogen sind, wird bei vorweggenommener Erbfolge üblicherweise eine Gegenleistung vereinbart, die unterhalb des Verkehrswerts des übergebenen Vermögens liegt. Das Steuerrecht kennt kein besonderes Rechtsinstitut der vorweggenommenen Erbfolge. Die Besteuerung der Vermögensübertragung erfolgt vielmehr nach allgemeinen Grundsätzen über Veräußerungs- und Anschaffungsvorgänge sowie über wiederkehrende Bezüge.[4]

103

---

1 BMF-Schreiben v. 11.1.1993, BStBl. I 1993, S. 62 Rz. 62.
2 BFH v. 26.3.1981 – IV R 130/77, BStBl. II 1981, S. 614; bestätigt durch BFH v. 15.4.1993 – IV R 66/92, BStBl. II 1994, S. 277.
3 BMF-Schreiben v. 11.1.1993, BStBl. I 1993, S. 62 Rz. 83–85.
4 *Kempermann*, FR 2003, 321.

Einkommensteuerlich werden zwei Arten von Gegenleistungen unterschieden. Einerseits können bei Vereinbarung eines Gleichstellungsgeldes an weichende Erben, einer einmaligen Abstandszahlung an den Betriebsübergeber oder bei Übernahme privater Verbindlichkeiten des Betriebsübergebers **Veräußerungsentgelt und Anschaffungskosten** vorliegen. Andererseits kann eine **Versorgungsleistung** in Form einer dauernden Last oder einer Leibrente vorliegen.[1]

104 Im Gegensatz zum Erbschaftsteuerrecht ist bei der Beurteilung der Frage, ob ein (voll-) entgeltliches Geschäft vorliegt, allein auf Gegenleistungen abzustellen, die Veräußerungsentgelt darstellen. Weiterhin ist zu beachten, dass bei der Übertragung betrieblicher Einheiten die sog. **Einheitstheorie** zum Tragen kommt, wonach im Falle der Teilentgeltlichkeit der Übertragungsvorgang nicht in einen entgeltlichen und einen unentgeltlichen Teil aufgespalten, sondern einheitlich beurteilt wird (vgl. Ausführungen in Teil V Rz. 8.). Die Übernahme des negativen Kapitalkontos des Übergebers alleine führt dabei nicht zur Entgeltlichkeit des Vorgangs.[2] Der Übergeber erzielt bei entgeltlicher Vermögensübergabe einen Veräußerungsgewinn i.S.d. § 16 Abs. 2 EStG, auf den ggf. der Freibetrag des § 16 Abs. 4 EStG im Verhältnis der aufgedeckten zu insgesamt vorhandenen stillen Reserven[3] und wohl auch die Tarifvergünstigung des § 34 EStG[4] angewendet werden.

105 Da **Versorgungsleistungen** kein Entgelt darstellen, können für den Betriebsübernehmer entweder nach § 10 Abs. 1 Nr. 1a EStG **abzugsfähige Sonderausgaben oder steuerlich nicht berücksichtigungsfähige Unterhaltsleistungen** i.S.v. § 12 Nr. 2 EStG vorliegen. Für die Einordnung als Sonderausgabe ist von entscheidender Bedeutung, ob mit der Vermögensübergabe eine existenzsichernde und ertragbringende Einheit übertragen wird, d.h., ob die aus dem betrieblichen Vermögen erzielbaren Erträge die vereinbarten Versorgungsleistungen mindestens erreichen.[5] Im Falle eines Zusammentreffens von Versorgungsleistungen und Veräußerungsentgelt erstreckt sich die Prüfung, ob eine existenzsichernde Einheit vorliegt, nur auf den unentgeltlich erworbenen Vermögensteil.[6] Die wiederkehrenden Leistungen sind bei zivilrechtlicher Ausgestaltung als Leibrente mit dem Ertragsanteil i.S.v. § 22 Nr. 1 Satz 3a EStG und bei Ausgestaltung als dauernde Last in voller Höhe beim Betriebsübernehmer abzugsfähig. Der Empfänger der Versorgungsleistungen muss diese nach dem Korrespondenzprinzip als sonstige Einkünfte i.S.v. § 22 Nr. 1 EStG versteuern.[7] Liegen die Voraussetzungen des Sonderausgabenabzugs beim Übernehmer nicht vor, so stellen die Zahlungen an den Vermögensübergeber Un-

---

1 *Förster/Brinkmann*, BB 2003, 657.
2 BMF-Schreiben v. 13.1.1993, BStBl. I 1993, S. 80, ber. BStBl. I 1993, S. 464 mit Hinweis auf BFH v. 24.8.1972 – VIII R 36/66, BStBl. II 1973, S. 111.
3 BMF-Schreiben v. 13.1.1993, BStBl. I 1993, S. 80 Rz. 36.
4 *Förster/ Brinkmann*, BB 2003, 659.
5 BMF-Schreiben v. 16.9.2004, BStBl. I 2004, S. 922 Rz. 7.
6 BMF-Schreiben v. 16.9.2004, BStBl. I 2004, S. 922 Rz. 27.
7 BMF-Schreiben v. 16.9.2004, BStBl. I 2004, S. 922 Rz. 47 f.

terhaltsleistungen nach § 12 Nr. 2 EStG dar und sind aufgrund des Korrespondenzprinzips auch nicht von Letzterem zu versteuern.[1]

G. Unternehmenserwerb gegen Gewährung oder Aufgabe von Gesellschaftsrechten

I. Gesellschaftsrechtliche Gestaltungsmöglichkeiten der Gesamtrechtsnachfolge

Die zuvor in einer Vielzahl von Gesetzen enthaltenen Vorschriften über gesellschaftsrechtliche Umgestaltungen sind im **Umwandlungsgesetz (UmwG)** v. 28.10.1994 zusammengefasst. Die Fälle der sog. **formwechselnden Umwandlung** (Formwechsel genannt), bei denen die Identität des Rechtssubjekts erhalten bleibt, sind erheblich erweitert worden. Neben der in der Vergangenheit schon möglichen formwechselnden Umwandlung von Kapitalgesellschaften in Kapitalgesellschaften (AG in KGaA, KGaA in AG, AG in GmbH, GmbH in AG) können AG und GmbH auch in Personenhandels- (OHG/KG) oder BGB-Gesellschaften und umgekehrt (Ausnahme: BGB-Gesellschaften) umgewandelt werden (daneben noch Umwandlungsmöglichkeiten in eingetragene Genossenschaften, rechtsfähige Vereine, Versicherungsvereine auf Gegenseitigkeit sowie Körperschaften oder Anstalten des öffentlichen Rechts). 106

Außerdem bestehen umfassende Möglichkeiten der Übertragung von Gesellschaftsvermögen im Wege der Gesamtrechtsnachfolge durch **Verschmelzung** von AG auf AG, KGaA auf AG bzw. KGaA, GmbH auf AG bzw. KGaA, AG bzw. KGaA auf GmbH, GmbH auf GmbH, AG und GmbH auf Personenhandelsgesellschaften (OHG/KG) und auf das Vermögen natürlicher Personen als Alleingesellschafter und umgekehrt (Ausnahme: Vermögen eines Alleingesellschafters auf einen anderen Rechtsträger). Gesellschafter einer übernehmenden Personenhandelsgesellschaft können auch Kapitalgesellschaften sein. Erstmalig durch das UmwStG v. 28.10.1994 gesetzlich geregelt wurden die Vorschriften über den Übergang von Gesellschaftsvermögen im Wege der Gesamtrechtsnachfolge auf andere Rechtsträger durch **Aufspaltung** (unter Auflösung ohne Abwicklung der bestehenden Gesellschaft) oder Abspaltung von Kapital- und Personenhandelsgesellschaften (auch von Genossenschaften, eingetragenen Vereinen, Versicherungsvereinen auf Gegenseitigkeit) sowie durch **Ausgliederung** in eine Tochtergesellschaft. **Grenzüberschreitende Übertragungen** im Wege der Gesamtrechtsnachfolge sind im deutschen Gesellschaftsrecht nach wie vor nicht vorgesehen. Es bestehen allerdings seit Jahren Bestrebungen, grenzüberschreitende Umstrukturierungsvorgänge innerhalb der Europäischen Union zu ermöglichen. Vor diesem Hintergrund wurde mit der Verabschiedung einer Verordnung und einer Richtlinie am 8.10.2001 die Rechtsform der Europäischen Aktiengesellschaft (SE) geschaffen. Die Verordnung ist am 8.10.2004 in Kraft getreten. Da auch das deutsche Gesetz zur Einführung der Europäischen Gesellschaft (SEEG) am 29.12.2004 in Kraft getreten 107

---

1 BMF-Schreiben v. 16.9.2004, BStBl. I 2004, S. 922 Rz. 1.

ist, können nunmehr SE-Gründungen erfolgen. Dabei gibt es vier unmittelbare und eine abgeleitete Gründungsform,[1] bspw. durch Verschmelzung zweier Aktiengesellschaften mit Sitz in unterschiedlichen Mitgliedstaaten der EU. Damit ist erstmals im deutschen Gesellschaftsrecht eine grenzüberschreitende Übertragung einer Kapitalgesellschaft im Wege der Gesamtrechtsnachfolge ohne Auflösung und Abwicklung möglich. Auch für kleine und mittlere Unternehmen hat die Europäische Kommission am 18.11.2003 einen Richtlinienentwurf über die Verschmelzung von Kapitalgesellschaften vorgestellt. Der Richtlinienvorschlag ist vom Rat angenommen worden. Da die Richtlinie im Mitentscheidungsverfahren erlassen wird, müssen allerdings Rat und Europäisches Parlament der Endfassung zustimmen.[2] Das Parlament hat den Vorschlag am 10.5.2005 gebilligt, im Sommer 2005 ist mit der Verabschiedung zu rechnen. Sollte die Richtlinie in Kraft treten, so wird durch ihre Umsetzung ins deutsche Recht auch anderen Rechtsformen die grenzüberschreitende Übertragung durch Gesamtrechtsnachfolge ermöglicht.

108 Neben den im Umwandlungsrecht geregelten Fällen bleiben die Möglichkeiten der **Einzelrechtsnachfolge** bei **Gründung** (§§ 23–53 AktG, §§ 1–12 GmbHG), **Kapitalerhöhung** (§§ 182–221 AktG, §§ 55–57b GmbHG), **Kapitalherabsetzungen** (§§ 222–240 AktG, §§ 58–59 GmbHG) und **Liquidation** (§§ 262–274 AktG, §§ 60–74 GmbHG) von Kapitalgesellschaften bestehen.

II. Steuerrechtliche Konsequenzen bei Gesamtrechtsnachfolge

1. Formwechsel

a) Kapitalgesellschaft in eine Kapitalgesellschaft

109 Aus Sicht des Steuerrechts handelt es sich lediglich um eine Änderung des Rechtskleides desselben Steuersubjekts, die **ohne jede steuerliche Rechtsfolge** ist.

b) Kapitalgesellschaft in eine Personenhandelsgesellschaft

110 Dieser Formwechsel wird trotz der Identität des Rechtsträgers ertragsteuerlich als Übertragungsvorgang behandelt. Die Personenhandelsgesellschaft kann nach **§ 3 Umwandlungsteuergesetz (UmwStG)** die steuerlichen Buchwerte fortführen (kein Übertragungsgewinn bei der Kapitalgesellschaft).

Entsteht bei der Umwandlung ein Übernahmegewinn als Unterschiedsbetrag zwischen dem übernommenen Buchvermögen und dem niedrigeren Beteiligungsbuchwert, so ist er gemäß § 4 Abs. 7 UmwStG steuerfrei, soweit er auf eine unbeschränkt steuerpflichtige Körperschaft, Personenvereinigung oder Vermögensmasse als Mitunternehmer entfällt und ist – dem Halbeinkünfteverfahren entsprechend – zur Hälfte anzusetzen, soweit er einer natürlichen Person als Mitunternehmer oder Übernehmer zuzurechnen ist. Wird der Übernahmegewinn über eine Mitunternehmerschaft vermittelt, an der eine Körper-

---

[1] Lutter, BB 2002, 1 (4).
[2] Pressemitteilung der EU v. 25.11.2004, IP/04/1405.

schaft beteiligt ist, wird nach dem Rechtsgedanken des § 8b Abs. 6 KStG die Steuerfreistellung nach § 4 Abs. 7 UmwStG auf der Ebene der Mitunternehmer angewendet.[1] Durch den Formwechsel bewirkte Übernahmeverluste (Unterschied des übernommenen Buchvermögens zum höheren Beteiligungsbuchwert) bleiben, ungeachtet dessen, ob sie auf eine Körperschaft oder eine natürliche Person entfallen, gemäß § 4 Abs. 6 UmwStG außer Ansatz. Eine bis Ende 2000 oft eingesetzte Gestaltungsmöglichkeit der letzten Jahre zur Generierung einer steuerfreien Erhöhung des Abschreibungspotentials (Step-up-Modell) wurde damit abgeschafft (vgl. hierzu Teil V Rz. 68). Die Nichtberücksichtigung steuerlicher Übernahmeverluste führt zur Vernichtung steuerlich relevanter Anschaffungskosten und damit zu einer Mehrfachbesteuerung der mit dem Kapitalgesellschaftsanteil erworbenen stillen Reserven. Der Übernahmeverlust vermindert sich, ein Übernahmegewinn erhöht sich um Sperrbeträge nach § 50c EStG, wenn die Anteile von einem nicht zur Körperschaftsteueranrechnung berechtigten Anteilseigner erworben wurden bzw. der Veräußerer oder ein Rechtsvorgänger mit dem Veräußerungsgewinn nicht der Einkommensteuer unterlag (§ 50c Abs. 11 EStG). Zwar findet § 50c EStG auf Erwerbe seit dem 1.1.2002 (bei abweichendem Wirtschaftsjahr nach Ablauf des Wirtschaftsjahres 2001/2002) keine Anwendung mehr, für Altfälle findet die Hinzurechnung jedoch nach wie vor statt. Relevant ist diese Ergebniserhöhung allerdings nur, soweit ein Übernahmegewinn auf eine natürliche Person als Gesellschafter entfällt.[2]

Nach § 14 Satz 1 UmwStG i.V.m. § 3 UmwStG können die Wirtschaftsgüter in der für steuerliche Zwecke aufzustellenden **Übertragungsbilanz** der Kapitalgesellschaft mit dem Buchwert, einem Zwischenwert, höchstens jedoch mit dem Teilwert angesetzt werden, wenn das übergehende Vermögen Betriebsvermögen der Personengesellschaft wird. Handelsrechtlich ist weder eine Schluss- noch eine Übernahmebilanz im Rahmen des Formwechsels aufzustellen, so dass es grundsätzlich zu einer Buchwertfortführung kommt. Steuerlich besteht nach Ansicht der Finanzverwaltung Maßgeblichkeit der Handels- für die Steuerbilanz, unabhängig davon, ob für den steuerlichen Übertragungsstichtag eine formelle Handelsbilanz vorliegt.[3] Durch die Auffassung der Finanzverwaltung ginge das Wahlrecht des § 14 Satz 1 i.V.m. § 3 UmwStG ins Leere. Für den umgekehrten Fall des Formwechsels einer Personengesellschaft in eine Kapitalgesellschaft hat das FG München die Durchbrechung des Maßgeblichkeitsgrundsatzes und damit die tatsächliche Existenz der im UmwStG vorgesehenen Wahlrechte bejaht.[4] 111

Verlustvorträge der Kapitalgesellschaft gehen nicht auf die Gesellschafter der Personenhandelsgesellschaft über, auch soweit Kapitalgesellschaften an ihr beteiligt sind. 112

Soweit die Kapitalgesellschaft aus dem Übergang vom Anrechnungs- zum Halbeinkünfteverfahren über **Körperschaftsteuerguthaben** bzw. über Eigen- 113

---
1 BMF-Schreiben v. 16.12.2003 – IV A 2 – S 1978 – 16/03, BStBl. I 2003, S. 786 Rz. 3.
2 *Pung* in Dötsch/Patt/Pung/Jost, § 4 UmwStG Rz. 79.
3 Vgl. Tz. 14.02 und 14.03 des Schreibens betr. UmwStG 1995, BStBl. I 1998, S. 268.
4 Beschluss FG München v. 5.10.2000, DB 2001, 230.

kapital i.S.v. § 38 KStG (ehemaliges EK 02) verfügt, werden aus diesen Beständen resultierende Körperschaftsteuerminderungen bzw. -erhöhungen am Übertragungsstichtag nach § 10 UmwStG realisiert. Eine Körperschaftsteuerminderung tritt dabei auch in der Moratoriumszeit vom 12.4.2003 bis zum 31.12.2005 (§ 37 Abs. 2a KStG) ein, in der das vorhandene Guthaben über ordentliche Gewinnausschüttungen nicht freigesetzt werden kann.

c) Personenhandelsgesellschaft in eine Kapitalgesellschaft

114 Die steuerliche Behandlung folgt den Regeln über die **Einbringung von Betrieben in eine Kapitalgesellschaft** (§ 25 unter Verweis auf die §§ 20 bis 23 UmwStG). Der Wert, mit dem die Kapitalgesellschaft das Vermögen der Personenhandelsgesellschaft in ihrer Steuerbilanz ansetzt, gilt für die Gesellschafter der Personenhandelsgesellschaft als Veräußerungspreis für das übergehende Vermögen. Auch hier gilt m.E. **kein Maßgeblichkeitsgrundsatz**, weil handelsrechtlich weder eine Schluss- noch eine Übernahmebilanz aufzustellen ist.[1] Nach der Regierungsentwurfsbegründung[2] sollte der Formwechsel einer Personenhandelsgesellschaft in eine Kapitalgesellschaft zum Buchwert, Zwischenwert oder Teilwert möglich sein. Gleichwohl geht die Finanzverwaltung von der Geltung des Maßgeblichkeitsgrundsatzes aus und unterstellt eine zwingende Buchwertfortführung.[3]

d) Personenhandelsgesellschaft in eine Personenhandelsgesellschaft

115 Hier führen die Gesellschafter ihr Engagement ohne Veränderung der Vermögenszuordnung fort, so dass sich keine steuerlichen Rechtsfolgen ergeben.

2. Verschmelzung

a) Kapitalgesellschaft mit einer Kapitalgesellschaft

116 Auch hier eröffnet das Gesetz die Möglichkeit, die **steuerlichen Buchwerte der untergehenden durch die übernehmende Kapitalgesellschaft fortzuführen (kein Übertragungsgewinn)**, sofern keine Gegenleistung gewährt wird (Verschmelzung Tochter- auf Muttergesellschaft) oder diese in Gesellschaftsanteilen besteht. Wahlweise können in der steuerlichen Schlussbilanz der übertragenden Gesellschaft, z.B. zwecks Nutzung eines Verlustvortrags, auch höhere Werte angesetzt werden (§ 11 UmwStG). Ein etwaiger Übertragungsgewinn unterliegt der Besteuerung. Die Werte der steuerlichen Schlussbilanz der übertragenden Kapitalgesellschaft sind von der übernehmenden Kapitalgesellschaft zu übernehmen (§§ 12 Abs. 1, 4 Abs. 1 UmwStG). Ein Übernahmegewinn oder Übernahmeverlust bleibt körperschaft- und gewerbeertragsteuerrechtlich außer Ansatz (§§ 12 Abs. 2, 19 UmwStG). Übersteigen die tatsächlichen Anschaffungskosten den Buchwert der Anteile an der übertragenden Körperschaft (steuerlich anerkannte Teilwertabschreibung), ist der Unterschiedsbetrag dem

---

1 Bestätigt durch FG München v. 5.10.2000, DB 2001, 230.
2 Vgl. RegEBegr. BT-Drucks. 12/6885 zu § 25 UmwStG.
3 Vgl. Tz. 20.30 des Schreibens betr. UmwStG 1995, BStBl. I 1998, S. 268.

Gewinn der übernehmenden Körperschaft hinzuzurechnen (§ 12 Abs. 2 Satz 2 UmwStG). § 12 Abs. 2 Satz 3 UmwStG stellt klar, dass dies dann nicht gilt, wenn die Teilwertabschreibung wegen § 8b Abs. 3 KStG steuerlich nicht anerkannt wurde. Die Kappung der Hinzurechnung durch § 12 Abs. 2 Satz 4 UmwStG wurde durch das Gesetz zur Fortsetzung der Unternehmenssteuerreform v. 29.10.1997[1] aufgehoben. Die Frage, ob diese Aufhebung in formell verfassungswidriger Weise vorgenommen wurde, wird derzeit vom BVerfG geprüft.[2] Ein **Verlustvortrag** geht auf die Übernehmerin über, jedoch unter der Voraussetzung, dass der Betrieb oder Betriebsteil, der den Verlust verursacht hat, über den Verschmelzungsstichtag hinaus in einem nach dem Gesamtbild der wirtschaftlichen Verhältnisse vergleichbaren Umfang in den folgenden fünf Jahren fortgeführt wird. Zur Anwendung dieser Vorschrift hat das **BMF mit Schreiben v. 16.4.1999**[3] ausführlich Stellung genommen. Nach wohl überwiegender Meinung[4] besteht auch hier keine Maßgeblichkeit der Handels- für die Steuerbilanz, weil handels- und steuerrechtliche Regelungen auseinander fallen, und zwar sowohl für die übertragende (§ 17 Abs. 2 UmwG, § 11 UmwStG) als auch für die übernehmende (§ 24 UmwG, § 12 i.V.m. § 4 UmwStG) Kapitalgesellschaft. Die Finanzverwaltung hat sich dieser Auffassung bislang nicht angeschlossen. In den Tz. 11.01 und 11.02 des Schreibens betr. UmwStG 1995 wird in der Übertragungsbilanz von einer zwingenden Buchwertfortführung und dem Vorliegen der Maßgeblichkeit ausgegangen; beim übernehmenden Rechtsträger, der eine Aufstockung nach § 24 UmwG vorgenommen hat, soll demnach die Aufstockung im Rahmen der Wertaufholung bei vorausgegangenen Teilwertabschreibungen auch in der Steuerbilanz des nachfolgenden Bilanzstichtages nachvollzogen werden. Auch dieses Wahlrecht geht allerdings seit dem 1.1.1999 ins Leere, da nach § 6 Abs. 1 Nr. 1 und 2 EStG bei Wegfall der Gründe für eine Teilwertabschreibung ohnehin zwingend eine Wertaufholung durchgeführt werden muss. In seinem Urteil v. 4.3.2004 hat das FG Baden-Württemberg[5] entschieden, dass es sich bei § 11 UmwStG um ein autonomes steuerliches Bewertungswahlrecht handelt, dem der Maßgeblichkeitsgrundsatz nicht entgegensteht. Da die Finanzverwaltung gegen das Urteil Revision eingelegt hat (Az: I R 34/04), bleibt abzuwarten, wie der BFH entscheiden wird. Soweit die Übernehmerin nicht Gesellschafter der übertragenden Gesellschaft ist (z.B. Verschmelzung von Schwestergesellschaften), gelten nach § 13 UmwStG für die Besteuerung der Gesellschafter die Anteile an der übertragenden Kapitalgesellschaft, die zu einem Betriebsvermögen gehören, als zum Buchwert veräußert und die an ihre Stelle tretenden Anteile als mit diesem Wert angeschafft (**erfolgsneutrale Übertragung der stillen Reserven im Beteiligungsbuchwert**). Entsprechendes gilt für die Anschaffungskosten der im Sinne von § 17 EStG beteiligten Gesellschafter sowie einbringungsgeborener Anteile im Sinne von § 21 UmwStG. Als Ausfluss des Übergangs vom körperschaftsteuerlichen Anrechnungssystem zum Halbeinkünfteverfahren gehen gemäß § 40 Abs. 1 KStG das Körperschaftsteuerguthaben und der

---

1 BGBl. I 1997, S. 2590.
2 Vorlagebeschluss des BFH an das BVerfG, 2 BvL 12/01.
3 BStBl. I 1999, S. 455.
4 *Dötsch* in Dötsch/Patt/Pung/Jost, § 11 UmwStG Rz. 7 ff.
5 FG Baden-Württemberg v. 4.3.2004, EFG 2004, 858.

Teilbetrag des ehemaligen EK 02 auf die Übernehmerin über. Der Übernehmerin wird das steuerliche Einlagekonto der übertragenden Kapitalgesellschaft nach § 29 Abs. 2 KStG nur so weit zugerechnet, als sie an dieser nicht beteiligt ist.

b) Kapitalgesellschaft mit einer Personenhandelsgesellschaft

117 Hier gelten im Wesentlichen dieselben Grundsätze wie bei einem **Formwechsel** (vgl. Teil V Rz. 110–113). In Abweichung zum Formwechsel ist jedoch handelsrechtlich eine Schlussbilanz aufzustellen, die m.E. keine Maßgeblichkeit für die Steuerbilanz besitzt, weil handels- und steuerrechtliche Regelungen sowohl für die übertragende Kapitalgesellschaft (§ 17 Abs. 2 UmwG, § 3 UmwStG) als auch für die übernehmende Personenhandelsgesellschaft (§ 24 UmwG, § 4 UmwStG) auseinander fallen.[1]

c) Personenhandelsgesellschaft mit einer Kapitalgesellschaft

118 Hier gelten im Wesentlichen dieselben Grundsätze wie beim **Formwechsel** (vgl. Teil V Rz. 114). Handelsrechtlich ist eine Schlussbilanz zu erstellen. Steuerrechtlich folgt diese Verschmelzung den Regeln über die Einbringung von Betrieben in eine Kapitalgesellschaft, auch wenn das Umwandlungssteuerrecht für diesen Fall im Gegensatz zum Formwechsel die analoge Anwendung des achten Teils des Gesetzes nicht ausdrücklich regelt. Auch hier gilt m.E. keine Maßgeblichkeit der Handels- für die Steuerbilanz, weil der § 20 UmwStG ein eigenständiges steuerliches Wahlrecht beinhaltet und daher keine Bindung an den handelsbilanziellen Wertansatz gem. § 24 UmwG besteht.[2] Anders als in den zuvor betrachteten Fällen geht hier das Wertansatzwahlrecht nicht ins Leere; allerdings negiert die Finanzverwaltung die Möglichkeit einer unterschiedlichen Ausübung in der Handelsbilanz bzw. in der Steuerbilanz.

d) Personenhandelsgesellschaft mit einer Personenhandelsgesellschaft

119 Es sind gemäß § 24 UmwStG die allgemeinen Grundsätze für den Eintritt neuer Gesellschafter in eine Personenhandelsgesellschaft anzuwenden (vgl. Teil V Rz. 49).

3. Auf- und Abspaltung

a) Kapitalgesellschaft auf Kapitalgesellschaft

120 Nach § 15 UmwStG kann eine Auf- oder Abspaltung einer Kapitalgesellschaft auf andere Kapitalgesellschaften **ergebnisneutral** durchgeführt werden, soweit es sich bei dem jeweils übertragenen Vermögen um Teilbetriebe handelt. Bei der Abspaltung muss auch das bei der abspaltenden Gesellschaft verbleibende Vermögen ein Teilbetrieb sein. Teilbetriebe sind auch 100%ige Beteiligungen

---

[1] Vgl. zur abweichenden Auffassung der Finanzverwaltung: Rz. 03.01 und 03.02 des Schreibens betr. UmwStG 1995, BStBl. I 1998, S. 268.
[2] Vgl. zur abweichenden Auffassung der Finanzverwaltung Rz. 20.26 des Schreibens betr. UmwStG 1995, BStBl. I 1998, S. 268.

an einer Kapitalgesellschaft und Mitunternehmeranteile. Wurden Letztere innerhalb eines Zeitraums von drei Jahren vor dem steuerlichen Übertragungsstichtag durch Übertragung von Wirtschaftsgütern, die kein Teilbetrieb waren, erworben oder aufgestockt, entfällt die Steuerfreiheit. Die Steuerneutralität geht allerdings verloren, wenn innerhalb von fünf Jahren nach dem Übertragungsstichtag Anteile an einer an der Spaltung beteiligten Kapitalgesellschaft, die mehr als 20 % der gespaltenen Gesellschaft ausmachen, veräußert werden. Generell gelten die für die Verschmelzung von Kapitalgesellschaften anzuwendenden Vorschriften (vgl. Teil V Rz. 116) entsprechend. Ein Verlustvortrag geht letztlich im Verhältnis der gemeinen Werte der aufgespaltenen Vermögensteile über.

b) Kapitalgesellschaft auf Personenhandelsgesellschaft

Einschlägig ist bei dieser Variante § 16 UmwStG. Es gelten die Ausführungen zur **Verschmelzung** (vgl. Teil V Rz. 117) analog.

121

c) Personenhandelsgesellschaft auf Kapitalgesellschaft

Die Auf- und Abspaltung von Personenhandelsgesellschaften auf Kapitalgesellschaften folgt steuerlich den Regeln der §§ 20 bis 22 UmwStG. Es gelten die Ausführungen zur **Verschmelzung** (vgl. Teil V Rz. 118) analog.

122

d) Personenhandelsgesellschaft auf Personenhandelsgesellschaft

Es gelten die allgemeinen Grundsätze zur Realteilung von Personenhandelsgesellschaften. Gemäß § 16 Abs. 3 Satz 2 EStG ist die Realteilung einer Personenhandelsgesellschaft, bei der die bisherigen Mitunternehmer Teilbetriebe, Mitunternehmeranteile oder einzelne Wirtschaftsgüter in ihr jeweiliges Betriebsvermögen überführen, **grundsätzlich steuerneutral** durchzuführen. Dagegen sind stille Reserven aufzudecken, soweit ihre zukünftige Besteuerung nicht sichergestellt ist, beispielsweise im Falle der Überführung einzelner Wirtschaftsgüter ins Privatvermögen der Gesellschafter. Etwaige **Ausgleichszahlungen** für stille Reserven zwischen den Gesellschaftern, die die anteiligen stillen Reserven der Gesellschafter übersteigen, müssen von den Empfängern als laufender Gewinn versteuert werden.[1] Für im Rahmen einer Realteilung mit Einzelwirtschaftsgütern übernommene Grund und Boden, Gebäude oder andere wesentliche Betriebsgrundlagen ist in § 16 Abs. 3 Satz 3 EStG eine Behaltefrist von drei Jahren vorgesehen, die mit Abgabe der Steuererklärung der Mitunternehmerschaft für den Zeitraum der Realteilung beginnt. Bei Veräußerungen oder Entnahmen dieser Wirtschaftsgüter innerhalb der Behaltefrist sind die anteiligen stillen Reserven nach § 16 Abs. 3 Satz 3 EStG rückwirkend aufzudecken und zu versteuern. Diese Regelung soll vermeiden, dass eine Realteilung der Vorbereitung einer Veräußerung oder Entnahme dient.[2] Da die stillen Reserven in diesem Falle von allen bisherigen Gesellschaftern zu versteuern sind, müssen vertragliche Vereinbarungen getroffen werden, die einen

123

---

[1] *Sauter/Heurung/Oblau*, FR 2002, 1101 (1106).
[2] BR-Drucks. 638/02, 53.

entsprechenden Ausgleich vorsehen. Ob in der Ausgleichszahlung ein nachträglich vereinbarter Spitzenausgleich zu sehen ist,[1] mit der Folge, dass die mit dem Spitzenausgleich aufgedeckten stillen Reserven vom Empfänger der Zahlung zu versteuern sind, ist derzeit ungeklärt. Gehen im Zuge der Realteilung einzelne Wirtschaftsgüter auf eine **Kapitalgesellschaft** über, so ist insoweit bei der Übertragung der gemeine Wert anzusetzen (§ 16 Abs. 3 Satz 4 EStG). Ob der dabei aufgedeckte Gewinn nur der Kapitalgesellschaft oder allen Gesellschaftern nach dem Gewinnverteilungsschlüssel zugewiesen wird, ist gesetzlich nicht geregelt. Dem Subjektsteuerprinzip zufolge scheint die steuerliche Erfassung bei allen Gesellschaftern mit dem Gesetzeszweck konform zu sein.[2]

III. Steuerrechtliche Aspekte bei Einzelrechtsnachfolge

1. Übertragung auf Kapitalgesellschaft

124 Bei **Einbringung** eines Betriebs, Teilbetriebs, eines Mitunternehmeranteils oder einer Beteiligung an einer Kapitalgesellschaft (wenn die übernehmende Kapitalgesellschaft die Mehrheitsrechte an der Gesellschaft hat oder bekommt, deren Anteile eingebracht werden) durch natürliche oder juristische Personen in Fällen der Gründung oder Kapitalerhöhung einer inländischen Kapitalgesellschaft gilt nach § 20 UmwStG der Wert, mit dem die übernehmende Kapitalgesellschaft das Betriebsvermögen ansetzt, als Veräußerungserlös des Einbringenden und als Anschaffungskosten der neu ausgegebenen Gesellschaftsrechte. Ein höherer Wert in der Handelsbilanz erlaubt die Fortführung der steuerlichen Buchwerte des Einbringenden in der Steuerbilanz der Kapitalgesellschaft, wenn es sonst zu einer gesellschaftsrechtlich unzulässigen Unterpari-Emission käme (Ansatz eines sog. „Luftpostens" in der Steuerbilanz). Werden gemäß dem **Bewertungswahlrecht nach § 20 UmwStG** im Zuge der Einbringung nicht alle stillen Reserven durch Aufstockung auf die Teilwerte (einschließlich originärer immaterieller Werte und Firmenwerte des Einbringenden) aufgelöst, bleiben die Anteile Betriebsvermögen des Einbringenden (sog. „**einbringungsgeborene Anteile**" i.S.v. §§ 21 UmwStG, 16 EStG), auch wenn der Einbringende nicht nach § 17 EStG wesentlich beteiligt ist. Die Versteuerung wird also bei einer Realisierung der in der Beteiligung ruhenden stillen Reserven oder bei Erfüllung der im § 21 UmwStG genannten Ersatztatbestände nachgeholt. Der Anteilseigner kann jederzeit vor Realisierung zu dem von ihm gewählten Antragsstichtag eine Versteuerung der stillen Reserven der Beteiligung beantragen, so dass er bei einer Beteiligung von unter 1 % künftige Wertsteigerungen nicht mehr versteuern muss, allerdings spätere Wertminderungen steuerlich auch nicht mehr abziehen kann. Die Einbringung ist grundsätzlich gewerbesteuerfrei,[3] soweit sie durch eine natürliche Person vorgenommen wird; ist der Einbringende eine Kapitalgesellschaft, gehört etwaiger Einbringungsgewinn zum Gewerbeertrag.

---

1 So *Paus*, FR 2002, 866 (870); *Wacker* in Schmidt, § 16 EStG Rz. 555.
2 So auch *Paus*, FR 2002, 1217 (1218); *Wacker* in Schmidt, § 16 Rz. EStG 553.
3 *Patt* in Dötsch/Patt/Pung/Jost, § 20 UmwStG Rz. 236 ff.

2. Übertragung von Kapitalgesellschaft

Es handelt sich um Fälle der **Liquidation** bzw. der **Kapitalherabsetzung**. Die Kapitalgesellschaft hat die stillen Reserven aufzulösen, die der Körperschaft- und Gewerbesteuer unterliegen. Dabei unterliegen die an Gesellschafter ausgekehrten Gewinne (einschließlich eines durch die Unternehmensübertragung realisierten Veräußerungsgewinns) bei den Gesellschaftern den allgemeinen Grundsätzen. Die Liquidation führt gleichzeitig bei unbeschränkt steuerpflichtigen Gesellschaftern, die ihre Beteiligung im Betriebsvermögen halten oder die wesentlich beteiligt sind, zu steuerlichen Gewinnen oder Verlusten. Diese werden durch Gegenüberstellung des zu Teilwerten übernommenen Vermögens, abzüglich der als Gewinnausschüttungen zu qualifizierenden Vermögensauskehrungen, mit dem abgehenden Beteiligungsbuchwert bzw. den Anschaffungskosten für die aufgegebenen Anteile, abzüglich der den Gesellschaftern entstandenen Kosten, ermittelt. Bei Körperschaften sind diese regelmäßig zu 95 % steuerlich irrelevant; bei natürlichen Personen unterliegen sie dem Halbeinkünfteverfahren. Im Rahmen der Kapitalherabsetzung ist grundsätzlich der Wert des ausgekehrten Vermögens abzüglich Ausschüttungsbestandteilen zu dem gesamten, nicht nur dem anteiligen Buchwert der aufgegebenen Gesellschaftsrechte, in Beziehung zu setzen.[1]

IV. Umsetzung der EG-Fusionsrichtlinie

Durch teilweise Umsetzung der EG-Fusionsrichtlinie im Rahmen der Steuerreform 1992 werden auch grenzüberschreitende Einbringungsvorgänge im EU-Bereich begünstigt. Unter Beachtung des Grundsatzes der Buchwertfortführung durch die Übernehmerin können **Beteiligungen an Kapitalgesellschaften** zu steuerlichen Buch- oder Anschaffungswerten steuerfrei in Auslandsgesellschaften gegen Gewährung neuer Gesellschaftsanteile eingebracht werden, wenn die Auslandsgesellschaft und die Gesellschaft, deren Anteile eingebracht werden (die Ansässigkeit des Einbringenden ist unerheblich), in der EU ansässig sind und die Auslandsgesellschaft die Mehrheit der Stimmen der Gesellschaft, deren Anteile eingebracht werden (§ 23 Abs. 4 UmwStG), erhält oder schon hat. Andere Gegenleistungen als neu geschaffene Gesellschaftsrechte sind unschädlich, wenn sie 10 % des Nominalwertes der neu ausgegebenen Anteile nicht übersteigen. Eine steuerliche Rückbeziehung lässt § 23 Abs. 4 UmwStG nicht zu.

Die neuen Anteile der Auslandsgesellschaft gelten in Fällen der Einbringung zu steuerlichen Anschaffungs-, Buch- oder Zwischenwerten als einbringungsgeboren, so dass bei deren Veräußerung bzw. im Rahmen des § 21 UmwStG die Besteuerung einsetzt, weil sie bei der Einbringung unterblieben ist. § 23 Abs. 4 UmwStG ist nicht anzuwenden, d.h., es kommt zu einer **Nachversteuerung der stillen Reserven**, wenn die übernehmende EU-Kapitalgesellschaft die eingebrachten Anteile innerhalb eines Zeitraums von sieben Jahren nach Einbringung veräußert und die eingebrachten Anteile nicht erneut Gegenstand einer Sacheinlage zu Buchwerten sind (§ 26 Abs. 2 Satz 1 UmwStG).

---

[1] BFH v. 14.10.1992 – I R 1/91, BStBl. II 1993, S. 189.

128 Die gleiche Möglichkeit zur Einbringung zu Buchwerten in Kapitalgesellschaften des EU-Bereichs besteht für **Betriebe und Teilbetriebe** (nicht jedoch für Mitunternehmeranteile), soweit eine inländische Betriebsstätte einer inländischen oder EU-Kapitalgesellschaft in eine in der EU ansässige, ausländische Kapitalgesellschaft eingebracht wird (§ 23 Abs. 1 u. 2 UmwStG). Die Auslandsgesellschaft hält dann die stillen Reserven in einer inländischen Betriebsstätte der Auslandsgesellschaft.

129 Die EU-Kommission hat am 17.10.2003 einen Richtlinienentwurf zur Änderung der Fusions-Richtlinie von 1990 vorgestellt, der für Verschmelzungs-, Spaltungs- und Einbringungsvorgänge sowie für den Anteilstausch einen Steueraufschub vorsieht, soweit die betreffenden Gesellschaften ihren Sitz in einem Mitgliedstaat der EU haben. Die EU-Finanzminister haben sich nunmehr auf die Änderung der so genannten Fusionsrichtlinie 90/434/EWG geeinigt. Demnach soll der Geltungsbereich der Richtlinie auf eine größere Zahl von Rechtsformen, darunter die Europäische Gesellschaft (vgl. hierzu Teil V Rz. 107) und die Europäische Genossenschaft, ausgeweitet werden.[1]

H. Erwerb einer Beteiligung an einer ausländischen Kapitalgesellschaft

I. Verkehrsteuern

130 Der Erwerb einer ausländischen Beteiligung ist nach § 4 Nr. 8 f UStG von der **Umsatzsteuer** befreit und nach § 9 UStG optionsfähig.

131 **Grunderwerbsteuer** entsteht nur in dem Ausnahmefall, wenn die Auslandsgesellschaft über inländischen Grundbesitz verfügt.

132 Zu prüfen ist im Einzelfall, ob **ausländische Verkehrsteuern** zu entrichten sind.

II. Ertragsteuern

1. Beteiligungsstruktur

133 Die Bundesrepublik verfügt über ein ausgebautes Netz von DBA mit im Vergleich günstigen Regelungen zur Begrenzung der ausländischen Quellensteuern auf Dividenden- und Zinszahlungen ins Inland und mit einem in der Regel uneingeschränkten 95 %igen (§ 8b Abs.1 i.V.m. Abs. 5 KStG) Schachtelprivileg bei der Besteuerung inländischer Kapitalgesellschaften als Dividendenempfänger. Das Gleiche gilt gemäß § 8b Abs. 2 i.V.m. Abs. 3 KStG für Veräußerungsgewinne. Veräußerungsverluste bzw. Teilwertabschreibungen finden korrespondierend keine steuerliche Anerkennung. Daher bietet sich in der Regel eine **unmittelbare Anbindung** ausländischer an inländische Kapitalgesellschaften an.

---

[1] Richtlinie 2005/19/EG v. 17.2.2005, ABl. 2005 Nr. L 58, S. 19.

Besteht im Verhältnis zum Sitzstaat der erworbenen Gesellschaft kein DBA oder nur ein eingeschränktes Schachtelprivileg für Zwecke der Kapitalertragsteuern, dann kommt eine **Umweglösung durch Zwischenschaltung einer Holding** in einem DBA-Staat in Betracht, zu dem ein uneingeschränktes Schachtelprivileg gilt (Minimierung der Kapitalertragsteuerbelastung). Die aus der Holding zufließende Weiterausschüttung der Dividenden unterliegt wiederum den oben dargestellten Besteuerungsfolgen. 134

Die Weiterausschüttung von Auslandsdividenden unterliegt auf Ebene einer deutschen Kapitalgesellschaft keiner Ausschüttungsbelastung, wie auch die weiterausgeschüttete Dividende beim Gesellschafter zu 95 % (§ 8b Abs. 1 i.V.m. Abs. 5 KStG) steuerfrei bleibt, sofern es sich wiederum um eine inländische Kapitalgesellschaft handelt. Erst wenn die Auslandsdividende in den Einkommensbereich natürlicher Personen gelangt, wird deutsche Steuer nach dem Halbeinkünfteverfahren erhoben. Weiterausschüttungen der Auslandsdividenden an ausländische Gesellschafter, die ihre Beteiligungen nicht in einem Inlandsbetriebsvermögen halten, unterliegen nur einer etwaigen Kapitalertragsteuer. 135

2. Steuereffiziente Finanzierung

a) Zinsabzug im Ausland

Bezüglich der Kreditfinanzierung des Erwerbs der Auslandsgesellschaft bietet sich in erster Linie eine Ansiedlung des Zinsaufwands im **Sitzstaat** der erworbenen Gesellschaft an, um dort nach Möglichkeit eine Verrechnung gegen die operativen Ergebnisse der Zielgesellschaft zu erreichen. Dieses ist auch zur Vermeidung von Währungsrisiken vernünftig. In aller Regel geschieht die Zuordnung des Zinsaufwands im Wege der Zwischenschaltung einer Landesholding, die im Rahmen der lokal anwendbaren Thin Cap Rules (Fremdfinanzierungsgrenzen, dem deutschen § 8a KStG entsprechend) Fremdmittel zum Erwerb der Zielgesellschaft durch den Gesellschafter oder fremde Dritte erhalten. 136

b) Zinsabzug im Inland

Die deutsche steuerliche Würdigung einer Kreditaufnahme durch eine inländische Beteiligungsgesellschaft hängt davon ab, ob die Kreditmittel als Eigenkapital oder im Wege eines verzinslichen Konzerndarlehens ins Ausland weitergereicht werden. Bei einer **Darlehensvergabe** ändert sich das steuerpflichtige Einkommen in Höhe der Differenz zwischen erhaltenen Zinserträgen und den Zinsaufwendungen. Die Weitergabe der Kreditmittel in Form von **Eigenkapital** hat zur Folge, dass hinsichtlich der Dividenden § 8b Abs. 5 KStG zur Anwendung kommt. Demzufolge werden 5 % der in einem Wirtschaftsjahr vereinnahmten Schachteldividenden als nichtabzugsfähige Betriebsausgaben fingiert, unabhängig davon, wie hoch die entsprechenden Betriebsausgaben tatsächlich sind. Das bereits vorerwähnte „Ballooning-Konzept" stellt in diesem Zusammenhang eine Gestaltungsmöglichkeit dar, diese Besteuerungsfolge zeitlich hinauszuzögern. 137

3. Außensteuergesetz

a) Anwendungsvoraussetzungen

138 Aus dem Regelungsbereich des deutschen **Außensteuergesetzes** sind im Zusammenhang mit dem Erwerb einer Beteiligung an einer ausländischen Kapitalgesellschaft die Vorschriften über die sog. **Hinzurechnungsbesteuerung** einschlägig (§§ 7–14 AStG). Wie kaum ein anderer Bereich erfuhr die Hinzurechnungsbesteuerung in den vergangenen vier Jahren permanente und extrem strukturelle Änderungen.[1] Prinzipiell bedeutet Hinzurechnungsbesteuerung, dass bei Beteiligung von in Deutschland unbeschränkt Steuerpflichtigen an einer deutschbeherrschten ausländischen Körperschaft, die passive Einkünfte erzielt, die einer niedrigen Besteuerung unterliegen, die Erträge dieser ausländischen Gesellschaft in dem dem Entstehungsjahr folgenden Wirtschaftsjahr der deutschen Besteuerung unterworfen werden. Unter einer „**deutschbeherrschten**" **Körperschaft** ist eine Gesellschaft zu verstehen, bei der unbeschränkt Steuerpflichtige allein oder zusammen mit erweitert beschränkt Steuerpflichtigen unmittelbar und/oder mittelbar die Mehrheit der Anteile oder der Stimmrechte innehaben. Eine **Niedrigbesteuerung** der ausländischen Gesellschaft wird angenommen, wenn die passiven Einkünfte einer Ertragsteuerbelastung von weniger als 25 % (§ 8 Abs. 3 AStG) unterliegen.[2]

b) Passive Einkünfte

139 Passive Einkünfte im Sinne des deutschen Außensteuergesetzes **liegen nicht vor**, wenn es sich um **folgende Aktivitäten** handelt: Land- und Forstwirtschaft, industrielle Tätigkeiten, Tätigkeiten als Kreditinstitut oder Versicherung, Handelstätigkeit, Dienstleistungen, Vermietung und Verpachtung oder Einkünfte aus Finanzierungsgeschäften. Für den Fall einer ausländischen Konzern-Finanzierungsgesellschaft lehnt die Finanzverwaltung die Subsumierung unter die Tätigkeit als Kreditinstitut ab, wenn die Geschäfte nicht überwiegend mit fremden Dritten betrieben werden. Ähnliche Einschränkungen, d.h. steuerliche Anerkennung nur für den Fall der Teilnahme am allgemeinen wirtschaftlichen Verkehr, finden sich auch im Rahmen der Handelstätigkeit, Dienstleistungen und Vermietung und Verpachtung. **Finanzierungsgeschäfte** führen grundsätzlich zu passiven Einkünften. Aktive Einkünfte liegen ausnahmsweise dann vor, wenn die ausländische Gesellschaft das Kapital nachweislich ausschließlich auf ausländischen Kapitalmärkten aufgenommen hat, nicht jedoch bei einer nahe stehenden Person. Ferner ist nachzuweisen, dass eine Darlehensvergabe nur an ausländische Betriebe oder Betriebsstätten mit fast ausschließlich aktiven Tätigkeiten oder an inländische Betriebe oder Betriebsstätten erfolgt. Als aktive Einkünfte werden ferner Gewinnausschüttungen von Kapitalgesellschaften und bestimmte Beteiligungsveräußerungs-

---

1 Steuersenkungsgesetz v. 23.10.2000, Unternehmenssteuerfortentwicklungsgesetz v. 20.12.2001, Steuervergünstigungsabbaugesetz v. 11.4.2003, Gesetz zur Umsetzung der Protokollerklärung der Bundesregierung zur Vermittlungsempfehlung zum Steuervergünstigungsabbaugesetz v. 22.12.2003.
2 S. auch Schreiben betr. Grundsätze zur Anwendung des Außensteuergesetzes v. 14.5.2004, BStBl. I Sondernr. 1/2004, S. 3.

gewinne sowie aus deren Auflösung oder der Herabsetzung ihres Kapitals stammende Einkünfte angesehen. Ist eine Tätigkeit nicht unter eine aktive Tätigkeit im Sinne der Katalogs zu subsumieren, liegen „schädliche" passive Einkünfte vor.

c) Zwischeneinkünfte mit Kapitalanlagecharakter

Eine besondere Behandlung hinsichtlich der Beteiligungsvoraussetzungen erfahren die so genannten **Zwischeneinkünfte mit Kapitalanlagecharakter** (§ 7 Abs. 6a AStG). Hierbei handelt es sich um Einkünfte, die aus dem Halten, der Verwaltung, Werterhaltung oder Werterhöhung von Zahlungsmitteln, Forderungen, Wertpapieren, Beteiligungen oder ähnlichen Vermögenswerten stammen, mithin um den typischen Aktivitätskatalog einer Finanzierungsgesellschaft. Betragen die diesen Einkünften zu Grunde liegenden Bruttoerträge mehr als 10 % der den gesamten Zwischeneinkünften zu Grunde liegenden Bruttoerträge (relative Grenze) oder übersteigt der Hinzurechnungsbetrag aus Einkünften mit Kapitalanlagecharakter bei der ausländischen Gesellschaft einen Betrag von 62 000 Euro (absolute Grenze), so greift die Hinzurechnungsbesteuerung bereits dann, wenn ein Inländer zu mindestens 1 % beteiligt ist (eine Deutschbeherrschung ist nicht erforderlich). Eine Mindestbeteiligung als Tatbestandsvoraussetzung entfällt vollständig, falls die Gesellschaft zu mindestens 90 % Bruttoerträge erzielt, die Zwischeneinkünfte mit Kapitalanlagecharakter darstellen, es sein denn, die Zwischengesellschaft ist börsennotiert.

140

d) Rechtsfolgen der Hinzurechnungsbesteuerung

Nach den obigen Voraussetzungen festgestellte **passive Einkünfte** werden nach Abzug etwaiger ausländischer Steuern als **Hinzurechnungsbetrag** in die steuerlichen Einkünfte des inländischen Anteilseigners einbezogen. Auf den Hinzurechnungsbetrag ist weder § 8b Abs. 1 KStG noch § 3 Nr. 40 EStG anzuwenden, d.h., er unterliegt vollumfänglich der Ertragsbesteuerung (einschließlich etwaiger Gewerbesteuer). Eine mögliche Doppelbesteuerung dieser Erträge, beispielsweise durch tatsächliche Ausschüttung zu einem späteren Zeitpunkt, wird dadurch vermieden, dass die tatsächliche Ausschüttung an eine inländische Kapitalgesellschaft gemäß § 8b Abs. 1 KStG bzw. bei natürlichen Personen gem. § 3 Nr. 41a EStG[1] unter Berücksichtigung der §§ 8b Abs. 5 KStG, 3c Abs. 2 EStG weitestgehend steuerfrei gestellt wird. Dies gilt m.E. auch für die Gewerbesteuer bei Kapitalgesellschaften als Empfänger der tatsächlichen Ausschüttung.[2]

141

---

[1] Soweit der Steuerpflichtige nachweist, dass die Zwischeneinkünfte in den letzten sieben Jahren hinzugerechnet wurden.
[2] *Rättig/Protzen*, DStR 2002, 241 (243).

I. Leveraged Buy-Out (LBO)

I. Bedeutung des Leverage-Effekts

142 LBO ist eine Form des Unternehmenskaufs, bei dem das Unternehmen oder die Beteiligung an einem Unternehmen zu einem vergleichsweise **günstigen Preis** erworben wird. Der Verkauf vollzieht sich häufig in der Weise, dass die Erwerber, zumeist Manager, eine Kapitalgesellschaft gründen, die das Zielunternehmen oder die Zielgesellschaft erwerben. Typischerweise ist die Erwerbergesellschaft hoch fremdfinanziert (vgl. Teil I Rz. 72 ff., Teil VII Rz. 205 f.). Durch einen erhöhten Fremdmitteleinsatz soll eine erhöhte Eigenkapitalrendite erreicht werden, wenn die Ertragskraft des Unternehmens den Zins für das Fremdkapital übersteigt (sog. Hebel = Leverage-Effekt). Bei einem **Management Buy-Out** (MBO) ist die Beteiligung des Managements am Eigenkapital relativ gering. Die hohe Eigenkapitalrendite soll eine relativ kurzfristige Rückführung der Fremddarlehen ermöglichen. Wegen der erwarteten Kurzfristigkeit des Engagements sind die Kreditgeber, hauptsächlich institutionelle Anleger, wie Banken oder (Venture Capital) Fonds, bereit, hinsichtlich der Besicherung durch materielle Aktiva sehr hohe Beleihungswerte zugrunde zu legen, ja sogar auf Besicherung überhaupt zu verzichten und gegenüber anderen Gläubigern nachrangige Darlehen zu gewähren. Im Hinblick auf das größere Risiko sind die nachrangigen Kredite, in Deutschland oft Restkaufpreisdarlehen des Verkäufers, mit Besserungsscheinen ausgestattet.

II. Steuerrechtliche Beurteilung

143 Steuerrechtlich unterscheiden sich die Problemstellungen des LBO nicht grundlegend von anderen Unternehmenskäufen.

144 Handelt es sich bei der Zielgesellschaft um eine Kapitalgesellschaft, wird der Verkäufer unter anderem im Hinblick auf eine Vermeidung der Gewerbeertragsteuer eine Beteiligungsveräußerung wollen. Um zwecks kurzfristiger Darlehenstilgung den Cashflow durch Steuerersparnisse aus erhöhtem Abschreibungsvolumen zu steigern, wird die Erwerbergesellschaft regelmäßig einen Kauf von Wirtschaftsgütern vorziehen, die steuerwirksam abgeschrieben werden können.

145 Liegt der Kaufpreis für die Gesellschaftsanteile unter dem Buchvermögen der erworbenen Gesellschaft, ist eine nach den Vorschriften des Umwandlungssteuergesetzes ertragsteuerneutrale **Verschmelzung** (Freistellung des Verschmelzungsgewinns nach §§ 12, 19 UmwStG) der erworbenen auf die Erwerbergesellschaft in Erwägung zu ziehen (ggf. Grunderwerbsteuerpflicht). Sie ermöglicht einen direkten Zugriff der Erwerbsgesellschaft auf die verschiedenen Aktiva, insbesondere eine Besicherung zugunsten der Banken, die nach deutschem Gesellschaftsrecht ohne die Verschmelzung nicht möglich war (vgl. § 71a AktG, §§ 30, 31 GmbHG).

Sicher werden sich beim LMBO **Lohnsteuerfragen für die Manager** stellen, wenn der Veräußerer und frühere Arbeitgeber diesen einen aus wirtschaftlicher Sicht niedrigen Kaufpreis einräumt. Grundsätzlich sollte das Fehlen einer Zuwendungsabsicht angenommen werden, da der Altunternehmer vielmehr regelmäßig das Management für die Übernahme gewinnen und nicht für seine bisherige Tätigkeit belohnen will.

146

J. Haftung für Steuern des Veräußerers

I. Haftung nach §§ 71, 75 AO

Nach dieser Vorschrift haftet der Erwerber eines Betriebs für Steuern des erworbenen Betriebs, die seit dem Beginn des letzten, vor dem Erwerb liegenden Kalenderjahrs entstanden sind und bis zum Ablauf von einem Jahr nach Anmeldung des Betriebs durch den Erwerber festgesetzt oder angemeldet werden. Den Steuern stehen Rückzahlungsansprüche von Steuervergütungen gleich. Die Haftung beschränkt sich auf das übernommene Vermögen. Die Haftung gilt auch dann für den maßgeblichen Zeitraum, wenn der Betrieb mehrfach den Inhaber wechselt.[1]

147

§ 75 AO gilt beim Erwerb eines Betriebs, verlangt aber nicht den Erwerb eines gesamten Unternehmens, sondern es genügt schon die Übertragung eines Teilbetriebs. Im Fall des Erwerbs eines Teilbetriebs tritt eine anteilige Haftung ein, d.h. nur für Steuern aus diesem Betrieb.[2] Für die Haftung des Erwerbers ist erforderlich, dass **alle wesentlichen Betriebsgrundlagen** des Betriebs/Teilbetriebs erworben werden. Mehrere, zeitlich auseinander liegende Übertragungen von Wirtschaftsgütern können nur dann als Betriebserwerb gewertet werden, wenn diese wirtschaftlich als ein einheitlicher Vorgang anzusehen sind.[3] Der BFH[4] hat bei einer Zeitspanne von neun Monaten einen einheitlichen Vorgang abgelehnt. Außerdem verlangt er, dass alle wesentlichen Betriebsgrundlagen aus der Hand des Veräußerers in die Hand des Erwerbers übergehen, z.B. nicht etwa teilweise vom Vorunternehmer und teilweise von einem Sicherungsnehmer des Vorunternehmers.[5]

148

Die Haftung bezieht sich nur auf betriebliche Steuern, wie Gewerbesteuer oder Umsatzsteuer, **nicht** aber **persönliche Steuern** des Veräußerers, wie Einkommen- und/oder Körperschaftsteuer. Sie umfasst andererseits im Abzugswege zu entrichtende Steuern wie Lohnsteuer oder Kapitalertragsteuer. Ausgeschlossen von der Haftung sind steuerliche Nebenleistungen.[6] Ein **vertraglicher Haftungsausschluss** ist für § 75 AO unerheblich, da es sich um eine zwingende Haftungsnorm handelt.

149

---

1 BFH v. 4.2.1974 – IV R 172/70, BStBl. II 1974, S. 434.
2 BFH v. 11.12.1984 – VIII R 131/76, BStBl. II 1985, S. 354.
3 *Brune*, NWB F. 2, S. 5805.
4 BFH v. 19.1.1988 – VII R 74/85, BFH/NV 1988, 479.
5 BFH v. 24.2.1987 – VII R 163/84, BFH/NV 1987, 750.
6 *Tipke/Kruse*, Abgabenordnung/Finanzgerichtsordnung, Loseblatt, § 75 AO Rz. 10.

150 Beteiligt sich der Erwerber an **Steuerhinterziehungen des Veräußerers**, so haftet er nach § 71 AO für die hinterzogenen Steuern, gleichgültig, ob es sich um betriebliche oder persönliche Steuern handelt.

II. Haftung nach zivilrechtlichen Vorschriften

151 Neben der Schuldübernahme bei Unternehmenserwerb im Wege der Gesamtrechtsnachfolge (z.B. Verschmelzung, Spaltung oder Anwachsung beim Erwerb von Beteiligungen an Personengesellschaften) ist zivilrechtlich insbesondere auf § 25 HGB hinzuweisen.

152 Nach **§ 25 HGB** haftet der Erwerber u.a. auch dann für Steuern des Betriebs und des Veräußerers, wenn der Erwerber das Unternehmen unter der bisherigen Firma mit oder ohne Beifügung eines das Nachfolgeverhältnis andeutenden Zusatzes fortführt. Die Haftung geht über den Rahmen des § 75 AO hinaus, da in § 25 HGB keine zeitliche Beschränkung vorgesehen ist. Von der Haftung erfasst werden auch die steuerlichen Nebenleistungen, jedoch nicht die ESt, KSt, ErbSt und die darauf entfallenden Nebenleistungen. Allerdings kann diese Haftung durch Eintragung im Handelsregister und deren Bekanntmachung bzw. durch Mitteilung gegenüber Dritten abbedungen werden (§ 25 Abs. 2 HGB). Der Haftungsausschluss muss nach der Rechtsprechung „unverzüglich" nach der Übernahme erfolgen, d.h. regelmäßig innerhalb von sechs bis acht Wochen; ansonsten ist er unwirksam.[1]

III. Indirekte Übernahme von Steuerverbindlichkeiten bei Erwerb von Gesellschaftsbeteiligungen

1. Erwerb von Anteilen einer Personenhandelsgesellschaft

153 Bei Personenhandelsgesellschaften ist diese selbst nur Steuerschuldner für die **Betriebsteuern**. Da sie auch zivilrechtlich unter ihrer Firma Eigentum und andere Rechte erwerben und Verbindlichkeiten eingehen kann (§ 124 HGB), trifft den Erwerber der Anteile nach Maßgabe seiner Beteiligungsquote indirekt auch die Verpflichtung, für vor dem Anteilserwerb entstandene Verpflichtungen zur Entrichtung von Betriebsteuern einstehen zu müssen.

2. Erwerb von Anteilen einer Kapitalgesellschaft

154 Bei Erwerb von Beteiligungen an Kapitalgesellschaften werden indirekt Betrieb- und Personensteuern übernommen, wobei im Falle einer früheren Organschaftsbeziehung die Kapitalgesellschaft nach § 73 AO auch für Steuern des früheren Organträgers haftet, die von ihr hätten getragen werden müssen, wenn sie nicht Organgesellschaft gewesen wäre. Im **Innenverhältnis** zwischen früherem Organträger und Organgesellschaft hat letztere aber nur den **Anteil an der tatsächlichen Steuerschuld** des Organkreises zu tragen, der dem Verhältnis der Bemessungsgrundlagen der einbezogenen Gesellschaften entspricht.[2]

---

1 BGH v. 16.1.1984 – II ZR 114/83, ZIP 1984, 442.
2 BGH v. 22.10.1992 – IX ZR 244/91, GmbHR 1993, 92.

3. Vertragliche Absicherung des Erwerbers

a) Eigenkapitalgarantie

Der Erwerber muss durch geeignete Vertragsklauseln sicherstellen, dass der Veräußerer über Kaufpreisminderungen diese Steuern wirtschaftlich trägt.[1] Dies geschieht üblicherweise dadurch, dass der Veräußerer zum Übertragungsstichtag ein bestimmtes Eigenkapital in der Handelsbilanz bei Anwendung unveränderter Bewertungsgrundsätze garantiert (zumeist das in der letzten verfügbaren Bilanz ausgewiesene), so dass sich bei einer Reduzierung des Eigenkapitals durch die erforderlichen Steuerverbindlichkeiten bzw. -rückstellungen der Kaufpreis für die Gesellschaftsanteile entsprechend reduziert.

155

b) Garantie gegen Nachforderungen aus einer Betriebsprüfung

Da aber zum Zeitpunkt des Erwerbs nicht alle Steuerverpflichtungen, insbesondere einer für Vorerwerbszeiträume später stattfindenden Betriebsprüfung bekannt sind oder bekannt sein können, bedarf es zusätzlich einer **vertraglichen Regelung über Steuernachforderungen** aufgrund einer solchen Betriebsprüfung. Dabei haben Veränderungen des steuerlichen Buchvermögens grundsätzlich keine vorteilhaften Auswirkungen für den Erwerber von Anteilen an einer Personengesellschaft (ertragsteuerrechtlich unveränderte Anschaffungskosten, lediglich Verschiebungen zwischen normal besteuerten laufenden und eventuell begünstigt besteuerten Veräußerungsgewinnen des Veräußerers sowie ggf. hinsichtlich der Gewerbeertragsteuer). Auch beim Erwerb von Anteilen an einer Kapitalgesellschaft ist ergebnismäßig zwischen bloßen Gewinnverlagerungen durch Nachaktivierungen in der Steuerbilanz zu unterscheiden, bei denen der Steuermehraufwand durch Steuerersparnis aufgrund erhöhten Abschreibungs- oder sonstigen Aufwands in der Zukunft wieder ausgeglichen wird,[2] und Mehrsteuern ohne Umkehreffekt, in erster Linie aufgrund verdeckter Gewinnausschüttungen, die über den Kaufpreis für die Anteile nachträglich auszugleichen sind. Dabei liegt es im Interesse von Erwerber und Veräußerer, dass dem Veräußerer vertraglich Informations- und Mitwirkungsrechte bei einer solchen Betriebsprüfung eingeräumt werden.

156

Entsprechende Steuerklauseln sind umso mehr von Bedeutung, als den Erwerber einer Beteiligung an einer Kapitalgesellschaft indirekt die Verpflichtung einer von ihm eingesetzten neuen Geschäftsführung zur **Fehlerkorrektur** nach § 153 AO trifft, falls dieser Steuerverkürzungen des früheren Managements für die Vergangenheit bekannt werden. Werden schon bei den Verhandlungen über den Beteiligungserwerb Steuerhinterziehungssachverhalte bekannt, dann kann dieses Problem nur durch Selbstanzeige des Veräußerers oder u.U. durch einen „Asset Deal" anstelle eines Beteiligungserwerbs gelöst werden (letzterenfalls bleibt die Korrekturverpflichtung beim Veräußerer).[3]

157

---

1 Bezüglich der Formulierung solcher Steuerklauseln vgl. *Streck/Mack*, BB 1992, 1398.
2 Allerdings sind etwaige Zinseffekte gem. § 233a AO zu beachten.
3 Vgl. *Streck*, BB 1992, 1539.

Teil VI
Personalpolitische und arbeitsrechtliche Fragen

Inhaltsverzeichnis

	Rz.
A. Arbeitsrecht beim Unternehmens- und Beteiligungskauf	1
I. Einführung	1
II. Änderungen auf Unternehmensebene	3
1. Share Deal oder Asset Deal	3
2. Anhörung des Wirtschaftsausschusses	5
3. Mitbestimmung	6
4. Gesellschafternachhaftung	7
III. Änderungen auf Betriebsebene	8
IV. Einzel- oder Gesamtrechtsnachfolge	10
V. Überblick: Arbeitsrecht bei Umwandlungen	13
B. Betriebsübergang nach § 613a BGB	19
I. Allgemeines	19
1. Geschichte	19
2. Sinn und Zweck	20
3. Verhältnis zum Gemeinschaftsrecht der EU	22
4. Geltungsbereich	23
5. Kritik	25
II. Voraussetzungen des Übergangs von Arbeitsverhältnissen	27
1. Übergang eines Betriebs oder Betriebsteils	27
a) Rechtslage bis 1997	27
b) Neuorientierung des Betriebsbegriffs	30
c) Betriebsteil	51
2. Betriebsinhaberwechsel	54
a) Allgemeines	54
b) Gesellschaftsrechtliche Vorgänge	57
c) Verhältnis von Betriebsstilllegung und Betriebsübergang	60
3. Rechtsgeschäft	67
a) Allgemeines	67
b) Gesamtrechtsnachfolge und Umwandlungsgesetz	71
c) Mehrere Rechtsgeschäfte	75

	Rz.
d) Wirksamkeit/Rücktrittsrecht	77
e) Einzelne Rechtsgeschäfte	79
4. Übergang und Übergangszeitpunkt	86
III. Der Übergang der Arbeitsverhältnisse	88
1. Allgemeines	88
2. Mittelbares Arbeitsverhältnis	90
3. Faktisches Arbeitsverhältnis	91
4. Gekündigtes Arbeitsverhältnis	92
5. Vertretungsberechtigte Organmitglieder	93
6. „Zweifelhafte" Arbeitsverträge	96
7. Arbeitnehmerähnliche Personen	98
8. Leiharbeitsverhältnisse	99
9. Pensionäre, Versorgungsanwärter und Vorruheständler	100
10. Zuordnungsfragen	101
a) Allgemeines	101
b) Umwandlungsfälle	106
11. Abweichende Vereinbarungen	110
IV. Unterrichtungspflicht des Arbeitgebers	114
1. Rechtsnatur	114
2. Inhalt	115
V. Widerspruchsrecht der Arbeitnehmer	125
1. Grundlagen	125
2. Ausübung	127
a) Allgemeines	127
b) Rechtsmissbrauch	132
3. Rechtsfolgen	135
a) Allgemeines	135
b) Sozialauswahl	138
c) Annahmeverzug	148
d) Sozialplananspruch	149
4. Absprachen	150
VI. Rechtsstellung übergegangener und ausgeschiedener Arbeitnehmer	153

Teil VI — Personalpolitische und arbeitsrechtliche Fragen

	Rz.
1. Übergehende Rechte und Pflichten	153
a) Allgemeines	153
b) Betriebszugehörigkeit	157
c) Gestaltungsrechte	162
d) Nachwirkungen aus beendeten Arbeitsverhältnissen	163
e) Rückständige Ansprüche	167
f) Rückständige Sozialversicherungsbeiträge/ Lohnsteuer	169
g) Rechtsähnliche Positionen	172
h) Vollmachten, Ämter, Statusfragen	173
i) Lohnpfändung	179
j) Darlehen	180
k) Mitarbeiterbeteiligungen/Aktienoptionen	183
l) Werkswohnungen	192
m) Arbeitnehmer-Erfindungen	195
n) Urlaubsansprüche	198
o) Zeugnis	199
p) Dienstwagen	200
q) Produktbezogene Vergünstigungen	201
r) Anpassung von unternehmens- oder leistungsabhängigen Vergütungen	202
s) Gesetzliches Wettbewerbsverbot, § 60 HGB	203
t) Nachvertragliche Wettbewerbsverbote, §§ 74 ff. HGB	205
u) Betriebliche Altersversorgung	213
2. Rechtsstellung übergehender Mitarbeiter im aufnehmenden Betrieb	223
3. Abweichende Vereinbarungen mit den Arbeitnehmern	225
4. Abweichende Regelungen zwischen Erwerber und Veräußerer	228
VII. Rechtsstellung Dritter	230
VIII. Kündigungsrechtliche Fragen	231
1. Rechtsnatur und Geltungsbereich von § 613a Abs. 4 BGB	231

	Rz.
2. Kündigung „wegen Betriebs(teil)übergang"	235
3. Kündigung „aus anderen Gründen"	243
4. Kündigung „wegen Widerspruchs"	247
5. Leitende Angestellte	248
6. Besonderheiten bei (werdenden) Müttern und Schwerbehinderten	249
7. Sozialversicherungsrechtliche Auswirkungen	251
IX. Haftungssystem des § 613a BGB und Verhältnis zum Umwandlungsrecht	254
1. Haftungssystem	254
a) Haftung des Erwerbers	254
b) Haftung des Veräußerers	256
2. Verhältnis zum Umwandlungsrecht	260
a) §§ 133, 134 UmwG	260
b) §§ 22, 45 UmwG	262
3. Sonstige Haftungsfragen	265
X. § 613a BGB in der Insolvenz	271
1. Anwendbarkeit von § 613a BGB	271
2. Behandlung der Arbeitnehmeransprüche	273
a) Vergütung	273
b) Sozialplanansprüche	277
c) Betriebliche Altersversorgung	278
3. Kündigungen	285
4. Insolvenzeröffnungsverfahren	287
5. Insolvenzplanverfahren	288
6. Erleichterte Sanierungsmöglichkeiten in der Insolvenz	289
a) Regelungen der InsO	289
b) Einsatz von Beschäftigungsgesellschaften	293
c) Insolvenzgeld	296
XI. Betriebsverfassungs- und mitbestimmungsrechtliche Auswirkungen	300
1. Unterrichtung des Wirtschaftsausschusses	300
2. Mitwirkung und Mitbestimmung des Betriebsrats	301
3. Schicksal des Betriebsrats	313
4. Schicksal des Gesamtbetriebsrats	319

	Rz.		Rz.
5. Betriebsverfassungs- und mitbestimmungsrechtliche Veränderungen	324	2. Durchsetzung übergegangener Rechte und Pflichten	387
6. Umwandlungsgesetz	330	3. Streitverkündung gegenüber dem Pensions-Sicherungs-Verein	389
7. Betriebsübergang und Sprecherausschuss	334		
XII. Fortgeltung von Kollektivnormen	340	4. Fortsetzung anhängiger Verfahren	390
1. Allgemeines	340	5. Beteiligtenwechsel im Beschlussverfahren	391
2. Transformation von Kollektivnormen	342	6. Rechtskraftwirkung gegenüber Erwerber	392
3. Kollektivrechtliche Fortgeltung	348	7. Lohnpfändungen	393
a) Betriebsvereinbarungen	348	**C. Arbeitsrechtliche „Due Diligence"**	**394**
b) Tarifverträge	358	I. Einführung	394
4. Geltung eines anderen Kollektivvertrags (§ 613a Abs. 1 Satz 3 BGB)	364	II. Gegenstand der Prüfung	397
a) Allgemeines	364	**Textanhang**	**401**
b) Betriebsvereinbarungen	365	1. § 613a BGB (Rechte und Pflichten bei Betriebsübergang)	401
c) Tarifverträge	370		
5. Ausgründungsmodelle	377	2. Richtlinie 98/50/EG	402
XIII. Prozessuale Fragen	378	3. Richtlinie 2001/23/EG	403
1. Kündigungsrechtsstreit	378		

Literatur: Allgemein: *Ascheid/Preis/Schmidt,* Kündigungsrecht, 2. Aufl. 2004 (zit. APS); *Bauer,* Aktuelle Probleme betriebsbedingter Kündigungen unter besonderer Berücksichtigung des Betriebsübergangs, 1986; *Bauer,* Arbeitsrechtliche Aufhebungsverträge, 7. Aufl. 2004; *Bauer,* Beendigung von Arbeitsverhältnissen beim Betriebsübergang, DB 1983, 713; *Bauer,* Unternehmensveräußerungen und Arbeitsrecht, Schriften des Betriebs-Beraters, Bd. 65, 1983; *Bauer,* Sofortprogramm für mehr Sicherheit im Arbeitsrecht, NZA 2002, 1001; *Bauer/Krets,* Gesetz für moderne Dienstleistungen am Arbeitsmarkt, NJW 2003, 537; *Bauer/Lingemann,* Das neue Umwandlungsrecht und seine arbeitsrechtlichen Auswirkungen, NZA 1994, 1057; *Bauer/Lingemann/Diller/Haußmann,* Anwaltsformularbuch Arbeitsrecht, 2. Aufl. 2004; *Bauer/Preis/Schunder,* Der Regierungsentwurf eines Gesetzes für moderne Dienstleistungen am Arbeitsmarkt, NZA 2003, 704; *Bauer/Röder,* Taschenbuch zur Kündigung, 2. Aufl. 2000; *Baumbach/Lauterbach/Albers/Hartmann,* ZPO, 63. Aufl. 2004; *Bergwitz,* Betriebsübergang und Insolvenz nach der neuen EG-Richtlinie zur Änderung der Betriebsübergangsrichtlinie; *Boecken,* Unternehmensumwandlungen und Arbeitsrecht, 1996; *Boewer,* Der Wiedereinstellungsanspruch, NZA 1999, 1121 und 1177; *Borngräber,* Arbeitsverhältnis bei Betriebsübergang, 1977; *Däubler/Kittner/Klebe,* Betriebsverfassungsgesetz, 9. Aufl. 2004; *Däubler,* Das neue Internationale Arbeitsrecht, RIW 1987, 249; *M. Dreher,* Die zeitlichen Grenzen des arbeitnehmerseitigen Widerspruchs beim Betriebsübergang, BB 2000, 2358; Erfurter Kommentar zum Arbeitsrecht (Hrsg. *Dieterich/Hanau/Müller-Glöge/Preis/Schaub),* 5. Aufl. 2005; *Erman,* Handkommentar zum Bürgerlichen Gesetzbuch, 11. Aufl. 2004; *Feudner,* Grenzüberschreitende Anwendung des § 613a BGB, NZA 1999, 1184; *Fischer,* Individualrechtliche Probleme des verdeckten bzw. (zunächst) unerkannten Betriebsübergangs, DB 2001, 331; *Fitting/Kaiser/Heither/Engels,* Kommentar zum Betriebsverfassungsgesetz, 21. Aufl. 2002; *Franzen,* Die Richtlinie 98/50 EG zur Änderung der Betriebsübergangsrichtlinie 77/187//EWG und ihre Auswirkungen auf das deutsche Arbeitsrecht, RdA 1999, 361; *B. Gaul,* Das Arbeitsrecht der Betriebs- und Unternehmensspaltung, 2002; *D. Gaul,* Der Betriebsübergang, 2. Aufl. 1993; *D. Gaul,* Einzelvertragliche Bezugnahme beim Übergang des Arbeitsverhältnisses auf nicht tarifgebundene Arbeitgeber, BB 2000, 1086; Gemeinschaftskommentar zum Kündigungsschutzgesetz und zu sonstigen kündigungsschutzrechtlichen Vorschriften, 4. Aufl. 2004 (zit. KR); Großkommentar zum HGB, begr. v. *Staub*, §§ 145–160, 1999; *Hanau*, Perversion und Prävention bei § 613a BGB, ZIP 1998, 1817; *Häger/Kieborz*, Checkbuch Unternehmenskauf, 2000; *Henssler/Willemsen/Kalb*, Arbeitsrecht Kommentar, 2004 (zit. HWK); *Huntemann/Brockdorff*, Der Gläubiger im Insolvenzverfahren, 1999; *Kallmeyer*, Umwandlungsgesetz, 2. Aufl. 2001; Kasseler Handbuch zum Arbeitsrecht, Bd. 2 (Hrsg. *Leinemann*), 2. Aufl. 2000; *Krause*, Das Übergangsmandat des Betriebsrates im Lichte der novellierten Betriebsübergangsrichtlinie, NZA 1998, 1201; *Kreitner*, Kündigungsschutzrechtliche Probleme beim Betriebsinhaberwechsel, 1989; *Lutter*, Umwandlungsgesetz, 3. Aufl. 2004; *Mengel*, Umwandlungen im Arbeitsrecht, 1997; Münchener Kommentar zum Bürgerlichen Gesetzbuch, Schuldrecht Besonderer Teil II (Hrsg. *Henssler*), 4. Aufl. 2005; *Oetker*, Die Vorgabe der Betriebsübergangsrichtlinie für Beteiligungsrechte des Betriebsrates, NZA 1998, 1193; *Palandt*, Bürgerliches Gesetzbuch, 64. Aufl. 2005; *Pietzko*, Der Tatbestand des § 613a, 1989; *Pietzko*, Rechtsgeschäftliche Gestaltungsmöglichkeiten der Arbeitnehmer beim Betriebsübergang, ZIP 1990, 1104; *Posth*, Arbeitsrechtliche Probleme beim Betriebsinhaberwechsel (§ 613a BGB), Schriften zum Wirtschafts- und Arbeitsrecht, 1978; *Preis/Steffan*, Neue Konzepte des BAG zum Betriebsübergang, DB 1998, 309; *Preis/Steffan*, Zum Schicksal kollektivrechtlicher Regelungen beim Betriebsübergang, in Festschrift für Kraft, 1998, S. 477; *Preis/Willemsen* (Hrsg.), Umstrukturierung von Betrieb und Unternehmen im Arbeitsrecht, 1999; *Pröpper*, Steuerfreie Abfindungen gemäß § 3 Nr. 9 EStG auch bei Kündigung nach Widerspruch gegen Betriebsübergang, BB 2000, 1817; *Pröpper*, Präventive Vereinbarungen zwischen Arbeitgeber und Arbeitnehmer über das Widerspruchsrecht für den Fall eines Betriebsübergangs – Gestaltungsmöglichkeit oder Umgehungsgeschäft?, DB 2000, 2322; *Richardi*, Betriebsverfassungsgesetz, 9. Aufl. 2004; *Rieble*, Verschmelzung und Spaltung von Unternehmen und ihre Folgen für Schuldverhältnisse mit Dritten, ZIP 1997, 301; *Röder/Baeck*, Interessenausgleich und Sozialplan, 2. Aufl. 2001; *Schaub*, Arbeitsrechts-Handbuch, 11. Aufl. 2005; *Schaub*, Arbeitsrecht in der Insolvenz, 1999, 217; *Schliemann*, Das Arbeitsrecht im BGB, 2. Aufl. 2002; *Seiter*, Betriebsinhaberwechsel, 1980; *Staudinger*, BGB, §§ 611–615 BGB, 13. Bearbeitung 1999; *Trittin*, Unternehmensverschmelzung am Umwandlungsgesetz und § 613a BGB vorbei?, AiB 2001, 6; *Willemsen* (Hrsg.), Umstrukturierung und Übertragung von Unternehmen, 2. Aufl. 2003; *Willemsen/Annuß*, Neue Betriebsübergangsrichtlinie – Anpassungsbedarf im deutschen Recht?, NJW 1999, 2073.

Voraussetzungen des Betriebsübergangs: *Baeck/Lingemann*, Auftragsübergang als Betriebsübergang? Neues vom EuGH, NJW 1997, 2492; *Bauer*, Outsourcing out?, BB 1994, 1433; *Bauer*, Christel Schmidt lässt grüßen: Neue Hürden des EuGH für Auftragsvergabe, NZA 2004, 14; *Bieback*, Arbeitsrechtliche Probleme der Fusion öffentlich-rechtlicher Körperschaften, ZTR 1998, 396; *Birk*, Betriebsaufspaltung und Änderung der Konzernorganisation im Arbeitsrecht, ZGR 1984, 23; *Boewer*, Der Wiedereinstellungsanspruch, NZA 1999, 1121 ff., 1177 ff.; *Buchner*, Die Betriebsübertragung im Sinne von § 613a BGB im Spannungsfeld von Arbeitsplatzschutz und unternehmerischer Gestaltungsmöglichkeit, JZ 1999, 593; *Commandeur*, Die Bedeutung des § 613a im Bereich der ehemaligen DDR, NZA 1991, 705; *Depenheuer*, Die neuere Rechtsprechung zum Betriebsübergang, ZTR 1999, 160; *Diller*, Der Arbeitnehmer der GbR!?, NZA 2003, 401; *Fabricius*, Rechtsprobleme gespaltener Arbeitsverhältnisse im Konzern, 1982; *Hoppe/Uechtritz*, Handbuch Kommunale Unternehmen, 2004; *Huber*, Betriebsführungsverträge zwischen konzernverbundenen Unternehmen, ZHR 152 (1988), 123; *Kleinebrink*, Wiedereinstellungsanspruch und Betriebsübergang, FA 1999, 138; *Kohte*, Betriebsübergang im öffentlichen Dienst, BB 1997, 1738; *Konzen*, Arbeitnehmerschutz im Konzern, RdA 1984, 65; *Kreßel*, Arbeitsrechtliche Aspekte des neuen Umwandlungsbereinigungsgesetzes, BB 1995, 925; *Lieb*, Arbeitsrecht, Schwerpunkte, 8. Aufl. 2003; *Loritz*, Zum Betriebsübergang gem. BGB § 613a bei Gründung einer Auffanggesellschaft, SAE 1986, 138; *Loritz*, Aktuelle Probleme des Betriebsüberganges nach § 613a BGB, RdA 1987, 65; *Meilicke*, Zum Übergang der Arbeitsverhältnisse nach § 613a BGB beim Pächterwechsel, DB

1982, 1168; *Meyer*, Sozialplangestaltung bei nachträglichem Betriebsübergang, NZA 2000, 297; *Mohrbutter*, Zur Einschränkung der Rechtsfolgen des § 613a BGB im Unternehmenskonkurs, NZA 1985, 105; *Moll*, Bedeutung und Voraussetzungen des Betriebsübergangs im Wandel, RdA 1999, 233; *Müller-Glöge*, Bestandsschutz beim Betriebsübergang nach § 613a BGB, NZA 1999, 449; *Neef*, Die Rechtsprechung des BAG zum Betriebsübergang, NZA-RR 1999, 225; *Nicolai*, Die Entwicklung der höchstrichterlichen Rechtsprechung im Arbeitsrecht im Jahre 1998, ZfA 1999, 617; *Preis/Steffan*, Neue Konzepte des BAG zum Betriebsübergang, DB 1998, 309; *Resch*, Betriebsübergang und Auslagerung staatlicher Aufgaben, AuR 2000, 87; *Röder/Baeck*, EuGH: Funktionsnachfolge als Betriebsübergang, NZA 1994, 542; *Salje*, Betriebsaufspaltung und Arbeitnehmerschutz, NZA 1988, 449; *Schiefer*, Outsourcing, Auftragsvergabe, Betriebsübergang – nach geänderter Rechtsprechung, NZA 1998, 1095; *Schleifenbaum*, Gesellschafterwechsel als Betriebsübergang der Gesellschaft Bürgerlichen Rechts, BB 1991, 1705; *Schwerdtner*, Individualrechtliche Probleme des Betriebsüberganges, in Festschrift für Gerhard Müller, 1981, S. 557 ff.; *Schuster/Beckerle*, Arbeitsrechtliche Probleme im Zusammenhang mit der Privatisierung öffentlicher Dienstleistungen, NZA 1985, 16; *Steffan*, Der Betriebsteil als „wirtschaftliche Einheit", NZA 2000, 687; *v. Stebut*, Die Haftung ausgeschiedener Gesellschafter für Gesellschaftsverbindlichkeiten aus Dauerschuldverhältnissen, ZGR 1981, 183; *v. Steinau-Steinrück*, Haftungsrechtlicher Arbeitnehmerschutz bei der Betriebsaufspaltung, 1996; *v. Steinau-Steinrück/Wagner*, Neues zum Betriebsübergang, NJW-Spezial 2004, 33; *Willemsen*, Aktuelle Tendenzen zur Abgrenzung des Betriebsübergangs – die Zeit nach Christel Schmidt, DB 1995, 994.

Rechtsfolgen des Betriebsübergangs: *Annuß*, Der Betriebsübergang nach „Ayse Süzen", NZA 1998, 70; *Bauer*, Die Anwendung arbeitsrechtlicher Schutzvorschriften auf den Fremdgeschäftsführer der GmbH, DB 1979, 2178; *Bauer*, Zuständigkeitsprobleme bei Streitigkeiten der GmbH und GmbH & Co. KG mit ihren Geschäftsführern, GmbHR 1981, 109; *Bauer/Gragert*, Der GmbH-Geschäftsführer zwischen Himmel und Hölle, ZIP 1997, 2177; *Bauer/Diller/Schuster*, Das Korrekturgesetz zur Scheinselbständigkeit, NZA 1999, 1297; *Fleck*, Das Dienstverhältnis der Vorstandsmitglieder und Geschäftsführer in der Rechtsprechung des BGH, WM Sonderbeilage 3/1981, 3; *Grunsky*, Rechtswegzuständigkeit bei Kündigung des Anstellungsvertrags eines GmbH-Geschäftsführers, ZIP 1988, 76; *Hartmann*, Die privatautonome Zuordnung von Arbeitsverhältnissen nach dem Umwandlungsrecht, ZfA 1997, 21; *Heinze*, Die Arbeitgebernachfolge bei Betriebsübergang, DB 1980, 205; *Hilger*, Die Anpassung des Rechts der Betriebsübernahme (§ 613a BGB) an die Insolvenzsituation de lege lata und de lege ferenda, ZGR 1984, 258; *Henssler*, Das Anstellungsverhältnis der Organmitglieder, RdA 1992, 289; *Hohenstatt*, Der Interessenausgleich in einem veränderten rechtlichen Umfeld, NZA 1998, 846; *v. Hoyningen-Huene/Windbichler*, Der Übergang von Betriebsteilen nach § 613a BGB, RdA 1977, 329; *Kreitner*, Die Zuordnung von Arbeitsverhältnissen beim Betriebsinhaberwechsel, NZA 1990, 429; *Martens*, Das Arbeitsrecht der leitenden Angestellten, 1982; *C. Meyer*, Der Fortsetzungsanspruch bei Betriebsübergang, BB 2000, 1032; *C. Meyer*, Aufhebungsvertrag beim Betriebsübergang, SAE 2000, 39; *Moll*, Die Rechtsstellung des Arbeitnehmers nach einem Betriebsübergang, NJW 1993, 2016; *Säcker/Joost*, Auswirkungen eines Betriebsübergangs auf Ruhestandsverhältnisse, DB 1978, 1030.

Unterrichtung und Widerspruchsrecht: *Annuß*, Kündigung widersprechender Betriebsratsmitglieder bei Betriebsteilübergang BB 1999, 798; *Bauer/v. Steinau-Steinrück*, Neuregelung des Betriebsübergangs: Erhebliche Risiken und viel mehr Bürokratie!, ZIP 2002, 457; *Bauer/v. Steinau-Steinrück*, Betriebsübergang: Haftungsrisiken und Handlungsvorschläge, Sonderbeilage zu NZA 16/2003, 72; *Birk*, Der EuGH und das Widerspruchsrecht des Arbeitnehmers beim Betriebsinhaberwechsel nach § 613a BGB, EuZW 1993, 156; *Commandeur*, Individualrechtliche Probleme des Widerspruchs des Arbeitnehmers beim Betriebsübergang, NJW 1996, 2537; *Feudner*, Kündigungsschutz von Betriebsräten bei Betriebsübergang, DB 1994, 1570; *Franzen*, Informationspflichten und Widerspruchsrecht beim Betriebsübergang nach § 613a Abs. 5 und 6 BGB, RdA 2002, 258; *B. Gaul/Otto*, Unterrichtungsanspruch und Widerspruchsrecht bei Betriebsübergang und Umwandlung, DB 2002, 634; *Gerauer*, Betriebsratsamt und Betriebsübergang, BB 1990, 1127; *Grobys*, Die Neuregelung des Betriebsübergangs in § 613a BGB, BB 2002, 726; *Groeger*, Probleme der außerordentlichen betriebsbedingten Kündigung ordentlich unkündbarer Arbeitnehmer, NZA 1999, 850; *Henssler*, Aufspaltung, Ausgliederung und Fremdvergabe, NZA 1994, 913; *Hoffmeister*, Soziale Auswahl und Widerspruch bei Betriebsteilübergang, AuR 1995, 132; *Ingelfinger*, Widerspruch des Arbeitnehmers beim Betriebsübergang und Sozialauswahl bei anschließender betriebsbedingter Kündigung, ZfA 1996, 591; *Joost*, Der Widerspruch des Arbeitnehmers beim Betriebsübergang – nun europaweit?, ZIP 1993, 178; *Lunk*, Widerspruch gegen Betriebsübergang und Sozialauswahl, NZA 1995, 711; *Lunk/Möller*, Folgeprobleme nach Widerspruch gegen einen Betriebsteilübergang, NZA 2004, 9; *C. Meyer*, Unterrichtungspflicht und Widerspruchsrecht beim Betriebsübergang, BB 2003, 1010; *Moll*, Die Rechtsstellung des Arbeitnehmers nach einem Betriebsübergang, NJW 1993, 2016; *Neef*, Die Rechtsprechung des BAG zum Betriebsübergang, NZA-RR 1999, 225; *Olbertz/Ungnad*, Zeitliche Grenze des Widerspruchsrechts nach § 613a Abs. 6 BGB im Falle fehlerhafter Unterrichtung der Arbeitnehmer, BB 2004, 213; *Pröpper*, Unbefristetes Widerspruchsrecht bei Unterrichtungsfehlern über den Betriebsübergang nach § 613a BGB?, DB 2003, 2011; *Rieble*, Verschmelzung und Spaltung von Unternehmen und ihre Folgen für Schuldverhältnisse mit Dritten, ZIP 1997, 301; *Rieble*, Widerspruch nach § 613a Abs. 6 BGB – die (ungeregelte) Rechtsfolge, NZA 2004, 1; *Schiefer*, Betriebsteilübergang – Betriebsbedingte Kündigung nach Widerspruch des Arbeitnehmers, SAE 2000, 289; *Tschöpe*, Rechtsfolgen eines arbeitnehmerseitigen Widerspruchsrechts beim Betriebsinhaberwechsel, 1984; *Willemsen/Lembke*, Die Neuregelung von Unterrichtung und Widerspruchsrecht der Arbeitnehmer beim Betriebsübergang, NJW 2002, 1159; *Worzalla*, Neue Spielregeln bei Betriebsübergang – Die Änderungen des § 613a BGB, NZA 2002, 353.

Rechtsstellung „übergegangener" Arbeitnehmer: *Baeck/Diller*, Arbeitsrechtliche Probleme bei Aktienoptionen und Belegschaftsaktien, DB 1998, 1405; *Bartenbach/Volz*, Gesetz über Arbeitnehmererfindungen vom 25. Juli 1957, 3. Aufl. 1997; *Bauer/Diller*, Wettbewerbsverbote, 3. Aufl. 2002; *Bauer/Göpfert/v. Steinau-Steinrück*, Aktienoptionen bei Betriebsübergang, ZIP 2001, 1129; *Baumbach/Hopt*, HGB, 31. Aufl. 2003; *Bossmann*, Die Auswirkungen des Betriebsübergangs nach § 613a auf die Wettbewerbsverbote der Arbeitnehmer, 1993; *Buchner*, Wettbewerbsverbote, 2. Aufl. 1997; *Diller*, Gesellschafter und Gesellschaftsorgane als Arbeitnehmer, 1993; *Fuchs*, Betriebliche Sozialleistungen beim Betriebsübergang, 2000; *D. Gaul*, Die Arbeitnehmererfindungen nach dem Betriebsübergang, GRUR 1994, 1; *D. Gaul*, Auswirkungen des rechtsgeschäftlich begründeten Betriebsübergangs auf nachwirkende Wettbewerbsvereinbarungen und Geheimhaltungspflichten, NZA 1989, 698; *B. Gaul/Kühnreich*, Änderung von Versorgungszusagen nach Betriebsübergang bzw. Umwandlung, NZA 2002, 495; *Gockel*, Übergang von Ansprüchen und Anwartschaften aus einer betrieblichen Altersversorgung nach § 613a BGB, 1988; *Grimm/Walk*, Das Schicksal erfolgsbezogener Vergütungsformen beim Betriebsübergang, BB 2003, 577; *Grunsky*, Wettbewerbsverbote für Arbeitnehmer, 2. Aufl. 1992; *Hambach*, Gesetzliche Unverfallbarkeit von Versorgungsanwartschaften und Betriebsübergang, NZA 2000, 291; *Heymann*, HGB, 2. Aufl. 1995 ff.; *Hill*, Das neue Umwandlungsrecht und seine Auswirkungen auf die betriebliche Altersversorgung, BetrAVG 1995, 114; *Köhler*, Fortbestand handelsrechtlicher Vollmachten bei Betriebsübergang?, BB 1979, 912; *Leinemann/Linck/Fenski*, Urlaubsrecht, 2. Aufl. 2001; *Leinemann/Lipke*, Betriebsübergang und Urlaubsanspruch, DB 1988, 1217; *Lindemann/Simon*, Ablösung und Bestandsschutz von Altersversorgungsregelungen beim Betriebsübergang, BB 2003, 2510; *Mechlem/Melms*, Verfall- und Rückzahlungsklauseln bei Aktienoptionsplänen, DB 2000, 1614; *Mösbauer*, Zur sachlichen, zeitlichen und gegenständlichen Beschränkung der Haftung des Betriebsübernehmers nach § 75 AO, DStZ 1995, 705; *Mösenfechtel/Schmitz*, Zur Nachfolge des Erwerbers in die Tarifgebundenheit des Veräußerers bei Betriebsveräußerung, RdA 1976, 108; *Nägele*, Die Wettbewerbsabrede beim Betriebsinhaberwechsel, BB 1989, 1481; *Nehls/Sudmeyer*, Zum Schicksal von Aktienoptionen bei Betriebsübergang, ZIP 2002, 201; *Röder/Lingemann*, Schicksal von Vorstand und Geschäftsführer bei Unternehmensumwandlungen und Unternehmensveräußerungen, DB 1993, 1341; *L. Schmidt*, EStG, 23. Aufl. 2004; *Schnitker/Grau*, Übergang und Anpassung von Rechten aus Aktienoptionsplänen bei Betriebsübergang nach § 613a BGB, BB 2002, 2497; *Schwerdtner* (Hrsg.), Individualarbeitsrechtliche Probleme des Betriebsüberganges, Festschrift für Gerhard Müller 1981; *v. Steinau-Steinrück*, Die Grenzen des § 613a BGB bei Aktienoptionen im Konzern, NZA 2003, 473; *Willemsen/ Müller-Bonanni*, Aktienoptionen beim Betriebsübergang, ZIP 2003, 1177.

Kündigungsrechtliche Fragen: *Buchner*, Gesetzliche Maßnahmen gegen Frühverrentung – Die Nachfolgeregelung zu § 128 AFG, ZIP 1993, 717; *B. Gaul/Bonanni/Naumann*, Betriebsübergang: Neues zur betriebsbedingten Kündigung aufgrund Erwerberkonzepts, DB 2003, 1902; *Grunsky*, Arbeits- und sozialrechtliche Probleme der Unternehmenssanierung, ZIP 1982, 772; *Hanau*, Zur Kündigung von Arbeitsverhältnissen wegen Betriebsübergang – Anmerkung zum Urteil des BAG v. 26.5.1983, ZIP 1984, 141; *Hanau*, Die Wiederbelebung des § 128 AFG, DB 1992, 2625; *Henckel*, Die Anpassung des Rechts der Betriebsübernahme (§ 613a BGB) an die Insolvenzsituation de lege lata und de lege ferenda, ZGR 1984, 225; *Hilger*, Betriebsübernahme in der Insolvenz, ZGR 1984, 258; *Kreßel*, Gefährdung von Arbeitsplätzen – Befreiungstatbestand § 128 II Nr. 2 AFG, NZA 1994, 924; *Lipinski*, Reichweite der Kündigungskontrolle durch § 613a Abs. 4 Satz 1 BGB, NZA 2002, 75; *Lipinski*, Sozialauswahl bei Betriebsteilübergang zugunsten eines widersprechenden Arbeitnehmers?, DB 2002, 1214; *C. Meyer*, Personalanpassung des Betriebsveräußerers auf Grund eines Erwerberkonzeptes, NZA 2003, 244; *Pottmeyer*, Das Widerspruchsrecht des Arbeitnehmers im Falle des Betriebsinhaberwechsels und die Sperrzeit nach § 119 Abs. 1 AFG, NZA 1988, 521; *Schreiber*, Das Arbeitsverhältnis beim Übergang des Betriebs, RdA 1982, 137; *Schubert*, Wiedereinstellungsanspruch des Arbeitnehmers nach betriebsbedingter Kündigung in der Insolvenz, ZIP 2002, 558; *Sieger/Hasselbach*, Veräußererkündigung mit Erwerberkonzept – Arbeitsrechtliche Probleme des Unternehmenserwerbs zu Sanierungszwecken, DB 1999, 430; *Stahlhacke/Preis/Vossen*, Kündigung und Kündigungsschutz im Arbeitsverhältnis, 8. Aufl. 2002; *Timm*, Die Sanierung von Unternehmen, ZIP 1983, 225; *Vossen*, Die betriebsbedingte Kündigung des bisherigen Arbeitgebers aus Anlass des Betriebsübergangs, BB 1984, 1557; *Willemsen*, Die Kündigung wegen Betriebsübergangs, ZIP 1983, 411.

§ 613a BGB in der Insolvenz: *Bauer*, Neues Spiel bei der Betriebsänderung und der Beschäftigungssicherung?, NZA 2001, 378; *Braun/Wiezioch*, Neue Entwicklungen beim Insolvenzgeld, ZIP 2003, 2001; *Gagel*, SGB III, Loseblatt, Stand 01/2005; *Gänßbauer*, Beschäftigungs- und Qualifizierungsgesellschaften zur Unternehmenssanierung in der Insolvenz, 2002; *B. Gaul/Kliemt*, Aktuelle Aspekte einer Zusammenarbeit mit Beschäftigungsgesellschaften, NZA 2000, 674; *Häsemeyer*, Die Systemwidrigkeit der insolvenzrechtlichen Sozialplanregelung (§§ 123, 124 InsO) und ihre Folgen, ZIP 2003, 229; *Lembke*, Umstrukturierung in der Insolvenz unter Einschaltung einer Beschäftigungs- und Qualifizierungsgesellschaft, BB 2004, 773; *Rattunde*, Sanierung durch Insolvenz, ZIP 2003, 2103; *Rieble*, Die Betriebsverfassungsgesetz-Novelle 2001 in ordnungspolitischer Sicht, ZIP 2001, 133; *Ries*, Sanierung über Beschäftigungs- und Qualifizierungsgesellschaften – Kosten, Nutzen, Risiken, NZI 2002, 521; *Wendeling-Schröder/Welkoborsky*, Beschäftigungssicherung und Transfersozialplan, NZA 2002, 1370.

Betriebsverfassungsrechtliche und mitbestimmungsrechtliche Auswirkungen des Betriebsübergangs: *Bauer*, Aktuelle Probleme des Personalabbaus im Rahmen von Betriebsänderungen, DB 1994, 217; *Bauer*, Sprecherausschussgesetz, 2. Aufl. 1990; *Bork*, Arbeitnehmerschutz bei Betriebsaufspaltung, BB 1989, 2185; *B. Gaul*, Die neue EG-Richtlinie zum Betriebs- und Unternehmensübergang, BB 1999, 526 ff., 582 ff.; *Heinze*, Nichtsozialplanpflichtige Betriebsänderung, NZA 1987, 41; *Henssler*, Aufspaltung, Ausgliederung, Fremdvergabe, NZA 1994, 297; *Hohenstatt/Müller-Bonanni*, Auswirkungen eines Betriebsinhaberwechsels auf Gesamtbetriebsrat und Gesamtbetriebsvereinbarungen, NZA 2003, 766; *Hromadka*, Sprecherausschussgesetz, 1991; *Löwisch*, Sprecherausschussgesetz, 2. Aufl. 1994; *Löwisch/Kaiser*, Betriebsverfassungsgesetz, 5. Aufl. 2002; *Löwisch*, Betriebsratsamt und Sprecherausschussamt bei Betriebsübergang und Unternehmensänderung, BB 1990, 1698; *Matthes*, Betriebsübergang und Betriebsteilübergang als Betriebsänderung, NZA 2000, 1073; *Neef*, Betriebsübergang und Betriebsänderung, NZA 1994, 97; *Raiser*, Mitbestimmungsgesetz, 4. Aufl. 2002; *Rieble/Gutzeit*, Betriebsvereinbarungen nach Unternehmensumstrukturierung, NZA 2003, 233; *Rieble/Gutzeit*, Übergangsmandat bei Betriebsverschmelzung: Streit zwischen Betriebsräten und Durchsetzung, ZIP 2004, 693; *Salje*, Betriebsaufspaltung und Arbeitnehmerschutz, NZA 1989, 449; *Sowka*, Betriebsverfassungsrechtliche Probleme der Betriebsaufspaltung, DB 1988, 1318; *Weimar-Alfes*, Neuregelung des § 613a BGB für die neuen Bundesländer, BB 1993, 783.

Fortgeltung von Kollektivnormen: *Bauer/Diller*, Beschäftigungssicherung in der Metallindustrie, NZA 1994, 353; *Bauer/v. Steinau-Steinrück*, Das Schicksal freiwilliger Betriebsvereinbarungen beim Betriebsübergang, NZA 2000, 505; *Boecken*, Firmentarifvertrag bei Unternehmensverschmelzung, SAE 2000, 162; *Boemke/Kursawe*, Grenzen der vereinbarten Nachwirkung freiwilliger Betriebsvereinbarungen, DB 2000, 1405; *Däubler*, Kommentar zum Tarifvertragsgesetz, 2003; *Däubler*, Das Arbeitsrecht im neuen Umwandlungsgesetz, RdA 1995, 136; *Dehmer*, Die Betriebsaufspaltung, 2. Aufl. 1987; *D. Gaul*, Der Betriebsübergang, 2. Aufl. 1993; *D. Gaul*, Einzelvertragliche Bezugnahmeklauseln beim Übergang des Arbeitsverhältnisses auf nicht tarifgebundene Arbeitgeber, BB 2000, 1086; *Gussen/Dauck*, Die Weitergeltung von Betriebsvereinbarungen und Tarifverträgen bei Betriebsübergang und Umwandlung, 2. Aufl.1997; *Hagemeier/Kempen/Zachert/Zilius*, Tarifvertragsgesetz, 3. Aufl. 1997; *Hanau/Vossen*, Die Auswirkungen des Betriebsinhaberwechsels auf Betriebsvereinbarungen und Tarifverträge, in Festschrift für Hilger und Stumpf, 1983, S. 271 ff.; *Henssler*, Aufspaltung, Ausgliederung und Fremdvergabe, NZA 1994, 294; *Jacobs*, Die vereinbarte Nachwirkung bei freiwilligen Betriebsvereinbarungen, NZA 2000, 69; *Junker*, Die auf einer Betriebsvereinbarung beruhende Altersversorgung beim Betriebsübergang, RdA 1993, 203; *Lambrich/Thüsing*, Arbeitsvertragliche Bezugnahme auf Tarifnormen, RdA 2002, 193; *Mengel*, Firmentarifvertrag bei Unternehmensverschmelzung, ArbuR 1999, 152; *C. Meyer*, Ablösung von Betriebs-, Gesamt- und Konzernbetriebsvereinbarungen beim Betriebsübergang, DB 2000, 1174; *C. Meyer*, Modifikation von Tarifrecht durch Betriebsvereinbarungen beim Betriebsübergang, NZA 2001, 751; *C. Meyer*, Bezugnahme-Klauseln und neues Tarifwechsel-Konzept des BAG, NZA 2003, 1126; *C. Meyer*, Gestaltungsfragen kollektiver Weitergeltung von Gesamtbetriebsvereinbarungen bei Betriebsübergang, ZIP 2004, 545; *Mues*, Bestandsschutz und Änderbarkeit von Betriebsvereinbarungen nach Betriebsübergang und Betriebsteilübergang, DB 2003, 1273; *Prange*, Tarifverträge im Lichte des § 613a BGB, NZA 2002, 817; *Rieble/Blank*, Flucht aus dem Tarifvertrag – Flucht in den Tarifvertrag, 2000; *Röder*, Die Fortgeltung von Kollektivnormen bei Betriebsübergang gem. § 613a BGB idF. vom 13.8.1980, DB 1981, 1980; *Röder/Haußmann*, Die Geltung von Gesamtbetriebsvereinbarungen nach einer Umwandlung, DB 1999, 1754; *Schiefer*, Tarifvertragswechsel beim Betriebsübergang – neue Möglichkeiten?, DB 2003, 390; *Seitz/Werner*, Arbeitsvertragliche Bezugnahmeklauseln bei Unternehmensumstrukturierungen, NZA 2000, 1257; *Thüsing*, Statische Rechtsprechung zur dynamischen Bezugnahme, NZA 2003, 1185; *Wank*, Die Geltung von Kollektivvereinbarungen nach einem Betriebsübergang, NZA 1987, 505; *Zöllner*, Veränderung und Angleichung tarifvertraglich geregelter Arbeitsbedingungen nach Betriebsübergang, DB 1995, 1401.

Prozessuale Fragen: *Schaub*, Arbeitsrecht in der Insolvenz, DB 1999, 217; *Löwisch/Neumann*, Erwerber als richtiger Kündigungsschutz-Beklagter bei vor Betriebsübergang ausgesprochener Kündigung, DB 1996, 474.

Due Diligence: *Berens/Brauner*, Due diligence bei Unternehmensakquisitionen, 1999; *Diller/Deutsch*, Arbeitnehmer-Datenschutz contra Due diligence, Kommunikation und Recht 1998, 16; *Fleischer/Körber*, Due diligence und Gewährleistung beim Unternehmenskauf, BB 2001, 841; *Götze*, Auskunftserteilung durch GmbH-Geschäftsführer im Rahmen der Due diligence beim Beteiligungserwerb, ZGR 1999, 202 ff.; *Höfer/Küpper*, Due diligence für Verpflichtung aus der betrieblichen Altersversorgung, DB 1997, 1317;

Loges, Der Einfluss der „Due diligence" auf die Rechtsstellung des Käufers eines Unternehmens, DB 1997, 965; *Lutter*, Due diligence des Erwerbers beim Kauf einer Beteiligung, ZIP 1997, 613; *Merkt*, Due diligence und Gewährleistung beim Unternehmenskauf, BB 1995, 1041; *Merkt*, Rechtliche Bedeutung der Due diligence beim Unternehmenskauf, WiB 1996, 145; *Michalski*, Abwehrmechanismen gegen unfreundliche Übernahmeangebote („unfriendly takeovers") nach deutschem Aktienrecht, AG 1997, 152; *Schroeder*, Darf der Vorstand der Aktiengesellschaft dem Aktienkäufer eine Due diligence gestatten?, DB 1997, 2161; *Wegen*, Due diligence-Checkliste für den Erwerb einer deutschen Gesellschaft, WiB 1994, 27, 532.

A. Arbeitsrecht beim Unternehmens- und Beteiligungskauf

I. Einführung

Für Unternehmens- und Beteiligungskäufe gibt es eine breite Palette gesellschaftsrechtlicher Gestaltungsformen. Die Vertragsgestaltung folgt in der Regel steuer- und haftungsrechtlichen Vorgaben. Dagegen werden die arbeitsrechtlichen Auswirkungen häufig **unterschätzt**. Da sie leicht erhebliche wirtschaftliche Dimensionen annehmen können, empfiehlt sich bereits bei der konzeptionellen Gestaltung der Transaktion die Einschaltung arbeitsrechtlicher Berater. 1

Beispiel:

Die A-Gesellschaft mit 5000 Arbeitnehmern und einem „billigen" Flächentarifvertrag soll mit der ebenfalls tarifgebundenen B-Gesellschaft mit 1 000 Arbeitnehmern und einem „teuren" Tarifvertrag fusionieren. Die künftigen Lohnkosten können bei einer Verschmelzung der B-Gesellschaft auf die A-Gesellschaft deutlich geringer sein als im umgekehrten Fall. Die Gehälter der 5 000 Arbeitnehmer der A-Gesellschaft müssen dann nämlich nicht an das (höhere) Niveau der B-Gesellschaft angepasst werden.

§ 613a BGB ist die **zentrale Norm** des Arbeitsrechts beim Unternehmenskauf. Sie regelt Überleitung und Bestandsschutz von Arbeitsverhältnissen, Haftungsverteilung zwischen Veräußerer und Erwerber, Kontinuität des Betriebsrates, die Weitergeltung von Betriebsvereinbarungen und Tarifverträgen, sowie Unterrichtung und Widerspruchsrecht der Arbeitnehmer. Die arbeitsrechtlichen Auswirkungen hängen davon ab, ob die gewählte Gestaltungsform die **Identität** des **Unternehmens** und/oder des **Betriebs** verändert. Beide Ebenen müssen bei der Beurteilung der Folgen im Individualarbeits-, Betriebsverfassungs-, Tarifvertrags- und Mitbestimmungsrecht jeweils **getrennt** betrachtet werden. Die verschiedenen Gestaltungsformen lassen sich nach **Erwerbsgegenstand** (Share Deal oder Asset Deal) sowie **Erwerbsform**, nämlich Einzel- oder Gesamtrechtsnachfolge, unterteilen. Innerhalb der Gesamtrechtsnachfolge kommt es darauf an, ob sich der Erwerb innerhalb oder außerhalb des **UmwG** vollzieht. 2

II. Änderungen auf Unternehmensebene

1. Share Deal oder Asset Deal

3   Käufer neigen aus haftungsrechtlichen Gründen erfahrungsgemäß eher zum Asset Deal. Dabei werden alle oder bestimmte Wirtschaftsgüter und Verbindlichkeiten durch Einzelrechtsnachfolge auf einen neuen Rechtsträger übertragen. Auf diese Weise kann der Erwerber konkret bestimmen, welche Teile des Zielunternehmens er übernimmt. Aus arbeitsrechtlicher Sicht hat die Entscheidung zwischen Share Deal (Kauf von Anteilen am Zielunternehmen) und „Asset Deal" erhebliche Konsequenzen: Beim Share Deal bleibt die Identität des Unternehmens gewahrt. Der Erwerber übernimmt das Zielunternehmen „mit allen guten und schlechten Eigenschaften".[1] Das hat den „Vorteil", dass die arbeitsrechtlichen Auswirkungen gering sind. § 613a BGB greift nicht ein. Aufgrund der fortbestehenden Identität des Unternehmens bleibt auch die Belegschaft identisch. Für den Erwerber ist das günstig, wenn ihm am Erhalt der Mitarbeiter gelegen ist. Das Risiko eines Widerspruchs von Teilen der Belegschaft gegen den Übergang ihres Arbeitsverhältnisses (vgl. dazu Teil VI Rz. 125 ff.) besteht nicht. Der Veräußerer von Gesellschaftsanteilen muss seinerseits nicht befürchten, widersprechenden Arbeitnehmern betriebsbedingt kündigen, eventuell sogar eine sozialplanpflichtige Betriebsänderung (§§ 111 ff. BetrVG) durchführen zu müssen (vgl. dazu Teil VI Rz. 8).

4   Der Asset Deal hat meist den Verkauf eines Betriebs oder Betriebsteils zum Gegenstand. In diesem Fall gilt § 613a BGB aufgrund seiner Schutzfunktion.[2] Danach ist der Erwerber gezwungen, die Arbeitsverhältnisse mit den vom Übergang betroffenen Arbeitnehmern unverändert fortzusetzen. Die Arbeitsverhältnisse der widersprechenden Arbeitnehmer bleiben beim Veräußerer.

2. Anhörung des Wirtschaftsausschusses

5   Die Anhörung des **Wirtschaftsausschusses** (§ 106 BetrVG) ist sowohl beim Asset Deal als auch beim Share Deal erforderlich. Die Unterrichtung muss **rechtzeitig** erfolgen und **umfassend** sein. Das bedeutet, dass er alle Informationen erhält, die für eine sinnvolle Beratung der Angelegenheit erforderlich ist. Gesetzgeberisches Ziel ist eine Informationsparität zwischen Unternehmer und den Mitgliedern des Wirtschaftsausschusses. Dabei sind dem Wirtschaftsausschuss die **erforderlichen** Unterlagen vorzulegen (vgl. dazu im Einzelnen Teil VI Rz. 300). Meist werden in diesem Zusammenhang Jahresabschluss, der Wirtschaftsprüfungsbericht, Marktanalysen etc. genannt.[3] So weit allerdings eine Gefährdung von **Betriebs- oder Geschäftsgeheimnissen** droht, kann der Arbeitgeber die Auskunft verweigern.[4]

---

1   Vgl. *Liebs*, S. 14 ff.
2   Vgl. zu Zwischenformen zwischen Share und Asset Deal, *Holzapfel/Pöllath*, Rz. 1 ff.
3   Vgl. *Fitting/Kaiser/Heither/Engels*, § 106 BetrVG Rz. 23.
4   Vgl. *Fitting/Kaiser/Heither/Engels*, § 106 BetrVG Rz. 29.

3. Mitbestimmung

Änderungen auf Unternehmensebene können den **Mitbestimmungsstatus** des Unternehmens beeinflussen. Bei Unternehmens- und Beteiligungskäufen ist das häufig dann der Fall, wenn sich die **Arbeitnehmerzahl** unmittelbar oder jedenfalls durch **Zurechnung** im Konzern ändert. Bei Unternehmen in der Rechtsform einer AG, KGaA, GmbH, e.G. oder VVaG mit mehr als 500 und in der Regel nicht mehr als 2000 Arbeitnehmern muss der Aufsichtsrat zu einem Drittel aus Vertretern der Arbeitnehmer bestehen (§ 129 Abs. 1 Satz 1 BetrVG 1972 i.V. m. §§ 76–77a, 81, 85 und 87 BetrVG 1952). Werden in der Regel mehr als 2000 Arbeitnehmer beschäftigt, ist ein Aufsichtsrat zu bilden, der sich paritätisch aus Aufsichtsratsmitgliedern der Anteilseigner und der Arbeitnehmer zusammensetzt (§§ 1 Abs. 1, 6, 7 MitbestG). Im Geltungsbereich des BetrVG 1952 werden Arbeitnehmer von Konzernunternehmen der herrschenden Konzernobergesellschaft nur dann zugerechnet, wenn zwischen den Unternehmen ein Beherrschungsvertrag besteht oder das abhängige Unternehmen in das herrschende Unternehmen eingegliedert ist (§ 77a BetrVG 1952). Im Geltungsbereich des MitbestG werden weiter gehend auch die Arbeitnehmer abhängiger Konzerngesellschaften im Sinne von § 18 AktG zugerechnet (§ 5 MitbestG).[1]

6

4. Gesellschafternachhaftung

Im Rahmen von Unternehmensveräußerungen scheiden häufig Gesellschafter aus. Handelt es sich dabei um persönlich haftende Gesellschafter von Personengesellschaften (GbR,[2] OHG und KG) stellt sich die Frage nach der **Haftung für Gesellschaftsverbindlichkeiten**, die zwar vor dem Ausscheiden entstanden sind, aber unter Umständen erst lange danach fällig werden. Nach § 160 HGB haftet der Gesellschafter, nachdem er aus der Gesellschaft ausgeschieden ist, für die bis dahin begründeten Gesellschaftsverbindlichkeiten nur, wenn sie innerhalb von **fünf Jahren** nach Ausscheiden sowohl fällig als auch gerichtlich geltend gemacht sind.[3] Diese fünfjährige Ausschlussfrist gilt auch für Personen, die zum Beispiel im Fall der Umwandlung einer Personengesellschaft in eine GmbH & Co. KG in die Kommanditistenstellung zurücktreten, aber als Geschäftsführer oder Teilhaber der Komplementär-GmbH weiterhin die Geschäftsführung der Personengesellschaft maßgeblich beeinflussen (§ 160 Abs. 3 HGB). Eine **Enthaftung** des Gesellschafters ist damit nach einem Zeitraum von fünf Jahren möglich.[4]

7

---

1 Dazu ausführlich *Seibt* in Willemsen/Hohenstatt/Schweibert, F Rz. 35 ff.
2 Vgl. dazu BGH v. 29.1.2001 – II ZR 331/00, AG 2001, 307.
3 Vgl. zur Nachhaftung des ausgeschiedenen Gesellschafters einer KG für nach seinem Ausscheiden entstandene Entgeltansprüche LAG Düsseldorf v. 14.12.2000 – 11 Sa 1356/00, ZIP 2001, 758.
4 Vgl. im Einzelnen *Habersack* in Großkomm. HGB, § 160 HGB Rz. 4 ff.

III. Änderungen auf Betriebsebene

8   Kommt es im Zuge eines Unternehmenskaufs zu Eingriffen in die Organisationsebene des **Betriebs**, kann dies zu einer interessenausgleichs- und sozialplanpflichtigen **Betriebsänderung** führen (§§ 111 ff. BetrVG). Das ist z.B. der Fall, wenn die Veräußerung eines Unternehmensteils die Stilllegung, Verlegung oder Spaltung eines Betriebs zur Folge hat (§ 111 Satz 2 Nr. 1–3 BetrVG). Dann besteht die Verpflichtung, den Betriebsrat rechtzeitig und umfassend zu **unterrichten** und die geplante Betriebsänderung mit ihm zu beraten. Mit dem Betriebsrat sind dann Verhandlungen über einen **Interessenausgleich** hinsichtlich der unternehmerisch-wirtschaftlichen Entscheidung aufzunehmen. Zusätzlich kann der Betriebsrat den Abschluss eines **Sozialplans** verlangen, der regelmäßig Abfindungszahlungen an die entlassenen Arbeitnehmer vorsieht.[1] Die wirtschaftlichen Nachteile werden bei größeren Massenentlassungen inzwischen häufiger durch die Einschaltung von Beschäftigungs- und Qualifizierungsgesellschaften gemildert, die Teile der Belegschaft übernehmen und von den Arbeitsämtern mit Sozialplanzuschüssen (§ 216a SGB III) und Transferkurzarbeitergeld (§ 216b SGB III n.F.) mitfinanziert werden können (Teil VI Rz. 295).

9   Nach abzulehnender Auffassung steht dem Betriebsrat ein **Unterlassungsanspruch** zu, wenn der Arbeitgeber die Durchführung einer Betriebsänderung ohne Wahrung der beschriebenen Rechte des Betriebsrats versucht.[2] Zusätzlich drohen Ordnungsgelder (§ 121 BetrVG), außerdem stehen den Arbeitnehmern Ansprüche auf Nachteilsausgleich zu (§ 113 BetrVG). Die beschriebenen Folgen können in Spaltungsfällen vermieden werden, wenn der gespaltene Betrieb als **Gemeinschaftsbetrieb** weitergeführt wird (vgl. § 1 Abs. 2 Nr. 2 BetrVG).[3]

IV. Einzel- oder Gesamtrechtsnachfolge

10 Arbeitsrechtlich ist schließlich von Bedeutung, ob sich der Unternehmenskauf im Wege der Einzel- oder der Gesamtrechtsnachfolge vollzieht, insbesondere ob das UmwG Anwendung findet. Der Unternehmenskauf durch rechtsgeschäftliche Übertragung einzelner Vermögensgegenstände des Zielunternehmens (Einzelrechtsnachfolge) führt zur Anwendbarkeit des § 613a BGB. In den Fällen der Gesamtrechtsnachfolge ist wiederum zu **unterscheiden**: Vollzieht sich der Unternehmenskauf nach den Regeln des UmwG und kommt es daher zu einer **umwandlungsrechtlichen Gesamtrechtsnachfolge**, gilt § 613a BGB durch spezialgesetzliche Anordnung des **§ 324 UmwG**. Diese Klarstellung hielt der Gesetzgeber für nötig, da die Betriebsübergangsrichtlinie 77/187/EWG den Schutz der Arbeitnehmer auch in Umwandlungsfällen bezweckt.[4] Die Voraussetzungen des § 613a BGB sind deshalb auch bei Um-

---

1 Vgl. dazu im Einzelnen *Röder/Baeck*, S. 1 ff.
2 Vgl. statt aller *Fitting/Kaiser/Heither/Engels*, § 111 BetrVG Rz. 131 f.
3 Dazu *Willemsen* in Willemsen/Hohenstatt/Schweibert, D Rz. 30 ff.
4 Vgl. *Joost* in Lutter, § 324 UmwG Rz. 24.

wandlungen **selbstständig zu prüfen**. Die Umwandlung ist nicht etwa gegenüber dem Betriebsübergang der speziellere Tatbestand.[1]

In den übrigen Fällen der (gesetzlichen) Gesamtrechtsnachfolge außerhalb des UmwG, etwa durch Erbfolge (§§ 1922, 1967 BGB) sowie durch **personengesellschaftsrechtliche An- und Abwachsung**, ist die Anwendbarkeit von § 613a BGB ausgeschlossen. Das „Anwachsungsmodell" macht sich zunutze, dass eine Personengesellschaft erlischt, wenn sich alle Gesellschaftsanteile in einer Person vereinigen. In diesem Fall verwandelt sich das bisherige Gesamteigentum ohne jeden Übertragungsakt (kraft Gesetzes) in Alleineigentum des Übernehmers. Grundfall der Anwachsung ist das Ausscheiden eines von zwei Gesellschaftern. Es ist aber auch zulässig, die Gesellschaftsanteile einer Personengesellschaft auf einen einzigen Erwerber zu übertragen, mit der Wirkung, dass der Erwerber als **Gesamtrechtsnachfolger** Inhaber der bisher zum Gesellschaftsvermögen gehörenden Rechte wird.[2] Der arbeitsrechtliche „Vorteil" besteht darin, dass sowohl § 613a BGB als auch die besonderen arbeitsrechtlichen Vorschriften des UmwG vermieden werden können.[3] Das sollte allerdings nicht darüber hinwegtäuschen, dass natürlich sämtliche Arbeitsverhältnisse unverändert erhalten bleiben.

11

Die Entscheidung zwischen einem Unternehmenskauf im Wege der Einzelrechtsnachfolge oder einer Verschmelzung nach Umwandlungsrecht (§§ 2 ff. UmwG) kann auch Auswirkungen auf die Art und Weise der Fortgeltung von **Tarifverträgen** haben. Aufgrund der Gesamtrechtsnachfolge gilt der bisherige Haustarifvertrag kollektivrechtlich beim Erwerber fort, wenn sich der Unternehmenskauf im Rahmen des UmwG vollzieht. Dagegen kommt eine solche kollektivrechtliche Fortgeltung bei einer Unternehmensübertragung im Wege der Einzelrechtsnachfolge nicht in Betracht (vgl. dazu Teil VI Rz. 362 ff.). Der Wunsch nach kollektivrechtlicher Weitergeltung des (günstigen) Firmentarifvertrages eines Zielunternehmens kann deshalb den Ausschlag zugunsten einer umwandlungsrechtlichen Lösung geben.

12

V. Überblick: Arbeitsrecht bei Umwandlungen

Das UmwG sieht **vier Arten der Umwandlung** vor, Verschmelzung, Spaltung, Vermögensübertragung und Formwechsel (§§ 1 Abs. 1, 2 ff., 123 ff., 174 ff., 190 ff. UmwG). Es enthält eine Reihe besonderer arbeitsrechtlicher Schutzvorschriften,[4] die neben § 613a BGB gelten. Dazu gehören zunächst **Unterrichtungspflichten des Betriebsrats**. Über seine sonstigen betriebsverfassungsrechtlichen Kompetenzen hinaus ist der Betriebsrat in allen relevanten Umwandlungsfällen durch Vorlage des Umwandlungsvertrages oder der Umwandlungsbeschlüsse zu unterrichten (§§ 5 Abs. 3, 126 Abs. 3, 176 Abs. 1, 194 Abs. 2 UmwG). Gegenstand der Unterrichtung sind der konkrete Inhalt der Unternehmensumwandlung und die Folgen der Umwandlung für die Arbeit-

13

---

1 BAG v. 25.5.2000 – 8 AZR 416/99, ZIP 2000, 1630 m. Anm. *Bauer/Mengel*.
2 BGH v. 10.5.1978 – VIII ZR 32/77, BGHZ 71, 296.
3 Ebenso *Willemsen* in Willemsen/Hohenstatt/Schweibert, B Rz. 120.
4 Vgl. *Bauer/Lingemann*, NZA 1994, 1057 ff.; *Mengel*, S. 52 ff.

nehmer und ihre Vertretungen sowie die insoweit vorgesehenen Ausgleichsmaßnahmen. Die dazu erforderlichen arbeitsrechtlichen Angaben im Umwandlungsvertrag sind **zwingend**.[1] Der Umwandlungsvertrag oder sein Entwurf muss spätestens einen Monat vor dem Tag der Gesellschafterversammlung, die über die Zustimmung zur Umwandlung beschließen soll, dem Betriebsrat zugeleitet werden.

14   Kommt es im Zuge einer Umwandlung zur **Spaltung** eines Betriebs, hat der Betriebsrat ein Übergangsmandat (§ 21a BetrVG). Der Betriebsrat des gespaltenen Betriebs bleibt grundsätzlich im Amt. Er führt die Geschäfte für die durch die Spaltung entstandenen Betriebsteile übergangsweise fort, längstens bis zu sechs Monaten. Das Mandat endet, sobald in den gespaltenen Betriebsteilen ein neuer Betriebsrat gewählt und das Wahlergebnis bekannt gegeben ist (§ 21a Abs. 1 Satz 3 BetrVG). Sofern Betriebsteile oder Betriebe im Zuge von Spaltungen und Verschmelzungen zusammengefasst werden, nimmt der Betriebsrat, der die meisten Arbeitnehmer repräsentiert, ebenfalls ein Übergangsmandat wahr (§ 21a Abs. 2 BetrVG). Maßgeblicher Zeitpunkt des Größenvergleichs ist nicht der Zeitpunkt der letzten Betriebsratswahl. Bei einer Verschmelzung von Betriebsteilen ließe sich deren Stärke nicht sinnvoll „herunterbrechen". Richtig ist es, wie sonst auch bei der Berechnung von Schwellenwerten, auf aktuelle Größenverhältnisse und damit auf den Zeitpunkt der Verschmelzung abzustellen.[2] Entfallen aufgrund der Spaltung des Betriebs Beteiligungsrechte des Betriebsrates, kann deren Fortgeltung durch Betriebsvereinbarung oder Tarifvertrag um weitere sechs Monate vereinbart werden (gem. § 325 Abs. 2 BetrVG – vgl. zum Übergangsmandat außerhalb des UmwG Teil VI Rz. 319).

15   In bestimmten Umwandlungsfällen ist eine auf fünf Jahre befristete **Beibehaltung** der **Unternehmensmitbestimmung** vorgesehen (§ 325 Abs. 1 UmwG). Entfallen durch Abspaltung oder Ausgliederung die gesetzlichen Voraussetzungen für die Beteiligung der Arbeitnehmer im Aufsichtsrat, bleibt die bis dahin bestehende Form der Unternehmensmitbestimmung weiter bestehen. Das gilt aber nicht, wenn die für die Mitbestimmung vorausgesetzte Mindestzahl von Arbeitnehmern im Betrieb so weit unterschritten wird, dass sie auf weniger als ¼ der Mindestzahl sinkt (§ 325 Abs. 1 Satz 2 UmwG). Bleibt bei einem Formwechsel die Unternehmensmitbestimmung bestehen, erübrigt sich eine Neuwahl der Arbeitnehmervertreter. Die Mitglieder des Aufsichtsrates bleiben für den Rest ihrer Wahlzeit als Mitglieder des Rechtsträgers neuer Rechtsform im Amt (§ 203 Abs. 1 Satz 1 UmwG). Im Übrigen gelten die allgemeinen Regeln (Statusverfahren gem. §§ 97 ff. AktG).

16   Neben § 613a Abs. 4 BGB gelten spezielle **kündigungsschutzrechtliche Vorschriften**. Bewirkt eine Unternehmensspaltung zugleich eine Betriebsspaltung, gelten auch nach der Spaltung die zu unterschiedlichen Unternehmen gehörenden Betriebsteile als ein Betrieb im kündigungsschutzrechtlichen Sinne (§ 322 Abs. 2 UmwG), wenn ein gemeinsamer Betrieb geführt wird. Darüber hinaus wird die bisherige kündigungsrechtliche Stellung des Arbeitneh-

---

1 Zum Inhalt der arbeitsrechtlichen Angaben im Einzelnen *Joost* in Preis/Willemsen, C Rz. 11 ff.
2 *Rieble/Gutzeit*, ZIP 2004, 693.

mers im Fall der Spaltung oder Teilübertragung für die Dauer von zwei Jahren geschützt (§ 323 Abs. 1 UmwG).

Durch **Interessenausgleich** kann in den Fällen der Verschmelzung, Spaltung oder Vermögensübertragung eine **Zuordnung** von Arbeitnehmern zu bestimmten Betrieben oder Betriebsteilen nach der Umwandlung vorgenommen werden (§ 322 UmwG). Die im Interessenausgleich enthaltene Zuordnung kann durch das Arbeitsgericht nur auf **grobe Fehlerhaftigkeit** überprüft werden. Die Zuordnungskompetenzen der Betriebsparteien sind allerdings dadurch beschränkt, dass sie die **Wertungen des § 613a BGB** beachten müssen. Die im Interessenausgleich getroffene Zuordnung dürfte allerdings nur dann „grob fehlerhaft" sein, wenn ihr jedwede sachliche und objektive Grundlage fehlt (vgl. dazu Teil VI Rz. 106 ff.). 17

Neben der auch in Umwandlungsfällen maßgeblichen **Haftungsverteilung** des § 613a Abs. 2 BGB (vgl. dazu Teil VI Rz. 254 ff.) gilt für die Fälle der so genannten typischen **Betriebsaufspaltung**[1] die besondere Haftungsvorschrift des § 134 Abs. 1 Satz 1 UmwG. Wird ein Unternehmen in eine Besitz- und Betriebsgesellschaft gespalten, haftet die Besitzgesellschaft auch für die Forderungen der Arbeitnehmer der Betriebsgesellschaft, die innerhalb von fünf Jahren nach der Umwandlung begründet werden. 18

B. Betriebsübergang nach § 613a BGB

I. Allgemeines

1. Geschichte

Vor In-Kraft-Treten des erst 1972 durch § 122 BetrVG[2] in das BGB eingefügten § 613a waren die arbeitsrechtlichen Folgen rechtsgeschäftlicher Betriebs- oder Betriebsteilübergänge heftig umstritten, weil das BGB grundsätzlich nur die Überleitung einzelner Rechte sowie die Übernahme einzelner Verpflichtungen kennt (vgl. §§ 398 ff., 414 ff. BGB); nur ausnahmsweise wird die Übertragung eines gesamten Rechtsverhältnisses (vgl. §§ 571, 581 Abs. 2 BGB für das Miet- und Pachtrecht) geregelt. Diese Ausnahmeregelungen, aber auch die personale Würde der Arbeitnehmer und die Rechte der Unternehmer wurden vor 1972 überwiegend herangezogen, um eine Zwangsübertragung von Arbeitsverhältnissen abzulehnen.[3] Das BAG ließ rechtstechnisch nur dreiseitige Rechtsgeschäfte zu. Solche Konstruktionen sind seit 1972 nicht mehr nötig. Mit § 613a BGB sollten allgemein die **Rechtsfolgen eines Betriebsübergangs** für die Arbeitsverhältnisse geregelt werden. Obwohl dem Gesetzgeber aufgrund vorangegangener Diskussionen in Rechtsprechung und Literatur die Probleme zwangsweiser Übertragungen von Arbeitsverhältnissen bekannt waren, ließ § 613a BGB von Anfang an viele Fragen offen. Das BAG musste sich deshalb alsbald zu der Vorschrift äußern; seither ist eine wahre Entscheidungsflut der 19

---

1 Vgl. v. *Steinau-Steinrück*, S. 15 ff.
2 BGBl. I 1972, S. 13.
3 BAG v. 18.2.1960 – 5 AZR 472/57, AP 1 zu § 419 BGB „Betriebsnachfolge".

Gerichte zu verzeichnen. Nachdem Art. 3 Abs. 2 der **Betriebsübergangsrichtlinie 77/187/EWG** v. 14.2.1977[1] die Mitgliedsstaaten zur Aufrechterhaltung kollektivvertraglicher Arbeitsbedingungen beim Übergang von Unternehmen, Betrieben oder Betriebsteilen verpflichtete, musste § 613a BGB insoweit durch das Arbeitsrechtliche EG-Anpassungsgesetz vom 13.8.1980[2] ergänzt werden (Sätze 2 bis 4 in Abs. 1). Der Gesetzgeber nutzte die Gelegenheit, gleichzeitig Kündigungen „wegen" des Übergangs von Betrieben oder Betriebsteilen für unwirksam zu erklären (Abs. 4). Die Novelle hat alte Streitfragen beseitigt und neue ins Leben gerufen. Mit der Bekanntmachung des Umwandlungsgesetzes zum 1.1.1995 wurde Abs. 3 neugefasst.[3] Durch die Richtlinie 98/50/EG[4] v. 29.6.1998 ist die Betriebsübergangsrichtlinie 77/187/EWG abgeändert worden. Seit der Reform des BetrVG im Jahr 2001 sieht § 21a BetrVG zur Umsetzung dieser Richtlinie ein Übergangsmandat des Betriebsrates bei Spaltung und Zusammenlegung von Betrieben und Betriebsteilen für längstens sechs Monate vor.[5] Zweck dieser Regelung ist es, die Kontinuität des Mandats des Betriebsrats zu sichern, eine betriebsratslose Zeit zu verhindern und somit die Wahrung der Arbeitnehmerrechte in der kritischen Phase im Anschluss an eine betriebliche Umstrukturierung zu gewährleisten.[6] Betriebliche Umstrukturierungen können jedoch dazu führen, dass der Betrieb seine bisherige Identität verliert. In solchen Fällen kann der Betriebsrat seine Zuständigkeit für die dann nicht mehr von ihm vertretenen Arbeitnehmer verlieren.[7] Die Texte der beiden Betriebsübergangsrichtlinien sind „aus Gründen der Klarheit" noch mal in der **Richtlinie 2001/23 EG**[8] v. 12.3.2001 kodifiziert worden. § 613a BGB sowie die Richtlinien 98/50 EG und 2001/23 EG über die Wahrung von Ansprüchen der Arbeitnehmer beim Übergang von Unternehmen, Betrieben oder Betriebsteilen sind im Anhang abgedruckt.

2. Sinn und Zweck

20   § 613a BGB verfolgt folgende **Hauptziele**:

(1) Schutz des sozialen Besitzstandes, d.h. Schutz der Arbeitnehmer durch unveränderte **Erhaltung der Arbeitsplätze**.[9]

(2) **Kontinuität** des amtierenden **Betriebsrats**;[10]

(3) **Haftungsverteilung** zwischen bisherigem und neuem Inhaber.[11] Der Schutzzweck der Haftungsverteilung tritt allerdings bei Betriebsveräuße-

---

1   ABl. EG Nr. L 61 v. 5.3.1977, S. 26G.
2   BGBl. I 1980, S. 1308.
3   BGBl. I 1994, S. 3210.
4   ABl. EG 1998, Nr. L 201, S. 88.
5   Ein Übergangsmandat erkannte das BAG bereits seit dem Urteil v. 31.5.2000 – 7 ABR 78/98, NZA 2000, 1350 an.
6   BT-Drucks. 14/5741, 38 f.
7   Vgl. dazu Teil VI Rz. 319 ff.
8   ABl. EG Nr. L 82 v. 22.3.2001, S. 16.
9   BAG v. 2.10.1974 – 5 AZR 504/73, AP 1 zu § 613a BGB m. Anm. *Seiter*.
10 BAG v. 17.1.1980 – 3 AZR 160/79, DB 1980, 308.
11 BAG v. 17.1.1980 – 3 AZR 160/79, DB 1980, 308.

rungen in der Insolvenz hinter die Verteilungsgrundsätze der InsO zurück (vgl. Teil VI Rz. 271 ff.).

Die drei verschiedenen Ziele der Vorschrift wurden als „**Zwecktrias**" bezeichnet. Weitere Zwecke sind hinzugetreten: Die Auswirkungen eines Betriebsinhaberwechsels auf Tarifverträge und Betriebsvereinbarungen regelt § 613a Abs. 1 Satz 2–4 BGB (vgl. Teil VI Rz. 341 ff.).[1] Unterrichtung und Widerspruch der Arbeitnehmer als letzter Zweck sind in Abs. 5 und 6 normiert.

21

3. Verhältnis zum Gemeinschaftsrecht der EU

Spätestens die „Christel-Schmidt"-Entscheidung des **EuGH**[2] und die nachfolgende Diskussion haben deutlich gemacht, dass die Auslegung des § 613a BGB die **Vorgaben des Gemeinschaftsrechts** berücksichtigen muss. Bis dahin war die Rechtsprechung des BAG parallel zu der des EuGH erfolgt, ohne deren Leitlinien[3] zu berücksichtigen. Der EuGH hat die Aufgabe, europäisches Recht zu konkretisieren. Dazu gehört auch die Betriebsübergangsrichtlinie 77/187/EWG. Die vom EuGH aufgestellten Rechtssätze müssen nach dem Grundsatz der gemeinschaftskonformen Auslegung von der nationalen Rechtsprechung befolgt werden.[4] Wegen der **Vorabentscheidungskompetenz** zur Interpretation der Betriebsübergangsrichtlinie hat die Rechtsprechung des EuGH entscheidende Bedeutung für die Bestimmung der Reichweite des § 613a BGB. Die Betriebsübergangsrichtlinie 77/187/EWG enthält nach ihrem Art. 7 aber nur **Mindestbedingungen**. Nationale Abweichungen sind deshalb so lange zulässig, als sie einen Übergang der Arbeitsverhältnisse unter erleichterten Bedingungen vorsehen.[5]

22

4. Geltungsbereich

§ 613a BGB betrifft ausschließlich **Arbeitnehmer** bzw. Arbeitsverhältnisse (dazu im Einzelnen Teil VI Rz. 88 ff.). Beim **sachlichen Geltungsbereich** ist zu berücksichtigen, dass es sich nicht um eine betriebsverfassungsrechtliche Regelung handelt (vgl. Teil VI Rz. 46). Daher kommt es nicht darauf an, ob das **BetrVG 1972** auf den in Rede stehenden Betrieb Anwendung findet. Unerheblich ist auch Betriebsgröße und Vorhandensein eines Betriebsrats oder Eingreifen der Tendenzschutzbestimmung des § 118 BetrVG. Bei **Umwandlungen** gilt § 613a Abs. 1 und Abs. 4 BGB auch im Fall der Verschmelzung, Spaltung oder Vermögensübertragung[6] (vgl. dazu Teil VI Rz. 73). Sachlich gilt § 613a BGB schließlich auch, wenn an dem Betriebsübergang eine Anstalt, Körperschaft oder Stiftung des **öffentlichen Rechts** beteiligt ist[7] (vgl. auch Teil VI Rz. 48).

23

---

1 *Richardi/Annuß* in Staudinger, § 613a BGB Rz. 14.
2 EuGH v. 14.4.1994 – Rs. C-392/92, NZA 1994, 545.
3 Vgl. EuGH, Slg. 1986, 1119 – Spijkers; EuGH, Slg. 1992, I-3189 – Redmond Stichting; EuGH, Slg. 1995, I-2745 – Rygaard; EuGH, Slg. 1996, I-1253 – Merckx v. Neuhuys.
4 Vgl. BAG v. 15.10.1992 – 2 AZR 227/92, NZA 1993, 257 unter II. 2. a) der Gründe.
5 Vgl. *Richardi/Annuß* in Staudinger, § 613a BGB Rz. 37.
6 *Willemsen* in Kallmeyer, § 324 UmwG Rz. 1 ff.
7 Vgl. dazu *Bieback*, ZTR 1998, 396.

Seit dem 1.1.1999 gilt § 613a BGB uneingeschränkt auch in den neuen Bundesländern.

24 Problematisch ist die Rechtslage, wenn der Betrieb auf einen ausländischen Rechtsträger übertragen und gleichzeitig ins **Ausland** überführt wird, wobei jeweils zu prüfen ist, ob die Identität der wirtschaftlichen Einheit gewahrt bleibt (vgl. Teil VI Rz. 30 ff.). Auch in einem solchen Fall soll § 613a BGB auf den Betriebsinhaberwechsel anwendbar sein.[1] Welche Rechtswahl die Parteien des Veräußerungsvertrages getroffen haben, ist für die Anwendbarkeit von § 613a BGB nicht entscheidend. Der Disposition der Vertragsparteien unterliegt allein die Vereinbarung des anwendbaren Rechts für den Veräußerungsvertrag selbst. *Kreitner*[2] weist zutreffend darauf hin, dass den Parteien des Veräußerungsvertrages keine weiter gehende Dispositionsbefugnis zusteht. Andernfalls würde die arbeitnehmerschützende Intention des § 613a BGB geradezu in ihr Gegenteil verkehrt. Die Arbeitnehmer haben keine Möglichkeit, auf die Kaufentscheidung und den Veräußerungsvorgang Einfluss zu nehmen. Jeder Arbeitnehmer darf deshalb grundsätzlich darauf vertrauen, dass das bei Vertragsschluss geltende Recht weiterhin für sein Arbeitsverhältnis gilt. **Über die Anwendbarkeit des § 613a BGB entscheidet daher allein das Arbeitsvertragsstatut.**[3] Dem steht Art. 30 EGBGB nicht entgegen.[4] Art. 30 Abs. 1 EGBGB sichert selbst im Fall einer anderweitigen Rechtswahl der Parteien durch die Fortgeltung der zwingenden Vorschriften des „normalerweise" anwendbaren Rechts das Eingreifen von § 613a BGB in solchen Fällen. In Deutschland gilt § 613a BGB daher als **zwingende** Vorschrift unabhängig von, bzw. trotz anderweitiger Rechtswahl. Allerdings darf dies nicht zu **Trugschlüssen** führen, denn eine endgültige Verfestigung der Anwendbarkeit deutschen Rechts für die betroffenen Arbeitnehmer erfolgt damit keineswegs.[5] § 613a BGB erfasst nämlich nur den Betriebsinhaberwechsel selbst und sichert den Bestand des Arbeitsverhältnisses insoweit, als er den Übergang sämtlicher Arbeitsverhältnisse anordnet. Das führt z.B. dazu, dass die Kündigung wegen des Betriebsübergangs und der Verlagerung ins Ausland nach § 613a Abs. 4 BGB unwirksam ist. Für spätere Kündigungen durch den Erwerber nach der Verlagerung des Betriebs ins Ausland kann aber nur das Recht des Erwerbers maßgebend sein.[6] Ist zwischen den Arbeitsvertragsparteien wirksam die Anwendung ausländischen Rechts vereinbart worden und kommt es zu einem Betriebsübergang, gehört § 613a BGB weder zu den wesentlichen Grundsätzen des deutschen Rechts (**ordre public**) nach Art. 6 EGBGB noch nach Art. 34 EGBGB zu

---

1 BAG v. 20.4.1989 – 2 AZR 431/88, AP 81 zu § 613a BGB (*Kreitner*); ebenso *Richter*, AuR 1992, 65; a.A. *Schaub* in MünchKomm. BGB, § 613a BGB Rz. 14; *Loritz*, RdA 1987, 65 (84).
2 *Kreitner*, Anm. zu BAG, AP 81 zu § 613a BGB; *Kreitner*, Betriebsinhaberwechsel, S. 258 ff.; *Feudner*, NZA 1999, 1184 ff.
3 BAG v. 29.10.1992 – 2 AZR 267/92, AP 31 zu Internationales Privatrecht Arbeitsrecht; ebenso *Willemsen* in Willemsen/Hohenstatt/Schweibert, B Rz. 62.
4 *Däubler*, RIW 1987, 249 (254); *Pietzko*, S. 224; *Kreitner*, Anm. zu BAG, AP 81 zu § 613a BGB.
5 *Kreitner*, Anm. zu BAG, AP 81 zu § 613a BGB.
6 Ähnlich *Kreitner*, Betriebsinhaberwechsel, S. 260.

den Bestimmungen des deutschen Rechts, die ohne Rücksicht auf das auf den Vertrag anzuwendende Recht den Sachverhalt international zwingend regeln.[1]

5. Kritik

Da der neue Inhaber seit 1972 wegen § 613a BGB nicht mehr die Übernahme einzelner Arbeitnehmer verweigern, also keine negative Auswahl treffen kann, liegt eine erhebliche Einschränkung der Vertragsfreiheit vor. Dennoch nimmt die ganz überwiegende Literatur an, dass die Vorschrift mit dem Sozialstaatsprinzip des **Grundgesetzes** (Art. 20 Abs. 1 und Art. 28 Abs. 1 Satz 1) in Einklang stehe und auch weder das Grundrecht der Handlungsfreiheit (Art. 2 Abs. 1 GG) noch der Berufsfreiheit (Art. 12 Abs. 1 GG) noch schließlich die Eigentumsgarantie (Art. 14 GG) verletze.[2] Schwer wiegt, dass die Bestimmung rechtsdogmatisch fehlerhaft formuliert ist.[3] Probleme bei der Rechtsanwendung ergeben sich nicht nur daraus, dass für den Unternehmer ein Vertragsübergang kraft Gesetzes angeordnet ist, sondern vor allem, dass die Festlegung der tatbestandlichen Voraussetzungen **nicht aus sich heraus verständlich** ist. Ein **Betrieb** oder **Betriebsteil** ist **kein Gegenstand**, der **als solcher durch Rechtsgeschäft** übertragen werden kann.

25

§ 613a BGB gilt sogar in der **Insolvenz** (vgl. Teil VI Rz. 271 ff.). Das hat zur Folge, dass Veräußerungen von Betrieben und Betriebsteilen **erschwert** werden. Dem Gesetzgeber ist deshalb der Vorwurf zu machen, dass er § 613a BGB selbst zum „Sanierungsfall" macht, indem er den Ausnahmefall, die Betriebsveräußerung in der Insolvenz, von der Regelung nicht ausgenommen hat. Die InsO hat daran nichts geändert, enthält allerdings einige betriebsverfassungsrechtliche und kündigungsschutzrechtliche Erleichterungen für die Sanierung (vgl. Teil VI Rz. 289 ff.). Insgesamt erweist sich § 613a BGB als **Evergreen** des Arbeitsrechts. So weist das Online-Verzeichnis Juris für den Zeitraum bis zum 15.3.205 immerhin 459 Entscheidungen des BAG (!) und 38 Entscheidungen des EuGH aus.

26

II. Voraussetzungen des Übergangs von Arbeitsverhältnissen

1. Übergang eines Betriebs oder Betriebsteils

a) Rechtslage bis 1997

Das BAG legte seiner früheren Rechtsprechung zum Betriebsübergang den herkömmlichen Begriff des Betriebs zu Grunde: **Betrieb** ist danach die organisatorische Einheit, innerhalb derer ein Arbeitgeber allein oder mit seinen Arbeitnehmern mit Hilfe von technischen und immateriellen Mitteln bestimmte arbeitstechnische Zwecke fortgesetzt verfolgt.[4] Ein rechtsgeschäftlicher Be-

27

---

1 BAG v. 29.10.1992 – 2 AZR 267/92, NZA 1993, 743.
2 Vgl. nur *Posth*, S. 44 f.; *Seiter*, S. 37; *Neumann/Duesberg*, BB 1971, 969; *Richardi/Annuß* in Staudinger, § 613a BGB Rz. 17 ff.; *Willemsen* in Willemsen/Hohenstatt/Schweibert, G Rz. 22 ff.; zweifelnd *Galperin*, S. 11.
3 *Richardi/Annuß* in Staudinger, § 613a BGB Rz. 6.
4 Vgl. *Müller-Glöge* in MünchKomm. BGB, § 613a BGB Rz. 14.

triebsübergang setzte daher voraus, dass der Erwerber mit übernommenen **Betriebsmitteln** (Betriebssubstrat) bestimmte arbeitstechnische Zwecke weiter verfolgen konnte.[1] Entscheidende Voraussetzung für den Betriebsübergang war der Betriebsmittelübergang. Für die Frage, welche Betriebsmittel für die Erfüllung der arbeitstechnischen Zwecke wesentlich sind, kam es auf die jeweilige **Eigenart des Betriebes** an.[2] Bei Einzelhandelsgeschäften waren dies Betriebsform und Warensortiment,[3] bei Handels- und Dienstleistungsbetrieben kam es in erster Linie auf immaterielle Betriebsmittel wie Kundenstamm, Kundenlisten, Geschäftsbeziehungen zu Dritten, Know-how und Good-will, etc. an.[4] Bei Produktionsunternehmen war schließlich der Übergang der wesentlichen sachlichen (Maschinen und Einrichtungsgegenstände) und immateriellen Betriebsmittel erforderlich.[5]

28   Ein Betriebsübergang war gegeben, wenn der Erwerber mit den übernommenen Betriebsmitteln in der Lage war, den Betrieb weiterzuführen.[6] Auf die von den Parteien verfolgten Zwecke kam es nicht an. Die bloße **Möglichkeit der Fortführung** des Betriebs genügte schon. Ein Betriebsübergang lag selbst dann vor, wenn der Erwerber beabsichtigte, den Betrieb umgehend stillzulegen.[7] Die **Übernahme der Arbeitnehmer** gehörte nicht zu den Voraussetzungen des Betriebsübergangs, sondern zählte zu seiner Rechtsfolge.[8] Der gewollte Übergang einiger Arbeitnehmer konnte allerdings den Übergang immaterieller Betriebsmittel, z.B. ein bestimmtes Know-how oder spezielle Branchenkenntnisse, „verkörpern".[9] Auf diese Weise konnte die Übernahme von Arbeitnehmern doch zum Indiz für einen Betriebsübergang werden.

29   Die „berühmt-berüchtigte" Entscheidung des EuGH vom 14.4.1994[10] leitete das Ende **dieser Rechtsprechungsentwicklung** ein. Danach lag ein Betriebs(teil)übergang im Sinne der Richtlinie 77/187/EWG bereits in der (vertraglichen) Übertragung einer **Dienstleistungsfunktion**. Auf den Übergang materieller oder immaterieller Betriebsmittel kam es gar nicht mehr an.[11] Das Urteil löste im Schrifttum[12] Empörung und in der Praxis große **Verunsicherung** aus.

---

1 BAG v. 9.2.1994 – 2 AZR 781/93, NZA 1994, 612.
2 BAG v. 27.7.1994 – 7 ABR 37/93, DB 1995, 431.
3 BAG v. 30.10.1986 – 2 AZR 696/85, NZA 1987, 382.
4 BAG v. 29.9.1988 – 2 AZR 107/88, NZA 1989, 799.
5 BAG v. 22.5.1985 – 5 AZR 30/84, NZA 1985, 775.
6 BAG v. 15.11.1978 – 5 AZR 199/77, AP 14 zu § 613a BGB.
7 BAG v. 20.11.1984 – 3 AZR 584/83, NZA 1985, 393.
8 BAG v. 25.2.1981 – 5 AZR 991/78, BAGE 35, 104 (106).
9 BAG v. 9.2.1994 – 2 AZR 781/93, NZA 1994, 612.
10 EuGH v. 14.4.1994 – Rs. C-392/92 – Christel Schmidt, NZA 1994, 545.
11 Dem lag folgender Fall zugrunde: Ein Kreditinstitut wollte der einzigen Putzfrau einer Filiale kündigen, weil die Reinigungsarbeiten auf eine Firma „Spiegelblank" übertragen werden sollten. Das LAG Schleswig-Holstein ersuchte den EuGH mit Beschluss v. 27.10.1992 – 1 Sa 235/92, EuZW 1993, 296 (Ls) um Vorabentscheidung darüber, ob ein Betriebsteilübergang auch bei der Übertragung der von einer einzigen Putzfrau wahrgenommenen Dienstleistungsfunktion angenommen werden könne.
12 Vgl. *Bauer*, BB 1994, 1433; *Röder/Baeck*, NZA 1994, 542; *Baeck/Lingemann*, NJW 1997, 2492; *Willemsen*, DB 1995, 994.

b) Neuorientierung des Betriebsbegriffs

Mit der „**Ayse Süzen**"-Entscheidung vom 11.3.1997[1] nahm der **EuGH** die Grundsätze der „Christel-Schmidt"-Entscheidung zurück und stellte seine Rechtsprechung zu den Voraussetzungen des Betriebsübergangs klar. Der für den Betriebsübergang zuständige **8. Senat des BAG** hat sich der „Ayse Süzen"-Entscheidung des EuGH seit dem Urteil vom 24.4.1997 **angeschlossen** und seine bisherige „Betriebsmittel"-Rechtsprechung entsprechend modifiziert.[2]

30

Auch der europäische Gesetzgeber hat die Grundsätze der „Ayse Süzen"-Entscheidung in Art. 1b) Teil I der **Änderungsrichtlinie 98/50/EG** zur Betriebsübergangsrichtlinie 77/187/EWG (jetzt Richtlinie 2001/23/EG v. 12.3.2001)[3] übernommen. Erstmals sind dort die Voraussetzungen des Betriebsübergangs definiert. Es heißt jetzt in Anlehnung an die „Ayse Süzen"- Grundsätze:

31

„Vorbehaltlich Buchstabe a) und der nachstehenden Bestimmungen dieses Artikels gilt als Übergang im Sinn dieser Richtlinie der Übergang einer ihre Identität bewahrenden wirtschaftlichen Einheit im Sinn einer organisierten Zusammenfassung von Ressourcen zur Verfolgung einer wirtschaftlichen Haupt- oder Nebentätigkeit."

Die Rechtsprechung des EuGH seit „Ayse Süzen" und die dem seit 1997 folgende BAG-Rechtsprechung sind damit maßgeblicher Ausgangspunkt für die Neubestimmung der Voraussetzungen des Betriebsübergangs. Die Rechtsprechung des BAG aus der Zeit vor 1997 zu den Tatbestandsvoraussetzungen, (nicht aber zu den sonstigen Fragen des § 613a BGB) ist daher für die Praxis weitgehend bedeutungslos.[4]

32

An die Stelle des früheren Betriebsbegriffs ist das Merkmal der „**auf Dauer angelegten wirtschaftlichen Einheit**" getreten. Ein Betriebsübergang ist gegeben, wenn die fragliche Einheit beim Erwerber ihre **Identität** wahrt.[5] Das richtet sich nach den Umständen des konkreten Falls.[6] Den Begriff der „**Einheit**" definiert der EuGH als organisierte Gesamtheit von Personen und Sachen zur

33

---
1 EuGH v. 11.3.1997 – Rs. C-13/95, NZA 1997, 433.
2 BAG v. 24.4.1997 – 8 AZR 848/94 – EDV-Dienstleistungen, NZA 1998, 253; BAG v. 22.5.1997 – 8 AZR 101/96 – Modefachgeschäft, NZA 1997, 1050; BAG v. 17.7.1997 – 8 AZR 156/95, DB 1997, 1875; BAG v. 11.9.1997 – 8 AZR 555/95 – Tausendundeine Nacht, DB 1997, 2540; BAG v. 13.11.1997 – 8 AZR 295/95 – Reinigungsauftrag, NZA 1998, 251; BAG v. 13.11.1997 – 8 AZR 375/96 – Teileinheit, NZA 1998, 249; BAG v. 11.12.1997 – 8 AZR 426/94 – Catering, NZA 1998, 532; BAG v. 11.12.1997 – 8 AZR 729/96 – Reinigungsauftrag II, NZA 1998, 534; BAG v. 22.1.1998 – 8 AZR 243/95 – Technischer Kundendienst, NZA 1998, 536; BAG v. 22.1.1998 – 8 AZR 775/96 – Bewachungsauftrag, NZA 1998, 638; BAG v. 10.12.1998 – 8 AZR 676/97 – Personalübernahme, NZA 1999, 420; BAG v. 18.3.1999 – 8 AZR 159/98 – Pachtverhältnis, NZA 1999, 704; BAG v. 18.3.1999 – 8 AZR 196/98 – Grundstücksverwaltung, NZA 1999, 869; BAG v. 2.12.1999 – 8 AZR 796/98 – Einzelhandelsgeschäft, EzA § 613a BGB Nr. 188; BAG v. 22.7.2004 – 8 AZR 350/03 – Gefahrstofflager, NZA 2004, 1383.
3 Dazu oben Teil VI Rz. 19.
4 Vgl. *Willemsen* in Willemsen/Hohenstatt/Schweibert, G Rz. 49.
5 EuGH v. 11.3.1997 – Rs. C-13/95 – Ayse Süzen, NZA 1997, 433.
6 BAG v. 13.2.2003 – 8 AZR 102/02, BB 2003, 1286.

Ausübung einer wirtschaftlichen Tätigkeit mit eigener Zielsetzung.[1] Nach Auffassung des BAG setzt die Bezeichnung des Betriebs als „wirtschaftliche Einheit" weder ein Tätigwerden im Bereich der „Wirtschaft" noch Gewinnerzielungsabsicht oder materielle Wertschöpfung voraus. Damit solle nur ausgedrückt werden, dass dem Betrieb materielle und/oder immaterielle Wirtschaftsgüter einschließlich der menschlichen Arbeit zugeordnet sind, die der Betriebsinhaber für seine Tätigkeit nutzt. Der Begriff der „wirtschaftlichen Einheit" ist damit ebenso weit gefasst, wie derjenige des „Betriebs".[2] Eine bloße Tätigkeit kann keine solche „Einheit" darstellen.[3] Umgekehrt kann die „Einheit" aber auch nicht nur in materiellen Betriebsmitteln bestehen. Es kommt entscheidend darauf an, ob der Erwerber die zugrunde liegende **Arbeitsorganisation** übernommen hat.[4] Die wirtschaftliche Einheit muss schließlich „auf Dauer" angelegt sein. Ihre Tätigkeit darf deshalb nicht auf die Ausführung nur eines Vorhabens beschränkt sein. Das ist nicht der Fall bei einem Unternehmen, das eine seiner sechs Baustellen einem anderen Unternehmen zur Fertigstellung überträgt, es sei denn, eine organisierte Gesamtheit von Faktoren wird übertragen, die eine dauerhafte Fortsetzung der Tätigkeit erlaubt.[5]

34 Zur Prüfung der Frage, ob eine ihre Identität bewahrende Einheit übergegangen ist, sind nach neuerer Rechtsprechung **alle** den betreffenden Vorgang kennzeichnenden **Tatsachen** zu bewerten. EuGH[6] und BAG[7] verlangen jedenfalls ausdrücklich die Prüfung folgender **sieben Kriterien**:

1. Art des betreffenden Betriebs oder Unternehmens.

2. Etwaiger Übergang der materiellen Betriebsmittel.

3. Wert der immateriellen Aktiva im Zeitpunkt des Übergangs.

4. Etwaige Übernahme der Hauptbelegschaft durch den Erwerber.

5. Etwaiger Übergang der Kundschaft.

6. Grad der Ähnlichkeit zwischen den vor und nach dem Übergang verrichteten Tätigkeiten.

7. Dauer einer eventuellen Unterbrechung dieser Tätigkeit.

---

1 EuGH v. 11.3.1997 – Rs. C-13/95 – Ayse Süzen, NZA 1997, 433 (434).
2 Vgl. BAG v. 27.4.2000 – 8 AZR 260/99, n.v.
3 EuGH v. 11.3.1997 – Rs. C-13/95 – Ayse Süzen, NZA 1997, 433 (434).
4 BAG v. 22.5.1997 – 8 AZR 101/96 – Modefachgeschäft, NZA 1997, 1050.
5 EuGH v. 19.9.1995 – Rs. C-48/94 – Rygaard, EzA § 613a BGB Nr. 128.
6 EuGH v. 11.3.1997 – Rs. C-13/95 – Ayse Süzen, NZA 1997, 433 (434) im Anschluss an EuGH v. 18.3.1986 – Rs. C-24/85 – Spijkers, Slg. 1986, 1119, Rz. 12 und an EuGH v. 19.5.1992 – Rs. C-29/91 – Redmond Stichting, NZA 1994, 200; EuGH v. 30.11.2003 – Rs. C 340/01 – Abler, NZA 2003, 1385.
7 Vgl. nur BAG v. 11.9.1997 – 8 AZR 555/95 – Tausendundeine Nacht, DB 1997, 2540; BAG v. 25.5.2000 – 8 AZR 416/99, BAGE 95, 1 = ZIP 2000, 1630 m. Anm. *Bauer/Mengel*; BAG v. 18.4.2002 – 8 AZR 346/01, NZA 2002, 1207.

Die Prüfung dieser sieben Kriterien ist Pflichtprogramm der Arbeitsgerichte. 35
Eine fehlerhafte oder teilweise unterlassene Prüfung und Abwägung der Kriterien ist revisibel.[1] Die Arbeitsgerichte können deshalb nicht mehr – wie nach der alten Rechtsprechung ein einziges Kriterium – z.B. die immateriellen Betriebsmittel heranziehen und gestützt darauf einen Betriebsübergang annehmen. Die sieben Kriterien sind lediglich **Teilaspekte** der vorzunehmenden **Gesamtbewertung** und dürfen nicht isoliert betrachtet werden.[2] Diese Rechtsprechung bemüht sich um sachgerechte Ergebnisse im Einzelfall. Das gelingt ihr weitgehend in den Fällen der Übertragung von Dienstleistungsfunktionen. Ansonsten besteht wegen der Komplexität der Sach- und Rechtsfragen nach wie vor ein hohes Prognoserisiko. Ob im Einzelfall ein Betriebsübergang vorliegt, lässt sich oft nicht zuverlässig vorhersagen.

Das Kriterium Nr. 1 der **Art** des betreffenden Betriebs oder Unternehmens ist 36
maßgeblich für die **Gewichtung** der übrigen Kriterien im Rahmen der Gesamtbewertung.[3] Entsprechend spielt der Übergang der materiellen Betriebsmittel (Kriterium Nr. 2) bei Produktionsunternehmen eine größere, bei Dienstleistungsunternehmen eine geringere Rolle.[4] Aus der Art des betreffenden Betriebs oder Unternehmens ergibt sich der wesentliche Inhalt der **Arbeitsorganisation**, deren Weiternutzung durch den Erwerber den Betriebsübergang charakterisiert.

Das Kriterium Nr. 2 (etwaiger **Übergang der materiellen Betriebsmittel**) hat 37
wesentliche Indizfunktion bei Produktionsunternehmen. Der Übergang materieller Betriebsmittel allein begründet aber noch keinen Betriebsübergang. Im Rahmen der Gesamtbewertung kommt es vielmehr darauf an, ob der Erwerber über die Betriebsmittel hinaus die Arbeitsorganisation übernommen hat.[5] Dem Betrieb werden dabei auch solche Gebäude, Maschinen, Werkzeuge oder Einrichtungsgegenstände als materielle Betriebsmittel **zugerechnet**, die nicht im Eigentum des Betriebsinhabers stehen, sofern sie nur dem Berechtigten zur eigenwirtschaftlichen Nutzung überlassen sind. (Pacht, Nießbrauch, etc.).[6] Eine Zurechnung erfolgt dagegen nicht, wenn der Auftragnehmer nur eine Dienstleistung **an** fremden Geräten und Maschinen ohne die Befugnis erbringt, eigenwirtschaftlich über die Art und Weise der Nutzung dieser Betriebsmittel zu entscheiden.[7] Die Zuordnung der Betriebsmittel erfolgt in diesen Fällen durch eine typisierende Betrachtung. Handelt es sich um eine Tätigkeit, für die regelmäßig Maschinen, Werkzeuge, sonstige Geräte oder Räume innerhalb eigener Verfügungsmacht und aufgrund eigener Kalkulation eingesetzt werden müssen, werden auch die zur Nutzung überlassenen Ar-

---

1 *Willemsen* in Willemsen/Hohenstatt/Schweibert, G Rz. 98.
2 EuGH v. 11.3.1997 – Rs. C-13/95 – Ayse Süzen, NZA 1997, 433 (434); dazu auch *Willemsen* in HWK, § 613a BGB Rz. 96 ff.
3 EuGH v. 11.3.1997 – Rs. C-13/95 – Ayse Süzen, NZA 1997, 433 (434).
4 Vgl. *Willemsen* in Willemsen/Hohenstatt/Schweibert, G Rz. 100ff.
5 BAG v. 22.5.1997 – 8 AZR 101/96 – Modefachgeschäft, NZA 1997, 1050.
6 BAG v. 11.12.1997 – 8 AZR 426/94 – Catering, NZA 1998, 532; vgl. dazu auch BAG v. 25.5.2000 – 8 AZR 337/99, n.v.; BAG v. 22.7.2004 – 8 AZR 350/03 – Gefahrstofflager, NZA 2004, 1383.
7 Vgl. BAG v. 29.6.2000 – 8 AZR 521/99, n.v.

beitsmittel dem Betrieb des Auftragnehmers zugerechnet (Dienstleistung **mit** fremden Betriebsmitteln).[1]

38 Dem dritten Kriterium des **Wertes der immateriellen Aktiva** kommt ebenfalls Indizfunktion zu. Leicht können die immateriellen Aktiva (Patente, Gebrauchsmusterrechte, Schutzrechte, Warenzeichen, Marken, Lizenzen, „Know-How", „Good Will", etc.) den Wert der materiellen Aktiva übersteigen. Werden solche immateriellen Aktiva übernommen, kann dies ein Indiz für einen Betriebsübergang sein.[2] Voraussetzung ist freilich, dass die immateriellen Aktiva einen gewissen Wert (im Verhältnis zu den übrigen Kriterien) haben. Der bloße Erwerb von Lizenzrechten allein begründet aber noch keinen Betriebsübergang.[3]

39 Außerdem kommt dem Kriterium des Wertes der immateriellen Aktiva bei der – auch nach der neuen Rechtsprechung – schwierigen Abgrenzung zwischen bloßer Veräußerung einzelner Betriebsmittel und einem Betriebsübergang erhebliche Bedeutung zu.

40 Neu – jedenfalls im Rahmen der Rechtsprechung des BAG – ist das vierte Kriterium der **Übernahme von Arbeitnehmern**. Nach früherer Rechtsprechung des BAG gehörte der Übergang der Arbeitsverhältnisse auf die Rechtsfolgenseite des Betriebsübergangs. Aus der Übernahme von Arbeitsverhältnissen konnte deshalb nicht auf einen Betriebsübergang geschlossen werden.[4] Jetzt kommt der Übernahme des Personals in betriebsmittelarmen Branchen entscheidende Bedeutung neben den übrigen Kriterien zur Annahme eines Betriebsübergangs zu.[5] Die Übernahme von Arbeitnehmern gehört zur **Voraussetzungsseite** des Betriebsübergangs. In Branchen, in denen es im Wesentlichen auf die menschliche Arbeitskraft ankommt, stellt gerade die durch ihre gemeinsame Tätigkeit dauerhaft verbundene Gesamtheit von Arbeitnehmern eine „wirtschaftliche Einheit" dar.[6] Voraussetzung für die Wahrung der Identität der wirtschaftlichen Einheit ist die Übernahme eines „**nach Zahl und Sachkunde wesentlichen Teils des Personals**".[7] Wann ein nach Zahl und Sachkunde wesentlicher Teil des Personals vorliegt, hängt von betrieblicher Branche und Qualifikationsgrad der Arbeitnehmer ab. Je geringer die Qualifikation, desto größer muss der Anteil der übernommenen Arbeitnehmer sein, damit der Übergang der Arbeitsorganisation indiziert wird. Stellen die Arbeitsplätze keine hohen Anforderungen an die Qualifikation wie typischerweise in der Reinigungs- oder Bewachungsbranche, genügt ein Anteil von **75 %** der über-

---

1 BAG v. 11.12.1997 – 8 AZR 426/94 – Catering, NZA 1998, 532.
2 Ebenso *Preis* in ErfKomm., § 613a BGB Rz. 23. Der Erwerb von Gläubigerrechten wie auch von Forderungen aus Miet-, Pacht- und Darlehensverträgen indiziert dagegen keinen Betriebsübergang, vgl. LAG Düsseldorf v. 10.3.2000 – 11 (8) Sa 1301/99, ARST 2000, 235.
3 So LAG Hamm v. 24.2.2000 – 4 Sa 1731/99, ZInsO 2000, 467.
4 Vgl. BAG v. 24.7.1979 – 1 AZR 219/77, DB 1980, 164 m. Anm. *Gutbrod*.
5 BAG v. 22.7.2004 – 8 AZR 350/03 – Gefahrstofflager, NZA 2004, 1383.
6 Vgl. BAG v. 22.5.1997 – 8 AZR 101/96 – Modefachgeschäft, NZA 1997, 1050 (Ls 2); BAG v. 11.9.1997 – 8 AZR 555/95 – Tausendundeine Nacht, DB 1997, 2540; BAG v. 11.12.1997 – 8 AZR 729/96 – Reinigungsauftrag II, DB 1998, 883; vgl. dazu *Preis/Steffan*, DB 1998, 309 ff.; *Schiefer*, NZA 1998, 1095 ff.
7 Vgl. BAG v. 10.12.1998 – 8 AZR 676/97 – Personalübernahme, NZA 1999, 420.

nommenen Arbeitnehmer noch **nicht** zur Annahme des Übergangs der Hauptbelegschaft.¹ Bei hohem Qualifikationsgrad und entsprechendem Spezialwissen kann bereits die Übernahme eines wesentlich geringeren Teils des Personals („Know-how-Träger") Indizfunktion für den Betriebsübergang haben. Dies sorgt in der Praxis für Unsicherheit, da die Bestimmung des „nach Zahl und Sachkunde wesentlichen Teils" der Belegschaft äußerst schwierig ist.²

Dem fünften Kriterium des **Übergangs der Kundschaft** kommt in der Dienstleistungsbranche erhebliches Gewicht bei der Prüfung zu, ob eine ihre Identität wahrende Einheit übergegangen ist. Bei **Einzelhandelsbetrieben** ist nach Auffassung des BAG der Erhalt der regelmäßig durch Geschäftslage, Warensortiment und Betriebsform geprägten Kundenbeziehungen entscheidend.³   41

Der Grad der **Ähnlichkeit der vorher und nachher verrichteten Tätigkeiten** als sechstes Kriterium kann vor allem bei betriebsmittelarmen Tätigkeiten von Bedeutung sein. Für sich allein genommen indiziert dieses Kriterium jedoch keinen Betriebsübergang. Nach der neueren Rechtsprechung von EuGH und BAG steht fest, dass die bloße **Funktionsnachfolge** keinen Betriebsübergang darstellt.⁴ Eine Einheit darf nämlich nicht als bloße Tätigkeit verstanden werden.⁵ Der bloße Umstand, dass die nacheinander vom alten und neuen Auftragnehmer erbrachten Leistungen einander ähnlich sind, lässt nicht auf den Übergang einer solchen Einheit schließen.⁶ Mit der schon in der „Ayse Süzen"-Entscheidung enthaltenen Korrektur, dass die bloße Auftragsvergabe als solche keinen Betriebsübergang konstituiert, hat die Rechtsprechung die nach der „Christel-Schmidt" entstandene Unsicherheit wieder beseitigt. Deshalb ist das Kriterium der Ähnlichkeit der vor und nach dem Übergang verrichteten Tätigkeiten nicht Tatbestandsvoraussetzung eines Betriebsübergangs, sondern Indiz für die Entscheidung der Frage, ob eine Organisationseinheit unter Wahrung ihrer Identität übergegangen ist.⁷ Der EuGH scheint nun aber dem Übergang von materiellen Betriebsmitteln wieder verstärkte Bedeutung zuzumessen. Denn sogar in dem Fall einer eigentlich „betriebsmittelarmen" Dienstleistungstätigkeit, wie im konkreten Fall einem Catering in einer Krankenhauskantine, befand das Gericht den Übergang der materiellen Betriebsmittel zur Wahrung der Betriebsidentität für ausreichend. Derartige Tätigkeiten seien „betriebsmittelgeprägt", weil hierbei das Inventar zur Ar-   42

---

1 Vgl. BAG v. 19.3.1998 – 8 AZR 737/96, n.v.; BAG v. 14.5.1998 – 8 AZR 418/96, n.v.; BAG v. 10.12.1998 – 8 AZR 676/97, NZA 1999, 420.
2 Die Übernahme von 9 der insgesamt 15 Busfahrer bei gleichzeitiger Auftragsneuvergabe genügt nach Auffassung des LAG Köln nicht zur Wahrung der Betriebsidentität, da der Betrieb einer Buslinie keine Spezialkenntnisse verlange, vgl. LAG Köln v. 14.3.2000 – 13 Sa 1356/99, NZA-RR 2000, 634.
3 So BAG v. 2.12.1999 – 8 AZR 796/98 – Einzelhandelsgeschäft, EzA § 613a BGB Nr. 188.
4 BAG v. 11.12.1997 – 8 AZR 426/94, NZA 1998, 532; BAG v. 25.9.2003 – 8 AZR 421/02, NZA 2004, 316
5 EuGH v. 11.3.1997 – Rs. C-13/95 – Ayse Süzen, NZA 1997, 433 (434); EuGH v. 10.12.1998 – Rs. C-173/96 und C-247/96 – Tiemann, EzA § 613a BGB Nr. 172.
6 Ebenso EuGH v. 10.12.1998 – Rs. C-127/96 – Santner, EzA § 613a BGB Nr. 173.
7 BAG v. 22.7.2004 – 8 AZR 350/03 – Gefahrstofflager, NZA 2004, 1383; *Willemsen* in Willemsen/Hohenstatt/Schweibert, G Rz. 98.

beitserfüllung in beträchtlichem Umfang unverzichtbar sei. An Stelle der Unterscheidung der übernommenen Dienstleistungstätigkeit *an* oder *mit* fremden Betriebsmitteln steht infolge dieses Urteils wohl künftig die Frage nach der Übernahme „betriebsmittelgeprägter" Tätigkeiten. Sachgerechter wäre es, entsprechend der BAG-Rechtsprechung bei Dienstleistungsbetrieben weniger auf den Übergang materieller Betriebsmittel, sondern auf den Übergang der eigentlich wesentlichen Kennzeichen wie Arbeitsorganisation, Betriebsmethoden und „Know-how" abzustellen.[1]

43   Das letzte Kriterium der **Dauer einer eventuellen Unterbrechung** der betrieblichen Tätigkeit zielt auf die **Identitätswahrung** beim Übergang einer wirtschaftlichen Einheit. Je länger die Unterbrechung dauert, desto größer ist die Indizwirkung gegen das Vorliegen eines Betriebsübergangs. In ihrer Einzelfallkasuistik hat die Rechtsprechung im Einzelhandel eine neunmonatige,[2] in der Gastronomie eine sechsmonatige Unterbrechung[3] für erheblich gehalten. Die Möglichkeit der Übernahme des Kundenstamms (vgl. Kriterium Nr. 5) hielt die Rechtsprechung in diesen Fällen für zweifelhaft. Generell ist nach Auffassung des BAG eine Unterbrechung der betrieblichen Tätigkeiten erheblich, wenn sie länger dauert als die längste, im konkreten Fall durch den Veräußerer einzuhaltende gesetzliche Kündigungsfrist (§ 622 Abs. 2 BGB).[4]

44   Ein weiteres, **ungeschriebenes** Kriterium für den Betriebsübergang sind die vom Erwerber **verfolgten Zwecke**.[5] Nach der bisherigen Rechtsprechung des BAG genügte bereits die pure **Fortführungsmöglichkeit** des Erwerbers für das Vorliegen eines Betriebsübergangs. Es kam nicht darauf an, welche Absichten der Erwerber verfolgte.[6] Das BAG hat im Anschluss an die Rechtsprechung des EuGH seine frühere Rechtsprechung zutreffend dahin gehend korrigiert, dass die bloße Möglichkeit, den Betrieb unverändert fortführen zu können, noch **nicht** die Annahme eines Betriebsübergangs erlaubt.[7] Entscheidend ist, dass der Erwerber **tatsächlich** von der Möglichkeit der Fortführung des Betriebs Gebrauch macht.[8] Im Gegensatz zur früheren Rechtsprechung führt deshalb in den **Pachtfällen** die Rückgabe des Betriebs nach Ablauf des Pachtverhältnisses nur dann zu einem Betriebsübergang an den Verpächter, wenn dieser den Betrieb tatsächlich selbst weiterführt.[9] Unerheblich ist, ob das Unternehmen mit wirtschaftlicher oder ideeller Zielsetzung arbeitet. Eine Gewinnerzielungsabsicht ist nicht erforderlich.[10]

---

1   EuGH v. 20.11.2003 – Rs. C 340/01 – Abler, NZA 2003, 1385; dazu *Bauer*, NZA 2004, 14; *v. Steinau-Steinrück/Wagner*, NJW-Spezial 2004, 33; vgl. nun BAG v. 22.7.2004 – 8 AZR 350/03 – Gefahrstofflager, NZA 2004, 1383.
2   BAG v. 22.5.1997 – 8 AZR 101/96 – Modefachgeschäft, NZA 1997, 1050.
3   BAG v. 11.9.1997 – 8 AZR 555/97 – Tausendundeine Nacht, DB 1997, 2540.
4   BAG v. 22.5.1997 – 8 AZR 101/96 – Modefachgeschäft, NZA 1997, 1050 (1052).
5   Vgl. *Willemsen* in Willemsen/Hohenstatt/Schweibert, G Rz. 99f.
6   Vgl. BAG v. 29.11.1988 – 3 AZR 250/87, NZA 1989, 425; BAG v. 20.11.1984 – 3 AZR 584/93, NZA 1985, 393.
7   BAG v. 8.8.2002 – 8 AZR 583/01, NZA 2003, 315 (317); BAG v. 18.3.1999 – 8 AZR 159/98, NZA 1999, 704.
8   BAG v. 22.7.2004 – 8 AZR 350/03 – Gefahrstofflager, NZA 2004, 1383.
9   BAG v. 18.3.1999 – 8 AZR 159/98, NZA 1999, 704.
10 *Pfeiffer* in KR, § 613a BGB Rz. 24.

Vom Betriebsbegriff des § 613a BGB ist der des **Unternehmens** zu unterscheiden. Das Unternehmen kann als organisatorische Einheit definiert werden, unter der eine natürliche oder juristische Person einen oder mehrere meist wirtschaftliche oder auch ideelle Zwecke fortgesetzt verfolgt. Ihm dienen regelmäßig ein oder mehrere organisatorisch verbundene Betriebe, wobei das Unternehmen Rechtsträger ist. Während dem Betrieb die zur Verwirklichung des technisch geprägten Betriebszwecks nötigen arbeitstechnischen und organisatorischen Sachmittel zuzuordnen sind, sind es beim Unternehmen die Werte, die die wirtschaftlich oder ideell geprägte Ausrichtung der Unternehmensziele realisieren können. Letztlich kann im Bereich des § 613a BGB meist auf eine exakte Unterscheidung zwischen Unternehmen und Betrieb verzichtet werden, da die Vorschrift auch dann Anwendung findet, wenn Unternehmen oder Teile von Unternehmen veräußert werden.[1] 45

Da § 613a BGB trotz seiner Herkunft aus dem BetrVG 1972 eine zivilrechtliche Norm ist,[2] ist die im **Betriebsverfassungsrecht** gültige Betriebsdefinition nicht maßgebend. Es kommt deshalb auch nicht darauf an, ob ein Betriebsteil (§ 4 BetrVG) vorliegt. Auch ist nicht entscheidend, ob in dem Betrieb ein Betriebsrat besteht oder nicht oder ob der Betrieb überhaupt betriebsratsfähig ist.[3] Schließlich gilt § 613a BGB grundsätzlich auch, wenn es sich um einen Tendenzbetrieb nach § 118 Abs. 1 BetrVG oder einen Betrieb einer Religionsgemeinschaft nach § 118 Abs. 2 BetrVG handelt (vgl. Teil VI Rz. 23 f.).[4] 46

Bei der Frage, ob ein Betrieb im Sinne von § 613a BGB vorliegt, kann nicht auf den Begriff der **Betriebsstätte** zurückgegriffen werden, der vor allem im Steuerrecht für die Zuständigkeit zur Besteuerung und die unbeschränkte oder beschränkte Steuerpflicht sowie für den Ort der sonstigen Leistungen im Umsatzsteuerrecht bedeutsam ist (vgl. im Übrigen § 12 AO). 47

§ 613a BGB differenziert nicht zwischen privatrechtlichen Betrieben und solchen der **öffentlichen Hand** (vgl. Teil VI Rz. 54).[5] Es ist deshalb **unschädlich**, wenn Erwerber oder Veräußerer eine juristische Person des öffentlichen Rechts ist.[6] Auch öffentlich-rechtlich organisierte Betriebseinheiten zur Erfüllung öffentlicher Aufgaben können Betriebe im Sinne des § 613a BGB sein.[7] 48

---
1 Vgl. dazu EuGH v. 2.12.1999 – Rs. C-234/98 – Amalgamated Construction, NZA 2000, 587, danach ist die Betriebsübergangsrichtlinie auch auf den Unternehmensübergang innerhalb desselben Konzerns anwendbar.
2 BAG v. 22.2.1978 – 5 AZR 800/76, AP 11 zu § 613a BGB m. Anm. *Küchenhoff*.
3 BAG v. 6.2.1980 – 5 AZR 275/78, AP 21 zu § 613a BGB m. Anm. *Herschel*.
4 BAG v. 7.11.1975 – 1 ABR 78/74, AP 3 zu § 99 BetrVG 1972 m. Anm. *Kraft/Geppert*.
5 BAG v. 6.2.1980 – 5 AZR 275/78, AP 21 zu § 613a BGB m. Anm. *Herschel*.
6 Vgl. BAG v. 27.4.2000 – 8 AZR 260/99, n.v. Nach der Rechtsprechung des EuGH kann ein Betriebsübergang auch bei der Privatisierung einer bislang öffentlich-rechtlich verwalteten Stelle vorliegen, vgl. EuGH v. 14.9.2000 – Rs. C-343/98 – Telecom Italia, NZA 2000, 1279 sowie umgekehrt, wenn eine Gemeinde Werbetätigkeiten selbst übernimmt, die bislang von einem privatrechtlichen Verein wahrgenommen wurden, vgl. EuGH v. 26.9.2000 – Rs. C-175/99 – APIM, NZA 2000, 1327; EuGH v. 25.1.2001 – Rs. C-172/99 – Liikenne, NZA 2001, 249; vgl. auch *Resch*, AuR 2000, 87 ff.; *Bieback*, ZTR 1998, 396; dazu auch *Kohte*, BB 1997, 1738.
7 BAG v. 25.9.2003 – 8 AZR 421/02, NZA 2004, 316.

Auch militärische Einrichtungen können danach unter § 613a BGB fallen.[1] Die Rechtsfolgen des § 613a BGB sind allerdings auf Arbeitnehmer beschränkt; **Beamte** werden nicht erfasst.[2] Nach der Rechtsprechung des EuGH kann sich ein Betriebsübergang auch im Rahmen eines **Verfahrens zur Vergabe öffentlicher Aufträge** vollziehen, im konkreten Fall ging es um die Übernahme des Betriebs einer regionalen Buslinie.[3]

49 § 613a BGB bezieht sich vor allem auf **Gewerbebetriebe**.[4] Betroffen sein können aber auch kaufmännische, land- und forstwirtschaftliche Betriebe, Hotels, Restaurants, **Anwalts- und Steuerkanzleien**,[5] **Arztpraxen**,[6] Privatschulen usw.

50 Um keinen Betrieb handelt es sich dagegen beim privaten Haushalt.[7] Ein **fremdgenutztes Mietshaus** kann aber ein Betrieb oder bei Vorliegen weiterer fremdgenutzter Mietshäuser ein Betriebsteil im Sinne von § 613a Abs. 1 Satz 1 BGB sein, mit der Folge, dass das Arbeitsverhältnis eines Hausmeisters bei Aufrechterhaltung des Charakters als fremdgenutztes Mietshaus auf den rechtsgeschäftlichen Erwerber des Mietshauses übergeht.[8] Maßgeblich für den Übergang ist dabei nicht der Zeitpunkt der Eintragung des Eigentumsübergangs in das Grundbuch, sondern der Zeitpunkt, zu dem der Erwerber die Nutzen und Lasten übernimmt.[9]

c) **Betriebsteil**

51 Der Übergang eines **Betriebsteils** ist an dieselben Voraussetzungen gebunden wie der Betriebsübergang. Es gelten die von EuGH und BAG entwickelten Grundsätze in gleicher Weise.[10] Voraussetzung für den Übergang eines Betriebsteils ist der Übergang einer wirtschaftlichen Teileinheit, die ihre Identität wahrt.[11] Betriebsteile sind **Teileinheiten** (Teilorganisationen) des Betrie-

---

1 BAG v. 25.9.2003 – 8 AZR 421/02, NZA 2004, 316 (318).
2 Vgl. auch BAG, Beschl. v. 28.3.2001 – 7 ABR 21/00, NZA 2002, 1294, wonach Beamte kein Wahlrecht bei einer Betriebsratswahl haben.
3 Vgl. EuGH v. 25.1.2001 – Rs. C-172/99 – Liikenne, NZA 2001, 249.
4 Vgl. zu öffentlichen Theaterbetrieben *Depenheuer*, ZTR 1999, 160 ff.
5 Vgl. zum Notariat BAG v. 26.8.1999 – 8 AZR 827/98, NZA 2000, 371, danach führt die Bestellung eines neuen Notars auch dann nicht zu einem Betriebsübergang, wenn der neue Notar die Kanzlei und das Personal eines aus dem Amt ausgeschiedenen Notars übernimmt. Die Entscheidung bezieht sich allerdings auf das „Nur-Notariat". Aufgrund der Wahrnehmung hoheitlicher Aufgaben erlischt dort die organisatorische Einheit des Notariats mit dem Ende des Notaramtes. Auf Anwaltskanzleien dürfte diese Entscheidung nicht ohne Weiteres übertragbar sein; vgl. zur Steuerkanzlei, LAG Brandenburg v. 22.7.1999 – 8 Sa 102/99, BB 2000, 936.
6 Vgl. LAG Düsseldorf v. 29.2.2000 – 3 Sa 1896/99, NZA-RR 2000, 353.
7 *Müller-Glöge* in MünchKomm. BGB, § 613a BGB Rz. 16; *Seiter*, S. 51.
8 BAG v. 18.3.1999 – 8 AZR 159/98, NZA 1999, 869 ff.; BAG v. 16.10.1987 – 7 AZR 519/96, DB 1988, 712.
9 BAG v. 16.10.1987 – 7 AZR 519/96, DB 1988, 712.
10 Vgl. EuGH v. 11.3.1997 – Rs. C-13/95 – Ayse Süzen, NZA 1997, 433 (434); BAG v. 24.4.1997 – 8 AZR 848/94 – EDV-Dienstleistung, NZA 1998, 253; dazu auch *Steffan*, NZA 2000, 687 ff.; BAG v. 13.2.2003 – 8 AZR 102/02, BB 2003, 1286 (1287).
11 BAG v. 26.8.1999 – 8 AZR 718/98 – Drei Lkws, NZA 2000,144.

bes.[1] Bei übertragenen sächlichen und/oder immateriellen Betriebsmitteln muss es sich um eine selbstständige, abtrennbare und **organisatorische Untergliederung** des Gesamtbetriebs handeln, mit der innerhalb des betrieblichen Gesamtzwecks ein **Teilzweck** verfolgt wird, auch wenn es sich hierbei nur um eine untergeordnete Hilfsfunktion handelt.[2] Ein Betriebsteilübergang im Sinn von § 613a BGB setzt voraus, dass die übernommenen Betriebsmittel bereits beim **Veräußerer die Qualität eines Betriebsteils** hatten.[3] Es reicht nicht aus, wenn der Erwerber mit einzelnen, bislang nicht teilbetrieblich organisierten Betriebsmitteln erst einen Betrieb oder Betriebsteil gründet.[4]

Eine wirtschaftlich vernünftige Übertragbarkeit setzt in der Regel voraus, dass der Betriebsteil räumlich und personell **abgrenzbar** ist. Das darf aber nicht als unverzichtbare Voraussetzung missverstanden werden. Vor allem muss der Betriebsteil des § 613a BGB kein selbstständiger Betriebsteil im Sinn von § 4 BetrVG sein. Die übertragenen sächlichen und immateriellen Betriebsmittel müssen aber eine organisatorische Untergliederung des gesamten Betriebs bilden, mit denen ein **Teilzweck** (innerhalb des betrieblichen Gesamtzwecks) verfolgt wird. Das Merkmal „Teilzweck" dient dabei zur Abgrenzung der organisatorischen Einheit vom bloßen Übergang einzelner Betriebsmittel.[5] Im Teilbetrieb müssen nicht andersartige Zwecke als im übrigen Betrieb verfolgt werden.[6] Die Wahrnehmung eines dauerhaften Teilzwecks führt nur dann zu einer selbstständig übergangsfähigen Einheit, wenn eine organisierte Gesamtheit von Personen und Sachen vorliegt.[7] Das ist nicht schon der Fall, wenn ein oder mehrere Betriebsmittel ständig dem betreffenden Teilzweck zugeordnet sind. Ebenso wenig genügt es, dass ein oder mehrere Arbeitnehmer ständig bestimmte Aufgaben mit bestimmten Betriebsmitteln erfüllen. Stattdessen muss eine **eigenständige Organisation** in Bezug auf die Erfüllung des Teilzwecks vorliegen.[8] Ein oder mehrere Lkws aus einer einheitlichen organisierten Gesamtheit von Lkws sind nur Betriebsmittel, aber kein Betriebsteil. Ein „Herauspicken" einzelner Betriebsmittel führt daher nicht zu einem Betriebs(teil)übergang. Obwohl die Verwaltungstätigkeit immer notwendige Voraussetzung oder Folge des operativen Geschäfts ist, kann auch der Verwaltungsbereich eines Betriebs ein selbstständig organisierter Betriebsteil sein.[9] Eine bloße Wahrnehmung der gleichen Funktion beim Erwerber mit dessen eigenem Personal reicht für einen Betriebsübergang hingegen nicht aus. Die Übernahme eines Betriebsteils im Sinn von § 613a BGB setzt nicht voraus, dass der beim Veräußerer verbliebene Betrieb **fortgesetzt** werden kann. Der

---

1 BAG v. 8.8.2002 – 8 AZR 583/01, NZA 2003, 317.
2 BAG v. 24.4.1997 – 8 AZR 848/94 – EDV-Dienstleistungen, NZA 1998, 253; BAG v. 13.2.2003 – 8 AZR 102/02, BB 2003, 1286 (1287).
3 BAG v. 13.2.2003 – 8 AZR 102/02, BB 2003, 1286 (1287).
4 BAG v. 24.4.1997 – 8 AZR 848/94 – EDV-Dienstleistungen, NZA 1998, 253; BAG v. 9.2.1994 – 2 AZR 666/93, ZIP 1994, 1041.
5 Zuletzt BAG v. 17.4.2003 – 8 AZR 253/02, ZinsO 2003, 1010 = AP 253 zu § 613a BGB.
6 BAG v. 26.8.1999 – 8 AZR 718/98, BB 2000, 466; BAG v. 14.12.2000 – 8 AZR 220/00, n.v.
7 BAG v. 26.8.1999 – 8 AZR 718/98 – Drei Lkws, NZA 2000, 144.
8 BAG v. 26.8.1999 – 8 AZR 718/98 – Drei Lkws, NZA 2000, 144.
9 BAG v. 8.8.2002 – 8 AZR 583/01, NZA 2003, 315.

Übergang des Betriebsteils folgt aus der Wahrung seiner Identität beim Erwerber und nicht aus dem Untergang der Identität des Gesamtbetriebs, wenn ein Betriebsteil desselben übergeht.[1]

53 Klargestellt hat das BAG, dass der Betriebsteilübergang nur diejenigen **Arbeitsverhältnisse** erfasst, die dem übertragenen Betriebsteil oder -Bereich im Zeitpunkt des Betriebs(teil)übergangs angehörten.[2] Dafür genügt es nicht, dass der Arbeitnehmer, ohne dem übertragenen Betriebsteil anzugehören, als Beschäftigter einer nicht übertragenen Abteilung **auch** Tätigkeiten für den übertragenen Betriebsteil verrichtet hat, wie dies bei Stabsabteilungen typischerweise der Fall ist[3] (vgl. dazu Teil VI Rz. 101 ff.).

2. Betriebsinhaberwechsel

a) Allgemeines

54 § 613a BGB verlangt einen **Wechsel des Inhabers**. Maßgeblich ist ein Wechsel der Rechtspersönlichkeit des Betriebsinhabers.[4] Der bisherige Inhaber muss seine wirtschaftliche Betätigung in dem Betrieb oder Betriebsteil einstellen, während die Geschäftstätigkeit durch diejenige Person weiter geführt wird, die nunmehr für den Betrieb als Inhaber „verantwortlich" ist.[5] Inhaber eines Betriebs oder Betriebsteils ist, wer **im eigenen Namen** einen bestimmten arbeitstechnischen Zweck verfolgt.[6] Es ist gleichgültig, ob auf Seiten des bisherigen und/oder neuen Inhabers natürliche Personen, Gesamthände (GbR, KG, OHG) oder juristische Personen des privaten (AG, GmbH, Genossenschaft) oder öffentlichen Rechts[7] stehen. Entscheidend ist, dass der neue Inhaber den Betrieb tatsächlich führt.[8] Der Inhaberwechsel ist vom Betriebsübergang zu unterscheiden. Er ist nur der rechtliche Vorgang, der zum Betriebsübergang führt. In der Praxis wird oft auch vom Arbeitgeberwechsel gesprochen. Ein Inhaberwechsel im Sinn von § 613a BGB liegt auch bei Veräußerungen im Rahmen eines **Konzerns** vor,[9] außerdem bei der so genannten „typischen Betriebsaufspaltung".[10] Richtigerweise handelt es sich dabei um eine Unternehmensaufspaltung, bei der ein bisher einheitliches Unternehmen in eine Betriebsgesellschaft (meist GmbH) und eine Besitzgesellschaft (meist Personengesellschaft) aufgespalten wird (vgl. Teil VI Rz. 80 zur Frage, ob die veräußernde Besitzgesellschaft eine Mithaft trifft).[11]

---

1 BAG v. 13.11.1997 – 8 AZR 375/96 – Teileinheit, NZA 1998, 249.
2 BAG v. 13.2.2003 – 8 AZR 102/02, BB 2003, 1286 (1288); BAG v. 21.1.1999 – 8 AZR 287/98, n.v.
3 BAG v. 13.11.1997 – 8 AZR 375/96 – Teileinheit, NZA 1998, 249.
4 BAG v. 3.5.1983 – 3 AZR 1263/79, NJW 1983, 2283.
5 BAG v. 18.3.1999 – 8 AZR 159/98, BAGE 91, 121 = ZIP 1999, 1318.
6 BAG v. 6.2.1985 – 5 AZR 411/83, BAGE 48, 59.
7 BAG v. 26.6.1997 – 8 AZR 426/95 – Verwaltung, ZIP 1997, 1975.
8 BAG v. 12.11.1998 – 8 AZR 282/97, NZA 1998, 310 = EWiR 1999, 993 m. Anm. *Joost*.
9 Vgl. EuGH v. 2.12.1999 – Rs. C-234/98 – Konzern, ZIP 1999, 2107 ff.
10 Dazu *Schaub*, § 118 Rz. 47 ff.; *v. Steinau-Steinrück*, S. 12 ff.
11 BAG v. 17.2.1981 – 1 ABR 101/78, DB 1981, 1190; BAG v. 16.6.1987 – 1 ABR 41/85, DB 1987, 1842; BAG v. 19.1.1988 – 3 AZR 263/86, DB 1988, 1166.

Ein Betriebsübergang liegt auch bei der **Betriebsnachfolge** vor. Sie ist gegeben, 55
wenn eine natürliche oder juristische Person ihren Betrieb als Sacheinlage in
eine Gesellschaft einbringt.[1]

Ein Betriebsinhaberwechsel setzt keinen Eigentumswechsel an den Betriebs- 56
mitteln voraus. Deshalb genügt die Einräumung einer schuldrechtlichen oder
dinglichen Nutzungsberechtigung (Pacht, Nießbrauch).[2] Der **Pächter** ist dann
Betriebsinhaber, wenn er den Betrieb im eigenen Namen führt. Das gilt auch,
wenn der bisherige Inhaber als Verpächter den Betrieb im Namen und auf
Rechnung des Pächters leitet.[3] Ein Betriebsübergang liegt auch nicht bei einer
Sicherungsübereignung von Betriebsmitteln vor, soweit die Nutzungsberechtigung beim bisherigen Inhaber bleibt. Nutzt der Sicherungsnehmer die Betriebsmittel hingegen im eigenen Namen, kommt ein Inhaberwechsel durch
Sicherungsübereignung in Betracht.[4]

b) Gesellschaftsrechtliche Vorgänge

Beim Gesellschafterwechsel in **Personengesellschaften** (GbR, OHG oder KG) 57
wächst der entsprechende Teil des Gesamthandvermögens automatisch den
Gesellschaftern zu, die die Gesellschaft fortführen. Treten deshalb in solchen
Fällen Gesellschafter ein oder aus, wird zwar oft von partiellem Arbeitgeberwechsel gesprochen, ein Betriebsinhaberwechsel im Sinne von § 613a BGB findet aber nicht statt, da die Identität der Gesellschaft als solche bestehen bleibt.
Das gilt auch bei einem vollständigen Gesellschaftswechsel.[5] Ebenso ist die
Anwendbarkeit von § 613a BGB bei der **personengesellschaftsrechtlichen An-
und Abwachsung** ausgeschlossen. Auch in diesem Fall gelten die Grundsätze
der Gesamtrechtsnachfolge.[6] Eine Personengesellschaft erlischt, wenn sich alle Gesellschaftsanteile in einer Person vereinigen. Das bisherige Gesamteigentum verwandelt sich in diesem Fall ohne jeden Übertragungsakt (kraft Gesetzes) in Alleineigentum des Übernehmers. Grundfall der Anwachsung ist das
Ausscheiden eines von zwei Gesellschaftern. Es ist aber auch zulässig, die Gesellschaftsanteile einer Personengesellschaft auf einen einzigen Erwerber zu
übertragen, mit der Wirkung, dass der Erwerber als **Gesamtrechtsnachfolger**
Inhaber der bisher zum Gesellschaftsvermögen gehörenden Rechte wird.[7]
Auch wenn eine GmbH als Komplementärin anstelle eines persönlich haftenden Gesellschafters in eine KG eintritt, bleibt die Identität der Gesellschaft
unberührt, so dass von einem Betriebsinhaberwechsel nicht die Rede sein

---

1 *Schaub*, § 118 Rz. 46.
2 Vgl. *Richardi/Annuß* in Staudinger, § 613a BGB Rz. 54.
3 *Preis* in ErfKomm., § 613a BGB Rz. 46.
4 BAG v. 20.3.2003 – 8 AZR 312/02, ZIP 2003, 1557.
5 BAG v. 12.7.1990 – 2 AZR 39/90, NZA 1991, 63; *Seiter*, S. 39; *Bauer*, Unternehmensveräußerung, S. 27.
6 Vgl. BGH v. 8.11.1965 – II ZR 223/64, BGHZ 44, 229; a.A. offenbar *Holzapfel/Pöllath*, Rz. 586, die einen Betriebsübergang auf einen neuen Inhaber annehmen wollen, wenn es sich um den Erwerb aller Gesellschaftsanteile einer Personengesellschaft durch eine Person handelt, obwohl eine Gesamtrechtsnachfolge vorliegt.
7 BGH v. 10.5.1978 – VIII ZR 32/77, BGHZ 71, 296.

kann.¹ Eine **analoge** Anwendung des § 613a Abs. 4 BGB auf den Fall des Gesellschafterwechsels stünde mit dem Normzweck der Vorschrift nicht in Einklang und scheidet deshalb aus.² Schließlich gilt für den Fall nichts anderes, dass ein weiterer Gesellschafter einer Personengesellschaft beitritt.³

58 Lösen dagegen alle Gesellschafter die alte Gesellschaft auf, und übertragen sie dann den Betrieb auf eine neu gebildete Gesellschaft, gilt § 613a BGB, weil die beiden Gesellschaften nicht identisch sind, gleichgültig, ob in beiden Gesellschaften identische Gesellschafter vertreten sind.⁴ Beim Wechsel der Gesellschafter einer **BGB-Gesellschaft** greift § 613a BGB nicht ein. Die Identität der BGB-Gesellschaft bleibt nach dem Ausscheiden oder Auswechseln der Gesellschafter bestehen. Bereits nach früherer Ansicht des BGH⁵ hatte ein Wechsel im Mitgliederbestand keinen Einfluss auf den Fortbestand der mit der Gesellschaft bestehenden (Dauer-)Rechtsverhältnisse. Diese Auffassung verdeutlicht sich durch das Urteil des BGH, in dem er die Aussen-GbR als rechtsfähig ansieht.⁶ Daraus ergibt sich die grundsätzliche Arbeitgeberfähigkeit der Außen-GbR selbst. Die GbR-Gesellschafter in ihrer gesamthänderischen Verbundenheit sind an sich keine Arbeitgeber.⁷

59 Die Veräußerung von Gesellschaftsanteilen **juristischer Personen** (vor allem von Aktien und GmbH-Anteilen) beeinflusst nicht die Identität der Gesellschaft.⁸ Um die bei der Veräußerung von Betrieben oder Betriebsteilen nach der Rechtsprechung des BAG möglichen Widersprüche der Arbeitnehmer (vgl. Teil VI Rz. 125 ff.) zu vermeiden, bietet sich deshalb folgendes Vorgehen an: Zunächst wird durch Ausgliederung eine Betriebsgesellschaft (meist in Form der GmbH) gegründet. Dann werden die Anteile der neuen Gesellschaft auf den oder die Erwerber übertragen. Bei diesem Beispiel greift § 613a BGB nur bei der Einbringung des Betriebs oder Betriebsteils in die Betriebsgesellschaft ein. In diesem Stadium besteht aber für die Arbeitnehmer meist kein Anlass, dem Übergang ihrer Arbeitsverhältnisse zu widersprechen. Im zweiten Stadium (Anteilsübertragung) liegen die Voraussetzungen des § 613a BGB dagegen nicht vor; damit entfällt das Widerspruchsrecht. Eine unzulässige Umgehung des § 613a BGB und des von der Rechtsprechung gewährten Widerspruchsrechts wird man hinsichtlich der zweiten Stufe nur in Ausnahmefällen annehmen können, etwa dann, wenn diese Vorgehensweise nachweisbar nur den Zweck hat, das Widerspruchsrecht der Arbeitnehmer auszumanövrieren.⁹

---

1 BGH v. 8.11.1965 – II ZR 223/64, BGHZ 44, 229; BAG v. 3.5.1983 – 3 AZR 1263/79, BB 1983, 1539; a.A. v. *Stebut*, ZGR 1981, 183 (206).
2 BAG v. 12.7.1990 – 2 AZR 39/90, NZA 1991, 63; *Preis* in ErfKomm., § 613a BGB Rz. 43.
3 BAG v. 15.1.1991 – 1 AZR 94/90, NZA 1991, 681.
4 BGH v. 8.11.1965 – II ZR 223/64, BGHZ 44, 229; *Bauer*, Unternehmensveräußerung, S. 28.
5 BGH v. 15.12.1980 – II ZR 52/80, BGHZ 79, 374 (378) = NJW 1981, 1213.
6 Vgl. BGH v. 29.1.2001 – II ZR 331/00, NJW 2001, 1056.
7 Vgl. *Diller*, NZA 2003, 401.
8 *Seiter*, S. 40; *Bauer*, Unternehmensveräußerung, S. 27 f.
9 Vgl. *Lieb*, S. 17 ff.; *Seiter*, S. 40. Vgl. auch § 134 UmwG und Teil VI Rz. 261 zur Haftung in Fällen der Betriebsaufspaltung.

c) Verhältnis von Betriebsstilllegung und Betriebsübergang

Ein Betriebsinhaberwechsel kann nicht vorliegen, wenn der Betrieb vor dem Erwerb stillgelegt worden ist. **Betriebsveräußerung und Betriebsstilllegung schließen sich** systematisch **aus**.[1] Ob eine Stilllegung oder ein Betriebsübergang vorliegt, kann im Einzelfall fraglich sein: Nach Auffassung des BAG[2] setzt eine Betriebsstilllegung den ernstlichen und endgültigen Entschluss voraus, die Betriebs- und Produktionsgemeinschaft zwischen Arbeitgeber und Arbeitnehmer für einen seiner Dauer nach unbestimmten, wirtschaftlich nicht unerheblichen Zeitraum aufzugeben.[3] Die Produktionsgemeinschaft besteht auch bei einem Betriebsübergang zwischen Veräußerer und Erwerber fort. Daher ist die Fortführung der betriebsorganisatorischen Einheit in ihrer bisherigen Form das ausschlaggebende Merkmal gegen Stilllegung und für Betriebsübergang.[4] Eine Stilllegungsabsicht des Arbeitgebers liegt nicht vor, wenn er beabsichtigt, seinen Betrieb zu veräußern. In diesem Fall bleibt nämlich die Identität des Betriebes gewahrt. Es wechselt lediglich sein Inhaber.[5] Steht die Betriebseinheit lediglich für einen unerheblichen Zeitraum still, liegt nur eine unerhebliche **Betriebspause** oder **Betriebsunterbrechung** vor.[6] Deshalb soll bei alsbaldiger Wiedereröffnung des Betriebs eine tatsächliche Vermutung gegen eine ernsthafte Stilllegungsabsicht sprechen.[7] Insbesondere soll eine solche tatsächliche Vermutung gegen eine ernsthafte und endgültige Stilllegungsabsicht des Unternehmers zum Zeitpunkt der Kündigung sprechen, wenn es noch innerhalb der Kündigungsfrist zu einem Betriebsübergang nach § 613a Abs. 1 BGB kommt.[8] Dieses Kriterium ist aber schon deshalb untauglich, weil bei einer Betriebsstilllegung regelmäßig eine Vielzahl von Arbeitnehmern mit unterschiedlichen Kündigungsfristen betroffen ist und in der Regel der Betrieb sukzessive stillgelegt wird. Andererseits soll es laut BAG für die Erheblichkeit einer Unterbrechensphase sprechen, wenn sie länger anhält als die längste im konkreten Fall durch den Veräußerer einzuhaltende gesetzliche Kündigungsfrist.[9] Die Praxis wird sich in Folge dieser Rechtsprechung darauf einstellen müssen, dass die **Dauer der Unterbrechung** wesentliches Abgrenzungsmerkmal zwischen Betriebsstilllegung und -übergang nach der

---

1 BAG v. 16.5.2002 – 8 AZR 319/01, NZA 2003, 93.
2 BAG v. 10.10.1996 – 2 AZR 477/95, NZA 1997, 251; BAG v. 28.4.1988 – 2 AZR 623/87, NZA 1989, 265; BAG v. 19.5.1988 – 2 AZR 596/87, NZA 1989, 461; BAG v. 16.5.2002 – 8 AZR 319/01, NZA 2003, 93; BAG v. 8.4.2003 – 2 AZR 15/02, ZIP 2003, 1260.
3 BAG v. 10.10.1996 – 2 AZR 477/85, NZA 1997, 251; BAG v. 27.6.2002 – 2 AZR 270/01, NZA 2003, 145; zuletzt BAG v. 18.9.2003 – 2 AZR 79/02, ZIP 2004, 677.
4 BAG v. 12.2.1987 – 2 AZR 247/86, NZA 1988, 170.
5 BAG v. 16.5.2002 – 8 AZR 319/01, NZA 2003, 93.
6 *Etzel* in KR, § 15 KSchG Rz. 88.
7 BAG v. 12.2.1987 – 2 AZR 247/86, NZA 1988, 170; vgl. auch BAG v. 15.5.1985 – 5 AZR 276/84, NZA 1985, 736, wonach der Beweis des ersten Anscheins für einen rechtsgeschäftlichen Betriebsübergang sprechen soll, wenn der in Anspruch genommene Erwerber nach Einstellen des Geschäftsbetriebes durch den bisherigen Inhaber die wesentlichen Betriebsmittel verwendet, um einen gleichartigen Geschäftsbetrieb zu führen.
8 BAG v. 27.9.1984 – 2 AZR 309/83, NZA 1985, 493; BAG v. 20.1.1994 – 2 AZR 489/93, NZA 1994, 653.
9 BAG v. 22.5.1997 – 8 AZR 101/96, BAGE 86, 20 = NZA 1997, 1050.

Rechtsprechung von EuGH und BAG darstellt (vgl. dazu Teil VI Rz. 43). Die bloße Produktioneinstellung bedeutet dagegen noch keine Stilllegung. Es muss die Auflösung der dem Betriebszweck dienenden Organisation hinzukommen.[1]

61 Nach ständiger Rechtsprechung des 2. Senats des BAG[2] ist die **geplante Stilllegung** des Betriebs ein dringendes betriebliches Erfordernis nach § 1 Abs. 2 Satz 1 KSchG, sofern die Planung endgültig und abschließend ist. Eine hierauf gestützte Kündigung gehört zu den (zulässigen) Kündigungen „aus anderen Gründen" im Sinne von § 613a Abs. 4 Satz 2 BGB. Problematisch sind die Fälle, in denen sich der Unternehmer gezwungen sieht, **entweder** den Betrieb zu schließen oder ihn zu veräußern. Es soll nämlich am ernstlichen und endgültigen Stilllegungsentschluss so lange fehlen, wie der Unternehmer noch **ernsthafte Verhandlungen** über eine Veräußerung des Betriebes führt.[3] Kündigt der Unternehmer in diesem Stadium seinen Arbeitnehmern vorsorglich für den Fall, dass die Verkaufsverhandlungen scheitern, so sollen die Kündigungen wegen Verstoßes gegen § 1 KSchG unwirksam sein.[4] Aufgrund dieser Rechtsprechung wird es möglicherweise mancher Unternehmer vorziehen, den Betrieb gleich zu zerschlagen[5] und sämtliche Veräußerungsbemühungen einzustellen.[6] Die Ernsthaftigkeit und Endgültigkeit des Entschlusses erfordert nicht, dass er dem eigenen Wunsch des Unternehmers entspricht. Sieht sich der Unternehmer durch außerbetriebliche Umstände zu dem Stilllegungsentschluss gezwungen, so ist es unschädlich, wenn er sich vorbehält, seinen Entschluss nicht zu verwirklichen, sollten sich die Verhältnisse wider Erwarten anders entwickeln, als bei vernünftiger Betrachtung vorhersehbar.[7] Erfreulicherweise hat das BAG seine **Rechtsprechung** nun wieder etwas **eingeschränkt**: Eine wegen einer geplanten Betriebsstilllegung erklärte Kündigung ist dann sozial gerechtfertigt, wenn die auf eine Betriebsstilllegung gerichtete unternehmerische Entscheidung zum Zeitpunkt des Zugangs der Kündigung bereits **greifbare Formen** angenommen hat.[8] Danach brauchen die betrieblichen Gründe grundsätzlich noch nicht tatsächlich eingetreten zu sein, sondern es genügt, wenn sie sich konkret und greifbar abzeichnen.[9] Das ist dann der Fall, wenn zum Kündigungszeitpunkt auf Grund einer vernünftigen, betriebswirtschaftlichen Prognose mit einiger Sicherheit der Eintritt eines die Entlassung erforderlich machenden betrieblichen Grundes vorliegt.[10]

---

1 BAG v. 16.5.2002 – 8 AZR 319/01, NZA 2003, 93.
2 Vgl. nur BAG v. 27.9.1984 – 2 AZR 309/83, NZA 1985, 493 = BAG, EWiR § 613a BGB 1/85, 379 (*Bauer*); BAG v. 10.10.1996 – 2 AZR 477/85, NZA 1997, 251.
3 BAG v. 27.4.1995 – 8 AZR 197/94, NZA 1995, 1155.
4 BAG v. 27.4.1995 – 8 AZR 197/94, NZA 1995, 1155; BAG v. 19.5.1988 – 2 AZR 596/87, DB 1989, 934; BAG v. 18.5.1995 – 2 AZR 920/93, EzA § 613a BGB Nr. 139.
5 *Bauer*, EWiR 1985, 379.
6 Ebenso *Richardi/Annuß* in Staudinger, § 613a BGB Rz. 70.
7 BAG v. 27.2.1987 – 7 AZR 652/85, DB 1987, 1896.
8 BAG v. 27.11.2003 – 2 AZR 48/03, NZA 2004, 477.
9 BAG v. 16.5.2002 – 8 AZR 319/01, NZA 2003, 93
10 BAG v. 18.9.2003 – 2 AZR 79/02, ZIP 2004, 677; BAG v. 8.4.2003 – 2 AZR 15/02, ZIP 2003, 1260; BAG v. 18.1.2001 – 2 AZR 514/99, BAGE 97, 10 = NZA 2001, 719; BAG v. 3.9.1998 – 8 AZR 306/97, NZA 1999, 147.

Liegt zum Zeitpunkt des Ausspruchs einer Kündigung ein greifbarer Stilllegungsentschluss vor, kann die Unwirksamkeit der Kündigung nicht aus einer Umgehung von § 613a Abs. 1 und 4 BGB hergeleitet werden, wenn es später doch noch zu einer Betriebsveräußerung kommt. Nach richtiger Auffassung ist daher zu **unterscheiden**: Verhandelt der Arbeitgeber schon über die Veräußerung und kündigt er nur vorsorglich für den Fall des Scheiterns, sind die Kündigungen unwirksam. Zeichnet sich dagegen zum Kündigungszeitpunkt die Stilllegung konkret und greifbar ab, sind die Kündigungen wirksam. Unerheblich bleibt, ob sich der Arbeitgeber ggf. daneben noch bemüht, den Betrieb noch zu veräußern. Maßgeblich sind die **Verhältnisse bei Ausspruch der Kündigung**.[1] Denn kündigungsrechtlich ist nur entscheidend, dass zur Zeit des Ausspruchs der Kündigung die Prognose gerechtfertigt war, dass die Entscheidung zur Stilllegung tatsächlich und planmäßig durchgeführt wird und deshalb für den gekündigten Arbeitnehmer mit Ablauf der Kündigungsfrist keine Weiterbeschäftigungsmöglichkeit mehr besteht.[2] Eine unerwartete spätere Betriebsfortführung, die einer vom Arbeitgeber geplanten, schon eingeleiteten oder bereits durchgeführten Betriebsstilllegung nach der Kündigung folgt, wirkt sich daher ebenso wenig auf den Kündigungsgrund aus wie ein späteres Scheitern eines im Zeitpunkt der Kündigung geplanten Betriebsübergangs.[3] Die unternehmerische Entscheidung zur Stilllegung ist von den Gerichten nicht auf ihre Zweckmäßigkeit zu überprüfen.[4] Wenn die Umsetzung planmäßig verläuft, lässt sich allerdings an der nachfolgend eingetretenen betrieblichen Lage verifizieren, ob das Konzept von einer betriebswirtschaftlich vernünftigen Prognose getragen und realisierbar gewesen ist.[5]

62

Für den Fall, dass es **während** des Laufs der jeweiligen Kündigungsfristen doch noch unvorhergesehen zu einem Betriebs(teil)übergang kommt, räumt das BAG den betroffenen Arbeitnehmern einen **Wiedereinstellungsanspruch** ein.[6] Der Anspruch besteht sowohl gegen den Veräußerer als auch gegen den Erwerber.[7] Zunächst offen ließ die Rechtsprechung einen solchen Wiedereinstellungsanspruch bei einem Betriebs(teil)übergang **nach** Ablauf der Kündigungsfrist.[8] In einer späteren Entscheidung hat das BAG jedoch zutreffend auf berechtigte Interessen des Arbeitgebers verwiesen, die einem solchen Anspruch entgegenstehen können.[9] Der Gedanke des Vertrauensschutzes, auf den der Wiedereinstellungsanspruch u.a. gegründet wird, kann einen Anspruch auf Fortsetzung des Arbeitsverhältnisses im Falle eines Betriebs(teil)-

63

---

1 BAG v. 3.9.1998 – 8 AZR 306/97, NZA 1999, 147; BAG v. 28.4.1988 – 2 AZR 623/87, NZA 1989, 265; BAG v. 19.6.1991 – 2 AZR 127/91, NZA 1991, 891.
2 BAG v. 8.4.2003 – 2 AZR 15/02, ZIP 2003, 1260.
3 BAG v. 16.5.2002 – 8 AZR 319/01, NZA 2003, 93.
4 BAG v. 18.9.2003 – 2 AZR 79/02, ZIP 2004, 477.
5 LAG Düsseldorf v. 7.5.2003 – 12 Sa 1437/02, LAGE § 1 KSchG Betriebsbedingte Kündigung Nr. 66.
6 BAG v. 27.2.1997 – 2 AZR 160/96, NZA 1997, 757; BAG v. 6.8.1997 – 7 AZR 557/96, NZA 1998, 254; BAG v. 4.12.1997 – 2 AZR 140/97, NZA 1998, 701; allgemein zum Wiedereinstellungsanspruch BAG v. 28.6.2000 – 7 AZR 904/98, NZA 2000, 1097; vgl. *Boewer*, NZA 1999, 1121 ff. und 1177 ff.; *Kleinebrink*, FA 1999, 138 ff.
7 BAG v. 13.11.1997 – 8 AZR 295/95, NZA 1998, 251.
8 BAG v. 4.12.1997 – 2 AZR 140/97, NZA 1998, 701.
9 BAG v. 28.6.2000 – 7 AZR 904/98, NZA 2000, 1097.

übergangs, der nach Ablauf der Kündigungsfrist vollzogen wird, nicht rechtfertigen.[1] Aus Gründen der Rechtssicherheit muss auf die **individuelle Kündigungsfrist** abgestellt werden. Das wird in folgendem *Beispiel* deutlich: Allen 100 Arbeitnehmern des Betriebs B wird am 30.9.2004 gekündigt. Kommt es am 1.1.2005 zu einem Betriebs(teil)übergang, haben diejenigen Arbeitnehmer einen Anspruch auf Fortsetzung des Arbeitsverhältnisses, deren Kündigungsfristen noch nicht abgelaufen sind. Es kann nicht etwa für **alle** Arbeitnehmer auf die längste individuelle Kündigungsfrist ankommen. Es ist zu hoffen, dass das BAG unmissverständlich klarstellen wird, dass der Wiedereinstellungsanspruch nach Ablauf der Kündigungsfrist nicht mehr entstehen kann. Der Wiedereinstellungsanspruch besteht nämlich auch nach Auffassung des BAG nur im Rahmen der **Zumutbarkeit**.[2] Kommt es nach einem Stilllegungsbeschluss während des Laufs der Kündigungsfristen doch noch zu einem Betriebsübergang, wird eine Unzumutbarkeit der Wiedereinstellung bereits gekündigter Arbeitnehmer häufig gegeben sein. In solchen Fällen macht der Erwerber die Betriebsübernahme erfahrungsgemäß von Rationalisierungsmaßnahmen des Veräußerers abhängig.[3] Ein Wiedereinstellungsanspruch kann in einem solchen Fall nicht bestehen, wenn er zum Scheitern der Verkaufsbemühungen führen würde. Den Anspruch auf Fortsetzung des Arbeitsverhältnisses hat der Arbeitnehmer zudem unverzüglich geltend zu machen, nachdem er von dem Betriebsübergang oder den maßgeblichen tatsächlichen Umständen des Betriebsübergangs erfährt.[4] Dem Arbeitnehmer sollte dazu eine maximale Überlegungsfrist von drei Wochen zustehen.[5] Das Recht zur Geltendmachung des Fortsetzungsanspruchs kann je nach den Umständen und nach einem gewissen Zeitablauf **verwirken**. Das BAG hat zu einem Fortsetzungsverlangen eines Arbeitnehmers ausgeführt, dass er den Fortbestand seines Arbeitsverhältnisses zum Erwerber nach Kenntniserlangung geltend machen muss, sofern es nicht unter gewissen Umständen und nach einem gewissen Zeitablauf verwirken soll. Im konkreten Fall lag seiner Ansicht nach keine Verwirkung vor. Der Arbeitnehmer hatte das Fortbestehen seines Arbeitsverhältnisses nach ca. fünf Monaten gerichtlich geltend gemacht. Der Arbeitgeber trug keine Umstände oder Dispositionen hinsichtlich des Arbeitsplatzes vor.[6] In einem früheren Urteil sprach das Gericht noch von der Notwendigkeit, das Fortsetzungsbegehren gegenüber dem Erwerber **unverzüglich** nach erfolgtem Betriebsübergang zu erklären. Die „Unverzüglichkeit" beginne mit Kenntnis aller maßgeblichen Umstände hinsichtlich des Betriebsübergangs.[7]

64   Die Arbeitnehmer, die hinsichtlich einer beabsichtigten Betriebsstilllegung auf Grund eines Aufhebungsvertrages oder eines Abfindungsvergleichs bereits aus dem Arbeitsverhältnis **ausgeschieden** sind, haben bei einer Betriebs(teil)-

---

1 Vgl. *Boewer*, NZA 1999, 1177 (1179).
2 BAG v. 27.2.1997 – 2 AZR 160/96, NZA 1997, 757.
3 Vgl. BAG v. 18.7.1996 – 8 AZR 127/94, AP 147 zu § 613a BGB.
4 BAG v. 12.11.1998 – 8 AZR 265/97, NZA 1999, 311 = EWiR 1999, 207 (*Junker*).
5 *Boewer*, NZA 1999, 1177 (1180); *Preis* in ErfKomm., § 613a BGB Rz. 161; *Preis/Steffan*, DB 1998, 309 (310).
6 BAG v. 18.12.2003 – 8 AZR 621/02, NZA 2004, 791.
7 BAG v. 12.11.1998 – 8 AZR 265/97, DB 1999, 485; vgl. auch BAG v. 8.8.2002 – 8 AZR 583/01, NZA 2003, 315.

veräußerung keinen Fortsetzungsanspruch. Eine Vertragsanpassung nach den Grundsätzen des Wegfalls der Geschäftsgrundlage gemäß § 313 Abs. 1 BGB kommt nicht in Betracht, wenn es doch noch zu einer Betriebsübernahme kommt.[1] Bei Aufhebungsvertrag wie Abfindungsvergleich wollen beide Parteien das Arbeitsverhältnis beenden. Soweit die Abfindung in Anlehnung an §§ 10 KSchG, 113 Abs. 1 und 2 BetrVG einen angemessenen Ausgleich schafft, kann der Arbeitnehmer keine Vertragsanpassung verlangen. Es bleibt bei der Beendigung des Arbeitsverhältnisses.[2] Um ganz sicher zu gehen, können die Parteien einen etwaigen Wiedereinstellungsanspruch ausdrücklich im Aufhebungsvertrag ausschließen.[3]

Im Falle der **Betriebsverlegung** hängt die **Abgrenzung** zwischen Betriebsübergang und **-stilllegung** davon ab, ob die örtliche Verlagerung des Betriebs zu einem Identitätsverlust führt. In seiner Entscheidung vom 12.2.1987[4] nahm der 2. Senat an, eine Betriebsstilllegung und kein Betriebsübergang liege vor, wenn der Betrieb räumlich nicht unerheblich weit verlegt werde und sich ein beträchtlicher Teil der Arbeitnehmer weigere, am neuen Ort weiterzuarbeiten. In einem nachfolgenden Urteil[5] meinte der 2. Senat allerdings, der Erwerber trete nach § 613a Abs. 1 BGB in die Rechte und Pflichten derjenigen Arbeitnehmer ein, die zur Weiterarbeit am neuen Leistungsort bereit seien. Dieses Urteil ist allerdings unklar, das Ergebnis so nicht nachvollziehbar. In diesem Fall konnte denjenigen Arbeitnehmern nur dann betriebsbedingt gekündigt werden, wenn sie bereits vor der Betriebsveräußerung erklärt hatten, das Arbeitsverhältnis am neuen Leistungsort nicht fortsetzen zu wollen. Ist der Großteil der Belegschaft dazu aber nicht bereit, liegt richtigerweise eine Betriebsstilllegung vor, die einen Betriebsübergang ausschließt.[6] In den Fällen der Verlagerung der Produktion ins Ausland liegt deshalb u.E. eine Betriebsstilllegung vor, wenn zu erwarten ist, dass die Belegschaft nicht bereit ist, am neuen Ort weiterzuarbeiten.[7] Die Ähnlichkeit einer betrieblichen Tätigkeit und damit die Identität der wirtschaftlichen Einheit geht nicht bereits dadurch verloren, dass ein Erwerber einen Betrieb verlegt. Die wirtschaftliche Einheit kann trotz Ortsverlegung gewahrt bleiben, wenn der Erwerber eines Produktionsbetriebs Betriebsmittel verlagert und an einem anderen Ort mit gleicher Arbeitsorganisation und gleichen Betriebsmethoden die Produktion weiterführt.[8] Bei Einzelhandelsgeschäften kann ein Identitätsverlust eintreten, wenn die bisherigen Kundenbeziehungen durch die Ortsverlagerung verloren gehen.[9]

---

1 So wohl BAG v. 27.2.1997 – 2 AZR 160/96, NZA 1997, 757 (759); *B. Gaul*, Betriebsspaltung, § 20 Rz. 246, 266.
2 *Bauer*, Aufhebungsverträge, I Rz. 219 ff.; *Linck*, FA 2000, 334 (338); *Schnitker* in Picot, Handbuch, Teil I Rz. 389; in diese Richtung wohl auch BAG v. 28.6.2000 – 7 AZR 904/98, NZA 2000, 1097 (1099).
3 Vgl. BAG v. 28.6.2000 – 7 AZR 904/98, NZA 2000, 1097 (1099).
4 BAG v. 12.2.1987 – 2 AZR 247/86, DB 1988, 126.
5 BAG v. 20.4.1989 – 2 AZR 431/88, DB 1989, 2334.
6 Ebenso *Schweibert* in Willemsen/Hohenstatt/Schweibert, C Rz. 33.
7 Vgl. dazu *Schweibert* in Willemsen/Hohenstatt/Schweibert, C Rz. 31.
8 BAG v. 16.5.2002 – 8 AZR 319/01, NZA 2003, 93.
9 Vgl. dazu BAG v. 2.12.1999 – 8 AZR 796/98, EzA § 613a BGB Nr. 188.

Bei Ungewissheit über das Vorliegen eines Betriebsübergangs kann ein **vorsorglicher Sozialplan** geschlossen werden.[1]

66 Erfreulich ist, dass das BAG seine frühere Rechtsprechung zur **Fortführungsmöglichkeit** aufgegeben hat. Danach genügte bereits die bloße Möglichkeit zu einer unveränderten Fortsetzung des Betriebs für die Annahme eines Betriebsübergangs.[2] Nach neuerer Rechtsprechung ist wesentliches Kriterium für den Übergang die **tatsächliche** Weiterführung oder Wiederaufnahme der Geschäftstätigkeit beim Wechsel der natürlichen oder juristischen Person, die für den Betrieb verantwortlich ist.[3] Das bedeutet in den **Pachtfällen**, dass nach Aufgabe der Betriebsinhaberschaft durch den Pächter kein Betriebsübergang auf den Verpächter stattfindet, wenn dieser den „zurückgefallenen Betrieb" nicht führt.[4] Ein Betriebsübergang kann sich allerdings auf den neuen Pächter vollziehen, wenn dieser die Betriebstätigkeit fortsetzt oder wieder aufnimmt.[5] Wird der Betrieb zum Zweck der Stilllegung (durch den Pächter) verpachtet, kann die Betriebsstilllegung dem Verpächter zuzurechnen sein.[6] In diesem Fall liegt eine vom bisherigen Betriebsinhaber (Verpächter) veranlasste Betriebsstilllegung vor. Dieser muss folglich mit dem Betriebsrat über einen Interessenausgleich und Sozialplan nach §§ 111 ff. BetrVG verhandeln. Der Betrieb kann auch vom Pächter stillgelegt werden. Dazu genügt es, dass er den Betrieb schließt und eindeutig kundgibt, die Betriebstätigkeit vollständig einzustellen und die Betriebsmittel, über die er verfügen kann, zu veräußern, den Pachtvertrag zum nächst möglichen Termin aufzulösen und allen Arbeitnehmern zu kündigen[7] (vgl. auch Teil VI Rz. 307 zur Frage, wann eine Stilllegung des Betriebs oder Betriebsteils als Betriebsänderung nach § 111 BetrVG dem Verpächter/Veräußerer zuzurechnen ist).

3. Rechtsgeschäft

a) Allgemeines

67 § 613a BGB verlangt, dass ein Betrieb oder Betriebsteil **durch Rechtsgeschäft** auf einen anderen Inhaber übergeht. Diese Formulierung ist nicht genau, weil ein Betrieb oder Betriebsteil als Gesamtheit von Sachen und Rechten überhaupt nicht durch Rechtsgeschäft übertragen werden kann.[8] Möglich ist nur die schuldrechtliche Verpflichtung zur Übertragung; die tatsächliche Übertragung der erfassten Gegenstände (z.B. Maschinen und sonstige bewegliche Sachen, Grundstücke, dingliche Rechte, gewerbliche Schutzrechte, Firma) folgt für jeden einzelnen Gegenstand gesondert nach sachenrechtlichen Vorschriften. Bei der Betriebs- oder Betriebsteilverpachtung, die nach allgemeiner Mei-

---

1 *C. Meyer*, AP 123 zu § 112 BetrVG 1972; *C. Meyer*, NZA 2000, 297.
2 Vgl. BAG v. 27.4.1995 – 8 AZR 197/94, BAGE 80, 74.
3 BAG v. 18.3.1999 – 8 AZR 159/98, NZA 1999, 704 im Anschluss an EuGH v. 10.2.1988 – Rs. C-324/86 – Daddy's Dancehall, Slg. 1988, 739 Rz. 9.
4 BAG v. 18.3.1999 – 8 AZR 159/98, NZA 1999, 704.
5 BAG v. 18.3.1999 – 8 AZR 159/98, NZA 1999, 704.
6 BAG v. 17.3.1987 – 1 ABR 47/85, AP 18 zu § 111 BetrVG 1972.
7 BAG v. 26.2.1987 – 2 AZR 768/85, NZA 1987, 419; vgl. dazu *Salje*, NZA 1988, 449.
8 BAG v. 20.6.2002 – 8 AZR 459/01, NZA 2003, 318 (321).

nung von § 613a BGB ebenfalls erfasst wird, liegen solche Übertragungsakte nicht vor; dem Pächter wird nur die Nutzungsbefugnis und das Recht zur Führung des Betriebs im eigenen Namen eingeräumt. Soweit der Verpächter verpflichtet ist, dem Pächter den Besitz zu verschaffen, geschieht dies nicht durch Rechtsgeschäft, sondern durch bloße tatsächliche Vorgänge. Die Pachtverträge werden deshalb streng genommen nicht durch Rechtsgeschäft erfüllt. Um auch Pachtverträge unter § 613a BGB fassen zu können, wird der Übergang „durch Rechtsgeschäft" nach der von *Seiter* stammenden Definition[1] zu Recht als „Einräumung der Leitungsmacht im eigenen Namen und auf eigene Rechnung aufgrund eines Rechtsgeschäfts" verstanden. Das Vorliegen eines bloßen obligatorischen Rechtsgeschäfts (z.b. Kaufvertrag) genügt deshalb nicht. Das „Rechtsgeschäft" im Sinne von § 613a BGB bezieht sich auf den Übergang der Leitungsmacht; deshalb muss sich die Einigung der Parteien darauf beziehen.[2]

Ein Betriebsübergang liegt schon dann vor, wenn die Rechte zur Nutzung der zum Betriebsvermögen gehörenden Gegenstände rechtsgeschäftlich übertragen werden, wobei es gleichgültig ist, welches bestimmte Rechtsverhältnis im Einzelnen zugrunde liegt. Es kommt nicht einmal darauf an, ob die Betriebsüberlassung entgeltlich erfolgt.[3] Die **häufigsten zugrunde liegenden kausalen Rechtsgeschäfte** in der Praxis sind: Veräußerung, Verpachtung, Nießbrauch, Schenkung, Leihe und sonstige Überlassungen zur Nutzung. Auch wenn ein öffentlich-rechtlicher Betriebsinhaber einen Betrieb oder Betriebsteil durch privates Rechtsgeschäft überträgt, greift § 613a BGB ein (vgl. Teil VI Rz. 23). Ein rechtsgeschäftlicher Betriebsübergang scheidet auch bei gesetzlich angeordneter Übernahme des Betriebs nicht aus.[4] Wenn dem Übergang ein öffentlich-rechtlicher Vertrag zugrunde liegt, sind gem. § 62 Satz 2 VwVfG die Vorschriften des BGB, damit auch § 613a BGB anzuwenden. Zu beachten ist, dass § 613a BGB nur das Vorliegen eines Rechtsgeschäfts, nicht aber eines Vertrags verlangt. Deshalb reicht eine vom bisherigen gegenüber dem neuen Inhaber erteilte Ermächtigung zur Fortführung des Betriebs oder Betriebsteils, also die einverständliche Übertragung der **Leitungsmacht**, aus.[5] § 613a BGB gilt grundsätzlich auch im Insolvenzverfahren (vgl. § 128 InsO).[6] Dies galt nach ständiger Rechtsprechung bereits für Betriebsveräußerungen im Konkurs.[7] Eine unmittelbare rechtsgeschäftliche Vereinbarung zwischen Erwerber und Veräußerer ist nicht erforderlich. Der Betriebsinhaberwechsel muss nur rechtsgeschäftlich vermittelt werden.[8] Deshalb kann sich der rechtsgeschäftliche Betriebsübergang auch durch rechtsgeschäftliche Vereinbarungen zwischen dem Verpächter und dem Erst- und Zweitpächter vollziehen, ohne dass zwischen

68

---

1 *Seiter*, S. 41.
2 BAG v. 8.11.1988 – 3 AZR 85/87, DB 1989, 1526.
3 BAG v. 15.5.1985 – 5 AZR 276/84, NZA 1985, 736.
4 Vgl. BAG v. 25.1.2001 – 8 AZR 336/00, n.v.
5 BAG v. 8.11.1988 – 3 AZR 85/87, DB 1989, 1526.
6 BAG v. 20.6.2002 – 8 AZR 459/01, NZA 2003, 318 (322).
7 BAG v. 21.7.1977 – 3 AZR 703/75, AP 8 zu § 613a BGB; BAG v. 3.7.1980 – 3 AZR 751/79, AP 22 zu § 613a BGB; BAG v. 26.5.1983 – 2 AZR 477/81, BB 1983, 2116; a.A. LAG Hamm v. 17.12.1981 – 10 Sa 1381/80, DB 1982, 1986.
8 BAG v. 9.2.1994 – 2 AZR 781/93, EzA § 613a BGB Nr. 115.

diesen eine rechtsgeschäftliche Vereinbarung existiert[1] (vgl. zum Betriebsübergang durch mehrere Rechtsgeschäfte unten Teil VI Rz. 75 f.). Es kommt allein auf die willentliche Übernahme der Organisations- und Leitungsmacht an, so dass grds. auch bei Nichtigkeit des zugrundeliegenden Rechtsgeschäfts ein Betriebsübergang vorliegt.[2] Im Einzelfall kann jedoch der Schutzzweck der Nichtigkeitsnorm gegenüber dem Schutzzweck des § 613a BGB vorrangig sein.[3]

69   Geht ein Grundstück, auf dem sich ein Betrieb oder Betriebsteil befindet, durch **Zwangsversteigerung** auf einen Dritten über, ist § 613a BGB an und für sich nicht anwendbar, da es sich um einen staatlichen Hoheitsakt, nicht aber um ein Rechtsgeschäft handelt.[4] Die Zwangsverwaltung eines Grundstücks erfasst nicht einen auf dem Grundstück ausgeübten Gewerbebetrieb; will der Verwalter den Betrieb fortführen, bedarf es einer entsprechenden rechtsgeschäftlichen Vereinbarung mit dem Schuldner, die dann allerdings die Folgen des § 613a BGB auslöst.[5] Übernimmt der Ersteher eines Betriebsgrundstücks nach dem Zuschlag in der Zwangsversteigerung den vom Zwangsverwalter bis zur Beendigung der Zwangsversteigerung fortgeführten Gewerbebetrieb des Schuldners, soll er nach Auffassung des BAG[6] in die mit dem Zwangsverwalter bestehenden Arbeitsverhältnisse nach § 613a BGB eintreten.[7]

70   Von rechtsgeschäftlichem Übergang kann bei **faktischer Betriebsübernahme** und **bewusster Duldung** eines durch verbotene Eigenmacht herbeigeführten Übergangs nicht gesprochen werden.[8] Die Rechtsprechung[9] neigt in diesen Fällen allerdings dazu, sich über den Wortlaut des Gesetzes hinwegzusetzen. Auch eine „**feindliche**" Betriebsübernahme durch Abwerben von Know-how-Trägern („Ausbluten") kann richtigerweise keinen Betriebsübergang darstellen (vgl. dazu unten Teil VI Rz. 76).

b) Gesamtrechtsnachfolge und Umwandlungsgesetz

71   Gesamtrechtsnachfolge liegt vor, wenn das Vermögen einschließlich der Schulden kraft Gesetzes auf einen neuen Rechtsträger uno actu ohne Rechtsgeschäfte übergeht. Der neue Inhaber rückt in die rechtliche Position des alten, der als Rechtsperson aufhört zu existieren. Der Nachfolger erwirbt automatisch als neuer Arbeitgeber alle Rechte und Pflichten aus bestehenden

---

1 BAG v. 18.3.1999 – 8 AZR 159/98, NZA 1999, 704 (705 f.); vgl. auch EuGH v. 25.1.2001 – Rs. C-172/99 – Liikenne, NZA 2001, 249.
2 BAG v. 6.2.1985 – 5 AZR 411/83, AP 44 zu § 613a BGB
3 Dazu *Preis* in ErfKomm., § 613a BGB Rz. 61; *Richardi/Annuß* in Staudinger, § 613a BGB Rz. 82 f.
4 *Seiter*, S. 140; *Preis* in ErfKomm., § 613a BGB Rz. 64 f.
5 BAG v. 9.1.1980 – 5 AZR 21/78, DB 1980, 1497; BAG v. 14.10.1982 – 2 AZR 811/79, DB 1984, 1306.
6 BAG v. 14.10.1982 – 2 AZR 811/79, DB 1984, 1306.
7 Vgl. dazu *Mohrbutter*, NZA 1985, 105, der die Auffassung des BAG ablehnt.
8 LAG Hamm v. 10.1.1975 – 3 Sa 933/74, BB 1975, 282; vgl. auch *Loritz*, RdA 1987, 65 (73).
9 Vgl. ArbG Köln v. 29.7.1976 – 13 Ca 1477/76, DB 1976, 2021; LAG Düsseldorf/Köln v. 13.2.1982 – 7 (22) Sa 737/81, DB 1982, 1327.

Arbeitsverhältnissen, ohne dass die Arbeitnehmer dem Übergang ihrer Arbeitsverhältnisse widersprechen könnten (vgl. Teil VI Rz. 125 ff.).

Zur (gesetzlichen) Gesamtrechtsnachfolge zählt die Erbfolge (§§ 1922, 1967 BGB), zur rechtsgeschäftlichen (partiellen) Gesamtrechtsnachfolge gehören die im Umwandlungsgesetz geregelten Fälle der Verschmelzung (§§ 2 ff. UmwG), Spaltung (§§ 123 ff. UmwG) oder der Vermögensübertragung (§§ 174 f. UmwG).   72

Das BAG hatte ursprünglich § 613a Abs. 1 und 4 BGB auf die Verschmelzung von Genossenschaften angewandt,[1] dann aber die Auffassung vertreten, aufgrund des Erfordernisses eines rechtsgeschäftlichen Übergangs könne die Vorschrift nicht auf den Übergang durch Gesamtrechtsnachfolge angewandt werden.[2] Inzwischen besteht weit gehende Einigkeit, dass § 613a BGB auf das Umwandlungsrecht uneingeschränkt anwendbar ist.[3] Ausgangspunkt hierfür ist **§ 324 UmwG**. Die in ihrem Wortlaut unklare Vorschrift ist so zu verstehen, dass sich in den Fällen der Verschmelzung, Aufspaltung oder Vermögensübertragung der Übergang der Arbeitsverhältnisse nicht als gesetzliche Folge der Universalsukzession vollzieht, sondern ausschließlich aus § 613a Abs. 1 Satz 1 BGB ergibt.[4] Den Hintergrund für dieses Verständnis bildet die Betriebsübergangsrichtlinie 77/187/EWG, die in Art. 1 ihren Geltungsbereich auf den Übergang von Unternehmen, Betrieben oder Betriebsteilen auf einen anderen Inhaber durch vertragliche Übertragung **oder durch Verschmelzung** regelt.[5] Für die in § 324 UmwG genannten Umwandlungsformen vollzieht sich daher der Übergang der Arbeitsverhältnisse ausschließlich nach § 613a Abs. 1 Satz 1 BGB. Das erforderliche „Rechtsgeschäft" liegt in dem der jeweiligen Verschmelzung, Spaltung oder Vermögensübertragung zugrundeliegenden Vertrag. Die Umwandlung ist nicht der gegenüber dem Betriebsübergang speziellere Tatbestand. Die Voraussetzungen des Betriebsübergangs sind demnach auch im Umwandlungsfall **selbstständig** zu prüfen.[6] Mit der Eintragung einer Verschmelzung durch Aufnahme gem. § 2 Abs. 1 Nr. 1 UmwG gehen nach § 20 Abs. 1 Nr. 1 UmwG die beim übertragenden Rechtsträger bestehenden Arbeitsverhältnisse auf den übernehmenden Rechtsträger über.[7]   73

---

1 BAG v. 14.6.1994 – 9 AZR 89/93, AP 2 zu § 3 TVG Verbandsaustritt.
2 Vgl. dazu *Mengel*, Rz. 53 ff.
3 So BAG v. 25.5.2000 – 8 AZR 416/99, ZIP 2000, 1630 m. Anm. *Bauer/Mengel*; vgl. auch *Boecken*, Rz. 56 ff.; *Kreßel*, BB 1995, 925 (928); *Mengel*, Rz. 75 ff.; *Willemsen* in Kallmeyer, § 324 UmwG Rz. 2; *Willemsen* in Willemsen/Hohenstatt/Schweibert, B Rz. 88 ff.; *Joost* in Lutter, § 324 UmwG Rz. 3.
4 *Willemsen* in Willemsen/Hohenstatt/Schweibert, B Rz. 91, hat darauf hingewiesen, dass es sich rechtstechnisch um eine Rechtsgrund- und nicht um eine Rechtsfolgenverweisung handelt.
5 Die 6. Richtlinie des Rates betr. die Spaltung von Aktiengesellschaften v. 17.12.1982 (82/891/EWG) sieht in Art. 11 ausdrücklich vor, dass die Wahrung von Ansprüchen der Arbeitnehmer der an der Spaltung beteiligten Gesellschaften gem. der Betriebsübergangsrichtlinie 77/187/EWG geregelt wird.
6 BAG v. 25.5.2000 – 8 AZR 416/99, NZA 2000, 1115.
7 Vgl. BAG v. 6.8.2002 – 1 AZR 247/01, NZA 2003, 449.

74 Keine Anwendung findet § 613a BGB auf den **Formwechsel** (§§ 119 ff. UmwG). Hierbei handelt es sich weder um Gesamtrechtsnachfolge noch einen Inhaberwechsel. Da die rechtliche Identität des Rechtsträgers als Betriebsinhaber unberührt bleibt (§ 202 Abs. 1 Nr. 1 UmwG), greift § 613a BGB nicht ein. Auch bei der Eingliederung einer Aktiengesellschaft nach §§ 319, 320 AktG braucht § 613a BGB nicht beachtet zu werden. Das eingegliederte Unternehmen behält seine rechtliche Selbstständigkeit, so dass weder eine Gesamtrechtsnachfolge noch ein Inhaberwechsel gegeben sind. § 613a BGB greift schließlich auch bei der **erbrechtlichen Gesamtrechtsnachfolge** nicht ein, unabhängig davon, ob sie auf Gesetz oder Erbeinsetzung (Testament, Erbvertrag) beruht.[1] Tritt eine **Partei kraft Amtes** (z.B. Insolvenzverwalter) in die Rechtsstellung des bisherigen Rechtsträgers ein, kommt § 613a BGB ebenso wenig zum Zuge. Anders ist die Rechtslage aber, wenn z.b. der **Insolvenzverwalter** den Betrieb oder Betriebsteil veräußert (vgl. Teil VI Rz. 271 ff.).

c) Mehrere Rechtsgeschäfte

75 Ein Betriebsübergang im Sinne von § 613a Abs. 1 Satz 1 BGB kann auch dann vorliegen, wenn der Erwerber die für die Betriebsführung wesentlichen sächlichen Betriebsmittel von mehreren **Dritten** erhält, die als Sicherungseigentümer oder aufgrund ähnlicher Rechtsstellung über das Betriebsvermögen verfügen können.[2] Auch wenn es dabei darauf ankommen soll, dass die **mehreren gebündelten Rechtsgeschäfte** insgesamt dazu dienen, einen funktionsfähigen Betrieb zu erwerben,[3] bedeutet dies, dass der Erwerber von Einzelgegenständen aus verschiedenen Quellen immer § 613a BGB einkalkulieren muss.[4]

76 In betriebsmittelarmen Branchen, in denen die menschliche Arbeitskraft im Vordergrund steht (Reinigungs-, Bewachungsgewerbe) kann ein rechtsgeschäftlicher Betriebsübergang auch dadurch herbeigeführt werden, dass der Erwerber mit der **Mehrheit der Arbeitnehmer** des Veräußerers Arbeitsverträge abschließt. Auch in diesem Fall wird die Möglichkeit der Betriebsfortführung durch ein Bündel von Rechtsgeschäften erworben.[5] Diese Rechtsprechung wird zu Recht im Schrifttum als zu weitgehend kritisiert.[6] Da eine Vereinbarung zwischen Erwerber und Veräußerer nicht verlangt wird, könnte danach ein Betriebsübergang auch dadurch herbeigeführt werden, dass der Erwerber dem Veräußerer die Belegschaft einfach „**ausspannt**". Ein auf mehrere, gebündelte Rechtsgeschäfte gestützter Betriebsübergang kann richtigerweise nur mit konkludenter Zustimmung des Veräußerers und nicht gegen seinen Willen angenommen werden.

---

1 *Seiter*, S. 42.
2 BAG v. 22.5.1985 – 5 AZR 173/84, NZA 1985, 773; vgl. auch LAG Frankfurt v. 6.2.1981 – 13/8 Sa 488/80, DB 1982, 132.
3 BAG v. 22.5.1985 – 5 AZR 173/84, NZA 1985, 773; BAG v. 22.7.2004 – 8 AZR 350/03 – Gefahrstofflager, NZA 2004, 1383 (1388).
4 Vgl. *Meilicke*, DB 1982, 1168 Fn. 6a; *Bauer*, Unternehmensveräußerung, S. 31.
5 BAG v. 11.12.1997 – 8 AZR 729/96, NZA 1998, 534.
6 Vgl. *Joost* in Lutter, § 324 UmwG Rz. 9; *Willemsen* in Willemsen/Hohenstatt/Schweibert, G Rz. 102 ff.

d) Wirksamkeit/Rücktrittsrecht

Für den zwangsweisen Übergang der Arbeitsverhältnisse ist nicht Voraussetzung, dass ein wirksames Rechtsgeschäft vorliegt.[1] Handelt es sich um ein **fehlerhaftes Rechtsgeschäft**, ist für die Anwendung des § 613a BGB nur Voraussetzung, dass eine tatsächliche Übernahme der betrieblichen Organisation erfolgt.[2] Der Wortlaut des § 613a BGB spricht im Übrigen dafür, die Vorschrift auch dann anzuwenden, wenn der Betrieb oder Betriebsteil wegen eines nichtigen Rechtsgeschäfts wieder zurückübertragen werden muss.[3]

77

Auch wenn der Veräußerer aufgrund eines **vorbehaltenen Rücktrittsrechts** vom Überlassungsvertrag zurücktritt und den Betrieb im bisherigen Umfang weiterführt, liegen zwei Betriebsübergänge im Sinne von § 613a BGB vor. Das hat zur Folge, dass die Arbeitsverhältnisse der Arbeitnehmer, die vom Übernehmer während seiner Betriebsinhaberschaft eingestellt worden sind, zunächst auf den Erwerber übergehen, dann aber wieder an den ursprünglichen Veräußerer zurückfallen.[4] Macht der Veräußerer von seinem Rücktrittsrecht Gebrauch, muss er beachten, dass mehr Arbeitnehmer an ihn zurückfallen können, als beim ursprünglichen Rechtsgeschäft auf den Erwerber übergegangen sind. Hat der Erwerber nämlich vor Ausübung des Rücktrittsrechts durch den Veräußerer das Personal aufgestockt, gehen auch die neu eingetretenen Arbeitnehmer nach § 613a BGB auf den ursprünglichen Veräußerer über.

78

e) Einzelne Rechtsgeschäfte

Pacht ist ein Rechtsgeschäft im Sinne von § 613a Abs. 1 BGB.[5] Dabei geht das BAG[6] von einem rechtsgeschäftlichen Übergang auch dann aus, wenn keine unmittelbaren rechtsgeschäftlichen Beziehungen zwischen bisherigem und neuem Inhaber vorliegen, also in Fällen des **Pächterwechsels** (vgl. Teil VI Rz. 67).

79

Auch die sog. typische **Betriebsaufspaltung** eines einheitlichen Unternehmens in je eine rechtlich selbstständige Besitz- und Produktionsgesellschaft der Art, dass die Produktionsgesellschaft die Betriebsmittel von der Besitzgesellschaft pachtet und die Arbeitnehmer übernimmt, stellt sich im Regelfall als rechtsgeschäftlicher Übergang nach § 613a BGB dar.[7] Entsprechendes gilt auch dann, wenn eine rechtlich selbstständige Besitz- und mehrere Produktionsgesellschaften gegründet werden. In einem solchen Fall werden regelmäßig einzelne

80

---

1 BAG v. 6.2.1985 – 5 AZR 411/83, NZA 1985, 735; *Seiter*, S. 47; einschränkend *Preis* in ErfKomm., § 613a BGB Rz. 61 dahingehend, dass die Schutzvorschriften zugunsten Geschäftsunfähiger Vorrang genießen.
2 BAG v. 6.2.1985 – 5 AZR 411/83, NZA 1985, 735.
3 *Bauer*, Unternehmensveräußerung, S. 32; *Willemsen* in HWK, § 613a BGB Rz. 207; a.A. LAG Köln, Urt. v. 7.12.2001 – 11 Sa 867/01, DB 2002, 592.
4 LAG Rheinland-Pfalz v. 24.9.1984 – 7 Sa 398/84, ZIP 1985, 305.
5 BAG v. 15.11.1978 – 5 AZR 199/77, DB 1979, 702 = AP 14 zu § 613a BGB (*Willemsen*).
6 BAG v. 25.2.1981 – 5 AZR 991/78, DB 1981, 1140 = AP 24 zu § 613a BGB (*Lüke*).
7 BAG v. 17.2.1981 – 1 ABR 101/78, AP 9 zu § 111 BetrVG 1972 (*Kittner*); BAG v. 19.1.1988 – 3 AZR 263/86, DB 1988, 1166; *Schaub*, § 118 II. 6. e, Rz. 47; *v. Steinau-Steinrück*, S. 24 ff.

Betriebsteile rechtsgeschäftlich auf die neuen Produktionsgesellschaften übertragen (vgl. zu betriebsverfassungsrechtlichen Auswirkungen Teil VI Rz. 300 ff.).

81 Die nach wie vor zahlreichen Unternehmensinsolvenzen führen immer wieder zur Gründung von **Auffanggesellschaften**. Bei der Frage, ob ein Betrieb oder Betriebsteil auf eine solche Gesellschaft rechtsgeschäftlich übergeht, argumentiert das BAG nicht streng anhand der Voraussetzungen des § 613a Abs. 1 BGB; es geht nur um ein sinnvoll erscheinendes Ergebnis. Das ergibt sich z.B. aus dem Urteil vom 20.11.1984.[1] In dem Fall hatte eine Auffanggesellschaft treuhänderisch die Abwicklung der noch laufenden Verträge eines insolvent gewordenen Fernlehrganginstituts übernommen. Dort heißt es: „Wollte man die vorliegende Fallgestaltung von der Geltung des § 613a BGB ausnehmen, wäre das Ergebnis absurd." Im Urteil vom 25.6.1985 hat das BAG[2] dann noch mal ausdrücklich bestätigt, dass ein Rechtsgeschäft zur Übertragung eines Betriebs auch in einem Gesellschaftsvertrag bestehen kann, in dem der Veräußerer mit Dritten eine Auffanggesellschaft gründet, um Teile seines Betriebs durch diese fortführen zu lassen. Nicht entscheidend ist, dass bei dieser Konstellation zwischen alter und neuer Gesellschaft kein unmittelbares Rechtsgeschäft abgeschlossen wird[3] (vgl. zur Zulässigkeit von Aufhebungsverträgen im Zusammenhang mit Beschäftigungsgesellschaften, unten Teil VI Rz. 293).

82 Wenn der Pächter dem Verpächter als bisherigem Inhaber die **tatsächliche Betriebsleitung** überlässt, dieser aber im Namen und auf Rechnung des Pächters den Betrieb leitet, ist § 613a BGB ebenfalls einschlägig.[4] Ein Inhaberwechsel liegt dagegen nicht vor, wenn der Verpächter den Betrieb im eigenen Namen, aber für Rechnung des Pächters führt; hier handelt es sich der Sache nach nur um bloße **Gewinnabführung**, die an der Betriebsinhaberschaft nichts ändert.[5] Die Praxis kennt auch Pachtverträge, bei denen der Pächter ermächtigt und verpflichtet ist, den gepachteten Geschäftsbetrieb auf eigene Rechnung, aber nach außen im Namen des Verpächters zu betreiben (sog. *Innenpacht*); zu dieser Variante hat sich die Rechtsprechung bisher nicht geäußert. Bei der Innenpacht dürfte ein Betriebsübergang im Sinne von § 613a BGB abzulehnen sein, da kein erkennbarer Inhaberwechsel vorliegt.[6]

83 Ähnliche Probleme wie bei der Innenpacht ergeben sich bei der **treuhänderischen Übertragung** von Betriebsmitteln. Das ArbG Siegen[7] lehnt einen Betriebsinhaberwechsel für den Fall ab, dass der bisherige Betriebsinhaber aufgrund des fiduziarischen Rechtsverhältnisses den Betrieb im eigenen Namen

---

1 BAG v. 20.11.1984 – 3 AZR 584/83, DB 1985, 1135 = AP 38 zu § 613a BGB (*Willemsen*).
2 BAG v. 25.6.1985 – 3 AZR 254/83, NZA 1986, 93 = AP 23 zu § 7 BetrAVG (*Kraft*); vgl. dazu *Loritz*, SAE 1986, 138 ff.
3 BAG v. 25.6.1985 – 3 AZR 254/83, NZA 1986, 93 = AP 23 zu § 7 BetrAVG (*Kraft*).
4 Vgl. *Seiter*, S. 38, auch zur treuhänderischen Betriebsübertragung.
5 *Seiter*, S. 38; *Bauer*, Unternehmensveräußerung, S. 40.
6 Im Ergebnis ebenso *Richardi/Annuß* in Staudinger, § 613a BGB Rz. 78; *Karamarias*, RdA 1983, 353 (355); *Konzen*, RdA 1984, 64 (75).
7 ArbG Siegen v. 16.4.1985 – 2 Ca 2226/84, EWiR § 613a BGB 14/85, 861 m. Anm. *Schwerdtner*.

weiter betreibt. Fraglich ist, was dann zu gelten hat, wenn der Schuldner aber intern nur die Stellung eines abhängigen Verwalters hat. Worauf ist abzustellen, auf das Auftreten nach außen oder auf die eigentliche Inhaberschaft des Sicherungsnehmers? Ebenso wie bei der Innenpacht sollte u.E. nur nach dem Auftreten nach außen differenziert werden; entscheidendes Abgrenzungsmerkmal für die Frage des Betriebsübergangs sollte also immer sein, ob nach außen ein – vor allem für die Arbeitnehmer – erkennbarer Inhaberwechsel vorliegt.[1] Anhand dieses Kriteriums sind auch **Betriebsführungsverträge** zu beurteilen: Ist die Betriebsführungsgesellschaft beauftragt, ein Unternehmen in dessen Namen und auf dessen Rechnung zu führen (sog. „echter" Betriebsführungsvertrag), löst dies keinen Betriebsinhaberwechsel aus, da der Betriebsführer nicht Inhaber des Betriebes ist, sondern diesen Betrieb lediglich für den bisherigen Inhaber führt.[2] Wird der Betriebsführer dagegen auf Rechnung des geführten Betriebes, aber in eigenem Namen tätig (sog. „unechter" Betriebsführungsvertrag), gehen die bisherigen Arbeitsverhältnisse, wie bei der Verpachtung, auf das betriebsführende Unternehmen über.[3]

Zweifelhaft ist, ob § 613a BGB nur Rechtsgeschäfte unter Lebenden oder auch **Verfügungen von Todes wegen** erfasst. Soweit der Übergang eines Betriebs oder Betriebsteils durch Vermächtnis erfolgt, gilt § 613a BGB, weil der Übergang in Vollzug der letztwilligen Verfügung durch das Übertragungsgeschäft zwischen Erben und Vermächtnisnehmer bewirkt wird.[4] Anders ist die Rechtslage bei Erbeinsetzung (Testament, Erbvertrag).[5] Auch hier geht zwar der Betrieb mittelbar durch die rechtsgeschäftliche Verfügung über; unmittelbar erfolgt der Übergang aber erst durch den Todesfall. Die Frage, ob der mittelbare Übergang im Rahmen des § 613a BGB genügt, ist aber nur von untergeordneter Bedeutung, denn der zwangsweise Eintritt in bestehende Arbeitsverhältnisse tritt wie bei § 613a BGB durch § 1922 BGB ein.[6]

84

§ 613a BGB gilt auch bei einem Betriebsübergang aufgrund eines **öffentlich-rechtlichen Vertrags** nach §§ 54 ff. VwVfG[7] und bei der Privatisierung von einzelnen Aufgaben des öffentlichen Dienstes.[8] Allerdings ist nach allgemeiner Ansicht § 613a BGB bei Übertragungen kraft Gesetzes oder aufgrund eines **Ho-**

85

---

1 Vgl. BAG v. 20.11.1984 – 3 AZR 584/83, NZA 1985, 393 = AP 38 zu § 613a BGB (*Willemsen*); *Richardi/Annuß* in Staudinger, § 613a BGB Rz. 78; *Schwerdtner*, EWiR § 613a BGB 14/85, 861, meint dagegen, dass eine Differenzierung nach dem Auftreten nach außen wenig für die Antwort auf die Frage besage, ob eine Betriebsübernahme vorliegt.
2 *Richardi* in MünchHdb. ArbR, Bd. 1, § 31 Rz. 15; *Zöllner*, ZfA 1983, 93 (96 ff.); a.A. *Fabricius*, S. 49 ff.; vgl. auch *Huber*, ZHR 152 (1988), 123 f.; *Birk*, ZGR 1984, 23 ff.
3 Vgl. *Huber*, ZHR 152 (1988), 123 (155); *Willemsen*, Anm. zu BAG, AP 38 zu § 613a BGB; *Richardi* in MünchHdb. ArbR, Bd. 1, § 31 Rz. 15.
4 *Seiter*, S. 42; *Bauer*, Unternehmensveräußerung, S. 41; *Richardi/Annuß* in Staudinger, § 613a BGB Rz. 86.
5 A.A. *Edenfeld* in Erman, § 613a BGB Rz. 38; *Seiter*, S. 42.
6 *Bauer*, Unternehmensveräußerung, S. 41.
7 BAG v. 7.9.1995 – 8 AZR 928/93, NZA 1996, 424; *Schaub*, § 118 II. 5d., Rz. 37; *Müller-Glöge* in MünchKomm. BGB, § 613a BGB Rz. 68 ff.; *Commandeur*, NZA 1991, 705.
8 Vgl. *Hoppe/Uechtritz/Lorenzen/Schuster*, § 12 Rz. 18, 31; *Schaub*, § 118 II. 5b, Rz. 30; *Resch*, AuR 2000, 87 ff.

heitsaktes nicht anwendbar.[1] Damit kann § 613a BGB auch dann nicht zur Anwendung kommen, wenn Unternehmen aufgrund des Vermögensgesetzes[2] kraft Bescheides (Verwaltungsaktes) rückübertragen werden.[3] In diesem Fall entsteht keine Lücke zum Nachteil der betroffenen Arbeitnehmer, da § 9 Abs. 1 Satz 2 der Unternehmensrückgabeverordnung[4] ausdrücklich bestimmt, dass es sich dabei um einen Fall der Gesamtrechtsnachfolge handelt. Handelt es sich dagegen um eine einvernehmliche Übertragung des Unternehmens im Sinne von § 9 Abs. 1 Satz 1 der Unternehmensrückgabeverordnung, ist u.E. § 613a BGB anwendbar.[5]

4. Übergang und Übergangszeitpunkt

86 Der Übergang des Betriebs oder Betriebsteils ist **vollzogen**, wenn die als wirtschaftliche Einheit genutzten organisierten materiellen, immateriellen und personellen Mittel tatsächlich im eigenen Namen genutzt werden.[6] Der neue Inhaber muss in der Lage sein, den arbeitstechnischen (Teil-)Zweck weiter zu verfolgen, d.h. die technischen und organisatorischen Voraussetzungen zu nutzen und die Leitung des Betriebs oder Betriebsteils im eigenen Namen zu übernehmen.[7] Auf das obligatorische Rechtsgeschäft kommt es nicht an, da dessen Abschluss regelmäßig vor dem Übergang liegt. Die Übergabe der Betriebsmittel mit den Rechtsfolgen des § 613a BGB kann aber auch vor Abschluss des Verpflichtungsgeschäftes liegen.[8] Nicht unbedingt maßgebend ist der Vollzug der Übertragungsgeschäfte. So erfolgt z.B. in der Praxis die Eigentumsübertragung an Grundstücken oft erst viel später als der Übergang der Betriebsleitung. Zeitliche Fixierungsschwierigkeiten ergeben sich, wenn der Erwerber die Leitung des Betriebs nicht „auf einen Schlag" übernimmt. In solchen Fällen sollte auf den im Übernahmevertrag angegebenen Zeitpunkt zurückgegriffen werden.[9] Der Betriebsübergang ist ansonsten bei einem **schrittweisen Übergang der Betriebsmittel** in dem Zeitpunkt erfolgt, in dem die wesentlichen, zur Fortführung des Betriebes erforderlichen Betriebsmittel übergegangen sind *und* die Entscheidung über den Betriebsübergang nicht mehr rückgängig gemacht werden kann.[10] Vollzieht sich ein Betriebsübergang im Rahmen einer **Umwandlung**, sind Tatbestand und Zeitpunkt des Betriebsübergangs **unabhängig** von Tatbestand und Zeitpunkt der Umwandlung zu beurteilen.[11] Da es auf die tatsächliche Übernahme der Leitungsmacht ankommt, treten die Folgen

---

1 BAG v. 6.9.1978 – 4 AZR 162/77, AP 13 zu § 613a BGB; a.A. *Hanau* in Erman, 9. Aufl 1993, § 613a BGB Rz. 39.
2 V. 21.12.1998, BGBl. I, S. 4026.
3 *Commandeur*, NZA 1991, 705.
4 V. 13.7.1991, BGBl. I, S. 1541.
5 *Commandeur*, NZA 1991, 705.
6 So BAG v. 25.05.2000 – 8 AZR 416/99, ZIP 2000, 1630 m. Anm. *Bauer/Mengel*.
7 BAG v. 16.10.1987 – 7 AZR 519/86, DB 1988, 712; vgl. auch *Müller-Glöge* in Münch-Komm. BGB, § 613a BGB Rz. 57 ff.
8 BAG v. 8.11.1988 – 3 AZR 85/87, DB 1989, 1526; BAG v. 28.4.1987 – 3 AZR 75/86, DB 1988, 400 = EzA § 613a BGB Nr. 67 m. krit. Anm. *Willemsen*.
9 *Bauer*, Unternehmensveräußerung, S. 63.
10 BAG v. 16.2.1993 – 3 AZR 347/92, EzA § 613a BGB Nr. 106.
11 BAG v. 25.5.2000 – 8 AZR 416/99, ZIP 2000, 1630 m. Anm. *Bauer/Mengel*.

des § 613a BGB entsprechend bei einer **rückwirkend** beschlossenen Umwandlung nicht auch mit Wirkung für die Vergangenheit ein, da ein Übergang der Leitungsmacht nicht rückwirkend möglich ist. Im Übrigen kommt es darauf an, ob der Erwerber die Leitungsmacht **tatsächlich** übernehmen will bzw. tatsächlich übernimmt, die bloße Möglichkeit ihrer Ausübung genügt nicht.[1] Die Leitungsmacht kann der Erwerber schon dann einvernehmlich ausüben, wenn ihm Nutzungsrechte an den Betriebsmitteln übertragen werden. Auf den Eigentumsübergang kommt es nicht an.[2]

Für einen Betriebs- oder Betriebsteilübergang tragen grundsätzlich die betroffenen Arbeitnehmer die **Beweislast**. Das ergibt sich aus dem allgemeinen prozessrechtlichen Grundsatz, wonach demjenigen, der sich auf eine Norm beruft, die Darlegungs- und Beweislast hinsichtlich ihrer Voraussetzungen obliegt. Nach der überholten Rechtsprechung des BAG kamen den Arbeitnehmern Beweiserleichterungen nach dem Grundsatz des Anscheinsbeweises zugute. Der Arbeitnehmer brauchte lediglich darzulegen, dass der Erwerber die wesentlichen Betriebsmittel übernommen habe, um einen gleichartigen Geschäftsbetrieb zu führen.[3] Diese Rechtsprechung ist überholt, da es auf die Übernahme der Betriebsmittel als alleiniges Kriterium nicht mehr ankommt, sondern die Voraussetzungen des Betriebsübergangs durch eine wertende Gesamtbetrachtung aller entscheidungserheblichen Umstände unter Einschluss der sieben Prüfungskriterien der Rechtsprechung ermittelt werden muss (vgl. dazu oben Teil VI Rz. 34). Der Vortrag eines einzelnen Kriteriums durch den Arbeitnehmer kann deshalb nicht mehr zu einem Anscheinsbeweis führen. Der klagende Arbeitnehmer muss vielmehr **sämtliche entscheidungserheblichen Umstände** darlegen und unter Beweis stellen.[4]

87

III. Der Übergang der Arbeitsverhältnisse

1. Allgemeines

Sind die Tatbestandsvoraussetzungen erfüllt, ist **Rechtsfolge** von § 613a BGB die Überleitung der Arbeitsverhältnisse auf den Erwerber. Der Übergang von Arbeitsverhältnissen kann damit sowohl Tatbestandsmerkmal als auch Rechtsfolge sein. Bewirkt die Übernahme einzelner Arbeitnehmer (als Tatbestandsvoraussetzung) einen Betriebsübergang, wäre Rechtsfolge die Überleitung aller **übrigen** Arbeitsverhältnisse. Erfasst werden die Arbeitsverhältnisse, die zum Zeitpunkt des Übergangs bestehen. Für den **Begriff Arbeitsverhältnis** gilt die übliche arbeitsrechtliche Definition. Darunter fallen alle Arbeitsverhältnisse, also auch (Alters-)Teilzeitarbeits-, befristete,[5] Aushilfsarbeits-, Ne-

88

---

1 Vgl. BAG v. 19.3.1999 – 8 AZR 159/98, NZA 1999, 704 (705); BAG v. 22.7.2004 – 8 AZR 350/03 – Gefahrstofflager, NZA 2004, 1383 (1386).
2 BAG v. 12.11.1991 – 3 AZR 559/90, NZA 1992, 929.
3 BAG v. 15.5.1985 – 5 AZR 276/84, BAGE 48, 345.
4 Ebenso *Willemsen* in Willemsen/Hohenstatt/Schweibert, G Rz. 145.
5 Die Befristung eines Arbeitsverhältnisses ist sachlich nicht gerechtfertigt, wenn sie darauf abzielt, den durch § 613a BGB bezweckten Bestandsschutz bei rechtsgeschäftlichen Betriebsübergängen zu vereiteln, BAG v. 15.2.1995 – 7 AZR 680/84, NZA 1995, 987.

benbeschäftigungs-, Probearbeits- sowie Ehegattenarbeitsverhältnisse.[1] § 613a BGB ist auch auf solche Arbeitsverhältnisse anwendbar, für die besondere kündigungsschutzrechtliche Bestimmungen gelten, auf Schwangere und Mütter, Schwerbehinderte, Auszubildende[2] und auf Mitglieder von Betriebsverfassungsorganen. Dagegen scheidet grundsätzlich ein automatischer Übergang solcher Dienstverhältnisse aus, die keine Arbeitsverhältnisse sind, wie z.B. Dienstverhältnisse von GmbH-Geschäftsführern[3] und Vorstandsmitgliedern von Aktiengesellschaften (vgl. Teil VI Rz. 93 ff.)[4] und Handelsvertretern. Sog. freie Mitarbeitsverhältnisse gehen nur dann auf den neuen Inhaber über, wenn es in Wahrheit Arbeitsverhältnisse sind (sog. Scheinselbstständige).[5] Diese Vertragsverhältnisse voneinander zuverlässig abzugrenzen, bereitet der Praxis immer wieder erhebliche Schwierigkeiten.[6]

89 § 613a BGB ist zwar durch § 122 BetrVG in das BGB eingefügt worden, dennoch handelt es sich um eine zivilrechtliche Norm (vgl. Teil VI Rz. 46), die **leitende Angestellte** im Sinne von § 14 Abs. 2 KSchG und/oder § 5 Abs. 3 BetrVG nicht von ihrem Geltungsbereich ausnimmt. Das BAG[7] wendet deshalb zutreffend § 613a BGB auch auf diesen Personenkreis an.[8] Da § 613a BGB eindeutig nur die zur Zeit des Betriebsübergangs bestehenden Arbeitsverhältnisse betrifft, kann der Erwerber auch nicht Schuldner der Provisionsansprüche von Arbeitnehmern werden, die zur Zeit des Betriebsübergangs schon ausgeschieden waren, deren Provisionsansprüche aber erst danach fällig wurden.[9] Hier kann nichts anderes gelten als für Ruhegeldansprüche (vgl. Teil VI Rz. 100 a.E.).

2. Mittelbares Arbeitsverhältnis

90 Zu den Arbeitnehmern eines Betriebs oder Betriebsteils gehören auch die, die nicht vom Inhaber selbst, sondern von einer **Zwischenperson** eingestellt werden. In solchen Fällen wird die Arbeitgeberfunktion zwischen Inhaber und Zwischenperson aufgeteilt.[10] Entscheidend für die Anwendbarkeit des § 613a BGB ist, dass eine Bindung des Arbeitnehmers an die Weisungen des mittelbaren Arbeitgebers besteht und das Arbeitsergebnis dessen Betrieb bzw. Betriebsteil zugute kommt.

---

1 Vgl. dazu BAG v. 17.8.2000 – 8 AZR 443/99, n.v.; *B. Gaul*, Betriebsspaltung, § 10 Rz. 4f.
2 Gem. § 3 BBiG vgl. *Müller-Glöge* in MünchKomm. BGB, § 613a BGB Rz. 80.
3 Vgl. zum ruhenden Arbeitsverhältnis von GmbH-Geschäftsführern zuletzt *Bauer*, GmbHR 2000, 767.
4 Vgl. *Bauer*, Unternehmensveräußerung, S. 49 m.w.N.
5 Vgl. dazu *Bauer/Baeck/Schuster*, Scheinselbständigkeit, 2000, S. 1 ff.; *Bauer/Baeck/Schuster*, NZA 2000, 863; *Bauer/Diller/Schuster*, NZA 1999, 1297 ff.
6 Vgl. *Schaub*, § 8.
7 BAG v. 22.2.1978 – 5 AZR 800/76, AP 11 zu § 613a BGB (*Küchenhoff*).
8 *Rost* in KR, § 14 KSchG Rz. 47; *Martens*, S. 222 f.
9 BAG v. 11.11.1986 – 3 AZR 179/85, DB 1987, 2047; BAG v. 26.2.1987 – 2 AZR 321/86, EWiR § 613a BGB 8/87, 767 m. zust. Anm. *Seiter*.
10 Vgl. BAG v. 9.4.1957 – 3 AZR 435/54, AP 2 zu § 611 BGB mittelbares Arbeitsverhältnis; BAG v. 8.8.1958 – 4 AZR 173/55, AP 3 zu § 611 BGB mittelbares Arbeitsverhältnis.

3. Faktisches Arbeitsverhältnis

Für die Frage des automatischen Übergangs eines Arbeitsverhältnisses ist nicht entscheidend, ob ein wirksamer Arbeitsvertrag vorliegt. Auch sog. **faktische Arbeitsverhältnisse** werden erfasst.[1] Der neue Inhaber hat allerdings dieselben Rechte wie sein Vorgänger; ebenso wie dieser kann er regelmäßig das faktische Verhältnis für die Zukunft lösen.

91

4. Gekündigtes Arbeitsverhältnis

Zu den im **Zeitpunkt des Betriebs- oder Betriebsteilübergangs bestehenden Arbeitsverhältnissen** gehören auch solche, die schon von einer Seite wirksam gekündigt worden sind, bei denen aber die Kündigungsfrist noch nicht abgelaufen ist.[2] Der automatische Übergang solcher Arbeitsverhältnisse ist auch hier sinnvoll, weil dem neuen Inhaber, der für Lohnrückstände haftet, die Haftungsgrundlage übertragen wurde. Auch das Recht eines gekündigten Arbeitnehmers auf Beschäftigung wäre in Frage gestellt, wenn sein Arbeitsverhältnis vom Inhaberwechsel ausgenommen würde (vgl. im Übrigen Teil VI Rz. 231 ff. zur Frage der Wirksamkeit von Kündigungen anlässlich eines Betriebsübergangs und Teil VI Rz. 378 ff. zur Frage, gegen wen Kündigungsschutz- bzw. allgemeine Feststellungsklagen zu richten sind).[3]

92

5. Vertretungsberechtigte Organmitglieder

Vertretungsberechtigte Organmitglieder juristischer Personen, vor allem Vorstandsmitglieder von Aktiengesellschaften und GmbH-Geschäftsführer, sind **keine Arbeitnehmer im arbeitsrechtlichen Sinne**. Soweit es ihr Anstellungsverhältnis erfordert und die Organstellung nicht verbietet, wendet die Rechtsprechung[4] allerdings zunehmend einzelne Bestimmungen des Arbeitsrechts (analog) an.[5] § 613a BGB spricht ausdrücklich nur von bestehenden Arbeitsverhältnissen[6] und enthält keine planwidrige Regelungslücke hinsichtlich der im Dienstverhältnis stehenden Organmitglieder juristischer Personen. Da die Stellung von vertretungsberechtigten Organmitgliedern in hohem Maße vom persönlichen Vertrauen der Gesellschafter bzw. der Hauptversammlung und des Aufsichtsrats abhängig ist, kann § 613a BGB auch nicht auf solche Dienstverhältnisse analog angewandt werden.[7] Im Übrigen ist z.B. der Geschäftsführer einer GmbH nach § 14 Abs. 1 Nr. 1 KSchG nicht gegen Kündigungen ge-

93

---

1 *Müller-Glöge* in MünchKomm. BGB, § 613a BGB Rz. 80.
2 BAG v. 22.2.1978 – 5 AZR 800/76, AP 11 zu § 613a BGB (*Küchenhoff*).
3 Vgl. auch *Friedrich* in KR, § 4 KSchG Rz. 96 f.
4 Vgl. BGH v. 9.11.1967 – II ZR 64/67, BGHZ 49, 30 zum Zeugnisanspruch.
5 Vgl. *Bauer*, DB 1979, 2178 zur Anwendbarkeit arbeitsrechtlicher Vorschriften auf GmbH-Geschäftsführer; weiter gehend zuletzt BAG v. 26.5.1999 – 5 AZR 664/98, NZA 1999, 987; differenzierend *Diller*, S. 17 ff. Der EuGH vertritt allerdings einen weiteren Arbeitnehmerbegriff als die deutsche Rechtsprechung, vgl. Urt. v. 14.12.1989 – Rs. C-168/88 – Agegate, Slg. 1989, 4493.
6 Vgl. auch BT-Drucks. VI/1786, 59.
7 OLG Hamm v. 18.6.1990 – 8 U 146/89, GmbHR 1991, 466; OLG Celle v. 15.6.1977 – 3 U 96/76, DB 1977, 1840; *Bauer*, Unternehmensveräußerung, S. 49; *Seiter*, S. 56; *Henssler*, RdA 1992, 284 (296).

schützt. Die Anwendung des § 613a BGB würde somit keine Regelungslücke schließen, sondern einen solchen Schutz erst schaffen. Dieser Auffassung hat sich auch der BGH angeschlossen und im konkreten Fall einen Übergang eines Anstellungsvertrages eines **GmbH-Geschäftsführers** auf den Betriebserwerber verneint.[1] § 613a BGB ist nur auf Arbeitnehmer zugeschnitten, deren Rechtsverhältnisse mehr von der Bindung an den Betrieb oder Betriebsteil als an dessen Rechtsträger geprägt ist. Ganz anders ist es bei vertretungsberechtigten Organmitgliedern, deren Rechtsverhältnisse in erster Linie von der Organstellung bestimmt werden. Würde man § 613a BGB im Übrigen analog anwenden, käme es zu einem Dienstverhältnis zwischen Dienstnehmer und Erwerber; gleichzeitig bliebe aber der Dienstnehmer Organmitglied der veräußernden Gesellschaft. Eine solche Aufsplittung hat der Gesetzgeber nicht gewollt.

94 Gekünstelt wirkte die frühere Auffassung des BAG,[2] das Arbeitsverhältnis eines Angestellten einer GmbH könne nach dessen Bestellung zum Geschäftsführer als **ruhendes Arbeitsverhältnis** neben dem Dienstverhältnis fortbestehen. Dies sollte nur dann nicht gelten, wenn Gesellschaft und Arbeitnehmer bei der Bestellung zum Organvertreter ausdrücklich die Aufhebung des Arbeitsvertrages vereinbart haben; eine konkludente Vertragsaufhebung kam nur in Betracht, wenn als „Risikoausgleich" für den geminderten Bestandsschutz eine nicht unwesentliche Änderung der Vertragsbedingungen wie z.B. eine deutliche Erhöhung der Bezüge erfolgte. Die Auffassung des BAG führte zu Folgendem: Liegt ein ruhendes Arbeitsverhältnis vor, kann der Geschäftsführer, der von seinem Amt abberufen und dessen Dienstvertrag gekündigt wird, Kündigungsschutzklage beim Arbeitsgericht erheben.[3] Fraglich ist allerdings, inwieweit nach In-Kraft-Treten von § 623 BGB ab dem 1.5.2000 an dieser Rechtsprechung fest zu halten ist.[4] Das BAG hat sich noch nicht mit der Frage befasst, welche Auswirkungen ein Betriebs- oder Betriebsteilübergang auf ein solches ruhendes Arbeitsverhältnis hat. Eine Anwendung des § 613a BGB auf GmbH-Geschäftsführer ist generell abzulehnen. Es kann nicht sein, dass das ruhende Arbeitsverhältnis nach § 613a BGB auf den Erwerber übergeht, das Geschäftsführeramt als solches jedoch bei der veräußernden GmbH bestehen bleibt.[5]

---

1 BGH v. 13.2.2003 – 8 AZR 654/01, NZA 2003, 552.
2 BAG v. 12.3.1987 – 2 AZR 336/86, NZA 1987, 845, dazu kritisch *Grunsky*, ZIP 1988, 88; vgl. auch BAG v. 9.5.1985 – 2 AZR 330/84, ZIP 1986, 797; BAG v. 27.6.1985 – 2 AZR 425/84, AP 2 zu § 1 AngKSchG.
3 Das BAG ist allerdings seit seiner Entscheidung vom 7.10.1993 – 2 AZR 260/93, NZA 1994, 212 von dieser bisherigen Rechtsprechung deutlich abgerückt. Es hat klargestellt, dass „im Normalfall" bei Abschluss eines Geschäftsführervertrags von einer „automatischen" Vertragsumwandlung eines bisherigen Arbeits- in ein nunmehriges Dienstverhältnis ohne Anwendung des KSchG und des ArbGG auszugehen ist; vgl. zuletzt BAG v. 8.6.2000 – 2 AZR 207/99, NZA 2000, 1017. Vgl. dazu auch *Bauer*, BB 1994, 855; *Bauer/Gragert*, ZIP 1997, 2177.
4 Vgl. dazu *Bauer*, GmbHR 2000, 767 und *Baeck/Hopfner*, DB 2000, 1914.
5 Zweifelnd auch *Willemsen* in Willemsen/Hohenstatt/Schweibert, G Rz. 154, der darauf hinweist, dass ein möglicher Übergang des ruhenden Arbeitsverhältnisses jedenfalls bei der Due Diligence (vgl. dazu Teil VI Rz. 394 ff.) berücksichtigt werden sollte.

In der **GmbH & Co. KG** kann der Dienstvertrag des Geschäftsführers mit der 95
GmbH oder mit der KG abgeschlossen werden.[1] Liegt ein Dienstvertrag mit
der KG vor, neigt das BAG[2] dazu, den Geschäftsführer als arbeitnehmerähnliche Person (vgl. Teil VI Rz. 98) oder sogar als Arbeitnehmer der KG anzusehen. Im letzteren Fall müsste dies zur Anwendung des § 613a BGB führen,
wenn der Betrieb oder ein Betriebsteil der KG übertragen wird und der Geschäftsführer im internen Verhältnis (ausschließlich eine Frage der Geschäftsführungsbefugnis) nur für den Betrieb oder Betriebsteil zuständig ist. Selbstverständlich kann in diesen Fällen § 613a BGB nicht zur Folge haben, dass auch
die Geschäftsführerstellung mit übergeht.

6. „Zweifelhafte" Arbeitsverträge

Nur „echte" Arbeitsverträge werden von § 613a BGB erfasst. Kein „echter" 96
Vertrag liegt vor, wenn es sich um einen **Scheinvertrag** nach § 117 Abs. 1 BGB
handelt. Verdeckt ein Scheinvertrag ein anderes Rechtsgeschäft, so sind die für
das verdeckte Rechtsgeschäft geltenden Vorschriften anwendbar (§ 117 Abs. 2
BGB), was dazu führen kann, dass bei solchen allerdings seltenen Vertragsgestaltungen § 613a BGB nicht eingreift.

Zweifelhaft kann die Rechtslage sein, wenn ein Arbeitsvertrag zwar kein 97
Scheinvertrag ist, aber ein erhebliches **Ungleichgewicht** zwischen Leistung
und Gegenleistung aus außervertraglichen Gründen besteht. Den Parteien
steht es zwar grundsätzlich frei, solche Arbeitsverträge zu schließen, im Rahmen des § 613a BGB kann dies aber nicht grenzenlos gelten. Ein erhebliches
Ungleichgewicht verbietet vielmehr nach Sinn und Zweck der Vorschrift, einen solchen Vertrag als „Arbeitsverhältnis" einem Dritten aufzunötigen. Der
BGH[3] lehnt deshalb zu Recht den Übergang eines Dienstvertrages nach § 613a
BGB ab, wenn der wirtschaftliche Zweck des Vertragsschlusses im Wesentlichen in der Entschädigung eines ausscheidenden Gesellschafters liegt.

7. Arbeitnehmerähnliche Personen

Nach §§ 12a TVG, 5 ArbGG, 2 BUrlG sind arbeitnehmerähnlich solche Per- 98
sonen, die zwar nicht persönlich, aber wirtschaftlich abhängig und einem Arbeitnehmer vergleichbar sozial schutzbedürftig sind. Voraussetzung ist daher
grundsätzlich eine Bindung an einen einzigen Auftraggeber, ohne dessen Aufträge die wirtschaftliche Existenzgrundlage entfallen würde.[4] Allerdings handelt es sich um eine arbeitnehmerähnliche Person auch dann, wenn die Arbeitskraft verschiedenen Auftraggebern zur Verfügung gestellt wird, jedoch ein
klares wirtschaftliches Schwergewicht auf den Beziehungen zu einem Ver-

---

1 Vgl. LG Braunschweig v. 18.12.1975 – 9a O 201/75, NJW 1976, 1748; OLG Celle v.
  21.9.1979 – 3 U 197/79, GmbHR 1980, 32.
2 BAG v. 10.7.1980 – 3 AZR 68/79, DB 1981, 276; BAG v. 15.4.1982 – 2 AZR 1101/79,
  NJW 1983, 2405; vgl. auch *Bauer*, GmbHR 1984, 109; zuletzt BAG v. 13.7.1995 –
  5 AZB 37/94, NZA 1995, 1070.
3 BGH v. 10.2.1981 – VI ZR 185/79, BB 1982, 48.
4 Vgl. *Bauer/Baeck/Schuster*, Scheinselbständigkeit, 2000, Rz. 27 ff.

tragspartner liegt.[1] Da § 613a BGB nur von Arbeitsverhältnissen spricht, gilt die Vorschrift für arbeitnehmerähnliche Personen, vor allem Einfirmen-Handelsvertreter und Heimarbeiter, zumindest **nicht unmittelbar**. Unter Hinweis auf strukturelle Unterschiede zu Arbeitsverhältnissen lehnt es das BAG[2] ab, § 613a BGB entsprechend auf Heimarbeitsverhältnisse anzuwenden. Strukturelle Unterschiede bestehen aber auch zwischen Arbeitsverhältnissen und Einfirmen-Handelsvertreterverhältnissen. Trotz eines gewissen Schutzbedürfnisses dieses Personenkreises sind ebenso wie bei Heimarbeitern keine rechtlich zwingenden Anhaltspunkte für eine entsprechende Anwendung des § 613a BGB erkennbar.[3] Ansprüche gegen den Erwerber kommen in diesen Fällen nur nach § 429 BGB, § 25 HGB, § 823 Abs. 2 BGB i.V. mit § 288 StGB und nach § 826 BGB in Betracht.

8. Leiharbeitsverhältnisse

99 Bei erlaubter gewerbsmäßiger **Verleihung** von Arbeitskräften bestehen arbeitsrechtliche Beziehungen nur zwischen Leiharbeitnehmern und Verleiher (§ 1 AÜG). Wird deshalb ein Betrieb oder Betriebsteil des Verleihers im Sinne von § 613a BGB übertragen, greift § 613a BGB ein, nicht aber, wenn es sich um einen Betrieb oder Betriebsteil des Entleihers handelt.[4] Fehlt dem Verleiher dagegen die nötige Erlaubnis nach § 1 AÜG, fingiert § 10 Abs. 1 AÜG ein Arbeitsverhältnis zwischen Entleiher und Arbeitnehmer. Wird in einem solchen Fall der Entleiherbetrieb oder -betriebsteil auf den Erwerber übertragen, geht das fingierte Arbeitsverhältnis nach § 613a BGB über.

9. Pensionäre, Versorgungsanwärter und Vorruheständler

100 Der Erwerber ist nach § 613a BGB nicht verpflichtet, Versorgungsansprüche der Arbeitnehmer zu erfüllen, die schon *vor* dem Übergang des Betriebs oder Betriebsteils aus dem Arbeitsverhältnis ausgeschieden und in den Ruhestand getreten sind.[5] Auch unverfallbare Versorgungsanwartschaften der zu Zeiten des bisherigen Inhabers ausgeschiedenen Arbeitnehmer, stammen nicht aus bestehenden, sondern aus zum Zeitpunkt des Übergangs beendeten Arbeitsverhältnissen und berühren den Erwerber deshalb nicht. Er haftet aber für die genannten Ansprüche, wenn er auch die Firma übernimmt, unter der der Be-

---

1 BAG v. 28.6.1973 – 5 AZR 568/72, BAGE 25, 248.
2 BAG v. 3.7.1980 – 3 AZR 1077/78, BB 1981, 1466.
3 Im Ergebnis ebenso BAG v. 24.3.1998 – 9 AZR 218/97, NZA 1998, 1001; *Schwerdtner* in FS Gerhard Müller, S. 562; *Heinze*, DB 1980, LG 5; *Weidenkaff* in Palandt, § 613a BGB Rz. 5; *Rost* in KR, ArbNÄhnl. Pers. Rz. 38; a.A. *Gaul*, BB 1979, 1666; *Pfeiffer* in KR, § 613a BGB Rz. 13.
4 *Preis* in ErfKomm., § 613a BGB Rz. 67.
5 BAG v. 24.3.1977 – 3 AZR 649/76, AP 6 zu § 613a BGB (*Blomeyer*); BAG v. 11.11.1986 – 3 AZR 194/85, NZA 1987, 559; BAG v. 24.3.1987 – 3 AZR 384/85, DB 1988, 123; *Seiter*, S. 60; *Richardi/Annuß* in Staudinger, § 613a BGB Rz. 29; *Preis* in ErfKomm., § 613a BGB Rz. 69; *Hilger*, ZGR 1984, 258; *Bauer*, Unternehmensveräußerung, S. 51; a.A. *Säcker/Joost*, DB 1978, 1030 ff. (1070 ff.); *Reuter*, Anm. zu AP 167 zu § 242 „Ruhegehalt"; *Küchenhoff*, § 122 Anm. 7 unter Hinweis auf die „menschlich-soziale Situation" der Ruheständler; vgl. LAG Düsseldorf v. 29.8.1978 – 18 Sa 1238/77, BB 1979, 215.

trieb bisher am Rechtsverkehr teilnahm (§ 25 HGB, vgl. Teil VI Rz. 268). Für die Ruhegeldansprüche von Arbeitnehmern, die im Zeitpunkt des Betriebsübergangs bereits ausgeschieden sind, haftet der Veräußerer **allein** und **zeitlich unbeschränkt**.

10. Zuordnungsfragen

a) Allgemeines

Geht ein kompletter Betrieb auf den Erwerber über, werden sämtliche Arbeitsverhältnisse übergeleitet. Dagegen können beim Betriebsteilübergang Zuordnungsfragen entstehen. Das betrifft zum einen diejenigen Arbeitnehmer, die sog. **„Overhead-"** oder Querschnittsfunktionen (z.b. Buchhaltung, EDV, Stabsabteilung) wahrnehmen. Arbeitnehmer mit solchen Funktionen sind typischerweise in eine bestimmte Betriebsabteilung organisatorisch eingegliedert, funktional aber für verschiedene Betriebsabteilungen tätig. Zum anderen können sich Zuordnungsfragen bei solchen Arbeitnehmern stellen, die in verschiedene Betriebsabteilungen eingegliedert sind (z.b. sog. Springer). 101

Keine Probleme entstehen, wenn sich Veräußerer, Erwerber sowie der betroffene Arbeitnehmer über das Schicksal des Arbeitsverhältnisses einig sind. Eine von den Beteiligten herbeigeführte einvernehmliche Lösung ist zulässig.[1] Der Schutzzweck des § 613a BGB verlangt nicht, in Grenz- und Zweifelsfällen eine Zuordnung gegen den Willen der Beteiligten vorzunehmen.[2] 102

Für die Zuordnung von Arbeitnehmern in Overhead- und Querschnittsfunktionen ist eine **strukturorientierte Betrachtungsweise** erforderlich.[3] Nach der vom EuGH entwickelten Rechtsprechung[4] hängt die Zuordnung davon ab, ob der betreffende Arbeitnehmer in den übergegangenen Betrieb oder Betriebsteil tatsächlich eingegliedert war. Es reicht nicht aus, dass der Arbeitnehmer auch für den übertragenen Teil Tätigkeiten verrichtet hat.[5] Das BAG, das früher auf den objektiven Tätigkeitsschwerpunkt abgestellt hat,[6] hat sich auch insoweit der EuGH-Rechtsprechung angeschlossen.[7] So werden deshalb beim Betriebsteilübergang nur diejenigen Arbeitsverhältnisse übergeleitet, die dem übertragenen Betriebsteil **angehörten**.[8] Die Zuordnung von Arbeitnehmern in Overhead- und Querschnittsfunktionen dürfte auf der Grundlage dieser Rechtsprechung kaum Probleme bereiten, da solche Arbeitnehmer regelmäßig einer 103

---

1 BAG v. 20.7.1982 – 3 AZR 281/80, DB 1983, 50; BAG v. 5.5.1988 – 2 AZR 795/87, DB 1989, 1139.
2 BAG v. 20.7.1982 – 3 AZR 281/80, DB 1983, 50; dazu *Kreitner*, NZA 1990, 429.
3 Vgl. *Richardi/Annuß* in Staudinger, § 613a BGB Rz. 113 f.
4 EuGH v. 7.2.1985 – Rs. C-186/83 – Botzen, Slg. 1985, 519 (528); EuGH v. 16.2.1992 – Rs. C-132/91 – Katsikas, Slg. 1992, 6577 (6607) = AP 97 zu § 613a BGB.
5 BAG v. 8.8.2002 – 8 AZR 583/01, NZA 2003, 315.
6 BAG v. 20.7.1982 – 3 AZR 261/80, BAGE 39, 208 (214).
7 BAG v. 11.9.1997 – 8 AZR 555/95, NZA 1998, 31.
8 BAG v. 13.11.1997 – 8 AZR 375/96 – Teileinheit, NZA 1998, 249 (251); BAG v. 13.2.2003 – 8 AZR 102/02, BB 2003, 1286 (1288); BAG v. 25.9.2003 – 8 AZR 446/02, AP 256 zu § 613a BGB; BAG v. 22.7.2004 – 8 AZR 350/03 – Gefahrstofflager, NZA 2004, 1383 (1389).

bestimmten Betriebsabteilung organisatorisch zugeordnet sind. Allein das ist entscheidend. Der Jurist aus der Rechtsabteilung geht daher bei der Veräußerung eines Produktionsbereiches auch dann nicht mit über, wenn er überwiegend für diesen Bereich tätig war. Diese Rechtsprechung ist zu begrüßen, weil sie für Klarheit sorgt.

104 Schwieriger ist die Zuordnung derjenigen Arbeitnehmer, die strukturell keiner bestimmten Betriebsabteilung zugeordnet werden können und bei denen eine einvernehmliche Lösung nicht möglich ist. Für solche **Ausnahmesituationen** wird vorgeschlagen, den betroffenen Arbeitnehmern ein Wahlrecht einzuräumen[1] oder im Zweifel § 613a BGB anzuwenden[2] mit der Folge, dass dem Übergang des Arbeitsverhältnisses – vgl. Teil VI Rz. 125 ff. – widersprochen werden könnte. Sachgerechter dürfte es sein, dem **bisherigen Inhaber** in Anlehnung an § 315 BGB ein **Bestimmungsrecht** dahin zu geben, ob das Arbeitsverhältnis auf den neuen Inhaber übergehen soll oder nicht.[3] Dabei muss der bisherige Inhaber soziale Gesichtspunkte berücksichtigen: Möchte ein Arbeitnehmer beim Veräußerer bleiben und ist er sozial schutzbedürftiger als andere vergleichbare Arbeitnehmer, bei denen eine schwerpunktmäßige Zuordnung zum einen oder anderen Betrieb bzw. Betriebsteil ebenfalls nicht möglich ist, so ist er für den Übergang nicht zu bestimmen. Geht der bisherige Inhaber so vor und widersprechen dennoch einzelne zum Übergang bestimmte Arbeitnehmer, müssen sie mit betriebsbedingten Kündigungen rechnen.

105 Räumt man dem **bisherigen Inhaber** das **Bestimmungsrecht** ein, so hat keiner der nicht zuzuordnenden Arbeitnehmer einen Anspruch auf Übergang seines Arbeitsverhältnisses. Damit kann sich ergeben, dass alle oder bestimmte Arbeitnehmer, deren Arbeitsverhältnisse nicht eindeutig zugeordnet werden können, beim bisherigen Inhaber bleiben, ohne dass ein Widerspruch ausgeübt werden müsste. Eine Benachteiligung des neuen Inhabers kann u.E. nicht eintreten, da er es in der Hand hat, sich im Rahmen des obligatorischen Rechtsgeschäfts entsprechend abzusichern. So spricht u.E. nichts dagegen, die Ausübung des Bestimmungsrechts zwischen den beiden Arbeitgebern vertraglich festzulegen, ggf. verbunden mit Sicherungsklauseln (z.B. Minderung des Kaufpreises), falls einer oder mehrere der zugeordneten Arbeitnehmer widersprechen sollten. **Betriebsratsmitglieder** (vgl. Teil VI Rz. 313 ff.) sind dem Betriebsteil zuzuordnen, in dem sie tätig sind bzw. ohne Freistellung tätig wären.

b) Umwandlungsfälle

106 Keine Zuordnungsprobleme entstehen bei Verschmelzungen (§§ 2 ff. UmwG) sowie bei der Vermögensübertragung in Form der Vollübertragung (§ 174 UmwG). Für den Fall der Spaltung (§§ 123 ff. UmwG) oder der Teilübertragung

---

1 *Seiter*, S. 64; *von Hoyningen-Huene/Windbichler*, RdA 1977, 329; *Annuß*, NZA 1998, 70 (76 f.).
2 Vgl. *Seiter*, S. 64.
3 *Bauer*, Unternehmensveräußerung, S. 47; *Bauer*, DB 1983, 1097; *Richardi/Annuß* in Staudinger, § 613a BGB Rz. 115; a.A. *Kreitner*, NZA 1990, 429, der ein einseitiges Bestimmungsrecht des Betriebsteilsveräußerers ablehnt mit der Folge, dass ein Übergang kraft Gesetzes nicht stattfinden kann.

(§ 177 UmwG) müssen die übergehenden Betriebe und Betriebsteile im Spaltungs- oder Übernahmevertrag im Einzelnen bezeichnet und aufgeteilt werden (§ 126 Abs. 1 Nr. 9 UmwG). Die weit gehende Freiheit bei der Aufteilung des Vermögens des sich spaltenden Rechtsträgers endet bei den Arbeitsverhältnissen. Die Zuordnung der Arbeitnehmer richtet sich zwingend nach § 324 UmwG i.V.m. § 613a Abs. 1 Satz 1 BGB. Werden im Spaltungs- und Übernahmevertrag dennoch Arbeitsverhältnisse zugeordnet, hat dies lediglich **deklaratorische Wirkung**.[1] In diesen Fällen richtet sich die Zuordnung nach den oben beschriebenen Grundsätzen.

Erleichterte Zuordnungsmöglichkeiten bietet **§ 323 Abs. 2 UmwG**. Danach kann bei einer Verschmelzung, Spaltung oder Vermögensübertragung die Zuordnung der Arbeitnehmer in einem **Interessenausgleich** (§ 112 BetrVG) vorgenommen werden. Die darin enthaltene Zuordnung kann durch das Arbeitsgericht nur auf grobe Fehlerhaftigkeit überprüft werden. Der Interessenausgleich bindet zwar nur den Unternehmer,[2] bezieht seine konstitutive Wirkung aber aus der beschränkten gerichtlichen Nachprüfbarkeit.[3] Die Möglichkeit der Zuordnung von Arbeitnehmern durch Interessenausgleich gem. § 323 Abs. 2 UmwG unterliegt allerdings mehrfachen Beschränkungen. Die erste Voraussetzung ist das Zustandekommen des Interessenausgleichs mit dem Betriebsrat. In der Literatur wird darüber hinaus überwiegend die Auffassung vertreten, der von § 323 Abs. 2 UmwG geforderte Interessenausgleich könne nur bei Vorliegen einer **Betriebsänderung** im Sinne von § 111 BetrVG geschlossen werden.[4] Nach richtiger Auffassung kann die Zuordnung der Arbeitnehmer durch freiwilligen Interessenausgleich auch ohne Vorliegen einer Betriebsänderung im Sinne des BetrVG erfolgen.[5] Der Wortlaut von § 323 Abs. 2 UmwG verlangt lediglich den Abschluss eines Interessenausgleichs, nicht aber das Vorliegen einer Betriebsänderung. Es ist anerkannt, dass Arbeitgeber und Betriebsrat über die Gegenstände erzwingbarer Mitbestimmung hinaus freiwillige Vereinbarungen schließen können.[6] Solche Abmachungen können in einer (verbindlichen) Betriebsvereinbarung oder aber in einem Interessenausgleich bestehen.[7] Die Betriebsparteien können daher auch ohne Vorliegen einer Betriebsänderung eine Zuordnung in einem (freiwilligen) Interessenausgleich vornehmen.

107

Umstritten ist auch die Reichweite der **Zuordnungskompetenzen der Betriebsparteien**. Überwiegend wird angenommen, die Betriebsparteien sollen bei der Zuordnung die sich aus § 613a BGB ergebenden Wertungen beachten. Nach dieser Auffassung darf die Zuordnung selbst bei zweifelhafter Rechtslage nicht

108

---

1 Vgl. *Joost* in Lutter, § 126 UmwG Rz. 50 f.; die noch in § 126 des Referentenentwurfs enthaltene Möglichkeit der Zuordnung von Arbeitsverhältnissen ist nicht Gesetz geworden.
2 *Fitting/Kaiser/Heither/Engels*, §§ 112, 112a BetrVG Rz. 50.
3 Vgl. *Joost* in Lutter, § 323 UmwG Rz. 33.
4 Vgl. *Willemsen* in Willemsen/Hohenstatt/Schweibert, G Rz. 162; *Boecken*, Unternehmensumwandlungen, Rz. 124; *Joost* in Lutter, § 323 UmwG Rz. 32.
5 Ebenso *Hohenstatt*, NZA 1998, 846 (852).
6 Vgl. nur *Däubler/Kittner/Klebe*, §§ 112, 112a BetrVG Rz. 19 ff.
7 *Däubler/Kittner/Klebe*, §§ 112, 122a BetrVG Rz. 21.

in Abweichung von § 613a BGB vorgenommen werden.¹ Eine im **Interessenausgleich** getroffene Zuordnung ist richtigerweise erst dann „grob fehlerhaft", wenn ihr jedwede sachliche und objektive Grundlage fehlt.² Dieser Fall ist jedenfalls dann anzunehmen, wenn eine eindeutige Zuordnung des Arbeitnehmers zu einem übertragenden Betrieb oder Betriebsteil möglich war. Die Darlegungs- und Beweislast für diejenigen tatsächlichen Umstände, die die Zuordnung als „grob fehlerhaft" erscheinen lassen, trägt der Arbeitnehmer.³ Für die Geltendmachung der groben Fehlerhaftigkeit sieht das Gesetz keine Frist vor. Entsprechend der Rechtslage beim Widerspruch ist davon auszugehen, dass der Arbeitnehmer unverzüglich nach Kenntnis des Betriebsübergangs die grobe Fehlerhaftigkeit der Zuordnung geltend machen muss.⁴

109 Außerhalb des Anwendungsbereiches von § 613a Abs. 1 Satz 1 BGB kommt eine ausschließlich **umwandlungsrechtliche Zuordnung** von Arbeitnehmern in Betracht. Ein Bedürfnis hierfür kann sich ergeben, wenn lediglich Betriebsmittel übertragen werden, die keine wirtschaftliche Einheit im Sinne der Rechtsprechung zum Betriebs(teil)übergang bilden, dennoch aber Arbeitsverhältnisse übergehen sollen. Ebenso kann es Fälle geben, in denen Arbeitsverhältnisse übertragen werden sollen, die weiterhin Betriebsteilen des übertragenden Rechtsträgers zuzuordnen sind.⁵ In diesen Fällen kann § 613a Abs. 1 Satz 1 BGB nicht eingreifen. Der Übergang der Arbeitsverhältnisse vollzieht sich nach den Grundsätzen des Umwandlungsrechtes. Dazu müssen die übergehenden Arbeitsverhältnisse im Spaltungs- und Übernahmevertrag namentlich aufgeführt werden, die bloße Nennung von Betrieben oder Betriebsteilen (§ 126 Abs. 1 Nr. 9 UmwG) ist nicht ausreichend.⁶ Da § 613a BGB nicht eingreift, steht den Arbeitnehmern ein Widerspruchsrecht nicht zu. Die freie Zuordnungsmöglichkeit auf Grundlage von § 126 Abs. 1 Nr. 9 UmwG steht aber unter dem Vorbehalt des § 132 UmwG. Danach bleiben allgemeine Vorschriften, die die Übertragbarkeit eines bestimmten Gegenstandes ausschließen oder an bestimmte Voraussetzungen knüpfen, durch die Wirkungen der Eintragung (der Spaltung) unberührt. Ausdrücklich ist in § 132 UmwG bestimmt, dass § 399 BGB (vertraglicher Ausschluss der Abtretbarkeit) im Fall der Aufspaltung nicht entgegenstehen soll. Zu den im Rahmen des § 132 UmwG zu beachtenden Vorschriften wird allgemein auch § 613 Satz 2 BGB gezählt.⁷ Danach ist der Anspruch auf die Arbeitsleistung „im Zweifel" nicht übertragbar. Bei uneingeschränkter Anwendbarkeit von § 613 Satz 2 BGB wäre im Ergebnis das Arbeitsverhältnis nur mit Zustimmung oder Genehmigung des Arbeitnehmers nach § 126 Abs. 1 Nr. 9 UmwG übertragbar. Die Anwendbarkeit von § 613 Satz 2 BGB ist in diesen Fällen jedoch stark relativiert. § 613 Satz 2 BGB ist ein Spezialfall von § 399 BGB.⁸ Sein Anwendungsbereich kann deshalb sachlich

---

1 Vgl. *Joost*, ZIP 1995, 976; zum Meinungsstand *Willemsen* in Willemsen/Hohenstatt/Schweibert, G Rz. 159.
2 *Bauer/Lingemann*, NZA 1994, 1057 (1064); *Wlotzke*, DB 1995, 40 (45).
3 Vgl. *Bauer/Lingemann*, NZA 1994, 1057 (1061); *Mengel*, S. 155.
4 Vgl. *Mengel*, S. 155.
5 Vgl. weitere Fälle bei *Willemsen* in Willemsen/Hohenstatt/Schweibert, G Rz. 164 ff.
6 Vgl. *Willemsen* in Willemsen/Hohenstatt/Schweibert, G Rz. 165.
7 Vgl. *Hartmann*, ZfA 1997, 21 (26).
8 Vgl. *Hartmann*, ZfA 1997, 21 (27) m.w.N.

nicht weiter reichen als der des § 399 BGB. Ebenso wie § 399 BGB gilt § 613 Satz 2 BGB deshalb nicht in Aufspaltungsfällen. Dazu zählen die Spaltung sowie die Vermögensteilübertragung unter Auflösung des ursprünglichen Rechtsträgers (§§ 123 Abs. 1, 174 Abs. 2 Nr. 1 UmwG). Eine spaltungsrechtliche Zuordnung des Arbeitsverhältnisses wird durch § 613 Satz 2 BGB somit nicht verhindert.[1] Bei den verbleibenden Umwandlungsfällen steht § 613 Satz 2 BGB lediglich dann entgegen, wenn das Arbeitsverhältnis konkret auf den jeweiligen Betriebsteil bezogen ist, dessen Zuordnung geändert werden soll.[2]

11. Abweichende Vereinbarungen

Der (potenzielle) Erwerber ist oft nur an einer zahlenmäßig verringerten Belegschaft interessiert. Dagegen steht der Schutzzweck von § 613a BGB. Durch die Vorschrift soll erreicht werden, dass das Arbeitsverhältnis zu den bisherigen Bedingungen zwischen dem Arbeitnehmer und dem Erwerber fortbesteht. Sie enthält[3] zum Schutz der betroffenen Arbeitnehmer **zwingendes Recht**.[3] Deshalb kann der Eintritt des Erwerbers in die Rechte und Pflichten aus dem betroffenen Arbeitsverhältnis nicht durch Vertrag zwischen Veräußerer und Erwerber ausgeschlossen werden.

110

Der zwingende Schutzzweck beschränkt nach zweifelhafter Auffassung der Rechtsprechung auch die Befugnis der Arbeitsvertragsparteien zu Vertragsänderungen im Zusammenhang mit einem Betriebsübergang. So unterwirft das BAG sowohl **einvernehmliche Vertragsänderungen** zum Nachteil des Arbeitnehmers als auch den Verzicht des Arbeitnehmers auf einzelne Ansprüche aus dem Arbeitsverhältnis durch Erlassvertrag (§ 397 BGB) einer Inhaltskontrolle, für die **sachliche Gründe** vorliegen müssen.[4] Diese Rechtsprechung ist zu kritisieren, weil auch § 613a BGB nichts daran ändern kann, dass ein Arbeitnehmer grundsätzlich frei über seine Vergütungsansprüche verfügen kann (vgl. dazu und zu den von der Rechtsprechung verlangten sachlichen Gründen Teil VI Rz. 225).

111

Aufhebungsverträge zwischen dem bisherigen und/oder dem neuen Arbeitgeber einerseits und einzelnen Arbeitnehmern andererseits werden durch § 613a BGB nicht ausgeschlossen.[5] Auch hierbei sind aber **Einschränkungen** zu beachten: Aufhebungsverträge sind nur dann ohne weiteres zulässig, wenn die Vereinbarung auf das **endgültige Ausscheiden** des Arbeitnehmers aus dem

112

---

1 Vgl. *Hartmann*, ZfA 1997, 21 (27).
2 Dazu im Einzelnen *Hartmann*, ZfA 1997, 21 (27 f.); *Willemsen* in Willemsen/Hohenstatt/Schweibert, G Rz. 168, nach dessen Auffassung § 613a Satz 2 BGB in den Fällen nicht entgegensteht, in denen dem Arbeitgeber ein arbeitsvertragliches Versetzungsrecht eingeräumt ist.
3 BAG v. 12.5.1992 – 3 AZR 247/91, NZA 1992, 1080.
4 BAG v. 18.8.1976 – 5 AZR 95/75, EzA § 613a BGB Nr. 7; BAG v. 26.1.1977 – 5 AZR 302/75, AP 5 zu § 613a BGB; BAG v. 29.10.1985 – 3 AZR 485/83, AP 4 zu § 1 BetrAVG Betriebsveräußerung; krit. dazu *Moll*, NJW 1993, 2016 (2022).
5 Vgl. *Bauer*, Arbeitsrechtliche Aufhebungsverträge, Rz. 895 ff.; *Bauer*, Unternehmensveräußerung, S. 52; *Bauer*, DB 1983, 713.

Betrieb gerichtet ist.[1] Das Arbeitsverhältnis kann auch rückwirkend aufgelöst werden, wenn es bereits außer Vollzug gesetzt worden war.[2] Als unzulässige Umgehung von § 613a BGB erachtet die Rechtsprechung dagegen Konstruktionen, bei denen das Arbeitsverhältnis formal durch Aufhebungsvertrag mit dem Veräußerer beendet wird, zugleich aber ein neues Arbeitsverhältnis (in der Regel zu ungünstigeren Bedingungen) mit dem Erwerber geschlossen wird.[3] Deshalb ist ein Aufhebungsvertrag wegen objektiver Gesetzesumgehung nichtig, wenn er lediglich die Beseitigung der Kontinuität des Arbeitsverhältnisses bei gleichzeitigem Erhalt des Arbeitsplatzes bezweckt. Das ist bei Aufhebungsverträgen immer dann der Fall, wenn zugleich mit ihrem Abschluss ein neues Arbeitsverhältnis mit dem Erwerber vereinbart oder zumindest verbindlich in Aussicht gestellt wird.[4] Die Einschaltung sog. **Beschäftigungs- und Qualifizierungsgesellschaften (BQG)** ist dagegen zulässig, solange den Arbeitnehmern eine anschließende Weiterbeschäftigung bei einem Erwerber (z.B. eine Auffanggesellschaft) nicht verbindlich zugesagt wird.[5] Aufhebungsverträge, die nicht zu einer Änderung, sondern zur Beendigung des Arbeitsverhältnisses führen, sind daher grundsätzlich wirksam und scheitern nicht an § 613a Abs. 4 BGB. Arbeitnehmer, die durch Aufhebungsvertrag aus dem Arbeitsverhältnis ausgeschieden sind, haben auch keinen Weiterbeschäftigungs- oder Fortsetzungsanspruch gegen den Erwerber, es sei denn, die Wirksamkeit des Aufhebungsvertrages wird durch Anfechtung oder den Wegfall der Geschäftsgrundlage beseitigt.[6]

113 **Anfechtbar** können Aufhebungsverträge im Übrigen aber dann sein, **wenn** sie vom bisherigen Inhaber unter dem Vorwand abgeschlossen werden, den Betrieb oder Betriebsteil alsbald stilllegen zu wollen oder zu müssen, in Wirklichkeit aber von vornherein eine Übertragung nach § 613a BGB beabsichtigt war oder ist.[7] Dann kommt eine Anfechtung nach § 123 BGB wegen arglistiger Täuschung in Betracht; der anfechtbare Aufhebungsvertrag wird als von Anfang an nichtig angesehen (§ 142 Abs. 1 BGB) mit der Folge, dass das Arbeitsverhältnis zum Zeitpunkt des Übergangs noch bestanden hat. Werden auf diese Weise viele Aufhebungsverträge angefochten, ist eine Anfechtung des Übernahmevertrages durch den Erwerber denkbar; auch Schadenersatz- oder Minderungsansprüche sind möglich. Vgl. weiter Teil VI Rz. 225 zu der Frage, inwieweit Aufhebungsverträge mit dem bisherigen Inhaber und neue Arbeitsverträge mit dem Erwerber abgeschlossen werden können.

---

1 BAG v. 11.12.1997 – 8 AZR 654/95, NZA 1999, 262; vgl. auch *Hanau*, ZIP 1998, 1817 (1822).
2 BAG v. 10.12.1998 – 8 AZR 324/97, NZA 1999, 422 ff. m.Anm. *Hanau*; *Joost*, EWiR § 613a BGB 1999, 247.
3 BAG v. 10.12.1998 – 8 AZR 324/97, NZA 1999, 422.
4 BAG v. 10.12.1998 – 8 AZR 324/97, NZA 1999, 422.
5 BAG v. 10.12.1998 – 8 AZR 324/97, NZA 1999, 422. Diese Entscheidung bezieht sich auf den Fall, in dem eine Beschäftigungsgesellschaft zwischen Veräußerer und Erwerber geschaltet wird. Erfreulicherweise besteht damit in Sanierungsfällen die Möglichkeit, die Arbeitsverhältnisse der Arbeitnehmer eines insolventen Unternehmens durch Aufhebungsverträge zu beenden und gleichzeitig neue, befristete Arbeitsverhältnisse mit einer Beschäftigungsgesellschaft einzugehen. Vgl. Teil VI Rz. 293 ff.
6 BAG v. 10.12.1998 – 8 AZR 324/97, NZA 1999, 422.
7 Vgl. *Bauer*, Arbeitsrechtliche Aufhebungsverträge, Rz. 895.

IV. Unterrichtungspflicht des Arbeitgebers

1. Rechtsnatur

Die Unterrichtung nach § 613a Abs. 5 BGB ist eine **Obliegenheit** von Veräußerer und Erwerber, deren Erfüllung in ihrem Interesse liegt, da ansonsten die Widerspruchsfrist des § 613a Abs. 6 BGB nicht zu laufen beginnt. Entscheidend für eine Obliegenheit und gegen einen einklagbaren Auskunftsanspruch der betroffenen Arbeitnehmer spricht, dass Veräußerer oder Erwerber im Falle fehlender oder unvollständiger Unterrichtung keine Sanktionen treffen, sondern „lediglich" der Nachteil einer zeitlich unbegrenzten Widerspruchsmöglichkeit der Arbeitnehmer eintritt.[1] Etwas anderes ergibt sich auch nicht aus der Betriebsübergangsrichtlinie vom 12.3.2001.[2] Ihr Art. 7 sieht im Regelfall nur Unterrichtungsansprüche der **Arbeitnehmervertreter** vor. Lediglich ausnahmsweise besteht ein entsprechender Anspruch einzelner Arbeitnehmer dort, wo es unabhängig von ihrem Willen keine Arbeitnehmervertreter gibt. Schon deshalb kann sich ein einklagbarer Anspruch jedes einzelnen Arbeitnehmers auf Unterrichtung nicht aus der Richtlinie ergeben.[3]

114

2. Inhalt

§ 613a Abs. 5 BGB sieht vor, dass Veräußerer oder Erwerber die Arbeitnehmer zeitlich vor dem Betriebsübergang über Zeitpunkt oder geplanten Zeitpunkt, Grund sowie die rechtlichen, wirtschaftlichen und sozialen Folgen des Betriebsübergangs rechtzeitig und vollständig unterrichten. Es ist nicht ersichtlich, welche Informationen offenbart werden müssen, damit die Anforderungen an die „Vollständigkeit" erfüllt sind.[4] In dieser **Rechtsunsicherheit** liegt ein Anreiz für die betroffenen Arbeitnehmer, in der Unterrichtung irgendeinen Fehler zu finden, um noch Monate nach dem Übergang widersprechen zu können.[5] Da die einmonatige Widerspruchsfrist des Arbeitnehmers erst nach „vollständiger" Information beginnt, werden sich in der Praxis endlose Streitfragen daran entzünden, ob die Unterrichtung inhaltlich „vollständig" war oder nicht.

115

Unseres Erachtens muss die Unterrichtung kurz und verständlich sein, um ihre Funktion als Entscheidungsgrundlage für den Widerspruch erfüllen zu können. Für die Beurteilung ihrer Vollständigkeit und Richtigkeit kommt es auf den **Kenntnisstand** von Veräußerer und Erwerber zum **Zeitpunkt der Unterrichtung** an. Die Informationen beruhen auf Prognosen. Da der genaue Zeit-

116

---

1 *Bauer/v. Steinau-Steinrück*, ZIP 2002, 458; *Bauer/v. Steinau-Steinrück*, Sonderbeil. zu NZA 16/2003, S. 72 f.; *Grobys*, BB 2002, 727; so zur bisherigen Rechtslage BAG, Urt. v. 22.4.1993 – 2 AZR 50/92, ZIP 1994, 389 = EWiR 1994, 239 m. Anm. *Joost*.
2 ABl. EG Nr. L 82.
3 *Bauer/v. Steinau-Steinrück*, Sonderbeil. zu NZA 16/2003, S. 72 f.; a.A. *Willemsen* in Willemsen/Hohenstatt/Schweibert, G Rz. 224 m.w.N.; *Willemsen/Lembke*, NJW 2002, 1159 (1161); *Franzen*, RdA 2002, 258; *B. Gaul/Otto*, DB 2002, 639. Vgl. auch *Rieble*, NZA 2004, 1 (8); *Meyer*, BB 2003, 1010 (1014).
4 *Bauer/v. Steinau-Steinrück*, ZIP 2002, 461 ff.; *Worzalla*, NZA 2002, 354.
5 Vgl. *Rieble*, NZA 2004, 3.

punkt des Betriebsübergangs zum Zeitpunkt der Unterrichtung meist noch nicht genau angegeben werden kann, sollten die Beteiligten in dem Unterrichtungsschreiben ausdrücklich auf den „geplanten" Übergangszeitpunkt verweisen. Verschiebt sich dieser Zeitpunkt später, wird die Information deshalb nicht unrichtig, solange der Grund der Verschiebung im Zeitpunkt der Unterrichtung nicht absehbar war.[1]

117 Was „**Grund**" für den Betriebsübergang sein soll, ist nach dem Wortlaut der Norm nicht eindeutig. Die Ratio der Richtlinie bezweckt, den Arbeitnehmer vor wesentlichen Nachteilen zu schützen, ohne dabei den Arbeitgeber zur Offenlegung vertraulicher Informationen zu zwingen. Angesichts dieser Vorgabe genügt es, als „Grund" das dem Betriebsübergang zugrunde liegende Rechtsgeschäft (z.b. Unternehmenskaufvertrag oder Umstrukturierung nach UmwG) allgemein zu benennen. Ohne dass dies zwingend wäre, empfiehlt es sich, zur Vermeidung jeglichen Risikos auch kurz das tragende Motiv für den Übergang bekannt zu machen.[2]

118 Bei den „**rechtlichen, wirtschaftlichen und sozialen Folgen**" des Betriebsübergangs ist eine restriktive Auslegung geboten.[3] Das zeigt sich aus einem Vergleich dieser Begriffe mit den in § 5 Abs. 1 Nr. 9 UmwG enthaltenen Pflichtangaben bei einer Umwandlung gegenüber der Arbeitnehmervertretung. Bereits dort ist eine in alle Einzelheiten gehende Darstellung nicht erforderlich.[4] Die Adjektive „wirtschaftlich" und „sozial" lassen eine Konkretisierung im Übrigen kaum zu. Nach der Gesetzesbegründung sind drei Umstände rechtlich erheblich:[5]

– Auswirkungen auf den Inhalt des Arbeitsverhältnisses

– Haftungsverteilung zwischen Veräußerer und Erwerber sowie

– Kündigungsschutz

119 Der Arbeitgeber muss die unmittelbaren individual- und kollektivrechtlichen **Auswirkungen** nicht für jeden einzelnen Arbeitnehmer, sondern **generell für alle** Arbeitnehmer beschreiben.[6] Er muss deutlich machen, dass die individualvertraglichen Rechte und Pflichten aus Arbeitsvertrag, betrieblicher Übung etc. unverändert auf den Erwerber übergehen. Eine Auflistung im Einzelnen ist nicht erforderlich. Zum Zwecke der Anschaulichkeit kann es sinnvoll sein, auf einzelne Vertragspositionen wie die betriebliche Altersversorgung oder **besonders ausgehandelte Rechte** wie z.B. Arbeitgeberdarlehen gesondert hinzuweisen. Ggf. hat er auch auf speziell sich beim Betriebsüber-

---

1 Vgl. *Bauer/v. Steinau-Steinrück*, Sonderbeil. zu NZA 16/2003, S. 73.
2 Vgl. *Bauer/v. Steinau-Steinrück*, ZIP 2002, 457 (462 f.); *Bauer/v. Steinau-Steinrück*, Sonderbeil. zu NZA 16/2003, S. 73.
3 Nach *Pröpper*, DB 2003, 2011 (2012) müssen nach dem Maßstab der subjektiven Determination nach § 102 BetrVG auch bei der Unterrichtung nur die arbeitgeberseitig als ausschlaggebend angesehenen Umstände mitgeteilt werden.
4 *Willemsen* in Kallmeyer, § 5 UmwG Rz. 54.
5 BT-Drucks. 14/7760, 19.
6 Vgl. BT-Drucks. 14/7760, 19.

gang ergebende Veränderungen, wie z.B. den Verfall von Aktienoptionen,[1] einzugehen. Die Fragen um das „Ob" und das „Wie" der **Fortgeltung** von **Kollektivnormen** nach dem Übergang sind in der Regel sehr komplex.[2] Daher genügt es, wenn z.b. der Veräußerer die Arbeitnehmer darüber unterrichtet, ob die bisherigen Tarifverträge oder Betriebsvereinbarungen unverändert beim Erwerber weitergelten, in individualvertragliche Vereinbarungen transformiert oder ob sie durch regelungsidentische Kollektivvereinbarungen des Erwerbers verdrängt werden.[3] Die beteiligten Arbeitgeber müssen den Arbeitnehmer über die **Haftungsverteilung** informieren. Dazu gehört zum einen der Hinweis, dass der Erwerber in die unbeschränkte Haftung für alle, auch rückständige Ansprüche aus dem übergehenden Arbeitsverhältnis eintritt. Zum anderen muss gesagt werden, dass der Veräußerer daneben für diejenigen Ansprüche haftet, die vor dem Betriebsübergang entstanden und fällig geworden sind oder innerhalb eines Jahres danach fällig werden. Für die danach fällig werdenden Ansprüche haftet er dann nur noch zeitanteilig. Die beteiligten Arbeitgeber müssen schließlich darauf hinweisen, dass Kündigungen „wegen" Betriebsübergangs unwirksam sind, Kündigungen aus anderen Gründen dagegen unberührt bleiben.

Veräußerer und Erwerber müssen nur über **Maßnahmen** für die berufliche Entwicklung der Arbeitnehmer informieren, die im Zusammenhang mit dem Betriebsübergang stehen und bereits **konkret** geplant sind, wie insbesondere Fortbildungen u.Ä. Denn sie sind „hinsichtlich der Arbeitnehmer in Aussicht genommen".[4] Auch über alle Maßnahmen im Sinne der §§ 92 ff. BetrVG muss informiert werden. Betriebsänderungen wie z.b. Stilllegungen werden an sich nicht hinsichtlich „der Arbeitnehmer" in Aussicht genommen. Derartige **Umstrukturierungskonzepte** bringen aber regelmäßig personelle Auswirkungen wie z.b. einen Personalabbau mit sich, so dass im Zweifel auch darüber informiert werden sollte. Wurde im Rahmen der Betriebsänderung ein **Interessenausgleich/Sozialplan** geschlossen, dann wäre auch über die darin geregelten Maßnahmen (Weiterbildungsmaßnahmen) zu informieren. Das kann auch in der Form geschehen, dass auf den Interessenausgleich/Sozialplan hingewiesen und zusätzlich angegeben wird, wo beides eingesehen werden kann. Denkbar ist schließlich ebenfalls, dass sich der Betriebsübergang im Rahmen einer Umstrukturierung nur als ein erster Schritt darstellt und von vornherein ein zweiter oder sogar ein dritter Betriebsübergang geplant ist; dann ist auch darüber zu unterrichten. Die Folgen des Betriebsübergangs für die Arbeitnehmervertretungen berühren zwar auch die Interessen der einzelnen Arbeitnehmer. Sie sind aber für die Arbeitnehmer keine unmittelbaren Folgen des § 613a BGB, sondern betreffen das Betriebsverfassungsrecht. Da die Gesetzesbegründung dies aber nicht zu den drei maßgebenden Auswirkungen für die Arbeitnehmer zählt und auch der Wortlaut nichts Derartiges erwähnt, sprechen die besseren

120

---

1 Vgl. v. *Steinau-Steinrück*, NZA 2003, 473; *Bauer/Göpfert/v. Steinau-Steinrück*, ZIP 2001, 1129 ff.
2 Teil VI Rz. 340 ff.
3 *Bauer/v. Steinau-Steinrück*, Sonderbeil. zu NZA 16/2003, S. 74; *Bauer/v. Steinau-Steinrück*, ZIP 2002, 462.
4 Vgl. BT-Drucks. 14/7760, 19.

Argumente dagegen, dass die Arbeitnehmer auch daüber informiert werden müssen.[1]

121 Zwar ist die Unterrichtung auch ohne einen Hinweis auf das **Widerspruchsrecht** des Arbeitnehmers vollständig. Trotzdem ist es in der Praxis sinnvoll, eine solche Belehrung in die Information aufzunehmen. Der Arbeitgeber macht damit deutlich, dass er die Information als vollständig ansieht und die Monatsfrist für die Ausübung des Widerspruchs in Gang gesetzt ist. Außerdem kann er mit dieser Belehrung den Hinweis auf ein **Kündigungsrisiko** bei einer Ausübung des Widerspruchsrechts verbinden. Gerade dieses Risiko hält in der Praxis die meisten Arbeitnehmer vom Widerspruch ab. Schließlich sind die Arbeitnehmer über die (Rechts-)Person des **Erwerbers** zu informieren.[2]

122 **Adressat** der Unterrichtung ist jeder vom Betriebsübergang betroffene Arbeitnehmer. Irrelevant ist, ob im Unternehmen ein Betriebsrat existiert oder nicht. Die Neuregelung geht insoweit über die Vorgabe der Richtlinie[3] hinaus, entspricht aber der individualrechtlichen Regelung des Widerspruchsrechts. Mit der Neuregelung der Norm erhöht sich allerdings der **Informationsaufwand** des Arbeitgebers. Darüber hinaus stellt sich nun die Frage, ob der Veräußerer oder Erwerber, wenn er mit dem Betriebsrat in Verhandlungen über einen Interessenausgleich und einen Sozialplan tritt, erst nach deren Abschluss die Arbeitnehmer in gleichem Maße vollständig unterrichten kann. Denn erst mit einem vollständigen Interessenausgleich lassen sich regelmäßig verbindliche Angaben zu den sozialen Folgen des Betriebsübergangs machen.[4] Es widerspricht aber dem Interesse von Arbeitgeber und Arbeitnehmer, bis zu diesem späten Zeitpunkt mit der Ungewissheit belastet zu werden, welche Arbeitsverhältnisse auf den Erwerber übergehen und welche nicht. Daher bleibt es u.E. bei dem Grundsatz, dass für die Entscheidung über Richtigkeit und Vollständigkeit der Unterrichtung der Zeitpunkt des **Zugangs der Unterrichtungserklärung** maßgeblich ist.[5]

123 Für die Unterrichtung ist **Textform** (§ 126b BGB) vorgeschrieben. Um dieser Form zu genügen, muss die Erklärung lesbar sein und erkennen lassen, von wem sie stammt. Im Wesentlichen kommen Erklärungen per Post, Telefax oder E-Mail in Betracht. Eine eigenhändige Unterschrift ist nicht erforderlich, es reicht, wenn der Abschluss der Erklärung durch Namensnennung oder eingescannte Unterschrift erkennbar ist. Wichtig ist, dass Veräußerer oder Erwerber die Darlegungs- und Beweislast für den Zugang der Unterrichtung tragen. Für die Praxis ergibt sich daraus die wichtige Erkenntnis, dass nur solche Übermittlungsformen sinnvoll sind, bei denen Veräußerer oder Erwerber einen Zugangsnachweis mittels protokollierter Übergabe durch Boten oder schriftli-

---

1 Im Erg. auch *Willemsen/Lembke*, NJW 2002, 1159 (1162 f.); a.A. *C. Meyer*, BB 2003, 1010 (1013).
2 Vgl. zum Ganzen *Bauer/v. Steinau-Steinrück*, Sonderbeil. zu NZA 16/2003, S. 73 f.; *Bauer/v. Steinau-Steinrück*, ZIP 2002, 457 (462 f.); S. auch *Willemsen/Lembke*, NJW 2002, 1159 (1163); *Willemsen* in Willemsen/Hohenstatt/Schweibert, G Rz. 229 ff.
3 RL 2001 /23/EG, ABl. EG Nr. L 82.
4 *Willemsen* in Willemsen/Hohenstatt/Schweibert, G Rz. 226.
5 *Bauer/v. Steinau-Steinrück*, ZIP 2002, 457 (463).

ches Empfangsbekenntnis erhalten. Eine Übermittlung der Informationen gem. § 613a Abs. 5 BGB per Fax oder E-Mail ist daher nicht ratsam. Sie kommt zudem nur dann in Betracht, wenn der Empfänger durch Mitteilung seiner Faxnummer oder seiner E-Mail-Adresse zu erkennen gegeben hat, dass er mit einer Übermittlung rechtserheblicher Erklärungen einverstanden ist. Um jedes Risiko auszuschließen, empfiehlt es sich nach wie vor, den Empfang des Informationsschreibens auf einer Kopie quittieren zu lassen.

Das Gesetz stellt nicht darauf ab, **wer** die Arbeitnehmer unterrichten soll und in welchem Maße dies geschehen soll. Die Erfüllung durch den Erwerber „befreit" den Veräußerer (und umgekehrt).[1] Erwerber und Veräußerer sollten sich **untereinander verständigen**, wann und in welcher Weise sie ihre gemeinsame Obliegenheit erfüllen.[2] In der Regel ist es am sinnvollsten, im **Unternehmenskaufvertrag** das Verfahren der Unterrichtung im Einzelnen **festzulegen**. Dazu gehört die Abrede, wer informiert und wann dies geschieht; ferner über welche Inhalte im Einzelnen unterrichtet wird und wie der Zugang der Unterrichtung sichergestellt wird. Veräußerer und Erwerber sollten außerdem sich gegenseitig über Widersprüche von Arbeitnehmern informieren und festlegen, wie die Risiken unvollständiger Information verteilt werden. Möglich sind beispielsweise Schadensersatzansprüche einer Partei für den Fall, dass Arbeitnehmer unter Berufung auf unrichtige oder unvollständige Information ihr Widerspruchsrecht erfolgreich geltend machen. Es ist auch denkbar, dass beide Beteiligten eine Regelung zur Verteilung der wirtschaftlichen Lasten aus der Beendigung der Arbeitsverhältnisse widersprechender Arbeitnehmer treffen. Schließlich kommt die Vereinbarung eines Rücktrittsrechts vom Kaufvertrag für den Fall in Betracht, dass bestimmte Arbeitnehmer oder eine bestimmte Anzahl von Arbeitnehmern widerspricht.[3] Zur Vermeidung von Widersprüchen kann der Erwerber mit bestimmten Arbeitnehmern schon vor dem Betriebsübergang die Überleitung des Arbeitsverhältnisses vereinbaren. Das kann vor allem bei „Key employees" sinnvoll sein. In diesen Fällen kann es sich auch empfehlen, einen neuen Arbeitsvertrag anzubieten. Schließlich sollte der Arbeitgeber beachten, dass bei einer Information der Öffentlichkeit über die geplante Unternehmensumstrukturierung bzw. einen Betriebsübergang die betroffenen Arbeitnehmer spätestens zeitgleich und wenigstens mit identischem Inhalt unterrichtet werden sollten, damit eine rechtzeitige und vollständige Information gewährleisten ist. Ein „Gleichklang" der Informationspolitik sollte auch gegenüber Arbeitnehmervertretungen wie etwa dem Wirtschaftsausschuss oder dem Sprecherausschuss bestehen.[4]

124

---

1 *C. Meyer*, BB 2003, 1010 (1011).
2 *Bauer/v. Steinau-Steinrück*, ZIP 2002, 457 (463).
3 *Bauer/v. Steinau-Steinrück*, ZIP 2002, 457 (465); *Bauer/v. Steinau-Steinrück*, Sonderbeil. zu 16/2003, S. 76.
4 Vgl. *C. Meyer*, BB 2003, 1010 (1011).

V. Widerspruchsrecht der Arbeitnehmer

1. Grundlagen

125 Das Widerspruchsrecht[1] ist ein **Rechtsfolgenverweigerungsrecht**.[2] Ein sachlicher Grund ist für die Wirksamkeit des Widerspruchs nicht erforderlich;[3] sein Fehlen hat aber Auswirkungen auf die Sozialauswahl bei einer anschließenden betriebsbedingten Kündigung durch den Veräußerer[4] (vgl. Teil VI Rz. 138 ff.). Übt der Arbeitnehmer das Widerspruchsrecht aus, bleibt sein Arbeitsverhältnis mit dem bisherigen Arbeitgeber bestehen.

126 Das Widerspruchsrecht besteht auch dann, wenn sich der Betriebsübergang im Rahmen einer Verschmelzung, Spaltung oder Vermögensübertragung nach dem **Umwandlungsgesetz** vollzieht. Das ist mit dem Verweis in § 324 UmwG auf § 613a Abs. 6 nunmehr eindeutig[5] (vgl. aber zum Fall des Erlöschens des bisherigen Betriebsinhabers Teil VI Rz. 136).

2. Ausübung

a) Allgemeines

127 Die Vorschriften über **Willenserklärungen** (§§ 116 ff. BGB, vor allem §§ 130 ff. BGB) sind anzuwenden. Im konkreten Einzelfall kann es problematisch sein, ob eine Willenserklärung als Widerspruch, als Kündigung oder als beides zusammen zu verstehen ist. So sah sich z.B. das BAG[6] im Urteil vom 21.7.1977 veranlasst, eine ausgesprochene Kündigung in einen Widerspruch umzudeuten.

128 Als **Adressaten** des Widerspruchs bestimmt § 613a Abs. 6 Satz 2 BGB sowohl den bisherigen als auch den neuen Inhaber, und zwar unabhängig davon, ob der Widerspruch vor oder nach dem Betriebs- oder Betriebsteilübergang erfolgt. Veräußerer und Erwerber haben sich im Innenverhältnis aufgrund ihrer nebenvertraglichen Pflichten gegenseitig über einen Widerspruch der betroffenen Arbeitnehmer zu unterrichten.[7] Der Widerspruch ist gem. § 613a Abs. 6 **schriftlich** i.S.d. § 126 Abs. 1 BGB oder § 126a BGB zu erklären und muss dem Adressaten innerhalb eines Monats[8] nach dem Zugang der Unterrichtung zugehen. Der Arbeitnehmer kann nach der neuen Regelung nicht mehr konkludent widersprechen. Deswegen stimmt er dem Betriebsübergang auch zu,

---

1 *Hauck*, Sonderbeil. zu NZA 1/2004, S. 43.
2 BAG v. 22.4.1993 – 2 AZR 50/92, EzA § 613a BGB Nr. 111.
3 BAG v. 30.9.2004 – 8 AZR 462/03, NZA 2005, 43.
4 Vgl. BAG v. 18.3.1999 – 8 AZR 190/98, NZA 1999, 870; BAG v. 5.12.2002 – 2 AZR 522/01, NZA 2003, 1168; krit. *Lipinski*, DB 2002, 1214 ff.
5 So schon BAG v. 25.05.2000 – 8 AZR 416/99, ZIP 2000, 1630 m. Anm. *Bauer/Mengel*; *Willemsen* in Kallmeyer, § 324 UmwG Rz. 5; *Joost* in Lutter, § 324 UmwG Rz. 34; *Boecken*, Rz. 80; *Bauer/Lingemann*, NZA 1994, 1057 (1061); *Mengel*, S. 157 ff., 164 ff.; *Rieble*, ZIP 1997, 301 (306).
6 BAG v. 21.7.1977 – 3 AZR 703/75, AP 8 zu § 613a BGB.
7 BAG v. 22.4.1993 – 2 AZR 50/92, NZA 1994, 360.
8 BT-Drucks. 14/7760, 20 lehnte sich noch zutreffend an die Drei-Wochen-Frist in § 4 KSchG an.

wenn er in Kenntnis dessen seine Arbeit beim neuen Inhaber ohne Vorbehalt fortsetzt.[1] Ein nach § 126 BGB unwirksam erklärter Widerspruch kann nach Ablauf der Monatsfrist auch nicht mehr nachgeholt werden. Der Arbeitnehmer hat den rechtzeitigen **Zugang** seines Widerspruchs darzulegen und zu beweisen.[2] Wie bislang[3] kann er bei einem konkret bevorstehenden Übergang auf sein Widerspruchsrecht schriftlich verzichten oder den Übergang seines Arbeitsverhältnisses mit dem Erwerber vereinbaren. Dies ist Ausdruck seiner Vertragsfreiheit.[4]

Die **Widerspruchsfrist** berechnet sich nach §§ 187 Abs. 1, 188 Abs. 2 BGB und beginnt mit dem Zugang der vollständigen **Unterrichtung** beim vom Betriebsübergang betroffenen Arbeitnehmer. Indem die Neuregelung den Fristbeginn an den Zeitpunkt der Unterrichtung **unabhängig** vom Ablauf des Betriebsübergangs knüpft, können der Veräußerer und der Erwerber durch eine frühzeitige Unterrichtung die Widerspruchsfrist auslösen und so rechtzeitig vor dem Übergang Kenntnis über den Verbleib der Arbeitnehmer erlangen.[5] Gerade bei Arbeitnehmern mit langen Kündigungsfristen empfiehlt es sich, rechtzeitig diesen Weg einzuschlagen, damit der bisherige Inhaber auf Widersprüche unverzüglich mit betriebsbedingten Kündigungen reagieren kann.[6] Die einmonatige Widerspruchsfrist beginnt nur zu laufen, wenn der Arbeitnehmer **vollständig** gem. § 613a Abs. 5 BGB informiert wurde. Die Norm schreibt zudem eine Unterrichtung **vor** Betriebsübergang vor. Die Frist beginnt daher u.E. nicht zu laufen, wenn der Arbeitnehmer nicht vollständig oder verspätet, d.h. nach Betriebsübergang informiert wird.[7] Das ergibt sich aus dem Wortlaut des § 613a Abs. 5 BGB. Eine Unterrichtung nach Übergang ist verspätet und damit stets unvollständig. Denn ihre „Vollständigkeit" beinhaltet ein zwingend vor dem Betriebsübergang liegendes Zeitmoment.[8] Bei einer Unterrichtung **nach** dem Betriebsübergang, kann der Arbeitnehmer dem Betriebsübergang **zeitlich unbegrenzt** widersprechen. Daraus resultieren erhebliche **Risiken** für den Veräußerer: Das Risiko unvollständiger Information wird sich kaum je ausschließen lassen. Das gilt insbesondere auf Grund der **unsicheren Anforderungen** an eine ordnungsgemäße Unterrichtung. Wegen der dann unbegrenzten Widerspruchsfrist muss der Veräußerer im Zweifel noch Monate oder gar Jahre nach dem Betriebsübergang (z.B. bei späterer Insolvenz des Erwerbers) damit rechnen, dass der Arbeitnehmer dem Übergang widerspricht. In diesem Fall würden diese Arbeitsverhältnisse wieder mit dem Veräußerer bestehen. Er trägt dann die

129

---

1 BAG, Urt. v. 17.11.1977 – 5 AZR 618/76, AP 10 zu § 613a BGB (*Birk*).
2 *Worzalla*, NZA 2002, 353 (357).
3 BAG, Urt. v. 19.3.1998 – 8 AZR 139/97, NZA 1998, 750 (751).
4 *Bauer/v. Steinau-Steinrück*, ZIP 2002, 457; krit. *Grobys*, BB 2002, 726.
5 Vgl. *C. Meyer*, BB 2003, 1010; *B. Gaul/Otto*, DB 2002, 634 (637); anders zur früheren Rechtslage noch BAG v. 19.3.1998 – 8 AZR 139/97, NZA 1998, 750 (751).
6 Zu Recht weist ArbG Hamburg v. 20.7.1979 – S 15 Ca 410/78, AP 25 zu § 613a BGB darauf hin, dass der Veräußerer gerade im Hinblick auf eine lange Kündigungsfrist die Kündigung auch schon vor dem Übergangszeitpunkt aussprechen kann. Vgl. auch Teil VI Rz. 238 ff.
7 A.A. *Preis* in ErfKomm., § 613a BGB Rz. 96; *Olbertz/Ungnad*, BB 2004, 213 (218); *Willemsen/Lembke*, NJW 2002, 1159 (1160) mit Hinweis auf die Gesetzesbegründung.
8 *Bauer/v. Steinau-Steinrück*, ZIP 2002, 457 (463); *Bauer/v. Steinau-Steinrück*, Sonderbeil. zu NZA 16/2003, S. 74 f.

wirtschaftlichen Lasten und Risiken aus der Beendigung dieser Arbeitsverhältnisse (Gehaltszahlungen während der Kündigungsfrist, Kündigungsschutzprozesse, möglicherweise Sozialplanpflicht, etc.). Absolute Höchstfristen bezüglich des Widerspruchrechts sollten diese Risiken aber nicht begrenzen.[1] Treffender ist es u.E., dass der Arbeitnehmer sein Widerspruchsrecht in bestimmten Fällen **verwirken** kann.[2] Ein Anspruch ist verwirkt, wenn der Berechtigte ihn längere Zeit nicht verfolgt (Zeitmoment), mit seinem Verhalten den Eindruck erweckt, dass er ihn nicht mehr geltend macht (Umstandsmoment) und die Erfüllung daher nicht mehr zumutbar ist (Zumutbarkeitsmoment).[3] Das Widerspruchsrecht soll dem Arbeitnehmer die freie Wahl seines Arbeitgebers ermöglichen und sein Grundrecht auf Berufsfreiheit aus Art. 12 GG schützen. Nach dem Betriebsübergang geht das Arbeitsverhältnis auf den Erwerber über. Setzt der Arbeitnehmer sein Arbeitsverhältnis mit ihm fort, manifestiert er – stillschweigend – sein Einverständnis mit dem Arbeitgeberwechsel. Das zeigt sich insbesondere nach der neuen Rechtslage, mit der ein Widerspruch schriftlich erklärt werden muss, um wirksam zu sein. Durch seine fortgesetzte Tätigkeit erlangt der Arbeitnehmer die Kenntnisse, über die er nach § 613a Abs. 5 BGB hätte unterrichtet werden müssen. Dann kann er eine bewusste Arbeitsplatzwahl treffen. Widerspricht der Arbeitnehmer ab diesem Zeitpunkt nicht innerhalb eines Monats, erweckt er den Eindruck, dass er **bewusst** sein Widerspruchsrecht nicht mehr ausübt. Die beiden Arbeitgeber dürfen sich dann trotz ihrer unzureichenden Information berechtigterweise darauf einstellen, dass der Arbeitnehmer nicht mehr illoyal widerspricht. Denn die Unterrichtung des Arbeitnehmers will nach dem Willen des Gesetzgebers „nur" sicherstellen, dass dem Arbeitnehmer eine freie Entscheidung über den Übergang seines Arbeitsverhältnisses in Kenntnis aller maßgeblichen Umstände ermöglicht ist.[4] Deswegen ist es dann auch nicht (mehr) maßgeblich, ob und in welchem Maße die Unterrichtung „fehlerhaft" gewesen ist. Angesichts der Schwierigkeiten einer ex-tunc-Rückabwicklung des fortgesetzten Arbeitsverhältnisses ist es Erwerber und Veräußerer zu diesem späten Zeitpunkt auch **nicht** mehr **zumutbar**, die **Folgen** des Widerspruchs zu tragen. Sie werden mangels bisherigen Widerspruchs auch keine Rückstellungen gebildet haben.[5] Da auf sämtliche Umstände des Einzelfalls einzugehen ist, verbietet sich eine starre zeitliche Vorgabe. **In der Regel** kann man aber nach **drei Monaten** im neuen Arbeitsverhältnis von der erforderlichen Kenntnis des Arbeitnehmers ausgehen. Die Praxis sollte aber bei einer Geltendmachung der Verwirkung, die der Veräußerer zu beweisen hat, einkalkulieren, dass die Arbeitsgerichte den Einwand wohl erst geraume Zeit danach akzeptieren. Sinnvoll ist daher der Vorschlag, das Zeitmoment entsprechend § 5 Abs. 3 Satz 2

---

1 Vgl. *Preis* in ErfKomm, § 613a BGB Rz. 97.
2 Dazu *Roth* in MünchKomm. BGB, § 242 BGB Rz. 407 ff.
3 BAG v. 12.1.1994 – 5 AZR 597/92, NJW 1994, 658 = EwiR 1994, 557 m.Anm. *Grunsky*; BAG v. 25.4.2001 – 5 AZR 497/99, NZA 2001, 966.
4 BT-Drucks. 14/7760, S. 19.
5 Vgl. *Bauer/v. Steinau-Steinrück*, Sonderbeil. zu NZA 16/2003, S. 75; *Bauer/v. Steinau-Steinrück*, ZIP 2002, 457 (464); im Erg. auch *Preis* in ErfKomm, § 613a BGB Rz. 89; *B. Gaul/Otto*, DB 2002, 634 (637); *Willemsen/Lembke*, NJW 2002, 1159 (1160); *Pröpper*, DB 2003, 2011 (2012); a.A. *Olbertz/Ungnad*, BB 2004, 213 (214 ff.); *Rieble*, NZA 2004, 1 (4).

KSchG **spätestens** nach Ablauf von 6 Monaten ab tatsächlichem Übergang des Arbeitsverhältnisses und Kenntnis hiervon anzunehmen.[1] Ratsam kann es auch sein, den Arbeitnehmer nach dem Betriebsübergang erstmals oder (hilfsweise) erneut zu unterrichten. Dies kann zwar nicht mehr die Monatsfrist des § 613a Abs. 6 BGB auslösen, aber u.E. das Umstandsmoment vertiefen, falls der Arbeitnehmer dann nicht innerhalb der Monatsfrist widerspricht. Im Streitfall trifft freilich den Veräußerer die Darlegungs- und Beweislast, wenn er sich auf Verwirkung beruft.

Widerspricht ein Arbeitnehmer einseitig dem Übergang seines Arbeitsverhältnisses, kann er diese einseitige empfangsbedürftige Willenserklärung **nicht** einseitig **nach Zugang** beim Erklärungsadressaten **widerrufen**.[2] Der Widerspruch ist wie andere Gestaltungsrechte **bedingungsfeindlich**. Unzulässig ist es daher, wenn der Arbeitnehmer seinen Widerspruch mit einem sog. einseitigen Widerrufsvorbehalt verbindet, nach dem z.B. der Widerspruch im Falle einer betriebsbedingten Kündigung des Veräußerers nicht gelten soll.[3] Würde man dies zulassen, könnte der Arbeitnehmer außerdem sein Risiko, in keinem Arbeitsverhältnis mit dem neuen Arbeitgeber zu stehen und durch den bisherigen Inhaber betriebsbedingt gekündigt zu werden, erheblich einschränken.[4] Eine zwischen Arbeitnehmer und Veräußerer getroffene Vereinbarung, wonach das Arbeitsverhältnis ungeachtet des zuvor erklärten Widerspruchs auf den Erwerber übergehen soll, ist als Vertrag zu Lasten Dritter unwirksam.[5] Zulässig ist aber die **vertragliche Einräumung** eines Widerrufsvorbehalts. Zu überlegen ist auch, ob ein Vorbehalt wirksam sein kann, wenn er sich auf eine **Rechtsbedingung** bezieht. Grund der Bedingungsfeindlichkeit von Gestaltungsrechten ist nämlich, dass dem Erklärungsempfänger keine (dauerhafte) Ungewissheit über die Erklärung zuzumuten ist. Diese Ungewissheit tritt bei einer Rechtsbedingung nicht ein, weil ihr Eintritt vom Vorliegen oder Nichtvorliegen rechtlicher Voraussetzungen abhängt. Schließlich können der Erwerber und der betroffene Arbeitnehmer einen Arbeitsvertrag für den Fall schließen, dass der bisherige Arbeitgeber das Arbeitsverhältnis wegen Widerspruchs betriebsbedingt kündigen sollte.[6]

130

Der Arbeitnehmer sollte sich nach alledem genau überlgen, ob er einen Widerspruch erklärt oder nicht.[7] Der „Widerruf" des Widerspruchs bzw. die nachträgliche Zustimmung zum Übergang des Arbeitsverhältnisses ist dabei in aller Regel als Angebot zu einem dreiseitigen Vertrag zwischen dem Arbeitnehmer und den beiden Arbeitgebern anzusehen, denen zu raten ist, sich alsbald zu dem „Widerruf" zu erklären, sei es negativ oder positiv.

131

---

1 B. *Gaul/Otto*, DB 2002, 634 (637); *Worzalla*, NZA 2002, 353 (357).
2 BAG, v. 30.10.2003 – 8 AZR 491/02, NZA 2004, 481; *Seiter*, S. 74.
3 BAG, v. 30.10.2003 – 8 AZR 491/02, NZA 2004, 481.
4 Darauf weist zutreffend *Seiter*, S. 74 hin.
5 BAG, v. 30.10.2003 – 8 AZR 491/02, NZA 2004, 481.
6 Vgl. zum Ganzen v. *Steinau-Steinrück/Wagner*, NJW-Spezial 2004, 33.
7 Vgl. v. *Steinau-Steinrück/Wagner*, NJW-Spezial 2004, 33.

b) Rechtsmissbrauch

132 Wie jedes andere Recht auch, darf das Widerspruchsrecht nicht missbräuchlich ausgenutzt werden.[1] Die Ausübung des Widerspruchs ist nicht wegen widersprüchlichen Verhaltens ausgeschlossen, wenn der Arbeitnehmer vor seinem Widerspruch mit dem Erwerber über neue Arbeitsbedingungen verhandelt hat.[2] Unter welchen Voraussetzungen Rechtsmissbrauch vorliegt, lässt sich generell schwer sagen. Bloße finanzielle Nachteile des bisherigen und/oder neuen Inhabers genügen regelmäßig nicht. Problematisch ist dagegen der Missbrauch des Widerspruchsrechtes als **kollektives Druckmittel**.[3] Konzertierte Aktionen können den Zweck haben, die Übertragung eines sanierungsbedürftigen Betriebs oder Betriebteils zu verhindern und eine Stilllegung nebst Sozialplan nach §§ 111 ff. BetrVG zu erreichen. Solche Versuche sind nach der gesetzlichen Wertung des § 112 Abs. 5 Nr. 2 BetrVG nicht zu billigen. Wird der Veräußerer durch den Widerspruch vieler Arbeitnehmer im Falle eines kompletten Betriebsübergangs zum Ausspruch betriebsbedingter Kündigungen gezwungen, ist die **Betriebsänderung** nur dann von ihm veranlasst, wenn er noch Betriebsinhaber ist. Andernfalls ist er nur noch Arbeitgeber (ohne Betrieb) der widersprechenden Arbeitnehmer. In diesen Fällen ist entscheidend, ob es trotz des (kollektiven) Widerspruchs zu einem Betriebsübergang kommt. Wenn nicht, kann der Veräußerer nach erfolgtem Betriebsübergang die Kündigungen ohne Sozialplan aussprechen. Verhindert der kollektiv ausgeübte Widerspruch der Arbeitnehmer den Betriebsübergang, muss sich das rechtsmissbräuchliche Verhalten der Belegschaft bei einem anschließend ggf. zu schließenden Sozialplan negativ auf das Sozialplanvolumen auswirken, bis hin zu einem „Null-Sozialplan" (vgl. § 112 Abs. 5 Nr. 2 BetrVG, vgl. dazu auch Teil VI Rz. 303).

133 Problematisch ist die Rechtslage, wenn sich der Veräußerer im Vorfeld eines Betriebsübergangs an die Arbeitnehmer wendet und den Mitarbeitern eine Frist hinsichtlich eines möglichen Widerspruchs setzt und daraufhin **kollektive Widersprüche vor** dem Betriebsübergang erfolgen und der Veräußerer auch vor dem Betriebsübergang die betriebsbedingten Kündigungen ausspricht. Nach zweifelhafter Rechtsprechung des BAG liegt in diesem Fall, wie auch im Fall eines Teilbetriebsübergangs, dem Arbeitnehmer widersprochen haben, eine **Betriebsänderung** i.S.v. §§ 111 ff. BetrVG vor.[4] Nach Auffassung des BAG hindert die Ausübung des Widerspruchs nicht, die betreffenden Arbeitnehmer bei der Frage mit zu berücksichtigen, ob eine **Betriebsänderung** vorliegt.[5] Der Widerspruch und die dafür maßgeblichen Gründe sind erst bei der Bemessung des Sozialplananspruchs zu berücksichtigen (vgl. § 112 Abs. 5 Satz 2 Nr. 2 BetrVG). Wichtig ist deshalb, dass der Arbeitgeber einen Interessenausgleich

---

1 Vgl. BAG v. 6.2.1980 – 5 AZR 275/78, AP 21 zu § 613a BGB (*Herschel*).
2 BAG v. 19.3.1998 – 8 AZR 139/97, NZA 1998, 750.
3 BAG v. 30.9.2004 – 8 AZR 462/03, NZA 2005, 43; *Rieble*, NZA 2005, 1; *Seiter*, Anm. zu BAG, AP 1 zu § 613a BGB; *Bauer*, Arbeitsrechtliche Aufhebungsverträge, Rz. 918; *Bauer*, Betriebsänderungen, S. 172; v. *Steinau-Steinrück*, S. 60 ff.; vgl. aber auch *Tschöpe*, S. 130, der dieses Druckmittel grundsätzlich für billigenswert hält.
4 BAG v. 10.12.1996 – 1 AZR 290/96, NZA 1997, 787 ff.
5 BAG v. 10.12.1996 – 1 AZR 290/96, NZA 1997, 787 ff.

versucht, um zu vermeiden, dass dem widersprechenden Arbeitnehmer Ansprüche auf Nachteilsausgleich (§ 113 BetrVG) erwachsen.[1] Diese Rechtsprechung ist verfehlt. Es handelt sich hier nicht um eine Betriebsänderung i.S.v. § 111 BetrVG seitens des Veräußerers. Eine Betriebsänderung in diesem Sinne muss die ganze Belegschaft oder doch erhebliche Teile des Betriebs berühren. Diesem Tatbestandsmerkmal kommt nach Auffassung des BAG[2] **keine selbstständige** Bedeutung zu, sofern eine Betriebseinschränkung schon infolge Entlassung einer größeren Zahl von Arbeitnehmern vorliegt. Dabei kann auf die Zahlen- und Prozentangaben des § 17 Abs. 1 KSchG zurückgegriffen werden.[3] Die Praxis muss sich freilich darauf einstellen, dass auch die widersprechenden Arbeitnehmer bei der Ermittlung der für eine Betriebsänderung durch reinen Personalabbau erforderlichen Anzahl von zu entlassenden Arbeitnehmern „mitzuzählen" sind.[4] Immerhin ist das BAG nicht so weit wie *Tschöpe*[5] gegangen, der den Arbeitnehmern grundsätzlich ein kollektives Wahlrecht einräumen will. Nach dessen Ansicht können die Arbeitnehmer entweder ihre Arbeitsplätze sichern oder durch die gemeinsame Ausübung des Widerspruchs über die §§ 111 ff. BetrVG in den Genuss eines Sozialplans mit Abfindungsregelungen kommen. Richtigerweise dürften solche Abfindungen nur dann angebracht sein, wenn konkrete Nachteile für die Belegschaft zu befürchten sind, etwa dann, wenn der Betrieb auf eine „blutleere GmbH" übertragen wird.[6] Das BAG hat offen gelassen, ob § 112 Abs. 5 Nr. 2 Satz 1 BetrVG bei der Bemessung der Sozialplanleistungen zu berücksichtigen ist. Diese Vorschrift soll Arbeitnehmer von Leistungen ausschließen, die in einem zumutbaren Arbeitsverhältnis im selben Betrieb oder in einem anderen Betrieb des Unternehmens oder eines zum Konzern gehörenden Unternehmens weiterbeschäftigt werden können und die Weiterbeschäftigung ablehnen, wobei die mögliche Weiterbeschäftigung an einem anderen Ort für sich allein nicht die Unzumutbarkeit begründet (§ 112 Abs. 5 Nr. 2 Satz 2 BetrVG). Deshalb sind widersprechende Arbeitnehmer, denen betriebsbedingt „wegen" Widerspruchs gekündigt werden muss, richtigerweise von Sozialplanleistungen auszuschließen,[7] es sei denn, sie könnten vertretbare (sachliche) Gründe im Sinne der Rechtsprechung des BAG[8] ins Feld führen. Erst recht sind solche widersprechenden Arbeitnehmer von Sozialplanleistungen dann auszuschließen, wenn es sich um die rechtliche Verselbstständigung eines Betriebs oder Betriebsteils im

---

[1] Vgl. BAG v. 10.12.1996 – 1 AZR 290/96, NZA 1997, 787 ff.
[2] BAG v. 22.5.1979 – 1 AZR 848/76, AP 3 zu § 111 BetrVG 1972 sowie BAG v. 2.8.1983 – 1 AZR 516/81, AP 12 zu § 111 BetrVG 1972 (modifizierte Rechtsprechung zu den Großbetrieben).
[3] § 112a BetrVG sieht andere Zahlen- und Prozentverhältnisse für den Sozialplan vor.
[4] BAG v. 10.12.1996 – 1 AZR 290/96, NZA 1997, 787 ff.; vgl. auch *Matthes*, NZA 2000, 1073.
[5] *Tschöpe*, S. 129.
[6] Vgl. *Tschöpe*, S. 131.
[7] Auch wenn nur einzelne Arbeitnehmer widersprechen und diesen der alte Arbeitgeber kündigen muss, ohne dass insoweit eine Betriebsänderung nach § 111 BetrVG in Betracht kommen kann und ein einschlägiger Tarifvertrag für betriebsbedingte Kündigungen Abfindungen vorsieht, kann dieser Tarifvertrag widersprechende Arbeitnehmer von Abfindungsansprüchen ausschließen, BAG v. 10.11.1993 – 4 AZR 184/93, NZA 1994, 892.
[8] BAG v. 7.4.1993 – 2 AZR 449/91, NZA 1993, 795.

Rahmen eines Konzerns handelt (§ 112 Abs. 5 Nr. 2 Satz 2 BetrVG). Um Ansprüchen der widersprechenden Arbeitnehmer auf Nachteilsausgleich nach § 113 BetrVG zu entgehen, muss der Arbeitgeber auf der Grundlage der Rechtsprechung des BAG[1] einen Interessenausgleich mit dem Betriebsrat versuchen.

134 Wenn dennoch einzelne Arbeitnehmer, Arbeitnehmergruppen oder die ganze Belegschaft aus dem Übergang des Betriebs oder Betriebsteils zusätzlich Kapital schlagen, indem sie sich das Widerspruchsrecht von einem der beiden Arbeitgeber durch „Abfindungen" oder „freiwillige Sozialpläne" **abkaufen** lassen, kommen diese Zahlungen richtigerweise nicht in den Genuss der steuerbefreienden oder -begünstigenden Vorschriften der §§ 3 Nr. 9, 24, 34 EStG: Sie bezwecken keinen Ausgleich für den Verlust von Arbeitsplätzen, sondern gerade das Gegenteil, nämlich eine Fortsetzung der Arbeitsverhältnisse. Widerspricht die Belegschaft kollektiv und muss der Veräußerer deshalb zur Vermeidung von Entgeltfortzahlungskosten in erheblichem Umfang betriebsbedingte Kündigungen aussprechen und mit der Auffassung des BAG[2] einen Sozialplan nach §§ 111 ff. BetrVG aufstellen, greift § 613a BGB bei einer Neueinstellung betroffener Arbeitnehmer durch den Erwerber nicht ein; dieser kann z.B. innerhalb der Wartezeit des § 1 KSchG kündigen,[3] es sei denn, der Erwerber würde die beim Veräußerer zurückgelegten Dienstzeiten vertraglich als Betriebszugehörigkeit zu ihm (dem Erwerber) anerkennen.[4]

3. Rechtsfolgen
a) Allgemeines

135 Folge des Widerspruchs ist das Fortbestehen des Arbeitsverhältnisses mit dem Veräußerer trotz des Betriebsübergangs. Das ist unproblematisch bei einem Widerspruch **zeitlich vor** einem Betriebsübergang. Ist der Arbeitsplatz wegen des Betriebs- oder Betriebsteilübergangs weggefallen und verfügt der Veräußerer nicht über freie, vergleichbare Weiterbeschäftigungsmöglichkeiten, kann er den widersprechenden Arbeitnehmer **betriebsbedingt kündigen**.[5] Problematisch ist, wie der Übergang des Arbeitsverhältnisses zu verhindern ist, wenn der Widerspruch **nach** dem Betriebsübergang erklärt wird. Diese Frage stellt sich durch die gesetzliche Neuregelung in besonderem Maße, weil die einmonatige Widerspruchsfrist an die rechtzeitige und vollständige Unterrichtung des Arbeitnehmers anknüpft. Bei einer unvollständigen Unterrichtung wird sie nicht in Gang gesetzt.[6] Die Rechtsprechung nahm (zur alten Rechtslage) an, dass das Arbeitsverhältnis dann rückwirkend mit dem Erwerber been-

---

1 BAG v. 10.12.1996 – 1 AZR 290/96, NZA 1997, 787 ff.
2 BAG v. 10.12.1996 – 1 AZR 290/96, NZA 1997, 787 ff.
3 Darauf weist *Tschöpe*, S. 133 mit Recht hin.
4 *Bauer*, Unternehmensveräußerung, S. 59; *Bauer*, Arbeitsrechtliche Aufhebungsverträge, Rz. 918.
5 Vgl. BAG v. 2.10.1974 – 5 AZR 504/73, AP 1 zu § 613a BGB; zuletzt BAG v. 19.3.1998 – 8 AZR 139/97, NZA 1998, 750.
6 *Rieble*, NZA 2004, 1 (3).

det wird und mit dem Veräußerer fortbesteht.¹ Der Widerspruch gilt insofern als aufschiebende Bedingung für den Übergang des Arbeitsverhältnisses.² Das führt zu Unsicherheiten, weil solange keine Gewissheit über den Betriebsübergang herrscht, bis der Widerspruch erklärt wird. Die Lösung der Rechtsprechung entspricht Sinn und Zweck des Widerspruchsrechts, die Aufdrängung eines neuen Arbeitgebers verhindern zu können. Sie führt jedoch zu Problemen, wenn der Arbeitnehmer den Widerspruch erst einige Monate nach dem Betriebsübergang erkärt. In diesem Fall müsste der Arbeitnehmer konsequenterweise seine Vergütungsansprüche gegen den Erwerber verlieren. Gleichzeitig wäre fraglich, ob er Vergütungsansprüche gegen den Veräußerer aus Annahmeverzug hätte. Eine Lösung über die Grundsätze des **faktischen Arbeitsverhältnisses**³ überwindet diese Schwierigkeit.⁴ Das nach dem Widerspruch rückwirkend aufgelöste Arbeitsverhältnis wird bis zu diesem Zeitpunkt wie ein fehlerfrei zu Stande gekommenes behandelt. Der Arbeitnehmer behält seine Vergütungsansprüche gegen den Erwerber bis zur Erklärung des Widerspruchs; gegen den Veräußerer hat er für diesen Zeitraum keinen Vergütungsanspruch, da er ihm seine Arbeitskraft nicht angeboten hat (§ 294 BGB).⁵

Die Arbeitsverhältnisse derjenigen Arbeitnehmer, die einem Betriebs*teil*übergang widersprechen, fallen nicht „automatisch" in den vom Arbeitgeber eventuell weitergeführten Betriebsteil. Dafür ist eine audrückliche oder konkludente **Zuordnungsentscheidung** notwendig (z.B. durch Zuordnung von Tätigkeiten). Gegebenenfalls kann es auch zu einer Teilbetriebsstilllegung kommen, die die widersprechenden Arbeitnehmer und deren Arbeitsverhältnisse erfasst.⁶

Offen ist, ob der Arbeitnehmer auch dann widersprechen kann, wenn der bisherige Arbeitgeber nach dem Betriebsübergang als Rechtsperson aufhört zu bestehen. Das ist bei den **Umwandlungsfällen** der Verschmelzung (§ 20 Abs. 1 Nr. 2 UmwG), der Aufspaltung (§ 131 Abs. 1 Nr. 2 UmwG) oder der Vermögensvollübertragung (§ 175 UmwG) der Fall. Ein „Widerspruch" geht in diesen Fällen ins Leere.⁷ Da der übertragende Rechtsträger mit Eintragung einer der genannten Umwandlungsformen ins Handelsregister erlischt, kann der Arbeitnehmer sein Arbeitsverhältnis mit dem Veräußerer nicht fortführen. Folgt man der – zweifelhaften – Annahme der Rechtsprechung, dass die „Aufdrängung" eines neuen Arbeitgebers gegen den Willen des Arbeitnehmers sein Recht auf freie Arbeitsplatzwahl verletzen würde, dann ist ihm auch eine

136

---

1 BAG v. 30.10.1986 – 2 AZR 101/85, NZA 1987, 524; *Franzen*, RdA 2002, 258 (270); *B. Gaul*, Betriebsspaltung, § 11 Rz. 61 f.; *Willemsen/Lembke*, NJW 2002, 1159 (1164).
2 Vgl. *Richardi/Annuß* in Staudinger, § 613a BGB Rz. 128.
3 *Richardi* in MünchHdb. ArbR, § 46 Rz. 56 ff.
4 So auch *Worzalla*, NZA 2002, 353 (358).
5 *Bauer/v. Steinau-Steinrück*, Sonderbeil. zu NZA 16/2003, S. 76. *Rieble*, NZA 2004, 1 (8) schlägt wegen einiger Probleme im Zusammenhang mit der Rückwirkung vor, den Widerspruch ex-nunc wirken zu lassen. Dem Arbeitnehmer spricht er einen Schadensersatzanspruch für die Schäden zu, die auf der informationsfehlerbedingten Verspätung des Widerspruchs beruhen.
6 BAG v. 13.2.2003 – 8 AZR 102/02, BB 2003, 1286 (1288).
7 BT-Drucks. 14/7760, 20.

Handhabe zur einseitigen Loslösung aus dem „neuen" Arbeitsverhältnis zu geben.[1] Eine Möglichkeit ist, auf Grund der umwandlungsrechtlichen Universalsukzession das Arbeitsverhältnis – jedenfalls zunächst – auf den neuen Rechtsträger übergehen zu lassen und dem Arbeitnehmer dann mit ex-nunc-Wirkung ein Recht zur außerordentlichen Kündigung des Arbeitsverhältnisses nach § 626 BGB zuzugestehen.[2] Die besseren Argumente sprechen aber dafür, nicht erst den Übergang zustande kommen zu lassen, sondern das **Arbeitsverhältnis** mit dem bisherigen Rechtsträger automatisch mit Eintragung der Änderung im Handelsregister **erlöschen** zu lassen, wenn der Arbeitnehmer sein „Widerspruchsrecht" ausübt.[3] Nur so wird die doppelte Rechtsfolge des Widerspruchs nach § 613a Abs. 6 BGB gewahrt: Nicht nur den (in diesem Fall unmöglich gewordenen) Verbleib des Arbeitsverhältnisses beim bisherigen Arbeitgeber sicherzustellen, sondern zuvor den gesetzlichen Übergang seines Arbeitsverhältnisses zu verhindern. Der gesetzliche Übergang des betroffenen Arbeitsverhältnisses mittels umwandlungsrechtlicher Universalsukzession genießt keinen Vorrang. Im Anwendungsbereich eines Betriebsübergangs ist § 613a BGB gem. § 324 UmwG lex specialis auch zu der rein umwandlungsrechtlichen Überleitung von Arbeitsverhältnissen.[4] Die Wertung des § 613a Abs. 6 BGB hat folglich auch hier Geltung. Der Arbeitnehmer hat in diesen Fällen also ausnahmsweise die Möglichkeit, sich ohne Einhaltung einer Kündigungsfrist aus dem Arbeitsverhältnis „zu verabschieden".

137 In allen übrigen Fällen, in denen der bisherige Arbeitgeber als Rechtsperson fortbesteht, bewirkt der Widerspruch die Fortsetzung des Arbeitsverhältnisses mit ihm.[5] Betriebsbedingte Kündigungen kann er nur unter Einhaltung der ordentlichen Kündigungsfristen aussprechen. Der Widerspruch mehrerer Arbeitnehmer kann daher vor allem dann zu erheblichen wirtschaftlichen Belastungen des Veräußerers führen, wenn für die Kündigung ihnen gegenüber lange Kündigungsfristen gelten.

b) Sozialauswahl

138 Schwierigkeiten bei der Kündigung „wegen" Widerspruchs kann die vorgeschriebene **Sozialauswahl** nach § 1 Abs. 3 KSchG bereiten. Die Auswahl ist **betriebsbezogen** vorzunehmen, d.h., dass Arbeitnehmer anderer Betriebe desselben Unternehmens nicht mit einzubeziehen sind. Bei der Veräußerung eines **Teilbetriebs** kann sich ein widersprechender Arbeitnehmer grundsätzlich

---

[1] Insoweit besteht Einigkeit zwischen den verschiedenen Ansichten, Nachw. sogleich.
[2] *Willemsen* in Willemsen/Hohenstatt/Schweibert, G Rz. 180; *B. Gaul/Otto*, DB 2002, 636.
[3] *Bauer/Lingemann*, NZA 1994, 1057 (1061); *Boecken*, Rz. 84 f.; *Joost* in Lutter, § 324 UmwG Rz. 36; *Raab* in Soergel, § 613a BGB Rz. 177; *Richardi/Annuß* in Staudinger, § 613a BGB Rz. 129; *Altemburg/Leister*, NZA 2005, 15; ArbG Münster, Urt. v. 14.4.2000 – 3 Ga 13/00, DB 2000, 1182; in diese Richtung auch BAG, Urt. v. 25.5.2000 – 8 AZR 416/99, NZA 2000, 1115; offen aber BAG, Urt. v. 6.8.2002 – 1 AZR 247/01, NZA 2003, 449.
[4] *Willemsen* in Willemsen/Hohenstatt/Schweibert, B Rz. 91.
[5] Vgl. auch BAG v. 25.5.2000 – 8 AZR 416/99, ZIP 2000, 1630 m. Anm. *Bauer/Mengel*.

auf eine mangelhafte Sozialauswahl berufen.¹ Veräußert der Arbeitgeber dagegen einen ganzen Betrieb, hat er nur die Weiterbeschäftigungsmöglichkeit widersprechender Arbeitnehmer in anderen Betrieben des Unternehmens nach § 1 Abs. 2 KSchG zu prüfen, aber keine Sozialauswahl zu treffen.² Mit Wirkung zum 1.1.2004 hat der Gesetzgeber die Sozialauswahl im KSchG modifiziert.³ Die Sozialauswahl wird danach auf **vier feste Kriterien** beschränkt, nämlich Dauer der Betriebszugehörigkeit, Lebensalter, Unterhaltspflicht und – ggf. – Schwerbehinderung. Jedes dieser Kriterien soll gleiches Gewicht haben. Eine betriebsbedingte Kündigung ist daher gem. § 1 Abs. 3 Satz 1 KSchG n.F. sozialwidrig, wenn der Arbeitgeber bei der Auswahl unter mehreren, für die Kündigung in Frage kommenden Arbeitnehmern diese Kriterien nicht hinreichend berücksichtigt. § 1 Abs. 3 Satz 2 KSchG bestimmt nun, dass in die Sozialauswahl solche Arbeitnehmer nicht einzubeziehen sind, deren Weiterbeschäftigung, insbesondere wegen ihrer Kenntnisse, Fähigkeiten und Leistungen oder zur Sicherung einer ausgewogenen Personalstruktur des Betriebes, im berechtigten betrieblichen Interesse liegt.⁴ Schließlich erstreckt sich die Beschränkung der Prüfung einer Sozialauswahl auf grobe Fehlerhaftigkeit (wieder) nur auf die in einem Tarifvertrag, einer Betriebsvereinbarung oder einer personalvertretungsrechtlichen Richtlinie festgelegte Bewertung der vier Kriterien untereinander. Die Begrenzung der Sozialauswahl auf vier feste Kriterien ist im Interesse der Rechtssicherheit zu begrüßen. Das gilt grundsätzlich auch für die Leistungsträgerregelung, bei der aber noch unklar ist, ob für die genaue Bestimmung des berechtigten betrieblichen Interesses die Rechtsprechung zur bisherigen Gesetzeslage herangezogen werden kann. Die Beschränkung der Prüfung auf grobe Fehlerhaftigkeit ist ein Rückschritt gegenüber der bisherigen Rechtslage, da die Gerichte die Festlegung des Kreises der vergleichbaren Arbeitnehmer wieder in vollem Umfang kontrollieren können.⁵

Für die **Betriebsratsanhörung** gilt in diesem Fall Folgendes: Hat der Unternehmer nur **einen Betrieb**, den er insgesamt veräußert, ist fraglich, ob widersprechende Arbeitnehmer noch vom übergegangenen Betriebsrat repräsentiert werden. Bislang war offen, ob dem übergegangenen Beriebsrat ein **Restmandat** zusteht⁶ Die §§ 21a und 21b BetrVG (Übergangs- und Restmandat) beziehen sich nach dem Wortlaut nur auf die Fälle, in denen der bisherige Betrieb durch Stilllegung, Spaltung, Zusammenlegung etc. untergeht. Vorsorglich sollte auch bei einem Übergang eines Betriebs insgesamt der (übergegangene) Betriebsrat vor dem Ausspruch von Kündigungen widersprechender Arbeitnehmer angehört werden. Hat der Unternehmer dagegen einen von mehreren Betrieben veräußert und sind die widersprechenden Arbeitnehmer keinem anderen Betrieb seines Unternehmens zugeordnet, kann eine Betriebsratsan-

139

---

1 BAG, v. 15.8.2002 – 2 AZR 195/01, NZA 2003, 430; BAG v. 28.10.2004 – 8 AZR 391/03, NZA 2005, 285.
2 Vgl. *Bauer/Röder*, S. 148 ff.; *C. Meyer*, NZA 2005, 9 (12).
3 BGBl. I 2003, S. 3002.
4 Diesbezüglich gilt wieder der Rechtszustand von 1996.
5 Vgl. zur Reform *Bauer/Preis/Schunder*, NZA 2003, 704; *Bauer*, NZA 2003, 366 ff.; *Bauer/Krets*, NJW 2003, 537.
6 Vgl. BAG v. 21.3.1996 – 2 AZR 559/95, NZA 1996, 974 ff.; zur alten Rechtslage ablehnend *Kreitner*, S. 156 ff.

hörung vor Ausspruch der betriebsbedingten Kündigung unter Umständen sogar unterbleiben.[1] Das gilt jedenfalls dann, wenn kein Anhaltspunkt dafür besteht, welchem der verbleibenden Betriebe der dem Betriebsübergang widersprechende Arbeitnehmer zugeordnet werden könnte. Die bloße Möglichkeit, dass mangels Zuordnungsmöglichkeit überhaupt kein Betriebsrat zu beteiligen ist, begründet nicht die Zuständigkeit des **Gesamtbetriebsrates**.[2]

140 Schwieriger ist die Rechtslage bei einer **Betriebsteilveräußerung**. Der Arbeitgeber darf seine Sozialauswahl nicht auf Arbeitnehmer eines Betriebsteils oder einer Betriebsabteilung beschränken. Das gilt auch für räumlich weit entfernt liegende Betriebsteile.[3] Die Sozialauswahl ist nur dann auf einen Betriebsteil **beschränkt**, wenn der Arbeitgeber den Arbeitnehmer nicht im Wege des Direktionsrechts in andere Betriebsteile um- oder versetzen kann. In diesem Fall fehlt es an der Vergleichbarkeit nach § 1 Abs. 3 KSchG.[4] Noch ist nicht befriedigend geklärt, unter welchen Voraussetzungen der widersprechende Arbeitnehmer eine fehlerhafte Sozialauswahl nach § 1 Abs. 3 KSchG **rügen** und eine Weiterbeschäftigung im verbleibenden Betriebsteil oder im Unternehmen verlangen kann. In der Literatur herrschte überwiegend die Auffassung, dass sich der Arbeitnehmer durch seinen Widerspruch selbst des Arbeitsplatzes beim Erwerber beraubt und deshalb jedenfalls nicht ohne sachliche Gründe die „Opferung" eines anderen Mitarbeiters des Veräußerers verlangen darf.[5] Dem haben sich der Zweite[6] und der Achte Senat des BAG angeschlossen.[7] Danach gilt: Der widersprechende Arbeitnehmer kann die **fehlerhafte Sozialauswahl rügen**. Allerdings sollen die **Gründe für den Widerspruch** bei der Prüfung der sozialen Gesichtspunkte berücksichtigt werden.[8] Je geringer die Unterschiede in der sozialen Schutzbedürftigkeit sind, desto gewichtiger müssen die Gründe des widersprechenden Arbeitnehmers sein. Nur wenn dieser einen baldigen Arbeitsplatzverlust oder eine baldige wesentliche Verschlechterung seiner Arbeitsbedingungen bei dem Erwerber zu befürchten hat, kann er einen Arbeitskollegen verdrängen, der nicht ganz erheblich weniger schutzbedürftig ist.[9] Wird der gesamte Betriebsteil ausgegliedert, indiziert das Unterbleiben der So-

---

1 BAG v. 21.3.1996 – 2 AZR 559/95, NZA 1996, 974 ff.; vgl. auch *C. Meyer*, NZA 2005, 9 (14).
2 BAG v. 21.3.1996 – 2 AZR 559/95, NZA 1996, 974 ff.; *Bauer*, Unternehmensveräußerung, S. 84.
3 BAG v. 28.10.2004 – 8 AZR 391/03, NZA 2005, 285; BAG v. 5.4.1994 – 2 AZR 917/93, NZA 1994, 1023.
4 BAG v. 17.9.1998- 2 AZR 725/97, NZA 1998, 1232; LAG Köln v. 8.10.2003 – 8 Sa 131/03, EzA SD 2004, 5, 12; *C. Meyer*, NZA 2005, 9 (12).
5 So schon *Bauer*, DB 1983, 713; *Pietzko*, S. 307; *Tschöpe*, S. 55 ff.; *Kreitner*, S. 163; *Neef*, NZA 1994, 97 (102); *Moll*, NJW 1993, 2016; *Gentges*, Anm. zu BAG, AP 22 zu § 1 KSchG 1969 Soziale Auswahl; a.A. *Ingelfinger*, ZfA 1996, 591 (608 ff.); *Commandeur*, NJW 1996, 2537 ff.
6 BAG v. 7.4.1993 – 2 AZR 449/91, NZA 1993, 795.
7 BAG v. 24.2.2000 – 8 AZR 167/99, NZA 2000, 764; BAG v. 18.3.1999 – 8 AZR 190/98, NZA 1999, 870 = SAE 2000, 286 m. Anm. *Schiefer*.
8 BAG v. 5.12.2002 – 2 AZR 522/01, NZA 2003, 1168; BAG v. 18.3.1999 – 8 AZR 190/98, BAGE 91, 129 = NZA 1999, 870; BAG v. 22.4.2004 – 2 AZR 244/03, NZA 2004, 1389; krit. *Lipinski*, DB 2002, 1214; *Fischer*, FAArbR 2004, 230.
9 So BAG v. 18.3.1999 – 8 AZR 190/98, BAGE 91, 129 = NZA 1999, 870.

zialauswahl allerdings keine mangelnde Berückichtigung sozialer Gesichtspunkte, wenn der Arbeitgeber vergleichbare Arbeitnehmer nicht mehr beschäftigt und der Arbeitnehmer keine anerkennenswerten Gründe für den Widerspruch hat.[1] Der Arbeitgeber, der eine Sozialauswahl vor Ausspruch einer betriebsbedingten Kündigung eines widersprechenden Arbeitnehmers für überflüssig hält, braucht die Sozialdaten vergleichbarer Arbeitnehmer auch nicht vorsorglich dem Betriebsrat mitzuteilen.[2] Der **vorsichtige Arbeitgeber** sollte daher immer den Betriebsrat anhören und ihm die Gründe für den Widerspruch – soweit bekannt – mitteilen.

Diese Rechtsprechung des BAG verdient keine Zustimmung. Sie ist schon bei der Kündigung von mehr als zwei Arbeitnehmern in der Praxis kaum mehr zu handhaben. Für die richtige Gewichtung der Widerspruchsgründe im Rahmen der Sozialauswahl existieren keine zuverlässigen Kriterien. Unterläuft dem Veräußerer hierbei aus Sicht der Arbeitsgerichte ein Fehler, sind möglicherweise sämtliche Kündigungen unwirksam. Der Ausspruch betriebsbedingter Kündigungen wäre – vor allem bei einem größeren Personalabbau – völlig unberechenbar. Nachdem seit dem 1.1.2004 die Sozialauswahl auf vier Kriterien beschränkt ist, ist zweifelhaft, ob diese Rechtsprechung noch aufrecht erhalten werden kann. Um die Rechtsunsicherheit auf ein erträgliches Maß zurückzuführen, kann die Einbeziehung widersprechender Arbeitnehmer in die Sozialauswahl richtigerweise lediglich eine **Option**, nicht aber eine Verpflichtung des kündigenden Veräußerers sein. Es ist im Ergebnis kaum zumutbar, dass ein widersprechender Arbeitnehmer nach dieser Rechtsprechung kraft eigener Entscheidung andere Arbeitnehmer ihres Arbeitsplatzes deshalb berauben kann, soweit die Rechtsprechung einen hinreichenden sachlichen Grund für den Widerspruch annimmt.[3]

141

Entschieden abzulehnen ist der neuerdings vom BAG vertretene Ansatz, den Arbeitgeber bei einem bevorstehenden Betriebsteilübergang zu verpflichten, für die übergehenden Arbeitnehmer sämtliche vergleichbaren und „zumutbaren" **Arbeitsplätze** in seinem Unternehmen **freizuhalten**, solange der Arbeitnehmer widersprechen könne. In diesem Fall wisse er, dass das Beschäftigungsbedürfnis für die übergehenden Arbeitnehmer entfalle, falls sie von ihrem Widerspruchsrecht Gebrauch machen. Ab dem Zeitpunkt, in dem er den Arbeitnehmer vom bevorstehenden Übergang unterrichte, müsse er mit seinem Widerspruch rechnen, weil Letzterer an keine besonderen Gründe gebunden sei. Deshalb müsse er ihm auch eine Weiterbeschäftigung – ggf. zu geänderten Bedingungen – anbieten. Der Arbeitgeber dürfe nicht die freie Stelle zunächst besetzen und dann dem Widersprechenden kündigen. Nach dem Rechtsgedanken des § 162 Abs. 1 und 2 BGB könne er sich in diesem Fall nicht auf den Wegfall der Weiterbeschäftigungsmöglichkeit berufen. Offen lässt das BAG, wie lange der Arbeitgeber die Stellen freihalten muss. Das Gericht deu-

142

---

1 Vgl. BAG v. 24.2.2000 – 8 AZR 167/99, NZA 2000, 764.
2 Vgl. BAG v. 24.2.2000 – 8 AZR 167/99, NZA 2000, 764. In diesem Fall hatte allerdings der Arbeitnehmer die mangelhafte Sozialauswahl auch nicht ordnungsgemäß gerügt.
3 *Rieble*, NZA 2004, 1 (2); krit. zur Rspr. auch *Lieb*, Rz. 287; *Lipinski*, DB 2002, 1214 (1215 ff.); *Lunk/Möller*, NZA 2004, 9 (10); *Richardi/Annuß* in Staudinger, § 613a BGB Rz. 135; *C. Meyer*, NZA 2005, 9 (12).

tet aber eine Monatsfrist in entsprechender Anwendung des § 613a Abs. 6 Satz 1 BGB an.[1] Diese **Rechtsprechung überzeugt nicht**. Auf § 162 BGB kann sich das Gericht nicht berufen. Nach dieser Norm darf niemand aus einem von ihm treuwidrig herbeigeführten Ereignis Vorteile herleiten.[2] Es ist aber vom Veräußerer nicht treuwidrig, wenn er einen Arbeitsplatz in einem vom Teilübergang nicht betroffenen Bereich neu besetzt. Auch ist die These des BAG nicht haltbar, dass ein Arbeitgeber ab Unterrichtung des Arbeitnehmers mit seinem Widerspruch rechnen müsse. Bei der Neueinstellung kann der Arbeitgeber regelmäßig nicht erkennen, ob dem Übergang widersprochen wird oder nicht. Nicht der Arbeitgeber bewirkt treuwidrig den Wegfall der Beschäftigungsmöglichkeit, wenn er eine freie Stelle neu besetzt. Es ist vielmehr der Arbeitnehmer, der diese Situation durch den Widerspruch herbeiführt.[3] Entgegen der Senatsansicht besteht also keine Parallele zu den sog. „Missbrauchsfällen", in denen ein Arbeitgeber vor Ausspruch betriebsbedingter Kündigungen freie Arbeitsplätze gezielt neu besetzt. Im Übrigen führen schon die Grundsätze der Sozialauswahl zu einem befriedigenden Ergebnis, weil auch die neu eingestellten Arbeitnehmer bei der Kündigung des widersprechenden Arbeitnehmers in die Sozialauswahl einbezogen werden können.[4] Neben weiteren misslichen Auswirkungen dieser Rechtsprechung[5] wiegt besonders schwer, dass der Arbeitgeber bei einer unvollständigen Unterrichtung wegen des dann zeitlich unbegrenzten Widerspruchsrechts des Arbeitnehmers unter Umständen noch monatelang freie Arbeitsplätze nicht besetzen dürfte. Der Praxis ist wegen dieser Rechtsansicht umso mehr anzuraten, frühzeitig ihrer Unterrichtungsobliegenheit nachzukommen, um so ebenso **frühzeitig abschließende Klarheit** über etwaige Widersprüche zum Betriebs(teil-)übergang zu erhalten.

143 Von erheblicher Bedeutung ist die Frage, **welche** Widerspruchsgründe zu einer Erstreckung der Sozialauswahl auf die widersprechenden Arbeitnehmer führen können. Das BAG hat immerhin klargestellt, dass **kein großzügiger Maßstab** zugunsten des widersprechenden Arbeitnehmers geboten ist.[6] **Vertretbare (sachliche) Gründe** für einen Widerspruch liegen z.B. vor, wenn ein betroffener Arbeitnehmer aufgrund objektiver Tatsachen befürchten muss, dass der übertragene Betrieb (hier „lohnt" sich allerdings der Widerspruch für den Arbeitnehmer ohnehin kaum) oder Betriebsteil alsbald **stillgelegt** wird.[7] Dagegen sind rein **subjektive Erwägungen** unbeachtlich.[8] Auch das **Fehlen eines Be-**

---

1 BAG, Urt. v. 15.8.2002 – 2 AZR 195/01, NZA 2003, 430 = ZIP 2003, 365.
2 *Frövekamp* in Bamberger/Roth, § 162 BGB Rz. 1, 4.
3 *Lunk/Möller*, NZA 2004, 9 (10); *Pomberg*, DB 2003, 2177 (2178).
4 *Lunk/Möller*, NZA 2004, 9 (10); *Pomberg*, DB 2003, 2177 (2178).
5 Ausführlich dazu *Lunk/Möller*, NZA 2004, 9 ff.; *C. Meyer*, NZA 2005, 9 ff.
6 Vgl. BAG v. 24.2.2000 – 8 AZR 167/99, NZA 2000, 764 (766); BAG v. 18.3.1999 – 8 AZR 190/98, NZA 1999, 870 (872); a.A. *Pfeiffer* in KR, § 613a BGB Rz. 63 f.
7 *Neef*, NZA 1994, 97 (102); *Lunk*, NZA 1995, 711 (716); LAG Hamm v. 19.7.1994 – 6 Sa 30/94, DB 1994, 2242; *Moll*, NJW 1993, 2016; *Kreitner*, S. 164; *Busche*, DZWiR 1994, 117; *Oetker*, DZWiR 1993, 143; *Henssler*, NZA 1994, 913 (922); *Preis/Steffan*, Anm. EzA § 1 KSchG, Soziale Auswahl Nr. 30.
8 *Lunk*, NZA 1995, 711 (716).

triebsrats beim Erwerber vermag den Widerspruch nicht zu rechtfertigen.[1] Schließlich kann es nicht darauf ankommen,[2] ob der Arbeitnehmer von einem mittelständischen Betrieb zu einem Kleinbetrieb übergeht. Das bloße Hinüberwechseln in einen kleineren Betrieb mit weniger vergleichbaren Arbeitnehmern ohne Hinzutreten konkreter Nachteile bietet keinen objektiv vertretbaren Widerspruchsgrund,[3] es sei denn, es handelt sich um einen **Kleinstbetrieb** im Sinne von § 23 KSchG mit der Folge des Verlustes des Kündigungsschutzes.[4] Unberücksichtigt muss auch bleiben, ob der übernehmende Betrieb die Voraussetzungen der §§ 111 ff. BetrVG erreicht, weil dort nicht die erforderliche Anzahl an Arbeitnehmern beschäftigt wird. Denn für die verbleibenden Arbeitnehmer geht es um den Bestand ihrer Arbeitsplätze, dagegen für die Widersprechenden „nur" um eine mögliche Sozialplanabfindung; auch handelt es sich bei der Frage der Anwendbarkeit der §§ 111 ff. BetrVG lediglich um einen hypothetischen Gesichtspunkt, wenn zum Zeitpunkt des Widerspruchs überhaupt noch nicht erkennbar ist, ob in absehbarer Zeit eine betriebsändernde Maßnahme ansteht. Objektiv vertretbare Gründe liegen auch dann nicht vor, wenn der Arbeitnehmer nach Ablauf der Jahresfrist des § 613a Abs. 1 Satz 2 BGB oder sofort wegen der Geltung anderer Kollektivvereinbarungen nach § 613a Abs. 1 Satz 3 BGB mit einer Verschlechterung seines sozialen Besitzstandes rechnen muss.[5] Auch hier ist nämlich wieder das Bestandsschutzinteresse des möglicherweise zu kündigenden „Stellvertreters" höher zu bewerten als das Interesse des widersprechenden Arbeitnehmers an der Wahrung seiner Arbeitsbedingungen. Ließe man diesen Gesichtspunkt für die Rechtfertigung des Widerspruchs zu, stünde dies in eklatantem Wertungswiderspruch zu § 613a Abs. 1 Satz 3 BGB.[6] Und last but not least kann auch die beabsichtigte Beibehaltung des **Betriebsratsamts** nicht als sachlicher Widerspruchsgrund anerkannt werden.[7] § 613a BGB schützt nämlich nicht das Betriebsratsamt als solches, sondern nur das zugrunde liegende Arbeitsverhältnis, das ja gerade beim Betriebs(teil)übergang erhalten bleiben soll.

Fraglich ist auch, **wann** sich der Arbeitnehmer auf sachliche Gründe für den Widerspruch berufen kann. Der Arbeitgeber muss die Gründe rechtzeitig vor Ausspruch der Kündigung kennen, um über ihre Einbeziehung in die Sozialauswahl entscheiden zu können. Dem Arbeitgeber ist zu empfehlen, den widersprechenden Arbeitnehmer zur unverzüglichen **Offenlegung der Widerspruchsgründe aufzufordern** (vgl. Muster im Anhang A.IV.2). Kommt der Arbeitnehmer dieser Aufforderung nicht nach, kann er sich u.E. im Prozess zulässigerweise nicht mehr auf solche Gründe berufen. Auch bei der Ermittlung der Sozialdaten ist der Arbeitnehmer aufgrund seiner Treuepflicht zu wahr-

144

---

1 Vgl. *Annuß*, DB 1999, 798 f.; *Lunk*, NZA 1995, 711 (716); LAG Hamm v. 19.7.1994 – 6 Sa 30/94, DB 1994, 2242.
2 Anders aber LAG Hamm v. 19.7.1994 – 6 Sa 30/94, DB 1994, 2242.
3 *Lunk*, NZA 1995, 711 (716).
4 *Lunk*, NZA 1995, 711 (716); *Hoffmeister*, AuR 1995, 132.
5 *Lunk*, NZA 1995, 711 (716); *C. Meyer*, NZA 2005, 9 (12).
6 *Lunk*, NZA 1995, 711 (716); ähnlich LAG Hamm v. 19.7.1994 – 6 Sa 30/94, DB 1994, 2242.
7 *Feudner*, DB 1994, 1570.

heitsgemäßen Auskünften verpflichtet. Der Grundsatz, dass er sich im Kündigungsschutzprozess nicht auf verschwiegene Auswahlgesichtspunkte berufen kann,[1] muss auch für die Widerspruchsgründe gelten. Jede andere Auffassung würde dem Arbeitgeber die Durchführung betriebsbedingter Kündigungen unmöglich machen.

145 Die **Darlegungs- und Beweislast** dafür, dass eine Kündigung wegen Wegfalls des bisherigen Arbeitsplatzes durch dringende betriebliche Erfordernisse bedingt ist, weil eine anderweitige Beschäftigung nicht möglich oder zumutbar ist, trägt nach § 1 Abs. 2 Satz 4 KSchG der Arbeitgeber.[2] Es gilt eine **abgestufte** Darlegungslast. Bestreitet der Arbeitnehmer nur den Wegfall seines Arbeitsplatzes, dann muss der Arbeitgeber darlegen, aus welchen wirtschaftlichen, organisatorischen oder technischen Gründen kein Bedürfnis mehr für eine Weiterbeschäftigung des gekündigten Arbeitnehmers besteht. Legt der Arbeitnehmer aber auch dar, wie er sich eine Weiterbeschäftigung vorstellt, muss der Arbeitgeber unter Darlegung von Einzelheiten erläutern, aus welchen Gründen die Umsetzung auf einen entsprechenden freien Arbeitsplatz nicht möglich gewesen sei.[3] Der Arbeitgeber ist aber im Allgemeinen nicht verpflichtet, bestimmte freie Arbeitsplätze im Betrieb oder in anderen Betrieben seines Unternehmens zu benennen.[4] Diese Grundsätze gelten auch für eine nicht vorhandene Weiterbeschäftigungsmöglichkeit eines widersprechenden Arbeitnehmers im Rahmen eines Betriebs(teil)-übergangs.[5] Ebenso sind die generellen Maßstäbe zur sozialen Auswahl vom Arbeitgeber darzulegen und zu beweisen, während der widersprechende Arbeitnehmer seinerseits einen Fehler in der sozialen Auswahl dartun und ggf. auch beweisen muss.[6]

146 **Besondere Schwierigkeiten** ergeben sich bei widersprechenden „**unkündbaren**" Arbeitnehmern, d.h. solchen, denen nur noch bei Vorliegen wichtiger Gründe im Sinne von § 626 BGB gekündigt werden kann, z.B. wegen tariflicher Alterssicherung, sowie bei Arbeitnehmern mit längeren als gesetzlichen Kündigungsfristen. Handelt es sich um die Veräußerung des Gesamtbetriebs, ist in diesen Fällen richtigerweise ausnahmsweise eine „außerordentliche" Kündigung unter Einhaltung der gesetzlichen Kündigungsfrist möglich, die ohne den besonderen Kündigungsschutz gelten würde, allerdings nur mit der Maßgabe, dass die Kündigung frühestens zum Zeitpunkt des Übergangs wirken darf. Geht es um eine Betriebsteilveräußerung, ist der Veräußerer dagegen verpflichtet, den Arbeitnehmer im Restbetrieb weiterzubeschäftigen. Nach Auffassung des Zweiten Senats des BAG ist grundsätzlich für den unkündbaren Arbeitnehmer ein Arbeitsplatz **frei zu machen**, den er nach einer dem Arbeit-

---

1 So *Etzel* in KR, § 1 KSchG Rz. 681.
2 BAG v. 3.2.1977 – 2 AZR 476/75, AP 4 zu § 1 KSchG 1969 Betriebsbedingte Kündigung; vgl. *Bauer/Röder*, S. 177 ff.
3 BAG v. 3.2.1977, wie vor; BAG, Urt. v. 24.3.1983 – 2 AZR 21/82 = BAGE 42, 151 = NJW 1984, 78.
4 BAG v. 6.11.1997 – 2 AZR 253/97, NZA 1998, 833; *Etzel* in KR, § 1 KSchG Rz. 576 f.
5 BAG, Urt. v. 15.8.2002 – 2 AZR 195/01, NZA 2003, 430; *Etzel* in KR, § 1 KSchG Rz. 576 f.
6 BAG, Urt. v. 15.8.2002 – 2 AZR 195/01, NZA 2003, 430; *Etzel* in KR, § 1 KSchG Rz. 714 ff.

geber zumutbaren Einarbeitung wahrnehmen kann. Aufgrund seiner Unkündbarkeit soll der widersprechende Arbeitnehmer keine Nachteile dadurch haben, dass er einen Arbeitgeberwechsel abgelehnt hat.[1] Nur in besonders gelagerten Fällen sind bei Betriebs(teil)übergängen Konstellationen denkbar, die eine außerordentliche Kündigung des widersprechenden Arbeitnehmers unter Einhaltung der gesetzlichen Kündigungsfrist rechtfertigen können.

Das BAG[2] hat sich noch nicht mit der Frage befasst, ob und wie einem **Betriebsratsmitglied** gekündigt werden kann, wenn es dem Übergang seines Arbeitsverhältnisses aus Anlass der Veräußerung eines Betriebs oder Betriebsteils widerspricht.[3] Handelt es sich um den Übergang des ganzen Betriebs, so scheidet das Betriebsratsmitglied aus dem übergegangenen Betriebsrat aus, da ein Arbeitsverhältnis mit dem Erwerber nicht zustande kommt. Da der Veräußerer ab dem Übergang des Betriebs nicht mehr Inhaber des Betriebs ist, kann er das widersprechende Betriebsratsmitglied ab diesem Zeitpunkt nicht mehr beschäftigen. Bei der Stilllegung des ganzen Betriebs ist die **ordentliche Kündigung** der Betriebsratsmitglieder grundsätzlich zum Zeitpunkt der Stilllegung zulässig,[4] wobei der Betriebsrat nach § 102 BetrVG anzuhören ist,[5] sofern die Kündigung **vor** dem Betriebsübergang erfolgen soll. Die Veräußerung eines Betriebs ist keine Stilllegung. Das Gesetz enthält hier eine Lücke, die durch analoge Anwendung zu schließen ist.[6] Der widersprechende Betriebsrat kann daher nach § 15 Abs. 4 KSchG in analoger Anwendung gekündigt werden. Wird ein **Betriebsteil** veräußert und widerspricht hier ein betroffenes Betriebsratsmitglied, so ist § 15 Abs. 5 KSchG analog anzuwenden.[7]

147

c) Annahmeverzug

Hat der Veräußerer keine Beschäftigungsmöglichkeiten mehr, gerät der widersprechende Arbeitnehmer in **Annahmeverzug**, wenn der **Erwerber** zumutbare Weiterbeschäftigungsmöglichkeiten hat, der Arbeitnehmer aber vorsätzlich untätig bleibt. Nach richtiger Auffassung hat der Arbeitnehmer, der diesen vorübergehenden Einsatz ohne triftigen Grund ablehnt, in entsprechender An-

148

---

1 BAG v. 17.9.1998 – 2 AZR 419/97, NZA 1999, 258 (261); vgl. dazu *Groeger*, NZA 1999, 850 ff.; *Neuner*, EzA § 626 BGB Unkündbarkeit Nr. 3; *C. Meyer*, NZA 2005, 9 (13).
2 Insbesondere auch nicht im Urteil v. 2.10.1974 – 5 AZR 504/73, AP 1 zu § 613a BGB (*Seiter*), auf das *Gerauer*, BB 1990, 1127 hinweist. In den Gründen dieses Urteils ist nur allgemein davon die Rede, dass ein *Arbeitnehmer* mit einer betriebsbedingten Kündigung rechnen müsse, wenn er widerspreche.
3 Vgl. aber LAG Düsseldorf v. 25.11.1997 – 8 Sa 1358/97, LAGE § 15 KSchG Nr. 16.
4 BAG v. 29.3.1977 – 1 AZR 46/75, AP 11 zu § 102 BetrVG 1972.
5 BAG v. 23.4.1980 – 5 AZR 49/78, BB 1981, 1335. Ist das Betriebsratsmitglied zugleich tariflich altersgesichert (also ordentlich unkündbar), bedarf es für dessen außerordentliche betriebsbedingte Kündigung nach § 15 Abs. 4, Abs. 5 KSchG nicht der Zustimmung des Betriebsrates nach § 103 BetrVG, vgl. BAG v. 18.9.1997 – 2 ABR 15/97, NZA 1999, 189.
6 A.A. *Annuß*, DB 1999, 798, der eine *unmittelbare* Anwendung des § 15 Abs. 4 KSchG befürwortet.
7 *Stahlhacke/Preis/Vossen*, Rz. 994d; *Gerauer*, BB 1990, 1127; *Seiter*, Anm. zu BAG v. 2.10.1974 – 5 AZR 504/73, AP 1 zu § 613a BGB.

wendung von § 615 Satz 2 BGB keinen Anspruch auf Vergütung.[1] In diesem Fall handelt der Arbeitnehmer böswillig (im Sinne von § 615 Satz 2 BGB), da ihm ein Vorwurf daraus gemacht werden kann, dass er trotz Arbeitsmöglichkeit, Zumutbarkeit der Arbeit und nachteiliger Folgen für den Arbeitgeber vorsätzlich untätig bleibt. Auf die Gründe für den Widerspruch kommt es dabei nicht an.[2]

d) Sozialplananspruch

149 Ein weiterer möglicher Nachteil des Widerspruchs für den widersprechenden Arbeitnehmer liegt darin, dass er etwaige Sozialplanansprüche verlieren kann, wenn es infolge des Widerspruchs zu betriebsbedingten Beendigungskündigungen kommt.[3] Nach § 112 Abs. 5 Satz 2 Nr. 2 BetrVG soll die Einigungsstelle Arbeitnehmer von Leistungen ausschließen, die in einem zumutbaren Arbeitsverhältnis im selben Betrieb oder in einem anderen Betrieb des Unternehmens weiterbeschäftigt werden können und die Weiterbeschäftigung ablehnen. Grundsätzlich ist die Weiterarbeit beim Erwerber nach einem Betriebsübergang zumutbar.[4] Widerspricht der Arbeitnehmer dem Übergang seines Arbeitsverhältnisses und kommt es deshalb zu einer Beendigungskündigung, ohne dass ein besonderer sachlicher Grund für den Widerspruch vorlag, kann er von Sozialplanleistungen ausgeschlossen werden.[5] In diesem Fall kann dem widersprechenden Arbeitnehmer auch eine Sperrzeit drohen (§ 144 SGB III).[6]

4. Absprachen

150 Bloßes Schweigen auf die Mitteilung des bisherigen Inhabers, das Unternehmen bzw. der Betrieb oder Betriebsteil sei oder werde veräußert, genügt noch nicht, um einen Verzicht anzunehmen.[7]

151 Hat der Arbeitnehmer erklärt, er werde dem Übergang seines Arbeitsverhältnisses nicht widersprechen, und hat der bisherige Arbeitgeber auf diese Erklärung vertraut, so verstößt ein späterer Widerspruch gegen Treu und Glauben.[8] Erst recht kommt ein Widerspruch nicht mehr in Betracht, wenn sich beide

---

1 BAG v. 19.3.1998 – 8 AZR 139/97, NZA 1998, 750 = EWiR 1998, 829 (*Thüsing*) = *Weber*, SAE 1998, 322; *Bauer*, DB 1983, 713.
2 BAG v. 19.3.1998, – 8 AZR 139/97, NZA 1998, 750 = EWiR 1998, 829 (*Thüsing*) = *Weber*, SAE 1998, 32; vgl. dazu auch *Nikolai*, ZfA 1999, 617 (633 f.).
3 Vgl. *Willemsen* in Willemsen/Hohenstatt/Schweibert, G Rz. 186; *C. Meyer*, NZA 2005, 9 (13).
4 BAG v. 5.2.1997 – 10 AZR 553/96, NZA 1998, 158.
5 BAG v. 5.2.1997 – 10 AZR 553/96, NZA 1998, 158, bestätigt BAG v. 19.2.1998 – 6 AZR 367/96, NZA 1998, 1239; vgl. auch *Däubler/Kittner/Klebe*, §§ 112, 112a BetrVG Rz. 70.
6 Vgl. *Commandeur*, NJW 1996, 2537 (2544).
7 ArbG Celle v. 29.10.1974 – 1 Ca 604/74, ARSt. 1975, 62.
8 BAG v. 15.2.1984 – 5 AZR 123/82, NZA 1984, 32; BAG v. 19.3.1998 – 8 AZR 139/97, NZA 1998, 750 (751).

darüber einig waren, dass das Arbeitsverhältnis auf den Betriebsnachfolger übergehen soll.[1]

Die mit dem Widerspruchsrecht verbundenen rechtlichen Konsequenzen können in Extremfällen dazu führen, dass der Betriebsübergang für den Erwerber völlig wertlos wird. Das ist z.b. der Fall, wenn der Zweck einer Betriebsüberleitung gerade darin besteht, das in diesem Bereich vorhandene Know-how zu erwerben, und ausgerechnet die Know-how-Träger dem Übergang ihrer Arbeitsverhältnisse widersprechen. Hier besteht für den Erwerber keine Möglichkeit, in Anwendung der Rechtsgrundsätze vom **Wegfall der Geschäftsgrundlage** (§ 313 Abs. 1, 3 BGB) die vereinbarte Betriebsüberleitung wieder rückgängig zu machen, da die Möglichkeit eines Widerspruchs gesetzlich festgeschrieben ist. Um sich gegen die beschriebenen negativen Folgen abzusichern, kann im Veräußerungsvertrag die Vereinbarung aufgenommen werden, dass der rechtsgeschäftlich begründete Betriebsübergang von der **Bedingung** abhängig gemacht wird, dass kein Arbeitnehmer oder allenfalls eine bestimmte Anzahl oder bestimmte Arbeitnehmer nicht widerspricht bzw. widersprechen. Eine auflösend bedingte Vereinbarung (§ 158 Abs. 2 BGB), die erst nach dem Betriebsübergang zum Zuge kommt, kann dagegen nur eingeschränkt empfohlen werden: Bei diesem Weg ist zu beachten, dass bei Eintritt der Bedingung der Betrieb u.U. wieder an den Veräußerer zurückfallen kann. 152

VI. Rechtsstellung übergegangener und ausgeschiedener Arbeitnehmer

1. Übergehende Rechte und Pflichten

a) Allgemeines

Nach § 613a Abs. 1 Satz 1 BGB tritt der Erwerber „in die Rechte und Pflichten aus den [...] Arbeitsverhältnissen ein". Es besteht kein Streit darüber, dass der Gesetzeswortlaut zu eng ist. Auf den Erwerber gehen nicht nur die einzelnen Rechte und Pflichten aus dem Arbeitsverhältnis über, sondern das **Vertragsverhältnis insgesamt**.[2] Ein **Vertragspartnerwechsel auf Arbeitgeberseite** tritt ein, der das zwischen Arbeitnehmer und Veräußerer bestehende Arbeitsverhältnis **unverändert** lässt.[3] Auch so genannte „freiwillige" Leistungen wie z.B. übertarifliche Löhne und Gehälter, muss der Erwerber übernehmen. Eine Reduzierung solcher Leistungen (z.B. das Zurückfahren der Löhne und Gehälter auf die tariflich festgelegten Vergütungen) ist nur in dem Umfang zulässig, wie sie beim Veräußerer möglich gewesen wäre. 153

§ 613a BGB hat aber auch **Grenzen**. Der Eintritt des Erwerbers beschränkt sich im Rahmen des § 613a BGB auf die „**im Arbeitsverhältnis**" begründeten Rechte und Pflichten. Außerhalb des Arbeitsverhältnisses begründete Rechtsverhältnisse, die auf einem besonderen Rechtsakt beruhen, gehen nicht über. Das ist für Prokuren, Handlungsvollmachten, Aufsichtsratsmandate, Titel wie z.B. 154

---

1 BAG v. 19.3.1998 – 8 AZR 139/97, NZA 1998, 750 (751).
2 Richardi/Annuß in Staudinger, § 613a BGB Rz. 144.
3 Preis in ErfKomm., § 613a BGB Rz. 66.

Direktor anerkannt. Ausnahmsweise gehen auch solche rechtlichen oder tatsächlichen Vergünstigungen nicht über, die zwar Bestandteil des Arbeitsverhältnisses sind, aber auf einer **besonderen gesellschaftsrechtlichen, sachenrechtlichen oder dinglichen Beziehung** zum Veräußerer beruhen. Das ist bei Aktienoptionen, bei Werkswohnungen im Eigentum des Veräußerers oder bei verbilligten Unternehmensprodukten des Veräußerers der Fall. Der in der Rechtsform der GmbH organisierte Erwerber kann den übergegangenen Arbeitnehmern ebenso wenig Aktienoptionen an seinem Unternehmen verschaffen wie eine vergünstigte Werkswohnung oder spezielle produktbezogene Vergünstigungen des Veräußerers, wie z.B. Freiflüge, Jahreswagenrabatte, „Haustrunk" etc. (vgl. dazu jeweils Teil VI Rz. 183 ff.). Nach richtiger Auffassung wird der Erwerber in diesen Fällen nach den Grundsätzen des **Wegfalls der Geschäftsgrundlage** (Fälle der übermäßigen Leistungserschwerung) von solchen Leistungen frei.[1] Von den Umständen des Einzelfalles hängt jeweils die Entscheidung ab, ob und inwieweit der Erwerber einen finanziellen Ausgleich schaffen muss.

155   § 613a Abs. 1 Satz 1 BGB ordnet einen Übergang von Verträgen **kraft Gesetzes** an. Auf solche gesetzlichen Vertragsübergänge ist § 412 BGB entsprechend anzuwenden, so dass die für die Abtretung von Forderungen geltenden §§ 399 ff. BGB anwendbar sind. Damit gilt auch § 407 BGB. Ist der Arbeitnehmer über den Betriebsübergang nicht informiert worden und leistet er deshalb an seinen früheren Arbeitgeber (z.B. Rücküberweisung einer Gehaltsüberzahlung, Tilgung eines Arbeitnehmerdarlehens, Leistung von Schadensersatz für grob fahrlässig zerstörtes Arbeitsgerät etc.), wird er frei, der Ausgleich zwischen Erwerber und Veräußerer erfolgt gem. § 816 Abs. 2 BGB.

156   Häufig wird übersehen, dass – jedenfalls gegenüber den Arbeitnehmern – der Eintritt des Erwerbers in **Anwartschaften** in **vollem Umfang** erfolgt, also **nicht nur pro rata**. Wer einen Arbeitnehmer mit 24 Dienstjahren nach § 613a BGB übernimmt, muss diesem also ein Jahr nach der Übernahme beim 25. Dienstjubiläum des Arbeitnehmers die volle Jubiläumszahlung leisten. Noch bedeutsamer ist der volle Eintritt des Erwerbers in Anwartschaften auf betriebliche Altersversorgung. Tritt der Arbeitnehmer einen Tag nach der Übernahme gem. § 613a BGB in den Ruhestand, hat der **Erwerber die volle Rente** zu zahlen. Ob und in welchem Umfang ein interner Ausgleich zwischen Erwerber und Veräußerer vereinbart ist, geht den Arbeitnehmer nichts an.[2]

b) Betriebszugehörigkeit

157   Der Erwerber tritt auch in Rechtspositionen und Anwartschaften ein, die sich noch nicht zu „Rechten und Pflichten" verdichtet haben. Das spielt insbesondere eine Rolle für **rechtliche „Besitzstände"**. Solche rechtlichen „Besitzstände" betreffen arbeitsrechtliche Schutznormen, deren Eingreifen von der Länge der **Betriebszugehörigkeit** abhängt. Die Betriebszugehörigkeit ist für sich al-

---

1 Vgl. dazu auch *Fuchs*, S. 27 ff.
2 Besonderheiten gelten allerdings in der Insolvenz, hier tritt der Erwerber nicht in die vor Insolvenzeröffnung erdienten Anwartschaftsteile ein, im Einzelnen dazu Teil VI Rz. 278 ff.

lein kein Recht, sondern lediglich ein Tatbestandsmerkmal, von dem die Entstehung oder der Inhalt eines Rechts oder einer Anwartschaft abhängen kann.[1] Nach § 613a Abs. 1 BGB bleiben den Arbeitnehmern vertragliche oder gesetzliche Ansprüche erhalten, soweit diese an die zurückgelegte Dienstzeit beim Veräußerer geknüpft sind. Im Hinblick auf § 613a BGB spielt der Eintritt des Erwerbers in die beim Veräußerer zurückgelegte Betriebszugehörigkeit vor allem in folgender Hinsicht eine Rolle:

- Verlängerte gesetzliche (§ 622 Abs. 2 BGB), tarifliche oder vertragliche Kündigungsfristen,

- verkürzte Kündigungsfrist bei vereinbarter Probezeit (§ 622 Abs. 3 BGB),

- Berechnung der Höchstgrenzen für Abfindungen nach § 10 Abs. 2 und 3 KSchG, § 3 Nr. 9 EStG, § 1a KSchG,

- Verfallbarkeitsfristen bei der betrieblichen Altersversorgung (§ 1 BetrAVG),[2]

- sechsmonatige Wartezeit für Urlaubsansprüche (§ 4 BUrlG),

- sechsmonatige Wartezeit für den Anspruch auf Verringerung der Arbeitszeit (§ 8 TzBfG),

- sechsmonatige Wartezeit für den allgemeinen Kündigungsschutz (§ 1 Abs. 1 KSchG),

- vierwöchige Wartezeit für den Anspruch auf Entgeltfortzahlung im Krankheitsfall (§ 3 Abs. 3 EFZG),

- 10-jährige bzw. 24-monatige Betriebszugehörigkeit als Voraussetzung der Erstattungspflicht des Arbeitgebers für Arbeitslosengeld (§ 147a SGB III),[3]

- Berechnung der Ruhensfristen beim Arbeitslosengeld (§§ 142 ff. SGB III),

- Betriebszugehörigkeit als Berechnungsgrundlage für die Höhe von Abfindungszahlungen aus einem Sozialplan.

Wenn also – wie in der Praxis häufig – den Arbeitnehmern anlässlich eines Betriebsübergangs in Informationsschreiben, Betriebsvereinbarungen oder „Überleitungs-Tarifverträgen" **ausdrücklich zugesagt** wird, sie würden nicht nur mit allen Rechten und Pflichten, sondern auch **„unter Anrechnung ihrer Betriebszugehörigkeit"** übernommen, so handelt es sich um eine rein deklaratorische Zusage, die nur das wiedergibt, was ohnehin von Gesetzes wegen gilt. 158

Der Eintritt des Erwerbers in die bereits zurückgelegte Betriebszugehörigkeit kann auch **zu Lasten** des Arbeitnehmers wirken. Bei einem befristeten Ar- 159

---

[1] BAG v. 25.8.1976 – 5 AZR 788/75, AP 41 zu § 242 BGB Gleichbehandlung; BAG v. 30.8.1979 – 3 AZR 58/78, AP 16 zu § 613a BGB.
[2] Vgl. Teil VI Rz. 213 ff., 366 ff.; Lindemann/Simon, BB 2003, 2510; Hambach, NZA 2000, 291.
[3] BSG v. 18.9.1997 – 11 RAr 55/96, NZA-RR 1998, 423 zur Vorgängerregelung § 128 AFG.

beitsverhältnis (§ 1 TzBfG) beginnt die Befristungsdauer im Moment des Betriebsübergangs nicht etwa neu zu laufen.

160 Fraglich ist, inwieweit der **Erwerber** die über § 613a BGB „mitgebrachte" Betriebszugehörigkeit beachten muss, wenn er nach dem Betriebsübergang **neue Sozialleistungen** einführt oder bestehende Sozialleistungen verbessert. Nach richtiger Auffassung[1] kann es insoweit keine grenzenlose Bindung des Erwerbers geben, er ist vielmehr an die mitgebrachte Betriebszugehörigkeit nur in den allgemeinen Grenzen von Recht und Billigkeit gebunden. Das gilt beispielsweise bei der Aufstellung von Sozialplänen (§ 112 BetrVG), aber auch bei der Neu-Einführung einer betrieblichen Altersversorgung oder ähnlicher Leistungen.

161 Bei der **betrieblichen Altersversorgung** wirkt sich die beim Veräußerer zurückgelegte Betriebszugehörigkeit daher nur teilweise aus. Es ist wie folgt zu differenzieren: (1) Bestanden zur Zeit des Betriebsinhaberwechsels keine Versorgungsanwartschaften, die übernommen werden müssen, bestimmt sich allein nach der Versorgungszusage des **Erwerbers**, ob und in welcher Höhe er Versorgungsleistungen erbringt (vgl. Teil VI Rz. 213). (2) Für die gesetzliche **Unverfallbarkeit** muss die vor dem Betriebsübergang liegende Zeit aber berücksichtigt werden, da die Betriebszugehörigkeit gesetzliches Tatbestandsmerkmal ist.[2] (3) Für die erwerberseitige Berechnung der **Höhe** „seiner" Altersversorgung muss die vor dem Betriebsübergang zurückgelegte Betriebszugehörigkeit dagegen u.E. nicht zu Grunde gelegt werden (vgl. Teil VI Rz. 224).[3]

c) **Gestaltungsrechte**

162 Zu den nach § 613a Abs. 1 Satz 1 BGB übergehenden Rechten gehören selbstverständlich auch **einseitige Gestaltungsrechte** (Kündigung, Rücktritt, Widerruf etc.). Waren solche Gestaltungsrechte im Moment des Betriebsübergangs noch nicht ausgeübt, kann sie der Erwerber ausüben (bzw. im umgekehrten Fall der Arbeitnehmer gegenüber dem Erwerber). Das gilt etwa für den vorbehaltenen Widerruf von Sozialleistungen, den vorbehaltenen Widerruf eines Prozessvergleichs etc. Sind Gestaltungsrechte bereits vor dem Zeitpunkt des Betriebsübergangs ausgeübt worden, so wirken sie für und gegen den Erwerber. Ist beispielsweise das Arbeitsverhältnis von einer der Parteien vor dem Zeitpunkt des Betriebsübergangs zu einem nach dem Betriebsübergang liegenden Zeitpunkt **gekündigt** worden, so wirkt diese Kündigung für und gegen den Erwerber. Eine nach dem Betriebsübergang ausgesprochene Kündigung kann der Erwerber auch ohne weiteres auf Gründe stützen, die beim Veräußerer entstanden sind. Bei verhaltensbedingten Kündigungen muss allerdings stets geprüft werden, ob die für die Kündigung erforderliche negative Prognose uneingeschränkt auch gegenüber dem Erwerber gilt. Das ist zwar grundsätzlich zu bejahen, kann aber in Ausnahmefällen zu verneinen sein (z.B. ständige Streitereien des Arbeitnehmers mit einem ehemaligen Geschäftsführer, der im Zuge

---

[1] Vgl. *Willemsen* in Willemsen/Hohenstatt/Schweibert, G Rz. 188 f.
[2] Vgl. dazu BAG v. 8.2.1983 – 3 AZR 229/81, DB 1984, 301.
[3] BAG v. 19.12.2000 – 3 AZR 451/99, NZA 2002, 615.

des Betriebsübergangs ausgeschieden ist).[1] Bei außerordentlichen Kündigungen wird die **Zweiwochenfrist** des § 626 Abs. 2 BGB durch den Betriebsübergang nicht unterbrochen. Teilt der Veräußerer kündigungsrelevante wichtige Gründe dem Erwerber nicht mit und versäumt dieser deshalb die Zweiwochenfrist, kann sich der Veräußerer schadensersatzpflichtig machen.

d) Nachwirkungen aus beendeten Arbeitsverhältnissen

Nach § 613a BGB tritt der Erwerber grundsätzlich nur in solche Arbeitsverhältnisse ein, die im Moment des Betriebsübergangs rechtlich noch bestehen. Maßgeblich ist allein der rechtliche Bestand des Arbeitsverhältnisses. Deshalb tritt der Erwerber auch in solche Arbeitsverhältnisse ein, die **ruhen** oder sonstwie **außer Vollzug gesetzt** sind (Erziehungsurlaub, Wehrdienst, Mutterschutz, dauernde Krankheit, vereinbarter Sonderurlaub, Freistellung während der Kündigungsfrist etc.). 163

Ist das Arbeitsverhältnis rechtlich im Moment des Betriebsübergangs bereits beendet, tritt der Erwerber auch nicht in solche Ansprüche ein, die erst **nach dem Zeitpunkt des Betriebsübergangs fällig** werden. Das gilt z.b. für Umsatz- oder Gewinntantiemen. Ist beispielsweise der Arbeitnehmer zum 30.6. ausgeschieden und wird der Betrieb zum 30.9. übernommen, so haftet der Erwerber nicht für am 31.12. fällig werdende Tantiemen. Das Gleiche gilt für die betriebliche Altersversorgung. Ist der Mitarbeiter bereits vor dem Betriebsübergang ausgeschieden, haftet der Erwerber nicht für die Rentenansprüche, die erst nach dem Betriebsübergang fällig werden, auch nicht anteilig. 164

Der Erwerber tritt auch dann nicht in irgendwelche Rechte und Pflichten aus dem Arbeitsverhältnis ein, wenn es bereits vor dem Betriebsübergang beendet war, Arbeitgeber und Arbeitnehmer aber zum Zeitpunkt des Betriebsübergangs noch durch anders geartete Rechtsverhältnisse miteinander verbunden sind. So mag beispielsweise im Anschluss an das Arbeitsverhältnis ein **Beratervertrag** abgeschlossen worden sein oder im Rahmen des Aufhebungsvertrages wurde die **Weiternutzung von Dienstwagen** und/oder Dienstwohnung vereinbart. In solchen Fällen liegt die weitere Abwicklung der Rechtsbeziehungen mit dem Arbeitnehmer ausschließlich beim Veräußerer. 165

Besondere Probleme entstehen bei **nachvertraglichen Wettbewerbsverboten nach §§ 74 ff. HGB** (vgl. Teil VI Rz. 205). 166

e) Rückständige Ansprüche

Besteht das Arbeitsverhältnis am Übergangsstichtag noch, so tritt der Erwerber nicht nur in die aktuellen Rechte und Pflichten ein, sondern auch in noch unerfüllte Verbindlichkeiten aus der Vergangenheit. Insbesondere haftet er für sämtliche **Lohn- und Gehaltsrückstände**. Die **Jahresfrist** des § 613a Abs. 2 BGB hat mit der Haftung für Rückstände gegenüber dem Arbeitnehmer nichts zu tun, sondern betrifft ausschließlich das Innenverhältnis zwischen Erwerber 167

---

1 *Seiter*, S. 84 f.

und Veräußerer. Lohn- und Gehaltsrückstände muss der Erwerber also zahlen, ebenso wie er noch nicht genommenen **Urlaub** zu gewähren oder abzugelten hat. Allerdings werden selbstverständlich **Verjährungs- und Ausschlussfristen** durch § 613a BGB nicht verändert und insbesondere nicht unterbrochen. Sie laufen vielmehr gegen den Erwerber so weiter, wie sie ohne Betriebsübergang gegenüber dem Veräußerer weitergelaufen wären.[1]

168 Oft wird verkannt, dass die **besonderen Haftungsregeln des § 613a Abs. 2 BGB in keiner Weise** den Eintritt des **Erwerbers** in rückständige Ansprüche der Arbeitnehmer verhindern oder auch nur beschränken. § 613a Abs. 2 BGB ordnet nämlich nicht eine Mithaft des Erwerbers an, sondern eine **Mithaft des Veräußerers**. Der Erwerber haftet also für Rückstände stets und ohne Rücksicht auf die zeitlichen Beschränkungen des § 613a Abs. 2 BGB.

f) Rückständige Sozialversicherungsbeiträge/Lohnsteuer

169 Nach herrschender Auffassung haftet der Erwerber nach § 613a Abs. 1 Satz 1 BGB zwar für Lohn- und Gehaltsrückstände, **nicht** aber für rückständige Sozialversicherungsbeiträge und nicht abgeführte Lohnsteuer. Bezüglich der **Sozialabgaben** liegt auf der Hand, dass den Erwerber insoweit keine „Eintrittspflicht" trifft, als die Beiträge originär vom Arbeitgeber zu tragen sind (Arbeitgeberanteile zur Sozialversicherung, Beiträge zur gesetzlichen Unfallversicherung, Schwerbehindertenabgabe). Es handelt sich nicht um Ansprüche aus dem Verhältnis Arbeitgeber/Arbeitnehmer, sondern um öffentlich-rechtliche Verpflichtungen des Arbeitgebers.[2] Gleiches gilt für rückständige **Arbeitnehmerbeiträge** sowie für nicht abgeführte **Lohnsteuer**. In diese Verpflichtungen, die der Arbeitgeber quasi als „Einzugsstelle" für den Arbeitnehmer an Dritte (Sozialversicherungsträger, Finanzamt) erbringt, tritt der Erwerber nicht ein. Einzugsstelle bzw. Finanzamt muss sich an den Veräußerer halten.[3]

170 Eine Haftung des Betriebsübernehmers für *lohnsteuer*begründende Vorgänge aus der Zeit vor dem Betriebsübergang kommt nach **§ 75 AO** in Betracht,[4] wobei allerdings der Übernehmer nach herrschender Auffassung nur subsidiär gegenüber dem Veräußerer haftet (§ 219 AO).[5]

171 Bei der **gesetzlichen Unfallversicherung** besteht die Besonderheit, dass für die Beiträge desjenigen Geschäftsjahres, in das der Betriebsübergang fällt, grundsätzlich Erwerber und Veräußerer gesamtschuldnerisch haften (§ 150 Abs. 4 SGB VII).

---

1 *Hattesen* in Kasseler Hdb., 6.7 Rz. 147.
2 BayObLG v. 31.10.1974 – 1 U 2225/74, BB 1974, 1582.
3 BayObLG v. 31.10.1974 – 1 U 2225/74, BB 1974, 1582; *Weidenkaff* in Palandt, § 613a BGB Rz. 26.
4 *Mösbauer*, DStZ 1995, 705.
5 *Drenseck* in Schmidt, EStG, § 42d Anm. 6a.

g) Rechtsähnliche Positionen

Das Arbeitsverhältnis geht so auf den Erwerber über, wie es zum Zeitpunkt des Betriebsübergangs „steht und liegt". Deshalb tritt der Erwerber nicht nur in vollwertige Rechte der Arbeitnehmer ein, sondern auch in **rechtsähnliche Positionen**. So muss er eine beim Veräußerer schon entstandene **betriebliche Übung** gegen sich gelten lassen, weil sie einen vollwertigen Rechtsanspruch vermittelt.[1] Der Erwerber muss aber auch dann Verhaltensweisen des Veräußerers gegen sich gelten lassen, wenn diese noch nicht zu Rechtspositionen erstarkt sind. Wenn beispielsweise bei dreimaliger vorbehaltloser Zahlung einer Weihnachtsgratifikation ein Anspruch der Arbeitnehmer aus betrieblicher Übung entsteht[2] und der Veräußerer bereits zweimal vorbehaltlos eine Weihnachtsgratifikation gezahlt hat, entsteht mit der erstmaligen (und damit insgesamt dritten) Zahlung der gleichen Gratifikation durch den Erwerber die betriebliche Übung. Ebenso wird der Erwerber durch eine vom Veräußerer erteilte **Gesamtzusage** gebunden.

172

h) Vollmachten, Ämter, Statusfragen

Handelsrechtliche Vollmachten wie **Prokura und Handlungsvollmacht** erlöschen **automatisch** im Moment des Betriebsübergangs, da sie nicht rechtlicher Bestandteil des Arbeitsverhältnisses sind.[3] Unter Umständen kann der bisherige Prokurist nach dem Betriebsübergang stillschweigende Handlungsvollmacht haben.[4]

173

Die Arbeitsverhältnisse **vertretungsberechtigter Organmitglieder** (Geschäftsführer, Vorstände) fallen nach herrschender Auffassung[5] nicht unter § 613a BGB; erfasst werden nur Arbeitnehmer (vgl. dazu Teil VI Rz. 93).

174

Für **Arbeitnehmervertreter im Aufsichtsrat** gilt Folgendes: Während ihr Arbeitsverhältnis übergeht, erlischt ihr Aufsichtsratsmandat.[6] Ebenso endet das **Betriebsratsamt** eines übergehenden Arbeitnehmers, wenn der Betriebsrat (z.B. beim Teilbetriebsübergang) beim Veräußerer bestehen bleibt und auch kein Übergangsmandat entsteht.[7] Auch die Ämter von so genannten „**Betriebsbeauftragten**" (Fachkräfte für Arbeitssicherheit nach dem ASiG; Sicherheitsbeauftragte gem. § 22 SGB VII; Datenschutzbeauftragte gem. § 36 BDSG etc.)[8] erlöschen, soweit der Betrieb nicht als ganzer übergeht.

175

---

1 Vgl. § 1 Abs. 1 Satz 4 BetrAVG, zum Eintritt des Erwerbers in Ansprüche aufgrund betrieblicher Übung auch BAG v. 6.12.1978 – 5 AZR 545/77, AP 7 zu § 2 AngKündG.
2 BAG v. 23.3.1963 – 3 AZR 173/62, BB 1963, 938.
3 *Köhler*, BB 1979, 912 ff.; *Schwerdtner* in FS Müller, S. 573; *Richardi/Annuß* in Staudinger, § 613a BGB Rz. 145; a.A. *D. Gaul*, Betriebsübergang, S. 182.
4 *Baumbach/Hopt*, § 52 HGB Anm. 3 B.
5 BAG v. 13.2.2003 – 8 AZR 654/01, ZIP 2003, 1010; OLG Celle v. 15.6.1977 – 3 U 96/76, DB 1977, 1840; offen gelassen von *Fleck*, WM Sonderbeilage 3/1981, S. 14.
6 Statt aller: *Kraft* in Großkomm. BetrVG, § 76 BetrVG 1952 Rz. 94.
7 *Däubler/Kittner/Klebe*, § 24 BetrVG Rz. 21 ff.
8 Vgl. die Übersicht bei *Küttner/Griese*, Personalbuch 2005, Stichwort „Betriebsbeauftragte".

176 Dagegen erlöschen Ämter und Vollmachten der Arbeitnehmer selbstverständlich nicht, wenn sie **bei anderen Unternehmen** bestehen, etwa im Konzern. Ist beispielsweise in der GmbH & Co. KG der GmbH-Geschäftsführer bei der KG angestellt und veräußert die KG ihren Geschäftsbetrieb an einen Dritten, geht das Anstellungsverhältnis auf den Erwerber über, während das Amt als Geschäftsführer der GmbH fortbesteht, jedenfalls soweit der Geschäftsführer als Arbeitnehmer der KG anzusehen ist.[1]

177 Bloße **Titel** wie „Direktor", „Hauptabteilungsleiter" etc. sind rein **deklaratorischer Natur** und werden deshalb von § 613a Abs. 1 Satz 1 BGB nicht erfasst. Der Erwerber ist deshalb ohne weiteres berechtigt, die Titel der übergehenden Mitarbeiter an die in seinem Betrieb/Unternehmen herrschenden Verhältnisse anzupassen.

178 Die Eigenschaft als „**leitender Angestellter**" gem. § 5 Abs. 3 BetrVG ist ebenfalls nichts, was aufgrund von § 613a Abs. 1 Satz 1 BGB auf den Erwerber übergehen müsste. Allerdings gehen die Anstellungsverhältnisse leitender Angestellter nach § 613a BGB auf den Erwerber über.[2] Die Frage, ob die übergehenden Angestellten auch beim Erwerber als „leitend" nach § 5 Abs. 3 BetrVG anzusehen sind, richtet sich dagegen allein nach den betrieblichen Verhältnissen beim Erwerber. Wird beispielsweise ein Kleinbetrieb im Zuge des § 613a BGB in einen Großbetrieb eingegliedert, so werden die bisherigen leitenden Angestellten den Status nach § 5 Abs. 3 BetrVG häufig verlieren. Eine einseitige Verschlechterung der materiellen Arbeitsbedingungen (Urlaubsansprüche, Zulagen etc.) darf damit wegen § 613a Abs. 1 Satz 1 BGB allerdings nicht verbunden sein.

i) Lohnpfändung

179 Sind Vergütungsansprüche des Arbeitnehmers beim Veräußerer gepfändet worden, besteht das Pfändungspfandrecht nach dem Betriebsübergang gegenüber dem Erwerber weiter, so dass es keiner neuen Pfändung bedarf.[3]

j) Darlehen

180 Umstritten ist, ob Ansprüche aus Arbeitnehmerdarlehen (langfristige Darlehen, Vorschüsse, Ausbildungsdarlehen) von § 613a BGB erfasst werden. Dabei kommt ein isolierter Übergang einzelner Rechte und Pflichten aus dem Darlehensverhältnis nicht in Betracht. Es kann nur ein „alles oder nichts" geben. Entweder bleibt die **gesamte darlehensrechtliche Beziehung** mit dem Veräußerer bestehen[4] oder sie geht komplett auf den Erwerber über.[5] Richtigerweise ist so zu differenzieren:

---

1 Dazu BAG v. 10.7.1980 – 3 AZR 68/79, DB 1981, 276 und BAG v. 14.4.1982 – 2 AZR 110/79, NJW 1983, 2405.
2 BAG v. 22.2.1978 – 5 AZR 800/76, AP 11 zu § 613a BGB.
3 LAG Hamm v. 7.5.1976 – 3 Sa 1093/75, BB 1976, 1369.
4 So z.B. *Borngräber*, S. 90; *Mösenfechtel/Schmitz*, RdA 1976, 108; a.A. *Willemsen* in Willemsen/Hohenstatt/Schweibert, G Rz. 192, der zwischen Deckungs- und Valutaverhältnis unterscheidet.
5 *Seiter*, S. 78; *Posth*, S. 147.

Ein Arbeitgeberdarlehen kann auf den Erwerber übergehen, wenn das Darlehen zu den **Rechten und Pflichten aus dem Arbeitsverhältnis** gehört. Das ist dann der Fall, wenn der Arbeitgeber dem Arbeitnehmer ein Darlehen als Lohn- oder Gehaltsvorschuss gegeben hat.[1] Dagegen bleibt der Darlehensvertrag **beim Veräußerer**, wenn die Arbeitsvertragsparteien neben dem Arbeitsvertrag einen vom Arbeitsverhältnis unabhängigen, eigenständigen Darlehensvertrag geschlossen haben.[2] Das kann bei einer **Einzelvereinbarung** der Fall sein (kurzfristiges Darlehen des Arbeitgebers zur Behebung einer individuellen Notlage des Arbeitnehmers, Ausbildungsdarlehen etc.). So gehen etwa die normalen **Girokonten von Bankmitarbeitern** nicht nach § 613a BGB über, wenn die Bank einen Teil ihres Geschäftsbetriebes an einen Dritten veräußert. Ein enger Zusammenhang mit dem Arbeitsverhältnis, der eine Anwendung von § 613a Abs. 1 Satz 1 BGB rechtfertigt, kann vor allem dann vorliegen, wenn der Arbeitgeber Arbeitnehmerdarlehen **flächendeckend als Sozialleistung** gewährt.[3]

181

Bleibt der Darlehensvertrages beim Veräußerer, greift im Moment des Betriebsübergangs eine eventuell vereinbarte Klausel, wonach das **Darlehen** mit der Beendigung des Arbeitsverhältnisses zur Rückzahlung **fällig** ist. Allerdings wird es dem Arbeitgeber nach Treu und Glauben und in entsprechender Anwendung von § 162 BGB verwehrt sein, sich auf die sofortige Fälligkeit zu berufen, wenn dies für den Arbeitnehmer eine unzumutbare Härte bedeuten würde.[4]

182

k) Mitarbeiterbeteiligungen/Aktienoptionen

Die Entscheidung über die Frage, ob Ansprüche der Arbeitnehmer aus Mitarbeiterbeteiligungen nach § 613a BGB übergehen, kann letztendlich nur anhand des jeweiligen Beteiligungsmodells getroffen werden.

183

Bei **Aktienoptionen** bereitet die Einordnung in § 613a BGB Schwierigkeiten, weil zweifelhaft ist, ob sie **Bestandteil des Arbeitsverhältnisses** sind. Die Gewährung durch Optionsvertrag beruht auf einem Aktienoptionsprogramm, das von den aktienrechtlich zuständigen Gremien beschlossen werden muss. Formal betrachtet ist weder die Gewährungsart noch die gewährte gesellschaftsrechtliche Beteiligung selbst Bestandteil des Arbeitsverhältnisses. Andererseits sind Aktienoptionen unter Umständen gerade Teil der erfolgsabhängigen, leistungsbezogenen **Vergütung**. Daher stehen sie zumindest in einem engen Zusammenhang mit dem Arbeitsverhältnis. Es muss **unterschieden** werden: Der Optionsplan ist die gesellschaftrechtliche Grundlage, auf der die individualvertragliche Vereinbarung über die Begebung von Optionen basiert. Allein Letzteres kann, als Vergütungsbestandteil oder als freiwillige Zusatzleistung,

184

---

1 Vgl. BAG v. 21.1.1999 – 8 AZR 373/97, n.v. Das Urteil befasst sich auch mit der Frage, was mit einer mit dem Arbeitgeberdarlehen im Zusammenhang stehenden Grundschuld, die zu Gunsten des Arbeitgebers bestellt wurde, beim Betriebsübergang passiert. Nach Auffassung des Senats geht diese nicht auf den Erwerber über; im Ergebnis auch *Schnitker* in Picot, Handbuch, Teil I Rz. 228.
2 Vgl. BAG v. 21.1.1999 – 8 AZR 373/97, n.v.
3 *Richardi/Annuß* in Staudinger, § 613a BGB Rz. 153.
4 Ähnlich *Schaub*, § 70 III 5.

Bestandteil des Arbeitsverhältnisses werden.[1] Arbeitsrechtliche Regeln wie etwa der Gleichbehandlungsgrundsatz finden unstreitig Anwendung.[2]

185 In seiner ersten Leitentscheidung[3] zur Behandlung von Aktienoptionsplänen bei Betriebsübergängen klärte der 10. Senat des BAG, dass ein Betriebsübergang solche Optionsansprüche nicht erfasst, die der Arbeitnehmer gegenüber einem anderen Konzernunternehmen innehat. In diesem Fall ist der Arbeitsvertrag mit der Konzerntochter lediglich Motiv für die Gewährung der Optionen durch andere Konzernunternehmen, in der Praxis häufig durch die Konzernmutter. Solche Aktienoptionen zählen dann **nicht** zur arbeitsvertraglichen **Vergütung**, sondern sind nach den Worten des BAG lediglich ein zusätzliches „Anreizsystem für das leitende Konzernpersonal". Rechtlich steht der Optionsvertrag somit neben dem Arbeitsvertrag des Arbeitnehmers. Optionsansprüche werden folglich nicht Bestandteil des Arbeitsvertrages. Der Betriebserwerber ist diesen Ansprüchen nicht ausgesetzt, da er nicht Vertragspartner dieses Vertrages ist.[4] Das BAG bestätigt damit, dass sich der Eintritt des Erwerbers im Rahmen des § 613a BGB auf die „im Arbeitsverhältnis" begründeten Rechte und Pflichten beschränkt.

186 Schwieriger zu entscheiden sind die Fälle, in denen der „alte" Arbeitgeber zugleich der Verpflichtete aus den Aktienoptionsansprüchen ist.

Kommt es hier zu einem Betriebsübergang, ohne dass der Arbeitsvertrag Ansprüche auf die Optionen einräumt, stellt sich die Frage, ob sie solche „aus dem Arbeitsverhältnis" sind. Das hat das BAG ausdrücklich offen gelassen.[5] Eine abschließende Entscheidung kann nur für jeden Einzelfall getroffen werden. **Gegen** eine **Eintrittspflicht** des Erwerbers spricht aber, dass der Optionsvertrag nicht mit ihm geschlossen wurde und als gesondertes Rechtsverhältnis neben dem Arbeitsverhältnis steht, in das er eintritt.[6] Eine **gesellschaftsrechtliche Beteiligung** am Veräußererunternehmen (GmbH-Anteil, Arbeitnehmer-Kommanditist, stiller Gesellschafter, aber auch partiarisches Darlehen) kann nicht dergestalt übergeleitet werden, dass der Erwerber etwa dem Arbeitnehmer zur Verschaffung einer Beteiligung am eigenen Unternehmen verpflichtet wäre. Das wäre auch in all den Fällen rechtlich gar **nicht möglich**, in denen der Erwerber eine andere Rechtsform hat als diejenige der Aktiengesellschaft. Der Betriebsübergang macht gleichfalls den primären **Zweck** der Begebung von Aktienoptionen **unmöglich**. Dieser besteht nämlich darin, die Bindung des Mitarbeiters an das Unternehmen zu stärken und – nach Erfüllung der Optionsbedingungen – die vergangene Betriebstreue zu belohnen. Diese Hindernisse mit einem Rückgriff auf die Instrumente der ergänzenden

---

1 Vgl. dazu *Bauer/Göpfert/v. Steinau-Steinrück*, ZIP 2001, 1129; *Baeck/Diller*, DB 1998, 1405.
2 Vgl. dazu *Baeck/Diller*, DB 1998, 1405 (1408).
3 BAG v. 12.2.2003 – 10 AZR 299/02 – Nokia, NZA 2003, 487 = DB 2003, 1056 m. Anm. *Piran*; *v. Steinau-Steinrück*, NZA 2003, 473.
4 BAG v. 12.2.2003 – 10 AZR 299/02, NZA 487, 489; a.A. *Lipinski/Melms*, BB 2003, 150.
5 BAG v. 12.2.2003 – 10 AZR 299/02, NZA 487.
6 *Bauer/Göpfert/v. Steinau-Steinrück*, ZIP 2001, 1129; a.A. wohl *Grimm/Walk*, BB 2003, 577.

Vertragsauslegung oder der Anpassung von Vertragsbedingungen nach den Grundsätzen des § 313 Abs. 1 BGB[1] zu überwinden und so letztlich die Optionen in veränderter Form zu „erhalten", ist **nur für den Fall** ein geeignetes und erforderliches Mittel, in dem die Aktienoptionen einen **wesentlichen Bestandteil der Gesamtvergütung** ausmachen.[2] Tragen die Aktienoptionen also z.B. zur Hälfte zum Gesamtlohn des vom Übergang betroffenen Arbeitnehmers bei, kann von einem rechtlich selbstständigen „Anreizsystem" nicht mehr die Rede sein. Die Aktienansprüche sind vielmehr Teil der Vergütung des Arbeitnehmers. Auch wenn dies nicht im Arbeitsvertrag festgehalten ist, handelt es sich um Ansprüche aus dem Arbeitsverhältnis, die der Erwerber zu erfüllen hat.

In weniger eindeutigen Konstellationen erhält der **Wille** des **Veräußerers** Vorrang, das Optionsrecht als **Zusatzleistung** vom Bestand des mit ihm vereinbarten Arbeitsverhältnisses abhängig zu machen und bei einem Betriebsübergang erlöschen zu lassen. Soweit nichts anderes vereinbart wurde, gibt der Arbeitgeber dann auch keine für die Zukunft geltende Zusage zur Fortgeltung der Optionsgewährung, die auf den Erwerber übergehen kann. Die nach dem Übergang grundlegend veränderten gesellschaftsrechtlichen Verhältnisse beim Erwerber machen zudem eine Vertragsanpassung unmöglich.[3] Der Arbeitgeber gewährt mithin das Optionsrecht außerhalb des Arbeitsverhältnisses, so dass es nicht im Wege des Betriebsübergangs auf den Erwerber übergeht.[4]

187

Die **Folgen eines Betriebsübergangs** richten sich nach den Bestimmungen des **Optionsvertrags** zur **Beendigung** des Arbeitsverhältnisses, da der Betriebsübergang zu einer Beendigung des Arbeitsverhältnisses mit dem Veräußerer führt. Entscheidend ist hier also die Wirksamkeit der in den Optionsplänen üblicherweise enthaltenen **Verfallklauseln** für den Fall der Beendigung des Arbeitsverhältnisses. Die Optionsgewährung ist in der Regel ausdrücklich an den **Bestand** des Arbeitsverhältnisses mit dem gewährenden Unternehmen gekoppelt. Das ist **zulässig**. Der Schutzzweck des § 613a BGB schützt den Arbeitnehmer in der Wahrung seiner Ansprüche gegen den früheren Arbeitgeber, darf ihm aber nicht mehr Rechte verschaffen, als ihm nach dem Parteiwillen zustehen sollen.[5] Der Betriebsübergang führt zu einer Beendigung des Arbeitsverhältnisses im Sinne der Optionsvereinbarungen, so dass bei einer wirksamen Verfallklausel der Arbeitnehmer beim Erwerber keine Optionsansprüche geltend machen kann.

188

Meist wird das Optionsrecht außerdem an eine **Mindestwartezeit** gebunden, zusätzlich werden regelmäßig bestimmte **Erfolgsziele** vorgegeben.[6] Verschie-

189

---

1 Vgl. *Tappert*, NZA 2002, 1188; weitere Vorschläge zur Anpassung machen *Schnitker/Grau*, BB 2002, 2497 und *Grimm/Walk*, BB 2003, 577.
2 *Willemsen/Müller-Bonnani*, ZIP 2003, 1177; ähnlich *Schnitker/Grau*, BB 2002, 2497.
3 Vgl. auch *Willemsen* in Willemsen/Hohenstatt/Schweibert, G Rz. 196.
4 Ausführlich *Bauer/Göpfert/v. Steinau-Steinrück*, ZIP 2001, 1129 ff.
5 *Bauer/Göpfert/v. Steinau-Steinrück*, ZIP 2001, 1129 (1132); *v. Steinau-Steinrück*, NZA 2003, 473 (474); *Willemsen/Müller-Bonnani*, ZIP 2003, 1177 (1181 f.); a.A. *Tappert*, NZA 2002, 1188 (1193); *Nehls/Sudmeyer*, ZIP 2002, 201 (205); *Lipinski/Melms*, BB 2003, 150 ff.; differenzierend *Mechlem/Melms*, DB 2000, 1614 (1616).
6 Vgl. dazu *Baeck/Diller*, DB 1998, 1405 (1407).

dene **Fallgestaltungen** sind zu unterscheiden:[1] Ist das Erfolgsziel im Zeitpunkt des Betriebsübergangs noch **nicht erreicht**, verfällt das Optionsrecht. Ein Anspruch scheidet aus. Das gilt unabhängig vom Betriebsübergang. Gleichermaßen verfällt das Optionsrecht, wenn die **Wartefrist** im Zeitpunkt des Betriebsübergangs **noch nicht abgelaufen** ist, auch wenn das Erfolgsziel schon erreicht ist. Auch dann verfallen die Aktienoptionen, da der Betriebsübergang die Beendigung des Arbeitsverhältnisses mit dem Veräußerer bewirkt. Dem kann auch nicht entgegnet werden, dem Arbeitnehmer würde bei diesem Ergebnis bereits verdienter Lohn wieder entzogen. Sofern das Aktienoptionsprogramm eine zulässige Verfallklausel enthält, wandelt sich die Einräumung der Optionsrechte erst nach Ablauf der Wartefrist und bei Erreichen der gesetzten Erfolgsziele in verdienten Lohn um. Aus welchem Grund der Arbeitnehmer aus dem Arbeitsverhältnis vor Ablauf der Wartefrist ausscheidet, spielt keine Rolle.

190 In der dritten denkbaren Fallgestaltung sind schließlich **sowohl Erfolgsziel als auch Wartefrist** im Zeitpunkt des Betriebsübergangs **bereits erreicht**. In diesem Fall bleibt der Arbeitnehmer unabhängig vom Betriebsübergang zur Ausübung der Option **gegenüber dem Veräußerer** als seinem Vertragspartner **berechtigt**. Andernfalls würde der Entzug der Optionsrechte aufgrund des Betriebsübergangs in diesem Fall tatsächlich bedeuten, dass bereits erdienter Lohn wieder entzogen würde. Ansprüche gegen den Erwerber bestehen dagegen nicht.

191 Die Grundsätze zur Zulässigkeit der **Verfallklauseln** finden ihre **Grenze** jedoch konsequenterweise dort, wo die Optionsansprüche einen **überwiegenden Teil** des Arbeitnehmerlohns ausmachen. Denn dann gehören sie zu den arbeitsvertraglichen Vergütungsansprüchen, für die kein Verfall angeordnet werden kann. Der Erwerber tritt in diese Ansprüche ein. Für die Praxis ist es deswegen empfehlenswert, den Zweck des Optionsprogramms und etwaige Verfallklauseln für Betriebsübergänge in den Optionsplan aufzunehmen.

Soweit schließlich nicht nur der gesellschaftsrechtliche Optionsvertrag, sondern **auch der Arbeitsvertrag** mit der veräußernden Konzerntochter einen **Anspruch** auf Gewährung von Optionen vorsieht, können diese Ansprüche vom Betriebsübergang erfasst sein und den Erwerber verpflichten. Dafür ist aber (wiederum) **Voraussetzung**, dass die Ansprüche eben einen überwiegenden Teil der Vergütung ausmachen und nicht als Zusatzleistung bestimmt waren.[2] Weil die Optionsansprüche auf die gesellschaftlichen Verhältnisse beim Veräußerer zugeschnitten waren, kann sie der Erwerber nicht vertragsgemäß erfüllen. Er ist daher zu einem entsprechenden Ausgleich verpflichtet, der sich nach den Grundsätzen des § 313 Abs. 1 BGB errechnet. Der Erwerber sollte sich daher vor einem Betriebsübergang unbedingt vergewissern, ob die Arbeitsverträge der übergehenden Arbeitnehmer derartige Klauseln zur Optionsgewährung enthalten. Aus ihnen können erhebliche wirtschaftliche Folgen für den Erwerber entstehen.

---

1 Vgl. auch *Bauer/Göpfert/v. Steinau-Steinrück*, ZIP 2001, 1129 (1132 ff.).
2 Vgl. *Willemsen/Müller-Bonanni*, ZIP 2003, 1177 (1181 ff.).

l) Werkswohnungen

Ohne weiteres auf den Erwerber über geht die Pflicht des Arbeitgebers, dem Arbeitnehmer **Mietkosten zu erstatten**, einen **Mietzuschuss** zu zahlen oder ihm eine günstige **Mietwohnung zu beschaffen**, sofern es um Wohnungen geht, die im Eigentum Dritter stehen. Es handelt sich um normale Vergütungsbestandteile, für die § 613a Abs. 1 Satz 1 BGB uneingeschränkt gilt.

192

Problematisch ist allerdings die Vermietung von Werkswohnungen im engeren Sinne, die im **Eigentum des Veräußerers** stehen. Keine Probleme entstehen insoweit, wenn der **Erwerber** zusammen mit den Betriebsmitteln das **Eigentum an der Wohnung erwirbt** (z.b. bei einem Lehrlingswohnheim, einer Hausmeisterwohnung etc.), da dann der Erwerber schon nach § 566 BGB anstelle des alten Arbeitgebers in die fortbestehenden Mietverhältnisse zu unveränderten Konditionen eintritt, ein Rückgriff auf § 613a BGB also nicht erforderlich ist.[1] Schwierig wird es dagegen, wenn der Erwerber die Werkswohnungen **nicht mitübernimmt**. Das ist regelmäßig der Fall bei alten Industrieunternehmen, die im Laufe der Jahrzehnte ausgedehnte Werkssiedlungen für ihre „Belegschaftsangehörigen" errichtet haben. Kein Erwerber des Betriebes oder gar nur eines Betriebsteils hätte Interesse, ganze Siedlungen mitzuerwerben. Nach ganz herrschender Auffassung **greift hier § 613a Abs. 1 Satz 1 BGB nicht.** Weder erwirbt der Erwerber kraft Gesetzes die Wohnungen, noch geht der Mietvertrag in irgendeiner Weise auf ihn über. Auf der Hand liegt dieses Ergebnis, wenn der Mietvertrag nur auf der Motivebene mit dem Arbeitsverhältnis verbunden ist, also das Arbeitsverhältnis nur Anlass für den Abschluss des Mietvertrages war. § 613a Abs. 1 Satz 1 BGB greift aber auch dann nicht, wenn die Wohnung zu günstigeren Konditionen oder gar mietfrei überlassen war, so dass die Überlassung des Wohnraums von der Finanzverwaltung als **steuerbarer geldwerter Vorteil** angesehen wurde. Die Herausnahme der Wohnungsvermietung aus § 613a Abs. 1 Satz 1 BGB rechtfertigt sich in diesen Fällen deshalb, weil das **Mietverhältnis** schlechterdings **nicht von der dinglichen Konstellation gelöst werden kann.**[2] Erhöht der bisherige Arbeitgeber als Reaktion auf den Übergang des Arbeitsverhältnisses auf den Erwerber die Miete auf die ortsüblichen Sätze, kann der Arbeitnehmer vom Erwerber keinen Ausgleich verlangen. Denn es fehlt regelmäßig an einer Rechtsgrundlage für einen Anspruch des Arbeitnehmers, auf Dauer eine verbilligte Werkswohnung gestellt zu bekommen, so dass es keinen Anspruch gibt, der sich in eine Geldleistung umwandeln könnte. Außerdem gibt es keinen Grundsatz, dass bei Wegfall einer Naturalvergünstigung sich diese stets in eine Geldvergünstigung umwandelt.[3]

193

Teilweise differenziert die Literatur zwischen normalen Werkmietwohnungen (§§ 576, 576a BGB) und **Werkdienstwohnungen** (§ 576b BGB). Als Werkdienstwohnungen bezeichnet man an den Arbeitnehmer vermietete Wohnungen, bei denen kein gesonderter Mietvertrag besteht, sondern die Wohnungsüberlassung Teil des Arbeitsverhältnisses ist. Das kommt insbesondere bei **Haus-**

194

---

1 So auch *Schnitker* in Picot, Handbuch, Teil I Rz. 223.
2 *Richardi/Annuß* in Staudinger, § 613a BGB Rz. 154; *Seiter*, S. 79; *Posth*, S. 144 ff.
3 Grundlegend BAG v. 7.12.1982 – 3 AZR 1103/79, EzA § 242 BGB betriebliche Übung Nr. 9 = AP 56 zu § 611 BGB Dienstordnungs-Angestellte = BB 1993, 1283.

meister- oder Pförtnerwohnungen vor. Nach herrschender Auffassung soll hier § 613a BGB anwendbar sein.[1] Diese Auffassung ist wegen § 566 BGB nur relevant, wenn die Wohnung nicht an den Erwerber mitveräußert wird. Geschieht das nicht, wären aber die praktischen Schwierigkeiten unlösbar, wenn § 613a BGB anwendbar wäre. Insbesondere könnte der Arbeitnehmer den Erwerber dazu verurteilen lassen, ihm weiterhin das Wohnen in der Dienstwohnung zu ermöglichen, so dass der Erwerber gezwungen wäre, um jeden Preis die Wohnung vom Veräußerer anzumieten. Da dies **Ergebnis nicht sachgerecht** ist, muss auch insoweit die dingliche Situation vorgehen und die Anwendung von § 613a Abs. 1 Satz 1 BGB ausscheiden.

m) Arbeitnehmer-Erfindungen

195 Auch die Auswirkungen eines Betriebsübergangs auf Ansprüche aus Arbeitnehmer-Erfindungen sind mangels einschlägiger höchstrichterlicher Rechtsprechung noch ungeklärt.

196 Ist die Erfindung zum Zeitpunkt des Betriebsübergangs **noch nicht** gem. § 6 ArbNErfG vom Arbeitgeber **in Anspruch genommen**, gehen unstreitig sämtliche Rechte und Pflichten hinsichtlich der Erfindung auf den Erwerber über. Der Arbeitnehmer-Erfinder hat die Erfindung also dem Erwerber zu **melden** und dieser kann **über die Inanspruchnahme entscheiden**. Nimmt er die Erfindung in Anspruch, hat er die Erfindervergütung zu zahlen. § 613a BGB greift auch dann uneingeschränkt, wenn zum Zeitpunkt des Betriebsübergangs die Erfindung bereits dem alten Arbeitgeber angezeigt worden war, dieser aber über die Inanspruchnahme noch nicht entschieden hat. Hier geht die Möglichkeit der Inanspruchnahme auf den Erwerber über. Dieser kann also innerhalb der Frist des § 6 Abs. 2 Satz 2 ArbNErfG über die Inanspruchnahme (für sich, nicht für den Veräußerer!) entscheiden. Wie allgemein bei Fristen beginnt die Inanspruchnahmefrist im Moment des Betriebsübergangs nicht neu, vielmehr muss der Erwerber den beim Veräußerer abgelaufenen Teil der Frist gegen sich gelten lassen.[2]

197 Ungleich problematischer ist die Rechtslage hinsichtlich solcher Erfindungen, die der Veräußerer **bereits in Anspruch genommen** hatte und für die ggf. bereits eine Vergütungsvereinbarung getroffen wurde (§§ 9 ff., 22, 23 ArbNErfG). Weitgehend Einigkeit besteht insoweit, dass die **Rechte** des Veräußerers **an der** in Anspruch genommenen **Erfindung nicht unter § 613a BGB** fallen. Sie gehen also nicht automatisch auf den Erwerber über. Soll die Erfindung auf den Erwerber übergehen, muss dies im Zuge der Übernahme der Betriebsmittel ausdrücklich mitvereinbart werden. Davon zu trennen ist die Frage, ob die wechselseitigen Rechte und Pflichten zwischen Arbeitnehmer und Veräußerer nach dem ArbNErfG nach § 613a Abs. 1 Satz 1 BGB auf den Erwerber übergehen.

---

1 *Müller-Glöge* in MünchKomm. BGB, § 613a BGB Rz. 99; *Seiter*, S. 79; *Richardi/Annuß* in Staudinger, § 613a BGB Rz. 154; *Willemsen* in Willemsen/Hohenstatt/Schweibert, G Rz. 193.
2 *Richardi/Annuß* in Staudinger, § 613a BGB Rz. 155; *Willemsen* in Willemsen/Hohenstatt/Schweibert, G Rz. 194.

Die herrschende Auffassung[1] **differenziert** danach, ob der **Erwerber die Erfindung rechtsgeschäftlich übernimmt oder nicht**. Erwirbt er die Erfindung, sollen die damit zusammenhängenden Rechte und Pflichten nach dem ArbNErfG nach § 613a Abs. 1 Satz 1 BGB auf ihn übergehen. Der Erwerber tritt dann in die Pflicht zur Zahlung der Erfindervergütung ein, kann aber vom Arbeitnehmer entsprechend dem ArbNErfG Geheimhaltung etc. verlangen. Anders soll es dagegen sein, wenn die Erfindung beim Veräußerer verbleibt. Dann sollen nach herrschender Auffassung auch die wechselseitigen Rechte und Pflichten aus dem ArbNErfG mit dem Veräußerer bestehen bleiben und nicht nach § 613a BGB übergehen, so dass insbesondere der Veräußerer Schuldner der Erfindervergütung bleibt, aber auch die Rechte gegenüber dem Arbeitnehmer auf Geheimhaltung etc. behält. Diese Auffassung ist praxisgerecht, wenngleich dogmatisch nicht leicht zu begründen.[2] Nach abweichenden Auffassungen in der Literatur soll es nicht auf den Übergang der Erfindung ankommen, vielmehr sollen die sich aus dem ArbNErfG ergebenden Rechte und Pflichten entweder grundsätzlich beim Veräußerer bleiben oder grundsätzlich auf den Erwerber übergehen. Fallen nach diesen Auffassungen das Recht an der Erfindung und die wechselseitigen Rechte und Pflichten aus dem ArbNErfG auseinander, ist dies als Veräußerung der Erfindung anzusehen, so dass sich die Vergütung des Arbeitnehmer-Erfinders nicht am Nutzungswert der Erfindung bemisst, sondern am Veräußerungserlös.

n) Urlaubsansprüche

Der **Erwerber** tritt unproblematisch in die gesamte urlaubsrechtliche Situation des Arbeitsverhältnisses ein. Erfolgt beispielsweise der Betriebsübergang zum 30.6., so hat der Erwerber in der 2. Jahreshälfte die Resturlaubsansprüche des Arbeitnehmers zu erfüllen, und zwar unabhängig davon, ob der Arbeitnehmer in der ersten Jahreshälfte mehr oder weniger als den hälftigen Jahresurlaub genommen hatte. Hier ergibt sich zwar zwischen Veräußerer und Erwerber möglicherweise ein Bereicherungsausgleich.[3] Dies geht den Arbeitnehmer aber nichts an, da für ihn wegen § 613a Abs. 1 Satz 1 BGB ausschließlich der Erwerber für die Erfüllung der Urlaubsansprüche verantwortlich ist. Entsprechendes gilt für Ansprüche auf Urlaubsentgelt, Urlaubsgeld sowie Urlaubsabgeltung. Letzteres setzt aber voraus, dass das Arbeitsverhältnis nicht mit dem Erwerber fortgesetzt wird. Ist das doch der Fall, hat er den Urlaub nicht abzugelten. Das gilt selbst dann, wenn dem Arbeitnehmer zunächst vom Veräußerer wirksam betriebsbedingt gekündigt wird und es danach zur Übernahme der Hauptbelegschaft durch einen Erwerber kommt, der das Arbeitsverhältnis nahtlos fortführt.[4]

198

---

[1] Ausführlich *Bartenbach/Volz*, § 1 ArbNErfG Rz. 118 m.w.N.
[2] A.A. z.B. *D. Gaul*, GRUR 1994, 1 ff.
[3] Dazu BGH v. 25.3.1999 – III ZR 27/98, DB 1999, 1213.
[4] Ausführlich *Leinemann/Linck*, § 1 BUrlG Rz. 139 ff.; vgl. BAG v. 2.12.1999 – 8 AZR 774/98, BAG 2000, 480.

o) Zeugnis

199 Da beim Betriebsübergang das Arbeitsverhältnis nicht endet, hat der Arbeitnehmer auch grundsätzlich keinen Zeugnisanspruch nach § 630 BGB. Allerdings ist anerkannt, dass der Arbeitnehmer nach Treu und Glauben Anspruch auf ein **Zwischenzeugnis** haben kann. Das kommt beim Betriebsübergang insbesondere dann in Betracht, wenn es sich um einen Teilbetriebsübergang handelt und die Vorgesetzten des Mitarbeiters nicht mitübergehen.

p) Dienstwagen

200 Wird – wie häufig – Führungskräften ein Dienstwagen auch zur **privaten Nutzung** überlassen, handelt es sich im Grundsatz um einen vollwertigen arbeitsrechtlichen Anspruch, der nach § 613a Abs. 1 Satz 1 BGB auf den Erwerber übergeht. Eine Differenzierung – ähnlich wie bei Werkswohnungen – danach, ob der Erwerber auch den Dienstwagen mit erwirbt, kommt nicht in Betracht.[1] Anders als Werkswohnungen sind Dienstwagen austauschbare Massegüter. Geht der Dienstwagen nicht mit über, ist der Erwerber verpflichtet, dem Arbeitnehmer ein anderes gleichwertiges Fahrzeug zu besorgen. Allenfalls in Fällen, in denen ein Dienstwagen mit Fahrer zugesagt wurde, gelten aber die gleichen Einschränkungen wie bei Werkswohnungen (vgl. oben Teil VI Rz. 192). Hatte sich der Veräußerer ein Widerrufsrecht vorbehalten, geht diese Rechtsposition selbstverständlich auf den Erwerber über.

q) Produktbezogene Vergünstigungen

201 Noch völlig ungeklärt sind die in der Praxis immer wieder vorkommenden Fälle, dass der Veräußerer seinen Mitarbeitern Produkte des Unternehmens verbilligt, zum Selbstkostenpreis oder gar kostenlos überlässt. Man denke beispielsweise an verbilligte **Stromtarife** für die Mitarbeiter von Stromversorgern, die **Jahreswagen** für Mitarbeiter von Automobilherstellern, die **Freiflüge** von Mitarbeitern von Fluggesellschaften sowie die **Freifahrkarten** der Deutschen Bahn für ihre Mitarbeiter. Geht der Betrieb nach § 613a BGB als ganzer über, entstehen keine Probleme. Der Erwerber muss dann – wenn ein entsprechender Verpflichtungstatbestand wie betriebliche Übung, Betriebsvereinbarung, Gesamtzusage etc. existiert – die Vergünstigungen weitergewähren. Problematisch sind hingegen die Fälle des **Teilbetriebsübergangs**, wenn der Erwerber die Produktionsmittel nicht mitübernimmt. Man denke beispielsweise an die Fälle, dass der Automobilhersteller seine Kantine verpachtet, die Fluggesellschaft die Kabinenreinigung „out-sourced" oder die Deutsche Bahn den Gepäckträgerservice privatisiert. Würde man hier § 613a BGB voll anwenden, wäre der Erwerber verpflichtet, die entsprechenden Produkte bzw. Leistungen beim Veräußerer einzukaufen, notfalls zu Marktpreisen, und dann mit den bisherigen Vergünstigungen an die Mitarbeiter weiterzugeben. Das könnte zu exorbitanten Kostenbelastungen des Erwerbers führen, wie schon das Beispiel der Freiflüge bei Fluggesellschaften zeigt. Nach richtiger Auffassung[2] kann hier **§ 613a**

---

[1] Die in der 4. Auflage vertretene Auffassung wird insoweit aufgegeben.
[2] Ausführlich *Fuchs*, S. 37 ff.

r) Anpassung von unternehmens- oder leistungsabhängigen Vergütungen

Mitunter führt ein Betriebsübergang dazu, dass die Bemessungsgrundlage für variable Vergütungen unbrauchbar wird. Das kann beim **Teilbetriebsübergang** der Fall sein, aber auch wenn der gesamte Betrieb beim Erwerber **in eine größere Betriebsorganisation eingegliedert** wird. Ist beispielsweise dem Prokuristen eines kleinen Ingenieurbüros eine Gewinnbeteiligung von 5 % eingeräumt worden und wird dieses Ingenieurbüro von einem weltweit tätigen Automobilkonzern übernommen, so kann der Prokurist entgegen dem Wortlaut seines Anstellungsvertrages und § 613a Abs. 1 Satz 1 BGB selbstverständlich nicht 5 % vom Konzerngewinn verlangen. Hier sind die Parteien nach den Grundsätzen des **Wegfalls der Geschäftsgrundlage** verpflichtet, **neue angemessene Bemessungsgrundlagen** für die variable Vergütung **zu vereinbaren**, notfalls muss die Festsetzung gerichtlich erfolgen. Das allgemeine arbeitsrechtliche Dogma, wonach die Möglichkeit der Änderungskündigung (§ 2 KSchG) die Grundsätze vom Wegfall der Geschäftsgrundlage verdrängt,[1] gilt hier nicht.

202

s) Gesetzliches Wettbewerbsverbot, § 60 HGB

Das gesetzliche Wettbewerbsverbot nach § 60 HGB, das während der Dauer des Anstellungsverhältnisses gilt, geht unproblematisch nach § 613a Abs. 1 Satz 1 BGB auf den Erwerber über. Der Arbeitnehmer darf also dem Erwerber künftig keine Konkurrenz machen, während er dies gegenüber dem Veräußerer uneingeschränkt tun kann. Dem Veräußerer gegenüber unterliegt der Arbeitnehmer grundsätzlich keinen Bindungen. Zu beachten ist allerdings, dass sich die **sachliche Reichweite** des Verbots aus § 60 HGB durch den Betriebsübergang **ändern** kann. Das kommt insbesondere beim Betriebsteilübergang in Betracht, aber auch wenn der übernommene Betrieb in einem größeren Unternehmen aufgeht, das noch andere Geschäftsgegenstände hat. Das gesetzliche Wettbewerbsverbot aus § 60 HGB ist grundsätzlich **dynamisch**, nicht statisch. Inhalt und Reichweite des Verbots richten sich also nach dem jeweiligen Geschäftsgegenstand des Arbeitgebers, der sich im Laufe der Zeit ändern kann.[2] Dass sich durch den Betriebsübergang möglicherweise der sachliche Geltungsbereich des Verbots ausweitet, hat der Arbeitnehmer grundsätzlich hinzunehmen. Problematisch sind die Fälle, in denen sich der Arbeitnehmer im Vertrauen auf den Fortbestand der tatsächlichen Verhältnisse beim Veräußerer einen mit diesem nicht in Konflikt stehenden **Nebenerwerb aufgebaut** hat. Gerät er mit diesem Nebenerwerb nach dem Betriebsübergang in Konflikt zum Unternehmensgegenstand des Erwerbers, ist im Einzelfall abzuwägen, ob der Erwerber die Einstellung des Nebenerwerbs nach § 60 HGB verlangen kann oder ob das Vertrauen des Arbeitnehmers auf den Fortbestand der Nebenerwerbsmöglichkeit Vorrang hat. Letzteres kommt insbesondere in Betracht,

203

---

1 Dazu *Rost* in KR, § 2 KSchG Rz. 54k.
2 Grundlegend *D. Gaul*, NZA 1989, 698.

wenn der Arbeitnehmer viel Geld in den Nebenerwerb investiert hat und die Interessen des Erwerbers durch die Konkurrenztätigkeit nicht maßgeblich berührt werden.[1]

204 **Bereits entstandene** Ansprüche des Veräußerers gegen den Arbeitnehmer auf **Schadensersatz** wegen Verletzung von § 60 HGB gehen wie alle anderen Schadensersatzansprüche auch gem. § 613a Abs. 1 Satz 1 BGB auf den Erwerber über.[2]

t) Nachvertragliche Wettbewerbsverbote, §§ 74 ff. HGB

205 Umstritten sind die Auswirkungen eines Betriebsübergangs auf **nachvertragliche** Wettbewerbsverbote nach §§ 74 ff. HGB. Insoweit ist danach zu differenzieren, ob das Arbeitsverhältnis im Zeitpunkt des Betriebsübergangs bereits beendet ist oder nicht:

206 War das Arbeitsverhältnis zum Zeitpunkt des Betriebsübergangs bereits **beendet**, hatte das nachvertragliche Wettbewerbsverbot also bereits zu laufen begonnen, so greift § 613a BGB nach herrschender Auffassung[3] nicht. Der Erwerber tritt also nicht in das Wettbewerbsverbot ein, vielmehr bleibt es mit allen Rechten und Pflichten gegenüber dem Veräußerer bestehen. Folglich darf der Arbeitnehmer zum Erwerber beliebig in Konkurrenz treten, nicht dagegen zum Veräußerer. Hat der Veräußerer den gesamten Betrieb verkauft, entfällt sein berechtigtes geschäftliches Interesse an der Einhaltung des Verbots gem. § 74a Abs. 1 HGB.[4] Damit wird das Wettbewerbsverbot automatisch unverbindlich, so dass der Arbeit**nehmer** es nicht weiter einzuhalten braucht.[5] Dagegen steht dem Arbeit**geber** nach der Systematik des § 74a HGB grundsätzlich kein Lösungsrecht zu.[6] Denkbar ist allerdings, dass sich der Veräußerer im Rahmen der Betriebsveräußerung gegenüber dem Erwerber verpflichtet, für das Unterbleiben von Wettbewerb durch seine früheren Mitarbeiter einzustehen. Eine solche Verpflichtung sollte ausreichen, um das erforderliche berechtigte geschäftliche Interesse gem. § 74a Abs. 1 HGB zu begründen.[7] Möglich ist nach herrschender Auffassung auch, dass Arbeitnehmer und Arbeitgeber bereits bei Vereinbarung des Wettbewerbsverbots **ausdrücklich regeln**, dass das Verbot bei einem Betriebsübergang nach Ausscheiden des Arbeitnehmers auf den Erwerber übergeht.[8] Ohne weiteres zulässig ist die Überleitung des

---

1 *Richardi/Annuß* in Staudinger, § 613a BGB Rz. 158; *Raab* in Soergel, § 613a BGB Rz. 86; *Bossmann*, S. 67 ff.; a.A. *D. Gaul*, NZA 1989, 698.
2 *Richardi/Annuß* in Staudinger, § 613a BGB Rz. 159.
3 *Bauer/Diller*, Wettbewerbsverbote, Rz. 684 ff.
4 *Bauer/Diller*, Wettbewerbsverbote, Rz. 687a; *Etzel* in Großkomm. HGB, §§ 74 bis 75d HGB Rz. 66.
5 BAG v. 28.1.1966 – 3 AZR 374/65, AP 18 zu § 74 HGB unter III. 3. c der Gründe; *Grunsky*, S. 95; *Buchner*, C Rz. 257; *Bauer/Diller*, Wettbewerbsverbote, Rz. 219.
6 BAG v. 24.4.1970 – 3 AZR 328/69, AP 25 zu § 74 HGB unter I. 2. b) der Gründe m.w.N.; *Bauer/Diller*, Wettbewerbsverbote, Rz. 220.
7 *Bauer/Diller*, Wettbewerbsverbote, Rz. 687a; *Henssler* in Heymann, § 74a HGB Rz. 9.
8 *Etzel* in Großkomm. HGB, §§ 74 bis 75d HGB Rz. 66; *Bauer/Diller*, Wettbewerbsverbote, Rz. 687a.

Wettbewerbsverbots auf den Erwerber durch **dreiseitige Vereinbarung**,[1] ebenso wie die Vereinbarung eines **gesonderten Wettbewerbsverbots** zwischen Arbeitnehmer und **Erwerber** (das nicht den arbeitsrechtlichen Regeln der §§ 74 ff. HGB unterliegt!). Die isolierte **Abtretung des Unterlassungsanspruchs** an den Erwerber ist nicht möglich.[2]

Erfolgt der Betriebsübergang noch **während des rechtlichen Bestands** des Arbeitsverhältnisses, gehört ein vereinbartes nachvertragliches Wettbewerbsverbot grundsätzlich zu den Rechten und Pflichten aus dem Arbeitsverhältnis, in die der Erwerber nach § 613a Abs. 1 Satz 1 BGB eintritt.[3] Das gilt unabhängig davon, ob das Wettbewerbsverbot im Arbeitsvertrag enthalten war oder getrennt davon zeitgleich oder nachträglich vereinbart wurde.[4] Der Übergang nach § 613a Abs. 1 Satz 1 BGB ist auch nicht davon abhängig, ob das Arbeitsverhältnis im Moment des Betriebsübergangs bereits gekündigt war oder nicht, solange es noch rechtlich besteht.[5]

207

Das Wettbewerbsverbot **ändert** allerdings durch den Betriebsübergang **seinen Inhalt**. Durfte der Arbeitnehmer bislang seinem bisherigen Arbeitgeber keine Konkurrenz machen, ist ihm dies nach dem Betriebsübergang erlaubt, wogegen er sich einer Konkurrenz zum Erwerber zu enthalten hat. Diese Inhaltsänderung findet nach den Grundsätzen des § 613a Abs. 1 Satz 1 BGB auch dann statt, wenn das Wettbewerbsverbot ausdrücklich regelte, dass der Arbeitnehmer für keinen Konkurrenten „der Firma XY-GmbH" tätig werden darf. Wird der Betrieb der XY-GmbH von der Z-GmbH übernommen, ist dem Arbeitnehmer künftig die Konkurrenztätigkeit zur XY-GmbH erlaubt, während sie zur Z-GmbH verboten ist.[6] Insoweit gilt nichts anderes als für sämtliche anderen Rechte und Pflichten aus dem Arbeitsverhältnis, in die der Erwerber unabhängig davon eintritt, welches Unternehmen im Arbeitsvertrag namentlich als Arbeitgeber bezeichnet ist.

208

Besonderheiten entstehen allerdings, wenn das Wettbewerbsverbot seine sachliche Reichweite nicht über das Konkurrenzverhältnis definiert, sondern **ausdrücklich die gesperrten Branchen** bezeichnet. Hier können sich **Schutzlücken** ergeben. Ist beispielsweise der bei einem Automobilhersteller beschäftigte Arbeitnehmer durch das Wettbewerbsverbot für jegliche Tätigkeit „für einen Hersteller von Personenkraftwagen" gesperrt und geht sein Betriebsteil auf einen anderen Pkw-Hersteller über, der auch Lkw produziert, bleibt es bei der ausdrücklich vereinbarten Reichweite des Verbots mit der Folge, dass der Arbeitnehmer nach seinem Ausscheiden beim Erwerber für konkurrierende

209

---

1 *Etzel* in Großkomm. HGB, §§ 74 bis 75d HGB Rz. 66; *Bauer/Diller*, Wettbewerbsverbote, Rz. 687a.
2 *Bauer/Diller*, Wettbewerbsverbote, Rz. 687a, 689; *Henssler* in Heymann, § 74a HGB Rz. 37.
3 Ganz herrschende Meinung, z.B. *Bauer/Diller*, Wettbewerbsverbote, Rz. 669; *Grunsky*, S. 139; *Buchner*, C Rz. 435 ff.; *Bossmann*, S. 144 ff.; a.A. nur *Nägele*, BB 1989, 1481.
4 *Bauer/Diller*, Wettbewerbsverbote, Rz. 669 m.w.N.
5 *Bauer/Diller*, Wettbewerbsverbote, Rz. 671.
6 *Bauer/Diller*, Wettbewerbsverbote, Rz. 672.

Lkw-Hersteller tätig werden darf, nicht aber für konkurrierende Pkw-Hersteller.[1]

210 Für den Erwerber ist es unverzichtbar, sich **möglichst rasch Klarheit** über den Inhalt übergehender Wettbewerbsabreden zu verschaffen. Sind solche Verbote so formuliert, dass sie für den Erwerber keinen Sinn haben, muss er mit dem Arbeitnehmer über eine Neufassung verhandeln oder gem. § 75a HGB mit Jahresfrist auf das Verbot verzichten.

211 Nach dem Betriebsübergang kann der Arbeitnehmer dem Veräußerer grundsätzlich unbegrenzt Konkurrenz machen. Davor schützen kann sich der Veräußerer nur dadurch, dass er mit dem Arbeitnehmer ein **zusätzliches getrenntes Wettbewerbsverbot** vereinbart.[2]

212 Den Übergang seines Arbeitsverhältnisses auf den Erwerber kann der Arbeitnehmer durch Widerspruch verhindern (vgl. Teil VI Rz. 125 ff.). Ein **Widerspruch** nur hinsichtlich **einzelner Arbeitsbedingungen** ist dagegen nicht möglich. So ist es dem Arbeitnehmer nicht möglich, zwar sein Arbeitsverhältnis auf den Erwerber übergehen zu lassen, hinsichtlich des Wettbewerbsverbots jedoch einen Widerspruch zu erklären mit der Folge, dass das Wettbewerbsverbot gegenüber dem Veräußerer bestehen bliebe.[3]

u) Betriebliche Altersversorgung

213 Die weitaus größten Probleme beim Übergang von Arbeitsverhältnissen nach § 613a BGB entstehen im Bereich der betrieblichen Altersversorgung. Das liegt zum einen an den **verschiedenen Durchführungswegen** der betrieblichen Altersversorgung (§ 1b Abs. 1 bis Abs. 4 BetrAVG), zum anderen an der langen Zeit zwischen Erteilung der Zusage und Fälligkeit der Versorgungsleistungen. Die Probleme der betrieblichen Altersversorgung beim Betriebsübergang füllen mittlerweile Bibliotheken.[4] An dieser Stelle sei nur auf folgende Grundsätze hingewiesen:

214 Ist der Arbeitnehmer zum Zeitpunkt des Betriebsübergangs **bereits ausgeschieden**, tritt der Erwerber grundsätzlich **nicht** in irgendwelche Versorgungsansprüche ein. Das gilt unabhängig davon, ob der ausgeschiedene Arbeitnehmer bereits laufende Rentenzahlungen erhält oder ob er sich noch im Anwärter-Stadium vor Erreichen der Altersgrenze befindet.[5] Versorgungsschuldner bleibt in allen Fällen der Veräußerer.

215 **Besteht** das Arbeitsverhältnis im Moment des Betriebsübergangs noch, so tritt der Erwerber grundsätzlich **voll in die Versorgungsansprüche** ein (vgl. Teil VI Rz. 365 ff. zur Ablösung von Versorgungsansprüchen durch Betriebsverein-

---

1 Ausführlich *Bossmann*, S. 251 ff.; *Bauer/Diller*, Wettbewerbsverbote, Rz. 675.
2 *Bossmann*, S. 290.
3 *Richardi/Annuß* in Staudinger, § 613a BGB Rz. 160; *Seiter*, S. 80.
4 Z.B. *Gockel*, S. 1 ff.; *Doetsch/Rühmann* in Willemsen/Hohenstatt/Schweibert, J Rz. 1 ff.
5 BAG v. 24.3.1977 – 3 AZR 649/76, BAGE 29, 98 = AP 6 zu § 613a BGB; BAG v. 15.3.1979 – 3 AZR 859/77, AP 15 zu § 613a BGB.

barung des Erwerbers). Dabei ist **egal**, auf **welcher Rechtsgrundlage** die Versorgungsansprüche beruhen (Direktzusage, Gesamtzusage, betriebliche Übung, Gleichbehandlungsgrundsatz etc.). Der Übergang der Versorgungsansprüche auf den Erwerber hängt auch nicht davon ab, ob die Anwartschaft des Arbeitnehmers bereits **unverfallbar** (§ 1b BetrAVG)[1] ist. Der Erwerber tritt also auch in **noch verfallbare** Anwartschaften ein, wobei er bezüglich der Erfüllung der Unverfallbarkeitsfristen die beim Veräußerer zurückgelegte Dienstzeit anrechnen muss.[2] Bei der Aufstellung von Berechnungsregeln der eigenen Versorgungzusage ist der Erwerber allerdings frei und daher nicht verpflichtet, Beschäftigungszeiten der übernommenen Arbeitnehmer beim Veräußerer anzurechnen.[3] Für eine Berechnung der Unverfallbarkeit nach § 1 Abs. 1 Satz 1 Var. 2 BetrVG kann es auch auf frühere Beschäftigungszeiten in der früheren DDR ankommen.[4] Da durch den Eintritt in die Versorgungszusagen des Veräußerers **enorme finanzielle Belastungen** auf den Erwerber zukommen können, ist ein entsprechender Ausgleich im Rahmen des Kaufvertrages unentbehrlich. Denn aus § 613a BGB folgt entgegen einem verbreiteten Irrglauben keineswegs, dass der Veräußerer für den Übergang der Alt-Versorgungsansprüche in irgendeiner Weise an den Erwerber einen **Ausgleich zu zahlen** hätte, etwa aus ungerechtfertigter Bereicherung etc.

Besondere Probleme entstehen bei Formen betrieblicher Altersversorgung, bei denen der Arbeitgeber nicht in Form von „Direktzusagen" selbst Versorgungsschuldner ist, sondern die Versorgung über einen rechtlich selbstständigen Dritten erfolgt. Typische Fälle solcher „**mittelbaren Versorgungszusagen**" sind die Versorgung über **Unterstützungskassen**, **Pensionskassen**, **Pensionsfonds** und **Direktversicherungen** (Lebensversicherungen). Die Problematik liegt darin, dass der Erwerber häufig nicht die technischen Möglichkeiten hat, die Versorgung in ihrer jetzigen Form weiterzuführen. So mag beispielsweise bei einer Konzern-Pensionskasse die Pensionskassensatzung vorsehen, dass konzernfremde Unternehmen nicht Trägerunternehmen der Kasse sein können. Wird jetzt ein Betrieb oder Betriebsteil an einen konzernfremden neuen Arbeitgeber veräußert, kann dieser die bisherige Pensionskassenversorgung nicht fortführen. Das Gleiche gilt für eine Unterstützungskasse. Auch bei Lebensversicherungen kommt es häufig vor, dass der Veräußerer eine besonders günstige Gruppenversicherung abgeschlossen hat, die es unmöglich macht, einzelne Versicherungsverträge herauszulösen und auf den Erwerber eines Betriebsteils zu übertragen. 216

Die Rechtsprechung hat diese Fälle pragmatisch gelöst, indem sie das Versorgungsverhältnis in das arbeitsvertragliche „**Grundverhältnis**" gegenüber dem Arbeitnehmer einerseits und das „**Deckungsverhältnis**" gegenüber dem mittelbaren Versorgungsträger andererseits aufspaltet. Von § 613a Abs. 1 Satz 1 BGB erfasst ist nach der BAG-Rechtsprechung grundsätzlich **nur das Grundverhältnis**. Nicht von § 613a BGB erfasst ist dagegen der mittelbare Versorgungsträger und die mit ihm bestehenden Rechtsbeziehungen. Bei einer über 217

---

1 Zur Unverfallbarkeit beim Betriebsübergang, vgl. *Hambach*, NZA 2000, 291.
2 BAG v. 19.12.2000 – 3 AZR 451/99, NZA 2002, 615.
3 BAG v. 19.12.2000 – 3 AZR 451/99, NZA 2002, 615 (617).
4 BAG v. 19 .12.2000 – 3 AZR 451/99, NZA 2002, 615 (617).

eine Unterstützungskasse abgewickelten Versorgung bedeutet dies, dass die Unterstützungskasse grundsätzlich nicht auf den Erwerber übergeht. Vielmehr **verbleibt die Unterstützungskasse beim Veräußerer** und wird von den Ansprüchen der übergehenden Arbeitnehmer befreit.[1] Die beim Veräußerer verbleibende Unterstützungskasse bleibt hingegen für die Ansprüche der bereits vor dem Betriebsübergang ausgeschiedenen Rentner und Anwärter zuständig. Dass die Ansprüche der übergehenden Arbeitnehmer gegenüber der Unterstützungskasse erlöschen, bringt die Arbeitnehmer jedoch nicht um ihre Versorgungsansprüche. Denn aus dem nach § 613a Abs. 1 Satz 1 BGB übergehenden Grundverhältnis ergibt sich, dass der Erwerber den übergehenden Arbeitnehmern eine **in jedem Falle entsprechende Versorgung „zu verschaffen"** hat.[2] Dabei bleibt es grundsätzlich dem Erwerber überlassen, **auf welche Weise** er den übergehenden Arbeitnehmern die Versorgung verschaffen will. Er hat insoweit die freie Wahl zwischen den verschiedenen möglichen Durchführungswegen. Er kann beispielsweise eine Lebensversicherung einrichten. Denkbar wäre auch, im Einvernehmen mit dem Veräußerer und der Unterstützungskasse die Versorgungsansprüche aufgrund besonderer rechtlicher Vereinbarungen weiterhin über die alte Unterstützungskasse abwickeln zu lassen. Im Ergebnis muss der Erwerber die Leistungen verschaffen, die der Arbeitnehmer erhalten hätte, wenn er bei dem ursprünglichen Arbeitgeber verblieben wäre und entsprechend den ursprünglich in Bezug genommenen Bestimmungen versichert worden wäre. Richtet der Erwerber keine mittelbaren Versorgungssysteme ein, erwerben die übergehenden Arbeitnehmer einen **unmittelbaren Direktanspruch** gegen den Erwerber auf entsprechende Versorgungsleistungen (Direktzusage).

218 Noch nicht höchstrichterlich geklärt ist, in welchem Umfang sich **Bereicherungsansprüche** ergeben, wenn nach den dargestellten Grundsätzen die Unterstützungskasse von den Ansprüchen der übergehenden Mitarbeiter frei wird. Für das Entstehen von Bereicherungsansprüchen spricht, dass die Unterstützungskasse ohne Rechtsgrund einen Vermögensvorteil (Befreiung von Verbindlichkeiten) erlangt. Andererseits hätten keine Bereicherungsansprüche des Erwerbers bestanden, wenn es sich um eine unmittelbare Versorgungszusage gehandelt hätte. Angesichts dieser Unklarheiten ist es unabdingbar, dass Veräußerer und Erwerber im Unternehmenskaufvertrag die Kostenbelastung aus der betrieblichen Altersversorgung einkalkulieren und umfassend regeln.

219 Die am Beispiel der Unterstützungskasse dargestellten Grundsätze gelten auch für **Pensionskassenversorgungen**[3] und bei der **Direktversicherung**. Bei der Direktversicherung kommt es also darauf an, ob der Veräußerer die Versicherungsnehmer-Stellung auf den Erwerber überträgt (was entgegen § 4 BetrAVG nicht von der Zustimmung des Arbeitnehmers abhängt!). Kommt es zur Übertragung der Versicherungsnehmer-Stellung, wird die Direktversicherung nahtlos fortgeführt. Wird dagegen die Versicherungsnehmer-Stellung nicht

---

[1] Grundlegend BAG v. 5.5.1977 – 3 AZR 34/76, AP 7 zu § 613a BGB und BAG v. 15.3.1979 – 3 AZR 859/77, AP 15 zu § 613a BGB.
[2] BAG v. 5.10.1993 – 3 AZR 586/02, NZA 1994, 848; BAG v. 18.9.2001 – 3 AZR 689/00, NZA 2002, 1391.
[3] *Hill*, S. 137.

übertragen, erlischt die Lebensversicherungs-Versorgung gegenüber dem Arbeitnehmer. Der Veräußerer kann die Lebensversicherung dann zurückkaufen, während der Erwerber die Versorgung entweder selbst erbringen oder eine entsprechende neue mittelbare Versorgung einrichten muss. Bei jedem Wechsel des Durchführungsweges ist darauf zu achten, dass die neue Versorgung **wertmäßig exakt der alten Versorgung entsprechen** muss, Abschläge braucht der Arbeitnehmer nicht hinzunehmen.

In der Praxis kommt es immer wieder vor, dass Veräußerer und Erwerber **vereinbaren**, dass die Versorgungsansprüche der übergehenden Mitarbeiter **beim Veräußerer bleiben** sollen. Solche Vereinbarungen sind wegen Verstoßes gegen § 4 BetrAVG nichtig und zwar auch dann, wenn die Arbeitnehmer zustimmen. § 4 BetrAVG verbietet zum Schutz des PSV die Verschiebung von Versorgungsansprüchen auf Dritte, selbst wenn der Arbeitnehmer zustimmt (Ausnahmen[1] gelten nur für die Übertragung der Versorgungsansprüche auf Lebensversicherungen, Pensionskassen und – eingeschränkt – Unterstützungskassen).[2] Wenn somit der Eintritt des Erwerbers in die Versorgungsanwartschaften der übergehenden Mitarbeiter nicht zu verhindern ist, bleiben gleichwohl **Absprachen** zwischen Veräußerer und Erwerber möglich, wonach **im Innenverhältnis** der Veräußerer für die Versorgungsansprüche einstehen soll und später die laufenden Renten im Namen und für Rechnung des Erwerbers zu zahlen hat. All dies ändert aber nichts daran, dass schuldrechtlich gegenüber den Arbeitnehmern die Verpflichtung auf den Erwerber übergeht, was auch für die Beitragspflicht zur Insolvenzsicherung, für die Bildung von Rückstellungen etc. beim Erwerber von Bedeutung ist.

220

Angesichts der erheblichen Belastungen durch die Betriebliche Altersversorgung stellt sich häufig die Frage, ob und wie Versorgungsanwartschaften abgefunden werden können. Für die **Abfindung** unverfallbarer Anwartschaften bei Beendigung von Arbeitsverhältnissen enthält § 3 BetrAVG ein grundsätzliches **Abfindungsverbot**. Die zulässigen Abfindungsmöglichkeiten richten sich entsprechend § 3 Abs. 1 Satz 2–6 BetrAVG nach der Höhe der Anwartschaft. Beide Vertragsparteien haben ein **einseitiges** Abfindungsrecht, wenn der Monatsbetrag der Rente 1 % bzw. eine einmalige Kapitalleistung 120 % der monatlichen Bezugsgröße nach § 18 SGB IV nicht übersteigt. **Einvernehmlich** dürfen Arbeitgeber und Arbeitnehmer eine Anwartschaft abfinden, soweit die Monatsrente bzw. Kapitalleistung 2 % bzw. 240 % der genannten Bezugsgröße nicht übersteigt. Diese Grenze erhöht sich auf maximal 4 % bzw. 480 %, sofern der Abfindungsbetrag vom Arbeitgeber zur Zahlung von Beiträgen zur gesetzlichen Rentenversicherung oder zum Aufbau einer Versorgungsleistung bei einer Direktversicherung oder Pensionskasse oder Pensionsfonds verwandt wird. Außerdem bleibt eine Abfindung bei Erstattung der Beiträge zur gesetzlichen Rentenversicherung möglich.

221

§ 3 BetrAVG greift nur ein, wenn das Arbeitsverhältnis **beendet** wird. Kein Verstoß gegen die Schutzvorschrift liegt vor, wenn das Arbeitsverhältnis fortdau-

222

---

[1] Vgl. BAG v. 17.3.1987 – = BB 1987, 2233, 2234f.
[2] BAG v. 14.7.1981 – 3 AZR 517/80, NJW 1982, 1607 = AP 27 zu § 613a BGB m. Anm. Thieme.

ert.¹ Problematisch ist die Handhabung des § 3 BetrAVG aber beim Betriebsübergang, wobei verschiedene Varianten unterschieden werden müssen: Wird das Arbeitsverhältnis mit dem neuen Arbeitgeber fortgesetzt, können nach richtiger Auffassung Ansprüche auf betriebliche Altersversorgung ohne Rücksicht auf § 3 BetrAVG einvernehmlich kapitalisiert werden. Das ergibt sich daraus, dass gerade wegen des Betriebsübergangs nicht von einer Beendigung des Arbeitsverhältnisses gesprochen werden kann. Zwar ist der Veräußerer nach dem Betriebsübergang nicht mehr der Arbeitgeber, doch kommt es im Rahmen des § 3 BetrAVG darauf an, dass das Arbeitsverhältnis mit dem neuen Arbeitgeber fortgesetzt wird. § 3 BetrAvG ist daher nach zutreffender Auffassung nicht einschlägig. **Vorsicht** ist aber dennoch geboten: Das BAG hat in seinem Urteil vom 12.5.1992² ausdrücklich offen gelassen, ob ein entschädigungsloser Verzicht an § 3 BetrAVG zu messen ist; es hat einen solchen Verzicht – jedenfalls dann, wenn keine sachlichen Gründe vorliegen – als **Umgehung** des § 613a Abs. 1 Satz 1 BGB gewertet. Das bedeutet, dass auch solche nachteiligen Änderungen zu Lasten der Arbeitnehmer, die sich nicht als entschädigungsloser Verzicht darstellen, an § 613a BGB zu messen sind. Nach richtiger Auffassung dürfte ein Verstoß gegen § 613a BGB aber dann nicht vorliegen, wenn der Anspruch auf betriebliche Altersversorgung im Einvernehmen mit dem Arbeitnehmer voll kapitalisiert wird.

2. Rechtsstellung übergehender Mitarbeiter im aufnehmenden Betrieb

223 Wird der übernommene Betrieb vom Erwerber in eine bestehende Betriebsorganisation integriert, ändert dies zunächst nichts daran, dass die übergehenden Mitarbeiter alle individualvertraglichen Rechte und Pflichten behalten (zur entgegengesetzten Rechtslage bei kollektivrechtlichen Rechten und Pflichten s. Teil VI Rz. 364 ff.). Dadurch kann es dazu kommen, dass im aufnehmenden Betrieb vergleichbare Mitarbeiter die gleiche Tätigkeit zu ganz unterschiedlichen Konditionen verrichten. Während die übergehenden Mitarbeiter ihre bisherigen Konditionen mitnehmen, gelten im aufnehmenden Betrieb möglicherweise ganz andere Vergütungs- und Sozialleistungsstrukturen. Die sich aus diesem Zustand ergebenden Probleme sind weitgehend ungelöst. Einigkeit besteht nur insofern, als eine Anwendung des **Gleichbehandlungsgrundsatzes** insoweit **ausscheidet**. Die übernommenen Mitarbeiter können also nicht verlangen, dass ihre Vergütungen bzw. ihre Sozialleistungen auf das Niveau im aufnehmenden Betrieb angehoben werden. Ebenso wenig können die Mitarbeiter des aufnehmenden Betriebs verlangen, dass ihnen die gleichen Konditionen gewährt werden, wie sie die übernommenen Mitarbeiter mitbringen.³ Die Ungleichbehandlung ist hier systembedingt und gerechtfertigt, da die in § 613a BGB angeordneten Rechtswirkungen einen **sachlichen Grund** für die Ungleichbehandlung darstellen. Die Differenzierung soll aber im Einzelfall und im Laufe der Zeit ihren sachlichen Grund verlieren können, was aber u.E. nur sehr zurückhaltend anzunehmen ist. Was zu Lasten der Arbeitnehmer gilt,

---

1 BAG v. 14.8.1990 – 3 AZR 301/89, NZA 1991, 174.
2 3 AZR 247/91, NZA 1992, 1080.
3 Unstreitig, BAG v. 25.8.1976 – 5 AZR 788/75, AP 41 zu § 242 BGB Gleichbehandlung; BAG v. 30.8.1979 – 3 AZR 58/78, AP 16 zu § 613a BGB.

gilt selbstverständlich auch zu ihren Gunsten. Deshalb darf der Erwerber individualrechtliche Ansprüche übernommener Arbeitnehmer nicht unter Hinweis auf den arbeitsrechtlichen Gleichbehandlungsgrundsatz an schlechtere Bedingungen der Belegschaft des aufnehmenden Betriebs anpassen,[1] ebenso wenig wie der Erwerber die Konditionen seiner Stammbelegschaft an die schlechteren Bedingungen der übernommenen Mitarbeiter anpassen kann.

Problematisch ist die Frage, ob und in welchem Umfang der Erwerber die bisherige **Betriebszugehörigkeit** der übergehenden Mitarbeiter im Hinblick auf Sozialleistungen berücksichtigen muss, auf die die übergegangenen Mitarbeiter beim Veräußerer keinen Anspruch hatten, die aber **im aufnehmenden Betrieb gelten.** 224

Beispiel:

Der Veräußerer hat keine betriebliche Altersversorgung, während der Erwerber in einer Betriebsvereinbarung allen Mitarbeitern in Abhängigkeit von ihrer Betriebszugehörigkeit Altersrenten zusagt. Nach richtiger Auffassung kann der Erwerber nicht gezwungen sein, die übernommenen Mitarbeiter unter Anrechnung ihrer bisherigen Betriebszugehörigkeit voll in die bestehende Versorgungszusage zu integrieren. Dies hätte zur Folge, dass auf einen Schlag gewaltige neue Rückstellungen zu bilden wären. Lediglich für die Frage der Unverfallbarkeit muss der Erwerber die bisherigen Zeiten der Betriebszugehörigkeit berücksichtigen.[2] Bei der Bemessung der Höhe der Versorgungszusage muss der Erwerber dagegen die bisherigen Dienstzeiten nicht berücksichtigen.[3] Dieses Ergebnis ist sachgerecht, weil die betriebliche Altersversorgung grundsätzlich der Honorierung der Betriebstreue dient, aber die übernommenen Arbeitnehmer bei ihrem früheren Arbeitgeber ihre Dienste gerade nicht in der Erwartung einer betrieblichen Altersversorgung erbracht haben. Gleiches muss für alle anderen Ansprüche auf Sozialleistungen gelten.

3. Abweichende Vereinbarungen mit den Arbeitnehmern

Die Wirkungen des § 613a BGB dürfen nicht dadurch umgangen werden, dass der Erwerber den vom Betriebsübergang betroffenen Arbeitnehmern eine Einstellungszusage macht, die Mitarbeiter daraufhin mit dem Veräußerer **Aufhebungsverträge** abschließen und dann vom Erwerber ohne Rücksicht auf die bisher geltenden Rechte und Pflichten zu neuen (verschlechterten) Konditionen eingestellt werden. Solche Vorgehensweisen („Lemgoer-Modell") waren bei der Sanierung angeschlagener Unternehmen üblich und fanden häufig im vollen **Einvernehmen mit Betriebsräten und Gewerkschaften** statt. Gleichwohl sind solche Vereinbarungen nicht wirksam, so dass sich die Arbeitneh- 225

---

1 Vgl. BAG v. 20.1.2000 – 2 ABR 40/99, NZA 2000, 592; BAG v. 6.12.1978 – 5 AZR 545/77, AP 7 zu § 2 AngkündG.
2 Vgl. BAG v. 8.2.1983 – 3 AZR 229/81, AP 35 zu § 613a BGB m. abl. Anm. *Blomeyer*; BAG v. 24.7.2001 – 3 AZR 660/00, NZA 2002, 520; vgl. auch BAG v. 18.2.2003 – 3 AZR 81/02, BB 2003, 1841.
3 BAG v. 24.7.2001 – 3 AZR 660/00, NZA 2002, 520; BAG v. 19.11.2002 – 3 AZR 167/02 = BB 2003, 1624; vgl. ausführlich Teil VI Rz. 368 ff.

mer später auf die Unwirksamkeit der Aufhebungsverträge und der Abreden mit dem Erwerber berufen können mit der Folge, dass ihnen alle bisherigen Rechte aus dem früheren Arbeitsverhältnis zustehen.[1]

226 **Nach** erfolgtem Betriebsübergang kann indes der Erwerber mit den Arbeitnehmern einzelvertraglich die Arbeitsbedingungen **beliebig verschlechtern**, soweit diese nicht durch Tarifverträge oder Betriebsvereinbarungen geregelt sind (§§ 4, 5 TVG, § 77 BetrVG). Entgegen einem weit verbreiteten Irrtum gilt die **Jahresfrist** nach § 613a Abs. 1 Satz 2 BGB nur für „transformierte" Ansprüche aus Kollektivregelungen.

227 Eine einseitige Reduzierung der übergangenen Ansprüche durch **Änderungskündigung** scheidet dagegen regelmäßig aus, egal ob sie während der Jahresfrist oder danach versucht wird. Denn die Rechtsprechung lässt eine Änderungskündigung zum Zwecke der Herabsetzung der vertraglichen Vergütung nur äußerst eingeschränkt zu (Existenzgefährdung des Betriebes)[2] und die insoweit geltenden hohen Hürden sind fast unüberwindbar (zur Frage, in welchen Fällen auch schon während der Jahresfrist eine Änderungskündigung ausgesprochen werden kann, Teil VI Rz. 342 ff.).

4. Abweichende Regelungen zwischen Erwerber und Veräußerer

228 Die Rechtswirkungen des § 613a Abs. 1 Satz 1 BGB stehen grundsätzlich nicht zur Disposition der Parteien des Betriebsveräußerungsvertrages. § 613a BGB steht freilich **schuldrechtlichen Vereinbarungen zwischen Veräußerer und Erwerber** grundsätzlich nicht entgegen. Das gilt selbst dann, wenn dadurch **Ergebnisse** erzielt werden, die dem **Schutzzweck von § 613a BGB eigentlich entgegenlaufen**. So können beispielsweise trotz § 613a Abs. 4 BGB Veräußerer und Erwerber vereinbaren, dass der Erwerber bestimmte Arbeitnehmer nicht übernehmen will und deshalb der Veräußerer verpflichtet ist, sich zur Vermeidung einer vereinbarten Vertragsstrafe bis zum Übergangsstichtag von bestimmten Arbeitnehmern durch Kündigung oder Aufhebungsvertrag zu trennen. Solche Vereinbarungen sind uneingeschränkt wirksam und auch nicht sittenwidrig. Gelingt allerdings dem Veräußerer die Trennung von dem betreffenden Arbeitnehmer nicht, geht dessen Arbeitsverhältnis selbstverständlich nach § 613a BGB auf den Erwerber über.

229 Das Gleiche gilt für Vereinbarungen im Betriebsveräußerungsvertrag, wonach der Veräußerer vor dem Übergang noch bestimmte **Sozialleistungen abzubauen** hat. Gelingt ihm dies – aus welchen Gründen auch immer – nicht, gehen die Arbeitnehmer mit allen bisherigen Rechten und Pflichten über (zu Vereinbarungen, wonach Ansprüche auf betriebliche Altersversorgung beim Veräußerer bleiben sollen s. oben Teil VI Rz. 220). Für diesen Fall können im Betriebsveräußerungsvertrag Schadensersatzansprüche oder eine Reduzierung des Kaufpreises vereinbart werden.

---

1 BAG v. 29.10.1985 – 3 AZR 485/83, BAGE 50, 65 = AP 4 zu § 1 BetrAVG Betriebsveräußerung.
2 BAG v. 12.11.1998 – 2 AZR 91/98, DB 1999, 536.

VII. Rechtsstellung Dritter

Bei der Beendigung des Arbeitsverhältnisses und der Begründung eines neuen mit einem neuen Arbeitgeber erlischt die **Pfändung** von Arbeitseinkommen insoweit, als Vergütungsansprüche gegen den neuen Arbeitgeber grundsätzlich neu gepfändet werden müssen (§ 833 Abs. 1 Satz 2 ZPO). Dies gilt aber nicht beim Übergang eines Arbeitsverhältnisses im Rahmen des § 613a BGB, da kein „neues Arbeitsverhältnis" begründet wird; vielmehr ist von einem **einheitlichen Arbeitsverhältnis** trotz des rechtlichen Wechsels in der Person des Arbeitgebers auszugehen[1] (vgl. Teil VI Rz. 153). Damit erfasst eine Lohnpfändung auch Ansprüche auf Arbeitseinkommen, die dem Arbeitnehmer gegen den Arbeitgeber zustehen, auf den der Betrieb oder Betriebsteil übergegangen ist. Dieses Ergebnis entspricht den Bedürfnissen des Rechtsverkehrs und der Zwangsvollstreckung, andernfalls würden erhebliche Nachteile für die Pfändungsgläubiger entstehen, da diese regelmäßig erst sehr spät Kenntnis vom Inhaberwechsel erhalten.

230

VIII. Kündigungsrechtliche Fragen

1. Rechtsnatur und Geltungsbereich von § 613a Abs. 4 BGB

Die von § 613a BGB bezweckte **Sicherung der Arbeitsplätze** würde leerlaufen, wenn anlässlich des Betriebs- oder Betriebsteilübergangs betriebsbedingte Kündigungen uneingeschränkt zulässig wären. Weder Veräußerer noch Erwerber können Arbeitsverhältnisse aus betriebsbedingten Gründen allein deshalb kündigen, weil der Erwerber die Übernahme einzelner Arbeitnehmer ablehnt.[2] Der Übergang des Betriebs oder Betriebsteils als solcher ist kein Kündigungsgrund. Denkbar sind jedoch betriebliche Rationalisierungsmaßnahmen mit Folgen für einzelne Arbeitsplätze, die auch der ursprüngliche Arbeitgeber hätte durchführen können. Der Gesetzgeber[3] hat diese Rechtsprechung im Wesentlichen durch den 1980 neu in § 613a BGB eingeführten Abs. 4 bestätigt. Leider ist versäumt worden, bei der Novellierung des Gesetzes einige Zweifelsfragen mit zu klären.

231

Nach Auffassung des BAG enthält § 613a Abs. 4 BGB ein **eigenständiges Kündigungsverbot** im Sinne von §§ 13 Abs. 3 KSchG, 134 BGB.[4] Angesichts der Entstehungsgeschichte von § 613a Abs. 4 BGB ist diese Auffassung zweifelhaft,[5] für die Praxis aber aufgrund ständiger Spruchpraxis des BAG maßgeblich. Die Folge ist, dass die Unwirksamkeit einer Kündigung wegen § 613a Abs. 4 BGB **unabhängig** von den Beschränkungen des KSchG geltend gemacht werden kann. Bisher galt bei (vermeintlichen) Kündigungen nach § 613a Abs. 4

232

---

1 LAG Hamm v. 7.5.1976 – 3 Sa 1093/75, BB 1976, 1369; *Baumbach* in Baumbach/Lauterbach/Albers/Hartmann, § 833 ZPO Rz. 3.
2 BAG v. 2.10.1974 – 5 AZR 504/73, AP 1 zu § 613a BGB (*Seiter*).
3 EG-Anpassungsgesetz v. 13.8.1980, BGBl. I, S. 1308.
4 Vgl. BAG v. 31.1.1985 – 2 AZR 530/83, NZA 1985, 593; BAG v. 5.12.1985 – 2 AZR 3/85, NZA 1986, 522; BAG v. 18.7.1996 – 8 AZR 127/94, NZA 1997, 148; ebenso *Pfeifer* in KR, § 613a BGB Rz. 178.
5 Vgl. *Seiter*, S. 112; *Bauer*, Unternehmensveräußerung, S. 82 f.; *Bauer*, DB 1983, 713.

BGB insbesondere auch nicht die **Frist** des § 4 KSchG a.F. Die Rechtsprechung[1] und Teile der Literatur[2] äußerten aber die Ansicht, dass der Arbeitnehmer das Klagerecht verwirken könne, wenn er ohne sachlichen Grund von der Klageerhebung absehe. Die jeweils maßgeblichen Umstände des Einzelfalls verbieten zwar nach ihrer Meinung eine starre Höchstfrist der Klageerhebung. Dem bisherigen Arbeitgeber kann es ihrer Ansicht nach aber nicht zugemutet werden, über längere Zeit im Unklaren zu sein, ob Arbeitnehmer unter Berufung auf § 613a Abs. 4 BGB gegen Kündigungen vorgehen. Die Arbeitnehmer hätten ebenfalls ein Interesse an der umgehenden Klärung des rechtlichen Bestandes ihres Arbeitsverhältnisses. In Anlehnung an die Wertungen der §§ 4, 7 KSchG, 17 TzBfG, 113 Abs. 2 InsO werde daher das Klagerecht aus § 613a Abs. 4 BGB verwirkt, wenn es vom Arbeitnehmer nicht innerhalb einer Frist von drei Wochen ab Kenntnis der für den Betriebsübergang maßgeblichen Tatsachen geltend gemacht wird. Ab dem 1.1.2004 gilt die Frist des § 4 Satz 1 KSchG n.F. zur Erhebung einer Kündigungsschutzklage, mit der ihre Unwirksamkeit gerügt werden soll, für **sämtliche Unwirksamkeitsgründe**. Auch bei einer Kündigung nach § 613a Abs. 4 BGB gilt damit, dass der Arbeitnehmer innerhalb von **drei Wochen** nach Zugang der **schriftlichen** Kündigung Klage erheben **muss**. Versäumt er diese Frist, gilt gemäß § 7 KSchG die Kündigung von Anfang an als rechtswirksam.[3] Damit schuf der Gesetzgeber eine einheitliche Klagefrist, mit der Arbeitgeber und Arbeitnehmer nicht der Unsicherheit einer möglichen Verwirkung ausgesetzt sind und mit der sie alsbald Klarheit über den Fortbestand oder die Auflösung ihres Arbeitsverhältnisses haben.[4]

233 Auch für Arbeitnehmer in den sog. „**Kleinbetrieben**", für die das KSchG grundsätzlich keine Anwendung findet, entfalten diese neuen Bestimmungen gemäß § 23 Abs. 1 Satz 2 KSchG Geltung.[5] Auch sie müssen innerhalb der Drei-Wochen-Frist Kündigungsschutzklage erheben, um nach § 613a Abs. 4 BGB gegen ihre Kündigung vorzugehen. Unerheblich für die zeitliche Geltendmachung ist, ob es sich um eine Beendigungs- oder um eine Änderungskündigung handelt.[6] Da für Betriebsübergänge in der **Insolvenz** schon vor der Gesetzesänderung eine Drei-Wochen-Frist nach § 113 Abs. 2 InsO galt, hob der Gesetzgeber diese Vorschrift konsequenterweise auf (vgl. zu Betriebsübergängen in der Insolvenz Teil VI Rz. 271 ff.). Keine Angaben macht der Gesetzgeber jedoch zu der Klagefrist für Arbeitnehmer, die mangels hinreichender **Wartefrist** nach § 1 KSchG nicht unter dieses Gesetz fallen. Ihm ging es mit der Gesetzänderung ausdrücklich darum, die dreiwöchige Frist über den Fall der Sozialwidrigkeit hinaus auf die gerichtliche Geltendmachung aller Unwirksamkeitsgründe einzuführen.[7] Diesem Willen liefe es zuwider, wenn die Klagefrist von drei

---

1 BAG v. 27.1.2000 – 8 AZR 106/99, ZInsO 2000, 411; BAG v. 20.5.1988 – 2 AZR 711/87, EzA § 242 BGB Prozessverwirkung Nr. 1; vgl. auch ArbG Karlsruhe v. 9.3.1988 – 1 Ca 446/87, EWiR § 613a BGB 5/88, 1181 (*Bauer/Baeck*).
2 5. Aufl. Rz. 222; ebenfalls *Richardi/Annuß* in Staudinger, § 613a BGB Rz. 256.
3 BT-Drucks. 15/1204, 9 f., 13.
4 BT-Drucks. 15/1204, 2, 10.
5 BT-Drucks. 15/1204, 13.
6 *Bauer/Röder*, S. 231.
7 BT-Drucks. 15/1204, 9.

Wochen ab Zugang der schriftlichen Kündigung nicht auch für Arbeitnehmer gelten würde, die die sechsmonatige Wartefrist noch nicht erfüllt haben.[1]

Mit dem Kündigungsverbot des § 613a Abs. 4 BGB soll die Überleitung der Arbeitsverhältnisse beim Betriebsübergang gewährleistet werden. **Umgehungsgeschäfte** sollen verhindert werden.[2] Weil der Erwerber vor diesem Hintergrund so zu behandeln ist, als würden die arbeitsvertraglichen Beziehungen des Arbeitnehmers zum Veräußerer weiter bestehen, sind bei einem Betriebsinhaberwechsel die Beschäftigungszeiten zusammenzurechnen, wenn die Identität des Betriebs gewahrt ist. Dies hat der kündigende Erwerber bei der Berechung der Kündigungsfrist nach § 622 Abs. 2 BGB und bei der Ermittlung der Wartezeit nach § 1 Abs. 1 KSchG zu beachten.[3] Selbst die Tatsache, dass der gekündigte Arbeitnehmer bereits eine Abfindung erhielt, spielt dabei keine Rolle.[4] Auf Grund des Umgehungsverbots sind nach der Rechtsprechung auch Aufhebungsverträge aus Anlass des Betriebsübergangs untersagt, wenn sie vom Veräußerer oder Erwerber allein veranlasst werden, um dem bestehenden Kündigungsverbot auszuweichen.[5] Dagegen können die Arbeitsvertragsparteien ihr Rechtsverhältnis im Zusammenhang mit einem Betriebsübergang ohne Vorliegen eines sachlichen Grundes wirksam durch Aufhebungsvertrag auflösen, sofern die Vereinbarung auf das **endgültige** Ausscheiden des Arbeitnehmers aus dem Betrieb gerichtet ist.[6] Unzulässig sind auch Vereinbarungen zur **Befristung** eines Arbeitsverhältnisses **wegen** eines bevorstehenden oder vollzogenen Betriebsübergangs. Der für eine Befristung erforderliche sachliche Grund kann nicht allein in einem geplanten Betriebsübergang liegen. Nach der Wertung des § 613a Abs. 1 Satz 1 BGB hat der Betriebsübergang außer der Auswechslung der Person des Arbeitgebers keine Auswirkungen auf das Arbeitsverhältnis.[7] Ein die Befristung rechtfertigender Grund kann sich aber aus Umständen ergeben, die mit der Betriebsveräußerung zusammenhängen.[8] Nach zweifelhafter Auffassung des BAG soll ein sachlicher Grund auch dann erforderlich sein, wenn das Kündigungsschutzgesetz mangels Betriebsgröße auf das Arbeitsverhältnis keine Anwendung findet.[9]

234

2. Kündigung „wegen Betriebs(teil)übergang"

Betriebsbedingte Kündigungen sind nach dem Wortlaut des Gesetzes dann unwirksam, wenn sie „**wegen** des Übergangs eines Betriebs oder Betriebsteils" er-

235

---

1 Infolge dieser begrüßenswerten Gesetzgebung ist ein Rückgriff auf die Grundsätze der Verwirkung nicht mehr erforderlich.
2 BAG v. 31.1.1985 – 2 AZR 530/83, BAGE 48, 40 (49 ff.); BAG v. 5.12.1985 – 2 AZR 3/85, AP 47 zu § 613a BGB; BAG v. 18.9.2003 – 2 AZR 330/02, NZA 2004, 319.
3 BAG v. 27.6.2002 – 2 AZR 270/01, NZA 2003, 145; BAG v. 5.2.2004 – 8 AZR 639/02, NZA 2004, 845.
4 BAG v. 18.9.2003 – 2 AZR 330/02, NZA 2004, 319; vgl. v. Steinau-Steinrück/Wagner, NJW-Spezial 2004, 34.
5 BAG v. 15.2.1995 – 7 AZR 680/94, NZA 1995, 987 (988).
6 BAG v. 10.12.1998 – 8 AZR 324/97, ZIP 1999, 320 ff.
7 BAG v. 15.2.1995 – 7 AZR 680/94, NZA 1995, 987 (988); BAG v. 2.12.1998 – 7 AZR 579/97, NZA 1999, 926 (928).
8 BAG v. 2.12.1998 – 7 AZR 579/97, NZA 1999, 926 (928).
9 BAG v. 2.12.1998 – 7 AZR 579/97, NZA 1999, 926 (928).

folgen. Nach ganz h.M. in Literatur und Rechtsprechung ist das der Fall, wenn der Betriebsübergang **überwiegende Ursache** für die Kündigung ist.[1] Dies entspricht am ehesten Sinn und Zweck des § 613a Abs. 4 BGB. Damit ist nicht jede betriebsbedingte Kündigung verboten, die bloß in ursächlichem Zusammenhang mit dem Übergang steht. Andererseits steht auch fest, dass der Übergang als solcher kein Kündigungsgrund ist, d.h., dass es weder für den bisherigen noch für den neuen Arbeitgeber genügt, sich zur Begründung einer betriebsbedingten Kündigung auf den Übergang zu berufen. Es müssen vielmehr dringende betriebliche Erfordernisse bestehen, die einer Weiterbeschäftigung des betroffenen Arbeitnehmers entgegenstehen.

236 Nach ständiger Rechtsprechung des BAG erfolgt eine Kündigung „wegen" Betriebs(teil)übergangs, wenn dieser **Beweggrund** und nicht nur äußerer Anlass für die Kündigung ist.[2] Dabei kommt es ausschließlich auf die Verhältnisse bei Zugang der Kündigung an. Ein bevorstehender Betriebs(teil)übergang kann nur dann zur Unwirksamkeit der Kündigung führen, wenn die den Übergang ausmachenden Tatsachen zu diesem Zeitpunkt bereits feststehen oder zumindest greifbare Formen angenommen haben.[3]

237 Nach Auffassung des BAG hat § 613a Abs. 4 BGB Komplementärfunktion gegenüber § 613a Abs. 1 BGB. Als spezialgesetzliche Regelung des allgemeinen **Umgehungsverbotes** soll die Vorschrift verhindern, dass der in § 613a Abs. 1 BGB angeordnete Bestandsschutz durch Kündigungen unterlaufen wird. Für den Veräußerer kann das zutreffen, wenn der Erwerber die Personalbereinigung zur Kaufvoraussetzung gemacht hat und daraufhin betriebsbedingte Kündigungen ausgesprochen werden.[4] Gleiches gilt für die Kündigung mit der Begründung, der Erwerber sei wegen der Höhe des Gehalts des betroffenen Arbeitnehmers nicht bereit, diesen zu übernehmen.[5] § 613a Abs. 4 BGB erfasst auch Änderungskündigungen, da sich der Schutz der Vorschrift auch auf den Inhalt der Arbeitsbedingungen erstreckt. Im Übrigen richtet sich das Verbot sowohl an den bisherigen als auch den neuen Arbeitgeber. Das Kündigungsverbot ist dann nicht einschlägig, wenn es neben dem Betriebs(teil)übergang einen sachlichen Grund gibt, der „aus sich heraus" die Kündigung zu rechtfertigen vermag.[6] Das kann auch eine Betriebsteilstilllegung sein.[7] Damit kann der bisherige Arbeitgeber unter den allgemeinen Voraussetzungen für betriebsbedingte Kündigungen Personalabbau betreiben, wenn der Übergang des Betriebs oder Betriebsteils konkret bevorsteht. Der „Wasserkopf" kann also abge-

---

1 Vgl. BAG v. 3.9.1998 – 8 AZR 306/97, NZA 1999, 147 (149); vgl. auch BAG v. 26.5.1983 – 2 AZR 477/81, BB 1983, 2116; BAG v. 27.9.1984 – 2 AZR 309/83, NZA 1985, 493; *Schreiber*, RdA 1982, 137 unter Hinweis auf BAG, AP 5, 9 zu § 6 LFG; *Bauer*, DB 1983, 713; *Willemsen*, ZIP 1983, 411.
2 BAG v. 3.9.1998 – 8 AZR 306/97, NZA 1999, 147 (149); BAG v. 26.5.1983 – 2 AZR 477/81, BAGE 43, 13 (21 f.); BAG v. 27.9.1984 – 2 AZR 309/83, BAGE 47, 13 (21); BAG v. 19.5.1988 – 2 AZR 596/87, BAGE 59, 12; BAG v. 18.7.1996 – 8 AZR 127/94, NZA 1997, 148 (149).
3 BAG v. 3.9.1998 – 8 AZR 306/97, NZA 1999, 147 (149).
4 BAG v. 2.12.1998 – 7 AZR 579/97, NZA 1999, 926 (928).
5 BAG v. 26.5.1983 – 2 AZR 477/81, BB 1983, 2116.
6 BAG v. 18.7.1996 – 8 AZR 127/94, NZA 1997, 148 (149).
7 BAG v. 28.10.2004 – 8 AZR 391/03, NZA 2005, 285.

baut werden, ohne dass der Inhaberwechsel abgewartet werden muss. Entsprechendes gilt für den neuen Arbeitgeber. Die beteiligten Arbeitgeber sollen nicht daran gehindert werden, dringende betriebliche Rationalisierungsmaßnahmen zur Rettung des Unternehmens, Betriebs oder Betriebsteils durchzuführen, nur weil sie in zeitlichem Zusammenhang mit dem Übergang nach § 613a BGB stehen.[1] Dass dies richtig ist, ergibt sich im Übrigen auch daraus, dass § 613a Abs. 4 BGB selbst keinerlei zeitliche Schranke enthält. Für die Annahme eines Kündigungsverbots nach § 613a Abs. 4 BGB ist es nicht ausreichend, wenn einem von einem Übergang anderer Betriebsteile nicht betroffenen Arbeitnehmer deshalb gekündigt wird, weil durch den Übergang der anderen Betriebsteile der Beschäftigungsbedarf für ihn zurückgeht oder entfällt.[2]

Kontrovers werden die Fälle diskutiert, in denen der ursprüngliche Inhaber eines Betriebes im Hinblick auf die – ggf. lediglich bevorstehende – Betriebs(teil)veräußerung betriebsbedingte Kündigungen allein deshalb ausspricht, weil er zu der Erkenntnis gelangt ist, den Betrieb bzw. Betriebsteil ansonsten nicht veräußern zu können. Diese Diskussion spitzt sich in der Frage zu, ob der Veräußerer Kündigungen auf ein vom Erwerber entwickeltes unternehmerisches Konzept stützen kann (sog. „**Veräußererkündigung auf Erwerberkonzept**").[3] Bei dieser Variante handelt es sich nach richtiger Auffassung um eine Kündigung „aus anderen Gründen", also nicht um eine Kündigung „wegen" Betriebsübergangs. Denn das Kündigungsverbot nach § 613a Abs. 4 Satz 1 BGB greift nicht ein, wenn neben dem Betriebsübergang ein sachlicher Grund besteht, der „aus sich heraus" die Kündigung zu rechtfertigen vermag.[4] Ob das unternehmerische Konzept vom Erwerber oder vom Veräußerer stammt, kann nicht entscheidend sein, da das **Motiv** der Unternehmerentscheidung nach zutreffender Auffassung nicht maßgeblich ist.[5] Schutzzweck der Norm ist es, bei der Übernahme der Belegschaft eine „Auslese" der Arbeitnehmer zu verhindern.[6] Sein Schutzzweck ist es aber nicht, den Erwerber auch bei einer auf Grund betriebswirtschaftlicher Gesichtspunkte voraussehbar fehlenden Beschäftigungsmöglichkeit zu verpflichten, das Arbeitsverhältnis mit einem Arbeitnehmer noch einmal künstlich zu verlängern, bis der Erwerber selbst die Kündigung aussprechen kann.[7] Der Bestandsschutz des § 613a BGB darf nicht zur **Lähmung** der als notwendig erachteten unternehme-

238

---

1 So auch ausdrücklich BAG v. 26.5.1983 – 2 AZR 477/81, BB 1983, 2116; vgl. auch *Hilger*, ZGR 1984, 258; *Willemsen*, ZIP 1983, 411; *Henckel*, ZGR 1984, 225/233 ff.; *Hanau*, ZIP 1984, 141.
2 BAG v. 17.6.2003 – 2 AZR 134/02, ZIP 2004, 820.
3 Vgl. dazu statt aller einerseits *Richardi/Annuß* in Staudinger, § 613a BGB Rz. 251 ff., andererseits *Hanau* in Erman, § 613a BGB Rz. 113 ff., sowie insgesamt *Sieger/Hasselbach*, DB 1999, 430 ff.; noch offen gelassen in BAG v. 26.5.1983 – 2 AZR 477/81, BB 1983, 2116; BAG v. 18.7.1996 – 8 AZR 127/94, BAGE 83, 302 (305) = NZA 1997, 148 (150); nun unter bestimmten Voraussetzungen bejaht von BAG v. 20.3.2003 – 8 AZR 97/02, NZA 2003, 1027 (1029).
4 BAG v. 18.7.1996 – 8 AZR 127/94, BAGE 83, 302 (305) = NZA 1997, 148 (150).
5 *Richardi/Annuß* in Staudinger, § 613a BGB Rz. 251.
6 BAG v. 26.5.1983 – 2 AZR 477/81, NJW 1984, 627 = AP 34 zu § 613a BGB.
7 BAG v. 20.3.2003 – 8 AZR 97/02, NZA 2003, 1027 (1029).

rischen Maßnahmen führen.[1] Er schützt nicht vor Risiken, die sich jederzeit unabhängig vom Betriebs(teil)übergang realisieren können. Eine Kündigung nach dem Erwerberkonzept ist daher **wirksam**, wenn der Arbeitsplatz auf Grund des Erwerberkonzepts wegfällt und den allgemeinen Anforderungen einer betriebsbedingten Kündigung nach § 1 KSchG entspricht.[2] Zulässig ist danach auch die Umsetzung eines Konzeptes durch den Veräußerer, das **allgemein** eine **Rationalisierung** des Betriebs zur **Verbesserung der Verkaufschancen** vorsieht oder eine Sanierung bezweckt.[3] Mit der Umsetzung der unternehmerischen Entscheidung macht sich der Veräußerer das Konzept des Erwerbers zu Eigen. Dabei kann es nicht darauf ankommen, wer das umgesetzte Konzept entwickelte und wer den Mitarbeitern kündigte. Unerheblich ist schließlich, ob der Veräußerer auch ohne den Betriebs(teil)übergang das vom Erwerber stammende Konzept hätte umsetzen können.[4] Dieses Kriterium hat nun auch das BAG – jedenfalls für den Fall der Insolvenz – aufgegeben.[5] Es entfaltet aber auch darüber hinaus keine Geltung.[6] Denn nicht ein Sanierungskonzept oder der Zustand der Insolvenz entscheidet über die Wirksamkeit der Kündigung, sondern die Frage, ob es einen sachlichen Grund gibt, der „aus sich heraus" die Kündigung zu rechtfertigen vermag.

239 Deswegen muss die Kündigung auch den allgemeinen Anforderungen genügen. Nach dem Prognoseprinzip müssen die betrieblichen Umstände greifbare Formen angenommen haben. Eine vernünftige, betriebswirtschaftliche Betrachtung muss die Prognose rechtfertigen, dass bis zum Ablauf der Kündigungsfrist die Maßnahme durchgeführt werden kann und diese mit an Sicherheit grenzender Wahrscheinlichkeit einer weiteren Beschäftigung des betroffenen Arbeitnehmers entgegensteht.[7]

Das BAG verlangt ein **verbindliches** Konzept oder einen Sanierungsplan, dessen Durchführung im Zeitpunkt des Zugangs der Kündigungserklärung bereits greifbare Formen angenommen hat.[8] Teile der Literatur fordern zusätzlich, dass der bevorstehende Betriebsübergang und mit ihm das Erwerberkonzept hinreichend rechtlich fixiert, also z.B. Bestandteil in einem Vorvertrag[9] oder in einem aufschiebend bedingten Übernahmevertrag ist.[10] Problematisch ist auch die Frage nach dem Kreis der in die Sozialauswahl einzubeziehenden Ar-

---

1 Vgl. BAG v. 18.7.1996 – 8 AZR 127/94, NZA 1997, 148 (149); *Ascheid*, NZA 1991, 873 (878 f.).
2 *Willemsen* in Willemsen/Hohenstatt/Schweibert, H Rz. 107 ff.; *Annuß/Starner*, NZA 2003, 1247 (1248).
3 Vgl. BAG v. 18.7.1996 – 8 AZR 127/94, NZA 1997, 148 (149); BAG v. 20.3.2003 – 8 AZR 97/02, NZA 2003, 1027 (1028).
4 So noch BAG v. 26.5.1983 – 2 AZR 477/81, NJW 1984, 627 = AP 34 zu § 613a BGB; *Richardi/Annuß* in Staudinger, § 613a BGB Rz. 252.
5 BAG v. 20.3.2003 – 8 AZR 97/02, NZA 2003, 1027 (1029).
6 *B. Gaul/Bonanni/Naumann*, DB 2003, 1902 (1903); *Annuß/Stamer*, NZA 2003, 1247 (1248).
7 BAG v. 20.3.2003 – 8 AZR 97/02, NZA 2003, 1027 (1029).
8 BAG v. 20.3.2003 – 8 AZR 97/02, NZA 2003, 1027 (1029); zust. *B. Gaul/Bonanni/Naumann*, DB 2003, 1902 (1903).
9 *Sieger/Hasselbach*, DB 1999, 430 (433); *C. Meyer*, NZA 2003, 244 (247).
10 *Willemsen*, ZIP 1983, 411 (416); *Annuß/Stamer*, NZA 2003, 1247 (1248) m.w.N.

beitnehmer. Die Veräußererkündigung auf Erwerberkonzept ist letztlich eine „fremdbestimmte" Kündigung. Sie basiert auf Vorstellungen des Erwerbers und ist insofern „vorgezogen".[1]

Folgerichtig ist es deswegen, in Bezug auf die Sozialauswahl gem. § 1 Abs. 3 KSchG **und** für die Frage nach der Weiterbeschäftigung auf einem anderen, freien Arbeitsplatz auch die beim **Erwerber** maßgeblichen betriebs- und unternehmensbezogenen Verhältnisse zu Grunde zu legen.[2] Diese Erkenntnis ermöglicht die Bestimmung der erforderlichen „greifbaren Formen", die das Erwerberkonzept zum Zeitpunkt der Kündigung angenommen haben muss. Weil für die Sozialauswahl und die Versetzungsmöglichkeiten die Verhältnisse beim Erwerber maßgeblich sind, ist ein Konzept erst dann greifbar, wenn es entsprechend den obigen Beispielen bereits rechtlich fixiert ist. Das verhindert Manipulationen und schafft für alle Beteiligten die erforderliche Rechtssicherheit. Anders liegt die Sache, wenn der Veräußerer das (Sanierungs-)Konzept des Erwerbers auch selbst umsetzen könnte (sog. „selbsttragende Veräußererkündigung auf Erwerberkonzept"[3]). Auch dann macht sich zwar der Veräußerer den Plan des Erwerbers zu Eigen. Die Kündigung ist aber nicht „fremdbestimmt". Das Erwerberkonzept rechtfertigt im Unternehmen des Veräußerers die Kündigung, so dass es sich letztlich um eine ohne weiteres zulässige Sanierungskündigung des Veräußerers handelt, die auf den Vorstellungen des Erwerbers basiert.[4] Es rechtfertigt die auf ihr beruhenden Kündigungen aus sich heraus, so dass es nicht darauf ankommt, wer die Kündigung ausspricht oder wer die Maßnahmen umsetzt.[5] Für die Sozialauswahl und die Weiterbeschäftigung kommt es folglich nicht auf die Erwerberverhältnisse an. Nach der neuen Rechtsprechung des BAG wird man aber auch in diesem Fall davon ausgehen müssen, dass das Gericht weiterhin verlangt, dass das unternehmerische Konzept des Erwerbers „greifbare Formen" angenommen haben muss.[6] Konsequenter wäre es, auf Grund der „selbsttragenden Kündigung" diese Anforderung zu streichen. Ausreichend ist es, dass die Kündigung (weiterhin) den Voraussetzungen des § 1 Abs. 2 und 3 KSchG Stand halten muss. 240

Die „Veräußererkündigung auf Erwerberkonzept" rechtfertigt auch dann betriebsbedingte Kündigungen, wenn der spätere Betriebs(teil)übergang eine zusätzliche, notwendige Voraussetzung für den Erhalt des Betriebes ist, d.h. Bestandteil des Konzeptes ist.[7] Die in der Praxis äußerst schwer zu ziehende **Grenze** zur (unzulässigen) Kündigung wegen Betriebs(teil)übergangs liegt dort, wo das vom Erwerber stammende Konzept bereits **speziell** auf die Verhältnisse des Erwerbers **zugeschnitten** ist. Auf ein solches Konzept gestützte betriebsbedingte Kündigungen sind möglicherweise unzulässig, da andernfalls der 241

---

1 *Kreitner*, Kündigungsrechtliche Probleme, S. 111
2 Vgl. *Willemsen* in Willemsen/Hohenstatt/Schweibert, H Rz. 117 und *Annuß/Stamer*, NZA 2003, 1247 (1248) m.w.N. zu a.A.
3 *Willemsen* in Willemsen/Hohenstatt/Schweibert, H Rz. 109.
4 *Willemsen* in Willemsen/Hohenstatt/Schweibert, H Rz. 109.
5 BAG v. 18.7.1996 – 8 AZR 127/94, NZA 1997, 148.
6 Vgl. aber *C. Meyer*, NZA 2003, 244 (247).
7 So BAG v. 18.7.1996 – 8 AZR 127/94, NZA 1997, 148 (149); vgl. auch EuGH v. 12.3.1998 – C-319/94 – Dethier/Dassy, NZA 1998, 529.

noch beim Veräußerer beschäftigte Arbeitnehmer den Nachteil der Unternehmerentscheidung des Erwerbers tragen müsste, ohne den Vorteil der übergreifenden Sozialauswahl zu genießen.[1]

242 Macht der Arbeitnehmer die Unwirksamkeit einer Kündigung nur mit der Berufung auf das Kündigungsverbot des § 613a Abs. 4 Satz 1 BGB geltend, hat er **darzulegen** und – bei Bestreiten des Arbeitgebers – zu **beweisen**, dass die Kündigung wegen Übergangs des Betriebs oder Betriebsteils erklärt worden ist.[2] Die Regelung des § 2 Abs. 2 Satz 2 ArbPlSchG, nach der den Arbeitgeber die Beweislast dafür trifft, dass er nicht aus Anlass des Wehrdienstes des Arbeitnehmers gekündigt hat, enthält keinen allgemeinen Rechtsgrundsatz, sondern eine besondere gesetzliche Umkehr der Beweislast.[3] Diese Beweislastregel ist deshalb nicht auf § 613a Abs. 4 Satz 1 BGB zu übertragen.

3. Kündigung „aus anderen Gründen"

243 Nach § 613a Abs. 4 Satz 2 BGB bleibt das Recht zur Kündigung von Arbeitsverhältnissen „aus anderen Gründen" unberührt. Damit sind personen- und/oder verhaltensbedingte Kündigungen gemeint, aber auch betriebsbedingte, wenn sie nicht „wegen" Übergangs eines Betriebs oder Betriebsteils ausgesprochen werden (vgl. Teil VI Rz. 235 ff. und vor allem Rz. 60 ff. zum Problem der Kündigung wegen **Betriebsstilllegung**).

244 Von einer zulässigen Kündigung „aus anderen Gründen" geht ein Teil der Literatur[4] aus, wenn der bisherige Inhaber den Betrieb bzw. Betriebsteil nicht mehr halten kann und der einzige Interessent eine **Übernahme ablehnt** oder verzögert, weil er nicht alle Arbeitnehmer weiterbeschäftigen will. Das BAG[5] nimmt eine Kündigung „wegen Übergangs" im Sinne von § 613a Abs. 4 Satz 1 BGB an, wenn dieser tragender Grund für die Kündigung war. Existiert dagegen ein sachlicher Grund, der aus sich heraus die Kündigung rechtfertigen kann, liegt keine Kündigung „wegen Betriebs(teil)übergangs" vor. Eine Rationalisierung zur Verbesserung der Verkaufschancen ist ein solcher sachlicher Grund.[6]

245 Hat der bisherige Arbeitgeber eine **verhaltensbedingte** außerordentliche und/oder ordentliche **Kündigung** ausgesprochen, weil er meint, das nötige Vertrauensverhältnis sei aufgrund eines bestimmten Verhaltens des Arbeitnehmers zerstört, und kommt es dann bald nach Ausspruch der Kündigung zu einem Betriebs(teil)übergang, stellt sich die Frage, ob nicht auch gegenüber dem neuen Arbeitgeber ein zerstörtes Vertrauensverhältnis vorliegen muss. Grundsätz-

---

1 So *Richardi/Annuß* in Staudinger, § 613a BGB Rz. 253.
2 BAG v. 5.12.1985 – 2 AZR 3/85, NZA 1986, 522; vgl. *Preis* in ErfKomm., § 613a BGB Rz. 174 ff.
3 *Weigand* in KR, § 2 ArbPlSchG Rz. 36.
4 *Hanau*, DJT-Gutachten 1982, Bd. I, § 40; *Grunsky*, ZIP 1982, 772 (776); *Timm*, ZIP 1983, 225 (228); *Vossen*, BB 1984, 1557.
5 BAG v. 18.7.1996 – 8 AZR 127/94, NZA 1997, 148 (149); vgl. auch BAG v. 26.5.1983 – 2 AZR 477/81, AP 34 zu § 613a BGB; dazu kritisch *Hanau*, ZIP 1984, 141 (144), und *Vossen*, BB 1984, 1557.
6 Vgl. BAG v. 18.7.1996 – 8 AZR 127/94, NZA 1997, 148 (149).

lich ist der Sachverhalt maßgebend, wie er sich zum Zeitpunkt des Ausspruchs der Kündigung darstellt. Hier tritt das Problem auf, dass für die Wirksamkeit der verhaltensbedingten Kündigung von entscheidender Bedeutung ist, ob dem Arbeitgeber noch eine weitere (befristete) Zusammenarbeit zuzumuten ist. Bei der Beantwortung dieser Frage ist es grundsätzlich unerheblich, ob es in engem zeitlichen Zusammenhang mit einer solchen Kündigung zu einem Betriebs(teil)übergang kommt oder nicht. Die Zerstörung des nötigen Vertrauensverhältnisses ergibt sich nämlich in der Regel auch aufgrund kollektiver Überlegungen (Verhalten des Mitarbeiters gegenüber Vorgesetzten, Kollegen und Untergebenen). Zur Sicherheit empfiehlt sich in solchen Fällen aber dennoch gemeinsames Handeln beider Arbeitgeber. Der neue Inhaber sollte bestätigen, dass er ebenfalls von einem gestörten Vertrauensverhältnis ausgeht. Spricht noch der bisherige Arbeitgeber die Kündigung aus, sollte ein bei ihm bestehender Betriebsrat auch zu dieser „Einschätzung" des zukünftigen neuen Inhabers gem. § 102 BetrVG gehört werden.

Bei einer **außerordentlichen** (fristlosen oder mit Auslauffrist versehenen) **Kündigung** aus wichtigem Grund nach § 626 Abs. 1 BGB ist im Übrigen zu beachten, dass eine solche Kündigung innerhalb von zwei Wochen nach Kenntnis des Kündigungsgrundes ausgesprochen werden muss (§ 626 Abs. 2 BGB). Erhält der bisherige Arbeitgeber deshalb am Donnerstag, 20.12.2004, Kenntnis von einem Verhalten eines Mitarbeiters, das einen wichtigen Grund im Sinne von § 626 Abs. 1 BGB liefert, *und* findet mit Wirkung ab 1.1.2005 ein Betriebs(teil)übergang statt, so endet dennoch die **Zweiwochenfrist** am Donnerstag, 3.1.2005. Hat also der bisherige Arbeitgeber bis zum 31.12.2004 keine Kündigung ausgesprochen und erhält der neue Arbeitgeber mit dem Betriebs(teil)übergang Kenntnis von den Tatsachen, die zur außerordentlichen Kündigung berechtigen, so beginnt u.E. die Zweiwochenfrist nicht erneut zu laufen. Der neue Arbeitgeber muss sich vielmehr die **Kenntnis** des bisherigen Arbeitgebers **zurechnen lassen**, und zwar mit der Maßgabe, dass die Zweiwochenfrist auch nicht durch den Eintritt des Betriebs(teil)übergangs unterbrochen wird. 246

4. Kündigung „wegen Widerspruchs"

Ein dem Übergang seines Arbeitsverhältnisses **widersprechender** Arbeitnehmer muss nach der Rechtsprechung des BAG mit einer **betriebsbedingten Kündigung** durch den Veräußerer rechnen.[1] Daran ändert § 613a Abs. 4 BGB nichts. Widerspricht ein Arbeitnehmer und wird ihm dann vom bisherigen Inhaber gekündigt, handelt es sich deshalb nicht um eine Kündigung „wegen Übergangs".[2] Die Kündigung steht damit nur in mittelbarem Zusammenhang. Sie erfolgt, weil sich der Arbeitnehmer weigert, zum neuen Inhaber zu wechseln, und daher nicht weiterbeschäftigt werden kann. Es liegt deshalb eine Kündigung „aus anderen Gründen" im Sinne von § 613a Abs. 4 Satz 2 BGB 247

---

1 BAG v. 24.2.2000 – 8 AZR 145/99, ZInsO 2000, 568; BAG v. 2.10.1974 – 5 AZR 504/73, AP 1 zu § 613a BGB (*Seiter*).
2 *Willemsen* in Willemsen/Hohenstatt/Schweibert, H Rz. 96 ff.; *Bauer*, DB 1983, 713; *Seiter*, S. 114; *Vossen*, BB 1984, 1557.

vor. Grundsätzlich wird es allerdings nicht möglich sein, eine verhaltensbedingte Kündigung „wegen Widerspruchs" auszusprechen (vgl. zu den Rechtsfolgen des Widerspruchs, Teil VI Rz. 135 ff.).

5. Leitende Angestellte

248 Bei leitenden Angestellten im Sinne von § 14 Abs. 2 KSchG (nicht zu verwechseln mit § 5 Abs. 3 BetrVG[1]) bedarf der **Auflösungsantrag** des Arbeitgebers keiner Begründung. Das könnte den Veräußerer oder Erwerber dazu verleiten, einem solchen leitenden Angestellten ohne triftigen Kündigungsgrund im Sinne von § 1 KSchG zu kündigen, um dann über §§ 9, 10 KSchG eine Beendigung des Arbeitsverhältnisses, wenn auch gegen Zahlung einer Abfindung, zu erreichen. Dabei ist Vorsicht geboten: Nach der Rechtsprechung des BAG[2] wird die Unwirksamkeit einer Kündigung im Sinne von § 613a Abs. 4 Satz 1 BGB nicht als Konkretisierung der Unwirksamkeit im Sinne von § 1 KSchG angesehen. Daher ist zweifelhaft, ob bei einer Kündigung „wegen Betriebs(teil)übergang" ein Auflösungsantrag möglich ist.[3]

6. Besonderheiten bei (werdenden) Müttern und Schwerbehinderten

249 Das **Kündigungsverbot** nach § 9 Abs. 1 Satz 1 MuSchG greift nur ein, wenn dem Arbeitgeber zur Zeit der Kündigung die **Schwangerschaft** oder Entbindung **bekannt** war oder innerhalb von zwei Wochen nach Zugang der Kündigung mitgeteilt wird. Dabei ist beim Betriebsinhaberwechsel die Kenntnis des Veräußerers von der Schwangerschaft dem Erwerber grundsätzlich **nicht zuzurechnen**, so dass die Arbeitnehmerin verpflichtet ist, erneut die Schwangerschaft mitzuteilen, wenn der Arbeitgeber kündigen sollte.[4] Widerspricht eine Arbeitnehmerin dem Übergang ihres Arbeitsverhältnisses, muss sie selbstverständlich die Schwangerschaft dem bisherigen Arbeitgeber mitteilen. Informieren weder Veräußerer noch Erwerber die betroffene Arbeitnehmerin vom Betriebs(teil)übergang, wahrt sie ihre Rechte aus § 9 Abs. 1 Satz 1 MuSchG, wenn sie die Schwangerschaft rechtzeitig dem Arbeitgeber mitteilt, der die Kündigung ausgesprochen hat.[5] Entsprechend § 407 BGB ist die Mitteilung an den bisherigen Inhaber dem neuen Arbeitgeber zuzurechnen.[6] Für diese Fälle sollten im Betriebsveräußerungsvertrag Unterrichtungspflichten des Veräußerers vorgesehen sein, die durch Schadensersatzansprüche oder die Möglichkeit der Herabsetzung des Kaufpreises gesichert sind.

250 **Schwerbehinderte** genießen den besonderen Kündigungsschutz nach §§ 85 ff. SGB IX. Wie bei „normalen" Arbeitsverhältnissen kann auch der Schwerbehinderte im Rahmen eines Betriebs(teil)übergangs nach § 613a BGB auf den

---

1 Vgl. dazu BAG v. 18.11.1999 – 2 AZR 903/98, NZA 2000, 427; BAG v. 18.10.2000 – 2 AZR 465/99, NZA 2001, 437.
2 BAG v. 31.1.1985 – 2 AZR 530/83, NZA 1985, 593; BAG v. 5.12.1985 – 2 AZR 3/85, NZA 1986, 522.
3 Vgl. *Friedrich* in KR, § 13 KSchG Rz. 329 m.w.N.
4 *Becker* in Buchner, § 9 MuSchG Rz. 78.
5 LAG München v. 28.7.1976 – 7 Sa 501/76, ARSt. 1977, 156.
6 *Becker* in Buchner, § 9 MuSchG Rz. 90.

Kündigungsschutz verzichten oder einen Aufhebungsvertrag (vgl. Teil VI Rz. 112) abschließen.[1] Nach § 89 Abs. 1 Satz 1 SGB IX hat die Hauptfürsorgestelle die Zustimmung zu erteilen bei Kündigungen in Betrieben und Dienststellen, die nicht nur vorübergehend eingestellt oder aufgelöst werden, wenn zwischen dem Tage der Kündigung und dem Tage, bis zu dem Gehalt oder Lohn gezahlt wird, mindestens drei Monate liegen. Der Inhaberwechsel führt aber grundsätzlich nicht zu einer Stilllegung im Sinne von § 89 SGB IX. Mit dem durch § 613a BGB vorgeschriebenen Übergang der Arbeitsverhältnisse ist festgelegt, dass keine Betriebsstilllegung vorliegt.[2] Wird im Rahmen einer Stilllegung die Zustimmung nach § 89 Abs. 1 SGB IX von der Hauptfürsorgestelle erteilt, so erfolgt sie in der Praxis aber regelmäßig unter dem Vorbehalt, dass der Betrieb bzw. Betriebsteil nicht später durch Rechtsgeschäft auf einen anderen Inhaber übergeht.[3] Bei der Frage, welchem Arbeitgeber die Hauptfürsorgestelle die Zustimmung zu erteilen hat, ist auf den Zeitpunkt des Betriebs(teil)übergangs (vgl. Teil VI Rz. 86 f.) abzustellen, jedenfalls soweit die Hauptfürsorgestelle Kenntnis vom Übergang hat.

7. Sozialversicherungsrechtliche Auswirkungen

Nach § 144 Abs. 1 Nr. 1 SGB III[4] tritt eine **Sperrfrist** von zwölf Wochen ein, wenn der Arbeitslose das Arbeitsverhältnis gelöst oder durch vertragswidriges Verhalten Anlass für die Kündigung gegeben hat, und er dadurch vorsätzlich oder grobfahrlässig die Arbeitslosigkeit herbeigeführt hat ohne für sein Verhalten einen wichtigen Grund zu haben. Diese Sperre kann aber nicht verhängt werden, wenn der Arbeitslose eine betriebsbedingte Kündigung wegen seines Widerspruchs im Rahmen einer Betriebs(teil)veräußerung heraufbeschworen hat (vgl. Teil VI Rz. 135 ff.). In diesem Fall hat weder der Arbeitnehmer das Arbeitsverhältnis gelöst, noch kann das ausgeübte Widerspruchsrecht als „arbeitsvertragswidriges Verhalten" im Sinne von § 144 SGB III angesehen werden.[5] 251

Sieht sich der Veräußerer wegen Widerspruchs eines betroffenen Arbeitnehmers gezwungen, diesem betriebsbedingt ordentlich zu kündigen, so kommt auch ein **Ruhen des Arbeitslosengeldes** nach §§ 143, 143a SGB III **nicht in Betracht**.[6] § 143 SGB III greift nämlich nur dann ein, wenn die ordentliche Kündigungsfrist nicht eingehalten wird. 252

---

1 *Bauer*, Aufhebungsverträge, II Rz. 217.
2 Vgl. BVerwG v. 9.12.1964 – V C 94.63, AP 5 zu § 18 SchwbG.
3 Vgl. BAG v. 23.4.1980 – 5 AZR 49/78, DB 1980, 1601 zur Kündigung eines Betriebsratsmitglieds wegen Betriebsstilllegung und anschließender Betriebsveräußerung.
4 §§ 144, 147 SGB III wurden durch das Dritte Gesetz für moderne Dienstleistungen (Hartz III) v. 27.12.2003 zum 1.1.2005 neu gefasst (BGBl. I, S. 2848). Ab diesem Zeitpunkt werden gem. § 147 Abs. 1 Nr. 2 SGB III für das Erlöschen des Anspruchs auf Arbeitslosengeld auch die Sperrzeiten (u.a. wegen Arbeitsaufgabe) berücksichtigt, die in einem Zeitraum von 12 Monaten vor der Entstehung des Anspruchs eingetreten sind.
5 *Bauer*, Aufhebungsverträge, VIII Rz. 64; *Bauer*, Arbeitsrecht der Gegenwart, Bd. 35, 1998, S. 95 (98); a.A. *Pottmeyer*, NZA 1988, 521.
6 Vgl. *Bauer*, Aufhebungsverträge, VIII Rz. 24 ff.

253 § 147a SGB III sieht eine **Erstattung** für **Arbeitslosengeld** durch den Arbeitgeber an die Bundesagentur für Arbeit vor. Die Erstattungspflicht setzt ab Vollendung des 57. Lebensjahres ein. Sie beträgt maximal 32 Monate und tritt u.a. nicht ein, wenn das Arbeitsverhältnis vor Vollendung des 55. Lebensjahres des Arbeitslosen beendet worden ist (§ 147a Abs. 1 Satz 2 1. Halbs. SGB III). Entsprechend der Forderung des BVerfG[1] besteht keine Erstattungspflicht, wenn der Arbeitnehmer Anspruch auf Leistungen aus einem anderen Sozialversicherungssystem hat (§ 147a Abs. 1 Satz 2 2. Halbs. SGB III). Nach § 147a Abs. 1 Satz 2 Nr. 1–7 SGB III tritt die Erstattungspflicht unter bestimmten Voraussetzungen nicht ein. Insbesondere scheidet sie aus, wenn älteren Arbeitnehmern im Zusammenhang mit einem Betriebsübergang wirksam betriebsbedingt gekündigt wird (§ 147a Abs. 1 Satz 2 Nr. 4 SGB III). Darüber hinaus enthalten § 147a Abs. 1 Satz 2 Nr. 6 und 7 SGB III Befreiungstatbestände im Falle eines nicht unerheblichen Personalabbaus.[2] Beim **Veräußerer zurückgelegte Arbeitszeiten** sind dem Erwerber (im Rahmen der Erstattungspflicht bzw. eines Ausnahmetatbestandes) zuzurechnen, wenn er im Wege des Betriebsübergangs Arbeitgeber des ausgeschiedenen Arbeitnehmers geworden ist.[3]

IX. Haftungssystem des § 613a BGB und Verhältnis zum Umwandlungsrecht

1. Haftungssystem

a) Haftung des Erwerbers

254 Gem. § 613a Abs. 1 Satz 1 BGB tritt der Erwerber von Gesetzes wegen in die Rechte und Pflichten aus den Arbeitsverhältnissen mit dem Veräußerer ein. Von dieser Haftung sind sämtliche Ansprüche der Arbeitnehmer umfasst, also auch solche, die vor dem Übergang entstanden und/oder fällig geworden sind. Dies stellt § 613a Abs. 2 Satz 1 klar, der ausdrücklich bestimmt, dass der Veräußerer „neben dem neuen Inhaber" haftet.[4] Der Erwerber haftet daher für Rückstände stets und ohne zeitliche Beschränkungen. Insbesondere haftet er auch für Ansprüche aus der betrieblichen Altersversorgung.[5] Dadurch können sich erhebliche Probleme ergeben.

Beispiel:

Stichtag für einen Betriebsübergang ist der 30.6.2005; ein vom Betriebsübergang betroffener Arbeitnehmer scheidet wegen Erreichens der Altersgrenze am 30.9.2005 nach über 30-jähriger Betriebszugehörigkeit mit einem Anspruch auf betriebliche Altersversorgung aus. Hier haftet der Erwerber gesamtschuld-

---

1 BVerfG v. 21.1.1990 – 1 BvL 44/86 und 1 BvL 48/87, NZA 1990, 161.
2 Vgl. dazu ausführlich *Bauer/Röder*, 14.8; zur Vorgängerregelung des § 128 AFG: *Bauer/Diller*, BB 1992, 2283; *Bauer/Diller*, BB 1994, 1085; *Buchner*, ZIP 1993, 717; *Buchner*, NZA 1993, 496; *Hanau*, DB 1992, 2625; *Kreßel*, NZA 1995, 924.
3 Vgl. BSG v. 18.9.1997 – 11 Rar 55/96, DB 1997, 2244 zur Vorgängerregelung des § 128 AFG.
4 *Richardi/Annuß* in Staudinger, § 613a BGB Rz. 208.
5 Vgl. BAG v. 17.1.1980 – 3 AZR 160/79, AP 18 zu § 613a BGB unter II. der Gründe; BAG v. 26.3.1996 – 3 AZR 965/94, AP 148 zu § 613a BGB.

nerisch. Da fraglich sein kann, wie die Haftungsverteilung ohne ausdrückliche Regelung im **Innenverhältnis** zwischen Veräußerer und Erwerber vorzunehmen ist (vgl. Teil VI Rz. 266, 163), sollte auf jeden Fall eine vertragliche Regelung vorgesehen werden.

Der Erwerber haftet allerdings nicht für rückständige Ansprüche des Trägers der gesetzlichen Krankenversicherung für **Sozialversicherungsbeiträge**, da sich § 613a BGB nach Wortlaut, Sinn und Zweck nur auf Forderungen „aus dem Arbeitsverhältnis" bezieht.[1] Die Abführung von Sozialversicherungsbeiträgen richtet sich aber nach Bestimmungen der Sozialgesetzbücher. Auch bei Ansprüchen der Finanzverwaltung wegen rückständiger Lohnsteuer handelt es sich nicht um Forderungen „aus dem Arbeitsverhältnis".[2] Voraussetzung für die Haftung ist, dass das Arbeitsverhältnis am Stichtag der Übernahme noch besteht, ohne dass es darauf ankommt, ob bereits eine Kündigung ausgesprochen wurde. Soweit Arbeitsverhältnisse vor dem Betriebs(teil)übergang enden und ein **Sozialplan** des Veräußerers für diese Abfindungen vorsieht, kommt eine Haftung des Erwerbers nicht in Betracht. Enden die Arbeitsverhältnisse allerdings erst nach dem Übergang, haftet dagegen der Erwerber, gleichgültig, ob der Sozialplan von ihm oder dem Veräußerer (auch dem Insolvenzverwalter) aufgestellt worden ist. Auf diese Haftung muss man die Rechtsprechung anwenden, die den Erwerber im Insolvenzverfahren von den vor Verfahrenseröffnung entstandenen Arbeitnehmeransprüchen freistellt (vgl. Teil VI Rz. 274).[3]

255

b) Haftung des Veräußerers

Für Forderungen aus Arbeitsverhältnissen, die im Zeitpunkt des Betriebs(teil)übergangs bereits beendet sind, haftet der Veräußerer **allein** und **zeitlich unbeschränkt**.[4] Diese Arbeitsverhältnisse werden vom Übergang nämlich nicht erfasst.

256

Nach § 613a Abs. 2 Satz 1 BGB haftet der Veräußerer **neben** dem Erwerber als Gesamtschuldner für Verpflichtungen, die vor dem Zeitpunkt des Übergangs entstanden sind und vor Ablauf von einem Jahr nach diesem Zeitpunkt fällig werden (**gesetzlicher Schuldbeitritt**).[5] Der Wortlaut ist unglücklich; er erfasst nämlich nicht den Fall, dass ein Anspruch vor Übergang des Betriebs oder Betriebsteils sowohl entstanden als auch fällig geworden ist. Dabei kann es sich aber nur um ein Versehen des Gesetzgebers gehandelt haben: Wenn der Veräußerer schon für entstandene und noch nicht fällig gewordene Schulden aufgrund ausdrücklicher Regelung haftet, muss dies erst recht für schon fällige Verbindlichkeiten gelten.[6]

257

---

1 BayObLG v. 31.10.1974 – 1 U 2225/74, BB 1974, 1582.
2 *Weidenkaff* in Palandt, § 613a BGB Rz. 26.
3 *Hanau*, KTS 1982, 625 (630).
4 *Müller-Glöge* in MünchKomm. BGB, § 613a BGB Rz. 159.
5 Vgl. LAG Düsseldorf v. 12.5.1976 – 6 (10) Sa 802/75, DB 1977, 502.
6 *Seiter*, S. 102; *Seiter*, Anm. zu BAG, AP 12 zu § 613a BGB; *Richardi/Annuß* in Staudinger, § 613a BGB Rz. 212.

258 Soweit es sich um Verbindlichkeiten handelt, die erst nach Übergang des Betriebs oder Betriebsteils fällig werden, haftet der Veräußerer nur **„pro rata temporis"** (§ 613a Abs. 2 Satz 2 BGB). Er muss also solche Ansprüche nur zeitanteilig erfüllen, nämlich soweit der Bemessungszeitraum vor dem Übergang liegt. Hauptsächliche Anwendungsfälle sind: Weihnachtsgratifikation, 13. Monatsgehalt, Urlaubsanspruch.[1] Im Übrigen dürfen die Arbeitnehmer nicht übersehen, dass auch im Falle eines Betriebs(teil)übergangs der Veräußerer aus dem Arbeitsverhältnis ausscheidet mit der Folge, dass eine **tarifliche Ausschlussfrist** für Ansprüche gegen den Veräußerer, die an das Ausscheiden aus dem Arbeitsverhältnis anknüpft, mit dem Zeitpunkt des Betriebs(teil)übergangs zu laufen beginnt.[2] Die Haftungssituation verdeutlicht folgendes Schaubild:[3]

Haftung außerhalb Insolvenz

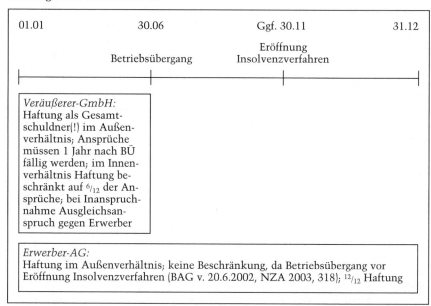

259 **Urlaubsabgeltung** schuldet der Veräußerer nicht, wenn ein von ihm zunächst wirksam betriebsbedingt gekündigter Arbeitnehmer später vom Erwerber weiterbeschäftigt wird. In diesem Fall muss der Urlaub im fortgesetzten Arbeitsverhältnis (mit dem Erwerber) gewährt und genommen werden.[4]

---

1 BGH v. 4.7.1985 – IX ZR 172/84, AP 50 zu 613a BGB für Urlaubsansprüche unter III. 3. der Gründe.
2 BAG v. 10.8.1994 – 10 AZR 937/93, BB 1995, 521; krit. *Neef*, NZA-RR 1999, 225 (229).
3 Vgl. zur besonderen Situation in der Insolvenz Teil VI Rz. 273.
4 Vgl. BAG v. 2.12.1999 – 8 AZR 774/98, SAE 2000, 293 m. Anm. *Sandmann*.

2. Verhältnis zum Umwandlungsrecht

a) §§ 133, 134 UmwG

Der Fall des Zusammentreffens von arbeitsrechtlichem Betriebs(teil)übergang und Unternehmensumwandlung ist in § 613a Abs. 3 BGB nur **unvollkommen** geregelt. § 613a Abs. 3 BGB ordnet lediglich an, dass Abs. 2 nicht gilt, wenn ein Unternehmen durch Umwandlung erlischt. Damit ist klargestellt, dass § 613a Abs. 2 BGB jedenfalls nicht bei einer Aufspaltung nach § 123 Abs. 1 UmwG zur Anwendung kommt, sondern die Sonderregelungen des §§ 133, 134 UmwG einschlägig sind.[1] Im Übrigen ist das Verhältnis zu den umwandlungsrechtlichen Haftungsregelungen umstritten. Im Umkehrschluss kann nicht aus § 613a Abs. 3 BGB gefolgert werden, dass § 613a Abs. 2 BGB für solche Umwandlungen gilt, die nicht zum Erlöschen des übertragenden Rechtsträgers führen.[2] Dagegen spricht nämlich die Entstehungsgeschichte der Norm. Die Änderung des § 613a Abs. 3 BGB durch Art. 2 UmwBG war rein redaktioneller Natur. Auch mit der ursprünglichen Fassung des § 613a Abs. 3 BGB war nicht die Vorstellung verbunden, dass § 613a in allen übrigen Fällen der Umwandlung gelten solle.[3] Die richtige Lösung ergibt sich vielmehr aus dem inhaltlichen **Vergleich** der Haftungsnormen: Nach § 133 UmwG haften die an der Spaltung beteiligten Rechtsträger für Verbindlichkeiten des übertragenden Rechtsträgers, die vor dem Wirksamwerden der Spaltung begründet worden sind, bis zu fünf Jahre als Gesamtschuldner. Innerhalb dieser Frist müssen die Ansprüche fällig geworden sein und der Gläubiger sie gerichtlich geltend gemacht haben (§ 133 Abs. 3 bis 5). Nach § 613a Abs. 2 BGB haftet der ursprüngliche Arbeitgeber nur bis zu einem Jahr nach dem Stichtag des Betriebsübergangs. Durch die ausschließliche Anwendung des § 613a Abs. 2 BGB würde der Arbeitnehmer gegenüber den übrigen Gläubigern schlechter gestellt. Dies ist mit dem Zweck des § 613a BGB, einen Mindeststandard für die betroffenen Arbeitnehmer zu erreichen, unvereinbar.[4] Dass durch die Anwendung der umwandlungsrechtlichen Haftungsnormen insofern eine Besserstellung gegenüber dem rein arbeitsrechtlichen Betriebsübergang erreicht wird, steht zu dieser Auffassung nicht in Widerspruch.[5] **§ 133 UmwG** stellt demgemäß eine **vorrangige Sonderregelung** dar, die § 613a BGB verdrängt.

260

Für **§ 134 UmwG** ist dies im Übrigen unumstritten. § 134 UmwG trifft eine Sonderregelung zur Haftungsverschärfung für bestimmte Arbeitnehmeransprüche im Fall der **typischen Betriebsaufspaltung**.[6] Die Vorschrift soll den Gefahren der Verlagerung von haftendem Vermögen mit erschwertem Vollstre-

261

---

1 *Kallmeyer*, § 133 UmwG Rz. 11; ebenso *Boecken*, Rz. 227.
2 Wie hier *Willemsen* in Willemsen/Hohenstatt/Schweibert, G Rz. 217; anders *Boecken*, Rz. 227 ff.
3 *Wlotzke*, DB 1995, 40 (43); ebenso *Joost* in Lutter, § 324 UmwG Rz. 35.
4 *Joost* in Lutter, § 324 UmwG Rz. 36; *Richardi/Annuß* in Staudinger, § 613a BGB Rz. 217 m.w.N.; *Müller-Glöge* in MünchKomm. BGB, § 613a BGB Rz. 224.
5 Anders jedoch *Boecken*, Rz. 227 ff.
6 Vgl. dazu v. *Steinau-Steinrück*, S. 15 und 18 f.; *Richardi/Annuß* in Staudinger, § 613a BGB Rz. 217; *Willemsen* in Willemsen/Hohenstatt/Schweibert, G Rz. 219; *Boecken*, Rz. 254.

ckungszugriff für die Gläubiger entgegenwirken.[1] Es besteht eine Mithaftung der Anlagegesellschaft, wenn das Vermögen in Anlage- und Betriebsgesellschaft gespalten wird, die Anlagegesellschaft der Betriebsgesellschaft die betriebsnotwendigen Vermögensteile zur Nutzung überlässt und die Anteilsinhaber der beteiligten Rechtsträger im Wesentlichen identisch sind. Die Anlagegesellschaft haftet für Forderungen der Arbeitnehmer der Betriebsgesellschaft aufgrund der §§ 111 bis 113 BetrVG, also aus Sozialplänen gem. § 112 BetrVG oder auf Nachteilsausgleich nach § 113 BetrVG, soweit diese Forderungen innerhalb von fünf Jahren nach dem Wirksamwerden der Spaltung begründet werden.[2] Erweitert wird diese Haftung nach § 134 Abs. 2 UmwG für Betriebsrentenansprüche, die vor dem Wirksamwerden der Spaltung begründet wurden. § 134 Abs. 3 UmwG enthält eine Regelung zur Nachhaftungsbegrenzung und verweist auf § 133 Abs. 3–5 UmwG. Danach haftet der Rechtsträger, dem Verbindlichkeiten im Spaltungs- und Übernahmevertrag nicht zugewiesen wurden, nach Eintragung der Spaltung weiter. § 134 Abs. 3 UmwG regelt für die Ansprüche aus den §§ 111–113 BetrVG und aus Betriebsrenten, dass die Gesellschaft zeitlich erweitert nachhaftet. Es ist ausreichend, dass die gemäß § 133 Abs. 1 und 2 UmwG begründeten Verbindlichkeiten binnen zehn Jahren nach Wirksamwerden der Spaltung fällig und gerichtlich geltend gemacht werden. Diese Regelung will sicherstellen, dass dem besonderen Schutzbedürfnis der Arbeitnehmer in den Fällen der Betriebsaufspaltung Rechnung getragen wird.[3]

b) §§ 22, 45 UmwG

262   Bei der **Verschmelzung** (§§ 2 ff. UmwG) gewährt § 22 UmwG den Gläubigern einen besonderen Schutz. Wenn sie glaubhaft machen können, dass die Verschmelzung die Erfüllung ihrer Forderungen gefährdet, können sie **Sicherheitsleistung** verlangen. Da bei der Verschmelzung der übertragende Rechtsträger erlischt (§ 20 Abs. 1 Nr. 2 UmwG), ist das Verhältnis zu § 613a BGB unproblematisch (§ 613a Abs. 3 BGB). Die Arbeitnehmer können unter denselben Voraussetzungen wie die übrigen Gläubiger Sicherheit verlangen. Sicherheitsleistungsfähig sind grundsätzlich auch gem. § 1 Abs. 1 BetrAVG unverfallbare Versorgungsanwartschaften.[4] Allerdings ist § 22 Abs. 2 UmwG zu beachten. Danach steht das Recht, Sicherheitsleistung zu verlangen, den Gläubigern nicht zu, die im Falle der Insolvenz ein Recht auf vorzugsweise Befriedigung aus einer Deckungsmasse haben, die nach gesetzlicher Vorschrift zu ihrem Schutz errichtet und staatlich überwacht ist. Hierunter fallen Versorgungsansprüche und unverfallbare Versorgungsanwartschaften von Arbeitnehmern aus unmittelbaren Versorgungszusagen des Arbeitgebers, für die der Insolvenzschutz des Pensions-Sicherungs-Vereins nach § 7 BetrAVG gilt. In diesen Fällen greift § 22 Abs. 1 UmwG nicht ein.[5]

---

1 *Joost*, Kölner Umwandlungstage, S. 325.
2 *Bauer/Lingemann*, NZA 1994, 1057 (1062).
3 BT-Dr. 12/7850, S. 143.
4 *Boecken*, Rz. 215.
5 *Boecken*, Rz. 219; vgl. BAG v. 30.7.1996 – 3 AZR 397/95, ZIP 1997, 289 (292).

Eine solche Absicherung besteht jedoch nicht hinsichtlich des Anspruchs auf Versorgungsdynamik aus § 16 BetrAVG, da den **Pensions-Sicherungs-Verein keine Anpassungspflicht** trifft. Teilweise wird daher für § 16 BetrAVG ein Anspruch nach § 22 Abs. 1 UmwG bejaht.[1] Da Grund und Höhe einer solchen Anpassung zu ungewiss sind, ist dies jedoch abzulehnen.[2] 263

Für den Fall der Verschmelzung einer Personengesellschaft auf eine Kapitalgesellschaft sind die Arbeitnehmer ebenso wie die übrigen Gläubiger zusätzlich durch § 45 UmwG geschützt, der eine fünfjährige **Nachhaftung** der ehemals persönlich haftenden Gesellschafter für Verbindlichkeiten der Personengesellschaft vorsieht. 264

3. Sonstige Haftungsfragen

Soweit ein Arbeitnehmer einen Anspruch des bisherigen Arbeitgebers (z.B. auf Schadensersatz oder wegen ungerechtfertigter Bereicherung) gegenüber diesem erfüllt, obwohl die Gläubigerstellung inzwischen auf den neuen Arbeitgeber übergegangen ist, sind nach § 412 BGB die §§ 399–404, 406–410 BGB entsprechend anwendbar. Leistet deshalb der Arbeitnehmer in **Unkenntnis** des Betriebs(teil)übergangs, wird er gegenüber dem neuen Inhaber gem. § 407 Abs. 1 BGB frei. Im Übrigen kann der Arbeitnehmer als Schuldner gegenüber dem neuen Inhaber alle Einwendungen erheben, die zur Zeit des Übergangs schon gegenüber dem bisherigen Inhaber begründet waren (§ 404 BGB). 265

Soweit Veräußerer und Erwerber für Verpflichtungen nach § 613a Abs. 1 BGB haften, handelt es sich um Gesamtschuld nach § 421–426 BGB. Der Arbeitnehmer kann wählen, von welchem Arbeitgeber er die Leistung verlangt. Wie die Haftungsverteilung im **Innenverhältnis** der beiden Arbeitgeber aussieht, ergibt sich häufig aus dem Übernahmevertrag. Fehlt es an einer solchen Regelung, haften sie nach der gesetzlichen Vorstellung des § 426 Abs. 1 Satz 1 BGB zu gleichen Anteilen. Da diese Haftungsverteilung vor allem bei rückständigen Vergütungsansprüchen nicht sachgerecht ist, ist in solchen Fällen im Zweifel eine stillschweigende Haftungsverteilung zu Lasten des Veräußerers anzunehmen.[3] 266

Der bisherige Arbeitgeber schuldet nach § 613a Abs. 2 i.V. mit § 426 BGB dem neuen Arbeitgeber anteiligen Ausgleich in Geld für die vor dem Betriebsübergang entstandenen Ansprüche der Arbeitnehmer auf Gewährung bezahlter Freizeit, die der neue Arbeitgeber erfüllt hat.[4] Richtigerweise ist jedoch davon auszugehen, dass der Inhalt des Urlaubsanspruchs einer gesamtschuldnerischen Haftung der aufeinander folgenden Arbeitgeber nicht zugänglich ist; 267

---

1 *Boecken*, Rz. 220.
2 Wie hier *Willemsen* in Willemsen/Hohenstatt/Schweibert, G Rz. 220.
3 Anders *Weidenkaff* in Palandt, § 613a BGB Rz. 24.
4 BGH v. 25.3.1999 – III ZR 27/98, NZA 1999, 817; vgl. auch LAG Niedersachsen v. 9.11.1999 – 7 Sa 40/99, n.v.; danach schuldet der bisherige Arbeitgeber auch Urlaubsabgeltung für den vor Betriebsübergang entstandenen Urlaubsanspruch, wenn das Arbeitsverhältnis im Laufe des Kalenderjahres endet; dagegen *Leinemann/Lipke*, DB 1988, 1217.

dies gilt auch für den Urlaubsabgeltungsanspruch als Surrogat des Freizeitanspruchs.

268 Lediglich noch für Altfälle – vor dem 1.1.1999 – ist § 419 BGB a.F. relevant,[1] der die Haftung des Übernehmers im Falle einer Vermögensübernahme regelte. Folgende **Haftungsregeln** können jedoch weiterhin Bedeutung haben. Bei einer Geschäftsübernahme nach **§ 25 HGB** haftet der Erwerber eines unter Lebenden erworbenen Handelsgeschäftes für alle im Betrieb des Geschäfts begründeten Verbindlichkeiten des früheren Inhabers, wenn das Geschäft wenigstens im Kern fortgeführt wird; zu den Verbindlichkeiten gehören hier auch Arbeitnehmeransprüche wie z.B. auf Vergütung und betriebliche Altersversorgung. Tritt jemand als persönlich haftender Gesellschafter oder als Kommanditist in das Geschäft eines Einzelkaufmanns ein, so haftet die Gesellschaft (also die neu gebildete OHG oder KG), auch wenn sie die frühere Firma nicht fortführt, für alle im Betrieb des Geschäfts entstandenen Verbindlichkeiten des früheren Geschäftsinhabers (**§ 28 Abs. 1 Satz 1 HGB**). Als spezielle Regelung geht § 28 Abs. 1 Satz 1 HGB gegenüber § 613a Abs. 2 Satz 1 BGB vor.[2] Diese Haftungsregelung ist vor allem für die betriebliche Altersversorgung von Bedeutung. Wird nämlich das Arbeitsverhältnis eines Arbeitnehmers, der zuvor bei einem Einzelunternehmer beschäftigt war, von der KG oder OHG, in die das Einzelunternehmen eingebracht wurde, fortgesetzt, wird die Gesellschaft auch Schuldnerin der im Einzelunternehmen begründeten Versorgungsanwartschaften. Tritt dann ein Sicherungsfall bei der KG oder OHG (also dem neuen Arbeitgeber) ein, hat der Pensions-Sicherungs-Verein für Versorgungsanwartschaften und Versorgungsverbindlichkeiten dieser Arbeitnehmer einzustehen. Ansprüche der Arbeitnehmer gegen den insolvent gewordenen neuen Arbeitgeber (KG oder OHG) gehen nach Maßgabe des § 9 Abs. 2 BetrAVG auf den Pensions-Sicherungs-Verein über. Mit diesen Ansprüchen gegen die KG oder OHG gehen auch Ansprüche der Arbeitnehmer gegen den früheren Einzelunternehmer in entsprechender Anwendung von § 401 BGB auf den Pensions-Sicherungs-Verein über.[3]

269 Möglich sind auch **rechtsgeschäftliche Schuld- und Vertragsübernahmen**, die allerdings nur deklaratorische Bedeutung haben, soweit gleichzeitig die Voraussetzungen des § 613a BGB erfüllt sind.[4] Vgl. im Übrigen Teil VII Rz. 7 zu der Frage, inwieweit der Veräußerer im Rahmen der Geschäftsübertragung nach §§ 25, 26 HGB „nachhaftet",[5] und Teil VII Rz. 195 ff. zur Haftung des Übernehmers bei Einzelrechtsnachfolge nach §§ 25 HGB, 75 AO.

270 Schließlich darf neben den zivilrechtlichen Haftungstatbeständen (§§ 613a BGB, 25, 28 HGB) die **öffentlich-rechtliche Haftung** des Erwerbers eines Be-

---

1 Vgl. für diese z.B. BGH v. 19.2.1976 – III ZR 75/74, BGHZ 66, 218 und BAG v. 24.3.1977 – 3 AZR 649/76, AP 6 zu § 613a BGB (*Blomeyer*).
2 BAG v. 29.1.1991 – 3 AZR 593/89, NZA 1991, 555.
3 BAG v. 29.1.1991 – 3 AZR 593/89, NZA 1991, 555; vgl. auch BAG v. 12.12.1989 – 3 AZR 546/88, DB 1990, 895.
4 Vgl. BAG v. 19.10.1977 – 5 AZR 293/76, AP 9 zu § 613a BGB.
5 Vgl. auch *Commandeur*, S. 119 ff., 187 ff., 232 ff. zu den haftungsrechtlichen Problemen bei Einzelrechtsnachfolge nach §§ 25 HGB und 75 AO.

triebs nach § 75 AO nicht übersehen werden. Danach haftet der Übernehmer eines Betriebs oder gesondert geführten Betriebsteils für Betriebssteuern und Steuerabzugsbeträge (vgl. Teil VII).

X. § 613a BGB in der Insolvenz

1. Anwendbarkeit von § 613a BGB

Unter der Geltung der am 31.12.1998 außer Kraft getretenen Konkursordnung war die Anwendbarkeit von § 613a BGB in Insolvenzfällen lange Zeit umstritten.[1] Für die seither geltende Insolvenzordnung hat der Gesetzgeber mit **§ 128 InsO** die Anwendbarkeit von § 613a BGB klargestellt. Das europäische Recht steht dem nicht entgegen.[2] Grundsätzlich ist § 613a BGB in der Insolvenz **anwendbar**.[3] Uneingeschränkt gilt das allerdings nur für die **Bestandsschutzfunktion**, während die von § 613a BGB vorgesehene **Haftungsverteilung** keine Anwendung findet. Nach ständiger Rechtsprechung des BAG haftet der Erwerber jedenfalls nicht für solche Ansprüche, die bei Insolvenzeröffnung bereits entstanden waren. Insoweit haben die insolvenzrechtlichen Verteilungsgrundsätze Vorrang.[4] Diese Rechtsprechung beruht auf der Überlegung, dass der insolvenzrechtliche Grundsatz der **gleichen Gläubigerbefriedigung** andernfalls durchbrochen würde. Der Erwerber würde die uneingeschränkte Haftung für Altverbindlichkeiten (gem. § 613a Abs. 2 BGB) über den Kaufpreis ausgleichen und damit zugunsten der Arbeitnehmer, aber zulasten der übrigen Gläubiger die Masse schmälern.[5] Der Ausschluss der Erwerberhaftung für vor Eröffnung des Insolvenzverfahrens entstandene Ansprüche hat größte Bedeutung für die Verbindlichkeiten aus der betrieblichen Altersversorgung. § 613a BGB findet aber nur dann eingeschränkte Anwendung, sofern der Betriebsübergang **nach** Eröffnung des Insolvenzverfahrens stattfindet. Anders ist die Rechtslage, wenn umgekehrt das Insolvenzverfahren erst nach dem Betriebs(teil)übergang eröffnet wird. In diesem Fall haftet der Erwerber für sämtliche bisher entstandenen Ansprüche einschränkungslos.[6] Der **Zeitpunkt** des Betriebs(teil)übergangs richtet sich danach, wann der Erwerber aufgrund rechtsgeschäftlicher Überein-

271

---

1 Eine Kurzübersicht zum Streitstand geben *Richardi/Annuß* in Staudinger, § 613a BGB Rz. 223.
2 Vgl. Art. 4a Abs. 1 Richtlinie 77/187/EWG.
3 Bis zum 31.12.1998 war § 613a BGB allerdings nicht auf einen Betriebs(teil)übergang im Gesamtvollstreckungsverfahren aufgrund Art. 232 § 5 Abs. 2 Nr. 1 EGBGB anzuwenden; das galt auch für Betriebs(teil)übergänge im Gesamtvollstreckungsverfahren, die sich außerhalb der neuen Bundesländer vollzogen, dazu BAG v. 19.10.2000 – 8 AZR 42/00, NZA 2001, 252.
4 Zur alten KO BAG v. 17.1.1980 – 3 AZR 160/79, BAGE 32, 326 (330 ff.); BAG v. 20.11.1984 – 3 AZR 584/83, BAGE 47, 206 (212 ff.); BAG v. 4.12.1986 – 2 AZR 246/86, BAGE 53, 380 (383); BAG v. 13.11.1986 – 2 AZR 771/85, AP 57 zu § 613a BGB; BAG v. 23.7.1991 – 3 AZR 366/90, BAGE 68, 160 (166); BAG v. 12.11.1991 – 3 AZR 559/90, AP 12 zu § 1 BetrAVG Betriebsveräußerung; BAG v. 11.2.1992 – 3 AZR 117/91, AP 13 zu § 1 BetrAVG Betriebsveräußerung; BAG v. 13.7.1994 – 7 ABR 50/93, BAGE 77, 218; zur InsO BAG v. 20.6.2002 – 8 AZR 459/01, NZA 2003, 318.
5 Vgl. *Richardi/Annuß* in Staudinger, § 613a BGB Rz. 225.
6 BAG v. 20.6.2002 – 8 AZR 459/01, NZA 2003, 318 (323); BAG v. 15.11.1978 – 5 AZR 199/77, EzA § 613a BGB Nr. 21.

kunft in die Lage versetzt worden ist, die Leitungsmacht mit dem Ziel der Betriebsführung auszuüben.[1] Der richtigen Vertragsgestaltung bei Verhandlungen in zeitlicher Nähe zu einer bevorstehenden Insolvenzeröffnung kommt daher entscheidende Bedeutung zu.[2] So kann der Umstand, dass alle für den Betriebs(teil)übergang erforderlichen Rechtsgeschäfte bereits vor Insolvenzeröffnung abschließend verhandelt waren, ein Indiz für die Übertragung der tatsächlichen Leitungsmacht und damit für den Betriebs(teil)übergang sein.[3] Die bei einem Betriebs(teil)übergang nach Insolvenzeröffnung eingetretene Haftungsbeschränkung entfällt durch eine spätere Einstellung des Insolvenzverfahrens mangels Insolvenzmasse (§ 207 Abs. 1 InsO) nicht.[4] Das gilt allerdings nicht, wenn die Eröffnung des Insolvenzverfahrens von vornherein mangels Masse abgelehnt wurde.[5]

272 Diese zu individualrechtlichen Forderungen der Arbeitnehmer aufgestellten Rechtssätze gelten nach Auffassung des BAG[6] gleichermaßen für **kollektivrechtliche Forderungen** des Betriebsrats bzw. der Betriebsratsmitglieder gem. § 40 Abs. 1 BetrVG. Dem Betriebsrat kann bei Forderungen nach § 40 Abs. 1 BetrVG keine bessere Stellung als anderen Insolvenzgläubigern zukommen.

2. Behandlung der Arbeitnehmeransprüche

a) Vergütung

273 Bei einem Betriebs(teil)übergang nach Eröffnung des Insolvenzverfahrens haftet der Erwerber uneingeschränkt für alle Ansprüche aus den übergegangenen Arbeitsverhältnissen, die **nach** dem Zeitpunkt der **Eröffnung entstehen**. Für vorher entstandene Ansprüche haftet er nicht. Die Verteilungsgrundsätze der InsO genießen insoweit Vorrang.[7] Bei Vergütungsbestandteilen, die zusätzlich zum monatlichen Gehalt gezahlt werden, wie Weihnachtsgeld, Gratifikationen, Tantiemen etc. ist zu unterscheiden: Vergütungsbestandteile mit Entgeltcharakter, die erst nach Insolvenzeröffnung fällig werden, aber sowohl zuvor als auch danach **zeitanteilig** verdient worden sind, müssen für den Zeitraum bis zur Insolvenzeröffnung zur Insolvenztabelle angemeldet und für die Zeiträume danach als Masseverbindlichkeiten nach § 55 InsO gegen den Erwerber gerichtet werden. Knüpft der Anspruch dagegen lediglich an einen bestimmten **Stichtag** an und liegt dieser nach Insolvenzeröffnung, haftet der Erwerber hierfür in vollem Umfang.[8] Zur Verdeutlichung soll folgendes **Beispiel** dienen:

Über die A-GmbH wird am 31.10.2004 das Insolvenzverfahren eröffnet. Der Insolvenzverwalter veräußert die A-GmbH am 30.11.2004 an den Erwerber

---

1 BAG v. 26.3.1996 – 3 AZR 965/94, NZA 1997, 94.
2 Darauf weist *Willemsen* in Willemsen/Hohenstatt/Schweibert, G Rz. 152 zu Recht hin.
3 Vgl. BAG v. 26.3.1996 – 3 AZR 965/94, NZA 1997, 94.
4 BAG v. 11.2.1992 – 3 AZR 117/91, NZA 1993, 20.
5 Vgl. BAG v. 11.2.1992 – 3 AZR 117/91, NZA 1993, 20.
6 BAG v. 13.7.1994 – 7 ABR 50/93, NZA 1994, 1144.
7 BAG v. 20.6.2002 – 8 AZR 459/01, NZA 2003, 318; BAG v. 18.11.2003 – 9 AZR 347/03, NZA 2004, 654; BAG v. 18.11.2003 – 9 AZR 95/03, NZA 2004, 651.
8 BAG v. 11.10.1995 – 10 AZR 984/94, NZA 1996, 432.

B-AG. Den Arbeitnehmern der A-GmbH wird ein zusätzliches Urlaubsgeld gewährt, welches mit jedem Monat Betriebszugehörigkeit anteilig entsteht und am 31.12. jeden Jahres fällig wird. Wie haften Veräußerer und Erwerber für diese Ansprüche?

Haftung innerhalb der Insolvenz

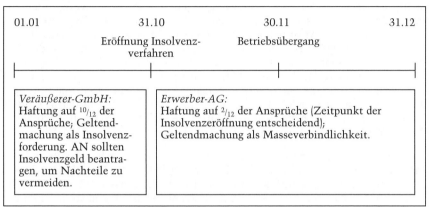

Für **rückständige Entgeltansprüche** bis Eröffnung des Insolvenzverfahrens haftet der Erwerber nach der Rechtsprechung des BAG nicht. Diese Ansprüche sind normale Insolvenzforderungen (§§ 38, 108 Abs. 2 InsO). Der nach der früheren Konkursordnung bestehende Vorrang gegenüber anderen Insolvenzgläubigern (§ 61 KO) besteht nicht mehr.[1] Die Arbeitnehmer sind allerdings für die letzten, der Eröffnung des Insolvenzverfahrens vorausgehenden drei Monate des Arbeitsverhältnisses durch das **Insolvenzgeld** (§ 183 ff. SGB III) abgesichert.[2] 274

Die Haftungsbeschränkung des Erwerbers für Ansprüche aus der Zeit vor Insolvenzeröffnung gilt allerdings nur für diejenigen Ansprüche der Arbeitnehmer, die als entgeltliche Ansprüche zur **Insolvenztabelle** angemeldet werden können.[3] Das ist z.B. beim Anspruch auf **Urlaubsgewährung** nicht der Fall. Für Urlaubsansprüche gilt die Haftungsregelung des § 613a BGB uneingeschränkt. Nicht erfüllte Urlaubsansprüche sind nach § 55 Abs. 1 Nr. 2 InsO als Masseforderung zu erfüllen.[4] Ansprüche aus dem Arbeitsverhältnis werden nach § 108 Abs. 2 InsO nur dann Insolvenzforderungen, wenn es sich um solche „für" die Zeit vor Eröffnung handelt. Dazu gehören Urlaubsansprüche nicht. Sie sind auf Freistellung von der Arbeitsleistung bei Fortzahlung der Bezüge gerichtet. Sie sind außerdem nicht von einer Arbeitsleistung im Kalenderjahr abhängig. Deshalb werden sie nicht monatlich verdient. Soweit sie noch nicht zeitlich nach § 7 Abs. 1 BUrlG festgelegt sind, können sie keinem bestimmten 275

---

1 BAG v. 15.1.2002 – 1 AZR 58/01, NZA 2002, 1034 (noch zur KO).
2 Vgl. Teil VI Rz. 296 ff.
3 Vgl. *Richardi/Annuß* in Staudinger, § 613a BGB Rz. 228.
4 Vgl. zum diesbezüglichen Ausgleich zwischen Erwerber und Veräußerer Teil VI Rz. 258.

Zeitraum im Jahr zugeordnet werden. Deshalb ist auch keine Zuordnung auf die Zeit vor oder nach dem Zeitpunkt der Eröffnung der Insolvenz möglich.[1] Der **Urlaubsabgeltungsanspruch** ist ein Anspruch, der dem Arbeitnehmer wegen der Beendigung des Arbeitsverhältnisses zusteht. Der erarbeitete Anspruch auf bezahlten Urlaub kann nicht mehr verwirklicht werden. Da er nach diesem Verständnis erst **mit** Beendigung des Arbeitsverhältnisses entsteht, ist er keine Insolvenzforderung, sondern eine Masseverbindlichkeit nach § 55 Abs. 1 Nr. 2 Var. 2 InsO.[2] Nach § 184 Abs. 1 Nr. 1 SGB III steht dem Arbeitnehmer kein Anspruch auf Insolvenzgeld für Ansprüche auf Arbeitsentgelt zu, die er **wegen** der Beendigung des Arbeitsverhältnisses oder für die Zeit danach hat. Deshalb ist der Urlaubsabgeltungsanspruch auch nicht insolvenzgeldfähig.[3] Besteht das Arbeitsverhältnis nach Eröffnung des Insolvenzverfahrens und nach einem Betriebs(teil)übergang fort, ist ein Urlaubsabgeltungsanspruch nicht entstanden. Der Erwerber muss in diesem Fall den gesamten Urlaubsanspruch des Arbeitnehmers durch **Freistellung** gewähren, auch wenn dieser im Wesentlichen beim früheren Arbeitgeber erdient worden ist.[4]

276 Für arbeitsrechtliche Ansprüche aus dem Zeitraum zwischen Eröffnung des Insolvenzverfahrens und Betriebs(teil)übergang haftet der Erwerber nach den allgemeinen Haftungsgrundsätzen des § 613a BGB, da das BAG auf die Eröffnung des Insolvenzverfahrens als entscheidenden Stichtag abstellt.[5] Nimmt der Insolvenzverwalter eine angebotene Arbeitsleistung des Arbeitnehmers nicht an, haftet der Erwerber nach § 613a Abs. 1 Satz 1 BGB allerdings für die Ansprüche dieses Arbeitnehmers aus Annahmeverzug auch für den Zeitraum vor Betriebs(teil)übergang.[6]

b) Sozialplanansprüche

277 Verbindlichkeiten aus einem *nach* Insolvenzeröffnung geschlossenen Sozialplan sind gem. § 123 Abs. 1 InsO Masseverbindlichkeiten. Die Grenze der Abfindungen für die entlassenen Mitarbeiter beträgt hierbei 2,5 Monatsverdienste im Einzelfall (§ 123 Abs. 1 InsO) und insgesamt höchstens 1/3 der verteilungsfähigen Masse (§ 123 Abs. 2 Satz 2 und 3 InsO). Verbindlichkeiten aus einem frühestens drei Monate *vor* dem Eröffnungsantrag aufgestellten Sozialplan (insolvenznaher Sozialplan) sind dagegen Insolvenzforderungen gem. § 38 InsO. Von dieser Grundregel kennt die InsO nur eine Ausnahme: Verbindlichkeiten in Sozialplänen, die ein **vorläufiger, „starker" Insolvenzverwalter** mit Verfügungsbefugnis nach §§ 21 Abs. 2 Nr. 2, 22 InsO vor Eröffnung des Insolvenzverfahrens abschließt, sind **Masseverbindlichkeiten** nach § 55 Abs. 2 InsO. Diese Ausnahme ist gerechtfertigt, weil die Rechtsposition des vorläufigen „starken" Insolvenzverwalters der des Insolvenzverwalters nach Eröffnung

---

1 BAG v. 25.3.2003 – 9 AZR 174/02, BB 2003, 2404; BAG v. 18.11.2003 – 9 AZR 347/03, DB 2004, 1269; BAG v. 18.11.2003 – 9 AZR 95/03, NZA 2004, 651.
2 BAG v. 25.3.2003 – 9 AZR 174/02, BB 2003, 2404 m. Anm. *Hess*; BAG v. 18.11.2003 – 9 AZR 95/03, NZA 2004, 651.
3 BSG v. 20.2.2002 – B 11 Al 71/01 R, AP SGB III § 184 Nr. 1.
4 Vgl. BSG v. 14.3.1989 – 10 R Ar 6/87, KTS 1989, 704.
5 BAG v. 4.12.1986 – 2 AZR 246/86, NZA 87, 460.
6 BAG v. 4.12.1986 – 2 AZR 246/86, NZA 87, 460.

gleicht. An Stelle des früheren gleichen Insolvenzranges[1] von insolvenznahen Sozialplänen und nach Insolvenzeröffnung geschlossenen Sozialplänen hat der Gesetzgeber in § 124 Abs. 1 InsO eine **Widerrufsmöglichkeit** von Betriebsrat und Insolvenzverwalter für insolvenznahe Sozialpläne festgelegt. Widerruft einer von beiden, können die Arbeitnehmer, denen Forderungen aus dem widerrufenen Sozialplan zustanden, bei der Aufstellung eines Sozialplans im Insolvenzverfahren berücksichtigt werden.[2] Der widerrufende Betriebsrat kann auf diese Weise Masseverbindlichkeiten begründen. Der Insolvenzverwalter kann widerrufen, wenn in massestarken Verfahren Ansprüche aus dem insolvenznahen Sozialplan die Grenzen von § 123 Abs. 1 und 2 InsO überschreiten.[3] Betriebsübernahmen im Insolvenzverfahren führen nach alledem grundsätzlich nicht zu einer Haftung des Erwerbers für Forderungen aus insolvenznahen oder verfahrensimmanenten Sozialplänen.

c) Betriebliche Altersversorgung

Besondere wirtschaftliche Bedeutung hat die Haftungsbeschränkung des Erwerbers für Ansprüche aus betrieblicher Altersversorgung. Hierbei gilt Folgendes unabhängig davon, ob Versorgungszusagen auf einzelvertraglicher Abrede, Gesamtzusage oder betrieblicher Übung beruhen:[4]   278

aa) Bei Erwerb eines Betriebs oder Betriebsteils **nach** Eröffnung des Insolvenzverfahrens tritt der Erwerber in die Versorgungsanwartschaften der übernommenen Belegschaft ein; im Versorgungsfall schuldet er nicht die volle Betriebsrente, sondern nur den bei ihm seit Betriebsübergang **zeitanteilig** erdienten Teil.[5]

bb) War die übernommene Versorgungsanwartschaft schon bei Eröffnung des Insolvenzverfahrens **unverfallbar**,[6] haftet der Pensions-Sicherungs-Verein als Träger der Insolvenzsicherung für den bis zur Eröffnung des Insolvenzverfahrens erdienten Teil zeitanteilig (§ 7 Abs. 2 BetrAVG).   279

cc) War die übernommene Versorgungsanwartschaft bei Eröffnung des Insolvenzverfahrens dagegen noch nicht unverfallbar, müssen die Arbeitnehmer die bis zum Betriebs(teil)übergang erdienten Ansprüche als **Insolvenzforderung** geltend machen.[7] Die Beschränkung der Haftung des Erwerbers für die Ansprüche vor Insolvenzeröffnung gilt auch in diesem Fall.   280

dd) Der Teil der Versorgungsansprüche, den die Arbeitnehmer im Zeitraum zwischen Insolvenzeröffnung und Betriebsübergang erdient haben, ist unab-   281

---

1 Vgl. BAG v. 15.1.2002 – 1 AZR 58/01, NZA 2002, 1034.
2 BAG v. 31.7.2002 – 10 AZR 275/01, ZIP 2002, 2051 = DB 2002, 2655.
3 BAG v. 31.7.2002 – 10 AZR 275/01, ZIP 2002, 2051 (2052); dazu kritisch *Häsemeyer*, ZIP 2003, 229 ff.
4 Vgl. *v. Alvensleben* in Huntemann/Brockdorff, Kap. 9 Rz. 148 ff.
5 Vgl. BAG v. 17.1.1980 – 3 AZR 160/79, BAGE 32, 326 (335); BAG v. 4.7.1989 – 3 AZR 756/87, AP 10 zu § 1 BetrAVG Betriebsveräußerung; BAG v. 23.7.1991 – 3 AZR 366/90, AP 11 zu § 1 BetrAVG Betriebsveräußerung.
6 Vgl. *Hambach*, NZA 2000, 291 ff.
7 *Doetsch/Rühmann* in Willemsen/Hohenstatt/Schweibert, J Rz. 122.

hängig von der Verfallbarkeit gegen die Masse geltend zu machen. Es handelt sich hierbei um Masseverbindlichkeiten aus einem Dauerschuldverhältnis gem. **§ 55 Abs. 2 Satz 2 InsO**. Für diesen Teilanspruch enthält das BetrAVG ein eigenständiges Abfindungsrecht vor (§ 3 Abs. 1 Satz 4 BetrAVG).

282 ee) Der Erwerber haftet für die Versorgungsanwartschaften der übernommenen Belegschaft unbeschränkt, wenn der bisherige Arbeitgeber im Zeitpunkt des Betriebs(teil)übergangs zahlungsunfähig war und das Insolvenzverfahren **mangels Masse** nicht eröffnet werden kann. Der Erwerber haftet in gleicher Weise unbeschränkt, sofern der Betriebsübergang vor Insolvenzeröffnung stattgefunden hat.

283 ff) Die durch die Eröffnung des Insolvenzverfahrens eingetretene **Haftungsbeschränkung** des Erwerbers wird dagegen durch die spätere Einstellung des Insolvenzverfahrens mangels Masse (§ 207 InsO) nicht berührt.[1] Der Pensions-Sicherungs-Verein ist für eine unverfallbare Anwartschaft auch dann einstandspflichtig, wenn Veräußerer und Erwerber den Betriebs(teil)übergang bewusst bis nach Insolvenzeröffnung hinauszögern.[2]

284 gg) Der Anspruch auf **Insolvenzschutz gegen den Pensions-Sicherungs-Verein** setzt voraus, dass der Sicherungsfall nach § 7 Abs. 1 BetrAVG beim letzten Arbeitgeber des Versorgungsberechtigten eingetreten ist. Übernimmt der einzige persönlich haftende Gesellschafter einer KG den Gesellschaftsanteil des einzigen Kommanditisten (Übernahmevereinbarung), erlischt die Gesellschaft. Der Übernehmer wird Alleininhaber des Gesellschaftsvermögens und deshalb auch Versorgungsschuldner derjenigen Arbeitnehmer, die mit unverfallbaren Anwartschaften aus dem Arbeitsverhältnis mit der KG ausgeschieden sind. Wird der Übernehmer insolvent, können die versorgungsberechtigten Arbeitnehmer den Pensions-Sicherungs-Verein in Anspruch nehmen.[3] Bringt dagegen ein Unternehmer sein Unternehmen in eine (neue) KG ein, haftet diese nur nach § 28 HGB für die im Betrieb des Geschäfts entstandenen Verbindlichkeiten des früheren Geschäftsinhabers. Der versorgungsberechtigte Arbeitnehmer muss sich im Fall der Insolvenz der (neuen) KG zunächst an seinen ursprünglichen Versorgungsschuldner halten und kann nicht den Pensions-Sicherungs-Verein in Anspruch nehmen.[4]

3. Kündigungen

285 Wegen der Anwendbarkeit von § 613a BGB in seiner Bestandsschutzfunktion muss der Insolvenzverwalter bei Kündigungen **§ 613a Abs. 4 BGB** beachten. Er darf deshalb ebenso wenig wie der Erwerber Kündigungen „wegen Betriebs(teil)übergangs" aussprechen. Für Kündigungen im Insolvenzverfahren gilt für beide Seiten gem. § 113 Abs. 1 InsO eine **Kündigungsfrist** von drei Monaten zum Monatsende, sofern keine kürzere Frist maßgeblich ist. Die Dreimonatsfrist nach § 113 Abs. 1 InsO gilt auch dann, wenn Tarifverträge eine längere

---

[1] BAG v. 11.2.1992 – 3 AZR 117/91, NZA 1993, 20.
[2] Vgl. *Richardi/Annuß* in Staudinger, § 613a BGB Rz. 231.
[3] BAG v. 29.1.1991 – 3 AZR 593/89, NZA 1991, 555.
[4] BAG v. 29.1.1991 – 3 AZR 593/89, NZA 1991, 555.

Kündigungsfrist vorsehen,[1] das gilt auch bei tariflicher Alterssicherung.[2] Kündigt der Insolvenzschuldner bereits vor Eröffnung des Insolvenzverfahrens (ggf. mit Zustimmung des vorläufigen Insolvenzverwalters) mit einer längeren Kündigungsfrist, ist die erneute Kündigung mit verkürzter Frist keine unzulässige „Nachkündigung".[3] Die verkürzte Frist ist für auf längere Zeit geschlossene Geschäftsführer-Dienstverträge wichtig.

Gegen eine **Kündigung des Insolvenzverwalters** muss der Arbeitnehmer gem. § 113 Abs. 2 InsO innerhalb von **drei Wochen** Klage erheben. Diese Klagefrist gilt seit dem 1.1.2004 durch das Gesetz zu Reformen am Arbeitsmarkt[4] für die Geltendmachung **aller** Kündigungsgründe. Der Insolvenzverwalter führt eine gegen den Insolvenzschuldner angestrengte Kündigungsschutzklage als Rechtsnachfolger im Sinne von § 3 ArbGG fort. 286

4. Insolvenzeröffnungsverfahren

Im Insolvenzeröffnungsverfahren (§§ 21 ff. InsO) gilt § 613a BGB ohne Einschränkung.[5] Dagegen soll nach Auffassung des BFH die Haftung des Erwerbers für rückständige Steuerschulden des Veräußerers aus § 75 Abs. 2 AO im Insolvenzeröffnungsverfahren ausgeschlossen sein.[6] 287

5. Insolvenzplanverfahren

Das Insolvenzplanverfahren (§§ 217 ff. InsO) ersetzt das bisherige Vergleichsverfahren nach der Vergleichsordnung und den Zwangsvergleich nach §§ 173 KO. Es eröffnet für die Beteiligten die Möglichkeit, eine von den Vorschriften der InsO weitgehend abweichende Lösung zur Bewältigung der Insolvenz zu erarbeiten.[7] Nach Auffassung des BAG gilt § 613a BGB auch hier nur beschränkt.[8] Endet das Insolvenzverfahren mit einem von den Gläubigern akzeptierten und gerichtlich bestätigten Insolvenzplan, haftet der Erwerber nur für die ab Insolvenzeröffnung entstehenden Ansprüche der Arbeitnehmer.[9] 288

6. Erleichterte Sanierungsmöglichkeiten in der Insolvenz

a) Regelungen der InsO

Die nachteiligen Wirkungen des § 613a BGB in der Insolvenz, die eine übertragende Sanierung erschweren,[10] hat der Gesetzgeber mit den Neuregelungen der §§ 125 ff. InsO abzumildern versucht. Kommt gem. § 125 InsO zwischen 289

---

1 BAG v. 16.6.1999 – 4 AZR 191/98, NZA 1999, 1331.
2 Vgl. BAG v. 19.1.2000 – 4 AZR 70/99, NZA 2000, 658.
3 BAG v. 22.5.2003 – 2 AZR 255/02, NZA 2003, 1086.
4 BGBl I, S. 3002; vgl. ausdr. zu § 113 Abs. 2 InsO: BT-Drucks. 15/1204, 9.
5 Vgl. BAG v. 26.3.1996 – 4 AZR 965/94, ZIP 1996, 1914 (1916); vgl. dazu auch *Richardi/Annuß* in Staudinger, § 613a BGB Rz. 226.
6 BFH v. 23.7.1998 – VII R 143/97, ZIP 1998, 1845 (1846); vgl. dazu *Lohkemper*, ZIP 1999, 1251 ff.
7 Vgl. dazu *Brockdorff* in Huntemann/Brockdorff, Kap. 13 Rz. 1 ff.
8 So zur Vergleichsordnung BAG v. 4.7.1989 – 3 AZR 756/87, NZA 1990, 188.
9 Vgl. dazu *Richardi/Annuß* in Staudinger, § 613a BGB Rz. 229.
10 Allg. *Rattunde*, ZIP 2003, 2103.

Insolvenzverwalter und Betriebsrat ein **Interessenausgleich mit Namensliste** zustande (in dem die Arbeitnehmer, denen gekündigt werden soll, namentlich bezeichnet sind), so wird **vermutet**, dass die Kündigungen durch dringende betriebliche Erfordernisse, die einer Weiterbeschäftigung in diesem Betrieb oder einer Weiterbeschäftigung zu unveränderten Arbeitsbedingungen entgegenstehen, bedingt ist. Der Insolvenzverwalter muss die Betriebsänderung und die Existenz des Interessenausgleichs nebst Namensliste darlegen und ggf. beweisen.[1] Darüber hinaus kann die **soziale Auswahl** der Arbeitnehmer nur im Hinblick auf die Dauer der Betriebszugehörigkeit, das Lebensalter und die Unterhaltspflichten und auch insoweit nur auf grobe Fehlerhaftigkeit nachgeprüft werden;[2] sie ist nicht als grob fehlerhaft anzusehen, wenn eine ausgewogene Personalstruktur erhalten oder geschaffen wird (§ 125 Abs. 1 Nr. 2 InsO). Eines besonderen Anhörungsverfahrens gem. § 102 Abs. 1 Satz 1 BetrVG bedarf es nicht. Der Interessenausgleich mit Namensliste bringt zum Ausdruck, dass der Insolvenzverwalter **gleichzeitig** das **Anhörungsverfahren** für die darin aufgeführten Arbeitnehmer eingeleitet und der Betriebsrat über alle Kündigungen eine **abschließende Stellungnahme** abgegeben hat.[3]

290 Weiter ist in § 126 InsO zur Beschleunigung ein **besonderes Beschlussverfahren** vorgesehen, das der Insolvenzverwalter beim Arbeitsgericht einleiten kann, wenn der Betrieb keinen Betriebsrat hat oder aus anderen Gründen innerhalb von drei Wochen nach Verhandlungsbeginn oder schriftlicher Aufforderung zur Aufnahme von Verhandlungen ein Interessenausgleich nach § 125 Abs. 1 InsO nicht zustande kommt, obwohl der Verwalter den Betriebsrat rechtzeitig und umfassend unterrichtet hat. Der Antrag hat sich darauf zu richten, dass die Kündigung der Arbeitsverhältnisse bestimmter Arbeitnehmer durch dringende betriebliche Erfordernisse bedingt und sozial gerechtfertigt ist (§ 126 Abs. 1 Satz 1 InsO). Kündigt der Insolvenzverwalter einem Arbeitnehmer, der in dem Antrag nach § 126 Abs. 1 InsO bezeichnet ist, und erhebt der Arbeitnehmer Klage auf Feststellung, dass das Arbeitsverhältnis durch die Kündigung nicht aufgelöst oder die Änderung der Arbeitsbedingungen sozial ungerechtfertigt ist, so ist die rechtskräftige Entscheidung im Verfahren nach § 126 InsO für die Parteien bindend (§ 127 Abs. 1 Satz 1 InsO). Der Insolvenzverwalter kann so die Wirksamkeit seiner Kündigungen vorab verbindlich vom Gericht prüfen lassen.

291 Der Insolvenzverwalter muss in Unternehmen mit in der Regel mehr als 20 wahlberechtigten Arbeitnehmern den Betriebsrat über eine (beabsichtigte) Betriebsstilllegung unterrichten und mit ihm versuchen, einen **Interessenausgleich** herbeizuführen. Unterlässt er dies, haben die Arbeitnehmer nach § 113 Abs. 3 InsO einen Anspruch auf Nachteilsausgleich.[4] Er ist keine Masseverbindlichkeit, sondern als Insolvenzforderung zur Tabelle anzumelden.[5]

---

1 BAG v. 16.5.2002 – 8 AZR 319/01, NZA 2003, 93.
2 LAG Düsseldorf v. 23.1.2003 – 11 (12) Sa 1057/02, ZIP 2003, 817 (822).
3 LAG Düsseldorf v. 23.1.2003 – 11 (12) Sa 1057/02, ZIP 2003, 817 (822); LAG Hamm v. 4.6.2002 – 4 Sa 81/02, BB 2003, 159.
4 BAG v. 22.7.2003 – 1 AZR 541/02, NZA 2004, 93.
5 BAG v. 8.4.2003 – 2 AZR 15/02, ZIP 2003, 1260; vgl. auch BAG v. 4.12.2002 – 10 AZR 16/02, NZA 2003, 665 = AiB 2003, 702 (*Backmeister*).

Speziell für den Fall des Betriebs(teil)übergangs sieht § 128 InsO vor, dass die Anwendung der §§ 125 bis 127 InsO nicht dadurch ausgeschlossen wird, dass die **Betriebsänderung**, die dem Interessenausgleich oder dem Feststellungsantrag zugrunde liegt, erst **nach** einer **Betriebsveräußerung** nach § 613a BGB durchgeführt werden soll. Das **Erwerberkonzept** kann daher Grundlage der vom Veräußerer ausgesprochenen Kündigungen sein, auch wenn dieser die geplante Betriebsänderung selbst bei Fortführung des Betriebs nicht hätte durchführen können.[1] Damit kann der Betrieb oder Betriebsteil schon vor dem Übergang auf die Bedürfnisse des Erwerbers angepasst werden, ohne dass der Personalbestand rechtlich ungesichert ist.[2] Die vom Erwerber später durchzuführende Betriebsänderung muss allerdings im Kündigungszeitpunkt bereits greifbare Formen angenommen haben.[3] Dazu ist eine entsprechende rechtliche Absicherung durch einen Sanierungsplan oder Vorvertrag erforderlich.[4] An dem Verfahren nach § 126 InsO ist der Erwerber zu beteiligen. Der Erwerber muss daher spätestens im Zeitpunkt der letzten mündlichen Verhandlung konkret feststehen.[5] Für etwaige **Kündigungsschutzprozesse** ist von Bedeutung, dass eine „doppelte" Vermutung zum Tragen kommt: Zum einen wird nach § 125 Abs. 1 Satz 1 Nr. 1 InsO vermutet, dass die Kündigung der Arbeitsverhältnisse der in einem zwischen Insolvenzverwalter und Betriebsrat zustande gekommenen Interessenausgleich mit Namensliste durch dringende betriebliche Erfordernisse im Sinne von § 1 KSchG bedingt sind. Zum anderen wird nach § 128 Abs. 2 InsO vermutet, dass die Kündigung dieser Arbeitsverhältnisse nicht „wegen" des Betriebsübergangs erfolgt ist. Der Arbeitnehmer muss damit durch Gegenbeweis gem. § 292 ZPO die Vermutung widerlegen, dass keine betriebsbedingte Kündigung vorliegt, sondern dass sie wegen des Betriebsübergangs erfolgt ist.[6]

b) Einsatz von Beschäftigungsgesellschaften

Erheblich erleichtert hat das BAG Sanierungsmöglichkeiten durch den Einsatz von Beschäftigungs- und Qualifizierungsgesellschaften (BQG).[7] Dabei werden sämtliche Arbeitsverhältnisse **einvernehmlich** auf eine externe BQG **übergeleitet**. Das Ausscheiden der Arbeitnehmer entlastet die Insolvenzmasse und erleichtert die Vorbereitung einer (übertragenden) Sanierung. Die Betriebsmittel des insolventen Arbeitgebers können auf einen Erwerber oder eine Auffanggesellschaft übertragen werden. Ein potenzieller Betriebserwerber hat insofern die für ihn attraktive Gelegenheit, die Übernahme von Betriebsmitteln in sein Unternehmen nach seinen Wünschen zu gestalten. Der Einsatz einer BQG ist aus Arbeitnehmersicht vorteilhaft, weil der durch die Insolvenz drohende Aus-

---

1 So jetzt allg. BAG v. 20.3.2003 – 8 AZR 97/02, NZA 2003, 1027 ff.; vgl. *Stahlhacke/ Preis/Vossen*, Rz. 1355.
2 *Stahlhacke/Preis/Vossen*, Rz. 1355.
3 BAG v. 20.3.2003 – 8 AZR 97/02, NZA 2003, 1027 ff.
4 Vgl. *Preis* in ErfKomm., § 613a BGB Rz. 165; *Willemsen* in Willemsen/Hohenstatt/ Schweibert, H Rz. 117.
5 *Stahlhacke/Preis/Vossen*, Rz. 1357.
6 LAG Düsseldorf v. 23.1.2003 – 11 (12) Sa 1057/02, ZIP 2003, 817 (821); LAG Hamm v. 4.6.2002 – 4 Sa 81/02, BB 2003, 159; *Stahlhacke/Preis/Vossen*, Rz. 1358.
7 Vgl. dazu *Lembke*, BB 2004, 773; *Meyer*, SAE 2000, 39 (40 ff.).

spruch von betriebsbedingten Kündigungen (zunächst) vermieden wird. Dem Arbeitnehmertransfer zeitlich nachgeschaltet ist die Übernahme (eines Teils) der ursprünglichen Belegschaft durch eine **Auffanggesellschaft** oder durch eine Arbeitnehmerüberlassung von der Beschäftigungsgesellschaft an die Auffanggesellschaft. Der Übergang der Arbeitnehmer auf die Auffanggesellschaft via BQG ist in der Regel kein Betriebsübergang nach § 613a BGB, da zum Zeitpunkt des Übergangs auf die BQG die Arbeitsverhältnisse der Arbeitnehmer mit dem insolventen Veräußerer durch den Abschluss von Aufhebungsverträgen bereits beendet war. Der Abschluss von **Aufhebungsverträgen** mit dem insolventen Arbeitgeber und der gleichzeitige Abschluss neuer befristeter Arbeitsverhältnisse mit einer BQG verstößt nach Auffassung des BAG nicht gegen § 613a Abs. 4 BGB, wenn den Arbeitnehmern eine konkrete Weiterbeschäftigung nach dem Ende der Befristung bei einer Auffanggesellschaft nicht verbindlich zugesagt wird.[1] Nach ständiger Rechtsprechung des BAG sind Aufhebungsverträge wegen Umgehung des § 613a Abs. 4 BGB unzulässig, wenn sie lediglich die Beseitigung der Kontinuität des Arbeitsverhältnisses trotz fortbestehender Weiterbeschäftigungsmöglichkeit beim Erwerber bezwecken.[2] Die befristete Überleitung von Arbeitsverhältnissen auf eine Beschäftigungsgesellschaft fällt darunter jedoch nicht, sofern den Arbeitnehmern die Möglichkeit der Weiterbeschäftigung bei einem Erwerber des insolventen Unternehmens lediglich als möglich zugesagt wird.[3] Zugelassen hat das BAG auch die **rückwirkende Auflösung** eines Arbeitsverhältnisses auch ohne Vorliegen eines sachlichen Grundes, wenn es bereits außer Vollzug gesetzt worden war und die Vereinbarung auf das endgültige Ausscheiden des Arbeitnehmers aus dem Betrieb gerichtet ist.[4] Außerdem hat der Achte Senat klargestellt, dass nach Abschluss eines Aufhebungsvertrages ein anschließender **Weiterbeschäftigungsanspruch** gegen den Erwerber ausscheidet, solange die Wirksamkeit des Aufhebungsvertrages nicht wegen Anfechtung oder Wegfalls der Geschäftsgrundlage beseitigt wird.[5] Unabhängig von der Wirksamkeit des Aufhebungsvertrages existiert schließlich nach Auffassung des Achten Senats generell in **Insolvenzfällen** kein Weiterbeschäftigungsanspruch der Arbeitnehmer, der gegen einen Erwerber gerichtet werden könnte.[6] Das BAG hat diese Rechtsprechung (auch aus europarechtlicher Sicht) in vollem Umfang **bestätigt**.[7] Das freiwillige Ausscheiden in zeitlichem Zusammenhang mit einem Betriebsübergang bestimmen der Arbeitnehmer und der Veräußerer. Der Erwerber nimmt daran nicht teil. Die wirksamen Aufhebungsverträge sind außerdem auf das endgültige Ausscheiden des Mitarbeiters aus dem Betrieb gerichtet. Von einer Wahlfreiheit des Betriebserwerbers über die Übernahme der Belegschaft kann man nicht sprechen.[8] Beruft sich der Arbeitnehmer schließlich bei einer fehlerhaften Unterrichtung nach § 613a Abs. 5 BGB darauf, dass

---

[1] BAG v. 10.12.1998 – 8 AZR 324/97, NZA 1999, 422.; vgl. dazu *Hanau*, ZIP 1999, 324 ff.; *Meyer*, SAE 2000, 39 ff.; EWiR § 613a BGB 2/99, 247 (*Joost*).
[2] Vgl. BAG v. 11.7.1995 – 3 AZR 154/95, NZA 1996, 207.
[3] BAG v. 10.12.1998 – 8 AZR 324/97, NZA 1999, 422.
[4] BAG v. 10.12.1998 – 8 AZR 324/97, NZA 1999, 422, Ls 1, 2.
[5] BAG v. 10.12.1998 – 8 AZR 324/97, NZA 1999, 422, Ls 3.
[6] BAG v. 10.12.1998 – 8 AZR 324/97, NZA 1999, 422 (425).
[7] BAG v. 21.1.1999 – 8 AZR 218/98, ZIP 1999, 1572.
[8] So aber *Willemsen* in Willemsen/Hohenstatt/Schweibert, H Rz. 124.

er bei ordnungsgemäßer Unterrichtung den Aufhebungsvertrag nicht unterzeichnet hätte, steht ihm u.E. kein Anspruch auf eine Beschäftigung bei der Auffanggesellschaft nach den „alten" Bedingungen gem. § 613a Abs. 1 Satz 1 BGB zu. Denn die Unterrichtung ist eine Obliegenheit des Arbeitgebers und keine Rechtspflicht, deren Verletzung Schadensersatz auslösen kann.[1]

Der neue Arbeitsvertrag des Arbeitnehmers mit der Beschäftigungsgesellschaft richtet sich in der Regel nach der Dauer der staatlichen Förderung durch **Transferkurzarbeitergeld** nach § 216b SGB III n.F.[2] Deren maximale Bezugsdauer kürzte der Gesetzgeber[3] mit Wirkung ab dem 1.1.2004 von 24 Monate auf **12 Monate**. Die Verträge mit der BQG werden daher ohne sachlichen Grund (§ 14 Abs. 2 TzBfG) auf ein Jahr befristet sein. Die BQG kann das Kurzarbeitergeld durch eine mit dem Insolvenzverwalter abzuschließende Verpflichtung zur Zahlung von Lohnzuschüssen erhöhen.[4] In diesem **Dienstleistungs- und Kooperationsvertrag** sollten einerseits die von der BQG geschuldeten Qualifizierungs- und Vermittlungsdienste sowie andererseits die vom insolventen Unternehmen geschuldeten Vergütungs- und sonstige Leistungspflichten geregelt sein.[5] Zu beachten ist ebenfalls, dass bei einer gewerbsmäßigen Überlassung der Arbeitnehmer an Dritte im Arbeitsverhältnis zwischen BQG und dem Leiharbeitnehmer bestimmte Nachweispflichten (§ 11 AÜG) gelten. Des Weiteren bestimmen § 10 Abs. 4, § 9 Nr. 2, § 3 Abs. 1 Nr. 3 AÜG[6] ein **Schlechterstellungsverbot** („Equal Pay, Equal Treatment") im Hinblick auf vergleichbare Arbeitnehmer beim Entleiher. Dieses Verbot macht eine Arbeitnehmerüberlassung für die BQG unter Umständen unattraktiv. Werden die Arbeitnehmer von einer Tochtergesellschaft der BQG verliehen, die speziell zum Zweck der Arbeitnehmerüberlassung gegründet wurde, kann sie sich allerdings durch eine Bezugnahme auf Tarifverträge der Zeitarbeitsbranche dem Schlechterstellungsverbot **entziehen**. Denn dann befindet sie sich auf Grund ihres betrieblichen Schwerpunkts der Arbeitnehmerüberlassung „im Geltungsbereich" eines solchen Tarifvertrages, vgl. § 9 Nr. 2 3. Halbs. AÜG.[7]

294

Liegt eine Betriebsänderung nach § 111 BetrVG vor, kann der Betriebsrat nach § 92a Abs. 1 BetrVG im Rahmen des Interessenausgleichsverfahrens dem Arbeitgeber **beratungspflichtige Vorschläge** zur Sicherung und Förderung der Beschäftigung machen. Das kann auch den Vorschlag zur Einschaltung einer BQG beinhalten.[8] Dieses Initiativrecht, auf das der Arbeitgeber konstruktiv reagieren muss, ist systemfremd. Dem Betriebsrat steht es nicht zu, sich zum Sachwalter von Arbeitsuchenden zu machen. Die Beschäftigungsförderung ist eine überbetriebliche Angelegenheit, der der Betriebsrat nicht verpflichtet sein

295

---

1 A.A. *Lembke*, BB 2004, 773 (778) m.w.N.
2 Früher Struktur-Kurzarbeitergeld gem. § 175 SGB III a.F.
3 Art. 1 Nr. 94, 120 des Dritten Gesetzes für moderne Dienstleistungen am Arbeitsmarkt (Hartz III) v. 23.12.2003, BGBl. I, S. 2848.
4 Vgl. *Ries*, NZI 2002, 521 (527).
5 Vgl. *Lembke*, BB 2004, 773 (776); *Gänßbauer*, S. 158; *Gaul/Kliemt*, NZA 2000, 674.
6 Eingeführt durch das Erste Gesetz für moderne Dienstleistungen am Arbeitsmarkt (Hartz I) v. 23.12.2003, BGBl. I, S. 4607.
7 *Lembke*, BB 2004, 773 (776).
8 *Wendeling-Schröder/Welkoborsky*, NZA 2002, 1370 (1373 f.).

kann.¹ Eine **Sozialplanregelung** über die Beauftragung einer externen BQG ist zwar freiwillig nach § 88 Nr. 2 BetrVG möglich, jedoch **nicht erzwingbar**.² In der Insolvenz dürfen außerhalb der Fälle der §§ 123, 124 InsO nicht zwangsweise Masseverbindlichkeiten geschaffen werden.³ Ein Transfersozialplan nach § 116a SGB III n.F. kann aber die finanzielle Ausstattung einer Beschäftigungsgesellschaft bei entsprechendem Wegfall oder bei Kürzungen von Abfindungen regeln.⁴ § 112a Abs. 2 BetrVG bestimmt nun ausdrücklich, dass die Einigungsstelle die im SGB III vorgesehenen Förderungsmöglichkeiten zur Vermeidung von Arbeitslosigkeit berücksichtigt werden sollen. Der Sozialplan soll danach nicht als reines Abfindungsinstrument, sondern vorrangig als Mittel zur Schaffung neuer Beschäftigungsperspektiven genutzt werden.⁵ Aus diesen neuen Regelungen wird ersichtlich, dass der Gesetzgeber den Einsatz von Beschäftigungsgesellschaften in der Insolvenz als eine tatsächliche Chance zur Sanierung des krisenbefangenen Unternehmens ansieht.

c) Insolvenzgeld

296 Die Bundesagentur für Arbeit zahlt unter bestimmten Voraussetzungen für ausgefallenes Arbeitsentgelt in der Insolvenz das sog. Insolvenzgeld. Es wird höchstens für die letzten drei Monate des Arbeitsverhältnisses vor Verfahrenseröffnung oder anderer Insolvenzgründe ausgezahlt. Im Zusammenhang mit einem Betriebsübergang ist das besonders für den Erwerber von Interesse, da der Anspruch der übergehenden Arbeitnehmer auf Insolvenzgeld auch dann bestehen kann, wenn der Erwerber **nach** Betriebsübergang Insolvenz anmeldet. Das Insolvenzgeld kann für den Insolvenzschuldner als Kreditierungs- und Sicherungsinstrument wie eine **Lohnvorfinanzierung** bei der **Sanierung** des Unternehmens dienen. Unter bestimmten Voraussetzungen kann die Bundesagentur nach § 186 SGB III sogar einen **Vorschuss** auf das Insolvenzgeld leisten. Ihre Zustimmungspflicht nach § 188 Abs. 4 Satz 2 SGB III beugt Missbräuchen bei der (dann vermeintlichen) Sanierung vor. Eine Zustimmung darf nur erteilt werden, wenn Tatsachen die Annahme rechtfertigen, dass durch die Vorfinanzierung der Löhne ein erheblicher Teil der Arbeitsplätze erhalten bleibt.⁶ Mit Wirkung vom 1.1.2004 **begrenzte** der Gesetzgeber die **Höhe** des Insolvenzgeldes.⁷ Während früher grundsätzlich der Nettolohn maßgeblich war, richtet sich die Höhe des Insolvenzgeldes nun gem. § 185 SGB III nach dem Bruttoarbeitsentgelt, begrenzt durch die monatliche **Beitragsbemessungsgrenze** der Rentenversicherung der Arbeiter und Angestellten gem. § 314 Abs. 4 SGB III. Insolvenzgeld wird nicht für Arbeitsverhältnisse gezahlt, die der Ar-

---

1 *Bauer*, NZA 2001, 375 (378); *Rieble*, ZIP 2001, 133 (142); a.A. *Däubler/Kittner/Klebe*, § 92a BetrVG Rz. 2.
2 So auch *Lembke*, BB 2004, 773 (775); *Schweibert* in Willemsen/Hohenstatt/Schweibert, C Rz. 271a; a.A. *Wendeling-Schröder/Welkoborsky*, NZA 2002, 1370 (1377).
3 *Lembke*, BB 2004, 773 (775).
4 Vgl. *Däubler/Kittner/Klebe*, §§ 112, 112a BetrVG Rz. 3, 192; *Schweibert* in Willemsen/Hohenstatt/Schweibert, C Rz. 252b.
5 BT-Drucks. 14/5741, 52.
6 Vgl. Insolvenzgeld-DA, Auszug abgedr. bei *Gagel/Peters-Lange*, Anh. zu § 188 SGB III.
7 Vgl. Drittes Gesetz für moderne Dienstleistungen am Arbeitsmarkt (Hartz III) v. 27.12.2003, BGBl. I, S. 2848.

beitgeber nach dem Insolvenzereignis einging. Der Arbeitgeber muss die Bundesagentur über das Insolvenzereignis informieren.

Gem. § 187 SGB III **gehen** mit dem Antrag die den Anspruch auslösenden **Lohnansprüche** auf die Bundesagentur für Arbeit **über**. Man kann dies entweder als einen Forderungskauf betrachten, bei dem die Lohnforderungen Zug um Zug gegen Zahlung des Nettolohns an die Bundesagentur abzutreten sind. Oder es handelt sich um ein Darlehen der Bundesagentur, zu dessen Sicherung die Lohnforderungen an sie abgetreten werden.[1] Die Vorfeldfinanzierung der Löhne durch die Bundesagentur kommt allerdings nur für den Zeitraum bis zur Eröffnung des Insolvenzverfahrens in Betracht. Danach sind die Lohnforderungen Masseverbindlichkeiten gemäß § 55 Abs. 2 InsO und belasten die Insolvenzmasse entsprechend. 297

Das Insolvenzgeld umfasst in sachlicher Hinsicht **sämtliche** Arten von **Bezügen** aus dem Arbeitsverhältnis. Bei flexiblen Arbeitszeitregelungen erhält der Arbeitnehmer stets Insolvenzgeld in Höhe des vorgesehenen Monatsgehalts; und zwar auch dann, wenn er im maßgebenden zurückliegendem Zeitraum gerade noch nicht die erforderliche Stundenzahl gearbeitet hat oder freigestellt war. Das gilt umgekehrt auch dann, wenn er sich gerade in der sog. „Ansparphase" befindet, in der er mehr Arbeitszeit ableistet. Diese Regelung ist Folge des Job-AQTIV-Gesetzes,[2] das das Prinzip der Unterhaltssicherung für verbindlich erklärte. 298

Beitragsansprüche der Versicherungsträger für Einmalzahlungen gem. § 208 Abs. 1 SGB III entstehen nach der Änderung des § 22 Abs. 1 SGB IV[3] seit dem 1.1.2003 erst, wenn der Arbeitgeber sie tatsächlich auszahlt. Richtigerweise entstehen die Beitragansprüche auch dann, wenn der Arbeitnehmer das Insolvenzgeld für Einmalzahlungen nicht vom Arbeitgeber, sondern von der Bundesagentur ausgezahlt bekommt.[4] 299

XI. Betriebsverfassungs- und mitbestimmungsrechtliche Auswirkungen

1. Unterrichtung des Wirtschaftsausschusses

Sowohl im Veräußererbetrieb als auch im Erwerberbetrieb kann die Verpflichtung bestehen, den Wirtschaftsausschuss über den Betriebsübergang zu unterrichten. Der Unternehmer hat den Wirtschaftsausschuss nach § 106 Abs. 2 BetrVG rechtzeitig und umfassend über die **wirtschaftlichen Angelegenheiten** des Unternehmens zu unterrichten. § 106 Abs. 3 BetrVG nennt beispielhaft die wichtigsten wirtschaftlichen Angelegenheiten. Der Wirtschaftsausschuss ist z.B. gemäß § 106 Abs. 3 Nr. 8 BetrVG beim Zusammenschluss sowie bei der Spaltung von Unternehmen und Betrieben einzuschalten. Darüber hinaus 300

---

1 Vgl. *Gagel/Peters-Lange*, § 188 SGB III Rz. 63 ff.
2 V. 10.12.2001, BGBl. I, S. 66.
3 Zweites Gesetz für moderne Dienstleistungen am Arbeitsmarkt (Hartz II) v. 23.12.2002, BGBl. I, S. 4621.
4 Vgl. *Braun/Wiezioch*, ZIP 2003, 2001 (2003).

enthält § 106 Abs. 3 Nr. 10 BetrVG eine eingeschränkte **Generalklausel**, nach der zu den wirtschaftlichen Angelegenheiten auch „sonstige Vorgänge und Vorhaben, welche die Interessen der Arbeitnehmer des Unternehmens wesentlich berühren können", gehören. Veräußerungen von Betrieben oder Betriebsteilen sind regelmäßig „sonstige Vorgänge und Vorhaben" im Sinne von § 106 Abs. 3 Nr. 10 BetrVG.[1] Die Unterrichtungspflicht obliegt in erster Linie dem veräußernden Arbeitgeber, aber unter Umständen auch dem Erwerber, wenn der Betrieb oder Betriebsteil in einen schon bei ihm bestehenden Betrieb eingegliedert werden soll und dort ein Wirtschaftsausschuss besteht. Die Unterrichtung muss **rechtzeitig** erfolgen. Rechtzeitig bedeutet, bevor über den Betriebs(teil)übergang entschieden wird.[2] Darüber hinaus muss die Unterrichtung **umfassend** sein. Sie dient der Herstellung der Informationsparität zwischen Unternehmer und Wirtschaftsausschuss.[3] Nach § 106 Abs. 2 BetrVG muss die Unterrichtung unter **Vorlage** der **erforderlichen Unterlagen** erfolgen. Dazu können der Jahresabschluss, der Wirtschaftsprüferbericht, Bilanzen, Gewinn- und Verlustrechnungen etc. zählen.[4] Der Arbeitgeber soll verpflichtet sein, die Unterlagen den Mitgliedern des Wirtschaftsausschusses vor der Sitzung zur Vorbereitung vorzulegen und ggf. sogar vorübergehend zu überlassen; die Mitglieder des Wirtschaftsausschusses sollen aber ohne seine Zustimmung nicht berechtigt sein, von den Unterlagen **Kopien** oder Abschriften anzufertigen.[5] Ein Verstoß gegen §§ 106 Abs. 2 und 3 BetrVG ist eine Ordnungswidrigkeit i.S.v. § 121 Abs. 1 BetrVG (Bußgeld bis zu 10 225,84 Euro gem. § 121 Abs. 2 BetrVG).

2. Mitwirkung und Mitbestimmung des Betriebsrats

301 Der **Betriebsübergang** stellt für sich genommen keine **Betriebsänderung** im Sinne von § 111 BetrVG dar. Der bloße Wechsel des Betriebsinhabers lässt die Organisationsebene „Betrieb" unberührt und löst deshalb keine Beteiligungsrechte des Betriebsrates aus.[6] Die Beteiligungsrechte des Betriebsrats nach §§ 111 ff. BetrVG kommen deshalb nur dann zum Zuge, wenn sich der **Betriebsübergang** nicht im bloßen Inhaberwechsel erschöpft, sondern mit Maßnahmen verbunden ist, die als solche einen der Tatbestände des § 111 BetrVG erfüllen.[7]

---

1 *Schweibert* in Willemsen/Hohenstatt/Schweibert, C Rz. 409; *Henssler*, NZA 1994, 297; *Weimar/Alfes*, BB 1993, 783 (786).
2 *Däubler/Kittner/Klebe*, § 106 BetrVG Rz. 39.
3 Vgl. dazu *Mengel*, S. 324.
4 *Däubler/Kittner/Klebe*, § 106 BetrVG Rz. 48.
5 BAG v. 20.11.1984 – 1 ABR 64/82, NZA 1985, 432 (434).
6 Vgl. BAG v. 16.6.1987 – 1 ABR 41/85, BAGE 55, 356; vgl. dazu auch *Matthes*, NZA 2000, 1073 ff.
7 Vgl. dazu BAG v. 25.1.2000 – 1 ABR 1/99, NZA 2000, 1069; danach ist ein von der Einigungsstelle aufgestellter Sozialplan nicht schon deshalb wegen Kompetenzüberschreitung unwirksam, weil die Begründung des Spruchs ausschließlich Nachteile aufführt, die unmittelbar auf dem Betriebsübergang beruhen. Ein Rechtsverstoß liege nur vor, wenn keine Nachteile zu erwarten waren, die Ausgleichsmaßnahmen rechtfertigen konnten.

Eine **Betriebsteilveräußerung** dagegen ist aufgrund der spezialgesetzlichen Regelung in § 111 Satz 2 Nr. 3 BetrVG als „Spaltung von Betrieben" eine Betriebsänderung und daher sozialplanpflichtig. Darunter fällt aber nicht die sog. **typische Betriebsaufspaltung**, die richtigerweise eine Spaltung des Unternehmens in eine je rechtlich selbstständige Besitz- und Produktionsgesellschaft ist. Regelmäßig pachtet die Produktionsgesellschaft die Betriebsmittel von der Besitzgesellschaft und übernimmt von ihr die Arbeitnehmer. Eine Betriebsänderung im Sinn von § 111 BetrVG liegt bei dieser Konstruktion nicht vor.[1] Einer möglichen Gefährdung der Arbeitnehmer durch Entzug der ihnen bei der Produktionsgesellschaft zur Verfügung stehenden Haftungsmasse kann nur mit gesellschaftsrechtlichen Instrumenten entgegengewirkt werden.[2] Vollzieht sich die „Betriebsaufspaltung" nach dem Umwandlungsgesetz, greift die Spezialregelung des § 134 UmwG ein.

302

§ 613a BGB und §§ 111, 112 BetrVG dienen also verschiedenen Zwecken. Ansatzpunkt des § 111 BetrVG ist die **Änderung der Betriebsstruktur**. Geht der Betriebsübergang mit einer Betriebsänderung einher, hat der Betriebsrat einen Anspruch auf Verhandlungen über Interessenausgleich und Sozialplan. Ob und welche wirtschaftlichen Nachteile für die betroffenen Arbeitnehmer entstanden sind und ausgeglichen oder gemildert werden sollen, haben bisheriger Arbeitgeber und Betriebsrat, notfalls die Einigungsstelle zu prüfen.[3] Da die Arbeitsverhältnisse der verbleibenden Arbeitnehmer unverändert bestehen bleiben und zugunsten der zum Erwerber wechselnden Arbeitnehmer § 613a BGB eingreift, werden in solchen Fällen vielfach unmittelbare wirtschaftliche Nachteile kaum feststellbar sein mit der Folge, dass sog. „Nullsozialpläne" durchaus denkbar sind. Der bloße **Entzug von Haftungsmasse** ist als solcher kein sozialplanpflichtiger Nachteil.[4] Unwirksam sind im Übrigen Betriebsvereinbarungen, mit denen schon im Vorfeld eines Betriebsübergangs und gleichzeitiger Betriebsänderung versucht werden soll, **potenzielle Nachteile** für die ausgegliederten Arbeitnehmer zu verhindern, etwa dadurch, dass den übergehenden Arbeitnehmern zugesichert wird, dass sie nicht schlechter gestellt werden als die Mitarbeiter der Muttergesellschaft. Eine solche Betriebsvereinbarung ist unwirksam, weil dem bisherigen Arbeitgeber und seinem Betriebsrat die Kompetenz dazu fehlt, die Arbeitsbedingungen der (späteren) Arbeitnehmer des neuen Arbeitgebers nach dem Betriebsübergang zu regeln. Die Betriebspartner können zwar Arbeitsbedingungen der beim bisherigen Arbeitgeber beschäftigten Arbeitnehmer regeln; daraus entstehende Rechte und Pflichten werden nach dem Betriebsübergang Inhalt des Arbeitsverhältnisses (§ 613a Abs. 1 Satz 2 BGB). Den Betriebspartnern ist es jedoch verwehrt, Arbeitsbedingungen für die Zeit **nach** Betriebsübergang unmittelbar zu regeln.[5]

303

---

1 BAG v. 17.2.1981 – 1 ABR 101/78, NJW 1981, 2716; vgl. v. *Steinau-Steinrück*, S. 80 ff.
2 Vgl. dazu v. *Steinau-Steinrück*, S. 49 ff.
3 BAG v. 17.2.1981 – 1 ABR 101/78, NJW 1981, 2716; BAG v. 16.6.1987 – 1 ABR 41/85, BAGE 55, 356.
4 BAG v. 10.12.1996 – 1 ABR 32/96, NZA 1997, 898; *Bauer*, Betriebsänderungen, S. 46 f.
5 BAG v. 1.4.1987 – 4 AZR 77/86, NZA 1987, 593.

304 Eine beteiligungspflichtige Betriebsänderung liegt allerdings nicht vor, wenn der Betrieb oder Teile davon mehreren Unternehmen zugeordnet werden mit der Folge, dass ein sog. **Gemeinschaftsbetrieb** entsteht.[1] In Umwandlungsfällen wird nach § 322 Abs. 1 UmwG die Entstehung eines Gemeinschaftsbetriebs **vermutet**. Sofern keine andere Änderung außer der Verdoppelung des Arbeitgebers vorgenommen wird, fehlt es an einer Betriebsänderung.[2]

305 Ist im Einzelfall ungewiss, ob ein Betriebs(teil)übergang überhaupt vorliegt, oder ob der bisherige Arbeitgeber seinen Arbeitnehmern vorsorglich betriebsbedingt kündigen muss, können die Betriebsparteien **vorsorglich**, d.h. für den Fall, dass kein Betriebs(teil)übergang gegeben ist, einen **Sozialplan** vereinbaren.[3]

306 Die bisherigen Regelungen zu Zuschüssen zu Sozialplanmaßnahmen (§§ 254 ff. SGB III) wurden am 1.1.2004 durch Leistungen zur **Förderung** der Teilnahme an **Transfermaßnahmen** (§ 216a SGB III) abgelöst. Für die Betriebsparteien ist dabei Folgendes interessant: Die Agentur für Arbeit kann die Parteien auf ihr Verlangen über Fördermöglichkeiten bei Transfermaßnahmen im Rahmen von Sozialplanmaßnahmen nach § 112 BetrVG beraten. Als **Betriebsänderung** im Sinne von § 216a Abs. 1 SGB III gilt eine Betriebsänderung gem. § 111 BetrVG unabhängig von der Unternehmensgröße. Die Bundesagentur bezuschusst die Maßnahmekosten mit 50 %, höchstens 2500 Euro je gefördertem Arbeitnehmer.

307 Legt der Erwerber den nach § 613a BGB übernommenen Betrieb oder Betriebsteil still, treffen ihn die Verpflichtungen aus §§ 111 ff. BetrVG. Erfolgt die **Veräußerung** eines Betriebs oder Betriebsteils allerdings **zum Zwecke der Stilllegung durch den Erwerber**, kann eine dem Veräußerer zuzurechnende Betriebsänderung im Sinne von § 111 BetrVG vorliegen.[4] Auch in diesem Fall ist die Stilllegung dem Erwerber zuzurechnen. Für den Fall des Betriebs(teil)übergangs während eines Beschlussverfahrens wird der Erwerber automatisch Beteiligter anstelle des bisherigen Beteiligten des anhängigen Verfahrens, weil eine „geltend gemachte, nur dem Betriebsrat gegenüber bestehende betriebsverfassungsrechtliche Pflicht nur den jeweiligen Inhaber des Betriebs als den ‚Arbeitgeber' im Sinne des Betriebsverfassungsgesetzes gleichsam als Organ der Betriebsverfassung treffen kann".[5] Dann kann aber auch nichts anderes für die Frage gelten, wer Verhandlungspartner des Betriebsrats für Interessenaus-

---

1 Vgl. BAG v. 24.2.2000 – 8 AZR 162/99, n.v.; danach wird mit einer Vereinbarung über die gemeinsame Betriebsführung nur das Direktionsrecht in seiner faktischen Ausübung koordiniert, aber keine wirtschaftliche Einheit übertragen.
2 LAG Frankfurt v. 12.2.1985 – 4 TaBV 70/83, DB 1985, 1999; *Bork*, BB 1989, 2185.
3 BAG v. 1.4.1998 – 10 ABR 12/97, NZA 1998, 768 = AP 123 zu § 112 BetrVG 1972 m. Anm. *Meyer*; *C. Meyer* zu Sozialplangestaltung bei nachträglichem Betriebsübergang, NZA 2000, 297.
4 BAG v. 17.3.1987 – 1 ABR 47/85, NZA 1987, 523 = EWiR § 613a BGB 9/87, 769 (*Willemsen*); vgl. auch *Salje*, NZA 1988, 449.
5 BAG v. 28.9.1988 – 1 ABR 37/87, NZA 1989, 188.

gleich und Sozialplan wird, wenn im Zusammenhang mit dem Übergang des ganzen Betriebs eine Betriebsänderung vorgenommen wird.[1]

Bei **Ausgliederung eines Betriebsteils** hat der bisherige Betriebsrat ein einheitliches **Übergangsmandat** für sechs Monate (§ 21a BetrVG). Der Veräußerer schließt daher mit dem bisherigen Betriebsrat einen Interessenausgleich und Sozialplan sowohl hinsichtlich der bei ihm verbliebenen Arbeitnehmer als auch hinsichtlich der übergegangenen Arbeitnehmer ab. Für die Sozialplanleistungen der übergegangenen Arbeitnehmer haften bisheriger und neuer Arbeitgeber nach § 613a Abs. 1 und 2 BGB.

308

Wenn es sich bei der Änderung des Betriebs nur um eine **Entscheidung des Erwerbers** handelt, kann dieser schon **vor** dem Betriebsübergang einen Interessenausgleich und auch einen Sozialplan mit dem Betriebsrat vereinbaren.

309

Dazu ein **Beispiel:**

Ein mittelständisches Kaufhausunternehmen mit mehreren Kaufhäusern verkauft vier davon an ein größeres Unternehmen. Die vier Betriebe sollen per 1.7.2005 nach § 613a BGB übergehen. Der Kaufvertrag wird schon im Januar 2005 abgeschlossen. Der Erwerber will die vier Kaufhäuser in geänderter Form ab 1.7.2005 fortführen. Es sollen vor allem die Lebensmittelabteilungen geschlossen werden. Hier können nach richtiger Auffassung Interessenausgleich und Sozialplan mit den örtlichen Betriebsräten der vier Kaufhäuser schon vor dem Zeitpunkt des Betriebsübergangs geschlossen werden. § 613a BGB bezweckt nur, den bisherigen Besitzstand der Arbeitnehmer aufrechtzuerhalten. Das soll aber nicht zu einer Verzögerung im Rahmen geplanter Betriebsänderungen führen. Das praktische Bedürfnis für solche Regelungen ist unverkennbar. Auch rechtsdogmatisch bereiten vertragliche Absprachen vor Eintritt des maßgeblichen Tatbestands keine Schwierigkeiten.[2] § 112 BetrVG verbietet nicht den Abschluss **aufschiebend bedingter Vereinbarungen.** Solche Vereinbarungen sind nach § 158 Abs. 1 BGB grundsätzlich möglich. Im Beispielsfall kann deshalb der Erwerber mit den örtlichen Betriebsräten schon vor dem Betriebsübergang einen Interessenausgleich abschließen, allerdings mit der Maßgabe, dass die Wirksamkeit dieser Vereinbarung unter der Bedingung des tatsächlichen Eintritts des Betriebsübergangs erfolgt. Die Kündigungen können dann unverzüglich nach Eintritt des Betriebsübergangs ausgesprochen werden, also ab 1.7.2005. Da ein solcher bedingter Interessenausgleich zulässigerweise vereinbart werden kann, muss der Erwerber konsequenterweise sogar Anspruch auf Errichtung und Tätigwerden der Einigungsstelle vor dem Betriebsübergang haben. So kann er Zeit gewinnen und Geld (Personalkosten) sparen.

---

1 *Bauer*, Betriebsänderungen, II. 3. c) unter Hinweis darauf, dass der Betriebsrat ein „Restmandat" hinsichtlich *der* Arbeitnehmer hat, *die* zum Zeitpunkt des Betriebsübergangs schon ausgeschieden sind, dagegen dem neuen Inhaber die Regelungskompetenz für diesen Personenkreis fehlt. Daraus kann sich die Konsequenz ergeben, dass bisheriger und neuer Inhaber jeweils einen getrennten Sozialplan mit dem Betriebsrat auszuhandeln haben; ebenso *Bauer*, BB 1994, 217 (227); vgl. auch *Neef*, NZA 1994, 97.

2 *Bauer*, BB 1994, 217 (221). Auch das BAG (Urt. v. 24.3.1977 – 3 AZR 649/76, DB 1977, 1466) hat keine Bedenken gegen solche vorweggenommenen Abreden mit schuldrechtlicher Wirkung; vgl. auch *Neef*, NZA 1994, 97 (100).

310 § 112a Abs. 2 BetrVG sieht vor, dass im Betrieb eines **neu gegründeten Unternehmens** in den ersten vier Jahren nach seiner Gründung Betriebsänderungen durchgeführt werden können, ohne dass ein **Sozialplan** über die Einigungsstelle erzwungen werden kann. Diese Ausnahmeregelung führt zu keinen Änderungen des Begriffs der Betriebsänderung, der Unterrichtungs- und Beratungspflicht des Unternehmers nach § 111 BetrVG oder der Notwendigkeit eines Interessenausgleichs und des Nachteilsausgleichs. Nur § 112 Abs. 4 und 5 BetrVG finden auf die erwähnten Betriebe in den ersten vier Jahren keine Anwendung. § 112a Abs. 2 BetrVG gilt nicht für Unternehmen und Konzerne, die rechtlich **umstrukturiert** werden und bei denen in diesem Zusammenhang Unternehmen neu gegründet werden. Als solche rechtliche Gestaltungsformen kommen unabhängig davon, ob das Instrumentarium des Umwandlungsgesetzes verwandt wird,[1] in Betracht: Verschmelzung von Unternehmen zu einem neu gegründeten Unternehmen, Umwandlung in ein neu gegründetes Unternehmen, Auflösung eines Unternehmens und Übertragung seines Vermögens auf ein neu gegründetes Unternehmen, Aufspaltung eines Unternehmens auf mehrere neu gegründete Unternehmen oder die Abspaltung von Unternehmensteilen und ihre Übertragung auf neu gegründete Tochtergesellschaften.

311 Dagegen ist ein neu gegründetes Unternehmen in den ersten vier Jahren nach seiner Gründung auch dann von der Sozialplanpflicht für eine Betriebsänderung befreit, wenn diese **Betriebsänderung in einem Betrieb** erfolgt, den das Unternehmen nach § 613a BGB übernommen hat und **der selbst schon länger als vier Jahre besteht**.[2] Die so verstandene Regelung kann Bestrebungen erleichtern, einen Betrieb dadurch stillzulegen, dass dieser auf ein neu gegründetes Unternehmen übertragen und dann von dem neu gegründeten Unternehmen stillgelegt wird. Die Gründung einer solchen „Stilllegungs-GmbH" kann nach den Gegebenheiten des Einzelfalls eine **rechtsmissbräuchliche Inanspruchnahme** des Befreiungstatbestandes in § 112a Abs. 2 Satz 1 BetrVG sein, mit der Folge, dass sich das neu gegründete Unternehmen darauf nicht berufen kann.[3] Im Übrigen kann ein solcher Vorgang unter Umständen auch als **Umstrukturierung des Unternehmens** verstanden werden, so dass die Befreiung von der Sozialplanpflicht nach § 112a Abs. 2 Satz 2 BetrVG ohnehin nicht eintritt.

312 Der Eintritt des Erwerbers nach § 613a Abs. 1 BGB in die Rechte und Pflichten der zum Zeitpunkt des Übergangs des Betriebs oder Betriebsteils bestehenden Arbeitsverhältnisse löst für sich genommen nicht die Mitbestimmung nach **§ 99 BetrVG** aus, da es sich nicht um Neueinstellungen, sondern um die Fortsetzung bestehender Arbeitsverhältnisse handelt.[4] Denkbar ist aber, dass auf-

---

1 *Däubler/Kittner/Klebe*, §§ 112, 112a BetrVG Rz. 37.
2 BAG v. 13.6.1989 – 1 ABR 14/88, DB 1989, 2335; *Willemsen*, DB 1990, 1405; *Heinze*, NZA 1987, 41 (49); a.a. *Fitting/Kaiser/Heither/Engels*, §§ 112, 112a BetrVG Rz. 95, die meinen, die Auffassung der h.M. stehe im Widerspruch zum Grundgedanken des § 613a BGB.
3 BAG v. 13.6.1989 – 1 ABR 14/88, DB 1989, 2335.
4 BAG v. 7.11.1975 – 1 ABR 78/74, AP 3 zu § 99 BetrVG 1972 (*Kraft/Geppert*).

grund weiterer Maßnahmen Versetzungen nötig sind, bei denen dann § 99 BetrVG eingreift.

3. Schicksal des Betriebsrats

Der Betriebsübergang als solcher hat grundsätzlich keine Auswirkungen auf den Betriebsrat als Organ oder die Mitgliedschaft im Betriebsrat.[1] Solange die betriebsverfassungsrechtliche Identität des Betriebes fortbesteht, lässt ein Betriebsinhaberwechsel die Rechtsstellung des für den Betrieb gewählten Betriebsrats unberührt.[2] Endet das Amt des Betriebsrats wegen Identitätsverlusts, kann, soweit die Voraussetzungen vorliegen, beim Erwerber ein neuer Betriebsrat gebildet werden. Auch wenn nur ein Betriebsteil (im Sinne von § 4 BetrVG) mit einem Betriebsrat veräußert wird, geht der **gesamte Betriebsrat** über. Wird jedoch ein Betrieb oder selbstständiger Betriebsteil im Sinne von § 4 BetrVG in einen bestehenden Betrieb des Erwerbers **eingegliedert**, verliert er seine Eigenständigkeit und ist nicht mehr betriebsratsfähig; die Mitgliedschaft im Betriebsrat erlischt sofort wegen Ablauf der Amtszeit (§ 24 BetrVG).[3] Bewirkt der Übergang ein Absinken oder Ansteigen der Belegschaftsstärken, können außerplanmäßige Betriebsratswahlen bei Veräußerer oder Erwerber nach § 13 Abs. 2 Nr. 1 BetrVG nötig sein.[4] Werden Betriebe oder Betriebsteile im Rahmen des § 613a BGB zu einem Betrieb verschmolzen, so nimmt der Betriebsrat des nach Zahl der wahlberechtigten Arbeitnehmer größten Betriebs das Übergangsmandat wahr. Für die Bestimmung des größten Betriebs ist nach herrschender Auffassung auf den **Zeitpunkt der Verschmelzung** abzustellen.[5]

313

Ebenso wenig wie die Veräußerung des Betriebs als solche ein Grund für eine Auflösung oder Neuwahl des Betriebsrats ist, bewirkt sie auch nicht das Erlöschen der **Mitgliedschaft im Betriebsrat** (vgl. aber Teil VI Rz. 147). Die Arbeitsverhältnisse der einzelnen Betriebsratsmitglieder gehen kraft Gesetzes auf den Erwerber über (vgl. Teil VI Rz. 88); von einer Beendigung der Arbeitsverhältnisse nach § 24 Abs. 1 Nr. 3 BetrVG kann deshalb nicht die Rede sein. Anders ist die Rechtslage, wenn ein Betriebsteil übergeht oder wenn ein Betriebsratsmitglied dem Übergang seines Arbeitsverhältnisses widerspricht.

314

Wird ein **Betriebsteil** veräußert, scheiden betroffene Betriebsratsmitglieder aus dem Betriebsrat des **Veräußererbetriebs** gem. § 24 Abs. 1 Nr. 1 BetrVG aus; für sie rücken Ersatzmitglieder nach (§ 25 BetrVG). Geht das Arbeitsverhältnis des Betriebsratsmitglieds bei einer Betriebsteilveräußerung wegen Wider-

315

---

1 St. Rspr. des BAG, vgl. nur BAG v. 11.10.1995 – 7 ABR 17/95, NZA 1996, 495; BAG v. 28.9.1988 – 1 ABR 37/87, NZA 1989, 188; *Müller-Glöge* in MünchKomm. BGB, § 613a BGB Rz. 71 ff.
2 Vgl. vorige Rz.; *Richardi/Annuß/Thüsing*, § 21 BetrVG Rz. 28; *Fitting/Kaiser/Heither/Engels*, § 21 BetrVG Rz. 34.
3 *Seiter*, S. 124; *Hattesen* in Kasseler Hdb., 6.7 Rz. 175; *Däubler/Kittner/Klebe*, § 24 BetrVG Rz. 29.
4 *Seiter*, S. 124; vgl. *Fitting/Kaiser/Heither/Engels*, § 13 BetrVG Rz. 18 ff. und § 21 Rz. 35.
5 *Löwisch/Kaiser*, § 21a BetrVG Rz. 23; *Rieble/Gutzeit*, ZIP 2004, 693; *Hohenstatt* in Willemsen/Hohenstatt/Schweibert, D Rz. 81; a.A. *Fitting/Kaiser/Heither/Engels*, § 21a BetrVG Rz. 18.

spruchs nicht über,[1] besteht das Betriebsratsamt im Betriebsrat des Veräußererbetriebs fort. Widerspricht ein Betriebsratsmitglied beim Übergang des ganzen Betriebs, so scheidet es aus dem übergegangenen Betriebsrat aus, da ein Arbeitsverhältnis mit dem Erwerber nicht besteht; auch in diesem Fall rückt beim Erwerber ein Ersatzmitglied nach (vgl. Teil VI Rz. 247 zur Kündigung „wegen" Widerspruchs durch den früheren Betriebs(teil)inhaber).

316 Wenn die **Zuordnung**[2] (vgl. Teil VI Rz. 105) **eines Betriebsratsmitglieds** problematisch ist, ist es bis zur rechtskräftigen Entscheidung an der Wahrnehmung seines Amtes gehindert;[3] dem Erwerber kann nicht durch einstweilige Verfügung aufgegeben werden, dem Arbeitnehmer Zutritt zum Betrieb zum Zwecke der Wahrnehmung von Betriebsaufgaben zu gestatten.[4]

317 Die Veräußerung eines Betriebs oder Betriebsteils ist keine Stilllegung; die Voraussetzungen für Kündigungen von Betriebsratsmitgliedern nach § 15 Abs. 4 und Abs. 5 KSchG liegen damit nicht vor. Legen Betriebsratsmitglieder ihr Amt nieder, kommen sie in den Genuss des **nachwirkenden Kündigungsschutzes** nach § 15 Abs. 1 KSchG; dieser nachwirkende Kündigungsschutz greift auch dann ein, wenn ein Betriebsratsmitglied sein Amt anlässlich des Übergangs eines Betriebs oder Betriebsteils verliert.

318 Für den abgetrennten Betriebsteil sieht § 21a BetrVG ein **Übergangsmandat** des Betriebsrates bei Spaltung und Zusammenlegung von Betriebsteilen für längstens sechs Monate vor.[5] Das BAG hat ein solches Übergangsmandat bereits in zweifelhafter richterlicher Rechtsfortbildung anerkannt.[6]

4. Schicksal des Gesamtbetriebsrats

319 Bestand beim Veräußerer ein Gesamtbetriebsrat nach § 47 Abs. 1 BetrVG, war dieser nach überwiegender Auffassung der **Literatur** in seinem **Bestand an das Unternehmen gebunden**, bei dem er gebildet wurde.[7] Seine Zuständigkeit verliert der Gesamtbetriebsrat danach für die Betriebe, die auf einen neuen Rechtsträger übertragen werden. Er bleibt beim übertragenden Unternehmen im Amt, soweit dort noch mindestens zwei Betriebe mit einem Betriebsrat be-

---

1 Vgl. dazu *Annuß*, DB 1999, 798 ff.; *Feudner*, DB 1994, 1570; vgl. Teil VI Rz. 135 ff.
2 Vgl. dazu LAG Sachsen-Anhalt v. 16.3.1999 – 8 Sa 589/98, BB 1999, 1875.
3 Vgl. LAG Köln v. 27.6.1997 – 11 TaBV 75/96, NZA-RR 1998, 266.
4 LAG Hamm v. 14.6.1978 – 3 TaBV 57/78, ARSt. 1979, 159.
5 Vgl. dazu RegE des BetrVG 1972, BT-Drucks. VI/1786, 26 ff.
6 BAG v. 31.5.2000 – 7 ABR 78/98, NZA 2000, 1351; ebenso Vorinstanz LAG Berlin v. 19.10.1998 – 9 TaBV 1, 2/98, NZA 1998, 1354; anders noch BAG v. 23.11.1988 – 7 AZR 121/88, DB 1989, 1194. Nach Art. 5 Abs. 1 Unterabs. 4 der geänderten Betriebsübergangsrichtlinie 77/187/EWG mussten die Mitgliedstaaten die erforderlichen Maßnahmen treffen, damit die vom Übergang betroffenen Arbeitnehmer, die vor dem Übergang vertreten wurden, während des Zeitraums, der für die Neubildung oder Neubenennung der Arbeitnehmervertreter erforderlich ist, weiterhin „angemessen vertreten werden". Vgl. zur Umsetzung der Richtlinie auch *B. Gaul*, BB 1999, 526, 582 (584); *Krause*, NZA 1998, 1201 (1205).
7 *Fitting/Kaiser/Heither/Engels/Schmidt*, § 47 BetrVG Rz. 18; *Däubler/Kittner/Klebe/Trittin*, § 47 BetrVG Rz. 8; *Kreutz* in Großkomm. BetrVG, § 47 BetrVG Rz. 43; *Röder/Haußmann*, DB 1999, 1754.

stehen. Ein Betriebsübergang sämtlicher oder aller Betriebe bis auf einen würde danach sein Amt beenden. Beim Erwerber ist ein neuer Gesamtbetriebsrat zu bilden, wenn dort die Voraussetzungen gemäß § 47 Abs. 1 BetrVG vorliegen. Das **BAG**[1] vertritt hingegen einen anderen Ansatz. Hinsichtlich eines Fortbestands des Gesamtbetriebsrats fragt es nach dem **Erhalt der gesamten betrieblichen Identität**. Das ist nicht auf den einzelnen Betriebsrat bezogen. Damit ist vielmehr der betriebliche Bereich gemeint, den der Gesamtbetriebsrat repräsentiert. Bleibt er bei einem Betriebsübergang erhalten, indem **alle Betriebe** auf ein bisher betriebsloses Unternehmen übergehen, deutet das BAG einen Fortbestand des Gesamtbetriebsrats beim Erwerber an. Weil in einem solchen Fall die Betriebsidentität aller Betriebe erhalten bleibe, könnte wie bei einem Inhaberwechsel in einem Betrieb von einem Fortbestand des Gesamtbetriebsrats auszugehen sein. Im Ergebnis lässt das BAG dies aber noch offen. Hinsichtlich der Situation beim Veräußerer zieht das BAG die Vorschrift des § 47 Abs. 1 BetrVG heran. Bei der Übertragung sämtlicher Betriebe existiert folglich beim Veräußerer kein Gesamtbetriebsrat mehr, weil seine tatbestandlichen Voraussetzungen nach § 47 BetrVG nicht mehr gegeben sind.[2]

Richtig ist es, die **Wahrung der gesamten Betriebsidentität** als notwendige Bedingung des Fortbestands des Betriebsrats zu bestimmen. Die Betriebsverfassung begreift ihren Gegenstand, den Betrieb, als Arbeitsorganisation. Daraus bezieht sie ihr staatlich verordnetes Mandat. Wird die Arbeitsorgansation geändert, entfällt ihre Legitimation.[3] Erkennt man nun die **identische Funktion** von Einzel- und Gesamtbetriebsrat an, den Arbeitnehmern ein Vertretungsorgan auf jeder Leitungsebene des Unternehmens bereitzustellen, ohne dass eine Vertretung gegenüber der anderen über- oder untergeordnet ist,[4] entscheidet der Erhalt der betriebsverfassungsrechtlichen Identität auch über den Fortbestand des Gesamtbetriebsrats. Aus diesem Grund ist auch die unternehmensbezogene Ansicht der Literatur abzulehnen, den Fortbestand des Gesamtbetriebsrats von dem „unternehmerischen Ort" seiner Gründung abhängig zu machen.[5]

320

Zutreffend prüft das BAG auch die Frage nach dem **Bestand des Gesamtbetriebsrats beim Veräußerer**. Danach kommt es allein darauf an, ob die Voraussetzungen des § 47 Abs. 1 BetrVG vorliegen. Dafür spricht der Zweck dieser Norm. Vorteilhaft ist auch, dass die Beteiligten eindeutig abschätzen können, wann beim Veräußerer ein Gesamtbetriebsrat nicht mehr existiert. Das dient der Rechtssicherheit. Nach anderer Ansicht soll hingegen (auch) beim Veräußerer der Fortbestand des Gesamtbetriebsrats davon abhängig gemacht werden, ob sich die gesamte betriebliche Identität veränderte.[6] Das wäre zwar eine konsequentere Lösung. Es ist aber unklar, wann genau eine solche

321

---

1 BAG v. 5.6.2002 – 7 ABR 17/01, NZA 2003, 336.
2 Wohl auch LAG Düsseldorf v. 14.2.2001 – 4 TaBV 67/00, NZA-RR 2001, 594.
3 *Rieble/Gutzeit*, NZA 2003, 233 (234).
4 Vgl. *Fitting/Kaiser/Heither/Engels/Schmidt*, § 50 BetrVG Rz. 5.
5 Vgl. *Hohenstatt/Müller-Bonanni*, NZA 2003, 766 (768) mit dem zutreffenden Hinweis, dass der Fortbestand dadurch oft auch von „Zufälligkeiten" bei der Übertragung der Unternehmensanteile beeinflusst ist.
6 *Hohenstatt/Müller-Bonanni*, NZA 2003, 766 (768).

Veränderung anzunehmen sein soll. Zählt dabei nur die Anzahl der übergehenden einzelnen Betriebe oder finden auch andere Gesichtspunkte Beachtung, wie z.b. die Größe des Betriebs oder seine Bedeutung für den Geschäftszweck des Unternehmens? Da das BAG zumindest beim Erwerber jede Identitätsänderung für wesentlich hält, hätte diese Lösung unter Umständen auch zur Folge, dass beim Veräußerer mit jedem Betriebs(teil)übergang ein neuer Gesamtbetriebsrat zu wählen wäre. Das ist unseres Erachtens nicht haltbar. Da laut BAG[1] jede Änderung wesentlich ist, kommt es ebenfalls nicht in Betracht, auf eine „wesentliche" Erhaltung der Identität der Betriebe für den Fortbestand der Gesamtbetriebsräte abzustellen.[2] Die Rechtsprechung des BAG begegnet trotzdem Bedenken. Das BAG bestimmt zum einen nicht hinreichend genau, mit welchen Kriterien eine Änderung der gesamten betrieblichen Identität bestimmt werden kann. Zum anderen lässt das Gericht offen, was passieren soll, wenn entsprechend dem Fortbestand des Gesamtbetriebsrats „seine" Gesamtbetriebsvereinbarungen beim Erwerber weitergelten sollen, dort aber bereits regelungsgleiche Gesamtbetriebsvereinbarungen existieren. Darauf ist an späterer Stelle einzugehen (Teil VI Rz. 355).

322 Fraglich ist, ob dem Gesamtbetriebsrat (GBR) ein Rest- und **Übergangsmandat** nach §§ 21a, 21b BetrVG bis zu seiner Neuerrichtung beim Erwerber zusteht. Dafür soll sprechen, dass das Übergangsmandat für den Fall der Betriebsstilllegung entwickelt wurde und der „Untergang eines Rechtsträgers" damit vergleichbar sei.[3] Diese Auffassung überzeugt nicht. Der GBR hat ebenso wenig wie der Konzernbetriebsrat (KBR) eine feste Amtszeit.[4] § 21b BetrVG ist deshalb in diesem Fall nicht (auch nicht analog) anwendbar. Bis zur Errichtung eines GBR entfallen die Beteiligungsrechte des GBR. Der Erwerber kann in mitbestimmungpflichtigen Angelegenheiten, die in den Zuständigkeitsbereich des GBR fallen, wirksam einseitig handeln.[5]

323 Für die Zukunft ist u.E. davon auszugehen, dass die Gerichte den Fortbestand des Gesamtbetriebsrats beim **Erwerber** nach der Beibehaltung der **gesamten betriebsverfassungsrechtlichen Identität** abhängig macht. **Jegliche Änderung** ist dabei **erheblich**. Für die Existenz des Gesamtbetriebsrats beim Veräußerer gilt die Regelung des § 47 Abs. 1 BetrVG. Die neue Rechtsprechung des BAG hat im Einzelnen folgende Auswirkungen:

1. Bei der Übertragung sämtlicher Betriebe auf einen bislang betriebslosen Erwerber bleibt die ursprüngliche Betriebsidentität erhalten. Der Gesamtbetriebsrat besteht beim Erwerber fort.

2. Gehen nicht sämtliche, sondern ein oder mehrere Betriebe über, kommt es stets zu einer Veränderung der betriebsverfassungrechtlichen Identität. Auf wesentliche Änderungen oder auf eine Vielzahl von betroffenen Betrieben

---

1 BAG v. 5.6.2002 – 7 ABR 17/01, NZA 2003, 336 (337).
2 So aber *Hohenstatt* in Willemsen/Hohenstatt/Schweibert, D Rz. 105 f.; *Hohenstatt/ Müller-Bonanni*, NZA 2003, 766 (768).
3 *Däubler/Kittner/Klebe*, § 47 BetrVG Rz. 11.
4 *Fitting/Kaiser/Heither/Engels/Schmidt*, § 21b BetrVG Rz. 3.
5 *Kreutz* in Großkomm. BetrVG, § 47 BetrVG Rz. 21; a.A. *Däubler/Kittner/Klebe*, § 47 BetrVG Rz. 5.

kommt es nicht an. Der „alte" Gesamtbetriebsrat kann beim Erwerber nicht fortbestehen. Es ist ein „neuer" Gesamtbetriebsrat nach Maßgabe des § 47 Abs. 1 BetrVG von den Einzelbetriebsräten zu bilden. Der Gesamtbetriebsrat beim Veräußerer besteht fort, soweit noch die Voraussetzungen gemäß § 47 Abs. 1 BetrVG vorliegen.

3. Existieren beim Erwerber bereits Betriebe, sind die übergehenden Betriebe, auch wenn es alle sind, in die dortige betriebsverfassungsrechtliche Struktur zu integrieren. Auch dadurch fällt die „Gesamtidentität" weg. Insofern gilt das Gleiche wie unter Punkt 2.

5. Betriebsverfassungs- und mitbestimmungsrechtliche Veränderungen

Die Übertragung eines Betriebs oder Betriebsteils nach § 613a BGB kann nicht nur außerplanmäßige Betriebsratswahlen nach § 13 Abs. 2 Nr. 1 BetrVG bewirken, sondern auch eine **Veränderung betriebsverfassungsrechtlicher Beteiligungsrechte** des Betriebsrats, z.b. wenn die Schwellenwerte der §§ 27, 99, 106 oder 110 BetrVG unter- oder überschritten werden. 324

Führt der Betriebsübergang beim Erwerber zu einem Unternehmen mit mehreren Betrieben, muss ein **Gesamtbetriebsrat** nach § 47 BetrVG errichtet werden. Wird ein Konzern im Sinne von § 18 Abs. 1 AktG gebildet, kann durch Beschlüsse der einzelnen Gesamtbetriebsräte ein Konzernbetriebsrat errichtet werden (§ 54 BetrVG). 325

Das BetrVG gilt nicht für Religionsgemeinschaften und ihre karitativen und erzieherischen Einrichtungen (§ 118 Abs. 2 BetrVG). Übernimmt deshalb ein **kirchlicher Träger** durch Rechtsgeschäft ein bisher von einem nicht kirchlichen Träger betriebenes Krankenhaus, wird das Krankenhaus allein durch den Trägerwechsel zu einer karitativen Einrichtung der Kirche im Sinne von § 119 Abs. 2 BetrVG mit der Folge, dass der Betriebsrat aufzulösen ist und die Arbeitnehmer die betrieblichen Mitwirkungs- und Mitbestimmungsrechte verlieren.[1] 326

Erhält ein Betrieb durch den Betriebsübergang **Tendenzcharakter** oder wird ein Betriebsteil in einen Tendenzbetrieb eingegliedert, greift von diesem Zeitpunkt an § 118 Abs. 1 BetrVG ein. 327

Geht der Betrieb oder Betriebsteil von einem öffentlich-rechtlichen auf einen privat-rechtlichen Rechtsträger über, endet damit ohne weiteres die Geltung des **Personalvertretungsrechts** und das Betriebsverfassungsgesetz kommt zum Zuge. Umgekehrt gilt das Gleiche. 328

Wird ein Betrieb oder Betriebsteil nach § 613a BGB übertragen und sinkt oder steigt dadurch die Arbeitnehmerzahl unter bzw. über die jeweils erforderliche Grenze nach den Mitbestimmungsgesetzen, kann eine **Aufsichtsratsumbildung** nötig sein. Verliert ein Aufsichtsratsmitglied, das nach § 7 Abs. 2 MitbestG ein Arbeitnehmer des Unternehmens sein muss, die Wählbarkeit, er- 329

---

1 BAG v. 9.2.1982 – 1 ABR 36/80, BB 1982, 924.

lischt sein Amt (§ 24 Abs. 1 MitbestG). Da ein betroffener Arbeitnehmer durch den Übergang eines Betriebs oder Betriebsteils die Wählbarkeit im Unternehmen des bisherigen Inhabers verliert, erlischt sein Aufsichtsratsamt automatisch. Dies gilt nur dann nicht, wenn ein Betrieb oder Betriebsteil eines abhängigen Unternehmens auf das herrschende Unternehmen übergeht (§ 5 Abs. 1 Satz 1 MitbestG). Ein übergegangener Arbeitnehmer ist nur dann zum Aufsichtsrat wählbar, wenn er unter anderem mindestens ein Jahr dem Unternehmen angehört hat (§§ 7 MitbestG, 8 BetrVG). Dabei ist nicht der Zeitpunkt der Wahl, sondern der Zeitpunkt des Beginns der Amtszeit des Aufsichtsratsmitglieds entscheidend.[1] Die Wahl kann also durchaus während der Jahresfrist erfolgen.

6. Umwandlungsgesetz

330 Das Umwandlungsgesetz enthält wichtige betriebsverfassungsrechtliche Regelungen. Der **Betriebsrat** ist über eine geplante Umwandlung zu **unterrichten**. Grundlage hierfür ist der gesellschaftsrechtliche Vertrag über die Umwandlung. Für die betroffenen Arbeitnehmer und Betriebsräte sind besonders wichtig die anzugebenden „Folgen der Umwandlung für die Arbeitnehmer und ihre Vertretungen sowie die insoweit vorgesehenen Maßnahmen"[2] (§ 5 Abs. 1 Nr. 9, § 126 Abs. 1 Nr. 11, §§ 136, 176, 177, 194 Abs. 1 Nr. 7 UmwG). Es sind die Folgen, die für die Arbeitnehmer durch die Umwandlung unmittelbar bewirkt werden, und die weiteren Folgen der Umwandlung zu nennen. Der gesellschaftsrechtliche Umwandlungsvertrag bzw. sein Entwurf muss spätestens einen Monat vor dem Tag der Anteilsinhaberversammlung jedes beteiligten Unternehmens, die über die Zustimmung zum Vertrag beschließt, dem jeweiligen zuständigen Betriebsrat zugeleitet werden.[3] Der Nachweis über die Zuleitung an den Betriebsrat ist eine Voraussetzung für die Eintragung der Umwandlung in das Register und damit **Wirksamkeitsvoraussetzung**.

331 Soweit die Spaltung oder Teilübertragung zu einer **Spaltung** von Betrieben führt, kann es zu betriebsratslosen Betrieben kommen. Dieses verhindert § 21a BetrVG, der für alle Spaltungsmöglichkeiten nach § 123 UmwG vorsieht, dass der Betriebsrat des bisherigen Betriebs ein auf höchstens sechs Monate befristetes **Übergangsmandat** innehat.[4] Dieses Übergangsmandat besteht, wenn die auf- oder abgespaltenen Betriebsteile über die in § 1 BetrVG genannten Arbeitnehmerzahlen verfügen und nicht in einen anderen Betrieb eingegliedert werden, in dem ein Betriebsrat bereits besteht. Durch das Übergangsmandat ist der Betriebsrat zum einen befugt, die Geschäfte für die ihm zugeordneten Betriebsteile weiterzuführen, und zum anderen hat er für die auf- und abgespaltenen Betriebsteile die Wahl von Betriebsräten durchzuführen.

---

1 *Raiser*, § 7 MitbestG Rz. 10.
2 Vgl. dazu *Bauer/Lingemann/Diller/Haußmann*, Formularbuch Arbeitsrecht, Kap. 39.2; *Lutter/Drygala* in Lutter, § 5 UmwG Rz. 50 ff., *Willemsen* in Willemsen/Hohenstatt/Schweibert, C Rz. 356 ff.
3 Vgl. dazu *Willemsen* in Willemsen/Hohenstatt/Schweibert, B Rz. 106, 158.
4 Vgl. zur Vorgängerregelung des § 321 UmwG.

In § 322 Abs. 1 UmwG ist eine **widerlegbare Vermutung** für einen **gemein-** 332
samen Betrieb für den Fall normiert, dass eine Unternehmensaufspaltung oder
Vermögensteilübertragung auch die Spaltung eines Betriebes zur Folge hat, die
bisherige Organisation jedoch nicht verändert wird. In diesem Fall bleibt der
Betriebsrat im Amt und es bedarf keines Übergangsmandates.

Entfallen durch Abspaltung oder Ausgliederung (§ 123 Abs. 2, Abs. 3 UmwG) 333
die Voraussetzungen für die Mitbestimmung der Arbeitnehmer im Aufsichtsrat, ordnet § 325 Abs. 1 UmwG eine **Mitbestimmungsbeibehaltung** für die
Dauer von fünf Jahren an. Führt die Spaltung oder Teilübertragung eines Betriebs zum Wegfall der Beteiligungsrechte des Betriebsrates, kann die Fortgeltung dieser Rechte durch Betriebsvereinbarung oder Tarifvertrag vereinbart
werden.[1]

7. Betriebsübergang und Sprecherausschuss

So, wie beim **Übergang des ganzen Betriebs** der Betriebsrat regelmäßig im Amt 334
bleibt, wird auch das Amt des Sprecherausschusses[2] nicht berührt.[3] Dies gilt
auch für Unternehmenssprecherausschüsse im erwerbenden und veräußernden Unternehmen.[4] Zu beachten ist, dass das SprAuG keine mit § 13 Abs. 2
Nr. 1 und Nr. 2 BetrVG vergleichbare Regelung kennt. Das hat zur Folge, dass
auch der Unternehmenssprecherausschuss außerhalb der regelmäßigen Wahlen nicht neu zu wählen ist, wenn die Gesamtzahl der Sprecherausschussmitglieder nach Eintreten sämtlicher Ersatzmitglieder unter die nach § 4 SprAuG
vorgeschriebene Zahl gesunken ist. Besteht z.B. ein dreiköpfiger Unternehmenssprecherausschuss nach § 20 SprAuG in einem Unternehmen mit zwei
Betrieben und wird ein Betrieb nach § 613a BGB veräußert, mit der Folge, dass
die Arbeitsverhältnisse von zwei Sprecherausschussmitgliedern auf den Erwerber übergehen, bleibt der Unternehmenssprecherausschuss bis zur nächsten ordentlichen Wahl mit einem Mitglied aus dem verbleibenden Betrieb
bestehen.[5] Trifft im Zuge des Betriebsübergangs ein (Betriebs-)Sprecheraus-
schuss auf einen Unternehmenssprecherausschuss, erlischt das Amt des Ersten.[6]

Beim Übergang eines Betriebsteils bleibt der Sprecherausschuss ebenso wie 335
der Betriebsrat (vgl. Teil VI Rz. 315) **in dem beim Veräußerer verbleibenden Betriebsteil** im Amt. Im erworbenen Betriebsteil hat eine neue Wahl stattzufinden. Ein **Übergangsmandat** des Sprecherausschusses kommt nicht in Betracht.
Der Gesetzgeber hätte bei Einfügung des Übergangsmandates in das BetrVG
durch das Gesetz zur Reform der Betriebsverfassung[7] eine entsprechende Pa-

---

1 Vgl. dazu *Joost* in Lutter, § 325 UmwG Rz. 2 ff.
2 Vgl. dazu insgesamt *Löwisch*, SprAuG; *Bauer*, SprAuG.
3 BAG v. 28.9.1988 – 1 ABR 37/87, BB 1989, 286; *Löwisch*, BB 1990, 1698; *Löwisch*, § 5 SprAuG Rz. 15 ff.
4 *Löwisch*, BB 1990, 1698.
5 Vgl. *Bauer*, Unternehmensveräußerung, S. 24.
6 *Löwisch*, BB 1990, 1698.
7 BT-Drucks. 14/5741.

rallelregelung im SprecherausschussG schaffen können. Aus der Tatsache, dass er dies unterlassen hat, kann u.E. nur geschlossen werden, dass ein Übergangsmandat für den Sprecherausschuss nicht gewollt ist. Dafür sind außerdem die Mitbestimmungsrechte des Sprecherausschusses zu gering im Vergleich zu denen des Betriebsrates.[1]

336 Sinkt dagegen während der Amtsperiode eines gewählten (Unternehmens- oder Betriebs-)Sprecherausschusses die Zahl der leitenden Angestellten wegen eines Betriebs- oder Betriebsteilübergangs nicht nur vorübergehend unter die **Mindestzahl von 10**, endet die Sprecherausschussfähigkeit im verbleibenden Betrieb und damit zugleich das Amt des gewählten Sprecherausschusses.[2] Besteht allerdings in einem anderen Betrieb des veräußernden oder erwerbenden Betriebs ein Sprecherausschuss, dem die leitenden Angestellten des übergegangenen oder verbleibenden Betriebsteils nach § 1 Abs. 2 SprAuG zuzuordnen sind, vertritt dieser Sprecherausschuss die Belange der betroffenen leitenden Angestellten bis zur Neuwahl mit.

337 Wird ein übergangener Betrieb oder Betriebsteil in einem **beim Erwerber schon bestehenden Betrieb eingegliedert**, geht er organisatorisch also in diesem auf, besteht nur der bisherige Betrieb des Erwerbers fort. Der Sprecherausschuss, der in diesem Betrieb gewählt worden ist, bleibt in seinem Amt, während die Ämter der aufgenommenen Sprecherausschussmitglieder erlöschen.[3] Anders ist die Rechtslage, wenn eine neue Organisationsstruktur geschaffen wird, insbesondere neue Leitungsstrukturen in personellen und sozialen Angelegenheiten. Hier entsteht ein **neuer Betrieb** mit der Folge, dass nicht nur ein neuer Betriebsrat, sondern auch ein neuer Sprecherausschuss zu wählen ist.

338 Nach § 32 Abs. 1 SprAuG hat der Unternehmer den Sprecherausschuss mindestens einmal im Kalenderjahr über die **wirtschaftlichen Angelegenheiten** des Betriebs und des Unternehmens zu **unterrichten**. Was unter „wirtschaftlichen Angelegenheiten" zu verstehen ist, ergibt sich durch die Verweisung auf § 106 Abs. 3 BetrVG (vgl. Teil VI Rz. 300). Damit ist nicht nur der Wirtschaftsausschuss, sondern auch der Sprecherausschuss regelmäßig bei Veräußerungen von Betrieben oder Betriebsteilen zu unterrichten.

339 Nach § 32 Abs. 2 SprAuG hat der Unternehmer den Sprecherausschuss über **geplante Betriebsänderungen** im Sinne von § 111 BetrVG, die auch wesentliche Nachteile für leitende Angestellte mit sich bringen können, zu **unterrichten**. Hier gilt im Unterschied zu § 32 Abs. 1 SprAuG, dass die Unterrichtung „ausdrücklich rechtzeitig und umfassend" zu erfolgen hat. Soweit leitenden Angestellten infolge der geplanten Betriebsänderung wirtschaftliche Nachteile entstehen, hat der Unternehmer mit dem Sprecherausschuss über Maßnahmen zum Ausgleich oder zur Milderung dieser Nachteile zu beraten. Es besteht aber keine Verpflichtung zum Abschluss von Vereinbarungen, die dem

---

1 Zu der Vorgängerregelung zu § 21a BetrVG; *Mengel*, S. 319.
2 *Löwisch*, § 1 SprAuG Rz. 48; *Bauer*, Unternehmensveräußerung, S. 24; *Hromadka*, § 1 SprAuG Rz. 38; vgl. auch BAG v. 16.8.1983 – 1 AZR 544/81, DB 1984, 129.
3 *Löwisch*, BB 1990, 1698.

Interessenausgleich und/oder Sozialplan des § 112 BetrVG entsprechen.[1] Im Übrigen gilt das in Teil VI Rz. 301 ff. Gesagte hinsichtlich der Frage, ob im Rahmen einer Betriebs- oder Betriebsteilveräußerung überhaupt eine Betriebsänderung vorliegen kann.

XII. Fortgeltung von Kollektivnormen

1. Allgemeines

Bis zum In-Kraft-Treten des **Arbeitsrechtlichen EG-Anpassungsgesetzes** (vgl. Teil VI Rz. 19) gab es keine gesetzliche Regelung darüber, ob und welche Auswirkungen der Übergang eines Betriebs oder Betriebsteils nach § 613a BGB auf Kollektivnormen (Tarifverträge und Betriebsvereinbarungen) hat. Die in Literatur und Rechtsprechung vertretenen Auffassungen differierten stark.[2] Mit den durch die gesetzliche Novellierung vom 13.8.1980 in § 613a Abs. 1 BGB eingefügten Sätzen 2–4 sind viele, aber nicht alle Zweifelsfragen beseitigt worden. Die neue Regelung möchte ein Nebeneinander verschiedener kollektiver Regelungen der gleichen Rechte und Pflichten beim neuen Inhaber vermeiden und diesem die Anpassung und **Vereinheitlichung** der Arbeitsbedingungen ermöglichen.

340

§ 613a Abs. 1 Satz 2–4 BGB spricht neben **Tarifverträgen** nur von **Betriebsvereinbarungen**. Nach Sinn und Zweck der gesetzlichen Regelung fallen darunter auch Gesamtbetriebs- und Konzernbetriebsvereinbarungen.[3] **Nicht** erfasst werden sog. **Regelungsabreden**, die keine Betriebsvereinbarungen sind. Regelungsabreden haben keine normative Wirkung und greifen deshalb nicht in einzelne Arbeitsverhältnisse ein. Sie können jederzeit durch eine für den Arbeitnehmer ungünstigere einzelvertragliche Abmachung ersetzt werden. Deshalb binden Regelungsabreden zwischen bisherigem Arbeitgeber und Betriebsrat den Erwerber nicht kraft Gesetzes.[4]

341

2. Transformation von Kollektivnormen

Durch einen dem Arbeitsrecht bis zum Inkrafttreten des § 613a Abs. 1 Satz 2 BGB unbekannten **Transformationsakt** werden die beim bisherigen Arbeitgeber kollektivrechtlich geregelten Rechte und Pflichten mit **zwingender Wirkung** Inhalt der auf den neuen Arbeitgeber übergehenden Arbeitsverhältnisse. Die Kollektivnormen werden zu Individualnormen,[5] die nicht vor Ablauf ei-

342

---

1 Buchner, NZA Beil. 1/1989, 2; Wlotzke, DB 1989, 173 (178); Bauer, Unternehmensveräußerung, S. 101.
2 Vgl. Bauer, Unternehmensveräußerung, S. 106 ff.
3 Seiter, S. 94.
4 Müller-Glöge in MünchKomm. BGB, § 613a BGB Rz. 153; Bauer, Unternehmensveräußerung, S. 109.
5 Dagegen meint Zöllner, DB 1995, 1401, die Fortgeltung tarifvertraglicher Regelungen nach § 613a Abs. 1 Satz 2 BGB sei nicht „individualrechtlich" denkbar, auch nicht als Transformation in den Arbeitsvertrag; es handele sich vielmehr um eine *normative Weitergeltung*, allerdings personell beschränkt auf die übergegangenen Arbeitsverhältnisse. Die Weitergeltung erfolge zunächst als zwingende, nach einem Jahr als dispositive; ähnlich Richardi/Annuß in Staudinger, § 613a BGB Rz. 174.

nes Jahres nach dem Zeitpunkt des Übergangs zum Nachteil der Arbeitnehmer geändert werden dürfen.[1] Dieses einseitig zwingende Verschlechterungsverbot erfasst nicht Arbeitsverhältnisse neu eintretender oder beim neuen Arbeitgeber schon beschäftigter Arbeitnehmer. Zulässig dürfte es aber sein, Änderungskündigungen, soweit sie nach §§ 1, 2 KSchG überhaupt in Betracht kommen, schon **während** der Jahresfrist auszusprechen; wirken dürfen sie aber erst nach Ablauf der Frist.[2] Im Übrigen werden nur solche kollektivvertraglichen Regelungen erfasst, die **zum Zeitpunkt des Betriebsübergangs** beim alten Arbeitgeber galten; nicht erfasst werden dagegen spätere kollektivvertragliche Änderungen, und zwar auch dann nicht, wenn sie rückwirkend gelten sollen.[3]

343 Die Transformation von Kollektivnormen kann erhebliche Bedeutung für die **kündigungsrechtliche Position** eines übergegangenen Arbeitnehmers haben. Galt für seinen alten Arbeitgeber ein Tarifvertrag, wonach das Arbeitsverhältnis bei Erreichen eines bestimmten Alters und einer bestimmten Betriebszugehörigkeit ordentlich nicht mehr kündbar ist, oder ist im Rahmen einer Betriebsvereinbarung eine **Beschäftigungssicherung**[4] vorgesehen, ist daran auch der neue Arbeitgeber wegen der Transformation nach § 613a Abs. 1 Satz 2 BGB gebunden. Ein solcher (ggf. befristeter) Ausschluss der ordentlichen Kündigung provoziert natürlich häufig (zusätzliche) Widersprüche.

344 Die Bindung des neuen Arbeitgebers an **tarifvertragliche Normen** betrifft für die Dauer eines Jahres nach dem Betriebs(teil)übergang nur die zur Zeit des Übergangs geltenden Tarifnormen, weil § 613a Abs. 1 Nr. 2 BGB **keine dynamische Verweisung** enthält.[5] Ihr Regelungsgehalt geht statisch in das Arbeitsverhältnis über. § 613a Abs. 1 Satz 2 BGB erfasst nur sog. **Inhaltsnormen** eines Tarifvertrages, weil nur sie Rechtsnormen enthalten, die die Rechte und Pflichten der bestehenden Arbeitsverhältnisse regeln.[6] Abschluss-, Betriebs-, betriebsverfassungsrechtliche Normen und Normen über **gemeinsame Einrichtungen** können dagegen nicht transformiert werden.[7] Gleiches gilt auch für den schuldrechtlichen Teil des Tarifvertrages. Schließlich bezieht sich die Anordnung der Fortgeltung nur auf tarifvertragliche Regelungen mit **zwingender** Wirkung und nicht auf dispositive oder auf nachwirkende Regelungen nach § 4 Abs. 4 TVG.[8]

345 Ausnahmsweise entfällt die einjährige Änderungssperre bereits **vor Ablauf der Jahresfrist**, wenn „der Tarifvertrag oder die Betriebsvereinbarung **nicht mehr gilt**" (§ 613a Abs. 1 Satz 4, 1. Alt. BGB). Individualvertragliche Änderungen transformierter Normen sind ab dem Zeitpunkt zulässig, ab dem die vormals

---

1 Veränderungen zugunsten der Arbeitnehmer sind jederzeit zulässig, vgl. *Röder*, DB 1981, 1980; *Seiter*, S. 95.
2 *Bauer*, Unternehmensveräußerung, S. 108.
3 BAG v. 4.8.1999 – 5 AZR 642/98, NZA 2000, 154; BAG v. 13.9.1994 – 3 AZR 148/94, BB 1995, 675.
4 Vgl. zur Beschäftigungssicherung in der Metallindustrie *Bauer/Diller*, NZA 1994, 353.
5 BAG v. 29.8.2001 – 4 AZR 332/00, NZA 2002, 513 = DB 2002, 431 f.; BAG v. 4.8.1999 – 5 AZR 642/98, NZA 2000, 154; BAG v. 13.11.1985 – 4 AZR 309/84, NZA 1986, 422.
6 *Hattesen* in Kasseler Hdb., 6.7, Rz. 188; *Röder*, DB 1981, 1980.
7 *Preis* in ErfKomm., § 613a BGB Rz. 100.
8 *Wank* in MünchHdb. ArbR, § 120 Rz. 178.

kollektive Norm ihren zwingenden Charakter verliert.¹ „Nicht mehr gilt" bedeutet „nicht mehr zwingend gilt" (§§ 4 Abs. 1 TVG, 77 Abs. 4 BetrVG). Damit sind die Fälle gemeint, in denen der Tarifvertrag oder die Betriebsvereinbarung im Zeitpunkt des Betriebsübergangs bereits gekündigt waren und die Kündigungsfrist innerhalb eines Jahres nach Betriebsübergang ausläuft. In diesen Fällen dauert die Änderungssperre des § 613a Abs. 1 Satz 2 BGB nur bis zum Ablauf der **Kündigungsfrist**. Sinn und Zweck dieser Regelung sind klar: Durch den Betriebsübergang sollen die auf Tarifvertrag oder Betriebsvereinbarung beruhenden Rechte der Arbeitnehmer im Sinne eines Bestandsschutzes gewahrt werden. Sie sollen sich weder verbessern noch verschlechtern.² Die Änderung (kein gesetzlicher Automatismus!) kann durch Vereinbarung mit den betroffenen Arbeitnehmern oder durch Änderungskündigung erfolgen.

Wird auf einen Tarifvertrag Bezug genommen, geht die **Bezugnahmeklausel** wie alle anderen Vertragsinhalte nach § 613a Abs. 1 Satz 1 BGB auf den Erwerber über. In diesem Fall kommt es darauf an, wie sie ausgestaltet ist. Unter bestimmten Voraussetzungen kann ein Betriebsübergang ihren Inhalt ändern (vgl. Teil VI Rz. 373 ff.). 346

Den Betriebsparteien ist es verwehrt, Arbeitsbedingungen ausschließlich für die Zeit nach dem Betriebs(teil)übergang unmittelbar zu regeln. Nach dem Betriebs(teil)übergang sind der Veräußerer und sein (Gesamt-)Betriebsrat nicht mehr für die auf den Erwerber übergegangenen Arbeitnehmer zuständig³ (vgl. Teil VI Rz. 313 ff.). 347

3. Kollektivrechtliche Fortgeltung

a) Betriebsvereinbarungen

Betriebsvereinbarungen gelten kollektivrechtlich weiter, wenn die **Identität des Betriebs** beim Betriebsübergang gewahrt wird.⁴ Geht der **Betrieb als Ganzes** auf den Erwerber über, bleibt der Betriebsrat im Amt.⁵ Der Erwerber wird Betriebspartner des (bisherigen) Betriebsrates.⁶ Eine Transformation ihrer Inhaltsnormen in einzelvertragliche Regelungen ist in diesem Fall nicht erforderlich, zumal es sich bei § 613a Abs. 1 Satz 2 BGB „nur" um einen „Auffangtatbestand" handelt,⁷ mit dem der von der Norm bezweckte Bestandsschutz 348

---

1 *Hohenstatt* in Willemsen/Hohenstatt/Schweibert, E Rz. 2.
2 BAG v. 13.11.1985 – 4 AZR 309/84, NZA 1986, 422.
3 BAG v. 1.4.1987 – 4 AZR 77/86, NZA 1987, 593.
4 BAG v. 18.9.2002 – 1 ABR 54/01, NZA 2003, 670 = BB 2003, 1387 m. Anm. *Grobys*; BAG v. 14.8.2001 – 1 AZR 619/00, NZA 2002, 276; BAG v. 24.6.1998 – 4 AZR 208/97, NZA 1998, 1346 (1347); BAG v. 25.10.1994 – 3 AZR 279/94, NZA 1995, 373; BAG v. 5.2.1991 – 1 ABR 32/90, AP 89 zu § 613a BGB; *Schiefer*, RdA 1994, 83 (87); *Richardi/ Annuß* in Staudinger, § 613a BGB Rz. 175; a.A. *Kreutz* in Großkomm. BetrVG, § 77 BetrVG Rz. 172 ff.; *Kreutz* in FS Kraft, S. 323 (340); *Wank* in MünchHdb.ArbR, § 120 Rz. 190; *Röder*, DB 1981, 1980; *Willemsen/Müller-Bonanni*, in HWK, § 613a Rz. 255 ff.
5 BAG v. 5.6.2002 – 7 ABR 17/01, NZA 2003, 336.
6 *Müller-Glöge* in MünchKomm. BGB, § 613a BGB Rz. 149, 129 ff.
7 BAG v. 18.9.2002 – 1 ABR 54/01, NZA 2003, 670 = BB 2003, 1387 m. Anm. *Grobys*.

gesichert werden soll. Von dem Grundsatz der kollektiven Weitergeltung der Betriebsvereinbarungen bei Wahrung der Identität des Betriebs existiert neuerdings eine **Ausnahme**: Mit Hinweis auf das Übergangsmandat des Betriebsrats und die Wahrung der Betriebsidentität nimmt das BAG ausnahmsweise eine kollektivrechtliche Fortgeltung der Betriebsvereinbarungen mit dem Veräußerer auch dann an, wenn lediglich ein **Betriebsteil** übertragen wird, der beim Erwerber als **eigenständiger** Betrieb fortgeführt wird.[1]

349 Die kollektive Fortgeltung wird verschieden **begründet**: Nach einer Auffassung tritt der neue Inhaber als Folge des Betriebsüberganges in vollem Umfang in die Arbeitgeberstellung seines Vorgängers und damit auch in dessen betriebsverfassungsrechtliche Stellung als **Partei** der Betriebsvereinbarungen ein.[2] Die andere Auffassung stellt dagegen zu Recht darauf ab, dass die Betriebsvereinbarung ungeachtet ihrer vertraglichen Züge (Betriebsrat/bisheriger Arbeitgeber) eine kollektive **Arbeitsorganisation des Betriebes** schafft, d.h. eine Art Statut, das in seinem Bestand von Veränderungen in den Parteistellungen der Betriebsvereinbarung unabhängig ist.[3] Diese Gestaltung einer kollektiven Ordnung für eine Betriebsidentität bildet damit die Grundlage für den Fortbestand einer Betriebsvereinbarung nach einem Betriebsübergang. Das BAG argumentiert in letzter Zeit eher ergebnisorientiert. Die Fortgeltung begründet das BAG mit der Amtskontinuität des Betriebsrats und der Wahrung der Betriebsidentität.[4]

350 Geht die **betriebsverfassungsrechtliche Identität** des (bisherigen) Betriebs beim Betriebsübergang **verloren**, kommt es im Grundsatz (von der oben geschilderten Ausnahme abgesehen) zur **Transformation** der Betriebsvereinbarungen. In diesen Fällen kommt § 613a Abs. 1 Satz 2 BGB zum Zuge und entfaltet seine „Auffangfunktion". Eine im übernommenen Betrieb geschlossene Betriebsvereinbarung gilt dann nicht mehr normativ gem. § 77 Abs. 4 BetrVG weiter. Die sich aus ihr ergebenden Rechte und Pflichten werden vielmehr Inhalt des Arbeitsverhältnisses der übernommenen Arbeitnehmer.[5]

Im Einzelnen können sich folgende **Fallgestaltungen**[6] ergeben:

1. Bei einem Betriebsteilübergang gelten die Betriebsvereinbarungen im **Restbetrieb** des **Veräußerers** unverändert weiter, wenn dessen Betriebsidentität durch den Betriebsteilübergang erhalten bleibt.

---

1 BAG v. 18.9.2002 – 1 ABR 54/01, NZA 2003, 670 (675); diff. *Lindemann/Simon*, BB 2003, 2510 (2512) hinsichtlich Vereinbarungen der betrieblichen Altersversorgung.
2 Vgl. hierzu BAG v. 5.2.1991 – 1 ABR 32/90, AP 89 zu § 613a BGB und BAG v. 25.10.1994 – 3 AZR 279/94, NZA 1995, 373 unter II. der Gründe.
3 Rieble/Gutzeit, BB 2004, 233 (234); so etwa auch *Hanau/Vossen* in FS *Hilger* und *Stumpf*, S. 273; a.A. *Bachner*, NZA 1997, 79 (81), für die kollektive Fortgeltung mit dem notwendigen Schutz der Arbeitnehmer vor unkontrollierbaren Entscheidungen des Arbeitgebers begründet.
4 BAG v. 18.9.2002 – 1 ABR 54/01, NZA 2003, 670; krit. zur neuen Rechtsprechung *Preis/Richter*, ZIP 2004, 925.
5 BAG v. 24.7.2001 – 3 AZR 660/00, NZA 2002, 520; *Richardi/Annuß* in Staudinger, § 613a BGB Rz. 175.
6 Vgl. *Däubler/Kittner/Klebe*, § 77 Rz. 51.

2. Führt der **Erwerber** den durch Aufspaltung übergegangenen Betrieb oder Betriebsteil als **selbstständigen Betrieb** fort, gelten die Betriebsvereinbarungen normativ weiter, bis sie durch neue Betriebsvereinbarungen abgelöst werden.[1]

3. Gliedert der Erwerber den Betrieb oder Betriebsteil in die Betriebsorganisation ein oder verschmilzt ihn mit einem anderen Betrieb(steil), verändert sich seine Betriebsidentität. Eine normative Fortgeltung ist ausgeschlossen.[2] Besteht beim Erwerber bereits ein BR und wurden dort Betriebsvereinbarungen mit gleichem Regelungsgegenstand geschlossen, lösen sie nach § 613a Abs. 1 Satz 3 BGB die „alten" Betriebsvereinbarungen ab. Ist dies nicht der Fall, werden die sich aus der Betriebsvereinbarung ergebenden Rechte und Pflichten Inhalt der Arbeitsverträge nach § 613a Abs. 1 Satz 2 BGB. Diese arbeitsvertraglichen Regelungen können jederzeit durch Betriebsvereinbarungen des Erwerbers abgelöst werden. Die transformierten Regelungen dürfen nämlich nicht stärker geschützt sein als bei Fortbestehen der Betriebsidentität und kollektiver Weitergeltung.[3]

Eine **Ablösung** setzt voraus, dass die ersetzende Betriebsvereinbarung denselben Gegenstand regelt und nach ihrem Geltungsbereich und der Regelungskompetenz der abschließenden Betriebsparteien den übergegangenen Betrieb oder Betriebsteil erfasst. Die ersetzende Betriebsvereinbarung kommt auch dann zur Anwendung, wenn sie für den Arbeitnehmer **ungünstigere Regelungen** enthält.[4] Fraglich ist, ob eine im übergegangenen Betrieb geltende Betriebsvereinbarung durch einen beim Erwerber geltenden Tarifvertrag abgelöst werden kann (oder umgekehrt). Das BAG ließ diese Frage bislang offen.[5] Nach richtiger Ansicht ist dies zu bejahen. § 613a Abs. 1 Satz 3 BGB ist insofern lex specialis zu § 77 Abs. 3 BetrVG.[6] 351

Besonderer Betrachtung bedarf die Transformation **freiwilliger Betriebsvereinbarungen**.[7] Anders als erzwingbare Betriebsvereinbarungen wirken sie nicht nach (vgl. § 77 Abs. 6 BetrVG), sondern erlöschen nach dem Auslaufen der Kündigungsfrist. Das ist nur dann anders, wenn die Nachwirkung der freiwilligen Betriebsvereinbarung vertraglich vereinbart wurde.[8] Da die Rechtsstellung der Arbeitnehmer durch die Transformation der Kollektivnormen weder verbessert noch verschlechtert werden soll, unterliegen freiwillige Betriebsvereinbarungen einer nur **begrenzten Transformation**. Hat der Veräußerer die frei- 352

---

1 BAG v. 18.9.2002 – 1 ABR 54/01, NZA 2003, 670.
2 A.A. *Däubler/Kittner/Klebe*, § 77 Rz. 51, kollektive Fortgeltung im Rahmen ihres Geltungsbreichs.
3 BAG v. 14.8.2001 – 1 AZR 619/00, NZA 2002, 276.
4 BAG v. 29.10.2002 –1 AZR 573/01, NZA 2003, 393; BAG v. 1.8.2001 – 4 AZR 82/00, NZA 2002, 41 (43); BAG v. 14.8.2001 – 1 AZR 619/00, NZA 2002, 276.
5 BAG v. 1.8.2001 – 4 AZR 82/00, NZA 2002, 41.
6 Vgl. *Hanau/Kania* in ErfKomm., § 77 BetrVG Rz. 68 ff.; *Preis* in ErfKomm., § 613a BGB Rz. 122; *C. Meyer*, NZA 2001, 751; a.a. *Däubler/Kittner/Klebe*, § 77 BetrVG Rz. 67, 51; *Hohenstatt* in Willemsen/Hohenstatt/Schweibert, E Rz. 169; *Kittner/Däubler/Zwanziger*, KSchG, § 613a BGB Rz. 66.
7 Vgl. dazu *Bauer/v. Steinau-Steinrück*, NZA 2000, 505.
8 Vgl. dazu *Jacobs*, NZA 2000, 69.

willige Betriebsvereinbarung vor dem Betriebsübergang gekündigt, tangiert sie den Erwerber nur, wenn das Ende der Kündigungsfrist in die Zeit **nach** dem Betriebsübergang fällt. Hier ist zu unterscheiden:

353 (1) Wurde der **ganze Betrieb** veräußert, gilt die freiwillige Betriebsvereinbarung für den Erwerber bis zum Ablauf der Kündigungsfrist unmittelbar kollektivrechtlich weiter und erlischt dann.

354 (2) Wurde nur ein **Betriebsteil** veräußert, kommt es zur Transformation. In diesem Fall stellt sich die Frage, welche Bedeutung die Jahresfrist hat. Aufgrund ihrer fehlenden Nachwirkung wirken freiwillige Betriebsvereinbarungen nur begrenzt im Wege der Transformation nach § 613a Abs. 1 Satz 2 BGB weiter. Die individualrechtlich fortgeltenden Regelungen einer freiwilligen Betriebsvereinbarung fallen nach Auslaufen der Kündigungsfrist ersatzlos weg, ohne dass der Erwerber noch eine Änderungskündigung aussprechen oder einen Änderungsvertrag schließen muss.[1] Da freiwillige Betriebsvereinbarungen jederzeit frei gekündigt werden können,[2] muss dasselbe auch für die nach dem Betriebsübergang individualrechtlich fortgeltenden Normen zugunsten des Erwerbers gelten. Aus diesem Grund steht dem Erwerber hinsichtlich dieser Normen ein individualrechtlich ausnahmsweise zulässiges Teilkündigungsrecht zu, das nicht den Beschränkungen der §§ 1, 2 KSchG unterliegt. Auf diese Weise wird der von § 613a Abs. 1 BGB bezweckte Bestandsschutz gewährleistet, ohne dass die übergegangenen Arbeitnehmer besser gestellt werden. Wegen der unsicheren Rechtslage sollte der Erwerber vorsorglich aber darauf achten, dass der Veräußerer rechtzeitig vor dem Betriebsübergang die freiwilligen Betriebsvereinbarungen kündigt. Diese Verpflichtung kann auch im Veräußerungsvertrag festgelegt werden.

355 Die Fortgeltung von **Gesamt- und Konzernbetriebsvereinbarungen** (GBV und KBV) bei Betriebsübergängen ist in der Literatur **umstritten**. Eine Ansicht ist für einen umfänglichen Verlust der normativen Wirkung, während andere Stimmen dies „nur" bei einem Übergang nicht aller von der GBV betroffenen Betriebe des abgebenden Unternehmens annehmen.[3] Letztere stellen überwiegend auf den Verlust der „Unternehmensidentität"[4] ab. Nach gegenteiliger Meinung gilt die GBV bei der Übertragung (nahezu) aller Betriebe unter Wahrung ihrer Identität kollektivrechtlich fort. In diesem Fall bliebe die Identität des vom Gesamtbetriebsrat vertretenen Bereichs („Unternehmensidentität") im Wesentlichen erhalten.[5] Eine weitere Auffassung geht davon aus, dass eine

---

1 Vgl. *Bauer/v. Steinau-Steinrück*, NZA 2000, 505.
2 BAG v. 26.10.1993 – 1 AZR 46/93, NZA 1994, 572.
3 Einerseits *Richardi*, § 77 BetrVG Rz. 209; *Kittner/Däubler/Zwanziger*, KSchG, § 613a BGB Rz. 76; andererseits *Steffan* in APS, § 613a BGB Rz. 121; *D. Gaul*, NZA 1995, 717 (724); *Gussen/Dauck*, S. 25 f.; *Preis/Steffan* in FS Kraft, S. 477 (479); *Boecken*, S. 111, 112.
4 Vgl. *Preis* in ErfKomm., § 613a BGB Rz. 111.
5 *Hohenstatt* in Willemsen/Hohenstatt/Schweibert, E Rz. 48 f., D Rz. 98 ff.; *Moll* in Preis/Willemsen, E Rz. 13; *Müller-Glöge* in MünchKomm. BGB, § 613a BGB Rz. 151; *Röder/Haußmann*, DB 1999, 1754 ff.; *Däubler*, RdA 1995, 136 (140) für den Fall der Verschmelzung; *Fitting/Kaiser/Heither/Engels*, § 47 BetrVG Rz. 19 für Umwandlungen.

GBV auch für nur einen übertragenen Betrieb weiterhin kollektivrechtlich gelten kann, dann jedoch als Einzelbetriebsvereinbarung auf Betriebsebene.[1]

Der 1. Senat des **BAG**[2] vertritt nun den Standpunkt, dass GBV in den übertragenen Teilen des Unternehmens **auch dann kollektivrechtlich fortgelten,** wenn **nur einer oder mehrere** Betriebe unter Wahrung ihrer Betriebsidentität übergehen.[3] Dies gilt laut BAG jedenfalls dann, wenn das andere Unternehmen bis dahin keinen Betrieb geführt hat. Wird nur **ein** Betrieb übernommen, bleiben die GBV als Einzelbetriebsvereinbarungen bestehen. Ausschlaggebendes Argument und ausreichend für die Annahme kollektiver Fortgeltung ist nach Ansicht des Gerichts die jeweilige **Identitätswahrung** der übergegangenen Betriebe. Damit verwendet es denselben Ansatz wie bei der Frage nach dem Fortbestand der Gesamtbetriebsräte.[4] Der Gesamtbetriebsrat des abgebenden Unternehmens verliert zwar seine Zuständigkeit für den „ausgelagerten" Einzelbetrieb. Eine kollektive Fortgeltung scheidet damit an sich aus. Gleichwohl bejaht sie das BAG mit der Begründung, dass durch die Wahrung der Betriebsidentität das Regelungsobjekt der GBV erhalten bleibe. Die Unzuständigkeit des Gesamtbetriebsrats **rechtfertigt** nach seiner Auffassung **keinen Wegfall** der normativen Wirkung.[5] Die normative Fortgeltung ist nach dem Schutzzweck der Betriebsverfassung zu erhalten. Da laut BAG Regelungssubstrat einer GBV allein der jeweilige Betrieb ist, ändert auch eine durch den Übergang verloren gegangene „Unternehmensidentität" nichts an dem Gebot der kollektiven Fortgeltung. Bei der Übernahme sämtlicher Betriebe liegt ein Fortbestand des Gesamtbetriebstrats nahe. Nach Auffassung des Senats spricht schon der Grundsatz der Amtskontinuität für eine kollektive Fortgeltung. In Anwendung dieser Rechtsprechung ergeben sich folgende **Fallgestaltungen:** 356

1. Bei der **Übertragung aller Betriebe** auf ein „betriebsloses" Unternehmen, wirken die GBV kollektiv fort, soweit sie nicht die Zugehörigkeit zu einem bestimmten Unternehmen voraussetzen und ihr Inhalt daher nach Betriebsübergang gegenstandslos wird. Das BAG lässt dies zwar im Ergebnis noch offen. Es deutet aber ein solches Ergebnis mit ausführlicher Begründung an.[6]

2. Eine **Fortgeltung** besteht auch dann, wenn „nur" **mehrere Betriebe** auf ein betriebs(rats)loses Unternehmen übergehen. Entscheidend ist, dass sie ihre jeweilige **einzelbetriebliche Identität** wahren. Bis zur Neukonstituierung des Gesamtbetriebsrats beim Erwerber ist eine Änderung der GBV aus-

---

1 *Edenfeld* in Erman, § 613a BGB Rz. 73; *Gussen/Dauck*, Rz. 80 ff.; *Hanau/Vossen* in FS Hilger und Stumpf, S. 271 (275 f.); *B. Gaul*, Betriebsspaltung, S. 994 f.; *Kreßel*, BB 1995, 925; so auch *Boecken*, S. 111, 112, für den Fall der Delegation gem. § 50 Abs. 2 Satz 1 BetrVG.
2 BAG v. 18.9.2002 – 1 ABR 54/01, NZA 2003, 670 = ZIP 2003, 1059; vgl. auch BAG v. 5.6.2002 – 7 ABR 17/01, NZA 2003, 336.
3 Krit. *Preis/Richter*, ZIP 2004, 925.
4 Vgl. Teil VI Rz. 319 ff.
5 BAG v. 18.9.2002 – 1 ABR 54/01, NZA 2003, 670.
6 BAG v. 18.9.2002 – 1 ABR 54/01, NZA 2003, 670.

geschlossen. Möglich ist nur eine vollständige Beendigung durch gleichzeitige Kündigung des Arbeitgebers gegenüber allen Einzelbetriebsräten der übernommenen Betriebe.

3. Bleibt nur ein Betrieb beim Veräußerer, endet die Existenz des Gesamtbetriebsrats gemäß § 47 Abs. 1 BetrVG. Die von ihm geschlossenen GBV gelten beim Veräußerer als **Einzelbetriebsvereinbarungen** kollektiv fort.

4. Geht ein Betrieb oder Betriebsteil über, gilt die GBV kollektiv als **Einzelbetriebsvereinbarung** fort. Voraussetzung ist, dass der Betrieb oder Betriebsteil als **eigenständige** betriebliche Einheit beim bisher betriebs(rats)losen Erwerber fortgeführt wird. Die Vereinbarung kann dann durch den Erwerber und den Betriebsrat gekündigt oder geändert werden.

357 Dem Ansatz des BAG, an die Wahrung der Betriebsidentität als entscheidendes Merkmal anzuknüpfen, ist zuzustimmen (vgl. Teil VI Rz. 320). Die vom BAG vertretene kollektive Fortgeltung schafft jedoch ein **Konkurrenzproblem**, wenn beim **Erwerber** (mindestens) ein (weiterer) **Betrieb existiert**. Denn dann würde die Geltung der GBV beim Erwerber allein auf die übergegangenen Betriebe beschränkt sein. Regelt bereits eine GBV des Erwerbers denselben Gegenstand, bestünden zwei GBV nebeneinander. Diese Konstellationen sind im Interesse von Arbeitnehmer und Arbeitgeber zu vermeiden.[1] Im Vergleich zum Tarifvertrag ist die Nachwirkung der Betriebsvereinbarung beschränkt. Sie kann gemäß § 77 Abs. 6 BetrVG nach ihrem Ablauf durch eine andere ersetzt werden. Ihre Nachwirkung hat insoweit „nur" die Funktion, die Zeit bis zur Ablösung durch eine andere Betriebsvereinbarung zu überbrücken.[2] Eine mögliche Kollision von GBV beim Erwerber ist daher u.E. in (entsprechender) Anwendung des § 613a Abs. 1 Satz 3 BGB derart zu lösen, dass die beim **Erwerber** geltenden GBV **vorrangig** sind. Voraussetzung ist, dass die GBV denselben Gegenstand regeln und sich ihr Geltungsbereich auch auf den Konzern oder dem Unternehmen hinzukommende Betriebe erstrecken soll. Der Vorrang der Kollektivvereinbarungen des Erwerbers gilt auch dann, wenn die Regelungen für die übergehenden Arbeitnehmer ungünstiger sind (**Ablösungsprinzip**).[3] Bei der Ablösung von Leistungen der betrieblichen Altersversorgung ist der bis zum Betriebsübergang erdiente Besitzstand aufrechtzuerhalten.[4]

b) Tarifverträge

358 Der Transformation bedarf es nur, wenn und soweit Tarifvertrag oder Betriebsvereinbarung nicht kollektiv beim Erwerber weitergelten. § 613a Abs. 1 Satz 2 BGB ist nur eine **Auffangregelung**. Die Norm greift nur ein, wenn die beim Veräußerer geltenden Kollektivregelungen beim neuen Inhaber nicht mehr

---

1 A.A. *Däubler/Kittner/Klebe*, § 50 BetrVG Rz. 11d, 11e.
2 *Rieble/Gutzeit*, NZA 2003, 233 (235).
3 BAG v. 1.8.2002 – 4 AZR 82/00, NZA 2002, 41; BAG v. 27.6.1985 – 6 AZR 392/81, BAGE 49, 151 = NZA 1986, 401; *Däubler/Kittner/Klebe*, § 77 BetrVG Rz. 51; vgl. *B. Gaul/Kühnreich*, NZA 2002, 495 (497).
4 BAG v. 24.7.2001 – 3 AZR 660/00, NZA 2002, 520.

kollektivrechtlich fortgelten.¹ Ein Tarifvertrag gilt **kollektivrechtlich** (ohne Einfluss von § 613a BGB) beim Erwerber fort, wenn der Betrieb(steil) auch nach Betriebsübergang unter seinen Geltungsbereich fällt und beiderseitige Tarifgebundenheit von Arbeitnehmern und Arbeitgebern besteht oder durch Allgemeinverbindlichkeitserklärung (§ 5 Abs. 4 TVG) ersetzt ist.

Die ununterbrochene Fortgeltung von **Verbandstarifverträgen** bei dem Erwerber des Betriebs setzt dessen Mitgliedschaft im zuständigen Arbeitgeberverband oder die Allgemeinverbindlichkeit des Tarifvertrages voraus. Die **Verbandsmitgliedschaft** des Veräußerers ist ein höchstpersönliches Recht (§ 38 BGB). Sie geht deshalb auch bei Umwandlungsfällen **nicht** im Wege der Gesamtrechtsnachfolge über, soweit die Satzung nichts Abweichendes bestimmt.² Gehört der Erwerber demselben Arbeitgeberverband an oder tritt ihm bei, führt die beiderseitige Tarifbindung beim bisherigen als auch beim neuen Inhaber zur unmittelbaren und zwingenden Tarifgeltung in den Arbeitsverhältnissen der gewerkschaftsangehörigen Mitarbeiter (§§ 3 Abs. 1, 4 Abs. 1 TVG). Die bisherigen Tarifverträge gelten dann zwingend weiter, sofern nicht der Erwerber durch eine Änderung des Betriebszwecks aus dem fachlichen Geltungsbreich des Tarifvertrages oder aus der Zuständigkeit der Vertragsparteien herausfällt.³ 359

Hatte der Veräußerer einen **Firmentarifvertrag** (auch Haustarifvertrag genannt) geschlossen, ordnet § 613a Abs. 1 BGB dessen kollektivrechtliche Fortgeltung nicht an. Anders als die Betriebsvereinbarung ist der Firmentarifvertrag keine Kollektivordnung des Betriebes, sondern des Unternehmens. Die zur Fortgeltung der Betriebsvereinbarungen entwickelte Argumentation lässt sich auf Firmentarifverträge deshalb nicht übertragen.⁴ Anders als im Falle der Betriebsvereinbarung tritt der Erwerber auch nicht in die Parteistellung des Veräußerers ein, da Partei nicht der Arbeitgeber des Betriebes, sondern der Unternehmer ist, der neben dem veräußerten Betrieb unter Umständen auch andere Betriebe unterhält.⁵ 360

Vollzieht sich der **Betriebsübergang außerhalb des Umwandlungsgesetzes**, wird der Erwerber somit nicht kraft kollektiver Fortgeltung Partei des Haustarifvertrages.⁶ Das Recht zur Kündigung des Haustarifvertrages geht damit nicht auf den Erwerber über. Im Einzelfall kann es dann ratsam sein, den Veräußerer im Übernahmevertrag zur Kündigung des Haustarifvertrages zu verpflichten. Es ist aber auch möglich, dass alter und neuer Arbeitgeber einerseits und die Gewerkschaft andererseits eine rechtsgeschäftliche Vertragsübernahme oder einen inhaltsgleichen Haustarifvertrag vereinbaren. 361

---

1 Vgl. nur BAG v. 18.9.2002 – 1 ABR 54/01, NZA 2003, 670 = BB 2003, 1387 m. Anm. *Grobys*; BAG v. 24.6.1998 – 4 AZR 208/97, NZA 1998, 1346 (1347); vgl. dazu *Mengel*, AuR 1999, 152; *Rieble*, EzA § 20 UmwG Nr. 1.
2 BAG v. 24.6.1998 – 4 AZR 208/97, NZA 1998, 1346 (1347).
3 BAG v. 5.10.1993 – 3 AZR 586/92, NZA 1994, 848.
4 Wohl a.A. *Rieble/Gutzeit*, NZA 2003, 233 (234).
5 Vgl. BAG v. 20.6.2001 – 4 AZR 295/00, NZA 2002, 517 (518); *Müller-Glöge* in Münch-Komm. BGB, § 613a BGB Rz. 130; *Edenfeld* in Erman, § 613a BGB Rz. 74.
6 BAG v. 29.8.2001 – 4 AZR 332/00, NZA 2002, 513.

362 In **Umwandlungsfällen** dagegen gilt der Haustarifvertrag kollektivrechtlich beim Erwerber weiter, da ein Fall der gesetzlichen Rechtsnachfolge vorliegt.[1] Bei einer Verschmelzung im Wege der Neugründung geht der Haustarifvertrag aufgrund der gesetzlich angeordneten Gesamtrechtsnachfolge (§ 20 Abs. 1 Nr. 1 UmwG) uneingeschränkt auf den neu gegründeten Rechtsträger über. Der übernehmende Rechtsträger rückt aufgrund der Gesamtrechtsnachfolge in den mit dem übertragenden Rechtsträger abgeschlossenen Haustarifvertrag ein.[2] Beschäftigt der übernehmende Rechtsträger seinerseits bereits Arbeitnehmer, erstreckt sich der bisherige Haustarifvertrag des übertragenden Rechtsträgers aber nicht auch auf den übernehmenden Rechtsträger. Er bleibt auf die Betriebe des übertragenden Rechtsträgers beschränkt.[3]

363 Ist der **Erwerber** seinerseits **nicht** an den Tarifvertrag des Veräußerers **gebunden** oder unterliegt er einer anderen Tarifbindung, können die Tarifregelungen nach dem Betriebsübergang keine normative Geltung mehr beanspruchen. Sie werden vielmehr **Inhalt des Arbeitsverhältnisses** gemäß § 613a Abs. 1 Satz 2 BGB und gehen **statisch** in dem Tarifstand in das Arbeitsverhältnis über, in dem sie sich zur Zeit des Betriebsübergangs befanden. Verändert sich nach dem Betriebsübergang die Tarifnorm, deren Regelung in das Arbeitsverhältnis übergegangen ist, so nimmt die übergegangene Regelung hieran nicht mehr teil. In den Arbeitsverhältnissen der übergegangenen Arbeitnehmer ist der Arbeitgeber nicht an später in Kraft tretende Tarifänderungen gebunden.[4] Verweist die transformierte (nun individualvertragliche) Regelung ihrerseits auf andere normative Regelungen, die sich weiterentwickeln, so wird auch deren Weiterentwicklung **nicht** zum Inhalt des Arbeitsverhältnisses. Das gilt selbst dann, wenn die Verweisung dynamisch ausgestaltet ist. Inhalt des Arbeitsvertrages wird allein der Regelungsgehalt der in Bezug genommenen Tarifnorm, den sie zur Zeit des Betriebsübergangs hatte.[5] § 613a Abs. 1 Satz 2 BGB schreibt nämlich „nur" den Eingang des Regelungsgehalts in das Arbeitsverhältnis vor. Ein Anspruch auf eine dynamische Fortentwicklung lässt sich daraus nicht ableiten. Wäre dies so, könnte sich der Arbeitgeber auch nicht durch eine Kündigung der Tarifnorm oder durch einen Verbandsaustritt von dieser Entwicklung lösen. § 613a Abs. 1 Satz 2 BGB und § 4 Abs. 5 TVG verbindet insoweit eine vergleichbare Regelung.[6] Dabei macht es auch keinen Unterschied, ob es sich um einen Verbandstarifvertrag oder einen Firmentarifvertrag handelt.[7] Nachwirkende Tarifnormen werden ebenfalls nach § 613a

---

1 *Däubler*, RdA 1995, 136 (140); a.A. *Kreßel*, BB 1995, 925 (930).
2 BAG v. 24.6.1998 – 4 AZR 208/97, NZA 1998, 1346 (1347); BAG v. 20.6.2001 – 4 AZR 295/00, NZA 2002, 517.
3 Vgl. *Joost* in Lutter, § 324 UmwG Rz. 34.
4 BAG v. 20.6.2001 – 4 AZR 295/00, NZA 2002, 517.
5 BAG v. 20.6.2001 – 4 AZR 295/00, NZA 2002, 517; BAG v. 21.8.2002 – 4 AZR 263/01, ZIP 2003, 639; abl. *Preis* in ErfKomm., § 613a BGB Rz. 114.
6 BAG v. 29.8.2001 – 4 AZR 332/00, NZA 2002, 513 (516); *Müller-Glöge* in MünchKomm. BGB, § 613a BGB Rz. 133 ff.; vgl. auch BAG v. 17.5.2000 – 4 AZR 363/99, BAGE 94, 367 = NZA 2001, 453.
7 BAG v. 20.6.2001 – 4 AZR 295/00, NZA 2002, 517; BAG v. 29.8.2001 – 4 AZR 332/00, NZA 2002, 513 (516).

Abs. 1 Satz 2 BGB Inhalt des Arbeitsverhältnisses. Sie können jederzeit abgeändert werden.[1] Für die nur „statische Weitergeltung" macht es weiterhin keinen Unterschied, ob es sich um eine Verweisung auf eine dynamisch gesetzliche oder eine dynamische tarifliche Bestimmung handelt.[2]

4. Geltung eines anderen Kollektivvertrags (§ 613a Abs. 1 Satz 3 BGB)

a) Allgemeines

Die individualvertragliche Fortgeltung nach § 613a Abs. 1 Satz 2 BGB scheidet aus, wenn die Rechte und Pflichten beim Erwerber durch Rechtsnormen eines **anderen Kollektivvertrages** geregelt werden. Das ist in zweifacher Hinsicht denkbar[3]: Zum einen kann der „neue" Kollektivvertrag so auszulegen sein, dass er die arbeitsvertraglich fortgeltende Regelung auch ohne eigenständige Regelung dieses Gegenstandes ablösen soll. Zum anderen kann der beim Erwerber geltende Kollektivvertrag den „alten" gemäß § 613a Abs. 1 Satz 3 BGB ablösen. Dabei kommt es nicht darauf an, ob die bisherigen Regelungen für die Arbeitnehmer günstiger waren oder nicht.[4] Irrelevant ist es auch, ob der ablösende Kollektivvertrag vor oder nach dem Betriebsübergang entsteht.[5] Ansonsten würde man § 613a Abs. 1 Satz 2 BGB einen überschießenden Schutzzweck zubilligen. Der Arbeitnehmer stünde im Falle eines Betriebsübergangs besser da als ohne Betriebsübergang.[6] Das ist mit Sinn und Zweck dieser Norm nicht zu vereinbaren und wird auch nicht von der EG-Betriebsübergangsrichtlinie gefordert.[7] Voraussetzung ist allerdings, dass der Geltungsbereich des ablösenden Kollektivvertrages die übergegangenen Betriebe erfasst. Zweitens ist notwendig, dass die bisherigen Rechte und Pflichten in dem beim neuen Inhaber geltenden Kollektivvertrag geregelt sind (sog. sachlich kongruente **Regelungsidentität**).[8] Diese Feststellung kann im Einzelfall Schwierigkeiten bereiten. Unerheblich ist das „Wie" der Kollektivregelung; deshalb ist es möglich, dass eine beim neuen Arbeitgeber geltende Betriebsvereinbarung eine an und für sich individualrechtlich weitergeltende Tarifnorm verdrängt.[9] Auch spielt es keine Rolle, ob es sich um einen Verbands- oder Haustarifvertrag handelt.[10] Die neue Kollektivregelung entfaltet gegenüber der gesetzlich begründeten Nachwirkung einzelvertraglicher Art der in der Sphäre des Veräußerers an-

364

---

1 BAG v. 1.8.2001 – 4 AZR 82/00, NZA 2002, 41.
2 BAG v. 29.8.2001 – 4 AZR 332/00, NZA 2002, 513 (516).
3 BAG v. 22.1.2003 – 10 AZR 227/02, DB 2003, 1852.
4 BAG v. 1.4.1987 – 4 AZR 77/86, NZA 1987, 593; *Richardi/Annuß* in Staudinger, § 613a BGB Rz. 171; *Wank* in MünchHdb. ArbR, § 120 Rz. 171; *Junker*, RdA 1993, 203 (207).
5 BAG v. 16.5.1995 – 3 AZR 535/94, DB 1995, 2074; *D. Gaul*, Der Betriebsübergang, S. 163.
6 BAG v. 29.8.2001 – 4 AZR 332/00, NZA 2002, 513 (516).
7 BAG v. 14.8.2001 – 1 AZR 619/00, BAGE 98, 323 (332).
8 BAG v. 20.4.1994 – 4 AZR 342/93, NZA 1994, 1140; BAG v. 21.2.2001 – 4 AZR 18/00, NZA 2001, 1318; BAG v. 1.8.2001 – 4 AZR 82/00, NZA 2002, 41 für eine Betriebsvereinbarung; BAG v. 22.1.2003 – 10 AZR 227/02, DB 2003, 1852 für einen Tarifvertrag.
9 *Röder*, DB 1981, 1980.
10 *D. Gaul*, Der Betriebsübergang, S. 278 f.

wendbaren Kollektivregelung einen Regelungsvorrang (sog. **Ordnungsprinzip**).[1]

b) Betriebsvereinbarungen

365 Grundsätzlich wird eine im übernommenen Betrieb geltende Betriebsvereinbarung durch eine im neuen Betrieb geltende Betriebsvereinbarung abgelöst, wenn sie denselben Regelungsgegenstand betrifft,[2] unabhängig davon, ob die bisherige Regelung für den Arbeitnehmer günstiger war. Im Verhältnis zweier gleichrangiger Rechtsnormen, die denselben Gegenstand regeln und sich an denselben Adressatenkreis richten, gilt nicht das Günstigkeitsprinzip, sondern die **Zeitkollisionsregel**. Danach wird die ältere Regelung durch die jüngere abgelöst. Nur diese kommt für die Zukunft zur Geltung.[3] Grenzen ergeben sich nur aus dem Grundsatz des Vertrauensschutzes und dem darauf beruhenden Rückwirkungsverbot.[4] Die Vereinheitlichung der Arbeitsbedingungen soll dadurch erleichtert werden. Das BAG ist weiter der Ansicht, dass diese Grundsätze **auch dann** gelten, wenn die „alte" **Betriebsvereinbarung** gem. § 613a Abs. 1 Satz 2 BGB **individualrechtlicher Inhalt** des Arbeitsverhältnisses zwischen dem Arbeitnehmer und dem Erwerber wurde: Wird eine Betriebsvereinbarung im Zuge eines Betriebsübergangs Inhalt des Arbeitsverhältnisses, ist sie vor der Ablösung durch eine spätere Betriebsvereinbarung beim Erwerber nicht stärker geschützt, als wenn sie kollektivrechtlich weitergegolten hätte. Da sie in diesem Fall durch die zeitlich spätere Betriebsvereinbarung abgelöst worden wäre, gilt dies auch für die zum Inhalt des Arbeitsvertrags transformierte Betriebsvereinbarung. Zwar gilt im Verhältnis von Arbeitsvertrag und Betriebsvereinbarung das Günstigkeitsprinzip. Doch darf im Fall des Betriebsübergangs der Ursprung der vertraglichen Regelung nicht außer Betracht gelassen werden. Der Bestand einer von Gesetzes wegen auf die induvidualrechtliche Ebene transformierten Kollektivregelung kann nicht weiter gehend geschützt sein als die ursprünglich kollektive Regelung selbst. Andernfalls würde die vor dem Betriebsübergang bestehende Rechtsposition der Arbeitnehmer durch den Betriebsübergang nicht nur verschlechtert, sondern verbessert. Das ist aber mit Sinn und Zweck des § 613a Abs. 1 BGB nicht zu vereinbaren. Folge der Ablösung ist, dass die spätere Betriebsvereinbarung an die Stelle der individualrechtlich fortgeltenden früheren Regelung tritt. Die individualrechtliche Position lebt deshalb auch nach einer Kündigung der sie ablösenden kollektiven Regelung nicht wieder auf.[5]

---

1 Noch offen lassend BAG v. 1.8.2001 – 4 AZR 82/00, NZA 2002, 41 (43); bejahend *D. Gaul*, Der Betriebsübergang, S. 278 f.; ablehnend *Richardi/Annuß* in Staudinger, § 613a BGB Rz. 185; nun auch *Müller-Glöge* in MünchKomm. BGB, § 613a BGB Rz. 140, a.A. noch die Vorauflage.
2 BAG v. 24.7.2001 – 3 AZR 660/00, NZA 2002, 520 (521); *Richardi/Annuß* in Staudinger, § 613a BGB Rz. 184 ff.; *Blomeyer/Otto*, 3. Aufl. 2004, BetrAVG, Rz. 290; *Seiter*, S. 94; *Röder*, DB 1981, 1980; *Kemper*, BB 1990, 785 (788); *Junker*, RdA 1993, 203 (207); vgl. auch *Lindemann/Simon*, BB 2003, 2510.
3 BAG v. 18.11.2003 – 1 AZR 604/02, NZA 2004, 803.
4 BAG v. 6.8.2002 – 1 ABR 49/01, NZA 2003, 386 = DB 2003, 290.
5 BAG v. 18.11.2003 – 1 AZR 604/02, AP BetrVG 1972 § 77 Nachwirkung Nr. 15.

Besondere Probleme ergeben sich, wenn Ansprüche auf **betriebliche Altersver-** 366
sorgung sowohl beim bisherigen als auch beim neuen Arbeitgeber aufgrund
von Betriebsvereinbarungen bestehen.[1] Für Betriebsvereinbarungen, durch die
eine betriebliche Altersversorgung geregelt wird, bedarf allerdings § 613a
Abs. 1 Satz 3 BGB (als vorrangige Regelung gegenüber § 613a Abs. 1 Satz 2
BGB) ergänzender Erläuterungen.[2] Für die Arbeitnehmer des veräußerten Betriebs handelt es sich um die **Ablösung** einer bisher für sie geltenden Betriebsvereinbarung durch eine neue Betriebsvereinbarung. Solche „Ablösungen" sind
auch außerhalb von Betriebs(teil)übergängen möglich und üblich. Sie müssen
auch nicht bereits beim Betriebsübergang vorliegen.[3] Erfolgen sie im Rahmen
des § 613a BGB, besteht der einzige Unterschied darin, dass die Ablösung einer
Betriebsvereinbarung durch eine neue Betriebsvereinbarung außerhalb eines
Betriebs(teil)übergangs auf einer Vereinbarung zwischen Arbeitgeber und Betriebsrat beruht, während es sich im Falle des Betriebs(teil)übergangs nach
§ 613a Abs. 1 Satz 3 BGB um eine Ablösung kraft Gesetzes handelt.

Auch wenn es sich um die **vertragliche Ablösung** einer Betriebsvereinbarung 367
handelt und damit die neue Betriebsvereinbarung grundsätzlich normativ
wirkt, unterwirft sie das BAG[4] einer **Billigkeitskontrolle**. Es gilt zwar die sog.
Zeitkollisionsregel, wonach die jüngere Norm die ältere verdrängt. Wird dadurch aber eine Verschlechterung bewirkt, sind bei Versorgungsansprüchen
die Grundsätze der Verhältnismäßigkeit und des Vertrauensschutzes im Sinne
eines **beschränkten Bestandsschutzes** zu berücksichtigen.[5] Danach darf lediglich ein abgestufter Eingriff in erworbene Besitzstände erfolgen.[6] Bei der betrieblichen Altersversorgung gilt nach ständiger Rechtsprechung des BAG[7] ein
sog. „**3-Stufen-Modell**".[8] Dabei gilt der Grundsatz, dass die Anforderungen
umso höher sind, je stärker in Besitzstände eingegriffen wird. Begründet wird
die Billigkeitskontrolle damit, dass die Mitglieder des Betriebsrats vom Arbeitgeber nicht völlig unabhängig seien und dem Betriebsrat ein Streikrecht zur
Durchsetzung seiner Ziele im Konfliktfall – wie im Tarifbereich vorgesehen –
nicht zustehe.[9] Wird eine solche Billigkeitskontrolle in Fällen ohne Betriebsübergang anerkannt,[10] besteht erst recht Anlass, nicht jede Ablösung der im
veräußerten Betrieb geltenden Betriebsvereinbarung durch eine im Betrieb des
Erwerbers geltende Betriebsvereinbarung ohne Rücksicht auf den Inhalt der je-

---

1 Vgl. *B. Gaul/Kühnreich*, NZA 2002, 495 (496); zur Frage der Auswirkung des Betriebs(teil)übergangs auf die gesetzlichen Unverfallbarkeitsfristen *Hambach*, NZA 2000, 291.
2 Vgl. dazu auch BAG v. 24.7.2001 – 3 AZR 660/00, NZA 2002, 520 (522).
3 BAG v. 14.8.2001 – 1 AZR 619/00, ZIP 2002, 316 = BB 2002, 413.
4 BAG v. 26.8.1997 – 3 AZR 213/96, NZA 1998, 605.
5 Vgl. auch *Kort* in FS Blomeyer, S. 199 (201)
6 BAG v. 17.3.1987 – 3 AZR 64/84, NZA 1987, 855.
7 BAG v. 17.4.1985 – 3 AZR 72/83, BB 1986, 1139; BAG v. 26.8.1997 – 3 AZR 213/96, NZA 1998, 605.
8 Dazu nun BAG v. 18.2.2003 – 3 AZR 81/02, BB 2003, 1841; BAG v. 10.9.2002 – 3 AZR 635/01, DB 2003, 1525; *Lindemann/Simon*, BB 2003, 2510 (2515); *Kort* in FS Blomeyer, S. 199 (213); *Höfer/Reiners/Wüst*, Rz. 463.
9 BAG v. 22.5.1990 – 3 AZR 128/89, NZA 1990, 813.
10 Kritisch *Kreutz*, ZfA 1975, 65; *Ahrend/Förster/Rühmann*, DB 1982, 224.

weiligen Regelungen für zulässig zu halten.¹ Würde man eine solche Billigkeitskontrolle wegen § 613a Abs. 1 Satz 3 BGB im Falle eines Betriebsübergangs ablehnen, so würde das auch zu einem kaum aufzulösenden **Wertungswiderspruch** führen. Ein Arbeitnehmer des veräußerten Betriebes steht besser da, wenn im Betrieb des Erwerbers gar keine Altersversorgung besteht, als wenn dort eine wesentlich schlechtere Betriebsvereinbarung über eine Altersversorgung existiert als im (bisherigen) Betrieb des Veräußerers.² Besteht nämlich im Betrieb des Erwerbers gar keine Betriebsvereinbarung über eine Altersversorgung, so werden gemäß § 613a Abs. 1 Satz 2 BGB die Regelungen der Versorgungsordnung im veräußerten Betrieb Bestandteil der individuellen Arbeitsverträge der Arbeitnehmer.

368 Auch die gesetzliche **Ablösung von Ansprüchen betrieblicher Altersversorgung** durch Betriebsvereinbarungen im Rahmen eines Betriebsübergangs ist einer **Billigkeitskontrolle** nach dem sog. „3-Stufen-Modell" **unterworfen**.³ Der bis zum Betriebs(teil)übergang bereits erdiente Besitzstand (1. Stufe) bleibt danach aufrechterhalten, soweit nicht zwingende Gründe eine Änderung erlauben. Soweit eine Versorgungszusage von sich verändernden Größen, wie z.B. dem Arbeitslohn, abhängig ist (2. Stufe als sog. „zeitanteilig erdiente Dynamik"), partizipiert der Arbeitnehmer auch bei einer Ablösung der Zusage weiter von den darin vorgesehenen Steigerungen, soweit nicht „triftige" Gründe dagegen sprechen. In noch nicht erdiente „Zuwachsraten durch weitere Betriebszugehörigkeit" (3. Stufe) kann der Erwerber bereits mit sachlichen Gründen eingreifen. Das Interesse des Erwerbers an einer Vereinheitlichung seiner Versorgungszusagen nach einem Betriebsübergang ist ein solcher sachlicher Grund.⁴

369 Die gebotene Besitzstandswahrung führt grundsätzlich nur in dem Maße zu einem **erhöhten Versorgungsanspruch**, wie die Ansprüche aus der Neuregelung im Versorgungsfall hinter dem zurückbleiben, was bis zum Betriebsübergang erdient war.⁵ Der übernommene Arbeitnehmer darf mit anderen Worten im Versorgungsfall in keinem Fall geringere Versorgungsleistungen erhalten, als er sie erhalten hätte, wenn er im Ablösungszeitpunkt aus dem Arbeitsverhältnis ausgeschieden wäre. Die ablösende Regelung des Erwerbers darf angesichts dessen auch Vordienstzeiten im übernommenen Betrieb für Anspruchsdynamik oder die Berechnung der Wartezeit und der Versorgungshöhe nicht anrechnen, solange die Versorgungsleistung nicht hinter der gerade bezeichneten Mindestgrenze zurückbleibt. Einer **Addition** des bis zu diesem Zeitpunkt erdienten Versorgungsbesitzstands mit dem beim Erwerber erworbenen Besitz-

---

1 *Junker*, RdA 1993, 203 (208); *Förster/Rühmann* in MünchHdb. ArbR, § 106 Rz. 54; *Doetsch/Rühmann* in Willemsen/Hohenstatt/Schweibert, J Rz. 98 ff.
2 *Hanau/Vossen*, S. 277; *Kemper*, BB 1990, 785.
3 Vgl. BAG v. 18.2.2003 – 3 AZR 81/02, BB 2003, 1841; BAG v. 10.9.2002 – 3 AZR 635/01, DB 2003, 1525; BAG v. 24.7.2001 – 3 AZR 660/00, NZA 2002, 520; *Lindemann/Simon*, BB 2003, 2510 (2515); *Kort* in FS Blomeyer, S. 199 (213).
4 BAG v. 19.11.2002 – 3 AZR 167/02, NZA 2004, 264 (267).
5 BAG v. 24.7.2001 – 3 AZR 660/00, NZA 2002, 520.

stand bedarf es gerade **nicht**.[1] **Nur** hinsichtlich der **Unverfallbarkeit** der Versorgungsanswartschaften sind die Vordienstzeiten **zwingend** zu berücksichtigen. Der Arbeitnehmer ist mit diesem Grundsätzen ausreichend geschützt. Deshalb ist er selbst ausnahmsweise im Ergebnis nicht so zu stellen, als wäre er bis zum Versorgungsfall Arbeitnehmer des Veräußerers geblieben.[2] Das **BAG** hat dies jedoch noch **offen** gelassen.[3] Konsequenterweise kann ein nach kurzer Betriebszugehörigkeit übergehender Arbeitnehmer seine u.U. höhere Anwartschaften verlieren, wenn der Erwerber eine im Vergleich schlechtere Versorgungsregelung bereitstellt. Bedingung bleibt lediglich, dass die neue Regelung nicht schlechter ist als das, was er beim einem Ausscheiden zum Zeitpunkt der Ablösung der Zusage erhalten hätte.

c) Tarifverträge

Die **Fortgeltung eines Tarifvertrags** ist nach § 613a Abs. 1 Satz 3 BGB **ausgeschlossen**, wenn die Rechte und Pflichten beim Erwerber durch Rechtsnormen eines anderen Tarifvertrags oder einer Betriebsvereinbarung geregelt werden. Nur eine **beiderseitige Tarifgebundenheit** an einen neuen Tarifvertrag kann die bisherigen Tarifbindungen nach § 613a Abs. 1 Satz 3 BGB ablösen. Das hat das BAG in mehreren Entscheidungen klargestellt.[4] Für eine Ablösung der tariflichen Regelungen müssen nicht nur der Erwerber, sondern zugleich auch die übergehenden Arbeitnehmer hinsichtlich des „neuen" Tarifvertrages in der entsprechenden Gewerkschaft tarifgebunden sein. Andernfalls wird der „alte" Tarifvertrag transformiert und gemäß § 613a Abs. 1 Satz 2 BGB Inhalt des Arbeitsverhältnisses. Der Erwerber kann die Geltung des neuen Tarifvertrages mit den übernommenen Arbeitnehmern aber individualvertraglich gemäß § 613a Abs. 1 Satz 4 BGB vereinbaren.[5] Diese Vereinbarung soll auch schon vor Ablauf der Jahresfrist (§ 613a Abs. 1 Satz 2 BGB) gemäß § 613a Abs. 1 Satz 4 2. Alt. BGB zulässig sein. Dafür spricht der Gesetzeszweck, dem Erwerber die Vereinheitlichung der Arbeitsbedingungen in seinem Unternehmen zu erleichtern. Dieser berechtigte Zweck besteht auch bei Fehlen der Tarifgebundenheit einer Vertragspartei.[6] § 4 Abs. 3 TVG findet in diesem Zusammenhang keine Anwendung. Die Vereinbarung ist demnach **auch dann** wirksam, wenn der neue Tarifvertrag **ungünstiger** ist als der alte.

370

Die Auffassung des BAG ist **problematisch**. Das Gesetz regelt nicht ausdrücklich die Rechtslage bei nur **einseitiger Tarifbindung** des **Erwerbers**, wenn Arbeitnehmer **nach** dem **Übergang** des Betriebs oder Betriebsteils nicht mehr in der zuständigen Gewerkschaft organisiert sind. Der Tarifvertrag des Erwerbers

371

---

1 A.A. *Förster/Rühmann* in MünchHdb. ArbR, § 106 Rz. 54; *Doetsch/Rühmann* in Willemsen/Hohenstatt/Schweibert, J Rz. 109 f.
2 *Lindemann/Simon*, BB 2003, 2510 (2516).
3 BAG v. 24.7.2001 – 3 AZR 660/00, NZA 2002, 520 (523).
4 BAG v. 30.8.2000 – 4 AZR 581/99, NZA 2001, 510; BAG v. 21.2.2001 – 4 AZR 18/00, NZA 2001, 1318 = DB 2001, 1837 m. Anm. *Haußmann*; vgl. auch *Preis* in ErfKomm., § 613a BGB Rz. 119.
5 *Wank* in MünchHdb. ArbR, § 120 Rz. 171.
6 *Richardi/Annuß* in Staudinger, § 613a BGB Rz. 193; *Müller-Glöge* in MünchKomm. BGB, § 613a BGB Rz. 137.

gilt für diese Arbeitsverhältnisse nicht (§ 4 Abs. 1 Satz 1 TVG). Laut BAG ist in diesem Fall eine Fortgeltung nach § 613a Abs. 1 Satz 3 BGB nicht möglich. Zwar sind durch die Gründung der Vereinigten Dienstleistungsgewerkschaft (ver.di) vermehrt Fälle denkbar, in denen diese Gewerkschaft nun für Tarifabschlüsse beim Veräußerer und beim Erwerber zuständig ist. Damit erhöhten sich wiederum die Möglichkeiten kollektiver Ablösung beim Betriebsübergang.[1] Die Auffassung des BAG nimmt aber dem Erwerber tarifliche Gestaltungsmöglichkeiten beim Betriebsübergang. Ihm bleibt allein der **individualvertragliche Weg** einer Vereinbarung der neuen Tarifregeln, da die alten Regelungen transformiert werden. Der Arbeitnehmer ist aber nicht verpflichtet, einer Vertragsänderung nach § 613a Abs. 1 Satz 4 BGB **zuzustimmen**. Der Erwerber muss notfalls versuchen, die Bezugnahme durch eine Änderungskündigung herbeizuführen. Sie ist bekanntlich nur dann sozial gerechtfertigt, wenn sie unter Abwägung der Interessen des Arbeitnehmers und des Betriebsnachfolgers angemessen und billigenswert ist. Allein der Umstand, dass ein übernommener Arbeitnehmer aufgrund von § 613a Abs. 1 Satz 2 BGB eine bessere Stellung im Verhältnis zu tarifgebundenen Arbeitnehmern des Erwerbers einnimmt, stellt aber noch kein dringendes betriebliches Erfordernis im Sinne von § 1 Abs. 2 KSchG für eine Änderungskündigung dar.[2] Der Arbeitnehmer hat es damit in der Hand, eine Vereinheitlichung der Arbeitsbedingungen zu verhindern. Die dadurch entstehende **faktische Tarifpluralität** lässt sich nicht durch die Grundsätze des BAG zur Tarifeinheit lösen, da §§ 613a Abs. 1 Satz 2–4 BGB abschließende Sonderregelungen sind.[3]

372 Vorzuziehen ist daher die **Mindermeinung**, die **§ 613a Abs. 1 Satz 3 BGB** bei **einseitiger** Tarifbindung des Erwerbers **analog** anwendet.[4] Der Wortlaut der Regelung stellt nur auf die Geltung der Rechte und Pflichten beim Erwerber ab und hat den Zweck, die Anpassung und Vereinheitlichung der Arbeitsbedingungen zu erleichtern. Das rechtfertigt die Erstreckung des Regelungsinhaltes von Satz 3 auch auf den Fall der einseitigen Tarifbindung. Nach dieser Auffassung tritt keine Transformation nach § 613a Abs. 1 Satz 2 BGB ein. Damit ist jedoch noch nicht die Geltung der neuen Tarifverträge erreicht. Deshalb muss man dem neuen Arbeitgeber über § 613a Abs. 1 Satz 3 BGB das Recht geben, im Wege der **Änderungskündigung** die Anpassung der Arbeitsbedingungen zu erreichen.[5] Diese Auffassung kommt nicht zu dem Ergebnis, der Erwerber könne mit dem einseitigen Verbandsbeitritt **automatisch** die Wirkung der neuen Tarifverträge herbeiführen. Sie unterscheidet sich von der Auffassung des BAG nur insoweit, als danach die einseitige Tarifbindung des Erwerbers die Transformation der bisherigen Tarifbedingungen nach § 613a Abs. 1 Satz 2 BGB ausschließt.

---

1 Vgl. *Bauer/Haußmann*, DB 2003, 610 (611 f.).
2 BAG v. 28.4.1982 – 7 AZR 1139/79, DB 1982, 1176; *Edenfeld* in Erman, § 613a BGB Rz. 93.
3 *Preis* in ErfKomm., § 613a BGB Rz. 120.
4 *Röder*, DB 1981, 1982; *Bauer*, Unternehmensveräußerung, S. 11; *Bauer* in FS Schaub, S. 275 ff.; vgl. auch *Hromadka*, DB 1996, 1872 (1876).
5 *Röder*, DB 1981, 1982; *Bauer*, Unternehmensveräußerung, S. 11.

Finden tarifvertragliche Normen beim tariflich ungebundenen Erwerber nur 373
kraft arbeitsvertraglicher **Bezugnahmeklausel**[1] Anwendung, gilt § 613a Abs. 1
Satz 3 nicht unmittelbar. Einschlägig ist stattdessen § 613a Abs. 1 Satz 1 BGB.
Eine Bezugnahme ist in verschiedenen Fallgestaltungen (in fachlicher und
zeitlicher Hinsicht) denkbar:

1. **Konkret-Statisch** (z.B.: „Es findet der Tarifvertrag der XY-Branche in der Fassung vom XYZ Anwendung.")
2. **Konkret-Dynamisch** (z.B.: „Es findet der Tarifvertrag der XY-Branche in seiner jeweils gültigen Fassung Anwendung.")
3. **Abstrakt-Statisch** (z.B.: „Es findet der jeweils für den Arbeitgeber einschlägige Tarifvertrag in seiner am XYZ geltenden Fassung Anwendung.")
4. **Abstrakt-Dynamisch** (z.B.: „Es findet der jeweils für den Arbeitgeber einschlägige Tarifvertrag in seiner jeweils geltenden Fassung Anwendung.")

Im Rahmen eines **Betriebsübergangs** ergibt sich bei Bezugnahmeklauseln folgendes **Problem**: Für die organisierten Arbeitnehmer gilt nach dem Betriebsübergang gemäß § 613a Abs. 1 Satz 3 BGB der „neue" Tarifvertrag, dem der Erwerber unterliegt. Für die nicht organisierten Arbeitnehmer kommt dies nach Ansicht des BAG nicht in Betracht. Die Norm setzt beiderseitige Tarifgebundenheit voraus.[2] Da die individualvertraglich geltende Bezugnahmeklausel somit nach § 613a Abs. 1 Satz 1 BGB auf den Erwerber übergeht, kann es bei einer **konkreten** Bezugnahmeklausel dazu kommen, dass die Arbeitnehmer unterschiedlich behandelt werden. Während die nicht tarifgebundenen Arbeitnehmer weiter nach § 613a Abs. 1 Satz 1 BGB den Regelungen des konkret in Bezug genommenen Tarifvertrages unterliegen, findet u.U. für die organisierten Arbeitnehmer nach § 613a Abs. 1 Satz 3 BGB der beim Erwerber geltende, neue und vielleicht ungünstigere Tarifvertrag Anwendung. Eine solche mögliche **Ungleichbehandlung** ist nicht im Interesse der Arbeitsparteien. Die **Bezugnahmeklausel** soll ursprünglich gerade die **Gleichstellung** beider Arbeitnehmergruppen herbeiführen. Es stellt sich daher die Frage, ob die konkrete Bezugnahmeklausel entgegen ihrem Wortlaut **korrigierend** als **abstrakte** Bezugnahme auf den **jeweils** für den Arbeitgeber geltenden Tarifvertrag **auszulegen** ist. Eine entgegenstehende Ansicht „vermeidet" eine Auslegung und die damit einhergehenden Probleme, indem sie die Bezugnahmeklausel, wie jede andere individualvertragliche Abrede auch, gemäß § 613a Abs. 1 Satz 1 BGB auf den Erwerber übergehen lässt. Dort gilt sie ihrem Wortlaut entsprechend weiter.[3] Im Hinblick auf das Gleichstellungsinteresse hat das BAG in seiner **früheren Rechtsprechung**[4] eine konkret-dynamische als abstrakt-dynamische Bezugnahme ausgelegt. Hätten die Parteien den Tarifwechsel vorhergesehen,

---

1 Vgl. dazu *Seitz/Werner*, NZA 2000, 1257. Vgl. dazu auch *Willemsen/Müller-Bonanni* in HWK, § 613a Rz. 275 ff.
2 BAG v. 30.8.2000 – 4 AZR 581/99, NZA 2001, 510; BAG v. 21.2.2001 – 4 AZR 18/00, DB 2001, 1837 m. Anm. *Haußmann*.
3 *B. Gaul*, BB 2000, 1086; *Henssler* in FS Schaub, S. 311, 322; *Hanau/Vossen* in FS *Hilger* und *Stumpf*, S. 194; *Annuß*, RdA 2000, 179 (181); *Seitz/Werner*, NZA 2000, 1257 (1264).
4 BAG v. 4.9.1996 – 4 AZR 135/95, NZA 1997, 271.

hätten sie zum Zwecke der Gleichstellung eine abstrakt-dynamische Bezugnahme vereinbart. Den Grundsatz der Gleichstellung, der im Interesse von Arbeitgeber und Arbeitnehmer liege, vertritt das **BAG** ausdrücklich auch in seiner **neuen Rechtsprechung**. Eine entsprechend korrigierende Auslegung nimmt es nun aber **nur dann** an, wenn es sich[1]:

1. um eine **Gleichstellungsabrede** handelt **und**
2. **besondere Umstände bei Abschluss** des Arbeitsvertrages schon dafür sprachen, dass ein **Tarifwechsel** von den Parteien **gewollt** war.

Die **Gleichstellungsabrede** setzt voraus, dass der **Arbeitgeber** zumindest dem **Geltungsbereich** der in Bezug genommenen Tarifverträge unterfällt.[2] Dann ist es auch unschädlich, wenn der Arbeitnehmer außerhalb des räumlichen Geltungsbereichs dieser Tarifverträge beschäftigt wird.[3]

374 Das BAG begründet seine einschränkende Rechtsprechung folgendermaßen: **Typischerweise** handelt es sich bei einer **abstrakt-dynamischen Bezugnahmeklausel** auf die einschlägigen Tarifverträge in einem vom tarifgebundenen Arbeitgeber vorformulierten Vertrag um eine **Gleichstellungsabrede**.[4] Das genügt aber nicht für eine korrigierende Auslegung. Die Parteien des Arbeitsvertrags hätten eine abstrakte Bezugnahme auf den im jeweiligen Beschäftigungsbetrieb fachlich/betrieblich einschlägigen Tarifvertrag gerade ausdrücklich vereinbaren können. Unterbleibt das, müssen schon besondere Umstände darauf hindeuten, dass eine solche Auslegung gewollt ist.[5] Gleichstellung wirkt danach nur im Gestaltungsbereich des in Bezug genommenen Tarifvertrages. Sie ersetzt allein die ungeklärt gebliebene Tarifgebundenheit.[6] Soll das Arbeitsverhältnis den Tarifverträgen darüber hinaus in jeweils gültiger Fassung unterliegen, die für den Betrieb oder Betriebsteil jeweils unmittelbar und zwingend gelten, so kann dies nur mit einer Bezugnahmeklausel in Form einer sog. „**Tarifwechselklausel**" erreicht werden.[7] Diese Auslegungskriterien hat das BAG nochmals bestätigt.[8] Ein neueres Urteil erkennt als eine sog. „Tarifwechselklausel" z.B. die Formulierung an, die pauschal auf „die Bedingungen des jeweils gültigen Tarifvertrages" oder „auf den jeweils geltenden Tarifvertrag"

---

1 BAG v. 30.8.2000 – 4 AZR 581/99, NZA 2001, 510; vgl. auch BAG v. 25.10.2000 – 4 AZR 506/99, BAGE 96, 177 = NZA 2002, 100 = DB 2001, 1891 m. Anm. *Haußmann*; BAG v. 21.2.2001 – 4 AZR 18/00, DB 2001, 1837.
2 BAG v. 25.9.2002- 4 AZR 294/01, DB 2003, 1280; BAG v. 25.10.2000 – 4 AZR 506/99, NZA 2002, 100 (103).
3 BAG v. 21.8.2002 – 4 AZR 263/01, ZIP 2003, 639.
4 BAG v. 26.9.2001 – 544/00, NZA 2002, 634 = ZIP 2002, 999; BAG v. 21.8.2002 – 4 AZR 263/01, ZIP 2003, 639; BAG v. 16.10.2002 – 4 AZR 467/01, NZA 2003, 390.
5 BAG v. 30.8.2000 – 4 AZR 581/99, BAGE 95, 296 (299 f.) = NZA 2001, 510; vgl. auch BAG v. 25.10.2000 – 4 AZR 506/99, BAGE 96, 177 = NZA 2002, 100 = DB 2001, 1891 m. Anm. *Haußmann*; BAG v. 21.2.2001 – 4 AZR 18/00, DB 2001, 1837; BAG v. 26.9.2001 – 4 AZR 544/00, DB 2002, 1005 (1007) = EWiR 2002, 967 (*Schaub*); vgl. dagegen *Bauer/Haußmann*, DB 1999, 1114 (1116); *Däubler/Lorenz*, § 3 TVG Rz. 233, 246; *Thüsing/Lambrich*, RdA 2002, 193; *Bayreuther*, DB 2002, 1008.
6 BAG v. 21.2.2001 – 4 AZR 18/00, DB 2001, 1837.
7 BAG v. 30.8.2000 – 4 AZR 581/99, BAGE 95, 296 (300 f.) = NZA 2001, 510.
8 BAG v. 21.8.2002 – 4 AZR 263/01, ZIP 2003, 639.

verweist.¹ Die Tarifwechselklausel erfasst also auch einen möglichen Verbandseintritt des Erwerbers und den damit einhergehenden Übergang vom Firmen- zum Verbandstarifvertrag.²

Ergibt die Auslegung, dass es sich allein um eine **Gleichstellungsabrede** handelt, werden bei einem Betriebsübergang die Tarifnormen Inhalt des Arbeitsvertrages nach § 613a Abs. 1 Satz 2 BGB; dies aber nur mit dem Tarifstand zur Zeit des Betriebsübergangs.³ Handelt es sich dagegen bei der Klausel um eine „**Tarifwechselklausel**", führt sie einen kollektiv wirkenden Tarifwechsel herbei. Ist in diesem Fall der **Erwerber** allerdings **nicht tarifgebunden**, gilt der Regelungsgehalt der Tarifnorm weiter, der zum Zeitpunkt des Wegfalls der Tarifgebundenheit bestand.⁴ Für eine korrigierende Auslegung ist dort kein Platz, wo der Arbeitsvertrag auf **branchenfremde** Tarifverträge Bezug nimmt.⁵ Mit dieser einschränkenden Rechtsprechung stellt der 4. Senat des BAG hohe Anforderungen an die Präzision der Vertragsparteien bei der Formulierung des **Arbeitsvertrags**. Es gilt nicht mehr das von der früheren Rechtsprechung vertretene Regel-Ausnahme-Verhältnis zugunsten abstrakt-dynamischer Bezugnahmeklauseln. Um den neuen Kriterien des BAG zu entsprechen, ist der Praxis zu empfehlen, ausdrücklich die **Motivation der Bezugnahme** (über das bereits typischerweise anzunehmende Gleichstellungsinteresse hinaus) im Arbeitsvertrag festzuhalten. Damit ist sichergestellt, dass ein etwaiger Tarifwechsel vom Willen der Parteien gedeckt ist. Auslegungsschwierigkeiten lassen sich so vermeiden.⁶ Diese Vorgehensweise ist auch deshalb angezeigt, da das **BAG andeutet**, dass es Bezugnahmeklauseln **konstitutive Wirkung** beimisst.⁷ Das könnte dazu führen, dass die Klausel ihrem Wortlaut entsprechend die Geltung des arbeitsvertraglich in Bezug genommenen Tarifvertrags anordnet, während nach einem Betriebsübergang und Branchenwechsel beim Erwerber nun unmittelbar und zwingend ein anderer Tarifvertrag gilt. Das würde zu erheblicher Rechtsunsicherheit führen. Diese **Tarifkonkurrenz** ließe sich noch nach dem Günstigkeitsprinzip gern. § 4 Abs. 3 TVG zu Gunsten des Erwerbers auflösen.⁸ Schwerer wiegt, dass sich das BAG mit der Annahme konstitutiver Wirkung in einen **Wertungswiderspruch** bringen würde. Seine Annahme, dass die Bezugnahmeklausel als Gleichstellungsabrede nur das abbilden soll, was tarifrechtlich gilt, bedingt eine Tarifeinheit und gerade keine Tarifkonkurrenz.⁹ Aus diesen Gründen sind u.E. Bezugnahmeklauseln nicht konstitutiv zu verstehen.

375

---

1 BAG v. 16.10.2002 – 4 AZR 467/01, NZA 2003, 390 (392).
2 BAG v. 16.10.2002 – 4 AZR 476/01, NZA 2003, 390 (392).
3 BAG v. 29.8.2001 – 4 AZR 332/00, NZA 2002, 513.
4 BAG v. 20.6.2001 – 4 AZR 295/00, NZA 2002, 517.
5 BAG v. 25.9.2002 – 4 AZR 294/01, NZA 2003, 807.
6 *Bauer/Haußmann*, DB 2003, 610 (613).
7 BAG v. 21.8.2002 – 4 AZR 263/01, ZIP 2003, 639 (640); noch offen BAG v. 26.9.2001 – 4 AZR 544/00, DB 2002,1005; *Annuß*, ArbuR 2002, 361 (364); *B. Gaul*, BB 2000, 1086; *Thüsing/Lambrich*, RdA 2002, 193 (208); *Thüsing/Lambrich*, NZA 2002, 1361 (1365); vgl. auch *Bauer/Haußmann*, DB 2003, 610 (612 f.).
8 *Annuß*, ArbuR 2002, 361 (364); *Thüsing/Lambrich*, RdA 2002, 193 ff. kommen über § 313 BGB zu diesem Ergebnis.
9 Vgl. *Thüsing*, NZA 2003, 1184 (1186).

Verweist die **Bezugnahmeklausel abstrakt** auf den jeweils geltenden Tarifvertrag, soll sie nach Auffassung des BAG **obsolet** sein, wenn der **Erwerber nicht tarifgebunden** ist.[1] Da der Erwerber an keinen Tarifvertrag gebunden sei, könne die arbeitsvertraglich bezweckte Gleichstellung mit den tarifgebundenen Arbeitnehmern inhaltlich nicht ausgefüllt werden; sie sei daher materiellrechtlich ohne Bedeutung.[2] Nach entgegenstehender Ansicht[3] gelten die Tarifbestimmungen des Veräußerers nach § 613a Abs. 1 Satz 1 BGB fort.

376 Eine **Änderung der** durch eine Tarifwechselklausel geschaffenen **Tarifsituation beim Erwerber** ist vor Ablauf der Jahresfrist auch dann **zulässig**, „wenn **bei fehlender beiderseitiger Tarifgebundenheit** im Geltungsbereich eines anderen Tarifvertrags dessen Anwendung zwischen dem neuen Inhaber und dem Arbeitnehmer vereinbart wird" (§ 613a Abs. 1 Satz 4 2. Alt. BGB). Wegen des eindeutigen Wortlauts der Vorschrift („vereinbart") ist eine Änderungskündigung hier nicht möglich.[4] Von dieser Regelung werden nur die beim Veräußerer tarifgebundenen Arbeitnehmer erfasst, für die § 613a Abs. 1 Satz 2 BGB gilt. Die Bezugnahmeklausel ist eine **ablösende Vereinbarung** nach § 613a Abs. 1 Satz 4 2. Alt. BGB. Sie **verhindert** die **Transformation** der kollektiven Regelungen des Veräußerers. Regelungszweck dieser Vorschrift ist es, die vorzeitige Ablösung transformierter Tarifnormen dort zu gestatten, wo an ihre Stelle die mit der tariflichen Richtigkeitsgewähr ausgestatteten Bedingungen eines anderen Tarifvertragswerks treten. Auf den Zeitpunkt der Vereinbarung der Ablösung, eventuell auch vor dem Betriebsübergang, kommt es deshalb nicht an. Im Rahmen des § 613a Abs. 1 Satz 3 BGB ist die Ablösung durch die Tarifbindung der Parteien legitimiert. Bei § 613a Abs. 1 Satz 4 2. Alt. BGB gibt der Arbeitnehmer mit der **Vereinbarung** einer abstrakt-dynamischen **Bezugnahmeklausel** sein Einverständnis, dass es zu einem Tarifwechsel (durch Betriebsübergang) kommen kann. Damit **legitimiert** er den **Tarifwechsel** schon vor dem Zeitpunkt des Übergangs.[5] Dieses **Ergebnis** wird durch die **neue Rechtsprechung** des BAG[6] **gestützt**. Sie legt den Parteien die ausdrückliche Manifestation ihres Willens zum Tarifwechsel nahe. Liegt nach diesen hohen Anforderungen eine Tarifwechselklausel vor, muss man davon ausgehen, dass der Arbeitnehmer damit auch in eine Ablösung nach § 613a Abs. 1 Satz 4 2. Alt. BGB einwilligte. Der Arbeitgeber genügt gegenüber dem Arbeitnehmer seiner **Nachweispflicht**, wenn er die Anwendbarkeit eines normativ geltenden Tarifvertrages nach § 2 Abs. 1 Satz 2 Nr. 10 NachwG durch einen in allgemeiner Form gehaltenen Hinweis anmerkt. Hinsichtlich des Nachweises der in dem Tarifvertrag enthaltenen wesentlichen Vertragsbedingungen, die nicht in § 2 Abs. 1 Satz 2

---

1 Vgl. BAG v. 4.8.1999 – 5 AZR 642/98, NZA 2000, 154 (155); BAG v. 4.9.1996 – 4 AZR 135/95, AP 5 zu § 1 TVG Bezugnahme auf Tarifvertrag.
2 BAG v. 4.8.1999 – 5 AZR 642/98, NZA 2000, 154 (155); BAG v. 4.9.1996 – 4 AZR 135/95, AP 5 zu § 1 TVG Bezugnahme auf Tarifvertrag.
3 *Preis* in ErfKomm., § 613a BGB Rz. 123; *B. Gaul*, BB 2000, 1086.
4 *Röder*, DB 1981, 1982; *Bauer*, Unternehmensveräußerung, S. 111; a.A. *Seiter*, S. 96.
5 *Bauer/Haußmann*, DB 2003, 610 (613 f.).
6 Vgl. nur BAG v. 16.10.2002 – 4 AZR 467/01, NZA 2003, 390.

NachwG genannt werden, genügt nach zutreffender Ansicht des BAG ein ebenso allgemeiner Hinweis auf den Tarifvertrag.[1]

5. Ausgründungsmodelle

Eine Reihe von Unternehmen versucht, der Tarifbindung dadurch zu entgehen, dass sie wesentliche Teile des Unternehmens auf neu gegründete **Tochtergesellschaften** übertragen, die ihrerseits **keinem Arbeitgeberverband** angehören.[2] Bei solchen Gestaltungen gehen die Arbeitsverhältnisse der bei der Muttergesellschaft beschäftigten Arbeitnehmer automatisch nach § 613a BGB auf die Tochtergesellschaften über. § 613a Abs. 1 Satz 2 BGB ordnet an, dass die im Zeitpunkt des Betriebsübergangs bei der Muttergesellschaft geltenden Tarifverträge für die übergehenden Arbeitsverhältnisse nicht fortwirken. Vielmehr werden die bislang normativ geltenden Tarifbestimmungen im Wege der Transformation zu schuldrechtlichen Bestandteilen der Arbeitsverträge. Zwar gilt eine einjährige Veränderungssperre, jedoch führt diese nicht zur normativen Wirkung der tariflichen Regelungen in den Arbeitsverhältnissen. Der Gesetzgeber hat sich mit § 613a Abs. 1 Satz 2 BGB ausdrücklich für eine individual- statt einer an § 3 Abs. 3 TVG orientierten kollektivrechtlichen Lösung entschieden. Dass die Fortgeltung der Tarifgebundenheit nach § 3 Abs. 3 TVG entfällt, weil § 613a Abs. 1 Satz 2 BGB insoweit lex specialis ist, ist in der Literatur weitgehend anerkannt.[3] Das BAG hat die Frage bislang offen gelassen.[4] Werden nunmehr vor Ablauf eines Jahres nach dem Betriebsübergang mit den betroffenen Arbeitnehmern untertarifliche Vereinbarungen getroffen, wird zwar gegen § 613a Abs. 1 Satz 2 BGB verstoßen, nicht jedoch gegen die normative Ordnung des Tarifvertrags. Den Verstoß kann jeder Arbeitnehmer im Individualprozess geltend machen. Grundrechte der tarifschließenden Gewerkschaft sind aber nicht berührt, da dem Tarifvertrag nach einem Betriebsübergang schon kraft Gesetzes kein normativer Geltungsanspruch mehr zukommt, der durch tarifwidrige betriebseinheitliche Regelungen vereitelt werden könnte; ein Unterlassungsanspruch der Gewerkschaft[5] besteht daher in diesem Fall nicht.

377

XIII. Prozessuale Fragen

1. Kündigungsrechtsstreit

Kommt es im zeitlichen Zusammenhang mit einem Betriebs(teil)übergang zu Kündigungen, stehen die betroffenen Arbeitnehmer vor der Frage, wie sie **prozessual** dagegen vorgehen sollen, vor allem, gegen **wen** Klage zu erheben ist.

378

---

1 BAG v. 17.4.2002 – 5 AZR 89/01, NZA 2002, 1096; BAG v. 23.1.2002 – 4 AZR 56/01, NZA 2002, 800; *Bepler*, ZTR 2001, 243 ff.; a.A. *Däubler/Lorenz*, § 3 TVG Rz. 234 ff.; *Preis*, S. 174 f.
2 Vgl. dazu *Bauer*, NZA 1999, 957 (961); *Bauer/Diller*, DB 1993, 1085; *Henssler*, NZA 1994, 294 (300).
3 *Löwisch/Rieble*, § 3 TVG Rz. 91; *Hagemeier/Kempen/Zachert/Zilius*, § 3 TVG Rz. 41a; *Bauer/Diller*, DB 1993, 1085.
4 BAG v. 4.12.1974 – 5 AZR 75/74, DB 1975, 695.
5 Vgl. „Burda"-Beschluss des BAG v. 20.4.1999 – 1 ABR 72/98, NZA 1999, 887.

Die Unwirksamkeit einer Kündigung nach § 613a Abs. 4 BGB kann unabhängig von den Beschränkungen des Kündigungsschutzgesetzes durch **allgemeine Feststellungsklage** nach § 256 ZPO[1] geltend gemacht werden. Bei Geltendmachung von Entgeltansprüchen sind aber ggf. tarifliche Ausschlussfristen zu beachten.[2] Zusätzlich kann der Arbeitnehmer unter den Voraussetzungen des Kündigungsschutzgesetzes **Kündigungsschutzklage** nach § 4 KSchG erheben.

379 Gegen **wen** die Klage zu erheben ist, richtet sich danach, **wann die Kündigung zugegangen** ist, d.h. vor oder nach dem Betriebsübergang: Bei Zugang **vor** Betriebsübergang ist die Kündigungsschutzklage gegen den **Veräußerer** zu richten. Dagegen kommt es nicht darauf an, ob die Kündigungsschutzklage vor oder nach dem Betriebsübergang rechtshängig geworden ist.[3] Der Veräußerer, der das Arbeitsverhältnis vor dem Betriebsübergang gekündigt hat, ist für die gerichtliche Klärung der Wirksamkeit der Kündigung auch nach dem Betriebsübergang jedenfalls **passiv legitimiert**.[4] Die Passivlegitimation ergibt sich daraus, dass er im Zeitpunkt des Kündigungsausspruchs materiellrechtlich Arbeitgeber war.[5] Er bleibt in entsprechender Anwendung von § 265 Abs. 2 ZPO prozessführungsbefugt. Die Rechtskraft des Urteils gegen und für den Veräußerer wirkt nach § 325 ZPO auch für und gegen den Erwerber. Allerdings entfaltet ein obsiegendes Urteil im Kündigungsschutzprozess keine den Erwerber bindende Wirkung hinsichtlich der Frage des Betriebsübergangs. Diese Frage kann nur durch Erhebung einer Klage auf Feststellung des Bestands des Arbeitsverhältnisses gegenüber dem Erwerber nach § 256 Abs. 1 ZPO geklärt werden. Die Wirksamkeit der Kündigung ist dann als Vorfrage zu klären, wobei dem Veräußerer gem. § 72 ZPO der Streit verkündet werden kann.[6] Begehrt der Arbeitnehmer Feststellung, dass das Arbeitsverhältnis durch betriebsbedingte Kündigung des Veräußerers nicht aufgelöst wurde und dass es auf den Veräußerer übergegangen ist, muss er die Kündigungsschutzklage gegen den Veräußerer mit der Feststellungsklage gegen den Erwerber als einfache Streitgenossen (§ 59 ZPO) **verbinden** (subjektive Klagehäufung).[7] In einem möglichen Folgeprozess, den der Arbeitnehmer beispielsweise gegen der Erwerber auf Zahlung von Annahmeverzugslohn gem. § 615 BGB anstrengt, kann er so dem Einwand des Erwerbers begegnen, dass gar kein Betriebsübergang stattgefunden habe, da die Feststellung, dass das Arbeitsverhältnis durch die Kün-

---

1 Das erforderliche Feststellungsinteresse wird von der Rechtsprechung auch während der Elternzeit bejaht, vgl. BAG v. 2.12.1999 – 8 AZR 796/98, NZA 2000, 369.
2 Vgl. BAG v. 12.12.2000 – 9 AZR 1/00, n.v.
3 BAG v. 18.3.1999 – 8 AZR 306/98, NZA 1999, 706 ff.; BAG v. 20.3.1997 – 8 AZR 769/95, EzA § 613a BGB Nr. 148; BAG v. 20.4.1989 – 2 AZR 431/88, DB 1989, 2334; BAG v. 26.5.1983 – 2 AZR 477/81, AP 34 zu § 613a BGB; a.A. LAG Hamm v. 2.12.1999 – 4 Sa 1153/99, NZA-RR 2000, 265, danach ist die Klage nach Betriebsübergang immer gegen den Erwerber zu richten.
4 BAG v. 18.3.1999 – 8 AZR 306/98, NZA 1999, 706 ff.; a.A. *Löwisch/Neumann*, DB 1996, 474. Vgl. dazu auch LAG Hamm v. 22.3.2001 – 4 Sa 579/00, n.v.
5 *Hattesen* in Kasseler Hdb., 6.7 Rz. 235.
6 *Ascheid* in Schliemann, ArbR im BGB, Rz. 149 f.
7 Vgl. BAG v. 25.4.1996 – 5 AS 1/96, NZA 1996, 1062; LAG Bremen v. 15.12.1995 – 4 Sa 91/95, LAGE § 613a BGB Nr. 46; vgl. auch *Müller-Glöge*, NZA 1999, 449 (456); *Preis* in ErfKomm., § 613a BGB Rz. 170.

digung nicht aufgelöst wurde, auch gegen den **Erwerber** wirkt. Dieser kann ein Interesse daran haben, die sich in Rechtskraft erstreckende Feststellung der Unwirksamkeit der Kündigung zu verhindern, die der Arbeitnehmer geltend macht. Das ist ihm insoweit möglich, als dass er als **streitgenössischer Nebenintervenient** nach §§ 69, 61 ZPO im **Kündigungsschutzprozess** auftritt. So kann er auf einen in seinem Sinne geführten Prozess achten. § 265 Abs. 2 Satz 3 ZPO greift nicht. Eine Betriebsnachfolge ist grundsätzlich keine Veräußerung der in Streit befangenen Sache im Sinne der §§ 265, 325 ZPO.[1] Ist das Vorliegen eines Betriebsübergangs zweifelhaft, möchte in der Regel der **Veräußerer** festgestellt wissen, dass für den Fall seines Unterliegens im Kündigungsschutzprozess das Arbeitsverhältnis auf den Erwerber übergegangen ist. Eine Steitverkündung im Kündigungsschutzprozess ist ihm aber nicht möglich. Der Streitgegenstand ist kein Streitverkündungsgrund nach § 72 Abs. 1 ZPO. Tritt allerdings wie oben beschrieben der Erwerber als Nebenintervenient auf, steht im Verhältnis Veräußerer zu Erwerber bei einer Unwirksamkeit der Kündigung nach § 613a Abs. 4 BGB fest, dass ein Betriebsübergang stattgefunden hat. Dies bewirkt die **Interventionswirkung** gem. § 68 ZPO. Ihre Bindungswirkung erstreckt sich objektiv auf die tragenden Feststellungen des Ersturteils und subjektiv auf das Verhältnis von Nebenintervenient (Erwerber) zu der von ihm unterstützten Hauptpartei (Veräußerer).

Haben Veräußerer und Erwerber **verschiedene allgemeine Gerichtsstände**, ist das zuständige Gericht nach § 36 Nr. 3 ZPO zu bestimmen,[2] es sei denn, der Rechtsstreit gegen einen der Beteiligten wurde bereits durch bindenden Beschluss an ein anderes Gericht verwiesen.[3] Gibt das Arbeitsgericht beiden Klagen statt und legt nur der Erwerber Berufung ein, wird die Kündigungsschutzklage gegen den Veräußerer nicht Gegenstand des Berufungsverfahrens.[4]

380

Erhebt der Arbeitnehmer erst *nach* Betriebsübergang Kündigungsschutzklage gegen den Veräußerer, tritt **keine Rechtskrafterstreckung nach § 325 ZPO** ein.[5] Nach Auffassung des BAG muss auch die nach Betriebsübergang erhobene Kündigungsschutzklage gegen eine vor Betriebsübergang zugegangene Kündigung gegen den Veräußerer gerichtet werden.[6] Diese Auffassung überzeugt nicht: Richtigerweise muss der Arbeitnehmer in diesem Fall die Kündigungsschutzklage gegen den Erwerber richten.[7] Dafür spricht, dass der Erwerber im Zeitpunkt der Klageerhebung materiellrechtlich Arbeitgeber ist. Nur der Erwerber ist als neuer Vertragspartner des Arbeitnehmers diesem gegenüber „sachbefugt"; nur er kann den Klageanspruch anerkennen, sich über den Fortbestand des Arbeitsverhältnisses vergleichen und dem Arbeitnehmer die Ein-

381

---

1 Vgl. *Ascheid* in Schliemann, ArbR im BGB, Rz. 151.
2 BAG v. 25.4.1996 – 5 AS 1/96, NZA 1996, 1062.
3 Vgl. BAG v. 13.11.1996 – 5 AS 11/96, EzA § 36 ZPO Nr. 24.
4 BAG v. 4.3.1993 – 1 AZR 507/92, AP 101 zu § 613a BGB.
5 BAG v. 18.2.1999 – 8 AZR 485/97, NZA 1999, 648 (650).
6 BAG v. 26.5.1983 – 2 AZR 477/81, AP 34 zu § 613a BGB; BAG v. 27.9.1984 – 2 AZR 309/83, NZA 1985, 493.
7 Ebenso *Ascheid* in ErfKomm., § 4 KSchG Rz. 21; *Pfeiffer* in KR, § 613a BGB Rz. 205; a.A. *Leinemann* in Kasseler Hdb., 6.7 Rz. 238.

wendungen entgegenhalten, die der Veräußerer ohne Betriebsübergang hätte geltend machen können.[1]

382 Für Kündigungen, die **nach Betriebsübergang zugegangen** sind, gilt Folgendes: Hat der Veräußerer gekündigt, ist eine gegen ihn gerichtete Kündigungsschutzklage nur begründet, wenn der Arbeitnehmer dem Betriebsübergang widersprochen hat. Andernfalls ist die Klage unschlüssig, da im Zeitpunkt des Kündigungszugangs kein Arbeitsverhältnis mehr zwischen den Parteien bestanden hat.[2] Unter Umständen kann der Klageantrag allerdings ausgelegt werden.[3] Soweit die Unwirksamkeit der Kündigung allein oder in erster Linie auf § 613a Abs. 4 BGB gestützt wird, fehlt das erforderliche (§ 256 ZPO) Feststellungsinteresse.[4] Hatte der Arbeitnehmer keine Kenntnis vom Betriebsübergang und deshalb die Kündigung gegen den Veräußerer gerichtet, kommt eine nachträgliche Zulassung der Klage in Betracht (§ 5 BetrVG). Hat der Erwerber gekündigt, ist die Kündigungsschutzklage selbstverständlich gegen ihn zu richten.

383 Dem Arbeitnehmer kann nur empfohlen werden, jedenfalls die **Kündigungsschutzklage** innerhalb der Drei-Wochen-Frist (§ 4 KSchG) vorsichtshalber immer **sowohl gegen Veräußerer als auch Erwerber** zu richten. Nur so lässt sich sicherstellen, dass die Frist gegenüber keinem der beiden möglichen Arbeitgeber abgelaufen ist.

384 Einen **Auflösungsantrag** nach § 9 KSchG kann der Arbeitnehmer nach Betriebs(teil)übergang auch in einem Kündigungsschutzprozess gegen den Veräußerer richtigerweise nur noch gegen den **Erwerber** stellen.[5] Zwar richtet sich der Auflösungsantrag gegen den Arbeitgeber, der die Kündigung ausgesprochen hat. Allerdings ist der Auflösungsantrag ein selbstständiger Antrag und eigenständiges prozessuales Institut des Kündigungsrechtsstreites.[6] Daher ist zweifelhaft, ob die Passivlegitimation automatisch dem bereits gestellten Kündigungsschutzantrag folgt. Maßgeblicher Grund für eine gerichtliche Auflösung des Arbeitsverhältnisses ist auch nicht die Sozialwidrigkeit der Kündigung, sondern die Unzumutbarkeit der Fortsetzung des Arbeitsverhältnisses mit einem bestimmten Arbeitgeber. Dabei ergeben sich die Gründe für die Unzumutbarkeit oft erst während des Prozesses. Eine Auflösung des Arbeitsverhältnisses mit dem Veräußerer käme ohnehin nicht in Betracht, da er wegen § 613a Abs. 1 Satz 1 BGB im Zeitpunkt der Auflösungsentscheidung nicht mehr Arbeitgeber ist. Schließlich könnte eine Auflösung des Arbeitsverhältnisses mit dem Erwerber offensichtlich nicht auf eine Unzumutbarkeit seiner Fortsetzung mit dem Veräußerer gestützt werden. Offen gelassen hat das BAG, ob die §§ 265, 325 ZPO auf einen vor Betriebs(teil)übergang gestellten Auflösungsantrag entsprechend anwendbar sind.[7]

---

1 Vgl. ArbG Stuttgart v. 8.4.1987 – 8 (19) Ca 398/86, n.v.
2 LAG Köln v. 18.3.1994 – 13 Sa 924/93, NZA 1994, 815.
3 LAG Hamm v. 28.5.1998 – 8 Sa 2257/97, NZA-RR 1999, 71.
4 Vgl. LAG Hamm v. 2.12.1999 – 4 Sa 1153/99, NZA-RR 2000, 265.
5 BAG v. 20.3.1997 – 8 AZR 769/95, NZA 1997, 937; *Müller-Glöge*, NZA 1999, 449 (456).
6 BAG v. 26.10.1979 – 7 AZR 752/77, AP Nr. 5 zu § 9 KSchG 1969.
7 BAG v. 20.3.1997– 8 AZR 769/95, NZA 1997, 937; dagegen *Löwisch/Neumann*, DB 1996, 474; dafür *Pfeiffer* in KR, § 613a BGB Rz. 206.

Der Anspruch auf **tatsächliche Beschäftigung** kann – wenn die Unwirksamkeit der Kündigung allein auf den Verstoß gegen § 613a Abs. 4 BGB gestützt wird – allein gegen den (vermeintlichen) Erwerber als neuen Arbeitgeber geltend gemacht werden.[1]   385

Eine einheitliche Verteilung der **Darlegungs- und Beweislast** gibt es bei § 613a BGB nicht. Es kommt vielmehr darauf an, ob der Betriebs(teil)übergang zu den anspruchsbegründenden Tatsachen gehört (**Beispiel**: Der klagende Arbeitnehmer beruft sich auf die Unwirksamkeit der Kündigung gem. § 613a Abs. 4 BGB) oder zu den rechtsvernichtenden (**Beispiel**: Der beklagte Arbeitgeber wendet ein, nach § 613a Abs. 1 Satz 1 BGB sei das Arbeitsverhältnis auf den Erwerber übergegangen). Im ersten Fall trägt der Arbeitnehmer die Darlegungslast (und ggf. Beweislast), im zweiten Fall der Arbeitgeber.[2]   386

2. Durchsetzung übergegangener Rechte und Pflichten

Nach dem Übergang eines Betriebs oder Betriebsteils müssen gerichtliche Auseinandersetzungen um nach § 613a BGB übergegangene Rechte und Pflichten grundsätzlich zwischen dem Erwerber und den betroffenen Arbeitnehmern ausgetragen werden. Dabei kommen **Leistungs- und Feststellungsklagen** in Betracht. Handelt es sich um fällige Ansprüche, fehlt Feststellungsklagen regelmäßig das Interesse nach § 256 Abs. 1 ZPO. Bei noch nicht fälligen Ansprüchen, z.B. Versorgungsanwartschaften, werden dagegen Feststellungsklagen zugelassen. Gegen den Erwerber kann eine Klage mit dem Petitum erhoben werden, global festzustellen, dass alle Verpflichtungen des Veräußerers gem. § 613a BGB übergegangen sind.[3] Dagegen ist eine Feststellungsklage gegen den Erwerber zu erheben, wenn dieser den Betriebs(teil)übergang als solchen oder den Übergang des Arbeitsverhältnisses eines bestimmten Arbeitnehmers bestreitet.   387

Sein **Fortsetzungsverlangen** muss der (wirksam) **gekündigte** Arbeitnehmer „unverzüglich" nach Kenntnis von den Umständen, die den Betriebsübergang ausmachen, gegenüber dem Erwerber geltend machen. Andernfalls droht ihm **Verwirkung**.[4] Der vom Veräußerer bloß **freigestellte** Arbeitnehmer kann sich mit seinem Fortsetzungsverlangen dagegen Zeit lassen, nach Auffassung des BAG tritt hier auch nach einem Zeitraum von mehr als vier Monaten keine Verwirkung ein. Eine Kündigung ist in diesem Fall eben nicht ausgesprochen, daher fehlt es nach seiner Auffassung an dem für die Verwirkung erforderlichen Umstandsmoment.[5]   388

---

1 So LAG Hamm v. 24.2.2000 – 4 Sa 1731/99, ZInsO 2000, 467.
2 Vgl. *Müller-Glöge*, NZA 1999, 449 (456 f.).
3 *Schreiber*, RdA 1982, 137; *Bauer*, Unternehmensveräußerungen, S. 113; a.A. *Willemsen*, Anm. zu BAG, AP 14, 15 zu § 613a BGB.
4 BAG, Urt. v. 12.11.1998 – 8 AZR 265/97, BAGE 90, 153.
5 BAG, Urt. v. 18.12.2003 – 8 AZR 621/02, ZIP 2004, 1068.

3. Streitverkündung gegenüber dem Pensions-Sicherungs-Verein

389 In einem Rechtsstreit zwischen einem Arbeitnehmer und dem (vermeintlichen) neuen Arbeitgeber aufgrund eines Betriebs(teil)übergangs nach § 613a BGB über das Bestehen einer Versorgungsanwartschaft kann der Arbeitnehmer dem Pensions-Sicherungs-Verein den Streit nach § 72 Abs. 1 ZPO verkünden.[1] Stellt das Arbeitsgericht rechtskräftig fest, dass der neue Arbeitgeber (Erwerber) für die Versorgungsanwartschaft nicht einzustehen hat, weil der Pensions-Sicherungs-Verein für die beim früheren Arbeitgeber begründete Versorgungsanwartschaft wegen eines bei diesem Arbeitgeber vor dem Betriebs-(teil)übergang eingetretenen Sicherungsfalles haftet (Teil VI Rz. 279 ff.), kann der Pensions-Sicherungs-Verein in einem gegen ihn gerichteten weiteren Verfahren nicht mehr geltend machen, die erste Entscheidung sei falsch. Die Entscheidung im Vorprozess bindet den Pensions-Sicherungs-Verein nach § 68 ZPO in den Elementen, auf denen das Urteil des Vorprozesses beruht.[2]

4. Fortsetzung anhängiger Verfahren

390 Geht nach Rechtshängigkeit einer gegen den Veräußerer gerichteten Klage der Betrieb oder Betriebsteil nach § 613a BGB auf den Erwerber über, kann der Rechtsstreit unverändert fortgesetzt,[3] aber auch auf den Erwerber **erstreckt** werden.[4] Ergeht ein Urteil gegen den Veräußerer, so wirkt es für und gegen den Erwerber (§ 325 Abs. 1 ZPO). Will der obsiegende Arbeitnehmer die Zwangsvollstreckung gegen den Erwerber betreiben, muss er sich über §§ 727, 731 ZPO eine entsprechende vollstreckbare Ausfertigung des Urteils besorgen. In diesem Verfahren ist dann u.U. zu klären, ob der Anspruch überhaupt auf den Erwerber nach § 613a BGB übergegangen ist.[5]

5. Beteiligtenwechsel im Beschlussverfahren

391 Geht im Laufe eines **Beschlussverfahrens** der Betrieb des Veräußerers auf den Erwerber über, so wird er anstelle des Veräußerers Beteiligter des anhängigen Verfahrens. Ein solcher Inhaberwechsel ist auch noch in der Rechtsbeschwerdeinstanz von Amts wegen zu beachten.[6]

6. Rechtskraftwirkung gegenüber Erwerber

392 Ist gegenüber dem **Betriebsrat** eine Verpflichtung des Veräußerers rechtskräftig festgestellt worden, wirkt die Rechtskraft dieser Entscheidung jedenfalls dann

---

[1] BAG v. 13.3.1990 – 3 AZR 245/88, NZA 1990, 690.
[2] BAG v. 13.3.1990 – 3 AZR 245/88, NZA 1990, 690.
[3] BAG v. 15.12.1976 – 5 AZR 600/75, BB 1977, 395 = AP 1 zu § 325 ZPO (*Leipold*) unter Berufung auf analoge Anwendung des § 265 Abs. 2 Satz 1 ZPO. Der neue Inhaber kann sich aber als Nebenintervenient am Rechtsstreit beteiligen (§ 265 Abs. 2 Satz 3 ZPO, vgl. BAG ebenda).
[4] Vgl. *Hattesen* in Kasseler Hdb., 6.7 Rz. 243.
[5] *Seiter*, S. 132.
[6] BAG v. 28.9.1988 – 1 ABR 37/87, NZA 1989, 188.

gegenüber dem Erwerber, wenn die Identität des übernommenen Betriebes erhalten bleibt.[1]

7. Lohnpfändungen

Lohnpfändungen bleiben auch nach dem Betriebs(teil)übergang wirksam. Der Gläubiger muss keine neuen Pfändungs- und Überweisungsbeschlüsse gegen den Erwerber als neuen Drittschuldner erwirken. Der Übergang erfasst die Arbeitsverhältnisse mit allen Belastungen einschließlich der **Rangfolge der Pfändungen**.[2]

393

C. Arbeitsrechtliche „Due Diligence"[3]

I. Einführung

Regelmäßig geht Unternehmenskäufen eine „Due Diligence" voraus. Sie dient der vorbereitenden Prüfung des Kaufobjekts beim Unternehmenskauf.[4] Der amerikanische Begriff bedeutet eigentlich nur „erforderliche Sorgfalt". Er bezeichnet den **Sorgfaltsmaßstab**, der für das Management des Erwerbers und die von ihm eingeschalteten Berater gilt.[5] Die Due Diligence ist in gleicher Weise bei **allen drei Varianten** des Unternehmenskaufs (asset deal, share deal, Umwandlung) durchzuführen.

394

Die due diligence erfasst üblicherweise die rechtlichen, organisatorischen und finanziellen Grundlagen des Zielunternehmens. Sie zerfällt oft in Unterparten, wie „legal due diligence", „commercial due diligence", „financial due diligence", „environmental due diligence" etc. Der Rechtsanwalt ist naturgemäß mit der „legal due diligence" befasst. Ihre wesentliche Funktion[6] besteht zum einen in der **Beschaffung und Dokumentation** von **Informationen** über das Zielunternehmen. Dies ist für die Kaufentscheidung selbst gleichermaßen wie für die Kaufpreisermittlung wesentlich. Zum anderen soll die Due Diligence mögliche **Risiken** des Zielunternehmens aufdecken, um die erforderlichen Gewährleistungen und Garantien im Unternehmenskaufvertrag verhandeln zu können. Etwaige Risiken wirken sich natürlich auch auf den Kaufpreis aus. Erfahrungsgemäß dient die Due Diligence aber auch der Absicherung der Verantwortlichen des Verkäufers. Im Rahmen einer **Börsenemission** liefert die Due Diligence wichtige Informationen für die Erstellung des Börsenprospektes bzw. des Unternehmensberichtes.

395

---

1 BAG v. 5.2.1991 – 1 ABR 32/90, NZA 1991, 639.
2 Hessisches LAG v. 22.7.1999 – 5 Sa 13/99, n.v.
3 Checklisten zur arbeitsrechtlichen Due Diligence in deutscher und englischer Sprache unter Anhang B.V und VI.
4 Vgl. dazu *Loges*, DB 1997, 965 *Holzapfel/Pöllath*, Rz. 404 ff.; *Behrens/Brauner*, S. 279 ff.; *Picot*, Handbuch, Rz. 44 ff.; *Götze*, ZGR 1999, 202; *Hohenstatt* in Willemsen/Hohenstatt/Schweibert, Anhang I; *Lutter*, ZIP 1997, 613; *Schroeder*, DB 1997, 2161.
5 Vgl. *Wegen*, WiB 1994, 291.
6 Vgl. dazu auch *Picot*, Handbuch, Rz. 44 ff.

396 Bei Unternehmenskäufen geht der Due Diligence meist eine erste Annäherungsphase zwischen Verkaufs- und Erwerbsinteressenten voraus, in der es zum Abschluss rahmensetzender Vereinbarungen kommt („letter of intent"). In solchen Vereinbarungen werden meist grundsätzliche Regelungen über den Ablauf der Due Diligence getroffen. Die Praxis orientiert sich üblicherweise an **Checklisten**,[1] die aber immer auf die konkreten Erfordernisse und Besonderheiten des jeweiligen Zielunternehmens zugeschnitten werden müssen und nicht pauschal eingesetzt werden dürfen.

II. Gegenstand der Prüfung

397 Aus den beschriebenen Funktionen erschließt sich der Gegenstand der Prüfung im Arbeitsrecht. Dem Erwerber geht es regelmäßig um Informationen über **alle relevanten arbeitsrechtlichen Verpflichtungen** des Zielunternehmens. Dem dient die Prüfung der **Standardarbeitsverträge** sowie aller geltenden **kollektiven** Vereinbarungen. Dazu zählen betriebliche Übungen, Gesamtzusagen, Betriebsvereinbarungen und Tarifverträge (vgl. dazu Teil VI Rz. 341 ff.). Bei größeren Unternehmen ist der Erwerber häufig auch an der **Altersstruktur** und dem **Gehaltsniveau** interessiert. Aus **datenschutzrechtlichen** Gründen kann der Veräußerer die Weitergabe personenbezogener Daten bei Großunternehmen unter Umständen verweigern. In diesem Fall kann der Erwerber aber die Herausgabe anonymisierter Listen verlangen.[2] Existiert eine **betriebliche Altersversorgung**, müssen Informationen über etwaige Direktzusagen, Direktversicherungen, Unterstützungs- oder Pensionskassen gegeben werden. Im Hinblick auf mögliche Umstrukturierungen in der Zukunft ist das Verhältnis mit Gewerkschaften und Betriebsrat ebenfalls von Interesse. Z.B. kann eine Vielzahl arbeitsgerichtlicher Beschlussverfahren Indiz für ein eher gespanntes Verhältnis mit Betriebsrat oder Gewerkschaften sein.

398 Häufig soll die arbeitsrechtliche Due Diligence dazu dienen, Kosten und Möglichkeiten eines **Personalabbaus** zu ermitteln. Zu diesem Zweck müssen die auf die Arbeitsverhältnisse anwendbaren **Kündigungsklauseln** geprüft werden. Aus Tarifverträgen oder Betriebsvereinbarungen kann sich die Unkündbarkeit einzelner Arbeitnehmer oder Arbeitnehmergruppen ergeben (Standortsicherung, Alterssicherung). Die bislang abgeschlossenen Sozialpläne geben Aufschluss über das Volumen möglicher künftiger Sozialplankosten. Erfahrungsgemäß wird dabei auch nach den Möglichkeiten der **Auswechslung leitender Angestellter** bis hin zu Organmitgliedern gefragt. Dazu müssen die entsprechenden Kündigungsklauseln, einschließlich etwaiger nachvertraglicher Wettbewerbsverbote, geprüft werden. Nicht selten enthalten die Verträge von Führungskräften besondere Kündigungs- und Abfindungsklauseln für den Fall der (feindlichen) Übernahme des Unternehmens („golden parachute").[3]

---

1 Vgl. *Wegen*, WiB 1994, 532; *Holzapfel/Pöllath*, Rz. 399 ff.; *Hohenstatt* in Willemsen/Hohenstatt/Schweibert, Anhang I Rz. 10.
2 Vgl. im Einzelnen zu den datenschutzrechtlichen Problemen *Diller/Deutsch*, K&R 1998, 16 ff.
3 Vgl. *Michalski*, AG 1997, 152 (161).

Speziell **arbeitsrechtliche Risiken** sind in vielfacher Weise denkbar. Hier kommt es auf die Besonderheiten des jeweiligen Unternehmens an. Die Beschäftigung freier Mitarbeiter, die arbeits- oder sozialversicherungsrechtlich als Arbeitnehmer einzustufen sind, kann ebenso zu erheblichen finanziellen Belastungen führen[1] wie die Unwirksamkeit befristeter Arbeitsverträge, Verstöße des Arbeitgebers gegen den Gleichbehandlungsgrundsatz bei kollektiven Regelungen, die Unwirksamkeit von Arbeitnehmerüberlassungen oder schließlich laufende Kündigungsschutzprozesse. Die Ermittlung etwaiger Risiken muss sich an den Besonderheiten des jeweils zu prüfenden Unternehmens orientieren. Vielfach – wie etwa bei freien Mitarbeitern – lassen sich mögliche Risiken nicht nur aus vorgelegten Unterlagen ermitteln. **Gespräche** mit den Mitarbeitern der Personalabteilung über die tatsächliche Handhabung solcher Verträge oder etwa darüber, mit wie vielen Arbeitnehmern ein vorgelegter Standardarbeitsvertrag überhaupt geschlossen wurde, sind daher unerlässlich. 399

Erfahrungsgemäß muss bei der Ermittlung von Risiken die **betriebliche Altersversorgung** im Zentrum der Prüfung stehen. Risiken aus diesem Bereich müssen sehr ernst genommen werden, da sie schnell ein **finanzielles Volumen** erreichen können, das zum „deal breaker" werden kann.[2] Vor allem bei Großunternehmen können etwa aus der Verletzung des Gleichbehandlungsgrundsatzes bei Gesamtzusagen oder betrieblichen Übungen Versorgungsansprüche bislang nicht berücksichtigter Arbeitnehmer in erheblichem Ausmaß entstehen (z.B. zu Unrecht nicht begünstigte Teilzeitkräfte).[3] Besonderes Augenmerk ist auch auf etwaige Ablösungsvereinbarungen zu richten, mit denen betriebliche Versorgungswerke des Veräußerers in der Vergangenheit abgelöst wurden. Wirksame Eingriffe in Versorgungsrechte der Arbeitnehmer sind nur sehr eingeschränkt möglich.[4] Schließlich können bilanziell nicht berücksichtigte Nachzahlungsansprüche gegenüber Betriebsrentnern aus unzulässigerweise unterlassenen Anpassungsentscheidungen nach § 16 BetrAVG resultieren. Eine u.U. erforderliche „nachholende" Anpassung kann ebenfalls erhebliche Nachzahlungsansprüche auslösen.[5] 400

Textanhang

1. § 613a BGB (Rechte und Pflichten bei Betriebsübergang)

(1) Geht ein Betrieb oder Betriebsteil durch Rechtsgeschäft auf einen anderen Inhaber über, so tritt dieser in die Rechte und Pflichten aus den im Zeitpunkt des Übergangs bestehenden Arbeitsverhältnisses ein. Sind diese Rechte und Pflichten durch Rechtsnormen eines Tarifvertrags oder durch eine Betriebsver- 401

---

1 Vgl. dazu zuletzt *Bauer/Diller/Schuster*, NZA 1999, 1297 ff.; *Bauer/Baeck/Schuster*, S. 1 ff.
2 Vgl. dazu *Höfer/Küpper*, DB 1997, 1317 (1318 ff.).
3 Vgl. dazu BAG v. 12.3.1996 – 3 AZR 993/94, DB 1996, 2085.
4 Vgl. dazu Teil VI Rz. 213 ff., 366 ff.
5 Vgl. *Höfer/Küpper*, DB 1997, 1317 (1318 ff.).

einbarung geregelt, so werden sie Inhalt des Arbeitsverhältnisses zwischen dem neuen Inhaber und dem Arbeitnehmer und dürfen nicht vor Ablauf eines Jahres nach dem Zeitpunkt des Übergangs zum Nachteil des Arbeitnehmers geändert werden. Satz 2 gilt nicht, wenn die Rechte und Pflichten bei dem neuen Inhaber durch Rechtsnormen eines anderen Tarifvertrags oder durch eine andere Betriebsvereinbarung geregelt werden. Vor Ablauf dieser Frist nach Satz 2 können die Rechte und Pflichten geändert werden, wenn der Tarifvertrag oder die Betriebsvereinbarung nicht mehr gilt oder bei fehlender beiderseitiger Tarifgebundenheit im Geltungsbereich eines anderen Tarifvertrags dessen Anwendung zwischen dem neuen Inhaber und dem Arbeitnehmer vereinbart wird.

(2) Der bisherige Arbeitgeber haftet neben dem neuen Inhaber für Verpflichtungen nach Absatz 1, soweit sie vor dem Zeitpunkt des Übergangs entstanden sind und vor Ablauf von einem Jahr nach diesem Zeitpunkt fällig werden, als Gesamtschuldner. Werden solche Verpflichtungen nach dem Zeitpunkt des Übergangs fällig, so haftet der bisherige Arbeitgeber für sie jedoch nur in dem Umfang, der dem im Zeitpunkt des Übergangs abgelaufenen Teil ihres Bemessungszeitraums entspricht.

(3) Absatz 2 gilt nicht, wenn eine juristische Person oder eine Personenhandelsgesellschaft durch Umwandlung erlischt.

(4) Die Kündigung des Arbeitsverhältnisses eines Arbeitnehmers durch den bisherigen Arbeitgeber oder durch den neuen Inhaber wegen des Übergangs eines Betriebs oder eines Betriebsteils ist unwirksam. Das Recht auf Kündigung des Arbeitsverhältnisses aus anderen Gründen bleibt unberührt.

(5) Der bisherige Arbeitgeber oder der neue Inhaber hat die von einem Übergang betroffenen Arbeitnehmer vor dem Übergang in Textform zu unterrichten über:
1. den Zeitpunkt oder den geplanten Zeitpunkt des Übergangs,
2. den Grund für den Übergang,
3. die rechtlichen, wirtschaftlichen und sozialen Folgen des Übergangs für die Arbeitnehmer und
4. die hinsichtlich der Arbeitnehmer in Aussicht genommenen Maßnahmen.

(6) Der Arbeitnehmer kann dem Übergang des Arbeitsverhältnisses innerhalb eines Monats nach Zugang der Unterrichtung nach Absatz 5 schriftlich widersprechen. Der Widerspruch kann gegenüber dem bisherigen Arbeitgeber oder dem neuen Inhaber erklärt werden.

2. Richtlinie 98/50/EG des Rates vom 29. Juni 1998 zur Änderung der Richtlinie 77/187/EWG zur Angleichung der Rechtsvorschriften der Mitgliedstaaten über die Wahrung von Ansprüchen der Arbeitnehmer beim Übergang von Unternehmen, Betrieben oder Betriebsteilen[1]

DER RAT DER EUROPÄISCHEN UNION –
gestützt auf den Vertrag zur Gründung der Europäischen Gemeinschaft, insbesondere auf Artikel 100,
auf Vorschlag der Kommission (1),
nach Stellungnahme des Europäischen Parlaments (2),
nach Stellungnahme des Wirtschafts- und Sozialausschusses (3),
nach Stellungnahme des Ausschusses der Regionen (4),
in Erwägung nachstehender Gründe:

(1) In der am 9. Dezember 1989 verabschiedeten Gemeinschaftscharta der sozialen Grundrechte der Arbeitnehmer (Sozialcharta) wird unter Nummer 7, Nummer 17 und Nummer 18 insbesondere Folgendes festgestellt: „Die Verwirklichung des Binnenmarktes muss zu einer Verbesserung der Lebens- und Arbeitsbedingungen der Arbeitnehmer in der Europäischen Gemeinschaft führen. Diese Verbesserung muss, soweit nötig, dazu führen, dass bestimmte Bereiche des Arbeitsrechts, wie die Verfahren bei Massenentlassungen oder bei Konkursen, ausgestattet werden. Unterrichtung, Anhörung und Mitwirkung der Arbeitnehmer müssen in geeigneter Weise, unter Berücksichtigung der in den verschiedenen Mitgliedstaaten herrschenden Gepflogenheiten, weiterentwickelt werden. Unterrichtung, Anhörung und Mitwirkung sind rechtzeitig vorzusehen, vor allem bei der Umstrukturierung oder Verschmelzung von Unternehmen, wenn dadurch die Beschäftigung der Arbeitnehmer berührt wird."

(2) In der Richtlinie 77/187/EWG (5) wird auf eine Harmonisierung der einschlägigen nationalen Rechtsvorschriften hinsichtlich der Wahrung der Ansprüche und Rechte der Arbeitnehmer hingewirkt; Veräußerer und Erwerber werden aufgefordert, die Vertreter der Arbeitnehmer rechtzeitig zu unterrichten und anzuhören.

(3) Ziel der vorliegenden Richtlinie ist die Überarbeitung der Richtlinie 77/187/EWG unter Berücksichtigung der Auswirkungen des Binnenmarktes, der Tendenzen in der Gesetzgebung der Mitgliedstaaten hinsichtlich der Sanierung von Unternehmen in wirtschaftlichen Schwierigkeiten, der Rechtsprechung des Gerichtshofs der Europäischen Gemeinschaften, der Richtlinie 75/129/EWG des Rates vom 17. Februar 1975 zur Angleichung der Rechtsvorschriften der Mitgliedstaaten über Massenentlassungen (6) sowie der bereits in den meisten Mitgliedstaaten geltenden gesetzlichen Normen.

(4) Aus Gründen der Rechtssicherheit und Transparenz ist es erforderlich, den juristischen Begriff des Übergangs unter Berücksichtigung der Rechtsprechung des Gerichtshofs zu klären. Durch diese Klärung wird der Anwendungsbereich

---
[1] Nicht mehr rechtskräftig nach Neukodifikation in Richtlinie 2001/23/EG.

der Richtlinie 77/187/EWG gemäß der Auslegung durch den Gerichtshof nicht geändert.

(5) Rechtssicherheit und Transparenz verlangen außerdem, dass im Lichte der Rechtsprechung des Gerichtshofs ausdrücklich vorgesehen wird, dass die Richtlinie 77/187/EWG für private und öffentliche Unternehmen, die Wirtschaftstätigkeiten ausüben, unabhängig davon gilt, ob sie Erwerbszwecke verfolgen oder nicht.

(6) Eine Klärung des Begriffs „Arbeitnehmer" ist im Lichte der Rechtsprechung des Gerichtshofs erforderlich.

(7) Im Hinblick auf die Sicherstellung des Überlebens zahlungsunfähiger Unternehmen ist den Mitgliedstaaten ausdrücklich zu gestatten, bei Übergängen im Rahmen eines Liquidationsverfahrens die Artikel 3 und 4 der Richtlinie 77/187/EWG nicht anzuwenden. Bestimmte Abweichungen von den allgemeinen Bestimmungen dieser Richtlinie sind im Fall von Übergängen zu gestatten, die im Rahmen von Verfahren wegen Zahlungsunfähigkeit erfolgen.

(8) Diese Abweichungen sollten auch einem Mitgliedstaat mit speziellen Verfahren zur Förderung des wirtschaftlichen Überlebens von Unternehmen gestattet werden, denen das Bestehen einer schwierigen wirtschaftlichen Lage bescheinigt wird.

(9) Es ist zu klären, unter welchen Umständen Funktion und Rechtsstellung der Vertreter der Arbeitnehmer zu wahren sind.

(10) Damit ähnliche Situationen in gleicher Weise behandelt werden, ist sicherzustellen, dass die in der Richtlinie 77/187/EWG festgelegten Verpflichtungen hinsichtlich der Unterrichtung und Anhörung unabhängig davon erfüllt werden, ob die zum Übergang führende Entscheidung vom Arbeitgeber oder von einem den Arbeitgeber beherrschenden Unternehmen getroffen wurde.

(11) Es sollte klargestellt werden, dass – wenn die Mitgliedstaaten Maßnahmen ergreifen, um sicherzustellen, dass der Erwerber über alle zu übertragenden Rechte und Pflichten unterrichtet wird – die Unterlassung dieser Unterrichtung die Übertragung der betreffenden Rechte und Pflichten nicht beeinträchtigt.

(12) Es ist zu präzisieren, unter welchen Umständen die Arbeitnehmer zu informieren sind, wenn es keine Arbeitnehmervertreter gibt.

(13) In der Sozialcharta wird die Bedeutung des Kampfes gegen alle Formen der Diskriminierung, insbesondere aufgrund von Geschlecht, Hautfarbe, Rasse, Meinung oder Glauben, gewürdigt –

HAT FOLGENDE RICHTLINIE ERLASSEN:

Artikel 1

Die Richtlinie 77/187/EWG wird wie folgt geändert:

1. Der Titel erhält folgende Fassung:

„Richtlinie 77/187/EWG des Rates vom 14. Februar 1977 zur Angleichung der Rechtsvorschriften der Mitgliedstaaten über die Wahrung von Ansprüchen der Arbeitnehmer beim Übergang von Unternehmen, Betrieben oder Unternehmens- oder Betriebsteilen".

2. Die Artikel 1 bis 7 erhalten folgende Fassung:

„TEIL I – Anwendungsbereich und Definitionen

Artikel 1

(1)
a) Diese Richtlinie ist auf den Übergang von Unternehmen, Betrieben oder Unternehmens- bzw. Betriebsteilen auf einen anderen Inhaber durch vertragliche Übertragung oder durch Verschmelzung anwendbar.
b) Vorbehaltlich Buchstabe a) und der nachstehenden Bestimmungen dieses Artikels gilt als Übergang im Sinne dieser Richtlinie der Übergang einer ihre Identität bewahrenden wirtschaftlichen Einheit im Sinne einer organisierten Zusammenfassung von Ressourcen zur Verfolgung einer wirtschaftlichen Haupt- oder Nebentätigkeit.
c) Diese Richtlinie gilt für öffentliche und private Unternehmen, die eine wirtschaftliche Tätigkeit ausüben, unabhängig davon, ob sie Erwerbszwecke verfolgen oder nicht. Bei der Übertragung von Aufgaben im Zuge einer Umstrukturierung von Verwaltungsbehörden oder bei der Übertragung von Verwaltungsaufgaben von einer Behörde auf eine andere handelt es sich nicht um einen Übergang im Sinne dieser Richtlinie.

(2) Diese Richtlinie ist anwendbar, wenn und soweit sich das Unternehmen, der Betrieb oder der Unternehmens- bzw. Betriebsteil, das bzw. der übergeht, innerhalb des räumlichen Geltungsbereichs des Vertrages befindet.

(3) Diese Richtlinie gilt nicht für Seeschiffe.

Artikel 2

(1) Im Sinne dieser Richtlinie gelten folgende Begriffsbestimmungen:
a) „Veräußerer" ist jede natürliche oder juristische Person, die aufgrund eines Übergangs im Sinne von Artikel 1 Absatz 1 als Inhaber aus dem Unternehmen, dem Betrieb oder dem Unternehmens- bzw. Betriebsteil ausscheidet.
b) „Erwerber" ist jede natürliche oder juristische Person, die aufgrund eines Übergangs im Sinne von Artikel 1 Absatz 1 als Inhaber in das Unternehmen, den Betrieb oder den Unternehmens- bzw. Betriebsteil eintritt.
c) „Vertreter der Arbeitnehmer" oder ein entsprechender Ausdruck bezeichnet die Vertreter der Arbeitnehmer nach den Rechtsvorschriften oder der Praxis der Mitgliedstaaten.
d) „Arbeitnehmer" ist jede Person, die in dem betreffenden Mitgliedstaat aufgrund des einzelstaatlichen Arbeitsrechts geschützt ist.

(2) Diese Richtlinie lässt das einzelstaatliche Recht in Bezug auf die Begriffsbestimmung des Arbeitsvertrags oder des Arbeitsverhältnisses unberührt.
Die Mitgliedstaaten können jedoch vom Anwendungsbereich der Richtlinie Arbeitsverträge und Arbeitsverhältnisse nicht allein deshalb ausschließen, weil
a) nur eine bestimmte Anzahl von Arbeitsstunden geleistet wird oder zu leisten ist,
b) es sich um Arbeitsverhältnisse aufgrund eines befristeten Arbeitsvertrags im Sinne von Artikel 1 Nummer 1 der Richtlinie 91/383/EWG des Rates vom 25. Juni 1991 zur Ergänzung der Maßnahmen zur Verbesserung der Sicherheit und des Gesundheitsschutzes von Arbeitnehmern mit befristetem Arbeitsverhältnis oder Leiharbeitsverhältnis (*) handelt,
c) es sich um Leiharbeitsverhältnisse im Sinne von Artikel 1 Nummer 2 der Richtlinie 91/383/EWG und bei dem übertragenen Unternehmen oder dem übertragenen Betrieb oder Unternehmens- bzw. Betriebsteil als Verleihunternehmen oder Teil eines Verleihunternehmens um den Arbeitgeber handelt.

TEIL II – Wahrung der Ansprüche und Rechte der Arbeitnehmer
Artikel 3

(1) Die Rechte und Pflichten des Veräußerers aus einem zum Zeitpunkt des Übergangs bestehenden Arbeitsvertrag oder Arbeitsverhältnis gehen aufgrund des Übergangs auf den Erwerber über.
Die Mitgliedstaaten können vorsehen, dass der Veräußerer und der Erwerber nach dem Zeitpunkt des Übergangs gesamtschuldnerisch für die Verpflichtungen haften, die vor dem Zeitpunkt des Übergangs durch einen Arbeitsvertrag oder ein Arbeitsverhältnis entstanden sind, der bzw. das zum Zeitpunkt des Übergangs bestand.

(2) Die Mitgliedstaaten können geeignete Maßnahmen ergreifen, um zu gewährleisten, dass der Veräußerer den Erwerber über alle Rechte und Pflichten unterrichtet, die nach diesem Artikel auf den Erwerber übergehen, soweit diese dem Veräußerer zum Zeitpunkt des Übergangs bekannt waren oder bekannt sein mussten.
Unterlässt der Veräußerer diese Unterrichtung des Erwerbers, so berührt diese Unterlassung weder den Übergang solcher Rechte und Pflichten noch die Ansprüche von Arbeitnehmern gegenüber dem Erwerber und/oder Veräußerer in Bezug auf diese Rechte und Pflichten.

(3) Nach dem Übergang erhält der Erwerber die in einem Kollektivvertrag vereinbarten Arbeitsbedingungen bis zur Kündigung oder zum Ablauf des Kollektivvertrags bzw. bis zum Inkrafttreten oder bis zur Anwendung eines anderen Kollektivvertrags in dem gleichen Masse aufrecht, wie sie in dem Kollektivvertrag für den Veräußerer vorgesehen waren.
Die Mitgliedstaaten können den Zeitraum der Aufrechterhaltung der Arbeitsbedingungen begrenzen, allerdings darf dieser nicht weniger als ein Jahr betragen.

(4)
a) Sofern die Mitgliedstaaten nicht anderes vorsehen, gelten die Absätze 1 und 3 nicht für die Rechte der Arbeitnehmer auf Leistungen bei Alter, Invalidität oder für Hinterbliebene aus betrieblichen oder überbetrieblichen Zusatzversorgungseinrichtungen außerhalb der gesetzlichen Systeme der sozialen Sicherheit der Mitgliedstaaten.
b) Die Mitgliedstaaten treffen auch dann, wenn sie gemäß Buchstabe a) nicht vorsehen, dass die Absätze 1 und 3 für die unter Buchstabe a) genannten Rechte gelten, die notwendigen Maßnahmen zum Schutz der Interessen der Arbeitnehmer sowie der Personen, die zum Zeitpunkt des Übergangs bereits aus dem Betrieb des Veräußerers ausgeschieden sind, hinsichtlich ihrer Rechte oder Anwartschaftsrechte auf Leistungen bei Alter, einschließlich Leistungen für Hinterbliebene, aus den unter Buchstabe a) genannten Zusatzversorgungseinrichtungen.

Artikel 4

(1) Der Übergang eines Unternehmens, Betriebs oder Unternehmens bzw. Betriebsteils stellt als solcher für den Veräußerer oder den Erwerber keinen Grund zur Kündigung dar. Diese Bestimmung steht etwaigen Kündigungen aus wirtschaftlichen, technischen oder organisatorischen Gründen, die Änderungen im Bereich der Beschäftigung mit sich bringen, nicht entgegen.
Die Mitgliedstaaten können vorsehen, dass Unterabsatz 1 auf einige abgegrenzte Gruppen von Arbeitnehmern, auf die sich die Rechtsvorschriften oder die Praxis der Mitgliedstaaten auf dem Gebiet des Kündigungsschutzes nicht erstrecken, keine Anwendung findet.

(2) Kommt es zu einer Beendigung des Arbeitsvertrags oder Arbeitsverhältnisses, weil der Übergang eine wesentliche Änderung der Arbeitsbedingungen zum Nachteil des Arbeitnehmers zur Folge hat, so ist davon auszugehen, dass die Beendigung des Arbeitsvertrags oder Arbeitsverhältnisses durch den Arbeitgeber erfolgt ist.

Artikel 4a

(1) Sofern die Mitgliedstaaten nichts anderes vorsehen, gelten die Artikel 3 und 4 nicht für Übergänge von Unternehmen, Betrieben oder Unternehmens- bzw. Betriebsteilen, bei denen gegen den Veräußerer unter der Aufsicht einer zuständigen öffentlichen Stelle (worunter auch ein von einer zuständigen Behörde ermächtigter Insolvenzverwalter verstanden werden kann) ein Konkursverfahren oder ein entsprechendes Verfahren mit dem Ziel der Auflösung des Vermögens des Veräußerers eröffnet wurde.

(2) Wenn die Artikel 3 und 4 für einen Übergang während eines Zahlungsunfähigkeitsverfahrens gegen den Veräußerer (unabhängig davon, ob dieses Verfahren zur Auflösung seines Vermögens eingeleitet wurde) gelten und dieses Verfahren unter der Aufsicht einer zuständigen öffentlichen Stelle (worunter auch ein nach dem innerstaatlichen Recht bestimmter Insolvenzverwalter verstanden werden kann) steht, kann ein Mitgliedstaat vorsehen, dass
a) ungeachtet des Artikels 3 Absatz 1 die vor dem Übergang bzw. vor der Eröffnung des Zahlungsunfähigkeitsverfahrens fälligen Verbindlichkeiten des Veräußerers aufgrund von Arbeitsverträgen oder Arbeitsverhältnissen nicht auf den Erwerber übergehen, sofern dieses Verfahren nach dem Recht des betreffenden Mitgliedstaats einen Schutz gewährt, der dem von der Richtlinie 80/987/EWG des Rates vom 20. Oktober 1980 zur Angleichung der Rechtsvorschriften der Mitgliedstaaten über den Schutz der Arbeitnehmer bei Zahlungsunfähigkeit des Arbeitgebers (**) vorgesehenen Schutz zumindest gleichwertig ist, und/oder
b) der Erwerber, der Veräußerer oder die seine Befugnisse ausübenden Personen auf der einen Seite und die Vertreter der Arbeitnehmer auf der anderen Seite Änderungen der Arbeitsbedingungen der Arbeitnehmer, insoweit das geltende Recht oder die geltende Praxis dies zulassen, vereinbaren können, die den Fortbestand des Unternehmens, Betriebs oder Unternehmens- bzw. Betriebsteils sichern und dadurch der Erhaltung von Arbeitsplätzen dienen.

(3) Die Mitgliedstaaten können Absatz 2 Buchstabe b) auf Übergänge anwenden, bei denen sich der Veräußerer nach dem einzelstaatlichen Recht in einer schwierigen wirtschaftlichen Lage befindet, sofern das Bestehen einer solchen Notlage von einer zuständigen öffentlichen Stelle bescheinigt wird und die Möglichkeit einer gerichtlichen Aufsicht gegeben ist, falls das innerstaatliche Recht solche Bestimmungen am 17. Juli 1998 bereits enthält.
Die Kommission legt vor dem 17. Juli 2003 einen Bericht über die Auswirkungen dieser Bestimmung vor und unterbreitet dem Rat erforderlichenfalls entsprechende Vorschläge.

(4) Die Mitgliedstaaten treffen die erforderlichen Maßnahmen, damit Zahlungsunfähigkeitsverfahren nicht in missbräuchlicher Weise in Anspruch genommen werden, um den Arbeitnehmern die in dieser Richtlinie vorgesehenen Rechte vorzuenthalten.

Artikel 5

(1) Sofern das Unternehmen, der Betrieb oder der Unternehmens- bzw. Betriebsteil seine Selbständigkeit behält, bleiben die Rechtsstellung und die Funktion der Vertreter oder der Vertretung der vom Übergang betroffenen Arbeitnehmer unter den gleichen Bedingungen erhalten, wie sie vor dem Zeitpunkt des Übergangs aufgrund von Rechts- und Verwaltungsvorschriften oder aufgrund einer Vereinbarung bestanden haben, sofern die Bedingungen für die Bildung der Arbeitnehmervertretung erfüllt sind.
Unterabsatz 1 findet keine Anwendung, wenn gemäß den Rechts- und Verwaltungsvorschriften oder der Praxis der Mitgliedstaaten oder durch Vereinbarung mit den Vertretern der betroffenen Arbeitnehmer die Bedingungen für die Neubestellung der Vertreter der Arbeitnehmer oder die Neubildung der Vertretung der Arbeitnehmer erfüllt sind.
Wurde gegen den Veräußerer unter der Aufsicht einer zuständigen öffentlichen Stelle (worunter auch ein von einer zuständigen Behörde ermächtigter Insolvenzverwalter verstanden werden kann) ein Konkursverfahren oder ein entsprechendes Zahlungsunfähigkeitsverfahren mit dem Ziel der Auflösung des Vermögens des Veräußerers eröffnet, können die Mitgliedstaaten die erforderlichen Maßnahmen ergreifen, um sicherzustel-

len, dass die vom Übergang betroffenen Arbeitnehmer bis zur Neuwahl oder Benennung von Arbeitnehmervertretern angemessen vertreten sind.
Behält das Unternehmen, der Betrieb oder der Unternehmens- bzw. Betriebsteil seine Selbständigkeit nicht, so treffen die Mitgliedstaaten die erforderlichen Maßnahmen, damit die vom Übergang betroffenen Arbeitnehmer, die vor dem Übergang vertreten wurden, während des Zeitraums, der für die Neubildung oder Neubenennung der Arbeitnehmervertretung erforderlich ist, im Einklang mit dem Recht oder der Praxis der Mitgliedstaaten weiterhin angemessen vertreten werden.

(2) Erlischt das Mandat der Vertreter der vom Übergang betroffenen Arbeitnehmer aufgrund des Übergangs, so gelten für diese Vertreter weiterhin die nach den Rechts- und Verwaltungsvorschriften oder der Praxis der Mitgliedstaaten vorgesehenen Schutzmaßnahmen.

TEIL III – Information und Konsultation

Artikel 6

(1) Der Veräußerer und der Erwerber sind verpflichtet, die Vertreter ihrer jeweiligen von einem Übergang betroffenen Arbeitnehmer über Folgendes zu informieren:
den Zeitpunkt bzw. den geplanten Zeitpunkt des Übergangs,
den Grund für den Übergang,
die rechtlichen, wirtschaftlichen und sozialen Folgen des Übergangs für die Arbeitnehmer,
die hinsichtlich der Arbeitnehmer in Aussicht genommenen Maßnahmen.
Der Veräußerer ist verpflichtet, den Vertretern seiner Arbeitnehmer diese Information rechtzeitig vor dem Vollzug des Übergangs zu übermitteln.
Der Erwerber ist verpflichtet, den Vertretern seiner Arbeitnehmer diese Informationen rechtzeitig zu übermitteln, auf jeden Fall aber bevor diese Arbeitnehmer von dem Übergang hinsichtlich ihrer Beschäftigungs- und Arbeitsbedingungen unmittelbar betroffen werden.

(2) Zieht der Veräußerer bzw. der Erwerber Maßnahmen hinsichtlich seiner Arbeitnehmer in Betracht, so ist es verpflichtet, die Vertreter seiner Arbeitnehmer rechtzeitig zu diesen Maßnahmen zu konsultieren, um eine Übereinkunft anzustreben.

(3) Die Mitgliedstaaten, deren Rechts- und Verwaltungsvorschriften vorsehen, dass die Vertreter der Arbeitnehmer eine Schiedsstelle anrufen können, um eine Entscheidung über hinsichtlich der Arbeitnehmer zu treffende Maßnahmen zu erhalten, können die Verpflichtungen gemäß den Absätzen 1 und 2 auf den Fall beschränken, in dem der vollzogene Übergang eine Betriebsänderung hervorruft, die wesentliche Nachteile für einen erheblichen Teil der Arbeitnehmer zur Folge haben kann.
Die Information und die Konsultation müssen sich zumindest auf die hinsichtlich der Arbeitnehmer in Aussicht genommenen Maßnahmen erstrecken.
Die Information und die Konsultation müssen rechtzeitig vor dem Vollzug der in Unterabsatz 1 genannten Betriebsänderung erfolgen.

(4) Die in diesem Artikel vorgesehenen Verpflichtungen gelten unabhängig davon, ob die zum Übergang führende Entscheidung vom Arbeitgeber oder von einem den Arbeitgeber beherrschenden Unternehmen getroffen wird.
Hinsichtlich angeblicher Verstöße gegen die in dieser Richtlinie vorgesehenen Informations- und Konsultationspflicht findet der Einwand, der Verstoß gehe darauf zurück, dass die Information von einem den Arbeitgeber kontrollierenden Unternehmen nicht übermittelt worden sei, keine Berücksichtigung.

(5) Die Mitgliedstaaten können die in den Absätzen 1, 2 und 3 vorgesehenen Verpflichtungen auf Unternehmen oder Betriebe beschränken, die hinsichtlich der Zahl der beschäftigten Arbeitnehmer die Voraussetzungen für die Wahl oder Bestellung eines Kollegiums als Arbeitnehmervertretung erfüllen.

(6) Die Mitgliedstaaten sehen vor, dass die betreffenden Arbeitnehmer für den Fall, dass es unabhängig von ihrem Willen in einem Unternehmen oder in einem Betrieb keine Vertreter der Arbeitnehmer gibt, vorher zu informieren sind über
den Zeitpunkt bzw. den geplanten Zeitpunkt des Übergangs,
den Grund für den Übergang,
die rechtlichen, wirtschaftlichen und sozialen Folgen des Übergangs für die Arbeitnehmer,
die hinsichtlich der Arbeitnehmer in Aussicht genommenen Maßnahmen.

TEIL IV – Schlussbestimmungen

Artikel 7

Diese Richtlinie schränkt die Möglichkeit der Mitgliedstaaten nicht ein, für die Arbeitnehmer günstigere Rechts- oder Verwaltungsvorschriften anzuwenden oder zu erlassen oder für die Arbeitnehmer günstigere Kollektivverträge und andere zwischen den Sozialpartnern abgeschlossene Vereinbarungen, die für die Arbeitnehmer günstiger sind, zu fördern oder zuzulassen.

Artikel 7a

Die Mitgliedstaaten nehmen in ihre innerstaatlichen Rechtssysteme die erforderlichen Bestimmungen auf, um allen Arbeitnehmern und Vertretern der Arbeitnehmer, die ihrer Ansicht nach durch die Nichtbeachtung der sich aus dieser Richtlinie ergebenden Verpflichtungen benachteiligt sind, die Möglichkeit zu geben, ihre Forderungen durch Gerichtsverfahren einzuklagen, nachdem sie ggf. andere zuständige Stellen damit befasst haben.

Artikel 7b

Die Kommission unterbreitet dem Rat vor dem 17. Juli 2006 einen Bericht, in dem die Auswirkungen der Bestimmungen dieser Richtlinie untersucht werden. Sie legt ggf. die erforderlichen Änderungsvorschläge vor.

(*) ABl. L 206 vom 29.7.1991, S. 19.

(**) ABl. L 283 vom 20.10.1980, S. 23. Richtlinie geändert durch die Richtlinie 87/164/EWG (ABl. L 66 vom 11.3.1987, S. 11).

Artikel 2

(1) Die Mitgliedstaaten verabschieden vor dem 17. Juli 2001 die erforderlichen Rechts- und Verwaltungsvorschriften, um dieser Richtlinie nachzukommen, oder stellen spätestens zu diesem Zeitpunkt sicher, dass die Sozialpartner die erforderlichen Vorschriften durch Vereinbarung einführen; die Mitgliedstaaten sind verpflichtet, die erforderlichen Schritte zu unternehmen, damit sie jederzeit die von dieser Richtlinie vorgeschriebenen Ergebnisse gewährleisten können.

(2) Wenn die Mitgliedstaaten Vorschriften nach Absatz 1 erlassen, nehmen sie in den Vorschriften selbst oder durch einen Hinweis bei der amtlichen Veröffentlichung auf diese Richtlinie Bezug. Die Mitgliedstaaten regeln die Einzelheiten der Bezugnahme.
Die Mitgliedstaaten setzen die Kommission unverzüglich über die Maßnahmen in Kenntnis, die sie zur Durchführung dieser Richtlinie verabschieden.

Artikel 3

Diese Richtlinie tritt am Tag ihrer Veröffentlichung im Amtsblatt der Europäischen Gemeinschaften in Kraft.

Artikel 4

Diese Richtlinie ist an die Mitgliedstaaten gerichtet.

Geschehen zu Luxemburg am 29. Juni 1998.
Im Namen des Rates
Der Präsident
R. COOK

(1) ABl. C 274 vom 1.10.1994, S. 10.
(2) ABl. C 33 vom 3.2.1997, S. 81.
(3) ABl. C 133 vom 31.5.1995, S. 13.
(4) ABl. C 100 vom 2.4.1996, S. 25.
(5) ABl. L 61 vom 5.3.1977, S. 26.
(6) ABl. L 48 vom 22.2.1975, S. 29. Richtlinie geändert durch die Richtlinie 92/56/EWG (ABl. L 245 vom 26.8.1992, S. 3).

3. Richtlinie 2001/23/EG des Rates vom 12. März 2001 zur Angleichung der Rechtsvorschriften der Mitgliedstaaten über die Wahrung von Ansprüchen der Arbeitnehmer beim Übergang von Unternehmen, Betrieben oder Unternehmens- oder Betriebsteilen

DER RAT DER EUROPÄISCHEN UNION –
gestützt auf den Vertrag zur Gründung der Europäischen Gemeinschaft, insbesondere auf Artikel 94,
auf Vorschlag der Kommission,
nach Stellungnahme des Europäischen Parlaments (1),
nach Anhörung des Wirtschafts- und Sozialausschusses (2),
in Erwägung nachstehender Gründe:

(1) Die Richtlinie 77/187/EWG des Rates vom 14. Februar 1977 zur Angleichung der Rechtsvorschriften der Mitgliedstaaten über die Wahrung von Ansprüchen der Arbeitnehmer beim Übergang von Unternehmen, Betrieben oder Unternehmens- oder Betriebsteilen (3) wurde erheblich geändert (4). Aus Gründen der Klarheit und Wirtschaftlichkeit empfiehlt es sich daher, die genannte Richtlinie zu kodifizieren.

(2) Die wirtschaftliche Entwicklung führt auf einzelstaatlicher und gemeinschaftlicher Ebene zu Änderungen in den Unternehmensstrukturen, die sich unter anderem aus dem Übergang von Unternehmen, Betrieben oder Unternehmens- oder Betriebsteilen auf einen anderen Inhaber durch vertragliche Übertragung oder durch Verschmelzung ergeben.

(3) Es sind Bestimmungen notwendig, die die Arbeitnehmer bei einem Inhaberwechsel schützen und insbesondere die Wahrung ihrer Ansprüche gewährleisten.

(4) Zwischen den Mitgliedstaaten bestehen in Bezug auf den Umfang des Arbeitnehmerschutzes auf diesem Gebiet weiterhin Unterschiede, die verringert werden sollten.

(5) In der am 9. Dezember 1989 verabschiedeten Gemeinschaftscharta der sozialen Grundrechte der Arbeitnehmer (Sozialcharta) wird unter Nummer 7, Nummer 17 und Nummer 18 insbesondere Folgendes festgestellt:
„Die Verwirklichung des Binnenmarktes muss zu einer Verbesserung der Lebens- und Arbeitsbedingungen der Arbeitnehmer in der Europäischen Gemeinschaft führen. Diese Verbesserung muss, soweit nötig, dazu führen, dass bestimmte Bereiche des Arbeitsrechts, wie die Verfahren bei Massenentlassungen oder bei Konkursen, ausgestaltet werden. Unterrichtung, Anhörung und Mitwirkung der Arbeitnehmer müssen in geeigneter Weise, unter Berücksichtigung der in den verschiedenen Mitgliedstaaten herrschenden Gepflogenheiten, weiterentwickelt werden. Unterrichtung, Anhörung und Mitwirkung sind rechtzeitig vorzusehen, vor allem bei der Umstrukturierung oder Verschmelzung von Unternehmen, wenn dadurch die Beschäftigung der Arbeitnehmer berührt wird."

(6) Im Jahre 1977 hat der Rat die Richtlinie 77/187/EWG erlassen, um auf eine Harmonisierung der einschlägigen nationalen Rechtsvorschriften hinsichtlich der Wahrung der Ansprüche und Rechte der Arbeitnehmer hinzuwirken; Veräußerer und Erwerber werden aufgefordert, die Vertreter der Arbeitnehmer rechtzeitig zu unterrichten und anzuhören.

(7) Die Richtlinie 77/187/EWG wurde nachfolgend geändert unter Berücksichtigung der Auswirkungen des Binnenmarktes, der Tendenzen in der Gesetzgebung der Mitgliedstaaten hinsichtlich der Sanierung von Unternehmen in wirtschaftlichen Schwierigkeiten, der Rechtsprechung des Gerichtshofs der Europäischen Gemeinschaften, der Richtlinie 75/129/EWG des Rates vom 17. Februar 1975 zur Angleichung der Rechtsvorschriften der Mitgliedstaaten über Massenentlassungen (5) sowie der bereits in den meisten Mitgliedstaaten geltenden gesetzlichen Normen.

(8) Aus Gründen der Rechtssicherheit und Transparenz war es erforderlich, den juristischen Begriff des Übergangs unter Berücksichtigung der Rechtsprechung des Gerichtshofs zu klären. Durch diese Klärung wurde der Anwendungsbereich der Richtlinie 77/187/EWG gemäß der Auslegung durch den Gerichtshof nicht geändert.

(9) In der Sozialcharta wird die Bedeutung des Kampfes gegen alle Formen der Diskriminierung, insbesondere aufgrund von Geschlecht, Hautfarbe, Rasse, Meinung oder Glauben, gewürdigt.

(10) Diese Richtlinie sollte die Pflichten der Mitgliedstaaten hinsichtlich der Umsetzungsfristen der in Anhang I Teil B angegebenen Richtlinien unberührt lassen –

HAT FOLGENDE RICHTLINIE ERLASSEN:

Kapitel I – Anwendungsbereich und Definitionen

Artikel 1

1.
a) Diese Richtlinie ist auf den Übergang von Unternehmen, Betrieben oder Unternehmens- bzw. Betriebsteilen auf einen anderen Inhaber durch vertragliche Übertragung oder durch Verschmelzung anwendbar.
b) Vorbehaltlich Buchstabe a) und der nachstehenden Bestimmungen dieses Artikels gilt als Übergang im Sinne dieser Richtlinie der Übergang einer ihre Identität bewahrenden wirtschaftlichen Einheit im Sinne einer organisierten Zusammenfassung von Ressourcen zur Verfolgung einer wirtschaftlichen Haupt- oder Nebentätigkeit.
c) Diese Richtlinie gilt für öffentliche und private Unternehmen, die eine wirtschaftliche Tätigkeit ausüben, unabhängig davon, ob sie Erwerbszwecke verfolgen oder nicht. Bei der Übertragung von Aufgaben im Zuge einer Umstrukturierung von Verwaltungsbehörden oder bei der Übertragung von Verwaltungsaufgaben von einer Behörde auf eine andere handelt es sich nicht um einen Übergang im Sinne dieser Richtlinie.

2. Diese Richtlinie ist anwendbar, wenn und soweit sich das Unternehmen, der Betrieb oder der Unternehmens- bzw. Betriebsteil, das bzw. der übergeht, innerhalb des räumlichen Geltungsbereichs des Vertrages befindet.

3. Diese Richtlinie gilt nicht für Seeschiffe.

Artikel 2

1. Im Sinne dieser Richtlinie gelten folgende Begriffsbestimmungen:
a) „Veräußerer" ist jede natürliche oder juristische Person, die aufgrund eines Übergangs im Sinne von Artikel 1 Absatz 1 als Inhaber aus dem Unternehmen, dem Betrieb oder dem Unternehmens- bzw. Betriebsteil ausscheidet:
b) „Erwerber" ist jede natürliche oder juristische Person, die aufgrund eines Übergangs im Sinne von Artikel 1 Absatz 1 als Inhaber in das Unternehmen, den Betrieb oder den Unternehmens- bzw. Betriebsteil eintritt.
c) „Vertreter der Arbeitnehmer" oder ein entsprechender Ausdruck bezeichnet die Vertreter der Arbeitnehmer nach den Rechtsvorschriften oder der Praxis der Mitgliedstaaten.
d) „Arbeitnehmer" ist jede Person, die in dem betreffenden Mitgliedstaat aufgrund des einzelstaatlichen Arbeitsrechts geschützt ist.

2. Diese Richtlinie lässt das einzelstaatliche Recht in Bezug auf die Begriffsbestimmung des Arbeitsvertrags oder des Arbeitsverhältnisses unberührt.
Die Mitgliedstaaten können jedoch vom Anwendungsbereich der Richtlinie Arbeitsverträge und Arbeitsverhältnisse nicht allein deshalb ausschließen, weil
a) nur eine bestimmte Anzahl von Arbeitsstunden geleistet wird oder zu leisten ist,
b) es sich um Arbeitsverhältnisse aufgrund eines befristeten Arbeitsvertrags im Sinne von Artikel 1 Nummer 1 der Richtlinie 91/383/EWG des Rates vom 25. Juni 1991 zur Ergänzung der Maßnahmen zur Verbesserung der Si-

cherheit und des Gesundheitsschutzes von Arbeitnehmern mit befristetem Arbeitsverhältnis oder Leiharbeitsverhältnis (6) handelt,
c) es sich um Leiharbeitsverhältnisse im Sinne von Artikel 1 Nummer 2 der Richtlinie 91/383/EWG und bei dem übertragenen Unternehmen oder dem übertragenen Betrieb oder Unternehmens- bzw. Betriebsteil als Verleihunternehmen oder Teil eines Verleihunternehmens um den Arbeitgeber handelt.

Kapitel II – Wahrung der Ansprüche und Rechte der Arbeitnehmer

Artikel 3

1. Die Rechte und Pflichten des Veräußerers aus einem zum Zeitpunkt des Übergangs bestehenden Arbeitsvertrag oder Arbeitsverhältnis gehen aufgrund des Übergangs auf den Erwerber über.
Die Mitgliedstaaten können vorsehen, dass der Veräußerer und der Erwerber nach dem Zeitpunkt des Übergangs gesamtschuldnerisch für die Verpflichtungen haften, die vor dem Zeitpunkt des Übergangs durch einen Arbeitsvertrag oder ein Arbeitsverhältnis entstanden sind, der bzw. das zum Zeitpunkt des Übergangs bestand.

2. Die Mitgliedstaaten können geeignete Maßnahmen ergreifen, um zu gewährleisten, dass der Veräußerer den Erwerber über alle Rechte und Pflichten unterrichtet, die nach diesem Artikel auf den Erwerber übergehen, soweit diese dem Veräußerer zum Zeitpunkt des Übergangs bekannt waren oder bekannt sein mussten.
Unterlässt der Veräußerer diese Unterrichtung des Erwerbers, so berührt diese Unterlassung weder den Übergang solcher Rechte und Pflichten noch die Ansprüche von Arbeitnehmern gegenüber dem Erwerber und/oder Veräußerer in Bezug auf diese Rechte und Pflichten.

3. Nach dem Übergang erhält der Erwerber die in einem Kollektivvertrag vereinbarten Arbeitsbedingungen bis zur Kündigung oder zum Ablauf des Kollektivvertrags bzw. bis zum Inkrafttreten oder bis zur Anwendung eines anderen Kollektivvertrags in dem gleichen Maße aufrecht, wie sie in dem Kollektivvertrag für den Veräußerer vorgesehen waren.
Die Mitgliedstaaten können den Zeitraum der Aufrechterhaltung der Arbeitsbedingungen begrenzen, allerdings darf dieser nicht weniger als ein Jahr betragen.

4.
a) Sofern die Mitgliedstaaten nicht anderes vorsehen, gelten die Absätze 1 und 3 nicht für die Rechte der Arbeitnehmer auf Leistungen bei Alter, Invalidität oder für Hinterbliebene aus betrieblichen oder überbetrieblichen Zusatzversorgungseinrichtungen außerhalb der gesetzlichen Systeme der sozialen Sicherheit der Mitgliedstaaten.
b) Die Mitgliedstaaten treffen auch dann, wenn sie gemäß Buchstabe a) nicht vorsehen, dass die Absätze 1 und 3 für die unter Buchstabe a) genannten Rechte gelten, die notwendigen Maßnahmen zum Schutz der Interessen der Arbeitnehmer sowie der Personen, die zum Zeitpunkt des Übergangs bereits aus dem Betrieb des Veräußerers ausgeschieden sind, hinsichtlich

ihrer Rechte oder Anwartschaftsrechte auf Leistungen bei Alter, einschließlich Leistungen für Hinterbliebene, aus den unter Buchstabe a) genannten Zusatzversorgungseinrichtungen.

Artikel 4

1. Der Übergang eines Unternehmens, Betriebs oder Unternehmens- bzw. Betriebsteils stellt als solcher für den Veräußerer oder den Erwerber keinen Grund zur Kündigung dar. Diese Bestimmung steht etwaigen Kündigungen aus wirtschaftlichen, technischen oder organisatorischen Gründen, die Änderungen im Bereich der Beschäftigung mit sich bringen, nicht entgegen.

Die Mitgliedstaaten können vorsehen, dass Unterabsatz 1 auf einige abgegrenzte Gruppen von Arbeitnehmern, auf die sich die Rechtsvorschriften oder die Praxis der Mitgliedstaaten auf dem Gebiet des Kündigungsschutzes nicht erstrecken, keine Anwendung findet.

2. Kommt es zu einer Beendigung des Arbeitsvertrags oder Arbeitsverhältnisses, weil der Übergang eine wesentliche Änderung der Arbeitsbedingungen zum Nachteil des Arbeitnehmers zur Folge hat, so ist davon auszugehen, dass die Beendigung des Arbeitsvertrags oder Arbeitsverhältnisses durch den Arbeitgeber erfolgt ist.

Artikel 5

1. Sofern die Mitgliedstaaten nichts anderes vorsehen, gelten die Artikel 3 und 4 nicht für Übergänge von Unternehmen, Betrieben oder Unternehmens- bzw. Betriebsteilen, bei denen gegen den Veräußerer unter der Aufsicht einer zuständigen öffentlichen Stelle (worunter auch ein von einer zuständigen Behörde ermächtigter Insolvenzverwalter verstanden werden kann) ein Konkursverfahren oder ein entsprechendes Verfahren mit dem Ziel der Auflösung des Vermögens des Veräußerers eröffnet wurde.

2. Wenn die Artikel 3 und 4 für einen Übergang während eines Insolvenzverfahrens gegen den Veräußerer (unabhängig davon, ob dieses Verfahren zur Auflösung seines Vermögens eingeleitet wurde) gelten und dieses Verfahren unter der Aufsicht einer zuständigen öffentlichen Stelle (worunter auch ein nach dem innerstaatlichen Recht bestimmter Insolvenzverwalter verstanden werden kann) steht, kann ein Mitgliedstaat vorsehen, dass
a) ungeachtet des Artikels 3 Absatz 1 die vor dem Übergang bzw. vor der Eröffnung des Insolvenzverfahrens fälligen Verbindlichkeiten des Veräußerers aufgrund von Arbeitsverträgen oder Arbeitsverhältnissen nicht auf den Erwerber übergehen, sofern dieses Verfahren nach dem Recht des betreffenden Mitgliedstaats einen Schutz gewährt, der dem von der Richtlinie 80/987/EWG des Rates vom 20. Oktober 1980 zur Angleichung der Rechtsvorschriften der Mitgliedstaaten über den Schutz der Arbeitnehmer bei Zahlungsunfähigkeit des Arbeitgebers (7) vorgesehenen Schutz zumindest gleichwertig ist, und/oder
b) der Erwerber, der Veräußerer oder die seine Befugnisse ausübenden Personen auf der einen Seite und die Vertreter der Arbeitnehmer auf der anderen Seite Änderungen der Arbeitsbedingungen der Arbeitnehmer, insoweit das geltende Recht oder die geltende Praxis dies zulassen, vereinbaren können, die den Fortbestand des Unternehmens, Betriebs oder Unternehmens-

bzw. Betriebsteils sichern und dadurch der Erhaltung von Arbeitsplätzen dienen.

3. Die Mitgliedstaaten können Absatz 2 Buchstabe b) auf Übergänge anwenden, bei denen sich der Veräußerer nach dem einzelstaatlichen Recht in einer schwierigen wirtschaftlichen Lage befindet, sofern das Bestehen einer solchen Notlage von einer zuständigen öffentlichen Stelle bescheinigt wird und die Möglichkeit einer gerichtlichen Aufsicht gegeben ist, falls das innerstaatliche Recht solche Bestimmungen am 17. Juli 1998 bereits enthielt.
Die Kommission legt vor dem 17. Juli 2003 einen Bericht über die Auswirkungen dieser Bestimmung vor und unterbreitet dem Rat erforderlichenfalls entsprechende Vorschläge.

4. Die Mitgliedstaaten treffen die erforderlichen Maßnahmen, damit Insolvenzverfahren nicht in missbräuchlicher Weise in Anspruch genommen werden, um den Arbeitnehmern die in dieser Richtlinie vorgesehenen Rechte vorzuenthalten.

Artikel 6

1. Sofern das Unternehmen, der Betrieb oder der Unternehmens- bzw. Betriebsteil seine Selbständigkeit behält, bleiben die Rechtsstellung und die Funktion der Vertreter oder der Vertretung der vom Übergang betroffenen Arbeitnehmer unter den gleichen Bedingungen erhalten, wie sie vor dem Zeitpunkt des Übergangs aufgrund von Rechts- und Verwaltungsvorschriften oder aufgrund einer Vereinbarung bestanden haben, sofern die Bedingungen für die Bildung der Arbeitnehmervertretung erfüllt sind.
Unterabsatz 1 findet keine Anwendung, wenn gemäß den Rechts- und Verwaltungsvorschriften oder der Praxis der Mitgliedstaaten oder durch Vereinbarung mit den Vertretern der betroffenen Arbeitnehmer die Bedingungen für die Neubestellung der Vertreter der Arbeitnehmer oder die Neubildung der Vertretung der Arbeitnehmer erfüllt sind.
Wurde gegen den Veräußerer unter der Aufsicht einer zuständigen öffentlichen Stelle (worunter auch ein von einer zuständigen Behörde ermächtigter Insolvenzverwalter verstanden werden kann) ein Konkursverfahren oder ein entsprechendes Insolvenzverfahren mit dem Ziel der Auflösung des Vermögens des Veräußerers eröffnet, können die Mitgliedstaaten die erforderlichen Maßnahmen ergreifen, um sicherzustellen, dass die vom Übergang betroffenen Arbeitnehmer bis zur Neuwahl oder Benennung von Arbeitnehmervertretern angemessen vertreten sind.
Behält das Unternehmen, der Betrieb oder der Unternehmens- bzw. Betriebsteil seine Selbständigkeit nicht, so treffen die Mitgliedstaaten die erforderlichen Maßnahmen, damit die vom Übergang betroffenen Arbeitnehmer, die vor dem Übergang vertreten wurden, während des Zeitraums, der für die Neubildung oder Neubenennung der Arbeitnehmervertretung erforderlich ist, im Einklang mit dem Recht oder der Praxis der Mitgliedstaaten weiterhin angemessen vertreten werden.

2. Erlischt das Mandat der Vertreter der vom Übergang betroffenen Arbeitnehmer aufgrund des Übergangs, so gelten für diese Vertreter weiterhin die nach

den Rechts- und Verwaltungsvorschriften oder der Praxis der Mitgliedstaaten vorgesehenen Schutzmaßnahmen.

Kapitel III – Information und Konsultation

Artikel 7

1. Der Veräußerer und der Erwerber sind verpflichtet, die Vertreter ihrer jeweiligen von einem Übergang betroffenen Arbeitnehmer über Folgendes zu informieren:
den Zeitpunkt bzw. den geplanten Zeitpunkt des Übergangs,
den Grund für den Übergang,
die rechtlichen, wirtschaftlichen und sozialen Folgen des Übergangs für die Arbeitnehmer,
die hinsichtlich der Arbeitnehmer in Aussicht genommenen Maßnahmen.
Der Veräußerer ist verpflichtet, den Vertretern seiner Arbeitnehmer diese Informationen rechtzeitig vor dem Vollzug des Übergangs zu übermitteln.
Der Erwerber ist verpflichtet, den Vertretern seiner Arbeitnehmer diese Informationen rechtzeitig zu übermitteln, auf jeden Fall aber bevor diese Arbeitnehmer von dem Übergang hinsichtlich ihrer Beschäftigungs- und Arbeitsbedingungen unmittelbar betroffen werden.

2. Zieht der Veräußerer bzw. der Erwerber Maßnahmen hinsichtlich seiner Arbeitnehmer in Betracht, so ist er verpflichtet, die Vertreter seiner Arbeitnehmer rechtzeitig zu diesen Maßnahmen zu konsultieren, um eine Übereinkunft anzustreben.

3. Die Mitgliedstaaten, deren Rechts- und Verwaltungsvorschriften vorsehen, dass die Vertreter der Arbeitnehmer eine Schiedsstelle anrufen können, um eine Entscheidung über hinsichtlich der Arbeitnehmer zu treffende Maßnahmen zu erhalten, können die Verpflichtungen gemäß den Absätzen 1 und 2 auf den Fall beschränken, in dem der vollzogene Übergang eine Betriebsänderung hervorruft, die wesentliche Nachteile für einen erheblichen Teil der Arbeitnehmer zur Folge haben kann.
Die Information und die Konsultation müssen sich zumindest auf die hinsichtlich der Arbeitnehmer in Aussicht genommenen Maßnahmen erstrecken.
Die Information und die Konsultation müssen rechtzeitig vor dem Vollzug der in Unterabsatz 1 genannten Betriebsänderung erfolgen.

4. Die in diesem Artikel vorgesehenen Verpflichtungen gelten unabhängig davon, ob die zum Übergang führende Entscheidung vom Arbeitgeber oder von einem den Arbeitgeber beherrschenden Unternehmen getroffen wird.
Hinsichtlich angeblicher Verstöße gegen die in dieser Richtlinie vorgesehenen Informations- und Konsultationspflichten findet der Einwand, der Verstoß gehe darauf zurück, dass die Information von einem den Arbeitgeber beherrschenden Unternehmen nicht übermittelt worden sei, keine Berücksichtigung.

5. Die Mitgliedstaaten können die in den Absätzen 1, 2 und 3 vorgesehenen Verpflichtungen auf Unternehmen oder Betriebe beschränken, die hinsichtlich der Zahl der beschäftigten Arbeitnehmer die Voraussetzungen für die Wahl oder Bestellung eines Kollegiums als Arbeitnehmervertretung erfüllen.

6. Die Mitgliedstaaten sehen vor, dass die betreffenden Arbeitnehmer für den Fall, dass es unabhängig von ihrem Willen in einem Unternehmen oder in einem Betrieb keine Vertreter der Arbeitnehmer gibt, vorher zu informieren sind über
den Zeitpunkt bzw. den geplanten Zeitpunkt des Übergangs,
den Grund für den Übergang,
die rechtlichen, wirtschaftlichen und sozialen Folgen des Übergangs für die Arbeitnehmer,
die hinsichtlich der Arbeitnehmer in Aussicht genommenen Maßnahmen.

Kapitel IV – Schlussbestimmungen

Artikel 8

Diese Richtlinie schränkt die Möglichkeit der Mitgliedstaaten nicht ein, für die Arbeitnehmer günstigere Rechts- oder Verwaltungsvorschriften anzuwenden oder zu erlassen oder für die Arbeitnehmer günstigere Kollektivverträge und andere zwischen den Sozialpartnern abgeschlossene Vereinbarungen, die für die Arbeitnehmer günstiger sind, zu fördern oder zuzulassen.

Artikel 9

Die Mitgliedstaaten nehmen in ihre innerstaatlichen Rechtssysteme die erforderlichen Bestimmungen auf, um allen Arbeitnehmern und Vertretern der Arbeitnehmer, die ihrer Ansicht nach durch die Nichtbeachtung der sich aus dieser Richtlinie ergebenden Verpflichtungen benachteiligt sind, die Möglichkeit zu geben, ihre Forderungen durch Gerichtsverfahren einzuklagen, nachdem sie ggf. andere zuständige Stellen damit befasst haben.

Artikel 10

Die Kommission unterbreitet dem Rat vor dem 17. Juli 2006 einen Bericht, in dem die Auswirkungen der Bestimmungen dieser Richtlinie untersucht werden. Sie legt ggf. die erforderlichen Änderungsvorschläge vor.

Artikel 11

Die Mitgliedstaaten teilen der Kommission den Wortlaut der Rechts- und Verwaltungsvorschriften mit, die sie auf dem unter diese Richtlinie fallenden Gebiet erlassen.

Artikel 12

Die Richtlinie 77/187/EWG, geändert durch die in Anhang I Teil A aufgeführte Richtlinie, wird unbeschadet der Pflichten der Mitgliedstaaten hinsichtlich der in Anhang I Teil B genannten Fristen für ihre Umsetzung aufgehoben.
Verweisungen auf die aufgehobene Richtlinie gelten als Verweisungen auf die vorliegende Richtlinie und sind nach der Übereinstimmungstabelle in Anhang II zu lesen.

Artikel 13

Diese Richtlinie tritt am zwanzigsten Tag nach ihrer Veröffentlichung im Amtsblatt der Europäischen Gemeinschaften in Kraft.

Artikel 14

Diese Richtlinie ist an alle Mitgliedstaaten gerichtet.
Geschehen zu Brüssel am 12. März 2001.
Im Namen des Rates
Der Präsident
B. RINGHOLM

(1) Stellungnahme vom 25. Oktober 2000 (noch nicht im Amtsblatt veröffentlicht).
(2) ABl. C 367 vom 20.12.2000, S. 21.
(3) ABl. L 61 vom 5.3.1977, S. 26.
(4) Siehe Anhang I Teil A.
(5) ABl. L 48 vom 22.2.1975, S. 29. Richtlinie ersetzt durch die Richtlinie 98/59/EG (ABl. L 225 vom 12.8.1998, S. 16).
(6) ABl. L 206 vom 29.7.1991, S. 19.
(7) ABl. L 283 vom 20.10.1980, S. 23. Richtlinie zuletzt geändert durch die Beitrittsakte von 1994.

Teil VII
Der Unternehmens- und Beteiligungskaufvertrag

Inhaltsverzeichnis

Rz.

A. Unternehmens- und Beteiligungskauf 1
   I. Unternehmen und Unternehmensträger 1
      1. Unternehmen 1
      2. Unternehmensträger 2
   II. Kauf des Unternehmens oder der Beteiligungsrechte am Unternehmensträger 3
      1. Anwendbare Vorschriften und verwandte Rechtsinstitute 3
      2. Gestaltungsmöglichkeiten . 5
   III. Zielsetzungen beim Unternehmens- und Beteiligungskauf ... 8

B. Das vorvertragliche Stadium 9
   I. Pflichten während der Vertragsverhandlungen 9
      1. Redliche Verhandlungsführung 10
      2. Geheimhaltungspflichten . 12
      3. Schadensersatzanspruch bei Verstoß gegen vorvertragliche Pflichten 14
      4. Persönliche Haftung der Verhandlungsführer 16
      5. Haftung für Abschlüsse, Testate und Gutachten ... 17
   II. Vorbereitende Festlegungen ohne vertragliche Bindung ... 19
      1. Punktation 19
      2. „Letter of Intent" – Absichtserklärung 20
   III. Vorbereitende Vereinbarungen 21
      1. Option, Vorkaufsrecht.... 21
      2. Vorvertrag 25
      3. Rahmenvertrag.......... 27
      4. Form 28

C. Due Diligence 29
   I. Begriff und Gegenstand der Due Diligence 29
   II. Due Diligence, Gewährleistung, Garantie 31
      1. Problemstellung......... 31

Rz.

      2. Kenntnis des Käufers von Mängeln des Zielunternehmens 32
         a) Rechtsfolgen 32
         b) Relevanter Personenkreis 34
         c) Relevanter Zeitpunkt... 37
         d) Vertragliche Regelungen 38
      3. Keine Kenntnis des Käufers von Mängeln des Zielunternehmens 39
         a) Grob fahrlässige Unkenntnis.............. 39
         b) Unrichtige Informationen über das Zielunternehmen 44
   III. Verpflichtungen des Kaufinteressenten aufgrund der Due Diligence 51
      1. Vertraulichkeit; sonstige Verpflichtungen 51
      2. Absicherung des Verkäufers 53
         a) Rechtliche Absicherung 53
         b) Faktische Absicherung.. 57
   IV. Rechtliche Schranken der Due Diligence 58
      1. GmbH 58
      2. AG 59
      3. Insiderinformationen 61
         a) Problemstellung 61
         b) Eingeschränkte Anwendung des WpHG beim Pakethandel........... 62

D. Gegenstand des Unternehmenskaufes 65
   I. Einzelrechtsnachfolge 66
      1. Überleitung von Sachen und Rechten 66
      2. Überleitung von Verpflichtungen 70
      3. Überleitung von komplexen Rechtsverhältnissen .. 74
      4. Überleitung von immateriellen Wirtschaftsgütern.. 75
      5. Übergangsstichtag 76

	Rz.
II. Beteiligungserwerb	78
1. Überleitung der Gesellschafterstellung im Allgemeinen	78
2. Überleitung von Gewinn- und Verlustanteil	82
a) Zeitanteilige Beteiligung	83
b) Stichtagsbeteiligung	84
3. Überleitung sonstiger Wirtschaftsgüter, Fortführung der Firma	85
E. Kaufpreis	87
I. Modalitäten	87
1. Bestimmung	87
a) Vorläufige und endgültige Bestimmung	87
b) Endgültige Bestimmung anhand einer Abrechnungsbilanz	90
c) Aufstellung und Korrektur der Abrechnungsbilanz	93
d) Sonstige Preisbestimmungen	96
2. Aufteilung	99
3. Zahlungsweise, Verzinsung, Verjährung	101
II. Sicherung des Verkäufers	104
1. Finanzierungszusage, Wertsicherung, Währungsrisiko	104
2. Bürgschaften, Patronatserklärungen	105
3. Ausschluss von Aufrechnung und Zurückbehaltungsrecht	106
4. Rechtsvorbehalte	107
III. Sicherung des Käufers	108
1. Sicherungsbedürfnis	108
2. Sicherungsmittel	109
F. Ausgewählte Form-, Zustimmungs- und Genehmigungserfordernisse	111
I. Form	111
1. § 311b Abs. 1 BGB (Verträge über Grundstücke)	112
2. § 311b Abs. 3 BGB (Vermögensübertragung)	116
3. § 15 GmbHG	118
4. Auslandsberührung	119
a) Problemstellung	119
b) GmbH-Anteile	120
c) Grundstücke	123

	Rz.
II. Zustimmungs- und Genehmigungserfordernisse	124
1. Zivilrechtliche Erfordernisse	124
a) § 1365 BGB	124
b) §§ 1821 bis 1823 BGB	125
c) Erbrechtliche Zustimmungserfordernisse	130
d) Aktienrechtliche Zustimmungserfordernisse	131
e) §§ 116, 126 HGB; § 164 HGB; §§ 35, 37 GmbHG	133
f) Übertragung von Beteiligungsrechten	135
2. Öffentlich-rechtliche Erfordernisse (ohne Kartellrecht)	138
G. Gewährleistungsansprüche und verwandte Rechte	139
I. Gesetzliche Regelung der Gewährleistung	139
1. Gegenstand der Mängelrechte beim Asset Deal	140
2. Gegenstand der Mängelrechte beim Share Deal	141
3. Mangelhaftigkeit des Zielunternehmens	146
a) Die Beschaffenheit des Zielunternehmens	146
b) Beschaffenheitsvereinbarung und nach dem Vertrag vorausgesetzte Verwendung (§ 434 Abs. 1 BGB)	150
4. Die Gewährleistungsansprüche	152
a) Nacherfüllung (§§ 437 Nr. 1; 439 BGB)	153
b) Rücktritt und Minderung (§ 437 Nr. 2 BGB)	154
c) Schadensersatz (§ 437 Nr. 3 BGB)	156
d) Aufwendungsersatz	159
5. Verschulden	160
6. Verjährung	162
II. Verschulden bei Vertragsanbahnung	166
1. Gewährleistung und Haftung für Verschulden bei Vertragsanbahnung	166
a) Grundlagen	166

	Rz.		Rz.
b) Abgrenzung von Gewährleistungshaftung und culpa in contrahendo	168	3. Rechtsfolgen; Verjährung.	191
		IV. Sonstige Rechtsbehelfe	194
		H. Haftung	195
c) Informationsmemoranden; Datenräume	171	I. Haftung des Übernehmers bei Einzelrechtsnachfolge	195
d) Unternehmenskennzahlen	173	1. § 25 HGB	195
2. Offenbarungspflichten	174	3. § 75 AO; § 613a BGB	197
a) Grundlagen	174	II. Haftung des Übernehmers bei Beteiligungserwerb	198
b) Einzelfälle	175	1. Erwerb von Gesellschaftsanteilen an Personengesellschaften	198
c) Relevanter Personenkreis	176		
3. Rechtsfolgen	179	2. Erwerb von Beteiligungen an Kapitalgesellschaften	200
III. Vertragliche Regelungen	181		
1. Garantie	182	III. Haftung des Veräußerers	201
a) Beschaffenheitsgarantie	182		
b) Garantie hinsichtlich anderer Umstände	185	**I. Leveraged Buy-Out und Management Buy-Out**	205
2. Insbesondere die Bilanzgarantie	188	I. Begriff	205
a) Allgemeines	188	II. Nutzung des Vermögens der Zielgesellschaft	206
b) Eigenkapitalgarantie	190		

Literatur: Mit Wirkung vom 1.1.2002 ist das Kaufrecht grundlegend geändert worden. Die ältere Literatur ist überwiegend nur noch insoweit berücksichtigt, als sie auch unter dem neuen Recht noch von Bedeutung ist. Wegen Nachweisen zur älteren Literatur wird auf die Vorauflage verwiesen.

Allgemeine Darstellungen: *Bamberger/Roth*, Kommentar zum Bürgerlichen Gesetzbuch, 2003, §§ 433–479; *Beckmann* in Staudinger, BGB, 2004, § 453 Rz. 22 ff.; *Ehrmann*, Kommentar zum Bürgerlichen Gesetzbuch, 11. Aufl. zum Bürgerlichen Gesetzbuch, 2003; *Gaul*, Schuldrechtsmodernisierung und Unternehmenskauf, ZHR 166 (2003, 35; *Huber*, Die Praxis des Unternehmenskaufs im System des Kaufrechts, AcP 202 (2002), 179; *Kallmeyer*, Umwandlung nach UmwG und Unternehmensakquisitionen, DB 2003, 568; *Knott*, Unternehmenskauf nach der Schuldrechtsreform, NZG 2002, 249; *Lutter*, Der Letter of Intent, 3. Aufl. 1998; Münchener Kommentar, 4. Aufl., Ergänzungsband; *Karsten Schmidt*, Handelsrecht, 5. Aufl. 1999, § 6: Das Unternehmen als Rechtsgegenstand; *Seibt/Reiche*, Unternehmens- und Beteiligungskauf nach der Schuldrechtsreform (Teil I), DStR 2002, 1135, (Teil II), DStR 2003, 1181; *Stoth*, Unternehmenskauf nach der Schuldrechtsreform, NZG 2002, 249; *Triebel/Hölzle*, Schuldrechtsreform und Unternehmenskaufverträge, BB 2002, 521; *Wagner*, Informationspflichten des Verkäufers bei M&A-Transaktionen nach neuerer BGH-Rechtsprechung unter Berücksichtigung von altem und neuem Schuldrecht, DStR 2002, 958; *Wagner*, Umfang der Aufklärungspflicht beim Unternehmenskauf, NZG 2001, 844; *Wagner*, Zu den Aufklärungspflichten des Verkäufers beim Unternehmenskauf, EWIR 2002, 327; *Weitnauer*, Der Unternehmenskauf nach neuem Kaufrecht, NJW 2002, 2511.

Insbesondere zu Leistungsstörungen: *von Gierke/Paschen*, Mängelgewährleistung beim Unternehmenskauf, GmbHR 2002, 457; *Gronstedt/Jörgens*, Die Gewährleistungshaftung bei Unternehmensverkäufen nach dem neuen Schuldrecht, ZIP 2002, 52; *Gruber*, Neues Kaufrecht – Umsatz – und Ertragsangaben beim Unternehmenskauf, MDR 2002, 433; *Jaques*, Haftung des Verkäufers für arglistiges Verhalten bei Unternehmenskauf – zugleich eine Stellungnahme zu § 444 BGB n.F., BB 2002, 417; *Larisch*, Gewährleistungshaftung beim Unternehmens- und Beteiligungskauf, 2004; *Matusche-Beckmann* in Staudinger, BGB, 2004, § 434 Rz. 144 ff.; *Raschke/Reiche/Seibt*, Rechtsfragen der Haftungsbegrenzung bei Garantien (§ 444 BGB n.F.) und M + A – Transaktionen, NZG 2002, 256; *Schröcker*, Unternehmenskauf und Anteilskauf nach der Schuldrechtsreform, ZGR 2005, 63; *Wolf/Kaiser*, die Mängelhaftung beim Unternehmenskauf nach neuem Recht, DB 2002, 411; *Wunderlich* Die kaufrechtliche Haftung beim Asset Deal nach dem SchuldRModG, WM 2002,981.

A. Unternehmens- und Beteiligungskauf

I. Unternehmen und Unternehmensträger

1. Unternehmen

1   Das deutsche Recht kennt keinen einheitlichen **Rechtsbegriff des Unternehmens**. Im Sinne des Unternehmenskaufrechts kann das Unternehmen als Gesamtheit von Menschen sowie von materiellen und immateriellen Rechtsgütern und Geschäftswerten verstanden werden, die in einer Organisation zusammengefasst und einem einheitlichen wirtschaftlichen Zweck dienstbar gemacht werden[1] (vgl. die in Nuancen anderen Definitionen in Teil I Rz. 2 und Teil VIII Rz. 40 ff.). Das Unternehmen besteht insbesondere aus

– Personen;

– Sachen;

– Rechten (dinglichen Rechten, obligatorischen Rechten, Immaterialgüterrechten) und Verpflichtungen;

– technischen, kaufmännischen und sonstigen dem wirtschaftlichen Zweck dienlichen Kenntnissen;

– organisatorischen Gestaltungen;

– Beziehungen, die die Organisation zu ihrer Umwelt unterhält, insbesondere zu Kunden und Lieferanten.

Der Unternehmensbegriff im hier verwandten Sinne geht weiter als der des „**Handelsgewerbes**" im Sinne von § 1 HGB, insofern er auch freiberufliche Praxen umfasst. Auch diese können Gegenstand eines Kaufvertrages sein.[2] Das Schwergewicht der folgenden Ausführungen liegt allerdings bei kaufmännisch geführten Unternehmen.

---

1 Vgl. schon RGZ 170, 292 (297 f.); *K. Schmidt*, Handelsrecht § 4 I 2; BGH v. 28.11.2001 – VIII ZR 37/01 II 1 a), NJW 2002, 1042 bezeichnet das Unternehmen als „Inbegriff von Sachen, Rechten und sonstigen Vermögenswerten".
2 BGH v. 10.8.1995 – IX ZR 220/94, DB 1995, 2157 (Rechtsanwaltspraxis); v. 11.10.1995 – VIII ZR 25/94, NJW 1996, 773 (Arztpraxis); v. 22.5.1996 – VIII ZR 194/95, DB 1996, 1513 (Steuerberaterpraxis), jeweils unter besonderer Berücksichtigung der diesen Berufen obliegenden Geheimhaltungsverpflichtungen.

2. Unternehmensträger

Unternehmensträger ist das Rechtssubjekt, das Eigentümer der dem Unternehmen zugeordneten Sachen, Inhaber der Rechte und Geschäftswerte sowie Träger der Verpflichtungen und Belastungen des Unternehmens ist. Mit gewissen Einschränkungen bei den freien Berufen kann jede natürliche oder juristische Person Unternehmensträger sein, auch eine der Personenvereinigungen oder Handelsgesellschaften, die nicht juristische Personen sind (BGB-Gesellschaft, Erbengemeinschaft, OHG, KG, Partnerschaftsgesellschaft). So weit juristische Personen Unternehmensträger sind, kann es sich um solche des Privatrechtes ebenso wie um solche des öffentlichen Rechtes handeln. Die häufigsten Unternehmensträger sind **Einzelpersonen** und **Handelsgesellschaften**. Ein Unternehmensträger kann auch mehrere Unternehmen betreiben (z.B. eine GmbH betreibt eine Maschinenfabrik und ein Handelsunternehmen). Innerhalb eines Unternehmens können verschiedene Betriebe und Teilbetriebe bestehen.

II. Kauf des Unternehmens oder der Beteiligungsrechte am Unternehmensträger

1. Anwendbare Vorschriften und verwandte Rechtsinstitute

Unternehmen sind „sonstige Gegenstände" i.S. von § 453 Abs. 1 BGB, auf die die Vorschriften über den Kauf von Sachen entsprechende Anwendung finden.[1] Der Unternehmenskauf kann beiderseitiges Handelsgeschäft gemäß §§ 343 ff. HGB sein, dagegen nicht Handelskauf nach §§ 373 ff. HGB.[2] Unternehmenskaufverträge können auch dem **AGB-Recht (§§ 305–310 BGB)** unterliegen.[3] Unanwendbar ist das **UN-Kaufrecht**.[4] Die §§ 433 ff. BGB erfassen nur die **schuldrechtliche Seite** des Erwerbes. In Vollziehung des Kaufvertrages erfolgt die dingliche Übertragung der Vermögenswerte nach den für diese jeweils geltenden Vorschriften, vor allem durch die Übertragung des Eigentums an Sachen, die Abtretung von Rechten und die Überleitung von immateriellen Wirtschaftsgütern. Mit den Begriffen „Unternehmenskauf" und „Beteiligungskauf" wird freilich häufig auch der gesamte wirtschaftliche Sachverhalt des kaufweisen Erwerbes im Ganzen bezeichnet, also unter Zusammenfassung der schuldrechtlichen und der dinglichen Seite des Geschäftes.

---

[1] Vgl. die Regierungsbegründung zum Schuldrechtsmodernisierungsgesetz (SMG), (BT-Drucks. 14/6040 v. 14.5.2001, S. 209, 212); das neue Recht ist auf alle Schuldverhältnisse anwendbar, die nach dem 31.12.2001 entstanden sind. Für Altverträge gilt das bisherige Recht weiter (Art. 229 § 5 EGBGB); insoweit ist auf die Vorauflage zu verweisen.
[2] *Hüffer* in Großkomm.HGB, vor § 22 HGB Rz. 11.
[3] *Beispiel*: BGH v. 19.6.1996 – VIII ZR 189/95, = WM 1996, 2025; v. 1.3.2000 – VIII ZR 77/99, BB 2000, 1262 (Unternehmensverkauf durch Bundesanstalt für vereinigungsbedingte Sonderaufgaben).
[4] *Herber/Czerwenka*, Internationales Kaufrecht, 1991, Art. 1 Rz. 7; *Schlechtriem*, Kommentar zum Einheitlichen UN-Kaufrecht, 4. Aufl. 2004, Art. 1 Rz. 36; *Merkt*, Internationaler Unternehmenskauf, Rz. 875.

4   Unternehmen werden nicht nur durch Kauf erworben und veräußert. Auch die Einbringung[1] eines Unternehmens in eine Gesellschaft oder die Verschmelzung und die Vermögensübertragung (§§ 2 ff.; 174 ff. UmwG) je gegen Gewährung von Gesellschaftsrechten können als Unternehmensveräußerungen verstanden werden. Unternehmen können ferner **gepachtet** werden[2] oder Gegenstand eines **Nießbrauches** sein. Gegenstand dieser Darlegungen ist jedoch nur der Unternehmens- und Beteiligungserwerb im Wege des Kaufes. Ausgeklammert bleiben auch die besonderen Probleme des Unternehmenskaufes im Wege eines öffentlichen **Übernahmeangebotes** nach dem WpÜG.[3]

2. Gestaltungsmöglichkeiten

5   Ist eine **Handelsgesellschaft** Träger eines Unternehmens, so kann der Käufer unmittelbar die Sachen, Rechte und sonstigen Wirtschaftsgüter erwerben, aus denen sich das Unternehmen zusammensetzt (**Einzelrechtserwerb – Singularsukzession – Asset Deal**). Ob es sich um einen Unternehmenskauf oder um den Kauf einzelner Wirtschaftsgüter handelt, ist auf Grund einer wirtschaftlichen Gesamtbetrachtung zu beurteilen; wesentlich ist, ob der Erwerber in die Lage versetzt werden soll, das Unternehmen als solches weiterzuführen.[4] Der Käufer kann aber auch die Beteiligungsrechte an dem Unternehmensträger erwerben,[5] also die Gesellschaftsanteile einer Personengesellschaft, die Geschäftsanteile einer GmbH oder die Aktien einer AG (**Beteiligungserwerb – Share Deal**). In diesem Falle bleibt die Zuordnung aller aktiven und passiven Vermögenswerte des Unternehmens unverändert bei der Gesellschaft. Es ändert sich lediglich die Inhaberschaft an den Gesellschafterrechten. Betreibt die Handelsgesellschaft mehrere Unternehmen, so erfolgt der Erwerb eines derselben im Wege der Einzelrechtsnachfolge, es sei denn, das zu veräußernde Unternehmen würde zuvor ausgegliedert und rechtlich verselbstständigt. Entsprechendes gilt für den Erwerb von Betrieben und Teilbetrieben. Es ist auch möglich, dass auf der Veräußererseite diejenigen Unternehmen oder Betriebe ausgegliedert werden, die zurückbehalten werden sollen und dann die Beteiligungsrechte an der um die ausgegliederten Vermögenswerte verminderten Gesellschaft übertragen werden.

6   Ist Unternehmensträger ein **einzelkaufmännisches Unternehmen**, so sind notwendigerweise die einzelnen Wirtschaftsgüter, die das Unternehmen umfasst, Gegenstand des Unternehmenskaufvertrages. Einzelrechtsnachfolge ist auch geboten, wenn Unternehmensträger eine **juristische Person des öffentlichen Rechtes** ist, etwa im Falle der Veräußerung eines gemeindlichen Schlachthofes, gemeindlicher Verkehrsbetriebe und ähnlicher Einrichtungen, oder wenn das Unternehmen von einer **Stiftung** oder einem **Verein** gehalten wird. Freilich kann auch in diesen Fällen der Unternehmenskauf so gestaltet werden, dass das zu verkaufende Unternehmen zunächst in eine von dem Ver-

---

1 Vgl. *Hüffer* in Großkomm.HGB, vor § 22 HGB Anm. 60.
2 *Hüffer* in Großkomm.HGB, vor § 22 HGB Rz. 65.
3 Vgl. auch Teil I Rz. 166 f.
4 St. Rspr., vgl. BGH v. 28. 11.2001 –VIII ZR 37/01 II 1 a), = NJW 2002, 1042 m.w.N.
5 Grundlegend BGH v. 12.11.1975 – VIII ZR 142/74, BGHZ 65, 246 = NJW 1976, 236.

äußerer zu gründende Gesellschaft eingebracht wird und dass alsdann die Beteiligungsrechte an dieser Gesellschaft veräußert werden.

Der Unternehmenserwerb durch **Erwerb der Beteiligungsrechte** bietet den Vorteil, dass der dingliche Vollzug des Geschäftes verhältnismäßig einfach ist. Es brauchen lediglich die Beteiligungsrechte nach den für sie geltenden Regeln abgetreten zu werden. Ferner kommen dem Erwerber der Beteiligungsrechte an einer Kapitalgesellschaft etwaige steuerliche Verlustvorträge zugute, wenn die wirtschaftliche Identität der Körperschaft gewahrt ist (§ 8 Abs. 4 i.V. mit § 1 Abs. 1 Nr. 1 KStG). Demgegenüber müssen im Falle der **Einzelrechtsnachfolge** sämtliche einzelnen Vermögensgegenstände, aus denen das Unternehmen besteht, unter Beachtung der jeweiligen Formvorschriften auf den Erwerber übertragen werden. Angesichts des sachenrechtlichen Bestimmtheitsgrundsatzes bedarf es einer hinreichend genauen Bezeichnung aller Vermögenspositionen. Es können Notar- und Grundbuchkosten entstehen, wenn Grundstücke zu übertragen sind. Auf der anderen Seite kann der Käufer bei der Einzelrechtsnachfolge die erworbenen Wirtschaftsgüter einschließlich des erworbenen Firmenwerts (letzteren innerhalb von 15 Jahren) steuerlich abschreiben (§§ 6 Abs. 1 Nr. 2; 7 Abs. 1 Satz 3 EStG). Beteiligungsrechte müssen dagegen grundsätzlich zu Anschaffungskosten aktiviert werden. Abschreibungen auf den Teilwert sind nur unter bestimmten Voraussetzungen möglich.[1] Es bedarf daher sorgfältiger Abwägung im Einzelfall, welcher Gestaltungsmöglichkeit der Vorzug zu geben ist. Die Interessen des Verkäufers und des Käufers können unterschiedlich sein.[2] Insbesondere mag bei Unternehmen, die von Kapitalgesellschaften betrieben werden, der Verkäufer an einem Share Deal interessiert sein, während für den Käufer häufig ein Asset Deal günstiger ist.[3] 7

III. Zielsetzungen beim Unternehmens- und Beteiligungskauf

Der Erwerber eines Unternehmens oder einer Unternehmensbeteiligung kann verschiedene Ziele verfolgen. Auf die Unterscheidung zwischen unternehmerischen Beteiligungen und reinen Finanzbeteiligungen wurde bereits eingegangen (s.o. Teil I Rz. 8 ff.). Im Hinblick auf die Vertragsgestaltung erscheint es nützlich, noch weiter aufzufächern. Vielfach steht das Interesse am Erwerb der in dem Unternehmen verkörperten **Ertragskraft** im Vordergrund. Der Erwerber will die vom bisherigen Inhaber entfaltete unternehmerische Aktivität weiterführen. Es ist aber auch möglich, dass der Erwerber nur an **einzelnen** 8

---

1 BFH v. 7.11.1990 – I R 116/86, DB 1991, 947 mit grundsätzlichen Ausführungen zur Ermittlung des Teilwertes einer Beteiligung; BFH v. 22.4.1998 – I R 109/97, BStBl. II 1998, S. 748 = DB 1998, 2348.
2 Zu steuerlichen Konstruktionen, die beim Erwerb von Beteiligungsrechten gleichwohl Abschreibungen ähnlich wie beim Erwerb der einzelnen Wirtschaftsgüter erlauben (sog. „step up") siehe Teil V Rz. 68 ff. Speziell zu den relevanten Abwägungskriterien Elser, DStR 2002, 1827.
3 Steuerfreiheit des Gewinns aus der Veräußerung von Beteiligungen durch Kapitalgesellschaften gem. § 8b Abs. 2 KStG in der ab 1.1.2002 geltenden Fassung; näher dazu Teil V Rz. 83 ff.

Vermögenswerten interessiert ist,[1] auch solchen immaterieller Art wie bestimmten Schutzrechten und Know-how oder dass es ihm im Wesentlichen auf die **Kunden-** oder **Lieferantenbeziehungen** ankommt, über die das Unternehmen verfügt.[2] Zuweilen liegt dem Erwerber aber auch lediglich daran, eine eingerichtete **Produktionsstätte** zu erlangen, ohne dass er für die organisatorischen und sonstigen Verhältnisse des erworbenen Unternehmens Verwendung hat.[3] Ertragsschwache Unternehmen mit beträchtlicher Substanz insbesondere an Grundstücken werden auch zur Verwertung dieser Substanz gekauft. Ferner kann ein Unternehmen unter Umständen zum Zwecke der Stilllegung und Verringerung von Überkapazitäten erworben werden. Diese ganz unterschiedlichen Ziele des Erwerbers erfordern auch jeweils angepasste Vertragsgestaltungen. Beim Erwerb der Kundschaft ist überdies die Abgrenzung zu bloßen Wettbewerbsbeschränkungen nicht immer zweifelsfrei.[4]

B. Das vorvertragliche Stadium

I. Pflichten während der Vertragsverhandlungen

9 Schon der Eintritt in die Kaufverhandlungen begründet für die Beteiligten Verpflichtungen, deren Verletzung – unabhängig vom eventuellen Abschluss des Vertrages und zusätzlich zu etwaigen anderen vertraglichen Ansprüchen – Schadensersatzansprüche aus dem Gesichtspunkt des **Verschuldens bei Vertragsanbahnung** (culpa in contrahendo – c. i. c.) begründen können. Das seit langem gewohnheitsrechtlich anerkannte Rechtsinstitut hat durch das SMG eine gesetzliche Grundlage in § 311 Abs. 2 BGB gefunden, ohne dass sich inhaltlich am früheren Rechtszustand etwas geändert hätte. Im Rahmen des Unternehmenskaufes kommen im Einzelnen insbesondere die folgenden Pflichten in Betracht.

1. Redliche Verhandlungsführung

10 Der Eintritt in Vertragsverhandlungen verpflichtet keine Partei zum Vertragsschluss. Auch der willkürliche Abbruch von Vertragsverhandlungen begründet daher in der Regel keine Ansprüche der jeweils anderen Partei,[5] und zwar auch dann nicht, wenn sie im Hinblick auf die Verhandlungen erhebliche Aufwendungen gemacht hat, z.B. für Bewertungsgutachten, Marktuntersuchungen oder rechtliche und steuerliche Beratung. Etwas anderes kann jedoch gelten, wenn derjenige, der die Verhandlungen ohne triftigen Grund abbricht, bei der

---

1 Z.B. Grundstücken, vgl. BGH v. 7.5.1998 – III ZR 18/97, DB 1998, 1958.
2 *Beispiel:* BGH v. 26.5.1972 – I ZR 44/71, NJW 1972, 2123.
3 Abgrenzung eines Unternehmenskaufes vom Kauf von Maschinen (chemische Reinigung) BGH v. 8.2.1995 – VIII ZR 8/94, DB 1995, 972; Abgrenzung zum Inventarkauf BGH v. 11.11.1992 – VIII ZR 211/91, WM 1993, 249.
4 Vgl. BGH v. 20.3.1984 – KZR 11/83, WuW/E BGH 2085 – Strohgäu – Wochenjournal.
5 St. Rspr. Vgl. BGH v. 7. 12.2000 – VII ZR 360/98 II 2 c), WM 2001, 684.

anderen Partei in zurechenbarer Weise das aus deren Sicht berechtigte Vertrauen erweckt hat, der Vertrag werde mit Sicherheit zustande kommen, sein Abschluss sei eine **bloße Förmlichkeit**.[1] Bei Grundstückskaufverträgen kann die Weigerung, den Vertrag abzuschließen, Ansprüche der anderen Partei nur im Falle eines schweren, in der Regel vorsätzlichen Verstoßes gegen die Verpflichtung zu redlicher Verhandlungsführung begründen.[2] Unredlich ist es, Vertragsverhandlungen zu führen, wenn eine ernstliche **Abschlussabsicht** nicht oder nicht mehr besteht;[3] ebenso, wenn der Kaufinteressent verhandelt, ohne in der Lage zu sein, den Kaufpreis zu entrichten.

Eine besondere Rolle spielen im Unternehmenskaufrecht **Auskunfts- und Offenbarungspflichten** des Verkäufers. Deren Verletzung steht häufig im Zentrum von Auseinandersetzungen zwischen den Parteien eines Unternehmenskaufvertrages. Auf sie wird im Zusammenhang mit den sonstigen Rechten des enttäuschten Käufers eingegangen (siehe dazu nachstehend Teil VII Rz. 174 ff.).

11

2. Geheimhaltungspflichten

Der potenzielle Verkäufer eines Unternehmens ist häufig bemüht, seine **Verkaufsabsichten** nicht über einen begrenzten Personenkreis hinaus bekannt werden zu lassen. Er mag befürchten, dass Kunden, Lieferanten und Kreditgeber möglicherweise aus der Verkaufsabsicht ungünstige Rückschlüsse auf den wirtschaftlichen Zustand des Unternehmens ziehen, und selbst wenn dies nicht der Fall ist, entsteht doch Ungewissheit über dessen weiteres Schicksal. Allerdings gibt es auch die gegenteilige Einstellung, dass zur Realisierung eines angemessenen Kaufpreises eine hinreichende Zahl von Interessenten vorhanden sein und angesprochen werden muss. Insbesondere ist es die Funktion der Investmentbanken, für das zu verkaufende Unternehmen einen Markt zu schaffen und einen Bieterwettbewerb zu organisieren. Das Bekanntwerden von **Kaufabsichten** kann andererseits Rückschlüsse auf die beabsichtigte künftige Orientierung des Käufers ermöglichen, die diesem unerwünscht sein mögen. Ferner kann der Kaufinteressent im Verlauf der Verhandlungen erhebliche Einblicke in die geschäftlichen Verhältnisse des Veräußerers gewinnen. Unter diesen Umständen ist aus der Anbahnung von Verhandlungen für beide Seiten die Verpflichtung abzuleiten, die Kaufverhandlungen vertraulich zu behandeln und die gewonnenen Erkenntnisse nicht zum Nachteil der Gegenpartei zu ver-

12

---

1 BGH v. 22.2.1989 – VIII ZR 4/88, DB 1989, 1022 den Abbruch von Beteiligungsverhandlungen betreffend m.w.N.; bestätigt durch BGH v. 29.3.1996 – V ZR 332/94 II 1 a), DB 1996, 1916; OLG Stuttgart v. 7. 7.1989 – 9 U 13/89, DB 1989, 1817 zu Verhandlungen über ein Share Deal.
2 BGH v. 29.3.1996 – V ZR 332/94, DB 1996, 1916; das Urteil betrifft einen Grundstückskaufvertrag und ist entgegen dem allgemein gefassten Leitsatz auf die Veräußerung von GmbH-Anteilen nicht ohne weiteres übertragbar.
3 BGH v. 29.3.1996 – V ZR 332/94 II 1 c), DB 1996, 1916.

wenden.¹ Darauf wird nachstehend im Rahmen der Erörterung der Due Diligence näher eingegangen (Teil VII Rz. 29 ff.).²

13 Angesichts der Zweifel über Grund und Umfang der gesetzlichen Pflicht zu Vertraulichkeit und Nichtbenutzung gewonnener Erkenntnisse ist eine vertragliche Regelung zu erwägen. Solche **Geheimhaltungs- und Unterlassungsvereinbarungen** sind namentlich im angloamerikanischen Rechtskreis verbreitet, kommen aber auch in der deutschen Praxis nicht selten vor. Schon der **Verletzungsnachweis** ist in der Regel schwierig zu führen. Noch schwieriger gestaltet sich der Nachweis, dass und in welcher Höhe durch die Verletzung solcher Verpflichtungen ein Schaden entstanden ist. Diesem letzteren Problem kann durch die Vereinbarung einer **Vertragsstrafe** Rechnung getragen werden, die unabhängig von einem Schadensnachweis zu zahlen ist. Statt solcher Geheimhaltungsabreden von mehr oder minder großem Wert kommt die Beauftragung eines zur Verschwiegenheit verpflichteten Sachverständigen, namentlich eines Wirtschaftsprüfers, in Betracht, der in beiderseitigem Auftrag damit betraut werden kann, die erforderlichen Erhebungen vorzunehmen und nur deren Ergebnisse in dem für die Verhandlungen erforderlichen Umfang mitzuteilen. Sollen Verkaufs- oder Kaufabsicht als solche möglichst geheim gehalten werden, kann ein **Unternehmensmakler** eingeschaltet werden;³ dies bietet eine gewisse Gewähr dafür, dass Verhandlungen nur mit ernsthaften Interessenten begonnen werden.

3. Schadensersatzanspruch bei Verstoß gegen vorvertragliche Pflichten⁴

14 Ein schuldhafter Verstoß gegen vorvertragliche Pflichten begründet Schadensersatzansprüche der verletzten Partei. Dies ergibt sich seit dem In-Kraft-Treten des SMG am 1.1.2002 aus §§ 311, 241 Abs. 2, 280 BGB. Die verletzte Partei muss so gestellt werden, wie sie ohne die ihr gegenüber begangene Pflichtverletzung stünde (so genanntes „negatives" oder „**Vertrauensinteresse**"), und zwar ohne Beschränkung auf das **Erfüllungsinteresse**.⁵ Im Einzelnen kommen in Betracht Ansprüche auf Erstattung fehlgeschlagener Aufwendungen⁶ und Ersatzansprüche wegen Verletzung der Verpflichtung zur Vertraulichkeit. Denkbar ist auch ein Anspruch auf Ersatz des Schadens, den der Geschädigte dadurch erleidet, dass er im Vertrauen auf den Abschluss des verhandelten Geschäftes von einem anderen Abstand nimmt.⁷ Ob und inwieweit bei Verlet-

---

1 Sog. „Diskretionsfälle" vgl. *Larenz* in FS Ballerstedt, 1975, S. 397 ff. (415); zumindest gilt ein Verbot, Geschäftsgeheimnisse des Vertragspartners, die bei den Verhandlungen offen gelegt werden, zu verraten, *Wiedemann* in Soergel, vor § 275 BGB Rz. 175; *Lutter*, Der Letter of Intent, S. 48 leitet aus der widerspruchslosen Annahme von Informationen, die mit dem Hinweis auf deren Vertraulichkeit erteilt werden, die konkludente Verpflichtung des Informationsempfängers zur Wahrung der Vertraulichkeit ab.
2 BGH v. 17.3.1961 – I ZR 26/60, DB 1961, 745.
3 Zur Berechnung der Provision BGH v. 15.3.1995 – IV ZR 25/94, DB 1995, 1461 (Provision aus „Verkaufspreis", wenn Käufer Unternehmensschulden übernimmt).
4 Umfassend *Wiedemann* in Soergel, vor § 275 BGB Rz. 101 ff.
5 Vgl. BGH v. 29.3.1996 – V R 322/94 II 1 a), DB 1996, 1916.
6 BGH v. 25.5.1977 – VIII ZR 186/75 II 2 a), BGHZ 69, 53 = DB 1977, 1451; BGH v. 28.10.1971 – VII ZR 15/70 I 1, BGHZ 57, 191 = NJW 1972, 95.
7 *Beispiel:* BGH v. 17.4.1984 – VI ZR 191/82 II 2, DB 1984, 2137.

zung von Auskunfts- und Offenbarungspflichten Ansprüche auf Rückgängigmachung des Kaufvertrages oder Herabsetzung des Kaufpreises bestehen, wird im Zusammenhang der Leistungsstörungen erörtert (Teil VII Rz. 174 ff.).

Schadensersatzansprüche wegen unberechtigten Abbruches von Vertragsverhandlungen setzen nicht voraus, dass derjenige, der die Verhandlungen abbricht, im anderen schuldhaft das Vertrauen auf einen erfolgreichen Verhandlungsabschluss geweckt hat. Es genügt, dass dieses Vertrauen durch ein ihm zurechenbares Verhalten geschaffen wurde.[1]

Der Geschäftsherr haftet für seine gesetzlichen und rechtsgeschäftlichen Vertreter sowie für sonstige Personen, deren er sich als Verhandlungsgehilfen bedient, gemäß § 278 BGB,[2] also ohne die Möglichkeit eines Entlastungsbeweises für sorgfältige Auswahl und Überwachung. § 278 BGB kann auch dann eingreifen, wenn der Verhandlungsführer gegenüber dem Geschäftsherrn nicht weisungsgebunden ist, beispielsweise für einen vom Geschäftsherrn mandatierten Rechtsanwalt,[3] Notar[4] oder Wirtschaftsprüfer.

Es ist freilich im Einzelfall schwierig zu entscheiden, ob und zu welchem Zeitpunkt eine Partei der anderen den Vertragsabschluss als sicher hingestellt hat, so dass sie nicht mehr ohne **triftigen Grund** vom Vertragsschluss Abstand nehmen dürfte. Entsprechendes gilt für die Frage, ob ein bestimmter Umstand den Abbruch der Vertragsverhandlungen tatsächlich rechtfertigt. Zur Vermeidung dieser Unsicherheiten schließen die Parteien zuweilen Ansprüche auf Aufwendungsersatz oder Ersatz sonstiger Schäden aus. Es kann aber auch im Gegenteil vereinbart werden, dass bestimmte Aufwendungen in jedem Fall zu erstatten sind, falls es nicht zum Vertragsschluss kommt (sog. „break-up fee"). 15

4. Persönliche Haftung der Verhandlungsführer

Vertreter und Berater, die auf Seiten eines Vertragspartners am Zustandekommen eines Vertrages mitwirken, haften grundsätzlich nur ihrem Auftraggeber sowie Dritten, soweit sich die Schutzwirkung des Vertrages auf diese erstreckt.[5] Gegenüber dem Gegner haften sie grundsätzlich weder vertraglich noch quasi-vertraglich aus Verschulden bei Vertragsverhandlungen. Ausnahmsweise kommt aber auch für sie eine Haftung aus Verschulden bei Vertragsverhandlungen in Betracht. Die Rechtsprechung hat dies namentlich bejaht, wenn diese Personen 16

---

1 BGH v. 22.2.1989 – VIII ZR 4/88, DB 1989, 1022; v. 7.12.2000 – VII ZR 360/98 II 2 a), WM 2001, 684 bestr., vgl. *Gehrlein*, MDR 1998, 445 m.w.N.; in der Praxis wird freilich kaum ein Fall zurechenbaren Verhaltens vorkommen, der nicht zugleich auch einen Verschuldensvorwurf begründet.
2 Allg. Auffassung, vgl. *Heinrichs* in Palandt, § 311 BGB Rz. 22; BGH v. 26.4.1991 – V ZR 165/89 II 3, BGHZ 114, 263 = DB 1991, 1617; v. 15.6.1988 – VIII ZR 316/87 II 2 d), BGHZ 104, 392 = NJW 1988, 2463.
3 BGH v. 7.3.1972 – VI ZR 158/70 3 a) BGHZ 58, 207 = NJW 1972, 1048.
4 BGH v. 8.2.1974 – V ZR 21/72, BGHZ 62, 119 = NJW 1974, 692.
5 *Wiedemann* in Soergel, vor § 275 BGB Rz. 177; BGH v. 15.6.1971 – VI ZR 262/69 II 2b aa), BGHZ 56, 269; BGH v. 2.11.1983 – IVa ZR 20/82, NJW 1984, 355.

- selbst ein **starkes unmittelbares Eigeninteresse**[1] an dem angestrebten Geschäft haben und daraus persönlichen Nutzen zu ziehen hoffen; oder
- gegenüber dem anderen Teil **besonderes Vertrauen** für sich in Anspruch genommen haben, z.B. indem sie besondere Sachkunde oder Zuverlässigkeit ins Feld führten (sog. „**Sachwalter**").[2]

In diesen Fällen treffen sie die gleichen Verpflichtungen zur redlichen Verhandlungsführung wie die Partei selbst einschließlich der Haftung auf das negative Interesse des Gegners im Falle einer Pflichtverletzung. § 311 Abs. 3 n.F. BGB kodifiziert diese Rechtsprechung. Die wenn auch maßgebliche Beteiligung des Geschäftsführers an der von ihm vertretenen GmbH reicht allerdings noch nicht aus, um für ihn eine Vertreterhaftung wegen Eigeninteresses zu begründen.[3] Für ihn gelten die gleichen Regeln wie für Angestellte oder Handelsvertreter.[4] Der **Rechtsanwalt**, den eine Partei zur Vertragsverhandlung und Vertragsformulierung heranzieht, haftet in der Regel nicht gegenüber der anderen Partei als Sachwalter.[5] Zur Beurteilung sog. „Legal Opinions" siehe nachstehend Teil VII Rz. 17.

5. Haftung für Abschlüsse, Testate und Gutachten

17 Häufig legt der Unternehmensverkäufer dem Käufer Zahlenmaterial, insbesondere Abschlüsse oder Zwischenabschlüsse, vor, deren Richtigkeit und Vollständigkeit von einem Sachverständigen (Wirtschaftsprüfer, Steuerberater, Steuerbevollmächtigter) testiert sind. Nach inzwischen gefestigter Rechtsprechung kann in solchen Fällen eine Haftung des Testierenden für die Richtigkeit eines Testates nicht nur gegenüber dem Auftraggeber (Unternehmensverkäufer), sondern auch gegenüber Dritten bestehen, die auf der Grundlage der testierten Unterlagen nachteilige Entscheidungen getroffen haben. Der BGH nimmt eine sittenwidrige vorsätzliche Schädigung Dritter mit der Haftungsfolge des **§ 826 BGB** schon dann an, wenn der Testierende damit rechnet, dass ein von ihm vorsätzlich oder auch nur leichtfertig falsch ausgestellter Abschluss an den Käufer oder eine diesen finanzierende Bank gelangt und zur Grundlage einer Kauf- oder Kreditentscheidung wird.[6] Neben der deliktsrecht-

---

1 Vgl. BGH v. 17.6.1991 – II ZR 171/90, DB 1991, 2182.
2 St. Rspr. vgl. BGH v. 8.12.1994 – III ZR 175/93, NJW 1995, 1213 m.w.N.; BGH v. 17.1.2001 – IV ZR 282/99, NJW-RR 2001, 593 in casu verneinend; zur Rolle der Banken und daraus resultierender Haftungsprobleme *Peltzer*, ZIP 1991, 485; zur entsprechenden Situation sonstiger M & A-Berater *Steiner*, ZfK 1993, 172; weitere Fälle bei *Baumbach/Hopt*, Überbl. 9 vor § 48 HGB.
3 BGH v. 7.11.1994 – II ZR 138, 92, WM 1995, 108 mit Anm. *Goette*, DStR 1994, 1784; v. 6.6.1994 – II ZR 292/91 I 2 a), BGHZ 126, 181 = DB 1994, 1608.
4 BGH v. 3.10.1989 – XI ZR 157/88, DB 1989, 2320.
5 BGH v. 11.7.1988 – II ZR 232/87, DB 1988, 2398.
6 BGH v. 26.11.1986 – IVa ZR 86/85, DB 1987, 828 m.w.N. und Anm. *Hopt*, NJW 1987, 1745; weitere *Beispiele:* BGH v. 18.10.1988 – XI ZR 12/88, NJW-RR 1989, 696 unter Hinweis auf mögliche Einschränkungen des Testates; BGH v. 26.11.1986 – IVa ZR 86/85, DB 1987, 828 betr. Erstellung einer Zwischenbilanz durch steuerlichen Berater; v. 5.12.1972 – VI ZR 120/71, NJW 1973, 321 betr. Erstellung einer Bilanz durch Wirtschaftsprüfer; *Baumbach/Hopt*, § 347 HGB Rz. 18.

lichen Haftung kommt auch eine **vertragliche Haftung** in Betracht, wenn der Vertrag über die Erstellung z.b. eines Abschlusses als Vertrag mit **Schutzwirkung für Dritte**, eben für den Unternehmenskäufer und seinen Kreditgeber gegebenenfalls auch für die verkaufenden Gesellschafter anzusehen ist (§§ 328, 675 BGB). Ob dies der Fall ist, muss zwar erst durch Auslegung ermittelt werden. Doch neigt die höchstrichterliche Rechtsprechung dazu, solche Schutzwirkungen in verhältnismäßig weitem Umfange anzunehmen,[1] so wenn ein Wirtschaftsprüfer eine Pflichtprüfung bei einer Kapitalgesellschaft durchführt und sich für ihn hinreichend deutlich ergibt, dass von deren Ergebnis gegenüber einem Dritten, der auf deren Richtigkeit vertraut, Gebrauch gemacht werden soll.[2] Erteilt eine Bank eine Bescheinigung, die einem Dritten vorzulegen ist, z.b. dass dem Kaufinteressenten die erforderlichen Mittel zur Verfügung stehen, haftet sie für deren Richtigkeit.[3] Das dürfte auch gelten, wenn ein Rechtsanwalt im Auftrag seines Mandanten dem Gegner eine rechtliche Erläuterung oder Bestätigung erteilt („legal opinion"),[4] anders aber, wenn er lediglich im Auftrag seines Mandanten einen Vertragsentwurf fertigt.[5] Die Bedeutung der vertraglichen Haftung zusätzlich zur deliktischen ist namentlich auch deshalb groß, weil damit eine gesamtschuldnerische Haftung auch der Sozien der testierenden Person begründet wird, soweit sich diese Haftung nicht etwa schon über § 31 BGB ergibt.[6]

Haftungsausschlüsse oder Haftungsbegrenzungen durch allgemeine Auftragsbedingungen von Wirtschaftsprüfern und Steuerberatern greifen gegenüber dem Schadensersatzanspruch aus § 826 BGB nicht durch. Sie werden im Falle vorsätzlichen oder grob fahrlässigen Handelns auch gegenüber dem vertraglichen Anspruch versagen (vgl. § 276 Abs. 2 BGB; § 309 Nr. 7 Buchst. b BGB). In diesen Fällen ist überdies auch der Versicherungsschutz des Testierenden aus seiner **Berufshaftpflichtversicherung** gefährdet.

18

---

1 Vgl. BGH v. 13.2.2003 – IX ZR 62/02, BB 2003, 924 (Kapitalanlagebewertung durch Steuerbewertungsgesellschaft); v. 7.2.2002 – III ZR 1/01, NJW 2002, 1196 (Architektenhaftung für Prüfvermerk); v. 2.12.1999 – IX ZR 415/98, NJW 2000, 725 (Rechtsanwalt, der mit Vorbereitung einer Kapitalerhöhung beauftragt ist); v. 28.5.1997 – III ZR 277/95, BB 1997, 1685 (Wirtschaftsprüfer der Gesellschaft im Verhältnis zu den Gesellschaftern).
2 BGH v. 2.4.1998 – III ZR 245/96 I 1 baa), BGHZ 138, 257 = DB 1998, 1073; v. 26.11.1986 – IVa ZR 86/85, DB 1987, 828 betr. einen Steuerberater, dem erkennbar war, dass die von ihm testierte Zwischenbilanz als Entscheidungsgrundlage für einen Dritten (Käufer oder Kreditgeber) dienen sollte.
3 BGH v. 7.7.1998 – XI ZR 375/97, DB 1998, 1858.
4 BGH v. 29.9.1982 – IVa ZR 309/80, DB 1983, 279. *Bosch*, Expertenhaftung gegenüber Dritten, ZHR 163 (1999), 274; besonders kritisch im Verkehr mit den USA, vgl. *Gruson*, RIW 2002, 596; *Louven*, VersR 1997, 1050; umfassend *Gruson/Hutter/Kutschera*, Legal Opinions in International Transactions, Report of the Subcommittee on Legal Opinions of the Committee on Banking Law of the Section on Business Law of the International Bar Association, 4th ed., 2003. Allgemein zur Haftung von Gutachtern bei der Vorbereitung von Beteiligungserwerben *J. Semler* in FS Quack, 1991, S. 545.
5 BGH v. 11.7.1988 – II ZR 232/87, ZIP 1988, 1581.
6 Zur Anwendbarkeit von § 31 BGB auf Gesellschaften bürgerlichen Rechtes BGH v. 24.2.2003 – II ZR 385/99, BGHZ 154, 88 mit Anm. *K. Schmidt*, NJW 2003, 1897.

II. Vorbereitende Festlegungen ohne vertragliche Bindung

1. Punktation

19 Bei komplexen Transaktionen kann es zweckmäßig sein, dass die Parteien Zwischenergebnisse der Verhandlungen einvernehmlich niederlegen. Dies gilt etwa, wenn eine grundsätzliche Übereinkunft über Inhalt und Struktur des Geschäftes erzielt ist, aber die Regelung der Detailfragen noch aussteht. Unter Übernahme der angelsächsischen Terminologie werden solche Festschreibungen auch **„Memorandum of Understanding"** (MoU) genannt. Ferner kommen gemeinsame Niederschriften in Betracht, wenn abgrenzbare Teilkomplexe abschließend verhandelt sind, z.b. die Gestaltung von Lieferbeziehungen oder Lizenzen in Verbindung mit dem Unternehmenserwerb.

Solche Niederschriften, die in deutscher Rechtsterminologie herkömmlich als **„Punktation"**[1] bezeichnet werden, binden die Parteien im Zweifel rechtlich nicht (§ 154 Abs. 1 Satz 2 BGB). Es besteht auch keine Vermutung dafür, dass mit der Einigung über die wesentlichen Punkte des Geschäftes der Kaufvertrag zustande gekommen ist.[2] § 154 BGB ist aber nur eine Auslegungsregel; die Parteien können auch eine Bindung wollen, was insbesondere anzunehmen ist, wenn mit der tatsächlichen Durchführung des Vertrages begonnen wird.[3] Lücken der getroffenen Teileinigung können im Wege der Auslegung geschlossen, eine etwa offen gebliebene Preisbestimmung kann über § 315 BGB vom Richter getroffen werden.[4] Bei der Niederschrift einer Verständigung über einzelne Punkte ist also darauf zu achten, dass der vorhandene oder fehlende Bindungswille richtig zum Ausdruck gebracht – oder bewusst im Dunkeln gelassen – wird. Auch wenn die Punktation entsprechend der gesetzlichen Vermutung nicht bindend ist, kann sie doch rechtliche Bedeutung dadurch gewinnen, dass sie das **Vertrauen** in den **Abschlusswillen** der anderen Partei stärkt und damit Schadensersatzpflichten im Falle grundlosen Abbruchs von Vertragsverhandlungen begründen kann (Teil VII Rz. 10, 14, 15). Darüber hinaus ist es verhandlungstaktisch schwierig, von einer einmal festgeschriebenen Position wieder abzurücken und den Punkt neu zu verhandeln.

2. „Letter of Intent"[5] – Absichtserklärung

20 Aus dem angelsächsischen Rechtsbereich kommend hat sich auch im deutschen Rechts- und Wirtschaftsleben der sog. „Letter of Intent" (LoI – Absichtserklärung) eingebürgert. Es handelt sich dabei typischerweise um einseitige Erklärungen, in denen eine Partei ihre Absicht bekundet, auf der Grundlage

---

1 Vgl. OLG Koblenz v. 12.6.2002 – 1 U 1103, OLG Koblenz 2002, 359.
2 OLG Oldenburg, v. 8.3.1996 – 11 U 82/85, DB 1996, 2534 (Parteien wollten sich noch über Firmenfortführung einigen).
3 BGH. v. 24.2.1983 – I ZR 14/81, NJW 1983, 1727.
4 BGH v. 1.7.1971 – KZR 16/70, LM Nr. 12 zu § 315 BGB; BGH v. 2.4.1964 – KZR 10/62, BGHZ 41, 271; BGH v. 19.1.1983 – VIII ZR 81/82, NJW 1983, 1777.
5 Grundlegend *Lutter*, Der Letter of Intent, unter Einbeziehung des deutschen IPR und verschiedener ausländischer Rechte; vgl. auch *Hertel*, Rechtsgeschäfte im Vorfeld eines Projektes, BB 1983, 1824, der darin die „Instruction to Proceed" (ITP) vorstellt. *Beispiel:* OLG Frankfurt v. 31.10.1996 – 3 U 184/94, OLGR Frankfurt 1997, 49.

bereits erzielter Verhandlungsergebnisse jedoch unter Vorbehalt weiterer Ereignisse (insbesondere Einigung über noch offene Punkte; Entwicklung bestimmter Rahmenbedingungen; Zustimmung Dritter) einen Vertrag abzuschließen. Der Letter of Intent kann auch von der Gegenpartei gegengezeichnet werden. Zuweilen enthält er neben der Absichtserklärung in Bezug auf das Hauptgeschäft auch **Vorfeldvereinbarungen** wie die Abrede, die Verhandlungen vertraulich zu behandeln; die Bereitschaft des Veräußerers, bestimmte Umstände zu offenbaren oder Prüfungen durch den Erwerber zuzulassen; die Erklärungen einer oder beider Parteien, bis zu einem bestimmten Zeitpunkt keine Verhandlungen mit Dritten aufzunehmen.

In der Regel wollen die Parteien durch einen Letter of Intent keine rechtliche Bindung in Bezug auf das Hauptgeschäft eingehen, sondern beim Gegner Vertrauen in die Ernstlichkeit der eigenen Verhandlungsabsichten wecken oder bekräftigen.[1] Das gilt auch, wenn der Letter of Intent von beiden Parteien unterzeichnet wird; freilich kann dabei die Abgrenzung zum Vorvertrag fließend werden (Teil VII Rz. 25). Rechtliche Wirkungen kann der Letter of Intent demgemäß insoweit aufgrund des Rechtsinstituts des **Verschuldens bei Vertragsverhandlungen** entfalten (Teil VII Rz. 10 f.),[2] indem er für den Fall willkürlicher Beendigung der Verhandlungen einen Schadensersatzanspruch eröffnet. Ob der Empfänger eines Letter of Intent Ersatzansprüche für Aufwendungen hat, die er aufgrund des Letter of Intent macht, hängt von dessen Inhalt und dem Maß an Vertrauen ab, das der Empfänger in den Abschlusswillen setzen durfte.[3] Dagegen werden die Parteien in der Regel Rechtsbindungswillen in Bezug auf die mit dem Letter of Intent verbundenen Vorfeldvereinbarungen haben. Im Übrigen kann ein Letter of Intent als Auslegungshilfe für den Hauptvertrag dienen. Dem Letter of Intent ähnlich sind die so genannten „**Heads of Agreement**". Es ist dies ein von einer Partei vorgelegter, zumeist schon in Vertragsform gekleideter Text, der jedoch nicht als bindendes Vertragsangebot, sondern als Diskussionsentwurf zu verstehen ist. Der Empfänger kann also nicht etwa durch Annahme der Heads of Agreement ohne weiteres einen Vertragsabschluss herbeiführen.

Die rechtliche Bedeutung der genannten Erklärungen ist stets durch Auslegung unter Berücksichtigung aller Umstände aus dem Empfängerhorizont zu ermitteln (§§ 133, 157 BGB). Die Bezeichnung als Letter of Intent, Heads of Agreement oder Ähnliches (Memorandum of Intent, Principles of Agreement) ist dabei nur ein widerlegliches Indiz dafür, dass eine vertragliche Bindung jedenfalls in Bezug auf den Abschluss des Hauptvertrages nicht gewollt ist.[4]

---

1 Vgl. *Heinrichs* in Palandt, vor § 145 BGB, Rz. 23, *Kramer* in MünchKomm.BGB, vor § 145 BGB Rz. 41; *K. Schmidt*, Handelsrecht, § 20 I 2a.
2 *Lutter*, Der Letter of Intent, S. 75.
3 *Lutter*, Der Letter of Intent, S. 104.
4 Siehe dazu OLG Köln v. 21.1.1994 – 19 U 73/93, EWiR 1994, 533 mit Anm. *Weber*.

III. Vorbereitende Vereinbarungen

1. Option, Vorkaufsrecht

21 Die Parteien können sich Optionen auf Erwerb oder Veräußerung eines Unternehmens einräumen. Das Gesetz verwendet diesen Begriff nicht. Man versteht darunter die rechtsgeschäftliche Einräumung einer Gestaltungsbefugnis, durch die es der begünstigten Partei ermöglicht wird, einseitig einen Vertragsschluss herbeizuführen. Zuweilen wird aber auch das Recht, von einem anderen den Abschluss eines Vertrages zu verlangen, als „Option" bezeichnet; der „Optionsberechtigte" hat in diesen Fällen kein Gestaltungsrecht, sondern einen Anspruch auf Abgabe einer Willenserklärung, der gemäß § 894 ZPO zu vollstrecken ist. Im weitesten Sinne versteht man unter „Option" irgendein Wahlrecht.[1] Häufig erfolgt die Optionseinräumung durch Abschluss eines **aufschiebend bedingten Vertrages**, wobei (nur) der Optionsberechtigte den Schwebezustand beenden kann. Die Option kann sowohl zugunsten des Käufers (Call-Option) als auch zugunsten des Verkäufers (Put-Option) vereinbart werden. Von einer **Überkreuz-Option** spricht man, wenn sich beide Seiten wechselseitig eine Option einräumen. Ähnlich wie der Abschluss eines bedingten Vertrages wirkt die Abgabe eines **unwiderruflichen**, in der Regel befristeten **Vertragsangebotes** (§§ 145, 148 BGB).[2]

22 Allerdings erlangt der Optionsberechtigte in bestimmten Fällen durch den **Abschluss eines bedingten Vertrages** eine bessere Stellung als durch ein unwiderrufliches Angebot: Wird zu seinen Gunsten bereits aufschiebend bedingt verfügt, so sind weitere Verfügungen des Verpflichteten, auch Zwangsvollstreckungsmaßnahmen in die Gegenstände, über die verfügt wurde, insoweit unwirksam als sie die Stellung des Berechtigten beeinträchtigen würden (§ 161 BGB). Der Dritterwerber genießt zwar in gewissem Umfang **Gutglaubensschutz** (§ 161 Abs. 3 BGB). Im Übrigen braucht aber der Berechtigte Zwischenveräußerungen nicht gegen sich gelten lassen. Insbesondere kennt das Gesetz keinen Gutglaubensschutz beim Erwerb von Forderungen und Beteiligungsrechten[3] (Ausnahme: Inhaberaktien, vgl. § 935 Abs. 2 BGB; Namensaktien, vgl.§ 68 AktG. Im Falle eines unwiderruflichen Angebotes sind hingegen Zwischenverfügungen auch gegenüber dem Angebotsempfänger wirksam; der Berechtigte ist auf Schadensersatzansprüche wegen der Vereitelung seiner Rechtsstellung beschränkt. Im Verhältnis zu Dritten kommt nur ein Anspruch aus § 826 BGB in Betracht.[4] Freilich schützt § 161 BGB nur, wenn zu Gunsten des Berechtigten nicht bloß ein schuldrechtlicher Kaufvertrag geschlossen (§ 433 BGB), sondern auch bereits eine bedingte Verfügung getroffen wurde, z.B. also ein Geschäftsanteil aufschiebend bedingt übertragen wurde. Der be-

---

1 Z.B. „Barabfindungsoption" BGH v. 16.9.2002 – II ZR 284/01 I, BGHZ 152, 29 = NJW 2002, 3467.
2 Vgl. *Kramer* in MünchKomm.BGB, vor § 145 BGB Rz. 50 ff.; *Georgiades*, Optionsvertrag und Optionsrecht in FS Larenz, 1973, S. 409 ff.; zuweilen wird von einer Option auch im Falle eines einseitig bindenden Vorvertrages gesprochen, vgl. *Kramer* in MünchKomm.BGB, vor § 145 BGB Rz. 50 m.w.N.
3 Vgl. *Heinrichs* in Palandt, § 161 BGB Rz. 3.
4 *Bork* in Staudinger, § 145 BGB Anm. 15.

dingte Abschluss eines schuldrechtlichen Vertrages führt nicht zur relativen Unwirksamkeit der im Widerspruch dazu getroffenen Verfügungen, sondern nur zu Schadensersatzansprüchen wegen der Vertragsverletzung.

Im Zusammenhang mit Unternehmensverkäufen werden Optionen zuweilen eingeräumt, um dem Käufer während eines bestimmten Zeitraumes Gelegenheit zu geben, Prüfungen im Unternehmen des Verkäufers anzustellen, auch Zustimmungen Dritter einzuholen oder gewisse Entwicklungen abzuwarten. Eine optionsähnliche Wirkung hat es, wenn sich eine Partei verpflichtet, während der Dauer der Verhandlungen nicht mit einem Dritten zu verhandeln (gegebenenfalls nur, nicht aktiv einen Dritten anzusprechen) oder jedenfalls nicht mit ihm abzuschließen. Der Verkäufer wird bemüht sein, für die ihn belastende Bindung eine Gegenleistung zu erlangen. Insbesondere kommt die Einräumung einer Kaufoption in Verbindung mit **Gewährleistungsausschlüssen** vor, wobei dem Käufer Gelegenheit gegeben wird, während des Laufes der Option eine umfassende Due Diligence durchzuführen. Optionen werden ferner eingeräumt, um dem Erwerber die rechtlich gesicherte Möglichkeit zur späteren **Aufstockung** der **Beteiligung** zu verschaffen. Hat der Veräußerer zunächst nur einen Teil seiner Beteiligung verkauft, mag er sich die Option zum Verkauf der verbliebenen Anteile einräumen lassen. Es finden sich auch Optionen zum Rückerwerb. 23

Der Einräumung einer Kaufoption steht die Einräumung eines **Vorkaufsrechtes** nahe (§§ 463 ff. BGB). Im Unterschied zur Option liegt es dabei jedoch nicht in der alleinigen Befugnis des Berechtigten, den Vertragsschluss herbeizuführen. Er bleibt vielmehr darauf angewiesen, dass sich der Veräußerer überhaupt zum Verkauf entscheidet und kann dann in die von diesem mit einem Dritten vereinbarten Bedingungen eintreten. Da das Vorkaufsrecht nur für den Verkaufsfall gilt, nicht aber z.B. bei Einbringungsvorgängen, bei Tausch oder Schenkung, finden sich immer wieder Umgehungsversuche des Vorkaufsverpflichteten, gegen die der Vorkaufsberechtigte nur in begrenztem Umfang geschützt ist.[1] Seine Rechtsstellung lässt sich verbessern, indem ihm über das Vorkaufsrecht hinaus ein **Erwerbsrecht** eingeräumt wird, das ihm beim Eintritt bestimmter Umstände das Recht gibt, den Abschluss eines Kauf- und Übertragungsvertrages zu verlangen. Das Erwerbsrecht ist gesetzlich nicht geregelt. Es wird von den Parteien im Rahmen der ihnen durch den Grundsatz der Vertragsfreiheit eingeräumten Befugnisse gestaltet. 24

2. Vorvertrag

Möglich ist auch der Abschluss eines Vorvertrages, durch den sich die Parteien zum Abschluss des späteren Hauptvertrages verpflichten. Im Gegensatz zur Punktation bewirkt der Vorvertrag bereits eine vertragliche Bindung. Von der Option unterscheidet er sich dadurch, dass nicht ein Gestaltungsrecht eingeräumt, sondern eine einseitige oder auch gegenseitige **Verpflichtung** zum **Abschluss des Hauptvertrages** begründet wird. Vorverträge werden abgeschlossen, wenn dem Hauptvertrag noch Hindernisse entgegenstehen, insbesondere, 25

---

1 Vgl. BGH v. 11.10.1991 – V ZR 127/90, BGHZ 115, 335 = NJW 1992, 236.

wenn noch nicht über alle Punkte des Hauptvertrages Einigkeit erzielt worden ist.[1] Damit eine Verständigung als bindender Vorvertrag zu einem Kaufvertrag angesehen werden kann, müssen sich die Parteien aber jedenfalls über Kaufgegenstand und Kaufpreis sowie über die wesentlichen Nebenpunkte des abzuschließenden Hauptvertrages so weit geeinigt haben, dass dessen Inhalt hinreichend deutlich bestimmt ist und im Streitfall richterlich festgestellt werden kann (möglicherweise unter Anwendung von §§ 315, 316 BGB).[2] Die **prozessuale Durchsetzung** des Erfüllungsanspruchs erfolgt durch Klage auf Annahme eines vom Kläger zu machenden Vertragsangebotes, mit der die Klage auf die nach dem abzuschließenden Hauptvertrag geschuldete Leistung verbunden werden kann.[3] Der Klageantrag muss grundsätzlich den gesamten Vertragsinhalt umfassen.[4] Eine isolierte Klage auf Erbringung der nach dem (noch abzuschließenden) Hauptvertrag geschuldeten Leistung ist dagegen grundsätzlich nicht möglich.[5]

26 Der Vorvertrag konfrontiert die Parteien mit zwei gegenläufigen Risiken. Das Offenlassen regelungsbedürftiger Punkte kann einerseits dazu führen, dass die Verständigung mangels **hinreichender Bestimmtheit** überhaupt keine rechtsgeschäftliche Bindungswirkung entfaltet. In diesem Fall ist der beabsichtigte Abschluss des Vorvertrages gescheitert. Andererseits kann es sein, dass die offen gebliebenen Punkte über §§ 315, 316 BGB durch Bestimmung des jeweils anderen Teils oder des Gerichts oder auch durch gerichtliche Vertragsauslegung ausgefüllt werden, so dass beiden Parteien die Freiheit zur Gestaltung des Hauptvertrages beschnitten wird. Will man beide Risiken vermeiden, muss eine so weit gehende Durcharbeitung des Vertrages im Detail stattfinden, dass häufig ebenso gut der Hauptvertrag selbst – gegebenenfalls unter einer Bedingung – abgeschlossen werden könnte.

3. Rahmenvertrag

27 Beabsichtigen die Parteien den Abschluss mehrerer sachlich miteinander in Beziehung stehender Verträge, können sie einen Rahmenvertrag abschließen. Dieser kann gemeinsame Bestimmungen für alle Geschäfte enthalten oder die Art und Weise regeln, in der sie voneinander abhängig sein sollen. Im Unternehmenskaufrecht kommen Rahmenverträge namentlich dann vor, wenn der sukzessive Erwerb von Anteilen vorgesehen ist.[6]

4. Form

28 Die Einräumung der Option durch Optionsvertrag oder bindendes Angebot an den Optionsberechtigten bedarf der **für den Vertrag selbst vorgeschriebenen Form** insbesondere also notarieller Form bei Grundstücken und Geschäfts-

---

1 Vgl. *Kramer* in MünchKomm.BGB, vor § 145 BGB Anm. 44.
2 Vgl. BFH v. 13.12.1983 – VIII R 16/83, NJW 1984, 1655; BGH v. 20.9.1989 – VIII ZR 143/88, NJW 1990, 1234 betreffend Vorvertrag zu einem Unternehmenskaufvertrag.
3 BGH. v. 18.4.1986 – V ZR 82/85, NJW 1986, 2820/2821.
4 BGH v. 18.11.1993 – IX ZR 256/92, DB 1994, 881.
5 BGH v. 11.11.1970 – VIII ZR 47/70, WM 1971, 44/45.
6 Vgl. BGH v. 23.11.1979 – I ZR 161/77, WM 1980, 284 (287).

anteilen an GmbH.¹ Bei der **Optionserklärung** (Ausübung der Option) ist dagegen zu unterscheiden: Ist die Option durch Abschluss eines aufschiebend bedingten Vertrages eingeräumt und besteht die Bedingung in der Abgabe einer Erklärung des Optionsberechtigten, so bedarf letztere keiner besonderen Form.² Wird hingegen dem Optionsberechtigten ein Angebot unterbreitet, an das der andere Teil für eine bestimmte Zeit gebunden bleibt, so stellt die Annahme des Angebotes die Vertragserklärung des Optionsberechtigten dar und unterliegt demgemäß der für den Vertrag geltenden Form.³ Auch die Einräumung eines **Vorkaufsrechtes** ist im selben Umfang formbedürftig, wie es der Kaufvertrag selbst ist. Dies hat wiederum namentlich bei Vorkaufsrechten über Grundstücke und GmbH-Anteile Bedeutung.⁴ Ebenso bedürfen **Vorverträge** der Form des Hauptvertrages, wenn dies der Schutzzweck der für den Hauptvertrag vorgeschriebenen Form gebietet, insbesondere wenn die Formvorschriften die Beteiligten vor Übereilung schützen soll. Notarieller Form unter Beachtung des Grundsatzes der Beurkundungsbestimmtheit bedürfen daher Vorverträge über den Erwerb von Grundstücken.⁵ Nichts anderes kann für den Vorvertrag bezüglich eines GmbH-Anteils gelten.⁶

C. Due Diligence

Literatur: *Banerjea*, Due Diligence beim Erwerb von Aktien über die Börse, ZIP 2003, 1730; *Berens/Brauner/Strauch*, Due Diligence bei Unternehmensakquisitionen, 3. Aufl. 2002; *Bihr*, Due Diligence: Geschäftsführungsorgane im Spannungsfeld zwischen Gesellschafts- und Gesellschafterinteressen, BB 1998, 1198; *Engelhardt*, Environmental Due Diligence, WiB 1996, 299; *Ewer*, Environmental due diligence als anwaltliches Betätigungsfeld, AnwBl 2002, 309; *Fleischer*, Konkurrenzangebote und Due Diligence, ZIP 2002, 651; *Fleischer/Körber*, Due diligence und Gewährleistung beim Unternehmenskauf, BB 2001, 841; *Götze*, Ad-hoc-Publizitätspflicht bei Zulassung einer Due Diligence durch AG-Vorstand?, BB 1998, 2326; *Grimm/Böker*, Die arbeits- und sozialversicherungsrechtliche Due Diligence, NZA 2002, 193; *Harrer*, Die Bedeutung der Due Diligence bei der Vorbereitung eines Unternehmenskaufs, DStR 1993, 1673; *International Bar Association* (IBA) (Hrsg.), Due Diligence, Disclosures and Warranties in the Corporate Acquisition Practice, 2. Aufl. 1992; *Kittner*, „Human Ressources" in der Unternehmensbewertung, DB 1997, 2285; *Körber*, Geschäftsleitung der Zielgesellschaft und due diligence bei Paketerwerb und Unternehmenskauf, NZG 2002, 263; *Krömker*, Der Anspruch des Paketaktionärs auf Informationsoffenbarung zum Zwecke der Due Diligence, NZG 2003, 418; *Krüger/Kalbfleisch*, Due Diligence bei Kauf und Verkauf von Unternehmen, DStR 1999, 174; *Küpper*, Due Diligence für Verpflichtungen aus der betrieblichen Altersversorgung, DB 1997, 1317; *Linker/Zinger*, Rechte und Pflichten der Organe bei der Weitergabe vertraulicher Unternehmensinformationen, NZG 2002, 497; *Loges*, Der Einfluss der „Due Diligence" auf die Rechtsstellung des Käufers eines Unternehmens, DB 1997, 965; *Lutter*, Due diligence des Erwerbers beim Kauf einer

---

1 BGH v. 7.6.1973 – III ZR 71/71 BGHZ 61, 48; *Heinrichs* in Palandt, § 311b BGB Rz. 11.
2 St. Rspr. BGH v. 28.6.1996 – V ZR 136/95 II 2 m.w.N., BB 1996, 2379; h.M.
3 *Heinrichs* in Palandt, Einf. § 145 BGB Rz. 23; § 311b BGB Rz. 11; so schon RG v. 30.3.1942 – II 96/41 I 1, RGZ 169, 65.
4 H. L. vgl. für Grundstücke BGH v. 7.2.1986 – V ZR 176/84 Ls.2 und I 3 b bb) m.w.N., BGH 97, 147; für GmbH-Anteile *Winter* in Scholz, § 15 GmbHG Rz. 38 ff.
5 BGH v. 7.2.1986 – V ZR 176/84, BGHZ 97, 147, NJW 1986, 1983.
6 *Lutter/Bayer* in Lutter/Hommelhoff § 15 GmbHG Rz. 30; BGH v. 21.9.1987 – II ZR 16/87 Ls.1 und 1, WM 1988, 163 (Vorvertrag zur Gründung einer GmbH).

Beteiligung, ZIP 1997, 613; *Merkt*, Due Diligence und Gewährleistung beim Unternehmenskauf, BB 1995, 1041; *ders.*, Rechtliche Bedeutung der due diligence beim Unternehmenskauf, WiB 1996, 145; *Müller*, Einfluss der due diligence auf die Gewährleistungsrechte des Käufers beim Unternehmenskauf, NJW 2004, 2196; *Pollanz*, Due Diligence als künftiges Instrument einer risikoorientierten Abschlussprüfung?, BB 1997, 1351; *Röder*, Unterrichtung des Wirtschaftsausschusses bei Unternehmenskauf und Umwandlung, BB 1997, 2105; *Schander/Lucas*, Die Ad-Hoc-Publizität im Rahmen von Übernahmevorhaben, DB 1997, 2109; *Schroeder*, Darf der Vorstand der Aktiengesellschaft dem Aktienkäufer eine Due Diligence gestatten?, DB 1997, 2161; *Stoffels*, Grenzen der Informationsweitergabe durch den Vorstand einer Aktiengesellschaft im Rahmen einer „Due Diligence", ZHR 165 (2001), 362; *Vogt*, Die „Due Diligence" – ein zentrales Element bei der Durchführung von Mergers Acquisitions, DStR 2001, 2027.

I. Begriff und Gegenstand der Due Diligence

29 Dieser Abschnitt befasst sich mit rechtlichen Aspekten der Due Diligence. Zu ihrer zweckmäßigen Durchführung siehe oben Teil I Rz. 172 ff. Man versteht unter „Due Diligence" im Zusammenhang mit dem Recht des Unternehmens- und Beteiligungskaufes in der Regel die **systematische Untersuchung** des **Zielunternehmens** durch den Kaufinteressenten. Der Ausdruck lässt die Herkunft des Institutes aus dem anglo-amerikanischen Rechtskreis erkennen.[1] Seinem Wortsinn nach bezeichnet er die allgemein dem Käufer zuzumutende angemessene Sorgfalt bei der Prüfung der Kaufsache. In der Praxis meint er das Verfahren, mit welchem das Zielunternehmen untersucht wird. In der rechtlichen und wirtschaftlichen Praxis und Literatur erscheint der Ausdruck häufig. In die Rechtsprechung hat er bislang keinen Eingang gefunden. Eine präzise rechtliche Bedeutung hat er nicht. Die Due Diligence kann sich auf alle Bereiche des Zielunternehmens erstrecken, insbesondere auf seine rechtlichen, finanziellen, wirtschaftlichen und technischen Verhältnisse. Als gesonderte, die genannten Kategorien zum Teil überschneidende Gegenstände der Due Diligence können das Personalwesen[2] unter besonderer Berücksichtigung der Ruhegeldzusagen[3] genannt werden sowie die technischen und rechtlichen Aspekte der Umweltverträglichkeit des Zielunternehmens („Environmental Due Diligence").[4] Häufig stellt der Verkäufer Unterlagen zum Zielunternehmen systematisch aufbereitet dem Käufer in einem besonderen Raum zur Verfügung („**Data Room**"). Daraus abgeleitet wird mit dem Begriff „Data Room" in der Praxis auch die Gesamtheit dieser Unterlagen bezeichnet. Die bei der Due Diligence festgestellten Umstände werden üblicherweise in einem sog. „Due Diligence Report" festgehalten. Neuerdings findet sich auch der Ausdruck „**Vendor's Due Diligence**". Man versteht darunter die systematische Aufbereitung der Daten des Zielunternehmens zur Vorbereitung eines Verkaufs.

---

1 Zur US-amerikanischen Praxis vgl. *Merkt*, BB 1995, 1041; umfassend *Vogt*, DStR 2001, 2027.
2 Vgl. *Grimm/Böker*, NZA 2002, 193.
3 Vgl. dazu *Höfer/Küpper*, DB 1997, 1317.
4 Dazu näher *Ewer*, AnwBl 2002, 309.

Mit der Due Diligence will sich der Käufer die Kenntnisse von dem Zielunternehmen verschaffen, die für die Bemessung des Kaufpreises erforderlich sind, gegebenenfalls auch Risiken aufdecken, hinsichtlich derer er Absicherungen durch den Verkäufer erstrebt. Manchmal wird vereinbart, dass die Due Diligence erst **nach** dem **Abschluss** des **Kaufvertrages** durchgeführt wird. Zuweilen erfolgt sie sogar erst nach dessen Vollzug. In diesen Fällen ist eine vertragliche Regelung über die Anpassung des Kaufvertrages, insbesondere des Kaufpreises, an die Ergebnisse der Due Diligence geboten; der Käufer wird sich häufig eine Rücktrittsmöglichkeit für den Fall vorbehalten wollen, dass die Due Diligence schwer wiegende nachteilige Umstände des Zielunternehmens zu Tage fördert. 30

II. Due Diligence, Gewährleistung, Garantie

1. Problemstellung

In diesem Zusammenhang ist zu erörtern, welchen Einfluss es auf die Rechtsstellung des Käufers hat, wenn ihm 31

- im Rahmen der Due Diligence bestimmte Umstände des Zielunternehmens bekannt werden;
- trotz Durchführung der Due Diligence oder wegen Unterbleibens einer Due Diligence bestimmte Umstände des Zielunternehmens nicht bekannt werden.

Dabei ist zu unterscheiden, ob die Parteien zu diesen Fragen eine besondere Vereinbarung getroffen haben oder ob mangels einer solchen Vereinbarung die allgemeinen Regeln gelten.

2. Kenntnis des Käufers von Mängeln des Zielunternehmens

a) Rechtsfolgen

Von Gesetzes wegen richtet sich die Gewährleistung des Verkäufers für Mängel des verkauften Unternehmens nach §§ 453, 434 ff. BGB (§§ 459 ff. BGB a.F.).[1] Gemäß § 442 Abs. 1 BGB stehen dem Käufer keine Gewährleistungsansprüche wegen Mängeln der Kaufsache (des Zielunternehmens) zu, die ihm bei Abschluss des Kaufvertrages bekannt sind. Es kommt nicht darauf an, ob der Käufer die Kenntnis im Rahmen einer Due Diligence oder in anderer Weise erlangt hat. Das Gleiche gilt bei grob fahrlässiger Unkenntnis von einem Mangel, falls nicht der Verkäufer den Mangel arglistig verschwiegen oder eine Garantie für die Beschaffenheit des Zielunternehmens übernommen hat. 32

Bei Unternehmenskäufen kann der Verkäufer auch Erklärungen über Umstände abgeben, die rechtlich nicht zur Beschaffenheit des Zielunternehmens gehören. Für deren Richtigkeit haftet er nach den Grundsätzen des Verschuldens bei Vertragsanbahnung (siehe dazu nachstehend Teil VII Rz. 166 ff.). Im Rah- 33

---

1 Für §§ 459 ff. BGB a.F. erneut bestätigt durch BGH v. 8.2.1995 – VIII ZR 8/94 I 2b, NJW 1995, 1547, siehe dazu näher unten Teil VII Rz. 139 ff.

men des Instituts des Verschuldens bei Vertragsabschluss findet § 442 BGB unmittelbar keine Anwendung. Doch wird es in aller Regel dem Willen redlicher Vertragsparteien entsprechen, § 442 BGB insoweit analog anzuwenden und dem Käufer Ansprüche zu versagen, wenn er beim Abschluss des Kaufvertrages Kenntnis davon hatte, dass die vom Verkäufer abgegebene Erklärung unrichtig war.

b) Relevanter Personenkreis[1]

34 Bei größeren Unternehmens- und Beteiligungskäufen wirken im Rahmen der Due Diligence zahlreiche Personen mit. Ohne Zweifel muss sich der Käufer die Kenntnis seiner **gesetzlichen** und **rechtsgeschäftlichen Vertreter** zurechnen lassen (§ 166 BGB), und zwar ohne Rücksicht auf die Kenntnisse der unmittelbar handelnden Personen.[2] Kauft z.B. eine AG ein Unternehmen und kennt ein Vorstandsmitglied der AG Mängel desselben, so muss sich die AG diese Kenntnis zurechnen lassen; es kommt nicht darauf an, ob dieses Vorstandsmitglied an der Transaktion beteiligt war. Bei Gesamtvertretung genügt es zum Ausschluss von Gewährleistungsansprüchen, wenn eine der zur Gesamtvertretung berechtigten Personen anspruchsschädliche Kenntnis hat. Darüber hinaus muss sich der Käufer aber auch die Kenntnis der Personen zurechnen lassen, die für ihn als „**Verhandlungsgehilfen**" oder „**Wissensvertreter**" aufgetreten sind. Wissensvertreter ist jeder, der nach der Arbeitsorganisation des Geschäftsherrn dazu berufen ist, als dessen Repräsentant bestimmte Aufgaben in eigener Verantwortung zu erledigen und die dabei angefallenen Informationen zur Kenntnis zu nehmen sowie gegebenenfalls weiterzuleiten.[3] Obwohl diese Definition aus einem Urteil stammt, das die Wissenszurechnung bei einem Verkäufer betraf, ist sie doch geeignet, die Wissenszurechnung auch für den Käufer zu erfassen.

35 „Verhandlungsgehilfen" oder „Wissensvertreter" des Käufers können nur solche Personen sein, die für ihn in einer in gewisser Weise hervorgehobenen Funktion tätig sind, also jedenfalls nicht lediglich in ganz untergeordneter Rolle mit bloß mechanischen Tätigkeiten befasst sind. Eine Zweifelsfragen ausschließende allgemeine Definition des relevanten Personenkreises lässt sich freilich nicht geben. Es kommt auf die Verhältnisse des Einzelfalles an. Je umfassender die Funktion der an einem Unternehmenskauf mitwirkenden Personen ist, desto eher wird man ihre Kenntnis als Kenntnis des Auftraggebers anzusehen haben. Wer im Auftrag eines Kaufinteressenten an einer Due Diligence mitwirkt, hat gerade die Aufgabe, für den Auftraggeber Wissen zu beschaffen. Das Wissen, das er erlangt, muss daher auch dem Auftraggeber zugerechnet werden. Das gilt jedenfalls dann, wenn die in Frage stehenden Umstände zu dem Bereich gehören, in dem der Betreffende das Zielunternehmen untersuchen soll. Gehören diese Umstände hingegen zu einem Bereich, dessen Prüfung der betreffenden Person nicht obliegt, und erfährt diese nur zufällig von solchen Umständen, kann ihre Kenntnis dem Auftraggeber nicht oh-

---

1 Vgl. zum Ganzen Hartung, NZG 1999, 524.
2 BGH v. 17.5.1995 – VIII ZR 70/94 II 2 b aa), DB 1995, 1556.
3 BGH v. 24.1.1992 – VZR 262/90 II 3 a), BGHZ 117, 104 = NJW 1992, 1099.

ne weiteres zugerechnet werden. Vielmehr ist dies nur dann der Fall, wenn nach den Umständen zu erwarten ist, dass sie dieses Wissen an den Auftraggeber weiterleitet. Von einem bei einer Due Diligence eingeschalteten Rechtsanwalt oder Wirtschaftsprüfer, die typischerweise eine umfassende Interessenwahrnehmungspflicht haben, wird dies in der Regel zu erwarten sein.

Als „Verhandlungsgehilfen" oder „Wissensvertreter", deren Kenntnis von bestimmten Mängeln dem Käufer zuzurechnen ist, hat die Rechtsprechung nicht angesehen Makler.[1]

36

c) Relevanter Zeitpunkt

Maßgeblich ist der Abschluss des Kaufvertrages (§ 442 Abs. 1 BGB), also des schuldrechtlichen Verpflichtungsgeschäftes. Umstände, die dem Käufer zu diesem Zeitpunkt bekannt sind, können keine Gewährleistungsansprüche begründen.[2] Mängel der Kaufsache, von denen der Käufer nach Abschluss des Kaufvertrages erfährt, beeinträchtigen seine Gewährleistungsansprüche nicht. Die Annahme eines mangelhaften Unternehmens in Kenntnis des Mangels hat keinen Einfluss auf die Gewährleistungsansprüche des Käufers (Abweichung von der in § 464 BGB a.F. enthaltenen Regel).

37

d) Vertragliche Regelungen

§ 442 ist dispositiv.[3] Der Käufer schützt sich am stärksten, wenn die direkte und die entsprechende Anwendung dieser Bestimmungen überhaupt ausgeschlossen wird. In der Praxis wird häufig vereinbart, dass ohne Rücksicht auf die tatsächliche Kenntnis des Käufers alle – aber auch nur solche – Umstände als ihm bekannt gelten und anspruchsschädlich sind, die ihm in bestimmter Weise vermittelt wurden, z.B. im Data Room in angemessener Weise zugänglich gemacht worden sind oder sonst in schriftlicher Form („Disclosure Letter") übermittelt werden. Regelungsbedürftig ist die Behandlung von Informationen in Dokumenten, auf die in übermittelten Dokumenten lediglich Bezug genommen wird. Hinsichtlich der maßgeblichen Personen kann vereinbart werden, dass dem Käufer nur die Kenntnis bestimmter für ihn handelnder Personen zugerechnet wird, die entweder nach ihrer Funktion allgemein oder auch individuell bezeichnet werden.

38

3. Keine Kenntnis des Käufers von Mängeln des Zielunternehmens

a) Grob fahrlässige Unkenntnis

Grundsätzlich trifft den Käufer keine Obliegenheit zur Untersuchung des Kaufgegenstandes (anders bei beiderseitigem Handelskauf über Waren, § 377 HGB). Jedoch hat der Verkäufer Mängel, die dem Käufer in Folge grober Fahr-

39

---

1 OLG Koblenz v. 23.1.1992 – 5 U 901/91, NJW-RR 1993, 180, es sei denn, der Makler wäre vom Kaufinteressenten gerade mit der Verhandlungsführung betraut.
2 Zu den Besonderheiten beim Abschluss aufschiebend bedingter Verträge oder bei Heilung von Formmängeln vgl. *Matusche-Beckmann* in Staudinger, § 442 BGB Rz. 15 ff.
3 Vgl. *Putzo* in Palandt, § 442 BGB Rz. 3.

lässigkeit unbekannt geblieben sind, nicht zu vertreten (soweit nicht der Verkäufer eine Beschaffenheitsgarantie übernommen oder einen Mangel arglistig verschwiegen hat, § 442 Abs. 1 Satz 2 BGB). Im Zusammenhang mit Unternehmens- oder Beteiligungskäufen stellt sich insbesondere die Frage, ob der Käufer grob fahrlässig handelt, wenn er eine Due Diligence nicht oder nur unsachgemäß ausführt.[1]

40 Das Maß der dem Käufer zuzumutenden Sorgfalt hängt von den Umständen ab. Dabei spielt das Schutzbedürfnis der Beteiligten eine Rolle. So hat die Rechtsprechung z.B. im Gebrauchtwagenhandel ein starkes Schutzbedürfnis des privaten Käufers angenommen und grob fahrlässige Unkenntnis des Käufers nur unter strengen Voraussetzungen bejaht. Dagegen treten bei Unternehmenskäufen häufig geschäftsgewandte Käufer auf, die eines besonderen Schutzes nicht bedürfen. Freilich hat sich die Rechtsprechung auch mit einer Anzahl von Fällen befasst, in denen eher unbedarft operierende Personen Unternehmen oder Geschäftsbetriebe erwarben; bei ihnen wird man ein erhöhtes Schutzbedürfnis zu bejahen haben.

41 Die Frage, ob ein Unternehmenskäufer in Folge grober Fahrlässigkeit einen Mangel des Zielunternehmens nicht kannte, kann daher richtigerweise nicht ohne Berücksichtigung der persönlichen Verhältnisse des Käufers beantwortet werden. Je geschäftsgewandter der Käufer ist, desto eher wird ihm zuzumuten sein, sich der üblich gewordenen Techniken der Due Diligence zu bedienen oder sich vertraglich durch den Ausschluss von § 442 BGB zu sichern und desto eher wird man bei Unterbleiben solcher zumutbarer und üblicher Schutzvorkehrungen grobe Fahrlässigkeit anzunehmen haben. Zu einem ähnlichen Ergebnis führt es, wenn man darauf abstellt, ob eine Verkehrssitte besteht, im Zusammenhang mit einem Unternehmenserwerb eine Due Diligence durchzuführen: Im Bereich des professionellen Unternehmenserwerbes durch geschäftsgewandte Käufer wird man eine solche Verkehrssitte zu bejahen haben, bei Kleinunternehmen oder dem Erwerb einer freiberuflichen Praxis nicht. Im ersteren Fall ist es grob fahrlässig, wenn der Kaufinteressent auf eine Due Diligence verzichtet, im letzteren Fall nicht.[2]

42 Unkenntnis kann dem Käufer hingegen grundsätzlich dann nicht schaden, wenn der Verkäufer einer ihn treffenden Offenbarungspflicht nicht nachkommt. Diese kann sich aus dem Rechtsinstitut des Verschuldens bei Vertragsanbahnung (culpa in contrahendo) ergeben. Zu deren Umfang siehe nachstehend Teil VII Rz. 174 ff.

43 Die Rechtsfolgen schuldhafter Unkenntnis des Käufers von einem Sachmangel beurteilen sich nur nach § 442 BGB. Für eine Heranziehung von § 254 BGB (Mitverschulden) ist daneben im Rahmen des Gewährleistungsrechts kein

---

1 Vgl. näher *Loges*, DB 1997, 965; *Müller*, NJW 2004, 2196.
2 Eine Verkehrssitte, nach der die Durchführung einer Due Diligence üblich ist, verneint generell *Loges*, DB 1997, 965 (967); ebenso *Fleischer/Körber*, BB 2001, 841/846; *Beisel/Klumpp*, Kap. 2 Rz. 9; *Holzapfel/Pöllath*, Rz. 15; *Müller*, NJW 2004, 2196.

Raum.¹ Etwas anderes gilt freilich für Schadensersatzansprüche aus Verschulden bei Vertragsschluss. Diese unterliegen grundsätzlich den Einschränkungen des § 254 BGB;² doch darf die Berücksichtigung des Mitverschuldens des Käufers nicht dazu führen, die Offenbarungspflicht im Ergebnis bedeutungslos werden zu lassen.

b) Unrichtige Informationen über das Zielunternehmen

Die Informationen, die der Verkäufer erteilt, können fehlerhaft sein. Fällt dem Verkäufer ein Verschulden zur Last, so können sich daraus Schadensersatzansprüche des Käufers wegen Verschuldens bei Vertragsanbahnung ergeben (siehe dazu näher Teil VII Rz. 174 ff.). Allerdings begründen **fahrlässige Falschangaben** des Verkäufers über die **Beschaffenheit** des Zielunternehmens keine Ansprüche des Käufers aus Verschulden bei Vertragsanbahnung. Der Käufer wird insoweit nur durch die Gewährleistungsrechte geschützt. Diese gehen als Sonderregelung vor (siehe dazu näher Teil VII Rz. 176). Falsche Auskünfte des Verkäufers können jedoch zugunsten des Käufers Ansprüche wegen Verschuldens bei Vertragsanbahnung begründen, wenn der Verkäufer sie erteilt 44

- vorsätzlich zu Umständen, die als Mängel i.S.v. § 434 BGB anzusehen sind; oder

- fahrlässig oder vorsätzlich zu Umständen, die keine Mängel des Zielunternehmens im Rechtssinne darstellen.

Spiegelbildlich zu der Frage, wessen Kenntnisse der Käufer gegen sich gelten lassen muss (siehe o. Teil VII Rz. 34 ff.), stellt sich die Frage, für wessen Auskünfte der Verkäufer haftet. Der Verkäufer schaltet bei der Auskunftserteilung im Rahmen einer Due Diligence in der Regel eine Mehrzahl von Personen ein. Verkauft er z.B. Beteiligungen, so werden die dem Käufer überlassenen Informationen üblicherweise vom Management oder von Mitarbeitern der Zielgesellschaft beschafft. In vielen Fällen wirken außenstehende Berater an der Aufbereitung der Informationen mit, z.B. Wirtschaftsprüfer, Rechtsanwälte, Investmentbanken. Für Verschulden dieser Personen haftet der Verkäufer, wenn sie seine Erfüllungsgehilfen i.S.v. § 278 BGB sind. Ob dies der Fall ist, lässt sich freilich nicht immer ohne weiteres bestimmen. Erfüllungsgehilfe ist, wer mit dem Willen des Schuldners bei der Erfüllung einer diesem obliegenden Verbindlichkeit als dessen Hilfsperson tätig wird.³ Regelmäßig wird man aber Personen wie die hier beispielhaft genannten als Erfüllungsgehilfen zu qualifizieren haben.⁴ 45

---

1 BGH v. 28.6.1978 – VIII ZR 112/77, DB 1978, 1779 zum Verhältnis von § 460 BGB a.F. zu § 352 BGB.
2 Vgl. BGH. v. 8.4.1994 – VIII ZR 228/96, NJW-RR 1998, 948 für einen Käufer, der im Rahmen eines Sale-and-lease-back Geschäftes ein Grundstück erworben und es sogleich dem Veräußerer zurückvermietet hatte, ohne sich über dessen Bonität zu vergewissern; der Verkäufer/Mieter war insolvent.
3 St. Rspr. vgl. BGH v. 1.10.1991 – X ZR 128/89 m.w.N.
4 Zutreffend *Hartung*, NZG 1999, 524 (527). Für Mitarbeiterin, die fehlerhafte Gewinn- und Verlustrechnungen erstellt hatte, BGH v. 4.6.2003 – VIII ZR 91/02 III 2 a) aa), NJW-RR 2003,1192.

46 Soweit eine solche Person schuldhaft eine falsche Auskunft erteilt, haftet der Verkäufer. Dem Käufer kommen die Beweislastumkehrungen gemäß § 280 Abs. 1 Satz 2 BGB zugute. Steht fest, dass eine der Verkäufersphäre zuzurechnende Person eine falsche Auskunft erteilt hat, so muss der Verkäufer zur Abwehr von Ansprüchen des Käufers den Beweis dafür führen, dass die Auskunftsperson entweder nicht sein Erfüllungsgehilfe war oder dass sie nicht schuldhaft gehandelt hat.

47 Die Parteien haben ein Interesse an rechtlicher Klarstellung, der Verkäufer überdies an einer Einschränkung seiner Verantwortlichkeit. Insbesondere sind die folgenden Fragen zu regeln:

48 – Welche Personen können dem Kaufinteressenten Auskünfte erteilen, die den Verkäufer binden? Der Verkäufer wird bestrebt sein, den Kreis dieser Personen möglichst eng zu ziehen. Er wird auch bedenken, dass Management und Mitarbeiter des Zielunternehmens in Loyalitätskonflikte kommen können, weil sie die Belange des „neuen Herrn" in Rechnung stellen mögen. Der Käufer hat ein gegenläufiges Interesse.

49 – Welche Erklärungen auskunftsberechtigter Personen binden den Verkäufer? Hierzu treffen die Parteien häufig die Abrede, dass der Verkäufer nur für solche Angaben einzustehen braucht, die im Data Room enthalten sind oder dem Käufer in anderer Weise schriftlich von auskunftsberechtigten Personen gemacht werden, insbesondere in einem Disclosure Letter.

50 – Haftet der Verkäufer für die objektive Richtigkeit der erteilten Informationen oder braucht er nur für zumindest fahrlässig falsch erteilte Informationen einzustehen?

III. Verpflichtungen des Kaufinteressenten aufgrund der Due Diligence

1. Vertraulichkeit; sonstige Verpflichtungen

51 Durch die Due Diligence gewinnt der Kaufinteressent oft tiefen Einblick in die Verhältnisse des Zielunternehmens, insbesondere auch in dessen Geschäfts- und Betriebsgeheimnisse, z.B. Lieferanten und Kunden, strategische Überlegungen, Kalkulationsmethoden, Profitabilität einzelner Produkte und Geschäftszweige, Fertigungsmethoden und vielleicht sogar gewisse Forschungs- und Entwicklungsvorhaben. Kommt es nicht zum Abschluss des Kaufvertrages, kann der Kaufinteressent diese Kenntnisse faktisch zum Nachteil des Zielunternehmens verwenden. Das gilt namentlich in den praktisch häufigen Fällen, in denen der Kaufinteressent Wettbewerber des Zielunternehmens ist.

52 Es ist anerkannt, dass den Kaufinteressenten von Gesetzes wegen in gewissem Umfange die Verpflichtung trifft, Kenntnisse, die er während der Kaufverhandlungen über das Zielunternehmen gewonnen hat, nicht zum Nachteil des

Zielunternehmens zu verwenden.¹ Wie weit diese Verpflichtung im Einzelnen reicht, ist jedoch ungeklärt. Des Weiteren ergibt sich für den Verkäufer ein Risiko aus dem Umstand, dass der Kaufinteressent während der Due Diligence gewöhnlich in recht engen Kontakt zu maßgeblichen Mitarbeitern und Knowhow-Trägern des Zielunternehmens gelangt und diese Kontakte dazu nutzen mag, solche Mitarbeiter abzuwerben. Auch das verbietet das Gesetz zwar im Grundsatz (§ 1 UWG),² doch bleiben viele Zweifel offen.

2. Absicherung des Verkäufers

a) Rechtliche Absicherung

Der Verkäufer sucht den vorstehend skizzierten Risiken häufig durch **Geheimhaltungsabreden** und vertragliche **Abwerbungsverbote** Rechnung zu tragen. Die anglo-amerikanisch beeinflusste Praxis kennt umfangreiche Vertragsgestaltungen. Sie bieten freilich dem Verkäufer nur begrenzten Schutz,   53

– weil häufig nur schwer zu bestimmen ist, ob der Kaufinteressent bestimmte Kenntnisse aus der Due Diligence erlangt hat und, falls dies so ist, ob er sie zum Nachteil des Zielunternehmens verwandt hat;   54

– weil, selbst wenn die unerlaubte Verwendung von Kenntnissen festgestellt werden kann, der sich daraus ergebende Schadensersatzanspruch der Höhe nach nur schwer zu bestimmen ist. Diesem letzteren Problem kann bis zu einem gewissen Grad durch eine Vertragsstrafenabrede Rechnung getragen werden.   55

Abwerbungsverbote können im Gegensatz zu **Beschäftigungsverboten** rechtswirksam vereinbart werden. Jedoch steht der Verkäufer vor der Schwierigkeit nachweisen zu müssen, dass ein vom Zielunternehmen zum Kaufinteressenten übergewechselter Mitarbeiter den Wechsel aufgrund einer Abwerbung durch den Kaufinteressenten und nicht aus eigener Initiative vollzogen hat.   56

b) Faktische Absicherung

Angesichts des nur beschränkt wirksamen vertraglichen Schutzes wird der Verkäufer bestrebt sein, sensible Informationen tunlichst geheim zu halten. Zu diesem Zweck kommt auch in Betracht, die Due Diligence in mehreren Stufen durchzuführen und nur ausgesuchten Kaufinteressenten den Zugang zu jeweils weiteren Informationen über das Zielunternehmen zu gewähren. Auch das schützt den Verkäufer freilich nur in gewissem Umfang. Lässt der Verkäufer mehrere Kaufinteressenten zur letzten Stufe der Due Diligence zu, um einen Nachfragewettbewerb aufrechtzuerhalten, so gelangen notwendigerweise zum Teil höchst vertrauliche Informationen an Kaufinteressenten, die letzt-   57

---

1 Sog. „Diskretionsfälle", vgl. *Larenz* in FS Ballerstedt, 1975, 397 (415); *Wiedemann* in Soergel, § 275 BGB Rz. 175.
2 Vgl. BGH. v. 17.3.1961 – I ZR 26/60, DB 1961, 745 für den Fall, dass die besonderes Vertrauen voraussetzenden Verhandlungen über die Begründung eines Gesellschaftsverhältnisses unter Wettbewerbern zur Abwerbung von Angestellten des Verhandlungspartners genutzt werden; zustimmend *Stengel/Scholderer*, NJW 1994, 158 (161).

lich nicht den Zuschlag erhalten. Ebenso kann ein Kaufinteressent, der zur letzten Stufe der Due Diligence zugelassen ist und den Zuschlag erhalten soll, immer noch abspringen und seine während der Due Diligence erworbenen Kenntnisse faktisch zum Nachteil des Zielunternehmens verwenden.

IV. Rechtliche Schranken der Due Diligence

1. GmbH

58 Der Alleingesellschafter einer GmbH darf sowohl alle ihm bekannten Umstände über die GmbH einem Kaufinteressenten offen legen als auch die Geschäftsführung anweisen, Auskünfte einschließlich solcher über Geschäfts- und Betriebsgeheimnisse zu erteilen. Die Geschäftsführung muss der Weisung folgen. Entsprechendes gilt, wenn alle Gesellschafter ihre Geschäftsanteile verkaufen wollen. Die Interessen der Gesellschaft und der Gesamtheit der Gesellschafter sind identisch. Anders kann es sich aber verhalten, wenn Gesellschafter, die lediglich eine Mehrheit an einer GmbH halten, ihre Beteiligungen veräußern wollen. Als Mehrheitsgesellschafter können sie zwar einen Gesellschafterbeschluss herbeiführen, der die Geschäftsführung zur Auskunftserteilung anweist. Sie sind aber bei der Beschlussfassung nach den Grundsätzen der gesellschaftsrechtlichen Treuepflicht[1] gehalten, keine Anweisungen zu erteilen, die sich in unangemessener Weise zum Nachteil der Mitgesellschafter auswirken. In welchem Umfang die Mitgesellschafter eine Beeinträchtigung ihrer Interessen hinnehmen müssen, ist aufgrund einer Abwägung der Umstände des Einzelfalles zu ermitteln. Jeder einzelne Gesellschafter einer GmbH hat überdies das allgemeine Auskunfts- und Einsichtsrecht gemäß § 51a Abs. 1 GmbHG, beschränkt gemäß § 51a Abs. 2 GmbHG bei Besorgnis der Verwendung für gesellschaftsfremde Zwecke. In der Verwertung dieser Informationen unterliegt der Gesellschafter der gesellschafterlichen Treuepflicht.[2]

2. AG[3]

59 Bei der AG liegen die Verhältnisse anders. Auch der Alleinaktionär hat im Regelfall keine rechtliche Befugnis, dem Vorstand Weisungen zur Erteilung von Informationen an einen Kaufinteressenten zu geben, insbesondere diesem eine Due Diligence zu gestatten.[4] Er kann den Vorstand lediglich darum ersuchen.

---

1 Dazu näher *Baumbach/Hueck*, § 13 GmbHG Rz. 21 ff.
2 Dazu näher *Lutter/Hommelhoff*, § 51a GmbHG Rz. 16; *Lutter*, ZIP 1997, 613 (615) verweist auf die Möglichkeit, einem am Kauf der Beteiligung interessierten Konkurrenten Informationen nur über einen zur Verschwiegenheit verpflichteten Dritten zu erteilen, der verhindert, dass der Kaufinteressent Geschäfts- und Betriebsgeheimnisse des Zielunternehmens erfährt.
3 Zu den Rechten und Pflichten der Organmitglieder bei der Weitergabe von Informationen umfassend *Linker/Zinger*, NZG 2002, 497.
4 Anders im Falle der Eingliederung (§ 319 AktG) oder wenn ein Beherrschungsvertrag (§ 308 AktG) abgeschlossen ist; einschränkend hierzu *Lutter*, ZIP 1997, 613 (616); *Krömker*, NZG 2003, 418 postuliert ein Recht des mit jedenfalls 25 %, möglicherweise aber auch mit nur 5 % am Grundkapital beteiligten Paketaktionärs, zum Zwecke des Verkaufs seiner Beteiligung eine Due Diligence durchführen zu lassen; das ist aber nicht geltendes Recht.

Dem Ersuchen eines Alleinaktionärs – oder dem Ersuchen aller Aktionäre – wird der Vorstand in der Regel folgen. Probleme ergeben sich aber, wenn sich einzelne Aktionäre dem Ersuchen nicht anschließen, z.B. weil sie wünschen, dass die Beteiligung überhaupt nicht oder jedenfalls nicht an den konkreten Kaufinteressenten veräußert wird. Der Wunsch kann von der Sorge um das Interesse der Gesellschaft getragen sein, aber auch von eigensüchtigen Interessen, z.B. von dem Bestreben, auch die eigene Beteiligung zu veräußern und dafür einen möglichst hohen Kaufpreis zu erzielen. Der Vorstand muss dann in eigener Verantwortung entscheiden, ob er dem Kaufinteressenten eine Due Diligence ermöglicht. Leitschnur ist das Interesse des Unternehmens.[1] Im Zweifel hat der Vorstand im Hinblick auf die strafbewehrte Geheimhaltungsverpflichtung (§§ 93 Abs. 1; 404 AktG) Zurückhaltung zu üben. Anders als bei der GmbH hat der Aktionär kein umfassendes Auskunfts- und Einsichtsrecht, sondern nur das in der Hauptversammlung auszuübende Fragerecht (§ 131 AktG). Der verkaufswillige Aktionär kann daher die vom Kaufinteressenten verlangten Informationen auch nicht etwa selbst beschaffen und an den Kaufinteressenten weitergeben.

Ist der Kaufinteressent bereits Aktionär und gestattet ihm der Vorstand eine Due Diligence, so fragt sich, ob die anderen Aktionäre Anspruch darauf haben, dass ihnen in der nächsten Hauptversammlung die gleichen Auskünfte erteilt werden (vgl. § 131 Abs. 4 AktG). Die Frage ist zu verneinen, weil es sich bei der Gestattung einer Due Diligence nicht um die Erteilung von Auskünften handelt, die der am Kauf interessierte Aktionär „wegen seiner Eigenschaft als Aktionär" erhält, sondern als Kaufinteressent. § 131 Abs. 4 AktG gibt in solchen Fällen den anderen Aktionären einen Auskunftsanspruch nicht.[2]

60

3. Insiderinformationen

a) Problemstellung

Wenn die Due Diligence eine Gesellschaft betrifft, deren Aktien im Inland oder im EWG-(EWiR-)-Ausland nach näherer Maßgabe von § 12 Satz 1 Nr. 1 und Nr. 2 WpHG börsennotiert sind, müssen die **für Insider geltenden Beschränkungen** der §§ 12 ff. WpHG beachtet werden. Unter der Geltung des WpHG in der ursprünglichen Fassung v. 26.7.1994 (BGBl. I, S. 1749) wurde nur vereinzelt die Auffassung vertreten, dass die Insiderregeln im Zusammenhang mit der außerbörslichen Veräußerung größerer Beteiligungen (Pakete) überhaupt nicht gelten sollen (sog. „Face-to-Face-Geschäfte"). Überwiegend wurde diese Auffassung jedoch schon in der Vergangenheit abgelehnt[3]. Erst recht galt dies für den Rechtszustand nach den Änderungen des WpHG durch das AnSVG vom 28.10.2004 (BGBl. I, S. 2630).[4] Jedoch gelten für den Pakethandel gewisse Einschränkungen.

61

---

1 Siehe dazu näher *Wiesner* in MünchHdb.AG, § 19 Rz. 22; *Hüffer*, § 93 AktG Rz. 8 m.w.N.; *Linker/Zinger*, NZG 2002, 497 (499).
2 Zustimmend *Stoffels*, ZHR 165 (2001), 362 (371).
3 Vgl. *Schmidt-Diemitz*, DB 1996,1809; *Cramer* in Assmann/Uwe H. Schneider, § 14 WpHG Rz. 88a ff.
4 Vgl. *Ziemons*, NZG 2004, 537(539 f.); *Banerjea/Fromm-Russenschuck*, BB 2004, 2425.

b) Eingeschränkte Anwendung des WpHG beim Pakethandel[1]

62 Einigkeit besteht insoweit, als die Insiderregeln des WpHG jedenfalls dann nicht anzuwenden sind, wenn der Erwerber des Paketes einen **Kontrollerwerb** im Sinne von § 29 Abs. 2 WpÜG durch ein öffentliches Übernahmeangebot anstrebt (mindestens 30 % der Stimmrechte an der Zielgesellschaft).[2] Zweifelhaft ist aber, was bei Paketerwerben unterhalb der Kontrollschwelle gilt.

63 Der Gesetzeswortlaut gibt aber nichts dafür her, dass ein **Paketerwerb unterhalb der Kontrollschwelle** vom Insiderrecht nicht erfasst sein soll. Hat der Vorstand der Zielgesellschaft eine Insiderinformation entgegen § 15 WpHG nicht rechtzeitig veröffentlicht, so kann deren Aufdeckung im Rahmen einer dem Erwerbsinteressenten ermöglichten Due Diligence unter den Verbotstatbestand des § 14 Abs. 1 Nr. 2 WpHG subsumiert werden, wonach es unter anderem dem Vorstand der Zielgesellschaft untersagt ist, Insiderinformationen unbefugt mitzuteilen oder zugänglich zu machen. Wenn der Erwerber nach einer Due Diligence dabei gewonnene Insiderinformationen bei seiner Entscheidung für den Kauf oder für die Bemessung des Kaufpreises mitberücksichtigt, kann dies durchaus als „Verwendung" dieser Informationen im Sinne von § 14 Abs. 1 Nr. 1 WpHG angesehen werden.[3] Demgegenüber vertritt die BaFin in ihrem Emittentenleitfaden die Auffassung, dass auch der Erwerber eines Paketes, das weniger als 30 % der Stimmrechte umfasst, eine umfassende Due Diligence-Prüfung durchführen dürfe, ohne gegen das Insiderverbot zu verstoßen (Abschnitt III.2.2.1.4.2).

64 Welchen Weg die Rechtsentwicklung nehmen wird, ist derzeit noch nicht abzusehen. Vorsichtigerweise sollte daher der Vorstand der Zielgesellschaft bei der Due Diligence möglichst keine Insiderinformationen zugänglich machen und sorgfältig darauf achten, dass eine während der Due Diligence etwa zu Tage tretende **Insiderinformation** pflichtgemäß **bekannt gemacht** wird (§ 15 WpHG). Auch der Erwerber verhält sich im Sinne rechtmäßigen Handelns interessengerecht, wenn er seinerseits auf die Veröffentlichung einer ihm bei der Due Diligence bekannt werdenden Insiderinformation hinwirkt.

D. Gegenstand des Unternehmenskaufes

65 Das Unternehmen umfasst einen Komplex von **Sachen, Rechten** und **Pflichten** sowie von **immateriellen Wirtschaftsgütern**. Je nach den von den Parteien verfolgten Vertragszielen (vgl. Teil VII Rz. 8) bestimmen sie durch den Kauf-

---

1 Übergreifend zu Pakethandel und Insiderhandelsverboten *Brandi/Süßmann*, AG 2004, 642; siehe auch *Hammen*, WM 2004, 1759 (überwiegend noch zum Rechtszustand vor dem AnSVG, jedoch mit Ausblicken auf das neue Recht).
2 Vgl. Emittentenleitfaden der Bundesanstalt für Finanzdienstleistungsaufsicht (Stand 15.7.2005) Abschnitt III.2.2.1.4; Richtlinie 2003/6/EG des europäischen Parlaments und des Rates v. 28.1.2003, Abl. EG Nr. L 96, S. 16 v. 12.4.2003 (Marktmissbrauchsrichtlinie), Erwägungsgründe 29 f.
3 Zum Ganzen *Banerjea/Fromm-Russenschuck*, BB 2004, 2425; vgl. *Spindler*, NJW 2004, 3449 (3451).

vertrag, inwieweit diese Wirtschaftsgüter und Verbindlichkeiten auf den Erwerber übergehen sollen. Alsdann bedarf es gemäß der dem deutschen Recht eigentümlichen Trennung von schuldrechtlichem Verpflichtungs- und dinglichem Erfüllungsgeschäft der dinglichen Überleitung. Dies gilt grundsätzlich sowohl für den Unternehmenserwerb durch Einzelrechtsnachfolge als auch für die Fälle des Beteiligungserwerbes. Im Einzelnen ergeben sich jedoch Unterschiede entsprechend der gewählten Gestaltung. Ungeachtet der rechtlich bedeutsamen Trennung zwischen Verpflichtungs- und Erfüllungsgeschäft können die rechtsgeschäftlichen Erklärungen zu beiden Geschäften häufig in weitem Umfang in eine einzige Urkunde aufgenommen werden.

I. Einzelrechtsnachfolge

1. Überleitung von Sachen und Rechten

Wenn das verkaufte Unternehmen bisher selbstständig bilanziert hat, kann zur Bezeichnung der zu übertragenden Sachen und Rechte von der **Bilanz** nebst **Inventarverzeichnis** ausgegangen werden. Ist das nicht der Fall, bedarf es besonderer Aufstellungen. Zu beachten ist, dass erhebliche Vermögenswerte, deren Übergang auf den Käufer in der Regel erwünscht ist, entweder nicht bilanziert zu sein brauchen oder nicht bilanzierungsfähig sind (z.B. die sofort abgeschriebenen geringwertigen Wirtschaftsgüter des Anlage-Vermögens, § 6 Abs. 2 EStG; die voll abgeschriebenen Wirtschaftsgüter; Schutzrechte und Firma, soweit nicht entgeltlich erworben, § 248 Abs. 2 HGB). Es ist ferner möglich, dass Ansprüche des zu erwerbenden Unternehmens noch nicht bekannt und daher auch noch nicht bilanziert sind.[1] Es kann auch sein, dass in der Bilanz aufgeführte Wirtschaftsgüter, namentlich Betriebsgrundstücke, im **Sonderbetriebsvermögen** eines Gesellschafters stehen und gar nicht Gegenstand des Kaufvertrages sein sollen.[2] Soll hingegen Sonderbetriebsvermögen mit veräußert werden, so ist zu beachten, dass Rechtsinhaber nicht die Gesellschaft ist, sondern eben ein Gesellschafter, so dass insoweit letzterer Vertragspartner sein muss.

66

Beim **dinglichen Vollzugsgeschäft** sind die für die einzelnen Gegenstände geltenden unterschiedlichen Vorschriften einzuhalten.[3] Darauf braucht hier im Einzelnen nicht eingegangen werden. Problematisch sind Sachen, die im Eigentumsvorbehalt Dritter stehen oder sicherungsweise übereignet sind. Die übliche Regelung, wonach der Sicherungsgeber zur Veräußerung im normalen Geschäftsgang berechtigt ist, deckt den Fall der Unternehmensveräußerung nicht. Forderungen des verkauften Unternehmens können zur Sicherheit abgetreten sein; auch kann die Abtretbarkeit von Gesetzes wegen oder durch Vertrag ausgeschlossen sein (§ 399 BGB). Bei Sachen kann **guter Glaube** an das Eigentum des Veräußerers helfen, soweit dem Erwerber nicht grobe Fahrlässigkeit zur Last fällt (§§ 932 ff. BGB). Gutgläubiger Erwerb von Rechten ist dage-

67

---

1 *Beispiel*: BGH. v. 14.1.1958 – I ZR 171/56, MDR 1958, 406 betr. Schadensersatzanspruch wegen Verletzung eines später veräußerten Patentes.
2 Vgl. hierzu L. *Schmidt*, EStG, § 15 Rz. 78 ff.; Abschn. 14 Abs. 9 EStR.
3 BGH v. 11.10.1967 – I b ZR 144/65, NJW 1968, 392: Keine „Sicherungsübereignung" eines Zeitschriftenunternehmens als Ganzes durch bloße Einigung.

gen in der Regel ausgeschlossen (Ausnahme: Inhaberpapiere, vgl. § 935 Abs. 2 BGB; kaufmännische Orderpapiere, Schecks, Wechsel §§ 365 HGB, 16 Abs. 2 WG, 21 ScheckG); der gute Glaube an die Abtretbarkeit des zu erwerbenden Rechtes hilft ebenso wenig wie der an die Verfügungsbefugnis des Veräußerers.

68 Ferner ist für das dingliche Vollzugsgeschäft der **sachenrechtliche Bestimmtheitsgrundsatz** zu beachten. Die zu übertragenden Sachen und Rechte müssen also gegenständlich hinreichend bestimmt sein. Hier können namentlich dann Schwierigkeiten auftreten, wenn nur eine Teilübertragung beabsichtigt ist, z.B. wenn beim Verkauf eines Teilbetriebes nur bestimmte Teile des Umlaufvermögens mit übergehen sollen oder wenn der Verkäufer bestimmte Forderungen behalten soll.[1] Die bloße **wertmäßige Bestimmung** der zu übertragenden Vermögensteile (z.B. „80 % des Vorratsvermögens" oder „Forderungen bis zu DM X") erfüllt das Bestimmtheitserfordernis nicht und führt zur Unwirksamkeit des dinglichen Vollzugsgeschäftes.[2] Zur Wahrung des Erfordernisses gegenständlicher Bestimmbarkeit bei Teilübertragungen kann es zweckmäßig sein, alle Vermögenswerte einer bestimmten Art zu übertragen mit Ausnahme solcher einzeln zu bezeichnender Gegenstände, die beim Veräußerer zurückbleiben (so genannte „**All-Formel**").[3]

69 Besondere Vorschriften gelten für die Übertragung von **Patenten** (§ 30 Abs. 3 PatG) sowie von **Marken** (§ 27 Abs. 3 MarkenG; Art. 9 Madrider Markenabkommen). Im Zweifel gehen die Rechte an einer zu einem Geschäftsbetrieb gehörenden Marke auf den Erwerber des Geschäftsbetriebes über (§ 27 Abs. 2 MarkenG). Die Übertragung der **Firma** ist jedoch nur zusammen mit der Übertragung des Geschäftsbetriebs möglich (§ 23 HGB).[4] Sie bedarf der ausdrücklichen Einwilligung des bisherigen Geschäftsinhabers (§ 22 HGB), welche nicht schon allein aus der Übertragung des Handelsgeschäfts entnommen werden kann.[5] Überträgt eine Personengesellschaft ihr Handelsgeschäft, so bedarf die Übertragung der Firma der Zustimmung desjenigen Gesellschafters, dessen Name in der Firma geführt wird. Demgegenüber kann eine Kapitalgesellschaft ihre Firma auch ohne die Zustimmung des namengebenden Gesellschafters veräußern.[6] **Urheberrechtliche Nutzungsrechte** können im Rahmen der Gesamtveräußerung eines Unternehmens oder von Teilen eines Unternehmens auch ohne Zustimmung des Urhebers übertragen werden; jedoch kann der Ur-

---

1 *Beispiel*: Sicherungsübereignung der Sachgesamtheit „Handbibliothek Kunst" BGH v. 19.9.1994 – II ZR 161/93, NJW-RR 1994, 1537.
2 Vgl. *Quack* in MünchKomm.BGB, § 929 BGB Rz. 82; BGH v. 15.3.1978 – VIII ZR 180/76, BGHZ 71, 75 = NJW 1978, 1050 (Abtretung bis zu einem Höchstbetrag).
3 *Beispiel*: BGH v. 4.10.1993 – II ZR 156/92, DB 1993, 2582 mit Anm. *Ott* in WuB I F5 Sicherungsübereignung 5.94.
4 Zu den Anforderungen, die an die „Übertragung des Geschäftsbetriebs" im Sinne von § 23 HGB gestellt werden, vgl. *Baumbach/Hopt*, § 23 HGB Rz. 1; BGH v. 22.11.1990 – I ZR 14/89 IV 2, DB 1991, 591.
5 BGH v. 27.4.1994 – VIII ZR 34/93, DB 1994, 1614.
6 BGH v. 27.9.1982 – II ZR 51/82, BGHZ 85, 221 = DB 1983, 489; *Hüffer* in Großkomm.HGB, § 22 HGB Rz. 33; *Baumbach/Hueck*,§ 4 GmbHG Rz 31.

heber das Nutzungsrecht zurückrufen, wenn ihm die Ausübung desselben durch den Erwerber nicht zuzumuten ist (§ 34 Abs. 4 UrhG).[1]

2. Überleitung von Verpflichtungen

Regelmäßig wollen die Parteien, dass die das verkaufte Unternehmen betreffenden Verpflichtungen in weitem Umfange auf den Erwerber übergehen. Dem **entspricht § 25 HGB**, wonach bei der Übertragung eines Handelsgewerbes und Fortsetzung desselben unter der bisherigen Firma der Erwerber für die darin begründeten Verbindlichkeiten haftet, während der bisherige Inhaber durch die Nachhaftungsbegrenzung des § 26 HGB entlastet wird, falls die Forderung nicht innerhalb von 5 Jahren geltend gemacht wird. Die Verpflichtungen können gegenwärtig oder künftig, gewiss oder ungewiss, bedingt oder unbedingt sein.

70

Nicht immer ist den Parteien der Umfang der in Rede stehenden Verpflichtungen klar; denn nicht alle Verpflichtungen des Verkäufers in Bezug auf das verkaufte Unternehmen sind aus dessen Rechenwerk ersichtlich. Forderungen Dritter können beispielsweise unbekannt sein, weil sie noch nicht geltend gemacht sind. Sie können auch in der Weise latent sein, dass das verkaufte Unternehmen eine Gefahrenlage geschaffen hat, z.b. indem es ein mit Mängeln behaftetes Produkt vertrieben hat, woraus sich Gewährleistungs- und **Produkthaftpflichtansprüche** entwickeln mögen. Viele gewerbliche Grundstücke sind durch Industrieabfälle verseucht und bedürfen der Sanierung. Nach deutschem Bilanzrecht (§ 249 HGB) brauchen nicht alle bei wirtschaftlicher Betrachtung an sich gebotenen Rückstellungen für **Ruhegeldverpflichtungen** und für die subsidiäre Haftung des Trägerunternehmens aus Versorgungszusagen ihrer rechtlich selbständigen Unterstützungskassen passiviert oder im Anhang zum Jahresabschluss ausgewiesen zu werden.[2] Die Pensionsrückstellungen gemäß § 6a EStG erreichen häufig nicht die unter wirtschaftlichen Aspekten an sich gebotene Höhe.[3] Erhebliche noch nicht bilanzierte Belastungen können in drohenden **Ausgleichsansprüchen** von Handelsvertretern liegen (§ 89b HGB). Auch Eigenhändler können in analoger Anwendung von § 89b HGB Ausgleichsansprüche haben.[4] Zu bedenken ist ferner, dass aus Bilanzen oder dem sonstigen Rechenwerk des verkauften Unternehmens nicht ersichtliche Verpflichtungen aus ungünstigen namentlich langfristigen Verträgen bestehen können (Liefer- und Bezugsverpflichtungen, Mietverträge, Alleinvertriebsbindungen).

71

Der Kaufvertrag sollte eine Regelung für derartige Risiken enthalten. In Ermangelung einer solchen fallen diese Verbindlichkeiten demjenigen zur Last,

72

---

1 Dazu näher *Joppich* in KZR (Betriebsberater für Medien, Telekommunikation, Multimedia) 2003, 211.
2 Vgl. dazu näher *Merkt* in Baumbach/Hopt, § 249 HGB Rz. 5 ff. m.w.N.
3 Vgl. dazu *Lüdenbach*, IAS/IFRS – Rückstellungen, PdR Gruppe 7, 151 (6/2003); *Reicherter*, Pensionsverpflichtungen im Rahmen von Unternehmensübernahmen, BFuP 2003, 358.
4 Ständige Rechtsprechung vgl. BGH v. 12.1.2000 – VIII ZR 19/99, NJW 2000, 1413; weitere Nachweise bei *Baumbach/Hopt*, § 84 HGB Rz. 12.

der im Zeitpunkt der Fälligkeit Inhaber des Unternehmens ist (§§ 446 Satz 2; 103 BGB); ein Ausgleich kann nur nach den allgemeinen Regeln über Leistungsstörungen erfolgen (vgl. Teil VII Rz. 139 ff.).[1] Soweit der Übergang solcher Verpflichtungen nicht gewünscht wird, kommt die Übernahme einer **Freistellungsverpflichtung** durch den Verkäufer in Betracht.[2] Dabei wird nicht immer bedacht, dass ein vertraglicher Freistellungsanspruch grundsätzlich sofort fällig ist (§ 271 Abs. 1 BGB). Ist dessen Erfüllung nicht sofort möglich, insbesondere weil die Forderung noch nicht fällig oder weil sie ungewiss ist, kann dem Freistellungsgläubiger ein Anspruch auf Sicherheitsleistung in analoger Anwendung der §§ 257 Satz 2; 738 Abs. 1 Satz 3; 775 Abs. 2 BGB zustehen. Für den Freistellungsschuldner kann dies bedeuten, dass er unter Umständen für einen sehr langen Zeitraum Mittel bereitstellen muss.[3] Eine vertragliche Klarstellung zur Fälligkeit des Freistellungsanspruches oder zum Ausschluss des Anspruchs auf Sicherheitsleistung ist daher im Interesse des Freistellungsschuldners wünschenswert.

73 Die im Zusammenhang mit dem Unternehmen stehenden **Verpflichtungen** kann der Käufer durch Vereinbarung mit dem Verkäufer übernehmen. Das regelmäßig zugleich gewollte Ausscheiden des Verkäufers aus der Verpflichtung bedarf jedoch der **Zustimmung des Gläubigers** (§ 415 BGB). Kann die Zustimmung des Gläubigers nicht erreicht werden, so bleibt die Möglichkeit, dass der Käufer eine Freistellungsverpflichtung zu Gunsten des Verkäufers übernimmt. Es ist auch möglich, dass der Käufer dem Verkäufer durch Zahlung einen Betrag zur Verfügung stellt, aus dem dieser die vom Käufer „zu übernehmenden Verbindlichkeiten" tilgt.[4] Häufig wird vereinbart, dass der Käufer bestimmte **„Rückstellungen übernimmt"**. Der rechtliche Gehalt dieser Regelungen ist durch Auslegung zu ermitteln. In der Regel wollen die Parteien, dass der Käufer den Verkäufer von den Risiken entlastet, deretwegen die Rückstellungen gebildet worden sind; dabei mag mangels klarer vertraglicher Regelung zweifelhaft sein, ob die Risikoübernahme vollständig oder nur bis zur Höhe der Rückstellungen erfolgen soll.

3. Überleitung von komplexen Rechtsverhältnissen

74 Die Vorschriften über die Abtretung von Forderungen (§§ 398 ff. BGB) sind auf den Übergang einzelner Rechte zugeschnitten, nicht aber auf den Eintritt eines neuen Schuldners in komplexe Rechtsverhältnisse, die aus einer Mehrzahl gegenseitiger Haupt- und Nebenansprüche bestehen können. Nur vereinzelt enthält das Gesetz Regelungen über den Übergang ganzer Schuldverhältnisse (Mietverhältnisse, § 566 BGB; Arbeitsverhältnisse, § 613a BGB; Versicherungs-

---

1 *Grunewald*, ZGR 1982, 452.
2 Zur Auslegung einer Freistellungsverpflichtung KG v. 31.8.1995 – 2 U 8471/94, WM 1996, 367.
3 Vgl. BGH v. 11.4.1984 – VIII ZR 302/82, DB 1984, 1288 zur Freistellung von künftigen Verbindlichkeiten aus der Altersversorgungsregelung des verkauften Unternehmens.
4 Zur Auslegung der Vertragsbestimmung „Gegenstand des Kaufvertrages sind ... die bis zum 30.6.1987 begründeten Außenstände und Verbindlichkeiten", wenn der Gläubiger dem Vertrag zustimmt, vgl. BGH v. 13.12.1990 – IX ZR 79/90, NJW-RR 1991, 877.

verhältnisse, §§ 69, 151 Abs. 2 VVG). Im Übrigen erfolgt der Übergang durch ein drei- oder mehrseitiges **Rechtsgeschäft eigener Art**, das der Zustimmung aller Beteiligter bedarf. Auch die Übernahme gesellschaftsrechtlicher oder ähnlicher Rechtsstellungen des Veräußerers z.B. in Arbeitsgemeinschaften oder Kartellen bedarf in der Regel der Zustimmung der anderen Beteiligten.

4. Überleitung von immateriellen Wirtschaftsgütern

Wenn ein Unternehmen mit dem Ziel gekauft wird, die darin verkörperte **Ertragskraft** zu erwerben (vgl. Teil VII Rz. 8), ist es von entscheidender Bedeutung, nicht nur die einzelnen Wirtschaftsgüter überzuleiten, sondern auch eine Vielzahl faktischer Verhältnisse für den Erwerber nutzbar zu machen. Die organisatorische Gestaltung, die in Geschäftsunterlagen gespeichert, vielleicht aber auch nur in der Person einzelner Mitarbeiter vorhanden sein mag, tatsächliche Beziehungen zu Kunden und Lieferanten sowie die Kenntnisse und Fähigkeiten des Personals sind Umstände, die die Ertragskraft eines Unternehmens wesentlich bestimmen. Andererseits spielen diese Aspekte eine geringere Rolle, wenn der Erwerber nur an einzelnen Vermögenswerten, bestimmten Teilen der Substanz oder gar lediglich an einer Stilllegung des gekauften Unternehmens interessiert ist. Die konkrete Zielsetzung des Unternehmenskaufes ist daher gerade im Zusammenhang mit der Überleitung von immateriellen Wirtschaftsgütern im Auge zu behalten. Ist eine ausdrückliche Regelung versäumt worden, muss der Inhalt der Überleitungspflichten nach den allgemeinen Regeln der Vertragsauslegung aus den gemeinsamen Vorstellungen der Parteien erschlossen werden.[1] Der Verkauf des Unternehmens beinhaltet nicht ohne weiteres auch den Verkauf der Firma.[2] Der Firmen- oder Namensteil „... & Partner" kann seit dem In-Kraft-Treten des PartGG nicht übertragen werden, wenn das Unternehmen in einer anderen Rechtsform als der der Partnerschaftsgesellschaft geführt wird; und zwar auch dann, wenn das Unternehmen den schon vor dem In-Kraft-Treten geführten Partner-Zusatz rechtmäßig weiterführen durfte.[3]

75

Soll nach dem Unternehmenskaufvertrag die Ertragskraft auf den Erwerber übertragen werden, so ist der Verkäufer auch ohne besondere Abrede verpflichtet, den Käufer einzuweisen und ihm die zum Betrieb des Unternehmens erforderlichen **Geschäftsunterlagen**, wie Geschäftsbücher, Karteien, Dateien, EDV-Programme u.Ä. auszuhändigen.[4] Über den Umfang dieser Verpflichtung im Einzelnen können aber leicht Meinungsverschiedenheiten aufkommen. Wollen die Parteien auch die Überlassung der Kundschaft, so ergibt sich daraus ohne weiteres ein befristetes Wettbewerbsverbot für den Veräußerer zugunsten des Erwerbers.[5] Es ist allerdings auch hier anzuraten, diese Verpflich-

---

1 Siehe dazu *Hommelhoff*, ZHR 150 (1986), 254 (260); *Hüffer* in Großkomm.HGB, vor § 22 HGB Rz. 15 f.
2 BGH v. 27.4.1994 – VIII ZR 34/93, DB 1994, 1614.
3 OLG Karlsruhe v. 5.12.1997 – 11 Wx 83/97, DB 1998, 127.
4 BGH DNotZ 1968, 541 (542); *Hüffer* in Großkomm.HGB, vor § 22 HGB Rz. 16 f.
5 So schon RGZ 117, 176 (178); BGH v. 18.12.1954 – II ZR 76/54, BGHZ 16, 71; zustimmend *Heinrichs* in Parlandt, § 242 BGB Rz. 29; *Hüffer* in Großkomm.HGB, vor § 22 HGB Rz. 30.

tungen vertraglich zu konkretisieren, namentlich das Wettbewerbsverbot nach Zeit und Inhalt abzugrenzen (vgl. Teil VIII Rz. 213).[1] Zur Übertragung der Kunden- und Lieferantenbeziehungen sind häufig Einführungsbesuche zusammen mit dem Verkäufer zweckmäßig. Ob allerdings eine Verpflichtung des Verkäufers zur Mitwirkung besteht, hängt vom Einzelfall ab. Letztlich ist zu prüfen, ob der Geschäftsbetrieb behördlichen Konzessionen[2] oder Auflagen unterliegt, die nicht ohne weiteres auf den Nachfolger übertragen oder von ihm erfüllt werden können.

5. Übergangsstichtag

76 Das Unternehmen als lebender Organismus ist ständigen Veränderungen unterworfen. Laufend werden Sachen erworben und veräußert, Forderungen und Verpflichtungen begründet und erfüllt. In der Zeit zwischen dem Abschluss des Kaufvertrages und dessen dinglichem Vollzug können die Vermögenswerte des zu übernehmenden Unternehmens erhebliche Veränderungen erfahren. Wenn der Unternehmenskauf der Zusammenschlusskontrolle durch Kartellbehörden unterliegt, können zwischen der Anmeldung und der Freigabe mehrere Monate verstreichen. Es ist daher im Kaufvertrag der Übergangsstichtag zu bestimmen. Mit Wirkung auf diesen Zeitpunkt soll der Übergang des Unternehmens auf den Käufer mit Nutzungen und Lasten stattfinden. Der nach Vertragsschluss liegende Übergangsstichtag wird zuweilen als **„Closing"** bezeichnet.[3] Dagegen ist nichts einzuwenden, wenn auch die modische Verwendung von Anglizismen zuweilen zu rechtlicher Verwirrung führt. Jedenfalls sollte berücksichtigt werden, dass unter „Closing" manchmal auch der Akt des Vertragsschlusses nach Beibringung aller Unterlagen, Erklärungen usw. verstanden wird.[4] Der Festlegung eines Übergangsstichtages bedarf es umso mehr, als anderenfalls wegen der Notwendigkeit der Einzelübertragung unterschiedliche Übergangszeitpunkte bezüglich einzelner Gegenstände in Betracht kommen. Zivilrechtlich sind die Parteien in der Festlegung des Übergangsstichtages frei. Eine rückwirkende Festlegung kann freilich dingliche Wirkung nicht haben, sondern die Parteien nur verpflichten, einander so zu stellen, wie sie stünden, wenn der Rechtsübergang zu dem festgelegten Übergangsstichtag erfolgt wäre. Zum Schutzbedürfnis des Käufers in der Zeit zwischen dem Abschluss des Kaufvertrages und dem Übergang des Zielunternehmens siehe nachstehend Teil VII Rz. 109.

77 Häufig wird das Unternehmen mit all den aktiven und passiven Vermögensgegenständen, insbesondere auch allen Forderungen und Verbindlichkeiten, gekauft, die zum Übergangsstichtag vorhanden sind. Legt der Käufer Wert auf eine bestimmte Zusammensetzung des Vermögensbestandes, bedarf es ver-

---

1 Zur Zulässigkeit im Hinblick auf § 1 GWB und § 138 BGB vgl. BGH v. 3.11.1981 – KZR 33/80, WuW/E BGH 1989; OLG München v. 17.11.1994 – U (K) 2553/94, NJW-RR 1995, 1191.
2 Vgl. BGH v. 13.8.1997 – VIII ZR 246/96, NJW-RR 1998, 712 (Übertragung einer Taxi-Konzession, § 2 PBefG).
3 *Hommelhoff*, ZHR 150 (1986), 254 (265); *Beisel/Klumpp*, Rz. 471 ff.; OLG Koblenz v. 22.10.1991 – 3 U 1859/90, GmbHR 1992, 49.
4 *Holzapfel/Pöllath*, Rz. 17 ff.

traglicher Festlegung. Bei Forderungen und Verbindlichkeiten kann z.b. die Laufzeit von erheblicher Bedeutung sein; bei Vorräten und Waren deren Alter.

II. Beteiligungserwerb

1. Überleitung der Gesellschafterstellung im Allgemeinen

Geschieht der Unternehmenserwerb durch den Erwerb von Beteiligungsrech- 78
ten, so bedarf es der Übertragung der einzelnen aktiven und passiven Vermögenswerte des Unternehmens nicht. Rechtsträger bleibt unverändert die Gesellschaft. Werden allerdings alle Gesellschaftsanteile an einer Personengesellschaft von einem einzigen Erwerber übernommen, so wächst diesem das Vermögen der Gesellschaft zu.[1] Die Frage, welche Vermögenswerte mit dem Unternehmen verbunden sind, welche übergehen sollen und wie sich diese am Übergangsstichtag zusammensetzen sollen, bleibt aber für die Erfassung des wirtschaftlichen Kaufgegenstandes von ungeminderter Bedeutung.

Die **Gesellschafterstellung** selbst besteht aus einem Komplex verschiedener 79
Rechte und Pflichten. Bei Personengesellschaften gibt es neben dem Kapitalkonto des Gesellschafters, das im Wesentlichen die Beteiligung am Vermögen, am Ertrag und an der Willensbildung der Gesellschaft repräsentiert, häufig **weitere Gesellschafterkonten**, die ganz oder zum Teil eines gesonderten Rechtsüberganges oder -verbleibs fähig sein können (z.B. Rücklagekonten, Darlehenskonten, Auszahlungskonten). Die Terminologie ist insoweit nicht einheitlich. Insbesondere können die Ausdrücke „Privatkonto" oder „Darlehenskonto" ganz unterschiedliche Rechtsverhältnisse bezeichnen.[2] Den Vertragsschließenden steht es grundsätzlich frei zu bestimmen, in welchem Umfang derartige Rechte und Pflichten übertragen werden. Nach der Rechtsprechung gelten mangels abweichender Vereinbarung die aus dem **Rechenwerk** der Gesellschaft ersichtlichen Rechte und Pflichten als verkauft, und zwar in dem Umfang, den sie bei der Abtretung haben.[3] Eine vertragliche Aufzählung der Rechte unter Übernahme der in der Bilanz verwandten Bezeichnungen und Fixierung der Kontenstände ist bei Personengesellschaften empfehlenswert. In diesem Rahmen ist auch zu bedenken, ob der Verkäufer etwaige Überentnahmen an die Gesellschaft zurückerstatten soll. Von Gesetzes wegen trifft ihn diese Verpflichtung;[4] mangels vertraglicher Abrede hat er keinen Erstattungsanspruch gegen den Käufer. Werden GmbH-Anteile oder Aktien verkauft, die noch nicht voll eingezahlt sind, so haften gegenüber der Gesellschaft Veräußerer und Erwerber als Gesamtschuldner, in deren Verhältnis zueinander mangels abweichender vertraglicher Regelung der Verkäufer;

---

1 *Beispiel* BGH v. 16.12.1999 – VII ZR 53/97, WM 2000, 490; v. 22.9.1993 – IV ZR 183/92, WM IV 1993, 2259.
2 Vgl. *Huber*, Gesellschafterkonten in der Personengesellschaft, ZGR 1988, 1. Ein Guthaben auf einem als „Darlehenskonto" bezeichneten Konto bekundet im Zweifel eine Forderung des Gesellschafters gegenüber der Gesellschaft, BGH v. 23.2.1978 – II ZR 145/76.
3 BGH v. 2.11.1987 – II ZR 50/87, DB 1988, 281 mit Anm. *Reimer*, EWiR 1988, 173.
4 Vgl. die Rechtslage bei negativen Kapitalkonten ausgeschiedener Gesellschafter BGH v. 9.5.1974 – II ZR 84/72, BB 1974, 996; *Baumbach/Hopt*, § 138 HGB Rz. 27.

denn zum rechtlichen Bestand eines Gesellschafterrechtes, für den der Verkäufer gemäß §§ 453 Abs. 1, 433 Abs. 1 Satz 2 BGB haftet, gehört auch die Freiheit von Einlagenrückständen.[1] Entsprechendes gilt für die Verpflichtung zur Rückerstattung von stammkapitalmindernden Entnahmen.[2]

80 **Gutgläubiger Erwerb** vom Nichtberechtigten ist bei Personengesellschaftsanteilen und GmbH-Anteilen nicht möglich. Bei Aktien, über die Urkunden ausgegeben werden, kommt hingegen gutgläubiger Erwerb in Betracht (vgl. für Inhaberaktien § 935 Abs. 2 BGB; für Namensaktien § 68 AktG). Der Käufer muss sich also zu vergewissern suchen, dass der Verkäufer tatsächlich Inhaber der Beteiligung ist. Dies ist nicht mit absoluter Sicherheit möglich. Weder die Handelsregistereintragungen der Gesellschafter von Personengesellschaften noch die beim Handelsregister eingereichten Gesellschafterlisten von GmbH oder die Mitteilungen an die Gesellschaft (§§ 8 Abs. 1 Nr. 3, 16, 40 GmbHG) bieten Gewähr dafür, dass der Genannte tatsächlich Anteilsinhaber ist. Die Angaben können von vorneherein unrichtig sein oder es kann nachträglich ein Rechtsübergang auf einen Dritten stattgefunden haben. In Zweifelsfällen sollte sich der Erwerber vom Verkäufer **Vorerwerbe** zurück bis zur Gesellschaftsgründung nachweisen lassen.

81 Beim Erwerb von **Mehrheitsbeteiligungen** an **Kommanditgesellschaften** ist zu beachten, dass mangels abweichender Regelung im Gesellschaftsvertrag auch Kommanditisten mit Zwergbeteiligungen das Recht haben, Handlungen persönlich haftender Gesellschafter zu widersprechen, wenn die Handlungen über den gewöhnlichen Betrieb des Handelsgewerbes der Gesellschaft hinausgehen (§ 164 HGB). Gegebenenfalls ist daher im Zusammenhang mit dem Erwerb einer Mehrheitsbeteiligung auf eine den Belangen des Käufers Rechnung tragende Änderung des Gesellschaftsvertrages hinzuwirken. **Gesellschaftsvertragsänderungen** durch Mehrheitsbeschluss sind nur kraft besonderer Zulassung im Gesellschaftsvertrag möglich. Auch wenn der Gesellschaftsvertrag generell mehrheitliche Vertragsänderungen erlaubt, gilt dies noch nicht ohne weiteres für grundlegende Änderungen. Schranken liegen insbesondere darin, dass sich der mehrheitlicher Bestimmung unterliegende Beschlussgegenstand nach dem Bestimmtheitsgrundsatz und der Kernbereichslehre unzweideutig aus dem Gesellschaftsvertrag ergeben muss.[3] Enthält der Gesellschaftsvertrag eine Schiedsabrede, so gilt diese auch im Verhältnis zum Erwerber des Gesellschaftsanteils.[4]

---

1 *Huber* in Soergel, § 437 a.F. BGB Rz. 16; für GmbH RGZ 96, 227/231; *Winter* in Scholz, § 15 GmbHG Rz. 83.
2 Vgl. BGH v. 11. 5.1987 – II ZR 226/86, DB 1987, 1781.
3 BGH v. 29.3.1996 – II ZR 263/94, BGHZ 132, 362 = NJW 1996, 1678 (Bilanzfeststellung in KG); BGH v. 15.11.1982 – II ZR 62/82, BGHZ 85, 350 = NJW 1983, 1056 (Umwandlung einer KG in Kapitalgesellschaft vor UmwG 1994); *Baumbach/Hopt*, § 119 HGB Rz. 36 ff. m.w.N.; *Kort*, DStR 1993, 401 (438) (Mehrheitsentscheidungen in der KG).
4 BGH v. 2.10.1997 – III ZR 2/96, DB 1997, 2476.

2. Überleitung von Gewinn- und Verlustanteil

Mit dem Gesellschaftsanteil an einer Personengesellschaft oder der Beteiligung an einer Kapitalgesellschaft hängen entsprechende **Gewinnbezugsrechte** zusammen. Die Gewinnanteile sind Rechtsfrüchte gem. § 99 Abs. 2 BGB.

82

a) Zeitanteilige Beteiligung

Treffen die Parteien keine Regelung über den Übergang des Gewinnbezugsrechtes, so gebührt dem Veräußerer der Gewinnanteil entsprechend der **Dauer seiner Berechtigung** (§ 101 Nr. 2 BGB), regelmäßig also bis zum Zeitpunkt des dinglichen Wirksamwerdens der Veräußerung. Das gilt auch bei Beteiligungen an Gesellschaften mit beschränkter Haftung und Aktiengesellschaften,[1] obwohl der Gewinnanspruch dort erst mit dem Gewinnverteilungsbeschluss der Gesellschafter (§ 46 Nr. 1 GmbHG) bzw. dem Gewinnverwendungsbeschluss der Hauptversammlung (§ 174 Abs. 1 AktG) entsteht. Der Käufer, der im Zeitpunkt des Gewinnverteilungsbeschlusses Inhaber der Beteiligungsrechte ist, erwirbt zwar im Verhältnis zur Gesellschaft den Gewinnauszahlungsanspruch; jedoch hat der Verkäufer mangels anderer vertraglicher Abrede gegen den Käufer einen schuldrechtlichen Anspruch auf den anteiligen Jahresgewinn.[2] Die Gewinnbeteiligung ist von Gesetzes wegen eine zeitanteilige (§ 101 Nr. 2 BGB) für das betreffende Geschäftsjahr.[3] Es kommt also nicht auf das bis zum Übergangsstichtag erwirtschaftete Ergebnis an. Da der Veräußerer für den Rest des Geschäftsjahres keinen Einfluss mehr auf das Geschäftsergebnis hat, dieses auch manipulierbar ist, birgt die gesetzliche Regelung ein erhebliches Risiko für ihn. Für den Veräußerer von Geschäftsanteilen an einer GmbH oder von Aktien kommt hinzu, dass der veräußernde Gesellschafter am nach dem Ende des Geschäftsjahres zu fassenden **Gewinnverteilungsbeschluss** nicht mehr mitwirkt. Der veräußernde Gesellschafter wird daher bestrebt sein, entweder die Beteiligung am Gewinn des laufenden Geschäftsjahres über den Kaufpreis zu erfassen oder im Kaufvertrag eine Regelung zu treffen, die zu einer möglichst hohen Gewinnausschüttung führt (z.B. Verpflichtung des Erwerbers, für die Vollausschüttung des ausschüttbaren Überschusses zu sorgen[4]). Bei Kapitalgesellschaften können sich unterschiedliche steuerliche Auswirkungen ergeben, je nachdem ob der auf die veräußerte Beteiligung entfallende Gewinnanteil des laufenden Geschäftsjahres sowie etwaige Gewinnvorträge mitveräußert und im Kaufpreis mit berücksichtigt wer-

83

---

1 RGRK, § 101 BGB Rz. 11; *Dilcher* in Staudinger, § 101 BGB Rz. 4; *Zutt* in Hachenburg, Anh. zu § 15 GmbHG Rz. 23.
2 BGH v. 30.1.1995 – II ZR 45/94, DB 1995, 619.
3 Bestimmt die Satzung einer AG die Ausgabe von Gewinnanteilscheinen (Dividendenscheinen), so verkörpern diese den Dividendenzahlungsanspruch. Der Verkäufer einer Aktie ist im Zweifel auch zur Übertragung des Dividendenscheines für noch nicht fällige Dividenden verpflichtet (vgl. *Henze* in Großkomm.AktG, § 58 AktG Rz. 111; *Lutter* in KölnKomm., § 58 AktG Rz. 117), so dass insoweit die gesetzliche Regelung des § 101 Nr. 2 BGB praktisch nicht zur Geltung kommt. Beim Erwerb über die Börse gilt dies allgemein.
4 Vgl. BGH v. 30.6.2004 – VIII ZR 349/03, ZIP 2004, 1551, wonach sich diese Verpflichtung in der Regel schon aus der Vereinbarung ergibt, dem Verkäufer den bis zum Stichtag angefallenen Gewinn zukommen zu lassen.

den oder ob vor der Veräußerung eine Ausschüttung an den Verkäufer erfolgt (vgl. Teil V Rz. 83 ff.).

b) Stichtagsbeteiligung

84 Häufig wird anstelle einer zeitanteiligen Gewinnverteilung die Regelung getroffen, dass dem Veräußerer der **bis zum Übergang der Beteiligung** anfallende Gewinnanteil verbleiben soll. Dem Verkäufer kommt auf diese Weise der während der Dauer seiner Beteiligung erwirtschaftete Gewinn zu; vor den Risiken eines ohne seine Mitwirkung erfolgenden Gewinnverwendungsbeschlusses ist er geschützt. Bei dieser Gestaltung bedarf es der Ermittlung des bis zum Übergangsstichtag erwirtschafteten Ergebnisses. Das ist beim Erwerb von Personengesellschaftsanteilen freilich schon aus steuerlichen Gründen erforderlich. In den meisten Fällen wird im Übrigen schon zu Abrechnungszwecken eine Zwischenbilanz auf den Stichtag des Übergangs der Beteiligungsrechte gefertigt. Auch wenn die Abrechnungsbilanz nicht der Ergebnisermittlung dient, kann daraus doch zumeist ohne großen zusätzlichen Aufwand das Ergebnis zum Stichtag abgeleitet werden.

3. Überleitung sonstiger Wirtschaftsgüter, Fortführung der Firma

85 Neben der Übertragung der Beteiligungsrechte bedarf es keiner Einzelübertragung der der Gesellschaft gehörenden Vermögenswerte mehr. Daraus ergibt sich eine wesentliche Vereinfachung und häufig auch Kostenersparnis gegenüber einer Einzelrechtsnachfolge. Insbesondere fallen keine Notariats- und Grundbuchkosten für die Übertragung der Grundstücke an. Auch entsteht keine Grunderwerbsteuerpflicht, es sei denn, 95 % oder mehr der Anteile an einer grundbesitzenden Gesellschaft vereinigten sich in einer Hand (§ 1 Abs. 3 GrEStG). Eine Änderung der Anstellungsverhältnisse des Personals ist nicht erforderlich, da der Unternehmensträger der Nämliche bleibt. Ein Übergang **urheberrechtlicher Nutzungsrechte** findet nicht statt, doch kann dem Urheber ein Rückrufsrecht erwachsen (§ 34 Abs. 3 Satz 2 UrhG), siehe o. Teil VII Rz. 69. Hingegen besteht die Notwendigkeit zur Überleitung bestimmter **immaterieller Wirtschaftsgüter** in vergleichbarer Weise wie beim Unternehmenserwerb im Wege der Einzelrechtsnachfolge (siehe o. Teil VII Rz. 75). Soweit Know-how und Marktbeziehungen in Unterlagen der Gesellschaft verkörpert sind, verbleiben sie allerdings bei der Gesellschaft und kommen dem Erwerber auf diese Weise zugute. Das Gleiche gilt für Kenntnisse und Fertigkeiten der Mitarbeiter, deren Anstellungsverhältnisse ja durch den Gesellschafterwechsel grundsätzlich nicht berührt werden. Häufig wird aber das Management aus Anlass des Gesellschafterwechsels ebenfalls wechseln, so dass für Wissensvermittlung und Einführung des Erwerbers Sorge zu tragen ist.[1] Auch bedarf es der Zustimmung des ausscheidenden Gesellschafters, wenn sein Name in der **Firma** einer Personengesellschaft fortgeführt werden soll (§ 24 Abs. 2 HGB).[2]

---

1 Zu den Unterschieden hinsichtlich der Beendigungsmöglichkeiten der Anstellungsverträge von Geschäftsführern und Vorstandsmitgliedern vgl. *Röder/Lingemann*, DB 1993, 1341.
2 OLG Köln v. 16.11.1987 – 2 Wx 45/87, DB 1988, 39.

Bei Kapitalgesellschaften einschließlich der GmbH & Co. ist dagegen die Zustimmung des ausscheidenden Gesellschafters nicht erforderlich.[1]

Einzelrechtsübertragungen sind auch beim Unternehmenskauf durch Beteiligungserwerb insofern erforderlich, als bestimmte Wirtschaftsgüter, die für den Betrieb des Unternehmens genutzt werden, nicht der Gesellschaft, sondern einzelnen Gesellschaftern gehören (**Sonderbetriebsvermögen**). Praktisch wichtig sind namentlich Betriebsgrundstücke sowie Patente, Gebrauchsmuster, sonstige Erfinderrechte und Marken. Aber auch anderes Anlagevermögen, etwa bestimmte Maschinen, kann einzelnen Gesellschaftern gehören. Insoweit bedarf es also zunächst der Erfassung dieser Gegenstände im Kaufvertrag und anschließend der dinglichen Übertragung im Erfüllungsgeschäft. 86

E. Kaufpreis[2]

I. Modalitäten

1. Bestimmung

a) Vorläufige und endgültige Bestimmung

Die Bestimmung des Kaufpreises erfolgt durch die Parteien auf der Grundlage der beiderseitigen Wertvorstellung, die nach den bei Vertragsschluss vorhandenen Erkenntnissen gebildet werden (Teil I Rz. 176 ff.). Dabei müssen die Parteien den besonderen Schwierigkeiten Rechnung tragen, die sich daraus ergeben, dass bei der Bewertung fast immer **Zukunftsentwicklungen** zu berücksichtigen sind. 87

In besonders gelagerten Fällen kann der Kaufpreis negativ sein, etwa dann, wenn das Unternehmen erst unter erheblichem Sanierungsaufwand rentabel gemacht werden kann (z.B. Betriebsstilllegungen, Sozialpläne gemäß § 112 BetrVG, Ablösung ungünstiger Dauerschuldverhältnisse). Das Interesse des Verkäufers an einem solchen Geschäft kann in der vom Käufer gewährten **Freistellung** von den Unternehmensverbindlichkeiten liegen oder darin, dass das Entstehen solcher Verbindlichkeiten vermieden wird. Die Fortführung des Unternehmens vermeidet beispielsweise einen kostspieligen Sozialplan oder verbilligt ihn jedenfalls. Auch wenn das Zielunternehmen in einer haftungsbeschränkenden Rechtsform, insbesondere als GmbH, betrieben wird, haben die Gesellschafter nicht selten Bürgschaften übernommen oder Sicherheiten gestellt, aus denen sie im Insolvenzfall in Anspruch genommen werden würden. Möglicherweise droht ihnen auch eine Inanspruchnahme unter dem Gesichtspunkt der §§ 30, 31 GmbHG oder des rechtsmissbräuchlichen Eingriffs 88

---

1 BGH v. 27.9.1982 = II ZR 51/82, BGHZ 85, 221 = DB 1983, 489 (für GmbH); BGH v. 14.12.1989 – I ZR 17/88, BGHZ 109, 364 = DB 1990, 779 (für GmbH & Co.).
2 Dieser Abschnitt behandelt nur die Preisfestsetzung in Geld. Auf die Besonderheiten der Verwendung von Beteiligungsrechten an der Erwerbergesellschaft zur Acquisitionsfinanzierung kann hier nicht eingegangen werden, vgl. dazu *Loges/Zimmermann*, WM 2005, 349.

in das Gesellschaftsvermögen[1]. Ferner kann es sein, dass der Erwerber die Haftung für Gesellschafterdarlehen übernimmt, die anderenfalls verloren wären.

89 Häufig wird der Kaufpreis beim Vertragsschluss nur vorläufig bestimmt, weil zu diesem Zeitpunkt nicht genau bekannt ist, welche Vermögenswerte auf den Käufer tatsächlich übergehen werden. Wenn der Übergangsstichtag etwa auf das Ende des laufenden Geschäftsjahres festgesetzt wird, können sich bis dahin noch erhebliche Veränderungen ergeben. Aber auch im Falle eines baldigen Überganges besteht bei Abschluss des Kaufvertrages häufig keine vollständige Klarheit, weil ganz aktuelle Zahlen zumeist nicht vorliegen oder weil der Wert bestimmter Vermögensgegenstände oft nur durch zeitaufwendige Gutachten ermittelt werden kann. Dies kann etwa bei Grundstücken, Maschinen und Schutzrechten gelten. In diesen Fällen kann es zweckmäßig sein, im Kaufvertrag nur einen vorläufigen Kaufpreis zu vereinbaren und ein Verfahren festzulegen, nach welchem der endgültige Kaufpreis zu bestimmen ist. Zuweilen wird der Kaufpreis „**cash and debt free**" festgelegt, d.h. bereinigt um den Kassenbestand und gewisse Verbindlichkeiten, vgl. § 266 Abs. 2 B. III, Abs. 3 C. 1, 2, 6, 8 HGB; auf genaue Begrifflichkeit ist zu achten.[2]

b) Endgültige Bestimmung anhand einer Abrechnungsbilanz

90 Häufig vereinbaren die Parteien, dass der endgültige Kaufpreis anhand einer Abrechnungsbilanz ermittelt wird, die auf den Übergangsstichtag aufzustellen ist. Die Abrechnungsbilanz soll das gesamte bilanzierbare Vermögen erfassen, das dem verkauften Unternehmen am Übergangsstichtag zugeordnet ist. Welche Bilanzierungsgrundsätze (HGB; IFRS – International Financial Reporting Standards;[3] sonstige) für die Abrechnungsbilanz gelten, bemisst sich nach dem Parteiwillen. Dieser kann dahin gehen, dass Wirtschaftsgüter nicht mit ihrem Buchwert, sondern mit ihrem „wirklichen" (Verkehrs- oder Teil-)Wert zu berücksichtigen sind. Sie kann dann nach denselben Grundsätzen aufgestellt werden, nach denen der **Netto-Substanzwert** eines Unternehmens ermittelt wird (siehe dazu Teil II Rz. 110 ff.). Möglich ist auch, dass ein selbstgeschaffener Firmenwert mit angesetzt werden soll.[4] Der „wirkliche" Wert der einzelnen Vermögensgegenstände einschließlich der Verbindlichkeiten und Rückstellungen ist oft nur innerhalb großer Bewertungsspielräume zu ermitteln. Die Parteien können daher ein Interesse daran haben, **Bilanzierungs-** und **Bewertungsgrundsätze** bezüglich bestimmter Wirtschaftsgüter festzulegen, insbesondere auch hinsichtlich der Rückstellungen für Pensionsverbindlichkeiten. Für den Käufer liegt es nahe zu verlangen, dass im Falle eines **Aktivierungswahlrechts** die Aktivierung zu unterbleiben, im Falle eines **Passivierungswahlrechts** die Passivierung zu erfolgen hat. Wichtig ist für ihn ferner,

---

1 Vgl. BGH v. 24.6.2002 – II ZR 300/00, BGHZ 151, 181 = NJW 2002, 3024; aus der umfangreichen Literatur dazu vgl. *J. Wilhelm*, NJW 2003, 175; *Westermann*, NZG 2002, 1129; *Lutter*, ZGR 2003, 402.
2 Vgl. *Schön*, Kompetenzen der Gerichte zur Auslegung von IAS/IFRS, BB 2004, 763.
3 Abgedruckt auch in ABl. EU 2003 Nr. L261, S. 1.
4 Vgl. BGH v. 9.11.1998 – II ZR 190/97, BGHZ 140,35 = NJW 1999, 283 zur Berücksichtigung des Firmenwertes in der Unterbilanzhaftung gem. § 11 Abs. 2 GmbHG; dazu *Habersack*, NZG 199, 629.

dass nicht etwa in der Abrechnungsbilanz die Bilanzierungs- und Bewertungsgrundsätze im Vergleich zu den Bilanzen geändert werden, auf deren Grundlage er seine Kaufpreisvorstellungen gebildet hat, dass also insoweit der Grundsatz der **Bilanzkontinuität** gewahrt wird. Die Abrechnungsbilanz zum Übergangsstichtag kann erst nach diesem Zeitpunkt und daher in der Regel nur vom Käufer erstellt werden. Der Verkäufer hat ein berechtigtes Interesse daran, sich vertraglich ein Mitwirkungsrecht bei der Bilanzerstellung einräumen zu lassen, zumindest aber das Recht zur Überprüfung durch einen Wirtschaftsprüfer seiner Wahl.

Die Bedeutung des durch die Abrechnungsbilanz zu ermittelnden Wertes ist verschieden, je nachdem, ob es dem Käufer um den Erwerb der in dem Unternehmen verkörperten **Substanz** oder aber um die **Ertragskraft** des Unternehmens geht. Wenn der Käufer den Erwerb der Ertragskraft anstrebt, orientiert sich der Kaufpreis in der Regel am **Ertragswert**. Demgemäß entspricht das sich aus der Abrechnungsbilanz ergebende Eigenkapital nach dem Willen der Parteien nur in Ausnahmefällen zufällig dem zu vereinbarenden Kaufpreis. Das Abstellen auf eine Abrechnungsbilanz zur endgültigen Kaufpreisfestsetzung sollte deshalb auch nicht darauf hinauslaufen, überholten Vorstellungen der Bewertung lebender Unternehmen nach dem Substanzwert wieder zur Geltung zu verhelfen. Man kommt aber in der Praxis zu vernünftigen Näherungswerten, wenn der Kaufpreis als Äquivalent der Summe von Eigenkapital und Geschäftswert verstanden wird und im Falle einer Abweichung des Eigenkapitals laut Abrechnungsbilanz von dem bei Vertragsschluss zugrunde gelegten Eigenkapital eine Anpassung des vorläufigen Kaufpreises vorgesehen wird. Dass darin dennoch eine gewisse Inkonsequenz gegenüber der Unternehmensbewertung allein nach dem Ertragswertverfahren liegt, ist freilich nicht zu verkennen. 91

Die Frage, welchen Einfluss die Abrechnungsbilanz auf den Kaufpreis im Einzelnen haben soll, kann unterschiedlich gelöst werden und bedarf vertraglicher Regelung: Der Kaufpreis kann z.B. um den Betrag geändert werden, um den das **Eigenkapital** gemäß der Abrechnungsbilanz von dem Eigenkapital gemäß den beim Kaufvertragsabschluss zugrunde gelegten Gegebenheiten **abweicht**. Es kann aber auch der Unternehmenswert rechnerisch in ein bestimmtes Verhältnis zum Eigenkapital gesetzt werden, so dass eine Eigenkapitalabweichung mit einem bestimmten Faktor entsprechend dem **Verhältnis** von **Eigenkapital** zu **Unternehmenswert** auf den Kaufpreis durchschlägt. Gehen die Parteien etwa davon aus, dass der Kaufpreis dem 1½fachen des Eigenkapitals entspricht, so kann vereinbart werden, dass Änderungen des Eigenkapitals zu einer Kaufpreisanpassung in Höhe des 1½fachen dieser Änderung führen sollen. Eine weitere Gestaltungsmöglichkeit besteht darin, dass der Verkäufer ein bestimmtes **Eigenkapital garantiert** und Änderungen des vorläufig vereinbarten Kaufpreises nur dann eintreten sollen, wenn dieses Eigenkapital unterschritten wird. Für die Frage, in welcher Höhe die Unterschreitung des garantierten Eigenkapitals auf den Kaufpreis durchschlägt, gilt das vorstehend Gesagte entsprechend. Die Parteien sollten vertraglich klären, ob die vereinbarte Anpassungsregelung zu einem **negativen Kaufpreis** führen kann. Vgl. im Übrigen zur Kaufpreisfindung auch Teil I Rz. 176 ff. 92

c) Aufstellung und Korrektur der Abrechnungsbilanz

93 Die Abrechnungsbilanz kann entweder vom Käufer allein oder vom Verkäufer und Käufer gemeinsam aufgestellt werden. In jedem Fall sollte für Meinungsverschiedenheiten über die „richtigen" Ansätze der Abrechnungsbilanz eine rasche Streitentscheidung vorgesehen werden. Es liegt nahe, hierfür einen Einigungsversuch unter den Parteien vorzusehen und, falls dieser nicht innerhalb einer bestimmten Frist erfolgreich ist, einen Dritten mit der Erstellung der Abrechnungsbilanz zu betrauen. Nicht selten beauftragen die Parteien auch von vorneherein einen Dritten. Der Dritte kann als **Schiedsgutachter** i.S.d. §§ 317 ff. BGB (analog) oder – selten – als **Schiedsrichter** tätig werden. Die Rolle des Schiedsgutachters beschränkt sich im Grundsatz auf die Feststellung von Tatsachen. Das schließt aber nicht aus, dem Schiedsgutachter auch rechtliche Beurteilungen zu übertragen, die für die Feststellung der Tatsachen vorgreiflich sind.[1] Die Bestimmung von Bilanzansätzen unter Anwendung der jetzt weitgehend im HGB kodifizierten Grundsätze ordnungsmäßiger Buchführung (GoB) oder der IFRS ist eine typisch schiedsgutachterliche Tätigkeit. Das Schiedsgutachten ist für die Parteien verbindlich, es sei denn, es wäre offenbar unrichtig.[2] Insoweit verbleibt also den Parteien die Möglichkeit, die staatliche Gerichtsbarkeit anzurufen. Der Schiedsrichter entscheidet hingegen unter grundsätzlichem Ausschluss der staatlichen Gerichtsbarkeit über ein zwischen den Parteien streitiges Rechtsverhältnis. Die Abgrenzung ist nicht immer leicht zu treffen; auf den von den Parteien gewählten Wortlaut kommt es nicht an, doch ist eine Bezugnahme auf die einschlägigen Bestimmungen (§§ 315 ff. BGB oder §§ 1025 ff. ZPO) ein gewichtiges Indiz für den Parteiwillen.[3]

94 Es kann sich erweisen, dass die Ansätze der Abrechnungsbilanz der Wirklichkeit nicht entsprechen. Dabei sind zwei Fälle zu unterscheiden:

– Es ist möglich, dass die Abrechnungsbilanz zwar entsprechend den Grundsätzen ordnungsmäßiger Buchführung (GoB) und den vereinbarten Bilanzierungsgrundsätzen, also „**richtig**" aufgestellt ist, dass jedoch **nachträglich Umstände** eintreten oder bekannt werden, aus denen sich ergibt, dass die Vermögenslage des verkauften Unternehmens von den zugrunde gelegten Ansätzen abweicht. So können sich Rückstellungen für Gewährleistungen oder drohende Verluste aus schwebenden Geschäften als unnötig oder, im Gegenteil, als unzureichend erweisen. Forderungen können uneinbringlich

---

1 *Baumbach/Lauterbach*, vor § 1025 ZPO Rz. 12 ff.; Teil I Rz. 201 ff.
2 BGH v. 20.11.1975 – III ZR 112/73, WM 1976, 251 (zur Bewertung eines Gesellschaftsanteils); zur offenbaren Unrichtigkeit eines Schiedsgutachtens über einen Bilanzansatz („außerordentlicher Ertrag") v. 21.1.2004 – VIII ZR 74/03 = DB 2004, 475. Offenbare Unrichtigkeit liegt dann vor, wenn sie sich einem sachkundigen Beobachter sofort aufdrängt; hierzu muss gegebenenfalls durch Sachverständigengutachten Beweis erhoben werden; st. Rspr. vgl. BGH v. 21.1.2004 – VIII ZR 74/03 II. 2, DB 2004, 475; v. 27.6.2001 – VIII ZR 235/00, NJW 2001, 3775, dort auch zum Wegfall des namentlich benannten Schiedsgutachters; „offenkundige Unrichtigkeit" auch bei grober Lückenhaftigkeit des Schiedsgutachtens, BGH v. 20.11.1975 – III ZR 112/73, WM 1976, 251.
3 Vgl. BGH v. 17.5.1967 – VIII ZR 58/66, BGHZ 48, 25/30.

werden oder als uneinbringlich wertberichtigte Forderungen nachträglich doch noch bezahlt werden.

– Die Abrechnungsbilanz kann **fehlerhaft** sein, also unter Verletzung der anwendbaren Bilanzierungsgrundsätze.

Die Parteien können vereinbaren, dass eine an sich „richtige" Abrechnungsbilanz ungeachtet späterer Entwicklungen und Erkenntnisse maßgeblich bleiben soll. Das ist die Regel; der kaufmännische Geschäftsverkehr ist üblicherweise an einer schnellen Klärung von Zweifelsfällen interessiert. Es kommt aber auch in Betracht, die Abrechnungsbilanz anzupassen, wobei sowohl eine einmalige als auch eine mehrmalige Anpassung vereinbart werden kann. Ist nichts über eine spätere Änderung vereinbart, so ist eine Anpassung nur noch nach den strengen Grundsätzen über die Störung der **Geschäftsgrundlage** (§ 313 BGB) möglich. 95

Ist die Abrechnungsbilanz hingegen fehlerhaft im Sinne der Verletzung der Bilanzierungsregeln, so hat jede Partei das Recht auf **Berichtigung** und gegebenenfalls entsprechende Änderung **des Kaufpreises**. Denn die Vereinbarung einer Preisfestsetzung entsprechend einer zu erstellenden Abrechnungsbilanz ist nach § 157 BGB dahin zu verstehen, dass eine „richtige" Abrechnungsbilanz gemeint ist, also eine solche, die den zwischen den Parteien maßgeblichen Bilanzierungsregeln entspricht. Fällt einer Partei Verschulden bei der Erstellung der Abrechnungsbilanz zur Last, so können der anderen Partei überdies Schadenersatzansprüche nach den allgemeinen Grundsätzen (§ 280 Abs. 1 BGB) zustehen.

d) Sonstige Preisbestimmungen

Die Parteien können sich darauf beschränken, im Kaufvertrag nur die **Kaufpreisbestimmungskriterien** zu regeln.[1] Es ist dann Sache des die Kaufpreisforderung stellenden Verkäufers, seine Forderung zu beziffern. Das Gericht ermittelt gegebenenfalls den Kaufpreis im Wege der **Vertragsauslegung**. 96

Zuweilen machen die Parteien den endgültigen Kaufpreis von der **künftigen Geschäftsentwicklung** des verkauften Unternehmens abhängig.[2] Dafür wird auch die Bezeichnung „**Earn-out**" verwandt. Dabei können z.B. der Umsatz oder der Ertrag in künftigen Geschäftsjahren zugrunde gelegt und der Kaufpreis als Prozentsatz solcher Größen ausgedrückt oder auch bei Erreichung bestimmter Schwellen jeweils in Stufen gesteigert werden. Die Geschäftsentwicklung ist aber stark von Umständen im Einwirkungsbereich des Käufers abhängig, auch manipulierbar. Manipulationen können namentlich an der Bemessungsgrundlage und an der Bemessungsperiode ansetzen. Jedenfalls erfordert eine solche Kaufpreisbestimmung klare Regelungen zur Kontrolle der Kri- 97

---

1 Vgl. *von Braunschweig*, Variable Kaufpreisklauseln in Unternehmenskaufverträgen, DB 2002, 1815.
2 Eine Preisbemessungsmethode auf der Grundlage auch künftiger Ist-Erträge stellen vor *Lacher/Poppe*, Unternehmenskauf nach der Methode des „realisierten" Ertragswerts, DB 1988, 1761; *Baums*, Ergebnisabhängige Preisvereinbarungen in Unternehmenskaufverträgen („earn-outs"), DB 1993, 1273.

terien, von denen der Kaufpreis abhängen soll. Angemessen mag sie dann sein, wenn aufgrund besonderer Umstände die Geschäftsentwicklung ungewöhnlich schwer vorhersehbar ist, z.b. wenn das verkaufte Unternehmen über viel Know-how oder Schutzrechte mit ungewissen Marktchancen verfügt. Sie kommt auch in Betracht, wenn der Veräußerer dem Unternehmen z.B. als Geschäftsführer verbunden bleibt, oder wenn die Geschäftsentwicklung stark davon abhängig ist, in welchem Umfang der Verkäufer weiterhin von dem verkauften Unternehmen Waren bezieht.

98 Ungewissheiten bei der Bewertung von **Forderungen** kann in der Weise Rechnung getragen werden, dass sich der Veräußerer verpflichtet, bestimmte Forderungen auf Verlangen des Erwerbers anzukaufen bzw. zurückzukaufen, z.b. solche, die trotz Mahnung nicht innerhalb von 60 Tagen nach Fälligkeit beglichen worden sind.

2. Aufteilung

99 In den Kaufvertrag kann ein einheitlicher Kaufpreis für das gesamte Unternehmen eingesetzt werden. Möglich ist aber im Falle des **Einzelrechtserwerbs** auch die **getrennte Ausweisung** für **einzelne Wirtschaftsgüter**. Die getrennte Ausweisung hat erhebliche steuerliche Bedeutung (vgl. dazu im Einzelnen Teil V Rz. 6 ff.). Der Erwerber wird daran interessiert sein, im Rahmen des Gesamtpreises eine möglichst hohe Bewertung der schnell oder zumindest überhaupt **abnutzbaren Wirtschaftsgüter** unter Einschluss des Firmenwertes zu erreichen (§ 7 EStG). Umgekehrt kann der Veräußerer daran interessiert sein, wegen der gem. § 6b EStG möglichen teilweisen Übertragung stiller Reserven in Grundstücken letztere möglichst hoch zu bewerten. Im Rahmen dessen, was ernstlich gewollt ist und den wirtschaftlichen Gegebenheiten entspricht, ist die Finanzverwaltung an die von den Parteien festgelegte Bewertung gebunden (Teil V Rz. 6).

100 Eine **zivilrechtliche Bedeutung** kommt der Aufteilung des Kaufpreises nicht ohne weiteres zu. Da ein Unternehmen eine Funktionseinheit darstellt, kann ein Mangel an einzelnen Wirtschaftsgütern eine über deren Wert hinausgehende Wertminderung des gesamten Unternehmens zur Folge haben. Umgekehrt können auch einzelne mangelhafte Gegenstände für den Wert des Unternehmens ohne Bedeutung sein. Aus der getrennten Aufführung von Kaufpreisteilen, die für die einzelnen Wirtschaftsgüter ausgeworfen werden, kann daher grundsätzlich nicht der Schluss gezogen werden, dass Mängel eines Wirtschaftsgutes eine Minderung des Gesamtpreises um den Minderwert dieses Wirtschaftsgutes bewirken. Maßgebend ist die Auswirkung des Mangels auf das gesamte Unternehmen. Jedoch können die Parteien Abweichendes vereinbaren.

3. Zahlungsweise, Verzinsung, Verjährung

101 Der Kaufpreis kann auf einmal oder in mehreren Raten entrichtet werden. Mangels abweichender Bestimmung ist der Kaufpreis in einem einzigen Betrag zu zahlen (§ 266 BGB) und sofort fällig (§ 271 BGB). Dem Käufer steht jedoch

das **Zurückbehaltungsrecht** gemäß § 320 BGB zu, solange der Verkäufer seine Verpflichtung nicht erfüllt hat. Ist der Unternehmenskauf ein beiderseitiges Handelsgeschäft, so können gemäß § 353 HGB **Fälligkeitszinsen** verlangt werden. Fälligkeit im Sinne dieser Vorschrift tritt allerdings solange nicht ein, wie der Käufer die Zug-um-Zug-Einrede erheben kann.[1]

Häufig vereinbaren die Parteien, dass der Kaufpreis in mehreren **Raten** zu zahlen ist. Ratenzahlung erleichtert dem Käufer auch die Durchsetzung von Minderungsansprüchen, wenn sich vor Zahlung der letzten Rate Mängel des Unternehmens herausstellen. Ferner finden sich Rentenvereinbarungen zugunsten des Veräußerers. Die Rente kann unter Umständen als betriebliche **Versorgungsrente** zu Lasten des übernommenen Betriebsvermögens gestaltet werden. Ebenso ist die Vereinbarung einer **Kaufpreisrente** möglich.[2] Die Verrentung der Ansprüche des Verkäufers kommt namentlich dann vor, wenn sich der Verkäufer aus dem Wirtschaftsleben zurückziehen will. Zur steuerlichen Bedeutung der Unterscheidung vgl. Teil V Rz. 18. 102

Der Kaufpreisanspruch verjährt gemäß §§ 194 ff. BGB, also regelmäßig in drei Jahren (§ 195 BGB), beginnend mit dem Schluss des Jahres, in dem der Kaufpreis, gegebenenfalls eine Kaufpreisrate, fällig geworden ist (§ 199 BGB). 103

II. Sicherung des Verkäufers

1. Finanzierungszusage, Wertsicherung, Währungsrisiko

Der Verkäufer wird sich zuweilen bereits zu Beginn der Vertragsverhandlungen, jedenfalls aber vor Abschluss des Kaufvertrages vergewissern wollen, dass der Kaufinteressent in der Lage ist, den Kaufpreis aufzubringen. Zu diesem Zweck kann der Kaufinteressent die Finanzierungszusage eines Kreditinstitutes beibringen („**engagement letter**"). Sie steht in der Regel unter verschiedenen Vorbehalten und wird häufig nur gegen eine besondere Gebühr erteilt. Im Übrigen besteht für den Verkäufer ein Sicherungsbedürfnis hinsichtlich der Kaufpreisforderung besonders dann, wenn der Kaufpreis in mehreren, insbesondere zeitlich länger gestreckten **Raten** zu zahlen ist oder wenn die Veräußerung gegen eine Rentenzusage erfolgt. Gegen den allgemeinen **Währungsverfall** kann sich der Verkäufer durch eine Wertsicherungsklausel schützen.[3] **Wechselkursrisiken** können auftreten, wenn der Kaufpreis in ausländischer Währung gezahlt werden kann (Valutaschuld, vgl. § 244 BGB).[4] Zur Sicherung kommen Wechselkurssicherungsgeschäfte oder eine im Kaufpreis zu berück- 104

---

1 RGZ 126, 280 (285).
2 Allg. Auffassung, obwohl das Gesetz nach seinem Wortsinn an die „Entstehung" des Anspruchs anknüpft (§ 199 Abs. 1 Nr. 1 BGB), vgl. *Heinrichs* in Palandt, § 199 BGB Rz. 7.
3 Vgl. zur Rechtslage (Genehmigungsbedürftigkeit) nach Ersetzung von § 3 WährG durch § 2 PaPkG n.F. (1998) und die Preisklauselverordnung (PrkV) vom 23.9.1998 (BGBl. I 2001, S. 1149) die Übersicht bei *Heinrichs* in Palandt, § 245 BGB Rz. 24 ff. Genehmigungsbehörde ist das Bundesamt für Wirtschaft.
4 Einer Genehmigung bedarf es dazu wegen der Streichung von § 3 WährG durch das EuroEG v. 9.6.1998, BGBl. I, S. 1242 nicht mehr.

sichtigende spekulative Vorwegnahme künftiger Wechselkursänderungen in Betracht. Denkbar ist auch eine Vereinbarung, dass die einzelnen Kaufpreisraten etwaigen Wechselkursveränderungen angepasst werden. Hier ist zu prüfen, ob dies die Devisengesetzgebung erlaubt, der der Käufer unterliegt.

2. Bürgschaften, Patronatserklärungen

105 Gegen **Bonitätsrisiken** aus der Person des Käufers kann sich der Verkäufer durch eine Bürgschaft, insbesondere eine Bankbürgschaft für den Restkaufpreis, schützen. Aus der Sicht des Verkäufers ist es wünschenswert, wenn die Bankbürgschaft **selbstschuldnerisch**, d.h. unter Verzicht auf die Einrede der Vorausklage (§ 773 BGB), und „**auf erstes Anfordern**" ausgestellt ist. Dadurch werden für den in Anspruch genommenen Bürgen zunächst alle Einwände aus dem Grundverhältnis zwischen Verkäufer und Käufer ausgeschlossen;[1] es sei denn, der Gläubiger missbrauche seine formale Rechtsstellung, insbesondere weil klar auf der Hand liegt, dass dem Verkäufer kein Anspruch gegen den Käufer zusteht.[2] Der Bürge muss sofort zahlen und ist darauf beschränkt, nach erfolgter Leistung Mängel des Grundverhältnisses durch Ansprüche aus ungerechtfertigter Bereicherung (§ 812 BGB) geltend zu machen.[3] Insbesondere läuft also der Verkäufer nicht Gefahr, dass der Bürge seinem Anspruch auf Zahlung der restlichen Raten Einwände des Käufers aufgrund wirklicher oder behaupteter Leistungsstörungen entgegensetzt (Minderung, Wandelung, Schadensersatz, Zurückbehaltungsrecht wegen teilweiser Nichterfüllung des Kaufvertrages). Entsprechend gefährlich ist die Bürgschaft auf erstes Anfordern für den Bürgen und für den Hauptschuldner (Käufer); letzteres vor allem dann, wenn sich der Bürge für seinen Rückgriffsanspruch gegen den Hauptschuldner abgesichert hat. Anstelle von Bankbürgschaften werden auch Bürgschaften von Ober- oder Schwestergesellschaften des Konzerns gegeben, dem die Erwerberin angehört. Zuweilen wird von den mit der Erwerberin verbundenen Unternehmen auch nur eine sog. „**Patronatserklärung**" („letter of comfort") zu erlangen sein. Der rechtliche Gehalt dieser international verbreiteten, jedoch zumindest in Deutschland gesetzlich nicht geregelten Kreditsicherung ist je nach der Ausgestaltung im Einzelfall durchaus unterschiedlich. Er reicht von der lediglich moralischen Bindung „weicher" bis zu der garantieähnlichen Wirkung „harter" Patronatserklärungen.[4]

---

1 BGH v. 17.1.1989 – XI ZR 65/88, DB 1989, 1081.
2 BGH v. 5.3.2002 – XI ZR 113/01 Ls. 1,2, NJW 2002, 1493.
3 BGH v. 24.10.2002 – IX ZR 355/00, BGHZ 152, 154 m.w.N. = NJW 2003, 352; v. 19.9.1985 – IX ZR 16/85, BGHZ 95, 375 = DB 1986, 323; zur Unwirksamkeit einer AGB-mäßig vereinbarten Bürgschaft auf erstes Anfordern BGH v. 8.3.2001 – IX ZR 236/00, BGHZ 147,99 = NJW 2001, 1857; Rechtsprechungsübersicht bei *Thiedtke*, NJW 2003,1359.
4 Siehe dazu *Rosenberg/Kruse*, Patronatserklärungen in der M&A-Praxis und in der Unternehmenskrise, BB 2003, 641; *Wittig*, WM 2003, 1981; BGH v. 30.1.1992 – IX ZR 112/91, BGHZ 117, 127 = DB 1992, 2238; Muster bei *Schütze* in MünchVertragshdb., Bd. 3, 1. Halbband, 5. Aufl. 2003, III.25 ff..

3. Ausschluss von Aufrechnung und Zurückbehaltungsrecht

Der Verkäufer kann sich die Durchsetzung seines Kaufpreisanspruches erleichtern, wenn bezüglich etwaiger Gegenansprüche des Käufers ein **Aufrechnungsverbot** vereinbart oder das gesetzliche **Zurückbehaltungsrecht** ausgeschlossen wird. Solche Gegenansprüche können sich für den Käufer insbesondere aus Gewährleistungsrechten und verwandten Instituten ergeben. Die Geltendmachung der Aufrechnung oder eines Zurückbehaltungsrechts ist allerdings trotz entgegenstehender Abrede gemäß § 242 BGB in der Regel dann nicht ausgeschlossen, wenn diese Rechte entweder vom Verkäufer anerkannt sind oder wenn bei prozessualer Geltendmachung des Kaufpreisanspruches im Zeitpunkt der letzten mündlichen Verhandlung zugleich über sie mitentschieden werden kann.[1] Das ist praktisch häufig der Fall. Die Berufung auf einen vertraglichen Aufrechnungsausschluss kann ferner treuwidrig sein, wenn ohne die Aufrechnung die Durchsetzung des Gegenanspruches vereitelt würde, namentlich wegen Insolvenz oder Vermögensverfalls der Gegenpartei.[2]

106

4. Rechtsvorbehalte

Der Verkäufer kann sich Rechte an dem zu übertragenden Unternehmen oder an der Unternehmensbeteiligung bis zur Bezahlung des Kaufpreises vorbehalten. Auch im Falle des Verkaufes von Beteiligungsrechten kann der Verkäufer die Übertragung an die aufschiebende Bedingung der Erfüllung seiner Kaufpreisansprüche knüpfen.[3] Freilich sind Probleme und Grenzen dieser Sicherungsmöglichkeiten zu beachten. Im Falle aufschiebend bedingter Übertragung von Beteiligungsrechten muss eine Regelung für die Gewinnbezugsrechte getroffen und gegebenenfalls durch Stimmbindungsvereinbarungen dafür gesorgt werden, dass die Gesellschafterrechte im Sinne des Käufers ausgeübt werden.[4] Soweit Wirtschaftsgüter des Umlaufvermögens betroffen sind, muss der Käufer die Möglichkeit zu deren Veräußerung haben. Ein verlängerter Eigentumsvorbehalt durch Vorausabtretung der Kaufpreisforderungen, die dem Käufer aus der Weiterveräußerung dieser Wirtschaftsgüter zustehen, wird kaum praktikabel sein. Die beweglichen Wirtschaftsgüter des Anlagever-

107

---

1 Im Einzelnen wird dazu auf *Heinrichs* in Palandt, § 387 BGB Rz. 13 ff verwiesen.
2 BGH v. 12.12.1990 – VIII ZR 355/89, NJW-RR 1991, 971 m.w.N.
3 Zur Zulässigkeit bei der GmbH siehe *Zutt* in Hachenburg, § 15 GmbHG Rz. 85; rechtlich bedenkenfrei gemäß BGH v. 23.11.1988 – VIII ZR 26/87 II. 1. baa, BB 1989, 372 zur aufschiebend bedingten Abtretung von Kommanditanteilen vgl. BGH v. 21.3.1983 – II ZR 113/82, 2, DB 1983, 1419.
4 Zulässigkeit grundsätzlich anerkannt; vgl. BGH v. 20.3.1995 – II ZR 205/94 Leitsatz d, BGHZ 129, 136 = DB 1995, 1064 (AG); BGH v. 20.1.1983 – II ZR 243/81, NJW 1983, 1910; der Stimmbindungsvertrag gewährt einen Erfüllungsanspruch, allg. Auffassung, vgl. OLG Köln v. 25.7.2002 – 18 U 60/02, GmbHR 2003, 416; *Lutter/Hommelhoff*, § 47 GmbHG Rz. 5 f; zur Durchsetzung von Rechten aus einem Stimmbindungsvertrag im e.V.-Verfahren OLG Koblenz v. 27.2.1986 – 6 U 261/86, GmbHR 1986, 428; OLG Stuttgart v. 20.1.1987 – 2 U 202/86, GmbHR 1987, 482 OLG Hamburg; v. 28.6.1991 – 11 U 65/91, GmbHR 1991, 467; *Damm*, Einstweiliger Rechtsschutz im Gesellschaftsrecht, ZHR 154 (1990), 413; *Schmidt-Diemitz*, Einstweiliger Rechtsschutz gegen rechtswidrige Gesellschafterbeschlüsse, 1993; *Zutt*, Einstweiliger Rechtsschutz bei Stimmbindungen, ZHR 155 (1991), 190.

mögens verlieren bei Herauslösung aus dem Funktionszusammenhang des Unternehmens häufig erheblich an Wert. Eine Rückübertragung des Unternehmens bei Ausfall der aufschiebenden Bedingung ist mit ähnlichen Schwierigkeiten verbunden, wie sie der Wandelung entgegenstehen. Das Unternehmen hat in der Hand des Erwerbers in aller Regel bereits mehr oder weniger große Veränderungen erfahren, deren Rückgängigmachung sehr problematisch ist (siehe dazu Teil VII Rz. 154 ff.).

III. Sicherung des Käufers

1. Sicherungsbedürfnis

108 Der Käufer hat ein Sicherungsbedürfnis, falls er Anzahlungen auf den Kaufpreis leistet, bevor der Verkäufer seine Verpflichtungen zur Übertragung des Unternehmens erfüllt hat. In der Regel wird aber im Vordergrund das Interesse des Käufers an einer Absicherung seiner Rechte aus **Gewährleistung, Garantieabsprachen** und **Verschulden bei Vertragsschluss** stehen. Ein Sicherungsbedürfnis besteht außerdem insofern, als der Verkäufer zwischen dem Abschluss des Kaufvertrages und dem Übergang des Unternehmens auf den Käufer das Unternehmen führt und demgemäß Geschäfte abschließen, Verbindlichkeiten eingehen, Vermögenswerte veräußern mag. All diese Maßnahmen können wirtschaftliche Fehlschläge sein und den Wert des Unternehmens zum Übergangsstichtag beeinträchtigen.

2. Sicherungsmittel

109 Als Sicherungsmittel kommen für den Käufer namentlich in Betracht:

– **Streckung** der Kaufpreiszahlung auf mehrere Raten in der Erwartung, dass die jeweils noch ausstehenden Raten ausreichen werden, um erkennbar werdende Gegenansprüche des Käufers zu decken; freilich wird dieses Sicherungsmittel beeinträchtigt, wenn der Verkäufer in kollidierendem Sicherungsinteresse einen Ausschluss von Zurückbehaltungs- und Aufrechnungsrechten durchgesetzt hat;

– Absicherung durch Dritte insbesondere durch **Bürgschaft**; hierfür gilt das Gleiche wie vorstehend Teil VII zu Rz. 95 ausgeführt; zur Sicherung eines Rückzahlungsanspruches kann auch ein Teilbetrag des Kaufpreises auf ein Treuhandkonto eingezahlt werden; es ist darauf zu achten, dass dieses Treuhandkonto insolvenzfest ist;

– Vereinbarung eines **Zustimmungserfordernisses** für bestimmte Geschäfte, die vor dem Übergangsstichtag abgeschlossen werden, z.B. solche, die über den gewöhnlichen Geschäftsbetrieb hinausgehen, sowie für den Abschluss von Dauerschuldverhältnissen wie Miet- oder Leasing-Verträge, für Geschäfte mit dem Verkäufer oder ihm nahe stehenden Dritten sowie für wichtige Anstellungsverträge; ebenso für Geschäfte mit ungewöhnlich ungünstigen Konditionen z.B. hinsichtlich des Preises oder der Herstellergarantie;

- Vereinbarung eines **Rücktritts-** oder **Preisanpassungsrechtes,** wenn zwischen Abschluss des Kaufvertrages und Übergang des Zielunternehmens („Closing") ein längerer Zeitraum liegt, was z.b. der Fall sein kann, wenn ein Zusammenschlusskontrollverfahren nach GWB oder EU-Recht durchzuführen ist (sog. **„Material Adverse Change Clauses"** – MAC);[1] Zur Bestimmung des „Material Adverse Change" kann auf Umstände abgestellt werden, die gem. § 15 WpHG veröffentlichungspflichtig wären, wenn das Zielunternehmen dem WpHG unterläge; Hinweise geben die veröffentlichten Übernahmeangebote;

- Abschluss einer **Gewährleistungsversicherung,** durch die Ansprüche des Käufers aus Gewährleistungszusagen des Verkäufers abgesichert werden. Der Versicherungsschutz ist dabei üblicherweise auf bestimmte Höchstbeträge begrenzt, die Prämien liegen je nach den Umständen zwischen ein und fünf Prozent der Haftungsgrenze. Kein Versicherungsschutz besteht im Falle vorsätzlich falscher Angaben des Verkäufers.[2]

Ein **Sonderproblem** stellt sich, wenn der Käufer den **Kaufpreis** über ein **Darlehen** finanziert. Der Darlehensvertrag ist in aller Regel unabhängig vom Unternehmenskaufvertrag. Auch wenn der Verkäufer seinen Verpflichtungen nicht nachkommt, bleibt der Käufer als Darlehensnehmer grundsätzlich aus dem Darlehensvertrag zur Bedienung des Darlehens verpflichtet. Eine Ausnahme gilt aber dann, wenn Kauf und Darlehensvertrag eine wirtschaftliche Einheit bilden und die Umstände des Einzelfalles gebieten, das Risiko der Erfüllung des finanzierten Vertrages der finanzierenden Bank aufzuerlegen.[3] Im Übrigen bleibt dem Käufer nur die Möglichkeit, im Darlehensvertrag die Berücksichtigung von Einwänden aus dem Unternehmenskaufvertrag zu vereinbaren.

110

F. Ausgewählte Form-, Zustimmungs- und Genehmigungserfordernisse

I. Form[4]

Der Unternehmenskauf ist stets auf die Übertragung verschiedener Gegenstände gerichtet, sei es einer Vielzahl einzelner Sachen, Rechte und Pflichten beim Unternehmenserwerb durch Einzelrechtsnachfolge, sei es im Wesentlichen der Gesellschafterstellung im Falle des Beteiligungserwerbes. Dabei sind die für das jeweilige **schuldrechtliche** oder **dingliche** Geschäft vorgeschriebenen Formen zu beachten. Von praktischer Bedeutung sind insbesondere die folgenden Fragen:

111

---

1 *Picot/Duggal*, DB 2003, 2635.
2 *Grossmann/Mönnich*, NZG 2003, 708.
3 BGH v. 20.11.1986 – III ZR 115/85, DB 1987, 1039 für den finanzierten Kauf einer Privatschule.
4 *Wiesbrock*, Formerfordernisse beim Unternehmenskauf, DB 2002, 2311.

1. § 311b Abs. 1 BGB (Verträge über Grundstücke)[1]

112 Im Falle der Einzelrechtsnachfolge bedarf der Kaufvertrag **notarieller Beurkundung**, wenn Grundstücke oder Erbbaurechte zum verkauften Unternehmen gehören (§§ 311 Abs. 1 BGB, 11 ErbRVO). Die Formbedürftigkeit erstreckt sich auf das **Geschäft im Ganzen**, also auch auf Abreden, die für sich genommen formlos getroffen werden könnten, soweit nach dem Willen der Parteien die Grundstücksveräußerung und die übrigen auf die Übertragung des Unternehmens gerichteten Vereinbarungen rechtlich voneinander abhängig sein und ein einheitliches Geschäft bilden, also „miteinander stehen oder fallen" sollen.[2] Die **Aufspaltung** eines wirtschaftlich einheitlichen Geschäftes (z.B. Erwerb des Umlaufvermögens, der Maschinen, der Grundstücke, Übernahme von Miet- und Lieferverträgen, Arbeitsverhältnissen) führt daher nicht dazu, dass lediglich das die Grundstücke betreffende Geschäft dem Formzwang des § 311 Abs. 1 BGB unterliegt. Ohne notarielle Beurkundung können nur solche Geschäfte gesondert abgeschlossen werden, von denen anzunehmen ist, dass sie auch ohne die Grundstücksgeschäfte abgeschlossen worden wären. Das mag etwa dann gelten, wenn der Wert des mitzuübertragenden Grundstücks im Verhältnis zu dem des veräußerten Unternehmens von ganz untergeordneter Bedeutung ist.[3] Für die Abgrenzung können im Übrigen die zu § 139 BGB entwickelten Grundsätze herangezogen werden. Die Abgrenzung ist vielfach unsicher, so dass es sich im Zweifel empfiehlt, alle Abreden notariell beurkunden zu lassen.

113 Nicht beurkundete **Nebengeschäfte**, die nicht als vom Hauptgeschäft unabhängig angesehen werden können, führen zur Unwirksamkeit des gesamten Geschäftes, also auch des notariell beurkundeten Grundstückskaufvertrages (§ 125 BGB). Dies ist von besonderer Bedeutung angesichts einer gewissen Neigung, durch sog. „**Side-Letters**" Nebenabreden zu treffen:[4] Man riskiert dadurch die Formnichtigkeit des gesamten Geschäftes.

114 Der **Formmangel** wird jedoch durch Auflassung und Eintragung im Grundbuch **geheilt** (§ 311b Abs. 1 Satz 2 BGB). Die Heilungswirkung erstreckt sich auch

---

1 Die folgenden Nachweise beziehen sich, soweit nicht anders angegeben, auf die mit §§ 311b Abs. 3 BGB inhaltlich übereinstimmenden §§ 313, 311 BGB in der bis zum 31.12.2001 geltenden Fassung.
2 BGH v. 24.9.1987 – VII ZR 306/86, BGHZ 101, 393 = DB 1987, 2455; fortgeführt durch BGH v. 7.12.1989 – VII ZR 343/88, NJW-RR 1990, 340; siehe dazu *Wiesner*, NJW 1984, 95; *Sigle/Maurer*, Umfang des Formzwangs beim Unternehmenskauf, NJW 1984, 2657 (2658), die aber Formbedürftigkeit verneinen, wenn ein an sich nicht formbedürftiger Vertrag unter der Bedingung der Wirksamkeit eines Grundstücksvertrages abgeschlossen wird (NJW 1984, 2660, str.).
3 BGH v. 19.1.1979 – I ZR 172/76 I.2, DB 1979, 741; BGH v. 24.11.1983 – VII ZR 34/83 II 2, DB 1984, 451.
4 Z.B. den Abschluss eines Beratervertrages, vgl. BGH v. 23.2.1983 – IVa ZR 187/81, DB 1983, 1141 für die insoweit gleich gelagerte Problematik beim Verkauf von GmbH-Anteilen; *Duhnkrack/Hellmann*, Der Side Letter, ZIP 2003, 1425.

auf die Nebengeschäfte.¹ Bis zur Eintragung kann sich aber jede Seite auf den Formmangel berufen und ihn auch als willkommene Begründung dafür verwenden, das aus anderen Gründen nicht mehr gewünschte Geschäft zum Scheitern zu bringen. Ein Verstoß gegen **Treu** und **Glauben** liegt darin in aller Regel nicht.²

Der Verkauf von **Mitgliedschaftsrechten** an einer Personengesellschaft fällt auch dann nicht unter § 311b Abs. 1 BGB, wenn zum Vermögen der Gesellschaft Grundstücke gehören. Das gilt sogar dann, wenn alle Anteile übertragen werden und das Vermögen der Gesellschaft ganz oder überwiegend aus Grundstücken besteht. Eine Ausnahme kommt allenfalls für bewusste Umgehungsfälle in Betracht.³ 115

2. § 311b Abs. 3 BGB (Vermögensübertragung)

Wenn das Unternehmen das **gesamte Vermögen** des Verkäufers darstellt, kann der Kaufvertrag notarieller Beurkundung gemäß § 311b Abs. 3 BGB bedürfen. Als Verkauf des gesamten Vermögens gilt das Geschäft auch dann, wenn der Veräußerer gewisse Vermögensbestandteile zurückbehält.⁴ § 311 BGB gilt auch für **Kapitalgesellschaften**⁵ (zur AG siehe Teil VII Rz. 131). Keine Anwendung findet § 311b Abs. 3 BGB aber, wenn die Parteien im Vertrag die einzelnen zu veräußernden Gegenstände konkret bestimmen. Es kommt dann nicht darauf an, ob die Gesamtheit der so bezeichneten Vermögensgegenstände das gesamte Vermögen ausmachen.⁶ Andererseits kann durch die Bezeichnung einzelner Vermögensgegenstände oder Gruppen von Vermögensgegenständen die Formvorschrift des § 311b Abs. 3 BGB nicht unterlaufen werden, wenn die Vermögenswerte zu global aufgeführt werden. Die Abgrenzung ist im Einzelnen unter Berücksichtigung des **Schutzzweckes** von § 311b Abs. 3 BGB vorzunehmen, der vornehmlich dahin geht, den Veräußerer wegen der Unbestimmtheit der umfassenden Verpflichtung zur Veräußerung seines Vermögens zu warnen. Im Zweifel empfiehlt sich notarielle Beurkundung, insbesondere auch deshalb, weil im Falle der Vermögensveräußerung der Mangel des Verpflichtungsgeschäftes durch den Vollzug nicht geheilt werden kann.⁷ 116

---

1 Vgl. BGH v. 2.11.1973 – V ZR 201/71, NJW 1974, 136; *Heinrichs* in Palandt, § 311b BGB Rz. 55. Die Heilung tritt nur ein, wenn die Willensübereinstimmung mindestens bis zur Auflassung besteht, BGH v. 21.9.1994 – VIII ZR 257/93 II 2 bb), BGHZ 127, 136 = NJW 1994, 3227.
2 Unzulässigkeit der Berufung auf Formmangel nur, wenn dies „für den Vertragsgegner zu schlechthin unerträglichen Ergebnissen führen würde", BGH v. 14.6.1996 – V ZR 85/95 II 3, DB 1996, 2222, st. Rspr.
3 BGH v. 31.1.1983 – II ZR 288/81 2 b), BGHZ 86, 367 = DB 1983, 873; *K. Schmidt*, AcP 182 (1982), 482 (510 ff.); a.A. *Kanzleiter* in MünchKomm. BGB, § 313 BGB Rz. 14 m.w.N.
4 Vgl. *Heinrichs* in Palandt, § 311b BGB Rz. 66.
5 So schon RGZ 137, 324 (348).
6 BGH. v. 5.5.1958 – VII ZR 102/57, BB 1958, 648.
7 Allg. Auffassung, vgl. *Wufka* in Staudinger, § 311 BGB Rz. 1; BGH v. 29.6.1970 – III ZR 21/68, DNotZ 1971, 38.

117 Anders verhält es sich bei **Personengesellschaften** (OHG, KG, GbR). Da diese Gesellschaften keine eigene Rechtspersönlichkeit haben, sondern nur eine gesamthänderische Vermögensbindung ihrer Gesellschafter darstellen, wird die Veräußerung des von einer Personengesellschaft betriebenen Unternehmens nicht als die Veräußerung von Vermögen der Gesellschaft, sondern nur als die Veräußerung gesamthänderisch gebundener Teilvermögen der Gesellschafter verstanden. § 311b Abs. 3 BGB findet daher insoweit keine Anwendung.[1]

3. § 15 GmbHG[2]

118 **Notarieller Form** bedarf sowohl die **Verpflichtung** zur **Abtretung von GmbH-Anteilen** als auch die **Abtretung selbst** (§ 15 Abs. 3, 4 GmbHG). Inwieweit der Formzwang auch Nebengeschäfte erfasst, ist im Einzelnen streitig: Jedenfalls die Geschäfte, die mit der Verpflichtung zur Abtretung des Geschäftsanteils wesentlich zusammenhängen, unterliegen § 15 Abs. 4 GmbHG.[3] Zu beachten ist, dass im Falle des Erwerbs von Kommanditanteilen an einer GmbH & Co. KG, verbunden mit dem Erwerb von Geschäftsanteilen an der Komplementär-GmbH, das Verpflichtungsgeschäft auch bezüglich der Kommanditanteile formbedürftig ist.[4] Die Verpflichtung zur Beschaffung der Genehmigung des durch einen vollmachtlosen Vertreter abgeschlossenen Kaufvertrages über einen GmbH-Anteil bedarf keiner besonderen Form (vgl. § 182 Abs. 2 BGB).[5] Ungeachtet des Formzwanges können formwirksame Vereinbarungen zur **Auslegung** des formbedürftigen Vertrages herangezogen werden.[6] Anders als beim Verpflichtungsgeschäft bedarf lediglich die Abtretung der Geschäftsanteile notarieller Form. Eine Beurkundung auch der Nebengeschäfte ist insoweit entbehrlich. Die formwirksame Abtretung heilt Formmängel des Verpflichtungsgeschäftes (§ 15 Abs. 4 Satz 2 GmbHG), und zwar auch der Nebengeschäfte.[7] Die Heilung tritt in dem Zeitpunkt ein, in dem die formwirksame Abtretung voll wirksam wird (ex nunc), insbesondere also eine aufschiebende Bedingung wie die Zahlung des Kaufpreises eintritt oder der Be-

---

1 Allg. Auffassung, vgl. *Wufka* in Staudinger, § 311 BGB Rz. 7.
2 Umfassend dazu *Walz/Fembacher*, Zweck und Umfang der Beurkundung nach § 15 GmbHG, NZG 2003, 1134.
3 Sog. „Vollständigkeitsgrundsatz", vgl. BGH v. 14.4.1986 – II ZR 155/85, DB 1986, 1513 und die h.L., vgl. *Lutter/Bayer* in Lutter/Hommelhoff, § 15 GmbHG Rz. 19; *Walz/ Fembacher*, NZG 2003, 1134 (1141) m.w.N.; sehr kritisch dazu aber *Heidenhain*, Zum Umfang der notariellen Beurkundung bei der Veräußerung von Geschäftsanteilen, NJW 1999, 3073; siehe auch *Wiesner*, Beurkundungspflicht und Heilungswirkung bei Gründung von Personengesellschaften und Unternehmensveräußerungen, NJW 1984, 95 (97); einschränkend auch *Sigle/Maurer*, NJW 1984, 2657 (2659).
4 So die wohl überwiegende Auffassung, vgl. *Wiesner*, NJW 1984, 95 (97); BGH v. 14.4.1986 – II ZR 155/85, DB 1986, 1513; a. A. *Sigle/Maurer*, NJW 1984, 2657 (2661).
5 BGH v. 25.9.1996 – VIII ZR 172/95, DB 1996, 2378.
6 *Beispiele* in BGH v. 23.2.1987 – II ZR 183/86, ZIP 1987, 709; v. 26.10.1999 – XI ZR 6/99, WM 1999, 2517.
7 BGH v. 19.1.1987 – II ZR 81/86, NJW-RR 1987, 807 (808) insoweit auch zustimmend *Winter* in Scholz, § 15 GmbHG Rz. 76. Zum Verzicht auf die Bedingung durch den Begünstigten BGH v. 23.11.1988 – VIII ZR 262/87, ZIP 1989, 234.

günstigte wirksam auf die Bedingung verzichtet.[1] Erst ab diesem Zeitpunkt kann auch die Gefahr auf den Käufer übergehen (§ 446 BGB), da der Gefahrübergang einen wirksamen Kaufvertrag voraussetzt.[2] Zwischen der formwirksamen Abtretung und dem Eintritt der Bedingung sind die Parteien an das schuldrechtliche Verpflichtungsgeschäft gebunden, können sich also von diesem nicht mehr einseitig lösen.[3] Wenn Verkauf und Abtretung des Geschäftsanteils gleichzeitig erfolgen, wie sehr häufig, werden daher etwaige Verstöße gegen die Formvorschrift des § 15 Abs. 4 Satz 1 GmbHG, die hinsichtlich der Nebengeschäfte eingetreten sein mögen, sofort geheilt.[4] Das gilt namentlich auch für den Fall, dass zugleich mit der notariell beurkundeten Übertragung eines Geschäftsanteils an einer Komplementär-GmbH Kommanditanteile lediglich privatschriftlich verkauft und übertragen werden.[5] Die Frage, in welchem Umfange Nebengeschäfte formbedürftig nach § 15 Abs. 4 GmbHG sind, hat daher geringere praktische Bedeutung als die entsprechende Frage beim Grundstückskauf, wo die Heilung durch Auflassung und Eintragung oft erst in erheblichem zeitlichem Abstand zum Verpflichtungsgeschäft eintritt und demgemäß viel häufiger Anlass bestehen mag, in der Zwischenzeit die Formnichtigkeit des Verpflichtungsgeschäftes geltend zu machen. Bei der Vertragsgestaltung sollte bedacht werden, dass Anlagen zum Vertrag mit verlesen werden müssen, wenn sie nicht nur zu Indentifikationszwecken beigefügt sind. Wollen die Parteien im Kauf- und Übertragungsvertrag auf umfangreiche andere Schriftstücke, z.B. Verträge, Bezug nehmen, ist es häufig zweckmäßig, sie nicht zu Anlagen des Vertrages zu machen, sondern sie lediglich zur Identifizierung in einer der Urkunde beizufügenden Liste aufzuführen. Bei der Beurkundung kann sogar auf die Verlesung der Liste verzichtet werden, wenn die Beteiligten damit einverstanden sind (§ 14 BeurkG).[6]

4. Auslandsberührung

a) Problemstellung

Ist nach deutschem Recht notarielle Beurkundung erforderlich, stellt sich die Frage, welche Formvorschriften zu beachten sind, wenn der Vertrag Auslandsberührung hat. Diese kann sich durch Anknüpfung an eine ausländische Rechtsordnung oder durch Vertragsschluss im Ausland ergeben. Namentlich betrifft dies Geschäfte über Grundstücke und Anteile an einer GmbH. An ei-

---

1 BGH v. 25.3.1987 – VIII ZR 185/96 II 2 b aa), BGHZ 138, 195 = DB 1998, 1223 mit Anm. *Goette*, DStR 1998,1028.
2 BGH v. 25.3.1998 – VIII ZR 185/96 mit Anm. *Thiedtke*, DNotZ 1999, 429.
3 BGH v. 21.9.1994 – VIII ZR 257/93 II 2, BGHZ 127, 129 = DB 1994, 2387.
4 BGH v. 29.1.1992 – VIII ZR 95/91, NJW-RR 1992, 991.
5 BGH v. 29.1.1992 – VIII ZR 95/91, GmbHR 1993, 106 für die Abtretung von Geschäftsanteil und Kommanditanteil bei der GmbH & Co. KG mit umfangreichen Nachweisen; der dingliche Vollzug der Abtretung des *Kommanditanteils* heilt eine formunwirksame Verpflichtung zur Abtretung von KG-Anteilen und Anteilen an der Komplementär-GmbH hingegen nicht, kann vielmehr seinerseits von der Formnichtigkeit des Kaufvertrages über den GmbH-Anteil erfasst sein, vgl. BGH v. 14.4.1986 – II ZR 185/85, 3, DB 1986, 1513 und *Günther* in Anm. zu BGH EWiR § 15 GmbHG 7/86, 688.
6 Vgl. *Winkler*, BeurkG, 15. Aufl. 2003, § 14 BeurkG Rz. 8 m.w.N.

nem Vertragsschluss im Ausland kann auch deshalb Interesse bestehen, weil die Notariatsgebühren im Ausland zum Teil erheblich geringer sind als in Deutschland. Es werden allerdings Zweifel angemeldet, ob eine nur zum Zweck der **Gebühreneinsparung** im Ausland vorgenommene Beurkundung nicht rechtsmissbräuchlich sei.[1] Im Einzelnen sind zwei Fragen zu unterscheiden, die nicht immer deutlich auseinander gehalten werden, nämlich:[2]

- Welchen **Formvorschriften** unterliegt das Geschäft in Fällen mit Auslandsberührung, ist insbesondere notarielle Beurkundung erforderlich?
- Wahrt die Beurkundung durch eine **ausländische Urkundsperson** das Formerfordernis, falls notarielle Beurkundung erforderlich ist?

Die maßgebliche Vorschrift ist Art. 11 EGBGB.

b) GmbH-Anteile[3]

120 Nach **Art. 11 Abs. 1, 1. Alt. EGBGB** ist ein Rechtsgeschäft zum einen formgültig, wenn die Formvorschriften derjenigen Rechtsordnung eingehalten sind, die auf das betreffende Rechtsgeschäft anzuwenden ist (**„Wirkungsstatut"**). Welche Rechtsordnung dies ist, entscheidet sich nach den Regeln des internationalen Privatrechtes. Danach gilt für schuldrechtliche Verträge der Grundsatz der freien Rechtswahl (Art. 27 Abs. 1 EGBGB). Haben die Parteien keine Rechtswahl getroffen, richtet sich das anwendbare Recht nach dem Schwerpunkt des Rechtsverhältnisses (Art. 28 Abs. 1 EGBGB),[4] der beim Kauf von Anteilen an einer deutschen GmbH im Zweifel in Deutschland liegen wird. Die Übertragung von Geschäftsanteilen, also das dingliche Vollzugsgeschäft, richtet sich hingegen zwingend nach dem **Gesellschaftsstatut**, welches sich seinerseits nach dem Sitz der Gesellschaft bestimmt.[5] Im Falle des Erwerbs von Anteilen an einer GmbH, die ihren Sitz in Deutschland hat, ist somit nach deutschem IPR auf die schuldrechtliche Kaufabrede das von den Parteien gewählte, auf die dingliche Übertragung in jedem Fall deutsches Recht anzuwenden. Soweit ein Vertrag über GmbH-Anteile – nach dem Parteiwillen oder zwingend – deutschem Recht unterliegt, kann er demnach unter Einhaltung der Formvorschriften des deutschen Rechtes wirksam abgeschlossen werden, bedarf also insbesondere der notariellen Form gemäß § 15 Abs. 3 und Abs. 4 GmbHG. Die vom deutschen Recht vorgeschriebene Beurkundung kann aber entsprechend den allgemeinen Grundsätzen auch im Falle eine Vertrages über GmbH-Anteile durch eine **ausländische Urkundsperson** erfolgen, falls deren

---

1 Zu Recht ablehnend *Heldrich* in Palandt, Art. 11 EGBGB Rz. 16 m.w.N.; ebenso OLG Stuttgart, RPfleger 1982, 137.
2 Zutreffend OLG Stuttgart v. 17.5.2000 – 20 U 68/99, DB 2000, 1218.
3 Näher dazu *Priester*, DNotZ 2001, Sonderheft 52; *Loritz*, DNotZ 2000, 90; *Gätsch/ Schulte*, ZIP 1999, 1954; *Berndt/Grossfeld*, RIW 1996, 625; *Goette*, DStR 1996, 709; *Wrede*, GmbHR 1995, 365; *Dignas*, GmbHR 2005, 139.
4 Vgl. BGH v. 9.10.1986 – II ZR 241/85, AG 1987, 124 für den Kaufvertrag über Aktien an einer belgischen Gesellschaft.
5 *Heldrich* in Palandt, Anh. zu Art. 12 EGBGB Rz. 14; *Großfeld* in Staudinger, IntGesR Rz. 246, 790; OLG Karlsruhe, IPR Rspr. 1983, Nr. 20. Sonderfragen, die sich aus der Sitzverlegung einer Gesellschaft ergeben, bleiben hier außer Betracht.

Beurkundungsakt als einer von einem deutschen Notar vorgenommenen Beurkundung **gleichwertig** anzusehen ist.[1]

Wenn die Vertragsparteien ihre schuldrechtlichen Beziehungen gemäß der ihnen durch Art. 27 Abs. 1 EGBGB eingeräumten Befugnis einer **ausländischen Rechtsordnung** unterstellen, kommt es für die Formwahrung unter dem Wirkungsstatut darauf an, welche Formvorschriften nach dieser Rechtsordnung für **Kaufverträge** über Anteile an einer deutschen GmbH gelten. Inwieweit es allerdings zweckmäßig ist, angesichts der für die – dingliche – Übertragung von Geschäftsanteilen zwingend vorgeschriebenen Geltung deutschen Rechtes die schuldrechtlichen Beziehungen einer anderen Rechtsordnung zu unterwerfen, erscheint zweifelhaft. 121

Außer durch Beachtung der nach dem Wirkungsstatut vorgeschriebenen Form kann ein Kauf- oder Abtretungsvertrag über Geschäftsanteile auch nach den am Ort des Vertragsschlusses geltenden Vorschriften formwirksam abgeschlossen werden (**Art. 11 Abs. 1 2. Alt. EGBGB**).[2] Aus dem Wortlaut von Art. 11 EGBGB ergibt sich kein Hinweis darauf, dass für solche Geschäfte die **Ortsform** nicht ausreichen soll. Dass durch die Zulassung einer leichteren Ortsform ein dem Gesetzgeber des Jahres 1892 unerwünschter leichter und spekulativer Handel[3] mit GmbH-Anteilen eröffnet zu werden drohe, erscheint 122

---

[1] Bestr., wie hier *Heldrich* in Palandt, Art. 11 EGBGB Rz. 7 m.w.N.; *Zutt* in Hachenburg, § 15 GmbHG Rz. 59; *Reuter*, BB 1998, 116; *Schervier*, NJW 1992, 591 (596), der aber zur Bejahung der Gleichwertigkeit zusätzlich eine dem deutschen Recht entsprechende Haftung der ausländischen Urkundsperson fordert; Gleichwertigkeit bejahend BGH v. 16.2.1981 – II ZB 8/80, BGHZ 80, 76 = DB 1981, 983 mit kritischer Anm. *Geimer*, DNotZ 1981, 406; bestätigt durch BGH v. 22.5.1989 – II ZR 211/88 II 1, DB 1989, 1718 für die Beurkundung einer Satzungsänderung durch das *Notariat Zürich (Altstadt)*; für Geschäftsanteilsübertragung OLG Frankfurt v. 10.4.1981 – 20 W 460/80, DB 1981, 1456; für Verschmelzungsvertrag vor Basler Notar LG Nürnberg-Fürth v. 7.5.1991 – IX ZR 188/90, DB 1991, 2029; für Geschäftsanteilsübertragung vor *österreichischem* Notar BayObLG v. 18.10.1977 – 3 Z BR 68/76, GmbHR 1978, 39; ebenso für die Verschmelzung von Genossenschaften LG Kiel v. 25.4.1997 – 3 T 143/97, DB 1997, 1223; zur Beurteilung der funktionellen Gleichwertigkeit schweizerischer Beurkundungsorgane sind die in den einzelnen Kantonen stark voneinander abweichenden Notariatsvorschriften zu beachten, vgl. *Santschi*, Die Organe der öffentlichen Beurkundung in den schweizerischen Kantonen, DNotZ 1962, 626; die Gleichwertigkeit der Beurkundung in Zürich verneinend *Bredthauer*, BB 1986, 1864; AG Fürth v. 16.11.1990, DB 1991, 32 verneint generell die Gleichwertigkeit *schweizerischer* Beurkundungen, jedoch aufgehoben durch LG Nürnberg-Fürth v. 20.8.1991 – 4 HKT 489/91, AG 1992, 241; ebenso AG Köln v. 20.6.1989 – 42 AR 468/89, GmbHR 1990, 171; bejahend für spanische Notare *Löber*, RIW 1989, 94; bejahend für das *lateinische Notariat* insgesamt also unter Einschluss von Frankreich, Italien, Südamerika *Lutter/Bayer* in Lutter/Hommelhoff, § 15 GmbHG Rz. 22; verneinend für den amerikanischen notary public *Heldrich* in Palandt, Art. 11 EGBGB Rz. 7; OLG Stuttgart v. 17.5.2000 – 20 U 68/99 Orientierungssatz 4, DB 2000, 1218.

[2] Sehr streitig; bejahend z.B. *Heldrich* in Palandt, Art. 11 EGBGB Rz. 13 m.w.N.; OLG Frankfurt v. 10.4.1981 – 20 W 460/80, DB 1981, 1456 (1457); verneinend z.B. *Lutter/Bayer* in Lutter/Hommelhoff, § 15 GmbHG Rz. 2 m.w.N.

[3] An diesem heute wenig einleuchtenden Gesetzeszweck noch immer festhaltend BGH v. 27.2.1997 – III ZR 75/96, NJW-RR 1998, 1270.

als fern liegende Befürchtung. Die Möglichkeit eines Vertragsschlusses unter Beachtung lediglich der Ortsform hat erhebliche praktische Bedeutung, wenn nach der Ortsform notarielle Beurkundung für Verträge über den Kauf und die Übertragung von Beteiligungsrechten an einer Gesellschaft, die einer deutschen GmbH entspricht, nicht erforderlich ist,[1] oder wenn die örtliche Beurkundung einer deutschen Beurkundung nicht gleichwertig ist. Von der Frage, ob die Einhaltung der Ortsform für den Kauf und die Übertragung von Geschäftsanteilen ausreicht, ist die Frage zu unterscheiden, was bei Geschäften gilt, die die Verfassung einer juristischen Person betreffen, z.B. Satzungsänderungen, Unternehmensverträge.[2]

c) Grundstücke

123 Das für **Kaufverträge** über in Deutschland belegene Grundstücke maßgebliche Recht können die Parteien ebenfalls frei wählen (Art. 27 EGBGB). Auch insoweit sind die Verträge formgültig, wenn entweder die Vorschriften des **Wirkungsstatutes** oder die **Ortsform** eingehalten werden. Die Eigentumsübertragung richtet sich hingegen materiell und formell zwingend nach deutschem Recht (vgl. Art. 11 Abs. 5 EGBGB). Abweichend von den allgemeinen Regeln kann die **Auflassung** aber in keinem Fall vor einer ausländischen Urkundsperson erklärt werden. Dies wird einhellig aus der Entstehungsgeschichte von § 925 BGB gefolgert.[3] Es bedarf also insoweit der Beurkundung durch einen deutschen Notar. Außerdem sind gemäß § 12 Nr. 1 Konsulargesetz auch deutsche Konsularbeamte zur Entgegennahme der Auflassung befugt. In diesem Zusammenhang ist zu beachten, dass die Kosten für die notarielle Beurkundung eines Kaufvertrages mit Auflassung die gleichen sind wie die der Auflassung allein (§ 44 KostO). Eine rechtlich mögliche Trennung des Geschäftes in einen im Ausland vielleicht billiger abzuschließenden Kaufvertrag und in eine in Deutschland protokollierte Auflassung hat also in der Regel keine Kostenersparnis zur Folge.[4] Anders mag es sein, wenn der Kaufvertrag umfangreiche Nebengeschäfte umfassen soll, oder wenn mit dem Kaufvertrag noch andere Abreden getroffen werden.

---

1 Entsprechende Gesellschaften existieren in den meisten westeuropäischen Ländern, vgl. dazu *Behrens*, Die GmbH im internationalen und ausländischen Recht, passim. Die kalifornische Limited Liability Company ist nicht als der GmbH vergleichbar anzusehen, OLG Stuttgart v. 17.5.2000 – 20 U 68/99 II a.E., DB 2000, 1218.
2 Vgl. OLG Düsseldorf v. 25.1.1989 – 3 Wx 21/89, GmbHR 1990, 169 für eine in den *Niederlanden* beurkundete Satzungsänderung; *Heldrich* in Palandt, Art. 11 EGBGB Rz. 13; *Priester* in Scholz, § 53 GmbHG Rz. 71 ff.; AG Fürth v. 16.11.1990 – HRG 2117, DB 1991, 32 für einen in Basel beurkundeten Verschmelzungsvertrag; AG Köln v. 20.6.1989 – 42 AR 468/89, GmbHR 1990, 171; *Goette*, DStR 1996, 709.
3 OLG Köln, OLGZ 1972, 321; KG, DNotZ 1987, 44; inzidenter BGH v. 10.6.1968 – III ZR 15/66, WM 1968, 1170 (1171); *Heldrich* in Palandt, Art. 11 EGBGB Rz. 9.
4 Nach BayObLG, DNotZ 1978, 58 greift im Falle der Beurkundung der Auflassung aufgrund eines im Ausland geschlossenen Kaufvertrages nicht einmal die Ermäßigungsvorschrift des § 38 Abs. 2 Nr. 6 KostO ein.

II. Zustimmungs- und Genehmigungserfordernisse

1. Zivilrechtliche Erfordernisse

a) § 1365 BGB

Stellt das zu veräußernde Unternehmen das **gesamte Vermögen** des Veräußerers dar, so ist die Zustimmung des Ehegatten erforderlich, falls der Veräußerer im gesetzlichen Güterstand lebt (§ 1365 Abs. 1 BGB). Unter den Voraussetzungen des § 1365 Abs. 2 BGB kann die Zustimmung durch das Vormundschaftsgericht ersetzt werden. Das Zustimmungserfordernis kann auch dann bestehen, wenn das Unternehmen nahezu das gesamte Vermögen darstellt; auch solche Geschäfte unterliegen § 1365 BGB,[1] wenn der Vertragspartner die Vermögensverhältnisse der Ehegatten kennt. Wann das zu veräußernde Unternehmen als das gesamte oder nahezu das gesamte Vermögen des Veräußerers anzusehen ist, beurteilt sich nach den Umständen des Einzelfalles. Je nach der Größe des Vermögens wird die kritische Grenze erreicht, wenn das verbleibende Vermögen nicht mehr als 10 % bis 15 % des ursprünglichen Vermögens ausmacht.[2]

124

b) §§ 1821 bis 1823 BGB[3]

Ist an einem Unternehmenskaufvertrag ein **Minderjähriger** oder ein unter **Vormundschaft** oder **Betreuung** (vgl. §§ 1896, 1908i BGB) Stehender beteiligt, so sind die vormundschaftsgerichtlichen Genehmigungserfordernisse der §§ 1821 bis 1823 BGB zu beachten (Grundstücksgeschäfte, § 1821 BGB; Verfügungen über Vermögen im Ganzen, § 1822 Nr. 1 BGB; entgeltlicher Erwerb oder Veräußerung eines Erwerbsgeschäftes, Abschluss eines Gesellschaftsvertrages zum Betrieb eines Erwerbsgeschäftes, § 1822 Nr. 3 BGB; Pachtverträge, § 1822 Nr. 4, 5 BGB; Übernahme einer fremden Verbindlichkeit, § 1822 Nr. 10 BGB; Schiedsvertrag, § 1822 Nr. 12 BGB; gegebenenfalls Auflösung eines Erwerbsgeschäftes, § 1823 BGB). Im Einzelnen:

125

– Kauf oder Verkauf von **Aktien** oder **GmbH-Anteilen** gelten nicht als Erwerb oder Veräußerung eines **Erwerbsgeschäftes** (§ 1822 Nr. 3 BGB), wenn es sich um bloß kapitalmäßige Beteiligungen handelt.[4] Jedoch kann ein Geschäft über solche Beteiligungsrechte ab einer bestimmten Beteiligungsqualifikation „umschlagen" und als Erwerbs- oder Veräußerungsvertrag über ein Erwerbsgeschäft angesehen werden. Kriterien für das „Umschlagen" sind – unter Abstellen auf wirtschaftliche Betrachtungsweise – das Maß der Beteiligung, die Zahl der außerdem noch vorhandenen Gesellschafter und das persönliche Verhältnis des Erwerbers oder Veräußerers

126

---

[1] BGH v. 21.3.1996 – III ZR 106/95, BGHZ 132, 218 = DB 1996, 1227.
[2] BGH v. 25.6.1980 – IVb ZR 516/80, BGHZ 77, 293 = NJW 1980, 2350 für „kleine Vermögen"; vgl. im Übrigen die Nachweise bei *Diederichsen* in Palandt, § 1365 BGB Rz. 5.
[3] Dazu näher *Fortun*, NJW 1999, 754.
[4] BGH v. 20.2.1989 – II ZR 148/88, BGHZ 107, 24 = DB 1989, 918.

zum Geschäftsbetrieb.[1] Jedenfalls bei Geschäften über sämtliche Anteile, aber auch in den Fällen, in denen ein Geschäft über Beteiligungsrechte kaufrechtlich einem Geschäft über das Unternehmen selbst gleichgestellt ist (siehe dazu Teil VII Rz. 141 ff.), wird das Geschäft auch genehmigungsbedürftig gem. § 1822 Nr. 3 BGB sein.[2] Im Zweifel sollte eine vormundschaftsgerichtliche Genehmigung oder aber eine Erklärung des Vormundschaftsgerichtes eingeholt werden, dass eine Genehmigung nicht erforderlich sei (**Negativattest**). Das Negativattest ist allerdings rechtlich unverbindlich, ersetzt also nicht eine etwa doch erforderliche Genehmigung.[3]

127 – Die **Veräußerung eines** Gesellschaftsanteils an einer **Personengesellschaft**, die ein Handelsgewerbe betreibt, ist rechtlich stets als Veräußerung eines Erwerbsgeschäftes zu bewerten. Die Veräußerung durch einen Minderjährigen bedarf also immer vormundschaftsgerichtlicher Genehmigung gemäß § 1822 Nr. 3 BGB.[4]

128 – Der **derivative Erwerb** eines Gesellschaftsanteils an einer **Personengesellschaft** (nicht: der Erwerb einer Beteiligung an einer Kapitalgesellschaft) ist zugleich Abschluss eines Gesellschaftsvertrages des Erwerbers mit den Gesellschaftern. Vormundschaftsgerichtliche Genehmigung gemäß § 1822 Nr. 3 BGB („Eingehung eines Gesellschaftsvertrages zum Betrieb eines Erwerbsgeschäfts") ist daher erforderlich, wenn ein Minderjähriger eine Beteiligung an einer Personengesellschaft erwirbt, die ein Erwerbsgeschäft betreibt.[5] Genehmigungsbedürftig ist nur der erste Erwerb eines Gesellschaftsanteils, nicht aber der Hinzuerwerb weiterer Gesellschaftsanteile. Letzterer stellt lediglich eine Änderung der gesellschaftsrechtlichen Verhältnisse in Bezug auf die Beteiligungshöhe des Erwerbers dar, die nicht der Genehmigung des Vormundschaftsgerichts bedarf.[6] Hinsichtlich der Altgesellschafter wird der Erwerb eines Gesellschaftsanteils an einer Per-

---

1 Vgl. *Damrau* in Soergel, § 1822 BGB Rz. 16; KG, NJW 1976, 1946 im konkreten Fall einer 50%-Beteiligung die Genehmigungsbedürftigkeit verneinend; differenzierend *Zutt* in Hachenburg, § 15 GmbHG Rz. 128 ff., wonach der Erwerb eines GmbH-Anteils stets als Abschluss eines Gesellschaftsvertrages genehmigungsbedürftig sein soll, während es bei der Veräußerung entsprechend der h.M. auf die Art der Beteiligung ankommen soll.
2 Genehmigungsbedürftigkeit bei Veräußerung sämtlicher Geschäftsanteile an einer GmbH, wenn diese von einer Erbengemeinschaft gehalten werden, an der zwei Minderjährige hälftig beteiligt sind, bejaht von OLG Hamm v. 9.7.1984 – 15 W 33/83, GmbHR 1985, 121; Genehmigungsbedürftigkeit bejaht, wenn es um (nahezu) sämtliche Anteile an einer GmbH geht, *Lutter/Bayer* in Lutter/Hommelhoff, § 15 GmbHG Rz. 4.
3 *Damrau* in Soergel, § 1828 BGB Rz. 18; BGH v. 30.11.1965 – V ZR 58/63, BGHZ 44, 325 = NJW 1966, 652.
4 BGH v. 30.4.1955 – II ZR 202/53, BGHZ 17, 160/164 = LM Nr. 3 zu § 1822 Ziff. 3 mit Anm. *Fischer*; fortgeführt durch BGH v. 17.2.1992 – II ZR 100/91, DB 1992, 988 *Damrau* in Soergel, § 1822 BGB Rz. 19; OLG Karlsruhe, NJW 1973, 1977 für die Veräußerung einer Kommanditbeteiligung in Höhe von lediglich 500 DM bei einem Kommanditkapital von 22 Mio DM.
5 *Damrau* in Soergel, § 1822 BGB Rz. 15.
6 Vgl. *Engel* in Staudinger, § 1822 BGB Rz. 68.

sonengesellschaft nicht als Abschluss eines Gesellschaftsvertrages angesehen.[1] Vormundschaftsgerichtliche Genehmigung des Erwerbes eines KG- oder OHG-Anteils gemäß § 1822 Nr. 3 BGB ist also nicht etwa deshalb erforderlich, weil einer der Altgesellschafter minderjährig ist.[2]

- Der Erwerb eines Geschäftsanteiles an einer **GmbH** kann ohne Rücksicht auf die unternehmerische Bedeutung des Anteils gemäß **§ 1822 Nr. 10 BGB** genehmigungsbedürftig sein, wenn die Einlagen der übrigen Gesellschafter noch nicht erbracht sind und daher für den Minderjährigen die Gefahr besteht, wegen dieser Fehlbeträge in Anspruch genommen zu werden (§ 24 GmbHG).[3] Der BGH hat die Genehmigungspflicht jedoch auf die Fälle beschränkt, in denen der minderjährige Anteilserwerber die rechtliche Möglichkeit hat, nach seiner Inanspruchnahme beim Veräußerer oder einem Dritten Regress zu nehmen, so dass die gesetzliche Schuldmitübernahme für ihn vermeintlich risikolos ist. Eine solche Fehleinschätzung ist ausgeschlossen, wenn eine Regressmöglichkeit nicht besteht; § 1822 Nr. 10 BGB, der nur vor diesem Risiko, nicht aber vor riskanten Geschäften schlechthin schützen soll, greift nicht ein. Das theoretische Risiko, für etwaige künftige verbotene Rückzahlungen an andere Gesellschafter haften zu müssen (§ 31 Abs. 3 GmbHG), macht den Geschäftsanteilserwerb ebenfalls nicht genehmigungsbedürftig gemäß § 1822 Nr. 10 BGB.[4]

129

c) Erbrechtliche Zustimmungserfordernisse

Wird ein Unternehmen aus einem Nachlass verkauft, so sind die vielfachen erbrechtlichen Beschränkungen zu beachten. **Vorerben** dürfen und können nicht zum Nachteil ihrer Nachberechtigten über Grundstücke oder Rechte an Grundstücken verfügen, falls sie nicht befreit sind (§§ 2113, 2136 BGB): Für **Vorvermächtnisnehmer** können ähnliche, allerdings nur schuldrechtlich wirkende Beschränkungen gelten (§ 2191 BGB). Eine quasi dingliche Wirkung kommt der Nachvermächtnisanordnung aber zu, wenn der Anspruch des Nachvermächtnisnehmers auf Übereignung von Grundstücken durch Vormerkung gesichert worden ist. Das im Nachlass befindliche Unternehmen kann auch der **Testamentsvollstreckung** unterliegen.[5] Das gilt nur mit gewissen Einschränkungen für Gesellschaftsanteile an einer Personengesellschaft.[6] Soweit eine Testamentsvollstreckung in Frage steht, ist stets zu prüfen, inwie-

130

---

1 BGH v. 20.9.1962 – II ZR 209/61, BGHZ 38, 26; bestätigt durch BGH v. 25.9.1972 – II ZR 5/71, WM 1972, 1368 (1370); *K. Schmidt* in Schlegelberger, § 105 HGB Rz. 138 m.w.N.; a.A. *Damrau* in Soergel, § 1822 BGB Rz. 25 m.w.N.
2 BGH v. 20.9.1962 – II ZR 209/61, BGHZ 38, 26. Bestr., wie hier *Engler* in Staudinger, § 1822 BGB Rz. 68 m.w.N.; *Zimmermann* in Soergel, § 1822 BGB Rz. 26.
3 *Zutt* in Hachenburg, § 15 GmbHG Rz. 131; *Damrau* in Soergel, § 1822 BGB Rz. 39; *Diederichsen* in Palandt, § 1822 BGB Rz. 23.
4 BGH v. 20.2.1989 – II ZR 148/88, 2 = BGHZ 107, 24 = DB 1989, 918.
5 Vgl. *Edenhofer* in Palandt, § 2205 BGB Rz. 7 ff., dort auch zu den verschiedenen rechtlichen Konstruktionen.
6 BGH v. 1.7.1989 – II ZB 1/89, BGHZ 108, 187 = DB 1989, 1915 mit Besprechung *Brandner* in FS Kellermann, 1991, S. 37; BGH v. 12.1.1998 – II ZR 23/97, DB 1998, 616 mit Anm. *Ulmer*, JZ 1998, 468; *Schmitz*, Testamentsvollstreckung an Personengesellschaftsanteilen, ZGR 1988, 140.

weit der Testamentsvollstrecker oder die Erben jeweils allein oder nur zusammen befugt sind, das zum Nachlass gehörende Unternehmen und etwaige Beteiligungsrechte zu veräußern (vgl. §§ 2203 ff. BGB). Der **Nachlassverwalter** bedarf der Genehmigung durch das Vormundschaftsgericht, wenn er ein zum Nachlass gehörendes Handelsgeschäft oder Anteile an einer Personengesellschaft veräußert (§§ 1975, 1915 Abs. 1; 1822 Nr. 3 BGB).[1] Entsprechendes gilt bei der Veräußerung von Anteilen an Kapitalgesellschaften, wenn diese nach den in Teil VII Rz. 141 ff. dargestellten Regeln der Veräußerung eines Handelsgeschäftes gleich zu achten ist.

d) Aktienrechtliche Zustimmungserfordernisse

131 Ein Vertrag, durch den sich eine AG oder KGaA zur Übertragung des ganzen Gesellschaftsvermögens verpflichtet, ist nur mit **Zustimmung der Hauptversammlung** wirksam (§ 179a AktG). § 179a AktG greift auch dann ein, wenn nur unwesentliches Vermögen bei der AG zurückbleiben soll. Ob der Vertrag das wesentliche Vermögen betrifft, beurteilt sich danach, ob die AG mit dem zurückbehaltenen Betriebsvermögen noch ausreichend in der Lage bleibt, ihre in der Satzung festgelegten unternehmerischen Ziele zu verwirklichen. Dass dies nach der Veräußerung gegebenenfalls nur in eingeschränktem Umfange möglich ist, führt allerdings nicht zur Zustimmungsbedürftigkeit des Geschäftes gem. § 179a AktG.[2] Die Zustimmung kann sowohl vorab als Einwilligung als auch in Gestalt nachträglicher Genehmigung erfolgen.[3] Der Zustimmungsbeschluss bedarf einfacher Stimmenmehrheit und einer Mehrheit von mindestens ¾ des bei der Beschlussfassung vertretenen Grundkapitals, soweit nicht die Satzung Erschwernisse vorsieht (§ 179a Abs. 1 Satz 2 AktG[4]). Fehlt die erforderliche Zustimmung, so sind die dinglichen Vollzugsgeschäfte gleichwohl wirksam. Die Rückabwicklung erfolgt nach Bereicherungsrecht.[5]

132 Neben der Zustimmungsbedürftigkeit gemäß § 179a AktG ist ein Hauptversammlungsbeschluss erforderlich ist, wenn eine AG ein Unternehmen oder einen Betrieb veräußert und dies ein so wichtiger Vorgang ist, dass der Vorstand „vernünftigerweise" nicht annehmen kann, ohne Zustimmung der Hauptversammlung handeln zu dürfen. Wird die Zustimmung der Hauptversammlung nicht eingeholt, sind zwar der Kaufvertrag und die Vollzugsgeschäfte wirksam. Jeder Aktionär kann aber von der Gesellschaft verlangen, dass diese die Rückgängigmachung dieser Rechtsakte betreibe.[6] Der Vorstand der veräußernden

---

1 Zum ganzen *Grziwotz*, Die Veräußerung eines Handelsgeschäfts durch den Nachlassverwalter, DB 1990, 924.
2 BGH v. 25.2.1982 – II ZR 174/80 – Holzmüller BGHZ 83, 122 = DB 1982, 795; *Hüffer*, § 179a AktG Rz. 5.
3 BGH v. 16.11.1981 – II ZR 150/80, BGHZ 82, 188 = DB 1982, 421; *Hüffer*, § 179a AktG Rz. 7.
4 Vgl. *Hüffer*, § 179a AktG Rz. 11 zu dem hinsichtlich der Stimmenmehrheit nicht eindeutigen Wortlaut des Gesetzes.
5 *Hüffer*, § 179a AktG Rz. 18.
6 BGH v. 25.2.1982 – II ZR 174/80 II.1 – Holzmüller, BGHZ 83, 122 (133 f.); Nachweise zur überaus reichhaltigen Literatur bei *Hüffer*, § 119 AktG Rz. 17; deutlich einschränkend BGH v. 26.4.2004 – II ZR 155/02 – Gelatine, BGHZ 159, 30 = DB 2004, 1200; dazu *Goette*, DStR 2004, 927; *Bungert*, BB 2004, 1345.

AG setzt sich außerdem erheblichen Haftungsrisiken aus, wenn die erforderliche Zustimmung der Hauptversammlung fehlt. Für den Käufer entsteht jedenfalls Unruhe, wenn er sich mit dem Bemühen konfrontiert sieht, die Veräußerung rückgängig zu machen.

e) §§ 116, 126 HGB; § 164 HGB; §§ 35, 37 GmbHG

Der Verkauf des von einer OHG oder KG betriebenen Unternehmens ist ein **Grundlagengeschäft**, das zu seiner Wirksamkeit eines zustimmenden Beschlusses der Gesellschafter bedarf.[1] Die Mehrheitserfordernisse richten sich nach dem Gesellschaftsvertrag. Enthält dieser keine Regelung, ist ein einstimmiger Beschluss erforderlich (§§ 119 Abs. 1, 161 Abs. 2 HGB). Entgegen dem Wortlaut von § 164 HGB haben auch die Kommanditisten nicht nur ein Widerspruchsrecht; vielmehr ist ihre Zustimmung erforderlich,[2] und zwar unabhängig von der Höhe ihrer Beteiligung. Werden allerdings Erfüllungsgeschäfte vorgenommen, so sind diese aus Gründen des Verkehrsschutzes auch dann wirksam, wenn es an einem zustimmenden Gesellschafterbeschluss fehlt.[3] Sie unterliegen aber der Rückabwicklung (§ 812 Abs. 1 BGB). Betreibt die Gesellschaft dagegen mehrere Unternehmen, so stellt die Veräußerung eines derselben zwar in aller Regel auch eine Handlung dar, die über **den gewöhnlichen Betrieb des Handelsgewerbes** dieser Gesellschaft **hinausgeht**. Die geschäftsführenden Gesellschafter dürfen die Handlung nur dann vornehmen, wenn sie dazu durch einen Gesellschafterbeschluss legitimiert sind. Die Wirksamkeit des Geschäftes wird jedoch durch das Fehlen der Zustimmung grundsätzlich ebenfalls nicht berührt. Ausnahmen gelten für die Fälle **kollusiven Zusammenwirkens**,[4] aber auch dann, wenn der Dritte den Mangel der Vertretungsmacht im konkreten Fall kennt oder er sich ihm „geradezu aufdrängt".[5]

133

Für die **GmbH** gilt Entsprechendes. Ein Vertrag, durch den sich eine GmbH verpflichtet, ihr wesentliches Vermögen im Ganzen zu veräußern, bedarf nach überwiegender Auffassung zu seiner Wirksamkeit in entsprechender Anwendung von § 179a AktG der Zustimmung der Gesellschafter.[6] Erfüllungsgeschäfte sind zwar wirksam, können aber wegen fehlenden Rechtsgrundes rückabgewickelt werden (§ 812 Abs. 1 BGB). In anderen Fällen ist eine Unternehmensveräußerung regelmäßig ein außergewöhnliches, nach Gesetz[7] oder kraft Satzung zustimmungsbedürftiges Geschäft. Fehlt die Zustimmung, so

134

---

1 BGH v. 9.1.1995 – II ZR 24/94, DB 1995, 621; BGH v. 17.12.1959 – II ZR 81/59, NJW 1960, 434; es kann jedoch, wie der BGH hier entschieden hat, eine Verpflichtung der Gesellschafter bestehen, ihre Zustimmung zu erteilen; *K. Schmidt* in Schlegelberger § 126 HGB Rz. 13; *Baumbach/Hopt*, § 126 HGB Rz. 3.
2 *Baumbach/Hopt*, § 164 HGB Rz. 2; RGZ 158, 305; h.L.
3 BGH v. 8.7.1991 – II ZR 246/90, DB 1991, 1826; bestätigt durch BGH v. 9.1.1995 – II ZR 24/94, DB 1995, 621.
4 *Westermann*, HdbPersG, Rz. I 306a ff.; *Baumbach/Hopt*, § 126 HGB Rz. 11; *Stengel* in Müller/Hoffmann (Hrsg.), Beck'sches HdBPersG, 2. Aufl. 2002, § 3 Rz. 325 ff.
5 BGH v. 5.12.1983 – II ZR 56/82 2 b), DB 1984, 661 (zur GmbH); vgl. im Übrigen *Fischer*, Der Missbrauch der Vertretungsmacht in FS Schilling, 1973, S. 3 ff.; *Geßler*, Der Missbrauch organschaftlicher Vertretungsbefugnis in FS v. Caemmerer, 1978, S. 531 ff.
6 Vgl. *Ulmer* in Hachenburg, § 53GmbHG Rz. 164.
7 Vgl. *Koppensteiner* in Roewedder, § 37 GmbHG Rz. 10.

wird dadurch zwar die Wirksamkeit des Geschäftes im Außenverhältnis – abgesehen von Missbrauchsfällen – nicht berührt. Der Erwerber sollte sich gleichwohl tunlichst vergewissern, dass der Geschäftsführer durch einen entsprechenden Gesellschafterbeschluss gedeckt ist.

f) Übertragung von Beteiligungsrechten

135 Die Veräußerung von Gesellschaftsanteilen an **Personengesellschaften** ist nur kraft genereller oder im Einzelfall erteilter Zustimmung der anderen Gesellschafter möglich (§§ 719 Abs. 1 BGB; 105, 161 HGB). Bei **Gesellschaften mit beschränkter Haftung** kann die Übertragbarkeit eines Geschäftsanteiles im Gesellschaftsvertrag beschränkt oder von bestimmten Voraussetzungen wie der Zustimmung der Gesellschafter, der Gesellschafterversammlung oder der Gesellschaft abhängig gemacht werden (§ 15 Abs. 5 GmbHG). Im letzteren Fall erteilt der Geschäftsführer die Genehmigung, bedarf aber hierzu regelmäßig eines Gesellschafterbeschlusses.[1] Diese Übertragungserschwernisse haben dingliche Wirkung. Solange die Zustimmung nicht erteilt ist, ist das Geschäft schwebend, im Falle der Verweigerung endgültig unwirksam.[2] Ebenfalls mit dinglicher Wirkung kann in der Satzung der Aktiengesellschaft die Übertragung von **Namensaktien** von der Zustimmung der Gesellschaft abhängig gemacht werden (vinkulierte Namensaktien, § 68 Abs. 2 AktG).

136 Des Weiteren sind etwaige **Vorerwerbsrechte**, namentlich Vorkaufsrechte Dritter, zu beachten. Diese können sogar durch geeignete rechtsgeschäftliche Gestaltung mit quasidinglicher Wirkung ausgestaltet sein, insbesondere durch aufschiebend bedingte Übertragung an den Vorerwerbsberechtigten für den Fall des Abschlusses eines Veräußerungsvertrages. Es kann auch in der Satzung der GmbH bestimmt werden, dass die Nichtausübung des Vorkaufsrechtes Wirksamkeitsvoraussetzung für die Abtretung ist.[3] Auch etwaige **dingliche Belastungen** (z.B. Nießbrauch, Vertrags- oder Pfändungspfandrechte) bleiben im Falle der Veräußerung bestehen und wirken gegen den Erwerber. **Stille Beteiligungen** am Handelsgewerbe der Zielgesellschaft werden von einer Veräußerung der Beteiligungsrechte nicht betroffen und bestehen wie sonstige schuldrechtliche Verpflichtungen der Zielgesellschaft fort. Anders verhält es sich jedoch mit **Unterbeteiligungen**. Diese haben lediglich schuldrechtliche Wirkung im Verhältnis zwischen dem Hauptbeteiligten (Veräußerer) und dem Unterbeteiligten, häufig in der Rechtsform einer Innengesellschaft.[4] Sie belasten den Erwerber der Hauptbeteiligung nicht.

137 Einer Abtretungsbeschränkung kommt es wirtschaftlich nahe, wenn eine Gesellschaft einem Geschäftspartner das Recht zu **außerordentlicher Kündigung** wichtiger Verträge für den Fall eingeräumt hat, dass ihre Gesellschafter wechseln. Solche Vereinbarungen („**Change-of-Control-Clause**") finden sich bei

---
1 *Beispiel*: BGH v. 14.3.1988 – II ZR 211/87, DB 1988, 1587.
2 BGH v. 29.5.1967 – II ZR 105/66, BGHZ 48, 163 (166); vgl. *Winter* in Scholz, § 15 GmbHG Rz. 100.
3 *Winter* in Scholz, § 15 GmbHG Rz. 87.
4 BGH v. 11.7.1968 – II ZR 179/66, BGHZ 50, 316 = NJW 1968, 2003; BGH v. 13.6.1994 – II ZR 259/92, DB 1994, 1669.

stark personalisierten Geschäftsbeziehungen, z.B. zwischen einem Hersteller und einer in Form einer Handelsgesellschaft betriebenen Handelsvertretung, Werbeagenturen, auch bei Eigenhändlern.[1] Eine vergleichbare Wirkung hat das gesetzliche Rückrufsrecht des Urhebers (§ 34 Abs. 3 Satz 2 UrhG), wonach ihm bei wesentlichen Veränderungen der Beteiligungsverhältnisse am Unternehmen des zur Nutzung Berechtigten ein Rückrufsrecht zustehen kann. Wird in solchen Fällen die Zustimmung verweigert, so kann der Wert des vom Käufer erworbenen Beteiligungsrechtes entscheidend gemindert sein.

2. Öffentlich-rechtliche Erfordernisse (ohne Kartellrecht)

In zahlreichen Fällen bedarf es zum Betrieb eines Unternehmens besonderer **persönlicher Voraussetzungen** des Inhabers (§ 2 ApoG) oder besonderer **Konzessionen** (Güterkraftverkehr gem. §§ 10, 11, 81 GüterkraftverkehrG; Bewachungsgewerbe § 34a GewO; Makler, Bauträger, Baubetreuer § 34c GewO; Gaststättenbetriebe §§ 2, 11 GaststättenG; Abbau von Bodenschätzen §§ 6, 11, 22 BundesbergG; Personenbeförderung §§ 2, 9, 13 PersonenbeförderungsG; Privatkrankenanstalten § 30 GewO; genehmigungsbedürftige Anlagen nach § 40 BImSchG; überwachungsbedürftige Anlagen § 24 Abs. 1, Abs. 3 GewO; Handwerksbetriebe §§ 1, 7, 16, 18 HandwO, § 14 GewO). Lizenzen nach dem Telekommunikationsgesetz können nur mit vorheriger Genehmigung der Regulierungsbehörde übertragen werden; bei Änderungen der Eigentümerverhältnisse am Lizenznehmer kommt ein Widerruf in Betracht (§§ 9, 15 TKG). Letztlich sind die **gemeindlichen Vorkaufsrechte** gemäß §§ 24 ff. BauGB zu beachten.

138

G. Gewährleistungsansprüche und verwandte Rechte

I. Gesetzliche Regelung der Gewährleistung

In der Vergangenheit war umstritten, ob und inwieweit Leistungsstörungen beim Unternehmenskauf dem kaufrechtlichen Gewährleistungsrecht unterfallen. Die Rechtsprechung war seit langem der Auffassung, dass das Recht der Sachmängelhaftung (§§ 459 ff. BGB a.F.) grundsätzlich anwendbar sei.[2] Das Schuldrechtsmodernisierungsgesetz vom 26.11.2001 (SMG)[3] hat dies bekräftigt: Unternehmen sind „sonstige Gegenstände" i.S. von § 453 Abs. 1 BGB, auf die die allgemeinen Vorschriften über Mängel des Kaufgegenstandes entsprechende Anwendung finden.[4]

139

---

1 *Beispiel*: (Inhaberwechsel bei Vertragshändlerunternehmen) BGH v. 26.11.1984 – VIII ZR 214/83, BGHZ 93, 29 = DB 1985, 1067.
2 Ständige Rspr., vgl. BGH v. 25.3.1998 – VIII ZR 185/96 II 2 b) bb), BGHZ 138, 195 m.w.N.; *Hiddemann*, Leistungsstörungen beim Unternehmenskauf aus der Sicht der Rechtsprechung, ZGR 1982, 435 (441); dagegen allerdings erneut *Huber*, AcP 202 (2002), 179. Zum Diskussionsstand nach altem Recht siehe im Übrigen die 5. Aufl., Teil VI Rz. 149.
3 BGBl. I 2001 S. 3137.
4 Reg. Begr. BT-Drucks. 14/6040, S. 242; allg. Auffassung vgl. *Weitnauer*, NJW 2002, 2511; *Triebel/Hölzle*, BB 2002, 521; *Putzo* in Palandt, § 453 BGB Rz. 7; *Grunewald* in Erman, § 453 BGB Rz. [19 ff.].

1. Gegenstand der Mängelrechte beim Asset Deal

140 Kaufgegenstand und damit Gegenstand der Mängelrechte des Käufers ist das **Zielunternehmen** als ein „Inbegriff von Sachen, Rechten und sonstigen Vermögenswerten".[1] Der Verkäufer ist verpflichtet, dem Käufer das Zielunternehmen frei von Sach- und Rechtsmängeln zu beschaffen (§ 433 Abs. 1 BGB). Das Zielunternehmen umfasst regelmäßig eine Vielzahl von Wirtschaftsgütern. Diese können in sehr unterschiedlichem Zustand sein. Maschinen oder Fahrzeuge mögen mehr oder weniger abgenutzt sein. Sie können Dritten gehören oder mit Rechten Dritter belastet sein. Das macht aber noch nicht das Zielunternehmen selbst mangelhaft. Mängel einzelner Wirtschaftsgüter sind vielmehr nur dann gewährleistungsrechtlich relevant, wenn sie so schwer wiegend sind, dass sie das Zielunternehmen im Ganzen beeinträchtigen.[2] Auf der anderen Seite kann der Käufer eines Unternehmens Gewährleistungsansprüche nur in Bezug auf das Zielunternehmen, nicht aber außerdem noch in Bezug auf die einzelnen Wirtschaftsgüter haben, die das Unternehmen umfasst.[3]

2. Gegenstand der Mängelrechte beim Share Deal

141 Beim Share Deal erwirbt der Käufer unmittelbar lediglich Beteiligungsrechte. Diese können mit **Rechtsmängeln** behaftet sein, zum Beispiel nicht dem Verkäufer, sondern einem Dritten gehören oder verpfändet sein. Ein Rechtsmangel ist es auch, wenn die Gewinnbeteiligung oder das Stimmrecht nicht in vollem Umfang bestehen[4] oder wenn sich die Gesellschaft in Liquidation befindet.[5] Das Gleiche gilt für offene Einlageschulden.[6] Es ist zweifelsfrei, dass der Verkäufer für Mängel der Beteiligungsrechte selbst gemäß § 435 BGB haftet.

142 Dagegen haftet der Verkäufer nicht ohne weiteres für **Mängel des Unternehmens**, welches von der Gesellschaft betrieben wird, an der der Käufer Beteiligungsrechte erwirbt. Jedoch hat sich schon das Reichsgericht dazu bekannt, dass jedenfalls der Erwerber sämtlicher Beteiligungsrechte der Zielgesellschaft Gewährleistungsansprüche auch wegen Mängeln des von der Zielgesellschaft

---

1 BGH v. 28.11.2001 – VIII ZR 37/01 II 1 a), NJW 2002, 1042.
2 BGH v. 7.1.1970 – I ZR 99/68 II 3 a), NJW 1970, 556: „Fehler an einzelnen Gegenständen der veräußerten Vermögensmasse machen keineswegs zwangsläufig das ganze Unternehmen mangelhaft". Ebenso *Gaul*, ZHR 166 (2002), 5 (40) m.w.N.
3 BGH v. 7.1.1970 – I ZR 99/68, NJW 1970, 556 gewährte allerdings Rechtsmängelansprüche für Rechtsmängel bei einzelnen mitübertragenen Mietrechten, weil nicht einzusehen sei, dass derjenige, der ein Recht isoliert verkaufe, der strengen Rechtsmängelhaftung des § 437 BGB a.F. unterliege, während derjenige, der das Recht im Rahmen einer Unternehmensveräußerung verkaufe, die Privilegierung der Haftung für Sachmängel genieße; dazu schon unter dem alten Recht kritisch *Hiddemann*, ZGR 1982, 435 (444); die damaligen Überlegungen des BGH sind unter dem neuen Recht wegen der Gleichbehandlung von Rechts- und Sachmängeln (vgl. § 435 BGB) gegenstandslos.
4 Vgl. *Huber*, ZGR 1972, 395.
5 RGZ 92, 73 (76); anders wenn die Gesellschaft „bloß überschuldet" ist, BGH v. 2.6.1980 – VIII ZR 64/79 I 3, NJW 1980, 2408.
6 RGZ 96, 227 (230); *Prölss*, ZIP 1991, 337 Fn. 5; *Wälzholz*, DStR 2002, 500 (501); a.A. *Grunewald*, NZG 2003, 372 (373).

betriebenen Unternehmens haben kann.[1] Diese Auffassung hat sich allgemein durchgesetzt.[2]

Das Gleiche gilt, wenn die **Quasi-Gesamtheit der Beteiligungsrechte** erworben wird, wenn also lediglich Zwerganteile[3] beim Veräußerer bleiben oder an Dritte veräußert werden. Andererseits wurde kein Unternehmenskauf, sondern nur ein Rechtskauf beim Erwerb von 40 %, 49 % und von 60 %[4] der Beteiligungsrechte angenommen. Für etwaige Mängel des Unternehmens haftet der Verkäufer nach dieser Rechtsprechung in solchen Fällen jedenfalls nicht nach Gewährleistungsrecht.

143

Eine abschließende Klärung der Frage, ab welcher Mehrheit der Beteiligungskauf in einen Unternehmenskauf „umschlägt", bei dem der Verkäufer für Mängel des Unternehmens – und nicht nur für Mängel der Beteiligungsrechte – haftet, ist bisher in der Rechtsprechung nicht erfolgt. Das OLG München hat den Erwerb von 75 % der Geschäftsanteile an einer GmbH für ausreichend erachtet.[5] Der BGH neigt dazu, dem Käufer Gewährleistungsansprüche wegen Mängeln des von der Zielgesellschaft betriebenen Unternehmens erst dann zuzubilligen, wenn der Käufer wirtschaftlich im Wesentlichen die Stellung eines **Alleinunternehmers** erlangt hat. Das dürfte überall dort nicht der Fall sein, wo aufgrund Gesellschaftsvertrages oder von Gesetzes wegen Minderheitenrechte bestehen.[6] Die Literatur stimmt mit der Rechtsprechung jedenfalls hinsichtlich des Erwerbes aller Beteiligungsrechte überein. Unterschiedliche Meinungen im Einzelnen bestehen aber bezüglich der Frage, wann der Beteiligungskauf zum Unternehmenskauf wird und demgemäß Gewährleistungsansprüche des Käufers für Mängel des Unternehmens entstehen können.[7] Es erscheint wenig fruchtbar den Versuch zu machen, abstrakt die Beteiligungshöhe zu bestimmen, ab der ein Beteiligungserwerb einem Unternehmenserwerb im Wege eines asset deal entspricht. 75 % sind nicht weniger „richtig" als 99 %. Für die

144

---

1 RGZ 86, 146; 120, 283.
2 Vgl. BGH v. 24.11.1982 – VIII ZR 263/81 II 1, BGHZ 85, 367 = WM 1983, 93; BGH v. 25.3.1998 – VIII ZR 185/96 II 2 b) aa), BGHZ 138, 204 = BB 1998, 1171 betraf ebenfalls den Verkauf von 100 % der Beteiligungsrechte, doch stellte der BGH vor allem darauf ab, dass der Vertrag detaillierte Regelungen zur Übergabe und Überleitung des Unternehmens enthielt.
3 BGH v. 27.2.1970 – I ZR 103/68, WM 1970, 819 die Zurückhaltung von 0,25 % betreffend.
4 BGH v. 4.4.2001 – VIII ZR 32/00 II 1, DB 2001, 1298 (40 %); BGH v. 12.11.19975 – VIII ZR 142/74 II.1, BGHZ 65, 246 = BB 1976, 11 (49 %); BGH v. 2.6.1980 – VIII ZR 64/79 II 2 f, DB 1980, 1786 (60 %).
5 OLG München v. 25.3.1998 – 7 U 4926/97, DB 1998, 1321.
6 Vgl. *Hiddemann*, ZGR 1982, 435 (441); 10 % Beteiligung am Stammkapital einer GmbH berechtigen, die Einberufung einer Gesellschafterversammlung zu verlangen und die Aufnahme von Tagesordnungspunkten (§ 50 GmbHG). Im Aktienrecht knüpfen verschiedene Minderheitenrechte an eine Beteiligung von 5 % bzw. an einem anteiligen Betrag von 500 000 Euro an. (§§ 122, 258 Abs. 1 265 Abs. 3 AktG); vgl. auch die Sperre gegen Eingliederung oder Squeeze-out (5 % zzgl. eine Aktie, vgl. §§ 320, 327 a AktG).
7 *Putzo* in Palandt, § 453 BGB Rz. 23 verlangt eine Beteiligung von mindestens 80 %; *Gaul*, ZHR 166 (2002), 35 (39) will anscheinend unter dem seit 1.1.2002 geltenden Kaufrecht auch geringere Beteiligungen genügen lassen.

M & A-Praxis ist von Bedeutung, dass bei share deals, die **weniger als ca. 95 % der Beteiligungsrechte** an der Zielgesellschaft umfassen, nach der höchstrichterlichen Rechtsprechung wohl kein Unternehmens-, sondern lediglich ein Beteiligungskauf angenommen wird. In all diesen Fällen besteht für den Käufer die Gefahr, dass er durch das gesetzliche Gewährleistungsrecht bei Mängeln des Zielunternehmens nicht geschützt wird.

145 Ein Sonderproblem stellt sich, wenn eine **Kapitalbeteiligung aufgestockt** wird. Der BGH nahm einen Unternehmenskauf an, als ein Erwerber, der zunächst 50 % des Grundkapitals erworben hatte, die restlichen 50 % erwarb. Allerdings wies der Sachverhalt die Besonderheit auf, dass der Erwerb in mehreren Akten aufgrund eines Rahmenvertrages erfolgte, in dem die etappenweise Übernahme des gesamten Grundkapitals vorgesehen war.[1] In der Regel dürfte ein Unternehmenskauf nur dann angenommen werden, wenn der Erwerb des gesamten oder quasi-gesamten Kapitals uno actu erfolgt. Im Falle der Aufstockung einer Beteiligung liegt daher in der Regel lediglich ein Rechtskauf vor.[2]

3. Mangelhaftigkeit des Zielunternehmens

a) Die Beschaffenheit des Zielunternehmens

146 Gemäß § 434 Abs. 1 Satz 1 BGB ist die Kaufsache mangelhaft, wenn sie bei Gefahrübergang nicht die **vereinbarte Beschaffenheit** hat. Falls eine Beschaffenheitsvereinbarung nicht getroffen wurde, kommt es darauf an, ob die Kaufsache zu der „nach dem Vertrag vorausgesetzten Verwendung" geeignet ist oder, mangels einer solchen, ob sie sich für die gewöhnliche Verwendung eignet und eine Beschaffenheit aufweist, die bei „Sachen der gleichen Art" üblich ist (§ 434 Abs. 1 Satz 2 BGB). All dies gilt entsprechend auch für den Unternehmenskauf (§ 453 Abs. 1 BGB). Da Unternehmen typischerweise individuelle Gebilde sind, wird man selten auf den Vergleichsmaßstab „Sachen gleicher Art" zurückgreifen können.[3] Vorrangig geht es um die „vereinbarte Beschaffenheit", allenfalls um die „nach dem Vertrag vorausgesetzte Verwendung".

147 Das Gesetz definiert den in § 434 Abs. 1 Satz 1 BGB verwandten grundlegenden Begriff der „Beschaffenheit" bewusst nicht.[4] Klar ist, dass der Begriff „Beschaffenheit" keine engere Bedeutung haben soll als der Eigenschaftsbegriff des alten Rechtes. Jedenfalls in all den Fällen, in denen die Rechtsprechung in der Vergangenheit annahm, dass das Zielunternehmen fehlerhaft war oder zugesicherte Eigenschaften nicht hatte, ist nach neuem Recht anzunehmen, dass das Zielunternehmen die vertragsmäßige Beschaffenheit nicht hat und damit einen Mangel i.S. von § 434 BGB aufweist.[5] Zur Beschaffenheit des Zielunternehmens gehören somit weiterhin die **physischen Umstände**, die dem Ziel-

---

1 BGH v. 23.11.1979 – I ZR 161/77, DB 1980, 679.
2 Vgl. *Hiddemann*, ZGR 1982, 435 (441).
3 Etwas anderes mag für so genannte Vorratsgesellschaften gelten, also Gesellschaften, die ohne eigenen Geschäftszweck ausgestaltet sind und von ihren Inhabern vorgehalten werden, um als schnell verfügbare Vehikel für beliebige Zwecke zu dienen.
4 Reg.Begr. BT-Drucks. 14/6040, S. 213.
5 *Putzo* in Palandt § 434 BGB Rz. 9 ff.; *Schmidt-Ränsch*, AnwBl. 2003, 529 (531).

unternehmen für eine gewisse Dauer „anhaften".[1] Auf die Beispiele aus der Rechtsprechung sei verwiesen.[2] Aber auch bestimmte Beziehungen tatsächlicher, wirtschaftlicher oder rechtlicher Natur wurden bisher schon als Eigenschaften des Zielunternehmens aufgefasst und konnten im Falle einer für den Käufer ungünstigen Abweichung zu einem Gewährleistungsanspruch führen. Dies gilt etwa für die Ertragsfähigkeit des Zielunternehmens.[3] Das OLG Koblenz hat auch die Freiheit der das Zielunternehmen tragenden GmbH von Gesellschaftsschulden als (zusicherungsfähige) Eigenschaft des Zielunternehmens angesehen.[4] All diese Umstände gehören auch zur „Beschaffenheit" des Zielunternehmens.[5]

Es fragt sich jedoch, ob der neue Beschaffenheitsbegriff in einem weiteren Sinn zu verstehen ist. Tatsächlich wollte der Gesetzgeber mit der Neuregelung des Gewährleistungsrechtes unter anderem die Unterscheidungen überflüssig machen, mit denen unter dem alten Recht Eigenschaften und Fehler des Zielunternehmens von sonstigen Umständen abgegrenzt wurden, die das Zielunternehmen betrafen.[6] Die Unterscheidung hatte praktische Bedeutung vor allem für **Unternehmenskennzahlen** wie Umsatz und Ertrag des Zielunternehmens[7] (soweit sie sich nicht ausnahmsweise auf einen längeren Zeitraum bezogen und deshalb die Ertragsfähigkeit des Zielunternehmens und damit doch eine Eigenschaft desselben betrafen[8]) oder für die Zusammensetzung der Umsätze des Zielunternehmens oder die Gesellschaftsschulden.[9] All diese Umstände wurden nicht zu den Eigenschaften des Zielunternehmens gerechnet. Hatte der Verkäufer hierzu falsche Angaben gemacht, standen dem Käufer

148

---

1 So die etwas metaphorische Formulierung in BGH v. 12.11.1969 – I ZR 93/67 II.1.a, NJW 1970, 653.
2 Schwer wiegende Fehlbestände an Gegenständen, die für den Betrieb des Unternehmens von grundlegender Bedeutung sind (Gerüste), BGH v. 14.7.1978 – I ZR 154/76, DB 1978, 2376; fehlendes Leergut bei Getränkegroßhandel, BGH v. 18.1.1974 – I ZR 17/73, WM 1974, 312; technische Unbrauchbarkeit der Hauptprodukte, BGH v. 9.11.1977 – VIII ZR 40/76, WM 1978, 59; mängelbehafteter Maschinenpark, BGH v. 8.2.1995 – VIII ZR 8/94, NJW 1995, 547; der Ruf eines verkauften Beherbergungsbetriebes, BGH v. 3.7.1992 – V ZR 97/91 II 2, NJW 1992, 2564 in Fortführung der RG-Rechtsprechung RGZ 67, 86.
3 BGH v. 8.2.1995 – VIII ZR 8/94 I 2 c), NJW 1995, 547; BGH v. 5.2.1998 – VIII ZR 222/87 II 2, NJW-RR 1989, 306; BGH v. 11.11.1987 – VIII ZR 304/86, NJW-RR 1998, 744; nicht aber das Vorhandensein bestimmter Charaktereigenschaften des wesentlichen Mitarbeiters einer verkauften Steuerberaterpraxis, BGH v. 16.1.1991 – VIII ZR 335/89, NJW 1991, 1223.
4 OLG Koblenz v. 22.1.1991 – 3 U 1859/90, GmbHR 1992, 49 (zweifelhaft).
5 Anders *Faust* in Bamberger/Roth, § 434 BGB Rz. 23, der nur physische Umstände zur Beschaffenheit des Zielunternehmens rechnen will.
6 Reg. Begr. BT-Drucks. 14/6040, S. 212.
7 Vgl. BGH v. 6.12.1995 – VIII ZR 192/94, NJW-RR 1996, 313; bestätigt durch BGH v. 4.4.2001 – VIII ZR 33/00 II 1 a), NJW 2001, 483 (Vorlage einer unrichtigen betriebswirtschaftlichen Auswertung).
8 BGH v. 5.10.1988 – VIII ZR 222/87, NJW-RR 1989, 306; v. 25.5.1977 – VIII ZR 188/75 II 2 c), BGHZ 69, 53 = NJW 1977, 1536; dass die Ertragsfähigkeit eine Eigenschaft des Zielunternehmens sein kann, ist ausgesprochen in BGH v. 8.2.1995 – VIII ZR 8/94 I 2 c), DB 1995, 972; v. 11.11.1987 – VIII ZR 304/86, NJW 1988, 744.
9 Zutreffend *Grunewald*, Unerwartete Verbindlichkeiten beim Unternehmenskauf, ZGR 1981, 622 (625).

nicht die Gewährleistungsansprüche der §§ 459 ff. BGB a.F. zu, sondern gegebenenfalls Ansprüche aus dem Rechtsinstitut des Verschuldens bei Vertragsanbahnung (culpa in contrahendo – c. i. c.; jetzt in § 311 Abs. 2 BGB kodifiziert). Hätte man sie als Eigenschaften im Sinne von § 459 BGB a.F. aufgefasst, so hätte dem Käufer in der Regel ein **Schadensersatzanspruch aus c. i. c.** versagt werden müssen (es sei denn, der Verkäufer hätte vorsätzlich falsche Angaben gemacht). Das Gewährleistungsrecht wurde nämlich in gefestigter Rechtsprechung als eine Sonderregelung verstanden, die es ausschloss, dass fahrlässige Falschangaben des Verkäufers zu Eigenschaften der Kaufsache Schadensersatzansprüche aus c. i. c. begründen konnten.[1] Der Käufer war also bei Fehlern des Zielunternehmens auf die Rechtsbehelfe der Wandelung und Minderung beschränkt. Hatte der Verkäufer Eigenschaften zugesichert oder arglistig gehandelt, so konnte der Käufer außerdem Schadensersatz gemäß § 463 BGB a.F. verlangen. Auf Verschulden des Verkäufers kam es nicht an. Die Ansprüche verjährten in 6 Monaten ab Gefahrübergang (§ 477 BGB a.F.).

149 Dies ist nach dem seit 1.1.2002 geltenden neuen Gewährleistungsrecht anders: Insbesondere kann der Käufer eines Zielunternehmens, das die vertragsmäßige Beschaffenheit nicht hat, nach neuem Recht nicht nur dann einen Schadensersatzanspruch haben, wenn der Verkäufer eine besondere Zusicherung gemacht oder arglistig gehandelt hat. Vielmehr genügt einfaches **Verschulden** des Verkäufers (vgl. §§ 437 Nr. 3; 440 BGB und nachstehend Teil VII Rz. 156). Überdies gilt nun zumindest die **zweijährige Verjährungsfrist** gemäß § 438 Abs. 1 Nr. 3 BGB (s. u. Teil VII Rz. 162) und nicht mehr die für den Unternehmenskauf ganz ungeeignete kurze Frist von 6 Monaten. Es darf vermutet werden, dass sich die Rechtsprechung anders entwickelt hätte, wenn das alte Gewährleistungsrecht dem Käufer bei Sachmängeln des Zielunternehmens die gleichen Rechte eingeräumt hätte, wie sie ihm nach neuem Recht zustehen. Andererseits hat die bisherige Rechtsprechung zum Unternehmenskaufrecht, die durch einen **engen Eigenschafts- und Fehlerbegriff** und einen **weiten Anwendungsbereich** der c. i. c. gekennzeichnet war, insgesamt zu durchaus befriedigenden Ergebnissen geführt. Es mag sein, dass die Begründung, mit der Unternehmenskennzahlen von Unternehmenseigenschaften abgegrenzt wurden, unbefriedigend war. Gegen die Ergebnisse ist aber nichts einzuwenden. Es besteht daher keine Veranlassung, von dieser bewährten Rechtsprechung abzugehen und durch eine weite Auslegung des Beschaffenheitsbegriffes im Sinne von § 434 BGB den Anwendungsbereich des Gewährleistungsrechtes gegenüber dem früheren Rechtszustand zu erweitern. Der Gesetzeswortlaut zwingt zu einer solchen Änderung nicht. Es sollte daher bei der bisherigen Abgrenzung der Anwendungsbereiche des Gewährleistungsrechts einerseits und des Rechtsinstituts der c. i. c. andererseits bleiben. Das gilt jedenfalls dann, wenn man der Auffassung ist, dass Gewährleistungsrecht und das Rechtsinstitut der c. i. c. einen jeweils gesonderten Anwendungsbereich haben (siehe dazu

---

[1] BGH v. 16.3.1973 – V ZR 118/71, BGHZ 60, 319 = NJW 1973, 1234. Der Leitsatz 1 lautet: „Fahrlässige Angaben oder Nichtangaben des Verkäufers über Eigenschaften der Kaufsache begründen keinen Anspruch auf Ersatz des Vertrauensschadens unter dem Gesichtspunkt der culpa in contrahendo. Die Haftung des Verkäufers für Eigenschaften der Kaufsache bestimmt sich – abgesehen vom Falle des Mangelfolgeschadens – allein nach den Gewährleistungsvorschriften der §§ 452 ff. BGB."

näher nachstehend Teil VII Rz. 166 f., so dass eine Ausweitung der durch das Gewährleistungsrecht geregelten Sachverhalte zu einer entsprechenden Einschränkung des Anwendungsbereiches der c. i. c. führt. Ob die Rechtsprechung dem folgt oder ob sie insoweit einen „Paradigmenwechsel"[1] vollzieht, bleibt abzuwarten. Die Ergebnisse im jeweils zu entscheidenden Fall werden sich nicht sehr unterscheiden. Die unterschiedlichen Verjährungsfristen im Gewährleistungsrecht (regelmäßig 2 Jahre, § 438 Abs. 1 Nr. 3 BGB) und für Ansprüche aus c. i. c. (regelmäßig 3 Jahre, § 195 BGB) rechtfertigen eine grundlegende Änderung der Rechtsprechung nicht.

b) Beschaffenheitsvereinbarung und nach dem Vertrag vorausgesetzte Verwendung (§ 434 Abs. 1 BGB)

Eine **Beschaffenheitsvereinbarung** ist ein **Vertrag**. Sie kann grundsätzlich auch konkludent getroffen werden. Bedarf allerdings der Unternehmenskaufvertrag einer besonderen Form, so erstreckt sich das Formerfordernis auch auf die Beschaffenheitsvereinbarung.[2] Das ist insbesondere der Fall, wenn ein asset deal auch Grundstücke umfasst (§ 311b BGB) oder wenn ein share deal Geschäftsanteile an einer GmbH betrifft (§ 15 Abs. 3 GmbHG). Allerdings wird das Formerfordernis schon dann erfüllt, wenn die Beschaffenheitsvereinbarung im beurkundeten Vertrag hinreichend deutlich anklingt („**Andeutungstheorie**"). Eine ausführliche Niederlegung ist nicht erforderlich.[3] Überdies werden Formmängel durch Auflassung und Eintragung der Grundstücke geheilt (§ 311b Abs. 1 Satz 2 BGB) bzw. durch die Abtretung der Geschäftsanteile (§ 15 Abs. 4 Satz 2 GmbHG).

150

Haben die Parteien keine Beschaffenheitsvereinbarung getroffen, kommt es für die Bestimmung der eventuellen Mangelhaftigkeit des Zielunternehmens darauf an, ob es sich für die nach dem Vertrag vorausgesetzte Verwendung eignet. Auch insoweit ist eine vertragliche Regelung erforderlich, durch die ausdrücklich oder konkludent die von den Vertragsparteien gemeinsam vorgestellte Verwendung festgelegt wird. Nach der Regierungsbegründung sollte mit dieser Formulierung ohne inhaltliche Veränderung an die Fassung des § 459 Abs. 1 Satz 1 BGB a.F. angeknüpft werden.[4] Auch die **Verwendungsabrede**[5] bedarf daher der Vertragsform im vorerwähnten Sinne.

151

4. Die Gewährleistungsansprüche

Die Gewährleistungsansprüche des Käufers bei Sachmängeln sind in § 437 BGB übersichtsartig aufgeführt und in den folgenden Bestimmungen im Einzelnen geregelt. Sie umfassen das Recht des Käufers auf Nacherfüllung (§ 437 Nr. 1 BGB); auf Rücktritt vom Vertrag (früher: Wandelung) und Minderung des

152

---

1 *Schmidt-Räntsch*, AnwBl. 2003, 529 (530).
2 *Putzo* in Palandt, § 434 BGB Rz. 18; *Grigoleit/Herresthal*, JZ 2003, 233 (239).
3 BGH v. 23.3.1979 – V ZR 24/77, 116 = NJW 1979, 1350; Zusammenfassung in BAG v. 12.1.1984 – z AZR 366/82 II 1 c) bb) m.w.N.
4 Reg.Begr. BT-Drucks. 14/6040; S. 213.
5 *Putzo* in Palandt, § 434 BGB Rz. 22; *Grigoleit/Herresthal*, JZ 2003, 233 (239).

Kaufpreises (§ 437 Nr. 2 BGB); auf Schadensersatz sowie auf Ersatz vergeblicher Aufwendung (§ 437 Nr. 3 BGB).

a) Nacherfüllung (§§ 437 Nr. 1; 439 BGB)

153 In einer Reihe von Fällen kommt ein Anspruch des Käufers auf Nacherfüllung in Betracht, zum Beispiel bei einem Fehlbestand des Inventars,[1] wenn das Zielunternehmen über bestimmte gewerbliche Schutzrechte, Konzessionen oder vertragliche Rechtspositionen wie Bezugs- oder Lieferverträge nicht verfügt. Ebenso verhält es sich, wenn das Zielunternehmen nicht über das vertraglich vereinbarte oder vorausgesetzte Eigenkapital verfügt. Als Nacherfüllung kann der Käufer die Beseitigung des Mangels verlangen (§ 439 Abs. 1 1. Alt. BGB). Ein Anspruch auf Lieferung einer mangelfreien Sache (§ 439 Abs. 1 zweite Alt. BGB) scheidet beim Unternehmenskauf allerdings in aller Regel aus, weil das Unternehmen keine vertretbare Sache ist und deshalb eine Ersatzlieferung regelmäßig nicht in Betracht kommt. Eine Ausnahme mag für Vorratsgesellschaften gelten (s.o. Teil VII Rz. 146).

b) Rücktritt und Minderung (§ 437 Nr. 2 BGB)

154 Der Käufer kann vom Kaufvertrag nach näherer Maßgabe des § 440 BGB zurücktreten, wenn die Nacherfüllung unmöglich ist, vom Verkäufer verweigert wird oder wenn sie fehlgeschlagen oder dem Käufer unzumutbar ist. Dieses Rücktrittsrecht ist an die Stelle des Wandelungsrechtes nach § 462 BGB a.F. getreten. Im Fall des Rücktritts haben sich die Parteien gemäß § 346 BGB die jeweils erlangten Leistungen zurückzugewähren oder, soweit die Rückgewähr ausgeschlossen ist, Wertersatz zu leisten, wobei der Käufer aber nur für die von ihm in eigenen Angelegenheiten üblicherweise angewandte Sorgfalt einzustehen hat (§ 346 Abs. 3 Nr. 3 BGB). Es sind also insbesondere

- die **Nutzungen**, die der Käufer aus dem Unternehmen gezogen hat, herauszugeben; dies gilt jedoch nur insoweit, als es sich dabei nicht um das Ergebnis persönlicher Leistungen und Fähigkeiten des Betriebsinhabers handelt, wobei dieser Anteil notfalls gemäß § 287 ZPO zu schätzen ist;[2]

- die **Verwendungen**, die der Käufer gemacht hat, nach näherer Maßgabe von § 347 BGB vom Verkäufer zu erstatten.

155 Die Rückgängigmachung eines Unternehmenskaufes ist ein problematischer Rechtsbehelf, weil das Zielunternehmen fortlaufend Änderungen erfährt. Einzelne Wirtschaftsgüter oder Unternehmensteile werden veräußert, Forderungen eingezogen; die geschäftliche Ausrichtung wird geändert, neue Wirtschaftsgüter werden erworben, Verpflichtungen neu eingegangen usw. Ein einmal an den Käufer übertragener Kundenstamm kann häufig gar nicht zurückübertragen werden, weil die Kunden nicht bereit sind, den Wechsel zu-

---

[1] Vgl. die Fälle BGH v. 18.1.1974 – I ZR 17/73, WM 1974, 312 (fehlendes Leergut); v. 14.7.1978 – I ZR 154/76, DB 1978, 2376 (Fehlbestand an Gerüsten).
[2] BGH v. 12.5.1978 – V ZR 67/77, DB 1978, 1831 (Tankstellenbetrieb).

rück zum Verkäufer mitzuvollziehen.¹ Die praktischen Schwierigkeiten, die Wandelung durchzuführen, wenn das Zielunternehmen auf den Käufer übergegangen ist, sind so groß, dass Käufer nur selten Wandelung begehren. In der an sich reichhaltigen Rechtsprechung zum Gewährleistungsrecht beim Unternehmenskauf gibt es nur wenige Fälle, in denen der Käufer tatsächlich Wandelung und Rückgewähr des Kaufpreises verlangte.² **Rückabwicklungsprobleme** sind aber von der Rechtsprechung in Fällen behandelt worden, in denen die Erwerbsverträge fehlerhaft waren, sowie in Rücktrittsfällen.³ Nach altem Recht hatte der Käufer im Falle eines Mangels der Kaufsache ohne weiteres die Wahl zwischen Wandelung und Minderung. Insbesondere konnte der Verkäufer nach Ablieferung des Zielunternehmens keinen Einfluss auf die Wahl des Käufers nehmen. Das ist jetzt nicht mehr der Fall, weil das Rücktrittsrecht nach § 440 BGB nur ausgeübt werden kann, wenn die dem Verkäufer grundsätzlich erlaubte Nacherfüllung unterblieben ist. Das Rücktrittsrecht besteht ferner nicht, wenn der Mangel (die Pflichtverletzung) unerheblich ist (§ 437 Abs. 1 Satz 2 i.V.m. § 323 Abs. 5 Satz 2 BGB). Insgesamt sind also die Rücktrittsmöglichkeiten des Käufers gegenüber seinem Wandelungsrecht nach altem Rechtszustand beschränkt. Es bleibt freilich dabei, dass das Gesetz dem Käufer bei Mängeln des Unternehmens die, wenn auch eingeschränkte, Möglichkeit eröffnet, den Kaufvertrag rückgängig zu machen, wenn sich der Verkäufer dagegen nicht durch geeignete Vertragsgestaltung schützt, siehe dazu Teil VII Rz. 191.

c) Schadensersatz (§ 437 Nr. 3 BGB)

Ist das Zielunternehmen mangelhaft, so steht dem Käufer auch das Recht auf Schadensersatz zu, wenn die Nacherfüllung nach näherer Maßgabe von § 440 BGB unterblieben ist und den Verkäufer ein Verschulden trifft oder wenn er eine Garantie für die Mangelfreiheit der Kaufsache übernommen hat. Zu unterscheiden sind 156

– der Anspruch auf Ersatz des Mangelschadens (§ 280 Abs. 1 BGB) (sog. „**kleiner**" Schadensersatz) und

---

1 Vgl. den Fall BGH v. 14.1.2002 – II ZR 354/99, NJW 2002, 1340 mit Anm. *Westermann*, EWiR 2002, 515.
2 RGZ 67, 86 (88) (Absteigerquartier); BGH v. 11.11.1987 – VIII ZR 304/86, NJW-RR 1988, 744; BGH v. 18.4.1984 – VIII ZR 46/83, DB 1984, 2292; Der Entscheidung BGH v. 4.4.2001 – VIII ZR 32/00, DB 2001, 1298, lag der Erwerb von 40% des Stammkapitals einer GmbH zu Grunde, ohne dass das Unternehmen auf den Käufer übertragen worden wäre.
3 Siehe dazu *K. Schmidt*, Handelsrecht, § 6 IV; *Schwintowski*, Das Unternehmen im Bereicherungsausgleich, JZ 1987, 588; *Wiedemann/Heinemann*, Der Widerruf der Schenkung einer Gesellschaftsbeteiligung, DB 1990, 1649; OLG Frankfurt zur Rückabwicklung eines aus kartellrechtlichen Gründen nichtigen Gemeinschaftsunternehmens gemäß §§ 812 ff. BGB, WuW/E OLG 4323; Rückabwicklung eines Vertrages über ein Sonnenstudio nach Bereicherungsrecht, BGH v. 4.5.1994 – VIII ZR 309/93, DB 1994, 2392; Rückabwicklung eines gescheiterten Unternehmenskaufs über ein Einzelhandelsgeschäft OLG Karlsruhe v. 4.7.1996 – 4 U 66/95, DB 1998, 717.

– der Anspruch auf Schadensersatz statt der Leistung (sog. **„großer"** **Schadensersatz**).

157 Der Anspruch auf Ersatz des **Mangelschadens** schützt den Käufer, der am Vertrag festhält. Der Anspruch erstreckt sich auf alle Nachteile, die der Käufer in Folge der Mangelhaftigkeit des Zielunternehmens erleidet, auch auf den entgangenen Gewinn (§ 252 BGB) oder auf negative Auswirkungen, die das mangelhafte Zielunternehmen auf das Vermögen des Käufers im Übrigen haben mag. Der Anspruch umfasst auch den Schaden, der dem Käufer dadurch entsteht, dass ihm das Zielunternehmen zwischen der Übergabe und der Erfüllung der Nachbesserungspflicht wegen des Mangels nicht den Nutzen gebracht hat, den es ihm im Falle mangelfreier Beschaffenheit gebracht hätte (**Betriebsausfallschaden**).[1] Darüber hinaus steht dem Käufer ein Schadensersatzanspruch wegen Verzuges zu, wenn der Verkäufer mit der Nacherfüllung in Verzug gerät. Der Mangelschaden nach neuem Recht schließt den Mangelfolgeschaden des alten Rechts ein. Die Unterscheidung ist durch das SMG überflüssig geworden.[2] Der Schadensersatzanspruch besteht auch bei unerheblichen Pflichtverletzungen des Verkäufers.

158 Der Käufer kann auch anstelle der Geltendmachung des Mangelschadens vom Kaufvertrag zurücktreten und Schadensersatz wegen Nichterfüllung verlangen (sog. „großer" Schadensersatz), wenn die Voraussetzungen der §§ 281; 283 oder 311a Abs. 2 BGB erfüllt sind. Das betrifft im Wesentlichen die Fälle, in denen der Verkäufer die Nacherfüllung verweigert oder in denen die Nacherfüllung scheitert oder unmöglich oder dem Verkäufer unzumutbar ist, oder wenn der Verkäufer aus objektiven oder subjektiven Gründen von Anfang an nicht in der Lage war, das Zielunternehmen mangelfrei zu liefern.

d) Aufwendungsersatz

159 Letztlich kann der Käufer anstelle des „großen" Schadensersatzes Ersatz der von ihm im Vertrauen auf die Vertragserfüllung gemachten Aufwendungen verlangen (§§ 437 Nr. 3, 284 BGB).

5. Verschulden

160 Der Verkäufer eines mangelhaften Unternehmens hat nur dann Schadensersatz zu leisten, wenn er den Mangel zu vertreten hat (§ 437 Nr. 3 i.V.m. §§ 380, 311a BGB). Das Gesetz stellt eine **Vermutung** auf, dass der Schuldner eine Pflichtverletzung zu vertreten hat; dies gilt auch für den Verkäufer eines mangelhaften Unternehmens. Die Vermutung kann aber widerlegt werden (§ 280 Abs. 1 BGB).

161 Das Verschulden des Verkäufers kann darin liegen, dass er einen Mangel des Unternehmens herbeigeführt hat (z.B. dem Unternehmen zwischen Abschluss

---

1 Zutreffend *Vollkommer* in Jauernig, § 280 BGB Rz. 4, 12; *Lorenz/Riehm*, Lehrbuch zum neuen Schuldrecht, 2002, Rz. 546 f.; a.A. *Dauner-Lieb/Dötsch*, DB 2001, 2535 (2527).
2 Reg. Begr. BT-Drucks. 14/6040, S. 224 (zu § 437 Nr. 3 RE).

des Kaufvertrages und Übergabe an den Käufer Vermögenswerte entzogen hat, so dass es die vertraglich geschuldete Beschaffenheit nicht mehr aufweist). Das werden aber die selteneren Fälle sein. Zumeist wird das Verschulden des Verkäufers darin liegen, dass er eine bestimmte Beschaffenheit des Zielunternehmens zum Gegenstand des Kaufvertrags gemacht hat, obwohl er wusste oder wissen konnte, dass das Zielunternehmen die geschuldete Beschaffenheit nicht hat.[1] Der Verkäufer muss sich dabei nicht nur eigene Kenntnis oder fahrlässige Unkenntnis zurechnen lassen, sondern auch für Dritte einstehen, derer er sich bei den Verkaufsverhandlungen bedient. So hat der BGH den Verkäufer eines Geschäftsanteils auch für das Fehlverhalten einer Person haften lassen, die durch Buchungsfehler überhöhte Gewinnausweisungen verursacht hatte, welche in die Gewinn- und Verlustrechnung eingeflossen waren, die zum Gegenstand der Vertragsverhandlungen geworden war.[2]

6. Verjährung

Ansprüche des Käufers auf Nacherfüllung oder Schadensersatz wegen Mängeln der Kaufsache verjähren nach näherer Maßgabe von § 438 Abs. 1 bis 3 BGB. Das Recht auf Rücktritt oder Minderung (§ 437 Nr. 2 BGB) kann grundsätzlich nur ausgeübt werden, solange der Nacherfüllungs- oder Schadensersatzanspruch nicht verjährt ist (§ 438 Abs. 4, 5 i.V.m. § 218 BGB).[3] Diese Regeln gelten auch für den Unternehmenskauf.[4]

162

§ 438 BGB sieht neben der zweijährigen Regelfrist verschiedene Verjährungsfristen für unterschiedliche Mängel vor: Bei Bauwerken gilt eine fünfjährige Frist; bei Rechtsmängeln, aufgrund derer ein Dritter die Herausgabe der Kaufsache verlangen kann, beträgt die Verjährungsfrist 30 Jahre. Für Mängel eines Unternehmens ist die zweijährige Regelfrist anzuwenden, und zwar auch hinsichtlich der zu dem Unternehmen gehörenden Bauwerke. Kaufgegenstand ist nicht das Bauwerk, sondern das Unternehmen als eine **Sachgesamtheit**. Die Gewährleistungsrechte knüpfen an Mängel des Unternehmens an, nicht an

163

---

1 *Putzo* in Palandt, § 437 BGB Rz. 38; *Lorenz*, NJW 2002, 2497 (2501); *Vollkommer* in Dauner-Lieb/Konzen/K. Schmidt (Hrsg.), Das neue Schuldrecht in der Praxis, 2003, S. 123 (125).
2 BGH v. 4.6.2003 – VIII ZR 91/02 III 2 b) bb), BB 2003, 1695 in einer auf c. i. c. gestützten Entscheidung.
3 Die Frist für die Ausübung der Gewährleistungsrechte wird hier und im Folgenden einheitlich mit „Verjährungsfrist" bezeichnet.
4 Zum alten Recht folgerte BGH v. 12.11.1975 – VIII ZR 142/74 II 1, BGHZ 65/ 246 = NJW 1976, 236 aus der Anwendbarkeit von §§ 459 ff. BGB a.F. als selbstverständlich, dass dann auch die sechsmonatige Verjährungsfrist gemäß § 477 BGB a.F. gelte; so auch zuletzt *Putzo* in Palandt, 61. Aufl. 2002, § 477 BGB Rz. 2 und vor § 459 BGB Rz. 20, umstritten; hiervon abzugehen besteht unter neuem Recht keine Veranlassung, zumal der Hauptgrund für die Kritik an der alten Auffassung, nämlich die lediglich sechsmonatige Verjährungsfrist für Gewährleistungsansprüche gemäß § 477 BGB wegen der neuen regelmäßigen Frist von 2 Jahren nicht mehr greift; ablehnend allerdings auch zum neuen Recht *Canaris*, Schuldrechtsmodernisierung 2002, Einführung S. XXVIII f., wonach die regelmäßige Verjährungsfrist gemäß §§ 195 ff. anzuwenden sein soll.

Mängel einzelner Sachen, die zu dem Unternehmen gehören (siehe oben Teil VII Rz. 140 f.

164 Die Verjährungsfrist beginnt „mit der **Ablieferung** der Sache" (§ 438 Abs. 2 BGB). Bei einem Unternehmen entspricht dies der Übergabe des Unternehmens an den Käufer. Daraus ergeben sich Schwierigkeiten, wenn das Unternehmen in mehreren Teilakten übergeben wird. In diesen Fällen beginnt die Verjährungsfrist mit der Übergabe des letzten Teils der Sachgesamtheit.[1]

165 Beim Share Deal ist zu unterscheiden: Soweit Gewährleistungsrechte auf **Mängel des Unternehmens** gestützt werden (und nicht etwa auf Mängel der Beteiligungsrechte), ist konsequenterweise ebenfalls auf die **Übergabe des Unternehmens** an den Käufer abzustellen.[2] Die **Abtretung der Beteiligungsrechte** spielt in diesem Zusammenhang keine Rolle. Darauf kommt es allerdings dann an, wenn die **Beteiligungsrechte** selbst **mangelhaft** sind, z.B. mit Rechten Dritter belastet. In diesem Fall muss die von § 453 Abs. 1 BGB gebotene entsprechende Anwendung von § 438 BGB dazu führen, dass die Verjährung mit der Abtretung der Beteiligungsrechte (§ 398 BGB) beginnt, da die Abtretung des verkauften Rechtes am ehesten der Ablieferung einer verkauften Sache entspricht.[3]

II. Verschulden bei Vertragsanbahnung

1. Gewährleistung und Haftung für Verschulden bei Vertragsanbahnung

a) Grundlagen

166 Gewährleistungsrecht und c. i. c. gewähren unterschiedliche Ansprüche. Auch unter dem neuen Recht unterscheiden sich daher die Rechtsfolgen, je nachdem ob ein Sachverhalt ein Gewährleistungsfall oder ein Fall der c. i. c. ist:

– Das Gewährleistungsrecht gibt die **verschuldensunabhängigen** Ansprüche auf **Rücktritt** und **Minderung** bei unmöglicher, gescheiterter oder vom Verkäufer verweigerter Nacherfüllung (§ 437 Nr. 2 BGB), während die c. i. c. nur verschuldensabhängige Ansprüche kennt;

– der gewährleistungsrechtliche Schadensersatzanspruch ist an die **besonderen Voraussetzungen des § 440 BGB** gebunden (in der Regel verweigerte oder gescheiterte Nacherfüllung), während für Ansprüche aus c. i. c. diese Voraussetzung nicht gilt; allerdings wird die Schadensminderungsobliegenheit des Käufers gemäß § 254 BGB häufig zu ähnlichen Anforderungen führen, wie sie § 440 BGB aufstellt;

---

[1] So BGH v. 27.4.1994 – VIII ZR 154/93, NJW 1994, 1720 für den Kauf eines aus mehreren Teilstücken bestehenden Computersystems zu § 477 BGB a.F.
[2] BGH v. 25.3.1998 – VIII ZR 185/96, ZIP 1998, 908 Ls. 2: „Ist der Kauf von GmbH-Geschäftsanteilen als Unternehmenskauf zu behandeln, so tritt der Gefahrübergang (§ 446 BGB) erst mit der Übergabe des Unternehmens ein."
[3] So auch *Putzo* in Palandt, § 433 BGB Rz. 16.

– Ansprüche aus Gewährleistung für Mängel des Zielunternehmens **verjähren** in 2 Jahren beginnend mit der Ablieferung der Sache (§ 438 Abs. 1 Nr. 3 BGB), während für Ansprüche aus c. i. c. die allgemeinen Vorschriften gelten, insbesondere also die Regelverjährung von 3 Jahren gemäß § 195 BGB; sie beginnt nach näherer Maßgabe von § 199 BGB mit dem Ende des Jahres, in dem der Anspruch entstanden ist und der Gläubiger davon Kenntnis erlangt hat.

Diese Unterschiede sind zwar bei weitem nicht mehr so groß, wie das nach dem alten Recht der Fall war: Durch die Gewährung eines **verschuldensabhängigen Schadensersatzanspruches** bei **Sachmängeln** des Zielunternehmens und die **Annäherung der Verjährungsfristen** für Gewährleistungsansprüche einerseits (vielfach 2 Jahre ab Ablieferung, § 438 Abs. 1 Nr. 3 BGB) und Schadensersatzansprüche aus c. i. c. andererseits (vielfach 3 Jahre ab dem Schluss des Jahres, in dem der Anspruch entstanden ist und der Gläubiger die erforderliche Kenntnis erlangt hat, § 199 BGB) sind die großen Diskrepanzen des alten Rechtes entschärft. Sehr häufig werden die Anwendung des Gewährleistungsrechts und des Institutes der culpa in contrahendo zum selben Ergebnis führen. Dessen ungeachtet besteht aber weiterhin die grundsätzliche Notwendigkeit, den Anwendungsbereich des Gewährleistungsrechtes einerseits und den der c. i. c. andererseits zu bestimmen. Das ist unproblematisch bei Umständen, die nicht das Zielunternehmen betreffen, sondern das Verhalten einer Vertragspartei (z.B. Aufnahme von Verhandlungen trotz fehlender Abschlussabsicht; Ausspähung von Geschäftsgeheimnissen; Ausnutzung des vom Verhandlungspartner entgegengebrachten Vertrauens u.Ä.).

167

b) Abgrenzung von Gewährleistungshaftung und culpa in contrahendo

Es ist umstritten, inwieweit dem Käufer eines Unternehmens Ansprüche aus c. i. c. wegen Umständen zustehen können, die zur Beschaffenheit des Zielunternehmens gehören oder Gegenstand einer Beschaffenheitsvereinbarung sein könnten. Im Wesentlichen werden hierzu drei Auffassungen vertreten:[1]

168

– Soweit Umstände in Rede stehen, die zum Gegenstand einer Beschaffenheitsvereinbarung gemacht werden können, gilt nur Gewährleistungsrecht; es hat Vorrang vor dem Institut der c. i. c. (sog. „**strenge Vorrangregel**").[2]

– Nach der so genannten „abgeschwächten Vorrangregel" verdrängt das Gewährleistungsrecht Ansprüche aus c. i. c. nur insoweit, als dem Käufer im konkreten Fall Gewährleistungsansprüche zustehen.[3]

---

[1] Verf. folgt hierbei der Klassifizierung von *Larisch*, S. 157 ff.
[2] Diese Auffassung wird insbesondere vertreten von *Heinrichs* in Palandt, § 311 BGB Rz. 25; 27; *Putzo* in Palandt, § 437 BGB, Rz. 51; *Seibt/Reiche*, DStR 2002, 1181 (1185); *Grunewald*, Bürgerliches Recht, 2002, § 15 BGB Rz. 23.
[3] Insbesondere *Canaris*, Karlsruher Forum, 5/89 ff.

– Nach einer dritten Meinung stehen Ansprüche aus Gewährleistungsrecht und solche aus c. i. c. unbeschränkt nebeneinander; der Käufer kann Ansprüche aus c. i. c. auch dann geltend machen, wenn er wegen desselben Sachverhaltes Ansprüche aus Gewährleistungsrechten hat.[1]

Unter dem alten Recht hatte sich eine gefestigte Rechtsprechung im Sinne der **strengen Vorrangregel** gebildet.[2] Eine Ausnahme galt, wenn der Verkäufer vorsätzlich falsche Angaben zu Eigenschaften der Kaufsache gemacht hatte.[3]

169 An dieser Auffassung ist im Grundsatz festzuhalten. Sie führt auch unter dem neuen Recht zu überzeugenden Ergebnissen. Gegen die Auffassung von der unbeschränkten Konkurrenz beider Rechtsinstitute spricht, dass es wenig einleuchtend wäre, wenn das Gesetz einerseits die differenzierten Gewährleistungsregeln zur Verfügung stellen würde und gleichzeitig die allgemeinen Regeln der c. i. c. Anwendung fänden. Ähnlich ist gegen die „abgeschwächte Vorrangregel" einzuwenden, dass die vom Gesetz vorgesehene Beschaffenheitsvereinbarung entwertet würde, falls dem Käufer Schadensersatzansprüche auch zustünden, wenn die Parteien keine Beschaffenheitsvereinbarung oder eine Beschaffenheitsvereinbarung nur hinsichtlich anderer als der gerade streitig gewordenen Umstände getroffen haben. Der Käufer muss seine Rechte vertraglich wahren. Soweit der Abschluss einer Beschaffenheitsvereinbarung unterbleibt, kann der Käufer wegen einer ihm unerwünschten Beschaffenheit des Zielunternehmens keine Ansprüche geltend machen. Richtig ist allerdings, dass der Käufer schutzwürdig ist, wenn ihn der Verkäufer durch eine Irreführung davon abgehalten hat, eine Beschaffenheitsvereinbarung zu treffen.

170 Diesem Gesichtspunkt wird aber Rechnung getragen, insofern auch die „strenge Vorrangregel" in der vom BGH geprägten Fassung[4] bei vorsätzlichem Handeln des Verkäufers neben dem Gewährleistungsrecht c. i. c. zur Anwendung kommen lässt. Damit genießt der Käufer auch in den Fällen Schutz, in denen ihn der Verkäufer in vorwerfbarer Weise vom Abschluss einer **Beschaffenheitsvereinbarung abgehalten** hat. Diesen Fällen sind gleichzustellen die Fälle, in denen eine Beschaffenheitsvereinbarung **unterbleibt**, weil der Verkäufer in pflichtwidriger Weise dem Käufer die Umstände verschweigt, die ihn veranlasst hätten, entweder vom Vertragsabschluss Abstand zu nehmen oder sich

---

1 Insbesondere *Barnert*, WM 2003, 416 (425); *Emmerich* in MünchKomm.BGB, § 311 BGB Rz. 138; *Faust* in Bamberger/Roth, § 437 BGB Rz. 181.
2 BGH v. 16.3.1973 – V ZR 118/71, BGHZ 60, 319 = NJW 1973, 1234. Der Leitsatz 1 lautet: „Fahrlässige Angaben oder Nichtangaben des Verkäufers über Eigenschaften der Kaufsache begründen keinen Anspruch auf Ersatz des Vertrauensschadens unter dem Gesichtspunkt der culpa in contrahendo. Die Haftung des Verkäufers für Eigenschaften der Kaufsache bestimmt sich – abgesehen vom Falle des Mangelfolgeschadens – allein nach den Gewährleistungsvorschriften des BGB, §§ 452 ff.
3 Insoweit konkurrieren die Ansprüche aus Gewährleistung und Verschulden bei Vertragsanbahnung, st. Rspr. vgl. BGH v. 3.7.1992 – V ZR 97/91 II.3 a, DB 1992, 2545 betr. Täuschung durch Veräußerer darüber, dass veräußerter Gastbetrieb Stundenhotel, mit Anm. *Messer*, EWiR 1992, 1060.
4 BGH v. 3.7.1992 – V ZR 97/91 II.3.a, DB 1992, 2545 m.w.N.

vertraglich abzusichern.¹ Zur Frage, wann den Verkäufer eine Offenbarungspflicht trifft, vgl. nachstehend Teil VII Rz. 174.

c) Informationsmemoranden; Datenräume

Für Informationen, die dem Käufer in Memoranden oder Datenräumen zur Verfügung gestellt werden, ergibt sich aus dem Gesagten: 171

- Soweit die Informationen nicht die Beschaffenheit des Zielunternehmens betreffen, haftet der Verkäufer nach den Regeln der c. i. c. bei Verschulden (§§ 311, 280 BGB); wenn der Verkäufer Angaben macht, müssen diese richtig sein.[2]

- Soweit die Informationen die **Beschaffenheit des Zielunternehmens** betreffen (und nicht vorsätzlich falsch sind), haftet der Verkäufer nur nach Gewährleistungsrecht; das setzt in der Regel insbesondere voraus, dass die betreffenden Umstände zum Gegenstand einer Beschaffenheitsvereinbarung gemacht werden, s.o. Teil VII Rz. 150. Ist dies unterblieben, haftet der Verkäufer weder aus c. i. c. noch nach Gewährleistungsrecht; dies ist dem Käufer aber zuzumuten, da er die Möglichkeit hat, seine Interessen durch eine Beschaffenheitsvereinbarung zu wahren. Das mag schwierig sein, wenn es sich um große Mengen von Informationen handelt; unmöglich oder unzumutbar ist es nicht.

Hiervon ist der Fall zu unterscheiden, dass eine **Beschaffenheitsvereinbarung** zwar getroffen wird, **aber formunwirksam** ist, insbesondere weil sie in den Fällen des § 311b BGB und § 15 GmbHG nicht protokolliert wurde. Die Auswirkungen auf den Unternehmenskaufvertrag sind nach allgemeinen Regeln zu beurteilen: Im Zweifel ist der Vertrag insgesamt nichtig (§ 139 BGB), allerdings mit der Heilungsmöglichkeit gemäß § 311b Abs. 1 Satz 2 BGB (Auflassung des Grundstücks und Eintragung im Grundbuch) und § 15 Abs. 4 GmbHG (formwirksame Abtretung der Geschäftsanteile). Soweit der Unternehmenskaufvertrag insgesamt nichtig ist oder soweit z.B. aufgrund einer üblichen Teilunwirksamkeitsregelung lediglich die Beschaffenheitsvereinbarung selbst nichtig ist, kann eine Partei nach den allgemeinen Regeln gehindert sein, sich auf die Formunwirksamkeit zu berufen. Das ist aber nur ausnahmsweise der Fall, nämlich wenn das Beharren auf dem Formerfordernis zu einem „schlechthin untragbaren Ergebnis" führen würde, namentlich bei besonders schweren Treuepflichtverletzungen der einen Partei oder einer Existenzgefährdung der anderen Partei.[3] 172

---

1 A.A. BGH v. 16.3.1973 – V ZR 118/71, BGHZ 60, 319 zu fahrlässigen Nichtangaben des Verkäufers über Eigenschaften der Kaufsache. Das verschafft dem pflichtwidrig handelnden Verkäufer einer komplexen Sachgesamtheit jedoch einen ungerechtfertigten Schutz. Siehe dazu Teil VII Rz. 179.
2 Vgl. BGB v. 20.9.1996 – V ZR 173/95, NJW-RR 1997, Leitsatz 1: „Macht der Verkäufer eines Grundstücks tatsächliche Angaben, die für den Kaufentschluss des anderen Teiles von Bedeutung sein können, so müssen diese richtig sein, und zwar auch dann, wenn eine Offenbarungspflicht nicht bestand." Der Fall betraf einen auf c. i. c. gestützten Anspruch.
3 Vgl. BGH v. 27.6.1988 – II ZR 143/87 II 2, NJW 1989, 166.

d) Unternehmenskennzahlen

173 Als Verletzung vertraglicher **Aufklärungspflichten**, die Ansprüche aus c. i. c. begründen kann, sind nach der hier vertretenen Auffassung insbesondere falsche Angaben zu den Unternehmenskennzahlen des Zielunternehmens anzusehen. Diese Fälle wurden von der Rechtsprechung bereits unter dem alten Recht als c. i. c.-Fälle behandelt und es besteht kein Anlass, hiervon abzugehen. Im Einzelnen handelt es sich um falsche Angaben

- zum Umsatz und zum Ertrag des Zielunternehmens[1] (im Gegensatz zu Umständen, die die **Ertragsfähigkeit** des Zielunternehmens betreffen);[2]
- zu den Gesellschaftsschulden;[3]
- zur Zusammensetzung der Umsätze einer Arztpraxis.[4]

2. Offenbarungspflichten

a) Grundlagen[5]

174 Von Gesetzes wegen ist keine Partei verpflichtet, die andere vollständig über alle für die Beurteilung des Geschäftes relevanten Gesichtspunkte zu unterrichten. Wer einen Vertrag schließt, muss sich grundsätzlich selbst vergewissern, ob er für ihn von Vorteil ist. Insbesondere braucht ein Vertragsteil den anderen nicht auf Umstände hinzuweisen, von denen er annehmen darf, dass der andere ihn danach fragen würde, falls er auf diese Umstände Wert legte.[6] Dessen ungeachtet besteht aber eine Offenbarungspflicht dann, „wenn das Verschweigen der Tatsache gegen Treu und Glauben verstoßen würde".[7] Das gilt insbesondere bezüglich solcher Umstände, die den Vertragszweck gefährden und für die Entschließung des anderen Teils von wesentlicher Bedeutung sein können, wenn „der andere Teil die Mitteilung nach der Verkehrsauffassung erwarten durfte".[8] Diese letztere Voraussetzung wird in der Regel erfüllt sein, wenn Verkäufer eine öffentlich-rechtliche Körperschaft ist.[9] Erkennt ein Verhandlungspartner, dass der andere in einem wesentlichen Punkt irrt, muss er ihn auf den Irrtum hinweisen.[10] Eine Offenbarungspflicht liegt auch nahe, wenn sich die Verhältnisse der Zielgesellschaft in der Zeit zwischen dem

---

1 BGH v. 6.12.1995 – VIII ZR 192/94, NJW-RR 1996, 429.
2 BGH v. 8.2.1995 – VIII ZR 8/94 I 2 c), NJW 1995, 1547 mit Anm. *Schaetze*, WiB 1995, 598.
3 BGH v. 2.6.1980 – VIII 64/79, NJW 1980, 2408 einen Geschäftsanteilskauf von 60 % des Stammkapitals betreffend, weshalb ein Unternehmenskauf verneint wurde.
4 BGH v. 13.7.1988 – VIII ZR 224/87, DB 1988, 2401.
5 *Stengler/Scholderer*, Aufklärungspflichten beim Beteiligungs- und Unternehmenskauf, NJW 1994, 158; *Buchwaldt*, Bilanz und Beteiligungserwerb, NJW 1994, 153.
6 BGH v. 13.7.1988 – VIII ZR 224/87 II 2 b), DB 1988, 2401.
7 BGH v. 27.11.1985 – VIII ZR 316/84 II 4 b), BGHZ 96, 302 = DB 1986, 475.
8 St. Rspr. BGH v. 14.3.1991 – VII ZR 342/89 II 2a, BGHZ 114, 87 = DB 1991, 1322; BGH v. 4.4.2001 – VIII ZR 32/00, WM 2001, 1118 und VIII ZR 33/00, NJ 2001, 483 mit Anm. *Ehlers* je unter II 3 b) m.w.N.
9 BGH v. 27.6.1991 – IX ZR 84/90, WM IV 1991, 1731.
10 BGH v. 4.10.1979 – VII ZR 11/79, NJW 1980, 180 (vom Gegner erkannter Kalkulationsirrtum).

Stichtag des vom Verkäufer vorgelegten Status und dem Vertragsschluss wesentlich verschlechtert haben.[1] Maßgebend sind die Umstände des Einzelfalles unter Berücksichtigung der Verkehrsauffassung.[2] Eine gesteigerte Aufklärungspflicht hat der BGH beim Verkauf von Geschäftsanteilen an einer GmbH angenommen, weil es hier für den Käufer besonders schwierig ist, sich ein zutreffendes Bild vom Kaufgegenstand zu machen.[3] Gegenüber einem geschäftsgewandten Vertragspartner bestehen geringere Offenbarungspflichten als gegenüber einem unerfahrenen.[4] Angesichts der mittlerweile verbreiteten Due Diligence (s.o. Teil VII Rz. 29 ff.) wird sich jedenfalls ein geschäftserfahrener Unternehmenskäufer immer seltener auf eine Verpflichtung des Verkäufers berufen können, ungefragt nachteilige Umstände zu offenbaren, die der Käufer mit einer üblichen Due Diligence bemerkt hätte. Behauptet der offenbarungspflichtige Verkäufer, er habe den Käufer über bestimmte Tatsachen aufgeklärt, so trägt der Käufer die Beweislast für das von ihm behauptete Unterbleiben der Aufklärung.[5] Zumeist treffen die Offenbarungspflichten den Verkäufer. Jedoch kann auch der Käufer einmal offenbarungspflichtig sein.[6]

b) Einzelfälle

Die Rechtsprechung hat es als offenbarungspflichtigen Umstand angesehen, wenn die Durchführung eines Vertrages wegen schlechter eigener Vermögensverhältnisse gefährdet ist.[7] Weitere Fälle sind die Aufklärung darüber, dass das mit dem Verkauf einer chemischen Reinigung gleichzeitig vermietete Geschäftslokal den Unfallverhütungsvorschriften nicht entspricht;[8] der Umstand, dass kurz vor Vertragsschluss 40% des Wartungsumsatzes entfallen sind.[9] Der Umstand, dass der Ehegatte des Verkäufers beabsichtigt, ein Konkurrenzunternehmen zu eröffnen, kann offenbarungspflichtig sein.[10]

175

c) Relevanter Personenkreis

Eine Offenbarungspflicht kann nur verletzen, wer den zu offenbarenden Umstand kennt oder mindestens für möglich hält, dass ein solcher Umstand vor-

176

---

1 BGH v. 25.5.1977 – VIII ZR 186/75 I 2 b, BGHZ 69, 53 = DB 1977, 1451.
2 BGH v. 28.11.2001 – VIII ZR 37/01 II 2 a), NJW 2002. 1042 (beschränkte Offenbarungspflicht, weil Erwerber das gekaufte Unternehmen nicht als selbstständiges weiterführen wollte) mit Anm. *Wagner*, EWiR 2002, 327.
3 BGH v. 4.4.2001 – VIII ZR 33/00 II 1 b) mit Anm. *Ehlers* in NJ 2001, 483.
4 BGH v. 6.7.1993 – XI ZR 12/93, BGHZ 123, 126, DB 1993, 1869 (Aufklärungsbedarf eines Kapitalanlegers); v. 23.11.1979 – I ZR 161/77 II 4, DB 1980, 679 (Aufklärungspflicht beim Aktienkauf, wenn Käufer selbst Aktionär ist).
5 BGH v. 2.2.1996 – V ZR 293/94 II A 3, NJW 1996, 1339 für den Fall streitigen Verschweigens von Grundstücksverunreinigungen mit Teerrückständen.
6 *Beispiel:* OLG Hamm v. 9.1.1991 – 8 U 122/90, DB 1991, 799 die konkrete Absicht des Käufers zum Weiterverkauf der erworbenen Beteiligung betreffend.
7 BGH v. 25.1.1984 – VIII ZR 227/82, NJW 1984, 2284.
8 BGH v. 16.1.1985 – VIII ZR 317/83 III, DB 1985, 1385.
9 BGH v. 6.12.1995 – VIII ZR 192/94, NJW-RR 1996, 429.
10 BGH v. 26.11.1986 – VIII ZR 260/85, DB 1987, 783 mit Anm. *Heinrichs*, EWiR 1987, 347 (in casu verneinend).

liegt.[1] Bei größeren Transaktionen ist nicht zweifelsfrei, auf wessen Kenntnis abzustellen ist. Verkauft beispielsweise eine Gesellschaft ihre Beteiligungsrechte an einer Tochtergesellschaft (Zielgesellschaft), mag es ihrer Art nach offenbarungspflichtige Umstände geben, die den an der Transaktion unmittelbar beteiligten Personen unbekannt oder nur einigen von ihnen bekannt sind, aber z.B.

– gesetzlichen Vertretern oder Mitarbeitern der Zielgesellschaft;
– gesetzlichen Vertretern oder Mitarbeitern der Verkäuferin

bekannt sind. Außerdem kann es sein, dass von bestimmten Umständen nur einzelne externe Berater der Verkäuferin Kenntnis haben, z.b. die Investmentbank oder der Wirtschaftsprüfer, die den Dataroom (siehe oben Teil VII Rz. 29) eingerichtet haben.

177 Eine Offenbarungspflicht besteht jedenfalls insoweit, als **gesetzliche Vertreter** der Verkäuferin oder **rechtsgeschäftliche Vertreter**, die den Verkäufer beim Abschluss der Transaktion vertreten, **Kenntnis haben** (§ 166 BGB). Im Übrigen kommt es darauf an, ob derjenige, der die Kenntnis hat, als „Wissensvertreter" des Verkäufers anzusehen ist. Es gilt Ähnliches wie bei der Frage, welche Kenntnisse dem Käufer im Sinne des Ausschlusses von Gewährleistungsrechten zuzurechnen sind (vgl. Teil VII Rz. 34 ff.). **Wissensvertreter** ist, wer nach der Arbeitsorganisation des Geschäftsherrn dazu berufen ist, im Rechtsverkehr als dessen Repräsentant bestimmte Aufgaben in eigener Verantwortung wahrzunehmen und die dabei gewonnenen Informationen an den Geschäftsherrn weiterzuleiten.[2] Damit scheiden jedenfalls solche Personen aus, die in ganz untergeordneter Funktion tätig sind oder die von einem an sich offenbarungspflichtigen Umstand nur zufällig Kenntnis erlangt haben. Im Übrigen kommt es aber auf die Umstände des Einzelfalls an. Maßgeblich ist dabei, inwieweit bei einer üblichen Anforderungen entsprechenden Organisation damit gerechnet werden kann, dass relevante Informationen den gesetzlichen oder den handelnden rechtsgeschäftlichen Vertretern bekannt sind. Die Rechtsprechung hat dies verneint beim Verkauf eines Grundstückes durch eine Gemeinde, dessen Baugrund teilweise aus Knollenmergel bestand. Dieser Umstand war zwar einem Sachbearbeiter im Baurechtsamt bekannt gewesen, nicht aber den mit der privatrechtlichen Veräußerung des Grundstückes befassten Mitarbeitern der Gemeindeverwaltung.[3] Hingegen wurde das Wissen des Kassierers und des Leiters einer Bankfiliale, das diese in Wahrnehmung ihrer Aufgaben im Geschäftsverkehr erlangt hatten, der Bank zugerechnet.[4] Weiter gehend wurde jedoch für eine GmbH & Co. KG entschieden, dass diejenigen Umstände dem Wissen des Geschäftsführers der Komplementär-GmbH zuzurechnen seien, die in der Gesellschaft aufgezeichnet worden sind und nach Lage der Dinge aufgezeichnet werden mussten, soweit für den Geschäftsführer

---
1 St. Rspr., vgl. BGH v. 30.4.2003 – V ZR 100/02 II 2 c), NJW 2003, 2380 für arglistiges Verschweigen i.S. von § 463 Satz 2 BGB a.F.
2 BGH v. 24.1.1992 – V ZR 262/90 II 3 a), BGHZ 117, 104 = NJW 1992, 1099.
3 BGH v. 24.1.1992 – V ZR 262/90, BGHZ 117, 104 = NJW 1992, 1099.
4 BGH v. 1.3.1984 – IX ZR 34/83, NJW 1984, 1953; BGH v. 1.6.1989 – III ZR 261/87, NJW 1989, 2879; BGH v. 1.6.1989 – III ZR 277/87, NJW 1989, 2881.

Anlass bestand, sich in der konkreten Verkaufssituation dieser Umstände zu vergewissern.[1] Je gewichtiger die ihrer Art nach offenbarungspflichtigen Umstände sind, desto eher wird eine Wissenszurechnung stattzufinden haben. Ferner kommt es darauf an, wie nahe die Verkäuferin dem operativen Geschäft der Zielgesellschaft steht. Ist sie **geschäftsführende Holding**, so ist ihr das Wissen der Mitarbeiter im Konzern in weiterem Umfange zuzurechnen, als wenn sie sich auf die Beteiligungsverwaltung beschränkt oder wenn es sich um eine lediglich vermögensmäßig beteiligte Privatperson handelt. Diese Einschränkung der Offenbarungspflichten belasten den Käufer nicht unangemessen, weil er die Möglichkeit hat, sich entsprechend vertraglich abzusichern.

Hat der Wissensträger den Geschäftsherrn nur intern beraten, ohne dass sich der Geschäftsherr seiner im rechtsgeschäftlichen Verkehr wie eines Vertreters bedient hätte, kann sein Wissen dem Geschäftsherrn nicht zugerechnet werden.[2]   178

3. Rechtsfolgen

Verletzt der Verkäufer schuldhaft seine Verpflichtungen, indem er vorsätzlich oder fahrlässig falsche Angaben zum Zielunternehmen macht oder gebotene Offenbarungen unterlässt, steht dem Käufer ein **Schadensersatzanspruch** wegen Verletzung der Pflichten bei Vertragsanbahnung zu (soweit nicht die Beschaffenheit des Zielunternehmens betroffen ist und deshalb Gewährleistungsrecht statt c. i. c. anzuwenden ist). Der Käufer ist so zu stellen, wie er bei vollständiger und richtiger Offenbarung der für seinen Kaufentschluss erheblichen Umstände stünde.[3] Der Verkäufer trägt die **Beweislast** dafür, dass eine Pflichtverletzung nicht schuldhaft war (§ 282 BGB). Für Verschulden der Personen, derer er sich zur Erfüllung seiner Aufklärungspflicht bedient, haftet er nach § 278 BGB, insbesondere also auch für Fehler, die die mit der Bilanzerstellung beauftragten Personen begehen.[4] Führt die dem Verkäufer zuzurechnende Pflichtverletzung dazu, dass der Käufer einen Vertrag abschließt, den er bei der gebotenen Aufklärung überhaupt nicht abgeschlossen hätte, so kann er **Rückgängigmachung** des Vertrages und darüber hinaus Ersatz für die **fehlgeschlagenen Aufwendungen** verlangen.[5] Es ist Sache des Verkäufers, die Behauptung des Käufers zu widerlegen, er hätte bei zutreffenden Angaben des Verkäufers vom Vertragsschluss Abstand genommen.[6]   179

Der Käufer kann aber auch am Vertrag festhalten und als Schadensersatz den Betrag geltend machen, um den er im Vertrauen auf die Richtigkeit der Angaben des Verkäufers „zu teuer gekauft hat".[7] Inhaltlich entspricht dies einem   180

---

1 BGH v. 2.2.1996 – V ZR 239/94 II C 2 b) = NJW 1996, 1339.
2 BGH v. 24.1.1992 – V ZR 262/90 II 3 a), BGHZ 117, 104, NJW 1992, 1099.
3 Vgl. BGH v. 5.10.1988 – VIII ZR 222/87, WM IV 1988, 1700.
4 So auch *Buchwaldt*, NJW 1994, 153 (155).
5 BGH v. 11.11.1987 – VIII ZR 304/86, NJW 1988, 1907.
6 St. Rspr. vgl. BGH v. 18.6.1996 – VI ZR 121/95, DB 1996, 2123 falsche Umsatzzahlen betreffend; v. 20.9.1996 – V ZR 173/95, NJW-RR 1997, 144 für einen Grundstückskauf.
7 BGH v. 8.12.1988 – VII ZR 83/88, DB 1989, 1406; vom 5.10.1988 – VIII ZR 222/87 II 3 b, WM IV 1988, 1700; v. 25.5.1977 – VIII ZR 186/75, BGHZ 69, 53 = DB 1977, 1451.

Minderungsanspruch. Nach den allgemeinen Regeln des Verschuldens bei Vertragsanbahnung kann **Herabsetzung** des **Kaufpreises** allerdings an sich nur begehrt werden, wenn der Käufer den Nachweis führt, dass der Kaufvertrag bei pflichtgemäßem Verhalten des Verkäufers zu einem für den Käufer günstigeren Preis zustande gekommen wäre.[1] Insbesondere gehört dazu an sich der Nachweis, dass der Verkäufer auch zu dem geringeren Preis abgeschlossen hätte. Dieser Nachweis von subjektiven Umständen auf der Verkäuferseite ist vom Käufer nur schwer zu erbringen. Man würde mit dieser Anforderung entweder die Verletzung der Pflicht zu richtigen und vollständigen Angaben in vielen Fällen sanktionslos machen oder aber den Käufer auf den praktisch unerfreulichen Weg der Rückgängigmachung des Kaufvertrages drängen. Es ist daher zu begrüßen, dass die Rechtsprechung den Verkäufer insoweit nicht für schutzwürdig erklärt und dem Käufer den Anspruch auf Herabsetzung des Kaufpreises im Wege des Schadensersatzes auch ohne den Nachweis gestattet, dass sich der Verkäufer auf einen niedrigeren Preis eingelassen hätte.[2] Der Kaufpreis ist auf den Betrag herabzusetzen, der bei Zugrundelegung der wirklichen Verhältnisse unter Berücksichtigung der von den Vertragsparteien vorgenommenen Bewertungen „angemessen" gewesen wäre.[3] Eine Vorteilsausgleichung mit späteren Gewinnen, die dem Käufer aus dem Unternehmenserwerb zugeflossen sind, findet nicht statt, weil kein innerer Zusammenhang zwischen dem Schaden stiftenden Umstand (Verletzung der Wahrheits- und Offenbarungspflicht) und dem Umstand besteht, der den Vorteil bewirkt (günstige Geschäftsentwicklung).

III. Vertragliche Regelungen

181 In der Praxis treffen die Vertragsparteien in der Regel eine umfassende vertragliche Regelung über **Gegenstand, Rechtsfolgen** und **Verjährung** der Käuferrechte. Die Vertragsgestaltung muss sich u.U. an den Maßstäben des AGBG messen lassen: Als „für eine Vielzahl von Verträgen" vorformuliert, können Bedingungen schon dann anzusehen sein, wenn der Verwender 3–5 Anwendungen vorsieht[4] oder wenn er ein gebräuchliches Vertragsmuster benutzt.[5] Die Verwendung für eine „Vielzahl" von Vertragsabschlüssen betrifft nicht nur das Vertragswerk im Ganzen, sondern auch einzelne Klauseln.[6] Ein Ausschluss von Schadensersatzansprüchen hilft dem Verkäufer nicht, wenn er arglistig gehandelt hat.[7]

---

1 *Löwisch* in Staudinger, Vorbem. 66 zu §§ 275 ff. BGB.
2 Vom BGH v. 14.1.1993 – IX ZR 206/91 II 2 b) aa), NJW 1993, 1323 als ständige Rechtsprechung herausgestellt.
3 BGH v. 5.10.1988 – VIII ZR 222/87 II 3, WM 1988, 1700 (Erwerb einer Rechtsbeistandspraxis); v. 8.12.1988 – VII ZR 83/88, DB 1989, 1406 (Erwerb einer Eigentumswohnung); vgl. dazu Entscheidungsbesprechung *Tiedtke*, JZ 1989, 569; Beibehaltung BGH v. 12.10.1993 – X ZR 65/92, DB 1994, 422.
4 BGH v. 29.6.1981 – VII ZR 259/80 II 1 a), NJW 1981, 2344.
5 Vgl. *Löwe/v. Westphalen/Trinkner*, § 1 ABGB Rz. 8.
6 BGH v. 26.9.1996 – VII ZR 318/95 I 2 a), DB 1997, 89.
7 BGH v. 10.7.1987 – V ZR 236/85 Leitsatz, NJW-RR 1977, 10.

1. Garantie

a) Beschaffenheitsgarantie

Üblicherweise gibt der Verkäufer im Unternehmenskaufvertrag eine Reihe von Garantien zum Zielunternehmen ab. Deren rechtliche Bedeutung ist im Einzelfall durch Auslegung zu ermitteln, namentlich auch dann, wenn in unkritischer Übernahme anglo-amerikanischer Vertragstechnik der Ausdruck „Representations and Warranties" einfach durch „Garantie" ersetzt wird, ohne dass die Parteien die rechtliche Einordnung in das deutsche Recht hinreichend bedenken.[1] Wenn der Verkäufer eine „Garantie" gewährt, übernimmt er damit regelmäßig eine **verschuldend unabhängige** Haftung auf Schadensersatz, falls die Garantie nicht zutrifft. Hierin liegt die Bedeutung von Garantien zur „Beschaffenheit" des Zielunternehmens im Gegensatz zu bloßen Beschaffenheitsvereinbarungen gemäß § 434 Abs. 1 Satz 1 BGB.[2] Auch bei Garantien hinsichtlich solcher Umstände, die nicht der Beschaffenheit des Unternehmens zuzurechnen sind, trifft den Verkäufer eine verschuldensunabhängige Haftung. Die Garantieübernahme bildet in diesem Fall den Rechtsgrund für den Schadensersatzanspruch und hebt nicht nur das Verschuldenserfordernis auf. 182

Auslegungsfrage ist, ob der Verkäufer durch die Übernahme einer Beschaffenheitsgarantie dem Käufer den Schadensersatzanspruch auch unabhängig von den Voraussetzungen des § 437 Nr. 3 BGB mit der Verweisung auf § 440 BGB und die allgemeinen Regeln zum Leistungsstörungsrecht verschaffen will und ob der Garantieanspruch der zweijährigen Verjährung gemäß § 438 Abs. 1 Nr. 3 BGB unterliegt oder den allgemeinen Regeln der §§ 195 ff. BGB mit der dreijährigen Regelverjährung. Ohne besondere Anhaltspunkte kann man einer Beschaffenheitsgarantie eine so weitgehende Bedeutung nicht zumessen; vielmehr ist sie auf die Aufhebung des Verschuldenserfordernisses zu beschränken. 183

Wenig aussagekräftig ist in diesem Zusammenhang die Unterscheidung so genannter „**selbstständiger**" Garantien von „**unselbstständigen**".[3] Das Gesetz benutzt diese Begriffe nicht, in der Praxis werden sie mit unterschiedlichen Bedeutungen gebraucht. Richtig ist, dass der Verkäufer nicht nur eine Beschaffenheitsgarantie übernehmen kann, sondern im Rahmen der allgemeinen Vertragsfreiheit (§ 311 Abs. 1 BGB) Garantien aller Art für eine Vielfalt von Umständen. Entscheidend ist der konkrete Parteiwille. Zweifel gehen zu Lasten dessen, der sich darauf beruft, dass eine bestimmte Rechtsfolge vom Parteiwillen des Gegners umfasst sei. 184

---

1 Vgl. dazu *Voß*, Warranties in Unternehmenskaufverträgen, Struktur und Wirkungsweise anglo-amerikanischer Gewährleistungskataloge in Unternehmenskaufverträgen, die deutschem Recht unterliegen, Diss., 2002, passim.
2 So auch Reg.Begr. BT-Drucks. 14/6040, S. 132; *Vollkommer* in Dauner-Lieb/Konzen/K. Schmidt (Hrsg.), S. 123 (126).
3 So auch *Matusche-Beckmann* in Staudinger, § 443 BGB Rz. 12 ff.

b) Garantie hinsichtlich anderer Umstände

185 Besondere Bedeutung gewinnt die Garantieabrede, wenn sie sich auf Umstände bezieht, die nicht die Beschaffenheit des Zielunternehmens im Sinne von § 434 BGB betreffen. Das gilt so namentlich für **Abschlussangaben** bezüglich Umsatz und Ertrag, die nur beschränkt der Beschaffenheit des Zielunternehmens zuzurechnen sind (vgl. Teil VII Rz. 173 f.). In Betracht kommen ferner Garantieabreden insbesondere für:

- Angaben über **gesellschaftsrechtliche Verhältnisse** (gesellschaftsrechtliche Bindungen der Anteile, Verträge mit dem Inhaber, mit Gesellschaftern oder mit ihnen nahe stehenden Dritten, Verträge mit Organmitgliedern);

186 - Angaben über **sonstige Rechtsverhältnisse**, die zum Teil nicht bilanzierungsfähig sind, aber unter Umständen erhebliche wirtschaftliche Auswirkungen haben können (Miet-, Liefer-, Lizenzverträge, Wettbewerbsverbote, Ausschließlichkeitsbindungen), Abwesenheit von Verfügungsbeschränkungen oder öffentlich-rechtlichen Einschränkungen, namentlich solchen des Umweltschutzes und des Baurechts; Angaben über anhängige oder drohende Rechtsstreitigkeiten; Verpflichtung zur Rückgewähr von Beihilfen;[1] Verfall von Schmiergeldzahlungen;[2]

187 - Zusagen über **künftige Umstände** in Bezug auf das verkaufte Unternehmen; diese haben typischerweise den Zweck, den Verkäufer dafür einstehen zu lassen, dass bis zu einem bestimmten Zeitpunkt – häufig dem Übergabestichtag – bestimmte Verhältnisse des Unternehmens zu erhalten oder herzustellen sind (z.B. Schließung eines unrentablen Teilbetriebes, Herstellung eines bestimmten Personalbestandes, Abschluss von wichtigen Verträgen, Erteilung oder Fortbestand behördlicher Konzessionen).

2. Insbesondere die Bilanzgarantie[3]

a) Allgemeines

188 Dem Abschluss eines Unternehmenskaufvertrages liegen in aller Regel ein oder mehrere **Jahresabschlüsse** des verkauften Unternehmens zugrunde. Die darin ausgewiesenen Ergebnisse sind ein wichtiger Anhaltspunkt zur Bestimmung des **Ertrags- und Substanzwertes**. Da es zweifelhaft ist, inwieweit die Unrichtigkeit solcher Abschlussangaben einen Mangel des Unternehmens darstellt, ist aus der Sicht des Käufers eine Garantieübernahme des Verkäufers für deren **Richtigkeit** anzustreben. Im entgegengesetzten Interesse wird der Verkäufer versuchen, seine Garantie darauf zu beschränken, dass ihm **keine Umstände bekannt** sind, die der „Richtigkeit" der Abschlussangaben entgegenstehen können. In diesem Fall trifft den Käufer die Beweislast sowohl für die Unrichtigkeit der Abschlussangaben als auch für die Kenntnis des Verkäufers. Die Beweislast kann allerdings vertraglich auf den Verkäufer überwälzt wer-

---

[1] *Beispiel* EuGH v. 29.4.2004 – C-277/00, ZIP 2004, 1013 (SMI).
[2] *Sedemund*, DB 2004, 2256.
[3] *Binz/Freudenberg*, Die Bilanzgarantie im Unternehmenskaufvertrag, DStR 1991, 1629.

den, z.B. indem vereinbart wird, dass er haftet, „es sei denn, er habe von dem fraglichen Umstand keine Kenntnis gehabt". Stellen die Parteien – gleich mit welcher Beweislastverteilung – auf die Kenntnis des Verkäufers ab, so sollte bedacht werden, welche **natürlichen Personen** als Träger anspruchsbegründender Kenntnisse in Betracht kommen (vgl. dazu Teil VII Rz. 34 f.).

Unter „Richtigkeit" der Abschlussangaben wird man freilich nur verstehen können, dass diese dem Gesetz und den anwendbaren Buchführungsregeln entsprechen (Grundsätze ordnungsmäßiger Buchführung – GoB; nach In-Kraft-Treten des Bilanzrechtsreformgesetzes auch die International Financial Reporting Standards – IFRS). Angesichts der beträchtlichen Unterschiede der beiden Regelungswerke ist anzugeben, worauf sich die Garantie bezieht. Die Garantie sollte sich tunlichst auch auf die Frage erstrecken, wie die **Bilanzierungs-** und **Bewertungswahlrechte** ausgeübt worden sind. Wird das Unternehmen auf der Grundlage von Jahresabschlüssen mehrerer Geschäftsjahre beurteilt, ist es für den Käufer wichtig, dass die Einhaltung der **Bilanzkontinuität** garantiert wird (vgl. dazu die ähnlichen Erwägungen bezüglich der Abrechnungsbilanz Teil VII Rz. 90 ff.). Von Bedeutung ist weiter die Frage, ob und inwieweit die ausgewiesenen Erträge außerordentliche sind. Auch insoweit empfiehlt sich aus der Sicht des Käufers eine vertragliche Garantieübernahme des Verkäufers. Über die Auslegung einer Gewährleistungsbestimmung, dass „**angemessene Rückstellungen**" gebildet waren, hatte der BGH in einem Fall zu entscheiden, in dem bestimmte Rückstellungen überdotiert waren, deren Auflösung eine Gewinnerhöhung und daraus resultierend höhere Steuern zur Folge hatte, für die ihrerseits keine Rückstellungen gebildet waren.[1]   189

b) Eigenkapitalgarantie

Gegenstand der Garantieabrede ist häufig die so genannte Eigenkapitalgarantie, also die **vertragliche Zusage** des Verkäufers **über das Vorhandensein** eines Eigenkapitals in bestimmter Höhe zu einem bestimmten Zeitpunkt insbesondere zum Übergangsstichtag. Dabei ist klarzustellen, ob das rechtliche oder das wirtschaftliche Eigenkapital gemeint sind; zu letzterem mag z.B. auch Sonderbetriebsvermögen eines Gesellschafters rechnen oder sein „Darlehenskonto". Die Höhe des Eigenkapitals wird in diesen Fällen durch die Abrechnungsbilanz bestimmt. Außerdem kann auch die Zusammensetzung des Eigenkapitals eine Rolle spielen. Bei Aktiengesellschaften und Gesellschaften mit beschränkter Haftung kann für verschiedene Arten des Eigenkapitals eine unterschiedliche Tarifbelastung gelten.   190

Die Wirkung der Eigenkapitalgarantie ist insofern begrenzt, als sie nur Umstände erfassen kann, die eine bilanzielle Auswirkung haben. Eine Vielzahl von Umständen, die die Ertragsfähigkeit eines Unternehmens wesentlich beeinflussen können, fällt also nicht unter die Eigenkapitalgarantie (z.B. Kunden- und Lieferantenbeziehungen; organisatorische Gestaltungen; Personal; langfristige Verträge). Auch die für die Bewertung eines Unternehmens durchaus relevante Kapitalstruktur spiegelt sich nicht notwendigerweise im Eigen-

---

1 BGH v. 10.9.2003 – VIII ZR 4/03, NZG 2003, 1165.

kapital wider: Ein Unternehmen mit hohen Verbindlichkeiten und entsprechend hohen Aktiva kann einen durchaus anderen Wert haben als ein solches mit geringeren Verbindlichkeiten und entsprechend geringeren Aktiva, obwohl das Eigenkapital in beiden Fällen gleich hoch sein mag. Der Käufer lässt sich daher zuweilen auch garantieren, dass die Verbindlichkeiten des Zielunternehmens einen bestimmten Betrag nicht übersteigen.

3. Rechtsfolgen; Verjährung

191 Im Falle einer Garantieübernahme trifft den Verkäufer mangels anderweitiger Vertragsbestimmung primär eine **Erfüllungspflicht** und, falls er dieser nicht nachkommt, die verschuldensunabhängige Verpflichtung, den durch das Nichtvorhandensein oder den Nichteintritt des garantierten Umstandes verursachten **Schaden auszugleichen**.[1] Aus diesem Grundsatz allein werden sich aber häufig die Rechtsfolgen noch nicht mit hinreichender Sicherheit ableiten lassen, die gelten sollen, falls die garantierten Umstände nicht gegeben sind oder falls Umstände, deren Abwesenheit garantiert wurde, doch vorhanden sind. Interessengerecht wird es in der Regel sein, dem Verkäufer ausdrücklich das Recht zur Herstellung des garantierten Zustandes zuzubilligen und dem Käufer das Recht, Schadensersatz zu fordern, wenn die Nacherfüllung nicht innerhalb einer bestimmten Frist erfolgt ist. Ferner bedarf der Schadensersatzanspruch näherer vertraglicher Konkretisierung. In aller Regel ist es interessengerecht, den Käufer auf einen Ersatzanspruch in Geld zu beschränken, also den Rücktritt vom Kaufvertrag („Großer Schadensersatz" i.S. der Regelung des § 440 BGB) auszuschließen. Auch kann es angemessen sein, den Schadensersatzanspruch zu beschränken („cap"), z.B. auf die Höhe des Kaufpreises oder einen Teil desselben, womit dem Verkäufer jedenfalls ein Sockelbetrag verbleibt. Nach In-Kraft-Treten des SMG war es zunächst umstritten, ob derartige Einschränkungen auch für Beschaffenheitsgarantien gemacht werden konnten oder ob dies durch § 444 BGB n.F. ausgeschlossen war. Die überwiegende Meinung hielt den Gesetzeswortlaut insoweit für unglücklich und nahm an, dass das SMG an der bis dahin unbeanstandeten Praxis nichts ändern sollte, Garantien in Unternehmenskaufverträgen sachgemäß zu beschränken. Dies war auch die Auffassung des BMJ. Sie wurde vom Gesetzgeber durch die Änderung von § 444 BGB in Art. 1 Nr. 6 des Gesetzes zur Änderung der Vorschriften über Fernabsatzverträge bei Finanzdienstleistungen v. 2.12.2004 bestätigt.[2] Häufig wird vereinbart, dass der Käufer Schadensersatzansprüche nur geltend machen kann, wenn sie allein oder zusammen einen bestimmten Mindestbetrag übersteigen, z.B. 1 % vom Kaufpreis. Wird an den „Kaufpreis" angeknüpft, ist zu berücksichtigen, dass häufig Preisanpassungen vereinbart werden, so dass im Wege der Auslegung zu ermitteln ist, ob der ursprüngliche oder der angepasste Kaufpreis gemeint ist („adjusted – unadjusted").

---

1 *Burchardt*, Bilanz und Beteiligungserwerb, NJW 1994, 153 (156 f.) m.w.N.
2 BGBl. I, S. 3102; vgl. dazu Beschlussempfehlung und Bericht des Rechtsausschusses des Deutschen Bundestages zum Entwurf eines Gesetzes zur Änderung der Vorschriften über Fernabsatzverträge, BT-Drucks. 15/3483, S. 50 f. Die außerordentlich umfangreiche Literatur zu der ab 1.1.2002 geltenden Fassung von § 444 BGB seit 2002 ist überholt.

Die **Höhe des Schadens** ist in vielen Fällen schwer bestimmbar. Dies gilt nicht 192
so sehr, wenn bestimmte Vermögensgegenstände fehlen, hinsichtlich derer eine Ersatzbeschaffung möglich ist; wohl aber, wenn andere Garantiefälle eintreten, z.B. Verträge mit Geschäftspartnern nicht fortbestehen, gewerbliche Schutzrechte keinen Bestand haben, besonders qualifizierte Mitarbeiter nicht im Unternehmen verbleiben. In diesen Fällen muss die Auswirkung des jeweiligen Vorganges auf den **Wert des Unternehmens** ermittelt werden. Da der Wert von der anzuwendenden Bewertungsmethode und diese wiederum von den Zielen abhängt, die die Parteien mit dem Unternehmenskauf verfolgen, entstehen mangels einer vertraglichen Schadensbemessungsregel weitere Unsicherheiten. Es sollte daher vereinbart werden, ob sich der Schaden nach dem Einfluss des ersatzbegründenden Umstandes auf den Ertragswert oder einem in anderer Weise zu ermittelnden Unternehmenswert errechnet.

Liegt das **Eigenkapital** unterhalb des garantierten Betrages, so wird dieser Umstand ohne weiteres bei der Kaufpreisbemessung berücksichtigt, falls vereinbart ist, dass und wie sich der endgültige Kaufpreis aus der Abrechnungsbilanz ableitet (vgl. Teil VII Rz. 90 ff.). Fehlt es an einer solchen Vereinbarung, so muss die Rechtsfolge durch Auslegung ermittelt werden. Steht dem Käufer nach den vertraglichen Abreden ein **Erfüllungsanspruch** auf Herstellung des garantierten Eigenkapitals zu, so folgt daraus ein Anspruch auf Eigenkapitalauffüllung durch den Verkäufer. Ergibt sich hingegen aus dem Vertrag ein Schadensersatzanspruch, so entspricht dieser dem Betrag, um den der Käufer das Unternehmen „**zu teuer gekauft** hat".[1] Für die **Höhe der Wertminderung** je nach den verfolgten Vertragszwecken gilt das vorstehend Gesagte in gleicher Weise. Die Vertragsgestaltung sollte also auf eine Klarstellung achten, ob im Falle der Unterschreitung des garantierten Eigenkapitals ein Anspruch auf Bilanzauffüllung oder ein solcher auf Schadensersatz gegeben sein soll und nach welchen Kriterien letzterer zu berechnen ist. Für Gewährleistungsansprüche und für Ansprüche aus c. i. c. gelten unterschiedliche Verjährungsfristen. Sie laufen zu unterschiedlichen Zeitpunkten an (siehe o. Teil VII Rz. 167). Es liegt nahe, **vertraglich** ein eigenständiges **Verjährungssystem** zu schaffen. In der Praxis sind folgende Regelungen häufig: 193

- Grundsätzlich wird eine einheitliche Verjährungsfrist von üblicherweise 2–3 Jahren vereinbart, beginnend mit dem Übergangsstichtag; für den Käufer ist wichtig, dass er Zeit genug hat, um nach dem ersten vollen Geschäftsjahr unter seiner Führung den Jahresabschluss zu erstellen und zu prüfen, ob sich daraus Gewährleistungsansprüche ergeben;

- für Gewährleistungsansprüche aus steuerlichen, sozialrechtlichen oder beihilferechtlichen Sachverhalten beginnt die Verjährungsfrist, wenn entsprechende Bescheide bestandskräftig geworden sind; die Verjährungsfrist selbst ist relativ kurz, z.B. 6 Monate; Entsprechendes wird für **Umweltrisiken** vereinbart;

---

1 BGH v. 25.5.1977 – VIII ZR 186/75, BGHZ 65, 53 = DB 1977, 924, mit Anm. *Hiddemann*, LM Nr. 5 zu § 276 BGB.

– bei Rechtsmängeln der Beteiligungsrechte gilt eine lange Verjährungsfrist, soweit der Käufer nicht ausnahmsweise Gutglaubensschutz genießt (bei Inhaberaktien; bei Namensaktien, s.o. Teil VII Rz. 80).

IV. Sonstige Rechtsbehelfe

194 Schadensersatzansprüche des Käufers aus dem Rechtsinstitut der **positiven Forderungsverletzung** (jetzt von § 280 BGB mit umfasst) werden in der Praxis des Unternehmenskaufrechts kaum geltend gemacht. Durch die Gewährung eines allgemeinen gewährleistungsrechtlichen Schadensersatzanspruches (§ 437 Nr. 3 BGB) ist kein praktisch relevanter Anwendungsfall verblieben.

Die Regeln über die **Anfechtung** wegen Irrtums sind neben denjenigen über die Gewährleistungshaftung anwendbar, jedoch mit der Einschränkung, dass sich der Irrtum nicht gerade auf einen Mangel der Kaufsache beziehen darf. Ausgeschlossen ist daher eine Anfechtung wegen Irrtums über verkehrswesentliche Eigenschaften der Kaufsache (§§ 119 Abs. 2 BGB) insoweit, als es sich dabei um solche Eigenschaften handelt, die zugleich Gewährleistungsfälle darstellen.[1] Im Einklang mit diesen anerkannten Grundsätzen hat der BGH die Anfechtung gem. § 119 Abs. 2 BGB für die Fälle unrichtiger Abschlussangaben eröffnet, die wegen des im Unternehmenskaufrecht geltenden engen Fehlerbegriffes nicht unter § 459 BGB a.F. subsumiert werden konnten.[2] Große praktische Bedeutung hat die Irrtumsanfechtung allerdings nicht erlangt, weil die Ausübung des Anfechtungsrechtes zur regelmäßig nicht gewünschten Rückabwicklung des Geschäftes führt und überdies eine Schadensersatzverpflichtung des Käufers gemäß § 122 BGB begründet. Unbeschränkt anwendbar neben den sonstigen Rechtsbehelfen ist § 123 BGB (Anfechtung wegen arglistiger Täuschung).[3] Dieser Rechtsbehelf konkurriert jedoch regelmäßig mit dem den Schadensersatz einschließenden Anspruch aus Verschulden bei Vertragsschluss[4] oder mit dem Schadensersatzanspruch gemäß §§ 823 Abs. 2 BGB; 263 StGB (Betrug), so dass für den Käufer zumeist die Geltendmachung letzterer Rechtsbehelfe interessanter sein dürfte.

---

1 BGH v. 26.10.1978 – VII ZR 202/76 I 2 a), BGHZ 72, 252 = DB 1979, 253; kritisch *Flume*, DB 1979, 1637.
2 BGH v. 12.11.1975 – VIII ZR 142/74 II 2 c), BGHZ 65, 246 = BB 1976, 11.
3 Arglist kann auch bei lediglich bedingtem Vorsatz gegeben sein, insbesondere wenn vertragswesentliche Erklärungen „ins Blaue hinein" abgegeben werden (BGH v. 25.3.1998 – VIII ZR 185/96 II 1 b), BGHZ 138, 195 = DB 1998, 1223); das ist aber nach BGH (a.a.O.) nicht schon dann der Fall, wenn Bilanzierungsfehler im Rahmen des Üblichen vorkommen und nicht von ausschlaggebender wertbildender Bedeutung sind.
4 BGH v. 11.11.1987 – VIII ZR 304/86, WM 1988, 124.

H. Haftung

I. Haftung des Übernehmers bei Einzelrechtsnachfolge

1. § 25 HGB[1]

§ 25 Abs. 1 HGB begründet eine Haftung des Erwerbers eines Handelsgeschäfts für die im Betrieb des übernommenen Unternehmens begründeten Verbindlichkeiten des früheren Inhabers, wenn der Käufer das Unternehmen unter der bisherigen **Firma fortführt**. § 25 HGB eröffnet nicht die Möglichkeit, die Haftung auf das übernommene Vermögen zu beschränken. Der Käufer kann die Haftung aber durch Vereinbarung mit dem Veräußerer ausschließen (§ 25 Abs. 2 HGB). Diese Möglichkeit wird in der Praxis nicht immer hinreichend genutzt. Die Vereinbarung hat Wirkung gegenüber den Gläubigern, wenn sie unverzüglich nach Geschäftsübernahme zum Handelsregister angemeldet und alsbald eingetragen und bekannt gemacht wird. Der vereinbarte Haftungsausschluss kann auch einzelnen Gläubigern mitgeteilt werden. Der Übernehmer haftet dann für Altverbindlichkeiten gegenüber diesen Gläubigern nicht. Der Weg individueller Benachrichtigung kommt namentlich gegenüber Großgläubigern in Betracht und vermeidet die im Geschäftsverkehr vielleicht unerwünschte generelle Bekanntmachung des Haftungsausschlusses. Freilich ist der Käufer damit nicht gegen unbekannte Altschulden abgesichert.

195

Obwohl die Anknüpfung an die Firmenfortführung zum Teil als verfehlt angesehen wird,[2] ist de lege lata daran festzuhalten, dass der Käufer für Altverbindlichkeiten nur haftet, wenn er das Unternehmen unter der bisherigen Firma weiterführt. Erforderlich ist allerdings nicht die Fortführung der identischen Firma. Die Beifügung eines das Nachfolgeverhältnis andeutenden Zusatzes hindert den Haftungseintritt schon nach dem Gesetzeswortlaut nicht. Das Gleiche gilt auch für sonstige Abweichungen, wenn zumindest der **Firmenkern** erhalten bleibt.[3] Maßgeblich ist, ob der Verkehr die neue Firma noch mit der alten identifiziert.[4] Die Haftung nach § 25 HGB tritt auch beim Erwerb einer Zweigniederlassung für die dort begründeten Verbindlichkeiten ein, wenn die Zweigniederlassung im Geschäftsverkehr „im Großen und Ganzen" wie

196

---

1 Siehe dazu die umfassende Darstellung bei *K. Schmidt*, Handelsrecht, § 8. Zur Vereinbarung eines Haftungsausschlusses vgl. BGH v. 1.12.1958 – II ZR 238/57, BGHZ 29, 1; BayObLG v. 19.6.1984 – 3 Z BR 143/44, BB 1984, 1385.
2 Vgl. *K. Schmidt*, Handelsrecht, § 8 I sowie in der Anm. zu BGH v. 1.12.1986 – II ZR 303/85, NJW 1987, 1633.
3 Vgl. BGH v. 16.9.1981 – VIII ZR 111/80, NJW 1982, 577 „D. v. A." fortgeführt durch „v.A. Gesellschaft mit beschränkter Haftung & Co. Gaststättenbetriebs- und Vertriebskommanditgesellschaft"; BGH v. 5.2.1979 – II ZR 117/78, DB 1979, 1124 „Grundag" fortgeführt durch „Grunda"; BGH v. 10.10.1985 – IX ZR 153/84, DB 1986, 263 „Elektro-S, Alfred S." fortgeführt durch „Elektro-S.-GmbH"; BGH v. 25.4.1996 – I ZR 58/94, NJW 1996, 2866 „Autohaus Manfred P." fortgeführt durch „Autohaus P. GmbH".
4 BGH v. 4.11.1991 – II ZR 85/91, DB 1992, 314 „K. R. Metallwarenfabrik GmbH" fortgeführt durch „K. R. KG Metallwarenfabrik"; BGH v. 15.3.2004 – II ZR 324/01, DB 2004, 1204 „Kfz-Küpper Internationale Transporte, Handel mit Kfz-Teilen und Zubehör aller Art" fortgeführt durch „Kfz-Küpper Transport & Logistik GmbH".

ein eigenständiges Unternehmen in Erscheinung tritt.[1] Ebenso haftet der Erwerber, wenn er zwar einzelne Filialen nicht übernimmt, wohl aber den „wesentlichen Kern" eines Geschäftsbetriebes.[2]

3. § 75 AO; § 613a BGB

197 Eine vergleichbare Haftung trifft denjenigen, der ein Unternehmen oder einen gesondert geführten Betrieb im Ganzen erwirbt, nach näherer Maßgabe des § 75 AO für **Steuerverbindlichkeiten**, die seit dem Beginn des letzten, vor der Übernahme liegenden Kalenderjahres entstanden sind.[3] Wegen der Haftung für Verbindlichkeiten aus **Arbeitsverhältnissen** (§ 613a BGB) wird auf Teil VI Rz. 254 ff. verwiesen.

II. Haftung des Übernehmers bei Beteiligungserwerb

1. Erwerb von Gesellschaftsanteilen an Personengesellschaften

198 Der Erwerber von Gesellschaftsanteilen an einer **OHG** oder von Komplementäranteilen an einer **KG** tritt ohne weiteres in die gesamtschuldnerische Haftung im Außenverhältnis ein (§§ 128, 130, 161 BGB). Das gilt auch für den Eintritt in eine BGB-Gesellschaft.[4] Er haftet ferner im Innenverhältnis auf Erbringung einer etwa noch offen stehenden Einlageschuld (§ 105 HGB, § 705 BGB).[5]

199 Für den Erwerber eines **Kommanditanteils** gilt:[6]

- Soweit die auf den erworbenen Kommanditanteil entfallende Einlage **nicht erbracht** oder **zurückgewährt** wurde, haftet der Erwerber sowohl gegenüber Gläubigern der Gesellschaft (§§ 171 Abs. 1, 172 Abs. 4 HGB) als auch gegenüber der Gesellschaft (§§ 161 Abs. 2, 105 HGB, 705 BGB).

- Ist die Einlage vom Veräußerer **erbracht** und wurde sie **nicht zurückgewährt**, so haftet der Erwerber weder gegenüber der Gesellschaft noch gegenüber deren Gläubigern. Da durch die Übertragung des Kommanditanteils die ganze Rechtsstellung des Veräußerers auf den Erwerber übergeht, kann sich letzterer auch auf die Erbringung der Einlage durch den Veräußerer berufen. Dies gilt auch dann, wenn im Handelsregister nicht eingetragen ist, dass der neue Kommanditist den Gesellschaftsanteil im Wege der **Sonderrechtsnachfolge** erlangt hat. Der früher für den Haftungs-

---

1 BGH v. 5.2.1979 – II ZR 117/78, DB 1979, 1124.
2 BGH v. 29.3.1982 – II ZR 166/81, DB 1982, 1106 = NJW 1982, 1647 (1648) mit Anm. *K. Schmidt*; BGH v. 4.11.1991 – II ZR 85/91 III.1, DB 1982, 314: Fortführung des „den Schwerpunkt Unternehmens bildenden wesentlichen Kerns desselben".
3 Vgl. dazu im Einzelnen *Leibner/Pump*, DStR 2000, 1689, im Übrigen Teil V Rz. 147 ff.
4 BGH v. 7.4.2003 – II ZR 56/02, BGHZ 154, 370 unter Aufgabe früherer entgegenstehender Rechtsprechung, dazu *K. Schmidt*, NJW 2003, 1897.
5 Vgl. *Ulmer* in MünchKomm.BGB § 719 BGB Rz. 36.
6 BGH v. 29.6.1981 – II ZR 142/80, BGHZ 81, 82 = DB 1981, 2019 mit Besprechung von *K. Schmidt*, GmbHR 1981, 253; *Eckert*, Rechtsfolgen des Kommanditistenwechsels ZHR 147 (1983), 565; *Huber*, Eintragungsfehler bei der Abtretung von Kommanditanteilen, ZGR 1984, 146.

ausschluss für erforderlich gehaltene Sonderrechtsnachfolge-Vermerk im Handelsregister[1] ist daher für den Erwerber nicht mehr von Bedeutung (wohl aber für den Veräußerer, vgl. Teil VII Rz. 202 f.). Einer Versicherung gegenüber dem Handelsregister, dass der ausscheidende Kommanditist keine Abfindung von der Gesellschaft erhalten habe, bedarf es nicht.[2]

– Der Erwerber haftet unbeschränkt für Verbindlichkeiten, die **zwischen** dem dinglichen **Erwerb** des Kommanditanteils und der **Eintragung** als Kommanditist im Handelsregister entstanden sind, es sei denn, dem Gläubiger wäre die Beteiligung des Erwerbers als (bloßer) Kommanditist bekannt gewesen.[3] Zur Vermeidung dieses Risikos kann der Erwerb aufschiebend auf den Zeitpunkt der Handelsregistereintragung gestaltet werden.[4]

2. Erwerb von Beteiligungen an Kapitalgesellschaften

Der Erwerber von Geschäftsanteilen an einer GmbH haftet gegenüber der Gesellschaft mit dem Veräußerer gesamtschuldnerisch[5] für die rückständigen Einlagen (§ 16 Abs. 3 GmbHG). Er haftet nicht für unzulässige Rückzahlungen an den Veräußerer, wohl aber trifft ihn, wie alle anderen Gesellschafter, insoweit eine anteilige subsidiäre Haftung (§ 31 Abs. 3 GmbHG).[6] Bei der AG haftet der Erwerber ebenfalls grundsätzlich für rückständige Einlagen (§ 54 Abs. 2 AktG), nicht aber für Rückzahlungen an den Veräußerer.[7] Rückständig sind Einlagen auch insoweit, als darauf zwar eine Einzahlung geleistet worden ist, welche jedoch nach den Grundsätzen der verdeckten Sacheinlage oder wegen Nichtbeachtung der Nachgründungsvorschriften die Einlageschuld nicht zum Erlöschen gebracht hat.[8] Der Erwerber kann sich durch eine Anfechtung des Erwerbs von der Haftung für rückständige Einlagen regelmäßig nicht befreien.[9]

200

---

1 RG (GrSZ) v. 30.9.1944, abgedruckt in WM 1964, 1130.
2 KG v. 8.6.2004 – 1 W 685/03, BB 2004, 1521 (Vorlagebeschluss), mit Anm. *Priester*, EWiR 2005, 119.
3 BGH v. 28.10.1981 – II ZR 129/80, BGHZ 82, 209 = DB 1982, 424; vgl. *Schilling* in Großkomm.HGB, §§ 173 HGB Rz. 3 ff., 176 HGB Rz. 10; dies gilt möglicherweise generell für die Kommanditisten einer GmbH & Co. KG, vgl. BGH v. 21.3.1983 – II ZR 113/82, DB 1983, 1419 = NJW 1983, 2258 mit kritischer Anm. *K. Schmidt*; bejahend *Horn* in Heymann, § 176 HGB Rz. 11.
4 So die Empfehlung von *Schilling* in Großkomm.HGB, § 173 HGB Rz. 3, der sich BGH v. 21.3.1983 – II ZR 113/82, DB 1983, 1419 anschließt. Mit Bespr. *Huber*, ZGR 1984, 146; Vgl. ferner zu den Voraussetzungen der Eintragung einer Kommanditanteilsübertragung *Michel*, DB 1988, 1985.
5 BGH v. 26.9.1994 – II ZR 166/93 1, DB 1994, 2543.
6 *Baumbach/Hueck*, § 31 GmbHG Rz. 9. Siehe im Übrigen *Fembacher/Walz*, BB 2004, 680.
7 Vgl. im Einzelnen *Lutter* und *Zöllner* in KölnKomm.AktG, § 54 AktG Rz. 6 f.; § 62 Anm. 9.
8 Vgl. *Baumbach/Hueck*, § 16 GmbHG Rz. 12.
9 OLG Hamburg v. 20.2.1998 – 11 U 235/96, BB 1998, 658, BGH v. 10.5.1982 – II ZR BGHZ 84, 47 = NJW 1982, 2822; zustimmend *Knobbe-Keuk*, ZIP 1983, 274; ablehnend *Müller*, NJW 1999, 544.

III. Haftung des Veräußerers

201 Soweit nicht eine besondere Vereinbarung mit dem Gläubiger getroffen ist, **haftet** der Veräußerer grundsätzlich unbeschränkt für die in seiner Person im Zeitpunkt der Veräußerung begründeten Verbindlichkeiten **fort** (vgl. §§ 414, 415 BGB). Er kann sich durch einen Verkauf seines Unternehmens oder seiner Beteiligung nicht den ihm gegenüber seinen Gläubigern obliegenden Verbindlichkeiten entziehen.

202 Der **Veräußerer** eines **Handelsgeschäfts** haftet nur für Verbindlichkeiten, die vor Ablauf von fünf Jahren fällig geworden und gegen ihn geltend gemacht worden sind, wenn der Erwerber für die früheren Geschäftsverbindlichkeiten haftet (§ 25 Abs. 1, 3 HGB). Wegen der Einzelheiten zum Fristenlauf und zur Geltendmachung der Forderung sei auf § 26 HGB verwiesen. In ähnlicher Weise ist auch die Haftung **ausscheidender Gesellschafter** von **Personengesellschaften** beschränkt (§ 160 HGB; § 736 Abs. 2 BGB). Die Regelung hat namentlich bei Dauerschuldverhältnissen und Versorgungsansprüchen Bedeutung.

203 Die Haftung **ausscheidender Kommanditisten** ist überdies grundsätzlich beschränkt auf ihre noch nicht erbrachte oder zurückgezahlte Einlage. Allerdings kann sich der Kommanditist auf die Erbringung seiner Einlage nur berufen, wenn ein **Sonderrechtsnachfolgevermerk** im Handelsregister eingetragen ist, gegebenenfalls nach Zwischeneintragung des nicht eingetragenen und wieder ausgeschiedenen Rechtsvorgängers.[1]

204 Im Falle der Veräußerung von Beteiligungsrechten an **Kapitalgesellschaften** bleibt der Veräußerer neben dem Erwerber zur Erbringung rückständiger oder zurückgezahlter Einlagen verpflichtet.[2]

I. Leveraged Buy-Out und Management Buy-Out

I. Begriff[3]

205 Unter einem Leveraged Buy-Out (**LBO**) versteht man einen Unternehmenskauf, bei dem der **Kaufpreis** zu einem **großen Teil fremdfinanziert** wird.[4] Unter der Voraussetzung, dass die Gesamtkapitalrendite des für den Unternehmenskauf verwandten Kapitals höher ist als der Zins für das Fremdkapital, erhöht sich die Rendite des eingesetzten Eigenkapitals umso mehr, je mehr Fremdkapital in Anspruch genommen wird. Insofern kann ein hoher Fremdkapitalanteil wie ein Hebel („lever") wirken, durch den sich die Eigenkapitalrendite steigern lässt. Technisch erfolgt der LBO zumeist dadurch, dass die Investoren eine GmbH als Akquisitionsvehikel („Erwerbergesellschaft") gründen, die das

---

1 OLG Hamm, DB 1993, 876.
2 Vgl. *Baumbach/Hueck*, § 16 GmbHG Rz. 12; §§ 65 f. AktG.
3 Grundlegend *Peltzer*, DB 1987, 973; *Otto*, DB 1989, 1389; *Ziegeler*, BB 1997, 513; *v. Braunschweig*, DB 1998, 1831.
4 Die Fremdkapitalquote liegt häufig bei 60%–70% der Investitionssumme.

Zielunternehmen kauft und hält.[1] Sie ist auch in der Regel Schuldnerin der zur Finanzierung der Acquisition aufgenommenen Darlehen.

Von einem Management Buy-Out (**MBO**) spricht man, wenn ein **Unternehmen von seinen leitenden Mitarbeitern**, gegebenenfalls unterstützt durch institutionelle Anleger, insbesondere auch Unternehmensbeteiligungsgesellschaften, **erworben wird**. Da dieser Personenkreis oft nur über wenig Eigenkapital verfügt, ist entsprechend häufig ein hoher Fremdkapitaleinsatz erforderlich. Der MBO ist dann zugleich LBO.

Für den LBO und den MBO gelten die gleichen Regeln wie für sonstige Unternehmenskäufe. Der **hohe Fremdkapitaleinsatz** lässt jedoch mit besonderer Schärfe die Fragen der Besicherung und der Bedienung der aufgenommenen Darlehen hervortreten. Auch spielt angesichts der hohen Liquiditätsbelastung die bestmögliche Nutzung von steuerlichen Abschreibungs- und AfA-Möglichkeiten eine besondere Rolle. Zur Absicherung müssen zumeist die erworbenen Vermögenswerte herangezogen werden. Die Bedienung erfordert die Erwirtschaftung eines hinreichenden und für den Käufer verfügbaren Cashflow im erworbenen Unternehmen. Beim MBO erweist sich außerdem die Interessenkollision als problematisch, in die die Manager als Mandatsträger des Verkäufers einerseits und als Käufer andererseits geraten können (vgl. Teil I Rz. 76 ff.).[2]

II. Nutzung des Vermögens der Zielgesellschaft

Literatur: *Diem,* Besicherung von Gesellschafterverbindlichkeiten als existenzvernichtender Eingriff des Gesellschafters?, ZIP 2003, 1289; *Schrell/Kirchner,* Fremdfinanzierte Unternehmenskäufe nach der KBV-Entscheidung des BGH, BB 2003, 1451.

Im Falle des Asset Deal erlangt der Käufer unmittelbar alle Rechte an den Vermögenswerten, aus denen das Unternehmen besteht, insbesondere das Eigentum an den Sachen und die Inhaberschaft an den Forderungen und sonstigen Rechten. Er kann diese Gegenstände ohne weiteres zur Sicherung des aufgenommenen Fremdkapitals verwenden (soweit nicht Sicherungsrechte Dritter entgegenstehen). Der im erworbenen Unternehmen erwirtschaftete Cashflow steht dem Käufer unmittelbar zur Verfügung. Die Abschreibungen auf die einzelnen Wirtschaftsgüter kommen ihm zugute. In den meisten für einen LBO oder MBO geeigneten Fällen ist aber schon aus steuerlichen Gründen praktisch nur ein Share Deal durchführbar (vgl. Teil V Rz. 142 ff.). Der Erwerber kann in solchen Fällen unmittelbar nur die Beteiligungsrechte als Sicherheit zur Verfügung stellen, nicht aber das der Zielgesellschaft selbst gehörende Vermögen. Die Beteiligungsrechte sind für den Darlehensgeber eine problematische Sicherheit. Ihre Verwertbarkeit ist begrenzt. Vor allem aber beinhalten Beteiligungsrechte nur so viel an wirtschaftlichem Wert, wie nach Befriedigung der Gläubiger des Zielunternehmens verbleibt. Sie schützen den Darle-

206

---

1 Näheres bei *Schrell/Kirchner,* BB 2003, 1451; zu den Finanzierungskosten *dies.,* BKR 2003, 13.
2 Vgl. *Färber* 1993, 220, BUW; *Weber,* ZHR 155 (1991), 120 (125 ff.).

hensgeber also gerade nicht gegen das eigentliche Risiko solcher Finanzierungen, nämlich eine Insolvenz der Zielgesellschaft. Der im erworbenen Unternehmen erwirtschaftete Cashflow verbleibt zunächst dort. Käufer und Sicherungsnehmer haben darauf nur über Entnahmen Zugriff. Der Fremdkapitalgeber wird daher in der Regel bestrebt sein, Sicherungsrechte am Vermögen der Zielgesellschaft zu erlangen, gegebenenfalls auch am Vermögen von Tochtergesellschaften der Zielgesellschaft.

207 Der Erwerber der Beteiligungsrechte von Kapitalgesellschaften kann sich das Vermögen derselben in gewissem Umfang für die Besicherung der zur Kaufpreisfinanzierung verwandten Darlehen nutzbar machen. Dabei sind die für die **AG** und für die **GmbH** unterschiedlichen **Kapitalerhaltungsvorschriften** zu beachten. Der Aktionär kann Zugriff auf das Vermögen der AG grundsätzlich nur im Rahmen von Dividendenausschüttungen oder Kapitalherabsetzungen nehmen. Die Erwerbergesellschaft kann freilich das Vermögen der Zielgesellschaft zur Sicherung ihrer Verbindlichkeiten nutzen, wenn sie mit der Zielgesellschaft einen Konzern bildet.[1] Voraussetzung ist im faktischen Konzern, dass die Erwerbergesellschaft als Obergesellschaft der Zielgesellschaft einen wirtschaftlich vollwertigen Nachteilsausgleich bietet (§ 311 AktG). Im Falle eines Beherrschungsvertrages sind etwaige Verluste der Zielgesellschaft zu übernehmen (§ 302 AktG) und die Interessen etwa verbliebener Minderheitsaktionäre durch Ausgleich oder Abfindung zu berücksichtigen (§§ 304, 305 AktG). Wird die Zielgesellschaft in die Erwerbergesellschaft eingegliedert, wozu es eines mit einer Mehrheit von 95 % des Grundkapitals zu fassenden Hauptversammlungsbeschlusses bedarf (§ 320 Abs. 1 AktG), haben die Gläubiger der Zielgesellschaft gegen die Erwerbergesellschaft Anspruch auf Sicherheiten (§ 321 AktG). Wenn diese Voraussetzungen erfüllt sind, ist der Erwerbergesellschaft immer noch erst in Bezug auf die **Sicherung** des aufgenommenen Fremdkapitals geholfen. Zur **Rückführung** der Darlehen kann das Vermögen der Zielgesellschaft nur in beschränktem Umfange genutzt werden, ohne dass eine unzulässige Einlagenrückgewähr (§ 57 AktG) anzunehmen ist[2] oder gar ein strafrechtliches Risiko eingegangen wird.[3]

208 Die Kapitalerhaltungsvorschriften des GmbH-Rechts erlauben Ausschüttungen an die Gesellschafter insoweit, als das Stammkapital nicht beeinträchtigt wird. Auf das zur Erfüllung der Gesellschaftsverbindlichkeiten (der Zielgesellschaft) benötigte Gesellschaftsvermögen dürfen die Gesellschafter nicht zugreifen.[4] Maßgeblich zur Beurteilung der Frage, ob eine Beeinträchtigung gegeben ist, sind die Buchwerte; stille Reserven der GmbH bleiben also außer

---

1 Otto, DB 1989, 1389/1395; dagegen Lutter/Wahlers, AG 1989, 1 (9), wonach § 71a AktG die Gewährung von Sicherheiten oder Darlehen in sachlichem Zusammenhang mit dem Erwerb von Aktien auch dann verbieten, wenn die Aktien bereits zuvor erworben worden sind.
2 Vgl. Otto, DB 1989, 1389 (1395).
3 Wagner, wistra 1992, 161.
4 BGH v. 24.6.2002 – II ZR 300/00 – KBV BGHZ 151, 181 = NJW 2002, 3024 mit Besprechungen von Altmeppen, ZIP 2002, 1553; Henze, NZG 2003, 2177; Wilhelm, NJW 2003, 175; Kerber, Die aktienrechtlichen Grenzen der finanziellen Unterstützung des Aktienerwerbs im Buy-out-Verfahren, DB 2004, 1027.

Betracht.[1] Darlehen an Gesellschafter dürfen nur aus Rücklagen oder Gewinnvorträgen gewährt werden, nicht aber zu Lasten des gebundenen Vermögens der GmbH. Das gilt auch dann, wenn der Rückzahlungsanspruch im Einzelfall wirtschaftlich vollwertig ist.[2] In LBO-Fällen würde daher bei Darlehens- und Sicherheitengewährung zu Lasten des Vermögens der Ziel-GmbH häufig eine persönliche Haftung der Erwerbergesellschaft, aber auch von deren Gesellschaftern, möglicherweise einschließlich des Sicherungsnehmers gemäß §§ 30, 31 GmbHG zu besorgen sein. Darüber hinaus ist die Rechtsprechung des 3. Strafsenates des BGH zu beachten, nach der sich ein Geschäftsführer der Untreue gegenüber der GmbH selbst dann schuldig machen kann, wenn er dem Vermögen der GmbH im Einvernehmen mit allen Gesellschaftern Nachteile zufügt.[3]

---

1 Vgl. *Hueck/Fastrich* in Baumbach/Hueck, § 30 GmbHG, Rz. 6.
2 BGH v. 24.11.2003 – II ZR 171/01, BGHZ 157, 72 = BB 2004, 293; dazu *Habersack*, NZG 2004, 1176.
3 BGH v. 29.5.1987 – 3 StR 242/86, BGHSt 34, 379 = DB 1987, 1930; abgemildert durch BGH v. 24.8.1988 – 3 StR 232/88, BGHSt 35, 333 = DB 1988, 2505; hierzu im Einzelnen *Fleck*, Missbrauch der Vertretungsmacht oder Treubruch des mit Einverständnis aller Gesellschafter handelnden GmbH-Geschäftsführers aus zivilrechtlicher Sicht, ZGR 1990, 31.

Teil VIII
Kartellrecht

Inhaltsverzeichnis

	Rz.
A. Vorbemerkung	1
B. Deutsche Fusionskontrolle	3
I. Überblick	3
1. Geschichte und Bedeutung der Fusionskontrolle	3
2. Systematik	10
II. Verhältnis zur Fusionskontrolle des EG-Rechtes	14
III. Anwendbarkeit der deutschen Fusionskontrolle aufgrund der Umsatzschwellenwerte	18
1. Anwendbarkeit nach § 35 Abs. 1 GWB	18
2. Die Toleranzklauseln nach § 35 Abs. 2 GWB	19
a) Die Anschlussklausel (De-minimis-Klausel) nach § 35 Abs. 2 Satz 1 Nr. 1 GWB	20
b) Die Bagatellmarktklausel nach § 35 Abs. 2 Satz 1 Nr. 2 GWB	24
3. Modifikation des § 35 Abs. 1 GWB durch die Umsatzfiktionen des § 38 Abs. 2 und 3 GWB	26
4. Die Toleranzklauseln und die Anmelde- und Anzeigepflicht	27
5. Berechnung der relevanten Umsatzzahlen	28
a) Umsatzerlöse	28
b) Die Verbundklausel des § 36 Abs. 2 Satz 1 GWB	31
c) Die Mehrmütter-Klausel des § 36 Abs. 2 Satz 2 GWB	33
IV. Der Zusammenschlussbegriff	37
1. Übersicht	37
2. Der Unternehmensbegriff	40
3. Die Zusammenschlusstatbestände des § 37 Abs. 1 GWB	44
a) Der Vermögenserwerb nach § 37 Abs. 1 Nr. 1 GWB	44
b) Der Kontrollerwerb nach § 37 Abs. 1 Nr. 2 GWB	47
c) Der Kapitalanteils- oder Stimmrechtserwerb nach § 37 Abs. 1 Nr. 3 GWB	62
d) Erwerb eines wettbewerblich erheblichen Einflusses nach § 37 Abs. 1 Nr. 4 GWB	66
4. Einschränkungen des Zusammenschlussbegriffs	70
a) Fehlende wesentliche Verstärkung einer schon bestehenden Unternehmensverbindung	70
b) Bankenklausel nach § 37 Abs. 3 GWB	73
5. Erweiterungen des Zusammenschlussbegriffs: Gemeinschaftsunternehmen (§ 37 Abs. 1 Nr. 3 Satz 4 GWB)	74
6. Am Zusammenschluss beteiligte Unternehmen	77
V. Materielle Untersagungsvoraussetzungen (§ 36 Abs. 1 GWB)	79
1. Die marktbeherrschende Stellung	80
a) Der relevante Markt	81
aa) Der sachlich relevante Markt	83
bb) Der räumlich relevante Markt	89
cc) Der zeitlich relevante Markt	92
b) Die Marktbeherrschung	93
aa) Begriff der Marktbeherrschung	95
bb) (Einzel-)Marktbeherrschung	96
cc) Die Oligopolklausel des § 19 Abs. 2 Satz 2 GWB	106
c) Gesetzliche Vermutungen der Marktbeherrschung	113
aa) Die Monopolvermutung des § 19 Abs. 3 Satz 1 GWB	115

	Rz.
bb) Die Oligopol-Marktbeherrschungsvermutung	116
2. Begründung und Verstärkung einer marktbeherrschenden Stellung	124
a) Differenzierung nach Zusammenschlusstatbeständen	127
b) Horizontale Zusammenschlüsse	132
c) Vertikale Zusammenschlüsse	133
d) Konglomerate Zusammenschlüsse	134
e) Oligopol-Zusammenschlüsse (Oligopolmarktbeherrschung)	135
3. Die Abwägungsklausel des § 36 Abs. 1 GWB	136
VI. Fusionskontrollverfahren	143
1. Präventive Anmeldepflicht nach § 39 Abs. 1 GWB und Vollzugsverbot nach § 40 Abs. 1 GWB	143
a) Verpflichteter Personenkreis (§ 39 Abs. 2 GWB)	144
b) Inhalt der Anmeldung (§ 39 Abs. 3 GWB)	146
c) Möglichkeit der Aufhebung des Vollzugsverbots (§ 41 Abs. 2 GWB)	151
2. Das Prüfungsverfahren (§ 40 GWB)	152
a) Vorverfahren und Hauptprüfverfahren	152
aa) Vorverfahren (Phase 1)	153
bb) Hauptprüfverfahren (Phase 2)	155
b) Informelle Vorgespräche mit dem BKartA	157
c) Ermittlungsbefugnisse des BKartA	158
3. Untersagungsabwendende Zusagen, Auflagen und Bedingungen	161
4. Rechtsmittel	167
5. Rechte Dritter	171
a) Beiladung	171
b) Rechtsmittel Dritter	173

	Rz.
6. Die (nachträgliche) Anzeigepflicht nach § 39 Abs. 6 GWB	176
7. Auflösung vollzogener Zusammenschlüsse (§ 41 Abs. 3 und 4 GWB)	178
VII. Die Ministererlaubnis nach § 42 GWB	185
1. Materielle Voraussetzungen	185
2. Verfahren	186
VIII. Auslandszusammenschlüsse	189
1. Extraterritoriale Anwendung des GWB	191
2. Anmeldpflicht für Auslandszusammenschlüsse	196
3. Untersagung und Entflechtung	197
C. Anwendung des Kartellverbots nach § 1 GWB	202
I. Gemeinschaftsunternehmen	202
1. Überblick	202
2. Konzentrative Gemeinschaftsunternehmen	205
3. Kooperative Gemeinschaftsunternehmen	208
II. Wettbewerbsverbote	213
D. Europäische Fusionskontrolle	214
I. Allgemeines	214
II. Verhältnis zur nationalen Fusionskontrolle	216
III. Anwendungsbereich	220
1. Umsatzschwellenwerte des Art. 1 Abs. 2 und 3 FKVO	220
2. Beteiligte Unternehmen	224
3. Umsatzberechnung	225
4. Extraterritoriale Anwendung	228
IV. Zusammenschlussbegriff	229
1. Übersicht	229
2. Unternehmensbegriff	230
3. Zusammenschlusstatbestände	231
a) Fusion	232
b) Kontrollerwerb	233
aa) Erwerb alleiniger Kontrolle	234
bb) Erwerb gemeinsamer Kontrolle	236
c) Gemeinschaftsunternehmen	237

	Rz.
4. Einschränkungen des Zusammenschlussbegriffs	243
V. Materielle Untersagungsvoraussetzungen (Art. 2 Abs. 1–3 FKVO)	247
1. Die marktbeherrschende Stellung	250
a) Der relevante Markt	251
aa) Der sachlich relevante Markt	251
bb) Der räumlich relevante Markt	253
b) Die Marktbeherrschung	254
2. Entstehung oder Verstärkung einer marktbeherrschenden Stellung	260
a) Allgemeines	260
b) Horizontale Zusammenschlüsse	264
c) Vertikale Zusammenschlüsse	266
d) Konglomerate Zusammenschlüsse	267
e) Oligopolistische Marktbeherrschung	268
3. Behinderung wirksamen Wettbewerbs	270
4. Wesentlicher Teil des Gemeinsamen Marktes	270
5. Abwägungsklausel	271
6. Nebenabreden (insbes. Wettbewerbsverbote)	272
VI. Fusionskontrollverfahren	275
1. Präventive Anmeldepflicht nach Art. 4 Abs. 1 FKVO	275
a) Verpflichteter Personenkreis	277
b) Inhalt und Form der Anmeldung	278
c) Wirkung der Anmeldung	281
d) Ausnahmen und Befreiung vom Vollzugsverbot (Art. 7 Abs. 2 und 3 FKVO)	282
2. Das Prüfverfahren	283
a) Vorprüfungsverfahren (Phase 1)	284

	Rz.
b) Hauptverfahren (Phase 2)	287
c) Ermittlungsbefugnisse der Kommission	290
3. Untersagungsabwendende Zusagen, Auflagen und Bedingungen	293
4. Rechtsmittel	295
5. Rechte Dritter	296
a) Rechte im Verfahren vor der Kommission	296
b) Rechtsmittel	298
6. Entflechtung bzw. Maßnahmen nach Art. 8 Abs. 4 und Abs. 5 FKVO	299
E. Anwendbarkeit des Art. 81 EG (früher Art. 85) auf Gemeinschaftsunternehmen	300
I. Allgemeines	300
II. Abgrenzung von kooperativen und konzentrativen Gemeinschaftsunternehmen	302
III. Die Anwendung von Art. 81 Abs. 1 EG	305
1. Allgemeines	305
2. Vollfunktions-GU	307
3. Teilfunktions-GU	310
IV. Freistellung nach Art. 81 Abs. 3 EG	313
1. Gruppenfreistellung	314
2. Einzelfreistellung	319
a) Materielle Voraussetzungen	319
b) Die frühere Freistellungspraxis der Kommission	324
V. Verfahrensrechtliche Besonderheiten	326
1. Vollfunktions-GU ohne gemeinschaftsweite Bedeutung und Teilfunktions-GU	327
2. Vollfunktions-GU mit gemeinschaftsweiter Bedeutung	328
3. Nebenabreden	329
VI. Kollision zwischen Entscheidungen der Kommission und des BKartA	333

Literatur: Zum deutschen Recht: *Bechtold,* Kartellgesetz, Gesetz gegen Wettbewerbsbeschränkungen, Kommentar, 3. Aufl. 2002; *Bechtold,* Die Entwicklung des deutschen Kartellrechts 1959–2001, NJW 2001, 3159; *Bergmann,* Nachfragemacht in der Fusionskontrolle, 1989; *Bergmann*, Zusammenschlusskontrolle, in Picot, Handbuch Mergers & Acquisitions, 2. Aufl. 2002; *Bergmann/Burholt*, Nicht Fisch und nicht Fleisch – Zur Änderung des materiellen Prüfkriteriums in der Europäischen Fusionskontrollverordnung, EuZW 2004, 161; *Bergmann/Kamann*, Die neue EG-Kartellverfahrensordnung – Auswirkungen auf die unternehmerische Vertragspraxis, BB 2003, 1743; *Canenbley/Moosecker*, Fusionskontrolle, 1982; *Deringer*, Fragen zur „Gemeinsamen Beherrschung", Festschrift für von Gamm, 1990, S. 559 ff.; *Emmerich*, Kartellrecht, 9. Aufl., 2001; *Emmerich*, Fusionskontrolle 1994/1995, AG 1995, 481; *Emmerich*, Fusionskontrolle 1995/1996, AG 1996, 529; *Emmerich*, Fusionskontrolle 1996/1997, AG 1997, 529; *Emmerich*, Fusionskontrolle 1997/1998, AG 1998, 541; *Emmerich*, Fusionskontrolle 1998/1999, AG 1999, 529; *Emmerich*, Fusionskontrolle 1999/2000, AG 2000, 525; *Emmerich*, Fusionskontrolle 2000/2001, AG 2001, 605; *Emmerich*, Fusionskontrolle 2001/2002, AG 2002, 641; *Emmerich*, Fusionskontrolle 2002/2003, AG 2003, 649; Frankfurter Kommentar zum Kartellrecht (hrsg. von *v. Hahn, Jaeger, Pohlmann, Rieger, Schroeder*), Loseblatt; Gemeinschaftskommentar, Gesetz gegen Wettbewerbschränkungen und Europäisches Kartellrecht (hrsg. von *Hootz*), 5. Aufl. 1999 ff.; *Herrmann*, Die gemeinsame Beherrschung im Kartellrecht, in Festschrift für Deringer, 1993, S. 263 ff.; *Huber*, Der Mischwerke-Beschluss des BGH, in FIW-Schriftenreihe Heft 122, 1987, S. 1 ff.; *Immenga/Mestmäcker*, GWB, Kommentar zum Kartellgesetz, 3. Aufl. 2001; *Kahlenberg*, Novelliertes deutsches Kartellrecht, BB 1998, 1593; *Kahlenberg/Haellmigk*, Referentenentwurf der 7. GWB-Novelle: Tiefgreifende Änderungen des deutschen Kartellrechts, BB 2004, 389; *Kleinmann/Bechtold*, Kommentar zur Fusionskontrolle, 2. Aufl. 1989; *Lange* Räumliche Marktabgrenzung in der deutschen Fusionskontrolle, BB 1996, 1997; *Langen/Bunte*, Kommentar zum deutschen und europäischen Kartellrecht, 10. Aufl. 2004; *Laufkötter*, Die Rolle Dritter im neuen Recht der Zusammenschlusskontrolle, WuW 1999, 671; *Lentfer*, Verstöße gegen Auflagen von Genehmigungen gemäß § 24 Abs. 3 GWB, WuW 1998, 227; *Mäger*, Abgrenzung des geographisch relevanten Marktes in der deutschen Fusionskontrolle – Abkehr von der „Backofenmarkt"-Entscheidung des BGH in der Verwaltungspraxis, BB 2001, 1105; *Möschel*, Recht der Wettbewerbsbeschränkungen, 1983; *Möschel*,Neue Rechtsfragen bei der Ministererlaubnis in der Fusionskontrolle, BB 2002, 2077; *Montag/Dohms*, Minderheitsbeteiligungen im deutschen und EG-Kartellrecht, WuW 1993, 5 und 93; *Pape/Hossenfelder/Töllner*, Kartellrechtspraxis und Kartellrechtsprechung 2002/03; *Schulte*, Änderungen der Fusionskontrolle durch die 6. GWB-Novelle, AG 1998, 297; *Schultz/Wagemann*, Kartellrechtspraxis und Kartellrechtsprechung 1998/99; *Stockmann/Schultz*, Kartellrechtspraxis und Kartellrechtsprechung 1997/98; *Traugott*, Zur Abgrenzung von Märkten, WuW 1998, 929; *Traugott*, Die neue deutsche Fusionskontrolle, WRP 1999, 621; *Wallenberg*, Kartellrecht, 2. Aufl. 2002; *Wiedemann*, Handbuch des Kartellrechts, 1999.

Zum Europäischen Recht: *Basedow*, Gemeinschaftsrechtliche Grenzen der Ministererlaubnis in der Fusionskontrolle – Zum Verhältnis des § 42 GWB zu den Art. 81 und 82 EG, EuZW 2003, 44; *Bartosch*, Happy Birthday: 10 Jahre Europäische Fusionskontrolle, BB 2000, 1897; *Bartosch*, Die neuen Mitteilungen in der Europäischen Fusionskontrolle, BB 2001, 2013; *Bartosch/Nollau*, Die zweite Generalüberholung der europäischen Fusionskontrolle – das Grünbuch der Kommission vom 11.12.2001, EuZW 2002, 197; *Bergmann*, Settlements in EC Merger Control Proceedings, Antitrust Law Journal 62 (1993), 47; *Bergau/Müller-Tautphaeus*, Europäische Fusionskontrolle, Sonderheft European Law Reporter 9/1999, 370; *Böge*, Reform der Europäischen Fusionskontrolle, WuW 2004, 138; *Drauz/Schroeder*, Praxis der Europäischen Fusionskontrolle, 3. Aufl. 1995; *Groeben/Thiesing/Ehlermann*, Kommentar zum EG-Vertrag, Band 2, 6. Aufl. 2004; *Heidenhain*, Zusagenpraxis in der EG-Fusionskontrolle, EuZW 1994, 135; *Hirsbrunner*, Neue Entwicklungen der Europäischen Fusionskontrolle, EuZW 2003, 709; *Immenga/Mestmäcker*, EG-Wettbewerbsrecht, Kommentar, Loseblatt; *Langen/Bunte*, Kommentar zum deutschen und europäischen Kartellrecht, 10. Aufl. 2004; *Leibenath/Montag*, Aktuelle Probleme in der Europäischen Fusionskontrolle, WuW 2000, 852; *Lübbig*, Änderungen des europäischen Kartellrechts nach Auslaufen des EGKS-Vertrages, 2002, 59; *Pohl-*

mann, Doppelkontrolle von Gemeinschaftsunternehmen im europäischen Kartellrecht, WuW 2003, 473; *Rosenthal,* Neuordnung der Zuständigkeiten und des Verfahrens in der europäischen Fusionskontrolle, EuZW 2004, 327; *Rösler,* Der Begriff der marktbeherrschenden Stellung in der europäischen Fusionskontrolle, NZG 2000, 857; *Rösler,* Der relevante Markt in der Europäischen Fusionskontrolle, NZG 2000, 761; *Roth,* Europäisches Kartellrecht – terra incognita? NJW 2000, 1313; *Schröter/Jakob/Mederer,* Kommentar zum Europäischen Wettbewerbsrecht, 2003; *Wiedemann,* Handbuch des Kartellrechts, 1999; *Wiedemann,* Die Beurteilung kooperativer Vollfunktionsgemeinschaftsunternehmen nach der EG-Fusionskontrollverordnung, in Festschrift für Ulmer 2003, S. 1031.

A. Vorbemerkung

Bei Unternehmens- und Beteiligungskäufen sollten kartellrechtliche Überlegungen schon in einer sehr **frühen Planungsphase** berücksichtigt werden, da dieser Rechtsbereich letztendlich für die Frage der Durchführbarkeit einer Transaktion entscheidend ist. Bei problematischen Fällen stellt sich für den Kartellanwalt dann häufig die Frage, ob eine Untersagungsverfügung des Bundeskartellamtes oder der EG-Kommission durch besondere Vertragskonstruktionen vermieden werden kann. Auf diese Weise erlangt das Kartellrecht auch unmittelbare Auswirkungen auf die Vertragsgestaltung. 1

In dem folgenden Abschnitt sollen die **Grundzüge** der kartellrechtlichen Regelungen dargestellt werden, die einen Unternehmens- und Beteiligungskauf beeinflussen können. Die Darstellung beginnt mit den nationalen Fusionskontrollvorschriften und dem Kartellverbot des GWB. Im Anschluss hieran werden die EG-Fusionskontrollverordnung und die einschlägigen Wettbewerbsvorschriften des EG-Vertrages skizziert, die in den letzten Jahren zunehmend an Bedeutung gewonnen haben. 2

B. Deutsche Fusionskontrolle

I. Überblick

1. Geschichte und Bedeutung der Fusionskontrolle

Die erste Fassung des **GWB von 1958** enthielt noch keine Vorschriften über die Untersagung von Unternehmenszusammenschlüssen. § 23 GWB a.F. normierte lediglich eine Anzeigepflicht für bestimmte Zusammenschlüsse, die der Kartellbehörde einen Überblick über die Konzentrationsbewegungen der deutschen Wirtschaft geben sollte. 3

Erst durch die zweite **GWB-Novelle von 1973** erhielt das Bundeskartellamt Untersagungsbefugnisse, die eine Fusionskontrolle in der heutigen Form ermöglichten. Die dritte Novelle von **1976** brachte eine Verschärfung der Kontrolle im Bereich der Presse- und Verlagsunternehmen mit sich. Durch die vierte Novelle von **1980** wurden schließlich die Vermutungen des § 23a GWB für das Vorliegen einer überragenden Marktstellung eingeführt, die zwingende präventive Kontrolle nach § 24a GWB erweitert sowie der Ausnahmebereich 4 auf kleinere Unternehmen begrenzt. Mit der fünften GWB-Novelle von **1990** sollte vor allem die Fusionskontrolle im Bereich des Handels durch Erweiterung des Marktbeherrschungstatbestandes des § 22 Abs. 1 Nr. 2 GWB verbessert werden. Außerdem vereinfachte der Gesetzgeber die Anzeigepflicht, die nur noch von der Höhe der Umsatzerlöse abhängig sein sollte. Der Zusammenschlussbegriff wurde im Hinblick auf Minderheitsbeteiligungen knapp unterhalb der 25 %-Schwelle um einen weiteren Tatbestand ergänzt.

5   Die **6. GWB-Novelle** trat zum **1.1.1999** in Kraft. Ziele der Novelle waren die Stärkung des Wettbewerbsprinzips, die Harmonisierung des deutschen mit dem europäischen Recht sowie die Neuordnung und Straffung des Gesetzes. Die Neufassung brachte im Hinblick auf die Fusionskontrolle, neben einer übersichtlichen Neuordnung sämtlicher Paragraphen, einige bedeutende Änderungen: Aus dem EU-Recht wurde der Zusammenschlustatbestand des Kontrollerwerbs übernommen, die Zusammenschlustatbestände des alten GWB im Übrigen gestrafft. In Übereinstimmung mit dem EU-Recht gibt es seither nur noch die präventive Zusammenschlusskontrolle, wobei eine Anhebung des Umsatzschwellenwertes auf 1 Mrd. DM (jetzt 500 Mio. Euro) erfolgte. Im Verfahrensablauf der Zusammenschlusskontrolle sind weiterhin zwei Phasen zu trennen. Dabei ergeht die Entscheidung nach dem Hauptprüfungsverfahren (Phase 2) als Verwaltungsakt mit Begründungs- und Publizitätspflicht. Das Bundeskartellamt ist berechtigt, die Freigabe mit Bedingungen und Auflagen zu verbinden; Dritte erhalten die Möglichkeit, gegen die Freigabeentscheidung Rechtsmittel einzulegen.

6   Das In-Kraft-Treten der neuen EG-Kartellverfahrensverordnung[1] und der neuen EG-Fusionskontrollverordnung[2] und die dadurch bewirkten erheblichen Änderungen im Wettbewerbsrecht der Gemeinschaft machen eine Anpassung des GWB erforderlich, die mit der **7. GWB-Novelle** erfolgen soll. Die deutsche Fusionskontrolle soll allerdings im Gegensatz zu der Behandlung horizontaler und vertikaler Wettbewerbsbeschränkungen nicht umfassend geändert werden. Dies gilt vor allem für den Prüfungsmaßstab. Materiell-rechtliche Änderungen werden sich voraussichtlich nur im Bereich der **Pressefusionskontrolle** ergeben. Im Anschluss an die gescheiterte Übernahme des Berliner Verlages durch den Holtzbrinck-Konzern[3] sollen zukünftige Pressefusionen erleichtert werden. Dem Kabinettsentwurf[4] zufolge soll dies insbesondere durch eine Änderung der im Bereich der Pressefusion maßgeblichen Schwellenwertberechnung nach § 38 Abs. 3 GWB[5] und durch die (leicht modifizierte) Anwendung

---

1 Verordnung VO (EG) 1/2003 v. 16.12.2002, ABl. EG 2003 Nr. 1, S. 1.
2 Verordnung VO (EG) 139/2004 v. 20.1.2004, ABl. EG 2004 Nr. L 24, S. 1.
3 BKartAE v. 10.12.2002 – B 6-22121-U98/02, AG 2003, 495 – Holtzbrinck/Berliner Verlag; Sondergutachten der Monopolkommission zum Zusammenschlussvorhaben Holtzbrinck/Berliner Verlag, WuW 2003, 1009; BKartAE v. 2.2.2004 – B 6 – 120/03 – Holtzbrinck/Berliner Verlag.
4 Gesetzentwurf der Bundesregierung für ein Siebtes Gesetz zur Änderung des Gesetzes gegen Wettbewerbsbeschränkungen v. 7.6.2004, BT-Drucks. 15/3640.
5 Fortan soll nicht mehr das 20fache, sondern nur das 10fache der tatsächlichen Umsätze in Ansatz gebracht werden. Für die Anwendbarkeit der Fusionskontrolle wäre somit im Vergleich zur jetzigen Rechtslage ein doppelt so hoher Gesamtumsatz erforderlich.

der Bagatellmarktklausel des § 35 Abs. 2 GWB auch auf die Pressefusion erreicht werden. Darüber hinaus soll es auch zu Änderungen im Bereich des materiellen Tatbestandes des § 36 GWB kommen. Diskutiert wird in diesem Zusammenhang, dass Pressefusionen selbst bei Entstehung oder Verstärkung einer marktbeherrschenden Stellung nicht zu untersagen seien, wenn sichergestellt ist, dass die erworbenen Einheiten trotz des Zusammenschlusses ihre publizistische Unabhängigkeit bewahren, der Zusammenschluss für die langfristige Sicherung der wirtschaftlichen Grundlage der erworbenen oder zu erwerbenden Zeitung erforderlich ist und die Fusion nicht auf räumlich benachbarten Märkten marktbeherrschende Stellungen derselben Unternehmen begründet oder verstärkt. Ein Ende der Diskussion um diesen außerordentlich bemerkenswerten Vorschlag ist gegenwärtig noch nicht abzusehen.

Neben der Umgestaltung des Pressefusionsrechts soll die 7. GWB-Novelle zudem auch im Bereich des **Beschwerdeverfahrens** Änderungen mit sich bringen, die für das erweiterte Verfahren der Zusammenschlusskontrolle von Bedeutung sind. Angesichts der langwierigen prozessualen Auseinandersetzungen im Zusammenhang mit der Erteilung der Ministererlaubnis[1] für die vorher vom BKartA untersagten Zusammenschlüsse „E.ON/Gelsenberg"[2] und „E.ON/Bergemann"[3] soll nach der neuen Gesetzesfassung der von einem Dritten gestellte Antrag, die aufschiebende Wirkung einer gegen eine Freigabeentscheidung oder Ministererlaubnis gerichteten Beschwerde wiederherzustellen, nur dann zulässig sein, wenn der Dritte geltend machen kann, durch die Verfügung oder die Erlaubnis in seinen Rechten verletzt zu sein. Damit würden nunmehr im Rahmen des einstweiligen Rechtsschutzes höhere Anforderungen an die Zulässigkeit eines Antrages gestellt als im Hauptsacheverfahren, wo der am Kartellverfahren Beteiligte weiterhin nur die Verletzung seiner wettbewerblichen Interessen geltend machen muss. 7

Die Fusionskontrolle hat seit 1973 zunehmend an **Bedeutung** gewonnen. Bis Ende 2002 fielen insgesamt rund 31 000 Zusammenschlüsse unter die Kontrollpflicht.[4] Die Zahl der angemeldeten Zusammenschlüsse bewegte sich seit Ende der 80er Jahre auf einem konstanten Niveau von ca. 1500 pro Jahr.[5] Seit Einführung der Fusionskontrolle bis Ende 2002 wurden insgesamt 139 Zusammenschlüsse oder Zusammenschlussvorhaben untersagt; in 70 Fällen durch Zusagen der Unternehmen die Untersagung abgewendet, insgesamt 35 Zusammenschlussvorhaben unter Bedingungen oder Auflagen freigegeben[6] 8

---

1 Entscheidung des Bundesministers, WuW DE-V 573; OLG Düsseldorf, WuW DE-R 885 (vorläufiger Rechtsschutz); OLG Düsseldorf, WuW DE-R 926 (Hauptverfahren) und OLG Düsseldorf, WuW DE-R 943 (Aufrechterhaltung der einstweiligen Anordnung für eine 2. Ministerentscheidung); 2. Entscheidung des Bundesministers, WuW DE-V 643.
2 BKartA, WuW/E DE-V 511.
3 BKartA, WuW/E DE-V 533.
4 BKartA, Tätigkeitsbericht 2001/2002, BT-Drucks. 15/1226, 259.
5 Vgl. BKartA, Tätigkeitsbericht 1997/1998, BT-Drucks. 14/1139, 8; BKartA, Tätigkeitsbericht 2001/2002, BT-Drucks. 15/1226, 12.
6 BKartA, Tätigkeitsbericht 2001/2002, BT-Drucks. 15/1226, 14; Freigaben unter Bedingungen oder Auflagen sind seit 1.1.1999 auf der Grundlage des § 40 Abs. 3 GWB möglich.

und von insgesamt 18 Anträgen auf Ministererlaubnis sieben Fälle freigestellt.[1]

9 Bei der Beurteilung der praktischen Effizienz der Fusionskontrolle sind neben den untersagten Zusammenschlüssen auch noch diejenigen Vorhaben von Bedeutung, die aufgegeben oder modifiziert wurden, ohne dass es zu einer formellen Untersagung durch das BKartA kam.[2] Häufig lassen die beteiligten Unternehmen Fusionspläne im Planungsstadium wieder fallen oder ändern diese ab, wenn nach ersten Kontakten mit dem BKartA erkennbar wird, dass mit einer Freigabe nicht gerechnet werden kann. In diesem Sinne hat die Fusionskontrolle auch vorbeugende Wirkung.

2. Systematik

10 Die Zusammenschlusskontrolle findet sich nach der 6. GWB-Novelle im siebenten Abschnitt des ersten Teils des Gesetzes (§§ 35–43 GWB) in völlig umgestalteter, dafür aber verständlicher und übersichtlicher Weise: § 35 GWB bestimmt den Geltungsbereich der Fusionskontrolle, § 36 GWB regelt die materielle Beurteilung von Zusammenschlüssen, § 37 GWB listet die Zusammenschlusstatbestände auf, § 39 GWB postuliert die Anmeldepflicht und § 40 GWB schließlich bestimmt das Verfahren der Fusionskontrolle. Im **Überblick** lassen sich folgende Grundsätze herausstellen.

11 Vorhaben von Unternehmenszusammenschlüssen müssen bei einer bestimmten Größenordnung dem BKartA präventiv angemeldet werden. Bis zur Freigabe besteht grundsätzlich ein Vollzugsverbot. Der Zusammenschluss wird vom BKartA untersagt, wenn durch ihn eine **marktbeherrschende Stellung** entsteht oder verstärkt wird. Ein Verbot wird ausnahmsweise nicht ausgesprochen, wenn die Unternehmen nachweisen, dass durch den Zusammenschluss auch Verbesserungen der Wettbewerbsbedingungen eintreten und dass diese Verbesserungen die Nachteile der Marktbeherrschung überwiegen. Der Bundeswirtschaftsminister kann im Einzelfall eine wettbewerbsschädliche Fusion erlauben, wenn die Nachteile durch gesamtwirtschaftliche Vorteile aufgewogen werden oder die Fusion durch ein überragendes Interesse der Allgemeinheit gerechtfertigt wird. Wird die Erlaubnis nicht erteilt, so hat das BKartA einen ausnahmsweise schon vollzogenen Zusammenschluss grundsätzlich aufzulösen.

12 Für die Prüfung der Zulässigkeit von Zusammenschlüssen hat sich in der Praxis folgende systematische „**Checkliste**" bewährt, bei deren Anwendung die problematischen Punkte des zu prüfenden Zusammenschlusses schnell deutlich werden.[3]

---

1 BKartA, Tätigkeitsbericht 2001/2002, BT-Drucks. 15/1226, 27; vgl. auch Teil VIII Rz. 185.
2 BKartA, Tätigkeitsbericht 2001/2002, BT-Drucks. 15/1226, 15, bis 2002 in insgesamt 391 Fällen.
3 Basierend auf *Möschel*, S. 466; *Canenbley/Moosecker*, S. 8.

1. Finden die Vorschriften der Fusionskontrolle im Hinblick auf die **Umsatzschwellenwerte** des § 35 Abs. 1 GWB und des Anwendungsvorranges der EG-Fusionskontrolle gemäß § 35 Abs. 3 GWB[1] Anwendung?
2. Greifen als Ausnahmen von der Anwendbarkeit der Fusionskontrollvorschriften die **Toleranzklauseln** des § 35 Abs. 2 Satz 1 Nr. 1 und 2 GWB ein?
3. Ist die geplante Transaktion überhaupt ein **Zusammenschluss** im Sinne des Gesetzes (§ 37 GWB)?
4. Kann der Zusammenschluss wegen einer **Verschlechterung** der Wettbewerbsstrukturen nach § 36 Abs. 1 GWB untersagt werden?
5. Soll bei Untersagung ein Antrag auf **Ministererlaubnis** gestellt werden (§ 42 GWB)?
6. Inwieweit kann der vollzogene Zusammenschluss nach rechtskräftiger Untersagung wieder **entflochten** werden (§ 41 GWB)?

Diese systematische Gliederung wird auch der folgenden Darstellung zugrunde gelegt. Zusätzlich werden an geeigneter Stelle die fusionskontrollrechtlichen Verfahrensregeln und Sonderprobleme bei Auslandszusammenschlüssen behandelt.

13

II. Verhältnis zur Fusionskontrolle des EG-Rechtes[2]

Die europäische Fusionskontrolle nach der FKVO[3] genießt Anwendungsvorrang vor dem nationalen Recht. Sind die **Umsatzschwellen** der EG-Fusionskontrolle erreicht[4] **und** ist ein **Zusammenschlusstatbestand** i.S.d. Art. 3 FKVO erfüllt,[5] so ist gemäß Art. 21 Abs. 2 und 3 FKVO i.V.m. § 35 Abs. 3 GWB die deutsche Fusionskontrolle nicht anwendbar. Hinsichtlich des Umsatzes ist einem Zusammenschluss gemeinschaftsweite Bedeutung beizumessen, wenn alle beteiligten Unternehmen zusammen einen weltweiten Umsatz von mehr als 5 Mrd. Euro und mindestens zwei beteiligte Unternehmen innerhalb der Gemeinschaft jeweils mehr als 250 Mio. Euro[6] Umsatz erreichen. Dagegen ist das nationale Recht grundsätzlich uneingeschränkt anwendbar, wenn die aufgeführten Umsatzwerte nicht erreicht werden oder ein Zusammenschlusstatbestand im Sinne der EG-Fusionskontrollverordnung nicht gegeben ist.[7]

14

Um **Mehrfachnotifizierungen** zu vermeiden, findet das Kontrollregime der FKVO zudem Anwendung, wenn bei Erreichen bestimmter Umsatzwerte, die

15

---

1 § 35 Abs. 3 GWB steht insoweit im Einklang mit Art. 21 Abs. 3 FKVO.
2 Vgl. *Bechtold*, Vor § 35 GWB Rz. 3–5.
3 FKVO = Verordnung VO (EG) Nr. 139/2004 (EG-Fusionskontrollverordnung), ABl. EG 2004 Nr. L 24/1, S. 1.
4 Art. 1 FKVO.
5 Zu den Voraussetzungen vgl. Teil VIII Rz. 231 ff.
6 Sog. „de minimis Schwelle", vgl. *Löffler* in Langen/Bunte, Art. 1 FKVO Rz. 4.
7 BGH, WuW/E BGH 3026, 3033 ff. – Backofenmarkt; BGH, WuW/E DE-R 243 – Pirmasenser Zeitung; KG, WuW/E OLG 5879, 5886 f. – WMF/Auerhahn zur Rechtfertigung der materiellen Ungleichbehandlung (strengeres nationales Recht); vgl. *Schultz/Wagemann*, Rz. 199–206.

nicht bereits nach Art. 1 Abs. 1 FKVO die Zuständigkeit der Kommission eröffnen, in mindestens drei Gemeinschaftsstaaten wettbewerbliche Wirkungen von dem Zusammenschlussvorhaben ausgehen.[1]

16 Nicht anwendbar ist die FKVO jedoch, wenn die am Zusammenschluss beteiligten Unternehmen mehr als zwei Drittel ihres gemeinschaftsweiten Umsatzes in einem Mitgliedsland erzielen (sog. **Zwei-Drittel-Klausel**).[2] Zudem kann das BKartA für einen Zusammenschluss wieder zuständig werden, wenn die Kommission auf Antrag nach Art. 9 Abs. 3 lit. b FKVO den Fall an es verweist.[3] Seit In-Kraft-Treten der neuen FKVO am 1.5.2004 kann ein Zusammenschluss von gemeinschaftsweiter Bedeutung zudem auf Antrag der Parteien wieder an die nationalen Behörden verwiesen werden (Art. 4 Abs. 4 FKVO).

17 Um die nationale oder europäische Zuständigkeit bewerten zu können, sind gemäß § 39 Abs. 3 Nr. 3 GWB bei nationalen Anmeldungen neben den Umsatzerlösen weltweit und den im Inland erzielten Beträgen auch Angaben für die Europäische Union erforderlich.

Im Montanbereich war nach Art. 66 EGKS-Vertrag die ausschließliche Zuständigkeit der EG-Kommission als Hohe Behörde gegeben.[4]

III. Anwendbarkeit der deutschen Fusionskontrolle aufgrund der Umsatzschwellenwerte

1. Anwendbarkeit nach § 35 Abs. 1 GWB

18 Die Zusammenschlusskontrolle ist nach § 35 Abs. 1 GWB nur anwendbar, wenn die beteiligten Unternehmen[5] im letzten Geschäftsjahr vor dem Zusammenschluss insgesamt einen **weltweiten Umsatz** von mehr als **500 Mio. Euro** erzielt haben (Nr. 1) **und** mindestens einer der Beteiligten im **Inland** Umsatzerlöse von mehr als **25 Mio. Euro** erzielt hat (Nr. 2). Letztere Bedingung soll sicherstellen, dass Auslandszusammenschlüsse mit nur marginaler Inlandsbedeutung aus der Fusionskontrolle ausgeschlossen werden. Ausnahmen von § 35 Abs. 1 GWB gelten aufgrund der sog. Toleranzklauseln des § 35 Abs. 2 GWB sowie für Handelsumsätze (§ 38 Abs. 2 GWB) und den Presse- und Rundfunkbereich (§ 38 Abs. 3 GWB).

2. Die Toleranzklauseln nach § 35 Abs. 2 GWB

19 Die Toleranzklauseln des § 35 Abs. 2 GWB schließen die Anwendbarkeit der Fusionskontrolle für Sachverhalte aus, die als **Bagatellfälle** zu bezeichnen sind, weil entweder die Unternehmen (Fall der Anschluss- oder De-minimis-Klau-

---

1 Vgl. im Einzelnen Art. 1 Abs. 3 lit. a–d FKVO; Teil VIII Rz. 222.
2 Art. 1 Abs. 2 lit. b Hs. 2 und Abs. 3 Hs. 2 FKVO.
3 Zu verfahrensrechtlichen Aspekten vgl. *Richter* in Wiedemann, § 19 Rz. 3.
4 Der EGKS-Vertrag und damit diese Sonderregelung ist am 23.7.2002 außer Kraft (Art. 97 EGKS-Vertrag) getreten; zu den Konsequenzen im Bereich des europäischen Kartellrechts: *Lübbig*, Stahl und Eisen 2002, 59.
5 Zum Begriff der „beteiligten" Unternehmen vgl. Teil VIII Rz. 77 f.

sel, Nr. 1) oder die betroffenen Märkte (Fall der Bagatellmarktklausel, Nr. 2) von untergeordneter Bedeutung sind.[1]

a) Die Anschlussklausel (De-minimis-Klausel) nach § 35 Abs. 2 Satz 1 Nr. 1 GWB

Unabhängige Unternehmen i.S.d. § 36 Abs. 2 GWB mit Umsatzerlösen unter 10 Mio. Euro können sich mit einem anderen Unternehmen zusammenschließen, ohne dass eine fusionskontrollrechtliche Untersagung möglich ist. Gesetzgeberischer Zweck dieser Vorschrift ist es, kleinen und mittelständischen Unternehmen eine volle Verwertung der in ihren Unternehmen steckenden Vermögenswerte zu ermöglichen.[2] 20

Das Tatbestandserfordernis der **fehlenden Abhängigkeit** wird von der herrschenden Meinung vom Gesetzeszweck her berichtigend ausgelegt, so dass eine Abhängigkeit von Unternehmen i.S.d. § 35 Abs. 2 Satz 1 Nr. 1 GWB auch dann nicht vorliegt, wenn ein „herrschender Kleinkonzern" Umsatzerlöse von insgesamt weniger als 10 Mio. Euro tätigt.[3] 21

Die Anschlussklausel ist auch auf Gründungen von Gemeinschaftsunternehmen anwendbar, wenn der kleinere Beteiligte Umsätze von weniger als 10 Mio. Euro tätigt und er die Substanz seines Betriebsvermögens ganz oder teilweise in das Gemeinschaftsunternehmen überträgt.[4] Eine Ausnahme liegt aber dann vor, wenn bei der Gründung eines Gemeinschaftsunternehmens die „kleinere Mutter" keine unternehmerischen Aktivitäten in dieses einbringt, sondern lediglich neue Aktivitäten aufnimmt.[5] 22

§ 35 Abs. 2 Satz 2 enthält eine **Rückausnahme**. Hiernach erfolgt keine Privilegierung durch die Anschlussklausel zugunsten von Zusammenschlüssen, die den Wettbewerb im **Pressebereich** beschränken. Der Pressebereich wird dabei weit verstanden und umfasst den Verlag, die Herstellung und den Vertrieb von Zeitungen, Zeitschriften einschließlich Anzeigenblätter mit redaktionellem Teil oder deren Bestandteile.[6] Diese Rückausnahme soll nach dem Gesetzentwurf für die 7. GWB-Novelle vom 7.6.2004 künftig entfallen. Die Anschlussklausel würde danach auch für Pressefusionen gelten. Die Umsatzschwelle soll allerdings insoweit von 10 Mio. auf 2 Mio. Euro herabgesetzt werden. 23

---

1 Nicht übernommen wurde die Bagatellumsatzklausel des § 24 Abs. 8 Satz 1 Nr. 1 GWB a.F.
2 Regierungsbegründung 1971, S. 32.
3 KG, WuW/E OLG 2597, 2511 – Stadtwerke Wolfenbüttel; ebenso *Kleinmann/Bechtold*, § 24 GWB Rz. 176; *Mestmäcker/Veelken* in Immenga/Mestmäcker, § 35 GWB Rz. 26.
4 KG, WuW/E OLG 2507, 2513 – VEBA/Stadtwerke Wolfenbüttel.
5 KG, WuW/E OLG 2507, 2513; vgl. auch KG v. 18.2.1985 – Kart 24/83, AG 1985, 307 (308) – Thüga/Stadtwerke Westerland.
6 BGH, WuW/E BGH 1905, 1906 – Münchener Anzeigenblätter; BVerfG, WuW/E VG 307 – Münchener Anzeigenblätter; BGH, WuW/E BGH 2443, 2449 – Südkurier/Singener Wochenblatt.

b) Die Bagatellmarktklausel nach § 35 Abs. 2 Satz 1 Nr. 2 GWB

24 Zusammenschlüsse können auch dann nicht untersagt werden, wenn sie einen Markt betreffen, auf dem seit mindestens fünf Jahren Waren oder gewerbliche Leistungen angeboten werden und auf dem im letzten Kalenderjahr ein Umsatz von weniger als 15 Mio. Euro erzielt wurde.[1]

25 Bei dieser Klausel ist die **Marktabgrenzung** problematisch. Während das BKartA verschiedene Märkte mit Umsätzen jeweils unter 15 Mio. Euro zusammenfasst (sog. „Marktbündelung" oder „Bündeltheorie"),[2] wenn sich die dort angebotenen Produkte nach Herstellungstechnik und Verwendungszweck nahe stehen, ist m.E. von den allgemeinen Marktabgrenzungskriterien auszugehen, wonach enge Teilmarktabgrenzungen möglich sind. Das KG hat die Bündeltheorie so auch in einer Reihe von Fällen ausdrücklich verworfen,[3] wohingegen der BGH jedenfalls für eine Mehrzahl nebeneinander liegender räumlich relevanter Märkte die Anwendung gebilligt hat.[4]

3. Modifikation des § 35 Abs. 1 GWB durch die Umsatzfiktionen des § 38 Abs. 2 und 3 GWB

26 Eine Modifikation erfahren die Toleranzklauseln im Bereich des Handels sowie in dem Bereich Presse und Rundfunk. Nach § 38 Abs. 2 GWB werden Handelsumsätze nur zu ¾ angesetzt, so dass beispielsweise für Handelsunternehmen mit Umsätzen in Höhe von 13 Mio. Euro noch die Anschlussklausel des § 35 Abs. 2 Satz 1 Nr. 1 GWB Anwendung findet. Im Bereich der Presse und des Rundfunks ist dagegen zu Lasten der Unternehmen das 20fache des tatsächlichen Umsatzes in Ansatz zu bringen.[5] Der Kabinettsentwurf für die 7. GWB-Novelle sieht allerdings vor, diesen Wert für Presseerzeugnisse auf das 10fache des tatsächlichen Umsatzes herabzusetzen. Im Rundfunksektor soll allerdings weiter der 20fache Umsatz in Ansatz gebracht werden.

4. Die Toleranzklauseln und die Anmelde- und Anzeigepflicht

27 Bei Vorliegen der Voraussetzungen einer der Toleranzklauseln findet die Fusionskontrolle keine Anwendung. Damit entfällt sowohl die präventive Anmeldepflicht als auch die Anzeigepflicht nach Vollzug eines Zusammenschlussvorhabens. Insbesondere bei Inanspruchnahme der Bagatellmarktklausel ist aber aufgrund der Unwägbarkeiten bei der Marktabgrenzung Vorsicht geboten.

---

[1] BGH, WuW/E BGH 1810 – Transportbeton Sauerland; KG, WuW/E OLG 2259 – Siegerländer Transportbeton.
[2] BKartA, WuW/E BKartA 1653, 1656 – Babcock/Artos; BKartA, WuW/E DE-V 527 – Marzipanrohmasse; BKartA, WuW 2001, 146 – BASF/Takeda; BKartA, WuW/E DE-V 203 – Krautkrämer/NUKEM; vgl. auch Monopolkommission, Sondergutachten 14, Rz. 96.
[3] KG, WuW/E OLG 3917, 3921 f. – Coop/Wandmaker; KG, AG 1990, 163 (165) – Flensburger Zeitungsverlag/SH Landeszeitung; KG, WuW/E OLG 3577, 3591 – Hussel/Mara; KG, WuW/E OLG 4379, 4383 – Schleswig-Holsteinischer Zeitungsverlag; ebenso *Mestmäcker/Veelken* in Immenga/Mestmäcker, § 35 GWB Rz. 37.
[4] BGH, WuW/E BGH 3037, 3042 – Raiffeisen.
[5] Vgl. *Bechtold*, § 38 GWB Rz. 3, 5 f.

Kommen das BKartA[1] und die Gerichte zu einer anderen (weiteren) Marktabgrenzung und fällt der so ermittelte relevante Markt nicht unter die Bagatellgrenze, so verstößt ein bereits vollzogener Zusammenschluss gegen das Vollzugsverbot des § 41 Abs. 1 Satz 1 GWB. Nach § 41 Abs. 3 und 4 GWB muss der Zusammenschluss wieder entflochten werden. Zudem sind die zivilrechtlichen Verträge, die dem Zusammenschluss zugrunde liegen, unwirksam. Um diese Risiken zu vermeiden, ist eine rechtzeitige informelle Einbeziehung des BKartA in die Marktabgrenzungsüberlegungen zu empfehlen. Auf diese Weise lässt sich auch das Bußgeldrisiko wegen eines Verstoßes gegen das Vollzugsverbot (§ 81 Abs. 1 Nr. 7 GWB) ausschließen.

5. Berechnung der relevanten Umsatzzahlen

a) Umsatzerlöse

Anders als mit § 24a Abs. 1 Satz 3 GWB a.F. enthält die neue Gesetzesfassung keine Angabe über den maßgeblichen Zeitpunkt der Umsatzberechnung. Eine inhaltliche Änderung geht damit aber nicht einher.[2] Maßgeblich bleibt somit grundsätzlich der Zeitpunkt der Anmeldung, nicht der des Zusammenschlusses. Die Umsatzerlöse ergeben sich in der Praxis zumeist aus dem Jahresabschluss des vorausgegangenen Geschäftsjahres. Zugrunde zu legen ist der **weltweit** erzielte **Konzernumsatz**. Bei Gemeinschaftsunternehmen sind die Gesamtumsätze in die Berechnung mit einzubeziehen.[3] Bei der Berechnung sind neben § 277 Abs. 1 HGB die Sonderregeln des § 38 GWB anzuwenden.

28

Hiernach bleiben **Innenumsatzerlöse** zwischen verbundenen Unternehmen ebenso wie die Mehrwertsteuer und Verbrauchssteuern außer Betracht. Umsatzerlöse in fremder Währung sind in Euro umzurechnen. **Handelsumsätze** sind nur mit 75 % der Umsatzerlöse in Ansatz zu bringen (§ 38 Abs. 2 GWB).[4] Bei **Kreditinstituten, Finanzinstituten und Bausparkassen** wird in § 38 Abs. 4 Satz 1 GWB auf § 34 Abs. 2 Satz 1 Nr. 1 lit. a–e der Verordnung über die Rechnungslegung der Kreditinstitute Bezug genommen. Als Umsatzerlöse sind damit folgende Positionen erfasst: Zinserträge, laufende Erträge aus Aktien und anderen nicht fest verzinslichen Wertpapieren, Beteiligungen sowie Anteile an verbundenen Unternehmen, Provisionserträge, Nettoerträge aus Finanzgeschäften und sonstige betriebliche Erträge. Umsatzsteuern und andere direkt auf diese Beträge erhobene Steuern sind in Abzug zu bringen.[5] Bei **Versicherungsunternehmen** werden nach § 38 Abs. 4 Satz 2 und 3 GWB die Prämieneinnahmen des letzten Geschäftsjahres zugrunde gelegt. Bei **Presse- und Rundfunkunternehmen** ist nach § 38 Abs. 3 GWB gegenwärtig noch das Zwanzigfache der Umsatzerlöse in Ansatz zu bringen.[6] Diese Verschärfung dient da-

29

---

1 Möglicherweise unter Anwendung der umstrittenen Bündeltheorie, vgl. soeben Teil - VIII Rz. 25.
2 Die RegBegr. 1997 schweigt hierzu.
3 Ständige Praxis des BKartA; s. auch KG, WuW/E OLG 1895 – Erdgas Schwaben.
4 Vgl. zu dieser und den folgenden Umsatzmodifikationen bereits Teil VIII Rz. 26.
5 Vgl. *Bechtold*, § 38 GWB Rz. 7.
6 Nach dem Kabinettsentwurf zur 7. GWB-Novelle sollen bei Presseerzeugnissen künftig nur noch die 10fachen Umsätze in Ansatz gebracht werden.

zu, lokale und kleine Unternehmen dieser Branchen ab 25 Mio. Euro Umsatz in die Fusionskontrolle einzubeziehen.

30 Es besteht Einigkeit darüber, dass bei der Ermittlung der Umsätze zur Prüfung der Anmeldepflicht auch **Auslandsumsätze** der Unternehmen einbezogen werden müssen, so dass diese Zahlen auf Weltbasis zu errechnen sind.[1] Auch bei Gemeinschaftsunternehmen sind die Gesamtumsätze in die Berechnung mit einzubeziehen, obwohl nach § 37 Abs. 1 Nr. 3 Satz 3 GWB zwischen den Müttern ein Zusammenschluss nur hinsichtlich des Marktes fingiert wird, auf dem das Gemeinschaftsunternehmen tätig wird.[2] Gerechtfertigt wird diese Praxis mit dem Hinweis, es handele sich bei diesen Werten nicht um marktbezogene, sondern um absolute Größenkriterien.[3] Die wirtschaftliche Stärke eines Unternehmens beruht demnach in erster Linie auf der Höhe der Umsätze, unabhängig davon, ob sie im Inland oder Ausland erzielt werden.

b) Die Verbundklausel des § 36 Abs. 2 Satz 1 GWB

31 Für die Berechnung der Umsatzerlöse (sowie von Marktanteilen) sind verbundene Unternehmen als ein einheitliches Unternehmen anzusehen. Die Einbeziehung abhängiger und beherrschender Unternehmen soll sicherstellen, dass Unternehmensgruppen, die wegen gegenseitiger Verflechtungen oder Einflussmöglichkeiten trotz rechtlicher Selbstständigkeit eine wettbewerbliche Einheit bilden, auch als Einheit behandelt werden.[4]

Beispiel:

Die Y-AG ist an der X-AG mit Mehrheit beteiligt. Die X-AG hat wiederum eine Tochter Z-GmbH. Die X-AG erwirbt 20 % der A-AG.

In diesem Falle werden Umsatzerlöse und Marktanteile aller Unternehmen addiert.[5]

32 Die Verbundklausel greift aber dann nicht ein, wenn die **Abhängigkeitsvermutung** des § 17 Abs. 2 AktG **widerlegt** werden kann. Zu nennen sind in diesem Zusammenhang insbesondere Bestimmungen in Gesellschaftsverträgen, Stimmrechtsbeschränkungen, Mehrstimmrechte etc., die im Ergebnis dazu führen, dass einer Kapitalmehrheit keine Stimmenmehrheit entspricht.[6]

---

1 Ganz herrschende Meinung: BGH, WuW/E BGH 1655 – Zementmahlanlage II; *Bechtold*, § 38 GWB Rz. 4; *Ruppelt* in Langen/Bunte, § 38 GWB Rz. 3; *Canenbley/Moosecker*, S. 36; *Kleinmann/Bechtold*, § 23 GWB Rz. 335.
2 Ständige Praxis des BKartA; s. auch KG, WuW/E OLG 1895 – Erdgas Schwaben.
3 *Möschel*, S. 503.
4 BGH, WuW/E BGH 1608, 1610 -WAZ; BGH, WuW/E DE-R 243 – Pirmasenser Zeitung: Verbundklausel bei faktischem Gleichordnungskonzern wegen personeller Verflechtung, einheitlicher Zielvorgaben und gleichgerichteten Verhaltens der Unternehmen.
5 Zur „Ausweitung" der Verbundklausel auf das gesamte GWB vgl. Teil VIII Rz. 124 und *Schulte*, AG 1998, 297 (308).
6 *Möschel*, S. 506.

c) Die Mehrmütter-Klausel des § 36 Abs. 2 Satz 2 GWB

Wird ein Tochterunternehmen von mehreren Mutterunternehmen **gemeinsam** beherrscht, so müssen die Ressourcen aller beteiligten Unternehmen zusammengezählt werden.

33

Beispiel:

Steht A unter der gemeinsamen Beherrschung von X, Y und Z und schließen sich A und B zusammen, so sind die Marktanteile und der Umsatz von allen fünf Unternehmen bei den relevanten Berechnungen zu berücksichtigen.

Das BKartA wendet die Vorschrift über ihren Wortlaut hinaus auch auf Zusammenschlüsse an, bei denen nur ein Mutterunternehmen direkt beteiligt ist.[1] Erwirbt in dem oben genannten Beispiel X das Unternehmen B, so wird die gemeinsame Tochter A dem X zugerechnet, nicht aber die anderen Mütter Y und Z.

34

Die eigentliche **Problematik** der Mehrmütter-Klausel besteht in der Frage, wann bei mehreren Unternehmen von einer gemeinsamen Beherrschung ausgegangen werden kann.[2] Bestehen zwischen den Mutterunternehmen Pool-, Konsortial- oder Stimmbindungsverträge, die zu einer einheitlichen Stimmabgabe oder zu einer einheitlichen Leitungsmacht führen, so ist eine gemeinsame Beherrschung anzunehmen.[3]

35

Abgrenzungsschwierigkeiten bereitet dagegen die Möglichkeit der gemeinsamen Beherrschung aufgrund eines tatsächlichen Zusammenwirkens.[4] Bei paritätischen Gemeinschaftsunternehmen im Verhältnis 50 : 50 soll nach der Auffassung des BGH das „Aufeinander-Angewiesen-Sein" der Gesellschaften nicht ausreichen, um eine gemeinsame Beherrschung zu bejahen. Hinzu kommen müssen vielmehr noch weitere Umstände, die eine sichere Grundlage für die Ausübung gemeinsamer Herrschaft bilden.[5] Das BKartA und das KG haben hierfür eine weitgehende Interessenübereinstimmung der Gesellschaften und einen Einigungszwang in allen wichtigen Fragen der Geschäftsführung im Zusammenhang mit der paritätischen Beteiligung ausreichen lassen.[6] Einen Einigungszwang sieht das KG als gegeben an, wenn nach der Satzung des Gemeinschaftsunternehmens oder nach ergänzenden Abreden der Gesellschafter die meisten, wichtigen Maßnahmen der Geschäftsführer der Zustimmung der Gesellschafterversammlung bedürfen.[7] Auf der anderen Seite kann ein bestehendes Spannungsverhältnis zwischen den Gesellschaften den gemeinsamen Ein-

36

---

1 Vgl. *Bechtold*, § 36 GWB Rz. 39 f.; *Kleinmann/Bechtold*, § 23 GWB Rz. 378 m.w.N.
2 Dazu *Deringer* in FS von Gamm, S. 559 ff.; *Herrmann* in FS Deringer, S. 263 ff.
3 Enger *Canenbley/Moosecker*, S. 215, die zusätzlich noch eine im Voraus erfolgte inhaltliche Bestimmung der Leitungsmacht fordern.
4 Das Problem stellt sich vergleichbar im Rahmen der gemeinsamen Kontrolle beim Zusammenschlussbegriff des § 37 Abs. 1 Nr. 2 GWB, vgl. Teil VIII Rz. 55.
5 BGH, WuW/E BGH 1608, 1611 – WAZ.
6 BKartA, WuW/E BKartA 1876, 1879 – REWE/Florimex; BKartA, WuW/E BKartA 1897, 1900 – Hussel/Mara; BKartA, WuW/E BKartA 2488, 2489 – Bayerische Asphalt-Mischwerke; KG, WuW/E OLG 3577, 3582 f. – Hussel/Mara.
7 KG, WuW/E OLG 3577, 3582 f. – Hussel/Mara.

fluss neutralisieren.¹ Im Einzelfall ist immer eine Gesamtbeurteilung aller vertraglichen und faktischen Elemente notwendig, aufgrund derer eine gesicherte einheitliche Einflussnahme mehrerer Unternehmen auf der Grundlage einer auf Dauer angelegten Interessengleichheit zu erwarten ist.²

IV. Der Zusammenschlussbegriff

1. Übersicht

37 Der Zusammenschlussbegriff ist abschließend in § 37 GWB geregelt. Hierbei enthält § 37 Abs. 1 GWB einen vollständigen, durch die 6. GWB-Novelle modifizierten Katalog der **Zusammenschlusstatbestände**. Zwischen folgenden, nach der Intensität des Zusammenschlusses absteigend angeordneten Tatbeständen wird unterschieden:

- Vermögenserwerb (§ 37 Abs. 1 Nr. 1 GWB);
- Kontrollerwerb (§ 37 Abs. 1 Nr. 2 GWB);
- Kapitalanteils- oder Stimmrechtserwerb (§ 37 Abs. 1 Nr. 3 GWB);
- Erwerb eines wettbewerblich erheblichen Einflusses (§ 37 Abs. 1 Nr. 4 GWB).

38 **Einschränkungen** des Zusammenschlussbegriffes ergeben sich aus § 37 Abs. 2 GWB (keine wesentliche Verstärkung der bereits bestehenden Unternehmensverbindungen) und § 37 Abs. 3 Satz 1 GWB (Bankenklausel). **Erweiterungen** gelten bei Gemeinschaftsunternehmen (§ 37 Abs. 1 Nr. 3 Satz 4 GWB).

39 In der Praxis haben sich bisher die meisten Zusammenschlüsse durch den Erwerb von **Kapitalanteilen oder Stimmrechten** vollzogen.³ Aufgrund der Neugestaltung der Zusammenschlusstatbestände wird künftig der praktisch wichtigste Fall des Mehrheitserwerbs – die Mehrheitsbeteiligung i.S.v. § 16 Abs. 1 AktG – dem Kontrollerwerb des § 37 Abs. 1 Nr. 2 GWB unterfallen.[4] In der Vergangenheit hatten zudem Umgehungsfälle, in denen durch immer neue Konstruktionen die Anwendung des § 23 Abs. 2 GWB a.F. formal ausgeschlossen werden sollte, zunehmende Bedeutung erlangt.[5] Der Gesetzgeber ist dem in der 5. GWB-Novelle durch Einfügung des Auffangtatbestandes des Erwerbes eines wettbewerblich erheblichen Einflusses und in der 6. Novelle nunmehr durch Einfügung der „Generalklausel"[6] des Kontrollerwerbs entgegengetreten.

---

1 BGH, WuW/E BGH 1608, 1612 – WAZ.
2 BGH, WuW/E BGH 2810, 2811 – Transportbeton Sauerland.
3 *Richter* in Wiedemann, § 19 Rz. 94; *Emmerich*, AG 1983, 321; *Emmerich*, AG 1985, 316.
4 *Richter* in Wiedemann, § 19 Rz. 94 i.V.m. 81.
5 Vgl. *Emmerich*, AG 1986, 351.
6 So *Richter* in Wiedemann, § 19 Rz. 74.

2. Der Unternehmensbegriff

Nach den §§ 35 ff. GWB muss es sich um einen Zusammenschluss zwischen **Unternehmen** handeln. Für die Erfüllung dieses Begriffes reicht jede Tätigkeit einer natürlichen oder juristischen Person, soweit sie nicht der rein privaten Lebensführung oder abhängiger Arbeit zuzurechnen ist oder ein hoheitliches Handeln der öffentlichen Hand darstellt.[1] 40

Nach dieser Definition erfüllen **Handelsgesellschaften** praktisch immer den Unternehmensbegriff. **BGB-Gesellschaften, Vereine und Verbände** können Unternehmen sein, soweit sie am marktwirtschaftlichen Leistungsaustausch teilnehmen. Hierbei ist auf den Gesamtcharakter ihrer Tätigkeit abzustellen.[2] Die **öffentliche Hand** erfüllt die Unternehmenseigenschaft, wenn sie am marktwirtschaftlichen Leistungsaustausch teilnimmt, ohne hoheitliche Tätigkeiten auszuüben.[3] Auch öffentlich-rechtliche Rundfunkanstalten, die sich an anderen Unternehmen beteiligen, handeln nach Auffassung des BKartA unternehmerisch und unterliegen deshalb der Fusionskontrolle.[4] In der gleichen Weise sind **freiberufliche Tätigkeiten** von Architekten, Wirtschaftsprüfern, Rechtsanwälten und Ärzten als unternehmerisch einzustufen.[5] 41

Problematisch ist die Behandlung von **Privatpersonen**, wenn diese „maßgebliche Beteiligungen" **unterhalb** einer Mehrheitsbeteiligung an einer Firma halten, die zu gemeinsamen marktstrategischen Planungen und Entscheidungen sowie zu einer wirtschaftlichen Interessenbindung führt.[6] Während die Rechtsprechung andeutet, in diesen Fällen die Unternehmenseigenschaft zu bejahen, ist m.E. Zurückhaltung zu fordern, da die eingeschränkten Einflussmöglichkeiten einer Minderheitsbeteiligung es in der Regel nicht rechtfertigen, das Unternehmen der beteiligten Privatperson zuzurechnen.[7] 42

Im Rahmen von Mehrheitsbeteiligungen kommt die sog. „**Flick-Klausel**" (§ 36 Abs. 3 GWB) zur Anwendung. Hiernach gelten Personen und Personenvereinigungen, die eine Mehrheitsbeteiligung an einem Unternehmen halten, als Unternehmen im Rahmen der Fusionskontrolle. Diese Fiktion wird damit begründet, dass alle Unternehmen im Mehrheitsbesitz einer Person oder Personenvereinigung nach der Verbundklausel des § 36 Abs. 2 Satz 1 GWB als Einheit betrachtet werden müssen.[8] Die „Flick-Klausel" hat über die Zurechnung der Unternehmensbeteiligung hinaus Auswirkung auf die Anmeldepflicht (§ 39 Abs. 2 GWB) und auf die Bagatellklausel (§ 35 Abs. 2 GWB). 43

---

1 KG, AG 1983, 160 (161) – Holtzbrinck/Rowohlt; BGH, WuW/E BGH 2813, 2818 – Selbstzahler; *Emmerich*, § 2 Nr. 1a.
2 *Möschel*, S. 484.
3 BGH, WuW/E BGH 1661, 1662 f. – Berliner Musikschulen; BGH, WuW/E BGH 2813, 2818 – Selbstzahler.
4 BKartA, WuW/E BKartA 2396, 2397 f. – Westdeutscher Rundfunk/Radio NRW.
5 *Emmerich*, § 2 Nr. 2; *Canenbley/Moosecker*, S. 260.
6 *Möschel*, S. 484; *Canenbley/Moosecker*, S. 261; *Emmerich*, AG 1983, 322.
7 *Quack*, GRUR 1980, 449; *Canenbley/Moosecker*, S. 261.
8 Vgl. die Regierungsbegründung zur Vierten GWB-Novelle, WuW 1980, 346; Bericht des Wirtschaftsausschusses, WuW 1980, 371.

3. Die Zusammenschlusstatbestände des § 37 Abs. 1 GWB

a) Der Vermögenserwerb nach § 37 Abs. 1 Nr. 1 GWB

44 Gemäß § 37 Abs. 1 Nr. 1 GWB gilt der Erwerb des Vermögens eines anderen Unternehmens ganz oder zu einem wesentlichen Teil als Zusammenschluss im Sinne des GWB. Dieser Tatbestand soll die Fälle erfassen, in denen ein Unternehmen lediglich das Betriebsvermögen oder Teile davon übernimmt, ohne den dazugehörenden Geschäftsmantel zu erwerben.[1] Erwerbssubstrat können alle geldwerten, unternehmerisch genutzten Vermögensgegenstände eines Unternehmens sein wie beispielsweise Produktionsstätten, Kundenkarteien, der Goodwill eines Unternehmens, Betriebsgeheimnisse, gewerbliche Schutzrechte oder die Absatzorganisation.[2]

45 Die Vorschrift erfasst nicht nur den Erwerb des ganzen Vermögens eines Unternehmens, sondern auch den Erwerb eines **wesentlichen Teils** desselben. Die Auslegung der Rechtsprechung ist hierbei über die rein quantitative Betrachtung der Größenanteile hinausgegangen und beurteilt die „Wesentlichkeit" eines Betriebsteils in erster Linie danach, ob es sich um selbstständige betriebliche Teileinheiten handelt, die eigenständige Bedeutung haben und deren Erwerb geeignet ist, die Stellung des Erwerbers auf dem betroffenen Markt zu verändern.[3] Im Fall „Melitta/Kraft" hat der BGH darauf abgestellt, ob der Vermögensteil in gleicher Weise wie das Vermögen eines Unternehmens als Ganzes tragende Grundlage (Substrat) der Stellung auf dem relevanten Markt ist und geeignet ist, diese Marktstellung von dem Veräußerer auf den Erwerber zu übertragen.[4]

46 Entscheidend für die Beurteilung der Wesentlichkeit ist somit die Frage, ob sich der Vermögensübergang auf die Stellung des **Erwerbers** auswirkt und geeignet ist, die **Marktverhältnisse** zu beeinflussen.[5] Der BGH hat beispielsweise ein Zementwerk, das durch ein Hüttenunternehmen an einen Zementhersteller veräußert wurde, als wesentlichen Vermögensteil angesehen, da sich der Verkäufer hierdurch von einem lokalen Markt zurückzog und dadurch die ohnehin schon bedeutende Marktposition des Erwerbers verstärkte.[6] Zu dem gleichen Ergebnis kam der BGH beim Verkauf eines Kettenstichnähmaschi-

---

1 Im amerikanischen Fusionskontrollrecht wurde dieses berühmte „loophole" bei Erwerb von „assets" erst 1950 durch das „Celler-Kefauer Amendment" geschlossen.
2 BKartA, AG 1986, 371 (372) – Weiss-Druck/S-W Verlag; BGH, WuW/E BGH 2783 – Warenzeichenerwerb; BKartA, WuW/E DE-V 527 – Marzipanrohmasse; *Mestmäcker* in Immenga/Mestmäcker, § 37 GWB Rz. 14; *Wiedemann/Richter*, § 19 Rz. 71; *Ruppelt* in Langen/Bunte, § 37 GWB Rz. 8.
3 BGH, WuW/E BGH 1570, 1573 – Kettenstichnähmaschinen; WuW/E BGH 1655 – Zementmahlanlage II; KG, WuW/E OLG 3591, 3593 – Coop Schleswig Holstein/ Deutscher Supermarkt; BKartA, WuW/E DE-V 527 – Marzipanrohmasse; *Mestmäcker/Veelken* in Immenga/Mestmäcker, § 37 GWB Rz. 17.
4 BKartA, WuW/E BKartA 2377, 2378 – Melitta/Kraft; BGH, WuW/E BGH 2783, 2786 – Warenzeichenerwerb.
5 BGH, WuW/E BGH 1763, 1771 – Bituminöses Mischgut; BKartA, WuW/E BKartA 2377, 2378 – Melitta/Kraft.
6 BGH, WuW/E BGH 1763 – Bituminöses Mischgut; vgl. auch BKartA, AG 1983, 197 – OAM/Deutag.

nenprogramms, obwohl diese Transaktion weniger als 0,5 % des Vermögens und nur 1,4 % des Umsatzes des kaufenden Unternehmens ausmachten.[1]

b) Der Kontrollerwerb nach § 37 Abs. 1 Nr. 2 GWB

Der Tatbestand des **„Kontrollerwerbs"** wurde aus der Fusionskontrollverordnung des EU-Rechts übernommen und ging mit einer Straffung der übrigen Zusammenschlusstatbestände einher.[2] Die Bundesregierung geht in ihrer Gesetzesbegründung davon aus, dass das Bundeskartellamt und die deutschen Gerichte die Auslegungspraxis der Kommission und des Europäischen Gerichtshofes übernehmen werden.[3] Da zudem der Anwendungsbereich des Zusammenschlussbegriffs nicht eingeengt werden sollte und insbesondere der bisher von § 23 Abs. 2 Nr. 3 bis 5 GWB a.F. erfassten Sachverhalte in dem Kontrollbegriff aufgehen sollten, kann man sich an der Auslegung zu diesen Tatbeständen zumindest insoweit orientieren, als danach ein Zusammenschluss anzunehmen war.[4]   47

Der Tatbestand umfasst sowohl den Erwerb der Einzelkontrolle als auch den Erwerb der gemeinsamen Kontrolle durch mehrere Unternehmen. Kontrolle bedeutet dabei die **Möglichkeit**, einen **bestimmenden Einfluss** auf die Tätigkeit eines anderen Unternehmens ausüben zu können.[5] Das BKartA muss daher im Einzelfall nicht nachweisen, dass der Einfluss auch tatsächlich ausgeübt wird.[6] Nach der Definition des § 37 Abs. 1 Nr. 2 GWB wird diese Möglichkeit der Leitungsmacht durch „Rechte, Verträge oder andere Mittel" begründet." Erfasst werden alle Transaktionen, durch die unternehmerisch genutzte Ressourcen unter den bestimmenden Einfluss eines anderen oder mehrerer anderer Unternehmen gelangen und aufgrund derer die Erwerberseite über Ressourcen im Wettbewerb verfügen kann, über die vorher eine von ihr unabhängige Unternehmenseinheit verfügen konnte. Dabei kommt sowohl ein unmittelbarer Erwerb von Ressourcen (§ 37 Abs. 1 Nr. 2 Satz 1 lit. a GWB, sog. „**Asset Deal**"), als auch mittelbar der Erwerb von Einfluss auf die Willensbildung (§ 37 Abs. 1 Nr. 2 Satz 1 lit. b GWB, sog. „**Share Deal**") in Betracht. Anders als nach der alten Gesetzeslage ermöglicht der Tatbestand des Kontrollerwerbs künftig die fusionskontrollrechtliche Erfassung von Beteiligungsaufstockungen, wenn sie sich unterhalb oder zwischen den Stufen des Beteiligungserwerbs des § 37 Abs. 1 Nr. 3 GWB bewegen. Stockt ein Unternehmen beispielsweise seine Beteiligung an einer Aktiengesellschaft von 25 % auf   48

---

[1] BGH, WuW/E BGH 1570, 1573 – Kettenstichnähmaschinen.
[2] Der Kontrollerwerb der Nr. 2 umfasst Fälle, die vormals den Tatbeständen der §§ 23 Abs. 2 Nr. 2 lit. c (Mehrheitsbeteiligung), Nr. 2 Satz 4 (Sperrminorität), Nr. 3 (Unternehmensverträge), Nr. 4 (personelle Verflechtung) und Nr. 5 (sonstige Verbindung mit beherrschendem Einfluss) GWB a.F. unterfielen, vgl. zu diesen Tatbeständen die 4. Auflage, Teil VII, Rz. 22–43.
[3] Begründung der Bundesregierung zu § 37, BT-Drucks. 13/9720, 57; vgl. Teil VIII Rz. 233.
[4] *Wiedemann/Richter*, § 19 Rz. 75.
[5] „Seinem Willen unterwerfen und diesen bei ihm durchsetzen", so RGZ 147, 40 (49).
[6] KG, WuW/E OLG 3051, 3066 – Morris/Rothmans.

45 % auf und bedeutet diese Beteiligung aufgrund einer geringen Hauptversammlungspräsenz die tatsächliche Leitungsmacht, so ist dieser Vorgang kontrollpflichtig.[1] Gleiches gilt für die Umwandlung von gemeinsamer Kontrolle in Alleinkontrolle, auch wenn damit kein Schwellenwert von 25 % oder 50 % passiert wird.[2]

49 Wie bereits bei § 23 Abs. 2 Nr. 5 GWB a.F. müssen die Einflussmöglichkeiten durch eine Beteiligung flankiert, also gesellschaftsrechtlich durch eine dauerhafte Strukturveränderung abgesichert sein. Lediglich **wirtschaftliche Abhängigkeiten**, beispielsweise im Bereich enger Zulieferbeziehungen, erfüllen den Tatbestand des Kontrollerwerbs regelmäßig nicht. Dem steht insbesondere die Kündbarkeit solcher Beziehungen und damit das Fehlen einer strukturell verankerten, dauerhaften Einflussmöglichkeit entgegen.[3] In Betracht kommt in solchen Fällen allenfalls ein Zusammenschluss nach Nr. 4 („wettbewerblich erheblicher Einfluss").[4]

50 § 37 Abs. 1 Nr. 2 GWB umfasst lediglich den **Erwerb** von Kontrolle; eine Verstärkung bereits bestehender Kontrolle stellt dagegen keinen Zusammenschluss i.S.d. Nr. 2 dar.[5]

51 Der Erwerb der Mehrheit der Kapitalanteile oder Stimmrechte als **Mehrheitsbeteiligung** i.S.d. § 16 Abs. 1 AktG[6] wird der praktisch wichtigste Fall des Kontrollerwerbs sein. Während der Erwerb von exakt 50 % der Anteile von dem Zusammenschlusstatbestand der Nr. 3 lit. a erfasst wird, stellt jeder darüber hinausgehende Anteilserwerb grundsätzlich einen Kontrollerwerb i.S. der Nr. 2 dar.[7]

52 Aber auch Beteiligungen unterhalb der 50 %-Schwelle können zu einem Kontrollerwerb führen, wenn dem Erwerber eine **faktisch dauerhafte Hauptversammlungsmehrheit** zukommt.[8] Dies wird insbesondere der Fall sein, wenn sich bei einer Aktiengesellschaft die Anteile zu einem gewissen Teil im Streubesitz befinden und eine empirisch niedrige Hauptversammlungspräsenz fest-

---

1 Vgl. Komm.E. v. 10.12.1990 – IV/M.025, ABl. EG Nr. C 321 Nr. 21.12.1990, S. 16, Arjomari-Prioux SA/Wiggins Teaple Appleton plc; BKartA, Beschluss v. 7.12.2001 – B9-114/01 – Krieger/Möbel Walther.
2 *Bechtold*, NJW 1998, 2769 (2772); *Schütz* in Gemeinschaftskommentar, § 37 GWB Rz. 42.
3 Streitig, vgl. *Immenga* in Immenga/Mestmäcker, Art 3 FKVO Rz. 31; *Canenbley/Moosecker*, S. 21; *Mestmäcker/Veelken* in Immenga/Mestmäcker, § 37 GWB Rz. 37; *Ruppelt* in Langen/Bunte, § 37 GWB Rz. 29; *Wiedemann/Richter*, § 19 Rz. 79, 92.
4 Vgl. hierzu aber Teil VIII Rz. 66 ff.
5 *Immenga* in Immenga/Mestmäcker, Art 3 FKVO Rz. 34 mwN.; *Bechtold*, § 37 GWB Rz. 18; *Mestmäcker/Veelken* in Immenga/Mestmäcker, § 37 GWB Rz. 43.
6 Diese Variante entspricht dem § 23 Abs. 2 Nr. 2 lit. c GWB a.F.
7 *Wiedemann/Richter*, § 19 Rz. 81 mit Hinweis auf die Gesetzesbegründung.
8 So die Regierungsbegründung zu § 37, BT-Drucks. 13/9720, 57; BKartA, Beschluss v. 7.12.2001 – B9-114/01 – Krieger/Möbel Walther; *Mestmäcker/Veelken* in Immenga/Mestmäcker, § 37 GWB Rz. 34.

gestellt werden kann.¹ Vorbehaltlich einer Änderung in der Aktionärsstruktur ist dies anzunehmen, wenn in der Vergangenheit ein Gesellschafter beständig die Mehrheit der Stimmrechte in der Hauptversammlung innegehabt hat.²

Nr. 2 lit. a nennt den Kontrollerwerb durch **Eigentums- oder Nutzungsrechte** an der Gesamtheit oder einem Teil des Unternehmensvermögens. Während der Eigentumserwerb bereits durch den Tatbestand der Nr. 1 (Vermögenserwerb) erfasst wird, sind mit Nutzungsrechten in erster Linie **Betriebspacht- und Betriebsüberlassungsverträge** i.S.v. § 292 Abs. 1 Nr. 3 AktG gemeint.³ Sofern lediglich ein Unternehmensteil von der Transaktion betroffen ist, muss diesem eine selbstständige Marktbedeutung zukommen.⁴ Die **praktische Bedeutung** dieser Zusammenschlussform ist eher gering, da solche Verbindungen ohne eine beteiligungsmäßige Unterlegung kaum vorkommen. Der bekannteste Fall ist noch die Vermietung der Lebensmittelabteilung von Horten an Edeka.⁵ 53

Nach Nr. 2 lit. b wird Kontrolle auch durch Rechte oder Verträge vermittelt, die einen bestimmenden Einfluss auf die Zusammensetzung, die Beratungen oder die Beschlüsse der Unternehmensorgane gewähren. In Anlehnung an die im Aktiengesetz vorgefundenen Vertragstypen erfasst der Tatbestand zum einen **Konzernverträge**, durch die ein Unter- oder Gleichordnungskonzern gebildet oder erweitert wird. Zum anderen werden nunmehr auch Unternehmensverträge zwischen Nichtaktiengesellschaften und damit zwischen Unternehmen beliebiger Rechtsform erfasst.⁶ Weiterhin erfasst der Tatbestand des Kontrollerwerbs **Geschäftsführungs- und Gewinnabführungsverträge**.⁷ 54

Um der Lückenlosigkeit des Kontrollbegriffs und damit dem Wesen einer Generalklausel gerecht zu werden, erfasst § 37 Abs. 1 Nr. 2 GWB schließlich noch den **Kontrollerwerb durch andere Mittel**. So erfüllen personelle Verflechtungen zwischen verschiedenen Unternehmen den Zusammenschlusstat- 55

---

1 So in der Komm.E. v. 10.12.1990 – IV/M.025, ABl. EG 1990 Nr. C 321, S. 16, Arjomari-Prioux SA/Wiggins Teaple Appleton plc: Arjomari erwarb 39 % der Anteile an Wiggins, die übrigen Anteile waren unter mehr als 100 000 Anteilseignern gestreut, von denen keiner mehr als 4 % der Anteile besaß; sowie Komm.E v. 31.7.1995 – IV/M.613, ABl. EG 1995 Nr. C 252, S. 3, Jefferson Smurfit/Munskjo AB, wo bereits der Erwerb von 29 % der Anteile genügte.
2 Vgl. BKartA, Beschluss v. 7.12.2001 – B9-114/01 – Krieger/Möbel Walther; *Ruppelt* in Langen/Bunte, § 37 GWB Rz. 21; *Mestmäcker/Veelken* in Immenga/Mestmäcker, § 37 GWB Rz. 34; *Löffler* in Langen/Bunte, Art. 3 FKVO Rz. 10, der fordert, dass dies dreimal in Folge der Fall gewesen ist.
3 Diese Sachverhalte wurden vor der 6. GWB-Novelle von § 23 Abs. 2 Nr. 3 lit. c GWB a.F. erfasst.
4 Vgl. insoweit bereits die Ausführungen zum Vermögenserwerb, Teil VIII Rz. 44 und 45.
5 Pressemitteilung BKartA, WuW 1979, 739; vgl. auch BKartA, AG 1986, 371 (372) – Weiss KG/S-W Verlag, bejahend für die Nutzungsüberlassung der Herausgeber- und Titelrechte von Anzeigenblättern.
6 So bereits für das „alte" GWB trotz entgegenstehenden Wortlauts des § 23 Abs. 2 lit. a GWB a.F. unter Hinweis auf den Zweck der Norm: *Mestmäcker* in Immenga/Mestmäcker, 2. Aufl. 1992, § 23 GWB Rz. 202; *Kleinmann/Bechtold*, § 23 GWB Rz. 137.
7 Vgl. § 23 Abs. 2 Nr. 3 lit. b GWB a.F.

bestand des Kontrollerwerbs dann, wenn eine **Personengleichheit** von mindestens der Hälfte der Mitglieder des Aufsichtsrates, des Vorstandes oder eines sonstigen zur Unternehmenslenkung oder Aufsicht berufenen Organs herbeigeführt wird.[1] Es ist nicht erforderlich, dass die Personengleichheit zwischen funktionsgleichen Organen besteht, sondern es genügt, wenn die Identität z.B. zwischen dem Vorstand eines Unternehmens und dem Aufsichtsrat eines anderen vorliegt.[2]

56 Strittig ist die Behandlung der Fälle, in denen die Organe der beteiligten Unternehmen eine **unterschiedliche Anzahl** von Mitgliedern haben und nur bei einem Unternehmen die Personengleichheit in Höhe der Hälfte der Mitglieder eines Organs erreicht wird.[3] Nach der Auffassung des BKartA reicht diese einseitige Personenidentität aus, da diese Verflechtung innerhalb von Abhängigkeitsbeziehungen bereits ein wichtiges Mittel einheitlicher Leitung darstellt.[4]

57 Schließlich kann der Erwerb der unmittelbaren oder mittelbaren Kontrolle – wie erwähnt – auch durch **mehrere Unternehmen gemeinsam** erfolgen, wenn sie ihr Verhalten i.S.d. Mehrmütterklausel des § 36 Abs. 2 Satz 2 GWB koordinieren.[5]

58 Dieser Tatbestand wird vor allem bei der Beteiligung an Gemeinschaftsunternehmen relevant, wenn hieran mehr als vier Unternehmen beteiligt sind, die jeweils einen geringeren Anteil am Gemeinschaftsunternehmen als 25 % besitzen.[6] Eine Addition der einzelnen Anteile reicht für die Annahme einer gemeinsamen Beherrschung nicht aus, vielmehr müssen **zusätzliche** Anforderungen erfüllt sein.[7]

59 Entscheidend ist dabei, dass ein **dauerhafter Interessengleichklang** der gemeinsam Herrschenden besteht, der im Sinne eines Einigungszwanges eine stets gleich gerichtete Einflussnahme mit hinreichender Wahrscheinlichkeit erwarten lässt und über die allgemeine gemeinsame Interessenlage hinausreicht. Die Koordination kann sich dabei sowohl aufgrund einer Vereinbarung als auch aufgrund tatsächlicher Umstände ergeben.[8] Als Anhaltspunkte für eine

---

1 Dass anders als die entsprechende Regelung der FKVO (Art. 5 Abs. 4 lit. b Ziffer iii) bereits genau die Hälfte der Mitglieder ausreicht, ergibt sich aus der Tatsache, dass der § 23 Abs. 2 Nr. 4 GWB a.F., der diesen Zusammenschluss ausdrücklich erwähnte, gerade vom Kontrollerwerb der Nr. 2 mitumfasst sein sollte (so die Regierungsbegründung, BT-Drucks. 13/9720, 43).
2 *Mestmäcker/Veelken* in Immenga/Mestmäcker, § 37 GWB Rz. 41.
3 Beispiel: A-AG hat 10 Vorstandsmitglieder, B-AG nur 8. 4 der 10 Vorstandsmitglieder der A-AG sitzen gleichzeitig im Vorstand der B-AG, so dass die Personengleichheit in Höhe der Hälfte der Organmitglieder nur bei der B-AG erreicht wird.
4 BKartA, WuW/E BKartA 1475 – Haindl/Holtzmann, insoweit nicht veröffentlicht; vgl. *Mestmäcker/Veelken* in Immenga/Mestmäcker, § 37 GWB Rz. 41, 98.
5 Zur gemeinsamen Beherrschung: *Deringer* in FS von Gamm, S. 559 ff.
6 Sonst liegt jedenfalls ein Fall des § 37 Abs. 1 Nr. 3 Satz 3 GWB vor.
7 KG, WuW/E OLG 2517, 2519 – Metro/Kaufhof; WuW/E OLG 2655 – Transportbeton Sauerland IV; BGH, WuW/E BGH 2620, 2623 – Springer/Kieler Zeitung.
8 BGH, WuW/E BGH 1810, 1811 – Transportbeton Sauerland; KG, WuW/E OLG 4075, 4076 – Springer/Kieler Zeitung; BKartA, WuW/E BKartA 2204, 2208 – Morris/Rothmans II.

gesicherte einheitliche Einflussnahme wertete der BGH das Verbot der Abtretung von Geschäftsanteilen an Dritte, die Verpflichtung zur Leistung aktiver Beiträge und die Zugehörigkeit der Gesellschafter zur gleichen Branche.[1]

Die Möglichkeit **wechselnder Mehrheitsbildungen** reicht für die Widerlegung einer gemeinsamen Beherrschung allein nicht aus, vielmehr wird man hierfür nachweisen müssen, dass auch tatsächlich mit wechselnden Mehrheiten abgestimmt wird.[2] 60

Ist die **gemeinsame Beherrschung** eines Unternehmens durch mehrere „Mütter" gegeben, so liegen – anders als nach § 37 Abs. 1 Nr. 3 Satz 3 GWB – nur **getrennte** Zusammenschlüsse zwischen den einzelnen beherrschenden Unternehmen und der beherrschten Tochter vor, nicht aber die Fiktion eines horizontalen Zusammenschlusses der beherrschenden Unternehmen miteinander.[3] 61

c) Der Kapitalanteils- oder Stimmrechtserwerb nach § 37 Abs. 1 Nr. 3 GWB

Erwirbt ein Unternehmen Anteile an einem anderen Unternehmen und erreicht der Anteilsbesitz des Erwerbers bei Berücksichtigung der ihm schon gehörenden Anteile **25 oder 50 % des Kapitals oder der Stimmrechte**, so liegt ein Zusammenschluss nach § 37 Abs. 1 Nr. 3 GWB vor. Dabei stellt jeder Erwerb, durch den einer der beiden Schwellenwerte erreicht wird, einen selbstständigen Zusammenschlusstatbestand dar.[4] Nach dem Wortlaut fällt zwar auch ein Erwerb von über 50 % unter diese Alternative; regelmäßig wird dann aber bereits der Tatbestand des Kontrollerwerbs erfüllt sein.[5] 62

Während früher allein die Beteiligung am **stimmberechtigten** Kapital entscheidend war, so dass kein Zusammenschluss vorlag, wenn trotz des Erwerbs von 25 oder 50 % am Kapital eines Unternehmens weniger als 25 oder 50 % der Stimmrechte erworben wurden,[6] ist durch eine mit der 5. GWB-Novelle 1990 erfolgten Änderung nunmehr ausdrücklich geregelt, dass jeder Erwerb von 25 oder 50 % des Kapitals, unabhängig von dem Erwerb von Stimmrechten, zu einem Zusammenschluss führt. Auf der anderen Seite reicht, wie bisher auch, der bloße Erwerb von 25 % der Stimmrechte bei niedriger Kapitalbeteiligung für den Anteilserwerb nach § 37 Abs. 1 Nr. 3 GWB aus.[7] Auch Personengesellschaften, bei denen es in der Regel kein „stimmberechtigtes" Kapital gibt, sind damit von § 37 Abs. 1 Nr. 3 GWB erfasst. 63

---

1 BGH, WuW/E BGH 1810, 1811 – Transportbeton Sauerland; BKartA, WuW/E BKartA 2204, 2208 – Morris/Rothmans II.
2 *Wiedemann/Richter*, § 19 Rz. 93; *Canenbley/Moosecker*, S. 23; vgl. dazu auch KG, WuW/E OLG 4075 – Springer/Kieler Zeitung.
3 *Mestmäcker/Veelken* in Immenga/Mestmäcker, § 37 GWB Rz. 31; *Ruppelt* in Langen/Bunte, § 37 GWB Rz. 33.
4 *Mestmäcker/Veelken* in Immenga/Mestmäcker, § 37 GWB Rz. 52; *Kleinmann/Bechtold*, § 23 GWB Rz. 81.
5 *Bechtold*, § 37 GWB Rz. 22.
6 BGH, WuW/E BGH 2211 – Ph. Morris/Rothmans.
7 Dazu BGH, WuW/E BGH 2112, 2113 – Gruner + Jahr/Zeit.

64 Bei der **Berechnung** der Höhe der Anteile werden nach § 37 Abs. 1 Nr. 3 Satz 1 GWB die bereits durch den Erwerber gehaltenen Anteile zu den neuen Anteilen addiert. Ebenso werden Anteile eines mit dem Erwerber verbundenen (herrschenden oder abhängigen) Unternehmens sowie die durch einen Treuhänder gehaltenen Anteile berücksichtigt (§ 37 Abs. 1 Satz 3 GWB, **Zurechnungsklausel**).[1]

65 Die starren Schwellenwerte führten insbesondere bis zur 4. GWB-Novelle in vielen Fällen zu **Umgehungsversuchen**, bei denen stimmberechtigtes Kapital knapp unter den oben genannten Schwellenwerten erworben wurde und weitere Einflussmöglichkeiten durch zusätzliche gesellschaftsvertragliche Konstruktionen abgesichert wurden. Diese Umgehungsfälle waren zum Hauptproblem dieses Zusammenschlusstatbestandes geworden.[2] Bereits in der 4. und 5. GWB-Novelle hatte der Gesetzgeber mit der Umgehungsklausel des § 23 Abs. 2 Nr. 2 Satz 4 GWB a.F. (sog. Sperrminoritätssachverhalte) und der Einfügung des Auffangtatbestandes des Erwerbs eines wettbewerblich erheblichen Einflusses (§ 23 Abs. 2 Nr. 6 GWB a.F., nunmehr § 37 Abs. 1 Nr. 4 GWB) hierauf reagiert.[3] Durch die 6. GWB-Novelle wurde zwar die Umgehungsklausel gestrichen. Das Problem wurde aber weiter entschärft: Ehemals problematische Umgehungsversuche werden nunmehr – abhängig vom Grad der Einflussmöglichkeiten – lückenlos vom Tatbestand des Kontrollerwerbs (Nr. 2) oder des Erwerbs eines wettbewerblich erheblichen Einflusses (Nr. 4) erfasst. Der Tatbestand des Anteilserwerbs wird damit an Bedeutung verlieren.

d) Erwerb eines wettbewerblich erheblichen Einflusses nach § 37 Abs. 1 Nr. 4 GWB

66 Der bereits mit der 5. GWB-Novelle eingeführte Tatbestand des „wettbewerblich erheblichen Einflusses" ermöglicht auch nach der Neuformulierung durch die 6. GWB-Novelle in erster Linie die **Erfassung von Minderheitsbeteiligungen** vor allem – ohne sich hierauf zu beschränken[4] – an Wettbewerbern unterhalb der 25 %-Schwelle. Es werden also nur Sachverhalte erfasst, denen gesellschaftsrechtlich vermittelte Unternehmensverbindungen zugrunde liegen, nicht dagegen bloße wirtschaftliche Abhängigkeiten (z.B. reine Austauschbeziehungen etwa aufgrund langfristiger Lieferverträge oder bloße Kreditvereinbarungen ohne besondere Zusatzvorkehrungen).[5] Nicht erforderlich ist allerdings, dass die gesellschaftsrechtliche Stellung einem Unternehmen die rechtliche Position eröffnet, seine Vorstellungen in einem anderen Unternehmen durchzusetzen. Es genügt vielmehr, dass ein Unternehmen die tat-

---

1 KG, WuW/E DE-R 336 – WAZ/IKZ, bestätigt durch BGH, WuW/E DE-R 613 – Treuhanderwerb; BKartA, WuW/E DE-V 871 – Tagesspiegel/Berliner Verlag II.
2 *Emmerich*, AG 1982, 299; *Emmerich*, AG 1986, 351; BGH, WuW/E DE-R 613 – Treuhanderwerb.
3 Zu den Problemen, die sich hieraus ergaben, vgl. 4. Auflage, Teil VII Rz. 26 ff.
4 BGH v. 21.11.2000 – KVR 16/99, AG 2001, 411 – Minderheitsbeteiligung im Zeitschriftenhandel; BKartA, WuW/E DE-V 1, 3 f. – ASV/Stilke; *Pape/Hossenfelder/Töllner*, Rz. 158.
5 So die Gesetzesbegründung zu § 37 Abs. 1, BT-Drucks. 13/9720, 57; zustimmend *Ruppelt* in Langen/Bunte, § 37 GWB Rz. 45; *Bechtold*, § 37 GWB Rz. 35.

sächliche Möglichkeit erlangt, über seine gesellschaftsrechtliche Stellung in seinem Sinne auf das Wettbewerbsgeschehen einzuwirken.[1]

Nach der Regierungsbegründung zur 5. GWB-Novelle vermittelt eine Unternehmensverbindung einen wettbewerblich erheblichen Einfluss immer dann, wenn aufgrund des zwischen den Unternehmen bestehenden gesamten Beziehungsgeflechts zu erwarten ist, dass der Wettbewerb zwischen den beteiligten Unternehmen so wesentlich eingeschränkt wird, dass die Unternehmen nicht mehr unabhängig am Markt auftreten.[2] Der schillernde Begriff des „wettbewerblich erheblichen Einflusses" wird allerdings auch durch diese Erläuterung nicht sehr viel deutlicher. Er wird in der Praxis zwar weiterhin Auslegungsschwierigkeiten aufwerfen, hat aber inzwischen durch BKartA und Rechtsprechung bereits deutliche Konkretisierung erfahren[3] und vor allem im Bereich der leitungsgebundenen Energiewirtschaft eine erhebliche Bedeutung erlangt.[4] Bis Ende 2002 wurden dem Bundeskartellamt 75 Fälle zu diesem Zusammenschlusstatbestand (zu § 23 Abs. 2 Nr. 6 GWB a.F.) angezeigt. Im Fall „Gillette/Wilkinson" hatte das BKartA den Tatbestand auf den Erwerb einer Beteiligung von 22,9 % angewendet. Hinzu kamen eine Reihe von Vereinbarungen, die dem Erwerber ein Vorkaufsrecht für die übrigen Anteile einräumten, das Absatzgebiet des Beteiligungsunternehmens festlegten, Ausschließlichkeitsbindungen und einen mittelbaren Einfluss auf Produktion und Finanzierung des Beteiligungsunternehmens begründeten.[5] Die Zusatzfaktoren – neben der Beteiligung von unter 25 % – müssen dabei nicht unbedingt rechtlich abgesichert sein. Es genügt, wenn dauerhaft die Möglichkeit[6] tatsächlicher Einflussnahme vermittelt wird.[7] Im Einzelfall kann ein wettbewerblich erheblicher Einfluss auch bei einer Beteiligung von weniger als 20 % angenommen werden. Weitere Umstände müssen dabei – entgegen der bisherigen Praxis des BKartA[8] – nicht unbedingt vorliegen. Das BKartA ent-

---

1 BGH v. 21.11.2000 – KVR 16/99, AG 2001, 411- Minderheitenbeteiligung im Zeitschriftenhandel.
2 WuW 1990, 332 (344); ausführlich *Montag/Dohms*, WuW 1993, 5 (7 ff.).
3 BGH v. 21.11.2000 – KVR 16/99, AG 2001, 411- Minderheitenbeteiligung im Zeitschriftenhandel; Vorinstanz: KG, ASV/Stilke, WuW/E DE-R 270; BKartA, ASV/Stilke, WuW/E DE-V 1; BKartA v. 23.7.1992 – B5 – 387100-U 42/90, AG 1992, 363 (365) – Gillette/Wilkinson; BKartA, WuW/E 2829, 2835 – Kolbenschmidt; BKartA, AG 1996, 378 ff. – Veba/Stadtwerke Bremen; BKartA, WuW/E 511 DE-V- E.ON/Gelsenberg; BKartA, WuW/E DE-V 325 – Stadtwerke Neuss; BKartA, WuW/E DE-V 831 – RWE/Wuppertaler Stadtwerke und Tätigkeitsbericht 1997/1998, BT-Drucks. 14/1139, 19 f.
4 So etwa im Fall „E.ON/Ruhrgas" BKartA, WuW/E DE-V 511 und DE-V 533; vgl. Tätigkeitsbericht 2001/2002, BR-Drucks. 15/1226, 17 f.
5 BKartA, AG 1992, 363 (365) – Gillette/Wilkinson; vgl. auch BKartA, Tätigkeitsbericht 1991/92, S. 24, 139 – Allianz/Dresdner Bank (Aufstockung der Beteiligung von 19,1 % auf 22,31 %).
6 BGH v. 21.11.2000 – KVR 16/99, AG 2001, 411 – Minderheitenbeteiligung im Zeitschriftenhandel.
7 *Bechtold*, § 37 GWB Rz. 40 ff.; Monopolkommission, Hauptgutachten X, Rz. 652 – RTL 2; Rz. 654 – DSF; Rz. 655 – VIVA; BKartA, WuW/E DE-V 786 – VNG/EMB/Gasmarkt: angenommen trotz Konzentration von 75,1 % auf einen Mehrheitsgesellschafter bei Erwerb von 24,9 % der Anteile durch den wichtigsten Lieferanten.
8 BKartA, Tätigkeitsbericht 1997/1998, BT-Drucks. 14/1139, 122.

scheidet nun vielmehr aufgrund einer Gesamtschau, ob ein konkreter Beteiligungserwerb den Zusammenschlusstatbestand des § 37 Abs. 1 Nr. 4 GWB erfüllt.[1]

68 Erfasst werden von der neuen Nr. 4 zudem Transaktionen, die dem Erwerber – neben einer gesellschaftsrechtlichen Beteiligung – durch Vertrag, Satzung, Gesellschaftsvertrag oder Beschluss eine Rechtsstellung verschaffen, die bei einer Aktiengesellschaft ein Aktionär mit einer Sperrminorität von 25 % innehat.[2] Dies ist nach der Praxis des BKartA zu § 23 Abs. 2 Nr. 2 Satz 4 GWB a.F. dann der Fall, wenn neben einer Beteiligung von unter 25 % bestimmte Entsendungsrechte, Mitwirkungsrechte bei wichtigen geschäftspolitischen Entscheidungen oder die Übernahme der Leitung einzelner Werke des Beteiligungsunternehmens hinzukommen.[3]

69 Die von Nr. 4 erfassten Fälle unterliegen künftig, wie die anderen Zusammenschlusstatbestände und anders als die entsprechende Vorschrift des § 23 Abs. 2 Nr. 6 GWB a.F., zwingend der **präventiven Anmeldepflicht**.[4]

4. Einschränkungen des Zusammenschlussbegriffs

a) Fehlende wesentliche Verstärkung einer schon bestehenden Unternehmensverbindung

70 § 37 Abs. 2 GWB stellt zunächst klar, dass auch bereits zusammengeschlossene Unternehmen erneut Zusammenschlusstatbestände verwirklichen können (z.B. Erhöhung des Anteilsbesitzes, Abschluss zusätzlicher Unternehmensverträge). Allerdings, und hierin liegt die Bedeutung von Abs. 2, wird ein Zusammenschluss verneint, wenn die Transaktion nicht zu einer wesentlichen Verstärkung der bereits bestehenden Unternehmensverbindung führt.

71 Eine **Aufstockung** einer Minderheitsbeteiligung auf eine Mehrheitsbeteiligung wird in aller Regel als wesentliche Verstärkung der bestehenden Verbindung gewertet. Die Auffassung, beim Zusammenschluss bereits verbundener Unternehmen durch Anteilserwerb nach § 37 Abs. 1 Nr. 3 GWB sei in dem Erreichen einer der gesetzlichen Beteiligungsschwellen für sich allein eine wesent-

---

1 BKartA, Tätigkeitsbericht 2001/2002, BT-Drucks. 15/1226, 17.
2 Sperrminorität bei Satzungsänderungen, Kapitalveränderungen, Unternehmensverträgen, Abberufung von Aufsichtsratsmitgliedern; vgl. auch *Bechtold*, § 37 GWB Rz. 35 ff.
3 BKartA, WuW/E BKartA 2445, 2446 – Daimler-Benz/MAN/ENASA; BKartA, WuW/E BKartA 2471 – GfB/Zeitungsverlag Iserlohn; vgl. auch BKartA, WuW/E BKartA 2396, 2399 – Westdeutscher Rundfunk/Radio NRW; vgl. auch KG v. 23.4.1986 – 1 Kart 8/84, AG 1987, 206 – Südkurier/Singener Wochenblatt, wo das KG es für § 23 Abs. 2 Nr. 2 Satz 4 genügen ließ, dass der Gesellschafter sog. Grundlagenbeschlüsse verhindern könne.
4 Zur Kritik hierzu vgl. *Bechtold*, § 37 GWB Rz. 29; vermieden werden soll mit dieser Regelung insbesondere die Gefahr der schwierigen Auflösung vollzogener Zusammenschlüsse, die mit der nachträglichen Anzeigepflicht grundsätzlich verbunden war.

liche Verstärkung i.S.d. § 37 Abs. 2 GWB zu erblicken,[1] erscheint in dieser Allgemeinheit allerdings bedenklich.[2] Die verstärkende Wirkung braucht aber auch nicht allein darin zu bestehen, dass Wettbewerbshandlungen der zusammengeschlossenen Unternehmen gegeneinander unterbleiben. Bei der Prüfung sind vielmehr auch die Wirkungen zu berücksichtigen, die der Zusammenschluss für die Stellung der zusammengeschlossenen Unternehmen gegenüber dritten Wettbewerbern hat.[3] Waren die beteiligten Unternehmen schon vor dem Zusammenschluss gesellschaftlich, vertraglich und personell so stark miteinander verflochten, dass das Beteiligungsunternehmen bereits vor dem Mehrheitserwerb des anderen Unternehmens über keine selbstständigen wettbewerblichen Verhaltensspielräume mehr verfügte, so scheidet eine wesentliche Verstärkung aus.[4]

Eine wesentliche Verstärkung der Unternehmensverbindung scheidet auch dann aus, wenn eine Gesellschaft, die bereits eine Mehrheitsbeteiligung an einem anderen Unternehmen hält, noch die **restlichen Anteile** hinzuerwirbt.[5] Auch der Abschluss eines Beherrschungsvertrages ist nach § 37 Abs. 2 GWB irrelevant, wenn das herrschende Unternehmen bereits vorher eine qualifizierte Mehrheitsbeteiligung von über 75 % hatte.[6] 72

b) Bankenklausel nach § 37 Abs. 3 GWB

Eine weitere Ausnahme der Fusionskontrolle ist unter engen Voraussetzungen für Kreditinstitute, Finanzinstitute und Versicherungsunternehmen in § 37 Abs. 3 GWB vorgesehen.[7] Privilegiert sind insbesondere das Emissionsgeschäft und der Pakethandel der bezeichneten Institute. So begründet der Erwerb von Anteilen an einem Unternehmen durch eines der privilegierten Unternehmen keinen Zusammenschluss, wenn diese Anteile zum Zwecke der Veräußerung erworben werden, die Veräußerung innerhalb eines Jahres erfolgt und das Institut die Stimmrechte aus diesen Anteilen nicht ausübt. Die Jahresfrist kann auf Antrag nach § 37 Abs. 3 Satz 2 GWB vom BKartA verlängert werden.[8] Das Gesetz trägt mit dieser Vorschrift den Besonderheiten der Unternehmen der Vermögensverwaltung und deren Aufgaben Rechnung. 73

---

1 So *Mestmäcker/Veelken* in Immenga/Mestmäcker, § 37 GWB Rz. 119.
2 BGH v. 27.5.1986 – KVR 7/84, AG 1986, 362 (364) – SZ/Donaukurier.
3 BGH v. 27.5.1986 – KVR 7/84, AG 1986, 362 (364) – SZ/Donaukurier.
4 BKartA, Tätigkeitsbericht 1981/82, BT-Drucks. 10/243, 76 – Saarbrücker Zeitung/Zweibrücker Verlag.
5 BKartA, Tätigkeitsbericht 1981/82, BT-Drucks. 10/243, 64 – Dunlop/Pirelli; *Mestmäcker/Veelken* in Immenga/Mestmäcker, § 37 GWB Rz. 120
6 *Möschel*, S. 482.
7 Die frühere „Bankenklausel" des § 23 Abs. 3 Satz 2 GWB a.F. beschränkte die Ausnahme auf Kreditinstitute; nach der Neuformulierung ist der Begriff „Bankenklausel" eigentlich zu eng, wurde aus Verständnisgründen aber beibehalten.
8 Wie nach Art. 3 Abs. 5 lit. a FKVO im Rahmen der europäischen Fusionskontrolle.

5. Erweiterungen des Zusammenschlussbegriffs: Gemeinschaftsunternehmen (§ 37 Abs. 1 Nr. 3 Satz 4 GWB)[1]

74 Erwerben mehrere Unternehmen gleichzeitig oder nacheinander an einem anderen Unternehmen Anteile von je mindestens 25 %,[2] so liegt in erster Linie ein **vertikaler Zusammenschluss** zwischen den Mutterunternehmen und ihrer Tochter vor. Darüber hinaus fingiert § 37 Abs. 1 Nr. 3 Satz 4 GWB einen weiteren **horizontalen** Zusammenschlusstatbestand zwischen den Mutterunternehmen. Erwirbt eine der Gesellschaften weniger als 25 %, so beschränkt sich die Fiktion auf die restlichen Mütter.[3] Die Fiktion des § 37 Abs. 1 Nr. 3 Satz 4 GWB wird ferner dadurch begrenzt, dass sich der fingierte Zusammenschluss auf den Tätigkeitsbereich und die Märkte des Gemeinschaftsunternehmens beschränkt, nicht aber auf sonstige Tätigkeitsbereiche der Mutterunternehmen (fingierte Teilfusion).[4]

75 **Beispiele:**

An dem Maschinenbauunternehmen G sind die Textilhersteller A, B, C und D mit je 25 % beteiligt. Veräußert A seinen Anteil an den Chemiekonzern E, liegt ein vertikaler Zusammenschluss aufgrund des Anteilserwerbs zwischen dem Erwerber E und dem Maschinenbauunternehmen G gemäß § 37 Abs. 1 Nr. 3 lit. b GWB vor. Gleichzeitig wird über § 37 Abs. 1 Nr. 3 Satz 3 GWB aber auch ein horizontaler Zusammenschluss zwischen B, C, D und E fingiert. Dieser bezieht sich allerdings nur auf den Maschinenbausektor, also auf den Tätigkeitsbereich des Gemeinschaftsunternehmens G, nicht aber auf den Textilmarkt.

76 Durch die Regelung wird in materieller Hinsicht der sog. „Gruppeneffekt" (spill-over-effect) mit seinen Auswirkungen auf den Wettbewerb zwischen den Müttern eines Gemeinschaftsunternehmens erfasst.[5] Praktisch bedeutsam wird diese Vorschrift zudem insbesondere bei der Ermittlung der Umsatzschwellen des § 35 Abs. 1 Nr. 1 GWB, da die dort normierte 500-Millionen-Euro-Grenze oft nur durch den fingierten Horizontalzusammenschluss der Mütter erreicht wird.[6] In Anlehnung an den Kommissionsbegriff des beteiligten Unternehmens wird die Vorschrift der Nr. 3 Satz 4 entsprechend auf die Fälle der gemeinsamen Kontrolle nach dem Zusammenschlusstatbestand der Nr. 2 (beispielsweise fünf Mütter mit einer Beteiligungsquote von je 20 %) angewandt.[7]

---

1 Anders als § 23 Abs. 2 Nr. 2 Satz 3 GWB a.F. enthält die neue Gesetzesfassung keine Legaldefinition des Gemeinschaftsunternehmens. Das ist darin begründet, dass nach der Neuordnung ein Teil der Gemeinschaftsunternehmen bereits unter den Begriff des Kontrollerwerbs (Nr. 2) fällt und Nr. 3 Satz 4 somit nicht abschließend ist.
2 Die genannten Anteilsschwellen sollten als Mindestwerte verstanden werden, vgl. *Kahlenberg*, BB 1998, 1593 (1598).
3 *Möschel*, S. 480; *Mestmäcker/Veelken* in Immenga/Mestmäcker, § 37 GWB Rz. 68; *Kleinmann/Bechtold*, § 23 GWB Rz. 126, 201.
4 *Möschel*, S. 479.
5 *Wiedemann/Richter*, § 19 Rz. 101; *Canenbley/Moosecker*, S. 26; *Möschel*, S. 480; *Ruppelt* in Langen/Bunte, § 37 GWB Rz. 59.
6 *Bechtold*, § 37 GWB Rz. 26; *Möschel*, S. 480.
7 *Bechtold*, § 37 GWB Rz. 13.

6. Am Zusammenschluss beteiligte Unternehmen

Nach § 35 Abs. 1 GWB und § 36 Abs. 1 GWB ist bei der Erfassung der maßgeblichen Unternehmensdaten (Umsatzerlöse,[1] Marktanteile) auf die am Zusammenschluss **beteiligten Unternehmen** abzustellen.[2] Dieser Begriff spielt ferner eine Rolle bei der Bestimmung der zur Anmeldung verpflichteten Personen (§ 39 Abs. 2 GWB) und bei der Ermittlung der Unternehmen, über die Angaben gemacht werden müssen (§ 39 Abs. 3 GWB).[3] Der Begriff des beteiligten Unternehmens ist im Gesetz nicht definiert. Vielmehr ist er normzweckspezifisch für jede Norm und sogar für jeden Zusammenschlusstatbestand[4] differenziert zu bestimmen.[5]

77

Beim **Vermögenserwerb** nach § 37 Abs. 1 Nr. 1 GWB sind der Erwerber und der veräußerte Vermögensteil, vgl. § 38 Abs. 5 GWB, nicht aber der Veräußerer selbst beteiligt.[6] Da der gedanklich als selbstständiges Unternehmen zu bewertende Vermögensanteil nicht selbst handlungsfähig ist, treffen die verfahrensrechtlichen Pflichten allerdings den Veräußerer. Beim **Kontrollerwerb** nach § 37 Abs. 1 Nr. 2 GWB sind das kontrollierte Unternehmen und das kontrollierende (bei Alleinkontrolle) bzw. die kontrollierenden (bei gemeinsamer Kontrolle) Unternehmen beteiligt. Beim **Anteilserwerb** nach § 37 Abs. 1 Nr. 3 GWB sind sowohl der Erwerber als auch das Unternehmen, dessen Anteile erworben werden, beteiligt. Der Veräußerer ist dagegen grundsätzlich nicht zu berücksichtigen. Etwas anderes gilt nur dann, wenn beim Veräußerer 25 % oder mehr Anteile verbleiben. In diesem Fall liegt nach der Fiktion des § 37 Abs. 1 Nr. 3 Satz 3 GWB auch ein horizontaler Zusammenschluss zwischen den Muttergesellschaften vor. Der Veräußerer ist damit Beteiligter. Bei **sonstigen Unternehmensverbindungen** (§ 37 Abs. 1 Nr. 4 GWB) sind die Fälle des alleinigen und des gemeinsamen wettbewerblich erheblichen Einflusses zu unterscheiden. Bei wettbewerblich erheblichem Einfluss durch ein Unternehmen sind dieses und das beeinflusste Unternehmen beteiligt. Üben mehrere Unternehmen den wettbewerblich erheblichen Einfluss aus, so liegen verschiedene Vertikalzusammenschlüsse vor, an denen jeweils ein Einfluss nehmendes sowie das beeinflusste Unternehmen beteiligt sind. Anders als im Fall des § 37 Abs. 1 Nr. 3 Satz 4 GWB ist von keinem Horizontalzusammenschluss

78

---

[1] Diese sind insbesondere für die Frage des Erreichens der Umsatzschwellenwerte und damit für die Anwendbarkeit der Fusionskontrolle relevant, vgl. bereits oben Teil VIII Rz. 18 ff.

[2] Im Fusionskontrollrecht sind folgende Beteiligten-Begriffe zu unterscheiden: Am Zusammenschluss Beteiligte, Beteiligte des Fusionenkontrollverfahrens nach § 54 Abs. 2 GWB und Beteiligte des Auflösungsverfahrens nach §§ 41 Abs. 4, 42 GWB.

[3] Weiterhin ist dieser Beteiligten-Begriff relevant bei § 39 Abs. 5 (Adressat von Auskunftspflichten), § 35 Abs. 1 (Umsatzschwellen) und 36 Abs. 1 (Abwägungsklausel).

[4] Vgl. zu den einzelnen Zusammenschlusstatbeständen § 9 Rz. 43 ff.

[5] Vgl. *Bechtold*, § 35 GWB Rz. 24; *Mestmäcker/Veelken* in Immenga/Mestmäcker, § 36 GWB Rz. 78; BKartA, Merkblatt zur Zusammenschlusskontrolle, im Internet unter www.bundeskartellamt.de abrufbar; *Möschel*, S. 498.

[6] BGH, WuW/E 1570, 1571 – Kettenstichnähmaschinen; *Bechtold*, § 35 GWB Rz. 24.

der Mütter auszugehen; eine Ausweitung des Beteiligtenbegriffs verbietet sich daher.[1]

V. Materielle Untersagungsvoraussetzungen (§ 36 Abs. 1 GWB)

79 Ein Zusammenschluss wird nach § 36 Abs. 1 GWB untersagt, wenn durch ihn eine marktbeherrschende Stellung entsteht oder verstärkt wird, es sei denn, die beteiligten Unternehmen weisen nach, dass der Zusammenschluss überwiegende Verbesserungen der Wettbewerbsbedingungen mit sich bringt. Zentraler Begriff des Untersagungstatbestandes ist somit die „**Marktbeherrschung**". Verschlechterungen der Wettbewerbsbedingungen unterhalb der Schwelle der Marktbeherrschung sind deshalb irrelevant. Trotz der Einführung eines neuen Untersagungsgrundes durch die FKVO ist gegenwärtig nicht beabsichtigt, den „Marktbeherrschungstest" im GWB durch das Kriterium der „erheblichen Behinderung wirksamen Wettbewerbs" zu ersetzen und so wieder an die neue FKVO anzugleichen. Hintergrund sind unterschiedliche Auffassungen über die Existenz einer „Lücke" in der Kontrolle von Zusammenschlüssen in oligopolistisch geprägten Märkten. Im BKartA herrscht die Auffassung vor, dass der „Marktbeherrschungstest" ausreiche, um auch sog. „nicht koordinierte Wirkungen" auf solchen Märkten zu erfassen.[2] Das mit der 7. GWB-Novelle angestrebte Ziel einer Angleichung des GWB an das Gemeinschaftsrecht wird somit jedenfalls in der Fusionskontrolle verfehlt.

1. Die marktbeherrschende Stellung

80 In der Praxis wird die Frage der Marktbeherrschung aufgrund einer umfassenden Würdigung aller für den Markt relevanten Faktoren entschieden (**Gesamtbetrachtungsweise**).[3] Aufgrund des Gesamtbildes des Marktes, zu dem neben Marktstrukturelementen auch das Wettbewerbsverhalten der Unternehmen herangezogen wird, ist zu prüfen, ob ein Unternehmen über einen „überragenden Verhaltensspielraum" verfügt.[4] Üblicherweise wird diese Bestimmung in zwei Schritten vorgenommen. Zuerst wird der relevante Markt in sachlicher, örtlicher und zeitlicher Hinsicht abgegrenzt, sodann wird der Beherrschungsgrad des Unternehmens auf dem Markt ermittelt.

a) Der relevante Markt[5]

81 Da die **Marktabgrenzung** gleichzeitig auch den Beherrschungsgrad der beteiligten Unternehmen impliziert, entscheidet sich oft der Ausgang eines Fusions-

---

1 *Bechtold*, § 35 GWB Rz. 24; anders als nach § 23 Abs. 3 Satz 3 GWB sind Unternehmen, die beteiligte Unternehmen beherrschen sowie diejenigen Unternehmen, von denen die herrschenden Unternehmen abhängig sind, nicht mehr beteiligt.
2 *Böge*, WuW 2004, 138.
3 BGH v. 24.6.1980 – KVR 5/79, BGHZ 77, 279 (291 f.); BGH v. 2.12.1980 – KVR 1/80, BGHZ 79, 62 (66); *Baur*, ZGR 1982, 324; *Emmerich*, AG 1983, 320.
4 *Emmerich*, AG 1983, 320.
5 *Traugott*, WuW 1998, 929.

kontrollverfahrens schon bei der Frage der richtigen Marktabgrenzung.¹ Je enger und kleiner der relevante Markt ist, desto leichter ist es, über den sich hieraus ergebenden höheren Marktanteil eine marktbeherrschende Stellung des betreffenden Unternehmens herzuleiten. Aus diesem Grunde ist die Ermittlung des relevanten Marktes zwischen den beteiligten Unternehmen und dem BKartA häufig umstritten. Probleme der Marktabgrenzung rücken damit zunehmend in den Mittelpunkt der Praxis der Fusionskontrolle.

Zu bedenken ist aber immer, dass die Abgrenzung des relevanten Marktes und die Bestimmung des Marktbeherrschungsgrades nur zwei Schritte eines einheitlichen analytischen Vorganges sind, nämlich der Feststellung, ob ein Unternehmen marktbeherrschend ist oder nicht.² Marktabgrenzung und Bestimmung des Grades der Marktbeherrschung dürfen also nicht völlig isoliert voneinander erfolgen. 82

aa) Der sachlich relevante Markt³

Nach dem herrschenden **Bedarfsmarktkonzept** ist hierbei auf die Austauschbarkeit der Produkte aus der Sicht der Abnehmer abzustellen: „Sämtliche Erzeugnisse, die sich nach ihren Eigenschaften, ihrem wirtschaftlichen Verwendungszweck und ihrer Preislage so nahe stehen, dass der verständige Verbraucher sie als für die Deckung eines bestimmten Bedarfs geeignet in berechtigter Weise abwägend miteinander vergleicht und als gegeneinander austauschbar ansieht, sind marktgleichwertig."⁴ In Anlehnung an die Praxis der EG-Kommission⁵ stellt das BKartA zunehmend auch auf die Produktionsflexibilität, insbesondere die Angebotsumstellungsflexibilität ab.⁶ Bei verschreibungspflichtigen Arzneimitteln kommt es nicht auf die Sicht des Patienten, sondern auf die Sicht des verschreibenden Arztes als Verbrauchsdisponent an.⁷ 83

Das Kriterium der funktionellen Austauschbarkeit ist nicht in einem übersteigerten Sinne dahingehend zu verstehen, dass nur Produkte miteinander vergleichbar und damit austauschbar sind, die technisch-physikalisch oder che- 84

---

1 *Emmerich*, AG 1986, 345 (347); *Emmerich*, AG 1993, 529 (530).
2 *Möschel* in Immenga/Mestmäcker, § 19 GWB Rz. 20; *Bergmann*, Nachfragemacht, S. 45.
3 Vgl. die alphabetische Auflistung bei *Möschel* in Immenga/Mestmäcker, § 19 GWB Rz. 34 und *Paschke/Kersten* in FrankfurtKomm., § 22 GWB a.F. Rz. 93 ff.
4 So in KG, WuW/E OLG 995, 996 – Handpreisauszeichner; ebenso: BKartA, WuW/E BKartA 2591, 2593 – Fresenius/Schiwa; BGH, WuW/E BGH 1435, 1440 – Vitamin B 12; BGH, WuW/E BGH 2150, 2153 – Rheinmetall/WMF bzw. Edelstahlbestecke; BGH, WuW/E BGH 3058, 3062 – Pay-TV-Durchleitung.
5 Vgl. Bekanntmachung der Kommission über die Definition des relevanten Marktes im Sinne des Wettbewerbsrecht der Gemeinschaft, ABl. EG 1997 Nr. C 372, S. 3, 5, Rz. 20–23.
6 Im Fall „Zahnradfabrik Friedrichshafen/Allison" hat das BKartA ausdrücklich „auf das Bedarfsmarktkonzept unter Einbeziehung der Produktionsflexibilität" abgehoben und den Markt nach Produktgruppen abgegrenzt, die einen typisierten Bedarf decken und für deren Entwicklung und Herstellung ein vergleichbares Know-how sowie gleichartige Fertigungsanlagen einsetzbar sind, AG 1993, 478 f.; BGH, WuW/E BGH 1501, 1502 – Kfz-Kupplungen; vgl. *Traugott*, WuW 1998, 929 (931 ff.).
7 BKartA, WuW/E BKartA 2951 – Fresenius/Schiwa.

misch in ihrer Zusammensetzung identisch sind. Unter dem Gesichtspunkt der Marktgleichwertigkeit ist stets die Deckung eines typischen Bedarfs ausschlaggebend. Insbesondere im Arzneimittelsektor sind daher Medikamente mit gleicher Indikation, aber unterschiedlichen Wirkstoffe einem einheitlichen Markt zuzurechnen.[1] Eine zu weit gehende Differenzierung führte letztlich zu unzähligen Ein-Produkt-Märkten mit entsprechender Marktbeherrschung.

85 Insgesamt kommt den Kriterien des **Verwendungszwecks** und der **Eigenschaft** im Rahmen des Bedarfsmarktkonzeptes die bedeutendste Rolle zu.[2] Zwar ist der **Preis** grundsätzlich kein selbstständiges Kriterium der Austauschbarkeit.[3] Anders ist es, wenn Preisunterschiede im Rahmen einer Vermarktungsstrategie beim Abnehmer den Eindruck objektiver Qualitätsunterschiede vermitteln: Zwei Produkte, die an sich ohne weiteres als austauschbar angesehen werden könnten, können danach im Hinblick auf die Zugehörigkeit zu unterschiedlichen Preisklassen unterschiedlichen Märkten zugeordnet werden.[4] So bilden etwa hochpreisige exklusive Kosmetik und Duftwasserprodukte gegenüber identischen Kosmetika als Billigmarken einen eigenen sachlich relevanten Markt. Der Verbraucher sieht sie nach Ansicht des KG trotz gleichwertiger chemischer Zusammensetzung nicht als austauschbar an.[5]

86 Neben objektiven Kriterien sind bei der Prüfung also auch subjektive Elemente heranzuziehen, so dass es vorkommen kann, dass Produkte, die nach objektiven Merkmalen austauschbar sind, aufgrund von Verbrauchergewohnheiten als nicht austauschbar angesehen werden. Auf der anderen Seite können objektiv ungleichwertige Produkte für die Verbraucher subjektiv gleichwertig sein.[6] Bei der Berücksichtigung dieser subjektiven Elemente ist allerdings nicht auf oberflächliche Abnehmeranschauungen abzustellen, sondern es entscheidet die Sicht eines „verständigen" Verbrauchers.[7]

87 Schwierigkeiten bereiten die Fälle, bei denen Produkte **mehrere Verwendungszwecke** haben und nur hinsichtlich einzelner Verwendungszwecke mit anderen Produkten austauschbar sind. Es fragt sich hier, ob für jeden Verwendungszweck ein Teilmarkt gebildet werden soll oder ob von einem einheitlichen Markt unter Ausklammerung der Substitutionsprodukte für einzelne Verwendungszwecke auszugehen ist.

Beispiel:

Ölhydraulische Antriebe werden bei unterschiedlichen Maschinen eingesetzt und stehen je nach Maschinenart mit anderen Antrieben im Wettbewerb.

---

1 KG, WuW/E OLG 5549 – Fresenius/Schiwa.
2 *Bechtold*, § 19 GWB Rz. 8; *Wiedemann/Richter*, § 20 Rz. 19.
3 *Bechtold*, § 19 GWB Rz. 9.
4 KG, WuW/E OLG 3137, 3142 – Rheinmetall/WMF; KG, WuW/E OLG 3577, 3584 f. – Hussel/Mara.
5 KG, WuW/E OLG 3577, 3585 – Hussel/Mara („Crème im goldfarbenen Topf").
6 BGH, WuW/E BGH 1435 – Vitamin B 12.
7 *Canenbley/Moosecker*, S. 74 im Anschluss an BGH, WuW/E 1435 – Vitamin B 12; KG, WuW/E OLG 966 – Handpreisauszeichner; ebenso *Möschel* in Immenga/Mestmäcker, § 19 GWB Rz. 28.

Würde man hier einen Teilmarkt für jede Maschinenart bilden, so können in einzelnen Bereichen mehrere marktbeherrschende Stellungen entstehen. Stellt man auf einen umfassenden Markt aller Verwendungszwecke ab, so ist eine marktbeherrschende Stellung leichter abzulehnen.[1]

Der BGH und ihm folgend das BKartA[2] vernachlässigen in diesen Fällen die möglichen Teilmärkte und nehmen einen einheitlichen Markt an, wenn die Anbieter keine Möglichkeit besitzen, auf den verschiedenen Marktsegmenten unterschiedliche Strategien (Produkt-, Preis- und Rabattdifferenzierung) zu verfolgen.

Zudem stellen Produkte, die sich von anderen Produkten nach Leistungsumfang und Preis wesentlich unterscheiden, dann keine eigenen sachlich relevanten Märkte dar, wenn sie im Rahmen eines **Sortiments von Waren oder Leistungen** mit differenzierten Preisen angeboten und im Wesentlichen von den gleichen Kunden nachgefragt werden. In diesen Fällen wird das **gesamte typische Sortiment** als „bestimmte Art von Waren" i.S.d. § 19 Abs. 2 GWB angesehen und bildet einen einheitlichen sachlich relevanten Markt.[3] Im Fall des Lebensmitteleinzelhandels führt das KG aus, dass die Sortimente der verschiedenen Anbieter zwar nicht deckungsgleich seien, im Großen und Ganzen aber dennoch vergleichbar. Sie seien jeweils darauf ausgerichtet, dem Verbraucher die für den täglichen Bedarf benötigten Grundnahrungsmittel im Rahmen des Einkaufs „unter einem Dach" zu verschaffen.[4] Auch für die **Nachfrageseite**, also für die Abgrenzung sachlich relevanter Beschaffungsmärkte,[5] vertrat das BKartA die Auffassung, das gesamte typische Sortiment des Lebensmittelhandels, einschließlich des typischen Randsortiments, bilde einen einheitlichen sachlich relevanten Markt. Dem ist das Kammergericht jedoch nicht gefolgt. Es hält vielmehr eine Abgrenzung des sachlich relevanten Beschaffungsmarktes nach Produktgruppen für geboten.[6] Insgesamt ist die Marktabgrenzung auf der Nachfrageseite in der Praxis noch weitgehend ungeklärt und durchaus umstritten.[7]

88

---

1 BGH, WuW/E BGH 1711 – Mannesmann/Brueninghaus; vgl. auch *Canenbley/Moosecker*, S. 74.
2 AG 1983, 197 (200) – OAM/Deutag.
3 Vgl. *Bergmann*, Nachfragemacht, S. 46 ff.; *Bechtold*, § 19 GWB Rz. 7; i.R. der EG Fusionskontrolle vgl. Komm.E. v. 15.10.1997 – IV/M.938, ABl. EG 1998 Nr. L 288, S. 24 – Guinness/Grand Metropolitan.
4 KG, WuW/E OLG 3591, 3595 ff. – Coop Schleswig Holstein/Deutscher Supermarkt; vgl. auch für die Großhandelsstufe: KG, WuW/E OLG 3367, 3369 – Metro/Kaufhof, insoweit bestätigt von BGH, WuW/E BGH 2231, 2234; BKartA, WuW/E BKartA 2441, 2442 – Tengelmann/Gottlieb; außerhalb des Lebensmittelhandels KG, WuW/E OLG 5549, 5557 – Fresenius/Schiwa.
5 Angebotsmärkte mit entsprechender Angebotsmacht stellen den Regelfall der fusionskontrollrechtlichen Bewertung dar; Beschaffungsmärkte korrespondieren dagegen mit Nachfragemacht, wie sie vor allem im Lebensmitteleinzelhandel vorzufinden ist.
6 KG, WuW/E OLG 3917, 3927 ff. – Coop/Wandmaker.
7 Vgl. kritisch *Wiedemann/Richter*, § 20 Rz. 37–40; dazu auch ausführlich *Bergmann*, Nachfragemacht, S. 44 ff.

bb) Der räumlich relevante Markt

89 Der räumlich relevante Markt wird grundsätzlich nach den gleichen Kriterien wie der sachlich relevante bestimmt. Im Allgemeinen kommt es auf das gesamte Bundesgebiet – dem Geltungsbereich des GWB – an. Die Rechtsprechung und das Bundeskartellamt behandeln bislang zwar grundsätzlich den **Inlandsmarkt** als **Obergrenze**.[1] Die Einbeziehung von Auslandsmärkten (im Extremfall Weltmarkt) ist allerdings dann sinnvoll und geboten, wenn In- und Ausland tatsächlich einen einheitlichen Wettbewerbsraum bilden.[2] Dies wird vom BKartA mittlerweile ausdrücklich anerkannt.[3] Auch das GWB erlaubt seit der 6. GWB-Novelle eine über das Bundesgebiet hinausreichende Marktbetrachtung, jedenfalls bei der Bewertung der Marktposition eines Unternehmens, bei der auch ein tatsächlicher oder potenzieller Auslandswettbewerb zu berücksichtigen ist (§ 19 Abs. 2 Satz 1 Nr. 2 GWB). Mit der 7. GWB-Novelle soll jetzt im Zuge der fortschreitenden Verwirklichung des europäischen Binnenmarktes klargestellt werden, dass der für die deutsche Fusionskontrolle räumlich relevante Markt größer als das Bundesgebiet sein kann. Damit dürfte auch die vom BKartA regelmäßig geübte Praxis hinfällig werden, den deutschen Inlandsmarkt trotz einer über das Bundesgebiet hinausreichenden Marktdefinition bei der Prüfung der Untersagungskriterien als „pars pro toto" zu behandeln.[4]

90 Auf der anderen Seite sind bei bestimmten Produkten **regionale** und **lokale Märkte** anzunehmen, falls das betreffende Unternehmen gehindert ist, in anderen Regionen tätig zu werden. Dies kann aufgrund gesetzlicher Bestimmungen vorgegeben sein (z.B. Gesetz über die technischen Überwachungsvereine[5]), sich aufgrund tatsächlicher Umstände ergeben (z.B. Streckenmonopole für Autobahntankstellen[6]) oder aber auf wirtschaftlichen Gründen beruhen. Infolge hoher Transportkosten wurde beispielsweise bei bituminösem Mischgut und bei Transportbeton die Region innerhalb eines bestimmten Radius um das einzelne Werk als örtlich relevanter Markt angesehen.[7]

91 Eine regionale Marktabgrenzung legt die Praxis auch im Bereich des Lebensmittelhandels zugrunde. Hier könne aufgrund der Verbrauchergewohnheiten (nicht mehr als 20 Minuten Fahrzeit) ein Stadtgebiet mit seinen unmittelbar angrenzenden Vorortsiedlungen und Umlandgemeinden einen abgeschlosse-

---

1 BGH, WuW/E BGH 3026, 3029 – Backofen; KG, WuW/E OLG 4537, 4541 – Linde/Lansing; KG, WuW/E OLG 4865, 4881 – Hotelporzellan; OLG Düsseldorf, WuW/E OLG 4901 f. – Dehnfolien-Verpackungsmaschinen; BKartA, WuW/E BKartA 2445, 2448 f. – Daimler Benz/MAN/ENASA; a.A. in der Literatur: vgl. Nachweise bei *Bechtold*, § 19 GWB Rz. 14.
2 BKartA, WuW/E DE-V 81 – Deutsche Babcock/Steinmüller; *Pfeffer*, WuW 1986, 853; für die Nachfrageseite *Bergmann*, Nachfragemacht, S. 68 ff.
3 BKartA, Tätigkeitsbericht 1998/1999, BT-Drucks. 14/6300, 20 f.
4 BKartA, Tätigkeitsbericht 1998/1999, BT-Drucks. 14/6300, 20 f.
5 Vgl. *Wiedemann/Richter*, § 20 Rz. 28.
6 OLG Düsseldorf, WuW/E OLG 3135 – BAB Tankstelle Bottrop-Süd.
7 BKartA, AG 1983, 197 (200) – OAM/Deutag; vgl. auch: BKartA, AG 1986, 374 (375) – Kampffmeyer/Plange; BGH, WuW/E BGH 1655, 1656 – Zementmahlanlage II.

nen Markt bilden.¹ Die Abgrenzung weiterer sublokaler Märkte zumindest innerhalb einer mittelgroßen Stadt hat das Kammergericht jedoch abgelehnt.²

In der Stromwirtschaft hat das BKartA seine Auffassung über die geographische Marktabgrenzung auf dem Markt für die Stromlieferung an Kleinverbraucher vorerst revidieren müssen. War es zunächst in Erwartung eines funktionsfähigen Durchleitungswettbewerbs von nationalen Märkten ausgegangen,³ hat es wegen Durchleitungsbehinderungen aber auf der Ebene der lokalen Verteilerunternehmen inzwischen seine Prognose für den Markt rückgängig machen müssen und grenzt wieder regionale Märkte ab, die sich nach der Reichweite des jeweiligen Leitungsnetzes richten.⁴

Von lokalen Märkten geht das BKartA auch bei Abonnementszeitungen aus, wobei es i.d.R. auf das jeweilige Stadtgebiet mit seinem Umland als tatsächliches Verbreitungsgebiet abstellt.⁵ Allerdings ist bei der Abgrenzung regionaler Märkte auch Vorsicht geboten. So bildet zwar bei Pauschalflugreisen grundsätzlich jeder Flughafen einen eigenen, von anderen Abflugorten abgrenzbaren räumlichen Markt.⁶ Bieten die Veranstalter ihre Pauschalflugreisen jedoch bundesweit an, so ist ein einheitlicher bundesweiter Markt zugrunde zu legen.⁷

cc) Der zeitlich relevante Markt

Die zeitliche Dimension der Marktabgrenzung ist für die Fusionskontrolle – anders als in der Missbrauchsaufsicht – regelmäßig ohne Bedeutung.⁸ 92

b) Die Marktbeherrschung

Die Untersagung eines Zusammenschlusses hängt davon ab, ob eine marktbeherrschende Stellung entsteht oder verstärkt wird. Hierbei macht § 36 Abs. 1 GWB eine Prognose erforderlich, bei der die strukturellen Wettbewerbsbedingungen vor dem Zusammenschluss und in ihrer Veränderung durch den Zusammenschluss verglichen werden müssen.⁹ Mögliche zukünftige Veränderungen des Marktes (z.B. Marktzutritte, Änderung von Gesellschaftsverträgen, 93

---

1 KG, WuW/E OLG 3591, 3596 f. – Coop Schleswig-Holstein/Deutscher Supermarkt; vgl. auch BKartA, WuW/E BKartA 2441 – Tengelmann/Gottlieb.
2 KG, WuW/E OLG 3591, 3596 f. für die Stadt Kiel.
3 BKartA, WuW/E DE-V 301 – REW/VEW.
4 BKartA, Tätigkeitsbericht 2001/2002, BT-Drucks. 15/1226, 18.
5 BKartA, WuW/E BKartA 2641 – Sarstedter Kurier/Kreisanzeiger (Verstärkung einer marktbeherrschenden Stellung einer Tageszeitung durch Erwerb einer Heimatzeitung); BGH, WuW/E BGH 1685, 1691 – Springer/Elbe Wochenblatt; BKartA, WuW DE-V 695 – Tagesspiegel/Berliner Verlag.
6 BKartA, WuW/E BKartA 2169, 2173 – TUI/Air-Conti.
7 BKartA, AG 1986, 377 (378) – NUR/ITS.
8 Vgl. *Wiedemann/Richter*, § 20 Rz. 33–36.
9 BGH, WuW/E BGH 2795, 2804 – Pinneberger Tageblatt; BGH, WuW/E BGH 1501, 1508 – KFZ-Kupplungen; BGH, WuW/E BGH 1685, 1691 – Springer/Elbe Wochenblatt; ausführlich: *Harms* in Gemeinschaftskomm., § 24 GWB Rz. 340 ff.

Gesetzesänderungen) sind innerhalb der Prognose nur zu berücksichtigen, wenn es sich um konkrete Umstände handelt und wenn alsbald für eine Veränderung der Marktsituation eine hohe Wahrscheinlichkeit besteht.[1]

94 Der zu prüfende Zusammenschluss muss ferner **kausal** für die Verschlechterung der Marktstruktur sein. Auf eine „spürbare" Vergrößerung des Verhaltensspielraums der beteiligten Unternehmen und damit auf eine wesentliche Verstärkung der Marktbeherrschung kommt es dagegen nicht an.[2]

aa) Begriff der Marktbeherrschung

95 Der Begriff der Marktbeherrschung ist in § 19 Abs. 2 GWB definiert. Nach diesem gestuften Marktbeherrschungsbegriff liegt Marktbeherrschung vor,

- wenn ein Unternehmen ohne Wettbewerber oder keinem wesentlichen Wettbewerb ausgesetzt ist (§ 19 Abs. 2 Satz 1 Nr. 1 GWB). Diese echten Monopolstellungen sind in der Praxis selten und spielen bei der Fusionskontrolle kaum eine Rolle;[3]

- wenn ein Unternehmen im Verhältnis zu seinen Wettbewerbern eine überragende Marktstellung hat (§ 19 Abs. 2 Satz 1 Nr. 2 GWB). Dies ist die für die Fusionskontrolle praktisch wichtigste Fallgruppe;

- wenn zwischen mehreren Unternehmen aus tatsächlichen Gründen kein wesentlicher Wettbewerb stattfindet (Oligopolsituation) und das Oligopol in seiner Gesamtheit keinem wesentlichen Außenwettbewerb ausgesetzt ist oder im Verhältnis zu den restlichen Wettbewerbern eine überragende Marktstellung innehat (§ 19 Abs. 2 Satz 2 GWB).

bb) (Einzel-)Marktbeherrschung

96 Die Prüfung und Messung der Marktbeherrschung wird von der Praxis in einer **Gesamtbetrachtungsweise** aller maßgeblichen Umstände, insbesondere auch unter Berücksichtigung der auf dem relevanten Markt herrschenden Wettbewerbsverhältnisse vorgenommen.[4] Hierbei kann nach Auffassung der Rechtsprechung neben **Marktstrukturelementen** auch das aktuelle **Wettbewerbsver-**

---

1 BGH, WuW/E DE-R 24, 27 ff. – Stromversorgung Aggertal m.w.N.; BGH, WuW/E BGH 1763, 1766 – Bituminöses Mischgut; BGH, WuW/E BGH 1501, 1507 f. – KFZ-Kupplungen; vgl. auch *Bechtold*, § 36 GWB Rz. 2.
2 BGH, WuW/E BGH 1685 – Springer/Elbe Wochenblatt; BGH, WuW/E BGH 2731, 2737 – Inlandstochter; KG, WuW/E OLG 4547, 4555 – Lübecker Nachrichten/ Stormarner Tageblatt; KG, WuW/E OLG 5549, 5560 – Fresenius/Schiwa; *Ruppelt* in Langen/Bunte, § 36 GWB Rz. 37; grundlegend BGH v. 29.9.1981 – KVR 2/80, AG 1982, 133 – Springer/ MZV.
3 Bisherige Fälle betrafen vor allem den Pressebereich oder die leitungsgebundene Energieversorgung, vgl. KG, WuW/E OLG 4835, 4855 – WAZ/Iserlohner Kreisanzeiger; BKartA, WuW/E BKartA 2701, 2707 – Stadtwerke Garbsen.
4 BGH, WuW/E BGH 1905, 1908 – Münchner Wochenblatt.

halten der Unternehmen auf dem Markt eine Rolle spielen.[1] Entscheidend ist, ob nach dem Gesamtbild des Marktes ein Unternehmen über einen überragenden und damit nicht hinreichend kontrollierten Verhaltensspielraum gegenüber Wettbewerbern und Abnehmern verfügt oder ob noch funktionsfähiger Wettbewerb fortbesteht.[2] Das Bundeskartellamt berücksichtigt das Marktverhalten nur, wenn Strukturmerkmale nicht schon für sich ein deutliches Überragen eines Unternehmens gegenüber seinen Wettbewerbern belegen.[3]

An strukturellen **Marktfaktoren** nennt das Gesetz in § 19 Abs. 2 Satz 1 Nr. 2 GWB beispielsweise Marktanteil, Finanzkraft,[4] Zugang zu den Beschaffungs- und Absatzmärkten,[5] Verflechtungen,[6] Marktzutrittsschranken,[7] tatsächlicher oder potenzieller Wettbewerb durch in- oder ausländische Unternehmen,[8] Umstellungsflexibilität hinsichtlich Angebot oder Nachfrage und Ausweichmöglichkeiten der Marktgegenseite. Weitere ungenannte Kriterien können der Wachstumsgrad oder die Innovationsfähigkeit eines Unternehmens sein.[9]

97

Hierbei bildet der **Marktanteil** traditionell das wichtigste Indiz für eine Marktbeherrschung.[10] Seine Aussagekraft wird dann als besonders groß angesehen, wenn der Marktanteil über lange Zeit konstant bleibt,[11] obwohl die Nachfrage sehr zersplittert ist oder wenn er über mehrere Jahre hinweg erheblich und kontinuierlich angestiegen ist.[12]

98

Relativ unbedeutend ist das Marktanteilskriterium aber in Fällen, in denen der Marktanteil absolut niedrig und der **Marktanteilsabstand** zu gleichwertigen Konkurrenten, die auch über erhebliche Ressourcen verfügen, gering ist.[13] Dies schließt auf der anderen Seite nicht aus, dass das BKartA selbst bei einem

99

---

1 BGH, WuW/E BGH 1755 – Klöckner/Becorit: „Es handelt sich bei der Beurteilung nach Marktstrukturen und nach dem Marktverhalten um zwei verschiedene Betrachtungsweisen des Marktgeschehens, die sich in gewissem Maße ergänzen und gegenseitig beeinflussen; jedoch dienen beide der Prüfung, ob die Funktionsfähigkeit des Wettbewerbs ernstlich gefährdet wird"; zum problematischen Spannungsfeld zwischen Struktur- und Verhaltensbetrachtung s. insbes.: *Markert*, AG 1986, 173 ff.; *Mestmäcker*, AG 1986, 181 ff.; *Kantzenbach*, AG 1986, 185 ff.
2 BGH, WuW/E BGH 1533, 1536 – Erdgas Schwaben; *Kleinmann/Bechtold*, § 22 GWB Rz. 108.
3 BKartA, WuW/E BKartA 2729 – Hochtief/Philipp Holzmann; WuW/E BKartA 2894 – Herlitz/Landré; WuW/E BKartA 2905 – Merck/KMF.
4 U.a. hierauf stützt sich die Entscheidung BKartA, WuW/E BKartA 2894 – Herlitz/Landré.
5 U.a. hierauf stützt sich die Entscheidung BKartA, WuW/E BKartA 2829, 2837 f. – Kolbenschmidt; BKartA, Beschl. v. 9.2.1996 – B5-33/95 – WMF/Auerhahn; BGH, WuW/E BGH 2150, 2156 – Rheinmetall/WMF; BKartA, WuW/E DE-V 669 – Bild.de/T-Online.
6 Vgl. BGH, WuW/E BGH 3037, 3040 – Raiffeisen.
7 U.a. hierauf stützt sich die Entscheidung BKartA, WuW/E BKartA 2865 – Kali+Salz/PCS; WuW/E BKartA 2894 – Herlitz/Landré.
8 Vgl. bereits oben Teil VIII Rz. 89.
9 Vgl. auch BKartA, Tätigkeitsbericht 1982/1983, S. 23.
10 So zumindest bei horizontalen Zusammenschlüssen, vgl. Teil VIII Rz. 132.
11 Vgl. BGH, WuW/E BGH 2783, 2790 f. – Warenzeichenwettbewerb.
12 Vgl. BKartA, AG 1982, 79 (81) – Holtzbrinck/Rowohlt; BGH, WuW/E BGH 2575 – Kampffmeyer-Plange.
13 KG, WuW/E OLG 2862 – REWE/Florimex.

Anteil von lediglich 12 % eine marktbeherrschende Stellung annehmen kann, wenn der Abstand zu den Konkurrenten groß und das restliche Angebot stark zersplittert ist, sofern das fragliche Unternehmen über die mit Abstand größten Ressourcen verfügt.[1]

100 Umgekehrt kann selbst bei relativ hohen Marktanteilen eine marktbeherrschende Stellung dann zu verneinen sein, wenn der Verhaltensspielraum des betreffenden Unternehmens aufgrund potenziellen Wettbewerbs einer hinreichenden wettbewerblichen Kontrolle unterliegt.[2] Das ist etwa dann der Fall, wenn keine oder nur sehr niedrige **Marktzutrittsschranken** feststellbar sind. Auch ein innovatives Pionierunternehmen mit lediglich temporär hohem Marktanteil (sog. **vorstoßender Wettbewerb**) ist nicht als marktbeherrschend im Sinne der Norm zu verstehen.[3] Ein hoher Marktanteil weist also nur auf das mögliche Vorliegen von Marktbeherrschung hin.[4]

101 Der Marktanteil wird grundsätzlich nach dem Anteil an den **Gesamtumsätzen** eines Marktes berechnet.[5] Die Exporte und die Eigenfertigung sind vom Marktvolumen abzuziehen, während die Importe hinzuzurechnen sind.[6]

102 Da es keine wissenschaftlich fundierten Erfahrungssätze gibt, die festlegen, bei welchem Marktanteil oder bei welcher Marktstruktur ein funktionsfähiger Wettbewerb nicht mehr möglich ist, ist das **aktuelle Wettbewerbsverhalten** in die Betrachtung mit einzubeziehen.[7] Bei dieser Beurteilung kommt es vor allem auf die Hauptformen des Wettbewerbs an, insbesondere den Preiswettbewerb.

103 Allerdings kann bei bloßem **Fehlen des Preiswettbewerbs** noch nicht auf das Vorliegen einer marktbeherrschenden Position geschlossen werden. Der BGH hat ausdrücklich entschieden, dass wesentlicher Wettbewerb auch bei der Summation untergeordneter Wettbewerbsformen (Produkt-, Qualitäts-, Service- und Konditionenwettbewerb) vorliegen kann, wenn der Wettbewerb in seiner Gesamtheit die wesentlichen Wettbewerbsfunktionen erfüllt und die Preissetzungsspielräume der Unternehmen begrenzt.[8]

104 Hat allerdings das fragliche Unternehmen einen großen **Abstand** vor seinen Konkurrenten, so ist nach Auffassung des KG selbst bei lebhaftem Wett-

---

1 KG, WuW/E OLG 2862 – REWE/Florimex; im Hinblick auf die Rechtsentwicklung in der EG könnten künftig aber höhere Marktanteile erforderlich sein (mind. 25 %, vgl. KG, WuW/E OLG 4657, 4663 – Kaufhof/Saturn).
2 BGH, WUW/E BGH 1620, 1621 – Revell Plastics: keine Marktbeherrschung trotz 35 bis 40 % Marktanteil; BKartA, WuW/E DE V 527 – Marzipanrohmasse: keine Marktbeherrschung trotz > 30 % Marktanteil.
3 Vgl. *Möschel* in Immenga/Mestmäcker, § 19 GWB Rz. 57, 61.
4 *Bergmann*, Nachfragemacht, S. 89.
5 BGH v. 16.2.1982 – KVR 1/81, AG 1982, 255 – Münchener Wochenblatt.
6 BGH, WuW/E BGH 1501, 1503 – KFZ-Kupplungen; KG, WuW/E OLG 5549, 5551 – Fresenius/Schiwa: zur Eigenfertigung.
7 *Canenbley/Moosecker*, S. 208.
8 BGH, WuW/E BGH 1824, 1826 – Tonolli/Blei- und Silberhütte Braubach mit einer Richtpreisvorgabe durch die Metallbörse.

bewerb auf dem Markt grundsätzlich von einer marktbeherrschenden Stellung auszugehen.[1]

An den gezeigten Beispielen wird deutlich, dass es bei der Beurteilung der Marktbeherrschung immer auf den konkreten **Einzelfall** ankommt. Auf jeden Fall sollte das aktuelle Wettbewerbsverhalten (Preisentwicklung, Nebenleistungswettbewerb etc.) so detailliert wie möglich geschildert werden.

cc) Die Oligopolklausel des § 19 Abs. 2 Satz 2 GWB

Innerhalb der **Oligopolklausel** des § 19 Abs. 2 Satz 2 GWB muss zwischen dem Innen- und Außenverhältnis einer Oligopol-Gruppe differenziert werden. Nach § 36 Abs. 1 GWB können Zusammenschlüsse nur dann verboten werden, wenn im Innenverhältnis kein wesentlicher Wettbewerb zwischen den Mitgliedern der Gruppe besteht und im Außenverhältnis die Gruppe entweder eine überragende Marktstellung innehat oder kein wesentlicher Wettbewerb mit Dritten festgestellt werden kann.[2]

Bei der Beurteilung des **Innenverhältnisses** ist das Bewusstsein der Oligopol-Unternehmen über ihre gleich gerichteten Interessen und die wechselseitige Abhängigkeit (sog. **Gruppenbewusstsein**) maßgebend.[3] Ist das Gruppenbewusstsein nicht feststellbar, so kann die Prüfung des Marktverhaltens ausnahmsweise ein „Gesamtbild von so hochgradiger Erstarrung der Antriebskräfte des Wettbewerbs" ergeben, dass wesentlicher Wettbewerb im Innenverhältnis zu verneinen ist.[4] Soweit Wettbewerb objektiv nicht möglich ist (z.B. bei homogenen Massengütern, bei Preisvorgabe durch Börsenkurse), kommt es auf die Betrachtung der noch möglichen Wettbewerbsparameter an.[5] Da wesentlicher Binnenwettbewerb hiernach selbst bei Ausschaltung zahlreicher Wettbewerbsfaktoren (z.B. Preis und Qualität) angenommen werden kann, wenn die Summation der verbleibenden untergeordneten Wettbewerbsformen die wesentlichen Wettbewerbsfunktionen erfüllen, oblagen dem BKartA in der Vergangenheit häufig erhebliche **Beweisschwierigkeiten**.

Nach diesen Leitlinien wurde aufgrund der Annahme des Bestehens eines noch erheblichen **Binnenwettbewerbs** auf dem Mineralölmarkt ein Oligopol der sieben führenden Anbieter,[6] auf dem Bleimarkt ein Duopol der zwei führenden Gesellschaften[7] und auf dem Kaffeemarkt ein Oligopol der drei führenden Anbieter[8] verneint. Auch auf dem Markt für Selbstklebematerialen wurde eine duopolistische Marktbeherrschung der beiden verbliebenen Unternehmen mit der Begründung abgelehnt, dass die strukturellen Wettbewerbsbedin-

---

1 BGH, WuW/E BGH 1445 – Valium l; KG v. 8.12.1982 – Kart 42/81, AG 1983, 191 – Lufthansa/f.i.r.s.t. – Reisebüro.
2 *Bechtold*, § 19 GWB Rz. 41–44; *Emmerich*, AG 1982, 295.
3 KG, WuW/E OLG 5907, 5914 – Rheinpfalz/Medien Union.
4 BGH, WuW/E BGH 907, 913 – Fensterglas VI.
5 BGH, WuW/E BGH 1824, 1826 ff. – Tonolli/Blei- und Silberhütte Braubach.
6 KG v. 2.7.1982 – Kart 21/80, AG 1982, 311 – Texaco/Zerssen.
7 BGH, WuW/E BGH 1824, 1826 ff. – Tonolli/Blei- und Silberhütte Braubach.
8 BKartA, Tätigkeitsbericht 1981/1982, S. 66 – Jacobs/Interfood.

gungen wesentlichen Binnenwettbewerb erwarten ließen.[1] In den letzten Jahren hat das BKartA dagegen vermehrt das Vorliegen eines ausreichenden Innenwettbewerbs verneint und die entsprechenden Zusammenschlussvorhaben nur unter Auflagen freigegeben oder gar untersagt.[2]

109 Für das **Außenverhältnis** wird auf die Grundsätze der Einzelmarktbeherrschung nach Satz 1 verwiesen. Keinesfalls ist ein automatischer Schluss von fehlendem Binnenwettbewerb auf fehlenden Außenwettbewerb zulässig.[3] Auch genügt die formale Addition der Marktanteile und der Ressourcen für die Bejahung der überragenden Marktstellung (Nr. 2) nicht. Allerdings ist es ausreichend, wenn die einzelnen Oligopolmitglieder die Außenseiter überragen.[4]

110 Bei den großen **Lebensmittelhandelsgruppen** vertrat das BKartA die Auffassung, die zur Spitzengruppe gehörenden sechs Unternehmen mit einem Marktanteil von ca. 40 % hätten eine überragende Position inne und seien deshalb gegenüber den Herstellern als **Nachfrager** marktbeherrschend.[5]

111 Das KG lehnte hingegen diese Auffassung des BKartA ab und hob die Untersagungsverfügung im Fall „Coop/Wandmaker" auf. Insbesondere wandte sich das KG gegen die Auffassung des BKartA, die großen Handelsunternehmen seien für die Hersteller unverzichtbar:[6] Das Kriterium der Unverzichtbarkeit habe das BKartA offensichtlich dem § 26 Abs. 2 S. 2 GWB a.F. (§ 20 Abs. 2 Satz 1 GWB n.F.) entnommen. Auf eine solche vertikale Abhängigkeit komme es jedoch im Rahmen des § 22 GWB a.F. (§ 19 GWB n.F.) nicht an. Weiterhin liege ein marktbeherrschendes Oligopol auf der Nachfrageseite insbesondere wegen des bestehenden **Konditionenwettbewerbs** nicht vor.[7] Hiernach kann das BKartA Zusammenschlüsse von Lebensmittelhandelsunternehmen nur untersagen, wenn im Einzelfall auf bestimmten regionalen Absatzmärkten Marktbeherrschung vorliegt.[8]

112 Im Hinblick auf die dargestellte Situation im Lebensmittelhandel erweiterte der Gesetzgeber durch die fünfte Novelle den Katalog der Beurteilungskrite-

---

1 BKartA, WuW/E DE-V 640 – Avery Dennison/Jackstädt.
2 BKartA, WuW/E DE-V 618 – Viterra/Brunata; für den Strommarkt: BKartA, WuW/E DE-V 301 – REW/VEW; BKartA, WuW/E DE-V 511 – E.ON/Gelsenberg und WuW/E DE-V 533 – E.ON/Bergemann; für den Tankstellenmarkt: BKartA, WuW 2002, 252 – Shell/Dea und BP/Veba Oel.
3 *Wiedemann/Richter*, § 20 Rz. 81.
4 BKartA, WuW/E BKartA 2247, 2250 – Hüls/Condea; *Kleinmann/Bechtold*, § 22 GWB Rz. 212.
5 BKartA, WuW/E BKartA 1970, 1981 – Coop/Supermagazin; WuW/E BKartA 2060, 2061 – Metro/Kaufhof; WuW/E BKartA 2161, 2165 ff. – Coop/Wandmaker.
6 Vgl. dazu auch *Bergmann*, Nachfragemacht, S. 73 ff.
7 KG, WuW/E OLG 3917 ff.; vgl. auch die ablehnende Haltung der Monopolkommission, Sondergutachten 14, Konzentration im Lebensmittelhandel, 1985.
8 Vgl. WuW 1987, 364; nicht untersagt wurden etwa die Zusammenschlüsse „Metro/Hurler" und „Asko/Massa". Die Zusammenschlüsse „Metro/Asko" und „Karstadt/Hertie" gab das BKartA nach Abschluss von Zusagenverträgen frei, WuW 1994, 37 und 322. Vgl. auch Monopolkommission, Sondergutachten 23, Marktstruktur und Wettbewerb im Handel, 1994.

rien des § 19 Abs. 1 Satz 1 Nr. 2 GWB um zwei zusätzliche Parameter: die Fähigkeit, sein Angebot oder seine Nachfrage auf andere Waren oder gewerbliche Leistungen umzustellen, sowie die Möglichkeit der Marktgegenseite, auf andere Unternehmen auszuweichen. Ziel dieser Ergänzung war die angemessene Berücksichtigung von Nachfragemacht.[1] Tatsächlich änderte sich damit aber für die Praxis wenig, da beide Kriterien im Rahmen der Gesamtbetrachtung schon vorher Berücksichtigung fanden.[2] Der Gesetzesänderung kam daher lediglich klarstellende Bedeutung zu.[3]

c) Gesetzliche Vermutungen der Marktbeherrschung

Zur Erleichterung der Feststellung, ob ein Unternehmen eine marktbeherrschende Stellung besitzt, enthält das GWB widerlegbare Vermutungstatbestände. Im Rahmen der 6. GWB-Novelle wurden allerdings zahlreiche dieser Tatbestände ersatzlos gestrichen. Geblieben sind seit dem 1.1.1999 lediglich: 113

- die Grundvermutung für **Einzelmarktbeherrschung** bei mindestens einem Drittel der Marktanteile (§ 19 Abs. 3 Satz 1 GWB) sowie
- die Vermutung für **Oligopolmarktbeherrschung** von bis zu fünf Unternehmen (§ 19 Abs. 3 Satz 2 Nr. 1 und 2 GWB).

In der Fusionskontrolle haben die Vermutungen nur geringe praktische Bedeutung erlangt. Dies hängt vor allem mit der beschränkten rechtlichen Wirkung der Vermutungen zusammen. Das BKartA ist selbst bei Vorliegen der Voraussetzungen der Vermutung nicht von der umfassenden Prüfung der Untersagungsvoraussetzungen entbunden.[4] Die Praxis stuft die Vermutungen damit in der Regel zunächst als „**Aufgreifkriterien**" ein, die eine eingehende Überprüfung des Zusammenschlusses auslösen. Das BKartA und die Gerichte haben auch bei Eingreifen der Vermutungen die Untersuchungsmaxime der §§ 57 Abs. 1, 70 Abs. 1 GWB anzuwenden und die marktbeherrschende Stellung der beteiligten Unternehmen im Einzelnen darzulegen.[5]

Nur in der Situation eines „**non liquet**", d.h. wenn nach dem Ergebnis der Prüfung eine marktbeherrschende Stellung weder nachgewiesen noch auszuschließen ist, kann eine Untersagung allein auf die Marktbeherrschungsvermutungen gestützt werden.[6] Praktische Bedeutung haben solche „Beweislasturteile" bisher nicht erreicht. Das liegt u.a. auch daran, dass der Marktanteil 114

---

1 Regierungsbegründung, WuW 1990, 332, 340 f.
2 *Möschel*, ZRP 1989, 371 (373).
3 *Bergmann*, Nachfragemacht, S. 138 ff.; *Emmerich*, AG 1989, 369 (378).
4 KG, WuW/W OLG 2539, 2541 – Braun/Almo: „Aus dem Vermutungstatbestand des § 22 Abs. 3 Nr. 1 GWB (§ 19 Abs. 3 Satz 1 GWB n.F.) ist in diesem Zusammenhang von vornherein nichts herzuleiten; denn auf diese Bestimmungen darf erst dann zurückgegriffen werden, wenn die in Betracht kommenden Feststellungen zur Frage der marktbeherrschenden Stellung getroffen worden sind und ihre Würdigung zu keinem Ergebnis führt."
5 BGH, WuW/E BGH 1501 – KFZ-Kupplungen.
6 BGH, WuW/E BGH 1749 – Klöckner/Becorit; zustimmend *Canenbley/Moosecker*, S. 60; vgl. auch *Ruppelt* in Langen/Bunte, § 19 GWB Rz. 65 f.

nur ein Kriterium – wenn auch das wichtigste – für die wettbewerbliche Beurteilung ist.

aa) Die Monopolvermutung des § 19 Abs. 3 Satz 1 GWB

115 Bei einem Marktanteil von **einem Drittel** in dem als räumlich relevant bestimmten Markt ist die Monopolvermutung erfüllt. Die Ermittlung der Marktanteile ist, außer für den Sonderfall des Vermögenserwerbs (§ 38 Abs. 5 GWB), im Gesetz nicht speziell geregelt. Da das Marktanteilskriterium für sich allein nur eine beschränkte Aussagekraft hat, kann diese Vermutung durch den Nachweis wesentlichen Wettbewerbs und durch das Fehlen einer überragenden Marktstellung widerlegt werden.[1] Auch das Bestehen der Einzelmarktbeherrschung durch ein anderes Unternehmen oder die Beherrschung durch ein Oligopol widerlegt die Vermutung.[2]

bb) Die Oligopol-Marktbeherrschungsvermutung

116 Für **enge Oligopole** bis zu fünf Unternehmen wurden durch die 4. GWB-Novelle 1980 spezielle Vermutungsregelungen geschaffen, die die Fusionskontrolle erleichtern sollen.[3] Eine marktbeherrschende Stellung liegt hiernach vor,

– wenn eine Gruppe von bis zu drei Unternehmen einen Marktanteil von zusammen 50 % oder mehr hat, oder

– wenn eine Gruppe von bis zu fünf Unternehmen einen Marktanteil von zwei Dritteln oder mehr erreicht.

Nach allgemeiner Auffassung muss die Gruppe aus den drei bzw. fünf nach Marktanteilen führenden Unternehmen gebildet werden.[4]

117 Ein entscheidender Unterschied der Oligopolvermutung gegenüber der Monopolvermutung des § 19 Abs. 3 Satz 1 GWB besteht in einer **echten Beweislastumkehr** zu Lasten der beteiligten Unternehmen. Die am Zusammenschluss beteiligten Unternehmen müssen bei Vorliegen der Voraussetzungen und wenn die erforderlichen und vollständigen Ermittlungen der Kartellbehörde ergebnislos verliefen, nachweisen, dass die Wettbewerbsbedingungen auch nach dem Zusammenschluss zwischen ihnen wesentlichen Wettbewerb erwarten lassen oder dass das Oligopol im Verhältnis zu seinen Wettbewerbern keine überragende Marktstellung hat.[5]

---

1 BKartA, Tätigkeitsbericht 1979/1980, BT-Drucks. 9/565, 69 – BASF/ACC.
2 *Bechtold*, § 19 GWB Rz. 52.
3 Die ursprünglich in § 23a Abs. 2 GWB vorgesehene Regelung bezog sich zunächst lediglich auf die Fusionskontrolle; seit der 6. GWB-Novelle wird auch der Missbrauchstatbestand erfasst.
4 *Bechtold*, § 19 GWB Rz. 54 f.; *Kleinmann/Bechtold*, § 22 GWB Rz. 242 f.; *Ruppelt* in Langen/Bunte, § 19 GWB Rz. 72.
5 *Stockmann/Schultz*, Rz. 237 mit Verweis auf BGH, WuW/E BGH 2231, 2237 f. – Metro/Kaufhof.

Die **Widerlegung** dieser Vermutung ist den Unternehmen bisher in aller Regel gelungen,[1] so dass das BKartA bisher nur wenige Untersagungen auf diese Vorschrift stützen konnte.[2] Für die Widerlegung fordert das BKartA grundsätzlich strukturelle und langfristig bestehende Bedingungen, wie z.b. niedrige Marktzutrittsschranken, potenziellen Wettbewerb, besondere Absatzbedingungen, dauerhafte Überkapazitäten, Innovationen bzw. zu erwartender Technologiewandel, gegengewichtige Marktmacht etc.[3] Bei der gebotenen Gesamtbetrachtung sollte m.E. die Feststellung wesentlichen Wettbewerbs – trotz einer anscheinend schwierigen Marktstruktur – für die Widerlegung der qualifizierten Oligopolvermutung ausreichen.

118

Im Fall „Thomson-Brandt/Saba"[4] sah beispielsweise das BKartA die qualifizierte Oligopolvermutung als widerlegt an, weil nach Ablauf der PAL-Patente der **Marktzutritt** der japanischen Wettbewerber auf dem Markt für Farbfernseher und damit wesentlicher Wettbewerb zu erwarten war.

119

Bei sog. **asymmetrischen Oligopolen** mit einem unausgeglichenen Kräfteverhältnis zwischen den Oligopolmitgliedern sind sog. **Aufholfusionen** der kleineren Oligopolisten zuzulassen, wenn die Machtverteilung dadurch im Oligopol ausgeglichen (d.h. „symmetrischer") wird, ohne dass sich das Oligopol wesentlich verengt.[5]

120

Im Übrigen ist bei der Anwendung des § 19 Abs. 3 Satz 2 GWB noch nicht höchstrichterlich geklärt, ob diese Vermutung lediglich auf die Alternative des Entstehens einer marktbeherrschenden Stellung anzuwenden ist oder auch auf die Fälle der Verstärkung.[6] Das KG hat in der Sache „Morris/Rothmans" entschieden, die Vermutung beziehe sich lediglich auf das Entstehen einer marktbeherrschenden Stellung.[7] In der Literatur wird mit guten Gründen, insbesondere unter Verweis auf die Zielsetzung des Gesetzgebers, eine nachhaltige Verschärfung der Fusionskontrolle auf oligopolistisch strukturierten Märkten zu erreichen, auch die Gegenansicht vertreten.[8]

121

---

1 S. zuletzt etwa BKartA, WuW/E DE-V 640 – Avery Dennison/Jackstädt; BkartA, WuW/E DE-V 337 – Novartis/Wesley Jensen; BKartA, WuW/E DE-V 235 – Dürr/Alstom; BkartA, WuW/E DE-V 109 ff. – Dow Chemical/Shell; vgl. auch BKartA, Tätigkeitsbericht 1981/1982, BT-Drucks. 10/243, 23, 1983/1984, BT-Drucks. 10/3550, 15, Nachweis des wesentlichen Wettbewerbs im Innenverhältnis.

2 Z.B. BKartA, WuW/E BKartA 1943 – Morris/Rothmans; WuW/E BKartA 1921 – Burda/Springer; WuW/E BKartA 1970 – Coop/Supermagazin; BKartA, AG 1986, 377 – NUR/ITS; BKartA, WuW/E 2247 – Hüls/Condea.

3 *Bechtold*, § 19 GWB Rz. 57; BKartA, Tätigkeitsbericht 1981/1982, BT-Drucks. 10/243, 23; BKartA, AG 1986, 377 (379 f.) – NUR/ITS.

4 BKartA, Tätigkeitsbericht 1979/1980, BT-Drucks. 9/565, 61 f.

5 KG, WuW/E OLG 2663, 2675 – Texaco/Zerssen; *Bechtold*, § 19 GWB Rz. 57; *Kleinmann/Bechtold*, § 23a GWB Rz. 106 f.; etwas enger BKartA, Tätigkeitsbericht 1981/1982, BT-Drucks. 10/243, 23.

6 *Bechtold*, § 19 GWB Rz. 52; *Canenbley/Moosecker*, S. 227.

7 KG, WuW/E OLG 3051, 3080 f. – Philip Morris/Rothmans; bei *Bechtold*, § 19 GWB Rz. 53 als h.M. bezeichnet.

8 *Mestmäcker/Veelken* in Immenga/Mestmäcker, § 36 GWB Rz. 169; *Möschel*, S. 559.

122 Umstritten ist zudem das Zusammenwirken von Monopolvermutungen und Oligopolvermutung. So ist fraglich, ob beide Vorschriften gleichzeitig angewendet werden können, wenn ein Unternehmen die jeweiligen Tatbestandsmerkmale beider Vermutungen gleichzeitig erfüllt.

Beispiel:

Auf einem Markt konkurrieren ein Unternehmen mit 34 % und zwei Wettbewerber mit je 15 % Marktanteil.

Während das BKartA beide Vermutungen nebeneinander angewandt hat, vertritt das KG die Auffassung, es sei denkgesetzlich ausgeschlossen, dass ein Markt zur selben Zeit von einem Monopol und einem Oligopol beherrscht werden könne.[1] Das heiße allerdings nicht, dass die Monopolvermutung durch die gleichzeitig vorliegende Oligopolvermutung ausgeschlossen wird.[2] Entscheidend für die Anwendung der einen oder anderen Vermutung sei das Innenverhältnis der betreffenden Unternehmen. Bei wesentlichem Binnenwettbewerb im Oligopol greife danach die Monopolvermutung ein.[3]

123 M.E. sollte bei gleichzeitigem Vorliegen der Voraussetzungen von Satz 1 und Satz 2 keine der Vermutungen des § 19 Abs. 3 GWB eingreifen, so dass das BKartA eine unabhängige Feststellung treffen muss.

2. Begründung und Verstärkung einer marktbeherrschenden Stellung

124 Ob eine marktbeherrschende Stellung durch den Zusammenschluss entsteht oder verstärkt wird, ist aufgrund einer **Zukunftsprognose** zu ermitteln.[4] Das Gesetz verlangt einen **Kausalzusammenhang**, der zu verneinen ist, wenn die hypothetische Entwicklung ohne den Zusammenschluss zu der gleichen oder einer schlechteren Marktstruktur führt.[5] Veränderungen bei Dritten reichen für eine Untersagung grundsätzlich nicht aus.[6] Allerdings dürfte die Verbundklausel des § 36 Abs. 2 GWB, die im gesamten Anwendungsbereich des

---

1 KG, WuW/E OLG 2234 – Tonolli/Blei- und Silberhütte Braubach; zustimmend *Bechtold*, § 19 GWB Rz. 52; gegen das KG *Emmerich*, AG 1982, 289 (296); der BGH hat sich mit dieser Frage in der Revisionsinstanz nicht mehr befasst, BGH, WuW/E BGH 1824 – Tonolli/Blei- und Silberhütte Braubach.
2 KG v. 7.11.1985 – Kart 6/85, AG 1986, 226 (229) – Pillsbury/Sonnen-Bassermann.
3 KG v. 7.11.1985 – Kart 6/85, AG 1986, 226 (229) – Pillsbury/Sonnen-Bassermann.
4 Dazu *Bechtold*, § 36 GWB Rz. 2 f.; *Mestmäcker/Veelken* in Immenga/Mestmäcker, § 36 GWB Rz. 119 f.; grundlegend KG, WuW/E OLG 2677 – VEW/Gelsenwasser.
5 Sanierungsfälle, wenn der Marktanteil des erworbenen Unternehmens auch im Falle des Ausscheidens dem Erwerber zugefallen wäre, vgl. BGH, WuW/E BGH 1655, 1660 – Zementmahlanlage II; BKartA, Beschl. v. 21.10.2003 – Nr. B 7-100/03 – Imation/EMTEC; *Bechtold*, § 36 GWB Rz. 5.
6 KG, WuW/E OLG 2259, 2261 – Siegerländer Transportbeton; a.A. BKartA, wonach die Fusionskontrolle marktbeherrschende Stellungen generell verhindern will (und deshalb den Marktbeherrschungstest auch in der europäischen Fusionskontrolle für ausreichend hielt); vermittelnd *Mestmäcker/Veelken* in Immenga/Mestmäcker, § 36 GWB Rz. 131 f., wonach für eine Untersagung Marktbeherrschungseffekte bei i.S.v. § 37 Abs. 1 GWB beteiligten Unternehmen ausreichen.

Gesetzes gilt,[1] dazu führen, dass Wettbewerbswirkungen bei in diesem Sinne verbundenen Unternehmen eine Untersagung rechtfertigen. Auch auf oligopolistisch geprägten Märkten können Veränderungen bei Dritten eine Untersagung rechtfertigen.[2]

Bestand vor dem Zusammenschluss bereits eine marktbeherrschende Stellung eines beteiligten Unternehmens, so ist die Alternative der „**Verstärkung**" zu prüfen. Diese Fallgruppe stand bei den Untersagungen durch das BKartA in der Vergangenheit im Vordergrund der Entscheidungen. Eine Verstärkung setzt nach der Rechtsprechung des BGH nicht notwendigerweise die Erhöhung der Marktanteile oder gar eine **wesentliche** Verstärkung voraus.[3] Sie ist vielmehr auch schon dann gegeben, wenn die Unternehmen durch den Zusammenschluss den nachstoßenden Wettbewerb der Konkurrenten abmindern können, indem sie die aktuellen Wettbewerber durch den Ressourcenzuwachs von aggressiven Wettbewerbspraktiken abschrecken oder potenzielle Konkurrenten von einem Marktzutritt abhalten.[4] Hierbei ist der Restwettbewerb umso schutzwürdiger, je größer die Marktstellung der beteiligten Unternehmen vor dem Zusammenschluss war. So reichte in einem Fall der Erwerb eines Marktanteils von 1,3 % auf dem Hamburger Anzeigenmarkt durch den Springer-Verlag aus, um eine Untersagung zu rechtfertigen.[5] Insgesamt soll einer weiteren Verkrustung der Märkte im Sinne einer Absicherung der marktbeherrschenden Stellung durch eine Verstärkung der Fähigkeit zur Abwehr des nachstoßenden Wettbewerbs entgegengewirkt werden.[6] Im Fall „Melitta/Kraft" bestätigte der BGH die Untersagung des BKartA, da der Erwerb eines bekannten Warenzeichens zur Verstärkung einer bereits bestehenden marktbeherrschenden Stellung des Erwerbers führte. Der BGH stellte dabei insbesondere auf die hohen Marktanteile (44,5 % bzw. 72 %), den erheblichen Abstand zu den Wettbewerbern und darauf ab, dass der Erwerb des Warenzeichens die Wettbewerber daran hinderte, dieses Zeichen ihrerseits zu nutzen, um die eigene Marktposition auszubauen.[7]

125

Gegenüber einer zu formelhaften Anwendung dieser sog. Abschreckungstheorie, die vor allem bei dem Zuwachs von Ressourcen und Finanzkraft Anwendung findet[8] und mittlerweile auch bei der Begründung einer marktbeherr-

126

---

1 RegEntw. BReg. Drucks. 852/97, 57; *Schulte*, AG 1998, 297 (308); vgl. noch BGH, WuW/E BGH 3037 – Raiffeisen.
2 Vgl. unten Teil VIII Rz. 135.
3 *Bechtold*, § 36 GWB Rz. 8; s. zuletzt auch OLG Düsseldorf, WuW/E DE-R 1149 – Trans-o-flex.
4 Sog. Abschreckungstheorie; BGH v. 28.9.1982 – KVR 8/81, AG 1983, 157 (159) – Springer/AZ; BGH, WuW/E BGH 2150 – Rheinmetall/WMF; vgl. auch BGH v. 27.5.1986 – KVR 7/84, AG 1986, 362 (364 f.) – SZ/Donaukurier; KG, WuW/E OLG 4537, 4544 f. – Linde/Lansing; BKartA, WuW/E BKartA 2428, 2433 – Nordfleisch/CG Hannover.
5 BGH, WuW/E BGH 1685 – Springer/Elbe Wochenblatt; s. auch BGH v. 29.9.1981 – KVR 2/80, AG 1982, 133 – Springer/MZV; BGH, WuW/E DE-R 668 – Werra Rundschau.
6 BGH, WuW/E BGH 1854, 1859 f. – Zeitungsmarkt München; WuW/E BGH 2731, 2837 – Inlandstochter.
7 BGH, WuW/E BGH 2783, 2792 f. – Warenzeichenerwerb.
8 BGH, WuW/E BGH 2150, 2157 – Rheinmetall/WMF.

schenden Stellung herangezogen wird,[1] erscheint jedoch Vorsicht geboten.[2] Insbesondere verbietet sich die Gleichstellung hoher Umsatzanteile mit großer Finanzkraft.

a) Differenzierung nach Zusammenschlusstatbeständen

127 § 36 Abs. 1 GWB spricht allgemein vom „Zusammenschluss" und behandelt damit die vier Tatbestände des § 37 Abs. 1 GWB grundsätzlich gleich. In jedem Einzelfall sind deshalb die konkreten Einflussmöglichkeiten der beteiligten Unternehmen aufeinander zu untersuchen.[3] Allerdings ist in der Praxis nicht zu verkennen, dass die Entstehung einer neuen **wettbewerblichen Einheit**, die eine Addition von Marktanteilen, Potenzial und Ressourcen rechtfertigt und damit für die Anwendung des § 36 Abs. 1 bereits vorentscheidet, von der Art des Zusammenschlusstatbestandes abhängig ist.[4]

128 Beim Tatbestand des **Vermögenserwerbs** (§ 37 Abs. 1 Nr. 1 GWB) bilden Erwerber und das erworbene Vermögen bzw. der erworbene Vermögensteil eine wirtschaftliche Einheit. Sämtliche Potenziale sind zusammenzurechnen.

129 Beim **Kontrollerwerb** (§ 37 Abs. 1 Nr. 2 GWB) ist zu differenzieren. Wird die Alleinkontrolle erworben, ist eine Zusammenrechnung der Ressourcen zu einer wirtschaftlichen Einheit naturgemäß gerechtfertigt. Bei gemeinsamer Kontrolle dagegen ist diese Annahme im Verhältnis der einzelnen mitkontrollierenden Unternehmen zum kontrollierten Unternehmen[5] davon abhängig, inwieweit positive Einflussmöglichkeiten und nicht bloße „Vetorechte" die Mitkontrolle prägen.[6]

130 Wird beim **Anteilserwerb** nicht die Kontrolle übernommen, werden aber die Schwellenwerte des § 37 Abs. 1 Nr. 3 GWB erreicht, ist gleichfalls zu prüfen, wie die Einflussnahme konkret ausgestaltet ist. Horizontale Zusammenschlüsse begründen dabei eher marktbeherrschende Effekte als vertikale oder konglomerate Zusammenschlüsse.[7] Keinesfalls ist die Fiktion des § 37 Abs. 1

---

1 KG v. 7.11.1985 – Kart 6/85, AG 1986, 226 (227 f.) – Pillsbury/Sonnen-Bassermann.
2 Vgl. auch Monopolkommission, Hauptgutachten VI, Rz. 443 ff., insb. Rz. 458; eingehend *Möschel*, Abschreckungstheorie und Fusionskontrolle; *Bechtold*, § 36 GWB Rz. 7, 15.
3 Vgl. BGH, WuW/E BGH 2112, 2114 ff. – Gruner+Jahr/Zeit.
4 *Harms* in Gemeinschaftskomm., § 24 GWB (Rz. 66 ff., 71 ff.; *Wiedemann/Richter*, § 20 Rz. 120 ff.
5 Die mitkontrollierenden Unternehmen untereinander bilden keine wettbewerbliche Einheit.
6 An dieser Stelle ist relevant, ob man das Kartellverbot (§ 1 GWB) auf das Verhältnis der einzelnen mitkontrollierenden Unternehmen zum kontrollierten Unternehmen anwendet. Bejaht man dies, stuft man die Unternehmen als wirtschaftlich unabhängig ein und muss folglich eine wettbewerbliche Einheit ablehnen (vgl. zur Abgrenzung zuletzt BKartA, WuW/E DE-V 9, 13 ff.; BGH, WuW/E DE-R 711 – Ostfleisch).
7 Vgl. nachfolgend Teil VIII Rz. 132 ff.

Nr. 3 Satz 3 GWB bei dieser materiellrechtlichen Bewertung zu Begründung einer wirtschaftlichen Einheit heranzuziehen.[1]

Im Fall der sonstigen Verbindung mit **wettbewerblich erheblichem Einfluss** (§ 37 Abs. 1 Nr. 4 GWB) entsteht grundsätzlich keine neue wettbewerbliche Einheit. Im Einzelfall kann jedoch die Zurechnung bestimmter Ressourcen möglich sein.[2] Die konkrete Feststellung der Untersagungsvoraussetzungen dürfte denn auch die Ausnahme bleiben und dann die Verstärkung einer bereits bestehenden marktbeherrschenden Stellung betreffen.

131

b) Horizontale Zusammenschlüsse

Eine Verschlechterung der Wettbewerbssituation aufgrund des Zusammenschlusses von Unternehmen, die auf denselben Märkten agieren, ergibt sich fast zwangsläufig[3] und lässt sich zumeist anhand der **Marktanteil**sauswirkung bestimmen. Bildet sich eine hinreichend qualifizierte Verbindung der Unternehmen und damit eine neue wettbewerbliche Einheit, sind die Marktanteile zu addieren.[4] Allerdings sind Marktreaktionen und Abschmelzungseffekte zu berücksichtigen, die beispielsweise die Marktgegenseite zur Vermeidung von Abhängigkeiten hervorrufen wird. Andererseits ergibt sich eine Verschlechterung der Wettbewerbssituation aufgrund des Fortfalls aktueller oder potenzieller Wettbewerber.[5] Letzterer Aspekt steht bei bloßen Minderheitsbeteiligungen, bei denen sich eine Addition der Marktanteile zumeist verbietet, im Mittelpunkt.

132

c) Vertikale Zusammenschlüsse

Zusammenschlüsse zwischen Unternehmen unterschiedlicher Marktstufen[6] können Marktbeherrschungseffekte vor allem hinsichtlich des Kriteriums „**Zugang**" zu den **Beschaffungs-** oder **Absatzmärkten**" bewirken. Dabei sind Ausschlusseffekte zu Lasten von Wettbewerbern durch eine langfristige Absicherung der Lieferbeziehung und damit eine nachhaltige Beeinträchtigung der Wettbewerbsstruktur zu befürchten.[7]

133

---

1 BGH, WuW/E BGH 1533, 1538 – Erdgas Schwaben; zuletzt BKartA, WuW/E DE-V 473 – Burgmann/Freudenberg; *Mestmäcker/Veelken* in Immenga/Mestmäcker, § 36 GWB Rz. 108.
2 BKartA, AG 1996, 378 – Veba/Stadtwerke Bremen.
3 *Schultz/Wagemann*, Rz. 318.
4 KG, WuW/E OLG 5879, 5855 – WMF/Auerhahn.
5 BGH, WuW/E BGH 2783, 2793 – Warenzeichenerwerb; BKartA, Beschl. v. 27.2.1997 – Kali+Salz/Potash.
6 Beispielsweise Hersteller und Händler, Zulieferer und Hersteller.
7 Für den Presseeinzelhandel: BKartA, WuW/E BKartA 2909, 2911 ff. – ASV/Postdienst-Service; BKartA, WuW/E DE-V 1, 5 ff. – ASV/Stilke; im Energiebereich BGH, WuW/E DE-R 24, 29 f. – Stromversorgung Aggertal; BGH, WuW/E DE-R 32 f. – Stadtwerke Garbsen.

d) Konglomerate Zusammenschlüsse[1]

134 Bei sonstigen Zusammenschlüssen von Unternehmen ist die Nähe der Tätigkeitsbereiche von entscheidender Bedeutung, da möglicherweise Substitutionswettbewerb oder potenzieller Wettbewerb gemindert wird.[2] Bei reinen konglomeraten Zusammenschlüssen ohne jegliche Marktnähe rückt nach der Rechtsprechung der Zuwachs an **Finanzkraft** und damit einhergehend die „Abschreckung" von Wettbewerbern in den Mittelpunkt.[3] M.E. läuft dieses Kriterium allerdings in der Regel auf eine nach dem Gesetz nicht vorgesehene und damit unzulässige bloße „Größenkontrolle" unter Vernachlässigung des Marktmachtkonzeptes hinaus.

e) Oligopol-Zusammenschlüsse (Oligopolmarktbeherrschung)

135 Zusammenschlüsse von Oligopolmitgliedern rufen dann Marktbeherrschungseffekte hervor, wenn mit der neuen Stellung der Oligopolgruppe eine Verschlechterung der Wettbewerbsstruktur nach außen, d.h. zu den restlichen Wettbewerbern einhergeht oder der Innenwettbewerb der Oligopolmitglieder untereinander weiter erlahmt. Die Stärkung nur eines Oligopolmitglieds kann so durchaus ambivalent bewertet werden[4]: Nach außen erscheint das Oligopol zunächst schlagkräftiger, im Innenwettbewerb kann es aber durchaus zu einer Belebung des Wettbewerbs und damit einer Verminderung der Reaktionsverbundenheit kommen, wenn ein kleineres Mitglied an Stärke gewinnt (sog. **Aufholfusion** im Oligopol).[5]

3. Die Abwägungsklausel des § 36 Abs. 1 GWB

136 Ein Zusammenschluss darf nicht untersagt werden, wenn die beteiligten Unternehmen nachweisen, dass durch den Zusammenschluss auch **Verbesserungen der Wettbewerbsbedingungen** eintreten und dass diese die Nachteile der Marktbeherrschung überwiegen.[6] Für diesen Nachweis liegt die volle Beweislast bei den beteiligten Unternehmen.[7] In erster Linie werden in diesem Zu-

---

1 Das BKartA prüft, ebenso wie die Kommission, auch diese Zusammenschlussform. Dagegen hat das US Department of Justice in seinen Richtlinien konglomerate Zusammenschlüsse für grundsätzlich unbedenklich erklärt.
2 So insbesondere, wenn die Märkte sachlich identisch, aber räumlich getrennt sind.
3 BGH, WuW/E BGH 2150, 2157 – Rheinmetall/WMF; WuW/E BGH 1501, 1506 f. – Kfz Kupplungen.
4 Str., einerseits BGH, WuW/E BGH 1763, 1763 – Bituminöses Mischgut; offen gelassen BGH, WuW/E BGH 1824, 1828 – Tonolli/Blei- und Silberhütte Braubach, andererseits Vorinstanz KG, WuW/E 2234, 2238 – Tonolli/Blei- und Silberhütte Braubach.
5 *Kleinmann/Bechtold*, § 24 GWB Rz. 86.
6 Über die umstrittene Beibehaltung der Abwägungsklausel nach der 6. GWB-Novelle vgl. *Bechtold*, § 36 GWB Rz. 20 f.; *Bechtold*, BB 1997, 1856; *Bechtold*, NJW 1998, 2769, 2772; zur Entstehungsgeschichte und Zweck der Abwägungsklausel *Mestmäcker/Veelken* in Immenga/Mestmäcker, § 36 GWB Rz. 282 f.
7 Allerdings muss das Bundeskartellamt von Amts wegen ermitteln, wenn die Beteiligten entlastende Tatsachen substantiiert vortragen und die Unterlagen nur von der Kartellbehörde beigebracht werden können; *Ruppelt* in Langen/Bunte, § 36 GWB Rz. 57.

sammenhang nur marktstrukturelle Gesichtspunkte berücksichtigt.[1] Vorteile, die lediglich bei den beteiligten Unternehmen eintreten (Rationalisierung, Zuwachs an Finanzmitteln), sind nach der Auffassung des BKartA und der Rechtsprechung deshalb nur relevant, soweit sie sich auch strukturell auf einem Markt auswirken.[2] In der Entscheidung „Anzeigenblätter II" hat der BGH verlangt, dass die wirtschaftlichen Verhältnisse auf dem Markt, auf dem die Wettbewerbsvorteile auftreten sollen, es dem Unternehmen derart nahe legen, zusätzliche Finanzmittel, die aus dem Zusammenschluss stammen, für die weitere Wettbewerbstätigkeit auf diesem Markt einzusetzen, dass dieses Verhalten mit ausreichender Wahrscheinlichkeit erwartet werden kann. An die Voraussetzungen einer solchen Erwartung seien dabei keine geringen Anforderungen zu stellen.[3] Zu bedenken ist außerdem, dass zusammenschlussbedingte, positive und negative Aspekte der Marktstrukturveränderung auf dem Markt, für den das Entstehen einer marktbeherrschenden Stellung geprüft wird, grundsätzlich bereits im Rahmen der nach § 36 Abs. 1 Halbs. 1 GWB gebotenen Gesamtbetrachtung zu berücksichtigen sind.[4]

In der gleichen Weise sind gesamtwirtschaftliche Vorteile wie z.B. Verbesserung der Arbeitsmärkte oder der Regionalstruktur im Rahmen der Fusionskontrolle des BKartA nicht berücksichtigungsfähig.[5] Diese volkswirtschaftlichen Gesichtspunkte können höchstens im ministeriellen Erlaubnisverfahren berücksichtigt werden.

Typische Anwendungsfälle der Abwägungsklausel sind Zusammenschlüsse, die sich auf mehreren Märkten auswirken, wobei auf einem relativ unbedeutenden Markt eine marktbeherrschende Stellung entsteht, während auf einem anderen, bedeutsameren Markt die Marktstruktur durch Stärkung der Wettbewerber gegenüber einem mächtigen Konkurrenten verbessert wird.[6]

Beispiel:

Im Fall „Karstadt/Neckermann" wurde der Zusammenschluss deshalb nicht untersagt, weil die Verschlechterung der Wettbewerbsbedingungen im Warenhausbereich durch Vorteile im Versandhandel und Touristikbereich kompensiert wurde.[7]

Neben dem Regelfall von Vorteilen auf Drittmärkten können ausnahmsweise auch auf dem beherrschten Markt relevante Verbesserungen entstehen, wenn z.B. ein Anteilserwerb zu einer Konzentration beim Erwerber und zu einer be-

---

1 *Mestmäcker/Veelken* in Immenga/Mestmäcker, § 36 GWB Rz. 290; *Ruppelt* in Langen/Bunte, § 36 GWB Rz. 49.
2 BKartA, WuW/E BKartA 1517, 1520 – Bitumen Verkaufsgesellschaft; BKartA, WuW/E BKartA 1571 – Kaiser/VAW; KG, WuW/E OLG 5271, 5285 – Krupp/Daub (Großbacköfen).
3 BGH, WuW/E BGH 2899, 2903 – Anzeigenblätter II.
4 BKartA, AG 1986, 377 (382) – NUR/ITS.
5 BKartA, WuW/E BKartA 1657, 1666 – Rheinstahl/Hüller; Tätigkeitsbericht 1976, BT-Drucks. 8/704, 80 – Karstadt/Neckermann.
6 Regierungsbegründung 1971, S. 29.
7 BKartA, Tätigkeitsbericht 1976, BT-Drucks. 8/704, 79.

deutenden Dekonzentration bei einem bisher marktbeherrschenden Veräußerer führt.

140 Diese Verbesserungen der Wettbewerbsbedingungen müssen die Nachteile der marktbeherrschenden Stellung nicht nur aufwiegen, sondern **überwiegen**. Weiterhin muss festgestellt werden, dass die Verbesserungen der Wettbewerbsbedingungen **kausal** durch den Zusammenschluss ausgelöst werden. Dies ist ausgeschlossen, wenn die Veränderung auch ohne den Zusammenschluss eintreten würde.[1] Das BKartA sieht die Abwägungsklausel auch dann nicht als erfüllt an, wenn die Verbesserung der Marktstruktur mit weniger wettbewerbsbeschränkenden Mitteln erreichbar ist.[2]

141 Ein besonderes Problem stellen die sog. **Sanierungsfusionen** dar, also Zusammenschlüsse zur Rettung eines in wirtschaftlichen Schwierigkeiten befindlichen Unternehmens.[3] Das BKartA sah bisher in der Übernahme eines konkursreifen Unternehmens durch einen marktmächtigen Konkurrenten keine Verbesserung der Wettbewerbsbedingungen, da die freiwerdenden Marktanteile im Falle des Zusammenschlusses ausschließlich dem Marktbeherrscher zugute kommen, während sie sich im Falle des Konkurses auf alle Wettbewerber verteilten.[4] Sind auf einem Markt nur zwei Unternehmen tätig und wird der eine Wettbewerber von dem anderen erworben, dann kann es bereits an der Kausalität des Zusammenschlusses für das Entstehen oder Verstärken einer marktbeherrschenden Stellung fehlen, da die Marktanteile des erworbenen Unternehmens dem Erwerber ohnehin zugefallen wären.[5] Zusätzlich wird aber zumeist gefordert, dass keine weniger wettbewerbsschädliche Erwerbsalternative in Betracht kommt.[6]

142 Insgesamt kann festgestellt werden, dass die Abwägungsklausel des § 36 Abs. 1 Halbsatz 2 GWB, nachdem sie zunächst sehr restriktiv gehandhabt worden war und daher in der Praxis eine eher untergeordnete Rolle gespielt hatte,[7] in den letzten Jahren vermehrt Gegenstand der Prüfung durch das BKartA gewesen ist.[8]

---

1 BGH, WuW/E BGH 1533 – Erdgas Schwaben.
2 BKartA, WuW/E BKartA 1571, 1582 – Kaiser/VAW.
3 Ausführlich zu dieser Problematik der Fall Karstadt/Neckermann; BKartA, Tätigkeitsbericht 1976, BT-Drucks. 8/704, 79 f. sowie BKartA, WuW/E DE-V 695 – Holtzbrinck/Berliner Verlag; BKartA, Beschl. v. 21.10.2003 – Nr. B 7-100/03 – Imation/EMTEC; s. auch *Mestmäcker/Veelken* in Immenga/Mestmäcker, § 36 GWB Rz. 297 ff.
4 BKartA, WuW/E BKartA 1653 – Babcock/Artos.
5 BKartA, Tätigkeitsbericht 1985/1986, BT-Drucks. 11/554, 87 – Darmstädter Echo/Darmstädter Tageblatt.
6 Ebenso BKartA v. 21.10.2003 – B 7-100/03 – Imation/EMTEC.
7 *Emmerich*, AG 1986, 345 (357 ff.).
8 Das Überwiegen der Verbesserungen bejahend: BKartA, WuW/E DE-V 301 – RWE/VEW; BKartA, WuW/E DE-V 360 – HeinGas; BKartA, WuW/E DE-V 413 – NetCologne; BKartA, WuW/E DE-V 685 – ZEAG; ablehnend: BKartA, WuW/E DE-V 558 – Liberty/KDG; BKartA v. 10.12.2002 – B 6-22121-U98/02, AG 2003, 495 – Holtzbrinck/Berliner Verlag; s. auch OLG Düsseldorf, WuW/E DE-V 665 – NetCologne.

VI. Fusionskontrollverfahren

1. Präventive Anmeldepflicht nach § 39 Abs. 1 GWB und Vollzugsverbot nach § 40 Abs. 1 GWB

Im Anwendungsbereich der Fusionskontrolle sind sämtliche Zusammenschlussvorhaben präventiv beim BKartA **anzumelden**. Die nachträgliche Fusionskontrolle, die sich in der Praxis als wenig wirksam erwiesen hat und mit schwer realisierbaren Entflechtungsverfahren verbunden war,[1] ist abgeschafft. Vor Erlass einer Freigabeentscheidung durch das BKartA besteht ein bußgeldbewährtes **Vollzugsverbot** (§§ 41 Abs. 1, 81 Abs. 1 Nr. 1 GWB). Zivilrechtlich sind alle Rechtsgeschäfte, die gegen das Vollzugsverbot verstoßen, schwebend unwirksam.[2] Wirksam werden sie erst durch eine Freigabeentscheidung des BKartA oder ausnahmsweise durch Fristablauf.[3] Zu beachten ist, dass beim Anteilserwerb nach § 37 Abs. 1 Nr. 3 GWB erst der Übergang der Anteile den Vollzug darstellt, der bloße Bestand eines Optionsrechts genügt dagegen nicht.[4]

143

a) Verpflichteter Personenkreis (§ 39 Abs. 2 GWB)

Anmeldepflichtig sind alle am Zusammenschluss beteiligten Unternehmen.[5] Hierdurch wird theoretisch eine Vielzahl von Anzeigen und Anmeldungen in einem einzigen Zusammenhang erforderlich. Da dies unpraktikabel ist, wird die Anmeldung in aller Regel von einem einzigen Unternehmen für alle Zusammenschlussbeteiligten abgegeben. Alle Beteiligten haften aber gemeinsam für die Richtigkeit und Vollständigkeit der gemeinsamen Anzeige. Wird der Zusammenschluss im Wege des Vermögens- oder Anteilserwerbs vollzogen (§ 37 Abs. 1 Nr. 1 und 3 GWB), so ist auch der Veräußerer anmeldepflichtig (§ 39 Abs. 2 Nr. 2 GWB).

144

Bei beteiligten Unternehmen, die außerhalb der Bundesrepublik ihren Sitz haben, insbesondere auch bei **Auslandszusammenschlüssen**, bei denen zwei ausländische Mütter fusionieren und Inlandswirkungen über Tochterunternehmen zu erwarten sind, ist gemäß § 39 Abs. 3 Nr. 6 GWB ein inländischer Bevollmächtigter zu benennen.

145

b) Inhalt der Anmeldung (§ 39 Abs. 3 GWB)

Die Anmeldung ist – anders als die Formblatt CO Anmeldung nach der FKVO[6] – nicht an bestimmte Formvorgaben gebunden. Gemäß § 39 Abs. 3 GWB sind folgende Angaben erforderlich[7]:

146

---

1 Vgl. nur KG, WuW/E OLG 4558 (4559) – Kampfmeyer/Plange.
2 BGH, WuW/E BGH 1556 – Weichschaum III.
3 Vgl. nachfolgend Teil VIII Rz. 153 f. und *Möschel*, S. 492.
4 BGH v. 27.5.1986 – KVR 7/84, AG 1986, 362 (364) – SZ/Donaukurier.
5 Betroffen sind die gesetzlich oder satzungsmäßig zur Vertretung berufenen Personen, bei Einzelunternehmen also die Inhaber, bei einer AG der Vorstand und bei einer GmbH der oder die Geschäftsführer.
6 Vgl. Teil VIII Rz. 278.
7 Vgl. Merkblatt des BKartA zur Zusammenschlusskontrolle, Stand: Januar 1999, verfügbar auf der Homepage des BKartA unter www.bundeskartellamt.de; *Bechtold*, § 39 GWB Rz. 7 ff.

- Form des Zusammenschlusses;
- Firma oder sonstige Bezeichnung;
- Ort der Niederlassung oder Sitz der Gesellschaft;
- Art des Geschäftsbetriebes;
- Umsatzerlöse in Deutschland, der EU und weltweit;
- Marktanteile, sofern sie im Inland zusammen mindestens 20 % erreichen;
- im Falle des Anteilserwerbs die Höhe der erworbenen und der insgesamt gehaltenen Beteiligung.

Diese Angaben müssen sich auf alle Beteiligten und die mit ihnen verbundenen Unternehmen beziehen. Hierdurch sind auch Konzernbeziehungen sowie Abhängigkeits- und Beteiligungsverhältnisse zwischen den verbundenen Unternehmen mitzuteilen.

147 **In der Praxis** hat das BKartA die Anforderungen an die Angabe der quantitativen Daten erleichtert. So ist es nicht nötig, die Umsätze und den Marktanteil für jedes verbundene Unternehmen gesondert auszuweisen, sondern es ist möglich, diese Zahlen für jede Gruppe insgesamt anzugeben.[1]

148 Das BKartA kann die Abgabe der erforderlichen Anmeldung mit **Verwaltungszwang** durchsetzen.[2] Weiterhin kann es gemäß § 81 Abs. 1 Nr. 7 und Abs. 2 GWB ein Bußgeld bis zu 25 000 Euro verhängen, wenn eine Anmeldung unvollständig oder nicht rechtzeitig eingegangen ist. Bußgelder bis zu 500 000 Euro sind möglich, falls ein der Anmeldepflicht unterliegender Zusammenschluss vorzeitig vollzogen wird (§ 81 Abs. 1 Nr. 1 und Abs. 2 GWB).

149 Die Berücksichtigung der in § 39 Abs. 3 GWB bezeichneten Angaben ist zudem bedeutsam, da nur eine vollständige Anmeldung die **Prüfungsfristen** der Zusammenschlusskontrolle für das BKartA in Gang setzt (§ 40 Abs. 1 und Abs. 2 Satz 2 GWB). Aus diesem Grunde ist es für die anmeldenden Unternehmen zweckmäßig, sich vom BKartA schriftlich bestätigen zu lassen, dass ihre Anmeldung die erforderlichen Mindestangaben enthält.

150 Die Anmeldung ist gemäß 39 Abs. 4 GWB ausnahmsweise entbehrlich, wenn ein Zusammenschluss zuvor bei der EU-Kommission angemeldet wurde und an das BKartA unter Beilegung der für eine Anmeldung in Deutschland erforderlichen Angaben in deutscher Sprache verwiesen wurde. Läuft das Verfahren vor der Kommission nicht in deutscher Sprache, ist eine separate Anmeldung gemäß den Vorgaben des GWB erforderlich und unverzüglich beim BKartA einzureichen, da nur so die Fristen der deutschen Fusionskontrolle in Gang gesetzt werden (§§ 40 Abs. 5, 39 Abs. 4 Satz 1 GWB).

---

1 Merkblatt des BKartA zur Zusammenschlusskontrolle, Stand: Januar 1999, verfügbar auf der Homepage des BKartA unter www.bundeskartellamt.de.
2 §§ 6 ff. Verwaltungsvollstreckungsgesetz gelten; BGH, WuW/E BGH 1126, 1127 – Schaumstoff II; BKartA, WuW/E BKartA 2241, 2246 – REWE; BKartA, WuW/E BKartA 2087, 2091 – Klöckner/Seitz.

c) Möglichkeit der Aufhebung des Vollzugsverbots (§ 41 Abs. 2 GWB)

In Anlehnung an das europäische Recht[1] besteht die Möglichkeit, bereits vor Erlass einer Entscheidung beim BKartA einen Antrag auf Befreiung vom generellen Vollzugsverbot des § 41 Abs. 1 GWB zu stellen. Dem Antrag kann jederzeit, auch vor der Anmeldung, stattgegeben werden (§ 41 Abs. 2 Satz 2 GWB), was insbesondere bei publikumswirksamen Zusammenschlüssen mit geringen wettbewerblichen Bedenken von Bedeutung sein dürfte. Die Unternehmen unterliegen nach § 41 Abs. 2 GWB allerdings einer sehr strengen Begründungspflicht und müssen wichtige Gründe für die Ausnahme dartun.[2] Entscheidend ist eine einzelfallbezogene Abwägung zwischen dem öffentlichen Interesse an der Aufrechterhaltung des Vollzugsverbots und dem drohenden Schaden der beteiligten Unternehmen oder eines Dritten im Falle der Versagung des Vollzugs sein. Können die Unternehmen glaubhaft machen, dass die Untersagungswahrscheinlichkeit gering ist sowie eine Entflechtung leicht realisierbar, sollte schon die Möglichkeit eines geringen Schadens ausreichen, um zumindest unter Auflagen und Bedingungen eine Befreiung vom Vollzugsverbot auszusprechen.[3]

151

2. Das Prüfungsverfahren (§ 40 GWB)

a) Vorverfahren und Hauptprüfverfahren

Das durch die 6. GWB-Novelle vorgesehene Fusionskontrollverfahren trennt stärker als bisher und mit weit reichenden Konsequenzen das Vorverfahren (sog. Phase 1) von dem Hauptprüfverfahren (sog. Phase 2).

152

aa) Vorverfahren (Phase 1)

Zunächst hat das BKartA **innerhalb eines Monats** nach Einreichen der vollständigen Anmeldung zu prüfen, ob es eine eingehende Untersuchung des Falles in einem Hauptprüfverfahren für erforderlich hält. Ergeben sich im Rahmen dieser Vorprüfung keine Anhaltspunkte für eine Untersagungsbefugnis nach § 36 Abs. 1 GWB (Begründung oder Verstärkung einer marktbeherrschenden Stellung), gibt das BKartA den Zusammenschluss durch **formlose Verwaltungsmitteilung** frei (§ 61 Abs. 2 GWB). Die Entscheidung ist unanfechtbar.

153

Hat das BKartA dagegen Bedenken gegen den Zusammenschluss, muss die Behörde vor Ablauf der Monatsfrist den beteiligten Unternehmen mitteilen, dass es in das Hauptprüfverfahren eintreten wird (§ 40 Abs. 1 GWB – sog. **Monatsbrief**). Die Mitteilung muss nicht begründet werden und ist unanfechtbar. Verstreicht allerdings die Monatsfrist nach Einreichen einer vollständigen An-

154

---

1 Art. 7 Abs. 4 FKVO.
2 Das Gesetz spricht dem BKartA einen Ermessensspielraum zu, wobei ggf. aber an eine „Ermessensreduktion auf Null" zu denken ist.
3 In der Regel wird eine Aufhebung des Vollzugsverbotes dann in Betracht kommen, wenn die betroffenen Unternehmen wirtschaftliche Schwierigkeiten geltend machen können: vgl. BKartA, Tätigkeitsbericht 2001/2002, BT-Drucks. 15/1226, 25 f.; *Schulte*, AG 1998, 297 (300).

meldung, ohne dass eine Mitteilung ergangen ist, gilt der Zusammenschluss als freigegeben.

bb) Hauptprüfverfahren (Phase 2)

155 Im Hauptprüfverfahren kann eine Untersagungsverfügung nur innerhalb von vier Monaten nach Eingang der vollständigen Anmeldung erfolgen (§ 40 Abs. 2 Satz 2 GWB). Sie muss innerhalb dieser Frist **allen** am Verfahren Beteiligten zugestellt werden, da ansonsten die Untersagungsverfügung rechtswidrig ist und aufgehoben werden muss.[1] In schwierigen Fällen mit umfangreichen Prüfungen ist es deshalb üblich, die **Untersagungsfrist** mit Zustimmung aller beteiligten Unternehmen zu **verlängern** (§ 40 Abs. 2 Satz 3 Nr. 1 GWB). Über diese Frage stimmen sich die beteiligten Unternehmen in aller Regel mit dem BKartA ab, da anderenfalls die Gefahr einer voreiligen und ungerechtfertigten Untersagung bestünde. Bei der Einholung der Zustimmung zur Fristverlängerung muss das BKartA wiederum darauf achten, dass **alle** beteiligten Unternehmen der Verlängerung zustimmen.[2]

156 Die wichtigste verfahrensrechtliche Änderung durch die 6. GWB-Novelle formuliert § 40 Abs. 2 Satz 1 GWB: Danach ergeht sowohl eine Untersagung als auch eine Freigabe durch das BKartA als **anfechtbarer Verwaltungsakt**. Gemäß § 61 GWB ist die Verfügung zu begründen, den Beteiligten zuzustellen und gemäß § 43 Satz 1 Nr. 2 GWB im Bundesanzeiger bekannt zu machen. Neben der Eröffnung einer Klagebefugnis für Dritte[3] wird hierdurch auch die Transparenz der Amtsentscheidungen des BKartA deutlich erhöht.[4]

b) Informelle Vorgespräche mit dem BKartA

157 Es kann vorteilhaft sein, vor Einreichen der Anmeldung und dem damit verbunden „formellen" Verfahren von der Möglichkeit informeller Gespräche mit dem BKartA Gebrauch zu machen. Dabei können die Erfolgsaussichten des Vorhabens und die Möglichkeit etwaig gebotener Modifikationen abgeklärt werden. Dieses Verfahren hat sowohl für die beteiligten Unternehmen als auch für das BKartA Vorteile, da zum einen im informellen Verfahren keine Auskünfte von dritten Unternehmen gemäß § 59 GWB eingeholt werden können und zum anderen die Fristen für das BKartA noch nicht laufen.

---

1 Der Regierungsentwurf zur 7. GWB-Novelle vom 7.6.2004, BT-Drucks. 15/3640, sieht ausdrücklich eine Zustellung an die anmeldenden Unternehmen sowie eine Bekanntgabe des Zeitpunktes der Zustellung gegenüber den Verfahrensbeteiligten vor. Vgl. KG, WuW/E OLG 2202, 2203 – Stadtwerke Leverkusen; KG, WuW/E OLG 1712 – Hygieneartikel.
2 KG, WuW/E OLG 2202 – Stadtwerke Leverkusen.
3 Vgl. nachfolgend Teil VIII Rz. 173 ff.
4 Nach dem früheren Recht waren nur die Untersagungen zu veröffentlichen; die im Tätigkeitsbericht des BKartA und im Hauptgutachen der Monopolkommission dokumentierten Freigabeentscheidungen sind dagegen unvollständig und erfolgen zudem zeitverzögert.

c) Ermittlungsbefugnisse des BKartA

Bei der Prüfung der Frage, ob im konkreten Fall ein Zusammenschluss vorliegt und ob dieser eine marktbeherrschende Stellung entstehen lässt oder verstärkt, hat das BKartA weit gehende Ermittlungsbefugnisse. So kann es gemäß § 39 Abs. 5 GWB von den beteiligten Unternehmen Auskünfte über Marktanteile und Umsatzerlöse verlangen. Darüber hinaus steht ihm nach § 59 GWB auch die Befugnis zu, von dritten Unternehmen Auskünfte über ihre wirtschaftlichen Verhältnisse zu verlangen.[1] Diese Auskünfte werden in der Praxis häufig von Wettbewerbern, Kunden und Lieferanten der am Zusammenschluss beteiligten Unternehmen gefordert. Das BKartA kann ferner die geschäftlichen Unterlagen dieser Unternehmen einsehen, prüfen und die Herausgabe verlangen (§ 59 Abs. 1 GWB), Beweise durch Augenschein, Zeugen und Sachverständige erheben (§ 57 GWB) sowie Durchsuchungen (§ 59 Abs. 4) und Beschlagnahmen durchführen (§ 58 GWB).

158

Beispiel:

Ausgeschöpft wurde diese Befugnis im Fall „Metro/Kaufhof I".[2] Das BKartA erlangte Kenntnis davon, dass die Metro-Gruppe und der Schweizerische Bankverein je 24 % der Aktien der Kaufhof AG erworben hatten und es beabsichtigt war, der Metro-Gruppe eine Option für den Erwerb von zusätzlichen 2,5 % der Aktien zu gewähren. Nachdem sich die beteiligten Unternehmen mit dem BKartA in Verbindung gesetzt hatten, verweigerten sie eine Anzeige des Zusammenschlusses, obwohl das BKartA davon ausging, dass der parallele Aktienerwerb einen Zusammenschlusstatbestand erfüllen könnte und deshalb das Fusionskontrollverfahren einleitete. Im Laufe des Verfahrens durchsuchten Beamte des BKartA die Geschäftsräume der Metro, um möglicherweise geheime Unterlagen zu entdecken. Das Kammergericht entschied auf eine entsprechende Beschwerde der Metro, dass das BKartA aufgrund seines Verdachts hinsichtlich des Vorliegens eines möglichen Zusammenschlusses befugt war, die Durchsuchungen durchzuführen.

Nach § 60 GWB hat das BKartA ferner die Möglichkeit, im Laufe des Verfahrens einstweilige **Anordnungen** zu treffen, um die negativen Auswirkungen eines Zusammenschlusses bis zur Entscheidung in der Hauptsache so gering wie möglich zu halten.[3] Mit der 7. GWB-Novelle sollen die Ermittlungsbefugnisse des BKartA erweitert werden und sich beispielsweise auf die Herausgabe von allgemeinen Marktstudien oder Auskünfte über die wirtschaftlichen Verhältnisse verbundener Unternehmen erstrecken.

159

Im Untersagungsverfahren ist den Beteiligten (§ 54 Abs. 2 GWB) **Gelegenheit zur Stellungnahme** zu geben; auf Antrag können sie künftig zu einer mündlichen Verhandlung geladen werden (§ 56 Abs. 1 GWB). Eine Untersuchungsverfügung muss begründet und allen Verfahrensbeteiligten zugestellt werden (§ 61 Abs. 1 GWB).

160

---

1 KG, WuW/E OLG 3541 – Kathreiner.
2 KG, WuW/E OLG 2433.
3 Vgl. BKartA, WuW/E BKartA 1716 – Kartoffelstärke; KG, WuW/E OLG 2145 – Sonntag Aktuell II.

3. Untersagungsabwendende Zusagen, Auflagen und Bedingungen

161 Bis zum In-Kraft-Treten der 6. GWB-Novelle konnte das BKartA keine Teiluntersagungen aussprechen, sondern den Zusammenschluss nur in seiner Gesamtheit untersagen oder freigeben.[1] Um den Eingriffsbefugnissen des BKartA mehr Flexibilität zu verleihen, hatte sich in der Praxis allerdings bereits die Möglichkeit von „untersagungsabwendenden Zusagen" entwickelt.[2] Durch die 6. GWB-Novelle wurde dem Verlangen nach mehr Flexibilität auch gesetzestechnisch nachgekommen:[3] Insofern die Freigabe nach dem Hauptprüfverfahren (Phase 2) gemäß § 40 Abs. 2 GWB nunmehr als Verwaltungsakt ergeht,[4] kann sie mit Nebenbestimmungen – das Gesetz nennt **Auflagen** und **Bedingungen** (§ 40 Abs. 3 GWB) – verbunden werden.

162 Für sehr eilige Freigaben, bei denen ein Abwarten des Hauptprüfverfahrens der Realisierung der Fusion entgegenstehen würde, bietet sich neben einer Befreiung vom Vollzugsverbot (§ 41 Abs. 2)[5] aber m.E. auch weiterhin die Anwendung der früher herausgebildeten **Zusagenpraxis** an.[6] Um echte Zusagen handelt es sich, wenn die Unternehmen die Maßnahme innerhalb der Entscheidungsfrist mit dem BKartA vereinbaren, die Verwirklichung hingegen erst nach deren Ablauf vorgenommen werden soll.[7] Inhaltlich können folgende Formen unterschieden werden: **Entflechtungs-** bzw. **Veräußerungszusagen**,[8] in denen sich ein Unternehmen verpflichtet, Betriebsstätten oder Beteiligungen an Dritte zu veräußern,[9] **Öffnungszusagen**, nach denen Dritten Zugang zu bestimmten Märkten verschafft wird (Lizenzen oder Beteiligungen) sowie **Einflussbegrenzungszusagen**, z.B. Stimmrechtsbeschränkungen. Neuere Zusagefälle betrafen zumeist den Energieversorgungsbereich.[10]

163 Zweckmäßig ist eine derartige Zusagenpraxis insbesondere bei Unternehmen, die auf mehreren Märkten tätig sind und bei denen sich Bedenken nur bei bestimmten Einzelmärkten ergeben. Entsprechende Zusagen verhindern dann die Annahme einer marktbeherrschenden Stellung oder lassen im Sinne der Abwägungsklausel überwiegende Verbesserungen der Wettbewerbsbedingun-

---

1 Sog. Alles-oder-Nichts-Situation; *Canenbley/Moosecker*, S. 102.
2 Vgl. BKartA, Tätigkeitsbericht 1975, BT-Drucks. 7/5390, 35 – Ruhrkohle/Rütgers/CMT; KG, WuW/E OLG 1637 ff. – Weichschaum; 1758 ff. – Weichschaum II; Übersicht der Zusagen für den Berichtszeitraum 1997/98 in: BKartA, Tätigkeitsbericht 1997/1998, BT-Drucks. 14/1139, 243 ff.
3 Vgl. RegBegr. 1997, BT-Drucks. 13/9720, 60.
4 Vgl. bereits Teil VIII Rz. 156.
5 Dazu bereits Teil VIII Rz. 151.
6 So auch *Wiedemann/Richter*, § 21 Rz. 49 ff.; a.A. *Treeck*, FIW-Heft 175, 45, 56 f.; offen gelassen *Schultz/Wagemann*, Rz. 365.
7 Sog. Nachfristzusagen; sog. Vorfristzusagen, bei denen das Unternehmen vor Ablauf der Untersagungsfrist bestimmte Maßnahmen auf „Anraten" des BKartA trifft, sind unproblematisch, wegen der kurzen Monatsfrist aber kaum realisierbar.
8 *Schultz*, WuW 1982, 429 (430); Karstadt/Hertie, Bundesanzeiger v. 7.4.1994; Federal Mogul/T&N, Bundesanzeiger Nr. 57 v. 24.3.1998.
9 Es kann auch ein weisungsunabhängiger Treuhänder als Zwischenlösung in Betracht kommen (Tätigkeitsbericht 1976, BT-Drucks. 8/704, 79); zuletzt Preussag/TUI, Bundesanzeiger Nr. 55 v. 20.3.1998.
10 Vgl. *Schultz/Wagemann*, Rz. 366 m.w.N.

gen erwarten. Es ist anerkannt, dass sich Zusagen nur auf **strukturelle Maßnahmen** beziehen dürfen. Verhaltenszusagen über zukünftiges Marktverhalten darf das BKartA nicht entgegennehmen.[1]

Beispiele:

Im Fall „Mannesmann/Kienzle" haben die beteiligten Unternehmen zugesagt, dass Kienzle seine Beteiligung an einem ausländischen Gemeinschaftsunternehmen veräußern und dass es den inländischen Wettbewerbern auf dem Markt für Fahrtenschreiber Lizenzen zu angemessenen Bedingungen einräumen werde.[2] Im Fall „Preussag/TUI" wollte Preussag die Kontrolle über die Hapag-Lloyd AG und TUI erwerben. Die WestLB, als bedeutender Aktionär der Preussag, musste sich daraufhin unwiderruflich verpflichten, ihre Beteiligung an der LTU-Gruppe (neben TUI der führende Anbieter von Flugpauschal- und Charterflugreisen) in Höhe von etwa einem Drittel zwecks Weiterveräußerung an einen Treuhänder zu übertragen.[3] Zusagen wurden ferner in Fusionskontrollverfahren gemacht, in denen die beiden deutschen Papierhersteller Feldmühle und Papierwerke Waldhof-Aschaffenburg (PWA) jeweils mit einem schwedischen Zellstoffhersteller, Kopparfors und Svenska Zellulosa, Gemeinschaftsunternehmen zur Herstellung von Zellstoff gründen wollten. Die beteiligten Unternehmen sagten zu, dass auch andere kleinere deutsche Papierhersteller die Möglichkeit erhalten sollten, Anteile an den Gemeinschaftsunternehmen zu erwerben, um sich langfristig die Versorgung mit dem Rohstoff Zellstoff zu sichern.[4] Im Rahmen der Privatisierungsveräußerung der Landesanteile an dem Berliner Elektrizitätsunternehmen „Bewag" an ein Konsortium aus PreussenElektra, VIAG und der Southern Energy Beteiligungs-GmbH stellte sich der Anteilserwerb durch PreussenElektra, ein Unternehmen, das im Berliner Umland bereits mittelbar in der Elektrizitätsversorgung aktiv ist, als problematisch dar (Erhöhung der Kapitalbeteiligung von 10 % (= 14 % der Stimmrechte) auf 25 % (= 27 % der Stimmrechte)). Erst nach einer Änderung des Konsortialvertrages, wodurch die vom BKartA angenommene gemeinsame Beherrschung der Bewag durch die drei Partner zu Lasten der PreussenElektra geändert wurde – nunmehr maximal 23 % Anteilserwerb und Verpflichtung, nicht mehr als 20 % der Stimmrechte auszuüben –, entfielen die Bedenken.[5]

Bei den Zusagen handelt es sich nach allgemeiner Ansicht um **öffentlich-rechtliche Verträge** i.S.v. § 54 VwVfG. Um der Schriftform des § 57 VwVfG Genüge zu tun, überreichen die beteiligten Unternehmen dem BKartA in der Regel eine Urkunde mit dem Inhalt der Verpflichtung.

164

Problematisch ist allerdings die **Durchsetzung** der Zusagenregelung, falls die beteiligten Unternehmen ihre Verpflichtung nicht einhalten. Es ist fraglich, ob das BKartA die Zusage einseitig durch Vollstreckungsakte durchsetzen oder

165

---

1 *Wiedemann/Richter*, § 21 Rz. 59; hinsichtlich der Nebenbestimmungen jetzt in § 40 Abs. 3 Satz 2 GWB ausdrücklich geregelt.
2 Bundesanzeiger Nr. 100 v. 2.6.1981.
3 Bundesanzeiger Nr. 55 v. 20.3.1998.
4 Bundesanzeiger Nr. 36 v. 21.2.1981.
5 Bundesanzeiger Nr. 192 v. 15.10.1997.

durch eine verwaltungsrechtliche Leistungsklage erzwingen kann. Aus diesem Grunde vereinbart das BKartA häufig ausdrücklich, dass seine Befugnis aus § 36 GWB hinsichtlich der Untersagung und Entflechtung der Zusammenschlüsse wieder auflebt, falls die beteiligten Unternehmen ihre Zusagen nicht einhalten.[1] Eine derartige Vereinbarung ist allerdings rechtlich nicht unbedenklich, denn nach Ablauf der Fristen ist das BKartA grundsätzlich daran gehindert, einen Zusammenschluss zu untersagen. Der Sinn dieser Fristenregelung würde durch die Vereinbarung über die Wiederauflebung der Rechte des BKartA letztlich umgangen.[2] Diese Fragen spielten erstmals in dem Fall „Krupp/Hoesch/Brüninghaus" eine Rolle, in dem sich Krupp 1992 zur Abwendung einer Untersagungsverfügung verpflichtete, einen bestimmten Geschäftsbereich zu veräußern. In dem öffentlich-rechtlichen Vertrag hatte sich das BKartA vorbehalten, im Falle der Nichterfüllung der Veräußerungszusage die Rechte des § 41 Abs. 3 Satz 2, Abs. 4 GWB geltend zu machen; ferner sollte der Zusagenvertrag eine unanfechtbare Untersagungsverfügung des BKartA ersetzen. Ende 1993 kündigte Krupp den Zusagenvertrag mit der Begründung, die Marktverhältnisse hätten sich stark verändert und verweigerte die Veräußerung des Geschäftsbetriebs. Daraufhin ordnete das BKartA Anfang 1994 die Entflechtung an,[3] gegen die Krupp Beschwerde beim KG eingelegt hat.[4]

166 Aufgrund einer Weisung des Bundeswirtschaftsministers[5] müssen die Zusagenregelungen und die Gründe für die Nichtuntersagung eines Zusammenschlusses durch das BKartA im Bundesanzeiger und im Tätigkeitsbericht **veröffentlicht** werden.

4. Rechtsmittel

167 Gegen eine Untersagungsverfügung des BKartA kann **Beschwerde** beim OLG Düsseldorf eingelegt werden (§ 63 Abs. 1 und Abs. 4 Satz 1 GWB).[6] Diese ist innerhalb eines Monats nach Zustellung der Untersagungsverfügung durch einen Anwalt zu erheben. Das OLG ist sowohl Tatsachen- als auch Rechtsinstanz. Eine Beschwerde hat keine aufschiebende Wirkung, so dass im Rahmen der präventiven Fusionskontrolle die Unternehmen weiterhin gehindert sind, ihr Vorhaben zu vollziehen. Allerdings besteht die Möglichkeit, eine einstweilige Anordnung auf Gestattung des Vollzuges des Zusammenschlussvorhabens zu beantragen.[7]

168 Im Rahmen unzulässigerweise bereits vollzogener Zusammenschlüsse hat die fehlende aufschiebende Wirkung der Beschwerde keine unmittelbaren Kon-

---

1 So etwa in den Fällen „Feldmühle/Kopparfors"; „PWA/Svenska Zellulosa"; „Bayernwerk/Oberlandwerk Unterfranken", WuW 1981, 331.
2 Nach *Wiedemann/Richter*, § 21 Rz. 60 ist ein solcher Zusagevertrag inhaltlich unzulässig und unwirksam.
3 BKartA, WuW/E 2625 – Krupp/Hoesch/Brüninghaus.
4 Zur aufschiebenden Wirkung der Beschwerde vgl. KG, WuW/E OLG 5263 – Krupp/Hoesch/Brüninghaus; das Verfahren ist inzwischen vergleichsweise beigelegt worden.
5 Bundesanzeiger Nr. 66 v. 3.4.1976.
6 Nach der Sitzverlegung des BKartA nach Bonn ist nicht mehr das Kammergericht in Berlin zuständig.
7 Vgl. dazu Teil VIII Rz. 151 und 169 sowie KG, WuW/E OLG 2419 – Bayer/Firestone.

sequenzen, da die Durchsetzung einer Auflösung auch nach der Novellierung erst bei **Unanfechtbarkeit** der Untersagungsverfügung in Betracht kommt. Das ergibt sich zwar nicht mehr unmittelbar aus dem Gesetz (vgl. § 41 Abs. 3 GWB gegenüber § 24 Abs. 6 Satz 2 Nr. 1 GWB a.F.), folgt aber daraus, dass der Gesetzgeber mit der Neuformulierung insoweit keine Änderung intendierte, sondern die alte Gesetzesfassung im Hinblick auf das generelle Vollzugsverbot irrtümlich für entbehrlich hielt.[1]

Für alle Entscheidungen, die **nicht** in der Hauptsache ergehen (z.B. Erlass einstweiliger Anordnungen, Beschwerde gegen Beiladungsbeschlüsse, Gebührenbescheide etc.) ist das **OLG Düsseldorf** einzige und letzte Instanz. Gegen Hauptsacheentscheidungen des Gerichts kann **Rechtsbeschwerde** beim BGH eingelegt werden (§ 74 Abs. 1 GWB), sofern sie vom OLG zugelassen wird oder einer der Verfahrensmängel des § 74 Abs. 4 GWB vorliegt.[2] Der BGH ist wie üblich reine Rechtsinstanz und daher an die Tatsachenfeststellungen des OLG gebunden, es sei denn, es liegen bezüglich dieser Feststellungen Verfahrensverstöße vor. Die Einlegungsfrist einer Rechtsbeschwerde beträgt einen Monat (§ 66 Abs. 1 Satz 1 und 2 GWB).

169

Wie gegen eine Untersagungsverfügung des BKartA kann auch gegen die Versagung einer **Erlaubnis** durch den **Bundeswirtschaftsminister**[3] Beschwerde beim OLG Düsseldorf eingelegt werden. Die Gerichte sind allerdings gemäß § 71 Abs. 5 Satz 2 GWB daran gehindert, die Würdigung der gesamtwirtschaftlichen Lage und Entwicklung durch den Bundeswirtschaftsminister zu überprüfen.

170

5. Rechte Dritter[4]

a) Beiladung

Auf Antrag kann das BKartA auch dritte Unternehmen, deren Interessen durch die Entscheidung in einem Fusionskontrollverfahren erheblich berührt werden, dem Verfahren beiladen (§ 54 Abs. 2 Nr. 3 GWB).[5] Die **beigeladenen Unternehmen** haben dann dieselben Verfahrensrechte wie die am Zusammenschluss beteiligten Unternehmen, einschließlich der Beschwerdemöglichkeit beim OLG Düsseldorf. Voraussetzung ist, dass der Dritte in seinen Interessen erheblich berührt ist, wobei neben rechtlichen auch wirtschaftliche Aspekte Berücksichtigung finden.[6] Das BKartA entscheidet über den Antrag nach pflichtgemäßem Ermessen durch anfechtbare Verfügung.

171

---

1 So auch *Bechtold*, § 41 GWB Rz. 11.
2 Vgl. *Bechtold*, § 74 GWB Rz. 2–6.
3 Vgl. nachfolgend Teil VIII Rz. 187.
4 Vgl. *Laufkötter*, WuW 1999, 671.
5 OLG Düsseldorf, Beschl. v. 2.10.2002, WuW/E DE-R 1029 – Greenpeace; KG, WuW/E OLG 2527 – Springer/AZ-Anzeigenblatt; KG, WuW/E OLG 2611 – VEW/Gelsenwasser; BKartA, WuW/E BKartA 1915 – Philip Morris/Rothmans; vgl. *Bechtold*, § 54 GWB Rz. 4–9.
6 Allgemeininteressen können allerdings nur berücksichtigt werden, wenn ein gewisser Zusammenhang mit der Freiheit des Wettbewerbs oder der Wettbewerbsstruktur besteht; OLG Düsseldorf, WuW/E DE-R 1029 – Greenpeace, vgl. *Becker*, ZWeR 2003, 199 ff.

172 Problematisch ist, dass weder die Anmeldung[1] noch die Einleitung des Hauptverfahrens oder die Freigabe nach dem Vorverfahren (Phase 1) bekannt gemacht wird, so dass Dritte insoweit auf Branchennachrichten oder Pressemitteilungen angewiesen sind, um Einfluss auf das Verfahren nehmen zu können. Diesem Mangel soll durch die 7. GWB-Novelle abgeholfen werden.

b) Rechtsmittel Dritter

173 Auf der Basis der alten Gesetzeslage war es nicht möglich, eine Freigabe durch das BKartA rechtlich anzugreifen.[2] Seit der 6. GWB-Novelle ergeht aber nach dem Hauptprüfverfahren (Phase 2) auch die Freigabeentscheidung als Verfügung (§ 40 Abs. 2 GWB), die mit dem Rechtsmittel der Beschwerde nach § 63 Abs. 1 GWB angegriffen werden kann.

174 Die Beschwerdemöglichkeit steht gemäß § 63 Abs. 2 GWB den am Verfahren vor der Kartellbehörde Beteiligten, also insbesondere auch einem auf Antrag beigeladenen Wettbewerber, Lieferanten, Abnehmer oder Zielunternehmen einer feindlichen Übernahme (§ 54 Abs. 2 GWB), zu.[3] Voraussetzung ist allerdings neben der Beiladung noch, dass die Freigabe den beigeladenen Wettbewerber rechtswidrig in seinen wettbewerblichen Möglichkeiten beschränkt (materielle Beschwer).[4] Bislang ist unklar, ob darüber hinaus auch nicht im Hauptprüfverfahren Beigeladene beschwerdebefugt sind. Das KG spricht Dritten eine Beschwerdebefugnis unter Hinweis auf Art. 19 Abs. 4 GG zu, soweit diese durch die Verfügung in ihren Rechten verletzt waren.[5] Als Reaktion auf die großzügige Gewährung einstweiligen Rechtsschutzes durch das OLG Düsseldorf im Fall „E.ON/Ruhrgas"[6] soll einstweiliger Rechtsschutz künftig insgesamt nur noch dann gewährt werden, wenn eine Verletzung eigener Rechte droht. Einstweilige Anordnungen des Beschwerdegerichts, die das durch die Freigabe entfallene Vollzugsverbot faktisch wieder herstellen,[7] soll es ebenfalls in Zukunft nicht mehr geben.[8] Diese dem allgemeinen Verwaltungsrecht entlehnte Einschränkung ist eine erhebliche Hürde, da sich ein Zusammenschluss regelmäßig nur auf die wirtschaftliche bzw. wettbewerbliche Stellung der Wettbewerber, Kunden, Lieferanten oder Verbraucher, nicht aber auf ge-

---

1 Anders Art. 4 Abs. 3 FKVO.
2 Vgl. BGH, WuW/E 1556, 1561 – Weichschaum III; KG, Beschl. v. 11.4.1997 – Kart 5/97, 9.
3 Die Konstellation der feindlichen Übernahme und der Konkurrentenklage wird bei *Schulte*, AG 1998, 297 (302 f.) dargestellt.
4 KG, WuW/E DE-R 688 f. – Habet/Lekkerland; OLG Düsseldorf, WuW/E DE-R 759 (761 ff.).
5 KG, WuW/E 2720, 2722 – Gepäckstreifenanhänger; WuW/E 4811, 4820 – Radio NRW; ähnlich *Wiedemann/Richter*, § 21 Rz. 106 f.; *Kahlenberg*, BB 1998, 1593 (1599); *Schulte*, AG 1998, 297 (303); ablehnend *Bunte*, DB 1998, 1748 (1754); *Baron*, WuW 1998, 651.
6 OLG Düsseldorf, WuW/E DE-R 885 – E.ON/Ruhrgas; OLG Düsseldorf, WuW/E DE-R 926 – E.ON/Ruhrgas.
7 OLG Düsseldorf, WuW/E DE-R 885 – E.ON/Ruhrgas; OLG Düsseldorf, WuW/E DE-R 681 f. – Trienekens.
8 § 65 Abs. 3 Satz 2 GWB-Entwurf.

schützte Rechtspositionen auswirken dürfte und es sehr fraglich ist, ob die Fusionskontrolle drittschützende Wirkung hat.[1]

Ein Rechtsanspruch auf Einschreiten des BKartA gegen einen Zusammenschluss besteht nicht. Da § 36 GWB ausschließlich im öffentlichen Interesse steht, kann das BKartA also nicht gezwungen werden, von seiner Prüfungspflicht in bestimmter Form Gebrauch zu machen.[2]

175

6. Die (nachträgliche) Anzeigepflicht nach § 39 Abs. 6 GWB

Der tatsächliche Vollzug des Zusammenschlusses ist dem BKartA mitzuteilen. Dabei genügt die Erstattung der Anzeige durch eines der beteiligten Unternehmen. Eine inhaltliche Anforderung oder gar die Notwendigkeit der Aktualisierung der Daten besteht nicht. In zeitlicher Hinsicht sollte die Mitteilung innerhalb von maximal sechs bis acht Wochen nach dem Vollzug erfolgen.[3] Eine Zuwiderhandlung stellt eine Ordnungswidrigkeit gemäß § 81 Abs. 1 Nr. 4 GWB dar.

176

Gemäß § 43 Satz 1 Nr. 1, Satz 2 GWB wird die Vollzugsanzeige im Bundesanzeiger unter Angabe der Zusammenschlussform, der beteiligten Unternehmen und der Art des Geschäftsbetriebs veröffentlicht.

177

7. Auflösung vollzogener Zusammenschlüsse (§ 41 Abs. 3 und 4 GWB)

Ein vollzogener Zusammenschluss, der rechtskräftig untersagt und vom Bundeswirtschaftsminister nicht erlaubt wurde, ist aufzulösen (§ 41 Abs. 3 Satz 1 GWB). Dabei ist es unerheblich, ob der Vollzug unter Verstoß gegen § 41 Abs. 1 GWB, mit ausdrücklicher Billigung des Amtes gemäß § 41 Abs. 2 GWB oder nach zunächst erteilter, später aber widerrufener Freigabe erfolgte. Eine Rechtspflicht zur Auflösung besteht für die Unternehmen allerdings erst nach Unanfechtbarkeit der Untersagungsverfügung sowie der Ablehnung eines etwaigen Antrages auf eine Ministererlaubnis und daraufhin erteilter **Auflösungsverfügung** durch das BKartA (§ 41 Abs. 3 Satz 2 GWB).[4]

178

Allerdings kann das BKartA einstweilige Anordnungen treffen, um vorübergehend die negativen Auswirkungen des Zusammenschlusses zu suspendieren oder um die beteiligten Unternehmen daran zu hindern, eine spätere Entflech-

179

---

1 Ablehnend KG, WuW/E OLG 1758 f. – Weichschaum II. Der BGH hat sich zu dieser Frage nicht abschließend geäußert, BGH, WuW/E BGH 1556 f. – Weichschaum II.
2 BGH, WuW/E BGH 1556, 1561 – Weichschaum III; vgl. auch *Wiedemann/Richter*, § 21 Rz. 115.
3 Vgl. *Bechtold*, § 39 GWB Rz. 14.
4 BGH, WuW/E BGH 2211, 2217 – Morris/Rothmans; 2031, 2032 – Springer/Elbe Wochenblatt II; a.A. *Mestmäcker/Veelken* in Immenga/Mestmäcker, § 41 GWB Rz. 39; wohl auch *Ruppelt* in Langen/Bunte, § 41 GWB Rz. 8; eingehend zu den Problemen der Entflechtung *Möschel*, Entflechtungen im Recht der Wettbewerbsbeschränkungen, 1979; *Möschel*, Die Auflösung vollzogener Unternehmenszusammenschlüsse nach dem GWB im Spannungsverhältnis zum bürgerlichen Recht und zum Gesellschaftsrecht, 1982.

tung unmöglich zu machen (§§ 60 Nr. 3, 64 Abs. 3 GWB). So wurde im Zusammenschlussfall „BBC/Ceag-LuS" den beteiligten Unternehmen untersagt, nach Vollzug des Zusammenschlusses bis zur Entscheidung in der Hauptsache konzerninterne Rechtsgeschäfte durchzuführen.[1]

180 Nach höchstrichterlicher Rechtsprechung kommt eine Auflösung nach § 41 Abs. 3 GWB nicht mehr in Betracht, wenn die materiellen oder formellen Untersagungsvoraussetzungen nicht mehr vorliegen.[2] Dies ist etwa dann der Fall, wenn die betroffenen Unternehmen einen Anteilserwerb freiwillig auf ein zulässiges Maß zurückführen oder den Zusammenschluss, der Gegenstand der Untersagungsverfügung war, in seinem Wesen verändern, so dass er von der Verfügung nicht mehr ergriffen wird.[3] Das kann etwa durch die Erfüllung eines neuen Zusammenschlusstatbestandes geschehen. Notwendige Folge davon ist, dass das BKartA den neuen Zusammenschluss prüfen und u.U. untersagen kann.[4]

181 Da **Primärziel** der Auflösung nicht die Wiederherstellung der alten Marktstrukturen, sondern die Beseitigung der Wettbewerbsbeschränkung ist,[5] kommen als Gegenstand der Auflösungsmaßnahmen **Teilentflechtungen** in Betracht, bei denen nur bestimmte Betriebsteile an Dritte verkauft oder an Treuhänder zum weiteren Verkauf übertragen werden.

182 Bei der Entflechtung ist immer der **Grundsatz der Verhältnismäßigkeit** zu beachten; es dürfen nur die Maßnahmen angeordnet werden, die mit dem geringsten Aufwand und der geringsten Belastung für die beteiligten Unternehmen verbunden sind.[6]

183 Zur **Durchsetzung** seiner Anordnung hat das BKartA die Befugnisse des § 41 Abs. 4 GWB, insbesondere können also – notfalls mehrfache – Zwangsgelder von bis zu 500 000 Euro verhängt, die Stimmrechtsausübung verboten oder ein Treuhänder bestellt werden. § 41 Abs. 4 GWB regelt diese Befugnisse jedoch nicht abschließend, so dass das BKartA letztlich alle ihm erforderlich erscheinenden Maßnahmen treffen kann.[7] Bisher sind nur wenige Entflechtungsverfahren eingeleitet worden.[8]

---

1 Vgl. BKartA, Tätigkeitsbericht 1978, BT-Drucks. 8/2980, 58 – BBC/Ceag-LuS.
2 BGH v. 4.10.1983 – KVR 2/82, BGHZ 88, 273 = AG 1984, 106 – Springer/Elbe Wochenblatt.
3 BGH, WuW/E BGH 2211, 2213 f. – Morris/Rothmans.
4 Vgl. BKartA, WuW/E BKartA 2204 ff. – Morris/Rothmans II.
5 KG, WuW/E OLG 1989, 1993 – Zementmahlanlage.
6 Das folgte früher unmittelbar aus § 24 Abs. 6 Satz 3 GWB a.F. ergibt sich aber weiterhin aus den allgemeinen Rechtsgrundsätzen, vgl. Begründung zum Regierungsentwurf, BR-Drucks. 852/97, 61.
7 Vgl. *Harms* in GK, § 24 GWB Rz. 1440–1499.
8 BKartA, Beschl. v. 23.11.2003 – WAZ/Ostthüringer Zeitung; Thyssen/Hüller; Klöckner/Alsen-Breitenburg; Springer/Elbe Wochenblatt; Münchener Wochenblatt/Münchener Anzeigenblätter; Kampffmeyer/Plange; Südkurier/Singener Wochenblatt; Krupp/Hoesch/Brüninghaus; Morris/Rothmans.

Beispiel: 184

Die Fusion „Thyssen/Hüller" wurde vom Bundeswirtschaftsminister nur unter der Bedingung erlaubt, dass Thyssen lediglich einen 45 %-Anteil an Hüller behielte. Daraufhin schlossen Thyssen und das BKartA einen Vertrag, in dem Thyssen sich verpflichtete, bis Ende 1984 55 % des stimmberechtigten Kapitals von Hüller zu verkaufen.[1] Falls bis dahin keine Veräußerung erfolgte, sollten diese Anteile auf einen Treuhänder übertragen werden. Hintergrund dieser Vereinbarung war die Erwartung von Thyssen, dass sich bis dahin die Marktverhältnisse derart geändert haben, dass eine Untersagung nicht mehr aufrechterhalten werden kann. Im Fall „Kampffmeyer/Plange" hat das BKartA, nachdem ein zunächst einvernehmlich mit den Unternehmen betriebenes Entflechtungsverfahren gescheitert war, erstmalig eine Entflechtungsanordnung erlassen, die rechtskräftig geworden ist. Dabei ist der Kampffmeyer Mühlen GmbH aufgegeben worden, alle erworbenen Anteile zu einem bestimmten Termin zu verkaufen.[2]

VII. Die Ministererlaubnis nach § 42 GWB

1. Materielle Voraussetzungen

Bei einer Untersagung durch das BKartA kann der Bundeswirtschaftsminister 185
auf Antrag die Erlaubnis zu einem Zusammenschluss erteilen. Da das Gesetz und die ministerielle Praxis hohe Anforderungen an diese Erlaubnis stellen, wurde bisher von dieser Möglichkeit nur selten Gebrauch gemacht.[3] Die Erlaubnis wird im Einzelfall erteilt, wenn die mit einem Zusammenschluss einhergehenden Wettbewerbsbeschränkungen von gesamtwirtschaftlichen Vorteilen aufgewogen werden oder der Zusammenschluss durch ein überragendes Interesse der Allgemeinheit gerechtfertigt ist. Zusätzlich darf das Ausmaß der Wettbewerbsbeschränkung die marktwirtschaftliche Ordnung nicht gefährden. In den bislang bedeutensten Fällen „E.ON/Ruhrgas" und „Daimler-Benz/MBB" wurde die Ministererlaubnis jeweils gemäß § 42 Abs. 2 Satz 1 GWB unter Auflagen und Bedingungen erteilt.[4]

2. Verfahren

Grundsätzlich kann eine Erlaubnis erst nach dem Vorliegen einer Untersa- 186
gungsverfügung durch das Kartellamt erteilt werden. Der **Antrag** ist innerhalb eines Monats nach Zustellung der Untersagungsverfügung zu stellen (§ 42

---

1 BKartA, Tätigkeitsbericht 1981/1982, BT-Drucks. 10/243, 49.
2 BKartA, Tätigkeitsbericht 1989/1990, BT-Drucks. 12/847, 19 f.
3 Bis 2005 wurde bei 18 Entscheidungen in nur sieben Fällen dem Antrag stattgegeben, davon fünfmal mit Auflagen und Bedingungen: BMWA, WuW/E DE-V 643 und DE-V 753 – E.ON/Ruhrgas; BMWi WuW/E BWM 147 – Veba/Gelsenberg; WuW/E BWM 155 – Babcock/Artos, WuW/E BWM 159 – Rheinstahl/Hüller; WuW/E BWM 165 – BP/Gelsenberg; WuW/E BWM 177 – IBH/Wibau; WuW/E BWM 191 – Daimler/MBB, vgl. *Schultz/Wagemann*, Rz. 389–394 und *Wiedemann/Richter*, § 21 Rz. 118.
4 *Lentfer*, WuW 1998, 227; s. auch BKartA, Tätigkeitsbericht 2001/2002, BT-Drucks. 15/1226, 15 ff. und 1989/90, BT-Drucks. 12/847, 17 f.

Abs. 3 Satz 1 GWB). Allerdings beginnt diese **Frist** im Falle der Einlegung von Rechtsmitteln erst mit Abschluss des Rechtsmittelverfahrens (§ 42 Abs. 3 Satz 2 GWB). Der Bundeswirtschaftsminister soll gemäß § 42 Abs. 4 Satz 1 GWB innerhalb von vier Monaten nach Stellung des Antrages entscheiden. Er ist allerdings verpflichtet, zuvor ein Sondergutachten der Monopolkommission sowie die Stellungnahme der obersten Landesbehörden einzuholen (§ 42 Abs. 4 Satz 2 GWB).

187 Bei der Prüfung des Falles hat der Bundeswirtschaftsminister kein Ermessen, sondern lediglich einen weiten **Beurteilungsspielraum**.[1] Gegen seine Entscheidung ist Beschwerde beim OLG Düsseldorf möglich (§ 63 Abs. 4 GWB).[2] Dabei kann aber die Würdigung der gesamtwirtschaftlichen Lage vom Gericht nicht nachgeprüft werden (§ 71 Abs. 5 Satz 2 GWB).

188 Schließlich hat der Bundeswirtschaftsminister die Möglichkeit, eine von ihm erteilte **Erlaubnis** zu **widerrufen**, abzuändern oder mit weiteren Auflagen zu versehen, wenn die beteiligten Unternehmen einer mit der Erlaubnis verbundenen Auflage zuwiderhandeln oder die Erlaubnis durch falsche Angaben erschlichen wurde (§§ 42 Abs. 2 Satz 2, 40 Abs. 3, 12 Abs. 2 Satz 1 Nr. 2 und 3 GWB).[3]

VIII. Auslandszusammenschlüsse

189 Im Folgenden soll das in der Praxis wichtige Sonderproblem der Auslandszusammenschlüsse behandelt werden. Im Berichtszeitraum 2001/2002 waren auf Erwerberseite in fast 40 % aller Zusammenschlussfälle ausländische Unternehmen mittelbar oder unmittelbar beteiligt; knapp 30 % der Zusammenschlüsse wurden im Ausland vollzogen.[4] Wegen der vielen ungeklärten Fragen, die es gerade auf diesem Gebiet noch gibt, müssen sich die Ausführungen auf ein grobes Raster beschränken.

190 Grundsätzlich sind bei der Behandlung folgende **Problemkreise** zu unterscheiden:

– die Anmeldepflicht und das Vollzugsverbot,

– die Untersagung und Entflechtung.

Zunächst ist aber zu klären, in welchen Fällen überhaupt ein für das GWB relevanter Auslandszusammenschluss vorliegt.

---

1 KG, WuW/E OLG 1937 – Thyssen/Hüller.
2 Vgl. OLG Düsseldorf, WuW/E DE-R 885 – E.ON/Ruhrgas.
3 *Lentfer*, WuW 1998, 227 ff.
4 BKartA, Tätigkeitsbericht 2001/2002, BT-Drucks. 15/1226, 273. Das ist eine deutliche Steigerung. Im Berichtszeitraum 1997/1998 waren es jeweils nur rund 20 %, vgl. Tätigkeitsbericht 1997/98, BT-Drucks. 14/1139, 183.

1. Extraterritoriale Anwendung des GWB

Die Anwendung des GWB außerhalb der Bundesrepublik wird durch die **völkerrechtlichen Prinzipien** des Einmischungsverbotes und des Territorialitätsprinzips eingeschränkt. Hiernach kann ein deutsches Gesetz im Ausland keine Wirkung auf Verträge haben, die insbesondere ausländische Unternehmen, die nicht von inländischen Unternehmen abhängig sind, im Ausland vollziehen und die grundsätzlich ausländischem Recht unterstehen.[1] Gemäß § 130 Abs. 2 Satz 1 ist das GWB auf alle Wettbewerbsbeschränkungen anwendbar, die sich auf dem Inlandsmarkt auswirken (sog. „**effects doctrine**" oder Auswirkungsprinzip). Der Wortlaut dieser Vorschrift zeigt, dass es bei der Beurteilung des Zusammenschlusses nicht darauf ankommt, ob die Fusion im In- oder Ausland durchgeführt wird oder ob in- oder ausländische Unternehmen an ihr beteiligt sind, sondern allein auf seine Auswirkungen. Diese Regelung entspricht dem allgemeinen Grundsatz, nach dem es dem nationalen Gesetzgeber erlaubt ist, alle Angelegenheiten auf seinem Territorium zu regeln (Territorialitätsprinzip).

191

Bei dieser weiten Fassung des Auswirkungsprinzips und der Vielfalt der denkbaren Rückwirkungen auf den deutschen Markt hat die Rechtsprechung des BGH das Kriterium der „Auswirkung" eingegrenzt und das Vorliegen allgemeiner und **spürbarer Inlandsauswirkungen** gefordert, die insbesondere dann entstünden, wenn eines der beteiligten Unternehmen direkt oder indirekt auf dem Inlandsmarkt in Erscheinung getreten sei.[2] Grundsätzlich wird eine Inlandsauswirkung vorliegen, wenn mindestens eines der beteiligten Unternehmen im Inland Umsätze von mehr als 25 Mio. Euro erwirtschaftet hat und damit die Schwelle des § 35 Abs. 1 Nr. 2 GWB erreicht. Zwingend ist das aber nicht. Gerade in diesem Fall muss zusätzlich noch das Kriterium der Inlandsauswirkung geprüft werden. Das BKartA hat zur Reichweite der Inlandsauswirkung im Januar 1999 ein Merkblatt veröffentlicht,[3] das teilweise die noch strengere Praxis des Amtes widerspiegelt.[4] Zusammenfassend gilt Folgendes:

192

– Inlandsauswirkungen liegen immer dann vor, wenn der Zusammenschluss im **Inland realisiert** wird, selbst wenn es sich bei dem erwerbenden Unternehmen um ein ausländisches Unternehmen handelt (Erwerb von Anteilen eines inländischen Unternehmens, Gründung eines Gemeinschaftsunternehmens im Inland). Nach der alten Gesetzeslage galt ein im Ausland realisierter Zusammenschluss hinsichtlich der Töchter der beteiligten Unter-

193

---

1 Vgl. auch *Bach*, WuW 1997, 291.
2 BGH, WuW/E BGH 1276, 1279 – Ölfeldrohre; 2596, 2597 – Eisenbahnschwellen; 1613, 1615 – Organische Pigmente, wobei an das Merkmal der Spürbarkeit nur geringe Anforderungen gestellt wurden: Erhöhung des Inlandmarktanteils um 0,14 % bzw. 0,23 % auf 5,54 % bzw. 3,73 % verbunden mit einem Know-how Zuwachs sollen ausreichen.
3 Informationsblatt des BKartA zu Inlandsauswirkungen im Sinne des § 130 Abs. 2 GWB bei Unternehmenszusammenschlüssen, Stand: Januar 1999, verfügbar auf der Homepage des BKartA unter www.bundeskartellamt.de; abgedruckt bei *Bechtold*, Anh. C 8.
4 Ausführlich *Bechtold*, § 130 GWB Rz. 11 ff., § 39 GWB Rz. 16 ff.; *Rehbinder* in Immenga/Mestmäcker, § 98 GWB Rz. 166 ff.

nehmen auch als im Inland realisiert (§ 23 Abs. 3 Satz 4 GWB a.F.).[1] Nach der Gesetzesänderung gilt diese Fiktion m.E. nicht fort; vielmehr wird die Inlandswirkung im Einzelfall konkret nachzuweisen sein.[2]

194 – Inlandsauswirkungen liegen auch vor, wenn der Zusammenschluss **im Ausland** realisiert wird und **die Unternehmen** bereits vor dem Zusammenschluss im Inland direkt oder über Tochtergesellschaften, Niederlassungen oder Importeure tätig waren;

– nur **ein Unternehmen** im Inland tätig war, aber nach dem Zusammenschluss Lieferungen ausländischer Beteiligter in das Inland aufgrund der Beziehungen zu inländischen Beteiligten wahrscheinlich sind, oder durch den Zusammenschluss das Know-how eines inländischen Unternehmens spürbar vergrößert wird bzw. diesem gewerbliche Schutzrechte zufließen.[3]

195 Werden **Gemeinschaftsunternehmen** im Ausland gegründet, so richtet sich die Inlandsauswirkung primär nach dem sachlichen und örtlichen Tätigkeitsbereich des Gemeinschaftsunternehmens. Ist wahrscheinlich, dass zukünftige Lieferungen in das Inland erfolgen, so kann eine Inlandswirkung ebenso bejaht werden wie bei einem erheblichen Zuwachs der Produktionskapazität des inländischen Unternehmens. Das BKartA berücksichtigt auf der Grundlage des „Gruppeneffekts" daneben Auswirkungen auf das Verhältnis der Muttergesellschaften.[4]

2. Anmeldepflicht für Auslandszusammenschlüsse

196 Die Anmeldepflicht nach § 39 Abs. 1 GWB greift für Auslandszusammenschlüsse ein, wenn die Kriterien der §§ 35, 37 GWB erfüllt sind und der Zusammenschluss sich gemäß den oben geschilderten Kriterien spürbar auf den Inlandsmarkt auswirkt. Das BKartA bemüht sich allerdings, Auslandszusammenschlüsse schnell zu erledigen.[5] Unproblematische Auslandszusammenschlüsse werden hiernach unverzüglich nach Eingang der Anmeldung als unbedenklich erklärt. Denkbar ist auch eine großzügige Handhabung der Befreiung vom Vollzugsverbot gemäß § 41 Abs. 2 GWB.[6]

Liegen dagegen **keine Inlandsauswirkungen** vor, ist das GWB gemäß § 130 Abs. 2 nicht anwendbar. Eine Anmeldepflicht besteht auch dann nicht, wenn

---

1 KG, WuW/E OLG 3051 – Philip Morris/Rothmans.
2 So auch *Bechtold*, § 130 GWB Rz. 17.
3 Vgl. *Bechtold*, § 130 GWB Rz. 18; *Markert* (Schwerpunkte 1980/81, S. 108) fordert „unternehmerisches Potenzial", *Kleinmann/Bechtold* (Einl. Rz. 78) fordern „unternehmerisch genutztes Vermögen", was jeweils „mehr" sein dürfte als eine bloße Tätigkeit im Inland, auf die das BKartA abstellt (WuW/E BKart 1716, 1717 – Kartoffelstärke).
4 BKartA, WuW/E BKartA 2445 ff. – Daimler-Benz-MAN/ENASA.
5 Weisung des Bundeswirtschaftsministers v. 30.5.1980, BAnz. Nr. 103/80 v. 7.6.1980, S. 2; aufgrund der übereinstimmenden Praxis des BKartA ist eine Aufhebung der Weisung beabsichtigt.
6 Vgl. hierzu Teil VIII Rz. 143, 151.

die Umsatzschwellen des § 35 Abs. 1 GWB erreicht sein sollten.[1] Das Vollzugsverbot greift – mangels Anmeldepflicht – ebenfalls nicht ein.[2] Schließlich entfällt mit der Anmeldepflicht die Pflicht gemäß § 39 Abs. 6 GWB, den Vollzug des Zusammenschlusses beim BKartA anzuzeigen. Eine von der Anmeldepflicht zu unterscheidende nachträgliche Anzeigepflicht sieht das Gesetz seit der 6. GWB-Novelle nicht mehr vor.[3]

3. Untersagung und Entflechtung

Die schwierigen Rechtsfragen der **Untersagung** und **Entflechtung** von Auslandszusammenschlüssen sind durch die „Morris/Rothmans"-Entscheidung des KG[4] der Lösung einen Schritt näher gebracht worden, obwohl über eine Reihe von Zweifelsfragen noch nicht entschieden wurde.[5] Der Entscheidung lag ein im Ausland vollzogener Zusammenschluss zwischen der Philip Morris Inc. (New York) und der Rothmans Tobacco Holding Ltd. (London) zugrunde. Beide Gesellschaften verfügten über die inländischen Tochterunternehmen Philip Morris GmbH (München) bzw. Martin Brinkmann AG (Bremen), die ihrerseits zu den fünf größten Zigarettenherstellern auf dem deutschen Markt gehörten. 197

Das BKartA war der Auffassung, dass dieser Zusammenschluss die marktbeherrschende Stellung des Zigarettenoligopols verstärke und untersagte den gesamten Auslandszusammenschluss, da es glaubte, nach § 36 Abs. 1 GWB keine Teiluntersagung aussprechen zu können. Auf Beschwerde der beteiligten Unternehmen hat das KG den Beschluss des BKartA teilweise aufgehoben und lediglich den Zusammenschluss zwischen den deutschen Töchtern verboten. Es führte aus, dass § 98 Abs. 2 Satz 1 GWB a.F. (§ 130 Abs. 2 GWB n.F.), unabhängig von völkerrechtlichen Schranken, eine Untersagung des im Ausland vollzogenen Zusammenschlusses nicht zulasse, sondern die Untersagungsmöglichkeit auf die Inlandsauswirkungen beschränke. Weiterhin werde die Einschränkung der Untersagung auf die Verbindung der Inlandstöchter aber auch durch das völkerrechtliche Gebot der Nichteinmischung getragen. 198

---

1 Nach dem Merkblatt des BKartA zu Inlandsauswirkungen muss das Kriterium der Inlandsauswirkung daher nur dann eigenständig neben § 35 Abs. 1 Nr. 2 GWB anhand der beschriebenen Grundsätze geprüft werden, wenn der Erwerber im Inland Umsätze in Höhe von 50 Mio. Euro erzielt hat und sich das Zielunternehmen oder Gemeinschaftsunternehmen im Ausland befindet.
2 Fraglich ist allerdings die Reichweite des Vollzugsverbotes bei einem anmeldepflichtigen Zusammenschluss insoweit, als der Zusammenschluss *auch* im Ausland vollzogen wird. Insoweit kommt möglicherweise eine teilweise Unzulässigkeit des Vollzugs im Inland in Betracht, wenn sich ein inländischer Teil von dem ausländischen trennen lässt, KG, Morris/Rothmans, WuW/E 3051, 3058 f.
3 Eine nachträgliche Anzeige eines Zusammenschlusses kommt allerdings dann in Betracht, wenn dieser trotz *bestehender* Anmeldepflicht nicht angemeldet worden ist. In diesem Fall dürften die Vorschriften für die Anmeldung entsprechend gelten; vgl. Bechtold, § 39 GWB Rz. 1 f. und 16.
4 KG, WuW/E OLG 3051 – Morris/Rothmans.
5 Vgl. auch KG, WuW/E OLG 4537 – Linde/Lansing; BKartA, WuW/E BKartA 2405 – MAN/Sulzer; BKartA, WuW/E BKartA 2521 – Zahnradfabrik Friedrichshafen/Allison.

199 Im Gegensatz zum BKartA genügt nach Ansicht des KG für die Erstreckung eines innerstaatlichen Hoheitsaktes auf den Auslandssachverhalt ein **konkreter sinnvoller Inlandsbezug** nicht, vielmehr müsse sich der Inlandssachverhalt nicht sinnvoll ohne Einbeziehung des Auslandssachverhalts regeln lassen. Im vorliegenden Fall sei es aber nicht notwendig, den gesamten Zusammenschluss einheitlich zu bewerten, da sich die Verbindung der Inlandstöchter abspalten und isoliert betrachten lasse.

200 Die These des KG von der **Aufspaltbarkeit** des Zusammenschlusses in einen Inlands- und einen Auslandsteil hat auch Konsequenzen für das nachfolgende Auflösungsverfahren. Da die Untersagungsverfügung Grundlage der späteren Entflechtungsanordnung ist, wird deren Reichweite durch den Inhalt der Untersagungsverfügung begrenzt. Folglich können als Adressaten der Entflechtungsanordnung nur die inländischen Töchter in Betracht kommen. Nachdem die betroffenen Unternehmen nach der Entscheidung des Kammergerichts das Wesen des Zusammenschlusses verändert haben, hat der BGH lediglich die Erledigung der Hauptsache festgestellt.[1] Die angesprochenen Rechtsfragen wurden somit noch keiner höchstrichterlichen Klärung zugeführt.

201 Nach der Entscheidung des KG im Fall „Linde/Lansing" kommt es auf die tatsächliche wirtschaftliche Teilbarkeit des Zusammenschlusses für die Möglichkeit einer Teiluntersagung nicht an.[2] Bei **einheitlichen Auslandssachverhalten**, die sich nicht in einen Inlands- und Auslandsteil aufspalten lassen, hat eine solche Auffassung zur Folge, dass aufgrund einer „Teiluntersagung" der Zusammenschluss wirtschaftlich insgesamt betroffen ist. Im Fall „MAN/Sulzer" hat das BKartA den Zusammenschluss insgesamt untersagt, da nach seiner Auffassung eine sinnvolle Abtrennung eines Inlandsteiles, durch dessen Untersagung die maßgeblichen Ursachen für die Entstehung einer marktbeherrschenden Stellung von MAN hätten verhindert werden können, nicht möglich war.[3] M.E. ist bei mangelnder Trennbarkeit eine Untersagung aus völkerrechtlichen Gründen generell unzulässig, wenn der Schwerpunkt des Zusammenschlusses im Ausland liegt.[4] Das inländische Regelungsinteresse muss in diesem Fall zurücktreten.

---

1 BGH, WuW/E BGH 2211 ff. – Morris/Rothmans.
2 KG, WuW/E OLG 4537, 4539 – Linde/Lansing.
3 BKartA, WuW/E BKartA 2405, 2412 f.; vgl. auch BKartA, WuW/E BKartA 2521, 2540 f. – Zahnradfabrik Friedrichshafen/Allison.
4 So im Ergebnis BKartA, AG 1992, 363 (367) – Gillette/Wilkinson; BKartA, WuW/E BKartA 2405 – MAN/Sulzer; weitere Nachweise bei *Wiedemann/Richter*, § 19 Rz. 16 f.

C. Anwendung des Kartellverbots nach § 1 GWB

I. Gemeinschaftsunternehmen

1. Überblick

Auf Gemeinschaftsunternehmen kann neben den Vorschriften der Fusionskontrolle u.U. auch das Kartellverbot des § 1 GWB Anwendung finden.[1] In diesem Zusammenhang überprüft die Kartellbehörde nicht den Zuwachs an Marktmacht, sondern eine mögliche wettbewerbsbeschränkende Verhaltenskonzertierung zwischen den Muttergesellschaften (**Gruppeneffekt**).[2]   202

Da die zu überwindenden rechtlichen Barrieren des § 1 bzw. der §§ 35 ff. GWB unterschiedlich hoch sind, ist es für die Genehmigung eines Gemeinschaftsunternehmens oft entscheidend, dem Anwendungsbereich des unnachgiebigeren Kartellverbots auszuweichen.[3] Im Rahmen der Fusionskontrolle gibt es für die beteiligten Unternehmen mehr Möglichkeiten, einer Untersagung zu entgehen (z.B. Schwellenwerte des § 35 Abs. 1 und 2 GWB, Widerlegung einer marktbeherrschenden Stellung etc.).   203

Das BKartA geht bei der Prüfung von Gemeinschaftsunternehmen grundsätzlich von einer Doppelkontrolle aus, d.h., es wendet das Kartellverbot und die Fusionskontrollvorschriften nebeneinander an (**Zwei-SchrankenTheorie**).[4] Es macht hierbei jedoch zwei wichtige Ausnahmen. Die sog. **Kartellorgane** (Gemeinschaftsunternehmen als Instrumente zur Abstimmung des Marktverhaltens der Beteiligten) werden ausschließlich nach den §§ 1 ff. GWB beurteilt.[5] Auf der anderen Seite unterfallen die rein oder überwiegend **konzentrativen** Gemeinschaftsunternehmen ausschließlich der Fusionskontrolle, während so genannte **kooperative Gemeinschaftsunternehmen** weiterhin der Doppelkontrolle unterliegen.[6]   204

2. Konzentrative Gemeinschaftsunternehmen

Nach den Grundsätzen des BKartA[7] hat ein Gemeinschaftsunternehmen **rein konzentrativen** Charakter, wenn   205

---

1 Eingehend zur Beurteilung von Gemeinschaftsunternehmen: *Huber*, Der Mischwerke-Beschluss des BGH, FIW-Heft 122, 1987, S. 1 ff.; s. auch BKartA, WuW/E DE-V 9 und BGH, WuW/E DE-R 711 – Ostfleisch.
2 Die Bewertung des Gruppeneffekt ist str., vgl. *Bechtold*, § 1 GWB Rz. 48 einerseits, *Bunte* in Langen/Bunte, § 1 GWB Rz. 271 andererseits.
3 Bei § 1 GWB genügt eine spürbare Wettbewerbsbeschränkung, § 36 Abs. 1 GWB fordert die Begründung oder Verstärkung einer marktbeherrschenden Stellung.
4 BKartA, WuW/E BKartA 1771 – Transportbeton Sauerland; WuW/E 1779 BKartA – Transportbeton Siegerland; zuletzt BGH, WuW/E DE-R 115, 116 – Car-Partner.
5 *Zimmer* in Immenga/Mestmäcker, § 1 GWB Rz. 411.
6 BGH, WuW/E DE-R 711 – Ostfleisch; BKartA, Tätigkeitsbericht 2001/2002, BT-Drucks. 15/1226, 219 – Bremerhavener Entsorgungsgesellschaft.
7 Tätigkeitsbericht 1978, BT-Drucks. 8/2980, 24; vgl. auch Grundsätze des BKartA zur kartellrechtlichen Behandlung konzentrativer Gemeinschaftsunternehmen (Entwurf Oktober 1986), abgedr. in FIW-Heft 122, 1987, S. 54 f.

- es sich um ein funktionsfähiges Unternehmen mit den wesentlichen Unternehmensfunktionen handelt;
- es marktbezogene Leistungen erbringt und nicht ausschließlich auf einer vor- oder nachgelagerten Stufe für die Muttergesellschaften tätig ist;[1]
- die Muttergesellschaften selbst auf dem sachlichen Markt des Gemeinschaftsunternehmens nicht oder nicht mehr tätig sind.[2]

206 Lässt sich ein Gemeinschaftsunternehmen nach diesen Kriterien dem konzentrativen Bereich zuordnen, so ist § 1 GWB auf die Gründung bzw. auf den Erwerb von Anteilen, auf Wettbewerbsverbote im angemessenen Rahmen und auf funktionsnotwendige wettbewerbsbeschränkende Nebenabreden nicht anwendbar. So genannte „**überschießende**" **Wettbewerbsbeschränkungen**, die für das Funktionieren des Gemeinschaftsunternehmens nicht erforderlich sind, können allerdings weiter an § 1 GWB gemessen werden.[3]

207 Im „Mischwerke"-Beschluss[4] geht auch der BGH davon aus, dass es sich bei den §§ 1, 35 ff. GWB um zwei verschiedene Sachverhalte handele. Den vom BKartA in den Verwaltungsgrundsätzen entwickelten Entscheidungskriterien zwischen kooperativen und konzentrativen Gemeinschaftsunternehmen komme lediglich die Funktion einer Abgrenzungshilfe zu.[5] Ein konzentratives Gemeinschaftsunternehmen setze insbesondere voraus, dass es sich um ein Unternehmen mit Vollfunktionen handele, das am Markt als **neue selbstständige Planungseinheit** (Vollfunktions-Gemeinschaftsunternehmen) auftritt. Im Ergebnis greift aber auch der BGH auf die vom Bundeskartellamt entwickelten Verwaltungsgrundsätze zurück.[6]

3. Kooperative Gemeinschaftsunternehmen

208 Liegen die oben genannten Voraussetzungen nicht vor, so ist ein kooperatives Gemeinschaftsunternehmen gegeben, das der Doppelkontrolle unterfällt. Dies impliziert aber nicht notwendigerweise die Untersagung nach § 1 GWB; vielmehr ist im Einzelfall zu prüfen, ob die Tatbestandsvoraussetzungen des § 1 GWB vorliegen, ob also zwischen den Muttergesellschaften eine spürbare wettbewerbsbeschränkende horizontale Verhaltenskonzertierung stattfindet.[7] Diese Abgrenzung ist im Einzelfall schwierig.

209 Ausgangspunkt der Beurteilung ist die Überlegung, ob das Gemeinschaftsunternehmen die Aufgabe der Koordination bestimmter Tätigkeiten zwischen

---

1 Vgl. OLG Düsseldorf, WuW/E 5213, 5221 f. – Gemischtwirtschaftliche Abfallverwertung.
2 BGH, WuW/E DE-R 711 – Ostfleisch.
3 Tätigkeitsbericht 1978, BT-Drucks. 8/2980, 24.
4 BGH, WuW/E BGH 2169 – Mischwerke oder Asphaltmischwerke; vgl. auch BGH, WuW/E BGH 2675 – Nassauische Landeszeitung; BKartA, WuW/E DE-V 9 und KG, WuW/E DE-R 277 – Ostfleisch.
5 BGH, WuW/E BGH 2170 – Mischwerke oder Asphaltmischwerke.
6 Kritisch dazu *Immenga*, ZHR 150 (1986), 366.
7 BGH, WuW/E BGH 2169, 2171 – Mischwerke; KG, WuW/E DE-R 277, 279 – Ostfleisch.

den Müttern wahrnimmt (Prototyp: **Verkaufsgemeinschaft**). Eine Reihe von Entscheidungen auf diesem Gebiet geht davon aus, dass gemeinsame Vertriebsstellen konkurrierender Anbieter auch ohne ausdrückliche Andienungspflicht in aller Regel gegen § 1 GWB verstoßen.[1]

Im Bereich der **Einkaufsgemeinschaften** hatte das BKartA das Kartellverbot auf „genossenschaftlich strukturierte" Kooperationen nur angewandt, wenn ein rechtlicher oder faktischer Bezugszwang der Mitglieder gegeben war. Dagegen wurde im Fall „HFGE" eine Einkaufsgemeinschaft auch untersagt, weil sie nur sehr wenige Mitglieder umfasste und ein großes Einkaufsvolumen repräsentierte. In diesen Fällen sei es – nach Auffassung des BKartA – aus tatsächlichen Gründen unerlässlich, dass die Gesellschafter ihr Einkaufsverhalten untereinander koordinierten, so dass § 1 GWB eingreife.[2]   210

Die für Verkaufsgemeinschaften geltenden Grundsätze hat das BKartA im Verfahren „Selex + Tania" auch auf die Nachfrageseite übertragen.[3] Es nahm einen Verstoß gegen § 1 GWB an, obwohl zwischen den Anschlussunternehmen der S+T keine vertragliche Verpflichtung bestand, sämtliche Lieferantenbeziehungen auf der Basis der Gruppenabkommen abzuwickeln oder die Warenbezüge auf Gruppenlieferanten zu beschränken. Das BKartA stellte jedoch klar, dass Einkaufskooperationen selbstständiger kleiner und mittlerer Handelsunternehmen wettbewerblich grundsätzlich positiv zu beurteilen sind und daher vom BKartA toleriert oder legalisiert werden.[4] Die im Rahmen der fünften GWB-Novelle eingeführte Freistellungsmöglichkeit für Einkaufskooperationen ohne Bezugszwang wird mit der 7. GWB-Novelle allerdings wieder entfallen.   211

Dagegen liegt kein Verstoß gegen § 1 GWB vor, wenn das Gemeinschaftsunternehmen in seinem Wettbewerbsverhalten gegenüber dem Gründerunternehmen beschränkt wird (Bezugsverpflichtung gegenüber den Müttern, Regelungen, die verhindern, dass das Gemeinschaftsunternehmen zu den Müttern in Konkurrenz tritt).[5] Diese Vereinbarungen werden lediglich als **autonome Selbstbeschränkung** der abhängigen Unternehmen gesehen,[6] die den Aufgabenkreis des Gemeinschaftsunternehmens festlegen und deshalb kartellrechtlich irrelevant sind.   212

---

1 BKartA, WuW/E BKartA 1771 – Transportbeton Vertrieb; KG, WuW/E OLG 2259 – Siegerländer Transportbeton; KG, WuW/E OLG 2265 – Sauerländer Transportbeton; BGH, WuW/E BGH 1810 – Transportbeton Sauerland; WuW/E BGH 1367 – ZVN.
2 BKartA, WuW/E BKartA 1870 und 1963; bestätigt vom KG, WuW/E OLG 2745, 2750.
3 BKartA, WuW/E BKartA 2191; bestätigt vom KG, WuW/E OLG 3737.
4 BKartA, Tätigkeitsbericht 1983/1984, BT-Drucks. 10/3550, 30 f.
5 *Huber/Börner*, Gemeinschaftsunternehmen im deutschen und europäischen Wettbewerbsrecht, 1978, S. 120.
6 *Huber/Börner*, Gemeinschaftsunternehmen im deutschen und europäischen Wettbewerbsrecht, 1978, S. 120; *Zimmer* in Immenga/Mestmäcker, § 1 GWB Rz. 424; KG, WuW/E OLG 1383 – Starkstromkabel.

II. Wettbewerbsverbote

213 Im Rahmen von Unternehmenskaufverträgen werden dem Veräußerer häufig **Wettbewerbsverbote** auferlegt.[1] Diese sollen die Übertragung des Unternehmens auf den Käufer einschließlich der mit ihm verbundenen immateriellen Werte, insbesondere des Kundenkreises, sicherstellen. Da derartige Absprachen für den Verkäufer unstreitig aktuellen oder potenziellen Wettbewerb beschränken, müssen sie am Kartellverbot gemessen werden.[2] Bei dieser Prüfung wird im Einzelfall untersucht, ob die konkrete Abrede für den Vertragszweck erforderlich ist. Ein Verstoß gegen § 1 GWB liegt immer dann vor, wenn das Wettbewerbsverbot in gegenständlicher, örtlicher und zeitlicher Hinsicht nicht angemessen begrenzt wird (überschießende Wettbewerbsbeschränkung).[3] Allgemeine Aussagen über die Begrenzung sind hierbei nicht möglich, da für die Beurteilung der Zulässigkeit der zu sichernde Vertragszweck entscheidend ist. In der Rechtsprechung wurden überwiegend Fristen bis zu fünf Jahren als zulässig angesehen,[4] wobei auch ein zeitlich unbeschränktes Wettbewerbsverbot hingenommen wurde, als der Veräußerer in einem gegenständlich nahe liegenden Bereich weiter tätig blieb.

D. Europäische Fusionskontrolle

I. Allgemeines

214 17 Jahre nach dem ersten Entwurf der Kommission trat am 21. September 1990 die VO (EWG) Nr. 4064/89 des Rates über die Kontrolle von Unternehmenszusammenschlüssen,[5] die sog. Fusionskontrollverordnung (FKVO), in Kraft. Anders als der frühere Art. 66 EGKSV[6] für den Bereich der Europäischen Gemeinschaft für Kohle und Stahl enthält der EG-Vertrag in Art. 81 und 82 EG (früher Art. 85 und 86) nur eine wettbewerbliche Verhaltenskontrolle über Unternehmen, aber keine Vorschriften über die strukturelle Kontrolle von Zusammenschlüssen. Aufgrund der unterschiedlichen ordnungspolitischen Vorstellungen der Mitgliedstaaten konnte über die Einführung einer Fusionskontrolle lange Jahre kein Konsens erzielt werden. In dieser Zeit hat der EuGH zunächst in der „Continental Can"-Entscheidung Art. 82 EG (früher Art. 86)[7] und später im Fall „Philip Morris" auch Art. 81 EG (früher Art. 85)[8] für die Beurteilung von Unternehmens- und Beteiligungskäufen herangezogen. Die da-

---

1 Vgl. *Bechtold*, § 1 GWB Rz. 23 f., 42.
2 BGH, WuW/E BGH 1600 – Frischbeton.
3 BGH, WuW/E BGH 1898, 1899 – Holzpaneele; *Möschel*, S. 135.
4 OLG Stuttgart, WuW/E OLG 1392 – Detektivbüro; zur Frage, ob ein unwirksames Wettbewerbsverbot auf ein zulässiges Maß reduziert werden kann, vgl. *Traub*, WRP 1994, 802.
5 ABl. EG 1990 Nr. L 257, S. 14.
6 Der EGKS ist am 23.7.2002 außer Kraft getreten. Damit ist zugleich auch die gesonderte Fusionskontrolle für Montan-Zusammenschlüsse entfallen. Auch diese unterfallen seitdem der FKVO.
7 EuGH v. 21.2.1973 – Rs. 6/72, Slg. 1973, 215 – Continental Can.
8 EuGH v. 17.11.1987 – Rs. 142, 156/84, WuW/E EWG/MUV 815 – Philip Morris.

durch geschaffene Rechtsunsicherheit sowie vor allem der sich im Hinblick auf die Vollendung des europäischen Binnenmarktes bis Ende 1992 abzeichnende Strukturwandel haben zu einer Einigung über die Einführung der Fusionskontrolle beigetragen. Zum 1.5.2004 ist mit der **VO (EG) Nr. 139/2004** eine Neufassung der Fusionskontrollverordnung in Kraft getreten.[1] Mit dieser Neuregelung, der eine langjährige Diskussion vorausging,[2] ist vor allen Dingen eine Änderung des materiellen Untersagungskriteriums verbunden.[3] Daneben brachte die Reform zahlreiche verfahrensrechtliche Änderungen, insbesondere flexiblere Untersuchungsfristen sowie ein neu gefasstes System der Verweisung von Fällen von der Kommission an die Mitgliedstaaten und umgekehrt.

Wie Art. 2 Abs. 1 lit. a FKVO verdeutlicht, dient die EG-Fusionskontrolle in erster Linie der **Marktstrukturkontrolle**.[4] In ihrer bisherigen Praxis hat die Kommission keine allzu engen Maßstäbe angelegt. Bis Ende 2003 hat sie über 2341 Anmeldungen nach der FKVO entschieden.[5] In den meisten Fällen ergingen dabei Vereinbarkeitsentscheidungen in der ersten Phase (2019, davon 107 mit Bedingungen oder Auflagen). In 132 Fällen wurde die zweite Prüfungsphase eingeleitet, davon endeten 24 Fällen mit einer Freigabe ohne Auflagen, in 68 Fällen kam es zu einer Freigabe mit Auflagen. In lediglich 18 Fällen hat die Kommission den Zusammenschluss wegen der Unvereinbarkeit mit dem Gemeinsamen Markt vollständig untersagt.[6] Darüber hinaus entfaltet die FKVO jedoch, insbesondere auch anlässlich in der Praxis häufiger Vorgespräche zwischen der Kommission und zusammenschlusswilligen Unternehmen, erhebliche präventive Wirkung.[7]

215

II. Verhältnis zur nationalen Fusionskontrolle[8]

Nach Art. 21 Abs. 2 und 3 der FKVO wenden die Mitgliedstaaten ihr innerstaatliches Wettbewerbsrecht nicht auf Zusammenschlüsse von gemeinschaftsweiter Bedeutung, also auf die unter die FKVO fallenden Zusammenschlüsse, an. Zusammenschlüsse von gemeinschaftsweiter Bedeutung müssen daher beim BKartA weder angezeigt noch angemeldet werden. Dabei ist zu beachten, dass trotz des Erreichens der erforderlichen Umsatzschwellen nach der FKVO das nationale Recht Anwendung findet, sofern kein Zusammenschlusstatbestand nach der FKVO, jedoch ein Zusammenschluss nach dem GWB gegeben ist.[9]

216

---

1 ABl. EG 2004 Nr. L 24, S. 1.
2 Vgl. *Mestmäcker*, WuW 2004, 135; *Böge*, WuW 2004, 138.
3 Siehe hierzu Teil VIII Rz. 247 ff.
4 Auf primärrechtlicher Ebene stützt Art. 3g EG (früher Art. 3f) diesen strukturorientierten Ansatz.
5 Die Zahl der Anmeldungen ist dabei von 60 im Jahre 1991 auf bis zu 345 im Jahre 2000 gestiegen, ist zuletzt aber leicht rückläufig; s. Kommission, Wettbewerbsbericht 2001, Rz. 244; Kommission, Wettbewerbsbericht 2002, Rz. 211.
6 Bis Ende 2002: Übersicht bei *Pape/Hossenfeld/Töllner*, S. 281.
7 S. schon Kommission, Wettbewerbsbericht 1993, Rz. 55.
8 Vgl. zur Abgrenzung aus nationaler Sicht bereits Teil VIII Rz. 14 ff.
9 *Wiedemann*, § 15 Rz. 43; in Betracht kommen insbesondere die Fälle des § 37 Abs. 1 Nr. 3 lit. b und Nr. 4 GWB.

217 Ein gewisses Einfallstor für mitgliedstaatliche Kompetenzen ist die Regelung, dass die Mitgliedstaaten geeignete Maßnahmen zum Schutz anderer **berechtigter Interessen** als derjenigen treffen können, welche in der FKVO berücksichtigt werden (öffentliche Sicherheit, Medienvielfalt und Aufsichtsregeln, unter erhöhten Voraussetzungen auch andere Interessen), sofern diese Interessen mit den allgemeinen Grundsätzen und den übrigen Bestimmungen des Gemeinschaftsrechts vereinbar sind (Art. 21 Abs. 4 FKVO). Derartige Eingriffe unterliegen jedoch der Kontrolle durch die Kommission.[1]

218 Ferner sieht die FKVO in Art. 9 (sog. **„deutsche Klausel"**) die Möglichkeit der Verweisung eines Zusammenschlussvorhabens auf Antrag eines Mitgliedstaates von der Kommission an die nationale Wettbewerbsbehörde dieses Mitgliedstaates vor, wenn der Zusammenschluss den Wettbewerb auf einem gesonderten Markt in diesem Mitgliedstaat erheblich zu beeinträchtigen droht. Bis Ende 2002 erhielt die Kommission knapp 66 Anträge, die Mehrzahl vom BKartA. In 31 Fällen gab sie dem Begehren der Mitgliedstaaten ganz oder teilweise statt.[2] Erwähnenswerte Verweisungsentscheidungen der letzten Jahre waren der Fall „Southern Energy Holding Beteiligungs-GmbH/VIAG/ PreussenElektra/BEWAG", der den Erwerb der gemeinsamen Kontrolle über das Berliner Elektrizitätsunternehmen BEWAG betraf.[3] Zwei weitere Fälle, „Rheinmetall/BritishAerospace/STN Atlas"[4] und „Krauss-Maffei/Wegmann"[5] betrafen die Rüstungsindustrie. Obwohl der relevante Markt ganz Deutschland umfasste und die Kommission in diesen Fällen bisher eine Verweisung ablehnte, gab sie den Anträgen statt. Dies wurde u.a. damit begründet, dass ausländische Anbieter traditionell nur in geringem Maße auf dem deutschen Markt tätig gewesen seien.[6] Den Anträgen entsprochen hat die Kommission u.a. auch in den Fällen Shell/DEA und BP/Veba Oel, soweit die deutschen Märkte für Mineralölprodukte betroffen waren (den petrochemischen Bereich prüfte die Kommission selbst).[7] Erstmals verwies die Kommission 2001 auch einen Fall auf der Grundlage von Art. 9 Abs. 2 Buchst. b FKVO. Das Vereinigte Königreich hatte die Prüfung des Vorhabens Govia/Connex South Central erstmals darauf gestützt, dass der betroffene Markt keinen wesentlichen Teil des gemeinsamen Marktes ausmacht.

219 Als Spiegelbild zur „deutschen Klausel" des Art. 9 FKVO sieht Art. 22 FKVO die Möglichkeit vor, auf Antrag eines oder mehrerer Mitgliedstaates einen Zusammenschluss unterhalb der Schwellenwerte des Art. 1 FKVO durch die Kommission prüfen zu lassen, sofern der Zusammenschluss den Handel zwi-

---

1 *Langeheine* in Groeben/Thiesing/Ehlermann, Art. 21 FKVO Rz. 5–22.
2 Vgl. *Hirsbrunner* in Groeben/Thiesing/Ehlermann, Art. 9 FKVO Rz. 11; Kommission, XXXII. Bericht über die Wettbewerbspolitik 2002, S. 377; zur Anfechtung von Verweisungsentscheidungen s. EuG, Urteil v. 3.4.2003 – Rs. T-119/02, Slg. 2003, II-1433 – Philips, und Urteil v. 30.9.2003 – Rs. T-346/02 u. T-347/02 – Cableuropa, Slg. 2003, II-4251.
3 Vgl. bereits Teil VIII Rz. 163 sowie WuW 1997, 701, Komm.E. v. 25.7.1997 – IV/M.932.
4 WuW 1997, 598, Komm.E. v. 24.4.1997 – IV/M.894.
5 WuW 1998, 967, Komm.E. v. 19.6.1998 – IV/M.1153.
6 Vgl. *Hirsbrunner*, EuZW 1999, 389 (394).
7 BKartA, WuW 2002, 252 – Shell/Dea und BP/Veba Oel.

schen den Mitgliedstaaten beeinträchtigt. Diese Option (sog. „**niederländische Klausel**"] war ursprünglich für Mitgliedstaaten ohne eigene Fusionskontrolle gedacht. Sie kommt nunmehr vor allem dann in Betracht, wenn ein Zusammenschluss erhebliche grenzüberschreitende Wettbewerbsprobleme mit sich bringt, ohne unter die Aufgreifschwellen zu fallen.[1]

Seit Mai 2004 können nunmehr auch **die beteiligten Unternehmen** beantragen, dass ein Zusammenschluss von gemeinschaftsweiter Bedeutung anstelle der Kommission **durch einen Mitgliedstaat** geprüft werden. Voraussetzung ist allerdings, dass die Parteien vortragen, der Zusammenschluss könne den Wettbewerb auf einem gesonderten Markt innerhalb dieses Mitgliedstaates erheblich beeinträchtigen (Art. 4 Abs. 4 FKVO). Diese Darlegungspflicht lässt es zweifelhaft erscheinen, ob von dieser Möglichkeit in einem nennenswerten Umfang Gebrauch gemacht werden wird. Erfolgversprechender erscheint demgegenüber die neu geschaffene Möglichkeit, einen Zusammenschluss, der keine gemeinschaftsweite Bedeutung hat, dann auf Antrag der beteiligten Unternehmen **durch die Kommission** prüfen zu lassen, wenn er in mindestens drei Mitgliedstaaten anmeldepflichtig ist (Art. 4 Abs. 5 FKVO). Sofern keiner der betroffenen Mitgliedstaaten widerspricht, wird die gemeinschaftsweite Bedeutung des Zusammenschlusses vermutet und die Mitgliedstaaten verlieren ihre Prüfungskompetenz. Auf diese Weise können **Mehrfachnotifizierungen** jedenfalls innerhalb der Europäischen Union vermieden werden.

III. Anwendungsbereich

1. Umsatzschwellenwerte des Art. 1 Abs. 2 und 3 FKVO

Gemäß Art. 1 Abs. 1 FKVO hängt die Anwendung der VO von zwei Voraussetzungen ab. Es muss zum Einen ein Zusammenschluss i.S.v. Art. 3 FKVO vorliegen (dazu unten Teil VIII Rz. 229 ff.). Außerdem muss dem Zusammenschluss zum Zeitpunkt der Anmeldung[2] hinsichtlich des Umsatzes der beteiligten Unternehmen „**gemeinschaftsweite Bedeutung**" zukommen. Art. 1 Abs. 2 und 3 FKVO legen hierfür bestimmte Schwellen fest: 220

Gemäß Art. 1 Abs. 2 lit. a, b FKVO fällt ein Zusammenschluss in den Anwendungsbereich der VO, wenn folgende Umsätze erzielt werden: 221

– weltweiter Gesamtumsatz aller beteiligten Unternehmen von mehr als 5 Mrd. Euro;

– gemeinschaftsweiter Gesamtumsatz von mindestens zwei der beteiligten Unternehmen von jeweils mehr als 250 Mio. Euro (sog. „**De-minimis-Schwelle**").

---

1 Bisher wurde der Antrag nach Art 22 Abs. 3 FKVO a.F. erst fünfmal gestellt: Komm.E. v. 16.4.2002 – COMP/M.2698 – Promatech/Sulzer; Komm.E. v. 17.4.2002 – COMP/M.2738 – GEES/Unison; Komm.E. v. 26.6.1997 – IV/M.890, ABl. EG Nr. L 316, S. 1 – Blokker/Toys 'R' Us und Komm.E. v. 20.11.1996 – IV/M.784, ABl. EG Nr. L 110, S. 53 – Kesko/Tuko; Komm.E. v. 5.12.2003 – COMP/M.3136 – GE/Agfa NTD; vgl. *Hirsbrunner*, EuZW 1999, 389 (394).
2 Komm.E. v. 28.6.2000, WuW 2000, 989 – MCI WorldCom/Sprint.

222 Um **Mehrfachnotifizierungen** zu vermeiden, findet das Kontrollregime der FKVO nach der Reform 1998[1] darüber hinaus Anwendung, wenn bei Erreichen bestimmter Umsatzwerte, die nicht bereits nach Art. 1 Abs. 2 lit. a, b FKVO die Zuständigkeit der Kommission eröffnen, in mindestens drei Gemeinschaftsstaaten wettbewerbliche Wirkungen von dem Zusammenschlussvorhaben ausgehen.[2] Folgende Umsatzschwellen sind hierfür kennzeichnend (Art. 1 Abs. 3 lit. a–d FKVO):

- weltweiter Gesamtumsatz aller beteiligten Unternehmen von mehr als 2,5 Mrd. Euro;
- Gesamtumsatz der beteiligten Unternehmen in drei Mitgliedstaaten mindestens je 100 Mio. Euro;
- Gesamtumsatz von jeweils zwei beteiligten Unternehmen in den drei Mitgliedsstaaten von mindestens je 25 Mio. Euro;
- gemeinschaftsweiter Umsatz von mindestens zwei beteiligten Unternehmen von mindestens je 100 Mio. Euro.

223 Unabhängig von diesen Schwellenwerten ist allerdings einem Zusammenschlussvorhaben dann keine gemeinschaftsweite Bedeutung beizumessen, wenn die beteiligten Unternehmen jeweils mehr als zwei Drittel ihres gemeinschaftsweiten Gesamtumsatzes in ein und demselben Mitgliedstaat erzielen (Art. 1 Abs. 2 und 3 jeweils Halbs. 2 FKVO, sog. „**Zwei-Drittel-Klausel**"). Sinn dieser Regelung ist es, Zusammenschlüsse, die im Wesentlichen nur einen Mitgliedstaat betreffen, weiterhin dem sachnäheren nationalen Recht zu unterstellen.

2. Beteiligte Unternehmen

224 Der Begriff der **beteiligten Unternehmen**, an den die Aufgreifkriterien anknüpfen, wird in Art. 4 Abs. 2 FKVO nicht näher definiert. Allerdings hat sich in der Praxis der Kommission mittlerweile eine Begriffsbestimmung entwickelt, die in einer Bekanntmachung zusammengefasst wurde.[3] Danach sind der Erwerber und das erworbene Unternehmen an dem Zusammenschluss beteiligt, während der Veräußerer kein beteiligtes Unternehmen ist. Beim Erwerb der gemeinsamen Kontrolle über ein anderes Unternehmen sind sämtliche Erwerber Beteiligte im Sinne der FKVO. Bei der Gründung von Gemeinschaftsunternehmen sind also grundsätzlich alle Mütter, die gemeinsame Kontrolle erwerben, und das Gemeinschaftsunternehmen beteiligte Unternehmen. Aus Art. 5

---

1 Diese erste Revision der Fusionskontrollverordnung trat am 1.3.1998 in Kraft (Verordnung 1310/97 v. 30.6.1997 zur Änderung der VO 4064/89, ABl. EG 1997 Nr. L 180, S. 1; sowie Berichtigung v. 7.1.1998, ABl. EG 1998 Nr. L 3, S. 16).
2 Diese Regelung wird nach der Reform 2004 durch die bereits erwähnte Möglichkeit der Parteien ergänzt, im Falle einer Anmeldepflicht in mindestens drei Mitgliedstaaten eine Prüfung des Zusammenschlusses durch die Kommission zu beantragen (Art. 4 Abs. 5 FKVO).
3 Mitteilung der Kommission über den Begriff der beteiligten Unternehmen in der VO (EWG) Nr. 4064/89 des Rates über die Kontrolle von Unternehmenszusammenschlüssen (ABl. EG 1998 Nr. C 66, S. 14).

Abs. 4 der FKVO ergibt sich, dass die mit diesen Beteiligten verbundenen Unternehmen, also Mutter- und Tochtergesellschaften, nicht Beteiligte sind.[1]

3. Umsatzberechnung

Nach Art. 5 Abs. 1 FKVO sind für die Berechnung des Gesamtumsatzes die Umsätze aufzuaddieren, welche die beteiligten Unternehmen im letzten Geschäftsjahr mit Waren und Dienstleistungen erzielt haben und die dem normalen geschäftlichen Tätigkeitsbereich der Unternehmen zuzuordnen sind. In erster Linie kommt es dabei auf den Geschäftszweck des Unternehmens an. Von den in der Gewinn- und Verlustrechnung ausgewiesenen Umsätzen sind Erlösschmälerungen, die Umsatz- bzw. Mehrwertsteuer und andere unmittelbar auf den Umsatz bezogene Steuern in Abzug zu bringen (d.h. zu berücksichtigen ist der Nettoumsatz). Die Kommission hat ihre Auffassung zur Auslegung des Art. 5 FKVO in einer Bekanntmachung niedergelegt.[2] 225

Da Art. 1 FKVO auf den gemeinschaftsweiten Umsatz der beteiligten Unternehmen und im Rahmen der Zwei-Drittel-Regelung auf die Verteilung des gemeinschaftsweiten Umsatzes zwischen den Mitgliedstaaten abstellt, ist eine gebietsmäßige Zuordnung des Umsatzes erforderlich. Nach Art. 5 Abs. 1 Unterabs. 2 FKVO kommt es bei der gebietsmäßigen Zuordnung des Umsatzes darauf an, wo der Verbraucher oder Kunde seinen Sitz hat bzw. wo der Erwerb der Ware oder Dienstleistung erfolgt.[3] Gehört ein an einem Zusammenschluss i.S.v. Art. 1 FKVO beteiligtes Unternehmen einem Konzern an, so ist bei der Untersuchung, ob die Schwellenwerte des Art. 1 der FKVO erreicht sind, nach Art. 5 Abs. 4 der FKVO der Umsatz des **Gesamtkonzerns** unter Ausschluss der konzerninternen Umsätze zugrunde zu legen. Im Einzelnen werden jedem beteiligten Unternehmen auch die Umsätze seiner Töchter-, Mutter- und Schwestergesellschaften zugerechnet sowie die Umsätze von Gemeinschaftsunternehmen, die von mehreren Konzernunternehmen gemeinschaftlich kontrolliert werden. Die Einzelheiten sind in Art. 5 Abs. 4 FKVO geregelt, der den sog. Verbundklauseln der Gruppenfreistellungs-Verordnungen nachgebildet ist.[4] 226

Wie im deutschen Recht[5] bestehen auch nach der FKVO **Sonderregelungen** für bestimmte Sektoren.[6] So werden gemäß Art. 5 Abs. 3 lit. a FKVO bei **Kredit- und sonstigen Finanzinstituten** die sich aus der Richtlinie 86/635 EWG des 227

---

1 Eine andere Frage ist die Umsatzzurechnung.
2 Mitteilung der Kommission über die Berechnung des Umsatzes im Sinne der VO (EWG) Nr. 4064/89 des Rates über die Kontrolle von Unternehmenszusammenschlüssen (ABl. EG 1998 Nr. C 66, S. 25). Diese Bekanntmachung behält weiter ihre Gültigkeit.
3 Komm.E. v. 21.5.1992 – IV/M.213, WuW/E EV 1863 – Hong Kong und Shanghai Bank/Midland.
4 Vgl. *Löffler* in Langen/Bunte, Art. 5 FKVO Rz. 9.
5 Vgl. Teil VIII Rz. 26, 28 f.
6 Vgl. *Wiedemann/Wagemann*, § 15 Rz. 101–109.

Rates vom 8.12.1986[1] definierten Ertragsposten als Bruttogesamterträge herangezogen. Bei **Versicherungen** wird gemäß Art. 5 Abs. 3 lit. b FKVO anstatt des Umsatzes die Bruttoprämie in Ansatz gebracht. Für **öffentliche Unternehmen** ist bei der Umsatzermittlung nur auf die mit einer autonomen Entscheidungsbefugnis ausgestattete wirtschaftliche Einheit abzustellen.[2]

4. Extraterritoriale Anwendung

228 Der **extraterritoriale Anwendungsbereich** der FKVO wird zunächst dadurch bestimmt, dass mindestens zwei der beteiligten Unternehmen einen gemeinschaftsweiten Gesamtumsatz von jeweils mehr als 250 Mio. Euro aufweisen müssen. Ein außerhalb der EG vollzogener Zusammenschluss fällt daher nur dann unter die FKVO, wenn die an diesem Zusammenschluss beteiligten Unternehmen selbst oder über verbundene Unternehmen jeweils einen Umsatz von 250 Mio. Euro innerhalb der EG erzielen. Die FKVO enthält insoweit bereits eine Konkretisierung des vom EuG nunmehr für den Bereich der FKVO ausdrücklich anerkannten **Auswirkungsprinzips**.[3] Wie im deutschen Recht werden auch im Rahmen der FKVO im Hinblick auf Drittlands-Zusammenschlüsse Probleme insbesondere dann auftreten, wenn der Schwerpunkt des Zusammenschlusses außerhalb der Gemeinschaft liegt.[4] Es ist zu erwarten, dass die Kommission, ähnlich wie das BKartA nach der Entscheidung des KG im Fall „Philip Morris",[5] grundsätzlich nur die Inlandsauswirkungen des Zusammenschlusses untersagen wird. Im Fall „Boeing/McDonnel Douglas",[6] der seinen Schwerpunkt in den USA hatte, war die Zuständigkeit der Kommission nach Umsatz und Auswirkungskriterium eindeutig gegeben. Aufgrund der erwarteten Marktmachteffekte gab die Kommission das Vorhaben nur unter Auflagen und Bedingungen frei, wobei neben strukturellen Verpflichtungen – abweichend von der sonstigen Kommissionspraxis – auch Verhaltensvorgaben bestimmt wurden. Diese Vorgehensweise kann als politischer Kompromiss im Dialog mit den amerikanischen Wettbewerbsbehörden gedeutet werden, der im Einklang mit Abkommen über die Zusammenarbeit in Wettbewerbssachen zwischen den Europäischen Gemeinschaften und der Regierung der Vereinigten Staaten von Amerika[7] erfolgte.[8] Zuletzt hat die Kommission jedoch in

---

1 Richtlinie 86/635 EWG des Rates v. 8.12.1986 über den Jahresabschluss von Banken und anderen Finanzinstituten, Abl. EG 1986 Nr. l 372, S. 1, zuletzt geändert durch die Richtlinie 2003/51/EG, ABl. EG 2003 Nr. L 178, S. 16.
2 Erwägungsgrund 22 FKVO; vgl. Komm.E. v. 28.7.1992 – IV/M.117, WuW 1992, 834 – Koipe/Tabacalera/Elosua.
3 EuG v. 25.3.1999 – Rs. T-102/96, WuW/E EU-R 213 – Gencor/Kommission; dazu: *Bergau*, ELR 1999, 150; vorher bereits angedeutet in EuGH v. 27.9.1988 – Rs. 89/85, WuW/E EWG/MUV 829 – Zellstoffhersteller; anders als § 130 Abs. 2 GWB im deutschen Recht enthält die FKVO keine ausdrückliche Regelung.
4 Vgl. Komm.E. v. 30.7.1997 – IV/M.877, ABl. EG 1997 Nr. L 336, S. 16 – Boeing/McDonnell-Douglas.
5 KG, WuW/E OLG 3051.
6 Komm.E. v. 30.7.1997 – IV/M.877, ABl. EG 1997 Nr. L 336, S. 32 – Boeing/ McDonnell-Douglas.
7 ABl. EG 1995 Nr. L 95, S. 47.
8 Vgl. *Hirsbrunner*, EuZW 1999, 389 f.

dem Fall „General Electric/Honeywell"[1] einen Zusammenschluss zweier amerikanischer Unternehmen untersagt, der zuvor von den US-amerikanischen Behörden freigegeben worden war.

IV. Zusammenschlussbegriff

1. Übersicht

Gemäß Art. 3 Abs. 1 der FKVO liegt ein Zusammenschluss vor, wenn: 229

- zwei oder mehr bisher voneinander unabhängige Unternehmen fusionieren (**Fusion**), oder

- Unternehmen oder die sie kontrollierenden Personen durch den Erwerb von Anteilsrechten oder Vermögenswerten, durch Vertrag oder in sonstiger Weise die unmittelbare oder mittelbare Kontrolle über die Gesamtheit oder über Teile eines oder mehrerer anderer Unternehmen erwerben (**Kontrollerwerb**). Der Zusammenschlussbegriff der FKVO ist also von der Rechts- oder Gesellschaftsform unabhängig. Anders als im deutschen Recht sollen nur Handlungen erfasst werden, die zu einer dauerhaften Veränderung der Kontrolle an den beteiligten Unternehmen führen.[2]

Die Kommission hat ihre bisherigen Erfahrungen mit dem Zusammenschlussbegriff in einer Bekanntmachung zusammengefasst, die auch nach In-Kraft-Treten der neuen FKVO ihre Gültigkeit behalten hat.[3]

2. Unternehmensbegriff

Der Unternehmensbegriff wird weder in der FKVO noch in der Mitteilung der Kommission über den Begriff des Zusammenschlusses definiert, sondern vorausgesetzt. Der Begriff wird weit und funktionell verstanden[4] und umfasst jede eine wirtschaftliche Tätigkeit ausübende Einheit – unabhängig von ihrer Rechtsform und der Art ihrer Finanzierung.[5] Hierunter fallen auch Staatskonzerne, die wie ein privates Unternehmen geführt werden.[6] 230

3. Zusammenschlusstatbestände

Im Recht der FKVO bestehen – anders als nach dem GWB[7] – grundsätzlich nur zwei Zusammenschlusstatbestände: die Fusion und der Kontrollerwerb. 231

---

1 Komm.E. v. 3.7.2001 – IV/M.2220, WuW/E EU-V 631 – General Electric/Honeywell.
2 Erwägungsgrund 20 FKVO.
3 Mitteilung der Kommission über den Begriff des Zusammenschlusses der VO (EWG) Nr. 4064/89 des Rates über die Kontrolle von Unternehmenszusammenschlüssen (ABl. EG 1998 Nr. C 66, S. 5).
4 *Bruhn* in Groeben/Thiesing/Ehlermann, Art. 3 FKVO Rz. 8.
5 EuGH, Urt. v. 19.1.1994 – Rs. C-364/92, EuGHE 1994, 43 (61) – Eurocontrol.
6 Komm.E. v. 14.12.1993 – IV/M.308 – Kali und Salz/MDK/Treuhand.
7 Vgl. Teil VIII Rz. 37, 44 ff.

a) Fusion

232 Unter den Zusammenschlusstatbestand der Fusion fällt die Verschmelzung zweier bisher voneinander unabhängiger Unternehmen.[1] Diese kann sich durch Aufnahme oder durch Neugründung vollziehen (sog. **rechtliche Fusion**). Nach Auffassung der Kommission kann eine Fusion i.S.d. FKVO auch dadurch bewirkt werden, dass vorher unabhängige Unternehmen ihre Aktivitäten zu einer wirtschaftlichen Einheit zusammenlegen, ohne dass gesellschaftsrechtlich eine Fusion vorliegt. Dies soll etwa dann der Fall sein, wenn zwei oder mehr Unternehmen vereinbaren, sich einer gemeinsamen wirtschaftlichen Leitung zu unterstellen, ohne ihre Rechtspersönlichkeit aufzugeben (sog. **wirtschaftliche oder faktische Fusion**). Nach deutschem Recht ist dies im Fall der Gründung eines Gleichordnungskonzerns (§ 18 Abs. 2 AktG) anzunehmen. Kriterien können ein interner Gewinn- und Verlustausgleich sowie eine gesamtschuldnerische Haftung aller Konzernmitglieder nach außen sein.[2]

b) Kontrollerwerb

233 Der in der Praxis wichtigere Fall ist der Zusammenschlusstatbestand des **Kontrollerwerbs**. Nach der Definition des Art. 3 Abs. 3 der FKVO wird die Kontrolle durch Rechte, Verträge oder andere Mittel begründet, „die einzeln oder zusammen unter Berücksichtigung aller tatsächlichen oder rechtlichen Umstände die Möglichkeit gewähren, einen bestimmenden Einfluss auf die Tätigkeit eines Unternehmens auszuüben". Das Merkmal des **bestimmenden Einflusses** ist der Entscheidung Nr. 24/54 der Hohen Behörde zu den Kontrollmerkmalen i.S.d. Art. 66 § 1 EGKSV entlehnt.[3] Der Tatbestand des Kontrollerwerbs umfasst alternativ:

– Erlangung der alleinigen Kontrolle über ein Unternehmen, einschließlich des Übergangs von gemeinsamer zu alleiniger Kontrolle.

– Erlangung der gemeinsamen Kontrolle, einschließlich des Übergangs von alleiniger zu gemeinsamer Kontrolle.

Kontrolle kann dabei entweder durch einen Stimmrechtserwerb erfolgen (**Share Deal**) oder durch den Erwerb von Vermögenswerten (**Asset Deal**), denen

---

1 Bestand bereits eine Abhängigkeit der Unternehmen, liegt keine Fusion i.S.d. Art. 3 Abs. 1 FKVO vor, vgl. Komm.E. v. 1.10.1993 – IV/M.354, WuW/E EV 2099 – American Cyanamid/Shell. Bei der Frage der Abhängigkeit berücksichtigt die Kommission u.a. die Kontrollverhältnisse; um allerdings den Übergang von gemeinsamer Kontrolle auf alleinige Kontrolle erfassen zu können (vgl. nachfolgend Teil VIII Rz. 234 ff.), wird ein nur gemeinsam kontrolliertes Unternehmen insoweit als von seiner Mutter unabhängig angesehen, *Bruhn* in Groeben/Thiesing/Ehlermann, Art. 3 FKVO Rz. 11 und 25.
2 Vgl. Komm.E. v. 7.12.1996 – IV/M.660, WuW 1996, 381 – RTZ/CRA; Komm.E. v. 6.11.1990 – IV/M.004, WuW/E EV 1542 – Renault/Volvo; Komm.E. v. 27.8.1996 – IV/M.803 – Rewe/Billa, dort Annahme eines Gleichordnungskonzerns bezüglich der Umsatzberechnung; insgesamt str. vgl. *Immenga* in Immenga/Mestmäcker, Art. 3 FKVO Rz. 20.
3 ABl. EG 1954 Nr. 9, S. 345.

eine marktmäßige Bedeutung im Sinne einer konkreten Umsatzzurechnung zukommt.[1] Sie kann zudem **rechtlich** oder **faktisch** begründet sein.

aa) Erwerb alleiniger Kontrolle

Auch wenn sich die Bewertung eher anhand qualitativer als quantitativer Kriterien bemisst, ist jedenfalls bei **Mehrheitsbeteiligungen** in der Regel der Erwerb eines bestimmenden Einflusses in diesem Sinne anzunehmen.[2] Eine bloße **Minderheitsbeteiligung** stellt dagegen grundsätzlich keinen Zusammenschluss dar, da in aller Regel nicht die Möglichkeit erlangt wird, einen bestimmenden Einfluss auszuüben. In Ausnahmefällen kann jedoch auch eine Minderheitsbeteiligung den Kontrollbegriff erfüllen, wenn zum Erwerb der Anteile besondere Umstände hinzukommen.[3] Ein Zusammenschluss kann etwa dann vorliegen, wenn die restlichen Anteile breit gestreut sind und die übliche Präsenz in der Gesellschaftsversammlung gering ist, so dass der Erwerber der Minderheitsbeteiligung über eine gesicherte faktische Hauptversammlungsmehrheit verfügt.[4]

234

Geht gemeinsame Kontrolle in alleinige Kontrolle über, ist ebenfalls ein Zusammenschlusstatbestand erfüllt.[5] Dies kann einerseits durch Übertragung von Anteilen auf den anderen Partner erfolgen, andererseits durch Aufspaltung eines Gemeinschaftsunternehmens mit der Folge, dass jeder Partner nunmehr über voneinander unabhängige Teile im Sinne einer Kontrolle verfügen kann.[6]

Besteht eine wirtschaftlich einheitliche Transaktion aus mehreren Zusammenschlüssen, teilt die Kommission bei wechselseitigen oder komplexen Transaktionen den Sachverhalt auf und prüft hinsichtlich der Einzelvorgänge, ob jeweils ein Zusammenschluss mit gemeinschaftsweiter Bedeutung vorliegt. Dabei kann sich die Situation ergeben, dass für einen Teil die FKVO und für einen anderen die nationale Fusionskontrolle oder aber auch gar keine Kontrolle Anwendung findet.[7] Wird dagegen die Kontrolle über einen aus mehreren

235

---

1 Vgl. für die deutsche Fusionskontrolle oben Teil VIII Rz. 47 f.
2 Komm.E. v. 25.11.1993 – IV/M.391 – BAI/Banca Populare di Lecco; Komm.E. v. 9.8.1993 – IV/M.357 – Commerzbank/CCR.
3 Komm.E. v. 25.9.1992 – IV/M.258 – CCIE/GTE: bei 19 % der Stimmrechte zusätzlich ständiger Sitz im Vorstand sowie das Recht, den Vorsitzenden zu ernennen, der zudem über ein umfassendes Vetorecht verfügt; Komm.E. v. 14.4.1992 – Rs. IV/M.192 – Banesto/Totta: Übertragung von Stimmrechten.
4 Komm.E. v. 18.11.1997 – IV/M.913, WuW/E EU-V 295, 296 – Siemens/Elektrowatt; Komm.E. v. 23.4.1997 – IV/M.754, ABl. EG 1998 Nr. L 149, S. 20 – Anglo American Corporation/Lonhro; Komm.E. v. 19.12.1991 – IV/M.159 – Mediobanca/Generali.
5 Vgl. nur Komm.E. v. 2.2.1999 – IV/M.1375, WuW/E EU-V 249 – VW/Ford/Autoeuropa; Komm.E. v. 29.7.2003 – COMP/M.3198, WuW/E EU-V 885 – VW-Audi/Vertriebszentren.
6 Vgl. Komm.E. v. 22.1.1997 – IV/M.794, ABl. EG 1997 Nr. L 218, S. 15 – Coca-Cola Enterprise/Amalgamated Beverages Great Britain; Komm.E. v. 3.12.1993 – IV/M.382, WuW/E EV 2113 – Philips/Grundig; Komm.E. v. 30.6.1993 – IV/M.350, WuW/E EV 2087 – West LB/Thomas Cook.
7 Vgl. Komm.E. v. 10.6.1997 – IV/M.911 – Hoechst/Clariant; Komm.E. v. 21.12.1994 – IV/M.535, WuW 1995, 485 – Mannesmann Demag/Delaval Stork.

Schwesterunternehmen bestehenden Konzern erworben, so behandelt die Kommission diesen Vorgang als einen Zusammenschluss.[1]

bb) Erwerb gemeinsamer Kontrolle[2]

236 Gemeinsame Kontrolle liegt vor, wenn die Anteilsinhaber bei allen wichtigen Entscheidungen, die das beherrschte Unternehmen betreffen, Übereinstimmung erzielen müssen. Der entscheidende Einfluss besteht in der Regel in der Macht, Aktionen blockieren zu können, die das strategische Wirtschaftsverhalten des Unternehmens – unabhängig von der Regelung des Alltagsgeschäfts[3] – betreffen. Das kann in Form eines Vetorechts hinsichtlich strategischer geschäftspolitischer Entscheidungen auch bei sonst disparitätischen Rechtsstellungen der kontrollierenden Unternehmen der Fall sein.[4] Bedeutsam sind dabei insbesondere Vetorechte, die die Besetzung der Unternehmensleitung,[5] den strategischen Geschäftsplan[6] und die Finanzplanung[7] betreffen. Zu untersuchen sind dabei allerdings sämtliche Einflussebenen.

Beispiel:

Im Fall „DEO"[8] wurde eine gemeinsame Kontrolle durch vier Gesellschafter verneint, obwohl eine ⅘ Mehrheit in der Gesellschafterversammlung für Budget- und Geschäftsplan-Beschlüsse erforderlich war (d.h. es bestand ein Vetorecht jedes Gesellschafters, das insoweit das Bestehen eines bestimmenden Einflusses nahe legt). Hintergrund war, dass der anteilsmäßig mit insgesamt acht Mitgliedern besetzte Aufsichtsrat mit einer ⅔ Mehrheit über die Jahresplanung hinsichtlich Finanzplan und Investitionsvorhaben entscheiden konnte, womit sich die Möglichkeit wechselnder Mehrheiten ergab. Ein alleiniger oder gemeinsamer bestimmender Einfluss wurde damit letztendlich keinem Gesellschafter eingeräumt.[9]

---

1 Komm.E. v. 19.5.1998 – IV/M.1110 – VAW/Reynolds Metals; Komm.E. v. 29.4.1998 – IV/M.1167 – ICI/Williams; Komm.E. v. 18.12.1996 – IV/M.861 – Textron/Kautex.
2 Vgl. insbesondere Mitteilung der Kommission über den Begriff des Zusammenschlusses der VO (EWG) Nr. 4064/89 des Rates über die Kontrolle von Unternehmenszusammenschlüssen (ABl. EG 1998 Nr. C 66, S. 5), Ziffer 18 ff.
3 Komm.E. v. 23.5.1996 – IV/M.605, Rz. 7 ff. – Hoechst/Klöckner-Werke/Hartfolien; Komm.E. COMP/M. 2650 v. 26.6.2002 – Haniel/Cementbouw/JV.
4 EuG, Urt. v. 19.5.1994 – Rs. T-2/93, Slg. 1994 II-323, 325, 347 f. – Air France/Kommission; Komm.E. v. 21.12.1998 – IV/M.1354 – SAirGroup/LTU: Recht zur alleinigen Beschlussfassung eines Gründers kompensiert durch alleiniges Vorschlagsrecht zur Stellenbesetzung der anderen Gründers.
5 Komm.E. v. 24.4.1996 – IV/M.619, Rz. 8, ABl. EG 1997 Nr. L 11, S. 30 – Gencor/Lonrho; Komm.E. v. 29.3.1996 – IV/M.705, Rz. 7 – Deutsche Telekom/SAP-S; Komm.E. v. 31.7.1991 – IV/M.012, Rz. 3, ABl. EG 1991 Nr. L 320, S. 26 – Varta/Bosch.
6 Komm.E. v. 27.11.1992 – IV/M.259, Rz. 8 – British Airways/TAT; EuG, Urt. v. 19.5.1994 – Rs. T-2/93, Slg. 1994 II-323, 347 f. – Air France/Kommission.
7 Komm.E. v. 6.4.1995 – IV/M.557, Rz. 6 – Alfred C. Toepfer/Champagne Céréales.
8 Komm.E. v. 11.12.1998 – IV/JV.13, WuW/E EU-V 215 – DEO.
9 Ebenso: Komm.E. v. 22.12.1998 – IV/JV.12, Rz. 17, WuW/E EU-V 312 – Symbian II.

c) Gemeinschaftsunternehmen[1]

Nach Art. 3 Abs. 1 lit. b i.V.m. Abs. 3 FKVO kann auch die Gründung eines **Gemeinschaftsunternehmens**[2] den Tatbestand eines (gemeinsamen) Kontrollerwerbs erfüllen. Art. 3 Abs. 3 FKVO begrenzt dabei die Anwendung der FKVO auf solche Vorhaben, die die Gründung eines GU betreffen, das „auf Dauer alle Funktionen einer selbstständigen wirtschaftlichen Einheit erfüllt". Anders als nach der alten Gesetzeslage werden grundsätzlich aber sämtliche GU mit **Vollfunktion** von der FKVO erfasst, unabhängig davon, ob sie auch zu einer Koordinierung des Verhaltens der Mütter führen.[3]

237

Die FKVO legt hinsichtlich der Rechtsfolgen eine Unterteilung der GU in drei Gruppen nahe:

238

- Ausschließlich konzentrative GU (sog. **konzentrative Vollfunktions-GU**), die nur der materiellen Fusionskontrolle nach Art. 2 Abs. 1–3 FKVO unterliegen;

- GU, die zwar den Voraussetzungen des Art. 3 Abs. 3 FKVO entsprechen und insoweit konzentrativ sind, aber zugleich die „Koordinierung des Wettbewerbsverhaltens unabhängig bleibender Unternehmen" (der Mütter) bezwecken oder bewirken (sog. **kooperative Vollfunktions-GU**). Sie unterliegen sowohl der materiellen Fusionskontrolle nach Art. 2 Abs. 1 bis 3 FKVO als auch der Prüfung anhand des Maßstabs des Art. 81 EG (früher Art. 85), vgl. Art. 2 Abs. 4 FKVO. Dabei findet aber einheitlich ausschließlich das Verfahrens- und Fristenregime der FKVO Anwendung;

- Rein kooperative GU – sog. **(kooperative) Teilfunktions-GU** –, die ausschließlich nach Art. 81 EG und der hierzu ergangenen Durchführungsverordnung Nr. 1/2003 EG des Rates (KartellVO) behandelt werden.

Die für die Abgrenzung eines Vollfunktions-GU maßgeblichen Kriterien und damit die Voraussetzungen für die Anwendbarkeit der FKVO in diesem Bereich hat die Kommission in einer **Bekanntmachung über den Begriff des Vollfunktions-GU** von 1998 niedergelegt.[4] Entscheidend ist danach, ob das GU auf Dauer auf einem Markt alle Funktionen einer wirtschaftlichen Einheit erfüllt, die auch von den anderen Unternehmen in diesem Markt wahrgenommen werden. Um seine Tätigkeit langfristig ausüben zu können, muss das GU über ausreichende finanzielle Ressourcen, Personal, materielle und immaterielle Vermögenswerte sowie über ein sich dem Tagesgeschäft widmendes Management verfügen. In Bezug auf geistige Eigentumsrechte genügt es, dass dem GU für seine Bestandsdauer eine Lizenz für die Rechte erteilt wird.[5]

239

---

1 Vgl. *Wiedemann*, § 15 Rz. 60–69.
2 Gemeinschaftsunternehmen im EG-rechtlichen Sinn sind Unternehmen, die von mindestens zwei anderen Unternehmen gemeinsam beherrscht werden.
3 In der ursprünglichen Fassung der FKVO stellte ein Vorhaben, das eine Koordinierung des Wettbewerbsverhaltens voneinander unabhängig bleibender Unternehmen bezweckt oder bewirkt, keinen Zusammenschluss i.S.d. FKVO dar. Die FKVO galt nur für rein konzentrative Vorgänge.
4 Mitteilung der Kommission über den Begriff des Vollfunktions-Gemeinschaftsunternehmens, ABl. EG 1998 Nr. C 66, S. 1.
5 Komm.E. v. 11.1.1994 – IV/M.527, Rz. 10 – Thomson CSF/Deutsche Aerospace.

240 Übernimmt dagegen ein GU nur eine bestimmte Funktion innerhalb der Geschäftstätigkeiten der Gründer und hat dabei keinen Zugang zum Markt, so handelt es sich nicht um ein Vollfunktions-GU. Dies ist nach Auffassung der Kommission z.b. bei GU der Fall, die auf Forschung und Entwicklung oder auf Produktion beschränkt sind. Entsprechendes gilt für GU, die im Bereich des gemeinsamen Einkaufs[1] oder des gemeinsamen Vertriebs[2] für die Muttergesellschaften tätig sind. Derartige GU, die lediglich Hilfsfunktionen für die Gründerunternehmen wahrnehmen, bezeichnet die Kommission als **Teilfunktions-GU**. Sie sollen grundsätzlich kooperativen Charakter haben und ausschließlich der Kontrolle anhand des Art. 81 EG unterliegen.[3]

241 Bleibt eines oder bleiben mehrere der Mutterunternehmen in vorgelagerten oder nachgeordneten Märkten des GU in starkem Maße präsent, so dass sich ein umfangreicher **vertikaler Waren- oder Dienstleistungsaustausch** zwischen den Mutterunternehmen und dem GU ergeben, so beeinträchtigt dies den Vollfunktionscharakter nach Ansicht der Kommission dann nicht, wenn sich diese Abhängigkeit auf eine **Anlaufphase** beschränkt.[4] Je nach den Bedingungen des konkreten Marktes darf dabei regelmäßig ein Zeitraum von drei Jahren nicht überschritten werden.[5] Verbleiben dauerhafte Geschäftsbeziehungen, so ist maßgebend, ob das GU eine aktive Rolle im Markt behält. Dabei ist insbesondere der mit den Mutterunternehmen abgewickelte Umsatzanteil sowie die Frage entscheidend, ob marktübliche Geschäftsbedingungen Anwendung finden.[6] Die Entscheidungspraxis der Kommission erwies sich bisher hinsichtlich der Bewertung von vertikalen Beziehungen als recht großzügig.[7]

242 Nach Ansicht der Kommission verliert ein GU, das **Vertriebseinrichtungen** der Muttergesellschaften nutzt, nicht den Vollfunktionscharakter, solange die Mütter nur als Verkaufsvertreter des unternehmerisch allein verantwortlichen GU agieren.[8] Unentbehrlich ist dagegen, dass das GU auf **Dauer** angelegt ist.

---

1 Komm.E. v. 12.10.1992 – IV/M.265, Rz. 4 ff., WuW 1992, 1014 – VGT/BPTL.
2 Komm.E. v. 25.7.1995 – IV/M.551, WuW 1996, 215 – ATR/BAe.
3 Zuletzt etwa Komm.E., COMP/M.3003 – Electrabel/Energia Italiana/Interpower – Verneinung der „operationellen Autonomie" eines italienischen Stromproduzenten. Vgl. auch nachfolgend Teil VIII Rz. 305, 310 ff.
4 Komm.E. v. 11.5.1995 – IV/M.560, WuW 1995, 820 – EDS/Lufthansa; Komm.E. v. 5.2.1996 – IV/M.686, WuW 1996, 584 – Nokia/Autoliv.
5 Vgl. Komm.E. v. 23.10.1996 – IV/M.827, Rz. 10 – DB/Kommission.
6 Komm.E. v. 9.4.1996 – IV/M.556, Rz. 8 – Zeneca/Vanderhave; Komm.E. v. 13.4.1992 – IV/M.168, WuW/E EV EV 1832 – Flachglas/VEGLA.
7 Komm.E. v. 11.4.1995 – IV/M.578, WuW 1995, 817 – Hoogovens/Klöckner & Co.: Zulieferung von mehr als 60 % des vom GU abgesetzten Aluminiums i.E. unerheblich; Komm.E. v. 28.8.1995 – IV/M.581, WuW 1995, 1009 – Frantschach/Bischof-Klein: Abnahmepflicht von 40 % Sackpapier sowie 10 % sonstiger Roh-, Hilfs- und Betriebsstoffe von einer Mutter bei einem GU der Verpackungswirtschaft unerheblich; Komm.E. v. 12.11.1992 – IV/M.222, ABl. EG 1993 Nr. L 114, S. 34 – Mannesmann/Hoesch: fast vollständige Stahlvorproduktlieferung der Mütter an ein GU des Stahlrohrfertigungsbereichs unerheblich, obwohl zugleich 40 % der Fertigprodukte über den Vertrieb der Mütter abgesetzt wurde.
8 Komm.E. v. 2.12.1991 – IV/M.102 – TNT/Canada Post; Komm.E. v. 9.12.1991 – IV/M.149, WuW/E EV 1783 – Lucas/EATON; Komm.E. v. 10.2.1995 – IV/M.533, WuW 1995 584 – Akzo Nobel-Kuagtextil/TWD.

Ausreichend hierfür ist die unwiderrufliche Übertragung der Ressourcen, wobei allerdings Regelungen für unvorhersehbare Entwicklungen unerheblich sind.[1] Als ausreichend lang hat die Kommission aber bereits Fristen von 6 ½ oder 7 Jahren bewertet.[2]

4. Einschränkungen des Zusammenschlussbegriffs

Gemäß Art. 3 Abs. 5 FKVO gelten bestimmte Transaktionen nicht als Zusammenschluss i.S.d. FKVO. Unter engen Voraussetzungen ist dies für **Kreditinstitute, Finanzinstitute** und **Versicherungsunternehmen** in Abs. 5 lit. a vorgesehen.[3] Hiernach begründet der Erwerb von Anteilen an einem Unternehmen durch eines der privilegierten Unternehmen keinen Zusammenschluss, wenn diese Anteile zum Zwecke der Veräußerung erworben werden, die Veräußerung innerhalb eines Jahres erfolgt und das Institut das Stimmrecht aus diesen Anteilen nicht ausübt. Die Jahresfrist kann auf Antrag verlängert werden.

Nach der sog. **Insolvenzklausel** des Art. 3 Abs. 5 lit. b FKVO findet das Kontrollregime keine Anwendung, wenn ein Träger eines öffentlichen Mandates aufgrund mitgliedstaatlicher Regelung im Falle der Insolvenz, der Zahlungseinstellung oder ähnlicher Ereignisse die Kontrolle erwirbt. Die Übertragung des Unternehmens vom öffentlichen Erwerbsträger auf einen Dritten wird von der Ausnahmeregelung allerdings nicht mehr erfasst.[4]

Gemäß Art. 3 Abs. 5 lit. c FKVO liegt zudem kein Zusammenschluss vor, wenn bestimmte **Beteiligungsgesellschaften** Kontrolle über ein Unternehmen erwerben, sofern sie ihre Stimmrechte nur zur Erhaltung des Wertes der getätigten Investition ausüben und nicht auf das strategische Wettbewerbsverhalten des Zielunternehmens Einfluss nehmen.[5]

Schließlich bestimmt das Primärrecht mit Art. 296 Abs. 1 lit. b EG (früher Art. 223 Abs. 1) eine weitere Ausnahme für den Bereich **Militärprodukte**.[6] Im Rüstungsbereich können danach Maßnahmen getroffen werden, die die nationalen Autoritäten der Mitgliedstaaten zur Wahrung der wesentlichen Sicherheitsinteressen für erforderlich halten.[7] Sofern die Transaktion allerdings auch zivile Märkte betrifft, unterliegen diese der FKVO.[8]

---

1 Z.B. Konkursvorsorge oder Bestimmungen für den Fall unüberwindbarer Meinungsstreitigkeiten zwischen den Müttern, vgl. Komm.E. v. 23.4.1997 – IV/M.891 – Deutsche Bank/Commerzbank/I. M. Voith.
2 Komm.E. v. 27.11.1992 – IV/M.259, WuW 1993, 37 – British Airways/TAT; Komm.E. v. 17.2.1992 – IV/M.090, WuW 1992, 497 – BSN-Nestlé/Chocoladovny.
3 Vgl. im deutschen Recht Teil VIII Rz. 73, sog. Bankenklausel.
4 Komm.E. v. 11.4.1995 – IV/M.573, WuW/E EV 2322 – ING/Barings.
5 Vgl. Komm.E. v. 11.12.1995 – IV/M.669, WuW 1996, 381 – Charterhouse/Porterbrook.
6 Die Sonderregelung gilt für das gesamte Gemeinschaftsrecht, nicht nur hinsichtlich der FKVO.
7 Komm.E. v. 24.11.1994 – IV/M.528, WuW 1995, 391 – British Aerospace/VSEL; Komm.E. v. 7.12.1994 – IV/M.529 – GEC/VSEL.
8 *Wiedemann*, § 15 Rz. 84.

V. Materielle Untersagungsvoraussetzungen (Art. 2 Abs. 1–3 FKVO)

247 Art. 2 Abs. 1–3 FKVO enthält die materiellen Beurteilungskriterien für die Prüfung von Zusammenschlüssen durch die Kommission. Mit In-Kraft-Treten der neuen FKVO im Mai 2004 ist der bislang geltende so genannte „Marktbeherrschungstest" erweitert worden. Nach dem Marktbeherrschungstest mussten Zusammenschlüsse verboten werden, die zur Begründung oder Verstärkung einer marktbeherrschenden Stellung im Gemeinsamen Markt oder in einem wesentlichen Teil führten. Nach der neuen Regelung erklärt die Kommission Zusammenschlüsse, durch die wirksamer Wettbewerb im Gemeinsamen Markt oder in einem wesentlichen Teil desselben erheblich behindert würde, für unvereinbar mit dem Gemeinsamen Markt. Diese Formel ist der Sache nach dem aus dem US-Recht stammenden sog. „Substantial Lessening of Competition-Test" („SLC") entlehnt, der auf eine „erhebliche Verminderung des Wettbewerbs" als Untersagungsgrund abstellt. Vom Wortlaut her stützt sie sich jedoch auf die schon in der alten FKVO enthaltene sog. „Behinderungsklausel", nach der die entstandene oder verstärkte marktbeherrschende Stellung wirksamen „Wettbewerb im Gemeinsamen Markt oder in einem wesentlichen Teil desselben" behindern musste. In der bisherigen Fusionskontrolle hat diese Klausel allerdings neben der Marktbeherrschungsprüfung keine eigenständige Rolle gespielt. Lediglich im Fall „Aerospatiale Alenia/De Havilland"[1] wurde die Klausel gesondert geprüft und als Aspekt der Dauerhaftigkeit der Strukturveränderung gewertet.[2]

Auch wenn die in der bisherigen Rechtsprechung und Kommissionspraxis entwickelten Grundsätze nach dem Wunsch des Gemeinschaftsgesetzgebers weiterhin ihre Gültigkeit behalten sollen (vgl. Erwägungsgrund 26 der FKVO), bringt die Schaffung des neuen Untersagungstatbestandes ein erhebliches Maß an Rechtsunsicherheit mit sich. Dementsprechend ist die Einführung eines neuen Untersagungsgrundes kritisiert worden.[3] Dies gilt umso mehr, als derzeit fast alle Mitgliedstaaten den Marktbeherrschungstest verwenden[4] und auch ein Rückgriff auf die US-amerikanischen Erfahrungen wegen der unterschiedlichen Begrifflichkeit nur bedingt möglich sein dürfte.

248 **Ziel der Änderung des Bewertungsmaßstabes** war es, eine nach Ansicht der Kommission vom Marktbeherrschungstest nicht abgedeckte Regelungslücke bei der Beurteilung von Zusammenschlüssen auf oligopolistisch geprägten Märkten zu schließen: Bei einem Zusammenschluss auf einem solchen Markt vermindert sich der Wettbewerbsdruck u.U. ohne eine Marktbeherrschung durch das zusammengeschlossene Unternehmen und ohne dass eine Koordinierung der verbleibenden Marktteilnehmer zu befürchten ist (sog. „**nicht koordinierende Wirkungen**"). In diesem Fall war streitig, ob der Zusammen-

---
1 Komm.E. v. 2.10.1991- IV/M.053, Rz. 53, ABl. EG 1991 Nr. L 334, S. 42 – Aérospatiale-Alenia/de Havilland.
2 Vgl. *Wiedemann/Wagemann*, § 16 Rz. 81–84.
3 Vgl. *Mestmäcker*, WuW 2004, 135; *Böge*, WuW 2004, 138 (146); *Bergmann/Burholt*, EuZW 2004, 161.
4 Lediglich Großbritannien und Irland haben den US-amerikanischen „SLC"-Test übernommen.

schluss nach der FKVO hätte untersagt werden können.[1] Laut Erwägungsgrund 25 der FKVO soll jetzt feststehen, dass eine auf Art. 2 Abs. 3 FKVO gestützte Untersagung in einem solchen Fall möglich ist. Welche Reichweite der neue Test darüber hinaus haben wird, bleibt abzuwarten.

Die wesentliche Beeinträchtigung des wirksamen Wettbewerbs muss gerade Folge des Zusammenschlusses sein (Kausalitätserfordernis).[2]   249

Beispiel:

In der Sache „Kali+Salz/MdK/Treuhandanstalt" war die Kausalität ausnahmsweise zu verneinen und der Zusammenschluss als Sanierungsfusion („**failing company defence**") für vereinbar mit dem gemeinsamen Markt erklärt worden. EuGH und Kommission sahen dafür drei Voraussetzungen als erforderlich an: Ohne Übernahme würde das eine Unternehmen kurzfristig aus dem Markt ausscheiden, die Marktposition würde ohnehin dem Erwerber zufallen, und es gibt keine weniger wettbewerbsschädliche Erwerbsalternative.[3] In der Sache BASF/Eurodiol/Pantochim[4] hat die Kommission das so sehr restriktive Konzept der Sanierungsfusion vorsichtig weiterentwickelt: Auch ohne dass die Marktanteile zwangsläufig dem Erwerber ohnehin zufallen, kann ein Zusammenschluss ausnahmsweise für vereinbar mit dem Gemeinsamen Markt erklärt werden, wenn die durch die Fusion herbeigeführte Marktsituation positiver zu bewerten ist als die Situation im Falle eines einfachen Ausscheidens eines Unternehmens aus dem Markt. Im konkreten Fall etwa konnten drohende Kapazitätsengpässe vermieden werden, die von den Wettbewerbern nicht hätten aufgefangen werden können.

1. Die marktbeherrschende Stellung

Das bislang allein maßgebliche Kriterium einer Entstehung oder Verstärkung   250
einer beherrschenden Stellung dient künftig zwar nur noch als Regelbeispiel, bleibt aber dennoch der wichtigste Untersagungsgrund (Art. 2 Abs. 3 FKVO). Die Frage nach einer möglichen Marktbeherrschung dürfte daher auch weiterhin im Zentrum der Prüfung der Kommission stehen und wird daher zuerst behandelt. Ebenso wie das BKartA im Rahmen der deutschen Fusionskontrolle prüft auch die Kommission Zusammenschlüsse in einem zweistufigen Verfahren, d.h., sie grenzt zuerst den sachlich sowie räumlich relevanten Markt ab und prüft dann in einem zweiten Schritt die Marktmachtverhältnisse und ob durch den Zusammenschluss ein wirksamer Wettbewerb auf diesem erheblich behindert würde.

---

1 Vgl. *Alfter*, WuW 2003, 20 ff.
2 Vgl. bereits im deutschen Recht Teil VIII Rz. 140.
3 Im Einzelnen dazu Komm. Leitlinien zur Bewertung horizontaler Zusammenschlüsse, ABl. EG 2004 Nr. C 31, S. 5, Rz. 89 ff.; vgl. Komm.E. v. 14.12.1993 – IV/M.308, Rz. 70 ff., ABl. EG 1994 Nr. L 136, S. 38; bestätigt insoweit durch EuGH, Urt. v. 31.3.1998 – verb. Rs. C-68/94, C-30/95, Rz. 114 ff., Slg. 1998 I-1375 – Französische Republik/Kommission und SCPA und EMC/Kommission.
4 Komm.E. v. 11.7.2001 – IV/M.2314 – BASF/Pantochim; dazu *Fiedler*, EuZW 2001, 585.

a) **Der relevante Markt**[1]

aa) **Der sachlich relevante Markt**

251 Die Kommission und die Gerichte wenden bei der Abgrenzung des **sachlich relevanten Marktes** – ähnlich wie die deutsche Praxis – das **Bedarfsmarktkonzept** an.[2] Danach umfasst der sachlich relevante Produktmarkt sämtliche Erzeugnisse und/oder Dienstleistungen, die zur Befriedigung eines gleich bleibenden Bedarfs von den Verbrauchern hinsichtlich ihrer Eigenschaften, Preise und ihres vorgesehenen Verwendungszwecks als austauschbar angesehen werden.[3] Im Einzelnen untersucht die Kommission im Rahmen der sachlichen Marktabgrenzung also insbesondere die Substituierbarkeit aus der Nachfragesicht,[4] die Wettbewerbsbedingungen, die Preise[5] sowie die Kreuz-Preis-Elastizität der Nachfrage.[6] Ergänzend berücksichtigt die Kommission auch die sog. angebotsseitige Austauschbarkeit (**Angebotsumstellungsflexibilität**). Danach können auch solche Produkte zu einem Markt gehören, die zwar aus der Sicht der Nachfrager nicht austauschbar sind, auf die die Anbieter ihre Produktion aber schnell und verhältnismäßig leicht (ohne größere Kosten und Zeitaufwand) umstellen könnten.[7]

252 **Beispiele:**

Eigene sachlich relevante Märkte bilden Regionalflugzeuge mit 20–39 Sitzen, mit 40–59 Sitzen, mit 60–100 Sitzen sowie große Verkehrsflugzeuge mit mehr als 100 Sitzen und Militär- und Frachtflugzeuge;[8] Mineralwasser (abgefülltes Brunnenwasser) im Verhältnis zu anderen Erfrischungsgetränken (wobei weiterhin offen bleibt, ob zwischen Wassern mit und solchen ohne Kohlensäure

---

1 *Traugott*, WuW 1998, 929; zur Wechselwirkung von Beherrschungsgrad und Ergebnis der Marktabgrenzung vgl. Teil VIII Rz. 83.
2 Ausführlich zur Produktmarktabgrenzung *Alonso*, Market Definition in the Community's Merger Control Policy, ECLR 1994, 195.
3 Vgl. die Definition im Formblatt CO, Abschnitt 6 I; EuGH v. 11.12.1980 – Rs. 31/80, Slg. 1980, 3775, 3793 – L'Oréal; EuGH v. 26.11.1998 – Rs. C-7/97, EuZW 1999, 86 – Oscar Bronner/Mediaprint.
4 Komm.E. v. 22.7.1992 – IV/M.190, Rz. 10 ff. – Nestlé/Perrier.
5 Komm.E. v. 2.10.1997 – IV/M.984, Rz. 14 f. – Du Pont/ICI; Komm.E. v. 19.12.1991 – IV/M.113 – Courtaulds/Snia.
6 Komm.E. v. 21.6.1994 – IV/M.430, ABl. EG 1994 Nr. L 354, S. 32 – Procter & Gamble/VP Schickedanz II; Komm.E. v. 22.1.1997 – IV/M.794, ABl. EG 1997 Nr. L 218, S. 15 – Coca-Cola Enterprise/Amalgamated Beverages Great Britain; Komm.E. v. 30.10.2001 – COMP/M.2416, WuW 2002, 40 – Tetra Laval/Sidel.
7 Vgl. Bekanntmachung der Kommission über die Definition des relevanten Marktes im Sinne des Wettbewerbsrechts der Gemeinschaft, ABl. EG 1997 Nr. C 372, S. 5, Rz. 20–23; vgl. Komm.E. v. 24.2.1992 – IV/M.166, WuW/E EV 1817, 1819 – Torras/Sarrio; Komm.E. v. 12.11.1992 – IV/M.222, ABl. EG 1993 Nr. L 114, S. 34, 41 – Mannesmann/Hoesch; Komm.E. v. 29.10.1993 – IV/M.330, Rz. 33 – McCormick/CPC/Rabobank/Ostmann; Komm.E v. 6.5.1998 – IV/M.970, ABl. EG 1998 Nr. L 316, S. 33 – TKS/ITW Signode/Titan.
8 Komm.E. v. 18.10.2000 – COMP/M.2061, ABl. EG 2000 Nr. C 357, S. 5 – Airbus; Komm.E. v. 2.10.1991 – IV/M.053, WuW/E EV 1675, 1677 – Aerospatiale-Alenia/de Havilland.

zu unterscheiden ist);[1] bei Eiskrem grenzt die Kommission die folgenden Märkte ab: Haushaltseis, Eis, das als Teil gastronomischer Dienstleistungen angeboten wird und Kleineis („Impulseis") sowie den Herstellungsmarkt für Handelsmarken;[2] im Bereich der KFZ-Zulieferindustrie unterscheidet die Kommission zwischen dem Erstausrüstungsmarkt, einschließlich der Lieferung von Originalersatzteilen an Hersteller (OEM/OES), und einen unabhängigen Handelsmarkt für Ersatzteile;[3] im Energiebereich hat die Kommission die Märkte für die Erzeugung von Strom, für die Verteilung von Strom und für die Verteilung von Gas abgegrenzt;[4] im Spirituosenbereich bildet die Kommission keinen einheitlichen Sortimentsmarkt für hochprozentige Alkoholika,[5] sondern unterscheidet eigene Märkte für die verschiedenen Spirituosentypen: Gin, Whiskey, Rum, Brandy, Wodka usw.[6] Im Bereich der Fernsehübertragung sieht die Kommission den Betrieb von Kabelnetzen wegen der im Vergleich zu Satellitenübertragungen größeren Ausdehnung und der geringeren Kosten pro Haushalt als eigenen sachlich relevanten Markt an.[7]

bb) Der räumlich relevante Markt

Der räumlichen Marktabgrenzung kommt in der europäischen Fusionskontrolle eine entscheidende Bedeutung zu.[8] Hier fällt in den meisten Fällen die Vorentscheidung, ob ein Zusammenschluss genehmigt wird. Nach Auffassung der Kommission umfasst der geographisch relevante Markt das Gebiet, in dem die beteiligten Unternehmen die relevanten Produkte oder Dienstleistungen anbieten, in dem die Wettbewerbsbedingungen hinreichend homogen sind und das sich von benachbarten Gebieten durch spürbar unterschiedliche Wettbewerbsbedingungen unterscheidet.[9] Maßgebliche Faktoren für die Bestimmung des räumlich relevanten Marktes sind die Art und Eigenschaften der betroffenen Produkte und Dienstleistungen, die Existenz von rechtlichen,

---

1 Komm.E. v. 16.2.1998 – IV/M.1065, ABl. EG 1998 Nr. C 81, S. 5 – Nestlé/San Pellegrino, die Kommission neigt dort einem einheitlichen Mineralwassermarkt zu; Komm.E v. 22.7.1992 – IV/M.190, WuW/E EV 1903, 1911 – Nestlé/Perrier.
2 Komm.E. v. 25.2.2002 - IV/M.2640 – Nestle/Schoeller, Abl. EG Nr. C 155, S. 15; Komm.E. v. 15.3.1994 – IV/M.422 – Unilever/Ortiz Miko II; vgl. auch Komm.E. v. 15.9.1993 – IV/M.362 – Nestlé/Italgel.
3 Komm.E. v. 18.10.2002 – COMP/M.2939 – JCI/Bosch/VB Autobatterien, ABl. EG 2002, Nr. C 284, S. 4 (Starterbatterien).
4 Komm.E v. 16.12.2003 – COMP/M.3306, ABl. EG 2004, Nr. C 14, S. 5 – E.ON/Midlands; vgl. Komm.E. v. 5.5.1994 – IV/M.417, WuW/E EV 2139, 2140 f. – VIAG/Bayernwerk.
5 Sortimentsmärkte im Europäischen Recht, vgl. zuletzt Komm.E. v. 3.2.1999 – IV/M.1221, WuW 1999, 369 – Rewe/Meinl; zur Bildung von Sortimentsmärkten im deutschen Recht vgl. *Bergmann*, Nachfragemacht, S. 46 ff. sowie oben Teil VIII Rz. 88.
6 Komm.E. v. 8.5.2001 - IV/M.2268 – Pernod Ricard/Diageo/Seagram Spirits, ABl. 2002, Nr. C 16, S. 13; Komm.E. v. 15.10.1997 – IV/M.938, Rz. 23, ABl. EG 1998 Nr. L 288 v. 27.10.1998, S. 24 – Guinness/Grand Metropolitan.
7 Komm.E. v. 27.5.1998 – IV/M.1027, Rz. 19 ff., WuW/E EU-V 237, 239 – Deutsche Telekom/BetaResearch.
8 Ausführlich *Sedemund* in FS Deringer, S. 379 (385 ff.).
9 Vgl. Formblatt CO, Abschnitt 6 II sowie Art. 9 Abs. 7 FKVO.

wirtschaftlichen oder andersartigen Marktzutrittsschranken[1] oder Verbraucherpräferenzen,[2] deutlich unterschiedliche Marktanteile der Unternehmen zwischen räumlich benachbarten Gebieten oder wesentliche Preisunterschiede.[3] In ihrer Entscheidungspraxis führte dies im Ergebnis zur Abgrenzung von regionalen,[4] nationalen[5] und gemeinschaftsweiten[6] Märkten sowie von Weltmärkten.[7] Besonders interessant ist, dass die Kommission bei der räumlichen Marktabgrenzung auch das dynamische Element des sich entwickelnden Binnenmarktes maßgeblich berücksichtigt und bereit ist, einen gemeinschaftsweiten Markt anzunehmen, wenn in absehbarer Zeit mit einer gegenseitigen Durchdringung der nationalen Märkte zu rechnen ist.[8]

b) Die Marktbeherrschung

254 Anders als im deutschen Recht[9] ist der Begriff der marktbeherrschenden Stellung im europäischen Wettbewerbsrecht nicht im Gesetz definiert. Auch bestehen keine Vermutungstatbestände. Die Ausformung des Begriffs erfolgt(e) vielmehr durch die Entscheidungspraxis, insbesondere des EuGH, zu Art. 82 EG (früher Art. 86). Danach korreliert eine marktbeherrschende Stellung mit der Fähigkeit eines Unternehmens, sich in spürbarem Maße unabhängig von

---

1 Z.B. rechtliche: Komm.E. v. 8.10.1995 – IV/M.580, Rz. 27 ff., ABl. EG 1997 Nr. L 11, S. 1 – ABB/Daimler Benz; wirtschaftliche: Komm.E. v. 29.10.1993 – IV/M.330, Rz. 33 – McCormick/CPC/Rabobank/Ostmann; immaterielle: Komm.E. v. 14.2.1995 – IV/M.477, Rz. 35 f., ABl. EG 1995 Nr. L 211, S. 1 – Mercedes-Benz/Kässbohrer.
2 Komm.E. v. 21.6.1994 – IV/M.430, Rz. 78, ABl. EG 1994 Nr. L 354, S. 32 – Procter & Gamble/VP Schickedanz II; Komm.E. v. 22.1.1997 – IV/M.794, Rz. 99, ABl. EG 1997 Nr. L 218, S. 15 – Coca-Cola Enterprise/Amalgamated Beverages Great Britain.
3 Komm.E. v. 21.6.1994 – IV/M.430, Rz. 79, ABl. EG 1994 Nr. L 354, S. 32 – Procter & Gamble/VP Schickedanz II; Komm.E. v. 22.7.1992 – IV/M.190, Rz. 28 – Nestlé/Perrier.
4 Etwa im Lebensmittelhandel: Komm.E. v. 20.11.1996 – IV/M.784, Rz. 21, ABl. EG 1997 Nr. L 110, S. 53 – Kesko/Tuko.
5 Beispielsweise bei pharmazeutischen Produkten und Arzneimitteln: Komm.E. v. 28.9.1998 – IV/M.1229, WuW/E EU-V 291 – American Home Products/Monsanto; Komm.E. v. 28.2.1995 – IV/M.555, WuW 1995, 585 – Glaxo/Wellcome; Komm.E. v. 17.7.1996 – IV/M.737, ABl. EG 1997 Nr. L 201, S. 1 – Ciba-Geigy/Sandoz; im Postsektor: Komm.E. v. 2.12.1991 – IV/M.102, WuW/E EV 1754 – TNT/GD Net; Komm.E. v. 11.5.1998 – IV/M.1168, Rz. 19 – Deutsche Post/DHL; Komm.E. v. 15.2.1999 – IV/M.1405, Rz. 31 – TNT Post Group/Jet Services.
6 Beispielsweise im Kfz-Zulieferbereich: Komm.E. v. 5.12.1995 – IV/M.666, WuW 1996, 350 – Johnson Controls/Roths Frères; Komm.E. v. 22.7.1997 – IV/M.937, WuW 1997, 807 – Lear/Keiper; Komm.E. v. 19.7.2000 – IV/M.1882, WuW 2000, 869.
7 Z.B. für die börsennotierten Rohstoffe Platin und Aluminium: Komm.E. v. 24.4.1996 – IV/M.619, ABl. EG 1997 Nr. L 11, S. 30 – Gencor/Lonrho; Komm.E. v. 6.8.1997 – IV/M.723, Rz. 16 – Norsk Alcoa/Elkem; für Flugzeug-Kontrollinstrumente: Komm.E. v. 21.12.1992 – IV/M.290, Rz. 9 – Sextant/BGT-VDO; für Rückversicherungen: Komm.E. v. 14.1.1992 – IV/M.183, Rz. 9 – Schweizer Rück/Elvia.
8 Komm.E. v. 18.12.1991 – IV/M.165, WuW/E 1740, 1744 – Alcatel/AEG Kabel (gemeinschaftsweiter Markt für Telekommunikationskabel).
9 Vgl. § 19 Abs. 2 GWB.

den Wettbewerbern und letztlich von den Abnehmern zu verhalten. Es besteht ein nicht hinreichend kontrollierter Verhaltensspielraum.[1]

Relevante Wettbewerbsparameter zur Feststellung einer marktbeherrschenden Stellung listet die FKVO in Art. 2 Abs. 1 Satz 2 lit. a und b auf. Hiernach berücksichtigt die Kommission insbesondere:

255

– die Notwendigkeit, im Gemeinsamen Markt wirksamen Wettbewerb aufrechtzuerhalten und zu entwickeln, insbesondere im Hinblick auf die Struktur aller betroffenen Märkte und den tatsächlichen oder potenziellen Wettbewerb durch innerhalb oder außerhalb der Gemeinschaft ansässige Unternehmen;[2]

– die Marktstellung – auch auf benachbarten Märkten[3] – sowie die wirtschaftliche Macht und die Finanzkraft der beteiligten Unternehmen,[4] die Wahlmöglichkeiten der Lieferanten und Abnehmer,[5] ihren Zugang zu den Beschaffungs- und Absatzmärkten,[6] rechtliche oder tatsächliche Marktzutrittsschranken,[7] die Entwicklung des Angebots und der Nachfrage bei

---

[1] EuGH, Urt. v. 13.2.1979 – Rs. 85/86, Slg. 1979, 461, 520 – Hoffmann-La Roche; Komm.E. v. 2.10.1991 – IV/M.053, Rz. 72, ABl. EG 1991 Nr. L 334, S. 42 – Aérospatiale-Alenia/de Havilland; Komm.E. v. 21.6.1994 – IV/M.430, ABl. EG 1994 Nr. L 354, S. 32 – Procter & Gamble/VP Schickedanz II; Komm.E. v. 14.2.1995 – IV/M.477, ABl. EG 1995 Nr. L 211, S. 1 – Mercedes/Kässbohrer.

[2] Relevant in: Komm.E. v. 14.2.1995 – IV/M.477, Rz. 79 ff., ABl. EG 1995 Nr. L 211, S. 1 – Mercedes-Benz/Kässbohrer; Komm.E. v. 12.11.1992 – IV/M.222, Rz. 103 ff., ABl. EG 1993 Nr. L 114, S. 34 ff. – Mannesmann/Hoesch; Komm.E. v. 6.5.1998 – IV/M.970 – ITS/Signode/Titan.

[3] Kommission, Wettbewerbsbericht 1998, Rz. 154 – Wolters Kluwer/Reed Elsevier.

[4] Relevant in: Komm.E. v. 29.5.1991 – IV/M.043, Rz. 16, WuW/E EV 1735 – Magneti Marelli/CEAC; Komm.E. v. 31.7.1991 – IV/M.012, Rz. 32, ABl. EG 1991 Nr. L 320, S. 26 – Varta/Bosch; Komm.E. v. 30.7.1997 – IV/M.877, Rz. 73 ff., ABl. EG 1997 Nr. L 336, S. 32 – Boeing/McDonnell-Douglas (zumeist als Droh- oder Abwehrpotenzial gedeutet); Komm.E. v. 20.5.1998 – IV/M.016, ABl. 1999, Nr. L 50, S. 27 – Price Waterhouse/Coopers & Lybrand; Komm.E. v. 12.4.2000 – COMP/M.1795 – Vodaphone/Mannesmann, ABl. 2000 Nr. C 141, S. 19; Komm.E. v. 7.2.2001 – COMP/M.1853, ABl. 2002 Nr. L 59, S. 1 – EdF/EnBW.

[5] Relevant in: Komm.E. v. 31.7.1991 – IV/M.012, Rz. 32, ABl. EG 1991 Nr. L 320, S. 26 – Varta/Bosch (ausgelastete Produktionskapazitäten der Wettbewerber); Komm.E. v. 6.6.1991 – IV/M.081, Rz. 48 – VIAG/Continental Can (Importe und potenzielle Wettbewerber als Alternative).

[6] Relevant in: Komm.E. v. 20.9.1995 – IV/M.553, Rz. 101, ABl. EG 1996 Nr. L 134, S. 32 – RTL/Veronica/Endemol: Marktabschottung durch Zusammenschluss; Komm.E. v. 20.11.1996 – IV/M.784, Rz. 133, ABl. EG Nr. L 110 v. 26.4.1997, S. 53 – Kesko/Tuko: Verstärkung der Nachfragemacht; Komm.E. v. 4.2.1998 – IV/M.950 – Hoffmann-La Roche/Boehringer Mannheim: neben hohem Marktanteil bei in-vitro Diagnostika zusätzlich besonderer Zugang zum Absatzmarkt aufgrund eines hohen Verbreitungsgrades entsprechender Diagnostikgeräte der Unternehmen bei potenziellen Abnehmern; Komm.E. v. 26.4.1999 – IV/M.1381 – Imetal/English China Clays, ABl. 2001 Nr. C 56, S. 7; Komm.E. v. 22.12.1999 – COMP/M. 1789, ABl. 2000 Nr. C 50, S. 5 – INA/LuK; Komm.E. v. 5.5.2000 – COMP/M.1693, ABl. 2002 Nr. L 58, S. 25 – Alcoa/Reynolds Metals.

[7] Zu den verschiedenen Erscheinungsformen vgl. Teil VIII Rz. 253 und *Wiedemann/Wagemann*, § 16 Rz. 58.

den jeweiligen Erzeugnissen und Dienstleistungen,[1] die Interessen der Zwischen- und Endverbraucher[2] sowie die Entwicklung des technischen und wirtschaftlichen Fortschritts, sofern diese dem Verbraucher dient und den Wettbewerb nicht behindert.[3]

256 Die Kriterien sind weitgehend identisch mit den auch im deutschen Recht berücksichtigungsfähigen Aspekten.[4] Eine Ausnahme besteht allerdings hinsichtlich der Berücksichtigungsfähigkeit der Interessen der Zwischen- und Endverbraucher, der Entwicklung des Wettbewerbs (sofern man dieses Kriterium strukturpolitisch deutet) sowie der Entwicklung des technischen und wirtschaftlichen Fortschritts. Diese Überreste einer industriepolitisch orientierten Fusionskontrolle kennt das deutsche Recht nicht.[5]

Nach der neuen FKVO soll es nun möglich sein, die Auswirkungen des Zusammenschlusses auf den Wettbewerb sowie mögliche Nachteile für die Verbraucher durch einen Hinweis auf die durch die Fusion entstehenden **Effizienzvorteile** auszugleichen (Erwägungsgrund 29). Die Kommission berücksichtig alle nachgewiesenen Effizienzvorteile, z.B. Kostensenkungen oder die Vorteile gemeinsamer Forschung und Entwicklung, die die Fähigkeit und den Anreiz des fusionierten Unternehmens verstärken, den Wettbewerb zum Vorteil für die Verbraucher zu beleben und so etwaige Nachteile der Fusion auszugleichen.[6]

257 Die Kommission hat den Marktbeherrschungstest durch die sog. „**classical four step analysis**" systematisiert.[7] Hiernach ergibt sich folgende Prüfungsfolge, in der die in der FKVO genannten Kriterien an unterschiedlicher Stelle berücksichtigt werden:

(1) Marktstellung der sich zusammenschließenden Unternehmen; relevant sind insbesondere der Marktanteil, die Finanzkraft, die wirtschaftliche Macht (Know-how o.Ä.);

---

1 Relevant in: Komm.E. v. 2.9.1991 – IV/M.129, Rz. 18 – Digital/Philips; Komm.E. v. 11.2.1998 – IV/M.986, ABl. EG 1998 Nr. L 211, S. 22 – Agfa/DuPont; Komm.E. v. 20.12.1999 – COMP/M.1781, ABl. 2000 Nr. C 37, S. 10 – Electrolux/Ericsson (junge Wachstumsmärkte, wo die Marktführerschaft instabil ist).
2 Angedeutet in: Komm.E. v. 21.6.1994 – IV/M.430, Rz. 182, ABl. EG 1994 Nr. L 354, S. 32 – Procter & Gamble/VP Schickedanz II.
3 Angedeutet in: Komm.E. v. 2.10.1991 – IV/M.053, Rz. 69, ABl. EG 1991 Nr. L 334, S. 42 – Aérospatiale-Alenia/de Havilland; Komm.E. v. 27.5.1998 – IV/M.993, Rz. 122, ABl. EG 1999 Nr. L 53, S. 1 – Bertelsmann/Kirch/Premiere; Komm.E. v. 4.12.1996 – IV/M.774, Rz. 244–6, ABl. EG 1997 Nr. L 247, S. 1 – Saint Gobain/Wacker Chemie/NOM; vgl. *Albers/Hacker* in Schröter/Jakob/Mederer, Art. 2 FKVO Rz. 434 ff.
4 Vgl. Teil VIII Rz. 96 ff.
5 Im deutschen Recht besteht lediglich die Möglichkeit des Antrags auf Erteilung einer Ministererlaubnis. Dabei können auch wettbewerbsfremde Kriterien Berücksichtigung finden, vgl. Teil VIII Rz. 185 ff.
6 Vgl. Komm. Bekanntmachung zur Bewertung horizontaler Zusammenschlüsse, ABl. EG 2004 Nr. L 31, S. 5, Rz. 76 ff.
7 Vgl. Kommission, 22. Wettbewerbsbericht 1992, Rz. 246.

(2) **Angebotsstruktur;** relevant sind insbesondere der aktuelle Wettbewerb durch innerhalb und außerhalb der Union ansässige Unternehmen, die Angebotsentwicklung, die Wahlmöglichkeit der Lieferanten, der Zugang zu Beschaffungs- und Absatzmärkten;

(3) **Nachfragestruktur;** relevant sind insbesondere die Nachfrageentwicklung, das Vorliegen von Nachfragemacht,[1] die Wahlmöglichkeit der Abnehmer;

(4) **Potenzieller Wettbewerb und Marktzutrittsschranken.**

Obwohl die einzelnen Kriterien in der FKVO scheinbar „gleichberechtigt" aufgelistet werden, kommt dem **Marktanteil** – ähnlich wie im deutschen Recht – auch in der europäischen Fusionskontrolle eine entscheidende Rolle bei der Beurteilung von Marktmacht zu. Dabei wird in der Regel auf die getätigten Umsätze, nur ausnahmsweise auf Stückzahlen oder andere Größen abgestellt.[2] Die FKVO enthält – anders als das GWB – keine Vermutungstatbestände für das Vorliegen von Marktbeherrschung; gemäß Erwägungsgrund 32 der FKVO entfaltet ein Marktanteil von **weniger als 25 %** allerdings eine Indizwirkung für die Vereinbarkeit des Zusammenschlusses mit dem Gemeinsamen Markt. **Unterhalb von 15 %** liegt nach Auffassung der Kommission zudem kein betroffener Markt im Sinne der FKVO vor, so dass die Unternehmen diesbezüglich keine weiteren Angaben in ihrer Anmeldung zu tätigen haben.[3] Der Entscheidungspraxis lässt sich zudem entnehmen, dass die Kommission im allgemeinen einen Marktanteil von bis zu 45 % – anders als das BKartA – noch für unbedenklich hält.[4]

258

In einer ganzen Reihe von Fällen war die Kommission sogar bereit, deutlich höhere Marktanteile zu akzeptieren, wenn aufgrund besonderer Umstände feststand, dass die beteiligten Unternehmen auch weiterhin wesentlichem Wettbewerb ausgesetzt sein werden. So hat sie etwa im Fall „Alcatel/Telettra" den Zusammenschluss trotz Marktanteilen von 80 % auf dem spanischen Telekommunikations-Übertragungsmarkt genehmigt, da sich auf der Marktgegenseite ein monopolistischer Nachfrager mit entsprechender Nachfragemacht befand und keine erheblichen Marktzutrittsschranken bestanden.[5] Im Fall „Rütgerswerke AG/Hüls Troisdorf AG" akzeptierte die Kommission Marktanteile von 35–50 % auf dem europäischen Markt für kaschierte Papierlaminate, insbesondere unter Hinweis auf potenzielle Konkurrenz aus dem Fernen Osten und die Nachfragemacht der Abnehmer.[6] In der Entscheidung „REWE/Meinl" waren dagegen – ausnahmsweise – bereits Marktanteile von

259

---

1 Komm.E. v. 25.11.1998 – IV/M.1225 – Enso/Stora.
2 Nach Mengen in Quadratmeter bei graphischen Filmen und Druckplatten in: Komm.E. v. 11.2.1998 – IV/M.986, Rz. 38, ABl. EG 1998 Nr. L 211, S. 22 – Agfa-Gevaert/DuPont oder nach Tonnen im Stahlsektor, Komm.E. v. 14.9.2000 – COMP/EGKS.1336 – Salzgitter/Mannesmann-Röhrenwerke.
3 Vgl. Formblatt CO, Abschnitt 6 III lit. a, dazu auch Teil VIII Rz. 278 ff.
4 *Drauz/Schroeder*, S. 111 m.w.N.
5 Komm.E. v. 12.4.1991 – IV/M.042, Rz. 38, WuW/E EV 1616, 1622.
6 Komm.E. v. 2.3.1994 – IV/M.401. Freigabe aufgrund einer ähnlichen Marktsituation auch durch Komm.E. v. 24.7.2002 – COMP/M.2706 – Carnival Corporation/P & Q Cruises.

25–30 % auf Beschaffungsmärkten für die Annahme einer Marktbeherrschung ausreichend.[1]

2. Entstehung oder Verstärkung einer marktbeherrschenden Stellung

a) Allgemeines

260 Bei der Prüfung der Untersagungskriterien hat die Kommission unter Zugrundelegung eines branchenabhängigen Zeitraumes eine Prognoseentscheidung zu treffen.[2] Dabei wird eine Gesamtwürdigung der zu erwartenden Auswirkungen des Zusammenschlussvorhabens vorgenommen.

261 Für die **Entstehung** einer marktbeherrschenden Stellung ist es ausreichend, wenn die neue Unternehmenseinheit über einen wesentlichen Wettbewerbsparameter bestimmen kann, ohne von den Wettbewerbern hinreichend kontrolliert werden zu können. In erster Linie wird die Preisbestimmungsmacht relevant sein,[3] aber auch Handlungsspielräume beim Qualitäts- und Innovationswettbewerb können die Marktbeherrschung tragen.[4] Eine Vorhersage des künftigen Marktverhaltens ist nicht erforderlich. Für die Fusionskontrollentscheidung ist allein das entstehende **wettbewerbliche Potenzial** und die damit einhergehende Verschlechterung der **Marktstruktur** maßgebend.

262 Bestand vor dem Zusammenschluss bereits eine marktbeherrschende Stellung eines beteiligten Unternehmens, so ist die Alternative der „**Verstärkung**" zu prüfen. Dabei wird das Ausmaß der Beschränkung des noch möglichen Restwettbewerbes auf dem betroffenen Markt im Vordergrund der Bewertung stehen. Anders als im deutschen Recht[5] lässt sich der Entscheidungspraxis der Kommission nicht eindeutig entnehmen, ob bereits eine geringfügige Verschlechterung der Marktstruktur ausreicht, um eine Verstärkung anzunehmen.[6] So bewertete die Kommission einen Zuwachs des Marktanteils im Fall „Procter & Gamble/VP Schickedanz II"[7] von 75–80 % um lediglich 1–2 % auf dem spanischen Markt für Damenbinden und im Fall „Boeing/McDonnell-Douglas"[8] von 64 auf 70 % auf dem Markt für bestimmte Flugzeuge als ausreichend, während im Fall „Swedish Match/Kav"[9] ein Zuwachs von 59 auf 63 % im EWR-weiten Zündholzmarkt nach Ansicht der Behörde zu keiner Verstärkung der marktbeherrschenden Stellung führte. Bei der insoweit relevanten

---

1 Komm.E. v. 3.2.1999 – IV/M.1221, WuW 1999, 369.
2 Vgl. Komm.E. v. 4.12.1996 – IV/M.774, Rz. 216, ABl. EG 1997 Nr. L 247, S. 1 – Saint Gobain/Wacker Chemie/NOM (üblicherweise etwa 2–3 Jahre); Komm.E. v. 2.10.1991 – IV/M.053, Rz. 58, ABl. EG 1991 Nr. L 334, S. 42 – Aérospatiale-Alenia/de Havilland (mehr als 5 Jahre bei Flugzeugen); *Emmerich*, AG 1997, 529 (534).
3 Komm.E. v. 22.7.1992 – IV/M.190, Rz. 133 f. – Nestlé/Perrier.
4 Komm.E. v. 2.10.1997 – IV/M.984, Rz. 47 – DuPont/ICI; Komm.E. v. 24.4.1996 – IV/M.269, Rz. 113 – Shell/Montecatini.
5 Vgl. Teil VIII Rz. 93.
6 Grundsätzlich bejaht in Komm.E. v. 19.7.1991 – IV/M.068, Anm. IV B 4, ABl. EG 1991 Nr. L 290, S. 35 – Tetra Pak/Alfa-Laval.
7 Komm.E. v. 21.6.1994 – IV/M.430, Rz. 118, ABl. EG 1994 Nr. L 354, S. 32.
8 Komm.E. v. 30.7.1997 – IV/M.877, Rz. 55 ff., 113, ABl. EG 1997 Nr. L 336, S. 16.
9 Komm.E. v. 18.12.1997 – IV/M.997, WuW 1998, 157.

Berücksichtigung weiterer Wettbewerbsparameter misst die Kommission der Finanzkraft insgesamt eine geringere Bedeutung bei als das BKartA. In der Entscheidung „Guinness/Grand Metropolitan"[1] nahm die Kommission eine Verstärkung der marktbeherrschenden Stellung auf dem griechischen Markt für Gin, Rum und Brandy aufgrund von sog. **Portfolioeffekten** oder Sortimentseffekten an, ohne dass ein Zuwachs von Marktanteilen zu verzeichnen war.[2]

Der Schwerpunkt der Marktmachtprüfung ist aufgrund der unterschiedlichen Wettbewerbswirkung von horizontalen, vertikalen und konglomeraten[3] Zusammenschlüssen nicht einheitlich.[4] Im Folgenden soll deshalb die Kontrollpraxis der europäischen Organe in Abhängigkeit von der Zusammenschlussform dargestellt werden.

263

b) Horizontale Zusammenschlüsse

Bei horizontalen Zusammenschlussvorhaben zwischen Wettbewerbern steht naturgemäß der **Marktanteilszuwachs** im Vordergrund der Betrachtung.[5] Die Kommission nimmt die Entstehung einer marktbeherrschenden Stellung regelmäßig an, wenn es zu einer Addition gewichtiger Marktanteile kommt. Der Effekt wird noch verstärkt, wenn zudem hohe Marktzutrittsschranken und/oder fehlende Nachfragemacht bestehen.

264

Beispiel:

Bei relativ geringen Marktanteilen hat die Kommission im Fall „Aerospatiale-Alenia/De Havilland"[6] eine marktbeherrschende Stellung bejaht, weil das Zusammenschlussvorhaben zum Angebot einer gesamten Flugzeugfamilie aus einer Hand geführt hätte und demzufolge ein Lock-in Effekt der Fluggesellschaften als Abnehmer zu erwarten war, der eine massive Erweiterung des Kundenstamms zu Lasten anderer Wettbewerber mit sich brächte. Hinzu kamen hohe Marktzutrittsschranken, fehlende Nachfragekonzentration bei den Fluggesellschaften als Abnehmer und relativ marktschwache Wettbewerber.

Mit dem Gemeinsamen Markt unvereinbare Marktstärke kann sich insbesondere auch bei Zusammenschlüssen zu **nationalen Champions** ergeben. Die gemeinschaftsfeindliche Bedeutung derartiger Transaktionen ist in erster Linie

265

---

1 Komm.E. v. 15.10.1997 – IV/M.938, Rz. 91 ff., 118, ABl. EG Nr. L 288, S. 24.
2 Zur Marktabgrenzung in dieser Entscheidung vgl. Teil VIII Rz. 252; weitere Entscheidungen, die sich mit Portfolioeffekten auseinander setzen: Urteil des Gerichts erster Instanz v. 3. 4. 2003 – Rs. T-114/02, WuW/E EU-R 647 – BaByliss; Komm.E. v. 11.11.2003 – COMP/M.2621 – SEB/Moulinex; Urteil des Gerichts erster Instanz vom 22.10.2002 – Rs. T-310/01, Slg. 2002, II-4381 – Schneider Electric SA/Kommission; Komm.E. v. 30.1.2002 – COMP/M.2283 – Schneider/Legrand, WuW 2002, 254
3 Die Kommission prüft, ebenso wie das BKartA, auch diese Zusammenschlussform. Dagegen hat das US Department of Justice in seinen Richtlinien konglomerate Zusammmenschlüsse für grundsätzlich unbedenklich erklärt.
4 Vgl. auch Teil VIII Rz. 132–134, dort zum deutschen Recht.
5 Vgl. Komm.E. v. 12.11.1992 – IV/M.222, Rz. 91, ABl. EG 1993 Nr. L 114, S. 34 – Mannesmann/Hoesch.
6 Komm.E. v. 2.10.1991 – IV/M.053, Rz. 32 ff., WuW/E EV 1675 – Aérospatiale-Alenia/de Havilland.

darin begründet, dass nationale Champions den Zugang zu nationalen Vertriebsnetzen blockieren, zumeist über die bekanntesten Marken verfügen und damit letztlich dort private Marktschranken errichten, wo das Ziel des Gemeinsamen Binnenmarktes diese zu überwinden sucht und eine wechselseitige Durchdringung der nationalen Märkte anstrebt.[1]

c) Vertikale Zusammenschlüsse

266 Bei vertikalen Zusammenschlüssen zwischen Hersteller und Händler oder Hersteller und Lieferanten besteht in erster Linie die Gefahr vertikaler Marktmacht mit **Marktausschlusseffekten** auf bedeutenden Beschaffungs- oder Absatzmärkten zu Lasten aktueller oder potenzieller Wettbewerber. Die Kommission hat dieses Kriterium beispielsweise bei Zusammenschlüssen von Automobilherstellern und Händlern oder Importeuren,[2] bei Zulieferern und Fertigproduktherstellern,[3] bei Stahlerzeugern und Lagerhändlern[4] sowie bei verschiedenen Märkten für Flugzeugteile[5] berücksichtigt. Im Fall „RTL/Veronica/Endemol"[6] untersagte die Kommission die Beteiligung des führenden niederländischen Fernsehproduzenten Endemol an einem neuen Sender wegen der zu befürchtenden Abschottung des Zugangs zu diesem wichtigen, zuwachsstarken Nachfrager von Fernsehproduktionen auf dem niederländischen Markt.[7] Sofern allerdings vertikal integrierte Wettbewerber vorhanden sind, führen selbst hohe Marktanteile nicht zwangsläufig zu einer Marktbeherrschung.[8]

d) Konglomerate Zusammenschlüsse

267 Bei rein konglomeraten Zusammenschlüssen können sich wettbewerbliche Bedenken ergeben, wenn das Vorhaben zu einer beträchtlichen **Ressourcenstärkung** führt und zu erwarten ist, dass diese Mittel auf dem betroffenen Markt zum Einsatz kommen. Abschreckungs- und Entmutigungseffekte bei aktuellen oder potenziellen Konkurrenten können nach Ansicht der Kommission die Folge sein. Als eigenständige Ursache für Marktmacht kommt dem Kriterium des Ressourcenzuwachses selten Bedeutung zu.[9] Die Kommission hat den Aspekt zumeist nur zur Stützung gleichzeitig erfolgender horizontaler

---

1 Komm.E. v. 31.7.1991 – IV/M.012, Rz. 32, 58, WuW/E EV 1701, 1703 – Varta/Bosch; Komm.E. v. 29.5.1991 – IV/M.043, Rz. 20, WuW/E EV 1735, 1736 – Magneti Marelli/CEAC.
2 Komm.E. v. 28.6.1991 – IV/M.099 – Nissan/R. Nissan; Komm.E. v. 21.5.1992 – IV/M.224 – Volvo/Lex.
3 Komm.E. v. 6.6.1991 – IV/M.081 – VIAG/Continental Can.
4 Komm.E. v. 29.4.1991 – IV/M.073 – Usinor/ASD.
5 Komm.E. v. 3.7.2001 – IV/M.2220, WuW/E EU-V 631 – General Electric/Honeywell.
6 Komm.E. v. 20.9.1995 – IV/M.553, Rz. 98, ABl. EG 1996 Nr. L 134, S. 32; bestätigt durch EuG, Urt. v. 28.4.1999 – Rs. T-221/95, Rz. 167.
7 In modifizierter Form wurde das Vorhaben freigegeben: Komm.E. v. 17.7.1996 – IV/M.553, ABl. EG 1996 Nr. L 294, S. 14.
8 Komm.E. v. 21.6.1999 – IV/M.1512, WuW/E EU-V 299 – DuPont/Pioneer.
9 Vgl. Komm.E. v. 28.11.1990 – IV/M.023, Rz. 13 – ICI/Tioxide; Komm.E. v. 13.12.1991 – IV/M.164, Rz. 28 – Mannesmann/VDO; Komm.E. v. 4.9.1992 – IV/M.235, Rz. 12 – Elf/Thyssen/Minol.

oder vertikaler Marktmachteffekte herangezogen.[1] Etwas anderes kann sich im Fall von **Produkterweiterungszusammenschlüssen** ergeben, wenn ein Unternehmen seine Produktpalette hinsichtlich sich ergänzender Waren- oder Dienstleistungsmärkte vervollständigt und z.B. Nachfrager ein Interesse daran haben, komplementäre Waren aus einer Hand zu beziehen.[2] Im Fall „Tetra Laval/Sidel"[3] hatte die Kommission einen Zusammenschluss untersagt, weil neben leichten horizontalen Überschneidungen insbesondere eine Übertragung bestehender marktbeherrschender Positionen auf eng benachbarte Märkte drohte. Das EuG hat – ohne die zugrunde liegenden wirtschaftlichen Erwägungen anzugreifen – die Entscheidung aufgehoben: zwar könnte ein Zusammenschluss von auf benachbarten Märkten positionierten Unternehmen tatsächlich die besagten negativen Auswirkungen auf den Wettbewerb haben. Wegen der grundsätzlichen Vermutung, dass konglomerate Zusammenschlüsse in der Regel wettbewerblich neutral oder sogar positiv sind, seien an die Kommission bezüglich des Beweismaßes für eine Untersagung jedoch erhöhte Anforderungen zu stellen, denen die Kommission aus Sicht des EuG in diesem Fall nicht nachgekommen war.[4] Der EuGH hat die gegen das Urteil eingelegte Berufung der Kommission zurückgewiesen.[5]

e) Oligopolistische Marktbeherrschung

Obwohl die FKVO, anders als das deutsche Recht,[6] keine „Oligopolklausel" enthält, greift Art. 2 Abs. 3 FKVO nach nunmehr gefestigter Entscheidungspraxis der Kommission[7] und Bestätigung durch den EuGH und das EuG[8] grund- 268

---

1 Komm.E. v. 29.5.1991 – IV/M.043, Rz. 16, WuW/E EV 1735 – Magneti Marelli/CEAC; Komm.E. v. 2.12.1991 – IV/M.102, Rz. 49 f. – TNT/GD Net.
2 Komm.E. v. 2.10.1991 – IV/M.053, Rz. 32, WuW/E EV 1675 – Aérospatiale-Alenia/de Havilland; vgl. auch Komm.E. v. 19.7.1991 – IV/M.068, Anm. IV B 4, ABl. EG 1991 Nr. L 290, S. 35 – Tetra Pak/Alfa-Laval; vgl. auch Komm.E. v. 15.2.1999 – IV/M.1405, WuW/E EU-V 276 – TNT Post Group/Jet Services: bei Erweiterung der Produktpalette keine wettbewerblichen Bedenken, da die Marktgegenseite bei Preisdifferenzen bereit ist, auf andere Quellen auszuweichen.
3 Komm.E.v. 30.10.2001 – COMP/M.2416, WuW 2002, 40- Tetra Laval/Sidel.
4 Urteil des Gerichts erster Instanz v. 25.10.2002 – Rs. T-05/02, Slg. 2002, II-04381- Tetra Laval/Kommission.
5 Nach Auffassung des EuGH ist die Entscheidung des EuG trotz einer Reihe von Rechtsfehlern im Ergebnis richtig: Urteil v. 15.2.2005 – Rs. C-12/03 P, noch nicht in der amtlichen Sammlung veröffentlicht.
6 Vgl. Teil VIII Rz. 106 ff. und § 19 Abs. 2 Satz 2 GWB.
7 Angedeutet in Komm.E. v. 27.4.1992 – IV/M.202, WuW 1992, 500 – Thorn EMI/Virgin Music; ausdrücklich erstmals in: Komm.E. v. 22.7.1992 – IV/M.190 – Nestlé/Perrier; zuletzt: Komm.E. v. 23.10.1998 – IV/M.1298, Rz. 58, WuW/E EU-V 290 – Kodak/Imation; Komm.E. v. 25.11.1998 – IV/M.1225 – Enso/Stora; Komm.E. v. 20.5.1998 – IV/M.1016, ABl. EG 1999 L 50, S. 27 – Price Waterhouse/Coopers & Lybrand; Komm.E. v. 13.6.2000 – IV/M.1673, ABl. EG 2001 L 188, S. 1 – VEBA/VIAG, Komm.E. v. 20.12.2001 – IV/M.2533 – BP/E.ON und M.2389, WuW 2002, 144 – Shell/DEA.
8 EuGH, Urt. v. 31.3.1998 – verb. Rs. C-68/94 und C-30/95, Rz. 165 ff., Slg. 1998 I-1453 – Französische Republik/Kommission und SCPA u. EMC/Kommission zu Komm.E. v. 14.12.1993 – IV/M.308 – Kali+Salz/MdK/Treuhandanstalt; EuG, Urt. v. 25.3.1999 – Rs. T-102/96, Rz. 124 ff. – Gencor/Kommission und Rs. T-342/99, Slg. 2000, II-2585 – Airtours; vgl. zusammenfassend Komm. Leitlinien zur Bewertung horizontaler Zusammenschlüsse, Rz. 39 ff.

sätzlich auch im Falle oligopolistischer Marktbeherrschung ein.[1] Erforderlich ist, dass zwischen den Mitgliedern der Oligopolgruppe kein wirksamer Wettbewerb besteht (fehlender **Binnenwettbewerb**) und dass die Gruppe im **Außenverhältnis** keinem wirksamen Wettbewerb mehr ausgesetzt ist. Der EuGH misst dabei den die Oligopolmitglieder verbindenden Faktoren ein besonderes Gewicht bei, sofern diese den Marktteilnehmern ein einheitliches Vorgehen im Sinne eines **kollektiven Parallelverhaltens** auf dem Markt ermöglichen und dadurch ein nicht hinreichend kontrollierbarer Verhaltensspielraum gegenüber Wettbewerbern und Abnehmern entsteht. Kritisch zu bewerten sei vor diesem Hintergrund vor allem eine zunehmende Verengung des Oligopols.[2] Daneben sind insbesondere die Produkthomogenität, die Ausgereiftheit der Märkte, die Preiselastizität, die Markttransparenz, bestehende Marktzutrittsschranken, die Stellung der Marktgegenseite und der Oligopolaußenseiter sowie das Ausmaß der Konzentration der Anbieterseite zu untersuchen.[3] In der Entscheidung „Price Waterhouse/Coopers & Lybrand"[4] hat die Kommission die Möglichkeit einer kollektiven Marktbeherrschung durch mehr als drei oder vier Anbieter angesichts des komplexen Beziehungsgeflechts zwar als unwahrscheinlich eingestuft, aber damit gleichzeitig erstmals zum Ausdruck gebracht, dass eine Marktbeherrschung durch mehr als zwei Unternehmen durchaus möglich ist.[5]

269 **Beispiel:**

Im Fall „Nestlé/Perrier" entschied die Kommission erstmals, dass durch den Zusammenschluss auf dem französischen Markt für abgefülltes Wasser ein marktbeherrschendes Duopol entstehen würde, da Nestlé/Perrier und BSN als etwa gleich starke Wettbewerber weit mehr als zwei Drittel des Marktes kontrollierten.[6] Im Fall „Pilkington-Techint/SIV" stellte die Kommission fest, dass die fünf größten Flachglashersteller einen Marktanteil von gemeinsam über 90% und die beiden größten Hersteller von über 50% europaweit erzielten. Trotz relativ hoher Marktzutrittsschranken und preisunelastischer Nachfrage ging die Kommission aber davon aus, dass die Marktstruktur ein wettbewerbsfeindliches Parallelverhalten nicht zulasse. Hierfür sei die Marktstruktur nicht transparent genug, insbesondere bestehe nur eine geringe Preistransparenz.[7] Im Fall „ABB/Daimler Benz"[8] nahm die Kommission dagegen die Begründung eines engen Duopols auf dem Markt für Bahntechnik durch den Zusammenschluss von ABB und Daimler Benz in dem Gemeinschafts-

---

1 Die Zielsetzung des EG-Vertrages in Art. 3g EG (früher Art. 3f EGV), den Schutz des Gemeinsamen Marktes vor Wettbewerbsverfälschung zu gewährleisten, wird durch individuelle und kollektive Marktbeherrschung gleichermaßen beeinträchtigt.
2 EuGH, Urt. v. 31.3.1998 – verb. Rs. C-68/94 und C-30/95, Rz. 221, Slg. 1998 I-1453 – Französische Republik/Kommission und SCPA u. EMC/Kommission.
3 Vgl. Komm. Leitlinien zur Bewertung horizontaler Zusammenschlüsse, ABl. EG 2004 Nr. C 31, S. 5; s. *Wiedemann/Wagemann*, § 16 Rz. 76 m.w.N.
4 Komm.E. v. 20.5.1998 – IV/M.1016, ABl. EG 1999 L 50, S. 27, 41 f.
5 Die dieser Entscheidung vorausgehenden Fälle oligopolistischer Marktbeherrschung betrafen nur Duopole.
6 Komm.E. v. 22.7.1992 – IV/M.190 – Nestlé/Perrier.
7 Komm.E. v. 21.12.1993 – IV/M.358, WuW 1994, 436 – Pilkington-Techint/SIV.
8 Komm.E. v. 18.10.1995 – IV/M.580, ABl. EG 1997 Nr. L 11, S. 1.

unternehmen Adtranz an. Wiederholt hat die Kommission zudem Zusammenschlüsse der wenigen weltweit tätigen Platinhersteller unter dem Aspekt der Marktverengung untersucht.[1] Im Fall „Gencor/Lonrho" sah die Kommission einen zusätzlichen wettbewerbsdämpfenden Effekt unter dem Aspekt einer **„Multimarktbetrachtung"**: Die Oligopolisten Gencor/Lonrho und Amplats wären sich auf mehreren Märkten als Anbieter begegnet.

In der Entscheidung „Airtours" hat das EuG die Voraussetzung für das Vorliegen einer kollektiv beherrschenden Stellung weiter konkretisiert: die gemeinsame Marktbeherrschung sei nur denkbar, wenn aufgrund von Markttransparenz jedes Oligopolmitglied jederzeit überprüfen könne, ob die anderen Oligopolmitglieder dieselbe Strategie verfolgen. Dabei müssten genug Abschreckungsmittel bestehen, um das Abweichen eines Unternehmens von dem gemeinsamen Vorgehen zu verhindern. Zudem sei die Koordinierung nur stabil, wenn die voraussichtliche Reaktion der aktuellen und potenziellen Wettbewerber und Verbraucher nicht in der Lage sei, die zu erwartenden Ergebnisse des gemeinsamen Vorgehens in Frage zu stellen.[2]

3. Behinderung wirksamen Wettbewerbs

Der Marktbeherrschungstest erfasste Fälle oligopolistischer Marktbeherrschung jedenfalls dann, wenn der Zusammenschluss den verbleibenden Marktteilnehmern ein Parallelverhalten auf dem betroffenen Markt erleichterte und so zu einer Schädigung des Wettbewerbs führen würde (sog. **„koordinierte Wirkungen"**). Nach Ansicht der Kommission war aber ungewiss, ob ein Vorhaben auch dann noch unter Berufung auf den Marktbeherrschungstest hätte untersagt werden dürfen, wenn durch den Wegfall eines Marktteilnehmers zwar der von ihm zuvor ausgehende Wettbewerbsdruck beseitigt wird, aber dennoch – anders als in den oben beschriebenen Fällen – ein Parallelverhalten der verbleibenden Marktteilnehmer nicht zu erwarten ist (sog. **„nicht koordinierte Wirkungen"**). Allein diese von der Kommission befürchtete mögliche „Lücke" in der alten FKVO soll mit dem neuen Untersagungskriterium einer erheblichen Behinderung wirksamen Wettbewerbs geschlossen werden. Jeder Zusammenschluss, der den Wettbewerb erheblich behindert, soll verboten sein. Allerdings soll dem neuen Begriff aber offenbar über den Begriff der Marktbeherrschung hinaus keine eigenständige Bedeutung zukommen (Erwägungsgrund 25 FKVO a.E.).

Nach Ansicht der Kommission besteht die Gefahr nicht koordinierter Wirkungen u.a. dann, wenn die fusionierenden Unternehmen nahe Wettbewerber sind, bei fehlenden Substitutionsmöglichkeiten der Kunden, wenn die betref-

---

1 Komm.E. v. 24.4.1996 – IV/M.619, ABl. EG 1997 Nr. L 11, S. 30 – Gencor/Lonrho; bestätigt in: EuG, Urt. v. 25.3.1999 – Rs. T-102/96, Rz. 124 ff. – Gencor/Kommission; Komm.E. v. 23.4.1997 – IV/M.754, ABl. EG 1998 Nr. L 149, S. 21 – Anglo American Corp./Lonrho.
2 Urteil des Gerichts erster Instanz v. 6.6.2002 – Rs. T-342/99, Slg. 2002, II-02585- Airtours plc/Kommission; Aufhebung der Komm.E. v. 22.9.1999, ABl. EG 1999 Nr. L 93, S. 1 – Airtours/First Choice. Diese Grundsätze finden sich nunmehr auch in den Leitlinien der Kommission zur Bewertung horizontaler Zusammenschlüsse, Rz. 39 ff.

fenden Unternehmen ihre Wettbewerber am Wachstum hindern können (etwa durch die Ausübung gewerblicher Schutzrechte) oder dann, wenn der Zusammenschluss einen anderen wichtigen Wettbewerbsfaktor beseitigt.[1]

4. Wesentlicher Teil des Gemeinsamen Marktes

270 Der Zusammenschluss muss wirksamen „Wettbewerb im Gemeinsamen Markt oder in einem **wesentlichen Teil** desselben" erheblich behindern. Als wesentlicher Teil kann dabei auch ein kleiner Mitgliedstaat oder ein Teilgebiet eines größeren Mitgliedstaates angesehen werden.[2]

5. Abwägungsklausel

271 Die Möglichkeit einer wettbewerblichen Abwägung von negativen Auswirkungen eines Zusammenschlusses auf dem relevanten Markt A einerseits und positiven Auswirkungen auf dem relevanten Drittmarkt B andererseits ist in der FKVO, anders als gemäß § 36 Abs. 1 GWB nach deutschem Recht, nicht vorgesehen. Ob gleichwohl eine entsprechende Abwägung vorgenommen werden kann und wie sie zu begründen wäre, ist umstritten.[3] Die Kommission hat in der Verweisungsentscheidung „Southern Energy/VIAG/PreussenElektra/BEWAG" lediglich auf die unterschiedliche Rechtslage nach der FKVO und dem GWB hingewiesen und damit angedeutet, dass die „deutsche" Abwägungsklausel zumindest auf Verweisungsfälle anwendbar sei.[4]

6. Nebenabreden (insbes. Wettbewerbsverbote)

272 Gemäß Art. 8 Abs. 1 Unterabs. 1 und Abs. 2 Unterabs. 3 FKVO (i.R.d. Hauptprüfverfahrens) bzw. Art. 6 Abs. 1 lit. b Unterabs. 2 FKVO (i.R.d. Vorprüfverfahrens) erstreckt sich die Entscheidung, mit der ein Zusammenschluss für vereinbar mit dem Gemeinsamen Markt erklärt wird, auch auf die mit seiner Durchführung unmittelbar verbundenen und für sie notwendigen Einschränkungen (sog. „**ancillary restraints**"). Diese gelten mit der Freigabeentscheidung als genehmigt, ohne dass die Kommission dies im Einzelnen zu prüfen hätte.[5] Dementsprechend werden im Formblatt CO auch keine Angaben mehr zu Nebenabreden verlangt. Erfasst werden hiervon Abreden, die grundsätzlich im Rahmen der Verfahrensregeln der VO 1 am Maßstab des Art. 81 EG zu prüfen wären, durch diese Regelungen aber im Sinne der Wahrung des „one stop

---

1 Komm. Leitlinien zur Bewertung horizontaler Zusammenschlüsse, ABl. EG 2004 Nr. C 31, S. 5, Rz. 24 ff.
2 So zu Art. 82 EG (früher Art. 86 EGV): *Schroeter* in Groeben/Thiesing/Ehlermann, Art. 86 EGV Rz. 128–130.
3 Vgl. zum Streitstand: *Wiedemann/Wagemann*, § 16 Rz. 119–122.
4 Komm.E. v. 25.7.1995 – IV/M.932, WuW 1997, 701 f.
5 Erwägungsgrund 21 FKVO. Auf Antrag der Parteien soll die Kommission allerdings „neue und ungelöste Fragen" gesondert prüfen und formell darüber entscheiden. Diese Klarstellung in der neuen FKVO erfolgte als Reaktion auf das Urteil des EuG v. 20.11.2002 – Rs. T-251/00, Slg. 2002, II-4825 – Lagardère, in welchem aus Gründen der Rechtssicherheit eine bindende Feststellung der Kommission gefordert wurde, um ansonsten drohende Parallelverfahren nach der alten VO Nr. 17 auszuschließen.

shop"-Prinzips einer umständlichen Doppelkontrolle entzogen werden.[1] Die Kommission hat in ihrer Bekanntmachung über Nebenabreden zu Zusammenschlüssen[2] dargelegt, wie sie den Begriff „mit der Durchführung des Zusammenschlusses unmittelbar verbundene und für diese notwendige Einschränkungen" versteht.

Für die Praxis am wichtigsten ist die Beurteilung von vertraglichen **Wettbewerbsverboten**, die dem Veräußerer im Rahmen einer Unternehmensübertragung auferlegt werden. Sie sollen gewährleisten, dass der Erwerber den vollständigen Wert des übertragenen Vermögens erhält, zu dem im allgemeinen sowohl materielle als auch immaterielle Werte, wie der Kundenstamm oder das Know-how des Veräußerers zählen.[3] 273

Ein Wettbewerbsverbot ist nach Auffassung der Kommission durch das mit der Herbeiführung des Zusammenschlusses verfolgte rechtmäßige Ziel dann gerechtfertigt, wenn es im Hinblick auf seinen Gegenstand, seine Dauer und seinen räumlichen Anwendungsbereich nicht die Grenzen dessen überschreitet, was vernünftigerweise als notwendig angesehen werden kann. Hinsichtlich der **Dauer** hält die Kommission entgegen ihrer früheren Auffassung nur noch einen Zeitraum von drei Jahren für angemessen, wenn die Übertragung des Unternehmens den Kundenstamm und das Know-how mit einschließt.[4] Erstreckt sich die Übertragung nur auf den Kundenstamm, so soll ein Zeitraum von zwei Jahren ausreichend sein.[5] Die zulässige Dauer eines Wettbewerbsverbots ist jedoch stets Einzelfallfrage; bei Vorliegen besonderer Umstände kann durchaus auch ein längerfristiges Verbot als notwendig anerkannt werden.[6] Der **räumliche Anwendungsbereich** des Wettbewerbsverbots ist nach der Bekanntmachung auf das Gebiet zu begrenzen, in dem der Veräußerer seine Erzeugnisse oder Dienstleistungen schon vor der Übertragung am Markt eingeführt hatte. Ähnliches gilt für die **Begrenzung in sachlicher Hinsicht**. Danach ist das Wettbewerbsverbot auf diejenigen Erzeugnisse und Dienstleistungen zu beschränken, welche Gegenstand der Wirtschaftstätigkeit des über- 274

---

1 In die gleiche Richtung zielt die allerdings noch weiterreichende Regelung der Art. 3 Abs. 4 i.V.m. Art. 2 Abs. 4 FKVO, wonach kooperative Wettbewerbsabsprachen bei der Gründung eines Vollfunktions-GU zwar materiellrechtlich an Art. 81 EG gemessen werden, verfahrensrechtlich aber der FKVO unterfallen (vgl. Teil VIII Rz. 301 ff.).
2 ABl. 2005 Nr. C 56, S. 24.
3 Vgl. Komm.E. v. 24.8.1998 – IV/M.1283, Rz. 17, 19, WuW/E EU-V 97 – Volkswagen/Rolls-Royce/Cosworth.
4 Kommissionsbekanntmachung, ABl. 2005 Nr. C 56, Rz. 20; anders noch die vorletzte Mitteilung (dort fünf Jahre); Komm.E. v. 3.2.1999 – IV/M.1376, Rz. 22, WuW/E EU-V 248 – Cargill/Continental Grain; Komm.E. v. 20.2.1995 – IV/M.540, Rz. 20 f. – Cegelec/AEG; Komm.E. v. 21.12.1994 – IV/M.521, Anm. IV – VIAG/Sanofi; Komm.E. v. 14.12.1993 – IV/M.308, Rz. 91 ff. – Kali-Salz/MdK/Treuhandanstalt.
5 Komm.E. v. 18.6.1998 – IV/M.1188, Rz. 18 – Kingfisher/Wegert/ProMarkt.
6 Komm.E. v. 24.10.1997 – IV/M.1011, Rz. 20 f. – Ingersoll-Rand/Thermo King; EuGH, Urt. v. 11.7.1985 – Rs. 42/84, Slg. 1985, 2545 – Remia/Nutricia; Komm.E. v. 21.5.1999 – IV/M.1255, Rz. 30 ff., WuW/E EU-V 302 – Flughafen Berlin: Wettbewerbsverbot von fast 28 Jahren unzulässig; vgl. *Dittert* in Schröter/Jakob/Mederer, Art. 8 FKVO Rz. 73 ff.

nommenen Unternehmens oder Unternehmensteiles waren.[1] Daneben enthält die Bekanntmachung der Kommission über Nebenabreden Bestimmungen über Lizenzen für gewerbliche und kommerzielle Eigentumsrechte und Knowhow sowie über Liefer-, Bezugs- und Dienstleistungspflichten.[2]

VI. Fusionskontrollverfahren

1. Präventive Anmeldepflicht nach Art. 4 Abs. 1 FKVO

275 Ein Zusammenschlussvorhaben, das in den Anwendungsbereich der FKVO fällt, ist grundsätzlich nach Vertragsabschluss, der Veröffentlichung des Kauf- oder Tauschangebots oder des Erwerbs einer die Kontrolle begründenden Beteiligung bei der Kommission anzumelden (Art. 4 Abs. 1 FKVO). Die FKVO sieht keine Frist für die Anmeldung mehr vor. Vielmehr kann der Zusammenschluss nunmehr auch, wie im deutschen Recht, bereits vor dem Vertragsschluss bei der Kommission angemeldet werden. Die Parteien müssen gegenüber der Kommission lediglich ihren Willen glaubhaft machen, einen Vertrag zu schließen oder öffentlich bekundet haben, ein Übernahmeangebot abgeben zu wollen (Art. 4 Abs. 1 Unterabs. 2 FKVO). Es besteht damit, wie auch im deutschen Recht,[3] eine rein präventive Meldepflicht. Unterbleibt die Anmeldung oder machen die Parteien bei der Anmeldung unrichtige oder irreführende Angaben, kann die Kommission ein Bußgeld von bis zu 10 % bzw. 1 % des von den beteiligten Unternehmen erzielten Gesamtumsatzes verhängen (Art. 14 Abs. 2 lit. a bzw. Abs. 1 lit. a FKVO). Das ist eine erhebliche Verschärfung gegenüber dem bislang geltenden Recht, das lediglich ein Bußgeld von bis zu 50 000 Euro vorsah.

276 Vor Anmeldung und einer Freigabeentscheidung der Kommission nach Art. 6 Abs. 1 lit. b oder Art. 8 Abs. 1 oder Abs. 2 FKVO bzw. bis zum Eintritt der Vereinbarkeitsfiktion nach Art. 10 Abs. 6 FKVO besteht grundsätzlich ein bußgeldbewährtes **Vollzugsverbot** (Art. 7 Abs. 1, 14 Abs. 2 lit b FKVO).[4] Zivilrechtlich sind Rechtsgeschäfte, die gegen das Vollzugsverbot verstoßen, schwebend unwirksam (Art. 7 Abs. 4 FKVO). Wirksam werden sie erst durch eine Freigabeentscheidung der Kommission nach Art. 6 Abs. 1 lit. b oder Art. 8 Abs. 1 oder Abs. 2 FKVO oder ausnahmsweise durch Fristablauf (Vereinbarkeitsfiktion des Art. 10 Abs. 6 FKVO bei „Untätigkeit" der Kommission[5]).

---

1 Komm.E. v. 2.4.1998 – IV/M.1127, Rz. 33, WuW/E EU-V 45 – Nestlé/Dalgety; Komm.E. v. 29.5.1995 – IV/M.589, Rz. 16 – Seagram/MCA.
2 Vgl. *Wiedemann/Wagemann*, § 16 Rz. 134–138.
3 Vgl. Teil VIII Rz. 143.
4 Vgl. Komm.E. v. 10.2.1999 – IV/M.969, WuW 1999, 372 – A.P.Møller und Komm.E. v. 18.2.1998 – IV/M.920 – Samsung/AST: jeweils grob fahrlässiger Verstoß gegen Anmeldepflicht und Vollzugsverbot, insgesamt 219 000 Euro bzw 33 000 Euro Geldbuße.
5 Komm.E. v. 29.10.1993 – IV/M.330 – McCormick/CPC/Rabobank/Ostmann (unfreiwilliger Fehler bei der Fristberechnung durch die Kommission); Sachen IV/M.841 und 854 – Thomson Multimedia und Thomson-CSF/Lagardère.

a) Verpflichteter Personenkreis

Anmeldepflichtig sind die an einer Fusion oder der Begründung einer gemeinschaftlichen Kontrolle beteiligten Unternehmen jeweils gemeinsam und in allen anderen Fällen der Erwerber der Kontrolle (Art. 4 Abs. 2 FKVO). Der Veräußerer unterliegt nicht der Anmeldepflicht; wurde er in die Anmeldung einbezogen, hat die Kommission in der Vergangenheit die Anmeldung schon als unzulässig zurückgewiesen. Die Verpflichteten können einen gemeinsamen Vertreter ermächtigen, der im Namen aller die gesamte oder Teile der Anmeldung mit der Kommission abwickelt.

277

b) Inhalt und Form der Anmeldung

Die Einzelheiten der Anmeldung, der Fristen und der Anhörung hat die Kommission – ermächtigt durch Art. 23 FKVO – in der Verordnung (EG) Nr. 802/2004 vom 7.4.2004 (**DVO**) niedergelegt.[1] Nach Art. 3 Abs. 1 DVO ist für Anmeldungen das **Formblatt CO** in der darin beschriebenen Art und Weise zu verwenden. Das Muster dieses Formblattes ist im Anhang I zur DVO abgedruckt.[2] Anmeldungen sind in 35facher Ausfertigung einzureichen. Das Formblatt CO enthält im Anschluss an eine Einleitung mit Erläuterungen und Begriffsbestimmungen in elf Abschnitten einen exzessiven Katalog von Angaben zu den beteiligten Unternehmen sowie zu den von dem Zusammenschluss betroffenen Märkten, der nachfolgend zusammenfassend dargestellt ist:

278

- Angaben zum Zusammenschlussvorhaben und den beteiligten Unternehmen (Abschnitt 1, 2 und 3);
- Eigentums- und Kontrollverhältnisse sowie Verflechtungen der beteiligten Unternehmen (Abschnitt 4);
- Einzureichende Unterlagen (Abschnitt 5);
- Die betroffenen Märkte (Abschnitt 6 bis 8);
- Angaben zu Effizienzgewinnen (Abschnitt 9);
- Angaben zu kooperativen Wirkungen eines Gemeinschaftsunternehmens (Abschnitt 10);
- Erklärung über die Richtigkeit und Vollständigkeit der Angaben (Abschnitt 11).

Es empfiehlt sich, im Vorfeld des bereits hinreichend konkreten Zusammenschlussvorhabens mit der Kommission ein **informelles Vorverfahren** durchzuführen. Neben materiellen Aspekten bietet es sich an abzuklären, welche Fragen des Formblattes für den jeweiligen Zusammenschluss ohne Bedeutung sind und daher im Rahmen der Anmeldung nicht beantwortet werden müssen (sog. „**Waiver-Praxis**"). In ihrer bisherigen Praxis hat sich die Kommission hin-

279

---

1 ABl. EG 2004 Nr. L 133, S. 1; in Kraft seit dem 1.5.2004.
2 Das Formblatt CO ist ebenso auf der Homepage der Kommission verfügbar: www.europa.eu.int/comm/competition.

sichtlich solcher formloser Befreiungen von einzelnen im Formblatt enthaltenen Fragen durchaus aufgeschlossen gezeigt.

280 Unter bestimmten quantitativen Voraussetzungen kommt für Gemeinschaftsunternehmen mit kleinen oder nur geringen Tätigkeiten in Europa eine Anmeldung in Kurzform in Betracht (sog. „**short form notification**" für de minimis-GU).[1]

c) Wirkung der Anmeldung

281 Nur die vollständige Anmeldung wird mit dem Tag des Eingangs bei der Kommission wirksam (Art. 5 Abs. 1 DVO). Dabei ist eine Unvollständigkeit hinsichtlich nachrangiger, unwesentlicher Aspekte allerdings unbeachtlich.[2] Wichtigste Wirkung ist der Beginn der **Prüfungsfrist** von 25 Arbeitstagen, innerhalb derer die Entscheidung der Kommission zum Abschluss der ersten Phase (Vorprüfung) zu treffen ist (Art. 10 Abs. 1, Art 6 Abs. 1 FKVO).

d) Ausnahmen und Befreiung vom Vollzugsverbot (Art. 7 Abs. 2 und 3 FKVO)

282 Eine Ausnahme vom Vollzugsverbot des Art. 7 Abs. 1 FKVO gilt gemäß Abs. 2 für öffentliche Übernahme- oder Tauschangebote, sofern der Erwerber die mit den Anteilen verbundenen Stimmrechte nicht oder nur zur Erhaltung des vollen Wertes seiner Investition und aufgrund einer von der Kommission erteilten Befreiung ausübt. Die Kommission kann zudem auf Antrag vom Vollzugsverbot Befreiungen erteilen, um schweren Schaden von einem oder mehreren der beteiligten Unternehmen oder von Dritten abzuwenden. Dabei verfolgte die Kommission zunächst eine eher restriktive Praxis; inzwischen macht die Kommission jedoch zunehmend zumindest für einzelne, besonders dringliche Maßnahmen von dieser Möglichkeit Gebrauch, wenn es zur Vermeidung erheblicher Nachteile für die Beteiligten geboten scheint.[3] Die Befreiung kann jederzeit sowie mit Bedingungen und Auflagen ergehen.[4]

---

1 Vgl. Art. 3 Abs. 1 DVO, Anhang II (EWR-Umsatz und Wert der Vermögensgegenstände des GU geringer als 100 Mio. Euro).
2 Annahme einer beachtlichen Unvollständigkeit in Komm.E. v. 29.7.1994 – IV/M.442 – Elf Atochem/Rütgers (Marktangaben unvollständig); Komm.E. v. 5.9.1994 – IV/M.472 – Vesuvius/Wülfrath (Fehlen einer Gründungsvereinbarung); Komm.E. v. 13.11.1997 – IV/M.975 – Albacom/BT/ENI (fehlende Angaben zu einem mitkontrollierten Unternehmen).
3 Bis Mitte 1998 ergingen nur 23 Befreiungsentscheidungen (vgl. etwa Komm.E. v. 13.11.1997 – IV/M.1025 – Mannesmann/Olivetti/Infostrada (ernsthafte finanzielle Schwierigkeiten des Zielunternehmens als drohender Schaden); weitere Befreiungen in Komm.E. v. 11.2.1997 – IV/M.857 – British Airways/Air Liberté; Komm.E. v. 28.10.1998 – IV/M.1305 – Eurostar; Komm.E. v. 27.11.1998 – IV/M.1358 – Philips/Lucent Technologies (II)), so waren es allein in den Jahren 2001 und 2002 insgesamt 21 Entscheidungen.
4 So in Komm.E. v. 24.4.1996 – IV/M.619, ABl. EG 1997 Nr. L 11, S. 30 – Gencor/Lonrho.

2. Das Prüfverfahren

Ebenso wie im deutschen Recht gliedert sich das Fusionskontrollverfahren der FKVO in Abhängigkeit vom Ausmaß der wettbewerblichen Bedenken in ein oder zwei Phasen. Die zweite und intensivere Prüfungsstufe hielt die Kommission bisher nur in weniger als 10 % der Anmeldungen für erforderlich.[1]

283

a) Vorprüfungsverfahren (Phase 1)

Die Kommission beginnt unmittelbar nach Eingang der Anmeldung mit deren Prüfung. Zugleich übermittelt sie den zuständigen Behörden der Mitgliedstaaten binnen dreier Arbeitstage eine Kopie der Anmeldungen. Die Kommission prüft zunächst, ob der Zusammenschluss überhaupt unter die FKVO fällt. Sofern dieses nicht der Fall ist, stellt die Kommission dies durch Entscheidung fest (Art. 6 Abs. 1 lit. a FKVO).

284

Fällt der Zusammenschluss unter die FKVO, so **veröffentlicht** die Kommission die Tatsache der Anmeldung unter Angabe der Namen der Beteiligten, der Art des Zusammenschlusses sowie der betroffenen Wirtschaftszweige im Amtsblatt der Europäischen Gemeinschaften, Teil C (Art. 4 Abs. 3 Satz 1 FKVO).[2] Weiter muss sie entscheiden, ob Anlass zu ernsthaften Bedenken hinsichtlich der Vereinbarkeit des Zusammenschlusses mit dem Gemeinsamen Markt besteht. Verneint die Kommission dies, so erklärt sie den Zusammenschluss für vereinbar mit dem Gemeinsamen Markt (Art. 6 Abs. 1 lit. b FKVO). Gelangt die Kommission dagegen zu dem Schluss, dass der Zusammenschluss Anlass zu **ernsthaften Bedenken** hinsichtlich der Vereinbarkeit mit dem Gemeinsamen Markt gibt, trifft sie die Entscheidung, das **Hauptverfahren** (Phase 2) einzuleiten (Art. 6 Abs. 1 lit. c FKVO). Ernsthafte Bedenken bestehen, wenn eine erste Analyse des Vorhabens deutliche Hinweise auf eine erhebliche Behinderung wirksamen Wettbewerbs auf mindestens einem Markt offen legt und damit weitere Ermittlungen notwendig sind.

285

Sämtliche nach Art. 6 Abs. 1 FKVO im Rahmen der Vorprüfung zu treffenden Entscheidungen sind innerhalb einer **Frist von 25 Arbeitstagen** nach Eingang der Anmeldung zu fällen (Art. 10 Abs. 1 FKVO). Hat die Kommission innerhalb dieser Frist keine Entscheidung erlassen, so gilt der Zusammenschluss als mit dem Gemeinsamen Markt für vereinbar erklärt (sog. Vereinbarkeitsfiktion nach Art. 10 Abs. 6 FKVO). Die Frist beträgt im Falle eines Verweisungsantrages eines Mitgliedstaates nach Art. 9 Abs. 2 FKVO oder des Angebots einer Zusage der beteiligten Unternehmen allerdings **ausnahmsweise 35 Arbeitstage** (Art. 10 Abs. 1 Unterabs. 2 FKVO). Im zweiten Fall müssen die Zusagen allerdings spätestens 20 Tage nach der Anmeldung vorgelegt werden (Art. 19 Abs. 1 DVO).

286

---

[1] Bis Mitte 1998 wurde das Hauptverfahren in insgesamt 50 Fällen eröffnet, 10 Zusammenschlüsse wurden untersagt, 25 unter Auflagen freigegeben; vgl. auch Übersicht bei *Schultz/Wagemann*, S. 372 ff.
[2] Grundsätzlich besteht dagegen für Entscheidungen, die die Phase 1 abschließen, keine Pflicht zur Veröffentlichung, gleichwohl ergeht eine Mitteilung im Amtsblatt der EG, Ausgabe C, sowie in der Regel als Presseerklärung der Kommission im Internet.

b) Hauptverfahren (Phase 2)

287 Nach Eröffnung des Hauptverfahrens, die im Amtsblatt der EG, Ausgabe C veröffentlicht wird,[1] hat die Kommission weitere **90 Arbeitstage** Zeit (Art. 10 Abs. 2 und 3 FKVO), um das Zusammenschlussvorhaben in vollem Umfang zu prüfen und seine Vereinbarkeit oder Unvereinbarkeit mit dem Gemeinsamen Markt festzustellen.[2] Sofern die Parteien der Kommission Zusagen anbieten, erhöht sich die Frist sogar auf insgesamt 105 Arbeitstage, also insgesamt auf rund ein halbes Jahr.[3] Dieses Verfahren ist grundsätzlich durch eine Entscheidung abzuschließen (Art. 6 Abs. 1 lit. c Satz 2 FKVO); die Überschreitung der Prüfungsfrist wird – wie bereits die Überschreitung der 25-tägigen Frist in Phase 1 – als positive Vereinbarkeitsentscheidung fingiert (Art. 10 Abs. 6 FKVO). Ähnlich wie im deutschen Recht[4] kann die Verfahrensfrist nochmals um insgesamt 20 Arbeitstage verlängert werden (Art. 10 Abs. 3 Unterabs. 2 FKVO).

288 Bestätigen sich die ernsthaften wettbewerblichen Bedenken, so formuliert die Kommission ihre Einwände (sog. **„Beschwerdepunkte"**) und übermittelt diese den beteiligten Unternehmen zur **Stellungnahme** (Art. 18 Abs. 1 FKVO; als beteiligte Unternehmen gelten neben den Anmeldern auch ein möglicher Veräußerer und das Zielunternehmen[5]). Die Einwände sind insoweit von Bedeutung, als dass die Kommission ihre spätere Entscheidung nur hierauf stützen darf (Art. 18 Abs. 3 Satz 1 FKVO). Zur Wahrung der Verteidigungsinteressen wird den unmittelbar beteiligten Unternehmen auf Antrag zudem – unter Berücksichtigung geheimhaltungsbedürftiger Interessen der Unternehmen – **Akteneinsicht** gewährt (Art. 18 Abs. 3 Satz 3 FKVO). Neben schriftlichen Äußerungen der Betroffenen besteht auf Antrag darüber hinaus die Möglichkeit einer **mündlichen Anhörung** der beteiligten Unternehmen (vgl. Art. 14 bis 16 DVO). Bei Nachweis eines hinreichenden Interesses an der Sache können hierzu auch dritte Unternehmen, z.B. Wettbewerber oder Abnehmer, beigeladen werden.

289 Die Entscheidung ergeht, nachdem die Generaldirektion Wettbewerb einen vorläufigen Entscheidungsentwurf erstellt hat und der **beratende Ausschuss**, ein aus Vertretern der Behörden der Mitgliedstaaten bestehendes Gremium, seine Empfehlung abgegeben hat (vgl. Art. 19 Abs. 3 bis 7 FKVO). Dabei entscheidet die **Kommission als Kollegialorgan** durch die **Mehrheit** ihrer gesetzlichen Mitglieder.

---

1 Hierbei werden Dritte um Stellungnahme binnen zehn Tagen gebeten. Die Kommission erlangt auf diese Weise zusätzliche Marktdaten.
2 Nach deutschem Recht hat das BKartA im Regelfall nur insgesamt vier Monate Zeit, vgl. § 40 Abs. 2 Satz 2 GWB.
3 Die genaue Verfahrensdauer ist von den offiziellen Kommissionsfeiertagen abhängig und kann erst mit dem Zeitpunkt der Anmeldung endgültig bestimmt werden. Die Kommissionsfeiertage werden jeweils zu Jahresbeginn im EG-Amtsblatt bekannt gegeben.
4 Vgl. § 40 Abs. 2 Satz 3 Nr. 1 GWB.
5 Vgl. Art. 14 Abs. 2 DVO.

c) Ermittlungsbefugnisse der Kommission

Der Kommission stehen im Fusionskontrollverfahren zwei Arten von Ermittlungsbefugnissen zu: 290

- formelle und informelle Auskunftsverlangen (Art. 11 FKVO);
- Nachprüfungen bei Unternehmen (Art. 12 und 13 FKVO).

Nach Art. 11 Abs. 1 und 6 FKVO ist die Kommission berechtigt, von den Regierungen und zuständigen Behörden der Mitgliedstaaten sowie von Unternehmen alle erforderlichen Auskünfte einzuholen. Ferner ist sie berechtigt, eine **Auskunft durch Entscheidung** anzufordern (Art. 11 Abs. 1 und 3 FKVO). In der entsprechenden Mitteilung an den Adressaten müssen die Rechtsgrundlage, die Art und der Zweck der geforderten Auskünfte und Frist für die Auskunftserteilung sowie die Sanktionsmöglichkeiten nach Art. 14 und Art. 15 Abs. 1 lit. a FKVO bezeichnet werden. Die Kommission darf Informationen weiter auch informell, etwa per E-Mail oder durch ein Telefonat, einholen, sofern die Befragten dem zustimmen.[1] Die Kommission kann für die Erteilung unrichtiger oder irreführender Angaben und im Falle eines Auskunftsersuchens durch Entscheidung auch bei unvollständigen Angaben eine Geldbuße von bis zu 1 % des Gesamtumsatzes der beteiligten Unternehmen verhängen. Dies gilt allerdings nicht für falsche Auskünfte bei einer informellen Befragung nach Art. 11 Abs. 7 FKVO.[2] Für jeden Tag des Verzuges kann die Kommission zudem ein Zwangsgeld bis zu 5 % des durchschnittlichen täglichen Gesamtumsatzes festsetzen.

Nach Art 13 Abs. 1 FKVO kann die Kommission bei Unternehmen **Nachprüfungen** selbst vornehmen oder gemäß Art. 12 FKVO durch Behörden der Mitgliedsländer vornehmen lassen. Zu diesem Zweck ist die Kommission berechtigt, sämtliche Räumlichkeiten, Grundstücke und Transportmittel zu betreten, Bücher und sonstige Geschäftsunterlagen zu prüfen, Kopien anzufertigen oder anzufordern sowie Erklärungen zu den mit der Nachprüfung im Zusammenhang stehenden Sachverhalten und Unterlagen zu verlangen. Das Betreten von Privatwohnungen ist der Kommission dagegen, anders als bei Nachprüfungen im Rahmen der neuen KartellVO,[3] weiterhin nicht gestattet. Die Nachprüfungsbefugnis erstreckt sich nicht auf die mit externen Anwälten geführte Korrespondenz (sog. **Anwaltsprivileg**).[4] Ob und wieweit das Anwaltsprivileg auch für Syndikusanwälte gilt, ist derzeit ungeklärt.[5] Grundlage der Maßnahmen muss ein schriftlicher Prüfungsauftrag sein, in dem der Gegenstand und der Zweck der Nachprüfung bezeichnet ist. Die zuständige Behörde 291

---

1 Art. 11 Abs. 7 FKVO.
2 Art. 14 Abs. 1 Buchst. b und c verweist nicht auf Art. 11 Abs. 7 FKVO.
3 Art. 21 KartellVO.
4 EuGH, Urt. v. 18.5.1982 – Rs. 155/79, Slg. 1982, 1575 – AM&S; vgl. auch EuG, Beschl. v. 4.4.1990 – Rs. T-30/89, Slg. 1990, II-163 – Hilti. Insoweit ist das Gemeinschaftsrecht großzügiger als das deutsche Recht, welches allein solche Dokumente privilegiert, die sich im Besitz eines externen Anwaltes befinden; vgl. § 97 Abs. 2 Satz 1 StPO.
5 Nach EuG, Beschl. des Präs. v. 30.10.2003 – Rs. T-125/03 R und T-253/03 R -Akzo Nobel/Akros, ist dies nicht ausgeschlossen. Eine endgültige Entscheidung blieb allerdings der Entscheidung in der Hauptsache vorbehalten.

des Mitgliedstaates ist gemäß Art. 13 Abs. 3 Satz 2 FKVO rechtzeitig von der Nachprüfung zu unterrichten. Die Unternehmen sind zur Duldung der angeordneten Maßnahmen verpflichtet, notfalls gewähren die Mitgliedstaaten die zur Durchsetzung erforderliche Hilfe (Art. 13 Abs. 6 FKVO).

292 Gemäß Art. 10 Abs. 4 FKVO sind die **Prüffristen** der Kommission für die Zeit eines förmlichen Auskunfts- oder Nachprüfverfahrens **gehemmt**. Im Fusionskontrollverfahren war die Bedeutung der Ermittlungsbefugnis der Kommission bisher allerdings gering.[1]

3. Untersagungsabwendende Zusagen, Auflagen und Bedingungen

293 Obwohl die Kommission bis Ende 2003 erst 18 Zusammenschlussvorhaben untersagt hat, gab es noch eine ganze Reihe von Fällen, in denen die Beteiligten eine Untersagung nur durch die Abgabe bestimmter Zusagen abwenden konnten.[2] Für das Hauptprüfverfahren bestimmt Art. 8 Abs. 2 Unterabs. 2 FKVO, dass die Kommission ihre Genehmigungsentscheidung mit Bedingungen und Auflagen verbinden kann, um sicherzustellen, dass die beteiligten Unternehmen den Verpflichtungen nachkommen, die sie gegenüber der Kommission hinsichtlich der Änderung des ursprünglichen Zusammenschlussvorhabens eingegangen sind. Das Gleiche sieht Art. 6 Abs. 2 Unterabs. 2 FKVO für das Vorprüfverfahren vor. Zusageangebote sind der Kommission dabei nicht später als 20 Tage nach der Anmeldung (Vorprüfverfahren) bzw. 65 Tage nach Einleitung des Hauptverfahrens vorzulegen.[3] Vor allem wegen möglicher Rechtsbeeinträchtigung Dritter ist die Kommission bei Zusagen in der ersten Phase dazu übergegangen, die Beteiligten zur Rücknahme der Anmeldung[4] und zur Neuanmeldung des abgeänderten Vorhabens zu bewegen.

294 Als geeignete Zusagen kommen grundsätzlich **nur strukturelle Maßnahmen** wie Veräußerungszusagen[5] oder Entflechtungszusagen, die rechtliche, sachliche oder personelle Verbindungen zu Wettbewerbern beseitigen, in Betracht. Lediglich im Fall „Boeing/McDonnell-Douglas"[6] nahm die Kommission ausnahmsweise auch Verhaltenszusagen entgegen.[7] Handeln die Beteiligten einer in der Entscheidung vorgesehenen Auflage zuwider, so kann die Kommission

---

1 Eine Nachprüfung erfolgte bisher nur im Fall „Skanska/Scancem", Komm.E. v. 14.7.1998 – IV/M.1157, Rz. 11.
2 Vgl. hierzu ausführlich *Heidenhain*, EuZW 1994, 135 ff.; *Bergmann*, Antitrust Law Journal 62 (1993), 47 ff.; Übersicht bei *Schultz/Wagemann*, S. 372 ff.
3 Art. 19 DVO, Abl. EG 2004 Nr. 133/1. Die Kommission kann als Herrin des Verfahrens allerdings auch verspätete Zusagen entgegennehmen, solange nur ausreichend Zeit besteht, diese noch zu prüfen; vgl. EuG, Urt. v. 3.4.2003 – Rs. T-114/02, Slg. 2003, II-1279 – BaByliss.
4 Die neue FKVO enthält nunmehr in Art. 6 Abs. 1 Buchst. c Satz 2 erstmals eine ausdrückliche Regelung zur Rücknahme von Anmeldungen. Danach ist es erforderlich, dass die Parteien glaubhaft machen, dass sie den Zusammenschluss endgültig aufgegeben haben. Eine einfache Rücknahme ist danach also nicht möglich; vgl. Komm.E. v. 28.6.2000 – COMP/M.1741 – MCI WorldCom/Sprint.
5 Komm.E. v. 18.11.1997 – IV/M.913, WuW/E EU-V 295, 296 – Siemens/Elektrowatt.
6 Komm.E. v. 30.7.1997 – IV/M.877, ABl. EG 1997 Nr. L 336, S. 32.
7 Vgl. hierzu bereits Teil VIII Rz. 228.

versuchen, diese durch Zwangsgelder oder Geldbußen durchzusetzen. Außerdem kann die Genehmigung widerrufen werden (Art. 6 Abs. 3 lit. b und Art. 8 Abs. 6 lit. b FKVO).

4. Rechtsmittel

Erklärt die Kommission ein Zusammenschlussvorhaben nach Art. 8 Abs. 3 FKVO für unvereinbar mit dem Gemeinsamen Markt oder ergeht eine Freigabeentscheidung unter Auflagen und Bedingungen, so steht den beteiligten Unternehmen gemäß Art. 230 Abs. 2 und 5 EG (früher Art. 173 Abs. 2 und 5 EGV) binnen zwei Monaten der Rechtsweg zum EuG offen (sog. **Nichtigkeitsklage**[1]). Art. 16, Art. 11 Abs. 3 und Art. 13 Abs. 4 FKVO eröffnen zudem den Rechtsweg ausdrücklich gegen förmliche Auskunftsentscheidungen, Nachprüfungsanordnungen sowie Geldbuß- und Zwangsgeldfestsetzungen der Kommission. Nach Art. 230 Abs. 4 EG (früher Art. 173 Abs. 4) ist aber auch gegen jede andere Maßnahme, die ein beteiligtes Unternehmen individuell und unmittelbar trifft,[2] die Klagebefugnis gegeben.[3] Seit 2001 sehen die Verfahrensordnungen des Gerichtshofes und der Gerichts erster Instanz neben dem einstweiligen Rechtsschutz noch die Möglichkeit eines sog. beschleunigten Verfahrens vor.[4] Dieses Verfahren soll die aufgrund der erheblichen Verfahrensdauer in Luxemburg (rund 10 bis 12 Monate) bestehende Rechtsschutzlücke schließen, die gerade bei Klagen gegen Untersagungsentscheidungen besteht, weil die Parteien den Zusammenschluss in aller Regel nicht bis zu einer Entscheidung in der Hauptsache aufschieben können.[5]

295

---

1 Nachdem zunächst nur wenige Nichtigkeitsklagen gegen Entscheidungen der Kommission im Fusionskontrollverfahren erhoben wurden und die daraufhin ergangenen Entscheidungen nur selten materiell-rechtliche Apekte enthielten, hat das EuG mittlerweile in einer Reihe Aufsehen erregender Urteile mehrere Untersagungsentscheidungen aus materiell-rechtlichen Gründen aufgehoben (Urteil des Gerichts erster Instanz v. 6.6.2002 – Rs. T-342/99, Slg. 2002, II-2585- Airtours plc/Kommission; Urteil des Gerichts erster Instanz v. 22.10.2002 – Rs. T-310/01, Slg. 2002, II-4381 – Schneider Electric SA/Kommission; Urteil des Gerichts erster Instanz v. 25.10.2002 – Rs. T-05/02 – Tetra Laval/Kommission). Dabei warf das EuG der Kommission vor allem eine mangelhafte Prüfung der Zusammenschlüsse vor. Als unmittelbare Reaktion auf diese Entscheidungen hat die Kommission die Generaldirektion Wettbewerb umstrukturiert und die Merger Task Force aufgelöst. Zusammenschlüsse werden künftig innerhalb der für die jeweiligen Wirtschaftsbereiche zuständigen Direktorien der Generaldirektion Wettbewerb geprüft.
2 Dies ist bei belastenden Maßnahmen gegenüber den beteiligten Unternehmen grundsätzlich zu bejahen.
3 Z.B. Entflechtungs- und Widerrufsentscheidungen; weitere Einzelheiten bei: *Wiedemann/Wagemann*, § 17 Rz. 189 ff. und § 49.
4 Art. 76a VerfahrensO EuG und Art. 62a VerfahrensO EuGH, Abl. EG 2000 Nr. L 322, S. 1. Art. 104a VerfahrensO EuGH trifft eine Sonderregelung für Vorlageverfahren.
5 Beim EuGH beträgt die durchschnittliche Verfahrensdauer bei Direktklagen und Vorabentscheidungsverfahren 25 Monate (EuG 19,5 Monate) und bei Rechtsmittelverfahren sogar 28 Monate, Jahresbericht EuGH 2003, S. 10 und Jahresberichte EuG 2003, S. 124 und 2001, S. 1. Im beschleunigten Verfahren verkürzt sich die Verfahrensdauer regelmäßig auf ca. 7 Monate.

5. Rechte Dritter

a) Rechte im Verfahren vor der Kommission

296 Dritte im Fusionskontrollverfahren sind neben natürlichen oder juristischen Personen, die ein hinreichendes Interesse an dem Verfahrensausgang darlegen können (z.B. **Wettbewerber, Lieferanten** oder **Abnehmer**; ein wirtschaftliches Interesse wird als ausreichend gewertet) auch Mitglieder der Leitungsorgane der am Zusammenschluss beteiligten Unternehmen sowie rechtlich anerkannte Arbeitnehmervertreter (Art. 18 Abs. 4 FKVO).

297 Im Hauptverfahren (Phase 2) haben Dritte auf Antrag **Informationsrechte**, wobei in der Regel von der Kommission eine um Geschäftsgeheimnisse bereinigte Fassung der Beschwerdepunkte übermittelt wird. Zudem besteht ein Recht auf Teilnahme an der förmlichen **Anhörung** vor der Kommission. Ein Recht auf Akteneinsicht wird Dritten dagegen – anders als nach deutschem Recht – nicht gewährt. Im Vorverfahren (Phase 1) wird Dritten – ohne dass es ausdrücklich geregelt ist – ebenfalls ein Recht auf informelle Anhörung zugesprochen, nachdem die Kommission mittels Veröffentlichung der wesentlichen Daten der Anmeldung im Amtsblatt, Ausgabe C, zu Stellungnahmen innerhalb bestimmter Frist eingeladen hat.

b) Rechtsmittel

298 Klagebefugte Dritte, insbesondere also wirtschaftlich betroffene Wettbewerber, Abnehmer oder Lieferanten, können Freigabeentscheidungen mit oder ohne Bedingungen und Auflagen vor dem EuG anfechten.[1] Die Klageerhebung entfaltet allerdings keine aufschiebende Wirkung. Insoweit besteht die Möglichkeit der Verfahrensbeschleunigung durch einstweiligen Rechtsschutz nach Art. 242 und 243 EG (früher Art. 185 und 186) oder die Stellung eines Antrags auf Anordnung der Aussetzung des Vollzuges des Zusammenschlusses.[2] Für den Fall der Befreiung vom Vollzugsverbot wird dagegen regelmäßig keine Klage Dritter in Betracht kommen, da die Kommission bei ihrer Entscheidung bereits die mögliche Gefährdung des Wettbewerbs durch den Zusammenschluss und damit die Interessen betroffener Dritter besonders berücksichtigt hat (Art. 7 Abs. 3 Satz 3 FKVO).

---

1 Dies gilt sowohl für Entscheidungen nach der ersten Phase als auch für Entscheidungen nach dem Hauptverfahren; EuG, Urt. v. 19.5.1994 – Rs. T-2/93, Slg. 1994, II-323 – Air France/Kommission (betreffend die Sache „British Airways/TAT"); vgl. EuG, Urt. v. 3.4.2003 – Rs. T-114/02 – BaByliss, Slg. 2002, II-1288; Urt. v. 8.7.2003 – Rs. T-374/00 – Verband der freien Rohrwerke, Slg. 2003, II-2275 u. Urt. v. 30.9.2003 – Rs. T-158/00, WuW/E EU-R 716 – ARD. Vgl. auch EuG, Urt. v. 17.01.2001 – Rs. T-342/00 R, Slg. 2001, II-69 – Petrolessence, Klage gegen Zustimmung der Kommission zur Veräußerung von Vermögensteilen im Rahmen einer Zusage.
2 EuG, Beschl. des Präs. v. 15.6.1994 – Rs. C-30/95 (T-88/94), Slg. 1994, II-401 – SCPA/Kommission; EuG, Beschl. des Präs. v. 2.12.1994 – Rs. T-322/94R, Slg. 1994, II-1159 – Union Carbide Corporation/Kommission (Antrag von Wettbewerbern); EuGH, Beschl. des Präs. v. 15.12.1992 – Rs. T-96/92R, Slg. 1992, II-2579 – Perrier u.a./Kommission (Antrag von Arbeitnehmervertretern).

6. Entflechtung bzw. Maßnahmen nach Art. 8 Abs. 4 und Abs. 5 FKVO

Hinsichtlich eines vollzogenen Zusammenschlusses kann die Kommission, sofern die Untersagungsvoraussetzungen vorliegen[1] oder beim Vollzug gegen eine Freigabebedingung verstoßen wurde, nach Art. 8 Abs. 4 FKVO die Entflechtung anordnen. Dabei ist zu beachten, dass das Primärziel der Anordnung ausdrücklich die **Wiederherstellung der alten Marktstruktur** und nicht wie nach der alten FKVO lediglich die Wiederherstellung wirksamen Wettbewerbs ist. Der Spielraum für Verhältnismäßigkeitserwägungen ist dadurch erheblich eingeschränkt worden. Die Durchsetzung der Entflechtung erfolgt erforderlichenfalls mittels Verhängung von Geldbußen (Art. 14 Abs. 2 lit. c FKVO) und Zwangsgeldern (Art. 15 Abs. 1 lit. d FKVO). Aufgrund des grundsätzlichen Vollzugsverbotes hat die Vorschrift bisher nur geringe Bedeutung erlangt.[2]

299

Nach dem neu in die FKVO eingefügten Art. 8 Abs. 5 darf die Kommission bis zu einer Entscheidung in der Hauptsache geeignete **einstweilige Maßnahmen** ergreifen, um wirksamen Wettbewerb aufrechtzuerhalten oder wiederherzustellen. Dabei kann sie z.B. die sofortige Trennung bereits zusammengelegter Unternehmensteile anordnen oder einen Treuhänder zur Überwachung bestellen.

E. Anwendbarkeit des Art. 81 EG (früher Art. 85) auf Gemeinschaftsunternehmen

I. Allgemeines

GU, d.h. Unternehmen, die unter der gemeinsamen Kontrolle von mindestens zwei anderen Unternehmen stehen, können nicht nur der Fusionskontrolle unterliegen,[3] sondern auch in den Anwendungsbereich des Art. 81 EG fallen. Art. 21 Abs. 1 FKVO stellt dabei klar, dass für Zusammenschlüsse nach Art. 3 FKVO, d.h. u.a. auch für Vollfunktions-GU,[4] im Verhältnis zu sonstigen Bereichen des Wettbewerbsrechts der Gemeinschaft ausschließlich die FKVO Anwendung findet. Ob einem Zusammenschluss gemeinschaftsweite Bedeutung

300

---

1 Dazu auch Urteil des Gerichts erster Instanz v. 22.10.2002 – Rs. T-77/02, WuW/E EU-R 643 – Schneider Electric/Kommission: Die Rechtmäßigkeit der Trennungsentscheidung setzt die Rechtmäßigkeit der Unvereinbarkeitsentscheidung, deren Durchführung sie diente, voraus.
2 Komm.E. v. 26.6.1997 – IV/M.890, ABl. EG Nr. L 316, S. 1 – Blokker/Toys 'R' Us; Komm.E. v. 20.11.1996 und v. 19.2.1997 – IV/M.784, ABl. EG Nr. L 110, S. 53 bzw. ABl. EG 1997 Nr. L 174, S. 47 – Kesko/Tuko; zuletzt die Trennungsentscheidungen der Kommission in den beiden vom EuG aufgehobenen Entscheidungen „Schneider/Legrand" (Komm.E. v. 30.1.2002 – COMP/M.2283, ABl. EG 2004 Nr. L 101, S. 134) und „Tetra Laval/Sidel" (Komm.E. v. 30.1.2002 – COMP/M.2416, ABl. EG 2004 Nr. L 38, S. 1). Beide Zusammenschlüsse waren im Wege öffentlicher Übernahmeangebote erfolgt und konnten daher gemäß Art 7 Abs. 3 der alten FKVO (jetzt Art. 7 Abs. 2 FKVO) unter Befreiung vom Vollzugsverbot vorläufig vollzogen worden.
3 Dazu Teil VIII Rz. 237 ff.
4 Vgl. Teil VIII Rz. 239 f.

i.S.d. Art. 1 FKVO¹ zukommt, ist dabei unerheblich.² Eine Ausnahme gilt nach Art. 21 Abs. 1 Halbs. 2 FKVO allerdings für (kooperative) GU,³ die keine gemeinschaftsweite Bedeutung haben und die Koordinierung des Wettbewerbsverhaltens unabhängig bleibender Unternehmen bezwecken oder bewirken. Diese Sachverhalte unterliegen weiterhin dem Maßstab des Art. 81 EG und der verfahrensrechtlichen Kontrolle nach den zu dieser Norm ergangenen Verordnungen.

301 Hinsichtlich der rechtlichen Behandlung von kooperativen GU, d.h. Unternehmen, die keinen Vollfunktionscharakter haben und/oder eine Koordinierung des Wettbewerbsverhaltens unabhängig bleibender Mütterunternehmen bezwecken oder bewirken, bietet sich demnach folgende Differenzierung an:⁴

- Kooperative Vollfunktions-GU mit gemeinschaftsweiter Bedeutung; sie unterliegen der Zusammenschlusskontrolle nach der FKVO und der Kontrolle anhand des Art. 81 EG im Rahmen des Verfahrens der FKVO;

- kooperative Vollfunktions-GU ohne gemeinschaftsweite Bedeutung; Art. 81 EG findet im Rahmen des Verfahrens der VO 1/2003 Anwendung;⁵

- (kooperative) Teilfunktions-GU mit gemeinschaftsweiter Bedeutung; Art. 81 EG findet im Rahmen des Verfahrens der VO 1/2003 Anwendung;⁶

- (kooperative) Teilfunktions-GU ohne gemeinschaftsweite Bedeutung; Art. 81 EG findet im Rahmen des Verfahrens der VO 1/2003 Anwendung.⁷

II. Abgrenzung von kooperativen und konzentrativen Gemeinschaftsunternehmen

302 Anwendungsvoraussetzung für eine materiell-rechtliche Prüfung anhand des Art. 81 EG ist in jedem Fall der kooperative Charakter eines GU. Insoweit ist weiterhin die Bekanntmachung der Kommission über die Unterscheidung zwischen konzentrativen und kooperativen GU relevant.⁸ In ihrer Praxis ermittelt die Kommission, ob ein Koordinierungsrisiko zwischen den Gründern in Bezug auf Preise, Märkte, Produktion oder Innovation besteht. Zu betonen ist, dass es insoweit nur auf die Wahrscheinlichkeit einer Verhaltenskoordinierung zwischen den Gründerunternehmen ankommt. Die Koordinierung zwischen den Gründern und dem GU ist nur in dem Maße von Bedeutung, wie sie

---

1 Vgl. dazu Teil VIII Rz. 220 ff.
2 Unterhalb der „Gemeinschaftsschwelle" findet allerdings nationales Recht der Mitgliedstaaten Anwendung, Art. 21 Abs. 3 FKVO.
3 Kooperative GU sind Unternehmen, die keinen Vollfunktionscharakter haben oder/ und eine Koordinierung des Wettbewerbsverhaltens der Gründer beinhalten.
4 Vgl. bereits oben Teil VIII Rz. 238.
5 Zusätzlich ist die nationale Fusionskontrolle anwendbar.
6 Zusätzlich ist die nationale Fusionskontrolle anwendbar.
7 Zusätzlich ist die nationale Fusionskontrolle anwendbar.
8 Bekanntmachung der Kommission über die Unterscheidung zwischen konzentrativen und kooperativen Gemeinschaftsunternehmen, ABl. EG 1994 Nr. C 385, S. 1.

ein Instrument für die Herbeiführung oder Stärkung der Koordinierung zwischen den Gründern darstellt.¹

In folgenden Fällen verneint die Kommission in der Regel das Risiko einer Koordinierung des Wettbewerbsverhaltens und nimmt einen rein konzentrativen Sachverhalt an: 303

- wenn die Gründer im Markt des GU nicht tätig sind oder ihre sämtlichen Tätigkeiten dem GU übertragen haben, oder
- wenn nur eine Muttergesellschaft im selben Markt wie das GU tätig bleibt.² Das Gleiche gilt, wenn die Mütter im Markt des GU nur noch geringfügige Aktivitäten behalten.³

Dagegen ist ein GU als kooperativ einzustufen – vgl. auch Art. 2 Abs. 5 Spiegelstrich 1 FKVO –, wenn: 304

- zwei oder mehr Gründer ihre Tätigkeiten in nennenswertem Umfang in demselben sachlichen und räumlichen Markt wie das GU fortführen;⁴
- auf vor- oder nachgelagerten bzw. benachbarten Märkten relativ zum Markt des GU eine nennenswerte Präsenz von mindestens zwei Gründern bestehen bleibt.⁵

III. Die Anwendung von Art. 81 Abs. 1 EG

1. Allgemeines

GU, die als kooperativ eingestuft werden, fallen nur dann unter das Kartellverbot des Art. 81 Abs. 1 EG, wenn sie sämtliche Voraussetzungen dieser Norm erfüllen, d.h. allgemein, wenn sie eine spürbare Wettbewerbsbeschränkung oder Beeinträchtigung des zwischenstaatlichen Handels auf dem Markt der Mütter bezwecken oder bewirken. Diese Prüfung ist weitestgehend identisch mit der Frage des Vorliegens einer Koordinierung des Wettbewerbsverhaltens 305

---

1 S. Bekanntmachung der Kommission über die Unterscheidung zwischen konzentrativen und kooperativen Gemeinschaftsunternehmen, ABl. EG 1994 Nr. C 385, S. 1, Rz. 17–20.
2 Komm.E. v. 23.10.1996 – IV/M.827 – DBKom.
3 Komm.E. v. 28.7.1992 – IV/M.160, WuW/E EV 2001 – Elf Atochem/Rohm + Haas; Komm.E. v. 21.12.1994 – IV/M.534, WuW 1995, 485 – Hoechst/Bayer-GU Textilfarbstoff.
4 Komm.E. v. 24.7.1991 – IV/M.088, Rz. 6 – Elf/Enterprise; Komm.E. v. 28.7.1992 – IV/M.117, Rz. 10 ff. – Koipe-Tabacalera/Elosua; Komm.E. v. 3.7.1996 – IV/M.735, Rz. 35 – BPB-Isover.
5 Abgrenzung im Einzelnen str., vgl. Komm.E. v. 18.1.1993 – IV/M.293, Rz. 19 – Philips/Thomson/SAGEM; Komm.E. v. 2.4.1997 – IV/M.866 – Cereol/Ösalt-Ölmühle;Komm.E. v. 3.7.2001 – IV/M.2079, WuW/E EU-V 602 – Ratheo/Thales/JV; zum Problem bei räumlich benachbarten Märkten vgl. Komm.E. v. 27.4.1992 – IV/M.207, WuW/E EV 1844, Rz. 16b – Eureko; Komm.E. v. 30.8.1993 – IV/M.319, Rz. 6 – BHF/CCF/Charterhouse; Komm.E. v. 1.7.1996 – IV/M.745, Rz. 9 – Bayernwerk/Gaz de France.

der Gründerunternehmen im Verhältnis zueinander und damit mit der Frage des kooperativen Charakters eines GU. Lediglich das Kriterium der Spürbarkeit der Wettbewerbsbeschränkungen tritt als selbstständiger Aspekt hinzu. Die Kommission hat 1993 in einer Bekanntmachung dargelegt, wie sie kooperative GU nach Art. 81 EG im Einzelnen beurteilt.[1]

306 Danach fallen die folgenden Fälle von Gemeinschaftsunternehmen regelmäßig nicht unter das Kartellverbot des EG-Vertrages:

- GU zwischen Unternehmen, die einem Konzern angehören;

- GU von geringer wirtschaftlicher Bedeutung im Sinne der Bagatellbekanntmachung von 2001, d.h., wenn die beteiligten Unternehmen einen Marktanteil von nicht mehr als 10 % bzw., sollten sie keine Wettbewerber sein, von nicht mehr als 15 % haben;[2]

- GU mit wettbewerbsneutralen Aufgaben i.S.d. Kooperationsbekanntmachung der Kommission von 1968, z.B. GU, die ausschließlich der Beschaffung von Informationen nicht vertraulicher Art dienen oder ausschließlich marktferne Tätigkeiten betreffen.[3]

- GU zwischen Wettbewerbern, wenn die Zusammenarbeit in dem GU für die Gründer bei objektiver wirtschaftlicher Betrachtungsweise die einzige Möglichkeit darstellt, um in einen neuen Markt einzudringen oder sich in ihrem bisherigen Markt zu behaupten und ihre dortige Präsenz den Wettbewerb verstärkt oder dessen Abschwächung verhindert.[4] In diese Kategorie gehört auch die Gründung von **Arbeitsgemeinschaften** zur Ausführung von Aufträgen, zu der die Unternehmen alleine nicht in Lage sind.[5]

In anderen Fällen kommt es im Einzelfall darauf an, ob die Errichtung oder die Tätigkeit des GU geeignet ist, den Wettbewerb zwischen den Gründern zu verhindern, einzuschränken oder zu verfälschen.

---

1 Bekanntmachung der Kommission über die Beurteilung kooperativer Gemeinschaftsunternehmen nach Art. 85 EGV (Art. 81 EG n.F), ABl. 1993 Nr. C 43, S. 2.
2 Bekanntmachung der Kommission über Vereinbarungen von geringer Bedeutung, ABl. EG 2001 Nr. C 368, S. 13, Rz. 7. Im Fall Komm.E. v. 26.11.1998 – IV/JV.14, WuW/E EU-V 217 – PanAgora/DG Bank bestimmte die Kommission, dass niedrige Marktanteile der Mütter auf Wettbewerbsmärkten darauf schließen lassen, dass die Errichtung eines GU für die Mütter keinen Anreiz zur Verhaltenskoordinierung bildet.
3 Bekanntmachung der Kommission über Vereinbarungen, Beschlüsse und aufeinander abgestimmte Verhaltensweisen, die eine zwischenbetriebliche Vereinbarung betreffen, ABl. EG 1968 Nr. C 75, S. 3; berichtigt in ABl. EG 1968 Nr. C 93, S. 14.
4 Komm.E. v. 26.6.1990 – IV/32.846, ABl. EG 1990 Nr. L 179, S. 41 – Metaleurop SA; Komm.E. v. 13.7.1990 – IV/32.009, ABl. 1990 Nr. L 209, S. 15 – Elopak/Metal Box-Odin; Komm.E. v. 27.7.1990 – IV/32.688, ABl. Nr. L 228, S. 31 – Konsortium ECR 900.
5 Bekanntmachung der Kommission über Vereinbarungen, Beschlüsse und aufeinander abgestimmte Verhaltensweisen, die eine zwischenbetriebliche Vereinbarung betreffen, ABl. EG 1968 Nr. C 75, S. 3; berichtigt in ABl. EG 1968 Nr. C 93, S. 14.

2. Vollfunktions-GU

Der mit der fusionskontrollrechtlich relevanten Gründung eines Vollfunktions-GU verbundene Rückzug des oder der anderen Gründer vom Markt des GU und der Verzicht darauf, vom potenziellen Wettbewerber zum aktuellen zu werden, sind Strukturänderungen, die nicht im Rahmen des Art. 81 EG, sondern nur in der materiell-rechtlichen Fusionskontrolle geprüft werden. Gleiches gilt für den Wettbewerb zwischen den Gründern und ihrem GU und die Auswirkung des GU auf die Stellung Dritter. Die Kommission hat in ihrer Mitteilung über den Begriff des Vollfunktions-GU[1] eine neue Bekanntmachung über die Anwendung des Art. 81 EG im Rahmen des Art. 2 Abs. 4 FKVO angekündigt und einstweilen auf die fortgeltende Relevanz der alten Bekanntmachung über die Abgrenzung von konzentrativen und kooperativen GU[2] verwiesen. 307

Inwieweit danach eine nach Art. 81 EG unzulässige Verhaltenskoordinierung der beteiligten Mütter außerhalb des GU (sog. spill-over oder Gruppeneffekte) gegeben ist, hängt in erster Linie von der Art der betroffenen Güter ab. Bei homogenen Gütern wird es eher zu entsprechenden Effekten kommen als bei heterogenen Gütern. So wird Art. 81 Abs. 1 EG am ehesten bei Vollfunktions-GU gegeben sein, die auf benachbarten oder demselben Markt wie die Gründer oder auf einem vor- oder nachgelagerten Markt auftreten. Nach *Schroeder*[3] sind möglicherweise die Kriterien für das Fehlen von Binnenwettbewerb bei Oligopolen für die Bewertung des Verhaltens der Gründer heranzuziehen.[4] 308

In der bisherigen Praxis zu Art. 2 Abs. 4 FKVO, d.h. der Bewertung kooperativer Effekte bei Vollfunktions-GU, hat die Kommission ein durch die GU-Gründung bewirktes Koordinierungsrisiko, teilweise nach Zusagen der Unternehmen, regelmäßig verneint.[5] 309

---

1 Mitteilung der Kommission über den Begriff des Vollfunktions-Gemeinschaftsunternehmens, ABl. EG 1998 Nr. C 66, S. 1.
2 S. Bekanntmachung der Kommission über die Unterscheidung zwischen konzentrativen und kooperativen Gemeinschaftsunternehmen, ABl. EG 1994 Nr. C 385, S. 1, Rz. 17–20.
3 In *Wiedemann*, § 8 Rz. 40.
4 Vgl. Teil VIII Rz. 268; *Wiedemann/Wagemann*, § 16 Rz. 76; Komm.E. v. 30.9.1999 – IV/JV.22, Rz. 63 f. – Fujitsu/Siemens.
5 Bis Ende 2001 kam es in 53 Fällen zu einer Prüfung, in der Art. 81 EG im Rahmen der FKVO (Art. 2 Abs. 4) berücksichtigt wurde. Davon begründeten sieben Fälle Bedenken hinsichtlich der Marktbeherrschung und zwei Fälle Bedenken in Bezug auf Art. 81 EG (Grünbuch der Kommission v. 11.12.2001, Rz. 117). Es ergingen in allen Fällen Freigabeentscheidungen: nur in einem Fall nach dem Hauptprüfverfahren und der Unternehmen: Komm.E. v. 30.3.1999 – IV/JV.15 – BT/AT&T; in drei Fällen nach dem Vorverfahren und Zusagen der Unternehmen: Komm.E. v. 30.9.1999 – IV/JV.22, Rz. 63 f. – Fujitsu/Siemens; Komm.E. v. 17.8.1999 – IV/JV.21 – Skandia/Storebrand/Pohjola; Komm.E. v. 11.8.1999 – IV/JV.19 – KLM/Alitalia; in allen anderen Fällen ohne Zusagen nach dem Vorprüfverfahren; vgl. *Wiedemann* in FS Ulmer, 2003, S. 1031; *Pohlmann*, WuW 2003, 473.

3. Teilfunktions-GU

310 Bei Teilfunktions-GU, die per definitionem nicht unter die europäische Fusionskontrolle fallen,[1] gilt der Grundsatz, dass der Wettbewerb zwischen den Gründern durch die Zusammenarbeit im GU nur insoweit verhindert, eingeschränkt oder verfälscht werden kann, als diese aktuelle oder potenzielle Wettbewerber auf dem Markt des GU sind. Die Annahme eines potenziellen Wettbewerbsverhältnisses setzt dabei voraus, dass jeder der Gründer allein in der Lage wäre, die dem GU übertragenen Aufgaben zu erfüllen. Dabei stellt die Kommission insbesondere auf die einzelnen Stufen unternehmerischer Tätigkeit ab.

311 Anders als bei Vollfunktions-GU kann bei Teilfunktions-GU im Rahmen der umfassenden Gesamtschau auch das Verhältnis zwischen den Gründern und ihrem GU sowie die Auswirkung des GU auf die Stellung Dritter, insbesondere auf Lieferanten oder Kunden der beteiligten Unternehmen, Berücksichtigung finden.[2] Weiterhin spielt auch die Marktmacht der Beteiligten bei der Beurteilung des GU nach Art. 81 Abs. 1 EG eine große Rolle. Soweit allerdings ein Teilfunktions-GU bereits nach nationalen Vorschriften geprüft und genehmigt wurde, sollte die Kommission – in Annäherung an die Prüfung von Vollfunktions-GU – die bereits geprüften (strukturellen) Gesichtspunkte vernachlässigen und sich bei der Bewertung auf die durch die GU-Gründung bedingte Verhaltenskoordination der Mütter beschränken.

312 Teilfunktions-GU zwischen Wettbewerbern gehen nach Ansicht der Kommission in den meisten Fällen mit einem Verstoß gegen Art. 81 Abs. 1 EG einher. Begründet wird dies entweder mit der Gründung des GU selbst oder mit den im Zusammenhang mit der Gründung zusätzlich abgeschlossenen Vereinbarungen (z.B. Marktaufteilung, Wettbewerbsverbote).[3] Die folgenden Typen von GU fallen nach Auffassung der Kommission daher regelmäßig unter Art. 81 Abs. 1 EG:

– Verkaufs-GU konkurrierender Hersteller;[4]

– Produktions-GU konkurrierender Hersteller, wenn die Wettbewerber die Produktion auch jeweils selbst durchführen könnten; bei der Herstellung von Vor- oder Zwischenprodukten, die von den Müttern zu Endprodukten weiterverarbeitet werden, insbesondere wenn in dem GU die gesamte Produktionstätigkeit der Gründer vereinigt wird und die entsprechenden Pro-

---

1 Die aufgrund der unterschiedlichen Zusammenschlusstatbestände aber der nationalen Fusionskontrolle unterfallen können.
2 *Wiedemann/Schroeder*, § 8 Rz. 42; Bekanntmachung der Kommission über die Beurteilung kooperativer Gemeinschaftsunternehmen nach Art. 85 EGV (Art. 81 EG n.F.), ABl. 1993 Nr. C 43, S. 2, Rz. 21 ff.
3 Vgl. etwa Komm.E. v. 18.5.1994, ABl. EG 1994 Nr. L 144, S. 20 – Exxon/Shell; Komm.E. v. 5.7.1993 – IV/M.285, ABl. EG 1994 Nr. L 309, S. 1 – Pasteur Mérieux/ Merck; Komm.E. v. 12.12.1994, ABl. EG 1994 Nr. L 341, S. 66 – Fujitsu/AMD Semiconductor.
4 Bekanntmachung der Kommission über Vereinbarungen, Beschlüsse und aufeinander abgestimmte Verhaltensweisen, die eine zwischenbetriebliche Zusammenarbeit betreffen, ABl. EG 1968 Nr. C 93, S. 14, Abschn. II, Ziff. 6.

duktstufen einen bedeutenden Anteil der Fertigproduktkosten ausmachen;[1]
– Einkaufs-GU, wenn ein Bezugszwang besteht.[2]

IV. Freistellung nach Art. 81 Abs. 3 EG

Selbst wenn die Gründung oder die in ihrem Zusammenhang getroffenen Absprachen wettbewerbsbeschränkenden Charakter haben und dem Verbot des Art. 81 Abs. 1 EG unterliegen, heißt das noch nicht, dass die Vereinbarungen unzulässig sind. Unter das Kartellverbot fallende GU sind automatisch freigestellt, wenn sie die in einer **Gruppenfreistellungsverordnung** vorgesehenen Bedingungen erfüllen. Alle übrigen Fälle müssen gesondert anhand des Art. 81 Abs. 3 EG darauf überprüft werden, ob eine Freistellung vom Kartellverbot in Betracht kommt. Die früher bestehende Möglichkeit, ein nicht von einer Gruppenfreistellungsverordnung erfasstes GU und die zusätzlichen Abreden durch eine Einzelfreistellungsentscheidung der Kommission nach Art. 81 Abs. 3 EG zu legalisieren, besteht seit dem In-Kraft-Treten der VO 1/2003 nicht mehr. Sofern die Kommission Art. 81 EG nicht im Rahmen der FKVO anwendet (Art. 2 Abs. 4 FKVO) müssen die an einem Gemeinschaftsunternehmen beteiligten Unternehmen selbst prüfen, ob die Voraussetzungen des Art. 81 Abs. 3 EG erfüllt sind und das Kartellverbot nicht eingreift. 313

1. Gruppenfreistellung

Art. 81 Abs. 3 EG ermöglicht eine sog. „Gruppenfreistellung" für typische wettbewerbsbeschränkende Abreden, die vom Verbot des Art. 81 Abs. 1 generell ausgenommen werden. Der Zweck derartiger Gruppenfreistellungsverordnungen besteht darin, regelmäßig wünschenswerte ungefährliche Absprachen zu erleichtern und diesen ohne zur Wirksamkeit zu verhelfen, um so Rechtssicherheit für die beteiligten Unternehmen zu schaffen. 314

Im Rahmen von GU ist insbesondere die Gruppenfreistellungsverordnung für **Spezialisierungsvereinbarungen**[3] relevant. Hierin wird bestimmt, dass Unternehmen sich in bestimmten Grenzen gegenseitig verpflichten können, Erzeugnisse gemeinsam durch ein Gemeinschaftsunternehmen **herstellen** zu lassen und diese auch gemeinsam zu **vertreiben** (Art. 1 lit. c, Art. 2 Abs. 1 lit. e und Art. 3 lit. b der VO). Die Freistellung gilt aber nur, wenn der gemeinsame Marktanteil der beteiligten Unternehmen 20 % nicht überschreitet. 315

---

1 Komm.E. v. 23.12.1992, ABl. EG 1993 Nr. L 20, S. 14, Rz. 19 f. – Ford/Volkswagen; Komm.E. v. 12.12.1994, ABl. EG 1994 Nr. L 341, S. 66, Rz. 29 – Fujitsu/AMD Semiconductor; Komm.E. v. 21.12.1994, ABl. EG 1994 Nr. L 378, S. 37, Rz. 18 – Philips/Osram.
2 Komm.E. v. 5.12.1979, ABl. EG 1980 Nr. L 51, S. 19, Rz. 21 ff. – Lab; bestätigt durch EuGH, Urt. v. 25.3.1981, Slg. 1981, 851, Rz. 12 f. – Coöperatieve Stremselen Kleurselfabriek/Kommission.
3 VO (EG) Nr. 2658/2000 v. 29.11.2000, ABl. EG 2000 Nr. L 304, S. 3.

316 Nach der Gruppenfreistellungsverordnung für Vereinbarungen über **Forschung und Entwicklung**[1] kann weiter neben der Forschung und Entwicklung von Erzeugnissen oder Verfahren auch die gemeinsame Verwertung der dabei erzielten Ergebnisse einem Gemeinschaftsunternehmen übertragen werden. Sind die beteiligten Unternehmen keine Wettbewerber, so ist der gemeinsame Vertrieb über die Dauer der Forschungs- und Entwicklungsarbeiten hinaus für weitere sieben Jahre ab dem Tag, an dem die betreffenden Produkte zum ersten Mal auf dem Gemeinsamen Markt in Verkehr gebracht wurden, freigestellt. Danach gilt die Freistellung für den gemeinsamen Vertrieb solange weiter, wie der gemeinsame Marktanteil der beteiligten Unternehmen unter 25 % liegt (Art. 4 Abs. 1 und 3 der VO). Bis zu einer Marktanteilsgrenze von 25 % ist auch der gemeinsame Vertrieb der Vertragserzeugnisse durch ein Gemeinschaftsunternehmen konkurrierender Unternehmen für sieben Jahre über das Ende der Forschungs- und Entwicklungsarbeiten gruppenweise freigestellt;[2] auf die Umsätze der beteiligten Unternehmen kommt es dabei nicht an.

317 Die F&E-Gruppenfreistellungsverordnung ist allerdings nicht auf solche Verträge anwendbar, die zur Beschränkung bei der Verwertung von solchen Erzeugnissen und Verfahren führen, die von den Vertragspartnern nicht gemeinsam, sondern unabhängig voneinander entwickelt worden sind.[3] In einem solchen Fall kommt jedoch eine Einzelfreistellung in Betracht,[4] deren Voraussetzungen die Parteien allerdings nunmehr selbst prüfen müssen.

318 Schließen die Gründer mit dem GU **Lizenzvereinbarungen** ab, so können auch die solche Vereinbarungen betreffenden Gruppenfreistellungsverordnungen zur Anwendung kommen.[5] Auch diese Gruppenfreistellung greift nur bis zu einer bestimmten Marktanteilsgrenze: 20 %, falls die Gründunternehmen des GU Wettbewerber sind, und 30 % bei nicht miteinander konkurrierenden Gründerunternehmen.

2. Einzelfreistellung

a) Materielle Voraussetzungen

319 Unter Art. 81 Abs. 1 EG fallende Gemeinschaftsunternehmen sind vom Kartellverbot freigestellt, wenn kumulativ[6] folgende Voraussetzungen gegeben sind:

– Das GU muss zur Verbesserung der Warenerzeugung oder -verteilung oder zur Förderung des technischen oder wirtschaftlichen Fortschritts beitragen;

– die Verbraucher müssen an den Vorteilen angemessen beteiligt werden;

---

1 VO (EG) Nr. 2659/2000 v. 29.11.2000, ABl. EG 2000 Nr. L 304, S. 7.
2 Art. 4 Abs. 2 der VO.
3 Komm.E. v. 2.12.1985 – IV/30.971, ABl. EG 1985 Nr. L 369, S. 6 – BP/Kellog.
4 Komm.E. v. 2.12.1985 – IV/30.971, ABl. EG 1985 Nr. L 369, S. 6 – BP/Kellog.
5 VO (EG) Nr. 772/2004 über Technologietransfervereinbarungen, ABl. EG 2004 Nr. L 123, S. 11.
6 Vgl. nur EuGH, Urt. v. 17.9.1985, Slg. 1985, 2725 (2749) – Ford/Kommission; EuG, Urt. v. 9.7.1992, Slg. 1992, II-1995 (1998 ff.) – Publisher's Association.

- den Gründern und dem GU dürfen keine Beschränkungen auferlegt werden, die für die Verwirklichung dieser Ziele nicht unerlässlich sind;
- die beteiligten Unternehmen dürfen nicht die Möglichkeit erhalten, für einen wesentlichen Teil der betreffenden Waren den Wettbewerb auszuschalten.

Um die ersten beiden Bedingungen zu erfüllen, muss das GU auch für Dritte, insbesondere die Verbraucher, spürbare objektive **Vorteile** mit sich bringen, welche die mit ihm verbundenen Nachteile für den Wettbewerb zumindest ausgleichen. Als Vorteile, die mit dem GU angestrebt oder erreicht werden können, betrachtet die Kommission insbesondere die Entwicklung neuer oder verbesserter Verfahren und Produkte und deren Einführung auf dem Markt durch die Erfinder selbst oder durch Dritte aufgrund einer Lizenz. Grundsätzlich positiv steht sie außerdem Maßnahmen zur Erschließung neuer Märkte gegenüber. 320

Hinsichtlich der negativen Voraussetzung der **Unerlässlichkeit** müssen die Parteien prüfen, ob die Zusammenarbeit als solche unerlässlich ist und nicht auch in weniger beschränkender Form möglich wäre. Dabei sind einzelne Merkmale wie die Dauer der Zusammenarbeit, die Ausgestaltung der Kontrolle über das GU oder die Erstreckung der Zusammenarbeit auf einzelne Teilfunktionen zu berücksichtigen.[1] Die zweite negative Voraussetzung, dass für einen wesentlichen Teil der betreffenden Waren oder Dienstleistungen der **Wettbewerb nicht ausgeschaltet** werden darf, beurteilt sich in erster Linie nach dem Marktanteil der beteiligten Unternehmen, dem Marktanteil der Wettbewerber sowie der Strukturierung der Marktgegenseite.[2] 321

Absprachen, deren wesentlicher Zweck darin besteht, das gegenwärtige oder zukünftige **Wettbewerbsverhalten** der beteiligten Unternehmen aufeinander abzustimmen, sind grundsätzlich nicht freistellungsfähig. Dies gilt insbesondere für die gemeinsame Festsetzung der Preise, für die Beschränkung der Produktion und des Absatzes durch Festlegung von Quoten, für die Aufteilung der Märkte sowie für vertragliche Investitionsverbote oder -beschränkungen. 322

Die Vor- und Nachteile des GU müssen schließlich im Rahmen einer **Gesamtbilanz** gegeneinander abgewogen werden. Ist Art. 81 Abs. 1 EG tangiert, weil beide Mütter auf einem vor- oder nachgelagerten bzw. benachbarten Markt tätig sind und die Gründung des GU spürbare, nicht nur vorübergehende „spillover" Effekte auf einen solchen Markt hat, muss zwischen den Vorteilen auf dem Markt des GU und den Nachteilen für die Verbraucher auf dem „spillover" Markt abgewogen werden. Da grundsätzlich in Fusionskontrollfällen, in 323

---

1 Komm.E. v. 23.12.1992, ABl. EG 1993 Nr. L 20, S. 14, Rz. 28 ff. – Ford/Volkswagen; Komm.E. v. 18.5.1994, ABl. EG 1994 Nr. L 144, S. 20, Rz. 72 ff. Exxon/Shell; Komm.E. v. 16.12.1994, ABl. EG 1994 Nr. L 354, S. 87, Rz. 30 f. – Asashi/Saint-Gobain; Komm.E. v. 12.12.1990, ABl. EG 1991 Nr. L 19, S. 25, Rz. 30 ff. – KSB/Goulds/Lowara/ITT.
2 Komm.E. v. 28.9.1981, ABl. EG 1981 Nr. L 326, S. 32 (40) – Flachglas in Italien; Komm.E. v. 26.7.1972, ABl. EG 1972 Nr. L 182, S. 24 (27); Komm.E. v. 12.7.1984, ABl. EG 1984 Nr. L 207, S. 26 (35) – Carlsberg; vgl. auch Bekanntmachung der Kommission über die Beurteilung kooperativer Gemeinschaftsunternehmen nach Art. 85 EGV (Art. 81 EG n.F.), ABl. 1993 Nr. C 43, S. 2 (11).

denen Art. 81 EG über Art. 2 Abs. 4 FKVO heranzuziehen ist, die gesamte Transaktion für unvereinbar mit dem gemeinsamen Markt erklärt werden muss, sofern Art. 81 Abs. 1 EG gegeben und Art. 81 Abs. 3 EG nicht erfüllt ist, wird die Frage der Unerlässlichkeit der „spill-over" Effekte in solchen Fällen eine besondere Bedeutung zukommen.

b) Die frühere Freistellungspraxis der Kommission

324 Auch wenn die Möglichkeit einer Einzelfreistellung durch die Kommission durch die VO 1/2003 beseitigt worden ist, wird die bisherige Entscheidungspraxis der Kommission bei der Prüfung von Art. 81 Abs. 3 EG von Bedeutung sein. In ihrer Praxis zur Freistellung kooperativer GU nach Art. 81 Abs. 3 EG hat die Kommission bei der Anwendung der soeben genannten Kriterien nach den Arten von GU unterschieden. Reine **Forschungs- und Entwicklungs-GU** beurteilte die Kommission, auch wenn sie den Anforderungen der Gruppenfreistellungs-VO nicht genügen, grundsätzlich positiv. Reinen **Verkaufs-GU**, die regelmäßig zu einer Vereinheitlichung des Angebots und einer Ausschaltung des Preiswettbewerbs führen, stand die Kommission dagegen ablehnend gegenüber. Eine Einzelfreistellung kam nur in seltenen Ausnahmefällen in Betracht. Dasselbe galt für **Einkaufs-GU**, insbesondere wenn sie zur Zusammenfassung von Nachfragemacht führen. **Produktions-GU** wurden von der Kommission unterschiedlich beurteilt, wobei es maßgeblich auf die mit dem GU verfolgte Zielsetzung ankommt. In ihrer Bekanntmachung hat die Kommission als Anhaltspunkt für eine Freistellung von Produktions-GU ausdrücklich eine Marktanteilsgrenze von 20 % genannt.[1]

325 Übernimmt ein GU für ein bestimmtes Produkt alle Funktionen eines Unternehmens (Entwicklung, Herstellung, Vertrieb, etc. – sog. **Vollfunktions-GU**[2]), so müssen die Beteiligten, um in den Genuss einer Freistellung zu kommen, hinsichtlich der Art. 81 Abs. 1 EG unterliegenden Aspekte insbesondere nachweisen, dass die Zusammenarbeit zu einer besseren Markterschließung und -durchdringung führt und dass die Gesamtstruktur des Marktes weiterhin einen wirksamen Wettbewerb gewährleistet. Die Kommission war im Allgemeinen bereit, kooperative Vollfunktions-GU bis zu einem Marktanteil von 10 % freizustellen.[3]

---

1 Bekanntmachung der Kommission über die Beurteilung kooperativer Gemeinschaftsunternehmen nach Art. 85 EGV (Art. 81 EG n.F.), ABl. 1993 Nr. C 43, S. 2, Rz. 63; Komm.E. v. 18.5.1994, ABl. EG 1994 Nr. L 144, S. 20 – Exxon/Shell (Freistellung eines Produktions-GU mit einem Marktanteil von ca. 22 %); Komm.E v. 12.12.1990 – IV/32.363, ABl. EG 1991 Nr. L 19, S. 25 – KSB/Goulds/Lowara/ITT.
2 Vgl. Teil VIII Rz. 239 ff.
3 Vgl. Bekanntmachung der Kommission über die Beurteilung kooperativer Gemeinschaftsunternehmen nach Art. 85 EGV (Art. 81 EG n.F.), ABl. 1993 Nr. C 43, S. 2, Rz. 64, sowie Komm.E. v. 13.7.1983 – IV/30.437, ABl. EG 1983 Nr. L 224, S. 19 – Rockwell/Iveco; Komm.E. v. 5.5.1988 – IV/32.075, ABl. EG 1988 Nr. L 150, S. 35 – Bayer/BP Chemicals; Komm.E. v. 20.7.1988 – IV/31.902, ABl. EG 1988 Nr. L 230, S. 39 – Iveco/Ford; Komm.E. v. 1.12.1991 in der Sache IV/33.697, ABl. EG 1992 Nr. C 3, S. 2 – Procter & Gamble/Finaf; Komm.E. v. 5.7.1993 – IV/M.285, ABl. EG 1994 Nr. L 309, S. 1 – Pasteur Mérieux/Merck; Komm.E. v. 12.12.1994, ABl. EG 1994 Nr. L 341, S. 66 – Fujitsu/AMD Semiconductor.

V. Verfahrensrechtliche Besonderheiten

Während der materiell-rechtliche Kontrollmaßstab für die kooperativen Elemente der GU mit Art. 81 EG identisch ist, finden verfahrensrechtlich zwei verschiedene Verordnungen Anwendung: 326

– Vollfunktions-GU ohne gemeinschaftsweite Bedeutung und Teilfunktions-GU unterfallen in erster Linie der Kartellrechtsverordnung VO 1/2003.
– Vollfunktions-GU mit gemeinschaftsweiter Bedeutung unterfallen der FKVO.

1. Vollfunktions-GU ohne gemeinschaftsweite Bedeutung und Teilfunktions-GU

Vollfunktions-GU ohne gemeinschaftsweite Bedeutung und Teilfunktions-GU unterliegen den Bestimmungen der VO Nr. 1/2003 (KartellVO).[1] Eine Anmeldepflicht besteht nicht mehr. Vielmehr müssen die Gründerunternehmen die Zulässigkeit des GU nach Art. 81 Abs. 1 und 3 EG selbst beurteilen. Lediglich in einigen eng umgrenzten Ausnahmefällen kann die Kommission von Amtswegen feststellen, dass Art. 81 Abs. 1 EG keine Anwendung auf einen bestimmten Sachverhalt findet (Art. 10 KartellVO). Daneben besteht lediglich die Möglichkeit, dass die nationalen Kartellbehörden feststellen, dass für sie kein Anlass besteht, gegen einen bestimmten Sachverhalt einzuschreiten (Art. 5 KartellVO). Eine Feststellung über die Anwendbarkeit von Art. 81 EG ist damit allerdings nicht verbunden. 327

2. Vollfunktions-GU mit gemeinschaftsweiter Bedeutung

GU mit Vollfunktionscharakter und gemeinschaftsweiter Bedeutung werden dagegen allein nach dem Verfahren der FKVO geprüft.[2] In das Anmeldeformular, dem **Formblatt CO**,[3] wurde ein entsprechender Abschnitt aufgenommen, in dem Angaben zu den kooperativen Wirkungen eines Gemeinschaftsunternehmens zu machen sind. 328

3. Nebenabreden[4]

In der Fusionskontrolle, vor allem auch bei der Prüfung von **Vollfunktions-GU**, umfasst die Freigabe eines Zusammenschlusses nach Art. 6 Abs. 1 lit. b Unterabs. 2 und Art. 8 Abs. 1 Unterabs. 2 und Abs. 2 Unterabs. 2 FKVO auch die sog. Nebenabreden, d.h. die mit der Durchführung des Zusammenschlusses unmittelbar verbundenen und für sie notwendigen Einschränkungen (sog. 329

---

1 ABl. EG 2003 Nr. L 1, S. 1.
2 Vgl. Teil VIII Rz. 300 f.; Mitteilung der Kommission über die Beurteilung von Vollfunktions-Gemeinschaftsunternehmen nach den Wettbewerbsregeln der EG, ABl. EG 1998 Nr. C 66, S. 38.
3 Vgl. Teil VIII Rz. 278.
4 Grundsätzlich zu Zusammenschlüssen und Nebenabreden, vgl. bereits oben Teil VIII Rz. 272.

"ancillary restraints").[1] Bei der Prüfung der „Notwendigkeit" der Beschränkung berücksichtigt die Kommission nicht nur deren Art, sondern stellt auch darauf ab, ob ihre Dauer sowie ihr sachlicher und räumlicher Anwendungsbereich nicht über das für die Errichtung und die Tätigkeit des GU notwendige Maß hinausgehen. Die in der Praxis wichtigsten Abreden, die im Zusammenhang mit der Gründung von GU getroffen werden, sind **Wettbewerbsverbote**. Als typische Nebenabreden werden sie von der Kommission – jedenfalls für die Anlaufphase des GU – regelmäßig mit freigestellt.[2] Dagegen hatte die Kommission zusätzliche Beschränkungen betreffend die Mengen, die Preise oder die Kunden sowie für Ausfuhrverbote nur in Ausnahmefällen vom Kartellverbot freigestellt.[3]

330 Im genannten Sinn nicht akzessorische Abreden, d.h. Einschränkungen, die mit der Gründung eines GU nicht unmittelbar verbunden oder für sie nicht notwendig sind, werden als kooperative Elemente von der Fusionskontrolle über Art. 2 Abs. 4 FKVO i.V.m. Art. 81 EG erfasst, wenn sie als direkte Folge des Zusammenschlusses einzustufen sind (sog. „**direct consequences**").[4]

331 Lediglich **sonstige Absprachen**, die nur anlässlich der Errichtung eines GU zwischen den Gründern getroffen werden, aber mit diesem sonst nicht im Zusammenhang stehen, werden von den Parteien auf ihre Vereinbarkeit mit Art. 81 EG zu überprüfen sein.

332 Auch bei der Errichtung von **Teilfunktions-GU** und **kooperativen Vollfunktions-GU ohne gemeinschaftsweite Bedeutung**, die früher im Rahmen der alten KartellVO Nr. 17 auf die Vereinbarkeit mit dem Gemeinsamen Markt geprüft wurden, hatte die Kommission anerkannt, dass es unmittelbar verbundene und für die Existenz notwendige Nebenabreden gibt.[5] Solche akzessorischen Nebenabreden teilen das Schicksal des GU: Fällt das GU als solches nicht unter Art. 81 Abs. 1 EG, so werden grundsätzlich auch die Nebenabreden nicht vom Kartellverbot erfasst. Umgekehrt war die Kommission bislang der Auffassung, dass in den Fällen, in denen Art. 81 Abs. 1 EG auf ein GU anwendbar ist, dies auch für die Nebenabreden zutrifft.

---

[1] Bekanntmachung der Kommission über Nebenabreden zu Zusammenschlüssen nach der FKVO, ABl. EG 2005 Nr. C 56, S. 24.
[2] Vgl zuletzt: Komm.E. v. 26.11.1998 – IV/JV.14, Rz. 37 f., WuW/E EU-V 217, 221 – Pan Agora/DG Bank.
[3] Vgl. Komm.E. v. 17.12.1986 – IV/31.340, ABl. EG 1987 Nr. L 41, S. 31 – Mitchell Cotts/Sofiltra: Freistellung einer Gebietsbeschränkung für eine Mutter für die Anlaufperiode; Komm.E. v. 12.12.1994, ABl. EG 1994 Nr. L 341, S. 66 (74) – Fujitsu: Gebietsbeschränkungen für die Anlaufphase.
[4] Str., *Schroeder* in Wiedemann, § 8 Rz. 50, will Art. 2 Abs. 4 FKVO i.V.m. Art. 81 EG nur auf akzessorische Nebenbestimmungen anwenden. M.E. ist der Tatbestand des Art. 81 Abs. 1 bei akzessorischen Nebenbestimmungen aber noch nicht einmal eröffnet (sog. rule of reason), so dass Art. 2 Abs. 4 FKVO in diesem Falle leer liefe.
[5] Bekanntmachung der Kommission über die Beurteilung kooperativer Gemeinschaftsunternehmen nach Art. 85 EGV (Art. 81 EG n.F.), ABl. EG 1993 Nr. C 43, S. 2, Rz. 65 ff.

VI. Kollision zwischen Entscheidungen der Kommission und des BKartA

Mögliche Konflikte zwischen den Entscheidungen der EG-Kommission nach Art. 81 EG und dem BKartA werden wie folgt gelöst: 333

Verbietet die EG-Kommission aufgrund von Art. 81 Abs. 1 EG ein GU, so hat dieses Verbot Vorrang vor jeder entgegengesetzten Entscheidung des BKartA.

Art. 3 Abs. 2 der KartellVO stellt jetzt klar, dass die nationalen Kartellbehörden das einzelstaatliche Kartellrecht nicht auf Sachverhalte anwenden dürfen, die entweder Art. 81 Abs. 1 EG nicht verletzen oder die die Voraussetzungen des Art. 81 Abs. 3 EG erfüllen. Das BKartA kann ein GU dann folglich auch nicht insofern verbieten, als es den deutschen Markt betrifft.[1]

---

[1] Das BKartA hatte dieses Recht früher für sich beansprucht. BKartA, Tätigkeitsbericht 1978, BT-Drucks. 8/2980, S. 54 – Daimler-Benz/Iveco; BKartA, WuW/E BKartA 2445, 2447 – Daimler-Benz/MAN/ENASA.

Teil IX
Wertorientiertes Integrationsmanagement

Inhaltsverzeichnis

	Rz.
A. Einführung	1
I. Ziele und Formen der Integration	1
1. Zielfelder	1
2. Konzeption der Führung	2
3. Ressourcenmanagement	7
4. Projekttypen	10
5. Struktur der Abhandlung	11
II. Grundlegende Ansätze zum M&A-Projektmanagement	14
1. Stufenmodelle	15
2. Teilprojekte	17
3. Prozessmodelle	20
B. Integrationsmanagement in den Projektphasen	23
I. Das Integrationskonzept im explorativen Vorfeld	31
1. Integrationsstrategien	31
2. Handlungsoptionen und Kandidatenscreening	39
3. Exploration und Simulation	54
II. Bestimmung der Hebel in der Transaktionsphase	62
1. Integrationsorientierte Due Diligence	62
2. Strategische Falldefinition	65
3. Ergebnisverbesserungsziel	74
4. Integrationsbereitschaft zum Closing	83
III. Die Integrationsmaßnahmen nach dem Closing	87
1. Übersicht: Management der Umsetzung	87
2. Wertschöpfung und Standorte	97
3. Maßnahmenprogramm	110
4. Organisation und Prozesse	117
5. Funktionsträger-Auswahl und -Verpflichtungen	131
6. Die Umsetzung in den ersten 100 Tagen	136
7. Implementierung im ersten Jahr	144

	Rz.
8. Kontinuierliches Verbesserungsprogramm	148
9. Management des personellen und kulturellen Wandels	151
C. Die Führung von Integrationsprojekten	158
I. Projektführung in der unternehmerischen Praxis	158
II. Kapazitäts- und Kompetenzmanagement	162
III. Vorfeld-Management	169
IV. Management in der Transaktionsphase	174
V. Post Closing Management	181
VI. Formalisierung und Detaillierungsgrad von Planung und Controlling	194
VII. Zeitmanagement	195
VIII. Einschaltung von Beratern	211
D. Verfahren und Instrumente	218
I. Benchmarking zur wettbewerbsorientierten Zielfindung	218
II. Baselining zur dynamischen Zielbestimmung	225
III. Ableitung der Verbesserungshebel	230
IV. Maßnahmenplanung und -verfolgung	234
V. Zielvereinbarungen mit dem Management	241
VI. Meilensteinkontrolle nach dem Härtegrad-Konzept	245
VII. Das „Cockpit" zur integralen Projektsteuerung	250
VIII. Scorecard-Einsatz zur Definition und Verfolgung von Aktionen	260
IX. Feedbackschleifen und Wissensmanagement	263
E. Abbildungen	266

Teil IX Wertorientiertes Integrationsmanagement

Literatur: *Ashkenas/DeMonaco/Francis*, Making the Deal Real: How GE Capital Integrates Acquisitions, Harvard Business Review Jan/Feb 1998, 165–78; Boston Consulting Group, Multiclient Study, 1995; *Brockhoff/Hauschildt*, Schnittstellen-Management, ZfO 1993, 398–03; *Clemente/Greenspan*, Winning at Mergers and Acquisitions, New York 1998; *Collett*, A Guide to Cisco's acquisition and investment strategy, Computerworld, Vo. 33 1999 No. 40; *Coenenberg/Jakoby*, Akquisition und Unternehmensbewertung in Busse v. Colbe et al. (Hrsg.), Betriebswirtschaft für Führungskräfte, 2000, S. 177–206; *Dörr*, Grenzüberschreitende Unternehmensakquisitionen – Erfolg und Einflussfaktoren, 2000; *Donnelly*, Acquiring Minds, CFO 9 1999, 54–4; *Ebers/Gotsch*, Institutionenökonomische Theorien der Organisation in Kierer (Hrsg.), Organisationstheorien, 2. Aufl. 1995, S. 185–236; *Franke/Zerres*, Planungstechniken, 1992; *Gerds/Schewe*, Post Merger Integration, 2003; *Gerpott*, Integrationsgestaltung und Erfolg von Unternehmensakquisitionen, 1993; *Gertsen* et al. (Hrsg.), Cultural Dimensions of International Mergers & Acquisitions, 1998; *Habeck* et al., After the Merger, London 2000; *Hammer/Champy*, Reengineering the Corporation, New York 1993; *Haspeslagh/Jemison*, Managing Acquisitions, New York 1991; *Henry*, Mergers – Why Most Big Deals Don't Pay Off, Business Week v. 14.10.2002, 72–78; *Hentze/Brose*, Unternmehmensplanung, 1995; *Hodge*, Global Smarts – the Art of Communicating and Deal Making, New York 2000; *Kearney*, Global PMI survey, 1998; *Kleinfeld*, Benchmarking für Prozesse, Produkte und Kaufteile, Marktforschung & Management, 1. Quartal 1994, 19–24; *Kleinfeld*, Benchmarking: Startpunkt einer vollumfänglichen Produktivitätssteigerung in Töpfer (Hrsg.), Benchmarking – der Weg zu Best Practice, 1997, S. 105–123; *Krüger*, Organisation der Unternehmung, 2. Aufl. 1993; *Lucks*, M&A – Nur systematisches Vorgehen bringt Erfolg, Harvard Business Manager 2002 Heft 3, 44–53; *Lucks*, Die Organisation von M&A in internationalen Konzernen, Die Unternehmung 2002, 197–211; *Lucks* (Hrsg.), Mergers & Acquisitions Jahrbuch 2003; *Lucks*, Der Weg zum Kompetenzmanagement für M&A-Integration – ein Praxisbericht, MAR 2003, 212–219; *Lucks*, Management des personellen und kulturellen Wandels bei Fusionen: der Siemens-Ansatz in Hesse/Schwaab/Frey (Hrsg.), Fusionen – Herausforderungen für das Personalmanagement, 2003, S. 271–287; *Lucks*, Der M&A-Markt und seine Herausforderungen, in Lucks (Hrsg.), Mergers & Acquisitions, Jahrbuch 2003, S. 6–11; *Lucks*, M&A-Kompetenzmanagement bei Siemens in Lucks (Hrsg.), Mergers & Acquisitions, Jahrbuch 2003, S. 31–36; *Lucks*, M&A Management Praxis: Schnell oder langsam integrieren?, Finance 2004 Heft 2, 31; *Lucks*, M&A-Integration, in Mirow/Niedereichholz/Sommerlatte (Hrsg.), Handbuch der Unternehmensberatung, Loseblatt, 1. Lfg. 2004 Abschn. 3620; *Lucks/Meckl*, Internationale Mergers & Acquisitions – Der prozessorientierte Ansatz, 2002; *Lucks/Meckl*, Strukturierung von M&A-Projekten – Der prozessorientierte Ansatz, MAR 2002, 494–501; *Meckl*, Schnittstellenmanagement bei Unternehmenskooperationen, io Management Zeitschrift 1998 Heft 10, 84–7; *Penzel/Pietig* (Hrsg.), Merger Guide, 2000; *Sauermann*, Unternehmensinternes M&A-Management – organisatorische Gestaltungsalternativen, 2000; *Vogel*, M&A Ideal und Wirklichkeit, 2002.

A. Einführung

I. Ziele und Formen der Integration

1. Zielfelder

1 Die Hauptziele einer Unternehmensakquisition und -integration sind **strategischer und finanzieller Natur**. Auf der Strategieebene dient M&A der Sicherung einer anhaltenden Geschäftsposition vor dem Hintergrund stetiger Innovation, Wachstum und Konsolidierungen in den Märkten. Auf der finanziellen Ebene sind damit die Erschließung von Ressourcen und Kostensenkungen verbunden. Um diese Ziele zu erreichen, ist eine günstig gestaltete Transaktion erfor-

derlich sowie eine Integration der Fusionskandidaten mit der damit einhergehenden zielkonformen Restrukturierung (Abb. 1). Nur wenn die Ziele, die Transaktion und die Implementierung korrespondieren, kann M&A anhaltend Wert generieren. Das Zusammenspiel dieser Faktoren kann als das „Wertsystem für M&A-Projekte" bezeichnet werden.

2. Konzeption der Führung

Das **Management eines M&A-Projektes** umspannt alle vorgenannten Faktoren. Dazu bestehen unterschiedliche Führungsansätze. Alle Ansätze sollten die Durchgängigkeit sicherstellen von den ersten Vorüberlegungen bis zum Tag, an dem die Ergebnisbeiträge der Maßnahmenumsetzung in die Kasse geflossen sind. Der größte Fehler bei M&A-Projekten liegt in der Annahme, dass sich die Führung in einer Art „Stafettenlauf" gestalten lässt: zuerst kommen die Strategen an die Reihe, um die Ziele zu entwickeln, dann lässt man die Anwälte und Banker ran für die Transaktion und schließlich übergibt man die Schlüssel für das neu erworbene Unternehmen an das Management, um die so genannte „Post Merger Integration" anzupacken. Wer mit einer derartigen Vorstellung an ein Projekt herangeht, braucht sich nicht zu wundern, wenn das Vorhaben im Ergebnis zu den ca. 50 bis 70 % der Fusionsprojekte zählt, die Wert vernichten,[1] wobei die Hauptfehlerquelle bei der falsch gewählten Strategie und der Integrationsqualität zu finden sind.[2]

Die Quelle des Erfolges liegt in einem Führungskonzept, das von Beginn bis zum Abschluss des Projektes permanent das gesamte Wertsystem im Auge behält. Bereits bei der Zielfindung sind die Randbedingungen für die Transaktion und Implementierung zu berücksichtigen. Die rechtliche Struktur des Deals muss den Ansprüchen der Integration gerecht werden und mit der Implementierung ergeben sich Justierungen für die Strategie, ohne das Gesamtziel zu verlieren. **Zielkonformität der werttreibenden Faktoren untereinander** („Quer über das Projekt") und **Zielkonsistenz von Beginn bis zum Abschluss** („auf der Zeitachse") eines Projektes sichern den Erfolg. Für die Verantwortlichen eines M&A-Projektes bedeutet dies vorausschauende Planung und Erfahrung in M&A-Projektführung vom Anfang bis zum Abschluss. Die Hauptverantwortlichen für Strategie, Transaktion und Implementierung müssen hinreichende Kenntnisse über die Aufgaben und Inhalte der jeweils komplementären Tätigkeit haben, um das Zusammenspiel, die Schnittstellen und Übertragungen von Informationen und Aufgaben optimal zu gestalten. Das erfordert bei allen Beteiligten aufgabenübergreifende Kenntnisse, umfassende Erfahrungen und ein **übergeordnetes Kompetenzmanagement**, um strukturiert Wissen aufzubauen und systematisch von Projekt zu Projekt zu transferieren. Jüngste Studien haben ergeben, dass sich Unternehmen mit einem ausgeprägten Kom-

---

1 Häufig zitiert werden in der Literatur die Fehlerquoten nach Studien von McKinsey (1987) mit 77 %, Michell/EIU (1987) mit 70 %, Mercer Management Consulting (1995) mit 50 %, Booz Allen & Hamilton mit 66 %. Weiteres dazu s. *Henry*, Business Week v. 14.10.2002, 72 ff.; *Kearney*, Global PMI survey.
2 Boston Consulting Group, Multiclient Study, Boston 1995. – Weiteres s. *Dörr*, Grenzüberschreitende Unternehmensakquisitionen – Erfolg und Einflussfaktoren.

petenzmanagement bei M&A durch eine anhaltend hohe und weit über dem Durchschnitt liegende Erfolgsquoten auszeichnen.[1]

4   Der **Wertbeitrag aus einem M&A-Projekt** leitet sich aus der „Wertkette" ab (Abb. 2). Sie umfasst den Wertgehalt des zu erwerbenden Unternehmens und der Verbundeffekte. Abzuziehen sind Schulden, negative Synergien, Transaktionskosten und Kaufpreis. Das Resultat ist der Wertbeitrag durch das M&A-Projekt (Market value added). Jeder dieser Wertbeiträge bedarf aktiver Führung im Projekt.

5   Bereits die **Wertsicherung des zu erwerbenden Unternehmens** ist eine gewichtige strategische und strukturelle Aufgabe. Sie bedarf eines aktiven vorwärtsorientierten Managements während des gesamten Projektes, um nicht im Technologie- und Kostenwettbewerb zurückzufallen. Bis zur Umsetzung der Integrationsmaßnahmen müssen die einzelnen Einheiten „Stand alone" geführt werden. Dieses „**Kontinuitätsmanagement**" erfordert durchgängig Aufmerksamkeit der Führung und Managementkapazität, die durch das Integrationsprojekt nicht abgezogen werden darf. Reine „Finanzkäufer" ohne Integrationsabsicht zielen allein auf die Wertsteigerung durch Performance-Verbesserungen des Zielunternehmens im Alleinzustand („Management bargain"). Strategische Käufer können darüber hinaus durch Geschäftsumbau („**Diskontinuitätsmanagement**") Wertsteigerungen durch Verbundeffekte mit ihrem angestammten Geschäft realisieren. An letztere richtet sich die vorliegende Abhandlung.

6   Das **Transaktionsmanagement** zeichnet verantwortlich für die Angemessenheit des Kaufpreises in Bezug auf den Geschäftswert und die Qualität der Schulden. Da die Kaufpreise häufig oberhalb des Eigenkapitalwertes (Stand-alone-Wert minus langfristige Verschuldung) liegen, weil so genannte „Kontrollprämien" für die Gesamtübernahme gefordert werden, ist der Finanzkäufer auf Performance-Verbesserungen des allein stehenden Unternehmens angewiesen, während der Strategiekäufer zusätzlich Teile des Synergiewertes mit in die Waagschale legen kann. Geht er mit seinem Preisangebot bis an die Oberkante von Stand-alone- plus Synergiewert, dann handelt er unverantwortlich: Während der Käufer die risikofreie Preiszahlung bekommt, trägt er die Risiken für den Werterhalt und die Werterzeugung durch Integration. Das Transaktionsmanagement wird durch die anderen Beiträge des Handbuches abgedeckt. In der „Wertekette" ist es jedoch aufs Engste mit dem Integrationsmanagement verbunden, die der vorliegende Beitrag behandelt.

3. Ressourcenmanagement

7   Auf der **Investitions- und Kostenseite** stehen nicht nur die Aufwendungen für das M&A-Zielunternehmen sondern auch die Aufwendungen für externe Berater (Anwälte, Wirtschaftsprüfer, Invest-Banker, Strategie- u. Strukturberater) und interne Teams, deren Kosten vorab zu veranschlagen sind. Dazu kommen **Opportunitätskosten** und **Risiken**, etwa weil die in die Integration gesteckten

---

1 Weiteres dazu s. *Gerds/Schewe*, Post Merger Integration; *Gerpott*, Integrationsgestaltung und Erfolg von Unternehmensakquisitionen.

Ressourcen bei der Betreuung des „Ongoing business" fehlen. Eine Unternehmensintegration zieht die Aufmerksamkeit und die Angriffe der Wettbewerber in besonderem Maße auf sich, sodass sich die Geschäftsrisiken über das „normale" Niveau noch steigern. Es ist mit gezielten Gegenattacken der Wettbewerber zu rechnen, etwa in Form von Abwerbe-Kampagnen für Schlüssel-Mitarbeiter und besondere Kundenoffensiven. Dazu kommen typische „offene Flanken" bei den Fusionskandidaten, wenn etwa Forschung und Entwicklung (FuE) wegen aufwändiger Integration der Produktfamilien vernachlässigt wurde und später teure und risikoreiche „Crash"-Aktionen zur technologischen Aufholjagd nötig werden.

Die Wertbetrachtung umfasst auch den Zeitfaktor. Gutes **Zeitmanagement** (vgl. unter Teil IX Rz. 195 ff.) ist bei Prozessen mit hoher Unsicherheit eine wichtige Quelle der Wertsicherung. Frühzeitig sollten Überlegungen angestellt werden zur Vermeidung von „Sackgassen". Durch Identifikation zeitkritischer Pfade können Risiken früh erkannt werden. Verzögerungen entstehen auch, wenn Prozesse nicht koordiniert sind, wenn etwa Voraussetzungen zur Fortsetzung der Arbeiten nicht gegeben sind, weil ein anderes Verfahren noch nicht weit genug ist. Zeitverlust kostet per se Geld und Wartezeiten treiben die Kosten wegen ungenutzter Ressourcen weiter in die Höhe. 8

Die Integration selber zielt auf eine Verbesserung der Geschäftspositionen durch **Zusammenführung in der Wertschöpfungskette** der beiden Unternehmenseinheiten. Dies schlägt sich nieder in günstigeren Ertragspositionen aufgrund von Volumeneffekten, Erfahrungsübertragung oder Erschließung von kritischen Ressourcen, z.B. Technologien, Management-Kompetenz und Mitteln zur Finanzierung des Wachstums. Ein „Nebeneinanderlegen" der beiden Unternehmensteile reicht dazu nicht aus. Es müssen vielmehr die Teile beider Fusionskandidaten integriert und dabei einem umfassenden Umbau unterzogen werden. Ein **M&A-Integrationsvorhaben ist** als **ein „externes" Businessreengineering-Projekt** aufzufassen das in ein kontinuierliches Verbesserungsprogramm mündet. Damit ist es die anspruchsvollste und risikoreichste Variante eines unternehmerischen Umbaues. 9

4. Projekttypen

Beim Integrationsmanagement sind **zwei grundsätzliche Projekttypen** zu unterscheiden. Dies sind einerseits **komplementaritätsgetriebene Vorwärtsstrategien** zur Geschäftsausweitung durch verbesserte Markterschließung und sich ergänzende Produkte. Im anderen Fall liegt die Quelle für Werterzeugung bei **Überlappungen in der Wertschöpfungskette**. Diese Werte können primär durch **Konsolidierungsmaßnahmen** gehoben werden. In der Regel treten diese beiden „generischen Grundtypen" nicht in Reinform auf, die meisten Vorhaben lassen sich aber eher dem einen oder anderen Typ zuordnen. Wesentliche Unterschiede liegen bei der Führung der beiden Typen. Während Konsolidierungsfälle mit großem Kapazitätsaufwand und möglichst schnell realisiert werden müssen, verlangen komplementaritätsgetriebene Vorhaben mehr Zeit für Migrationen und Entwicklungen. Dennoch kann M&A im Vergleich zu organischem Wachstum Beschleunigungseffekte realisieren, indem etwa eine fehlen- 10 de Technologie ohne lange Entwicklungsaufwendungen erworben werden kann und ein überkritischer Marktanteil sofort erreicht wird, ohne teure und langjährige Preiskämpfe.

5. Struktur der Abhandlung

11 Die Abhandlung konzentriert sich auf das Integrationsmanagement mit seinen **Werttreibern**. Zur Einordnung wird eine kurze Übersicht zu Gesamtmodellen für M&A-Projektführung gegeben.[1] Das Integrationsmanagement wird anhand des in der Praxis vorherrschenden Modells von so genannten Teilprojekten in den Gesamtzusammenhang eines integralen M&A-Projektmanagements gerückt (vgl. Abb. 3). Dabei werden die Schnittstellen zu anderen Teilprojekten des M&A-Managements beschrieben, so dass sich aus dem Kontext mit den übrigen Beträgen des vorliegenden Handbuches ein Gesamtbild zum M&A-Projektmanagement ergibt.

12 Die Beschreibung des Integrationsmanagements erfolgt in einer logischen **Folge von Arbeitsmodulen** (vgl. Abb. 4). Den Randbedingungen des jeweiligen Projektes entsprechend können diese hintereinander geschaltet oder teilweise parallel abgewickelt werden. Die Praxis wird darüber hinaus Iterationsschleifen notwendig machen, weil etwa Informationen unvollständig oder fehlerhaft sind. Im Vergleich zu anderen Projektarten, etwa im Anlagenbau oder bei Kundenprojekten, ist das Management von M&A-Projekten nämlich in hohem Maße von Einflüssen geprägt, die nicht in der Kontrolle des Projekt-„Eigentümers" liegen.

13 Erstmals in der M&A-Literatur bietet die vorliegende Ausarbeitung für die einzelnen Arbeitsschritte eine **geschlossene Kette von Methodenbausteinen** und bildet darin das gesamte Integrationsmanagement von den Vorfeldüberlegungen bis zum kontinuierlichen Verbesserungsprogramm ab.

II. Grundlegende Ansätze zum M&A-Projektmanagement

14 In der Organisation von M&A-Projekten sind die grundlegenden Ansätze zur Strukturierung von Aufbau und Ablauf wirtschaftlich operierender Einheiten anzutreffen.[2] Die nachfolgende Darstellung hebt auf die am häufigsten anzutreffenden und die markantesten Ablauforganisationen speziell beim M&A-Management. Die bei komplexeren Projekten angewendete Aufbauorganisation in Form einer Matrix lässt sich bei allen durchgängigen Ablauforganisationen anwenden und wird unter Teil IX Rz. 187 weiter erläutert.[3]

---

[1] Weiteres zur integralen Führung von M&A-Projekten findet sich in *Lucks/Meckl*, Internationale M&A.

[2] Vgl. dazu *Ebers/Gotsch* in Organisationstheorien, S. 185 ff.; *Krüger*, Organisation der Unternehmung; *Sauermann*, Unternehmensinternes M&A-Management – organisatorische Gestaltungsalternativen; *Franke/Zerres*, Planungstechniken.

[3] Vertieft behandelt wird die Matrixorganisation als Grundform bei M&A in *Lucks*, Die Unternehmung 2002, 197 ff. Grundsätzliches dazu s. *J. Wolf*, Grundform der Matrix, 2000, S. 133–141.

1. Stufenmodelle

Die „klassische" Gliederung eines M&A-Projektes folgt einem **Phasen-Stufen-Modell**. Unterschieden werden das explorative Vorfeld, die Transaktionsphase und die Integration nach dem Closing, auch „Post Merger Integration" genannt. Die wichtigsten Schritte im Vorfeld sind: Verifikation der Strategie, Kandidatenauswahl, Sondierung mit dem priorisierten Kandidaten, Entwicklung des grundlegenden Modells in Strategie, Werterzeugung, Struktur und Führung. Mit der dann zu treffenden Entscheidung der Unternehmensleitung zum Eintritt in verbindliche Verhandlungen beginnt die Transaktionsphase. Hierzu zählen üblicherweise die **Due Diligence**, die Entwicklung des „Business Case" (Geschäftsplan, Bewertungen, Übernahmemodell ...), die darauf aufsetzenden Kaufverträge und die kartellrechtliche Prüfung. Mit der Vorlage der Genehmigungen kann der Vertrag vollzogen werden (Closing). Damit beginnt die eigentliche Integration. In einer 100-Tage-Phase werden grundlegende Beschlüsse verkündet, erste Maßnahmen getroffen, eine detaillierte Ist-Aufnahme („Due Diligence 2") durchgeführt und ein gemeinsames Integrationsteam etabliert. Restrukturierungen konzentrieren auf den Zeitraum von ca. 1 Jahr nach Closing, zur vollständigen Harmonisierung etwa eines Produktprogramms und der so genannten „kulturellen Integration" sind 5 Jahre und länger notwendig. 15

Die klassische Hintereinanderschaltung der einzelnen Arbeitsschritte erfüllt heute nicht mehr die Anforderungen vor allem in dynamischen Geschäften und bei komplexen Übernahmen. Durch Parallelisierung von Aktivitäten wird versucht, die Projektdauer zu verkürzen (vgl. unten Teil IX Rz. 174 ff. u. 181 ff.). 16

2. Teilprojekte

Ein häufig praktizierter Ansatz, um unvermeidliche **Unterbrechungen in die Projektführung „einzubauen"** und **Vorgänge zu parallelisieren** ist die Gliederung eines M&A-Vorhabens in Teilprojekte. Eine typische Gliederung: 17

- das „explorative Vorfeldprojekt"
- das „Transaktionsprojekt"
- das „Integrationsprojekt".

Diese Gliederung bietet sich an aufgrund unterschiedlicher Schwerpunkte der Tätigkeiten und des damit verbundenen Wechsels der fachlichen Treiber im Projekt (Abb. 3). Das Vorfeldprojekt ist durch Unsicherheit geprägt (Exploration Geschäftskonzept, Suche und Bereitschaft von Kandidaten...). Hauptprotagonisten sind hier die Strategen. Das darauf aufsetzende Transaktionsprojekt mit den Schwerpunkten „Verhandlung und Vertragsentwicklung" ist durch rechtlich definierte Prozeduren geprägt. Es hat damit einen „technischen" Charakter. Die Haupt-Protagonisten sind hier die Investmentbanker, Wirtschaftsprüfer, Vertrags- und Kartellanwälte. Die Pläne zur Integration sollten nicht erst mit dem Closing beginnen, sondern dann bereits so weit vorliegen, dass die Umsetzung unmittelbar nach dem „Tag 1" beginnen kann. Deshalb 18 ist parallel zum Transaktionsprojekt bereits das Integrationsprojekt anzusetzen, bestehend aus der Pre closing Integrationsplanung, dem die Post closing Verifikation und Umsetzung folgen.

19 Durch die Parallelisierung von Transaktionsprojekt und Integrationsvorbereitung kann ein entscheidendes Defizit des Stufenmodells überwunden werden, nämlich die Gefahr der Unterbrechung von Strategiefindung und Strukturentwicklung. Dadurch ist es auch möglich, Kontinuität in die Betreuung dieser Aufgabe zu bekommen, sei es durch intern Verantwortliche oder externe auf Strategie und Strukturentwicklung ausgerichtete Berater.

3. Prozessmodelle

20 Ein konsequenter Ansatz zur **Sicherung der Durchgängigkeit** wird mit einem Prozessmodell erreicht, in dem die funktionalen Aufgabenschwerpunkte in Einzelprozessen abgebildet werden (Abb. 4). Dem jeweiligen Hauptgewicht der einzubindenden Fachspezialitäten entsprechend bietet sich folgende Einzelprozessgliederung an:

(a) Strategie und Geschäftsplan

(b) Struktur und Maßnahmen

(c) Change management und Human resources

(d) Verhandlungen und Verträge

(e) Informationsbeschaffung

(f) Unternehmensbewertung

(g) Kommunikation

(h) Controlling

21 Eine an durchgängigen Prozessen orientierte Organisation empfiehlt sich vor allem bei komplexen Projekten. Hier liegen die Risiken aus Inkonsistenz (im einzelnen Prozess) und Inkompatibilität (aus unterschiedlichen Aktivitäten) besonders hoch. Klare Zielsetzungen und Prozessmeilensteine sichern die Konsistenz und die Definition Verantwortlicher und ihrer Schnittstellenfunktionen zur Abstimmung zwischen den Prozessen schützen vor Redundanz (z.B. doppelte Informationserhebung im Strategieteam im Vorfeld und beim Finanzteam im **Due Diligence**). Prozesse und Verantwortlichen sollten auch bei der Teilprojektlösung (vgl. Teil IX Rz. 17) übergreifend definiert werden.

22 Innerhalb des Projektes können nach Bedarf Arbeitsabschnitte oder -module gebildet werden, in denen ein Prozessteam die Führung übernimmt, andere zur Unterstützung einzubinden sind.[1] Die durch spezielle Arbeitsziele, Ver-

---

[1] Ein umfassender Ansatz zu Prozessmodellen bei M&A-Projekten findet sich in *Lucks/Meckl*, Internationale Mergers & Acquisitions, sowie in *Lucks/Meckl*, MAR 2002, 494 ff.

antwortliche und Tätigkeitsmerkmale geprägten Module werden unter B. erläutert.

B. Integrationsmanagement in den Projektphasen

Zwei **Grundforderungen** muss jedes Modell erfüllen, nämlich (a) die **Zielkonsistenz** über die Gesamtlaufzeit des Vorhabens von der Zieldefinition bis zur Zielerfüllung und (b) die **Korrespondenz der Teilziele** aus Strategie, Transaktion und Restrukturierung. Bereits bei der Entwicklung von Zielen ist darauf zu achten, dass diese drei Bereiche abgedeckt sind, miteinander korrelieren und machbar sind. Einseitige Ziele, etwa nur finanzieller Natur, erzeugen Schieflagen – etwa durch Einsparung an notwendiger Forschung und Entwicklung, um die strategische Führungsposition zu erreichen – die ein am Anfang viel versprechendes Vorhaben letztlich zum Scheitern bringen können. Das „System" der Zielfindung muss nicht nur im Konzept stimmig sein sondern auch praktisch relevant. So macht die Bestimmung der angestrebten Kosten- und Marktposition nur Sinn, wenn dies in der Umsetzung mit einer entsprechend verbesserten Ertragsposition korrespondiert. Der Gewinn eines marginalen Zusatzmarktes drückt sich auf dem Papier zwar in einem Volumenzuwachs aus, kann sich in der Praxis aber als Verlustbeitrag erweisen wegen zusätzlicher Komplexitätskosten. Schließlich muss die Struktur der Strategie entsprechen („**structure follows strategy**"). Dies impliziert, dass von vornherein bei der Strategieentwicklung zu prüfen ist, welches die strukturellen Konsequenzen sind und ob diese Strukturen auch durchsetzbar sind. Um dies beurteilen zu können, ist es notwendig, von vornherein entsprechende Erfahrungsträger „an Bord" zu haben. Es ist zum Beispiel wenig hilfreich, wenn ein Marktanteilsgewinn gefordert wird, der kartellrechtlich kritisch ist. Kaum bessere Chancen in der Umsetzung hat jemand, der im strategischen Plan ein Kostenziel zugrunde legt, das die Verlagerung der gesamten Wertschöpfung an Niedriglohnstandorte impliziert – dies aber weder gegenüber den Mitarbeitern realisierbar ist noch von den Kunden akzeptiert wird.

23

Die Wertbetrachtung beinhaltet den Faktor Zeit. So genannte „Contigency"-Pläne können durch eine systematische Identifikation zeitkritischer Pfade zur Früherkennung besonderer **Zeitrisiken** beitragen und helfen, diese durch entsprechende Maßnahmen einzudämmen. Das bereits angeführte Kartellbeispiel legt eine frühzeitige kartellrechtliche Simulation nahe mit anschließender Überlegung, ob durch die Geschäfts- und Dealstruktur Untersagungsrisiken vermieden werden können. Wenn Aufgaben wiederholt werden müssen oder wenn Voraussetzungen zur Fortsetzung der Arbeiten nicht gegeben sind, weil ein anderer Prozess noch nicht weit genug ist, entstehen Iterationen bzw. Wartezeiten, die wegen des Zeitverlustes oder ungenutzter Ressourcen kostentreibend sind.

24

Die **Ziele** müssen deshalb regelmäßig überprüft werden auf **Konsistenz** (Zurückschau im Prozess) und **Machbarkeit** (Vorausschau auf den Prozess). Die Gesamtziele leiten sich zu Beginn eines Vorhabens aus Zielen der beiden zu fusionierenden Partner ab, sowie die aus den erwarteten Verbundeffekten.

25

Anfangs liegen ja nur Einzelpläne für beide Parteien zugrunde, in der Regel basierend auf detaillierter Kenntnis der eigenen Einheit und nur rudimentärer (abgeleiteter oder simulierter) Pläne zum Geschäft des zukünftigen Fusionspartners. Mit Fortschritt des Projektes verschmelzen die Einzelbetrachtungen (Einzelpläne) zu einem integrierten Gesamtplan, bei dem die Ziele nicht mehr einer Partei oder der Verbundfrage zurechenbar sind. Mit zunehmender Detaillierung sind die Gesamtziele auf Teilziele runterzubrechen, zum Beispiel auf so genannte Hebel, wie etwa den Einkaufseffekten insgesamt und schließlich sind sie bis auf die Einzelmaßnahmen hin zu detaillieren. Dies ermöglicht die Prüfung, ob die einmal „top down" abgeleiteten Gesamtziele sich auch „bottom up" aus der Summe der Teilziele begründen lassen. Den Zielen sind Meilensteine für ihre Initiierung, für die Umsetzungsschritte, ihren Abschluss und ihre Prüfung (Eintreten des Erfolges) zuzuordnen. Entsprechend der zunehmenden Kenntnis sind die Aufgaben zu detaillieren. Man spricht hier von 100er-, 10er- und Einer-Meilensteinen.

26 Wie oben Teil IX Rz. 10 gezeigt wurde, gibt es verschiedene **„generische" Ansätze** zum M&A-Projektmanagement, die **unterschiedlich für verschiedene Projekttypen geeignet** sind. Ein „klassisches" Stufenmodell kann für kleinere Vorhaben geeignet sein, bei dem keine grundlegend neue Strukturen zu entwickeln sind. Prozessmodelle erfüllen den Anspruch auf Durchgängigkeit von der Zielsetzung bis zur Zielerfüllung, stoßen aber in der Praxis auf Grenzen wegen Unterbrechungen und Diskontinuitäten, auf die der Projektverantwortliche keinen Einfluss hat. In der Praxis werden deshalb so genannte „Teilprojekte" bevorzugt, die sich wieder in einzelne Stufen zerlegen lassen und bei denen der „Prozessgedanke" gewahrt bleibt durch (a) Ausrichtung auf die einmal gesetzten Ziele, (b) Übergang von Projektmitarbeitern von einem Teilprojekt zum anderen und (c) sorgfältigem Schnittstellenmanagement[1] zwischen den parallel laufenden Teilprojekten.

27 Angesichts großer Unterschiede bei M&A-Projekten hinsichtlich Komplexität, Größe und Integrationsgrad ist ein für alle Eventualitäten anzuwendendes Standardvorgehen wenig sinnvoll. Es sind vielmehr spezielle auf ein jeweiliges Typenspektrum anzuwendende **Rahmenkonzepte zu entwickeln**. Mittlerweile ist erwiesen, dass die Entwicklung von unternehmensspezifischen Verfahrensrahmen und die systematische Erfahrungsübertragung von Projekt zu Projekt erhebliche Leistungsverbesserungen im Resultat des einzelnen Projektes liefert, selbst wenn es sich nicht um die „Kopie" einer Vorgehensweise handelt.

28 Unabhängig von der Organisationsform eines durchgängigen M&A-Projektes oder mehrerer „hintereinander geschalteter" Teilprojekte sollten die Hauptphasen durch **Meilensteine der obersten Unternehmensebene** markiert sein (vgl. Abb. 4). Ein offizieller „Startschuss" ist zu empfehlen, um aus informellen, inhaltlich und kostenmäßig wenig kontrollierbaren Vorfeldüberlegungen zu einer klaren Aufgabe zu kommen, mit einer Zielsetzung, Benennung Verantwortlicher, einem Budget- und Zeitrahmen. Damit beginnt formal das Vorfeld bzw. ein „Vorfeldprojekt". Dies gilt als abgeschlossen, wenn die Ergebnis-

---

1 Grundsätzliches zum Thema Schnittstellenmanagement vgl. *Brockhoff/Hauschildt*, ZfO 1993, 398 ff., sowie *Meckl*, io Management Zeitschrift 1998 Heft 10, 84 ff.

se der Unternehmensleitung präsentiert sind. Dieser Meilenstein kann bei wenig aussichtsreichen Vorhaben das Ende der Überlegungen bzw. des Projektes markieren. Im positiven Fall sollte es die Genehmigung und den Auftrag enthalten, nun in Verhandlungen mit einem Kandidaten einzutreten. Damit beginnt die Phase, in der die Transaktion im Vordergrund steht. Der Auftrag dazu sollte die Genehmigung zum Abschluss unverbindlicher Vorverträge beinhalten, etwa einen Letter of Intent oder ein Memorandum of Understanding („Non binding MoU"). Wenn die Partnerseite gewisse Formen der Verbindlichkeit verlangt, etwa zur Durchführung einer **Due Diligence** (z.B. so genanntes „Binding MoU"), dann ist dafür eine explizite Genehmigung der Unternehmensleitung zu fordern. Es sollte zum Prinzip erhoben werden, dass aus den aktuellen Projektaktivitäten keine Verpflichtungen erwachsen, die über den von der Unternehmensleitung genehmigten Meilenstein hinausgehen.

Ähnlich sieht es mit dem **Abschluss der Transaktionsphase** aus, die durch die behördliche **Genehmigung zum Vollzug der Verträge** markiert ist (Closing). Dieser Meilenstein kennzeichnet den Beginn der Implementierungsphase und der Integrationsmaßnahmen. Selbstverständlich müssen alle Verträge von der Unternehmensleitung unterschrieben oder zur Unterschrift genehmigt sein. 29

In den folgenden Abschnitten werden **Arbeitsmodule und Instrumente** vorgestellt, die sich in die vorgestellten Grundkonzepte zur Projektführung einbetten lassen (Abb. 5). Die Module stellen Arbeitsblöcke dar, die zur Beschleunigung teilweise aufeinander aufbauen, parallel und eng miteinander abgestimmt durchgeführt werden können. Je nach Umstand können Wiederholungen und Vertiefungen von Arbeiten notwendig werden. Dies kennzeichnet im Vorfeld den explorativen Charakter, später den Sicherheitsaspekt, nach dem Risiken und Unsicherheiten durch komplementäre und redundante Maßnahmen minimiert werden können. 30

I. Das Integrationskonzept im explorativen Vorfeld

1. Integrationsstrategien

Die **Sinnhaftigkeit von M&A-Vorhaben** sollte bereits im frühesten Vorfeld mit Sorgfalt untersucht und geplant werden. Dies gebietet die große unternehmerische Bedeutung für die damit verbundene Richtungsentscheidung, das finanzielle Gewicht und das Risiko, das bei „externen" Projekten in der Regel größer ist als bei „organischen" Vorhaben vergleichbarer Größe. 31

Der **Aufsetzpunkt für ein M&A-Vorhaben** liegt in der explizit formulierten oder implizit vorhandenen Strategie eines Unternehmens. Erfahrungsgemäß entwickeln sich M&A-Vorhaben meist aus „informellen" Vorüberlegungen, die auf strategischen Gedankengängen beruhen. Häufig wird im Vorfeld ohne klare Richtungsentscheidung der Unternehmensleitung analysiert, sondiert und überlegt – mit beträchtlichem Zeitaufwand und manchmal über Jahre – ohne dass eine Entscheidung gefällt wird. Um die Kosten nicht aus dem Ruder laufen zu lassen und nicht in zeitlichen Rückstand gegenüber Zusammen- 32 schlüssen von Wettbewerbern zu geraten, sollte frühzeitig ein Beschluss der Unternehmensleitung gefällt werden hinsichtlich eines Starts für ein „offizielles" und dann intensiv zu betreibendes M&A-Vorfeldprojekt. Damit wird auch vermieden, dass sich ein „Traumkandidat" herauskristallisiert, an den sich alle Hoffnungen hängen, ohne die strategischen Handlungsoptionen verglichen zu haben.

33 Der erste Schritt umfasst die **Verifizierung der Strategie** hinsichtlich des einzuschlagenden strategischen Pfades. Der strategische Handlungsimperativ wird bestimmt durch die Kundenwünsche, die Möglichkeiten des Unternehmens, den Wettbewerb und durch das Marktumfeld.[1] Die explizit oder implizit formulierte Strategie des Unternehmens ist darauf zu prüfen, welche strategische Handlungsoption unter den gegebenen Randbedingungen zur bestmöglichen Verbesserung der Geschäftsposition führt. In einem ersten Schritt sind dazu die organischen Möglichkeiten, nämlich Ausbau des Unternehmens aus eigener Kraft und ohne Akquisition, zu vergleichen mit der Bandbreite der zu erwartenden Positionsverbesserungen, die sich durch externe Maßnahmen wie Akquisitionen und Kooperationen ergeben können. Aus dem Vergleich der Pfade leiten sich grundsätzliche strategische Aussagen hinsichtlich Präferenz, Erwartungen und Risiken für den Pfad einer Unternehmensfusion ab. Dazu sind natürlich grundsätzliche Kenntnisse und Annahmen über die Bandbreite möglicher Kandidaten und der damit verbundenen Pfade erforderlich. Der Beurteilung sollte ein **Katalog aus strategischen und finanziellen Zielen** zugrunde gelegt werden; dazu gehören:

- Grad der Verbesserung der Positionen im Wettbewerb (relative Kostenpositionen, Marktpositionen, Technologiepositionen…)
- Ressourcenbedarf (Finanzen, Management…), erreichbarer Zeitvorsprung,
- Machbarkeit, Verfügbarkeit von Kandidaten, Realisierungschancen für die angestrebten Modelle,
- Risiken der Transaktion (Abbruch, Kandidatenwechsel, Zeitverlust…),
- Wertsteigerungspotenzial durch Positionsverbesserungen und Integration,
- Finanzielles Chancen-Risikoprofil.

34 Noch vor Betrachtung einzelner Kandidaten ist die **Bandbreite von Integrationsmodellen** zu identifizieren und der daraus zu erwartende Gewinn an strategischer Wettbewerbsposition und Ertragsposition abzuschätzen. Da die Machbarkeit, das Wertsteigerungspotenzial und die Realisierungsrisiken im weiteren Projekt wesentlich von der Integration bestimmt werden, ist es angemessen, in diesem frühen Projektstadium von der Entwicklung einer „Integrationsstrategie" zu sprechen. Damit soll auch für das weitere Projekt ein stringenter Denkpfad angelegt werden, der immer die bestmögliche Lösung und die praktikabelste Lösung im Auge behält – besonders, weil der optimale und der praktikabelste Pfad meist nicht identisch sind.

---

1 Weiteres zum Verhältnis zwischen Gründen für M&A und dem M&A-Markt s. *Lucks*, Der M&A-Markt und seine Herausforderungen, S. 6 ff.

Dies soll einen allzu häufigen **Fehler** vermeiden helfen, nämlich das **zu frühe** 35
Festlegen auf einen Kandidaten und einen Pfad, der sich im Nachhinein als nicht hinreichend (weil z.b. zu klein) oder nicht attraktiv und machbar erweist, z.B. weil der Kandidat abspringt oder unpassende Vorstellungen entwickelt. Die Breite der strategischen Vorfeldüberlegungen schafft eine umfassendere Sichtweise, die es erlaubt, später schneller und belastbarer Entscheidungen zu treffen und die eine größere Bandbreite von Optionen offen lassen. Damit ist ein umfassenderer Vergleich der strategischen Pfade möglich und ein leichteres Ausweichen, wenn sich ein Kandidat, ein Pfad oder ein Denkmodell als nicht tragfähig erweisen, anstatt sich zu frühzeitig auf einen Pfad festlegen zu müssen.

Die grundsätzlichen Überlegungen zur **Integrationsstrategie** sollten dabei Auf- 36
schluss geben über die **Art und den Grad der Integration**. Einer auf Wachstum ausgerichteten Strategie entspricht ein Erwerb eines komplementären Unternehmens primär mit dem Ziel der Erschließung anderer Regionalmärkte oder dem Zugang zu anderen Technologien. In einem konsolidierenden Markt kann Kostensenkung im Vordergrund stehen, die durch Zusammenführung überlappender Aktivitäten machbar ist. Als eine weitere „generische" Strategie bietet sich zum Beispiel eine Rückwärtsintegration an, etwa durch Einbezug von Vorlieferungen oder Vorwärtsintegration durch Einbezug von Leistungen, die bislang Kunden übernommen haben. Auch laterale Bewegungen, etwa Vorstoß in gleichartige Geschäfte können Verbesserungen von Wettbewerbspositionen ergeben, indem etwa Erfahrungen übertragen oder gemeinsame Ressourcen genutzt werden.

Die Prüfung der strategischen Pfade beinhaltet auch den Vergleich zwischen 37
Zielsetzung und Erreichbarkeit der Ziele. Im Vergleich mit einer Zieldefinition, etwa der Bestimmung einer notwendigen Kapitalrendite unter Bezugnahme auf eine bestimmte zu ereichende Wettbewerbsposition, kann herauskommen, dass ein ganzer „Strategiestrang" sich als nicht tragfähig herausstellt, z.B. dass organische Maßnahmen nicht ausreichen, um eine nachhaltig stabile Geschäftsposition zu erreichen. Die Betrachtung des Alternativstrangs – nämlich Erwerb eines Kandidaten – könnte sich als gleichfalls nicht machbar herausstellen. Dies hieße, dass das betreffende Unternehmen nicht in der Lage ist, eine Vorwärtsstrategie zu realisieren. Entgegen den ursprünglichen Vorstellungen der Leitung müsste das Unternehmen dann über eine „Anlehnungsstrategie" oder an einen Rückzug durch Verkauf nachdenken. Nichtstun wäre, wenn die Annahmen stimmen, tödlich.

Das Werterhöhungsziel wird erreicht durch die Umsetzung struktureller Maß- 38
nahmen zur Integration und durch Optimierung der beiden zusammenzuführenden Einheiten. Maßgebend dafür sind die aus der Strategie abzuleitenden Gesamtziele. Im Stadium der Strategieentwicklung unterscheidet man in der Regel noch zwischen so genannten Stand-alone-Maßnahmen bei den einzelnen Kandidaten und Integrationsmaßnahmen zur Zusammenführung der unternehmerischen Einheiten. Dies basiert auf der zu diesem Zeitpunkt meist begrenzten Kenntnislage des Zielunternehmens. Die Gesamtziele aus Stand-alone-Maßnahmen plus Verbundeffekten müssen frühzeitig anhand von

Wettbewerbsvergleichen (sog. Benchmarks) geprüft werden, so dass die „Integrationsstrategie" in einer plausiblen Aussage mündet, ob die erwartete Ertragsposition im jeweiligen strategischen Ausbaupfad auch dem Maßstab entspricht, den die besten Wettbewerber setzen.

2. Handlungsoptionen und Kandidatenscreening

39 Wenn aufgrund strategischer Überlegungen entschieden ist, dass ein „externer" Pfad eingeschlagen werden soll, dann sind dafür die Handlungsoptionen zu evaluieren. Dies beinhaltet den **Vergleich der potenziellen Kandidaten und des jeweils unterschiedlichen Spektrums der mit dem einzelnen Partner gangbaren Wege** der Transaktion und Integration. Die Kandidatenwahl geschieht üblicherweise in 3 Schritten (vgl. Abb. 6), nämlich

(a) Identifikation der Kandidaten,

(b) Erstellung der „Long list",

(c) Filterprozess zur „Short list".

40 Bei der Identifikation der Kandidaten ist zu unterscheiden zwischen Unternehmen aus dem Wettbewerbsumfeld und Zielen aus verwandten Branchen. Im Wettbewerbsumfeld sind analog *Porter*[1] zu unterscheiden:

- direkte Wettbewerber, Neueinsteiger, Aussteiger,
- indirekte Wettbewerber (andere Region, andere Technik...),
- Zulieferer (bei Rückwärtsintegration),
- Abnehmer, Kunden (bei Vorwärtsintegration).

41 Aus der daraus resultierenden **Kandidatensammlung** ist die so genannte „**Long list**" abzuleiten, mithilfe eines breiten Suchkataloges, der die angestrebten strategischen Richtungen abdeckt, z.B. hinsichtlich:

- Volumenausweitung durch Überlappung bei Produktspektrum, in den Regionalmärkten, im Angebotsportfolio und in der Wertschöpfungskette,
- Ergänzung in diesen Kriterien zur Ausfüllung bestehender Lücken, und zwar in der Branche, im Branchenumfeld und (insbesondere hinsichtlich einzelner Wertschöpfungsstufen bzw. einzelner Regionen) bei verwandten Branchen.

42 Die Idee dieser sehr breiten Suche ist, möglichst keine Option „auszulassen" und damit das Risiko einer Wiederholung dieses Arbeitsschrittes zu minimieren sowie alle Ideen zu erfassen, die sich aus der Verbindung der einzelnen Kandidaten und Pfade ableiten.

43 Mit einem höheren Grad an Genauigkeit werden daraus die Kandidaten der engeren Wahl bestimmt, die so genannte „**Short list**" und daraus schließlich

---

1 S. *Porter*, Competitive Strategy, 1998.

die Reihenfolge, in der die Kandidaten detailliert zu untersuchen und zu kontaktieren sind.

Es liegt auf der Hand, dass sich die strategisch „optimalen" Handlungsoptionen in der Realität eher selten realisieren lassen, weil keiner der Kandidaten alle Präferenzkriterien optimal vereinigt, z.B. 44

- nicht zur Zusammenarbeit bereit ist,
- zu klein ist, um den notwendigen Größensprung zu realisieren,
- zu groß ist im Verhältnis zu den verfügbaren Finanzmitteln oder um im Falle eines JV die Mehrheit durchzusetzen,
- der Überlappungsbereich zu klein ist (keine ausreichende Kostendegression zu erwarten),
- die Komplementarität zu gering ist (keine hinreichende Ausweitung in Marktpräsenz, Vertriebskanälen, Technologien),
- zu große Unterschiede bei Organisation, Führungsmodell und Kultur bestehen, so dass Integration schwierig ist,
- ein direkter Angriff auf einen Wettbewerber erfolgt, so dass mit schädlichen Gegenhaltemaßnahmen zu rechnen ist,
- abträgliche Kundenreaktionen oder kartellrechtliche Hürden zu erwarten sind,
- die durchzuführenden Maßnahmen politisch nicht durchsetzbar sind.

Für den einzelnen Kandidaten ergeben sich bei weiteren Überlegungen spezifische Stärken und Barrieren, die sich nicht in generelle Kriterienkataloge fassen lassen. Für breit angelegte Sondierungen ist der Aufwand jedoch groß und die Wahrscheinlichkeit ist hoch, dass sich ein einzelner angesprochener Kandidat als nicht erfolgversprechend herausstellt. Deshalb empfiehlt sich eine **durchgängige Beurteilung** der Handlungsoptionen, etwa **nach einem „Weichenstellungs-Modell"** (Abb. 7).[1] Der Grundgedanke dabei ist, dass sich für jeden denkbaren Kandidaten implizite Lösungsansätze bieten, die letztlich das Endprodukt einer Fusion, eines Joint Ventures oder einer Kooperation bestimmen. Für einen zunächst weniger attraktiven Kandidaten lassen sich damit durchaus interessante Modelle ableiten oder ein zunächst priorisierter Partner erweist sich als nicht zielführend. Für die Modellbetrachtung ist eine Kaskade von Kriterien zu entwickeln, die schrittweise „durchzudeklinieren" sind. Nach dem vorgestellten Muster ergibt sich folgende Argumentationskette: 45

Die **Geschäftsart** und **Geschäftsabgrenzung** reflektiert das Geschäftsverständnis des Kandidaten (etwa Produktgeschäft, Systemgeschäft). Üblicherweise werden etwa Geschäfte in anderen Märkten anders definiert. Wenn der Markt zum Beispiel in Deutschland eine schlüsselfertige Lösung fordert, kann in den USA ein Komponentengeschäft gefordert sein, mit Ertragsziel beim Service im Lebenszyklus. Die Geschäftsabgrenzung definiert, welcher Teil der Wert- 46

---

1 Vgl. *Lucks*, M&A – Nur systematisches Vorgehen bringt Erfolg, S. 44 ff.

schöpfung innerhalb des Zielunternehmens erbracht wird und welche Leistung zugekauft wird. Das bestimmt zum Beispiel die Verbundeffekte des Zusammenschlusses. Auch bei Inlandskandidaten lohnt sich die Prüfung: Möglicherweise versteht er unter demselben Begriff etwas anderes (anderer Wertschöpfungsgehalt...), so dass spätere Integrationseffekte gering oder unerwünschte Aktivitäten enthalten sind.

47 Die rechtzeitige Beschäftigung mit der **Transaktion** lenkt den Blick auf weitere Weichenstellungen. Da stellt sich zunächst die Frage, ob das Gemeinschaftsunternehmen marktbeherrschende Stellungen erreicht. Dies sollte frühzeitig geklärt werden. Wenn ein kritischer Sachverhalt erst durch die Kartellbehörden aufgedeckt wird, ist das Kind bereits in den Brunnen gefallen und die anstehenden Verzögerungen werden unvermeidlich. Interne Vorüberlegungen können den voraussichtlichen Problemen Rechnung tragen, indem etwa geschäftliche Abgrenzungen von vornherein so vorgenommen werden, dass sie mit dem Fusionsrecht konform gehen.

48 Zur Transaktion zählt auch die Art des Bietwettbewerbs. Müssen wir uns zum Beispiel den Bedingungen einer **Auktion** beugen, dann sind die Möglichkeiten der Informationsbeschaffung über den zwischengeschalteten Investmentbanker beschränkt. In bestimmten Geschäftssituationen sollte man dann sogar ganz die Finger von einem Vorhaben lassen, etwa wenn der Wert des Kandidaten vor allem darin liegt, dass er angeblich eine neue Technologie besitzt oder eine Produktgeneration unmittelbar vor der Markteinführung steht. Auf die von der Verkäuferseite „gesteuerte" Informationen darf man sich in diesem Fall keinesfalls verlassen. Man darf im Grunde nur weitermachen, wenn dabei ein angemessener Parallelprozess zur Informationsbeschaffung über Dritte möglich ist (Kundenbefragungen, technische Analysen...).

49 Je nach Kandidat bieten sich unterschiedliche **Modelle zur Integration**. Dies liegt zum Beispiel am Größenverhältnis der zusammenzuführenden Einheiten, an der Organisationsform, am strategischen Ziel („form follows function"). Auch Ansprüche an die unternehmerische Führung und im Rollenverständnisse wirken hier mit. An diesem Punkt scheiden sich häufig unerwartet die Geister: Erweisen sich die an das Zielunternehmen gestellten Erwartungen nicht als tragfähig, liegt in dieser Stufe der Verhandlung das größte Abbruchrisiko. Um Zeitverluste und unnötige Iterationen zu vermeiden, sollten rechtzeitig Überlegungen über die Erwartungshaltung der Partnerseite angestellt werden und parallel Sondierungen mit Dritten betrieben werden.

50 **Gesellschaftsrechtliche Handlungsoptionen** haben entscheidenden Einfluss auf die Durchsetzbarkeit der Strategie und die Führung des Fusionsprozesses. Tochterunternehmen im Ausland müssen z.B. nach dem „arms' length principle" geführt werden und sind nicht einfach „strategische Befehlsempfänger". Übergeordnete Maßnahmen, die ein einzelnes Beteiligungsunternehmen im Ausland schlechter stellen, können auf Hindernisse stoßen, zum Beispiel die Konzentration der weltweiten Forschung und Entwicklungsaufwendungen zu Lasten einer Gesellschaft, während an anderer Stelle kostenfrei nachgebaut werden darf. Dies könnte aus der nationalen Gesetzgebung als „Ergebnisverschiebung" zur Steuerverkürzung gewertet werden. Wenn in einem anderen

Fall Betriebsteile in ein Gemeinschaftsunternehmen eingebracht werden sollen, sind **Ausgliederungen** erforderlich. Verteilen sich derartige Ausgliederungen auf viele internationale Geschäfte und zahlreiche Gesellschaften, dann kann dies durchaus ein halbes Jahr in Anspruch nehmen und den Integrationsprozess entsprechend verzögern. Wer das weiß und den Umsetzungsweg schon kennt, kann eine Ausgliederung auch vor Beginn eines Übernahmeprozesses in die Wege leiten und die anstehende Integration entsprechend früher angehen.

Auch die rechtzeitige Beschäftigung mit den **Aufbaustrukturen** der zu vereinenden Organisationseinheiten ist hilfreich. Frühzeitig sollten die Weichen gestellt werden, welche der Organisationsformen Vorrang hat, wie die temporären Lösungen nach dem „Tag 1" aussehen. Dies ist eng verzahnt mit den **Führungsstrukturen** und Besetzungsfragen, etwa ob die Erwartungen und Beziehungen der Schlüsselfunktionsträger miteinander kompatibel sind. Die Sicherung des Führungskaders kann schon vor Closing in Vertragsentwürfen fixiert werden, die unmittelbar nach dem Vollzug des Kauf- oder Joint Venture-Vertrages unterschrieben werden können. 51

Um das Zusammenspiel der organisatorischen Einheiten zu regeln und die Informations- und Handlungsflüsse der zu fusionierenden Einheiten zu harmonisieren, sind detaillierte Untersuchungen der **Geschäftsprozesse** erforderlich. Bei der Identifikation und Bewertung kann sich herausstellen, dass die Zusammenführung der IT-Lösung zeitaufwendig und teuer ist, manchmal nur über eine jahrelange Migration mit temporären Behelfslösungen. IT-Spezialisten und E-business-Fachleute beider Partner können zum Beispiel frühzeitig Kontakt aufnehmen, um die bestehenden technischen Lösungen grob zu vergleichen und den Aufwand abzuschätzen. Überraschungen sind dabei vorprogrammiert: es gibt z.B. Unternehmungen, die allein schon zahlreiche unterschiedliche SAP-Lösungen nebeneinander betreiben. 52

Am Schluss der Denk- oder Entscheidungskette steht immer wieder die Frage nach der Zielerreichung: Werden die a priori und Top down ermittelten Finanzziele erreichbar sein, wie wirken sich Marktrisiken aus, sind die Maßnahmenpakete machbar angesichts äußerer Zwänge und interner Randbedingungen durchsetzbar? Erst nach mehrmaligem Durchlaufen der Entscheidungskette dürfte der Unternehmer ein Bild haben, ob die Erfolgswahrscheinlichkeit es rechtfertigt, in zeitaufwändige Verhandlungen mit einem zu priorisierenden Kandidaten einzutreten. 53

3. Exploration und Simulation

Wenn die Kandidaten und die jeweils implizit damit verbunden Handlungsoptionen bekannt sind, ist herauszufinden, ob die angedachten Pfade auch realisierbar sind. In das Kandidaten- und Pfadscreening sind bereits erste Abschätzungen über die Machbarkeit eingeflossen, so dass die unwahrscheinlichen, offensichtlich nicht machbaren oder der eigenen Strategie widersprechenden Pfade ausgeschlossen oder hintangestellt wurden. Dazu gehört etwa die Überlegung, zunächst solche Pfade zu verfolgen, bei denen das eigene und freie un- 54 ternehmerische Handeln sichergestellt ist. Nach dieser Eingrenzung wären in einer ersten Runde Akquisitionswege oder Mehrheits-Joint Ventures zu verfolgen.

55 Die bisher vorliegenden **Abschätzungen aus dem Kandidatenscreening sind nun zu verifizieren.** Bei Unternehmen, die im direkten Wettbewerb miteinander stehen, gibt es meist persönliche Kontakte oder es bieten sich Gelegenheiten zu Gesprächen, etwa bei Verbandstreffen. Bei derartigen Vorstößen ist sorgfältig zu überlegen, wie stark das Signal auf den Adressaten wirken soll. Immerhin eröffnet der Initiator derartiger Gespräche dem Angesprochenen seine Strategie und lenkt dessen Aufmerksamkeit auf etwaige Gegenhaltemaßnahmen. Um Risiken vorzubeugen oder wenn sich eine persönliche Kontaktaufnahme nicht empfiehlt, ist die Einschaltung Dritter möglich z.B. Unternehmensberater, M&A-Boutiquen oder (Investment-)Banker. Bei Beratern kann dies in den Auftrag für ein Screening-Projekt fallen, für Investment-Banker bedeutet dies meist auch die Absicht zum Abschluss eines Maklervertrages mit den entsprechenden Zusicherungen von Erfolgszahlungen. Dies sollte im Vorfeld klar geregelt werden.

56 Oft bedarf es wiederholter Vorstöße. Die **Sondierungen** können sich auf mehrere Ebenen verzweigen, z.B. Externe, Vorstand, Vertrieb, Delegationen. Häufig wird beim Zielunternehmen auch ein Denkprozess angestoßen, der bisher nicht verfolgt wurde. Es ist deshalb nicht ungewöhnlich, dass sich solche Vorfeldsondierungen über Jahre hinziehen können. Aus diesem Grund empfiehlt es sich, mehrere priorisierte Kandidaten anzusprechen und darauf zu achten, mindestens „zwei Bälle" gleichzeitig in der Schwebe zu halten, um nicht nach einer Absage wieder vollständig neu anfangen zu müssen.

57 Zur Verfestigung der Informationen bietet sich auch **Kontaktaufnahme mit Dritten** an, etwa Ansprache von Lieferanten und Kunden der Zielunternehmen. Dies erfordert viel Fingerspitzengefühl, um die Zielunternehmen nicht zu verprellen und um sich nicht dem Vorwurf eines Vertrauensbruches auszusetzen. Auch hier können Intermediäre tätig werden. Darüber hinaus bieten sich spezielle Informationspfade für die einzelnen Wertschöpfungsstufen des Zielunternehmens an, etwa der Kauf eines seiner Produkte und dessen Zerlegung und Analyse um Aussagen über das Fertigungskonzept, Integrationsgrad und Produktkosten zu erhalten, sog. **„Reverse-Engineering".** Vorsicht sei jedoch bei zu viel Aktivismus angesagt, denn selbst „diskrete" Aktionen lassen sich nicht immer geheim halten. Das Zielunternehmen kann sich bedroht fühlen, Dritte treten in Aktion, Gerüchte verstärken sich am Markt und Erwartungen können sich an der Börse niederschlagen. Um Gefahren abzuwehren, sollte man seine Aktionen dosieren und auf strenge Geheimhaltung im Unternehmen achten. Die einbezogenen Mitarbeiter müssen namentlich erfasst und auf rechtliche Konsequenzen (Insider-Handel...) aufmerksam gemacht werden.

58 Die „aktive Sondierung" hat vor allem den Zweck, die **Auswahl- und Handlungsfreiheit** bezüglich der attraktivsten Ausbauoptionen für das Geschäft zu wahren. Nicht selten wird ein möglicher Kandidat „aufgeweckt", entwickelt eine eigene M&A-Offensive oder einen offensiven Verkaufsprozess. Infolgedes-

sen versucht er, die Handlungsinitiative zu übernehmen, indem er seinerseits mit konkurrierenden Unternehmen in Kontakt tritt oder eine **Auktion** einleitet, in der er die Geschwindigkeit bestimmen kann. In diesem Fall sind dem Initiator die Möglichkeiten zur Durchführung der weiteren aktiven Schritte (Teil IX Rz. 62) beschnitten, wenn nicht gar geraubt. Er sollte sich jedoch keinesfalls willenlos den scheinbar fixen Bedingungen und Terminen einer drohenden Auktion ausliefern sondern versuchen, seine **Verhandlungsmacht** auszuschöpfen, Bedingungen stellen und ggf. Ausstiegskriterien definieren. Zur Abschätzung des eigenen Gewichtes im Auktionsprozess gehört etwa die Überlegung, ob der Verkäufer auf Mitbieter angewiesen ist, weil ein zu schmaler Bieterkreis (vielleicht ein einziger verbleibender Bieter) keinen Spielraum für Preisphantasien lässt. Ein Ausstiegsgrund im Bietprozess wäre z.B., wenn der Wert des Zielunternehmens wesentlich vom Planerfolg einer neue Produktlinie abhängt, aber der Markteinstieg noch in der Zukunft liegt und keine tief gehenden Analysen über Testmärkte, Kosten und Technologiepositionen der neuen Produktlinie zur Verfügung gestellt werden. Das „blinde" Mitbieten in einem solchen Fall wäre einfach zu risikoreich.

Die über das Zielunternehmen auf „diskreten Wegen" gewonnen Informationen sollten zu einem Gesamtbild verdichtet werden. Dies wird auch als „**interne Simulation**" bezeichnet. Diese Simulation umfasst sowohl eine Abbildung des Zielunternehmens im Alleinzustand als auch eine Darstellung des unternehmerischen Zusammenflusses einschließlich notwendiger Strukturierungsmaßnahmen und resultierender Verbundeffekte. Das beinhaltet die G&V-Rechnung, Cash-flow, Bilanzen und Kennzahlen. Sie sollten ein Bild über alle Wertschöpfungsstufen und Standorte ermöglichen (etwa Produktbereitstellung als Prozess über Einkauf und Fertigung), die Integrationsmaßnahmen abdecken, die Abschätzung von Investitionsaufwand, Kosten, Zeit und Managementbedarf sowie die daraus erwarteten Verbesserungen an Marktposition, Produktportfolio, Kundenangeboten und die zusätzlich erschließbaren Vertriebskanäle.

Um einem Verhandlungswettbewerb mit einem etwaigen Dritten vorzubeugen und den Zwängen einer drohenden Auktion auszuweichen, ist es möglicherweise ratsam, dem priorisierten Zielunternehmen das **Angebot einer gemeinsamen Sondierung** zu unterbreiten. Voraussetzung dazu ist natürlich ein formaler Beschluss beider Unternehmensleitungen und eine Exklusivitätsvereinbarung. Mit diesen beiden Voraussetzungen wäre dann auch der Übergang vom explorativen Vorfeld in die Transaktionsphase vollzogen (vgl. Abb. 5).

Für die so genannte „**externe Exploration**" sollte ein gemeinsames Team benannt werden, dass sich spiegelbildlich aus Vertretern der jeweils wichtigsten Disziplinen zusammensetzt, z.B. Unternehmensentwicklung, Fertigung/Technologie, Marketing/Vertrieb und unbedingt ein Vertreter der Rechtsabteilung, der die substanziellen Bestandteile der Verträge vorbereiten kann und allen Sondierungen beiwohnen muss um wettbewerbs- und kartellrechtliche Risiken abzuwehren. Das „Explorativ-Team" darf sich deshalb auch nur mit der Entwicklung des „Zukunftsmodells", mit den Integrationsmaßnahmen und den Erfolgsaussichten am Markt beschäftigen, ohne dass substanzielle Informationen über aktuelle Projekte und Kalkulationen überfließen, die etwa Rückschlüsse für das aktuelle Geschäft zulassen und den Bietwettbewerb am Markt einschränken. In einem Zeitraum von etwa 4–6 Wochen sollte das gemeinsame Team ein Gesamtbild des Zusammenschlusses liefern, aus dem für beide Unternehmensleitungen deutlicher sichtbar wird, welche Vorteile aus der Fusion resultieren und welche Integrationsmodelle erfolgversprechend sind. Diese Vorlage sollte beide Unternehmensleitungen in die Lage versetzen, den Attraktivitätsgrad der möglichen Pfade zu beurteilen und den Grad der Bereitschaft zu notwendigen Konzessionen festzulegen – etwa die Frage nach Anteilen in einem JV oder Gewichtsverhältnissen im Unternehmenswert, die eine erste Indikation über etwaige Ausgleichszahlungen liefern.

II. Bestimmung der Hebel in der Transaktionsphase

1. Integrationsorientierte Due Diligence

62 Die Informationsbeschaffung im so genannten „Vorfeldprojekt" kann als „informell" bezeichnet werden, denn sie fußt im Wesentlichen auf Drittquellen (Studien, Analysen), plausibilisierenden Annahmen (zwischen dem eigenen Geschäft und dem Geschäft des Zielunternehmens) sowie weitgehend unverbindlichen Perspektivaussagen des Verkäufers (aus den Sondierungen und bei gemeinsamen Explorationsprojekten). Wenn die Entscheidung für einen Kandidaten gefallen ist, die Genehmigung der Unternehmensleitung zur Aufnahme formaler Verhandlungen und zum Abschluss der dafür geforderten Vorverträge (LoI, MoU) vorliegt, dann kann eine „formale" Prüfung des Zielunternehmens stattfinden, die so genannte **Due Diligence**". Sie orientiert sich im Wesentlichen auf die Prüfung der **Werthaltigkeit des Akquisitionsziels** und der damit (vertraglich) verbundenen Risiken und wird als „financial" bzw „legal" due diligence bezeichnet. In dieser „klassischen" Definition ist sie vor allem auf die Kaufpreisverhandlung ausgerichtet, eher vergangenheitsorientiert und auf die wirtschaftliche und rechtliche Basis zur Führung des Geschäftes konzentriert. Deshalb ist es üblich, sie durch eine Anhörung der verantwortlichen Geschäftsführung zu ergänzen, das so genannte **Management Audit**. Dies kann dann genutzt werden, um nicht nur offene Fragen zu den Abschlüssen und Geschäftsplänen zu beantworten, sondern auch kritische Themen anzusprechen, die die Eignung zur Integration betreffen.

63 Vor dem Hintergrund der Unternehmensintegration ist vor allem wichtig, dass die Informationsbeschaffung im Weiteren oder die „formale" Due Diligence nicht als ausschließlicher Bestandteil des „Verhandlungs- und Vertragsprozesses" angesehen wird, sondern in die vor- und nachgeschalteten Prozessstufen der Planung (Strategie...) und Strukturierung (Reengineering, Integration...) eingebettet ist. Deshalb sollten die Themen und Fragebögen der Due Diligence den gesamten Komplex der **Integration** abbilden. Wichtige Stichwörter dazu sind in Abb. 8 zusammengefasst. Dabei lehrt die Erfahrung, dass es nicht darum geht, einen möglichst umfassenden Fragenkatalog zu entwickeln oder etwa „Standardfragebögen" abzuarbeiten, sondern es geht darum, die Due Diligence und das Management Audit als die zentrale Gelegenheit zu nutzen, die Sachverhalte zu hinterfragen, die sich im vorliegenden Fall aufgrund der Vor-

informationen als besonders heikel in der Umsetzung oder riskant im Ergebnis darstellen. Als hilfreich hat sich herausgestellt, durch eine **Faktoren- oder Sensitivitätsanalyse** den Grad der Wichtigkeit der einzelnen Gebiete zu lokalisieren und den Schwerpunkt der Due Diligence auf die Hauptwerttreiber zu konzentrieren. Dabei sollte sowohl auf die Werthaltigkeit des Zielunternehmen im Alleinzustand abgehoben werden als auch auf die Umsetzbarkeit der Restrukturierung und der Integration (Kombination der Geschäfte).

Bei der „klassischen" (auf die Preisfindung und die Stand-alone-Werthaltigkeit orientierten) Due Diligence werden üblicherweise Wirtschaftsprüfer, Anwälte und Investmentbanker beaufschlagt. Der umfassendere Ansatz gebietet darüber hinaus die Hinzuziehung von Vertretern aus Strategie und Planung aus dem Vorfeld sowie die mit der Integration zu befassenden Verantwortlichen. Sollte keine hinreichende Kapazität oder Kompetenz im Hause vorhanden sein, ist dies eines der Haupthebel für externe Beratung. 64

2. Strategische Falldefinition

Mit der Wahl eines „externen" strategischen Pfades wurden die **strategischen Ziele** gesteckt und die damit **korrelierende Bandbreite an Finanzzielen** bestimmt (Teil IX Rz. 34). Der Vergleich der konkret möglichen Partner und der damit verbundenen Handlungsoptionen (Teil IX Rz. 39) führte zur Auswahl eines priorisierten Kandidaten. Mit Hilfe der Exploration (Teil IX Rz. 61) wurde dieser Pfad verifiziert und das damit erreichbare Zielmuster abgeleitet. In der Due Diligence (Teil Rz. 62) sollten Informationslücken ausgefüllt werden, insbesondere hinsichtlich wirtschaftlicher Perspektiven des Kandidaten im Alleinzustand und für die Integration. Mit diesen nun verfügbaren Informationen ist der „Business Case" zu definieren. Das bedeutet, den strategischen Zielrahmen ins richtige Verhältnis zum Umsetzungsprofil zu stellen (Abb. 9), zu umschreiben auch mit dem Schlagwort „structure follows strategy". Unter „Struktur" wird dabei sowohl die Zielorganisation als auch der Weg dazu verstanden. 65

Die **Verifikation des strategischen Zielrahmens** bedeutet, nun am konkreten Fall zu prüfen, ob die anfangs abgeleiteten strategischen Ziele mit den anzutreffenden Randbedingungen auch erreichbar sind. Dazu gehört die **Fristigkeit der strategischen Ziele**. So sind etwa bei einer Branchenkonsolidierung die operativ notwendigen Kostensenkungsmaßnahmen in einen möglichst kurzen Zeitraum durchzuführen. Dies erfordert über wenige Wochen und Monate den Einsatz eines entsprechend großes Analyse- und Programmentwicklungsteams. Wenn eher langfristige strategische Ziel im Vordergrund stehen, wie z.B. die Zusammenführung der nächsten Produktgeneration oder die Einführung neuer Technologien, dann benötigen die Analysen und Forschungsprogramme längere Zeit und die Zusammenführung selber wird durch den Reifegrad der bisher am Markt befindlichen Produkte bestimmt. Selbst nach Produktablösung sind Service und Ersatzteilvorhaltung noch über längere Zeiträume nötig, so dass dieser strategische Pfad meist ein bis zwei Produktlebenszyklen dauert. Das kann je nach Branche bei zwei bis zehn Jahren liegen, bei Investitionsgütern (z.B. Kraftwerken) auch weit darüber. 66

67 Hinsichtlich der Produkte und Technologien, die beide Seiten beisteuern, muss die Frage nach **Überlappung oder Komplementarität** detailliert untersucht werden. Bei bereits bestehender technologischer Überlappung können frühzeitige Migrationen auf gemeinsame Produktplattformen ins Auge gefasst werden. Ist hohe Komplementarität gegeben, stellt sich die Frage nach der Integration etwa in Systeme und Anlagen, die sich aus Komponenten und Leistungen beider Unternehmensteile rekrutieren. Ältere Technologien können eventuell vorzeitig substituiert werden.

68 Die **Markt- und Kundenstrategien** bestimmen letztlich die Umsetzung. Die Erschließung neuer Märkte z.B. in anderen Regionen oder anderen Geschäftssegmenten bedingt sorgfältige Roll-out-Pläne, die entweder auf Wachstumssegmente zielen oder aber (bei etabliertem Wettbewerb) Angriffe auf Konkurrenten darstellen. Ein derartiger „organischer" Vorstoß kann Jahre in Anspruch nehmen und bei auftretenden Preiskämpfen ausgesprochen teuer werden. Die Ausschöpfung bei bestehenden Kunden ist dagegen vergleichsweise schneller realisierbar, wenn etwa durch die nun gegebene Produktkomplementarität ein breiteres Produktangebot offeriert werden kann und das Tor zum Kunden durch bestehende Glaubwürdigkeit offen steht.

69 Mit dem **Umsetzungsprofil** legt der Unternehmer fest, auf welche Weise er die Integration durchführen will. Bei der Entscheidung über die **Integrationsgeschwindigkeit** spielen etwa psychologische Argumente eine Rolle, etwa Bevorzugung eines Prozesses des Zusammenwachsens oder bewusste Ausnutzung der Unsicherheit nach dem Closing zur schnellen Durchsetzung grundlegender Weichenstellungen. Die Geschwindigkeit kann aber auch marktgegeben sein oder bedingt durch die oben genannten Produktgenerationen. Eine schnellere Substitution bietet sich z.B. an, wenn die Produkte eines Partners in der Reife sind und der andere gerade eine neue Generation einführt.

70 Auch die **Kultur** der Zusammenführung bedarf einer bewussten Entscheidung. Will man das eigene Verhalten und Geschäftsverständnis übertragen, entspricht dies eher einer „Übernahme" und es empfiehlt sich schnelles Handeln. Steht „Multikulturalität" im Vordergrund, etwa zur Bedienung regional unterschiedlicher Märkte oder verschiedener Kundentypen, dann bedarf es eines gegenseitigen Verständnisses, aber ansonsten der Sicherstellung, dass sich die jeweiligen Vertriebskanäle, Produkte und Leistungen segmentspezifisch unterscheiden.

71 Als sehr wichtig hat sich erwiesen, die **Integrationstiefe** vorab zu diskutieren. Sollen die Organisationen voll durchdrungen werden oder genügt es, sie punktuell zusammenzuführen? Eine tiefe Durchdringung ist eher bei kostengetriebenen Fusionen vonnöten. Eine Zusammenführung unter weitgehendem Erhalt der Organisationseinheiten bietet sich an bei komplementären Produkten und regionaler Ergänzung. Tendenziell passt diese letztere Lösung eher für Zusammenschlüsse zur Geschäftsausweitung, also zur Erreichung von Volumeneffekten.

72 Wenn nach diesen grundsätzlichen Betrachtungen eine Vorstellung über den Umfang der Maßnahmen besteht, stellt sich die Frage nach der **Arbeits-**

sequenz: Sollen die Maßnahmen eher gleichzeitig oder hintereinander angegangen werden? Das hat einerseits mit der strategisch-operativen Zielsetzung zu tun. Je schneller die Umsetzung, desto schneller die Ergebnisverbesserung, desto höher der Barwert der Maßnahmen. Realistischerweise muss sich der Unternehmer aber fragen, ob er überhaupt die Ressourcen hat, alle Maßnahmen gleichzeitig durchzuführen und ob die Organisation in der Lage ist, die Fülle der gleichzeitigen Maßnahmen zu ertragen. Eine Beschleunigung oder Gleichzeitigkeit erfordert nicht einfach nur zusätzliche Kräfte, für die Integration, etwa durch das Integrationsteam aus internen und externen Beratern, sondern sie erzeugt darüber hinaus zusätzliche Komplexität, weil etwa sehr viel mehr Maßnahmen im gleichen Zeitraum aufeinander abgestimmt, kommuniziert, beim Adressaten verstanden und im Resultat wieder überprüft werden müssen.

Alles in allem stellt die „Falldefinition" einen wichtigen Schritt dar, um sich über das Gesamtmodell des durchzuführenden Integrationsprojektes Klarheit zu verschaffen, den Rahmen für die Umsetzung und den „Integrationstyp" festzulegen. Dies entspricht grundsätzlichen Richtungsentscheidungen für die weiteren Arbeitsmodule. 73

3. Ergebnisverbesserungsziel

Die Verbesserung der strategischen Geschäftsposition impliziert, dass der Ertrag erhöht werden kann durch Volumensvorteile, Erfahrungsgewinn oder Technologievorsprung (vgl. unter Teil IX Rz. 33). Die Größe des Wettbewerbsvorteils bestimmt „statistisch" die Höhe der Ergebnisverbesserung. Erste „strategische" Überlegungen über die Größe der Ergebnisverbesserung basieren auf Erfahrungswerten in unterschiedlichen Branchen. Derartige „Wettbewerbs-Rendite-Relationen" haben für den Einzelfall jedoch eher schwache Aussagekraft, da die Bandbreite des „Ergebniskorridors" groß ist, die Einflussfaktoren für das Ergebnis umfangreich und die Branchen unterschiedlich profitabel sind. 74

Für das zu erwartende Ergebnisziel werden deshalb Vergleiche mit führenden Wettbewerbern der Branche oder gut aufgestellten Wettbewerbern vergleichbarer Industrien herangezogen, so genannte **Benchmarks** (vgl. unten Teil IX Rz. 218 ff.). Daraus wird das Gesamtergebnisziel (z.B. „EBIT" als Ergebnis vor Zinsen und Steuern) abgeleitet (Abb. 10 linke Spalte). Zu untersuchen ist, ob diese „beispielhaften" Ergebnisqualitäten als maßgebend für das integrierte Unternehmen herangezogen werden können. Dabei ist sorgsam vorzugehen, denn nicht immer sind die „großen" und breit aufgestellten Unternehmen die profitabelsten und es gibt zahlreiche zu berücksichtigende Sondereffekte, z.B. besonders positionierte Nischenspieler oder „Momenteffekte" in einem Markt. 75

Die Erreichbarkeit von „Best practice"-Ertragspositionen muss deshalb durch eine Überleitung des bisherigen Stand-alone-Ergebnisses der betreffenden eigenen Unternehmenseinheit auf die integrierte Einheit nachgewiesen werden. Dabei werden insbesondere Veränderungen abgeleitet, die auf Volumensausweitung durch die Zusammenführung der beiden Fusionskandidaten ange- 76 strebt werden. Da das Ergebnis erst nach einer Phase der Restrukturierung erreicht werden kann und sich in der Zwischenzeit Einflussgrößen ändern können, wie etwa Faktorkosten, ist eine „dynamische" Überleitung zu empfehlen. Dieses Verfahren wird als „**Baselining**" bezeichnet (s. unten Teil IX Rz. 255 ff.).

77 Das zunächst „top down" abgeleitete Gesamt-Ergebnisverbesserungsziel muss natürlich durch Umsetzung der Struktur- und Integrationsmaßnahmen an den zusammenzuführenden Unternehmenseinheiten herbeigeführt werden. Dies ist vor dem Closing durch einen Plan nachzuweisen, der anhand größerer Maßnahmenblöcke oder so genannter „**Hebel**" die Realisierbarkeit des Gesamtergebnisziels nachweist. Die Hebel bzw. Maßnahmenblöcke können dabei gegliedert sein nach

- Wertschöpfungsstufen (FuE, Fertigung, Vertrieb...) über die Gesamtheit der zu integrierenden Unternehmensteile,

- Standorte besagter Unternehmensteile,

- Produktgruppen oder Aktivitäten, die die jeweils zuzuordnende Wertschöpfungskette umfasst.

78 Diese Hebel stellen einen **Zwischenschritt** dar vor den später abzuleitenden Einzelmaßnahmen. Da der Erwerber vor dem Closing keinen Zugang zum Zielunternehmen hat, muss er sich zunächst mit dieser „Grobbetrachtung" begnügen. Es ist ihm überlassen, welche „Dimension" (Wertschöpfung, Standorte oder Produkte) er für die Ableitung der Hebel anwenden möchte. Naheliegenderweise wird er den Weg wählen, der ihm am geläufigsten ist durch Kenntnis des eigenen Unternehmens und Übertragbarkeit auf das Zielunternehmen oder Vorhandensein von Vergleichsdaten anderer Betriebe (Markt- und Wettbewerbsstudien, Benchmark-Ableitungen...). Die Größe der einzelnen Hebel lässt wiederum Schlussfolgerungen über den Umfang von Restrukturierungsmaßnahmen zu. Überlegungen zur Machbarkeit können das top down abgeleitete Gesamtziel verifizieren. Die Hinterfragung bei den Fachleuten im eigenen Hause regt die Diskussion über die Verteilung der Maßnahmen und Verbesserungsansätze an und übt den konstruktiven Streit um die Verantwortung für die Verbesserungen nach dem Closing ein. Daraus lassen sich auch „konzeptionelle" Grobszenarien für die Konzentration von Teilen der Wertschöpfung ableiten, z.B. für Standortschließungen und Bildung „produktreiner" Fertigungen.

79 Da diese **Szenarien** auch die Aufwendungen für die Restrukturierung abbilden müssen, erlauben sie einen ersten **Vergleich** ihrer **Wirtschaftlichkeit**. Auch Überlegungen hinsichtlich Machbarkeit bzw. politischer Durchsetzbarkeit (insbesondere zu Standortschließungen) sind dabei anzustellen. Aus einer vergleichenden Bewertung können die „Opportunitätskosten" eines (z.B. gegenüber Arbeitnehmervertretern) „durchsetzbaren" Szenarios gegenüber einem (theoretischen) „Optimalszenario" abgeleitet werden. Dies dient vor dem Closing als erste Indikation über die (a) Werthaltigkeit des Gesamtvorhabens bzw. (b) Grenzbetrachtung, inwieweit Konzessionen gegenüber Sozialpartnern wirtschaftlich tragbar sind. Es ist wichtig, diese Übung möglichst frühzeitig und in

weiträumig zeitlichem Vorlauf vor dem Closing durchzuführen, um notfalls das Vorhaben noch ohne Schaden und Entschädigungszahlung abbrechen zu können.

Für die grundlegenden Szenarien müssen natürlich Annahmen getroffen werden hinsichtlich Kosten, zeitliche Wirksamkeit und wirtschaftlicher Nutzen der Maßnahmen. Aufgrund fehlenden Zugangs zum Kandidaten und zeitlicher Restriktionen für die Analyse, kann die Untersuchung natürlich nur in einem relativ groben **Datenraster** durchgeführt werden, in so genannten „100-Meilenschritten". Die Erfahrung zeigt jedoch, dass dieser methodische Vergleich sehr sinnvoll ist, weil er den Unternehmer zwingt, einmal die weiteren Richtungsentscheidungen (z.B. „4 oder 5 Fertigungsstandorte") in ihrer wirtschaftlichen Konsequenz und sozialpolitischer Durchsetzbarkeit zu durchdenken 80

Die Analyse der „Hebel" ist mit dem Closing natürlich nicht abgeschlossen, sondern wird im Rahmen der Maßnahmenentwicklung fortgesetzt – gewissermaßen in **zunehmender Verfeinerung mit fortschreitender Genauigkeit** und Verlässlichkeit der Informationen. 81

Je nach Komplexität kann die Entwicklung der Verbesserungshebel zwei bis vier Monate in Anspruch nehmen. In so genannten „Konsolidierungsfällen" liegt der Aufwand aufgrund des größeren Umfangs ergebnisverbessernder Maßnahmen eher im oberen Bereich. Bei den eher innovationsgetriebenen Akquisitionen liegt der Maßnamen-Fokus stärker bei mittel- und langfristigen Zielen für Produktpolitik und FuE. Dazu sind in der Regel weniger Einzelmaßnahmen notwendig, deren Aufwand, Ergebniswirkung und zeitliches Eintreten im Frühstadium eines Projektes auch noch nicht so genau definiert werden kann. Deshalb wird für diesen Planungsfall weniger Arbeitseinsatz benötigt als für die „Buy-in-Analyse" einer Konsolidierung. 82

4. Integrationsbereitschaft zum Closing

Rechtzeitig zum Closing muss alles vorbereitet sein, um am „**Tag 1**" die Führung der erworbenen Unternehmenseinheit übernehmen zu können und die Integration einzuleiten. Die Vorbereitung mündet in einen generalstabsmäßig ausgearbeiteten Plan, in dem alle Ziele, Maßnahmen und Aktionen festgelegt werden sollten, soweit sie mit dem Kenntnisstand vor dem Closing definiert werden können. Dieser Plan sollte dem Vorstand des Übernehmers zur Genehmigung vorgelegt werden, um das verantwortliche Management und die Leitung des Integrationsteams auf die Umsetzung zu verpflichten. Die wichtigsten Grundlagen für den Bericht und den Umsetzungsplan sind die strategische Falldefinition mit den darin gewählten Rahmenvorgaben an die Vorgehensweise zur Integration (Teil IX Rz. 69) und die Zielsetzungen (Teil IX Rz. 74). 83

Je nach Projekt und Voraussetzungen können die zu ergreifenden **Restrukturierungsprogramme** in unterschiedlicher Deutlichkeit vorliegen: in einem Fall mag die zu wählende Struktur bereits so klar sein, dass sie nach dem Closing kommuniziert und unmittelbar umgesetzt werden kann. Im anderen Fall mögen Gründe vorliegen, unterschiedliche Szenarien nach dem Closing nochmals zu verifizieren und zu vertiefen, diesmal unter Einbezug des Fusionskandida- 84

Teil IX Wertorientiertes Integrationsmanagement

ten und der Sozialpartner, um beide von der Notwendigkeit zur Durchführung bestimmter Schnitte zu überzeugen. Dies betrifft vor allem Konsolidierungsthemen, bei denen Widerstände zu erwarten sind, vor allem von den „Integrationsverlierern". Dabei ist zu unterscheiden einerseits zwischen deutlicher Artikulation des Führungsanspruches und des Willens zur Durchsetzung notwendiger Maßnahmen und andererseits der Offenheit, sich nach dem Closing mit den Vertretern des Fusionspartners zusammenzusetzen, um zu prüfen, ob die vor dem Closing angedachten Maßnahmen unter Sichtweisen der anderen Seite auch standhalten.

85 Neben der grundlegenden Richtungsvorgabe muss der Integrationsplan angeben, wie zahlreiche operative Einzelgebiete angegangen werden sollen. Dies betrifft auch die ordentliche **Übergabe der Aufgaben aus dem „Transaktionsprojekt"** (vgl. unter Teil IX Rz. 178). Dazu gehören:

- DV und Telekommunikation, Netze trennen und zusammenschalten, einheitliche E-Mail-Adressen, Schutz des Netzes;

- Führung und vom „Tag 1" an sicherstellen: Wer aus dem Management der erworbenen Einheiten berichtet an wen (dies in den Kaufverträgen bzw. Anhängen und Übernahmeregelungen zu fixieren), Handhabung von Führung über Berichtsgrenzen hinweg („arms' length-principles"...);

- „Holding Statements" vorbereiten: Kommunikationspapiere für den Notfall, falls vorab Informationen über Maßnahmen an die Öffentlichkeit durchsickern (Inhalt und Veröffentlichungsvoraussetzungen mit dem Fusionspartner abzustimmen);

- Kommunikationsprogramm unter Berücksichtigung der Börsenregeln für die offizielle Bekanntmachung nach Closing und am „Tag 1" (Börse, Mitarbeiter, Öffentlichkeit, Kunden, Lieferanten, Wettbewerber...);

- Organisation des „Tag 1" mit Betriebsversammlungen und Videoübertragungen an alle Standorte;

- weiteres Kommunikationsprogramm, vor allem für Kunden und andere Geschäftspartner, z.B. mit „Roadshow";

- Festlegung der Projektorganisation für das Integrationsteam und Benennungen dazu aus beiden Fusionspartnern;

- Berichtsstrukturen festlegen: Benennung eines Lenkungsausschusses, Rollenteilung Management versus Berichtsorgan und Team sicherstellen;

- Übergabe der Aufgaben und Ergebnisse aus dem „Vorfeldteam" und dem „Transaktionsteam" an das Integrationsteam;

- Übergabe aller Verträge an eine Einheit zur Verfolgung der Vertragsumsetzungen sicherstellen, falls nicht vorhanden: Stelle dazu schaffen;

- Maßnahmen und Verantwortlichkeiten festlegen zur Bildung der neuen rechtlichen Einheiten: Post closing Due Diligence, Abschlussprüfung, Erstellung Anfangsbilanz, Festlegung Konsolidierungsregeln, Klärung der Steuern usw.

Der **Bericht an die Unternehmensleitung zur Bereitschaft für die Umsetzung** 86
sollte alle unmittelbaren operativen Themen und die langfristigen Maßnahmen und Ziele abdecken und sich in der Gliederung mit dem Management- und Controlling-Plan decken (vgl. Teil IX Rz. 245 u. 250). Idealerweise entwickelt die Projektleitung daraus eine Struktur, die als Standard für die Fortschrittsberichte vor dem zu gründenden Lenkungsausschuss verwendet werden kann. Nach diesem Schema können die zu verfolgenden Themen mit dem jeweils zum Closing zu erwartenden Erfüllungsgrad verglichen werden (vgl. Projektbeispiel Abb. 11), um notwendige Folgeaktionen zuzuordnen.

III. Die Integrationsmaßnahmen nach dem Closing

1. Übersicht: Management der Umsetzung

Bis zum Closing sollten die Arbeitspakete „Strategische Falldefinition" (Teil IX 87
Rz. 65) und die Ermittlung der Verbesserungsziele und -hebel (Teil IX Rz. 74)
soweit abgeschlossen sein, dass die **plangemäße Umsetzung** (Teil IX Rz. 87)
unmittelbar nach dem „Tag 1" beginnen kann. Erfahrungsgemäß erlaubt der
Informationsstand vor dem Closing noch keine abschließende Beurteilung
über Gesamtziel und Teil-Hebel, so dass an dieser Stelle nachgearbeitet werden muss. Da die in den weiteren Schritten aus einer Bottom-up-Analyse abzuleitenden Einzelmaßnahmen in der Summe auf das vorher gesteckte Gesamtziel kommen müssen, stellt die Bottom-up-Analyse auch eine Prüfung
des Top-down-Ansatzes dar. Auch aus diesem Grunde werden also Iterationen
notwendig.

Das **Arbeitsprogramm** nach dem Closing lässt sich in **3 Aufgabenkategorien** 88
gliedern, und zwar

- die Entwicklung der Programme,
- die unmittelbare operative Umsetzung,
- Management des Kulturwandels.

Die unterschiedlichen Aufgabenschwerpunkte und Vorgehensweisen legen eine Gliederung der Programmentwicklung für die „harten" Maßnahmen in 89
4 Module nahe, nämlich

- Wertschöpfung und Standorte,
- Maßnahmenprogramm,
- Organisation und Prozesse,
- Assessments und Commitments.

Das „**Management des kulturellen Wandels**" soll die Voraussetzungen für die 90
Umsetzung der harten Maßnahmen schaffen. Aufgrund unterschiedlicher Methoden und Verantwortlichkeiten für die „weichen" Maßnahmen wird dieses
Programm im Weiteren separat behandelt (Teil IX Rz. 151).

91 Um den Druck und die Nachhaltigkeit auf die operative Umsetzung hoch zu halten, empfiehlt sich, **verschiedene Zeithorizonte für unterschiedliche Arbeitsschwerpunkte** zu unterscheiden, nämlich den Kurzfrist-Plan (...100... Tage), die mittelfristigen Maßnahmen (...1... Jahr) und die langfristige Harmonisierung (bei ...5... Jahren) im Rahmen eines kontinuierlichen Verbesserungsprogramms.

92 Noch vor dem Closing sollte man sich mit Akutproblemen auseinander setzen, die durch **Sofortmaßnahmen** gemildert werden können („Stop-the-bleeding"). Dann können sie in jedem Fall umgehend nach dem Closing aufgegriffen werden. Im Falle einer Konsolidierungsfusion kann die „reale" Integration bei besonders komplexen und politisch brisanten Fällen spätestens nach 6 Monaten Vorbereitung (fallbedingt zu rechnen nach Signing oder nach Closing) beginnen. Die Implementierung einfacher „auf der Hand liegender" Fälle kann unmittelbar nach dem Closing in Angriff genommen werden und ist nach „Verkündung" der Maßnahmen praktisch implementiert (wenn man von notwendigen Nachsteuerungen einmal absieht).

93 **Innovationsfusionen** benötigen mehr Zeit: Die Teams beider Seiten können früh in der neuen Organisation zusammengeführt werden, um von dort aus ihre gemeinsame Arbeit aufzunehmen. Die Realisierung der Planung und erst recht ihre Implementierung kann mehrere Jahre in Anspruch nehmen (abhängig von Produktlebenszyklen und Aufwendungen für Entwicklungsvorhaben. Eventuell ist es auch sinnvoll, zunächst einzelne Projektteams zu bilden, wenn die Integration der Gesamtorganisation aufgrund aktuell weiterzuführender Programme erst in weiterer Zukunft erreichbar ist. An dieser Stelle sei besondere Behutsamkeit angesagt: Das vorschnelle Zusammenlegen und die lokale Versetzung von Entwicklungsteams können zu empfindlichen Verlusten bei Schlüssel-Funktionsträgern führen. Deshalb kann auch die Stabilisierung der bestehenden Einheiten und die Einbindung in ein zu entwickelndes Entwicklernetzwerk der richtigere Weg sein.

94 Die **Module zur Programmentwicklung** bauen aufeinander auf (Abb. 12). Mit den „Pre closing"-Modulen zur Falldefinition und zur Ergebnisverbesserung werden die strategischen, operativen und wirtschaftlichen Ziele definiert. Die „Post closing"-Module zu „Wertschöpfung und Standorte" definieren das eigentliche Maßnahmenrogramm, während die Organisationsentwicklung in Verbindung mit der Bewertung der Managementkandidaten zu den Verpflichtungserklärungen führt. Mithilfe des Implementierungs- und Controlling-Programms wird die Zielerreichung sichergestellt.

95 Dem unterschiedlichen Charakter dieser Module entsprechend sollte die **Verantwortung** dafür **an verschiedene Gruppen übertragen** werden. Die grundlegenden organisationsübergreifenden Analyse- und Planungsarbeiten sollten an das zu bildende Integrationsteam gehen. Vor dem Closing kann es sich dabei nur um eine „interne Vorhut" handeln, nach dem Closing sollte daraus ein gemischtes Team gebildet werden, das sich aus beiden Partnern rekrutiert (vgl. Teil IX Rz. 181). Diese organisationsübergreifenden Teams werden im vorliegenden Modellbild als „horizontal" bezeichnet. Sobald das jeweilige Team seine Aufgabe gelöst hat und die für diese Aufgabe zuständige neue Organisati-

onseinheit definiert wurde, sollte sich das Einzelteam auflösen und die Aufgabe an die neue „vertikale" Organisation übertragen. Da die zukünftigen Organisationseinheiten erst schrittweise zu entwickeln sind und die unterschiedlichen Aufgabenmodule unterschiedlich schnell reifen, werden sich die einzelnen „horizontalen" Teams nacheinander auflösen und die Aufgaben zunehmend von den neuen Organisationseinheiten übernommen. Die horizontalen Teams sind damit zu Beginn verantwortlich für die Gesamtzielsetzung und Hebel. Die Definition und Umsetzung der Maßnahmen liegt dagegen vorwiegend in der zusammengeführten neuen Organisation.

Während in der „temporären Teamorganisation" die Zusammenführung geplant wird, müssen die Manager der jeweiligen „alten Organisationen" die Stabilität und **Kontinuität des Geschäftes absichern**. Für das Management führt dies zu Doppelbelastungen, da sie neben dem Tagesgeschäft auch in die Neuorganisation eingebunden sind. Die Arbeit des („horizontalen") Interim-Teams muss im Wesentlichen von internen Stäben und nach Bedarf von zusätzlichen externen Kapazitäten abgeleistet werden. In der Regel sind dazu Strategie- und Strukturberater hinzuzuziehen, die im Idealfall bereits vor dem Closing mit beteiligt waren. Die Berater sollten dabei besondere Expertise im Management von Integrationsprojekten mitbringen und diese an die meist M&A-unerfahrenen internen Teammitglieder transferieren.

2. Wertschöpfung und Standorte

Bereits in den Vor-Closing-Arbeitspaketen wurden Grobüberlegungen zu Wertschöpfung und Standorten angestellt, insbesondere hinsichtlich

- Abgrenzung des Geschäftes (Insourcing versus externe Bezüge),
- Bestimmung der Geschäftsart (z.B. Produkte vs. Turnkey-Anlagen),
- einzubeziehender Standorte.

Die unter B.II.2 beschriebene Falldefinition beschreibt ein vorläufiges Gesamtbild, wie es sich zunächst aus der Außensicht darstellt. Erst der **direkte Zugang zu den Standorten**, Werkseinrichtungen, Mitarbeitern und Programmen erlaubt eine genaue **Ist-Erfassung der Ressourcen** und damit eine belastbare Basis für fundierte Szenarien über das Wertschöpfungs- und Standortkonzept. Dieser ist besonders wichtig für Konsolidierungsfusionen, wenn es darum geht, überlappende Kapazitäten abzubauen und durch Schaffung von „produktreinen" oder „wertschöpfungsreinen" Standorten zusätzliche Volumeneffekte zu generieren. Die dazu notwendigen **Arbeitsschritte** sind

(a) Standorterfassung mit Leistungsprofil,

(b) Ermittlung bestehender Kapazitäten und Ressourcen (vgl. Abb. 13),

(c) Entwicklung von Konsolidierungsszenarien.

Es empfiehlt sich, die gesamte **Wertschöpfungskette** zu behandeln und dazu entsprechende **Teams** zu bilden, z.B. für

- Forschung und Entwicklung,
- Einkauf,
- Montage und Fertigung,
- Marketing und Vertrieb,
- Verwaltung mit Geschäftsführung, Planung, Controlling, Personal usw.,
- IT usw.

100 Aufgrund des Umfangs der zu betrachtenden Gebiete beschränkt sich **dieser Abschnitt exemplarisch** auf die beiden Werttreiber, die in den meisten Fällen das **größte Verbesserungspotenzial** bieten, nämlich **Einkauf und Fertigung**.

101 Die Bündelung des Einkaufs eröffnet in vielen Fällen das größte Werterhöhungspotenzial, da die Ersparnisse beträchtlich, die Restrukturierungsaufwendungen aber vergleichbar gering sind. Generell unterschieden werden **4 Stufen der Kostensenkungsanalyse**, nämlich

(a) Lieferantenvergleich,

(b) Bündelung,

(c) Lieferantenwechsel („Switching") und

(d) kostenoptimale Gestaltung („Design-to-cost").

102 Die **Messgrößen zum Kostensenkungspotenzial** leiten sich ab aus Benchmark-Vergleichen von Wettbewerbern, aus übertragbaren Erfahrungen bei den Müttern (unter Einbezug anderer aber vergleichbarer Geschäftstypen) und „Best practice"-Erfahrungen anderer Unternehmen auch aus anderen (zum Vergleich geeigneten) Branchen. Kurzfristige Ergebnisrealisierung kann nach Stufe (a) erwartet werden aus einfachen und unmittelbar wirkenden Maßnahmen, etwa durch das „Nebeneinanderlegen" der Preislisten von Lieferanten, die an beide Fusionspartner liefern. Hier lassen sich relativ schnell Einsparungen erzielen, indem die günstigeren Vertragskonditionen ausgewählt werden unter zusätzlicher Nutzung von Mengenrabatten. Die nächste Stufe (b) ist die Bündelung des Einkaufsvolumens bei einem der Lieferanten der Fusionskandidaten. Etwas länger dauert die Zusammenführung des Liefervolumens unter Wechsel zu einem noch nicht kontrahierten dritten Lieferanten (Stufe (c)). Erheblich aufwendiger gestaltet sich die Stufe (d), da hier kostenoptimale Designs in Zusammenarbeit zwischen der eigenen Entwicklungsabteilung und Zulieferern vorzulegen sind. Diese Stufe markiert den Übergangsbereich zwischen Einkauf und Fertigung

103 Grundsätzliche Standortfragen stellen sich beim Einkauf auch im Zusammenhang mit Überlegungen zur **Zentralisierung** bzw. **Dezentralisierung**. Hier stellt sich etwa die Frage, ob Volumeneffekte durch Konzentration des Einkaufs größer sind oder Verschlankung durch Dezentralisierung. Im zweiten Fall lassen sich z.B. kundennahe „produktreine" Standorte für die gesamte Wertschöpfung vom Einkauf über FuE bis zur Fertigung bilden. Bei detaillierterer Betrachtung stellt sich nicht nur die Alternative zwischen vollständiger Konzentration

oder Dezentralisierung von Wertschöpfungsstufen und/oder Produkten, sondern es bieten sich **Hybridlösungen** an, etwa durch Bündelung des Einkaufs für produktüberlappende Basiskomponenten und Dezentralisierung produktspezifischer Komponenten (Weiteres dazu unter Teil IX Rz. 117).

Größte Relevanz für die Standorte hat das zu entwickelnde **Fertigungskonzept**. 104 Dies umso mehr, wenn es sich um personalintensive Aktivitäten mit hohem Spezialisierungsgrad und großem Investment handelt, wie etwa in der Mikroelektronik und im Maschinen- und Anlagenbau. Hier sind zunächst alle **Fertigungsaktivitäten nach Standorten** aufzunehmen. Je nach Komplexität erfolgt dieses in mehreren Schritten also nach etwa

(a) Gesamtprodukten,

(b) Teilprodukten,

(c) Komponenten,

(d) Montage,

(e) Service.

Die Ergebnisse sind in einem sog. **Standort-Atlas** niederzulegen. Darin können 105 die einzelnen Wertschöpfungsbestandteile sehr detailliert runtergebrochen werden etwa auf Fertigungsstunden und Belegung von Produktionseinrichtungen, Flächen, Material- und Hilfsmittelbedarf. Auf dieser Basis können dann **Standortszenarien** entwickelt werden, zunächst in grober Form, später differenziert. Für diese Szenarien sind jeweils unterschiedliche Randbedingungen festzulegen, so dass sich Optimierungsmodelle nach unterschiedlichen Kriterien ergeben. So kann etwa ein Modell generiert werden, dass auf minimale Fertigungskosten zielt, ohne Berücksichtigung sozialer und finanzieller Barrieren. Weitere Modelle, die auf einseitige Minimierungen oder Maximierungen abzielen, stecken gewissermaßen die Extremszenarien für die Analyse ab. So ergibt sich etwa eine Szenariobandbreite zwischen Erhalt aller Standorte bis hin zu einer größtmöglichen Konzentration und der Schließung zahlreicher Fertigungen.

Parallel zu dieser Szenarioanalyse sollte das Management zu einer **realistischen Abwägung der Randbedingungen** zusammentreten. Hierzu sind Kontakte mit den Sozialpartnern erforderlich. Die intensive Beschäftigung mit dieser Fragestellung ist eine wichtige Maßnahme, um Vertrauen und Glaubwürdigkeit zu erzeugen. Die sukzessive Offenlegung vergleichender Szenarien wird den Sozialpartnern verdeutlichen, welche „**Opportunitätskosten**" dem Unternehmer durch Konzessionen entstehen. Dies lässt sich etwa durch einen Szenariovergleich der resultierenden Überkapazitäten darstellen (Abb. 13) und der daraus folgenden Kostenüberhänge bzw. Aufwendungen für Mitarbeiterabbau und -transfer. Diese Aufgabe wird erfahrungsgemäß nicht linear-deduktiv ablaufen, sondern in mehreren iterativen Schritten, zumal hier mehrere Gremien parallel tätig werden müssen, nämlich 106

– das Fertigungsteam, bestehend aus operativ erfahrenen Fertigungsspezialisten möglichst beider Unternehmen,

- das Management im Dialog mit Sozialpartnern und Lokalpolitikern,
- das Integrationsteam, das die vom Fertigungsteam vorgeschlagenen Szenarien in Einzelmaßnahmen zerlegt und für die Konsolidierbarkeit der Maßnahmen, Zurechnung von Ergebnisverbesserungen und Verfolgung der Umsetzung nach einem Meilensteinplan sorgt.

107 Die Einbindung der dritten Gruppe ist wichtig, weil ja die zu entwickelnden Standortszenarien hinsichtlich des Erfüllungsgrades für das Gesamtergebnis-Verbesserungsziel überprüft werden müssen.

108 Wie die Erfahrung zeigt, kann es außerordentlich schwierig sein, das ursprünglich angesetzte **Ziel unter den sich herauskristallisierenden sozialen Randbedingungen auch zu realisieren**. Deshalb wird es notwendig, weitere Ideen zu generieren, in die auch andere Teams, z.B. Einkauf und Service einzubeziehen sind. Daraus mögen sich Zusatzszenarien ergeben, z.B. „Rückführung von redundanten Fertigungen auf Service-Standorte" oder „Insourcing von Aktivitäten, die bisher eingekauft wurden, um Ausgleich für Kapazitätsabbau zu schaffen". Das sind auch strategische Entscheidungen, die nochmals geschäftspolitisch hinterfragt werden müssen: Was bedeutet dies für die Wettbewerbsposition, für den Ertrag, für die Stärkung des Kerngeschäftes? Welche mittelfristigen Risiken resultieren daraus? Handelt es sich um eine dauerhafte Lösung oder um einen Zwischenschritt zur Überbrückung bestehender Differenzen, der aber in wenigen Jahren revidiert werden muss?

109 Wie bereits angedeutet, ist bei der Optimierung zum Einsatz von Personal und Fertigungsressourcen auch zu überlegen, ob **Mitarbeiter umgeschult**, innerhalb des Betriebes **versetzt** oder ob ungenutzte **Fertigungseinrichtungen für andere Aktivitäten**, wie etwa den oben genannten Service **umgewidmet** werden können, oder für Zulieferungen in andere Branchen oder an Wettbewerber. All diese Überlegungen zeugen auch von dem Risiko, dass die Komplexität der Fragestellung den Analyseaufwand und erheblich nach oben treiben können.

3. Maßnahmenprogramm

110 Als „Maßnahmen" werden alle **Einzelaktivitäten** gezählt, die **zur Restrukturierung, zur Integration und zum kulturellen Wandel** der zu fusionierenden Geschäftseinheiten beitragen. Jede einzelne Maßnahme hat **Zielbeiträge** zu liefern. Entsprechend der unterschiedlichen Zielkategorien (Strategie, Ergebnisverbesserung, Struktur...) können die Maßnahmen unterschiedliche funktionale Profile haben (Abb. 14). Sie können auf unmittelbare Wirkung ausgerichtet sein (Ergebnisverbesserungshebel...), sie können allein oder im Verbund wirken oder Voraussetzungen schaffen für andere Maßnahmen, indem sie zum Beispiel andere Maßnahmen ermöglichen oder Motivation und Identifikation der Verantwortlichen mit operativen Umsetzungsmaßnahmen erzeugen.

111 Die einzelnen Maßnahmen leiten sich aus dem Gesamtprogramm „top down" ab oder verifizieren dieses „bottom up". Entsprechend der unterschiedlichen Maßnahmenkategorien sind sie verschiedenen **Verantwortlichen zuzuordnen**

und **auf diverse Weise zu verfolgen.** So kann die „Kategorie" der „unmittelbar ergebniswirksamen Maßnahmen" zusammengeführt und konsolidiert werden in einer Gesamtdatenbank, mithilfe derer das Top-down-Ziel mit der Summe der geplanten bzw. erreichten Ziele aus den Einzelmaßnahmen verglichen wird. Die Verantwortung bei Zusammenführung und Vergleich liegt dabei in der Regel in einem **Projektbüro des Integrationsteams.** Die „weichen" Maßnahmen hingegen sollten von einem Verantwortlichen für „Kulturwandel" überwacht werden (s. Teil IX Rz. 151). Auch sie sind in einem „Gesamtprogramm" zusammenzufassen, mit Meilenstein-Verfolgung zur Umsetzung (z.B. Scorecards, s. Teil IX Rz. 260).

Zu den **Aufgaben der Projektleitung** gehört es, die **Konsistenz der verschiedenen Maßnahmenkategorien zu koordinieren** und zu überwachen. Die bestimmenden Größen der Maßnahmen sind umfangreich, sie leiten sich ab aus (Abb. 15) 112

- ...dem Gesamtziel hinsichtlich Positionsverbesserung im Wettbewerb,
- ...dem Geschäft, bezüglich Standorten, Aufbauorganisation und Prozessen,
- ...den verfügbaren Ressourcen an Finanzmitteln, Führungskapazität und Zeit
- ...dem internen und externen Umfeld und dem Verbesserungsbedarf (vgl. Teil IX Rz. 241).

Entscheidend für die Planung der Projektorganisation, der Kapazitäten und Prozesse im jeweiligen Projekt ist die **Granularität der Maßnahmen**: wie viele Maßnahmen sind zu entwickeln, in welchem Tiefgang und in welchem Zentralisierungsgrad sind sie zu verfolgen? Zur Ableitung nähert man sich am besten von zwei Seiten, einmal „top down" und einmal „bottom up". Für die Top down-Betrachtung sei dies an einem Projektbeispiel erläutert: Angenommen es handelt sich um ein Vorhaben mit einem Gesamtumsatz von 2 Mrd. Euro und einem abgeleiteten „dynamischen" Ergebnisverbesserungsziel von 10%, also 200 Mio. Euro zu erreichen im Jahr 4 nach dem Closing. Als „Hebel" wurde in der Vorbereitungsphase die Wertschöpfungsstruktur gewählt, also Einkauf, Fertigung, Vertrieb usw. Nicht untypisch ist, dass 30% der Ergebnisverbesserungen aus Restrukturierung der Fertigung kommen. Dieser „Hebel" wäre dann 60 Mio. Euro groß. Wenn wir annehmen, dass beide Fusionskandidaten über zusammen 10 Fertigungen verfügen und diese auf 7 reduziert werden sollen, dann hätten wir im ersten Ideenkonzept (etwa mit dem Hauptmeilenstein „Genehmigung der Investition durch den Vorstand") 3 Hauptmaßnahmen, nämlich Schließungen mit entsprechenden Fertigungskonzentrationen auf dem Gebiet „Fertigung" mit einem Ergebnisverbesserungsziel von (durchschnittlich) je **20 Mio. Euro**. Dies wäre dann zum Einstieg in die Maßnahmenplanung die „**größte Granularität**". Entsprechend können wir „bottom up" annehmen, dass das betriebliche Verbesserungsvorschlagswesen, das bei einem (oder beiden) Kandidaten etabliert ist, weitergeführt wird und nicht unwesentlich für die kontinuierliche Produktivitätssteigerung beiträgt. Werte aus einem Fertigungsbetrieb zeigen, dass Verbesserungsvorschläge ab einem Einspareffekt von Größenordnung **200 Euro** prämienwert sind. Dies 113 könnte die „**Unterkante**" bei **der Größe einer „Maßnahme"** darstellen. Offensichtlich ist dabei auch, dass diese geringe Größe keinen „Apparat" zur Verfolgung verträgt, weil Aufwand und Komplexität der Verwaltung und Kontrolle in keinem Verhältnis zum Ergebnisbeitrag stehen. Es kann sich bei der Erfassung und Verfolgung also nur um die Meldung an sich sowie um die Prüfung nach Verhältnismäßigkeit zwischen Aufwand zu Wirkung und die Nachhaltigkeit handeln. Hierfür genügt eine **dezentrale Erfassung**, die die Maßnahmen nach Themen, Funktionen und Kostenstellen zuordnet und summarisch an die unterste Ebene eines Berichtssystems meldet. Die Erfahrung bei Integrationsprojekten zeigt, dass Maßnahmen in dieser Größenordnung zwar zahlenmäßig hoch sind, aber nur im Promillebereich der Wertverbesserung eines Konsolidierungsprojektes liegen. Die einzelne Maßnahme dieser Größenordnung geht „im Rauschen unter". Es kann also nicht das Ziel sein, Maßnahmen einer Größenabweichung von Faktor 10 000 in einem einheitlichen Controlling-Instrument zu verfolgen.

114 Wenn man den Top down-Weg weiter verfolgt, ist die Definition einer – wie oben beschriebenen – 20-Millionen-Maßnahme nur der Anfang des Prozesses zur Entwicklung und Verfolgung von Maßnahmen. Im Zuge der weiteren Planung ist eine solche „konzeptionelle Hauptmaßnahme" zu zerlegen in einzelne Teile und Schritte. Hierbei sollte auf Größenordnungen abgestellt werden, die einerseits eine Zuordnung nach Einzelverantwortungen (z.B. auf Funktionsträger) ermöglicht und andererseits die Verfolgung über die Zeit und Realisierungsgrad wirtschaftlich rechtfertigt. Darüber hinaus muss die Gesamtzahl der zu verfolgenden Maßnahmen so justiert werden, dass dies organisatorisch beherrschbar wird, entweder in einem System zur Verfolgung auf „einer Ebene" oder durch Kaskadierung und Bündelung für ein „Mehr-Ebenen-Reporting". Die Erfahrung aus Integrationsprojekten zeigt typische **„Streukurven" für die Verteilung von Maßnahmengrößen und Maßnahmenzahl**. Wie bereits erläutert, beginnt die Arbeit im Grobkonzept mit großen Maßnahmenblöcken, die sukzessive detailliert werden, und zwar nach Größe und Reife. Nach einem Planungs- und Umsetzungsstand von etwa ¾ des angesetzten Zeitraums für ein Integrations- und Verbesserungsprogramm (z.B. in Jahr 3 nach Closing von insgesamt 4 Jahren) stellen sich typische Verteilungen ein wie in Abb. 16 dargestellt. Erfahrungswerte des Autors bei Projekten im einstelligen Milliarden-Umsatzbereich zeigen: **Maßnahmen mit einem Verbesserungsziel von über 500 000 Euro** pro Maßnahme decken über ¾ des Gesamtverbesserungsziels eines Vorhabens ab. Sie stellen dabei weniger als 20 % nach der Anzahl aller Maßnahmen dar. **Maßnahmen mit Verbesserungsziel von unter 100 000 Euro** repräsentieren nach diesen Erfahrungen einen Gesamtergebnisverbesserungsbeitrag von ca. 2 % dar, machen aber 35 % nach der Anzahl aller Maßnahmen aus. Dies zeigt auf eindringliche Weise die **Relevanz der** vielzitierten **„80-20-Regel"**, nach der ein Integrationsteam sich auf die 20 % aller Maßnahmen konzentrieren soll, die 80 % des Gesamtwertes des Gesamtverbesserungsziels darstellen. In einem mehrjährigen kontinuierlichen Verbesserungsprogramm werden die „übrig bleibenden" Maßnahmen im Schnitt kleiner, der Aufwand zur Identifikation und Realisierung wird asymptotisch aufwendiger. Um der Komplexitätsfalle zu entgehen, empfiehlt es sich, **Untergrenzen für Ergebnisverbesserungen** zu definieren, unter denen eine systemati-

sche Verfolgung mit Meilensteinen und den noch darzustellenden Instrumenten der „Härtegradsystematik" (vgl. Teil IX Rz. 234) wenig sinnvoll erscheint. Nach der Erfahrung des Autors liegt die Untergrenze bei einer **Größenordnung von 100 000 Euro**. Was darunter liegt, ist dem „Rauschen" zuzuordnen bzw. kann als Einmalmeldung im betrieblichen Verbesserungswesen erfasst werden.

Die Granularität der Maßnahmen, die mit Hilfe von Meilensteinprogrammen und Härtegrandkonzepten zu definieren und auf Umsetzungsverantwortliche zuzuordnen sind, hat auch **psychologische Grenzen**. Da erst das operativ verantwortliche Management die vom Integrationsteam vordefinierten Geschäftsprozesse detaillieren wird, wäre es inkonsequent und für das Management demotivierend, ihm detaillierteste Maßnahmen zur Umsetzung vorzusetzen und deren „sklavische" Verfolgung einzufordern. Manche „im Vorgriff" konzipierte Detailarbeit wird sich dabei als nicht realistisch herausstellen. Eine gute Projektleitung zeichnet sich durch angemessene Detaillierung der Planung aus. Das operative Management sollte vor allem auf seine Ziele hingeführt werden. Seiner gestalterischen Kraft sollte letztlich die Gliederung und Granularität der Maßnahmen überlassen sein. Vertrauen in das Management und in die Mitarbeiter ist ein wichtiges Signal zur **Schaffung einer benchmark- und zielorientierten Kultur** anstatt ein controlling-orientiertes Führungssystem zu installieren, das vor lauter Teilzielen die Dynamik des geschäftlichen Umbaues bremst. 115

Die Maßnahmenplanung durch das Integrationsteam sollte innerhalb des 100-Tage-Programms nach dem Closing abgeschlossen sein und an die neue Organisation übertragen werden. Deshalb sind schnelle Personal- und Organisationsentscheidungen notwendig (vgl. Teil IX Rz. 131). 116

4. Organisation und Prozesse

Die Entwicklung der Organisation der fusionierten Einheit deckt eine **Reihe von Aspekten ab**, die miteinander **in Beziehung zu setzen** sind. Dazu gehören 117

- die Aufstellung nach Ländern und Standorten,
- die Aufbauorganisationen der zusammenzuführenden Einheiten,
- die Geschäftsprozesse der Einheiten und Prozess-Regularien der Mütter,
- das Integrationsmodell,
- Rechtsformen, Berichtswesen und Konsolidierung,
- die Vorstände und Führungsgremien,
- sowie die Regelungen der Führung („Corporate Governance"…).

In der Regel ist die **Bandbreite der organisatorischen Handlungsoptionen** mit dem Closing bereits stark eingegrenzt und der Unternehmer hat bereits grundlegende und schlüssige Vorstellungen entwickelt. Typischerweise betrifft dies: 118

- die aus der Strategie unmittelbar abzuleitenden organisatorischen Folgerungen (z.B. Geschäftsgliederung nach Marktsegmenten),
- die Ausrichtung, z.B. regionale Ausweitung, und/oder Konsolidierung,
- organisatorische Grundzüge und Standorte,
- die Präsenz und Abdeckung von Auslandsmärkten,
- die Gewichtsverhältnisse im Falle von Joint Ventures und
- die Definition von Schlüssel-Funktionsträgern.

119 Um unnötige Wiederholungen, Konflikte und Zeitverluste zu vermeiden, ist die **Lösungsfindung auf das Konzept aufzusetzen, das in den Verhandlungen entwickelt wurde**. Nochmaliges Aufarbeiten von Lösungskonzepten sollte man nur in besonderen Fällen zulassen, zum Beispiel wenn

- völlig neue Lösungsansätze zu entwickeln sind, möglichst unabhängig von den bestehenden Organisationen und ihren Protagonisten und
- wenn umfangreiche Überzeugungsarbeit gegenüber Dritten („Stakeholdern") zu leisten ist.

120 Im ersten Fall kann es nötig sein, die Lösungsfindung dem (gemeinsamen) neutralen Integrationsteam zu übertragen, das frei ist von „Altlasten" und persönlichen Interessen. Der zweite Fall kann eintreten, wenn zum Beispiel große Kostensenkungen anstehen und Standorte zur Disposition stehen. Dann ist es sinnvoll, alle zur Diskussion stehenden Modelle zu vertiefen und zu bewerten, um mit einer besseren Argumentationstiefe in die Verhandlungen mit dem Management und mit Sozialpartnern eintreten zu können. In der Regel bringen solche **„Buying-in"-Analysen** keine völlig neuen Modelle hervor, sie kosten jedoch viel Geld und Zeit. Doch manchmal ist diese Investition unumgänglich, um wirtschaftlich vertretbaren Entscheidungen den Weg zu bahnen.

121 Um Restrukturierungsaufwand und Unruhe in den Ausgangsorganisationen in Grenzen zu halten, sollte sich der Umbau auf die wichtigsten zusammenzuführenden Einheiten konzentrieren. Die übrigen Einheiten können dann zwar in ihrer alten Form erhalten bleiben. Gerade sie benötigen dann aber bei der „kulturellen" Integration besondere Zuwendung (vgl. Teil IX Rz. 162), denn zumindest der „geistige Wandel" muss dort implementiert werden, wo ansonsten die Gefahr zur Bildung „rückwärtsgerichteter Enklaven" besteht.

122 Die Entwicklung der Aufbaustruktur hat den Maßgaben der Strategie und den Gegebenheiten des Managements (Ressourcenfrage, Kraftzentren, Machtfrage...) zu folgen. Zur Zusammenführung bieten sich einige **generische Modelle** an (Abb. 17). Eine tief greifende Integration ist zwar aufwendiger und riskanter, erschließt aber auch ein höheres Werterhöhungspotenzial. Dementsprechend stellen **fundamentale Organisationsänderungen** (z.B. die Überführung einer eher vertikalen Struktur in eine netzwerkartige Struktur mit wenigen Hierarchieebenen) die **größere Herausforderung** dar – eröffnen **aber mehr Chancen in** einem sich **wandelnden** dynamischen **Umfeld**.

Der **Umfang eines Integrationsprozesses** kann sehr unterschiedlich sein. Das 123 „Anhängen" einer fokussierten Geschäftseinheit an ein größeres Unternehmen ist vergleichsweise schnell getan und braucht möglicherweise keine lange Analyse. Komplexe Fälle können sowohl in Analyse als auch bei der Umsetzung sehr aufwendig werden. Besonders schwierig ist zum Beispiel die Zusammenführung etwa „gleichgewichtiger" multinationaler Organismen mit unterschiedlichen Geschäftsmodellen unter Entwicklung einer grundlegend neuen Aufbaustruktur. In einem solchen Fall kann allein die Planung und Strukturierung eines größeren multinationalen Vorhabens mehr als ein Vierteljahr in Anspruch nehmen. Die Umsetzung kann dabei mehr als ein halbes Jahr dauern. Bei begrenzten Management-Ressourcen ist sie möglicherweise auf mehrere „Tranchen" und über einen Zeitraum von über ein bis zwei Jahren zu verteilen.

Die **Strukturplanung** beginnt bei der Bestimmung der strategischen Geschäfts- 124 einheiten und der Suche nach der bestgeeigneten Organisationsform. Dazu sollten **Szenarien** gebildet und miteinander verglichen werden hinsichtlich:

- Priorisierung von funktionaler, regionaler Gliederung oder nach Produkten,
- Größe der Organisationseinheiten und erste Gliederungsebene des Geschäftes unter der Leitung (Leitungsspanne? Eher horizontale oder vertikale Gliederung?),
- Bündelung einzelner Funktionen, z.B. geschäftsübergreifender Service oder Zentralisierung Einkauf.

Der **Zentralisierungsgrad** ist generell anhand der Haupterfolgsfaktoren zu be- 125 stimmen. Die Verstärkung von Volumens- und Erfahrungseffekten spricht eher für eine Zentralisierung, während Geschäfts- und Kundennähe eher durch dezentrale Strukturen erreicht werden. Wenn sich ein Geschäft auf eine Kundengruppe bzw. einen Regionalmarkt orientiert, liegt es nahe, dies in einer eigenen Organisationseinheit abzubilden. Für eine eigene Geschäftseinheit beim „Service" sprechen zum Beispiel die Ausweitungsmöglichkeiten des Angebotsspektrums beim Kunden sowie Einsparungseffekte durch Bündelung.

Wenn die Entscheidungen über die obersten Organisationsebenen gefallen 126 sind, empfiehlt sich zur weiteren Gliederung eine **Modellierung der wichtigsten operativen Prozesse**, um daraus die weitere Struktur der Aufbauorganisation abzuleiten. Eine exakte Definition der Geschäftsprozesse und ihre Vereinheitlichung werden immer wichtiger, da der fortschreitende IT-Einsatz die Abläufe erfassen und abbilden muss. Dazu wurden in den letzten Jahren besonders bei größeren Unternehmen die Prozesslandschaft definiert und fixiert. Eine typische Gliederung enthält **4 Ebenen**, bestehend aus einem **Prozessrahmen**, den **Kernprozessen, Einzelprozessen und Aktivitäten**. Als so genannte „Kernprozese" finden sich verbreitet „Customer Relationship Management", „Supply Chain Mangement" und „Product Lifecycle Management". Wenn ein Unternehmen diese Prozesse bereits festgelegt und vereinheitlicht hat, empfiehlt sich, diese Definitionen auch auf die aus einer Akquisition resultierende neue Geschäftseinheit anzuwenden. Die Vorteile liegen bei der Einheitlichkeit der bereits genannten IT- und Berichtsstruktur und in der Harmonisierung des Führungssystems.

127 Diese „Kernprozesse" sollten zunächst für die zu integrierenden Einheiten in ihren Einzelprozessen festgelegt werden. Durch Anpassungen für das jeweilige Geschäft können Besonderheiten berücksichtigt werden, ohne das übergeordnete Gesamtkonzept zu sprengen. Dies sollte in einem ersten Schritt in den geschäftsübergreifenden „horizontalen Projektteams" (vgl. Teil IX Rz. 87 und Abb. 12) durchgeführt werden.

128 Pro Geschäftszweig und Funktion ist dann zu definieren, welche Stufe zentral bzw. in welchem Dezentralisierungsgrad erbracht werden soll (vgl. Projektbeispiel Abb. 18). Dies sollte je nach Funktion differenziert gehandhabt werden. Beim Einkauf könnte es z.B. sinnvoll sein, die Beschaffung strategischer Komponenten in allen Stufen zu zentralisieren, während nicht-strategische Komponenten vor Ort beschafft werden können. Um dezentralen Einkäufern die richtige Handhabe zu bieten, macht es Sinn, die Qualifizierung ihrer Lieferanten nach einem einheitlichen („zentralen") Standard vornehmen, der Regelungen zur Gewährleistung und zu Design umfasst. Schließlich ist an dieser Stelle auch auf die Möglichkeit „vernetzter" Lösungen hinzuweisen, etwa Ausschreibungen über e-Auktionen für globale Beschaffung nicht-strategischer Komponenten und Materialien.

129 **Weitere Detaillierungen** sollten in den zu bildenden organisatorischen Einheiten selber durchgeführt werden, an die die Aufgaben zu übertragen sind. Dies beinhaltet:

– Organisatorische Untergliederung,

– Festlegung der Zusammenarbeit/Schnittstellen zwischen den Einheiten,

– daraus Definition der einzelnen Abläufe,

– Ableitung des Kapazitätsbedarfs pro Einheit.

130 Der damit festgelegte **Organisations- und Prozessrahmen** liefert nun das Gerüst, um die in unter Teil IX Rz. 110 beschriebenen Einzelmaßnahmen den organisatorischen Einheiten zuzuordnen. Darüber hinaus sind damit auch die **Voraussetzungen für die Definition und Besetzung der Schlüsselfunktionen** gegeben (vgl. Teil IX Rz. 131), insbesondere:

– Funktions- und Arbeitsplatzbeschreibungen,

– Festzulegung der Funktionen und Positionsbeschreibungen,

– Besetzungen und Zielvereinbarungen.

5. Funktionsträger-Auswahl und -Verpflichtungen

131 Eigene Management-Ressourcen sind eine Voraussetzung, einen Übernahme- und Integrationsprozess anzustoßen. Zweck eines Unternehmenserwerbs ist

die Übernahme der Ressourcen des Zielunternehmens, dazu gehören in erster Linie die Führungskräfte und Mitarbeiter.

Die **Personal- und Führungskräfteentwicklung bei M&A ist ein durchgängiger Prozess.** Bereits in den Vorsondierungen sollte die Frage nach der späteren Führung aufgeworfen werden. Vertieft ist dies in einem „Human Resources Due Diligence" zu behandeln (vgl. Teil IX Rz. 62). Das **Management des „Loyalitätsübergangs"** der Führungskräfte vom Verkäufer zum Käufer ist eine zentrale Aufgabe, um Risiken abzusichern und Wert in der neuen Unternehmenseinheit zu generieren. Vor dem Closing ist dem Käufer zwar der Zugang zu den Mitarbeitern des Zielunternehmens verwehrt. Aufgrund der Verhandlungskontakte bietet sich jedoch die Möglichkeit, mit Schlüsselpersonen individuelle Absichtserklärungen zu verfassen, die mit Wirksamwerden des Kaufs in einen Vertrag für eine Führungsposition überführt werden sollen. Dadurch kann zumindest selektiv der Übergang wichtiger Verantwortungsträger zum Käufer gestützt werden. 132

Im Zuge der Human Resources Due Diligence sollten die Führungskräfte des Zielunternehmens genauer beurteilt werden, um einen möglichst hohen Aufsetzpunkt für die späteren Eignungsuntersuchungen zu haben. Im Rahmen der **Integrationsvorbereitung („Readiness")** sind **die wichtigsten Funktionen** festzulegen und die **potenziellen Anwärter** zu identifizieren. Je nach Fall liegt mit dem Closing ein mehr oder weniger genau definierter Entwurf für die Organisation vor. Dieser ist nach dem Closing unter Einbezug von Führungskräften beider Seiten zu verifizieren bzw. weiter zu entwickeln. Parallel dazu sollte ein (gegenüber dem Einzelassessment breiter angelegtes) so genanntes **„Führungskräfte-Appraisal"** für alle infrage kommenden Kandidaten beider Seiten durch einen neutralen Berater (extern oder von einer übergeordneten Organisationseinheit) durchgeführt werden. 133

Danach sind die **Ergebnisse zweier Teilprozesse zusammenzuführen,** nämlich (a) aus dem **Organisationsentwicklungsprozess** mit Festlegung der Führungspositionen der neuen Organisation und (b) aus dem **Führungskräfte-Appraisal** mit den Eignungsprofilen für die infrage kommenden Positionen. Liegen diese beiden Ergebnisse vor, kann das Management die Besetzung einleiten. 134

Die definitive Besetzung der Positionen darf jedoch erst erfolgen, wenn die einzelnen Kandidaten sich zu den Aufgaben verpflichtet haben, die mit der einzelnen Position verbunden sind. Dies sind vor allem die Zielvorgaben, die sich aus dem Maßnahmenprogramm (vgl. Teil IX Rz. 74) ableiten. Es ist Aufgabe des Integrationsteams, die Zielvorgaben auf die einzelnen Organisationseinheiten herunterzubrechen, die entsprechenden Maßnahmen zuzuordnen und damit für den zukünftigen Funktionsträger eine individuelle Zielvorgabe zu entwickeln. Diese sollte in eine **Zielvereinbarung** münden, die vom jeweiligen Funktionsträgern zu unterzeichnen ist. Voraussetzung für die Übertragung der Aufgabe ist darüber hinaus die Vereinbarung über die Arbeitsprozesse, für die der Funktionsträger die Verantwortung übernimmt (s. Teil IX Rz. 117). 135

6. Die Umsetzung in den ersten 100 Tagen

136 Wenn die rechtlichen Voraussetzungen für das Closing vorliegen, kann der **Eigentumswechsel** vollzogen werden. Damit erhält der neue Besitzer die Verfügungsgewalt über das erworbene Objekt – je nach Kaufvertrag sind das die gesellschaftsrechtlichen Anteile am betreffenden Unternehmen oder der Besitz definierter Aktiva (Fertigungseinrichtungen, Mitarbeiterverträge, Kundenverträge...) aus einem Geschäft des Verkäufers. In den Kaufverträgen sollten die weiteren rechtlichen Schritte zum Abschluss der juristischen Transaktion geregelt sein, zum Beispiel Zahlungsmodalitäten, Kaufpreisanpassungen aufgrund veränderter Vermögenspositionen seit Aufsetzung der Verträge, Prüfung der Werthaltigkeit der erworbenen Einheit(en) sowie weiteres Vorgehen für die rechtliche Abwicklung (z.B. Übergabe von Immobilien an den Verkäufer und anschließende Rückmietung, Übertragung von Patenten und Lizenzen). Mit dem Closing sollte das **Transaktionsteam** die gesamte **Abwicklung aus den Kaufverträgen an eine dafür einzurichtende koordinierende Stelle übertragen**. Diese stimmt sich dann mit den Fachabteilungen ab, die für die **finanztechnische Abwicklung** einzuschalten sind, etwa hinsichtlich Bewertungen, Steuern, Konsolidierung. Darüber hinaus sollte sie etwa notwendige vertragsrechtliche Folgeschritte initiieren, z.B. für Kaufpreisanpassungen, Gewährleistungen. Auf diese Weise sollte die gesamte Abwicklung aus den Verträgen in Verantwortungsbereiche zugeordnet sein, so dass sich das Management ganz auf die operative Arbeit der Integration konzentrieren kann. Die ersten Schritte dabei sind die Maßnahmen unmittelbar vor dem Closing („Tag Null") und „Tag 1", deren Abläufe vorab genau zu planen sind (s. Teil IX Rz. 83). Darauf setzen die allgemeinen **operativen Aufgaben** auf, die hauptsächlich **in den ersten 100 Tagen nach dem Closing** durchzuführen sind, insbesondere:

- Übernahme der Führung der erworbenen Einheit („stand alone"), erste Neubesetzungen,

- Schutz vor Eingriffen, Übergriffen: Gebäude, Anlagen und DV-Technik,

- Sicherstellung des „ongoing business" der noch separaten Geschäfte beider Seiten,

- Soforteingriffe, um brennende Probleme zu beseitigen,

- Harmonisierung des Berichtswesens einzuleiten,

- Risiko Assessment durchzuführen, eventuell Revision oder Unternehmensprüfung einzuleiten („Due Diligence 2"),

- Integrationsteam aufzusetzen, Teamverantwortliche zu benennen und

- Lenkungsausschuss bestimmen, Berichterstattung definieren.

137 Dazu kommen die **Managementaufgaben**, die **in unmittelbarem Zusammenhang mit den „Programm-Modulen"** stehen, und zwar:

138 – Die **Einleitung unmittelbarer Maßnahmen** aufgrund bereits fester Erkenntnisse und Beschlüsse zur Wertschöpfung und zu den Standorten (vgl. Teil IX Rz. 65). Diese als „Low hanging fruit" bekannten Maßnahmen zeichnen

sich durch niedrige Handlungsbarrieren (Kosten, Zeit...) aus und durch schnelle Wirksamkeit. Dazu gehört z.B. der sofortige Vergleich der Zulieferer und ihrer Konditionen, um Anpassungen auf die jeweils günstigere Kondition zu drängen.

- Die „**Interim-Organisation**" ist festzulegen in Form des gemeinsamen Teams und des Lenkungsausschusses, an den zu berichten ist. Die Teamarbeit ist anzuschieben: Ziele sind zu verifizieren, Maßnahmen sind zu definieren, Routinen zur Umsetzung sind zu entwickeln. Dazu ist das Projektcontrolling einzurichten zur Maßnahmenverfolgung und Zielerreichung (vgl. Teil IX Rz. 194)   139

- Soweit die endgültige **Organisation der fusionierten Geschäfte** bereits abgesichert ist (vgl. Teil IX Rz. 117), sollte die Umsetzung umgehend beginnen, **Besetzungen** sind durchzuführen sofern die Kandidaten eindeutig festliegen, Assessment-Resultate vorliegen und die persönlichen Verpflichtungen auf Ziele und Prozesse unterzeichnet sind (vgl. Teil IX Rz. 131).   140

- Das Programm zum **Kulturwandel** wird praktisch am „Tag 1" durch Botschaften an die Mitarbeiter, durch Presseerklärungen und in Betriebsversammlungen eingeleitet. Kommunikationsprogramme und Personalmaßnahmen sind in abgestimmter Form aufzusetzen.   141

- Das „**100-Tage-Programm**" sollte explizit als eine „eigenständige" Projektstufe behandelt und von der „Ein-Jahres-Umsetzung" separiert betrachtet werden, um Druck auf unmittelbare Umsetzung nach dem Closing hochzuhalten. Begründbar ist dies auch dadurch, dass die Umsetzungsplanung in dieser ersten Phase nach dem Closing vor allem **in der Hand des „Interim-"Teams** liegt, mit dessen Ziel, die Planung abzuschließen, alle Instrumente zur weiteren Projektkontrolle zu etablieren und die Aufgaben an das Management (Linien- und Stabsfunktionen) der neu gebildeten Unternehmenseinheit zu übertragen.   142

Die o.a. Prüfung der Werthaltigkeit des Geschäftes (beim Share deal) oder der Aktiva (beim Asset deal) kann bei Bedarf zu einer umfassenden **Prüfung des Geschäftes aus strategischer und struktureller Sicht** ausgeweitet werden, etwa als Unternehmensprüfung, Revision durch einen Wirtschaftsprüfer oder durch eine gesonderte interne Audit-Abteilung. Dies empfiehlt sich, wenn Zweifel am „Aufsetzpunkt" der Planung bestehen. Zum Beispiel sollten dann neben den „Buchwerten" der einzelnen Aktiva ihre „strategischen Werte" (Anlagenteile, Kundenverträge...) geprüft werden. Dieser wird gemessen durch einem Vergleich mit der letztverfügbaren Technologie und dem damit gegebenen Produktivitätsvorteil. Man sollte sich jedoch genau überlegen, ob eine weitere umfassende Prüfung durch eine weitere Truppe sinnvoll ist, da die Geschäftsverantwortlichen nach der Pre-closing Due Diligence und durch die laufenden Analysen des Integrationsteams bereits strapaziert wurden. Um dennoch einen messbaren Status zum Abschluss der 100-Tage-Phase zu erhalten, empfiehlt sich ein „100-Tage-Erfolgsbericht" als ein **Self-Assessment** des Teams. Dies sollte nach dem gleichen Raster wie der „Readiness-Report" zum Closing bzw. wie die Reporting-Struktur für den Lenkungsausschuss aufgebaut sein. Dadurch ist spätere **Konsistenzprüfung im Sinne einer „Systemischen Revisi-**   143 on" möglich.[1] Diese ist weniger aufwendig als eine „Taylor made"-Revision und kann bei später zu entdeckenden Schieflagen auch einmal spontan wiederholt werden.

7. Implementierung im ersten Jahr

144 Der Erfolg der Implementierung nach der 100-Tage-Phase ist daran zu messen, inwieweit die definierten Maßnahmen das Gesamtziel abdecken („Füllstand") und inwieweit das Interim-Team die entwickelten Maßnahmen voll auf die neue Organisation mit ihren „vertikalen Teams" (vgl. Teil IX Rz. 87) übertragen hat. Dazu müssen entsprechende Teammitglieder in die Organisation entsendet (oder versetzt) werden, die die Umsetzung „vor Ort" verfolgen und den Kontakt zum Projektbüro halten, das zentral die Zielerfüllung und die Überleitung der Ergebnisse auf die Gewinn- und Verlustrechnung überwacht.

145 Möglichst früh innerhalb der Ein-Jahres-Frist müssen die **„technisch-administrativen" Arbeiten zur Integration** abgeschlossen sein. Hierzu zählen die Harmonisierung des Rechnungs- und Berichtswesens, die endgültige Zusammenführung der IT-Infrastruktur, die rechtliche Integration, Erstellung von Anfangsbilanzen der fusionierten Einheiten, Eigentümer- und Holdingstrukturen und Konsolidierungsfragen. Einzelne Themen, wie etwa die steuerliche Abwicklung des Deals können auch erheblich länger dauern, insbesondere wenn Auslandsorganisationen einzubeziehen sind.

146 Innerhalb des ersten Jahres wird sich in der Regel herausstellen, **ob der realisierte „M&A Fall"** einen **finanziellen Erfolg verspricht** oder nicht. Das Gros der Maßnahmen sollte realisiert oder soweit entwickelt sein, dass die Perspektiven der Umsetzung erkennbar sind. Sofern es anfängliche Verzögerungen oder Minderleistungen gab, ist nach einem Jahr meist bekannt, ob dies durch Mehr-Erwartungen am mittleren Horizont ausgeglichen werden kann – selbst wenn der Integrationsplan mehrere Jahre umfassen sollte. Grund dafür sind der „Diskontierungseffekt", nachdem Maßnahmen mit späterem Eintreffen einen geringeren Barwert haben und den „Wert" des Falles weniger beeinflussen. Die strategische Zielerfüllung kann bei Konsolidierungsvorhaben in der Regel nach einem Jahr beurteilt werden. Rückstände können mit fortscheitendem Wettbewerb immer weniger ausgeglichen werden. Auf so genanntes „Leapfrogging" (Überholen der Wettbewerber durch Überspringen einer Produktgeneration) kann eher bei kompelentaritäts-getriebenen Fusionen gehofft werden, wenn neue Technologie-Kombinationen oder Marktkonstellationen

---

[1] Wenn eine Unternehmensleitung grundsätzlich die Möglichkeit schaffen will, bei Erreichen bestimmter Meilensteine oder bei Unterschreiten von definierten Zielen eine unabhängige dritte Instanz mit der Prüfung einzuschalten, dann empfiehlt es sich, etwa die interne Revision mit dieser Aufgabe zu betrauen. Da hier in der Regel weder die die speziellen geforderten Managementkompetenzen vorliegen noch allgemein verbindliche Beurteilungskriterien für die einzelnen Meilensteine festgelegt sind, empfiehlt sich, dafür einheitliche Prozessvorgaben und Maßstäbe zu entwickeln. Dies sollte in Zusammenarbeit mit einem M&A-Management-Spezialisten erfolgen und in eine standardisierte Checkliste münden mit normierten „Härtegradstufen" nach Aktivität und dem jeweils zu prüfenden Meilenstein.

einen Schub erzeugen – dies kann dann in eher seltenen Fällen auch noch einige Jahre später zu einer „Erfolgsstory" führen.

Projekte geringer Komplexität können unter günstigen Umständen (organisatorisches „Anhängen", keine außergewöhnlichen länger dauernden Maßnahmen wie etwa Produktharmonisierung) innerhalb eines Jahres abgeschlossen werden. Doch auch bei Projekten, deren Programme länger benötigen, sollte ein Jahr nach dem Closing ein Abschlussbericht erstellt werden, der wiederum dem Raster des „Readiness Report" folgt. Dieser Zeitpunkt bietet auch Gelegenheit, weitere Richtungsentscheidungen ins Auge zu fassen, etwa zur Weiterentwicklung des eingeschlagenen Weges (strategische Folgeakquisitionen, Umbau der Wertschöpfung, regionaler Ausbau…) oder für Richtungsänderungen, um Fehlentwicklungen auszugleichen oder Marktänderungen zu antizipieren. So beabsichtigt auch der Ein-Jahres-Abschlussbericht (Berichtspflicht des 1-Jahres-Report vor Konzernleitung oder Aufsichtsrat…), „Druck im Kessel" zu halten, die Aufmerksamkeit der übergeordneten Hierarchieebene sicherzustellen und keine Ermüdungserscheinungen zuzulassen. 147

8. Kontinuierliches Verbesserungsprogramm

Mit der Abarbeitung des Restrukturierungsprogramms sollte sich die Leistung zunehmend dem **„dynamisch"** gesetzten **Ziel** nähern, das in der Regel auf einen **Zeitraum von 2 bis 5 Jahren ab Closing** zu fixieren ist (vgl. Benchmarking Teil IX Rz. 218 ff. und Baselining Teil IX Rz. 225 ff.). Der kürzere Zeitraum ist angemessen für schnelle Produktlebenszyklen (Elektronik, Consumergeschäft…), für Projekte mit rascher realisierbaren Maßnahmen (geringere Umsetzungsbarrieren, geringere Investitionen…). Der längerfristige Zeithorizont gilt für Geschäfte im Anlagenbau und bei Investitionsgütern mit längeren Lebenszyklen und hohen Restrukturierungsaufwendungen für Konsolidierungen (z.B. Kraftwerkbereich, Stahl…). Wenn die Wahl besteht zwischen schneller und langsamer Realisierung der Planung, dann sollte eher **die frühe Umsetzung** gewählt werden, um keine Unsicherheiten bei den Betroffenen aufkommen zu lassen, Zweifel am Handlungswillen auszuräumen und mit dem Effekt höherer Barwerte bei der Realisierung der Ziele. Aber hier ist **Fingerspitzengefühl angesagt**: wenn der Zeitdruck zu hoch angesetzt wird und die Planung unrealistisch ist, dann besteht die Gefahr, dass die Verantwortlichen infolge eingetretener Zeitverzögerungen bei der Umsetzung die Realisierungserwartungen im mittelfristigen Horizont „steiler" ansetzen, also so genannte **Hockeysticks** planen. Das heißt, sie kalkulieren mit geringeren Abständen zwischen Einleitung der Maßnahme und Realisierung des Ergebnisses. Dies kann zu eklatanten Fehlplanungen führen, weil sich das negative Delta zwischen Planung und Realisierung zunehmend vergrößert. Eine zu hohe Vorspannung führt häufig auch dazu, dass technische Zusammenhänge und Marktgegebenheiten falsch beurteilt werden, z.B. zu optimistische Annahmen über Ersatz von Produktfamilien, über Vorhaltung von Ersatzteilen und Service für ausgeschiedene Produkte, zu günstige Prognosen zur Einführung „globaler" Produkte zur Substitution „nationaler Ware". Solche Fehleinschätzungen können nachhaltige Folgen haben, wenn z.B. ein nationales „Standard"-Produkt aus dem Markt genommen wurde und später wieder eingeführt 148 werden muss, weil das „globale" Substitut nicht reüssiert und der Markt verloren zu gehen droht. Geradezu eine Katastrophe hat der Autor bei einem Wettbewerber der Metallindustrie miterlebt, der im Zuge einer Fusion die technische Verlagerung und Zusammenführung einer Fertigung falsch eingeschätzt hatte: Der Fertigungshochlauf verzögerte sich um mehr als ein Jahr, so dass der Wettbewerber ein strategisches Kernprodukt zwischenzeitlich bei der Konkurrenz einkaufen musste. Dieser nutzte den Vorteil zu Investitionen, Erfahrungsaufbau und Marketing. Der Nachteil konnte nicht mehr aufgeholt werden und das besagte Unternehmen gab schließlich auf.

149 Wenn sich jedoch die Planung – wie zu hoffen ist – dem Planungsziel nach den vorgegebenen Meilensteinen nähert, dann sollte rechtzeitig vor Erreichen des Zieljahres eine **völlige Neuplanung** einsetzen, um

- anfangs nicht erkennbare und zwischenzeitlich eingetretene Veränderungen bei Markt, Wettbewerb und Technik einfließen zu lassen,

- den Planungshorizont zu erweitern und dementsprechend noch weitergehende Ziele zu setzen.

150 Ein Prozess der „rollierenden Vorausschau" sollte zu einem **kontinuierlichen Verbesserungsprogramm** führen, immer auf der Suche, im Benchmark mit Wettbewerbern vorn zu stehen und immer **im „proaktiven Modus"** zu bleiben. Wer glaubt, das Ziel erreicht zu haben, hat schon verloren: die Möglichkeiten zu Verbesserungen gibt es immer, die Notwendigkeit zur proaktiven Anpassung hört für den, der die Führung behalten will, nie auf. Das schließt auch einen völligen Richtungswechsel nicht aus, wenn sich dieser in der Vorausschau als notwendig erweisen sollte.

9. Management des personellen und kulturellen Wandels

151 Unter „Unternehmenskultur" werden gemeinhin eingespielte Verhaltensweisen der Zusammenarbeit und Bekenntnisse des Unternehmens zu Wettbewerb und zu ethischen Normen verstanden.[1] Teilweise werden Fragen der „Corporate Governance" mit abgedeckt, also formale Regeln zur Führung eines Unternehmens. Es gibt jedoch keine allgemein akzeptierte Definition. Für die vorliegende Darstellung wird „**Unternehmenskultur" als Summe der Verhaltensregeln, der Verhaltensweisen und des Wirkens der so genannten „weichen" Faktoren** definiert. Darunter ist hier die Wahrnehmungs- und Motivationsebene zu verstehen. Dies betrifft sowohl den individuellen Mitarbeiter als auch Verhaltensnormen im Unternehmen. Die hierauf gerichteten Ressorts sind das Personalmanagement und die Unternehmenskommunikation.[2]

152 Die Frage nach dem „**kulturellen Fit**" der zusammenzuführenden Kandidaten ist bereits bei der Kandidatenwahl zu stellen und damit ein Kriterium im „Screening" (s. Teil IX Rz. 39). Schon bei den ersten Sondierungen ist zu prü-

---

1 Grundlegendes dazu s. *Gertsen et al.* (Hrsg.), Cultural Dimensions of International Mergers & Acquisitions.
2 Beispiel dazu s. *Lucks*, Management des personellen und kulturellen Wandels bei Fusionen: der Siemens-Ansatz, S. 271–287.

fen, ob die Führungsphilosophien zusammenpassen und wie sich die Organisationen verbinden lassen (s. Teil IX Rz. 54).[1] Die Behandlung der „weichen" Faktoren ist damit ein durchgängiger Kernprozess im M&A-Management (s. Abb. 4).

Zwischen den **„harten" Maßnahmen** und der **„weichen" (Wahrnehmungs-) Ebene** besteht eine **Korrespondenz-Beziehung** (Abb. 19). Jede „harte" Maßnahme hat einen „weichen" Bezugspunkt – denn letztlich muss sie von Menschen getragen werden, die sich mit ihr emotional identifizieren oder sie ablehnen können. Die Belastbarkeit der Führung, der Mitarbeiter und Kunden ist bei der Gestaltung der Integration ein Aktivposten und nicht etwa eine Konsequenz, an der man nachträglich korrigierend herumoperieren kann. Es ist Aufgabe der Projektleitung, die Wahrnehmung und die Reaktion der Mitarbeiter auf Maßnahmen aufzuspüren, ihre Reaktionen als Signal der Bestätigung oder der Warnung wahrzunehmen und vorausschauend zu planen, damit die Richtung des unternehmerischen Umbaus möglichst breit von den Mitarbeitern getragen wird.   153

Wie bereits gesagt wurde, wird es im Rahmen einer Integration immer **Gewinner und Verlierer** geben. Jede Bewegung wird aufs aufmerksamste beobachtet und löst individuelle Reaktionen aus. Harmonisierungen der Firmenwagenregelung, von Titeln und Funktionsbezeichnungen sollten mit äußerster Vorsicht und notfalls mit **Übergangsregelungen** versehen werden, die es erlauben, dass sich Dinge einspielen, idealerweise verbunden mit Leistungsnachweisen. An derartigen scheinbar untergeordneten Dingen macht sich Unwillen und Kritik an einer fehlerhaften „kulturellen" Integration fest.   154

Anders als die Planungs-Abwicklungskaskade beim Maßnahmenkatalog, die sich stets nach vorn entwickelt, ist die „kulturelle" Harmonisierung von **Unstetigkeit** und Rückfällen geprägt. Einer Welle der Begeisterung folgt eine Periode der Depression, weil bittere Maßnahmen plötzlich persönlich wehtun können. Diese häufig als „M&A-Achterbahn" bezeichnete Fahrt gilt es zu managen.   155

Das Instrument dazu ist der in Abb. 19 gezeigte **„Korrespondenzkreis"**, der auf der „harten Ebene" für Strategie- und Strukturentwicklung den Regelmechanismus zwischen Ziel, Maßnahme und Controlling beschreibt. Um diesen zu unterstützen, gibt es die korrespondierende „weiche" Ebene, in der die Ziele kommuniziert und die Wahrnehmung hinterfragt werden. Das Regularium zwischen den beiden Ebenen besteht aus der gegenseitigen Abstimmung: Dinge, die man machen will, müssen verständlich gemacht werden und Dinge, die nicht verständlich sind, müssen nochmals kritisch geprüft werden. Auf diese Weise werden „Betroffene" zu aktiven Gestaltern. Es hat sich z.B. bewährt, Verbesserungsprogramme auf Werksebene zu installieren – auch für M&A-Restrukturierung eignen sich z.B. die Instrumente des betrieblichen Vorschlagswesens. Das ist auch ein Grund für die hohe Anzahl relativ kleiner Maßnahmen, die im Umsetzungsprogramm zu entwickeln und zu verfolgen sind.   156

---

1 Weiteres dazu s. *Donnelly*, Aquiring Minds, CFO 9 1999, 54–4.

157 Die auf der Ebene der Kommunikation dafür bereitzustellenden **Instrumente** sind vielfältig, sie umfassen Mitarbeiterbefragungen, Hauszeitschriften, Mitarbeiterversammlungen, Intranet-Seiten, Ideen-Wettbewerbe.[1] In einem Kommunikationsprogramm sind neben den Mitarbeitern sämtliche weiteren internen und externen „Stakeholder" beider Fusionskandidaten zu adressieren. Die muss aufgrund unterschiedlicher Interessenlagen gruppenspezifisch erfolgen, das heißt inhaltlich in gradueller Abstufung und unter Einhaltung zeitlicher Regeln.

C. Die Führung von Integrationsprojekten

I. Projektführung in der unternehmerischen Praxis

158 Die verschiedenen **Phasen** bei M&A-Aktivitäten weisen große **Unterschiede** aus **hinsichtlich Art der Tätigkeiten, Komplexität und Umfang** der einzubindenden Personenkreise. Darüber hinaus sind die Aufsetzpunkte im Einzelfall sehr unterschiedlich: Bei einer grundsätzlichen unternehmerischen Umorientierung kann es sinnvoll sein, ein Projekt von der Strategiefrage bis zur Realisierung einer umfassenden Fusion quasi „in einem Zug" durchzuführen. In der Breite überwiegen jedoch schrittweise Vorstöße, indem zum Beispiel zunächst ein „Projekt" zur Strategiefindung- und Kandidatensuche aufgesetzt wird. Häufig mündet dies in **kaskadenförmige Sondierungen** mit Kandidaten, unterstützt von Strategieberatern und Investmentbankern. Es ist nicht unüblich, dass der Gesamtaufwand für solche Vorgespräche ein Jahr und mehr dauert, bevor eine Unternehmensleitung exklusive Verhandlungen mit einem potenziellen Partner aufnimmt. Erst nach einer umfassenderen „internen" Evaluierung und Entscheidungsfindung mag dann ein Umsetzungsprojekt folgen, an dessen Ende eine Übernahme steht.

159 Wenn dies kleinere Akquisitionen zum Ausfüllen strategischer Lücken sind, etwa zu regionaler Markterschließung oder zur technologischen Abrundung, dann bieten sich weitere Umsetzungsprojekte nach ähnlichem Muster an. Dabei kann die im ersten Fall gewonnene Erfahrung einfließen. Für ein solches Vorgehen hat sich der Begriff der **„String-of-pearls"- Akquisitionen** eingeprägt. Im Ergebnis hält dieser Pfad jedoch nicht immer das, was die Erfahrungsübertragung verspricht. Dem steht nämlich gegenüber, dass die Integration eines relativ kleinen Unternehmens fast so viel Aufwand macht wie die Übernahme eines wesentlich größeren. Es gibt allerdings Konzerne, die den Weg der repetierbaren einheitlichen Übernahmen mit großem Erfolg betreiben, z.B. Cisco aus den USA, die in der Telekommunikation regelmäßig Neugründungen auf ergänzenden Technologiefeldern kaufen.[2] Deren Erfolgsrezept ist, die jeweilige Einheit für Produktentwicklung unter dem Gründer zu erhalten und bei Cisco „anzuhängen", die übrigen Aktivitäten wie Einkauf, Marketing und Verwaltung voll in die jeweilige Einheit bei Cisco zu integrieren.

---

1 Weiteres s. *Hodge*, Global Smarts – the Art of Communicating and Deal Making.
2 S. *Collett*, A Guide to Cisco's acquisition and investment strategy.

Auch bei anderen in ihrer Grundstrategie klar ausgerichteten Unternehmen wird man vor allem **umsetzungsnahe M&A-Projekte** antreffen, selbst wenn diese in unterschiedliche Richtung und verschiedene Modelle der Integration führen. Ein Beispiel dafür ist die Siemens AG, bei der die strategische Weiterentwicklung und ständige Suche nach Möglichkeiten für Wachstum und Wertsteigerung im Führungssystem verankert ist. Hier dominiert als „Routine" ein Planungs- und Umsetzungsprojekt, das nach einem Handlungsrahmen der zentralen Unternehmensentwicklung geführt wird, eng abgestimmt mit einem „Transaktionsprojekt" unter Federführung der zentralen M&A-Abteilung im Ressort Finanzen.

160

Diese Beispiele zeigen, wie Unternehmen ihre **Projektpraxis als Teil des Führungssystems** handhaben. In anderen Fällen legen die M&A-typischen Unsicherheiten über den Fortgang und unkontollierbare zeitliche Einflüsse – z.b. durch Kartellverfahren oder Verhandlungsfortschritte – nahe, den M&A-Prozess so flexibel wie möglich zu gestalten. Dies führt in der breiten Praxis dazu, so genannte „M&A-Projekte" in kleinere überschaubare Abschnitte zu gliedern, im Weiteren als „Teilprojekte" bezeichnet. In der Praxis bietet sich die bereits in Teil IX Rz. 17 beschriebene Gliederung an in (a) ein Vorfeldprojekt, (b) ein Projekt zur Vorbereitung und Umsetzung der Transaktion und (c) ein Projekt zur Implementierung der Fusion. Eine zentrale Herausforderung ist die Sicherung der **Konsistenz der Teilprojekte** untereinander. Dazu empfiehlt sich:

161

- Die Entwicklung eines übergreifenden Rahmens für M&A-Projektführung und -Kompetenzmanagements (vgl. Teil IX Rz. 263),
- Die Entwicklung von Fachstäben für die Schwerpunkte M&A-Planung, Transaktionsmanagement und M&A-Integration,
- Projektübergreifende Zielsetzungen,
- Übertragung integraler Verantwortung an die Leiter der Teilprojekte,
- Gesamtverantwortung für M&A auf Vorstandsebene bündeln,
- Führung der Teilprojekte in Personalunion, wo sinnvoll (z.B. Vorfeld vs. Integrationsplanung),
- Einheitliche Verantwortung für Fachthemen über die Teilprojekte hinweg,
- Etablierung eines Schnittstellenmanagements zwischen den Teilprojekten, z.B. durch Abstimmungsrunden, Themenbotschafter und Einbezug der Leitung der jeweils anderen „Teilprojekte" in die Entscheidungsfindung.

Auf diese Weise lassen sich die Vorteile eines durchgängigen Prozessansatzes (vgl. Teil IX Rz. 14) auf den in der Praxis bevorzugten Ansatz der Teilprojekte übertragen.

II. Kapazitäts- und Kompetenzmanagement

162 Neben der Durchgängigkeit und Konsistenz von der Strategiefindung bis zur Umsetzung, schafft ein angemessenes Kapazitäts- und Kompetenzmanagement wichtige Voraussetzungen für den Projekterfolg. Schon bei der Konzeption des Gesamtvorhabens sollte sich der Unternehmer die notwendigen personellen Ressourcen für die Durchführung des Projektes sicherstellen (Abb. 20).

163 Die Durchführung eines M&A-Projektes stellt eine **Doppelbelastung** für das Management dar. Neben den Aufgaben des Tagesgeschäftes treten nämlich die Verpflichtungen für Planung, Vorbereitung und Durchführung des unternehmerischen Wandels und die Integration.

164 Im **Vorfeld** wirkt sich die zusätzliche Arbeit noch nicht gravierend auf das Management aus, da die Analyse- und Planungsarbeiten als Routine der Unternehmensstrategie angesehen werden können und die notwendigen Sondierungen das übliche Maß externer Orientierungsgespräche noch nicht übersteigen. Solange noch keine „formalen" Verhandlungen geführt werden, kann das M&A-Vorhaben noch „in einem Strang" geführt werden. Die Anforderungen an die Führung konzentrieren sich im Wesentlichen auf die fachliche Beherrschung, ggf. unter Einschaltung externer Strategieberater.

165 Mit dem Einstieg in formale Verhandlungen steigt der Führungsaufwand, weil das Projekt in der nun beginnenden **„Transaktionsphase"** mehrzügig geführt werden muss. Üblicherweise wird nun ein Team für Verhandlung und Verträge aufgesetzt, das den Deal über den Vertragsabschluss („signing") und seiner rechtlichen Genehmigung („Closing") führen soll. Darüber hinaus können die Vorfeldgespräche nun von einem „Explorationsteam" aus beiden Fusionskandidaten vertieft werden. Parallel oder in Folge dazu sollte ein internes Fachteam zur Planung der Integration aufgesetzt werden, das zum Closing mit einem klaren Einsatzplan für die unmittelbare Umsetzung aufwarten muss sowie mit dem Maßnahmenkonzept. Die Belastung des Managements steigt in den „heißen Phasen" der Verhandlung stark an durch hohen Arbeits- und Entscheidungsdruck. Mit näher kommendem Closing erhöht sich auch der Arbeitsaufwand für die Maßnahmenplanung und zur Vorbereitung der Umsetzung.

166 Zur **Umsetzung nach dem Closing** findet nochmals ein **sprunghafter Anstieg in Aufwand und Komplexität** zur Projektführung statt. Deutlich zu unterscheiden ist nun zwischen der „stehenden Organisation" der zu fusionierenden Unternehmenseinheiten sowie dem temporären Projektteam. Erstere verantwortet die Führung des laufenden Geschäftes, letztere das Diskontinuitätsmanagement. Mit Fortschritt der Arbeiten ist ein gleitender Übergang zu finden, in dem sich das temporäre Integrationsteam sukzessive auflöst und die Umsetzung auf die schrittweise neu entstehende integrierte Organisation überträgt (vgl. Teil IX Rz. 95). Aber auch die eigentliche Transaktion ist mit dem Closing noch nicht abgeschlossen; ein spezielles Team muss für die Umsetzung der Verträge sorgen, die Werthaltigkeit prüfen, gegebenenfalls Kompensationsleistungen einfordern und Folgeverträge schließen.

Aufgrund der **Unterschiedlichkeit der M&A-Projekte** hinsichtlich strategischer Ausrichtung (Geschäftsausweitung regional, technologisch oder Konsolidierung...), Größe (Investment, Mitarbeiter, Wertschöpfung...) und Komplexität (Standorte, Länder, Portfolioumfang, Restrukturierungsbedarf, Wertsteigerungspotenzial, Anzahl Maßnahmen...) machen allgemeine Größenangaben über die bereitzustellende Kapazität keinen Sinn. Bei der Planung sollte sich der Unternehmer jedoch bewusst sein, dass das Größen*verhältnis* von der Vorfeldplanung über die Transaktionsphase bis zur Implementierung sich im Verhältnis von 1 : 3 : 30 verhalten kann. Eine Kapazitätslücke, sei es beim Interim-Restrukturierungsteam oder in der Betreuung des Tagesgeschäftes, kann sich für die Zukunft des fusionierten Unternehmens verheerend auswirken.

167

Gewähr für das Gelingen von M&A-Projekten bilden **eingespielte Spezialisten und routinierte Prozesse im** eigenen Hause. M&A-spezifische Erfahrungen lassen sich gut von Projekt zu Projekt übertragen (vgl. Abb. 21 und Teil IX Rz. 263). Die Vielfalt notwendiger Fachleute können jedoch nur solche Unternehmen im eigenen Hause vorhalten, die ständig M&A-Projekte in jeder Abwicklungsstufe haben. Insgesamt ist in der Größenordnung von **20 und mehr Fachdisziplinen** auszugehen, die bei einem größeren M&A-Vorhaben einzubinden sind.

168

III. Vorfeld-Management

Das Vorfeldprojekt besteht im Wesentlichen aus der **Strategiefindung**, der systematischen **Auswahl der potenziellen Kandidaten** und der **Durchführung von Sondierungen**, um die Bereitschaft des angepeilten Partners auszuloten und seine Eignung zu bestätigen.

169

Für die strategische Analyse und das **Kandidatenscreening** ist ein kleines Expertenteam von wenigen Fachleuten erforderlich, das etwa unter der Federführung der Unternehmensplanung in einigen Wochen die Grundrichtung erarbeitet. Nach Bedarf sollte Rückgriffmöglichkeit auf ausgewählte Vertreter des operativen Geschäftes gegeben sein, um Annahmen über Kompetenzen der möglichen Partner zu verifizieren. Zur Sicherung der Vertraulichkeit im Vorfeld sind besondere Vorkehrungen zu treffen. Die Sondierungen sollten bei der Leitung des jeweiligen Geschäftes oder der darüber liegenden Unternehmensführung liegen.

170

Für eine mögliche anschließende Analyse beider Partner über Machbarkeit, Wirkung und Modelle eines Zusammenschlusses sollte ein **gemeinsames Explorativteam** aus jeweils „einer Hand voll" erfahrener Funktionsspezialisten gebildet werden, z.B. mit jeweils einem Vertreter aus Fertigung, Entwicklung, Marketing/Vertrieb, Einkauf und Controlling. Bei „diversifizierten" Fusionen könnten darüber hinaus Produktspezialisten oder Standortvertreter einbezogen werden. Es ist zu empfehlen, dieses „Kernteam" aus Gründen der Kapazität und Vertraulichkeit von seinen übrigen Tätigkeiten freizustellen und räumlich zu separieren.

171

172 Zur Projektführung ist ein **Teamleiter** zu benennen, der in der Vorfeldphase aus der Unternehmensstrategie kommen sollte. Als „Berichtsinstanz" sollte ein **Lenkungskreis** gebildet werden, bestehend aus Vertretern der Unternehmensleitung und dem Leiter des für die Fusion vorgesehenen Geschäftes.

173 Von Anfang an sollte ein Vertreter der **Rechtsabteilung** das Projekt begleiten mit der Aufgabe, jede Aktion und jedes Dokument auf kritische Vorgänge bzw. Formulierungen zu prüfen. Dies betrifft nicht nur „extern" verwendete Dokumente und Kontakte mit dem angedachten Partner, sondern auch vertrauliche Vorstandspräsentationen und interne Besprechungen. Im Rahmen der späteren rechtlichen Prüfung kann nämlich die Vorlage aller Dokumente und Belege verlangt werden. Eine durchgängige juristische Begleitung ist ein wichtiges Instrument, um Untersagungsrisiken zu mindern.

IV. Management in der Transaktionsphase

174 Formale Verhandlungen sollten erst aufgenommen werden, wenn der **Vorstand** dazu die **Genehmigung** erteilt hat (vgl. Abb. 3), denn die nunmehr zu schließenden Vereinbarungen beinhalten Verpflichtungen und Risiken, für die der Vorstand einzutreten hat. Üblich sind **Rahmenvereinbarungen** über die angedachten Modelle der Zusammenführung (so genannte „Heads of agreement"...), Exklusivitätszusagen und Absichtserklärungen, verbunden mit Klauseln hinsichtlich Abbruch, Kommunikation und Geheimhaltung. Zum „eigentlichen" Transaktionsprojekt gehören die **Due Diligence**, die **Vertragsverhandlungen**, **Vertragsabschluss**, die **rechtliche Prüfung** und **Genehmigung**. Nach dem Closing setzt sich dieses Teilprojekt fort mit dem Vertragsmanagement, um die konsequente Umsetzung sicherzustellen. Die fachliche Führung dieses Komplexes sollte beim CFO liegen, seiner Finanzabteilung oder (bei Vielkäufern) einer speziell auf M&A-Transaktionen ausgerichteten Fachabteilung. Auch hier ist zunächst mit einem **„Kernteam" von 5 bis 10 Spezialisten** zu rechnen (Dealmaking, Bilanzierung, Finanzierung, Steuern, Konsolidierung, Vertragsrecht, Kartellrecht usw.), die sich im weiteren jeweils zu Fachteams ausweiten können mit Steigerungsfaktor 5 und größer, unter Einbezug externer Spezialisten (Investmentbanker, Steuerberater, Wirtschaftsprüfer, Kartellrechtler, Übersetzer usw.).

175 Gleichfalls unmittelbar nach der Genehmigung durch den Vorstand sollte die **Vorbereitung zur Integration** einsetzen. Dazu sollte bereits zu diesem Zeitpunkt ein **Leiter des Integrationsprojektes** benannt werden – als oberster Verantwortlicher für das „Diskontinuitätsmanagements". Vertreter des operativen Geschäftes sind in die Analyse der Verbesserungshebel (vgl. Teil IX Rz. 74) und zur Planung der unmittelbaren operativen Aktionen nach dem Closing („Readiness", vgl. Teil IX Rz. 83) einzubinden. Der umfassenderen Aufgabenstellung entsprechend ist die Teambasis zu verbreitern. Es kann nun z.B. sinnvoll werden, besonders komplexe oder risikoträchtige Themen vertieft zu analysieren, etwa das gemeinsame Fertigungskonzept oder die technologische Migration der Produktpaletten beider Partner. Allein ein solches Arbeitsmodul kann umfangreicher werden als die Kapazität, die im Vorfeld für die strategische Richtungsfindung erforderlich war. Dem notwendigen fachlichen Tief-

gang entsprechend sollten an die Stelle von „Planungsgeneralisten" nun einzelne Funktionsvertreter rücken, moderiert von **Experten für die Konzeption einer Unternehmens-Restrukturierung**. Wenn solche Erfahrungsträger nicht im Hause verfügbar sind, sollte man die Einschaltung externer Strukturberater ins Auge fassen (vgl. Teil IX Rz. 211).

Diese **Fachteams** werden zunächst nicht mit voller Kapazität auf das Projekt geschaltet. Das geschieht in der Regel nur bei besonderen Engpässen, etwa bei Auktionen oder kurz vor dem Closing, um das Integrationskonzept rechtzeitig verfügbar zu haben. Je nach Größe des Vorhabens, Breite des Geschäftes, Komplexität und Zeitdruck dürften für die Integrationsvorbereitung bei einer Projektgröße von 1000 bis 5000 Mitarbeitern bzw. einem Umatz des Zielunternehmens von 500 Mio. Euro bis 2 Mrd. Euro mit etwa 10 bis 20 Vollzeit-Projektmitarbeitern zu rechnen sein. Diese Größenordnungen sind jedoch mit großer Vorsicht anzuwenden – es empfiehlt sich im Einzelnen eine rechtzeitige Vorausschau, welches Thema in welchem Zeitraum zu behandeln ist. Dabei ist zu prüfen, ob Vorgänge parallel angegangen werden sollen oder kaskadenartig geführt werden können. Eine **Parallelisierung** erfordert die Entwicklung eines Routinekonzeptes, das gleichzeitig von mehreren Teams abgearbeitet werden kann, vorausgesetzt die notwendige „Multiplikation" ist durch entsprechendes Personal und kurzfristiges Training möglich. Dies bietet sich z.B. bei einer Due Diligence an, die zahlreiche Standorte umfassen soll. 176

Es liegt auf der Hand, dass die Qualität der Integrationsvorbereitung dadurch mitbestimmt wird, wie gut das **Wissen aus dem Vorfeldprojekt übertragen** wurde. Die Verantwortlichen für die M&A-Strategie und Screening müssen eng in die Integrationsplanung eingebunden sein und sollen bei Anzeichen, die auf ein Abweichen von der ursprünglichen Strategie hinweisen, umgehend eine Planrevision durchführen. Strategische Zielabweichungen oder Zieländerungen sind Angelegenheit der obersten Leitung – sie bedürfen eines Beschlusses, sei es „in der ursprünglichen Richtung weitermachen", „Richtung ändern" oder „aufhören". 177

Die Koordination und das **Schnittstellenmanagement** zwischen dem „Transaktionsteam" und dem „Integrations-Vorbereitungsteam" ist eines der größten Herausforderungen beim M&A-Management – und leider in der Breite der Projekte eine der größten **Fehlerquellen**. Allzu häufig führt die Benennung des „neuen" Teams für die Transaktion dazu, dass die im Vorfeld gesammelten Informationen nicht einfließen. Oft liegt der Grund dafür auch in der Annahme, dass „strategische" Informationen geringeren Wertgehalt haben oder in andere Richtungen gehen als Finanzinformationen. Das führt dann dazu, dass einer „financial" **Due Diligence** die Erkenntnisse aus dem Vorfeld fehlen oder Analysen, die im Vorfeld gemacht wurden, nochmals wiederholt werden. Am Beispiel der Due Diligence wurde bereits darauf hingewiesen, wie umfassend die Prüfung des Kandidaten sein sollte und wie stark die strategische Komponente ist. Darüber hinaus muss eine Due Diligence „vorwärts" orientiert sein, das heißt auch auf die Integration – wenn das Integrationsteam also nicht auf die Erkenntnisse des Transaktionsteams aufsetzt, ist dies genauso verwerflich wie umgekehrt (vgl. dazu Teil IX Rz. 62). 178

179 Zur **Übertragung des Wissens** von einem Teilprojekt auf das andere sollten klare Spielregeln und **Instrumente** geschaffen werden, zum Beispiel Prozesse mit Übergabepunkten, spezielle Kontaktpartner („Botschafter", Schnittstellen-Verantwortliche) und gegenseitige Teilnahme bei Aufgaben von gemeinsamem Interesse. Nur dadurch kann gewährleistet werden, dass sich die Stärken eines durchgängigen Prozessmodells (vgl. Teil IX Rz. 20, 17 und Abb. 4) auf das in der Praxis dominierende Modell der Teilprojekte übertragen lassen.

180 Die Vielfalt und Breite der Themen, verbunden mit Zeitdruck und der Nachhaltigkeit, machen es nötig, in der Transaktionsphase einen über alle Themen wachenden **Lenkungsausschuss** zu bilden. Er sollte sich aus der nächsthöheren Ebene über der Leitung der betroffenen Geschäfte rekrutieren – bei kleineren und weniger Geschäfte umfassenden Projekten kann er also niedriger angesiedelt sein als bei portfolioumfassenden Vorhaben. Wichtig ist die Angemessenheit – zu hoch angesiedelt kann auch falsch sein, weil das Thema dem Gremium dann zu fern ist und nicht die notwendige Aufmerksamkeit erhält.

V. Post Closing Management

181 Die Aufgaben ummittelbar nach dem Closing gliedern sich in (1) **Sofortmaßnahmen** und **Aktivitäten der operativen Einheiten zur Sicherung des „Ongoing business"** und (2) das so genannte **„Diskontinuitätsmanagement" zur Restrukturierung und Umsetzung der Integration.**

Zu (1) zählen im Weiteren:

- Realisierung des Programms unmittelbar vor dem closing und am „Tag 1",
- die Übernahme der Kontrolle über die erworbene Einheit und die Umsetzung der unmittelbaren operativen Maßnahmen, wie Besetzungen,
- Sicherstellung der Weiterführung des „ongoing business" beider Seiten,
- Beseitigung akut lösbarer Schieflagen („Stop-the-bleeding").

182 Der Umsetzung der Integration (2) dient:

- der Abschluss des Transaktionsprojektes durch Umsetzung der Verträge, Vertragscontrolling und Realisierung von Ausgleichsforderungen durch Wertveränderungen seit dem Signing der Verträge,
- Einleitung erster Maßnahmen zur Zusammenführung der Geschäfte, Realisierung von Ergebnisverbesserungen aus so genannten „Low hanging fruit",
- Aufgabenbeschreibungen, Formierung und Besetzung des aus Vertretern beider Seiten zu bildenden Integrationsteams und Anschub der Arbeiten,
- Detaillierung des Maßnahmenprogramms durch das Team.

183 Die Hauptprobleme sind die aus den vielfältigen Aufgaben resultierende **Belastungen des Managements**, verbunden mit persönlichen **Unsicherheiten** besonders am Beginn der Umsetzung, wenn die Besetzungsentscheidungen noch

nicht gefallen sind. Teilweise wirken noch Probleme aus der Zeit vor dem Closing nach, insbesondere:

- „Wechselstimmung" vom bisherigen unabhängigen Wettbewerber mit gegeneinander ausgerichteten Ressourcen (z.B. Vertriebe) im Übergang zur Zusammenarbeit,
- Nachwirkungen aus Überlastungen vor dem Closing,
- Aufgrund mangelnder Fachkapazität hat das Management zu häufig einspringen müssen und sich dem Tagegeschäft zu wenig gewidmet. Jetzt Hoffnung des Managements, dies nachzuholen.

Quelle eines der größten Fehler ist nun, nicht mit voller Kraft an die Integration gehen zu können. Daraus leitet sich auch die Notwendigkeit eines kompetenten **Integrationsteams** ab. Die rechtzeitige Planung der Kapazität und Besetzung der Teams ist „schlachtentscheidend". Der Aufbau des Teams sollte nach dem Closing möglichst rasch erfolgen. 184

Bei **Konsolidierungs- und Restrukturierungsprojekten** ist nun ein intensiver und kurzer Projekteinsatz von 3 bis 6 Monaten zu empfehlen mit Kapazitätsspitze am Ende des ersten Drittels. Die ersten beiden Monate werden für Maßnahmendefinition und 100-Tage-Implementierung benötigt. Nach Definition der Verbesserungshebel und Benennung des integrierten Managements sollen die Aufgaben schrittweise an die neuen operativen Einheiten übergeleitet werden. Entsprechend können die ursprünglichen Analyseteams zurückgefahren werden (vgl. Teil IX Rz. 87). Grundgedanke des zu bildenden Integrationsteams sollte sein, dass... 185

- ...alle zu behandelnden Fachgebiete abgedeckt werden, idealerweise nach Geschäften („Produktteams"), Funktionen („Ressort-Teams") und Standorten.
- ...die Teilnehmer sich aus beiden Partnern rekrutieren und
- ...die Hierarchieebenen zwischen den operativen Einheiten und dem Projektteam korrespondieren.

Aus diesen Forderungen ergibt sich **das generische Aufbaumodell für ein Integrationsteam**. Grundsätzlich sollte es die **Maßnahmen**-Hebel in den bekannten Dimensionen widerspiegeln, nämlich nach Geschäft, Ressort und Region. Jedes Teilteam soll einen Teil der Maßnahmen zugeordnet bekommen, sodass das Gesamt-Integrationsteam in Summe das gesamte Maß der Verbesserungen abdeckt, in jeder der abzubildenden Dimensionen. 186

Wenn die geschäftlichen Einheiten der **zukünftigen Organisation** noch nicht bestimmt und abgegrenzt werden können, dann kann das Projektteam zunächst auch nur die Funktionen in der Summe aller Geschäfte, quasi als „Querschnittsaufgabe" abdecken. Solche in Teil IX Rz. 87 bezeichneten „Horizontal Teams" haben dann die Aufgabe der Organisations- und Prozessentwicklung auf einer hohen Ebene und der Verteilung der Maßnahmenhebel auf die zu bildenden organisatorischen Einheiten. Die finalen Besetzungen der 187

Neuorganisation können erst dann vorgenommen werden, wenn die Aufbaustruktur und die Kernprozesse der integrierten Unternehmenseinheit definiert sind. Mit Ernennung der Leiter dieser Einheiten und Verpflichtung zur Realisierung der Ziele übernehmen die integrierten und neu gegründeten „Vertical units" die weitere Detaillierung der Maßnahmen, der Prozesse und die Untergliederung ihrer Aufbauorganisation.

188 Bei einem relativ organischen Gesamtgeschäft, bei dem die Geschäftssegmente nicht so sehr im Vordergrund stehen, kann es sinnvoll sein, eine **funktionale Gliederung** zu wählen. Dies ist branchenspezifisch und z.b. in der Autoindustrie und im Großanlagenbau üblich. Bei komplexen Großprojekten bietet sich eine **Matrixstruktur** an, die aufgrund ihrer „inhärenten" Logik der Schnittstellen (an allen Kreuzungspunkten der Matrix) die größtmögliche Sicherheit bei der Abstimmung untereinander gewährleistet.[1] In Abb. 20 findet sich ein Praxismodell eines Großprojektes, das in einer Dimension die operativen Funktionen abbildet, in der anderen die Querschnittsaufgaben, die normalerweise in zentralen Stäben wahrgenommen werden.

189 Jedes **Einzelteam** wird von einem **Leiter** geführt. Sofern zu Beginn des Projektes Analyseteams zur Identifikation von **Maßnahmen** und zur Entwicklung von Organisationskonzepten gebildet wurden, sollten diese jeweils einen „Betreuer" oder „Coach" aus dem Management zugeordnet bekommen. Dies sollte idealerweise derjenige Vertreter aus der Führungsriege sein, der später die mit der Teamaufgabe korrespondierende Funktion übernimmt (z.b. zunächst übergreifendes Fertigungsteam zur Analyse und Planung, spätere Verantwortung geht auf Fertigungsleiter über).

190 Innerhalb der Teams sind **Verantwortliche für Schnittstellen** zu korrespondierenden Teams zu benennen, zum Beispiel im Beschaffungsteam jemand, der den Kontakt zur Produktentwicklungsteam hält und vice versa. Auf diese Weise wird etwa das Überlappungsthema „Design-to-cost", nämlich Entwicklung von kostenoptimalen Designs für Zulieferprodukte, abgedeckt.

191 Die **Größe typischer Einzelteams** oder Subteams bewegt sich bei 3 bis 10 Mitarbeitern, die zu 100 % zur Verfügung gestellt sind. Dazu kommen unterstützende oder beratende Mitarbeiter in Teilzeit; diese können auch temporär als Task forces zuarbeiten. Neben dem „Vollzeitteam" ist damit eine Kapazität für „Teilzeit und Support" zu kalkulieren. Erfahrungsgemäß machen diese Supportfunktionen viel Sinn, weil damit das Vollzeitteam schlank gehalten werden kann. Die Support-Mitarbeiter sollten auch nur nach Bedarf herangezogen und blockartig konzentriert werden, um Schlagkraft zu erzeugen und Leerzeiten zu vermeiden. Ein hoher „Arbeitsimpuls" ist längerfristigen Einsätzen vorzuziehen (bei gleicher Zahl von Manntagen).

192 **Übergeordnete Aufgaben** des Integrationsteams lassen sich in Querschnittsteams abbilden oder auch im zentralen **Projektbüro** konzentrieren, das direkt dem Integrationsleiter untersteht. Hier ist vor allem die Umsetzungsverfol-

---

[1] Vgl. *Wolf*, Grundform der Matrix, S. 133–141.

gung anzusiedeln mit einer zentralen Projektdatenbank (Abb. 20; vgl. dazu Teil IX Rz. 245 ff.).

Oberste Instanz sowohl für das Integrationsteam als auch für das operative Management der zusammenzuführenden Einheiten ist für die Dauer des Integrationsprojektes wiederum das **Steering Committee**. In Fortsetzung seiner Aufgaben aus der Pre Closing-Phase ist es weiterhin rangmäßig eine Ebene höher als das Management anzusiedeln. Nach dem Closing sollte es in angemessener Weise von Vertretern beider Seiten besetzt sein (im Falle eines Joint Venture) bzw. sollte der zukünftige CEO oder der Vorstand der neu fusionierten Einheit als Vertreter des berichtenden Geschäftes dort vertreten sein – entsprechend ihrer Herkunft vom einen oder anderen Fusionspartner. 193

VI. Formalisierung und Detaillierungsgrad von Planung und Controlling

Im Zusammenhang mit der „**Granularität**" **der Maßnahmen** wurde bereits der Detaillierungsgrad der Planung angesprochen (Teil IX Rz. 110). Wie tief letztlich die Maßnahmenplanung zu detaillieren ist, ist auch eine **Führungs- und Kulturfrage**. Zu detaillierte Vorgaben des Integrationsteams führen zur Demotivation des mittleren Managements und der Mitarbeiter. Die Umsetzungs-Verantwortlichen werden sich in diesem Fall auch nur schwerlich mit den Einzelmaßnahmen identifizieren können, da sie ja nicht selber die „Erfinder" sind. Ein **breiterer Planungsrahmen**, der sich im Wesentlichen an Zielen orientiert (und die Einzelmaßnahme offen lässt), **führt zu mehr „kreativen" Lösungen**, wohingegen der **detaillierte Plan eher die Systematik** in den Vordergrund stellt, die **Rigorosität des Controllings** und einer eher „mechanistischen" Abarbeitung. Die Wahl, welcher Vorgehensweise der Vorzug zu geben ist, muss dem Einzelfall überlassen bleiben. Diese Wahl ist aber eine wichtige „Kulturentscheidung" für den Führungsstil und sollte deshalb auch aus dieser Sicht sorgfältig getroffen werden. Neben dem „unternehmenskulturellen" Aspekt sollte dabei vor allem das Leistungsprofil der Führung und des mittleren Managements beachtet werden. Zu empfehlen ist, sich an die lokalen Gegebenheiten, **an „nationalen" und branchenspezifischen Führungskulturen zu orientieren**.[1] So ist es bei niedrigem Qualifikationsstand eher zu empfehlen, die Maßnahmen sehr detailliert vorzugeben, während sich bei höherem Ausbildungsniveau und stärkerem Partizipationswillen auf der Werksebene ein niedrigerer Detaillierungsgrad empfiehlt. 194

VII. Zeitmanagement

M&A-Projekte unterscheiden sich grundlegend von allen anderen Projekten: Sie umfassen alle Elemente der beiden zu fusionierenden Unternehmensein- 195

---

[1] In der Metallindustrie finden sich z.B. auf der Werksebene in den USA eher angelernte Kräfte, während in Deutschland eher das „System" des Meisters mit gelerntem Vorarbeiter anzutreffen ist. Dementsprechend können in diesem Fall für die USA detailliertere Maßnahmenpläne vorgegeben werden, während in Deutschland eher Rahmenvorgaben zu empfehlen sind mit der Vorgabe, selber Maßnahmen zu entwickeln.

heiten, sie berühren die Interessen aller interner Gruppen und zahlreicher externer „Stakeholder". Da die Interessenlagen zahlreicher Beteiligter miteinander konkurrieren (z.B. Käufer versus Verkäufer bezüglich Vertragskonditionen, Dritte ihr Interesse gefährdet sehen (Wettbewerber, Lieferanten, Sozialpartner...) und offene rechtliche Fragen anstehen (kartellrechtliche Prüfung...) bestehen **zahlreiche Anlässe, den eigentlichen Planungs- und Strukturierungsprozess zu unterbrechen**. Entgegen anderen Projektarten, in denen das Zeitmanagement weitgehend in der Hand der Verantwortlichen stehen, entzieht es sich bei M&A-Projekten vielfach der gezielten Steuerung. **Typische Anlässe** für Unterbrechungen und Verzögerungen des eigentlichen Integrationsprozesses sind:

196 Im Vorfeld:

- Iterationen bei Kandidatensuche (mangelnder „Fit" mit der Strategie, fehlende Bereitschaft trotz passenden Profils),

- Ausufernde Verhandlungen durch auseinanderklaffende Vorstellungen der Fusionskandidaten oder ihrer Eigentümer hinsichtlich Wert (Kaufpreis...), industrieller Führung (Mehrheitsverhältnisse...).

197 In der Transaktionsphase:

- Verhandlung von Vertragskonditionen, taktisches Verhalten der Partner,

- Ergebnisse der Due Diligence mit daraus resultierenden Forderungen hinsichtlich Konditionen,

- Kartellrechtliche Prüfung (Dauer des Verfahrens), Auflagen und Genehmigungen,

- Änderung der Rahmenbedingungen und strategischen Vorstellungen, insbesondere bei lang laufenden Projekten,

- Erkenntnisse über Umfang der Integration (Projekt wird nochmals infrage gestellt, Untersuchungen und Modellüberlegungen werden wiederholt).

198 Bei der Umsetzung:

- Erkenntnisse über den Partner in Due Diligence 2: Nachverhandlungen, Veränderungen der Konditionen,

- Umfang und Durchsetzbarkeit der Integration sind schwieriger als geplant,

- Widerstände der Sozialpartner oder anderer gegen die Implementierung.

199 Diese Umstände treten nicht immer völlig überraschend ein; die meisten lassen sich hinsichtlich Umfang der Verzögerung quantifizieren. Zur **Begrenzung des Projektrisikos** und Vermeidung von Kosteneskalationen sollte deshalb frühzeitig und regelmäßig (z.B. in den Fortschrittsberichten vor dem Steering Committee) über **Zeitmanagement und -risiken** berichtet werden. Dabei sollten rechtzeitig Ersatzpfade aufgezeigt werden. Zur Minimierung von Projektkosten bei Unterbrechungen sollten auch die Kapazitäten (interne Kräfte, be-

sonders aber teure externe Berater) nur auf Abruf bereit und in Rechnung gestellt werden (vgl. Teil IX Rz. 211).

Die längsten wenig planbaren **Unterbrechungen und Verzögerungen** liegen beim Nachweis der Gangbarkeit des eingeschlagenen Pfades (ist der Kandidat der richtige, ist das Modell geeignet, sind die Konditionen passend?), bei den Verhandlungen (Taktieren der Partner...) und bei der kartellrechtlichen Genehmigung. Im Letzteren kann eine unerwartete zweite Prüfungsstufe zu einem weiteren Zeitverlust von 8 Monaten führen, bis zu einer Voll-Untersagung können die Kandidaten bis über ein Jahr warten, so geschehen im Fall *Schneider-Legrand*. Ein ursprünglich auf 6 Monate geschätzter Gesamtprozess kann sich dadurch auf 2 Jahre verlängern. In dieser Zeit können sich auch die Rahmenbedingungen des Marktes und des Wettbewerbs so ändern, dass sich das ursprünglich angedachte strategische Konzept überholt. Dementsprechend muss der gesamte Pfad neu überdacht werden. 200

Das **größte Risiko** des M&A-Projektes selber ist der **Abbruch**. Dieser ist wegen verlorener Aufwendungen und Opportunitätskosten umso teuer, je später er kommt. Deshalb sollten alle kritischen Themen so früh wie möglich auf den Tisch kommen. Dazu empfiehlt sich zum Beispiel eine durchgängige Vorabsimulation der Handlungspfade (vgl. Teil IX Rz. 39 ff.). Je fortgeschrittener der Prozess, desto weniger bereit ist erfahrungsgemäß das Management, ein Projekt abzublasen. Die Risiken aus einem Scheitern des Zusammenschlusses sind jedoch viel größer als ein später Abbruch eines Projektes. Deshalb sollte die Möglichkeit eines Abbruches in besonderen Meilensteinen eingeplant und Vorabverpflichtungen für die nächste Phase bis dato gezielt ausgeschlossen werden. 201

Soweit **Zeit- und Kapazitätsbedarf** „planbar" sind, können Erfahrungswerte aus der Projektpraxis abgeleitet werden.[1] Die Bandbreite bei Dauer und Kapazitätsaufwand für M&A-Projekte ist jedoch sehr groß. Bei einfachen Vorhaben kann die Planung in wenigen Wochen abgeschlossen sein, die Dauer der Transaktion wird von der rechtlichen Abwicklung bestimmt und die Integration ist reine Formsache, weil eine zusätzliche Geschäftseinheit einfach „angehängt" wird. Über den gesamten Zeitraum können dabei zusätzliche Kapazitäten von 3 bis 5 Personen (Vollzeit intern und extern gerechnet) ausreichen. Große und komplexe Vorhaben können von der strategischen Konzeption bis zum Closing über zwei Jahre in Anspruch nehmen (nicht gerechnet die o.a. größeren Unterbrechungen). Bis zum Abschluss der Umsetzung und zur Überführung in ein kontinuierliches Verbesserungsprogramm können nochmals 3 Jahre notwendig werden. Eine volle Harmonisierung von Produkten und Technologien wird beeinflusst von 202

– der Länge der Produktlebenszyklus,

– dem Innovationsgrad zum Zeitpunkt der Fusion

---

[1] Zur allgemeinen Fragestellung nach der Integrationsgeschwindigkeit vgl. *Lucks*, M&A Management Praxis, Schnell oder langsam integrieren?, Finance, Heft 2, 31.

– und der Frage, ob die Produktlebenszyklen der Kandidaten „synchron" oder „asynchron" laufen.

203 Im ungünstigen Fall haben **beide Unternehmen ein neues Produkt eingeführt**, das aufgrund von Kundenerfordernissen nicht durch das andere ersetzt werden kann. Dann muss diese Generation praktisch bis zum geplanten Lebensende weitergeführt werden. Danach sind auch noch Service und Ersatzteile vorzuhalten. Bei langzyklischen Produkten und Systemen, zum Beispiel in der Kraftwerktechnik, kann die aktive Vermarktung einer Produktgeneration bei 10 bis 15 Jahren liegen, die Vorhaltung von Service und fertigen Ersatzteilen darüber hinaus bei 5 Jahren und mehr.

204 Auch der **Zeitbedarf für den kulturellen Wandel** kann lange dauern. Das „Zusammenwachsen" unterschiedlicher Kulturen kann die Arbeitsdauer einer ganzen Mitarbeitergeneration einnehmen. Geringer Aufwand ist zu erwarten, wenn die Unternehmen ähnliche Ausprägungen hinsichtlich Land, Branche und Größe besitzen, sich vorher „freundlich" gesonnen waren und eine starke Motivation zum Zusammenschluss gegeben ist, zum Beispiel Ausrichtung auf Kunden oder gegen den Wettbewerb. Dann liegt der Aufwand in aktiver „Kulturarbeit" im Wesentlichen in der Harmonisierung der Führungs- und Entlohnungssysteme. Dies kann von den entsprechenden Fachabteilungen in wenigen Monaten abgewickelt sein.

205 Der „planbare" **Einzelaufwand für die Aufgabenmodule** vom Vorfeld bis zur Umsetzung wird durch jeweils unterschiedliche Faktoren aus Größe, Komplexität, Risiken und Widerständen geprägt. Als Größenmaßstäbe sind zum Beispiel heranzuziehen: Umsatz, Investment, Anzahl Mitarbeiter. Komplexitätstreibend wirken: Tiefe der Wertschöpfung, Größe des Produktportfolios, Umfang der Technologien, Anzahl der Fertigungslinien, Standorte, Anzahl der Länder und Vielfalt der Vertriebe. Das Risiko treibt den Aufwand wegen umfassenderer Analysen und Szenarien, Notfallplanungen, Notaktionen. Interner und externer Widerstand machen ausführlichere Sondierungen, umfassendere Verhandlungen notwendig, verbunden mit weiterreichenden Analysen und Szenarien, um die Argumentation zu verbessern oder die wirtschaftliche Machbarkeit von Lösungen nachzuweisen, die von Sozialpartnern gefordert werden. In Abb. 22 finden sich **Orientierungswerte aus der Praxis** des Autors für die einzelnen Arbeitsmodule. Als eine Projektkategorie mit „niedrigem" Aufwand wäre dabei der Erwerb eines weitgehend komplementären Geschäftes (geringer Integrationsbedarf...) mit einer Produkt- und Fertigungslinie in einem Land an einem Standort mit bis zu Größenordnung 200 Mitarbeitern. „Hoher" Projektaufwand ist zu erwarten, wenn die Geschäfte der Kandidaten in einem konsolidierenden Markt stark überlappen (hoher Integrationsbedarf, hoher Kostensenkungsbedarf...), mehrere Länder involviert sind mit Größenordnung von 10 Standorten und über 2000 Mitarbeitern. Zu den angegebenen Vollzeitmitarbeitern im Integrationsteam ist Teilzeit-Zuarbeit von Stäben und aus dem operativen Geschäft zu rechnen. Dies ist erfahrungsgemäß ein Mehrfaches der Zahl der Vollzeit-Teammitglieder. Nicht gerechnet ist die Arbeit nach Überleitung in die neu gegründeten operativen Einheiten.

Die Möglichkeiten des Zeitmanagements liegen im Wesentlichen in einer guten **Planung zur Vermeidung von Analysen, Redundanzen, Iterationen** und demzufolge beim Parallelisieren von Vorgängen unter Sicherstellung eines guten Schnittstellen-Managements. Das „Parallelisieren" von Vorgängen ist am stärksten bei einem Prozessmodell zur Projektführung ausgeprägt (Teil IX Rz. 20). Bei dem in der Praxis häufiger anzutreffenden Modell aus Teilprojekten findet sich die Parallelisierung vor allem bei der gleichzeitigen Vorbereitung der Transaktion und der Integrationsplanung vor dem Closing. Darüber hinaus gibt es weitere Möglichkeiten, die unter Abschnitt 2 genannten Arbeitsschritte gleichzeitig oder stark überlappend durchzuführen. Als Modellbeispiel siehe dazu Abb. 23. Typische Zeiteinsparungspotenziale ergeben sich aus 206

– Überlappung zwischen externer Exploration und **Due Diligence**,

– starkem Parallelisieren zwischen der Entwicklung des Maßnahmenkonzeptes vor dem Closing und der vor allem operativen Vorbereitungen zum Closing,

– Beginn der Aktivitäten für „Aufbauorganisation und Geschäftsprozesse" sowie „Maßnahmendefinition" bereits vor dem Closing,

– weitgehend parallele Durchführung der letztgenannten Aktivitäten,

– Abschluss der systematischen Arbeiten zu „Aufbauorganisation und Geschäftsprozesse" sowie „Maßnahmendefinition" innerhalb der 100-Tage-Frist des (vor allem operativen) Umsetzungsprogramms nach dem Closing.

Der Parallelisierung von Vorgängen und dem Vorziehen vor das Closing sind jedoch Grenzen gesetzt und es gibt weitere **Verzögerungsfaktoren**, die einzukalkulieren sind: 207

– Erst mit dem Closing besteht Zugang zu originären Daten und zu den Mitarbeitern des Fusionspartners, vorweggenommene Arbeiten müssen ggf. wiederholt werden,

– Verfügbarkeit eigener Mitarbeiter, da die Schlüsselfunktionsträger meist bei allen Arbeitsschritten involviert sind begrenzt das Parallelisieren,

– die Logik der Abläufe. Paralleles Vorgehen führt meist auch zu annahmenbasierten Aktivitäten, die später aufgrund besserer Informationen überarbeitet werden müssen,

– erforderliche „Nebenzeiten" zur Genehmigung der nächsten Projektschritte (Vorbereitung der Präsentation für den Lenkungsausschuss, Durchführung der Sitzung, nachfolgende Beratungen, rechtliche Prüfung, Bewertung und Protokollierung der Ergebnisse),

– Synchronisationsverluste, da Arbeitsschritte und Beschlüsse bei beiden Fusionskandidaten durchgeführt werden müssen: Der jeweils „schnellere" muss auf den jeweils „langsameren" warten,

– besondere Komplexität bei zahlreichen Standorten bzw. multinationalen Fusionen führt vor allem bei **Due Diligence** und anderen Schritten der

Transaktion zu Verlängerungen. Parallelisieren ist nur sehr bedingt möglich, weil in zentraler Verantwortung. Angewendet werden kaskadenförmiges Abarbeiten, indem die Schritte wiederholbar und damit teilweise delegierbar gestaltet werden.

208 Wenn alles optimal läuft und der kartellrechtliche Genehmigungsprozess nicht zeitkritisch wird, kann der **Zeitbedarf** zwischen interner Genehmigung und Closing in einem „mittleren" Vorhaben bei 6 Monaten liegen. Der Zeitbedarf für den Abschluss der grundlegenden Arbeiten und der Institutionalisierung der Umbauprozesse kann dabei auf ca. 4 Monate nach dem Closing begrenzt werden. Nach diesen 4 Monaten wäre dann das neue Management in voller Verantwortung für die Umsetzung, unterstützt von einem Projekt- und Controlling-Büro für die Verfolgung der Maßnahmen. Siehe dazu Projektbeispiel Abb. 23 (vgl. auch Teil IX Rz. 83, 110 u. 245).

209 **Vorsicht ist geboten** gegenüber der Annahme, der absolute Zeitbedarf ließe sich durch **Kapazitätsaufbau** in vorab festgelegten **Zeitgrenzen** halten. Die großen Teams erfordern übermäßig hohen Steuerungsaufwand, der angesichts geforderter schneller Reaktion das Projektmanagement belastet. Werden diese Teams nicht straff geführt, dann liefern ihre Vertreter aus internen Stäben und externen Beratern Zusatzleistungen, die nicht immer zielführend sind: Die Leitung „ertrinkt" in nicht notwendigen Informationen, und sitzt nun in der **Komplexitätsfalle.**

210 Die Annahme, dass ein schnelles M&A-Projekt generell besser ist als ein in Ruhe geführtes, ist in dieser Vereinfachung falsch. Die Prozesse sollten so zügig wie möglich geführt werden, Übereilung kann aber genauso zum Problem werden wie zeitliche Nachlässigkeit, besonders dann, wenn Dinge nicht in Angriff genommen werden sollten (z.B. Produktharmonisierungen, die den Marktbedürfnissen widersprechen) oder wenn „organisches Zusammenwachsen" oder „Bestehenlassen" besser ist als Forcierung – etwa bei der Kulturfrage.

VIII. Einschaltung von Beratern

211 M&A erfordert spezielle Kompetenzen, die nur bei „Vielkäufern" intern vorgehalten werden können. Arbeitsschübe, Informationsbedarf und die Führung einer Interim-Organisation belasten das Management neben seinem Tagesgeschäft. Die dadurch entstehende **Kompetenz- und Kapazitätslücke** können Berater füllen.[1]

212 Ein weiterer Grund für den Beratereinsatz liegt im **Wettbewerbsrecht.** So können vor dem Closing so genannte „clean teams" notwendig werden zur Ermittlung von vergleichenden Kennzahlen über laufende Projekte. Zur Sicherstellung des Wettbewerbs dürfen solche Informationen nicht an die Mitarbeiter der jeweils anderen M&A-Partners gelangen. Die Auswertung solcher

---

1 Weiteres dazu s. *Lucks*, M&A-Integration, in Mirow/Niedereichholz/Sommerlatte (Hrsg.), Handbuch der Unternehmensberatung.

Daten ist aber häufig notwendig, um die Werthaltigkeit von Projekten prüfen zu können.

Berater für M&A lassen sich nach den Prozessen, in denen ihr **Haupteinsatzgebiet** liegt, **kategorisieren**: 213

- Strategieberater,
- Struktur-/Implementierungsberater,
- Kanzlei für Vertrags- und Steuerrecht,
- Kartellrechtler,
- Wirtschaftsprüfer,
- Investmentbanker,
- Berater für Personal und Change Management,
- Kommunikationsberater.

Hinzu treten nach Bedarf Fachberater für Informationstechnik, Berater zur Analyse des Kundenverhaltens und viele mehr. Die großen Consulting-Unternehmen verfügen über „Practices", um mehrere der o.a. Teilprozesse führen zu können. Es ist eine Führungs- und Kompetenzfrage, ob man als Unternehmer einen Auftrag in größerer Breite an einen externen Berater vergeben sollte oder besser mehrere fokussierte Berater beauftragt. Für den Personalprozess bietet sich z.B. eine durchgängige Prozessberatung an, die sowohl die „harte" (Personalverträge, Personal Assessment) als auch die „weiche" Aspekte wie Change Management abdeckt. Daneben gibt es hochspezialisierte Fachberater etwa für transkulturelles Management zwischen besonderen Nationen.[1] In der Mittelstandsberatung haben sich so genannte „M&A Boutiquen" etabliert, die Transaktions- und Strukturberatung abdecken. 214

Aus Gründen des optimalen Zeithebels und der Kosten empfiehlt sich ein **Beratereinsatz** bei M&A-Integration **relativ früh** (zur Zeit der Konzeption), **massiv** (nach dem Closing) **und kurz**. Der Einsatz von Strategie- und Restrukturierungsberatern konzentriert sich um die Zeit des Closing, das heißt auf die Konzeption der Umsetzung und die Umsetzungsplanung einschließlich Teams für Umsetzung und Controlling in den ersten 100 Tagen. Beim Umsetzungscontrolling und bei Aufgaben zum so genannten „Cultural Change Management" sind aber auch Spezialteams bzw. einzelne Berater über Zeiträume von 9 Monaten und länger sinnvoll. 215

Durch kartellrechtliche Prüfung, Verhandlungen und gesellschaftsrechtlichen Umbau können **Wartezeiten** entstehen, die bei einem stehenden externen Team die Beraterkosten ungeplant ansteigen lassen. Der Unternehmer sollte sich deshalb nach Möglichkeit eines „Abrufmodells" für Beraterkapazität bedienen und nur die zentralen Funktionen, etwa Coaching durch einen Chefberater oder Projektbüro/Controlling durchgängig extern besetzen – sofern er die- 216

---

1 Weiterführende Literatur s. *Lucks*, Mergers & Acquisitions Jahrbuch 2003.

se nicht intern abdecken kann. Ein unkontrollierter Berateinsatz führt auch zu überflüssigen Aufgaben oder nicht notwendigem Analysetiefgang, der dem Projektfortschritt sogar hinderlich sein kann, weil etwa Komplexitäten geschaffen oder Probleme von marginaler Wirkung in den Mittelpunkt gerückt werden.

217 Zum wertorientierten Einkauf und Steuerung von Beratern gehört auch, dass der Unternehmer sich auf speziell bei M&A-erfahrene „Senior-Berater" konzentriert und sie so einsetzt, dass ein **optimaler Wissenstransfer** an die eigenen Mitarbeiter stattfindet. Ein Daumenwert wäre dabei etwa: 3 bis 5 eigene Vollzeitmitarbeiter im Projekt, die jeweils auf einen externen Berater geschaltet sind.

D. Verfahren und Instrumente

I. Benchmarking zur wettbewerbsorientierten Zielfindung

218 Unter „Benchmarking" wird im Allgemeinen die **Orientierung an Leistungsgrößen** verstanden, die in der Praxis und in der Branche als erreichbar angesehen werden („Best demonstrated practice"). Dazu werden die Leistungsgrößen selber betrachtet und die Gründe für die Leistungsunterschiede gesucht. Diese liegen bei den Prozessen und schlagen sich in messbaren Größen nieder hinsichtlich **Zeit, Qualität** und **Kosten**.[1]

219 Unterschieden werden **3 Ebenen des Benchmarking**, nämlich (A) der unternehmensinterne Vergleich, (B) die Gegenüberstellung mit Wettbewerbern derselben Branche und (C) ein Vergleich mit hervorragenden Aktivitäten aus ähnlich gelagerten Geschäften.

220 Auf einen M&A-Fall angewendet bedeutet (A) die Orientierung an einem Geschäft, das **im Portfolio der beiden M&A-Mütter** die beste Leistung bietet. Der Vorteil dabei ist der Zugang auf Details des Vergleichsgeschäfts – vorausgesetzt, dass die jeweilige Mutter dies akzeptiert und dass es keine unternehmerischen Konflikte gibt, etwa aus einem Zulieferverhältnis Mutter-Tochter. Eine solche in die Tiefe gehende Analyse (etwa über Kosten, Verträge und Prozesse) kann erst in einem späten Stadium eines M&A-Projektes durchgeführt werden, erfahrungsgemäß erst nach dem Closing, wenn zwischen den M&A-Partnern ein paraphierter Vertrag vorliegt. Ein typischer Anwendungsfall wäre ein Joint Venture, da dann beide Seiten ein objektives Interesse an einer „Best-practice-Übertragung" haben. Eine derartige Erfahrungsübertragung von einer Seite auf die neue Unternehmenseinheit kann durchaus einen Einbringungswert darstellen, den die wissenstransferierende Seite honoriert haben möchte.

---

[1] Weiteres dazu s. *Kleinfeld*, Benchmarking für Prozesse, Produkte und Kaufteile, S. 19–24; *Kleinfeld*, Benchmarking: Startpunkt einer vollumfänglichen Produktivitätssteigerung, in Töpfer (Hrsg.), Benchmarking – der Weg zu Best Practice, S. 105–123.

Ein **Vergleich mit Wettbewerbern** aus derselben Branche (B) lässt sich in grober 221
Form bereits im Vorfeld anstellen. Derartige Betrachtungen sind in der Regel
bereits Bestandteil des Strategieprojektes (vgl. Teil IX Rz. 31), um Größe und
Ursache von Wettbewerbsvorteilen zu lokalisieren. Auch beim Kandidatenscreening (Teil IX Rz. 65) spielt dies eine Rolle, soll doch das Geschäftsprofil
aus den Kompetenzen der Fusionspartner die Performance eines führenden
Wettbewerbers erreichen.

Der **Vergleich mit Best-practice-Unternehmen** (Ebene C) beinhaltet Gegen- 222
überstellungen

– mit einem optimal aufgestellten Unternehmen einer strukturell ähnlichen Branche,

– mit einem einzelnen strukturell vergleichbaren Geschäft in dem ein Unternehmen einer anderen Branche optimal aufgestellt ist,

– mit einem einzelnen Prozess oder einer Wertschöpfungsstufe, für die ein Unternehmen als hervorragend gilt.

Dabei können mehrere Vergleichskandidaten verschiedener Branchen heran- 223
gezogen werden, sodass sich aus der Zusammensetzung unterschiedlicher Untersuchungsfelder letztlich ein **„synthetisches"** Zielmodell ergibt. Es liegt auf
der Hand, dass eine so aufwendige Untersuchung erst dann vorgenommen
werden kann, wenn die Maßnahmen und Wirkungen aus der Zusammenführung beider Unternehmensteile bereits genau definiert sind. Damit kann die
dem Verbesserungsprogramm zugrunde liegende interne Untersuchung einer
detaillierten „Outside-in-Analyse" durch das Benchmarking gegenübergestellt
werden.

Die **Informationsquellen** für ein Benchmarking sind an unterschiedlichen Or- 224
ten zu suchen. Sie können im eigenen Unternehmenskreis liegen (Ebene A),
es können frühere Mitarbeiter des zu betrachtenden Benchmark-Zielunternehmens sein, Kunden, Lieferanten und Branchenanalysten (Berater, Verbände...).
Eine besondere Form des Benchmarking ist das bereits genannte **„Reverse engineering"**, das sich bereits in der Phase des Kandidatensreening einsetzen
lässt.

II. Baselining zur dynamischen Zielbestimmung

Ein Benchmarking liefert Orientierungen für Leistungsziele, die Wettbewerber 225
erreicht haben. Danach stellt sich die Frage, wie diese Ziele aus der aktuellen
Situation der Fusionskandidaten und des Marktes in die Zukunft übertragen
werden können. Dies betrifft alle in Teil IX Rz. 218 ff. genannten Kriterien wie
Zeit, Qualität und Kosten. Die Zielableitung für die Verbesserungen muss die
Leistungssteigerungen im Wettbewerb vom Ausgangszeitpunkt (z.B. dem Closing) zum Realisierungszeitpunkt (bei Abschluss des Programms) berücksichtigen. Wir sprechen deshalb von einer **„dynamischen Zielbestimmung"**.

226 Als exemplarisch für den Werkzeugkasten zur Bestimmung von Verbesserungsumfängen wird hier das **Instrument des Baselining** vorgestellt, das üblicherweise auf der Ebene des Ergebnisses vor Zinsen und Steuern („EBIT"=Earnings before interest & tax) das notwendige Einsparungsziel ableitet. Wie der Name „Baselining" ausdrückt, kann die Größe der notwendigen Verbesserungen vom Ausgangszeitpunkt bis zum Zielpunkt in einigen Jahren nur festgestellt werden, wenn neben dem aus der Wettbewerbsbetrachtung ableitbaren „dynamischen" Ziel auch die aktuelle „Basislinie" bekannt ist. Dazu ist eine Hochrechnung der Kosten aus der Summe beider Fusionskandidaten notwendig, ohne Berücksichtigung der tatsächlichen Planung (unter Einrechnung von Produktivitätssteigerungsmaßnahmen) und erwarteter Synergieeffekte (Abb. 24 linke Seite). Die daraus zu erwartenden hochgerechneten Kosten im Zieljahr werden den „dynamischen" Zielkosten gegenübergestellt, die sich aus dem Umsatzziel des fusionierten Unternehmens (einschließlich Synergien) und dem Ergebnisziel aus Wettbewerbs-Benchmarking ableitet (Abb. 24 rechte Seite). Die „dynamischen" Größen, die in diese Rechnung einfließen, sind die Veränderungen der Faktorkosten und der Preise. Aus dem Delta zwischen hochgerechneten Kosten und Zielkosten ergibt sich das absolute **Gesamtverbesserungsziel für das EBIT**, eine der zentralen Kenngrößen für das Fusionsprojekt.

227 Eine erste **Abschätzung für das Einsparungsziel** kann mit diesem Rechenmodell bereits im Vorfeld durchgeführt werden, belastbare Größen ergeben sich natürlich erst nach dem Closing, wenn die Kostenstruktur beider Kandidaten durch Einblicke in die GuV-Rechnung geprüft werden kann. Das Ergebnis reagiert sensitiv auf Veränderungen an den Faktorkosten und den Preisen, wie anhand von Modellrechnungen erkennbar ist (Abb. 25).

228 Gemeinsam liefern die Benchmarkanalyse und das Baselining Ergebnisse zur Wettbewerbs- und Ergebnisposition. Damit fordern sie Fragen heraus, die für die Entscheidungsfindung und operative Umsetzung wichtig sind, z.B.:

– Wie korreliert die Verbesserung der Wettbewerbsposition mit der erwarteten Ergebnisverbesserung?

– Inwieweit versprechen die durch die Zusammenlegung zu erwartenden Volumenszuwächse die angestrebten Steigerungen der Ergebnisse?

– Lassen sich die Faktorkosten in dem Maße senken wie dies angesichts stärker werdenden Wettbewerbs (z.B. zur Deckung von Preiszugeständnissen) nötig ist?

– Welches Szenario nach Kosten- und Preissenkungen sichert oder gefährdet das gesetzte Ergebnisziel (Benchmark-EBIT in % vom Umsatz bzw. zu fordernde Kapitalverzinsung)?

229 Das **Baselining-Verfahren** ist **umso wichtiger, je mehr** ein M&A-Projekt **durch Kosteneinsparungen getrieben** ist. Je stärker ein geplanter Volumenszuwachs durch Komplementarität im Vordergrund steht, desto geringer wird das Gewicht durch Einsparungen. Die Erfahrung zeigt jedoch, dass das Instrument in den meisten Fällen angewendet werden sollte, und sei es zur Prüfung von Sze-

narien, in denen sich der angestrebte Volumenszuwachs nicht realisieren lässt. Wie bereits erwähnt, zeichnen sich erfolgreiche M&A-Projekte dadurch aus, dass besondere Aufmerksamkeit auf **Risikoanalysen** gelegt wurde. Umgekehrt lässt sich mit dem vorgestellten Modell leicht zeigen, wie schnell eine aggressive (und wenig realistische) Umsatzplanung den Unternehmer von notwendigen Kostensenkungen zu entheben scheint. In den vergangenen Jahren wurde gerade an dieser Stelle viel gesündigt: Desaster bei Unternehmenszusammenführungen entstanden nicht zuletzt durch zu optimistische Umsatzplanungen und fehlende „Rückendeckung" durch Kostensenkungsanstrengungen.

III. Ableitung der Verbesserungshebel

Der „**Betrag**" **des** in Abschnitt 4.2 vorgestellten **Gesamtverbesserungszieles** ist in einem weiteren Schritt **auf die einzelnen Aktivitäten des Geschäftes zu verteilen.** Diese Aktivität sollte als „Top down-Grobanalyse" vor dem Closing durchgeführt werden (vgl. Teil IX Rz. 74) und dient als Näherung zur Vorbereitung des Maßnahmenprogramms (vgl. Teil IX Rz. 110). Je nach Fall kann die Aufteilung im frühen Stadium nach Wertschöpfungsstufen, nach Geschäften oder nach Regionen erfolgen. Diese Dimensionen werden im Weiteren als „Hebel" bezeichnet. Nach dem Closing ist zur Vorbereitung des Maßnahmenprogramms eine Gliederung in allen drei Dimensionen sinnvoll.

230

In einem ersten Schritt bietet sich an, den Zielbetrag der Gesamtverbesserung **nach den bisherigen Proportionen** (Summe beider Kandidaten) auf die Wertschöpfungsstufen, Standorte bzw. Geschäfte des zusammengeführten Geschäftes zu verteilen. Das Resultat ist die Diskussionsbasis mit Vertretern der einzelnen Funktionen und sollte Argumente für die später durchzuführende differenzierte Betrachtung liefern. Unterscheidungen ergeben sich aufgrund aller einfließenden Größen, besonders aber aufgrund von differenzierten Wachstumserwartungen, Faktorkosten und Preisentwicklungen. Frühzeitige Diskussionen leiten auch zu der Frage, welche Aktivitäten sinnvollerweise im Unternehmen gehalten oder zusätzlich hereingenommen werden sollten und welche eher auszugliedern sind. Die Anzahl der überlappenden Standorte weist z.B. auf später nötige intensivere Analysen über die Konzentration oder Dislozierung der Aufgaben aufgrund von Faktorkostenunterschieden oder Arbeitsprozess-Varianten (z.B. Konzentration und Automatisierung gegenüber manueller Fertigung in Niedriglohnstandorten). Alle diese Szenariobetrachtungen lassen sich auf der Ebene der „Hebel" mit vertretbarem Aufwand und vernünftiger Genauigkeit durchführen.

231

Prinzipiell können die in Teil IX Rz. 62 ff. vorgestellten Ansätze des Benchmarking und des Baselining auch zur **Ableitung von Zielen und Maßnahmen auf der Ebene der** hier behandelten **Hebel** durchgeführt werden. Die daraus abzuleitenden Einzelhebel (z.B. EBIT-Beitrag aus Zusammenlegung des Einkaufs) führen in der weiteren Analyse zu den Vorüberlegungen über die Umsetzung der Einzelmaßnahmen, also zu Szenarien über den Ort und die Art der Zusammenlegung in Verbindung mit den Fragen nach der persönlichen Verantwortung für die Maßnahme, dem Zeit- und Kostenbedarf, der sachlichen Vertretbarkeit und Durchsetzbarkeit. Damit beinhaltet die Analyse der Hebel neben

232

dem Ergebnis auch die in Teil IX Rz. 218 einleitend angesprochenen Fragen nach der Prozessgestaltung, dem Zeit- und Qualitätsmanagement.

233 Die vorgestellte Ableitung folgt zwar immer noch einem Top down-Ansatz, erlaubt damit aber gleichzeitig erste Bottom-up-Plausibilisierungen. Insofern bietet die Analyse der „Hebel" nicht nur die Möglichkeit, durch Szenario-Vergleiche optimale Wege zur Integration bereits vor dem Closing zu identifizieren sondern sie bildet auch schon die Brücke zur Planung der einzelnen Maßnahmen.

IV. Maßnahmenplanung und -verfolgung

234 Nach der Festlegung des Gesamtziels und dessen Zerlegung in so genannte „Hebel" (vgl. Teil IX Rz. 230 ff.) liegt die **Maßnahmenplanung auf der dritten Planungsebene des Gesamtprojektes**. Für die Entwicklung und Verfolgung der „Ergebnisverbesserungsmaßnahmen" ist die Bildung einer Aufbau- und Ablauforganisation erforderlich, mit Definition der Rollen, Prozesse, Schnittstellen und Bereitstellung der entsprechenden Lösungen und Struktur für Kommunikation und Datenverarbeitung. Die Ansprüche dazu sind wegen großer Bandbreite an Projekten hinsichtlich Integrationstyp, Größe, Umfang und Maßnahmen sehr unterschiedlich. Exemplarisch wird im Folgenden ein Ansatz vorgestellt, der sich für ein umfangreicheres Projekt (mehrere Standorte, mehrere Geschäfte, umfassendes Restrukturierungsprogramm...) anbietet.

235 In der Aufbauorganisation ist zu unterscheiden zwischen dem **operativen Geschäft der beiden Fusionskandidaten** und dem **temporären Integrationsteam** (Abb. 26). Die beiden Organisationen korrespondieren miteinander hinsichtlich Führungsrollen und Ebenen. Mit dem Closing wird das Integrationsteam aus Vertretern beider Kandidaten gebildet. Die Fachkompetenz des operativen Geschäftes wird im Integrationsteam durch Delegationen in Fachteams oder Fachsupportteams geleistet. Im Integrationsteam ist eine zentrale Stelle zu schaffen, für die Aufgabenstellungen:

– Ableitung des Gesamtziels zur Ergebnisverbesserung,

– daraus „Top down"-Ableitung der Verbesserungshebel,

– Sammlung und Konsolidierung der Einzelmaßnahmen und

– Bottom up-Verfolgung, inwieweit die Hebel durch Einzelmaßnahen hinterlegt sind („Füllstandskontrolle" nach Meilensteinen).

236 Für die Umsetzungsverfolgung der Maßnahmen empfehlen sich **zu vereinbarende einheitliche Meilensteine** nach einem so genannten „Härtegrad-Konzept", das in Teil IX Rz. 245 ff. erläutert wird.

237 Die Planung der Maßnahmen in den operativen Teams, die Erfassung der Werte, ihr Abgleich mit der zentralen Maßnahmenverfolgung und dem Berichtswesen erfordern mehrere Schritte. Daraus ergibt sich ein standardisierbarer Ablaufprozess (Planungsmodell Abb. 27). Darin ist das Zusammenspiel zwischen dem Integrationsteam und den operativen Einheiten erkennbar. Solange

die operativen Einheiten noch getrennt arbeiten, werden die Planungsaufgaben im Projektteam wahrgenommen durch die „Delegierten" beider Fusionskandidaten. Mit fortschreitender Definition und Bildung der neuen Organisation werden die Interim-Teams (Abb. 26 linke Seite) aufgelöst und ihre Aufgaben an die Neuorganisation übertragen.

Die einzelnen **Maßnahmen werden in Datenblättern erfasst** (Projektbeispiel Abb. 28), in denen alle Informationen über Verantwortung, Verfolgung und „Wert" festzuhalten sind, insbesondere: 238

(a) Organisatorische/inhaltliche Zuordnung,

(b) Beschreibung des Vorhabens,

(c) Verantwortliche Organisationseinheit/Person,

(d) Kostenaufwand/Investitionen für die Umsetzung,

(e) Zeitpunkt der Ausgaben/Investitionen,

(f) Zeitpunkt für das Wirksamwerden und

(g) EBIT-Wirkung der Verbesserung.

Die Größe (Umsatz, betroffene Mitarbeiter, EBIT-Hebel...) und die Anzahl der Maßnahmen divergieren von Projekt zu Projekt in hohem Maße. Auch zwischen den verschiedenen Funktionen gibt es erfahrungsgemäß große Unterschiede, z.B. wenige investitionsintensive Maßnahmen bei der Verlagerung von Fertigungen gegenüber einer Vielzahl kleiner Verbesserungen bei Produktivitätsprogrammen. Bei der **Wahl der „Granularität"** sollte man jedoch darauf achten, dass die **Planung und Verfolgung auch wirtschaftlichen Gesichtspunkten folgt und Komplexitätskosten vermieden** werden. Ein Stellhebel dazu bietet sich durch eine eher zentrale oder dezentrale Definition und Verfolgung von Maßnahmen. Wie in Abb. 26 erkennbar, gibt es die Möglichkeit, Maßnahmen auf relativ niedriger Ebene in den einzelnen (Sub-)Teams zu sammeln, dort zu bündeln und als größere Pakete in die zentrale Projektdatenbank einzuspeisen. 239

Wie in Teil IX Rz. 110 abgeleitet, ist die „80-20-Erfahrung" von Relevanz, nach der die Restrukturierung sich auf die 20 % der Maßnahmen konzentrieren soll, die 80 % der Gesamtergebnisverbesserung repräsentieren. Die **„Unterkante" bei Maßnahmen zu Ergebnisverbesserungen** sollte bei etwa 200 Euro definiert werden. Für diese reicht eine einmalige dezentrale Erfassung, Beurteilung und Zuordnung nach Kostenart und Kostenstelle aus. So gebündelt können sie summarisch an eine untere Erfassungsebene berichtet werden. **Maßnahmenblätter mit Meilensteinen und Härtegraden** sollten erst für solche Aktivitäten angelegt werden, die Ergebnisverbesserungsbeiträge oberhalb von 10 000 Euro liefern. Wie in Teil IX Rz. 110 dargestellt, repräsentieren Maßnahmen von unter 100 000 Euro Ergebnisverbesserung bei Projekten mit einem Umsatzvolumen im einstelligen Milliardenbereich weniger als 2 % des Gesamtverbesserungspotenzials, so dass Aufwand und Komplexitätsrisiken eine zentrale Erfassung und Verfolgung in dieser Größenordnung nicht rechtfertigen. 240

V. Zielvereinbarungen mit dem Management

241 Wenn die Funktionsträger (Geschäftsverantwortliche, funktional Verantwortliche, regional Verantwortliche...) ausgewählt, die Ziele bestimmt und zugeordnet sind, sollten sie **auf die Erfüllung ihrer Aufgabe verpflichtet** werden. Dazu müssen die Ziele hinreichend gesichert sein. In der Regel genügt dazu, dass das Gesamtziel in Hebel zerlegt wurde und die Größe der Hebel durch Schätzung für die größten Maßnahmen und durch Plausibilisierung gewissermaßen „Bottomup" verifiziert wurden. Das Herunterbrechen der Hebel auf Einzelmaßnahmen ist die Aufgabe der Verantwortlichen in ihrer neuen Funktion, kann also nicht zur Bedingung für die Besetzung gemacht werden. Bei komplexen Zusammenhängen können mehrere Funktionsträger für eine Maßnahme gemeinsam verantwortlich sein, etwa wenn Kostensenkungen auf Produktdesign und Einkauf zurückgehen. Wenn Zielzusagen zurückgenommen werden sollten, weil die angedachten Maßnahmen keine ausreichenden Wirkungen versprechen, sollten **Ersatzzusagen** eingefordert werden, um die wieder offenen Ergebnislücken zu füllen

242 Die Ziele sollten in einer **schriftlichen Zielvereinbarung** niedergelegt werden, die von den jeweils Verantwortlichen zu unterzeichnen ist. Der Erfüllungsgrad der vereinbarten Ziele wird damit Grundlage für einen variablen Bestandteil des Gehaltes (Erfolgsprämie). Die Unterschrift unter die Vereinbarung sollte die Einstiegsvoraussetzung in den neuen Arbeitsvertrag sein. Da das neue Management für die „integrierte" Geschäftseinheit zuständig ist, sind für die Incentivierung auch nur Gesamtwerte für die integrale Einheit (ex beide Parteien plus Verbundeffekte) zugrunde zu legen – keinesfalls Teileinheiten nach ihrer Aufstellung vor der Integration; dies würde „das Rad zurückdrehen".

243 Da die „Hebel" für die Verbesserungsziele in verschiedene Richtungen gehen (Geschäft versus Wertschöpfungsstufe versus Regionale Einheit), kann das Gesamtziel auf „oberster" Vereinbarungsebene als Matrix verfasst werden (s. Projektbeispiel Abb. 29). An den Schnittstellen der Matrix ergeben sich damit **gemeinsame Verantwortungen** für Teilziele. Auch Abgrenzungsfragen und unterstützende Tätigkeiten sind zu berücksichtigen, etwa durch die Abteilungen für Kommunikation und Personal für das Management des kulturellen Wandels.

244 Generell sollten die Zielvereinbarungen mit den **Vertretern des neuen Managements** getroffen werden. In besonderen Fällen können auch **Vertreter des Interim-Teams** in die **Incentivierung** einbezogen werden, wenn sie nämlich (a) definierbare Meilensteine für die Integration erreichen, (b) eine Verantwortung im Interims-Team innehaben, die sie bei einer Versetzung in die neue Organisation mitnehmen, zum Beispiel als Leiter des „Change Management Teams" und späterer Kommunikationschef des integrierten Unternehmens. Die Zielvereinbarungen und Incentivierungen sollten so nah wie möglich an die erfolgreiche Umsetzung konkreter Maßnahmen gebunden sein, ggf. an das Erreichen bestimmter Meilensteine. Die allgemeine Auslobung von Prämien, die sich am Erreichen des Gesamtzieles orientieren, macht wenig Sinn, wenn der Betroffene dieses Ziel kaum direkt beeinflussen kann. Neben der Grundforde-

rung, Erfolgsmaßstäbe einfach und nachprüfbar zu gestalten, kann es aber aus Gründen der Teammotivation hilfreich sein, einen Teil eines Bonus an das Erreichen eines Gesamtzieles zu binden. Dabei sollte dann aber auch die Frist berücksichtigt werden: Um die Nachhaltigkeit sicherzustellen, ist zwischen einem **Kurzfrist- und einem Langfrist-Bonus** zu unterscheiden. Letzterer dient auch dazu, wichtige **Kompetenzträger im Unternehmen zu halten**, selbst wenn sie für keine spätere Schlüsselfunktion vorgesehen sind. Schließlich ist ein Fusionsprojekt von Freisetzungen geprägt und mancher bisheriger Manager wird sich auf eine zeitlich beschränkte Aufgabe im Integrationsteam einstellen, für dessen Ergebnis er motiviert werden muss.

VI. Meilensteinkontrolle nach dem Härtegrad-Konzept

Für die **Verfolgung der Maßnahmen** empfiehlt sich ein so genanntes „Härtegrad-Konzept", mithilfe dessen die Fortschritte bei Planung und Umsetzung über die Zeit verfolgt werden können. Bei 5 **Härtegrad-Kategorien** unterscheidet man: 245

HG 1 = „Potenzial erkannt",

HG 2 = „Maßnahme definiert",

HG 3 = „Maßnahme implementiert",

HG 4 = „Maßnahme wirksam" und

HG 5 = „Ergebnisverbesserung wurde gebucht".

Das Verfahren ist insgesamt aufwändig, aber sehr wirksam. Bei einem **Großvorhaben** können über die Projektlaufzeit kumuliert **mehrere 10 000 zu verfolgende Einzelmaßnahmen** anfallen, die im Projektbüro zu erfassen sind (vgl. Teil IX Rz. 110 u. 234). 246

Die Definition der einzelnen Maßnahmen wird im verantwortlichen Fachteam vorgenommen. In der Regel liegt die **Verantwortung bereits bei der neu gebildeten Organisationseinheit**. Die Fachverantwortlichen definieren dort die Arbeitsschritte und tragen diese in das jeweilige Maßnahmenblatt ein (vgl. Abb. 28). Dies wird mit dem Projektbüro abgestimmt, die den einzelnen Schritten Härtegrade zuweisen und die Realisierung verfolgen. 247

Die **Verfolgung im Projektbüro** läuft dagegen über so genannte „**Füllstandsanzeigen**" für die Haupthebel in den verschiedenen Dimensionen (vgl. Teil IX Rz. 230) nach Wertschöpfungsstufen, Geschäften und Standorten. Im Prinzip werden danach die Summen der Ergebnisverbesserungen pro Dimension in einer Säule dargestellt. Diese „Füllstandsberichte" sollten in jeder Sitzung des Lenkungsausschusses präsentiert werden. Dabei bietet sich an, den erreichten summarischen Füllstand mit einem zuvor ermittelten Planwert zu vergleichen (Abb. 30), um die Lage im Zeitplan zu verfolgen. 248

In manchen Fällen bauen Maßnahmenbündel auch aufeinander auf und werden erst wirksam, wenn alle Voraussetzungen erfüllt sind. Zum Beispiel müs- 249 sen bei der Neueinführung von Produkten Maßnahmen zum Marketing, beim Service und zum Training der Vertriebsmannschaft abgeschlossen sein. Zur Verfolgung derartiger Kritikalitäten eignen sich **Zeit-Trend-Grafiken**, mit denen die Konsequenzen aus Abweichungen von einem geplanten Gradienten unmittelbar abgelesen werden können.

VII. Das „Cockpit" zur integralen Projektsteuerung

250 Die Gesamtverantwortung der Teamleitung für alle Aspekte im Integrationsprojekt erfordert ein breites **Instrumentarium zur Führung und zum Controlling**. Dieses sollte in einem so genannten „Führungs- und Controlling-Cockpit" zusammengefasst werden. Der Aufgabe entsprechend sollten die „Instrumente" des Cockpits über alle Gebiete ständig Auskunft über den Zustand, Trends und Soll-Ist-Vergleiche geben können.

251 Das Cockpit umfasst die Einzel-Berichterstattung der zu integrierenden Einheiten und die Summe ihrer Einzelpositionen als Darstellung des Kontinuitätsmanagements im „Ongoing Business". Daneben verfolgt es alle Aktivitäten zur Zusammenführung der Geschäfte im Sinne eines Diskontinuitätsmanagements. Es deckt damit sowohl die **Aktivitäten der operativen Geschäftsführung** als auch die **Arbeiten des Integrationsteams** ab. Die Aufsetzpunkte für die Datensammlung sind die Berichterstattungen der Geschäftseinheiten und die Vorfeldplanungen zur Strategie und Integration.

252 Eine umfassende Darstellung lässt sich in **6 Instrumentengruppen** abbilden:

1. Geschäftsdefinition und Ziele,
2. Bewertung,
3. Geschäftspläne,
4. Aktionspläne,
5. Personen und Aufgaben,
6. Kultur und Kommunikation.

253 Die **Geschäftsdefinition** beinhaltet die Basisstrategie, die Bestimmung der Art des Geschäftes und die Abgrenzung hinsichtlich Wertschöpfung und Standorten. Diese korreliert eng mit den gesteckten Zielen, die es zu verfolgen – oder bei abweichenden Entwicklungen neu zu definieren gilt.

254 Die **Bewertung** umfasst alle Ansätze zur Werterfassung und zur Verfolgung von Wertgenerierungsmaßnahmen, von der Bewertung der Einzelmaßnahmen bis zum Soll-Ist-Vergleich für die Gesamtwertverfolgung.

255 Die **Geschäftsplanung** erstreckt sich über die gesamte Berichterstattung, zunächst ausgewiesen in getrennten Einheiten zuzüglich Synergieplan, spätestens nach dem Closing in einer ungetrennten Gesamtrechnung, da es weder sinnvoll noch machbar ist, die Zahlen weiterhin getrennt darzustellen.

Die **Aktionspläne** umfassen alle direkten und indirekten Maßnahmen zum Kontinuitätsmanagement und zum unternehmerischen Umbau, insbesondere die Darstellung und Verfolgung der Einzelmaßnahmen zur Integration und Ergebnisverbesserung.

256

Unter „**Personen und Aufgaben**" werden alle Funktionen in den operativen Einheiten und im Integrationsteam mit Lenkungsausschuss zusammengefasst, einschließlich Aufgabenbeschreibung, Zielvereinbarung, Zielverfolgung und Incentivierung.

257

Aufgrund ihrer besonderen Rolle und Arbeitsweise wird empfohlen, den Instrumentenblock zu **Kultur und Kommunikation** durch gesonderte Darstellung hervorzuheben. Wie in Teil IX Rz. 151 dargestellt, handelt es sich hier um Instrumente, die einem eigenen Regelkreis folgen, der mit der operativen Umsetzung verknüpft ist.

258

Die einzelnen **Instrumente** des Cockpits sind **auf vielfältige Weise miteinander verbunden**, so dass der Kenner – ähnlich wie bei einer Kraftwerk-Leitwarte – Probleme aus dem Kontext ablesen kann, selbst wenn einige Instrumente diese nicht unmittelbar anzeigen. Die zusammenhängende Darstellung ist auch deshalb so wichtig, weil damit **Fehlsteuerungen durch Auslassungen** entdeckt werden können, also etwa einseitige Ergebnisorientierung durch Fortlassen von Nachhaltigkeitsmaßnahmen wie Marketing oder Produktneuentwicklung. Die Bedeutung und die Wirkung eines solchen Cockpits können kaum überschätzt werden. Sein Aufbau erfordert einen guten „M&A-Ingenieur". Wenn die interne Kompetenz dazu nicht gegeben ist, sollte man dazu einen Berater heranziehen. An kaum einer Stelle im M&A-Prozess ist eine solche Investition besser angelegt als hier. Die Risiken aus Nicht-Abdeckung oder unentdeckten Zusammenhängen sind immens. Die zeitliche Reichweite des Cockpit ist groß, wenn es im Zuge der eigentlichen Integration in ein **dauerhaftes Berichtswesen** mit einem kontinuierlichen Verbesserungsprogramm überführt wird.

259

VIII. Scorecard-Einsatz zur Definition und Verfolgung von Aktionen

Die im Cockpit um den „M&A-Chefpiloten" versammelten Instrumente, Steuerungsgrößen und Überwachungsmodalitäten gilt es nun für die einzelnen Aufgabenträger **spezifisch auszuwählen und anzupassen**. Das geschieht mithilfe von so genannten Scorecards, die auf die Spezifika des jeweiligen M&A-Projektes anzupassen sind.

260

Im Allgemeinen richten sich Scorecards auf: Strategie, Ziele, Geschäftsprozesse, Mitarbeitermotivation und den Kunden. Grundsätzlich können auch die aufgabenspezifischen Scorecards bei Fusionsprojekten auf diese Weise gegliedert werden. Wie im Abschnitt zum Cockpit gilt auch hier, dass für die Führung und Mitarbeiter insgesamt die **volle Breite aller M&A-Aktivitäten abzudecken** ist. Durch die breite Gestaltungsmöglichkeit der Scorecards können die jobspezifischen Aufgaben nach Bedarf ausgewählt und dargestellt werden. Auf andere Weise lassen sich die sehr unterschiedlichen Aufgaben wie die

261

„harte" Meilensteinverfolgung und die „weichen" Maßnahmen zur Kommunikation und Motivation kaum so einfach, gleichberechtigt und individuell vernetzt zusammenführen. Bereits das „Design" von Scorecards ist ein Prüfschritt, ob die Kombination auf der individuellen Ebene konsistent und in der Summe der Scorecards auch abdeckend ist.

262 Da die Erstellung von Scorecards sehr aufwendig ist und in der Verfolgung der einmal gestellten Aufgaben die Risiken zur Mehrung von Aufgaben und Komplexität stecken, sollte die **Entwicklung** mit größter Disziplin erfolgen. Dabei wäre das zu wählende **Cockpit mit seinen Instrumenten zugrunde zu legen**, um eine direkte Verbindung zwischen der Gesamtprojektsteuerung und der Einzelverfolgung sicherzustellen. In einer solchen Systematik erlauben Scorecards die individuelle Verfolgung von Aufgaben. Am Beispiel aus Abb. 31 werden die Zusammenhänge deutlich: Im linken Seitenstreifen befindet sich das „Auswahlmenü" entlang der o.g. „klassischen" Scorecard-Gebiete, untergliedert in Themen nach Bedarf für das jeweilige M&A-Projekt. Daraus können „per Klick" einzelne Darstellungsfelder ausgewählt werden, im vorliegenden Fall die Präsenz des Managements in der neuen Organisation – ein Indiz für die Intensität der vorbereitenden Zusammenarbeit. Die „Systematik" ist gewährleistet durch die allgemein verbindliche Menügliederung und die für alle geltende Verfolgung der Präsenz. Dem individuellen Bedürfnis ist Rechnung getragen durch die persönliche Messung im Vergleich mit dem allgemeinen Soll und Ist anderer Leistungsträger.

IX. Feedbackschleifen und Wissensmanagement

263 Unternehmensakquisitionen und -fusionen gehören im heutigen Zeitalter der reifen Industriemärkte und der Globalisierung zum Grundinstrumentarium eines auf Wachstum und Wertsteigerung ausgerichteten Unternehmens. Wie zahlreiche Analysen zeigen, ist die Leistungsfähigkeit von M&A im Gesamtmarkt nicht ausreichend – die Fehlerraten liegen nach einschlägigen Analysen zwischen 50% und 70%. Jüngste Untersuchungen beweisen aber, dass Unternehmen, die eine systematische Wissensübertragung von Projekt zu Projekt betreiben, einen erheblichen Leistungsanstieg zu verzeichnen hatten. Dies legt nahe, die **M&A-Aktivitäten eines Unternehmens als ein besonderes Subsystem** zu entwickeln, dem im Führungssystem eines Unternehmens eine besondere Aufmerksamkeit und Rolle zuzuweisen ist (Abb. 32[1]).

264 Die eigentlichen M&A-Projekte stellen darin den Kern der Aktivitäten dar, bestehend aus standardisierten Prozessen, einem Verhaltensrahmen zum Vorgehen, definierten und wiederholbaren Wissenselementen. Zur Übertragung und Mehrung des Wissens sind Projektberichte zu fordern, die neben einem Leistungsreport auch Erfahrungen, Erfolge und Fehlschläge dokumentieren. Diese Einzelberichte müssen ausgewertet und allgemein aufbereitet werden, um eine allgemeine Wissensplattform zu speisen. Hier sollten alle Kompetenzen in strukturierter und übertragbarer Form dokumentiert werden, idealer-

---

[1] Vgl. *Lucks*, Der Weg zum Kompetenzmanagement für M&A-Integration – ein Praxisbericht.

weise intranetbasiert und zum Zugriff für die mit M&A befassten Mitarbeiter. Die **Erfahrungsträger** sollten sich zu einem **Netzwerk** zusammenschließen, moderiert von einem Kompetenzzentrum für M&A. Bei Neuprojekten sollte die Unternehmensleitung auf dieses Netzwerk zugreifen können, um mit einem möglichst hohen Erfahrungs- und Leistungsniveau erneut starten zu können. Zwischen den einzelnen Projekten einerseits, der (niedergelegten) **Wissensplattform** und dem Erfahrungsträger-Netzwerk andererseits sollten routinemäßige **Wissenstransfer-Schleifen** eingerichtet werden, etwa als Erfahrungsworkshops zu aktuellen Themen und Trainingsveranstaltungen. Letztere sind routinemäßig einzurichten und nach Bedarf, z.B. Coaching für Neumitglieder bei anlaufenden Projekten.

Das Spektrum der Aktivitäten in diesem „Subsystem M&A" sollte **alle Prozesse eines Fusionsprojektes umfassen**, also nicht nur die Strategie- und Strukturentwicklung für die Integration, sondern auch das kulturelle „Change Management", alle operativen Tätigkeiten des jeweiligen Unternehmens, die in einem M&A-Fall zu berücksichtigen sind und die Methoden des Transaktionsmanagements selber. Da kein Unternehmen alle Kompetenzen vorhalten kann und da die Dynamik der Entwicklung groß ist, sollte das **Erfahrungsträger-Netzwerk bewusst Externe mit einbinden**. Dazu mögen Workshops mit anderen Unternehmen sinnvoll sein, vor allem aber die Zusammenarbeit und Austausch mit M&A-Dienstleistern wie Investmentbankern, Strategie- und Strukturberatern, Wirtschaftsprüfern und weiteren Spezialisten – sei es beim Change Management oder bei der IT-Beratung. Die bedeutenden Vertreter ihrer Branchen haben Erfahrungen kumuliert, wie sie kein Einzelunternehmen dauerhaft vorhalten kann.

E. Abbildungen

Abb. 1: Werttreiber für M&A-Projekte

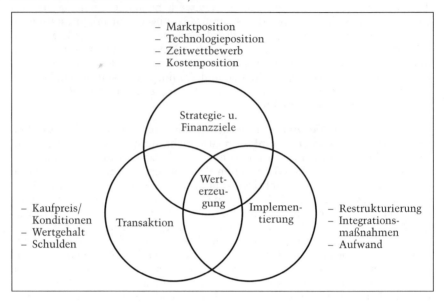

Abb. 2: Schaffung von Unternehmenswert als Hauptziel einer M&A-Integration

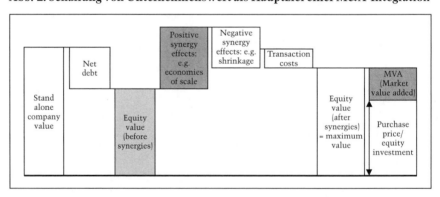

Abb. 3: Typische M&A-Teilprojekte

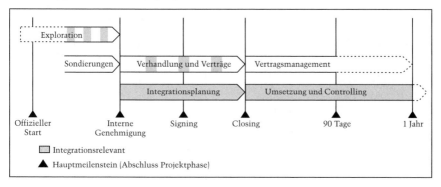

Abb. 4: Prozessmodell für M&A-Projektführung

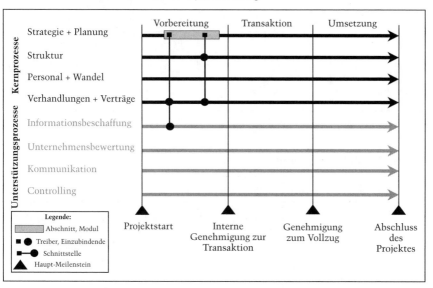

Abb. 5: Arbeitsmodule zum Integrationsmanagement

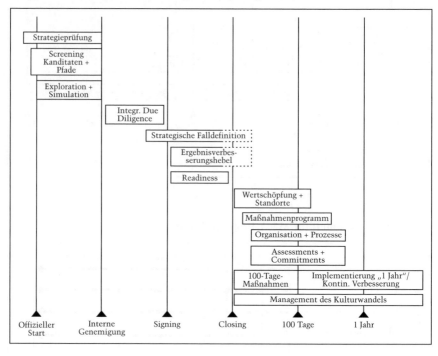

Abb. 6: Kandidatenscreening

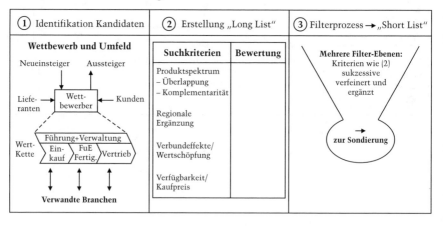

Abb. 7: Grundlegende Weichenstellungen bei M&A

Entscheidungskette	Themen und Handlungsoptionen, z.B.
Strategie	– Ausbau aus eigener Kraft – Akquisition – Rückzug
Kandidatenwahl	– Unternehmen A – Unternehmen B
Geschäftsdefinition	– Produktgeschäft, Systemgeschäft… – „Make or Buy"
Transaktionsform	– Auktion – Direkterwerb – Ausgliederungen
Integrationsmodell	– Separat lassen – Organisationen aneinander hängen – Fusionieren
Rechtliche Strukturen	– Holding – Konsolidierung – Rechtsform
Führungsstrukturen	– Zentralisiert – Divisionalisiert – Horizontalisiert
Geschäftsprozesse	– Standardisiert – Operative Aufgabenteilung – Outsourcing
Ziele	– Finanziell – Strategisch – Wert

= Handlungsoptionen, schwarzer Pfeil: gewählter Pfad

Abb. 8: Integrations-Orientierung in der Due Diligence

	Integrationsrelevanz
Finanzielle Due Diligence ➡	Wirtschaftlichkeit der Integrationsmaßnahmen
Rechtliche Due Diligence ➡	Rechtliche + vertragliche Barrieren gegen Integrationsmaßnahmen, z.B. resultierend aus § 613a
Strategische Due Diligence ➡	Erreichbarkeit angestrebter Wettbewerbspositionen in Märkten und Technologien
Operative Due Diligence ➡	Bereitschaft, operative Widerstände und Machbarkeit
Steuerliche Due Diligence ➡	Abwägung Wert steuerlicher Modelle versus Wert von Integrationsmodellen
Personal Due Diligence ➡	Eignung, Konfliktpotenziale und Motivation von Führungskräften für die zu besetzenden Funktionen
Umwelt Due Diligence ➡	Standortrisiken, Altlasten, erforderliche Ausgrenzungen

Abb. 9: Strategische Logik als Treiber der Integration

Strategischer Rahmen	Fristigkeit	Langfristig strategisch z.B. Zugang neue Technologien	⟷	kurzfristig operativ z.B. Branchenkonsolidierung
	Technologien + Produkte	Komplementarität (Substitution? Lebenszyklus?)	⟷	Überlappung (Plattformstrategien?)
	Kunden + Märkte	Erschließung neuer Märkte (neue Regionen, Segmente?)	⟷	Erhöhung Kundenausschöpfung (Wert pro Kunde erhöhen)
Umsetzungsprofil	Integrationsgeschwindigkeit	Zeit lassen	⟷	Schnell
	Kultur	Zusammenführung (Multikulturell …)	⟷	„Übernahme"
	Integrationstiefe	Hoch (voll integrierte Einheiten)	⟷	Niedrig („anhängen" …)
	Arbeitssequenz	nacheinander	⟷	alles auf einmal

Abb. 10: Beispiel Siemens Westinghouse: „From Levers to Actions"

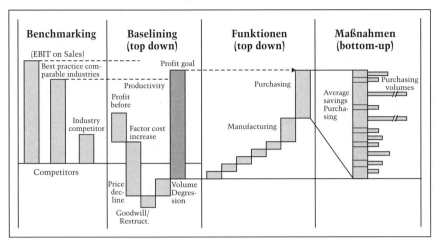

Abb. 11: Themen und Statusbericht für die Integrationsbereitschaft zum Closing

Content of the Readiness report	Status	Input required form	Remark
• Project overview	◐	▷ Integration office	
• Business scope	◐	▷ Integration office	
• Value proposition	◐	▷ Integration office	
• Sales and market share goals	◐	▷ Integration office	⇨ Market assessment meeting data
• Risk Assessment	○	▷ Functional teams	⇨ Risk assessment based on qualitative functional team view (interviews)
• Legal form	●	▷ Legal advisors	
• Organizational structure	●	▷ Integration office	
• Company valuation and business plan	●	▷ Integration office/ management	⇨ Business case as in Investment Application
• Integration plan (measures, synergies)	◐	▷ Functional teams	
• Communication roadmap	◔	▷ Communication team	
• Cultural due diligence	◐	▷ Integration office	⇨ Major source: beliefs audits
• HR integration plan	◔	▷ HR Team	
• Integration team setup	●	▷ Integration office	

● Content available ○ Significant input required

Beispiel Siemens-Alstom

Abb. 12: Aufgaben und Aufgabenübertragung vom Team in die neue Organisation

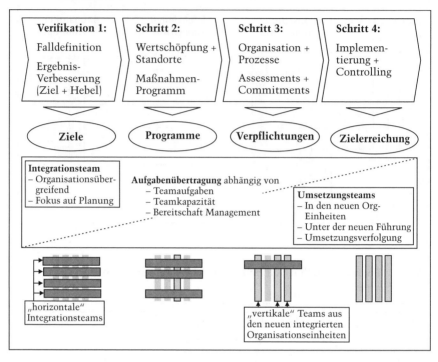

Abb. 13: Kapazitäten

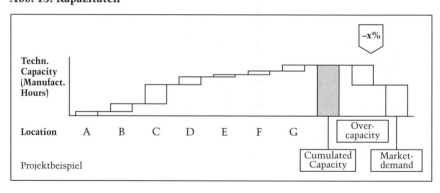

Abb. 14: Funktionen einer Maßnahme

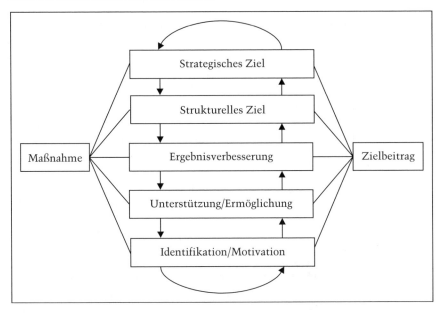

Abb. 15: Determinanten für das Maßnahmenprogramm

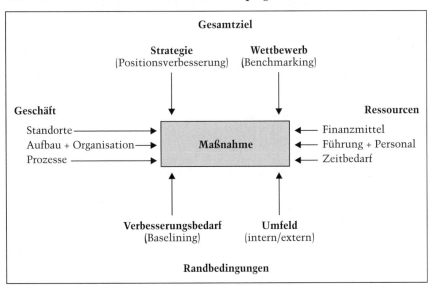

Abb. 16: Verteilung von Maßnahmen in Integrationsprogrammen

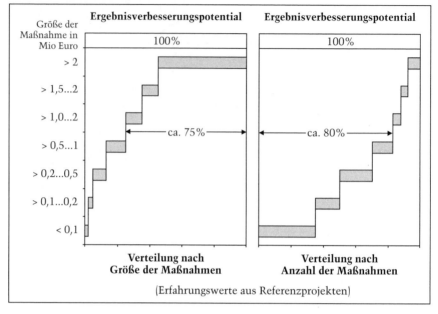

Abb. 17: Grundmodelle zur Integration der Aufbauorganisation

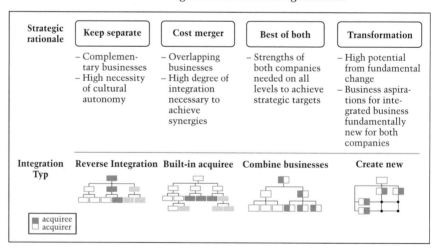

Abb. 18: Dislozierung von Prozessen

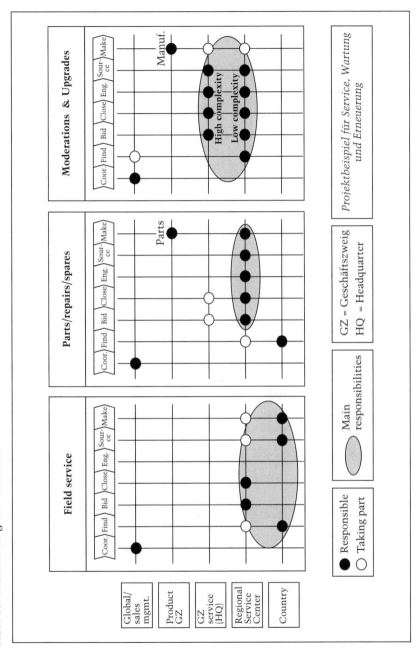

Abb. 19: Korrespondenzbeziehungen Struktur – Kultur

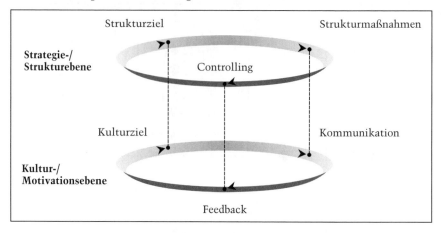

Abb. 20: Matrixmodell mit Funktionen und Querschnittsaufgaben

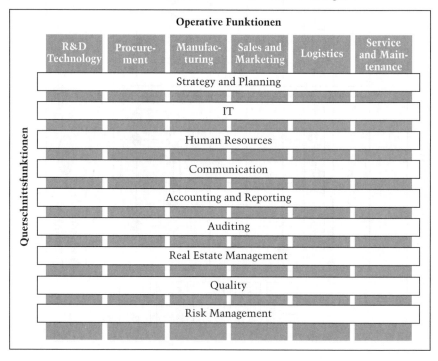

Abbildungen Teil IX

Abb. 21: Kapazitätsplanung für M&A-Projekte

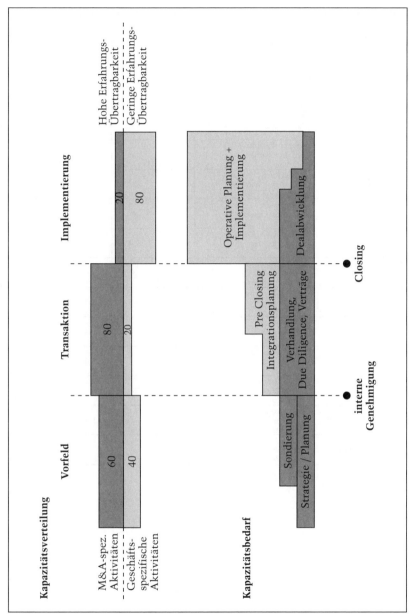

Abb. 22: Erfahrungswerte zum Zeitmanagement für die Arbeitsmodule

	Arbeitsmodul	Treiber Aufwand (exemplarisch)	Zeitaufwand nach Umfang Projekt			Durchschn. Last nach Umfang Projekt		
			einfach (1)	mittel (1)	komplex (1)	einfach (2)	mittel (2)	komplex (2)
Vorfeld	Strategieprüfung	Komplexität Markt u. Wettbewerb	0,5	1	3	2–4	4–6	6–8
	Screening	Anzahl Kandidaten Anzahl Kaskaden	0,5	2	6	2–4	4–6	6–8
	Exploration + Simulation	Anzahl Kandidaten Anzahl Kaskaden	1	2	4	2–4	4–8	8–10
	Integration Due Diligence	Hohe Werte, Anzahl Geschäfte u. Standorte	1	1–2	3	4	4–6	6–8
Transaktion	Strategische Falldefinition	Komplexität u. Vielfalt in Geschäft u. Zielen	0,5	1	3	2–4	4–6	6–8
	Ergebnisverbesserung	Größe Ergebn-Delta Anzahl/Kosten Maßn.	0,5	1	3–4	2–4	4–6	6–8
	Readiness	Komplexität Geschäft u. Restrukturierung	1	2	3	2–4	4–6	6–8
Post Closing	Wertschöpfung + Standorte	Geschäftsvolumen, Anz. Mitarbeiter u. Standorte	1	2	3–5	2–4	4–6	6–8
	Maßnahmenprogramm	Maßnahmen: Werterhöhung, Anzahl, Invest.	1	2–3	3–4	2–4	4–6	6–8
	Organisation + Prozesse	Gliederungstiefe Aufbauorganisation/ Prozesse	0,5	2	3	2–4	4–6	6–8
	Assessments + Commitments	Anzahl Führungskräfte/Komplexität Aufgaben	1	2	3	2–4	4–6	6–8
	Implementierung	Komplexität Maßnahm., inn. Strukt., Gegenkräfte	3	6–9	12–15	2–4	4–6	6–8
	Management des Kulturwandels	Größe Deltas bei Kultur, Führungs- u. Gehaltsyst.	6	12	36	2	3	4

(1) Monate, entsprechend Treiber f. Aufwand
(2) Anzahl Mitarbeiter Vollzeit in Projektteam

Abbildungen | Teil IX

Abb. 23: Zeitplan unmittelbar vor und nach Closing

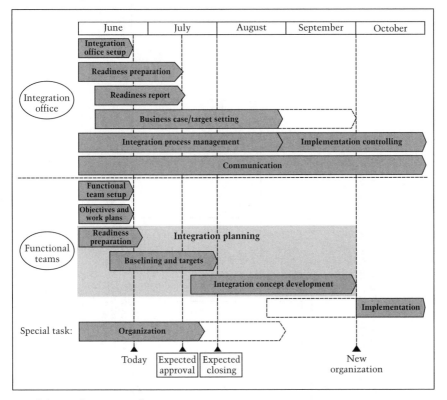

Projektbeispiel Siemens-Alstom

Teil IX   Wertorientiertes Integrationsmanagement

Abb. 24: Baselining-Verfahren

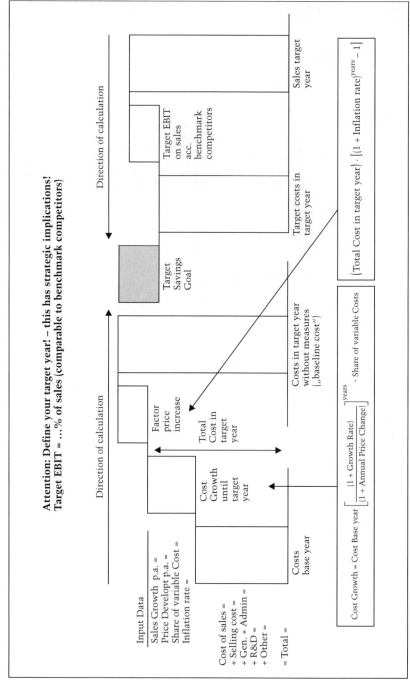

Abb. 25: Sensitivität Kostensenkungsziel nach Baselining

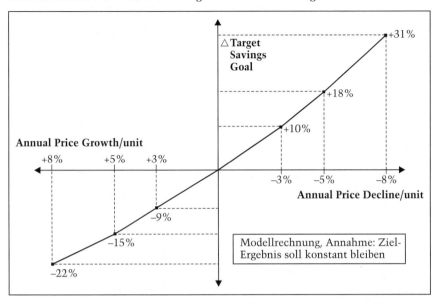

Abb. 26: Infocom-Netz für Maßnahmen-Verfolgung

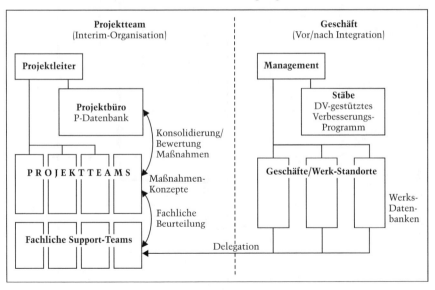

Teil IX Wertorientiertes Integrationsmanagement

Abb. 27: Prozessmanagement für Maßnahmenverfolgung/Controlling

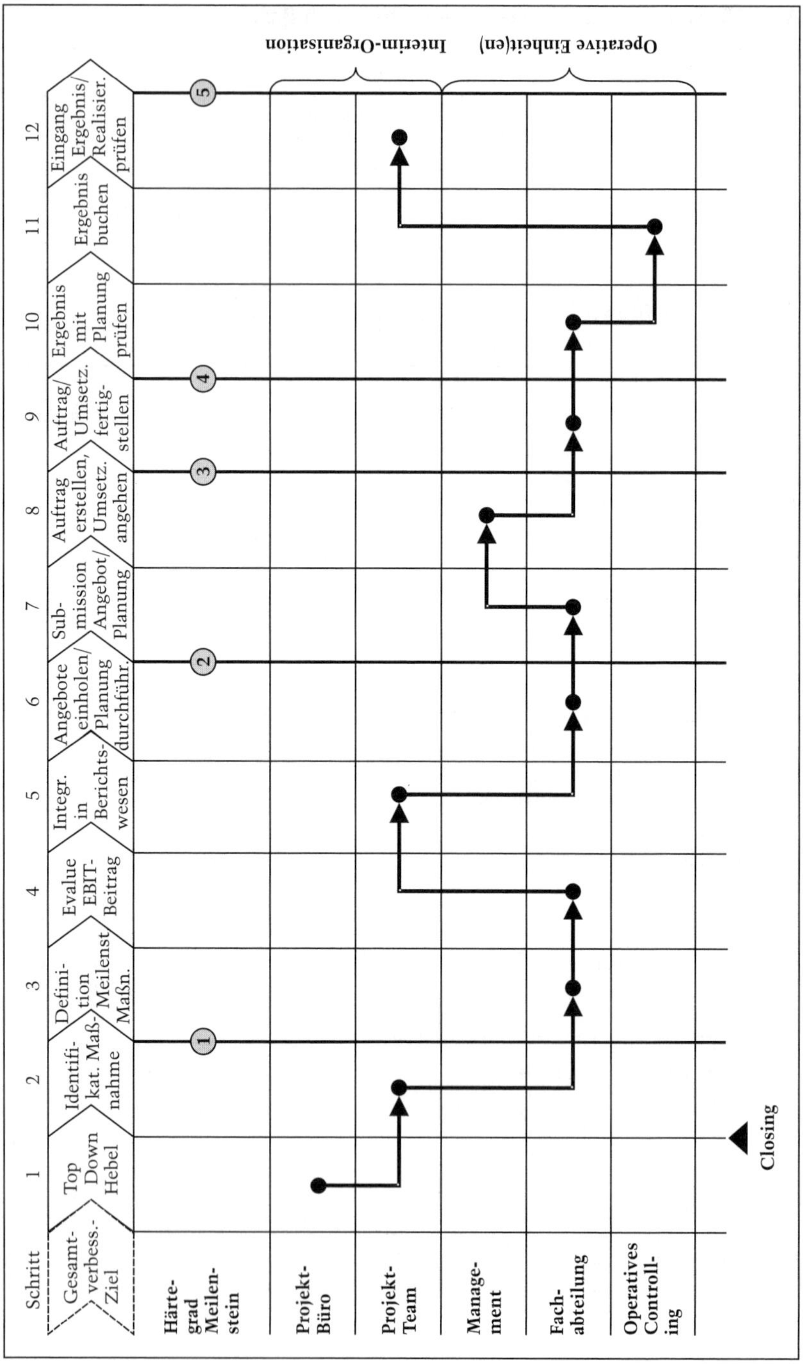

Abbildungen   Teil IX

Abb. 28: Datenblatt zur Maßnahmenverfolgung

Business Field:	Gas	Org.-Unit:	Gasturbine	Reference Calculation Project	GuD 2.94.3A2ZGK5
System No.	3751	System Title:	Exhaust Gas System		
Measure No.	5	Measure Title:	Umbrella Agreement for Diffuser		
System No.	PA/CM03				

Prerequistes				Cost Impact: A Savings					
No.	Milestone	Deadline	Actual	Item	99	00	01	02	03
1.	Transfer Implementation to stage 2			1 HW/SW Savings					
2.	Relevant suppliers identified			2 Engin. Hours					
				3 Project Multiplier					
				4 PM static					
3.	Qualifikation/ capacity of supplier approved			Sum: savings p.a.					
4.	Binding offer received			**Cost Impact: B One time cost**					
					99	00	01	02	03
5.	New cost reflected in reference plant calculation			One time cost Investment					
				Responsible for	Name		Date		Signed
6.	Measure appliaction in first project			Cost target Implementation Implem. support					
7.	Booking of new cost in first project								

Fallbeispiel Siemens-Westinghouse

Abb. 29: Zielvereinbarungen mit dem Management

Functional teams	Savings Targets per Business Unit (in Mio. €)						Functional Targets	Management Signature
	BU 1	BU 2	BU 3	BU 4	BU 5	BU 6		
Supply Management								
Manufacturing								
Sales Network								
R&D/Technology								
Overhead/HR								
Accounting/ Controlling								
Others								
IT								
Business Unit Targets	(Amount)	(Amount)	(Amount)	(Amount)	(Amount)	(Amount)		
	Signature	*Signature*	*Signature*	*Signature*	*Signature*	*Signature*		
	Management	Management	Management	Management	Management	Management		

Abb. 30: Füllstandsbericht nach Härtegraden

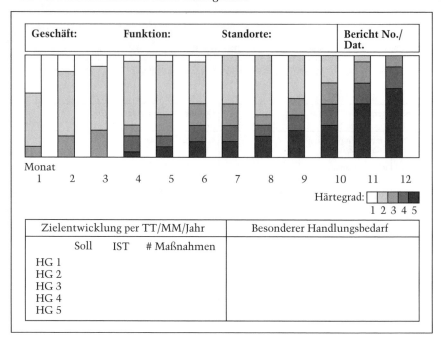

Abb. 31: Scorecard-Einsatz bei der Umsetzungs-Verfolgung

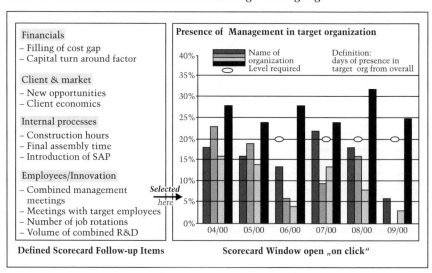

Fallbeispiel Siemens Verkehrstechnik

Abbildungen Teil IX

Abb. 32: Das Subsystem M&A

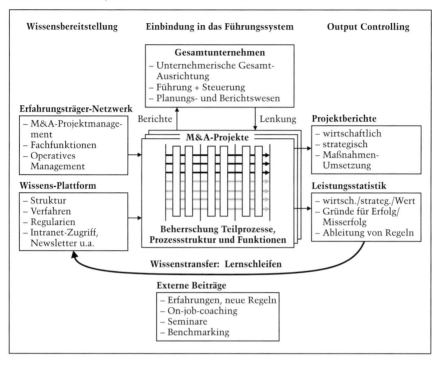

Teil X
Erwerb börsennotierter Unternehmen

Inhaltsverzeichnis

	Rz.
A. Einleitung	1
I. Das Wertpapiererwerbs- und Übernahmegesetz (WpÜG)	4
1. Ziele des WpÜG	5
2. Systematik des WpÜG	6
a) Angebotsarten	7
b) Verordnungen	8
3. Anwendungsbereich des WpÜG	9
a) Zielgesellschaft	10
b) Organisierter Markt	11
c) Bieter	12
d) Wertpapiere	14
e) Öffentliche Angebote	15
4. Allgemeine Grundsätze	16
II. Entwicklungen auf europäischer Ebene	21
B. Vorbereitung und Durchführung eines Übernahmeangebots	24
I. Vorbereitungsphase	25
1. Grundstruktur der Transaktion	26
a) Alternativen zu einem Übernahmeangebot	26
b) Ziele einer Übernahme	28
c) Ablauf der Übernahme	31
aa) Vorerwerbe – Creeping Takeover	32
bb) Kaufvertrag mit Großaktionären	36
cc) Übernahmeangebot oder Pflichtangebot an Streubesitz	38
dd) Squeeze-Out der Minderheitsgesellschafter	39
2. Due Diligence	40
3. Eckpunkte des Übernahmeangebots	41
a) Art der Gegenleistung	42
aa) Geldleistung in Euro	43
bb) Aktien als Gegenleistung	46
(1) Börsenzulassung innerhalb des EWR	47
(2) Liquidität	49

	Rz.
cc) Alternative Gegenleistung	51
b) Höhe der Gegenleistung	52
aa) Berücksichtigung von Vorerwerben	53
bb) Berücksichtigung von Börsenkursen	54
cc) Aufschlag auf Börsenkurs	55
c) Bedingungen	56
aa) Zulässige Bedingungen	57
bb) Unzulässige Bedingungen	62
cc) Nachträgliche Änderungen oder Verzicht auf Bedingungen	66
d) Annahmefrist	67
4. Haupt- bzw. Gesellschafterversammlung beim Bieter erforderlich?	69
5. Weitere vorbereitende Maßnahmen	71
a) Selbstständige Bietergesellschaft	71
b) Business Combination Agreement	72
c) Verträge der Zielgesellschaft mit ihren Großaktionären	73
d) Kartellrecht	75
II. Angebotsphase	76
1. Entscheidung über Angebotsabgabe	77
2. Die Angebotsunterlage	79
a) Inhalt der Angebotsunterlage	80
b) Besonderheiten bei Tauschangeboten	84
c) Übermittlung der Angebotsunterlage an die BaFin	87
d) Prüfung der Angebotsunterlage durch die BaFin	92
e) Veröffentlichung der Angebotsunterlage	93

	Rz.
f) Berichtigungen/Aktualisierung der Angebotsunterlage	95
g) Haftung	96
3. Ausschluss von Wertpapierinhabern außerhalb des EWR	97
4. „Wasserstandsmeldungen"	99
5. Änderungen des Angebots	101
6. Annahme und Abwicklung des Übernahmeangebots	105
7. Nachbesserungspflicht	107
C. Pflichtangebote	108
I. Allgemeines	108
II. Kontrollerwerb als Auslöser des Pflichtangebots	110
1. Arten des Kontrollerwerbs	110
2. Zurechnung der Stimmrechte Dritter	115
a) Call-Optionen	116
b) Acting in Concert	117
III. Angebotsunterlage, Mindestpreis	118
IV. Ausnahmen vom Pflichtangebot	122
1. Vorangegangenes Übernahmeangebot	122
2. Antrag auf Nichtberücksichtigung von Stimmrechten nach § 36 WpÜG	123
3. Antrag auf Befreiung nach § 37 WpÜG	125
a) Überblick	125
b) Sanierungsbefreiung	127
c) Squeeze-Out	131
d) Rechtsbehelfe des Antragstellers und der Aktionäre	132
D. Verhaltenspflichten der Organe der Zielgesellschaft	134
I. Einleitung	134
II. Pflichten im Vorfeld von Übernahmeangeboten	137
III. Stellungnahme des Vorstands und des Aufsichtsrats nach § 27 WpÜG	143
IV. Sondervorteile und Anerkennungsprämien für Verwaltungsmitglieder der Zielgesellschaft	151

	Rz.
V. Abwehrmaßnahmen	155
1. Einleitung	155
2. Präventive Maßnahmen und Maßnahmen in konkreten Übernahmesituationen	156
3. Verhinderungsverbot des § 33 WpÜG	157
a) Grundsatz: Keine Verhinderung des Angebots	157
b) Ausnahme 1: Maßnahmen eines ordentlichen und gewissenhaften Geschäftsleiters	158
c) Ausnahme 2: Suche nach einem konkurrierenden Angebot	160
d) Ausnahme 3: Maßnahmen mit Zustimmung des Aufsichtsrats	161
e) Ausnahme 4: Vorratsbeschlüsse der Hauptversammlung	164
f) Ausnahme 5: Abwehrbeschlüsse der Hauptversammlung	169
4. Diskussion bestimmter Abwehrmaßnahmen	173
a) Verteuerung einer Übernahme durch Steigerung des Börsenwerts	174
b) Ausnutzung genehmigten Kapitals	175
c) Erwerb oder Veräußerung eigener Aktien	185
d) Ausgabe von Wandel- oder Optionsanleihen	187
e) IPO von Tochtergesellschaften	188
f) Senkung der Attraktivität der Zielgesellschaft für den Bieter	189
g) Erschwerung des Kontrollerwerbs durch Veräußerungsbeschränkungen	193
aa) Vinkulierung	194
bb) Vereinbarungen zwischen Gesellschaft und Aktionären oder zwischen Aktionären	195

	Rz.
h) Erschwerung des Kontrollerwerbs durch Stimmrechtsbeschränkungen	196
i) Erschwerung der Neubesetzung von Aufsichtsrat und Vorstand	198
j) Ausnutzung regulatorischer Beschränkungen	203
k) Gegenangebot („Pac Man")	205
l) Werbemaßnahmen	206
5. Rechtsfolgen bei Verstößen gegen Verhaltenspflichten	208
6. Vorgaben der EU-Übernahmerichtlinie für Abwehrmaßnahmen	211
a) „Opting-out", „opting-in", Reziprozität	212
b) Neutralitätsgebot	213
c) Durchgriffsregelung	216
d) Offenlegung von Übernahmehindernissen	222
e) Zusammenfassung	224
E. Der Ausschluss von Minderheitsaktionären	**225**
I. Einleitung	225

	Rz.
II. Voraussetzungen	230
1. Gesellschaft	231
2. Hauptaktionär	232
3. Beteiligungsschwelle	233
III. Verfahren	235
1. Verlangen	235
2. Ad-hoc-Publizität	237
3. Festlegung und Prüfung der Barabfindung	238
4. Squeeze-Out-Bericht	241
5. Gewährleistung eines Kreditinstituts	242
6. Hauptversammlung	243
7. Handelsregistereintragung/Notierungseinstellung	246
8. Auszahlung der Barabfindung/Hinterlegung	248
IV. Rechte der Minderheitsaktionäre	251
1. Anfechtungsklagen	251
2. Spruchverfahren	252
V. Squeeze-Out nach der EU-Übernahmerichtlinie	253
1. Allgemeines	253
2. Frist und Schwellenwert	254
3. Abfindung	255
4. Sell-Out	257

Literatur: *Adolff/Meister/Randell/Stephan*, Public Company Takeovers in Germany, 2002; *Aha*, Die Cross-Border Rules der SEC und ihre Bedeutung für das deutsche Kapitalmarktrecht, AG 2002, 313 ff.; *Assmann*, Verhaltensregeln für freiwillige öffentliche Übernahmeangebote, AG 1995, 563 ff.; *Assmann*, Die Haftung für die Richtigkeit und Vollständigkeit der Angebotsunterlage nach § 12 WpÜG, AG 2002, 153 ff.; *Assmann*, Erwerbs-, Übernahme- und Pflichtangebote nach dem Wertpapiererwerbs- und Übernahmegesetz aus der Sicht der Bietergesellschaft, AG 2002, 114 ff.; *Assmann/Bozenhardt*, ZGR, Sonderheft 9 („Übernahmeangebote"), S. 1 ff.; *Austmann/Mennicke*, Übernahmerechtlicher Squeeze-out und Sell-out, NZG 2004, 846 ff.; *Baums/Thoma* (Hrsg.), WpÜG Kommentar zum Wertpapiererwerbs- und Übernahmegesetz, Loseblatt; *Bayer*, Aktuelle Entwicklungen im Europäischen Gesellschaftsrecht, BB 2004, 1 ff.; *Becker*, Verhaltenspflichten des Vorstands der Zielgesellschaft bei feindlichen Übernahmen, ZHR 165 (2001), 280 ff.; *Berrar*, Die Finanzierungsbestätigung nach § 13 WpÜG, ZBB 2002, 174 ff.; *Bouchon*, Konzerneingangsschutz im GmbH- und Aktienrecht, 2002; *Bouchon/von Breitenbuch*, Ausländische Aktien als Gegenleistung nach dem WpÜG, ZIP 2004, 58 ff.; *Bredow/Liebscher*, Befreiung vom Pflichtangebot nach WpÜG bei Selbstverpflichtung zur Durchführung eins Squeeze-out, DB 2003, 1368 ff.; *Bröcker/Weisner*, Übernahmeangebote, 2003; *Bungert*, DAT/Altana: Der BGH gibt der Praxis Rätsel auf, BB 2001, 1163; *Burgard*, Kapitalmarktrechtliche Lehren aus der Übernahme Vodafone – Mannesmann, WM 2000, 611 ff.; *Busch*, Die Frist für den Bedingungsverzicht gemäß § 21 Abs. 1 WpÜG – Wie lange ist ein Werktag?, ZIP 2003, 102 ff.; *Busch*, Bedingungen in Übernahmeangeboten, AG 2002, 145 ff.; *Cahn*, Verwaltungsbefugnisse der Bundesanstalt für Finanzdienstleistungsaufsicht im Übernahmerecht und Rechtsschutz Betroffener, ZHR 167 (2003),

262 ff.; *Dauner-Lieb,* Das Tauziehen um die Übernahmerichtlinie – Eine Momentaufnahme, DStR 2003, 555 f.; *Dauner-Lieb/Lamandini,* Der neue Kommissionsvorschlag einer EU-Übernahmerichtlinie – Stellungnahme der Gutachter des EU-Parlaments, BB 2003, 265 ff.; *Dreher,* Change-of-Control-Klauseln bei Aktiengesellschaften, AG 2002, 214 ff.; *Ehricke/Ekkenga/Oechsler,* Wertpapiererwerbs- und Übernahmegesetz, Kommentar, 2003; *Ekkenga/Hofschroer,* Das Wertpapiererwerbs- und Übernahmegesetz, DStR 2002, 724 ff. (Teil 1), 768 ff. (Teil 2); *Fleischer,* Die „Business Judgment Rule": Vom Richterrecht zur Kodifizierung, ZIP 2004, 685 ff.; *Fleischer,* Das neue Recht des Squeezeout, ZGR 2002, 757 ff.; *Fuhrmann/Simon,* Der Ausschluss von Minderheitsaktionären. Gestaltungsüberlegungen zur neuen Squeeze-out-Gesetzgebung, WM 2002, 1211 ff.; *Geibel/Süßmann* (Hrsg.), Wertpapiererwerbs- und Übernahmegesetz, Kommentar, 2002; *Gesmann-Nuissl,* Die neuen Squeeze-out-Regeln im Aktiengesetz, WM 2002, 1205 ff.; *Groß,* Übernahmekodex für öffentliche Übernahmeangebote: Anerkennung und Rolle des begleitenden Wertpapierdienstleistungsunternehmens, DB 1996, 1909 ff.; *Grunewald,* Die neue Squeeze-out-Regelung, ZIP 2002, 18 ff.; *Haarmann/Riehmer/Schüppen* (Hrsg.), Öffentliche Übernahmeangebote, Kommentar, 2002; *Habersack,* Der Finanzplatz Deutschland und die Rechte der Aktionäre, ZIP 2001, 1230 ff.; *Hahn,* Übernahmerecht und Internationales Privatrecht, RIW 2002, 741 ff.; *Halm,* „Squeeze-out" heute und morgen: Eine Bestandsaufnahme nach dem künftigen Übernahmerecht, NZG 2000, 1162 ff.; *Hamann,* Die Angebotsunterlage nach dem WpÜG – ein praxisorientierter Überblick, ZIP 2001, 2249 ff.; *Harbarth,* Kontrollerlangung und Pflichtangebot, ZIP 2002, 321 ff.; *v. Hein,* Grundfragen des europäischen Übernahmekollisionsrechts, AG 2001, 213 ff.; *Hirte,* Verteidigung gegen Übernahmeangebote und Rechtsschutz des Aktionärs gegen die Verteidigung, ZGR 2002, 623 ff.; *Hirte/v. Bülow* (Hrsg.), Kölner Kommentar zum WpÜG, 2003 (zit. KölnKomm. WpÜG); *Holzborn/Friedhoff,* Die gebundenen Ausnahmen der Zurechnung nach dem WpÜG. Die Tücken des Handelsbestandes nach § 20 WpÜG, WM 2002, 948 ff.; *Holzborn/Israel,* Die Befreiung vom Pflichtangebot aufgrund eines Sanierungsfalls, WM 2004, 309 ff.; *Hopt,* Europäisches und deutsches Übernahmerecht, ZHR 161 (1997), 368 ff.; *Hopt,* Verhaltenspflichten des Vorstands bei feindlichen Übernahmen, Festschrift für Lutter, 2000, S. 1361 ff.; *Hopt,* Übernahmen, Geheimhaltung und Interessenkonflikte: Probleme für Vorstände, Aufsichtsräte und Banken, ZGR 166 (2002), 333 ff.; *Hopt,* Grundsatz- und Praxisprobleme nach dem Wertpapiererwerbs- und Übernahmegesetz, ZHR 166 (2002), 383 ff.; *Hüffer,* Aktiengesetz, Kommentar, 6. Aufl. 2004; *Ihrig,* Rechtsschutz Drittbetroffener im Übernahmerecht, ZHR 167 (2003), 315 ff.; *Kiesewetter,* Befreiung vom Pflichtangebotsverfahren bei anschließendem Squeeze-out?, ZIP 2003, 1638 ff.; *Kindler/Horstmann,* Die EU-Übernahmerichtlinie – Ein „europäischer" Kompromiss, DStR 2004, 866 ff.; *Kirchner,* Managementpflichten bei „feindlichen" Übernahmeangeboten, WM 2000, 1821 ff.; *Kirchner,* Neutralitäts- und Stillhaltepflicht des Vorstands der Zielgesellschaft im Übernahmerecht, AG 1999, 481 ff.; *Kleindiek,* Funktion und Geltungsanspruch des Pflichtangebots nach dem WpÜG – Kapitalmarktrecht – Konzernrecht – Umwandlungsrecht, ZGR 2002, 546 ff.; *Körner,* Die Neuregelung der Übernahmekontrolle nach deutschem und europäischem Recht – insbesondere zur Neutralitätspflicht des Vorstands, DB 2001, 367 ff.; *Krause,* Die Übernahmerichtlinie – Anpassungsbedarf im Wertpapiererwerbs- und Übernahmegesetz, BB 2004, 113 ff.; *Krause,* Das neue Übernahmerecht, NJW 2002, 705 ff.; *Krause,* Prophylaxe gegen feindliche Übernahmeangebote, AG 2002, 133 ff.; *Krieger,* Squeeze-out nach neuem Recht: Überblick und Zweifelsfragen, BB 2002, 53 ff.; *Kropff/Semler* (Hrsg.), Münchener Kommentar zum AktG, Band 1, §§ 1–53, 2. Aufl. 2000; Band 2, §§ 53a–57, 2. Aufl. 2003, Band 9/1, §§ 327a–327f AktG, WpÜG, SpruchG, 2. Aufl. 2004; *Kümpel,* Bank- und Kapitalmarktrecht, 3. Aufl. 2004; *Küting,* Ausschluss von Minderheiten nach altem und neuem Recht – unter besonderer Berücksichtigung des „Squeeze-out", DStR 2003, 838 ff.; *Land/Hasselbach,* „Going Private" und „Squeezeout" nach deutschem Aktien-, Börsen und Übernahmerecht, DB 2000, 557 ff.; *Land/Hasselbach,* Das neue deutsche Übernahmegesetz, DB 2000, 1747 ff.; *Lenz,* Das Wertpapiererwerbs- und Übernahmegesetz in der Praxis der Bundesanstalt für Finanzdienstleistungsaufsicht, NJW 2003, 2073 ff.; *Lenz/Behnke,* Das WpÜG im Praxistest, BKR 2003, 43 ff.; *Lenz/Linke,* Die Handhabung des WpÜG in der aufsichtsrechtlichen

Praxis, AG 2002, 361 ff.; *Luttermann*, Anm. zum Beschluss des OLG Stuttgart vom 4.2.2000 (BB 2000, 709), EWiR 2000, 209; *Markwardt*, Squeeze-Out: Anfechtungsrisiken in „Missbrauchsfällen", BB 2004, 277 ff.; *Markwardt*, Diskussionsbericht zu den Referaten „Acting in Concert" von Caspar und Pentz, ZIP 2003, 1492 ff.; *Maslo*, Zurechnungstatbestände und Gestaltungsmöglichkeiten zur Bildung eins Hauptaktionärs beim Ausschluss von Minderheitsaktionären (Squeeze-out), NZG 2004, 163 ff.; *Maier-Reimer*, Verhaltenspflichten des Vorstands der Zielgesellschaften bei feindlichen Übernahmen, ZHR 165 (2001), 258 ff.; *Maul/Muffat-Jeanet*, Die EU-Übernahmerichtlinie – Inhalt und Umsetzung in nationales Recht, AG 2004, 221 ff. (Teil I), 306 ff. (Teil II); *Merkt*, Verhaltenspflichten des Vorstands der Zielgesellschaften bei feindlichen Übernahmen, ZHR 165 (2001), 224 ff.; *Mertens*, Der Auskauf von Minderheitsaktionären in gemeinschaftlich beherrschten Unternehmen, AG 2002, 377 ff.; *Michalski*, Abwehrmechanismen gegen unfreundliche Übernahmeangebote („unfriendly takeovers") nach deutschem Aktienrecht, AG 1997, 152 ff.; *Möller*, Rechtsmittel und Sanktionen nach dem Wertpapiererwerbs- und Übernahmegesetz, AG 2002, 170 ff.; *Morgen*, Der Squeeze-out und seine Folgen für AG und GmbH, WM 2003, 1553 ff.; *Mülbert*, Übernahmerecht zwischen Kapitalmarktrecht und Aktien(konzern)recht – die konzeptionelle Schwachstelle des RegE WpÜG, ZIP 2001, 1221 ff.; *Welf Müller*, Anm. zum Beschluss des OLG Düsseldorf vom 25.5.2000 (ZIP 2000, 1525), EWiR 2000, 751 f.; *Müller-Michaels*, Grundrechtlicher Eigentumsschutz in der Europäischen Union, 1997; *Nietsch*, Rechtsschutz der Aktionäre der Zielgesellschaft im Übernahmeverfahren, BB 2003, 2581 ff.; *Oechsler*, Rechtsgeschäftliche Anwendungsprobleme bei öffentlichen Übernahmeangeboten, ZIP 2003, 1330 ff.; *Peltzer*, Hostile Takeovers in der Bundesrepublik Deutschland?, ZIP 1989, 69 ff.; *Pentz*, Acting in Concert – Ausgewählte Einzelprobleme zur Zurechnung und zu den Rechtsfolgen, ZIP 2003, 1478 ff.; *Riehmer/Schröder*, Der Entwurf des Übernahmegesetzes im Lichte von Vodafone/Mannesmann, NZG 2000, 820 ff.; *Rogall*, Befreiung von der Übernahmeangebotspflicht nach § 37 WpÜG in Sanierungsfällen, AG 2004, 492 ff.; *Schanz*, Börseneinführung, 2. Aufl.; *Schanz*, Feindliche Übernahmen und Strategien der Verteidigung, NZG 2000, 337 ff.; *Uwe H. Schneider*, Die Zielgesellschaft nach Abgabe eines Übernahme- oder Pflichtangebots, AG 2002, 125 ff.; *Schnorbus*, Drittklagen im Übernahmeverfahren, ZHR 166 (2002), 72 ff.; *Schwark (Hrsg.)*, Kapitalmarktrechts-Kommentar, 3. Aufl. 2004, (zit. KMRK); *Seibt/Heiser*, Der neue Vorschlag einer EU-Übernahmerichtlinie und das deutsche Übernahmerecht, ZIP 2002, 2193 ff.; *Seibt/Heiser*, Regelungskonkurrenz zwischen neuem Übernahmerecht und Umwandlungsrecht, ZHR 165 (2001), 466 ff.; *Sellmann*, Ausgleichs- und Verfahrensregelungen des Squeeze-out auf dem Prüfstand des Verfassungsrechts, WM 2003, 1545 ff.; *Sieger/Hasselbach*, Der Ausschluss nach den neuen §§ 327 a ff. AktG, ZGR 2002, 121; *Sieger/Hasselbach*, Break Fee-Vereinbarungen bei Unternehmenskäufen, BB 2000, 625 ff.; *Singhof/Weber*, Bestätigung der Finanzierungsmaßnahmen und Barabfindungsgewährleistungen nach dem Wertpapiererwerbs- und Übernahmegesetz, WM 2002, 1158 ff.; *Steinmeyer/Häger*, Kommentar zum Wertpapiererwerbs- und Übernahmegesetz mit Erläuterungen zum Minderheitenausschluss nach §§ 327a ff. AktG, 2002; *Stephan*, Angebotsaktualisierung, AG 2003, 551 ff.; *Technau*, Übernahmerechtliche Austrittsrechte in Verschmelzungsfällen, AG 2002, 260 ff.; *Thaeter/Brandi*, Öffentliche Übernahmen, 2003; *Thoma*, Das Wertpapiererwerbs- und Übernahmegesetz im Überblick, NZG 2002, 105 ff.; *Thoma*, Der neue Übernahmekodex der Börsensachverständigenkommision, ZIP 1996, 1725 ff.; *Vetter*, Squeeze-out nur durch Hauptversammlungsbeschluss?, DB 2001, 743 ff.; *Vetter*, Squeeze-out – Der Ausschluss der Minderheitsaktionäre aus der Aktiengesellschaft nach den §§ 327a–327f AktG, AG 2002, 176 ff.; *Vogel*, Finanzierung von Übernahmeangeboten – Testat und Haftung des Wertpapierdienstleistungsunternehmens nach § 13 WpÜG, ZIP 2002, 1421 ff.; *Vossius*, Squeeze-out – Checklisten für Beschlussfassung und Durchführung, ZIP 2002, 511 ff.; *Weber-Rey/Schütz*, Zum Verhältnis von Übernahmerecht und Umwandlungsrecht, AG 2001, 325 ff.; *Wiesner*, Die neue Übernahmerichtlinie und die Folgen, ZIP 2004, 343 ff.; *Wilsing/Kruse*, Zur Behandlung bedingter Aktienbezugsrechte beim Squeeze-out, ZIP 2002, 1465 ff.; *Winter/Harbarth* – Verhaltenspflichten von Vorstand und Aufsichtsrat der Zielgesellschaft bei feindlichen Übernahmeangeboten nach dem WpÜG, ZIP 2002, 1 ff.; *Wolf*, Der Minderheitenausschluss qua

„übertragender Auflösung" nach Einführung des Squeeze-out gemäß §§ 327a–f AktG, ZIP 2002, 153 ff.; *Wollburg,* Unternehmensinteresse bei Vergütungsentscheidungen, ZIP 2004, 646 ff.; *Wymeersch,* Übernahmeangebote und Pflichtangebote, ZGR 2002, 521 ff.; *Zinser,* Entwicklungen zu einem europäischen Übernahmerecht, ZRP 2003, 78 ff.; *Zinser,* Das neue Gesetz zur Regelung von öffentlichen Angeboten zum Erwerb von Wertpapieren und von Unternehmensübernahmen vom 1.1.2002, WM 2002, 15 ff.; *Zinser,* Ein neuer Anlauf: der jüngste Vorschlag einer Übernahmerichtlinie vom 2.10.2002, EuZW 2003, 10 ff.; *Zöllner,* Kölner Kommentar zum AktG, §§ 1–75, 2. Aufl. 1988; §§ 76–117, 2. Aufl. 1996; §§ 148–290, 2. Aufl. 1989 (zit. KölnKomm. AktG); *Zschocke,* Europapolitische Mission: Das neue Wertpapiererwerbs- und Übernahmegesetz, DB 2002, 79 ff.; *Zschocke/Rahlf,* Anm. zu den Entscheidungen des OLG Frankfurt Main in Sachen ProSieben und Wella, DB 2003, 1375 ff.; *Zschocke/Schuster,* Bad Homburger Handbuch zum Übernahmerecht, 2003; *Zschocke/Schuster,* Jahrbuch Übernahmerecht 2004.

A. Einleitung

1   Neben dem Kauf eines Unternehmens durch Abschluss eines Unternehmenskaufvertrages mit einigen wenigen Anteilseignern gewinnt der Kauf börsennotierter Gesellschaften, insbesondere im Wege eines öffentlichen Angebots, in Deutschland immer mehr an Bedeutung. So sind seit In-Kraft-Treten des Wertpapiererwerbs- und Übernahmegesetzes (WpÜG) am 1.1.2002 ungefähr 130 öffentliche Kauf- und Tauschangebote zum Erwerb von Wertpapieren veröffentlicht worden.[1]

2   Die weitaus größte Zahl dieser Angebote findet in Abstimmung mit Vorstand und Großaktionären der Zielgesellschaft als so genannte **„freundliche Übernahme"** statt, die von der breiten Öffentlichkeit kaum wahrgenommen wird. **„Feindliche Übernahmen",** also nicht mit dem Management der Zielgesellschaft abgestimmte Angebote, erregen hingegen große öffentliche Aufmerksamkeit und Anteilnahme. Genannt sei hier die Übernahme der Mannesmann AG durch Vodafone Airtouch plc. oder die Übernahme der FAG Kugelfischer Georg Schäfer AG durch die INA Holding Schaeffler KG.

3   Die folgende Darstellung gibt einen Überblick über die wichtigsten gesetzlichen Regelungen und den Ablauf von öffentlichen Angeboten in Deutschland. Einen weiteren Schwerpunkt bildet die Darstellung der Verhaltenspflichten der Organe der Zielgesellschaft im Vorfeld von und während öffentlichen Angeboten.

I. Das Wertpapiererwerbs- und Übernahmegesetz (WpÜG)

4   Während öffentliche Übernahmeangebote eine im angelsächsischen Rechtskreis bereits seit längerer Zeit verbreitete Technik der Unternehmensakquisi-

---

[1] Stand: Februar 2005. Alle Angebote mit Verweis auf Angebotsunterlagen sind auf der Webseite der BaFin unter www.bafin.de abrufbar.

tion sind, hatten sie in Deutschland lange Zeit nur eine geringe Bedeutung.[1] Die im Jahre 1979 von der Börsensachverständigenkommission (BSK)[2] erlassenen Leitsätze für freiwillige Übernahmeangebote[3] erlangten daher auch kaum praktische Bedeutung.[4] Sie wurden nach vorausgegangenen Beratungen einer Arbeitsgruppe durch einen **Übernahmekodex** abgelöst, der am 1.10.1995 „in Kraft" trat. Aufgrund der geringen Akzeptanz des Übernahmekodex[5] schlug die Übernahmekommission im Februar 1999 schließlich die Einführung einer gesetzlichen Regelung vor.[6] Am 12.3.2001 wurde ein Referentenentwurf veröffentlicht,[7] der zu einem am 11.7.2001 vorgelegten Regierungsentwurf fortentwickelt wurde, der in das Gesetzgebungsverfahren eingebracht wurde.[8] Das **Wertpapiererwerbs- und Übernahmegesetz** (WpÜG) wurde vom Bundestag am 15.11.2001 verabschiedet, am 22.12.2001 im Bundesgesetzblatt veröffentlicht[9] und trat am 1.1.2002 in Kraft.

1. Ziele des WpÜG

Ziel des WpÜG ist es, Rahmenbedingungen für Unternehmensübernahmen und andere öffentliche Angebote zum Erwerb von Wertpapieren zu schaffen.[10] Dabei soll den Anforderungen der Globalisierung und der Finanzmärkte durch ein **geordnetes Angebotsverfahren** angemessen Rechnung getragen werden, um die Position des Wirtschaftsstandorts und des Finanzplatzes Deutschland im internationalen Wettbewerb zu stärken.[11] Neben den Anforderungen der

---

1 Vgl. *Peltzer*, ZIP 1989, 69; von Oktober 1995 bis Januar 1997 wurden allerdings 14 freiwillige öffentliche Übernahmeangebote gemäß dem Übernahmekodex bekannt, vgl. *Groß*, DB 1996, 1909 (1910); *Zschocke/Schuster*, S. 178.
2 Die BSK ist ein unabhängiges Beratergremium des Bundesfinanzministeriums (BMF); ihre Zusammensetzung beruht auf einer Übereinkunft des BMF und der Börsen. Die Vereinbarung sieht eine personelle Vertretung der Banken, Emittenten, Versicherer, Anleger, Wissenschaft und der Deutschen Bundesbank vor. Auch eine leitende Persönlichkeit aus dem Bereich der Börsen gehört der BSK an; vgl. *Zschocke/Schuster*, S. 16.
3 „Leitsätze für öffentliche freiwillige Kauf- und Umtauschangebote bzw. Aufforderungen zur Abgabe derartiger Angebote im amtlich notierten oder im geregelten Freiverkehr gehandelten Aktien bzw. Erwerbsrechten", abgedruckt in *Baumbach/Hopt*, Handelsgesetzbuch, 29. Aufl. 1995, 2. Teil Nr. 18 (Übernahmeangebote).
4 *Thoma*, ZIP 1996, 1725; *Assmann*, AG 1995, 563.
5 Bis zum 1.4.2001 hatten von den 1016 börsennotierten inländischen Unternehmen (ohne Freiverkehr) lediglich 755 Unternehmen (darunter 86 Unternehmen des DAX-100) den Übernahmekodex anerkannt; vgl. Begr. RegE BT-Drucks. 14/7034, 27. Die geringe Akzeptanz war auch in der Literatur kritisiert worden; vgl. *Hopt*, ZHR 161 (1997), 368 (395) („zentraler Schwachpunkt des Übernahmekodex").
6 Vgl. Handelsblatt v. 3.2.1999, S. 27; BZ v. 3.2.1999, S. 1, 3.
7 Referentenentwurf eines Gesetzes zur Regelung von öffentlichen Angeboten zum Erwerb von Wertpapieren und von Unternehmensübernahmen vom 12.3.2001.
8 Regierungsentwurf eines Gesetzes zur Regelung von öffentlichen Angeboten zum Erwerb von Wertpapieren und von Unternehmensübernahmen vom 11.7.2001, abgedruckt u.a. in ZIP 2001, 1262 ff.
9 BGBl. I 2001, S. 3822.
10 Begr. RegE BT-Drucks. 14/7034, 28; vgl. dazu *Zinser*, WM 2002, 15 (16); *Zehetmeier* in Geibel/Süßmann, Einleitung Rz. 1; *Schnorbus*, ZHR 166 (2002), 72 (74).
11 Vgl. *Steinmeyer/Häger*, Einleitung Rz. 1; *Schüppen* in Haarmann/Riehmer/Schüppen, Einleitung Rz. 25.

Finanzmärkte[1] ist ein weiteres Ziel des Übernahmerechts der Schutz der Interessen der Anteilseigner der Zielgesellschaft durch **Information und Transparenz**.

2. Systematik des WpÜG

6 Das WpÜG enthält materielle Vorschriften zu seinem Anwendungsbereich, zu allgemeinen Grundsätzen (§§ 1 ff.) und zu den einzelnen Angebotstypen (§§ 10, 29, 35 ff.). Daneben finden sich in den §§ 4 ff. formelle Regelungen über die Zuständigkeit der Bundesanstalt für Finanzdienstleistungsaufsicht, („BaFin", früher: Bundesaufsichtsamt für den Wertpapierhandel „BAWe") sowie über Verfahren, Rechtsmittel und Sanktionen (§§ 40, 48, 59 ff.).[2]

a) Angebotsarten

7 Das WpÜG unterscheidet drei Arten von öffentlichen Angeboten: **einfache öffentliche Erwerbsangebote**, **Übernahmeangebote** und **Pflichtangebote**. Einfache öffentliche Erwerbsangebote sind solche, mit denen der Bieter entweder eine Beteiligung von weniger als 30 % der Stimmrechte an der Zielgesellschaft zu erreichen beabsichtigt oder aber eine bereits bestehende Beteiligung von mehr als 30 % der Stimmrechte aufzustocken gedenkt. Übernahmeangebote sind dagegen auf die Erlangung von **Kontrolle** gerichtet. Kontrolle ist das Halten von 30 % der Stimmrechte der Zielgesellschaft (§ 29 Abs. 2 WpÜG) unter Berücksichtigung eigener und gemäß § 30 WpÜG zuzurechnender Stimmrechte (vgl. hierzu ausführlich Teil X Rz. 110 ff.). Entscheidendes Kriterium ist, dass der Bieter *beabsichtigen* muss, die *Kontrolle zu erwerben*. Trotz der subjektiven Formulierung ist allein entscheidend, dass ein Kontrollerwerb aufgrund des Übernahmeangebots objektiv möglich ist.[3] Ein Übernahmeangebot kommt daher z. B. dann nicht in Betracht, wenn das Angebotsvolumen selbst bei vollständiger Annahme durch alle außenstehenden Aktionäre nicht genügt, die Kontrollschwelle zu erreichen.[4] Auch Angebote, die ausschließlich auf stimmrechtslose Vorzugsaktien der Zielgesellschaft oder ihre Wandel-, Umtausch- und Optionsanleihen gerichtet sind, können keine Übernahmeangebote sein.[5] Sie vermitteln keine Stimmrechte und damit keine Kontrolle. Pflichtangebote sind Angebote, die ein Bieter unterbreiten muss, nachdem er anderweitig die Kontrolle über die Zielgesellschaft erlangt hat. Der Aufbau des Gesetzes folgt der Einteilung in die verschiedenen Angebotsarten. Grundfall

---

1 Im Schrifttum spricht man teilweise von einem „Markt für Unternehmenskontrolle"; vgl. *Kirchner*, AG 1999, 481; *Kirchner*, WM 2000, 1821 (1823); *Körner*, DB 2001, 367; *Hopt*, ZHR 166 (2002), 383 (385); *Röh* in Haarmann/Riehmer/Schüppen, § 33 WpÜG Rz. 15.
2 Vgl. zum Aufbau des WpÜG: *Assmann*, AG 2002, 114 ff.; weitere einführende Hinweise bei *Krause*, NJW 2002, 705 ff.; *Thoma*, NZG 2002, 105 ff.; *Zinser*, WM 2002, 15 ff.; *Zschocke*, DB 2002, 79 ff.; *Hopt*, ZHR 166 (2002), 383 ff.; *Noack* in Schwark, KMRK, Einleitung WpÜG, Rz. 1; *Steinmeyer/Häger*, Einleitung Rz. 22.
3 Vgl. *von Bülow* in KölnKomm. WpÜG, § 29 WpÜG Rz. 37; *Oechsler* in Ehricke/Ekkenga/Oechsler, § 29 WpÜG Rz. 2.
4 *Noack* in Schwark, KMRK, § 29 WpÜG Rz. 4.
5 *v. Bülow* in KölnKomm. WpÜG, § 29 WpÜG Rz. 38.

der Angebote ist das einfache Erwerbsangebot. Weitere Anforderungen werden an Übernahmeangebote und Pflichtangebote gestellt. Dabei wird für das Übernahmeangebot grundsätzlich auf die Vorschriften für das einfache Erwerbsangebot verwiesen und für das Pflichtangebot auf die Vorschriften für das Übernahmeangebot.

b) Verordnungen

Neben den gesetzlichen Bestimmungen des WpÜG sind die Verordnungen des Bundesfinanzministeriums zu beachten. Zur Regelung von Details sind bislang vier Rechtsverordnungen erlassen worden: Drei Verordnungen beschäftigen sich mit formellen Fragen, d.h. der Zusammensetzung des bei der BaFin einzurichtenden Beirats[1] bzw. des Widerspruchsausschusses[2] sowie mit den Verwaltungsgebühren.[3] Von ganz erheblicher materieller Bedeutung ist dagegen die aufgrund von §§ 11 Abs. 4, 31 Abs. 7 und 37 Abs. 2 WpÜG erlassene „Verordnung über den Inhalt der Angebotsunterlage, die Gegenleistung bei Übernahmeangeboten und Pflichtangeboten und die Befreiung von der Verpflichtung zur Veröffentlichung und zur Abgabe eines Angebots" (**WpÜG-AngebotsVO**).[4] Sie konkretisiert insbesondere die Höhe der gem. § 31 Abs. 1 WpÜG zu gewährenden „angemessenen Gegenleistung" und die Ausnahmen von der Abgabe eines Pflichtangebots. Aus gesetzgeberischer Sicht bieten Rechtsverordnungen den Vorteil, dass sie geänderten Gegebenheiten leichter als formelle Gesetze angepasst werden können.

8

3. Anwendungsbereich des WpÜG

Das WpÜG ist auf Angebote zum Erwerb von Wertpapieren anwendbar, die von einer Zielgesellschaft ausgegeben wurden und zum Handel an einem organisierten Markt zugelassen sind (§ 1 WpÜG).

9

a) Zielgesellschaft

Zielgesellschaften sind **Aktiengesellschaften**, auch die Europäische Aktiengesellschaft,[5] oder **Kommanditgesellschaften auf Aktien** (KGaA) mit Sitz im In-

10

---

1 Verordnung über die Zusammensetzung, die Bestellung der Mitglieder und das Verfahren des Beirats beim Bundesaufsichtsamt für den Wertpapierhandel (WpÜG-Beirats-VO), BGBl. I 2001, S. 4259, zuletzt geändert durch Art. 267 der Achten Zuständigkeitsanpassungsverordnung v. 25.11.2003, BGBl. I, S. 2304.
2 Verordnung über die Zusammensetzung und das Verfahren des Widerspruchsausschusses beim Bundesaufsichtsamt für den Wertpapierhandel (WpÜG-WiderspruchsausschussVO), BGBl. I 2001, S. 4261, zuletzt geändert durch die Verordnung zur Änderung der WpÜG-Widerspruchsausschuss-Verordnung v. 26.6.2003, BGBl. I, S. 1006.
3 Verordnung über Gebühren nach dem Wertpapiererwerbs- und Übernahmegesetz (WpÜG-GebührenVO), BGBl. I 2001, S. 4267 zuletzt geändert durch die Erste Verordnung zur Anpassung von Bezeichnungen nach dem Finanzdienstleistungsaufsichtsgesetz vom 29.4.2002, BGBl. I 2002, S. 1495.
4 BGBl. I 2001, S. 4263, zuletzt geändert durch Art. 4 des Anlegerschutzverbesserungsgesetzes v. 28.10.2004, BGBl. I, S. 2630.
5 *Noack* in Schwark, KMRK, § 1, 2 WpÜG, Rz. 23; *Oechsler* in Ehricke/Ekkenga/Oechsler, § 1 WpÜG Rz. 5.

land, § 2 Abs. 3 WpÜG.¹ Die Einbeziehung der KGaA in das Regelungsgefüge des WpÜG ist insofern kritisiert worden, als dies der KGaA wegen der Berechtigung des Komplementärs zur Geschäftsführung und Vertretung nicht gerecht werde. Ein auf den Erwerb von Kommanditaktien gerichtetes Angebot müsse wegen der Geschäftsführungsbefugnis des Komplementärs stets als ein einfaches öffentliches Erwerbsangebot angesehen werden.² Diese Auffassung hat sich jedoch nicht durchgesetzt.³

b) Organisierter Markt

11   Organisierter Markt sind der **amtliche** und **geregelte Markt** an einer Börse im Inland und die geregelten Märkte im Sinne des Art. 1 Nr. 13 der Richtlinie 93/22/EWG des Rates v. 10.5.1993 über Wertpapierdienstleistungen in einem anderen Staat des Europäischen Wirtschaftsraums (§ 2 Abs. 7 WpÜG). Der Freiverkehr gehört nicht zu den organisierten Märkten im Sinne dieser Vorschrift. Insbesondere vor dem Hintergrund, dass der Gesetzgeber mit dem WpÜG gerade zum Schutz der Kleinaktionäre ein geordnetes Verfahren für Übernahmen sicherstellen wollte, ist diese Regelung unverständlich. Aktionäre von im Freiverkehr gehandelten Wertpapieren sind genauso schutzwürdig wie die Inhaber von an organisierten Märkten zugelassenen Wertpapieren.⁴ Im Übrigen war schon der Übernahmekodex auf Freiverkehrswerte anwendbar. Andererseits ist zu bedenken, dass eine Notierung im Freiverkehr ohne Mitwirkung des Emittenten erfolgen kann. Aus dessen Sicht ist die Differenzierung daher mit Blick auf die umfangreichen Pflichten des Managements bei öffentlichen Angeboten nach dem WpÜG verständlich.

c) Bieter

12   Bieter kann jede **natürliche** oder **juristische Person des Privatrechts oder des öffentlichen Rechts**⁵ sein, sofern sie allein oder gemeinsam mit anderen Personen (vgl. § 2 Abs. 5 und Abs. 6 WpÜG) ein Angebot abgibt, die Abgabe beabsichtigt oder zur Abgabe verpflichtet ist, § 2 Abs. 4 WpÜG. Auch ausländische Bieter unterfallen ohne weiteres den Pflichten des WpÜG.⁶

13   Auch für die (Außen-) Gesellschaft bürgerlichen Rechts ist inzwischen anerkannt, dass sie als Rechtsträgerin anzusehen ist.⁷ Schließen sich mehrere na-

---

1   Der Gesetzgeber hat sich damit gegen eine in der Literatur vertretene Ansicht entschieden, die auf das Recht des Hauptbörsenplatzes abstellen wollte. So *v. Hein*, AG 2001, 213 (225) m.w.N. Zur Anwendung des WpÜG bei Übernahmen mit Auslandsbezug vgl. ausführlich *Hahn*, RIW 2002, 741 ff.
2   *Steinmeyer/Häger*, § 1 WpÜG Rz. 25, § 29 WpÜG Rz. 30 ff.
3   *Baums/Hecker* in Baums/Thoma, § 2 WpÜG Rz. 81, *Versteegen* in KölnKomm. WpÜG, § 2 WpÜG Rz. 105.
4   *Mülbert*, ZIP 2001, 1221 (1227); *Angerer* in Geibel/Süßmann, § 1 WpÜG Rz. 55; *Bouchon*, S. 234 f.; *Baums/Hecker* in Baums/Thoma, § 1 WpÜG Rz. 49.
5   *Steinmeyer/Häger*, § 2 WpÜG Rz. 8; *Noack* in Schwark, KMRK, § 1, 2 WpÜG Rz. 28; *Angerer* in Geibel/Süßmann, § 2 WpÜG Rz. 5 f.; *Assmann*, AG 2002, 114 (115); *Ekkenga/Hofschroer*, DStR 2002, 724 (725).
6   *Steinmeyer/Häger*, § 2 WpÜG Rz. 8; *Hopt*, ZHR 166 (2002), 383 (395).
7   BGH v. 29.1.2002 – II ZR 331/00, ZIP 2001, 330.

türliche oder juristische Personen zum Zwecke der gemeinsamen Abgabe eines Angebots zusammen, so ist diese Gesellschaft bürgerlichen Rechts somit Bieterin im Sinne von § 2 Abs. 4 WpÜG.[1]

d) Wertpapiere

Wertpapiere sind Aktien, mit diesen vergleichbare Wertpapiere und Zertifikate, die Aktien vertreten,[2] sowie Wertpapiere, die den Erwerb der genannten Papiere zum Gegenstand haben, also insbesondere Optionsanleihen, Wandelschuldverschreibungen und Optionsscheine, § 2 Abs. 2 WpÜG.[3] Entscheidend ist, ob die Papiere ein mitgliedschaftliches Recht bzw. einen Anspruch auf Einräumung eines mitgliedschaftlichen Rechts verkörpern.[4] Unmaßgeblich ist hingegen, ob die Wertpapiere auch ein Stimmrecht gewähren.[5] Somit können auch Vorzugsaktien, die i. d. R. kein Stimmrecht gewähren (vgl. § 12 AktG), Gegenstand von Pflicht- und Übernahmeangeboten sein. Wer die Kontrolle über eine Gesellschaft durch Erwerb von Stammaktien erlangt, ist demnach dazu verpflichtet, sein Angebot auch auf Aktien anderer Gattungen auszudehnen.[6]

14

e) Öffentliche Angebote

Angebote sind freiwillige oder aufgrund einer Verpflichtung nach dem WpÜG erfolgende öffentliche Kauf- oder Tauschangebote zum Erwerb von Wertpapieren der Zielgesellschaft, § 2 Abs. 1 WpÜG. Wann ein Angebot „öffentlich" ist, wird vom Gesetz nicht näher konkretisiert. Maßgeblich ist, ob sich das Angebot nur an einen begrenzten Personenkreis richtet, der Bieter also einzelne Aktionäre der Zielgesellschaft individuell anspricht, oder ob ein unbestimmter Personenkreis dazu aufgefordert wird, seine Wertpapiere an den Bieter zu veräußern.[7]

15

4. Allgemeine Grundsätze

Grundlegende Wertungen des Gesetzgebers, die bei der Anwendung des WpÜG zu berücksichtigen sind, wurden in § 3 WpÜG verankert. Sie bilden

16

---

1 *Baums/Hecker* in Baums/Thoma, § 2 WpÜG Rz. 110.
2 Z.B. Zwischenscheine oder American Depositary Receipts, vgl. *Baums/Hecker* in Baums/Thoma, WpÜG, § 2 Rz. 60; *Noack* in Schwark, KMRK, § 1, 2 WpÜG Rz. 19, 20; *Oechsler* in Ehricke/Ekkenga/Oechsler, § 2 WpÜG Rz. 9.
3 Begr. RegE BT-Drucks. 14/7034, 34; *Assmann*, AG 2002, 114 (115); *Zinser*, WM 2002, 15 (16); *Schüppen* in Haarmann/Riehmer/Schüppen, § 2 WpÜG Rz. 20 ff.; *Angerer* in Geibel/Süßmann, § 1 WpÜG Rz. 28 ff.; *Baums/Hecker* in Baums/Thoma, § 2 WpÜG Rz. 63.
4 *Steinmeyer/Häger*, § 1 WpÜG Rz. 17; *Schüppen* in Haarmann/Riehmer/Schüppen, § 2 WpÜG Rz. 20 ff.; *Zinser*, WM 2002, 15 (16).
5 Vgl. *Steinmeyer/Häger*, § 1 WpÜG Rz. 18.
6 Vgl. § 32 WpÜG; *BaFin*, Jahresbericht 2003, S. 208; *Angerer* in Geibel/Süßmann, WpÜG, § 1 WpÜG Rz. 29; *Schüppen* in Haarmann/Riehmer/Schüppen, § 3 WpÜG Rz. 4.
7 Begr. RegE BT-Drucks. 14/7034, 33; *Baums/Hecker* in Baums/Thoma, § 2 WpÜG Rz. 20 ff.

Auslegungshilfen im Sinne allgemeiner Programmsätze, die bei Zweifelsfragen zu Detailregelungen herangezogen werden können.

17 Ein auch bereits im Übernahmekodex anerkanntes Prinzip ist dabei die Pflicht zur **Gleichbehandlung** von Aktionären der gleichen Gattung der Zielgesellschaft, § 3 Abs. 1 WpÜG. Bei der Gestaltung des Angebots und bei der Abwicklung sind die Inhaber von Wertpapieren einer Gattung materiell und formal absolut gleich zu behandeln.[1] Inhaber von Wertpapieren unterschiedlicher Gattungen dürfen dagegen ungleich behandelt werden. So muss beispielsweise Vorzugs- und Stammaktionären nicht der gleiche Preis geboten werden. In der Praxis ist dies besonders bei den öffentlichkeitswirksamen Angeboten an die Vorzugsaktionäre der ProSiebenSat.1 Media AG und der Wella AG deutlich geworden.[2]

18 Die Inhaber von Wertpapieren der Zielgesellschaft müssen über **genügend Zeit und ausreichende Informationen** verfügen, um in Kenntnis der Sachlage über das Angebot zu entscheiden, § 3 Abs. 2 WpÜG. Eine konkrete Ausprägung dieser Prinzipien findet sich in den detaillierten Vorschriften zur Angebotsunterlage (§ 11 WpÜG i.V.m. WpÜG-AngebotsVO) und den Vorschriften zu Mindestfristen für das Angebot (§ 16 WpÜG). Die Vorschrift soll als Programmsatz im Hinblick auf den Inhalt der Angebotsunterlage keinen eigenen auf den Einzelfall bezogenen Anwendungsbereich haben.[3]

19 Vorstand und Aufsichtsrat der Zielgesellschaft müssen darüber hinaus stets im **Gesellschaftsinteresse** handeln, § 3 Abs. 3 WpÜG. Da sich dies bereits aus den aktienrechtlichen Vorschriften in §§ 93, 116 AktG ergibt, hat dieser Grundsatz lediglich klarstellende Funktion.[4]

20 Um die Zielgesellschaft nicht unnötig zu belasten, ist das Verfahren rasch durchzuführen, § 3 Abs. 4 WpÜG. Zudem verbietet § 3 Abs. 5 WpÜG die Schaffung von Marktverzerrungen beim Handel mit Wertpapieren der Zielgesellschaft.

II. Entwicklungen auf europäischer Ebene

21 Auf europäischer Ebene gibt es seit Jahrzehnten Bestrebungen, einen einheitlichen gesetzlichen Rahmen für Unternehmensübernahmen zu schaffen. Nationale Übernahmehindernisse sollen beseitigt werden und grenzüberschreitende

---

1 *Baums/Hecker* in Baums/Thoma, § 3 WpÜG Rz. 11; *Versteegen* in KölnKomm. WpÜG, § 3 WpÜG Rz. 14.
2 *BaFin*, Jahresbericht 2003, S. 208; OLG Frankfurt v. 4.7.2003 – WpÜG 4/03 – Wella AG II, AG 2003, 513.
3 *Versteegen* in KölnKomm. WpÜG, § 3 WpÜG Rz. 31; *Schüppen* in Haarman/Riehmer/Schüppen, § 3 WpÜG Rz. 11; *Baums/Hecker* in Baums/Thoma, § 3 WpÜG Rz. 27 f. diese Meinung vertritt auch die BaFin; nach Meinung der Verfasser könnte die Vorschrift aber zum Beispiel zur Anwendung kommen, wenn der Bieter oder die Zielgesellschaft mit Großaktionären in zeitlichem und sachlichem Zusammenhang mit dem öffentlichen Angebot weitere Verträge abschließt und diese Verträge außerhalb der Angebotsunterlagen nicht offen gelegt werden müssen (s. hierzu Teil X Rz. 73).
4 S. hierzu Teil X Rz. 134.

Unternehmensübernahmen erleichtert werden. Nach jahrelangen Verhandlungen und der Verwerfung des letzten Vorschlags zu einer Übernahmerichtlinie v. 2.10.2002,[1] verabschiedete der Rat nach Stellungnahme des Europäischen Parlaments durch Beschluss v. 30.3.2004 einen überarbeiteten Kompromissvorschlag.[2] Da wiederum ein Scheitern der Verhandlungen drohte, konnte nur eine „**Minimallösung**" erreicht werden, die von einem einheitlichen europäischen Übernahmerecht weit entfernt ist.[3] Diese Richtlinie ist bis zum 20.5.2006 in nationales Recht umzusetzen.[4]

Das Attribut „Minimallösung" betrifft besonders den kontroversen Bereich der Abwehrmaßnahmen gegen feindliche Übernahmen (s. hierzu Teil X Rz. 155 ff.). Hier etabliert die Richtlinie zwar ein strenges, übernahmefreundliches Regime, ermöglicht aber den Mitgliedsstaaten abweichende Regelungen beizubehalten (sog. „**opting-out**"). Als Ausgleich sollen jedoch die Unternehmen der Mitgliedsstaaten, die vom „opting-out" Gebrauch machen, die Möglichkeit erhalten, sich aufgrund eines Beschlusses der Hauptversammlung freiwillig den Regelungen der Richtlinie zu unterwerfen (sog. „opting-in"). Hintergrund ist die Hoffnung, dass Unternehmen, die sich dadurch als „kapitalmarktorientiert" erklären, eine höhere Börsenbewertung erreichen können und damit eine marktgesteuerte Entwicklung hin zu weniger Übernahmehindernissen in Gang gesetzt wird.

22

Ansonsten wird die Richtlinie bei der Umsetzung in nationales Recht vor allem Auswirkungen auf den Angebotspreis zumindest bei Pflichtangeboten (s. hierzu Teil X Rz. 121) sowie auf den Ausschluss von Minderheitsaktionären nach einem Übernahmeangebot haben (s. hierzu Teil X Rz. 225 ff.).

23

B. Vorbereitung und Durchführung eines Übernahmeangebots

Auch wenn gesetzessystematisch das einfache öffentliche Erwerbsangebot den Grundfall darstellt, orientiert sich die nachfolgende Darstellung an einem Übernahmeangebot, weil dieses den **in der Praxis des Unternehmenskaufs relevanteren Fall** darstellt. Zunächst werden verschiedene zentrale Punkte bei der Vorbereitung eines Angebots dargestellt und anschließend die eigentliche Angebotsphase aus Sicht des Bieters beschrieben.

24

---

1 Dazu und zur geschichtlichen Entwicklung des Übernahmerechts: *Seib/Heiser*, ZIP 2002, 2193 ff.; *Zinser*, EuZW 2003, 10 ff.; *Zinser*, ZRP 2003, 78 ff.; *Dauner-Lieb/Lamandini*, BB 2003, 265 ff.
2 Richtlinie 2004/25/EG des Europäischen Parlaments und des Rates v. 21.4.2004 betreffend Übernahmeangebote, ABl. L 142 v. 30.4.2004, S. 12 ff. (im Folgenden „Übernahmerichtlinie"); dazu zuletzt *Maul/Muffat-Jeandet*, AG 2004, 221 ff., 306 ff.; *Wiesner*, ZIP 2004, 343 ff.; *Kindler/Horstmann*, DStR 2004, 866 ff.
3 *Bayer*, BB 2004, 1, 11.
4 Art. 21 Übernahmerichtlinie.

I. Vorbereitungsphase

25 Nach der Identifizierung eines geeigneten Targets durch den Bieter wird in der Regel ein Team von eigenen **Mitarbeitern, Investmentbankern, Rechtsanwälten und Wirtschaftsprüfern** zusammengestellt. Geht der Bieter von einer feindlichen Übernahme aus, so ist die Einschaltung einer **Werbeagentur** bereits in einem frühen Stadium ratsam. In diesem Stadium sind zahlreiche Vorfragen zu klären, die von Fall zu Fall unterschiedlich sind. Im Folgenden werden verschiedene Überlegungen dargestellt, die für viele Übernahmen typisch sind.

1. Grundstruktur der Transaktion

a) Alternativen zu einem Übernahmeangebot

26 Ein Übernahmeangebot ist letztlich nur eine von verschiedenen Formen eines Unternehmenszusammenschlusses. Ist der Bieter eine inländische Gesellschaft kommt auch eine Maßnahme nach dem Umwandlungsgesetz, insbesondere eine **Verschmelzung** beider Gesellschaften, in Betracht. Die Verschmelzung von ThyssenKrupp etwa wurde als feindliche Übernahme begonnen und als Verschmelzung durchgeführt. Eine Verschmelzung führt gesellschaftsrechtlich zu einem anderen Ergebnis als eine Übernahme. Während letzteres die Zielgesellschaft zur beherrschten Gesellschaft des Bieters macht, führt die Verschmelzung dazu, dass Bieter und Zielgesellschaft zu einer rechtlichen Einheit verschmelzen. Dies kann die Verschmelzung insbesondere im Falle einer Verschmelzung zur Neugründung für das Management der Zielgesellschaft attraktiv machen. Nachteil der Verschmelzung ist, dass etwaige Konflikte innerhalb des Managements zwischen den beteiligten Gesellschaften oft auf die Zeit nach der Verschmelzung verschoben werden.

27 An Stelle eines Übernahmeangebots kann auch ein **Asset Deal** in Betracht kommen, etwa dann, wenn die Zielgesellschaft eine reine Holding-Gesellschaft ist. In einem solchen Fall ist denkbar, dass der Bieter lediglich die Anteile an den Tochtergesellschaften der Zielgesellschaft erwirbt. Für den Bieter hat dies den Vorteil, dass der Vorgang erheblich schneller durchführbar und mit erheblich weniger Unsicherheiten behaftet ist als ein Übernahmeangebot. Aus Sicht der Zielgesellschaft ist zu beachten, dass ein Hauptversammlungsbeschluss entweder nach § 179a AktG oder aufgrund der so genannten „Holzmüller"-Grundsätze erforderlich sein kann. Für die Aktionäre der Zielgesellschaft ist ein Asset Deal erheblich weniger attraktiv, weil die Erlöse aus dem Verkauf zunächst an die Zielgesellschaft fließen und nicht unmittelbar an sie.

b) Ziele einer Übernahme

28 Übernahmen durch industrielle Investoren haben in der Regel das Ziel, **externes Wachstum** durch Übernahme des Targets zu ermöglichen. Zu diesem Zweck soll die Zielgesellschaft übernommen und letztlich in den Konzern des Übernehmers eingebunden werden. Übernahmen durch reine Finanzinvestoren haben dagegen häufig die Zielsetzung, das Target nach der Übernahme zu zerschlagen und in Einzelteilen weiterzuveräußern, weil nach Einschätzung

des Bieters der Wert der Teile der Zielgesellschaft den Wert des gesamten Unternehmens übersteigt. Auch bei der Übernahme durch industrielle Bieter kommt es häufig zu einem Verkauf von Teilen der Zielgesellschaft, etwa dann, wenn der Bieter letztlich nur an bestimmten Teilen der Zielgesellschaft interessiert ist, oder aber aus kartellrechtlichen Gründen Teile der Zielgesellschaft verkaufen muss.

Sowohl strategisch industrielle Investoren als auch Finanzinvestoren streben in der Regel an, die Zielgesellschaft völlig zu kontrollieren. Auf diese Weise soll es entweder ermöglicht werden, die Zielgesellschaft in den eigenen Konzern einzufügen oder aber diese zu zerschlagen. 29

Primärziel eines Bieters ist in der Regel somit der Erwerb von 100 % der Aktien an der Zielgesellschaft. Lässt sich dies nicht erreichen, so wird mindestens eine Beteiligung angestrebt, die es ermöglicht, einen Beherrschungsvertrag mit der Zielgesellschaft abzuschließen.[1] 30

c) Ablauf der Übernahme

Nach einer Analyse der Aktionärsstruktur des Targets wird der Bieter **Gespräche mit den Großaktionären und dem Management** führen. Die meisten deutschen Aktiengesellschaften werden mehrheitlich von einem oder wenigen Aktionären kontrolliert. Sie bestimmen über die Hauptversammlungsmehrheit die Zusammensetzung der Anteilseignervertreter im Aufsichtsrat und damit indirekt auch die Zusammensetzung des Vorstands. Eine Übernahme kommt in einem solchen Fall nur dann in Betracht, wenn die Großaktionäre bereit sind, ihre Aktien dem Bieter zu verkaufen. Kommt mit den Großaktionären eine Einigung zustande, so verläuft die Übernahme häufig in folgenden Phasen ab: 31

– Börsliche oder außerbörsliche Vorerwerbe von Aktien der Zielgesellschaft durch den Bieter,

– Kaufvertrag mit den Großaktionären oder Verpflichtung der Großaktionäre, ein späteres Übernahmeangebot anzunehmen,

– Übernahme- oder Pflichtangebot an die übrigen Aktionäre,

– Squeeze-Out der verbleibenden Minderheitsgesellschafter.

aa) Vorerwerbe – Creeping Takeover

Der Bieter wird häufig versuchen, selbst oder durch eingeschaltete Dritte eine bereits bestehende Beteiligung an der Zielgesellschaft durch **börsliche oder außerbörsliche Käufe** aufzustocken. Das WpÜG untersagt dies grundsätzlich nicht, es sind jedoch einige Regeln zu beachten. 32

---

[1] Ein Beherrschungsvertrag bedarf der Zustimmung der Hauptversammlung mit einer Mehrheit von mindestens drei Vierteln des auf der Hauptversammlung vertretenen Grundkapitals, es sei denn, die Satzung sieht eine höhere Mehrheit vor, § 293 Abs. 1 Satz 2 AktG.

33 Einer schleichenden oder geheimen Übernahme des Target, auch als „Creeping Takeover" bezeichnet, sind zunächst durch die **Melde- und Veröffentlichungspflichten** im WpHG Grenzen gesetzt. So ist das Erreichen von 5 %, 10 %, 25 %, 50 % oder 75 % der Stimmrechte an einer börsennotierten Gesellschaft unverzüglich, spätestens innerhalb von sieben Tagen der BaFin und der Gesellschaft schriftlich mitzuteilen, § 21 Abs. 1 WpHG. Die Gesellschaft wiederum hat die Meldung in einem Börsenpflichtblatt zu veröffentlichen, § 25 Abs. 1 WpHG. Eine Verletzung der Mitteilungspflicht hat zur Folge, dass für die Zeit der Pflichtverletzung Rechte aus Aktien, für die die Mitteilungspflicht nicht erfüllt wurde, nicht bestehen, § 28 Satz 1 WpHG. Für Dividendenansprüche gilt dies aber nur im Falle einer vorsätzlichen Pflichtverletzung, § 28 Satz 2 WpHG.

34 Vorerwerbe können darüber hinaus insofern problematisch sein, als sich darin unter Umständen widerspiegelt, dass der Bieter bereits eine **Entscheidung zur Abgabe eines Übernahmeangebots** getroffen hat, die er unverzüglich den Börsen und der BaFin melden und anschließend veröffentlichen müsste, § 10 WpÜG.

35 Des Weiteren können sich Vorerwerbe auf **Art und Höhe der anzubietenden Gegenleistung** auswirken. Wenn der Bieter, mit ihm gemeinsam handelnde Personen oder deren Tochtergesellschaften innerhalb von drei Monaten vor der Veröffentlichung der Entscheidung zur Abgabe eines Angebots insgesamt mindestens 5 % der Aktien oder Stimmrechte an der Zielgesellschaft gegen Zahlung einer Geldleistung erworben hat, muss der Bieter den Aktionären der Zielgesellschaft zwingend eine Geldleistung in Euro als Gegenleistung anbieten, § 31 Abs. 3 Nr. 1 WpÜG. Der Aktienerwerb über die Börse kann im Übrigen dazu führen, dass der Börsenkurs der Zielgesellschaft derartig ansteigt, dass ein Übernahmeangebot unattraktiv wird. Darüber hinaus schreibt das WpÜG vor, dass die Gegenleistung mindestens dem Wert der höchsten vom Bieter, mit ihm gemeinsam handelnden Personen oder deren Tochterunternehmen während der letzten drei Monate vor Veröffentlichung der Angebotsunterlage vereinbarten oder gewährten Gegenleistung entsprechen muss, § 31 Abs. 7 WpÜG i.V.m. § 4 WpÜG-AngebotsVO.

bb) Kaufvertrag mit Großaktionären

36 Der Abschluss eines Kaufvertrages mit den Großaktionären über deren Aktien ist für den Bieter insofern vorteilhaft, als die Großaktionäre in diesem Kaufvertrag **Gewährleistungen zur Zielgesellschaft** abgeben können und bei ihrer Verletzung Schadensersatzansprüche vereinbart werden können. Ein Übernahmeangebot hat normalerweise für den Bieter den Nachteil, dass er anders als bei einem sonstigen Unternehmenskauf von den Verkäufern keinerlei Gewährleistungen zum Geschäftsbetrieb der Zielgesellschaft erhält. Auch die Zielgesellschaft selbst kann keinerlei Gewährleistungen zu seinem Geschäftsbetrieb abgeben, deren Verletzung mit Schadensersatzansprüchen verknüpft ist. Das wäre eine unzulässige Einlagenrückgewähr gemäß § 57 AktG, da der Zielgesellschaft im Rahmen der Übernahme der Aktien durch den Bieter

nichts zufließt. Sofern die Großaktionäre dazu bereit sind, kann der Bieter aber mit ihnen Gewährleistungen vereinbaren.

Sind die Großaktionäre nicht zum Abschluss eines separaten Kaufvertrages mit entsprechenden Gewährleistungen bereit, der sie gegenüber den anderen Aktionären letztlich schlechter stellt, kann der Bieter alternativ mit den Großaktionären vereinbaren, dass diese sich verpflichten, das Übernahmeangebot des Bieters anzunehmen, sofern das Angebot bestimmte Voraussetzungen erfüllt. 37

cc) Übernahmeangebot oder Pflichtangebot an Streubesitz

In einem zweiten Schritt wird dem Streubesitz ein Übernahme- oder Pflichtangebot unterbreitet. Das Übernahme- oder Pflichtangebot darf dabei nicht auf einen Teil der Aktien der Zielgesellschaft beschränkt werden (§ 32 WpÜG). Ein so genanntes **Teilangebot** ist nur bei einfachen öffentlichen Erwerbsangeboten zulässig. Wird der Kaufvertrag mit den Großaktionären durchgeführt und erwirbt der Bieter auf diese Weise die Kontrolle an der Zielgesellschaft, muss das anschließende öffentliche Angebot als Pflichtangebot durchgeführt werden.[1] Für den Bieter hat dies den Nachteil, dass das Angebot keinerlei Bedingungen enthalten, insbesondere nicht an das Erreichen einer Mindestbeteiligungsquote geknüpft werden kann. Dies kann dadurch vermieden werden, dass der Kaufvertrag mit den Großaktionären nicht gleich durchgeführt, sondern die Durchführung ihrerseits unter die Bedingung eines erfolgreichen Übernahmeangebots gestellt wird. Der Bieter hält dann keine Kontrollbeteiligung am Target und kann das Angebot als Übernahmeangebot durchführen. 38

dd) Squeeze-Out der Minderheitsgesellschafter

Idealziel des Übernahme- oder Pflichtangebots ist es regelmäßig, eine Beteiligungsquote von mindestens 95 % zu erreichen. Dies ermöglicht es, im Wege eines Hauptversammlungsbeschlusses, die Minderheitsgesellschafter aus der Gesellschaft gegen eine Barabfindung auszuschließen (dazu näher Teil X Rz. 225 ff.). Wird das Angebot als Übernahmeangebot durchgeführt, kann der Bieter die Durchführung des Angebots unter die Bedingung stellen, dass eine Beteiligungsquote von 95 % erreicht wird. Dies erhöht grundsätzlich den Druck auf die Aktionäre, das Angebot anzunehmen. In der Praxis ist jedoch zu beobachten, dass zahlreiche Bieter auf das Erreichen dieser Beteiligungsquote verzichtet haben, weil sie das Übernahmeangebot auch ohne das Erreichen dieser Beteiligungsquote durchführen wollten. 39

2. Due Diligence

Der Bieter hat häufig ein erhebliches Interesse daran, neben Informationen aus öffentlich zugänglichen Quellen Weiteres über die Zielgesellschaft zu erfahren, z.B. ob die Zielgesellschaft Vereinbarungen abgeschlossen hat, die im Falle eines Kontrollwechsels einem Dritten Rechte einräumen. Für Vorstand und 40

---

1 *Lenz*, NJW 2003, 2073 f.

Aufsichtsrat der Zielgesellschaft besteht dagegen die **Pflicht, über Betriebs- und Geschäftsgeheimnisse Stillschweigen zu bewahren** (§ 93 AktG). Dennoch kann der Vorstand im Rahmen einer Due Diligence Informationen erteilen, denn die Verschwiegenheitspflicht besteht nur im Rahmen des Unternehmensinteresses. Der Vorstand ist daher zur Offenlegung von Informationen berechtigt, wenn die mit der Aktienveräußerung für die Gesellschaft verbundenen Vorteile die Risiken der Informationsweitergabe überwiegen. Von wesentlicher Bedeutung für die Abwägung ist die informierte Einschätzung des Vorstands über die Ernsthaftigkeit der Erwerbsabsicht des Interessenten sowie seine Planungen hinsichtlich der Zielgesellschaft. Der Vorstand ist dabei aber zur größtmöglichen Vorsicht verpflichtet. Der Bieter sollte eine Vertraulichkeitsvereinbarung abgeschlossen haben und der Informationsfluss sollte streng kontrolliert werden. Zu diesem Zweck wird üblicherweise extern ein Datenraum errichtet. Darüber hinaus bietet sich auch ein mehrstufiges Vorgehen an, bei dem vertrauliche Informationen erst zu einem späteren Zeitpunkt, in dem die Abgabe eines Angebots sehr konkret geworden ist, offen gelegt werden.

3. Eckpunkte des Übernahmeangebots

41 Bereits in der Vorbereitungsphase des Übernahmeangebots wird der Bieter gemeinsam mit den Beratern verschiedene zentrale Eckpunkte des Übernahmeangebots festlegen.

a) Art der Gegenleistung

42 Von zentraler Bedeutung für den Bieter ist die Frage, welche Regelungen zu Art und Höhe der Gegenleistung zu beachten sind. Das WpÜG bestimmt zur Art, dass die Gegenleistung bei einem Übernahmeangebot entweder in einer **Geldleistung in Euro** oder in **liquiden Aktien** bestehen muss, die **zum Handel an einem organisierten Markt zugelassen** sind, § 31 Abs. 2 WpÜG. Der Bieter wird in letzterem Fall in der Regel seine eigenen Aktien als Gegenleistung anbieten. Zwingend ist dies jedoch nicht. Theoretisch kann der Bieter auch Aktien anderer Gesellschaften als Gegenleistung anbieten.[1] Auch eine Mischung aus Geldleistung in Euro und Aktien ist zulässig.[2] Eine Pflicht zur Geldleistung besteht neben dem bereits erwähnten Fall des Vorerwerbs von mindestens 5 % der Aktien gegen Geldzahlung innerhalb der letzten drei Monate vor Veröffentlichung der Angebotsunterlage auch dann, wenn der Bieter, mit ihm gemeinsam handelnde Personen oder deren Tochtergesellschaften in dem Zeitraum nach der Veröffentlichung der Entscheidung zur Abgabe eines Angebots bis zum Ablauf der Annahmefrist insgesamt mindestens 1 % der Aktien oder Stimmrechte an der Zielgesellschaft gegen Zahlung einer Geldleistung erworben haben, § 31 Abs. 3 WpÜG.

---

1 *Marsch-Barner* in Baums/Thoma, § 31 WpÜG Rz. 61; *Kremer/Oesterhaus* in KölnKomm. WpÜG, § 31 WpÜG Rz. 23 ff.; *Technau*, AG 2002, 260 (265).
2 *Kremer/Oesterhaus* in KölnKomm. WpÜG, § 31 WpÜG Rz. 34; *Thun* in Geibel/Süßmann, § 31 WpÜG Rz. 34.

aa) Geldleistung in Euro

In der Regel wird den Aktionären der Zielgesellschaft eine **feste Gegenleistung** 43
in Euro angeboten. Sie ist für die Aktionäre der Zielgesellschaft besonders attraktiv und macht das Angebot leicht verständlich.[1] Auch die Erstellung der Angebotsunterlage ist bei einer Gegenleistung in Euro weitaus weniger aufwendig als bei einer Gegenleistung in Aktien. Für den Bieter hat diese Gegenleistung jedoch den Nachteil, dass er die für die Übernahme erforderlichen Barmittel zur Verfügung stellen muss. Ein vom Bieter unabhängiges Wertpapierdienstleistungsunternehmen muss ferner schriftlich bestätigen, dass der Bieter die notwendigen Maßnahmen getroffen hat, um sicherzustellen, dass die zur vollständigen Erfüllung des Angebots erforderlichen Mittel zum Zeitpunkt der Fälligkeit des Anspruchs auf die Geldleistung zur Verfügung stehen (sog. **Finanzierungsbestätigung**[2]), § 13 Abs. 1 Satz 2 WpÜG. Bei Angeboten in Mischform ist eine Finanzierungsbestätigung zum Volumen des Barangebots zu erbringen.[3] „Unabhängig" im Sinne der Vorschrift ist der Wertpapierdienstleister, wenn er keiner gesellschaftsrechtlichen Bindung unterliegt, aufgrund deren der Bieter auf ihn Einfluss nehmen könnte.[4] Entscheidend ist insoweit die rechtliche Abhängigkeit, nicht aber die wirtschaftliche oder sonstige. Die Unabhängigkeit kann auch bei persönlichen Verknüpfungen entfallen, etwa dann, wenn ein Mitglied der Geschäftsleitung des Wertpapierdienstleisters am Bieter wesentlich beteiligt ist.[5] Die Zugehörigkeit zum Aufsichtsrat des Bieters oder der Zielgesellschaft von einem Vertreter des Wertpapierdienstleistungsunternehmens soll die Unabhängigkeit hingegen nicht entfallen lassen.[6] So kann auch der den Bieter im Übernahmeverfahren beratende Wertpapierdienstleister die Finanzierungsbestätigung erstellen, obwohl er regelmäßig ein wirtschaftliches Interesse am Erfolg des Übernahmeangebots haben dürfte (Erfolgshonorare).[7]

Stehen dem Bieter die Mittel entgegen der Finanzierungsbestätigung nicht zur 44
Verfügung, trifft den Wertpapierdienstleister eine **Schadensersatzpflicht**, § 13 Abs. 2 WpÜG. Die Haftung ist ausgeschlossen, wenn ihm der Nachweis gelingt, dass ihn kein Verschulden an der Unrichtigkeit der Bestätigung trifft.

Sofern der Bieter nicht selbst über die erforderlichen Barmittel verfügt, sollte 45
vor der verbindlichen Entscheidung über die Abgabe eines Angebots eine Finanzierungszusage durch ein Kreditinstitut vorliegen.

---

1 Denkbar ist auch eine variable Gegenleistung, wenn die Preisformel hinreichend verständlich ist (§ 11 Abs. 1 Satz 3 WpÜG); vgl. *Marsch-Barner* in Baums/Thoma, § 31 WpÜG Rz. 59.
2 Ein Muster findet sich bei *Bröcker/Weisner*, S. 130.
3 *Oechsler* in Ehricke/Ekkenga/Oechsler, § 13 WpÜG Rz. 5.
4 Vgl. *Vogel*, ZIP 2002, 1421 (1425); *Singhof/Weber*, WM 2002, 1158 (1160); *Berrar*, ZBB 2002, 174 (176).
5 *Marsch-Barner* in Baums/Thoma, § 13 WpÜG Rz. 48.
6 *Marsch-Barner* in Baums/Thoma, § 13 WpÜG Rz. 48; *Süßmann* in Geibel/Süßmann, § 13 WpÜG Rz. 30; a.A. *Möllers* in KölnKomm. WpÜG, § 13 WpÜG Rz. 64.
7 *Marsch-Barner* in Baums/Thoma, § 13 WpÜG Rz. 47; *Berrar*, ZBB 2002, 174 (176).

bb) Aktien als Gegenleistung

46 Seit In-Kraft-Treten des WpÜG wurde den Aktionären der Zielgesellschaft nur in wenigen Fällen eine Gegenleistung in Form von Aktien angeboten.[1] Einerseits erstaunt dies, weil das Angebot von Aktien oder eine Mischung aus Geldleistung und Aktien für den Bieter insofern interessant ist, als er die für das Angebot erforderlichen eigenen Aktien selber schaffen kann. Andererseits sind Tauschangebote aufgrund der Aktienkursbewegungen beider Gesellschaften mit **Unwägbarkeiten** verbunden. Sinkt der Kurs des Bieters nach Veröffentlichung des Angebots, kann dies das Angebot unattraktiv machen. Es können auch **Schwierigkeiten bei der Schaffung der anzubietenden Aktien** auftreten: Ist der Bieter eine deutsche Aktiengesellschaft und verfügt er nicht in dem für das Tauschangebot erforderlichen Umfang über genehmigtes Kapital oder zurückgekaufte Aktien, so müsste eine Hauptversammlung des Bieters eine Sachkapitalerhöhung beschließen. Die Aktionäre der Zielgesellschaft würden ihre Aktien als Sacheinlage einbringen und dafür Aktien des Bieters erhalten. Da jeder Aktionär der Zielgesellschaft diesen Hauptversammlungsbeschluss anfechten und damit das Übernahmeangebot aufhalten könnte, ist dieser Weg derzeit aber praktisch nicht gangbar. Stattdessen müsste vom Bieter eine neue Aktiengesellschaft gegründet werden, die den Aktionären beider Gesellschaften ein Tauschangebot unterbreitet.[2] Hinzu kommt, dass die Dokumentation bei einem Tauschangebot erheblich aufwendiger ist als bei einem Barangebot. Die Angebotsunterlage muss nämlich auch Angaben nach § 7 VerkaufsprospektG in Verbindung mit der Verkaufsprospekt-Verordnung enthalten, es sei denn, es wurde für diese Wertpapiere innerhalb der letzten zwölf Monate ein Verkaufsprospekt, Börsenzulassungsprospekt oder Unternehmensbericht veröffentlicht (§ 2 Nr. 2 WpÜG-AngebotsVO). Sollen die Aktien, die als Gegenleistung angeboten werden, zum amtlichen oder geregelten Markt in Deutschland zugelassen werden, muss der Bieter im Rahmen der Zulassung der als Gegenleistung anzubietenden Aktien in der Regel einen **Verkaufsprospekt, Börsenzulassungsprospekt** oder einen **Unternehmensbericht** veröffentlichen.[3] In diesem Fall genügt es, in die Angebotsunterlage einen Hinweis über die Erhältlichkeit des Börsenzulassungsprospekts bzw. Unternehmensberichts aufzunehmen. Wurde kein Verkaufsprospekt, Börsenzulassungsprospekt oder Unternehmensbericht veröffentlicht, muss die Angebotsunterlage die Prospektangaben enthalten. Sollen die Aktien, die als Gegenleistung angeboten

---

1 Beispiele sind DePfa Deutsche Pfandbriefbank AG, Camelot tele.communication.online AG, Internolix AG, E.ON Bayern AG, NSE Software AG sowie Dyckerhoff AG; das bekannteste Übernahmeangebot mit Aktien als Gegenleistung, die Übernahme von Mannesmann durch Vodafone, wurde noch unter dem Übernahmekodex abgewickelt, s. dazu *Riehmer/Schröder*, NZG 2000, 820 (820 f.).
2 Auf diese Weise wurde der Zusammenschluss der Daimler Benz AG und der Chrysler Corp. zur DaimlerChrysler AG durchgeführt.
3 Die Befreiung von der Pflicht, einen Verkaufs- bzw. Börsenzulassungsprospekt oder Unternehmensbericht zu veröffentlichen, kommt für Bieter, deren Aktien im amtlichen oder geregelten Markt notiert sind, insbesondere dann in Betracht, wenn Zahl, geschätzter Kurswert oder Nennbetrag der zuzulassenden Aktien niedriger ist als 10 % des entsprechenden Wertes der bereits zugelassenen Aktien derselben Gattung, § 32 Abs. 2 BörsG i.V.m. § 45 Nr. 3 b) Börsenzulassungs-VO; § 50 Abs. 1 BörsG i.V.m. § 69 Abs. 1 BörsenO FWB; § 4 Abs. 1 Nr. 2 VerkaufsprospektG.

werden, an einem geregelten Markt außerhalb Deutschlands zugelassen werden, muss der Bieter in jedem Fall eine Angebotsunterlage erstellen, die die Angaben eines Verkaufsprospektes enthält. Darüber hinaus sind die im jeweiligen ausländischen Markt der Zulassung zu erfüllenden Pflichten einzuhalten.

(1) Börsenzulassung innerhalb des EWR

Ein Bieter kann ferner Aktien nur dann als einzige Gegenleistung anbieten, wenn diese an einem organisierten Markt innerhalb des Europäischen Wirtschaftsraums (EWR) zum Handel zugelassen sind. Das Erfordernis der Zulassung an einem organisierten Markt des EWR soll nach dem Willen des Gesetzgebers verhindern, dass die Adressaten eines Angebots auf außereuropäische Vorschriften verwiesen werden, deren Anforderungen unter Umständen deutlich geringer seien als die europäischen Standards. Ein Bieter, dessen Aktien bislang nicht an einem organisierten Markt in der EWR zugelassen sind, könne ohne Probleme das Listing dieser Aktien herbeiführen.[1] Abgesehen davon, dass es auch außerhalb des EWR sehr viele hoch entwickelte Aktienmärkte gibt, die einen ausreichenden Schutz der Aktionäre gewährleisten,[2] erweist sich die Annahme, dass ein Listing innerhalb des EWR unproblematisch möglich sei für Bieter aus Übersee, deren Aktien bislang nicht innerhalb des EWR zugelassen sind, indessen vielfach als unrichtig.[3] Insbesondere die Übereignung der Wertpapiere, das so genannte **Settlement** oder **Clearing**, ist mit vielen Hürden verbunden. Der Bieter wird in der Regel ein so genanntes Double Listing anstreben, also eine Zulassung der Aktien zum Handel sowohl an der Heimatbörse des Bieters wie auch innerhalb des EWR. Da die Aktien heutzutage in der Regel girosammelverwahrt[4] sind, die Urkunden also nur bei einer Zentralstelle hinterlegt sind, in Deutschland ist dies die Clearstream Banking AG, setzt ein Double Listing voraus, dass zwischen den Zentralstellen technisch eine Verbindung besteht, die es gestattet, die Bestände jeweils abzugleichen. Eine solche Verbindung unterhält die Clearstream Banking AG derzeit unter anderem mit europäischen Zentralverwahrern und mit der U.S. Depository Trust Company (DTC), der Clearingstelle in den U.S.A., nicht aber mit anderen Zentralverwahrern. Wegen dieser Schwierigkeiten beim Clearing bedienen sich viele Gesellschaften aus Übersee so genannter aktienvertretender Inhabersammelzertifikate. An der Frankfurter Wertpapierbörse werden in einem solchen Fall nicht die Aktien gehandelt, sondern aktienvertretende Inhabersammelzertifikate, die dieselben Rechte verbriefen wie die Aktien. Derartige Inhabersammelzertifikate darf ein Bieter allerdings nicht als einzige Gegenleistung anbieten, denn das WpÜG spricht eindeutig von Aktien als Gegenleistung.[5]

47

---

1 Begr. RegE BT-Drucks. 14/7034, 55.
2 Kritisch zu dieser Beschränkung auch *Kremer/Oesterhaus* in KölnKomm. WpÜG, § 31 WpÜG Rz. 28.
3 Ausführlich hierzu *Bouchon/von Breitenbuch*, ZIP 2004, 53 ff.
4 Zur Girosammelverwahrung ausführlich *Kümpel*, Rz. 11, 126.
5 *Bouchon/von Breitenbuch*, ZIP 2004, 53 ff.; a.A. *Kremer/Oesterhaus* in KölnKomm. WpÜG, § 31 WpÜG Rz. 29; *Thun* in Geibel/Süßmann, § 31 WpÜG Rz. 9; *Marsch-Barner* in Baums/Thoma, § 31 WpÜG Rz. 62.

48 In zeitlicher Hinsicht genügt es, wenn die Aktien zum Zeitpunkt der Übereignung an die Aktionäre der Zielgesellschaft an einem organisierten Markt zugelassen sind.

(2) Liquidität

49 Die Aktien müssen ferner „liquide" sein. Dieses Erfordernis ist weder im Gesetz noch in seiner Begründung näher ausgeführt.[1] Wichtig für einen Bieter ist insbesondere, zu welchem Zeitpunkt Liquidität vorhanden sein muss und wann sie in ausreichendem Maß erreicht ist. Für Bieter, deren Aktien noch nicht innerhalb des EWR zugelassen sind, ist zusätzlich von großem Interesse, ob das maßgebliche Handelsvolumen allein innerhalb des EWR getätigt werden muss. Zum Nachweis des liquiden Handels werden in der Literatur **verschiedene Kriterien** diskutiert. Als einzige normierte Orientierung kann § 5 Abs. 4 WpÜG-AngebotsVO dienen,[2] wonach für die Bestimmung des Mindestpreises der Börsenkurs der Vergangenheit dann nicht herangezogen werden kann, wenn nur an weniger als einem Drittel der Börsentage Börsenkurse festgestellt werden und mehrere nacheinander festgestellte Kurse um mehr als 5 % voneinander abweichen. Daraus kann gefolgert werden, dass Aktien, deren Börsenkurs nach der WpÜG-AngebotsVO noch nicht einmal zur Bestimmung der Höhe der Gegenleistung herangezogen werden dürfen, vom Aktionär auch nicht ohne weiteres veräußert werden könnten und daher als nicht liquide gelten müssen.[3] Mangels anderer sicherer Kriterien muss man im Umkehrschluss zu dem Ergebnis kommen, dass Aktien, bei denen der Börsenkurs zur Bestimmung der Höhe der Gegenleistung herangezogen werden kann, auch hinreichend liquide im Sinne von § 31 Abs. 2 WpÜG sind.[4] Eine darüber hinausgehende Einzelfallbetrachtung, wie sie zum Teil in der Literatur vorgeschlagen wird,[5] wäre mit ganz erheblichen Rechtsunsicherheiten verbunden und ist daher abzulehnen.

50 Das Gesetz definiert auch nicht, zu welchem **Zeitpunkt** die Liquidität beurteilt wird. Sinn und Zweck der Vorschrift des § 31 WpÜG ist es, sicherzustellen, dass die Aktionäre der Zielgesellschaft im Fall eines Angebots zum Aktientausch eine Gegenleistung erhalten, die einer Barabfindung durch die Möglichkeit der umgehenden Veräußerung dieser Wertpapiere vergleichbar ist.[6] Dem damit intendierten Anlegerschutz wäre ausreichende Geltung verschafft, wenn die Aktien erst zum Zeitpunkt der Übereignung an die Adressaten des Angebots liquide sind. Nach der Gesetzesbegründung zur Art der Ge-

---

1 Dies ist im Gesetzgebungsverfahren zu Recht kritisiert worden; vgl. Nachweise bei *Kremer/Oesterhaus* in KölnKomm. WpÜG, § 31 WpÜG Rz. 26.
2 Stellungnahme des Handelsrechtsausschusses des DAV, NZG 2001, 420 (428).
3 *Thun* in Geibel/Süßmann, § 31 WpÜG Rz. 11; *Kremer/Oesterhaus* in KölnKomm. WpÜG, § 31 WpÜG Rz. 26; *Marsch-Barner* in Baums/Thoma, § 31 WpÜG Rz. 67.
4 *Thoma*, NZG 2002, 105 (108); a.A. *Steinmeyer/Häger*, § 31 WpÜG Rz. 50, die zusätzlich fordern, dass die Aktien in ihrem Handel nicht beschränkt sind und ein Handel aufgrund ausreichenden Angebots und Nachfrage auch tatsächlich stattfindet.
5 In diese Richtung: *DAV*, NZG 2001, 420 (428); *Haarmann* in Haarmann/Riehmer/Schüppen, § 31 WpÜG Rz. 87.
6 *Steinmeyer/Häger*, § 31 WpÜG Rz. 50; *Thun* in Geibel/Süßmann, § 31 WpÜG Rz. 10; *Kremer/Oesterhaus* in KölnKomm. WpÜG, § 31 WpÜG Rz. 26.

genleistung reicht es aus, wenn die neuen Aktien zum Zeitpunkt der Übereignung zum Handel an einem organisierten Markt innerhalb des EWR zugelassen sind.[1] Dies muss auch der für die Beurteilung der Liquidität maßgebliche Zeitpunkt sein.[2] Die BaFin verlangt jedoch grundsätzlich, dass Aktien des Bieters schon vor der Angebotsveröffentlichung an einem organisierten Markt innerhalb des EWR gehandelt werden, lässt aber in begründeten Fällen Ausnahmen zu.[3]

cc) Alternative Gegenleistung

Dem Bieter steht es frei, neben einer Gegenleistung in Euro oder liquiden Aktien, die an einem organisierten Markt der EWR zugelassen sind, weitere alternative Gegenleistungen anzubieten, die diesen Anforderungen nicht genügen. Auf diese Weise können zum Beispiel auch Aktien angeboten werden, die nicht an einem organisierten Markt zugelassen sind. Man könnte auch erwägen, **Optionen** oder **Derivate** auf Aktien als Gegenleistung anzubieten.[4] Optionen oder Derivate sind allerdings Finanztermingeschäfte, § 2 Abs. 2a WpHG. Sofern der Bieter gewerbsmäßig oder in einem Umfang handelt, der einen in kaufmännischer Weise eingerichteten Geschäftsbetrieb erfordert, ist er daher verpflichtet, Verbraucher, die das Angebot annehmen wollen, über die mit den Optionen verbundenen Risiken schriftlich zu informieren und eine Unterschrift des Verbrauchers über die Unterrichtung einzuholen, § 37d Abs. 1 WpHG. Im Falle der Verletzung dieser Unterrichtungspflicht stehen den Aktionären der Zielgesellschaft Schadensersatzansprüche gegen den Bieter zu, § 37d Abs. 4 WpHG. Wegen des mit der Aufklärung verbundenen Kostenaufwandes einerseits und des Haftungsrisikos andererseits sollte der Bieter rechtzeitig mit der BaFin klären, ob die vorgenannten Kriterien erfüllt sind. 51

b) Höhe der Gegenleistung

Neben der Art der Gegenleistung ist die Frage ihrer Höhe für den Bieter von besonderer Bedeutung. Das WpÜG schreibt insofern vor, dass die Gegenleistung „angemessen" sein muss und grundsätzlich der durchschnittliche Börsenkurs der Aktien der Zielgesellschaft und Vorerwerbe durch den Bieter, durch mit ihm gemeinsam handelnde Personen oder deren Tochterunterneh- 52

---

1 Begründung des Gesetzentwurfs der Bundesregierung zum WpÜG, BT-Drucks. 14/7034, 55.
2 *Bouchon/von Breitenbuch*, ZIP 2004, 58 (61); *Kremer/Oesterhaus* in KölnKomm. WpÜG, § 31 WpÜG Rz. 27.
3 So hat die BaFin im Fall des Übernahmeangebots der DePfa Holding plc. ein öffentliches Tauschangebot nach dem gerade in Kraft getretenen WpÜG für alle Aktien der DePfa Deutsche Pfandbriefbank AG zugelassen, obwohl die Aktien des Bieters erst nach dem Übernahmeangebot zum ersten Mal an einem organisierten Markt gehandelt wurden.
4 Das erste Angebot dieser Art wurde den Aktionären der Ixos Software AG durch die kanadische Open Text Corp. unterbreitet. Den Aktionären der Ixos Software AG wurde dabei alternativ zu einer Barzahlung von 9,00 Euro eine Mischung aus Aktien und Optionsscheinen auf Aktien der Open Text Corp. angeboten, die zum Zeitpunkt der Veröffentlichung der Entscheidung zur Abgabe eines Angebots nach § 10 Abs. 1 WpÜG einen Wert von 10,09 Euro hatten.

men zu berücksichtigen sind, § 31 Abs. 1 WpÜG. Diese Grundsätze werden in §§ 3–7 WpÜG-AngebotsVO für Übernahme- und Pflichtangebote durch Festlegung von **Mindestpreisen** näher konkretisiert.

aa) Berücksichtigung von Vorerwerben

53 Die Gegenleistung muss mindestens dem Wert der **höchsten** vom Bieter, einer mit ihm gemeinsam handelnden Person oder deren Tochterunternehmen **gewährten oder vereinbarten Gegenleistung** für den Erwerb von Aktien der Zielgesellschaft **innerhalb der letzten drei Monate vor Veröffentlichung der Angebotsunterlage** für ein Übernahmeangebot oder Pflichtangebot entsprechen, § 4 WpÜG-AngebotsVO. Bei Erwerb gegen Sachleistung kommt es auf den Wert der Sachleistung im Augenblick der Vereinbarung an.[1] Vorerwerbe gegen Barzahlung weisen hingegen keine grundsätzlichen Probleme auf. Schwierigkeiten können dann auftreten, wenn variable Kaufpreiselemente vereinbart wurden, z.B. ein sog. Earn-Out. Eine derartige zusätzliche Gegenleistung muss werterhöhend berücksichtigt werden. Der Bieter kann mit einzelnen Aktionären der Zielgesellschaft auch außerhalb des Aktienerwerbs Austauschverträge schließen. Dies ist aus Sicht der Minderheitsgesellschafter der Zielgesellschaft dann problematisch, wenn die Verträge in der Weise miteinander verkoppelt werden, dass die Gegenleistung des Bieters in dem anderen Vertrag besonders hoch ist, damit die Gegenleistung in dem Aktienkaufvertrag niedriger ausfallen kann. Zu Gunsten der Minderheitsaktionäre sollte im Falle eines engen zeitlichen Zusammenhangs beider Verträge eine Vermutung für eine Koppelungsabrede bestehen mit der Folge, dass eine besonders hohe Gegenleistung in dem anderen Vertrag sich werterhöhend auf den Aktienkaufvertrag auswirkt.[2]

bb) Berücksichtigung von Börsenkursen

54 Sind die Aktien der Zielgesellschaft zum Handel an einer inländischen Börse zugelassen, muss die Gegenleistung **mindestens** dem **gewichteten durchschnittlichen inländischen Börsenkurs** dieser Aktien während der letzten drei Monate vor der Veröffentlichung der Entscheidung zur Abgabe eines Übernahmeangebots bzw. der Veröffentlichung der Kontrollerlangung entsprechen, § 5 Abs. 1 WpÜG-AngebotsVO. Sind die Aktien noch nicht drei Monate zum Handel zugelassen beginnt die entsprechend kürzere Referenzperiode mit der Einführung der Aktien in den Handel, § 5 Abs. 2 WpÜG-AngebotsVO. Der gewichtete durchschnittliche inländische Börsenkurs ist der nach Umsätzen gewichtete Durchschnittskurs der der BaFin nach § 9 WpHG als börslich gemeldeten Geschäfte, § 5 Abs. 3 WpÜG-AngebotsVO. Der auf dieser Grundlage berechnete Mindestpreis für inländische Aktien kann auf der Homepage der BaFin abgerufen werden.[3]

---

1 *Marsch-Barner* in Baums/Thoma, § 31 WpÜG Rz. 29.
2 *Kremer/Oesterhaus* in KölnKomm. WpÜG, Anh. § 31 WpÜG Rz. 14.
3 www.BaFin.de/datenbanken/Mindestpreise.html.

cc) Aufschlag auf Börsenkurs

Die Mindestpreisregelungen müssen vom Bieter beachtet werden. In der Praxis spielt aber eher eine Rolle, welchen Aufschlag der Bieter im Vergleich zum Börsenkurs zu leisten bereit ist, um eine entsprechend große Zahl von Aktionären der Zielgesellschaft zu einer Annahme des Angebots zu bewegen. Bei der Ermittlung des Preises haben die Organvertreter der Bietergesellschaft zu beachten, dass sie gegenüber ihrer eigenen Gesellschaft zur Sorgfalt verpflichtet sind und sie die Zahlung eines Aufschlags zum Börsenkurs entsprechend begründen müssen.

55

c) Bedingungen

Das WpÜG untersagt es einem Bieter, das Angebot von Bedingungen abhängig zu machen, deren Eintritt der Bieter, mit ihm gemeinsam handelnde Personen oder deren Tochtergesellschaften oder im Zusammenhang mit dem Angebot für diese Personen oder Unternehmen tätige Berater ausschließlich selbst herbeiführen können, § 18 Abs. 1 WpÜG. Das Angebot darf ferner nicht unter dem Vorbehalt des Widerrufs oder des Rücktritts abgegeben werden, § 18 Abs. 2 WpÜG. Im Hinblick auf Bedingungen, deren Eintritt von der Mitwirkung des Bieters abhängen, ist § 162 BGB zu beachten.[1] Verhindert der Bieter treuwidrig den Eintritt einer Bedingung, dann gilt diese als eingetreten.

56

aa) Zulässige Bedingungen

Zulässig sind unter anderem folgende Bedingungen:

– Mindestannahmeschwelle

57

Das Angebot darf stets von der Erreichung einer bestimmten Mindestannahmeschwelle abhängig gemacht werden.[2] Häufig ist dabei insbesondere das Erreichen der für einen Squeeze-Out erforderlichen 95 % des Grundkapitals. Die Festlegung einer noch höheren Annahmeschwelle dürfte im Regelfall nicht zulässig sein, weil es sich um einen unzulässigen Rücktrittsvorbehalt handeln würde.[3]

– Behördliche Genehmigungen

58

Das Angebot kann von behördlichen Genehmigungen abhängig gemacht werden. Relevant ist dabei insbesondere die Zustimmung der zuständigen Kartellbehörden. Im Einzelfall können darüber hinaus weitere behördliche Genehmigungen erforderlich sein, etwa im Bereich des Bank- oder Versicherungsaufsichtsrechts oder des Medienrechts.

---

1 *Hasselbach* in KölnKomm. WpÜG, § 18 WpÜG Rz. 18.
2 *Oechsler* in Ehricke/Ekkenga/Oechsler, § 18 WpÜG Rz. 5.
3 *Hasselbach* in KölnKomm. WpÜG, § 18 WpÜG Rz. 23; *Busch*, AG 2002, 145 (147).

59 **– Material-Adverse-Change oder Force-Majeure-Klausel**

Zulässig, aber in Deutschland anders als im anglo-amerikanischen Raum bislang ungewöhnlich ist auch die Aufnahme einer Bedingung, dass sich in der Finanz- oder Vermögenslage oder der Geschäftstätigkeit der Zielgesellschaft keine wesentlichen nachteiligen Änderungen ergeben haben, eine so genannte Material-Adverse-Change oder Force-Majeure-Klausel.[1] Die Kriterien für den Eintritt der Bedingung müssen jedoch im Einzelnen beschrieben werden, damit objektiv nachvollziehbar ist, ob die Bedingung eingetreten ist oder nicht. Die BaFin verlangt hier, dass die auslösenden Ergebnisse an das Vorliegen einer Ad-hoc-Veröffentlichung nach § 15 WpHG oder an das Gutachten eines neutralen Dritten gekopelt werden.[2] Sonst liegt ein unzulässiger Rücktrittsvorbehalt vor.[3]

60 **– Keine Verteidigungsmaßnahmen**

Der Bieter kann das Angebot auch davon abhängig machen, dass die Zielgesellschaft bestimmte im Einzelnen genau beschriebene Verteidigungsmaßnahmen nicht vornimmt, zum Beispiel keine Kapitalerhöhungen durchführt.[4] Zulässig ist es auch, das Angebot von der Bedingung abhängig zu machen, dass Vorstand und Aufsichtsrat der Zielgesellschaft eine unterstützende Stellungnahme nach § 27 Abs. 1 WpÜG abgeben (s. dazu Teil X Rz. 143 ff.).

61 **– Zustimmende Gesellschafterversammlung des Bieters**

In Abweichung von dem allgemeinen Grundsatz, dass Bedingungen nicht zulässig sind, die der Bieter selbst herbeiführen kann, ist es zulässig, das Angebot unter den Vorbehalt der Zustimmung der Haupt- oder Gesellschafterversammlung des Bieters zu stellen. Die Aktionäre der Zielgesellschaft sind insofern geschützt, als der Bieter verpflichtet ist, den entsprechenden Gesellschafterbeschluss **unverzüglich**, jedenfalls **bis zum fünften Werktag vor Ablauf der Annahmefrist** herbeizuführen, § 25 WpÜG. Die Aufnahme einer solchen Bedingung ist trotz des uneingeschränkten Wortlauts von § 18 Abs. 1 WpÜG nur dann zulässig, wenn die Zustimmung der Gesellschafterversammlung zweifellos oder zumindest möglicherweise rechtlich erforderlich ist.[5] Im Fall von Tauschangeboten kann der Bieter das Angebot auch unter den Vorbehalt stellen, dass die Gesellschafterversammlung die notwendigen Kapitalmaßnahmen beschließt und die damit zusammenhängenden Registereintragungen erfolgen.[6]

---

1 So die überwiegende Meinung im Schrifttum: *Noack* in Schwark, KMRK, § 18 WpÜG Rz. 18; *Thoma/Stöcker* in Baums/Thoma, § 18 WpÜG Rz. 113 ff.; *Hasselbach* in KölnKomm. WpÜG, § 18 WpÜG Rz. 42 ff.; *Oechsler* in Ehricke/Ekkenga/Oechsler, § 18 WpÜG Rz. 6; a.A.: *Steinmeyer/Häger*, § 18 WpÜG Rz. 9.
2 BaFin Jahresbericht 2003, S. 209.
3 *Hasselbach* in KölnKomm. WpÜG, § 18 WpÜG Rz. 42 ff.
4 Vgl. *Hasselbach* in KölnKomm. WpÜG, § 18 WpÜG Rz. 48 ff.; *Bröcker/Weisner*, Rz. 90.
5 *Thoma/Stöcker* in Baums/Thoma, § 18 WpÜG Rz. 52; *Geibel* in Geibel/Süssmann, § 18 WpÜG Rz. 19; a.A. *Hasselbach* in KölnKomm. WpÜG, § 18 WpÜG Rz. 55.
6 *Busch*, AG 2002, 145 (147); *Hasselbach* in KölnKomm. WpÜG, § 18 WpÜG Rz. 65.

bb) Unzulässige Bedingungen

Unzulässig sind hingegen beispielsweise folgende Bedingungen:

– Finanzierungsvorbehalt 62

Der Bieter kann das Angebot nicht unter der Bedingung abgeben, dass ihm die für die Durchführung des Angebots erforderlichen finanziellen Mittel bei Ablauf der Annahmefrist zur Verfügung stehen.[1] Dasselbe gilt für ähnliche Gestaltungen, etwa eine auflösende Bedingung, für den Fall, dass eine finanzierende Bank die Finanzierungszusage aufgrund einer wesentlichen Verschlechterung der wirtschaftlichen Lage des Bieters kündigt.[2]

– Gremienvorbehalte 63

Das Angebot darf nicht unter dem Vorbehalt der Zustimmung anderer Gremien des Bieters als seiner Gesellschafterversammlung gemacht werden.

– Unerfüllbare Bedingungen 64

Praktisch unerfüllbare Bedingungen, wie z.B. eine Beteiligungsschwelle von 100 %, sind ebenfalls nicht zulässig. Da das Angebot nur im Falle eines Verzichts des Bieters durchgeführt werden kann, liegt darin eine Bedingung, deren Eintritt der Bieter ausschließlich selbst herbeiführen kann.

Folge einer unzulässigen Bedingung ist, dass die BaFin das Angebot wegen offensichtlichen Gesetzesverstoßes ganz untersagen (§ 15 Abs. 1 Nr. 2 WpÜG), oder aber im Rahmen der Missbrauchsaufsicht nach § 4 Abs. 1 WpÜG die Berufung auf die unzulässige Bedingung verbieten kann.[3] Schreitet die BaFin nicht ein, so ist eine unzulässige Bedingung gleichwohl unwirksam, da § 18 Abs. 1 WpÜG ein Verbotsgesetz im Sinne von § 134 BGB ist. Der Bieter sollte also die Aufnahme ungewöhnlicher Bedingungen vor Einreichung der Angebotsunterlage mit der BaFin abstimmen. 65

cc) Nachträgliche Änderungen oder Verzicht auf Bedingungen

Der Bieter kann bis zum letzten Werktag vor Ablauf der Annahmefrist auf einzelne oder alle Bedingungen verzichten, § 21 Abs. 1 Nr. 4 WpÜG. Eine Änderung kommt nur im Hinblick auf die **Mindestannahmeschwelle** in Betracht. Der Bieter kann diese nachträglich verringern, § 21 Abs. 1 Satz 1 Nr. 3 WpÜG.[4] 66

---

1 Vgl. *Busch*, AG 2002, 145 (147); *Land/Hasselbach*, DB 2000, 1747 (1750); *Oechsler* in Ehricke/Ekkenga/Oechsler, § 18 WpÜG Rz. 3; *Noack* in Schwark, KMRK, § 18 WpÜG Rz. 22.
2 Dazu *Thaeter* in Thaeter/Brandi, Teil 2 Rz. 205; *Busch*, AG 2002, 145 (147).
3 *Hasselbach* in KölnKomm. WpÜG, § 18 WpÜG Rz. 71.
4 Zu den Folgen einer Änderung oder eines Verzichts s. Teil X Rz. 101 ff.

d) Annahmefrist

67 Die Annahmefrist muss **mindestens vier und darf höchstens zehn Wochen** betragen, § 16 Abs. 1 Satz 1 WpÜG. Zu einer Verlängerung der Annahmefrist, bei der auch die Höchstfrist von zehn Wochen überschritten werden kann, kann es in drei gesetzlich geregelten Fällen kommen. Erstens verlängert sich im Falle einer Änderung des Angebots die Annahmefrist um zwei Wochen, wenn die Veröffentlichung der Änderung innerhalb der letzten zwei Wochen vor Ablauf der Angebotsfrist erfolgt. Wird zweitens während der Annahmefrist von einem Dritten ein konkurrierendes Angebot abgegeben und läuft die Annahmefrist des zuerst abgegebenen Angebots vor Ablauf der Annahmefrist des konkurrierenden Angebotes ab, so richtet sich die Annahmefrist automatisch nach dem konkurrierenden Angebot, § 22 Abs. 2 WpÜG. Es kommt somit zu einem Gleichlauf der Annahmefristen beider Angebote. Wird drittens von der Zielgesellschaft im Zusammenhang mit dem Angebot nach der Veröffentlichung der Angebotsunterlage eine Hauptversammlung einberufen, dann beträgt die Annahmefrist automatisch zehn Wochen, § 16 Abs. 3 Satz 1 WpÜG. Dagegen kann der Bieter, wenn er die zehnwöchige Höchstfrist nicht ausgeschöpft hat, die Annahmefrist später nicht mehr einseitig verlängern, da dies eine von § 21 Abs.1 WpÜG nicht gestattete Änderung des Angebots wäre.[1]

68 Bei einem Übernahmeangebot können die Aktionäre, die das Angebot nicht angenommen haben, darüber hinaus das Angebot innerhalb einer weiteren Annahmefrist von zwei Wochen nach Veröffentlichung der vom Bieter nach Ablauf der Annahmefrist gehaltenen Wertpapier- und Stimmrechtsanteile annehmen, es sei denn, das Angebot enthielt eine Mindestannahmeschwelle, die nicht erreicht wurde (so genannte **"Zaunkönigregelung"**, § 16 Abs. 2 WpÜG).

4. Haupt- bzw. Gesellschafterversammlung beim Bieter erforderlich?

69 Der Erwerb von Beteiligungen bedarf bei einer Personengesellschaft oder einer GmbH häufig aufgrund statutarischer Regelungen im Gesellschaftsvertrag der Zustimmung der Gesellschafterversammlung. Bei einer Aktiengesellschaft bedarf der Erwerb eines anderen Unternehmens häufig der Zustimmung des Aufsichtsrats. Sollen Aktien als Gegenleistung angeboten werden, kann zur Schaffung der anzubietenden Aktien eine Hauptversammlung erforderlich sein, die über die entsprechende Kapitalerhöhung Beschluss fasst.[2] In bestimmten Fällen ist auch aufgrund der so genannten **Holzmüller-Rechtsprechung** des BGH die Zustimmung der Hauptversammlung erforderlich. Geschäftsführungsmaßnahmen wie der Erwerb eines anderen Unternehmens werden grundsätzlich nur dann der Hauptversammlung vorgelegt, wenn der Vorstand dies be-

---

[1] Diese Auffassung wird auch von der BaFin geteilt; a.A. *Thoma/Stöcker* in Baums/Thoma, § 16 WpÜG Rz. 11 ff.; *Hasselbach* in KölnKomm. WpÜG, § 16 WpÜG Rz. 16 ff.; *de lege ferenda* wäre es allerdings wünschenswert, wenn es dem Bieter gestattet würde, die Annahmefrist bis zur Ausschöpfung der Höchstfrist nachträglich zu ändern, da schützenswerte Interessen der Zielgesellschaft oder ihrer Aktionäre dem nicht entgegenstehen.

[2] Zu den damit verbundenen Schwierigkeiten s. Teil X Rz. 46 ff.

schließt, § 119 Abs. 2 AktG. Der BGH hat in der Holzmüller-Entscheidung[1] jedoch festgestellt, dass es Geschäftsführungsmaßnahmen gibt, die so bedeutend sind, dass der Vorstand nicht annehmen dürfe, dass er sie in ausschließlich eigener Verantwortung entscheiden dürfe. In der Holzmüller-Entscheidung ging es um die Auslagerung von ungefähr 80 % des Vermögens einer Aktiengesellschaft auf eine Tochtergesellschaft. In einem solchen Fall bejahte der BGH eine Vorlagepflicht an die Aktionäre. In der Folgezeit entstand aufgrund der unbestimmten Formulierung des BGH erhebliche Unsicherheit darüber, in welchen Fällen eine Vorlagepflicht gegenüber der Hauptversammlung besteht. Sowohl in der Literatur wie auch in der Rechtsprechung der Instanzgerichte wurde eine Vorlagepflicht vielfach auch bei Vorgängen bejaht, die weit unterhalb der Holzmüller-Entscheidung lagen. In der so genannten **Gelatine-Entscheidung**[2] hat der BGH zwar an der ungeschriebenen Hauptversammlungszuständigkeit festgehalten, zugleich aber betont, dass sie sich auf Ausnahmefälle beschränke. Der Vorstand der Aktiengesellschaft leitet diese in eigener Verantwortung, § 76 AktG. Die Aktionäre bestimmen dagegen über Inhalt und Änderung der Satzung und geben damit den Rahmen vor, innerhalb dessen sich der Vorstand bei seiner Leitungstätigkeit zu halten hat. Dieses ausgewogene Verhältnis dürfe nicht ohne zwingende Gründe durch im Gesetz nicht vorgesehene Mitwirkungsbefugnisse der Aktionäre gestört werden. Eine Mitwirkungsbefugnis der Hauptversammlung komme nur in Ausnahmefällen in Betracht, wenn eine vom Vorstand in Aussicht genommene Umstrukturierung der Gesellschaft an die Kernkompetenz der Hauptversammlung, über die Verfassung der Gesellschaft abzustimmen, rührt, weil sie Veränderungen nach sich zieht, die nahezu einer Satzungsänderung gleichkommen.

Für Übernahmeangebote bedeutet dies, dass bei einer deutschen Aktiengesellschaft als Bieter eine Vorlagepflicht nur in Ausnahmefällen besteht, namentlich wenn durch die Übernahme die Erfüllung des Satzungszwecks des Bieters berührt wird. Der Vorstand des Bieters kann aber auch von sich aus die Zustimmung der Hauptversammlung einholen. Dies hat für ihn den Vorteil, dass Haftungsansprüche von Aktionären aufgrund des Übernahmeangebots ausgeschlossen sind, § 93 Abs. 4 Satz 1 AktG. Ist ein Hauptversammlungs- oder Gesellschafterbeschluss beim Bieter einzuholen, so kann das Übernahmeangebot wie oben gesehen unter die Bedingung eines zustimmenden Beschlusses der Hauptversammlung bzw. Gesellschafterversammlung gestellt werden (§§ 18 Abs. 1, 25 WpÜG). Der Beschluss muss unverzüglich, spätestens bis zum fünften Werktag vor Ablauf der Annahmefrist herbeigeführt werden, § 25 WpÜG. 70

5. Weitere vorbereitende Maßnahmen

a) Selbstständige Bietergesellschaft

Zulässig, aber nicht zwingend erforderlich ist die Einschaltung einer **selbstständigen Bietergesellschaft**, wobei in der Regel eine GmbH gewählt wird. Diese NewCo muss durch den Bieter oder durch ein Finanzinstitut mit den 71

---

[1] BGH v. 25.2.1982 – II ZR 174/80, BGHZ 83, 122.
[2] BGH v. 26.4.2004 – II ZR 155/02 und II ZR 154/02, NJW 2004, 1860.

für die Übernahme erforderlichen finanziellen Mitteln ausgestattet werden. Dies hat zum einen den Vorteil, dass die Zielgesellschaft einschließlich der Finanzierung ihrer Übernahme innerhalb des Konzerns des Bieters klar abgegrenzt bleibt. Darüber hinaus eröffnen sich nach einer erfolgreichen Übernahme weitere Gestaltungsmöglichkeiten. Es kann beispielsweise eine Verschmelzung der Zielgesellschaft auf NewCo erfolgen. Auf diese Weise kann das Vermögen der Zielgesellschaft unmittelbar als Sicherheit für die Finanzierung der Übernahme genutzt werden.

b) Business Combination Agreement

72 Häufig wird bei freundlichen Übernahmen nach anglo-amerikanischem Vorbild zwischen dem Bieter und der Zielgesellschaft und unter Umständen ihren Großaktionären ein so genanntes Business Combination Agreement, Tender Offer Agreement oder Merger Agreement abgeschlossen. In diesem Vertrag, der nicht mit einem Verschmelzungsvertrag nach dem Umwandlungsgesetz zu verwechseln ist, werden die **Eckpunkte des Übernahmeangebots** geregelt, insbesondere Kaufpreis und Bedingungen, die Absichten des Bieters im Hinblick auf die Zielgesellschaft, etwaige Folgen der Übernahme für die Arbeitnehmer, die Vertretung des Bieters im Aufsichtsrat der Zielgesellschaft und die Verpflichtung der Gesellschaft, das Übernahmeangebot zu unterstützen und Maßnahmen zu unterlassen, die den Erfolg des Angebots gefährden könnten. Darüber hinaus verpflichtet sich die Zielgesellschaft häufig, während der Laufzeit des Übernahmeangebots bestimmte Maßnahmen, die die Struktur der Gesellschaft grundlegend ändern oder das Übernahmeangebot gefährden könnten, nicht zu ergreifen. Der Bieter hat häufig ein Interesse daran, für den Fall des Scheiterns der Transaktion – etwa wegen eines konkurrierenden Übernahmeangebots – von der Zielgesellschaft für seine Beratungs- und Due Diligence-Kosten Aufwendungsersatz durch Zahlung einer so genannten **Break Fee** oder auch **Break-up Fee** zu erhalten.[1] Die Vereinbarung einer derartigen Schadenspauschale oder Vertragsstrafe kommt auch bei Übernahmeangeboten in Deutschland vor und wird ganz überwiegend für zulässig erachtet, solange sich die Zahlung in Grenzen hält und der Bieter lediglich eine Art pauschalierten Kostenersatz erlangt.[2] Die Zahlung einer Break Fee an den Bieter für den Fall des Scheiterns seines Angebots aufgrund eines konkurrierenden Angebots dürfte jedoch nach deutschem Recht unzulässig sein. Es mag zwar sein, dass die Gesellschaft an dem Zusammenschluss mit dem Bieter ein Interesse gehabt hätte, etwa weil dadurch Synergien genutzt werden sollten. Davon zu trennen ist aber die Frage, ob die Gesellschaft auch an der Zahlung der Break Fee ein Interesse haben kann. Für den Fall des Scheiterns der Übernahme hat die Gesellschaft keinerlei Vorteile erhalten. Es widerspricht daher ihrem Interesse, Kosten des Bieters zu tragen. Das finanzielle Risiko beim Scheitern der Übernahme muss beim Bieter verbleiben. Auch mit dem Rechtsgedanken aus § 71a AktG erscheint die Vereinbarung einer Break Fee für den Fall eines besseren konkurrierenden Angebots nur schwerlich vereinbar: Da die Aktienge-

---

1 Ausführlich dazu *Sieger/Hasselbach*, BB 2000, 625 ff.
2 *Kort* in Großkomm. AktG, § 76 AktG Rz. 114; *Hopt*, ZGR 166 (2002), 333 (363); *Sieger/Hasselbach*, BB 2000, 625 (626).

sellschaft keinen Vorschuss, Darlehen oder eine Sicherheit für den Erwerb von Aktien der Gesellschaft leisten darf, müsste die Zahlung von Geldbeträgen für den Fall, dass der Aktienerwerb scheitert, weil ein Dritter ein besseres Angebot für die Aktien abgibt, erst recht untersagt sein. Break Fees sind weniger problematisch, wenn sie als Vertragsstrafe ausgestaltet sind, also ein bestimmtes Verhalten sanktionieren sollen. Eine Vertragsstrafe, die für den Fall fällig wird, dass der Vorstand der Zielgesellschaft, entgegen einer vorherigen Vereinbarung, den Aktionären der Zielgesellschaft die Annahme des Übernahmeangebots nicht empfiehlt, ist beispielsweise zulässig.

c) Verträge der Zielgesellschaft mit ihren Großaktionären

Es kann auch zu Verträgen der Zielgesellschaft mit bisherigen Großaktionären der Gesellschaft im Zusammenhang mit einem Übernahmeangebot kommen. Dies kann etwa dann der Fall sein, wenn der Bieter nur an einem Teil der Zielgesellschaft interessiert ist und daher mit den Großaktionären der Zielgesellschaft vereinbart, dass diese die Unternehmensteile, an denen der Bieter nicht interessiert ist, von der Zielgesellschaft erwerben. Aus Sicht von Minderheitsaktionären der Zielgesellschaft sind derartige Verträge problematisch, denn sie können es ermöglichen, dass der Bieter gemeinsam mit den Großaktionären die Minderheitsaktionäre der Zielgesellschaft benachteiligt. Vereinbart der Bieter etwa mit den Großaktionären, dass sie im Zuge des Übernahmeangebots bestimmte Unternehmensteile der Zielgesellschaft zu besonders günstigen Konditionen erhalten, kann der Kaufpreis für die Aktien entsprechend geringer ausfallen. Wegen der Mindestpreisregel wirkt sich das unter Umständen negativ auf die den Minderheitsaktionären anzubietende Gegenleistung aus. Derartige Verträge zwischen Zielgesellschaft und Großaktionären müssen den Aktionären der Zielgesellschaft nach Auffassung der BaFin im Zuge der Übernahme nicht offen gelegt werden.[1] Da die Aktionäre der Zielgesellschaft aber gemäß § 3 Abs. 2 WpÜG über ausreichende Informationen verfügen müssen, um in Kenntnis der Sachlage über das Angebot zu entscheiden, sollte eine Offenlegung sämtlicher Vereinbarungen zwischen Bieter bzw. Zielgesellschaft und Großaktionären der Zielgesellschaft erfolgen, die im zeitlichen Zusammenhang mit dem Übernahmeangebot stehen.[2]

73

Ist der Bieter daran interessiert, dass das Management der Zielgesellschaft nach der Übernahme bleibt, oder will er umgekehrt die Leitung der Zielgesellschaft mit eigenem Personal fortsetzen, ist denkbar, dass er auch mit den Vorstandsmitgliedern der Zielgesellschaft Vereinbarungen über die Fortsetzung ihres Dienstvertrages oder ihr Ausscheiden, etwa in Form von Abfindungszahlungen, trifft. Während derartige Vereinbarungen des Bieters mit den Organmitgliedern der Zielgesellschaft in der Angebotsunterlage offen gelegt werden müssen (§ 11 Abs. 2 Satz 3 Nr. 3 WpÜG), gilt dies mangels ausdrücklicher Re-

74

---

[1] Ein Zwang zur Offenlegung derartiger Verträge kommt allerdings nach den so genannten Holzmüller-Grundsätzen in Betracht; s. hierzu Teil X Rz. 69 ff.
[2] *Bouchon*, S. 235 ff.

gelung nicht für Vereinbarungen der Zielgesellschaft mit den Vorstandsmitgliedern.[1]

d) Kartellrecht

75 In der Vorbereitungsphase sind darüber hinaus die kartellrechtlichen Vorgaben zu berücksichtigen. Diese richten sich nach dem jeweils anwendbaren Kartellrecht (dazu ausführlich Teil VII). Unterliegt die geplante Übernahme dem deutschen, europäischen oder anderen Kartellrecht, kann eine Bedingung in das Angebot aufgenommen werden, wonach das Übernahmeangebot unter der Bedingung unterbreitet wird, dass die kartellrechtliche Freigabe erfolgt.

II. Angebotsphase

76 An die Planungs- und Konzeptionsphase schließt sich die Angebotsphase an. Intensiver als die Vorbereitungsphase wird ihr Ablauf in vielen Aspekten von gesetzlichen Vorgaben bestimmt.

1. Entscheidung über Angebotsabgabe

77 Die Angebotsphase beginnt mit der Entscheidung des Bieters über die Abgabe eines Angebots. Als Entscheidung wird die **abschließende Meinungsbildung des Bieters** verstanden.[2] Schließt der Bieter mit Großaktionären oder der Zielgesellschaft ein Business Combination Agreement oder andere die Übernahme vorbereitende Vereinbarungen, ist dies häufig der Zeitpunkt einer abschließenden Meinungsbildung. Bei einer Aktiengesellschaft ist die Meinungsbildung über eine Entscheidung, zu der der Aufsichtsrat zustimmen muss, erst abgeschlossen, wenn der Aufsichtsrat gemäß § 111 Abs. 4 Satz 2 AktG seine Zustimmung erteilt hat.[3] Der Zeitpunkt der Entscheidung zur Abgabe des Angebots kann durch die entsprechende Terminierung des Abschlusses von vorbereitenden Verträgen oder eines notwendigen Aufsichtsratsbeschlusses in Grenzen beeinflusst werden. Dies ist von besonderer Bedeutung, wenn Aktien als Gegenleistung angeboten werden sollen. In diesem Fall ist die Erstellung der Angebotsunterlage wesentlich aufwendiger, da sie dem Standard eines Verkaufsprospekts genügen muss. Die nach der Veröffentlichung der Entscheidung zur Abgabe eines Angebots bis zur Abgabe der Angebotsunterlage gesetzlich festgelegte Frist von vier Wochen kann dann sehr kurz sein.

---

1 *Seydel* in KölnKomm. WpÜG, § 11 WpÜG Rz. 77; s. insbesondere zu nachträglichen Anerkennungsprämien, die Gegenstand des Mannesmann-Verfahrens waren Teil X Rz. 153 f.
2 Vgl. *Hirte* in KölnKomm. WpÜG, § 10 WpÜG Rz. 26; *Noack* in Schwark, KMRK, § 10 WpÜG Rz. 6.
3 Die Zustimmung der Hauptversammlung kann dagegen grundsätzlich nur als Bedingung in das Angebot mit aufgenommen werden; die BaFin kann davon abweichend gestatten, dass die Entscheidung zur Abgabe eines Angebots erst nach dem Hauptversammlungsbeschluss veröffentlicht wird, wenn der Bieter durch geeignete Vorkehrungen sicherstellt, dass dadurch Marktverzerrungen nicht zu befürchten sind, § 10 Abs. 1 WpÜG; Letzteres setzt allerdings voraus, dass der Bieter eine Gesellschaft mit geschlossenem Gesellschafterkreis ist.

Mit dem Zeitpunkt der Entscheidung über das Angebot beginnen die Pflichten 78
des Bieters nach dem WpÜG. Zunächst muss der Bieter die **Geschäftsführungen der Börsen**, an der die Wertpapiere der Zielgesellschaft gehandelt werden, **und die BaFin unverzüglich über die Entscheidung informieren**, § 10 Abs. 2 WpÜG. Des Weiteren muss die Entscheidung unverzüglich in mindestens einem überregionalen Börsenpflichtblatt oder über ein elektronisch betriebenes Informationsverbreitungssystem, das bei Kreditinstituten, Finanzdienstleistungsinstituten oder anderen Unternehmen mit Sitz im Inland, die an einer inländischen Börse zur Teilnahme am Handel zugelassen sind, und Versicherungsunternehmen weit verbreitetet ist, in deutscher Sprache veröffentlicht werden, § 10 Abs. 3 Satz 1 WpÜG. Dabei ist auch die Internet-Adresse anzugeben, unter der die Veröffentlichung der Angebotsunterlage im Internet erfolgen wird, § 10 Abs. 3 Satz 2 WpÜG.[1] Diese Veröffentlichung ist anschließend unverzüglich den Börsen, der BaFin und dem Vorstand der Zielgesellschaft zu übersenden, § 10 Abs. 4, 5 WpÜG.

2. Die Angebotsunterlage

Die Angebotsunterlage ist die für die Aktionäre der Zielgesellschaft **wesentli-** 79
che Informationsgrundlage über das Angebot. Sie bildet das verbindliche Angebot im Sinne von § 145 BGB an die Aktionäre der Zielgesellschaft, wobei der Zugang der Willenserklärung durch die Veröffentlichung gemäß § 14 Abs. 3 WpÜG ersetzt wird. Die in deutscher Sprache zu verfassende Angebotsunterlage muss richtig und vollständig sein, in einer Form abgefasst werden, die ihr Verständnis und ihre Auswertung erleichtert, und die Angaben enthalten, die notwendig sind, um in Kenntnis der Sachlage über das Angebot entscheiden zu können, § 11 Abs. 1 WpÜG.[2]

a) Inhalt der Angebotsunterlage

Der Inhalt der Angebotsunterlage ist in § 11 WpÜG und § 2 WpÜG-Angebots- 80
VO detailliert vorgegeben. Das Gesetz unterscheidet zwischen Angaben zum Inhalt des Angebots sowie ergänzenden Angaben. Die Angaben zum **Inhalt des Angebots** umfassen den Bieter, die Zielgesellschaft, die Wertpapiere, die Gegenstand des Angebots sind, Art und Höhe der Gegenleistung, etwaige Bedingungen, von denen die Wirksamkeit des Angebots abhängig ist, sowie Beginn und Ende der Annahmefrist.

Ergänzende Angaben (§ 11 Abs. 2 Satz 4 WpÜG sowie § 2 WpÜG-AngebotsVO) 81
sind u.a. Informationen zu den Maßnahmen, die zur Sicherung der Erfüllung des Angebots getätigt wurden, sowie Angaben zu den Absichten des Bieters im Hinblick auf die künftige Geschäftstätigkeit der Zielgesellschaft und im Hinblick auf ihre Arbeitnehmer und deren Vertretungen, Angaben zu Leistungen an Vorstands- und Aufsichtsratsmitglieder der Zielgesellschaft, Angaben zu Vorerwerben innerhalb der letzten drei Monate vor der Veröffentlichung der

---

1 Ein Muster für eine Veröffentlichung findet sich bei Hirte in KölnKomm. WpÜG, § 10 WpÜG Rz. 6.
2 Ein Muster für eine Angebotsunterlage findet sich im Anhang unter Ziffer IX, S. 1309 ff.

Entscheidung zur Abgabe eines Angebots[1] und der Veröffentlichung der Angebotsunterlage,[2] Angaben zum Stand behördlicher Genehmigungsverfahren sowie Angaben zu den angewandten Bewertungsmethoden bei der Festlegung der Gegenleistung. Letzteres beschränkt sich in der Regel darauf, dass der Bieter darlegt, dass die angebotene Gegenleistung den Mindestpreisanforderungen der §§ 3–7 WpÜG-AngebotsVO entspricht (s. dazu auch Teil X Rz. 118 ff.). Bei der Darstellung der zukünftigen Absichten des Bieters, die mit dem Erwerb verfolgt werden, reichen ganz allgemeine Formulierungen nicht aus. Es ist hinreichend deutlich zu machen, welche Maßnahmen ergriffen werden sollen, so dass bereits frühzeitig strategische Festlegungen offensichtlich werden.[3] Für die Aktionäre besonders einschneidende Maßnahmen wie ein Delisting oder ein Squeeze-Out, sind anzukündigen.[4] Bei Barangeboten oder gemischten Bar- und Tauschangeboten muss auch die Finanzierungsbestätigung (s. dazu Teil X Rz. 43 f.) der Angebotsunterlage beigefügt werden.

82 Des Weiteren muss die Angebotsunterlage Angaben zur **technischen Abwicklung** des Angebots enthalten, insbesondere Hinweise dazu, in welchen Fällen sich die Annahmefrist verlängert, wo und auf welche Weise die Angebotsunterlage und alle sonstigen Mitteilungen im Hinblick auf das Angebot veröffentlicht werden und welche Maßnahmen zur Annahme des Angebots zu ergreifen sind (s. dazu Teil X Rz. 105).

83 Schließlich ist auch auf die **Rücktrittsrechte** bei Änderung des Angebots (§ 21 Abs. 4 WpÜG) und im Falle eines konkurrierenden Angebots (§ 22 Abs. 3 WpÜG) darauf hinzuweisen und anzugeben, welchem Recht die infolge der Annahme des Angebots zustande kommenden Verträge unterliegen.[5] Die Angebotsunterlage muss ferner Namen und Anschrift derjenigen Personen oder Gesellschaften aufführen, die für den Inhalt der Angebotsunterlage die Verantwortung übernehmen. Diese müssen erklären, dass ihres Wissens die Angaben richtig und keine wesentlichen Umstände ausgelassen worden sind, § 11 Abs. 3 WpÜG.

b) Besonderheiten bei Tauschangeboten

84 Soweit als Gegenleistung Wertpapiere angeboten werden, haben die Aktionäre der Zielgesellschaft ein sehr viel umfassenderes Informationsbedürfnis im Hinblick auf den Bieter. Die Angebotsunterlage muss daher alle **Angaben eines Verkaufsprospekts** gemäß § 7 VerkProspG i.V.m. der VerkProspVO enthalten, § 2 Nr. 2 WpÜG-AngebotsVO (s. dazu schon oben Teil X Rz. 46). Die An-

---

1 Diese Vorerwerbe sind relevant im Hinblick auf die Mindestleistung, § 4 WpÜG-AngebotsVO; s. hierzu auch Teil X Rz. 53 f.
2 Diese Vorerwerbe sind relevant im Hinblick auf die Frage, ob der Bieter zwingend ein Barangebot unterbreiten muss, § 31 Abs. 3 Nr. 1 WpÜG; s. hierzu auch Teil X Rz. 35.
3 *Bröcker/Weisner*, S. 35.
4 *Lenz/Behnke*, BKR 2003, 43 (47).
5 Die Angabe ist eine Rechtswahlvereinbarung im Sinne von Art. 27 Abs. 4, 31 Abs. 1 EGBGB; es kann daher auch ein anderes als deutsches Recht gewählt werden; dies ist aber nur in besonderen Konstellationen ratsam, denn die inländischen Aktionäre werden vermuten, dass die Wahl eines ausländischen Rechts sie benachteiligen soll.

gebotsunterlage muss somit neben den im Einzelnen genannten Angaben zum Bieter sämtliche Informationen enthalten, die notwendig sind, um dem Publikum ein zutreffendes Urteil über den Emittenten und die Wertpapiere zu ermöglichen. Wird eine Börsenzulassung der angebotenen Aktien angestrebt, kann es sich darüber hinaus empfehlen, weiter gehende für die Börsenzulassung erforderliche Angaben in die Angebotsunterlage mit aufzunehmen, um eine Befreiung von der Pflicht zur Veröffentlichung eines Börsenzulassungsprospekts zu erreichen.[1]

Die Angebotsunterlage muss keine Angaben eines Verkaufsprospekts enthalten, wenn für die angebotenen Wertpapiere innerhalb von zwölf Monaten vor Veröffentlichung der Angebotsunterlage ein Verkaufsprospekt, ein Börsenzulassungsprospekt oder ein Unternehmensbericht im Inland in deutscher Sprache veröffentlicht wurde. In diesem Fall genügt es, in der Angebotsunterlage anzugeben, dass ein solcher Prospekt oder Unternehmensbericht veröffentlicht wurde, wo dieser erhältlich ist, sowie die Angabe der seit der Veröffentlichung des Prospekts oder Unternehmensberichts eingetretenen Umstände, § 2 Nr. 2 WpÜG-AngebotsVO. 85

Sollen als **Gegenleistung Aktien** angeboten werden, die im Zuge des Übernahmeverfahrens zum Amtlichen oder Geregelten Markt zugelassen werden sollen, hat der Bieter somit die Wahl, ob er entweder einen Börsenzulassungsprospekt bzw. Unternehmensbericht erstellt und in die Angebotsunterlage lediglich neu eingetretene Umstände und einen Hinweis aufnimmt, wo der Prospekt erhältlich ist, oder ob er eine Angebotsunterlage erstellt, die inhaltlich den Anforderungen an eine Börsenzulassung genügt, um im Rahmen der Börsenzulassung eine Befreiung von der Verpflichtung zur Erstellung eines Börsenzulassungsprospekts oder Unternehmensberichts zu erlangen. 86

c) Übermittlung der Angebotsunterlage an die BaFin

Die BaFin lehnt es ab, Entwürfe der Angebotsunterlage vorab zu prüfen,[2] ungewöhnliche Gestaltungen können und sollten aber mit der BaFin vorab besprochen werden. Die Angebotsunterlage muss vom Bieter **innerhalb einer Frist von vier Wochen** nach der Veröffentlichung der Entscheidung zur Abgabe eines Angebots der BaFin übermittelt werden, § 14 Abs. 1 Satz 1 WpÜG. Sofern die Einhaltung der Vier-Wochen-Frist aufgrund eines grenzüberschreitenden Angebots oder erforderlicher Kapitalmaßnahmen nicht möglich ist, kann die BaFin die Frist auf Antrag um bis zu vier Wochen verlängern, § 14 Abs. 1 Satz 3 WpÜG. Die jeweilige Frist endet mit Ablauf des Wochentages, der durch seine Benennung dem Tag entspricht, an dem die Veröffentlichung erfolgte. Ist dieser Tag ein Samstag, Sonntag oder ein gesetzlicher Feiertag in Hessen, endet die Frist mit Ablauf des nächsten Werktages.[3] 87

---

1 *Seydel* in KölnKomm. WpÜG, § 11 WpÜG Rz. 83.
2 Vgl. *Thaeter* in Thaeter/Brandi, Teil 2 Rz. 229; *Lenz/Behnke*, BKR 2003, 43 (45).
3 *Thoma* in Baums/Thoma, § 14 WpÜG Rz. 20; *Seydel* in KölnKomm. WpÜG, § 14 WpÜG Rz. 24.

88 Der Bieter hat die Angebotsunterlage in der Form, in der er sie veröffentlichen will, der BaFin zu übermitteln. **Aktualisierungen oder Berichtigungen** während der Prüfungsphase der Angebotsunterlage durch die BaFin können nach ihrem Ermessen gestattet werden.[1]

89 Die Angebotsunterlage muss bei der Übermittlung an die BaFin vom Bieter im Original unterschrieben sein, § 11 Abs. 1 Satz 5 WpÜG. Es genügt eine Unterzeichnung durch die gesetzlichen Vertreter in vertretungsberechtigter Zahl. Auch eine Unterzeichnung durch im Handelsregister eingetragene Prokuristen in vertretungsberechtigter Zahl ist ausreichend, da deren Vertretungsberechtigung aus dem Handelsregister ersichtlich ist.[2] Eine Unterzeichnung aufgrund rechtsgeschäftlicher Bevollmächtigung genügt hingegen nicht.

90 Zur Fristwahrung genügt es auch, ein im Original unterzeichnetes Dokument als **elektronisches Dokument**, das mit einer qualifizierten elektronischen Signatur versehen ist, rechtzeitig an die BaFin zu übermitteln, § 126a BGB. Ob es auch ausreicht, zunächst fristwahrend ein Telefax zu übermitteln und anschließend das Original nachzureichen, ist derzeit unklar. Da die BaFin bei einer Fristversäumung das Angebot untersagen muss (§ 15 Abs. 1 Nr. 3 WpÜG), müsste ein solches Vorgehen vorab im Einzelfall mit der BaFin geklärt werden.

91 Die Übermittlung der Angebotsunterlage beinhaltet regelmäßig einen Antrag des Bieters, das Angebot zu gestatten. Eines ausdrücklichen Gestattungsantrags bedarf es nicht.[3]

d) Prüfung der Angebotsunterlage durch die BaFin

92 Die BaFin bestätigt dem Bieter den Tag des Eingangs der Angebotsunterlage, § 14 Abs. 1 Satz 2 WpÜG. Anschließend erfolgt während der nächsten bis zu zehn Werktage eine **formelle Prüfung** der Angebotsunterlage darauf, ob sämtliche gesetzlich vorgeschriebenen Punkte in der Angebotsunterlage behandelt werden. Darüber hinaus findet eine **eingeschränkte inhaltliche Überprüfung** der Angebotsunterlage dahin gehend statt, ob die darin enthaltenen Angaben offensichtlich gegen Vorschriften des WpÜG oder der daraufhin erlassenen Rechtsverordnungen verstoßen, § 15 Abs. 1 Nr. 2 WpÜG. Dabei werden insbesondere die Angaben zur Höhe und Art der Gegenleistung geprüft.[4] Bislang beanstandet wurden z.B. beabsichtigte Kürzungen oder Verlängerungen der Angebotsfristen, unzureichende Erkennbarkeit des eigentlichen Veranlassers der Transaktion oder die Bezeichnung der Gegenleistung als „Prämie", obwohl es sich um den gesetzlichen Mindestpreis handelte.[5] Die BaFin ist dabei nicht nur auf die Angaben in der Angebotsunterlage beschränkt, sondern kann von sich aus Ermittlungen vornehmen, um festzustellen, ob die Angaben in der

---

1 *Oechsler* in Ehricke/Ekkenga/Oechsler, § 11 WpÜG Rz. 5.
2 *Seydel* in KölnKomm. WpÜG, § 11 WpÜG Rz. 45.
3 *Seydel* in KölnKomm. WpÜG, § 14 WpÜG Rz. 27.
4 *Thaeter* in Thaeter/Brandi, Teil 2 Rz. 99.
5 *Lenz/Behnke*, BKR 2003, 43 (44).

Angebotsunterlage richtig und vollständig sind.¹ Stellt die BaFin bei ihrer Prüfung fest, dass die Angebotsunterlage nicht vollständig ist oder sonst dem WpÜG oder der aufgrund des WpÜG erlassenen Rechtsverordnungen nicht entspricht, kann die Prüfungsfrist von zehn Werktagen um bis zu fünf Werktage verlängert werden, damit die Mängel beseitigt werden können, § 14 Abs. 2 Satz 3 WpÜG. Es empfiehlt sich, mit der BaFin einen Termin relativ kurz nach der Einreichung der Angebotsunterlage zu vereinbaren, um etwaigen Änderungsbedarf möglichst frühzeitig zu identifizieren und zügig eine gestattungsfähige Angebotsunterlage zu schaffen.

e) Veröffentlichung der Angebotsunterlage

Hat die BaFin das Angebot ausdrücklich gestattet oder nicht innerhalb von zehn Werktagen nach Eingang der Angebotsunterlage untersagt, hat der Bieter die Angebotsunterlage unverzüglich zu veröffentlichen (§ 14 Abs. 2 Satz 1 WpÜG) und dem Vorstand der Zielgesellschaft zu übermitteln, § 14 Abs. 4 WpÜG. Die Veröffentlichung hat durch eine **Bekanntgabe im Internet** (§ 14 Abs. 3 Satz 1 Nr. 1 WpÜG) und Abdruck in einem überregionalen Börsenpflichtblatt² oder durch **Bereithalten zur kostenlosen Ausgabe** bei einer geeigneten Stelle³ im Inland zu erfolgen; im letzteren Fall ist bei der Veröffentlichung im Börsenpflichtblatt auch anzugeben, bei welcher Stelle die Angebotsunterlage bereitgehalten wird (§ 14 Abs. 3 Satz 1 Nr. 2 WpÜG). In der Praxis erfolgt darüber hinaus eine Veröffentlichung in den Wertpapiermitteilungen, damit die Aktionäre der Zielgesellschaft über ihre jeweilige Depotbank unterrichtet werden. Die Bekanntgabe im Internet erfolgt in der Regel auf der Internetseite des Bieters. Zwingend ist dies jedoch nicht. Es kann auch eine eigene Website eingerichtet werden. Der Bieter hat in diesem Fall sicherzustellen, dass die Angebotsunterlage durch Suchmaschinen leicht auffindbar ist.⁴

Der Bieter hat der BaFin unverzüglich einen **Beleg über die Veröffentlichung** nach § 14 Abs. 3 Satz 1 Nr. 2 WpÜG zu übersenden. Auch der Zeitpunkt der Freischaltung im Internet sollte dokumentiert werden, da die BaFin bei Veröffentlichungsfehlern das Angebot untersagen kann, § 15 Abs. 2 WpÜG. Unverzüglich nach der Veröffentlichung hat der Bieter die Angebotsunterlage dem Vorstand der Zielgesellschaft zu übermitteln, § 14 Abs. 4 Satz 1 WpÜG. Es genügt die Übersendung einer entsprechenden Datei oder auch der Hinweis auf die Internetseite, unter der die Angebotsunterlage veröffentlicht wurde.

---

1 *Seydel* in KölnKomm. WpÜG, § 14 WpÜG Rz. 39; a.A. *Geibel* in Geibel/Süßmann, § 14 WpÜG Rz. 24; in ihrer Praxis sieht sich die BaFin nicht auf die Angaben in der Angebotsunterlage beschränkt.
2 Dies sind gegenwärtig folgende Zeitungen: Börsen-Zeitung, Financial Times Deutschland, Frankfurter Allgemeine Zeitung, Frankfurter Rundschau, Handelsblatt, Süddeutsche Zeitung, Die Welt.
3 Dies ist jede Stelle, die organisatorisch zur kostenlosen Ausgabe und zum Versand der Angebotsunterlage in der Lage ist; *Seydel* in KölnKomm. WpÜG, § 14 WpÜG Rz. 67.
4 *Thoma* in Baums/Thoma, § 14 WpÜG Rz. 80; *Seydel* in KölnKomm. WpÜG, § 14 WpÜG Rz. 62.

f) Berichtigungen/Aktualisierung der Angebotsunterlage

95 Eine Berichtigung von Unrichtigkeiten der Angebotsunterlage erfolgt durch eine **Ad-hoc-Mitteilung** nach § 15 Abs. 3 WpHG oder eine vergleichbare Bekanntmachung, § 12 Abs. 3 Nr. 3 WpÜG. Werden Angaben in der Angebotsunterlage aufgrund nachträglich eintretender Umstände unrichtig, so ist der Bieter nach Auffassung der überwiegenden Meinung in der Literatur auch nach der Veröffentlichung der Angebotsunterlage zu einer Aktualisierung verpflichtet.[1]

g) Haftung

96 Ähnlich der Prospekthaftung für Börsenzulassungs- und Verkaufsprospekte (§ 36 Abs. 2 BörsG i.V.m. § 13 Abs. 1 Satz 3 BörsZulVO) ist der Bieter den Wertpapierinhabern der Zielgesellschaft zum Schadensersatz verpflichtet, wenn für die Beurteilung des Angebots wesentliche Angaben der Angebotsunterlage unrichtig oder unvollständig sind, § 12 Abs. 1 WpÜG. Mit Angaben sind dabei nicht nur Tatsachen, sondern auch wertende Aussagen und Prognosen gemeint.[2] Wesentlich sind vor allem Angaben zu den wertbildenden Faktoren.

3. Ausschluss von Wertpapierinhabern außerhalb des EWR

97 In das Angebot sind grundsätzlich auch **im Ausland ansässige Wertpapierinhaber** einzubeziehen. Gemäß § 24 WpÜG kann die BaFin bei grenzüberschreitenden Angeboten auf Antrag gestatten, Wertpapierinhaber aus Staaten außerhalb des EWR von dem Angebot auszunehmen, wenn der Bieter sonst zugleich die Vorschriften des anderen Staates einhalten müsste und ihm deshalb ein Angebot an alle Aktionäre unzumutbar ist. Grenzüberschreitend ist ein Angebot dann, wenn es aus Sicht eines Bieters möglich erscheint, dass Wertpapierinhaber der Zielgesellschaft außerhalb des EWR ansässig sind.[3] Im Hinblick auf die Anwendung der Vorschriften eines anderen Staates genügt es, dass die Vorschriften dieses Staates möglicherweise anwendbar sind.[4] Die Vorschriften können übernahmerechtlicher Natur sein, bei Tauschangeboten kommen auch Bestimmungen über öffentliche Angebote von Wertpapieren in Betracht. Die Einhaltung des auswärtigen Rechts muss unzumutbar sein. Dies ist dann der Fall, wenn die Einhaltung des WpÜG und des jeweiligen auswärtigen Rechts wegen sich widersprechender Vorschriften unmöglich ist, aber auch dann, wenn die Einhaltung mit einem erheblichen finanziellen Mehraufwand verbunden wäre, der aufgrund einer geringen Zahl in dem jeweiligen Land an-

---

1 Vgl. *Möllers* in KölnKomm. WpÜG, § 12 WpÜG Rz. 50 f.; *Oechsler*, ZIP 2003, 1330 (1331); *Assmann*, AG 2002, 153 (156 f.); einschränkend *Stephan*, AG 2003, 551 ff.; gegen eine Pflicht: *Hamann*, ZIP 2001, 2249 (2257). Die Aktualisierung erfolgt in der Form des § 12 Abs. 3 Nr. 3 WpÜG.
2 Vgl. *Thoma* in Baums/Thoma, § 12 WpÜG Rz. 30; *Oechsler* in Ehricke/Ekkenga/Oechsler, § 12 WpÜG Rz. 2; *Noack* in Schwark, KMRK, § 12 WpÜG Rz. 11.
3 *Versteegen* in KölnKomm. WpÜG, § 24 WpÜG Rz. 9; *Aha*, AG 2002, 313 (323).
4 *Versteegen* in KölnKomm. WpÜG, § 24 WpÜG Rz. 11 f.

sässiger Wertpapierinhaber nicht gerechtfertigt wäre.[1] In der Praxis werden vielfach Wertpapierinhaber in den U.S.A., Japan, Kanada und Australien von einem Angebot ausgenommen.[2]

Die BaFin entscheidet über die Gestattung auf schriftlichen Antrag des Bieters. Der Antrag muss spätestens mit der Übermittlung der Angebotsunterlage gestellt werden, da die Angebotsunterlage vom Bieter so zu übermitteln ist, wie sie veröffentlicht werden soll. Es empfiehlt sich jedoch, den Antrag möglichst frühzeitig gegebenenfalls unter Beifügung eines Entwurfs der Angebotsunterlage und einer ausführlichen Begründung zu den Tatbestandsmerkmalen der Befreiung zu stellen. 98

4. „Wasserstandsmeldungen"

Der Bieter muss gemäß § 23 Abs. 1 WpÜG nach Veröffentlichung der Angebotsunterlagen **wöchentlich** und **in der letzten Woche vor Ablauf der Annahmefrist täglich** veröffentlichen und der BaFin mitteilen, welche Beteiligungen an der Zielgesellschaft er innerhalb der Annahmefrist erworben hat. Eine derartige Veröffentlichungs- und Mitteilungspflicht an die BaFin besteht auch unverzüglich[3] nach Ablauf der Annahmefrist und nach Ablauf der weiteren Annahmefrist. Im Einzelnen muss der Bieter 99

- die Anzahl der ihm, mit ihm gemeinsam handelnden Personen und deren Tochterunternehmen zustehenden Wertpapiere,
- die sich daraus ergebende Höhe der Wertpapieranteile (also der Prozentsatz der Beteiligung),
- die ihm zustehenden Stimmrechtsanteile,
- die ihm zuzurechnenden Stimmrechtsanteile sowie
- die sich aus den ihm zugegangenen Annahmeerklärungen ergebende Anzahl der Wertpapiere, die Gegenstand des Angebots sind, einschließlich der Wertpapier- und Stimmrechtsanteile veröffentlichen.

Die **Veröffentlichung** muss wie bei der Angebotsunterlage erfolgen, also durch Einstellung ins Internet und durch Abdruck in einem überregionalen Börsenpflichtblatt oder durch Bereithalten zur kostenlosen Ausgabe bei einer geeigneten Stelle im Inland. 100

---

1 *Diekmann* in Baums/Thoma, § 24 WpÜG Rz. 14 f; *Versteegen* in KölnKomm. WpÜG, § 24 WpÜG Rz. 20; *Aha*, AG 2002, 313 (324).
2 In der Literatur wird dies zunehmend kritisch gesehen; *Versteegen* in KölnKomm. WpÜG, § 24 WpÜG Rz.34 ff.; *Diekmann* in Baums/Thoma, § 24 WpÜG Rz. 44 ff.
3 Unverzüglich meint ohne schuldhaftes Zögern im Sinne von § 121 Abs. 1 Satz 1 BGB; eine Veröffentlichung innerhalb von fünf Börsentagen einschließlich eines etwaigen sich anschließenden Wochenendes wird noch als unverzüglich angesehen; *Diekmann* in Baums/Thoma, § 23 WpÜG Rz. 57; *Möllers* in KölnKomm. WpÜG, § 23 WpÜG Rz. 50.

5. Änderungen des Angebots

101 Bis einen Werktag[1] vor Ablauf der Annahmefrist hat der Bieter die Möglichkeit, bestimmte Änderungen des Angebots vorzunehmen, die zu einer **Verbesserung des Angebots** für die Wertpapierinhaber der Zielgesellschaft führen, § 21 WpÜG. Zulässig sind danach: die Erhöhung der Gegenleistung, das Angebot einer alternativen anderen Gegenleistung, die Verringerung der Mindestannahmequote oder der Verzicht auf im Angebot enthaltene Bedingungen. Der Bieter kann auch mehrere Änderungen vornehmen.

102 Die Änderung führt dazu, dass das geänderte Angebot **automatisch für und gegen alle Wertpapierinhaber der Zielgesellschaft** gilt. Diejenigen Wertpapierinhaber, die das Angebot bereits vor der Änderung angenommen haben, können bis zum Ablauf der Annahmefrist von dem Vertrag zurücktreten, § 21 Abs. 4 WpÜG.

103 Jede Änderung muss unverzüglich in der gleichen Weise wie die Angebotsunterlage **veröffentlicht** werden, § 21 Abs. 2 WpÜG. Darüber hinaus ist erneut auf das Rücktrittsrecht nach § 21 Abs. 4 WpÜG hinzuweisen.

104 Erfolgt eine Änderung des Angebots in den letzten zwei Wochen vor Ablauf der in der Angebotsunterlage festgesetzten oder aufgrund eines konkurrierenden Angebots gemäß § 22 Abs. 2 WpÜG verlängerten **Annahmefrist**, so verlängert sich die Annahmefrist kraft Gesetzes um zwei Wochen, § 21 Abs. 5 WpÜG. Innerhalb der Verlängerungsfrist sind erneute Änderungen des Angebots unzulässig, § 21 Abs. 6 WpÜG. Damit soll verhindert werden, dass der Bieter durch ständige Änderungen des Angebots den Ablauf der Annahmefrist unangemessen lang hinauszögern kann.

6. Annahme und Abwicklung des Übernahmeangebots

105 Für die Annahme und Abwicklung des Übernahmeangebots wird vom Bieter in der Regel ein **Kreditinstitut als Abwicklungsstelle** eingeschaltet. Die Annahme eines Übernahmeangebots durch die Aktionäre der Zielgesellschaft erfolgt in Deutschland regelmäßig durch schriftliche Erklärung gegenüber den depotführenden Kreditinstituten. Während des Laufs der Annahmefrist bzw. der weiteren Annahmefrist werden die Aktien der Zielgesellschaft, für die das Angebot angenommen wurde, im Depot des jeweiligen Aktionärs belassen. Die depotführende Bank wird jedoch angewiesen, die Aktien auf eine gesonderte Wertpapierkenn-Nummer bei der Clearstream Banking AG umzubuchen. Bis kurz vor Ablauf der Annahmefrist können die Aktien, für die das Angebot angenommen wurde, unter dieser gesonderten Wertpapierkenn-Nummer gehandelt werden. Die Clearstream Banking AG wiederum wird angewiesen, diese Aktien nach Ablauf der Annahmefrist und Eintritt der aufschiebenden Bedingungen auf ein Depot des vom Bieter als Abwicklungsstelle eingeschalteten Kreditinstituts zu übertragen. Die Übertragung erfolgt Zug um Zug gegen Überweisung der Gegenleistung an das jeweilige depotführende

---

[1] Ausführlich zur Berechnung der Frist: *Busch*, ZIP 2003, 102 ff.; s. auch *Hasselbach* in KölnKomm. WpÜG, § 21 WpÜG Rz. 12 f.

Kreditinstitut. Mit dieser Übertragung geht dann das Eigentum an den Aktien auf den Bieter über. Häufig lässt es der Bieter ausreichen, wenn die Aktien, für die während der Annahmefrist eine Annahmeerklärung erfolgte, innerhalb von wenigen weiteren Bankarbeitstagen nach Ablauf der Annahmefrist auf die gesonderte Wertpapierkenn-Nummer umgebucht werden.

Sofern Aktionäre der Zielgesellschaft über **Aktienurkunden** verfügen, die Aktien also nicht nur in Form von Globalurkunden verbrieft sind, müssen die Aktionäre der Zielgesellschaft zusätzlich die Aktienurkunden über ihr depotführendes Kreditinstitut bei dem vom Bieter als Abwicklungsstelle eingeschalteten Kreditinstitut einreichen. 106

7. Nachbesserungspflicht

In bestimmten Fällen ist der Bieter auch nach Abschluss des Angebotsverfahrens zu einer **Erhöhung der Gegenleistung** verpflichtet. Erwirbt der Bieter, mit ihm gemeinsam handelnde Personen oder deren Tochterunternehmen innerhalb eines Jahres nach der Veröffentlichung des Ergebnisses des Übernahmeangebots weitere Aktien der Zielgesellschaft außerhalb der Börse, und wird dabei wertmäßig eine höhere Gegenleistung angeboten oder vereinbart, ist der Bieter verpflichtet, allen Aktionären, die das Angebot angenommen haben, den Unterschiedsbetrag zu zahlen (§ 31 Abs. 5 WpÜG). Der Bieter ist für diesen Zeitraum ebenfalls verpflichtet, sämtliche Aktienerwerbe – auch die börslichen – außerhalb des Angebotsverfahrens unter Angabe der erworbenen Aktien- und Stimmrechtsanteile sowie Art und Höhe der für jeden Anteil gewährten Gegenleistung durch Einstellung ins Internet und durch Abdruck in einem überregionalen Börsenpflichtblatt oder durch Bereithalten zur kostenlosen Ausgabe bei einer geeigneten Stelle im Inland zu veröffentlichen (§ 23 Abs. 2 WpÜG). 107

C. Pflichtangebote

I. Allgemeines

§ 35 WpÜG setzt im Gewand einer Verfahrensvorschrift eines der wichtigsten Anliegen des Gesetzgebers um, nämlich die Einführung eines Pflichtangebots zum **Schutz der Minderheitsaktionäre** in börsennotierten Aktiengesellschaften.[1] Diese sollen nach einem Kontrollwechsel die Gelegenheit haben, ihre Beteiligung an dem Unternehmen zu einem angemessenen Preis zu veräußern.[2] 108

---

1 *Baums/Hecker* in Baums/Thoma, § 35 WpÜG Rz. 1; vgl. auch *von Bülow* in KölnKomm. WpÜG, § 35 WpÜG Rz. 1 f.
2 Begr. RegE BT-Drucks. 14/7034, 30; *Hommelhoff/Witt* in Haarmann/Riehmer/Schüppen, vor §§ 35 bis 39 WpÜG Rz. 1 ff.; *Noack* in Schwark, KMRK, § 35 WpÜG Rz. 3; *von Bülow* in KölnKomm. WpÜG, § 35 WpÜG Rz. 4; *Ekkenga/Schulz* in Ehricke/Ekkenga/Oechsler, § 35 WpÜG Rz. 2; *Hopt*, ZHR 166 (2002), 383 (415); ausführlich *Wymeersch*, ZGR 2002, 521 (539 ff.); *Kleindiek*, ZGR 2002, 546 ff. sowie *Baums/Hecker* in Baums/Thoma, vor § 35 WpÜG Rz. 89 ff.

109 § 35 Abs. 1 WpÜG verpflichtet denjenigen, der die Kontrolle über eine Zielgesellschaft erlangt hat, dies unverzüglich, spätestens innerhalb von sieben Kalendertagen, zu veröffentlichen; Abs. 2 ordnet an, dass der Bieter innerhalb von vier Wochen nach der Veröffentlichung aufgrund Abs. 1 der BaFin eine Angebotsunterlage zu übermitteln und gemäß § 14 Abs. 2 Satz 1 WpÜG zu veröffentlichen hat. Diese Verpflichtungen entfallen, wenn der Bieter die Kontrolle aufgrund eines Übernahmeangebots erlangt hat (Abs. 3). Die inhaltlichen Vorgaben für das Pflichtangebot ergeben sich über die Verweisungsnorm des § 39 WpÜG, die mit einigen Ausnahmen die Vorschriften der Abschnitte 3 (Erwerbsangebote) und 4 (Übernahmeangebote) des WpÜG für entsprechend anwendbar erklärt. Diese Verweisungstechnik mag zwar unter dem Gesichtspunkt eines schlanken Gesetzes verständlich sein, erschwert jedoch gerade der interessierten Kapitalmarktöffentlichkeit das Verständnis des Pflichtangebots.[1]

II. Kontrollerwerb als Auslöser des Pflichtangebots

1. Arten des Kontrollerwerbs

110 Auslöser des Pflichtangebots ist die Erlangung der unmittelbaren oder mittelbaren Kontrolle über die Zielgesellschaft. „**Kontrolle**" ist nach § 29 Abs. 2 WpÜG das Halten von mindestens 30 % der Stimmrechte an der Zielgesellschaft.[2] Unerheblich ist, ob der Bieter durch den Erwerb von 30 % der Stimmrechte auch tatsächlich die Kontrolle über die Gesellschaft erlangt hat.[3] Das gilt grundsätzlich auch für die Fälle, in denen ein Dritter bereits einen gleich hohen oder gar höheren Stimmrechtsanteil hält.[4] Umgekehrt kann es Konstellationen geben, in denen Kontrolle auch mit weniger als 30 % der Stimmrechte ausgeübt werden kann; auch dies ist unerheblich und löst kein Pflichtangebot aus. Der Gesetzgeber hat sich im Interesse der Rechtssicherheit bewusst für eine starre Grenze entschieden.[5]

111 Ebenfalls ohne Belang für die Anwendung von § 35 Abs. 1 Satz 1 WpÜG ist es, auf welche Weise der Bieter die Kontrolle erworben hat. In Frage kommt ein Erwerb durch Rechtsgeschäft (börslich oder außerbörslich), aber auch von

---

1 *Thoma*, NZG 2002, 105 (106); *Baums/Hecker* in Baums/Thoma, § 35 WpÜG Rz. 4.
2 Zum Begriff der Kontrolle s. schon Teil X Rz. 7; vgl. hierzu zudem *Adolff/Meister/Randell/Stephan*, S. 118 ff.
3 Diese Frage ist allenfalls im Rahmen von § 37 Abs. 1 WpÜG i.V.m. § 9 Satz 2 Ziffer 2 WpÜG-AngebotsVO relevant, der der BaFin die Möglichkeit gibt, den Erwerber vom Pflichtangebot zu befreien, wenn aufgrund historischer Hauptversammlungspräsenzen nicht zu erwarten ist, dass der Erwerber damit nicht über 50 % der tatsächlich auf der Hauptversammlung vertretenen Stimmrechte verfügt. Zu den Befreiungsmöglichkeiten s. Teil X Rz. 125 ff.
4 Auch in dieser Konstellation kommt allerdings ein Befreiungstatbestand in Betracht (§ 37 Abs. 1 WpÜG i.V.m. § 9 Satz 2 Ziffer 3 WpÜG-AngebotsVO).
5 *von Bülow* in KölnKomm. WpÜG, § 35 WpÜG Rz. 45 ff.; *Steinmeyer/Häger*, § 35 WpÜG Rz. 6; *Baums/Hecker* in Baums/Thoma, vor § 35 WpÜG Rz. 110.

Gesetzes wegen.¹ Das gilt auch für den Kontrollerwerb aufgrund von **Maßnahmen nach dem UmwG**.² Praktisch wird dies insbesondere, wenn ein Rechtsträger mit einer kontrollierenden Beteiligung an einer börsennotierten Gesellschaft auf einen anderen Rechtsträger verschmolzen wird. Letzterer muss dann gegenüber den anderen Aktionären der börsennotierten Gesellschaft ein Pflichtangebot abgeben.³ Das Gleiche gilt, wenn ein (ehemaliger) Großaktionär des übertragenden Rechtsträgers durch die Verschmelzung mehr als 30 % der Anteile an der aufnehmenden Gesellschaft erhält, sofern diese eine taugliche Zielgesellschaft, also in Deutschland börsennotiert ist.⁴ Einzig der Erwerb der Kontrolle durch ein Übernahmeangebot ist ausdrücklich von der Folge des Pflichtangebots ausgenommen (§ 35 Abs. 3 WpÜG).

Allerdings greift § 35 Abs. 1 WpÜG nicht ein, wenn lediglich eine bereits bestehende Kontrollposition ausgebaut wird, wenn also bei einer schon bestehenden Beteiligung von mindestens 30 % weitere Aktien hinzuerworben werden. Das Gleiche gilt für die so genannten Altfälle, in denen die Kontrollposition vor In-Kraft-Treten des WpÜG am 1.1.2002 erworben und seit dem ununterbrochen gehalten wurde.⁵   112

Von § 35 Abs. 1 WpÜG wird nicht nur die unmittelbare, sondern auch die nur **mittelbare Erlangung der Kontrolle** erfasst. Das spielt etwa eine Rolle, wenn der Erwerber die Kontrolle über eine (auch nicht börsennotierte) Gesellschaft erlangt, die ihrerseits selbst die Kontrolle über eine börsennotierte Tochtergesellschaft ausübt; in diesem Fall hat der Bieter den Aktionären der Tochtergesellschaft ein Pflichtangebot zu unterbreiten.⁶ Allerdings kann ein Bieter nach § 37 Abs. 1 WpÜG i.V.m. § 9 Satz 2 Nr. 3 WpÜG-AngebotsVO eine Befreiung von der Pflicht zur Angebotsabgabe beantragen, wenn der Buchwert der Beteiligung der Muttergesellschaft an der Tochtergesellschaft weniger als 20 % des buchmäßigen Aktivvermögens der Muttergesellschaft beträgt.   113

Durch **Änderung der Stimmrechtsverteilung** kann die Kontrolle ebenfalls erlangt werden. Möglich wird dies z.B. bei Kapitalherabsetzung durch Einzie-   114

---

1 *Meyer* in Geibel/Süßmann, § 35 WpÜG Rz. 26; *Burgard*, WM 2000, 616. Beim Erwerb durch Erbgang zwischen Verwandten hat die BaFin jedoch nach § 36 Ziffer 1 WpÜG zuzulassen, dass die so erworbenen Stimmrechte unberücksichtigt bleiben; ihr kann, wenn kein Verwandtschaftsverhältnis besteht, eine Befreiung nach § 37 Abs. 1 WpÜG i.V.m. § 9 Satz 1 Nummer 1 WpÜG-AngebotsVO erteilen.
2 *von Bülow* in KölnKomm. WpÜG, § 35 WpÜG Rz. 67 ff.; a.A. *Weber-Rey/Schütz*, AG 2001, 325 (328 f); *Angerer* in Geibel/Süßmann, § 1 WpÜG Rz. 106; differenzierend: *Seibt/Heiser*, ZHR 165 (2001), 446 ff.; *Technau*, AG 2002, 260 (261 ff.).
3 *von Bülow* in KölnKomm. WpÜG, § 35 WpÜG Rz. 71; *Baums/Hecker* in Baums/Thoma, § 35 WpÜG Rz. 64.
4 *von Bülow* in KölnKomm. WpÜG, § 35 WpÜG Rz. 74 f.; a.A. *Weber-Rey/Schütz*, AG 2001, 325 (329); *Hommelhoff/Witt* in Haarmann/Riehmer/Schüppen, § 35 WpÜG Rz. 25.
5 *Baums/Hecker* in Baums/Thoma, § 35 WpÜG Rz. 27 f.
6 Ist auch die Mutter börsennotiert, kann die Börsennotierung von Tochtergesellschaften eine potenzielle Übernahme verteuern und eignet sich daher als Abwehrinstrument (S. hierzu näher unten Teil X Rz. 188).

hung von Aktien[1] oder bei einer Kapitalerhöhung unter Ausschluss des Bezugsrechts.[2]

2. Zurechnung der Stimmrechte Dritter

115 Relevant für die Berechnung des Stimmrechtsanteils sind nicht nur die eigenen Stimmen des Bieters, sondern auch die Dritter, die ihm nach § 30 WpÜG zugerechnet werden. Abs. 1 Nr. 1 erfasst Tochtergesellschaften des Bieters gehörende Stimmrechte, Nr. 2 Stimmrechte, die für Rechnung des Bieters von einem Dritten gehalten werden, Nr. 3 Stimmrechte aus Aktien, die der Bieter sicherungsübereignet hat, Nr. 4 Stimmrechte, an denen dem Bieter ein Nießbrauch zusteht, und Nr. 6 Stimmrechte, die dem Bieter anderweitig zur Ausübung nach eigenem Ermessen überlassen sind. In der Praxis führen bei den Zurechnungstatbeständen des § 30 WpÜG vor allem die Einräumung von Call-Optionen (Abs. 1 Nr. 5) sowie das so genannte „Acting in Concert" (Abs. 2) zu Unsicherheiten.

a) Call-Optionen

116 Nach § 30 Abs. 1 Satz 1 Nr. 5 WpÜG werden dem Bieter Stimmrechte zugerechnet, die er „durch eine Willenserklärung erwerben kann". Hier hat sich mittlerweile die Ansicht durchgesetzt, dass diese Voraussetzung nur dann erfüllt ist, wenn der dingliche Erwerb der Aktien ohne Mitwirkung Dritter durch einseitige Willenserklärung herbeigeführt werden kann.[3] Die Option muss mit anderen Worten **self-executing** sein; das heißt, der Optionsvertrag muss so ausgestaltet sein, dass er bereits ein Übereignungsangebot enthält, das der Berechtigte nur noch einseitig annehmen muss. Nur bei einer solchen „self-executing"-Option ist der Zugriff auf die Stimmrechte so eng, dass eine Zurechnung gerechtfertigt sein kann.[4] Nicht ausreichend ist, dass die Optionsausübung lediglich eine vertragliche Pflicht zur Übereignung auslöst, zur Übereignung selbst aber noch weitere Erklärungen oder Handlungen des Verpflichteten gegenüber dem Berechtigten oder gegenüber dem Verwahrer der Aktien erforderlich sind.

b) Acting in Concert

117 § 30 Abs. 2 WpÜG regelt den Zurechungstatbestand des abgestimmten Verhaltens, besser bekannt unter dem Begriff „Acting in Concert", auf den schon die Regierungsbegründung zum WpÜG Bezug nimmt.[5] Danach werden **dem Bieter Stimmrechte eines Dritten zugerechnet**, mit dem er „sein Verhalten in Bezug auf die Zielgesellschaft aufgrund einer Vereinbarung oder in sonstiger Wei-

---

1 Vgl. dazu von *Bülow* in KölnKomm. WpÜG, § 35 WpÜG Rz. 60.
2 Vgl. dazu von *Bülow* in KölnKomm. WpÜG, § 35 WpÜG Rz. 86.
3 *Riehmer* in Haarmann/Riehmer/Schüppen, § 30 WpÜG Rz. 47; von *Bülow* in KölnKomm. WpÜG, § 30 WpÜG Rz. 92; *Diekmann* in Baums/Thoma, § 30 WpÜG Rz. 57.
4 *Riehmer* in Haarmann/Riehmer/Schüppen, § 30 WpÜG Rz. 50; *Süßmann* in Geibel/Süßmann, § 30 WpÜG Rz. 20; von *Bülow* in KölnKomm. WpÜG, § 30 WpÜG Rz. 81; *Diekmann* in Baums/Thoma, § 30 WpÜG Rz. 55.
5 Begr. RegE BT-Drucks. 14/7034, 54.

se abstimmt"; „ausgenommen sind Vereinbarungen über die Ausübung von Stimmrechten in Einzelfällen". Liegt eine solche Abstimmung, die über einen Einzelfall hinausgeht, vor, kann es zu einer wechselseitigen Zurechnung zu Lasten aller an der Abstimmung Beteiligten kommen.[1] Diese einschneidende Rechtsfolge bei gleichzeitiger Offenheit des Wortlauts hat zu einer erheblichen Verunsicherung hinsichtlich der Reichweite dieses Zurechnungstatbestands geführt.[2] Mittlerweile ist eine wegweisende Gerichtsentscheidung des *OLG Frankfurt* ergangen.[3] Dabei ging es um ein mögliches Acting in Concert beim gleichzeitigen Erwerb von Aktien der Pixelpark AG durch zwei Personen im Jahr 2002/2003, wobei die Kontrollschwelle von 30 % nur bei Zusammenrechnung beider Erwerbe überschritten wurde. Nach der Entscheidung des Gerichts kann der gemeinsame Wille von Aktionären, ein Unternehmen in Fortführung eines bereits vorhandenen Konzepts zu sanieren, nicht ohne weiteres als „Acting in Concert" im Sinne von § 30 Abs. 2 WpÜG angesehen werden. Dies gilt auch dann, wenn die Aktionäre personelle Alternativen für einen Wechsel des Alleinvorstands anstreben.[4] Das Gericht betont, dass es, um die Gefahr „uferloser oder zufälliger Zurechnungen einzudämmen", der Herausarbeitung ergänzender Kriterien bedürfe; der Dritte müsse mit dem Bieter bewusst mit dem Ziel zusammenarbeiten, die Mitgliedschaftsrechte koordiniert und kontinuierlich auszuüben. Dabei stellt das Gericht hohe Anforderungen an den Beweis einer solchen Zusammenarbeit; bloße Verdachtsmomente in Richtung von Absprachen reichen nicht.[5] Der Kern der Begründung, nach dem es auf eine **nachhaltige koordinierte Ausübung der Stimmrechte** ankommt, überzeugt. § 30 WpÜG ist im Zusammenhang mit dem Kontrollbegriff des § 29 Abs. 2 WpÜG zu sehen, der wiederum starr an eine Stimmrechtsgrenze von 30 % anknüpft. Im Hinblick auf diese Systematik kann ein „Verhalten" nach § 30 Abs. 2 WpÜG nur ein solches sein, welches sich auf die Ausübung von Stimmrechten bezieht.[6] Ob die BaFin daneben noch an ihrer Auffassung festhält, beim Acting in Concert komme es entscheidend darauf an, dass ein über den Erwerb hinausgehendes gemeinsames Interesse verfolgt wird,[7] bleibt abzuwarten.

---

1 *Pentz*, ZIP 2003, 1478 (1480); *von Bülow* in KölnKomm. WpÜG, § 30 WpÜG Rz. 141; *Diekmann* in Baums/Thoma, § 30 WpÜG Rz. 87.
2 S. nur *Casper*, ZIP 2003, 1469 ff. und *Pentz*, ZIP 2003, 1478 ff. und der Diskussionsbericht von *Markwardt*, ZIP 2003, 1992.
3 OLG Frankfurt v. 25.6.2004 – WpÜG 5, 6 und 8/03, NZG 2004, 865 ff.
4 Nicht amtliche Leitsätze des Beschlusses des OLG Frankfurt v. 25. 6. 2004 – WpÜG 5, 6 und 8/03, NZG 2004, 865.
5 OLG Frankfurt v. 25.6.2004 – WpÜG 5, 6 und 8/03, NZG 2004, 865 (867).
6 *Diekmann* in Baums/Thoma, § 30 WpÜG Rz. 72.
7 Pressemitteilung der BaFin v. 23.1.2004: Kein Acting in Concert bei Beiersdorf AG, veröffentlicht im Internet unter http://www.BaFin.de/presse/pm04/040123.htm. Solch ein gemeinsames Interesse könne danach etwa darin liegen, die Zielgesellschaft zu zerschlagen, den Sitz zu verlegen oder sich bei der Aufsichtsratswahl und bei der Besetzung des Vorstands der Zielgesellschaft abzusprechen. Zumindest Letzteres dürfte sich mit Blick auf den zweiten Leitsatz des Beschlusses des OLG Frankfurt v. 25.6.2004 – WpÜG 5, 6 und 8/03, NZG 2004, 865, auf keinen Fall mehr halten lassen.

III. Angebotsunterlage, Mindestpreis

118 Hat der Bieter die Kontrolle über die Zielgesellschaft erlangt, ist er verpflichtet, der BaFin eine Angebotsunterlage zur Prüfung zu übermitteln[1] und anschließend zu veröffentlichen (§ 35 Abs. 2 WpÜG).

119 Der Inhalt der Angebotsunterlage entspricht bei einem Pflichtangebot prinzipiell demjenigen eines einfachen Erwerbs- oder Übernahmeangebots (§ 39 WpÜG; s. hierzu Teil X Rz. 80 ff.). Bereits aus dem Sinn und Zweck eines Pflichtangebots ergibt sich allerdings die grundsätzliche **Unzulässigkeit von Bedingungen**, die bei einfachen Erwerbs- oder Übernahmeangeboten gestattet sind; folgerichtig nimmt § 39 WpÜG die Vorschrift über Bedingungen bei Erwerbsangeboten (§ 18 Abs. 1 WpÜG) von der Anwendbarkeit auf Pflichtangebote aus. Dies gilt ebenso für Teilangebote. Auch diese sind unzulässig (§§ 39, 25 WpÜG). Daher ist auch den Vorzugsaktionären, selbst wenn nur die Stammaktien der Zielgesellschaft börsennotiert sind, ein Pflichtangebot zu unterbreiten (s. hierzu Teil X Rz. 108 ff.). Führt der am Ende des Angebotsverfahren erfolgende dingliche Erwerb der Aktien zur Fusionskontrolle nach deutschem Recht, kann das Pflichtangebot jedoch unter die aufschiebende Bedingung der Freigabe des Zusammenschlusses gestellt werden.[2]

120 Die Gegenleistung bestimmt sich nach den Regelungen zum Übernahmeangebot (§§ 39, 31 WpÜG). Namentlich gelten die **Mindestpreisvorschriften** des § 31 Abs. 1 WpÜG und der § 3 ff. WpÜG-AngebotsVO auch für Pflichtangebote (s. hierzu Teil X Rz. 52 ff.). Konsequenz ist, dass ein eventueller Paketzuschlag bei dem das Pflichtangebot auslösenden Erwerb auch den übrigen Aktionären zugute kommt. Ebenso muss der Bieter eine Finanzierungsbestätigung in Höhe der für das Angebot erforderlichen Barmittel vorlegen (§§ 39, 13 WpÜG).

121 Für den Mindestpreis bei Pflichtangeboten enthält die **Übernahmerichtlinie** (s. hierzu Teil X Rz. 21 ff.) eine von der Rechtslage in Deutschland abweichende Regelung. Nach Art. 5 Abs. 4 Übernahmerichtlinie hat der nationale Gesetzgeber als angemessenen Preis den Preis festzulegen, der vom Bieter in einem Zeitraum von mindestens sechs und höchstens zwölf Monaten für die gleichen Wertpapiere gezahlt wurde. § 4 WpÜG-AngebotsVO verlangt dagegen hinsichtlich der Vorerwerbe nur eine Berücksichtigung der letzten drei Monate vor Veröffentlichung der Entscheidung zur Abgabe eines Angebots bzw. des Kontrollerwerbs. Zumindest für Pflichtangebote muss die WpÜG-AngebotsVO dementsprechend bis spätestens zum 20.5.2006 geändert und eine relevante Vorerwerbsperiode von mindestens sechs Monaten vorgesehen werden.

---

[1] Vgl. hierzu auch *Lenz*, NJW 2003, 2073.
[2] Begr. RegE BT-Drucks 14/7034, 62; a.A. *Baums/Hecker* in Baums/Thoma, § 35 WpÜG Rz. 242.

IV. Ausnahmen vom Pflichtangebot

1. Vorangegangenes Übernahmeangebot

Ein Pflichtangebot ist entbehrlich, wenn die Kontrolle über die Zielgesellschaft aufgrund eines (ordnungsgemäß durchgeführten) Übernahmeangebots erlangt worden ist (§ 35 Abs. 3 WpÜG). Von Ausnahmen abgesehen,[1] unterliegen Übernahme- und Pflichtangebote nämlich wie gezeigt identischen Regelungen. Dadurch wird bereits im Übernahmeverfahren ein umfassender Schutz der Aktionäre gewährleistet. Es besteht kein Bedürfnis, dem Bieter nach Kontrollerwerb ein erneutes Pflichtangebot aufzuerlegen.[2]

122

2. Antrag auf Nichtberücksichtigung von Stimmrechten nach § 36 WpÜG

Nach § 36 WpÜG hat die BaFin darüber hinaus auf schriftlichen Antrag zuzulassen, dass Stimmrechte an der Zielgesellschaft bei der Berechnung des Stimmrechtsanteils unter besonderen Umständen unberücksichtigt bleiben.[3] Bei Vorliegen der Tatbestandsmerkmale ist die BaFin verpflichtet, die Ausnahmegenehmigung zur Nichtberücksichtigung der Stimmrechte zu erteilen, ein Ermessensspielraum besteht dann nicht.[4] Gegen die Entscheidung der BaFin kann der Antragsteller Widerspruch einlegen.[5]

123

Gemäß § 36 Nr. 1 WpÜG zählen zu den Umständen, die eine Nichtberücksichtigung zulassen, zunächst familienrechtliche und erbrechtliche Tatbestände, nämlich Aktienerwerb durch Schenkung oder Erbauseinandersetzung unter Verwandten, Erbgang oder durch Vermögensteilung aus Anlass der Auflösung einer Ehe oder Lebenspartnerschaft. Mit dieser Regelung sollen Familienunternehmen geschützt werden.[6] Weiterhin bleiben Erwerbsvorgänge aufgrund von Rechtsformwechseln (§ 36 Nr. 2 WpÜG) außerhalb des Umwandlungsgesetzes[7] oder aufgrund von Umstrukturierungen innerhalb eines

124

---

1 Z.B. § 16 Abs. 2 WpÜG, betreffend die erweiterte Annahmefrist bei Übernahmeangeboten.
2 Vgl. Begr. RegE BT-Drucks. 14/7034, 60; *Hommelhoff/Witt* in Haarmann/Riehmer/Schüppen, § 35 WpÜG Rz. 54.
3 Dies hatte bereits die Expertenkommission Unternehmensübernahmen in den „Eckpunkten eines künftigen Übernahmegesetzes" v. 17.5.2000 angeregt; vgl. dazu *Holzborn/Friedhoff*, WM 2002, 948 ff.
4 Vgl. Begr. RegE BT-Drucks. 14/7034, 60: „Liegen die in § 36 genannten Voraussetzungen vor, ist das Bundesaufsichtsamt verpflichtet, dem Antrag zu entsprechen.".
5 Widerspruchsverfahren nach § 41 WpÜG.
6 Begr. RegE BT-Drucks. 14/7034, 60.
7 Rechtsformwechsel nach den §§ 190–304 UmwG lassen die rechtliche Identität des Rechtsträgers unberührt; das Unternehmen wird nicht übertragen, so dass nicht einmal ein formeller Kontrollwechsel stattfindet. Begr. RegE BT-Drucks. 14/7034, 60. In der Praxis können vor allem die so genannten Anwachsungsmodelle, bei denen eine Personengesellschaft, die eine kontrollierende Beteiligung an einer Zielgesellschaft hält, durch Austritt ihres vorletzten Gesellschafters auf ihren letzten Gesellschafter übergeht, unter die Ausnahmeregelung des § 36 Nr. 2 WpÜG fallen; Voraussetzung ist aber in jedem Fall, dass sich an der materiellen Kontrollsituation nichts ändert, s. *Hecker* in Baums/Thoma, § 36 WpÜG Rz. 47–49; *von Bülow* in KölnKomm. WpÜG, § 36 WpÜG Rz. 36 f.

Konzerns[1] (§ 36 Nr. 3 WpÜG) auf Antrag unberücksichtigt. Hintergrund ist, dass in diesem Fall zwar ein formeller Kontrollwechsel stattgefunden hat, sich aber an der materiellen Kontrollsituation nichts geändert hat.[2]

3. Antrag auf Befreiung nach § 37 WpÜG

a) Überblick

125 Gemäß § 37 Abs. 1 WpÜG kann die BaFin den Bieter nach pflichtgemäßem Ermessen von der Verpflichtung zur Abgabe eines Angebots befreien. Anders als bei der Nichtberücksichtigung von Stimmrechten nach § 36 WpÜG hat der Antragsteller keinen Anspruch darauf, dass die Befreiung erteilt wird, wenn die Tatbestandsvoraussetzungen vorliegen, sondern nur ein subjektiv öffentliches Recht auf ermessensfehlerfreie Entscheidung über seinen Antrag. Die tatbestandlichen Voraussetzungen für eine Befreiung nach § 37 Abs. 1 WpÜG beziehen sich auf die Art der Kontrollerlangung, die mit der Erlangung der Kontrolle beabsichtigte Zielsetzung, ein nach der Erlangung der Kontrolle erfolgendes Unterschreiten der Kontrollschwelle, die Beteiligungsverhältnisse an der Zielgesellschaft oder die tatsächliche Möglichkeit zur Ausübung der Kontrolle. Die so normierten Befreiungstatbestände sind abschließend.[3] Nur wenn eine oder mehrere dieser Tatbestandsvoraussetzungen vorliegen, wägt die BaFin im Rahmen der Ermessensausübung die Interessen des Antragstellers gegen die Interessen der Aktionäre der Zielgesellschaft ab (§ 37 Abs. 1 a.E. WpÜG) und kann eine Befreiung erteilen.

126 Eine nähere Ausgestaltung des Verfahrens und der inhaltlichen Anforderungen für eine Befreiung vom Pflichtangebot nach § 37 Abs. 1 WpÜG ist in den aufgrund von § 37 Abs. 2 WpÜG erlassenen §§ 8–12 WpÜG-AngebotsVO enthalten. Von wesentlicher Bedeutung ist zunächst, dass der **Befreiungsantrag schon vor Erlangung der Kontrolle** gestellt werden kann (§ 8 Satz 2 WpÜG-AngebotsVO). § 9 WpÜG-AngebotsVO konkretisiert in nicht abschließender Form[4] die Befreiungstatbestände des § 37 Abs. 1 WpÜG. Nach § 9 Satz 1 WpÜG-AngebotsVO kann die BaFin eine Befreiung erteilen, wenn die Kontrolle erworben wurde durch Erbschaft (Nr. 1) oder Schenkung (Nr. 2) zwischen

---

1 „Konzern" ist im aktienrechtlichen Sinne zu verstehen, vgl. Begr. RegE BT-Drucks. 14/7034, 60. Damit ist die Definition gemäß § 18 Abs. 1 Satz 1 AktG maßgeblich. Zusätzlich können wohl auch im Sinne einer konsistenten Gesetzesauslegung „Tochterunternehmen" i.S. des § 2 Abs. 6 WpÜG unter den Konzernbegriff des § 36 Nr. 3 subsumiert werden; *von Bülow* in KölnKomm. WpÜG, § 36 WpÜG Rz. 40; noch weiter gehend *Hecker* in Baums/Thoma, § 36 WpÜG Rz. 59, nach dem unter „Konzern" jede Unternehmensgruppe zu verstehen ist.
2 *Hecker* in Baums/Thoma, § 36 WpÜG Rz. 9.
3 *Harbarth*, ZIP 2002, 321 (330); *Versteegen* in KölnKomm. WpÜG, § 37 WpÜG Rz. 14; *Meyer* in Geibel/Süßmann, § 37 WpÜG Rz. 24; *Hecker* in Baums/Thoma, § 37 WpÜG Rz. 1.
4 Dies folgt schon aus dem Wort „insbesondere" in der Einleitung von § 9. Eine andere Auslegung würde ferner gegen das Prinzip des Gesetzesvorrangs verstoßen, da eine Verordnung als niederrangiges Recht ein Gesetz nicht einschränken kann. Andererseits darf § 9 auch keine neuen Befreiungstatbestände schaffen, da die Verordnungsermächtigung in § 37 Abs. 2 WpÜG lediglich den Erlass von „näheren Bestimmungen" erlaubt.

nicht miteinander verwandten Personen,[1] im Zusammenhang mit der Sanierung der Zielgesellschaft (Nr. 3), zum Zweck der Forderungssicherung (Nr. 4), aufgrund einer Verringerung der Gesamtzahl der Stimmrechte (Nr. 5) oder durch ein unbeabsichtigtes Überschreiten der Kontrollschwelle, wenn diese unverzüglich nach Antragstellung wieder unterschritten wird (Nr. 6). Ferner kann eine Befreiung nach § 9 Satz 2 WpÜG-AngebotsVO erteilt werden, wenn ein Dritter über einen höheren Stimmrechtsanteil als der Bieter verfügt[2] (Nr. 1), der Bieter aufgrund der Präsenz in den letzten drei Hauptversammlungen voraussichtlich nicht über mehr als 50 % der vertretenen Stimmrechte verfügt[3] (Nr. 2) oder wenn bei einem mittelbaren Kontrollerwerb der Buchwert der Beteiligung an der Zielgesellschaft weniger als 20 % des Aktivvermögens der unmittelbar erworbenen Gesellschaft beträgt (s. hierzu Teil X Rz. 113)[4] (Nr. 3).

b) Sanierungsbefreiung

Von den in § 9 WpÜG-AngebotsVO aufgeführten Ausnahmetatbeständen hat die Sanierungsbefreiung (Satz 1 Nr. 3) die größte praktische Relevanz.[5] Sie wird allgemein als Konkretisierung von § 37 Abs. 1 Alternative 2 WpÜG, also als ein Unterfall einer besonderen mit der Erlangung der Kontrolle beabsichtigten Zielsetzung, verstanden.[6] Der Begriff der „Sanierung" wird allerdings in der WpÜG-AngebotsVO nicht näher definiert. Gedanklich setzt eine Sanierung die **Sanierungsbedürftigkeit** und die **Sanierungsfähigkeit** der Zielgesellschaft voraus.[7]

127

Die **Sanierungsbedürftigkeit** steht fest, wenn ein Insolvenzgrund (Überschuldung oder Zahlungsunfähigkeit) vorliegt. Der Verordnungsgeber hat aber bewusst nicht an das Vorliegen von Insolvenztatbeständen angeknüpft; die Sanierungsbedürftigkeit ist dem begrifflich vorgelagert und kann sich bereits im Stadium der Krise des Unternehmens manifestieren. Eine krisenbedingte Sanierungsbedürftigkeit wird man ohne weiteres annehmen können, wenn der Abschlussprüfer in seinem Prüfungsbericht und im Bestätigungsvermerk auf bestandsgefährdende Risiken hingewiesen hat (§§ 321 Abs. 1 Satz 3, 322 Abs. 2 Satz 2 HGB).[8] Zur Definition der Sanierungsbedürftigkeit bietet es sich darüber hinaus an, auf die steuerrechtliche Rechtsprechung zu § 3 Nr. 66 EStG a.F.

128

---

1 Zwischen Verwandten greift schon § 36 Nr. 1 WpÜG ein.
2 So schon Begr. RegE BT-Drucks. 14/7034, 61.
3 So schon Begr. RegE BT-Drucks. 14/7034, 61.
4 Zur Börsennotierung von Tochtergesellschaften als Abwehrmaßnahme gegen feindliche Übernahmen s. Teil X Rz. 188.
5 *BaFin*, Jahresbericht 2003, S. 207. Nach Anhang 9.8 des Jahresberichts (S. 245) bezogen sich 35 der insgesamt 57 im Jahr 2003 eingereichten Anträge nach § 37 WpÜG auf die Sanierungsbefreiung; dabei erfolgten 15 Gestattungen, 5 Ablehnungen und 12 Antragsrücknahmen; 3 Anträge waren zum 31.12.2003 noch in Bearbeitung.
6 *Versteegen* in KölnKomm. WpÜG, § 37 WpÜG Rz. 12; *Meyer* in Geibel/Süßmann, § 37 WpÜG Rz. 28; *Hecker* in Baums/Thoma, § 37 WpÜG Rz. 80.
7 *Versteegen* in KölnKomm. WpÜG, § 37 WpÜG Rz. 14; *Hecker* in Baums/Thoma, § 37 WpÜG Rz. 85–87; *Holzborn/Israel*, WM 2004, 310 (315 f.); *Rogall*, AG 2004, 492 (493).
8 *Hecker* in Baums/Thoma, § 37 WpÜG Rz. 86; *Holzborn/Israel*, WM 2004, 310 (315); *Rogall*, AG 2004, 492 (494).

(Steuerbefreiung von Sanierungsgewinnen) zurückzugreifen; danach galt ein Unternehmen als sanierungsbedürftig, wenn dessen Fortführung vor dem Hintergrund der Gesamtleistungsfähigkeit des Unternehmens nach kaufmännischen Gesichtspunkten nicht mehr möglich erschien.[1] Man kann ferner dann von einer Krise sprechen, wenn die Unternehmensleitung von ihr für die Unternehmensfortführung für richtig gehaltene Maßnahmen nicht mehr durchführen kann, da außen stehende Dritte in wesentlichem Umfang auf unternehmerische Entscheidungen Einfluss nehmen;[2] Beispiele wären die Versagung eines notwendigen Betriebsmittel- oder Akquisitionskredits durch die finanzierende Bank oder die Kündigung wesentlicher Verträge (etwa Kunden-, Liefer- oder Lizenzverträge) durch die Vertragspartner.

129 Kann der Antragsteller die Sanierungsbedürftigkeit der Zielgesellschaft schlüssig darlegen, muss er sodann zeigen, dass die Zielgesellschaft durch seine Mitwirkung auch sanierungsfähig ist. Dies kann durch Vorlage eines nachvollziehbaren **Sanierungskonzepts** erreicht werden.[3] Kern eines solchen Konzepts sind die Sanierungsfähigkeit, die Sanierungsbeiträge des Bieters und deren Eignung, die Krise zu überwinden. Das Sanierungskonzept sollte vor der Vorlage bei der BaFin von einem unabhängigen Dritten (z.B. einer Wirtschaftsprüfungsgesellschaft) auf Plausibilität geprüft und entsprechend bestätigt werden.[4]

130 Liegt die Tatbestandsvoraussetzung der Sanierung vor, tritt die BaFin im Rahmen der Ermessensausübung gemäß § 37 Abs. 1 a.E. WpÜG in die **Abwägung der Interessen** des Antragstellers und der Anteilseigner der Zielgesellschaft ein. Ob darüber hinaus bei der Sanierungsbefreiung die Interessen Dritter, namentlich der Arbeitnehmer und der Gläubiger, zu berücksichtigen sind, ist umstritten.[5] Schaden kann es jedenfalls nicht, wenn der Antragsteller auf die Rettung von Arbeitsplätzen hinweist. Hinsichtlich der Interessen des Antragstellers und der Aktionäre wird die Abwägung im Wesentlichen darin bestehen, die Kosten der Sanierung in ein Verhältnis zu den Belastungen aus einem Pflichtangebot zu setzen.[6] Dementsprechend sollte der Antragsteller bei der Abfassung seines Antrags darlegen, dass die zusätzlichen Belastungen aus einem Pflichtangebot eine Sanierung der Gesellschaft wirtschaftlich unattraktiv machen würden. Ferner kann er in diesem Zusammenhang auf besondere Risiken hinweisen, die er bereit ist, für die Sanierung einzugehen.

---

1 Vgl. *Hecker* in Baums/Thoma, § 37 WpÜG Rz. 86, mit Nachweisen aus der Rechtsprechung des BFH; *Holzborn/Israel*, WM 2004, 310 (313); *Rogall*, AG 2004, 492 (495).
2 *Rogall*, AG 2004, 492 (496).
3 *Hecker* in Baums/Thoma, § 37 WpÜG Rz. 87.
4 *Lenz/Linke*, AG 2002, 361 (367); *Hecker* in Baums/Thoma, § 37 WpÜG Rz. 87.
5 Dagegen *Hecker* in Baums/Thoma, § 37 WpÜG Rz. 88; dafür: *Meyer* in Geibel/Süßmann, § 37 WpÜG Rz. 28; *Holzborn/Israel*, WM 2004, 310 (311), die aber konzedieren, dass diese Gesichtspunkte nicht im Vordergrund stehen.
6 *Lenz/Linke*, AG 2002, 361 (367); *Hecker* in Baums/Thoma, § 37 WpÜG Rz. 91; *Holzborn/Israel*, WM 2004, 310 (311).

c) Squeeze-Out

Neben den in § 9 WpÜG-AngebotsVO normierten Befreiungstatbeständen wird ein beabsichtigter Squeeze-Out[1] gegen Barabfindung als Grund für eine Befreiung von der Abgabe eines Pflichtangebots diskutiert.[2] Als Rechtsgrundlage dürfte § 37 Abs. 1 2. Alt. WpÜG, also eine besondere mit der Erlangung der Kontrolle verbundene Zielsetzung, heranzuziehen sein; Ziel des Erwerbs ist dann nicht nur eine Kontrollmehrheit, sondern eine Übernahme sämtlicher Aktien der Zielgesellschaft.[3] Die BaFin hat bisher nicht öffentlich dazu Stellung genommen, ob in dieser Konstellation des Erwerbs von mindestens 95 % der Stimmrechte bei anschließendem Squeeze-Out eine Befreiung vom Pflichtangebot erteilt werden kann. Dies dürfte jedoch nicht grundsätzlich ausgeschlossen sein, wenn sich für die Minderheitsaktionäre aus einer Befreiung keine erheblichen Nachteile ergeben. Um das zu vermeiden, muss der Antragsteller auf jeden Fall dazu bereit sein, im Rahmen des Squeeze-Out die Mindestpreisregelung des § 31 Abs. 1 WpÜG i.V.m. §§ 3 ff. WpÜG-AngebotsVO einzuhalten. Der Aktionär erhält dann, je nachdem, welcher Betrag höher ist, entweder die nach § 327b AktG zu bestimmende Barabfindung oder den Mindestpreis nach WpÜG/WpÜG-AngebotsVO. Ferner sind die Zinsnachteile auszugleichen, die den Aktionären dadurch entstehen, dass sie ihre Abfindung im Rahmen des Squeeze-Out-Verfahrens regelmäßig erst später erhalten als bei einem Pflichtangebot. Auf der anderen Seite muss der Zeitplan so eng sein, dass noch ein unmittelbarer Zusammenhang zwischen dem Kontrollerwerb und dem Squeeze-Out besteht; andernfalls fällt die Grundlage für eine Befreiung nach § 37 Abs. 1 WpÜG, der auf den Kontrollerwerb nach §§ 35, 29 Abs. 2 WpÜG ausgerichtet ist, weg. Dies alles kann die BaFin durch geeignete Nebenbestimmungen in den Befreiungsbescheid aufnehmen.[4] Für den Antragsteller besteht dann das Risiko, dass, wenn der Squeeze-Out, etwa aufgrund einer Anfechtungsklage, nicht rechtzeitig eingetragen wird, die Befreiung entfällt und er doch noch ein Pflichtangebot abgeben muss.

131

d) Rechtsbehelfe des Antragstellers und der Aktionäre

Lehnt die BaFin einen Befreiungsantrag ab, kann der Antragsteller dagegen mit dem **Widerspruch** nach § 41 WpÜG vorgehen. Der Widerspruch hat aufschiebende Wirkung (§ 80 Abs. 1 VwGO), da Maßnahmen nach §§ 36, 37 WpÜG in der Ausnahmevorschrift des § 42 WpÜG nicht genannt sind. Weist die BaFin auch den Widerspruch zurück, steht dem Antragsteller die Beschwerde zum OLG Frankfurt offen (§ 48 WpÜG). Die Beschwerde hat nach § 49 WpÜG nur aufschiebende Wirkung, soweit durch die angefochtene Verfügung eine Befrei-

132

---

1 Der Ausschluss von Minderheitsaktionären durch den Hauptaktionär, der mindestens 95 % der Stimmrechte an der Gesellschaft hält, §§ 327a ff. AktG; vgl. dazu ausführlich unten Teil X Rz. 225 ff.
2 S. *Bredow/Liebscher*, DB 2003, 1368 ff.; *Kiesewetter*, ZIP 2003, 1638 ff.; *Versteegen* in KölnKomm. WpÜG, § 37 WpÜG Rz. 36; *Hecker* in Baums/Thoma, § 37 WpÜG Rz. 41 ff.
3 Vgl. *Hecker* in Baums/Thoma, § 37 WpÜG Rz. 42.
4 Zum Ganzen: *Bredow/Liebscher*, DB 2003, 1368 (1370); *Kiesewetter*, ZIP 2003, 1638 (1640); *Hecker* in Baums/Thoma, § 37 WpÜG Rz. 43.

ung nach §§ 36, 37 WpÜG widerrufen wurde. Im Normalfall, in dem die Befreiung von vornherein versagt wurde, entfaltet die Beschwerde also anders als der Widerspruch keine aufschiebende Wirkung. Das Gericht kann diese jedoch auf Antrag anordnen, insbesondere bei ernstlichen Zweifeln an der Rechtmäßigkeit der angefochtenen Verfügung oder in Härtefällen (§ 50 Abs. 3 WpÜG).

133 Brisanter als die Rechtsmittel des Bieters ist die Frage, ob **einzelne Aktionäre Rechtsmittel** gegen die Befreiung eines potenziellen Bieters von der Abgabe eines Pflichtangebots einlegen können. Ein solcher Wunsch liegt nahe, denn durch die Befreiung wird den Aktionären die Möglichkeit genommen, ihre Aktien zu dem für Pflichtangebote geltenden Mindestpreis (§ 31 Abs. 1 WpÜG i.V.m. §§ 3 ff. WpÜG-AngebotsVO) zu veräußern. Die Antwort auf die Frage nach einem verwaltungsrechtlichen Rechtsbehelf der Aktionäre hängt entscheidend davon ab, ob man § 37 WpÜG drittschützenden Charakter zugunsten der Aktionäre zuschreibt.[1] Der Wortlaut von § 37 Abs. 1 a.E. WpÜG scheint klar dafür zu sprechen, sieht er doch die Abwägung der Interessen des Antragstellers und der Inhaber der Aktien der Zielgesellschaft als Vorgabe für die Ermessensausübung vor.[2] Dennoch hat das OLG Frankfurt entschieden, dass Aktionäre nicht gegen eine Befreiungsentscheidung der BaFin vorgehen können.[3] Zwar habe die BaFin die Interessen der Aktionäre zu beachten, gemeint seien damit aber nur die Aktionäre als Gesamtheit; ein Individualschutz einzelner Aktionäre folge daraus nicht. Dies sei auch sachgerecht, da die Aktionäre durchaus unterschiedliche Interessen verfolgen könnten. Weiter verweist das OLG Frankfurt auf § 4 Abs. 2 WpÜG, nach dem die BaFin die ihr nach dem WpÜG zugewiesenen Aufgaben und Befugnisse nur im öffentlichen Interesse wahrnimmt. Es liege schließlich auch kein Eingriff in Art. 14 GG vor, da lediglich eine zusätzliche Möglichkeit, die Aktie außerhalb der Börse zu veräußern, genommen werde.[4] Während ein Teil der Literatur ebenfalls diese Ansicht vertritt,[5] treten andere dem entgegen.[6] Danach soll § 37 Abs. 1 WpÜG drittschützende Wirkung zugunsten einzelner Aktionäre entfalten; daraus resultiert jedenfalls ein Anspruch auf ermessensfehlerfreie Entscheidung darüber, ob der Aktionär an dem Befreiungsverfahren beteiligt wird (§ 13 Abs. 2 Satz 1, Abs. 1 Nr. 4 VwVfG). Wird ein Aktionär auf diese Weise zum **Be-**

---

1 Solch drittschützende Normen vermitteln dem Betroffenen ein gerichtlich überprüfbares subjektiv öffentliches Recht, vgl. zu dieser so genannten Schutznormtheorie nur *Happ* in Eyermann, Verwaltungsgerichtsordnung, 11. Aufl. 2000, § 42 VwGO Rz. 86 ff.
2 *Zschocke/Rahlf*, DB 2003, 1375 f.; *Hecker* in Baums/Thoma, § 37 WpÜG Rz. 174.
3 OLG Frankfurt v. 27.5.2003 – WpÜG 1/03 – ProSieben AG, ZIP 2003, 1297; OLG Frankfurt v. 9.10.2003 – WpÜG 3/03 – ProSieben AG II, ZIP 2003, 2206.
4 OLG Frankfurt v. 27.5.2003 – WpÜG 1/03 – ProSieben AG, ZIP 2003, 1297 (1300).
5 *Stögmüller* in Haarmann/Riehmer/Schüppen, § 4 WpÜG Rz. 44; *Süßmann* in Geibel/Süßmann, § 41 WpÜG Rz. 8; ähnlich, wenn nicht anderweitig Grundrechte betroffen sind: *Steinmeyer/Häger*, Vor § 41 WpÜG Rz. 5 ff.; *Giesberts* in KölnKomm. WpÜG, § 4 WpÜG Rz. 50 ff.
6 *Cahn*, ZHR 167 (2003), 262 (293 ff.); *Zschocke/Rahlf*, DB 2003, 1375 (1376); *Nietsch*, BB 2003, 2581 (2584 f); *Hecker*, ZBB 2004, 41; *Hecker* in Baums/Thoma, § 37 WpÜG Rz. 177; *Ihrig*, ZHR 167 (2003), 315 (344) plädiert sogar für einen gebundenen Anspruch nach § 13 Abs. 2 Satz 2 (notwendige Hinzuziehung bei rechtsgestaltender Wirkung auf Dritte).

teiligten am Verfahren, stehen ihm die Rechtsbehelfe des Widerspruchs bei der BaFin und der Beschwerde zum OLG Frankfurt zu. Es bleibt festzuhalten, dass die Diskussion zum Rechtsschutz der Aktionäre gegen Befreiungsverfügungen der BaFin noch nicht abgeschlossen ist.[1]

D. Verhaltenspflichten der Organe der Zielgesellschaft

I. Einleitung

Der Vorstand hat die Gesellschaft unter eigener Verantwortung zu leiten (§ 76 Abs. 1 AktG). Der Aufsichtsrat hat die Geschäftsführung zu überwachen (§ 111 Abs. 1 AktG). Die Mitglieder des Vorstands und des Aufsichtsrats haben dabei die Sorgfalt eines ordentlichen Kaufmanns anzuwenden (§§ 93 Abs. 1 Satz 1, 116 Abs. 1 Satz 1 AktG). Diese allgemeinen aktienrechtlichen Pflichten gelten auch und gerade in Übernahmesituationen. Klarstellend normiert das WpÜG in § 3 Abs. 3, dass **Vorstand und Aufsichtsrat der Zielgesellschaft im Interesse der Zielgesellschaft handeln müssen**.[2] Selbstverständlich ist, dass das Gesellschaftsinteresse Vorrang vor den persönlichen Interessen der Verwaltungsmitglieder hat. Aus § 3 Abs. 3, der ausdrücklich auf das Gesellschaftsinteresse abstellt, folgt aber auch, dass das Interesse der Aktionäre (an der Maximierung des Angebotspreises) nicht allein ausschlaggebend ist.[3]

134

Spezielle Regelungen zu den Pflichten des Vorstands und des Aufsichtsrats enthalten § 27 und § 33 WpÜG. § 27 WpÜG begründet die Pflicht von Vorstand und Aufsichtsrat, eine **begründete Stellungnahme** zu dem Angebot abzugeben (s. dazu Teil X Rz. 143 ff.). § 33 schränkt den Handlungsfreiraum des Vorstands bei einem Übernahmeangebot ein, indem er grundsätzlich Handlungen untersagt, durch die der Erfolg des Angebots verhindert werden könnte (**Verhinderungsverbot**, s. dazu Teil X Rz. 157 ff.). Mit etwas anderer Akzentuierung normiert auch Ziffer 3.7 des Deutschen Corporate Governance Kodex dieses Verhinderungsverbot.[4] Schließlich liegt ein Schwerpunkt der Übernahmerichtlinie auf den Pflichten des Leitungs- bzw. Verwaltungsorgans der Zielgesellschaft (Art. 9) und statuiert ebenfalls den Grundsatz des Vereitelungsverbots (Art. 9 Abs. 3).

135

---

1 Die ablehnende Haltung des OLG Frankfurt scheint nicht in Stein gemeißelt, denn das Gericht hat interessanterweise hinsichtlich des Drittschutzes von § 37 WpüG selbst wie folgt formuliert (Beschluss vom 27.5.2003 – WpÜG 1/03 – ProSieben AG, ZIP 2003, 1297 (1298): „Dieser Argumentation vermag der Senat *derzeit* nicht zu folgen [...]" (Hervorhebung vom Verfasser).
2 Die Pflicht zur Wahrung des Gesellschaftsinteresses folgt bereits aus §§ 93, 116 AktG, s. nur *Versteegen* in KölnKomm. WpÜG, § 3 WpÜG Rz. 34.
3 Dies hebt *Schüppen* in Haarmann/Riehmer/Schüppen, § 3 WpÜG Rz. 12 hervor. Gegen eine Absage an den „shareholder value" *Versteegen* in KölnKomm. WpÜG, § 3 WpÜG Rz. 35.
4 Der Text ist unter http://www.corporate-governance-code.de/ger/download/DCG_K_ D200305.pdf im Internet erhältlich. Zur Einbettung des Kodex in § 161 AktG und seiner Rechtsnatur s. nur *Hüffer*, § 161 AktG m.w.N.

136 Im Folgenden soll vor diesem Hintergrund der Versuch unternommen werden, die Handlungsmöglichkeiten und Pflichten von Vorstand und Aufsichtsrat der Zielgesellschaft im Vorfeld von und bei Übernahmeangeboten zu konkretisieren. Schwerpunkt sind dabei die besonders kontroversen Abwehrmaßnahmen gegen feindliche Übernahmen (s. unten Teil X Rz. 155 ff.).

II. Pflichten im Vorfeld von Übernahmeangeboten

137 Zunächst stellt sich für den Vorstand einer börsennotierten Gesellschaft die Frage, wie er auf die Ansprache durch einen potenziellen Bieter reagieren soll. Konkret geht es um den Zeitraum zwischen einer ersten Interessensbekundung und der offiziellen Veröffentlichung des Bieters über die Entscheidung zur Abgabe eines Angebots (§ 10 WpÜG). Der Regelungsrahmen des WpÜG greift erst ab diesem Zeitpunkt ein. Vorher gelten die allgemeinen aktienrechtlichen Rechte und Pflichten.

138 Der Vorstand muss seine Entscheidungen auf der Grundlage **angemessener Informationen** treffen.[1] Bevor der Vorstand also eine ablehnende (oder zustimmende) Haltung zu einem möglichen Angebot einnehmen kann, muss er Informationen zu dem potenziellen Bieter und dessen Absichten beschaffen. Dies kann einerseits durch die Auswertung öffentlich verfügbarer Informationen geschehen, dürfte aber im Regelfall auch ein **direktes Gespräch** mit dem potenziellen Bieter erfordern.

139 Bei einem solchen Gespräch mit einem potenziellen Bieter muss der Vorstand jedoch seine **Verschwiegenheitspflicht** (§ 93 Abs. 1 Satz 2 AktG) beachten. Daraus folgt zunächst, dass der Teilnehmerkreis auf beiden Seiten möglichst klein gehalten werden sollte. Will der Vorstand nicht nur als passiver Zuhörer auftreten, sondern das Gespräch oder zukünftige weitere Gespräche aktiv selbst mit gestalten, wird dies regelmäßig mit der Offenlegung von (vertraulichen) Informationen gegenüber dem potenziellen Bieter einhergehen.[2] Dies ist wiederum unter dem Gesichtspunkt der Verschwiegenheitspflicht nur zulässig, wenn sich der Interessent einer Vertraulichkeitsverpflichtung unterwirft. Da das Leitungsorgan des potenziellen Bieters grundsätzlich ähnlichen Bindungen unterliegt, heißt das in der Praxis, dass eine wechselseitige **Vertraulichkeitsvereinbarung** zwischen dem Interessenten und der Zielgesellschaft abgeschlossen wird.

140 Weiterhin stellt sich für den Vorstand der Zielgesellschaft die Frage nach der **Kapitalmarktkommunikation**. § 10 Abs. 6 WpÜG regelt, dass § 15 WpHG, der die Pflicht zur Veröffentlichung von Ad-hoc-Meldungen betrifft, für Entschei-

---

1 Dies soll nunmehr durch das Gesetz zur Unternehmensintegrität und Modernisierung des Anfechtungsrechts („UMAG", Referentenentwurf vom 28.1.2004, erhältlich unter: http://www.bmj.bund.de/media/archive/701.pdf) ausdrücklich in § 93 Abs. 1 AktG aufgenommen werden; aus der Literatur s. nur *Hopt* in Großkomm. AktG, § 93 AktG Rz. 84 m.w.N.
2 Zur Gestattung einer Due Diligence eines potenziellen Bieters, s. oben Teil X Rz. 40.

dungen zur Abgabe eines Angebots nicht gilt. Diese Vorschrift betrifft jedoch in unmittelbarer Anwendung nur den Bieter, das heißt, der **Bieter muss** neben der Veröffentlichung der Entscheidung zur Abgabe eines Angebots (§ 10 Abs. 1 Satz 1 WpÜG) **keine Ad-hoc-Mitteilung** nach § 15 Abs. 1 Satz 1 WpHG **machen.** Hinsichtlich der **Zielgesellschaft** ist die **Rechtslage nicht eindeutig.** § 15 Abs. 1 Satz 1 WpHG verlangte früher, dass der Emittent unverzüglich Tatsachen veröffentlichen muss, die in seinem Tätigkeitsbereich eintreten und nicht öffentlich bekannt sind, wenn sie geeignet sind, den Börsenpreis der zugelassenen Wertpapiere erheblich zu beeinflussen. Weitgehend Einigkeit herrschte insoweit, als dass die Kenntnis des Vorstands von einem möglicherweise bevorstehenden feindlichen Übernahmeangebot nicht adhoc pflichtig war, da diese Tatsache nicht im Tätigkeitsbereich des Emittenten eingetreten ist.[1] Bei Vorgesprächen oder Verhandlungen über ein freundliches Angebot wird wohl überwiegend vertreten, dass der Vorstand der Zielgesellschaft erst dann eine Ad-hoc-Mitteilung machen muss, wenn der Bieter seine Entscheidung nach § 10 Abs. 1 Satz 1 WpÜG veröffentlicht hat.[2] Die Rechtslage hat sich mit In-Kraft-Treten des Gesetzes zur Verbesserung des Anlegerschutzes (**Anlegerschutzverbesserungsgesetz** – AnSVG) erneut verkompliziert.[3] Durch das AnSVG wurde mit Wirkung ab 30.10.2004 unter anderem § 15 WpHG geändert, so dass es für eine Ad-hoc-Pflicht zwar ausreichend, aber nicht mehr notwendig ist, dass die Insidertatsache im Tätigkeitsbereich des Emittenten eintritt; entscheidend ist vielmehr, dass die Tatsache den Emittenten unmittelbar betrifft. Das dürfte bei einem bevorstehenden Übernahmeangebot der Fall sein. Wie sich die Diskussion entwickeln wird, ist noch nicht abzusehen. Das praktische Bedürfnis, Vorgespräche und Verhandlungen vertraulich führen zu können, bleibt aber unabweisbar.

Besteht danach für den Vorstand der Zielgesellschaft grundsätzlich keine Pflicht, Gespräche über eine mögliche Übernahme oder das Bevorstehen eines feindlichen Angebots zu veröffentlichen, kann man umgekehrt fragen, ob der Vorstand ein **Recht** hat, **solche Tatsachen zu veröffentlichen.** Das ist nach §§ 78 Abs. 1, 93 Abs. 1 AktG am Unternehmensinteresse zu messen. Wenn eine wechselseitige Vertraulichkeitsvereinbarung abgeschlossen ist, dürfte eine Veröffentlichung der Gespräche schon danach untersagt sein. Jedenfalls wäre regelmäßig ein Ansteigen des Aktienkurses aufgrund der entstehenden Übernahmespekulation die Folge. Die Veröffentlichung wirkt damit als Abwehrmaßnahme. Der Verhandlungspartner wird dies als unfreundlichen Akt werten, so dass auch ursprünglich freundliche Gespräche in eine feindliche Übernahme umschlagen können. Dies wird der Vorstand bei seiner Entscheidung über die Veröffentlichung berücksichtigen müssen. Ebenso ist zu bedenken, dass die Vereitelung eines Übernahmeangebots den Aktionären eine mög-

141

---

[1] *Geibel* in Geibel/Süßmann, § 10 WpÜG Rz. 15 m.w.N.
[2] *Hopt*, ZGR 2002, 333 (345 ff.); *Hirte* in KölnKomm. WpÜG, § 10 WpÜG Rz. 99; *Oechsler* in Ehricke/Ekkenga/Oechsler, § 10 WpÜG Rz. 27; *Thoma/Stöcker* in Baums/Thoma, § 10 WpÜG Rz. 148.
[3] BGBl. I 2004, S. 2630 ff.

licherweise günstige Gelegenheit nimmt, ihre Aktien zu verkaufen.[1] Bei einer von vornherein feindlichen Übernahme dürfte der Vorstand im Übrigen selten lange genug vor der Öffentlichkeit informiert werden, um noch eine handelswirksame Veröffentlichung machen zu können.

142 Unausweichlich ist schließlich für den Vorstand die Frage, wann und wie der **Aufsichtsrat** über die Kontaktaufnahme eines potenziellen Bieters und eventuelle Gespräche informiert werden muss. § 90 Abs. 1 Satz 3 AktG verlangt, dass dem Vorsitzenden des Aufsichtsrats aus sonstigen wichtigen Anlässen zu berichten ist. Dies sind in Abgrenzung zu den Regelberichten nach § 90 Abs. 1 Satz 1 AktG, die die Geschäftslage betreffen, vornehmlich Ereignisse, die von außen an die Gesellschaft herangetragen werden und nachteilig auf sie einwirken können.[2] Ähnlich verlangt Ziffer 5.2 Abs. 3 Satz 1 des Deutschen Corporate Governance Kodex, dass der Aufsichtsratsvorsitzende vom Vorsitzenden oder Sprecher des Vorstands über wichtige Ereignisse unverzüglich informiert wird. Der Vorstand sollte also spätestens, wenn er feststellt, dass der potenzielle Bieter ein ernsthaftes Interesse an einer Übernahme hat, den Vorsitzenden des Aufsichtsrats einweihen. Dies gilt umso mehr, wenn der Vorstand davon ausgehen muss, dass ein feindliches Angebot bevorsteht. Der Aufsichtsratsvorsitzende entscheidet dann, ob er die anderen Mitglieder des Aufsichtsrats unterrichtet und erforderlichenfalls eine außerordentliche Sitzung des Aufsichtsrats einberuft.[3] Spätestens muss der Vorsitzende des Aufsichtsrats die Aufsichtsratsmitglieder in der nächsten Sitzung des Aufsichtsrats unterrichten (§ 90 Abs. 5 Satz 3 AktG).

III. Stellungnahme des Vorstands und des Aufsichtsrats nach § 27 WpÜG

143 Nach § 27 Abs. 1 Satz 1 WpÜG haben Vorstand und Aufsichtsrat der Zielgesellschaft eine begründete Stellungnahme zu dem Angebot abzugeben. Hiermit hat der Gesetzgeber eine spezielle Verhaltenspflicht geschaffen, die durch die Übermittlung der Angebotsunterlage durch den Bieter ausgelöst wird (§ 27 Abs. 3 Satz 1 WpÜG). Zweck der Stellungnahme ist es, den Aktionären eine **Grundlage für ihre Entscheidung über Annahme oder Ablehnung des Angebots** zu geben.[4] Die Vorschrift lässt sich daher als Ausprägung des in § 3 Abs. 2 WpÜG normierten allgemeinen Transparenzgrundsatzes einordnen, nach dem die Inhaber von Wertpapieren über ausreichende Informationen verfügen müs-

---

[1] In der Literatur wird teilweise vertreten, dass der Vorstand schon ab dem Zeitpunkt, ab dem eine Übernahme konkret bevorsteht, ein Angebot voraussichtlich vereitelnde Maßnahmen zu unterlassen hat, vgl. *Hopt* in Großkomm. AktG, § 76 AktG Rz. 122 m.w.N.; *Mertens* in KölnKomm. AktG, § 76 AktG Rz. 22. Man kann solche Fälle auch unter dem Gesichtspunkt der Umgehung von § 33 Abs. 1 WpÜG, der erst ab Veröffentlichung der Entscheidung zur Abgabe eines Angebots durch den Bieter gilt, prüfen (s. zu § 33 im Einzelnen unten Teil X Rz. 157 ff.).
[2] *Hüffer*, § 90 AktG Rz. 8.
[3] Nach Ziffer 5.2 Abs. 3 S. 2 des Deutschen Corporate Governance Kodex *soll* der Aufsichtsratsvorsitzende dies tun.
[4] *Röh* in Haarmann/Riehmer/Schüppen, § 27 WpÜG Rz. 15; *Hirte* in KölnKomm. WpÜG, § 27 WpÜG Rz. 2; *Wackerbarth* in MünchKomm AktG, § 27 WpÜG Rz. 2.

sen, um in Kenntnis der Sachlage über das Angebot entscheiden zu können.[1] Einen ähnlichen Programmsatz zur Transparenz enthält auch Ziffer 3.7 des Deutschen Corporate Governance Kodex. Die Stellungnahme soll damit zugunsten der Aktionäre und aufgrund der Sachkenntnis der Leitungsorgane ein Gegengewicht zur Angebotsunterlage schaffen und so einseitigen Informationen des Bieters entgegenwirken.[2]

144 Aus dem Wortlaut des § 27 Abs. 1 Satz 1 WpÜG ergibt sich, dass Vorstand und Aufsichtsrat getrennte Stellungnahmen abgeben können. In der Praxis ist allerdings eine **gemeinsame Stellungnahme üblich**. Vor dem Hintergrund des Transparenzgrundsatzes darf eine solche gemeinsame Stellungnahme aber nur erfolgen, wenn sich Vorstand und Aufsichtsrat über die Bewertung des Angebots tatsächlich einig sind. Sollte Uneinigkeit auch nur hinsichtlich einzelner Punkte bestehen, muss dieser Konflikt den Aktionären durch die Veröffentlichung getrennter Stellungnahmen offen gelegt werden.[3] Zulässig sind auch Sondervoten einzelner Organmitglieder.[4]

145 Hinsichtlich des **Inhalts** schreibt § 27 Abs. 1 Satz 2 WpÜG vor, dass die Stellungnahme insbesondere einzugehen hat auf die Art und Höhe der Gegenleistung, die voraussichtlichen Folgen eines erfolgreichen Angebots für die Zielgesellschaft, die Arbeitnehmer und ihre Vertretungen, die Beschäftigungsbedingungen und die Standorte der Zielgesellschaft, die vom Bieter mit dem Angebot verfolgten Ziele sowie auf die Absicht der Organmitglieder, die selbst Aktien halten, das Angebot anzunehmen.

146 Darüber hinaus lässt sich aus dem Transparenzgrundsatz ableiten, dass die Aktionäre neben dem eben skizzierten Mindestinhalt über **alle Tatsachen** zu informieren sind, die **für ihre Entscheidung** über die Annahme des Angebots **relevant** sind. Das heißt, dass gerade die kritischen Punkte des Angebots offen zu legen sind. Negative Tatsachen dürfen nicht „geschönt" werden. Auch Umstände, die einen Interessenkonflikt des Vorstands oder Aufsichtsrats auslösen können, dürfen nicht verschwiegen werden.[5] Ferner dürfen sich Vorstand und Aufsichtsrat nicht allein auf die Angaben des Bieters in der Angebotsunterlage verlassen, sondern müssen im Rahmen des Angemessenen selbst die notwendigen Informationen einholen; sind sie dazu (insbesondere angesichts der Kürze der Zeit[6]) nicht in der Lage, müssen sie auf Informationsdefizite in der Angebotsunterlage hinweisen.[7] Dies alles sollte vor dem Hintergrund der

---

1 *Wackerbarth* in MünchKomm AktG, § 27 WpÜG Rz. 2; *Harbarth* in Baums/Thoma, § 27 WpÜG Rz. 1.
2 *Ekkenga* in Ehricke/Ekkenga/Oechsler, § 27 WpÜG Rz. 2; *Harbarth* in Baums/Thoma, § 27 WpÜG Rz. 1.
3 *Wackerbarth* in MünchKomm AktG, § 27 WpÜG Rz. 2.
4 Begr. RegE BT-Drucks. 14/7034, 52.
5 Deutlich: *Wackerbarth* in MünchKomm AktG, § 27 WpÜG Rz. 11; *Hirte* in KölnKomm. WpÜG, § 27 WpÜG Rz. 32, 34.
6 Die Stellungnahme hat gemäß § 27 Abs. 3 Satz 1 WpÜG „unverzüglich nach Übermittlung der Angebotsunterlage" zu erfolgen. S. hierzu weiter unten Teil X Rz. 149.
7 *Hirte* in KölnKomm. WpÜG, § 27 WpÜG Rz. 32; *Harbarth* in Baums/Thoma, § 27 WpÜG Rz. 69; *Wackerbarth* in MünchKomm AktG, § 27 WpÜG Rz. 12.

möglichen persönlichen Haftung der Organmitglieder (s. dazu Teil X Rz. 150) ernst genommen werden.

147 Die Stellungnahme muss schließlich eine **konkrete Handlungsempfehlung** aussprechen. Sie kann also entweder zustimmend oder ablehnend sein; dies sollte als „Tenor" der Stellungnahme vorangestellt werden.[1] Nur in seltenen Ausnahmefällen dürfen sich die Organe einer solchen konkreten Empfehlung enthalten,[2] die Gründe hierfür müssen dann detailliert dargelegt werden.[3]

148 Bei feindlichen Übernahmeangeboten entfaltet eine ablehnende Stellungnahme eine **bedeutende Abwehrfunktion**.[4] Da der Gesetzgeber eine solche ablehnende Stellungnahme in § 27 Abs. 1 WpÜG zulässt, kann sie trotz ihrer Eignung, den Erfolg des Angebots zu verhindern, nicht unter das Verhinderungsverbot des § 33 WpÜG fallen.[5] Insofern kann man von einer zulässigen Verteidigungsmaßnahme sprechen.

149 Die Stellungnahme hat nach § 27 Abs. 3 Satz 1 WpÜG **unverzüglich** nach Übermittlung der Angebotsunterlage durch den Bieter zu erfolgen. Angesichts der oben geschilderten nicht unerheblichen rechtlichen und tatsächlichen Anforderungen wird man ein „schuldhaftes Zögern" (§ 121 Abs. 1 Satz 1 BGB) jedenfalls nicht annehmen können, wenn die Stellungnahme binnen zwei Wochen nach Übermittlung der Angebotsunterlage erfolgt.[6]

150 Die Frage, ob die Stellungnahme zu einer **persönlichen Haftung von Vorstand und Aufsichtsrat** führen kann, regelt das WpÜG nicht. Die Frage ist dementsprechend in der Literatur umstritten.[7] Es erscheint aber nicht ganz unwahrscheinlich, dass die für die Angebotsunterlage geltenden Haftungsregeln (§ 12 WpÜG) als Konkretisierung der allgemeinen kapitalmarktrechtlichen Prospekthaftung entsprechend angewandt werden können.[8] Die Verwaltungsmitglieder müssen daher mit Haftungsklagen von Aktionären rechnen, wenn für die Beurteilung des Angebots wesentliche Angaben in der Stellungnahme unrichtig oder unvollständig sind; eine Entlastung ist möglich, wenn die Verwaltungsmitglieder nachweisen, dass sie die Unrichtigkeit nicht kannten und diese Unkenntnis nicht auf grober Fahrlässigkeit beruhte. Unabhängig von der umstrittenen kapitalmarktrechtlichen Prospekthaftung für die Stellungnahme ist in Fällen vorsätzlicher sittenwidriger Schädigung in jedem Fall § 826 BGB

---

1 *Wackerbarth* in MünchKomm AktG, § 27 WpÜG Rz. 10.
2 So Begr. RegE BT-Drucks. 14/7034, 52.
3 *Harbarth* in Baums/Thoma, § 27 WpÜG Rz. 82; *Wackerbarth* in MünchKomm AktG, § 27 WpÜG Rz. 10.
4 *Wackerbarth* in MünchKomm AktG, § 27 WpÜG Rz. 6.
5 *Harbarth* in Baums/Thoma, § 27 WpÜG Rz. 19.
6 Dies entspricht der früher nach Art. 18 Übernahmekodex geltenden Höchstgrenze; ähnlich: *Röh* in Haarmann/Riehmer/Schüppen, § 27 WpÜG Rz. 42; *Krause*, NJW 2002, 705 (711); *Hirte* in KölnKomm. WpÜG, § 27 WpÜG Rz. 67; *Harbarth* in Baums/Thoma, § 27 WpÜG Rz. 121; *Wackerbarth* in MünchKomm AktG, § 27 WpÜG Rz. 38 plädiert sogar für „mindestens zwei Wochen".
7 Streitstand bei *Hirte* in KölnKomm. WpÜG, § 27 WpÜG Rz. 27 Fn. 49.
8 Dafür ausdrücklich *Hirte* in KölnKomm. WpÜG, § 27 WpÜG Rz. 27 ff.; ähnlich *Wackerbarth* in MünchKomm AktG, § 27 WpÜG Rz. 16.

als Haftungsgrundlage anwendbar.¹ Darüber hinaus plant die Bundesregierung, ein Kapitalmarktinformationshaftungsgesetz einzubringen, das die persönliche zivilrechtliche Haftung von Unternehmensvorständen und Aufsichtsräten bei vorsätzlichen oder grob fahrlässigen Falschinformationen regelt.² In jedem Fall sollte bei der Abfassung der Stellungnahme zu dem Angebot sachverständiger Rat eingeholt werden.³

IV. Sondervorteile und Anerkennungsprämien für Verwaltungsmitglieder der Zielgesellschaft

Nach § 33 Abs. 3 WpÜG dürfen Bieter den Organmitgliedern der Zielgesellschaft im Zusammenhang mit dem Angebot **keine ungerechtfertigten geldwerten Vorteile** gewähren oder in Aussicht stellen. Die Regelung stellt ein gesetzliches Verbot (§ 134 BGB) dar. Unter Verstoß empfangene Leistungen können zurückgefordert werden. Damit soll sichergestellt werden, dass Vorstand und Aufsichtsrat ihre Handlungen allein an den Interessen der Zielgesellschaft und ihrer Aktionäre ausrichten.

151

Nicht verboten sind „gerechtfertigte" Zusagen, das heißt solche, die auch aus der Sicht der Zielgesellschaft und ihrer Anteilseigner aus **sachlich nachvollziehbaren Gründen** gewährt werden könnten.⁴ Dazu können etwa Zusagen gehören, die sich auf eine Weiterbeschäftigung des Managements nach erfolgter Übernahme beziehen.⁵ Es kann wesentlich für die Investitionsentscheidung eines Bieters sein, wertvolle Mitglieder des Managements für die Zeit nach einer Übernahme an die Zielgesellschaft zu binden. Die Angebotsunterlage hat solche Leistungen aufzuführen (§ 11 Abs. 2 Satz 2 Nr. 3 WpÜG).

152

Augrund des *Mannesmann-Verfahrens* sind Zahlungen an das Management der Zielgesellschaft zusätzlich in den Fokus gerückt. Dabei wäre § 33 Abs. 3 WpÜG (selbst wenn er damals schon gegolten hätte) nicht anwendbar gewesen, da die Zahlungen nicht durch den Bieter (*Vodafone plc*), sondern durch die Zielgesellschaft selbst (*Mannesmann AG*) erfolgt sind. Solche Zahlungen sind an § 87 Abs. 1 AktG zu messen, nach dem der Aufsichtsrat bei der Festsetzung der Gesamtbezüge der Vorstandsmitglieder dafür zu sorgen hat, dass diese angemessen sind. Ihre besondere Problematik erhielten die Zahlungen im Fall Mannesmann dadurch, dass sie erst mit oder nach dem Ausscheiden der betroffenen Vorstandsmitglieder geleistet wurden. Solchen Anerkennungsprämien (oder **Appreciation Awards**) kann man entgegenhalten, dass sie nur der persönlichen Bereicherung der begünstigten Vorstandsmitglieder dienten

153

---

1 *Steinmeyer/Häger*, § 27 WpÜG Rz. 2; die Hürden für eine solche Haftung hat der BGH zuletzt für fehlerhafte Ad-hoc-Mitteilungen spürbar abgesenkt, BGH v. 19.7.2004 – II ZR 217/03, II ZR 218/03 und II ZR 402/03 – Informatec, NJW 2004, 2664 ff.
2 Pressemitteilung der SPD-Bundestagsfraktion v. 20.7.2004 – 701, http://www.spdfraktion.de/cnt/rs/rs_dok/0,,30278,00.pdf.
3 So auch *Hopt*, ZHR 166 (2002), 384 (420).
4 *Hirte* in KölnKomm. WpÜG, § 33 WpÜG Rz. 189.
5 Begr. RegE BT-Drucks. 14/7034, 59; vgl. *Noack* in KMRK, § 33 WpÜG Rz. 34; bejahend auch *Hirte* in KölnKomm. WpÜG, § 33 WpÜG Rz. 187 für den Fall, dass keine höherwertige Position (in Geld) zugesagt wird.

und damit nicht im Unternehmensinteresse lägen.¹ Dieser Auffassung ist das *LG Düsseldorf*² gefolgt und hat einen Verstoß der Mitglieder des Präsidialausschusses des Aufsichtsrats, der die Vergütungsentscheidung getroffen hatte, gegen § 87 Abs. 1 Satz 1 AktG angenommen; eine „gravierende Pflichtverletzung" im Sinne des strafrechtlichen Untreuetatbestands (§ 266 StGB) hat das Gericht jedoch (mit Ausnahme eines Falles³) darin nicht gesehen und die Angeklagten daher freigesprochen.⁴ Zivilrechtliche Klagen aufgrund der vom *LG Düsseldorf* angenommenen Verstöße gegen das Aktienrecht bleiben davon unberührt.

154 Für die Praxis kann man festhalten, dass **Zahlungen** oder die Gewährung anderer Sondervorteile **an Verwaltungsmitglieder der Zielgesellschaft** im Zusammenhang mit Übernahmen **nur nach sorgfältiger Prüfung** erfolgen sollten. Zahlungen des Bieters oder der Zielgesellschaft selber sind nur in engen rechtlichen Grenzen möglich. Ein gangbarer Weg für Anerkennungsprämien könnte dagegen die Zahlung durch (ehemalige) Aktionäre sein, die das Übernahmeangebot angenommen haben und aus der Gesellschaft ausgeschieden sind. Dieser Gruppe kommt eine Erhöhung des Börsenkurses (und damit eine Maximierung des Angebotspreises) durch das Management der Zielgesellschaft besonders zugute.⁵ Allerdings ist auch dabei zu beachten, dass weder die Unabhängigkeit des Vorstands (§ 76 Abs. 1 AktG) noch die Kompetenz des Aufsichtsrats für die Festlegung der Vergütung der Vorstandsmitglieder (§ 87 Abs. 1 AktG) berührt werden.

V. Abwehrmaßnahmen

1. Einleitung

155 Die Abwehrmaßnahmen gegen Übernahmen gehören zu den **meistdiskutierten Feldern des Übernahmerechts**.⁶ Das steht in einem auffälligen Missverhältnis zu der Zahl der tatsächlich in Deutschland (öffentlich) versuchten oder tatsächlich durchgeführten feindlichen Übernahmen. Nur bei feindlichen Übernahmen werden schließlich solche Maßnahmen relevant. Auf der anderen Seite dürfte allein das Wissen um mögliche Abwehrinstrumente eine Reihe von feindlichen Übernahmen abgeschreckt oder schon im Vorfeld zu freundlichen Übernahmen gemacht haben. Denn gerade die dichte literarische Aufarbeitung insbesondere aus der anwaltlichen Praxis zeigt, dass sich viele Vorstände bereits intensive Gedanken für den Fall des Falles gemacht haben.

---

1 *Lutter/Zöllner*, FAZ v. 10.2.2004, S.12; dagegen *Wollburg*, ZIP 2004, 646 ff.
2 Urteil der XIV. großen Wirtschaftsstrafkammer vom 22.7.2004 (nicht rechtskräftig, noch nicht veröffentlicht); eine Zusammenfassung des Urteils findet sich in der Pressemitteilung Nr. 32/2004 des LG Düsseldorf (http://www.lg-duesseldorf.nrw.de/presse/dokument/04-32.pdf).
3 In diesem Fall (Gewährung einer Anerkennungsprämie an Professor *Dr. Funk*) erfolgte der Freispruch aufgrund eines unvermeidbaren Verbotsirrtums.
4 Über die Revision zum BGH ist noch nicht entschieden.
5 In diese Richtung: *Lutter/Zöllner*, FAZ v. 10.2.2004, S.12.
6 S. nur die Literaturnachweise bei *Hirte* in KölnKomm. WpÜG, § 33 WpÜG oder zuletzt bei *Grunewald* in Baums/Thoma, § 33 WpÜG.

2. Präventive Maßnahmen und Maßnahmen in konkreten Übernahmesituationen

So ergibt sich auch für den rechtlichen Rahmen ein wesentlicher Unterschied zwischen Maßnahmen, die außerhalb einer Übernahmesituation getroffen werden, und solchen, die nach Veröffentlichung der Entscheidung zur Abgabe eines Angebots (§ 10 WpÜG) erfolgen. Bis zu diesem Zeitpunkt richtet sich die Pflichtenstellung des Vorstands nach allgemeinem Aktienrecht.[1] §§ 76 Abs. 1 und 93 Abs. 1 AktG räumen dem Vorstand ein **weites unternehmerisches Ermessen** ein. Diese in Anlehnung an das US-Recht als „Business Judgment Rule" bezeichnete Regel wurde vom *BGH* in der *ARAG/Garmenbeck* Entscheidung[2] ausdrücklich anerkannt und soll durch das Gesetz zur Unternehmensintegrität und Modernisierung des Anfechtungsrechts („**UMAG**") klarstellend in § 93 Abs. 1 AktG eingefügt werden.[3] „Eine Pflichtverletzung liegt nicht vor, wenn das Vorstandsmitglied bei einer unternehmerischen Entscheidung ohne grobe Fahrlässigkeit annehmen durfte, auf der Grundlage angemessener Informationen zum Wohle der Gesellschaft zu handeln." Nach Veröffentlichung der Entscheidung zur Abgabe eines Angebots durch einen Bieter gilt dagegen § 33 WpÜG, der die eben skizzierten aktienrechtlichen Pflichten des Vorstands und dessen Geschäftsleiterermessen überlagert und modifiziert.

156

3. Verhinderungsverbot des § 33 WpÜG

a) Grundsatz: Keine Verhinderung des Angebots

§ 33 Abs. 1 Satz 1 WpÜG verbietet dem Vorstand nach Veröffentlichung der Entscheidung zur Abgabe eines Angebots durch einen Bieter (§ 10 WpÜG), Handlungen vorzunehmen, durch die der Erfolg des Angebots verhindert werden könnte. Die Aktionäre und nicht der Vorstand sollen über das Angebot entscheiden. Maßgeblich ist, ob die Handlung **objektiv geeignet** erscheint, den Erfolg des Übernahmeangebots zu vereiteln.[4] Das Verhinderungsverbot hat jedoch in § 33 Abs. 1 Satz 2 und Abs. 2 WpÜG weit reichende Durchbrechungen erfahren.

157

b) Ausnahme 1: Maßnahmen eines ordentlichen und gewissenhaften Geschäftsleiters

So nimmt § 33 Abs. 1 Satz 2 1. Alt. WpÜG Handlungen, die auch ein ordentlicher und gewissenhafter Geschäftsleiter einer Gesellschaft, die nicht von einem Übernahmeangebot betroffen ist, vorgenommen hätte, vom Verhinderungsverbot des Abs. 1 Satz 1 aus. Das **Tagesgeschäft** soll also **nicht unange-**

158

---

1 *Grunewald* in Baums/Thoma, § 33 WpÜG Rz. 88 f.
2 BGH v. 21.4.1997 – II ZR 175/95 – ARAG/Garmenbeck – Entscheidung, BGHZ 135, 244 (253 f.); aus der kaum noch überschaubaren Literatur s. zuletzt *Fleischer*, ZIP 2004, 685 mit Nachweisen zum Diskussionsstand in Fn. 2-5.
3 So der Referentenentwurf des UMAG v. 28.1.2004, erhältlich unter: http://www.bmj.bund.de/media/archive/701.pdf.
4 Begr. RegE BT-Drucks. 14/7034, 57 f.; *Steinmeyer/Häger*, § 33 WpÜG Rz. 11; *Hirte* in KölnKomm. WpÜG, § 33 WpÜG Rz. 55.

messen beeinträchtigt werden. Darin erschöpft sich die Ausnahme jedoch nicht. Auch eingeschlagene Unternehmensstrategien sollen ungeachtet des Angebots fortgeführt werden können.[1] Damit können selbst für das Unternehmen wesentliche und außergewöhnliche Transaktionen weiterhin durchgeführt werden, wenn sie vor der Veröffentlichung des Übernahmeangebots geplant und – im Hinblick auf die den Vorstand im Zweifelsfall gemäß § 93 Abs. 2 Satz 2 AktG treffende Beweislast – hinreichend dokumentiert wurden.[2]

159 Ziffer 3.7. des **Deutschen Corporate Governance Kodex** ist dagegen enger und bestimmt, dass der Vorstand nach Bekanntgabe eines Übernahmeangebots keine Handlungen außerhalb des gewöhnlichen Geschäftsverkehrs vornehmen darf, wenn er dazu nicht von der Hauptversammlung ermächtigt ist oder der Aufsichtsrat zugestimmt hat. Über außergewöhnliche Maßnahmen in Fortführung einer eingeschlagenen Unternehmensstrategie darf der Vorstand damit nach dem Wortlaut des Deutschen Corporate Governance Kodex anders als nach § 33 Abs. 1 Satz 1 1. Alt. WpÜG nicht allein entscheiden. Allerdings haben die Regelungen des Deutschen Corporate Governance Kodex keine rechtliche Verbindlichkeit; es müssen lediglich Abweichungen von Empfehlungen nach § 161 AktG offen gelegt werden.[3] Bei Ziffer 3.7 handelt es sich nicht um eine Empfehlung, sondern lediglich um eine (wohl unzutreffende) Gesetzesauslegung der Corporate Governance Kommission.[4]

c) Ausnahme 2: Suche nach einem konkurrierenden Angebot

160 Zulässig ist nach § 33 Abs. 1 Satz 2 2. Alt. WpÜG auch die Suche nach einem konkurrierenden Übernehmer (sog. „**White Knight**"), da hierdurch im Interesse der Aktionäre der Zielgesellschaft möglichst attraktive Angebotskonditionen erreicht werden können.[5] Allerdings ist der „weiße Ritter" bislang vor allem in (amerikanischen) Lehrbüchern, dagegen nicht in der Praxis deutscher Unternehmen aufgetaucht. Ein wesentlicher Grund dürfte in der kurzen Frist von maximal vierzehn Wochen zur Vorlage eines vollständigen Konkurrenzangebots liegen (§§ 14 Abs. 1 Satz 1, 16 Abs. 1 Satz 1 WpÜG).[6] Es bietet sich daher für den Vorstand an, sich bereits vor einer konkreten Übernahme Gedanken über einen möglichen „White Knight" zu machen.

d) Ausnahme 3: Maßnahmen mit Zustimmung des Aufsichtsrats

161 Der Vorstand der Zielgesellschaft kann im Übernahmekampf als Ausnahme zum Verhinderungsverbot des § 33 Abs. 1 Satz 1 WpÜG auch all die Abwehr-

---

1 Begr. RegE BT-Drucks. 14/7034, 58.
2 Vgl. *Winter/Harbarth*, ZIP 2002, 1 (6); *Thoma*, NZG 2002, 105 (110).
3 S. zur Rechtsnatur und Einbettung in § 161 AktG, *Hüffer*, § 161 AktG.
4 *Hirte* in KölnKomm. WpÜG, § 33 WpÜG Rz. 25.
5 Begr. RegE BT-Drucks. 14/7034, 58; vgl. auch *Becker*, ZHR 165 (2001), 280 (285); *Röh* in Haarmann/Riehmer/Schüppen, § 33 WpÜG Rz. 117; *Steinmeyer/Häger*, § 33 WpÜG Rz. 18; *Hopt* in FS Lutter, S. 1361 (1383 f.).
6 *Hirte* in KölnKomm. WpÜG, § 33 WpÜG Rz. 76; *Grunewald* in Baums/Thoma, § 33 WpÜG Rz. 53.

maßnahmen ergreifen, denen der Aufsichtsrat zugestimmt hat (§ 33 Abs. 1 Satz 2 3. Alt. WpÜG). Gemeint ist die **vorherige Zustimmung** (Einwilligung), nicht die (nachträgliche) Genehmigung.[1] Der Aufsichtsrat kann die Erteilung der Einwilligung auf einen Ausschuss delegieren.[2]

Die Ausnahme erstreckt sich allerdings **nur** auf **Maßnahmen der Geschäftsführung**.[3] Maßnahmen, die in die Zuständigkeit der Hauptversammlung fallen, sind nicht erfasst.[4] In Betracht kommen daher vor allem das Ausnutzen von genehmigtem Kapital oder der Erwerb eigener Aktien aufgrund von bestehenden Ermächtigungen der Hauptversammlung. Möglich bleibt ferner das Veräußern von Unternehmensbeteiligungen und von Tochtergesellschaften, sofern dadurch nicht der Satzungszweck berührt wird; solche Transaktionen dürften aber, wenn sie von ihrer Größe überhaupt als Verhinderungsmaßnahmen in Betracht kommen, nach der Geschäftsordnung des Vorstands ohnehin unter dem Zustimmungsvorbehalt des Aufsichtsrats stehen.

162

An die **Ausübung des Ermessens** von Vorstand und Aufsichtsrat sind bei ihren Entscheidungen **strenge Anforderungen** zu stellen. Denn eine bevorstehende Übernahme ist der Prototyp des Interessenkonflikts. Es besteht eine offensichtliche Gefahr, dass die Verwaltung aus Eigeninteresse Abwehrhandlungen vornimmt, die nicht notwendigerweise im Interesse der Gesellschaft sind.[5] Auch das Zustimmungserfordernis des Aufsichtsrats ist nur ein unzureichendes Korrektiv: Aufsichtsratsmitglieder und Vorstand befinden sich in demselben Konflikt. Auf die Grundsätze der *„ARAG/Garmenbeck*-Entscheidung" des BGH,[6] nach der dem Vorstand ähnlich der amerikanischen *Business Judgment Rule* bei unternehmerischen Entscheidungen ein weites Ermessen zusteht, ist in solchen Situationen nicht abzustellen.[7] Eine Abwehrmaßnahme kann daher nur auf § 33 Abs. 1 Satz 2 3. Alt. WpÜG gestützt werden, wenn ein **dringendes Unternehmensinteresse** besteht und dieses Unternehmensinteresse das Interesse der Aktionäre an einer ungestörten Veräußerung ihres Aktienbesitzes eindeutig überwiegt.[8]

163

e) Ausnahme 4: Vorratsbeschlüsse der Hauptversammlung

§ 33 Abs. 2 WpÜG regelt eine weitere Ausnahme vom Verhinderungsverbot des § 33 Abs. 1 Satz 1 WpÜG. Bereits im Vorfeld eines Übernahmeangebotes

164

---

1 *Winter/Harbarth*, ZIP 2002, 1 (8); *Röh* in Haarmann/Riehmer/Schüppen, § 33 WpÜG Rz. 110.
2 *Hirte* in KölnKomm. WpÜG, § 33 WpÜG Rz. 87.
3 *Steinmeyer/Häger*, § 33 WpÜG Rz. 20; *Ekkenga* in Ehricke/Ekkenga/Oechsler, § 33 WpÜG Rz. 57; *Schlitt* in MünchKomm AktG, § 33 WpÜG Rz. 165.
4 *Hirte* in KölnKomm. WpÜG, § 33 WpÜG Rz. 80; *Grunewald* in Baums/Thoma, § 33 WpÜG Rz. 48.
5 *Steinmeyer/Häger*, § 33 WpÜG Rz. 21.
6 BGHZ 135, 244 ff.
7 Vgl. *Steinmeyer/Häger*, § 33 WpÜG Rz. 22; *Ekkenga* in Ehricke/Ekkenga/Oechsler, § 33 WpÜG Rz. 58; *Hirte* in KölnKomm. WpÜG, § 33 WpÜG Rz. 84, 85.
8 *Winter/Harbarth*, ZIP 2002, 1 (10); *Hirte* in KölnKomm. WpÜG, § 33 WpÜG Rz. 83; dagegen vertritt *Grunewald* in Baums/Thoma, § 33 WpÜG Rz. 49, dass die 3. Alt. nicht nur in solchen Ausnahmefällen Anwendung finden kann.

kann die Hauptversammlung die Verwaltung einer Gesellschaft zur Vornahme von Abwehrmaßnahmen ermächtigen. Die **Ermächtigung** kann für höchstens achtzehn Monate erteilt werden und bedarf einer Mehrheit von 75 % des bei der Beschlussfassung vertretenen Grundkapitals, § 33 Abs. 2 WpÜG. Der Vorstand der Zielgesellschaft kann dann Abwehrmaßnahmen, die der Art nach in der Ermächtigung bestimmt sind, während eines laufenden Übernahmeangebots durchführen.

165 Allerdings kann der Vorstand nur zu Maßnahmen ermächtigt werden, welche die Hauptversammlung auch aufgrund der Kompetenzen des Aktienrechts auf den Vorstand übertragen kann.[1] Erfasst sind damit vor allem die Schaffung und Ausnutzung von genehmigtem (§ 202 AktG) und bedingtem Kapital (§ 192 AktG) sowie der Rückkauf eigener Aktien nach § 71 Abs. 1 Nr. 8 AktG. Zudem ist auch die Ermächtigung zum Abschluss und zur Aufhebung von Unternehmensverträgen möglich.[2] Ferner gehören dazu die sog. *Holzmüller*-Fälle,[3] also insbesondere die Veräußerung wesentlicher Beteiligungen.[4]

166 In der Ermächtigung der Hauptversammlung müssen die **Abwehrhandlungen der Art** nach **bestimmt** werden. **Blankettermächtigungen** („alle erforderlichen Maßnahmen") sind damit **ausgeschlossen**. Auf der anderen Seite ist es aber auch nicht erforderlich, die Handlungen im Einzelnen zu bestimmen. Ausreichend sind danach Bestimmungen wie „Durchführung einer Kapitalmaßnahme" (auch unter Ausschluss des Bezugsrechts), „Veräußerung von Beteiligungen" oder „Erwerb eigener Aktien"; die Höhe der Kapitalmaßnahme oder der niedrigste und höchste Gegenwert beim Erwerb eigener Aktien müssen nicht genannt werden.[5] Daher müssen auch nicht Eckpunkte von möglichen Transaktionen in die Ermächtigung aufgenommen werden.[6] Diese werden regelmäßig zum Zeitpunkt des Hauptversammlungsbeschlusses noch gar nicht feststehen.

167 Das Management entscheidet nach pflichtgemäßem Ermessen, ob und welche Abwehrmaßnahme in einer konkreten Übernahmesituation durchgeführt wird. In jedem Fall bedarf die Handlung aufgrund der Vorratsermächtigung der zusätzlichen Zustimmung des Aufsichtsrats (§ 33 Abs. 2 Satz 4 WpÜG).

---

1 Vgl. *Oechsler* in Ehricke/Ekkenga/Oechsler, § 33 WpÜG Rz. 78; *Hirte* in KölnKomm. WpÜG, § 33 WpÜG Rz. 97.
2 *Hirte* in KölnKomm. WpÜG, § 33 WpÜG Rz. 99.
3 *Hirte* in KölnKomm. WpÜG, § 33 WpÜG Rz. 99, 102.
4 Darauf nimmt die Begründung der Beschlussempfehlung des Finanzausschusses (zu Abs.1) ausdrücklich Bezug; hierbei ist aber zu beachten, dass der BGH den Anwendungsbereich der *Holzmüller*-Doktrin in seiner *Gelatine*-Entscheidung (Urteil vom 26.4.2004 – II ZR 154/02 und II ZR 155/02, NJW 2004, 1860) stark eingeschränkt hat (s. hierzu Teil X Rz. 69), so dass fraglich ist, ob bei Beteiligungsverkäufen, die nicht zu einer faktischen Satzungsänderung führen, überhaupt eine ungeschriebene Hauptversammlungszuständigkeit besteht.
5 Finanzausschuss zum RegE WpÜG, BT-Drucks. 14/7477, 53; *Grunewald* in Baums/Thoma, § 33 WpÜG Rz. 62; *Hirte* in KölnKomm. WpÜG, § 33 WpÜG Rz. 118.
6 *Grunewald* in Baums/Thoma, § 33 WpÜG Rz. 62; a.A. *Schlitt* in MünchKomm AktG, § 33 WpÜG Rz. 209.

Ungeachtet der intensiven und kontroversen Diskussion der Vorratsbeschlüsse im Gesetzgebungsverfahren wird in der Praxis soweit ersichtlich von dieser Möglichkeit **kein Gebrauch** gemacht. Zum einen dürfte dies daran liegen, dass ein Vorratsbeschluss die Furcht vor einer Übernahme signalisieren könnte.[1] Zum anderen erscheint auch das praktische Bedürfnis für solche Ermächtigungen gering, da die wichtigsten Maßnahmen (insb. Ausnutzung von genehmigtem Kapital und Rückkauf eigener Aktien) auch allein mit Zustimmung des Aufsichtsrats nach § 33 Abs. 1 3. Alt. durchgeführt werden können.

168

f) Ausnahme 5: Abwehrbeschlüsse der Hauptversammlung

Neben den im Gesetz ausdrücklich normierten Vorratsbeschlüssen der Hauptversammlung nach § 33 Abs. 2 WpÜG kann der Vorstand auch die Hauptversammlung während des laufenden Übernahmeverfahrens über Abwehrmaßnahmen entscheiden lassen.[2] § 16 Abs. 3 WpÜG, der das Einberufungsverfahren einer außerordentlichen Hauptversammlung im Zusammenhang mit dem Angebot während der Angebotsfrist regelt, setzt die Möglichkeit eines solchen Ad-hoc-Abwehrbeschlusses voraus.

169

Die Einberufung einer **Ad-hoc-Hauptversammlung** bietet sich gerade in Situationen an, in denen der Vorstand eine Haftung gegenüber den Aktionären fürchtet. § 16 Abs. 4 WpÜG erleichtert während der Angebotsfrist die Einberufungsformalitäten und senkt die Mindesteinberufungsfrist auf zwei Wochen. Gleichzeitig verlängert sich die Angebotsfrist in einem solchen Fall automatisch auf zehn Wochen (§ 16 Abs. 3 WpÜG). Dadurch wird ein Zeitrahmen geschaffen, der den Abwehrbeschluss und seine Umsetzung vor Vollzug des Angebots, zumindest theoretisch, möglich machen soll.

170

Die inhaltlichen Anforderungen an den Beschluss in einer Ad-hoc-Hauptversammlung sind höher als bei Vorratsbeschlüssen. Da bereits bekannt ist, wer der Bieter ist und wie das Angebot konkret ausgestaltet ist, muss der Beschluss die **Maßnahmen konkret festlegen**.[3]

171

Bei der Entscheidung über die Einberufung ist mit zu berücksichtigen, dass eine solche Hauptversammlung in einem Abwehrkampf öffentlichkeitswirksam sein kann. Ob die notwendigen Mehrheiten erreicht werden können, ist schwerer vorhersehbar als außerhalb von Übernahmesituationen. Ein entscheidender Nachteil ist darüber hinaus die Anfechtbarkeit der Hauptversammlungsbeschlüsse. Der Bieter wird alles daran setzen, die beschlossenen Abwehrmaßnahmen anzugreifen. Vor allem das **Anfechtungsrisiko** und die damit verbundene Unsicherheit dürfte der Hauptgrund dafür sein, dass Abwehrhauptversammlungen soweit ersichtlich bisher keine praktische Relevanz erlangt haben.

172

---

1 *Winter/Harbarth*, ZIP 2002, 1 (12); *Krause*, NJW 2002, 705 (712); *Schlitt* in MünchKomm AktG, § 33 WpÜG Rz. 202.
2 *Oechsler* in Ehricke/Ekkenga/Oechsler, § 16 WpÜG Rz. 13; *Krause*, NJW 2002, 705 (713); *Hirte* in KölnKomm. WpÜG, § 33 WpÜG Rz. 88; *Schneider*, AG 2002, 125 (131).
3 *Hirte* in KölnKomm. WpÜG, § 33 WpÜG Rz. 90; *Schlitt* in MünchKomm AktG, § 33 WpÜG Rz. 194; *Grunewald* in Baums/Thoma, § 33 WpÜG Rz. 60.

4. Diskussion bestimmter Abwehrmaßnahmen

173 Nachdem die Schranken für Abwehrmaßnahmen nunmehr abstrakt abgesteckt sind, sollen im Folgenden einige **konkrete Optionen** zur Verteidigung gegen feindliche Übernahmen diskutiert werden, die in der Praxis von Bedeutung sind. Dabei muss man sich immer vor Augen halten, dass es, wie oben gesehen, einen grundlegenden Unterschied macht, ob die Maßnahme während eines laufenden Übernahmeverfahrens erfolgt oder präventiv und losgelöst von einer konkreten Übernahmesituation. Im ersten Fall gilt speziell § 33 WpÜG, im zweiten die allgemeine Business Judgment Rule, nach der unternehmerische Maßnahmen, die als Präventivmaßnahmen wirken, ergriffen werden dürfen, wenn der Vorstand „[...] ohne grobe Fahrlässigkeit annehmen durfte, auf der Grundlage angemessener Informationen zum Wohle der Gesellschaft zu handeln".[1] (S. hierzu Teil X Rz. 156)

a) Verteuerung einer Übernahme durch Steigerung des Börsenwerts

174 Ein wirksames Mittel gegen Übernahmen ist die Steigerung des Börsenwerts der Zielgesellschaft. Dies verteuert ein Angebot für potenzielle Bieter. Leider gibt es dafür keine einfachen Rezepte. In jedem Fall dürften aber eine **klare Fokussierung der Unternehmensstrategie**, die Konzentration auf Geschäftsfelder, in denen das Unternehmen zu den Marktführern gehört, und nicht zuletzt eine **transparente Kommunikation** insbesondere mit dem Kapitalmarkt zu einer Steigerung des Börsenwerts beitragen. Im Vorfeld einer Übernahme sind darauf gerichtete Maßnahmen regelmäßig rechtlich unproblematisch, da der Vorstand sichtbar zum Wohle der Gesellschaft handelt.[2] Aber auch in einer konkreten Übernahmesituation kann eine solche einmal eingeschlagene Strategie der Steigerung des Börsenwerts fortgeführt werden, selbst wenn sie größere Unternehmenstransaktionen, wie die Veräußerung von Tochterunternehmen außerhalb des Kerngeschäftsfelds, während des Angebots beinhaltet (§ 33 Abs. 1 Satz 2 1. Alt. WpÜG). Allerdings fallen unter diese Ausnahme nicht Maßnahmen, die den Aktienkurs, für den Vorstand erkennbar, nur kurzfristig (gerade während der Dauer des Angebots) steigern; dies könnte etwa durch die vorzeitige Realisierung von stillen Reserven oder anderer Geschäftschancen versucht werden. Solche Maßnahmen sollten (selbst mit Einwilligung des Aufsichtsrats, § 33 Abs. 1 Satz 2 3. Alt. WpÜG) unterbleiben, da dem Vorstand hier eine Begründung mit einer vorher eingeschlagenen Strategie oder mit dem Gesellschaftsinteresse schwer fallen dürfte. Die einzige unproblematische Ausnahme hiervon ist nach § 33 Abs. 1 Satz 2 2. Alt. WpÜG die Suche nach einem konkurrierenden Angebot, auch wenn dies nur zu einer kurzzeitigen Steigerung des Aktienkurses während der Angebotslaufzeit führt; denn hier kann zwar ein Angebot vereitelt, dafür aber den Aktionären die Annahme eines anderen Angebots ermöglicht werden.

---

1 S. den Regierungsentwurf eines Gesetzes zur Unternehmensintegrität und Modernisierung des Anfechtungsrechts (UMAG), nach dem diese Norm als § 93 Abs. 1 Satz 2 in das AktG eingefügt werden soll.
2 Allerdings darf der Vorstand dabei die Interessen der anderen „Stakeholder", also der Mitarbeiter, Gläubiger und der Allgemeinheit, nicht außer Acht lassen.

b) Ausnutzung genehmigten Kapitals

Ein weiteres effizientes Mittel zur Abwehr einer feindlichen Übernahme stellt die Ausnutzung genehmigten Kapitals durch den Vorstand dar. Dagegen dürfte mit Blick auf den Zeitbedarf und das Anfechtungsrisiko eine ordentliche Kapitalerhöhung als Abwehrmaßnahme ausscheiden.

175

Eine **Kapitalerhöhung mit Bezugsrecht** während oder vor einem Übernahmeangebot erhöht den Gesamtpreis der Übernahme für den Bieter. Insofern wird das Angebot erschwert.[1] Allerdings kann dann nicht ausgeschlossen werden, dass der Bieter (entsprechende finanzielle Mittel vorausgesetzt) Bezugsrechte am Markt aufkauft und die Kapitalerhöhung in seinem Sinne zum Aufbau einer Beteiligung nutzt. Das kann man durch den **Ausschluss des Bezugsrechts** der Altaktionäre verhindern. Wird etwa eine Kapitalerhöhung derart durchgeführt, dass ein Dritter die jungen Aktien gegen Einbringung einer Sacheinlage zeichnet, kann dadurch der Aufbau einer beherrschenden Beteiligung durch den Bieter erheblich erschwert werden. In der Praxis kann das z.B. erreicht werden, indem ein strategischer Partner ein Unternehmen als Sacheinlage in die Zielgesellschaft einbringt und dafür junge Aktien erhält,[2] die mindestens 25 % der Stimmrechte in der Hauptversammlung vermitteln. Mit dieser Sperrminorität könnte der Partner dann Umstrukturierungen durch den Bieter blockieren. Dabei muss die Beteiligung nicht einmal nominell 25 % des Grundkapitals (nach Erhöhung des Kapitals) betragen, sondern kann je nach Hauptversammlungspräsenz erheblich darunter liegen.

176

Rechtsgrundlage für das genehmigte Kapital ist ein **satzungsändernder Beschluss der Hauptversammlung**, der mindestens drei Viertel des bei der Beschlussfassung vertretenen Grundkapitals umfassen muss und der den Vorstand für bis zu fünf Jahre ermächtigen kann, das Grundkapital mit Zustimmung des Aufsichtsrats zu erhöhen (§ 202 Abs. 1 und Abs. 2 AktG). Die Hauptversammlung kann auf diese Weise eine Erhöhung von bis zu 50 % des bei der Ermächtigung vorhandenen Grundkapitals autorisieren (§ 202 Abs. 3 AktG). Soll der Vorstand dabei zusätzlich zum Ausschluss des Bezugsrechts ermächtigt werden, ist dies in dem Hauptversammlungsbeschluss über das genehmigte Kapital ausdrücklich vorzusehen (§ 203 Abs. 2 Satz 1 AktG). Der Vorstand hat in diesem Fall der Hauptversammlung, die über das genehmigte Kapital entscheiden soll, einen schriftlichen Bericht vorzulegen, der den Grund für den Ausschluss des Bezugsrechts darlegt und den vorgeschlagenen Ausgabebetrag rechtfertigt (§ 203 Abs. 2 Satz 2 i.V.m. § 186 Abs. 4 Satz 2 AktG). Nach der neueren Rechtsprechung des *BGH* reicht hier eine generell abstrakte Umschreibung des Grundes für den Bezugsrechtsausschluss (etwa Erwerb von Beteiligungen gegen Ausgabe von Aktien in geeigneten Einzelfäl-

177

---

1 *Schwennicke* in Geibel/Süßmann, § 33 WpÜG Rz. 23; *Grunewald* in Baums/Thoma, § 33 WpÜG Rz. 22 m.w.N.
2 Auf diese Weise wurde etwa das Übernahmeangebot von de Benedetti auf die Societé Générale de Belgique abgewehrt; s. *Grunewald* in Baums/Thoma, § 33 WpÜG Rz. 24.

len) und des Gesellschaftsinteresses aus.[1] Ermächtigungen zur Ausgabe von genehmigtem Kapital durch den Vorstand unter Ausschluss des Bezugsrechts sind daher mittlerweile übliche Praxis bei deutschen Publikumsgesellschaften geworden.

178 Mit den materiell niedrigen Anforderungen für den Ermächtigungsbeschluss der Hauptversammlung verlagert sich die Pflicht zur Prüfung, ob der Bezugsrechtsausschluss **sachlich gerechtfertigt** ist, auf den Vorstand.[2] Ein Bericht an die Hauptversammlung ist vor Ausübung des genehmigten Kapitals unter Ausschluss des Bezugsrechts nicht erforderlich.[3] Der Vorstand muss bei seiner Entscheidung beurteilen, ob der Bezugsrechtsausschluss im Gesellschaftsinteresse geeignet, erforderlich und angemessen ist. Im Vorfeld einer Übernahmesituation gelten hier keine Besonderheiten, sieht man von Ausnahmefällen ab, in denen sich eine Umgehung von § 33 WpÜG aufdrängt; Beispiel wäre die Ausübung genehmigten Kapitals, kurz bevor ein Bieter sein Angebot nach § 10 WpÜG veröffentlicht.

179 Nach diesem Zeitpunkt stellt die Ausgabe von neuen Aktien (erst recht unter Ausschluss des Bezugsrechts) jedoch eine grundsätzlich **unzulässige Verhinderungsmaßnahme** dar (§ 33 Abs. 1 Satz 1 WpÜG), es sei denn, sie wirkt sich nur geringfügig auf die Kapitalstruktur aus;[4] die Grenze dürfte nach der gesetzlichen Wertung des § 186 Abs. 3 Satz 4 AktG bei 10 % des Grundkapitals liegen. Andererseits kann auch schon eine geringere Beteiligung die Übernahme verhindern, wenn nämlich der Bieter, etwa um einen Squeeze-Out durchführen zu können, eine hohe Beteiligung an der Zielgesellschaft anstrebt.[5] Auch in solchen Fällen dürfte daher die Ausnutzung genehmigten Kapitals nur unter den Ausnahmetatbeständen des § 33 Abs. 1 Satz 2 (oder Abs. 2) WpÜG möglich sein.

180 Das kann einerseits der Fall sein, wenn die Kapitalmaßnahme Umsetzung einer bereits vor dem Übernahmeangebot eingeschlagenen Unternehmensstrategie ist (1. Alt.). Dies dürfte eher zufällig vorkommen, wenn die Kapitalmaßnahme sowieso schon für einen Zeitraum geplant war, in den dann das Übernahmeangebot fällt; dies muss der Vorstand dokumentieren können.

---

1 BGH v. 30.1.1995 – II ZR 132/93, BGHZ 136, 133 (138 ff.); *Hüffer*, § 203 AktG Rz. 26. Nach einer in der Literatur vertretenen Ansicht müssen allerdings bei Einsatz des genehmigten Kapitals für Abwehrzwecke zusätzlich die Voraussetzungen des § 33 Abs. 2 WpÜG erfüllt sein (Sperrwirkung des § 33 Abs. 2 WpÜG). Das heißt, die Abwehr von Übernahmen muss ausdrücklich im Beschluss der Hauptversammlung als (möglicher) Einsatzzweck des genehmigten Kapitals genannt werden, und das genehmigte Kapital dürfte insoweit nur eine Laufzeit von 18 Monaten haben, s. *Hirte* in KölnKomm. WpÜG, § 33 WpÜG Rz. 117 ff.
2 *Hüffer*, § 203 AktG Rz. 11, 35.
3 Dies ist nicht unstreitig, s. *Hüffer*, § 203 AktG Rz. 36 f. m.w.N.
4 Begr. RegE BT-Drucks. 14/7034, 57; *Maier-Reimer*, ZHR 165 (2001), 258 (267); *Schlitt* in MünchKomm AktG, § 33 WpÜG Rz. 87; *Grunewald* in Baums/Thoma, § 33 WpÜG Rz. 23.
5 *Grunewald* in Baums/Thoma, § 33 WpÜG Rz. 23.

181 Ferner ist es denkbar, dass die Kapitalerhöhung mit Bezugsrechtsausschluss der Aufnahme eines „**White Knight**" als Gesellschafter dient. Wird dadurch (wie regelmäßig) das Angebot des ursprünglichen Bieters vereitelt, kann der Bezugsrechtsausschluss zugunsten des „White Knight" jedoch nicht unter den Ausnahmetatbestand der 2. Alt. (Suche nach einem konkurrierenden Angebot) subsumiert werden, und zwar selbst dann nicht, wenn der „White Knight" im Zusammenhang mit dem Beteiligungserwerb ebenfalls ein Übernahmeangebot abgibt; denn es ist Sache der Aktionäre und nicht des Vorstands, zwischen mehreren Angeboten zu wählen.[1]

182 Weiter bleibt die Zustimmung des Aufsichtsrats als Ausnahmetatbestand (3. Alt.); dies ist insofern unproblematisch, als der Aufsichtsrat dem Ausschluss des Bezugsrechts sowie den Bedingungen der Aktienausgabe ohnehin nach Aktienrecht zustimmen muss (§ 204 Abs. 1 Satz 2 AktG). Materiell darf allerdings eine Abwehrmaßnahme nur auf § 33 Abs. 1 Satz 2 3. Alt. WpÜG gestützt werden, wenn ein **dringendes Unternehmensinteresse** besteht und dieses Unternehmensinteresse das Interesse der Aktionäre an einer ungestörten Veräußerung ihres Aktienbesitzes eindeutig überwiegt (s. hierzu Teil X Rz. 163). Dieses wird man im Zusammenhang mit einem Bezugsrechtsausschluss wiederum nur in Extremfällen annehmen können. Teilweise wird hier die bei Übernahme drohende Vernichtung oder Zerschlagung der Gesellschaft genannt; keinesfalls reicht eine bloße „Überfremdung".[2]

183 Eine Autorisierung der Ausnutzung des genehmigten Kapitals durch eine **Abwehr-Hauptversammlung** ist schließlich wegen des Anfechtungsrisikos in der Praxis wenig ratsam.

184 Insgesamt bleibt festzuhalten, dass die Ausnutzung genehmigten Kapitals während einer Übernahme, insbesondere zusammen mit einem Bezugsrechtsausschluss, erhebliche Rechtsprobleme aufwirft und angesichts des Haftungsrisikos nur (wenn überhaupt) nach sorgfältiger, gut dokumentierter und mit externem Rat untermauerter Prüfung erfolgen sollte.

c) Erwerb oder Veräußerung eigener Aktien

185 Ein anderes Abwehrinstrument kann der Erwerb oder die Veräußerung eigener Aktien durch die Zielgesellschaft sein. In normalen Marktsituationen dürfte der **Aktienkurs** aufgrund der **Angebotsverknappung** beim Rückerwerb eigener Aktien **steigen**. Dadurch kann die Übernahme verteuert werden. Andererseits kann die Gesellschaft das Stimmrecht aus eigenen Aktien nicht ausüben (§ 71b AktG). Gleichzeitig verringert sich die Zahl der umlaufenden Aktien, so dass ein Rückerwerb eigener Aktien einen Kontrollerwerb sogar erleichtern kann, wenn die Kurssteigerung nicht entsprechend hoch ausfällt. Darüber hinaus beschränkt § 71 AktG den Rückerwerb auf höchstens 10 % des Grundkapitals und lässt diesen nur in den in der Vorschrift explizit genannten Fällen zu. Insgesamt eignet sich daher der Rückerwerb eigener Aktien in Deutschland kaum als Abwehrmaßnahme gegen feindliche Übernahmen.

---

1 *Winter/Harbarth*, ZIP 2002, 1 (5).
2 *Hüffer*, § 186 AktG Rz. 32 m.w.N.

186 Effektiver kann (eine entsprechende Ermächtigung der Hauptversammlung nach § 71 Abs. 1 Ziff. 8 Satz 5 AktG vorausgesetzt) die **Veräußerung der eigenen Aktien** durch die Gesellschaft an einen strategischen Partner sein. Eine solche Maßnahme wirkt (wenn auch nur auf eine Beteiligung von höchstens 10 % beschränkt) ähnlich wie die Ausnutzung genehmigten Kapitals unter Ausschluss des Bezugsrechts und unterliegt daher den gleichen Schranken (s. hierzu Teil X Rz. 175 ff.). Damit unterfällt sie während eines Übernahmeangebots dem Verhinderungsverbot des § 33 Abs. 1 Satz 1 WpÜG, kann also **nur ausnahmsweise gerechtfertigt** sein.

d) Ausgabe von Wandel- oder Optionsanleihen

187 Auch die Ausgabe von Wandel- und Optionsanleihen nach § 221 Abs. 1 AktG kann vorbeugend dazu genutzt werden, Übernahmen zu erschweren. Einerseits kann (die Ausübung des Wandel- oder Optionsrechts vorausgesetzt) der Vorstand dadurch eine **zeitversetzte Erhöhung des Grundkapitals** erreichen. Sind die Anleihen unter Ausschluss des Bezugsrechts bei einem strategischen Partner platziert, kann dies einen potenziellen Bieter abschrecken, da er fürchten muss, bei Ausübung des Wandel- oder Optionsrechts einen feindlichen Mitgesellschafter zu erhalten.[1] Andererseits können Wandel- oder Optionsanleihe so ausgestaltet werden, dass diese im Falle eines Kontrollwechsels oder eines Übernahmeangebots sofort fällig werden; dadurch geriete die Zielgesellschaft möglicherweise in Liquiditätsschwierigkeiten. Der Bieter wird bei einer solchen Konstruktion letztlich dazu gezwungen, das Angebot auf die Wandelanleihen zu erstrecken.[2] Damit wird der Preis für eine erfolgreiche Übernahme erhöht.

e) IPO von Tochtergesellschaften

188 Ein weiteres Mittel, um den Preis für eine Übernahme zu erhöhen, ist der Börsengang von Tochtergesellschaften („**Equity Carve-Out**"). Erwirbt der Bieter die Kontrolle über die Muttergesellschaft und wird diese zu einem Tochterunternehmen des Bieters im Sinne des § 2 Abs. 6 WpÜG (Definition des § 290 HGB oder beherrschender Einfluss), dann erwirbt der Bieter **mittelbar** die **Kontrolle** über alle Beteiligungen der Zielgesellschaft, an denen diese mindestens 30 % der Stimmrechte hält (§§ 30 Abs. 1 Ziff. 1, 29 Abs. 2 WpÜG). Ist eine von diesen Tochtergesellschaften börsennotiert, muss der Bieter zusätzlich zu dem Übernahmeangebot an die Aktionäre der Zielgesellschaft auch ein Pflichtangebot an die Aktionäre dieser börsennotierten Tochtergesellschaft abgeben. Hat die Tochtergesellschaft eine hohe Börsenbewertung, kann dies eine Übernahme der Muttergesellschaft finanziell unattraktiv machen. Im Rahmen des Geschäftsleiterermessens des Vorstands ist ein *Equity Carve-Out* als präventive Abwehrmaßnahme möglich. Während eines Angebots kommt die Börsennotierung einer Tochtergesellschaft schon aus Zeitgründen nicht in Betracht.

---

1 *Röh* in Haarmann/Riehmer/Schüppen, § 33 WpÜG Rz. 84.
2 *Schwennicke* in Geibel/Süßmann, § 33 WpÜG Rz. 66.

f) Senkung der Attraktivität der Zielgesellschaft für den Bieter

Denkbar ist es, zur Abwehr einer feindlichen Übernahme **wertvolle Tochtergesellschaften oder Unternehmensteile zu veräußern**, insbesondere solche, die für den Bieter aufgrund seiner Ausrichtung besonders interessant sind. Eine solche Veräußerung von „**Crown Juwels**" ist für den Vorstand jedoch im Hinblick auf seine Verhaltenspflichten besonders kritisch, da hier ein Unternehmensinteresse schwer darzulegen sein wird. Denn der Vorstand nimmt nicht nur den Aktionären die Möglichkeit, ihre Aktien zu veräußern, sondern nimmt darüber hinaus dem Unternehmen einen wertvollen Betriebsteil. Dies kann nur ausnahmsweise gerechtfertigt sein, wenn die Transaktion Teil einer schon vor dem Bekanntwerden des Übernahmeangebots eingeschlagenen Strategie ist (§ 33 Abs. 1 Satz 2 1. Alt. WpÜG) und der Preis nachweisbar marktgerecht ist. Greift diese Ausnahme nicht, dürfte es noch schwieriger sein, ein dringendes Unternehmensinteresse an einer Veräußerung zu begründen, das Grundlage einer Zustimmung des Aufsichtsrats nach § 33 Abs. 1 Satz 2 3. Alt. WpÜG sein könnte. In jedem Fall muss der Vorstand bei einer Veräußerung von „Kronjuwelen" während eines Übernahmeverfahrens mit Haftungsklagen von Aktionären rechnen. 189

Es sind jedoch im Vorfeld von Übernahmeangeboten strategische Maßnahmen möglich, die weniger stark in das Unternehmen eingreifen, gleichzeitig aber eine Übernahme ebenfalls unattraktiv machen können. Anstatt eines Verkaufs könnte eine wesentliche Beteiligung in ein **Joint Venture** mit einem strategischen Partner eingebracht werden. Dabei könnte beiden Partnern im Falle eines Kontrollwechsels des jeweils anderen Partners eine Kaufoption auf den Anteil dieses Partners eingeräumt werden.[1] Eine solche Konstruktion kann durchaus im Unternehmensinteresse liegen. Man ist dann allerdings bei wichtigen Entscheidungen auf den anderen Partner angewiesen, was bei Spannungen zu Problemen für das Joint Venture führen kann. Zu berücksichtigen ist weiter, dass allein zur Preisbestimmung und Festlegung von Details für die Kaufoption ein vollständiger Unternehmenskaufvertrag verhandelt und unterzeichnet werden muss. In jedem Fall ist ist die Eingehung eines solchen Joint Ventures während eines laufenden Angebots grundsätzlich ebenfalls als Verhinderungsmaßnahme anzusehen, die nur nach den Ausnahmevorschriften des § 33 Abs. 1 Satz 2 (oder Abs. 2) WpÜG möglich ist. 190

Neben dem Joint Venture-Modell können auch **Änderungen im Produktportfolio**, Änderungen des Vertriebs oder andere organisatorische Maßnahmen die Attraktivität der Zielgesellschaft zumindest für bestimmte strategische Interessenten senken. Handelt es sich dagegen um Finanzinvestoren, erschwert die **Reduktion des Kassenbestands** (etwa durch Erwerb eines Unternehmens) deren Refinanzierung. Allerdings können auch solche Maßnahmen, wenn sie erst während eines Übernahmeangebots erfolgen, unter das Verhinderungsverbot des § 33 Abs. 1 WpÜG fallen.[2] 191

---

1 Vgl. *Krause*, AG 2002, 133 (143); *Brandi* in Thaeter/Brandi, Teil 3 Rz. 551.
2 *Hirte* in KölnKomm. WpÜG, § 33 WpÜG Rz. 59.

192 Schließlich können auch **langfristige vertragliche Bindungen** mit strategischen Partnern eine Übernahme erschweren. Einerseits in dem Sinne, dass der Bieter ein Interesse daran hätte, diese Vertragsbeziehungen (etwa Lieferverträge) zu beenden, dies aber aufgrund der Langfristigkeit nicht kann; andererseits in dem Sinne, dass diese Verträge eine Kündigungsmöglichkeit bei einem Kontrollwechsel enthalten und so der Bieter von wichtigen Lieferanten oder Kundenbeziehungen abgeschnitten wird. Allerdings dürfte die (nachträgliche) Vereinbarung einer **„change-of-control"-Klausel** in einem wichtigen Vertrag während eines Übernahmeangebots wiederum ein Fall für das Verhinderungsverbot des § 33 Abs. 1 Satz 1 WpÜG sein.[1]

g) Erschwerung des Kontrollerwerbs durch Veräußerungsbeschränkungen

193 Die Abwehr von feindlichen Übernahmen kann konzeptionell auch dadurch erfolgen, dass die **Veräußerung** von Aktien durch die Aktionäre an die **Zustimmung der Gesellschaft** (und damit des Vorstands) gebunden wird. Ein Kontrollerwerb ist dann gegen den Willen des Vorstands nicht möglich. Eine solche Zustimmungsbindung kann rechtlich entweder durch eine Aufnahme des Zustimmungserfordernisses in die Satzung (Vinkulierung) oder durch eine vertragliche Vereinbarung zwischen der Gesellschaft und einzelnen Aktionären erreicht werden. Schließlich kommen auch Vereinbarungen zwischen Aktionären, die die Veräußerung beschränken, in Betracht; dies kann ein wirksames Abwehrmittel sein, wenn es sich zumindest bei einem dieser Aktionäre um einen strategischen Partner (des Vorstands) handelt.

aa) Vinkulierung

194 Die Vinkulierung ist in § 68 Abs. 2 AktG geregelt und führt zu einer dinglichen Veräußerungsbeschränkung, das heißt, ein Erwerb von Aktien ohne Zustimmung der Gesellschaft ist nicht wirksam. Möglich ist die Vinkulierung **nur bei Namensaktien**, nicht aber bei Inhaberaktien.[2] Ferner ist eine nachträgliche Vinkulierung bei börsennotierten Gesellschaften praktisch unmöglich, da sie der Zustimmung aller Aktionäre bedarf (§ 180 Abs. 2 AktG). Eine bestehende Vinkulierung kann allerdings in einem konkreten Übernahmeverfahren als Abwehrmittel eingesetzt werden, indem der Vorstand die Zustimmung zum Erwerb der Aktien durch den Bieter verweigert. Eine solche Verweigerung ist an § 33 Abs. 1 WpÜG zu messen. Durch die Verweigerung der Zustimmung wird das Angebot vereitelt und die Aktionäre werden an der Veräußerung ihrer Aktien gehindert. Folglich verstößt sie gegen das Verhinderungsverbot und kann nur in einem der Ausnahmefälle des § 33 Abs. 1 Satz 2 WpÜG gerechtfertig sein.[3] Dabei kommt alleine die Zustimmung des Aufsichtsrats (§ 33 Abs. 1 Satz 2 3. Alt. WpÜG) in Betracht. Diese darf nur beantragt oder erteilt werden, wenn ein dringendes Unternehmensinteresse besteht und dieses Un-

---

1 *Hirte* in KölnKomm. WpÜG, § 33 WpÜG Rz. 59; *Grunewald* in Baums/Thoma, § 33 WpÜG Rz. 40.
2 *Hüffer*, § 68 AktG Rz. 10.
3 *Hirte* in KölnKomm. WpÜG, § 33 WpÜG Rz. 59 m.w.N. in Fn. 109; abweichend *Schwennicke* in Geibel/Süßmann, § 33 WpÜG Rz. 55.

ternehmensinteresse das Interesse der Aktionäre an einer ungestörten Veräußerung ihres Aktienbesitzes eindeutig überwiegt (s. hierzu Teil X Rz. 163). Ähnlich wie beim Bezugsrechtsausschluss ist dies nur in Extremfällen denkbar, etwa wenn konkrete Hinweise auf eine vorwerfbare Schädigungsabsicht des Bieters vorliegen – wofür eine reine Zerschlagungs- und „Versilberungsabsicht" aber wiederum nicht ausreicht.[1]

bb) Vereinbarungen zwischen Gesellschaft und Aktionären oder zwischen Aktionären

Außer durch Vinkulierung der Aktien kann die Übertragbarkeit von Aktien durch **schuldrechtliche Vereinbarungen** (Andienungspflichten, Verfügungsbeschränkungen sowie Vorkaufsrechte) beschränkt werden. Solche schuldrechtlichen Vereinbarungen hindern die Wirksamkeit einer Aktienübertragung anders als die Vinkulierung aber nicht. Ein potenzieller Bieter könnte den Aktionär regelmäßig von Schadensersatzansprüchen der Vertragspartner freistellen, so dass hierdurch kein wirksames Übernahmehemmnis geschaffen werden kann. Befinden sich die Aktien einer Zielgesellschaft im Streubesitz, ist es überdies ohnehin schwerlich möglich, mit einer relevanten Anzahl von Aktionären schuldrechtliche Übertragungshindernisse zu vereinbaren.[2]

h) Erschwerung des Kontrollerwerbs durch Stimmrechtsbeschränkungen

Der Erwerb der Kontrolle kann präventiv auch durch Stimmrechtsbeschränkungen der Aktien der Zielgesellschaft erschwert werden. Nach den Änderungen des AktG durch das Gesetz zur Kontrolle und Transparenz im Unternehmensbereich (KonTraG)[3] ist jedoch die Einräumung von **Höchststimmrechten** bei börsennotierten Gesellschaften nicht mehr möglich (§ 134 Abs. 1 Satz 2 AktG), bestehende Höchststimmrechte sind zum 1.6.2000 erloschen (§ 5 Abs. 6 EGAktG). Mehrfachstimmrechte sind sogar generell unzulässig (§ 12 Abs. 2 AktG) und bestehende **Mehrfachstimmrechte** sind grundsätzlich zum 1.6.2003 erloschen (§ 5 Abs. 1 Satz 1 EGAktG). Eine Beschränkung des Stimmrechts ist bei Aktien gesellschaftsrechtlich nur noch durch die Ausgabe stimmrechtsloser Vorzugsaktien möglich (§ 12 Abs. 1 Satz 2 AktG). **Stimmrechtslose Vorzugsaktien** dürfen gemäß § 139 Abs. 2 AktG die Hälfte des Grundkapitals ausmachen. Werden nur Vorzugsaktien an der Börse gehandelt, während die stimmrechtsvermittelnden Stammaktien bei zuverlässigen Investoren platziert werden, ist eine Übernahme faktisch ausgeschlossen. Allerdings wird sich diese Tatsache regelmäßig in einer niedrigeren Börsenbewertung niederschlagen. Bei Kapitalbedarf ist schließlich auch daran zu denken, anstelle von Aktien Genussscheine auszugeben; Genussscheine vermitteln keine Verwaltungs- oder Stimmrechte.

Neben gesetzlichen oder satzungsmäßigen Beschränkungen der Stimmrechtsmacht besteht auch die Möglichkeit, **schuldrechtliche Stimmbindungsverträ-**

---

1 *Mertens* in KölnKomm. AktG, § 76 AktG Rz. 26; *Schanz*, NZG 2000, 337 (341).
2 *Assmann/Bozenhardt*, ZGR, Sonderheft 9 („Übernahmeangebote"), S. 1 (119 f.).
3 BGBl. I 1998, S. 786.

ge zu vereinbaren. Allerdings ist der Abschluss solcher Stimmbindungsverträge ordnungswidrig, wenn mit einem Aktieninhaber besondere Vorteile als Gegenleistung für ein bestimmtes Stimmverhalten in der Hauptversammlung vereinbart werden (§ 405 Abs. 3 Nr. 6 und 7 AktG).

i) Erschwerung der Neubesetzung von Aufsichtsrat und Vorstand

198 Die kurzfristige Neubesetzung von Aufsichtsrat und Vorstand gegen ihren Willen ist nach den in Deutschland geltenden Bestimmungen schwierig. Der Aufsichtsrat ist aufgrund des MitbestG regelmäßig zur Hälfte mit Vertretern der Arbeitnehmer besetzt. Diese Mitglieder kann der Bieter nicht ersetzen. Für eine **vorzeitige Abberufung der Aufsichtsratsmitglieder** der Aktionäre muss eine Hauptversammlung einberufen werden (§ 103 Abs. 1 Satz 1 AktG), die dann mit einer **qualifizierten Mehrheit von 75 %** der abgegebenen Stimmen die Abberufung beschließen muss (§ 103 Abs. 1 Satz 2 AktG). Der Aufsichtsrat wiederum kann die Bestellung eines **Mitglieds des Vorstands** nur vorzeitig widerrufen, wenn in der Person dieses Vorstandsmitglieds ein **wichtiger Grund** vorliegt (§ 84 Abs. 3 Satz 1 AktG). Ein solcher Grund ist nach § 84 Abs. 3 Satz 2 AktG namentlich eine grobe Pflichtverletzung, die Unfähigkeit zur ordnungsmäßigen Geschäftsführung oder ein Vertrauensentzug durch die Hauptversammlung (Beschluss mit einfacher Mehrheit), es sei denn, dass das Vertrauen aus offensichtlich unsachlichen Gründen entzogen worden ist.

199 Insgesamt stellen schon diese gesetzlichen Vorschriften ein nicht unerhebliches Übernahmehindernis dar. Darüber hinaus sind noch weiter gehende Gestaltungen zulässig, die eine feindliche Übernahme zusätzlich erschweren.

200 So können die **Amtszeiten** der einzelnen Aufsichtsratsmitglieder **gestaffelt** werden[1] (sog. **Staggered Board**). Dadurch kann man erreichen, dass die ordentliche Bestelldauer einzelner Aufsichtsratsmitglieder zu jedem Zeitpunkt drei bis fünf Jahre beträgt. Damit ist es für einen Bieter unmöglich, einen Zeitpunkt für seinen Übernahmeversuch zu finden, an dem die reguläre Amtszeit aller Mitglieder ausläuft.[2] Ferner kann bestimmten Aktionären oder den Inhabern bestimmter Aktien in der Satzung ein Recht zur Entsendung von Mitgliedern in den Aufsichtsrat eingeräumt werden (§ 101 Abs. 2 AktG). Die Anzahl der durch Entsendung besetzten Mandate darf aber ein Drittel der Aufsichtsratsmitglieder nicht überschreiten (§ 101 Abs. 2 Satz 4 AktG). Schließlich kann nach §§ 103 Abs. 1 Satz 3, 133 Abs. 2 AktG in der Satzung vorgesehen werden, dass für Wahlen zum Aufsichtsrat nicht der Grundsatz der einfachen Stimmenmehrheit, sondern schärfere oder auch mildere Anforderungen gelten sollen. Damit können die Anforderungen an den Austausch von Aufsichtsratsmitgliedern weiter erhöht werden. Zugleich erhöht sich damit die Schwelle,

---

[1] Dabei ist lediglich zu beachten, dass die Rechtsstellung aller Aufsichtsratsmitglieder gleichwertig sein muss. Dagegen kann die Amtszeit ohne weiteres variieren, BGH v. 15.12.1986 – II ZR 18/86, BGHZ 99, 211 (215); zu „staggered boards" und zu weiteren Möglichkeiten: *Michalski*, AG 1997, 152 (154 ff.).
[2] *Ekkenga* in Ehricke/Ekkenga/Oechsler, § 33 WpÜG Rz. 106; *Grunewald* in Baums/Thoma, § 33 WpÜG Rz. 37.

die eine Erwerbergesellschaft zum Erreichen einer einflussreichen Position überschreiten muss.

Wie beim Aufsichtsrat können auch die Amtszeiten der Mitglieder des Vorstands gestaffelt werden. Ist die Zahl der Vorstandsmitglieder allerdings nach der Satzung nicht begrenzt, kann ein neuer Aktionär Vorstandsmitglieder bestellen und so die Mehrheitsverhältnisse im Vorstand ändern.[1] Fraglich ist aber, ob ein derart gespaltener Vorstand, der in Gesamtverantwortung für das Unternehmen wichtige Entscheidungen zu treffen hat, seine Geschäftsleitungsaufgabe überhaupt wahrnehmen kann. 201

Es ist ferner denkbar, mit den Vorstandsmitgliedern die Zahlung hoher **Abfindungen** für den Fall eines Ausscheidens nach einem erfolgreichen Übernahmeangebot zu vereinbaren (so genannte **Golden Parachutes**),[2] um dem Erwerber so die Übernahme zu erschweren. Allerdings wird diese Maßnahme allein kaum ein geeignetes Abwehrmittel[3] darstellen, da die Abfindung im Verhältnis zum Gesamtpreis in der Regel nicht wesentlich ins Gewicht fallen dürfte. Zudem könnten Verwaltungsmitglieder hierdurch sogar dazu motiviert werden, aus eigennützigen Erwägungen gegen das Wohl der Gesellschaft zum Gelingen der Übernahme beizutragen. Schließlich muss sich eine solche Abfindung an § 87 Abs. 1 AktG messen lassen, also unter Betrachtung der Gesamtbezüge des einzelnen Vorstandsmitglieds in einem angemessenen Verhältnis zu den Aufgaben des Vorstandsmitglieds und zur Lage der Gesellschaft stehen. Das Mannesmann-Verfahren hat gezeigt, dass diese Vorschrift kein „zahnloser Tiger" ist, sondern ein gravierender Verstoß über den Untreuetatbestand (§ 266 StGB) sogar strafrechtliche Relevanz für die Mitglieder des Aufsichtsrats hat, die über die Abfindung entscheiden (s. hierzu Teil X Rz. 153). 202

j) Ausnutzung regulatorischer Beschränkungen

Ein Kontrollerwerb durch den Bieter kann auch an regulatorischen Beschränkungen scheitern. Zu denken ist hier zunächst an das **Kartellrecht**, das bei grundsätzlich jeder Transaktion, bei der ein Kontrollwechsel stattfindet, zu beachten ist. Dabei kann ein Hinweis an die zuständigen Kartellbehörden im Rahmen eines laufenden Verfahrens über bestimmte kartellrechtliche Probleme (z.B. Entstehen von marktbeherrschenden Positionen) durch den Vorstand der Zielgesellschaft keine Verhinderungshandlung im Sinne des § 33 Abs. 1 Satz 1 WpÜG sein. Das ist anders, wenn die Zielgesellschaft nach Bekanntwerden eines Übernahmeangebots ein mit dem Bieter konkurrierendes Unternehmen kauft und dadurch erst kartellrechtliche Schwierigkeiten schafft.[4] Eine solche Maßnahme ist nur nach den Ausnahmevorschriften des § 33 Abs. 1 Satz 2 (oder Abs. 2) WpÜG zulässig, also insbesondere dann, wenn der Vor- 203

---

1 Schanz, § 17 Rz. 30.
2 Vgl. nur Michalski, AG 1997, 152 (160), der dabei allerdings vor allem auf die USA verweist; ebenso Hauschka/Roth, AG 1988, 181 (192).
3 Im Ergebnis ebenso Dreher, AG 2002, 214 (217); Ekkenga in Ehricke/Ekkenga/Oechsler, § 33 WpÜG Rz. 117.
4 So Begr. RegE BT-Drucks. 14/7034, 58; Grunewald in Baums/Thoma, § 33 WpÜG Rz. 35.

stand dokumentieren kann, dass er dieses Unternehmen zu diesem Zeitpunkt im Rahmen seiner Unternehmensstrategie auch erworben hätte, wenn kein Übernahmeangebot abgegeben worden wäre (§ 33 Abs. 1 Satz 2 1. Alt. WpÜG).

204 Neben dem Kartellrecht können weitere regulatorische Beschränkungen für den Erwerb der Zielgesellschaft oder einer ihrer Tochtergesellschaften gelten. So kann etwa die BaFin als zuständige Aufsichtsbehörde den Erwerb einer **bedeutenden Beteiligung an einem Kreditinstitut oder Finanzdienstleistungsinstitut** nach § 2b Abs. 1a KWG untersagen; als Gründe kommen die Unzuverlässigkeit des Erwerbers oder eine Beeinträchtigung der wirksamen Aufsicht (insbesondere, wenn der Erwerber in einem Staat seinen Sitz hat, in dem keine wirksame Aufsicht besteht) in Betracht. Vergleichbare Vorschriften finden sich auch in vielen ausländischen Rechtsordnungen. Andere oft **regulierte Branchen** sind etwa Versicherungen, Luftfahrt, Rüstung, Energie, Rohstoffe und Logistik. Der Vorstand sollte die für seinen Konzern geltenden regulatorischen Beschränkungen für Kontrollwechsel möglichst schon im Vorfeld einer Übernahme systematisch erfassen und auswerten.

k) Gegenangebot („Pac Man")

205 Aus dem anglo-amerikanischen Rechtsraum stammt ein weiteres Verteidigungsinstrument, nämlich die als „Pac Man"-Strategie bezeichnete Abgabe eines Gegenangebots an die Aktionäre des Bieters oder seiner Obergesellschaft.[1] Das Ziel ist dabei, die **Kontrolle über den Bieter** zu erlangen. Nach deutschem Recht kann ein Kontrollerwerb durch den Bieter jedoch schon verhindert werden, wenn die **Zielgesellschaft eine Beteiligung von über 25%** am Bieter erwirbt. Erreicht dann der Bieter ebenfalls eine Beteiligung an der Zielgesellschaft, die 25% überschreitet, gelten beide Gesellschaften als wechselseitig beteiligt (§ 19 Abs. 1 AktG). Rechtsfolge einer solchen wechselseitigen Beteiligung ist die **Beschränkung der Stimmrechte auf 25%** (§ 328 Abs. 1 Satz 1 AktG). Das heißt, selbst wenn der Bieter durch sein Angebot 90% der Aktien einsammelt, ist seine Stimmrechtsmacht auf 25% beschränkt, wenn er nicht der Zielgesellschaft seine Beteiligung zuerst gemeldet hat (§ 328 Abs. 2 AktG). Diese Aussicht dürfte den Bieter von einer Übernahme abhalten. Daher wird man die Abgabe eines Übernahmeangebots an die Aktionäre des Bieters nach Bekanntwerden von dessen Angebot auch als Verhinderungshandlung einstufen müssen (§ 33 Abs. 1 Satz 1 WpÜG).[2] Auch hier gilt also wieder, die „Pac Man"-Strategie ist unzulässig; nur wenn das Angebot auf die Bietergesellschaft unabhängig von deren Angebot auf die Zielgesellschaft geplant war, kann § 33 Abs. 1 Satz 2 1. Alt. WpÜG ein Gegenangebot rechtfertigen. Die übrigen Ausnahmen vom Verhinderungsverbot dürften ausscheiden; insbesondere wird man kaum ein dringendes Unternehmensinteresse, das eine Zustimmung des Aufsichtsrats (§ 33 Abs. 1 Satz 2 3. Alt. WpÜG) möglich machen würde, darlegen können.

---

1 Vgl. hierzu auch *Adolff/Meister/Randell/Stephan*, S. 226.
2 Begr. RegE BT-Drucks. 14/7034, 58; *Krause*, AG 2002, 133 (140); *Schwennicke* in Geibel/Süßmann, § 33 WpÜG Rz. 52; *Ekkenga* in Ehricke/Ekkenga/Oechsler, § 33 WpÜG Rz. 119; *Grunewald* in Baums/Thoma, § 33 WpÜG Rz. 34.

l) Werbemaßnahmen

Grundsätzlich ist Werbung im Zusammenhang mit öffentlichen Angeboten zulässig.[1] Bezüglich der Werbemethoden gibt das Gesetz keine Einschränkung vor, so dass grundsätzlich alle Arten von Werbemethoden gestattet sind. Zu beachten sind allerdings auch bei Roadshows oder Analystentreffen die Regeln des **Insiderrechts** (§§ 14, 15 WpHG).

Die Vorstände haben bei Werbemaßnahmen die Interessen der Unternehmen zu wahren. Bestimmte Arten der Werbung können von der BaFin nach § 28 Abs. 1 WpÜG untersagt werden, um Missständen vorzubeugen. Vor allem unzulässige Werbemethoden, unwahre Werbeaussagen, irreführende Analysen und Prognosen sowie unsachliche Äußerungen können untersagt werden.

5. Rechtsfolgen bei Verstößen gegen Verhaltenspflichten

Verstößt ein Mitglied des Vorstands oder des Aufsichtsrats gegen seine Verhaltenspflichten, kann die Gesellschaft nach § 93 Abs. 2 AktG (Vorstand) und nach § 116 Satz 1 AktG (Aufsichtsrat) **Schadensersatz** verlangen. Ein solches Szenario ist gar nicht einmal unwahrscheinlich. Gelingt die feindliche Übernahme trotz der Abwehrmaßnahme, hat diese Abwehrmaßnahme aber zu einem Schaden für die Gesellschaft geführt (etwa durch den Verkauf einer wertvollen Beteiligung unter Wert), müssen der (ehemalige) Vorstand und der Aufsichtsrat mit einer genauen Prüfung ihrer Handlungen durch die nunmehr vom Bieter kontrollierte Gesellschaft rechnen. Wird andererseits die Übernahme durch den Vorstand vereitelt, wird dies Aktionäre, die das Angebot annehmen wollten, dazu motivieren, ihrerseits rechtliche Schritte einzuleiten. Dabei können sie sich auf einige Stimmen in der Literatur berufen, die § 33 WpÜG als Schutzgesetz im Sinne des § 823 Abs. 2 BGB ansehen;[2] damit könnten die Aktionäre ihren eigenen Vermögensschaden (Differenz zum Angebotspreis) persönlich gegenüber dem Vorstand geltend machen.

Darüber hinaus ist es auch denkbar, dass Aktionäre nach Bekanntwerden eines Übernahmeangebots auf **Unterlassung bestimmter** vom Vorstand eingeleiteter **Abwehrmaßnahmen** klagen. Dies ist umso wahrscheinlicher, als der Bieter zu diesem Zeitpunkt bereits Aktien der Zielgesellschaft halten dürfte. Der Unterlassungsanspruch kann darauf gestützt werden, dass Abwehrmaßnahmen, die nicht unter die Ausnahmetatbestände des § 33 Abs. 1 Satz 2 WpÜG fallen, im Kompetenzbereich der Hauptversammlung liegen (§ 33 Abs. 2 WpÜG).[3] Ein verbandsrechtlicher Abwehranspruch gegen Übergriffe in die Zuständigkeit der Hauptversammlung ist seit dem *Holzmüller*-Urteil des BGH[4] anerkannt.

---

1 Vgl. § 28 WpÜG; *Körner*, DB 2001, 367 (370) zu RegE WpÜG.
2 *Hirte*, ZGR 2002, 623 (654 f.); *Hirte* in KölnKomm. WpÜG, § 33 WpÜG Rz. 159 f.; *Röh* in Haarmann/Riehmer/Schüppen, § 33 WpÜG Rz. 150; a.A. *Winter/Harbarth*, ZIP 2002, 1 (16).
3 *Hirte*, ZGR 2002, 623 (651); *Winter/Harbarth*, ZIP 2002, 1 (17); *Röh* in Haarmann/Riehmer/Schüppen, § 33 WpÜG Rz. 136.
4 BGH v. 25.2.1982 – II ZR 174/80, BGHZ 83, 122 = AG 1982, 152.

210 Gemäß § 60 Abs. 1 Nr. 8 i.V.m. Abs. 3 WpÜG kann schließlich demjenigen, der eine Maßnahme entgegen § 33 Abs. 1 Satz 1 WpÜG ergreift, ein **Bußgeld** in Höhe von bis zu 1 Mio. Euro auferlegt werden.[1]

6. Vorgaben der EU-Übernahmerichtlinie für Abwehrmaßnahmen

211 Die EU-Übernahmerichtlinie[2] (s. hierzu Teil X Rz. 21 ff.) die bis zum 20.5.2006 in nationales Recht umgesetzt werden muss, enthält in Art. 9 ein **wesentlich restriktiveres Regime für Abwehrmaßnahmen** während Übernahmeangeboten als § 33 WpÜG. Darüber hinaus suspendiert Art. 11 für den Zeitraum des Übernahmeangebots die Wirksamkeit bestimmter präventiver Übernahmehindernisse (namentlich Vinkulierungen und Stimmrechtsbeschränkungen). Schließlich erhöht Art. 10 die Transparenz von Übernahmehindernissen, indem er deren Offenlegung im Lagebericht vorschreibt.

a) „Opting-out", „opting-in", Reziprozität

212 Der nationale Gesetzgeber ist allerdings nicht gezwungen, die Regelungen über Verteidigungsmaßnahmen und Übernahmehindernisse in Art. 9 und 11 zu übernehmen („opting-out", Art. 12 Abs. 1 Übernahmerichtlinie). Der deutsche Gesetzgeber wird dies vermutlich auch nicht tun.[3] Dennoch können diese Regelungen Geltung für Übernahmen in Deutschland erhalten, nämlich wenn sich Unternehmen durch Beschluss der Hauptversammlung freiwillig entscheiden, das Regime der Art. 9 und/oder 11 der Übernahmerichtlinie zu beachten („opting-in", Art. 12 Abs. 2 Unterabs. 2 Übernahmerichtlinie); eine solche Möglichkeit muss der deutsche Gesetzgeber vorsehen (Art. 12 Abs. 2 Unterabs. 1 Übernahmerichtlinie) (s. hierzu Teil X Rz. 21). Ferner kann er dann aber Unternehmen, die sich für ein „opting-in" entschieden haben, wiederum von der Anwendbarkeit der EU-Regeln befreien, wenn der Bieter diesen Regeln nicht unterworfen ist (Art. 12 Abs. 3 Übernahmerichtlinie).

b) Neutralitätsgebot

213 Inhaltlich statuiert Art. 9 Übernahmerichtlinie ein striktes Neutralitätsgebot für das Leitungs- bzw. Verwaltungsorgan einer Zielgesellschaft spätestens ab dem Zeitpunkt, an dem der Bieter die Entscheidung zur Abgabe eines Angebots bekannt gemacht hat (Art. 9 Abs. 2 Unterabs. 1). Danach darf das Leitungs- bzw. Verwaltungsorgan, in Deutschland der Vorstand, **keine Maßnahmen** ergreifen, **durch die das Angebot vereitelt werden könnte**, wenn nicht eine während des Übernahmeangebots abgehaltene **Hauptversammlung** den Vorstand dazu **ermächtigt** hat. Das gilt insbesondere für die Ausgabe von Wertpapieren, durch die der Bieter an der Erlangung der Kontrolle gehindert werden könnte. Der Vorstand dürfte also ein genehmigtes Kapital nicht ohne nochma-

---

1 Dazu *Möller*, AG 2002, 170 (174 ff.).
2 Richtlinie 2004/25/EG des Europäischen Parlaments und des Rates v. 21.4.2004 betreffend Übernahmeangebote, ABl. L 142 v. 30.4.2004, S. 12 ff.
3 So auch *Krause*, BB 2004, 113 (114).

ligen Hauptversammlungsbeschluss ausüben; die Zustimmung des Aufsichtsrats reicht nicht.

Von diesem Vereitelungsverbot gibt es nur **zwei Ausnahmen**: erstens die **Suche nach einem konkurrierenden Angebot** (Art. 9 Abs. 2 Unterabs. 1 Übernahmerichtlinie) und zweitens **Maßnahmen, die Entscheidungen vor Bekanntmachung des Übernahmeangebots umsetzen**, wenn diese Entscheidungen schon ganz oder teilweise umgesetzt wurden oder im normalen Geschäftsverlauf gefasst wurden (Art. 9 Abs. 3 Übernahmerichtlinie). 214

Die erste Ausnahme entspricht § 33 Abs. 1 Satz 2 2. Alt. WpÜG. Die zweite Ausnahme ähnelt § 33 Abs. 1 Satz 2 1. Alt. WpÜG, ist allerdings wesentlich enger. Denn es muss zumindest bereits eine Entscheidung über die Maßnahme getroffen sein,[1] allein das Vorhandensein einer Strategie, die dann umgesetzt wird, reicht nicht; außerdem besteht eine Beschränkung auf den „**ordinary course of business**". Konkret heißt das etwa beim Erwerb eines Unternehmens gegen Ausgabe genehmigten Kapitals (unter Ausschluss des Bezugsrechts), dass der Vorstand den Beschluss über den Erwerb vor Bekanntmachung des Angebots gefasst haben muss. Ist mit der Umsetzung bereits begonnen, findet keine weitere Prüfung statt; hat die Umsetzung noch nicht begonnen, stellt sich die Frage, ob die Transaktion eine Entscheidung im normalen Geschäftsverlauf ist. Das ist zumindest bei größeren Transaktionen fraglich; eine konkrete Richtschnur gibt es nicht. Diskussionsfähig könnte eine Grenze von 10 % des Grundkapitals (bezogen auf das genehmigte Kapital, das an den Verkäufer ausgegeben wird) oder des Außenumsatzes (bezogen auf das neu erworbene Unternehmen) sein. 215

c) Durchgriffsregelung

Neben dem Vereitelungsverbot in Art. 9 enthält die Übernahmerichtlinie in Art. 11 einen in der Überschrift als „Durchgriff" bezeichneten Normenkomplex, der bestimmte **satzungsmäßige** oder **vertragliche Übernahmehindernisse** während der Annahmefrist **suspendiert**. 216

Nach Art. 11 Abs. 2 Übernahmerichtlinie gelten satzungsmäßige **Übertragungsbeschränkungen** (Vinkulierungen) während der Annahmefrist nicht (Unterabs. 1); das Gleiche gilt für vertragliche Übertragungsbeschränkungen (zwischen Zielgesellschaft und Aktionären sowie zwischen Aktionären), die nach Annahme der Richtlinie, also nach dem 30.3.2004, vereinbart wurden (Unterabs. 2). 217

Art. 11 Abs. 3 Übernahmerichtlinie suspendiert **Stimmrechtsbeschränkungen** (satzungsmäßige nach Unterabs. 1 und vertragliche bei Vereinbarungen nach Annahme der Richtlinie nach Unterabs. 2) und Mehrfachstimmrechte (Unterabs. 3). Dies ist für Deutschland für die statuarischen Rechte nicht von Bedeutung, da diese durch das KonTraG abgeschafft wurden (s. hierzu Teil X Rz. 196). Relevanz hat die Regelung allerdings für vertragliche Stimmrechts- 218

---

[1] Weiter gehend, aber mit dem Wortlaut „Entscheidung" nicht abgestimmt, hält *Krause*, BB 2004, 113 (114) es für ausreichend, dass die Transaktion „angebahnt" ist.

beschränkungen, also insbesondere Stimmbindungsvereinbarungen.[1] Unberührt bleibt dagegen die Stimmrechtslosigkeit von Vorzugsaktien (Art. 11 Abs. 6 Übernahmerichtlinie).

219 Weiter schreibt Art. 11 Abs. 4 Unterabs. 1 Übernahmerichtlinie vor, dass, wenn der Bieter nach dem Angebot mehr als 75 % der Stimmrechte hält, auch in der ersten Hauptversammlung nach Angebotsschluss die Veräußerungs- und Stimmrechtsbeschränkungen der Abs. 2 und 3 sowie etwaige Entsenderechte der Aktionäre nicht wirksam sind. Ferner soll dem Bieter ermöglicht werden, eine solche Hauptversammlung mit einer bis auf zwei Wochen **verkürzten Ladungsfrist** einzuberufen (Art. 11 Abs. 4 Unterabs. 2 Übernahmerichtlinie).

220 Um das Eigentumsrecht der Aktionäre zu wahren, sieht Art. 11 Abs. 5 Übernahmerichtlinie vor, dass Aktionäre, denen Rechte aufgrund der Durchgriffsregel entzogen werden, angemessen zu **entschädigen** sind. Wie und nach welchen Kriterien diese Entschädigung zu erfolgen hat, bleibt den Mitgliedsstaaten überlassen.

221 Schließlich stellt Art. 11 Abs. 7 Übernahmerichtlinie klar, dass die Durchgriffsregel auf **gesetzliche Übertragungshindernisse** der Mitgliedstaaten (z.B. durch „Goldene Aktien" nach dem VW-Gesetz[2] oder im Fall Elf-Aquitaine) keine Anwendung findet.[3]

d) Offenlegung von Übernahmehindernissen

222 Um die Wirkung der genannten Vorschriften zu stärken, sollen nach dem Willen des EU-Gesetzgebers bestehende Abwehrstrukturen und -mechanismen bei börsennotierten Gesellschaften transparenter gemacht werden.[4] Daher müssen die Mitgliedstaaten nach Art. 10 Übernahmerichtlinie sicherstellen, dass börsennotierte Unternehmen **bestimmte Übernahmehindernisse jährlich im Lagebericht offen legen** (Art. 10 Abs. 2 Übernahmerichtlinie) und der Vorstand der Jahreshauptversammlung über solche Hindernisse Bericht erstattet (Art. 10 Abs. 3 Übernahmerichtlinie). Aus Art. 10 Übernahmerichtlinie gibt es anders als bei Art. 9 und Art. 11 kein „opting-out" für die Mitgliedstaaten; diese Regelungen müssen also auch in Deutschland bis spätestens Mai 2006 im nationalen Recht verankert werden.

223 Im Einzelnen ist Folgendes nach Art. 10 Abs. 1 Buchst. a–k Übernahmerichtlinie offen zu legen: Zusammensetzung des Kapitals (einschließlich verschiedener Aktiengattungen), Übertragungsbeschränkungen jeder Art (auch regula-

---

1 *Maul/Muffat-Jeandet*, AG 2004, 306 (315).
2 Gesetz über die Überführung der Anteilsrechte an der Volkswagenwerk Gesellschaft mit beschränkter Haftung in private Hand v. 21.7.1960 (BGBl. I, S. 585), zuletzt geändert durch das 2. Änderungsgesetz v. 31.7.1970 (BGBl. I, S. 1149).
3 *Kindler/Horstmann*, DStR 2004, 866 (869); zu Recht betont *Krause*, BB 2004, 113 (115), dass das nur gilt, wenn die Regelungen tatsächlich mit dem EU-Vertrag vereinbar sind; dies folgt aus dem Wortlaut des Art. 11 Abs. 7: „Dieser Artikel gilt nicht für den Fall, dass ein Mitgliedstaat Wertpapiere der Zielgesellschaft hält, die mit dem Vertrag zu vereinbarende Sonderrechte einräumen […]".
4 Vgl. Erwägungsgründe Ziffer 15 der Übernahmerichtlinie.

torischen Charakters), bedeutende direkte oder indirekte Beteiligungen an der Gesellschaft, Inhaber von Wertpapieren mit besonderen Kontrollrechten, Art der Stimmrechtskontrolle bei Mitarbeiteraktien, Stimmrechtsbeschränkungen, Stimmbindungsverträge zwischen Aktionären (soweit der Gesellschaft bekannt), Vorschriften über Ernennung und Ersetzung von Vorstandsmitgliedern sowie über Satzungsänderungen, die Befugnisse des Vorstands, Wertpapiere auszugeben oder zurückzukaufen, alle bedeutenden Vereinbarungen mit Change-of-Control-Klauseln, die bei einem Übernahmeangebot ausgelöst werden (soweit deren Bekanntmachung nicht der Gesellschaft erheblich schaden würde), alle Vereinbarungen, die Entschädigungen an Vorstände oder Mitarbeiter für den Verlust des Arbeitsplatzes bei einem Kontrollwechsel vorsehen. Diese Anforderungen wird die Gesellschaft nur erfüllen können, wenn der Vorstand im Sinne einer **internen Due Diligence** die genannten Punkte möglicherweise unter Hinzuziehung externer Berater systematisch erfasst und laufend aktualisiert.

e) Zusammenfassung

Zusammenfassend lässt sich für die Praxis festhalten, dass die Übernahmerichtlinie trotz der Möglichkeit zum „opting-out" bei den Verteidigungsmaßnahmen **erhebliche Auswirkungen** auf den Bereich der **Übernahmehindernisse** haben wird. Der Vorstand muss sich die Frage vorlegen, ob er der Hauptversammlung ein „opting-in" empfiehlt. Schon um dafür eine Entscheidungsgrundlage zu haben, aber auch angesichts der Pflicht, der Hauptversammlung einen erläuternden Bericht zu den bestehenden Übernahmehindernissen vorzulegen, sollte der Vorstand diese rechtzeitig systematisch erfassen und auswerten. 224

E. Der Ausschluss von Minderheitsaktionären

I. Einleitung

Zusammen mit der Einführung des WpÜG wurde eine seit langem bemängelte Besonderheit des deutschen Aktienrechts an internationale Standards angepasst: Ein Mehrheitsaktionär mit einer Beteiligung von mindestens 95 % am Grundkapital hat nun die Möglichkeit, verbleibende Aktionäre gegen Abfindung aufgrund eines Hauptversammlungsbeschlusses aus der Gesellschaft auszuschließen. Dieses Verfahren wird allgemein als „Squeeze-Out" bezeichnet.[1] 225

Die Regelungen zum Squeeze-Out dienen vor allem der **Vereinfachung der Unternehmensführung** im AG-Konzern.[2] Der Wegfall von Minderheitsaktionären 226

---

[1] Vgl. *Krieger*, BB 2002, 53 ff.; *Grunewald*, ZIP 2002, 18 ff.; *K. Mertens*, AG 2002, 377 ff.; *Vetter*, AG 2002, 176 ff.; *Vossius*, ZIP 2002, 511 ff.; *Gesmann-Nuissl*, WM 2002, 1205 ff.; *Wolf*, ZIP 2002, 153 ff.; *Fuhrmann/Simon*, WM 2002, 1211 ff.; *Fleischer*, ZGR 2002, 757 ff.
[2] *Sieger/Hasselbach*, ZGR 2002, 121 (123).

erleichtert durch Verzicht auf die Einhaltung von Frist- und Formerfordernissen die Einberufung und Durchführung von Hauptversammlungen. Darüber hinaus entfällt die häufig zeit- und kostenintensive gerichtliche Auseinandersetzung über die Wirksamkeit von Hauptversammlungsbeschlüssen im Wege der Anfechtungsklage. Die dadurch hervorgerufenen Belastungen des Managements und des Unternehmens sollen begrenzt werden.[1] Zudem wollte der Gesetzgeber die Nachteile des Pflichtangebots korrigieren. Wer unter erheblichem finanziellen Aufwand ein Pflichtangebot abgeben muss, soll andererseits auch die Möglichkeit haben, sämtliche Anteile der Zielgesellschaft zu erwerben, um die notwendige Basis (d. h. absolute Entscheidungsfreiheit) für den wirtschaftlichen Erfolg der getätigten Investition zu schaffen.[2]

227 Seit Einführung dieser Möglichkeit zur Bereinigung der Aktionärsstruktur haben bereits mehr als 150 Gesellschaften davon Gebrauch gemacht. Die betroffenen Minderheitsaktionäre haben sich hiergegen vielfach gerichtlich zur Wehr gesetzt. Entsprechend umfangreich ist die zum Squeeze-Out ergangene Rechtsprechung.[3]

228 Das Verfahren des Squeeze-Out (§§ 327a ff. AktG) orientiert sich an der Vorgehensweise bei der **Eingliederung** durch Mehrheitsbeschluss gemäß §§ 320 ff. AktG. Allerdings sind die Voraussetzungen für einen Squeeze-Out weit weniger restriktiv als die des Eingliederungsverfahrens. So muss die Hauptgesellschaft nicht zwingend eine AG mit Sitz im Inland sein und den Minderheitsaktionären müssen nicht Aktien der Hauptgesellschaft als Abfindung angeboten werden. Stattdessen ist beim Squeeze-Out eine angemessene Barabfindung anzubieten. Abweichend vom Eingliederungsverfahren werden beim Squeeze-Out auch mittelbare Beteiligungen gemäß § 16 Abs. 4 AktG für die Berechnung der maßgeblichen Quote herangezogen, § 327a Abs. 2 AktG.

229 **Verfassungsrechtlich** sind die Regelungen zum Squeeze-Out – ebenso wie die Eingliederungsvorschriften[4] – nicht zu beanstanden.[5]

---

1 Begr. RegE BT-Drucks. 14/7034, 73/74.
2 Vgl. Begr. RegE BT-Drucks. 14/7034, 74.
3 OLG Hamburg v. 11.4.2003 – 11 U 215/02, AG 2003, 441; OLG Köln v. 6.10.2003 – 18 W 35/03, AG 2004, 39; OLG Stuttgart v. 3.12.2003 – 20 W 6/03, AG 2004, 105; OLG Oldenburg v. 30.9.2002 – 1 W 45/02, AG 2002, 682; OLG Hamburg v. 11.8.2003 – 11 W 28/03, AG 2003, 696; LG Berlin v. 17.2.2003 – 99 O 11/02, ZIP 2003, 1352; LG Frankfurt am Main v. 27.8.2003 – 13 O 205/02, NZG 2003, 1027.
4 BVerfG, Beschl. v. 27.4.1999 – 1 BvR 1613/94, WM 1999, 1666 (1668); Urt. v. 7.8.1962 – 1 BvL 16/60, BVerfGE 14, 263 (281 f.). In Begr. RegE BT-Drucks. 14/7034, 32, wird auf vorgenannte Entscheidungen des BVerfG abgestellt, um auch den „Squeeze-Out" zu rechtfertigen.
5 OLG Düsseldorf v. 16.1.2004 – I-16 W 63/03, AG 2004, 207; OLG Oldenburg v. 30.9.2002 – 1 W 45/02, AG 2002, 682; OLG Hamburg v. 11.4.2003 – 11 U 215/02, AG 2003, 441; OLG Köln v. 6.10.2003 – 18 W 35/03, AG 2004, 39; OLG Hamburg v. 11.8.2003 – 11 W 28/03, AG 2003, 696; OLG Stuttgart v. 3.12.2003 – 20 W 6/03, AG 2004, 105; *Sellmann*, WM 2003, 1545 ff.; *Krieger*, BB 2002, 53 (54); *Steinmeyer/Häger*, WpÜG, § 327a AktG Rz. 8 ff.; *Vetter*, DB 2001, 743 (746 f.); *Land/Hasselbach*, DB 2000, 557 (562); *Halm*, NZG 2000, 1162 (1165); Fleischer, ZGR 2002, 757 (763).

II. Voraussetzungen

Der Ausschluss von Minderheitsaktionären ist auf Aktiengesellschaften und Kommanditgesellschaften auf Aktien anwendbar. Voraussetzung für den Squeeze-Out ist ferner, dass ein Hauptaktionär mindestens 95 % des Grundkapitals hält.

1. Gesellschaft

Die Regelungen des Squeeze-Out sind auf alle **Aktiengesellschaften** und **Kommanditgesellschaften auf Aktien** anwendbar. **Unerheblich** ist, ob es sich um eine **börsennotierte** Gesellschaft handelt. Umstritten ist hingegen, ob die Umwandlung einer GmbH in eine AG zulässig ist, wenn sie zu dem alleinigen Zweck erfolgt, Minderheitsgesellschafter auszuschließen. Im Schrifttum wird dies teilweise zwar als rechtsmissbräuchlich angesehen und deshalb für anfechtbar gehalten.[1] Richtigerweise ist die Umwandlung einer GmbH in eine AG zum Zwecke des Squeeze-Out jedoch nicht rechtsmissbräuchlich, sondern zulässige Ausnutzung der im Umwandlungs- und Gesellschaftsrecht geltenden Rechtsformwahl- und Gestaltungsfreiheit.[2] Zu den Vorteilen der AG gehört aber nun einmal auch die Möglichkeit eines Squeeze-Out.[3]

2. Hauptaktionär

Der Hauptaktionär muss 95 % des Grundkapitals halten. Ob er die Kapitalbeteiligung infolge eines vorausgegangenen Übernahmeangebots erworben hat oder durch einzelne Zukäufe, ist irrelevant.[4] Hauptaktionär sind sowohl – deutsche als auch ausländische – natürliche oder juristische Personen und Personengemeinschaften.[5] Nach höchstrichterlicher Anerkennung der Rechtsfähigkeit der Gesellschaft bürgerlichen Rechts kommt auch diese als Hauptaktionär in Betracht.[6]

3. Beteiligungsschwelle

Für die Ermittlung der erforderlichen Anteilsmehrheit ist bei Nennbetragsaktien das Verhältnis des Gesamtbetrags der dem Hauptaktionär gehörenden Aktien zu dem eingetragenen Grundkapital der Gesellschaft entscheidend, § 327a Abs. 2 i.V.m. § 16 Abs. 2 AktG. Bei Stückaktien wird die Beteiligungsquote nach der Zahl der von dem Hauptaktionär gehaltenen Aktien im Verhältnis zur Gesamtzahl der Stückaktien ermittelt.[7] Stimmrechtslose Vorzugsaktien sind in die Berechnung mit einzubeziehen.[8]

---

1 *Fleischer*, ZGR 2002, 757 (787); *Krieger*, BB 2002, 61; *Habersack*, ZIP 2001, 1230 (1234 f.).
2 Vgl. *Markwardt*, BB 2004, 277 (282 ff.).
3 Im Ergebnis auch *Markwardt*, BB 2004, 277 (283); *von Morgen*, WM 2003, 1553.
4 Vgl. schon Begr. RegE BT-Drucks. 14/7034, 32.
5 Vgl. nur *Hüffer*, § 327a AktG Rz. 7.
6 BGH v. 29.1.2001 – II ZR 331/00, BGHZ 146, 341.
7 Vgl. nur *Hüffer*, § 327a AktG Rz. 14.
8 Vgl. *Küting*, DStR 2003, 838 (843).

234 Gemäß § 16 Abs. 4 AktG werden für die Berechnung der notwendigen Beteiligungsquote **auch mittelbare Beteiligungen** berücksichtigt. Da innerhalb verbreiteter Konzernstrukturen die Anteile an der betroffenen Gesellschaft häufig auf mehrere Konzerngesellschaften, die alle von der Hauptgesellschaft beherrscht werden, verteilt sind, wird formalistisches Umhängen der Beteiligungen vermieden und der Squeeze-Out erleichtert.[1] Zugerechnet werden nach § 16 Abs. 4 AktG Aktien, (1) die einem abhängigen Unternehmen[2] gehören, (2) die einem anderen für Rechnung des Unternehmens oder eines von ihm abhängigen Unternehmens gehören (z.b. durch Treuhänder[3]), (3) Aktien des an der AG beteiligten Einzelkaufmanns, die er in seinem Privatvermögen hält. Nach allgemeiner Meinung muss der Hauptaktionär nicht selbst Aktionär der Gesellschaft sein. Ausreichend ist vielmehr, wenn er im Wege der Zurechnung die erforderliche Beteiligungsschwelle erreicht.[4]

III. Verfahren

1. Verlangen

235 Das Squeeze-Out-Verfahren wird durch ein Verlangen des Hauptaktionärs an die Gesellschaft eingeleitet, § 327a Abs. 1 AktG. Das Verlangen verpflichtet den Vorstand, nach einer Auffassung „unverzüglich" die ordentliche oder außerordentliche Hauptversammlung mit dem Verlangen des Hauptaktionärs als Gegenstand der Beschlussfassung einzuberufen.[5] Nach anderer Ansicht soll der Termin für die Hauptversammlung mit dem Hauptaktionär abzustimmen sein.[6] Letzteres erscheint praxisnäher und daher vorzugswürdig. Das Verlangen des Hauptaktionärs berechtigt den Vorstand, dem Hauptaktionär alle zur Festlegung der Höhe der bei Abfindung benötigten Unterlagen zur Verfügung zu stellen und Auskünfte zu erteilen (§ 327 b Abs. 1 Satz 2 AktG).

236 Weder in der Literatur noch in der Praxis herrscht Einigkeit über **Form** und **Zeitpunkt** der Äußerung des Verlangens des Hauptaktionärs. Nach h.M. kann das Verlangen formlos geäußert werden und fällt mit dem ersten Herantreten des Hauptaktionärs an die Gesellschaft zusammen.[7] Nach anderer Ansicht soll dem Verlangen der Bericht des Hauptaktionärs mit der festgelegten Barabfindung, die Garantieerklärung des Kreditinstituts und der Bericht des vom Gericht bestellten sachverständigen Prüfers beigefügt sein.[8] Folgt man dieser Auffassung, so wäre das Verlangen wesentlich später geäußert. Problematisch

---

1 Zur Zurechnung von Aktien beim Squeeze-Out *Maslo*, NZG 2004, 163 (166 ff.).
2 Abhängige Unternehmen sind nach der Legaldefinition des § 17 Abs. 1 AktG solche, auf die das herrschende Unternehmen mittelbar oder unmittelbar Einfluss ausüben kann.
3 Dazu *Markwardt*, BB 2004, 277.
4 *Hüffer*, § 16 AktG Rz. 13; *Fuhrmann/Simon*, WM 2002, 1211 (1212); *Maslo*, NZG 2004, 163 (168); *Sieger/Hasselbach*, ZGR 2002, 120 (134).
5 *Hüffer*, § 327a AktG Rz. 8.
6 *Hasselbach* in KölnKomm. WpÜG, § 327a AktG Rz. 45.
7 *Hasselbach* in KölnKomm. WpÜG, § 327a AktG Rz. 44; *Vossius*, ZIP 2002, 511; *Hüffer*, § 327a AktG Rz. 8.
8 *Tetz* in Semler/Volhard, § 38 Rz. 10.

an dieser Auffassung ist allerdings, dass erst das Verlangen den Vorstand berechtigt, die zur Ermittlung der Barabfindung benötigten Unterlagen zur Verfügung zu stellen.

2. Ad-hoc-Publizität

Bei der Frage, ob und wann im Rahmen eines Squeeze-Outs eine Ad-hoc-Mitteilung nach § 15 Abs. 1 WpHG erfolgen sollte, hat sich bislang keine einheitliche Praxis gebildet. Die BaFin vertrat in einem Rundschreiben vom 26.4.2002 die Auffassung, dass der Squeeze-Out für die vom Ausschluss betroffene Gesellschaft keine Ad-hoc-Publizitätspflicht nach sich ziehe, weil die Tatsache **nicht im Tätigkeitsbereich** der Gesellschaft eintrete und es auch an einer Auswirkung auf die Vermögens- und Finanzlage der Gesellschaft fehle. Anders könne es beim Hauptaktionär sein, für den in bestimmten Ausnahmefällen die Durchführung des Squeeze-Outs aufgrund seiner Auswirkungen auf die Vermögens- und Finanzlage geeignet sein könne, den Kurs erheblich zu beeinflussen. In der Praxis gibt es daher Squeeze-Out-Verfahren, bei denen die betroffene Gesellschaft keine Ad-hoc-Mitteilung veröffentlicht hat. Aufgrund der Änderung von § 15 WpHG durch das **Anlegerschutzverbesserungsgesetz (AnSVG)** mit Wirkung v. 30.10.2004 genügt für eine Ad-hoc-Publizitätspflicht aber nunmehr, dass eine **Insiderinformation** vorliegt, die den Emittenten unmittelbar betrifft. Es reicht somit zwar aus, dass die Insiderinformation im Tätigkeitsbereich des Emittenten eintritt, dies ist aber nicht mehr zwingend erforderlich. Da das Bekanntwerden eines Squeeze-Outs häufig geeignet ist, den Börsenpreis erheblich zu beeinflussen, wird der Squeeze-Out in Zukunft regelmäßig auch bei der Gesellschaft eine Ad-hoc-Mitteilung erforderlich machen. In der Literatur herrschte bereits vor der Änderung von § 15 WpHG die Meinung vor, dass die Äußerung des „Verlangens" gemäß § 327a AktG im Regelfall für die Gesellschaft eine nach § 15 Abs. 1 WpHG publizitätspflichtige Tatsache darstelle.[1]

237

3. Festlegung und Prüfung der Barabfindung

Der Hauptaktionär hat den Minderheitsaktionären als Ausgleich für die übertragenen Anteile an der Gesellschaft eine **angemessene Barabfindung** zu gewähren. Die Abfindung wird **vom Hauptaktionär (einseitig) festgesetzt** (§ 327b Abs. 1 Satz 1 AktG). Die Höhe der angemessenen Barabfindung für die ausscheidenden Minderheitsaktionäre ist vom Hauptaktionär grundsätzlich auf der Grundlage entsprechender Unternehmensbewertungsgutachten festzulegen. Die Barabfindung muss die Verhältnisse der Gesellschaft „im Zeitpunkt der Beschlussfassung der Hauptversammlung berücksichtigen" (§ 327b AktG). Dies macht in der Praxis insoweit Schwierigkeiten, als die Bewertungsgutachten notwendigerweise weit vor der Hauptversammlung erstellt werden müssen. Man behilft sich damit, dass die Ergebnisse der Bewertung bis zum Hauptversammlungsbeschluss laufend überprüft werden.

238

---

1 *Hasselbach* in KölnKomm. WpÜG, § 327a AktG Rz. 43; *Steinmeyer/Häger*, § 327c AktG Rz 18 ff.; *Vetter*, AG 2002, 176 (186); *Vossius*, ZIP 2002, 511 (513).

239 Nach der Rechtsprechung des Bundesverfassungsgerichts ist die Abfindung nach dem **Verkehrswert** zu bemessen, wobei der Börsenkurs grundsätzlich die Untergrenze für die Bemessung der Abfindung darstellt.[1] Eine Unterschreitung ist zulässig, wenn der Börsenkurs durch Marktengen oder gezielte Transaktionen verzerrt wurde. In dieser Situation ist ungewiss, ob der Minderheitsaktionär tatsächlich zum Börsenkurs hätte verkaufen können.[2] Es ist also stets einzelfallbezogen zu prüfen, ob der Börsenkurs als Untergrenze heranzuziehen ist oder aufgrund von Marktbesonderheiten unberücksichtigt bleiben kann.[3]

240 Die Angemessenheit der Barabfindung ist durch einen oder mehrere sachverständige Prüfer, die auf Antrag des Hauptaktionärs vom Gericht ausgewählt und bestellt werden, zu prüfen (§ 327c Abs. 2 Satz 2 AktG). Der Vertragsprüfer hat über das Ergebnis seiner Prüfung einen schriftlichen Bericht zu erstatten (§ 327c Abs. 2 Satz 4 AktG i.V.m. § 293 e AktG).

4. Squeeze-Out-Bericht

241 Der Hauptaktionär hat der Hauptversammlung einen schriftlichen Bericht zu erstatten, in dem die Voraussetzungen für die Übertragung dargelegt und die Angemessenheit der Barabfindung erläutert und begründet werden („Squeeze-Out-Bericht"). In der Praxis verfährt man häufig so, dass der Hauptaktionär zunächst von einer Wirtschaftsprüfungsgesellschaft ein ausführliches Unternehmensbewertungsgutachten erstellen lässt. Dieses Gutachten ist Grundlage für die Darstellung der Angemessenheit der Barabfindung im Squeeze-Out-Bericht. Der gerichtlich bestellte Prüfer der Angemessenheit der Barabfindung kann dann sowohl das Bewertungsgutachten als auch den Squeeze-Out-Bericht als wichtige Unterlage für die Angemessenheit der Barabfindung verwenden. Der Squeeze-Out-Bericht des Hauptaktionärs und der Prüfungsbericht des Prüfers der Angemessenheit können auf diese Weise quasi zeitgleich fertig gestellt werden. Diese Vorgehensweise ist zulässig.[4]

5. Gewährleistung eines Kreditinstituts

242 Noch vor Einberufung der Hauptversammlung hat der Hauptaktionär dem Vorstand eine Erklärung eines Kreditinstituts zu übermitteln, das die **Gewährleistung für die Erfüllung der Zahlungsverpflichtung des Hauptaktionärs** übernimmt (§ 327b Abs. 3 AktG). Unklar ist, ob diese „Gewährleistung" rechtlich

---

[1] Begr. RegE BT-Drucks. 14/7043, 72; *Krieger*, BB 2002, 53 (56); *Fuhrmann/Simon*, WM 2002, 1211 (1215).
[2] Vgl. hierzu BVerfG v. 27.4.1999 – 1 BvR 1613/94, BVerfGE 100, 289 sowie BGH v. 12.3.2001 – II ZB 15/00, BGHZ 147, 108. Zur Vorgeschichte OLG Düsseldorf v. 25.5.2000 – 19 W 1/93, ZIP 2000, 1525; dazu *Krieger*, BB 2002, 53 (56); *Müller*, EWiR 2000, 751 und OLG Stuttgart v. 4.2.2000 – 4 W 15/98, AG 2000, 428; dazu *Luttermann*, EWiR 2000, 209.
[3] *Krieger*, BB 2002, 53 (56).
[4] OLG Stuttgart v. 3.12.2003 – 20 W 6/03, AG 2004, 105.

als Bürgschaft, als Schuldbeitritt oder Garantie anzusehen ist.[1] In der Praxis übernimmt die die Gewährleistung abgebende Bank zumeist auch die technische Abwicklung der Zahlung der Abfindung als Teil eines Geschäftsbesorgungsvertrages mit dem Hauptaktionär.

6. Hauptversammlung

Für die Einberufung der Hauptversammlung gelten grundsätzlich die allgemeinen Vorschriften. Zusätzlich schreibt § 327c Abs. 1 AktG vor, dass in die Bekanntmachung des Squeeze-Out als Gegenstand der Tagesordnung **Angaben über den Hauptaktionär** und die **Höhe der festgelegten Barabfindung** aufzunehmen sind. Von der Einberufung der Hauptversammlung an haben folgende Unterlagen in dem Geschäftsraum der Gesellschaft zur Einsicht der Aktionäre auszuliegen: 243

- Der Entwurf des Übertragungsbeschlusses;
- Die Jahresabschlüsse und Lageberichte für die letzten drei Geschäftsjahre;
- Der Bericht des Hauptaktionärs, in dem die Voraussetzungen für die Übertragung dargelegt und die Angemessenheit der Barabfindung erläutert werden;
- Der Prüfungsbericht der gerichtlich bestellten Prüfer (§ 327c Abs. 3 AktG).

Es müssen nur geprüfte und festgestellte **Jahresabschlüsse** ausgelegt werden. Wird das Squeeze-Out-Verfahren zu Beginn eines Geschäftsjahres durchgeführt und ist der Jahresabschluss für das letzte vor Einberufung der Hauptversammlung abgeschlossene Geschäftsjahr noch nicht aufgestellt, geprüft oder festgestellt worden, so muss nicht erst die Aufstellung und Feststellung des Jahresabschlusses für das abgelaufene Geschäftsjahr abgewartet werden. Sonst wäre der Squeeze-Out nur innerhalb einer kurzen Zeitspanne eines Geschäftsjahres möglich. Stattdessen sind die Jahresabschlüsse der letzten drei Jahre vorzulegen, für die bereits geprüfte und festgestellte Jahresabschlüsse vorliegen oder vorliegen müssten.[2] 244

Grundlage für den Ausschluss der Minderheitsaktionäre bildet ein **Übertragungsbeschluss** der Hauptversammlung der Gesellschaft. Der Beschluss der Hauptversammlung über die Übertragung der Aktien bedarf lediglich der **einfachen Mehrheit** der abgegebenen Stimmen (§ 133 Abs. 1 AktG). Gegenstand des Beschlusses ist die Übertragung der Aktien der übrigen Aktionäre, also der Minderheitsaktionäre, auf den Hauptaktionär gegen Gewährung einer angemessenen Barabfindung. Der Beschluss bedarf keiner sachlichen Rechtfertigung.[3] In der Hauptversammlung kann dem Hauptaktionär durch den Versammlungsleiter (der Gesetzestext spricht missverständlich vom „Vorstand") 245

---

1 Vgl. dazu *Krieger*, DB 2002, 53 ff.; *Sellmann*, WM 2003, 1545 (1548); *Sieger/Hasselbach*, ZGR 2002, 121 (150 f.). Eine Garantie befürworten dagegen: *Steinmeyer/Häger*, WpÜG, § 327b AktG Rz. 61.
2 OLG Hamburg v. 11.4.2003 – 11 U 215/02, AG 2003, 441.
3 *Hüffer*, § 327a AktG Rz. 11 m.w.N.

Gelegenheit gegeben werden, den Entwurf des Übertragungsbeschlusses und die Bemessung der Höhe der Barabfindung zu Beginn der Verhandlung mündlich zu erläutern. In der Praxis führt sehr häufig ein Mitglied des Vorstands der Gesellschaft als Vertreter des Hauptaktionärs die Erläuterungen durch. Der Vorstand der Gesellschaft ist verpflichtet, zu bewertungsrelevanten Sachverhalten Auskunft zu erteilen, muss sich aber nicht zur Angemessenheit der Barabfindung äußern.

7. Handelsregistereintragung/Notierungseinstellung

246 Der Übertragungsbeschluss ist vom Vorstand der Gesellschaft zur Eintragung ins Handelsregister anzumelden. Bei der Anmeldung hat der Vorstand zu erklären, dass eine Klage gegen die Wirksamkeit des Beschlusses nicht oder nicht fristgemäß erhoben oder eine solche Klage rechtskräftig abgewiesen oder zurückgenommen wurde (§ 327e Abs. 2 AktG i.V.m. § 319 Abs. 5 Satz 1 AktG). Einer solchen Erklärung steht es gleich, wenn nach Klageerhebung das für die Klage zuständige Landgericht in einem so genannten **Unbedenklichkeitsverfahren** auf Antrag der Gesellschaft durch rechtskräftigen Beschluss festgestellt hat, dass die Erhebung der Klage der Eintragung nicht entgegensteht. Ein solcher Beschluss kann dann ergehen, wenn die Klage entweder unzulässig oder offensichtlich unbegründet ist oder wenn das alsbaldige Wirksamwerden des Squeeze-Outs nach freier Überzeugung des Gerichts unter Berücksichtigung der Schwere der mit der Klage geltend gemachten Rechtsverletzungen zur Abwendung der vom Antragsteller dargelegten wesentlichen Nachteile für die Gesellschaft und ihre Aktionäre vorrangig erscheint (§ 327e Abs. 2 i.V.m. § 319 Abs. 6 Satz 2 AktG). Mit Eintragung des Beschlusses in das Handelsregister gehen alle Aktien der Minderheitsaktionäre auf den Hauptaktionär über. Ein **gesonderter Übertragungsakt** ist **nicht erforderlich**. Weitgehend ungelöst ist die Frage, wie bedingte Aktienbezugsrechte behandelt werden, denn das Gesetz besagt nicht, dass der Hauptaktionär auch diese Bezugsrechte gegen Abfindungszahlung erwerben kann.[1]

247 Die Geschäftsführung der Börse kann die **Notierung** im amtlichen Markt zugelassener Wertpapiere **einstellen**, wenn ein ordnungsgemäßer Börsenhandel für die Wertpapiere nicht mehr gewährleistet erscheint (§ 38 Abs. 1 Nr. 2 BörsG). Im geregelten Markt kann unter denselben Voraussetzungen die Ermittlung des Börsenpreises eingestellt werden (§ 53 Abs. 2 BörsG i.V.m. § 38 BörsG). Diese Voraussetzungen sind infolge eines Squeeze-Outs ohne weiteres gegeben. In der Praxis wird die Einstellung der Notierung bzw. der Preisermittlung jedoch von der Gesellschaft beantragt. Die Einstellung der Notierung ist Voraussetzung für einen **Widerruf der Zulassung** zum amtlichen Markt (38 Abs. 3 BörsG).

8. Auszahlung der Barabfindung/Hinterlegung

248 In der Regel sind die Aktien als **Globalaktien** verbrieft, die bei der Clearstream Banking AG hinterlegt sind. In diesem Fall werden die Aktien der Minder-

---

1 *Wilsing/Kruse*, ZIP 2002, 1465 ff. m.w.N.

heitsaktionäre ohne Übergabe von Aktienurkunden Zug um Zug gegen Zahlung der Barabfindung in ein Depot des Hauptaktionärs eingebucht.

Wenn die Gesellschaft **Einzel- oder Sammelurkunden** über die Aktien an die Aktionäre ausgegeben hat, werden die Urkunden, soweit sie von Depotbanken streifbandverwahrt werden, von den Depotbanken an die begleitende Bank gegen Zahlung der Barabfindung herausgegeben. Aktionäre, die ihre Aktienurkunden als effektive Stücke selbst verwahren, müssen diese bei der begleitenden Bank gegen Auszahlung der Abfindung einreichen. Die Urkunden verbriefen bis zu ihrer Aushändigung an den Hauptaktionär den Anspruch auf Barabfindung (§ 327e Abs. 3 Satz 2 AktG). Nach der Zahlung der Barabfindung verbriefen die Urkunden wieder die Mitgliedschaft.[1]

249

Auch wenn das Gesetz davon ausgeht, dass alle ausgeschlossenen Minderheitsaktionäre sich ihre Barabfindung auszahlen lassen, kommt es in der Praxis häufig vor, dass nicht alle Aktionäre ausfindig gemacht werden können. Hier besteht ein legitimes Interesse des Hauptaktionärs, sich von der Leistungspflicht zu befreien. Diesem Interesse kann durch den Rückgriff auf die **Hinterlegung** – unter Ausschluss der Rücknahme – nach §§ 372, 374, 376 Abs. 2 Nr. 1 BGB Rechnung getragen werden. Die Hinterlegung hat beim Amtsgericht des Leistungsortes zu erfolgen (§ 374 Abs. 1 BGB i.Vm. § 1 Abs. 2 HintO). Leistungsort für eine Geldschuld ist zwar grundsätzlich der Ort des Schuldners, vorliegend der Sitz des Hauptaktionärs (§ 269 Abs. 1 i.V.m. § 270 Abs. 4 BGB). Für Ansprüche aus dem Gesellschaftsvertrag ist aber Leistungsort in der Regel der Sitz der Gesellschaft. Die Hinterlegung erfolgt daher am Sitz der Gesellschaft.

250

IV. Rechte der Minderheitsaktionäre

1. Anfechtungsklagen

Die **Anfechtung** des Übertragungsbeschlusses ist **nur beschränkt** möglich. Das Gesetz schließt die Beschlussanfechtung aus, soweit diese auf die Gewährung von Sondervorteilen oder die Unangemessenheit des Abfindungsangebots gestützt wird. Die Anfechtung ist möglich, wenn kein Abfindungsangebot unterbreitet wurde oder dieses nicht ordnungsgemäß vorgelegt wurde. Die Erhebung einer Anfechtungsklage nach allgemeinen Grundsätzen, z.B. wegen Verletzung des Auskunftsrechts in der Hauptversammlung, bleibt unberührt. Bei fristgerechter Erhebung der Anfechtungsklage tritt eine Registersperre ein. Da der Übergang der Aktien auf den Hauptaktionär von der Eintragung abhängig ist, blockiert die Anfechtungsklage somit die Übertragung. Die sofortige Eintragung kann in einem solchen Fall aber durch ein Unbedenklichkeitsverfahren erreicht werden (§ 327e Abs. 2 AktG i.V.m. § 319 Abs. 6 AktG).

251

---

1 *Hüffer*, § 327a AktG Rz. 3; *Steinmeyer/Häger*, WpÜG, § 327e AktG Rz. 31; a.A. *Hasselbach* in KölnKomm. WpÜG, § 327e AktG Rz. 25.

2. Spruchverfahren

252 Hält ein durch das Squeeze-Out-Verfahren ausgeschiedener Aktionär die festgelegte Barabfindung für nicht angemessen, kann er auf Antrag die **Höhe der Abfindung** im Spruchverfahren **überprüfen** lassen (§ 327f Satz 1 AktG). Das Gericht trifft dann die Entscheidung über eine angemessene Barabfindung (§ 327f Satz 2 AktG). Die Verfahrensvorschriften für ein Spruchverfahren ergeben sich aus dem Spruchverfahrensgesetz (SpruchG), das das gesellschaftsrechtliche Spruchverfahren seit dem 1.9.2003 einheitlich in einem eigenen Gesetz regelt. Eine wesentliche Neuerung bildet die Einführung einer **Antragsfrist** von **drei Monaten** nach Eintragung der Strukturmaßnahme im Handelsregister (§ 4 Abs. 1 Nr. 3 SpruchG).

V. Squeeze-Out nach der EU-Übernahmerichtlinie

1. Allgemeines

253 Die EU-Übernahmerichtlinie[1] (s. hierzu Teil X Rz. 21 ff.) verlangt in Art. 15 von den Gesetzgebern der Mitgliedstaaten, bis zum 20.5.2006 ein übernahmerechtliches **Squeeze-Out**-Verfahren einzuführen. In Art. 16 werden die Mitgliedstaaten darüber hinaus verpflichtet, ein korrespondierendes Andienungsrecht der Minderheitsaktionäre („**Sell-Out**") zu schaffen. Anknüpfungspunkt für beide Maßnahmen ist nach Art. 15 Abs. 1 Übernahmerichtlinie „ein an alle Wertpapierinhaber der Zielgesellschaft gerichtetes Angebot für sämtliche Wertpapiere". Nach der Systematik des WpÜG sind dies im Wesentlichen Übernahmeangebote und Pflichtangebote. Damit unterscheidet sich der in der Übernahmerichtlinie vorgesehene Squeeze-Out grundlegend vom Squeeze-Out nach den §§ 327a ff. AktG. Letzterer ist zwar im Zusammenhang mit dem WpÜG erlassen worden, setzt jedoch weder ein vorausgegangenes öffentliches Angebot des Hauptaktionärs noch überhaupt eine Börsennotierung der Zielgesellschaft voraus. Die Übernahmerichtlinie zwingt aber den deutschen Gesetzgeber nicht, den aktienrechtlichen Squeeze-Out nach §§ 327a ff. AktG aufzugeben.[2] Der neue übernahmerechtliche Squeeze-Out wird daher voraussichtlich neben den bestehenden gesellschaftsrechtlichen Squeeze-Out treten; dabei bietet sich eine Regelung im WpÜG an.[3]

2. Frist und Schwellenwert

254 Relevanter Zeitraum für den übernahmerechtlichen Squeeze-Out sind nach Art. 15 Abs. 4 Übernahmerichtlinie die **drei Monate nach Ablauf der Annah-**

---

1 Richtlinie 2004/25/EG des Europäischen Parlaments und des Rates v. 21.4.2004 betreffend Übernahmeangebote, ABl. L 142 v. 30.4.2004, S. 12 ff.
2 Erwägungsgrund 24 der Übernahmerichtlinie erlaubt den Mitgliedstaaten „unter anderen Umständen auf Ausschluss und Andienungsverfahren weiterhin ihre nationalen Vorschriften an[zu]wenden". Im Anwendungsbereich des übernahmerechtlichen Squeeze-Out hat dieser danach allerdings Vorrang.
3 *Krause*, BB 2004, 113 (118); *Kindler/Horstmann*, DStR 2004, 866 (873); *Austmann/ Mennicke*, NZG 2004, 846 (855).

mefrist. Bis spätestens zu diesem Zeitpunkt muss der Bieter sein Ausschlussrecht ausüben. Materielle Voraussetzung ist, dass der Bieter (nach Wahl der Mitgliedstaaten[1]) entweder mindestens 90 % des stimmberechtigten Kapitals und der Stimmrechte hält oder er durch Annahme des Angebots mindestens 90 % des stimmberechtigten Kapitals und der Stimmrechte erwirbt (Art. 15 Abs. 2 Unterabs. 1 Übernahmerichtlinie). Bei der Alternative 1 ist dem nationalen Gesetzgeber gestattet, den Schwellenwert auf bis zu 95 % anzuheben (Art. 15 Abs. 2 Unterabs. 2 Übernahmerichtlinie). Um eine möglichst hohe Konsistenz mit den §§ 327a ff. AktG zu erreichen, wird der deutsche Gesetzgeber voraussichtlich an den Bestand (Alternative 1) und nicht an den Erwerb über ein Angebot (Alternative 2) anknüpfen und im Übrigen von der Möglichkeit Gebrauch machen, eine **Beteiligung** von mindestens **95 %** vorzusehen.[2]

3. Abfindung[3]

Bei der Bestimmung der Höhe der Abfindung schlägt die Übernahmerichtlinie einen grundsätzlich anderen Weg ein als § 327b AktG. Während letzterer die von einem Bewertungsgutachten begleitete Bestimmung des vollen Unternehmenswerts nach der Ertragswertmethode vorschreibt, ermöglicht § 15 Abs. 5 Übernahmerichtlinie dem Bieter die wesentlich einfachere **Anknüpfung an den Angebotspreis**. Dies gilt in zwei Fällen: bei Übernahmeangeboten, wenn die Annahmequote mindestens 90 % beträgt (§ 15 Abs. 5 Unterabs. 2), und bei Pflichtangeboten immer (§ 15 Abs. 5 Unterabs. 3). In diesen Fällen wird unwiderleglich vermutet, dass der Angebotspreis als Abfindung „angemessen" ist. Eine ähnliche **Vermutungsregel** war auch noch im RegE zu § 327b AktG[4] vorgesehen, wurde jedoch insbesondere wegen verfassungsrechtlicher Bedenken nicht Gesetz.[5]

255

Wie sich der deutsche Gesetzgeber vor diesem Hintergrund verhalten wird, ist nicht klar. Das deutsche Eigentumsgrundrecht (Art. 14 GG) kann jedenfalls aufgrund des Vorrangs des Europarechts als Prüfungsmaßstab nicht mehr herangezogen werden; vielmehr ist Messlatte das vom EuGH zu judizierende **eu-**

256

---

1 Der deutsche Wortlaut („wenn einer der folgenden Fälle vorliegt") ist nicht ganz eindeutig und könnte auch dahin gehend interpretiert werden, dass dem Bieter ein Squeeze-Out ermöglicht werden muss, wenn er nur eine der beiden Varianten erfüllt; klarer die englische Fassung: „Member States shall introduce this right in one of the following situations [...]"; s. auch *Austmann/Mennicke*, NZG 2004, 846 (847).
2 *Krause*, BB 2004, 113 (118); *Kindler/Horstmann*, DStR 2004, 866 (873); *Austmann/Mennicke*, NZG 2004, 846 (848), die zu Recht darauf hinweisen, dass wegen der Anknüpfung allein an die stimmberechtigten Aktien dennoch eine gravierende Abweichung zu § 327a Abs. 1 Satz 1 AktG vorliegt, der auf das gesamte Grundkapital abstellt; bei Art. 15 Abs. 2 Übernahmerichtlinie bleiben dagegen Vorzugsaktien für die Berechnung der maßgeblichen Beteiligung von 95 % unberücksichtigt.
3 Vgl. hierzu auch *Adolff/Meister/Randell/Stephan*, S. 296 ff.
4 ZIP 2001, 1262 (1295).
5 S. zur Gesetzgebungsgeschichte etwa *Grunewald* in MünchKomm AktG, § 327b Rz. 1.

ropaverfassungsrechtliche Eigentumsrecht.[1] Dazu kommt noch die Frage, ob entgegen der Konzeption des WpÜG Übernahmeangebot und Pflichtangebot bei der Vermutungsregel unterschiedlich behandelt werden sollen oder zumindest können. Um dies zu vermeiden, wird empfohlen, sowohl für Übernahmeangebote als auch für Pflichtangebote das Eingreifen der Vermutungsregel von einer Mindestannahmequote von 90 % abhängig zu machen.[2] Dies scheint jedoch angesichts des klaren und zwingend formulierten Wortlauts von Art. 15 Abs. 5 Unterabs. 2 und Unterabs. 3 Übernahmerichtlinie schwer vertretbar.[3] Damit wird der deutsche Gesetzgeber der Vermutung der Angemessenheit des Angebotspreises bei dem Squeeze-Out nach Pflichtangeboten ohne weitere Voraussetzungen Geltung verschaffen müssen. Da Übernahmeangebote nach dem WpÜG in Deutschland im Wesentlichen den gleichen Regeln wie Pflichtangebote unterliegen (insbesondere hinsichtlich des Mindestpreises[4]), wäre es möglicherweise europarechtlich sogar zulässig, auch bei Übernahmeangeboten auf die 90 % Mindestannahmeschwelle zu verzichten. Der **Angebotspreis** würde dann für den Squeeze-Out sowohl nach **Übernahmeangeboten** als auch nach **Pflichtangeboten** als **angemessen** vermutet. Für die Unternehmen würde damit eine einfache und attraktive Lösung geschaffen. Die Minderheitsaktionäre wären durch die Mindestpreisregel nach § 31 Abs. 1 WpÜG i.V.m. §§ 3 ff. WpÜG-AngebotsVO geschützt. Eine solche Regelung würde wahrscheinlich auch dazu führen, dass mehr Aktionäre das Übernahmeangebot annehmen, da eine Spekulation auf eine höhere Squeeze-Out-Abfindung entfiele.

4. Sell-Out

257 Schließlich muss der deutsche Gesetzgeber spiegelbildlich zum Squeeze-Out den Minderheitsaktionären das Recht einräumen, ihre Aktien dem Hauptaktionär anzudienen (Art. 16 Übernahmerichtlinie). Bisher existiert dieses als Sell-Out bezeichnete Institut im deutschen Recht nicht. Ansatzweise regelt § 16 Abs. 2 WpÜG („Zaunkönigregelung"), der den Aktionären bei einem Übernahmeangebot das Recht gibt, ihre Aktien auch noch bis zu zwei Wochen nach Ablauf der Annahmefrist einzureichen, einen ähnlichen Sachverhalt. Nach der neuen Sell-Out-Regel können die Minderheitsaktionäre darüber hinaus, vorausgesetzt der Bieter hält nach dem Angebot **95 % der stimmberech-**

---

1 BVerfG v. 22.10.1986 – 2 BvR 197/83 – Solange II, BVerfGE 73, 339 (378 ff.); BVerfG v. 12.10.1993 – 2 BvR 2134/92 und 2 BvR 2159/92 – Maastricht, BVerfGE 89, 155 (175); *Krause*, BB 2004, 113 (118); *Austmann/Mennicke*, NZG 2004, 846 (850); Art. 17 Charta der Grundrechte der Europäischen Union v. 18.12.2000 (ABl. C 364/1) normiert das Eigentumsrecht; allgemein zum europaverfassungsrechtlichen Eigentumsrecht: *Müller-Michaels*, Grundrechtlicher Eigentumsschutz in der Europäischen Union.
2 *Austmann/Mennicke*, NZG 2004, 846 (849).
3 Diese Auslegung impliziert nicht, wie *Austmann/Mennicke*, NZG 2004, 846 (849) meinen, dass nicht auch andere Gegenleistungen angemessen sein können; der Wortlaut macht aber klar, dass unabhängig von der Möglichkeit, die Angemessenheit der Abfindung auch anders zu bestimmen, in den in Unterabs. 2 und 3 geregelten Fällen der Angebotspreis jedenfalls angemessen ist; vgl. auch *Maul/Muffat-Jeandet*, AG 2004, 306 (317); *Wiesner*, ZIP 2004, 343 (349).
4 Die Übernahmerichtlinie sieht dagegen einen Mindestpreis zwingend nur für Pflichtangebote vor (Art. 5). S. hierzu schon oben Teil X Rz. 121.

tigten **Aktien und der Stimmrechte**,[1] von diesem bis spätestens **drei Monate nach Ablauf der Annahmefrist** verlangen, ihre Aktien zu einem angemessenen Preis zu übernehmen. Folgt man der oben skizzierten Auffassung, wäre dieser **angemessene Preis** sowohl nach einem **Pflichtangebot** als auch nach einem **Übernahmeangebot** weiter der **Angebotspreis**.[2] Um eine Vielzahl von separaten Andienungsverfahren innerhalb der Dreimonatsfrist zu vermeiden, wird der Gesetzgeber den Sell-Out auf das Ende dieser Frist bündeln müssen.[3]

---

[1] Es wird unterstellt, dass wie oben beschrieben der deutsche Gesetzgeber diese Variante für den Squeeze-Out wählt (s. hierzu oben Teil X Rz. 39).
[2] So mangels Betroffenheit des Eigentumsgrundrechts für den Sell-Out auch *Austmann/Mennicke*, NZG 2004, 846 (855).
[3] *Krause*, BB 2004, 113 (119); *Maul/Muffat-Jeandet*, AG 2004, 306 (317); *Austmann/Mennicke*, NZG 2004, 846 (855).

Teil XI
Aktiengesellschaften und Unternehmensakquisition

Inhaltsverzeichnis

A. Einleitung: Aktienrecht beim Unternehmenskauf 1
  I. Einführung 1
  II. Vorstand und Unternehmenskauf 6
B. Vorstand und Due Diligence 8
  I. Relevanz der Thematik für Target-, Veräußerer- und Erwerber-AG 8
  II. Erwerber-AG und Due Diligence 12
    1. Due Diligence und Gewährleistung 13
    2. Aktienrechtliche Besonderheiten 16
  III. Target-AG und Due Diligence 22
    1. Informationserteilung bei GmbH und AG 22
    2. Grenzen der Informationserteilung 25
    3. Interne Entscheidungsprozesse 33
    4. Pflicht zu effektiven Sicherheitsvorkehrungen . 36
    5. Kein Auskunftsrecht anderer Aktionäre 38
  IV. Übernahme von Transaktionskosten durch das Target 41
    1. Verbot der Einlagenrückgewähr 42
    2. Verbot der finanziellen Unterstützung des Aktienerwerbs 48
    3. Verstoß gegen den Gleichbehandlungsgrundsatz.... 50
    4. Rechtsfolgen unzulässiger Übernahme der Transaktionskosten 51
C. Die Befassung der Hauptversammlung 55
  I. Relevanz der Thematik für Target-, Veräußerer- und Erwerber-AG 55
  II. Zuständigkeit der Hauptversammlung einer Veräußerer- bzw. Erwerber-AG 59
    1. Einführung 59
    2. Ausdrückliche Kompetenzen der Hauptversammlung 63
      a) Änderung des Unternehmensgegenstandes 66
      b) Übertragung des gesamten Gesellschaftsvermögens............... 77
    3. Ungeschriebene Hauptversammlungskompetenz.... 86
      a) Die Holzmüller-Entscheidung des Bundesgerichtshofs..... 86
        aa) Sachverhalt 87
        bb) Entscheidungsgründe 88
        cc) Dogmatische Rechtfertigung der Holzmüller-Doktrin 90
      b) Gelatine-Urteile des Bundesgerichtshofs..... 96
        aa) Sachverhalt 96
        bb) Entscheidungsgründe 98
      c) Folgen für die M&A-Praxis 103
        aa) Veräußerer-AG 106
          (1) Share Deal 106
          (2) Asset Deal 110
        bb) Erwerber-AG...... 111
          (1) Share Deal 111
          (2) Asset Deal 116
        cc) Wertgrenzen 118
          (1) Maßgebliche Parameter 119
          (2) Schwellenwert.. 120
        dd) Mehrheitserfordernisse bei Holzmüller-Beschlüssen.... 123
        ee) Zeitpunkt der Befassung der Hauptversammlung 126
    4. Die „freiwillige" Befassung der Hauptversammlung 131
      a) Zeitliche Strukturierung 133
      b) Mehrheitserfordernisse bei freiwilliger Vorlage . 134

	Rz.
c) Informations- und Auslegungspflichten	135
d) Folgen von Anfechtungsklagen	136
III. Die Holzmüller-Hauptversammlung	137
1. Allgemeine Hinweise zur Vorbereitung	139
2. Dauer der Hauptversammlung	142
3. Das Einberufungsverfahren	147
a) Allgemeiner Inhalt der Einberufung	150
b) Besonderheiten bei Holzmüller-Beschlüssen	154
aa) Bekanntmachung des wesentlichen Vertragsinhalts	157
bb) Vorlage des Unternehmenskaufvertrages	161
cc) Information über weitere Verträge	164
dd) Sprache	165
ee) Bekanntmachung des wesentlichen Inhalts von Konzepten	166
ff) Holzmüller-Bericht	166
gg) Weitere Unterlagen, insbesondere Bilanzen	171
hh) Zusammenfassung	174

	Rz.
4. Durchführung einer M&A-Hauptversammlung	176
a) Auskunftsrechte der Aktionäre	178
b) Auskunftsverweigerungsrechte der Gesellschaft	181
5. Risiken durch Gerichtsverfahren	186
a) Anfechtungsklage	186
aa) Reichweite gerichtlicher Überprüfung	188
bb) Klageverfahren	191
cc) Rechtsfolgen einer erfolgreichen Anfechtungsklage	194
b) Einstweilige Verfügung	199
c) Folgen für die Gestaltung des Unternehmenskaufvertrages	203
D. Mitteilungspflichten bei M&A-Transaktionen	205
I. Relevanz der Thematik für Target-, Veräußerer- und Erwerber-AG	205
II. Mitteilungspflichten gegenüber dem Target	207
III. Ad-hoc-Mitteilungspflichten	209
1. Einleitung	209
2. Beeinflussung des Börsenkurses	211
3. Zeitpunkt der Ad-hoc-Mitteilung	213

Literatur: *Adolff/Tieves*, Über den rechten Umgang mit einem entschlossenen Gesetzgeber: die aktienrechtliche Lösung des BGH für den Rückzug von der Börse, BB 2003, 797; *Assmann/U.H.Schneider*, Wertpapierpapierhandelsgesetz, 3. Aufl. 2003; *Bernhardt*, Unternehmensführung und Hauptversammlung – Holzmüller und die Folgen, DB 2000, 1873; *Bihr*, Due Diligence, Geschäftsführungsorgane im Spannungsfeld zwischen Gesellschafts- und Gesellschafterinteressen, BB 1998, 1198; *Buchta*, Die Haftung des Vorstandes einer Aktiengesellschaft – aktuelle Entwicklungen in Gesetzgebung und Rechtsprechung, DStR 2003, 694; *Bungert*, Ausgliederung durch Einzelrechtsübertragung und analoge Anwendung des Umwandlungsgesetzes, NZG 1998, 367; *Bungert*, Festschreibung der ungeschriebenen „Holzmüller"-Hauptversammlungszuständigkeiten bei der Aktiengesellschaft, BB 2004, 1345; *Burgard*, Publizität bei gestreckten Sachverhalten und mehrstufigen Entscheidungsprozessen, ZHR 162 (1998), 51; *Bürgers*, Aktienrechtlicher Schutz beim Delisting?, NJW 2003, 1642; *Cahn*, Grenzen des Markt- und Anlegerschutzes durch das WpHG, ZHR 162 (1998), 1; *Deilmann/Messerschmidt*, Erste Erfahrungen mit dem elektronischen Bundesanzeiger, NZG 2003, 616; Bundesaufsichtsamt für Wertpapiere/Deutsche Börse AG, Insiderhandelsverbote und Ad hoc-Publizität nach dem Wertpapierhandelsgesetz, 2. Aufl. 1998; *Dreyling/Schäfer*, Insiderrecht und Ad-hoc-Publizität, 2001; *Drinkuth*, Formalisierte Informationsrechte bei Holzmüller-Beschlüssen?, AG 2001, 261; *Ebenroth*, Die Kompetenzen des Vorstands und der Aktionärsschutz in der Konzernobergesellschaft, AG 1988, 1; *Ebenroth/Daum*, Die Kompetenzen des Vorstands einer Aktiengesellschaft bei der Durchführung und Abwehr unkoordinierter Übernahmen, DB 1991, 1105; *Ek*, Aktiengesellschaften, 2002; *Emmerich/Habersack*, Aktien- und GmbH-Konzernrecht, 3. Aufl. 2003; *Emmerich/Sonnenschein/Habersack*, Konzernrecht, 7. Aufl. 2001; *R. Fischer/Hefermehl* (Hrsg.), Festschrift für W. Schilling zum 65. Geburtstag, 1973; *Fleischer*, Börseneinführung von Tochtergesellschaften, ZHR 165 (2001), 513; *Fleischer*, Konkurrenzangebote und Due Diligence, ZIP 2002, 651; *Fleischer*, Ungeschriebene Hauptversammlungszuständigkeiten im Aktienrecht: Von „Holzmüller" zu „Gelatine", NJW 2004, 2335; *Fleischer/Körber*, Due diligence und Gewährleistung beim Unternehmenskauf, BB 2001, 841; *Fürhoff/Wölk*, Aktuelle Fragen zur Ad hoc-Publizität, WM 1997, 449; *Fuhrmann*, „Gelatine" und die „Holzmüller"-Doktrin: Ende einer juristischen Irrfahrt?, AG 2004, 339; *Geßler*, Aktiengesetz, Loseblatt Stand Juni 2003; *Geßler/Hefermehl/Eckardt/Kropff*, Aktiengesetz, 1973–1989; *v. Godin/Wilhelmi*, Aktiengesetz, 4. Aufl. 1971; *Goerdeler/Hommelhoff/Lutter/Wiedemann* (Hrsg.), Festschrift für Fleck zum 70. Geburtstag, 1988; *Goette*, Anmerkung zu den Gelatine-Urteilen des BGH, DStR 2004, 927; *Götze*, Auskunftserteilung durch GmbH-Geschäftsführer im Rahmen der Due Diligence beim Beteiligungserwerb, ZGR 1999, 202; *Groß*, Zuständigkeit der Hauptversammlung bei Erwerb und Veräußerung von Unternehmensbeteiligungen, AG 1994, 266; *Groß*, Vorbereitung und Durchführung von Hauptversammlungsbeschlüssen zu Erwerb und Veräußerung von Unternehmensbeteiligungen, AG 1996, 111; *Großfeld/Bondics*, Die Aktionärsklage – nun auch im deutschen Recht, JZ 1982, 589; Großkommentar zum Aktiengesetz (Hrsg. Hopt/Wiedemann), 4. Aufl. 1992–2003; *Grüner*, Zeitliche Einschränkung des Rede- und Fragerechts auf Hauptversammlungen, NZG 2000, 770; *Grunewald*, Rückverlagerung von Entscheidungskompetenzen der Hauptversammlung auf den Vorstand, AG 1990, 133; *Habersack/Hommelhoff/Hüffer/K. Schmidt* (Hrsg.), Festschrift für Ulmer zum 70. Geburtstag, 2003; *Hachenburg*, GmbHG, 8. Aufl. 1997 ff.; Handelsrechtsausschuss des Deutschen Anwaltvereins e.V., Anwendung des § 15 WpHG bei mehrstufigen Entscheidungsprozessen, AG 1997, 559; *Happ*, Aktienrecht, 2. Aufl. 2004; *Happ/Freitag*, Die Mitternachtsstund' als Nichtigkeitsgrund, AG 1998, 493; *Happ/Semler*, Ad hoc-Publizität im Spannungsfeld von Gesellschaftsrecht und Anlegerschutz, ZGR 1998, 116; *Heckschen/Simon*, Umwandlungsrecht, 2003; *Heidel*, Aktienrecht, 2003; *Heinsius*, Organzuständigkeit bei Bildung, Erweiterung und Umorganisation des Konzerns, ZGR 1984, 383; *Henn*, Handbuch des Aktienrechts, 7. Aufl. 2002; *Henze*, Aktienrecht, 5. Aufl. 2002; *Henze*, Pünktlich zur Hauptversammlungssaison, Ein Rechtsprechungsüberblick zu Informations- und Auskunftsrechten, BB 2002, 893; *Henze/Hoffmann-Becking*, Gesellschaftsrecht 2001, 2002; *Hirte*, Bezugsrechtsausschluss und Konzernbildung, 1986; *Hölters/Deilmann/Buchta*, Die kleine Aktiengesellschaft, 2. Aufl. 2002; *Hommelhoff/Zätsch/Erle* (Hrsg.), Festschrift für W. Müller zum 65. Geburtstag, 2001; *Hopt*, Grundsatz- und Praxisprobleme nach dem Wertpapierhandelsgesetz, ZHR 159 (1995), 135; *Hüffer*, Aktiengesetz, 6. Aufl. 2004; *Jäger*, Aktiengesellschaft, 2004; *Joost*, „Holzmüller" vor dem Hintergrund des Umwandlungsgesetzes, ZHR 163 (1999), 164; *Kiem/Kotthoff*, Ad-hoc-Publizität bei mehrstufigen Entscheidungsprozessen, WM 1995, 1999; *Kiethe*, Vorstandshaftung aufgrund fehlerhafter Due Diligence beim Unternehmenskauf, NZG 1999, 976; Kölner Kommentar zum Aktiengesetz (Hrsg. Zöllner), 2. Aufl. 1986–2003; *Körber*, Geschäftsleitung der Zielgesellschaft und due diligence bei Paketerwerb und Unternehmenskauf, NZG 2002, 263; *Koppensteiner*, „Holzmüller" auf dem Prüfstand des BGH, Der Konzern 2004, 381; *Kort*, Bekanntmachungs-, Berichts- und Informationspflichten bei „Holzmüller"-Beschlüssen der Mutter im Falle von Tochter-Kapitalerhöhungen zu Sanierungszwecken, ZIP 2002,685; *Korts/Korts*, Der Weg zur börsennotierten Aktiengesellschaft, 2. Aufl. 2001; *Kramer* (Hrsg.), Festschrift für Koppensteiner zum 65. Geburtstag, 2001; *Kranebitter*, Due Diligence, 2002; *Krämer/Theiß*, Delisting nach der Macrotron-Entscheidung des BGH, AG 2003, 225; *Kümpel*, Aktuelle Fragen der Ad hoc-Publizität, AG 1997, 66; *Kümpel*, Insiderrecht Ad hoc-Publizität aus Bankersicht, WM 1996, 653; *Lenenbach*, Kapitalmarkt- und Börsenrecht, 2002; *Linker/Zinger*, Rechte und Pflichten der Organe einer Aktiengesellschaft bei der Weitergabe vertraulicher Unternehmensinformationen, NZG 2002, 497; *Loges*, Der Einfluss der „Due Diligence" auf die Rechtstellung des Käufers eines Unternehmens, DB 1997, 965; *Lutter*, Umwandlungsgesetz, 3. Aufl. 2004; *Lutter*, 100 Bände BGHZ, Konzernrecht, ZHR 151 (1987), 444; *Lutter*, Due diligence des Erwerbers bei Kauf einer Beteiligung, ZIP 1997, 613; *Lutter/Leinekugel*, Kompetenzen von Hauptversammlung und Gesellschafterversammlung beim Verkauf von Unternehmensteilen, ZIP 1998, 225; *Lutter/Leinekugel*, Der Ermächtigungsbeschluss der Hauptversammlung zu grundlegenden Strukturmaßnahmen – zulässige Kompetenzübertragung oder unzulässige Selbstentmachtung?, ZIP 1998, 805; *Lutter/Mertens/Ulmer* (Hrsg.), Festschrift für Stimpel zum 65. Geburtstag, 1985; *Lutter/Stimpel/Wiedemann* (Hrsg.), Festschrift für R. Fischer zum 70. Geburtstag, 1979; *Markwardt*, „Holzmüller" im vorläufigen Rechtsschutz, WM 2004, 211; *Martens*, Leitfaden für die Leitung der Hauptversammlung einer Aktiengesellschaft, 3. Aufl. 2003; *Max*, Die Leitung der Hauptversammlung, AG 1991, 77; *Mecke*, Konzernstruktur und Aktionärsentscheid, 1992; *Merkt*, Due Diligence und Gewährleistung beim Unternehmenskauf, BB 1995, 1041; *Merkt*, Rechtliche Bedeutung der „due diligence" beim Unternehmenskauf, WiB 1996, 145; *Mertens*, Die Information des Erwerbers einer wesentlichen Unternehmensbeteiligung an einer Aktiengesellschaft durch deren Vorstand, AG 1997, 541; *Möllers/Rotter*, Ad-hoc-Publizität, 2003; *Mülbert*, Rechtsprobleme des Delisting, ZHR 165 (2001), 104; *Müller*, Gestattung der Due Diligence durch den Vorstand der Aktiengesellschaft, NJW 2000, 3452; *Müller/Rödder* (Hrsg.), Beck'sches Handbuch der AG, 2004; Münchener Vertragshandbuch (Hrsg. *Heidenhain/Meister*), Band 1 Gesellschaftsrecht, 5. Aufl. 2000; Münchener Handbuch des Gesellschaftsrechts (Hrsg. *Hoffmann-Becking*), Band 4 Aktiengesellschaft, 2. Aufl. 1999; Münchener Kommentar Aktiengesetz (Hrsg. *Kropff/Semler*), 2. Aufl. 2000–2004; *Mutschler/Mersemann*, Verfahrensmäßige Anforderungen an ordnungsgemäße Vorstandsentscheidungen im M&A-Bereich, DB 2003, 79; *Mutter*, Änderungen bei der Durchführung von Hauptversammlungen durch das TransPuG, AG-Report 2003, R. 34; *Nirk/Reuter/Bächle*, Handbuch der Aktiengesellschaft, Loseblatt Stand Oktober 2003; *Noack*, Das neue Recht der Gegenanträge nach § 126 AktG, BB 2003, 1393; *Nowak*, Ad hoc-Publizität bei M&A-Transaktionen, DB 1999, 601; *Obermüller/Werner/Winden* (Hrsg.), Die Hauptversammlung der Aktiengesellschaft, 4. Aufl. 2001; *Paefgen*, Unternehmerische Entscheidungen und Rechtsbindung der Organe in der Aktiengesellschaft, 2002; *Pananis*, Zur Abgrenzung von Insidertatsachen und ad-hoc-publizitätspflichtigem Sachverhalt bei mehrstufigen Entscheidungsprozessen, WM 1997, 460; *Pfüller/Anders*, Delisting-Motive vor dem Hintergrund neuerer Rechtsentwicklungen, NZG 2003, 459; *Picot/Mentz/Seydel*, Die Aktiengesellschaft bei Unternehmenskauf und Restrukturierung, 2003; *Priester*, Die klassische Ausgliederung – ein Opfer des Umwandlungsgesetzes 1994?, ZHR 163 (1999), 187; *Raiser*, Recht der Kapitalgesellschaften, 3. Aufl. 2001; *Rehbinder*, Zum konzernrechtlichen Schutz der Aktionäre einer Obergesellschaft, ZGR 1983, 92; *Reichert*, Ausstrahlungswirkungen der Ausgliederungsvoraussetzungen nach UmwG auf andere Strukturänderungen, ZHR Sonderheft 68 (1999), 25; *Renner*, Holzmüller-Kompetenzen der Hauptversammlung beim Erwerb einer Unternehmensbeteiligung?, NZG 2002, 109; *Roschmann/Frey*, Geheimhaltungsverpflichtungen der Vorstandsmitglieder von Aktiengesellschaften bei Unternehmenskäufen, AG 1996, 449; *Roth*, Unternehmerisches Ermessen und Haftung des Vorstands, 2001; *Schaaf*, Die Praxis der Hauptversammlung, 2. Aufl. 1999; *Schäfer*, Wertpapierhandelsgesetz, Börsengesetz, Verkaufsprospektgesetz, 1999; *Schander/Lucas*, Die Ad-hoc-Publizität im Rahmen von Übernahmevorhaben, DB 1997, 2109; *K. Schmidt*, Gesellschaftsrecht, 4. Aufl. 2002; *K. Schmidt*, Macrotron oder, weitere Ausdifferenzierung des Aktionärsschutzes durch den BGH, NZG 2003, 601; *U.H.Schneider/Hommelhoff/K. Schmidt/Timm/Grunewald/Drygala* (Hrsg.), Festschrift für Lutter zum 70. Geburtstag, 2000; *Schnorbus*, Analogieverbot und Rechtsfortbildung im Umwandlungsrecht, DB 2001, 1654; *Schockenhoff*, Informationsrechte der HV bei Veräußerung eines Tochterunternehmens, NZG 2001, 921; *Scholz*, GmbHG, 9. Aufl. 2000/2002; *Schöne*, Das rechtsgrundlos erlangte Unternehmen – Herausgabe oder Wertersatz?, ZGR 2000, 86; *Schroeder*, Darf der Vorstand der Aktiengesellschaft dem Aktienkäufer eine Due Diligence gestatten?, DB 1997, 2161; *Schwark*, Kapitalmarktrechtskommentar, 2004; *Schwintowski*, Das Unternehmen im Bereichungsausgleich, JZ 1987, 588; *Seibert/*

| Einleitung | **Teil XI** |

Schütz, Der Referentenentwurf eines Gesetzes zur Unternehmensintegrität und Modernisierung des Anfechtungsrechts, ZIP 2004, 252; *Semler/Stengel*, Umwandlungsgesetz, 2003; *Semler/Volhard*, Arbeitshandbuch für die Hauptversammlung, 2. Aufl. 2003; *Sieger/Hasselbach*, Break Fee-Vereinbarungen bei Unternehmenskäufen, BB 2000, 625; *Sieger/Hasselbach*, Die Übernahme von Gewährleistungen durch die Aktiengesellschaft bei Kapitalerhöhung und Aktientausch, BB 2004, 60; *Sigle/Zinger*, Die Übernahme der Transaktionskosten durch die Aktiengesellschaft, NZG 2003, 301; *Simon*, Von „Holzmüller" zur „Gelatine" – ungeschriebene Hauptversammlungszuständigkeiten im Lichte der BGH-Rechtsprechung (Teil I und II), DStR 2004, 1482, 1528; *Steiner*, Die Hauptversammlung der Aktiengesellschaft, 1995; *Stoffels*, Grenzen der Informationsweitergabe durch den Vorstand einer Aktiengesellschaft im Rahmen einer „Due Diligence", ZHR 165 (2001), 362; *Süßmann*, Insiderhandel – Erfahrungen aus der Sicht des Bundesaufsichtsamts für den Wertpapierhandel, AG 1997, 63; *Timm*, Minderheitenschutz und unternehmerische Entscheidungsfreiheit im Mutterunternehmen, ZHR 153 (1989), 60; *Tröger*, Informationsrechte des Aktionäre bei Beteiligungsveräußerungen, ZHR 165 (2001), 593; *Tröger*, Vorbereitung von Zustimmungsbeschlüssen bei Strukturmaßnahmen, ZIP 2001, 2029; *Vogt*, Die Due Diligence – ein zentrales Element bei der Durchführung von Mergers & Acquisitions, DStR 2001, 2027; *Wahlers*, Die Satzung der kleinen Aktiengesellschaft, 3. Aufl. 2003; *Wegmann/Koch*, Due Diligence – Unternehmensanalyse durch externe Gutachter, DStR 2000, 1027; *Weißhaupt*, Der „eigentliche" Holzmüller-Beschluss – Über Dogmatik und Anforderungen eines Instruments aktienrechtlicher Zuständigkeitsordnung, NZG 1999, 804; *Weißhaupt*, Holzmüller-Informationspflichten nach den Erläuterungen des BGH in Sachen „Gelatine", AG 2004, 585; *Werner*, Haftungsrisiken bei Unternehmensakquisitionen, die Pflicht des Vorstands zur Due Diligence, ZIP 2000, 989; *H.P.Westermann/Mock* (Hrsg.), Festschrift für Bezzenberger zum 70. Geburtstag, 2000; *Wilde*, Informationsrechte und Informationspflichten im Gefüge der Gesellschaftsorgane, ZGR 1998, 423; *Wojtek/Mitzkus*, AG-Handbuch, Stand November 2003; *Wölk*, Ad hoc-Publizität – Erfahrungen aus der Sicht des Bundesaufsichtsamtes für den Wertpapierhandel, AG 1997, 73; *Zeidler*, Die Hauptversammlung der Konzernmutter – ungeschriebene Zuständigkeiten und Information der Aktionäre, NZG 1998, 91; *Ziegler*, „Due Diligence" im Spannungsfeld zur Geheimhaltungspflicht von Geschäftsführern und Gesellschaftern, DStR 2000, 249; *Ziemons*, Die Weitergabe von Informationsinterna an Dritte durch den Vorstand einer Aktiengesellschaft, AG 1999, 492.

A. Einleitung: Aktienrecht beim Unternehmenskauf

I. Einführung

Die **Bedeutung der Aktiengesellschaft** als Rechtsform in der Bundesrepublik Deutschland ist in den vergangenen Jahren stark gestiegen. Die Aktiengesellschaft ist auch für den deutschen Mittelstand interessant geworden. Man spricht von einem „Siegeszug der Aktiengesellschaft", der sich an der wachsenden Zahl in Deutschland eingetragener Aktiengesellschaften manifestiert. Im Jahre 2003 ist hierbei erstmalig die Marke von 15 000 Aktiengesellschaften überschritten worden. 1

Im Vergleich zu der in Deutschland dominierenden Rechtsform der Gesellschaft mit beschränkter Haftung (GmbH) zeichnen sich deutsche Aktiengesellschaften als besonders **aktive „Player"** im M&A-Geschäft aus. So sind die deutschen Großunternehmen, die für einen Großteil der M&A-Aktivitäten als Käufer oder Verkäufer stehen, überwiegend in der Rechtsform der Aktienge- 2 sellschaft organisiert. Jedoch auch viele „kleine" Aktiengesellschaften sind bei M&A-Transaktionen beteiligt, oftmals gerade als Target.

3 Die **Struktur der Aktiengesellschaft** erfordert einen vielschichtigen Blick auf die organisations- und haftungsrechtlichen Fragen beim Unternehmenskauf unter Beteiligung einer Aktiengesellschaft. Die klar abgegrenzten Kompetenzen von Vorstand, Aufsichtsrat und Hauptversammlung, eine um Rechtsfortbildung bemühte höchstrichterliche Rechtsprechung (Stichwort Holzmüller) sowie ein aktiver Gesetzgeber haben in diesem Handbuch ein eigenes Kapitel zum Thema M&A und Aktienrecht unumgänglich gemacht. Gerade aktuelle Fallbeispiele veranschaulichen die besondere Bedeutung des komplizierten deutschen Aktienrechts bei Unternehmenstransaktionen. Die straf- und zivilrechtliche Aufarbeitung der Abfindungszahlungen an ehemalige Führungskräfte der Mannesmann AG im Rahmen der Übernahme durch Vodafone oder die angeblich aktienrechtswidrige Verwendung von Gesellschaftsmitteln beim Kauf der Klöckner AG durch die Balli-Gruppe aus England sind nur zwei medienträchtige Beispiele. Hinzu kommen die erheblichen praktischen Probleme deutscher Aktiengesellschaften mit dem Verhalten so genannter Berufsopponenten gerade bei Hauptversammlungen, denen es in den vergangenen Jahrzehnten teilweise gelungen ist, wesentliche Grundlagenentscheidungen der Gesellschaften zu blockieren.

4 Unternehmenskäufe bringen ein erhebliches persönliches **Haftungsrisiko** insbesondere des Vorstandes mit sich. Gerade in jüngster Zeit versuchen unzufriedene Aktionäre vermehrt, Vorstände für die zum Teil erheblichen Kurs- und damit einhergehenden Vermögensverluste in Anspruch zu nehmen.[1] Sollte der im November 2004 vorgestellte Regierungsentwurf für ein „Gesetz zur Unternehmensintegrität und Modernisierung des Anfechtungsrechts" wie geplant zum 1. November 2005 umgesetzt werden, wird sich die Haftungsfrage für Vorstände noch verschärfen.[2] Nach dem neu zu fassenden § 147a AktG sollen Aktionäre bereits als kleine Minderheit, deren Anteile im Zeitpunkt der Antragsstellung zusammen nur 1 % des Grundkapitals oder einen Börsenwert von 100 000 Euro erreichen müssen, (vermeintliche) Schadenersatzansprüche der Gesellschaft gegenüber dem Vorstand geltend machen können. Damit die klagewilligen Aktionäre, die sich im Regelfall nicht untereinander kennen, leichter Kontakt zueinander aufnehmen können, um die notwendigen Schritte für eine entsprechende Klage einzuleiten, sieht der Gesetzesentwurf zudem die Einrichtung eines Aktionärsforums im elektronischen Bundesanzeiger vor.

5 In diesem Kapitel sollen die bedeutsamsten **Sonderprobleme** bei Transaktionen unter Beteiligung von Aktiengesellschaften dargestellt werden. Nicht berücksichtigt werden jedoch die spezifischen Regelungen des Wertpapierüber-

---

[1] OLG München v. 18.7.2002 – 19 U 5630/01 – EM.TV, AG 2003, 105; LG München v. 8.4.2003 – 4 KLS 305 Js 52 379/00 – EM.TV, NZG 2003, 825; OLG München/Augsburg v. 1.10.2002 – 30 U 855/01 – Infomatec II, AG 2003, 106; LG Augsburg v. 24.9.2001 – 3 O 4995/00 – Infomatec II, NZG 2002, 429; LG München v. 28.6.2001 – 12 O 10157/01 – Infomatec I, ZIP 2001, 1814, 1815; LG Frankfurt/Main v. 28.4.2003 – 3-7 O 47/02 – Comroad AG, AG 2003, 461; *Buchta*, DStR 2003, 694.
[2] Abrufbar unter www.bmj.bund.de/media/archive/797.pdf.

nahmegesetzes, die bei der Übernahme börsennotierter Aktiengesellschaften gelten und in diesem Handbuch Thema des separaten Kapitels Unternehmenskauf über die Börse (Teil X Rz. 24 ff.) sind.

II. Vorstand und Unternehmenskauf

Der Gang der Darstellung wird streng praxisorientiert sein. Aus der **Sicht des Vorstandes** einer Aktiengesellschaft werden die wesentlichen Problemkreise dargestellt, die sich beim Unternehmenskauf unter Beteiligung von Aktiengesellschaften ergeben. Hierbei wird jeweils klar herausgearbeitet, inwieweit die Problemstellungen Aktiengesellschaften als Verkäufer, Käufer oder als Target betreffen. Die Darstellung der Rechte und insbesondere der Pflichten des Vorstandes beim Unternehmenskauf dient hierbei als Basis, etwaige Haftungsrisiken für den Vorstand bei M&A-Transaktionen zu identifizieren. Die genaue Kenntnis der spezifischen aktienrechtlichen Probleme beim Unternehmenskauf ermöglicht es dem Vorstand, Haftungsfallen zu vermeiden. 6

Gerade bei Beteiligung von Aktiengesellschaften bei M&A-Transaktionen ist es unabdingbar, den Prozess **umfassend zu planen**. Beabsichtigt der Vorstand einer Aktiengesellschaft beispielsweise, eine Tochtergesellschaft zu veräußern, die den Großteil des Umsatzes und des Gewinns im Konzern erwirtschaftet, ist bereits vorab zu prüfen, ob die Hauptversammlung der Muttergesellschaft dem Verkauf zustimmen muss. Wird zunächst der Verkaufsprozess eingeleitet, beispielsweise ein Bieterverfahren durchgeführt, und der Kaufvertrag über einen längeren Zeitraum verhandelt, ist der Erfolg der Transaktion gefährdet, wenn der Vorstand der Veräußerer-AG kurz vor Abschluss des Unternehmenskaufvertrages dem potenziellen Erwerber erstmalig mitteilt, dass der Vertrag mit der Zustimmung einer noch einzuberufenden Hauptversammlung stehen und fallen soll. Die Befassung einer Hauptversammlung hat nicht nur eine Verzögerung der Transaktion um etwa sechs bis zehn Wochen zur Folge, sondern führt auch zur rechtlichen Verpflichtung, die Grundlagen der Transaktion und gegebenenfalls den gesamten Unternehmenskaufvertrag den Aktionären (und damit de facto auch der Öffentlichkeit) zugänglich zu machen. Der potenzielle Erwerber wird sich oftmals sowohl mit dem längeren Schwebezustand als auch mit der Öffentlichkeitswirkung in diesem Stadium der Vertragsverhandlungen nur schwer anfreunden können und berechtigterweise kritisieren, dass die Transaktion nicht ordnungsgemäß geplant worden ist. Dieses Beispiel verdeutlicht die Bedeutung aktienrechtlicher Besonderheiten beim Unternehmenskauf. 7

B. Vorstand und Due Diligence

I. Relevanz der Thematik für Target-, Veräußerer- und Erwerber-AG

Die Durchführung einer Due Diligence ist in der Unternehmenskaufspraxis in Deutschland in den letzten Jahren üblich geworden. Unter Due Diligence versteht man die **systematische Untersuchung** des Zielunternehmens durch den 8

Kaufinteressenten.¹ Das Zielunternehmen wird hierbei in rechtlicher, finanzieller, steuerlicher und ggf. auch umweltspezifischer Hinsicht umfassend geprüft. Vor und während der Vertragsverhandlungen haben der Veräußerer und der potenzielle Erwerber des Zielunternehmens ein nachvollziehbares Interesse daran, den tatsächlichen Wert des zu veräußernden Unternehmens oder Unternehmensteils zu ermitteln und einen Überblick über die mit dem Erwerb verbundenen Risiken zu erhalten. Dem Veräußerer geht es hierbei regelmäßig darum, sich ein Bild von dem Wert des eigenen Unternehmens und dem mit der Abgabe von Gewährleistungen vorhandenen Haftungsrisiko zu machen, während der potenzielle Erwerber darauf angewiesen ist, mögliche finanzielle, steuerliche, rechtliche und umweltspezifische Risiken des Targets aufzudecken und abzuschätzen.²

9   In aktienrechtlicher Hinsicht bestehen im Rahmen einer Due Diligence erhebliche rechtliche Unsicherheiten. Überwiegend unproblematisch ist die Situation allenfalls für den **Vorstand der Veräußerer-AG**. Schwerpunkt der Pflichten des Vorstandes ist hierbei, einen angemessenen und möglichst hohen Kaufpreis zu erzielen und Haftungsansprüche zu begrenzen.³ Der Vorstand der Veräußerer-AG kann im Verkaufsprozess Informationen, die er von der Target-AG in zulässiger Weise erlangt hat, an den Kaufinteressenten oder seine Berater weiterleiten. Falls jedoch diese Informationen geeignet sind, dem Target zu schaden, ist eine Weitergabe ausnahmsweise nicht zulässig und würde gegen die Treuepflicht des Aktionärs gegenüber der Gesellschaft verstoßen.⁴ Zur Begrenzung der mit der Due Diligence verbundenen Risiken für das Target ist es hierbei in der Praxis üblich, dass der Veräußerer geeignete Sicherheitsmaßnahmen ergreift und insbesondere eine Vertraulichkeitsvereinbarung mit dem Kaufinteressenten abschließt. Weitere spezifische aktienrechtliche Probleme im Rahmen der Due Diligence bestehen für den Vorstand der Veräußerer-AG im Regelfall nicht.

10 Aktienrechtlich problematisch ist die Situation hingegen für den **Vorstand der Erwerber-AG**. Hier wird in Rechtsprechung und Literatur kontrovers diskutiert, ob der Vorstand einer Aktiengesellschaft verpflichtet ist, eine Due Diligence vor dem Unternehmenskauf durchzuführen. Bejaht man diese Pflicht und führt der Vorstand keine Due Diligence durch, würden ihm Schadenersatzansprüche nach § 93 Abs. 2 Satz 1 AktG drohen.

11 Aktienrechtlich besonders relevant sind die Verhaltenspflichten des **Vorstands der Target-AG**. Hier wird insbesondere kontrovers diskutiert, ob der Vorstand des Targets überhaupt eine Due Diligence zulassen darf oder ob er hierdurch seine Pflicht zur Verschwiegenheit verletzt. Ein besonderes Problem stellt sich

---

1 *Mueller-Thuns* in Rödder/Hötzel/Mueller-Thuns, § 3 Rz. 32; *Pack* in Picot, Handbuch, S. 270; *Stratz/Klug* in Beck'sches Mandatshandbuch Unternehmenskauf, § 2 Rz. 1.
2 *Mutschler/Mersmann*, DB 2003, 79 (80); *Rotthege/Wassermann*, Rz. 149; *Kranebitter*, S. 12.
3 *Becker* in Picot/Mentz/Seydel, Teil II Rz. 8; *Kiethe*, NZG 1999, 976 (977); *Merkt*, BB 1995, 1042 (1043).
4 *Mueller-Thuns* in Rödder/Hötzel/Mueller-Thuns, § 3 Rz. 80; *Ziegler*, DStR 2000, 249 (254); *Körber*, NZG 2002, 263 (272).

in der Praxis dann, wenn das Target verpflichtet werden soll, beim Veräußerer, Erwerber oder beim Target selbst entstehende Transaktionskosten zu tragen.

II. Erwerber-AG und Due Diligence

Sowohl aus **zivilrechtlichen** als auch **aktienrechtlichen** Gründen könnte sich eine Notwendigkeit für den Vorstand der Erwerber-AG ergeben, das Zielunternehmen im Rahmen einer Due Diligence zu prüfen. Zivilrechtlich könnte der Verzicht auf eine Due Diligence dazu führen, dass Gewährleistungsansprüche des Käufers entfallen. Aktienrechtlich könnte die Nichtdurchführung einer Due Diligence eine Pflichtverletzung des Vorstandes darstellen.

1. Due Diligence und Gewährleistung

Im amerikanischen Rechtskreis herrscht der Grundsatz, dass der Erwerber, der einen Kaufgegenstand nicht mit gehöriger Sorgfalt prüft, keine Gewährleistungsansprüche wegen etwaiger Mängel geltend machen kann.[1] Dem deutschen Kaufrecht ist dieses Verständnis jedoch fremd. Es gibt in Deutschland **keine allgemeine Obliegenheit**, einen Kaufgegenstand vor Abschluss des Vertrages zu untersuchen.[2] Vielmehr kann nach § 442 BGB die Kenntnis des Erwerbers von etwaigen Mängeln des Kaufgegenstandes bei Vertragsschluss dazu führen, dass die Haftung des Veräußerers ausgeschlossen ist.[3]

Für den Spezialbereich des Unternehmenskaufs wird jedoch in der Literatur vertreten, dass die Due Diligence beim Unternehmenskauf, insbesondere beim Erwerb mittlerer oder größerer Unternehmen, mittlerweile der **allgemeinen Verkehrssitte** entspreche.[4] Hieraus wird geschlossen, dass der Verzicht auf eine Due Diligence dazu führen kann, dass der Vorstand grob fahrlässig im Sinne von § 442 BGB handelt und ein Haftungsausschluss droht. Die überwiegende Auffassung in der Literatur verneint hingegen eine Obliegenheit zur Durchführung einer Due Diligence vor dem Erwerb des Zielunternehmens.[5]

Der herrschenden Auffassung in der Literatur ist zuzustimmen. Es gibt bislang **keinen generalisierbaren Kernbestand** an Prüfpflichten für die Durchführung einer Due Diligence beim Unternehmenskauf. Insbesondere die zahlreichen Ausprägungen von Due Diligence-Checklisten zeigen, dass sich die Art und der Umfang einer Due Diligence nach den Umständen des Einzelfalls richten.[6]

---

1 *Werner*, ZIP 2000, 989 (990); *Merkt*, BB 1995, 1041 (1043); *Stoffels*, ZHR 165 (2001), 362 (363); *Loges*, DB 1997, 965; *Fleischer/Körber*, BB 2001, 841 (842); *Becker* in Picot/Mentz/Seydel, Teil II Rz. 12; *Pack* in Picot, Handbuch, S. 269.
2 *Holzapfel/Pöllath*, Rz. 17; *Vogt*, DStR, 2001, 2027 (2031).
3 *Becker* in Picot/Mentz/Seydel, Teil II Rz. 13; *Holzapfel/Pöllath*, Rz. 17; *Beisel* in Beisel/Klumpp, § 2 Rz. 15.
4 *Merkt*, WiB 1996, 145 (148); *Vogt*, DStR 2001, 2027 (2031).
5 *Jäger*, § 35 Rz. 62; *Beisel* in Beisel/Klumpp, § 2 Rz. 9; *Holzapfel/Pöllath*, Rz. 17; *Niewiarra*, S. 47; *Mueller-Thuns* in Rödder/Hötzel/Mueller-Thuns, § 3 Rz. 54; *Fleischer/Körber*, BB 2001, 841 (845); *Werner*, ZIP 2000, 989 (990); *Loges*, DB 1997, 965 (968).
6 *Fleischer/Körber*, BB 2001, 841 (846); *Picot* in Picot, Handbuch, S. 159; *Jäger*, § 35 Rz. 62.

Der Annahme einer Verkehrssitte dürfte auch entgegenstehen, dass die Frage, ob und in welchem Umfang eine Due Diligence durchgeführt werden soll, nicht selten Gegenstand heftiger Auseinandersetzungen zwischen Käufer und Verkäufer ist.[1] Im Übrigen kommt der Vorstand des Targets im Rahmen einer Due Diligence seinen Geschäftsleiterpflichten gegenüber der eigenen Gesellschaft nach und nicht einer angeblich existierenden Verkehrssitte.[2] Die Durchführung einer spezifischen Due Diligence ist demnach nicht zur Verkehrssitte geworden. Die gesetzlichen Gewährleistungsansprüche des Erwerbers bleiben demnach auch ohne Due Diligence erhalten.

2. Aktienrechtliche Besonderheiten

16 Nach Ansicht der **Landgerichte Hannover und Frankfurt** soll der Vorstand einer Aktiengesellschaft dazu verpflichtet sein, die Vermögensverhältnisse einer zur Übernahme anstehenden Gesellschaft vor Erwerb gründlich zu prüfen, wenn er eine Haftung nach § 93 Abs. 2 Satz 1 AktG vermeiden will.[3] Auch in der Literatur wird eine Sorgfaltspflicht des Vorstandes, vor einem Unternehmenskauf eine Due Diligence durchzuführen, bejaht.[4] Begründet wird dies mit den erheblichen Risiken beim Unternehmenskauf und der Gefahr der Vernichtung von Ressourcen für das übernehmende Unternehmen. Der Vorstand überschreite seinen Gestaltungsspielraum, wenn er uninformierte Entscheidungen treffe.

17 Ausgangspunkt für die Diskussion der Vorstandspflichten im Rahmen einer Due Diligence ist die Sorgfalt eines ordentlichen gewissenhaften Geschäftsleiters nach § 93 Abs. 1 Satz 1 AktG. Die Eigenverantwortlichkeit des Vorstandes bei der Wahrnehmung unternehmerischer Aufgaben und Ziele schließt notwendig einen eigenen **unternehmerischen Ermessensspielraum** ein, ohne den eine unternehmerische Tätigkeit nicht möglich ist.[5] Zu diesem Ermessensspielraum gehört neben dem bewussten Eingehen geschäftlicher Risiken auch die Gefahr von Fehlbeurteilungen und Fehleinschätzungen.

18 Grundlage einer pflichtgemäßen unternehmerischen Entscheidung ist die Schaffung einer ausreichenden Tatsachengrundlage.[6] Der Gesetzgeber beabsichtigt, dies im Rahmen des Gesetzes zur Unternehmensintegrität und Modernisierung des Anfechtungsrechts noch einmal herauszustellen. In § 93

---

1 Werner, ZIP 2000, 989 (990); Loges, DB 1997, 965 (968).
2 Beisel in Beisel/Klumpp, § 2 Rz. 9; Fleischer/Körber, BB 2001, 841 (846).
3 LG Hannover v. 23.2.1977 – 1 O 123/75 – Kämmerei Döhren AG, AG 1977, 198 (200); LG Frankfurt v. 7.10.1997 – 3/11 O 44/96, AG 1998, 488 ff.
4 Becker in Picot/Mentz/Seydel, Teil II Rz. 17; Wittkopp/Schuback in Wojtek/Mitzkus, 23/ 9.5.; Kösters in Rotthege/Wassermann, Rz. 148 ff.; Kiethe, NZG 1999, 976 (981); Werner, ZIP 1997, 989 (990).
5 BGH v. 21.4.1997 – II ZR 175/95 – ARAG/Garmenbeck, BGHZ 135, 244 (253); BGH v. 23.6.1997 – II ZR 132/93 – Siemens/Nold II, BGHZ 136, 133, 140; Hopt in Großkomm. AktG, § 93 AktG Rz. 81; Kort in MünchKomm. AktG, § 76 AktG Rz. 51; Hüffer, § 93 AktG Rz. 13a; Roth, S. 15 ff.
6 BGH v. 21.4.1997 – II ZR 175/95– ARAG/Garmenbeck, BGHZ 135, 244 (253); Hopt in Großkomm. AktG, § 93 AktG Rz. 84; Hefermehl/Spindler in MünchKomm. AktG, § 93 AktG Rz. 25.

AktG soll die **„Business Judgement Rule"** ausdrücklich in das deutsche Aktienrecht übernommen werden. Eine Pflichtverletzung des Vorstandes liegt demnach nicht vor, wenn das Vorstandsmitglied annehmen konnte, auf der Grundlage angemessener Informationen zum Wohle der Gesellschaft zu handeln.[1] Der Vorstand ist demnach verpflichtet, alle ihm zur Verfügung stehenden Erkenntnisquellen auszuschöpfen. Er hat eine Bewertung der einzelnen Aspekte vorzunehmen und mit den damit verbundenen Risiken abzuwägen.[2] Er darf hierbei keine überspannte Risikobereitschaft zeigen; ebenso wenig darf er sein Ermessen unterschreiten. Er muss demnach unternehmerische Chancen suchen und nutzen.[3]

Entscheidend ist, ob der Vorstand einer Aktiengesellschaft die Grenzen seines Ermessensspielraumes unzulässigerweise überschreitet, wenn er einen Unternehmenskauf vornimmt, ohne zuvor eine Due Diligence des Targets durchzuführen. Diese Frage ist nur im Einzelfall beantwortbar. Bei kleineren Unternehmenskäufen mit sehr begrenzten Risiken für die erwerbende Gesellschaft und umfassenden Garantien des Verkäufers kann der Vorstand der erwerbenden Aktiengesellschaft gegebenenfalls von einer Due Diligence absehen. Sofern der Vorstand über eine **ausreichende Tatsachengrundlage** verfügt, die durchaus auch außerhalb eines formalen Due Diligence-Verfahrens gewonnen werden kann, und der Vorstand in der Lage ist, Chancen und Risiken der Transaktion umfassend abzuwägen, können durch den Verzicht auf eine Due Diligence erhebliche Kosten gespart werden. Will beispielsweise die Aktiengesellschaft einen Zulieferer erwerben, mit dem über Jahre hinweg umfassende Geschäftsbeziehungen bestanden, so dass der Vorstand über ausreichende Informationen über das Target verfügt, ist eine kostenintensive Due Diligence nicht zwingend erforderlich. 19

Der Ermessensspielraum des Vorstandes kann jedoch gerade bei **größeren Transaktionen** aufgrund der unkalkulierbaren Risiken, die der Erwerb eines ungeprüften Unternehmens mit sich bringt, reduziert sein. Das Risikopotenzial bei Unternehmenskäufen liegt in der Regel in der Investitionssumme und den gewachsenen und unter Umständen nicht mehr zeitgemäßen Strukturen des zu erwerbenden Unternehmens sowie in den unerkannten Mängeln des Kaufobjektes. Auch die Vernichtung von Ressourcen auf Seiten des übernehmenden Unternehmens ist eine praxisrelevante Gefahr.[4] Zudem droht die Haftung für Altverbindlichkeiten des übernommenen Unternehmens aus vertraglicher Verpflichtung oder aus Gesetz, beispielsweise die Haftung des Betriebsübernehmers nach § 75 AO oder aufgrund Betriebsübergangs gemäß § 613a BGB. Das bewusste Eingehen dieser Risiken wird in der Regel nicht dem Gesellschaftswohl dienen. Der Vorstand der erwerbenden Aktiengesell- 20

---

1 *Seibert/Schütz*, ZIP 2004, 252 (254); *Hefermehl/Spindler* in MünchKomm. AktG, § 93 AktG Rz. 33.
2 BGH v. 21.4.1997 – II ZR 175/95 – ARAG/Garmenbeck, BGHZ 135, 244 (253); BGH v. 4.7.1977 – II ZR 150/75, BGHZ 69, 207 (213); *Mertens* in KölnKomm., § 93 AktG Rz. 23.
3 *Semler* in MünchKomm. AktG, § 116 AktG Rz. 294.
4 *Werner*, ZIP 1997, 989 (991); *Kiethe*, NZG 1999, 976 (981).

schaft ist dann verpflichtet, zur Vermeidung eigener Haftungsrisiken eine Due Diligence durchzuführen.

21 Im Ergebnis wird nur in **Ausnahmefällen** der Vorstand einer Erwerber-AG von einer Due Diligence absehen können. Bei größeren Transaktionen oder erheblichen Haftungsrisiken ist der Vorstand im Regelfall verpflichtet, eine Due Diligence vor dem Unternehmenskauf durchzuführen.

III. Target-AG und Due Diligence

1. Informationserteilung bei GmbH und AG

22 Ein überaus praxisrelevantes Problem sind die Grenzen der Erteilung von Informationen durch den Vorstand des Targets im Rahmen einer Due Diligence. Dies wird deutlich bei einem Vergleich der aktienrechtlichen Bestimmungen mit dem **GmbH-Recht**. Den Gesellschaftern einer GmbH stehen weitgehende Informationsrechte zu. Nach § 51a GmbHG hat die Gesellschaft den Gesellschaftern, also auch dem Veräußerer, auf Verlangen unverzüglich Auskunft über die Angelegenheiten der Gesellschaft zu geben sowie die Einsicht in die Gesellschaftsunterlagen zu gestatten. Allenfalls die Weitergabe der erlangten Information durch den Veräußerer an den potenziellen Erwerber ist rechtlich problematisch.[1]

23 Die Informationserteilung durch den Vorstand einer Target-AG ist hingegen problematisch, da das **Aktiengesetz** der Informationspreisgabe durch den Vorstand gesellschaftsrechtliche Grenzen setzt. § 93 Abs. 1 Satz 2 AktG verpflichtet die Vorstandsmitglieder, über vertrauliche Angaben und Geheimnisse der Gesellschaft, die ihnen durch ihre Tätigkeit im Vorstand bekannt geworden sind, Stillschweigen zu bewahren. Wird die Verschwiegenheitspflicht verletzt, haftet das jeweilige Vorstandsmitglied nach § 93 Abs. 2 Satz 1 AktG auf Schadenersatz. Darüber hinaus kann die Verletzung der Schweigepflicht zu einem Widerruf der Bestellung als Mitglied des Vorstandes nach § 84 Abs. 3 AktG und zu einer Kündigung des Anstellungsvertrags führen.[2]

24 § 404 AktG stellt die unbefugte Offenbarung von Geschäftsgeheimnissen zudem **unter Strafe**. Einem Vorstandsmitglied ist es verboten, ein Geheimnis der Gesellschaft, namentlich ein Betriebs- oder Geschäftsgeheimnis, das ihm in seiner Eigenschaft als Vorstandsmitglied bekannt geworden ist, unbefugt zu offenbaren.[3]

---

[1] Dafür *Werner*, ZIP 2000, 989 (992); *Götze*, ZGR 1999, 202 (210); *Ziegler*, DStR 2000, 249 (250); dagegen *Hüffer* in Hachenburg, § 51a GmbHG Rz. 11; *K. Schmidt* in Scholz, § 51a GmbHG Rz. 13.

[2] *Becker* in Picot/Mentz/Seydel, Teil II Rz. 22; *Schroeder*, DB 1997, 2161.

[3] Handelt es sich beim Target um eine börsennotierte Aktiengesellschaft, ist zusätzlich zu beachten, dass die Vorstandsmitglieder nach § 13 Abs. 1 Nr. 1 WpHG Primärinsider sind. Die Vorstandsmitglieder dürfen demnach nicht unbefugt Insidertatsachen mitteilen oder zugänglich machen; ein Verstoß führt zur Strafbarkeit nach § 38 Abs. 1 Nr. 2 i.V.m. § 14 Abs. 1 Nr. 2 WpHG.

2. Grenzen der Informationserteilung

Auskunftsansprüche des Kaufinteressenten gegen den Vorstand der Target-AG sind nicht direkt herleitbar. Der Kaufinteressent selbst verfügt über keine originären Informationsansprüche gegenüber der Gesellschaft, da sein Vertragspartner nicht die Gesellschaft selbst, sondern der veräußerungswillige Aktionär ist.[1] 25

Das **Auskunftsrecht des veräußerungswilligen Aktionärs** ist nach § 131 AktG in mehrfacher Hinsicht beschränkt. Das Auskunftsrecht kann nur im Rahmen der Hauptversammlung und nur insoweit geltend gemacht werden, als es zur sachgemäßen Beurteilung der Gegenstände der Tagesordnung erforderlich ist.[2] Zudem stehen der Gesellschaft gerade bei der Preisgabe besonders sensibler unternehmensinterner Informationen Auskunftsverweigerungsrechte gemäß § 131 Abs. 3 AktG zu. 26

Wie sich die Verschwiegenheitspflicht des Vorstandes auf die Zulassung einer Due Diligence auswirkt, wird in der Literatur unterschiedlich beurteilt. Ausgangspunkt der Überlegungen ist wiederum, dass der Vorstand der Zielgesellschaft über die Zulassung einer Due Diligence nach pflichtgemäßem Ermessen zu entscheiden hat.[3] Die Verschwiegenheitspflicht bildet dabei keine absolute Entscheidungsschranke bei der Wahrnehmung des dem Vorstand zukommenden Leitungsermessens. Der Umfang der Verschwiegenheitspflicht im konkreten Fall muss stets mit Blick auf das übergeordnete Unternehmensinteresse bestimmt werden und kann demnach auch Einschränkungen erfahren.[4] *Mertens* bringt es mit der Aussage auf den Punkt: „Wo das Unternehmensinteresse gebietet zu reden, hört die Schweigepflicht auf."[5] Im Vordergrund der Ermessensentscheidung steht somit das **objektive Gesellschaftsinteresse**. Persönliche Interessen der Vorstandsmitglieder oder des externen Erwerbers sind irrelevant.[6] Gleiches gilt für die Interessen des verkaufswilligen Großaktionärs. 27

In der Literatur wird jedoch sehr kontrovers diskutiert, welche konkreten Gesichtspunkte bei der Ermessensentscheidung vom Vorstand im Einzelnen zu berücksichtigen und wie diese zu gewichten sind. Nach einer sehr restriktiven Auffassung von *Lutter* soll die Weitergabe von Informationen an veräußerungswillige Aktionäre bzw. potenzielle Erwerber allenfalls in extrem gelagerten **Ausnahmesituationen** und bei einer Prüfung durch neutrale, zur Verschwiegenheit verpflichtete Sachverständige sowie der sofortigen Ver- 28

---

1 *Ziegler*, DStR 2000, 252; *Stoffels*, ZHR 165 (2001), 362 (369).
2 *Hüffer*, § 131 AktG Rz. 12; *Stoffels*, ZHR 165 (2001), 362, (369); *Ziegler*, DStR 2000, 252; *Lutter*, ZIP 1997, 613 (616).
3 *Hüffer*, § 93 AktG Rz. 8; *Hopt* in Großkomm. AktG, § 93 AktG Rz. 213.
4 *Hopt* in Großkomm. AktG, § 93 AktG Rz. 299; *Mertens* in KölnKomm., § 93 AktG Rz. 82; *Hefermehl/Spindler* in MünchKomm. AktG, § 93 AktG Rz. 62 ff.; *Hüffer*, § 93 AktG Rz. 8; *Schroeder*, DB 1997, 2161 (2162); *Müller*, NJW 2000, 3452 (3453); *Roschmann/Frey*, AG 1996, 452; *Ziegler*, DStR 2000, 252; *Ziemons*, AG 1999, 493; *Stoffels*, ZHR 165 (2001), 363 (373).
5 *Mertens* in KölnKomm., § 93 AktG Rz. 82.
6 *Körber*, NZG 2002, 263 (269).

öffentlichung des Prüfungsergebnisses zulässig sein.[1] Auch *Bihr* und *Ziemons* wollen nur ausnahmsweise die Weitergabe von Informationen an einen neutralen Wirtschaftsprüfer, der dem Erwerbsinteressenten lediglich das Ergebnis der Due Diligence mitteilen darf, erlauben.[2]

29 Die **überwiegende Auffassung** in der Literatur gestattet vom Grundsatz her die Informationsweitergabe durch den Vorstand im Rahmen einer Due Diligence.[3] Der Vorstand des Targets hat jedoch insbesondere durch entsprechende Geheimhaltungsvereinbarungen mit den an der Transaktion Beteiligten sicherzustellen, dass geheimhaltungsbedürftige Informationen nicht an Dritte gelangen.

30 Der herrschenden Auffassung in der Literatur ist zuzustimmen. Nach der restriktiven Auffassung würde es dem Erwerbsinteressenten im Regelfall zugemutet, das Target ohne vorherige Prüfung, also „blind" zu kaufen. Dies würde viele Unternehmenskäufe verhindern und wäre auch eine erhebliche Benachteiligung deutscher Aktiengesellschaften im internationalen Unternehmenskaufmarkt.[4] Auch die Weitergabe an zur Verschwiegenheit verpflichtete Wirtschaftsprüfer, die nur über die Ergebnisse ihrer Prüfung eingeschränkt berichten dürfen, ist **nicht praxistauglich**. Der potenzielle Erwerber muss sich selbst ein Bild von der Situation des Targets machen können und benötigt dazu beispielsweise auch die Grundlageninformationen für die Bewertung des Unternehmens.[5]

31 Aus der Sicht des Vorstandes des Targets ist die Entscheidung über die Zulassung der Due Diligence und über deren Reichweite vom jeweiligen **Einzelfall** abhängig. So wird der Vorstand im Rahmen seines unternehmerischen Ermessens die Durchführung einer Due Diligence verweigern, wenn er konkret befürchten muss, dass die Weitergabe von Informationen einen erheblichen Schaden für die Aktiengesellschaft mit sich bringen könnte. Ist der Erwerbsinteressent beispielsweise ein Mitbewerber, wird der Vorstand genau die Risiken abwägen müssen, die die Preisgabe sensibler Informationen mit sich bringen. Hier wird es oftmals angezeigt sein, besonders relevante Informationen nicht zu übermitteln. Es mag für den Vorstand mitunter sogar geboten sein, die Informationserteilung zu verweigern, auch wenn dies den Unternehmenskauf gefährdet.[6] Dies gilt insbesondere dann, wenn der Aktienerwerb durch den Mitbewerber offensichtlich der Verdrängung der Gesellschaft vom Markt

---

1 *Lutter*, ZIP 1997, 613 (616).
2 *Bihr*, DB 1998, 1198; *Ziemons*, AG 1999, 492 (493).
3 *Roschmann/Frey*, AG 1996, 449 (452); *Mertens*, AG 1997, 541 (546 ff.); *Schroeder*, DB 1997, 2161 (2163); *Ziegler*, DStR 2000, 249 (250); *Kiethe*, NZG 1999, 976 (977); *Müller*, NJW 2000, 3452 (3453); *Werner*, ZIP 2000, 989 (991); *Körber*, NZG 2002, 263 (269); *Hüffer*, § 93 AktG Rz. 8; *Hefermehl/Spindler* in MünchKomm. AktG, § 93 AktG Rz. 63; *Mertens* in KölnKomm., § 93 AktG Rz. 82; *Hopt* in Großkomm. AktG, § 93 AktG Rz. 197; *Thiel* in Semler/Volhard, Bd. 2, § 54 Rz. 42; *Becker* in Picot/Mentz/Seydel, Teil II Rz. 27 ff.; *Mueller-Thuns* in Rödder/Hötzel/Mueller-Thuns, § 3 Rz. 71 ff.
4 *Kiethe*, NZG 1999, 976 (979); *Werner*, ZIP 2000, 989 (991).
5 *Becker* in Picot/Mentz/Seydel, Teil II Rz. 27; *Kiethe*, NZG 1999, 976 (979); *Fleischer*, ZIP 2002, 651; *Hefermehl/Spindler* in MünchKomm. AktG, § 93 AktG Rz. 63.
6 *Stoffels*, ZHR 165 (2001), 362 (374); *Müller*, NJW 2000, 3452 (3454).

dient. Entsprechendes gilt, wenn eine hochgradig kreditfinanzierte Übernahme zur Zerschlagung wesentlicher Teile des Unternehmens führen wird oder aber offenkundig ist, dass der Aktienerwerb durch die Kartellbehörden untersagt werden wird.[1] Besonders sinnvoll ist zudem ein gestuftes Vorgehen, das berücksichtigt, wie wahrscheinlich die Durchführung der Transaktion ist. Ist der Erwerbsvorgang noch in einem sehr frühen Stadium, sollten nur Grundlageninformationen erteilt werden.

Letztlich muss der Vorstand bei seiner Entscheidung die objektiven Unternehmensinteressen so konkretisieren, dass die **Chancen und Risiken** der Informationsfreigabe gegeneinander abgewogen werden. Wichtige strategische Vorteile einer Anteilsveräußerung, wie beispielsweise Synergieeffekte durch die Bildung eines Unternehmensverbundes, die Verbesserung der Einkaufskonditionen, die Erschließung neuer Märkte, die Zurverfügungstellung neuen Knowhows oder die Verbesserung der Kapitalausstattung, sprechen regelmäßig für die Zulassung einer umfassenden Due Diligence.[2] 32

3. Interne Entscheidungsprozesse

Sofern der Vorstand die Durchführung einer Due Diligence gestatten will, wird er in eigenem Haftungsvermeidungsinteresse dafür Sorge tragen, dass die internen Entscheidungsprozesse ordnungsgemäß ablaufen. Die Entscheidung über die Zulassung der Due Diligence und deren Reichweite geht regelmäßig über die Ressortkompetenz eines einzelnen Vorstandsmitgliedes hinaus. Aus diesem Grunde ist ein **Beschluss des Gesamtvorstandes** notwendig,[3] der zu Nachweiszwecken schriftlich dokumentiert werden sollte. 33

Ob auch der **Aufsichtsrat** der Gesellschaft mit dem Vorgang befasst werden muss, ist Frage des Einzelfalls. Gemäß § 111 Abs. 4 Satz 2 AktG sind in der Satzung oder insbesondere in der Geschäftsordnung für den Vorstand Zustimmungsvorbehalte des Aufsichtsrates aufzunehmen. Sofern sich Zustimmungsvorbehalte auf die Weitergabe von Informationen im Rahmen einer Due Diligence beziehen, ist der Aufsichtsrat zwingend zu beteiligen. Anderenfalls ist die Entscheidung über die Durchführung und die Reichweite einer Due Diligence eine Geschäftsführungsmaßnahme, die dem Vorstand obliegt. In der Literatur wird jedoch trotzdem empfohlen, den Aufsichtsrat zu befassen und einen entsprechenden Aufsichtsratsbeschluss herbeizuführen.[4] Dies mag im Einzelfall aus taktischen und psychologischen, weniger aus rechtlichen Gründen angezeigt sein. 34

---

1 *Schroeder*, DB 1997, 2161 (2163).
2 *Schroeder*, DB 1997, 2161, (2162); *Müller*, NJW 2000, 3452 (3453); *Stoffels*, ZHR 165 (2001), 362 (374).
3 *Roschmann/Frey*, AG 1996, 452; *Müller*, NJW 2000, 3452; *Schroeder*, DB 1997, 2163; *Holzapfel/Pöllath*, Rz. 15; *Mertens* in KölnKomm, § 93 AktG Rz. 82; *Hefermehl/Spindler* in MünchKomm. AktG, § 93 AktG Rz. 63; *Ziegler*, DStR 2000, 253; weniger streng *Hüffer*, § 93 AktG Rz. 8: „Vorstandsbeschluss jedenfalls empfehlenswert"; aA *Hefermehl/Spindler* in MünchKomm. AktG, § 93 AktG Rz. 64.
4 *Holzapfel/Pöllath*, Rz. 16; *Mueller-Thuns* in Rödder/Hötzel/Mueller-*Thuns*, § 3 Rz. 75; *Beisel* in Beisel/Klumpp, § 2 Rz. 17; *Wittkopp/Schuback* in Wojtek/Mitzkus, 23/9.6; *Thiel* in Semler/Volhard, Bd. 2, § 54 Rz. 42.

35 Die **Befassung der Hauptversammlung** mit der Frage, ob Informationen im Rahmen einer Due Diligence einem potenziellen Erwerber zur Verfügung gestellt werden sollen, ist zwar zur Haftungsvermeidung für den Vorstand empfehlenswert, wird sich jedoch in der Praxis kaum durchführen lassen. Aufgrund der einzuhaltenden Einberufungsfrist für die Hauptversammlung und der Öffentlichkeitswirkung bei Veröffentlichung der Einberufung im elektronischen Bundesanzeiger ist eine Befassung der Hauptversammlung vor einer Due Diligence überaus selten.

4. Pflicht zu effektiven Sicherheitsvorkehrungen

36 Dem Vorstand obliegt im Rahmen seiner Sorgfaltspflicht, effektive Sicherheitsvorkehrungen vorzunehmen, damit die Interessen der Gesellschaft, insbesondere an der Geheimhaltung sensibler Informationen, gewahrt sind. Als Sicherungsvorkehrungen kommen abhängig vom Einzelfall eine **Vielzahl von Maßnahmen** in Betracht. So sollte der Vorstand des Targets die Übersendung wesentlicher Dokumente fordern, beispielsweise den „Letter of Intent" (vgl. hierzu Teil VII Rz. 20) zwischen dem verkaufswilligen Aktionär und dem Kaufinteressenten, um sich von der Seriösität des Verkaufsprozesses zu überzeugen. Der Kaufinteressent sollte zudem dem Vorstand die wesentlichen Vorteile des Unternehmenskaufs für das Target selbst darlegen, indem er die nach dem Unternehmenskauf beabsichtigten Maßnahmen erläutert.

37 Zur Absicherung des Geheimhaltungsbedürfnisses ist der Abschluss einer **Vertraulichkeitsvereinbarung** (vgl. hierzu Teil VII Rz. 13) zwischen der Target-AG und dem Kaufinteressenten unabdingbar; zur Vermeidung von Nachweisproblemen bei der Berechnung des Schadens ist in der Regel eine angemessen hohe Vertragsstrafe aufzunehmen.[1] Auch bei der Einrichtung des Datenraumes und beim weiteren Ablauf der Due Diligence ist durch strenge Kontrollen sicherzustellen, dass die Geheimhaltungsinteressen des Targets weitestgehend Berücksichtigung finden.[2]

5. Kein Auskunftsrecht anderer Aktionäre

38 In der Praxis spielen Auskunftsrechte der anderen Aktionäre **nach einem Unternehmenskauf** eine große Rolle. Erteilt die Aktiengesellschaft einem ihrer Aktionäre außerhalb der Hauptversammlung Auskünfte in Angelegenheiten der Gesellschaft, so hat nach § 131 Abs. 4 AktG jeder andere Aktionär das Recht, in der Hauptversammlung vom Vorstand diese Informationen zu erhalten. Insoweit muss sich der Vorstand darauf einstellen, dass insbesondere Minderheitsaktionäre bei der nächsten Hauptversammlung der Gesellschaft nach einem Unternehmenskauf Auskunft darüber begehren, welche Informationen dem verkaufswilligen Aktionär bzw. dem Erwerber zur Verfügung gestellt worden sind. Wird die Antwort verweigert, wird unter Berufung auf das in § 53a

---

1 *Mueller-Thuns* in Rödder/Hötzel/Mueller-Thuns, § 3 Rz. 75; *Holzapfel/Pöllath*, Rz. 17a; *Schroeder*, DB 1997, 2161 (2163); *Stoffels*, ZHR 165 (2001), 362 (378); *Linker/Zinger*, NZG 2002, 497 (501); *Ziemons*, AG 1999, 492 (494).
2 *Holzapfel/Pöllath*, Rz. 17a; *Landwehrmann* in Heidel, § 93 AktG Rz. 46.

AktG verankerte Gleichbehandlungsgebot aller Aktionäre oftmals vehement argumentiert, dass die Aktionärsrechte rücksichtslos missachtet würden.

Der Vorstand der Gesellschaft hat in der Hauptversammlung im Regelfall jedoch ein **Auskunftsverweigerungsrecht**. Nach der überwiegenden Auffassung in der Literatur ergibt sich das Auskunftsverweigerungsrecht aus § 131 Abs. 3 Nr. 5 AktG in Verbindung mit § 404 AktG, da sich der Vorstand bei Auskunftserteilung wegen unbefugter Offenbarung von Geschäftsgeheimnissen strafbar machen würde.[1] Das Auskunftsverweigerungsrecht des Vorstands ist auch sachlich begründet. Die Offenlegung von Geschäftsgeheimnissen im Rahmen der Due Diligence hat sich nach einer Interessenabwägung des Vorstandes nur auf die Person des Aktienerwerbers bezogen. Die Information der Hauptversammlung hat hingegen keinen vergleichbaren Vorteil für die Gesellschaft, der den Vorstand von seiner Schweigepflicht gemäß § 93 AktG entbinden könnte. Die Weitergabe ausführlicher Due Diligence-Informationen in der Hauptversammlung, also de facto an eine nicht kontrollierbare Öffentlichkeit, kann im Gegenteil sogar die Interessen der Gesellschaft erheblich gefährden.[2]

39

Auch der Grundsatz der Gleichbehandlung aller Aktionäre ist nicht verletzt. Die Informationsweitergabe im Rahmen der Due Diligence findet ihre **sachliche Rechtfertigung** in dem im Unternehmensinteresse angestrebten Anteilsverkauf. In einer solchen Sondersituation befinden sich die übrigen Aktionäre nicht. Aus dem Grundsatz der Gleichbehandlung könnte demnach allenfalls abgeleitet werden, dass der Vorstand einem anderen Großaktionär, der ebenfalls einen Paketverkauf plant, unter den gleichen Voraussetzungen und nach einer separaten Abwägungsentscheidung ebenfalls eine Due Diligence zu gestatten hat.[3]

40

IV. Übernahme von Transaktionskosten durch das Target

Zwischen Veräußerer und Erwerber wird in der Praxis häufig kontrovers verhandelt, wer insbesondere im Falle des Scheiterns der Vertragsverhandlungen die Kosten für die umfassende Due Diligence tragen soll. Nicht unüblich ist hierbei, dass die Transaktionskosten dem **Target** aufgebürdet werden. Dieses Vorgehen ist jedoch aktienrechtlich höchst problematisch. Die Übernahme von Transaktionskosten durch das Target kann gegen das in § 57 Abs. 1 Satz 1 AktG niedergelegte Verbot der Einlagenrückgewähr, das Verbot der finanziellen Unterstützung des Aktienerwerbs nach § 71a Abs. 1 AktG und gegen den Gleichbehandlungsgrundsatz nach § 53a AktG verstoßen. Die Übernahme von Transaktionskosten durch das Target wäre dann nichtig und etwaige Zahlungen zurückzuleisten. Sofern diese Zahlungen nicht einbringlich wären, würde sich der Vorstand des Targets wegen Pflichtverletzung schadenersatz-

41

---

1 *Semler* in MünchHdb.AG, § 37 Rz. 39; *Schroeder*, DB 1997, 2161; *Körber*, NZG 2002, 263 (266); *Rotthege/Wassermann*, Rz. 262 ff.; *Stoffels*, ZHR 165 (2001), 362 (382); *Kubis* in MünchKomm. AktG, § 131 AktG Rz. 139 (unter Ableitung aus § 131 Abs. 1 Nr. 1 AktG trotz des Ausschlusses in § 131 Abs. 4 Satz 2 AktG).
2 *Schroeder*, DB 1997, 2161; *Körber*, NZG 2002, 263 (266); *Rotthege/Wassermann*, Rz. 262 ff.; *Stoffels*, ZHR 165 (2001), 362 (382).
3 *Stoffels*, ZHR 165 (2001), 362 (382); *Mertens*, AG 1997, 547.

pflichtig machen, falls er Transaktionskosten aktienrechtswidrig übernommen hat.

1. Verbot der Einlagenrückgewähr

42 Nach § 57 Abs. 1 Satz 1 AktG dürfen die Einlagen dem Aktionär nicht zurückgewährt werden. Die Norm ist eine Kapitalerhaltungsvorschrift und soll der Aktiengesellschaft einen umfassenden **Schutz des Gesellschaftsvermögens** vor der Verwendung für gesellschaftsfremde Zwecke sichern. Sie umfasst nach allgemeiner Meinung nicht nur direkte oder indirekte Zahlungen oder Sachleistungen, sondern alle Leistungen der Aktiengesellschaft im weitesten Sinn, die ihren Grund in der Aktionärseigenschaft des Empfängers haben und zu einer Schmälerung des Gesellschaftsvermögens führen.[1] Umfasst werden hierbei Leistungen an derzeitige, frühere oder künftige Aktionäre.[2] Nach Sinn und Zweck der Vorschrift sind auch Leistungen an Dritte erfasst, wenn die Leistung auf Veranlassung des Aktionärs an einen Dritten erfolgt und dem Aktionär zurechenbar ist.[3]

43 Umsatzgeschäfte zwischen Gesellschaft und einem Aktionär sind jedoch erlaubt,[4] soweit der Aktionär wie jeder andere Dritte behandelt wird, das Geschäft also nicht von der mitgliedschaftlichen Beziehung beeinflusst ist. Entscheidend ist demnach, ob das abgeschlossene Rechtsgeschäft durch **betriebliche Gründe** gerechtfertigt und unter gleichen Umständen von einem gewissenhaften Geschäftsleiter auch mit einem Nichtaktionär abgeschlossen worden wäre.[5] Bei der Übernahme von Transaktionskosten ist demnach entscheidend, ob und inwieweit die damit verbundenen finanziellen Verpflichtungen der Gesellschaft durch ein Interesse der Gesellschaft an der beabsichtigten Transaktion gerechtfertigt werden.

44 Ausgangspunkt der Überlegungen ist, dass eine Aktiengesellschaft grundsätzlich kein Interesse an der Zusammensetzung ihres Aktionärskreises hat.[6] Nur dann, wenn die beabsichtigte Transaktion auch für die Gesellschaft selbst Vorteile bringt, kann ein Interesse der Gesellschaft an einen dafür erforderlichen Aktionärswechsel bejaht werden, so dass eine Transaktionskostenübernahme

---

1 OLG Frankfurt/Main v. 30.1.1992 – 16 U 120/90, AG 1992, 194 (196); *Wiesner* in MünchHdb.AG, § 16 Rz. 42; *Bayer* in MünchKomm. AktG, § 57 AktG Rz. 7, 25; *Sigle/Zinger*, NZG 2003, 301 (302).
2 OLG Frankfurt/Main v. 30.11.1995 – 6 U 192/91 – Küppersbusch/AEG, AG 1996, 324 (325); *Henze* in Großkomm. AktG, § 57 AktG Rz. 80; *Bayer* in MünchKomm. AktG, § 57 AktG Rz. 51 f.; *Canaris* in FS Fischer, S. 31 (32).
3 *Henze* in Großkomm. AktG, § 57 AktG Rz. 8; *Hüffer*, § 57 AktG Rz.15; *Wiesner* in MünchHdb. AG, § 16 Rz. 42; *Raiser*, § 19 Rz. 6; *Sigle/Zinger*, NZG 2003, 301 (302).
4 *Sigle/Zinger*, NZG 2003, 301 (302); *Lutter* in KölnKomm., § 57 AktG Rz. 15 ff.; *Wiesner* in MünchHdb. AG, § 16 Rz. 42.
5 BGH v. 1.12.1986 – II ZR 306/85, GmbHR 1987, 187; BGH v. 13.11.1995 – II ZR 113/94, GmbHR 1996, 111(113); *Sigle/Zinger*, NZG 2003, 301 (302); *Henze* in Großkomm. AktG, § 57 AktG Rz. 48.
6 *Lutter*, ZIP 1997, 613 (616); *Sieger/Hasselbach*, BB 2000, 625 (628); *Sigle/Zinger*, NZG 2003, 301 (302); *Ziemons*, AG 1999, 492 (497).

durch die Gesellschaft zulässig ist.[1] Ein unmittelbares Eigeninteresse der Gesellschaft wird jedoch nur **ausnahmsweise** vorliegen. Mögliche Fallkonstellationen sind die konkrete Zusage, neue Vertriebsmöglichkeiten zu eröffnen oder Know-how zu übertragen, die hohe Wahrscheinlichkeit signifikanter Synergieeffekte oder aber auch die Zuführung liquider Mittel, die für den Fortbestand oder künftige Investitionen der Gesellschaft unerlässlich sind.[2]

Die Durchführung einer Due Diligence vor Erwerb des Targets liegt regelmäßig im **überwiegenden Interesse des Erwerbers**. Der Erwerber hat deshalb auch die Kosten der Due Diligence zu tragen.[3] Die (teilweise) Übernahme von Kosten der Due Diligence kann demnach allenfalls im Verhältnis zwischen Veräußerer und potenziellem Erwerber vereinbart werden. 45

Bei einer Due Diligence entstehen jedoch nicht nur dem Erwerber Kosten. Vielmehr ist eine Due Diligence auch auf der **Ebene des Targets** häufig überaus kostenintensiv. So bedarf es eines erheblichen Aufwandes, die für den Datenraum benötigten Dokumente zusammenzustellen. Auch die Gespräche zwischen den Führungskräften des Targets und dem potenziellen Erwerber sind zeitaufwendig und beeinträchtigen den alltäglichen Geschäftsbetrieb. Der Vorstand sollte deshalb in geeigneten Fällen überlegen, eine (teilweise) Übernahme der durch die Due Diligence beim Target entstehenden Kosten durch den Veräußerer bzw. den Erwerber zu vereinbaren.[4] 46

Die im Rahmen der Due Diligence beim Target selbst entstehenden Kosten können jedoch aktienrechtlich auch vom Target übernommen werden. Im Rahmen seines unternehmerischen Ermessens wird der Vorstand des Targets die Due Diligence nur dann zulassen, wenn der geplante Unternehmenskauf für die Gesellschaft selbst vorteilhaft ist.[5] Er wird bei der Abwägung der Vor- und Nachteile einer Due Diligence auch die bei der Gesellschaft entstehenden Kosten mit einbeziehen. Entscheidet sich der Vorstand, eine Due Diligence zu gestatten, ist es auch **zulässig**, dass die bei der Gesellschaft entstehenden Kosten von dieser selbst getragen werden.[6] 47

2. Verbot der finanziellen Unterstützung des Aktienerwerbs

§ 71a AktG bezweckt ebenso wie § 57 Abs. 1 AktG einen **umfassenden Kapitalschutz**, der für den besonderen Fall des Aktienerwerbs zusätzlich gesondert geregelt wird.[7] Die Vorschrift erfasst alle Finanzierungs- und Hilfsgeschäfte zu Lasten des Gesellschaftsvermögens, sofern diese das Ziel haben, den Erwerb 48

---

1 *Sigle/Zinger*, NZG 2003, 301 (302); *Sieger/Hasselbach*, BB 2000, 625 (628).
2 *Sigle/Zinger*, NZG 2003, 301 (305).
3 *Dietzel* in Semler/Volhard, Bd. 1, § 9 Rz. 109; *Wegmann/Koch*, DStR 2000, 1027 (1029).
4 *Holzapfel/Pöllath*, Rz. 8 a.
5 *Sigle/Zinger*, NZG 2003, 301 (305); *Sieger/Hasselbach*, BB 2000, 625 (628).
6 *Sigle/Zinger*, NZG 2003, 301 (302); *Dietzel* in Semler/Volhard, Bd.1, § 9 Rz. 109.
7 *Sieger/Hasselbach*, BB 2004, 60 (62).

von Aktien der betreffenden Gesellschaft zu ermöglichen, zu fördern oder zu erleichtern.[1]

49 Die Übernahme von Transaktionskosten durch das Target ist in der Regel eine unzulässige Unterstützung des künftigen Aktionärs. Der künftige Aktionär profitiert von einem erheblichen Finanzierungseffekt, da sich sein Kapitaleinsatz verringert, ohne dass hierfür eine aus Sicht des Kapital- und Gläubigerschutzes relevante Gegenleistung erbracht wird.[2] Auch nach § 71a AktG können jedoch ausnahmsweise Transaktionskosten von der Gesellschaft getragen werden, sofern die Transaktion im wohlverstandenen **Interesse des Targets** liegt.[3] Es gelten demnach dieselben Grundsätze wie bei § 57 Abs. 1 AktG.

3. Verstoß gegen den Gleichbehandlungsgrundsatz

50 Nach § 53a AktG sind sämtliche Aktionäre unter gleichen Voraussetzungen gleich zu behandeln. Bei der Übernahme von Transaktionskosten liegt eine unzulässige Ungleichbehandlung gegenüber denjenigen Aktionären vor, die Aktien des Targets ohne wirtschaftliche Unterstützung durch die Gesellschaft erworben haben. Eine unterschiedliche Behandlung einzelner Aktionäre ist jedoch dann zulässig, wenn sie zur Erreichung wesentlicher Ziele der Gesellschaft geeignet und erforderlich ist und auch unter Berücksichtigung der Interessen der benachteiligten Aktionäre als jedenfalls nicht unverhältnismäßig erscheint.[4] Liegt die Transaktion demnach im wohlverstandenen **Interesse des Targets**, bestehen gegen die Übernahme der Transaktionskosten trotz der Vorschrift des § 53a AktG keine Bedenken.[5] Es gelten demnach wiederum dieselben Grundsätze wie bei § 57 Abs. 1 AktG.

4. Rechtsfolgen unzulässiger Übernahme der Transaktionskosten

51 Übernimmt die Target-AG unzulässigerweise Transaktionskosten, ist das Rechtsgeschäft gemäß § 134 BGB nichtig. Die **Nichtigkeit** umfasst sowohl das Verpflichtungs- als auch das dingliche Verfügungsgeschäft.[6] Zudem drohen steuerliche Nachteile für das Target, da die unzulässige Übernahme von Transaktionskosten eine verdeckte Gewinnausschüttung im Sinne des § 8 Abs. 3 KStG darstellen kann.[7]

52 Nach dem speziellen aktienrechtlichen **Rückforderungsanspruch** aus § 62 AktG, der an die mitgliedschaftliche Verbindung zwischen Aktionär und Ge-

---

1 *Hüffer*, § 71a AktG Rz. 2 f.; *Oechsler* in MünchKomm. AktG, § 71 AktG Rz. 14; *Sigle/Zinger*, NZG 2003, 301 (303).
2 *Sigle/Zinger*, NZG 2003, 301 (303).
3 *Sigle/Zinger*, NZG 2003, 301 (305); *Sieger/Hasselbach*, BB 2000, 625 (628).
4 *Hüffer*, § 53a AktG Rz. 10; *Bungeroth* in MünchKomm. AktG, § 53a AktG Rz. 13; *Lutter* in KölnKomm., § 53a AktG Rz. 15.
5 *Sieger/Hasselbach*, BB 2004, 60 (63).
6 *Hüffer*, § 57 AktG Rz. 23 ff.; *Henze* in Großkomm AktG, § 57 AktG Rz. 201 ff.; *Wiesner* in MünchHdb. AG, § 16 Rz. 52; *Sigle/Zinger*, NZG 2003, 301 (302); aA LG München I v. 20.11.2003 – 5 HKO 16543/01 – Ingram Macrotron AG, AG 2003, 159 (160); *Bayer* in MünchKomm. AktG, § 57 AktG Rz. 147 ff.
7 *Sigle/Zinger*, NZG 2003, 301 (304).

sellschaft anknüpft und die Anwendung der allgemeinen bereicherungsrechtlichen Vorschriften der §§ 812 ff. BGB gegenüber den Aktionären verdrängt,[1] kann der Anspruch sowohl von der Gesellschaft als auch von den Gesellschaftsgläubigern geltend gemacht werden, soweit die Gläubiger von der Gesellschaft nicht befriedigt werden können (§ 62 Abs. 1 Satz 1 AktG). Gesellschaftsgläubiger können jedoch nur Leistung an die Gesellschaft verlangen.[2]

Rückforderungsansprüche der Gesellschaft gegen Dritte, also beispielsweise gegen einen Berater, dessen Kosten die Gesellschaft aktienrechtswidrig übernommen hat, richten sich nach § 812 Abs. 1 Satz 1 BGB. Voraussetzung für einen Rückforderungsanspruch gegen einen Dritten ist, dass dieser von der Nichtigkeit der Freistellungsvereinbarung zwischen Gesellschaft und Aktionär Kenntnis hatte.[3] Auch Rückforderungsansprüche bei unzulässiger Unterstützung des Aktienerwerbs richten sich nach den **Vorschriften des Bereicherungsrechts** gemäß §§ 812 ff. BGB, da zum Zeitpunkt der aktienrechtswidrigen Unterstützung des Aktienerwerbs die betreffende Person oder Gesellschaft noch kein Aktionär der Gesellschaft war.[4] 53

Der Vorstand der Target-AG ist verpflichtet, die unzulässigerweise übernommenen Transaktionskosten zurückzufordern, anderenfalls drohen ihm **Schadenersatzansprüche**.[5] Die Durchsetzung des Rückforderungsanspruches gegen den neuen Großaktionär der Gesellschaft bereitet in der Praxis jedoch erhebliche Probleme, da der Vorstand unmittelbar gegen die Person bzw. die Gesellschaft vorgehen muss, auf deren Unterstützung er insbesondere bei der Erreichung notwendiger Mehrheiten in der Hauptversammlung angewiesen ist. Die hiermit verbundenen „Risiken" für den Vorstand liegen auf der Hand. 54

C. Die Befassung der Hauptversammlung

I. Relevanz der Thematik für Target-, Veräußerer- und Erwerber-AG

Bei vielen M&A-Transaktionen unter Beteiligung von Aktiengesellschaften bedarf es einer Befassung der Hauptversammlung. Zuständigkeiten der Hauptversammlung können sich aus Gesetz, aus der Satzung der Gesellschaft oder aus der Rechtsfortbildung des Bundesgerichtshofs (Stichwort Holzmüller) ergeben. Die **praktische Bedeutung** der Thematik ist jedoch erheblich davon ab- 55

---

1 *Bayer* in MünchKomm. AktG, § 62 AktG Rz. 7; *Lutter* in KölnKomm., § 62 AktG Rz. 4; *Hüffer*, § 62 AktG Rz. 2; *Bayer* in MünchKomm. AktG, § 62 AktG Rz. 7; *Sigle/Zinger*, NZG 2003, 301 (302).
2 *Lutter* in KölnKomm., § 62 AktG Rz. 38 ff.; *Henze* in Großkomm. AktG, 4. Aufl. 2001, § 62 AktG Rz. 19; *Bayer* in MünchKomm. AktG, § 62 AktG Rz. 78 ff.; *Hüffer*, § 62 AktG Rz. 14.
3 *Sigle/Zinger*, NZG 2003, 301 (303); *Sprau* in Palandt, 64. Aufl. 2005, § 812 BGB Rz. 52.
4 *Oechsler* in MünchKomm. AktG, § 71a AktG Rz. 32; *Sigle/Zinger*, NZG 2003, 301 (304).
5 *Sigle/Zinger*, NZG 2003, 301 (303); *Henze* in Großkomm. AktG, § 62 AktG Rz 53; *Lutter* in KölnKomm., § 62 AktG Rz. 35.

hängig, ob bei einer Transaktion Aktiengesellschaften als Target, Veräußerer oder Erwerber beteiligt sind.

56 Ist das **Target** eines Unternehmenskaufes eine Aktiengesellschaft, wird die Hauptversammlung dieser Gesellschaft nur selten mit dem Vorgang befasst. In Betracht kommt hier insbesondere, Geschäftsführungsmaßnahmen im Zusammenhang mit dem Unternehmenskauf im Rahmen einer so genannten freiwilligen Vorlage nach § 119 Abs. 2 AktG der Hauptversammlung zur Zustimmung vorzulegen. Hierdurch erreicht der Vorstand – ordnungsgemäße Information und Zustimmung der Hauptversammlung vorausgesetzt – eine Haftungsbefreiung.[1] Vorstellbar wäre es beispielsweise, dass der Vorstand des Targets „seine" Hauptversammlung mit der Frage befasst, ob umfangreiche Informationen im Rahmen einer Due Diligence den potenziellen Erwerbern zur Verfügung gestellt werden sollen. Von dieser Möglichkeit wird in der Praxis jedoch nur selten Gebrauch gemacht. Hintergrund ist die erhebliche Verzögerung der Transaktion aufgrund der einzuhaltenden Einberufungsfrist für die Hauptversammlung von einem Monat zuzüglich etwaiger Hinterlegungs- bzw. Anmeldungsfristen sowie die Information der Öffentlichkeit durch die Veröffentlichung der Einladung im frei zugänglichen elektronischen Bundesanzeiger. Die Befassung der Hauptversammlung beim Target wird deswegen im vorvertraglichen Stadium nur dann in Frage kommen, wenn sämtliche Aktionäre der Gesellschaft namentlich bekannt sind und deshalb eine Einberufung durch eingeschriebenen Brief nach § 121 Abs. 4 AktG zulässig ist. Eine weitere Besonderheit besteht, wenn alle Aktionäre bei der Hauptversammlung erscheinen oder vertreten sind. In diesem Fall kann die Hauptversammlung auch ohne Einhaltung der aktienrechtlichen Frist- und Formerfordernisse wirksame Beschlüsse fassen, sofern kein Aktionär der Beschlussfassung widerspricht (§ 121 Abs. 6 AktG). Eine solche Vollversammlung kann somit auch „ad hoc" beschließen; die Transaktion wird dann nicht verzögert.

57 Von größerer Bedeutung ist die Befassung der Hauptversammlung des Targets, wenn die Satzung der Gesellschaft eine **Vinkulierung** der Aktien nach § 68 Abs. 2 AktG vorsieht. Ist das zuständige Organ für die Erteilung der Zustimmung bei einer Übertragung von Aktien die Hauptversammlung, so muss diese zwingend mit dem Unternehmenskauf befasst werden, um eine wirksame Übertragung der Aktien zu erreichen.[2] Veräußerer und Erwerber müssen in einem solchen Fall durch rechtzeitige Gespräche mit den Aktionären sicherstellen, dass eine Mehrheit in der Hauptversammlung für die Übertragung stimmen wird. Ist der Veräußerer Mehrheitsaktionär, wird dies in der Regel unproblematisch sein, da dieser nach herrschender Meinung mitstimmen darf.[3]

---

1 *Pluta* in Heidel, § 119 AktG Rz. 131; *Becker* in Picot/Mentz/Seydel, Teil II Rz. 106; *Kubis* in MünchKomm. AktG, § 119 AktG Rz. 29.
2 BGH v. 28.4.1954 – II ZR 8/53, BGHZ 13, 179 (187); *Lips/Stratz/Rudo* in Beck'sches Mandatshandbuch Unternehmenskauf, § 4 Rz. 364.
3 BGH v. 29.5.1967 – II ZR 105/66 (zu § 47 GmbHG), BGHZ 48, 163 (167); *Lutter* in KölnKomm., § 68 AktG Rz. 29; *Heinrich* in Heidel, § 68 AktG Rz. 16; *v.Godin/Wilhelmi*, § 68 AktG Rz. 11; *Hüffer*, § 68 AktG Rz. 14.

Besonders praxisrelevant sind jedoch etwaige Zustimmungserfordernisse der Hauptversammlung, wenn eine Aktiengesellschaft als **Veräußerer** oder **Erwerber** auftritt. Diese Fallgruppen stellen den Schwerpunkt der nachfolgenden Erläuterungen dar. 58

II. Zuständigkeit der Hauptversammlung einer Veräußerer- bzw. Erwerber-AG

1. Einführung

Die Aktiengesellschaft zeichnet sich durch eine strikte Kompetenzverteilung ihrer Organe aus. Der **Hauptversammlung** einer Aktiengesellschaft ist insbesondere im Aktien- und Umwandlungsgesetz ein Kompetenzkatalog vorgegeben, der im Wesentlichen Grundlagenentscheidungen umfasst. Hierunter fallen unter anderem Dividendenbeschlüsse, die Wahl von Aufsichtsratsmitgliedern, die jährliche Entlastung von Vorstand und Aufsichtsrat, die Bestellung des Abschlussprüfers, Satzungsänderungen oder die Zustimmung zu Unternehmensverträgen.[1] 59

Die Geschäftsführungsbefugnis einer Aktiengesellschaft liegt gemäß § 76 Abs. 1 AktG allein beim **Vorstand**. Der Vorstand ist demnach umfassend für alle „Geschäfte des täglichen Lebens" einer Aktiengesellschaft zuständig. Geschäftsführungsmaßnahmen sind auch der Erwerb bzw. die Veräußerung von Beteiligungen im Rahmen eines Share Deals bzw. von Unternehmen oder Unternehmensteilen im Rahmen eines Asset Deals.[2] Nach der aktienrechtlichen Kompetenzverteilung ist somit der Vorstand einer Veräußerer- bzw. Erwerber-AG für alle Maßnahmen im Zusammenhang mit einem Unternehmenskauf zuständig. 60

Die aktienrechtliche Kompetenzverteilung zwischen Hauptversammlung und Vorstand ist **zwingend**. Eine Kompetenz der Hauptversammlung bei Geschäftsführungsfragen kann auch nicht durch eine entsprechende Satzungsbestimmung oder einen Beschluss der Hauptversammlung herbeigeführt werden.[3] Vorgaben der Satzung bzw. der Hauptversammlung an den Vorstand sind rechtlich unverbindlich, sie können allenfalls eine „moralische Bindungswirkung" haben. In der Praxis ist jedoch gerade bei kleineren Aktiengesellschaften die Tendenz feststellbar, dass ein Vorstand nachvollziehbarerweise nur selten von den Vorgaben der Aktionärsmehrheit abweicht. 61

Überwacht wird die Geschäftstätigkeit des Vorstandes vom **Aufsichtsrat** (§ 111 Abs. 1 AktG). Der Aufsichtsrat ist hingegen ausdrücklich nicht für die Geschäftsführung zuständig, einzelne Maßnahmen können ihm auch nicht übertragen werden (§ 111 Abs. 4 Satz 1 AktG). Allerdings hat nach § 111 Abs. 4 62

---

1 Vgl. im Einzelnen *Hüffer*, § 119 AktG Rz. 5 ff.
2 *Liebscher* in Beck'sches Hdb. AG, § 6 Rz. 7.
3 *Kubis* in MünchKomm. AktG, § 119 AktG Rz. 17; *Pluta* in Heidel, § 119 AktG Rz. 12, 15; *K. Schmidt*, § 28 V 2.

Satz 2 AktG die Satzung einer Aktiengesellschaft oder der Aufsichtsrat selbst, insbesondere durch Erlass einer Geschäftsordnung für den Vorstand, festzulegen, dass bestimmte Arten von Geschäften nur mit Zustimmung des Aufsichtsrates vorgenommen werden dürfen. In der Praxis deutscher Aktiengesellschaften ist es deshalb weit verbreitet, dass gerade der Erwerb oder die Veräußerung von Beteiligungen und Unternehmen, sofern sie bestimmte Wertgrenzen überschreiten, der vorherigen Zustimmung des Aufsichtsrates bedürfen.[1] Der Vorstand muss in einem solchen Fall den Aufsichtsrat mit dem Unternehmenskauf befassen und die Zustimmung zu der geplanten Maßnahme einholen. Auch dies ist bei der zeitlichen Strukturierung der Transaktion zu berücksichtigen. Verletzt der Vorstand seine Pflicht, den Aufsichtsrat mit dem Vorgang zu befassen oder setzt er sich über eine ablehnende Entscheidung des Aufsichtsrates bei einer zustimmungspflichtigen Maßnahme hinweg, kann er sich gegenüber der Aktiengesellschaft schadenersatzpflichtig machen. Die umfassende Vertretungsmacht des Vorstandes im Außenverhältnis bleibt hiervon jedoch unberührt. Eine ohne Zustimmung des Aufsichtsrates vom Vorstand vereinbarte Transaktion bleibt demnach gegenüber der anderen Vertragspartei wirksam.[2]

2. Ausdrückliche Kompetenzen der Hauptversammlung

63 Ausdrückliche Hauptversammlungszuständigkeiten bei der **Veräußerer-AG** sind selten. Praxisrelevant sind insbesondere zwei Fallgestaltungen: die Notwendigkeit einer Satzungsänderung in Bezug auf den Unternehmensgegenstand und die Veräußerung des gesamten Gesellschaftsvermögens.

64 Bei der **Erwerber-AG** ist allenfalls die Überschreitung des Unternehmensgegenstandes von praktischer Bedeutung. Eine Zuständigkeit der Hauptversammlung kann sich dann ergeben, wenn der Vorstand einer Aktiengesellschaft ein Unternehmen zu kaufen beabsichtigt, das in einem Geschäftsbereich tätig ist, der nicht vom Unternehmensgegenstand der Erwerber-AG erfasst ist.

65 In **Spezialfällen** können zudem weitere gesetzliche Hauptversammlungskompetenzen bestehen. Dies gilt beispielsweise für den Fall, dass die Transaktion im Wege der Verschmelzung nach dem Umwandlungsgesetz durchgeführt wird (§§ 13, 65 UmwG). Die Befassung der Hauptversammlung ist aber auch dann notwendig, wenn dem Veräußerer als Gegenleistung Aktien an der erwerbenden Aktiengesellschaft gewährt werden und zu diesem Zweck eine Sachkapitalerhöhung durch die Hauptversammlung beschlossen werden muss, falls die erwerbende Gesellschaft nicht über ausreichend genehmigtes Kapital mit der Möglichkeit zum Bezugsrechtsausschluss bzw. über eigene Aktien verfügt.[3]

---

1 *Breuer/Fraune* in Heidel, § 111 AktG Rz. 24; *Hüffer*, § 111 AktG Rz. 18; *Semler* in MünchKomm. AktG, § 111 AktG Rz. 400.
2 *Hefermehl/Spindler* in MünchKomm. AktG, § 82 AktG Rz 21; *Hüffer*, § 82 AktG Rz. 3; *Altmanns/Unger* in Heidel, § 82 AktG Rz. 4.
3 *Seydel* in Picot/Mentz/Seydel, Teil III Rz. 1.

a) Änderung des Unternehmensgegenstandes

Der **Unternehmensgegenstand** einer Aktiengesellschaft bezeichnet die Art der Tätigkeit, die die Gesellschaft auszuüben beabsichtigt.[1] Der Unternehmensgegenstand ist in der Satzung ausreichend zu konkretisieren. Nach dem Gesetzeswortlaut sind „namentlich bei Industrie- und Handelsunternehmen die Art der Erzeugnisse und Waren, die hergestellt und gehandelt werden sollen, näher anzugeben" (§ 23 Abs. 3 Nr. 2 AktG).

66

Die **Satzung** einer Aktiengesellschaft kann beispielsweise regeln, dass der Unternehmensgegenstand die Herstellung und den Vertrieb bestimmter Waren umfasst. Oftmals wird die Aktiengesellschaft zu allen Geschäften oder Maßnahmen berechtigt, die dem Gegenstand des Unternehmens dienen. Zu diesem Zweck wird sie üblicherweise auch ermächtigt, andere Unternehmen zu gründen, zu erwerben oder sich an ihnen zu beteiligen.[2] Durch diese Formulierung ist – zumindest dem Grunde nach – der Kauf bzw. der Verkauf von Beteiligungen und Unternehmen durch die Satzung abgedeckt.[3]

67

Die konkrete Festlegung des Unternehmensgegenstandes in der Satzung einer Aktiengesellschaft soll insbesondere die Aktionäre vor **Kompetenzüberschreitungen** des Vorstandes schützen.[4] Überschreitet der Vorstand den durch den Unternehmensgegenstand festgelegten Aufgabenbereich, drohen Schadenersatzpflichten. Die Wirksamkeit des Handelns nach außen für die vertretene Gesellschaft wird hierdurch jedoch nicht berührt.[5]

68

Die Festlegung des Unternehmensgegenstandes in der Satzung hat nach heute herrschender Meinung zwei wesentliche Auswirkungen auf das Vorstandshandeln. Einerseits darf der Vorstand den Unternehmensgegenstand nicht überschreiten, andererseits muss er ihn jedoch auch ausfüllen.[6] Dies gilt insbesondere, wenn durch Maßnahmen des Vorstandes das **geschichtlich geprägte Erscheinungsbild** der Aktiengesellschaft geändert wird.[7]

69

Für den Erwerb von Beteiligungen bedeutet dies, dass der Geschäftsbereich des zu erwerbenden Unternehmens vom Unternehmensgegenstand der **Erwerber-AG** umfasst sein muss. Ist der Unternehmensgegenstand eng gefasst und bezieht er sich beispielsweise auf die Produktion und den Vertrieb von Textilien, so ist der Erwerb einer neuen Tochtergesellschaft, die im Bereich Telekommunikation tätig ist, eindeutig nicht vom Unternehmensgegenstand umfasst.

70

---

1 BGH v. 9.11.1987 – II ZB 49/87, BGHZ 102, 209; BayObLG v. 15.12.1976 – 2 Z 53/75, NJW 1976, 1694 f.; *Braunfels* in Heidel, § 23 AktG Rz. 21; *Hölters/Buchta* in Hölters/Deilmann/Buchta, S. 16; *Prentz* in MünchKomm. AktG, § 23 AktG Rz. 69.
2 *Hölters* in Münchener Vertragshdb., Bd. 1, V. 35; *Wahlers*, S. 51.
3 *Henze* in FS Ulmer, S. 211 (227 f.); *Groß*, AG 1994, 266.
4 *Wagner* in Heidel, § 179 AktG Rz. 43.
5 *Wiesner* in MünchHdb. AG, § 9 Rz. 16, § 23 Rz. 2.
6 *Habersack* in Emmerich/Habersack, vor § 311 AktG Rz. 31; *Wiedemann* in Großkomm. AktG, § 179 AktG Rz. 58; *Lutter/Leinekugel*, ZIP 1998, 225 (227); einschränkend *Hüffer*, § 179 AktG Rz. 9a; *Wagner* in Heidel, § 179 AktG Rz. 43.
7 *Hüffer*, § 179 AktG Rz. 9a; *Reichert* in Beck'sches Hdb. AG, § 5 Rz. 53; *Paefgen*, S. 474 (476).

Der Vorstand ist demnach nicht berechtigt, den Unternehmenskauf ohne eine vorherige Satzungsänderung durchzuführen.

71 Bei der **Veräußerer-AG** stellt sich bei der beabsichtigten Veräußerung einer Tochtergesellschaft nicht die Frage nach der Überschreitung, sondern nach der Unterschreitung des Unternehmensgegenstandes. Ist Unternehmensgegenstand einer Aktiengesellschaft die Produktion und der Vertrieb sowohl von Textilien als auch von Telekommunikationsprodukten und verfügt die Aktiengesellschaft über zwei in selbstständige Tochtergesellschaften ausgegliederte Geschäftsbereiche, führt die Veräußerung einer der beiden Gesellschaften zu einer teilweisen Aufgabe des Unternehmensgegenstandes.

72 Die Änderung des Unternehmensgegenstandes stellt eine **Satzungsänderung** dar. Nach § 124 Abs. 2 Satz 2 AktG muss deshalb in der Einberufung der Wortlaut des Änderungsvorschlages aufgenommen werden. Zudem ist es in der Praxis üblich, vor dem Beschlussvorschlag einleitende Bemerkungen der Verwaltung aufzunehmen, um den Aktionären die Satzungsänderung kurz zu erläutern. Zwingend erforderlich sind solche Erläuterungen jedoch nicht.

73 Beabsichtigt eine Gesellschaft durch den Erwerb eines Unternehmens einen neuen Geschäftsbereich aufzunehmen, könnte der Text des entsprechenden Teils der **Einberufung der Hauptversammlung** wie folgt lauten:

„Unter Tagesordnungspunkt 5 soll der Unternehmensgegenstand in § 2 der Satzung der Gesellschaft geändert werden. Der Unternehmensgegenstand, der derzeit ausschließlich die Produktion und den Vertrieb von Textilien umfasst, soll auf den Geschäftsbereich Telekommunikation erweitert werden. Die Gesellschaft beabsichtigt, eine im Bereich Telekommunikation tätige Gesellschaft zu erwerben.

Vorstand und Aufsichtsrat schlagen deshalb vor, § 2 der Satzung (Gegenstand des Unternehmens) wie folgt zu ändern:

Gegenstand des Unternehmens ist die Herstellung und der Vertrieb von Textilien und Telekommunikationsprodukten. Die Gesellschaft ist zu allen Geschäften und Maßnahmen berechtigt, die dem Gegenstand des Unternehmens dienen. Sie kann zu diesem Zweck auch andere Unternehmen gründen, erwerben oder sich an ihnen beteiligen."

74 Der Beschluss der Hauptversammlung zur Änderung des satzungsmäßigen Unternehmensgegenstandes bedarf einer **Mehrheit**, die mindestens drei Viertel des bei der Beschlussfassung vertretenen Grundkapitals umfasst (§ 179 Abs. 2 Satz 1 AktG). Zusätzlich erforderlich ist die einfache Stimmenmehrheit nach § 133 Abs. 1 AktG.[1] Die einfache Stimmenmehrheit ist dann von Bedeutung, wenn bei der Gesellschaft ausnahmsweise das Stimmrecht nicht der Kapitalbeteiligung entspricht.[2] In der Satzung der Gesellschaft kann eine größere Kapitalmehrheit für die Änderung des Unternehmensgegenstandes festgelegt werden (§ 179 Abs. 2 Satz 2 AktG).

---

1 BGH v. 28.11.1974 – II ZR 176/72, AG 1975, 16.
2 BGH v. 28.11.1974 – II ZR 176/72, AG 1975, 16; *Hüffer*, § 179 AktG Rz. 14.

Bedarf die M&A-Transaktion der Zustimmung der Hauptversammlung einer 75
der an der Transaktion beteiligten Gesellschaften, weil der Unternehmensgegenstand in der Satzung der Gesellschaft geändert werden muss, so hat die Satzungsänderung vor Durchführung der M&A-Transaktion zu erfolgen. Bei der **zeitlichen Strukturierung** ist hierbei zu berücksichtigen, dass eine Satzungsänderung nicht zum Zeitpunkt der Beschlussfassung durch die Hauptversammlung, sondern erst mit Eintragung der Änderung im Handelsregister wirksam wird (§ 181 Abs. 3 AktG).

Der Vorstand hat die Satzungsänderung nach der Beschlussfassung der Haupt- 76
versammlung zur Eintragung in das Handelsregister anzumelden. Der **Anmeldung** ist der vollständige Wortlaut der geänderten Satzung beizufügen. Zudem ist der Anmeldung eine Bescheinigung eines Notars beizufügen, dass die geänderten Bestimmungen der Satzung mit dem Beschluss über die Satzungsänderung und die unveränderten Bestimmungen mit dem zuletzt zum Handelsregister eingereichten vollständigen Wortlaut der Satzung übereinstimmen (§ 181 Abs. 1 Satz 2 AktG). Die Anmeldung hat vom Vorstand in vertretungsberechtigter Zahl zu erfolgen, nach § 12 Abs. 1 HGB sind die Unterschriften von einem Notar zu beglaubigen.[1]

b) Übertragung des gesamten Gesellschaftsvermögens

Nach § 179a AktG muss die Hauptversammlung einer Aktiengesellschaft ei- 77
nem Vertrag zustimmen, durch den sich die Gesellschaft verpflichtet, im Wege der Einzelrechtsübertragung das **gesamte Gesellschaftsvermögen** zu übertragen. Ziel der Regelung ist es, die Aktionäre vor einer unangemessenen Vertragsgestaltung, insbesondere bei Übertragung des Gesellschaftsvermögens an den bisherigen Hauptaktionär, zu schützen.[2]

Die Zustimmung der Hauptversammlung ist an **zwei Voraussetzungen** gebun- 78
den: Erstens muss sich die Aktiengesellschaft zur Übertragung des ganzen Gesellschaftsvermögens verpflichten. Diese Voraussetzung ist jedoch auch dann erfüllt, wenn nur unwesentliches Vermögen bei der Gesellschaft verbleibt.[3] Entscheidend ist hierbei, ob die Gesellschaft mit dem zurückbehaltenen Vermögen den in ihrer Satzung festgelegten Unternehmensgegenstand zumindest in eingeschränktem Umfang weiter verfolgen kann.[4] Zweitens darf die Vermögensübertragung nicht unter die Vorschriften des Umwandlungsgesetzes fallen. Verschmelzungen, Spaltungen, Vermögensübertragungen oder übertragende Umwandlungen im Sinne des Umwandlungsgesetzes sind deshalb vom Anwendungsbereich ausgenommen. Allerdings ergeben sich in diesen Fällen

---

1 *Hüffer*, § 181 AktG Rz. 4, 11.
2 *Becker* in Picot/Mentz/Seydel, Teil II Rz. 82; *Hüffer*, § 179a AktG Rz. 1; *K. Schmidt*, § 30 V 2.
3 BGH v. 25.2.1982 – II ZR 174/80 – Holzmüller, BGHZ 83, 122; RG v. 13.5.1929 – II 313/28, RGZ 124, 279 (294); *Hüffer*, § 179a AktG Rz. 5.
4 BGH v. 25.2.1982 – II ZR 174/80 – Holzmüller, BGHZ 83, 122; *Becker* in Picot/Mentz/Seydel, Teil II Rz. 83.

Zustimmungspflichten der Hauptversammlung aus den einschlägigen Regelungen des Umwandlungsgesetzes.

79 Zustimmungspflichtig ist grundsätzlich das Verpflichtungsgeschäft. Die Hauptversammlung muss einem **konkreten Übertragungsvertrag** zustimmen, die Vorlage eines Konzeptes reicht nicht aus. Der Vorstand muss demnach entweder den Übertragungsvertrag der Hauptversammlung vor Abschluss des Vertrages zur Zustimmung oder aber nach Abschluss zur Genehmigung vorlegen.[1] Die Aufspaltung des Vertragswerkes in mehrere Teile führt dazu, dass sämtliche Vertragsteile vorzulegen sind.[2] Die Zustimmung der Hauptversammlung ist Wirksamkeitsvoraussetzung für den Übertragungsvertrag, so dass die Zustimmung der Hauptversammlung Außenwirkung hat.[3] Bei der Zustimmung der Hauptversammlung zur Übertragung des ganzen Gesellschaftsvermögens gibt es somit nur einen begrenzten Spielraum für die zeitliche Gestaltung des Vorhabens.

80 Einer Satzungsänderung bedarf die Übertragung des gesamten Vermögens grundsätzlich nicht.[4] Allerdings wird in der Regel mit der Übertragung des gesamten Gesellschaftsvermögens eine Änderung des Unternehmensgegenstandes einhergehen, beispielsweise tritt an die Stelle der Produktion und des Vertriebs von Waren die Vermögensverwaltung bezogen auf den durch die Transaktion erzielten Kaufpreis. In diesem Fall muss **zusätzlich** zur Zustimmung zum Übertragungsvertrag auch der Unternehmensgegenstand geändert und die Satzungsänderung zur Eintragung in das Handelsregister angemeldet werden.[5]

81 Ein **Beschlussvorschlag** für die Hauptversammlung mit Erläuterung könnte deshalb wie folgt lauten:

„Die Gesellschaft hat am 15. Oktober 2004 einen Vertrag mit der Müller & Mayer AG geschlossen, mit dem das Vermögen der Gesellschaft auf die Müller & Mayer AG gegen Zahlung eines Kaufpreises von 100 Mio. Euro übertragen werden soll. Hintergrund des Vertrages ist ... Der Vertrag sieht im Wesentlichen vor ... Gemäß § 179a AktG ist die Zustimmung der Hauptversammlung der Gesellschaft für die Wirksamkeit des Vertrages erforderlich. Nach Vollzug des Vertrages wird die Gesellschaft ihre bisherige Geschäftstätigkeit einstellen und sich auf die Verwaltung eigenen Vermögens beschränken. Dementsprechend ist der Unternehmensgegenstand in § 2 der Satzung der Gesellschaft anzupassen."

---

1 BGH v. 16.11.1981 – II ZR 150/80 – Hoesch/Hoogovens, BGHZ 82, 188 (193); LG Hamburg v. 8.6.1995 – 405 O 203/94, AG 1996, 233 (234); *Wagner* in Heidel, § 179a AktG Rz. 10.
2 BGH v. 16.11.1981 – II ZR 150/80 – Hoesch/Hoogovens, BGHZ 82, 188 (196); *Seydel* in Picot/Mentz/Seydel, Teil III Rz. 57.
3 *Hüffer*, § 179a AktG Rz. 1; *Wagner* in Heidel, § 179a AktG Rz. 15.
4 *Hüffer*, § 179a AktG Rz. 8; *Wagner* in Heidel, § 179a AktG Rz. 17; *Kraft* in KölnKomm., § 361 aF Rz. 22.
5 *Hüffer*, § 179a AktG Rz. 8; *Wagner* in Heidel, § 179a AktG Rz. 17.

Vorstand und Aufsichtsrat schlagen vor:

1. Die Hauptversammlung stimmt dem am 15. Oktober 2004 mit der Müller & Mayer AG geschlossenen Vertrag zur Übertragung des ganzen Vermögens der Gesellschaft zu.

2. § 2 der Satzung der Gesellschaft (Gegenstand des Unternehmens) wird wie folgt geändert:

Gegenstand des Unternehmens ist die Verwaltung eigenen Vermögens.

Der Übertragungsvertrag liegt von der Einberufung der Hauptversammlung an in den Geschäftsräumen der Gesellschaft aus und wird auch in der Hauptversammlung ausgelegt werden. Auf Verlangen erhält jeder Aktionär eine Kopie des Übertragungsvertrages zugesandt."

Die auszulegenden und auf Verlangen zu übermittelnden Unterlagen sind zudem nach Art. 2.3.1 des **Deutschen Corporate Governance Kodex** zusammen mit der Tagesordnung auf der Internet-Seite der Gesellschaft einzustellen. Sofern die Aktiengesellschaft den Vorgaben des Kodex folgen will, ist somit der Übertragungsvertrag vom Zeitpunkt der Einberufung der Hauptversammlung an auf der Website der Gesellschaft zu veröffentlichen.

82

Der Auslegung weiterer Unterlagen bedarf es nicht, insbesondere sind weder ein Vorstandsbericht zur Erläuterung des Vertrages noch ein Spaltungsbericht nach §§ 8, 125 UmwG notwendig.[1] In der Hauptversammlung selbst ist der Vertrag auszulegen und vom Vorstand zu Beginn der Verhandlung zu erläutern. Der Vertrag ist auch dem Protokoll der Hauptversammlung beizufügen. Der Hauptversammlungsbeschluss bedarf einer **Mehrheit** von mindestens drei Viertel des bei der Beschlussfassung vertretenen Grundkapitals (§ 179 a Abs. 1 i.V.m. § 179 Abs. 2 AktG); zusätzlich ist auch die einfache Stimmenmehrheit nach § 133 Abs. 1 AktG erforderlich.[2] Die Satzung kann jedoch eine größere Kapitalmehrheit vorsehen.

83

Einer **Anmeldung** zur Eintragung im Handelsregister bedarf es bei einem Beschluss zur Zustimmung zu einem Übertragungsvertrag nach § 179a AktG nicht. Nur für den Fall, dass gleichzeitig eine Änderung des Unternehmensgegenstandes beschlossen wird, ist diese Satzungsänderung zum Handelsregister anzumelden.

84

Wird der zustimmende Hauptversammlungsbeschluss zur Übertragung des gesamten Vermögens einer Aktiengesellschaft erfolgreich angefochten, so entfällt nachträglich die Zustimmung der Hauptversammlung mit **Wirkung ex tunc**. Dies bedeutet, dass eine Wirksamkeitsvoraussetzung des Übertragungsvertrages fehlt und dass deshalb gleichwohl erbrachte Leistungen gemäß den §§ 812 ff. BGB rückabzuwickeln sind.[3] Die Rückabwicklung unterbleibt je-

85

---

1 LG Hamburg v. 26.1.1997 – 402 O 122/96 – Wünsche AG, AG 1997, 238; *Hüffer*, § 179a AktG Rz. 12 a; *Bungert*, NZG 1998, 367 (368); aA LG Karlsruhe v. 6.11.1997 – O 43/97 KfH I, AG 1998, 99 (100).
2 *Hüffer*, § 179a AktG Rz. 11; *Wagner* in Heidel, § 179a AktG Rz. 11.
3 *Hüffer*, § 179a AktG Rz. 13; *Seydel* in Picot/Mentz/Seydel, Teil III Rz. 32.

doch dann, wenn es zu einer erneuten und gültigen Beschlussfassung der Hauptversammlung kommt.[1] Auch ist es möglich, sofern keine Nichtigkeitsgründe vorliegen, dass die Hauptversammlung den angefochtenen Beschluss durch einen Beschluss nach § 244 AktG bestätigt.

3. Ungeschriebene Hauptversammlungskompetenz

a) Die Holzmüller-Entscheidung des Bundesgerichtshofs

86 Die praxisrelevanteste Frage bei der Prüfung der Zuständigkeit der Hauptversammlung einer Veräußerer- oder Erwerber-AG ist, ob eine ungeschriebene Hauptversammlungszuständigkeit für die in Frage stehende M&A-Transaktion besteht. Die Fragestellung und die damit verbundenen erheblichen Unsicherheiten für die Praxis rühren aus einer Entscheidung des Bundesgerichtshofs vom 25. Februar 1982 her, die unter dem Stichwort Holzmüller für erhebliche Aufmerksamkeit gesorgt hat.[2] Der Bundesgerichtshof nahm in dieser Entscheidung eine Pflicht des Vorstandes an, bei **Geschäftsführungsmaßnahmen, die die Mitgliedsrechte der Aktionäre ganz wesentlich beeinträchtigen**, die Zustimmung der Hauptversammlung einzuholen. Kaum eine andere aktienrechtliche Entscheidung des Bundesgerichtshofs ist so häufig kommentiert worden[3] und hat die anwaltliche Praxis so umfassend beschäftigt.[4]

aa) Sachverhalt

87 Die Holzmüller-Entscheidung des Bundesgerichtshofs betraf eine klassische Ausgliederung. Unternehmensgegenstand der beklagten Aktiengesellschaft war unter anderem der Betrieb einer Umschlag- und Lagerungshalle für Holz sowie die Vermittlung, Durchführung und Finanzierung von Holzgeschäften. Der Seehafenbetrieb als der mit einem Anteil von über 80 % mit Abstand **wertvollste Unternehmensteil** wurde im Rahmen einer Sachgründung in eine 100 %ige Tochtergesellschaft eingebracht. Hierzu war im Vorfeld der Einbringung bereits der Unternehmensgegenstand der Gesellschaft dahin gehend geändert worden, dass der Geschäftsbetrieb ganz oder teilweise Tochtergesellschaften überlassen werden durfte. Das Begehren des klagenden Aktionärs ging dahin, die Einbringung des Seehafenbetriebes in die Tochtergesellschaft für nichtig zu erklären, da der Vorstand ohne Zustimmung der Hauptversammlung gehandelt und damit seine Organvertretungsmacht überschritten habe.

bb) Entscheidungsgründe

88 Der Bundesgerichtshof entschied, dass die Einbringung des mit Abstand wertvollsten Unternehmensteils in eine Tochtergesellschaft der Zustimmung der Hauptversammlung bedurft hätte, obwohl die Maßnahme durch die Satzung

---

1 *Hüffer*, § 179a AktG Rz. 14; *Kraft* in KölnKomm., § 361 AktG aF Rz. 29.
2 BGH v. 25.2.1982 – II ZR 174/80 – Holzmüller, BGHZ 83, 122.
3 Vgl. nur die Nachweise bei *Kubis* in MünchKomm. AktG, § 119 AktG Rz. 35 f., Fn. 93 ff.
4 Vgl. hierzu die empirische Untersuchung von *Bernhardt*, DB 2000, 1873.

der Aktiengesellschaft gedeckt war und die Voraussetzungen des § 179a AktG (Veräußerung des gesamten Vermögens einer Aktiengesellschaft) nicht vorlagen.[1] Zur Begründung stützte sich der Bundesgerichtshof maßgeblich auf **§ 119 Abs. 2 AktG**, der es dem Vorstand einer Aktiengesellschaft bei Geschäftsführungsmaßnahmen ermöglicht, die Hauptversammlung freiwillig mit dem Vorgang zu befassen. Der Bundesgerichtshof stellte fest, dass dem Vorstand ein unternehmerisches Ermessen zusteht, ob er die Hauptversammlung mit einer Geschäftsführungsmaßnahme befassen will. Das Ermessen des Vorstandes könne jedoch im Einzelfall auf Null reduziert sein, wenn die Maßnahmen „so tief in die Mitgliedsrechte der Aktionäre und deren im Anteilseigentum verkörpertes Vermögensinteresse eingreifen, dass der Vorstand vernünftigerweise nicht annehmen kann, er dürfe sie ausschließlich in eigener Verantwortung treffen".[2]

In der Holzmüller-Entscheidung bejahte der Bundesgerichtshof eine **Ermessensreduzierung** des Vorstandes, da sich die Maßnahme im „Kernbereich der Unternehmenstätigkeit" abspielte, den wertvollsten Unternehmensteil betraf und die Unternehmensstruktur der Aktiengesellschaft von Grund auf änderte. Der Vorstand hätte demnach die Hauptversammlung mit dem Vorgang befassen und die Zustimmung zur Ausgliederung des wertvollsten Unternehmensteils einholen müssen. Die vorherige Änderung des Unternehmensgegenstandes der Gesellschaft hielt der Bundesgerichtshof für nicht ausreichend, da er keine Zustimmung der Hauptversammlung zu einer konkret-individuellen Geschäftsführungsmaßnahme dargestellt habe.[3] Der Feststellungsantrag des Aktionärs blieb jedoch trotzdem ohne Erfolg, da der Bundesgerichtshof der Vorlageverpflichtung des Vorstandes rein interne Bedeutung beimaß und eine Beschränkung der Vertretungsmacht im Außenverhältnis ausdrücklich ablehnte.[4] Die Wirksamkeit der Maßnahme blieb demnach im Verhältnis zu der anderen Vertragspartei von der fehlenden Zustimmung der Hauptversammlung unberührt.

89

cc) Dogmatische Rechtfertigung der Holzmüller-Doktrin

Der Bundesgerichtshof leitete die Hauptversammlungszuständigkeit dogmatisch aus § 119 Abs. 2 AktG her.[5] Zur Begründung führt er in der Holzmüller-Entscheidung an, dass durch die Ausgliederung des bedeutsamsten Geschäftsbereichs der wesentliche Teil des Gesellschaftsvermögens der Kontrolle der Aktionäre entzogen worden sei. Nach der Ausgliederung auf eine Tochtergesellschaft sei das ursprüngliche Gesellschaftsvermögen vollständig in die Kontrollsphäre des Vorstandes übergegangen, da dieser für alle Maßnahmen auf der Ebene der Tochtergesellschaft zuständig sei. Die Rechte der Aktionäre der Muttergesellschaft seien hierdurch **mediatisiert** worden. Die Aktionäre seien

90

---

1 BGH v. 25.2.1982 – II ZR 174/80 – Holzmüller, BGHZ 83, 122 (131).
2 BGH v. 25.2.1982 – II ZR 174/80 – Holzmüller, BGHZ 83, 122 (131).
3 BGH v. 25.2.1982 – II ZR 174/80 – Holzmüller, BGHZ 83, 122 (130).
4 BGH v. 25.2.1982 – II ZR 174/80 – Holzmüller, BGHZ 83, 122 (133).
5 BGH v. 25.2.1982 – II ZR 174/80 – Holzmüller, BGHZ 83, 122 (131).

jedoch vor schwerwiegenden Eingriffen in ihr Mitwirkungspotential und ihre Vermögensrechte zu schützen.

91 Die unterinstanzlichen Gerichte sind dem Bundesgerichtshof bei der Herleitung der Hauptversammlungszuständigkeit aus § 119 Abs. 2 AktG gefolgt.[1] Auch in der Literatur hat der Begründungsansatz des Bundesgerichtshofs Zustimmung gefunden.[2] Eine andere Ansicht in Rechtsprechung und Literatur bildete hingegen eine **Gesamtanalogie** zu den aktien- und umwandlungsrechtlichen Vorschriften, die Strukturänderungen betreffen.[3] Die Hauptversammlung sei demnach grundsätzlich für Entscheidungen von wesentlicher Bedeutung zuständig. Begründet wird diese Auffassung damit, dass in jedem Einzelfall geprüft werden müsse, ob eine geplante Maßnahme Mitgliedschaftsrechte der Aktionäre beeinträchtige. Hierbei sei es unerheblich, ob es sich um gesetzlich geregelte Fälle von Strukturmaßnahmen handele. Es liege sowohl im gesetzlich geregelten wie auch im gesetzlich nicht geregelten Fall eine gleichartige Eingriffskonstellation vor, die auch gleich zu behandeln sei. Die in § 76 Abs. 1 AktG gesetzlich normierte umfassende Kompetenz des Vorstandes bei Geschäftsführungsmaßnahmen soll nach dieser Auffassung der Befassung durch die Hauptversammlung nicht entgegenstehen, da es sich bei Strukturmaßnahmen nicht mehr um die gewöhnliche Leitung der Gesellschaft handele.

92 Eine andere Ansicht brachte die Holzmüller-Rechtsprechung in einen unmittelbaren Zusammenhang mit **Konzernsachverhalten**, wobei auf die Konzernbildungs- und Konzernleitungskontrolle abgestellt wird.[4] Die Vertreter dieser Auffassung leiteten demnach die Hauptversammlungskompetenz bei grundlegenden Strukturmaßnahmen aus dem Blickwinkel des Konzernrechts ab. Gerade bei Konzernbildungssachverhalten, bei Ausgliederungen von Geschäftsbereichen auf Tochtergesellschaften oder aber beim Erwerb von Tochtergesellschaften wird ein wirksamer Schutz der Aktionäre vor den Gefahren der Konzernierung gefordert und eine Hauptversammlungszuständigkeit bejaht.

93 Ebenfalls vertreten wurde eine Verknüpfung mit dem **Unternehmensgegenstand** der Aktiengesellschaft. Die Hauptversammlung sei analog § 179 AktG zur Entscheidung über mitgliedschaftsrelevante Maßnahmen berufen, soweit der satzungsmäßige Unternehmensgegenstand diese nicht bereits präzise vor-

---

1 OLG München v. 10.11.1994 – 24 U 1036/93 – Ekatit/Riedinger Verwaltungs-AG, AG 1995, 232 (233); LG Frankfurt/Main v. 29.7.1997 – 3/5 O 162/95 – Altana/Milupa, AG 1998, 45 (46); LG Duisburg v. 27.6.2002 – 21 O 106/02 – Babcock Borsig, AG 2003, 390.
2 *Hüffer*, § 119 AktG Rz. 18; *Butzke* in Obermüller/Werner/Winden, L Rz. 77; *Lutter*, ZHR 151 (1987), 444 (454); *Großfeld/Bondics*, JZ 1982, 589 (591).
3 LG Karlsruhe v. 6.11.1997 – O 43/97 KfH I, AG 1998, 99 (101); *Lutter/Leinekugel*, ZIP 1998, 805 (806); *Lutter* in FS Fleck, S. 169 (186); *Wiedemann* in Großkomm. AktG, § 179 AktG Rz. 74 f.; *Timm*, ZHR 153 (1989), 60 (69); *Simon* in Heckschen/Simon, § 4 Rz. 20.
4 *Lutter* in FS Stimpel, S. 825 (844); *Groß*, AG 1994, 266, 271; *Emmerich/Sonnenschein/Habersack*, S. 87.

gebe.¹ Die Auffassung wird insbesondere damit begründet, dass den Satzungsregelungen zum Unternehmensgegenstand Ausstrahlungswirkung auf das Handeln des Vorstandes zukomme. Der teilweise höchst unterschiedlich formulierte Unternehmensgegenstand bei Aktiengesellschaften sei der geeignete Anknüpfungspunkt für die Beurteilung eines Eingriffs in die Mitgliedschaftsrechte der Aktionäre.

Die in Rechtsprechung und Literatur genannten Auffassungen vermochten **nicht zu überzeugen**. Die Auffassung des Bundesgerichtshofs führte in der Praxis dazu, dass sich die „Kann"-Vorschrift des § 119 Abs. 2 AktG, die keine Schutzfunktion zu Gunsten der Aktionäre aufweist,² aufgrund einer angeblichen Ermessensreduzierung auf Null zu einer „Muss"-Vorschrift entwickelte, deren Missachtung zu erheblichen Haftungsrisiken des Vorstands führen kann.³ Die teilweise in Literatur und Rechtsprechung vertretenen Auffassungen, die die Hauptversammlungszuständigkeit bei Strukturmaßnahmen aus einer Gesamtanalogie zu den entsprechenden Vorschriften des Aktien- und des Umwandlungsgesetzes herleiteten bzw. auf eine Konzernbildung abstellten, waren noch weniger überzeugend. Abzulehnen war die konturenlose Gesamtanalogie⁴ unter Einschluss auch umwandlungsrechtlicher Maßnahmen bereits deshalb, weil § 1 Abs. 2 UmwG ausdrücklich ein Analogieverbot vorsieht.⁵   94

Erfreulicherweise hat der Bundesgerichtshof im April 2004 die dogmatische Rechtfertigung der Holzmüller-Doktrin in seinen beiden **Gelatine-Urteilen**⁶ konkretisiert. Nach 22 Jahren hat der Bundesgerichtshof die Gelegenheit genutzt, zumindest in Teilbereichen Unsicherheiten für die Praxis zu beseitigen.   95

b) Gelatine-Urteile des Bundesgerichtshofs

aa) Sachverhalt

Der satzungsmäßige **Unternehmensgegenstand** der Deutsche Gelatine-Fabriken Stoess AG war die Herstellung und der Vertrieb von Gelatine und Gelatineerzeugnissen einschließlich Sonderprodukten sowie anderen chemischen Erzeugnissen. Der Unternehmensgegenstand konnte auch durch Tochtergesellschaften bzw. Zweigniederlassungen erfüllt werden. Die Satzung der Ge-   96

---

1 *Kubis* in MünchKomm. AktG, § 119 AktG Rz. 41; *Mecke*, S. 178 ff. und S. 281 ff.
2 *Simon* in Heckschen/Simon, § 4 Rz. 16.
3 Zur Kritik an der Rechtsprechung des Bundesgerichtshofs vgl. im Einzelnen *Geßler* in FS Stimpel, S. 771 (775); *Hübner* in FS Stimpel, S. 791 (795); *Rehbinder*, ZGR 1983, 92 (98).
4 *Habersack* in Emmerich/Habersack, vor § 311 AktG Rz. 36; *Hüffer*, § 119 AktG Rz. 17.
5 *Semler* in Semler/Stengel, § 1 UmwG Rz. 80; *Simon* in Heckschen/Simon, § 2 Rz. 2; *Schnorbus*, DB 2001, 1654 (1657); *Bungert*, NZG 1998, 367 (368); aA *Lutter/Drygala* in Lutter, § 1 UmwG Rz. 39.
6 BGH v. 26.4.2004 – II ZR 154/02 – Gelatine I, ZIP 2004, 1001; BGH v. 26.4.2004 – II ZR 155/02 – Gelatine II, ZIP 2004, 993; vgl. hierzu *Bungert*, BB 2004, 1345; *Fuhrmann*, AG 2004, 339; *Fleischer*, NJW 2004, 2335; *Goette*, DStR 2004, 927; *Koppensteiner*, Der Konzern 2004, 381; *Simon*, DStR 2004, 1482 und 1528; *Weißhaupt*, AG 2004, 585.

sellschaft enthielt zudem eine Klausel, dass sämtliche Beschlüsse der Hauptversammlung mit einfacher Mehrheit der abgegebenen Stimmen und, soweit eine Kapitalmehrheit erforderlich ist, mit einfacher Mehrheit des vertretenen Kapitals gefasst werden können, sofern nicht die Satzung oder das Gesetz zwingend etwas anderes vorschreiben.

97 Die Gesellschaft sollte unter anderem zu einer reinen Holdinggesellschaft **umstrukturiert** werden. Zum einen sollten Geschäftsanteile einer deutschen GmbH & Co. KG teilweise in eine andere Tochtergesellschaft der Gesellschaft, die Gelatine-Kapseln produzierte und vertrieb, eingebracht werden.[1] Zum anderen sollten die Beteiligungen an schwedischen und englischen Tochtergesellschaften auf eine andere Tochtergesellschaft der Gesellschaft übertragen werden. Alleine die schwedische Tochtergesellschaft trug mit bis zu 30 % zum Vorsteuerergebnis des Konzerns bei.[2] Mit den beiden Umstrukturierungsvorgängen wurde die Hauptversammlung der Gesellschaft befasst. Diese stimmte den Beschlussvorschlägen der Verwaltung mit einfacher Mehrheit, nicht jedoch mit Drei-Viertel-Mehrheit zu. Gegen die Hauptversammlungsbeschlüsse wurden Anfechtungsklagen erhoben.

bb) Entscheidungsgründe

98 Der Bundesgerichtshof entschied, dass die Umstrukturierungsmaßnahmen der Deutsche Gelatine-Fabriken Stoess AG **keine Holzmüller-Fälle** darstellten, und hielt deshalb die Anfechtungsklagen für unbegründet.

99 Ausgangspunkt der Begründung des Bundesgerichtshofes war, dass die Einbringung von Beteiligungen der Gesellschaft in ihre Tochtergesellschaften von dem in der Satzung niedergelegten Unternehmensgegenstand gedeckt war, so dass eine Änderung der Satzung nicht erforderlich war. Der Bundesgerichtshof verneinte zudem eine Anwendung der Holzmüller-Grundsätze, da die Maßnahmen nicht in den Kernbereich des Unternehmens eingegriffen hätten und daher die Aktionäre nicht in ihren mitgliedschaftlichen Rechten beeinträchtigt worden seien. Zwar könne eine ungeschriebene Kompetenz der Hauptversammlung dann vorliegen, wenn eine Umstrukturierung „an die Kernkompetenz der Hauptversammlung, über die Verfassung der Aktiengesellschaft zu bestimmen, rührt, weil sie Veränderungen nach sich zieht, die denjenigen zumindest nahe kommen, welche allein durch eine Satzungsänderung herbeigeführt werden können".[3] Einen **„Katalog" von Geschäftsführungsmaßnahmen**, bei welchen gegebenenfalls die Zustimmung der Hauptversammlung einzuholen ist, hat der Bundesgerichtshof jedoch ausdrücklich nicht aufstellen wollen.[4] Zwingend erforderlich sei es jedenfalls, dass ein Mediatisierungseffekt wie im Holzmüller-Fall bei der Ausgliederung eines wichtigen Betriebes

---

1 BGH v. 26.4.2004 – II ZR 154/02 – Gelatine I, ZIP 2004, 1001 (1002).
2 BGH v. 26.4.2004 – II ZR 155/02 – Gelatine II, ZIP 2004, 993.
3 BGH v. 26.4.2004 – II ZR 154/02 – Gelatine I, ZIP 2004, 1001; BGH v. 26.4.2004 – II ZR 155/02 – Gelatine II, ZIP 2004, 993.
4 BGH v. 26.4.2004 – II ZR 154/02 – Gelatine I, ZIP 2004, 1001 (1003); BGH v. 26.4.2004 – II ZR 155/02 – Gelatine II, ZIP 2004, 993 (996).

einer Tochtergesellschaft oder bei der Umstrukturierung des Beteiligungsbesitzes eintreten werde.

Der Bundesgerichtshof stellte hierbei klar, dass die im Schrifttum genannten Schwellenwerte für ein Eingreifen der Holzmüller-Grundsätze, die zwischen 10 % und 50 % schwanken, in diesem Zusammenhang nicht ausreichen können. Vielmehr könne eine Kompetenz der Hauptversammlung nur dann in Frage kommen, wenn ein mit der **Holzmüller-Entscheidung vergleichbarer Sachverhalt** vorläge.[1] Bei der Holzmüller-Konstellation waren 80 % des Gesellschaftsvermögens betroffen. 100

Für die **dogmatische Rechtfertigung der Holzmüller-Doktrin** stellt der Bundesgerichtshof nun nicht mehr auf eine Einzelanalogie zu § 119 Abs. 2 AktG ab. Vielmehr kombiniert er die zutreffenden Elemente einzelner Ansätze, nämlich die nur das Innenverhältnis betreffende Wirkung einer etwaigen Hauptversammlungskompetenz einerseits und die Orientierung der in Betracht kommenden Fallgestaltungen an den gesetzlich festgelegten Kompetenzen der Hauptversammlung andererseits.[2] Der Bundesgerichtshof betont jedoch ausdrücklich in einem historischen Exkurs die fest gefügte Kompetenzstruktur bei einer Aktiengesellschaft, die dem Vorstand grundsätzlich die Alleinkompetenz bei Geschäftsführungsmaßnahmen zuweist. In einer global vernetzten Wirtschaftsordnung, bei der es auf ein schnelles Handeln des Vorstandes besonders ankomme, drohe ansonsten bei einer ausufernden Kompetenz der Hauptversammlung eine Lähmung der Gesellschaft.[3] 101

Sofern nach den vom Bundesgerichtshof aufgestellten Grundsätzen ausnahmsweise die Zustimmung der Hauptversammlung erforderlich ist, bedarf diese einer **Drei-Viertel-Mehrheit** des vertretenen Grundkapitals. Dies gilt nach Auffassung des Bundesgerichtshofs auch bei einer in der Satzung enthaltenen Konzernklausel und auch dann, wenn die Satzung der Aktiengesellschaft außer bei zwingenden Mehrheitserfordernissen nach Gesetz oder Satzung die einfache Mehrheit genügen lässt.[4] Aufgrund der Schwere der möglichen Beeinträchtigungen der Mitgliedschaftsrechte der Aktionäre soll es unzulässig sein, in der Satzung das Quorum für die Zustimmung zu der beabsichtigten Maßnahme abzusenken. 102

c) Folgen für die M&A-Praxis

Vor den Gelatine-Urteilen des Bundesgerichtshofs hatte die Holzmüller-Entscheidung des Bundesgerichtshofs zu erheblichen Unsicherheiten in der Unternehmenspraxis geführt. Die Reichweite der Holzmüller-Entscheidung, ins- 103

---

1 BGH v. 26.4.2004 – II ZR 154/02 – Gelatine I, ZIP 2004, 1001 (1003); BGH v. 26.4.2004 – II ZR 155/02 – Gelatine II, ZIP 2004, 993 (998).
2 BGH v. 26.4.2004 – II ZR 154/02 – Gelatine I, ZIP 2004, 1001 (1003); BGH v. 26.4.2004 – II ZR 155/02 – Gelatine II, ZIP 2004, 993 (997).
3 BGH v. 26.4.2004 – II ZR 154/02 – Gelatine I, ZIP 2004, 1001 (1003); BGH v. 26.4.2004 – II ZR 155/02 – Gelatine II, ZIP 2004, 993 (998).
4 BGH v. 26.4.2004 – II ZR 154/02 – Gelatine I, ZIP 2004, 1001 (1003); BGH v. 26.4.2004 – II ZR 155/02 – Gelatine II, ZIP 2004, 993 (998).

besondere die Anwendbarkeit der Holzmüller-Doktrin auf andere wesentliche Geschäftsführungsmaßnahmen, war unklar.¹ Auch bei einer vorherigen Änderung des Unternehmensgegenstandes konnte eine zusätzliche Befassung der Hauptversammlung nach den Holzmüller-Grundsätzen nötig sein, da der Bundesgerichtshof die Zustimmung zu einer konkret-individuellen Maßnahme forderte.² In der Praxis musste jeder Sachverhalt **einzelfallbezogen** geprüft und die Argumente für und gegen eine Anwendbarkeit der Holzmüller-Doktrin abgewogen werden.

104 Die Gelatine-Urteile des Bundesgerichtshofs zeigen eine starke Tendenz des Gerichts, die Holzmüller-Doktrin **nur in Ausnahmekonstellationen** anwenden zu wollen. Auch die klare Aussage zu den notwendigen Schwellenwerten ist für die Praxis sehr hilfreich. Allerdings hat der Bundesgerichtshof ausdrücklich davon abgesehen, eine Liste von Geschäftsführungsmaßnahmen zu erstellen, die vom Ausgangspunkt her unter die Holzmüller-Doktrin fallen könnten. Insoweit ist die Unsicherheit für die M&A-Praxis zwar erheblich abgemildert, jedoch nicht beseitigt worden. Vom Grundsatz her sind Vorlagepflichten des Vorstandes an die Hauptversammlung bei M&A-Transaktionen weiterhin denkbar, sie werden aber aufgrund der restriktiven Haltung des Bundesgerichtshofs seltener praxisrelevant werden.

105 Die **Anwendbarkeit der Holzmüller-Doktrin** des Bundesgerichtshofs bei Unternehmenskäufen und -verkäufen ist demnach weiter strittig. Unabhängig von der Frage, welche Wertgrenzen überschritten werden müssen, um die vom Bundesgerichtshof und den Instanzgerichten geforderte Wesentlichkeitsgrenze bei einer M&A-Transaktion zu überschreiten, stellt sich die generelle Frage, ob die Veräußerung bzw. der Erwerb von Beteiligungen oder Unternehmen Sachverhalte darstellen, die den der Holzmüller-Entscheidung bzw. den Gelatine-Urteilen zugrunde liegenden Sachverhalten vergleichbar sind.

aa) Veräußerer-AG

(1) Share Deal

106 Die Anwendung der Holzmüller-Grundsätze auf die Veräußerung von Beteiligungen wird in Rechtsprechung und Literatur unterschiedlich gewertet. Die **unterinstanzliche Rechtsprechung** und ein Teil der Literatur bejaht das Eingreifen der Holzmüller-Grundsätze bei Beteiligungsabgaben.³ Begründet wird

---

1 *Becker* in Picot/Mentz/Seydel, Teil II Rz. 90; *Kubis* in MünchKomm. AktG, § 119 AktG Rz. 61 ff.
2 BGH v. 25.2.1982 – II ZR 174/80 – Holzmüller, BGHZ 83, 122 (130); *Simon* in Heckschen/Simon, § 4 Rz. 34.
3 OLG München v. 10.11.1994 – 24 U 1036/93 – EKATIT/Riedinger Verwaltungs-AG, AG 1995, 232 (233); LG Düsseldorf v. 13.2.1997 – 31 O 133/96 – Walter Rau Neusser Öl und Fett AG, AG 1999, 94; LG Duisburg v. 27.6.2002 – 21 O 106/02 – Babcock Borsig, AG 2003, 390; LG Frankfurt/Main v. 29.7.1997 – 3/5 O 162/95 – Altana/Milupa, AG 1998, 45 (46); LG Stuttgart v. 8.11.1991 – 2 KfH O 135/91 – ASS, AG 1992, 236 (237); *Krieger* in MünchHdb. AG, § 69 Rz. 7; *Lutter* in FS Stimpel, S. 825 (851); *Wiedemann* in Großkomm. AktG, § 179 AktG Rz. 75; *Kubis* in MünchKomm. AktG, § 119 AktG Rz. 63; *Rotthege/Wassermann*, Rz. 401.

das Zustimmungserfordernis bei der Veräußerung wesentlicher Unternehmensbeteiligungen unter Hinweis auf ein obiter dictum des Bundesgerichtshofs in der Holzmüller-Entscheidung[1] mit einem ansonsten drohenden Wertungswiderspruch zu Ausgliederungsfällen. So sei es wenig einleuchtend, dass zwar die Verkürzung der Aktionärsrechte durch die Ausgliederung auf Tochtergesellschaften, nicht aber die weiterreichende vollständige Aufgabe der Beteiligungsrechte durch Veräußerung an einen Dritten der Hauptversammlungsmitwirkung unterliegen soll.[2] Die Veräußerung einer Beteiligung könne demnach eine wesentliche Strukturänderung bewirken, die der Zustimmung der Hauptversammlung unterliege.[3]

Eine **Mindermeinung** in der Literatur verneint hingegen eine Kompetenz der Hauptversammlung zur Mitwirkung bei der Veräußerung wesentlicher Beteiligungen.[4] Zur Begründung wird angeführt, dass die Beteiligungsabgabe gerade den Effekt der Mediatisierung rückgängig mache. Als Kaufpreis fließe nunmehr der an der Beteiligung gebundene Teil des Gesellschaftsvermögens wieder in das Gesellschaftsvermögen der Aktiengesellschaft zurück. Sofern der satzungsmäßige Unternehmensgegenstand weiterhin ausgefüllt werde, sei demnach eine Zuständigkeit der Hauptversammlung ausgeschlossen.[5]

107

Die Veräußerung einer wesentlichen Beteiligung kann, auch wenn hierdurch der in der Satzung festgelegte Unternehmensgegenstand nicht unterschritten wird, eine **wesentliche Strukturmaßnahme** darstellen, die den Kernbereich der Tätigkeit einer Aktiengesellschaft betrifft. Dies wird am folgenden Beispielsfall deutlich. Verfügt eine Aktiengesellschaft über mehrere Tochtergesellschaften, deren Tätigkeit den Unternehmensgegenstand ausfüllt, die aber mit einer Ausnahme seit mehreren Geschäftsjahren verlustbringend sind, so führt die Veräußerung der einzigen erfolgreichen Beteiligungsgesellschaft zu einer erheblichen Änderung der Konzernstrategie. Nach der Veräußerung der „Perle" des Konzerns kann in der Zukunft eine Kompensation der Verluste der anderen Tochtergesellschaften nicht mehr erfolgen. Es bedarf stattdessen einer erheblichen Umstrukturierung des Konzerns, da der für die „Perle" erzielte Kaufpreis der Gesellschaft nur einmal zufließt. Dieser Kaufpreis muss für eine grundlegende Umstrukturierung ausreichen, da ansonsten bei dauerhaften Verlusten der verbleibenden Tochtergesellschaften unweigerlich die Insolvenz der Gesellschaft droht. Wird die „Perle" als Aushängeschild und prägender Bestandteil des Konzerns veräußert, stellt dieses bei wirtschaftlicher Betrachtungsweise einen erheblichen Eingriff in die Aktionärsrechte dar. Im Ergebnis kann demnach eine Zustimmung der Hauptversammlung bei Veräußerungssachverhalten erforderlich sein, sofern die noch darzulegenden Wertgrenzen überschritten werden.

108

---

1 BGH v. 25.2.1982 – II ZR 174/80 – Holzmüller, BGHZ 83, 122 (140).
2 *Henze* in FS Ulmer, S. 211 (231); *Kubis* in MünchKomm. AktG, § 119 AktG Rz. 63.
3 *Becker* in Picot/Mentz/Seydel, Teil III Rz. 93; *Semler* in Semler/Volhard, § 1 Rz. 259.
4 *Koppensteiner* in KölnKomm., vor § 291 AktG Rz. 41; *Reichert* in Beck'sches Hdb. AG, § 5 Rz. 53; *Joost*, ZHR 163 (1999), 164 (185); *Groß*, AG 1994, 266 (271); *Habersack* in Emmerich/Habersack, vor § 311 AktG Rz. 39.
5 *Habersack* in Emmerich/Habersack, vor § 311 AktG Rz. 39.

109 Die Zustimmung der Hauptversammlung kann auch dann erforderlich sein, wenn eine Beteiligung nur anteilig veräußert wird und konzernfremde Dritte erstmalig beteiligt werden. Dies gilt jedoch erst ab einer **wesentlichen Drittbeteiligung** von mehr als 25 %, da erst dann die Obergesellschaft und ihre Aktionäre die Möglichkeit verlieren, Strukturentscheidungen herbeizuführen, die einer qualifizierten Mehrheit bedürfen.[1] Allerdings wird bei der Beantwortung der Frage, ob es sich bei der teilweisen Beteiligungsabgabe um ein wesentliches Grundlagengeschäft für die Aktiengesellschaft handelt und die noch darzulegenden Wertgrenzen überschritten sind, zu berücksichtigen sein, dass keine vollständige Veräußerung der Beteiligung erfolgt.[2]

(2) Asset Deal

110 Die Hauptversammlung kann auch bei Veräußerungsfällen im Rahmen eines Asset Deals zuständig sein. Sofern eine unternehmerische Kerntätigkeit aufgegeben wird und entsprechende Wertgrenzen überschritten werden, besteht kein Unterschied zwischen der Veräußerung von rechtlich verselbstständigten und unselbstständigen Unternehmensteilen.[3] Hierin liegt auch kein Wertungswiderspruch zur Regelung des § 179a AktG, der eine Hauptversammlungskompetenz ausdrücklich nur bei einer Übertragung des ganzen Gesellschaftsvermögens postuliert.[4] Vielmehr ergibt sich die Zustimmungspflichtigkeit beim Asset Deal aus einem **„Erst recht"-Schluss** auf der Basis der Holzmüller-Entscheidung des Bundesgerichtshofs. Ist die Ausgliederung eines wesentlichen Unternehmensteils auf eine 100 %ige Tochtergesellschaft zustimmungspflichtig, so muss dies auch bei einer Veräußerung eines solchen Unternehmensteils an einen Dritten gelten. Verbleiben den Aktionären der Aktiengesellschaft im Ausgliederungsfall zumindest mittelbare Einflüsse auf den weiterhin konzerneigenen Unternehmensteil, so ist bei einer Veräußerung an einen Dritten jegliche Einflussmöglichkeit der Aktionäre nach der Transaktion ausgeschlossen. Die Veräußerung eines Unternehmensteils im Wege eines Asset Deals kann demnach bei Erreichen der noch darzulegenden Wertgrenzen zustimmungspflichtig sein.

bb) Erwerber-AG

(1) Share Deal

111 Die Zuständigkeit der Hauptversammlung beim Erwerb einer wesentlichen Beteiligung durch die Aktiengesellschaft ist ebenfalls umstritten. Im Gegensatz zur Diskussion bei der Veräußerung von Beteiligungen gibt es jedoch **keine dominierende Auffassung**. Allerdings hat der Bundesgerichtshof bereits in seiner Holzmüller-Entscheidung eine gewisse Tendenz erkennen lassen, als er

---

1 OLG Stuttgart v. 14.5.2003 – 20 U 31/02, AG 2003, 527; *Henze* in FS Ulmer, S. 211 (231); *Simon* in Heckschen/Simon, § 4 Rz. 72; *Reichert* in Beck'sches Hdb. AG, § 5 Rz. 54; *Fleischer*, ZHR 165 (2001), 513 (524); *Lutter* in FS Stimpel, S. 825 (852); *Raiser*, § 16 Rz. 16; *Fuchs* in Henze/Hoffmann-Becking, S. 259 (268).
2 OLG Düsseldorf v. 18.7.2002 – 6 U 170/01 – Thyssen/Krupp (n. veröff.).
3 *Kubis* in MünchKomm. AktG, § 119 AktG Rz. 65; *Lutter/Leinekugel*, ZIP 1998, 225 (229); *Reichert*, ZHR Sonderheft 68 (1999), 25 (67); *Rotthege/Wassermann*, Rz. 401.
4 So jedoch *Joost*, ZHR 163 (1999), 164 (185).

den Erwerb einer Tochtergesellschaft als „gemeinhin" reine Geschäftsführungsmaßnahme einstufte.[1] Der Bundesgerichtshof musste jedoch hierüber nicht abschließend befinden.

Eine **starke Ansicht in Rechtsprechung und Literatur** bejaht eine grundsätzliche Zustimmungspflicht der Hauptversammlung für erhebliche Erwerbsvorgänge.[2] Zur Begründung wird auf die Vergleichbarkeit mit Ausgliederungssachverhalten verwiesen. Unmittelbar der Obergesellschaft zugeordnetes Vermögen werde in eine gesellschaftsrechtliche Beteiligung transformiert. Der Erwerb von Tochtergesellschaften führe zu dem vom Bundesgerichtshof in der Holzmüller-Entscheidung herausgearbeiteten Mediatisierungseffekt, da die erworbenen Beteiligungen nicht dem unmittelbaren Zugriff der Aktionäre der erwerbenden Aktiengesellschaft unterliegen. Der Endzustand nach einem Beteiligungserwerb sei somit derselbe wie nach einer Ausgliederung.   112

Die **leicht überwiegende Auffassung in Rechtsprechung und Literatur** verneint hingegen eine Zustimmungspflicht der Hauptversammlung bei Erwerbsvorgängen.[3] Die Auffassung wird teilweise damit begründet, dass die Ausgliederung das Anlagevermögen betreffe, während der Beteiligungserwerb aus dem Umlaufvermögen finanziert werde.[4] Darüber hinaus soll gerade der Vergleich mit anderen Investitionen ohne Konzernbildung, wie der Aufbau neuer Produktionsstätten oder gesellschaftseigener Vertriebskanäle, zeigen, dass es keine allgemeine Mittelverwendungskontrolle durch die Hauptversammlung geben könne.[5]   113

Für die erstgenannte Ansicht und damit eine Zustimmungspflicht der Hauptversammlung spricht, dass der Erwerb von Tochtergesellschaften, auch wenn er in der Satzung ausdrücklich zugelassen ist, durchaus die Struktur einer Aktiengesellschaft erheblich verändern kann. So ist die Fallkonstellation vorstellbar, dass eine Aktiengesellschaft den durch die Satzung vorgegebenen Unternehmensgegenstand durch einen eingeschränkten Geschäftsbetrieb zwar ausfüllt, der wesentliche Wert der Gesellschaft jedoch in ihrem sehr hohen Barvermögen liegt. In einer solchen Konstellation wäre eine Investitionsentscheidung des Vorstandes, eine Gesellschaft unter Einsetzung des vorhandenen Barvermögens zu erwerben, die den Unternehmensgegenstand in einem weitaus größeren Umfang ausfüllen wird, für die bislang an einer „Vermögens-   114

---

1 BGH v. 25.2.1982 – II ZR 174/80 – Holzmüller, BGHZ 83, 122 (132).
2 OLG Hamburg v. 5.9.1980 – 11 U 1/00 – Holzmüller, ZIP 1980, 1000 (1006); LG Stuttgart v. 8.11.1991 – 2 KfH O 135/91 – ASS, AG 1992, 236 (237) (obiter); *Henze* in FS Ulmer, S. 211 (229); *Koppensteiner* in KölnKomm., vor § 291 AktG Rz. 24; *Habersack* in Emmerich/Habersack, vor § 311 AktG Rz. 8; *Geßler* in FS Stimpel, S. 771 (786); *Lutter* in FS Stimpel, S. 825 (853); *Raiser*, § 16 Rz. 13; *Pluta* in Heidel, § 119 AktG Rz. 37.
3 LG Heidelberg v. 1.12.1998 – O 95/98 KfH I – MLP AG, AG 1999, 135 (137); *Krieger* in MünchHdb. AG, § 69 Rz. 7; *Semler* in MünchHdb. AG, § 34 Rz. 40; *Kubis* in Münch-Komm. AktG, § 119 AktG Rz. 67; *Reichert* in Beck'sches Hdb. AG, § 5 Rz. 49; *Butzke* in Obermüller/Werner/Winden, L Rz. 77; *Timm*, ZIP 1993, 114 (117); *Mertens* in KölnKomm., § 76 AktG Rz. 51; *Groß*, AG 1994, 266 (271); *Renner*, NZG 2002, 1091 (1093).
4 *Timm*, ZIP 1993, 114 (117).
5 *Renner*, NZG 2002, 1091 (1093); *Groß*, AG 1994, 266 (273); *Kubis* in MünchKomm. AktG, § 119 AktG Rz. 67; *Ebenroth/Daum*, DB 1991, 1105 (1109).

holding" beteiligten Aktionäre ein erheblicher Eingriff. Allerdings zeigt auch gerade dieses Beispiel, dass es im Gegensatz zur Ausgliederung wesentlicher Unternehmensteile gerade nicht zu einer Mediatisierung der Mitwirkungsrechte der Aktionäre im Hinblick auf bisher eingesetztes unternehmerisches Vermögen kommt. Vielmehr handelt es sich um eine Maßnahme der **Vermögensverwendung**, die vom Vorstand eigenverantwortlich vorgenommen werden können muss, sofern man die Organkompetenzen des Vorstandes nicht über Gebühr einschränken will.[1] Der Erwerb einer wesentlichen Beteiligung ist demnach nicht zustimmungspflichtig.

115 Im Ergebnis bedarf der Erwerb von wesentlichen Beteiligungen im Wege eines Share Deals nicht der Zustimmung der Hauptversammlung. Es handelt sich um eine Geschäftsführungsmaßnahme, die der Vorstand in eigener Verantwortung durchführen kann. Aufgrund der umstrittenen Rechtslage wird jedoch in der Literatur teilweise empfohlen, in der Praxis **vorsorglich eine entsprechende Beschlussfassung der Hauptversammlung vorzusehen**.[2] Allerdings wird zu Recht auch darauf verwiesen, dass bei sehr großen Transaktionen bislang überwiegend keine Zustimmung der Hauptversammlung eingeholt worden ist, wie bei den Unternehmenskäufen Deutsche Bank/Bankers Trust, Mannesmann/Orange, Deutsche Telekom/Voice Stream oder Allianz/Dresdner Bank. Die vorsorgliche Vorlage an die Hauptversammlung wird demnach nur in seltenen Fällen, abhängig vom konkreten Einzelfall, empfehlenswert sein.

(2) Asset Deal

116 Das für den Share Deal erarbeitete Ergebnis einer fehlenden Hauptversammlungskompetenz gilt *erst recht* bei einem Asset Deal. Erwirbt eine Aktiengesellschaft unmittelbar ein Unternehmen durch Erwerb der entsprechenden Vermögensgegenstände, so ist für das Argument, die Aktionärsrechte könnten hierdurch mediatisiert werden, von vornherein kein Raum. Vielmehr werden Vermögensgegenstände gerade **dem Zugriff der Aktionäre unterworfen**, da die Aktiengesellschaft unmittelbar Eigentum erwirbt. Der Erwerb von Unternehmensteilen im Wege eines Asset Deals ist demnach ebenfalls nicht zustimmungspflichtig.

117 Das bei Erwerbsvorgängen „klarere" Ergebnis der **fehlenden Hauptversammlungskompetenz** bei einem Asset Deal im Vergleich zu einem Share Deal kann es in der Praxis in geeigneten Fällen ratsam erscheinen lassen, die M&A-Transaktion im Wege eines Asset Deals zu strukturieren. Üblicherweise sind zwar gerade steuerliche Motive für die Wahl zwischen Asset- und Share Deal entscheidend[3] (zu den steuerlichen Unterschieden vgl. Teil V), allerdings kann auch aus aktienrechtlichen Gründen eine der beiden Transaktionsstrukturen vorzugswürdig sein.

---

1 *Becker* in Picot/Mentz/Seydel, Teil II Rz. 94; *Reichert* in Beck'sches Hdb. AG, § 5 Rz. 49.
2 *Becker* in Picot/Mentz/Seydel, Teil II Rz. 94.
3 *Volhard* in Semler/Volhard, Bd. 1, § 2 Rz. 57; *Picot* in Picot/Mentz/Seydel, Teil V Rz 1.

cc) Wertgrenzen

Nicht jeder Veräußerungs- bzw. Erwerbsfall[1] kann zu einer Hauptversammlungszuständigkeit im Sinne der Holzmüller-Doktrin führen. Ganz im Gegenteil: Nur in **Ausnahmefällen** wird die Veräußerung oder der Erwerb einer Beteiligung eine Hauptversammlungskompetenz begründen können.[2] In Rechtsprechung und Literatur ist jedoch umstritten, ab welcher Größenordnung der Transaktion die Hauptversammlung zu befassen ist. Zudem ist unklar, welche Faktoren für die Berechnung des Schwellenwertes herangezogen werden sollen. Unstreitig ist hingegen, dass, sofern die Maßnahme nicht als Gesamtakt, sondern in mehreren Einzelakten erfolgt, die Einzelmaßnahmen für die Berechnung der Wesentlichkeit zusammenzurechnen sind, soweit zwischen ihnen ein zeitlicher und wirtschaftlicher Zusammenhang besteht.[3]

118

(1) Maßgebliche Parameter

In Rechtsprechung und Literatur werden unterschiedliche Parameter diskutiert, die für die Berechnung des Schwellenwerts für das Eingreifen der Holzmüller-Doktrin relevant sein sollen. Als maßgebliche Faktoren werden die für den Unternehmenswert der betroffenen Aktiengesellschaft wesentlichen Kriterien diskutiert, wie beispielsweise Bilanz- und Ertragswerte, steuerliche Teilwerte, Aktivvermögen, Grundkapital, Umsatz, Beschäftigtenzahl, Bedeutung der Beteiligung für die langfristige Strategie und die historische Prägung des Unternehmens.[4] Hierbei kommt es auf eine **Gesamtbetrachtung** des zu veräußernden bzw. zu erwerbenden Unternehmens an. Parameter wie das Grundkapital, der Umsatz oder die Anzahl der betroffenen Mitarbeiter sind hierbei von untergeordneter Bedeutung.[5]

119

Entscheidend bei der Gesamtbetrachtung ist im Regelfall der wertmäßige Anteil des zu veräußernden bzw. zu erwerbenden Unternehmens an der Veräußerer- bzw. Erwerber-AG. Die Berechnung des wertmäßigen Anteils ist **Frage des Einzelfalls**. Die Berechnung erfolgt in der Praxis nach den allgemeinen Grundsätzen der Unternehmensbewertung sowohl anhand der Ertragswertmethode[6] als auch durch ein Abstellen auf die Bilanzwerte der betroffenen Unternehmen.[7] Bei letzterer Vorgehensweise sind Vermögensgegenstände, die nur mit

---

1 Sofern man der oben dargestellten Mindermeinung folgt, die eine Vorlagepflicht bei bedeutsamen Erwerbsvorgängen bejaht.
2 *Becker* in Picot/Mentz/Seydel, Teil II Rz. 99; *Hüffer*, § 119 AktG Rz. 18; *Reichert* in Semler/Volhard, § 5 Rz. 76 ff.
3 *Habersack* in Emmerich/Habersack, vor § 311 AktG Rz. 41; *Becker* in Picot/Mentz/Seydel, Teil II Rz. 95; *Kubis* in MünchKomm. AktG, § 119 AktG Rz. 48.
4 *Henze* in FS Ulmer, S. 211 (223); *Becker* in Picot/Mentz/Seydel, Teil II Rz. 96; *Krieger* in MünchHdb. AG, § 69 Rz. 8.
5 *Kubis* in MünchKomm. AktG, § 119 AktG Rz. 46; *Hüffer* in FS Ulmer, S. 179 (196); *Reichert* in Beck'sches Hdb. AG, § 5 Rz. 72.
6 *Reichert* in Beck'sches Hdb. AG, § 7 Rz. 72; *Habersack* in Emmerich/Habersack, vor § 311 AktG Rz. 41; *Simon* in Heckschen/Simon, § 4 Rz. 40.
7 *Kubis* in MünchKomm. AktG, § 119 AktG Rz. 46; *Krieger* in MünchHdb. AG, § 69 Rz. 8; *Lutter* in FS Stimpel, S. 825 (850); *Hüffer* in FS Ulmer, S. 279 (295).

dem Buchwert oder ggf. überhaupt nicht bilanziert sind, wie beispielsweise selbst generierte Markenrechte, mit ihrem Verkehrswert zu berücksichtigen.[1]

(2) Schwellenwert

120 Das **Spektrum für die Schwellenwerte** reichte bislang in Rechtsprechung und Literatur von 10 %[2] bis zu 75 %[3] der jeweils für maßgeblich erklärten Parameter. Überwiegend wurden hierbei Schwellenwerte zwischen 25 % und 50 % genannt, wobei in den letzten Jahren zunehmend gefordert wurde, dass zumindest 50 % des Gesellschaftsvermögens betroffen sind.[4] Diese Auffassung wurde bestärkt durch Stellungnahmen von Mitgliedern des für aktienrechtliche Fragen zuständigen II. Zivilsenats des Bundesgerichtshofs zur Entscheidung in Sachen Altana/Milupa.[5] Das Eingreifen der Holzmüller-Kriterien bei der Veräußerung des Geschäftsbetriebs einer Konzerntochter mit einem Volumen von 23 % der Konzernbilanz und von 30 % des Gesamtumsatzes lag nach Ansicht des Gerichts in diesem Fall „eher fern".[6]

121 In seinen Gelatine-Urteilen hat sich der Bundesgerichtshof nunmehr zu den Schwellenwerten eindeutig positioniert. Eine Zuständigkeit der Hauptversammlung kann nur dann angenommen werden, „wenn der Bereich, auf den sich die Maßnahme erstreckt, in seiner Bedeutung für die Gesellschaft die Ausmaße der Ausgliederung in dem vom Senat entschiedenen ‚Holzmüller'-Fall erreicht".[7] Dies bedeutet, dass weit mehr als 50 %, im Regelfall etwa **80 % des Gesellschaftsvermögens**, von der Geschäftsführungsmaßnahme betroffen sein müssen. Maßnahmen, die unterhalb dieser Schwelle liegen, bleiben im autonomen Bereich des Vorstandshandelns. Der Bundesgerichtshof hat somit der Praxis nunmehr ein taugliches Abgrenzungskriterium an die Hand gegeben.

122 In der Praxis wird es sich jedoch trotzdem verbieten, schematisch den vom Bundesgerichtshof in Bezug genommenen Schwellenwert anzuwenden. Vielmehr bedarf es weiterhin einer **Abwägung im Einzelfall**.[8] So kann beispiels-

---

1 *Kubis* in MünchKomm. AktG, § 119 AktG Rz. 46; *Zimmermann/Pentz* in FS W. Müller, S. 151 (168); *Semler* in MünchHdb. AG, § 34 Rz. 41.
2 LG Frankfurt/Main v. 10.3.1993 – 3/14 O 25/92, AG 1993, 287 (288) (10 % des Gesellschaftsvermögens); *Geßler* in FS Stimpel, S. 771 (787) (10 % des Grund- bzw. Eigenkapitals); *Habersack* in Emmerich/Habersack, vor § 311 AktG Rz. 40 (10 % des Gesamtwertes des Konzerns bei Ausgliederungsfällen); *Rotthege/Wassermann*, Rz. 401 (10 % der Aktiva der Obergesellschaft).
3 *Hüffer* in FS Ulmer, S. 279 (295) (75 % des Buchvermögens oder des Umsatzes).
4 Vgl. im Einzelnen die umfangreichen Fundstellennachweise bei *Habersack* in Emmerich/Habersack, vor § 311 AktG Rz. 41 und bei *Kubis* in MünchKomm. AktG, § 119 AktG Rz. 47.
5 BGH v. 15.1.2001 – II ZR 124/99 – Altana/Milupa, BGHZ 146, 288.
6 *Kurzwelly* in Henze/Hoffmann-Becking, S. 19; *Henze* in FS Ulmer, S. 211 (223); vgl. auch die übereinstimmenden Diskussionsbeiträge von *Kurzwelly, Henze, Semler* und *Reichert* in Henze/Hoffmann-Becking, S. 31 ff.
7 BGH v. 26.4.2004 – II ZR 154/02 – Gelatine I, ZIP 2004, 1001 (1003); BGH v. 26.4.2004 – II ZR 155/02 – Gelatine II, ZIP 2004, 993 (998).
8 So auch bisher *Habersack* in Emmerich/Habersack, vor § 311 AktG Rz. 41; *Henze* in FS Ulmer, S. 211 (222); *Krieger* in MünchHdb. AG, § 69 Rz. 8.

weise ein Unternehmensverkauf zustimmungspflichtig sein, wenn eine „nur" 60 % des Gesellschaftsvermögens ausmachende Tochtergesellschaft als „Konzernperle" veräußert werden soll, die den Konzern aufgrund der Historie oder ihres Renommees prägt und der dort erwirtschaftete Gewinn die Verluste anderer Tochtergesellschaften ausgleicht, ohne dass hierbei pauschal auf die Erreichung von 80 % des Gesellschaftsvermögens abgestellt werden kann. Im Ergebnis bedarf es demnach immer einer Begutachtung des konkreten Einzelfalls, allerdings mit der Maßgabe, dass die quantitativen Eingriffsschwellen überaus hoch anzusetzen sind.

dd) Mehrheitserfordernisse bei Holzmüller-Beschlüssen

Die Mehrheitserfordernisse bei Holzmüller-Beschlüssen der Hauptversammlung waren **überaus strittig**. Die Ursache hierfür liegt in der dargestellten unterschiedlichen dogmatischen Ableitung der Kompetenz der Hauptversammlung. Je nach analog angewandter Norm ergibt sich folgerichtig ein anderes Mehrheitserfordernis. 123

In der Literatur gab es eine starke Auffassung, die aufgrund der Herleitung der Kompetenz der Hauptversammlung aus einer Gesamtanalogie zu Vorschriften des Aktien- und Umwandlungsgesetzes bei Strukturänderungen oder aus § 179 AktG die Notwendigkeit einer Drei-Viertel-Kapitalmehrheit fordert.[1] Die herrschende Auffassung in Rechtsprechung und Literatur ließ hingegen die einfache Stimmenmehrheit des § 133 Abs. 1 AktG genügen.[2] Auch der Bundesgerichtshof schien dieser Ansicht zuzuneigen. In der **Macrotron-Entscheidung** befasste sich der Bundesgerichtshof mit der Frage der Zuständigkeit der Hauptversammlung im Rahmen eines Delistings, also des freiwilligen Rückzugs einer Gesellschaft von der Börse.[3] Zwar begründete der Bundesgerichtshof die Zuständigkeit der Hauptversammlung nicht mit der Holzmüller-Doktrin, sondern mit einem neuen eigenständigen Ansatz basierend auf Individualschutzgründen.[4] In seiner Entscheidung führte der Bundesgerichtshof jedoch ausdrücklich aus, dass für die Zustimmung zum Delisting, also zu einer Geschäftsführungsmaßnahme, die einfache Stimmenmehrheit des § 133 Abs. 1 AktG ausreiche.[5]

Der Bundesgerichtshof hat nunmehr in seinen Gelatine-Urteilen entschieden, dass die Hauptversammlung bei Eingreifen der Holzmüller-Grundsätze mit **qualifizierter Mehrheit** der Maßnahme zustimmen müsse. Dies gelte unab- 124

---

1 *Habersack* in Emmerich/Habersack, vor § 311 AktG Rz. 45; *Raiser*, § 16 Rz. 18; *Krieger* in MünchHdb. AG, § 69 Rz. 11; *Kubis* in MünchKomm. AktG, § 119 AktG Rz. 55.
2 OLG Karlsruhe v. 12.3.2002 – 8 U 295/00 – Deutsche Gelatine AG, AG 2003, 388; *Hüffer*, § 119 AktG Rz. 20; *Butzke* in Obermüller/Werner/Winden, L Rz. 83; *Semler* in MünchHdb. AG, § 34 Rz. 42.
3 BGH v. 25.11.2002 – II ZR 133/01 – Macrotron, AG 2003, 273.
4 BGH v. 25.11.2002 – II ZR 133/01 – Macrotron, AG 2003, 273 (275); vgl. *K. Schmidt*, NZG 2003, 601.
5 BGH v. 25.11.2002 – II ZR 133/01 – Macrotron, AG 2003, 273 (275); zustimmend *Adolff/Tieves*, BB 2003, 797 (800); kritisch *Krämer/Theiß*, AG 2003, 225 (236); *Bürgers*, NJW 2003, 1642 (1643); *Pfüller/Anders*, NZG 2003, 459 (464); *Mülbert*, ZHR 165 (2001), 104 (129).

hängig davon, ob in der Satzung festgelegt sei, dass die einfache Mehrheit ausreicht, sofern Gesetz oder Satzung nicht ausdrücklich eine qualifizierte Mehrheit fordern.[1] Die Auffassung des Bundesgerichtshofs ist zwar zu kritisieren, da die Maßnahme, mit der die Hauptversammlung befasst wird, immer Geschäftsführungsmaßnahme bleibt. Auch besteht ein Wertungswiderspruch zur freiwilligen Vorlage von Geschäftsführungsmaßnahmen durch den Vorstand nach § 119 Abs. 2 AktG, da insoweit unstreitig die einfache Stimmenmehrheit für den Hauptversammlungsbeschluss ausreicht.[2] Es ist nicht ersichtlich, weshalb eine andere Stimmenmehrheit bei Geschäftsführungsmaßnahmen gelten soll, abhängig davon, ob der Vorstand nach der Holzmüller-Doktrin vorlegt oder nach § 119 Abs. 2 AktG. Aus Sicht der Aktionäre ist vielmehr entscheidend, dass die Hauptversammlung überhaupt beteiligt wird.

125 Die Praxis wird sich jedoch nunmehr an den **neuen Vorgaben des Bundesgerichtshofs** auszurichten haben. Holzmüller-Beschlüsse kommen demnach nur dann wirksam zustande, wenn die Drei-Viertel-Mehrheit des vertretenen Grundkapitals erreicht wird. Der Vorstand wird deshalb im Vorfeld einer Holzmüller-Maßnahme eingehend prüfen müssen, ob das Erreichen der qualifizierten Mehrheit in der Hauptversammlung realistisch ist. Ein „vernünftiger" Vorstand wird die Hauptversammlung nur dann befassen, wenn er davon ausgeht, dass diese Mehrheit auch erreicht wird. Ansonsten drohen unnötige Kosten für die Vorbereitung der Maßnahme und die Durchführung der Hauptversammlung sowie ein erheblicher Ansehensverlust für die Gesellschaft, insbesondere für den Vorstand selbst, da der fehlende Rückhalt in der Hauptversammlung auf den Vorstand zurückfällt.

ee) Zeitpunkt der Befassung der Hauptversammlung

126 Ergibt sich die Hauptversammlungszuständigkeit aus einer Anwendung der Holzmüller-Doktrin, stehen dem Vorstand bei einem Unternehmensverkauf mehrere Alternativen zur Verfügung, das Verfahren **zeitlich zu strukturieren**. Die Hauptversammlung kann vorab dem generellen Konzept zur Veräußerung oder aber dem konkreten Unternehmenskaufvertrag vor oder nach Unterzeichnung zustimmen. Zudem ist es möglich, die Hauptversammlung erst nachträglich mit dem Unternehmensverkauf zu befassen und sich das Vorstandshandeln genehmigen zu lassen.

127 Die abstrakte Zustimmung der Hauptversammlung zu einer beabsichtigten Strukturmaßnahme ist nach der herrschenden Meinung in der Literatur zulässig.[3] Dies gilt insbesondere unter Berücksichtigung der Siemens/Nold- und

---

1 BGH v. 26.4.2004 – II ZR 154/02 – Gelatine I, ZIP 2004, 1001 (1003); BGH v. 26.4.2004 – II ZR 155/02 – Gelatine II, ZIP 2004, 993 (998).
2 *Hüffer*, § 119 AktG Rz. 14.
3 LG Frankfurt v. 12.12.2000 – 3/5 O 149/99 – AGIV AG, AG 2001, 431 (433); LG Hamburg v. 21.1.1997 – 402 O 122/96 – Wünsche AG, AG 1997, 238; *Kubis* in MünchKomm. AktG, § 119 AktG Rz. 49; *Reichert* in Beck'sches Hdb. AG, § 5 Rz. 75; *Priester*, ZHR 163 (1999), 187 (198); *Lutter/Leinekugel*, ZIP 1998, 805; *Hüffer*, § 119 AktG Rz. 19; aA LG Karlsruhe v. 6.11.1997 – O 43/97 KfH I, AG 1998, 99 (100); *Mülbert* in Großkomm. AktG, § 119 AktG Rz. 68; *Schockenhoff*, NZG 2001, 921 (925); *Zeidler*, NZG 1998, 91 (92).

Adidas-Entscheidungen des Bundesgerichtshofs zum Bezugsrechtsausschluss beim genehmigten Kapital.¹ Erforderlich ist jedoch eine **hinreichende Konkretisierung des Konzepts**.² Das Konzept muss demnach klar umrissen werden und soweit möglich die Aktionäre umfassend über die beabsichtigten Maßnahmen informieren. Hierunter fällt auch die Darstellung von etwaigen Handlungsalternativen und insbesondere auch das Aufzeigen von wirtschaftlichen Chancen und Risiken der vorgeschlagenen Maßnahme. Die Ermächtigung ist auf den Zeitraum bis zur nächsten Hauptversammlung zu beschränken.³

Sobald ein hinreichend konkretisierter Unternehmenskaufvertrag vorliegt, ist es jedoch nicht mehr möglich, abstrakt die Hauptversammlung mit dem Vorgang zu befassen und „nur" die Zustimmung zu einem Konzept zu verlangen.⁴ Vielmehr ist dann erforderlich, die Hauptversammlung mit dem **konkreten Unternehmenskaufvertrag** zu befassen. Der Vorstand kann sich die Zustimmung der Hauptversammlung zum Abschluss eines bestimmten Unternehmenskaufvertrages, also letztlich die Zustimmung zu einem Vertragsentwurf, einholen. Nachträgliche materielle Änderungen des Vertragsentwurfes vor Abschluss sind dann jedoch ausgeschlossen. Eine in der Praxis übliche Vorgehensweise ist die Zustimmung zu einem bereits abgeschlossenen Unternehmenskaufvertrag, der unter der Bedingung oder einem anderweitigen „Vorbehalt" steht, dass die Hauptversammlung dem Vertrag zustimmt. 128

Gerade bei Sachverhalten, bei denen das Eingreifen der Holzmüller-Kriterien eher unwahrscheinlich ist, kann es sich empfehlen, die M&A-Transaktion **ohne Hauptversammlungsbeschluss** durchzuführen. Ein solches Vorgehen bietet sich insbesondere dann an, wenn einerseits die Maßnahme sehr eilbedürftig für die Aktiengesellschaft ist (beispielsweise bei Liquiditätsschwierigkeiten), andererseits aufgrund klarer Mehrheitsverhältnisse eine nachträgliche Genehmigung durch die Hauptversammlung aus der Sicht des Vorstandes gesichert ist. Hierzu ist eine Abstimmung mit den Mehrheitsaktionären sinnvoll. In diesem Fall kann ein etwaiger Eingriff in die Zuständigkeit der Hauptversammlung durch die nachträgliche Genehmigung geheilt werden, einer etwaigen Abwehr- oder Beseitigungsklage eines Aktionärs wird auf diese Weise die Grundlage entzogen.⁵ 129

Bejaht man mit der dargestellten Mindermeinung eine Vorlagepflicht bei wesentlichen **Erwerbsvorgängen**, so ist kaum vorstellbar, dass die Hauptversammlung mit einem Konzept für Erwerbsvorgänge befasst wird. Im Gegen- 130

---

1 BGH v. 23.6.1997 – II ZR 132/93 – Siemens/Nold II, BGHZ 136, 133; BGH v. 15.5.2000 – II ZR 359/98 – Adidas, BGHZ 144, 290; so zu Recht auch *Habersack* in Emmerich/Habersack, vor § 311 AktG Rz. 46; *Henze* in FS Ulmer, S. 211 (231); *Reichert* in Beck'sche Hdb. AG, § 5 Rz. 75.
2 *Kubis* in MünchKomm. AktG, § 119 AktG Rz. 95; *Lutter/Leinekugel*, ZIP 1998, 805 (815); *Henze* in FS Ulmer, S. 211 (234); *Habersack* in Emmerich/Habersack, vor § 311 AktG Rz. 47.
3 *Henze* in FS Ulmer, S. 211 (233); *Lutter/Leinekugel*, ZIP 1998, 805 (816); *Tröger*, ZIP 2001, 2029 (2041); *Grunewald*, AG 1990, 133 (136).
4 *Seydel* in Picot/Mentz/Seydel, Teil III Rz. 57.
5 BGH v. 25.2.1982 – II ZR 174/80 – Holzmüller, BGHZ 83, 122 (133); *Henze*, S. 368; *Habersack* in Emmerich/Habersack, vor § 311 AktG Rz. 46.

satz zu Veräußerungsfällen würde es kaum möglich sein, ein solches Konzept hinreichend zu konkretisieren. Praxisrelevanter ist die Befassung der Hauptversammlung mit einem konkreten Unternehmenskaufvertrag oder aber, insbesondere aufgrund der fehlenden Vorlagepflicht nach der herrschenden Auffassung in Rechtsprechung und Literatur, die vorsorgliche nachträgliche Genehmigung des Erwerbsvorganges durch die Hauptversammlung.

4. Die „freiwillige" Befassung der Hauptversammlung

131 Nach § 119 Abs. 2 AktG hat der Vorstand die **Möglichkeit**, die Hauptversammlung mit Geschäftsführungsmaßnahmen zu befassen. Ein entsprechender Beschluss der Hauptversammlung bindet dann jedoch den Vorstand, der ihn umzusetzen hat.[1]

132 Die „freiwillige" Befassung der Hauptversammlung bei Unternehmenstransaktionen ist die **praxisrelevanteste Fallgestaltung**.[2] M&A-Transaktionen bergen für die veräußernde bzw. erwerbende Aktiengesellschaft erhebliche Haftungsrisiken, die mittelbar auf den Vorstand durchschlagen. Will der Vorstand eine riskante Transaktion vornehmen, drohen für den Fall des Scheiterns Ersatzpflichten. Die Entlastung durch die Hauptversammlung nach § 120 AktG hilft dem Vorstand nicht, da diese nur eine generelle Billigung des Vorstandshandelns darstellt und keine Befreiung von etwaigen Schadenersatzansprüchen der Gesellschaft umfasst (§ 120 Abs. 2 Satz 2 AktG). Die Billigung des Aufsichtsrates führt ebenfalls nicht zu einem Erlöschen der Ersatzpflichten. Sofern der Vorstand mögliche Schadenersatzpflichten bereits im Vorfeld ausschalten will, muss er demnach vor Durchführung der Maßnahme einen Beschluss der Hauptversammlung einholen (§ 93 Abs. 4 Satz 1 AktG). Sofern der Vorstand die Hauptversammlung ordnungsgemäß und umfassend über die Geschäftsführungsmaßnahme und deren Risiken informiert hat, kann er sich von der Ersatzpflicht gegenüber der Gesellschaft freizeichnen.[3] Die Vorlage einer riskanten M&A-Transaktion ist demnach ein legitimes Mittel des Vorstandes zur Vermeidung des eigenen Haftungsrisikos.

a) Zeitliche Strukturierung

133 Bei einer freiwilligen Vorlage an die Hauptversammlung bestehen ebenfalls die für Holzmüller-Fälle dargestellten **zeitlichen Strukturierungsmöglichkeiten**. Auch hier ist eine Befassung vorab mit einem hinreichend konkretisierten Konzept möglich.[4] Ebenfalls möglich ist die Befassung der Hauptversammlung mit einem Vertragsentwurf oder aber mit dem bereits abgeschlossenen Unternehmenskaufvertrag, der ggf. von der Zustimmung der Hauptversammlung abhängt.[5] Auch eine nachträgliche Genehmigung durch die Hauptversamm-

---

1 *Hüffer*, § 119 AktG Rz. 15; *Mülbert* in Großkomm. AktG, § 119 AktG Rz. 54.
2 Vgl. hierzu auch die empirische Untersuchung von *Bernhardt*, DB 2000, 1873.
3 *Hüffer*, § 93 AktG Rz. 26; *Geßler*, § 93 AktG Rz. 8.
4 *Reichert* in Semler/Volhard, § 5 Rz. 100; *Reichert* in Beck'sches Hdb. AG, § 5 Rz. 73; *Simon* in Heckscher/Simon, § 4 Rz. 122.
5 *Hüffer*, § 119 AktG Rz. 15; *Pluta* in Heidel, § 119 AktG Rz. 33; *Kubis* in MünchKomm. AktG, § 119 AktG Rz. 49.

lung ist denkbar, wenn einer etwaigen Abwehr- oder Beseitigungsklage vorsorglich der Boden entzogen werden soll, obwohl ersichtlich nach der Holzmüller-Doktrin keine Kompetenz der Hauptversammlung besteht.

b) Mehrheitserfordernisse bei freiwilliger Vorlage

Bei der Befassung der Hauptversammlung mit Geschäftsführungsmaßnahmen nach § 119 Abs. 2 AktG verbleibt es bei der allgemeinen Regelung, dass die Hauptversammlung mit der **einfachen Stimmenmehrheit** des § 133 Abs. 1 AktG dem Antrag der Verwaltung zustimmen muss, sofern die Satzung keine strengeren Anforderungen bestimmt.[1] Etwas anderes gilt jedoch, falls eine Geschäftsführungsmaßnahme der Zustimmung des Aufsichtsrats bedarf und der Aufsichtsrat die Zustimmung verweigert. In diesem Fall kann der Vorstand, wenn er die Maßnahme trotzdem durchführen will, die Hauptversammlung mit dem Vorgang befassen und durch einen zustimmenden Hauptversammlungsbeschluss die Zustimmung des Aufsichtsrats ersetzen. Der Beschluss bedarf dann einer qualifizierten Mehrheit von mindestens drei Viertel der abgegebenen Stimmen (§ 111 Abs. 4 Satz 3 AktG). In der Praxis ist eine solche Konstellation jedoch überaus selten.

134

c) Informations- und Auslegungspflichten

Hinsichtlich der Informations- und Auslegungspflichten bei einer „freiwilligen" Befassung der Hauptversammlung gilt nichts anderes als bei Hauptversammlungen, bei denen die Voraussetzungen für einen Holzmüller-Beschluss gegeben sind. Der Hauptversammlung sind demnach die Informationen zu geben, die diese für eine **sachgerechte Willensbildung** benötigt. Der Auffassung in der Literatur, dass der Inhalt eines Unternehmenskaufvertrages dann nicht bekannt gemacht werden muss, wenn die Hauptversammlung freiwillig befasst wird,[2] ist der Bundesgerichtshof in seiner Altana/Milupa-Entscheidung ausdrücklich entgegengetreten.[3] Holzmüller-Beschlüsse und freiwillige Vorlagen sind deshalb identisch zu handhaben.[4]

135

d) Folgen von Anfechtungsklagen

Auch bei einer freiwilligen Vorlage eines Unternehmenskaufvertrages an die Hauptversammlung gilt hinsichtlich einer gegen den von dieser Hauptversammlung gefassten Beschluss erhobenen **Anfechtungsklage** nichts anderes als bei Holzmüller-Beschlüssen (vgl. hierzu nachfolgend Teil XI Rz. 186 ff.).

136

---

1 *Hüffer*, § 119 AktG Rz. 14; *Pluta* in Heidel, § 119 AktG Rz. 29.
2 *Mülbert* in Großkomm. AktG, § 119 AktG Rz. 51; *Tröger*, ZHR 2001, 593 (597); *Groß*, AG 1996, 111 (115).
3 BGH v. 15.1.2001 – II ZR 124/99 – Altana/Milupa, BGHZ 146, 288.
4 OLG Frankfurt/Main v. 3.3.1999 – 5 U 193/97, AG 1999, 378 (380); OLG München v. 6.4.1996 – 23 U 4586/96, AG 1996, 327; *Schockenhoff*, NZG 2001, 921 (922); *Werner* in FS Fleck, S. 401 (412); *Hüffer*, § 119 AktG Rz. 13; *Lutter* in FS Fleck, S. 169 (176).

III. Die Holzmüller-Hauptversammlung

137 Die Vorbereitung und Durchführung einer Hauptversammlung insbesondere einer größeren börsennotierten Aktiengesellschaft ist mit **erheblichem Aufwand** verbunden. Bei den meisten Gesellschaften gibt es auf Hauptversammlungsfragen spezialisierte Mitarbeiter, die sich in der Regel aber auch der Hilfe externer Berater bedienen. Auf diese Weise ist sichergestellt, dass die Hauptversammlung ordnungsgemäß abläuft und unnötige Anfechtungsgründe für Klagen der Aktionäre vermieden werden.

138 Sofern eine Zustimmungspflicht der Hauptversammlung bei einer M&A-Transaktion bejaht wird oder aber der Vorstand die Hauptversammlung freiwillig mit dem Vorgang befasst, ist ein großes Gewicht auf die Vorbereitung und Durchführung dieser Hauptversammlung zu legen. Angesichts der **erheblichen Anfechtungsrisiken** und einer indirekt drohenden Schadenersatzpflicht für den Vorstand sind die in Rechtsprechung und Literatur aufgestellten Erfordernisse für die Hauptversammlung im Allgemeinen und für Satzungsänderungen bzw. Holzmüller-Beschlüsse im Besonderen genau einzuhalten.

1. Allgemeine Hinweise zur Vorbereitung

139 Mit der Vorbereitung der Hauptversammlung muss bei einer M&A-Transaktion rechtzeitig begonnen werden. Bei der Strukturierung der Transaktion ist somit ein **realistischer Zeitplan** aufzustellen, so dass beispielsweise bereits zu einem frühen Zeitpunkt die notwendige Reservierung eines geeigneten Versammlungslokals erfolgt. Auch muss rechtzeitig mit der Erstellung der Unterlagen begonnen werden, die den Aktionären zugänglich gemacht werden müssen. Da sämtliche Unterlagen nicht nur in der Hauptversammlung auszulegen sind, sondern vielmehr bereits ab dem Zeitpunkt der Einberufung, also etwa fünf bis sechs Wochen vor der Hauptversammlung, in den Geschäftsräumen der Gesellschaft ausgelegt und auf Verlangen den Aktionären übersandt werden müssen, ist eine ausreichende Vorlaufzeit einzuplanen.

140 Im Rahmen der Vorbereitung der Hauptversammlung müssen umfangreiche Unterlagen für den Versammlungsleiter und den Vorstand der Gesellschaft erstellt werden. Für den Versammlungsleiter ist insbesondere der **Leitfaden** für die Hauptversammlung von Bedeutung, den er vorliest.[1] Mit Hilfe des Leitfadens und entsprechender Anlagen können auch besondere Situationen, beispielsweise Vertagungsanträge oder Störaktionen, bewältigt werden.

141 Für den Vorstand ist entscheidend, dass die zuständigen Mitarbeiter der Gesellschaft rechtzeitig Frage- und Antwortkataloge für die von den Aktionären zu erwartenden Fragen vorbereiten. Gerade bei einer Hauptversammlung, die die Zustimmung zu einem Unternehmensverkauf oder -kauf zum Inhalt hat, werden in der Praxis von den Aktionären eine **Vielzahl von Fragen** zur Bewertung, zur Ausrichtung des Unternehmens, zu den Vertragsverhandlungen und zu vielen anderen Themenbereichen gestellt. Nur durch die umfassende Vorbereitung der Hauptversammlung ist es möglich, die in der Hauptversamm-

---

[1] Vgl. die Beispiele bei *Ek*, S. 228 ff. und *Volhard* in Semler/Volhard, § 50.

lung zu erwartenden Fragen innerhalb der zur Verfügung stehenden Zeit zu beantworten.

2. Dauer der Hauptversammlung

Bei der Planung der M&A-Hauptversammlung stellt sich bei ganz wesentlichen Vorgängen, die die Existenz der Gesellschaft betreffen und bei denen ein erheblicher Widerstand von Minderheitsaktionären erwartet werden kann, die Frage, ob die Hauptversammlung für **mehrere Tage** einberufen werden soll. Sofern die Gesellschaft davon ausgehen muss, dass es nicht möglich ist, die Hauptversammlung an einem Tag innerhalb von 10 bis 12 Stunden durchzuführen, sollte die Hauptversammlung für zwei Tage anberaumt werden, um etwaige Anfechtungsrisiken von vornherein auszuschließen.[1] Rechtlich notwendig ist die Einberufung auf zwei Tage jedoch nicht.[2]

142

Dem Versammlungsleiter stehen ausreichende Instrumentarien wie rechtzeitige Redezeitbeschränkungen, die Schließung der Rednerliste und die Beendigung der Diskussion zur Verfügung, um eine M&A-Hauptversammlung auch an einem Tag durchzuführen. Allgemeine Redezeitbeschränkungen und individuelle Ordnungsmaßnahmen bis hin zur Saalentfernung sind legitime und vom Bundesverfassungsgericht gebilligte **Leitungsrechte** des Versammlungsleiters, um einen ordnungsgemäßen Ablauf der Hauptversammlung zu gewährleisten.[3]

143

Darüber hinaus gibt es auch keine aktienrechtliche Verpflichtung, eine Hauptversammlung bis 24:00 Uhr des Ladungstages beenden zu müssen. Eine grundsätzliche Beschränkung der Versammlungsdauer bis 24:00 Uhr ist zu starr und unflexibel, da es keinen Unterschied machen kann, ob ein Beschluss um 23:50 Uhr oder um 0:10 Uhr verkündet wird. Eine **Verlängerung der Hauptversammlung** über die Tagesgrenze hinaus ist deshalb insbesondere dann zulässig, wenn dies für die Verwaltung nicht vorhersehbar war und die Aktionäre hierdurch nicht unverhältnismäßig belastet werden.[4]

144

Bei der zeitlichen Strukturierung der Hauptversammlung ist zudem die Vorlaufzeit von der Einberufung bis zum Zeitpunkt der Hauptversammlung zu berücksichtigen. Die **Einberufungsfrist** beträgt einen Monat (§ 123 Abs. 1 AktG). Fordert die Satzung als Voraussetzung für die Teilnahme der Aktionäre an der Hauptversammlung, dass die Aktien hinterlegt werden oder sich die Aktionäre bei der Gesellschaft anmelden müssen, ist die Frist zur Hinterlegung bzw. zur Anmeldung noch hinzuzurechnen.[5] Darüber hinaus ist eine weitere Vor-

145

---

1 *Pluta* in Heidel, § 121 AktG Rz. 20; *Zöllner* in KölnKomm., § 119 AktG Rz. 70 f.
2 *Reichert* in Semler/Volhard, § 4 Rz. 104 f.
3 BVerfG v. 20.9.1999 – I BVR 636/95 – Wenger/Daimler-Benz, NJW 2000, 349; kritisch *Grüner*, NZG 2000, 770 (773).
4 OLG Koblenz v. 26.4.2001 – 6 U 746/95 – Diebels/Reginaris, ZIP 2001, 1093; *Happ/Freitag*, AG 1998, 493 (495 f.); *Henn*, § 21 Rz. 776; *Martens*, S. 53 f.; *Reichert* in Semler/Volhard, § 4 Rz. 102; aA LG Stuttgart v. 27.4.1994 – 7 KfH O 122/93, AG 1994, 425; *Max*, AG 1991, 77 (91); *Mülbert* in Großkomm. AktG, vor 118–147 AktG Rz. 131; *Zöllner* in KölnKomm., § 119 AktG Rz. 70.
5 *Hüffer*, § 123 AktG Rz. 9; *Pluta* in Heidel, § 123 AktG Rz. 6.

lauffrist von mindestens zwei Tagen beim Bundesanzeiger Verlag einzurechnen.[1] Die Datenübermittlung des Einberufungstextes muss bis spätestens 14:00 Uhr des Übermittlungstages erfolgen, damit die Einberufung am übernächsten Erscheinungstag des elektronischen Bundesanzeigers (Montag bis Freitag) erfolgen kann.

146 Verfügt die Aktiengesellschaft über Namensaktien, ist die Veröffentlichung der Einberufung im elektronischen Bundesanzeiger nicht notwendig. Vielmehr kann die Hauptversammlung mit **eingeschriebenem Brief** einberufen werden, wenn die Satzung nichts anderes bestimmt (§ 121 Abs. 4 AktG). Für die Rechtzeitigkeit der Einberufung kommt es dann auf den Tag der Absendung der Einladung, nicht auf den Zugang bei den Aktionären an.[2]

3. Das Einberufungsverfahren

147 Die Einberufung der Hauptversammlung ist **Sache des Vorstandes** (§ 121 Abs. 2 AktG). Hierbei hat der Vorstand die jährlich wiederkehrende Pflicht, die ordentliche Hauptversammlung der Gesellschaft so rechtzeitig einzuberufen, dass sie innerhalb der ersten acht Monate nach Ablauf jedes Geschäftsjahres stattfinden kann. Ist das Geschäftsjahr das Kalenderjahr, hat die Hauptversammlung spätestens bis zum 31. August des Folgejahres stattzufinden.

148 Beschlussgegenstände einer **ordentlichen Hauptversammlung** sind die Verwendung des Bilanzgewinns, die Entlastung der Mitglieder des Vorstandes und des Aufsichtsrates, ggf. die Wahl von Aufsichtsratsmitgliedern und die Bestellung des Abschlussprüfers. Die Tagesordnung kann um jeden zulässigen Beschlussgegenstand ergänzt werden, der zum Zeitpunkt der ordentlichen Hauptversammlung für die Gesellschaft von Bedeutung ist. Hierunter fallen beispielsweise Satzungsänderungen oder die Bestellung von Sonderprüfern.

149 Sofern es möglich ist, die M&A-Transaktion so zu planen, dass die ordentliche Hauptversammlung der Gesellschaft über die Transaktion befinden kann, sprechen keine rechtlichen Gründe dagegen, einen Zustimmungsbeschluss zusätzlich auf die Tagesordnung der Hauptversammlung zu setzen. Üblicherweise finden jedoch in der Praxis Hauptversammlungen in Zusammenhang mit M&A-Transaktionen als **außerordentliche Hauptversammlungen** statt, da die Zustimmung der Hauptversammlung zu einem anderen Zeitpunkt erforderlich ist als zum Termin der ordentlichen Hauptversammlung. Darüber hinaus können auch taktische Gründe eine Rolle spielen, wenn die M&A-Transaktion für die Aktiengesellschaft von essenzieller Bedeutung ist und lange, über mehrere Stunden sich hinziehende Diskussionen mit den Aktionären zu erwarten sind. In diesem Fall kann es sich empfehlen, die ordentliche Hauptversammlung in zeitlicher und psychologischer Hinsicht nicht mit dem Unternehmenskauf zu „belasten".

---

[1] *Reichert* in Semler/Volhard, § 4 Rz. 115; *Deilmann/Messerschmidt*, NZG 2003, 616 (617).
[2] *Hüffer*, § 121 AktG Rz. 11 f.; *Kubis* in MünchKomm. AktG, § 121 AktG Rz. 51.

a) Allgemeiner Inhalt der Einberufung

Der **Inhalt der Einberufung** ist gesetzlich zwingend vorgeschrieben (§§ 121 Abs. 3, 124 AktG). Die Einberufung muss die folgenden Angaben enthalten: 150

- Firma und Sitz der Gesellschaft,
- Zeit und Ort der Hauptversammlung,
- Beschlussvorschläge von Vorstand und Aufsichtsrat zu allen Tagesordnungspunkten,
- Wortlaut einer ggf. vorgeschlagenen Satzungsänderung oder wesentliche Inhalte eines Vertrages, der nur mit Zustimmung der Hauptversammlung wirksam wird,
- Teilnahmebedingungen, insbesondere Angaben, wie die ggf. nach der Satzung bestehende Pflicht zur Hinterlegung der Aktien oder zur Anmeldung der Aktionäre erfüllt werden kann.

Die **Beschlussvorschläge** des Vorstandes und des Aufsichtrates zu allen Tagesordnungspunkten sollten ordnungsgemäß dokumentiert sein. Auf Vorstandsebene ist ein ausdrücklicher Beschluss des Gesamtvorstandes notwendig.[1] Allein aus Nachweisgründen empfiehlt es sich, die Beschlüsse der beiden Organe in schriftlichen Protokollen aufzunehmen.[2] 151

Wichtig und üblich ist zudem der Hinweis, an welche Adresse etwaige **Gegenanträge** nach § 126 AktG und Wahlvorschläge nach § 127 AktG, die spätestens zwei Wochen vor dem Tag der Hauptversammlung bei der Gesellschaft eingehen müssen, zu richten sind.[3] Der Text der Einladung sollte unbedingt die in der Praxis üblichen Formulierungen enthalten;[4] zur Vermeidung von Anfechtungsrisiken ist auf „kreative" eigene Formulierungen zu verzichten. 152

Binnen zwölf Tagen nach der Einberufung der Hauptversammlung hat die Aktiengesellschaft die Einberufung und die Bekanntmachung der Tagesordnung nach § 125 AktG den Kreditinstituten und den Aktionärsvereinigungen, die in der letzten Hauptversammlung Stimmrechte für Aktionäre ausgeübt oder die Mitteilung verlangt haben, mitzuteilen. Die **Mitteilung nach § 125 AktG** muss einen Hinweis auf die Möglichkeit der Bevollmächtigung auch durch ein Kreditinstitut oder durch eine Vereinigung von Aktionären enthalten. Üblicherweise ist dies eine Formulierung, die bereits in die Hauptversammlungseinladung aufgenommen wird. Maßgeblich ist der Tag der Absendung durch 153

---

1 BGH v. 12.11.2001– II ZR 225/99 – Sachsenmilch III, BGHZ 149, 158; *Hüffer*, § 121 AktG Rz. 6, *Butzke* in Obermüller/Werner/Winden, B Rz. 84; *Reichert* in Semler/Volhard, § 4 Rz. 21.
2 *Seydel* in Picot/Mentz/Seydel, Teil III Rz. 50; *Werner* in Großkomm. AktG, § 124 AktG Rz. 97.
3 *Noack*, BB 2003, 1393 (1394); *Mutter*, AG-Report 2003, R. 34; *Pluta* in Heidel, § 126 AktG Rz. 24.
4 Vgl. hierzu *Ek*, S. 226 f.; *Hölters* in Münchener Vertragshdb., Bd. 1, V 81; *Ludwig* in Happ, 10.09; *Schaaf*, S. 357 ff.

den Vorstand.[1] Da seit dem 1. Januar 2003 Gegenanträge von Aktionären nicht mehr im Rahmen der Mitteilung nach § 125 AktG zu versenden sind, ist die Einhaltung der Zwölf-Tages-Frist unproblematisch. Sämtliche Unterlagen können spätestens sofort nach der Einberufung der Hauptversammlung gedruckt werden, sodass der Versand zügig erfolgen kann.

b) Besonderheiten bei Holzmüller-Beschlüssen

154 Neben den allgemeinen Pflichtangaben sind bei einer M&A-Hauptversammlung, die aufgrund der Holzmüller-Doktrin einberufen wird, noch weitere Angaben zwingend erforderlich. Ausgangspunkt sind die kontrovers diskutierten **Informationsrechte** der Hauptversammlung bei Holzmüller-Beschlüssen. So ist insbesondere strittig,

– ob der Unternehmenskaufvertrag, dem die Hauptversammlung zustimmen soll, in seinem vollen Wortlaut auszulegen ist;

– ob ein Bericht des Vorstandes an die Hauptversammlung notwendig ist, dessen wesentlicher Inhalt in der Hauptversammlungseinladung aufzunehmen ist;

– ob noch weitere Unterlagen, beispielsweise die Bilanzen der beteiligten Gesellschaften, insbesondere des Targets, auszulegen sind.

155 Da in der **Hauptversammlungseinladung** in der Praxis genau aufgeführt wird, welche Unterlagen ab dem Zeitpunkt der Einladung bei der Gesellschaft ausliegen und auf Verlangen den Aktionären übersandt werden sowie auch in der Hauptversammlung ausgelegt werden, ist die Frage der Reichweite der Informationsrechte der Hauptversammlung bereits für den Einladungstext von entscheidender Bedeutung.[2]

156 Die **Reichweite der Informationsrechte** der Hauptversammlung bei Holzmüller-Beschlüssen ist in Rechtsprechung und Literatur überaus strittig. Ursache für den Streit ist erneut die unterschiedliche dogmatische Herleitung der Hauptversammlungskompetenz. Folgt man der bislang in der Literatur vertretenen Gesamtanalogie, so ergeben sich folgerichtigerweise erhebliche Informationsrechte, da es dann zumindest vertretbar ist, dass auch sämtliche Informationspflichten aus den zur Gesamtanalogie herangezogenen Vorschriften erfüllt werden müssen. Folgt man der insbesondere vom Bundesgerichtshof vertretenen Herleitung aus einer einzelfallbezogenen Analogie, so sind die Informationsrechte klarer bestimmbar, da aus der für den jeweiligen Einzelfall einschlägigen Regelung die Reichweite der Informationsrechte hergeleitet werden kann.[3]

---

1 *Hüffer*, § 125 AktG Rz. 5a; *Zöllner* in KölnKomm., § 125 AktG Rz. 73; *Werner* in Großkomm. AktG, § 125 AktG Rz. 74.
2 *Steiner*, § 1 Rz. 57; *Butzke* in Obermüller/Werner/Winden, B Rz. 95; *Reichert* in Beck'sches Hdb. AG, § 5 Rz. 140.
3 BGH v. 15.1.2001 – II ZR 124/99 – Altana/Milupa, BGHZ 146, 288 (295).

aa) Bekanntmachung des wesentlichen Vertragsinhalts

Beschließt die Hauptversammlung über einen Vertrag, der nur mit ihrer Zustimmung wirksam wird, so ist nach § 124 Abs. 2 Satz 2 AktG der wesentliche Inhalt des Vertrages in der Einberufung bekannt zu machen. Die Vorschrift zielt auf Verträge ab, die aufgrund gesetzlicher Regelungen, insbesondere nach dem Umwandlungs- oder Aktiengesetz, zwingend der Hauptversammlungszustimmung bedürfen. Insoweit war in der Literatur lange streitig, ob bei Verträgen, die aufgrund vertraglicher Bestimmungen nur mit Zustimmung der Hauptversammlung wirksam werden, ebenfalls der wesentliche Vertragsinhalt in der Einberufung bekannt zu machen ist.[1] Auch bei Holzmüller-Entscheidungen war unklar, ob in der Hauptversammlungseinladung der wesentliche Vertragsinhalt wiederzugeben ist.[2] Für die Praxis hat der Bundesgerichtshof jedoch in seiner **Altana/Milupa-Entscheidung** nunmehr klare Vorgaben gegeben.[3]

157

Ausgangspunkt der Rechtsprechung des Bundesgerichtshofs und der überwiegenden Meinung in der Literatur ist, dass bei einer Befassung der Hauptversammlung mit Geschäftsführungsmaßnahmen der Vorstand der Hauptversammlung die Informationen geben muss, die sie für eine **sachgerechte Willensbildung** benötigt.[4] Daraus folgt, dass zumindest Informationen über den wesentlichen Vertragsinhalt gegeben werden müssen. Zudem bedarf es stets einer Prüfung im Einzelfall, ob auch ein Recht der Aktionäre zur Einsichtnahme in den vollen Vertragswortlaut besteht.[5]

158

Der Altana/Milupa-Entscheidung des Bundesgerichtshofs lag ein für die Praxis typischer Sachverhalt zugrunde. Der Vorstand der Altana AG hatte seine Hauptversammlung mit der Veräußerung einer bedeutenden Tochtergesellschaft befasst, ohne den Unternehmenskaufvertrag offen zu legen. Der Bundesgerichtshof nutzte in seiner Entscheidung die Möglichkeit, die Vorlagepflicht dogmatisch eindeutig herzuleiten, und bejahte eine Einzelanalogie aus § 119 Abs. 2 AktG i.V.m. § 179a Abs. 2 AktG.[6] Der Bundesgerichtshof stellte ausdrücklich fest, dass eine Pflicht zur Bekanntmachung des **wesentlichen Inhalts eines Unternehmenskaufvertrages** zumindest dann besteht, wenn sich der Vorstand des Einverständnisses der Hauptversammlung zum Vertragsschluss versichern will oder wenn er den Vertrag unter der Bedingung

159

---

1 Dafür *Kubis* in MünchKomm. AktG, § 124 AktG Rz. 34; *Semler* in MünchHdb. AG, § 35 Rz. 46; dagegen *Werner* in Großkomm. AktG, § 124 AktG Rz. 49; *Zöllner* in KölnKomm., § 124 AktG Rz. 25.
2 Bejahend OLG München v. 10.11.1994 – 24 U 1036/95 – EKATIT/Riedinger Verwaltungs-AG, AG 1995, 232 (233); LG Frankfurt v. 12.12.2000 – 3/5 O 144/99 – AGIV AG, AG 2001, 431 (432); *Butzke* in Obermüller/Werner/Winden, L Rz. 80; *Hüffer*, § 124 AktG Rz. 11; *Kubis* in MünchKomm. AktG, § 119 AktG Rz. 50; verneinend *Drinkuth*, AG 2001, 256 (258).
3 BGH v. 15.1.2001 – II ZR 124/99 – Altana/Milupa, BGHZ 146, 288 (294); hierzu *Schockenhoff*, NZG 2001, 921; *Drinkuth*, AG 2001, 256.
4 BGH v. 15.1.2001 – II ZR 124/99 – Altana/Milupa, BGHZ 146, 288 (294); *Hüffer*, § 119 AktG Rz. 13 m.w.N.
5 BGH v. 15.1.2001 – II ZR 124/99 – Altana/Milupa, BGHZ 146, 288 (295).
6 BGH v. 15.1.2001 – II ZR 124/99 – Altana/Milupa, BGHZ 146, 288 (291).

der Zustimmung (§ 158 BGB) oder unter dem Vorbehalt der Genehmigung (§ 184 BGB) der Hauptversammlung geschlossen hat; ebenso wie das Vorliegen einer Bedingung bewertet der Bundesgerichtshof einen vereinbarten Rücktrittsvorbehalt.[1]

160 Als wesentlicher Inhalt des Vertrages sind alle Regelungen anzusehen, von denen ein verständiger Aktionär seine Entscheidung abhängig machen würde.[2] Hierunter fallen jedenfalls Angaben zu den Vertragsparteien und zum Vertragsgegenstand, zum Preis bzw. der Gegenleistung sowie zu etwaigen Bedingungen, Zusicherungen und Gewährleistungen. In der Praxis empfiehlt es sich, in Zweifelsfällen den Vertragsinhalt eher zu ausführlich als zu kurz wiederzugeben. Auf eigene Bewertungen sollte bei der Wiedergabe des wesentlichen Vertragstextes verzichtet werden, die **Beschreibung der Vertragsregelungen** genügt.[3]

bb) Vorlage des Unternehmenskaufvertrages

161 Keine genaue Anleitung gibt der Bundesgerichtshof in der Altana/Milupa-Entscheidung, ob bei M&A-Transaktionen immer der Unternehmenskaufvertrag in seinem **vollständigen Wortlaut** ausgelegt werden muss. Im entschiedenen Fall war das gesamte Vermögen der Tochtergesellschaft betroffen, so dass eine Analogie zu § 179a AktG nahe lag und somit eine Auslegungspflicht bezogen auf den gesamten Vertrag bejaht wurde. Ob dies jedoch bei Holzmüller-Fällen außerhalb des Anwendungsbereichs von § 179a AktG grundsätzlich zu bejahen ist, ist zweifelhaft.[4] In der Praxis wird es sich jedoch bis zu einer höchstrichterlichen Klärung der Frage empfehlen, den gesamten Unternehmenskaufvertrag auszulegen und auf Verlangen an die Aktionäre zu übersenden.

162 Zulässig ist es, einzelne Angaben im Vertrag aus **Datenschutzgründen** zu schwärzen.[5] Enthält der Vertrag beispielsweise als Anlage eine Liste von Arbeitnehmern, bei denen die Gehälter angegeben sind, so ist diesen Arbeitnehmern nicht zuzumuten, dass durch die Auslegung des Vertrages ihre Gehälter den Aktionären und somit in der Praxis auch der interessierten Öffentlichkeit zugänglich gemacht werden.

163 Für die Praxis überaus relevant ist es, dass eine **Vertraulichkeitsvereinbarung** zwischen der Aktiengesellschaft und der anderen Vertragspartei des Unternehmenskaufvertrages nach herrschender Meinung in Rechtsprechung und Literatur keine Einschränkung der Informationsrechte der Hauptversammlung zur

---

1 BGH v. 15.1.2001 – II ZR 124/99 – Altana/Milupa, BGHZ 146, 288 (294).
2 OLG München v. 10.11.1994 – 24 U 1036/95 – EKATIT/Riedinger Verwaltungs-AG, AG 1995, 232 f.; *Zöllner* in KölnKomm., § 124 AktG Rz. 24; *Werner* in Großkomm. AktG, § 124 AktG Rz. 50.
3 LG Köln v. 16.12.1998 – 91 O 81/98 – Kaufhalle/Kaufhof, AG 1999, 333 (334).
4 Dafür *Kubis* in MünchKomm. AktG, § 119 AktG Rz. 52; *Krieger* in MünchHdb. AG, § 69 Rz. 11; *Reichert*, ZHR-Sonderheft 68 (1999), 25 (60); *Schockenhoff*, NZG 2001, 921 (923); dagegen *Bungert*, NZG 1998, 367 (370); kritisch *Zeidler*, NZG 1998, 91 (93).
5 Vgl. zum Datenschutz beim Unternehmenskauf *Körbers*, NZG 2002, 263 (267).

Folge hat.[1] Ansonsten läge es in der Hand des Vorstandes, aufgrund individueller Vereinbarungen Informationsrechte der Aktionäre zu beschneiden. Für die Praxis bedeutet dies, dass bereits im Unternehmenskaufvertrag eine Ausnahme von etwaigen Vertraulichkeitsvereinbarungen bezogen auf die Hauptversammlung der Gesellschaft vorzusehen ist.

cc) Information über weitere Verträge

Im Einzelfall können sich noch weitere praktische Probleme bei der Bekanntmachung des wesentlichen Inhalts eines Vertrages bzw. der Auslegung des Vertrages ergeben. So muss im Einzelfall geprüft werden, ob auch **andere Verträge** ihrem wesentlichen Inhalt nach mitzuteilen und ggf. auszulegen sind, da die Aktionäre anderenfalls die Bedeutung des ihnen zur Beschlussfassung vorgelegten Vertrages nicht zutreffend erfassen können.[2] Sofern beispielsweise wesentliche Regelungen im Zusammenhang mit dem Unternehmenskaufvertrag in anderen Verträgen und Dokumenten geregelt sind, müssen diese ebenfalls offen gelegt werden, da anderenfalls die Hauptversammlung nicht im Sinne der Rechtsprechung des Bundesgerichtshofs umfassend informiert worden ist.

164

dd) Sprache

Verträge sind zumindest nach derzeitigem Rechtsstand aus Gründen der Vorsicht unbedingt in **deutscher Sprache** auszulegen. Bei fremdsprachigen Verträgen ist deshalb zusätzlich zu dem Originalvertrag auch eine beglaubigte Übersetzung auszulegen;[3] Entsprechendes gilt für die Auslegung fremdsprachlicher Gutachten.[4]

165

ee) Bekanntmachung des wesentlichen Inhalts von Konzepten

Bei der Vorlage eines Konzeptes als Basis einer M&A-Transaktion ist es nach herrschender Auffassung in der Literatur notwendig, das **Unternehmenskonzept** und die wesentlichen zu seiner Verwirklichung erforderlichen Einzelschritte analog § 124 Abs. 2 Satz 2 AktG in der Einladung zur Hauptversammlung darzustellen.[5] Eines zusätzlichen schriftlichen Vorstandsberichts hierzu bedarf es jedoch nicht.[6]

---

1 BGH v. 15.1.2001 – II ZR 124/99 – Altana/Milupa, BGHZ 146, 288 (297); OLG München v. 26.4.1996 – 23 U 4586/96, AG 1996, 327.
2 BGH v. 16.11.1981 – II ZR 150/80 – Hoesch/Hoogovens, BGHZ 82, 188; zustimmend *Werner* in Großkomm. AktG, § 124 AktG Rz. 52.
3 LG München v. 3.5.2001 – 5 HK O 23950/00 – Direkt Anlage Bank/Self Trade, ZIP 2001, 1148 (1150); *Kubis* in MünchKomm. AktG, § 119 AktG Rz. 54; *Hüffer*, § 119 AktG Rz. 19.
4 OLG Dresden v. 23.4.2003 – 18 U 1976/02 – Valarte Group AG, AG 2003, 433.
5 *Krieger* in MünchHdb. AG, § 69 Rz. 11; *Groß*, AG 1996, 111 (114); *Henze* in FS Ulmer, S. 211 (234); *Hüffer*, § 124 AktG Rz. 11.
6 *Henze* in FS Ulmer, S. 211 (234); *Habersack* in Emmerich/Habersack, vor § 311 AktG Rz. 47.

ff) Holzmüller-Bericht

166 Schwerpunkt der Vorbereitung einer Holzmüller-Hauptversammlung ist in der Praxis regelmäßig die Erstellung eines detaillierten Berichts über die zur Zustimmung vorgelegte Maßnahme. In diesem so genannten **Holzmüller-Bericht** werden die Maßnahme, deren Begründung sowie deren Auswirkungen ausführlich erläutert. Der Bericht stellt die wesentlichste Informationsquelle der Aktionäre zur Vorbereitung auf die Hauptversammlung dar. Der Holzmüller-Bericht muss sorgfältig erarbeitet werden, da er in der Hauptversammlung allenfalls in ganz unwesentlichen Bereichen ergänzt, geändert oder berichtigt werden darf.[1] Er ist deshalb besonders anfechtungskritisch.

167 Ob eine Pflicht des Vorstandes zur Erstellung eines Holzmüller-Berichts besteht, ist jedoch überaus fraglich. Nach **bislang überwiegender Auffassung** in Rechtsprechung und Literatur ist die Erstellung des Holzmüller-Berichts zur Vorbereitung der Hauptversammlung erforderlich.[2] Insbesondere in der Literatur wird hierbei oftmals auf eine Gesamtanalogie zu aktienrechtlichen Vorschriften, insbesondere zu den §§ 186 Abs. 4, 293a AktG sowie zu § 127 UmwG verwiesen.

168 Nach einer **im Vordringen befindlichen Auffassung** in Rechtsprechung und Literatur bedarf es jedoch keines schriftlichen Vorstandsberichts bei Holzmüller-Beschlüssen.[3] Der Bundesgerichtshof hat in seiner Altana/Milupa-Entscheidung hierzu nicht Stellung genommen. An der entscheidenden Stelle des Urteils heißt es nur, dass „mindestens" die Information der Hauptversammlung durch Darstellung des wesentlichen Vertragsinhalts Voraussetzung eines wirksamen Beschlusses ist.[4] Folgerichtig wäre es jedoch, bei Zugrundelegung einer Einzelanalogie zu § 179a AktG die Notwendigkeit eines Holzmüller-Berichts zu verneinen. § 124 Abs. 2 Satz 2 AktG fordert nur die Wiedergabe des wesentlichen Inhalts des Vertrags, nicht jedoch eine darüber hinausgehende Erläuterung. Bis zu einer eindeutigen höchstrichterlichen Klärung wird die Erstellung eines Holzmüller-Berichts jedoch in der Praxis weiter der Regelfall bleiben und auch als sicherster Weg zu empfehlen sein.[5]

---

1 *Krieger* in MünchHdb. AG, § 69 Rz. 11; *Groß*, AG 1996, 111 (113); *Lutter/Leinekugel*, ZIP 1998, 805 (814).
2 OLG Frankfurt/Main v. 23.3.1999 – 5 U 193/97 – Altana/Milupa, AG 1999, 378 (379); LG Frankfurt/Main v. 29.7.1997 – 3/5 O 162/95 – Altana/Milupa, AG 1998, 45; LG Frankfurt/Main v. 12.12.2000 – 3/5 O 144/99 – AGIV AG, AG 2001, 431 (437); LG Karlsruhe v. 6.11.1997 – O 43/97 KfH I, AG 1998, 99; *Mülbert* in Großkomm. AktG, § 119 AktG Rz. 51; *Tröger*, ZHR 2001, 593 (597); *Groß*, AG 1996, 111 (115); *Krieger* in MünchHdb. AG, § 69 Rz. 11; *Lutter/Leinekugel*, ZIP 1998, 805 (814); *Habersack* in Emmerich/Habersack, vor § 311 AktG Rz. 47; *Reichert* in Beck'sches Hdb. AG, § 5 Rz. 158.
3 OLG München v. 14.2.2001 – 7 U 6019/99 – Ingram Macrotron AG, AG 2001, 364 (366); LG Hamburg v. 21.1.1997 – 402 O 122/96 – Wünsche AG, AG 1997, 238; *Kort*, ZIP 2002, 685 (687); *Hüffer*, § 119 AktG Rz. 19; *Wilde*, ZGR 1998, 423 (451); *Priester*, ZHR 163 (1999), 187 (201); *Kubis* in MünchKomm. AktG, § 119 AktG Rz. 51.
4 BGH v. 15.1.2001 – II ZR 124/99 – Altana/Milupa, BGHZ 146, 288 (294).
5 *Seydel* in Picot/Mentz/Seydel, Teil III Rz. 18.

Der **Aufbau des Holzmüller-Berichts** folgt in der Praxis abhängig vom Einzelfall einem allgemeinen Schema.[1] Komponenten sind regelmäßig: 169

- Einleitung (Hintergründe und Historie)
- Darstellung der beteiligten Unternehmen
- Beschreibung der Maßnahme
- Begründung der Maßnahme
- Durchführung der Maßnahme
- Auswirkungen der Maßnahme (wirtschaftlich, finanziell und steuerlich)
- Preis/Gegenleistung, insbesondere deren Angemessenheit.

Im Rahmen dieser Grobstrukturierung sollte insbesondere darauf eingegangen werden, welche **Risiken und Chancen** für die Aktiengesellschaft aufgrund des von der Verwaltung vorgeschlagenen Vorgehens bestehen. Auch sollten die Handlungsalternativen, wiederum unter Darstellung ihrer Risiken und Möglichkeiten, ausführlich erläutert werden. Die Eckpunkte des Holzmüller-Berichts sind in der Hauptversammlungseinladung anzugeben.[2] 170

gg) Weitere Unterlagen, insbesondere Bilanzen

Nach herrschender Auffassung in Rechtsprechung und Literatur sind außer dem Unternehmenskaufvertrag sowie einem etwaigen Holzmüller-Bericht keine weiteren Unterlagen bei Holzmüller-Beschlüssen auszulegen.[3] Besonders praxisrelevant ist die Vorlage von **Bilanzen** der beteiligten Gesellschaften, insbesondere des Targets. 171

Die Vorlage der Bilanzen der beteiligten Rechtsträger ist bei Strukturmaßnahmen, wie beispielsweise bei Verschmelzungen nach dem Umwandlungsgesetz oder in Bezug auf die Tochtergesellschaft bei einem Squeeze-out, gesetzlich vorgesehen. Der Bundesgerichtshof hat jedoch in der Altana/Milupa-Entscheidung und in den Gelatine-Urteilen zu Recht der in der Literatur vertretenen Ansicht, Informationspflichten bei Holzmüller-Fällen aus einer Gesamtanalogie herleiten zu wollen, eine klare Absage erteilt,[4] so dass Auslegungspflichten bezogen auf Bilanzen bei Holzmüller-Fällen zu **verneinen** sind. Ob aus Grün- 172

---

1 *Reichert* in Semler/Volhard, § 5 Rz. 70 ff.; *Seydel* in Picot/Mentz/Seydel, Teil III Rz. 53.
2 OLG München v. 10.10.1994 – 24 U 1036/93 – EKATIT/Riedinger Verwaltungs-AG, AG 1995, 232; *Hüffer*, § 124 AktG Rz. 10; *Groß*, AG 1996, 111 (113); *Seydel* in Picot/Mentz/Seydel, Teil III Rz. 58.
3 LG Bielefeld v. 28.8.2003 – 13 O 102/02 (n. veröff.); *Kubis* in MünchKomm. AktG, § 119 AktG Rz. 51; *Seydel* in Picot/Mentz/Seydel, Teil III Rz. 55; aA LG Karlsruhe v. 6.11.1997 – O 43/97 KfH I, AG 1998, 99; *Habersack* in Emmerich/Habersack, vor § 311 AktG Rz. 47.
4 BGH v. 15.1.2001 – II ZR 124/99 – Altana/Milupa, BGHZ 146, 288 (295); BGH v. 26.4.2004 – II ZR 154/02 – Gelatine I, ZIP 2004, 1001; BGH v. 26.4.2004 – II ZR 155/02 – Gelatine II, ZIP 2004, 993.

den äußerster Vorsicht die Vorlage der Bilanzen angebracht sein kann, ist Frage des Einzelfalls.[1]

173 In diesem Zusammenhang sind der Sachverhalt und die Entscheidungsgründe einer nicht veröffentlichten Entscheidung des **Landgerichts Bielefeld** zu einer M&A-Hauptversammlung besonders anschaulich.[2] Der Fall betraf die Zustimmung einer Hauptversammlung zur Veräußerung der „Konzernperle". Der klagende Aktionär hatte seine Anfechtungsklage unter anderem darauf gestützt, dass der Vorstand der Gesellschaft in der Hauptversammlung nicht, wie von einem anderen Aktionär gefordert, zwölf Bilanzen der beteiligten Unternehmen nebst der Planzahlen für die folgenden Geschäftsjahre vorgelesen hatte. Das Gericht stellte zu Recht fest, dass diese Bilanzen weder im Vorfeld noch in der Hauptversammlung auszulegen und auch nicht in der Hauptversammlung zu verlesen waren. Der dem Urteil zugrunde liegende Sachverhalt veranschaulicht jedoch, mit welchen Einwänden Aktiengesellschaften bei M&A-Hauptversammlungen insbesondere von Seiten so genannter Berufsopponenten zu rechnen haben.

hh) Zusammenfassung

174 Bei einer M&A-Hauptversammlung, die aufgrund der Holzmüller-Doktrin mit der Zustimmung zu einem bestimmten Unternehmenskaufvertrag befasst wird, sind zumindestens vorsorglich die folgenden **zusätzlichen Angaben** in die Hauptversammlungseinladung aufzunehmen:

- Bekanntmachung des wesentlichen Inhalts des Unternehmenskaufvertrages;
- Wiedergabe des wesentlichen Inhalts des Holzmüller-Berichts;
- Hinweis auf die Auslage des Unternehmenskaufvertrages und des Holzmüller-Berichts in den Geschäftsräumen der Gesellschaft und in der Hauptversammlung sowie auf die Möglichkeit der Aktionäre, auf Verlangen eine Abschrift der Unterlagen zu erhalten.

Ein **Beschlussvorschlag** für die Hauptversammlung mit Erläuterungen könnte deshalb wie folgt lauten:

„Die Gesellschaft hat am 15. Oktober 2004 einen Vertrag mit der Müller & Mayer AG geschlossen, mit dem sämtliche von der Gesellschaft bislang allein gehaltenen Geschäftsanteile an der XYZ GmbH gegen Zahlung eines Kaufpreises von 100 Mio. Euro verkauft worden sind. Der Unternehmenskaufvertrag sieht ein bis zum 31. Dezember 2004 befristetes Rücktrittsrecht für die Gesellschaft vor, sofern die Hauptversammlung der Gesellschaft dem Vertrag nicht zustimmen sollte. Der Vertrag sieht im Wesentlichen vor ... Zur Begründung des Unternehmenskaufs führt der Vorstand in seinem Bericht im Wesentlichen aus, dass ...

---

1 *Seydel* in Picot/Mentz/Seydel, Teil III Rz. 55.
2 LG Bielefeld v. 28.8.2003 – 13 O 102/02 (n. veröff.).

Vorstand und Aufsichtsrat schlagen vor,

dem am 15. Oktober 2004 mit der Müller & Meyer AG geschlossenen Unternehmenskaufvertrag zuzustimmen.

Der Unternehmenskaufvertrag und der Vorstandsbericht liegen von der Einberufung der Hauptversammlung an in den Geschäftsräumen der Gesellschaft aus und werden auch in der Hauptversammlung ausgelegt werden. Auf Verlangen erhält jeder Aktionär eine Kopie des Vertrages und des Berichts zugesandt."

Die auszulegenden und auf Verlangen zu übermittelnden Unterlagen sind nach Art. 2.3.1 des **Deutschen Corporate Governance Kodex** zusammen mit der Tagesordnung auf der Internet-Seite der Gesellschaft einzustellen. Sofern die Aktiengesellschaft den Vorgaben des Kodex folgt, ist demnach der Übertragungsvertrag und der Vorstandsbericht vom Zeitpunkt der Einberufung der Hauptversammlung an auf der Website der Gesellschaft zu veröffentlichen. 175

4. Durchführung einer M&A-Hauptversammlung

Die Durchführung einer M&A-Hauptversammlung unterscheidet sich nur unwesentlich von einer „normalen" Hauptversammlung. Entscheidend sind die **stringente Durchführung** der üblichen Vorbereitungshandlungen, wie die Erstellung von Teilnehmerlisten nach Ablauf der Hinterlegungs- und Anmeldefrist, die notwendigen Abstimmungen mit dem beurkundenden Notar oder die Sicherstellung der technischen Voraussetzungen, insbesondere die Tonübertragung im gesamten Präsenzbereich. Auch die Ordnungsgemäßheit der Einlasskontrolle ist sicherzustellen.[1] 176

Nach der Eröffnung der Hauptversammlung durch den Versammlungsleiter und dem Verlesen der Formalia wird auch bei einer M&A-Hauptversammlung üblicherweise dem Vorstandsvorsitzenden oder -sprecher das Wort erteilt. Der Vorstand sollte zu Beginn der Hauptversammlung die Transaktion generell und den Unternehmenskaufvertrag im Speziellen mündlich darlegen und erläutern.[2] Dabei ist insbesondere darauf einzugehen, ob sich seit Erstellung des Holzmüller-Berichts und der Einberufung der Hauptversammlung neue Entwicklungen ergeben haben. Im Übrigen genügt es jedoch, die wesentlichen Eckpunkte der Maßnahme darzulegen, ohne den schriftlichen Bericht wiederholen zu müssen.[3] Hauptzweck der Rede des Vorstandes ist, einige der zu erwartenden Fragen der Aktionäre bereits zu beantworten und zudem für eine **positive Grundstimmung** bei den Aktionären zu sorgen, indem die wesentlichen Vorteile der beabsichtigten Maßnahme hervorgehoben werden. 177

---

1 *Seydel* in Picot/Mentz/Seydel, Teil III Rz. 88; *Butzke* in Obermüller/Werner/Winden, E Rz. 110.
2 *Volhard* in Semler/Volhard, § 41 Rz. 36.
3 *Seydel* in Picot/Mentz/Seydel, Teil III Rz. 74.

a) Auskunftsrechte der Aktionäre

178 Die Aktionäre haben in der Hauptversammlung ein umfassendes Recht auf Auskunft, soweit dies zur sachgerechten Beurteilung der Gegenstände der Tagesordnung erforderlich ist (§ 131 Abs. 1 AktG). Die Fragen sind vom **Vorstand** zu beantworten. Die Auskünfte sind grundsätzlich mündlich zu erteilen, der Aktionär hat keinen Anspruch auf Vorlage von Unterlagen und auf Einsichtnahme in Bücher.[1]

179 Bereits im Vorfeld der Hauptversammlung muss sich der Vorstand entscheiden, ob er seiner Verpflichtung zur Auskunftserteilung mit oder ohne Unterstützung von Dritten nachkommen möchte. Die Entscheidung wird von Faktoren wie der Größe und der Unternehmensstruktur der Gesellschaft, der erwarteten Fragestellungen und der Anzahl der kritischen Aktionäre abhängig sein.[2] Nach den gleichen Kriterien entscheidet sich auch, ob sich der Vorstand allein von unternehmensinternen Experten aus der zweiten Führungsebene oder auch von externen Beratern wie Rechtsanwälten und Wirtschaftsprüfern unterstützen lässt. Das Beratungsteam bildet dann während der Hauptversammlung das „**Back Office**", in dem die zulässig gestellten Fragen beantwortet und an den Vorstand weitergeleitet werden.

180 Die Möglichkeit von Aktionären, Fragen zu einem Tagesordnungspunkt zu stellen, der die Zustimmung zu einem Unternehmenskaufvertrag zum Inhalt hat, sind mannigfaltig. Zur sachgemäßen Beurteilung des Gegenstands der Tagesordnung sind beispielsweise Informationen über die Grundlagen für die Bemessung der in dem Unternehmenskaufvertrag vereinbarten Preise erforderlich.[3] Angesichts der Bedeutung der Transaktion für die Aktiengesellschaft, die allein schon aus der Vorlage an die Hauptversammlung ersichtlich ist, sind die unterschiedlichsten Fragenbereiche vorstellbar. Schwerpunkt der Fragen sind in der Praxis überwiegend **Bewertungsfragen** des Targets, aber auch Fragen zu Risiken der beabsichtigten Maßnahme und insbesondere zu Handlungsalternativen.[4] Zudem muss sich der Vorstand der Gesellschaft darauf einstellen, dass eine Vielzahl von Detailfragen zu den im Vorfeld ausgelegten Unterlagen, insbesondere zum Unternehmenskaufvertrag und zum Holzmüller-Bericht, gestellt werden.

b) Auskunftsverweigerungsrechte der Gesellschaft

181 In § 131 Abs. 3 AktG sind einige Fälle aufgeführt, in denen der Vorstand die Auskunft verweigern darf. Der Vorstand muss sich jedoch unbedingt vorab der rechtlichen Beratung eines auf das Aktienrecht spezialisierten Juristen versichern, bevor er von diesem Recht Gebrauch macht. In der Praxis von

---

1 BGH v. 5.4.1993 – II ZR 238/91, BGHZ 122, 211 (236); *Henn*, § 26 Rz. 880; a.A. *Heidel* in Heidel, § 131 AktG Rz. 25.
2 *Schaaf*, Rz. 600; *Rappers* in Semler/Volhard, § 3 Rz. 38; *Reichert* in Beck'sches Hdb. AG, § 5 Rz. 87.
3 OLG Dresden v. 23.4.2003 – 18 U 1976/02 – Valarte Group AG, AG 2003, 433 (434); *Decher* in Großkomm. AktG, § 131 AktG Rz. 20.
4 *Seydel* in Picot/Mentz/Seydel, Teil III Rz. 20.

M&A-Hauptversammlungen sind Auskunftsverweigerungsrechte aber nur **selten relevant**. Gerade bei Holzmüller-Beschlüssen wird ein hohes Informationsbedürfnis der Aktionäre anzunehmen sein, da es sich um eine wesentliche Transaktion handelt, die in die Rechte der Aktionäre eingreift.[1]

Auch bei **Geheimhaltungsabreden** mit der anderen Partei des Unternehmenskaufvertrages werden Auskunftsverweigerungsrechte im Regelfall nicht vorliegen. Anderenfalls könnte der Vorstand durch die Aufnahme von Vertraulichkeitsvereinbarungen im Unternehmenskaufvertrag auf einfachem Wege über die Auskunftsrechte der Aktionäre disponieren.[2]

182

Etwaige Auskunftsverweigerungsrechte bei einer M&A-Hauptversammlung sind unter Beachtung der aufgeführten restriktiven Vorgaben abhängig vom Einzelfall. Bei erheblichen **sachlichen Gründen** kann eine Auskunft verweigert werden.[3] Wird beispielsweise Auskunft über den technischen Sachstand der Forschungstätigkeit beim Target verlangt, ist wie in anderen Fällen, bei denen der Geheimnisverlust zu erheblichen wirtschaftlichen Schäden für die betroffene Aktiengesellschaft führen kann, ein Verweigerungsrecht zu bejahen.[4]

183

Verweigert der Vorstand die Auskunft zu einer Frage zu Unrecht, so kann der Aktionär verlangen, dass seine Frage und der Grund, aus dem die Auskunft verweigert worden ist, in das Protokoll aufgenommen werden (§ 131 Abs. 5 AktG). Der Aktionär hat dann die Möglichkeit, ein **Auskunftserzwingungsverfahren** einzuleiten (§ 132 AktG). Im Rahmen dieses Verfahrens entscheidet auf Antrag des Aktionärs das Landgericht am Sitz der Gesellschaft[5] darüber, ob der Vorstand die Auskunft erteilen muss. Der Antrag ist innerhalb von zwei Wochen nach der Hauptversammlung zu stellen. Wird die Aktiengesellschaft antragsgemäß verurteilt, hat der Vorstand die Auskunft unverzüglich zu erteilen.

184

Bei einer unberechtigten Auskunftsverweigerung hat der Aktionär zusätzlich auch die Möglichkeit, **Anfechtungsklage** gegen den Hauptversammlungsbeschluss zu erheben.[6] Gerade das Risiko des Erfolgs einer Anfechtungsklage führt in der Praxis dazu, dass in Zweifelsfällen Auskünfte erteilt werden und auf Auskunftsverweigerungsrechte nur dann verwiesen wird, wenn diese offensichtlich eingreifen.

185

---

1 OLG München v. 6.4.1996 – 23 U 4586/96, AG 1996, 327; *Weißhaupt*, NZG 1999, 804 (808); *Volhard* in Semler/Volhard, § 13 Rz. 55 Fn. 186.
2 BGH v. 15.1.2001 – II ZR 124/99 – Altana/Milupa, BGHZ 146, 288 (297); OLG München v. 6.4.1996 – 23 U 4586/96, AG 1996, 327; LG Koblenz v. 23.7.2003 – 3 HO 100/01, DB 2003, 2766; *Kubis* in MünchKomm. AktG, § 131 AktG Rz. 101; *Heidel* in Heidel, § 131 AktG Rz. 57; *Semler* in MünchHdb. AG, § 37 Rz. 31; aA *Zätzsch/Maul* in Beck'sches Hdb. AG, § 4 Rz. 244.
3 *Kubis* in MünchKomm. AktG, § 131 AktG Rz. 101.
4 *Kubis* in MünchKomm. AktG, § 131 AktG Rz. 180; *Zeidler*, NZG 1998, 91 (93).
5 Zu berücksichtigen sind jedoch die Rechtsverordnungen in einzelnen Bundesländern zur Entscheidungskonzentration bei einzelnen Landgerichten nach § 132 Abs. 1 Satz 3 AktG.
6 *Bonnet* in Wojtek/Mitzkus, 13/4.6.6; *Hüffer*, § 131 AktG Rz. 44.

5. Risiken durch Gerichtsverfahren
a) Anfechtungsklage

186 Beschlüsse von M&A-Hauptversammlungen können wie andere Beschlüsse der Hauptversammlung **nichtig oder anfechtbar** sein. Ein nichtiger Beschluss ist und bleibt, wenn er nicht ausnahmsweise geheilt wird, unwirksam. Ein anfechtbarer Beschluss wird nur dann unwirksam, wenn er nach einer rechtzeitig erhobenen Anfechtungsklage vom zuständigen Gericht aufgehoben wird.

187 Nichtig ist ein Beschluss der Hauptversammlung nur ausnahmsweise. In § 241 AktG sind die wesentlichen Gründe, die zu einer Nichtigkeit von Beschlüssen führen können, aufgeführt. So sind Beschlüsse nichtig, die in einer Hauptversammlung gefasst werden, die unter Verstoß gegen die wesentlichen Formvorschriften des § 121 Abs. 2 bis 4 AktG einberufen wurde. Dies gilt jedoch nicht für reine Bagatellverstöße.[1] Weitaus **praxisrelevanter ist die Anfechtbarkeit von Beschlüssen**. Ein Beschluss der Hauptversammlung ist nach § 243 AktG anfechtbar, wenn eine Verletzung des Gesetzes oder der Satzung vorliegt. Gleiches gilt, wenn ein Aktionär mit der Ausübung des Stimmrechts für sich oder einen Dritten Sondervorteile zum Schaden der Gesellschaft oder der anderen Aktionäre zu erlangen suchte und der Beschluss geeignet ist, diesem Zweck zu dienen.

aa) Reichweite gerichtlicher Überprüfung

188 **Materielle Einwände** gegen die Wirksamkeit von M&A-Beschlüssen führen bei Anfechtungsverfahren nur selten zum Erfolg. So ist beispielsweise in der Rechtsprechung anerkannt, dass bei einem Unternehmenskaufvertrag mit einem unternehmensfremden Dritten der vereinbarte Kaufpreis nicht der Überprüfung der Gerichte unterliegt.[2] Auch findet eine allgemeine Inhaltskontrolle, die die Maßnahme auf ihre Angemessenheit und Erforderlichkeit oder gar auf ihre Zweckmäßigkeit überprüft, nicht statt.[3] Auch Verstöße gegen Treuepflichten und Gleichbehandlungsgrundsätze unterliegen in der Regel nicht der gerichtlichen Überprüfung.[4]

189 Praxisrelevanter ist die Berufung auf **Verfahrensfehler** beim Zustandekommen von Beschlüssen. Hierunter fallen Vorbereitungs- und Durchführungsmängel und insbesondere die Verletzung von Auskunfts- und Informationspflichten. In einem solchen Fall hat die Anfechtungsklage jedoch nur dann Erfolg, wenn

---

1 BGH v. 30.3.1987 – II ZR 180/8, BGHZ 100, 264 (zu § 51 GmbHG); OLG München v. 12.11.1999 – 23 U 3319/99, AG 2000, 134; OLG Düsseldorf v. 24.4.1997 – 6 U 20/96 – ARAG/Garmenbeck, ZIP 1997, 1153; *Hüffer*, § 241 AktG Rz. 11.
2 So tendenziell BVerfG v. 23.8.2000 – I BvR 68/95 und 147/97 – MotoMeter, AG 2001, 42; *Seydel* in Picot/Mentz/Seydel, Teil III Rz. 17.
3 OLG Karlsruhe v. 12.3.2002 – 8 U 295/00, AG 2003, 388; LG Frankfurt/Main v. 10.3.1993 – 3/14 O 25/92, AG 1993, 287; *Habersack* in Emmerich/Habersack, vor § 311 AktG Rz. 47; *Henze* in FS Ulmer, S. 211 (224); *Kubis* in MünchKomm. AktG, § 119 AktG Rz. 56; *Westermann* in FS Koppensteiner, S. 276; aA *Krieger* in MünchHdb. AG, § 69 Rz. 10; *Hirte*, S. 184.
4 *Kubis* in MünchKomm. AktG, § 119 AktG Rz. 57 m.w.N.

der angebliche Verfahrensfehler Einfluss auf das Ergebnis der Beschlussfassung gehabt hat.[1]

Der Bundesgerichtshof folgt hierbei in seiner jüngsten Rechtsprechung der bereits seit längerem in der Literatur vertretenen **Relevanztheorie**.[2] Der Bundesgerichtshof stellt demnach nicht mehr wie früher darauf ab, ob ein vernünftig urteilender objektiver Aktionär im Rahmen einer hypothetischen Prüfung in Kenntnis der ihm nicht mitgeteilten Informationen anders abgestimmt hätte, als dies tatsächlich geschehen ist.[3] Vielmehr ist zu prüfen, ob es bei einer am Zweck der verletzten Norm orientierten wertenden Betrachtung ausgeschlossen ist, dass sich der Verfahrensfehler, wie beispielsweise die Nichterteilung einer geschuldeten Auskunft, auf das Beschlussergebnis ausgewirkt hat.[4] In jedem Einzelfall muss deshalb wertend geprüft werden, ob der Verstoß gegen das Aktionärsrecht, das nach dem Zweck der verletzten Norm geschützt wird, die Anfechtung rechtfertigt oder ob der Verstoß so gering ist, dass der Anfechtung der Erfolg versagt werden muss.[5]

190

bb) Klageverfahren

Die Anfechtung von Hauptversammlungsbeschlüssen erfolgt durch die Erhebung einer Anfechtungsklage beim Landgericht am Sitz der Gesellschaft. Sie ist gegen die Gesellschaft zu richten und muss **innerhalb eines Monats** ab Beschlussfassung erhoben werden (§ 246 Abs. 1 AktG). Die Anfechtungsklage eines Aktionärs ist mindestens einem Mitglied des Vorstandes und des Aufsichtsrates der Gesellschaft zuzustellen.[6]

191

Zur Anfechtung berechtigt ist nach § 245 AktG (neben Vorstand und Aufsichtsrat) jeder in der Hauptversammlung erschienene Aktionär, wenn er gegen den Beschluss Widerspruch zur Niederschrift erklärt hat. Auch ein in der Hauptversammlung nicht erschienener Aktionär ist **anfechtungsberechtigt**, wenn er zu der Hauptversammlung zu Unrecht nicht zugelassen wurde oder die Versammlung nicht ordnungsgemäß einberufen worden ist. Ausnahmsweise ist zudem jeder Aktionär zur Anfechtungsklage berechtigt, wenn ein anderer Aktionär mit der Ausübung des Stimmrechts für sich oder einen Dritten Sondervorteile zu erlangen versucht hat.

192

Der Vorstand einer Aktiengesellschaft ist verpflichtet, die Erhebung der Klage unverzüglich in den Gesellschaftsblättern, d.h. in der Regel im elektronischen Bundesanzeiger, bekannt zu machen (§ 246 Abs. 4 AktG). Wird der Anfech-

193

---

1 *Hüffer*, § 243 AktG Rz. 12; *Heidel* in Heidel, § 243 AktG Rz. 9 f.
2 BGH v. 12.11.2001– II ZR 225/99 – Sachsenmilch III, BGHZ 149, 158; *Hüffer*, § 243 AktG Rz. 13; *Hüffer* in MünchKomm. AktG, § 243 AktG Rz. 27; *Zöllner* in KölnKomm., § 243 AktG Rz. 81 ff.
3 Vgl. zur bisherigen Rechtsprechung BGH v. 19.6.1995 – II ZR 58/94, AG 1995, 462; BGH v. 5.4.1993 – II ZR 238/91, BGHZ 122, 211 (238).
4 *Henze*, BB 2002, 893 (900).
5 *Zöllner* in KölnKomm., § 243 AktG Rz. 94; *Henze*, BB 2002, 893 (900); *Hüffer*, § 243 AktG Rz. 13 ff.
6 *Hüffer*, § 246 AktG Rz. 32; *Heidel* in Heidel, § 246 AktG Rz. 26.

tungsklage rechtskräftig stattgegeben, so wird **der angegriffene Beschluss nichtig**. Der Vorstand hat das der Klage stattgebende Urteil unverzüglich zum Handelsregister einzureichen (§ 248 Abs. 1 Satz 2 AktG).

cc) Rechtsfolgen einer erfolgreichen Anfechtungsklage

194 Das **Vollzugs- und Bestandsrisiko** beim Holzmüller-Beschluss ist vom Ausgangspunkt her gesehen vergleichsweise gering, da der Holzmüller-Beschluss zu seiner Wirksamkeit nicht der Eintragung im Handelsregister bedarf und auch ansonsten keine Außenwirkung hat.[1] Bei einer anhängigen Anfechtungsklage entscheidet demnach der Vorstand nach pflichtgemäßen Ermessen, ob er die Transaktion trotzdem durchführt. Der Vorstand hat hierbei eine sorgfältige Prüfung und eine vernünftige Beurteilung der Erfolgsaussichten der Anfechtungsklage vorzunehmen.[2] Zur Vermeidung von Haftungsrisiken wird der Vorstand regelmäßig eine gutachterliche Stellungnahme einer auf das Aktienrecht spezialisierten Anwaltskanzlei einholen. Kommt das Gutachten zu dem Ergebnis, dass die Anfechtungsklage keine hinreichende Aussicht auf Erfolg hat, wird der Vorstand den Unternehmenskaufvertrag vollziehen.

195 Hat die Anfechtungsklage Erfolg, findet eine Rückabwicklung des Unternehmenskaufvertrages regelmäßig nicht statt.[3] Dies gilt insbesondere für Fälle, in denen der Unternehmenskaufvertrag nicht von der Zustimmung der Hauptversammlung abhängt. In diesem Fall bleibt somit die Anfechtungsklage und die Aufhebung des Hauptversammlungsbeschlusses auf den Unternehmenskaufvertrag **ohne Auswirkung**.

196 Etwas anderes kann jedoch dann gelten, wenn der Unternehmenskaufvertrag unter dem **Vorbehalt** der Zustimmung der Hauptversammlung geschlossen worden ist, indem beispielsweise eine entsprechende aufschiebende Bedingung eingefügt worden ist. Da nach einer erfolgreichen Anfechtungsklage der Zustimmungsbeschluss der Hauptversammlung von Anfang an nichtig war, ist demnach auch die aufschiebende Bedingung im Unternehmenskaufvertrag rechtsdogmatisch betrachtet zu keinem Zeitpunkt eingetreten und der Vertrag somit nicht wirksam geschlossen worden. Insoweit müsste der Unternehmenskaufvertrag rückabgewickelt werden.

197 Die **Rückabwicklung** des Unternehmenskaufvertrages richtet sich nach allgemeinen zivilrechtlichen Grundsätzen. Anspruchsgrundlage können die §§ 985 ff. BGB (Eigentümer-Besitzer-Verhältnis) und insbesondere die §§ 812 ff. BGB (ungerechtfertigte Bereicherung) sein. Im Rahmen der in der Praxis weitaus relevanteren Anwendung der bereicherungsrechtlichen Rückabwicklung hat der Erwerber vom Grundsatz her gemäß § 812 BGB das erworbene Unternehmen zurückzugeben; umgekehrt kann der Erwerber Rückzahlung des Kaufpreises fordern.

---

[1] *Seydel* in Picot/Mentz/Seydel, Teil III Rz. 43.
[2] *Hüffer* in MünchKomm. AktG, § 243 AktG Rz. 123; *K. Schmidt* in Großkomm. AktG, § 243 AktG Rz. 71.
[3] *Seydel* in Picot/Mentz/Seydel, Teil III Rz. 33 und 43.

In der Literatur wird vertreten, dass das Unternehmen in seinem aktuellen 198
Bestand zurückzugeben ist, ohne dass es darauf ankommt, ob die nunmehr
vorhandenen Vermögenswerte bereits zum Zeitpunkt der Übertragung des Unternehmens vorhanden waren.[1] Die hiermit verbundenen **praktischen Schwierigkeiten** sind bei einer Rückabwicklung nach Abschluss eines mehrjährigen Anfechtungsverfahrens „mit den Händen greifbar". Problematisch sind insbesondere die Fälle, in denen der Erwerber das Unternehmen beispielsweise durch Umorganisation oder Wechsel des Tätigkeitsbereichs wesentlich verändert hat. Ggf. existiert das erworbene Unternehmen nach einer Verschmelzung nicht mehr, ist bereits insolvent oder stillgelegt bzw. „ausgeschlachtet" worden. Im Falle eines solchen Identitätswechsels, der mehrere Jahre nach einem Unternehmenskauf oftmals zu bejahen sein wird, ist eine Rückabwicklung nicht mehr möglich.[2] In einem solchen Fall ist Wertersatz zu leisten, dessen Berechnung überaus schwierig ist. Im Regelfall wird jedoch keine Zahlung erfolgen müssen, da sich Kaufpreis und Wertersatz oftmals entsprechen werden und somit gegeneinander verrechnet werden können.

b) Einstweilige Verfügung

Sofern eine Hauptversammlung entgegen der Holzmüller-Doktrin nicht mit 199
einem Unternehmenskauf befasst wird oder sofern ein etwaiger Holzmüller-Beschluss fehlerhaft zustande gekommen ist, besteht für Aktionäre die Möglichkeit, den Vollzug des Unternehmenskaufvertrages durch eine **einstweilige Verfügung** zu verhindern.[3] Zusätzlich zum Antrag auf Erlass einer einstweiligen Verfügung kann im Hauptverfahren eine Unterlassungsklage erhoben werden.

Bei **evidenten Fällen**, bei denen beispielsweise der wesentliche Unterneh- 200
mensteil zu einem nicht verkehrsüblichen Kaufpreis an den Hauptaktionär oder aber an Mitglieder von Vorstand und Aufsichtsrat veräußert werden soll, sind Anträge von Aktionären auf einstweilige Verfügung durchaus Erfolg versprechend. Im Falle der Nichtbefassung der Hauptversammlung wird hierbei regelmäßig der Antrag zum Inhalt haben, die Gesellschaft zur Durchführung einer Hauptversammlung zu verpflichten und bis zu diesem Zeitpunkt den Vollzug des Unternehmenskaufvertrages zu unterlassen. Die Unterlassung des Vollzugs des Kaufvertrages steht im Vordergrund, sofern eine Hauptversammlung befasst worden ist, jedoch die Beschlussfassung unwirksam war.

Besonders gefährlich ist der Antrag auf Erlass einer einstweiligen Verfügung 201
für die betroffene Gesellschaft deshalb, da sie im Vorfeld zu diesem Antrag oftmals **nicht gehört** wird. Sofern das Gericht vom einseitigen Vortrag des An-

---

1 *Ballerstedt* in FS Schilling, S. 289 (293); *Schwintowski*, JZ 1987, 588.
2 *Schwintowski*, JZ 1987, 588; *Schöne*, ZGR 2000, 86 (98).
3 LG Duisburg v. 27.6.2002 – 21 O 106/02 – Babcock Borsig AG/HDW, AG 2003, 390; LG Berlin v. 10.5.2002 – 91 O 58/02 – Condat, ZIP-Aktuell Nr. 125/2002; LG Regensburg v. 5.11.2001 – 1 HK 2291/01 (n. veröff.); *Markwardt*, WM 2004, 211; *K. Schmidt* in Großkomm. AktG, § 243 AktG Rz. 72; *Zöllner* in KölnKomm., § 242 AktG Rz. 13; *Habersack* in Emmerich/Habersack, vor § 311 AktG Rz. 49; *Seydel* in Picot/Mentz/Seydel, Teil III Rz. 9; *Hüffer*, § 243 AktG Rz. 66.

tragstellers, der gegebenenfalls durch eidesstattliche Versicherung untermauert wird, überzeugt ist, kann es nach § 937 Abs. 2 ZPO die einstweilige Verfügung ohne mündliche Verhandlung erlassen. Hierdurch wird der Vollzug der Transaktion zunächst einmal verhindert.

202 In der Praxis sind Anträge von Aktionären auf Erlass von einstweiligen Verfügungen bislang selten. Hintergrund hierfür ist, dass der Antragsteller das Risiko einer **verschuldensunabhängigen Schadenersatzhaftung** nach § 945 ZPO trägt, wenn die Entscheidung in der Hauptsache zugunsten der Gesellschaft erfolgt.[1] In einem solchen Fall wäre von dem das einstweilige Verfügungsverfahren betreibenden Aktionär der Schaden zu ersetzen, der aus der Untersagung der Durchführung der Transaktion entstanden ist. Da die einstweilige Verfügung zur Folge haben kann, dass der Vertragspartner von der Transaktion als solcher Abstand nimmt, stellt dieses ein nicht zu unterschätzendes Risiko für die Aktionäre dar.[2] Trotz dieses Risikos ist jedoch die Gefahr, dass Aktionäre eine Transaktion durch Beantragung einer einstweiligen Verfügung zu verhindern suchen, nicht auszuschließen. Bei der Strukturierung der Transaktion ist deshalb auf diesen Problemkreis einzugehen. Insbesondere empfiehlt sich die Einreichung von Schutzschriften beim zuständigen Gericht, in denen bereits im Vorfeld etwaiger Anträge von Aktionären dargelegt wird, weshalb eine Hauptversammlungszuständigkeit nicht gegeben ist bzw. ein Hauptversammlungsbeschluss rechtswirksam zustande gekommen ist. In diesem Fall tendieren die Gerichte dazu, vor ihrer Entscheidung über den Erlass der einstweiligen Verfügung beide Parteien in einer mündlichen Verhandlung zu hören.

c) Folgen für die Gestaltung des Unternehmenskaufvertrages

203 Die dargestellten Risiken für die M&A-Transaktion bei Gerichtsverfahren, insbesondere bei erfolgreichen Anfechtungsklagen, haben erheblichen Einfluss auf die **Formulierung** des Unternehmenskaufvertrages. Üblicherweise wird in der Praxis die Transaktion unter die aufschiebende Bedingung gestellt, dass die Hauptversammlung dem Vertrag zustimmt.[3] Durch diese vertragliche Gestaltung ergibt sich jedoch der Nachteil, dass im Falle einer erfolgreichen Anfechtungsklage eine Rückabwicklung des Vertrages droht. Genauso schwerwiegend ist es, dass während der mehrjährigen Dauer des Anfechtungsverfahrens eine weitere Veräußerung des gekauften Unternehmens nur unter erschwerten Bedingungen möglich ist, da ein etwaiger Erwerbsinteressent wegen der unklaren Rechtslage oftmals von einem Kauf absehen wird.

204 Für die Praxis empfiehlt sich deshalb, einen vertraglichen Zustimmungsvorbehalt nicht vorzusehen. Wie im Sachverhalt, der der Altana/Milupa-Entscheidung des Bundesgerichtshofs[4] zugrunde lag, könnte statt einer aufschiebenden Bedingung ein **Rücktrittsvorbehalt** zugunsten des Vorstandes der veräußernden Aktiengesellschaft vereinbart werden. Sofern der Rücktrittsvorbehalt vor-

---

1 *Seydel* in Picot/Mentz/Seydel, Teil III Rz. 9.
2 *Markwardt*, WM 2004, 211 (218).
3 *Seydel* in Picot/Mentz/Seydel, Teil III Rz. 86.
4 BGH v. 15.1.2001 – II ZR 124/99 – Altana/Milupa, BGHZ 146, 288 (297).

sieht, dass der Vorstand dann zum Rücktritt berechtigt ist, wenn die Hauptversammlung der Gesellschaft den Unternehmenskaufvertrag ausdrücklich ablehnt, ist die zivilrechtliche Verknüpfung zwischen Unternehmenskaufvertrag und Hauptversammlungsbeschluss nicht mehr zwingend. Zunächst liegt nach einer erfolgreichen Anfechtungsklage, mit der der zustimmende Hauptversammlungsbeschluss für nichtig erklärt wird, überhaupt kein, insbesondere kein ablehnender Hauptversammlungsbeschluss vor. Der Vorstand wäre demnach nicht zum Rücktritt berechtigt. Sofern im Unternehmenskaufvertrag noch eine zeitliche Limitierung für den Hauptversammlungsbeschluss aufgenommen wird, ist die zivilrechtliche Wirksamkeit des Vertrages zu einem bestimmten Zeitpunkt abgesichert. Rücktrittsvorbehalte oder vergleichbare Gestaltungen sind der Aufnahme von aufschiebenden Bedingungen deshalb vorzugswürdig.

D. Mitteilungspflichten bei M&A-Transaktionen

I. Relevanz der Thematik für Target-, Veräußerer- und Erwerber-AG

Während und nach einer M&A-Transaktion unter Beteiligung von Aktiengesellschaften haben die Vorstände der beteiligten Unternehmen die Mitteilungspflichten nach dem Aktiengesetz und gegebenenfalls die Ad-hoc-Mitteilungspflichten nach dem Wertpapierhandelsgesetz zu beachten. Die Nichtbeachtung der Mitteilungspflichten nach dem Aktiengesetz führt beispielsweise dazu, dass in der Hauptversammlung des Targets für die neu erworbenen Aktien kein Stimmrecht besteht und hierdurch erhebliche Nachteile für den Erwerber drohen. Werden Ad-hoc-Mitteilungspflichten verletzt, stellt dies eine mit hohen Geldbußen bewehrte Ordnungswidrigkeit dar. 205

Die Beachtung der Mitteilungspflichten nach dem Aktiengesetz ist für die Vorstände der Erwerber-, der Veräußerer- und der Target-AG von praktischer Relevanz. Ad-hoc-Mitteilungspflichten sind für die Vorstände der Veräußerer- bzw. Erwerber-AG von großer Bedeutung, sofern die von ihnen vertretenen Unternehmen börsennotiert sind. Dies gilt unabhängig davon, ob auch das Target börsennotiert ist.[1] 206

II. Mitteilungspflichten gegenüber dem Target

Bei der Durchführung von M&A-Transaktionen mit nicht börsennotierten Aktiengesellschaften als Target haben Veräußerer und Erwerber **Mitteilungspflichten nach dem Aktiengesetz** zu beachten. Eine Mitteilungspflicht besteht, wenn eine wesentliche Beteiligung, d.h. eine Beteiligung von mehr als 25 % der Aktien einer Aktiengesellschaft, erworben wurde (§ 20 Abs. 1 AktG). 207

---

1 Ad-hoc-Mitteilungspflichten des börsennotierten Targets bestehen hingegen beim Unternehmenskauf im Regelfall nicht, da sich die Veräußerung der Aktien auf der Ebene der Aktionäre und somit nicht im Tätigkeitsbereich des Targets abspielt, vgl. BAWe/DBAG, S. 35; *Kümpel/Assmann* in Assmann/Uwe H. Schneider, § 15 WpHG Rz. 48; *Holzapfel/Pöllath*, Rz. 290.

Die Mitteilungspflicht ist vom Vorstand der erwerbenden Aktiengesellschaft durch eine schriftliche Benachrichtigung an das Target zu erfüllen.[1] Mitteilungspflichtig ist zudem der Erwerb einer Beteiligung von mehr als 50 % der Kapitalanteile oder Stimmrechte (§ 20 Abs. 4 AktG). Umgekehrt bestehen auch Mitteilungspflichten der veräußernden Aktiengesellschaft gegenüber der Target-AG. Besteht eine mitteilungspflichtige Beteiligung von 50 % bzw. 25 % nicht mehr, hat der Vorstand der Veräußerer-AG dies dem Target mitzuteilen (§ 20 Abs. 5 AktG). Entsprechende Meldepflichten bestehen nach § 21 AktG auch für den Fall, dass das Target eine Kommanditgesellschaft auf Aktien oder eine GmbH ist, sofern Veräußerer oder Erwerber Aktiengesellschaften sind. Für das Halten von Aktien an börsennotierten Aktiengesellschaften gelten die Mitteilungspflichten nach dem Wertpapierhandelsgesetz, insbesondere §§ 21, 25 WpHG, sowie ggf. § 29 Abs. 2 WpÜG bei Erreichen der Kontrollgrenze von 30 %, die ein Pflichtangebot nach § 35 WpÜG auslöst (vgl. Teil X Rz: 108).

208 Für den **Vorstand der Target-AG** ist die Erfüllung von Meldepflichten von großer Bedeutung. So hat der Vorstand unverzüglich nach Erhalt einer Beteiligungsmitteilung die Mitteilung in den Gesellschaftsblättern, also jedenfalls im elektronischen Bundesanzeiger, bekannt zu machen (§ 20 Abs. 6 AktG). Werden die Mitteilungspflichten nicht ordnungsgemäß erfüllt, hat auch dies Auswirkungen auf die Pflichten des Vorstands der Target-AG. Rechte aus Aktien, bei denen die Mitteilungspflichten nicht ordnungsgemäß erfüllt worden sind, bestehen für den Zeitraum nicht, in dem das Unternehmen seine Mitteilungspflicht nicht oder nicht ordnungsgemäß erfüllt hat.[2] So besteht insbesondere kein Stimmrecht in der Hauptversammlung der Gesellschaft und auch kein Dividendenanspruch. Dies hat der Vorstand des Targets zur Vermeidung eigener Schadenersatzansprüche zu beachten.[3]

III. Ad-hoc-Mitteilungspflichten

1. Einleitung

209 Nach § 15 WpHG hat der **Vorstand einer börsennotierten Aktiengesellschaft** neue konkrete Informationen, die sich auf den Emittenten beziehen und nicht öffentlich bekannt sind, unverzüglich zu veröffentlichen und die Information den betreffenden Börsen und der Bundesanstalt für Finanzdienstleistungsaufsicht mitzuteilen. Voraussetzung für die Publizitätspflicht ist, dass die Information im Falle ihres öffentlichen Bekanntwerdens geeignet ist, den Börsen- oder Marktpreis der Aktie erheblich zu beeinflussen. Wird die Ad-hoc-Mitteilungspflicht leichtfertig oder vorsätzlich verletzt, stellt dies eine Ordnungswidrigkeit dar, die mit hohen Geldbußen geahndet werden kann (§ 39 WpHG).

---

1 *Hüffer*, § 20 AktG Rz. 8; *Emmerich* in Emmerich/Habersack, § 20 AktG Rz. 30.
2 BGH v. 22.4.1991 – II ZR 231/90, BGHZ 114, 203; *Emmerich* in Emmerich/Habersack, § 20 AktG Rz. 45; *Windbichler* in Großkomm. AktG, § 20 AktG Rz. 66; *Hölters/Buchta* in Hölters/Deilmann/Buchta, S. 74; *Heinrich* in Heidel, § 20 AktG Rz. 12.
3 *Heinrich* in Heidel, § 20 AktG Rz. 24; *Emmerich* in Emmerich/Habersack, § 20 AktG Rz. 65; *Windbichler* in Großkomm. AktG, § 20 AktG Rz. 92.

Besondere praktische Probleme bereitet die Ad-hoc-Mitteilungspflicht bei 210
M&A-Transaktionen für die beteiligten Vorstände der Veräußerer- bzw. Erwerber-AG aus zwei Gesichtspunkten. Nicht jeder Unternehmensverkauf bzw. -kauf wird solche Auswirkungen haben, dass eine erhebliche Beeinflussung des Börsenkurses der Veräußerer- bzw. Erwerber-AG zu erwarten ist. Problematisch ist zudem, zu welchem Zeitpunkt eine Ad-hoc-Mitteilungspflicht bei einer M&A-Transaktion entstehen kann. Die Frage, ob eine börsennotierte Aktiengesellschaft mit einer Adhoc-Mitteilungspflicht insbesondere bis zur Unterzeichnung des Unternehmenskaufvertrages zuwarten kann, ist von erheblicher Praxisrelevanz, da Ad-hoc-Mitteilungspflichten unverzüglich zu erfüllen sind.

2. Beeinflussung des Börsenkurses

§ 15 Abs. 1 Satz 1 WpHG setzt voraus, dass die Information zur erheblichen 211
Beeinflussung des Börsenpreises geeignet ist. Allgemein akzeptiert ist das empirische Faktum, dass Übernahmen, Zusammenschlüsse oder Beteiligungsveräußerungen eine solche Auswirkung auf die betroffenen Unternehmen haben können.[1] Ob sich ein Unternehmenskauf jedoch auf den **Börsenkurs der Veräußerer- oder Erwerber-AG** auswirken kann, ist Frage des Einzelfalls. Es handelt sich dabei um eine prognostische Entscheidung des Vorstandes der Gesellschaft, die exante erfolgt.[2] Nach der heute herrschenden Meinung ist dieses Tatbestandsmerkmal funktionsbezogen auszulegen. So soll der Emittent bewerten müssen, ob im Falle des Bekanntwerdens einer Tatsache ein rational handelnder Investor in Ansehung der mit einer Transaktion verbundenen Kosten und Risiken einen Aktienerwerb bzw. -verkauf vornehmen würde.[3]

Unternehmenskäufe werden sich in der Regel auf den Börsenkurs der betroffenen Unternehmen auswirken.[4] Allerdings ist **in jedem Einzelfall** unter Berücksichtigung der Größe der Transaktion und der beteiligten Unternehmen zu prüfen, ob eine Auswirkung auf den Börsenkurs wahrscheinlich ist.[5] Bei der Prüfung sind die wirtschaftlichen Unternehmensdaten, vor allem der Umsatz der betroffenen Unternehmen und ihr Größenverhältnis zueinander, sowie das Marktumfeld, in dem die Transaktion erfolgt, besonders zu berücksichtigen. Sofern eine große börsennotierte Aktiengesellschaft zu einer Vielzahl bereits vorhandener Beteiligungen eine weitere kleine Beteiligung hinzuerwirbt, wird die Kursrelevanz nur ausnahmsweise zu bejahen sein.[6] 212

---

1 *Nowak*, DB 1999, 601 (604); *Dreyling/Schäfer*, Rz. 459.
2 *Braun* in Möllers/Rotter, § 8 Rz. 80; *Zimmer* in Schwark, § 15 WpHG Rz. 103; BAWe/DBAG, S. 37.
3 BAWe/DBAG, S. 38; *Cahn*, ZHR 162 (1998), 1 (18); *Fürhoff/Wölk*, WM 1997, 449 (455); *Wölk*, AG 1997, 73 (79); *Burgard*, ZHR 162 (1998), 51 (69); *Kümpel*, AG 1997, 66 (71); *Süßmann*, AG 1997, 63 (64); *Geibel* in Schäfer, § 15 WpHG Rz. 103.
4 *Dreyling/Schäfer*, Rz. 459; *Schander/Lucas*, DB 1997, 2109 (2110).
5 *Nowak*, DB 1999, 601 (603); BAWe/DBAG, S. 38.
6 *Nowak*, DB 1999, 601 (603).

3. Zeitpunkt der Ad-hoc-Mitteilung

213 Eine mitteilungspflichtige Tatsache ist nach § 15 Abs. 1 Satz 1 WpHG unverzüglich zu veröffentlichen. Eine Ad-hoc-Mitteilungspflicht bei einer M&A-Transaktion besteht dann, wenn die **Realisierung der Transaktion überwiegend wahrscheinlich ist**.[1] Dies ist in der Regel dann der Fall, wenn sowohl auf der Ebene der ad-hoc-mitteilungspflichtigen Gesellschaft die interne Entscheidungsfindung abgeschlossen ist, als auch aufgrund der Verhandlungen zwischen den Vertragsparteien der Unternehmenskauf sichergestellt ist.[2]

214 Bei **mehrstufigen Entscheidungsprozessen** ist der Zeitpunkt der Veröffentlichungspflicht problematisch. Sofern neben dem Vorstand auch der Aufsichtsrat einem Unternehmenskauf zustimmen muss, wurde bislang zu Recht die Ansicht vertreten, dass eine Veröffentlichungspflicht erst nach der Zustimmung des Aufsichtsrates besteht.[3] Im Rahmen des Anlegerschutzverbesserungsgesetzes hat der Gesetzgeber jedoch festgelegt, dass auch der Vorstandsbeschluss eine veröffentlichungspflichtige Information darstellen kann.[4] Sofern die Bundesanstalt für Finanzdienstleistungsaufsicht § 15 WpHG zukünftig in dieser Richtung anwenden wird, wird die Strukturierung von Unternehmenskäufen erheblich erschwert werden.

215 Durch eine frühzeitige Information der Öffentlichkeit nach einem Vorstandsbeschluss wird nicht nur die Entscheidungsfreiheit des Aufsichtsrates gefährdet, sondern ggf. auch ein falscher Eindruck über die Wahrscheinlichkeit des Zustandekommens eines Unternehmenskaufes vermittelt. Aus diesem Grund muss die **Realisierung einer Transaktion hinreichend wahrscheinlich** sein, so dass eine Veröffentlichungspflicht beispielsweise nach Unterzeichnung eines Letter of Intent bestehen kann, nicht hingegen bereits bei bloßen Vorgesprächen mit einem potenziellen Interessenten.

216 Die **Ausweitung der Veröffentlichungspflichten** wird bei Unternehmenskäufen die Bedeutung des Befreiungstatbestandes nach § 15 Abs. 3 WpHG erheblich steigern. Ein Emittent ist von der Pflicht zur Veröffentlichung so lange befreit, wie es der Schutz seiner berechtigten Interessen erfordert, keine Irreführung der Öffentlichkeit zu befürchten ist und der Emittent die Vertraulichkeit der Information gewährleisten kann. Der Emittent muss das Eingreifen des Befreiungstatbestands selber beurteilen. Die Veröffentlichung ist unverzüglich nachzuholen, wenn der Befreiungsgrund nicht mehr vorliegt. Da eine Fehleinschätzung zu Schadenersatzforderungen und auch zu einem Bußgeld von bis zu 1 Mio. Euro führen kann, sollte in diesem Zusammenhang stets professioneller Rat eingeholt werden.

---

1 *Kümpel*, WM 1996, 653 (654); *Schwark* in FS Bezzenberger, S. 771 (783); *Kümpel/Assmann* in Assmann/Uwe H. Schneider, § 15 WpHG Rz. 48; *Geibel* in Schäfer, § 15 WpHG Rz. 32.
2 *Göckeler* in Beck'sches Hdb. AG, § 24 Rz. 158; *Happ/Semler*, ZGR 1998, 116 (138 f.).
3 BAWe/DBAG, S. 31; *Braun* in Möllers/Rotter, § 8 Rz. 88 f.; *Hasselbach* in Picot/Mentz/Seydel, Teil V Rz. 90; *Kiem/Kotthoff*, WM 1995, 1999 (2003); *Wölk*, AG 1997, 73 (78); a.A. *Pananis*, WM 1997, 460 (464); *Fürhoff/Wölk*, WM 1997, 449 (453).
4 Begr. Reg.-E AnSVG, BT-Drucks. 15/3174, S. 35.

Teil XII
Unternehmenskauf in Krise und Insolvenz

Inhaltsverzeichnis

	Rz.
A. Einleitung	1
B. Abgrenzung von Krise und Insolvenz	8
I. Überblick über das Insolvenzverfahren	8
1. Zweck des Insolvenzverfahrens	8
2. Insolvenzgründe	9
3. Eröffnungsverfahren	13
4. Eröffnetes Verfahren	15
5. Insolvenzplanverfahren (§§ 217 ff. InsO)	20
II. Stadien der Krise und Insolvenz	22
C. Vorbereitungsphase des Unternehmenskaufs	26
I. Vorüberlegungen	26
II. Kaufobjekt: Anteile oder Assets	31
1. Vor- und Nachteile Asset Deal	31
2. Vor- und Nachteile Share Deal	37
3. Weitere Gestaltungsmöglichkeiten	39
III. Besonderheiten der Due Diligence	40
1. Durchführung	40
2. Offenbarungspflichten des Verkäufers	45
IV. Übernahme- und Sanierungskonzept	47
V. Sanierungsbeteiligung Dritter	50
D. Unternehmenskauf in der Krise	53
I. Risiken beim Kauf vor Eröffnung des Insolvenzverfahrens	53
II. Haftungsrisiken	54
1. § 25 HGB	54
2. § 75 AO	57
3. § 613a BGB	61
4. Haftung für EU-Beihilfen	62
III. Insolvenzrechtliche Risiken	65
1. Erfüllungsverweigerung	65
2. Anfechtungsrisiken	70
a) Anfechtungsrecht	70

	Rz.
b) Gläubigerbenachteiligung	71
c) Anfechtungsgründe	75
d) Rechtsfolgen der Insolvenzanfechtung	80
e) Anfechtung nach dem AnfG	81
3. Zusammenfassung der insolvenzrechtlichen Risiken	82
IV. Vertragsgestaltung	86
1. Ziele der Vertragsgestaltung	86
2. Gewährleistung	87
3. Kaufpreis	89
a) Kaufpreisfindung	89
b) Kaufpreisdokumentation	91
c) Zahlungsmodalitäten	92
4. Vertragsgestaltung bezüglich besonderer Kaufobjekte	95
a) Vermögensgegenstände	95
b) Vertragsbeziehungen und Forderungen	96
c) Lizenzverträge für Schutzrechte und Know-how	99
d) Versorgungsleistungen des Verkäufers	100
e) Fortführung der Firma	101
5. Dokumentation	102
E. Unternehmenskauf im Insolvenzeröffnungsverfahren	103
I. Unternehmenskauf vom vorläufigen Insolvenzverwalter	103
1. Stellung des vorläufigen Insolvenzverwalters	103
2. Verkauf durch den „starken" vorläufigen Insolvenzverwalter	106
3. Verkauf bei Einsetzung eines „schwachen" vorläufigen Insolvenzverwalters	107
4. Entwurf eines Gesetzes zur Änderung der Insolvenzordnung	109
II. Zustimmungserfordernisse	111

	Rz.		Rz.
1. Insolvenzgericht	111	II. Zustimmungserfordernisse	122
2. Gläubigerausschuss	112	III. Veräußerung vor dem Berichtstermin	124
III. Risiken für den Käufer	113	IV. Haftungs- und Anfechtungsrisiko	126
1. Insolvenzrechtliche Risiken	113	V. Vertragsgestaltung	129
2. Haftung	116	VI. Übertragende Sanierung auf eine Betriebsübernahmegesellschaft	132
IV. Vertragsgestaltung	119		
V. Handlungsempfehlung	120		
F. Unternehmenskauf im eröffneten Verfahren	121	**G. Unternehmenskauf auf Grundlage eines Insolvenzplans**	135
I. Stellung des Insolvenzverwalters (Verwaltungs- und Verfügungsbefugnisse)	121		

Literatur: Arbeitskreis für Insolvenz- und Schiedsgerichtswesen e. V. (Hrsg.), Das neue Insolvenzrecht in der Praxis – Kölner Schrift zur Insolvenzordnung, 2. Aufl. 2000; *Bernsau/Höpfner/Rieger/Wahl*, Handbuch der übertragenden Sanierung, 2002; *Bork*, § 55 Abs. 2 InsO, § 108 Abs. 2 InsO und der allgemeine Zustimmungsvorbehalt, ZIP 1999, 781; *Dauner-Lieb/Henssler* (Hrsg.), Unternehmenskauf und Schuldrechtsmodernisierung, 2003; *Fiebig/Undritz*, Checkliste: Due Diligence beim Unternehmenskauf in der Insolvenz, MDR 2003, 254; Frankfurter Kommentar zur Insolvenzordnung (Hrsg. *Wimmer*), 3. Aufl. 2002; *Gottwald* (Hrsg.), Insolvenzrechts-Handbuch, 2. Aufl. 2001; *Graf/Wunsch*, Gegenseitige Verträge im Insolvenzverfahren, ZIP 2002, 2117; *Hoenig/Meyer-Löwy*, Unternehmenskauf vom „starken" vorläufigen Insolvenzverwalter – Zur Anwendbarkeit von § 103 InsO auf Masseverbindlichkeiten im Sinne von § 55 Abs. 2 InsO, ZIP 2002, 2162; *Kammel*, Ausgewählte Probleme des Unternehmenskaufs aus der Insolvenz, NZI 2000, 102; *Koenig*, EG-beihilferechtliche Rückforderung als Insolvenzauslöser, BB 2000, 573; *Kübler*, Sondersituation bei Unternehmensfortführung und Unternehmenskauf im Konkurs, ZGR 1982, 498; *Kübler/Prütting* (Hrsg.), Das neue Insolvenzrecht, 2. Aufl. 2000; *Lubos*, Besonderheiten bei der Übernahme von Krisenunternehmen – Praxisprobleme bei Due Diligence, Risiko- und Kaufpreisermittlung, DStR 1999, 951; *Maus*, Sanierungskonzepte als Voraussetzung für den Kauf von Krisenunternehmen, DB 1991, 1133; Münchener Kommentar zur Insolvenzordnung (Hrsg. *Kirchhof/Lwowski/Stürner*), 2001 ff.; *Nerlich/Römermann*, Insolvenzordnung, Loseblatt, Stand 2000; *Noack*, „Holzmüller" in der Eigenverwaltung – Zur Stellung von Vorstand und Hauptversammlung im Insolvenzverfahren, ZIP 2002, 1873; *Pape*, Entwurf eines Gesetzes zur Änderung der Insolvenzordnung, ZIP 2003, 389; *Pape/Uhlenbruck*, Insolvenzrecht, 2002; *Paulus*, Software in Vollstreckung und Insolvenz, ZIP 1996, 2; *Paulus*, Grundlagen des neuen Insolvenzrechts, DStR 2002, 1865; *Paulus*, Grundlagen des neuen Insolvenzrechts – Insolvenzeröffnungsgründe, Antragstellung und Vermögensbeschlag, DStR 2003, 598; *Peters*, Pool-Verträge in der Unternehmenskrise, ZIP 2000, 2238; *Pick*, Die (neue) Insolvenzordnung – ein Überblick, NJW 1995, 992; *Picot/Aleth*, Unternehmenskrise und Insolvenz, 1999; *Prütting/Stickelbrock*, Befugnisse des vorläufigen Insolvenzverwalters – aktuelle Entwicklungen in der Rechtsprechung, ZIP 2002, 1608; *Quack*, Der Unternehmenskauf und seine Probleme, ZGR 1982, 350; *Röhricht/Graf von Westphalen*, HGB-Kommentar, 2. Aufl. 2002; *K. Schmidt*, Organverantwortlichkeit und Sanierung im Insolvenzrecht der Unternehmen, ZIP 1980, 328; *K. Schmidt/Uhlenbruck*, Die GmbH in Krise, Sanierung und Insolvenz, 3. Aufl. 2003; *Soltéz*, Augen auf beim „Asset Deal"! – Beihilferechtliche Haftung des Erwerbers von Betriebsvermögen, BB 2001, 1049; *Stengel/Scholderer*, Aufklärungspflichten beim Beteiligungs- und Unternehmenskauf, NJW 1994, 158; *Tipke/Kruse*, Abgabenordnung – Finanzgerichtsordnung, 2004; *Uhlenbruck*, Gläubigerberatung in der Insolvenz, 1983; *Wellensiek*, Sanieren oder liquidieren? – Unternehmensfortführung und -sanierung im Rahmen der neuen Insolvenzordnung, WM 1999, 405.

A. Einleitung

Die vergangenen Jahre sind geprägt von einer **stark steigenden Anzahl von** 1
Unternehmensinsolvenzen. 2003 wurde ein neues Rekordhoch von 39 320
Firmenzusammenbrüchen erreicht.[1] Allein von Januar bis Juli 2004 verzeichnete das Statistische Bundesamt in Wiesbaden 66 997 Gesamtinsolvenzen in Deutschland, von denen 23 348 auf Unternehmen entfielen.[2] Im Vergleich zum Vorjahreszeitraum lag die Steigerungsrate der Unternehmensinsolvenzen bei 8,3 %.[3] Im Zuge des schwachen Konjunkturverlaufs hat sich damit seit Ende der 90er Jahre die Zahl der jährlichen Unternehmensinsolvenzen mehr als verdoppelt.

Für **Schlagzeilen in den Medien** sorgen in erster Linie die Insolvenzen der 2
Großunternehmen. Die Krisen des Bauriesen Philipp Holzmann AG, des Flugzeugherstellers Fairchild Dornier GmbH, der Schneider Electronics AG oder des Medienkonzerns Kirch AG haben nicht zuletzt wegen der drohenden Verluste von Tausenden von Arbeitsplätzen Bevölkerung und Politiker alarmiert. Anhand der vom Statistischen Bundesamt herausgegebenen Daten wird aber deutlich, dass in besonderem Maße die kleinen mittelständischen Unternehmen in der Rechtsform der GmbH und der GmbH & Co KG insolvenzgefährdet sind.[4] Am schlimmsten betroffen sind dabei Dienstleistungsunternehmen, das verarbeitende Gewerbe, der Einzelhandel und das Baugewerbe.

Hauptursachen für den Anstieg der Unternehmensinsolvenzen sind nicht zuletzt die **gesamtwirtschaftlichen Rahmenbedingungen**. Neben diesen schlechten Rahmenbedingungen hat der Anstieg der Insolvenzen allerdings auch andere Ursachen. Besonders im mittelständischen Bereich sind nach Schätzungen in über 95 % der Fälle Managementfehler entscheidend oder zumindest mitverantwortlich für den Weg in die Zahlungsunfähigkeit.[5] Menschliche Faktoren wie Entscheidungsschwäche, mangelnde Krisenerfahrung und Konflikte innerhalb der Geschäftsführung können im Zuge einer schwächelnden Konjunktur das Ende eines Unternehmens bedeuten. 3

Die Krise vieler Unternehmen bietet jedoch für andere Unternehmen und Investoren auch **neue Möglichkeiten**. Insbesondere ein günstiger Kaufpreis und besondere Konditionen können den Erwerb eines Krisenunternehmens attraktiv machen. Für den Erwerber ergibt sich die günstige Gelegenheit, neue Märkte zu erschließen, neue Absatzwege und Beschaffungsquellen zu erhalten und seine Marktposition zu sichern bzw. auszubauen.[6] Die Investition ist vor allem dann sinnvoll, wenn das Krisenunternehmen über (noch) intakte Markt- 4

---

1 Quelle: Statistisches Bundesamt, Pressemitteilung vom 18.3.2004; abrufbar unter der Internetadresse www.destatis.de/presse.
2 Quelle: Statistisches Bundesamt, Pressemitteilung vom 6.10.2004.
3 Quelle: Statistisches Bundesamt, Pressemitteilung vom 6.10.2004.
4 Quelle: Statistisches Bundesamt, Pressemitteilung vom 18.3.2004.
5 Financial Times Deutschland vom 4.2.2004, „Trotz Aufschwungs mehr Firmenpleiten".
6 Vgl. *Lubos*, DStR 1999, 951; *Rotthege/Wassermann*, Rz. 1376.

und Wettbewerbspositionen verfügt.¹ Für ein wachstumsorientiertes Unternehmen kann auch der Kauf eines Wettbewerbers eine lohnenswerte Anlage darstellen. Häufig wollen potenzielle Kaufinteressenten jedoch nicht das gesamte Unternehmen kaufen, sondern nur die wirtschaftlich interessanten Betriebsteile („Rosinen") erwerben. Wegen des Verhandlungs-, Zeit- und Erfolgsdrucks, unter dem der Verkäufer steht, kann ein Käufer Unternehmensteile günstig erwerben, die ansonsten nicht zur Disposition stünden.

5   Auch für das Unternehmen, das sich in der Krise befindet, bietet dieser **wachsende M&A-Teilbereich** neue Chancen. Eine Befreiung von finanziellen „Altlasten", die Zufuhr von neuem Kapital, der Austausch des Managements und eine Restrukturierung des Arbeitnehmerbestandes kann das Unternehmen unter Umständen wieder überlebensfähig machen. Ohne den Einstieg eines zahlungskräftigen Investors ist für viele Unternehmen die Liquidation unvermeidlich. Auch das Abstoßen von nicht notwendigen, unprofitablen Unternehmensteilen kann ein Schritt zur Überwindung der Krise sein („Gesundschrumpfen"). Für Verkäufer und Käufer bestehen andererseits nicht zu unterschätzende Risiken. Der Kauf eines Unternehmens aus der Krise lohnt sich für den Erwerber nur dann, wenn Restrukturierungs- und Sanierungsmaßnahmen auch erfolgreich umgesetzt werden können.

6   Die **rechtliche Grundkonstruktion** eines Unternehmenskaufs in Krise und Insolvenz unterscheidet sich nicht von einem üblichen Unternehmenskauf. Der Erwerb erfolgt im Wege eines Share Deals oder Asset Deals, d.h., der Käufer erwirbt entweder die Anteile oder bestimmte bzw. sämtliche Vermögensgegenstände des Zielunternehmens (Teil VII Rz. 5). Eine Besonderheit stellt beim Unternehmenskauf in der Krise und Insolvenz die so genannte „übertragende Sanierung" dar.² Es handelt sich hierbei nicht um einen feststehenden Rechtsbegriff. Als übertragende Sanierung wird allgemein die Übertragung der Aktiva auf einen bereits existierenden oder einen gerade zu diesem Zweck gegründeten Unternehmensträger bezeichnet. Die Verbindlichkeiten verbleiben aber bei dem insolventen Unternehmen.³ Ziel ist es, die rentablen Unternehmensteile von den unrentablen zu trennen, um Erstere zu erhalten bzw. zu sanieren.

7   Beim Erwerb eines Krisenunternehmens ist vor allem der **Faktor Zeit** entscheidend. Die Möglichkeiten einer Restrukturierung des Unternehmens und einer Überwindung der Krise hängen wesentlich davon ab, wie weit die Krise bereits fortgeschritten ist. Mit Fortschreiten der Krise verkürzen sich die Handlungsspielräume der Geschäftsführer, ihre Pflichten wachsen, je mehr sich das Unternehmen auf die Insolvenz zubewegt. Auch für die rechtliche Übertragung der Anteile oder Assets ist der Zeitpunkt entscheidend. Es stellt einen wesentlichen Unterschied dar, ob die Übertragung vor oder nach Eröffnung des Insolvenzverfahrens erfolgt. Der Insolvenzeröffnungsbeschluss führt zu einer Zäsur, die in erster Linie Auswirkungen auf die Verfügungsbefugnis der Organe des Zielunternehmens hat. Aber auch vor Verfahrenseröffnung

---

1 *Lubos*, DStR 1999, 951.
2 *K. Schmidt*, ZIP 1980, 328 (336).
3 *Bernsau/Höpfner/Rieger/Wahl*, S. 3 f.

kann es zu Veränderungen beim Zielunternehmen kommen, die vom Erwerber zu beachten sind. Daher sind Kenntnisse über den Ablauf des Insolvenzverfahrens und die verschiedenen Stadien der Krise und Insolvenz sowohl für den Erwerber als auch für den Verkäufer unerlässlich.

B. Abgrenzung von Krise und Insolvenz

I. Überblick über das Insolvenzverfahren

1. Zweck des Insolvenzverfahrens

Das Insolvenzverfahren dient der **gemeinschaftlichen Befriedigung der Gläubiger**. Dies kann gemäß § 1 Satz 1 InsO durch Verwertung des schuldnerischen Vermögens und Verteilung des Erlöses oder durch Vereinbarung einer abweichenden Regelung in einem Insolvenzplan geschehen. Das gesamte Schuldnervermögen dient den Berechtigten als Zugriffsmasse. Da die Masse in der Regel nicht zur Erfüllung aller Gläubigeransprüche ausreicht, erfolgt eine gleichmäßige, quotale Befriedigung der Gläubiger, unabhängig davon, ob deren Ansprüche tituliert sind oder wann sie entstanden sind.[1] Die Gläubiger bilden im Insolvenzverfahren eine Zwangsgemeinschaft.[2] Sie werden alle in das Verfahren einbezogen, um einer geordneten und gleichmäßigen Gläubigerbefriedigung Rechnung zu tragen. Das Verfahren wird von der Gläubigergemeinschaft selbst, durch deren Organe, die Gläubigerversammlung (§§ 74–79 InsO) und den Gläubigerausschuss (§§ 67–73 InsO) bzw. durch den Insolvenzverwalter (§§ 56–66 InsO) durchgeführt und steht dabei unter der Aufsicht des Insolvenzgerichts (§ 2 InsO).

8

2. Insolvenzgründe

Das Insolvenzverfahren kann nur zur Anwendung kommen, wenn ein gesetzlicher **Insolvenzeröffnungsgrund** besteht (§ 16 InsO). Als Oberbegriff erfasst der Eröffnungsgrund einzelne Insolvenztatbestände, die je nach Rechtsform des Schuldners, betroffener Vermögensmasse und Antragsteller zu unterscheiden sind.[3] Eröffnungsgründe sind die Zahlungsunfähigkeit (§ 17 Abs. 1 InsO), die drohende Zahlungsunfähigkeit (§ 18 Abs. 1 InsO) und die Überschuldung (19 Abs. 1 InsO).

9

Der allgemeine Eröffnungsgrund ist die **Zahlungsunfähigkeit** gemäß § 17 Abs. 1 InsO. Ein Schuldner ist zahlungsunfähig, wenn er nicht in der Lage ist, die fälligen Zahlungspflichten zu erfüllen (§ 17 Abs. 2 Satz 1 InsO). Maßgeblich ist allein, ob der Schuldner die fälligen Verbindlichkeiten begleichen kann.[4] Die Zahlungsunfähigkeit muss weder dauerhaft sein noch müssen die Forderungen eingefordert sein. Der Tatbestand ist regelmäßig erfüllt, wenn der Schuldner seine Zahlungen eingestellt hat (§ 17 Abs. 2 Satz 2 InsO). Dass ein

10

---

1 *Ganter* in MünchKomm. InsO, § 1 InsO Rz. 51 f.
2 *Paulus*, DStR 2002, 1865 (1867).
3 *Schmahl* in MünchKomm. InsO, § 16 InsO Rz. 1.
4 Vgl. *Pape* in Kübler/Prütting, § 17 Rz. 6.

Schuldner ggf. noch einzelne Gläubiger befriedigt, schließt die Zahlungseinstellung nicht aus.[1] Eine Zahlungseinstellung kann bereits dann vorliegen, wenn der Schuldner zur Begleichung einer einzigen Forderung nicht mehr in der Lage ist, sofern diese Forderung nicht unverhältnismäßig niedrig ist.[2] Indizien für die Zahlungsunfähigkeit können die Einbehaltung von Löhnen und Gehältern, die Einstellung des Geschäftsbetriebes oder erfolglose Vollstreckungsversuche sein. Von der Zahlungsunfähigkeit ist die Zahlungsstockung zu unterscheiden, die noch keinen Eröffnungsgrund darstellt.[3] Diese ist anzunehmen, wenn der Schuldner vorübergehend illiquide ist, sich aber kurzfristig (zwei bis drei Wochen) finanzielle Mittel beschaffen kann, um seinen Zahlungsverpflichtungen nachzukommen.[4] Die Abgrenzungsschwierigkeiten zeigen, dass die Zahlungsunfähigkeit kein mathematisch feststehender Begriff, sondern Ausdruck eines wertenden Urteils ist.[5]

11   Einen weiteren Eröffnungsgrund stellt die **drohende Zahlungsunfähigkeit** dar. Gemäß § 18 Abs. 1 InsO erhält der Schuldner die Option, die Einleitung des Insolvenzverfahrens zu beantragen. Eine Verpflichtung hierzu wird nicht begründet. Nach der Legaldefinition des § 18 Abs. 2 InsO ist der Eröffnungsgrund gegeben, wenn der Schuldner bzw. das schuldnerische Unternehmen voraussichtlich nicht in der Lage sein wird, die bestehenden Zahlungspflichten im Zeitpunkt der Fälligkeit zu erfüllen. Im Gegensatz zu § 17 InsO werden also auch diejenigen Zahlungspflichten berücksichtigt, die zwar noch nicht fällig, aber bereits absehbar sind.[6] Mit diesem Eröffnungsgrund soll eine möglichst frühe Eröffnung des Insolvenzverfahrens erreicht werden.[7]

12   Bei juristischen Personen ist neben der Zahlungsunfähigkeit auch die **Überschuldung** ein Eröffnungsgrund (§ 19 Abs. 1 InsO). Gemäß § 19 Abs. 2 InsO ist der Tatbestand erfüllt, wenn das Vermögen des Schuldners die bestehenden Verbindlichkeiten nicht mehr deckt. Bei der Bewertung von Vermögensgegenständen ist die Fortführung des Unternehmens zu Grunde zu legen, wenn diese nach den Umständen überwiegend wahrscheinlich ist (positive Fortführungsprognose). Die Feststellung der Überschuldung erfordert in der Praxis eine dreistufige Überschuldungsprüfung.[8] Zunächst ist dabei den Verbindlichkeiten das Vermögen bei Ansatz von Liquidationswerten und unter Zugrundelegung von Einzelveräußerungswerten gegenüberzustellen. Besteht danach eine rechnerische Überschuldung, ist in einem zweiten Schritt eine Fortführungsprognose vorzunehmen (§ 19 Abs. 2 Satz 2 InsO). Kommt diese zu dem Ergebnis, dass eine Fortführung des Unternehmens wahrscheinlich ist, ist in der dritten Stufe eine weitere Überschuldungsbilanz unter Ansatz der Fortführungswerte zu erstellen („Going-concern-concept"). Erst wenn auch in dieser

---

1 BGH v. 27.4.1995 – IX ZR 147/94, ZIP 1995, 929 (930).
2 BGH v. 27.4.1995 – IX ZR 147/94, ZIP 1995, 929 (930).
3 *Pape/Uhlenbruck*, S. 237.
4 AG Köln v. 9.6.1999 – 73 IN 16/99, ZIP 1999, 1889.
5 Vgl. IDW, ZIP 1999, 505 ff.
6 *Pape* in Kübler/Prütting, § 18 Rz. 5.
7 *Paulus*, DStR 2003, 598 (599).
8 *Mönning* in Nerlich/Römermann, § 19 InsO Rz. 15 ff.; *Uhlenbruck* in Gottwald, § 6 Rz. 15; *Lutter*, ZIP 1999, 641 (643 f.).

Bilanz die Verbindlichkeiten nicht gedeckt sind, ist rechtlich eine Überschuldung gegeben.[1] Der Insolvenzgrund der Überschuldung ist gemäß § 19 Abs. 3 InsO auch bei der GmbH & Co. KG zu beachten.

3. Eröffnungsverfahren

Neben dem Vorliegen eines Insolvenzeröffnungsgrundes setzt das Insolvenzverfahren die **Stellung eines ordnungsgemäßen Antrags** voraus. Antragsberechtigt sind Gläubiger und Schuldner (§ 13 InsO). Im Gegensatz zum Schuldner muss der Gläubiger gemäß § 14 InsO ein rechtliches Interesse an der Eröffnung darlegen und Inhaber der Insolvenzforderung sein. Eine Antragspflicht besteht nur bei juristischen Personen und bei Personenhandelsgesellschaften, bei denen keine natürliche Person persönlich haftender Gesellschafter ist.[2]

13

Für den Zeitraum zwischen Eingang des Antrags und Entscheidung über die Verfahrenseröffnung hat das Insolvenzgericht gemäß § 21 Abs. 1 InsO **massesichernde Vorkehrungen** zu treffen. Hiermit soll verhindert werden, dass der Schuldner nachteilige Vermögensveränderungen vornimmt oder einzelne Gläubiger sich in letzter Minute Befriedigung oder Sicherung hinsichtlich ihrer Forderungen verschaffen. Insbesondere kann das Insolvenzgericht einen vorläufigen Insolvenzverwalter bestellen und dem Schuldner ein Verfügungsverbot auferlegen (§ 21 Abs. 2 InsO). Ferner kann es anordnen, dass der Schuldner nur mit Zustimmung des vorläufigen Insolvenzverwalters wirksame Verfügungen treffen darf. Das Gericht darf auch Maßnahmen der Zwangsvollstreckung gegen den Schuldner untersagen oder einstweilen einstellen. Verbindet das Gericht die Einsetzung eines vorläufigen Insolvenzverwalters mit dem Erlass eines allgemeinen Verfügungsverbotes, so geht gemäß § 22 Abs. 1 Satz 1 InsO die Verwaltungs- und Verfügungsbefugnis schon vor der Eröffnung des Insolvenzverfahrens auf den Verwalter über.

14

4. Eröffnetes Verfahren

Sind die Antragsvoraussetzungen erfüllt und ist hinreichend Masse zur Durchführung eines Insolvenzverfahrens vorhanden (§ 26 InsO), wird das Verfahren vom Insolvenzgericht durch **Eröffnungsbeschluss** eingeleitet (§ 27 InsO). Das Gericht ernennt zunächst einen Insolvenzverwalter, der das gesamte insolvenzfähige Vermögen sofort in Besitz und Verwaltung nimmt (§ 148 Abs. 1 InsO). Der Insolvenzverwalter tritt an die Stelle des Schuldners, der seiner Verfügungs- und Verwaltungsbefugnis über sein zur Insolvenzmasse gehörendes Vermögen enthoben wird (§ 80 Abs. 1 InsO). Die Gläubiger werden im Eröffnungsbeschluss aufgefordert, ihre Forderungen innerhalb der vom Insolvenzgericht gesetzten Frist gemäß § 174 InsO schriftlich beim Insolvenzverwalter anzumelden (§ 28 Abs. 1 InsO).

15

---

1 Die Prüfung wird auch als „Zweistufige Methode" bezeichnet, vgl. zur Diskussion: *K. Schmidt/Uhlenbruck*, Rz. 852.
2 Überblick bei *Schmahl* in MünchKomm. InsO, § 15 InsO Rz. 66 ff.

16 Der **Insolvenzverwalter** ist nicht Vertreter des Schuldners, sondern vielmehr Inhaber eines privaten Amtes und im Prozess Partei kraft Amtes.[1] Im Rahmen seiner Verwaltungsaufgaben ist der Insolvenzverwalter verpflichtet, ein Verzeichnis der Massegegenstände (§ 151 InsO), ein Gläubigerverzeichnis (§ 152 InsO) und eine Vermögensübersicht (§ 153 InsO) zu erstellen. Die Verzeichnisse dienen den Gläubigern als Übersicht und Information über die Masse. Mit ihrer Hilfe soll es ihnen ermöglicht werden, eine Entscheidung bezüglich Liquidation oder Sanierung des Unternehmens zu treffen.

17 Die **Gläubigerversammlung** wird gemäß § 74 InsO vom Insolvenzgericht einberufen und geleitet (§ 76 InsO). Im Eröffnungsbeschluss wird vom Gericht ein Berichtstermin (§ 29 InsO) bestimmt, in dem der Insolvenzverwalter der Gläubigerversammlung Bericht über die finanzielle Lage des Unternehmens erstattet (§ 156 InsO) und darlegt, ob Möglichkeiten bestehen, das Unternehmen bzw. Teile dessen zu sanieren. Die Gläubigerversammlung fasst daraufhin den Beschluss, ob das Unternehmen – ganz oder teilweise – zerschlagen oder saniert werden soll und in welchem verfahrensrechtlichen und zeitlichen Rahmen dies geschehen soll (§ 157 Abs. 1 InsO). Außerdem hat sie das Recht, den Insolvenzverwalter zur Ausarbeitung eines Insolvenzplans anzuweisen. Der Gläubigerversammlung sind folglich die wirtschaftlich wesentlichen Entscheidungen über das Insolvenzverfahren zugeordnet, während dem Gericht die Entscheidungen über die Verfahrenseröffnung und -beendigung vorbehalten bleiben.[2]

18 Ferner entscheidet die Gläubigerversammlung über die Einsetzung eines **Gläubigerausschusses** bzw. die Beibehaltung des vom Gericht eingesetzten Gläubigerausschusses (§ 68 Abs. 1 Satz 1 InsO). Wird kein Gläubigerausschuss bestellt, hat der Verwalter bei Rechtshandlungen, die für das Insolvenzverfahren von besonderer Bedeutung sind, die Zustimmung der Gläubigerversammlung einzuholen (§ 160 InsO).

19 Nach dem Berichtstermin hat der Insolvenzverwalter die Masse unverzüglich zu verwerten (§ 159 InsO). Wer Gläubiger ist, bestimmt sich im Prüfungstermin (§ 29 InsO), in dem die angemeldeten Forderungen geprüft und zur Insolvenztabelle festgestellt werden. Die Befriedigung der Gläubiger erfolgt durch **Verwertung des schuldnerischen Vermögens**. Hierfür stehen alternativ drei Wege zur Verfügung:

– Hat die Gläubigerversammlung zu Gunsten der Liquidation entschieden, muss das schuldnerische Vermögen liquidiert werden. Dies geschieht entweder durch Zerstückelung der Vermögensmasse in die einzelnen Gegenstände oder durch Veräußerung des Unternehmens in seiner Gesamtheit.[3] Anschließend wird der Erlös an die Gläubiger verteilt.

– Entscheiden sich die Gläubiger dagegen für die Restrukturierung des Unternehmens, so ist in der Regel ein Insolvenzplanverfahren gemäß

---

1 BGH v. 17.1.1985 – IX ZR 59/84, NJW 1985, 1161 (1162).
2 *Klopp/Kluth* in Gottwald, § 20 Rz. 2.
3 *Paulus*, DStR 2002, 1865 (1869).

§§ 217 ff. InsO durchzuführen. Eine Betriebsfortführung und die Einleitung von Sanierungsmaßnahmen können vom Insolvenzverwalter jedoch auch im Regelverfahren vorgenommen werden.[1]

- Hiervon zu unterscheiden ist die „übertragende Sanierung", die sowohl in einem Planverfahren als auch im Regelverfahren durchgeführt werden kann.[2] Die übertragende Sanierung ist ein Asset Deal, bei dem einzelne Vermögenswerte des Unternehmens als Funktionseinheit im Paket an einen Dritten verkauft oder auf ein neu gebildetes Unternehmen übertragen werden.[3] Der Kaufpreis wird dann an die Gläubiger ausgezahlt.

5. Insolvenzplanverfahren (§§ 217 ff. InsO)

Die **Gläubigerbefriedigung im Rahmen eines Planverfahrens** stellt eine vom Regelinsolvenzverfahren abweichende Verfahrensgestaltung der Beteiligten dar. Der Insolvenzplan richtet sich auf die Befriedigung der absonderungsberechtigten Gläubiger und der Insolvenzgläubiger sowie die Verwertung und Verteilung der Insolvenzmasse an die Berechtigten (§ 217 InsO). Er soll den Verfahrensbeteiligten die Möglichkeit eröffnen, Insolvenzen aufgrund flexiblerer Regelungen abzuwickeln, und dient damit der Stärkung der Gläubigerautonomie. Nach § 218 Abs. 1 InsO sind nur der Schuldner und der Insolvenzverwalter zur Vorlage eines Insolvenzplans an das Insolvenzgericht berechtigt. Zusätzlich kann die Gläubigerversammlung den Insolvenzverwalter mit der Ausarbeitung eines Insolvenzplans beauftragen (§§ 157 Satz 2, 218 Abs. 2 InsO).

20

In einem **Insolvenzplan** kann die Sanierung, die Liquidation oder die Übertragung des Unternehmens geregelt werden. Der Sanierungsplan (§ 1 Satz 1 InsO) dient der Erhaltung des schuldnerischen Unternehmens und beinhaltet Maßnahmen zur Herstellung der Ertragskraft des notleidenden Schuldnerunternehmens. Verspricht der Sanierungsplan keinen Erfolg, kommt eine übertragende Sanierung im Rahmen eines Übertragungsplans in Betracht. Ferner besteht die Möglichkeit, bei Liquidation des Unternehmens die Verwertung der Insolvenzmasse und die Verteilung des Verwertungserlöses an die Gläubiger abweichend vom Gesetz in einem Liquidationsplan zu regeln.[4] Insolvenzen sollen auf diese Weise im Planverfahren wirtschaftlich effektiv abgewickelt werden können. In der Praxis hat der Insolvenzplan jedoch bislang nicht die erhoffte Bedeutung erlangt.[5]

21

II. Stadien der Krise und Insolvenz

Ist das Insolvenzverfahren noch nicht eröffnet, befinden sich Schuldner bzw. schuldnerisches Unternehmen aber in einem existenzbedrohenden Zustand, wird üblicherweise von einer **Krise** gesprochen. Eine gesetzliche Definition

22

---

1 *Wellensiek*, WM 1999, 405 (407).
2 Vgl. *Bernsau/Höpfner/Rieger/Wahl*, S. 3 ff.
3 *Bernsau/Höpfner/Rieger/Wahl*, S. 30; *Wellensiek*, WM 1999, 405 (408).
4 *Pape/Uhlenbruck*, S. 572 Rz. 780.
5 *Maus* in K. Schmidt/Uhlenbruck, Rz. 1610.

des Begriffs Krise existiert nicht. In § 32a Abs. 1 Satz 1 GmbHG wird zwar auf die Krise der Gesellschaft verwiesen. Dort ist die Krise der Zeitpunkt, in dem die Gesellschafter (einer GmbH) ihrer Gesellschaft als ordentliche Kaufleute Eigenkapital zugeführt hätten. Mangels eines übergeordneten Rechtsbegriffs, der für alle Rechtsbereiche Geltung beansprucht, bereitet eine präzise Abgrenzung der Krisenstadien jedoch Schwierigkeiten.

23 Zu unterscheiden ist zwischen dem betriebswirtschaftlichen und dem rechtlichen Begriff der Krise. Die **Betriebswirtschaftslehre** kennt verschiedene Unternehmenskrisen. Diese müssen jedoch nicht unmittelbar existenzgefährdend für das Unternehmen sein. In der Regel tritt eine betriebswirtschaftliche Krise zeitlich weit vor dem Vorliegen von insolvenzrechtlichen Eröffnungsgründen ein.[1] Der Verlust von Marktanteilen aufgrund von Fehlentscheidungen des Managements und ein damit einhergehender Umsatzrückgang sind erste Krisenanzeichen. Ohne die Ergreifung adäquater Maßnahmen zur Krisenbewältigung kann eine solcher Zustand existenzgefährdend werden und zur Überschuldung oder Zahlungsunfähigkeit der Gesellschaft führen.[2] Als ein der Insolvenzreife vorgelagertes Stadium stellt die betriebswirtschaftliche Krise keinen Insolvenzgrund dar. Sie löst aber Rechtspflichten der Geschäftsführer bzw. des Vorstands aus, wie beispielsweise die Durchführung einer Problemanalyse des Unternehmens und ggf. die Einleitung von Sanierungsmaßnahmen.[3] Eine Verletzung dieser Pflichten kann nicht nur Schadensersatzansprüche der Gesellschaft, sondern auch strafrechtliche Verfolgung zur Konsequenz haben.

24 Zur Bestimmung einer **Krise im Rechtssinne** stellen Rechtsprechung und juristische Literatur im Wesentlichen auf das Kriterium der Kreditunwürdigkeit ab.[4] Dies gilt insbesondere im Zusammenhang mit dem im Kapitalersatzrecht verwandten Krisenbegriff (§§ 32a, 32b GmbHG). Eine Gesellschaft ist kreditunwürdig, wenn sie von dritter Seite keinen Kredit zu marktüblichen Konditionen erhält und ohne Kapitalzufuhr liquidiert werden bzw. das Insolvenzverfahren eingeleitet werden müsste.[5] Nach der Rechtsprechung ist Kreditunwürdigkeit jedenfalls bei Insolvenzreife der Gesellschaft gegeben.[6] Sie kann aber auch dann vorliegen, wenn das Unternehmen weder überschuldet noch zahlungsunfähig ist, potenzielle Kreditgeber aber gleichwohl nicht bereit sind, einen Kredit zu gewähren, etwa weil sie wenig Vertrauen in das Management oder die Geschäftsidee haben.

25 Die Krise im betriebswirtschaftlichen und allgemeinen rechtlichen Sinne muss von **der Krise eines Unternehmens im insolvenzrechtlichen Sinne** unter-

---

1 BGH v. 2.6.1997 – II ZR 211/95, GmbHR 1997, 890; *Drukarczyk/Brüchner* in Gottwald, § 2 Rz. 2; *Dauner-Lieb*, DStR 1998, 609.
2 *Uhlenbruck*, S. 1.
3 *Picot/Aleth*, Rz. 4.
4 *Picot/Aleth*, Rz. 6.
5 *Haas* in Gottwald, § 92 Rz. 202; BGH v. 17.11.1997 – II ZR 224/96, GmbHR 1998, 233; BGH v. 14.12.1992 – II ZR 298/91, GmbHR 1993, 87 (89); BGH v. 21.9.1981 – II ZR 104/80, BGHZ 81, 311 (314 f.).
6 OLG Hamburg v. 24.7.1987 – 11 U 182/86, AG 1988, 22; BGH v. 29.9.1977 – II ZR 157/562, BGHZ 69, 274 (280).

schieden werden. Die Insolvenz erfasst als rechtlicher Begriff jede wirtschaftliche Notlage eines Unternehmens, die ein Insolvenzverfahren auslöst.[1] Hierbei tritt die Überschuldung in der Regel früher als die Zahlungsunfähigkeit ein, da auch ein überschuldetes Unternehmen über ausreichende Liquidität verfügen kann, um seine Verbindlichkeiten zu erfüllen.[2] Mit der Einführung der drohenden Zahlungsunfähigkeit als neuem Insolvenzgrund wurde der Zeitpunkt der insolvenzrechtlichen Krise vorverlegt.[3] Folglich kann es zu Überschneidungen zwischen Krise und Insolvenz kommen. Vom Insolvenzbegriff sind (nur) solche Krisen nicht erfasst, die noch nicht zur Einleitung des Insolvenzverfahrens berechtigen, aber die wirtschaftliche Existenz ernstlich gefährden.

C. Vorbereitungsphase des Unternehmenskaufs

I. Vorüberlegungen

Der Kauf eines Krisenunternehmens ist wegen der bestehenden rechtlichen und wirtschaftlichen Risiken besonders **sorgfältig vorzubereiten**. Dabei steht der Käufer jedoch regelmäßig unter einem erheblichen Zeitdruck. Der eng bemessene und kaum dehnbare Zeitraum bei drohender Insolvenz darf aber nicht dazu führen, die Prüfung des Zielunternehmens und der Rahmenbedingungen der Akquisition zu vernachlässigen. 26

Zunächst muss sich der Erwerber überlegen, welche **Ziele** er mit dem Kauf des Unternehmens bezweckt. Will er seine Marktposition stärken und einen Konkurrenten ausschalten, wird er sich für eine Liquidation des erworbenen Unternehmens entscheiden und die noch vorhandenen Vermögensgegenstände einzeln weiterveräußern oder seinem eigenen Betrieb zuführen. Ein solcher Erwerb zwecks Stilllegung ist nur bei Übernahme sämtlicher Anteile oder Vermögensgegenstände des Krisenunternehmens möglich (Teil I Rz. 16 f.). Erweist sich das Unternehmen aus der Sicht des potenziellen Käufers als sanierungsfähig und stehen nicht die genannten strategischen Ziele im Vordergrund, besteht die Möglichkeit, es jedenfalls im Kern zu erhalten und zu restrukturieren. Damit können neue Kundenkreise erschlossen oder neue Produktbereiche eröffnet werden. 27

Wesentlich ist auch der **Zeitpunkt**, in dem der Kaufvertrag geschlossen wird. Anfechtungs- und Haftungsrisiken bei einem Unternehmenskauf hängen entscheidend davon ab, ob der Kauf vor oder nach Eröffnung des Insolvenzverfahrens abgeschlossen wird. Rechtliche Besonderheiten bestehen insbesondere, wenn der Erwerber während der Krise des Unternehmens wesentliche Betriebsteile erwirbt, das Insolvenzverfahren aber vor vollständiger Abwicklung des Kaufvertrages eröffnet wird oder wenn nach einem Share Deal vor Verfahrenseröffnung die Sanierung scheitert. Eine kritische Phase ist der Zeitraum 28

---

1 *Pape/Uhlenbruck*, Insolvenzrecht, S. 63 Rz. 55.
2 *Pape/Uhlenbruck*, Insolvenzrecht, S. 246 Rz. 307.
3 *Picot/Aleth*, Unternehmenskrise und Insolvenz, Rz. 8.

zwischen dem Eintritt der Zahlungsunfähigkeit und der Eröffnung des Insolvenzverfahrens durch Beschluss des Insolvenzgerichts.

29 Das Stadium der Krise ist auch für die **Bestimmung des Verhandlungspartners** maßgeblich. Die Verhandlungsautonomie liegt in der Krise und im Insolvenzeröffnungsverfahren grundsätzlich bei den Organen des Zielunternehmens. Allerdings kann bereits im Eröffnungsverfahren die Verhandlungsautonomie durch die vom Insolvenzgericht angeordneten Sicherungsmaßnahmen (§§ 21 f. InsO) begrenzt werden (vgl. Teil XII Rz. 14). Durch die Einsetzung eines vorläufigen Insolvenzverwalters kann beispielsweise die Verfügungsbefugnis entzogen werden. Wird das Insolvenzverfahren über das Unternehmen eröffnet, erhält der Insolvenzverwalter die alleinige Verfügungsbefugnis über das schuldnerische Vermögen.

30 Die genannten Gesichtspunkte stellen nur einen Ausschnitt aus den Vorüberlegungen dar, die ein Käufer sich vor dem Erwerb in der Regel machen wird. Sie verdeutlichen allerdings, dass sich bei dem Erwerb eines in Krise oder Insolvenz befindlichen Unternehmens zahlreiche zusätzliche Fragestellungen im Gegensatz zu einem „normalen" Unternehmenskauf ergeben.

II. Kaufobjekt: Anteile oder Assets

1. Vor- und Nachteile Asset Deal

31 Wie bei einem „normalen" Unternehmenskauf erfolgt auch der Unternehmenskauf in Krise und Insolvenz im Wege eines Asset Deal oder Share Deal. Die Wahl des Erwerbswegs hängt aber von vielen Faktoren ab. Entscheidend ist die **Interessenlage** der Parteien.

32 Für den **Kaufinteressenten** ist in der Regel ein Asset Deal **vorteilhafter**. Er kann auf diese Weise nur die betriebsnotwendigen und/oder wirtschaftlichen Assets („Rosinen") übernehmen. Verbindlichkeiten und defizitäre Betriebsteile werden ausselektiert und verbleiben beim Zielunternehmen. Die Übernahme von Verbindlichkeiten lässt sich jedoch dann nicht vermeiden, wenn diese unlösbar mit Vermögensgegenständen verbunden sind (z.B. längerfristige Lieferverträge, Pacht-/Mietverträge) (Teil VII Rz. 140). Auch aus steuerrechtlichen Gründen ist für den Erwerber ein Asset Deal von größerem Interesse, da durch die Übernahme einzelner Vermögensgegenstände das so geschaffene steuerliche Abschreibungsvolumen genutzt werden kann (Teil XII Rz. 33). Schließlich spricht der Zeitfaktor für einen Kauf ausgewählter Vermögensgegenstände. Eine intensive Untersuchung (Due Diligence) des Gesamtunternehmens durch den Käufer ist in der Regel zeitlich nicht realisierbar. Beim Kauf einzelner Assets kann der Käufer die Due Diligence auf die ausgewählten Vermögensgegenstände konzentrieren (zur Due Diligence s. unten Teil XII Rz. 40 ff. sowie Teil VII).

33 Aber auch der Verkäufer kann aus einem Asset Deal Nutzen ziehen. Neben der Möglichkeit, einzelne unprofitable und kostenintensive Unternehmensteile abzustoßen, um auf diese Weise gesund zu schrumpfen, ergeben sich Vorteile, wenn durch den Verkauf einzelner Wirtschaftsgüter **verdeckte stille Reser-**

ven aufgedeckt werden, die zur Verbesserung von Bilanz und Liquidität des angeschlagenen Unternehmens beitragen. Die Aufdeckung stiller Reserven ist auch steuerrechtlich nicht nachteilig, wenn, wie häufig bei Krisenunternehmen, steuerliche Verlustvorträge bestehen.

Nachteilig bei einem Asset Deal ist allerdings, dass eine **Übernahme von günstigen Vertragsbeziehungen** nur mit Zustimmung der jeweiligen Vertragspartner möglich ist (§§ 414 ff. BGB).[1] Die zwingend erforderliche Einzelzustimmung eines jeden Gläubigers ist zumindest lästig und angesichts des engen Zeitfensters zu langwierig. Außerdem ist es oft schwierig, die bestehenden günstigen Vertragskonditionen zu erhalten und zu übernehmen. Andererseits sind auch einige Gläubiger des Krisenunternehmens nicht selten an einem Schuldnerwechsel zur Risikobegrenzung interessiert und durchaus bereit, der Überleitung der Vertragsverhältnisse zuzustimmen. 34

Bei der Auswahl der Assets ist zudem darauf zu achten, ob **Rechte Dritter** bestehen, die zur insolvenzrechtlichen Aus- bzw. Absonderung berechtigen. Das Aussonderungsrecht steht den Gläubigern unbeschränkt bis zur Eröffnung des Insolvenzverfahrens zu. Es sind daher gesonderte Vereinbarungen mit den aussonderungsberechtigten Gläubigern zu treffen.[2] 35

Nachteile treten beim Kauf einzelner Unternehmensgegenstände auch auf, wenn diese – zumindest für einen bestimmten (Übergangs-)Zeitraum – auf **Versorgungsleistungen** des Verkäufers angewiesen sind. Bei einem „normalen" Unternehmenskauf wird die Erbringung derartiger Leistungen im Rahmen von Dienstleistungsverträgen sichergestellt. Eine solche schuldrechtliche Absicherung nützt dem Käufer jedoch wenig, wenn der Verkäufer in die Insolvenz gerät. Problematisch ist auch die Übertragung von öffentlich-rechtlichen Genehmigungen und gewerblichen Schutzrechten, die für den erworbenen Vermögensteil von Bedeutung sind. Unternehmensgebundene Genehmigungen und Erlaubnisse können bei einem Asset Deal in der Regel nicht übergehen. Die Übertragung bzw. Sicherstellung der Nutzung gewerblicher Schutzrechte oder Lizenzen ist vor allem dann mit Schwierigkeiten verbunden, wenn der Veräußerer sie weiterhin nutzen will oder wenn an ihnen Urheberrechte Dritter bestehen. In der Praxis treten diese Fragen vor allem bei der Übertragung/Nutzung von IT-Software auf. Schließlich sind bei einem Asset Deal auch die Haftungsrisiken nach § 25 HGB und § 75 AO sowie die Pflicht zur Übernahme von Arbeitnehmern bei Erwerb eines Betriebsteils gemäß § 613a BGB zu beachten (vgl. hierzu Teil VI Rz. 88). 36

2. Vor- und Nachteile Share Deal

Bei einem Share Deal drohen dem **Käufer** aufgrund mangelnder Transparenz der finanziellen Lage des Unternehmens unüberschaubare **rechtliche und wirtschaftliche Risiken**.[3] Da der Erwerber zum neuen Unternehmensträger wird, muss er sämtliche Verbindlichkeiten, unwirtschaftliche Betriebsteile („Krö- 37

---

1 *Beisel/Klumpp*, Kap. 18 Rz. 28.
2 *Rotthege/Wassermann*, Rz. 1394.
3 *Rotthege/Wassermann*, Rz. 1391.

ten"] und ungünstige Vertragsverhältnisse des Zielunternehmens übernehmen. Er übernimmt damit auch das Insolvenzrisiko. Beim Kauf eines Krisenunternehmens kommt für den Käufer daher ein Share Deal regelmäßig nur in Betracht, wenn der Käufer ein besonderes Interesse am Erhalt der Firma und des guten Images des Unternehmens bei Geschäftspartnern und Kunden hat oder wenn er ein Konkurrenzunternehmen zerschlagen will. Die Aufrechterhaltung von günstigen Geschäftsbeziehungen und die gesicherte Übernahme von gewerblichen Schutzrechten und Lizenzen, aber auch steuerrechtliche Gestaltungsmöglichkeiten (Nutzung von Verlustvorträgen) können ebenfalls für einen Share Deal sprechen.[1] Bei den übergehenden günstigen Vertragsverhältnissen ist allerdings darauf zu achten, dass diese keine Change-of-Control-Klauseln enthalten, die den Vertragspartner zur außerordentlichen Kündigung berechtigen.

38 Der Verkäufer ist dagegen eher an einem Share Deal interessiert. Dieser hat nicht nur den Vorteil, dass mit sämtlichen Rechtsbeziehungen des Unternehmens auch die bestehenden Verbindlichkeiten und Risiken auf den Erwerber übergehen. Für einen Share Deal spricht aus der Sicht des Verkäufers auch, dass **Veräußerungsgewinne aus der Veräußerung von Gesellschaftsanteilen steuerbegünstigt** sind (vgl. hierzu Teil V Rz. 83). Wegen seiner schwächeren Verhandlungsposition kann der Verkäufer jedoch häufig die von ihm bevorzugte Erwerbsart nicht durchsetzen.

3. Weitere Gestaltungsmöglichkeiten

39 Anstelle eines reinen Asset oder Share Deal sind weitere Gestaltungsmöglichkeiten denkbar. Der Käufer könnte beispielsweise vor dem Erwerb von Unternehmensteilen eine **Tochter-GmbH** gründen, in die er die Vermögenswerte im Wege der Ausgliederung nach dem UmwG einbringt. Auf diese Weise lassen sich die mit einem Unternehmenskauf in der Krise verbundenen Haftungsrisiken in einer Gesellschaft mit beschränkter Haftung bündeln. Außerdem können Verträge ohne ausdrückliche Zustimmung des Vertragspartners übergehen. Allerdings wird sich bei dieser Variante häufig der Verkäufer sperren, da er gemäß § 133 Abs. 1 Satz 1 UmwG für sämtliche Verbindlichkeiten, die bei der Ausgliederung übertragen werden, haftet. Diese Haftung kann umgangen werden, wenn die Ausgliederung nicht nach dem UmwG, sondern durch Einbringung der dem Unternehmensteil zugeordneten Aktiva und Passiva in die Tochter-GmbH im Wege der Sachgründung erfolgt. Anders als bei der umwandlungsrechtlichen Ausgliederung findet dann jedoch keine Gesamtrechtsnachfolge statt. Beide Varianten können dem Zweck der Hebung stiller Reserven dienen.

---

1 Kritisch hierzu *Lubos*, DStR 1999, 951.

III. Besonderheiten der Due Diligence

1. Durchführung

Wegen der rechtlichen und der beim Kauf eines Unternehmens aus Krise oder Insolvenz signifikant nachteiligen Risiken ist die Durchführung einer umfassenden **Due Diligence** unabdingbar (Teil VII Rz. 29 ff.). Die Krisen-Due-Diligence unterscheidet sich zunächst nicht wesentlich von der Due Diligence beim Kauf eines solventen Unternehmens.[1] Die „klassischen" Analysebereiche sind die Unternehmens-, Beteiligungs- und Kapitalstruktur, Bilanzen, Immobilien, Verträge, Personal, Steuern, gewerbliche Schutzrechte und Umweltrisiken.[2] Im Rahmen einer krisenorientierten Due Diligence müssen aber zusätzlich die insolvenzrechtlichen Besonderheiten beachtet werden.   40

Eine Due Diligence ist insbesondere von Bedeutung, wenn der potenzielle Käufer eine Sanierung des Unternehmens beabsichtigt. Wichtigste Aufgabe ist dann die **Ermittlung eines Risikoprofils** zur Einschätzung der Sanierungschancen.[3] Dazu müssen Ursachen und Art der Krise (Absatz-, Kosten-, Finanzierungs- oder Führungskrise) untersucht und die Stärken und Schwächen des Unternehmens beurteilt werden. In erster Linie ist eine betriebswirtschaftliche Analyse der Unternehmenskennzahlen erforderlich.[4] Für eine verlässliche Beurteilung der Sanierungschancen sind die (noch) vorhandene Kapitalstruktur, Marktposition und Führungsverfassung des Unternehmens entscheidend. Die wirtschaftlichen und betriebsnotwendigen Betriebsteile müssen von den defizitären abgegrenzt werden. Auch die Feststellung der Qualifikation der vorhandenen Mitarbeiter kann für eine Sanierung von Bedeutung sein. Aus rechtlicher Sicht müssen neben den üblichen rechtlichen Fragestellungen insbesondere die insolvenzrechtlichen Anfechtungs- und Haftungsrisiken ermittelt werden.   41

Die Due Diligence beim Kauf eines Krisenunternehmens stellt sich in der Regel als ein **Kampf gegen die Zeit** dar. Je weiter die wirtschaftliche Notlage des Unternehmens fortgeschritten ist, desto zügiger sollte die Unternehmensanalyse durchgeführt werden. Ansonsten sind Geschäftsbeziehungen zu Abnehmern und Lieferanten gefährdet und es droht die Abwanderung qualifizierter und nur schwer ersetzbarer Arbeitnehmer.[5] Bei Überschuldung oder Zahlungsunfähigkeit von juristischen Personen wird der Zeitdruck zudem durch die Drei-Wochen-Frist der §§ 64 Abs. 1 GmbHG, 92 Abs. 2 AktG verstärkt.   42

Erschwert werden kann die Due Diligence durch **unzureichende Informationsmöglichkeiten** des Erwerbers.[6] Die Buchhaltungsunterlagen und Bilanzen eines Krisenunternehmens sind nicht selten mangelhaft. Auch die übrige Dokumentation ist vielfach unzureichend. Entspricht die Übernahme nicht den   43

---

1 Dazu die Checkliste I im Anhang B.
2 Vgl. auch Checkliste bei *Fiebig/Undritz*, MDR 2003, 254.
3 *Lubos*, DStR 1999, 951 (953).
4 Vgl. *Rotthege/Wassermann*, Rz. 1384.
5 *Maus*, DB 1991, 1133 (1134).
6 *Lubos*, DStR 1999, 951 (953).

Vorstellungen des Managements des Targets, wird es die Unternehmensanalyse zusätzlich verzögern oder gar nicht gestatten.

44 Wurde das Insolvenzverfahren über das Unternehmen bereits eröffnet oder ein vorläufiger Insolvenzverwalter bestellt, ist eine Due Diligence häufig nicht mehr möglich, da der Insolvenzverwalter sie nur selten zulässt.

2. Offenbarungspflichten des Verkäufers

45 Im Zusammenhang mit einer Due Diligence beim Kauf eines Krisenunternehmens stellt sich die Frage, welche Offenbarungspflichten den Verkäufer des Unternehmens oder der Unternehmensteile hinsichtlich der Krise treffen.[1] Grundsätzlich muss der Verkäufer nicht über alle für den Kauf relevanten Umstände informieren (Teil VII Rz. 174). Nach gefestigter Rechtsprechung des BGH besteht für die Vertragsparteien eines Unternehmenskaufvertrages jedoch die Pflicht, den anderen Teil über solche **Umstände** aufzuklären, **die den Vertragszweck (des anderen) vereiteln können** und daher für seinen Entschluss von wesentlicher Bedeutung sind, sofern er die Mitteilung nach der Verkehrsauffassung erwarten durfte.[2] Geht es um die Übernahme von Unternehmensanteilen in einem Share Deal, erstreckt sich die Aufklärungspflicht des Verkäufers auch auf alle Umstände, welche die Überlebensfähigkeit des Unternehmens ernsthaft gefährden, insbesondere also bei drohender oder bereits eingetretener Zahlungsunfähigkeit oder Überschuldung.[3] Als Rechtsfolge einer unterbliebenen Aufklärung kann der Käufer die Rückabwicklung des Kaufvertrages und Ersatz von Aufwendungen verlangen.[4]

46 Für den Verkäufer hat diese Rechtsprechung **negative Auswirkungen** auf seine Verhandlungsposition, da er die wirtschaftliche Krisenlage detailliert offen legen muss. Ein „guter" Kaufpreis, mit dem gerade die Zahlungsunfähigkeit abgewendet werden soll, lässt sich nach erfolgter Aufklärung schwerer erzielen. Außerdem wird der Zeitdruck für die Transaktion zusätzlich verschärft, da die Offenlegungsgründe gleichzeitig Insolvenzantragsgründe darstellen können. Für den Käufer bedeutet die Offenlegung, dass er Kenntnis von der Zahlungsunfähigkeit im Sinne von § 132 Abs. 1 InsO erlangt, was das Risiko einer Anfechtung des Kaufvertrages durch den Insolvenzverwalter erhöht, wenn der Kaufpreis nicht als angemessen angesehen wird (Teil VII Rz. 174).

IV. Übernahme- und Sanierungskonzept

47 Neben der Due Diligence hat die Entwicklung eines Übernahme- und Sanierungskonzeptes bei einer beabsichtigten Sanierung des Krisenunternehmens besondere **Bedeutung für eine lohnenswerte Akquisition** des Erwerbers. Ein

---

1 Vgl. allgemein zu Offenbarungspflichten: *Picot/Aleth*, Rz. 222 ff.; *Stengel/Scholderer*, NJW 1994, 158.
2 BGH v. 4.4.2001 – VIII ZR 32/00, GmbHR 2001, 516; BGH v. 14.3.1991 – VII ZR 342/89, BGHZ 114, 87.
3 BGH v. 4.4.2001 – VIII ZR 32/00, GmbHR 2001, 516 (519).
4 BGH v. 4.4.2001 – VIII ZR 32/00, GmbHR 2001, 516 (519).

schlüssiges Übernahme- und Sanierungskonzept ist auch für die Einbindung von Banken und Gläubigern in die Sanierung unerlässlich. Um keine kostbare Zeit zu verlieren, müssen schon während der krisenorientierten Unternehmensanalyse Lösungsmöglichkeiten zur Überwindung der Krise konzipiert werden.[1]

Anhand der im Rahmen der Due Diligence festgestellten Krisenursachen sind die Chancen und Risiken der Sanierung abzuwägen. Erstes **Ziel des Sanierungskonzeptes** muss die Schließung von Verlustquellen und Beseitigung der Managementfehler sein. Zur Verbesserung der Kostenstruktur müssen verlustintensive Betriebsteile restrukturiert oder abgestoßen werden. Eine Restrukturierung macht die Zufuhr von Kapital erforderlich. Der kurz-, mittel- und langfristige Kapitalbedarf muss geprüft werden, damit die Finanzierung der Sanierungsmaßnahmen gesichert ist. Auch dürften bestimmte Sofortmaßnahmen notwendig sein, um die Insolvenz abzuwenden und die Lage des Unternehmens zu stabilisieren. 48

Das Sanierungskonzept muss die erforderlichen Sanierungsmaßnahmen **vollständig und nachvollziehbar** aufführen. Nur dann werden sanierungsbereite Dritte (Banken, Kunden, Lieferanten, Mitarbeiter) gewillt sein, den Erwerber bei der Sanierung zu unterstützen. Entscheidend für den Erfolg ist insbesondere die Finanzierbarkeit des Konzepts. Ansonsten drohen sogar negative Auswirkungen auf das Käuferunternehmen. Schließlich bietet das Konzept nur dann einen Weg aus der Krise, wenn es unmittelbar nach erfolgter Übernahme konsequent umgesetzt wird.[2] 49

V. Sanierungsbeteiligung Dritter

Ohne **Sanierungsbeiträge** von Banken, Lieferanten, Kunden und Mitarbeitern ist häufig eine erfolgreiche Sanierung des Krisenunternehmens aussichtslos. Daher ist bereits in der Vorbereitungsphase auszuloten, inwieweit sanierungsinteressierte Dritte in die Kaufverhandlungen und die Sanierung einbezogen werden können. Eine Schlüsselstellung kommt den kreditgebenden Banken zu, die häufig auch die Hauptgläubiger des Krisenunternehmens sind. Für die Banken und die weiteren Gläubiger muss die Sanierung des Unternehmens generell attraktiver sein als dessen Insolvenz. Dies ist in der Regel der Fall, da Gläubiger nach Abschluss des Insolvenzverfahrens meist nur noch eine Quote erhalten. Die besonders bedeutenden Grundpfandgläubiger, für deren Kredite die Betriebsgrundstücke haften, sind allerdings aufgrund ihrer Absonderungsrechte auch in der Insolvenz besser gestellt. 50

Sanierungsbeiträge von dritter Seite sollten, soweit möglich, **vertraglich abgesichert** werden, damit die Beiträge dem Unternehmen auch tatsächlich zugeführt werden. Übernimmt der Erwerber Verbindlichkeiten des früheren Inhabers – in der Regel gegen Anrechnung auf den Kaufpreis – oder bestehen an den übernommenen Vermögensgegenständen Sicherungsrechte, sind Verein- 51

---

1 *Lubos*, DStR 1999, 951 (953).
2 *Maus*, DB 1991, 1133 (1134).

barungen mit den Gläubigern unerlässlich. Hierfür bieten sich der Abschluss eines Stillhalteabkommens (pactum de non petendo) zugunsten des Zielunternehmens oder eines Verjährungsverzichts an.[1] Zur Minimierung der Schuldenlast ist ein teilweiser Forderungsverzicht (§ 397 Abs. 1 BGB) hilfreich. Dieser wird häufig mit einer Verfallklausel oder einem Besserungsschein verknüpft.[2] Die Gläubiger können auch einen Pool zur effizienten Verwertung der Sicherheiten und gleichmäßigen Befriedigung bilden und eine Poolvereinbarung abschließen. Deren Regelungsinhalt ist die Verteilung des Kaufpreises unter gleichzeitiger Freistellung des Verkäufers.[3] Ein weiterer in Betracht kommender Beitrag von Gläubigern zur Sanierung des Unternehmens ist die Schuldumwandlung, d.h. eine Umwandlung von Forderungen des Gläubigers gegen die Gesellschaft in Gesellschaftskapital (sog. Debt-Equity-Swept).[4]

52 Spätestens während des **Insolvenzeröffnungsverfahrens und im eröffneten Verfahren** werden die Gläubiger ohnehin aufgrund der insolvenzrechtlichen Vorschriften in einen möglichen Sanierungsprozess einbezogen. Im Rahmen der Gläubigerversammlung und/oder des Gläubigerausschusses wirken sie bei der Ernennung und Abwahl des Insolvenzverwalters, der Verwaltung des schuldnerischen Vermögens und dessen Verwertung mit. Auch bei einem Kauf in der Insolvenz sollten daher die Hauptgläubiger bereits in der Vorbereitungsphase mit in die Planung und Konzeption einbezogen werden.

D. Unternehmenskauf in der Krise

I. Risiken beim Kauf vor Eröffnung des Insolvenzverfahrens

53 Bei einem Unternehmenskauf vor Eröffnung des Insolvenzverfahrens bestehen für den Käufer eine Reihe von Risiken. Zusätzlich zu den auch beim Kauf eines solventen Unternehmens vorhandenen **Haftungsrisiken**, wie aus § 25 Abs. 1 HGB bei Fortführung der Firma, aus § 75 Abs. 1 AO und aus § 613a Abs. 1 BGB bei Übernahme von Betriebsteilen sowie der Haftung bei Rückforderung EU-rechtswidriger Beihilfen, die vor Verfahrenseröffnung uneingeschränkt Anwendung finden, sind vor allem die insolvenzrechtlichen Risiken zu beachten. Zu den insolvenzrechtlichen Risiken zählen die **Insolvenzanfechtung** und die **Erfüllungsverweigerung**. Sie werden immer dann relevant, wenn das Insolvenzverfahren nach Abschluss des Unternehmenskaufs eröffnet wird.

II. Haftungsrisiken

1. § 25 HGB

54 Gemäß **§ 25 Abs. 1 HGB** haftet der Erwerber bei einer Unternehmens- und Firmenfortführung des Handelsgeschäfts für alle im Betrieb des Unternehmens

---

1 *Rotthege/Wassermann*, Rz. 1388.
2 *Rotthege/Wassermann*, Rz. 1389.
3 *Peters*, ZIP 2000, 2238 (2241).
4 *Picot/Aleth*, Rz. 409.

begründeten Verbindlichkeiten des früheren Inhabers mit dem gesamten Vermögen. Der Tatbestand greift vor allem bei einer Firmenfortführung im Rahmen eines Share Deal ein. Aber auch wenn wesentliche Betriebsteile eines Unternehmens im Wege eines Asset Deal übernommen werden, kommt eine Haftung nach § 25 HGB in Betracht.[1]

Die Norm hat immer dann Bedeutung, wenn der Erwerber des Unternehmens ein **besonderes Interesse an der Nutzung der Firma** hat, beispielsweise aus Imagegründen oder weil die Firma eine bekannte Marke darstellt. Dabei ist zu berücksichtigen, dass es für die haftungsbegründende Firmenfortführung nach der Rechtsprechung des BGH bereits ausreicht, wenn der Geschäftsverkehr die neue Firma trotz vorgenommener Änderungen noch mit der alten identifiziert.[2] Der Erwerber kann daher die Haftung insbesondere nicht dadurch umgehen, dass er die Firma lediglich mit einer anderen Rechtsform verbindet.[3] Auch die in Unternehmenskaufverträgen häufig vorgesehene Vereinbarung, dass – bei einem Asset Deal – der Verkäufer seine Firma ändert, um eine Rufschädigung durch eine mögliche Insolvenz zu vermeiden, schließt die Haftung des Käufers nicht aus. 55

Um die Haftung nach **§ 25 Abs. 2 HGB** zu beschränken oder auszuschließen, ist eine entsprechende Vereinbarung zwischen dem Erwerber und dem Veräußerer gemäß § 25 Abs. 2 HGB erforderlich, die zu ihrer Gültigkeit der unverzüglichen Eintragung ins Handelsregister bedarf. Aufgrund der Krisensituation des Zielunternehmens ist eine solche Freizeichnung für den Käufer, der an einer Firmenfortführung interessiert ist, geboten. Sie ist in der Regel auch durchsetzbar, da der Verkäufer unter besonderem Zeit- und Erfolgsdruck steht. 56

2. § 75 AO

§ 75 Abs. 1 AO bestimmt die Haftung des Erwerbers eines Unternehmens oder Teilbetriebs für die **betrieblich begründeten Steuern** (Umsatz- und Gewerbesteuer) **und Steuerabzugsbeträge** (Lohnsteuer, Kapitalertragsteuer, Solidaritätszuschlag), die seit dem Beginn des letzten vor der Übereignung liegenden Kalenderjahres entstanden sind und innerhalb eines Jahres nach Anmeldung durch den Erwerber festgesetzt oder angemeldet wurden. Vorausgesetzt wird die Übernahme eines „lebenden" Unternehmens.[4] Diese liegt vor, wenn es vom Erwerber in der bisherigen Art ohne nennenswerte Aufwendungen fortgeführt werden kann.[5] Die Lebensfähigkeit beurteilt sich nach den tatsächlichen Verhältnissen im Zeitpunkt des Übergangs.[6] Es kommt jedoch nicht 57

---

1 *Ammon* in Röhricht/Graf von Westphalen, § 25 HGB Rz. 7; *Hopt* in Baumbach/Hopt, § 25 HGB Rz. 6; BGH v. 4.11.1991 – II ZR 85/91, ZIP 1992, 398.
2 BGH v. 29.3.1982 – II ZR 166/81, ZIP 1982, 560; BGH v. 4.11.1991 – II ZR 85/91, ZIP 1992, 398.
3 BGH v. 4.11.1991 – II ZR 85/91, ZIP 1992, 398.
4 BFH v. 4.2.1974 – IV R 172/70, BStBl. II 1974, S. 434; BFH v. 16.3.1982 – VII R 105/79, BStBl. II 1982, S. 483 (484); BFH v. 8.7.1982 – V R 138/81, BStBl. II 1983, S. 282 (283).
5 *Tipke/Kruse*, § 75 AO Rz. 10 ff.; BFH v. 16.3.1982 – VII R 105/79, BStBl. II 1982, S. 483 (485); BFH v. 8.7.1982 – V R 138/81, BStBl. II 1983, S. 282 (283), S. 297 (300).
6 BFH v. 25.11.1965 – V U 173/63, BStBl. III 1966, S. 333; BFH v. 20.7.1967 – V 240/64, BStBl. III 1967, S. 684.

auf die Ertragsfähigkeit, sondern die vorhandenen Assets an, so dass auch ein Krisenunternehmen als lebendes Unternehmen gilt.[1]

58 Die Vorschrift stellt klar, dass die Haftung auch bei Erwerb eines **Teilbetriebes** in der Form eines Asset Deal eingreift. Allerdings muss der übernommene Unternehmensteil nach dem Gesamtbild der Verhältnisse Selbstständigkeit innerhalb des Unternehmens besitzen.[2] Filialen von Einzelhandelsunternehmen stellen danach keinen selbstständigen Betrieb dar.[3]

59 Anders als bei § 25 HGB ist die Haftung nach § 75 Abs. 1 AO nur **auf das übernommene Vermögen** beschränkt (§ 75 Abs. 1 Satz 2 AO). Eine Freizeichnungsmöglichkeit besteht nicht. Da sich die Haftung nur auf diejenigen Beträge bezieht, die innerhalb eines Jahres nach Anmeldung des Unternehmensübergangs durch den Erwerber festgesetzt oder angemeldet worden sind, kann die Haftung durch eine unverzügliche Anzeige des Unternehmensübergangs nach § 138 AO zeitlich begrenzt werden.

60 Im Rahmen der Due Diligence empfiehlt es sich für den Käufer, beim **Finanzamt** eine Auskunft über die ausstehenden Betriebssteuern und Steuerabzugsbeträge einzuholen. Vor Durchführung des Unternehmenskaufs ist hierfür nach § 30 Abs. 4 Nr. 3 AO die Zustimmung des Verkäufers erforderlich. Angesichts des engen Zeitrahmens kann es allerdings sein, dass die Auskunft durch das Finanzamt nicht mehr rechtzeitig eingeholt werden kann.

3. § 613a BGB[4]

61 Ein großer Risikofaktor bei einem Unternehmenskauf ist regelmäßig der in § 613a Abs. 1 Satz 1 BGB beim Erwerb eines Betriebes bzw. Betriebsteils vorgesehene **Eintritt des Käufers in die übergehenden Arbeitsverhältnisse** mit all den hieraus entstehenden Rechten und Pflichten.[5] Der Käufer wird Schuldner sämtlicher Ansprüche der Arbeitnehmer aus dem Arbeitsverhältnis und haftet insbesondere auch für rückständige Gehaltszahlungen und Sozialversicherungsbeiträge. Hinzu kommt, dass eine Kündigung der Arbeitsverhältnisse wegen des Betriebsübergangs nach § 613a Abs. 4 Satz 1 BGB verboten ist. Dies gilt nach der Rechtsprechung des Bundesarbeitsgerichtes auch für ein Unternehmen, das sich in der Krise oder Insolvenz befindet.[6] Insbesondere bei Zielunternehmen mit einem hohen Personalbestand kann die Folge des § 613a BGB ein entscheidendes Hindernis für den Erwerb darstellen.[7]

---

1 FG Baden-Württemberg v. 27.2.1980 – X (VII) 356/77, EFG 80, 422; FG Hamburg v. 9.6.1975 – VI 130/74, EFG 75, 601.
2 Vgl. BFH v. 28.11.1988 – X R 1/86, BStBl. II 1989, S. 376; BFH v. 29.4.1993 – IV R 88/92, BFH/NV 1994, 694.
3 BFH v. 29.4.1993 – IV R 88/92, BFH/NV 1994, 694 (695 f.).
4 Ausführlich dazu Teil VI.
5 *Putzo* in Palandt, § 613a BGB Rz. 22 f.
6 BAG v. 26.5.1983 – 2 AZR 477/81, BAGE 43, 13 (17).
7 *Kübler*, ZGR 1982, 498 (499).

4. Haftung für EU-Beihilfen

Eine zusätzliche Haftung des Erwerbers eines Krisenunternehmens kann sich aufgrund der neuen Praxis der EU-Kommission bei der **Rückforderung rechtswidrig gewährter EU-Beihilfen** ergeben.[1] Grundsätzlich können gemeinschaftswidrig gewährte Beihilfen nur vom Beihilfeempfänger zurückverlangt werden. Im Rahmen eines Share Deal trifft dies auch den Erwerber des Empfängerunternehmens. Die EU-Kommission ist in letzter Zeit jedoch dazu übergegangen, die beihilferechtlichen Rückzahlungspflichten auf die Erwerber von „beihilfebefangenen" Unternehmensteilen durch einen Asset Deal auszudehnen.[2] Hintergrund dieser Praxis ist die Zunahme von Fällen, in denen die Rückforderung gegen den Beihilfeempfänger aufgrund dessen Insolvenz nicht mehr durchsetzbar war, die Geschäftstätigkeit mit dem beihilfefinanzierten Betriebsvermögen aber in einem anderen Unternehmen fortgeführt wurde. 62

Die Kommission dehnt die Haftung bislang nur auf **offensichtliche Umgehungsfälle** aus, in denen die Übertragung der Vermögenswerte gerade dazu dient, die Rückforderung der Beihilfen unmöglich zu machen.[3] Indizien sind dabei die Identität oder Nähe von Erwerber und Veräußerer sowie ein nicht marktgerechter Kaufpreis. Eine Übertragung der Assets auf unabhängige Dritte zu marktüblichen Preisen dürfte daher nicht erfasst sein.[4] Allerdings besteht angesichts der derzeit nicht absehbaren weiteren Entwicklung der Rückforderungspraxis Rechtsunsicherheit. 63

Da ein vertraglicher Haftungsausschluss nach allgemeiner Ansicht nicht zulässig ist,[5] kann sich der Käufer bei Anhaltspunkten für eine drohende Rückforderung von EU-Beihilfen derzeit nur damit behelfen, dass er die EU-Kommission um Klärung bittet. Diese erteilen zwar in Beihilfesachen **keine rechtsverbindliche Unbedenklichkeitsbescheinigung** („Comfort Letter"). Eine Auskunft kann jedoch für eine faktische Bindung sorgen und dem Erwerber gewisse Sicherheit geben.[6] Auch hier kann allerdings der Zeitdruck, unter dem die Transaktion in aller Regel stehen wird, dazu führen, dass eine Klärung mit der EU-Kommission vor Abschluss des Kaufvertrages nicht möglich ist. 64

III. Insolvenzrechtliche Risiken

1. Erfüllungsverweigerung

Ein insolvenzspezifisches Risiko ist die **Erfüllungsverweigerung durch den Insolvenzverwalter** gemäß § 103 Abs. 2 Satz 1 InsO.[7] Sie droht, wenn der Kaufvertrag über Vermögensgegenstände oder Anteile des Krisenunternehmens vor Eröffnung des Insolvenzverfahrens geschlossen wurde, aber im Zeitpunkt der 65

---

1 Vgl. *Soltész*, BB 2001, 1049 ff.; *Koenig*, BB 2000, 573 (575).
2 Überblick über die Entscheidungen bei *Soltész*, BB 2001, 1049 ff.
3 Entscheidung der Kommission v. 8.7.1999, ABl. 1999 L 292/27 – Gröditzer Stahlwerke.
4 Dafür plädiert *Soltész*, BB 2001, 1049 (1052).
5 Entscheidung der Kommission v. 25.3.1992, ABl. 1992 L 171/54 (63) – Hytasa.
6 *Soltész*, BB 2001, 1049 (1053).
7 Vgl. *Graf/Wunsch*, ZIP 2002, 2117 (2119 ff.).

Verfahrenseröffnung von keiner Vertragspartei vollständig erfüllt ist.[1] Eine vollständige Vertragsabwicklung kann dann endgültig scheitern.

66 Gemäß § 103 InsO hat der Insolvenzverwalter mit Verfahrenseröffnung ein **Wahlrecht**, ob er den Kaufvertrag erfüllt oder nicht.[2] Dabei ist er an keine Frist gebunden.[3] Macht der Insolvenzverwalter von seinem Wahlrecht keinen Gebrauch, kann der Käufer ihn gemäß § 103 Abs. 2 Satz 2 InsO zur unverzüglichen Erklärung über die Ausübung seines Wahlrechts auffordern und dadurch den Schwebezustand beenden.[4] Erklärt sich der Insolvenzverwalter auch dann nicht, verliert er sein Wahlrecht. Sein Schweigen wirkt gemäß § 103 Abs. 2 Satz 3 InsO im Ergebnis wie eine ausdrückliche Erfüllungsablehnung. Verlangt er unverzüglich Erfüllung, jedoch unter Einschränkung oder Vorbehalten, handelt es sich um eine Erfüllungsablehnung verbunden mit einem Angebot auf Neuabschluss des Vertrages.[5]

67 Der Insolvenzverwalter ist bei der Ausübung seines Wahlrechts grundsätzlich frei. Eine **Pflicht zur Ablehnung der Erfüllung** kann jedoch bestehen, wenn der Käufer sich zur Übernahme von (einzelnen) Verbindlichkeiten gegen Anrechnung auf den Kaufpreis verpflichtet hat und dies den Grundsatz der Gleichbehandlung der Insolvenzgläubiger verletzt, weil einzelne Gläubiger bevorzugt befriedigt werden.[6]

68 Wird die Vertragserfüllung vom Insolvenzverwalter abgelehnt, kann der Käufer seinen Anspruch wegen Nichterfüllung nur als **Schadensersatzanspruch im Insolvenzverfahren** geltend machen (§ 103 Abs. 2 Satz 1 InsO).[7] Er erhält dann nur die Insolvenzquote. Gleiches gilt für einen Rückzahlungsanspruch, wenn der Kaufpreis bereits teilweise gezahlt wurde (§ 105 Satz 2 InsO).[8] Die Problematik stellt sich daher insbesondere, wenn der Käufer zur Sicherung von Gewährleistungsansprüchen Teile des Kaufpreises einbehält oder auf ein Treuhandkonto einzahlt.

69 Das Risiko der Erfüllungsverweigerung betrifft aber nicht nur den Kaufvertrag selbst. Auch wenn der Kaufvertrag vollständig erfüllt wurde, können übergehende Vertragsverhältnisse Gegenstand einer Erfüllungsverweigerung sein. Dies bereitet insbesondere bei der **Übertragung von gewerblichen Schutzrechten** dem Erwerber Schwierigkeiten. Lizenzverträge sind grundsätzlich erst mit Ablauf der Lizenzzeit vollständig erfüllt. Wird beispielsweise bei einem Vertrag über die Nutzung von IT-Software der Erwerber vom Veräußerer als Lizenznehmer für die weitere Lizenzvertragsdauer unterlizenziert, kann im Fall

---

1 *Huber* in MünchKomm. InsO, § 103 InsO Rz. 61.
2 Zum Wahlrecht des Insolvenzverwalters: BGH v. 20.12.1988 – IX ZR 50/88, BGHZ 106, 236 (242 ff.).
3 BGH v. 1.7.1981 – VIII ZR 168/80, BGHZ 81, 90 (93).
4 *Beisel/Klumpp*, Kap. 5 Rz. 35.
5 *Huber* in MünchKomm. InsO, § 103 InsO Rz. 182.
6 *Rödder/Hötzel/Mueller-Thuns*, § 17 Rz. 12.
7 RG v. 25.11.1933 – I 141/33, RGZ 142, 296 (300).
8 *Graf/Wunsch*, ZIP 2002, 2117 (2118).

der Insolvenz des Lizenznehmers der Insolvenzverwalter die Erfüllung gemäß § 103 Abs. 2 InsO ablehnen, wodurch auch die Unterlizenzierung entfällt.[1]

2. Anfechtungsrisiken

a) Anfechtungsrecht

Ist der Unternehmenskaufvertrag vor Eröffnung des Insolvenzverfahrens bereits (von einer Partei) erfüllt worden, besteht für den Käufer ein anderes Risiko. Der Erwerb kann vom Insolvenzverwalter nach Verfahrenseröffnung gemäß §§ 129 ff. InsO **angefochten** werden. Anfechtbar sind vor Insolvenzeröffnung vorgenommene Rechtshandlungen des Schuldners, die die Gläubiger benachteiligen (§ 129 InsO). Das kann sowohl für den zur Übertragung verpflichtenden Vertrag als auch für jede einzeln in Bezug auf den Unternehmenskauf erfolgte Übertragung eines Vermögensgegenstandes gelten.[2]

70

b) Gläubigerbenachteiligung

Die Insolvenzanfechtung soll dem Schutz der Gläubiger vor masseschädigenden, sachlich nicht gerechtfertigten Verfügungen dienen und eine Privilegierung einzelner Gläubiger rückgängig machen. Grundvoraussetzung einer jeden Insolvenzanfechtung durch den Insolvenzverwalter ist daher eine durch die Rechtshandlung eingetretene **objektive Gläubigerbenachteiligung** (§ 129 Abs. 1 InsO). Sie liegt vor, wenn sich die Befriedigung der Gläubiger im Falle des Unterbleibens der angefochtenen Handlung günstiger gestaltet hätte.[3] Bereits die Veräußerung des Aktivvermögens kann eine Gläubigerbenachteiligung darstellen.[4] Zu einer nachteiligen Verkürzung der Insolvenzmasse kommt es auch, wenn für die Leistung des Schuldners keine gleichwertige Gegenleistung in sein Vermögen gelangt (§ 142 InsO). Dies ist bei einem Unternehmenskauf beispielsweise der Fall, wenn ein unangemessen niedriger Kaufpreis vereinbart wird. Eine Gläubigerbenachteiligung droht auch bei der Übernahme einzelner Verbindlichkeiten im Rahmen eines Asset Deal, da auf diese Weise nur bestimmte Gläubiger voll befriedigt werden.[5]

71

Das Merkmal der Gläubigerbenachteiligung ist bei Kauf eines Krisenunternehmens nicht immer zweifelsfrei zu bestimmen. Insbesondere die **Bewertung der Gegenleistung** bereitet Schwierigkeiten. Der Käufer ist gerade aufgrund der Krisensituation an der Vereinbarung eines günstigen Kaufpreises interessiert. Häufig wird er ohne besondere Preisnachlässe und Sonderkonditionen nicht zum Kauf bereit sein. Andererseits soll mit dem Anfechtungsrecht verhindert werden, dass der Verkäufer wegen des finanziellen und zeitlichen Drucks Vermögensgegenstände unter dem Verkehrswert „verschleudert" und auf diese Weise die Gläubiger benachteiligt. Nicht jeder Preisnachlass bedeu-

72

---

1 Vgl. *Paulus*, ZIP 1996, 2 (5 f.).
2 *Kirchhof* in MünchKomm. InsO, § 129 InsO Rz. 51 ff.
3 BGH v. 23.9.1981 – VIII ZR 245/80, ZIP 1981, 1229 (1230 f.); BGH v. 19.9.1988 – II ZR 255/87, BGHZ 105, 168 (187).
4 BGH v. 6.4.2000 – IX ZR 122/99, WM 2000, 1072; *Huber* in Gottwald, § 46 Rz. 38.
5 *Beisel/Klumpp*, Kap. 5 Rz. 39; *Rödder/Hötzel/Müller-Thuns*, § 17 Rz. 12.

tet jedoch ein Ungleichgewicht von Leistung und Gegenleistung. Vielmehr kann in der konkreten Situation ein besonders günstiger Kaufpreis der Marktsituation des Zielunternehmens entsprechen. Die Bewertung der Gegenleistung wird zudem dadurch erschwert, dass es gerade bei Unternehmenskäufen eine Vielzahl voneinander abweichender Bewertungsmöglichkeiten und -methoden gibt, die im Rahmen einer gerichtlichen Überprüfung des Kaufpreises dazu führen können, dass sich dieser als unangemessen niedrig herausstellt.[1] Letztlich kommt es bei der Feststellung der Angemessenheit der Gegenleistung auf eine objektive Beurteilung der Gesamtumstände an, für die der Insolvenzverwalter die Beweislast trägt.[2]

73 Auch die Übernahme bestimmter Verbindlichkeiten des Zielunternehmens muss nicht immer eine Gläubigerbenachteiligung darstellen. Dient die Forderungsübernahme **ernsthaften Sanierungsbemühungen** und rechtfertigen konkrete Tatsachen die Erwartung, dass das Unternehmen gerettet wird und die Gläubiger Befriedigung erlangen, scheidet eine Anfechtung selbst bei Scheitern des Sanierungsversuchs aus.[3]

74 Schließlich ist eine **Verletzung des Gleichbehandlungsgrundsatzes** und damit eine Gläubigerbenachteiligung bei der Veräußerung von Vermögensgegenständen ausgeschlossen, die zum schuldnerfremden Vermögen zählen und sich folglich nicht nachteilig auf die Insolvenzmasse und die damit einhergehende Befriedigungsmöglichkeit der Gläubiger auswirken. Dazu zählen insbesondere Gegenstände, an denen Aussonderungs- oder Absonderungsrechte bestehen (§§ 49, 50, 51 InsO).[4] Aussonderungs- bzw. absonderungsberechtigte Gläubiger sind keine Insolvenzgläubiger. Sie können die Nichtzugehörigkeit des Gegenstandes zum schuldnerischen Vermögen gegenüber dem Insolvenzverwalter geltend machen und Herausgabe des Gegenstandes bzw. Ersatzaussonderung (§ 48 InsO) verlangen.[5] Eine Benachteiligung der Gläubigergemeinschaft scheidet aus, soweit keine anderen Gläubiger mit gleichen oder vorrangigen Rechten existieren und feststeht, dass das schuldnerische Vermögen der Befriedigung aller bevorrechtigten Gläubiger genügt.[6]

c) Anfechtungsgründe

75 Zusätzlich zur Gläubigerbenachteiligung nach § 129 InsO muss einer der speziellen Anfechtungsgründe der §§ 130 ff. InsO erfüllt sein. Diese sind selbstständig nebeneinander anwendbar und können folglich gleichzeitig erfüllt sein.[7]

---

1 *Rotthege/Wassermann*, Rz. 1408.
2 BGH v. 11.5.2000 – IX ZR 262/98, ZIP 2000, 1061 (1063).
3 BGH v. 4.12.1997 – IX ZR 47/97, BB 1998, 1023, 1024 f.; *Nerlich* in Nerlich/Römermann, § 133 InsO Rz. 27.
4 BAG v. 29.7.1967 – 3 AZR 55/66, BAGE 20, 11 (15 f.).
5 *Ganter* in MünchKomm. InsO, § 47 InsO Rz. 5.
6 BGH v. 7.5.1991 – IX ZR 30/90, ZIP 1991, 737 (739); OLG Dresden v. 28.4.1997 – 17 U 2919/96, ZIP 1997, 1428.
7 *Kirchhof* in MünchKomm. InsO, vor §§ 129 bis 147 InsO Rz. 94.

Die Anfechtungsgründe nach §§ 130 Abs. 1, 131 Abs. 1 InsO sind bei einem Unternehmenskauf einschlägig, wenn der Käufer des Unternehmens bereits Gläubiger ist und im Rahmen der Vertragsabwicklung eine Befriedigung seiner Ansprüche erlangt, etwa durch Anrechnung der Forderung auf den Kaufpreis.[1] Aber auch die Übertragung der Vertragsgegenstände als Erfüllungshandlung durch den Verkäufer kann der **kongruenten/inkongruenten Anfechtung** unterfallen. Die Tatbestände unterscheiden danach, ob der Käufer einen Anspruch auf die Befriedigung seiner Forderung hat (kongruente Deckung, § 130 Abs. 1 InsO) oder ob er die Befriedigung nicht, nicht in der Art oder nicht zu der Zeit beanspruchen durfte (inkongruente Deckung, § 131 Abs. 1 InsO). Bei kongruenter Deckung ist die Rechtshandlung anfechtbar, wenn sie in den letzten drei Monaten vor Antragstellung oder danach erfolgte und der Erwerber von der bestehenden Zahlungsunfähigkeit Kenntnis hatte. Die Anfechtung im Rahmen der inkongruenten Deckung ist an geringere Voraussetzungen geknüpft, da ein Insolvenzgläubiger, der eine Sicherung gar nicht beanspruchen durfte, weniger schutzbedürftig ist.[2] Nur in § 131 Abs. 1 Nr. 3 InsO wird ein subjektives Element, die Kenntnis von der Gläubigerbenachteiligung, vorausgesetzt. In den Fällen des § 131 Abs. 1 Nr. 1 und Nr. 2 InsO genügt für die Anfechtung, dass die Handlung im letzten Monat (Nr. 1) vor bzw. bei Zahlungsunfähigkeit des Schuldners im zweiten oder dritten Monat (Nr. 2) vor Verfahrenseröffnung vorgenommen worden ist.

76

Von höherer Relevanz im Rahmen eines Unternehmenskaufs ist der Anfechtungstatbestand der **„unmittelbar nachteiligen Rechtshandlung"** (§ 132 InsO). § 132 InsO knüpft im Gegensatz zu § 130 InsO nicht an eine bereits bestehende Verbindlichkeit des Schuldners an, sondern soll schon das Begründen einer Verbindlichkeit zugunsten Einzelner in der wirtschaftlichen Krise des Unternehmens zum Nachteil der Gläubigergemeinschaft verhindern.[3] Die anfechtbare Rechtshandlung ist danach der Abschluss des Unternehmenskaufvertrages selbst. Vorausgesetzt wird eine unmittelbare Gläubigerbenachteiligung, die – enger als die in § 129 Abs. 1 InsO vorgesehene (mittelbare) Benachteiligung – ohne Hinzukommen späterer Umstände schon mit der Vornahme der angefochtenen Rechtshandlung selbst eintritt. Hiervon erfasst werden vor allem Verschleuderungsgeschäfte, bei denen der Verkauf des Unternehmens oder der Vermögensgegenstände unter Wert erfolgt.[4] Wie bei § 130 Abs. 1 InsO wird die Anfechtung nach § 132 Abs. 1 InsO nur relevant, wenn der Unternehmenskauf nicht spätestens drei Monate vor Antragstellung (vollständig) abgewickelt worden ist und der Käufer Kenntnis von der Zahlungsunfähigkeit hatte. Erforderlich ist positive Kenntnis der Zahlungsunfähigkeit bzw. von Umständen, die zwingend auf die Zahlungsunfähigkeit schließen lassen (§ 132 Abs. 2 InsO); Hinweise auf eine drohende Zahlungsunfähigkeit oder Überschuldung genügen nicht.[5] Die Frage der Kenntnis stellt sich vor allem dann, wenn der Erwerber im Rahmen der Due Diligence die finanzielle Lage des Un-

77

---

1 *Rotthege/Wassermann*, Rz. 1407.
2 Vgl. *Kirchhof* in MünchKomm. InsO, § 131 InsO Rz. 1.
3 *Kirchhof* in MünchKomm. InsO, § 132 InsO Rz. 1.
4 *Dauernheim* in FrankfKomm. InsO, § 132 InsO Rz. 6; *Kirchhof* in MünchKomm. InsO, § 132 InsO Rz. 1.
5 Vgl. LG Stuttgart v. 28.2.1992 – 15 O 401/89, ZIP 1992, 1161.

ternehmens ausgiebig prüft und Einblick in dessen wirtschaftliche Notlage erlangt (vgl. zur Due Diligence bei Krisenunternehmen oben Teil XII Rz. 40 ff.).[1]

78 Weniger Bedeutung bei einem Unternehmenskauf hat die Anfechtung nach § 133 InsO wegen einer **vorsätzlichen Gläubigerbenachteiligung**. Danach ist eine Rechtshandlung anfechtbar, die vom Schuldner in den letzten zehn Jahren vor dem Antrag auf Eröffnung des Insolvenzverfahrens mit dem Vorsatz vorgenommen wurde, seine Gläubiger zu benachteiligen, und der Anfechtungsgegner den Vorsatz kannte. Es handelt sich dabei vor allem um Fälle des kollusiven Zusammenwirkens von Veräußerer und Käufer zum Nachteil der Gläubiger.

79 Schließlich ist gemäß § 134 InsO auch eine **unentgeltliche Leistung des Schuldners** anfechtbar, die bis zu vier Jahre vor dem Insolvenzantrag zurückliegt. Diese auf den ersten Blick bei einem Unternehmenskauf nicht einschlägige Vorschrift, hat aufgrund der Rechtsprechung des BGH eine größere Bedeutung erlangt. Der BGH lässt für die Anfechtbarkeit nach § 134 InsO auch eine teilweise unentgeltliche Leistung genügen, wenn die Parteien den ihnen zustehenden Bewertungsspielraum zur Festlegung des angemessenen Entgelts überschritten haben.[2] Betroffen sind Fälle der verschleierten bzw. gemischten Schenkung, die der BGH bei der Veräußerung von Unternehmensteilen zu einem symbolischen Preis von 1 Euro angenommen hat.[3]

d) Rechtsfolgen der Insolvenzanfechtung

80 Die Insolvenzanfechtung führt zur **Rückabwicklung des Kaufvertrages**. Der Erwerber hat die Pflicht, die Vermögensgegenstände, die er vom Verkäufer erworben hat, zur Insolvenzmasse zurückzugewähren (§ 143 Abs. 1 Satz 1 InsO). Das Schicksal der Gegenleistung bestimmt sich nach § 144 Abs. 2 InsO. Der Kaufpreis wird dem Käufer nur erstattet, soweit er noch in der Insolvenzmasse unterscheidbar vorhanden oder die Insolvenzmasse um den Wert bereichert ist. Dies wird bei einem Krisenunternehmen regelmäßig nicht der Fall sein, da die frischen liquiden Mitteln gerade zur Abwendung der Zahlungsunfähigkeit verwendet werden. Der Käufer kann dann seinen Anspruch auf Rückgewähr des Kaufpreises nur als einfache Insolvenzforderung geltend machen (§ 144 Abs. 2 Satz 2 InsO). In den meisten Fällen wird der Kaufpreis verloren sein und der Käufer nur noch die Insolvenzquote erhalten.

e) Anfechtung nach dem AnfG

81 Neben der Insolvenzanfechtung kommt auch eine Anfechtung nach dem **Anfechtungsgesetz** in Betracht. Damit können Gläubiger außerhalb eines Insolvenzverfahrens die Übertragung von Vermögensgegenständen anfechten, um deren Rückgewährung zum Zwecke der (Einzel-) Befriedigung zu erreichen. Die Tatbestände sind mit denen der Insolvenzanfechtung vergleichbar. Die

---

1 *Rotthege/Wassermann*, Rz. 1409.
2 BGH v. 24.6.1993 – IX ZR 96/92, ZIP 1993, 1170 (1173).
3 BGH v. 24.6.1993 – IX ZR 96/92, ZIP 1993, 1170 (1173).

Anfechtung nach dem AnfG wird in erster Linie Anwendung finden, wenn das Insolvenzverfahren mangels Masse nicht eröffnet oder nach Eröffnung mangels Masse eingestellt worden ist.

3. Zusammenfassung der insolvenzrechtlichen Risiken

Die Anfechtungsrisiken und die Risiken der Erfüllungsverweigerung sind angesichts der komplizierten gesetzlichen Bestimmungen für den Käufer **nicht einfach einzuschätzen**. Zusammenfassend lassen sich die insolvenzrechtlichen Risiken nach Stand der Krisensituation des Unternehmens wie folgt abgrenzen: 82

Bei **vollständiger Erfüllung** des Kaufvertrages durch beide Vertragsparteien vor Insolvenzeröffnung scheidet eine Erfüllungsverweigerung gemäß § 103 Abs. 1 InsO aus. Liegt eine Gläubigerbenachteiligung vor, kommt eine Anfechtung nach §§ 129 ff. InsO in Betracht. Gleiches gilt, wenn nur der Verkäufer seine Vertragspflichten vollständig erfüllt hat. Der Käufer kann die Vermögensgegenstände bzw. Unternehmensanteile behalten, es sei denn, die Voraussetzungen einer Anfechtung liegen vor. Den Kaufpreis hat er zur Insolvenzmasse zu leisten. 83

Hat **nur der Käufer** den Kaufpreis vor Verfahrenseröffnung vollständig bezahlt, der Verkäufer aber die Vertragsgegenstände noch nicht übertragen, stehen dem Insolvenzverwalter zwar nicht die Rechte aus § 103 Abs. 1 InsO zu. Der Käufer hat jedoch gemäß § 105 Satz 2 InsO keinen Anspruch auf Rückerstattung des Kaufpreises. Sein Anspruch auf die Gegenleistung wird lediglich als Insolvenzforderung behandelt. 84

Nur wenn sowohl der Käufer als auch der Verkäufer ihre Pflichten aus dem Unternehmenskaufvertrag bei Verfahrenseröffnung **nicht vollständig** erfüllt haben, ist dem Insolvenzverwalter das Erfüllungswahlrecht nach § 103 Abs. 1 InsO eröffnet. Für eine Anfechtung besteht dann kein Raum. 85

IV. Vertragsgestaltung

1. Ziele der Vertragsgestaltung

Die drohende Insolvenz des Kaufunternehmens bedeutet für den Käufer ein erhöhtes Haftungsrisiko. Ziel der **Vertragsgestaltung** aus Käufersicht ist es daher, die Übertragung von Unternehmensanteilen bzw. Vermögensgegenständen insolvenzfest zu gestalten, um das Haftungsrisiko zu reduzieren. Besondere Bedeutung kommt auch der Kaufpreisermittlung und den Zahlungsmodalitäten im Rahmen der Vertragsgestaltung zu. 86

2. Gewährleistung

In **gewöhnlichen Unternehmenskaufverträgen** kommt der Vereinbarung von Gewährleistungspflichten des Verkäufers eine besondere Rolle zu. Der Käufer lässt sich vom Verkäufer Garantien für die Abwesenheit von Fehlern und das 87

Vorhandensein von Eigenschaften geben (Teil VII Rz. 182 ff.). Gegenstand derartiger Garantien sind regelmäßig die Bilanzen und das Eigenkapital des Unternehmens sowie die gesellschaftsrechtlichen und vertraglichen Verhältnisse. Die Einstandspflichten des Verkäufers werden mit einem ausdifferenzierten, von der gesetzlichen Grundlage abweichenden Rechtsfolgensystem in einem Garantievertrag kombiniert. Derartige selbstständige Garantien werden auch nach der neuen Gesetzeslage aufgrund der Schuldrechtsreform (§ 444 BGB) von der herrschenden Meinung und dem Gesetzgeber für zulässig erachtet.[1]

88 Beim Kauf eines Krisenunternehmens spielen derartige Garantievereinbarungen **nur eine untergeordnete Rolle**. Dies erstaunt zunächst, da angesichts einer häufig wenig transparenten Finanzlage des Zielunternehmens und des geringen Zeitfensters für eine sorgfältige Due Diligence ein Gewährleistungskatalog als probates Mittel zur Reduzierung des Haftungsrisiko erscheint. Die Risiken des Käufers realisieren sich jedoch gerade mit der Eröffnung des Insolvenzverfahrens nach Abschluss des Kaufvertrages. Dann sind aber auch die schuldrechtlichen Gewährleistungszusagen des Verkäufers nicht mehr viel wert, da sie sich nicht durchsetzen lassen.

3. Kaufpreis

a) Kaufpreisfindung

89 Für die **Bestimmung des Kaufpreises** muss auch beim Kauf eines Krisenunternehmens eine Unternehmensbewertung nach den bekannten Bewertungsmethoden (Ertrags-, Substanz-, Liquidationswertverfahren und insbesondere Discounted-Cash-Flow-Methode) vorgenommen werden (Teil VII Rz. 87 ff.). Allerdings sind die Ertrags- und die Substanzwertmethode regelmäßig wenig hilfreich, da bei überschuldeten Unternehmen gerade keine Gewinne erwirtschaftet wurden und das Eigenkapital aufgezehrt ist.[2] Bei einem Asset Deal dient der Liquidationswert der Einzelassets als Bewertungsuntergrenze. Neben den Einzelwerten der zu übertragenden Assets können weitere Faktoren, wie die vorhandene Liquidität oder die zu übernehmenden Mitarbeiter, einen mittelbaren Einfluss auf den Kaufpreis haben. Auch das Risiko des Käufers, bestehende Gewährleistungsansprüche im Falle der Insolvenz nicht durchsetzen zu können, ist im Rahmen der Preisfindung zu berücksichtigen.

90 Wegen der Krisensituation wird es häufig einen erheblichen **Risikoabschlag** auf den Kaufpreis geben. Nicht selten zahlt der Käufer nur einen symbolischen Kaufpreis von 1 Euro, da letztendlich die Restrukturierungskosten oder die Freistellung des Verkäufers von Verbindlichkeiten und Haftung den Kaufpreis des Erwerbers darstellen (vgl. zum dann bestehenden Anfechtungsrisiko nach § 134 InsO oben Teil XII Rz. 79).[3] Ist das Unternehmen überschuldet und kann es nur mit einem erheblichen Sanierungsaufwand wieder profitabel gemacht werden, kann im Extremfall auch ein negativer Kaufpreis vereinbart sein. Der Verkäufer ist dann zur Zuzahlung verpflichtet, damit der Käufer sämtliche

---

1 *Lieb* in Dauner-Lieb/Henssler, S. 65 m.w.N.
2 *Bernsau/Höpfner/Rieger/Wahl*, S. 50 f.
3 *Quack*, ZGR 1982, 350 (359); *Lubos*, DStR 1999, 955.

Vermögensgegenstände oder Anteile übernimmt.[1] Ein negativer Kaufpreis kann vermieden werden, wenn der Verkäufer Eigenkapitalgarantien übernimmt oder das Unternehmen zuvor mit zusätzlichem Eigenkapital ausstattet.[2] Bei erheblichen Kaufpreisabschlägen droht allerdings eine Anfechtung durch den Insolvenzverwalter.

b) Kaufpreisdokumentation

Zur Reduzierung von Anfechtungsrisiken ist die Kaufpreisfindung im Kaufvertrag **hinreichend zu dokumentieren**. Nur eine transparente Vertragsgestaltung kann den Vorwurf einer anfechtbaren Gläubigerbenachteiligung aufgrund eines nicht angemessenen Kaufpreises entkräften. Dies gilt insbesondere, wenn aufgrund der Risikosituation erhebliche Abschläge auf den Kaufpreis vereinbart wurden oder nur ein symbolischer Betrag von 1 Euro vom Käufer zu zahlen ist (zur dann drohenden Anfechtung wegen verschleierter Schenkung s. oben Teil XII Rz. 79). Soweit die zur Verfügung stehende Zeit es erlaubt, kann die Einholung einer so genannten „Fairness Opinion" sinnvoll sein. Dabei handelt es sich um ein Gutachten eines Wirtschaftsprüfers oder einer Investmentbank, das die Marktgerechtheit des vereinbarten Kaufpreises bestätigt. Die „Fairness Opinion" sollte zum Gegenstand des Kaufvertrages gemacht werden und diesem als Anlage beigefügt werden.

91

c) Zahlungsmodalitäten

Neben den auch bei einem gewöhnlichen Unternehmenskaufvertrag üblichen detaillierten vertraglichen Regelungen über die Fälligkeit, Zahlung und Absicherung des Kaufpreises sind beim Kauf eines Krisenunternehmens besondere Zahlungsmodalitäten sinnvoll. Der Käufer wird ein Interesse an einer Absicherung seiner bei Eintritt der Insolvenz gefährdeten Gewährleistungsansprüche haben. Hierfür bietet sich die Einbehaltung des (Teil-)Kaufpreises, die Vereinbarung einer Ratenzahlung oder die Einzahlung des Kaufpreises auf ein Treuhandkonto („escrow account") an.

92

Auch die **negativen Folgen einer Rückabwicklung** bei Anfechtung des Kaufvertrages nach §§ 129 ff. InsO können auf diese Weise reduziert werden. Für den Käufer empfiehlt es sich, den Kaufpreis bis zum Ablauf der dreimonatigen Anfechtungsfrist des besonders praxisrelevanten § 132 Abs. 1 InsO einzubehalten. Durch die Einbehaltung wird jedenfalls das Risiko ausgeschlossen, dass der Kaufpreis im Falle der Anfechtung wegen unmittelbarer Gläubigerbenachteiligung zur Insolvenzmasse gezogen wird und dort nicht mehr unterscheidbar vorhanden ist. Bei einer Einbehaltung des Kaufpreises sollte allerdings eine Verzinsung und/oder Sicherheitsleistung durch den Käufer vereinbart werden, damit nicht die Zahlungsmodalität selbst als Ungleichwertigkeit von Leistung und Gegenleistung und damit als anfechtbare Benachteiligung der Gläubiger behandelt wird. Die Einbehaltung des Kaufpreises oder die Einzahlung auf ein Treuhandkonto wird in der Praxis allerdings dann nicht durchsetzbar sein,

93

---

1 *Beisel/Klumpp*, Kap. 11 Rz. 6.
2 *Lubos*, DStR 1999, 951 (955).

wenn der Verkäufer, was in der Regel der Fall sein wird, dringend auf die Kaufpreiszahlung zur Abwendung der Zahlungsunfähigkeit angewiesen ist.

94 Die Einbehaltung von Teilen oder des gesamten Kaufpreises sowie die Einzahlung des Kaufpreises auf ein Treuhandkonto führt außerdem dazu, dass der Kaufvertrag **als vom Käufer nicht erfüllt** gilt. Kommt es in der Zwischenzeit zur Eröffnung des Insolvenzverfahrens und hat auch der Verkäufer noch nicht vollständig erfüllt, besteht für den Insolvenzverwalter das Erfüllungswahlrecht nach § 103 InsO, mit der Folge, dass bei Ablehnung der Erfüllung die Transaktion scheitert und der Schadensersatz wegen Nichterfüllung sowie geleistete Zahlungen des Käufers nur als einfache Insolvenzforderung behandelt werden. Auf keinen Fall sollte der Käufer aber die Vereinbarung treffen, mit der Einzahlung des Kaufpreises auf ein treuhänderisch gehaltenes Hinterlegungskonto sei die Pflicht zur Kaufpreiszahlung erfüllt. Dann könnte bei Eingreifen des § 103 InsO auch der auf dem Hinterlegungskonto einbezahlte Betrag zur Insolvenzmasse gezogen werden.

4. Vertragsgestaltung bezüglich besonderer Kaufobjekte

a) Vermögensgegenstände

95 Bei der **Übertragung einzelner Vermögensgegenstände** ist im Unternehmenskaufvertrag festzuhalten, ob Aussonderungs- oder Absonderungsrechte Dritter (§§ 47, 51 InsO) an den zu übertragenden Gegenständen bestehen. Hierfür bietet sich die Aufstellung einer vollständigen Inventarliste mit entsprechenden Vermerken der Drittrechte an.

b) Vertragsbeziehungen und Forderungen

96 Für die **Übernahme von Vertragsbeziehungen** des Verkäufers ist die Zustimmung der jeweiligen Vertragspartner erforderlich. Die Einbeziehung Dritter in den Kaufvertrag würde allerdings die Vertragsabwicklung verkomplizieren und das Anfechtungsrisiko erhöhen. Die häufig in Asset-Deal-Verträgen vorgesehene „Best-Effort-Klausel", dass sich die Parteien um die Einholung der Zustimmung nach besten Kräften bemühen werden, hat für den Käufer in dieser Situation wenig Wert. Bei drohender Insolvenz des Zielunternehmens ist der Käufer ohnehin am Abschluss einer eigenen Vertragsbeziehung mit dem bisherigen Vertragspartner des Verkäufers für die besonders relevanten Verträge interessiert. Dann sollte im Unternehmenskaufvertrag die Pflicht des Verkäufers vorgesehen werden, die betroffenen Verträge zu kündigen oder eine Aufhebungsvereinbarung mit dem Vertragspartner abzuschließen.

97 Die **Übernahme einzelner Verbindlichkeiten** sollte in einem Kaufvertrag vor Eröffnung des Insolvenzverfahrens möglichst nicht vereinbart werden.[1] Im Falle der Insolvenz droht ansonsten eine Vertragsanfechtung wegen Verletzung des Grundsatzes der gleichmäßigen Befriedigung der Insolvenzgläubiger (s. oben Teil XII Rz. 71). Diese Gefahr besteht nicht, wenn sämtliche Verbindlich-

---

1 *Rödder/Hötzel/Mueller-Thuns*, § 17 Rz. 14.

keiten übernommen werden. Allerdings wird die Übernahme aller Forderungen oft nicht gewollt sein.

Bei der Übernahme von Vertragsbeziehungen sollte sich der Käufer **bestehende Gewährleistungsansprüche** übertragen lassen. Im Insolvenzfall sind diese werthaltiger als die Gewährleistungszusagen des Verkäufers selbst. 98

c) Lizenzverträge für Schutzrechte und Know-how

Die **Übertragung von Lizenzen** (z.B. für IT-Software) ist nicht ohne weiteres insolvenzfest auszugestalten. Bei Lizenzierung durch den Verkäufer droht im Insolvenzfall die Erfüllungsverweigerung. Vom Verkäufer entwickelte IT-Software sollte daher vollständig auf den Erwerber übertragen werden. Will das Verkäuferunternehmen die IT-Software selbst weiter nutzen, kommt eine Rücklizenzierung in Betracht. Dies ist bereits im Unternehmenskaufvertrag festzulegen. 99

d) Versorgungsleistungen des Verkäufers

Versorgungsleistungen, die der Verkäufer auch nach der Übertragung der Assets (bis auf weiteres) an übergehenden Vermögensgegenständen zu erbringen hat, müssen im Einzelnen vertraglich festgelegt werden (zur Überleitung von Versorgungsleistungen s. oben Teil XII Rz. 36). Dabei ist auf die Sicherstellung der Versorgungsleistung auch im Fall der Insolvenz zu achten. Wird der versorgungsabhängige Teil eines Unternehmens erworben, sollte die Versorgungsleistung durch eine dingliche Sicherheit am Grundstück, regelmäßig durch Dienstbarkeiten, sichergestellt werden. Gegebenenfalls sind dazu gesonderte Vereinbarungen mit Grundpfandgläubigern am Grundstück erforderlich. 100

e) Fortführung der Firma

Übernimmt der Käufer die Anteile oder den wesentlichen Betriebsteil eines Unternehmens und beabsichtigt er, die Firma aus Marketing- oder Imagegründen **fortzuführen**, sollte er in dem Unternehmenskaufvertrag eine Haftungsfreistellung gemäß § 25 Abs. 2 HGB vereinbaren. Da die Haftungsfreistellung zu ihrer Wirksamkeit der unverzüglichen Eintragung in das Handelsregister des Verkäufers bedarf, ist zudem im Vertrag sicherzustellen, dass der Verkäufer die Handelsregisteranmeldung zeitnah nach der Übernahme der Firma vornimmt. Dabei ist zu berücksichtigen, dass die Rechtsprechung schon eine Verzögerung von sechs Wochen als nicht ausreichend betrachtet.[1] Werden Anteile an einer Personengesellschaft übertragen, ist auch die erforderliche Zustimmung eines ausscheidenden Gesellschafters, dessen Name in der Firma fortgeführt werden soll (§ 24 Abs. 2 HGB), im Kaufvertrag ausdrücklich festzuschreiben (Teil VII Rz. 85). 101

---

1 RG v. 4.1.1911 – Rep. I 461/09, RGZ 75, 139 (140).

5. Dokumentation

102 Wird eine Due Diligence durchgeführt, sollten die Parteien im Kaufvertrag eine **detaillierte Dokumentation** der vom Verkäufer vorgelegten Unterlagen vorsehen (Teil VII Rz. 29 ff.). Darin sollten nicht nur sämtliche Unterlagen, die der Käufer eingesehen hat, aufgeführt, sondern auch der Zeitpunkt der Due Diligence bzw. der Vorlage der Dokumente festgehalten werden. Dies hat insbesondere im Falle einer möglichen Anfechtung des Kaufvertrages durch den Insolvenzverwalter für die Frage Bedeutung, ob der Käufer im maßgeblichen Zeitpunkt bereits Kenntnis von der Zahlungsunfähigkeit des Verkäufers hatte. Eine sorgfältige Dokumentation ist aber auch für den Verkäufer von Interesse, um nachzuweisen, dass er seiner Aufklärungspflicht über die Krisensituation des Unternehmens ausreichend nachgekommen ist.

E. Unternehmenskauf im Insolvenzeröffnungsverfahren

I. Unternehmenskauf vom vorläufigen Insolvenzverwalter

1. Stellung des vorläufigen Insolvenzverwalters

103 Im Eröffnungsverfahren wird das Insolvenzgericht als Sicherungsmaßnahme gemäß § 21 Abs. 2 Nr. 1 InsO regelmäßig einen vorläufigen Insolvenzverwalter einsetzen. Dadurch kann die Verfügungsbefugnis des schuldnerischen Unternehmens bereits im Insolvenzeröffnungsverfahren beschränkt werden. Wird ein so genannter **„schwacher" vorläufiger Verwalter** bestellt, verbleibt den Organen des schuldnerischen Unternehmens die Verfügungsbefugnis (§ 22 Abs. 2 InsO). Allerdings kann das Gericht anordnen, dass Verfügungen des Schuldners nur mit Zustimmung des Verwalters wirksam sind. Dem schwachen Verwalter kommt dann lediglich eine Überwachungsfunktion zu.[1]

104 Bei Einsetzung eines **„starken" vorläufigen Verwalters** geht die Verfügungsbefugnis des Schuldners dagegen vollständig auf den Verwalter über; dem Schuldner wird ein Verfügungsverbot nach § 21 Abs. 2 Nr. 2 InsO auferlegt. In seiner Rechtsstellung ist der „starke" vorläufige Insolvenzverwalter dem endgültigen Insolvenzverwalter weitgehend gleichgestellt. Er ist insbesondere ermächtigt, Rechtsgeschäfte mit Wirkung für und gegen den Schuldner ohne dessen Mitwirkung abzuschließen. Der mit Verfügungsbefugnis ausgestattete „starke" vorläufige Insolvenzverwalter kann Verbindlichkeiten als Masseverbindlichkeiten begründen (§ 55 Abs. 2 InsO).[2] Dies hat für den Geschäftspartner den Vorteil, dass seine Ansprüche im eröffneten Insolvenzverfahren vorweg befriedigt werden. Für den „starken" vorläufigen Insolvenzverwalter birgt die Begründung von Masseverbindlichkeiten jedoch ein erhebliches Haftungsrisiko, da er gemäß §§ 21 Abs. 2 Nr. 1, 55 Abs. 2, 61 Satz 1 InsO den Massegläubigern gegenüber zum Schadensersatz verpflichtet ist, wenn eine Masseverbindlichkeit, die durch seine Rechtshandlung begründet worden ist, aus der Insolvenzmasse nicht voll erfüllt werden kann.

---

1 *Prütting/Stickelbrock*, ZIP 2002, 1608.
2 *Prütting/Stickelbrock*, ZIP 2002, 1608.

Der „schwache" vorläufige Verwalter kann dagegen, auch wenn Verfügungen des Schuldners von seiner Zustimmung abhängig sind, **keine Masseverbindlichkeiten begründen**. Die vor allem in der Literatur[1] vertretene analoge Anwendung des § 55 Abs. 2 InsO auf den so genannten „halbstarken" vorläufigen Insolvenzverwalter hat der BGH abgelehnt.[2] Der „schwache" vorläufige Insolvenzverwalter begründet Insolvenzforderungen und haftete daher nur gemäß § 60 InsO bei schuldhafter Pflichtverletzung.

105

In der Praxis der Insolvenzgerichte ist die Einsetzung eines „schwachen" Insolvenzverwalters der **Regelfall**.[3]

2. Verkauf durch den „starken" vorläufigen Insolvenzverwalter

Umstritten ist die Frage, ob der „starke" vorläufige Verwalter die wesentlichen zu einem Unternehmen gehörenden Vermögensgegenstände durch Asset Deal verkaufen und übertragen kann.[4] Nach herrschender Meinung in Rechtsprechung[5] und Literatur[6] ist der vorläufige Insolvenzverwalter unabhängig von seiner Verfügungsbefugnis zur **Vornahme von Verwertungsmaßnahmen** nicht berechtigt. Der Insolvenzverwalter wird bestellt, um das schuldnerische Vermögen im Interesse der Gläubiger zu sichern und zu erhalten (§ 22 Abs. 1 Satz 2 Nr. 1 InsO). Trotz weitreichender Verwaltungs- und Verfügungsbefugnisse darf er daher nur Sicherungsmaßnahmen ergreifen. Nach § 22 Abs. 1 Satz 2 Nr. 2 InsO hat er bezüglich eines vom Schuldner betriebenen Unternehmens eine Fortführungspflicht bis zur Entscheidung über die Eröffnung des Insolvenzverfahrens, um eine erhebliche Vermögensverminderung zu vermeiden. Eine generelle Befugnis, wesentliche Assets zu verkaufen und zu übertragen, ist dagegen nicht mehr vom Sicherungscharakter gedeckt.[7] Die Übertragung wesentlicher Assets stellt eine Verwertung des schuldnerischen Vermögens dar, die gemäß § 159 InsO erst im eröffneten Verfahren dem Insolvenzverwalter nach dem Berichtstermin obliegt.[8] Ferner sprechen die weitreichenden Befugnisse der Gläubiger, die im Berichtstermin über Sanierung bzw. Liquidierung beschließen, gegen eine solche Befugnis.[9] Eine Veräußerung der wesentlichen Vermögensgegenstände durch den vorläufigen starken Insolvenzverwalter kommt daher grundsätzlich nur in Betracht, wenn ein Abwarten der Verfahrenseröffnung mit erheblichen wirtschaftlichen Nachteilen verbunden wäre („Gefahr im Verzug"), die Verwertung dagegen als wirtschaftlich ver-

106

---

1 *Bork*, ZIP 1999, 781; vgl. zum Meinungsstreit auch *Prütting/Stickelbrock*, ZIP 2002, 1608 (1609).
2 BGH v. 18.7.2002 – IX ZR 195/01, ZIP 2002, 1625.
3 *Hoenig/Meyer-Löwy*, ZIP 2002, 2162; *Bernsau/Höpfner/Rieger/Wahl*, Kap. I.C.I, S. 15.
4 Vgl. *Rödder/Hötzel/Müller-Thuns*, § 17 Rz. 17.
5 BGH v. 20.2.2003 – IX ZR 81/02, ZIP 2003, 632; BGH v. 13.7.2000 – I ZR 49/98, NJW 2001, 1469; BGH v. 11.4.1988 – II ZR 313/87, ZIP 1988, 727; OLG Düsseldorf v. 13.12.1991 – 22 U 202/91, ZIP 1992, 344 (346); BGH v. 11.4.1988 – II ZR 313/87, BGHZ 104, 151 (156).
6 *Mönning* in Nerlich/Römermann, § 22 InsO Rz. 53; *Onusseit* in Kübler/Prütting, § 159 Rz. 5; *Kammel*, NZI 2000, 102 (103).
7 *Kammel*, NZI 2000, 102 (103).
8 *Rödder/Hötzel/Müller-Thuns*, § 17 Rz. 19.
9 *Kammel*, NZI 2000, 102 (103).

nünftige Maßnahme zur Sicherung des Vermögens für die Gläubiger notwendig ist.[1]

Weniger bedenklich ist die Veräußerung von Vermögensgegenständen, die nicht den wesentlichen Teil (Kernbereich) des Unternehmens ausmachen. Derartige Transaktionen könnten als Sicherungsmaßnahme der Unternehmensfortführung durch Zufuhr von Liquidität dienen.[2]

3. Verkauf bei Einsetzung eines „schwachen" vorläufigen Insolvenzverwalters

107 Bei Einsetzung eines „schwachen" vorläufigen Insolvenzverwalters **verbleiben die Verwaltungs- und Verfügungsbefugnisse** grundsätzlich beim Unternehmen. Die Geschäftsleitung kann daher Vermögensgegenstände an einen Kaufinteressenten veräußern und übertragen. Hat das Insolvenzgericht gemäß § 21 Abs. 2 Nr. 2 Alt. 2 InsO einen allgemeinen Zustimmungsvorbehalt angeordnet, sind Verfügungen nur mit dessen Zustimmung wirksam möglich (§§ 21 Abs. 2 Nr. 2 Alt. 2, 24, 81 InsO). Auch wenn dem „schwachen" Verwalter kein Eigeninitiativrecht zusteht, hat er in der Praxis oft faktisch eine mächtige Stellung und erheblichen Einfluss auf die Geschäftsleitung.[3]

108 Gemäß § 22 Abs. 2 InsO werden die Pflichten des „schwachen" vorläufigen Insolvenzverwalters vom Insolvenzgericht bestimmt. Nach der **neuen Rechtsprechung des BGH** kann das Insolvenzgericht den vorläufigen Insolvenzverwalter auch ermächtigen, einzelne, im Voraus genau festgelegte Verpflichtungen zu Lasten der späteren Insolvenzmasse einzugehen.[4] Im Babcock-Borsig-Verfahren hat das Amtsgericht Duisburg von dieser Möglichkeit Gebrauch gemacht und dem vorläufigen Insolvenzverwalter die alleinige rechtliche Verfügungsbefugnis über Teilbereiche des Vermögens der Schuldnerin übertragen.[5] Damit konnte ein Geschäftsbereich der überschuldeten Gesellschaft bereits im Eröffnungsverfahren auf einen Kaufinteressenten wirksam übertragen werden. Durch derartige besondere Verfügungsermächtigungen wird der „schwache" Verwalter partiell zu einem „starken" Verwalter.[6]

4. Entwurf eines Gesetzes zur Änderung der Insolvenzordnung

109 Im Frühsommer 2003 hatte das **Bundesministerium der Justiz** den „Entwurf eines Gesetzes zur Änderung der Insolvenzordnung, des Bürgerlichen Gesetzbuches und anderer Gesetze" vorgelegt.[7] Der Diskussionsentwurf sah durch die Einfügung der Worte „oder Veräußerung" nach dem Wort „Stilllegung" in

---

1 *Mönning* in Nerlich/Römermann, § 22 InsO Rz. 54; *Rödder/Hötzel/Müller-Thuns*, § 17 Rz. 19.
2 *Schmerbach* in FrankfKomm. InsO, § 22 InsO Rz. 26.
3 *Bernsau/Höpfner/Rieger/Wahl*, Kap. I.C.I, S. 15.
4 BGH v. 18.7.2002 – IX ZR 195/01, ZIP 2002, 1625 (1629).
5 AG Duisburg v. 28.7.2002 – 62 IN 167/02, NZI 2002, 614.
6 *Hoenig/Meyer-Löwy*, ZIP 2002, 2162.
7 Entwurf v. 15.4.2003, abgedruckt in ZInsO 2003, 359; Stellungnahme des Deutschen Anwaltsverein abrufbar unter www.inso-rechtspfleger.de.

§ 22 Abs. 1 Nr. 2 InsO eine Zulassung von Unternehmensveräußerungen schon im Insolvenzeröffnungsverfahren vor. Jedoch sollte die Veräußerung, als Minus zur Stilllegung des Unternehmens, nur dann zulässig sein, wenn das Unternehmen nicht kostendeckend arbeitet und die Fortsetzung des Betriebes die Befriedigungsmöglichkeiten der Gläubiger erheblich verschlechtert. Die Veräußerung vor Verfahrenseröffnung wäre damit auf enge Ausnahmefälle beschränkt geblieben.[1]

Mit der vorgeschlagenen Änderung wollte der Gesetzgeber Forderungen aus der Praxis nachkommen. Die im Disskusionsentwurf vorgesehene **Umsetzung der Regelung** wäre jedoch vielfach an dem Erfordernis gescheitert, dass – wie bei einer Stilllegung – eine erhebliche Minderung der Masse Voraussetzung gewesen wäre. Es wäre aber nur schwer nachweisbar gewesen, dass bei einer Veräußerung eines Unternehmens nach Verfahrenseröffnung der erzielbare Preis wesentlich geringer als bei einer Veräußerung im Eröffnungsverfahren gewesen wäre. Nicht zuletzt aus diesem Grund ist die im Diskussionsentwurf vorgesehene Umsetzung der Möglichkeit einer Unternehmensveräußerung im Insolvenzeröffnungsverfahren mit Recht auf Kritik gestoßen. Das Bundesministerium der Justiz hat mittlerweile einen Referentenentwurf[2] erarbeitet (Stand: 16.9.2004). Dieser Entwurf sieht in § 22 Abs. 1 Nr. 2 InsO die Möglichkeit einer Unternehmensveräußerung im Insolvenzeröffnungsverfahren nicht mehr vor.

110

II. Zustimmungserfordernisse

1. Insolvenzgericht

Das Insolvenzrecht sieht eine **Zustimmung des Insolvenzgerichts** nur für die Stilllegung des Unternehmens vor (§ 22 Abs. 1 Satz 2 Nr. 2 InsO). Die Veräußerung von einzelnen Vermögensgegenständen durch den Schuldner mit Zustimmung des Insolvenzverwalters oder durch den dazu befugten Insolvenzverwalter selbst bedarf dagegen keiner weiteren Zustimmung durch das Insolvenzgericht. Will der vorläufige Insolvenzverwalter wesentliche Vermögensgegenstände veräußern und ist dies aufgrund drohender erheblicher Nachteile für die Gläubiger zur Sicherung des Vermögens ausnahmsweise geboten, wird er angesichts des Schadensersatzrisikos des § 21 Abs. 2 Nr. 1 i.V.m. § 60 Abs. 1 InsO in der Praxis regelmäßig die Zustimmung des Insolvenzgerichts einholen.[3]

111

2. Gläubigerausschuss

Ein Verkauf des Unternehmens im Insolvenzeröffnungsverfahren ohne die gemäß § 160 InsO erforderliche **Zustimmung des Gläubigerausschusses** bzw. der Gläubigerversammlung birgt für den vorläufigen Insolvenzverwalter das Risi-

112

---
1 Begründung Diskussionsentwurf v. 15.4.2003, S. 25, abgedruckt in ZInsO 2003, 359.
2 Abgedruckt in ZInsO 2004, 1191.
3 *Rödder/Hötzel/Müller-Thuns*, § 17 Rz. 20.

ko einer Haftung für die hieraus entstehenden Schäden gemäß § 60 InsO.[1] Der Insolvenzverwalter trägt insbesondere die Gefahr, dass sich eine zunächst wirtschaftlich vertretbar erscheinende Maßnahme nachträglich als unvorteilhaft herausstellt.[2] Bei einer Veräußerung nach Verfahrenseröffnung und mit Zustimmung des Gläubigerausschusses gemäß § 160 InsO entfällt die Verantwortlichkeit des Insolvenzverwalters zwar nicht gänzlich, jedoch setzt seine Haftung „besondere Umstände" voraus. Dies sind beispielsweise die schuldhafte unrichtige Darstellung der Sach- und Rechtslage gegenüber dem Gläubigerausschuss oder sonstige Handlungen und Unterlassungen, die dem Gläubigerausschuss andere vorteilhaftere Entscheidung unmöglich macht.[3]

III. Risiken für den Käufer

1. Insolvenzrechtliche Risiken

113 Insolvenzrechtliche Risiken bestehen für den Käufer auch im **Insolvenzeröffnungsverfahren**. Die Vorschriften zur Erfüllungsverweigerung (§ 103 InsO) und zur Insolvenzanfechtung (§§ 129 ff. InsO) sind auch in dieser Phase anwendbar. Der Insolvenzverwalter kann daher einen im Eröffnungsverfahren geschlossenen Unternehmenskaufvertrag anfechten oder dessen Erfüllung verweigern. Dies gilt insbesondere, wenn keine Personenidentität zwischen vorläufigem und endgültigem Insolvenzverwalter gegeben ist oder wenn die Gläubigerversammlung oder der Gläubigerausschuss eine Rückgängigmachung des Vertrages verlangt.[4]

114 Ist der endgültige Insolvenzverwalter jedoch – wie üblich – identisch mit dem vorläufigen Verwalter, stellt sich die Frage, ob er die Befugnis hat, das Anfechtungsrecht oder das Wahlrecht nach § 103 InsO auch in Bezug auf die Verträge auszuüben, die von ihm oder mit seiner Zustimmung vorgenommen wurden. Rechtsprechung existiert zu dieser Frage nur für Handlungen, die mit Zustimmung eines **schwachen vorläufigen Insolvenzverwalter** vorgenommen wurden. In diesen Fällen lässt der BGH eine Insolvenzanfechtung zu.[5]

115 Wurde dem vorläufigen Insolvenzverwalter jedoch eine **allgemeine oder besondere Verfügungsbefugnis** eingeräumt und ist er damit ermächtigt, Masseverbindlichkeiten gemäß § 55 Abs. 2 InsO zu begründen, lehnt die herrschende Meinung ein Anfechtungsrecht und ein Erfüllungsverweigerungsrecht bezüglich der im Rahmen der Verfügungsmacht abgeschlossenen Rechtsgeschäfte des Insolvenzverwalters ab.[6] Begründet wird dies zum einen mit dem allgemeinen Verbot widersprüchlichen Verhaltens nach § 242 BGB (venire contra factum proprium). Zum anderen steht der mit der Regelung des § 55 Abs. 2

---

1 *Kammel*, NZI 2000, 102 (103).
2 *Görg* in MünchKomm. InsO, § 160 InsO Rz. 34.
3 BGH v. 22.1.1985 – VI ZR 131/83, ZIP 1985, 423 (426).
4 *Kammel*, NZI 2000, 102 (103).
5 BGH v. 11.6.1992 – IX ZR 255/91, ZIP 1992, 1005; BGH v. 10.7.1997 – IX ZR 234/96, ZIP 1997, 1551.
6 *Hoenig/Meyer-Löwy*, ZIP 2002, 2162 (2163 f.); *Pape* in Kübler/Prütting, § 22 Rz. 31; *Kammel*, NZI 2000, 102 (103); a.A. *Huber* in MünchKomm. InsO, § 103 InsO Rz. 150.

InsO bezweckte Schutz der Vertragspartner und des Vertrauens des Rechtsverkehrs in die Handlungen des vorläufigen Insolvenzverwalters entgegen. Potenzielle Käufer könnten sich ansonsten nicht auf die Erfüllung des Vertrages und die Begründung einer Masseverbindlichkeit verlassen. Die herrschende Meinung ist deshalb zwar vorzugswürdig. Angesichts fehlender Rechtsprechung sollten sich Unternehmenskäufer jedoch bewusst sein, dass insolvenzrechtliche Risiken auch beim Kauf vom starken vorläufigen Insolvenzverwalter bestehen.

2. Haftung

Auch die **haftungsrechtlichen Risiken des Käufers** sind beim Unternehmenskauf im Insolvenzeröffnungsverfahren nicht entschärft. Erst bei einem Erwerb nach Verfahrenseröffnung wird die Haftung für vom Verkäufer begründete Verbindlichkeiten beschränkt. Die Haftung des Erwerbers bei Firmenfortführung gemäß § 25 HGB gilt nach Ansicht des BGH auch im Insolvenzeröffnungsverfahren, wenn der Veräußerung keine Insolvenzeröffnung folgt.[1]   116

Auch die **Haftung nach § 613a BGB** bei Betriebsübergang greift im Eröffnungsverfahren voll. Der BGH hat entschieden, dass sich der Käufer eines Unternehmens nicht auf die Grundsätze der Haftungsbeschränkung aufgrund einer teleologischen Reduktion des § 613a BGB berufen kann, wenn er den Betrieb vor Eröffnung des Insolvenzverfahrens übernommen hat.[2] Der Erwerber hat somit für rückständige Entgeltansprüche von Arbeitnehmern und Sozialversicherungsansprüche einzustehen.   117

Etwas anderes gilt lediglich für die **Haftung nach § 75 AO**. Der BFH wendet die Haftungsfreistellung des § 75 Abs. 2 AO auch auf den Unternehmenskauf im Insolvenzeröffnungsverfahren an.[3] Der Zweck der Haftungsfreistellung, die Vermögensverwertung im Hinblick auf eine bestmögliche Liquidation im Gläubigerinteresse zu erleichtern, spricht für dessen Anwendung auch im Eröffnungsverfahren.   118

IV. Vertragsgestaltung

Bei den Vertragsverhandlungen und der Vertragsgestaltung im Zusammenhang mit einem Unternehmenskauf im Insolvenzeröffnungsverfahren sollte der vorläufige Insolvenzverwalter, unabhängig vom Umfang seiner Befugnisse, **frühzeitig einbezogen werden**. Auch der „schwache" vorläufige Verwalter übernimmt häufig faktisch die Unternehmensleitung. Ist seine Zustimmung für den Kaufabschluss erforderlich, sollte im Vertrag eine entsprechende aufschiebende Bedingung vorgesehen werden. Aufschiebende Bedingungen können auch für Zustimmungen der Gläubigerorgane im Falle einer Verfahrenseröffnung sinnvoll sein. Besondere Kaufpreisregelungen sollten wie beim Unter-   119

---

1 BGH v. 11.4.1988 – II ZR 313/87, BGHZ 104, 151 (157).
2 BAG v. 27.6.2002 – 2 AZR 367/01, BB 2003, 314.
3 *Tipke/Kruse*, § 75 AO Rz. 37; BFH v. 23.7.1988 – VII R 143/97, BFHE 186, 318 = BStBl. II 1998, S. 765.

nehmenskauf in der Krise vereinbart werden. Um bei Bargeschäften gemäß § 142 InsO die Angemessenheit der Gegenleistung zu dokumentieren und damit das Risiko einer Anfechtung abzumildern, kann die Einholung einer „Fairness-Opinion" und deren Einbeziehung in den Kaufvertrag sinnvoll sein (s. dazu oben Teil XII Rz. 91).

V. Handlungsempfehlung

120 Ein Unternehmenskauf im Insolvenzeröffnungsverfahren ist **besonders riskant** und sollte sorgfältig abgewägt werden. Die Wahrscheinlichkeit, dass sich die bestehenden Haftungs- und Anfechtungsrisiken angesichts der „drohenden" Verfahrenseröffnung realisieren, ist groß. Auch die Stellung und die Befugnisse des vorläufigen Insolvenzverwalters sind noch umstritten, so dass nur eine eingeschränkte Rechtssicherheit für den Käufer besteht. Häufig empfiehlt es sich daher, die Verfahrenseröffnung abzuwarten. Erst dann sind Haftungs- und Insolvenzrisiken eingeschränkt und die Befugnisse des Insolvenzverwalters geklärt. Nur wenn sich die Eröffnung des Insolvenzverfahrens länger hinzieht, kann es aus wirtschaftlichen Gründen angezeigt sein, den Unternehmenskauf bereits im Eröffnungsverfahren durchzuführen.

F. Unternehmenskauf im eröffneten Verfahren

I. Stellung des Insolvenzverwalters (Verwaltungs- und Verfügungsbefugnisse)

121 Nach Eröffnung des Insolvenzverfahrens geht die Verfügungs- und Verwaltungsbefugnis des Schuldners über sein Unternehmen **vollständig auf den Insolvenzverwalter** über (§ 80 Abs. 1 InsO). Der wirksame Erwerb des Unternehmens im Rahmen eines Share Deal oder Asset Deal ist dann nur noch vom Insolvenzverwalter möglich. Alle Verfügungen des Schuldners über einen Gegenstand der Insolvenzmasse nach Eröffnung des Verfahrens sind unwirksam, es sei denn, die Vorschriften des gutgläubigen Erwerbs greifen ein (§ 81 InsO).[1]

II. Zustimmungserfordernisse

122 Will der Insolvenzverwalter nach Eröffnung des Verfahrens und nach dem Berichtstermin (§ 159 InsO) das schuldnerische Unternehmen veräußern, muss er die **Zustimmung des Gläubigerausschusses** einholen. Gleiches gilt für die Veräußerung sämtlicher oder zumindest der wesentlichen zum Unternehmen gehörenden Vermögensgegenstände oder einer gesellschaftlichen Beteiligung aus der Insolvenzmasse. Die Veräußerung stellt eine Rechtshandlung dar, die für das Insolvenzverfahren von besonderer Bedeutung ist und daher gemäß § 160 Abs. 2 Nr. 1 i.V.m. Abs. 1 InsO der Zustimmung des Gläubigerausschusses bedarf. Fehlt es an einer Bestellung des Gläubigerausschusses, muss der Insolvenzverwalter die Zustimmung der Gläubigerversammlung einholen (§ 160

---

1 *Beisel/Klumpp*, Kap. 5 Rz. 6.

Abs. 1 Satz 2 InsO).¹ Eine Zustimmung ist bei der Veräußerung eines Unternehmens oder Betriebs in jedem Fall erforderlich, wenn der Erwerber oder eine Person, die an seinem Kapital mit mindestens 20 % beteiligt ist, zu den dem Schuldner nahe stehenden Personen nach § 138 InsO gehört oder ein absonderungsberechtigter Gläubiger ist (§ 162 InsO). Durch diese Regelung soll einem Missbrauch durch Insider bei der übertragenden Sanierung entgegengetreten werden.²

Zwar wird die Wirksamkeit der Rechtshandlung durch eine ohne Zustimmung erfolgende Veräußerung nicht berührt (§ 164 InsO).³ Allerdings macht sich der Insolvenzverwalter gemäß § 60 Abs. 1 InsO schadensersatzpflichtig. Weder im Innen- noch im Außenverhältnis bedarf es dagegen der Zustimmung der Gesellschafter oder Aktionäre.⁴ Eine Zuständigkeit der Hauptversammlung einer insolventen Aktiengesellschaft für den Veräußerungsbeschluss aufgrund einer analogen Anwendung des § 119 Abs. 2 AktG lehnt die überwiegende Fassung im Schrifttum ab.⁵ Im eröffneten Insolvenzverfahren überlagern die insolvenzrechtlichen Regelungen gesellschaftsrechtliche Zustimmungsregeln hinsichtlich der Verfügung über Gegenstände der Insolvenzmasse. Der Insolvenzverwalter ist aufgrund der ihm „übertragenen" Verfügungs- und Verwaltungsbefugnis berechtigt, die Insolvenzmasse zu verwerten.

123

III. Veräußerung vor dem Berichtstermin

De lege lata ist die Veräußerung des Unternehmens **vor dem Berichtstermin** grundsätzlich unzulässig. Da der Berichtstermin gemäß § 29 Abs. 1 Nr. 1 InsO bis zu drei Monaten nach Eröffnung des Verfahrens stattfinden kann und ein derart langes Zuwarten die mit einer Betriebsveräußerung verbundenen Chancen zerschlagen kann, sprechen gute Gründe für eine analoge Anwendung von § 158 InsO. Nach § 158 InsO ist eine Unternehmensstilllegung mit Zustimmung des Gläubigerausschuss und nach Unterrichtung des Schuldners auch vor dem Berichtstermin zulässig.

124

Durch die im Referentenentwurf vom 16.9.2004 vorgeschlagene **Änderung des § 158 InsO** sollen, wie bereits erörtert, in § 158 InsO nach dem Wort „stilllegen" die Wörter „oder veräußern" eingefügt werden. Damit würde dem Insolvenzverwalter die Möglichkeit eingeräumt, nach Verfahrenseröffnung zügig den Betriebsübergang einzuleiten und nicht noch unter Umständen drei Monate bis zum Berichtstermin abwarten zu müssen. Eine Zustimmung des Schuldners zur Veräußerung ist nach dem Gesetzentwurf nicht erforderlich. Solange diese sinnvolle Änderung der InsO jedoch nicht umgesetzt ist, muss der Insolvenzverwalter bei einer Veräußerung des Unternehmens vor dem Be-

125

---

1 LG Göttingen v. 15.5.2000 – 10 T 42/00, NZI 2000, 491.
2 *Beisel/Klumpp*, Kap. 5 Rz. 8.
3 BGH v. 5.1.1995 – IX ZR 241/93, ZIP 1995, 290.
4 *K. Schmidt* in K. Schmidt/Uhlenbruck, Rz. 816.
5 *Noack*, ZIP 2002, 1873 (1874); *K. Schmidt* in Kölner Schrift zur InsO, 2. Aufl. 2000, S. 1199.

richtstermin zur Eingrenzung seines Haftungsrisikos in der Regel die Zustimmung des vorläufigen Gläubigerausschusses einholen.

IV. Haftungs- und Anfechtungsrisiko

126 Nach Eröffnung des Insolvenzverfahrens ergeben sich für den Erwerber des Unternehmens im Vergleich zu einem Erwerb während des Insolvenzeröffnungsverfahrens einige **Haftungsprivilegien**. So trifft den Erwerber beim Erwerb eines Unternehmens aus der Insolvenz im Falle der Firmenfortführung nicht die Haftung für die betrieblich begründeten Verbindlichkeiten des bisherigen Inhabers. § 25 Abs. 1 Satz 1 HGB findet insoweit keine Anwendung.[1] Gleiches gilt in Bezug auf die Haftung für rückständige Steuerschulden gemäß der Haftungsfreistellung des § 75 Abs. 2 AO.[2]

127 **§ 613a BGB** findet auf den Erwerber von zum Betrieb bzw. Betriebsteil gehörenden Vermögensgegenständen aus der Insolvenzmasse grundsätzlich Anwendung.[3] In § 128 InsO wird dies klargestellt. Der Insolvenzverwalter tritt an die Stelle des Arbeitgebers und übernimmt die sich hieraus ergebenden Pflichten.[4] Werden vom Insolvenzverwalter Betriebe oder Betriebsteile veräußert, tritt der neue Inhaber in die Arbeitgeberstellung ein. Tarifvertragliche und in einer Betriebsvereinbarung geregelte Rechte und Pflichten gelten individualrechtlich fort, eine Kündigung wegen des Betriebsübergangs ist unzulässig.[5]

128 Während des Insolvenzverfahrens gewährt § 113 Abs. 1 Satz 1 InsO eine Kündigungsmöglichkeit mit **erleichterter Kündigungsfrist** von höchstens drei Monaten. Modifizierungen des § 613a BGB ergeben sich im Hinblick auf die Haftung, sofern das Insolvenzrecht diese bedingt. Beispielsweise gehen Verbindlichkeiten, die in der Zeit vor Insolvenzeröffnung entstanden sind, entgegen § 613a Abs. 1 Satz 1 BGB nicht auf den Erwerber über.[6] Dieser Haftungsausschluss dient dem Grundsatz der gleichmäßigen Befriedigung der Insolvenzgläubiger (§ 1 Satz 1 InsO). Würde der Erwerber die Vergütungsansprüche der Arbeitnehmer erfüllen, wären andere Insolvenzgläubiger benachteiligt.[7]

V. Vertragsgestaltung

129 Beim Kauf eines Unternehmens nach Eröffnung des Insolvenzverfahrens wird der Kaufvertrag mit dem Insolvenzverwalter und nicht mit den verantwortlichen Organen des insolventen Unternehmens geschlossen. Dies führt zu ei-

---

1 BGH v. 11.4.1988 – II ZR 313/87, BGHZ 104, 151, 153; für das alte Recht vgl. OLG Düsseldorf v. 21.5.1999 – 22 U 259/98, NJW-RR 1999, 1556 ff.
2 *Tipke/Kruse*, § 75 AO Rz. 34.
3 BAG v. 16.2.1993 – 3 AZR 347/92, NJW 1993, 2259 (2260); BAG v. 23.7.1991 – AZR 366/90, NJW 1992, 708 (709).
4 BAG v. 9.7.1985 – AZR 323/83, ZIP 1986, 45.
5 *Picot/Aleth*, Rz. 845.
6 BAG v. 17.1.1980 – 3 AZR 160/79, AP Nr. 18 zu § 613a BGB.
7 *Rödder/Hötzel/Mueller-Thuns*, § 12 Rz. 69.

nigen **Besonderheiten**. So wird der Insolvenzverwalter regelmäßig seine persönliche Haftung für jegliche Gewährleistung weitgehend ausschließen. Auch Garantien kann der Erwerber von dem Insolvenzverwalter üblicherweise nicht erwarten. Dafür bestehen wegen des Gewährleistungsausschlusses jedoch gute Chancen, das Unternehmen zu einem besonders niedrigen Kaufpreis zu erwerben.

Da insolvenzrechtliche Risiken, wie Erfüllungsverweigerung oder Anfechtung, beim Kauf im eröffneten Verfahren nicht bestehen, sind auch in den Verträgen diesbezüglich keine besonderen Regelungen aufzunehmen. Sinnvoll ist jedoch die **Festlegung von Zustimmungsvorbehalten**. Da für die Unternehmensveräußerung die Zustimmung des Gläubigerausschusses erforderlich ist, sollte dies als aufschiebende Bedingung für die Wirksamkeit des Vertrages vorgesehen werden. 130

Der Insolvenzverwalter wird bei der Vertragsgestaltung Wert auf die **Sicherung des Kaufpreises** legen, der Käufer dagegen eine Stellung insbesondere persönlicher Sicherheiten zu vermeiden suchen. Als Sicherheiten können Garantien oder selbstschuldnerische Bürgschaften gestellt werden. Neben diesen Sicherheiten sind auch solche denkbar, die die Nichtzahlung des Kaufpreises sanktionieren oder erschweren. Zu nennen sind in diesem Zusammenhang die Vereinbarung eines Eigentumsvorbehalts und ein Verbot, nach dem der Käufer nicht gegen den Kaufpreisanspruch aufrechnen oder Einwendungen oder Zurückbehaltungsrechte gegen ihn geltend machen darf. Auch ist ein vertraglich vereinbartes Rücktrittsrecht denkbar, das durch den Insolvenzverwalter zu einem bestimmten Termin ausgeübt werden kann, wodurch der Käufer gezwungen wird, seine vertraglich geschuldeten Leistungen zu erbringen.[1] 131

VI. Übertragende Sanierung auf eine Betriebsübernahmegesellschaft

Die Insolvenzordnung sieht für eine **übertragende Sanierung** grundsätzlich zwei Möglichkeiten vor: Zum einen die der Gesamtveräußerung eines Unternehmens aus der Insolvenzmasse, die gemäß § 160 Abs. 2 Nr. 1 InsO mit Zustimmung des Gläubigerausschusses durchgeführt werden kann. Zum anderen kommt ein Übertragungsplan in Betracht, der differenzierte, dem jeweiligen Einzelfall angepasste Gestaltungen ermöglicht.[2] 132

Als Alternative zur Veräußerung der zu dem Unternehmen gehörenden Vermögensgegenstände aus der Insolvenzmasse an den Käufer bietet sich die **Gründung einer Betriebsübernahmegesellschaft** – die Errichtung eines neuen Unternehmensträgers – durch den Insolvenzverwalter an. Grundlage hierfür ist häufig, aber nicht zwingend ein Insolvenzplan gemäß §§ 217 ff. InsO. Der Insolvenzverwalter errichtet typischerweise zunächst eine Betriebsübernahmegesellschaft als Bargründung in der Rechtsform der GmbH oder GmbH & Co. KG. Die gesellschaftsrechtliche Beteiligung an dieser wird Bestandteil des Vermögens des Schuldners und gehört damit zur Insolvenzmasse (§ 35 InsO). 133

---

1 *Bernsau/Höpfner/Rieger/Wahl*, S. 98 ff.
2 *Picot/Aleth*, Rz. 794.

Vielfach hält der Insolvenzverwalter die Anteilsrechte auch treuhänderisch für den Schuldner. Danach überträgt der Insolvenzverwalter die sanierungs- und überlebensfähigen Unternehmensteile auf die Betriebsübernahmegesellschaft, während sämtliche Verbindlichkeiten in der Insolvenzmasse verbleiben. Obwohl die Übertragung der Vermögensgegenstände keine Sanierung darstellt und die Sanierung vielmehr bei der Betriebsübernahmegesellschaft liegt, wird dieser Vorgang als übertragende Sanierung bezeichnet. Anschließend wird die zur Insolvenzmasse gehörende gesellschaftsrechtliche Beteiligung an der gegründeten Betriebsübernahmegesellschaft durch den Insolvenzverwalter im Wege des Share Deals veräußert und der Veräußerungserlös zur Insolvenzmasse eingezogen.

134 Der Vorteil der Errichtung einer Betriebsübernahmegesellschaft durch den Insolvenzverwalter liegt darin, dass der Käufer nicht wie bei einem unmittelbaren Erwerb aus der Insolvenzmasse mit den Schwierigkeiten der Abwicklung des Asset Deals belastet ist, sondern eine **verselbstständigte Einheit in Form einer gesellschaftsrechtlichen Beteiligung** erwirbt. Das Unternehmen ist nicht mit Verbindlichkeiten belastet und durch die neu geschaffene rechtliche Einheit lässt sich eine Zerschlagung des bisherigen Unternehmens vermeiden, so dass die betriebliche Funktionseinheit (teilweise) erhalten bleibt. Auf diese Weise lässt sich im Interesse der Insolvenzgläubiger ein höherer Kaufpreis erzielen als bei der Einzelveräußerung.[1]

G. Unternehmenskauf auf Grundlage eines Insolvenzplans

135 Möglich ist auch die Veräußerung der zum Unternehmen gehörenden Assets oder gesellschaftsrechtlichen Beteiligungen auf **Grundlage eines Insolvenzplans**.[2] In einem solchen Plan können die Befriedigung der Insolvenzgläubiger und absonderungsberechtigten Gläubiger, die Verwertung und Verteilung der Insolvenzmasse sowie die schuldnerische Haftung nach Beendigung des Insolvenzverfahrens abweichend von den gesetzlichen Vorschriften geregelt werden (§ 217 InsO). Der Insolvenzplan dient der Durchsetzung der Gläubigerautonomie.[3] Zwar sieht der Insolvenzplan in der Regel die Sanierung bzw. den Erhalt des Unternehmens als Ziel vor (vgl. § 1 Satz 1 InsO). Zwingend ist dieses Ergebnis aber nicht. Vielmehr soll die Wahlfreiheit der Gläubiger zu einer flexiblen und ökonomisch effizienten Abwicklung der Insolvenz führen.[4] Der Insolvenzplan steht allen Arten der Verwertung des schuldnerischen Vermögens offen und kann daher als Sanierungsplan, Übertragungsplan oder Liquidationsplan ausgestaltet werden.[5]

136 Aufgrund der flexiblen Gestaltungsmöglichkeiten kann der Unternehmenskauf durch einen Insolvenzplan sinnvoll sein. Der Übertragungsplan kann **auf**

---

[1] *Rödder/Hötzel/Müller-Thuns*, § 17 Rz. 43–45.
[2] *Rödder/Hötzel/Müller-Thuns*, § 17 Rz. 41–46.
[3] *Wellensiek*, WM 1999, 405 (410).
[4] *Pick*, NJW 1995, 992 (995).
[5] *Picot/Aleth*, Rz. 792.

den **Einzelfall zugeschnitten** werden und dadurch die besonderen Gegebenheiten des betroffenen Unternehmens berücksichtigen. So können Lieferanten als Gläubiger des insolventen Unternehmens durch günstige zukünftige Vertragsbedingungen für den Verzicht auf Forderungen entschädigt werden. Auch ist eine Abfindung bestimmter Gläubiger durch Gewährung von Geschäftsanteilen an der Übernahmegesellschaft denkbar. Da mit dem Insolvenzplan in die Rechte der absonderungsberechtigten Gläubiger eingegriffen werden kann (§ 223 Abs. 2 InsO), bietet sich ein Planverfahren auch insbesondere dann an, wenn eine Einbindung der absonderungsberechtigten Gläubiger zeitlich oder wegen der großen Anzahl nicht möglich ist. Für den Insolvenzverwalter bedeutet die Zustimmung zum Insolvenzplan eine zusätzliche Sicherheit gegen Haftungsrisiken.

Die **Durchführung eines Planverfahrens** bedarf der Annahme der Gläubiger und der Zustimmung des Schuldners. Die Zustimmung des Schuldners kann nach Maßgabe des § 247 Abs. 2 InsO ersetzt werden. Wurde der Plan von den Gläubigern angenommen und die Zustimmung des Schuldners eingeholt, muss das Insolvenzgericht den Plan bestätigen (§ 248 Abs. 1 InsO). Der Zustimmung des Gläubigerausschusses oder der Gläubigerversammlung bedarf es nicht. Gemäß § 248 Abs. 2 InsO sollen der Verwalter, der Gläubigerausschuss und der Schuldner aber vor der Entscheidung über die Planbestätigung gehört werden. Die rechtskräftige Bestätigung des Plans erzeugt in seinem rechtsgestaltenden Teil (§ 221 InsO) unmittelbare Rechtswirkungen für und gegen alle Beteiligten (§ 254 Abs. 1 Satz 1 InsO). 137

Der **Abschluss des Planverfahrens** beendet das Insolvenzverfahren. Ist die Sanierung im Rahmen des Insolvenzplanverfahrens erfolgreich durchgeführt worden, werden die noch nicht befriedigten Forderungen zugunsten des Unternehmens erlassen, § 227 Abs. 1 InsO (Restschuldbefreiung).[1] Das Unternehmen kann schuldenfrei fortgeführt werden. 138

---

1 *Picot/Aleth*, Rz. 816.

Teil XIII
Internationaler Unternehmenskauf

Inhaltsverzeichnis

	Rz.
A. Einführung	1
B. Internationales Privatrecht	8
I. Begriff des Internationalen Privatrechts	8
II. Rechtsquellen des deutschen Internationalen Privatrechts	16
III. Struktur von Kollisionsnormen	20
IV. Das Vertragsstatut	23
1. Rechtswahl als Grundlage des internationalen Vertragsrechts	27
2. Zustandekommen der Rechtswahl; Form; Zeitpunkt	28
3. Gegenstand der Rechtswahl: „Vertrag"	33
4. Teilweise Rechtswahl	34
5. Das gewählte Recht	35
6. Grenzen der Rechtswahl	39
a) Fehlende Internationalität des Sachverhalts	40
b) Verbraucher- und Arbeitnehmerschutz	41
7. Objektive Anknüpfung bei fehlender Rechtswahl	42
8. Verdrängung des Vertragsstatuts im Einzelfall	48
a) Eingriffsnormen	48
b) Allgemeiner ordre public-Vorbehalt	51
9. Exkurs: Unternehmenskauf und UN-Kaufrecht	53
V. Das Gesellschaftsstatut	58
1. Gründungstheorie und Sitztheorie; neuere Entwicklungen	60
2. Sachstand vor dem Centros-Urteil des EuGH	61
3. Das Centros-Urteil des EuGH	66
4. Das Überseering-Urteil des EuGH	69
5. Das Inspire Art-Urteil des EuGH	76
6. Gegenstand des Gesellschaftsstatuts	81
7. Renvoi	85
8. Behandlung von nach „falschem" Recht gegründeten Gesellschaften	87
9. Exkurs: Gesellschaftsgründung im Zusammenhang mit einem Unternehmenskauf	91
VI. Weitere für Erfüllungsgeschäfte relevante Statuten	95
1. Sachenrechtsstatut	98
2. Forderungsstatut	102
3. Immaterialgüterrechte	104
VII. Vollmacht und organschaftliche Vertretung	105
1. Vollmacht	105
2. Organschaftliche Vertretung	115
C. Internationales Zivilprozessrecht	116
I. Internationale Zuständigkeit deutscher Gerichte	120
1. Rechtsquellen	120
2. Gesetzliche Regelung der internationalen Zuständigkeit (ohne Berücksichtigung einer Wahl durch die Parteien)	124
a) Autonomes Recht (ZPO)	124
b) EuGVVO	133
c) EuGVÜ	144
d) Lugano-Übereinkommen	150
e) Andere Staaten	151
3. Gerichtsstandsvereinbarungen	152
a) ZPO	156
b) EuGVVO	168
c) EuGVÜ und Lugano-Übk.	179
4. Sonstige Fragen des internationalen Zivilprozessrechts	184
a) Grenzüberschreitende Zustellung	185
b) Anerkennung und Vollstreckung	189
II. Schiedsverfahren	198

	Rz.
D. Formfragen	212
I. Materiellrechtliche Wirksamkeitserfordernisse	215
1. Grundsatz	215
2. Renvoi	222
3. Disponibilität von Art. 11 EGBGB?	224
4. Ausnahmen zum allgemeinen Grundsatz	225
a) Verfügungen über Sachen	225
b) Verpflichtungsgeschäft im Hinblick auf Grundstücke	226
c) Gesellschaftsrechtliche Vorgänge	228
5. Erfüllung deutscher Beurkundungserfordernisse durch Auslandsbeurkundung?	238
a) Auflassung	244
b) Abtretung von GmbH-Anteilen	245
c) Maßnahmen, welche die Verfassung einer Gesellschaft betreffen	246
II. Öffentliche Urkunden und Vertretungsnachweis	247
1. Verwendung ausländischer öffentlicher Urkunden im Inland	251
2. Vertretungsnachweis bei ausländischen Gesellschaften und juristischen Personen	258
E. Sprache	264

Literatur: *Altmeppen*, Schutz vor „europäischen Gesellschaften", NJW 2004, 97; *Altmeppen/Wilhelm*, Gegen die Hysterie um die Niederlassungsfreiheit der Scheingesellschaften, DB 2004, 1083; *Backer/Jillson*, Due Diligence, Disclosures and Warranties in the Corporate Acquisition Practice, 2. Aufl. London 1992; *Bamberger/Roth*, Kommentar zum Bürgerlichen Gesetzbuch, Bd 3: §§ 1297–2385, EGBGB, CISG, 2003; *von Bar/Mankowski*, Internationales Privatrecht I: Allgemeine Lehren, 2003; *Baumbach/Hueck*, GmbHG, 17. Aufl. 2000; *Baumbach/Lauterbach/Albers/Hartmann*, ZPO, 62. Aufl. 2004; *Bayer*, Die EuGH-Entscheidung „Inspire Art" und die deutsche GmbH im Wettbewerb der europäischen Rechtsordnungen, BB 2003, 2357; *Bayer*, Aktuelle Entwicklungen im Europäischen Gesellschaftsrecht, BB 2004, 1; *Behrens*, Das Internationale Gesellschaftsrecht nach dem Überseering-Urteil des EuGH und den Schlussanträgen zu Inspire Art, IPRax 2003, 193; *Benecke*, Auslandsbeurkundung im GmbH-Recht: Anknüpfung und Substitution, RIW 2002, 280; *Berger*, Neuverhandlungs-, Revisions- und Sprechklauseln im internationalen Wirtschaftsrecht, RIW 2000,1; *Bernstein*, Erwerb und Rückerwerb von GmbH-Anteilen im deutsch-amerikanischen Rechtsverkehr, ZHR 140 (1976), 414; *Borges*, Gläubigerschutz bei ausländischen Gesellschaften mit inländischem Sitz, ZIP 2004, 733; *von Busekist*, „Umwandlung" einer GmbH in eine im Inland ansässige EU-Kapitalgesellschaft am Beispiel der englischen Ltd. Möglichkeiten und Gestaltungen in gesellschafts- und steuerlicher Sicht, GmbHR 2004, 650; *Bülow/Böckstiegel/Geimer/Schütze*, Internationaler Rechtsverkehr in Zivil und Handelssachen, 2004; *De Kluiver*, Inspiring a New European Company Law? – Observation on the ECJ's Decision in Inspire Art from a Dutch Perspective and the Imminent Competition for Corporate Charters between EC Member States, ECFR 2004, 121; *Derleder*, Die Aufgabe der monistischen Struktur der Gesellschaft bürgerlichen Rechts durch Verleihung der Rechtsfähigkeit, BB 2001, 2485; *Dinkhoff*, Internationale Sitzverlegung von Kapitalgesellschaften unter besonderer Berücksichtigung des Internationalen Gesellschaftsrecht und des Steuerrechts, 2001; *Ebenroth*, Neuere Entwicklungen im deutschen internationalen Gesellschaftsrecht (I), JZ 1988, 18; *Ebke*, Überseering: „Die wahre Liberalität ist Anerkennung", JZ 2003, 927; *Ebke*, Gesellschaften aus Delaware auf dem Vormarsch: der BGH macht es möglich, RIW 2004, 740; *Eidenmüller*, Ausländische Kapitalgesellschaften im deutschen Recht, 2004; *Eidenmüller*, Mobilität und Restrukturierung von Unternehmen im Binnenmarkt, JZ 2004, 24; *Eidenmüller/Rehm*, Niederlassungsfreiheit versus Schutz des inländischen Rechtsverkehrs: Konturen des Europäischen Internationalen Gesellschaftsrechts, ZGR 2004, 159; *Elsing*, US-amerikanisches Handels- und Wirtschaftsrecht, 2. Aufl. 1999; *Emmerich/Habersack*, Aktien- und GmbH-Konzernrecht, 3. Aufl. 2003; *Engert*, Umstrukturierungen unter Beteiligung von EU-Auslandsgesellschaften im deutschen Steuerrecht, DStR 2004, 664; *Erman*, Handkommentar zum Bürgerlichen Gesetzbuch, 11. Aufl. 2004; *Folsom/Wallace Gordon/Spanogle*, International Business Transactions, 6. Aufl. 2000; *Forsthoff*, Rechts- und Parteifähigkeit ausländischer Gesellschaften mit Verwaltungssitz in Deutschland? Die Sitztheorie vor dem EuGH (Anm. zu BGH, Beschl. v. 30.3.2000-VII ZR 370/98), DB 2000, 1109; *Gätsch/Schulte*, Notarielle Beurkundung bei der Veräußerung von Anteilen an ausländischen Gesellschaften mbH in Deutschland, ZIP 1999, 1909; *Geimer*, Internationales Zivilprozessrecht, 4. Aufl. 2001; *Geyrhalter/Gänsler*, Perspektiven nach „Überseering" – wie geht es weiter?, NZG 2003, 409; *Goette*, Auslandsbeurkundungen im Kapitalgesellschaftsrecht, DStR 1996, 709; *Graf von Westphalen*, Handbuch des Kaufvertragrechts in den EG-Staaten, 1992; *Grasmann*, System des Internationalen Gesellschaftsrechts, 1970; *Habersack*, Europäisches Gesellschaftsrecht, 2. Aufl. 2003; *Haerendel*, Die Beurkundung gesellschaftlicher Akte im Ausland, DStR 2001, 1802; *Halbhuber*, Limited Company statt GmbH, 2001; *Happ/Holler*, „Limited" statt GmbH? – Risiken und Kosten werden gern verschwiegen, DStR 2004, 730; *Herdegen*, Internationales Wirtschaftsrecht, 4. Aufl. 2003; *Hess*, Noch einmal: Direktzustellungen nach Art. 14 EuZVO, NJW 2004, 3301; *Hohloch*, EU-Handbuch Gesellschaftsrecht, 1997; *Horn*, Deutsches und Europäisches Gesellschaftsrecht und die EuGH-Rechtsprechung zur Niederlassungsfreiheit – Inspire Art, NJW 2004, 893; *Janßen/Robertz*, Formwirksamkeit des internationalen GmbH-Unternehmenskaufs, GmbHR 2003, 433; *Kallmeyer*, Bereinigung der Finanzverfassung der GmbH. Vorschlag für eine GmbH-Reform, GmbHR 2004, 377; *Kallmeyer*, Vor- und Nachteile der englischen Limited im Vergleich zur GmbH oder GmbH & Co. KG, DB 2004, 636; *Kegel/Schurig*, Internationales Privatrecht, 9. Aufl. 2004; *Kersting/Schindler*, Die EuGH-Entscheidung „Inspire Art" und ihre Auswirkungen auf die Praxis, RdW 2003, 621; *Kindler*, Niederlassungsfreiheit für Scheinauslandsgesellschaften? Die „Centros"-Entscheidung des EuGH und das internationale Privatrecht, NJW 1999, 1993; *Kindler*, „Inspire Art" – Aus Luxemburg nichts Neues zum internationalen Gesellschaftsrecht, NZG 2003, 1086; *Kraft/Kreutz*, Gesellschaftsrecht, 12. Aufl. 2004; *Krecek*, Die Gewährleistungshaftung beim Unternehmenskauf nach deutschem und englischem Recht, Diss. Köln 2001; *Kropholler*, Internationales Privatrecht, 5. Aufl. 2004; *Kropholler*, Europäisches Zivilprozessrecht – Kommentar zu EuGVO und Lugano-Übereinkommen, 7. Aufl. 2002; *Kröll*, Beurkundung gesellschaftlicher Vorgänge durch einen ausländischen Notar, ZGR 2000, 111; *Lachmann*, Handbuch für die Schiedsgerichtspraxis, 2. Aufl. 2002; *Leible/Hoffmann*, „Überseering" und das deutsche Gesellschaftskollisionsrecht, ZIP 2003, 925; *Lutter*, „Überseering" und die Folgen, BB 2003, 7; *Lutter*, Perspektiven des Gesellschaftsrechts in Deutschland und Europa, BB 2004, Heft 1, Die erste Seite; *Lutter*, Europäische Auslandsgesellschaften in Deutschland, 2005; *Mankowski*, Überlegungen zur sach- und interessengerechten Rechtswahl für Verträge des internationalen Wirtschaftsverkehrs, RIW 2003, 2; *Meilicke*, Sitztheorie versus Niederlassungsfreiheit?, GmbHR 2000, 693; *Meilicke*, Anm. zu EuGH v. 9.3.1999 – Rs. C-212/97, DB 1999, 627; *Merkt*, Internationaler Unternehmenskauf, 2. Aufl. 2003; *Merkt*, Internationaler Unternehmenskauf durch Erwerb der Wirtschaftsgüter, RIW 1995, 533; *Merkt*, Internationaler Unternehmenskauf durch Beteiligungserwerb, in Festgabe Sandrock, 1995, S. 138 ff.; *Merkt*, Vertragsform beim Kauf von Anteilen an einer ausländischen Gesellschaft, ZIP 1994, 1417; *Mildner/Kleinert*, Ausländische GmbH: Eintragung der Zweigniederlassung einer im EG-Ausland gegründeten Kapitalgesellschaft und die Legitimation der Geschäftsführer, GmbHR 2004, 116; *Meyer-Sparenberg*, Internationalprivatrechtliche Probleme bei Unternehmenskäufen, WiB 1995, 849 ff.; Münchener Kommentar zum Aktiengesetz (Hrsg. *Kropff/Semler*), 2. Aufl. 2004; Münchener Kommentar zum Bürgerlichen Gesetzbuch (Hrsg. *Rebmann/Säcker*), Band 10: EGBGB (Art. 1–38) – Internationales Privatrecht, 3. Aufl. 1998; Münchener Kommentar zur Zivilprozessordnung, Band 1: §§ 1–354 (Hrsg. *Lüke/Walchshöfer*), 2. Aufl. 2000; *Paefgen*, Auslandsgesellschaften und Durchsetzung deutscher Schutzinteressen nach „Überseering", DB 2003, 487; *Paefgen*, Umwandlung, europäische Grundfreiheiten und Kollisionsrecht, GmbHR 2004, 463; *Palandt*, Bürgerliches Gesetzbuch, Kommentar, 64. Aufl. 2005; *Rauscher*, Europäisches Zivilprozessrecht, 2004; *Rehbinder*, Sitzverlegung ins Inland und Rechtsfähigkeit ausländischer juristischer Personen, IPRax 1985, 324; *Reithmann*, Substitution bei Anwendung der Formvorschriften des GmbH-Gesetzes, NJW 2003, 385; *Reithmann/Martiny*, Internationales Vertragsrecht, 6. Aufl. 2004; *Riegger*, Centros – Überseering – Inspire Art: Folgen für die Praxis, ZGR 2004, 510; *Sandrock*, Handbuch der Internationalen Vertragsgestaltung, Band 1: §§ 1–11, 1980; *Sandrock*, Centros: ein Etappensieg für die Überlagerungstheorie, BB 1999, 1337; *Sandrock*, Sitzrecht contra Savigny?, BB 2004, 897; *Sandrock*, Gehören die deutschen Regelungen über die Mitbestimmung auf Unternehmensebene wirklich zum deutschen ordre public?, AG 2004, 57; *Sandrock*, Prorogierter Gerichtsstand in Deutschland, Kosten in den USA: Erstattungsfähigkeit in Deutschland?, RIW 2004, 809; *Sandrock/Wetzler* (Hrsg.), Deutsches Gesellschaftsrecht im Wettbewerb der Rechtsordnungen, 2004; *Schaumburg*, Internationale Joint Ventures, Management – Besteuerung – Vertragsgestaltung, 1999; *Schäfer*, Das Vollmachtstatut im deutschen IPR – einige neuere Ansätze in kritischer Würdigung, RiW 1996, 189; *Schlechtriem*, Internationales UN-Kaufrecht, 2. Aufl. 2003; *Schlechtriem/Schwenzer*, Kommentar zum Einheitlichen UN-Kaufrecht, 4. Aufl. 2004; *Schumann*, Die Limited mit Verwaltungssitz in Deutschland: Kapitalaufbringung, Kapitalerhaltung und Haftung bei Insolvenz, DB 2004, 743; *Soergel*, Bürgerliches Gesetzbuch mit Einführungsgesetz und Nebengesetzen, Band 10: Einführungsgesetz, 12. Aufl. 1996; *Spindler/Berner*, Inspire Art – Der europäische Wettbewerb um das Gesellschaftsrecht ist endgültig eröffnet, RIW 2003, 949; *Staudinger*, Kommentar zum Bürgerlichen Gesetzbuch mit Einführungsgesetz und Nebengesetzen, Band EGBGB/IPR: Einleitung zum IPR, Art. 3–6 EGBGB, 13. Aufl.1996, Band EGBGB/IPR: Internationales Gesellschaftsrecht, 1998; *Stieb*, Sitz der GmbH: Verlegung des Satzungssitzes in das EU-Ausland, GmbHR 2004, 492; *Thüsing*, Deutsche Unternehmensmitbestimmung und europäische Niederlassungsfreiheit, ZIP 2004, 381; *Triebel*, Anglo-amerikanischer Einfluss auf Unternehmenskaufverträge in Deutschland – eine Gefahr für die Rechtsklarkeit?, RIW 1998, 1; *Triebel*, Mergers & Acquisition, Strategie – Steuern – Recht, 2004; *Triebel/Balthasar*, Auslegung englischer Vertragstexte unter deutschem Vertragsstatut – Fallstricke des Art. 32 I Nr. 1 EGBGB, NJW 2004, 2189; *Ulmer*, Gläubigerschutz bei Scheinauslandsgesellschaften, NJW 2004, 1201; *Veit/Wichert*, Unternehmerische Mitbestimmung bei europäischen Kapitalgesellschaften mit Verwaltungssitz in Deutschland nach „Überseering" und „Inspire Art", AG 2004, 14; *Wachter*, Auswirkungen des EuGH-Urteils in Sachen Inspire Art Ltd. auf Beratungspraxis und Gesetzgebung – Deutsche GmbH vs. englische private limited company, GmbHR 2004, 88; *Wagner*, Zur Vereinheitlichung des internationalen Zivilverfahrenrechts vier Jahre nach In-Kraft-Treten des Amsterdamer Vertrags, NJW 2003, 2344; *Wetzler*, Nationales Gesellschafterecht im Wettbewerb: Anmerkung zu EuGH, Rs. C-167/01 vom 30.9.2003 – Inspire Art, GPR 2004, 83; *Winkler*, Beurkundung gesellschaftlicher Akte im Ausland, NJW 1974, 1032; *Zimmer*, Internationales Gesellschaftsrecht, 1996; *Zimmer*, Nach „Inspire Art": Grenzlose Gestaltungsfreiheit für deutsche Unternehmen?, NJW 2003, 3585; *Zimmer*, Mysterium „Centros". Von der schwierigen Suche nach der Bedeutung eines Urteils des Europäischen Gerichtofes, ZHR 164 (2000), 23; *Zöller*, ZPO, 25. Aufl. 2005.

A. Einführung

Die internationale Verflechtung der Wirtschaftsbeziehungen bringt es mit 1 sich, dass Unternehmenskäufe häufig nicht nur zu einem Land bzw. einer Rechtsordnung Bezüge aufweisen, sondern zu mehreren.[1] Dabei sind mannigfache Konstellationen denkbar, deren erschöpfende Aufzählung kaum möglich sein dürfte. Einige wichtige sollen jedoch an dieser Stelle überblicksweise zusammengestellt werden; wie in diesem gesamten Kapitel erfolgt dabei die **Betrachtung aus deutscher Perspektive**, d.h., als „internationale Bezüge" werden solche Umstände aufgeführt, die Beziehungen zu ausländischen – im Sinne von nichtdeutschen – Rechtsordnungen vermitteln.

- So kann ein Unternehmenskauf internationalen Charakter erlangen, wenn an **ihm Ausländer** (einschließlich ausländischer Gesellschaften) **als Parteien** beteiligt sind.

- Internationale Bezüge können sich auch aufgrund des **Vertragsgegenstandes** ergeben, wie etwa im Falle eines Share Deals bei einem Verkauf von Anteilen an einer ausländischen Gesellschaft, oder im Falle eines Asset Deals bei einem Verkauf von ausländischen Grundstücken, im Ausland befindlichen beweglichen Sachen, nach ausländischem Recht begründeten Forderungen usw.

- Selbst wenn der Vertragsgegenstand auf den ersten Blick nicht ins Ausland weist, sind gleichwohl **indirekte Auslandsbezüge** vorstellbar, so z.B. bei dem Erwerb von Anteilen an einer deutschen Gesellschaft im Wege eines Share Deals, wenn diese Zielgesellschaft ihrerseits über ausländische Tochtergesellschaften, Standorte oder sonstiges Auslandsvermögen verfügt.

- Auslandsbezüge können ferner dadurch vermittelt werden, dass die Zielgesellschaft in einem **ausländischen Markt** bzw. mehreren ausländischen Märkten geschäftlich tätig ist. Dies ist nicht zuletzt in kartell- und wettbewerbsrechtlicher Hinsicht von Belang.

- Ausländische Bezüge können sich auch daraus ergeben, dass entweder die Zielgesellschaft oder eine der Parteien an einer **ausländischen Börse** notiert ist oder in anderer Form ausländischen kapitalmarkt- bzw. wertpapierrechtlichen Bestimmungen unterliegt.

---

1 Nach Angaben des Finanzdienstleisters Thomson Financial ist die Anzahl der M&A-Transaktionen in Europa im ersten Quartal 2004 im Vergleich zu dem gleichen Zeitraum im Jahr 2003 um 17% gestiegen. Deutschland bleibt dieser Entwicklung nicht fern. Während die Zahl der innerdeutschen Transaktionen mit 302 im ersten Halbjahr 2004 praktisch unverändert auf dem Niveau des Vorjahres bleibt, lässt die gestiegene Anzahl der Transaktionen mit ausländischer Berührung auf eine Belebung der grenzüberschreitenden Unternehmenskäufe schließen. Mit 253 Gesellschaften wurden über 52% mehr deutsche Unternehmen an ausländische Investoren aus den USA, Großbritannien, Frankreich, Niederlanden verkauft und fast spiegelbildlich wurden ebenso 52% (mit 125 Gesellschaften) mehr ausländische Unternehmen von deutschen Investoren als im Vergleichzeitraum 2003 gekauft. Quelle: Presse – Mitteilung der M&A International GmbH, www.m-a-international.de.
Zur Entwicklung des M&A-Marktes im Allgemeinen vgl. auch oben Teil I Rz. 32 ff.

– Einen – wenn auch vielleicht in seiner Tragweite beschränkten – Auslandsbezug mag schließlich auch ein **Vertragsschluss an einem ausländischen Ort** vermitteln.

2 Diese und andere Auslandsbezüge bedingen einige Besonderheiten in Vergleich zu rein inländischen Unternehmenskäufen, indem sie Fragen und Probleme aufwerfen, die ohne den Auslandsbezug nicht bestünden. Diese Besonderheiten finden sich **sowohl auf rechtlichem als auch auf nichtrechtlichem Gebiet**.[1] In juristischer Hinsicht stellt sich zunächst die Frage, nach welcher Rechtsordnung die Verträge und die sonstigen im Rahmen der Durchführung eines Unternehmenskaufs getroffen Maßnahmen zu beurteilen sind. Mit anderen Worten tritt vor die Beurteilung der relevanten rechtlichen Fragen in der Sache die Bestimmung des anwendbaren Rechts nach den Regeln des **Internationalen Privatrechts**. Die Bedeutung des Internationalen Privatrechts auch für den gestaltend eine Transaktion begleitenden Juristen kann nicht hoch genug eingeschätzt werden, denn erst die richtige Bestimmung des anwendbaren Rechts (bisweilen auch mehrerer anwendbarer Rechtsordnungen) macht es möglich, Verträge so zu gestalten und andere Maßnahmen so vorzunehmen, dass sie am Ende auch „halten".[2] Und schließlich, mag es auch noch so trivial klingen: Erst die Bestimmung des einschlägigen Rechts ermöglicht es dem involvierten Juristen festzustellen, ob er selbst überhaupt die erforderliche Fachkompetenz hat oder ob nicht doch ein ausländischer Kollege eingeschaltet werden muss.

3 Dem Internationalen Privatrecht ist der folgende Abschnitt B. gewidmet, der auch den Schwerpunkt dieses Teils des Handbuchs bildet.

Dem Internationalen Privatrecht benachbart ist das **Internationale Zivilprozessrecht**. Hier geht es um gerichtliche Zuständigkeiten bzw. allgemeiner die Art und Weise der Streitentscheidung (unter Einschluss der Schiedsgerichtsbarkeit) sowie um weitere Aspekte sowohl des (schieds-)gerichtlichen Erkenntnisverfahrens als auch der Vollstreckung. Einige Ausführungen zum Internationalen Verfahrensrecht folgen unter C.

Formfragen werden sodann separat unter D. behandelt.

4 Außerhalb des Privatrechts sind u.U. ausländische **öffentlich-rechtliche/regulatorische Erfordernisse** zu beachten. Hingewiesen sei in diesem Zusammenhang auf die Ausführungen von *Sedemund*, unten Teil VIII Rz. 189 zur Anwendbarkeit der deutschen Regeln zur Fusionskontrolle auf Auslandszusammenschlüsse. Entsprechende Prüfungen sind auch im Hinblick auf ausländische Kartellrechtsordnungen vorzunehmen, d.h., es ist stets sorgfältig zu untersuchen, welche Kartellrechtsordnungen im Einzelfall zu beachten sind,

---

1 Zu den Besonderheiten des internationalen Unternehmenskaufs gegenüber dem nationalen Unternehmenskauf unter einem rein rechtlichen Aspekt vgl. *Merkt*, Internationaler Unternehmenskauf, Rz. 4.
2 Die Bestimmung des maßgeblichen Rechts ist beim Unternehmenskauf nicht lediglich von theoretischer Bedeutung, sondern bestimmt gerade hier die Reichweite der privatautonomen Vertragsgestaltung, vgl. zutreffend *Merkt*, Internationaler Unternehmenskauf, Rz. 5, 6.

auch wenn sich eine Transaktion vielleicht gar nicht (unmittelbar) in den betreffenden Ländern abspielt.

Dieser Teil des Handbuchs konzentriert sich auf rechtliche Aspekte des internationalen Unternehmenskaufs. Nichtrechtliche Besonderheiten sollen daher nicht weiter vertieft werden. Zumindest Erwähnung finden soll aber in diesem Zusammenhang der Umstand, dass die Beteiligung von Personen aus unterschiedlichen Ländern an einer Transaktion nicht selten **kulturelle Unterschiede** deutlich macht. Damit kann man umgehen; wichtig ist aber, dass die Beteiligten dafür hinreichend sensibilisiert sind, weil ansonsten Missverständnisse drohen. Ohne Anspruch auf Vollständigkeit seien einige **Beispielsfälle** genannt: 5

- Während in einigen Ländern eine gewisse Vorliebe für Besprechungen und Telefonkonferenzen in großem Kreise herrscht, die dann häufig Züge eines Brainstormings tragen, neigt man in anderen Ländern eher dazu, eine Agenda durch möglichst schlanke Teams abarbeiten zu lassen.
- Mancherorts neigt man dazu, die zur Verfügung stehende Zeit möglichst „effizient" zu nutzen und entsprechend von Anfang bis Ende bei der Sache zu bleiben (Symptom: knapp bemessene Verhandlungspausen mit Brötchen). Andernorts mag eine solche Herangehensweise als wenig zivilisiert wahrgenommen werden; dort ist häufig Zeit, die in die allgemeine Kontaktpflege investiert wird, nicht etwa vertan, sondern gerade auch um des Fortschritts in der Sache willen gut investiert.
- Während es in einigen Ländern als Zeichen mangelnder Seriosität gelten mag, wenn eine Partei in Verhandlungen zunächst bestimmte Positionen einnimmt und diese später mehr oder weniger kommentarlos wieder verlässt, ist dies in anderen Ländern relativ normal.
- Konflikte und Dissenspunkte werden mancherorts eher offen und durchaus auch mit einer gewissen Härte erörtert, während man sich andernorts vorsichtig an sie herantastet und dabei versucht, gleichwohl den Anschein einer harmonischen Atmosphäre aufrechtzuerhalten.
- Interne Hierarchien und die damit verbundenen Entscheidungskompetenzen einzelner an Verhandlungen beteiligter Personen variieren bereits in einem einzelnen Land von Unternehmen zu Unternehmen. In einem internationalen Kontext gilt dies erst recht; zudem wird man sich häufig schwerer tun, diese Umstände richtig einzuschätzen.
- Kulturelle Unterschiede, die letztlich auf unterschiedlichen Rechtstraditionen beruhen, bestehen auch hinsichtlich der Dokumentationstiefe: Während man insbesondere in der Welt des Common Law gewohnt ist, jede Einzelheit (einschließlich verschiedener denkbarer Entwicklungen in der Zukunft) eingehend zu regeln, was zu einer sehr ausführlichen und idealerweise aus sich heraus verständlichen und abschließenden Vertragsdokumentation führt, besteht in Deutschland – wie in anderen kontinental-europäischen Ländern auch – traditionell eher eine Neigung dazu, sich in Vertragstexten auf die wesentlichen Punkte zu konzentrieren und nähere Ausführungen zu solchen Punkten zu unterlassen, bei denen eine nach

Vorstellung der Parteien angemessene Gestaltung schon aus gesetzlichen Regelungen folgt. Die Dokumente sind entsprechend kürzer, allerdings auch inhaltlich unvollständig. Es ist jedoch nicht zu verkennen, dass insoweit gerade auf dem Gebiet des Unternehmenskaufs ein Angleichungsprozess in Richtung auf die traditionell angelsächsische Technik (ausführliche Dokumentation) im Gange – wenn nicht gar vielfach schon abgeschlossen – ist.

- Die Herkunft der beteiligten Personen aus unterschiedlichen Rechtskreisen prägt auch ihr Vorverständnis oder Gespür dafür, was möglich ist oder nicht. Bei internationalen Transaktionen kann das zu Missverständnissen und Fehlvorstellungen führen. Beabsichtigt etwa ein US-Käufer den Erwerb aller Aktien an einer deutschen – gar mitbestimmten – Aktiengesellschaft und geht dabei von der Vorstellung aus, mit dieser könne man ähnlich verfahren wie mit einer *Delaware corporation*, so sind spätere Irritationen und Probleme vorgezeichnet. Zu den Herausforderungen internationaler Unternehmenskäufe gehört es daher auch, solche Fehlvorstellungen frühzeitig aufzudecken, da nur so eine interessengerechte Transaktionsstruktur konzipiert werden kann (im Beispielfall wird man etwa darüber nachdenken, ob man nicht von vornherein eine Umwandlung der AG in eine besser lenkbare Rechtsform in die Überlegungen einbezieht).

6 Auf der Grenze zwischen rechtlichen und nichtrechtlichen Aspekten liegt die **Sprache**. Sprache ist zunächst kein juristisches Phänomen. Jedoch lebt gerade die Jurisprudenz in und von der Sprache. Rechtliche Konzeptionen finden in der Sprache ihren Ausdruck; eine spezielle Fachterminologie gibt juristischen Texten Halt und Konturen. Werden rechtliche Texte in einer fremden Sprache abgefasst, ergibt sich die Schwierigkeit, dass die der einschlägigen Rechtsordnung eigentümliche Terminologie nicht zur Verfügung steht. In juristischen Texten dringen mit der Begrifflichkeit einer Fremdsprache unvermeidlich auch Konzepte und Denkstrukturen einer fremden Rechtsordnung in den Text ein. Genau in dieser Situation befindet man sich aber bei internationalen Unternehmenskäufen mit einer gewissen Regelmäßigkeit, wenn nämlich Verträge ungeachtet des anwendbaren Rechts in englischer Sprache abgefasst werden. Ausführungen zu diesem Themenbereich sollen unter E. diesen Teil beschließen.

7 Eine Erörterung von Fragen des „internationalen" Unternehmenskaufs stellt naturgemäß dessen Besonderheiten in den Mittelpunkt. Doch trotz dieser Besonderheiten wird man nicht sagen können, dass ein internationaler Unternehmenskauf etwas grundlegend anderes wäre als ein rein nationaler. Die im nationalen Rahmen zu bewältigenden Fragen stellen sich auch auf internationaler Ebene; es kommen lediglich einige weitere hinzu. Die beiden Grundmuster des Unternehmenskaufs – Share Deal und Asset Deal – kommen im einen wie im anderen Fall vor. Schließlich ist auch zu beobachten, dass bestimmte Unterschiede insbesondere der Vertragstechnik augenscheinlich rückläufig sind, da angelsächsisch geprägte Muster zunehmend auch rein nationale Transaktionen bestimmen – ein Vorgang, der im Rahmen der verschiedenen Harmonisierungsdebatten, die regelmäßig auf Rechtsangleichung durch

Gesetzgebung fokussiert sind, nicht unbedingt die Beachtung findet, die er eigentlich verdiente.

B. Internationales Privatrecht

I. Begriff des Internationalen Privatrechts

Unter Internationalem Privatrecht (IPR) versteht man diejenigen Normen, die bei einem Sachverhalt, welcher Berührungspunkte zu mehreren Rechtsordnungen aufweist, bestimmen, nach welcher der in Fragen kommenden Rechtsordnungen einzelne Fragen in der Sache zu beurteilen sind (sog. **Kollisionsnormen**).[1] 8

Bei der Beurteilung internationaler Sachverhalte wird also das Internationale Privatrecht (oder Kollisionsrecht) den in der Sache einschlägigen Normen (den sog. **Sachnormen**) vorgeschaltet. 9

Der Begriff Internationales Privatrecht ist insoweit missverständlich, als es sich dabei grundsätzlich nicht um internationales, sondern um **nationales Recht** handelt.[2] Jede Rechtsordnung hat ihr eigenes Internationales Privatrecht (was natürlich Harmonisierung durch völkerrechtliche Verträge oder, etwa im Falle der EU, supranationales Recht im Einzelfall nicht ausschließt). Die „Internationalität" des Internationalen Privatrechts ergibt sich demnach aus der Art der Sachverhalte, mit denen es sich befasst, nicht aber aus der Herkunft seiner Normen aus einer internationalen Rechtquelle. 10

Das so entstehende Nebeneinander unterschiedlicher Internationaler Privatrechte (nämlich der verschiedenen Rechtsordnungen) wirft bei Sachverhalten mit Bezügen zu mehreren Rechtsordnungen folgerichtig die Frage auf, auf welches dieser Regelwerke denn nun zur Bestimmung des in der Sache anwendbaren Rechts abzustellen ist. Diese Frage kann zunächst anhand der primären Adressaten der Kollisionsnormen beantwortet werden. Das Internationale Privatrecht richtet sich zunächst an die nationalen Gerichte der betreffenden Rechtsordnung.[3] Ihnen wird mit Hilfe der Kollisionsnormen ein Leitfaden für die von ihnen zu treffenden Entscheidungen an die Hand gegeben. 11

Für **Schiedsgerichte** gelten in der Regel wiederum eigene Grundsätze. Sie sind keine Gerichte eines bestimmten Staates und daher auch nicht unmittelbar Adressat irgendeines staatlichen Kollisionsrechts. Zu weiteren Einzelheiten sei auf Teil XIII Rz. 198 ff. verwiesen. 12

---

1 Zum Begriff des Internationalen Privatrechts vgl. etwa *Sonnenberger* in Münch-Komm. BGB, Einl. IPR Rz. 3; *Hohloch* in Erman, Einl Art. 3 EGBGB Rz. 1; *Lorenz* in Bamberger/Roth, Einl. IPR Rz. 1 ff; *Kegel/Schuring*, § 1 II; *Kropholler*, S. 1.
2 S. auch *Hohloch* in Erman, Einl Art. 3 EGBGB Rz. 16, 59; *Merkt*, Internationaler Unternehmenskauf, Rz. 25.
3 Vgl. *Geimer*, Teil I Rz. 94.

13 Im Falle der rechtsgestaltenden Tätigkeit, die bei internationalen Unternehmenskäufen besonders hervortritt, folgt aus diesem Befund, dass die Frage nach dem anwendbaren Sachrecht nicht unabhängig davon beantwortet werden kann, **in welchem Forum (Gericht oder Schiedsgericht) etwa entstehende Streitigkeiten ausgetragen werden.** Erst ausgehend von der Kenntnis dieses Forums steht fest, welches Kollisionsrecht einschlägig ist und welches Sachrecht ihm gemäß Anwendung findet.

14 So überrascht es auch nicht, dass in internationalen Unternehmenskaufverträgen (wie auch in anderen grenzüberschreitenden Verträgen) **Gerichtsstandsvereinbarungen** bzw. **Schiedsklauseln** einerseits und **Rechtswahlklauseln** andererseits zumeist in unmittelbarer Nachbarschaft zueinander zu finden sind, handelt es sich doch um die beiden Gestaltungsmittel, die – ggf. in Kombination miteinander – entscheidend dazu dienen, die Entscheidung über künftige Streitfälle berechenbarer zu machen. Gerichtstandsvereinbarungen oder Schiedsklauseln fixieren das in solchen Fällen einschlägige Forum und damit zugleich das anwendbare Kollisionsrecht. Die Frage, welches Sachrecht dann berufen ist, wird dadurch berechenbar. Rechtswahlklauseln verfolgen die Absicht, das einschlägige Sachrecht – grundsätzlich sogar unabhängig vom Forum – unmittelbar zu bestimmen und dadurch Sicherheit für die Gestaltung zu schaffen (und ggf. auch Sachverhalte einer einheitlichen Rechtsordnung zu unterstellen, in denen es aufgrund kollisionsrechtlicher Regelungen ansonsten zu einer Rechtszersplitterung kommen könnte). Gerichtstands- bzw. Schiedsklauseln sowie Rechtswahlklauseln sind daher wichtig, werden jedoch nicht in allen denkbaren Fällen zum Ziel führen. Voraussetzung dafür ist nämlich, dass – im Hinblick auf Gerichtsstands- und Schiedsklauseln – alle in Ermangelung einer solchen Klausel zuständigen Gerichte sich an diese gebunden fühlen und – im Hinblick auf Rechtwahlklauseln – dass das einschlägige Kollisionsrecht im konkreten Fall eine Rechtwahl zulässt.

15 Der vorstehende Überblick macht deutlich, dass eine erschöpfende Behandlung von international-privatrechtlichen Problemen des Unternehmenskaufs im Rahmen eines Handbuchs wie des vorliegenden nicht möglich ist, da die Behandlung der verschiedenen Konstellationen, die sich aus dem Zusammenspiel unterschiedlicher Systeme der gerichtlichen Zuständigkeit, unterschiedlicher nationaler Kollisionsrechte und schließlich unterschiedlicher Sachrechte ergeben, den Rahmen sprengen würde. Entsprechend beschränken sich auch die folgenden Ausführungen auf das Internationale Privatrecht der Bundesrepublik Deutschland.

II. Rechtsquellen des deutschen Internationalen Privatrechts

16 Das deutsche Internationale Privatrecht ist, soweit kodifiziert, in den **Art. 3 bis 46 EGBGB** geregelt.

17 Hinter den gesetzlichen Bestimmungen stehen teilweise Vorgaben des EU-Rechts. Dies betrifft insbesondere (jedoch nicht ausschließlich) die Art. 27 ff. EGBGB, die sich mit dem auf schuldrechtliche Verträge anwendbaren Recht befassen. Diese Normen gehen auf das **(Römische) Übereinkommen vom**

19. Juni 1980 über das auf vertragliche Schuldverhältnisse anzuwendende Recht[1] zurück, welches zwischen den damaligen EG-Mitgliedstaaten geschlossen wurde und dem später hinzugekommene Mitgliedstaaten beigetreten sind.

Weitere europarechtliche Vorgaben bestehen auf dem Gebiet des Arbeitnehmer- und Verbraucherschutzes, was seinen Niederschlag in Art. 29a EGBGB gefunden hat.

Im Zusammenhang mit den Rechtsquellen des Deutschen Internationalen Privatrechts ist ferner das **(Wiener) Übereinkommen der Vereinten Nationen vom 11.4.1980 über Verträge über den internationalen Warenkauf** zu nennen, auch wenn es weniger kollisions- als vielmehr sachrechtliche Bedeutung hat; hierzu im Einzelnen Teil XIII Rz. 53 ff. 18

Die Kodifikation des Deutschen Internationalen Privatrechts ist nach wie vor unvollständig. Ein gerade im Zusammenhang mit dem internationalen Unternehmenskauf enorm wichtiger Teilbereich ist bis heute weder im EGBGB noch anderswo gesetzlich geregelt, nämlich das **internationale Gesellschaftsrecht**. In diesem Teilbereich lassen sich daher die einschlägigen Kollisionsnormen nur anhand von Rechtsprechung und Lehre ermitteln. Ein weiterer – ebenfalls im Zusammenhang mit dem internationalen Unternehmenskauf praktisch relevanter – Teilbereich, zu dem gesetzliche Bestimmungen fehlen, betrifft das auf Vollmachten anwendbare Recht. 19

III. Struktur von Kollisionsnormen

Kollisionsnormen sind aufgebaut wie die meisten anderen Rechtsnormen auch: Sie enthalten zunächst einen Tatbestand, nämlich die – oft schlagwortartige – Bezeichnung eines Fragen- bzw. Themenbereiches, für den das anwendbare Sachrecht zu bestimmen ist. Beispiele sind etwa „die Rechtsfähigkeit und die Geschäftsfähigkeit einer Person" (Art. 7 EGBGB), „der Vertrag" (Art. 27 EGBGB) oder „Rechte an einer Sache" (Art. 43 EGBGB). An diesen Tatbestand schließt sich als Rechtsfolge ein **Normanwendungsbefehl** an, also die Anordnung, auf den im Tatbestand bezeichneten Fragen- bzw. Themenbereich das Recht eines bestimmten Staates anzuwenden. Der relevante Staat ist dabei üblicherweise nicht namentlich bezeichnet; stattdessen benennt die Norm lediglich ein bestimmtes Sachverhaltselement, welches die Identifikation der richtigen Rechtsordnung ermöglicht. In den bereits genannten Beispielsfällen sind dies: das „Recht des Staates, dem die Person angehört" (Art. 7 EGBGB), das „von den Parteien gewählte Recht" (Art. 27 EGBGB, mit Ergänzungsregeln in Art. 28 EGBGB für den Fall, dass eine Rechtswahl fehlen sollte) und das „Recht des Staates, in dem sich die Sache befindet" (Art. 43 EGBGB). 20

---

[1] ABl. Nr. L 266/1. In Deutschland erfolgte die Vereinheitlichung der Kollisionsnormen mit dem Gesetz zur Neuregelung des internationalen Privatrechts v. 25.7.1986 mit Wirkung zum 1.9.1986, BGBl. I, S. 1142.

21 Die Sachverhaltselemente, die gemäß einer Kollisionsnorm zur Identifikation des anwendbaren Rechts heranzuziehen sind, werden **Anknüpfungsmerkmale** genannt.

22 Eine einheitliche Kollisionsnorm, welche „das auf die mit einem internationalen Unternehmenskauf verbundenen Fragen anwendbare Recht" bestimmt, gibt es nicht. Stattdessen berührt ein internationaler Unternehmenskauf eine Reihe verschiedener Fragen- und Themenbereiche, für welche je eigene Kollisionsnormen bestehen. Die wichtigsten dieser Fragen- und Themenbereiche (sog. **Statute**) werden im Folgenden einzeln behandelt. Das Fehlen eines einheitlichen „Statuts des Unternehmenskaufs" und die daraus resultierende Notwendigkeit, für verschiedene Aspekte des internationalen Unternehmenskaufs unterschiedliche Statute im Auge zu behalten, bewirken, dass ggf. Sachnormen unterschiedlicher Rechtsordnungen in der Beurteilung zusammenspielen, was auch den gestaltenden Juristen vor zusätzliche Probleme stellt. Es handelt sich hierbei nicht um eine Besonderheit des internationalen Unternehmenskaufs; die Möglichkeit, dass verschiedene Facetten eines einheitlichen Lebenssachverhalts unterschiedlichen kollisionsrechtlichen Statuten zuzurechnen sind, besteht bei jedem grenzüberschreitenden Geschehen. Bei einem so komplexen Vorgang wie einem internationalen Unternehmenskauf ist dieser Befund aber geradezu programmiert. Auf die Bedeutung von Rechtswahlklauseln als einem Mittel, der zu befürchtenden Rechtszersplitterung entgegenzuwirken, wurde bereits hingewiesen; ebenso aber auch auf den Umstand, dass Rechtswahlklauseln möglicherweise nicht für alle relevanten Fragen zugelassen sind, wie sich bei der Erörterung einzelner für den Unternehmenskauf relevanter Statute auch im Einzelnen zeigen wird.

IV. Das Vertragsstatut

23 Kernstück eines jeden Unternehmenskaufes ist ein (schuldrechtlicher) **Kaufvertrag**. Kollisionsrechtlich fällt dieser unter das Vertragsstatut (genauer müsste es heißen: Schuldvertragsstatut).

24 Im Falle eines **Asset Deals** kann das Vertragsstatut auch im Rahmen der Durchführung (Closing) relevant werden, nämlich dann, wenn dabei Verträge oder einzelne Rechte aus Verträgen übertragen werden, weil Zulässigkeit und Art und Weise der Übertragung vertraglicher Rechte ihrerseits nach dem Vertragsstatut zu beurteilen sind.

25 Die gesetzliche Regelung des internationalen Vertragsrechts findet sich in den bereits erwähnten Art. 27 ff. EGBGB. Diese Bestimmungen beruhen auf dem **Europäischen Übereinkommen über das auf vertragliche Schuldverhältnisse anzuwendende Recht (EVÜ)** vom 19.6.1980 (in Kraft getreten am 1.4.1991).

26 Die Bundesrepublik Deutschland hat das EVÜ am 25.7.1986 **ratifiziert**. Die Umsetzung in nationales deutsches Recht erfolgte allerdings nicht, wie es bei völkerrechtlichen Verträgen ansonsten gängige Praxis ist, durch Transformation; stattdessen wurden die Bestimmungen des EVÜ ihrem Inhalt (und größtenteils auch Wortlaut) nach in die gesetzliche Regelung des deutschen inter-

nationalen Privatrechts aufgenommen („inkorporiert"), so dass man ihnen ihre völkerrechtliche Herkunft nicht mehr ohne weiteres ansieht.[1]

1. Rechtswahl als Grundlage des internationalen Vertragsrechts

Art. 27 Abs. 1 Satz 1 EGBGB (= Art. 3 Abs. 1 Satz 1 EVÜ) bestimmt: „Der Vertrag unterliegt dem von den Parteien gewählten Recht." Diese Bestimmung, die ganz am Anfang der gesetzlichen Regelung des internationalen Vertragsrechts steht, stellt die Freiheit der Parteien, das für ihren Vertrag anwendbare Recht selbst zu bestimmen, in den Mittelpunkt. Sie setzt dadurch Grundwertungen des internen Vertragsrechts, nämlich die **Anerkennung der Parteiautonomie und Vertragsfreiheit**, ins internationale Vertragsrecht fort. Wie im internen Recht in erster Linie die Parteien selbst berufen sind, durch Vereinbarung den Inhalt ihres Vertrages zu bestimmen, haben sie es auch in der internationalen Dimension zunächst selbst in der Hand festzulegen, welche Rechtsordnung für die Beurteilung des von ihnen geschaffenen Rechtsverhältnisses maßgebend sein soll.[2]

27

2. Zustandekommen der Rechtswahl; Form; Zeitpunkt

Die Bestimmung des auf einen Vertrag anwendbaren Rechts durch die Parteien ist ihrerseits ein Vertrag, genauer: ein **kollisionsrechtlicher Verweisungsvertrag**.[3] Dieser ist von dem Hauptvertrag, auf den er sich bezieht, selbständig, mit der wichtigen Konsequenz, dass etwaige Mängel des Hauptvertrags nicht ohne weiteres auch den Verweisungsvertrag – die Rechtswahl – erfassen. Das gilt unabhängig davon, ob der selbständige Charakter des Verweisungsvertrages auch äußerlich zum Ausdruck gebracht wird – etwa indem die Rechtswahl in einer gesonderten Vertragsurkunde niedergelegt wird, was in der Praxis allerdings kaum je vorkommen dürfte – oder ob die Rechtswahl, wie dies üblicherweise geschieht, als Klausel des Hauptvertrages ausgestaltet ist; auch im letzteren Fall bildet sie trotz ihres äußerlichen Gewands einen selbständigen Vertrag.[4]

28

Eine bestimmte Form für den kollisionsrechtlichen Verweisungsvertrag ist ausdrücklich nicht gefordert; auch eine **konkludente Rechtswahl** ist möglich.[5] Allerdings beinhaltet der Gesetzeswortlaut eine Absage an die Konstruktion

29

---

1 S. allerdings Art. 36 EGBGB (folgend Art. 18 EVÜ) zum Erfordernis der (international) einheitlichen Auslegung.
2 Vgl. *Martiny* in MünchKomm. BGB, Art. 27 EGBGB Rz. 7; *Spickhoff* in Bamberger/Roth, Art. 27 EGBGB Rz. 1–2, 5.
3 *Martiny* in MünchKomm. BGB, Art. 27 EGBGB Rz. 13. Es handelt sich also um eine *zweiseitige* (oder *mehrseitige*) Rechtswahl.
4 *Martiny* in MünchKomm. BGB, Art. 27 EGBGB Rz. 5.
5 Indizien (aber auch nicht mehr) für eine konkludente Rechtswahl können sein: die Vereinbarung eines Gerichtsstandes (allerdings abhängig von der konkreten Ausgestaltung), die Verwendung der einem Recht eigentümlichen Terminologie oder Verweise auf gesetzliche Bestimmungen, vgl. etwa *Martiny* in MünchKomm. BGB, Art. 27 EGBGB Rz. 40 ff.; BGH v. 5.5.1988 – VII ZP 119/87, BGHZ 104, 268; LG Frankfurt v. 16.10.1962 – 3/4 O 155/61, IPRspr. 1962/63 Nr. 21 = NJW 1963, 450.

einer „hypothetischen Rechtswahl", wie sie das deutsche Internationale Privatrecht vor In-Kraft-Treten der heutigen Art. 27 ff. EGBGB im Jahre 1986 kannte. Ein Rekurs auf das Recht, welches die Parteien vernünftigerweise gewählt haben würden (nämlich dann, wenn sie sich darüber Gedanken gemacht hätten), kann die wirkliche Vereinbarung einer Rechtswahl nicht ersetzen.[1]

30 Bei internationalen Unternehmenskäufen sind **ausdrückliche Rechtswahlklauseln** weit verbreitet und auch sinnvoll. Bei ihrer Formulierung sollte darauf geachtet werden, dass klar zum Ausdruck kommt, dass das gewählte Recht umfassend Anwendung finden soll. Reine **construction clauses** („This Agreement shall be construed in accordance with the laws of X") sollten daher gemieden werden, da sie die Rechtswahl – über Auslegungsfragen hinaus – wohl allenfalls konkludent implizieren (Formulierung daher besser: „This Agreement shall be governed by [and construed in accordance with] the laws of X").[2]

31 Liegt eine – ausdrückliche oder konkludente – Rechtwahl vor, so mag es im Einzelfall zu Streitigkeiten über deren **Wirksamkeit** kommen (etwa in Irrtumsfällen). Derartige Fragen sind nach dem gleichen Recht zu entscheiden, das auch auf den Hauptvertrag anzuwenden ist. Soweit ebendiese Frage von der Wirksamkeit der Rechtswahl abhängt, wird die Wirksamkeit zunächst einmal unterstellt (Vorgriff auf das zumindest dem äußeren Anschein nach gewählte Recht).[3]

32 Die Rechtswahl kann zu jedem beliebigen Zeitpunkt getroffen und auch wieder geändert werden, wobei allerdings eine nachträgliche Rechtswahl keinen Einfluss auf die (einmal bejahte) Formwirksamkeit des Vertrages oder auf Rechte Dritter hat, Art. 27 Abs. 2 EGBGB = Art. 3 Abs. 2 EVÜ.

3. Gegenstand der Rechtswahl: „Vertrag"

33 Art. 32 EGBGB (= Art. 10 sowie 14 EVÜ) umreißt den Umfang des sog. Vertragsstatuts, also derjenigen Fragen, die im Rahmen der IPR-Qualifikation dem Gebiet „Vertrag" zuzuordnen und entsprechend der Rechtswahl gemäß

---

[1] *Martiny in* MünchKomm. BGB, Art. 27 EGBGB Rz. 2, 41 f.; *Spickhoff* in Bamberger/Roth, Art. 27 EGBGB Rz. 18.
[2] Vgl. *Merkt*, Internationaler Unternehmenskauf, Rz. 68, 69.
[3] Art. 27 Abs. 4 i.V.m. 31 EGBGB; vgl. auch *Martiny* in MünchKomm. BGB, Art. 27 EGBGB Rz. 83 ff.; *Spickhoff* in Bamberger/Roth, Art. 27 EGBGB Rz. 12 ff. Die Prüfung erfolgt also in folgenden Schritten: Zunächst ist zu ermitteln, ob überhaupt der Anschein einer ausdrücklichen oder konkludenten Rechtswahl besteht; diese Prüfung erfolgt nach der *lex fori* (Art. 27 Abs. 1 EGBGB, unter Beachtung der gebotenen einheitlichen – vertragsautonomen – Auslegung und Anwendung des EVÜ in den Vertragsstaaten). Ist der Anschein einer Rechtswahl zu bejahen, so ist in einem nächsten Schritt ihr Zustandekommen und ihre Wirksamkeit nach dem (anscheinend) gewählten Recht zu prüfen.

Art. 27 Abs. 1 Satz 1 EGBGB zugänglich sind.[1] Die **nicht abschließende Auflistung** beinhaltet die Auslegung des Vertrags, die Erfüllung der durch ihn begründeten Verbindlichkeiten, die Folgen der Nichterfüllung dieser Verbindlichkeiten, das Erlöschen der Verpflichtungen sowie ihre Verjährung und die Folgen eines Fristablaufs und der Nichtigkeit des Vertrages. Ausdrücklich genannt sind ferner gesetzliche Vermutungen und Beweislastregeln. Hinzu kommen Zustandekommen und Wirksamkeit des Vertrages (Art. 31 EGBGB = Art. 8 EVÜ) und Formerfordernisse (Art. 11 EGBGB = Art. 9 EVÜ; jedoch unter der Maßgabe, dass zur Formwirksamkeit auch die Beachtung der am Abschlussort vorgeschriebenen Form genügt[2]).

Ausdrücklich nicht genannt sind in dieser Aufzählung sachenrechtliche Fragen;[3] s. dazu Teil XIII Rz. 98 ff.

4. Teilweise Rechtswahl

Grundsätzlich erstreckt sich die für einen Vertrag getroffene Rechtswahl auf den Vertrag im Ganzen, also alle dem Vertragsstatut zuzuordnenden rechtlichen Aspekte. Jedoch gestattet es Art. 27 Abs. 1 Satz 3 (= Art. 3 Abs. 1 Satz 3 EVÜ) den Parteien ausdrücklich, die Rechtswahl „nur für einen Teil [zu] treffen" (sog. *dépeçage*). Voraussetzung ist jedoch, dass die betreffende Teilfrage „abspaltbar" ist, also eine gewisse Selbständigkeit besitzt. Nicht zulässig wäre es, durch Teilverweisungen hinsichtlich der einzelnen Fragen des Vertragsverhältnisses eine Situation zu schaffen, in der sich nicht mehr auflösbare Widersprüche aufgrund der Unterschiede der berufenen Rechtsordnungen ergäben.[4]

34

5. Das gewählte Recht

Art. 27 Abs. 1 EGBGB spricht von dem „von den Parteien gewählten *Recht*". „Recht" in diesem Sinne ist jede **lebende Rechtsordnung**, und zwar grundsätzlich in ihrem jeweiligen (sich über die Zeit verändernden) Normenbestand.[5]

35

---

1 Das als Vertragsstatut berufene Recht ist für alle entsprechend qualifizierten Fragen zuständig, ungeachtet dessen, wie es selbst (nach seinen sachrechtlichen Systembegriffen) diese Fragen einordnet. So gelten z.B. die Bestimmungen des Vertragsstatuts über die Verjährung auch dann, wenn sie dort als Teil des Prozessrechts (und nicht des materiellen Vertragsrechts) geregelt sind; vgl. *Spellenberg* in MünchKomm. BGB, Art. 32 EGBGB Rz. 70.
2 Beachte jedoch Art. (27 Abs. 4 i.V.m.) 29 Abs. 3 EGBGB: Bei Verbraucherverträgen werden Formfragen aus dem Vertragsstatut herausgenommen und selbstständig an den gewöhnlichen Aufenthaltsort des Verbrauchers angeknüpft; das gilt auch für die Form der Rechtswahl selbst.
3 Dingliche Wirkungen eines Vertrags unterliegen dementsprechend *nicht* dem Vertragsstatut; vgl. etwa *Spellenberg* in MünchKomm. BGB, Art. 32 EGBGB Rz. 125.
4 Vgl. *Martiny* in MünchKomm. BGB, Art. 27 EGBGB Rz. 56 f.; *Spickhoff* in Bamberger/Roth, Art. 27 EGBGB Rz. 27. Die genaue Grenzziehung zwischen zulässiger und unzulässiger Teilrechtswahl (im Hinblick auf die Abspaltbarkeit der betreffenden Frage) ist jedoch schwierig.
5 *Martiny* in MünchKomm. BGB, Art. 27 EGBGB Rz. 21.

36 Die Arretierung eines bestimmten zeitlichen Zustandes (durch die Wahl des Rechts von X auf dem Stand von [Datum]) ist auf der kollisionsrechtlichen Ebene nicht zulässig. Werden derartige **Versteinerungsklauseln** dennoch vereinbart, so ist zunächst von einer kollisionsrechtlichen Verweisung auf das gewählte Recht auszugehen. Die Frage, ob dieses auf einem bestimmten Stand eingefroren werden kann, ist dann eine sachrechtliche Frage, die von dem berufenen Recht selbst zu beantworten ist.[1]

37 Wählbar ist grundsätzlich jede beliebige Rechtsordnung; die Rechtswahl ist also nicht auf einzelne – etwa mit dem Sachverhalt in irgendeiner Weise verbundene – Rechtsordnungen eingeschränkt (s. jedoch unten Teil XIII Rz. 40).[2] Stets muss es sich jedoch um **staatliches Recht** handeln.[3]

38 Zu beachten ist schließlich Art. 35 Abs. 1 EGBGB (= Art. 15 EVÜ). Diese Bestimmung schließt im Rahmen des Vertragsstatuts **Rück- und Weiterverweisungen** aus. Entsprechend bezieht sich die im Hinblick auf einen Vertrag getroffene Rechtswahl der Parteien stets auf die Sachvorschriften des betreffenden Rechts und nicht auch auf dessen Kollisionsnormen, was im Übrigen nach deutschem Recht bei einer Rechtswahl durch die Parteien generell (also auch außerhalb des Vertragsstatuts) gilt, vgl. Art. 4 Abs. 2 EGBGB.[4]

6. Grenzen der Rechtswahl

39 Die den Parteien eingeräumte Rechtswahlfreiheit gilt nicht unbegrenzt. Ebenso, wie im internen Recht die Vertragsfreiheit der Parteien durch zwingende gesetzliche Vorschriften eingeschränkt wird, wird auch die „internationale Vertragsfreiheit", also die Rechtswahlfreiheit, nicht vorbehaltlos gewährt; sie findet ihre Grenze allerdings nicht an den zwingenden Sachvorschriften des internen Rechts, sondern nur an besonderen, die Rechtswahlfreiheit einschränkenden kollisionsrechtlichen Vorschriften. Diese Beschränkungen sollen nachfolgend kurz aufgeführt werden.[5]

---

1 Vgl. *Martiny* in MünchKomm. BGB, Art. 27 EGBGB Rz. 21 f. m.w.N. Versteinerungs- oder Stabilisierungsklauseln finden sich insb. in Verträgen mit staatlichen Partnern zum Schutz vor einseitigen Rechtsänderungen durch diese; empfehlenswert ist die Kombination mit einer Schiedsklausel, da (internationale) Schiedsgerichte diese Gestaltung i.d.R. respektieren.
2 Insb. die Wahl eines „neutralen" Rechts ist also möglich; *Martiny* in MünchKomm. BGB, Art. 27 EGBGB Rz. 20; *Spickhoff* in Bamberger/Roth, Art. 27 EGBGB Rz. 7.
3 *Spickhoff* in Bamberger/Roth, Art. 27 EGBGB Rz. 6. Weniger bestimmt *Martiny* in MünchKomm. BGB, Art. 27 Rz. 26 ff., mit Nachweisen zu Stimmen in der Literatur, die auch „außerstaatliches Recht" u.U. für wählbar halten; s. auch *Sonnenberger* in MünchKomm. BGB, Einl. IPR Rz. 230 ff.
4 Ein besonderer Ausschluss der Kollisionsnormen des gewählten Rechts, wie er in der Praxis recht gebräuchlich ist, ist also aus Sicht des deutschen IPRs eigentlich nicht nötig (gleichwohl u.U. sinnvoll, wenn nämlich für die Entscheidung auch ein *forum* in Betracht kommt, das an andere Kollisionsvorschriften gebunden sein sollte, und in jedem Fall unschädlich).
5 Nicht näher eingegangen wird auf eine – theoretisch vielleicht denkbare – Unwirksamkeit der Rechtswahl wegen Gesetzesumgehung (*fraus legis*), da im internationalen Vertragsrecht praktisch ohne Bedeutung, vgl. *Martiny* in Reithmann/Martiny, Rz. 63.

a) Fehlende Internationalität des Sachverhalts

Gemäß Art. 27 Abs. 3 EGBGB (entspricht Art. 3 Abs. 3 EVÜ) bleiben bei einem Sachverhalt, der abgesehen von der Tatsache der Rechtswahl (und/oder einer Gerichtsstandsklausel) nur mit einem einzigen Staat verbunden ist, die zwingenden Vorschriften des Rechts dieses Staates anwendbar, auch wenn die Parteien ein anderes Recht gewählt haben. In diesen Fällen der mangelnden Internationalität des Sachverhalts wird also im Ergebnis die kollisionsrechtliche Rechtswahlfreiheit auf den Umfang der nach dem Sachrecht des betroffenen Staates gewährten Vertragsfreiheit zurückgeschnitten. 40

b) Verbraucher- und Arbeitnehmerschutz

Art. 29 und 30 EGBGB (= Art. 5 und 6 EVÜ) schränken die Rechtswahlfreiheit im Ergebnis für Verbraucher- und Arbeitsverträge ein. Von einer Darstellung der Einzelheiten wird im vorliegenden Kontext abgesehen. 41

7. Objektive Anknüpfung bei fehlender Rechtswahl

Liegt weder eine ausdrückliche noch eine konkludente Rechtswahl vor, so muss das Vertragsstatut objektiv, d.h. losgelöst von den subjektiven Vorstellungen der Parteien, angeknüpft werden.[1] Die entsprechenden Grundsätze sind in Art. 28 EGBGB geregelt. Danach unterliegt der Vertrag dem Recht des Staates, „mit dem er die **engste Verbindung** aufweist". Dieses Prinzip, das letztlich eine Leitidee des Internationalen Privatrechts überhaupt formuliert, wird dann in den weiteren Absätzen von Art. 28 EGBGB durch einzelne **widerlegliche Vermutungen** konkretisiert. Gemäß Art. 28 Abs. 2 EGBGB wird vermutet, dass die engste Verbindung mit demjenigen Staat besteht, „in dem die Partei, welche die charakteristische Leistung zu erbringen hat, im Zeitpunkt des Vertragsabschlusses ihren gewöhnlichen Aufenthalt oder, wenn es sich um eine Gesellschaft, einen Verein oder eine juristische Person handelt, ihre Hauptverwaltung hat". Davon abweichend soll dann, wenn ein Vertrag im Rahmen einer gewerblichen Tätigkeit geschlossen wird, statt auf den Ort des gewöhnlichen Aufenthalts bzw. der Hauptverwaltung auf die Hauptniederlassung des entsprechenden Vertragspartners oder, wenn einschlägig, eine konkret mit dem Vertrag befasste sonstige Niederlassung abgestellt werden. 42

Diese Regelvermutung gilt grundsätzlich auch für Unternehmenskaufverträge. Abzustellen ist daher auf den **Sitz des Verkäufers**. Dies gilt im Grundsatz sowohl im Falle eines **Share Deals** als auch im Falle eines **Asset Deals**.[2] Allerdings können bei einem Asset Deal je nach den Umständen des Einzelfalles Komplikationen auftreten. Art. 28 Abs. 3 EGBGB enthält nämlich eine weitere, von Art. 28 Abs. 2 EGBGB abweichende Vermutung für solche Verträge, 43

---

[1] Die objektive Anknüpfung bei fehlender Rechtswahl tritt an die Stelle der sog. subjektiven Theorie, die auf den „hypothetischen Parteiwillen" abstellt, vgl. BGH v. 30.9.1952 – I ZR 31/52, BGHZ 7, 231 (235); *Hohloch* in Erman, Art. 28 EGBGB Rz. 1; *Martiny* in Reithmann/Martiny, Rz. 112.

[2] Zu den Besonderheiten der charakteristischen Leistung bei einem Share oder Asset Deal, vgl. *Merkt*, RIW 1995, 533; *Merkt* in Reithmann/Martiny, Rz. 858.

die „ein dingliches Recht an einem Grundstück oder ein Recht zur Nutzung eines Grundstücks zum Gegenstand" haben. In diesen Fällen wird vermutet, dass die engste Verbindung zu dem Staat besteht, in dem das Grundstück belegen ist.[1] Der von dieser Vermutung erfasste Sachverhalt kann im Falle eines Asset Deals durchaus gegeben sein; nicht selten werden im Rahmen einer solchen Transaktion unter anderem auch Grundstücke oder Rechte an Grundstücken veräußert. Die Schwierigkeit liegt allerdings darin, dass es sich regelmäßig nicht um einen reinen Grundstücksverkauf handeln wird; stattdessen wird das Grundstück für gewöhnlich nur einen unter mehreren Kaufgegenständen ausmachen. Entsprechend kommt es zu einer Kollision der allgemeinen Vermutung (Verkäufersitz) mit der speziellen Vermutung für Grundstückskaufverträge.

44 Eine – theoretische – Möglichkeit, diesen Konflikt aufzulösen, bestünde darin, den Vertrag aufzuspalten und für einzelne Komponenten das Recht des Staates zugrunde zu legen, in dem der Verkäufer seinen Sitz hat, für andere hingegen das Recht des Staates, in dem das betroffene Grundstück belegen ist.[2] Eine solche **Spaltung des Vertragsstatuts** ist auch im Rahmen der objektiven Anknüpfung möglich, Art. 28 Abs. 1 Satz 2 EGBGB. Regelmäßig wird jedoch einer solchen Spaltung entgegenstehen, dass die grundstücksbezogenen und die nicht grundstücksbezogenen Teile des Kaufvertrages so stark sachlich zusammenhängen, dass eine Rechtsspaltung nicht sachgerecht wäre. Entsprechend macht auch die Formulierung von Art. 28 Abs. 1 Satz 2 EGBGB deutlich, dass eine Rechtsspaltung zwar denkbar ist, allerdings nur ausnahmsweise im Falle der Trennbarkeit; insoweit kann also sinngemäß auf die Regeln zur teilweisen Rechtswahl (s. Teil XIII Rz. 34) verwiesen werden.

45 Im Normalfall ist daher das auf einen Vertrag anzuwendende Recht einheitlich für den ganzen Vertrag zu bestimmen. Bei Verträgen, deren Einzelelemente auf unterschiedliche Rechtsordnungen deuten, ist zu diesem Zweck grundsätzlich ein **Schwerpunkt** zu ermitteln.

46 In dem geschilderten Beispiel (Unternehmenskauf, der unter anderem auch Grundstücke umfasst) wird deutlich, dass eine fehlende Rechtswahl und damit die Notwendigkeit einer objektiven Anknüpfung nach Art. 28 EGBGB zu **Rechtsunsicherheit** führt, denn darüber, wie der Schwerpunkt eines Vertrages zu bestimmen ist und mit welchem Staat entsprechend der Vertrag am engsten verbunden ist, kann man vielfach trefflich streiten. Die Parteien sind daher gut beraten, von der ihnen eingeräumten Möglichkeit, eine Rechtswahl zu treffen, auch tatsächlich Gebrauch zu machen und dadurch unnötige Problemsituationen erst gar nicht entstehen zu lassen.

---

1 BGH v. 12.10.1989 – VII ZR 339/88, BGHZ 109, 29 (35); OLG Frankfurt v. 24.6.1992 – 9 U 116/89, IPRspr. 1992 Nr. 40 = NJW-RR 1993, 182 (183).
2 Vgl. hierzu *Martiny* in Reithmann/Martiny, Rz.119. Eine Abtrennung einzelner Vertragsteile und deren Unterstellung unter unterschiedliche Rechtsordnungen kommt insbesondere für „Joint Venture-Verträge und sehr komplexe Vertragswerke" in Betracht.

Die Empfehlung, eine ausdrückliche Rechtswahl zu vereinbaren, gilt aber auch für Fälle, bei denen die Bestimmung des anwendbaren Rechts gemäß Art. 28 EGBGB keine Probleme bereiten würde, insbesondere also dann, wenn die allgemeine Vermutung zugunsten des Rechts des Staates eingreift, in dem der Verkäufer seinen Sitz hat. Das nach Art. 28 EGBGB anwendbare Recht ist nämlich bei einem Unternehmenskauf durchaus nicht immer das sachgerechteste. So mag es z.B. häufig sinnvoller sein, auf den Sitz des Zielunternehmens statt auf denjenigen des Verkäufers abzustellen, da häufig nur so ein Gleichlauf mit dem Recht hergestellt werden kann, das dann auch für die zur Erfüllung des Kaufvertrages erforderlichen Maßnahmen gilt. So muss etwa die Übertragung von Gesellschaftsanteilen nach dem Recht des Staates vorgenommen werden, welches als Gesellschaftsstatut einschlägig ist (unten Teil XIII Rz. 58 ff.), und bei der Übertragung von dinglichen Rechten an Sachen kommt es auf deren Lageort an (unten Teil XIII Rz. 98). In anderen Situationen mag auch die Wahl eines „neutralen" Rechts (psychologisch) hilfreich sein. Jeder einzelne Unternehmenskauf wird hier seine Besonderheiten aufweisen; es gibt daher auch keine Maxime, die losgelöst von den Umständen des Einzelfalles angibt, welche Rechtsordnung nun besonders sinnvoll für den Kaufvertrag ist. Gerade deshalb sollten sich die Parteien bewusst mit der Thematik auseinander setzen, selbst ermitteln, was im Einzelfall sinnvoll erscheint, und das Ergebnis dieser Überlegungen durch eine ausdrückliche Rechtswahl zum Ausdruck bringen. 47

8. Verdrängung des Vertragsstatuts im Einzelfall

a) Eingriffsnormen

Gemäß Art. 34 EGBGB (beruhend auf Art. 7 Abs. 2 EVÜ) wird „die Anwendung der Bestimmungen des deutschen Rechts, die ohne Rücksicht auf das auf den Vertrag anzuwendende Recht den Sachverhalt zwingend regeln", durch die Bestimmung des Vertragsstatuts, insbesondere also auch durch eine Rechtswahl, nicht berührt. 48

Die genannten international zwingenden Bestimmungen werden auch als **Eingriffsnormen** bezeichnet.[1] Es handelt sich um Sachnormen, die gewissermaßen eine eigene Kollisionsnorm in sich tragen.[2] Häufig haben diese Bestimmungen einen regulatorischen bzw. öffentlich-rechtlichen Hintergrund. Zu nennen sind etwa Bestimmungen des Währungs- und Devisenrechts, des Kartellrechts oder auch berufsrechtliche Bestimmungen, die durch ihre Qualifikation als Eingriffsnorm der Rechtswahl der Parteien entzogen sind.[3] 49

---

1 Martiny in MünchKomm. BGB, Art. 34 EGBGB Rz. 9; gelegentlich finden sich auch die Termini *lois d'application immédiate* und positiver *ordre public*.
2 Man spricht insofern von einer „Sonderknüpfung", die allerdings nicht ausdrücklich im Text der betreffenden Norm ausgesprochen sein muss; vgl. Martiny in MünchKomm. BGB, Art. 34 EGBGB Rz. 39 ff.; *Spickhoff* in Bamberger/Roth, Art. 34 EGBGB Rz. 16 f.
3 S. z.B. die Übersichten in *Martiny* in MünchKomm. BGB, Art. 34 EGBGB Rz. 62 ff.; *Spickhoff* in Bamberger/Roth, Art. 34 EGBGB Rz. 18 ff. oder *Freitag* in Reithmann/Martiny, Rz. 421 ff.

50 Zu beachten ist, dass das deutsche Recht lediglich die unbedingte Durchsetzung der eigenen, also deutschen Eingriffsnormen vorsieht.[1] Das EVÜ geht darüber an sich hinaus. Dessen Art. 7 Abs. 1 sieht die Möglichkeit vor, auch zwingenden Vorschriften des Rechts eines anderen Staates, mit dem der Sachverhalt eine enge Verbindung aufweist, bei entsprechender Qualifikation als Eingriffsnorm zur Geltung zu verhelfen. Allerdings belässt Art. 22 Abs. 1 Buchst. a EVÜ jedem Vertragsstaat das Recht, Art. 7 Abs. 1 EVÜ nicht anzuwenden. Die **Bundesrepublik Deutschland** hat einen entsprechenden **Vorbehalt** erklärt und die Regelung folgerichtig nicht ins EGBGB übernommen.[2]

b) Allgemeiner ordre public-Vorbehalt

51 Schließlich ist im internationalen Vertragsrecht, wie im gesamten IPR, der allgemeine *ordre public*-Vorbehalt gemäß Art. 6 EGBGB zu beachten, wonach „eine Rechtsnorm eines anderen Staates [...] nicht anzuwenden [ist], wenn ihre Anwendung zu einem Ergebnis führt, das mit wesentlichen Grundsätzen des deutschen Rechts offensichtlich unvereinbar ist", was insbesondere bei Unvereinbarkeit mit Grundrechten anzunehmen ist. Der *ordre public*-Vorbehalt ist von Art. 16 EVÜ zugelassen.

Konkrete Anwendungsbeispiele im Bereich des internationalen Vertragsrechts dürften eher selten sein, wenn auch nicht völlig ausgeschlossen.[3]

52 Im Rahmen des deutschen IPRs ist grundsätzlich nur der deutsche *ordre public* beachtlich.[4]

9. Exkurs: Unternehmenskauf und UN-Kaufrecht

53 Mit Gesetz vom 5.7.1989[5] ist die Bundesrepublik Deutschland dem Wiener Übereinkommen der Vereinten Nationen vom 11.4.1980 über Verträge über den internationalen Warenkauf (*Convention on Contracts for the International Sale of Goods* oder *CISG*) beigetreten; in Kraft getreten ist das CISG für die Bundesrepublik Deutschland dann am 1.1.1991.

---

1 Ausländische Eingriffsnormen können aber als tatsächliche Umstände oder im Rahmen von § 138 (nicht: § 134!) oder § 826 BGB von Belang sein; ausführlicher dazu *Sonnenberger* in MünchKomm. BGB, Einl. IPR Rz. 58 ff.; *Freitag* in Reithmann/Martiny, Rz. 446 ff.
2 Beachte jedoch, dass Art. 29 und 30 EGBGB die dort genannten Schutzbestimmungen generell „IPR-fest" ausgestalten, also unabhängig davon, ob es sich um in- oder ausländische Normen handelt. Art 29a sichert die Anwendung von bestimmten Normen eines jeden EU-Mitgliedstaats zur Umsetzung von Richtlinien. Die generelle Beschränkung des deutschen Gesetzgebers, nur eigenen Eingriffsnormen zur Geltung zu verhelfen, wie sie in Art. 34 EGBGB zum Ausdruck kommt, gilt also im Rahmen der Art. 29–30 EGBGB – *leges speciales* – nicht.
3 Beispiele etwa bei *Hohloch* in Erman, Art. 6 EGBGB Rz. 52 ff.
4 *Sonnenberger* in MünchKomm. BGB, Art. 6 EGBGB Rz. 73 ff.; *Blumenwitz* in Staudinger, Art. 6 EGBGB Rz. 72 ff. Die dort genannten Ausnahmefälle haben für das internationale Vertragsrecht keine Bedeutung.
5 BGBl. II, S. 586.

Das Vertragsstatut Teil XIII

Das CISG beinhaltet keine kollisionsrechtlichen Regelungen, sondern normiert internationale Warenkaufverträge **auf der sachrechtlichen Ebene**. Durch Ratifikation sind seine Bestimmungen in das nationale deutsche Recht aufgenommen; „deutsches Kaufrecht" bedeutet also dann, wenn der Anwendungsbereich des CISG eröffnet ist, die Regelung des CISG und nicht etwa diejenige des BGB und HGB. 54

Der **Anwendungsbereich des CISG** ist in dessen Art. 1 beschrieben. Demzufolge gilt das CISG zunächst für Kaufverträge über Waren zwischen Parteien mit Niederlassungen in verschiedenen Staaten, wenn diese Staaten Vertragsstaaten sind, Art. 1 Abs. 1 Buchst. a) CISG. Ferner ist die Anwendung eröffnet, wenn die Regeln des IPR zur Anwendung des Rechts eines Vertragsstaats führen, Art. 1 Abs. 1 Buchst. b) CISG.[1] 55

Internationale Unternehmenskaufverträge fallen *nicht* in den Anwendungsbereich des CISG.[2] Bei einem **Share Deal** folgt dies aus dem Kaufgegenstand. Das CISG ist ausschließlich auf den Verkauf von Waren (im Sinne körperlicher Gegenstände) zugeschnitten, erfasst also nicht den Verkauf von Gesellschaftsanteilen. Wenn die Gesellschaftsanteile in handelbaren Wertpapieren verbrieft sind (Aktien), so folgt der Ausschluss der Anwendbarkeit des CISG sogar aus der ausdrücklichen Regelung in dessen Art. 1 Abs. 2 Buchst. c). 56

Bei einem **Asset Deal** gilt im Ergebnis nichts anderes. Zwar wird sich hier der Verkauf regelmäßig auch auf körperliche Gegenstände beziehen, jedoch nicht ausschließlich. Gegenstand des Kaufvertrages im Falle eines Asset Deals ist stets ein Bündel aus körperlichen Gegenständen und anderen Wirtschaftsgütern. Auch hierfür ist, jedenfalls aus deutscher Sicht, das CISG nicht einschlägig.[3] 57

Nach einer Gegenmeinung, die namentlich in den USA vertreten wird, soll allerdings die Anwendbarkeit des CISG auf Unternehmenskaufverträge in der Variante des Asset Deals jedenfalls dann denkbar sein, wenn der Schwerpunkt der Transaktion auf „Waren" liegt. Wenn eine solche Konstellation gegeben ist, bietet es sich aus Gründen der Rechtssicherheit an, im Zusammenhang mit der Rechtswahl klarzustellen, ob die Regeln des CISG Anwendung finden sollen oder nicht.[4]

---

1 Art. 95 CISG gestattet allerdings einen Vorbehalt gegen die Anwendung von Art. 1 Abs. 1 Buchst. b). Die Bundesrepublik Deutschland hat einen begrenzten Vorbehalt dergestalt erklärt, dass das CISG dann keine Anwendung findet, wenn die Regeln des IPR auf das Recht eines Vertragstaates verweisen, der seinerseits die Anwendung von Art. 1 Abs. 1 Buchst. b) CISG ausgeschlossen hat, vgl. Art. 2 des Zustimmungsgesetzes (BGBl. II 1989, S. 586).
2 So etwa Arbitration Court attached to the Hungarian Chamber of Commerce and Industry, IPrax 1995, 52.
3 So auch die ganz h. M.: *Merkt* in Reithmann/Martiny, Rz. 889, 890; *Ferrari* in Schlechtriem/Schwenzer, Art. 1 CISG Rz. 36; *Piltz* in Graf von Westphalen, Rz. 10. Vereinzelt wird das CISG bei einem Asset Deal für anwendbar erklärt, wenn das Gesellschaftsvermögen überwiegend aus beweglichen Sachen besteht, s. *Schlechtriem*, Rz. 31.
4 Die Anwendung des CISG kann von den Parteien abbedungen werden, Art. 6 CISG.

V. Das Gesellschaftsstatut

58 Das Gesellschaftsstatut wird bei einem internationalen Unternehmenskauf regelmäßig von Belang sein. Stets zu berücksichtigen ist es bei einem Share Deal, da zur Erfüllung des entsprechenden Kaufvertrages Anteilsübertragungen, also gesellschaftsrechtliche Vorgänge, erforderlich sind. Die Bedeutung des Gesellschaftsstatuts beschränkt sich aber nicht auf diesen Umstand. Verschiedene weitere Fragen können von ihm erfasst werden, wie z.B. die organschaftlichen Vertretungsverhältnisse der an einem Unternehmenskauf beteiligten Parteien.

59 Für den Fall von LBO-Konstruktionen berührt das Gesellschaftsstatut ferner die Stellung von Sicherheiten zur Kaufpreisfinanzierung durch die Zielgesellschaft und/oder ihre Tochtergesellschaften (zu Besonderheiten bei LBO-Konstruktionen vgl. Teil V Rz. 142 ff. sowie Teil VII Rz. 205 f.). Die Befugnis einer Gesellschaft, Sicherheiten für Verbindlichkeiten eines Gesellschafters (insbesondere einer Muttergesellschaft) zu stellen, kann nämlich gesellschaftsrechtlichen Beschränkungen unterliegen, im deutschen Recht etwa den **Kapitalerhaltungsregeln** (§ 30 GmbHG, § 57 AktG), bei Aktiengesellschaften zudem den §§ 71a ff. AktG (*Financial Assistance*). Bei einer mehrstufigen Organisation des Zielunternehmens (Muttergesellschaft mit Tochtergesellschaften) ist bei der Heranziehung von Vermögen der Tochtergesellschaften zur Finanzierung des Kaufpreises ferner zu beachten, dass dies auch auf der Ebene der Muttergesellschaft zu einer Kollision mit den für diese geltenden gesellschaftsrechtlichen Regelungen führen kann (vgl. etwa § 71d AktG, der das Verbot bestimmter Handlungen der Aktiengesellschaft auf entsprechende Handlungen von abhängigen Unternehmen ausdehnt).

1. Gründungstheorie und Sitztheorie; neuere Entwicklungen

60 Das deutsche internationale Gesellschaftsrecht ist derzeit in Bewegung. Vor dem Hintergrund einer Reihe von jüngeren Entscheidungen des Europäischen Gerichtshofs zur gemeinschaftsrechtlichen **Niederlassungsfreiheit** stellt sich die Lage heute anders dar als noch vor wenigen Jahren. Für die Darstellung des internationalen Gesellschaftsrechts ergibt sich daraus die missliche Folge, dass etwas anderes als eine Momentaufnahme kaum möglich ist, da immer noch viele Fragen offen sind und mit Sicherheit weitere Entwicklungen und Änderungen in der Rechtsprechung und vielleicht auch in der Gesetzgebung vor uns liegen. All das rechtfertigt es, der chronologischen Entwicklung, die zur heutigen Lage geführt hat, mehr Raum zu gewähren, als das sonst vielleicht der Fall wäre.[1]

---

[1] S. zu diesem Thema auch den Sammelband *Sandrock/Wetzler* (Hrsg.), Deutsches Gesellschaftsrecht im Wettbewerb der Rechtsordnungen, mit Beiträgen zum europarechtlichen Hintergrund, zum internen und internationalen deutschen Gesellschaftsrecht sowie zu möglichen Auswirkungen im Bereich des Wirtschaftsstrafrechts.

2. Sachstand vor dem Centros-Urteil des EuGH

Das deutsche internationale Gesellschaftsrecht ist **nicht kodifiziert**. Seine Bestimmungen erschließen sich vielmehr aus Rechtsprechung und Literatur.[1]

61

Traditionell wurde das internationale Gesellschaftsrecht in Deutschland (wie auch in anderen kontinentaleuropäischen Staaten, z.b. Frankreich oder Österreich) durch die sog. **Sitztheorie** beherrscht. Ihr zufolge unterliegen gesellschaftsrechtliche Fragen dem Recht des Staates, in dem eine Gesellschaft ihren tatsächlichen Verwaltungssitz hat (der nicht mit dem Satzungssitz identisch sein muss).[2] Für eine Rechtswahl ist nach dieser Theorie kein Raum.[3] Weder können die Gesellschafter eine andere Rechtsordnung als die des Sitzstaates durch privatautonome Vereinbarung für anwendbar erklären, noch können sie durch eine willkürliche Bestimmung des Satzungssitzes die Anwendbarkeit eines von ihnen gewünschten Rechts herbeiführen. Eine Ausnahme gilt lediglich für reine Innengesellschaften, welche dem Vertragsstatut zugeordnet werden.[4] Der Sitztheorie folgten sowohl die Rechtsprechung[5] als auch der überwiegende Teil der Literatur.

62

Nur einzelne Stimmen in der Literatur befürworteten die Gegenposition zur Sitztheorie, nämlich die so genannte **Gründungs- oder Inkorporationstheorie**, die mit verschiedenen Modifikationen in einer Reihe von anderen Staaten gilt, wie z.B. den US-Bundesstaaten, dem Vereinigten Königreich, den Niederlanden oder der Schweiz.[6] Nach dieser soll für gesellschaftsrechtliche Fragen dasjenige Recht anwendbar sein, das die Gründer der Gesellschaft bestimmt haben (bzw. das Recht des Staates, in dem die Gesellschaft errichtet wurde oder in dessen öffentliches Register sie eingetragen ist bzw. in dem sie ihren – von den Gründern nach Belieben bestimmbaren – Satzungssitz hat). Die vorgenannten Variationen sind letztlich nur sprachliche Nuancen. Im Ergebnis laufen alle Formulierungen darauf hinaus, dass die Gründer der Gesellschaft das auf diese anwendbare Recht selbst bestimmen können, dass also bei der Gründung einer Gesellschaft Rechtswahlfreiheit herrscht.

63

Hinzu kamen einige **vermittelnde Meinungen** in der Literatur.[7]

---

1 Ausführlich zum (früheren) Stand des deutschen internationalen Gesellschaftsrechts insb.: *Großfeld* in Staudinger, IntGesR; *Kindler* in MünchKomm. BGB, IntGesR.
2 *Großfeld* in Staudinger, IntGesR Rz. 16 ff.; *Kindler* in MünchKomm. BGB, IntGesR Rz. 358 ff.
3 Die Gewährung von Parteiautonomie wird bewusst und gezielt abgelehnt, vgl. etwa *Großfeld* in Staudinger, IntGesR Rz. 52 ff.
4 *Großfeld* in Staudinger, IntGesR Rz. 772 ff.; eine ähnliche Unterscheidung findet sich in Art. 150 Satz 2 CH-IPRG. Zum Sonderfall internationaler Bankenkonsortien *Schücking*, WM 1996, 281 (286 ff.).
5 In der Praxis des BGH seit BGH v. 30.1.1970 – V ZR 139/68, BGHZ 53, 181.
6 Überblick und Nachweise bei *Kindler* in MünchKomm. BGB, IntGesR Rz. 264 ff.
7 Etwa die „Überlagerungstheorie" von *Sandrock* (nunmehr neu gefasst als nur geringfügig modifizierte Variante der Gründungstheorie in ZVglRWiss 102 (2003), 447, die „Differenzierungstheorie" von *Grasmann*, Rz. 977 ff., oder die „Kombinationslehre" von *Zimmer*, Internationales Gesellschaftsrecht, S. 220 ff.

64 Schon in der Vergangenheit sind vereinzelt Zweifel an der **Vereinbarkeit der herrschenden Sitztheorie mit der gemeinschaftsrechtlichen Niederlassungsfreiheit** (in heutiger Zählung: Art. 43 und 48 EG; früher: Art. 52 und 58 EG-Vertrag) geäußert worden, da die Sitztheorie jedenfalls im Ergebnis die Mobilität von Gesellschaften behindert.[1] Wird nämlich der tatsächliche Verwaltungssitz der Gesellschaft in einen anderen Staat verlegt, so ändert sich das auf sie anwendbare Recht, mit der regelmäßigen Folge, dass sie unter Wahrung ihrer Identität nicht fortbestehen kann.[2]

65 Gleichwohl wurde lange das Europarecht nicht als Problem gesehen. Grund dafür war das Urteil des EuGH v. 27.9.1988 in der Sache *Daily Mail and Trust*.[3] Darin erklärte der EuGH (in der englischen Verfahrenssprache):

> „*The Treaty regards the differences in national legislation concerning the connecting factor required of companies thereunder and the question whether – and if so how – the registered office or real head office of a company incorporated under national law may be transferred from one Member State to another as problems which are not resolved by the rules concerning the right of establishment but must be dealt with by future legislation or conventions, which have not yet been adopted or concluded. Therefore, in the present state of Community law, Articles 52 and 58 of the Treaty, properly construed, confer no right on a company incorporated under the legislation of a Member State and having its registered office there to transfer its central management and control to another Member State.*"

Die Befürworter der Sitztheorie sahen sich durch das *Daily Mail*-Urteil bestätigt (wenn auch wohl zu Unrecht, wie sich aber erst später zeigte). Infolgedessen wurde praktisch einhellig die Sitztheorie für europarechtsfest erachtet und ihre Geltung im deutschen IPR blieb unangefochten.[4]

3. Das Centros-Urteil des EuGH

66 Die **Wende in der europarechtlichen Bewertung der Sitztheorie** wurde dann durch das Urteil des EuGH v. 9.3.1999 in der Sache *Centros*[5] eingeleitet. Es ging um die nach englischem Recht gegründete und in England registrierte Centros Ltd. Gründer waren dänische Eheleute, die über die Gesellschaft Weinhandel in Dänemark betreiben wollten. Eine Geschäftstätigkeit in England war nie beabsichtigt und hat auch nie stattgefunden. Vor diesem Hintergrund wurde die Eintragung einer Zweigniederlassung der Gesellschaft im dänischen Register beantragt, die von den dortigen Behörden verweigert wurde. Sie betrachteten die Gründung der Gesellschaft in England (nach englischem Recht) als rechtsmissbräuchlich, weil dadurch lediglich die Gründungsvorschriften des dänischen Rechts (insbesondere das Erfordernis der Einzahlung

---

1 Überblick bei *Halbhuber*, S. 112 ff.
2 Zu diesem Statutenwechsel und seinen Folgen *Großfeld* in Staudinger, IntGesR Rz. 608 ff.
3 EuGH v. 27.9.1988 – Rs. C-81/87 – Daily Mail, Slg. 1988, 5483 = NJW 1989, 2186.
4 S. etwa die knappe Aussage bei *Großfeld* in Staudinger, IntGesR Rz. 30: „Die Sitztheorie verstößt nicht gegen europäisches Recht …", mit pauschalem Hinweis auf *Daily Mail*.
5 EuGH v. 9.3.1999 – Rs. C-212/97 – Centros, Slg. 1999, I-1459 = AG 1999, 226 = ZIP 1999, 438 = NJW 1999, 2027 = EuZW 1999, 216 = RIW 1999, 447.

eines Mindeststammkapitals) hätten umgangen werden sollen – was von den Gründern auch freimütig eingeräumt wurde.

Der EuGH entschied gegen die dänischen Behörden. Er wertete die Weigerung, die Zweigniederlassung einzutragen, als Verstoß gegen die Niederlassungsfreiheit. Diese gestatte es den Mitgliedstaaten nicht, eigene Mindestkapitalvorschriften generell vor einer Umgehung durch Gesellschaftsgründung im Ausland/nach ausländischem Recht zu schützen.

Das **Echo in der deutschen Literatur** auf das *Centros*-Urteil war gespalten. 67 Während einige Stimmen das Ende der Sitztheorie gekommen sahen – und damit letztlich Recht behalten sollten –,[1] wurde doch auch die Auffassung vertreten, für Staaten, die der Sitztheorie folgten, habe die Entscheidung keine Bedeutung.[2]

Angemerkt sei in diesem Zusammenhang, dass die österreichische Reaktion 68 eine andere war. Dort entschied der Oberste Gerichtshof bereits kurze Zeit nach dem *Centros*-Urteil, dass im Hinblick auf Gesellschaften, die nach dem Recht eines anderen EU-Mitgliedstaates gegründet worden seien, die (in Österreich sogar kodifizierte) Sitztheorie nicht weiter anzuwenden sei.[3]

4. Das Überseering-Urteil des EuGH

In Deutschland sollte dies noch etwas länger dauern. Den entscheidenden 69 Schritt auf diesem Weg bildet das Urteil des EuGH v. 5.11.2002 in der Sache *Überseering*.[4]

Diesmal ging ein Ausgangsverfahren vor den deutschen Gerichten voraus. Die 70 Überseering BV, eine nach niederländischem Recht gegründete und in den Niederlanden im Handelsregister eingetragene Gesellschaft, hatte Mängelgewährleistungsansprüche gegen ein Bauunternehmen geltend gemacht. Das LG Düsseldorf hatte die Klage in erster Instanz als unzulässig abgewiesen. Dies wurde damit begründet, dass die Anteile an der Klägerin nach deren Gründung von deutschen Staatsangehörigen mit Wohnsitz in Deutschland erworben worden seien. Seitdem hätten sich das gesamte Geschäft der Gesellschaft und mit ihm deren tatsächlicher Verwaltungssitz nach Deutschland verlagert. Die Gesellschaft sei also nicht mehr nach niederländischem, sondern nach deutschem Recht zu beurteilen. Eine wirksame Gesellschaftsgründung nach deutschem Recht liege aber nicht vor, so dass der Klägerin die Rechts- und folglich Parteifähigkeit abzusprechen sei. Das OLG Düsseldorf bestätigte diese Entscheidung in der Berufungsinstanz. In der Revisionsinstanz setzte der VII. Senat des Bundesgerichtshofs das Verfahren aus und erließ einen Vorlage-

---

1 Z.B. *Sandrock*, BB 1999, 1337; *Meilicke*, DB 1999, 627; Nachweis zu weiteren Äußerungen etwa bei *Hohloch* in Erman, Anh. II Art. 37 EGBGB Rz. 34.
2 So insb. *Kindler*, NJW 1999, 1993; Nachweis zu weiteren Äußerungen etwa bei *Hohloch* in Erman, Anh. II Art. 37 EGBGB Rz. 34.
3 ÖstOGH v. 15.7.1999 – 6O6 124/99z, EuZW 2000, 156.
4 EuGH v. 5.11 2002 – Rs. C-208/00 – Überseering, Slg. 2002, I- 9919 = AG 2003, 37 = ZIP 2002, 2037 = NJW 2002, 3614 = EuZW 2002, 754 = RIW 2002, 945.

beschluss an den EuGH.[1] Darin führte er aus, dass er beabsichtige, sich der Entscheidung der Vorinstanzen anzuschließen und entsprechend die Revision zurückzuweisen. Es stelle sich aber – im Lichte des *Centros*-Urteils – die Frage nach der Vereinbarkeit des so verstandenen deutschen Rechts mit der europarechtlichen Niederlassungsfreiheit.

71 Der **EuGH bejahte einen Verstoß gegen die Niederlassungsfreiheit** und entschied unter anderem:

> „Macht eine Gesellschaft, die nach dem Recht des Mitgliedstaats gegründet ist, in dessen Hoheitsgebiet sie ihren satzungsmäßigen Sitz hat, in einem anderen Mitgliedstaat von ihrer Niederlassungsfreiheit Gebrauch, so ist dieser andere Mitgliedstaat nach den Art. 43 und 48 EG verpflichtet, die Rechtsfähigkeit und damit die Parteifähigkeit zu achten, die diese Gesellschaft nach dem Recht ihres Gründungsstaats besitzt."

72 Die **vermeintliche Diskrepanz zum *Daily Mail*-Urteil** klärte der EuGH dahin auf, dass es dort darum gegangen sei, ob der Staat, nach dessen Recht eine Gesellschaft gegründet wurde, deren *Wegzug* aus seinem eigenen Hoheitsgebiet behindern dürfe. Dies sei in der Tat zulässig, da die Gesellschaft nur dem Gründungsrecht ihre Existenz verdanke und es deshalb auch dem Gründungsrecht überlassen sei zu regeln, unter welchen Voraussetzungen die Gesellschaft weiterbestehe bzw. aufhöre zu bestehen. Das sei von der Frage zu unterscheiden, ob einer nach dem Recht eines Mitgliedstaats wirksam gegründeten und bestehenden Gesellschaft durch das Recht eines anderen Mitgliedstaats die Anerkennung verweigert werden dürfe, was zu verneinen sei.

73 Die **deutsche Rechtsprechung** reagierte zügig auf das *Überseering*-Urteil. Der VII. Senat des BGH entschied in der Sache Überseering selbst – auf der Grundlage des auf seinen Vorlagebeschluss hin ergangenen EuGH-Urteils –, dass die Sitztheorie im Hinblick auf Gesellschaften, die unter dem Schutz der Niederlassungsfreiheit stehen, nicht mehr anzuwenden sei.[2]

74 Fast gleichzeitig entschied der BGH, dass auch auf Gesellschaften, die nach dem Recht eines US-Bundesstaates gegründet sind, die Gründungstheorie anzuwenden sei, und zwar aufgrund einer Bestimmung des bestehenden Freundschafts-, Handels- und Schifffahrtsvertrages zwischen der Bundesrepublik Deutschland und den Vereinigten Staaten von Amerika.[3]

75 Ein Blick in die Literatur offenbart allerdings, dass selbst das *Überseering*-Urteil keinesfalls alle Fragen geklärt hatte. Zwar waren die Stimmen, die ein Festhalten an der Sitztheorie immer noch für möglich und erstrebenswert

---

1 BGH v. 30.3.2000 – VII ZR 370/98, EuZW 2000, 412.
2 BGH v. 13.3.2003 – VII ZR 370/98, ZIP 2003, 718; BGH v. 29.1.2003 – VIII ZR 155/02, RIW 2003, 473 (474).
3 BGH v. 13.3.2003 – VII ZR 370/98, ZIP 2003, 718 (720); BGH v. 29.1.2003 – VIII ZR 155/02, RIW 2003, 473; Später auch BGH (u.U. mit *genuine link*–Vorbehalt) v. 5.7.2004 – II ZR 389/02, AG 2004, 607. Vgl. *Ebke*, RIW 2004, 740.

hielten, in die Minderheit geraten.[1] Jedoch verlagerte sich die Debatte alsbald von der Frage der generellen Anerkennung ausländischer Gesellschaften mit tatsächlichem Sitz im Inland hin zur Frage nach der Tragweite einer solchen Anerkennung. Ins Zentrum der Debatte rückte die Frage, inwieweit derartige Gesellschaften zwar als nach ausländischem Recht bestehende Gesellschaften anerkannt, aber gleichwohl bestimmten für besonders wichtig gehaltenen Regeln des deutschen Rechts (Mindestkapital, Kapitalaufbringung und -erhaltung, Mitbestimmung usw.) unterworfen werden könnten.[2]

5. Das Inspire Art-Urteil des EuGH

Genau zu diesem Themenbereich erging dann das Urteil des EuGH vom 30.9.2003 in der Sache *Inspire Art*.[3] Hier ging es um ein niederländisches Gesetz (die *wet op de formeel buitenlandse vennootschappen*; WFBV), welche einer nach ausländischem Recht gegründeten Gesellschaft, die jedoch (nahezu) vollständig in den Niederlanden tätig war, die Pflicht auferlegte, sich als „formal ausländische Gesellschaft" im niederländischen Handelsregister eintragen zu lassen und im Geschäftsverkehr so zu firmieren. Daran knüpfte die WFBV verschiedene weitere Vorschriften. Insbesondere müsse die formal ausländische Gesellschaft – ungeachtet ihres Gründungsrechts – über ein gezeichnetes Kapital wenigstens in Höhe des gesetzlichen Mindestkapitals einer niederländischen *besloten vennootschap met beperkte aansprakelijkheid* (BV) verfügen. Das Eigenkapital dürfe dieses Mindestkapital nicht unterschreiten. Als Sanktion bei Verstößen sah die WFBV die persönliche Haftung der Geschäftsführer vor. 76

Dem niederländischen Gesetzgeber ging es dabei um die **Durchsetzung zwingender Vorschriften des niederländischen Gesellschaftsrechtes** aus Gründen des Gläubiger- und Verbraucherschutzes. Die Umgehung dieser Vorschriften durch die Verwendung von „Briefkastenfirmen" sollte verhindert werden. 77

Der EuGH sah auch darin einen **Verstoß gegen die Niederlassungsfreiheit**, die es nicht erlaube, dass ein Mitgliedstaat Gesellschaften, die nach dem Recht eines anderen Mitgliedstaates gegründet sind, seine eigenen Bestimmungen über die Kapitalausstattung u.Ä. aufzwinge. Die Folgen einer von den Gesellschaftsgründern getroffenen Rechtswahl können also nicht mit dem Mittel von Sonderanknüpfungen bzw. Eingriffsnormen faktisch wieder beseitigt werden. 78

---

1 V.a. *Kindler*, NJW 2003,1073; *Kindler*, NZG 2003, 1086; ähnlich in der Tendenz *Altmeppen*, NJW 2004, 97 (der allerdings grundsätzliche Vorbehalte gegen die Anwendbarkeit ausländischen Rechts äußert, was mit wesentlichen Grundsätzen des geltenden IPRs nur schwer vereinbar ist; s. dazu auch *Sandrock*, BB 2004, 897).
2 Vgl. etwa EWiR Art. 43 EG 1/02, 1003 (*Neye*); EWiR Art. 43 EG 2/03, 569 (*Geyrhalter/Gänßler*).
3 EuGH v. 30.9.2003 – Rs. C-167/01, ZIP 2003, 1885 = NJW 2003, 3331 = EuZW 2003, 687 = RIW 2003, 957.

79 Damit dürfte endgültig Klarheit darüber geschaffen sein, dass in der Tat die gemeinschaftsrechtliche Niederlassungsfreiheit **Rechtswahlfreiheit** im Gesellschaftsrecht bedeutet und nicht etwa nur Freiheit der Standortwahl.[1]

80 Ans Ende gelangt ist die deutsche Diskussion wohl trotzdem noch nicht. Die Suche nach solchen Bestimmungen des deutschen Rechts, die vielleicht doch noch auf welchem Wege auch immer auf ausländische Gesellschaften erstreckt werden könnten (etwa Insolvenzverschleppungshaftung, Haftung wegen Existenzvernichtung oder Mitbestimmung), ist nach wie vor im Gange.[2] Ungelöst ist auch immer noch das Problem, dass aufgrund des internen deutschen Gesellschaftsrechts (Sachrechts) Gründung und Bestand einer Gesellschaft nach deutschem Recht nach wie vor einen inländischen Verwaltungssitz voraussetzen, deutsche Gesellschaften also einem **Wegzugsverbot** unterliegen. Eine Rechtswahl zugunsten des deutschen Rechts bei Gesellschaften, die im Ausland tätig werden sollen, scheidet demnach aus. Nach der Interpretation, die der EuGH im Rahmen des *Überseering*-Urteils zu seinem früheren *Daily Mail*-Urteil gegeben hat, mag das europarechtlich zulässig sein – auch wenn ein Fragezeichen in dieser Hinsicht wohl am Platze sein dürfte;[3] überzeugend ist es sicher nicht.[4]

6. Gegenstand des Gesellschaftsstatuts

81 Das deutsche IPR folgt bislang dem Grundsatz der **einheitlichen Anknüpfung aller Fragen des Gesellschaftsrechts**. Nach dem Gesellschaftsstatut richten sich dementsprechend insbesondere die Gründung, der Bestand und die Auflösung der Gesellschaft sowie die Folgen einer fehlerhaften Gründung, die Rechts- und Geschäftsfähigkeit der Gesellschaft, ihre Firma, die organschaftliche Vertretung, die innere Verfassung der Gesellschaft, Regelungen zum Ge-

---

[1] Vgl. etwa *Sandrock*, ZVglRWiss 102 (2003), 447 (462); *Zimmer*, NJW 2003, 3585 (3587); *Kersting/Schindler*, RdW 2003, 621; *Schindler/Berner*, RIW 2003, 949; *Wetzler*, GPR 2004, 83; anders einzelne frühere Äußerungen in der Literatur, wie z.B. *Zimmer*, ZHR 164 (2000), 23 (40); *Kindler*, NJW 1999, 1993 (2000); *Zimmer*, NJW 2003, 1073 (1078) (Niederlassungsfreiheit impliziere keine Rechtswahlfreiheit, sondern nur Freiheit der Standortwahl).

[2] Die Diskussion über die Konsequenzen der EuGH-Rspr. wird derzeit auf allen Ebenen geführt (sachrechtlich, kollisionsrechtlich und rechtsvergleichend; *de lege lata* und *de lege ferenda*); mit Blick auf die aktuelle Literatur (seit Jahresbeginn 2004) lassen sich etwa – ohne Anspruch auf Vollständigkeit – nennen: *Altmeppen*, NJW 2004, 97; *Bayer*, BB 2004, 1; *Becker*, GmbHR 2004, R213; *Borges*, ZIP 2004, 733; v. *Busekist*, GmbHR 2004, 650; *Ebke*, RIW 2004, 740; *Eidenmüller/Rehm*, ZRG 2004, 159; *Engert*, DStR 2004, 664; *Grunewald/Noack*, GmbHR 2005, 189; *Happ/Holler*, DStR 2004, 730; *Horn*, NJW 2004, 893; *Kallmeyer*, GmbHR 2004, 377; *Kallmeyer*, DB 2004, 636; *Lutter*, BB 2004, Heft 1, Die erste Seite; *Mildner/Kleinert*, GmbHR 2004, 119 (Anm. zu KG GmbHR 2004, 116); *Paefgen*, GmbHR 2004, 463; *Sandrock*, AG 2004, 57; *Sandrock*, BB 2004, 897; *Schumann*, DB 2004, 743; *Stieb*, GmbHR 2004, 492 (Anm. zu BayObLG GmbHR 2004, 490); *Thüsing*, ZIP 2004, 381; *Ulmer*, NJW 2004, 1201; *Veit/Wichert*, AG 2004, 14; *Wachter*, GmbHR 2004, 88; *Wetzler*, GPR 2004, 84.

[3] Dazu ausführlich *Eidenmüller/Rehm*, ZGR 2004, 159 (175 ff.).

[4] Für eine Aufgabe dieser Wegzugsbeschränkung z.B. *Lutter*, BB 2003, 7 (10); *Leible/Hoffmann*, ZIP 2003, 925 (929 f.); *Noack*, FAZ v. 26.11.2003, S. 25; *Spindler/Berner*, RIW 2003, 949 (956); *Zimmer*, NJW 2003, 3585 (3592); *Wetzler*, GPR 2004, 83 (85).

sellschaftskapital, seiner Aufbringung und Erhaltung, das Kapitalersatzrecht und die Haftung von Gesellschaftern oder Organen der Gesellschaft für deren Schulden.

Von besonderem Interesse im Kontext eines Unternehmenskaufs sind weiter die (dingliche) Übertragung von Gesellschaftsanteilen bzw. sonstige Verfügungen darüber; diese Vorgänge unterliegen ebenfalls dem Gesellschaftsstatut. Nach dem Gesellschaftsstatut ist demnach zu beurteilen, ob zur Übertragung eine notarielle Urkunde erforderlich ist (wie z.B. im Falle deutscher GmbH-Anteile), ob Registereintragungen erfolgen müssen usw. Zu möglichen Modifikationen dieses Grundsatzes im Hinblick auf Formerfordernisse s. unten Teil XIII Rz. 228 ff. 82

Der Grundsatz, dass die Übertragung von Gesellschaftsanteilen dem Gesellschaftsstatut unterliegt, erfährt allerdings bei Gesellschaftsanteilen, die in Inhaberpapieren verbrieft sind, eine Einschränkung durch die sog. *lex cartae sitae*. Ihr gemäß richtet sich die dingliche Übereignung der Papiere nach dem Recht des Staates, in dem sich die Papiere befinden. Zu beachten ist aber, dass diese Ausnahmeregel sich ausschließlich auf die Art und Weise bezieht, in der eine wirksame Übereignung zu vollziehen ist, ob also z.B. wie im deutschen Sachenrecht Einigung und Übergabe (bzw. Übergabesurrogat) erforderlich sind, oder ob ein anderer Übereignungsmechanismus zum Tragen kommt. Für alle anderen Fragen verbleibt es bei der Geltung des Gesellschaftsstatuts, dem also insbesondere zu entnehmen ist, ob für eine wirksame Übertragung der Gesellschaftsanteile überhaupt eine Übereignung der Papiere erforderlich ist. 83

Mit Blick auf die zukünftige Rechtsentwicklung bleibt abzuwarten, ob der Grundsatz der einheitlichen Anknüpfung aller Fragen des Gesellschaftsrechts auch nach einem Übergang von der Sitz- zur Gründungstheorie Bestand hat. Überlegungen in der aktuellen Diskussion, bestimmte **Schutznormen** (insbesondere Regelungen des Gläubiger- und Arbeitnehmerschutzes) unter Umständen vom Gesellschaftsstatut abzukoppeln und unabhängig von diesem zur Anwendung zu bringen, lassen eine Abkehr vom Grundsatz der einheitlichen Anknüpfung zumindest denkbar erscheinen. Ob das wirklich sinnvoll wäre, sei dahingestellt, zumal auch innerhalb des Anwendungsbereichs der Niederlassungsfreiheit gemäß dem EG-Vertrag dafür ohnehin kaum Raum sein dürfte. 84

7. Renvoi

Auf dem Gebiet des internationalen Gesellschaftsrechts gilt **Art. 4 Abs. 1 EGBGB**. Verweist also das IPR des Staates, dessen Recht aus deutscher Sicht als Gesellschaftsstatut berufen ist, auf ein anderes Recht weiter (oder auch auf deutsches Recht zurück), so ist dies zu beachten.[1] Bisher war dies vor allem dann relevant, wenn bei einer Gesellschaft Gründungs- und Sitzstaat auseinanderfielen, aber die Kollisionsrechte dieser beiden Staaten der Gründungstheorie folgten. In dieser Situation verwies das deutsche IPR – auf der Grund- 85

---

1 *Kropholler*, S. 161; *Kegel/Schurig*, § 10 I.

lage der Sitztheorie – zunächst auf das Recht des Sitzstaates. Dessen IPR verwies sodann – auf der Grundlage der Gründungstheorie – weiter auf das Recht des Gründungsstaates. In dieser Konstellation war es also auch schon nach bisherigem Recht denkbar, dass ein Auseinanderfallen von Gründungs- und Sitzstaat geschehen konnte, ohne dass dies für die betreffende Gesellschaft Probleme aus Sicht des deutschen IPRs aufwarf.

86 Der Renvoi hilft aber nach der bisherigen herrschenden Meinung nicht in dem Fall, in dem eine nach deutschem Recht gegründete Gesellschaft ihren tatsächlichen Sitz im Ausland hat. Zwar ist auch hier eine Rückverweisung auf deutsches Recht denkbar, wenn das IPR des Sitzstaates der Gründungstheorie folgt. Für die bisher herrschende Meinung war aber der Verwaltungssitz einer deutschen Gesellschaft nicht nur für die Bestimmung des Gesellschaftsstatutes von Bedeutung, sondern galt zugleich als **sachrechtliches Erfordernis** für den rechtlichen Bestand einer deutschen Gesellschaft. Eine deutsche Gesellschaft konnte daher mit ausländischem Verwaltungssitz – unabhängig vom IPR – nicht wirksam gegründet werden und die nachträgliche Verlegung des Verwaltungssitzes ins Ausland führte entsprechend zur Auflösung der Gesellschaft.[1] Die Gesellschaftsformen des deutschen Rechts unterlagen damit im Ergebnis einem „Exportverbot". Nach einem – vollständigen oder teilweisen – Übergang des IPR von der Sitz- zur Gründungstheorie ist dieses Exportverbot rechtspolitisch mehr als zweifelhaft, worauf in der neueren Literatur auch wiederholt hingewiesen wurde. *De lege lata* wird man aber einstweilen von seinem Fortbestand ausgehen müssen, da die Ausführungen des EuGH im Überseering-Urteil nahe legen, dass Wegzugsbeschränkungen (im Gegensatz zu Zuzugsbeschränkungen) nicht gegen die Niederlassungsfreiheit verstoßen. Ob dies allerdings das letzte Wort des EuGH in dieser Sache ist, bleibt abzuwarten.

8. Behandlung von nach „falschem" Recht gegründeten Gesellschaften

87 Die Sitztheorie musste sich mit dem Problem beschäftigen, wie mit einer Gesellschaft umzugehen war, die zwar nach dem Recht eines bestimmten Staates gegründet war, gemäß der Theorie aber dem Recht eines anderen Staates (des Sitzstaates) als einschlägigem Gesellschaftsstatut unterlag. Virulent war dieses Problem in besonderer Weise dann, wenn das Sitzrecht eine Gesellschaft der betreffenden Rechtsform nicht kannte und auch die Umdeutung in eine mehr oder weniger vergleichbare Gesellschaftsform des Sitzrechts daran scheiterte, dass die dafür geltenden Gründungsvorschriften des Sitzrechts (wie z.B. Eintragung in einem Handelsregister des Sitzstaates) nicht eingehalten waren.

88 Die Rechtsprechung reagierte auf derartige Fälle lange Zeit mit **Nichtanerkennung**, insbesondere mit der Versagung der (aktiven) Rechts- und Parteifähigkeit. Diese Nichtanerkennung hatte Sanktionscharakter, und dies war auch durchaus so beabsichtigt.[2]

---

1 OLG Hamm v. 30.4.1997 – 15W 91/97, IPRax 1998, 363.
2 *Großfeld* in Staudinger, IntGesR Rz. 48, 51, 58 ff., 425; *Kindler* in MünchKomm. BGB, IntGesR Rz. 315.

Mit Urteil v. 1.7.2000 gab der II. Senat des BGH diese Position jedoch auf und wandte sich einer anderen Lösung zu, die zuvor in der Literatur entwickelt worden war. Nach dieser neuen Auffassung sollte eine nach „falschem" Recht gegründete Gesellschaft als **inländische Personengesellschaft** (Gesellschaft bürgerlichen Rechts oder, bei gewerblicher Tätigkeit, offene Handelsgesellschaft) gewertet werden und als solche rechts- und parteifähig sein.[1] Ermöglicht wurde diese Rechtsprechungsänderung dadurch, dass der BGH zuvor – wiederum in Abkehr von früherer Rechtsprechung – die Rechtsfähigkeit einer Gesellschaft bürgerlichen Rechts jedenfalls für den Fall bejaht hatte, dass diese als Außengesellschaft auftrat.[2]

89

In dem Umfang, in dem das deutsche IPR von der Sitz- zur Gründungstheorie übergeht, dürfte sich das Problem der Behandlung einer nach falschem Recht gegründeten Gesellschaft weitgehend erledigen.

90

9. Exkurs: Gesellschaftsgründung im Zusammenhang mit einem Unternehmenskauf

Je nach Sachverhalt kann es im Zusammenhang mit einem Unternehmenskauf zur Gründung neuer Gesellschaften kommen (bzw. zur Verwendung von Vorratsgesellschaften, wofür die folgenden Überlegungen entsprechend gelten). Von praktischer Bedeutung ist insbesondere der Einsatz von **Special Purpose Vehicles** (SPVs), sei es als Akquisitionsvehikel, sei es zum Zwecke der Einrichtung von Holding-Strukturen oder aus sonstigen Gründen.

91

Der Einsatz von SPVs wirft die Frage nach der im Einzelfall am besten geeignet Rechtsform für die entsprechende Gesellschaft auf. Bei einem internationalen Unternehmenskauf mag dies weiter zu der Frage führen, wo bzw. nach welchem Recht ein solches SPV errichtet werden soll. Vielfältige Überlegungen können hier ins Spiel kommen, etwa solche steuerrechtlicher Art oder auch die Vertrautheit der beteiligten Personen mit bestimmten Rechtsformen.

92

Zumindest aus deutscher Sicht ließ die in der Vergangenheit herrschende Sitztheorie für solche Überlegungen nur wenig Raum. Entscheidend war letztlich, an welchem Ort die Verwaltung der Gesellschaft effektiv geführt wurde. Nur Gesellschaftsformen, welche die dort geltende Rechtsordnung bereitstellte, konnten risikolos verwendet werden. Bei Missachtung dieser Beschränkung drohte im Inland die Nichtanerkennung der Gesellschaft oder ihre Umqualifizierung in eine andere, von den Gründern nicht beabsichtigte Rechtsform.

93

Die aufgrund der Rechtsprechung des EuGH im deutschen internationalen Gesellschaftsrecht ausgelösten Veränderungen haben den **Gestaltungsspielraum** vergrößert, wenn auch durchaus noch nicht alle Zweifelsfragen geklärt sind. Wer einerseits die neuen Gestaltungsspielräume ausnutzen, andererseits aber auf der sicheren Seite sein möchte, sollte sich an folgende Leitlinien halten:

94

---

1 BGH v. 1.7.2000 – II ZR 380/00, BGHZ 151, 204 = NJW 2002, 3539.
2 BGH v. 29.1.2001 – II ZR 331/00, AG 2001, 307 = NJW 2001, 1056.

- Die risikoärmste Gestaltung ist nach wie vor diejenige, bei der eine Gesellschaft nach dem Recht des Staates errichtet wird, in dem sich auch ihr effektiver Verwaltungssitz befindet. Gründungs- und Sitzanknüpfung führen dann zu identischen Ergebnissen; unangenehme Überraschungen wie Nichtanerkennung oder Umqualifizierung in eine andere Rechtform sind daher weder in Rechtsordnungen zu befürchten, die der Gründungstheorie folgen, noch in solchen, die der Sitztheorie folgen (die Möglichkeit, dass das IPR irgendeines dritten Staates eine völlig andere Anknüpfung vornimmt und dadurch Probleme schafft, soll hier ausgeblendet werden).

- Risikoarm ist weiterhin eine Gestaltung, bei der eine Gesellschaft nach dem Recht eines Staates gegründet wird, dessen IPR der Gründungstheorie folgt, und der effektive Verwaltungssitz in einem Staat eingerichtet wird, der ebenfalls der Gründungstheorie folgt. Auch insoweit bestehen keine Unterschiede zur alten Rechtslage: Nach dem Gründungsrecht ist die Gesellschaft ungeachtet ihres in einem anderen Staat gelegenen Verwaltungssitzes wirksam gegründet. Das Recht am Ort des tatsächlichen Verwaltungssitzes anerkennt die Gesellschaft ebenfalls als nach dem gewählten Gründungsrecht ordnungsgemäß errichtet. Schließlich ist auch die Gefahr gering, dass das IPR eines Drittstaates zu Problemen führt. Soweit dieses Drittstaaten-IPR seinerseits der Gründungstheorie anhängt, versteht sich das von selbst. Aber auch ein Drittstaaten-IPR, das der Sitztheorie folgt, schafft jedenfalls dann keine Schwierigkeiten, wenn es die Weiterverweisung des Sitzrechts auf das Gründungsrecht akzeptiert (wie das etwa im deutschen IPR auch nach alter Rechtslage der Fall war).

- Erweiterte Gestaltungsmöglichkeiten ergeben sich bei Gesellschaften, deren tatsächlicher Verwaltungssitz sich in Deutschland befinden soll: Diese können nunmehr grundsätzlich auch nach dem Recht eines anderen EU-Mitgliedstaats, EWR-Vertragsstaats oder US-Bundesstaats gegründet werden. Voraussetzung ist allerdings, dass das gewählte Gründungsrecht seinerseits die wirksame Errichtung einer Gesellschaft mit einem – aus seiner Sicht – ausländischen Verwaltungssitz zulässt. Vorsicht ist also nach wie vor dann geboten, wenn als Gründungsrecht eine Rechtsordnung ausgewählt wird, die traditionell der Sitztheorie folgt. Bei Verwendung einer nach dem Recht eines US-Bundesstaats gegründeten Gesellschaft sollte ferner darauf geachtet werden, dass sie außer der Gründung an sich und dem *registered office* noch irgendeinen weiteren Bezug zu den USA aufweist, so dass die Anerkennung nicht durch ein möglicherweise einschlägiges *genuine link*-Erfordernis gefährdet wird.

- Die Verwendung von Gesellschaften nach sonstigen Rechtsordnungen kann – bei einem Verwaltungssitz im Inland – beim aktuellen Stand von Gesetzgebung, Rechtsprechung und Literatur nicht empfohlen werden, da insoweit wohl immer noch die Sitztheorie zum Tragen kommt. Hingewiesen sei in diesem Zusammenhang ausdrücklich darauf, dass die als Offshore-Plätze nicht ganz unbedeutenden Kanalinseln (Jersey, Guernsey) und die Isle of Man *nicht* zur EU oder zum EWR zählen.

- Nach wie vor problematisch ist es, deutsche Gesellschaftsformen dann einzusetzen, wenn sich der effektive Sitz der Gesellschaft außerhalb

Deutschlands befinden soll. Wie oben ausgeführt, ist das bisher angenommene „Exportverbot" für deutsche Gesellschaftsformen zwar in die rechtspolitische Kritik geraten; eine Änderung der Situation *de lege lata* kann aber (noch) nicht vermeldet werden. Wer durch richtige Gestaltung Risiken minimieren möchte, ist bis auf weiteres gut beraten, vom Einsatz deutscher Gesellschaften für Aktivitäten, die von einem ausländischen Verwaltungssitz aus gesteuert werden, abzusehen.

VI. Weitere für Erfüllungsgeschäfte relevante Statuten

Im Rahmen der Erfüllung eines Unternehmenskaufvertrages können je nach Art der zu übertragenden Kaufgegenstände verschiedene Statuten in Betracht kommen. 95

Bei einem **Share Deal** besteht der Kaufgegenstand aus Gesellschaftsanteilen. Die Übertragung von Gesellschaftsanteilen fällt, wie ausgeführt, unter das Gesellschaftsstatut. 96

Anders sieht es bei einem **Asset Deal** aus. Hier besteht der Kaufgegenstand regelmäßig aus einer Vielzahl von Einzelgegenständen. Für jeden dieser Gegenstände muss das für seine Übertragung maßgebende Recht einzeln bestimmt werden. Die nachfolgend dargestellten Grundsätze für die Übertragung verschiedener Gegenstände gelten jeweils auch entsprechend für ihre Belastung (im Rahmen der Stellung von Sicherheiten). 97

1. Sachenrechtsstatut

Im Falle von Sachen (körperlichen Gegenständen) gelten die Art. 43 ff. EGBGB. Danach ist grundsätzlich das Recht des Staates anzuwenden, in dem sich die Sache (jeweils) befindet, Art. 43 Abs. 1 EGBGB (**Recht des Lageortes** oder *lex rei sitae* bzw. *lex situs*). Sonderregeln gelten für Transportmittel (Luft-, Wasser- und Schienenfahrzeuge); für diese gilt das Recht ihres Herkunftsstaates, zu dessen Bestimmung Art. 45 weitere Einzelheiten regelt. Schließlich findet sich in Art. 46 EGBGB eine restriktiv zu handhabende und daher praktisch wenig relevante Öffnungsklausel, wonach dann, wenn mit einem anderen Staat eine wesentlich engere Verbindung besteht als mit dem nach den Art. 43 bis 45 EGBGB an sich maßgeblichen, ausnahmsweise das Recht dieses Staates anzuwenden ist. 98

Eine **Rechtswahl durch die Parteien** ist für das Sachenrechtsstatut nicht möglich.[1] Allenfalls können die Parteien im Hinblick auf bewegliche Sachen das anwendbare Recht dadurch beeinflussen, dass sie die Sachen in einen bestimmten Staat verbringen und dadurch dessen Recht anwendbar machen. 99

---

1 Die Einschränkung der Parteiautonomie wird mit dem vorrangigen Interesse an Rechts- und Verkehrssicherheit befürwortet, s. dazu *Kreuzer* in MünchKomm. BGB, Anh. 1 nach Art. 38 EGBGB, Rz. 35, 37; *Hohloch* in Erman, Art. 43 EGBGB Rz. 6 jeweils m.w.N.; *Kegel/Schurig*, § 19 I.

100 Bei der Konzeption eines Asset Deals sollte der richtigen Bestimmung des anwendbaren Sachenrechtsstatuts (bzw., bei in unterschiedlichen Staaten belegenen Sachen, der anwendbaren Sachenrechtsstatute) große Aufmerksamkeit gewidmet werden, da die einschlägigen Übertragungsmechanismen von Rechtsordnung zu Rechtsordnung stark variieren. Zu prüfen ist insbesondere, ob nach dem einschlägigen Sachenrechtsstatut ein Eigentumsübergang bereits durch den bloßen Abschluss des schuldrechtlichen Vertrages angenommen wird (konsensuale Übereignung, z.B. im französischen Recht gemäß Art. 1138 Code civil). Ein solcher Effekt ist häufig unerwünscht, wenn nämlich nach Vorstellung der Parteien nach Vertragsabschluss erst noch ein separates Closing erfolgen soll (dazu auch Teil I Rz. 187); in einem solchen Fall muss durch geeignete Vertragsgestaltung sichergestellt werden, dass der gewünschte Ablauf nicht durch gesetzliche Bestimmungen des Sachenrechtsstatuts durchkreuzt wird.

101 **Rück- und Weiterverweisungen** sind gemäß Art. 4 Abs. 1 EGBGB beachtlich. Sie werden im Falle des Sachenrechtsstatuts eher selten sein, da die Lageort-Anknüpfung weit verbreitet ist und die Kollisionsrechte der verschiedenen Staaten sich insoweit ähnlich sehen. Am ehesten ist ein Renvoi dann denkbar, wenn die zunächst berufene Rechtsordnung dem Modell der konsensualen Übereignung folgt; solche Rechte ordnen nämlich möglicherweise in ihrem IPR die Übereignung dem Vertragsstatut zu, was im Ergebnis zum Recht eines anderen Staates als desjenigen des Lageorts führen kann (dies wäre ein Beispiel für einen sog. versteckten Renvoi aufgrund abweichender Qualifikation).

2. Forderungsstatut

102 Gesetzlich geregelt ist, welches Recht auf die **Abtretung** vertraglicher Forderungen Anwendung findet. Nach Art. 33 EGBGB fällt dies unter das Vertragsstatut (s. Teil XIII Rz. 24). *Mutatis mutandis* gilt das auch für andere Forderungen. Deren Übertragung unterliegt jeweils dem Recht, dem die Forderung auch ansonsten unterliegt.[1]

103 Das gilt nicht nur für die (rechtsgeschäftliche) Abtretung, sondern auch für den **gesetzlichen Forderungsübergang**. Für den Unternehmenskauf in der Variante des Asset Deals bedeutet dies nicht zuletzt, dass § 613a BGB anzuwenden ist, wenn die Transaktion einen Betriebsübergang bewirkt und die davon betroffenen Arbeitsverhältnisse deutschem Recht unterliegen.

3. Immaterialgüterrechte

104 Auch bei Immaterialgüterrechten richtet sich die Übertragung nach der Rechtsordnung, die das betreffende Immaterialgüterrecht auch im Übrigen bestimmt, nämlich das Recht des Staates, für dessen Territorium der Schutz beansprucht wird.[2]

---

1 Vgl. etwa *Martiny* in MünchKomm. BGB, Art. 33 EGBGB Rz. 4; *Spickhoff* in Bamberger/Roth, Art. 33 EGBGB Rz. 1 ff.; *Merkt*, Rz. 143-145.
2 BGH v. 16.4.1975 – I ZR 40/73, BGHZ 64, 183 (191). Zum Territorialitätsgrundsatz s. auch *Kreuzer* in MünchKomm. BGB, Anh. II nach Art. 38 EGBGB Rz. 6 ff.

VII. Vollmacht und organschaftliche Vertretung

1. Vollmacht

Das EGBGB enthält **keine Bestimmungen über das Vollmachtstatut**. Klare und verlässliche gewohnheitsrechtliche Regelungen fehlen ebenfalls. Im Einzelnen ist bei diesem Fragenkreis vieles streitig. Die folgenden Ausführungen skizzieren die Grundzüge der herrschenden Meinung; wegen der Einzelheiten muss insoweit auf speziellere Darstellungen verwiesen werden.[1] 105

Die herrschende Meinung geht zunächst von dem Grundsatz aus, dass auf Vollmachten nicht notwendigerweise dasjenige Recht anzuwenden ist, welches auch das kraft dieser Vollmacht geschlossene Rechtsgeschäft bestimmt (Geschäftsstatut). Als Beispiel: Schließt ein Vertreter kraft Vollmacht einen Kaufvertrag ab, der deutschem Recht unterliegt, so bedeutet das noch nicht, dass auch die Vollmacht deutschem Recht folgt. Das Vollmachtstatut wird also **gesondert angeknüpft**.[2] 106

Bei der Wahl des relevanten Anknüpfungsmerkmals differenziert die herrschende Meinung zwischen zwei Fällen. Zum einen kann eine Konstellation gegeben sein, in der einem Vertreter Vollmacht für Rechtsgeschäfte im Bezug auf ein bestimmtes Unternehmen erteilt wird und in der dieser Bevollmächtigte solche Rechtsgeschäfte ständig von einer bestimmten **Niederlassung** aus abschließt. Gemeint ist also vor allem die Handlungsvollmacht an Unternehmensmitarbeiter, die ihrer Arbeit regelmäßig an einem bestimmten Standort nachgehen. Auch die Vollmacht an Handelsvertreter, die von einer festen Niederlassung aus operieren, zählt hierzu. Vollmachtstatut ist in diesen Fällen das Recht des Staates, in dem sich die besagte Niederlassung befindet.[3] 107

In sonstigen Fällen ist auf den Ort abzustellen, an dem der Vertreter von der Vollmacht Gebrauch macht. Fällt der reale **Gebrauchsort** mit dem Ort auseinander, an dem der Vertreter nach der Intention des Vollmachtgebers eigentlich hätte handeln sollen, ist auf den realen Gebrauchsort abzustellen. Gebrauchsort in diesem Sinne ist der Ort, an dem eine Willenserklärung abgegeben wird (nicht derjenige, an dem sie zugeht). Soweit ein Vertreter aufgrund ein und derselben Vollmacht Rechtsgeschäfte an verschiedenen Orten abschließt, ist das Vollmachtstatut für jeden Fall gesondert zu bestimmen (ein 108

---

1 *Hohloch* in Erman, Art. 37 EGBGB Anh. I, II; *Märsch* in Bamberger/Roth, Anh. zu Art. 10 EGBGB; *Spellenberg* in MünchKomm. BGB, Vor Art. 11 EGBGB Rz. 188 ff.; *Hausmann* in Reithmann/Martiny, Rz. 2425.
2 BGH v. 5.2.1958 – IV ZR 204/57, DB 1958, 1010; BGH v. 13.5.1982 – III ZR 1/80, NJW 1982, 2733 = RIW 1982, 2733; *Heldrich* in Palandt, Anh. zu Art. 32 EGBGB Rz. 1, 2; *Lüderitz* in Soergel, Anh. zu Art. 10 EGBGB Rz. 93. Zu einer unselbstständigen Anknüpfung der Vollmacht an das Geschäftsstatut (wie z.B. in England, Frankreich, Italien) s. *Spellenberg* in MünchKomm. BGB, Vor Art. 11 EGBGB Rz. 229.
3 Eine Abweichung von der Anknüpfung der Vollmacht an den tatsächlichen Gebrauchsort wird mit dem Interesse der Rechtssicherheit begründet, vgl. etwa BGH v. 9.12.1964 – VIII ZR 304/62, BGHZ 43, 21 (26) = NJW 1965, 487; BGH v. 8.10.1991 – XI ZR 64/90, NJW 1992, 618; *Lüderitz* in Soergel, Anh. zu Art. 10 EGBGB Rz. 101; ausführlich dazu *Hausmann* in Reithmann/Martiny, Rz. 2442 ff.

und dieselbe Vollmacht kann also mal dem einen und mal einem anderen Recht unterliegen).[1]

109 Eine **Ausnahme** gilt für Vollmachten zu Verfügungen über Grundstücke und Immobiliarrechte; solche Vollmachten sind nach dem Recht des Staates zu beurteilen, in dem das Grundstück belegen ist. Ob eine davon abweichende Rechtswahl möglich ist, ist ungeklärt.[2]

110 Das so ermittelte Vollmachtstatut bestimmt zunächst die **Wirksamkeit und den Umfang der Vollmacht**. Nach dem Vollmachtstatut sind entsprechend auch die Fragen zu beurteilen, ob ein Vertreter allein oder nur zusammen mit anderen handeln kann, ob er Untervollmacht erteilen darf oder inwieweit ihm das Selbstkontrahieren gestattet ist. Die Folgen des Fehlens einer wirksamen Bevollmächtigung (z.B. die Fragenbereiche der Rechtsscheinsvollmacht und der *falsus procurator*-Haftung) unterliegen ebenfalls dem (hypothetischen) Vollmachtstatut (also dem Recht, das als Vollmachtstatut gelten würde, wenn eine wirksame Bevollmächtigung vorläge).[3]

111 Nicht unter das Vollmachtstatut fällt die Frage, ob ein bestimmtes Geschäft überhaupt durch einen Bevollmächtigten abgeschlossen werden kann; darüber befindet vielmehr das **Geschäftsstatut**. Dem Geschäftsstatut ist auch zu entnehmen, ob im konkreten Fall eine Vollmacht besondere Anforderungen erfüllen muss (d.h. Anforderungen über das hinaus, was für Vollmachten im Allgemeinen gilt, z.B. das Beurkundungs- bzw. Beglaubigungserfordernis für eine Vollmacht zur GmbH-Gründung gemäß § 2 Abs. 2 GmbHG).[4]

112 Eine **Rechtswahl** durch den Vollmachtgeber wird von der herrschenden Meinung grundsätzlich für zulässig gehalten; Einzelheiten sind jedoch streitig (z.B. im Hinblick auf die Frage, ob der Vollmachtgeber die Rechtswahl einseitig treffen kann oder ob zusätzlich die Zustimmung des Geschäftsgegners und/oder des Bevollmächtigten nötig ist). Im Übrigen fehlt es schon für die Grundsatzfrage der Zulässigkeit einer Rechtswahl an einer Klärung durch die Rechtsprechung.[5]

113 Für die **Form** einer Vollmacht gilt Art. 11 EGBGB (s. Teil XIII Rz. 215 ff.).

---

[1] BGH v. 27.5.1993 – IX ZR 66/92, DNotZ 1994, 485; *Märsch* in Bamberger/Roth, Anh. zu Art. 10 EGBGB Rz. 29 ff.
[2] Vgl. *Spellenberg* in MünchKomm. BGB, Vor Art. 11 EGBGB Rz. 183 m.w.N; *Hohloch* in Erman, Art. 37 EGBGB Anh. II Rz. 17. Vollmachten zur Verwaltung von Grundstücken richten sich auch nach der jeweiligen *situs*-Anknüpfung, BGH v. 30.7.1954 – VI ZR 32/53, JZ 1955, 702.
[3] *Märsch* in Bamberger/Roth, Anh. zu Art. 10 EGBGB Rz. 37, 39 ff.; *Hausmann* in Reithmann/Martiny, Rz. 2463 ff. Die Rspr. stellt auch auf die Schutzinteressen des Vollmachtgebers ab, vgl. etwa BGH v. 16.4.1975 – I ZR 40/73, BGHZ 64, 183 (192) = NJW 1975, 1220; OLG München v. 10.3.1988 – 24 U 474/87, IPrax 1990, 320.
[4] Vgl. etwa *Heldrich* in Palandt, Anh. zu Art. 32 EGBGB Rz. 3; *Hausmann* in Reithmann/Martiny, Rz. 2482 ff.
[5] Zum Meinungsstand über die Zulässigkeit einer Rechtswahl durch die Parteien, s. *Schäfer*, RIW 1996, 190; *Märsch* in Bamberger/Roth, Anh. zu Art. 10 EGBGB Rz. 23; *Spellenberg* in MünchKomm, BGB, Vor Art. 11 EGBGB Rz. 190 ff.

Der geschilderte, durchweg wenig klare Meinungsstand ist angesichts der praktischen Bedeutung und Häufigkeit von Vollmachten im Geschäftsleben einigermaßen befremdend; ebenso die Beobachtung, dass sich kaum jemand wirklich an diesem Zustand stört. 114

In praktischer Hinsicht empfiehlt es sich, erforderlichenfalls **Rechtswahlklauseln in eine (schriftliche) Vollmacht einzufügen** (ungeachtet dessen, dass nicht mit letzter Sicherheit klar ist, ob eine solche Rechtswahlklausel zulässig ist; schaden wird sie jedenfalls nicht) und/oder bei der Erteilung von Vollmachten so vorzugehen, dass die Vollmacht nach allen möglicherweise relevanten Rechtsordnungen „hält".

Vielleicht liegt es an der Befolgung solcher Grundsätze, dass die Problematik des Vollmachtstatuts nur selten streitentscheidend gewesen ist, wie ein Kommentator mit Überraschung vermerkt.[1]

2. Organschaftliche Vertretung

Die organschaftliche Vertretung einer Gesellschaft oder juristischen Person gehört zu deren Organisationsverfassung und richtet sich daher stets nach ihrem **Gesellschaftsstatut**, s. oben Teil XIII Rz. 81. 115

C. Internationales Zivilprozessrecht

Gegenstand des internationalen Zivilprozessrechts sind **verfahrensrechtliche Fragen**, die sich bei zivilrechtlichen Streitigkeiten mit Berührungen zu mehreren Jurisdiktionen stellen.[2] Im Mittelpunkt stehen die **internationale Zuständigkeit** von Gerichten und die Anerkennung und Vollstreckung gerichtlicher Entscheidungen in einem anderen als dem Urteilsstaat.[3] Hinzu kommen weitere Aspekte der Verfahrensgestaltung, etwa die Zustellung gerichtlicher Schriftstücke ins Ausland oder die Beweiserhebung im Ausland.[4] Das internationale Zivilprozessrecht stellt in etwa das verfahrensrechtliche Gegenstück zum IPR dar.[5] 116

Wie das IPR auch, ist das internationale Zivilprozessrecht im Grundsatz **nationales Recht**, d.h., jede Rechtsordnung regelt die entsprechenden Fragen im Hinblick auf Verfahren vor ihren eigenen Gerichten; entsprechend können sich zwischen den Systemen des internationalen Zivilprozessrechtes unterschiedlicher Staaten (zum Teil gravierende) Abweichungen ergeben. Vereinheitlichungen folgen für Teilgebiete aus völkerrechtlichen Verträgen, im Gebiet der EU zudem auch aus sekundärem Gemeinschaftsrecht.[6] 117

---

1 *Märsch* in Bamberger/Roth, Anh. zu Art. 10 EGBGB Rz.1.
2 Vgl. *Kropholler*, S. 571.
3 *Geimer*, Rz. 1.
4 Vgl. *Geimer*, Rz. 6, 442 ff., 2071 ff.
5 Vgl. *Kropholler*, S. 571.
6 Vgl. *Kropholler*, S. 573.

118 Ein internationaler Unternehmenskauf ist als solcher kein Zivilprozess. Gleichwohl spielen Fragen des internationalen Zivilprozessrechtes in die Gestaltung der Vertragsdokumentation hinein, da aus einem Unternehmenskauf immerhin spätere Streitigkeiten und schließlich auch Zivilprozesse entstehen können. Es gehört zu einer professionellen Gestaltung des Unternehmenskaufs, diese Eventualität ins Auge zu fassen und zumindest Grundlinien aufzuzeigen, wie erforderlichenfalls mit solchen Streitigkeiten umgegangen werden soll. Zentrales Gestaltungsmittel sind insoweit **Gerichtsstands- bzw. Schiedsklauseln**.[1]

119 Wie schon erwähnt, schlagen Gerichtsstands- und Schiedsklauseln zudem eine Brücke zum IPR, da von ihnen abhängen kann, welches Kollisionsrecht (und damit mittelbar – welches Sachrecht) zum Tragen kommt.

Im Mittelpunkt dieses Abschnitts stehen daher Fragen der internationalen Zuständigkeit von (deutschen) Gerichten, während sonstige Aspekte des internationalen Zivilprozessrechts nur am Rande behandelt werden. Einige Bemerkungen zu Schiedsklauseln folgen am Ende des Abschnittes gesondert.

I. Internationale Zuständigkeit deutscher Gerichte

1. Rechtsquellen

120 Das autonome (d.h. nicht durch völkerrechtliche Vorgaben oder EU-Recht beeinflusste) deutsche Recht enthält keine geschlossene Regelung über die internationale Zuständigkeit deutscher Gerichte. Im Wesentlichen greift man daher auf die Bestimmungen der Zivilprozessordnung (ZPO) über die **örtliche Zuständigkeit** zurück. Führen diese Bestimmungen zu einem örtlich zuständigen deutschen Gericht, so ist dieses auch international zuständig.[2]

121 Das autonome deutsche Prozessrecht wird aber in nicht unbeträchtlichem Maße durch völkerrechtliche Vereinbarungen und europäisches Sekundärrecht verdrängt:

122 a) Für das Gebiet der EU – ohne Dänemark! – gilt die **Verordnung (EG) Nr. 44/2001 des Rates vom 22.12.2000 über die gerichtliche Zuständigkeit und die Anerkennung und Vollstreckung von Entscheidungen in Zivil- und Handelssachen**[3] **(EuGVVO)**.

Für Altfälle greift das **(Brüsseler) EWG-Übereinkommen über die gerichtliche Zuständigkeit und die Vollstreckung gerichtlicher Entscheidung in Zivil- und Handelssachen vom 27.9.1968 (in der Fassung der späteren Beitrittsübereinkommen) (EuGVÜ)** ein, welche durch die EuGVVO abgelöst wurde.[4] Das EuGVÜ gilt ferner auch heute noch im Verhältnis zu Dänemark, da insoweit die EuGVVO nicht eingreift (Erwägungsgrund 22 und Art. 1 Abs. 1 EuGVVO).

---

1 Vgl. *Folsom/Wallace Gordon/Spanogle*, S. 351ff., 363 ff.
2 BGH v. 2.7.1991 – XI ZR 206/90, BGHZ 115, 90 (91 f.); BGH v. 21.11.1996 – IX ZR 148/95, BGHZ 134, 116 (117).
3 ABl. EG Nr. L 12 v. 16.1.2001, S. 1.
4 *Geimer*, Rz. 245c, 246.

b) Im Verhältnis zwischen der EU und den EFTA-Staaten (ohne Liechtenstein) sowie der EFTA-Staaten zueinander ist das **Luganer Übereinkommen über die gerichtliche Zuständigkeit und die Vollstreckung gerichtlicher Entscheidung in Zivil- und Handelssachen vom 16.9.1988 (Lugano-Übk.)** einschlägig.[1] Nachdem einige seinerzeitige EFTA-Staaten mittlerweile der EU beigetreten sind und daher jetzt in den Anwendungsbereich der EuGVVO fallen, ist das Lugano-Übk. noch im Verhältnis zur Schweiz, zu Norwegen und Island relevant.

123

2. Gesetzliche Regelung der internationalen Zuständigkeit (ohne Berücksichtigung einer Wahl durch die Parteien)

a) Autonomes Recht (ZPO)

Nach autonomem deutschen Recht ist die internationale Zuständigkeit deutscher Gerichte gegeben, wenn der Beklagte seinen **allgemeinen Gerichtsstand** im Inland hat (§§ 12–19a ZPO analog) oder wenn die örtliche Zuständigkeit eines deutschen Gerichts infolge eines – ausschließlichen oder nicht ausschließlichen – besonderen Gerichtsstands gegeben ist (§§ 21 ff. ZPO).[2]

124

Der allgemeine Gerichtsstand natürlicher Personen bestimmt sich im Regelfall nach dem **Wohnsitz** (§ 13 ZPO).

125

Bei **Gesellschaften und juristischen Personen** ist der **Sitz** maßgebend, § 17 ZPO. Zu dessen Bestimmung regelt § 17 Abs. 1 Satz 2 ZPO, dass als Sitz dann, wenn sich nichts anderes ergibt, der Ort gelte, wo die Verwaltung geführt wird. Vorrangig ist also der **Satzungssitz**, sofern vorhanden, auf den sich die Formulierung „wenn sich nichts anderes ergibt" bezieht. In Ermangelung eines Satzungssitzes ist auf den Verwaltungssitz abzustellen.[3] Nach der Konzeption des Gesetzes führt ein Auseinanderfallen von Satzungs- und Verwaltungssitz also grundsätzlich nicht zu einem Nebeneinander mehrerer allgemeiner Gerichtsstände. § 17 ZPO unterscheidet sich in diesem Punkt deutlich von der Regelung der EuGVVO (unten Teil XIII Rz. 134 f.). Mehrere allgemeine Gerichtsstände kommen nach § 17 Abs. 3 ZPO allerdings dann in Betracht, wenn die Satzung selbst einen weiteren allgemeinen Gerichtsstand (**Nebensitz**) bestimmt.

126

Unter den **besonderen Gerichtsständen** dürften im Kontext eines Unternehmenskaufs vor allem folgende von praktischem Interesse sein:

127

(1) **Besonderer Gerichtsstand der Niederlassung**: Die Ausübung einer geschäftlichen Tätigkeit über eine Niederlassung begründet einen besonderen Gerichtsstand am Ort der Niederlassung für alle Klagen gegen den Inhaber, deren Gegenstand zu dem über die Niederlassung abgewickelten Geschäftsbetrieb einen Bezug aufweisen (§ 21 ZPO). Die Vorschrift betrifft rechtlich unselbständige Niederlassungen, nicht aber Tochtergesellschaften (die über einen eige-

128

---

1 *Geimer*, Rz. 247b.
2 BGH v. 2.7.1991 – XI ZR 206/90, BGHZ 115, 90 (91 f.); BGH v. 21.11.1996 – IX ZR 148/95, BGHZ 134, 116 (117).
3 Vgl. *Vollkommer* in Zöller, § 17 ZPO Rz.10.

nen allgemeinen Gerichtsstand verfügen). Es genügt, dass faktisch eine Niederlassung vorliegt; Eintragung im Handelsregister ist nicht erforderlich.

129 **(2) Besonderer Gerichtsstand des Erfüllungsorts**: Bei vertraglichen Ansprüchen eröffnet § 29 ZPO einen besonderen Gerichtsstand an dem Ort, an dem die streitige Verpflichtung zu erfüllen ist. Vertragliche Ansprüche in diesem Sinne sind Ansprüche aus schuldrechtlichen Verpflichtungsverträgen; hinzu kommen einige weitere vertragsähnliche oder vertragsnahe Schuldverhältnisse, insbesondere Ansprüche aus *culpa in contrahendo*[1] (die gerade auch bei Unternehmenskäufen nach deutschem Recht für die Gewährleistung relevant sein können, soweit dies nicht durch ausdrückliche vertragliche Regelungen verdrängt wird); auf die abweichende Rechtslage nach EuGVVO, EuGVÜ und Lugano-Übk. (siehe Teil XIII Rz. 137) sei bereits hier hingewiesen).

Der Erfüllungsort ist im Einzelfall nach dem Recht zu bestimmen, dem der streitige Anspruch unterliegt (*lex causae*); es gelten die allgemeinen Regeln des IPR.[2]

Grundsätzlich ist der Erfüllungsort für jeden vertraglichen Anspruch gesondert zu bestimmen; ein **einheitlicher Erfüllungsort für gegenseitige Ansprüche** kommt allenfalls als Ausnahme in Betracht.[3]

Erfüllungsorte kraft entsprechender Vereinbarung sind gemäß § 29 Abs. 2 ZPO nur beachtlich, wenn die entsprechende Vereinbarung zwischen Kaufleuten, juristischen Personen des öffentlichen Rechts oder öffentlich-rechtlichen Sondervermögen getroffen wird. Diese Einschränkung betrifft aber nur die Vereinbarung eines **fiktiven Erfüllungsorts** (der lediglich eine gerichtliche Zuständigkeit schaffen soll).[4] Die Bestimmung eines realen Leistungsortes (der dann auch Erfüllungsort ist) ist auch anderen Parteien möglich.

130 **(3) Besonderer Gerichtsstand der Mitgliedschaft**: Im Zusammenhang mit einem Unternehmenskauf mag es im Einzelfall zu Streitigkeiten gesellschaftsrechtlicher Art kommen; denken ließe sich z.B. an Streitigkeiten zwischen dem Zielunternehmen und dem Altgesellschafter = Verkäufer über Einlagepflichten oder auch – im Falle des Erwerbs eines Unternehmens durch mehrere Erwerber – Streitigkeiten unter diesen. In solchen Fällen eröffnet § 22 ZPO den besonderen Gerichtsstand der Mitgliedschaft für Klagen der Gesellschaft gegen ihre Mitglieder (sofern die Klage sich gegen die Mitglieder in dieser Eigenschaft richtet) und ebenso für Klagen der Mitglieder untereinander in dieser Eigenschaft. Nicht angesprochen sind in § 22 ZPO Klagen der Mitglieder gegen die Gesellschaft; einer besonderen Regelung bedarf es dazu auch nicht, da hier eine gerichtliche Zuständigkeit am Ort des Sitzes der Gesellschaft bereits aufgrund des allgemeinen Gerichtsstandes dieser Gesellschaft besteht.

131 **(4) Besonderer Gerichtsstand des Vermögens**: Eine (ausnahmsweise ausdrückliche) Regelung der internationalen Zuständigkeit findet sich in § 23 ZPO. Da-

---
1 *Vollkommer* in Zöller, § 29 ZPO Rz. 6.
2 Vgl. *Kropholler*, S. 599.
3 *Putzo* in Thomas/Putzo, 24. Aufl. 2002, § 29 ZPO Rz.5.
4 *Hartmann* in Baumbach/Lauterbach/Albers/Hartmann, § 29 ZPO Rz. 35.

nach sind deutsche Gerichte international zuständig, wenn der Beklagte über inländisches Vermögen verfügt. Ratio dieser Norm ist insbesondere, dass dem Kläger im Hinblick darauf, dass er möglicherweise in das Inlandsvermögen des Beklagten vollstrecken möchte, auch ermöglicht werden soll, sich von vornherein einen inländischen Titel zu beschaffen und so etwaigen Komplikationen im Zusammenhang mit der Anerkennung und Vollstreckung ausländischer Titel aus dem Wege zu gehen.[1] Gemessen an dieser Zielsetzung geht § 23 ZPO dann allerdings sehr weit. Weder ist die internationale Zuständigkeit der deutschen Gerichte daran gebunden, dass tatsächlich eine Vollstreckung in das inländische Vermögen geplant ist, noch, dass dieses im konkreten Fall für eine Vollstreckung überhaupt geeignet ist. Der Gerichtsstand des Vermögens zählt, in dieser Weite, entsprechend zu denjenigen Gerichtsständen, die international auf wenig Gegenliebe stoßen und als exorbitant kritisiert werden; nicht von ungefähr ist er in der EuGVVO, im EuGVÜ und Lugano-Übk. ausdrücklich ausgeschlossen.[2]

Auch soweit autonomes deutsches Zivilprozessrecht und mithin § 23 ZPO gilt, ist zumindest bei der Auslegung des Begriffs „Vermögen" eine gewisse **teleologische Reduktion** geboten, so dass völlig marginale Vermögensgegenstände im Inland, die für etwaige Vollstreckungsmaßnahmen gänzlich untauglich sind (pfändungsfreies Vermögen; zufällig in einem deutschen Hotelzimmer liegengelassene Gegenstände ohne nennenswerten materiellen Wert, Reisegepäck auf der Durchreise u.Ä.), außer Betracht bleiben. Generell soll neben der Erfüllung des Tatbestandes von § 23 ZPO zumindest ein gewisser Inlandsbezug des Streitgegenstandes gegeben sein;[3] wo genau aber die Grenze verläuft, lässt sich schwer sagen.

Sonstige besondere Gerichtsstände, etwa für sachenrechtliche Streitigkeiten oder Streitigkeiten aus Grundstücksmietverträgen, mögen – etwa bei einem Asset Deal – im Einzelfall einmal relevant werden, werden aber hier nicht weiter dargestellt.

132

Ebenso wird nicht weiter auf die Regelungen zu spezifischen prozessualen Konstellationen (mehrere Beklagte, Widerklage u.Ä.) eingegangen.

b) EuGVVO

Das System der EuGVVO, die innerhalb ihres Anwendungsbereichs das autonome deutsche Recht verdrängt, folgt ähnlichen Grundzügen wie dieses, kommt aber in Einzelfragen zu abweichenden Ergebnissen.

133

Der Anwendungsbereich der EuGVVO ist grundsätzlich eröffnet, wenn der Beklagte in ihrem örtlichen Geltungsbereich (EU ohne Dänemark) seinen Wohnsitz hat, Art. 2 EuGVVO. Als **Wohnsitz einer Gesellschaft oder juristischen Person** gelten dabei – nebeneinander – ihr **satzungsmäßiger Sitz, ihre Hauptverwaltung oder ihre Hauptniederlassung**, Art. 60 EuGVVO.

134

---

1 *Kropholler*, S. 607.
2 *Geimer*, Rz. 1382; *Kropholler*, S. 607 ff.
3 BGH v. 2.7.1991 – XI ZR 206/90, BGHZ 115, 90 (94).

135 Nach Art. 2 EuGVVO ist die Klage, soweit der Anwendungsbereich der Verordnung eröffnet ist, vorbehaltlich etwaiger in der Verordnung selbst geregelter Ausnahmen vor den Gerichten des Staates zu erheben, in dem sich der Wohnsitz des Beklagten befindet. Wie das autonome deutsche Recht geht also auch die EuGVVO von einem **allgemeinen Gerichtsstand am Wohnsitz des Beklagten** aus, für den die internationale Zuständigkeit eröffnet ist. Eine Abweichung ergibt sich bei juristischen Personen und Gesellschaften, da die alternative Bestimmung von deren „Wohnsitz", wie dargestellt, zu einem Nebeneinander mehrerer solcher Wohnsitze und entsprechend auch allgemeiner Gerichtsstände führen kann.

136 Die Regelung der ZPO über den **besonderen Gerichtsstand der Niederlassung** findet eine Entsprechung in Art. 5 Nr. 5 EuGVVO.

137 Ebenso findet sich – jedenfalls auf den ersten Blick – der **besondere Gerichtsstand des Erfüllungsortes für vertragliche Ansprüche** in Art. 5 Nr. 1 EuGVVO wieder. Allerdings bedarf es hier einer Einschränkung: Die Tragweite von Art. 5 Nr. 1 EuGVVO ist mit derjenigen von § 29 ZPO nicht vollständig identisch, da in der Rechtsprechung des EuGH der Begriff des Vertrages in Randbereichen anders bestimmt wird. Zwar umfasst der Vertragsbegriff der EuGVVO neben den eigentlichen schuldrechtlichen Verträgen ähnlich wie das deutsche autonome Recht auch vertragsähnliche Sonderbeziehungen (z.B. die Organbeziehung zwischen einer juristischen Person und ihrem Organ). Allerdings fällt unter Art. 5 Nr. 1 EuGVVO anders als im autonomen deutschen Recht nicht die *culpa in contrahendo*; derartige Ansprüche werden vom EuGH vielmehr als deliktisch qualifiziert.[1]

138 Eine Abweichung zum autonomen deutschen Recht ergibt sich auch aus Art. 5 Nr. 1 Buchst. b) EuGVVO, der eine eigenständige Regelung dazu beinhaltet, wo der Erfüllungsort anzunehmen ist und daher (zum Teil) den ansonsten erforderlichen Rückgriff auf das nach dem IPR ermittelte Sachrecht erübrigt. Als Erfüllungsort gilt demnach bei einem Verkauf beweglicher Sachen der Ort, an dem sie vertragsgemäß geliefert worden sind oder hätten geliefert werden müssen, und für die Erbringung von Dienstleistungen der Ort, an dem sie nach dem Vertrag erbracht worden sind oder hätten erbracht werden müssen. Dies gilt allerdings nur dann, wenn es sich dabei um einen Ort in einem Mitgliedstaat handelt, und auch nur, wenn nichts anderes vereinbart ist. Greift Art. 5 Nr. 1 Buchst. b) EuGVVO ein, so ergibt sich darauf ein **einheitlicher Erfüllungsort** für den ganzen Vertrag.

139 Greift diese Bestimmung nicht ein, bleibt es auch nach der EuGVVO dabei, dass der Erfüllungsort nach materiellem Recht zu ermitteln ist, und zwar für jeden Anspruch gesondert nach demjenigen Recht, das gemäß dem einschlägigen IPR auf den streitgegenständlichen Anspruch anwendbar ist.[2]

---

[1] *Geimer* in Zöller, ZPO, Art. 5 EuGVVO Rz. 12. Bei einem Schadensersatzanspruch wegen Abbruchs von Vertragsverhandlungen handelt es sich um einen deliktischen Anspruch im Sinne von Art. 5 Nr. 3 EuGVVO, vgl. EuGH v. 17.9.2002 – Rs. C-334/00, NJW 2002, 3159 = EuZW 2002, 655.
[2] *Geimer* in Zöller, ZPO, Art. 5 EuGVVO Rz. 1a.

Eine **fiktive Bestimmung des Erfüllungsorts** durch die Parteien ist für Art. 5 Nr. 1 EuGVVO irrelevant; sie gilt als **Gerichtsstandsvereinbarung** und ist an den dafür geltenden Vorgaben zu messen.[1] Eine Sonderregelung (befristet bis zum 29.2.2008) gilt für Beklagte mit Wohnsitz in **Luxemburg**: Im Falle von Verträgen über die Lieferung beweglicher Sachen oder über Dienstleistungen kann die Zuständigkeit eines nichtluxemburgischen Gerichts nicht auf Art. 5 Nr. 1 EuGVVO gestützt werden, wenn der Bestimmungsort für die Waren/Dienstleistungen in Luxemburg liegt; die in Art. 5 Nr. 1 Buchst. b) EuGVVO immerhin vorbehaltene Möglichkeit einer abweichenden Regelung durch die Parteien kommt also zulasten einer luxemburgischen Partei nicht in Betracht.[2]

140

Für bestimmte **gesellschaftsrechtliche Streitigkeiten** statuiert die EuGVVO in Art. 22 Nr. 2 eine ausschließliche Zuständigkeit am Sitz der Gesellschaft (Gültigkeit, Nichtigkeit und Auflösung der Gesellschaft sowie Beschlussmängelstreitigkeiten).

141

Die Bestimmung des Sitzes soll dabei – abweichend von Art. 60 EuGVVO – nach dem IPR des angerufenen Gerichts vorgenommen werden. Soweit dieses der Sitztheorie folgt, ist also auf den tatsächlichen Verwaltungssitz abzustellen; bei Geltung der Gründungstheorie kommt es dagegen auf den Satzungssitz an. Ein Rückgriff auf § 22 ZPO scheidet dagegen aus, da Art. 22 Nr. 2 EuGVVO auf das IPR und gerade nicht das (autonome) internationale Prozessrecht des Forumstaates rekurriert.

142

Wie oben schon dargelegt, enthält die EuGVVO – insoweit anders als § 23 ZPO – **keinen besonderen Gerichtsstand des Vermögens**; gemäß Art. 3 Abs. 2 EuGVVO i.V.m. Anhang I ist die Anwendung von § 23 ZPO sogar ausdrücklich ausgeschlossen. Soweit der Anwendungsbereich der EuGVVO eröffnet ist, ergibt sich das an sich von selbst, da die Verordnung für weiter gehende internationale Zuständigkeiten der Mitgliedstaaten kraft autonomen Rechts keinen Raum lässt. Gleichwohl wird dieser Grundsatz mit Blick auf einzelne im autonomen Recht der Mitgliedsstaaten verankerte Gerichtsstände, die als exorbitant eingestuft werden, noch einmal besonders eingeschärft.

143

c) EuGVÜ

Die obigen Ausführungen zur EuGVVO gelten inhaltlich im Wesentlichen auch für das EuGVÜ. Es ergeben sich allerdings folgende Abweichungen:

144

Als „**Wohnsitz**" einer Gesellschaft oder juristischen Person gilt – pauschal – ihr Sitz, der nach den Vorschriften des internationalen Privatrechts des Forumstaates zu bestimmen ist, Art. 53 Abs. 1 EuGVÜ. Das entspricht in der Sache der Regelung der EuGVVO für den ausschließlichen Gerichtsstand am Sitz der Gesellschaft für bestimmte gesellschaftsrechtliche Streitigkeiten in Art. 22 Nr. 2 EuGVVO, nicht aber der allgemeinen Regelung hinsichtlich des Sitzes von juristischen Personen und Gesellschaften in Art. 60 EuGVVO.

145

---

1 Vgl. *Geimer* in Zöller, ZPO, Art. 5 EuGVVO Rz. 17.
2 Art. 63 Abs. 1 EuGVVO.

146 Der **besondere Gerichtsstand der Niederlassung** ist auch im EuGVÜ in Art. 5 Nr. 5 geregelt.

147 Ebenso findet sich in Art. 5 Nr. 1 EuGVÜ der **besondere Gerichtsstand des Erfüllungsortes**. Allerdings enthält das EuGVÜ keine dem Art. 5 Nr. 1 Buchst. b) EuGVVO vergleichbare autonome Bestimmung des Erfüllungsortes. Es ist also unter dem Regime des EuGVÜ stets nach der *lex causae* zu ermitteln, wo sich der Erfüllungsort befindet.[1] Nach der Rechtsprechung des EuGH gilt auch in jedem Falle der Grundsatz, dass der Erfüllungsort für jeden vertraglichen Anspruch gesondert zu ermitteln ist (dass es also keine einheitliche Bestimmung des Erfüllungsortes für alle Ansprüche aus einem bestimmten Vertrag gibt).[2]

Nach Art. 1 des Protokolls vom 27.9.1968 zum EuGVÜ kann die internationale Zuständigkeit für eine Klage gegen eine Person mit Wohnsitz in Luxemburg vor dem Gericht eines anderen Mitgliedstaates jedoch nicht auf Art. 5 Abs. 1 EuGVÜ gegründet werden (es sei denn, der luxemburgische Beklagte lässt sich auf die Klage ein und rügt die Unzuständigkeit des Gerichtes nicht). Diese Sonderregelung für Luxemburg geht inhaltlich weiter als Art. 63 EuGVVO.

148 Der **besondere Gerichtsstand für gesellschaftsrechtliche Streitigkeiten** ist in Art. 16 Nr. 2 EuGVÜ geregelt (entspricht Art. 22 Nr. 2 EuGVVO).

149 Der ausdrückliche Ausschluss eines **besonderen Gerichtsstandes des Vermögens** befindet sich im EuGVÜ in dessen Art. 3 Abs. 2.

d) Lugano-Übereinkommen

150 Das Lugano-Übereinkommen folgt dem Wortlaut des EuGVÜ. Bei den hier dargestellten Bestimmungen galt bis zum 31.12.1999 die Besonderheit, dass die Schweiz einen Vorbehalt gegen eine ausschließlich auf den Erfüllungsort gegründete Zuständigkeit erklärt hatte, soweit der Beklagte seinen Wohnsitz in der Schweiz hatte.

Der mittlerweile außer Kraft getretene Vorbehalt beruhte auf der damaligen Bundesverfassung der Schweiz, welche für Beklagte den Gerichtsstand des Wohnsitzes garantierte. Am 1.1.2000 trat eine neue Bundesverfassung in Kraft, die nur noch eine eingeschränkte Garantie des Gerichtsstandes des Wohnsitzes beinhaltet. Der (von vornherein befristete) Vorbehalt gilt seitdem nicht mehr.[3]

e) Andere Staaten

151 Schon der Vergleich zwischen autonomem deutschem Recht (ZPO) und der EuGVVO bzw. dem EuGVÜ oder Lugano-Übk. zeigt, dass trotz Ähnlichkeit in der Grundkonzeption (allgemeiner Gerichtsstand; ergänzt um verschiedene

---

1 *Kropholler*, Art. 5 EuGVÜ Rz. 16.
2 *Albers* in Baumbach/Lauterbach/Albers/Hartmann, Art. 5 EuGVÜ Rz. 7.
3 Eine ausführliche Schilderung der Zusammenhänge findet sich im Urteil des schweizerischen Bundesgerichts v. 26.10.2000 – BGE 126 III 540.

nicht-ausschließliche oder ausschließliche besondere Gerichtsstände) doch einige **Unterschiede im Detail** bestehen können. Umso mehr sind Unterschiede zu erwarten, wenn das autonome internationale Zivilprozessrecht anderer Staaten in den Blick kommt, namentlich wenn diese dem angloamerikanischen Rechtskreis zugehören. Hier muss teilweise mit gänzlich anderen Konzeptionen gerechnet werden. Im angloamerikanischen Bereich herrscht etwa die Tendenz, statt eines Systems fester Zuständigkeitsregeln stärker die Abwägung der Umstände des Einzelfalls zu betonen. Dabei neigt man dazu, in einem ersten Schritt sehr großzügig die Möglichkeit der Zuständigkeit der eigenen Gerichte für eine Vielzahl von Konstellationen grundsätzlich zu bejahen und dies erst in einem zweiten Schritt durch Billigkeitserwägungen (*forum non conveniens*)[1] zu korrigieren. Von weiteren Einzelheiten wird hier abgesehen; wichtig ist die Feststellung, dass entschieden nicht damit gerechnet werden darf, dass ausländische Vorstellungen über die internationale Zuständigkeit der eigenen Gerichte stets oder doch zumindest in der Regel mit den entsprechenden Vorstellungen der eigenen Rechtsordnung vereinbar sind.

3. Gerichtsstandsvereinbarungen

Die vorstehenden Ausführungen zur internationalen Zuständigkeit in Ermangelung einer Gerichtsstandsvereinbarung sollten, trotz ihrer Unvollständigkeit, deutlich machen, dass die Vorhersehbarkeit der Entwicklung denkbarer zukünftiger Streitigkeiten und entsprechend auch die sichere Gestaltung internationaler Transaktionen durch sie stark beeinträchtigt werden kann. Vielfach sind für bestimmte Fragen parallele Zuständigkeiten der Gerichte verschiedener Staaten vorstellbar, was im Ergebnis dem Kläger die Möglichkeit der Auswahl eröffnet. Auch können unterschiedliche Teilaspekte einer Transaktion unterschiedliche Gerichtsstände nach sich ziehen. Soweit auf einen allgemeinen Gerichtsstand am Sitz des Beklagten abgestellt wird, hängt zudem die Zuständigkeit von der (im Voraus kaum vorhersehbaren) Verteilung der Parteirollen ab.

152

Bereits dann, wenn es nur um die **örtliche Zuständigkeit verschiedener Gerichte** innerhalb eines Staates geht (also Fragen der internationalen Zuständigkeit gar nicht berührt sind), kann das misslich sein, wenn etwa die Rechtsprechung verschiedener in Betracht kommender Gerichte zu relevanten Fragen voneinander abweicht. Auch im Hinblick auf die durchschnittliche Verfahrensdauer oder den Spezialisierungsgrad einzelner Spruchkörper mag es bereits innerhalb eines Landes Unterschiede geben. Zumindest psychologische Missklänge können zudem von der Befürchtung ausgehen, dass eine Partei bei „ihren" Gerichten einen Heimvorteil haben könnte; auch wenn solche Befürchtungen unbegründet sind, belasten sie doch immerhin die Atmosphäre.

153

Geht es nicht mehr nur um die örtliche, sondern die **internationale Zuständigkeit**, so potenzieren sich diese Probleme. Je nachdem, in welchem Land prozessiert wird, variieren die dafür aufzuwendenden Kosten, die Möglichkeit einer späteren Kostenerstattung, das Verfahrensrecht, die Art und Weise der

154

---

1 Vgl. hierzu *Folsom/Wallace Gordon/Spanogle*, S. 354 f.

Beweisführung und nicht zuletzt die einschlägigen Kollisionsnormen, die das anzuwendende Sachrecht und damit möglicherweise das sachliche Ergebnis eines Rechtsstreits determinieren.

155 Bei der Gestaltung einer internationalen Transaktion ist es daher sinnvoll, nach Möglichkeit das für Streitfragen zuständige Gericht eindeutig und möglichst einheitlich für alle denkbaren Streitfragen zu bestimmen, also **Parallelzuständigkeiten der Gerichte mehrerer Staaten soweit wie möglich zu vermeiden** (und idealiter auch zur Zuständigkeit eines Gerichtes zu gelangen, das für die Angelegenheit kompetent ist und bei dem sich die Parteien gut aufgehoben fühlen). Diesem Ziel dienen Gerichtsstandsvereinbarungen zwischen den Parteien, insbesondere in der Form von ausschließlichen Gerichtsstandsvereinbarungen. Derartige Vereinbarungen sind sowohl nach autonomem deutschen Zivilprozessrecht als auch nach EuGVVO, EuGVÜ und Lugano-Übk. grundsätzlich möglich, allerdings mit Unterschieden im Hinblick auf die Grenzen der Zulässigkeit und einschlägige Formerfordernisse.

a) ZPO

156 § 38 ZPO unterscheidet bei Gerichtsstandsvereinbarungen nach den an ihnen **beteiligten Parteien**.

157 Gemäß § 38 Abs. 1 ZPO kann durch Vereinbarung zwischen **Kaufleuten, juristischen Personen des öffentlichen Rechts und/oder öffentlich-rechtlichen Sondervermögen** die Zuständigkeit eines ansonsten nicht zuständigen Gerichtes begründet werden. Die Vereinbarung kann ausdrücklich oder konkludent geschlossen werden, ist also an keinerlei Formvorgaben gebunden. Beschränkungen ergeben sich allerdings aus § 40 ZPO (unten Teil XIII Rz. 167).

158 § 38 Abs. 1 ZPO ermöglicht den dort genannten privilegierten Parteien primär, durch Gerichtsstandsvereinbarung das örtlich zuständige Gericht zu bestimmen; nach überwiegender Auffassung gilt diese Regelung auch für Bestimmungen über die **internationale Zuständigkeit**.[1]

159 Gerichtsstandsvereinbarungen, an denen andere Personen als die in § 38 Abs. 1 ZPO genannten beteiligt sind, sind in reinen Inlandsfällen (d.h., wenn alle Parteien ihren allgemeinen Gerichtsstand im Inland haben) nicht zugelassen. Bei **internationalen Sachverhalten** (d.h., wenn wenigstens eine Partei keinen allgemeinen Gerichtsstand im Inland hat), sind sie aber nach Maßgabe von § 38 Abs. 2 ZPO möglich. Voraussetzung für eine wirksame Gerichtsstandsvereinbarung ist nach dieser Bestimmung, dass sie entweder schriftlich geschlossen wird, oder aber, dass eine entsprechende mündliche Vereinbarung (zeitnahe) schriftlich bestätigt wird; die schriftliche Bestätigung kann dabei von jeder der beteiligten Parteien ausgehen.

160 Schließlich ergibt sich aus § 38 Abs. 2 ZPO eine inhaltliche **Besonderheit** für den Fall, dass (wenigstens) **eine Partei ihren allgemeinen Gerichtsstand im In-**

---

1 *Vollkommer* in Zöller, § 38 ZPO Rz. 2, 3.

land hat; die Vereinbarung der internationalen Zuständigkeit ausländischer Gerichte ist ohne weiteres möglich; soll aber die internationale Zuständigkeit der deutschen Gerichte gewählt werden, so kommen für die örtliche Zuständigkeit nur solche deutsche Gerichte in Betracht, bei denen entweder die betreffende Partei ihren allgemeinen Gerichtsstand hat oder für die ein besonderer inländischer Gerichtsstand unabhängig von der Gerichtsstandsklausel begründet wäre.

Wie bereits erwähnt, gilt nach der überwiegenden Auffassung § 38 Abs. 2 ZPO für Vereinbarungen zwischen **Kaufleuten, juristischen Personen des öffentlichen Rechts und öffentlich-rechtlichen Sondervermögen** über die internationale Zuständigkeit nicht; für diese verbleibt es bei § 38 Abs. 1 ZPO, so dass Gerichtsstandsvereinbarungen einschränkungslos (vorbehaltlich § 40 ZPO) und ohne besondere Formerfordernisse möglich sind.[1] 161

Auf zwei weitere in § 38 Abs. 3 ZPO geregelte Konstellationen, in denen Gerichtsstandsvereinbarungen möglich sind, wird nicht weiter eingegangen, da diese für die Vertragsgestaltung wenig relevant sind. 162

Bei der Wirkung von Gerichtsstandsvereinbarungen sind **zwei verschiedene Aspekte** zu unterscheiden: 163

Zum einen kann die Zuständigkeit eines ansonsten unzuständigen Gerichtes durch die Vereinbarung begründet werden (sog. **Prorogation**). Zum anderen kann die ansonsten gegebene Zuständigkeit bestimmter Gerichte abbedungen werden (sog. **Derogation**).

Wird in einer Klausel die **ausschließliche Zuständigkeit** eines bestimmten Gerichts (bzw. der Gerichte eines bestimmten Staates) für eine Streitigkeit vereinbart, so trifft beides zusammen; die Klausel bewirkt die Prorogation des gewählten Gerichtes und zugleich die Derogation der Zuständigkeit aller anderen Gerichte. Die Entscheidung darüber, ob ein gewählter Gerichtsstand ausschließlich sein soll oder nicht (oder möglicherweise für Klagen einer Partei ausschließlich sein soll, während die andere Partei auch an anderen Orten klagen darf), ist Sache der Parteivereinbarung, die erforderlichenfalls auszulegen ist.[2] Eine Vermutung besteht weder für noch gegen Ausschließlichkeit.[3]

Im internationalen Kontext ist ferner zu beachten, dass sich die Wirkung der Prorogation und Derogation möglicherweise nach **unterschiedlichen Rechtsordnungen** beurteilt. Wird z.B. ein deutscher Gerichtsstand in einem Fall vereinbart, in dem ohne diese Vereinbarung die internationale Zuständigkeit eines anderen Staates gegeben wäre, so befindet das deutsche Recht nur darüber, ob durch die Vereinbarung die Zuständigkeit der deutschen Gerichte begründet worden ist (befindet also nur über den Prorogationsaspekt), während die 164

---

1 Vgl. *Vollkommer* in Zöller, § 38 ZPO Rz. 25.
2 *Vollkommer* in Zöller, § 38 ZPO Rz. 2, 14.
3 BGH v. 5.7.1972 – VIII ZR 118/71, BGHZ 59, 116 (119); *Geimer*, Rz. 1736, 1768; *Hausmann* in Reithmann/Martiny, Rz. 3185 ff.

Frage, ob den Gerichten des anderen Staates die Zuständigkeit wirksam entzogen ist, nach dessen Recht zu beantworten ist.[1]

165 Daraus folgt – für die Praxis leider –, dass selbst ausschließliche Gerichtsstandsklauseln nur dann Rechtssicherheit schaffen, wenn sowohl ihre prorogatorische als auch ihre derogatorische Wirkung von allen ansonsten in Betracht kommenden Rechtsordnungen respektiert wird.[2]

166 Ob eine **Vereinbarung der internationalen Zuständigkeit der deutschen Gerichte ohne gleichzeitige Bestimmung eines konkreten örtlich zuständigen Gerichts** möglich ist, ist streitig. Nach einer Meinung soll dies – anders als nach EuGVVO, EuGVÜ und Lugano-Übk. – nicht zulässig sein. Nach der Gegenauffassung genügt die pauschale Vereinbarung der Zuständigkeit der deutschen Gerichte; die örtliche Zuständigkeit muss dann nach den Regeln der ZPO ermittelt werden; fehlt es danach an einem deutschen Gericht, welches örtlich zuständig wäre, so greift analog § 15 Abs. 1 Satz 2 ZPO eine Notzuständigkeit der Berliner Gerichte ein.[3]

167 Zu beachten sind schließlich die folgenden, in § 40 ZPO normierten Beschränkungen der Möglichkeit von Gerichtsstandsvereinbarungen, die auch für Vereinbarungen über die internationale Zuständigkeit gelten: Danach müssen sich Gerichtsstandsvereinbarungen auf ein **konkretes Rechtsverhältnis** und die aus ihm entspringenden Rechtsstreitigkeiten beziehen (was bei Gerichtsstandsklauseln in einem Vertrag, bezogen auf Streitigkeiten im Zusammenhang mit diesem Vertrag unproblematisch ist). Weiter scheiden Gerichtsstandsvereinbarungen bei bestimmten, nicht vermögensrechtlichen Ansprüchen aus (im Kontext des internationalen Unternehmenskaufs wenig relevant). Schließlich sind Gerichtsstandsvereinbarungen unzulässig, wenn für den Streitgegenstand ein ausschließlicher Gerichtsstand begründet ist. Im Hinblick auf die internationale Zuständigkeit ist dies dahin einzuschränken, dass – aus deutscher Sicht – eine Gerichtsstandsvereinbarung lediglich dann ausscheidet, wenn ein inländischer ausschließlicher Gerichtsstand besteht (d.h. für Streitigkeiten, für die ein anderer Staat die ausschließliche Zuständigkeit seiner Gerichte beansprucht, kann aus deutscher Sicht die Zuständigkeit der deutschen Gerichte wirksam vereinbart werden).[4]

b) EuGVVO

168 Die EuGVVO regelt Gerichtsstandsvereinbarungen in Art. 23.

169 Diese Norm findet stets **Anwendung, wenn**

---

[1] BGH v. 17.5.1972 – VIII ZR 76/71, BGHZ 59, 23 (26 ff.); OLG Köln v. 21.3.1997 – 19 U 180/96, RIW 1998, 148; *Patzina* in MünchKomm. ZPO, § 38 ZPO Rz. 26; *Geimer*, Rz. 1675, 1741 ff.
[2] Zu den Besonderheiten der Gerichtsstandklausel bei Verträgen zwischen europäischen und US-amerikanischen Unternehmen s. *Sandrock*, RIW 2004, 809.
[3] *Geimer*, Rz. 1753.
[4] Vgl. *Hartmann* in Baumbach/Lauterbach/Albers/Hartmann, § 40 ZPO Rz. 5.

(1) mindestens eine Partei an der Gerichtsstandsvereinbarung beteiligt ist, die ihren Wohnsitz im räumlichen Geltungsbereich der Verordnung hat,

(2) die Zuständigkeit der Gerichte eines Mitgliedstaates vereinbart wird und

(3) es sich um einen internationalen Sachverhalt handelt.

Das letztgenannte Tatbestandsmerkmal ergibt sich nicht aus dem Wortlaut von Art. 23 EuGVVO. Ob es über den Wortlaut hinaus zu fordern ist, ist streitig; die wohl überwiegende Meinung bejaht dies.[1] Hinreichende Internationalität wird – so man sie für erforderlich hält – dann angenommen, wenn durch die Gerichtsstandsvereinbarung die ansonsten gegebene **internationale Zuständigkeit der Gerichte eines anderen Mitgliedstaates abbedungen** wird. 170

Anders als dies ansonsten für die EuGVVO gilt, kommt es nicht darauf an, ob speziell der Beklagte seinen Wohnsitz in einem Mitgliedstaat hat. Art. 23 lässt stattdessen genügen, dass **irgendeine Partei ihren Wohnsitz in einem Mitgliedstaat** hat.[2] 171

Wenn der Anwendungsbereich von Art. 23 EuGVVO eröffnet ist, scheidet jeder Rückgriff auf die autonomen Bestimmungen des deutschen Rechts (§§ 38 – 40 ZPO, aber etwa auch Regelungen des deutschen Rechts zu AGB) aus.[3] 172

Abweichend vom autonomen deutschen Recht unterscheidet Art. 23 EuGVVO nicht nach Art der an der Gerichtsstandsvereinbarung beteiligten Parteien; ob also ausschließlich Kaufleute oder andere privilegierte Personen beteiligt sind oder nicht, ist unerheblich. Die Möglichkeit, Gerichtsstandsvereinbarungen einzugehen, steht grundsätzlich allen offen. 173

In formeller Hinsicht ist grundsätzlich **Schriftform oder die schriftliche Bestätigung** einer mündlichen Vereinbarung erforderlich, Art. 23 Abs. 1 lit. a) EuGVVO. Dieses Formerfordernis deckt sich der Sache nach mit der Regelung in § 38 Abs. 2 ZPO. Darüber hinaus genügt aber auch eine andere Form, die entweder den Gepflogenheiten entspricht, die zwischen den Parteien entstanden sind (Art. 23 Abs. 1 lit. b) EuGVVO), oder eine Form, „die einem Handelsbrauch entspricht, den die Parteien kannten oder kennen mussten und den Parteien von Verträgen dieser Art in dem betreffenden Geschäftszweig allgemein kennen und regelmäßig beachten". Unter die letztgenannte Alternative kann etwa eine Vereinbarung aufgrund Schweigens auf ein kaufmännisches Bestätigungsschreiben fallen. 174

Die Wirkung einer formwirksam abgeschlossenen Gerichtsstandsvereinbarung ist zunächst die **Prorogation** des gewählten Forums. Die pauschale Wahl der Gerichte eines bestimmten Staates (ohne Angabe eines konkreten örtlich zuständigen Gerichts) ist dabei ausdrücklich zulässig; das örtlich zuständige Gericht muss dann erforderlichenfalls nach dem autonomen Prozessrecht des betreffenden Staates ermittelt werden. 175

---

1 *Geimer* in Zöller, ZPO, Art. 2 EuGVVO Rz. 9.
2 *Geimer* in Zöller, ZPO, Art. 2 EuGVVO Rz. 9.
3 Vgl. *Geimer* in Zöller, ZPO, Art. 23 EuGVVO Rz. 4.

176 Weiter formuliert Art. 23 Abs. 1 EuGVVO die **Vermutung**, dass eine Gerichtsstandsvereinbarung **ausschließlich** ist. Sofern sich nichts anderes ergibt, hat die Vereinbarung also derogatorische Wirkung im Hinblick auf die Gerichte aller anderen Mitgliedstaaten. Nach Art. 23 Abs. 3 EuGVVO gilt das sogar dann, wenn keine der Parteien ihren Wohnsitz in einem Mitgliedstaat hat, es sei denn, die Gerichte des Mitgliedstaates, die nach der Vereinbarung berufen sind, erklären sich für unzuständig.

177 Ansonsten gelten ähnliche **Schranken** für Gerichtsstandsvereinbarungen wie im autonomen deutschen Recht:

Eine Gerichtsstandsvereinbarung kann nur im Hinblick auf bereits bestehende Rechtsstreitigkeiten oder zukünftige Rechtsstreitigkeiten aus einem **bestimmten Rechtsverhältnis** getroffen werden, Art. 23 Abs. 1 EuGVVO. Ausdrückliche Zuständigkeiten gemäß Art. 22 EuGVVO stehen der Möglichkeit von Gerichtsstandsvereinbarungen entgegen, Art. 23 Abs. 5 EuGVVO. Schließlich statuiert die EuGVVO bestimmte Zuständigkeitsregeln für Versicherungs- und Verbrauchersachen, die zum Teil zwingender Natur sind. Auch diesen zwingenden Bestimmungen darf eine Gerichtsstandsvereinbarung nicht entgegenstehen, Art. 23 Abs. 5 EuGVVO.

178 Ähnlich wie im Hinblick auf den Gerichtsstand des Erfüllungsortes gilt auch im Zusammenhang mit Gerichtsstandsvereinbarungen eine bis zum 29.2.2008 befristete **Sonderregel für Luxemburg**. Gemäß Art. 63 Abs. 2 EuGVVO gilt zwingend das halbe Schriftformerfordernis (d.h. Schriftform oder schriftliche Bestätigung einer mündlichen Vereinbarung) gemäß Art. 23 Abs. 1 Buchst. a) EuGVVO, wenn es sich um Verträge über die Lieferung beweglicher Sachen oder die Erbringung von Dienstleistungen handelt, sofern der Bestimmungsort für die entsprechenden Waren oder Dienstleistungen in Luxemburg liegt. Ausgenommen hiervon sind Finanzdienstleistungen, bei denen die Beachtung der alternativen Formvorschriften in Art. 23 Abs. 1 Buchst. b)–c) EuGVVO ausreicht.

c) EuGVÜ und Lugano-Übk.

179 Zum EuGVÜ gilt im Wesentlichen dasselbe wie zur EuGVVO. *Sedes materiae* ist in diesem Fall Art. 17 EuGVÜ, der inhaltlich weitgehend Art. 23 EuGVVO entspricht.

180 Anders als in Art. 23 EuGVVO ist in Art. 17 EuGVÜ nicht ausdrücklich hervorgehoben, dass nur eine Vermutung für die Ausschließlichkeit einer Gerichtsstandsklausel besteht; es ist aber anerkannt, dass es auch unter dem EuGVÜ den Parteien freisteht, nichtausschließlich eine lediglich Gerichtsstandsvereinbarung zu treffen.[1]

181 Ferner enthält Art. 17 EuGVÜ in seinem Abs. 4 eine Sonderregel für den Fall, dass Gerichtsstandsvereinbarungen nur **zugunsten einer der Parteien** getroffen

---

[1] *Albers* in Baumbach/Lauterbach/Albers/Hartmann, § 17 AnerkVollstrAbk Rz. 5.

werden.[1] In diesem Fall soll diese – begünstigte – Partei das Recht behalten, jedes andere aufgrund des Übereinkommens zuständige Gericht anzurufen. Dieser Absatz bekräftigt den – angesichts der weitgehenden Parteiautonomie ohnehin nicht weiter streitigen – Gedanken, dass Gerichtsstandsvereinbarungen auch dergestalt getroffen werden können, dass der gewählte Gerichtsstand für eine Partei ausschließlich sein soll, für die andere aber nicht ausschließlich. Probleme bereitet allerdings die Formulierung, die auf die einseitige Begünstigung einer Partei abstellt. Die Rechtsprechung des EuGH hat hierzu klargestellt, dass es nicht auf eine wie auch immer zu bestimmende objektive Günstigkeit ankommt, sondern auf den deutlich hervortretenden Willen, einer bestimmten Partei die Wahl zwischen mehreren Gerichtsständen einzuräumen.[2]

Das Protokoll zum EuGVÜ vom 27.9.1968 enthält schließlich in Art. I eine der EuGVVO in der Tendenz ähnliche, allerdings weiter gehende Sonderregel für Luxemburg. Für eine Person mit Wohnsitz in Luxemburg ist eine Gerichtsstandsvereinbarung nur dann wirksam, wenn diese (also die in Luxemburg ansässige Person) die Gerichtsstandsvereinbarung ausdrücklich und besonders angenommen hat. 182

Zum **Lugano-Übk.** gilt das Gleiche wie zum EuGVÜ; auch hier ist *sedes materiae* Art. 17. 183

4. Sonstige Fragen des internationalen Zivilprozessrechts

Bei der zweckmäßigen Ausgestaltung einer Gerichtsstandsvereinbarung sollten einige weitere Umstände in den Blick genommen werden, die beeinflussen, wie einfach oder auch mühsam die Prozessführung vor den Gerichten eines bestimmten Staates im Einzelfall ist, und inwieweit erforderlichenfalls ein ergangenes Urteil auch vollstreckt werden könnte. 184

a) Grenzüberschreitende Zustellung

Probleme können sich bereits bei der Einleitung des Prozesses ergeben, wenn das verfahrenseinleitende Schriftstück dem Beklagten nicht im Forumstaat zugestellt werden kann. 185

Innerhalb der EU dürften derartige Schwierigkeiten mittlerweile ausgeräumt sein. Hier ist die grenzüberschreitende Zustellung nunmehr in der **Verordnung (EG) Nr. 1348/2000 des Rates vom 29.5.2000 über die Zustellung gerichtlicher und außergerichtlicher Schriftstücke in Zivil- oder Handelssachen in den Mitgliedstaaten** geregelt. Hervorzuheben ist insbesondere Art. 14, der die unmittelbare Zustellung in einen anderen Mitgliedstaat **per Post** zulässt. Die Mitgliedstaaten können diese Zustellungsart nicht mehr abwehren; Art. 14 Abs. 2 der Verordnung gestattet ihnen nur noch, Vorgaben zu den Modalitäten der di- 186

---
1 Albers in Baumbach/Lauterbach/Albers/Hartmann, § 17 AnerkVollstrAbk Rz. 27.
2 EuGH v. 20.2.1997 – Rs. C-106/95, NJW 1997, 1431; BGH v. 25.2.2004 – VIII ZR 119/03, MDR 2004, 897.

rekten Zustellung zu machen. Die Bundesrepublik Deutschland hat insoweit bestimmt, dass Zustellungen nach Deutschland hinein als **Einschreiben mit Rückschein** zu erfolgen haben; außerdem muss bei fremdsprachigen Schriftstücken eine deutsche Übersetzung beigefügt werden (es sei denn, der Zustellungsadressat ist Staatsangehöriger des Ausgangsstaates und das Schriftstück ist in der Amtssprache dieses Staates abgefasst).[1]

Die Praxis wird zeigen, inwieweit sich diese Regelung bewährt, insbesondere in welchem Umfang von ihr auch tatsächlich Gebrauch gemacht wird.

187 Im Verhältnis zu anderen Staaten gilt regelmäßig das **Haager Übereinkommen über die Zustellung gerichtlicher und außergerichtlicher Schriftstücke im Ausland in Zivil- und Handelssachen vom 15.11.1965**. Nach diesem Übereinkommen richtet jeder Signatar-Staat eine Zentrale Behörde für die Zustellung von Dokumenten aus anderen Vertragstaaten ein. Die Ausgangsbehörde übermittelt dann das zuzustellende Schriftstück der Zentralen Behörde des ersuchten Staates, die es dann dem Empfänger zustellt. Dies erfolgt regelmäßig nach den Zustellungsvorschriften des ersuchten Staates. Alternativ kann auch in einer anderen, von der Ausgangsbehörde besonders gewünschten Form zugestellt werden, wenn dies mit den Rechten des ersuchten Staates nicht unvereinbar ist. Auch das Haager Übereinkommen ermöglicht grundsätzlich die Zustellung unmittelbar per Post. Die Bundesrepublik Deutschland – wie auch andere Signatar-Staaten – hat jedoch zulässigerweise Widerspruch gegen dieses Verfahren erklärt, so dass Zustellungen nach Deutschland hinein auf der Grundlage des Haager Übereinkommens nicht unmittelbar per Post erfolgen können.[2]

188 Erfahrungsgemäß variiert die für die Zustellung zu veranschlagende Dauer von Staat zu Staat beträchtlich. Wird eine Zustellung nach dem Haager Übereinkommen erforderlich, sollten sich die Beteiligten also sicherheitshalber auf Verzögerungen von mehreren Monaten einstellen. Zur Vermeidung dessen empfiehlt es sich, von vornherein nicht nur eine Gerichtsstandsvereinbarung zu treffen, sondern gleichzeitig **Zustellungsbevollmächtigte** im Forumstaat zu bestellen.

b) Anerkennung und Vollstreckung

189 Die Anerkennung und Vollstreckung ausländischer Urteile richtet sich innerhalb der EU (ohne Dänemark) nach der EuGVVO, im Verhältnis zwischen Dänemark und anderen EU-Mitgliedstaaten nach dem EuGVÜ sowie im Verhältnis zwischen EU-Mitgliedstaaten und der Schweiz, Norwegen und Island (sowie letztgenannter Staaten untereinander) nach dem Lugano-Übk.

190 Die entsprechenden Regelungen gehen übereinstimmend – vorbehaltlich etwaiger krasser Mängel wie z.B. Verstöße gegen den *ordre public* des Anerken-

---

1 *Geimer* in Zöller, ZPO, Art. 14 EG-VO Zustellung Rz. 2. Vgl. auch *Hess*, NJW 2004, 3301.
2 Vgl. *Geimer*, Rz. 418, 2084, 2176.

nungsstaates – vom Grundsatz der **automatischen Anerkennung** ohne gesondertes Verfahren aus. Zur Vollstreckung in einem anderen Mitglied- oder Vertragsstaat genügt es, dass die Entscheidung auf Antrag eines Berechtigten dort für vollstreckbar erklärt wird. Von der Darstellung weiterer Einzelheiten wird abgesehen. Aus praktischer Sicht darf man dann, wenn die EuGVVO, das EuGVÜ oder Lugano-Übk. eingreifen, von extremen Ausnahmefällen abgesehen davon ausgehen, dass eine Vollstreckung in anderen Mitglied- oder Vertragsstaaten relativ problemlos möglich ist.

Außerhalb der Geltung dieser Verordnung bzw. Übereinkommen richten sich die Anerkennung und Vollstreckung ausländischer Urteile in Deutschland nach §§ 328, 722 f. ZPO. 191

Auch § 328 sieht eine Anerkennung automatisch ohne gesondertes Verfahren vor, statuiert allerdings Ausschlussgründe, die der Anerkennung entgegenstehen, welche weiter gehen als die entsprechenden Regelungen der EuGVVO, des EuGVÜ und des Lugano-Übk. Zu nennen sind insbesondere § 328 Abs. 1 Nr. 1 ZPO, wonach die Anerkennung ausgeschlossen ist, **wenn die Gerichte des Staates, dem das ausländische Gericht angehört, nach den deutschen Gesetzen nicht zuständig sind**, und § 328 Abs. 1 Nr. 5 ZPO, wonach die Anerkennung eines ausländischen Urteils die **Verbürgung der Gegenseitigkeit** erfordert. 192

Aus den obigen Ausführungen zur internationalen Zuständigkeit kann ohne weiteres entnommen werden, dass das Erfordernis in § 328 Abs. 1 Nr. 1 ZPO (keine Zuständigkeit des ausländischen Gerichts bei Zugrundelegung der deutschen Regelungen) schnell zu einer Anerkennungsfalle werden kann. Die Divergenzen zwischen den Zuständigkeitsbestimmungen der einzelnen Rechtsordnungen führen nur allzu leicht in eine Konstellation, in der ein ausländisches Gericht sich nach seinen Regeln zu Recht für zuständig hält und entsprechend ein Urteil in der Sache erlässt, jedoch bei spiegelbildlicher Anwendung der Grundsätze, welche die ZPO für die internationale Zuständigkeit deutscher Gerichte aufstellt, unzuständig ist.[1] Eine **Anerkennung des ausländischen Urteils ist in diesem Fall ausgeschlossen**. Je unterschiedlicher die Regeln über die internationale Zuständigkeit konzipiert sind, desto größer ist diese Gefahr. Besondere Vorsicht ist also im Verhältnis zu Staaten der anglo-amerikanischen Rechtstradition geboten. 193

Die hier beschriebene Gefahr ist ein weiteres Argument für Gerichtsstandsvereinbarungen, da dadurch die Wahrscheinlichkeit wesentlich höher ist, dass die Zuständigkeit des gewählten Gerichts auch außerhalb des betreffenden Staates anerkannt wird. 194

Auch § 328 Abs. 1 Nr. 5 ZPO (Verbürgung der Gegenseitigkeit) ist praxisrelevant, da insoweit nicht nur bei Staaten von zweifelhafter Rechtsstaatlichkeit Probleme bestehen, sondern die Verbürgung der Gegenseitigkeit sogar im Hinblick auf Länder wie Australien, Kanada, Liechtenstein oder Neuseeland Fra- 195

---

1 Vgl. *Geimer* in Zöller, § 328 ZPO Rz. 96 ff.

gen aufwirft. Auch im Verhältnis zu den USA kann die Verbürgung der Gegenseitigkeit nicht bei allen Bundesstaaten bejaht werden.[1]

196 Bei der Vertragsgestaltung muss also für eine Gerichtsstandsklausel unbedingt geprüft werden, **ob ein Urteil** des gewählten Gerichts dort, wo es voraussichtlich vollstreckt werden müsste, **auch tatsächlich vollstreckt werden kann**; ansonsten ist die Rechtswahlklausel im Ergebnis wertlos und möglicherweise – wenn als Vereinbarung eines ausschließlichen Gerichtsstands ausgestaltet – sogar schädlich.

197 Die Vollstreckung eines ausländischen Urteils im Inland erfordert ihre **Zulassung durch ein deutsches Gericht**; das Verfahren ist in den §§ 722 und 723 ZPO geregelt. Eine Nachprüfung des Entscheidungsinhalts (*révision au fond*) findet nicht statt. Geprüft werden lediglich die Anerkennungsvoraussetzungen nach § 328 ZPO sowie die Rechtskraft des ausländischen Urteils.

II. Schiedsverfahren

198 Als Alternative zu Gerichtsstandsvereinbarungen kommen Schiedsvereinbarungen in Betracht.

199 Das Für und Wider des einen und des anderen im Allgemeinen soll hier übergangen werden. Stattdessen seien lediglich einige Aspekte aufgeführt, die speziell bei internationalen Transaktionen für Schiedsklauseln sprechen können (vorausgesetzt, dass Schiedsfähigkeit gegeben ist, was hier nicht weiter vertieft wird):

- Die Parteien können die **Sprache** eines Schiedsverfahrens selbst wählen. Übersetzungsaufwand, der vor staatlichen Gerichten gegebenenfalls anfällt (etwa im Falle eines Prozesses vor einem deutschen Gericht, wenn die gesamte relevante Dokumentation auf Englisch ist), können dadurch vermieden werden.[2]

- Die Gefahr, dass ein Schiedsspruch dort, wo es erforderlich ist, aus rechtlichen Gründen nicht vollstreckbar ist, ist insbesondere aufgrund des **New Yorker UN-Übereinkommens über die Anerkennung und Vollstreckung ausländischer Schiedssprüche vom 10.6.1958** geringer als bei Urteilen staatlicher Gerichte[3] (vgl. dazu Teil I Rz. 202).

- Die Notwendigkeit der förmlichen (gegebenenfalls aufwendigen und zeitraubenden) **Zustellung** verfahrenseinleitender Schriftstücke entfällt.[4]

200 Wenn sich die Parteien für eine Schiedsvereinbarung entscheiden, sollte bei der Abfassung der entsprechenden Klausel Folgendes beachtet werden:

---

1 Vgl. *Hartmann* in Baumbach/Lauterbach/Albers/Hartmann, Anh § 328 ZPO Rz. 22: gegenseitig verneint im Falle von Mississippi; nur mit Einschränkungen bejaht im Falle von Montana, North Dakota, Oregon, South Dakota, Virginia und West Virginia.
2 *Lachmann*, Rz. 144.
3 *Lachmann*, Rz. 1305.
4 Vgl. *Lachmann*, Rz. 1019 ff.

Schiedssprüche haben eine „**Nationalität**", die nicht zuletzt bei der Vollstreckung zum Tragen kommt; so unterscheidet etwa die ZPO zwischen der Vollstreckung inländischer Schiedssprüche (§ 1060 ZPO) und der Vollstreckung ausländischer Schiedssprüche (§ 1061 ZPO). Die Nationalität des Schiedsverfahrens hat auch Einfluss auf das anwendbare Verfahrensrecht. So gelten etwa die Regelungen der §§ 1025 ff. ZPO (mit wenigen Ausnahmen) nur für Schiedsverfahren im Inland. Das gilt insbesondere auch für die Möglichkeit, gegen einen Schiedsspruch im Wege der **Aufhebungsklage** vorzugehen (§ 1059 ZPO). 201

Die Nationalität des Schiedsverfahrens wird durch den **Schiedsort** bestimmt.[1] Der Schiedsort sollte deshalb in einer Schiedsvereinbarung stets ausdrücklich bestimmt werden. 202

Bei der Gestaltung des **schiedsrichterlichen Verfahrens** sind zunächst die am Schiedsort geltenden gesetzlichen Vorgaben zu beachten. Bei Schiedsverfahren in Deutschland sind dies die Verfahrensvorschriften der §§ 1025 ff. ZPO. Diese sind aber anders als das Verfahrensrecht vor staatlichen Gerichten weitgehend dispositiv und haben auch eine deutlich geringere Regelungsdichte.[2] Die Parteien sollten sich daher über das Verfahrensrecht Gedanken machen und für sie wichtige Grundsätze tatsächlich regeln; dies kann etwa durch Vereinbarung einer Verfahrensordnung aus dem Bereich der institutionellen Schiedsgerichtsbarkeit (z.B. der ICC Rules) geschehen. 203

Besonderer Augenmerk gebührt der **Zusammensetzung des Schiedsgerichts** (Anzahl der Schiedsrichter; Ernennung; etwa erforderliche Qualifikationen; Besonderheiten in dem Fall, dass auf Kläger- und/oder Beklagtenseite mehrere Personen beteiligt sind). Hierzu sollte die Schiedsvereinbarung klare Vorgaben machen. 204

Schließlich sollte die **Verfahrenssprache** geregelt werden. 205

Zu beachten ist ferner Folgendes: 206

Schiedsgerichte sind nicht originäre Adressaten der Normen des Internationalen Privatrechts. Bei der **Bestimmung des von einem Schiedsgericht anzuwendenden Rechts** kann es daher zu Abweichungen von den für staatliche Gerichte geltenden Regeln kommen. 207

Im konkreten Fall ist zunächst stets zu ermitteln, ob das am Schiedsort geltende Recht besondere Bestimmungen darüber enthält, welches Sachrecht durch ein Schiedsgericht anzuwenden ist. Für Schiedsverfahren mit Schiedsort in Deutschland gibt es eine solche Regelung, nämlich in § 1051 ZPO. Danach sind zunächst die Rechtsvorschriften anzuwenden, die von den Parteien als auf den Inhalt des Rechtsstreits anwendbar bezeichnet worden sind. Vorrangig zu beachten ist also eine **parteiautonome Rechtswahl**. Fehlt eine solche Rechtswahl, so ist das Recht des Staates anzuwenden, mit dem der Gegenstand des Verfahrens die engsten Verbindungen aufweist. 208

---
1 Vgl. *Geimer* in Zöller, § 1025 ZPO Rz 1 ff.
2 Vgl. *Geimer* in Zöller, § 1025 ZPO Rz. 3 ff.

209 Die Regelung des § 1051 ZPO ist den Bestimmungen des gewöhnlichen deutschen IPR über die Ermittlung des Vertragstatuts (Art. 27 Abs. 1 Satz 1 und 28 Abs. 1 Satz 1 EGBGB) nachgebildet. Aus dieser Parallele wird überwiegend gefolgert, dass für die Konkretisierung dieser Grundsätze ebenfalls die entsprechenden Bestimmungen des EGBGB heranzuziehen sind (im Rahmen der objektiven Anknüpfung also insbesondere die Vermutungen in Art. 28 EGBGB darüber, zu welchem Staat die engste Verbindung besteht).[1]

210 Trotz dieser Parallele zwischen den für deutsche Schiedsgerichte aufgestellten Kollisionsnormen und den allgemeinen deutschen Kollisionsnormen besteht aber doch ein entscheidender Unterschied: § 1051 Abs. 3 ZPO ermöglicht es den Parteien, das Schiedsgericht überhaupt von der Beachtung irgendeiner konkreten Rechtsordnung zu entbinden und ihm zu gestatten, nach **Billigkeit** (*ex aequo et bono* bzw. als *amiable compositeur*) zu entscheiden; die Ermächtigung muss allerdings ausdrücklich erteilt werden. Eine solche Möglichkeit besteht in Verfahren vor staatlichen Gerichten nicht. Entsprechend werden auch Parteivereinbarungen für zulässig erachtet, nach denen das Schiedsgericht nicht nach einer staatlichen Rechtsordnung, sondern nach einem Regelwerk zu entscheiden hat, dem keine Rechtsqualität zukommt, allerdings nur im Rahmen von § 1051 Abs. 3 ZPO, also nur bei ausdrücklicher Ermächtigung.[2] In der Mehrzahl der Fälle dürfte allerdings Skepsis darüber geboten sein, ob die Abkopplung der Sachentscheidung von festen rechtlichen Normen (gar in Form einer Verweisung auf Phänomene wie eine *lex mercatoria*,[3] deren Inhalt nicht recht fassbar ist) wirklich interessengerecht ist.

211 Im Hinblick auf die **Form der Schiedsvereinbarung** sind zunächst die am Schiedsort geltenden Vorgaben zu beachten, in Deutschland etwa § 1031 ZPO (Schriftform, Korrespondenz oder Schweigen auf ein kaufmännisches Bestätigungsschreiben, mit weiteren Detailregelungen; beachte aber Abs. 5, der bei Beteiligung von Verbrauchern strengere Vorgaben macht, nämlich Schriftform und separate Urkunde bzw. Aufnahme in eine notarielle Urkunde). Darüber hinaus ist mit Blick auf eine spätere Vollstreckung zu beachten, dass eine wirksame (auch formwirksame) Schiedsvereinbarung nach dem New Yorker Übereinkommen Anerkennungs- und Vollstreckungsvoraussetzung ist, Art. 5 Abs. 1 Buchst. a) des Übereinkommens. Daher sollte bei der Notwendigkeit einer Vollstreckung im Ausland auf jeden Fall die Formvorschrift des Art. 2 des Übereinkommens (Schriftform oder Korrespondenz) beachtet werden, auch wenn die Anforderungen nach dem Recht des Schiedsortes geringer sein sollten.

---

[1] Vgl. *Geimer* in Zöller, § 1051 ZPO Rz. 5; *Albers* in Baumbach/Lauterbach/Albers/Hartmann, § 1051 ZPO Rz.3.
[2] Vgl. *Albers* in Baumbach/Lauterbach/Albers/Hartmann, § 1051 ZPO Rz. 4.
[3] *Herdegen*, § 2 Rz. 34 ff.

D. Formfragen

Formfragen werden bei einem Unternehmenskauf in zweierlei Hinsicht relevant. Zum einen können Rechtsgeschäfte, die im Laufe des Prozesses geschlossen werden, zu ihrer **Wirksamkeit** die Einhaltung bestimmter Formvorschriften erfordern. Zum anderen kann sich aber auch die Frage stellen, inwieweit – unabhängig von materiellen Wirksamkeitserfordernissen – bestimmte Förmlichkeiten zu **Legitimationszwecken** beachtet werden müssen.

212

Bei Ersterem (Formerfordernisse als Wirksamkeitsvoraussetzung) können weiter sowohl kollisionsrechtliche als auch sachrechtliche Fragen entstehen. Beispiel für eine sachrechtliche Frage, die bei internationalen Unternehmenskäufen im Hinblick auf Formerfordernisse relevant werden kann, ist insbesondere, inwieweit Beurkundungspflichten des deutschen Rechts auch durch Auslandsbeurkundung erfüllt werden können.

213

Aus praktischer Sicht ist es nun gleichgültig, ob eine bestimmte Form als Wirksamkeitserfordernis oder – nur – zu Legitimationszwecken eingehalten werden muss oder ob z.B. einer Auslandsbeurkundung kollisions- oder sachrechtliche Erwägungen entgegenstehen. Letztlich müssen Erklärungen und Dokumente so gestaltet werden, dass sie in jeder Hinsicht wirksam und verwendungsfähig sind. Daher werden die verschiedenen Aspekte von Formfragen in diesem Abschnitt zusammengefasst.

214

I. Materiellrechtliche Wirksamkeitserfordernisse

1. Grundsatz

Kardinalnorm für die Beurteilung der Formwirksamkeit von Rechtsgeschäften ist **Art. 11 EGBGB**. Diese Vorschrift geht auf Art. 9 EVÜ zurück. Da der deutsche Gesetzgeber den Anwendungsbereich der Norm über schuldrechtliche Verträge hinaus auf grundsätzlich alle Rechtsgeschäfte verallgemeinert hat, wurde die Vorschrift nicht wie die übrigen Normen des EVÜ als Teil des internationalen Vertragsrechts (Art. 27 ff. EGBGB) konzipiert, sondern vor die Klammer gezogen.[1] Die Formwirksamkeit eines Rechtsgeschäfts ist nach der gesetzlichen Regelung nach dem Recht des Staates, das ansonsten für das betreffende Rechtsgeschäft gilt (**Geschäftsstatut**),[2] oder nach dem am **Abschlussort**[3] geltenden Recht zu beurteilen.

215

Es genügt für die Formwirksamkeit des Rechtsgeschäfts, wenn die Vorgaben eines dieser Rechte eingehalten sind (**Günstigkeitsprinzip** oder *favor negotii*).

216

---

1 *Spellenberg* in MünchKomm. BGB, Art. 11 EGBGB Rz. 9; *Reithmann* in Reithmann/Martiny, Rz. 547.
2 Das Geschäftsstatut bestimmt sich nach den allgemeinen Vorschriften des EGBGB, insbesondere nach den Art. 27, 28 EGBGB.
3 Der Ort der Vornahme des Rechtsgeschäfts ist der Ort, an dem die zum Vertragsschluss dienenden Willenserklärungen abgegeben werden, vgl. OLG Stuttgart v. 11.11.1980 – 8 W 173/80, OLGZ 1981, 164; *Heldrich* in Palandt, Art. 11 EGBGB Rz. 15.

217 Bei **Distanzgeschäften**, also wenn sich die Parteien beim Abschluss eines Vertrages in unterschiedlichen Staaten aufhalten, kommt das Recht jedes dieser Staaten als Recht des Abschlussortes in Betracht, Art. 11 Abs. 2 EGBGB.

218 Bei Geschäftsabschluss durch **Vertreter** ist auf den Ort abzustellen, an dem der Vertreter handelt, Art. 11 Abs. 3 EGBGB.

219 In der Sache erfasst Art. 11 EGBBG alle Vorgaben, die eine Rechtsordnung für die **Art und Weise der Abgabe von Willenserklärungen** aufstellt, also z.B. Schriftform- oder Beurkundungserfordernisse. Nicht erfasst sind hingegen Akte, die über die Abgabe von Willenserklärungen hinaus für das Zustandekommen eines Rechtsgeschäfts gefordert werden, wie z.B. Registereintragungen[1] oder Anzeigen an Dritte (etwa im Falle einer Forderungsverpfändung gemäß § 1280 BGB); hierfür ist allein das Geschäftsstatut maßgeblich. Nicht zum Formstatut zählen weiter formale Vorgaben, die ihren Ursprung im Verfahrensrecht von Gerichten oder Behörden haben, etwa die Formerfordernisse für Gerichtsstands- oder Schiedsvereinbarungen; insoweit gilt das einschlägige Verfahrensrecht als *lex fori*.

220 Formwirksamkeit nach der Ortsform kann – ohne dass dies im Gesetzeswortlaut ausdrücklich gesagt ist – nur eingreifen, wenn das entsprechende Recht ein Rechtsgeschäft der relevanten Art (oder doch wenigstens ein funktional vergleichbares) überhaupt kennt; andernfalls fehlt es nämlich an einschlägigen Formvorschriften (sog. **Formenleere**).[2] Grundsätze der Art, dass alle Rechtsgeschäfte, für die nicht ausdrücklich etwas anderes geregelt ist, formlos abgeschlossen werden können, helfen in einem solchen Fall nicht weiter.

221 Nach der Konzeption der gesetzlichen Norm findet Art. 11 EGBGB auf **Rechtsgeschäfte jeder Art** Anwendung; insbesondere ist die Anwendbarkeit nicht auf schuldrechtliche Verträge beschränkt. Ausnahmen ergeben sich allerdings teils aus Art. 11 EGBGB selbst (Abs. 4–5) und teils aus – im Kontext des Unternehmenskaufs kaum relevanten – anderen gesetzlichen Sonderregelungen.[3] Immerhin erwähnt sei Art. 29 Abs. 3 EGBGB, der Verbraucherverträge hinsichtlich der dafür geltenden Formerfordernisse dem Recht des Staates unterstellt, in dem der Verbraucher seinen gewöhnlichen Aufenthalt hat. Zum Teil heftig umstritten ist schließlich, inwieweit Formerfordernisse im Bereich bzw. Umfeld des **Gesellschaftsrechts** unter Art. 11 EGBGB fallen; dazu näher unten Teil XIII Rz. 228 ff.

---

1 Öffentlich-rechtliche Vorschriften, die das Handeln staatlicher Organe regeln, sind keine Formfragen, s. *Reithmann* in Reithmann/Martiny, Rz. 554.
2 Vgl. etwa *Spellenberg* in MünchKomm. BGB, Art. 11 EGBGB Rz. 69 m.w.N.; *Kegel* in Soergel, Art. 11 EGBGB Rz. 19, 22.
3 Hingewiesen wird nur auf das Bestehen von Sondervorschriften zugunsten eines Vorrangs des Ortsrechts im Scheck- und Wechselrecht sowie im Transport- und Beförderungsrecht.

2. Renvoi

Die in Art. 11 EGBGB ausgesprochene Verweisung auf entweder das Geschäftsstatut oder das Recht des Abschlussortes führt bei schuldrechtlichen Verträgen unmittelbar zu den Sachnormen der betreffenden Rechtsordnungen; das folgt daraus, dass im Hinblick auf schuldrechtliche Verträge Art. 11 EGBGB die entsprechende Bestimmung des EVÜ in nationales Recht transformiert; im EVÜ ist aber die Möglichkeit des Renvois generell ausgeschlossen.[1] 222

Nach herrschender Meinung gilt der **Ausschluss des Renvois** jedoch auch über den Anwendungsfall der schuldrechtlichen Verträge hinaus, lediglich mit der Maßgabe, dass natürlich bei der Ermittlung des Geschäftsstatuts an sich Rück- oder Weiterverweisungen denkbar sind. 223

3. Disponibilität von Art. 11 EGBGB?

Nach der herrschenden Meinung soll Art. 11 EGBGB jedenfalls bei schuldrechtlichen Verträgen zur Disposition der Parteien stehen. Diese könnten entsprechend die Beachtlichkeit entweder des Geschäftsstatuts oder des Rechts des Abschlussortes ausschließen oder sogar durch separate Rechtswahl ein **eigenes Formstatut** bestimmen. Diese Auffassung ist allerdings nicht unbestritten.[2] Zur Vermeidung unnötiger Risiken ist deshalb von der parteiautonomen Wahl eines separaten Formstatuts eher abzuraten. 224

4. Ausnahmen zum allgemeinen Grundsatz

a) Verfügungen über Sachen

Art. 11 Abs. 5 EGBGB trifft eine Sonderregelung für Verfügungen über Sachen. Bei diesem sind zwingend die Formerfordernisse des Geschäftsstatuts (also des Sachenrechtsstatuts) einzuhalten. Diese Ausnahmeregelung ist eng auszulegen und daher grundsätzlich auf Verfügungen über Sachen im technischen Sinne, also körperliche Gegenstände, beschränkt.[3] 225

b) Verpflichtungsgeschäft im Hinblick auf Grundstücke

Gemäß Art. 11 Abs. 4 EGBGB unterliegen „Verträge, die ein dingliches Recht an einem Grundstück oder ein Recht zur Nutzung eines Grundstücks zum Gegenstand haben, (...) den zwingenden Formvorschriften des Staates, in dem das Grundstück belegen ist, sofern diese nach dem Recht dieses Staates ohne Rücksicht auf den Ort des Abschlusses des Vertrages und auf das Recht, dem er unterliegt, anzuwenden sind". Gemeint sind damit **schuldrechtliche Ver-** 226

---

1 *Spellenberg* in MünchKomm. BGB, Art. 11 EGBGB Rz. 43.
2 Nach der h.M. sind Formwahlvereinbarungen grundsätzlich uneingeschränkt möglich, vgl. *Spellenberg* in MünchKomm. BGB, Art. 11 EGBGB Rz. 31; *Heldrich* in Palandt, Art. 27 EGBGB Rz. 9; *Martiny* in Reithmann/Martiny, Rz. 54 m.w.N. Die Zulässigkeit solcher Formwahlvereinbarungen wird aber insbesondere wegen einer angeblich mangelnden Trennbarkeit von Form und Inhalt bestritten, so *Kegel* in Soergel, Art. 11 EGBGB Rz. 2, 3.
3 *Spellenberg* in MünchKomm. BGB, Art. 11 EGBGB Rz. 84, 85.

träge[1] und nicht etwa sachenrechtliche Verfügungen; letztere fallen unter Art. 11 Abs. 5 EGBGB. Anwendungsbeispiele sind etwa Grundstückskaufverträge oder -mietverträge.

227 Unbedingt zu beachten ist, dass die hier vorgesehene Abweichung von der Regelanknüpfung des Formstatuts nur dann eingreift, wenn das Recht des Lageorts die auch **international zwingende Geltung** seiner Formvorschriften anordnet.[2] Bei den entsprechenden Formvorschriften des deutschen Rechts ist das ausdrücklich nirgends der Fall.[3] Für das auch im Rahmen eines Unternehmenskaufvertrages gelegentlich relevante Beurkundungserfordernis für Grundstückskaufverträge (jetzt § 311b BGB) wird der international zwingende Charakter auch im Ergebnis verneint; Kaufverträge über deutsche Grundstücke können also wirksam auch ohne notarielle Beurkundung geschlossen werden, wenn eine ausländische Rechtsordnung als anwendbares Geschäftsstatut oder Recht des Abschlussortes dies zulässt. International zwingender Charakter dürfte aber wohl dem Schriftformerfordernis gemäß § 566 BGB für Grundstücksmietverträge zukommen, ebenso den §§ 564a Abs. 1 und 536a Abs. 5 BGB.

c) Gesellschaftsrechtliche Vorgänge

228 Höchst streitig ist es, inwieweit die Regel des Art. 11 Abs. 1 EGBGB (Alternativität von Geschäftsstatut und Ortsform) auch für gesellschaftsrechtliche Vorgänge gilt.[4] Sinnvoll erörtern lässt sich diese Frage allerdings nur, wenn der mit dem unscharfen Terminus „gesellschaftsrechtliche Vorgänge" umrissene Bereich zunächst in verschiedene Fallgruppen unterteilt wird. Zu unterscheiden sind dann (1) schuldrechtliche Verträge, zu deren Erfüllung Rechtsgeschäfte erforderlich sind, die ihrerseits unter das Gesellschaftsstatut fallen, wie insbesondere Kaufverträge über Gesellschaftsanteile, (2) Verfügungen über Gesellschaftsanteile sowie (3) Maßnahmen, die im engeren Sinne in die Organisationsverfassung einer Gesellschaft eingreifen (Gründung, Satzungsänderungen, Umwandlungsvorgänge und dergleichen).[5]

229 (1) Im Hinblick auf **schuldrechtliche Verträge** besteht weitgehend Konsens darüber, dass Art. 11 Abs. 1–3 EGBGB gilt. Die Beachtung der Formvorschriften des Geschäftsstatuts oder alternativ der Ortsform genügt also, während es auf die Formvorschriften des Gesellschaftsstatuts nicht ankommt.[6] Praktisch wichtigste davon betroffene Vorschrift des deutschen Rechts ist **§ 15 Abs. 4 GmbHG**, der die **notarielle Beurkundung von Verträgen** vorschreibt, welche

---

[1] BT-Drucks. 10/504, 49.
[2] Der international zwingende Charakter ist im Sinne des § 34 EGBGB zu verstehen, vgl. *Spellenberg* in MünchKomm. BGB, Art. 11 EGBGB Rz. 90.
[3] Eine ausdrückliche Regelung findet sich aber in z.B. Art. 119 Abs. 3 Schweiz. IRPG: „Für ein Grundstück in der Schweiz richtet sich die Form nach schweizerischem Recht".
[4] Vgl. *Janßen/Robertz*, GmbHR 2003, 435; *Kröll*, ZGR 2000, 114 ff.
[5] Überblick über die gesellschaftlichen Formvorschriften im europäischen Vergleich etwa *Gätsch/Schulte*, ZIP 1999, 1909 (1920).
[6] *Janßen/Robertz*, GmbHR 2003, 435.

die Veräußerung von GmbH-Anteilen zum Gegenstand haben. Die Beachtlichkeit von Art. 11 Abs. 1–3 EGBGB bedeutet hier zum einen, dass § 15 Abs. 4 GmbHG auf Kaufverträge über deutsche GmbH-Anteile keine Anwendung findet, wenn diese weder deutschem Recht unterliegen noch im Inland abgeschlossen werden; einschlägig sind dann alternativ die Formvorschriften des Geschäftsstatuts oder die Ortsform, jeweils für Verpflichtungsgeschäfte über Anteile an einer Gesellschaft dieses Rechts, die ihrer Form und Funktion nach einer deutschen GmbH vergleichbar ist. Es sei allerdings nicht verschwiegen, dass diese Position in der Literatur nicht unbestritten ist und auch entsprechende Aussagen in der Rechtsprechung bisweilen nicht immer ganz eindeutig sind.

Umgekehrt müsste eigentlich gelten, dass § 15 Abs. 4 GmbHG auf Kaufverträge über Anteile an einer ausländischen Gesellschaft, die funktional einer deutschen GmbH vergleichbar ist, Anwendung findet, wenn deutsches Recht als Geschäftsstatut oder Recht des Abschlussortes berufen ist. Das ist jedoch streitig; nach einer Gegenauffassung soll § 15 Abs. 4 GmbHG nur die Veräußerung bzw. den Erwerb von Anteilen an einer deutschen GmbH erfassen. Der Verkauf vergleichbarer ausländischer Gesellschaftsanteile wäre dann nach deutschem Recht (soweit dieses einschlägig ist) formfrei möglich.[1] 230

(2) **Verfügungsgeschäfte** über Gesellschaftsanteile weichen von Verpflichtungsgeschäften zunächst darin ab, dass als Geschäftsstatut stets das Gesellschaftsstatut zum Zuge kommt (während bei Verpflichtungsgeschäften auch irgendein anderes Recht denkbar ist). Die Frage nach der Anwendbarkeit von Art. 11 Abs. 1–3 EGBGB reduziert sich also darauf, ob zur Wirksamkeit der Verfügung auch die Beachtung einer abweichenden Ortsform genügt. Wiederum steht im Zentrum des Interesses das einschlägige Beurkundungserfordernis des GmbH-Gesetzes, diesmal **§ 15 Abs. 3 GmbHG**. 231

Der **Meinungsstand** hierzu ist offen; selbst die Rechtsprechung ist uneinheitlich. Eine Meinung geht von der Anwendbarkeit von Art. 11 Abs. 1–3 EGBGB aus.[2] Nach der Gegenauffassung sind zwingend die Formvorschriften des Gesellschaftsstatuts einzuhalten.[3] 232

Aus praktischer Sicht kann man aus der dargestellten, zum Teil streitigen Rechtslage Folgendes für die **Veräußerung von Anteilen an einer deutschen GmbH** (Verpflichtungs- und Verfügungsgeschäft) herleiten: 233

---

1 Der BGH signalisiert in einer neuen Entscheidung (BGH v. 4.11.2004 – III ZR 172/03, RIW 2005, 98) Sympathie für den Ansatz, § 15 Abs. 4 GmbHG entsprechend auf ausländische GmbH-Anteile anzuwenden. Zugleich erwägt er eine modifizierte Anwendung von Art. 11 EGBGB, wonach das schuldrechtliche Geschäft formwirksam sein soll, wenn es den Formvorschriften entweder (1) des Geschäftsstatuts oder (2) des Ortsrechts oder (3) des Gesellschaftsstatuts genügt. Allerdings lässt der BGH letztlich diese Frage offen.
2 OLG Düsseldorf v. 21.1.1989 – 3 Wx 21/89, GmbHR 1990, 169; OLG Frankfurt a.M. v. 10.4.1981 – 20 W 460/80, DNotZ 1982, 186; *Kegel* in Soergel, Art. 11 EGBGB Rz. 24; *Spellenberg* in MünchKomm. BGB, Art. 11 EGBGB Rz. 92 ff.
3 *Großfeld* in Staudinger, IntGesR Rz. 492, 498. Zu einer Übersicht über den Meinungsstand s. *Janßen/Robertz*, GmbHR 2003, 433 (435 ff.).

234 Die Nichtbeachtung der in § 15 GmbHG statuierten Beurkundungserfordernisse – im Vertrauen darauf, dass dies aufgrund Art. 11 EGBGB unschädlich sei – birgt ein Risiko. Dieses Risiko ist vermeidbar, indem nämlich die betreffenden Dokumente beurkundet werden. Die Parteien sollten sich daher gut überlegen, ob der angenommene Vorteil der Nichtbeurkundung (weniger Aufwand; Kostenersparnis) wirklich so groß ist, dass dies das dadurch geschaffene Risiko wert ist. Bei dem **Verfügungsgeschäft** ist diese Frage zu verneinen. Die Abtretung des GmbH-Anteils ist ein recht einfacher Vorgang; ihre Beurkundung erfordert keine sonderliche Mühe und Zeit. Die reine Kostenersparnis, die ein Absehen von der Beurkundung mit sich brächte, darf angesichts der Folgen einer möglichen Unwirksamkeit der Abtretung nicht das ausschlaggebende Argument sein; hier würde wirklich am falschen Ende gespart. Zudem lassen diese Kosten sich gegebenenfalls durch eine Auslandsbeurkundung begrenzen, s. dazu unten Teil XIII Rz. 238 ff.

235 Beim Unternehmenskaufvertrag (**Verpflichtungsgeschäft**) mag es im Einzelfall anders aussehen. In Rechnung zu stellen ist hier zunächst, dass eine herrschende Meinung besteht, wonach Art. 11 Abs. 1–3 EGBGB Anwendung findet. Weiter ist zu beachten, dass gemäß § 15 Abs. 4 Satz 2 GmbHG Verstöße gegen das Beurkundungserfordernis durch die nachfolgende ordnungsgemäße Abtretung der betreffenden Anteile **geheilt** werden; das Risiko einer etwaigen Formnichtigkeit ist also im Wesentlichen darauf beschränkt, dass zwischen Signing und Closing etwas schiefgeht, und daher relativ überschaubar. Hinzu kommt, dass ein Unternehmenskaufvertrag, der nicht deutschem Recht unterliegt, möglicherweise auch eine Gerichtsstands- oder Schiedsklausel enthält, die sicherstellt, dass etwaige Streitigkeiten über die (Form-)Wirksamkeit des Vertrages vor einem Forum ausgetragen werden, das unabhängig vom geschilderten deutschen Meinungsstand § 15 Abs. 4 GmbHG ohnehin nicht anwenden würde (weil er nach dessen Kollisionsrecht nicht einschlägig ist). Weiter ist zu berücksichtigen, dass die Beurkundung des Unternehmenskaufvertrages (einschließlich seiner Anlagen) abhängig vom Umfang der Dokumentation tatsächlich einen enormen Lästigkeitswert haben kann, was auch in die Abwägung von Nutzen und Risiken eingeht. Letztlich kann die Entscheidung, ob man auch beim Verpflichtungsgeschäft aus Gründen der Vorsicht die von § 15 Abs. 4 GmbHG geforderte Beurkundung vornimmt oder – im Einklang mit der herrschenden Meinung – lediglich die (möglicherweise geringeren) Formvorschriften des Geschäftsstatuts oder des Rechts des Abschlussortes einhält und ein verbleibendes Restrisiko hinnimmt, nur im Einzelfall getroffen werden.

236 (3) Vorgänge, die die **Verfassung einer Gesellschaft oder juristischen Person** berühren (u.a. Gründung, Satzungsänderungen, Umwandlung, Abschluss von Unternehmensverträgen, Liquidation), fallen nicht unter Art. 11 EGBGB, einschlägig sind vielmehr stets die **Formvorschriften des Gesellschaftsstatuts**. Dies entspricht dem klaren Willen des historischen Gesetzgebers[1] und ist auch kompatibel mit dem EVÜ, dem die Regelung des Art. 11 EGBGB letztlich entnommen ist. Art. 1 Abs. 2 Buchst. e) EVÜ nimmt nämlich aus dem Anwen-

---

[1] Vgl. die Begründung des Regierungsentwurfs BT-Drucks. 10/504, 49; *Reithmann* in Reithmann/Martiny, Rz. 678.

dungsbereich des Übereinkommens ausdrücklich aus: „Fragen betreffend das Gesellschaftsrecht, das Vereinsrecht und das Recht der juristischen Personen, wie z.B. die Errichtung, die Rechts- und Handlungsfähigkeit, die innere Verfassung und die Auflösung von Gesellschaften, Vereinen und juristischen Personen sowie die persönliche gesetzliche Haftung der Gesellschafter und der Organe für die Schulden der Gesellschaft, des Vereins oder der juristischen Person".

Soweit also – im Falle deutscher Gesellschaften – für Vorgänge der genannten Art **Beurkundung** vorgeschrieben ist, ist das zu beachten.

237

5. Erfüllung deutscher Beurkundungserfordernisse durch Auslandsbeurkundung?

Wenn die kollisionsrechtliche Prüfung zu dem Ergebnis führt, dass deutsche Formvorschriften – konkret: Beurkundungserfordernisse – zu beachten sind, schließt sich die weitere Frage an, ob die entsprechenden Erfordernisse nur durch die Beurkundung durch einen deutschen Notar gemäß den Bestimmungen des Beurkundungsgesetzes erfüllt werden können oder ob auch eine Auslandsbeurkundung genügt. Diese **Frage ist sach- und nicht kollisionsrechtlicher Natur**. Sie darf insbesondere nicht mit der kollisionsrechtlichen Frage durcheinander gebracht werden, ob nicht das deutsche Beurkundungserfordernis unbeachtlich ist, weil die Befolgung einer – milderen – Ortsform genügt.

238

Nach der Rechtsprechung ist eine Auslandsbeurkundung zur Erfüllung deutscher Beurkundungserfordernisse dann möglich, wenn diese einer inländischen sowohl im Hinblick auf die Person der ausländischen Urkundsperson als auch im Hinblick auf das Verfahren **gleichwertig** ist; im Übrigen darf der mit der deutschen Formvorschrift verfolgte gesetzgeberische Zweck der Anerkennung der Auslandsbeurkundung nicht entgegenstehen.[1]

239

Gleichwertigkeit im Hinblick auf die **Urkundsperson** setzt voraus, dass diese nach ihrer Vorbildung und ihrer Stellung im Rechtsverkehr einem deutschen Notar vergleichbar ist.[2]

240

Anerkannt wird die **Gleichwertigkeit der Notare in Österreich, England, den Niederlanden** und generell von Ländern mit sog. lateinischem Notariat (also den **romanischen Ländern**).[3]

Einhellig verneint wird die Gleichwertigkeit im Falle eines **amerikanischen Notary Public**, der regelmäßig über keine juristische Qualifikation verfügt. Für **Schweizer Notare** ist die Gleichwertigkeit vom BGH einmal pauschal bejaht worden. Im Übrigen stellen aber gerichtliche Entscheidungen regelmäßig

---

1 BGH v. 22.5.1989 – II ZR 211/88, GmbHR 1990, 25; *Spellenberg* in MünchKomm. BGB, Art. 11 EGBGB Rz. 47; *Kröll*, ZGR 2000, 125.
2 Für die Anerkennung der Gleichwertigkeit genügt es, wenn eine vergleichbare Unabhängigkeit und Zuverlässigkeit gesichert ist, so *Spellenberg* in MünchKomm. BGB, Art.11 EGBGB Rz. 48. Vgl. auch *Heldrich* in Palandt, Art. 11 EGBGB Rz. 7; *Benecke*, RIW 2002, 280 (283); *Kröll*, ZGR 2000, 111 (149).
3 Vgl. *Merkt*, Rz. 433 m.w.N.

nicht auf die Schweiz im Allgemeinen, sondern auf den jeweiligen Kanton ab. Das ist im Ansatz richtig, da das Beurkundungswesen in der Schweiz kantonal unterschiedlich geregelt ist. Gleichwertigkeit bejaht wurde für Basel-Stadt, Zürich, Zug, Luzern und Bern.[1]

241 Gleichwertigkeit im Hinblick auf das **Verfahren** der Beurkundung erfordert grundsätzlich die **Verlesung** der Urkunde an die Erschienenen oder ein gleichwertiges Äquivalent.[2] Um unnötige Risiken zu vermeiden, sollten die Parteien daher darauf dringen, dass die Verlesung in dem Umfang erfolgt, der auch bei einer Inlandsbeurkundung erforderlich wäre, selbst dann, wenn das am ausländischen Beurkundungsort gebräuchliche Verfahren das nicht erfordern sollte.

242 Bei der abschließend zu klärenden Frage, ob die **Anerkennung** der Auslandsbeurkundung als gleichwertig mit dem gesetzgeberischen Zweck der einschlägigen Formvorschrift vereinbar ist, muss nach den einzelnen Formvorschriften differenziert werden.

243 Im Kontext des internationalen Unternehmenskaufs sind vor allem § 925 BGB (Auflassung von Grundstücken), § 15 Abs. 3 GmbHG (Abtretung von GmbH-Anteilen) und gesellschaftsrechtliche Beurkundungserfordernisse im Zusammenhang mit Maßnahmen von Interesse, die in gesellschaftsrechtliche Organisationsstrukturen eingreifen.

a) Auflassung

244 Nach herrschender Meinung kann die Auflassung eines im Inland belegenen Grundstücks ausschließlich vor einem deutschen Notar erfolgen. Eine **Auslandsbeurkundung kommt nicht in Betracht**. Dies ist in der Praxis hinzunehmen, auch wenn man trefflich darüber streiten kann, ob sich für die herrschende Meinung wirklich überzeugende Gründe ins Feld führen lassen.[3]

b) Abtretung von GmbH-Anteilen

245 Bei Abtretung von Anteilen an einer deutschen GmbH ist eine **Auslandsbeurkundung** – soweit Gleichwertigkeit im Übrigen gegeben ist – nach ganz herrschender Meinung **möglich**.[4] Der gesetzgeberische Zweck von § 15 Abs. 3

---

[1] BGH v. 16.2.1981 – II ZB 8/80, BGHZ 80, 76 (78) = NJW 1981, 1160; OLG München v. 19.11.1997 – 7 U 2511/97, NJW-RR 1998, 758; LG Augsburg v. 4.6.1996 – 2 HK T 2093/96, BB 1998,120. Die nicht einheitliche Rechtsprechung lässt ein gewisses Risiko für die Anerkennung der Gleichwertigkeit bestehen, das durch die Vertragsgestaltung minimiert werden kann, s. dazu *Benecke*, RIW 2002, 280 (285); *Janßen/Robertz*, GmbHR 2003, 433 (438).
[2] *Spellenberger* in MünchKomm. BGB, Art. 11 EGBGB Rz. 50; *Kröll*, ZGR 2000, 147 m.w.N.
[3] BGH v. 10.6.1968 – III ZR 15/66, WM 1968, 1170 (1171); KG v. 27.5.1986 – 1W 2627/85, NJW-RR 1986, 1462 = DNotZ 1987, 44. Die sachliche Berechtigung einer zwingenden Geltung der Geschäftsform ist bei Gleichwertigkeit ausländischer Beurkundungen fraglich, vgl. *Hohloch* in Erman, Art.11 EGBGB Rz. 34; *Spellenberg* in MünchKomm. BGB, Art. 11 EGBGB Rz. 45.
[4] Vgl. etwa *Kröll*, GZR 2000, 111 (151); *Reithmann*, NJW 2003, 385 (388).

GmbHG wird gemeinhin darin gesehen, dass die Handelbarkeit von GmbH-Anteilen erschwert werden soll. Dieses Ziel wird bei einer Beurkundung im Ausland mindestens genauso gut erreicht wie bei einer Beurkundung durch einen inländischen Notar (mit Blick auf den erforderlichen Reiseaufwand möglicherweise sogar noch besser).

c) Maßnahmen, welche die Verfassung einer Gesellschaft betreffen

Bei gesellschaftsrechtlichen Organisationsakten, insbesondere der Errichtung einer Gesellschaft, Satzungsänderungen, Umwandlungen oder dem Abschluss von Unternehmensverträgen, ist eine **Auslandsbeurkundung regelmäßig problematisch** und sollte sicherheitshalber vermieden werden.[1] 246

II. Öffentliche Urkunden und Vertretungsnachweis

Eine von materiellrechtlichen Erwägungen unabhängige Notwendigkeit, bestimmte Förmlichkeiten zu beachten, entsteht in Deutschland regelmäßig dann, wenn Erklärungen gegenüber Registergerichten und gegebenenfalls sonstigen Behörden abzugeben sind. Häufig gilt das nicht nur für die genannten Erklärungen (z.B. Anmeldungen zur Eintragung) selbst, sondern auch für gewisse weitere Dokumente, die in diesem Zusammenhang einzureichen sind. 247

So bedürfen **Anmeldungen zum Handelsregister** oder auch zum Grundbuch der notariellen Beglaubigung, §§ 12 HGB, 29 GBO. 248

Soweit an einem Vorgang Gesellschaften oder juristische Personen beteiligt sind, ist ggf. weiterhin zu klären, wie die **Legitimation der** für sie handelnden (organschaftlichen) **Vertreter** nachgewiesen wird. Dem inländischen Rechtsverkehr dienen hierzu beglaubigte Registerauszüge (vgl. etwa § 32 GBO) und notarielle Vertretungsbescheinigungen. 249

Bei internationalen Transaktionen stellt sich daher die Frage, wie zu verfahren ist, wenn die Unterschrift einer im Ausland weilenden Person zu beglaubigen ist, unter welchen Voraussetzungen sonstige etwa relevante ausländische öffentliche Urkunden verwendet werden können oder wie organschaftliche Vertretungsmacht für eine ausländische Gesellschaft oder juristische Person nachgewiesen wird. Die beiden erstgenannten Punkte (Unterschriftenbeglaubigung und Verwendung öffentlicher Urkunden) können zusammengefasst werden, da Beglaubigungsvermerke von Notaren ihrerseits öffentliche Urkunden darstellen. 250

---

[1] S. etwa BGH v. 16.2.1981 – II ZB 8/80, BGHZ 80, 76 = NJW 1981,1160; *Spellenberg* in MünchKomm. BGB, Art. 11 EGBGB Rz. 52; *Kröll*, ZGR 2000, 111. Die Unterscheidung zwischen Tatsachenbeurkundungen und Beurkundung von Willenserklärungen kann auch zu unterschiedlichen Ergebnissen führen, vgl. *Reithmann* in Reithmann/Martiny, Rz. 578.

Die genannten Fragen können im Übrigen auch unabhängig von behördlichen Erfordernissen relevant werden, da auch die Parteien selbst ein Interesse daran haben, sich möglichst zuverlässig über Umstände wie z.B. die Vertretungsmacht ihres Gegenübers zu vergewissern.

1. Verwendung ausländischer öffentlicher Urkunden im Inland

251 Grundsätzlich darf man nicht davon ausgehen, dass ausländische öffentliche Urkunden ohne weiteres den inländischen gleichgestellt sind. Die Verwendung ausländischer öffentlicher Urkunden im Inland in solchen Fällen, in denen es auf die Qualität eines Dokuments als öffentliche Urkunde ankommt, ist also nicht ohne weiteres möglich. Im Einzelnen ist jedoch nach Ländern zu differenzieren:

252 a) Mit einigen Ländern bestehen **völkerrechtliche Vereinbarungen**, denen zufolge öffentliche Urkunden des einen Staates ohne weiteres auch in dem anderen Staat als öffentliche Urkunden anerkannt und dementsprechend verwendet werden können. Solche bilateralen Abkommen bestehen mit Frankreich, Dänemark, Italien und Österreich.[1] Urkunden eines Notars aus diesen Staaten (auch Beglaubigungsvermerke) und sonstige öffentliche Urkunden dieses Staates, z.B. Registerauszüge, können daher im Inland in gleicher Weise verwendet werden wie inländische öffentliche Urkunden.

253 b) Für öffentliche Urkunden anderer Staaten gilt vielfach das Haager Übereinkommen zur Befreiung ausländischer öffentlicher Urkunden von der Legalisation vom 5.10.1961.[2] Gemäß diesem Haager Übereinkommen können öffentliche Urkunden eines Signatar-Staates in einem anderen Signatar-Staat dann verwendet werden, wenn sie zuvor mit einer sog. **Apostille** versehen werden.[3]

254 Die Apostille ist eine „Überbeglaubigung", die ausweist, dass es sich bei einem bestimmten Dokument um eine öffentliche Urkunde des betreffenden Staates handelt. Bei Erteilung der Apostille wird ein in dem Haager Übereinkommen im Einzelnen vorgegebenes Formular verwendet.

255 Welche **Stelle des Herkunftstaates** zur Erteilung der Apostille befugt ist, regelt jeder Signatar-Staat selbst. In Deutschland (zum Zwecke der Verwendung deutscher öffentlicher Urkunden im Ausland) ist dies der örtlich zuständige Landgerichtspräsident für Urkunden der Justizverwaltungsbehörden und Ge-

---

1 Deutsch-Dänisches Beglaubigungsabkommen v. 17.6.1936 (RGBl. II 1936, S. 213); Abkommen zwischen der Bundesrepublik Deutschland und der Französischen Republik über die Befreiung öffentlicher Urkunden von der Legalisation v. 13.9.1974 (BGBl. II 1974, S. 1100); Vertrag zwischen der Bundesrepublik Deutschland und der Italienischen Republik über den Verzicht auf die Legalisation von Urkunden v. 7.6.1969 (BGBl. II 1974, S. 1069); Deutsch-Österreichischer Beglaubigungsvertrag v. 21.6.1923 (RGBl. II 1924, S. 61). Zu bilateralen Abkommen mit Belgien, Griechenland und Schweiz s. *Reithmann* in Reithmann/Martiny, Rz. 708.
2 BGBl. II 1965, S. 875.
3 Eine Liste aller Mitgliedsstaaten ist unter http://www.apostille.de/ApostD.html abrufbar.

richte der Länder.[1] Als weitere Beispiele seien genannt das Vereinigte Königreich, in dem Apostillen vom Außenminister (Her Majesty's Principal Secretary of State for Foreign and Commonwealth Affairs) erteilt werden, und die Vereinigten Staaten, in denen der Innenminister (Secretary of State) des jeweiligen Bundesstaates zuständig ist.

c) Soweit weder besondere völkerrechtliche Abkommen bestehen noch das genannte Haager Übereinkommen eingreift, erfordert die Verwendung ausländischer öffentlicher Urkunden im Inland grundsätzlich die **Legalisation durch deutsche Konsularbeamte** im Herkunftsstaat (d.h. Konsulat oder Konsularabteilung einer Botschaft). Ähnlich wie bei der Apostille bescheinigt der Legalisationsvermerk, dass es sich bei dem betreffenden Dokument um eine öffentliche Urkunde des Herkunftsstaates handelt. Anders als bei der Apostille wird jedoch diese Bescheinigung nicht von einer Behörde des Herkunftsstaates, sondern stattdessen von einem Amtsträger des Empfangstaates erteilt. Die Legalisation ausländischer Urkunden durch deutsche Konsularbeamte ist in § 13 KonsularG[2] geregelt. 256

Soweit es sich im konkreten Fall lediglich um die Beglaubigung von Unterschriften und/oder Kopien (von Privaturkunden) handelt, können etwaige Komplikationen, die bei Beglaubigung durch ausländische Stellen auftreten mögen, stets dadurch vermieden werden, dass die entsprechende **Beglaubigung im Ausland durch einen deutschen Konsularbeamten** vorgenommen wird, vgl. § 10 KonsularG. 257

2. Vertretungsnachweis bei ausländischen Gesellschaften und juristischen Personen

Soweit nachgewiesen werden muss, wer zur organschaftlichen Vertretung einer ausländischen Gesellschafter oder juristischen Person befugt ist, kann zum Teil auf ausländische **Registerauszüge** oder -bescheinigungen zurückgegriffen werden, für die dann die obigen Ausführungen über öffentliche Urkunden gelten. Voraussetzung ist allerdings, dass es in dem betreffenden Staat ein Handels- oder Gesellschaftsregister gibt und dass die Vertretungsverhältnisse auch aus diesem Register ersichtlich sind. Letztere Voraussetzung fehlt regelmäßig bei Staaten des angloamerikanischen Rechtskreises. 258

Zumindest im Falle englischer Gesellschaften kann man sich insoweit mit der **Bescheinigung eines** englischen **Notars** behelfen (gemäß dem Haager Übereinkommen mit einer Apostille zu versehen). Die Zulassung zum Notar setzt in England grundsätzlich die Zulassung zum Solicitor voraus. Englische Nota- 259

---

1 Für Urkunden des Bundes (alle Bundesbehörden und Gerichte) ist das Bundesverwaltungsamt Köln und der Präsident des Deutschen Patentamts zuständig. (Verordnung v. 9.12.1997 über die Ausstellung der Apostille, BGBl. I 1997, S. 2872). Weitere wichtige Informationen zu dem internationalen Urkundenverkehr können unter http://www.auswaertiges-amt.de/www/de/laenderinfos/konsulat/urkundenverkehr_html abgerufen werden.
2 Gesetz über die Konsularbeamten, ihre Aufgaben und Befugnisse (KonsularG) v. 10.9.1974, BGBl. I 1974, S. 2317.

re sind dementsprechend hinreichend qualifiziert, die Vertretungsverhältnisse einer Gesellschaft zu prüfen und darüber eine Bescheinigung auszustellen, und tun dies auch in der Praxis.

260 Die Möglichkeit einer **Notarbescheinigung** kommt selbstverständlich auch in anderen Staaten in Betracht, sofern nur dortige Notare fachlich hinreichend qualifiziert sind, um die Vertretungsverhältnisse einer Gesellschaft beurteilen zu können, und zudem bereit sind, entsprechende Bescheinigungen zu erteilen.

261 Beide Mittel des Vertretungsnachweises, die aus dem inländischen Kontext vertraut sind, also sowohl Handelsregisterauszug als auch Notarbescheinigung, versagen im Falle von **US-Gesellschaften**. Ein Handelsregister, aus dem ein amtlicher Auszug mit Angabe der Vertretungsverhältnisse der Gesellschaft erteilt werden könnte, existiert nicht und unseren Notaren vergleichbare Personen, die sowohl fachlich qualifiziert sind, die Vertretungsverhältnisse einer Gesellschaft zu überprüfen, als auch darüber eine Bescheinigung in Form einer öffentlichen Urkunde ausstellen können, gibt es in den USA auch nicht. Amerikanische Notaries Public sind typischerweise nicht juristisch vorgebildet. Ihre Funktion besteht vorwiegend in der Beglaubigung von Unterschriften und Kopien sowie der Abnahme von Eiden und eidesstattlichen Versicherungen. Bescheinigungen über Vertretungsverhältnisse gehören nicht zu ihrem Aufgabenbereich und regelmäßig dürften sie dazu auch nicht hinreichend qualifiziert sein.

262 Das in den USA übliche Mittel des Vertretungsnachweises ist eine **Bescheinigung des Gesellschaftssekretärs** (Company Secretary bzw. Corporate Secretary). Bei ihm handelt es sich um einen „hausinternen Urkundsbeamten" der betreffenden Gesellschaft. Aus deutscher Sicht ist eine vom Gesellschaftssekretär, letztlich also von der Gesellschaft selbst, erteilte Bescheinigung zwar unbefriedigend; *faute de mieux* wird man aber nicht umhinkommen, sich damit zu begnügen. Die Bescheinigung des Gesellschaftssekretärs ist selbst keine öffentliche Urkunde. Sie muss daher vor ihrer Verwendung im Inland noch von einem Notary Public beglaubigt und sodann apostilliert werden (bei der Beglaubigung durch den Notary Public handelt es sich um eine schlichte Unterschriftsbeglaubigung, zu der dieser befähigt ist); wie oben ausgeführt, kommt alternativ auch eine Beglaubigung durch einen deutschen Konsularbeamten in Betracht.

263 Wenn die an einem internationalen Unternehmenskauf beteiligten Parteien selbst die Risiken begrenzen möchten, welche unter Umständen in den Vertretungsverhältnissen einer beteiligten US-Gesellschaft liegen, können sie sich überdies eines Mittels bedienen, zu dem auch US-Parteien üblicherweise greifen, indem sie eine **Legal Opinion** der Anwälte der betreffenden US-Gesellschaft verlangen. Eine derartige Legal Opinion hat zwar anders als etwa ein deutscher Handelsregisterauszug keine Gutglaubenswirkung; aber immerhin darf man davon ausgehen, dass eine Anwaltssozietät, die auf ihre Reputation hält, darin nur solche Aussagen trifft, die sie nach eingehender Prüfung guten Gewissens glaubt machen zu können.

E. Sprache

Internationale Unternehmenskäufe führen nicht nur dazu, dass Bezüge zu unterschiedlichen Rechtsordnungen eröffnet werden. Sie sind häufig auch dadurch gekennzeichnet, dass die Beteiligten unterschiedliche Muttersprachen haben, mit der regelmäßigen Folge, dass für die Verhandlungen und die Erstellung der Vertragsdokumentation die englische Sprache – *lingua franca* des internationalen Wirtschaftsverkehrs – verwendet wird. Das ist zwar zweckmäßig, wenn es den Beteiligten die Möglichkeit eröffnet, sich ohne Einschaltung von Dolmetschern und Übersetzern miteinander zu verständigen; es eröffnet aber auch zusätzliche **Fehlerquellen**, die bei einer rein nationalen Transaktion so nicht gegeben sind.[1]

264

Die erste Fehlerquelle ist trivial: Fremdsprachen werden nur mehr oder weniger gut beherrscht; Englisch als Fremdsprache bildet trotz der weiten Verbreitung keine Ausnahme. Entsprechend kann man nicht einfach voraussetzen, dass alle Beteiligten wirklich in der Lage sind, sich in der Fremdsprache so präzise auszudrücken, wie sie es in ihrer Muttersprache vielleicht könnten; und es ist auch nicht selbstverständlich, dass jeder fremdsprachliche Texte, zumal juristische Texte, die von Haus aus eher kompliziert sind, wirklich im Einzelnen versteht.

265

Bei Verträgen (und anderen Rechtsgeschäften) entsteht eine weitere Fehlerquelle dann, wenn sie einem bestimmten Recht unterliegen, jedoch nicht in der diesem Recht eigentümlichen Sprache verfasst sind. Im Folgenden wird jeweils die Konstellation zugrunde gelegt, dass ein englisch formulierter Vertrag deutschem Recht unterliegt.

266

Schwierigkeiten ergeben sich zunächst aus dem Umstand, dass unterschiedliche **juristische Fachsprachen** auch unterschiedliche Begrifflichkeiten aufweisen. Die Fachterminologie ist auf die Konzepte einer bestimmten Rechtsordnung zugeschnitten. Inhaltliche Unterschiede zwischen mehreren Rechtsordnungen gehen daher Hand in Hand mit sprachlichen Unterschieden. Den Textverfasser stellt das vor folgende Schwierigkeiten:

267

Gelegentlich wird für ein bestimmtes Phänomen, das man ansprechen möchte, ein Terminus der Fremdsprache schlicht nicht zur Verfügung stehen. *Illustrandi causa* sei auf Termini wie Rechtsgeschäft oder Willenserklärung verwiesen. Eine genaue Entsprechung dazu gibt es nicht. Man kann die Worte zwar irgendwie übersetzen (etwa als *declaration of will* bzw. *legal transaction*); ob aber irgendjemand außer einem deutschen Juristen, der beim Lesen an den entsprechenden deutschen Begriff denkt, übermäßig viel damit anfangen kann, erscheint doch eher fraglich.

268

---

1 Treffend *Triebel/Balthasar*, NJW 2004, 2189 (2190): „Missverständnisse beim Vertragsschluss sind häufig. Bei Verwendung von Fremdsprachen erhöht sich dieses Fehlerpotenzial erheblich." Dabei trägt das Sprachrisiko diejenige Vertragspartei, die sich auf die fremde Sprache eingelassen hat, BGH v. 10.3.1983 – VII ZR 302/82, BGHZ 87, 112 (114).

269 **Begriffliche Differenzierungen** können verloren gehen. Was etwa soll gemeint sein, wenn in einem Text von *notarization* die Rede ist – Beurkundung oder Beglaubigung?

270 Aus englischen oder US-Mustern übernommene Begriffe lassen sich mitunter einem Institut des deutschen Rechts nicht eindeutig zuordnen. Der Terminus *representations and warranties* lässt etwa offen, ob es sich um eine Vereinbarung der Sollbeschaffenheit im Sinne von § 434 Abs. 1 BGB, eine Beschaffenheitsgarantie im Sinne von § 443 BGB oder um ein selbständiges Garantieversprechen handelt.[1] Andere Begriffe mögen zwar auf den ersten Blick eindeutig erscheinen, sind es bei näherem Hinsehen aber doch nicht. Wenn etwa als Sicherheit eine *guarantee* verlangt wird, liegt es zunächst nahe, an eine Garantie (z.B. Bankgarantie) zu denken. Leider wird aber das englische Wort *guarantee* nicht selten auch als Übersetzung des deutschen Terminus Bürgschaft verwendet.

271 In anderen Fällen mögen sich zwar Begriffe mehr oder weniger entsprechen; allerdings ist die genaue **Begriffsbestimmung von den Inhalten einer bestimmten Rechtsordnung geprägt**, so dass Personen, die aus unterschiedlichen Rechtstraditionen kommen, mit einem solchen Begriff mehr oder weniger unterschiedliche Vorstellungen verbinden. So dürfte etwa der englische Begriff *contract* zur Wiedergabe des deutschen Begriffs des (schuldrechtlichen) Vertrages naheliegend sein. Die an diesen Begriff geknüpften Vorstellungen des deutschen Rechts zu Einzelfragen (z.B. dem Zustandekommen eines Vertrages, den Rechtsfolgen bei Verstößen oder der Art und Weise, wie vertragliche Ansprüche eingeklagt werden können) decken sich aber nicht vollständig mit den entsprechenden Vorstellungen in angloamerikanischen Rechtsordnungen.

272 Schließlich können Schwierigkeiten dadurch entstehen, dass aus englischen oder US-Mustern Klauseln blind übernommen werden, die nach englischem Recht oder dem Recht eines US-Staates ihre Berechtigung haben mögen, **in Bezug auf inländische Gegebenheiten** aber **keinen Sinn ergeben**, etwa wenn im Hinblick auf Grundstücke zugesichert wird, dass *title insurance* vorhanden sei (eine solche Versicherungspolice wird in Deutschland nicht angeboten und ist aufgrund des Grundbuchs auch unnötig), oder wenn Gesellschaften attestiert wird, sie seien *in good standing* (was soll das mit Blick auf eine deutsche Gesellschaft bedeuten?).

273 Werden solche Quellen von Missverständnissen nicht während der Formulierung des Textes erkannt, so kann es im Nachhinein zu **Auslegungsproblemen** kommen. Die bei dieser Auslegung von der deutschen Rechtsprechung befolgten Grundsätze können zu durchaus überraschenden Ergebnissen führen.

274 Die Rechtsprechung geht aus von **Art. 32 Abs. 1 Nr. 1 EGBGB**, der für Verträge bestimmt, dass das Vertragsstatut insbesondere auch die Auslegung eines Vertrages bestimmt. Unterliegt also ein Vertrag deutschem Recht, so kommen

---

[1] Zu der Bedeutung der Sprache unter dem Gesichtspunkt der Gewährleistung beim Unternehmenskauf vgl. *Krecek*, Die Gewährleistungshaftung beim Unternehmenskauf nach deutschem und englischem Recht.

auch die deutschen Vorschriften über die Auslegung zum Tragen, konkret also die §§ 133 und 157 BGB. Zu erforschen ist demnach der **wirkliche Wille der Parteien**, unter Beachtung des **objektiven Empfängerhorizonts**.[1]

Davon ausgehend wird bei der Verwendung englischsprachiger Begriffe und Klauseln die Frage aufgeworfen, ob die Parteien damit (mutmaßlich) das ausdrücken wollten, was die entsprechenden Begriffe oder Klauseln in ihrem „Herkunftsland" üblicherweise bedeuten. Wenn diese Frage bejaht wird, bedeutet das im Ergebnis, dass durch die Verwendung einer fremdsprachlichen Begrifflichkeit zugleich Konzepte und Vorstellungen einer fremden Rechtsordnung zum Inhalt der Vereinbarung zwischen den Parteien erhoben werden – paradoxerweise als Ergebnis einer Auslegung nach den Auslegungsvorschriften des deutschen Rechts. 275

Die Rechtsprechung vertritt jedenfalls im Falle von **„typischen" Klauseln** genau diese Position. Im Wesentlichen werden drei Argumente angeführt: 276

Zum einen wird unterstellt, dass Parteien, die sich einer „typischen" Klausel bedienen, damit auch die Bedeutung verbinden, welche dieser Klausel üblicherweise in ihrem Herkunftsland (vor dem Hintergrund der dortigen Rechtsordnung) zukommt; es wird also mit dem **(mutmaßlichen) Parteiwillen** argumentiert.[2]

Zum anderen sei auch vor dem **objektiven Empfängerhorizont** die Erklärung genau so zu verstehen. Der internationale Rechtsverkehr (der insoweit den Empfängerhorizont bestimme) habe den Begriff/die Klausel mit dem ursprünglichen Inhalt rezipiert.[3]

Schließlich gebiete es auch die **Rechtssicherheit**, international verbreitete Formulierungen möglichst überall einheitlich auszulegen, was wiederum zur Maßgeblichkeit der Bedeutung im Herkunftsland der Klausel als Ursprungsbedeutung führe.[4]

Ob dieses Ergebnis wirklich immer den Vorstellungen der Parteien entspricht (und ob diese sich der genauen Bedeutung „typischer" Klauseln nach englischem Recht überhaupt bewusst waren), mag vielfach bezweifelt werden. Umso wichtiger ist es, spätere Auslegungsprobleme durch **Sorgfalt bei der Formulierung von Dokumenten** erst gar nicht entstehen zu lassen. Dabei bieten sich vor allem folgende Mittel an: 277

Einem englischen Ausdruck, der zur Wiedergabe eines Fachbegriffs des deutschen Rechts verwendet wird, wird der entsprechende deutsche Begriff in Klammern beigefügt. Dadurch wird deutlich, dass die Parteien den Inhalt des 278

---

1 *Triebel/Balthasar*, NJW 2004, 2192.
2 RG v. 22.5.1897 – Rep I 451/96, RGZ 39, 65 (68); unklar BGH v. 2.12.1991 – II ZR 274/90, NJW-RR 1992, 423 (425).
3 LG Hamburg v. 23.4.1954 – 62 O 31/54, MDR 1954, 422 (423).
4 Zu der Einheitlichkeit der Auslegung unter dem Gesichtspunkt der sog. *lex mercatoria*, s. *Triebel/Balthasar*, NJW 2004, 2193.

deutschen Fachbegriffes zugrunde gelegt haben, das englische Wort nur zu dessen Übersetzung dient.

279 Ausdrückliche **Verweise auf deutsche gesetzliche Vorschriften** führen zu einer ähnlichen Klärung.

280 Bei häufiger gebrauchten Fachtermini bieten sich **Definitionen** an. Anstatt ein bestimmtes englisches Wort einfach aus einer Mustersammlung oder einem Wörterbuch zu entnehmen (mit dem Problem, dass dadurch eventuell Konnotationen, die das Wort im englischen Recht hat, in den Vertrag eingeschleppt werden), können die Parteien durch eine Definition dieses Wortes die maßgebliche Bedeutung selbst festlegen.

Die drei genannten Möglichkeiten können selbstverständlich auch miteinander kombiniert werden. Kommt etwa in einem Vertrag häufiger der Begriff des verbundenen Unternehmens (*affiliate*) vor, könnte man z.B. das Wort *affiliate* unter Rückgriff auf den deutschen Begriff und deutsche gesetzliche Bestimmungen wie folgt definieren:

„*Affiliate*" *means any affiliated undertaking (verbundenes Unternehmen) within the meaning of Section 15 et seq. of the German Stock Corporation Act (Aktiengesetz).*

Wenn man Definitionen bildet, sollten allerdings die so definierten Begriffe auch konsequent verwendet werden; zudem ist penibel auf Großschreibung zu achten, um die entsprechenden Wörter als definierte Begriffe kenntlich zu machen.

Aus Vorsichtsgründen kann man auch eine ausdrückliche Bestimmung in den Vertrag aufnehmen, die etwa lautet:

„*In this Agreement, the use of the English language is for the convenience of the Parties only and shall not affect the interpretation of any provision hereof. In particular, no term or clause shall be construed in light of the meaning it may have in any jurisdiction other than German law.*"

281 Nur bedingt empfehlenswert sind **zweisprachige Dokumente**.[1] Gerade in Situationen wie bei internationalen Unternehmenskäufen, wo häufig bis zuletzt noch am Text gearbeitet wird, wird möglicherweise das Fehlerpotenzial dadurch eher noch erhöht, wenn nämlich Änderungen zunächst nur in einer Sprachfassung vorgenommen werden und dann nicht oder nur unvollständig in die andere Version übertragen werden. Zudem können Mehrdeutigkeiten schon allein dadurch entstehen, dass sich juristische Texte fast nie wirklich exakt übersetzen lassen, so dass sich notwendigerweise gewisse Abweichungen und Unschärfen ergeben.

282 Trotz dieser Mängel lassen sich zweisprachige Textfassungen nicht immer vermeiden, vor allem wenn Dokumente zu inländischen Registern eingereicht (und daher in deutscher Sprache verfasst) werden müssen, andererseits aber die Parteien (oder einzelne von ihnen) sich mangels entsprechender Sprachkenntnisse nicht auf eine rein deutsche Version einlassen wollen. In diesen

---

1 Vgl. *Triebel*, RIW 1998, 2.

Fällen sollte dann aber mindestens eine **Vorrangklausel** aufgenommen werden, wonach bei Abweichungen der beiden Versionen eine bestimmte Fassung maßgebend ist.

Anhang A[1]
Vertragsbeispiele

I. Kauf sämtlicher Geschäftsanteile einer GmbH

GESCHÄFTSANTEILSKAUF- UND -ÜBERTRAGUNSVERTRAG[2]

zwischen

Herrn XY,

– im Folgenden „Verkäufer" –

Firma AB,

– im Folgenden „Käuferin" –

§ 1 Kaufgegenstand

(1) Der Verkäufer ist Inhaber sämtlicher Geschäftsanteile an der XY-GmbH, Stuttgart (im Folgenden auch: das Unternehmen). Er hat diese Anteile wie folgt erworben ...[3].

(2) Der Verkäufer verkauft diese Geschäftsanteile hiermit an die Käuferin. Mitverkauft sind die Ansprüche auf den Gewinn des laufenden Geschäftsjahres[4] und früherer Geschäftsjahre, soweit dazu noch kein Gewinnverwendungsbeschluss gefasst ist.

§ 2 Kaufpreis, Abrechnungsbilanz[5]

(1) Die Höhe des Kaufpreises wird anhand einer zum ... (Übergangsstichtag) zu erstellenden Abrechnungsbilanz bestimmt. Für die Abrechnungsbilanz vereinbaren die Beteiligten:

---

1 Literatur: *Günther*, „Unternehmenskaufvertrag" in Schütze/Weipert (Hrsg.), Münchener Vertragshandbuch, Band 2: Wirtschaftsrecht I, 5. Aufl. 2004; *Hopt* in Hopt (Hrsg.), Vertrags- und Formularbuch zum Handels-, Gesellschafts-, Bank- und Transportrecht, 2. Aufl. 2000, Form. IV. B. 1–22; *Roschmann*, Haftungsklauseln in Unternehmenskaufverträgen, ZIP 1998, 1941.
2 Der Vertrag bedarf notarieller Form, vgl. Teil VII Rz. 111 ff.
3 Ist der Verkäufer nicht Gründungsgesellschafter, kann es zweckmäßig sein, die Erwerbskette im Geschäftsanteilskaufvertrag aufzuführen, vgl. Teil VII Rz. 66 ff. Der Nachweis des Erwerbs kann außerhalb des Vertrages erfolgen, aber auch durch Beifügung von Urkunden in den Vertrag einbezogen werden.
4 Vgl. Teil VII Rz. 82.
5 Vgl. Teil VII Rz. 90; diese Fassung liegt dann nahe, wenn der Kaufpreis wesentlich durch die Substanz des Unternehmens bestimmt ist. Es kommt auch in Betracht, einen vorläufigen Kaufpreis festzusetzen und einen endgültigen („adjusted") unter Berücksichtigung der sich aus der Abrechnungsbilanz ergebenden Änderungen zu vereinbaren.

a) Die Abrechnungsbilanz wird von der Käuferin binnen zwei Monaten nach dem Tag erstellt, zu welchem die Geschäftsanteile unbedingt an die Käuferin übergegangen sind (vgl. § 10). Sie ist auch für den Verkäufer verbindlich, soweit dieser nicht innerhalb von einem Monat nach Zugang der Abrechnungsbilanz gegenüber der Käuferin Widerspruch erklärt hat. Ist die Abrechnungsbilanz nicht rechtzeitig erstellt oder einigen sich die Vertragsparteien nicht bis zum ... über die Abrechnungsbilanz, so ist diese durch einen Schiedsgutachter zu erstellen (vgl. § 13).

b) Soweit ein Aktivierungswahlrecht besteht, hat die Aktivierung zu unterbleiben. Soweit ein Passivierungswahlrecht besteht, hat die Passivierung zu erfolgen.

c) Grundstücke, Gebäude und Maschinen sind mit dem Teilwert[1] anzusetzen. Zur Ermittlung der Teilwerte kann der Schiedsgutachter Sachverständige heranziehen.

d) Im Übrigen ist der Grundsatz der Bilanzkontinuität zu beachten, soweit die Bilanzierung in der Vergangenheit im Einklang mit den gesetzlichen Bilanzierungsvorschriften und den Grundsätzen ordnungsmäßiger Buchführung stand.

(2) Der Kaufpreis entspricht der Höhe des sich aus der Abrechnungsbilanz ergebenden Eigenkapitals (Stammkapital, Rücklagen – ohne Rücklagen für eigene Anteile und ohne Sonderposten mit Rücklagenanteil – Gewinn, vermindert um ausstehende Einlagen und Verlust) zuzüglich einer Abgeltung für den Goodwill des Unternehmens in Höhe von ... % dieses Betrages. Der Kaufpreis kann nicht negativ sein.[2]

§ 3 Änderungen der Abrechnungsbilanz und des Kaufpreises

(1) Sollte sich aufgrund von Ereignissen, die nach dem Übergangsstichtag eintreten oder von Erkenntnissen, die nach diesem Zeitpunkt gewonnen werden, erweisen, dass der Rückstellungs- oder Wertberichtigungsbedarf zum Abrechnungsstichtag insgesamt höher oder niedriger als der in der Abrechnungsbilanz zugrunde gelegte ist, so kann jede Vertragspartei eine Änderung der Abrechnungsbilanz und eine entsprechende Anpassung des Kaufpreises verlangen.

(2) Anpassungsverlangen[3] können von jeder Vertragspartei nur innerhalb eines Jahres nach Zugang der Abrechnungsbilanz gestellt werden. Anpassungsverlangen bedürfen der Schriftform.

---

1 Dadurch wird die zu §§ 6 Abs. 1 Nr. 1 EStG, 10 BewG ergangene reichhaltige Rechtsprechung und Literatur zu Bewertungsfragen nutzbar gemacht.
2 Wird der Kaufpreis „cash-and-debt free" vereinbart, ist genau anzugeben, welche Positionen der Abschlussbilanz zu berücksichtigen sind, tunlichst in der Terminologie von § 266 HGB.
3 Es sind mehrere Anpassungsmöglichkeiten vorgesehen.

§ 4 Zahlung des Kaufpreises

(1) Die Käuferin zahlt innerhalb von zwei Wochen nach Abschluss dieses Vertrages Euro ...[1].

(2) Ergibt sich aus der Abrechnungsbilanz ein Kaufpreis, der über dem in Abs. 1 bezeichneten Betrag liegt, so ist der überschießende Betrag zwei Wochen nach dem Zeitpunkt fällig, zu welchem die Abrechnungsbilanz für beide Vertragspartner verbindlich geworden ist und die aufschiebende Bedingung gemäß § 11 (Zusammenschlusskontrolle) eingetreten ist.

(3) Ergibt sich aus der Abrechnungsbilanz ein Kaufpreis, der unter dem in Abs. 1 bezeichneten Betrag liegt, so ist der Differenzbetrag spätestens zwei Wochen nach dem Zeitpunkt zurückzuerstatten, zu welchem die Abrechnungsbilanz für beide Vertragspartner verbindlich geworden ist. Liegt der Kaufpreis unter Euro ..., so ist die Käuferin berechtigt, den Rücktritt von diesem Kaufvertrag zu erklären[2]. Das Rücktrittsrecht kann nicht später als zwei Wochen nach dem Zeitpunkt ausgeübt werden, zu welchem die Abrechnungsbilanz für beide Vertragspartner verbindlich geworden ist.

(4) Der sich aus Abs. 2 oder Abs. 3 S. 1 ergebende Ausgleichsbetrag ist mit 5 % p.a. ab dem Zeitpunkt zu verzinsen, zu welchem die Abrechnungsbilanz für beide Vertragspartner verbindlich geworden ist, zu Lasten des Verkäufers jedoch frühestens ab dem Zeitpunkt, zu welchem die Überzahlung geleistet worden ist.

§ 5 Unterlagen

(1) Der Verkäufer hat übergeben[3]

a) Unterlagen zu den gesellschaftsrechtlichen Verhältnissen und zum Unternehmen im Allgemeinen

1. beglaubigten Handelsregisterauszug mit Datum vom ...;
2. Liste der Mitglieder der Geschäftsführung, des Aufsichtsrates oder vergleichbarer Gremien, der Wirtschaftsprüfer, Rechtsberater und Steuerberater, die in den letzten drei abgelaufenen Geschäftsjahren für das Unternehmen tätig gewesen sind;
3. beglaubigte Kopie der zuletzt zum Handelsregister eingereichten Satzung;
4. Kopie aller Verträge, die die Gesellschafterstellung des Veräußerers betreffen, insbesondere Verfügungsbeschränkungen bezüglich der ver-

---

1 Im Käuferinteresse wäre es, einen Teil des Kaufpreises erst später, idealerweise nach Ablauf der Verjährungsfrist für Garantieansprüche zu bezahlen, um sich für etwaige Minderungsansprüche abzusichern.
2 Diese Regelung liegt nahe, wenn die Käuferin Wert auf eine bestimmte Mindestsubstanz legt.
3 Die Liste ist beispielhaft und kann je nach den Umständen verkürzt oder ergänzt werden.

Anhang A — Vertragsbeispiele

kauften Geschäftsanteile, Belastungen, Vorkaufsrechte, Treuhandvereinbarungen;

5. Kopie aller Unternehmensverträge im Sinne von §§ 291 ff. AktG, an denen das Unternehmen beteiligt ist;

6. die Unternehmensplanungen der letzten drei abgelaufenen Geschäftsjahre mit Soll-Ist-Vergleich; Planungen für das laufende und für künftige Geschäftsjahre;

7. die folgenden Marktstudien und Gutachten von Unternehmensberatern aus den letzten drei abgelaufenen Geschäftsjahren (*ggf. beizufügen*).

b) Unterlagen zu den handelsrechtlichen Verhältnissen des Unternehmens im Allgemeinen

8. die handelsrechtlichen Jahresabschlüsse der letzten drei abgelaufenen Geschäftsjahre;

9. einen Satz der Bezugs- und Lieferverträge mit Lieferanten und Abnehmern, die eine Bindung des Unternehmens für einen längeren Zeitraum als bis zum Ende des der Unterzeichnung dieses Vertrages folgenden Geschäftsjahres enthalten oder Geschäfte betreffen, die mehr als 1 % der Bilanzsumme des letzten Geschäftsjahres ausmachen;

10. einen Satz der Miet-, Pacht- und Leasingverträge des Unternehmens einschließlich der Verträge über die im Geschäftsbetrieb des Unternehmens genutzte Software;

11. einen Satz der Verträge, die das Unternehmen mit Handelsvertretern, Vertragshändlern und sonstigen Vertriebsbeauftragten abgeschlossen hat nebst Angabe derjenigen Vergütungen, die die Vertriebsbeauftragten im Jahresdurchschnitt der letzten fünf Kalenderjahre von dem Unternehmen erhalten haben;

12. Liste aller vor Zivilgerichten anhängigen oder drohenden Rechtsstreite;

13. Liste aller Verträge mit Gesellschaftern und deren Angehörigen im Sinne von § 15 AO oder mit verbundenen Unternehmen im Sinne von § 15 AktG;

14. Liste aller Ansprüche aus Gewährleistung und Produkthaftung, die im laufenden und in den letzten drei abgelaufenen Geschäftsjahren gegen das Unternehmen betrieben wurden;

c) Unterlagen zu den einzelnen Vermögensgegenständen des Unternehmens

15. Inventarlisten des beweglichen Anlage- und des Umlaufvermögens;

16. Liste derjenigen Gegenstände des Anlage- und Umlaufvermögens, die nicht in einwandfreiem, zum Gebrauch oder zur Weiterveräußerung geeignetem Zustand sind;

17. Liste der erteilten und angemeldeten Schutzrechte sowie der in Anspruch genommenen und der angebotenen Arbeitnehmererfindungen;

18. Aufstellung der in den letzten drei Geschäftsjahren gezahlten Lizenzgebühren und Prämien für Arbeitnehmererfindungen;
19. Liste und Beschreibung aller Grundstücke unter Angabe der darauf ruhenden Belastungen; einen Satz beglaubigter Grundbuchauszüge;
20. einen Satz aller Baugenehmigungen für die Betriebsgebäude;
21. Liste der Forderungen des Unternehmens, die seit mehr als zwei Monaten fällig sind;

d) Unterlagen zu Kreditverhältnissen

22. Liste und Beschreibung aller Kreditverträge, an denen das Unternehmen als Schuldner beteiligt ist sowie einen Satz aller diese Rechtsverhältnisse betreffenden Verträge;
23. Liste und Beschreibung aller Sicherungsabreden (insbesondere betreffend Verpfändungen, Sicherungsübereignungen, Sicherungsabtretungen) sowie einen Satz aller diese Rechtsverhältnisse betreffenden Verträge;
24. Liste und Beschreibung aller Kreditverträge, an denen das Unternehmen als Gläubiger beteiligt ist sowie einen Satz aller diese Rechtsverhältnisse betreffenden Verträge;
25. Liste und Beschreibung der Eventualverbindlichkeiten (insbesondere Bürgschaften, Patronatserklärungen, Rückgriffsansprüche aus Wechselgeschäften) sowie einen Satz aller diese Rechtsverhältnisse betreffenden Verträge;
26. Liste und Beschreibung aller Bürgschaften und Patronatserklärungen, die zugunsten des Unternehmens abgegeben worden sind, sowie einen Satz aller diese Rechtsverhältnisse betreffenden Verträge;

e) Unterlagen zu den Anstellungsverhältnissen der Geschäftsführer, zu den Rechtsbeziehungen mit Beratern und zu den arbeitsrechtlichen Verhältnissen

27. einen Satz der Anstellungsverträge mit den Geschäftsführern einschließlich aller Nebenabreden;
28. Liste und Beschreibung der Verträge mit Beratern, aus denen sich laufende Verpflichtungen des Unternehmens ergeben; einen Satz aller diese Rechtsverhältnisse betreffenden Verträge;
29. Liste aller Betriebsratsmitglieder;
30. Liste aller Mitarbeiter sowie einen Satz der Arbeitsverträge mit diesen Mitarbeitern;
31. Liste aller Ruhegeldempfänger mit Angabe der Ruhegeldverpflichtungen;
32. versicherungsmathematisches Gutachten zur Angemessenheit der Pensionsrückstellungen;

33. Liste aller für das Unternehmen verbindlicher Betriebsvereinbarungen und Tarifverträge;

34. einen Satz der Vereinbarungen über einen Interessenausgleich und bestehender Sozialpläne;

35. Liste aller vor Arbeitsgerichten anhängigen oder drohenden Streitigkeiten;

f) Unterlagen zu steuerlichen Verhältnissen

36. einen Satz der Steuererklärungen und Steuerbescheide der letzten drei abgelaufenen Geschäftsjahre;

37. Berichte steuerlicher Außenprüfungen, die in den letzten drei abgelaufenen Geschäftsjahren im Unternehmen stattgefunden haben;

38. Steuerbilanzen der letzten drei abgelaufenen Geschäftsjahre;

39. Liste aller schwebenden oder zu erwartenden Einspruchsverfahren oder Finanzgerichtsverfahren;

g) Unterlagen zu öffentlich-rechtlichen Verhältnissen und zu Fragen des Umweltschutzes

40. Liste der vorhandenen für den Geschäftsbetrieb erforderlichen Genehmigungen;

41. einen Satz der Erschließungs- und Anliegerbeitragsbescheide sowie eine Auflistung der Fälle, in denen Erschließungs- und Anliegerbeiträge noch zu erwarten sind;

42. einen Satz aller Gutachten und behördlichen Auflagen, die den Betrieb des Unternehmens betreffen;

43. einen Satz aller die Bodenbeschaffenheit der Betriebsgrundstücke betreffenden Umweltgutachten, insbesondere hinsichtlich Verunreinigungen des Bodens;

44. Liste und Beschreibung aller sonstigen aktuellen oder potenziellen Bodenverunreinigungen;

45. Beschreibung aller dem Unternehmen gewährten Förderungen aus öffentlichen Mitteln;

46. Liste aller schwebenden oder drohenden Verwaltungsverfahren oder Verwaltungsgerichtsverfahren;

h) Sonstige Angaben und Unterlagen zu Umständen, die für die Vermögens- und Ertragslage des Unternehmens bedeutsam sein können.

(ggf. ergänzen)

(2) Andere Umstände, als die der Käuferin mit den vorbezeichneten Unterlagen übermittelten, gelten nicht als ihr bekannt. Insoweit wird § 442 BGB abbedungen[1].

§ 6 Garantie

(1) Der Verkäufer garantiert, dass die tatsächlichen Angaben richtig und vollständig sind, die in den in § 5 bezeichneten Unterlagen enthalten sind[2].

(2) Der Verkäufer garantiert insbesondere,

a) dass die Einlagen auf die zu übertragenden Geschäftsanteile vollständig geleistet sind und dass keine Rückzahlungen auf die Einlagen vorgenommen worden sind;

b) dass die Jahresabschlüsse des Unternehmens entsprechend dem Gesetz und den Grundsätzen ordnungsmäßiger Buchführung unter Wahrung der Bilanzkontinuität erstellt worden sind;

c) dass die in § 5 bezeichneten Vertragsverhältnisse nicht gekündigt sind und dass keine Umstände erkennbar sind, aus denen auf eine bevorstehende Kündigung zu schließen wäre;

d) dass ihm über die in § 5 bezeichneten Rechtsverhältnisse hinaus keine Umstände bekannt sind, die einen wesentlichen Einfluss auf die Vermögens- oder Ertragslage des Unternehmens haben oder ungewöhnliche Risiken bergen;

§ 7 Haftung des Verkäufers[3]

(1) Sollten sich Garantien des Verkäufers als unrichtig erweisen, so hat der Verkäufer die Käuferin nach seiner Wahl durch Herstellung des der Garantie entsprechenden Zustandes oder durch Schadensersatz in Geld so zu stellen, wie sie stünde, wenn die Garantien richtig gewesen wären. Diese Ansprüche der Käuferin verjähren drei Jahre nach dem Übergang der Geschäftsanteile.[4]

(2) Schadensersatzansprüche können nur geltend gemacht werden, wenn sie insgesamt den Betrag von ... Euro übersteigen. Sie sind auf insgesamt höchstens ... Euro begrenzt.

---

1 Dadurch soll verhindert werden, dass Streit über die Frage entsteht, in welchem Umfang der Verkäufer Umstände offenbart hat. Es ist darauf zu achten, dass keine Zweifel über den Inhalt der Unterlagen verbleiben; zweckmäßig ist es, wenn für Verkäufer und Käufer je ein von beiden Seiten paraphierter Satz der Unterlagen gefertigt wird.

2 Im Verkäuferinteresse läge es, die Zusicherung darauf zu beschränken, dass ihm keine Umstände bekannt sind, aus denen sich die Unrichtigkeit oder Unvollständigkeit der Unterlagen ergäbe.

3 Die Rechtsfolgen unrichtiger Garantien sind vertraglich geregelt, insbesondere unter Einsetzung eines generellen Anspruchs auf Erfüllung und Schadensersatz, vgl. Teil VII Rz. 191, unter Beschränkungen der Möglichkeiten, den Vertrag rückgängig zu machen.

4 Es kommt auch eine differenzierte Verjährungsregelung in Betracht, vgl. Teil VII, Rz. 191.

(3) Hat die Durchführung dieses Vertrages für die Käuferin wegen grober Unrichtigkeit einer Garantie kein Interesse, so kann sie auch vom Vertrag zurücktreten und Schadensersatz verlangen, es sei denn, den Verkäufer träfe kein Verschulden an der unrichtigen Garantie. Die Ausübung dieser Rechte erfolgt durch schriftliche Erklärung gegenüber dem Verkäufer. Die Erklärung kann nur innerhalb eines Monats nach dem Zeitpunkt abgegeben werden, zu welchem der Käuferin die diese Rechte begründenden Umstände bekannt geworden sind, längstens jedoch innerhalb eines Jahres nach dem Übergang der Geschäftsanteile.

(4) Darüber hinausgehende Ansprüche der Käuferin auf Rückgängigmachung des Vertrages bestehen nicht.

§ 8 Überleitung des Unternehmens[1]

(1) Der Verkäufer wird der Käuferin alle Informationen erteilen, die ihr zur Überleitung des Unternehmens dienlich sein können. Er steht der Käuferin dafür ein, dass ihr die Geschäftsführung des Unternehmens ab sofort bis zum Übergang der Geschäftsanteile alle von ihr verlangten Auskünfte erteilt und ihr Einsicht in alle geschäftlichen Unterlagen des Unternehmens gewährt.

(2) Der Verkäufer steht der Käuferin auch dafür ein, dass die Geschäftsführung bis zum Übergang der Geschäftsanteile ohne Zustimmung der Käuferin keine Geschäfte vornimmt, die einen wesentlichen Einfluss auf die Geschäftslage des Unternehmens haben können.

(3) Der Verkäufer steht der Käuferin ferner dafür ein, dass die Geschäftsführer des Unternehmens mit dem Zeitpunkt des Übergangs der Geschäftsanteile auf die Käuferin ihre Ämter ohne Belastung für die Käuferin oder das Unternehmen zur Verfügung stellen.

§ 9 Wettbewerbsverbot

Der Verkäufer darf während eines Zeitraumes von drei Jahren nach Übergang der Geschäftsanteile weder selbst noch durch Dritte als Unternehmer oder für einen anderen in dem Handelszweige des Unternehmens Geschäfte machen und sich auch nicht an einem anderen Unternehmen beteiligen, das im Handelszweige des Unternehmens tätig ist[2]. Eine bloß kapitalmäßige Beteiligung an einem anderen Unternehmen ohne Einflussnahme auf dessen Geschäftsführung wird von diesem Verbot nicht erfasst.

---

[1] Ergänzend kommen Maßnahmen in Betracht, die der Verkäufer noch zu treffen hat, z.B. Sanierungsschritte, Personalreduzierungen.
[2] Vgl. § 112 HGB.

§ 10 Abtretung der Geschäftsanteile

(1) Der Verkäufer erklärt hierdurch mit Wirkung auf den Übergangsstichtag (vgl. § 2 Abs. 1) die Abtretung seiner Geschäftsanteile an die Käuferin, die diese Abtretung annimmt.

(2) Die Abtretung erfolgt unbeschadet des § 11 Abs. 1 Buchst. a unter der aufschiebenden Bedingung[1], dass die innerhalb von zwei Wochen nach Abschluss dieses Vertrages fällige Zahlung (vgl. § 4 Abs. 1) erbracht worden ist.

§ 11 Zusammenschlusskontrolle[2]

(1) Sämtliche Vollzugshandlungen dieses Vertrages werden unter der aufschiebenden Bedingung vorgenommen, dass die Übernahme der Beteiligung nicht vom Bundeskartellamt (BKartA) untersagt wird.

a) Die aufschiebende Bedingung tritt ein, wenn das BKartA ohne Einleitung eines Hauptprüfverfahrens mitteilt, dass die Untersagungsvoraussetzungen nicht vorliegen, oder wenn das BKartA nicht innerhalb eines Monats nach Eingang der Anmeldung mitteilt, dass es in das Hauptprüfverfahren eingetreten ist (§ 40 Abs. 1 GWB).

b) Die aufschiebende Bedingung tritt auch ein, wenn das BKartA das Hauptprüfverfahren eingeleitet hat und

  aa) durch Freigabeverfügung den Zusammenschluss freigibt (§ 40 Abs. 2 Satz 1 GWB) oder

  bb) nicht innerhalb von vier Monaten nach Eingang der Anmeldung den Zusammenschluss untersagt (§ 40 Abs. 2 Satz 2 GWB); die Frist verlängert sich, soweit sich die Beteiligten gegenüber dem BKartA mit einer Verlängerung einverstanden erklärt haben.

(2) Die Parteien werden sich um eine möglichst rasche Entscheidung des BKartA bemühen und insbesondere dem BKartA alle erforderlichen Informationen und Unterlagen richtig und vollständig zur Verfügung stellen. Die Anmeldung des Zusammenschlusses wird federführend von (der Käuferin/dem Verkäufer) auf eigene Kosten betrieben. Die Gebühren des BKartA tragen die Käuferin und der Verkäufer jeweils hälftig.

(3) Wird der Zusammenschluss untersagt oder tritt die aufschiebende Bedingung gemäß Abs. 1 nicht spätestens sechs Monate nach der Anmeldung ein, kann jede Partei von diesem Vertrag zurücktreten. Der Rücktritt kann nur innerhalb eines Monats nach dem Zeitpunkt erklärt werden, in welchem dem Rücktrittsberechtigten die Untersagungsverfügung zugestellt worden ist oder die Sechs-Monatsfrist abgelaufen ist. Die Parteien sind verpflichtet, alle

---

1 Vgl. Teil VII Rz. 79.
2 Die Bestimmung ist entbehrlich, wenn der Beteiligungserwerb zweifelsfrei nicht unter die Zusammenschlusskontrolle nach GWB (§§ 35 ff. GWB) fällt. Sie ist durch die Bezugnahme auf die Fusionsbestimmungen des EG-Rechtes zu ersetzen, falls dessen Anwendbarkeit in Betracht kommt.

Kenntnisse, die sie im Zusammenhang mit dem Abschluss dieses Vertrages und dem Verfahren vor dem BKartA über die Verhältnisse der anderen Partei und der mit ihr verbundenen Unternehmen erlangt haben, Dritten gegenüber geheim zu halten.

§ 12 Rückabwicklung des Vertrages[1]

(1) Im Falle einer Rückabwicklung des Vertrages (vgl. §§ 4 Abs. 3, 7 Abs. 3, 11 Abs. 3), hat die Käuferin zu erstatten

a) die empfangenen und etwa von ihr neu geschaffenen Geschäftsanteile oder die an deren Stelle getretenen anderweitigen Beteiligungsrechte einschließlich der Ansprüche auf den Gewinn des laufenden Geschäftsjahres; die Beteiligungsrechte sind von zwischenzeitlich erfolgten Belastungen namentlich mit Nießbrauch oder Pfandrechten zu befreien;

b) ausgeschüttete Gewinne einschließlich verdeckter Gewinnausschüttungen.

(2) Der Verkäufer hat zu erstatten

a) den Kaufpreis nebst 7 % Zinsen seit Erhalt desselben;

b) im Falle zwischenzeitlich erfolgter Zuführungen von Eigenkapital durch die Käuferin einen Betrag in Höhe der Zuführung nebst 7 % Zinsen ab dem Zufluss.

(3) Ist der Käuferin eine dem Abs. 1 Buchst. a entsprechende Übertragung der Geschäftsanteile oder der an deren Stelle getretenen Beteiligungsrechte nicht möglich, oder würden die Belange des Verkäufers hierdurch wegen zwischenzeitlich eingetretener Veränderungen der Beteiligungsverhältnisse oder abgeschlossener Unternehmensverträge unzumutbar beeinträchtigt werden, so kann jede Vertragspartei eine der Billigkeit entsprechende andere Art der Rückabwicklung verlangen. Eine Änderung der wirtschaftlichen Situation des Unternehmens berechtigt nicht zu einem solchen Abänderungsverlangen. Etwaige Entflechtungsanordnungen des Bundeskartellamtes haben Vorrang.

---

[1] Die Käuferin kann die Rückabwicklung namentlich in den Fällen des § 4 Abs. 3 (Unterschreiten eines Mindest-Substanzwertes) und des § 7 Abs. 2 (grobe Unrichtigkeit von Garantien) betreiben. Für den Verkäufer kommt namentlich bei Nichterfüllung der Kaufpreisansprüche ein Rücktritt in Betracht. Eine Rückabwicklung ist ferner bei Untersagung des Zusammenschlussvorhabens durch das Bundeskartellamt erforderlich. Zur Problematik der Durchführung vgl. die gleich gelagerte Situation beim Rücktritt, Teil VII Rz. 154 ff. Die Schwierigkeiten beruhen vor allem darauf, dass im Zeitpunkt der Rückabwicklung bereits vielfache Änderungen sowohl der gesellschaftsrechtlichen Verhältnisse als auch des Unternehmens selbst eingetreten sein können. Bestimmten Änderungen ist im Muster ausdrücklich Rechnung getragen, im Übrigen ist eine Generalklausel vorgesehen, die allerdings die Berücksichtigung von Änderungen der wirtschaftlichen Verhältnisse des Unternehmens ausschließt.

§ 13 Schiedsklausel[1]

(1) Ist die Abrechnungsbilanz durch einen Schiedsgutachter zu erstellen, so kann jede Vertragspartei der anderen einen Schiedsgutachter vorschlagen. Erklärt die andere Partei nicht innerhalb von 14 Tagen nach Zugang des Vorschlages ihre Zustimmung oder kommt nicht innerhalb dieser Frist eine anderweitige Einigung zwischen den Parteien über die Person des Schiedsgutachters zustande, so kann jede Partei den Präsidenten der für den Sitz des Unternehmens zuständigen Industrie- und Handelskammer um die Benennung eines Schiedsgutachters ersuchen. Die Benennung ist auch für die andere Partei verbindlich.

(2) Die Kosten des Schiedsgutachters werden von beiden Vertragsparteien je hälftig getragen.

(3) Über alle Streitigkeiten aus diesem Vertrag entscheidet unter Ausschluss des Rechtsweges ein Schiedsgericht.[2]

§ 14 Kosten und Steuern, Teilunwirksamkeit

(1) Die Kosten für die notarielle Beurkundung dieses Vertrages werden von beiden Vertragspartnern je hälftig getragen. Im Übrigen trägt jede Partei die ihr entstehenden Kosten selbst. Eine etwa anfallende Grunderwerbsteuer geht zu Lasten der Käuferin.

(2) Im Falle der Unwirksamkeit einer oder mehrerer Bestimmungen dieses Vertrages werden die Vertragsparteien eine der unwirksamen Regelung wirtschaftlich möglichst nahe kommende rechtswirksame Ersatzregelung treffen.

---

1 Regelungen über die Bestellung des *Schiedsgutachters* sind empfehlenswert. *Schiedsgerichts*vereinbarungen werden häufig getroffen. Für letztere gelten §§ 1025 ff. ZPO. Die Bestimmungen sind in weitem Umfange dispositiv. Die Parteien können das Schiedsverfahren auch den Regeln einer Schiedsinstitution unterwerfen, zum Beispiel der Deutschen Institution für Schiedsgerichtsbarkeit e.V. (DIS).
2 Zum Ganzen *Sachs*, Schiedsgerichtsverfahren über Unternehmenskaufverträge – unter besonderer Berücksichtigung kartellrechtlicher Aspekte, SchiedsVz 2004, 123 ff.

II. Aktienkaufvertrag

AKTIENKAUFVERTRAG

zwischen

(…)

– Im Folgenden „Verkäufer" –

und

(…)

– im Folgenden „Käufer" –

Präambel

A. Die (…) („Gesellschaft") ist eine im Handelsregister des Amtsgerichts (…) unter HRB (…) eingetragene Aktiengesellschaft mit Sitz in (…).

B. Das Grundkapital der Gesellschaft ist eingeteilt in (…) (Inhaberaktien) (Namensaktien) (mit einem Nennbetrag von jeweils (…) Euro) (ohne Nennbetrag mit einem auf die einzelne Aktie entfallenden anteiligen Betrag des Grundkapitals von (…) Euro).

C. (Sämtliche Aktien der Gesellschaft werden unter der Wertpapierkennnummer (WKN) (…) (ISIN (…)) im (Marktsegment) der (Börse) gehandelt.)

D. Der Verkäufer ist Aktionär der Gesellschaft und hält (…) Aktien an der Gesellschaft („Aktien").

E. (Die Aktien befinden sich in Girosammelverwahrung bei der Clearstream Banking AG, Frankfurt am Main, über ein Depotkonto (Nr. (…)) des Verkäufers bei der (…) als depotführender Bank („Depotbank").)

F. Der Verkäufer ist daran interessiert, die Aktien in der in diesem Vertrag näher festgelegten Art an den Käufer zu veräußern, der daran interessiert ist, die Aktien in dieser Weise zu erwerben.

Dies vorausgeschickt vereinbaren die Parteien Folgendes:

§ 1 Verkauf und Übertragung der Aktien

(1) Der Verkäufer verkauft mit Wirkung zum Vollzugsstichtag (§ 2 Abs. 4) an den dies annehmenden Käufer die Aktien mit allen Nebenrechten.

(2) Der Verkäufer und der Käufer sind sich darüber einig, dass das Eigentum an den Aktien am Vollzugsstichtag unter den in § 3 geregelten aufschiebenden Bedingungen auf den Käufer übergeht.

(3) Die Übergabe der Aktienurkunden der Aktien wird dadurch ersetzt, dass der Verkäufer hiermit unter den in § 3 geregelten aufschiebenden Bedingungen

(a) seinen Herausgabeanspruch gegenüber der Depotbank und Clearstream Banking AG und

(b) hilfsweise die Aktien selbst (§§ 413, 398 BGB)

an den dies annehmenden Käufer abtritt.

(4) Der Verkäufer und der Käufer werden dafür Sorge tragen, dass unverzüglich nach dem Vollzugsstichtag die im Hinblick auf die Aktien bestehenden Girosammeldepotanteile auf ein vom Käufer zu bestimmendes Depotkonto umgebucht werden. Der Verkäufer und der Käufer werden alle weiteren etwa erforderlichen Maßnahmen ergreifen und Willenserklärungen abgeben, die für einen Übergang des Eigentums an den Aktien erforderlich sind.

§ 2 Kaufpreis

(1) Der Kaufpreis für die Aktien beträgt (...) Euro („Kaufpreis"), also (...) Euro pro Aktie.

(2) Der Kaufpreis ist innerhalb von drei Bankarbeitstagen nach Eintritt der Bedingung in § 3 Abs. 1 durch Überweisung auf das Konto des Verkäufers, (...), bei der (...) (BLZ (...)) zur Zahlung fällig.

(3) Der Kaufpreis ist ein Festkaufpreis; eine Anpassung erfolgt nicht.

(4) „Vollzugsstichtag" ist der Tag, an dem der Kaufpreis entsprechend § 2 Abs. 2 geleistet wird.

§ 3 Vollzugsbedingungen

Die Einigung über den Eigentumsübergang der Aktien gemäß § 1 Abs. 2 steht unter folgenden aufschiebenden Bedingungen („Vollzugsbedingungen"):

(1) Das Fusionskontrollverfahren beim Bundeskartellamt (bei der EU-Kommission) ist ohne Untersagung der in diesem Vertrag vorgesehenen Transaktion entweder durch Fristablauf oder durch ausdrückliche schriftliche Bestätigung abgeschlossen worden.

(2) Der Käufer hat den Kaufpreis entsprechend § 2 Abs. 2 geleistet.

§ 4 Gewährleistungen

Der Verkäufer gewährleistet hiermit, dass am Vollzugsstichtag die Aktien (i) im unbelasteten Eigentum des Verkäufers stehen, (ii) voll eingezahlt und frei von jeglichen Nachzahlungs-, Nebenleistungs- oder sonstigen Verpflichtungen oder Beschränkungen sind und (iii) frei von jeglichen Rechten Dritter, gleich welcher Art, sind und keine Ansprüche auf die Einräumung solcher Rechte oder die Übertragung der Aktien bestehen.

§ 5 Erfüllung und Haftung

(1) Mit Ausnahme der Gewährleistungen in § 5 sind alle etwaigen Gewährleistungsansprüche des Käufers im Hinblick auf die Aktien ausgeschlossen.

(2) Im Falle der Verletzung einer Gewährleistung in § 5 ist der Verkäufer zum Schadenersatz in Geld verpflichtet. Alle etwaigen weiter gehenden Ansprüche aus Pflichtverletzung (einschließlich c.i.c.) sowie Wandlung, Rücktritt, Minderung und Anfechtung wegen Irrtums sind hiermit außer bei Arglist ausgeschlossen; die Bestimmungen in § 826 BGB bleiben unberührt. Der Ausschluss von Ansprüchen nach dieser § 5 Abs. 2 beeinträchtigt nicht die in diesem Vertrag ausdrücklich geregelten Verpflichtungen der Parteien.

§ 6 Schlussbestimmungen

(1) Die Parteien werden Abschluss und Inhalt dieses Vertrags streng vertraulich behandeln. Gesetzliche Mitteilungs- und Anzeigepflichten bleiben unberührt.

(2) Jede Vertragspartei trägt die bei ihr im Zusammenhang mit dem Abschluss und der Durchführung dieses Vertrages anfallenden Kosten und Steuern sowie die Kosten ihrer Berater selbst.

(3) Änderungen und Ergänzungen dieses Vertrages (einschließlich dieser Vorschrift) sowie nach diesem Vertrag abzugebende Erklärungen bedürfen zu ihrer Wirksamkeit der Schriftform, soweit keine notarielle Form vorgeschrieben ist.

(4) Sollte eine Bestimmung dieses Vertrages unwirksam sein oder werden oder eine an sich notwendige Regelung nicht enthalten, so wird dadurch die Wirksamkeit der übrigen Bestimmungen dieses Vertrages nicht berührt. Anstelle der unwirksamen Bestimmung oder zur Ausfüllung der Regelungslücke gilt eine rechtlich zulässige Regelung, die soweit wie möglich dem entspricht, was die Vertragsparteien gewollt haben oder nach Sinn und Zweck dieses Vertrages gewollt haben würden, wenn sie die Regelungslücke erkannt hätten.

(5) Dieser Vertrag unterliegt deutschem Recht. Gerichtsstand für alle Streitigkeiten aus oder im Zusammenhang mit diesem Vertrag einschließlich solche über seine Wirksamkeit ist (…).

(Verkäufer) (Käufer)

(Ort, Datum) (Ort, Datum)

III. Kauf von Beteiligungen an einer Kommanditgesellschaft

KAUFVERTRAG[1,2]

zwischen

1. dem Kaufmann A ...,

2. dem Kaufmann B ...,

– im Folgenden „Verkäufer" –

und

3. der X-GmbH in ...,

4. der Z-AG in ...,

– im Folgenden „Käufer" –

Vorbemerkung

Verkäufer sind die alleinigen Gesellschafter der im Handelsregister des Amtsgerichts .... unter HRA .... eingetragenen A-KG mit Sitz in .... („Gesellschaft"). A ist als Komplementär am Festkapital der Gesellschaft in Höhe von insgesamt 5 000 000 Euro mit einem festen Kapitalanteil von 2 500 000 Euro, B als Kommanditist mit einem Kommanditanteil von ebenfalls 2 500 000 Euro beteiligt. Dies vorausgeschickt wird Folgendes vereinbart:

---

1 Das Vertragsbeispiel stellt den Wechsel sämtlicher Gesellschafter bei einer Kommanditgesellschaft durch Kauf dar. Die Kommanditgesellschaft besteht aus einem Komplementär und einem Kommanditisten.
2 Eine bestimmte Form ist für den Vertrag gesetzlich nicht vorgesehen. Weder notarielle Beurkundung noch Schriftform sind erforderlich. Schriftform ist jedoch allgemein üblich. Eine notarielle Beurkundung ist allerdings erforderlich, wenn zugleich die Anteile einer Komplementär-GmbH veräußert werden.

§ 1 Gesellschafterwechsel und Übertragung von Beteiligungen[1]

(1) Die X-GmbH tritt mit Beginn des ersten des dem Eintritt der Bedingung gemäß § 2 Abs. 2 folgenden Monats („Stichtag")[2] als Komplementärin in die Gesellschaft ein. A scheidet unter Übertragung seines Kapitalanteils an die X-GmbH zum Stichtag aus der Gesellschaft aus.

(2) Die Z-AG tritt zum Stichtag als Kommanditistin in die Gesellschaft ein. B scheidet unter Übertragung seines Kommanditanteils auf die Z-AG aus der Gesellschaft aus.

(3) Mit der Übertragung gemäß Abs. 1 und 2 werden zugleich die Guthaben der Verkäufer auf den Darlehenskonten übertragen.[3]

§ 2 Aufschiebende Bedingung[4]

(1) Die Vertragschließenden werden den Zusammenschluss beim Bundeskartellamt anmelden.

(2) Der Vertrag wird unter der aufschiebenden Bedingung einer Erklärung des Bundeskartellamtes geschlossen, dass es diesen Zusammenschluss nicht untersagt. Die Bedingung gilt als eingetreten mit Ablauf der in § 40 Abs. 1 S. 1 GWB genannten Monatsfrist, sofern das Bundeskartellamt nicht innerhalb dieser Frist mitgeteilt hat, dass es in die Prüfung des Zusammenschlussvorhabens eingetreten ist. Die Bedingung gilt weiterhin als eingetreten mit Ablauf der in § 40 Abs. 2 S. 2 GWB genannten Viermonatsfrist bzw. bei einvernehmlicher

---

1 Der Gesellschafterwechsel kann in zweierlei Formen formuliert werden. Der handelsrechtlichen Dogmatik entspräche eine Formulierung dergestalt, dass sämtliche alten Gesellschafter aus der Gesellschaft ausscheiden und neue Gesellschafter eintreten. Die alten Gesellschafter erhalten eine Abfindung. Geläufiger ist es jedoch in der Praxis, auch Veräußerungsvorgänge bei Personengesellschaften ähnlich Veräußerungen von Anteilen an Kapitalgesellschaften als Veräußerungsvorgänge von Beteiligungen zu definieren. Sowohl für die zivilrechtliche Betrachtungsweise, was zum Beispiel die Gewährleistung anbetrifft, als auch in steuerrechtlicher Sicht ergeben sich in beiden Formulierungsalternativen keine Unterschiede.
2 Bei dem Vertragsbeispiel wird davon ausgegangen, dass es sich um einen anmeldepflichtigen Zusammenschluss von Unternehmen i.S.d. §§ 35 ff. GWB handelt. Aus diesem Grund wird ein Stichtag in Abhängigkeit vom Eintritt der kartellrechtlichen Unbedenklichkeit gewählt. Liegt kein anmeldepflichtiger Zusammenschluss vor, empfiehlt es sich zur Erleichterung des auf den Stichtag zu erstellenden Übernahmeabschlusses, einen Stichtag zu wählen, der mit dem Ablauf eines Wirtschaftsjahres zusammenfällt. Sofern der Zeitraum zwischen Vertragsabschluss und Ende eines Geschäftsjahres zu groß ist, ist es ratsam, einen anderen Stichtag zu wählen und einen separaten Übernahmeabschluss zu erstellen.
3 Bei der Übertragung von Beteiligungen an Personengesellschaften ist die Regelung der Frage wichtig, was mit den sogenannten Darlehenskonten geschieht. Wäre die hier gewählte Formulierung in dem Vertrag nicht enthalten, entstünde die Streitfrage, ob die Verkäufer (ehemalige Gesellschafter) zusätzlich zu dem Kaufpreis noch eine Forderung gegen die Gesellschaft auf Zahlung ihrer Guthaben auf Darlehenskonten haben.
4 Durch die Regelung soll ein Vollzug des Zusammenbeschlusses vermieden werden, bevor nicht die kartellrechtliche Unbedenklichkeit feststeht.

Verlängerung mit Ablauf der verlängerten Frist, sofern das Bundeskartellamt den Zusammenschluss nicht innerhalb dieser Frist untersagt hat.

(3) Die Vertragschließenden werden das Bundeskartellamt um eine möglichst rasche Entscheidung bitten und nach besten Kräften zur Beschleunigung des Verfahrens beitragen. Die Federführung für das Anmeldeverfahren liegt bei der X-GmbH. Sämtliche Vertragschließenden werden sich an dem Anmeldeverfahren beteiligen. Die X-GmbH wird sich mit ihnen im Laufe des Verfahrens jederzeit abstimmen.

(4) Sollte das Bundeskartellamt Auflagen oder Bedingungen stellen, so werden die Vertragschließenden den Vertrag diesen Auflagen oder Bedingungen nach Möglichkeit anpassen.

(5) Sollte das Bundeskartellamt den Zusammenschluss untersagen, gilt die Bedingung als nicht eingetreten. Sofern die Bedingung nicht bis zum .... eingetreten ist oder als eingetreten gilt, wird dieser Vertrag hinfällig.

§ 3 Übernahmeabschluss

(1) Auf den Stichtag (§ 1 Abs. (1)) ist ein Übernahmeabschluss[1] zu erstellen. Der Übernahmeabschluss einschließlich der Inventuraufnahme wird durch den Abschlussprüfer der Gesellschaft, die W-Wirtschaftsprüfungsgesellschaft in .... und durch den Abschlussprüfer der X-GmbH, die U-Wirtschaftsprüfungsgesellschaft in .... innerhalb von drei Monaten nach dem Stichtag gemeinsam aufgestellt. Die Verkäufer verpflichten sich, beiden Wirtschaftsprüfungsgesellschaften sämtliche zur Aufstellung des Übernahmeabschlusses notwendigen Informationen zu erteilen sowie sämtliche erbetenen Unterlagen zur Verfügung zu stellen. A sowie die leitenden Angestellten der Gesellschaft werden als Auskunftspersonen zur Verfügung stehen. Die Käufer sind berechtigt, sich durch eigene Beauftragte an den Feststellungen zur Aufstellung des Übernahmeabschlusses einschließlich der Inventuraufnahme zu beteiligen. Die Kosten beider Wirtschaftsprüfungsgesellschaften tragen die Käufer als Gesamtschuldner.

---

[1] Obwohl der Übernahmeabschluss hier gemeinsam aufgestellt wird, haften die Verkäufer für die Richtigkeit des Übernahmeabschlusses. Es wäre auch denkbar, dass bei einem gemeinsamen Aufstellen des Übernahmeabschlusses die Haftung der Verkäufer entfällt, da die Käufer bereits sämtliche Möglichkeiten der Überprüfung hatten. Bei der hier gewählten Kombination wird eine Überfrachtung des Kaufvertrages mit einem häufig zugunsten der Käufer gewählten umfangreichen Gewährleistungs- oder Garantiekatalog vermieden.

(2) Der Übernahmeabschluss ist unter Berücksichtigung folgender Bewertungsgrundsätze aufzustellen.[1]

a) Der Übernahmebeschluss ist, soweit nachstehend nichts Abweichendes bestimmt ist, nach handelsrechtlichen Grundsätzen aufzustellen. Soweit ein Aktivierungswahlrecht besteht, hat die Aktivierung zu unterbleiben. Soweit ein Passivierungswahlrecht besteht, hat die Passivierung zu erfolgen.

b) Neuzugänge im Anlagevermögen sind mit den Anschaffungskosten zu aktivieren. Abschreibungen sind pro rata temporis vorzunehmen.

c) Die Bewertung der Vorräte erfolgt nach Maßgabe der diesem Vertrag beigefügten Anlage 1.

d) Für schwer einbringliche oder dubiose Forderungen bildet die Gesellschaft zum Stichtag entsprechend der bisherigen Übung Einzelwertberichtigungen und eine Pauschalwertberichtigung.

e) Die Rückstellungen für Pensionsverpflichtungen und für Verpflichtungen gegenüber Unterstützungskassen sind voll auf den Teilwert aufzufüllen gemäß dem vorliegenden und diesem Vertrag als Anlage 2 beigefügten versicherungsmathematischen Gutachten unbeschadet der Bestimmung in § 4 Abs. 1 letzter Satz.[2]

f) (...)[3]

(3) Die Verkäufer garantieren die Richtigkeit und Vollständigkeit des Übernahmeabschlusses. Sie stehen insbesondere dafür ein, dass die Verbindlichkeiten vollständig ausgewiesen und für sämtliche Risiken soweit zulässig Rückstellungen gebildet sind. Wird die Gesellschaft aus einer nicht passivierten Verbindlichkeit oder aus einem bereits zum Stichtag des Übernahmeabschlusses bestehenden Risiko, für das keine Rückstellung gebildet worden ist, in Anspruch genommen, so haben die Verkäufer die Gesellschaft freizustellen. Diese Verpflichtung besteht nur für Ansprüche, die bis zum 31. Dezember 2005 geltend gemacht werden.[4]

---

1 Die Aufstellung möglichst detaillierter Bewertungsregeln ist empfehlenswert. Oft wird auch bei Personengesellschaften auf die Bewertung „nach handelsrechtlichen Grundsätzen" verwiesen. Es gelten dann die recht konkreten Bewertungsgrundsätze des Handelsgesetzes. Eine darüber hinausgehende Konkretisierung bleibt jedoch notwendig, wenn entweder von diesen handelsrechtlichen Grundsätzen in einzelnen Bilanzpositionen abgewichen werden soll oder ein nach Handelsrecht bestehendes Bewertungswahlrecht in einer bestimmten Weise ausgeübt werden soll.
2 Häufig sind gerade bei mittelständischen Unternehmen Verpflichtungen aus Ruhegeldzusagen in nicht ausreichender Form passiviert. Der Erwerber wird in jedem Falle auf die Bildung einer Rückstellung in Höhe des Teilwertes drängen.
3 Die Aufzählung der Bewertungsgrundsätze ist lediglich beispielhaft und kann je nach Einzelfall beliebig erweitert werden.
4 Es entspricht einem Gebot der Rechtssicherheit, Enddaten für die Abrechnung von Ausgleichsposten im Vertrag vorzusehen.

(4) Sind Rückstellungen im Übernahmeabschluss gebildet, von denen bis zum 31. Dezember 2005 feststeht, dass das Risiko, für das sie gebildet wurden, sich nicht verwirklicht, so haben die Käufer den entsprechenden Betrag an die Verkäufer als zusätzlichen Kaufpreis zu zahlen.

(5) Soweit bis zum 31. Dezember 2005 aktivierte Forderungen nicht eingegangen sind und die Summe dieser Außenstände höher ist als die Summe der Einzel- und Pauschalwertberichtigungen, ist diese Differenz von den Verkäufern an die Gesellschaft zu zahlen.

(6) Die Abrechnung über die in Abs. 3 bis Abs. 5 genannten Posten erfolgt spätestens bis zum 31. März 2006. Den Verkäufern steht das Recht zu, insoweit die Bücher der Gesellschaft durch einen von ihnen zu benennenden Wirtschaftsprüfer zu ihren Lasten überprüfen zu lassen.

(7) Den Käufern ist bekannt, dass die Gesellschaft einen Aktivprozess gegen S wegen einer Forderung in Höhe von 450 000 Euro führt. Die Forderung ist in dem Übernahmeabschluss nicht zu bilanzieren. Auf Wunsch der Verkäufer ist die Gesellschaft verpflichtet, den Prozess weiter zu betreiben. Die Käufer werden keine gegenteilige Anweisung an die Gesellschaft geben. Die Verkäufer verpflichten sich, die Gesellschaft von sämtlichen Prozesskosten und Risiken freizustellen. In dem Umfange und zu dem Zeitpunkt, wie Beträge aus der oben genannten Forderung bei der Gesellschaft eingehen, werden diese an die Verkäufer als zusätzlicher Kaufpreis weitergeleitet.[1]

(8) Die Verkäufer erstellen eine Liste aller Mietverträge über Grundstücke, Gebäude, Büro- und Wohnräume, Betriebs- und Geschäftsausstattung, EDV-Hardware etc., die diesem Vertrag als Anlage 3 beigefügt wird. Sie sichern zu, dass es keine anderen Mietverträge und auch keine ungewöhnlichen über den normalen Rahmen der Geschäftstätigkeit der Gesellschaft gehenden Rechtsgeschäfte gibt.[2]

(9) Vor dem Stichtag werden von den Verkäufern zum Buchwert folgende Vermögensgegenstände entnommen:[3]

(...)

---

[1] Die Erfolgsaussichten des Aktivprozesses werden von den Käufern als nicht günstig angesehen. Deshalb ist die Forderung, die mit dem Aktivprozess geltend gemacht wird, im Übernahmeabschluss nicht bilanziert worden. Den Verkäufern soll jedoch nicht die Chance gegeben werden, die ausstehende Forderung zu realisieren.
[2] Die Kataloge von Garantiebeständen sind in vielen Unternehmenskaufverträgen weit umfangreicher. Dies gilt insbesondere für Kaufverträge, die dem anglo-amerikanischen System nachempfunden sind. Ein umfangreicher Katalog ist hier aufgrund des gemeinsam aufzustellenden Übernahmeabschlusses entbehrlich.
[3] Bei diesen Gegenständen kann es sich zum Beispiel um einen PKW handeln, der von einem bisherigen Gesellschafter genutzt wird. Die Entnahme erfolgt grundsätzlich zum Teilwert (§ 6 Abs. 1 Nr. 4 EStG) und führt damit zur Aufdeckung und Versteuerung stiller Reserven. Eine Entnahme zum Buchwert ist nach § 6 Abs. 5 EStG nur bei Überführung ins Betriebsvermögen des Entnehmenden möglich.

§ 4 Berechnung des Kaufpreises[1,2]

(1) Aus dem Übernahmeabschluss errechnet sich der Kaufpreis wie folgt:

Guthaben auf den Kapitalkonten I[3]

+ Guthaben auf Kapitalkonten II bzw.

./. Verbindlichkeiten auf Kapitalkonten II

./. Verlustvortrag auf Verlustvortragskonten

+ Guthaben auf Darlehenskonten bzw.

./. Verbindlichkeiten auf Darlehenskonten[4]

<u>Zwischensumme</u>

---

1 Vgl. zu den verschiedenen grundsätzlichen Methoden der Berechnung des Kaufpreises Teil I Rz. 176 ff.
2 Veräußerungen von Beteiligungen an Personengesellschaften durch eine natürliche Person unterliegen der Einkommensteuer, nicht jedoch der Gewerbesteuer. Nach dem am 1. Januar 2004 in Kraft getretenen Haushaltsbegleitgesetz 2004 wird ein einmaliger Steuerfreibetrag in Höhe von 45 000 Euro gewährt, sofern der Verkäufer das 55. Lebensjahr vollendet hat oder dauernd berufsunfähig ist. Der Freibetrag ermäßigt sich jedoch um den Betrag, um den der Veräußerungsgewinn 136 000 Euro übersteigt (vgl. § 16 Abs. 4 EStG). Der übersteigende Betrag wird in diesem Fall gemäß § 34 Abs. 3 EStG lediglich mit 56 Prozent des durchschnittlichen Steuersatzes, mindestens jedoch mit 15 Prozent besteuert. Übersteigt der Veräußerungsgewinn jedoch 5 Mio. Euro besteht keinerlei Steuervergünstigung. Hält die Personengesellschaft ihrerseits Anteile an Kapitalgesellschaften, so unterliegt der Anteil des Veräußerungsgewinns, der auf die Anteile an Kapitalgesellschaften zurückzuführen ist, dem Halbeinkünfteverfahren (§ 3 Nr. 40 lit. b EStG), d.h. dieser Betrag ist zur Hälfte steuerfrei (vgl. im Einzelnen Teil V Rz. 55 ff.).
Veräußert eine Kapitalgesellschaft die Beteiligung an einer Personengesellschaft, so unterliegt der entstehende Veräußerungsgewinn in vollem Umfang der Körperschaftsteuer und der Gewerbesteuer.
3 Bei Personengesellschaften wird im Gesellschaftsvertrag häufig vereinbart, dass das auf einen Gesellschafter entfallende Kapital auf verschiedenen Kapitalkonten sowie einem Verlustvortragskonto verbucht wird. Das Kapitalkonto I repräsentiert die nicht entnahmefähige Kapitaleinlage eines Gesellschafters. Auf dem Kapitalkonto II werden Gewinnanteile der Gesellschafter, soweit sie nicht zur Deckung eines Verlustes benötigt werden, und weitere entnahmefähige Einlagen des Gesellschafters verbucht. Aus diesem Grund wird das Kapitalkonto II häufig auch als Privatkonto bezeichnet. Je nach Ausgestaltung des Gesellschaftsvertrages ist es dabei auch möglich, dass das Kapitalkonto II einen negativen Saldo aufweist.
4 Das Vertragsbeispiel geht von der bei Personengesellschaften gebräuchlichen Regelung aus, dass neben festen Kapitalkonten Verlustvortragskonten und Darlehenskonten geführt werden.

+ Gewinn zum Stichtag bzw.

./. Verlust zum Stichtag

Zwischensumme

+ 1.500.000 Euro

= Kaufpreis

Die gemäß Anlage 4 gegenüber A Senior bestehende Pensionsverpflichtung, die im Übernahmeabschluss nicht passiviert ist, verbleibt bei der Gesellschaft.[1]

(2) Gemäß § 3 Abs. 4 zu zahlende Beträge sind, sofern die tatbestandlichen Voraussetzungen vorliegen, zusätzlich zum Kaufpreis gemäß Abs. 1 zu zahlen.

§ 5 Fälligkeit und Zahlungsweise

(1) Der Kaufpreis gemäß § 4 ist vierzehn Tage, nachdem die in § 3 Abs. 1 genannten Wirtschaftsprüfungsgesellschaften den Übernahmeabschluss aufgestellt haben, fällig.

(2) Der Kaufpreis wird an die Verkäufer als Gesamtgläubiger auf ein von diesen anzugebendes Konto gezahlt. Die Aufteilung des Kaufpreises untereinander obliegt den Verkäufern.

(3) Können sich die in § 3 Abs. 1 genannten Wirtschaftsprüfungsgesellschaften nicht innerhalb von drei Monaten nach dem Stichtag (§ 1 Abs. 1) auf einen gemeinsamen Übernahmeabschluss einigen, so entscheidet ein auf Antrag einer der Vertragschließenden oder einer der beiden Wirtschaftsprüfungsgesellschaften von der örtlichen zuständigen Industrie- und Handelskammer benannter Wirtschaftsprüfer (Wirtschaftsprüfungsgesellschaft) über die strittigen Wertansätze als Schiedsgutachter (§ 317 BGB). Der Kaufpreis ist dann innerhalb von vierzehn Tagen nach seiner Entscheidung fällig.[2]

(4) Wird der Kaufpreis bei Fälligkeit nicht entrichtet, geraten die Käufer ohne Mahnung in Verzug. In diesem Fall wird der Kaufpreis bis zum Tag der Zahlung mit 5 % über dem jeweiligen Basiszinssatz gemäß § 247 verzinst.

---

1 Es handelt sich um die Pensionsverpflichtung gegenüber einem Vorgänger eines ausscheidenden Gesellschafters. Die Behandlung von Pensionsverpflichtungen gegenüber Altgesellschaftern bzw. zum Zeitpunkt des Kaufvertragsabschlusses bereits ausgeschiedenen Altgesellschaftern gehört zu den häufig auftretenden Streitfragen bei Veräußerung von Familienunternehmen.
2 Das hier vorgesehene Regulativ der Entscheidung eines Schiedsgutachters ist unbedingt notwendig, da ansonsten die Käufer den Eintritt der Fälligkeit des Kaufpreises hinausschieben könnten.

§ 6 Berufstätigkeit von A

A steht der neuen Geschäftsführung nach dem Stichtag noch vier Monate unentgeltlich beratend zur Verfügung.[1]

§ 7 Freistellung und Verzichtsklausel

(1) Die Käufer erklären, dass sie die Verkäufer für den Fall, dass diese von Gläubigern aus Verbindlichkeiten und Risiken, die im Übernahmeabschluss passiviert sind, in Anspruch genommen werden, freistellen.[2]

(2) Die Verkäufer erklären, dass sie nach dem Stichtag außer den in diesem Vertrag genannten Ansprüchen keinerlei Ansprüche gegen die Gesellschaft haben.

§ 8 Steuerklausel[3]

(1) Steuerliche Belastungen, insbesondere in Form von Gewerbe-, Lohn- und Umsatzsteuer, die bis zum Stichtag wirtschaftlich verursacht sind, werden gegebenenfalls nach Verbrauch dafür in dem Übernahmeabschluss gebildeter Rückstellungen, von den Verkäufern an die Gesellschaft erstattet.

(2) Ergeben sich aufgrund steuerlicher Betriebsprüfungen aus der Zeit bis zum Stichtag für die Gesellschaft Nachzahlungen von Gewerbe-, Lohn- oder Umsatzsteuer, haben die Verkäufer die hieraus entstehenden Belastungen, nach Verbrauch in dem Übernahmeabschluss gebildeter Rückstellungen, der Gesellschaft zu erstatten. Gleiches gilt für Nachzahlungen infolge von Prüfungen der Sozialversicherungsträger.

(3) Die Verkäufer können auf eigene Kosten bei den in Abs. 2 beschriebenen Prüfungen mitwirken.

§ 9 Konkurrenzklausel[4]

(1) Die Verkäufer verpflichten sich – insgesamt und jeder für sich – auf dem gegenwärtigen Tätigkeitsgebiet der Gesellschaft kein Konkurrenzunternehmen

---

1 Ob eine solche Beratungstätigkeit eines der Verkäufer notwendig und sinnvoll ist, hängt von den Einzelfallumständen ab.
2 Diese Regelung ist für den ausscheidenden Komplementär einer Kommanditgesellschaft in dessen Interesse sinnvoll (vgl. § 159 HGB. Vgl. dazu Teil VII Rz. 209 f.).
3 Wenngleich die Verkäufer in § 3 Abs. 3 eine Garantie für die Richtigkeit und Vollständigkeit des Übernahmeabschlusses abgegeben haben und dabei auch garantiert haben, dass ausreichende Rückstellungen gebildet wurden, ist es gleichwohl eine besondere Regelung für Steuernachforderungen sinnvoll. Der Grund dafür besteht insbesondere darin, dass die steuerlichen Nachforderungen aus der Zeit vor dem Stichtag die Gesellschaft belasten und der sich aus der Garantie ergebende Schadensersatzanspruch lediglich ein Anspruch der Gesellschafter und nicht der Gesellschaft ist. Es empfiehlt sich daher, in der Steuerklausel festzulegen, dass die Käufer die steuerlichen Belastungen der Gesellschaft erstatten müssen.
4 Vgl. zur kartellrechtlichen Problematik des Wettbewerbsverbots Teil VIII Rz. 213, zur steuerrechtlichen Seite Teil V Rz. 13.

zu betreiben oder sich an einem solchen – sei es unmittelbar oder mittelbar für eigene oder fremde Rechnung – zu beteiligen.

(2) Dieses Wettbewerbsverbot gilt für das Gebiet der Bundesrepublik Deutschland.

(3) Dieses Wettbewerbsverbot ist gültig für die Dauer von zwei Jahren, beginnend mit dem Stichtag.

(4) Solange die Gesellschaft den Namen A in ihrer Firma führt, werden die Verkäufer diesen Namen firmengemäß nicht verwenden.

(5) Verletzt einer der Verkäufer seine Verpflichtungen nach dieser Konkurrenzklausel, so zahlt er an die Gesellschaft für jeden Fall der Verletzung eine Vertragsstrafe von 50 000 Euro. Jede fortgesetzte Verletzung der Verpflichtung über drei Monate hinaus, gilt als eigenständige Verletzung. Der Unterlassungsanspruch der Gesellschaft sowie etwaige Schadensersatzansprüche bleiben von einer derartigen Zahlung unberührt.

§ 10 Teilnichtigkeitsklausel

(1) Sollten Bestimmungen dieses Vertrages unwirksam sein oder werden oder sollten sich in dem Vertrag Lücken herausstellen, so soll hierdurch die Gültigkeit der übrigen Bestimmungen nicht berührt werden.

(2) Anstelle der unwirksamen Bestimmungen und zur Ausfüllung der Lücke soll eine angemessene Regelung gelten, die – soweit rechtlich möglich – dem am nächsten kommt, was die Vertragschließenden gewollt haben oder, hätten sie die Lücke bedacht, gewollt haben würden.

§ 11 Schiedsgericht[1]

Alle Streitigkeiten aus und über diesen Vertrag sollten durch ein Schiedsgericht entschieden werden, das in der in Anlage 5 beigefügten Schiedsgerichtsvereinbarung gesondert vereinbart wurde.

Anlagen[2]

---

1 Vgl. dazu Teil I Rz. 201 ff.
2 Die zu dem Vertragsbeispiel gehörenden und hier zitierten Anlagen sind nicht beigefügt, da sie keinen allgemein gültigen Wert haben.

IV. Kauf durch Übertragung von Wirtschaftsgütern und Verbindlichkeiten („Asset Deal")[1]

1. Kaufvertrag

KAUFVERTRAG

zwischen

der A-GmbH

– im Folgenden „Verkäuferin" –

und

der B-GmbH

– im Folgenden „Käuferin" –

wird Folgendes vereinbart:[2]

§ 1 Kaufgegenstand/Übernahmestichtag

(1) Die Verkäuferin produziert und vertreibt gegenwärtig insbesondere ... Sie hat sich entschlossen, ihren Geschäftsbetrieb mit den in diesem Vertrag aufgeführten Wirtschaftsgütern mit Wirkung zum Übernahmestichtag an die Käuferin zu verkaufen und zu übertragen.

(2) Die Käuferin übernimmt ausschließlich die in diesem Vertrag aufgeführten Verbindlichkeiten.

(3) Übernahmestichtag ist der ..., 24:00 Uhr.

§ 2 Übertragung der Wirtschaftsgüter

(1) Die Verkäuferin verkauft und übereignet mit Wirkung zum Übernahmestichtag an die Käuferin sämtliche von ihr bisher in ihrem Geschäftsbetrieb genutzten Maschinen, maschinelle Anlagen, Betriebsvorrichtungen, Betriebs- und Geschäftsausstattungen und sonstige (einschließlich der geringwertigen) Wirtschaftsgüter, die sich im Wesentlichen aus der diesem Vertrag beigefügten *Anlage 1* ergeben. Soweit einzelne Gegenstände in der *Anlage 1* nicht auf-

---

[1] Insbesondere bei einem Asset Deal ist es unverzichtbar, eine auf den jeweiligen Einzelfall zugeschnittene vertragliche Regelung zu vereinbaren. Das vorliegende Muster kann demnach nur als grobe Richtschnur verstanden werden. Insbesondere in Bezug auf die zu übertragenden Wirtschaftsgüter und ggf. auch Verbindlichkeiten ist größtmöglichste Sorgfalt bei der Erstellung des Vertrages und seiner Anlagen erforderlich, zudem ist die Aufnahme weiterer Vertragsregelungen, insbesondere umfassende Garantiekataloge, Vollzugsbestimmungen und kartellrechtliche Anmeldungspflichten im Einzelfall zwingend erforderlich.

[2] Im Unterschied zum Geschäftsanteilskaufvertrag bedarf die vertragliche Übernahme von Wirtschaftsgütern und Verbindlichkeiten grundsätzlich nicht notarieller Form.

geführt sind, sind sie gleichwohl mitverkauft, sofern sie von der Verkäuferin bisher in ihrem Geschäftsbetrieb genutzt worden sind.

(2) Gegenstände, die von der Käuferein in ihrem Geschäftsbetrieb genutzt werden, aber im Eigentum Dritter stehen, werden nicht verkauft. Diese Gegenstände sind im Wesentlichen in der diesem Vertrag beigefügten *Anlage 2* aufgeführt.

(3) Auf den ... erfolgt – auf Verlangen der Käuferin in Anwesenheit eines Vertreters der Käuferin und/oder der von ihr beauftragten Wirtschaftsprüfungsgesellschaft ... – durch die Abschlussprüfer der Verkäuferin ... die Feststellung der Buchwerte der nach § 2 Abs. 1 dieses Vertrages verkauften Wirtschaftsgüter nach allgemein anerkannten deutschen Bilanzierungsregeln unter Wahrung der Kontinuität der Bilanzierungs- und Bewertungswahlrechte („Bewertungsgutachten 1"). Sofern sich die Vertragsparteien nicht binnen 30 Tagen nach Beginn der Bewertungsarbeiten auf die Feststellung der Buchwerte einigen können, sollen diese mit bindender Wirkung für die Vertragsparteien auf Antrag einer der Vertragsparteien von einem Wirtschaftsprüfer, der vom Institut der Wirtschaftsprüfer mit Sitz in Düsseldorf ernannt worden ist, als Schiedsgutachter bestimmt werden. Die Kosten des Schiedsgutachters tragen die Vertragsparteien je zur Hälfte.

§ 3 Vorratsvermögen

(1) Die Verkäuferin verkauft und übereignet mit Wirkung zum Übernahmestichtag die am ... vorhandenen Gegenstände ihres Vorratsvermögens, insbesondere sämtliche Roh-, Hilfs- und Betriebsstoffe, halbfertige und fertige Erzeugnisse sowie Ersatzteile. Soweit sich Gegenstände des verkauften Vorratsvermögens im Besitz Dritter befinden, tritt die Verkäuferin der Käuferin ihre Herausgabeansprüche gegen diese Dritten ab und übergibt der Käuferin Lagerscheine.

(2) Unmittelbar nach dem Übernahmestichtag erfolgt die Aufnahme einer lückenlosen körperlichen Inventur des Vorratsvermögens durch die Vertragsparteien. Die so festgestellten Gegenstände des zu übernehmenden Vorratsvermögens sind nach dem Niederstwertprinzip (Anschaffungs- und/oder Herstellungskosten oder niedrigerer Teilwert) zu bewerten („Bewertungsgutachten 2"). Für das Verfahren gelten die Regelungen in § 2 Abs. 3 dieses Vertrages entsprechend.

(3) Die Vertragsparteien sind berechtigt, mit der Durchführung der Inventur und Bewertung Dritte zu beauftragen.

(4) Die Verkäuferin gestattet der Käuferin und deren Beauftragten, ihre Geschäftsräume zu betreten und Einblick in sämtliche von diesen zur Durchführung der Inventur und Bewertung für erforderlich gehaltenen Unterlagen zu nehmen.

(5) Die Vertragsparteien werden sich gegenseitig bei der Durchführung der Inventur unterstützen.

(6) Im Übrigen gelten für die Inventur und Bewertung des Vorratsvermögens die in *Anlage 3* aufgeführten Regeln.

§ 4 Gewerbliche Schutzrechte

(1) Die Verkäuferin verkauft und überträgt an die Käuferin mit Wirkung zum Übernahmestichtag die gewerblichen Schutzrechte und/oder Anmeldungen von gewerblichen Schutzrechten, die sich aus der diesem Vertrag beigefügten *Anlage 4* ergeben.

(2) Darüber hinaus werden alle Erfindungen, Know-how, Geschäfts- und Betriebsgeheimnisse, Verfahren, Formeln und sonstige immateriellen Gegenstände, die nicht von gewerblichen Schutzrechten umfasst sind, mit Wirkung zum Übernahmestichtag auf die Käuferin übertragen.

§ 5 Auftragsbestand

(1) Die Käuferin verpflichtet sich, den am Übernahmestichtag vorhandenen Auftragsbestand der Verkäuferin zu den vereinbarten Bedingungen zu übernehmen und auszuführen, soweit die Verkäuferin die Lieferung und Leistung bis zum ... noch nicht erbracht hat, vorausgesetzt, dass der Auftraggeber der Übernahme zustimmt. Soweit der Auftragsbestand der Verkäuferin auf bindenden Lieferverträgen beruht, bei denen die Ware nach dem ... auszuliefern ist, sind diese in der diesem Vertrag beigefügten *Anlage 5* aufgeführt.

(2) Sofern die Käuferin die jeweiligen Aufträge übernimmt, wird sie diese für eigene Rechnung ausführen und die Verkäuferin von allen Verpflichtungen aus den übernommenen Verträgen freistellen, es sei denn, diese beruhen auf Handlungen oder Unterlassungen der Verkäuferin, die zu Schadenersatzansprüchen führen.

(3) Die Vertragsparteien werden sich nach besten Kräften dafür einsetzen, dass der jeweilige Vertragspartner die Zustimmung zur Übernahme erteilt.

§ 6 Forderungen, Verträge und Verbindlichkeiten

(1) Forderungen der Verkäuferin aus Lieferungen und Leistungen sowie sonstige Forderungen, die zum Geschäftsbetrieb gehören, werden der Käuferin nicht abgetreten, es sei denn, in diesem Vertrag ist etwas anderes bestimmt.

(2) Die Bestimmungen in § 5 Abs. 2 und 3 dieses Vertrages gelten entsprechend für die am ... vorhandenen Beschaffungsverträge über Roh-, Hilfs- und Betriebsstoffe, halbfertige oder fertige Erzeugnisse, z.B. laufende Verträge über ... Soweit solche Verträge Verpflichtungen von mehr als ... Euro betreffen oder Bezugsverpflichtungen für Rohware über einen Zeitraum von mehr als ... Monaten begründen, sind diese in der diesem Vertrag beigefügten *Anlage 6* abschließend aufgezählt.

(3) Die Verkäuferin versichert, dass sie ab Unterzeichnung dieses Vertrages Verpflichtungen aus den in § 6 Abs. 2 genannten Verträgen nur eingehen wird,

soweit dies für die Fortführung der Produktion und eine ordnungsgemäße Aufrechterhaltung ihres Geschäftsbetriebs über den ... hinaus erforderlich ist.

(4) Die Käuferin verpflichtet sich, alle seit dem ... entstehenden Rechte und Pflichten aus den in *Anlage 7* zu diesem Vertrag aufgeführten Verträgen mit den darin vereinbarten Bedingungen zu übernehmen, sofern die jeweiligen Vertragspartner der Vertragsübernahme durch die Käuferin zustimmen. Die Bestimmungen in § 5 Abs. 2 und 3 dieses Vertrages gelten entsprechend. Ausgenommen von der Verpflichtung zur Übernahme sind die in *Anlage 8* zu diesem Vertrag aufgeführten Versicherungsbeiträge, die von der Verkäuferin zum ... zu kündigen sind. Soweit die Käuferin hiernach Verpflichtungen der Verkäuferin nicht übernimmt, stellt die Verkäuferin die Käuferin von etwaigen Ansprüchen unverzüglich frei. Dies gilt auch für etwaige Ausgleichsansprüche solcher Handelsvertreter, die einer Vertragsübernahme durch die Käuferin widersprechen.

(5) Soweit in diesem Vertrag nicht ausdrücklich etwas anderes vereinbart ist, übernimmt die Käuferin keine Verbindlichkeiten der Verkäuferin, insbesondere keine Steuerschulden oder sonstige Verbindlichkeiten unter Einschluss von Ansprüchen aus Produkthaftpflicht für von der Verkäuferin erworbene Ware, es sei denn, dass sich die Ansprüche aus unsachgemäßer Lagerung, Behandlung oder Transport dieser Waren nach dem ... ergeben. Die Verkäuferin verpflichtet sich, die Käuferin insoweit von derartigen Ansprüchen freizuhalten.

§ 7 Grundstücksübertragungen[1]

...

§ 8 Arbeitnehmer[2]

Individualarbeitsrecht

(1) Die Vertragsparteien sind sich darüber einig, dass die Käuferin nach § 613a BGB in alle Rechte und Pflichten[3] aus den am Übernahmestichtag bestehenden Arbeitsverhältnissen mit den Arbeitnehmern (einschließlich der leitenden Angestellten[4]) der Verkäuferin einzutreten hat.[5]

---

1 Werden im Rahmen eines Asset Deals Grundstücke verkauft und übertragen, ist die Beurkundung des Vertrags notwendig (§ 311b BGB).
2 Vgl. dazu insgesamt Teil VI; vgl. auch die von *D. Gaul*, Das Arbeitsrecht der Betriebs- und Unternehmensspaltung, 2002, S. 381 ff., wiedergegebenen Prüflisten für Veräußerer, Erwerber und betroffene Arbeitnehmer.
3 Hinsichtlich des Eintritts in Versorgungszusagen der Verkäuferin siehe Teil VI Rz. 153 ff., insbes. § 213 ff. Die sich daraus ergebenden Pflichten können für die Käuferin ganz erhebliche Auswirkungen haben. Die Parteien sollten daher eine eingehende Regelung darüber treffen, wie mit bereits erdienten und mit nur versprochenen Zusagen zu verfahren ist und wer die sich daraus möglicherweise ergebenden Pflichten übernimmt.
4 Vgl. Teil VI Rz. 89.
5 Da im vorliegenden Fall eindeutig ein Betrieb i.S. des § 613a BGB übertragen wird, hat diese Regelung nur deklaratorische Wirkung.

In *Anlage 9* zu diesem Vertrag ist eine Personalliste beigefügt, die den Personalbestand zum Übernahmestichtag vollständig wiedergibt. Darin sind die Arbeitnehmer mit Namen, Geburtsdatum, Datum des Betriebseintritts und Jahresgehalt aufgeführt.

Besonders gekennzeichnet sind folgende Arbeitnehmer:

– Arbeitnehmer, denen Handlungsvollmacht oder Prokura erteilt wurde,

– Schwerbehinderte, Langzeitkranke, Wehrpflichtige oder Betriebsratsangehörige (einschließlich aller Arbeitnehmer mit Kündigungsschutz im Rahmen der Betriebs- und Personalverfassung),

– Arbeitnehmer, die sich in Eltern- oder Teilzeit befinden

– und Arbeitnehmer, mit denen längere Kündigungsfristen als ein Jahr vereinbart worden sind.

(2) Die Verkäuferin hat im laufenden Kalenderjahr bis zum Übernahmestichtag keine von anderen Unternehmen überlassenen Arbeitnehmer beschäftigt, ausgenommen ... Arbeitnehmer der Verkäuferin sind anderen Unternehmen nicht zur Beschäftigung überlassen.

(3) Die Käuferin tritt zum Übernahmestichtag in die Rechte und Pflichten der Verkäuferin aus den in der *Anlage 10* angegebenen Arbeitnehmerdarlehen ein. Die daraus der Verkäuferin zustehenden Ansprüche tritt die Verkäuferin hiermit an die Käuferin ab. Die Käuferin nimmt die Abtretung hiermit an.

(4) Die Verkäuferin verpflichtet sich, bis zum Übernahmestichtag neue Arbeitsverhältnisse nur mit Zustimmung der Käuferin zu begründen. Entsprechendes gilt für Kündigungen und Aufhebungsverträge.[1]

(5) Beide Parteien werden am ... durch ein von ihnen gemeinsam unterzeichnetes Schreiben die betroffenen Arbeitnehmer sowie den Betriebsrat vom Betriebsübergang gem. § 613a Abs. 5 BGB unterrichten.[2] In diesem Schreiben sind die Arbeitnehmer schriftlich aufzufordern, gemäß § 613a Abs. 6 BGB bis zum ... gegenüber der Verkäuferin oder der Käuferin schriftlich innerhalb eines Monats nach Zugang des Unterrichtungsschreibens zu widersprechen, falls ihre Arbeitsverhältnisse nicht auf die Käuferin übergehen sollen.[3]

---

[1] Die Käuferin kann damit schon vor dem Betriebsübergang auf Grund eines hinreichend konkreten (Umstrukturierungs-)Konzepts Einfluss auf den Personalbestand nehmen („Veräußererkündigung auf Erwerberkonzept"); vgl. oben Teil VI Rz. 238 ff. Zur Möglichkeit der Kündigung durch die Verkäuferin auf Grund dieses Konzepts, vgl. § 8 Abs. 11 des Vertrages. Verstößt die Verkäuferin gegen diese Klausel, ist die Personalmaßnahme nicht unwirksam, die Verkäuferin macht sich aber schadensersatzpflichtig.
[2] Vgl. Teil VI Rz. 114 ff. und nachfolgend im Anh. A.IV.2 das Muster eines Unterrichtungsschreibens (S. 1280).
[3] Beide Parteien haben regelmäßig ein Interesse, frühzeitig zu erfahren, welche Arbeitnehmer nicht mit übergehen wollen. Zum Widerspruchsrecht vgl. Teil VI Rz. 125 ff. Ein Muster für ein Unterrichtungsschreiben befindet sich im Anh. A.IV.2, S. 1280.

(6) Nach Ablauf der in Abs. 5 genannten Widerspruchsfrist wird die Verkäuferin eine Liste der widersprechenden Arbeitnehmer erstellen und diese der Käuferin aushändigen.

(7) Die Käuferin verpflichtet sich, die von den Arbeitnehmern im Geschäftsbetrieb der Verkäuferin erbrachten Dienstzeiten bei der Erbringung gesetzlicher, tariflicher oder freiwilliger Leistungen anzurechnen. Das gilt nicht für Versorgungszusagen der Käuferin.

(8) Die Käuferin haftet innerhalb eines Jahres nach dem Übernahmestichtag gegenüber den übergehenden Arbeitnehmern für rückständige Forderungen.[1] Beide Parteien sind sich darüber einig, dass die Verkäuferin neben der Käuferin für solche Verbindlichkeiten als Gesamtschuldner haftet, die schon zum Übernahmestichtag entstanden sind und innerhalb eines Jahres fällig werden.[2]

(9) Die Verkäuferin verpflichtet sich, die Käuferin von vom ... bis zum ... entstandenen und fälligen rückständigen Forderungen der übernommenen Arbeitnehmer im Innenverhältnis freizustellen. Die Käuferin verpflichtet sich dagegen, die Verkäuferin im Innenverhältnis von sämtlichen nach dem Betriebsübergang fällig werdenden Forderungen freizustellen.

(10) Falls Arbeitnehmer dem Übergang der Beschäftigungsverhältnisse auf die Käuferin widersprechen oder soweit ihr Arbeitsvertrag am Übernahmestichtag bereits gekündigt ist, hat die Verkäuferin alle Ansprüche der Arbeitnehmer auf laufende Vergütung und Abwicklung zu tragen.

(11) Die Verkäuferin verpflichtet sich, folgenden Arbeitnehmern aus betriebsbedingten Gründen zu kündigen:[3]

a) Herrn ..., am ... zum ...

b) Frau ..., am ... zum ...

c) ...

(12) Sollten die in Abs. 11 gekündigten Arbeitsverhältnisse auf die Käuferin übergehen, verpflichten sich beide Parteien, sich unverzüglich gemeinsam um eine einvernehmliche Beendigung dieser Arbeitsverhältnisse zu bemühen. Sollte dies erfolglos bleiben, wird die Käuferin das betreffende Arbeitsverhältnis zum frühestmöglichen Zeitpunkt kündigen.

---

1 Vgl. Teil VI Rz. 167 f. und § 613a Abs. 2 Satz 1 BGB.
2 Es handelt sich nur um eine deklaratorische Klarstellung des vom Gesetzgeber in § 613a Abs. 2 Satz 1 BGB vorgesehenen gesetzlichen Schuldbeitritts (vgl. Teil VI Rz. 168).
3 Auf Grund eines „Erwerberkonzepts" der Käuferin kann nach neuer Rechtsprechung des BAG die Verkäuferin unter bestimmten Voraussetzungen davon betroffenen Arbeitnehmern kündigen. Da die Voraussetzungen, wann eine solche Kündigung wirksam ist und nicht gegen § 613a Abs. 4 BGB verstößt, noch nicht geklärt sind, ist eine solche Regelung zwar möglich, aber immer noch problematisch. Wegen der Einzelheiten muß auf Teil VI Rz. 238 ff. verwiesen werden.

(13) (Ggf.:) Sollten entgegen der in der *Anlage 9* aufgeführten Anzahl weitere Arbeitnehmer auf die Käuferin nach § 613a BGB übergehen, sind alle in diesem Zusammenhang anfallenden erforderlichen Aufwendungen im Innenverhältnis allein von der Verkäuferin zu tragen. Dies betrifft auch die jeweiligen Kosten für die Fortsetzung des Arbeitsverhältnisses mit der Käuferin. Die Käuferin hat dabei aber auf eine möglichst zügige und kostengünstige Beendigung der Arbeitsverhältnisse zu achten. Die Verkäuferin stellt die Käuferin insoweit von sämtlichen Forderungen der betreffenden Arbeitnehmer sowie von anderen Verbindlichkeiten in diesem Zusammenhang frei.

(14) Die Regelung des Abs. 13 gilt entsprechend für die Abwicklung der Arbeitsverhältnisse solcher Arbeitnehmer,

- die ihr Arbeitsverhältnis vor dem Übernahmestichtag zu einem danach liegenden Zeitpunkt gekündigt haben,
- die von der Verkäuferin über den Übernahmestichtag hinaus von der Erbringung ihrer Arbeitsleistung bis zum Ende der Kündigungsfrist freigestellt wurden
- oder die am Übernahmestichtag dauernd arbeitsunfähig sind.

(15) Widersprechen mehr als ... % der in *Anlage 9* genannten Arbeitnehmer dem Übergang ihrer Arbeitsverhältnisse, so ist die Verkäuferin zum Rücktritt vom Vertrag berechtigt.

Kollektives Arbeitsrecht

(16) (Ggf.:) Für die übergehenden Arbeitsverhältnisse gilt der Tarifvertrag XY in seiner jeweils geltenden Fassung. Die in *Anlage 11* aufgeführten Betriebsvereinbarungen gelten nach dem Übernahmestichtag für die übergehenden Arbeitsverhältnisse bei der Käuferin.

(17) Die Verkäuferin wird bis zum Übernahmestichtag ohne vorherige Zustimmung der Käuferin die bestehende Mitgliedschaft im Arbeitgeberverband XY nicht aufgeben, keine Firmentarifverträge (Haustarifverträge) oder Betriebsvereinbarungen ändern oder beenden.

a) Die Verkäuferin ist verpflichtet, folgende Betriebsvereinbarungen[1] zu kündigen:

am ... die Betriebsvereinbarung vom ... mit Wirkung zum ...

am ...

b) Die Verkäuferin ist verpflichtet, spätestens am ... den Firmentarifvertrag zum ... zu kündigen.

---

[1] Eine solche Regelung kann sich empfehlen, weil das Recht zur Kündigung solcher Kollektivverträge nicht ohne weiteres auf den neuen Arbeitgeber übergeht (vgl. Teil VI Rz. 345, 348 ff.).

Gerichtsverfahren

(18) Bei Abschluss dieses Vertrages sind keine Verfahren bei Arbeitsgerichten anhängig, die übergehende oder möglicherweise übergehende Arbeitnehmer betreffen.

Betriebliche Altersversorgung

(19) Beide Parteien sind sich darüber einig, dass die Haftung der Verkäuferin für Ruhegeldansprüche und Versorgungsanwartschaften im Zeitpunkt des Betriebsübergangs schon ausgeschiedener Arbeitnehmer unberührt bleibt. (Ggf.: Die Käuferin tritt in Versorgungsanwartschaften übergehender Arbeitnehmer ein.)[1]

(20) (Ggf.:) Für Versorgungsleistungen, die vor Ablauf eines Jahres nach dem Übernahmestichtag fällig werden, also vor Ablauf des ..., haftet die Verkäuferin im Außenverhältnis als Gesamtschuldner neben der Käuferin. Im Innenverhältnis stellt die Verkäuferin die Käuferin von solchen Ansprüchen frei.[2]

(21) Die Verkäuferin bildet ab ... Rückstellungen oder weist als Verbindlichkeiten aus:

– Für die am Übernahmestichtag noch nicht abgeführten Lohnsteuern und Sozialversicherungsabgaben der übergehenden Arbeitnehmer.

– Für die am Übernahmestichtag entstandenen, innerhalb eines Jahres nach Betriebsübergang fällig werdenden und noch nicht erfüllten Urlaubsansprüche und sonstigen Ansprüche der übergehenden Arbeitnehmer, (*ggf.*) ausgenommen solcher Ansprüche, die den Arbeitnehmern aus den im Zusammenhang mit dem Betriebsübergang stehenden Betriebsänderungen und den hierfür (*ggf.*) aufzustellenden Sozialplänen erwachsen.

– (Ggf.: Für die bis zum Übernahmestichtag erdienten Anwartschaften aus den von der Käuferin übernommenen Versorgungszusagen in Höhe von ... Euro/nach den in Anlage ... festgelegten Grundsätzen.)

§ 9 Gewährleistung

(1) Die Verkäuferin ist zum Verkauf und zur Übertragung aller nach diesem Vertrag veräußerten Wirtschaftsgüter und Rechte berechtigt.

(2) ...

---

[1] Vgl. Teil VI Rz. 213 ff.
[2] Ansprüche aus betrieblichen Altersversorgungen können problematisch sein. Unter Umständen kann es sich anbieten, dass die Verkäuferin ein Treuhandvermögen zugunsten dieser Ansprüche anlegt, um das Insolvenzrisiko nicht auf die Käuferin zu verlagern.

§ 10 Wettbewerbsverbot

(1) Die Verkäuferin verpflichtet sich, auf die Dauer von ... Jahren nach dem Übernahmestichtag weder ein zu dem verkauften Unternehmen in Wettbewerb stehendes Unternehmen zu betreiben noch sich an einem solchen zu beteiligen oder für ein solches in irgendeiner Form tätig zu werden. Das Wettbewerbsverbot gilt für das Gebiet der Bundesrepublik Deutschland und schließt geschäftsführende und/oder beratende Aufgaben ein. Das Wettbewerbsverbot gilt nicht beim Erwerb börsennotierter Aktien zu nicht mehr als 5 % des Grundkapitals.

(2) Für jeden Fall des Verstoßes gegen das Wettbewerbsverbot ist eine Vertragsstrafe in Höhe von ... (in Worten: ...) Euro an die Käuferin zu zahlen. Bei fortgesetztem Verstoß gilt jeder angefangene Kalendermonat als gesonderter Verstoß. Die Geltendmachung eines höheren Schadens durch die Käuferin ist nicht ausgeschlossen, eine etwaig geleistete Vertragsstrafe ist jedoch auf den Schaden anzurechnen.

§ 11 Schadloshaltung

(1) Ist eine der in diesem Vertrag gegebenen Zusicherungen, Gewährleistungen oder Verpflichtungen der Verkäuferin ganz oder teilweise unrichtig oder nicht erfüllt, so hat die Käuferin der Verkäuferin zunächst Gelegenheit zu geben, den vertragsgemäßen Zustand durch Nachbesserung oder Lieferung einwandfreien Ersatzes herzustellen. Ist dies nicht möglich bzw. verweigert oder verzögert die Verkäuferin die Nachbesserung oder Ersatzlieferung unangemessen, so ist die Käuferin nach ihrer Wahl berechtigt, den Kaufpreis gegenüber der Verkäuferin angemessen zu mindern oder stattdessen zu verlangen, dass sie so gestellt werde, wie sie stehen würde, wenn die Zusicherungen richtig gewesen oder erfüllt worden wären.

(2) Sollte die in *Anlage 9* enthaltene Personalliste fehlerhaft sein, kann die Käuferin verlangen, von der Verkäuferin für den aufgrund des Fehlers entstandenen Nachteil so gestellt zu werden, wie die Käuferin stehen würde, wenn die Angaben in der Liste nicht fehlerhaft wären. § 8 Abs. 13 dieses Vertrags bleibt unberührt.

(3) Abs. 2 gilt auch für von der Verkäuferin schuldhaft[1] verursachte Fehler in der Widerspruchsliste gem. § 8 Abs. 6.

(4) Ein Anspruch auf Ersatz mittelbarer Schäden oder von Folgeschäden einschließlich entgangenen Gewinns ist ausgeschlossen. Ausgeschlossen ist weiter ein Recht der Käuferin, von dem vorliegenden Kaufvertrag zurückzutreten.

(5) Soweit sich die Ansprüche der Käuferin aus Mängeln oder dem Verlust von Gegenständen des Anlagevermögens ergeben, beschränkt sich die Haftung der

---

[1] Für Fehler in der Widerspruchsliste, die ohne das Verschulden der Verkäuferin, etwa weil der Widerspruch trotz rechtzeitigen Absendens durch den Arbeitnehmer bei der Verkäuferin zu spät eingegangen ist, soll die Verkäuferin nicht haften.

Verkäuferin auf den Betrag, mit dem das betreffende Wirtschaftsgut im Bewertungsgutachten angesetzt ist.

(6) Die Geltendmachung von Rechten für nicht verborgene Mängel des Vorratsvermögens ist ausgeschlossen, soweit diese Mängel nicht innerhalb einer Frist von ... Wochen/Monaten seit dem Übergabetag gegenüber der Verkäuferin schriftlich gerügt werden.

(7) Die Rechte der Käuferin aus § 11 dieses Vertrages verjähren mit Ablauf des... Hiervon ausgenommen sind die Ansprüche der Käuferin gegenüber der Verkäuferin, die auf Steuernachforderungen beruhen. Solche Ansprüche verjähren in sechs Monaten von dem Zeitpunkt an, in dem die jeweiligen Steuerbescheide unanfechtbar geworden sind.

§ 12 Kaufpreis

(1) Der Kaufpreis für sämtliche Kaufgegenstände beträgt ... (in Worten: ...) Euro zuzüglich der Summe der in den Bewertungsgutachten 1 und 2 ausgewiesenen Beträge. Die Parteien gehen übereinstimmend davon aus, dass es sich bei den in dieser Vereinbarung geregelten Veräußerungen der Wirtschaftsgüter um eine Geschäftsveräußerung im Ganzen im Sinne des § 1 Abs. (1) UStG handelt. Sollte die Finanzverwaltung zu einer abweichenden umsatzsteuerlichen Beurteilung gelangen, erhöht sich der Kaufpreis um die Umsatzsteuer in gesetzlicher Höhe. Die Verkäuferin ist zur Nacherhebung der Umsatzsteuer gegen Stellung einer Rechnung mit gesondertem Steuerausweis berechtigt und die Käuferin ist verpflichtet, diese Umsatzsteuer binnen zwei Wochen nach Rechnungserteilung an die Verkäuferin zu zahlen.

(2) Der Kaufpreis ist in folgenden Raten zu zahlen: ...

§ 13 Sonstiges

(1) Der Vertrag unterliegt deutschem Recht unter Ausschluss der Kollisionsnormen und des Übereinkommens der Vereinten Nationen über Verträge über den internationalen Warenkauf (CISG).

(2) Nebenabreden sind nicht getroffen.

(3) Änderungen und Ergänzungen dieses Vertrages bedürften zu ihrer Wirksamkeit der Schriftform, sofern nicht eine andere Form gesetzlich zwingend vorgeschrieben ist. Dies gilt auch für die Änderung dieser Klausel.

(4) Die Käuferin trägt folgende in Zusammenhang mit dem Vertrag entstandenen Kosten: ... Im Übrigen trägt jede Partei ihre Kosten selbst.

(5) Sollten in dieser Vereinbarung einzelne Bestimmungen rechtsunwirksam sein oder werden, so sind die Vertragsparteien darüber einig, dass dadurch die Gültigkeit der übrigen Bestimmungen nicht beeinträchtigt werden soll. Die ungültige(n) Bestimmung(en) ist/sind in entsprechender Anwendung der §§ 133, 140 BGB möglichst so umzudeuten oder zu ergänzen, dass der mit der/

den ungültigen Bestimmung(en) beabsichtigte Zweck erreicht wird. Dasselbe gilt, wenn bei Durchführung dieser Vereinbarung eine ergänzungsbedürftige Vertragslücke offenbar wird.

(6) Erfüllungsort und Gerichtsstand ist, soweit gesetzlich zulässig, der Sitz der Verkäuferin.

Ort, Datum, Unterschriften

Anlagen

2. Unterrichtung der Arbeitnehmer wegen Betriebsübergang[1]

Sehr geehrte(r) Frau/Herr ... /Mitarbeiter,

um das Produktprogramm unserer Firma zu straffen, haben wir uns nach reiflicher Überlegung entschlossen, den Geschäftszweig ... aufzugeben und die ...-Abteilung[2]/den Betrieb in ... an die Firma X (im Folgenden Käuferin) zu verkaufen. (oder:[3] im Zuge eines Unternehmenskaufvertrages zwischen der ...-AG, zu der unser Betrieb gehört, und der ...-Holding werden die Betriebe in ... an das ...-Unternehmen in ... verkauft). Der Betriebsübergang findet voraussichtlich[4] zum ... statt.

Die Käuferin hat sich verpflichtet, alle vom Betriebsübergang betroffenen Arbeitsverhältnisse zu übernehmen. Dazu gehört auch das mit Ihnen bestehende Arbeitsverhältnis; die Käuferin tritt somit als Ihr neuer Arbeitgeber in vollem Umfang in alle unverändert fortbestehenden arbeitsvertraglichen Rechte und Pflichten ein. Nach dem Betriebsübergang setzen Sie Ihre Tätigkeit in dem Betrieb der Käuferin/in der ...-Abteilung in ... fort. Mit dem Betriebsübergang wird die Käuferin Schuldnerin der Ihnen unverändert zustehenden Leistungen aus Ihrem Arbeitsvertrag. Gleichfalls unterstehen Sie ab diesem Zeitpunkt dem Weisungsrecht der Käuferin. Ihnen aus der Zeit vor dem Betriebsübergang zustehende Forderungen können Sie bis zu einem Jahr nach Betriebsübergang auch gegenüber Ihrem bisherigen Arbeitgeber als Gesamtschuldner geltend machen, sofern sie in dieser Zeit fällig sind. Sofern sie danach fällig werden, haftet Ihr bisheriger Arbeitgeber dafür anteilig.[5] Ihre bisherige Betriebszugehörigkeit wird bei der Käuferin/für die Bestimmung der Kündigungs-

---

1 Die Unterrichtung der Arbeitnehmer vor dem Betriebsübergang ist von § 613a Abs. 5 BGB vorgeschrieben, vgl. dazu im Einzelnen Teil VI Rz. 114 ff. Die Unterrichtung kann durch die Verkäuferin, die Käuferin oder beide erfolgen, vgl. Teil VI Rz. 124.
2 Für den Fall des Übergangs eines Betriebsteils.
3 Dies ist ein weiteres Beispiel für die Angabe zum Grund des Betriebsübergangs. § 613a Abs. 5 Nr. 2 BGB verlangt eine solche Information durch den Arbeitgeber. Dazu genügt eine „knappe", aber verständliche Unterrichtung über den rechtlichen Rahmen, der dem Betriebsübergang zu Grunde liegt; vgl. im Einzelnen *Bauer/v. Steinau-Steinrück*, Sonderbeilage NZA 2003, 73; *Bauer/v.Steinau-Steinrück*, ZIP 2002, 457, 462.
4 Da sich der Zeitpunkt des Betriebsübergangs unvorhergesehen verschieben kann, sollte die Verkäuferin nur den voraussichtlichen Zeitpunkt des Übergangs mitteilen. Ein (geplantes) Datum muss aber gem. § 613a Abs. 5 Nr. 1 BGB genannt werden.
5 Vgl. § 613a Abs. 2 Satz 1 und 2 BGB.

frist[1]/jedoch nicht bezüglich der bei der Käuferin bestehenden Versorgungszusage[2] angerechnet.

(*Bei Betriebsvereinbarungen:*)

Die bei Ihrem bisherigen Arbeitgeber geltenden Rechte und Pflichten aus Betriebsvereinbarungen werden Inhalt Ihres Arbeitsvertrages. Sie dürfen von der Käuferin binnen eines Jahres nach Übergang Ihres Arbeitsverhältnisses nicht zu Ihren Ungunsten geändert werden.[3]/Das gilt nicht für Sachverhalte, die gleichfalls von Betriebsvereinbarungen der Käuferin geregelt werden. Letztere gelten für Sie nach dem Betriebsübergang an Stelle der Betriebsvereinbarungen Ihres bisherigen Arbeitgebers.[4]

(*Die Käuferin ist nicht tarifgebunden:*)[5]

Die Käuferin ist nicht tarifgebunden. Sie unterliegen nach Betriebsübergang auch dann keinen Tarifverträgen, wenn Sie selbst Mitglied in einer Gewerkschaft sind. Die bislang bei Ihrem bisherigen Arbeitgeber geltenden tariflichen Regelungen werden Teil Ihres Arbeitsvertrages. Sie dürfen von der Käuferin binnen eines Jahres nach Übergang Ihres Arbeitsverhältnisses nicht zu Ihren Ungunsten geändert werden.

(*Die Käuferin ist tarifgebunden:*)[6]

Die Käuferin ist in der ...-Branche tarifgebunden. Sofern Sie derselben Tarifbindung unterliegen, ist auf Ihr übergehendes Arbeitsverhältnis der Tarifvertrag XY in seiner jeweils geltenden Fassung anwendbar.[7]

(*Bei Versorgungszusage der Käuferin:*)

Ihr Arbeitsverhältnis unterliegt nach dem Betriebsübergang der Versorgungszusage der Käuferin.[8]

Sie dürfen dem Übergang Ihres Arbeitsverhältnisses widersprechen. Sowohl wir als auch die Käuferin müssen hinsichtlich des Übergangs der Arbeitsverhältnisse Dispositionen treffen.[9] Daher bitten wir Sie, wenn Sie von Ihrem Widerspruchsrecht Gebrauch machen wollen, dies innerhalb eines Monats nach

---

1 Das ist nach Ansicht des BAG zwingend, vgl. BAG v. 18.9.2003 – 2 AZR 330/02, NZA 2004, 319.
2 Die Käuferin darf ihre Regelungen der betrieblichen Altersversorgung zwar grundsätzlich auch auf die „neuen" Arbeitnehmer anwenden. Soweit aber beim bisherigen Arbeitgeber auch eine Versorgungszusage bestand, muss dem übergehenden Arbeitnehmer ein bestimmter Leistungsstand erhalten bleiben, vgl. nur BAG v. 24.7.2001 – 3 AZR 660/00, NZA 2002, 520; im Einzelnen Teil VI Rz. 366 ff.
3 § 613a Abs. 1 Satz 2 BGB. Bestehen zum gleichen Regelungsgegenstand auch bei der Käuferin Betriebsvereinbarungen, siehe Teil VI Rz. 348 ff., 351, 365 ff.
4 Vgl. dazu insbesondere Teil VI Rz. 351, 365 ff.
5 Vgl. im Einzelnen Teil VI Rz. 370 ff., 363.
6 Vgl. im Einzelnen Teil VI Rz. 358 ff., 370 ff.
7 Zu solchen Bezugnahmeklauseln und ihrer Wirksamkeit vgl. Teil VI Rz. 373 ff.
8 Vgl. im Einzelnen Teil VI Rz. 213 ff.
9 Vgl. Teil VI Rz. 129, 135 ff., 140 ff.

Zugang dieses Schreibens (Datum) uns oder der Käuferin gegenüber schriftlich zu tun. Bitte teilen Sie uns im Falle Ihres Widerspruchs auch die dafür maßgeblichen Gründe mit.[1] Äußern Sie sich nicht schriftlich oder nicht innerhalb der gesetzten Frist, ist Ihr Widerspruch unwirksam, d.h. Ihr Arbeitsverhältnis geht dann auf die Käuferin über.[2]

Der Fairness halber weisen wir Sie vorsorglich darauf hin, dass wir uns im Falle eines Widerspruchs gezwungen sähen, Ihnen nach Maßgabe des Kündigungsschutzgesetzes ordentlich aus dringenden betrieblichen Gründen zu kündigen.[3] Da wir wegen des Verkaufs des Betriebs keine Möglichkeit haben, Sie anderweitig zu beschäftigen, bestünden keine Zweifel an der Wirksamkeit dieser Kündigung. Wir bitten Sie, das bei Ihren Überlegungen zu berücksichtigen.

Bitte bestätigen Sie auf dem beiliegenden Durchschlag den Empfang dieses Schreibens und des Widerspruchschreibens.[4] Für Ihre Zustimmung zum oder Ihren Widerspruch gegen den Betriebsübergang verwenden Sie bitte dieses Schreiben.

Für weitere Fragen steht Ihnen Frau/Herr ... aus der Personalabteilung zur Verfügung.

Mit freundlichen Grüßen

Geschäftsleitung Verkäuferin   Geschäftsleitung Käuferin

---

1 Dies ist von Bedeutung, da bei einer Kündigung widersprechender Arbeitnehmer die Gründe für den Widerspruch bei der Sozialauswahl berücksichtigt werden können, vgl. dazu Teil VI Rz. 138 ff.
2 Vgl. im Einzelnen Teil VI Rz. 120, 127 ff.
3 Dabei ist allerdings zu beachten, dass es sich nach Auffassung des BAG (v. 24.1.1985, AP 8 zu § 1 TVG Tarifverträge: Einzelhandel; v. 16.1.1992, NZA 1992, 1023; vgl. dazu *Bauer*, NZA 1992, 1015; *ders.*, NJW 1994, 980) möglicherweise um eine widerrechtliche Drohung i.S. des § 123 Abs. 1 BGB handeln kann, wenn es sich um eine Betriebsteilveräußerung handelt *und* der Arbeitnehmer objektiv vertretbare (sachliche) Gründe (vgl. BAG v. 7.4.1993, NZA 1993, 795) für einen Widerspruch ins Feld führen und er im Falle eines ausgeübten Widerspruchs auf vergleichbare andere Arbeitsplätze mit deutlich weniger schutzbedürftigen Arbeitnehmern im Restbetrieb verweisen könnte und er sich dennoch zum Abschluss eines Aufhebungsvertrages entschließt. Dieser Aufhebungsvertrag wäre dann anfechtbar.
4 Es ist dringend zu raten, den Zugang des Unterrichtungsschreibens zu dokumentieren. Will sich der Arbeitgeber auf die Unwirksamkeit des Widerspruchs wegen Zeitablaufs berufen, muss er die rechtzeitige und vollständige Unterrichtung des vom Betriebsübergang betroffenen Arbeitnehmers beweisen, vgl. *Bauer/von Steinau-Steinrück*, ZIP 2002, 457, 465. Zudem ist wegen § 309 Nr. 12b BGB eine Unterschrift des Arbeitnehmers erforderlich.

An die Geschäftsleitung der Verkäuferin / Käuferin (Adresse)

Sehr geehrte Damen und Herren,

gem. Ihres Unterrichtungsschreibens vom ... über den Betriebs(teil)übergang von ... auf die ... erkläre ich: (Zutreffendes bitte ankreuzen):

Ich stimme dem Übergang meines Arbeitsverhältnisses auf die ... zu.

Ich widerspreche dem Übergang meines Arbeitsverhältnisses auf die ...

Ort, Datum, Unterschrift.

V. Share Sale und Purchase Agreement

Annex

to Notarial Deed No (...)/2005
of the Notary (...)

dated (...)

SHARE SALE AND PURCHASE AGREEMENT

This Share Sale and Purchase Agreement ("this Agreement") is made on this (...) day of (...) by and between

A

    hereinafter referred to as **"Seller"**

and

B

    hereinafter referred to as **"Buyer"**

Seller and Buyer collectively being referred to as the **"Parties"**, and each of them as a **"Party"**.

Table of Contents

(...)

Whereas

(A) (Introduction of Seller);

(B) (Introduction of Buyer);

(C) The Seller is the sole shareholder of (...)GmbH, (address), registered in the commercial register of the Local Court (*Amtsgericht*) of (...) under No. HRB (...) (the **"Company"**); and

(D) The Seller intends to sell to the Buyer, and the Buyer intends to purchase from the Seller, the shares of the Company (specify further details of the background of the transaction and/or the Parties' intentions, if appropriate);

NOW, THEREFORE, it is agreed:

Share Sale und Purchase Agreement — Anhang A

1. Definitions and Interpretation

1.1 Definitions

The terms set forth in the following list shall have the meanings indicated and referenced in such list opposite each respective term:

(…)

The above list is for convenience purposes only. In case of a discrepancy between a definition in the above list and the respective definition in the text of this Agreement, the latter one shall always prevail.

1.2 Other Provisions on Interpretation

1.2.1 In this Agreement, headings are inserted for convenience purposes only and shall not affect the interpretation of this Agreement.

1.2.2 Where a German term has been inserted in parenthesis, it alone (and not the English term to which it corresponds) shall be authoritative for the purpose of interpretation throughout this Agreement.

1.2.3 The interpretation of this Agreement shall in no event be affected by the meaning any terms used herein may have, or any legal concept such terms may be associated with, in any jurisdiction other than German law.

(…)

2. The Companies

2.1 The Company

The Company is a private limited company (*Gesellschaft mit beschränkter Haftung*) under German law with a nominal share capital (*Stammkapital*) of € (…) (to say: (…) Euro); (insert details as to number of share(s) and par value(s)) (the **"Shares"**).

2.2 Subsidiaries of the Company

2.2.1 The Company is the sole shareholder of the companies listed as "wholly-owned subsidiaries" in *Schedule 2.2* hereto (the **"Subsidiaries"** and each of them a **"Subsidiary"**; together with the Company: the **"Companies"**).

2.2.2 The Company further holds certain other equity interests, as shown in *Schedule 2.2* hereto.

3. Sale and Purchase of the Shares

3.1.1 The Seller hereby sells to the Buyer, and the Buyer purchases from the Seller, the Shares.

3.1.2 The transfer and assignment of the Shares to the Buyer shall take place at the Closing in accordance with, and at the time and in the place specified in, section 8 below.

4. Consideration

The purchase price for the Shares payable by the Buyer shall be (...) (the **"Purchase Price"**) and shall be paid at the Closing in accordance with section 8 below.[1]

5. Representations and Warranties

The Seller represents and warrants to the Buyer, by way of an independent warranty covenant (*selbständiges Garantieversprechen*) pursuant to sections 305, 241 of the German Civil Code (*Bürgerliches Gesetzbuch* or **"BGB"**), that the following statements are true, accurate and complete as of the date hereof (the **"Signing Date"**), as of the Closing Date, and/or as of such other date as might be indicated in the respective statement:[2]

5.1 Organization of the Companies; Shares

5.1.1 Corporate Ownership

(a) The Companies are companies in the legal forms stated in section 2.1 above and in *Schedule 2.2* hereto and are duly incorporated and validly existing under their respective jurisdictions of incorporation.

(b) The Seller is the sole legal and beneficial owner of the Shares, as stated in section 2.1 above, and may freely dispose of them.

(c) The Company is the sole legal and beneficial owner of the shares in the Subsidiaries and the other equity interests held by it, in each case as shown in *Schedule 2.2* hereto, and may freely dispose of them, except for restrictions on the disposal of shares disclosed in *Schedule 2.2* hereto.

(d) The shares in the Companies and the other equity interests held by the Company are fully paid up in the respective amounts stated in section 2.1 above and in *Schedule 2.2* hereto, have not been repaid, are non-assessable (*keine Nachschusspflicht*) and free and clear of any liens, charges, attachments, other encumbrances, pre-emption rights and any other adverse rights, interests or claims by a third party.

(e) The Company does not hold equity interests in other entities, nor has it entered into any partnership or any joint-venture agreement, except as disclosed in *Schedule 2.2* hereto.

---

1 Ggf. komplexere Regelung, die Berechnungsformeln, Mechanismen zur Kaufpreisanpassung u.ä. enthält.
2 Liste nur zur Veranschaulichung, ohne Anspruch auf eine irgendwie geartete Vollständigkeit.

5.1.2 Affiliation Agreements

The Companies have not entered into any affiliation agreements (*Unternehmensverträge*) within the meaning of section 291 *et seq.* of the German Stock Corporation Act (*Aktiengesetz*).

5.2 Property and Business of the Companies

5.2.1 Fixed Assets

> The Companies have rights to all fixed assets (*Anlagevermögen*) which are necessary and material for carrying out their business activities in substantially the same fashion and manner as during the twelve (12) months immediately preceding the Signing Date (**"Material Assets"**). Insofar as any of the Material Assets are not owned, they have been properly leased. The Material Assets owned by the Companies are free and clear of any liens, charges, other encumbrances and any adverse claims by third parties, except for customary retention-of-title arrangements in the ordinary course of business. All Material Assets of the Companies are in a good and serviceable condition, subject only to normal wear and tear, except in such cases in which any defects of assets are reflected in the Financial Statements by appropriate depreciation or write-down.

5.2.2 Real Property

(a) The Company is the owner of the premises recorded in the land register (*Grundbuch*) for (...), kept with the Local Court (*Amtsgericht*) of (...), under folio No. (...). There are no encumbrances of these owned premises capable of being recorded in the land register other than those actually recorded. In addition, to the best of the Seller's knowledge, there are no encumbrances which cannot be recorded in the land registry, in particular, no encumbrances under public law (*Baulasten*) or easements reaching back before the entry-into-force of the BGB (*altrechtliche Dienstbarkeiten*).

(b) As far as the Companies' businesses are conducted on leased property, the respective lease agreements are valid and enforceable (premises owned or leased by the Companies collectively: the **"Premises"**).

5.2.3 Intellectual Property

(a) The Companies are the sole owners or exclusive or non-exclusive licensees, as the case may be, of the registered Intellectual Property Rights (as defined in sub-section (b) below) that are used for their conduct of business (the **"Intellectual Property"**), the respective rights of the Companies being free and clear of any material lien, obligation or third-party right of any type. To the best of the Seller's knowledge, the use of the Intellectual Property by the Companies does not violate any rights of third parties. To the best of the Seller's knowledge, none of the Intellectual Property has been challenged in any way by a third party. The Seller and/or the Companies have no knowledge of, and do not suspect, an infringement of Intellectual Property by a third party. There are no legal actions (to which the Seller or any of the Companies is a party) pending in respect of the Intellectual Property. The Seller and the Companies have taken all necessary and appropriate action to preserve the confidentiality and the protection of the Intellectual Property and, in particular, have duly paid all necessary fees (filing fees or, as the case may be, royalties) in this respect for all time-periods up to the Closing Date. Any Intellectual Property Rights developed by former or current employees of the Companies that are used by, held for use by, or useful to, the Companies have been claimed by the Companies, and the Companies have properly compensated and are properly compensating such employees pursuant to the provisions of the German Employee Invention Act (*Arbeitnehmererfindungsgesetz*) or applicable foreign laws stipulating such compensation insofar as such compensation payments have fallen or will fall due before the Closing Date.

(b) For the purposes of this Agreement, **"Intellectual Property Rights"** shall mean all industrial and intellectual property rights, including but not limited to patent rights, utility model rights, industrial design rights, trade and service marks, copyrights, ancillary copyrights, brand and label rights, work-products and business secrets, software (object and source codes), data-bases, drawings, manufacturing methods, inventions, know-how, and all applications for registration, if possible, of any of the rights referred to in this paragraph.

5.2.4 Permits

The Companies have been granted all public-law permits, licences and authorizations (the **"Permits"**) needed by the Companies for the conduct of their respective businesses. None of the Permits has been revoked, rescinded or otherwise withdrawn nor is, to the best of the Seller's knowledge, any such revocation, rescission or withdrawal threatened. The fact of the Buyer becoming the sole shareholder of the Company, as contemplated in this Agreement, will not lead to a revocation, rescission or withdrawal of any Permit.

5.2.5 Consent Requirements

No third-party consents prescribed by any law or by any contract or commitment must be obtained or satisfied by the Seller or the Companies for the consummation of the transactions contemplated in this Agreement, or for the continued performance by them of their rights and obligations under such contract or commitment (**"Consents"**). This shall include Consents necessitated by the fact that a contract or commitment grants a special termination right or other rights to a party to the contract or commitment in the event of a direct or indirect change of control at any of the Companies (change-of-control clauses).

5.2.6 Contracts with Affiliates

There are no agreements, whether written or oral, between the Companies and/or any entities in which they hold equity interests, on the one hand, and the Seller and/or any of its respective Affiliates (other than the Companies), on the other hand, except as disclosed in *Schedule 5.2.6* hereto; all such agreements are on an arm's-length basis.

5.2.7 Material Contracts

Schedule 5.2.7 hereto sets forth a true and complete list of all (specify type of contracts), whether written or oral, to which the Companies are parties (the **"Material Contracts"**). All Material Contracts are in full force and effect and have not been terminated by any party thereto, nor has any party thereto shown the intention to terminate any Material Contract. The Companies have complied with all material obligations under all Material Contracts.

5.2.8 Insurance

Schedule 5.2.8 hereto sets forth a true and complete list of all insurance policies taken out by or for the benefit of the Companies (the **"Policies"**). All material terms and conditions of the Policies are accurately described in such list. All Policies are in full force and effect and have not been terminated by any party thereto, nor has any party thereto shown the intention to terminate any Policy. The Companies have complied with all material obligations under all Policies and have, in particular, paid all premiums under the Policies when due.

5.2.9 No Material Adverse Change; No Dividends; Ordinary Course of Business

(a) Since (...), no event has occurred that would have a material adverse effect on the financial condition, results, operations or assets of the Companies as a whole.

(b) Since (...), the Company has not declared or paid any dividends, nor has the Company made any other distributions.

(c) Since (...), the operations of the Companies have been conducted solely within the ordinary course of business, except as disclosed in *Schedule 5.2.9* hereto.

5.3 Litigation; Compliance with Laws

5.3.1 Litigation

There are no law-suits or other proceedings before or investigations by any judicial or administrative authorities or arbitral tribunals pending or, to the best of the Seller's knowledge, threatened against the Companies, except as disclosed in *Schedule 5.3.1* hereto.

5.3.2 Compliance (General)

To the best of the Seller's knowledge, the respective businesses of the Companies are conducted in all material respects in accordance with all applicable laws, regulations, ordinances and orders by any competent legislative, judicial or administrative authorities.

5.3.3 Compliance with Competition Laws

None of the Companies has entered into any agreements or other arrangements or schemes aimed at or having the effect of eliminating or restraining competition, except as disclosed in *Schedule 5.3.3* hereto.

5.3.4 Product Liability

There are no product-liability claims against the Companies relating to products manufactured and/or sold by the Companies which are presently pending or, to the best of the Seller's knowledge, threatened. None of the products manufactured and/or sold by the Companies have ever been the subject of any replacement, retrofit, modification or recall campaigns and, to the best of the Seller's knowledge, there are no facts or conditions which could reasonably be expected to result in such campaigns, except as disclosed in *Schedule 5.3.4* hereto.

5.4 Employment Matters

5.4.1 Compliance with Labour Law

The business of each of the Companies is conducted in all material respects in accordance with all applicable labour laws. The Companies have paid, and will continue to pay until the Closing Date, all wages, salaries and other emoluments and benefits owing to employees which have fallen or will fall due before the Closing Date. Insofar as wages, salaries or other emoluments and benefits owing to employees relating to the time period prior to the Closing Date should not yet have been paid prior to the Closing Date, reasonable provisions will be made in the accounts of the Companies.

5.4.2 Memberships in Employers' Associations

None of the Companies is a member of any employers' association.

5.4.3 Collective Bargaining Agreements; Shop Agreements

None of the Companies is bound by any collective bargaining agreements (*Tarifverträge*) or shop agreements (*Betriebsvereinbarungen*) except as disclosed in *Schedule 5.4.3* hereto.

5.4.4 Pension Entitlements

There are no pension commitments (other than obligations under statutory pension schemes) undertaken by the Companies vis-à-vis their respective previous and current directors and officers and employees, except as disclosed in *Schedule 5.4.4* hereto.

5.5 Financial Information

The Seller has furnished the Buyer with copies of the audited consolidated balance sheets of the Company and the audited unconsolidated balance sheets of the Companies as of (...), (...) and (...), in each case together with profit-and-loss accounts (and cash-flow statements) for the fiscal year ended on such date (the **"Financial Statements"**); copies of the Financial Statements are attached hereto as *Exhibit 5.5* for identification purposes. The Financial Statements are, also to the current knowledge of the Seller, correct and complete in all respects and have been prepared in accordance with all relevant accounting laws and generally accepted accounting principles applicable to the respective company, in each case consistently applied. The Financial Statements provide in all respects a true and fair view of the financial position and the results of operations of the Companies within the meaning of the accounting laws and generally accepted accounting principles applicable to the respective company, on the date as of which they have respectively been prepared.

5.6 Taxes and Other Public Impositions

5.6.1 Filings; Payments; Provisions

The Companies have properly filed, and will continue to file until the Closing Date, all tax and social security returns and other returns relating to other public impositions when due with all competent governmental authorities or entities for all periods prior to the Closing Date. The Companies have paid, and will continue to pay until the Closing Date, all taxes, social security contributions and other public impositions (collectively: **"Taxes"**) which have fallen or will fall due before the Closing Date. Insofar as Taxes relating to the time period prior to the Closing Date should not yet have been paid prior to the Closing Date, reasonable provisions will be made in the accounts of the Companies.

5.6.2 Compliance

The Companies have complied in all material respects with all other obligations in respect of Taxes. There is no existing dispute between the Companies and competent governmental authorities concerning any Taxes.

5.7 Environmental Matters

5.7.1 Damaging Effects

No damaging environmental effects as defined in section 3 sentence 1 of the German Federal Emissions Protection Act (BImSchG) or as defined under similar laws applicable to the sites on which the Companies operate have been caused by the Companies that would give grounds for administrative orders against any of the Companies with a material adverse effect on the financial condition, results, operations or assets of the Companies as a whole.

5.7.2 Premises

Since the acquisition or, in case of leased property, first occupation of the Premises, the Premises have only been used for the conduct of business as currently carried on. Since the acquisition or, in case of leased property, first occupation, the Premises have been used and are currently being used in compliance with all applicable laws, regulations, ordinances and orders by any competent legislative, judicial or administrative authorities regarding the protection of the environment ("**Environmental Laws**"). There are no contaminations (*schädliche Bodenveränderungen* or *Altlasten*) as defined in the German Federal Soil Protection Act (*Bundes-Bodenschutzgesetz*), or as defined under similar laws applicable to the sites on which the Companies operate, on or emanating from the Premises that have been caused by the operations of the Companies and that might be expected to give rise to remediation duties or any other liability under the said *Bundes-Bodenschutzgesetz* or under similar laws applicable to the sites on which the Companies operate. To the best of the Seller's knowledge, there are no other such contaminations on or emanating from the Premises (i.e. contaminations not caused by the operations of the Companies).

5.7.3 Hazardous Materials

There are no pollutants, contaminants or toxic substances that are defined as such in the Environmental Laws ("**Hazardous Materials**") in the groundwater beneath the Premises resulting from the operations of the Companies. To the best of the Seller's knowledge, there are no other such Hazardous Materials (i.e. other than resulting from the operations of the Companies) in the groundwater beneath the Premises. There has been no disposal of any Hazardous Materials used, generated or stored by the Companies at any off-site location.

5.8 Additional Disclosures after the Signing Date

If, after the execution of this Agreement, events should occur or circumstances should arise that would result in a Breach of Warranty (as defined below) but for this section 5.8, the Seller shall be entitled to disclose such events and/or circumstances to the Buyer at the Closing (at the latest), whereupon the representations made in sections 5.1 through 5.7 above shall be deemed qualified by such disclosure, thereby precluding a Breach of Warranty based on the disclosed events and/or circumstances. The disclosure shall be made by a written statement (the "**Closing Disclosure Schedule**") to be attached to the Closing Deed.

5.9 Exclusion of Further Representations and Warranties

Above and beyond the representations and warranties set out in sections 5.1 through 5.7 above, the Seller makes no further representations to and accepts no further warranties vis-à-vis the Buyer. The Parties agree that none of the representations made under sections 5.1 through 5.7 above shall constitute a "guarantee of quality or durability" (*Beschaffenheits- oder Haltbarkeitsgarantie*) within the meaning of section 443 BGB.

5.10 Remedies

5.10.1 Breach of Warranty

> For the purpose of this Agreement, the untruthfulness, inaccuracy or incompleteness of any of the representations made in sections 5.1 through 5.7 above shall constitute a **"Breach of Warranty"**.

5.10.2 Remedy in Case of a Breach of Warranty

> In case of any Breach of Warranty, the Seller shall obligated to restore the situation that would exist, had there been no Breach of Warranty. If the Seller fails to restore such situation within (...) after the receipt of a respective written request by the Buyer, the Buyer shall be entitled to damages in money (**"Indemnification Claim"**). The amount of any Indemnification Claim shall be the amount needed in order to put the Company or the respective Subsidiary in the economic condition in which it would be, had all representations and warranties been true, accurate and complete.

> For the avoidance of doubt, it is clarified that Indemnification Claims may only be asserted after the Closing.

5.10.3 Existing Provisions; Additional Taxes

> There shall be no Indemnification Claims to the extent provisions have been made in the Financial Statements. In addition, with respect to the warranties under section 5.6 above, Indemnification Claims may only be asserted if and insofar as a Breach of Warranty results in an obligation of the Companies to pay additional Taxes relating to the time-period before the Closing Date, provided that any additional Taxes which are or will be compensated by corresponding reductions of Taxes in subsequent time-periods shall be disregarded except for the interest effect resulting therefrom.

5.10.4 Buyer's Knowledge

> (Should, on the Signing Date, any facts or circumstances leading to a Breach of Warranty hereunder (i) be known to the Buyer or (ii) be unknown to the Buyer due to the Buyer's gross negligence, no Indemnification Claim may be asserted with regard to such Breach of Warranty, irrespective of the quality of the warranties as independent warranty

covenants.) (The Buyer shall be entitled to assert any Indemnification Claims hereunder irrespective of whether the facts or circumstances giving rise to such Indemnification Claims were, for whatever reason, known or unknown to the Seller on the Signing Date or any other date.)

5.10.5 Best Knowledge

Where a representation is made to the best of the Seller's knowledge, or where it is otherwise relevant whether the Seller knew or was aware of certain events or circumstances, Indemnification Claims may only be asserted if the Seller knew or should have known, by using the diligence of a reasonable and prudent businessman (*Sorgfalt eines ordentlichen Kaufmanns*), that the respective representation was not true, accurate or complete. The knowledge of the following persons shall be deemed the knowledge of the Seller: any current director of the Seller and, in addition, (...).

5.10.6 De Minimis and Cap

Indemnification Claims may only be asserted if, individually or in the aggregate, they exceed the amount of (...) (to say: (...)) Euro; the **"De Minimis Amount"**) (, which amount shall be considered a threshold and not a deductible). The maximum amount of all Indemnification Claims in the aggregate shall be the amount of (...) (to say: (...)) Euro; the **"Indemnification Cap"**).

5.10.7 Expiration

All Indemnification Claims shall expire (...) months after the Closing Date, except for Indemnification Claims under section 5.6, which shall expire (six (6)) months after a tax order or other judicial or administrative judgment, order or other decision ordering the additional payment of Taxes relating to the time period before the Closing Date (see section 5.10.3) shall have become unappealable, but in no event later than (...) after the Closing Date.

5.10.8 Exclusion of Further Remedies

This section 5.10 contains the exhaustive agreement of the Parties regarding the remedies of the Buyer in case of a Breach of Warranty. Above and beyond this, any further warranty or liability by the Seller, of whatever nature and based on whatever ground or cause of action and aimed at whatever remedy, is, to the extent legally permissible, excluded.

6. Merger Control; Condition Precedent

6.1 Notification of the Proposed Concentration

The Parties shall, promptly after the execution of this Agreement, finalize the notification of the proposed concentration contemplated in this Agreement to

(...) and shall ensure that such notification is filed with (...) in time. The Parties shall use their best efforts in order to reach the expeditious clearing of the proposed concentration by (...) and shall, in particular, make available any and all information and data required for this purpose and process any information requests that may be made by (...) without undue delay. The same shall apply if notifications to any other competent competition authorities should be required under applicable laws.

6.2 Condition Precedent

The obligations of the Parties under section 3 and 4 above (i.e. the obligations to consummate the sale and purchase of the Shares and pay the Purchase Price) are subject to the **condition precedent** (suspensive condition) that the proposed concentration as contemplated in this Agreement shall have been cleared by (...) and any other competent competition authorities (to the extent prior clearance by such other competition authorities, if any, is required under applicable laws for the lawful and valid implementation of the proposed concentration) either expressly or as a result of the expiry of relevant time-periods for a prohibition of the proposed concentration (without such prohibition having been declared within such time-period).

7. Interim Period

During the time-period until the Closing Date (the **"Interim Period"**), the Seller shall see to it that the business and operations of the Companies are conducted only in the ordinary course of business as previously carried on and in accordance with prudent business practices and that, during the Interim Period, any measures outside such ordinary course of business are only taken with the Buyer's prior consent, not to be unreasonably withheld. The Seller shall promptly advise the Buyer in writing of (i) any events or circumstances occurring or arising during the Interim Period that have a material adverse effect on the financial condition, results, operations or assets of the Companies as a whole, and (ii) any law-suit brought or claim asserted by a third party against the Seller or any of the Companies during the Interim Period which, if adversely determined, could reasonably be expected to restrain, enjoin or otherwise prohibit or obstruct the consummation of the transactions contemplated herein.

8. Closing

8.1 Closing Conditions; Place and Date of the Closing

8.1.1 Further to the condition precedent under section 6.2 above, the obligations of the Parties under sections 3 and 4 above shall also be subject to the satisfaction of the following conditions precedent (suspensive conditions; together with the condition precedent under section 6.2 above: the **"Closing Conditions"**):

(list of further Closing Conditions, if any; duties of the Parties to ensure/use best efforts to bring about the satisfaction of the Closing Conditions; provisions regarding possibility of waiver)

8.1.2 The transfer and assignment of the Shares, the payment of the Purchase Price and the implementation of the other Closing Events defined as such below (the "**Closing**") shall take place in the offices of (...) or such other place as may be agreed upon by the Parties on the (...) Business Day following the day on which all of the Closing Conditions have been satisfied or waived or on such other day as may be agreed upon by the Parties (the "**Closing Date**").

8.2 Closing Events

At the Closing, the following measures shall be implemented (collectively: the "**Closing Events**"):

8.2.1 The Parties shall execute a notarial deed regarding the transfer and assignment of the Shares subject to the condition precedent of the payment of the Purchase Price (the "**Closing Deed**"), which is attached hereto in the agreed form as *Schedule 8.2*.

8.2.2 Immediately after the execution of the Closing Deed, the Buyer shall pay or cause to be paid the purchase price for the Shares into the following bank account:

(account details),

or into such other bank account as shall have been notified to the Buyer by the Seller prior to the Closing Date.

(...)

9. Undertakings of the Parties

(e.g. non-compete; no solicitation of employees; confidentiality; form of press release; etc.)

10. Termination Rights

10.1 Closing Conditions not Satisfied

Each of the Parties may terminate this Agreement if the Closing Conditions or any of them have not been satisfied or waived within (six (6)) months after the Signing Date.

10.2 Material Adverse Change

The Buyer may terminate this Agreement if, after the execution of this Agreement, any events occur or circumstances arise that have a material adverse effect on the financial condition, results, operations or assets of the Companies as a whole. Adverse effects shall be deemed material if (...).

10.3 Exercise of Termination Rights

A Party wishing to exercise a termination right existing under this section 10 shall send a written notice of termination to the other Party and the termination shall be effective upon the receipt of the notice of termination by the other Party.

10.4 Waiver of Termination Rights

Each Party may at any time waive any termination rights it may have under or in respect of this Agreement by written notice to the other Party. The execution of the Closing Deed by any Party shall always be deemed a waiver of any and all termination rights such Party may have under or in respect of this Agreement.

11. Notices

11.1 Notices and any other communication in connection with this Agreement shall be made in the English language and shall be addressed as follows:

If to *the Seller*, to

(...)

with a copy to

(...)

If to *the Buyer*, to

(...)

with a copy to

(...)

11.2 The aforesaid addresses shall remain valid and in force unless and until the respective other Party has been properly notified of any other address.

12. Miscellaneous

12.1 No Assignment

None of the Parties shall assign any of its rights and obligations hereunder to any third party.

12.2 Written Form

All amendments to this Agreement, also including a change of this section 12.2 itself, shall only be valid if made in writing (*Schriftform*) and with express reference to this Agreement, unless notarization or any other form stricter than written form is required by mandatory law.

12.3 Governing Law; Dispute Resolution

12.3.1 This Agreement shall be governed by, and construed in accordance with, the substantive laws of the Federal Republic of Germany, without having regard to the conflict-of-laws provisions thereof.

12.3.2 All disputes arising out of or in connection with this Agreement shall be settled by arbitration under the Rules of Arbitration of the International Chamber of Commerce (ICC). The arbitral tribunal shall consist of three arbitrators. The arbitration proceedings shall be in English. The place of arbitration shall be (…). (any other details)

12.4 Severability

Should any provision of this Agreement be or become invalid or unenforceable in whole or in part, the validity of the remaining provisions as well as of the Agreement as a whole shall not be affected thereby. In place of an invalid or unenforceable provision, such provision shall be deemed agreed upon as is legally effective and enforceable and comes closest to the economic objectives of the invalid or unenforceable provision as well as to the interests of the Parties as manifested by this Agreement. The same shall apply *mutatis mutandis* if this Agreement fails to address an issue which it should reasonably have contemplated.

12.5 Costs

The costs of the recording of this Agreement and the Closing Deed as notarial deeds shall be borne by the (Buyer). Otherwise, each Party shall bear its own costs.

Table of Schedules and Exhibits

(…)

VI. Asset Purchase Agreement

ASSET PURCHASE AGREEMENT

dated (...)

This Asset Purchase Agreement ("this Agreement") is made on this (...) day of (...) by and between

1. A

hereinafter referred to as **"Seller"**

and

2. B

hereinafter referred to as **"Buyer"**

Seller and Buyer collectively being referred to as the **"Parties"**, and each of them as a **"Party"**.

Table of Contents

(...)

Whereas

(A) (Introduction of Seller);

(B) (Introduction of Buyer);

(C) (Description of the sold business) (the **"Business"**);

(D) The Seller intends to sell to the Buyer certain assets related to the Business (the **"Transferred Assets"**) and the Buyer intends to assume certain contracts and liabilities of the Seller related to the Business (the **"Assumed Contracts"** and **"Assumed Liabilities"**), in each case as more specifically described herein;

NOW, THEREFORE, it is agreed:

1. Definitions and Interpretation

(...)

2. Sale and Purchase; Obligation to Assume Liabilities

2.1 Transferred Assets

The Seller hereby sells to the Buyer, and the Buyer purchases from the Seller, the Transferred Assets, as follows:

2.1.1 Real Property

Title to and any other rights and interests in real property related to the Business, as specified in *Schedule 2.1.1*.

2.1.2 Intangibles

Any and all intellectual and industrial property rights and other intangible assets related to the Business, as specified in *Schedule 2.1.2*.

2.1.3 Other Fixed Assets

Any and all other fixed assets related to the Business, as specified in *Schedule 2.1.3*.

2.1.4 Current Assets

Any and all current assets related to the Business, as specified in *Schedule 2.1.4*.

2.1.5 Books and Records

The books and records and other documentation related to the Business (the **"Records"**), including, without limitation, documentation of the acquisition of the Transferred Assets, documentation of the Transferred Contracts, customer lists, correspondence with suppliers and customers, government authorities and others and marketing plans and materials. To the extent the Seller is obliged to preserve the originals, the Seller shall deliver copies to the Buyer. Each Party shall preserve all Records in its possession in compliance with all applicable laws and shall, upon the reasonable request of the other Party, make them available to such other Party; a request shall be deemed reasonable in particular if the other Party needs the respective Records for tax purposes.

2.1.6 Computer Hardware and Software; Data

All computer hardware, stored data and owned computer software and related documentation (including, without limitation, source code and systems documentation) and all licensed software (to the extent that any such licences are assignable) primarily used or held for use in the Business.

2.1.7 Licences

Any government licences, permits and authorizations issued to the Seller and used solely in respect of the Business to the extent their transfer is permitted by law.

2.1.8 Non-Itemized Assets

To the extent any assets of the Seller that are not itemized in this section 2.1 or the pertinent schedules are attributable to the Business or necessary for the Buyer to continue the Business, the sale and purchase contemplated herein shall also extend to such non-itemized assets unless they are Excluded Assets. The Transferred Assets shall also include any restitution, compensation or damage claims arising out of or in connection with the loss, destruction, deterioration or infringement of any other Transferred Asset both prior to and on or after the Effective Date.

2.1.9 Excluded Assets

The sale and purchase contemplated herein shall not extend to the Excluded Assets, as specified in *Schedule 2.1.9*.

2.2 Assumed Contracts

2.2.1 Employment Relationships

Pursuant to section 613a BGB, the Buyer will assume by operation of law all employment agreements with employees attributable to the Business (the **"Transferred Employees"**); the Transferred Employees' right to object to the transfer of the employment relationship is unaffected. *Schedule 2.2.1* sets forth an accurate and complete list of the Transferred Employees. Promptly following the execution of this Agreement, the Parties shall jointly notify the Transferred Employees of the proposed transfer of the Business and thus the pertinent employment relationships, in accordance with the requirements under section 613a(5) BGB. The agreed form of the notice is attached hereto as *Exhibit 2.2.1*.

2.2.2 Leases and Infrastructure

The Buyer shall assume from the Seller the lease agreements specified in Schedule (...). Further, the Buyer shall assume any and all agreements between the Seller and any utilities providers (water, sewage, electricity etc.) relating to (owned or leased) properties on which the Business is operated.

2.2.3 Lincence Agreements

The Buyer shall assume from the Seller the licence agreements specified in Schedule (...).

2.2.4 Outstanding Contracts with Suppliers and Customers

The Buyer shall assume from the Seller all contracts between the Seller and its suppliers and customers related with the Business, as specified in Schedule (...).

2.2.5 Other Assumed Contracts

The Buyer shall further assume from the Seller those contracts that are specified in Schedule (...).

2.2.6 Consent of Counter-Parties and Others

The Assumed Contracts shall transfer to the Buyer by way of an assumption of contract (*Vertragsübernahme*). The Seller shall use its best efforts to obtain any declarations of consent by the counter-parties to the Assumed Contracts and any other third parties that may be required to this effect. Where necessary declarations of consent cannot be obtained, the Parties agree that the Seller shall transfer and assign to the Buyer any and all claims and other rights and interests in and under the respective Assumed Contracts to the extent these are assignable without consent and that, further, the Parties shall place each other, within their internal relationship (*im Innenverhältnis*), in the respective positions they would be in, had the respective Assumed Contracts been effectively transferred to the Buyer; the Seller undertakes to exercise any and all rights and to make performances under the respective Assumed Contracts only in accordance with the instructions received from the Buyer in this respect.

2.2.7 Periodical Performance

If any Assumed Contracts provide for periodical performance (*wiederkehrende Leistungen*) allocable to concrete time-periods (like, without limitation, in case of employment or lease agreements), all rights, interests, claims and liabilities under such Assumed Contracts relating to time-periods prior to the Effective Date shall – at least within the internal relationship between the Parties (*im Innenverhältnis*) – remain with the Seller and shall not transfer to or be assumed by the Buyer.

2.2.8 Excluded Contracts

The Buyer shall in no event assume or be otherwise responsible for any contracts that are not explicitly designated as Assumed Contracts in this Agreement. Without limiting the generality of the foregoing, the Buyer shall assume none of those contracts as are enumerated in *Schedule 2.2.8*.

2.3 Assumed Liabilities

2.3.1 Liabilities under Assumed Contracts

The Buyer shall assume all liabilities – known or unknown, primary or secondary, fixed or contingent – under any Assumed Contract, unless otherwise provided for in this Agreements, in particular in section 2.2.7 above.

2.3.2 Liabilities vis-à-vis Employees

Any liabilities arising out of or in connection with employment relationships with employees which should not be transferred to the Buyer because of the respective employee's objection thereto shall be no Assumed Liabilities and shall remain exclusively with the Seller.

2.3.3 Taxes

The Buyer shall assume the liability for any and all taxes, social security contributions and other public impositions (**"Taxes"**) related to the Business and allocable to any time-periods following the Effective Date (inclusive). The liability for taxes related to the Business allocable to time-periods prior to the Effective Date shall, however, remain exclusively with the Seller, even if such Taxes should be assessed (including, without limitation, as a result of a tax audit (*Betriebsprüfung*)) or otherwise become due and payable only after the Effective Date. Tax refunds, if any, shall belong to the Party that was responsible for paying the respective Taxes.

2.3.4 Other Assumed Liabilities

The Buyer shall further assume those other liabilities as are enumerated in *Schedule 2.3.4*.

2.3.5 Excluded Liabilities

The Buyer shall in no event assume or be otherwise responsible for any liabilities that are not explicitly designated as Assumed Liabilities in this Agreement. Without limiting the generality of the foregoing, the Buyer shall assume none of those liabilities as are enumerated in *Schedule 2.3.5*.

2.3.6 Mode of Assumption; Indemnity for the Benefit of the Seller

The assumption of Assumed Liabilities, to the extent it is not embedded in an assumption of contract (*Vertragsübernahme*), shall be by way of an assumption of debt with full discharge of the Seller (*befreiende Schuldübernahme*). Should this be impossible or unpracticable, e.g. because necessary declarations of consent by the respective obligee or third parties cannot be obtained, the Buyer undertakes to fully and promptly pay, discharge, satisfy and perform any such Assumed Liabilities when due (*Erfüllungsübernahme*). The Buyer shall promptly and upon first written demand indemnify and hold harmless the Seller from and against any claims that may be asserted by any third party against the Seller in respect of Assumed Liabilities.

2.3.7 Indemnity for the Benefit of the Buyer

The Seller shall promptly and upon first written demand indemnify and hold harmless the Buyer from and against any claims that may be asserted by any third party against the Buyer in respect of liabilities related to the Business that are not assumed by the Buyer in accordance with this Agreement.

2.4 Closing and Effective Date

The transfer of the Transferred Assets and the assumption of the Assumed Contracts and Assumed Liabilities shall occur at the Closing in accordance with the provisions of section (...), with economic effect as of (...) (the **"Effective Date"**).

3. Consideration

In addition to the assumption of the Assumed Liabilities, the Buyer shall pay to the Seller (...) (the **"Purchase Price"**). The Purchase Price shall be payable at the Closing in accordance with section (...) below.[1]

(...)[2]

VII. Einberufung einer „Holzmüller-Hauptversammlung"

XYZ Aktiengesellschaft

(Adresse bzw. Sitz)

EINLADUNG ZUR HAUPTVERSAMMLUNG

Wir laden hiermit unsere Aktionäre zu der am 1. Dezember 2004 um 10:00 Uhr im Internationalen Congress Centrum Berlin (ICC), Messedamm, 14055 Berlin, stattfindenden ordentlichen Hauptversammlung ein.

Tagesordnung

1. Genehmigung des mit der Müller & Mayer AG geschlossenen Unternehmenskaufvertrages vom 15. Oktober 2004.

Die Gesellschaft hat am 15. Oktober 2004 einen Vertrag mit der Müller & Mayer AG geschlossen, mit dem sämtliche von der Gesellschaft bislang allein gehaltenen Geschäftsanteile an der XYZ GmbH gegen Zahlung eines Kaufpreises von 100 Mio. Euro verkauft worden sind. Der Unternehmenskaufvertrag sieht ein bis zum 31. Dezember 2004 befristetes Rücktrittsrecht für die Gesellschaft vor, sofern die Hauptversammlung der Gesellschaft dem Vertrag nicht zustimmen sollte. Der Vertrag sieht im Wesentlichen vor .... Zur Begründung des Unternehmenskaufs führt der Vorstand in seinem Bericht im Wesentlichen aus, dass ...

Vorstand und Aufsichtsrat schlagen vor,

---

1 Ggf. komplexere Regelung, die Berechnungsformeln, Mechanismen zur Kaufpreisanpassung u.Ä. enthält.
2 Rest ähnlich wie beim Share Deal (siehe o. Anhang A V., S. 1284 ff.). Die Ausgestaltung insb. der Gewährleistung und des Closings (Struktur der Übertragungsakte) ist jedoch im Einzelnen stark abhängig von Art und Umfang der betroffenen Vermögensgegenstände, Verträge und Verbindlichkeiten.

dem am 15. Oktober 2004 mit der Müller & Mayer AG geschlossenen Unternehmenskaufvertrag zuzustimmen.

Der Unternehmenskaufvertrag und der Vorstandsbericht liegen von der Einberufung der Hauptversammlung an in den Geschäftsräumen der Gesellschaft aus und werden auch in der Hauptversammlung ausgelegt werden. Auf Verlangen erhält jeder Aktionär eine Kopie des Vertrages und des Berichts zugesandt.

2. Teilnahmebedingungen

Zur Teilnahme an der Hauptversammlung und zur Ausübung des Stimmrechts sind diejenigen Aktionäre berechtigt, die ihre Aktien bis spätestens 24. November 2004 bei der Gesellschaft oder bei einem der nachstehend genannten Kreditinstitute hinterlegt haben und bis zur Beendigung der Hauptversammlung dort belassen:

- Deutsche Postbank Aktiengesellschaft
- Deutsche Bank Aktiengesellschaft
- Dresdner Bank Aktiengesellschaft.

Die Hinterlegung ist auch dann ordnungsgemäß erfolgt, wenn die Aktien mit Zustimmung einer Hinterlegungsstelle für sie bei einem anderen Kreditinstitut bis zur Beendigung der Hauptversammlung gesperrt gehalten werden. Die Hinterlegung der Aktien kann auch bei einem deutschen Notar oder bei einer Wertpapiersammelbank erfolgen. Die Bescheinigung über die so erfolgte Hinterlegung ist uns bis zum 25. November 2004 einzureichen.

Aktionäre, die nicht selbst an der Hauptversammlung teilnehmen wollen, können ihr Stimmrecht unter entsprechender Vollmachtserteilung durch einen Bevollmächtigten, auch durch ein Kreditinstitut oder eine Vereinigung von Aktionären, ausüben lassen. Aktionäre können zur weisungsgebundenen Ausübung ihres Stimmrechts auch von der Gesellschaft benannte Stimmrechtsvertreter ermächtigen. Den Stimmrechtsvertretern sind im Vorfeld der Hauptversammlung eine Vollmacht und Weisungen für die Ausübung des Stimmrechts zu erteilen. Die Stimmrechtsvertreter sind verpflichtet, weisungsgemäß abzustimmen. Die Vollmachten und Weisungen hierzu können sowohl per Internet (...) als auch schriftlich oder per Telefax (...) erteilt werden. Weitere Einzelheiten und Erläuterungen erhalten die Aktionäre zusammen mit der Eintrittskarte.

Gegenanträge von Aktionären sind ausschließlich an die folgende Anschrift zu richten: XYZ Aktiengesellschaft (Adresse, ggf. Telefax/E-Mail). Rechtzeitig eingegangene, ordnungsgemäße Gegenanträge werden im Internet unter www.xyz-ag.de zugänglich gemacht.

Berlin, im Oktober 2004

XYZ Aktiengesellschaft

Der Vorstand

VIII. Vertraulichkeitsvereinbarung

VERTRAULICHKEITSVEREINBARUNG

zwischen

(...)

– im Folgenden „Verkäufer" –

und

(...)

– im Folgenden „Bieter" –

vom (...).

Präambel

Der Verkäufer und der Bieter beabsichtigen, Verhandlungen im Hinblick auf die Veräußerung einer Beteiligung an der (...) („Gesellschaft") aufzunehmen („Transaktion"). Zu diesem Zweck soll der Bieter auf Grundlage dieser Vereinbarung bestimmte Informationen über die Gesellschaft erhalten.

Dies vorausgeschickt vereinbaren die Parteien Folgendes:

§ 1 Vertrauliche Informationen

(1) „Vertrauliche Informationen" sind alle von dem Verkäufer oder einem seiner verbundenen Unternehmen (einschließlich der Gesellschaft), gesetzlichen Vertretern, Arbeitnehmern oder Beratern an den Bieter oder dessen gesetzliche Vertreter, Arbeitnehmer oder Berater (zusammen „Repräsentanten") im Zusammenhang mit der Transaktion gelieferten schriftlichen und mündlichen Informationen sowie alle Analysen, Aufzeichnungen, Prognosen, Studien und andere vom Bieter oder dessen Repräsentanten erstellten Dokumente, die solche Informationen enthalten oder widerspiegeln.

(2) Der Begriff „Vertrauliche Informationen" umfasst nicht solche Informationen,

a) die dem Bieter nachweislich bereits bekannt waren, bevor sie ihm von dem Verkäufer zugänglich gemacht wurden;

b) die bereits öffentlich bekannt sind oder während der Gespräche zwischen den Parteien öffentlich bekannt werden, ohne dass dies auf einer Verletzung dieser Vereinbarung beruht;

c) die von einem Dritten ohne Verletzung dieser Vereinbarung erlangt werden, wenn und soweit der Dritte rechtmäßig in Besitz der Informationen gelangt und seinerseits nicht zur Geheimhaltung der Informationen gegenüber dem Verkäufer oder einem mit ihm verbundenen Unternehmen (einschließlich der Gesellschaft) verpflichtet ist;

d) zu deren Weitergabe oder Verwendung der Verkäufer schriftlich zugestimmt hat.

(3) Die vertraulichen Informationen werden vom Bieter und seinen Repräsentanten vertraulich behandelt und dürfen nur zum Zweck der Beurteilung der Transaktion durch den Bieter genutzt werden.

(4) Für den Fall, dass der Bieter oder einer seiner Repräsentanten gesetzlich verpflichtet wird, vertrauliche Informationen offen zu legen, wird der Bieter den Verkäufer umgehend von diesem Erfordernis in Kenntnis setzen, so dass der Verkäufer oder eines seiner verbundenen Unternehmen (einschließlich der Gesellschaft) einstweiligen Rechtsschutz beantragen oder nach einer anderen angemessenen Lösung suchen kann.

§ 2 Vertraulichkeit der Transaktion

Ohne die vorherige schriftliche Zustimmung des Verkäufers wird der Bieter nicht Dritten offen legen

a) dass Prüfungen, Diskussionen oder Verhandlungen über die Transaktion stattfinden,

b) dass der Bieter vom Verkäufer, einem seiner verbundenen Unternehmen (einschließlich der Gesellschaft) oder einem Berater vertrauliche Informationen angefordert oder erhalten hat oder

c) die Bedingungen, Konditionen oder anderen Umstände bezüglich der Transaktion, einschließlich deren Status.

§ 3 Kommunikation und externe Berater

(1) Der Bieter verpflichtet sich, Anfragen, Terminwünsche und sonstige Formen der Kommunikation im Zusammenhang mit der Transaktion ausschließlich an die in *Anlage 1* aufgeführten Personen zu richten. Der Bieter verpflichtet sich, mit den Vertraulichen Informationen nur die in *Anlage 2* genannten gesetzlichen Vertreter und Arbeitnehmer zu befassen.

(2) Der Bieter darf externen Beratern nur nach Rücksprache mit dem Verkäufer einen Beratungsauftrag über die Transaktion erteilen. Die Berater müssen sich dieser Vereinbarung unterwerfen oder eine Vereinbarung mit dem Bieter abschließen, die dieser Vereinbarung im Wesentlichen entspricht; dies gilt nicht für Berater, die bereits einer gesetzlichen Verschwiegenheitspflicht unterliegen. Der Bieter wird dem Verkäufer eine Offenlegung von Vertraulichen Informationen an externe Berater unter namentlicher Nennung jeder einzelnen Person schriftlich anzeigen.

(3) Dem Bieter werden Handlungen oder Unterlassungen seiner Repräsentanten zugerechnet. Der Bieter haftet für seine Repräsentanten.

§ 4 Rückgabe

Der Verkäufer ist jederzeit berechtigt, vom Bieter zu verlangen, dass dieser unverzüglich

a) auf eigene Kosten alle Kopien der vertraulichen Informationen, die sich in seinem Besitz oder im Besitz eines seiner Repräsentanten befinden, an den Verkäufer zurückgibt und jegliche vom Bieter oder für den Bieter erstellten Analysen, Aufzeichnungen, Prognosen, Studien oder Dokumente (auch in elektronischer Form), die vertrauliche Informationen enthalten oder widerspiegeln, zerstört und

b) dem Verkäufer die Rückgabe bzw. Zerstörung solchen Materials gemäß den Regelungen dieser Vereinbarung schriftlich bestätigt.

§ 5 Abwerbeverbot

(1) Der Bieter verpflichtet sich für die Dauer von zwei Jahren ab dem heutigen Tag, keinen gesetzlichen Vertreter, Arbeitnehmer oder Berater (mit Ausnahme von Investmentbankern, Wirtschaftsprüfern, Steuerberatern oder Rechtsanwälten), der zurzeit für den Verkäufer oder eines seiner verbundenen Unternehmen (einschließlich der Gesellschaft) tätig ist, zu bewegen oder dahingehend zu beeinflussen, für ihn oder ein Unternehmen, an dem er beteiligt ist, oder für ein Konkurrenzunternehmen in irgendeiner wie auch immer gearteten Weise tätig zu werden oder ein bestehendes Beschäftigungsverhältnis mit dem Verkäufer oder einem seiner verbundenen Unternehmen (einschließlich der Gesellschaft) aufzulösen.

(2) Der Bieter und seine Repräsentanten werden im Hinblick auf die Transaktion nicht ohne ausdrückliche Zustimmung des Verkäufers Kontakt mit Lieferanten oder Kunden des Verkäufers oder einem seiner verbundenen Unternehmen (einschließlich der Gesellschaft) aufnehmen.

§ 6 Haftungsausschluss und Freistellung

(1) Weder der Verkäufer noch eines seiner verbundenen Unternehmen (einschließlich der Gesellschaft) übernimmt ausdrücklich oder stillschweigend eine Haftung oder Gewährleistung für die Richtigkeit und Vollständigkeit der Vertraulichen Informationen. Weder der Verkäufer, ein verbundenes Unternehmen (einschließlich der Gesellschaft), ein gesetzlicher Vertreter, Arbeitnehmern noch ein Berater des Verkäufers haftet dem Bieter oder einem seiner Repräsentanten in irgendeiner wie auch immer gearteten Weise aus der Verwendung der vertraulichen Informationen durch den Bieter oder seine Repräsentanten. Diese Vereinbarung begründet keine Verpflichtung, einen bindenden Vertrag über die Transaktion abzuschließen.

(2) Der Bieter verpflichtet sich hiermit, den Verkäufer und seine verbundenen Unternehmen (einschließlich der Gesellschaft) von jeglichen Verpflichtungen und Verbindlichkeiten sowie Schäden, Kosten oder Verlusten, die dem Verkäufer oder einem seiner verbundenen Unternehmen (einschließlich der Gesell-

schaft) im Zusammenhang mit einer Verletzung dieser Vereinbarung durch den Bieter oder dessen Repräsentanten entstehen, freizustellen.

§ 7 Vertragsstrafe

Der Bieter verpflichtet sich hiermit, dem Verkäufer für jede einzelne Verletzung einer Verpflichtung aus dieser Vereinbarung eine Vertragsstrafe in Höhe von (...) Euro und im Wiederholungsfall von (...) Euro zu zahlen. Die Geltendmachung eines weiteren Schadens bleibt unberührt.

§ 8 Schlussbestimmungen

(1) Jede Vertragspartei trägt die bei ihr im Zusammenhang mit dem Abschluss und der Durchführung dieses Vertrages anfallenden Kosten und Steuern sowie die Kosten ihrer Berater selbst.

(2) Änderungen und Ergänzungen dieses Vertrages (einschließlich dieser Vorschrift) sowie nach diesem Vertrag abzugebende Erklärungen bedürfen zu ihrer Wirksamkeit der Schriftform, soweit keine notarielle Form vorgeschrieben ist.

(3) Sollte eine Bestimmung dieses Vertrages unwirksam sein oder werden oder eine an sich notwendige Regelung nicht enthalten, so wird dadurch die Wirksamkeit der übrigen Bestimmungen dieses Vertrages nicht berührt. Anstelle der unwirksamen Bestimmung oder zur Ausfüllung der Regelungslücke gilt eine rechtlich zulässige Regelung, die soweit wie möglich dem entspricht, was die Vertragsparteien gewollt haben oder nach Sinn und Zweck dieses Vertrages gewollt haben würden, wenn sie die Regelungslücke erkannt hätten.

(4) Dieser Vertrag unterliegt deutschem Recht. Gerichtsstand für alle Streitigkeiten aus oder im Zusammenhang mit diesem Vertrag einschließlich solche über seine Wirksamkeit ist (...).

Datum, Unterschrift

IX. Übernahmeangebot[1] [Pflichtangebot]

Pflichtveröffentlichung nach § [§ 35 Abs. 2,][2] 14 Abs. [2 Satz 1, Abs.] 3 des Wertpapiererwerbs- und Übernahmegesetzes (WpÜG).

Die Aktionäre der *Zielgesellschaft*[3] mit Wohnsitz, Sitz oder gewöhnlichem Aufenthalt außerhalb der Bundesrepublik Deutschland sind angehalten, das Kapitel „Hinweise für Aktionäre außerhalb der Bundesrepublik Deutschland" dieser Angebotsunterlage zu beachten.

---

1 Vgl. auch *Zschocke/Schuster*, Bad Hamburger Handbuch zum Übernahmerecht, 2003, Anhang 2.1; *Bröcker/Weisner*, Übernahmeangebote, 2003, Anhang Muster 4.
2 Text in eckigen Klammern bezieht sich auf Pflichtangebote.
3 Kursiver Text ist durch konkrete Angaben zu ersetzen.

ANGEBOTSUNTERLAGE

Öffentliches Übernahmeangebot[1] [Pflichtangebot][2]
der
Bietergesellschaft
Name, Sitz, Rechtsform

an die Aktionäre der
Zielgesellschaft
Sitz, Rechtsform
zum Erwerb der von ihnen gehaltenen Aktien der Zielgesellschaft
gegen
Zahlung einer Geldleistung in Höhe von … Euro je Aktie der
Zielgesellschaft

**Annahmefrist: … bis …,
… Uhr**

Kennnummer der Aktien der Zielgesellschaft:
International Securities Identification Number (ISIN) …
Wertpapierkennnummer (WKN) …

Kennnummer der während der Annahmefrist zur Annahme des Angebots eingereichten Aktien der Zielgesellschaft:
ISIN …
WKN …

A. Hinweise für Aktionäre außerhalb der Bundesrepublik Deutschland

I. Durchführung des Übernahmeangebots [Pflichtangebots] nach dem deutschen Wertpapiererwerbs- und Übernahmegesetzes

Das nachfolgende öffentliche Übernahmeangebot [Pflichtangebot] der *Bietergesellschaft, Sitz, Rechtsform*, ist als Übernahmeangebot [Pflichtangebot] nach dem deutschen Wertpapiererwerbs- und Übernahmegesetz („WpÜG") an die Aktionäre der *Zielgesellschaft* gerichtet. Es wird ausschließlich nach deutschem Recht, insbesondere nach dem WpÜG und der Verordnung über den Inhalt der Angebotsunterlage, die Gegenleistung bei Übernahmeangeboten und Pflichtangeboten und die Befreiung von der Verpflichtung zur Veröffentlichung und zur Abgabe eines Angebots („WpÜG-AngebotsVO"), durchgeführt. Die Durchführung dieses Angebots nach den Rechtsvorschriften anderer Rechtsordnungen ist nicht beabsichtigt. Bekanntmachungen, Registrierungen, Zulassungen oder Genehmigungen dieser Angebotsunterlage und/oder des Angebots sind deshalb außerhalb der Bundesrepublik Deutschland weder beantragt noch veranlasst worden.

---

1 Vgl. zum Übernahmeangebot Teil X Rz. 24 ff.
2 Vgl. zum Pflichtangebot Teil X Rz. 108 ff.

II. Veröffentlichung der Angebotsunterlage[1]

Die Angebotsunterlage wird in Übereinstimmung mit den zwingenden Vorschriften der § [§ 35 Abs. 2,] 14 Abs. 3 WpÜG im Internet unter http://*www* .... sowie durch Hinweisbekanntmachung im *überregionalen Börsenpflichtblatt* am *Datum* veröffentlicht und zur kostenlosen Ausgabe im Inland bei der *Bank*,[2] *Anschrift* bereitgehalten. In der Bundesrepublik Deutschland ansässige Aktionäre der *Zielgesellschaft* können die Angebotsunterlage zur kostenlosen Versendung in Deutschland bei der *Bank, Anschrift* anfordern.

Die vorbezeichneten Veröffentlichungen dienen ausschließlich der Einhaltung der zwingenden Vorschriften des WpÜG. Die Abgabe und Veröffentlichung eines Angebots und die öffentliche Werbung für das Angebot nach den Vorschriften anderer Rechtsordnungen als denen der Bundesrepublik Deutschland sind nicht beabsichtigt. Eine Veröffentlichung, Versendung, Verbreitung oder Weitergabe der Angebotsunterlage oder eine Zusammenfassung oder sonstige Beschreibung der in der Angebotsunterlage enthaltenen Bedingungen unterliegt möglicherweise im Ausland Beschränkungen. Mit Ausnahme der Veröffentlichung der Angebotsunterlage im Internet unter http://*www*....,[3] der Hinweisbekanntmachung in dem *überregionalen Börsenpflichtblatt* und Bereithaltung der Angebotsunterlage zur kostenlosen Ausgabe nach Maßgabe des WpÜG[4] sowie der Verteilung der Angebotsunterlage aufgrund ausdrücklicher Genehmigung des Bieters darf die Angebotsunterlage oder eine Zusammenfassung oder sonstige Beschreibung der in der Angebotsunterlage enthaltenen Bedingungen deshalb durch Dritte weder unmittelbar noch mittelbar im bzw. in das Ausland verbreitet, veröffentlicht, versendet oder weitergegeben werden, soweit dies nach den anwendbaren ausländischen Vorschriften untersagt oder von der Einhaltung behördlicher Verfahren oder der Erteilung einer Genehmigung oder der Erfüllung weiterer Voraussetzungen in ausländischen Rechtsordnungen abhängig ist. Der Bieter übernimmt keine Verantwortung dafür, dass die Verbreitung, Veröffentlichung, Versendung oder Weitergabe der Angebotsunterlage außerhalb der Bundesrepublik Deutschland mit den jeweiligen im Ausland geltenden Bestimmungen vereinbar ist.

III. Annahme des Angebots außerhalb der Bundesrepublik Deutschland

Die Annahme des Angebots kann außerhalb der Bundesrepublik Deutschland rechtlichen Beschränkungen unterliegen. Aktionäre der *Zielgesellschaft*, die außerhalb der Bundesrepublik Deutschland in den Besitz der Angebotsunterlage gelangen und die das Angebot außerhalb der Bundesrepublik Deutschland annehmen wollen oder deren Annahme dieses Angebots aus anderen Gründen einer anderen Rechtsordnung als der der Bundesrepublik Deutschland unter-

---

1 Der Hinweis, wo die Angebotsunterlage nach § 14 Abs. 3 Satz 1 WpÜG veröffentlicht wird, muss gemäß § 2 Nr. 10 WpÜG-AngebotsVO in die Angebotsunterlage selbst mit aufgenommen werden.
2 Hier sind die Daten der mit der Abwicklung beauftragten Bank einzutragen.
3 Der Bieter soll nach dem Willen des Gesetzgebers die Angebotsunterlage auf seiner „Website" ablegen.
4 § 14 Abs. 3 Nr. 2 WpÜG.

liegen könnte, werden gebeten, sich über die jeweiligen außerhalb der Bundesrepublik Deutschland geltenden Rechtsvorschriften zu informieren und diese einzuhalten. Der Bieter übernimmt keine Verantwortung dafür, dass die Annahme des Angebots außerhalb der Bundesrepublik Deutschland mit den jeweiligen im Ausland geltenden Bestimmungen vereinbar ist. Der Bieter übernimmt weiterhin keine Verantwortung für die Missachtung ausländischer Vorschriften durch Dritte. Das Angebot kann jedoch nach Maßgabe dieser Angebotsunterlage und dem jeweils geltenden Recht angenommen werden.

B. Stand der Angebotsunterlage/Aussagen Dritter

Sämtliche in dieser Angebotsunterlage enthaltenen Angaben, Ansichten, Absichten und in die Zukunft gerichteten Aussagen beruhen, soweit nicht ausdrücklich anders vermerkt, auf den der *Bietergesellschaft* im Zeitpunkt der Unterzeichnung dieser Angebotsunterlage zugänglichen Informationen sowie dessen Ansichten, Absichten und Annahmen zu diesem Zeitpunkt. Die Informationen, Ansichten und Absichten und Annahmen können sich in der Zukunft ändern. Die Annahmen spiegeln die aktuellen Einschätzungen des Bieters über mögliche zukünftige Ereignisse wider und können sich in Zukunft als richtig oder falsch erweisen. Der Bieter behält sich vor, diese Angebotsunterlage nicht zu aktualisieren, soweit er hierzu nicht aus deutschen Veröffentlichungsvorschriften verpflichtet ist. Die die *Zielgesellschaft* betreffenden Informationen, die in dieser Angebotsunterlage enthalten sind, stammen aus öffentlich zugänglichen Informationsquellen und können daher auch bereits im Zeitpunkt der Veröffentlichung überholt sein.

Der Bieter hat keine dritten Personen ermächtigt, Aussagen zu diesem Angebot oder zu dieser Angebotsunterlage zu machen. Sollten Dritte dennoch entsprechende Aussagen machen, können sie dem Bieter nicht zugerechnet werden.

C. Zusammenfassung des Angebots

Diese Zusammenfassung enthält nicht alle Angaben im Zusammenhang mit dem Angebot und ist daher in Verbindung mit den nachfolgenden ausführlicheren Angaben zu lesen.

Bieter: ...

Zielgesellschaft: ...

Gegenstand des Angebots: ...

Gegenleistung: ...

Bedingungen: ...[1]

Annahmefrist: ...

---

[1] Bedingungen sind bei Pflichtangeboten gemäß §§ 39, 25 WpÜG unzulässig.

Annahme: ...

Börsenhandel: ...

Kosten der Annahme: ...

Veröffentlichungen: ...

D. Das Übernahmeangebot (Pflichtangebot)

I. Gegenstand[1]

Die *Bietergesellschaft* („der Bieter" oder „die Bietergesellschaft") bietet hiermit allen Aktionären der *Zielgesellschaft, Sitz, Rechtsform* („die Zielgesellschaft") an, alle von ihnen gehaltenen, auf den Inhaber lautenden und unter der ISIN ... gehandelten Stückaktien der Zielgesellschaft jeweils mit einem rechnerischen Anteil am Grundkapital von 1,00 Euro zum Kaufpreis[2] von

... Euro je Aktie der Zielgesellschaft

nach Maßgabe der Bestimmungen dieser Angebotsunterlage zu kaufen und zu erwerben (das „Übernahmeangebot" [„Pflichtangebot"]).

Das Angebot ist auf den Erwerb der Kontrolle über die Zielgesellschaft gerichtet und stellt daher ein Übernahmeangebot im Sinne von § 29 WpÜG dar. [Das Angebot erfolgt aufgrund eines Kontrollerwerbs und stellt daher ein Pflichtangebot i.S.d. § 35 Abs. 2 WpÜG dar.]

Der Bieter hat seine Entscheidung zur Abgabe des Übernahmeangebots am ... veröffentlicht.[3]

[Der Bieter hat den Kontrollerwerb und seine Verpflichtung zur Abgabe dieses Pflichtangebots am ... gemäß § 35 Abs. 1 WpÜG veröffentlicht.]

II. Bedingungen[4]

Dieses Übernahmeangebot und seine Durchführung steht unter der aufschiebenden Bedingung der:

---

1 Gemäß § 11 Abs. 2 Satz 2 Nr. 2 und Nr. 3 und Nr. 4 WpÜG sind die Zielgesellschaft, die zu erwerbenden Aktien sowie die Gegenleistung zwingend zu bestimmen.
2 Als Gegenleistung kommen auch Wertpapiere in Betracht (sog. Mischangebote, eine Kombination aus Wertpapieren und Barleistungen). Vgl. dazu Teil X Rz. 46. Die Gegenleistung bei Pflichtangeboten bestimmt sich nach den Regelungen zum Übernahmeangebot, §§ 39, 31 WpÜG.
3 Die Veröffentlichungspflicht besteht gemäß § 10 Abs. 1 Satz 1 WpÜG. Vgl. dazu oben Teil X Rz. 93.
4 Soll das Übernahmeangebot unter Bedingungen abgegeben werden, so sind diese gemäß § 11 Abs. 2 Satz 2 Nr. 5 WpÜG in der Angebotsunterlage zwingend anzugeben. Zu den Bedingungen bei Übernahmeangeboten vgl. oben Teil X Rz. 56.

Ausführungen zu:

- *Genehmigung durch Kartellbehörden,*
- *Mindestannahmequote,*
- *Durchführung Kapitalerhöhung.*

[Dieses Pflichtangebot und seine Durchführung ist nicht vom Eintritt aufschiebender Bedingungen abhängig.][1]

III. Pflicht zur Stellungnahme gemäß § 27 WpÜG[2]

Der Vorstand und der Aufsichtsrat der Zielgesellschaft sind gemäß § 27 WpÜG verpflichtet, unverzüglich nach Übermittlung dieser Angebotsunterlage eine begründete Stellungnahme zu diesem Angebot abzugeben. Dieselbe Pflicht besteht nach Änderungen der Angebotsvorlage durch den Bieter.

E. Beteiligte Unternehmen

I. Beschreibung der Bietergesellschaft

1. Bietergesellschaft

Die Bietergesellschaft *Name, Firma* ist eine börsenorientierte Aktiengesellschaft deutschen Rechts mit Sitz in …, eingetragen im Handelsregister des Amtsgerichts … unter HRB … Das Grundkapital der Bietergesellschaft beträgt … Euro und ist eingeteilt in … auf den Inhaber lautende Stückaktien mit einem anteiligen Betrag am Grundkapital von je … Euro. Die Aktien der Bietergesellschaft sind unter der ISIN … zum Handel an der Börse zugelassen.

Der Unternehmensgegenstand/Geschäftstätigkeit der Bietergesellschaft ist:

Ausführungen zu:

- *Finanzdaten,*
- *Jahresabschluss,*
- *Organe,*
- *wesentliche Aktionäre.*

2. Aktienbestand der Bietergesellschaft an der Zielgesellschaft

Zum Zeitpunkt der Veröffentlichung dieser Angebotsunterlagen hält die Bietergesellschaft … Aktien der Zielgesellschaft.[3] Dies entspricht einem Anteil

---

[1] Pflichtangebote dürfen gemäß §§ 35, 39 nicht von Bedingungen abhängig gemacht werden.
[2] Zur Stellungnahme des Vorstands der Zielgesellschaft vgl. bereits oben Teil X Rz. 143.
[3] Diese Angabe erhöht die Markttransparenz und ermöglicht dem Aktionär der Zielgesellschaft, die Erfolgsaussichten des Angebots zu beurteilen. Sie ist gemäß § 2 Nr. 5 WpÜG – AngebotsVO erforderlich.

von ... der Stimmrechte an der Zielgesellschaft. Gemeinsam mit der Bietergesellschaft handelnde Personen (§ 2 Abs. 5 WpÜG) existieren nicht, so dass keine gemeinsam handelnden Personen Aktien der Zielgesellschaft halten.[1]

3. Stimmrechtszurechnungen

Zum Zeitpunkt der Veröffentlichung gibt es keine Personen, deren Stimmrechte aus Aktien der Zielgesellschaft gemäß § 30 WpÜG Stimmrechten der Bietergesellschaft gleichstehen oder ihr zuzurechnen sind.[2]

II. Beschreibung der Zielgesellschaft

Die Zielgesellschaft *Name, Firma* ist eine Aktiengesellschaft nach deutschem Recht mit Sitz in ..., eingetragen im Handelsregister des Amtsgerichts ... unter HRB .... Das Grundkapital der Zielgesellschaft beträgt ... Euro und ist eingeteilt in ... auf den Inhaber lautende Stückaktien mit einem anteiligen Betrag am Grundkapital von je ... Euro. Die Aktien der Zielgesellschaft sind zum Handel an der ... Börse unter der ISIN ... zugelassen.

Erläuterungen zu:

– *Unternehmensgegenstand/Geschäftstätigkeit,*

– *Finanzdaten,*

– *Organe,*

– *Gesellschafter,*

– *Jahresabschluss.*

F. Hintergründe und Zielsetzung des Übernahmeangebots

Die Übernahme der Zielgesellschaft ist ein wichtiger Bestandteil der Expansionsstrategie der Bietergesellschaft.

Ausführungen zu:

– *gegenwärtigem Markt,*

– *Marktposition,*

– *Vorteile aus Übernahme.*

---

[1] Gemeinsam handelnde Personen sowie die zuzurechnenden Stimmrechte sind als ergänzende Angaben nach § 2 Nr. 1 WpÜG-AngebotsVO in die Angebotsunterlage aufzunehmen und sollen die Markttransparenz erhöhen. Vgl. dazu Teil X Rz. 81.

[2] Bei der Darstellung der zuzurechnenden Stimmrechte empfiehlt es sich, den Vorgaben des § 30 WpÜG zu folgen.

G. Absichten der Bietergesellschaft im Hinblick auf die Zielgesellschaft[1]

Die Bietergesellschaft verfolgt das Ziel

Begründete Ausführungen zu:

- *künftige Geschäftstätigkeit,*
- *Sitz und Standort wesentlicher Unternehmensteile der Zielgesellschaft,*
- *Verwendung des Vermögens der Zielgesellschaft,*
- *künftige Verpflichtungen der Zielgesellschaft,*
- *Arbeitnehmer und Vertretungen,*
- *Mitglieder der Geschäftsführungsorgane der Zielgesellschaft,*
- *wesentliche Änderungen der Beschäftigungsbedingungen einschließlich der insoweit vorgesehenen Maßnahmen bezüglich der Zielgesellschaft.*

H. Erläuterungen zur Preisfindung[2]

I. Gesetzlicher Mindestangebotspreis[3]

1. Der Drei-Monats-Durchschnittskurs

Der gewichtete durchschnittliche inländische Börsenkurs während des Drei-Monats-Zeitraums vor der am ... erfolgten Bekanntgabe der Entscheidung zur Abgabe des Übernahmeangebots, der durch die Bundesanstalt für Finanzdienstleistungsaufsicht ermittelt wurde und die diese der Bietergesellschaft mit Schreiben vom ... mitgeteilt hat, beträgt ... Euro.

2. Der Drei-Monats-Höchstpreis

In dem Zeitraum von drei Monaten vor der am ... veröffentlichten Entscheidung der Bietergesellschaft zur Abgabe dieses Übernahmeangebots [Pflichtangebots] und bis zur Veröffentlichung dieser Angebotsunterlage hat die Bietergesellschaft folgende Gegenleistungen für den Erwerb von Aktien der Zielgesellschaft gewährt:[4]

---

[1] Die Angabe der Absichten des Bieters im Hinblick auf die Zielgesellschaft sind zwingend notwendige Angaben gemäß § 11 Abs. 2 Nr. 2 WpÜG.
[2] § 2 Nr. 3 WpÜG-AngebotsVO fordert detaillierte Angaben bezüglich der zur Festsetzung der Gegenleistung angewendeten Bewertungsmethoden.
[3] Die Berechnung der Gegenleistung bei Barangeboten erfolgt grundsätzlich nach § 31 Abs. 1 WpÜG, § 3 ff. WpÜG-AngebotsVO. Im Falle des § 5 Abs. 4 WpÜG-AngebotsVO sind die Bewertungsmethoden umfangreich zu erläutern. Es ist anzugeben, wie die Gegenleistung bewertet wurde und warum sich welcher Bewertungsmethode angeschlossen wurde. Vgl. zu den Bewertungsmethoden *Oechsler* in Ehricke/Ekkenga/Oechsler, 2003, § 11 WpÜG Rz. 34 ff. Zur Angemessenheit der Gegenleistung vgl. oben Teil X Rz. 120, 52 ff.
[4] Anzugeben sind Art und Umfang der Gegenleistungen.

Der höchste Preis, den die Bietergesellschaft oder eine mit ihr gemeinsam handelnde Person während des Drei-Monats-Zeitraums vor Veröffentlichung dieser Angebotsunterlagen für den Erwerb von Zielgesellschafts-Aktien gezahlt hat, beträgt ... Euro.[1]

II. Angemessenheit des Angebotspreises

Der Angebotspreis in Höhe von ... Euro übersteigt den Drei-Monats-Durchschnittskurs (bzw. Drei-Monats-Höchstpreis)[2] in Höhe von ... Euro um etwa ...% und liegt etwa ...% über dem Börsenkurs der Aktie der Zielgesellschaft vom ..., dem letzten Handelstag vor der Veröffentlichung der Entscheidung zur Abgabe dieses Übernahmeangebots [vor der Veröffentlichung des Erwerbs der Kontrolle und der Ankündigung dieses Angebots].

Die Bietergesellschaft ist davon überzeugt, dass der Angebotspreis eine in jeder Hinsicht angemessene Gegenleistung für die Aktien der Zielgesellschaft darstellt.

Weitere Ausführungen zur Angemessenheit.

III. Annahmefrist

1. Beginn und Ende der Annahmefrist[3]

Die Annahmefrist beginnt mit der Veröffentlichung der Angebotsunterlage[4] am ... und endet am ..., 12.00 Uhr (mitteleuropäische Sommerzeit).

2. Verlängerung der Annahmefrist[5]

a) Konkurrierendes Angebot

Sollten Dritte während der Annahmefrist ein Angebot für die Aktien der Zielgesellschaft abgeben („konkurrierendes Angebot") und läuft die Annahmefrist dieses Angebots nach der von der Bietergesellschaft gesetzten Annahmefrist ab, bestimmt sich der Ablauf der Annahmefrist für das Angebot der Bietergesellschaft nach dem Ablauf der Annahmefrist für das Angebot Dritter. Das gilt auch, falls das konkurrierende Angebot geändert oder untersagt wird oder gegen Rechtsvorschriften verstößt.

---

1 Vorerwerbe müssen ausdrücklich genannt werden, da sie nach § 31 Abs. 3 Nr. 1 WpÜG und § 4 WpÜG-AngebotsVO die Höhe der Gegenleistung bei Barangeboten bestimmen.
2 Der jeweils höhere Preis ist maßgeblich, §§ 4, 5 WpÜG-AngebotsVO.
3 Die Annahmefrist berechnet sich nach § 16 Abs. 1 WpÜG.
4 Der Hinweis darauf, dass die Annahmefrist mit der Veröffentlichung beginnt, ist nicht zwingend, jedoch nach richtiger Auffassung dennoch anzugeben (dazu *Oechsler* in Ehricke/Ekkenga/Oechsler, 2003, § 11 WpÜG Rz. 13.
5 Der Hinweis auf die Verlängerung der Annahmefrist in den Fällen der §§ 16 Abs. 2, 21 Abs. 5, 22 Abs. 2 ist nach § 2 Nr. 9 WpÜG-AngebotsVO mit in die Angebotsunterlage aufzunehmen.

b) Änderungen des Angebots

Im Falle einer Änderung dieses Angebots verlängert sich die Annahmefrist um zwei Wochen, wenn die Veröffentlichung der Änderungen innerhalb der letzten zwei Wochen vor Ablauf der Annahmefrist erfolgt. Dies gilt auch, wenn das geänderte Angebot gegen Rechtsvorschriften verstößt.

3. Weitere Annahmefrist[1]

Sofern bei Ablauf der Annahmefrist die in Punkt E.II dieser Angebotsunterlage genannte aufschiebende Bedingung eingetreten ist oder die Bietergesellschaft auf den Eintritt dieser Angebotsbedingung verzichtet hat, können diejenigen Aktionäre, welche dieses Angebot bis dahin noch nicht angenommen haben, es innerhalb zwei weiterer Wochen ab der Veröffentlichung des Ergebnisses dieses Angebots durch die Bietergesellschaft annehmen („weitere Annahmefrist").

J. Durchführung des Angebots

I. Annahmeverfahren[2]

Die Aktionäre der Zielgesellschaft werden gebeten, das Angebot durch schriftlich Erklärung innerhalb der Annahmefrist gegenüber ihrer Depotbank zu erklären. Nach Erhalt der Annahmeerklärung durch die Depotbank wird die Umbuchung der Aktien, die Gegenstand der Annahmeerklärung sind, veranlasst. Die Annahmeerklärung wird nur wirksam, wenn die Aktien bis einschließlich ... in die ISIN ... umgebucht werden. Mit der fristgerechten Umbuchung der Aktien der Zielgesellschaft kommt ein Kaufvertrag zwischen der Bietergesellschaft und dem annehmenden Aktionär nach Maßgabe dieses Angebots zustande.

Aktionäre der Zielgesellschaft, die in Einzel- oder Sammelurkunden verbriefte Aktien der Zielgesellschaft besitzen, müssen folgende Maßnahmen zur Annahme des Angebots ergreifen: Die Aktien müssen girosammelverwahrfähig gemacht werden. Dazu ist es erforderlich, die Aktienurkunden, verbunden mit Gewinnanteilsscheinen und Erneuerungsscheinen, bei einer Depotbank einzureichen. Aktionäre, die noch kein Depot führen, müssen bei einer Depotbank ein solches zunächst eröffnen. Nach dem Einreichen veranlasst die Depotbank die weiteren Schritte zur Überführung der Aktien in Girosammelverwahrung. Anschließend ist die Annahmeerklärung, wie vorstehend erläutert, abzugeben und die Umbuchung zu veranlassen.

---

1 Die weitere Annahmefrist gilt grundsätzlich nur für Übernahmeangebote, §§ 16 Abs. 2, 39 WpÜG.
2 Praktische Maßnahmen, die zum Zwecke der Annahme des Angebots ergriffen werden müssen, sind aufgrund des § 2 Nr. 4 WpÜG-AngebotsVO in die Angebotsunterlage aufzunehmen, um einen durchschnittlich informierten Anleger die Annahme des Angebots zu erklären.

II. Inhalt der Annahmeerklärung

Mit der Annahme erklärt der Aktionär der Zielgesellschaft,

- dass er für die in der Annahmeerklärung angegebene Anzahl von Aktien der Zielgesellschaft dieses Angebot mit Ablauf der Annahmefrist und Eintritt der aufschiebenden Bedingung nach Punkt E.II dieses Angebots bzw. bei Verzicht auf die aufschiebende Bedingung annimmt;[1]
- dass er dieses Angebot für alle von ihm gehaltenen Aktien der Zielgesellschaft annimmt, wenn er in der Annahmeerklärung mehr Aktien angibt, als er hält oder er keine Anzahl angibt;
- dass die eingereichten Aktien der Zielgesellschaft zum Zeitpunkt der Übertragung in seinem alleinigen Eigentum stehen sowie frei von Rechten Dritter sind.

Der Aktionär

- weist seine Depotbank an, die in der Annahmeerklärung bezeichneten Aktien der Zielgesellschaft zunächst in seinem Depot zu belassen, jedoch die Umbuchung in die ISIN ... bei der Clearstream Banking AG zu veranlassen, und
- weist seine Depotbank an, ihrerseits die Clearstream Banking AG anzuweisen und zu ermächtigen, die auf dem Konto der Depotbank belassenen Aktien ISIN ... unverzüglich nach Ablauf der Annahmefrist und der Bestätigung der Bietergesellschaft gegenüber der *Bank*, ..., dass die aufschiebenden Bedingungen nach Punkt E.II dieser Angebotsunterlage eingetreten sind oder auf sie verzichtet wurde,[2] auszubuchen und der *Bank* auf ihrem Depot bei der Clearstream Banking AG zur Übereignung an die Bietergesellschaft Zug um Zug gegen Zahlung des Barausgleichs zur Verfügung zu stellen;
- weist an und ermächtigt seine Depotbank ihrerseits die Clearstream Banking AG anzuweisen und zu ermächtigen, während der Annahmefrist der Bietergesellschaft die Gesamtzahl der bei der Depotbank umgebuchten Aktien der Zielgesellschaft mitzuteilen, und
- beauftragt und ermächtigt seine Depotbank, alle zur Annahme und Abwicklung des Angebots erforderlichen oder zweckdienlichen Handlungen vorzunehmen und entsprechende Erklärungen abzugeben und entgegenzunehmen, insbesondere den Eigentumsübergang der eingereichten Aktien auf die Bietergesellschaft herbeizuführen, und erklärt, dass seine Depotbank insoweit von den Beschränkungen des § 181 BGB befreit ist.

Die in den vorstehenden Absätzen aufgeführten Weisungen, Aufträge und Vollmachten werden im Interesse einer reibungslosen und zügigen Abwicklung dieses Kaufangebots unwiderruflich erteilt. Sie erlöschen erst im Fall des

---

[1] Bedingungen sind nur bei einem Übernahmeangebot zulässig, §§ 35, 39 WpÜG.
[2] Bedingungen sind nur bei einem Übernahmeangebot zulässig, §§ 35, 39 WpÜG.

wirksamen Rücktritts von dem durch Annahme dieses Übernahmeangebots geschlossenen Vertrag.

III. Rechtsfolgen der Annahme

Mit der Annahme dieses Übernahmeangebots kommt zwischen dem jeweiligen Aktionär der Zielgesellschaft und der Bietergesellschaft ein Vertrag über den Verkauf und die Übertragung der zum Kauf eingereichten Aktien der Zielgesellschaft nach Maßgabe der Bestimmungen dieser Angebotsunterlage zustande. Darüber hinaus erteilen die das Angebot annehmenden Aktionäre der Zielgesellschaft mit Annahme dieses Übernahmeangebots unwiderruflich die vorstehend genannten Weisungen, Aufträge und Vollmachten.

IV. Abwicklung des Angebots und Zahlung des Kaufpreises

Der Kaufpreis wird an die Depotbank des einreichenden Aktionärs der Zielgesellschaft Zug um Zug gegen Umbuchung der eingereichten Aktien auf das Depot der *Bank* bei der Clearstream Banking AG zur Übereignung an die Bietergesellschaft gezahlt. Der Kaufpreis wird unverzüglich, jedoch nicht vor dem fünften Bankarbeitstag[1] nach Ablauf der Annahmefrist bzw. der weiteren Angebotsfrist[2] und dem Eintritt der aufschiebenden Bedingungen gemäß Punkt E.II der Angebotsunterlage an die Depotbank überwiesen. Mit der Gutschrift bei der jeweiligen Depotbank hat die Bietergesellschaft die Verpflichtung zur Zahlung des Kaufpreises erfüllt. Es obliegt der jeweiligen Depotbank, die empfangene Leistung dem Aktionär gutzuschreiben.

V. Börsenhandel

Während der Annahmefrist können die zur Annahme des Angebots eingereichten Aktien der Zielgesellschaft im *Markt* an der *Börse* gehandelt werden, wo sie unter der ISIN ... notiert werden.

Werden Aktien der Zielgesellschaft, die unter der ISIN[3] ... gebucht sind, veräußert oder in sonstiger Weise übertragen, so rückt der jeweilige neue Eigentümer dieser Aktien der Zielgesellschaft in alle Rechte und Pflichten in Bezug auf diese Aktien ein. Dies gilt auch für alle Rechte und Pflichten, die einem Aktionär der Zielgesellschaft aufgrund der Bestimmungen dieses Angebots zustehen, insbesondere auch für die Rücktrittsrechte.

Der Handel der eingereichten Aktien der Zielgesellschaft wird voraussichtlich drei Handelstage vor Ablauf der Annahmefrist eingestellt werden. Die Liquidität der eingereichten Aktien könnte gering sein und starken Schwankungen unterliegen.

---

1 Der Zeitpunkt, zu dem diejenigen, die das Angebot angenommen haben, die Gegenleistung erhalten werden, muss mit in die Angebotsunterlage aufgenommen werden, § 2 Nr. 4 WpÜG-AngebotsVO (s. unten Anhang C.II).
2 Bedingungen sind nur bei einem Übernahmeangebot zulässig, §§ 35, 39 WpÜG.
3 ISIN der eingereichten Aktien.

VI. Kosten der Annahme[1]

Die Annahme dieses Angebots ist für die einreichenden Aktionäre unter Einhaltung der in dieser Unterlage enthaltenen Bedingungen und Bestimmungen kosten- und spesenfrei. Einlieferungsgebühren für Aktionäre, die eine Einzel- oder Sammelurkunde der Zielgesellschaft einreichen, werden von der Zielgesellschaft übernommen. Kosten ausländischer Depotbanken sind vom einreichenden Aktionär zu tragen. Dies gilt auch für eventuell anfallende Börsenumsatz- und Stempelsteuern.

VII. Ausfall von Bedingungen[2]

Treten die aufschiebenden Bedingungen gemäß Punkt E.II nicht ein und verzichtet die Bietergesellschaft nicht auf deren Eintritt, werden die eingereichten Aktien unverzüglich in die ISIN[3] ... zurückgebucht. Soweit die Aktien bereits auf dem Konto der *Bank* bei der Clearstream Banking AG verbucht worden sind, wird die *Bank* die eingereichten Aktien unverzüglich über die Clearstream Banking AG auf das Wertpapierdepot der Depotbank zurückübertragen.

VIII. Voraussichtliche Auswirkungen eines erfolgreichen Übernahmeangebots auf die Vermögens-, Finanz- und Ertragslage der Bietergesellschaft[4]

Die folgenden Aussagen beruhen auf der Annahme, dass die Bietergesellschaft im Rahmen des Angebots alle ausgegebenen Aktien der Zielgesellschaft erwirbt.

Ausführungen zu:

- *Auswirkungen auf Verbindlichkeiten,*
- *Liquiditätslage,*
- *zukünftige Gewinne und Verluste,*
- *Konzernergebnis,*
- *Anlagevermögen,*
- *Eigenkapital.*

---

[1] Der Bieter muss den Aktionär über die Kosten der Annahmeerklärung informieren, vgl. RegE BT-Drucks. 14/7034 S. 78.
[2] Bedingungen sind nur bei einem Übernahmeangebot zulässig, §§ 35, 29 WpÜG.
[3] ISIN der Aktien der Zielgesellschaft.
[4] § 11 Abs. 2 Satz 3 Nr. 1 WpÜG schreibt die Angaben zu Auswirkungen auf den Bieter vor. Diese Informationen sind bei Tauschangeboten möglichst umfassend auszuführen, damit die Aktionäre erkennen können, wie die als Gegenleistung gewährten Aktien durch die Übernahme belastet werden. Die abgegebenen Prognosen müssen zudem auf Tatsachen gestützt und kaufmännisch vertretbar sein. Vgl. *Oechsler* in Ehricke/Ekkenga/Oechsler, 2003, § 11 WpÜG Rz. 15, 16.

IX. Finanzierung des Angebots[1]

Ausführungen zu:

- *Einräumung einer Kreditlinie,*
- *liquide Mittel,*
- *Einrichtung eines Treuhandkontos.*

X. Finanzierungsbestätigung[2]

Die *Bank, Firma, Sitz, Rechtsform*, ein von der Bietergesellschaft unabhängiges Wertpapierdienstleistungsunternehmen, hat in dem als Anlage beigefügten Schreiben vom … gegenüber der Bietergesellschaft schriftlich bestätigt, dass die Bietergesellschaft die notwendigen Maßnahmen getroffen hat, um sicherzustellen, dass ihr die zur vollständigen Erfüllung dieses Übernahmeangebots [Pflichtangebot] notwendigen Mittel zum Zeitpunkt der Fälligkeit des Anspruchs auf die Gegenleistung zur Verfügung stehen.

XI. Rücktrittsrecht der Aktionäre der Zielgesellschaft[3]

1. Rücktrittsrecht bei Änderung des Angebots

Den Aktionären der Zielgesellschaft steht bei einer Änderung des Angebots das Recht zu, von diesem bereits angenommenen Angebot bis zum Ablauf der Annahmefrist zurückzutreten, sofern sie das Angebot vor Veröffentlichung der Änderung angenommen haben.

2. Rücktrittsrecht bei konkurrierenden Angeboten

Wird während der Annahmefrist dieses Angebots ein konkurrierendes Angebot abgegeben, können die Aktionäre der Zielgesellschaft, die das Angebot bereits angenommen haben, bis zum Ablauf der Annahmefrist vom Vertrag zurücktreten, wenn und soweit sie das Angebot vor Veröffentlichung der Angebotsunterlage des konkurrierenden Angebots angenommen haben.

3. Wirksamwerden des Rücktritts

Der Rücktritt erfolgt durch schriftliche Erklärung des zurücktretenden Aktionärs gegenüber der Depotbank und die Rückbuchung der zum Verkauf eingereichten Aktien, für die der Rücktritt erklärt werden soll, durch die Depotbank in die ISIN[4] … bei der Clearstream Banking AG. Wenn der Rücktritt gegenüber der Depotbank vor Ablauf der Annahmefrist erklärt wird, wird die

---

1 Angaben zur Finanzierung des Angebots sind auch bei Barangeboten zu machen.
2 Die Finanzierungsbestätigung ist als ergänzende Angabe mit in die Angebotsunterlage unter Angabe von Firma, Sitz und Rechtsform des bestätigenden Wertpapierdienstleistungsunternehmens gemäß § 11 Abs. 2 Nr. 4 WpÜG aufzunehmen.
3 Die §§ 21 Abs. 4 und 22 Abs. 3 WpÜG sehen gesetzliche Rücktrittsrechte vor, auf die nach § 2 Nr. 11 WpÜG-AngebotsVO (s. unten Anhang C.II) hinzuweisen ist.
4 ISIN der eingereichten Aktien.

Rückbuchung der Aktien in die ISIN[1] ... dann als rechtzeitig behandelt, wenn sie spätestens bis zum zweiten Bankarbeitstag um 12.00 Uhr (Mitteleuropäischer Zeit) in Frankfurt am Main nach dem Ablauf der Annahmefrist erfolgt ist.

Nähere Einzelheiten werden im Falle der Änderung dieses Angebots oder im Falle eines konkurrierenden Angebots gemäß Punkt J. XVII dieser Angebotsunterlagen bekannt gemacht.

XII. Folgen für die Aktionäre, die das Angebot nicht annehmen

Ausführungen zu:

- *Unsicherheit bezüglich der Kursentwicklung der Aktien der Zielgesellschaft,*
- *Liquidität der Aktien der Zielgesellschaft,*
- *Abschluss eines Unternehmensvertrags,*
- *Delisting,*
- *Squeeze-out.*

XIII. Vorteile für Vorstands- und Aufsichtsratsmitglieder der Zielgesellschaft

Im Zusammenhang mit diesem Angebot sind den Mitgliedern des Vorstands und des Aufsichtsrats der Zielgesellschaft keine Geldleistungen oder geldwerten Vorteile gewährt oder in Aussicht gestellt worden.

XIV. Stand behördlicher Verfahren[2]

XV. Finanzberater und begleitende Bank

Die *Bank, Sitz*, hat die Bietergesellschaft bei der Vorbereitung und Durchführung dieses Angebots beraten und koordiniert die technische Abwicklung dieses Angebots.

XVI. Steuern

Den Aktionären der Zielgesellschaft wird empfohlen, vor Annahme dieses Übernahmeangebots eine steuerliche Beratung unter Berücksichtigung der persönlichen steuerlichen Verhältnisse zu den Folgen der Annahme einzuholen.

---

1 ISIN der eingereichten Aktien.
2 § 2 Nr. 8 WpÜG-AngebotsVO (s. unten Anhang C.II) erfordert die Angabe zum Erfordernis und Stand behördlicher Verfahren. Zu denken ist hierbei insbesondere an kartellrechtliche Verfahren.

XVII. Veröffentlichungen

Die Bietergesellschaft wird die sich aus den ihr zugegangenen Annahmeerklärungen ergebende Anzahl der ihr zustehenden bzw. zuzurechnenden Aktien der Zielgesellschaft

a) nach Veröffentlichung der Angebotsunterlage wöchentlich, in der letzten Woche der Annahmefrist täglich,

b) unverzüglich nach Ablauf der Annahmefrist

und

c) unverzüglich nach Ablauf der weiteren Annahmefrist[1]

veröffentlichen.

Alle weiteren Erklärungen und Mitteilungen im Zusammenhang mit diesem Übernahmeangebot und mit den auf der Grundlage dieses Übernahmeangebots abgeschlossenen Verträgen werden im Internet unter der Adresse *http://...* und durch Abdruck in dem überregionalen Börsenpflichtblatt ... bekannt gemacht, soweit keine zusätzlichen gesetzlichen Anforderungen bestehen.[2]

XVIII. Anwendbares Recht

Dieses Angebot sowie die aufgrund dieses Angebots abgeschlossenen Rechtsgeschäfte und rechtsgeschäftsähnlichen Handlungen der Aktionäre der Zielgesellschaft, der Bietergesellschaft und der Depotbanken im Zusammenhang mit diesem Angebot unterliegen ausschließlich dem Recht der Bundesrepublik Deutschland. Es gilt ausschließlich die deutsche Fassung der Angebotsunterlage.

XIX. Erklärung der Übernahme der Verantwortung[3]

Die Bietergesellschaft (*Firma, Sitz, Rechtsform*) übernimmt die Verantwortung für den Inhalt dieser Angebotsunterlage und erklärt, dass ihres Wissens zum Zeitpunkt der Veröffentlichung dieser Angebotsunterlage die in der Angebotsunterlage enthaltenen Angaben richtig und keine wesentlichen Umstände ausgelassen sind.

---

[1] Gemäß §§ 16 Abs. 2, 39 WpÜG ist eine weiter Annahmefrist nur bei Übernahmeangeboten zulässig.

[2] Die Angabe des Veröffentlichungsortes weiterer Mitteilungen, insbesondere nach § 23 WpÜG ist nicht zwingend in die Angebotsunterlage aufzunehmen, jedoch sinnvoll, um Verfahrensverzögerungen durch Beanstandungen der BaFin zu verhindern (dazu Oechsler in Ehricke/Ekkenga/Oechsler, 2003, § 11 WpÜG Rz. 45).

[3] Die Erklärung der Übernahme der Verantwortung ist eine zwingende Angabe i.S.d. § 11 Abs. 3 WpÜG.

Die Bundesanstalt für Finanzdienstleistungspflicht hat die Veröffentlichung dieser Angebotsunterlage gestattet.

Ort, Datum

Bietergesellschaft[1]
Der Vorstand[2]

---

[1] Der Prospektverantwortliche, die Bietergesellschaft, ist hier anzugeben, § 11 Abs. 3 WpÜG, um die Haftungsadressaten zu identifizieren.
[2] Nach dem klaren Gesetzeswortlaut muss der Vorstand selbst unterschreiben. Er gibt damit zu erkennen, dass er die Haftung für die Angebotsunterlage übernimmt.

Anhang B
Checklisten

I. Checkliste Due Diligence im Zusammenhang mit dem beabsichtigen Erwerb der Anteile der Zielgesellschaft

Gesellschaftsunterlagen

1. Handelsregisterauszüge der *Zielgesellschaft*, ihrer Tochtergesellschaften oder sonstiger verbundener Unternehmen (zusammen die „Gesellschaften").
2. Gesellschaftsverträge der Gesellschaften in der gegenwärtig gültigen Fassung, in der Fassung zur Zeit der Gesellschaftsgründung sowie alle Änderungen der Gesellschaftsverträge.
3. Sonstige Vereinbarungen der Gesellschafter im Hinblick auf die Gesellschaften und ihre Beteiligungen (Gesellschaftervereinbarungen, Treuhandverträge, Optionsrechte, Vereinbarungen über die Gewinnverteilung, etc.).
4. Protokolle der Hauptversammlungen/Gesellschafterversammlungen der letzten drei Jahre.
5. Protokolle des Aufsichtsrats/der Beiratssitzungen der letzten drei Jahre.
6. Verträge oder Absichtserklärungen hinsichtlich Zusammenschlüsse, Verschmelzungen, Umstrukturierungen oder Ausgliederungen, die die Gesellschaften betreffen oder Grundsatzvereinbarungen in diesem Zusammenhang, die derzeit gelten.
7. Angaben zu Beteiligungen der Gesellschafter oder der Gesellschaften an anderen Unternehmen.
8. Angaben zu stillen Beteiligungen an den Gesellschaften oder bestehenden Belastungen der Gesellschaftsanteile gleich welcher Art.
9. Angaben zum Aufsichtsrat/Beirat (falls vorhanden) (z.B. Zusammensetzung, Amtszeit, Tantieme, Vergütung, Boni, Geschäftsordnung etc.).
10. Erbvertragliche Bindungen oder sonstige Verfügungsbeschränkungen der Gesellschafter im Hinblick auf die zu veräußernden Beteiligungen und Angaben zum ehelichen Güterstand der Gesellschafter (falls anwendbar).
11. Handelt es sich bei den zu übertragenden Beteiligungen um das gesamte oder den wesentlichen Teil des Vermögens der Gesellschafter?
12. Bestehen Unternehmensverträge (z.B. Beherrschungsverträge, Gewinnabführungsverträge oder andere Unternehmensverträge)?
13. Verpflichtungen gegenüber ausgeschiedenen Gesellschaftern.

14. Geschäftsführung und Kontrolle:

    a) Liste aller Geschäftsführer, Mitglieder des Aufsichtsrats und Beirats sowie von Mitgliedern von eventuell vom Aufsichts- oder Beirat gebildeten Ausschüssen mit Angabe der Amtszeit;

    b) Vergütung der Geschäftsführer sowie Mitglieder des Aufsichts- und des Beirats;

    c) Liste der Prokuristen, General- und Handlungsbevollmächtigten und speziell Bevollmächtigten sowie Kopien der Vollmachten;

    d) Tätigkeiten der in lit. a) oben genannten Personen außerhalb der Gesellschaften.

15. Erlaubnisse und Genehmigungen, die für den Geschäftsbetrieb der Gesellschaften erforderlich sind.

Vertragsrechtliche Verhältnisse

1. Beraterverträge aller Art.
2. Handelsvertreterverträge, Vertriebsverträge und ähnliche Rechtsverhältnisse.
3. Marketingverträge.
4. Mitgliedschaften in Vereinigungen (Vertriebs-, Einkaufsvereinigungen, Arbeitgebervereinigungen etc.).
5. Bürgschaften, Garantieverpflichtungen, Patronatserklärungen oder Sicherheitsleistungen (verbindlich oder unverbindlich).
6. Verpflichtungen zur Gewährung oder Inanspruchnahme von Krediten aller Art; bestehende Darlehensverhältnisse.
7. Miet-, Mietkauf-, Pacht-, Leasing-, Teilzahlungs- und Abzahlungskaufverträge u.Ä. sowie alle Factoring-Verträge.
8. Versicherungsverträge.
9. Grundstücksverträge.
10. Wettbewerbsbeschränkende Abreden oder Absprachen.
11. Verträge über gewerbliche Schutzrechte, Know-how, Lizenzvereinbarungen und Ähnliches.
12. Verträge mit Lieferanten und Kunden, die über den gewöhnlichen Geschäftsablauf hinausgehen (z.B. im Hinblick auf Gewährleistungs- oder Garantievereinbarungen, Service- und Unterhalts-/Reparaturverpflichtungen, besondere Zahlungsvereinbarungen, Abnahmeverpflichtungen oder Bestellobligo, etc.).
13. Verträge mit einer Laufzeit von mehr als drei Jahren oder einer jährlichen Verpflichtung von mehr als 3 % des jährlichen Umsatzes.

14. Zessionen, Pfandbestellungen, Sicherungsübereignungen, Eigentumsvorbehalte und ähnliche Sicherungsrechte (als Berechtigter oder Verpflichteter).
15. Sonstige Verträge außerhalb des gewöhnlichen Geschäftsverkehrs der Gesellschaften.
16. Verträge mit oder sonstige Verpflichtungen gegenüber Unternehmen, die mit dem Verkäufer verbunden sind (oder mit Verwandten des Verkäufers oder mit diesen verbundenen Unternehmen).
17. Kooperationsverträge mit anderen Unternehmen, wie z.B. hinsichtlich Forschungs- und Entwicklungsarbeiten.
18. Innerhalb der letzten fünf Jahre geschlossene Verträge hinsichtlich des Erwerbs oder Veräußerung
    - von Unternehmen oder Unternehmensbeteiligungen,
    - Betriebsstätten oder Betriebsteilen,
    - Grundstücken.
19. Bestehende Bankverbindungen (einschließlich Angaben zu allen bestehenden Bankkonten) und insoweit getroffene Vereinbarungen sowie der aktuelle Kontostand aller Konten.
20. Kopie der Allgemeinen Geschäftsbedingungen (insbesondere Einkauf und Verkauf).

Arbeitsrechtliche Verhältnisse

1. Liste der Arbeitnehmer mit Angaben zu
   - Name
   - Tätigkeit
   - Gehalt
   - Alter
   - Geschlecht
   - Kündigungsfrist
   - Eintrittsdatum
   - besondere Vereinbarungen, z.B. betriebliche Altersversorgung etc.
2. Vollständige Kopien der geltenden anstellungsvertraglichen Vereinbarungen mit der Geschäftsführung und mit Mitgliedern des Aufsichts- und Beirats sowie mit allen Mitarbeitern mit einem Grundgehalt von mehr als 50 000 Euro p.a.
3. Muster der gebräuchlichen Arbeits- und Anstellungsverträge.

4. Muster von jedweden Standardvereinbarungen, die die Mitarbeiter unterschreiben müssen, z.B.

    a) Geheimhaltungsvereinbarungen,
    b) Erfindungsübertragungsvereinbarungen,
    c) Erklärungen hinsichtlich Interessenkonflikten oder
    d) Wettbewerbsverbote.

5. Vermögenswirksame Leistungen, Versorgungszusagen, Versicherungen, Boni, Tantiemeregelungen, Jubiläumsregelung, Versorgungseinrichtungen, Pensionspläne etc.

6. Betriebsvereinbarungen, Tarifverträge und sonstige Verträge mit Arbeitnehmervertretungen.

7. Angaben zur Arbeitnehmervertretung:

    a) Liste der Arbeitnehmervertreter im Aufsichtsrat und im Beirat,
    b) Liste aller Betriebsräte und Konzern- bzw. Gesamtbetriebsräte.

8. Angaben über zugesagte Entlassungs- oder andere Abfindungen für (frühere) Geschäftsführer oder Mitarbeiter (oder für Angehörige oder Hinterbliebene eines früheren Geschäftsführers oder Mitarbeiters), bei denen ein Teil der Zahlungen noch offen steht.

9. Arbeitsrechtliche Streitfälle (laufend, drohend und innerhalb der letzten zwei Jahre) mit einem Streitwert von über (...) Euro.

Vermögensgegenstände

1. Liste aller gesellschaftseigenen Grundstücke, einschließlich der aktuellen Grundbuchauszüge.

2. Liste und Angaben über die von den Gesellschaften von Dritten gemieteten Grundstücke, einschließlich der Kopien der betreffenden Mietverträge.

3. Liste der von der Gesellschaften an Dritte vermieteten Grundstücke, einschließlich der Kopien der betreffenden Mietverträge.

4. Liste aller Erbbaurechte.

5. Angaben über Grundstücke, die im Eigentum der Gesellschaften stehen oder von ihr benutzt werden und die vom beabsichtigten Erwerb ausgeschlossen werden sollen.

6. Kopien aller noch nicht erfüllten Verträge über den Erwerb von Grundstücken oder grundstücksgleichen Rechten (einschließlich der Bestellung von Erbbaurechten).

7. Kopien aller noch nicht erfüllten Verträge hinsichtlich der Verfügung über Grundstücke oder grundstücksgleiche Rechte (einschließlich der Bestellung von Erbbaurechten).

8. Liste der betriebsnotwendigen Gegenstände, die sich nicht oder nicht unbelastet im Eigentum der Gesellschaften befinden.

9. Belastungen von Gegenständen des Anlage- oder Umlaufvermögens (Sicherungsübereignung, Eigentumsvorbehalt, Pfändung und Verpfändung, Sicherungsabtretung, Dienstbarkeiten, öffentlich-rechtliche Belastungen etc.).

10. Liste der gewerblichen Schutzrechte (Patente, Warenzeichen etc.).

11. Tatsächliche Angaben:

    a) Mangelhafte Gegenstände des Anlagevermögens, die derzeit nicht in gebrauchsfähigem oder ordnungsgemäßem Zustand sind; Beschreibung des Mangels;

    b) Mangelhafte Gegenstände des Umlaufvermögens (insbesondere Rohmaterialien, halbfertige und fertige Produkte), die nicht im ordnungsgemäßen Geschäftsgang zu den üblichen Bedingungen verarbeitet oder verkauft werden können; Beschreibung der Mängel;

    c) Kunden der Gesellschaften, die mit einer Zahlung mehr als drei Monate im Verzug sind; Angabe der offen stehenden Beträge.

Verbindlichkeiten

1. Liste aller wesentlichen Verpflichtungen, die nicht einzeln in der Bilanz aufgeführt sind.

2. Kopien aller Unterlagen, die andere wesentliche finanzielle Verbindlichkeiten belegen, einschließlich Schuldverschreibungen zum Zweck der gewerblichen Erschließung, kurzfristige Anleihen der öffentlichen Hand, Verkaufsverträge bei gleichzeitiger Anmietung des Gegenstandes, Teillieferungsverträge, Terminkontrakte, Sicherungsgeschäfte etc.

3. Subventionen, Prämien, Investitionszulagen oder andere Zuschüsse von nationalen, kommunalen oder anderen staatlichen Stellen oder Aufsichtsbehörden oder der EU; Verpflichtungen, die die Gesellschaften im Zusammenhang mit solchen Subventionen, Prämien oder anderen Zuschüssen übernommen hat.

Rechtsstreitigkeiten

Liste sämtlicher Rechtsstreitigkeiten (einschließlich der Verfahren vor Gerichten, Schiedsgerichten, Schlichtungsstellen und Behörden) mit einem Streitwert von über (...) Euro, die entweder innerhalb der letzten zwei Jahre anhängig waren, gegenwärtig schweben oder in Zukunft drohen.

Umweltrechtliche Fragen

1. Wann und von wem haben die Gesellschaften ihren Grundbesitz/ ihr(e) Betriebsgelände übernommen?

Anhang B
Checklisten

2. Was war der Gesellschaftszweck der Vorbesitzerin des (der) Betriebsgelände(s) und wie lange und wie nutzte sie das (die) Betriebsgelände?
3. Welche Produkte wurden oder werden auf dem (den) Betriebsgelände(n) hergestellt?
4. Welche Anlagen zur Abfall- und Abwasserbeseitigung bestehen und welche Vereinbarungen über die Entsorgung von Abfall oder Abwasser sind geschlossen worden?
5. Werden grundwassergefährdende Substanzen gelagert und/oder verwendet?
6. Beschreibung aller Vorfälle, bei denen umweltgefährdende Substanzen ausliefen, freigesetzt wurden und/oder die zu Ansprüchen gegen die Gesellschaften, ihre Rechtsnachfolgerinnen oder künftige Eigentümer des Betriebsgeländes führen könnten.
7. Angaben über die gefährlichen und giftigen Stoffe oder Gegenstände, die gemäß Umwelt- oder Gesundheits- und Sicherheitsregelungen verboten sind bzw. deren Benutzung eingeschränkt wird und die bei einem Verfahren benutzt, freigesetzt oder abgeleitet werden bzw. auf dem Gelände, in einem Gebäude, einer Anlage, einer Maschine, einem Gerät, Instrument usw. enthalten oder gelagert werden.
8. Gibt es während des Betriebs der Anlagen irgendwelche Emissionen (Luftverschmutzungen, Lärm, Erschütterungen, Licht- oder Wärmestrahlungen, Strahlungen irgendwelcher Art usw.)?
9. Welche Anlagen sind genehmigungspflichtig?
10. Kopien aller umweltrechtlichen Lizenzen, Zustimmungen, Genehmigungen, Erlaubnisse, Bescheinigungen, Spezifikationen, Qualifikationen, Anmeldungen, Registrierungen, Bekanntmachungen („Genehmigungen") und der Schriftwechsel im Zusammenhang mit deren Verlängerung, Gewährung, Aufhebung oder Änderung.
11. Wann wurde die letzte Arbeitsschutzuntersuchung vom Gewerbeaufsichtsamt durchgeführt? Sind daraufhin zusätzliche Schutzmaßnahmen auferlegt worden (Lärmschutz- oder Atemschutzmaßnahmen usw.)?
12. Angaben über Verstöße gegen Gesetze zum Schutz der Umwelt, über nicht eingehaltene Bedingungen oder nicht erfüllte Auflagen einer umweltrechtlichen Lizenz, Genehmigung, Erlaubnis o.Ä.; Kopien der Bescheide, die die Gesellschaften in diesem Zusammenhang erhalten haben und der Korrespondenz, die geführt worden ist.
13. Angaben über alle derzeitigen oder drohenden Untersuchungen, Prüfungen, Verfahren oder Gerichtsverfahren, bei denen es um Folgendes geht: nachteilige Umwelt-, Gesundheits- oder Sicherheitsbedingungen oder Umweltschäden aufgrund der Freisetzung von giftigen, gefährlichen oder anderen Substanzen oder Gegenständen, deren Freisetzung nach den Umweltgesetzen oder Gesundheits- und Sicherheitsbestimmungen verboten oder eingeschränkt ist oder aufgrund des Umgangs mit Substanzen oder der Verlet-

zung von Genehmigungen oder Gesetzen, einschließlich der Kopien sämtlicher Unterlagen und Korrespondenzen in diesem Zusammenhang.
14. Kopien aller Berichte, Entscheidungen oder Beurteilungen im Zusammenhang mit der Haftung aufgrund umweltrechtlicher Bestimmungen.
15. Kopien der Presseberichte, die sich mit umweltrechtlichen Problemen der Unternehmen befassen.
16. Angaben über den jährlichen Aufwand und die geplanten Betriebs- und Investitionskosten in den nächsten drei Jahren für Umwelt-, Gesundheits- und Sicherheitsangelegenheiten.
17. Angaben über durchgeführte, eingeleitete oder geplante Maßnahmen zur Sanierung von Umweltschäden, insbesondere zur Bodensanierung.

Bilanzen und steuerrechtliche Verhältnisse

1. Jahresabschlüsse (einschließlich der Prüfungsberichte) für die Gesellschaften für die letzten drei Jahre.
2. Steuererklärungen der Gesellschaften (einschließlich der Steuerbescheide und Ergebnisse von Betriebsprüfungen) der letzten drei Jahre zuzüglich ergangener Bescheide.
3. Letzter Betriebsprüfungsbericht.
4. Alle während der letzten drei Jahre abgegebenen Berichte von Wirtschaftsprüfern, Steuerberatern oder Beratern.

II. Checklist Due Diligence Review in Connection with the Acquisition of Shares in (*Target Company*)

Company Documents

1. Commercial registry excerpts of (*Target Company*) as well as of all subsidiaries or other affiliated companies (collectively: "Companies").
2. Articles of association/partnership agreements of the Companies in their currently valid versions and in the versions at the time of incorporation as well as all amendments thereto.
3. Other agreements of the shareholders with regard to the Companies and their shareholdings (shareholders' agreements, trust agreements, option rights, profit sharing agreements, etc.).
4. Minutes of shareholders' meetings of the last three years.
5. Minutes of meetings of the supervisory/advisory board of the last three years.

6. Contracts or declarations of intent which are currently valid with regard to mergers, consolidations, restructuring or divestments that concern the Companies, or agreements in principle.
7. Details concerning the participation of the shareholders or the Companies in other enterprises.
8. Details concerning silent participations in the Companies or existing encumbrances on the shares of whatever kind.
9. Details concerning the supervisory boards/advisory boards or similar bodies (if existing) (composition, term of office, remuneration, bonuses, rules of procedure, etc.).
10. Obligations under inheritance agreements or other limitations on disposition by the shareholders with regard to the shares to be sold and details concerning the matrimonial property status of the shareholders (if applicable).
11. Do the shares to be disposed of represent all or essentially all of the shareholders' assets?
12. Do domination agreements, profit-and-loss transfer agreements, or other corporate agreements (*Unternehmensverträge*) exist?
13. Obligations to former shareholders.
14. Management and control:
    a) list of all executive directors, members of supervisory and advisory boards, as well as members of any committees of supervisory or advisory boards, with information regarding their term of office;
    b) compensation of executive directors as well as members of supervisory and advisory boards;
    c) list of power-of-attorney holders (general managers), persons who have been granted general or special powers-of-attorney, as well as copies of the grant deeds;
    d) employment outside the Companies of those listed in a) above.
15. Permits, authorizations, approvals etc. necessary for the operation of the Companies.

Contractual Relationships

1. Consultancy agreements of all kinds.
2. Commercial agency contracts, distribution contracts, and other similar legal relation-ships.
3. Marketing agreements of all kinds.
4. Membership in associations (marketing, purchasing, employer associations, etc.).

5. Sureties, guarantee obligations, comfort letters, and other security undertakings (binding or not).
6. Obligations concerning the granting or taking of credit of all kinds; existing loan relationships.
7. Rental agreements, rent-to-own, lease, partial payment, as well as all factoring contracts.
8. Insurance contracts.
9. Real estate contracts.
10. Agreements or (factual) arrangements restricting competition.
11. Contracts concerning industrial property rights, know-how, licensing agreements and similar contracts.
12. Contracts with suppliers and customers that extend beyond the ordinary course of business (e.g. because of warranty or guarantee undertakings, service and maintenance obligations, particular payment agreements, acceptance-of-goods obligations or order obligations, etc.).
13. Contracts with a term of more than three years or a yearly financial exposure of more than 3 % of yearly turnover.
14. Assignments, pledges, transfer of ownership by way of security, retention of title, and other security rights or interests granted or taken.
15. Other contracts outside the ordinary course of business of the Companies.
16. Contracts with obligations to other companies/firms that are affiliated with the Sellers (or with those affiliated with the Sellers or their affiliated companies).
17. Co-operation contracts with other businesses, e.g. with regard to research and development.
18. Contracts concluded within the last five years with regard to the acquisition or sale of
    - companies/firms or parts of or participations in companies/firms,
    - plants or business units,
    - real property.
19. Existing bank connections (including, in particular, information concerning all existing bank accounts) and agreements made with banks, also including statements of the current balance of all accounts.
20. Copy of the standard business terms and conditions (in particular, purchase and sale).

Employment Relationships

1. List of employees with details concerning
   - name
   - position
   - salary
   - age
   - sex
   - notice of termination period
   - date employment commenced
   - particular agreements, e.g. company pension schemes, etc.
2. Complete copies of applicable employment agreements with management and with members of supervisory and advisory boards, as well as all employees with a base salary of more than € 50,000.00 per annum.
3. Sample of the usual employment agreement(s).
4. Samples of any standard agreements that the employees must sign, such as:
   a) confidentiality agreements,
   b) assignment of inventions,
   c) declarations regarding conflicts of interest or
   d) non-compete covenants.
5. Investment contributions, pension commitments, insurance, bonuses, employment anniversary policies, pension schemes, etc.
6. Collective bargaining agreements or other contracts with trade unions.
7. Information regarding unions:
   a) lists of union representatives on supervisory and advisory boards,
   b) lists of all works councils and their members, on company and group levels.
8. Information regarding promised dismissal or severance pay for (former) directors or employees (or for dependents or heirs of a former director or employee) to whom payment is still owed.
9. Employment disputes (current, threatened, and in the last two years) with a value in dispute exceeding € ... .

Property

1. Lists of all property owned by the Companies, also including up-to-date excerpts from the respective land registries.
2. Lists and information regarding the real property of the Companies leased from third parties, also including copies of relevant lease agreements.
3. Lists of real property leased by the Companies to third parties, also including copies of relevant lease agreements.
4. Lists of hereditary building rights.
5. Information regarding real property that the Companies possess or that is used by them and should be excluded from the intended acquisition.
6. Copies of all contracts yet to be fulfilled regarding the acquisition of real property or other rights, interests or estates in land (also including the creation of hereditary building rights).
7. Copies of all contracts yet to be fulfilled regarding the disposition of real property or other rights, interests, or estates in land (also including hereditary building rights).
8. List of the property essential to the business of the Companies which is either missing or encumbered by the rights of third parties.
9. Encumbrances on fixed or current assets (mortgages, pledges, liens, charges, or other security rights or interests; easements such as usufruct, right of way etc.; retention of title; transfer of ownership or assignment for security, or similar; statutory, governmental etc. encumbrances; levy, attachment, or similar).
10. List of protected industrial property rights (patents, trademarks, etc.).
11. Factual information regarding:
    a) deficiencies in fixed assets that are not in usable or proper condition; description of the deficiencies;
    b) deficiencies in current assets (especially raw materials, partially finished goods and finished goods) that cannot be processed or sold under usual conditions in the proper course of business; description of the deficiencies;
    c) customers of the Companies in default of payment for more than three months; information regarding the amounts due.

Liabilities

1. List of all material obligations/liabilities that are not individually listed on the balance sheet.
2. Copies of all documents that evidence material financial liabilities, including debts incurred for commercial development, short-term public loans,

sale-and-lease-back agreements, partial delivery contracts, future contracts, securities transactions, etc.

3. Subsidies, premiums, investment contributions, or other payments from EU, national, state, local, or other public agencies or supervisory authorities; obligations that the Companies have assumed in connection with such subsidies, premiums, or other payments.

Legal Disputes

List of all legal disputes (including proceedings before courts, arbitration tribunals, conciliation boards, and administrative bodies) with a value in dispute exceeding € ..., which had either been pending during the last two years, are currently pending, or are threatened in the future.

Environmental Matters

1. When and from whom did the Companies obtain their real property and/or business sites?
2. What kind of activities did the prior owner(s) of the business site(s) pursue and how long was it (were they) used?
3. What products were or are produced on the business site(s)?
4. What waste and drainage systems exist and what agreements have been signed with regard to waste and sewage removal?
5. Are any substances stored or processed that can harm the water supply?
6. Description of all occasions on which environmentally damaging substances were discharged or released and/or which could lead to claims against the Companies, their legal successors, or future owners of the business site(s).
7. Information regarding all dangerous and/or toxic materials or substances that are banned under environmental, health, or safety regulations and/or whose use is limited and which are used, released, or discharged in a given process and/or which are found or stored on the property, in a building, facility, machine, device, instrument, etc.
8. During the operation of the facilities, are there any emissions (air pollution, noise, vibrations, light or heat emissions, radiation of any kind, etc.)?
9. Which facilities require a permit, authorization, or similar?
10. Copies of all environmental licences, approvals, permissions, permits, authorizations, certificates, specifications, qualifications, notifications, registrations, or similar ("Permissions") and the exchange of correspondence in connection with the grant, extension, cancellation, modification, etc. of such Permissions.

11. When was the last employee protection examination made by any trade authorities? Were additional protective measures required as a result (noise or breathing protection, etc.)?
12. Information regarding violations against laws for the protection of the environment, regarding conditions not complied with or unfulfilled directives for environmental Permissions; copies of decisions which the Companies received in connection therewith and the correspondence exchanged.
13. Information regarding all current and anticipated examinations, audits, court proceedings, or other proceedings in which the following is addressed: harmful environmental, health, or safety conditions or environmental damage due to the release of toxic, dangerous, or other substances or things the release of which is banned or restricted under environmental, health, or safety laws, or on the basis of the scope of the use of substances, or on the basis of the violation of approvals or laws, together with copies of all documentation and correspondence in this regard.
14. Copies of all reports or judgments or other decisions in connection with liability due to environmental regulations.
15. Copies of all press reports concerning the Companies' environmental problems.
16. Information regarding the annual expenses and planned operating and investment costs during the upcoming three years for environmental, health, and safety issues.
17. Information regarding measures that have been instituted, introduced, or planned for the reparation of environmental damage, especially for soil decontamination.

Balance Sheets and Tax Law Information

1. Annual statements of accounts (including auditors' reports) of the Companies for the last three years.
2. The Companies' tax returns for the last three years, including any official tax assessments issued.
3. The last external tax audit of the Companies' accounts.
4. All reports of independent auditors, tax advisors, or consultants issued during the last three years.

III. M&A Tax – Steuern: Anforderungsliste Deutschland

1. Kopie der aktuellen Struktur der Gruppe und Entwicklung des unmittelbaren und mittelbaren Anteilsbesitzes und Gruppenstruktur innerhalb der vergangenen XXX Jahre sowie Kopie des Gesellschaftsvertrages.

Anhang B — Checklisten

2. Informationen über Organschaften für KSt, GewSt und USt und deren Anerkennung seitens der Finanzbehörden. Beschreibung eines etwaigen Steuerumlagesystems innerhalb des Organkreises.

3. Details über Reorganisationen innerhalb der letzten 10 Jahre (Verschmelzungen, Umwandlungen, Anteilstausch, Einbringungen, Spaltungen etc.) und deren steuerliche Behandlung einschließlich Grunderwerbsteuer. Kopien der Grunderwerbsteuererklärungen sowie diesbezüglicher Korrespondenz mit den Finanzbehörden.

4. Details über Akquisitionen und Veräußerungen in den letzten 10 Jahren (Gesellschaften, Teilbetriebe, Grundstücke etc.).

5. Zusammenfassung über den Status der Veranlagungen, einschließlich eines Überblicks der Fälligkeiten der Abgabe von Steuererklärungen und beantragter/gewährter Fristverlängerungen.

6. Kopien der Jahresabschlüsse und/oder Prüfungsberichte des Wirtschaftsprüfers für alle Veranlagungszeiträume, die noch nicht abschließend Gegenstand einer steuerlichen Betriebsprüfung waren. Bei zeitnah abgeschlossener Betriebsprüfung mindestens der letzten 3 Jahre.

7. Zusammenstellung etwaiger steuerlicher Teilwertabschreibungen oder Abschreibung für außergewöhnliche Abnutzung von Gesellschaftsanteilen oder sonstiger Wirtschaftsgüter seit Begründung des Unternehmens.

8. Übersicht und Erläuterung der Steuerrückstellungen sowie der Behandlung latenter Steuern („deferred Taxes") der letzten drei Handelsbilanzen.

9. Kopien der Steuererklärungen sowie geänderten Steuererklärungen für alle Veranlagungszeiträume, die noch nicht abschließend Gegenstand einer steuerlichen Betriebsprüfung waren (einschließlich aller Anlagen) und Kopien der Steuerbilanzen und Erläuterungen zu Abweichungen zwischen Handels- und Steuerbilanz.

10. Kopien der Steuerbescheide und der geänderten Steuerbescheide für Veranlagungszeiträume, die noch nicht abschließend Gegenstand einer steuerlichen Betriebsprüfung waren. Kopien der Vorauszahlungsbescheide für KSt und GewSt aller noch nicht veranlagten Veranlagungszeiträume. Kopien der Freistellungsbescheinigungen aller Veranlagungszeiträume, die noch nicht abschließend Gegenstand einer steuerlichen Betriebsprüfung waren.

11. Kopien der wesentlichen Korrespondenz mit den Finanzbehörden, insbesondere bezüglich abweichender Veranlagung, offener Punkte, fachlicher Diskussionen etc.

12. Details über die letzte oder laufende Betriebsprüfung betreffend KSt, GewSt, USt und LSt. Kopie des Entwurfs oder des letzten Betriebsprüfungsberichts und des Protokolls der Betriebsprüfungsschlussbesprechung der Gesellschaften. Überblick aller noch offenen Punkte einer vorangegangenen bzw. laufenden Betriebsprüfung (Anfragen, Stellungnahmen, sonstige Korrespondenz). Im Fall von Beanstandungen im Zuge einer Betriebsprüfung Details über Maßnahmen zur Vermeidung der Wiederholung des be-

anstandeten Sachverhalts. Wurden die Steuerbescheide aufgrund der Betriebsprüfungsergebnisse geändert?

13. Details über die Finanzierungsstruktur der Gesellschaft (Darlehen, die von Gesellschaftern oder verbundenen Unternehmen gewährt oder besichert wurden; besicherte Drittdarlehen) im Zusammenhang mit den steuerlichen Restriktionen der Gesellschafterfremdfinanzierung des § 8a KStG.

14. Beschreibung von hybriden Finanzierungsinstrumenten (z.B. partiarische Darlehen, stille Gesellschaften, Genussrechte) und unverzinslichen Verbindlichkeiten.

15. Details über spezielle Vereinbarungen, Investitionszuschüsse oder -zulagen oder Entscheidungen bzw. verbindliche Auskünfte seitens der Finanzbehörden und laufende Verhandlungen mit den Finanzbehörden oder Anfragen seitens der Finanzbehörden. Details über wesentliche offene Punkte mit den Finanzbehörden. Kopien der relevanten Korespondenz.

16. Details über unternommene Steuerplanungs- oder Steueroptimierungsstrategien (z.B. ausländische Holdinggesellschaften, Finanzierungs-, Service- oder IP-Gesellschaften, Gestaltungen in Zusammenhang mit Steuerreformplänen) einschließlich diesbezüglicher Korrespondenz mit den Finanzbehörden (z.B. verbindliche Auskünfte etc.).

17. Details über Transaktionen nach dem Stichtag des letzten Jahresabschlusses bzw. der letzten Steuererklärungen und Beurteilung der steuerlichen Wirkungen hieraus.

18. Aufstellung über steuerlich relevante Verträge mit verbundenen Unternehmen und mit Gesellschaftern. Details über Transaktionen bzw. Leistungsbeziehungen innerhalb der Gruppe, Managementgebühren, Transfer von Vermögensgegenständen Wirtschaftsgütern.

19. Zusammenfassung der Verrechnungspreisgestaltung innerhalb der Gruppe (allgemeine Transfer Price Policy) sowie der entsprechenden Dokumentation.

20. Kopien der folgenden Dokumente:

    – Verträge bezüglich Umwandlungen und Restrukturierungen sowie relevante Gesellschafterbeschlüsse und Handelsregisteranmeldungen der letzen 10 Jahre

    – Protokolle der Aufsichtsratsitzungen, Gesellschafterversammlungen; Beiratssitzungen, o.Ä. der letzten 3 Jahre

    – Ergebnisabführungsverträge und Beherrschungsverträge

    – Auszug aus dem Handelsregister

    – Darlehensverträge mit Gesellschaftern oder nahe stehenden Personen

    – Vereinbarungen über Forderungsverzichte oder Besserungsvereinbarungen

- Sonstige Vereinbarungen mit Gesellschaftern oder nahe stehenden Personen (z.B. Kostenbelastungen innerhalb der Gruppe, Kostenumlageverträge, Management Gebühren, Übertragung von Wirtschaftsgütern)
- Sonstige wesentliche Vereinbarungen mit steuerlicher Relevanz

21. Details über die Berechnung, Bewertung und steuerliche Behandlung von Rückstellungen und Verbindlichkeiten (Pensionsrückstellungen, Drohverlustrückstellungen, Jubiläumsrückstellungen, Umweltrückstellungen, Abzinsung, Rückstellungen oder Verbindlichkeiten für Verpflichtungen, die nur zu erfüllen sind, soweit künftig Gewinne oder Einnahmen anfallen etc.).
22. Informationen über noch nicht entschiedene Einsprüche sowie deren Erfolgsaussichten und steuerliche Auswirkungen. Informationen über anhängige oder angekündigte Steuerstrafverfahren.
23. Wurden Steuererklärungen abgegeben, die von den Steuergesetzen, Richtlinien oder Verwaltungsanweisungen bzw. verbindlichen Auskünften abweichen?
24. Aufstellung der Verlustvorträge der letzten drei Wirtschaftsjahre. Gibt es Restriktionen bei der Nutzung der Verlustvorträge?
25. Abstimmung des Steueraufwandes des letzten Jahresabschlusses mit der zu erwartenden Steuerbelastung auf Basis der gesetzlichen Steuersätze. Details oder wesentliche Punkte, die die zukünftige effektive Steuerrate beeinflussen.
26. Überblick der Steuerzahlungen für laufende und zukünftige Veranlagungszeiträume basierend auf vorhandenen Steuerplanungsrechnungen.
27. Aufstellung bzw. Zusammenfassung der steuerlichen Situation im Zusammenhang mit Aktivitäten im Ausland und der Einhaltung der entsprechenden ausländischen Vorschriften (z.B. ausländische Filialen oder Betriebsstätten, Abzugsteuern auf Dividenden oder Lizenzzahlungen). Beschreibung der steuerlichen Behandlung von ausländischen Verlusten.
28. Sämtliche oben aufgeführten Informationen und Unterlagen für inländische und ausländische Tochtergesellschaften.
29. Bestätigung der Vollständigkeit und Richtigkeit aller zur Verfügung gestellter Informationen und Dokumente.

IV. M&A – Taxation: Information request Germany

1. Copy of current group structure and development of the direct and indirect shareholding and the group structure within the last XXX years and copy of articles of association.

2. Information an tax groupings (Organschaft) for corporate tax, trade tax and VAT purposes and their acceptance by the tax authorities. Description of any group tax charges or tax allocation schemes.

3. Details of reorganisations carried out within the last 10 years (mergers, conversions, exchanges of shares, contribution, de-mergers, etc.) and their tax treatment including real estate transfer tax („Grunderwerbsteuer"). Copies of the relevant real estate transfer tax returns and related correspondence with the tax authorities.

4. Details of acquisitions and sales within the last 10 years (companies, business units („Teilbetriebe"), land, etc.).

5. Summary of compliance status including an overview of the due dates for the filing of tax returns and requested/granted extensions of filing deadlines.

6. Copies of the financial statements and/or audit reports of all years open to tax audit. In case of recent tax audit at least for the last three years.

7. Details of any extraordinary write-downs in shares or other assets, since incorporation.

8. Break down and explanation of the tax provisions and the provisions for deferred taxes in the financial statements of the last three years.

9. Copies of tax returns and amended tax returns including all attachments of all years open to tax audit and copies of tax balance sheets and explanations regarding deviations between commercial and tax balance sheets.

10. Copies of tax assessments and amended tax assessments for years open to tax audit and copies of tax assessments concerning the prepayment of corporate and trade taxes for all periods not yet assessed. Copies of exemption certificates for all years open to tax audit.

11. Copies of any material correspondence with the tax authorities regarding deviating assessments, open issues, technical discussions, etc.

12. Details of any recent or ongoing corporate/trade/VAT/payroll tax audit. Copy of the draft or last final audit reports and minutes of the final audit conference for the target company. Overview of „open" (announced) points of an audit (requests, auditor statements, correspondence). If tax exposures have been raised during the audit, details of procedures/controls implemented to avoid a reoccurrence. Have the tax assessment notices been changed based on the results of the last tax audit?

13. Details on the funding structure of the company (loans granted or secured by shareholders or related persons; debt financing of a third party with right of recourse) and its compliance with German thin capitalization rules (Sec. 8a Corporate Tax Code).

14. Description of any hybrid financing instruments (e.g. profit participating loans, silent partnerships, profit participating rights) or non-interest bearing liabilities.

15. Details of any special arrangements, investment incentives or rulings obtained from any tax authority and details of any other ongoing discussions with any tax authority or any queries posed by the tax authorities. Details of any material outstanding issues in open computations. Copies of the relevant correspondence.
16. Details of tax planning or optimisation strategies (e.g. offshore holding companies, finance, service or IP companies, structuring in connection wich Tax Reform plans) which have been undertaken including copies of any clearance applications submitted and responses from the tax authority.
17. Details of any material transactions post the last balance sheet and an estimate of the tax implications.
18. Summary re. intercompany agreements/agreements with shareholders. Details of intra-group transactions including management charges and asset transfers.
19. Summary of the general transfer pricing policy and the respective documentation.
20. Copies of the following documents:
    - Contracts for reorganizations, mergers and relevant shareholder resolutions and applications with the commercial register for the last 10 years
    - Minutes of Supervisory Board Meetings, Shareholder Meetings or meetings of any other respective corporate body for the last three years
    - Profit and loss pooling and control agreements
    - Excerpts of the Commercial Register
    - Loan agreements with shareholders and related persons
    - Waiver of claims („Forderungsverzicht") and debtor warrants („Besserungsscheine")
    - Any other agreements with shareholders or related parties (e.g. group charges, cost sharing, management fees, asset transfers)
    - Other important agreements with tax implications
21. Details of calculation, valuation and tax treatment of any accruals and liabilities (pensions, contingent losses, anniversary, environmental, discounting, accruals or liabilities for obligations which only apply in case of future income or profits, etc.).
22. Details of currently pending appeals? What are the chances of success? What are the tax effects? Overview of any existing tax criminal proceeding.
23. Were tax returns filed that differ from tax rules/official decrees of the German Federal Ministry of Finance/binding rules of the tax authorities or from something similar?

24. Details of carried forward tax losses of the last three fiscal years. Were/Are there any restriction for using the tax loss carry forward?

25. Reconciliation of the tax charge per the latest accounts to the expected charge by reference to full statutory rates. Details of any material items affecting the future effective tax rate.

26. Summary of tax payments position in respect of current (and future) periods based an available projections.

27. Summary of overseas/foreign tax arrangements and foreign activities and the compliance in respect of these with the relevant local and overseas tax legislation (e.g. branches, permanent establishments, withholding tax on dividends or royalties paid by or to foreign countries). Description of tax treatment of foreign losses.

28. Documents as mentioned above for any German or foreign subsidiaries.

29. Confirmation of completeness and correctness of all provided documents and information.

V. Checkliste Arbeitsrechtliche Due Diligence

1. Allgemeines

a) Liste aller **Mitarbeiter** der Gesellschaft unter Angabe des Eintrittsdatums, Alters des Mitarbeiters, der ausgeübten Funktion, der Beteiligung an einer betrieblichen Versorgungszusage oder an Zusatzvergütungen, sowie Angaben über **durchschnittliches** Alter, Gehalt und Dauer der Betriebszugehörigkeit.

b) Muster aller von der Gesellschaft verwendeten **Standardvereinbarungen**. Anzahl der Mitarbeiter, mit denen diese Standardvereinbarungen abgeschlossen wurden.

c) Vorlage aller befristeten Arbeitsverträge.

d) Muster von eventuellen **Standardvereinbarungen**, die die Mitarbeiter unterschreiben müssen, z.B.:

   (1) Geheimhaltungsvereinbarungen,

   (2) Erfindungsübertragungsvereinbarungen,

   (3) Erklärungen hinsichtlich Interessenkonflikten oder

   (4) Wettbewerbsverbote.

e) Vollständige Kopien der geltenden **Anstellungsverträge** einschließlich aller vorangegangener Verträge mit allen Geschäftsführern, Vorstandsmitgliedern und Mitgliedern des Aufsichts- und Beirats sowie mit allen anderen Mitarbeitern mit einem Grundgehalt von mehr als 50000 Euro im Jahr.

f) Kopien von Verträgen oder Beschreibungen aller Praktiken, nach denen Mitarbeitern **Zusatzvergütungen** gewährt werden, insbesondere:

   (1) von dem Unternehmenserfolg abhängige Zusatzvergütungen oder

   (2) von den persönlichen Leistungen des Mitarbeiters oder eines Teams abhängige Zusatzvergütungen (Verkaufsprovisionen, Boni usw.)

   (3) Aktienoptionspläne.

g) Angaben über zugesagte Entlassungs- oder andere **Abfindungen** für (frühere) Geschäftsführer oder Mitarbeiter (oder für Angehörige oder Hinterbliebene eines früheren Geschäftsführers oder Mitarbeiters), bei denen ein Teil der Zahlungen noch offen steht.

h) Kopien aller bestehenden Verträge zwischen der Gesellschaft und den **Gewerkschaften** und aller geltenden Kollektivverträge, einschließlich Haustarifverträgen.

i) Angabe, ob die Gesellschaft **Mitglied eines Arbeitgeberverbandes** ist, ggf. Kopie der Satzung des Arbeitgeberverbandes und Angabe des letzten Jahresbeitrags.

j) **Beraterverträge** mit unabhängigen **Beratern** oder **Freischaffenden** oder anderen freiberuflichen Vertretern oder Personen sowie das an diese Personen gezahlte Honorarvolumen im letzten Jahr.

k) Liste aller **Gerichtsverfahren** in Bezug auf Mitarbeiter der Gesellschaft in den letzten fünf Jahren mit einer kurzen Beschreibung des Streitgegenstandes, des Streitwertes und des Ergebnisses.

l) Angaben über **Betriebsprüfungen** von Sozialversicherungsträgern sowie von **Lohnsteuerprüfungen** der Finanzämter innerhalb der letzten zehn Jahre sowie Vorlage der Bescheide.

m) Angaben über Entlassungen von Mitarbeitern, die im Zeitpunkt des Ausscheidens mindestens das 57. Lebensjahr vollendet haben sowie über laufende/erwartete **Erstattungsansprüche** gem. § 147a SGB III.

2. Betriebsrat

a) Angaben zum Betriebsrat selbst

   (1) Liste aller Arbeitnehmervertreter im Aufsichtsrat und in dem/den Betriebsrat/Betriebsräten.

   (2) Liste aller Betriebsstätten und der juristischen Personen, denen diese Betriebsstätten gehören.

   (3) Liste aller Betriebsräte, Gesamtbetriebsräte und Konzernbetriebsräte.

   (4) Liste etwaiger Wirtschaftsausschüsse.

   (5) Liste etwaiger Sprecherausschüsse.

b) Liste aller Verfahren vor der **Einigungsstelle** mit dem/den Betriebsrat/Betriebsräten in den letzten zehn Jahren samt kurzer Beschreibung des Streitgegenstandes und des Ergebnisses.

c) Liste aller **Gerichtsverfahren** mit Betriebsräten oder Gewerkschaften in den letzten zehn Jahren samt kurzer Beschreibung des Streitgegenstandes und des Ergebnisses.

d) Angabe über alle **Arbeitskämpfe** (Streik, Aussperrung) der letzten zehn Jahre.

e) Kopien aller geltenden **Betriebsvereinbarungen**, getrennt nach solchen, die der erzwingbaren und der freiwilligen Mitbestimmung unterliegen. Sämtlicher Regelungsabreden etc. (unabhängig davon, ob diese bindend sind oder nicht).

f) Alle geltenden und abgelaufenen **Sozialpläne** und **Interessenausgleiche**.

g) Protokolle der **Betriebsversammlungen** der letzten fünf Jahre.

h) Protokolle der **Wirtschaftsausschussversammlungen** der letzten fünf Jahre.

3. Renten

a) Pensionspläne

(1) Alle gegenwärtigen und früheren **Pensionspläne** der Gesellschaft (Angabe, ob Rückstellungen in der Bilanz gebildet wurden oder eine Rückversicherung abgeschlossen wurde). Broschüren oder andere Unterlagen über die Pensionspläne, die an Mitglieder verteilt werden (gleich, ob noch gültig oder nicht).

(2) **Ermessenspraktiken** bei Abweichungen von den Regelungen der Pensionspläne.

(3) **Versicherungsmathematische Gutachten der letzten drei Jahre**, sowohl auf Realkostenbasis als auch auf der Basis von § 6a EStG.

(4) Bei **Fremdfinanzierung** des Pensionsplanes, Angaben über die getätigten Investitionen, einschließlich einer Liste der Vermögenswerte oder Kopien der zugrunde liegenden Versicherungspolicen.

(5) Angaben über alle **Einzelpensionsvereinbarungen** mit Geschäftsführern und leitenden Angestellten (spezielle Pläne für leitende Angestellte sowie Aufstockungspläne, unabhängig davon, ob diese Zusatzzahlungen freiwillig oder vertragsmäßig sind. Angabe der Höhe der zu zahlenden Pension und der Höhe der Arbeitnehmer- und Arbeitgeberbeiträge), über alle Abweichungen oder Erhöhungen für Einzelpersonen oder Personengruppen gegenüber den normalen Leistungen nach einem oben erwähnten Pensionsplan.

b) Jährliche Erhöhung

Angaben über Anpassungen der betrieblichen Renten (**§ 16 BetrAVG**) gleich, ob durchgeführt oder abgelehnt – während der letzten 20 Jahre.

c) Gruppenversicherungen

Vereinbarungen mit der Versicherung (Angabe, ob unmittelbare Ansprüche der Arbeitnehmer gegen Versicherung bestehen).

d) Streitigkeiten

Angaben über alle **außergerichtlichen** Streitigkeiten in Verbindung mit Pensionsplänen und Renten in den letzten 15 Jahren (sofern nicht oben unter 1. j)) aufgeführt.

VI. Checklist Labour Law Due Diligence

1. General

a) List of all **employees** of a company, listing for each the starting date, age, function, participation in a company pension plan or additional benefits as well as the **average** age, salary and length of employment.

b) Sample of all **standard agreements** used by the company, number of employees with whom these standard agreements were concluded.

c) Presentation of all fixed-term employment agreements.

d) Sample of any **standard agreements** the employees need to sign, e.g.:

 (1) Confidentiality agreements

 (2) Transfer of invention agreements

 (3) Declarations on conflicts of interest or

 (4) Prohibitions of competition.

e) Complete copies of the **employment agreements** in effect, including all preceding agreements with all managing directors, management board members and members of the supervisory and advisory boards, as well as with all employees with a basic salary of over 50,000 Euro per year.

f) Copies of agreements or descriptions of practices according to which employees are granted **additional benefits**, in particular:

 (1) additional benefits depending upon the company's success or

 (2) additional benefits depending upon the personal performance of the employee or a team (sales commissions, bonuses, etc.)

 (3) stock options.

g) Information on promised **severance payments** for dismissal or other reasons for (former) managing directors or employees (or for relatives or survivors of a former managing director or employee) for which a portion of the payments is still outstanding.

h) Copies of all existing agreements between the company and the **trade unions** and all collective bargaining agreements in effect, including inhouse collective wage agreements.

i) State whether the company is a **member of an employers' association** and if so, copy of the bylaws of the employers' association and state the amount of the annual dues for the past year.

j) Consultancy agreements with independent **consultants** or **freelancers** or other freelance representatives or persons as well as the amount of fees paid to such persons in the past year.

k) List of all **court proceedings** involving employees of the company in the past five years with a brief description of the matter under dispute, the value of the matter under dispute and the outcome.

l) Information on **company audits** conducted by social security authorities as well as on **wage and salary audits** conducted by the tax authority within the past ten years and presentation of the findings.

m) Information on dismissals of employees who had reached the age of at least 57 upon leaving the company, as well as on current/anticipated **compensation payments** pursuant to § 147a of the Social Security Code Act (SGB) III.

2. Works Council (Betriebsrat)

a) Information on the Works Council itself

   (1) List of all employee representatives in the supervisory board and the works council/s.

   (2) List of all establishments and the legal entities to which they belong

   (3) List of all works councils, joint works councils and group works councils.

   (4) List of any economic committees.

   (5) List of any executive works councils (*Sprecherausschuss*).

b) List of all proceedings before the **conciliation board** (*Einigungsstelle*) with the works council/s or trade unions in the past ten years with a brief description of the matter under dispute and the outcome.

c) List of all **judicial proceedings** with the works council/s or trade unions in the past ten years with a brief description of the matter under dispute and the outcome.

d) List of all **labor disputes** (strikes, lock-outs) in the past ten years.

e) Copies of all **works agreements** currently in force, divided between those subject to enforceable codetermination and those subject to voluntary codetermination, all agreements on rules and regulations, etc. (regardless of whether or not they are binding).

f) All **social plans** and **conciliation of interests proceedings** currently in force and those which have been concluded.

g) Minutes of the **works meetings** of the past five years.

h) Minutes of the **economic committee meetings** of the past five years.

3. Retirement Benefits

a) Pension plans

(1) All current and past **pension plans** of the company (stating whether reserves were created in the balance sheet or a reinsurance policy was taken out). Brochures or other documents on the pension plans that were distributed to the employees (regardless of whether or not they are still in effect).

(2) **Discretionary practice** in varying from the provisions of the pension plans.

(3) **Actuarial reports of the past three years**, both on the basis of the cost in real terms and on the basis of § 6 a of the Income Tax Act (EStG).

(4) In the case of **outside financing** of the pension plans, information on the investments made, including a list of the assets or copies of the insurance policies on which they were based.

(5) Information on all **individual pension agreements** with managing directors and executives (special plans for executives as well as plans for topping off the pension fund, regardless of whether or these additional payments are voluntary or contractual, giving the number of persons to be paid and the amount of the employee and employer contributions), on all deviations from or increases to the normal payments for individuals or groups of people pursuant to an aforementioned pension plan.

b) Annual increase

Information on adjustments to the company retirement benefits (**§ 16 of the Works Constitution Act – BetrVG**), during the past 20 years, regardless of whether they were carried out or rejected

c) Group insurance

Agreements with the insurance company (stating whether the employees have direct claims against the insurance company).

d) Disputes

Information on all **out-of-court** disputes in connection with pension plans or retirement benefits in the past 15 years (where not listed under 1. j)).

Sachverzeichnis

Die römischen Ziffern bezeichnen die einzelnen Teile des Handbuchs, die arabischen Ziffern die innerhalb des Teils verwendeten Randziffern.

Abbruch IX 201
Abfindung X 131, 255 f.
Abschreckungstheorie VIII 126
Abschreibungsbedarf III 134
Absichtserklärung VII 20, siehe auch Letter of Intent
Abwehrbeschlüsse (der Hauptversammlung) X 169 ff.
Abwehrmaßnahmen X 155 ff.
Abwertungsbedarf III 120 ff.
– Feststellung III 120 ff.
– Messung III 128 ff.
Acting in Concert X 117
Ad-Hoc-Mitteilung X 95
Ad-Hoc-Hauptversammlung X 170
Adjusted Present Value II 83 ff.
Akquisitionsplan I 128
Akteure, M&A-Markt I 35 ff.
Aktienoptionen, Mitarbeiterbeteiligungen VI 183 ff.
Aktienportefeuille III 17
Aktienurkunden X 106
Alternativanlage, risikoadäquate III 27
Altersversorgung, betriebliche VI 213 ff.
American Arbitration Association I 205
Anfechtung VII 194
Anfechtungsklage X 251; XI 186 ff.
– Folgen XI 136 ff., 194 ff.
Anfechtungsrecht XII 70 ff.
Anfechtungsrisiken XII 70 ff.
Angebotsphase X 76 ff.
Angebotsunterlage I 169 f.; X 79 ff.
Anleiheemission IV 176
Anleiheformen, innovative IV 182 ff.
Anleihen IV 173 ff.
– risikofreie II 279 ff.
Anmeldepflichten, kartellrechtliche VIII 69, 143 ff., 275 ff.
– für Auslandszusammenschlüsse VIII 196

Anmeldung (bei der Kommission) VIII 280 ff.
Anmeldung, Inhalt VIII 146
Annahmefrist (bei Übernahmeangebot) X 67 f.
Anschlussklausel VIII 20 ff.
Ansprüche, rückständige (bei Betriebsübergang) VI 167
Anteilserwerb VIII 62 ff.
– Finanzierung V 52, 76
Anwachsung V 40
Anwachsungsmodell VI 11
Anwendungsvorrang der europäischen Fusionskontrolle VIII 14 ff.
Anzeigepflichten, kartellrechtliche VIII 176 f.
Apostille XIII 253 ff.
Appreciation Awards X 153
Arbeitnehmerähnliche Personen VI 98
Arbeitnehmererfindungen VI 195 ff.
Arbeitsorganisation VI 33, 36 ff., 66, 320, 349
Arbeitsrechtliches EG-Anpassungsgesetz VI 19, 340
Arbeitsverhältnisse VI 27, 53
– beendete VI 163 ff.
– faktische VI 91
– gekündigte VI 92
– mittelbare VI 90
– ruhende VI 94
– Übergang VI 88 ff.
– „zweifelhafte" VI 96 f.
Arglistige Täuschung VI 113; VII 194
Argumentationswert II 21, 27 ff.
Assembled Workforce III 92 ff.
Asset Deal VII 5 ff., 140, 206; XII 31 ff., 55 ff.
– Arbeitsrecht VI 3 f.
– Hauptversammlungskompetenz XI 110, 116 f.
– internationaler Kauf XIII 43, 57, 97

Asymmetrische Oligopole VIII 120
Atypische stille Beteiligung IV 61
Auffanggesellschaften V 81
Aufgabe von Gesellschaftsrechten
  V 106 ff.
Aufgreifkriterium VIII 113, 224
Aufhebung des Vollzugsverbots
  VIII 151
Aufhebungsverträge VIII 112 f., 293
– zwischen Arbeitgeber und Arbeitnehmer VI 112 f.
Aufholfusion VIII 120
Aufklärungspflichten I 77 ff.; VII 11, 181 ff.
Auflösung vollzogener Zusammenschlüsse VIII 178
Auflösungsvertrag VI 248
Aufrechnung VII 106
Aufsichtsrat X 134 ff., 142 ff., 161 ff., 198 ff.
Aufsichtsratsumbildung VI 329
Aufspaltung V 120 ff.
Auktion IX 48
Ausfallbürgschaft IV 157
Ausgabe von Aktien X 177
Ausgabekurs IV 115 f.
Ausgleichsposition I 152
Ausgleichszahlungen, Miterben V 98
Ausgliederung IX 50
Ausgründungsmodelle VI 378
Auskunft
– Erzwingungsverfahren XI 184
– Pflichten I 77 ff.; VII 11, 181 ff.
– Recht zur Verweigerung XI 181 ff.
Ausland I 6 f.; VI 24
Ausländische Betriebsstätte V 130 ff.
Auslandsanleihen VI 180
Auslandsbeurkundung VII 119; XIII 213 f., 238 ff.
Auslandszusammenschlüsse
  VIII 189 ff.
Außenfinanzierung I 85; IV 120 ff.
– klassisches Fremdkapital
  IV 120 ff.
– Mezzanine Kapital IV 196 ff.
Außensteuergesetz V 138 ff.
Außerordentliche Kündigung VI 246
Auswirkungsprinzip VIII 228

Badwill III 112
Bagatellklausel I 62; VIII 19 ff.
Bagatellmarktklausel VIII 24 f.
Ballooning-Konzept V 77
Bankenklausel VIII 73
Barabfindung X 238 ff.
Baselining IX 76, 225 ff.
Basiszinssatz II 277 ff., 320 ff.
Bau- und Bodenwert VI 148
Bedarfsmarktkonzept VII 75, 243
Beleihungsgrenze IV 21, 150, 153
Beleihungswert IV 148 ff.
Bemessungsgrundlage
– Grunderwerbssteuer V 5
– Umsatzsteuer V 4
Benchmark IX 75, 218 ff.
Beratungsfunktion des Anwalts
  I 122 ff.
Beschäftigungsgesellschaft VI 294
Beschlussverfahren VI 392
Beschränkt Steuerpflichtige IV 20, 93
Beschwerde
– gegen Untersagungsverfügung des Bundeskartellamtes VIII 167
Besicherung IV 146 ff.
Besserungsschein I 153
Bestimmtheitsgrundsatz I 211; VII 7, 68, 81
Bestimmungsrecht VI 104
Beta-Faktor II 93 ff., 288 ff., 300 ff.
Beteiligte Unternehmen VIII 77 ff., 228
Beteiligung, stille I 91; VI 69 f.
– asymmetrische IV 61
Beteiligungsfinanzierung IV 3
Betrieb, Begriff VI 27 ff.
Betriebsänderung VI 8, 301, 311
Betriebsaufgabe V 36
Betriebsaufspaltung VI 18, 54, 261, 302
Betriebsführungsverträge VI 83
Betriebsgrundlagen V 36, 123, 143
Betriebsinhaberwechsel VI 54 ff.
Betriebsleitung VI 82
Betriebsmittel VI 27
Betriebsnachfolge VI 55
Betriebspause VI 60
Betriebsprüfung V 156

Betriebsrat VI 301 ff. 313 ff.
- Anhörung VI 139
- Mitglied VI 147
Betriebsstätte VI 47
- Einkünfte V 20
Betriebssteuern II 209
Betriebsteil VI 51 ff., 134
- Veräußerung VI 292
Betriebsübergang I 150; VI 19 ff., 60, 281, 309 ff.
Betriebsüberlassungsverträge VIII 53
Betriebsübernahme, faktische VI 70
Betriebsübernahmegesellschaft XII 133 f.
Betriebsunterbrechung VI 60
Betriebsveräußerung VI 307
Betriebsvereinbarung VI 349 ff.
Betriebsverfassungsrecht VI 301 ff., 325 ff.
Betriebsverlegung VI 65
Betriebsvermögen V 83 ff.
Betriebszugehörigkeit VI 157 ff.
Beweislast VI 87, 157; VIII 140
Bewertung I 176 ff., II 1 ff.; IX 254
- Beratungsfunktion II 32
- interne I 180
- Stichtag I 188
Bewertungsanlass II 13 ff.; III 9 ff.
Bewertungsfunktion II 32 ff.
Bewertungsverfahren III 65 ff.
Bewertungszweck II 20 ff.
Bezugsrechtsausschluss X 177 ff.; XI 65
- Voraussetzungen X 178
Bezugsverhältnis IV 115
Bieter X 12, 189
Bilanzgarantie VII 188 ff.
Binding Offer I 161 f.
Binnenwettbewerb VIII 108
Börse I 25; IV 90 ff.
Börsenfähigkeit IV 91 ff.
Börsenhandel, Zulassung X 47
Börsenkurs, inländischer X 54
Börsennotierung II 127
Break Fee X 72
Buchwert III 140
Bündeltheorie VIII 25
Bundesanstalt für Finanzdienstleistungsaufsicht (BaFin) X 78, 87 ff.

Bundeskartellamt I 61, 148
- Ermittlungsbefugnisse VIII 158 ff.
Bürgschaften IV 156 f.; VII 105
Bußgeld VIII 148
Business Combinations (SFAS 141) III 33 ff.
Business Combination Agreement X 72

Call-Optionen X 116
Carrying Value III 140
Cash Flow I 81 ff.
Cash-Generating Unit III 82 ff.
Checkliste, siehe auch Prüfungsliste
- zur Fusionskontrolle VII 12
- zur Vorbereitung des Unternehmenskaufvertrages I 209 ff.
Churn Rate III 97
Closing I 163 ff., 187; VII 76; IX 83 ff.
Comparative Company Approach II 129 ff.
Contigency-Pläne IX 24
Continuing Value II 183
Contractual-Legal Criterion III 54
Contributory Asset Charges III 75
Controlled Auction I 137, 155 ff.
Core Goodwill III 79
Corporate Governance Kodex, deutscher X 159
Cost Approach III 72
Creeping Takeover X 32 ff.
Culpa in contrahendo siehe Verschulden bei Vertragsanbahnung
Customer Relationship III 96 ff.

Darlehen (Übergang von Arbeitsverhältnissen) VI 180 ff.
Data-Room I 142, 160
Datenraster IX 80
DCF-Verfahren II 38 ff., 235 ff., 275 ff
Derivate X 51
Derogation XIII 163 ff.
Desinvestment I 10
Detailuntersuchungen I 115, 142
Deutsche Klausel VIII 218
Deutscher Corporate Governance Kodex X 159
Dienstwagen VI 200

1353

Discounted Cash-Flow-Verfahren
  siehe DCF-Verfahren
Diskontierungssatz III 77
Diskontinuitätsmanagement IX 5
Diversifikation I 52
Divisionalisierung I 65
Doppelbesteuerungsabkommen V 23, 93
Doppelwährungsanleihen IV 189
Down-stream-merger-Modell V 70
Dreiseitiger Vertrag VI 131
Druckmittel, kollektives VI 132
Dual Listing IV 107 ff.
Due Diligence I 142, 160, 172 ff.; IX 15, 21; XII 40 ff.
– arbeitsrechtliche VI 394 ff.
– Begriff VII 29 f.
– der Erwerber-AG XI 12 ff.
– Gewährleistung VII 29 ff.
– der Target-AG XI 22 ff.
– Verpflichtungen des Kaufinteressenten VII 51 ff.

Effects Doctrine VIII 191
EG-Binnenmarkt I 50
EG-Fusionsrichtlinie V 126 ff.
Eigene Aktien
– Erwerb X 185 f.
– Veräußerung X 185 f.
Eigenkapital I 80; II 15, 23; IV 15 f.
– Beschaffung IV 85 ff.
– Decke I 53
– Garantie V 155; VII 190
– Quote IV 86
Eigenschaften, zugesicherte VII 148
Einbehalt von Gewinnen IV 34
Einbringung eines Betriebes I 24, 147; V 84 ff.
Einfluss, bestimmender VIII 48
Einflussbegrenzungszusage VIII 162
Einflussstufen I 12 f
Eingriffsnormen XIII 49
Einkaufsgemeinschaft VIII 210
Einlagenrückgewähr, Verbot XI 42 ff.
Einmischungsverbot VIII 191
Einstweilige Anordnung VIII 159 ff.
Einzelbewertung, Grundsatz V 10 ff.
Einzelbewertungsverfahren II 41, 151 ff.

Einzelfreistellung VIII 319 ff.
Einzelkredite IV 125
Einzelmarktbeherrschung VIII 109, 113, 115
Einzelrechtsnachfolge V 124 ff.; VI 10, 12; VII 5 ff., 200 ff.
Engagement Letter VII 10, 104
Entflechtung VIII 179 ff., 197 ff., 299 ff.
– Zusage VIII 294
Entgelt V 1 ff., 104 f.
Equity Carve-Out X 188
Equity Kicker I 94
Erbauseinandersetzung V 96 ff.
Erbfolge, vorweggenommene V 108 ff.
Erfüllungsverweigerung XII 65 ff.
Ergänzungsbilanz V 46 ff.
Ergebnisabführungsvertrag I 83
Ermessensspielraum des Vorstandes XI 17 ff.
Ermittlungsbefugnisse
– Bundeskartellamt VIII 158 ff.
– Kommission VIII 290 ff.
Ertragsteuern III 15 ff. V 6 ff., 45 ff., 67 ff., 133 ff.
– typisierte III 15
Ertragswert VII 99; XI 119
Ertragswertmethode II 141 ff.; X 255; XI 119
Ertragswertverfahren I 180; II 144 ff.; VII 99
Erwerbsobjekte I 1 ff.
Erwerbsvorgang I 8
Erwerbswege I 21 ff.
Erwerbsziele I 8 ff.
EU-Beihilfen XII 62 ff.
EU-Binnenmarkt siehe EG-Binnenmarkt
EU-Fusionsrichtlinie V 126 ff.
EU-Kommission I 60; XII 62, 64
Euro-Aktie IV 107 ff.
Europäische Fusionskontrolle VIII 14 ff., 214 ff.
Europäisches Übereinkommen über die Handelsschiedsgerichtsbarkeit I 203
Events and Circumstances Approach III 132

Eventualsubventionen VIII 25
Excess over cost III 112
Explorativteam IX 171

Factoring IV 38
Fair Value III 4, 41 ff.
– Ermittlung III 47 ff.
– Overall III 140
Familiengesellschaften I 30, 66, 133; IV 42
Familienunternehmen I 10 ff.; III 46; X 124
Fehler VII 156 ff.
Fehlerhaftes Rechtsgeschäft VI 77
Feindliche Übernahme I 95 ff.; X 22, 140 ff.
Feststellungsklagen VI 92, 387
Finanzabteilung I 112 ff.
Finanzanlagebeteiligungen I 9 f.
Finanzbedarfsrechnung II 47, 214 ff.
Finanzierung, steuereffiziente V 136 f.
Finanzierungsarten IV 3 f.
Finanzplanung II 208, 210
Fingierte Teilfusion VIII 74
Firmenwert II 162; III 33; IV 194; VII 90
Flick-Klausel VIII 43
Floating Rate Notes IV 186 ff.
Formblatt CO VIII 146, 272
Formenleere XIII 220
Formwechsel VI 13 ff., 74; X 124 ff.
Forschung und Entwicklung III 131; VIII 240, 316; IX 23, 50
Fortsetzungsklausel V 102
Freistellung VIII 313 ff.
Freistellungspraxis der Kommission VIII 319 ff.
Freistellungsverpflichtung VII 72 f.
Fremdemission IV 173
Fremdfinanzierung II 66 ff., 93 ff.; IV 14 ff., 120 ff.
Friendly Takeover I 27
Führungsklima I 68
Führungskräfte-Appraisal IX 133 f.
Führungsspitze I 70
Führungsstruktur I 65 ff.
Füllstandsanzeigen IX 248
Funktionsnachfolge VI 42

Fusionskontrolle
– deutsche VIII 3 ff.
– europäische VIII 214 ff.
Fusionskontrollverordnung VIII 2 ff., 47, 214
Fusionsrichtlinie V 126 ff.

Garantie IV 46 ff., 155 ff.
Gegenangebot X 205
Gegenleistung V 2 ff., 103 ff.; X 42 ff.
– in Aktien X 46 ff.
– in Euro X 43 ff.
Geheimhaltung I 142
Geheimhaltungspflicht I 76; VII 12 ff.
Geheimhaltungsvereinbarung I 142
„Gelatine"-Urteil X 69; XI 96 ff., 121
Geldwerter Vorteil VI 193
Gemeinsame Beherrschung VIII 35 f., 61
Gemeinschaftsbetrieb VI 9, 304
Gemeinschaftsrecht VIII 79
Gemeinschaftsunternehmen VIII 74 ff., 202 ff.
Gemeinschaftsweite Bedeutung VIII 327 ff.
Genehmigtes Kapital X 46, 213; XI 65
– Ausnutzung X 175 ff.
Genehmigungserfordernisse VII 119 ff.
Generalsicherungsklausel IV 151
Genfer Protokoll I 208
Genussscheine I 91; IV 205 f.; X 196
Gerichtsstandsvereinbarung XIII 14, 152 ff.
Gesamtbetrachtungsweise VIII 80, 96
Gesamtbetriebsrat VI 319 ff.
Gesamtbewertungsverfahren II 42 ff., 141 ff.
Gesamtrechtsnachfolge V 106 ff.; VI 10 ff., 67 ff.
Gesamtwert III 140
Geschäftsbanken I 38
Geschäftsstatut XIII 111, 215
Geschäftswert I 185; IX 6
Gesellschafterfremdfinanzierung I 84
Gesellschafterkonten VII 74
Gesellschafternachhaftung VI 7
Gesellschaftsrechtliche Auseinandersetzung I 30

Gesellschaftsstatut VII 128; XIII 58 ff.
Gestaltungsrechte (bei Betriebsübergang) VI 162 ff.
Gewährleistung VII 31 ff., 168 ff.
Gewerbesteuer V 29 ff., 60, 72 ff.
Gewerbesteuerlicher Verlustvortrag V 69
Gewinnabführungsvertrag VII 82 f.
Gewinnrealisierung V 3, 56 f.
Gewinnschuldverschreibung IV 181
Gewinnverteilungsbeschluss VII 83
Gläubigerausschuss XII 18
Gläubigerversammlung XII 17
Gleichbehandlung X 17; XI 40
Gleichbehandlungsgrundsatz VI 215, 223; XI 50
Golden Parachutes X 202
Goodwill III 33 ff., 78 ff., 136 f.
- Berechnung III 111 ff.
- derivativer III 116
- negativer III 112 ff.
- originärer III 140
Goodwill Shield III 140
Granularität IX 113, 239
Grenzpreis II 20 ff.
Grenzüberschreitende Zustellung XIII 185 ff.
Grunderwerbssteuer V 40 ff., 65 f.
Grundpfandrechte IV 146 ff.
Grundschulden IV 151
Grundstücksbestandteile IV 149
Gründungstheorie XIII 63
Grundvertrag I 147,
Gruppeneffekt VIII 76, 195 ff., 308
Gruppenfreistellung VIII 314 ff.
GWB
- extraterritoriale Anwendung VIII 190
- Toleranzklauseln VIII 19 ff.

Haftung VII 195 ff.; X 96; XII 116 ff.
- aller Konzernmitglieder VIII 232
- Aufsichtsrat X 150
- Ausschluss V 149 ff.; VII 195 ff.
- Erwerber VI 154 f.
- Höchstgrenzen VII 182 ff.
- Masse VI 302 f.
- für Steuern V 147 ff.
- für Testate VII 17 f.

- Veräußerer I 173; VI 156 ff.;
- Verteilung VI 18 ff.; 118 ff.
- Vertreter VII 16
- Verhandlungsführer VII 16
- Vorstand X 150
Haftungsrisiken XI 21 ff.; XII 54 ff., 126 ff.
Halbeinkünfteverfahren I 81
Handelsschiedsgerichtsbarkeit (Europäisches Übereinkommen) I 203
Hauptprüfverfahren VIII 152 ff.
Hauptversammlung VII 131 f.; X 243 ff.
- Abwehrbeschlüsse X 169 ff.
- Anfechtbarkeit von Beschlüssen XI 186 ff.
- freiwillige Befassung XI 131 ff.
- „Holzmüller" XI 137 ff.
- Nichtigkeit von Beschlüssen XI 187
- Vorratsbeschlüsse X 164 ff.
- Zuständigkeit XI 55 ff.
Heads of Agreement VII 20
Höchststimmrechte X 196
Hoheitsakt (Übergang von Arbeitsverhältnissen) VI 69, 85
Holdinggesellschaft, Zwischenschaltung I 82
„Holzmüller"-Bericht XI 166 ff.
„Holzmüller"-Beschluss XI 154 ff.
„Holzmüller"-Entscheidung X 69; XI 86 ff.
- Wertgrenzen XI 118 ff.
- Mehrheitserfordernisse XI 123 ff.
„Holzmüller"-Hauptversammlung XI 137 ff.
Horizontaler Zusammenschluss VIII 75 ff.
Hostile Takeover I 95 ff.
Hybridlösung IX 103

IAS 36/38 (2004) III 33 ff., 115 ff.
Identitätswahrung VI 31 ff.
IDW ES 1 II 59 ff.; III 7 ff.
IDW RS HFA 10 II 25 ff.; III 5 ff.
IDW S 1 II 25 ff.; III 7 ff.
IFRS 3 III 33 ff.
Immaterielle Wirtschaftsgüter V 15, 18

Impairment Loss III 140
Impairment Only Approach III 115 ff.
Impairmenttest III 115 ff.
- Durchführung III 119 ff.
Implementierung IX 144 ff.
Incentivierung IX 244
Income Approach 68
Incremental Cash Flow Approach III 69
Indicating Offer I 157 f.
Industrieanleihe IV 173 ff.
Informationsbeschaffung II 173 ff.
Informationsquellen I 32 ff.
Inhaberaktien VII 22
Initial-Public-Offering-Ansatz II 132 ff.
Inlandsauswirkung VIII 192 ff.
Inlandsmarkt VIII 89; 191 ff.
Innenfinanzierung IV 33 ff.
Innenpacht VI 82 f.
Insidertatsachen VII 61 ff.
Insolvenzeröffnungsgrund XII 9
Insolvenzgericht XII 111
Insolvenzplan XII 20, 21, 135 ff.
Insolvenzplanverfahren VI 289
Insolvenzverwalter XII 121 ff.
- vorläufiger XII 103 ff.
Intangible Assets (SFAS 142) III 33 ff.
- Artistic-related III 59
- Contract-based III 60
- Customer-related III 58
- Marketing-related III 57
- Technology-based III 61
Integrationsgeschwindigkeit IX 69
Integrationsteam IX 184, 235
Integrationstiefe IX 71
Interessen
- Käufer I 190 ff.
- Verkäufer I 190 ff.
Interim-Organisation IX 139
Interim-Team IX 244
Internationale Handelskammer Paris I 204
Internationaler Unternehmenskauf I 135 f.
Interne Bewertung I 180 ff.
Investmentbanken I 40 f.

Joint Venture I 18, 24

Kandidatenscreening IX 55, 170
Kapitalbeteiligungsgesellschaft VI 55 ff.
Kapitalerhöhung IV 85 ff.; V 49, 56 ff.
- gegen Bareinlage IV 112 ff.
- Kosten IV 105 f.
- ordentliche IV 89
Kapitalherabsetzung V 2, 125
Kapitalisierungszinssatz III 24 ff.
Kapitalkosten II 67 ff.
Kapitalmarkt II 147
Kapitalmarktpreisbildungsmodell III 25
Kapitalstrukturrisiko II 94, 301
Kartellorgane VIII 204
Kartellrechtliche Untersagungsvoraussetzungen VIII 79 ff., 247 ff.
Kartellrechtliches Prüfungsverfahren (Untersagungsverfahren) VIII 152 ff.
Kartellverbot VIII 202 ff.
Kaskadenförmige Sondierung IX 158
Käuferinteressen I 190 ff.
Käufersuche I 42
Kaufpreis I 176 ff.; VII 87 ff.; XII 89 ff.
- Abschreibung V 19 ff.
- Aufteilung VII 100
- Bestimmung III 40; XII 89
- Fälligkeit I 214
- Findung I 177
- negativer I 189; XII 90
- Stundung IV 210 f.
Kaufpreisdokumentation XII 91
Kaufvertrag I 22
Kautelarpraxis I 200
Kern-Goodwill III 79, 140
KGaA-Modell V 71
Kirchlicher Träger VI 326
Kleinbetrieb VI 143, 178, 233
Kollektives Druckmittel VI 132
Kollektivnormen VI 341 ff.
Kollektivvertrag VI 365 ff.
Kollisionsnormen XIII 8
Kombinationsmodell V 68 ff.
Kompetenzträger IX 244
Konglomerater Zusammenschluss VIII 134, 167
Konsistenzprüfung IX 143
Konsolidierungsmaßnahmen IX 10

Konsolidierungsphase I 54
Kontaktmechanismus I 35
Kontinuitätsmanagement IX 5
Kontrolle (über die Zielgesellschaft) X 110
Kontrollerwerb VIII 47 ff., 233; X 110 ff., 193 ff.
Kontrollgröße II 148, 389
Konzentration I 59 ff.
Konzentrative Gemeinschaftsunternehmen VIII 205 ff., 302 ff.
Konzern I 110; VI 54
– faktischer III 23
Konzernbetriebsvereinbarung VI 355
Konzernrichtlinien I 71
Konzernstrategie I 52 ff.
Konzernumsatz VIII 28
Konzernverträge VIII 54
Kooperative Gemeinschaftsunternehmen VIII 204, 208 ff.
Körperschaften V 77
Korrespondenzkreis IX 156
Kosten der Anleiheemission IV 176
Kreditaufnahme IV 129 ff.
Kreditsicherung IV 146 ff.
Kreditwürdigkeit IV 130 ff.
Krise XII 22 ff.
Kultureller Wandel IX 204
Kundenstamm III 96 ff.
Kündigung VI 231 ff.
– betriebsbedingte VI 243 ff.
– verhaltensbedingte VI 162, 243 ff.
Kündigungsschutz, nachwirkender VI 317
Kündigungsschutzklage VI 378 ff.
Kündigungsverbot VI 232 ff.
Kundschaft, Übergang VI 41

LBO siehe Leveraged Buy-out
Leading Law Firm I 136
Leasingfinanzierung IV 14
Leiharbeitsverhältnis VI 99
Leitender Angestellter VI 178, 398
Leitungsmacht VI 67 ff., 86
Lenkungsausschuss IX 180
Letter of Intent I 116, 143; VII 20
Leveraged Buy-Out I 72 ff.; IV 79 ff.; V 142 ff.; VII 205 f.
Liquidationswert II 165 ff.

Liquidität, mangelnde I 54
Lohnpfändung (bei Betriebsübergang) VI 179
Lohnsteuerfragen (bei MBO/LBO) V 146
Long List IX 41

M&A-Berater I 40
Management Audit IX 62
Management Buy-In I 72; IV 78
Management Buy-Out I 72 ff.; IV 78; V 142; VII 205
Management, Auswechslung I 67
Managementaufgabe, Unternehmenskauf I 99 ff.
Mangelfolgeschaden VII 153
Marken VII 69
Markenname III 100 ff.
Market Approach III 67.
Market Multiples II 137 ff.
Marktstruktur VIII 261
Markt für Unternehmen I 32 ff.
Marktabgrenzung VIII 251 ff.
Marktanteil I 52 ff.; VIII 98 ff.
Marktbeherrschende Stellung VIII 260 ff.
Marktbeherrschung VIII 113 ff.
Marktbeherrschungsvermutung VIII 116 ff.
Marktbereinigung I 16 f.
Marktdaten II 146
Marktfaktoren VIII 97
Marktrisikoprämie II 72, 342 ff.
Marktveränderungen I 56
Marktverhältnisse VIII 46
Marktwert II 23 f.
Maßnahmenblätter IX 240
Matrixstruktur IX 188
MBO siehe Management Buy-Out
Mediatisierung XI 90, 112 ff.
Mehrfachstimmrechte X 196
Mehrheit XI 124 f.
Mehrheitsabschlag II 277
Mehrheitsbeteiligung VIII 39 ff., 71 f.
Mehrheitsbildungen, wechselnde VIII 70
Mehrheitsgesellschafter I 88
Mehrmütter-Klausel VIII 33 ff.
Minderheitenrechte I 20

Minderheitsaktionäre
- Abfindung X 238 f., 255 f.
- Ausschluss X 225 ff.
- Rechte X 251 f.
- Schutz X 108
Minderheitsbeteiligung I 19 f., 88; VIII 66
Mindestpreis X 118 ff.
Ministererlaubnis I 62; VIII 185 ff.
Mitarbeiterbeteiligungen (bei Betriebsübergang) VI 183 ff.
Mitarbeiterstamm III 92 ff.
Mitbestimmung VI 6, 301 ff.
Mitteilungspflichten XI 205 ff.
Mittelbares Arbeitsverhältnis VI 90
Mittelwert II 331 f.
Mitunternehmermodell V 68
Monatsbrief VIII 154
Monopolvermutung VIII 115 ff.
Multi-period Excess Earnings Method III 70, 109
Multilaterale Verträge I 208

Nachhaftungsbegrenzung VII 78
Nachlass, Realteilung V 96 ff.
Nachrangdarlehen I 91
Nachsteuerrechnung II 51 ff.
Nachwirkender Kündigungsschutz VI 317
Namensaktien X 194; XI 146
Nebenabreden VIII 272 ff., 329
Negativattest VII 126
Negativer Geschäftswert V 57
Negativer Kaufpreis I 189; XII 90
Negativerklärung IV 160
Negatives Interesse VII 14
Nettozufluss III 28
Netzwerk IX 265
Neubesetzung IX 136
- Aufsichtsrat X 198 ff.
- Vorstand X 198 ff.
Neutralitätsgebot X 213 ff.
New-basis Accounting III 90
New Yorker UN-Übereinkommen I 203
Non-Compete-Agreement III 104 ff.
Normanwendungsbefehl XIII 20
Null-Kupon-Anleihe IV 183 ff.
Nullsozialpläne VI 303

Offenbarungspflicht I 77 f.; VII 11, 182 ff.
Öffentliches Kaufangebot I 166 ff.; X 15
Öffentlich-rechtliche Haftung VI 270
Offering Memorandum I 156 f.
Öffnungszusage VIII 162
Oligopol VIII 106 ff., 116 ff.
Opportunitätskosten IX 7, 106
Optionen X 51
Optionsanleihe I 91; X 187
Optionsscheine X 14
Ordentliche Kapitalerhöhung IV 89
Ordre Public VI 24; XIII 51 f.
Organisation, eigenständige VI 52
Organisierter Markt X 11
Organmitglieder VI 93 ff.
Organschaftsverhältnis V 77
Ortsform 130 f.
Overall Fair Value III 140

Pac-Man-Strategie X 205
Pacht VI 44
Pächterwechsel VI 79
Paketerwerb I 26
Partiarische Darlehen IV 14, 194
Passive Einkünfte V 139 ff.
Patronatserklärung IV 159
Pensionäre VI 100
Pensionsgeschäfte IV 19
Pensions-Sicherungs-Verein VI 262 f.
- Streitverkündung VI 390
Personalpolitische Veränderungen I 65
Personalvertretungsrecht VI 328
Personelle Verflechtungen VIII 56
Personengesellschaft I 15; V 30; VI 57
Personengleichheit VIII 55 f.
Personensicherheiten IV 155
Pfandrecht IV 146 ff.
Pflichtangebot X 38, 108 ff.
- Ausnahmen X 122 ff.
Phasenmethode II 182 ff.
Phasen-Stufen-Modell IX 15
Portfoliorendite II 342 ff.
Präventive Fusionskontrolle VIII 167
Preisobergrenze II 22
Preisuntergrenze II 22
Preiswettbewerb VIII 102 f., 324

1359

Present Value II 183
Privatvermögen V 83
Projektleiter I 125 f.
Projektmanagement I 99 ff.
Projektteam I 124 ff.
Prorogation XIII 163 ff.
Prüfungsfrist VIII 281, 287
Prüfungsliste I 147, 209 ff.
Prüfungsverfahren, kartellrechtliches VIII 152 ff.
Punktation VII 19, 25
Purchase-Method III 39 ff.
Push-down Accounting III 90

Rahmenvertrag I 147
Ratenzahlung VII 102
Räumlich relevanter Markt VIII 89 ff.
Realteilung, Nachlass V 96 ff.
Recent-Acquisition-Ansatz II 132, 135
Rechtsabteilung I 120; IX 173
Rechtsbeschwerde VIII 169
Rechtsform, Erwerbsobjekt I 175
Rechtskauf VII 143 ff.
Rechtsmängelhaftung VII 140 f.
Rechtsmissbrauch VI 132 ff.
Rechtsordnung I 135 f.
Rechtsvorbehalt VII 107
Rechtswahl XIII 27 ff.
– Grenzen XIII 39 ff.
Rechtswahlklausel XIII 14, 30
Regelungsabrede VI 341
Reinvestitionsrate II 205 ff.
Relevanter Markt VIII 81 ff., 251 ff.
– räumlich VIII 83 ff., 253
– sachlich VIII 89 ff., 251 f.
– zeitlich VIII 92 ff.
Relief-from-royalty Approach III 69
Rentenvereinbarung VII 102
Rentenzahlung V 37, 63
Renvoi XIII 85 f., 223
Reporting Unit III 82
Ressourcen VIII 48, 99
– Stärkung VIII 267
– Zuwachs VIII 267
Restrukturierungsmaßnahme II 250 f.
Restrukturierungsprogramm IX 84
Reverse-Engineering IX 57

Risikoadäquate Alternativanlage III 27
Risikoprofil XII 41
Risikozuschlag II 74
Risikozuschlagsmethode II 272 ff.
Road Show IV 116
Rücklageanteil IV 35
Rückzahlung von Eigenkapital I 80

Sachlich relevanter Markt VIII 89 ff., 251 f.
Sachmängelhaftung VII 139
Sachnormen XIII 9
Sachsicherheiten IV 21
Sachwertabfindung V 97
Safe Haven V 26
Sale-Lease-Back-Operation IV 40
Sanierungsbefreiung X 127 ff.
Sanierungsbedürftigkeit X 128 f.
Sanierungsfusion VIII 141
Sanierungskonzept XII 47 ff.
Scheinvertrag VI 96 f.
Schiedsgerichtsverfahren I 202 f.
Schiedsgutachter VII 93
Schiedsklausel XIII 14
Schiedsort XIII 202
Schiedsrichter VII 193
Schiedsverfahren XIII 198 ff.
Schiedswert II 21, 28
Schnittstellenmanagement IX 178
Schuldendeckungspotenzial III 20
Schuldscheindarlehen IV 169 ff.
Schwangerschaft VI 249
Schwellenwert XI 120 ff.
Schwerbehinderte VI 249 f.
Sell-Out X 253, 257
Separability Criterion III 55
SFAS 141 III 33 ff.
SFAS 142 III 33 ff., 115 ff.
Share Deal VII 5 ff., 141 ff., 206;
– Arbeitsrecht VI 3 ff.
– Hauptversammlungskompetenz XI 60, 106 ff.
– internationaler Kauf XIII 43, 56, 96
Short List IX 43
Sicherheitsäquivalenzmethode II 272 f.
Sicherungsmittel VII 109 f.

1360

Sicherungsübereignung IV 146
Side-Letter VII 113
Similar-Public-Company-Ansatz II 134
Singularzession I 3, 211
Sitztheorie XIII 62
Sonderbetriebsvermögen VII 78
Sonderbilanz, steuerrechtliche V 48
Sonderposten mit Rücklageanteil IV 35
Sozialauswahl VI 138 ff.
Sozialplananspruch VI 149, 278
Sozialstaatsprinzip VI 25
Sozialversicherungsbeiträge VI 169 f., 255
Spekulationsfrist V 92
Sperrfrist VI 251
Spezialisierungsvereinbarung VIII 315
Spin-Off I 74
Sprachführer I 109
Sprecherausschuss VI 334 ff.
Squeeze-Out X 39, 131, 241, 253 ff.
Staatliche Förderung IV 23 ff.
Staggered Board X 200
Stallrivalität I 69
Stammaktie IV 182; X 14
Standortszenarien IX 105
Steering Committee I 102 ff.; IX 193
Stellungnahme des Vorstands und des Aufsichtsrats (§ 27 WpÜG) X 143 ff.
Step-Up-Modell I 82
Steuerbefreiung V 35 f.
Steuerermäßigung V 35 ff.
Steuerexperten I 99, 118
Steuerliche Gestaltung I 145
Steuerreformgesetz 1990 I 46
Steuersatz V 35 ff.
Stichtag V 33 f.; VII 84
Stichtage, verschiedene I 188
Stille Beteiligung IV 204
– asymmetrische IV 61
Stille Reserven, Aufdeckung III 89
Stilllegung I 16 f.; VI 60 ff.
Stimmberechtigtes Kapital VIII 63
Stimmbindungsverträge X 197
String-Of-Pearls-Akquisition IX 159
Substanzwert I 180

Substanzwertverfahren II 152 ff.
Subvention IV 24 ff.
Swaps IV 190 ff.
Synergieeffekt I 180; II 24 ff.; III 18 ff.

Tarifverträge VI 359 ff., 371 ff.
Tauschangebot X 84
Tax Amortisation Benefit III 73
Tax Shield II 90 ff.
Teilbetrieb I 24; V 3 f., 94 ff.
Teilentflechtung VIII 181
Teilfunktions-Gemeinschaftsunternehmen VIII 310 ff., 327 ff.
Teilfusion, fingierte VIII 74
Teilprojekte IX 17 ff.
Teilrekonstruktionswert II 158 f.
Teilwertabschreibung I 82 f.; V 72, 86 ff., 116
Teilzweck VI 51 f.
Telekommunikationsbereich I 50
Tendenzbetrieb VI 46, 327
Territorialitätsprinzip VIII 191
Testament VI 84
Testat VII 17
Trade Name III 100 ff.
Transaktionsentwicklung I 49 ff.
– Deutschland I 51
Transaktionsteam IX 136
Treuepflicht VII 58

Überfremdung I 13, 28
Übergabe I 149 f.
Übergang, Arbeitsverhältnisse VI 27 ff., 88 ff.
Übergangsstichtag, siehe Closing
Überkreuz-Option VII 21
Übernahmeangebot I 167 ff.; X 24 ff.
– Vorbereitung X 25 ff.
Übernahmekodex X 4
Übernahmekommission X 4
Übernahmerichtlinie X 121
Überschießende Wettbewerbsbeschränkungen VIII 206, 213
Überschuldung XII 12
Überschussrendite II 342
Umgehungsklausel VIII 66
Umsatzberechnung VIII 225 ff.
Umsatzerlöse II 201 f., 262 ff.; VIII 28 ff.

1361

Umsatzfiktion VIII 26
Umsatzschwellenwerte VIII 18 ff., 220 ff.
Umsatzsteuer V 4, 39, 64
Umsetzungsprofil IX 69
Umstrukturierung des Unternehmens VI 311
Umwandlung I 31; IV 36 f.; V 2, 69 ff.; X 231
Umwandlungsgesetz XI 78; VI 71 ff., 331 ff.
Umwandlungsmodell I 82
Umwandlungssteuergesetz V 3, 106
Umweltveränderungen I 56
Unfriendly Takeover I 95 ff.
Universalsukzession I 5
UN-Kaufrecht VII 3
Unternehmensbegriff I 2; VII 1 ff.; VIII 40 ff.
Unternehmensbeteiligungsgesellschaft IV 57 ff.
Unternehmensbewertung II 8 ff.
– nach IAS 36/38 (2004) III 33 ff.
– nach IFRS 3 III 33 ff.
– nach IDW RS HFA 10 III 5 ff.
– nach SFAS 141 III 33 ff.
– nach SFAS 142 III 33 ff., 115 ff.
– objektivierte II 318 ff.
– Prozess II 34 ff.
Unternehmenskonzentration I 64
Unternehmensmakler I 37; VII 13
Unternehmenssteuerbelastung III 17
Unternehmensträger I 2 ff.; VII 1 ff.
Unternehmensverträge VII 122; VIII 54
Unternehmenswert
– Argumentationswert II 21, 27 ff.
– Begriff II 8 ff.
– objektiver II 9
– Schiedswert II 21, 28
– subjektiver II 10
Unternehmerische Einflussnahme I 11 ff.
Untersagungsabwendende Zusagen, Auflagen und Bedingungen VIII 161 ff.
Untersagungsfrist VIII 155
Untersagungsverfahren, kartellrechtliches VIII 152 ff.

Untersagungsvoraussetzungen, kartellrechtliche VIII 79 ff., 247 ff.
UN-Übereinkommen über die Anerkennung ausländischer Schiedssprüche I 203
Urlaubsabgeltung VI 259
Urlaubsansprüche (bei Betriebsübergang) VI 198
US-GAAP III 33 ff.

Venture Capital I 9, 73
Veräußerer, Zielvorstellung I 18
Veräußerungsgewinn V 33 f., 55, 83 f.
Veräußerungsverlust V 33 f., 55, 83 f.
Veräußerungszusage VIII 162
Verbundklausel VIII 31 f., 43
Vereinbarungen, abweichende
– bei Betriebsübergang VI 225 ff.
– bei Übergang des Arbeitsverhältnisses VI 110 ff.
Vergangenheitsanalyse II 177 ff.
Vergangenheitsergebnisse II 130, 193, 198
Vergütung VI 274 ff.
Verhältnis europäische/nationale Fusionskontrolle VIII 14 ff., 216 ff.
Verhandlungsatmosphäre I 131
Verhandlungsführer I 112 ff.; VII 16
Verhandlungsführung I 125 ff.
– redliche VII 10 f.
Verhandlungskommission I 113, 119, 154
Verhandlungspause I 131
Verhandlungsstrategie I 129 ff.
Verhinderungsverbot X 157 ff.
Verjährung VII 101 ff., 162 ff., 191 ff.
Verkäuferinteresse I 190 ff.
Verkäufermotiv II 179
Verkaufsgemeinschaft VIII 209, 211
Verkaufsprospekt I 156
Verkehrsteuern V 4 ff., 39 ff., 64 ff., 130 ff.
Verlustvorträge II 115 ff.; V 68 ff., 112
Vermächtnis V 99
Vermögenserwerb (nach § 37 Abs. 1 Nr. 1 GWB) VIII 44 ff.
Vermögensumschichtung IV 4, 21
Verschmelzung I 31; II 17 f.; IV 215; V 116 ff.; VI 12 ff.; X 26

Sachverzeichnis

Verschulden bei Vertragsanbahnung VII 42 ff., 158 ff.
Verschwiegenheitspflicht X 139
Versorgungsanwartschaft VI 389
Verständigungsverfahren V 23
Verstärkung der marktbeherrschenden Stellung VIII 262
Versteinerungsklausel XIII 36
Vertikaler Zusammenschluss VIII 74 f.
Vertragsentwurf I 131
Vertragsstrafe VII 13
Vertragsverhandlungen VII 9 ff.
Vertrauensinteresse siehe negatives Interesse
Vertraulichkeit VII 143 ff.
Vertraulichkeitsvereinbarung XI 163
Verwaltungszwang (im Kartellverfahren) VIII 148
Verzinsliche Gesellschafterdarlehen V 26
Verzinsung des Kaufpreises VII 101
Verzögerungsfaktor IX 207
Vinkulierung XI 57
Vollausschüttungsfiktion II 46
Vollfunktionsgemeinschaftsunternehmen VIII 307 ff., 327 ff.
Vollmacht VI 173 ff.
Vollrekonstruktionswert II 156 ff.
Vollstreckung XIII 189 ff.
Vollzugsverbot
– nach § 40 Abs. 1 GWB VIII 143 ff.
– Aufhebung VIII 151 f.
Vorkaufsrecht VII 21 ff.
Vormundschaftsgericht VII 124 ff.
Vorprüfungsverfahren VIII 284 ff.
Vorrangklausel XIII 282
Vorratsbeschlüsse (der Hauptversammlung) X 164 ff.
Vorstand I 95 ff.; X 143 ff., 198 ff.; XI 6 f., 8 ff.
Vorstandsebene I 36, 65
Vorsteuerrechnung II 51 ff., 78
Vorvertrag I 143; VII 25 ff.
Vorweggenommene Erbfolge V 103 ff.
Vorzugsaktien IV 113; X 7
– stimmrechtslose X 196

WACC-Ansatz III 74
Wachstumsabschlag II 304 ff., 361
Währungsrisiko VII 104
Währungsswap IV 190 ff.
Wandel-Optionsanleihen I 91
Wandelschuldverschreibung IV 16, 21, 89
Warenzeichen, siehe Marken
Wechselnde Mehrheitsbildung VIII 60
Weighted-Average-Cost-Of-Capital-Ansatz III 74
Werkswohnung VI 192 ff.
Werthaltigkeitstest III 130 f.
– Stichtag III 131
Wertminderung III 124 f.
Wertpapier X 14
Wertpapiererwerbs- und Übernahmegesetz (WpÜG) X 4 ff.
Wertschöpfungskette IX 99
Wertsicherung VII 104
Werttreiber IX 11
Wesentlicher Teil des gemeinsamen Marktes VIII 270
Wettbewerblich erheblicher Einfluss VIII 49, 67
Wettbewerbsbeschränkungen, überschießende VIII 206
Wettbewerbsrecht IX 212
Wettbewerbsverbot III 104 ff.; VI 203 ff.; VIII 213, 272 ff.
White Knight X 160, 181
Widerruf VI 131, 162
Widerrufsvorbehalt VI 130
Widerspruchsrecht der Arbeitnehmer VI 125 ff.
Wiederbeschaffungskosten III 72
Wiedereinstellungsanspruch VI 63
Wirkungsstatut VII 120 ff.
Wirtschaftsanwälte I 39
Wirtschaftsausschuss VI 5, 301
Wirtschaftsprüfer I 114 f., 183 f.
Wissensplattform IX 264
Wissenstransfer IX 217, 264
Wissensvertreter VII 34

Zahlungsunfähigkeit XII 10
– drohende XII 11

Zahlungsweise VII 101 ff.
Zaunkönigregelung X 68
Zeitanteilige Beteiligung VII 91
Zeitdruck I 131
Zentralisierungsgrad IX 125
Zermürbungstaktik I 131
Zession IV 154
Zeugnis VI 199
- Anspruch VI 199
Zielbeiträge IX 110
Zielgesellschaft X 10
Zielkonformität IX 3
Zielkonsistenz IX 3, 23 ff.
Zinszuschlagsmethode II 279 ff.
Zugang zum Kapitalmarkt IV 22, 85
Zugesicherte Eigenschaft VII 148
Zukunftsprognose VIII 124
Zuordnungsfragen (bei Betriebsübergang) VI 101 ff.
Zurechnungsklausel VIII 64

Zurückbehaltungsrecht VII 101, 105 f.
Zusammenschlussbegriff VIII 37 ff., 229 ff.
- Einschränkung VIII 70 ff., 243 ff.
Zusammenschlussbeteiligte VIII 77f., 144, 224
Zusammenschlusstatbestände VIII 44 ff., 127 ff., 231
Zustimmung
- des Ehegatten VII 124
- des Gläubigers VII 73
Zustimmungserfordernisse
- aktienrechtliche VII 131
- erbrechtliche VII 130
Zwecktrias VI 21
Zwei-Schranken-Theorie VIII 204
Zwischenformen der Finanzierung IV 89
Zwischengesellschaft V 140
Zwischenzeugnis VI 199

Hölters (Hrsg.), Handbuch des Unternehmens- und Beteiligungskaufs, 6. Auflage

- Hinweise und Anregungen: _____
  _____
  _____
  _____
  _____

- In Teil _____ Rz. _____ Zeile _____ von oben/unten
  muss es statt _____
  _____
  _____

  richtig heißen: _____
  _____
  _____

Hölters (Hrsg.), Handbuch des Unternehmens- und Beteiligungskaufs, 6. Auflage

- Hinweise und Anregungen: _____
  _____
  _____
  _____
  _____

- In Teil _____ Rz. _____ Zeile _____ von oben/unten
  muss es statt _____
  _____
  _____

  richtig heißen: _____
  _____
  _____

Absender:

_____

_____

_____

So können Sie uns auch erreichen:
lektorat@otto-schmidt.de

Wichtig: Bitte immer den Titel des Werks angeben!

Antwortkarte

Verlag Dr. Otto Schmidt KG
– Lektorat –
Gustav-Heinemann-Ufer 58

50968 Köln

Absender:

_____

_____

_____

So können Sie uns auch erreichen:
lektorat@otto-schmidt.de

Wichtig: Bitte immer den Titel des Werks angeben!

Antwortkarte

Verlag Dr. Otto Schmidt KG
– Lektorat –
Gustav-Heinemann-Ufer 58

50968 Köln